J. von Staudingers
Kommentar zum Bürgerlichen Gesetzbuch
mit Einführungsgesetz und Nebengesetzen
§§ 18–49 WEG
(WEG 2 – Rechtsverhältnisse der Wohnungseigentümer;
Wohnungserbbaurecht; Dauerwohnrecht; Verfahrensvorschriften)

Kommentatorinnen und Kommentatoren

Dr. Christoph Althammer
Professor an der Universität Regensburg

Dr. Georg Annuß, LL.M.
Rechtsanwalt in München, Außerplanmäßiger Professor an der Universität Regensburg

Dr. Christian Armbrüster
Professor an der Freien Universität Berlin, Richter am Kammergericht a. D.

Dr. Arnd Arnold
Professor an der Universität Trier, Dipl.-Volksw.

Dr. Markus Artz
Professor an der Universität Bielefeld

Dr. Martin Avenarius
Professor an der Universität zu Köln

Dr. Ivo Bach
Professor an der Universität Göttingen

Dr. Christian Baldus
Professor an der Universität Heidelberg

Dr. Wolfgang Baumann
Rechtsanwalt und Notar a. D. in Wuppertal, Professor an der Bergischen Universität Wuppertal

Dr. Winfried Bausback
Professor a. D. an der Bergischen Universität Wuppertal, bayerischer Staatsminister der Justiz a. D., Mitglied des Bayerischen Landtags

Dr. Roland Michael Beckmann
Professor an der Universität des Saarlandes, Saarbrücken

Dr. Dr. h. c. Detlev W. Belling, M.C.L.
Professor an der Universität Potsdam

Dr. Andreas Bergmann
Professor an der Fernuniversität in Hagen

Dr. Falk Bernau
Richter am Bundesgerichtshof, Karlsruhe

Dr. Martin Bialluch
Wiss. Assistent am Max-Planck-Institut in Hamburg

Dr. Marcus Bieder
Professor an der Universität Osnabrück

Dr. Werner Bienwald †
Professor an der Evangelischen Fachhochschule Hannover, Rechtsanwalt in Oldenburg

Dr. Tom Billing
Rechtsanwalt in Berlin

Dr. Eike Bleckwenn
Rechtsanwalt in Hannover

Dr. Reinhard Bork
Professor an der Universität Hamburg

Dr. Wolfgang Breyer
Rechtsanwalt in Stuttgart

Dr. Jan Busche
Professor an der Universität Düsseldorf

Dr. Georg Caspers
Professor an der Universität Erlangen-Nürnberg

Dr. Dr. h. c. Tiziana Chiusi
Professorin an der Universität des Saarlandes, Saarbrücken

Dr. Michael Coester, LL.M.
Professor an der Universität München

Dr. Dr. h. c. Dagmar Coester-Waltjen, LL.M.
Professorin an der Universität Göttingen

Dr. Johanna Croon-Gestefeld, LL.M.
Professorin an der Universität Lüneburg

Dr. Thomas Diehn, LL.M.
Notar in Hamburg, Lehrbeauftragter an der Universität Hamburg

Dr. Katrin Dobler
Richterin am Oberlandesgericht Stuttgart

Dr. Heinrich Dörner
Professor an der Universität Münster

Dr. Werner Dürbeck
Richter am Oberlandesgericht Frankfurt a. M.

Dr. Anatol Dutta, M. Jur.
Professor an der Universität München

Dr. Christina Eberl-Borges
Professorin an der Universität Mainz

Dr. Dres. h. c. Werner F. Ebke, LL.M.
Professor an der Universität Heidelberg

Dr. Jan Eickelberg, LL.M. †
Professor an der Hochschule für Wirtschaft und Recht, Berlin

Jost Emmerich
Richter am Oberlandesgericht München

Dr. Volker Emmerich
Professor an der Universität Bayreuth, Richter am Oberlandesgericht Nürnberg a. D.

Dr. Cornelia Feldmann
Rechtsanwältin in Freiburg i. Br.

Dr. Matthias Fervers
Akad. Rat a. Z. an der Universität München

Dr. Timo Fest, LL.M.
Professor an der Universität zu Kiel

Dr. Karl-Heinz Fezer
Professor an der Universität Konstanz, Honorarprofessor an der Universität Leipzig, Richter am Oberlandesgericht Stuttgart a. D.

Dr. Philipp S. Fischinger, LL.M.
Professor an der Universität Mannheim

Dr. Holger Fleischer
Direktor am Max-Planck-Institut für ausländisches und internationales Privatrecht in Hamburg, Professor an der Bucerius Law School, Hamburg

Dr. Robert Freitag, Maître en droit
Professor an der Universität Erlangen-Nürnberg

Dr. Jörg Fritzsche
Professor an der Universität Regensburg

Dr. Tobias Fröschle
Professor an der Universität Siegen

Dr. Susanne Lilian Gössl, LL.M.
Professorin an der Universität zu Kiel

Dr. Beate Gsell, Maître en droit
Professorin an der Universität München, Richterin am Oberlandesgericht München

Dr. Thomas Gutmann, M. A.
Professor an der Universität Münster

Dr. Martin Gutzeit
Professor an der Universität Gießen

Dr. Martin Häublein
Professor an der Universität Innsbruck

Dr. Johannes Hager
Professor an der Universität München

Dr. Felix Hartmann, LL.M.
Professor an der Freien Universität Berlin

Dr. Wolfgang Hau
Professor an der Universität München, Richter am Oberlandesgericht München

Dr. Rainer Hausmann
Professor an der Universität Konstanz

Dr. Stefan Heilmann
Vorsitzender Richter am Oberlandesgericht Frankfurt, Honorarprofessor an der Frankfurt University of Applied Sciences

Dr. Jan von Hein
Professor an der Universität Freiburg i. Br.

Dr. Jörn Heinemann
Notar in Neumarkt i.d. Opf.

Dr. Christian Heinze
Professor an der Universität Heidelberg

Dr. Stefan Heinze
Notar in Köln

Dr. Tobias Helms
Professor an der Universität Marburg

Silas Hengstberger, LL.B.
Wiss. Mitarbeiter an der Universität Mannheim

Dr. Dr. h. c. mult. Dieter Henrich
Professor an der Universität Regensburg

Dr. Carsten Herresthal, LL.M.
Professor an der Universität Regensburg

Christian Hertel, LL.M.
Notar in Weilheim i. OB.

Dr. Stephanie Herzog
Fachanwältin für Erbrecht in Würselen

Joseph Hönle
Notar in München

Dr. Ulrich Hönle
Notar in Waldmünchen

Dr. Clemens Höpfner
Professor an der Universität Münster

Dr. Bernd von Hoffmann †
Professor an der Universität Trier

Dr. Dr. h. c. Heinrich Honsell
Professor an der Universität Zürich, Honorarprofessor an der Universität Salzburg

Dr. Rainer Hüttemann
Professor an der Universität Bonn

Dr. Martin Illmer, M. Jur.
Richter am Landgericht Hamburg, Privatdozent an der Bucerius Law School

Dr. Florian Jacoby
Professor an der Universität Bielefeld

Dr. Ulrich von Jeinsen
Rechtsanwalt und Notar in Hannover, Honorarprofessor an der Universität Hannover

Dr. Dagmar Kaiser †
Professorin an der Universität Mainz

Dr. Bernd Kannowski
Professor an der Universität Bayreuth

Dr. Christoph A. Kern, LL.M.
Professor an der Universität Heidelberg

Dr. Christian Kesseler
Notar in Düren, Honorarprofessor an der Universität Trier

Dr. Walter Klein
Rechtsanwalt in Köln

Dr. Fabian Klinck
Professor an der Universität Bochum

Dr. Frank Klinkhammer
Richter am Bundesgerichtshof, Karlsruhe, Honorarprofessor an der Universität Marburg

Dr. Steffen Klumpp
Professor an der Universität Erlangen-Nürnberg

Dr. Jürgen Kohler
Professor an der Universität Greifswald

Dr. Sebastian Kolbe
Professor an der Universität Bremen

Dr. Stefan Koos
Professor an der Universität der Bundeswehr München

Dr. Rüdiger Krause
Professor an der Universität Göttingen

Dr. Heinrich Kreuzer
Notar in München

Dr. Lena Kunz, LL.M.
Akad. Mitarbeiterin an der Universität Heidelberg

Dr. Steffen Kurth, LL.M.
Rechtsanwalt in Bielefeld

Dr. Clemens Latzel
Privatdozent an der Universität München

Dr. Arnold Lehmann-Richter
Professor an der Hochschule für Wirtschaft und Recht Berlin

Dr. Saskia Lettmaier, B.A., LL.M.
Professorin an der Universität zu Kiel, Richterin am Schleswig-Holsteinischen Oberlandesgericht in Schleswig

Stefan Leupertz
Richter a. D. am Bundesgerichtshof, Honorarprofessor an der TU Dortmund

Dr. Johannes Liebrecht
Professor an der Universität Zürich

Dr. Jan Lieder, LL.M.
Professor an der Universität Freiburg i. Br., Richter am Schleswig-Holsteinischen Oberlandesgericht

Dr. Dimitrios Linardatos
Professor an der Universität des Saarlandes, Saarbrücken

Dr. Martin Löhnig
Professor an der Universität Regensburg

Dr. Dirk Looschelders
Professor an der Universität Düsseldorf

Dr. Stephan Lorenz
Professor an der Universität München

Dr. Sigrid Lorz
Professorin an der Universität Greifswald

Dr. Katharina Lugani
Professorin an der Universität Düsseldorf

Dr. Tobias Lutzi, LL.M., M.Jur.
Professor an der Universität Augsburg

Dr. Gerald Mäsch
Professor an der Universität Münster, Richter am Oberlandesgericht Hamm a.D.

Dr. Robert Magnus
Professor an der Universität Bayreuth

Dr. Ulrich Magnus
Professor an der Universität Hamburg, Affiliate des MPI für ausländisches und internationales Privatrecht, Hamburg, Richter am Hanseatischen Oberlandesgericht zu Hamburg a. D.

Dr. Mark Makowsky
Professor an der Universität Mannheim

Dr. Peter Mankowski †
Professor an der Universität Hamburg

Dr. Dr. h. c. Heinz-Peter Mansel
Professor an der Universität zu Köln

Dr. Peter Marburger †
Professor an der Universität Trier

Dr. Wolfgang Marotzke
Professor an der Universität Tübingen

Dr. Sebastian A. E. Martens
Professor an der Universität Passau

Dr. Dr. Dr. h. c. mult. Michael Martinek, M.C.J.
Professor an der Universität des Saarlandes, Saarbrücken, Honorarprofessor an der Universität Johannesburg, Südafrika

Dr. Annemarie Matusche-Beckmann
Professorin an und Vizepräsidentin der Universität des Saarlandes, Saarbrücken, Stellv. Richterin am Verfassungsgerichtshof des Saarlandes

Dr. Felix Maultzsch, LL.M.
Professor an der Universität Frankfurt a. M.

Dr. Patrick Meier
Notar in Bischofsheim i.d. Rhön

Dr. Dr. Detlef Merten
Professor an der Deutschen Universität für Verwaltungswissenschaften Speyer

Dr. Tanja Mešina
Staatsanwältin, Stuttgart

Dr. Rudolf Meyer-Pritzl
Professor an der Universität zu Kiel, Richter am Schleswig-Holsteinischen Oberlandesgericht in Schleswig

Dr. Morten Mittelstädt
Notar in Hamburg

Dr. Oliver Moufang
Rechtsanwalt in Frankfurt a.M., Honorarprofessor an der Hochschule Wiesbaden

Dr. Peter O. Mülbert
Professor an der Universität Mainz

Dr. Hans-Heinrich Nöll
Rechtsanwalt in Hamburg

Dr. Jürgen Oechsler
Professor an der Universität Mainz

Dr. Hartmut Oetker
Professor an der Universität zu Kiel, Richter am Thüringer Oberlandesgericht in Jena a. D.

Wolfgang Olshausen
Notar a. D. in Rain am Lech

Dr. Dirk Olzen
Professor an der Universität Düsseldorf

Dr. Sebastian Omlor, LL.M., LL.M.
Professor an der Universität Marburg

Dr. Gerhard Otte
Professor an der Universität Bielefeld

Dr. Frank Peters †
Professor an der Universität Hamburg, Richter am Hanseatischen Oberlandesgericht zu Hamburg a. D.

Dr. Christian Picker
Professor an der Universität Konstanz

Dr. Andreas Piekenbrock
Professor an der Universität Heidelberg

Dr. Jörg Pirrung †
Richter am Gericht erster Instanz der Europäischen Gemeinschaften i. R., Honorarprofessor an der Universität Trier

Dr. Paul Popescu
Rechtsanwalt in Köln

Dr. Maximilian Freiherr von Proff zu Irnich
Notar in Köln

Dr. Lukas Rademacher
Wiss. Assistent an der Universität zu Köln

Dr. Thomas Raff
Notar in Ludwigshafen

Dr. Manfred Rapp †
Notar a. D., Landsberg am Lech

Dr. Dr. h.c. Thomas Rauscher
Professor an der Universität Leipzig, Professor h.c. an der Eötvös Loránd Universität Budapest, Dipl.Math.

Dr. Peter Rawert, LL.M.
Notar in Hamburg, Honorarprofessor an der Universität Kiel

Dr. Wolfgang Reetz
Notar in Köln

Eckhard Rehme
Vorsitzender Richter am Oberlandesgericht Oldenburg i. R.

Dr. Moritz Renner
Professor an der Universität Mannheim

Dr. Tilman Repgen
Professor an der Universität Hamburg

Dr. Philipp Reuß, M.Jur.
Professor an der Universität Göttingen

Dr. Christoph Reymann, LL.M. Eur.
Notar in Landsberg am Lech, Professor an der Privaten Universität Liechtenstein

Dr. Reinhard Richardi
Professor an der Universität Regensburg, Präsident a. D. des Kirchlichen Arbeitsgerichtshofs der Deutschen Bischofskonferenz, Bonn

Dr. Volker Rieble
Professor an der Universität München, Direktor des Zentrums für Arbeitsbeziehungen und Arbeitsrecht

Dr. Daniel Rodi
Akad. Rat a. Z. an der Universität Heidelberg

Dr. Anne Röthel
Professorin an der Bucerius Law School, Hamburg

Dr. Christian Rolfs
Professor an der Universität zu Köln

Dr. Dr. h. c. Herbert Roth
Professor an der Universität Regensburg

Dr. Ludwig Salgo
Apl. Professor an der Universität Frankfurt a. M.

Dr. Adam Sagan, M. Jur.
Professor an der Universität Bayreuth

Dr. Anne Sanders
Professorin an der Universität Bielefeld

Dr. Daniel Schäuble
Notar in Waldshut-Tiengen

Dr. Renate Schaub, LL.M.
Professorin an der Universität Bochum

Dr. Martin Josef Schermaier
Professor an der Universität Bonn

Dr. Gottfried Schiemann
Professor an der Universität Tübingen

Dr. Eberhard Schilken
Professor an der Universität Bonn

Dr. Martin Schmidt-Kessel
Professor an der Universität Bayreuth

Dr. Daniel Johannes Schneider
Notarassessor in Neustadt a. d. Weinstraße

Ulf Schönenberg-Wessel
Notar und Rechtsanwalt in Kiel

Dr. Günther Schotten
Notar a. D. in Köln, Honorarprofessor an der Universität Bielefeld

Dr. Andrea Schulz
Deutsche Verbindungsbeamtin in Frankreich, Bundesministerium der Justiz und für Verbraucherschutz

Dr. Holger Schulz
Direktor des Amtsgerichts Meldorf

Dr. Robert Schumacher, LL.M.
Notar in Köln

Dr. Roland Schwarze
Professor an der Universität Hannover

Dr. Andreas Schwennicke
Rechtsanwalt und Notar in Berlin

Dr. Stephan Serr
Notar in Ochsenfurt

Dr. Reinhard Singer
Professor an der Humboldt-Universität Berlin, Richter am Oberlandesgericht Rostock a. D.

Dr. Stephanie Sittmann-Haury, M.M.
Wiss. Mitarbeiterin an der Universität Mainz

Dr. Dr. h. c. Ulrich Spellenberg
Professor an der Universität Bayreuth

Dr. Sebastian Spiegelberger
Notar a. D. in Rosenheim

Dr. Ansgar Staudinger
Professor an der Universität Bielefeld

Julian Stein, LL.M.
Wiss. Mitarbeiter an der Universität Mainz

Dr. Björn Steinrötter
Professor an der Universität Potsdam

Dr. Malte Stieper
Professor an der Universität Halle-Wittenberg

Dr. Markus Stoffels
Professor an der Universität Heidelberg

Dr. Michael Stürner, M. Jur.
Professor an der Universität Konstanz, Richter am Oberlandesgericht Karlsruhe

Dr. Felipe Temming, LL.M.
Professor an der Universität Hannover

Burkhard Thiele
Präsident des Oberlandesgerichts Rostock a. D., Präsident des Landesverfassungsgerichts Mecklenburg-Vorpommern a. D.

Dr. Christoph Thole
Professor an der Universität zu Köln

Dr. Karsten Thorn
Professor an der Bucerius Law School, Hamburg

Dr. Gregor Thüsing, LL.M.
Professor an der Universität Bonn

Dr. Madeleine Tolani, LL.M.
Professorin an der Hochschule Wismar

Dr. Barbara Veit
Professorin an der Universität Göttingen

Dr. Bea Verschraegen, LL.M., M.E.M.
Professorin an der Universität Wien, adjunct professor an der Universität Macao

Dr. Klaus Vieweg
Professor an der Universität Erlangen-Nürnberg

Dr. A. Olrik Vogel
Rechtsanwalt in München

Dr. Markus Voltz
Notar in Offenburg

Dr. Reinhard Voppel
Rechtsanwalt in Köln

Dr. Rolf Wagner
Professor an der Universität Potsdam, Ministerialrat im Bundesjustizministerium

Dr. Christoph Andreas Weber
Privatdozent an der Universität München

Dr. Johannes Weber, LL.M.
Notarassessor, Geschäftsführer des Deutschen Notarinstituts, Würzburg

Gerd Weinreich
Vorsitzender Richter am Oberlandesgericht Oldenburg a. D., Rechtsanwalt in Oldenburg

Dr. Matthias Wendland, LL.M.
Professor an der Universität Graz

Dr. Domenik H. Wendt, LL.M.
Professor an der Frankfurt University of Applied Sciences

Dr. Olaf Werner
Professor an der Universität Jena, Richter am Thüringer Oberlandesgericht Jena a. D.

Dr. Denise Wiedemann
Wiss. Mitarbeiterin am Max-Planck-Institut für ausländisches und internationales Privatrecht, Hamburg

Dr. Daniel Wiegand, LL.M.
Rechtsanwalt in München

Dr. Wolfgang Wiegand
Professor an der Universität Bern

Dr. Peter Winkler von Mohrenfels
Professor an der Universität Rostock, Richter am Oberlandesgericht Rostock a. D.

Dr. Felix Wobst
Notar in Gerolzhofen

Heinz Wöstmann
Richter am Bundesgerichtshof, Karlsruhe

Dr. Luitpold Graf Wolffskeel von Reichenberg
Notar in Bamberg

Dr. Hans Wolfsteiner †
Notar a. D., Rechtsanwalt in München

Dagmar Zorn
Dipl.-Rechtspflegerin, Großbeeren

Redaktorinnen und Redaktoren

Dr. Christian Baldus

Dr. Dr. h. c. mult. Christian von Bar, FBA

Dr. Michael Coester, LL.M.

Dr. Tobias Fröschle

Dr. Hans Christoph Grigoleit

Dr. Johannes Hager

Dr. Dr. h. c. mult. Dieter Henrich

Dr. Carsten Herresthal, LL.M.

Sebastian Herrler

Dr. Dr. h. c. Manfred Löwisch

Dr. Robert Magnus

Dr. Ulrich Magnus

Dr. Heinz-Peter Mansel

Dr. Peter O. Mülbert

Dr. Gerhard Otte

Dr. Lore Maria Peschel-Gutzeit

Dr. Thomas Raff

Dr. Peter Rawert, LL.M.

Dr. Volker Rieble

Dr. Christian Rolfs

Dr. Dr. h. c. Herbert Roth

Dr. Markus Stoffels

Dr. Barbara Veit

Dr. Wolfgang Wiegand

J. von Staudingers
Kommentar zum Bürgerlichen Gesetzbuch mit Einführungsgesetz und Nebengesetzen

Gesetz über das Wohnungseigentum
und das Dauerwohnrecht
§§ 18–49 WEG
(WEG 2 – Rechtsverhältnisse der Wohnungseigentümer; Wohnungserbbaurecht; Dauerwohnrecht; Verfahrensvorschriften)

Neubearbeitung 2023
von
Martin Häublein
Florian Jacoby
Arnold Lehmann-Richter
Felix Wobst

ottoschmidt – De Gruyter · Berlin

Die Kommentatorinnen und Kommentatoren

Neubearbeitung 2023
§§ 18, 19, 28, 29, 43–45 WEG: Arnold Lehmann-Richter
§§ 20–22, 26–27 WEG: Florian Jacoby
§§ 23–25, 28 WEG: Martin Häublein
§§ 30–42, 46–49 WEG: Felix Wobst

Neubearbeitung 2018
§§ 20, 26, 27 WEG: Florian Jacoby
§§ 21, 22, 29, 43–58 WEG: Arnold Lehmann-Richter
§§ 23–25, 28 WEG: Martin Häublein
§ 30 WEG: Manfred Rapp
§§ 31–42: Sebastian Spiegelberger
§§ 59–64: Heinrich Kreuzer

Dreizehnte Bearbeitung 2005
Einl zum WEG, §§ 1–9, 30, 59 WEG: Manfred Rapp
§§ 10–15, 17–19, 51–58, 61, 63, 64 WEG: Heinrich Kreuzer
§§ 16, 20–29 WEG: Wolf-Rüdiger Bub
§§ 31–42, 60 WEG: Sebastian Spiegelberger
§§ 43–50 WEG: Joachim Wenzel

12.Auflage
Einl zum WEG, §§ 1–9, 30, 59 WEG: Manfred Rapp
§§ 10–15, 17–19, 51–58, 61, 63, 64 WEG: Heinrich Kreuzer
§§ 16, 20–29: Wolf-Rüdiger Bub
§§ 31–42, 60 WEG, Anh VIII.–XIII. zum WEG: Sebastian Spiegelberger
§§ 43–50 WEG: Joachim Wenzel
Anh I.–VII. zum WEG: Gerd Stuhrmann

10./11. Auflage
./.

Sachregister

Dr. Martina Schulz, Pohlheim

Zitierweise

Staudinger/Jacoby (2023) § 20 WEG Rn 1
Staudinger/Lehmann-Richter (2023) Vorbem 1 zu §§ 31–42 WEG
Staudinger/Häublein/Lehmann-Richter (2023) § 28 WEG Rn 1

Zitiert wird nach Paragraph bzw Artikel und Randnummer.

Hinweise

Der **Staudinger ist online auf juris** abrufbar. Nähere Angaben dazu sowie das Abkürzungsverzeichnis finden Sie auf www.staudinger-bgb.de.

Der **Stand der Bearbeitung** ist Mai 2023.

Am Ende eines jeden Bandes befindet sich eine Übersicht über den aktuellen Stand des Gesamtwerks Staudinger.

Die Deutsche Nationalbibliothek verzeichnet diese Publikation in der Deutschen Nationalbibliografie; detaillierte bibliografische Daten sind im Internet über http://dnb.dnb.de abrufbar.

ISBN 978-3-8059-1380-5

Satz: jürgen ullrich typosatz, Nördlingen.

Druck und Bindearbeiten: CPI books GmbH, Leck.

Umschlaggestaltung: Bib Wies, München.

♾ Gedruckt auf säurefreiem Papier, das die DIN ISO 9706 über Haltbarkeit erfüllt.

Inhaltsübersicht

* Zitiert wird nicht nach Seiten, sondern
nach Paragraph bzw Artikel und Randnummer;
siehe dazu auch „Zitierweise“.

§ 18 WEG
Verwaltung und Benutzung

(1) Die Verwaltung des gemeinschaftlichen Eigentums obliegt der Gemeinschaft der Wohnungseigentümer.

(2) Jeder Wohnungseigentümer kann von der Gemeinschaft der Wohnungseigentümer

1. eine Verwaltung des gemeinschaftlichen Eigentums sowie

2. eine Benutzung des gemeinschaftlichen Eigentums und des Sondereigentums

verlangen, die dem Interesse der Gesamtheit der Wohnungseigentümer nach billigem Ermessen (ordnungsmäßige Verwaltung und Benutzung) und, soweit solche bestehen, den gesetzlichen Regelungen, Vereinbarungen und Beschlüssen entsprechen.

(3) Jeder Wohnungseigentümer ist berechtigt, ohne Zustimmung der anderen Wohnungseigentümer die Maßnahmen zu treffen, die zur Abwendung eines dem gemeinschaftlichen Eigentum unmittelbar drohenden Schadens notwendig sind.

(4) Jeder Wohnungseigentümer kann von der Gemeinschaft der Wohnungseigentümer Einsicht in die Verwaltungsunterlagen verlangen.

Materialien: BR-Drucks 75/51, 18 f, 21 f;
BT-Drucks 19/18791, 58 ff.

Schrifttum

BUB, Die Instandhaltung und Instandsetzung des gemeinschaftlichen Eigentums – dringende Maßnahmen, ZWE 2009, 245
ELZER, Ermessen im Wohnungseigentumsrecht, ZMR 2006, 85
ERNST, Der Beschluss als Organakt, in: Liber Amicorum Leenen (2012) 1
FORSCHNER, Der Verwalter als Gestalter – Gestaltungsbefugnisse aus der Gemeinschaftsordnung, ZWE 2022, 193
HÄUBLEIN, Erstattungsansprüche des Wohnungseigentümers für Maßnahmen gem § 21 Abs 2 WEG, ZWE 2008, 410
JACOBY, Ermessen im Wohnungseigentumsrecht, ZWE 2023, 16
LEHMANN-RICHTER, Die verwalterlose Wohnungseigentümergemeinschaft, ZWE 2022, 61
WOBST, Ausübung fremder Rechte im Wohnungseigentumsrecht, ZWE 2022, 61.

Systematische Übersicht

Alphabetische Übersicht

I. Allgemeines

§ 18 WEG regelt unter der Überschrift „Verwaltung und Benutzung" verschiedene Frage aus dem Innenverhältnis der Wohnungseigentümergemeinschaft. Die Norm ist in der **WEG-Reform 2020** neu gefasst worden. Vorgänger von Absatz 1 war § 20 Abs 1 WEG aF. Absatz 2 wurzelt in § 15 Abs 3 aF sowie § 21 Abs 4 WEG aF. Absatz 3 WEG entspricht § 21 Abs 2 WEG aF und Pendant von Absatz 4 war § 24 Abs 6 S 3 WEG aF. 1

Die Verwaltung und die Benutzung sind in § 18 WEG nicht abschließend geregelt, sondern Gegenstand des gesamten Abschnitts 4 von Teil 1 des WEG. Aber auch die §§ 44 f WEG befassen sich mit dieser Materie. § 18 Abs 1 und Abs 2 WEG sind für die **Verwaltung** jedoch die **maßgeblichen Vorschriften**, da sie diese Aufgabe der Wohnungseigentümergemeinschaft zuordnen. Die Benutzung des gemeinschaftlichen Eigentums und des Sondereigentums sind hingegen zentral in § 13 Abs 1 und § 16 Abs 1 S 3 WEG geregelt. Im Gegensatz zu diesen Normen, die sich mit dem Gebrauch an sich befassen, geht es in § 18 Abs 1 und Abs 2 WEG um Maßnahmen der Wohnungseigentümergemeinschaft, die auf die Art und Weise des Gebrauchs einwir- 2 ken. Ein Beispiel ist ein Beschluss, der Vorgaben dazu macht, welcher Gebrauch zulässig ist.

3 Der sachliche **Anwendungsbereich** von § 18 WEG ist auf das Innenverhältnis beschränkt. Deshalb ist nicht etwa § 18 Abs 1, sondern § 9a Abs 2 WEG Anknüpfungspunkt für die allgemeine Verkehrssicherungspflicht der Wohnungseigentümergemeinschaft. Aufgrund der Verweisung in § 9a Abs 3 WEG gilt § 18 WEG auch für das Gemeinschaftsvermögen.

4 Die Anwendung von § 18 WEG setzt voraus, dass die **Wohnungseigentümergemeinschaft** nach § 9a Abs 1 S 2 WEG **entstanden** ist. **Intertemporal** gilt § 18 WEG auch für Wohnungseigentümergemeinschaften, die bereits vor der WEG-Reform 2020 bestanden. Der nach altem Recht gegen die übrigen Wohnungseigentümer gerichtete Anspruch auf Verwaltung ist mit Inkrafttreten des WEMoG am 1. 12. 2020 entfallen, und zwar auch dann, wenn die begehrte Verwaltungsmaßnahme schon unter Geltung des alten Rechts unterlassen wurde (Lehmann-Richter/Wobst WEG-Reform 2020 Rn 2025 ff). Ein nach altem Recht entstandener Anspruch auf Schadensersatz wegen Verletzung der Verwaltungsflicht bleibt dem Wohnungseigentümer aber erhalten (vgl BGH 17. 3. 2023 – V ZR 140/22, WuM 2023, 306 Rn 33; näher Lehmann-Richter/Wobst WEG-Reform 2020 Rn 2029 ff).

II. Zweck der Wohnungseigentümergemeinschaft (Abs 1)

5 § 18 Abs 1 WEG ordnet an, dass die Verwaltung des gemeinschaftlichen Eigentums der Wohnungseigentümergemeinschaft obliegt. Die Vorschrift regelt die wichtigste Aufgabe der Wohnungseigentümergemeinschaft. Sie betrifft also das, was man in Anlehnung an das übrige Verbandsrecht als **Zweck** der **Wohnungseigentümergemeinschaft** bezeichnen kann. Allerdings definiert § 18 Abs 1 WEG den Zweck nicht abschließend (Rn 10 ff). Die im Gesellschaftsrecht verbreitete Unterscheidung zwischen Zweck und Gegenstand der Gesellschaft ist im Wohnungseigentumsrecht hingegen nicht weiterführend. Denn die Wohnungseigentümergemeinschaft ist **kein zweckoffener Verband** (Rn 12 f). Überschreitet die Wohnungseigentümergemeinschaft im Außenverhältnis ihren Aufgabenbereich, berührt dies nach allgemeinen Grundsätzen ihre Rechtsfähigkeit aber nicht (Lehmann-Richter/Wobst WEG-Reform 2020 Rn 80).

1. Normzweck

6 Absatz 1 ordnet die Zuständigkeit für die Verwaltung des gemeinschaftlichen Eigentums. Da den Wohnungseigentümern das gemeinschaftliche Eigentum gehört, ist es nämlich keinesfalls selbstverständlich, dass für seine Verwaltung nicht sie, sondern die Wohnungseigentümergemeinschaft zuständig ist. Indem § 18 Abs 1 WEG der Wohnungseigentümergemeinschaft diese Aufgabe zuweist, bringt er das dem WEG zugrundeliegende **Organisationssystem** zum Ausdruck: Das gemeinschaftliche Eigentum wird von der Wohnungseigentümergemeinschaft, handelnd durch ihre jeweils zuständigen Organe, verwaltet. § 18 Abs 1 WEG ist damit die **zentrale Vorschrift** des in der WEG-Reform 2020 umgesetzten Wechsel des Organisationssystems (BT-Drucks 19/18791, 30). Denn nach hM zum alten Recht war die Wohnungseigentümergemeinschaft im Innenverhältnis in die Verwaltung des Gemeinschaftseigentums nicht eingebunden (BGH 8. 6. 2018 – V ZR 125/17, NJW 2018, 3305 Rn 16).

7 Bildlich kann man bei § 18 Abs 1 WEG von einem Nukleus sprechen, der andere Vorschriften, die an ihn anknüpfen, erst vollständig erklärt. Denn wegen § 18 Abs 1 WEG ist es offensichtlich, dass die im WEG geregelten Rechte und Pflichten bei der Verwaltung des gemeinschaftlichen Eigentums stets die Wohnungseigentümergemeinschaft betreffen. § 18 Abs 1 WEG ist daher **Auslegungsvorschrift**, wenn eine konkrete Regelung Gläubiger oder Schuldner nicht ausdrücklich benennt. Anschauungsmaterial liefert etwa § 28 WEG: Die in § 28 Abs 1 S 2 WEG geregelte Pflicht des Verwalters zur Aufstellung des Wirtschaftsplans besteht wegen § 18 Abs 1 WEG gegenüber der Wohnungseigentümergemeinschaft (und nicht etwa den Wohnungseigentümern) und der Anspruch der Wohnungseigentümer nach § 28 Abs 4 S 2 WEG richtet sich gegen die Wohnungseigentümergemeinschaft (und nicht etwa gegen den Verwalter).

8 Aus seinem Kompetenzzuweisungscharakter folgt, dass § 18 Abs 1 WEG nicht nur Hilfsnorm bei der Auslegung ist, sondern auch **Grundlage** konkreter **Rechte** und **Pflichten** der Wohnungseigentümergemeinschaft sein kann. Dieser Normzweck ist allerdings kaum praxisrelevant. Denn die wesentlichen Rechte und Pflichten der Wohnungseigentümergemeinschaft bei der Verwaltung sind speziell geregelt. Bei den Pflichten ist in erster Linie § 18 Abs 2 WEG zu nennen. Bei den Ansprüchen stehen im Verhältnis zu den Wohnungseigentümern § 14 Abs 1 Nr 1 WEG sowie § 19 Abs 1 WEG im Zentrum. Für den Anspruch der Wohnungseigentümergemeinschaft gegen den Verwalter auf Wahrnehmung seines Amtes bedarf es ebenfalls keines Rückgriffs auf § 18 Abs 1 WEG; Anknüpfungspunkt ist nämlich insofern das Organverhältnis (Staudinger/Jacoby § 26 WEG Rn 30).

2. Gesetzlicher Verbandszweck

9 Zweck der Wohnungseigentümergemeinschaft ist zum einen nach § 18 Abs 1 WEG die **Verwaltung** des **gemeinschaftlichen Eigentums** (zu diesem Begriff Rn 115). Ein weiterer Zweck ist nach § 9a Abs 3, § 18 Abs 1 WEG auch die Verwaltung des **Gemeinschaftsvermögens** sowie **gemeinschaftsbezogener Rechte und Pflichten** gem § 9a Abs 2 WEG. Auch die in § 18 Abs 2 Nr 2, § 19 Abs 1 WEG angesprochene **Regelung** der **Benutzung** des gemeinschaftlichen Eigentums und des Sondereigentums gehört zum Aufgabenbereich der Wohnungseigentümergemeinschaft. Gleiches gilt für die Entscheidung über bauliche Veränderungen des Sondereigentums nach § 13 Abs 2 WEG. Diese Aufgaben sind der Wohnungseigentümergemeinschaft zwar in § 18 Abs 1 WEG nicht ausdrücklich zugewiesen. Indes folgt aus den genannten Vorschriften, dass auch sie zum Verbandszweck gehören.

10 Gleiches gilt angesichts von **§ 12 WEG** für eine etwaige Befugnis der Wohnungseigentümergemeinschaft, eine Veräußerungszustimmung zu erteilen sowie für Maßnahmen, die dazu dienen, einen Wohnungseigentümer nach **§ 17 WEG** aus der Gemeinschaft auszuschließen. Da sich die Zuordnung zum Aufgabenbereich der Wohnungseigentümergemeinschaften auf diese Vorschriften stützen lässt, bedarf es nicht der (auch wenig überzeugenden) Subsumtion dieser Maßnahmen unter den Begriff der Verwaltung des gemeinschaftlichen Eigentums. Dies gilt auch für **gegen die Wohnungseigentümergemeinschaft gerichtete Forderungen**: Die Erfüllung ist eine Aufgabe der Wohnungseigentümergemeinschaft. Deshalb können die Wohnungseigentümer auch dann über das „wie" der Erfüllung entscheiden, wenn die Erfüllungs-

handlung eine Naturalrestitution des Sondereigentums erfordert (BGH 8. 7. 2022 – V ZR 207/21, WuM 2022, 629 Rn 11).

11 Angesichts dieses umfangreichen Aufgabenkreises wird deutlich, dass eine zweckentsprechende Tätigkeit der Wohnungseigentümergemeinschaft sich nicht auf Maßnahmen mit Bezug zum gemeinschaftlichen Eigentum beschränkt. Der **Begriff** der **Verwaltung** darf daher nicht auf diese Aufgabe reduziert werden. Das verdeutlicht auch § 27 Abs 1 WEG, der das Merkmal der Verwaltung nicht mit dem des gemeinschaftlichen Eigentums verbindet. Verwaltung sind vielmehr auch Maßnahmen mit Bezug zum Gemeinschaftsvermögen, zur Regelung der Benutzung des Eigentums, der Veränderung des Sondereigentums oder Maßnahmen nach § 9a Abs 2, § 12, § 13 Abs 2 oder § 17 WEG. Anders formuliert: **Jede ihrem Zweck entsprechende Tätigkeit** der Wohnungseigentümergemeinschaft **ist Verwaltung**. Unumstritten ist diese Zweckbestimmung aber nicht (abw Konzept bei Staudinger/Jacoby [2023] § 9a WEG Rn 19 f).

3. Modifikation des Verbandszwecks

12 Die in § 18 Abs 1 WEG vorgeschriebene Verwaltung des gemeinschaftlichen Eigentums durch die Wohnungseigentümergemeinschaft ist **unabdingbar** (BeckOGK/Skauradszun Rn 13; Hügel/Elzer DNotZ 2021, 3, 14). Denn die Funktionsfähigkeit des Wohnungseigentums (und damit auch seine Verkehrsfähigkeit) ist nur gewährleistet, wenn die Wohnungseigentümergemeinschaft diese Aufgabe auch wahrzunehmen hat. Auch die Verwaltung der gemeinschaftsbezogenen Rechte und Pflichten (§ 9a Abs 2 WEG) durch die Wohnungseigentümergemeinschaft ist unabdingbar. Denn es handelt sich um eine Regelung aus dem Außenverhältnis, die aus diesem Grund nicht zur Disposition der Wohnungseigentümer steht. Unabdingbar ist auch die gesetzliche Aufgabe, die Benutzung des gemeinschaftlichen Eigentums und des Sondereigentums zu regeln. Denn die Wahrnehmung dieser Aufgaben nach dem Organisationssystem des WEG ist für die Funktionsfähigkeit des Wohnungseigentums unersetzlich. Möglich ist es hingegen, das Organisationssystem im Innenverhältnis zu modifizieren, etwa den Wohnungseigentümern Einzelkompetenzen zu übertragen, aufgrund derer sie für die Wohnungseigentümergemeinschaft handeln (Rn 95). Denn dadurch wird § 18 Abs 1 WEG nicht abbedungen, sondern nur das „wie" der Verwaltung durch die Wohnungseigentümergemeinschaft geändert.

13 Wird der Zweck der Wohnungseigentümergemeinschaft über den gesetzlichen Kanon hinaus **erweitert**, ist die Funktionsfähigkeit des Wohnungseigentums nicht gefährdet. Berührt ist aber der Topos des verbandsrechtlichen Typenzwangs. Seine Reichweite ist durch Auslegung des Wohnungseigentumsgesetzes zu ermitteln. Hier ist § 5 Abs 3 WEG wegweisend: Danach können Bestandteile des Grundstücks, die nach der gesetzlichen Definition Sondereigentum sind, zum Gemeinschaftseigentum gemacht werden. In diesem Umfang ist auch eine Erweiterung des Zwecks der Wohnungseigentümergemeinschaft anzuerkennen. Ihr kann daher durch Vereinbarung die Aufgabe zugewiesen werden, auf das Sondereigentum bezogene Aufgaben wahrzunehmen (vgl Ott ZWE 2021, 348, 352).

III. Grundlagen des Organisationsrechts

Der Zweck der Wohnungseigentümergemeinschaft liegt in der Verwaltung (Rn 11). Zur **Erreichung** dieses **Zwecks** hat der Gesetzgeber die Wohnungseigentümergemeinschaft mit einem Organisationssystem ausgestattet, dessen Grundlagen im Folgenden dargestellt werden. 14

1. Die Verwaltungsmaßnahmen

Die **allgemeine Bezeichnung** des Gesetzes für **Aktivitäten** bei der Verwaltung ist Maßnahme (etwa § 18 Abs 3, § 27 Abs 1 WEG). 15

a) Überblick

Verwaltungsmaßnahmen erfolgen durch die Organe und andere Funktionsträger der Wohnungseigentümergemeinschaft. **Organe** sind die Wohnungseigentümer in ihrer Gesamtheit sowie der Verwalter und der Verwaltungsbeirat, falls diese Ämter personell besetzt sind. In Sonderkonstellationen sind auch einzelne Wohnungseigentümer (§ 18 Abs 3, § 24 Abs 3 Var 3 WEG) oder sogar Dritte (§ 24 Abs 5, § 24 Abs 8 S 2 WEG) verwaltungsbefugt. Man kann sie als **Funktionsträger** oder **Hilfsorgane** bezeichnen. Durch Vereinbarung können weitere Funktionsträger eingerichtet werden. 16

In der Regel erfolgt die Verwaltung **dreistufig**. Typischerweise wird zunächst durch Verwaltungshandlungen eine bestimmte Entscheidung, meist eine Beschlussfassung der Wohnungseigentümer, vorbereitet. In diesem Zusammenhang ist insbesondere die Einladung zur Versammlung zu nennen. Auf die Entscheidung – typischerweise die Beschlussfassung – folgt als dritte Stufe die Entscheidungsumsetzung. Beschlüsse bedürfen allerdings im Innenverhältnis nicht stets einer Umsetzung durch eine Verwaltungshandlung (Rn 48). Kommt es zu einer Verwaltungshandlung ohne wirksame Verwaltungsentscheidung (zB Umgestaltung des gemeinschaftlichen Eigentums durch einen Wohnungseigentümer ohne Beschluss), so ist die Verwaltungshandlung rechtswidrig. 17

Das WEG verlangt offensichtlich nicht, dass sämtliche Verwaltungsmaßnahmen von den Organen persönlich ausgeführt werden. Vielmehr ist es dem Gesetz immanent, dass durch Verwaltungsentscheidungen bestimmt wird, dass konkrete **Verwaltungshandlungen** von einem **Dritten** vorgenommen werden. Paradigmatisch ist die Erteilung eines Reparaturauftrags an einen Handwerker, an den so die Vornahme einer Verwaltungsmaßnahme (Reparatur) delegiert wird. Diese Delegation kann mit der Übertragung von Entscheidungsbefugnissen einhergehen, nämlich dann, wenn dem Handwerker die genaue Ausführung der Reparatur – zB mit Blick auf das Material – nicht vorgegeben wird. 18

b) Verwaltungshandlungen

Verwaltungshandlungen ist gemein, dass sie **verlautbart** werden. Sie werden also innerhalb der Wohnungseigentümergemeinschaft oder in ihrem Außenverhältnis bekannt. Verwaltungshandlungen erfolgen für die Wohnungseigentümergemeinschaft, wobei die Binnenrepräsentation (zB Ladung zu einer Versammlung) von der Außenvertretung (zB Abschluss eines Vertrags) zu unterscheiden ist (Rn 30). 19

20 Gegenständlich haben Verwaltungshandlungen ganz unterschiedliche **Funktionen**. Typischerweise dienen sie der Vorbereitung (zB Ladung zu einer Versammlung, Erstellung und Mitteilung einer Beschlussvorlage) oder Ausführung (zB Vertragsabschluss) von Beschlüssen. Verwaltungshandlungen haben keinen einheitlichen **Rechtscharakter**, sind nämlich etwa Realakt (zB Gewährung von Einsicht in die Verwaltungsunterlagen), geschäftsähnliche Handlung (zB Einberufung einer Eigentümerversammlung) oder Rechtsgeschäft (zB Vertragsabschluss im Namen der Wohnungseigentümergemeinschaft).

c) Verwaltungsentscheidungen

21 Verwaltungsentscheidungen betreffen die **Willensbildung**, ob eine Verwaltungshandlung vorgenommen werden soll. Sie werden entweder kollektiv oder individuell getroffen. Kollektive Entscheidungen sieht das Gesetz durch die Wohnungseigentümer in Form einer Vereinbarung (§ 10 Abs 1 S 2 WEG) oder eines Beschlusses (insbes § 19 Abs 1 WEG) vor. Nicht anzuerkennen ist eine Verwaltungsentscheidung durch Erwirkung nach § 242 BGB (§ 14 WEG Rn 55). Auch der Verwaltungsbeirat trifft kollektive Entscheidungen (§ 29 WEG Rn 50). Individuelle Entscheidungen sind nach dem Gesetz durch den Verwalter (§ 27 Abs 1 WEG), in Ausnahmefällen auch durch einzelne Wohnungseigentümer (§ 18 Abs 3, § 24 Abs 3 Var 3 WEG) vorgesehen.

d) Atypische Verwaltungsmaßnahmen?

22 Fraglich ist, ob die Gemeinschaftsordnung atypische – also im WEG nicht vorgesehene – Verwaltungsmaßnahmen vorsehen kann (Forschner ZWE 2022, 193). Der Praxis begegnet die Problematik vor allem in Gestalt von Sonderbefugnissen des Verwalters oder einzelner Wohnungseigentümer, etwa eine Hausordnung aufzustellen (vgl BayObLG NJW 2001, 3635), Baumaßnahmen freizugeben (BGH 18. 11. 2016 – V ZR 49/16, NJW 2017, 2184 Rn 25), Sondernutzungsrechte zu verändern (BGH 2. 12. 2011 – V ZR 74/11, NJW 2012, 676), eine Vermietung zu gestatten (BGH 25. 9. 2020 – V ZR 300/18, ZMR 2021, 259), den Kostenverteilungsschlüssel zu bestimmen (KG 26. 7. 2004 – 24 W 31/03, ZMR 2005, 899) oder die Nutzungsart des Sonder- oder Teileigentums zu ändern (BayObLG NZM 2002, 24). Die **Praxis** hat hier **pragmatische Lösungen** entwickelt, deren dogmatische Belastbarkeit aber zweifelhaft ist.

23 Ob eine Befugnis in der Gemeinschaftsordnung eine atypische Verwaltungsmaßnahme beinhaltet, hängt von ihrer **rechtlichen Einordnung** ab, die wiederum von der **Auslegung** der konkreten Regel bestimmt wird. Man kann solche Regeln als **Gestaltungsrechte** verstehen (so BGH 8. 11. 1985 – V ZR 113/84; NJW 1986, 845; BGH 2. 12. 2011 – V ZR 74/11, NJW 2012, 676 Rn 17; aus der Literatur etwa BeckOGK/Müller § 1 WEG Rn 183 ff; Forschner ZWE 2022, 195). Zu einer atypischen Verwaltungsmaßnahme kommt man in diesem Fall indes nur, wenn man die gestaltende Wirkung nicht auf die Vereinbarung zurückführt, sondern maßgeblich an der Gestaltungserklärung festmacht. Alternativ kommt in Betracht, die Sonderbefugnis zugunsten eines oder mehrerer Wohnungseigentümer als Stimmrechtsregelung zu verstehen, die es diesen erlaubt, ohne Mitwirkung der übrigen Wohnungseigentümer einen Beschluss zu fassen. Dann wäre das Gestaltungsinstrument kein atypisches, sondern ein Beschluss der Wohnungseigentümer. Gleiches gilt, wenn man die Sonderbefugnis als Vollmacht zur Änderung der Gemeinschaftsordnung auslegt (vgl OLG Frankfurt MittBayNot 1998, 183) oder die Ausübung der Gestaltungsmacht als Bedingung der Vereinbarung einordnet (etwa BayObLG DNotZ 1986, 479).

Bei der **Problemlösung** sind **zwei Fragen** zu unterscheiden: Entfaltet die Ausübung der in der Gemeinschaftsordnung eingeräumten Gestaltungsmacht überhaupt Rechtswirkungen und, wenn man dies bejaht, erstreckt sich diese Wirkung auch auf Sondernachfolger? 24

Bei der ersten Frage geht es zunächst um den Umfang der **Vereinbarungskompetenz**, nämlich ob diese auch die Einräumung einseitiger Gestaltungsbefugnis umfasst. Das ist wegen § 10 Abs 1 S 2 WEG im Grundsatz zu bejahen (vgl Forschner ZWE 2022, 193, 194). Denn die danach zulässige Modifikation der gesetzlichen Regelungen erlaubt es, von der im Gesetz vorgesehenen Art und Weise der Verwaltung abzuweichen. Welche Form der Abweichung gewählt wurde, bestimmt die Auslegung der Gemeinschaftsordnung. Unabhängig von der konkreten rechtlichen Einordnung gelten für die Ermächtigungsregelung in der Gemeinschaftsordnung die allgemeinen **Wirksamkeitsschranken** (dazu Staudinger/Wobst [2023] § 10 WEG Rn 29). Insbesondere kann eine dem aufteilenden Eigentümer eingeräumte Gestaltungsbefugnis wegen Gewährung eines unberechtigten Sondervorteils nach § 242 BGB unwirksam sein (vgl BGH 20. 11. 2020 – V ZR 196/19, ZWE 2021, 273 Rn 29). 25

Soll die Gestaltung – wie es typischerweise der Fall ist – durch Erklärung erfolgen, deren Inhalt nicht vorab determiniert ist, handelt es sich um ein Gestaltungsrecht, nicht hingegen um eine Bedingung (vgl Neuner BGB AT § 52 Rn 18). Die Wirksamkeit der Gestaltung richtet sich dann nach **§§ 315 ff BGB** (vgl BGH 2. 12. 2011 – V ZR 74/11, NJW 2012, 676 Rn 17). Die Details der Anwendung dieser Vorschriften sind noch ungeklärt. Richtigerweise werden sie teilweise durch das wohnungseigentumsrechtliche Organisationssystem (§ 18 Abs 1 WEG) überlagert. Deshalb ist die Gestaltung gegenüber der Wohnungseigentümergemeinschaft zu erklären (**aA** zum Sondernutzungsrecht BeckOGK/Falkner § 10 Rn 391: Wohnungseigentümer) und eine etwaige Pflicht, von der Gestaltungsmacht auch Gebrauch zu machen, trifft nach § 18 Abs 2 WEG die Wohnungseigentümergemeinschaft. Gegen diese ist auch eine etwaige Klage nach §§ 315 Abs 3 S 2, 317 Abs 1 S 2 BGB zu richten. Dahinter steht die These, dass die zur Gestaltung berufenen Personen ihre Gestaltungsmacht als Funktionsträger der **Wohnungseigentümergemeinschaft** ausüben (Forschner ZWE 2022, 193, 196), da es sich um eine Angelegenheit der Gemeinschaft handelt. Inhaltlich ist Kontrollmaßstab deshalb auch nicht das billige Ermessen nach §§ 315 Abs 1, 317 Abs 1 BGB, sondern der wohnungseigentumsrechtliche Grundsatz der ordnungsmäßigen Verwaltung oder Benutzung. 26

Die zweite Frage betrifft die **Bindung** von **Sondernachfolgern** an das umgestaltete Binnenrecht. Die Antwort gibt § 10 Abs 3 WEG, weshalb die Bindung die Eintragung der Umgestaltung in das Grundbuch voraussetzt. Das ist für die durch Bedingungseintritt erfolgende Umgestaltung wohl allgemein anerkannt (vgl OLG Hamm ZWE 2000, 80, 83; BayObLG DNotZ 1986, 479). Es gilt aber gleichermaßen auch für Gestaltungserklärungen (**aA** Forschner ZWE 2022, 193, 196). Für die Zuordnung von Sondernutzungsrechten ist nach hM allerdings – nicht überzeugend – die Verlautbarung im Wohnungsgrundbuch der begünstigten Einheit ausreichend (BayObLG DNotZ 1986, 479, 485; **aA** Häublein, Sondernutzungsrechte [2003] 291). 27

2. Wirksamkeit von Verwaltungsmaßnahmen im Außenverhältnis

28 Um Rechtsfolgen gegenüber Dritten auszulösen, muss sich die Wohnungseigentümergemeinschaft der allgemeinen Handlungsformen bedienen. Materiell gilt also die **allgemeine Rechtsgeschäftslehre**. Nach § 164 BGB ist ein Handeln im Namen der Wohnungseigentümergemeinschaft mit Vertretungsmacht erforderlich, wobei sich die Vertretungsmacht nach § 9b WEG richtet. Daneben sind die Wirksamkeitsanforderungen des in Rede stehenden Rechtsgeschäfts zu prüfen. Auch im **Prozess** gelten die allgemeinen Grundsätze. Hier ist von Bedeutung, dass zum Außenverhältnis auch die gerichtliche Geltendmachung von Ansprüchen aus dem Innenverhältnis zählt (näher Vorbem 7 zu §§ 43–45 WEG).

3. Wirksamkeit von Verwaltungsmaßnahmen im Innenverhältnis

29 Die Wirksamkeit von Verwaltungsmaßnahmen im Innenverhältnis ist an vergleichbare Voraussetzungen wie im Außenverhältnis geknüpft. Zum einen bedarf es einer **Zurechnung** zur Wohnungseigentümergemeinschaft, für die Offenkundigkeit und Verwaltungsmacht erforderlich sind. Daneben sind die **speziellen Voraussetzungen** zu prüfen, die das Gesetz an die Wirksamkeit der in Rede stehenden Maßnahme stellt, etwa bei der Ladung die Textform (§ 24 Abs 4 S 1 WEG).

30 Fraglich ist, welche **Vorschrift** die **Zurechnung regelt**. Zwei Sichtweisen sind denkbar. Entweder man wendet mit § 164 BGB stets die allgemeine Vorschrift über die Zurechnung von Willenserklärungen an. Das erfordert häufig Analogien, weil im Innenverhältnis nicht immer durch Rechtsgeschäft gehandelt wird. Oder man stützt die Zurechnung unmittelbar auf das Organisationssystem. Nach hiesiger Ansicht ist diese letztlich theoretische Frage im zuletzt genannten Sinne zu beantworten (näher zur Theorie der Zurechnung des Organhandelns etwa K Schmidt GesR § 10 I 2).

a) Offenkundigkeitsprinzip

31 Das Handeln für die Wohnungseigentümergemeinschaft (Offenkundigkeitsprinzip) bereitet typischerweise keine Schwierigkeiten. Es ist nämlich nicht erforderlich, dass die Verwaltungsmaßnahme ausdrücklich für die Wohnungseigentümergemeinschaft erfolgt. Ausreichend ist, wenn sich dies aus den **Umständen** ergibt.

b) Verwaltungsmacht

32 Verwaltungsmacht bedeutet, dass die handelnde Person (oder Gruppe von Personen) die **Kompetenz** hat, **für** die **Wohnungseigentümergemeinschaft** eine bestimmte Verwaltungsmaßnahme im Innenverhältnis vorzunehmen. Die Verwaltungsmacht kann auf Gesetz, Vereinbarung (vgl KG 18. 3. 2022 – 1 W 300/21, ZMR 2023, 127, zur Kompetenz eines Dritten) oder Beschluss beruhen.

aa) Ausdrückliche Verwaltungsmacht

33 Die Verwaltungsmacht spricht das **Gesetz** typischerweise ausdrücklich aus – so ist etwa der Verwalter nach § 24 Abs 1 WEG für die Einberufung der Versammlung, die Gesamtheit der Wohnungseigentümer nach § 19 Abs 1 WEG für die Fassung von Beschlüssen und der Verwaltungsbeirat für die Prüfung von Wirtschaftsplan und Jahresabrechnung zuständig, § 29 Abs 2 S 2 WEG.

bb) § 9b WEG als Quelle von Verwaltungsmacht im Innenverhältnis?

Ist die Verwaltungsmacht **gesetzlich konkret geregelt**, kommt eine Anwendung von § 9b WEG offensichtlich nicht in Betracht. Lädt der Verwalter etwa zu einer Versammlung, darf seine diesbezügliche Kompetenz nicht auf § 9b Abs 1 S 1 WEG gestützt werden – denn sie ergibt sich schlicht aus § 24 Abs 1 WEG. 34

Schwieriger ist es, soweit die Verwaltungsmacht **nicht konkret geregelt** ist. Ein Beispiel ist etwa die Abmahnung nach § 17 Abs 2 WEG oder eine Mahnung gemäß § 286 Abs 1 BGB, die der Verwalter gegenüber einem Wohnungseigentümer ausspricht. Auf den ersten Blick ist man geneigt, in diesen Fällen § 9b Abs 1 S 1 WEG anzuwenden, ist doch etwa bei der Mahnung die Anwendung von § 164 Abs 1 BGB und damit der Regeln über die Vertretungsmacht anerkannt. Folgt man dem, wird man allerdings das Abstraktionsprinzip nicht anwenden dürfen: Denn aus § 9b Abs 1 S 3 WEG folgt, dass der Verwalter keine Verwaltungsmacht besitzt, wenn er im Innenverhältnis seine Kompetenzen überschreitet. Diese Verknüpfung mit dem Innenverhältnis führt zur Gegenthese: Danach ergibt sich die Verwaltungsmacht nicht aus § 9b Abs 1 S 1 WEG, dessen Anwendungsbereich sich auf das Außenverhältnis beschränkt. Sie folgt vielmehr aus der im Gesetz nicht ausdrücklich erwähnten, dem Organisationssystem aber immanenten **Vollzugskompetenz** des **Verwalters**: Bedarf ein Beschluss oder eine Entscheidung des Verwalters nach § 27 WEG im Innenverhältnis der Umsetzung, um Rechtswirkungen zu entfalten (dazu Rn 46), ist hierfür der Verwalter kraft seines Amtes zuständig (vgl Staudinger/Jacoby § 26 WEG Rn 24). Anhänger dieser Vollzugskompetenzthese müssen sich allerdings die Frage nach ihrer Reichweite stellen. Denn wenn der Verwalter im Namen der Wohnungseigentümergemeinschaft gegenüber einem Wohnungseigentümer eine Willenserklärung abgibt, etwa einen Mietvertrag über Gemeinschaftseigentum schließt, ist – anders als bei rechtsgeschäftsähnlichen Handlungen wie der Mahnung – der Wortlaut des § 164 Abs 1 BGB erfüllt. Das könnte dafür sprechen, in diesen Fällen die Zurechnung auf § 164 Abs 1 BGB, § 9b Abs 1 WEG mit der soeben beschriebenen Nichtgeltung des Abstraktionsprinzips bei der Stellvertretung zu stützen. Die weitere Entwicklung dieser bisher nicht diskutierten Rechtsfrage bleibt abzuwarten. 35

§ 9b WEG kommt aber jedenfalls zur Anwendung, wenn ein Anspruch aus dem Innenverhältnis **gerichtlich geltend gemacht** wird, Denn dann ist in Form des Gerichts eine außenstehende Stelle beteiligt. Das verlangt nach klaren Repräsentationsregeln. Der Verweis in § 51 Abs 1 ZPO bezieht sich daher auf § 9b WEG. Zur Beschränkung der prozessualen Vertretungsmacht Staudinger/Jacoby (2023) § 9b WEG Rn 66. 36

cc) Verwaltungsmacht des Organs Gesamtheit der Wohnungseigentümer

Für die Feststellung der Verwaltungsmacht des Organs Gesamtheit der Wohnungseigentümer reicht die Anknüpfung an die Stellung als Eigentümer nur aus, wenn die Wohnungseigentümer in ihrer **Gesamtheit handeln**, etwa einen gemeinschaftlichen Beschluss fassen. Deshalb besitzt der Wohnungseigentümer in der Ein-Personen-Gemeinschaft ohne Weiteres Verwaltungsmacht. 37

Bei **Mehrheitsbeschlüssen** bedarf es hingegen eines ergänzenden Zurechnungsmerkmals, um Verwaltungsmacht zu begründen. Dieses Merkmal ist bei Versammlungsbeschlüssen die **Ladung** durch eine nach dem Binnenrecht hierzu befugte Person (**aA** im Ergebnis BGH 20. 11. 2020 – V ZR 64/20, ZMR 2021, 402 Rn 13 ff). Erfolgt die Ladung 38 durch einen Nichtberechtigten, so hat dies mithin Nichtbeschlüsse (zu dieser Kategorie Staudinger/Häublein § 23 WEG Rn 116) zur Folge. Entgegen der wohl allgM (etwa LG Frankfurt aM 15. 4. 20121 – 2-13 S 87/20, WuM 2021, 461) ist nicht entscheidend, ob der Einberufende als Wohnungseigentümer wegen § 24 Abs 3 Var 3 WEG abstrakt einberufungsberechtigt ist. Denn dieser Umstand kann die Zurechnung zur Wohnungseigentümergemeinschaft nicht tragen, da diese auf die Eigentümerstellung keinen Einfluss hat (Lehmann-Richter ZWE 2021, 420). Die Ladung durch einen Befugten an einen ordnungswidrigen Versammlungsort verhindert die Zurechnung hingegen nicht (vgl AG Saarbrücken 19. 8. 2021 – 36 C 139/21, ZMR 2021, 1023, reine Online-Versammlung). Bei Umlaufbeschlüssen (§ 23 Abs 3 WEG) ist die im Gesetz nicht ausdrücklich geregelte **Initiationsbefugnis** entscheidend, die der Ladungsbefugnis entspricht (Lehmann-Richter/Wobst WEG-Reform 2020 Rn 642).

dd) Verwaltungsmacht fehlerhafter Organe

39 Geht es um das Handeln eines durch Beschluss gekürten Amtsinhabers, ist Grundlage der Verwaltungsmacht der **Bestellungsbeschluss**. Dies gilt unabhängig davon, ob man im Wohnungseigentumsrecht der Organ- oder Vertretertheorie folgt, weil beide die Notwendigkeit einer Zurechnung anerkennen (vgl K Schmidt GesR § 10 I 2).

40 Auch ein ordnungswidriger („anfechtbarer“) Bestellungsbeschluss begründet Verwaltungsmacht; die gerichtliche Unwirksamkeitserklärung ändert daran nichts (OLG Zweibrücken 16. 12. 2002 – 3 W 202/02, ZMR 2004, 63; zum Außenverhältnis ebenso BGH 5. 7. 2019 – V ZR 278/17, NJW 2020, 988 Rn 10). Aber auch ein nichtiger Bestellungsbeschluss reicht bis zur gerichtlichen Feststellung seiner Nichtigkeit oder der Abberufung des Organwalters regelmäßig als Zurechnungsgrundlage und damit für die Verwaltungsmacht aus, falls der Nichtigkeitsgrund seinem Zweck nach nicht ausnahmsweise ein anderes Ergebnis gebietet (vgl Bayer/Lieder NZG 2012, 1). Diese sog **Lehre vom fehlerhaften Organ** (Anwendung im Wohnungseigentumsrecht offenlassend BGH 11. 3. 2022 – V ZR 77/21, WuM 2022, 303 Rn 8) rechtfertigt sich mit dem Bedürfnis nach innergemeinschaftlicher Rechtssicherheit. Verwaltungsmacht hat daher auch ein **Verwalter**, dessen Bestellungszeitraum abgelaufen ist. Aus einem Nichtbeschluss (dazu Staudinger/Häublein § 23 WEG Rn 116) folgt hingegen mangels tragfähiger Zurechnungsgrundlage keine Verwaltungsmacht. Eine hinreichende Zurechnungsgrundlage besteht aber, wenn eine Person aufgrund einer unwirksamen Regelung in der Gemeinschaftsordnung vom aufteilenden Eigentümer zum Verwalter „bestellt“ wird (BGH 11. 3. 2022 – V ZR 77/21, WuM 2022, 303 Rn 17).

41 Diese Grundsätze gelten auch, wenn ein (bloßer) **Funktionsträger** durch Beschluss gekürt wird, etwa ein Wohnungseigentümer nach § 24 Abs 3 Var 3 WEG zur Einberufung einer Versammlung ermächtigt wird.

c) Konkrete Wirksamkeitsanforderungen

42 Für die Wirksamkeit einer Verwaltungsmaßnahme reicht die Zuständigkeit des Organs/Funktionsträgers offensichtlich nicht aus. Hinzukommen muss ferner, dass auch die weiteren Voraussetzungen erfüllt sind, die das Gesetz an die Verwaltungsmaßnahme knüpft. Hier geht es mithin darum, ob die Verwaltungsmaßnahme nicht nur hinsichtlich der Zuständigkeit, sondern auch im Übrigen **binnenrechtskonform** ist (Rn 128).

Verstößt eine Verwaltungsmaßnahme gegen das Binnenrecht, ist sie im Innenverhältnis **unwirksam**. Eine Ausnahme macht § 23 Abs 4 WEG für Beschlüsse der Wohnungseigentümer. 43

4. Wirkungsumfang von Verwaltungsmaßnahmen

Das WEG regelt den Wirkungsumfang von Verwaltungsmaßnahmen **im Außenverhältnis** nur in § 15 WEG. Unter den dortigen Voraussetzungen wirkt die Ankündigung von Baumaßnahmen auch gegenüber einem Dritten. Im Übrigen richtet sich die Außenwirkung von Verwaltungsmaßnahmen nach den allg Vorschriften. Beschlüsse oder Vereinbarungen der Wohnungseigentümer haben keine Drittwirkung (Rn 50). Verwaltungshandlungen kommt diese Wirkung hingegen zu, wenn sowohl die Voraussetzungen des § 164 BGB als auch des konkreten Rechtsgeschäfts erfüllt sind. 44

Im **Innenverhältnis** ist zwischen dem gegenständlichen und persönlichen Wirkungsumfang zu unterscheiden: 45

a) Direktwirkung einer Verwaltungsentscheidung oder Umsetzungserfordernis?

Die Frage nach dem gegenständlichen Wirkungsumfang im Innenverhältnis stellt sich bei Verwaltungsentscheidungen, wenn diese – wie es häufig der Fall ist – die **Auslösung** von **Rechtsfolgen** gegenüber den Wohnungseigentümern oder dem Verwalter betreffen. Dann ist nämlich problematisch, ob die Entscheidung die beabsichtigte Rechtsfolge direkt auslöst oder ob es hierfür einer den Beschluss umsetzenden Verwaltungshandlung bedarf. Als Beispiel diene das Merkmal der Abmahnung in § 17 Abs 2 WEG: Wenn die Wohnungseigentümer die Abmahnung eines Wohnungseigentümers beschließen, bedarf es dann noch einer im Namen der Wohnungseigentümergemeinschaft abzugebende Abmahnungserklärung gegenüber dem Störer? Bei der Antwort sind zwei Konstellationen zu unterscheiden: 46

aa) Andere Entscheidungen als Wohnungseigentümerbeschlüsse

Stammt die Entscheidung von einem anderen Funktionsträger als der Gesamtheit der Wohnungseigentümer, so **scheidet** eine **Direktwirkung aus**. Denn diesen Entscheidungen ist eine unmittelbare Wirkung schon deshalb abzusprechen, weil sie – anders als der Wohnungseigentümerbeschluss – für Außenstehende nicht erkennbar sind. Solche Entscheidungen bedürfen daher auch im Innenverhältnis der Umsetzung durch eine Verwaltungshandlung. Deren Rechtsnatur hängt davon ab, welches Instrument die beabsichtigte Rechtsfolge nach den organisationsrechtlichen Vorgaben auslöst. Entscheidet der Verwalter, gestützt auf § 27 WEG, etwa die Abmahnung eines Wohnungseigentümers, so handelt es sich um eine rechtsgeschäftsähnliche Handlung (Staudinger/Lehmann-Richter [2023] § 17 WEG Rn 35). Zur Ankündigung von Baumaßnahmen Staudinger/Lehmann-Richter (2023) § 14 WEG Rn 77. 47

bb) Wohnungseigentümerbeschlüsse

Schwieriger ist das Problem einer Direktwirkung bei Wohnungseigentümerbeschlüssen. Das Gesetz regelt diese Frage nicht durch eine allgemeine Vorschrift. Eine Direktwirkung von Beschlüssen ist aber in einer **Reihe von Fällen anerkannt**: § 20 Abs 1 WEG ordnet an, dass die Rechtsfolge – nämlich die Gestattung der baulichen Veränderung des gemeinschaftlichen Eigentums – gegenüber dem Wohnungseigentümer 48 direkt durch den Beschluss ausgelöst wird. Beschlüsse nach § 27 Abs 2 WEG haben Direktwirkung gegenüber dem Verwalter. Zu § 28 Abs 1 und Abs 2 WEG ist anerkannt, dass die Zahlungspflichten direkt aus dem Beschluss folgen – und nicht etwa noch eine anschließende Fälligkeitserklärung voraussetzen. Auch bei Gebrauchsbeschlüssen wird eine solche Direktwirkung angenommen: Beschließen die Wohnungseigentümer etwa eine Hausordnung, hängt die diesbezügliche Beschränkung der Gebrauchsrechte der Wohnungseigentümer nicht davon ab, dass die Hausordnung noch ergänzend bekannt gemacht wird. Auch die Abmahnung nach § 17 WEG kann nach der Rspr direkt durch Beschluss erfolgen (Staudinger/Lehmann-Richter [2023] § 17 WEG Rn 35). Es finden sich aber auch **Gegenbeispiele**. So wird etwa, ähnlich wie im GmbH-Recht (dazu Blath GmbHR 2018, 345, 346), für die Verwalterbestellung die Bekanntgabe des Beschlusses nach § 26 Abs 1 WEG gegenüber dem Gewählten verlangt, indes nur, wenn der Gewählte nicht anwesend ist (Staudinger/Jacoby § 26 WEG Rn 56).

49 **Stellungnahme**: Ausgangspunkt der Lösung des Problems sollte § 23 Abs 1 S 1 WEG sein. Maßgeblich ist dann, ob das Gesetz oder die Vereinbarung die **Kompetenz** verleiht, die avisierte Rechtsfolge unmittelbar durch den Beschluss herbeizuführen. Das lässt sich nicht allgemein, sondern nur **normbezogen beantworten**. Auf dieser Prämisse beruht letztlich auch das soeben dargestellte Meinungsbild.

b) Persönlicher Umfang der Bindungswirkung

50 Die Bindung der Wohnungseigentümer an Beschlüsse, die während ihrer Mitgliedschaft gefasst wurden, ordnet das WEG nicht ausdrücklich an. Diese Bindungswirkung ist dem **Wohnungseigentümerbeschluss** als Gestaltungsinstrument der Mehrheit aber immanent (etwa Skauradszun, Der Beschluss als Rechtsgeschäft [2020] 176 m Nachw). Beschlüsse binden grds auch den Sondernachfolger eines Wohnungseigentümers, was § 10 Abs 3 S 2 WEG verdeutlicht, sich aber bereits aus dem allgemeinen Prinzip der Kontinuität der Mitgliedschaft ergibt. Eine Ausnahme macht § 10 Abs 3 S 2 WEG für vereinbarungsändernde Beschlüsse aufgrund einer Öffnungsklausel. Auch die **Wohnungseigentümergemeinschaft** ist an Beschlüsse gebunden. Dies beruht darauf, dass die Wohnungseigentümer bei der Beschlussfassung als ihr Organ handeln, weshalb der Gemeinschaft der Beschluss zugerechnet wird (Rn 29; vgl auch Ernst, Liber Amicorum Leenen [2012] 1, 26 f; und BGH 13. 7. 2012 – V ZR 94/11, NJW 2012, 2955 Rn 19). Der **Verwalter** ist als Organwalter an Beschlüsse insoweit gebunden, als sie sein Amt betreffen. **Dritten** gegenüber wirken Beschlüsse richtiger Lesart nach hingegen nicht. Daraus folgt auch, dass Beschlüsse, die auf ein rechtsgeschäftliches Handeln gegenüber Dritten gerichtet sind, der Umsetzung im Außenverhältnis bedürfen, um Wirkung zu entfalten. Im Innenverhältnis bedarf es dieser Umsetzung hingegen nicht stets (Rn 48).

51 Die Bindung der Wohnungseigentümer an eine von ihnen geschlossene **Vereinbarung** iSd § 10 Abs 1 S 2 WEG folgt aus allgemeinen Grundsätzen. Die Vereinbarung bindet als Teil des Binnenrechts aber auch die Wohnungseigentümergemeinschaft und, soweit sie das Amt regeln, den Verwalter. Dritte sind an die Vereinbarung – entgegen der wohl hM, die Abweichendes aus § 5 Abs 4 S 1 WEG herleiten möchte (Staudinger/Lehmann-Richter [2023] § 13 WEG Rn 65) – nicht gebunden. Soll eine Vereinbarung aufgrund einer Öffnungsklausel durch Beschluss geändert werden, richtet sich die Bindung von Sondernachfolgern nach § 10 Abs 3 S 1 WEG. Zur Bindung an Änderungen, die auf einer Ermächtigung beruhen s Rn 27.

Wenig erforscht ist die Bindungswirkung von **Verwaltungshandlungen** im **Innenverhältnis**. Da sie für die Wohnungseigentümergemeinschaft vorgenommen werden, sind sie für diese ohne weiteres verbindlich, wenn der Handelnde die notwendige Verwaltungsmacht (Rn 32) hat. Die Wohnungseigentümergemeinschaft ist also nach § 18 Abs 2 Nr 1 WEG etwa verpflichtet, eine vom Verwalter einberufene Versammlung auch durchzuführen. Auch gegenüber den Wohnungseigentümern sind Verwaltungshandlungen wirksam, etwa bei einer vom Verwalter ausgesprochenen Abmahnung iSd § 17 WEG. Ist die Verwaltungshandlung ein Realakt, etwa ein Eingriff in das gemeinschaftliche Eigentum, tritt eine faktische Wirkung dann ein, wenn die Handlung auf Beschluss, Vereinbarung oder Gesetz beruht und aus diesem Grund gerechtfertigt ist. Denn dann besteht kein Anspruch auf Beseitigung der durch das Verwaltungshandeln geschaffenen, rechtmäßigen Folgen. 52

5. Rechtsfolgen der Verwaltung ohne Verwaltungsmacht

Fehlt der für die Wohnungseigentümergemeinschaft handelnden Person die Verwaltungsmacht, so hat ihr Handeln im Innenverhältnis keine Wirkung. Dennoch kommen **Ansprüchen** gegen die sich als Funktionsträger gerierende Person in Betracht. Konkret sind die Ansprüche der Wohnungseigentümer von denen der Wohnungseigentümergemeinschaft zu unterscheiden. Zur verwandten Problematik der Rechtsfolgen eines rechtswidrigen Handelns mit Verwaltungsmacht s Rn 163. 53

Der **Wohnungseigentümergemeinschaft** stehen gegen die sich als Funktionsträger gerierende Person **Unterlassungsansprüche** zu. Hat ein Wohnungseigentümer ohne Verwaltungsmacht gehandelt, ist Anspruchsgrundlage § 14 Abs 1 Nr 1 WEG (näher Staudinger/Lehmann-Richter [2023] § 14 WEG Rn 38). Geht es um das Verhalten eines Dritten – etwa einer Person, die sich als Verwalter geriert – ist Anspruchsgrundlage § 1004 Abs 1 BGB analog. Denn das Recht der Wohnungseigentümergemeinschaft auf ungestörte interne Organisation ist absolut geschützt (vgl BGH 6. 10. 1964 – VI ZR 176/63, NJW 1965, 29, 33). Die Sache liegt hier genauso wie beim Eingriff eines Dritten in die Verbandsmitgliedschaft (dazu Staudinger/Hager [2017] § 823 BGB Rn B 144). Auch **Schadensersatzansprüche** kommen in Betracht – gegen den Wohnungseigentümer nach § 280 Abs 1 BGB, § 14 Abs 1 Nr 1 WEG, gegen einen Dritten nach § 823 Abs 1 BGB. 54

Der **Wohnungseigentümer** kann von der Wohnungseigentümergemeinschaft nach **§ 18 Abs 2 Nr 1 WEG** ein Einschreiten gegen die sich als Funktionsträger gerierende Person verlangen. Voraussetzung ist, dass dies ordnungsmäßiger Verwaltung entspricht, was eine Frage der Umstände des Einzelfalls ist. Die Wohnungseigentümergemeinschaft kann daher etwa verpflichtet sein, den Wohnungseigentümern die „Abladung" einer „Versammlung" mitzuteilen, zu der eine unbefugte Person geladen hat. Ebenso kann § 18 Abs 2 Nr 1 WEG die Pflicht der Wohnungseigentümergemeinschaft begründen, die Ansprüche (Rn 84) durchzusetzen, die ihr gegen die sich als Funktionsträger gerierende Person zustehen. **Direktansprüche** gegen die sich als Funktionsträger gerierende Person stehen den einzelnen Wohnungseigentümern hingegen **nicht** zu (Greiner ZMR 2021, 560, 562; **aA** AG Tettnang 9. 2. 2021 – 8 C 95/21, ZMR 2021, 622). Denn das Organisationssystem weist auch bei der Verwaltung ohne Verwaltungsmacht die diesbezüglichen Ansprüche der Wohnungseigentümergemeinschaft zu. 55

56 **Aufwendungsersatzansprüche** zugunsten eines ohne Verwaltungsmacht handelnden Wohnungseigentümers erkennt die Rspr nur in engen Grenzen an, da anderenfalls das Prinzip des Vorrangs der Beschlussfassung missachtet würde (Rn 234). Dem Verwalter, der seine Verwaltungsmacht überschreitet, soll hingegen ein Aufwendungsersatzanspruch nach § 670 BGB zustehen können (BGH 10. 12. 2021 – V ZR 32/21, NZM 2022, 337). Aufwendungen entstehen dem Verwalter indes nur, wenn er aus seinem Vermögen Leistungen zugunsten der Wohnungseigentümergemeinschaft erbringt. Erfolgt die Leistung an einen Dritten – etwa einen Handwerker – hingegen durch den Verwalter aus dem Gemeinschaftsvermögen (so im Sachverhalt BGH 10. 12. 2021 – V ZR 32/21, NZM 2022, 337), liegen Aufwendungen des Verwalters nur vor, wenn man einen **Erstattungsanspruch** der Wohnungseigentümergemeinschaft gegen den **Verwalter** bejaht. Das hat der BGH unter Hinweis auf §§ 675, 667 Alt 1 BGB in einem Altfall getan, in dem der Verwalter ohne Vertretungsmacht einen Vertrag geschlossen und aus dem Gemeinschaftsvermögen erfüllt hatte (BGH 10. 12. 2021 – V ZR 32/21, NZM 2022, 337 Rn 7, zur Rechtslage vor dem WEMoG 2020). Nach geltendem Recht handelt der Verwalter indes typischerweise mit Vertretungsmacht (§ 9b Abs 1 S 1 BGB), auch wenn er seine Verwaltungsmacht im Innenverhältnis überschreitet. Wenn er dann aus dem Gemeinschaftsvermögen die Verbindlichkeit der Wohnungseigentümergemeinschaft gegenüber einem Dritten tilgt, hat er diese Gelder nicht gem § 667 Alt 1 BGB „erhalten". Die Lösung derartiger Fälle liegt daher im Schadensersatzrecht: Ein Verwalter, der seine Verwaltungsmacht im Innenverhältnis überschreitet, ist zum Ersatz des dadurch entstehenden Schadens verpflichtet.

6. Konkurrenzfragen bei der Verwaltung (Typenzwang)

57 Die Existenz sowohl verschiedener Handlungsinstrumente als auch verschiedener Organe/Funktionsträger führt zu Konkurrenzfragen, die hier unter den Begriffen des **instrumentalen und organschaftlichen Typenzwangs** diskutiert werden. Beim instrumentalen Typenzwang (**Rechtsformzwang**) geht es darum, ob die Herbeiführung bestimmter Rechtsfolgen daran geknüpft ist, dass die Wohnungseigentümergemeinschaft sich eines bestimmten Handlungsinstrumentes bedient. Der organschaftliche Typenzwang (**Organzwang**) behandelt das Problem, ob bestimmte Rechtsfolgen nur durch ein bestimmtes Organ herbeigeführt werden können, ob also eine „Gewaltenteilung" besteht. Beide Problemkreise überschneiden sich offensichtlich, weil ein Wechsel des zuständigen Funktionsträgers typischerweise auch zu einem Wechsel des Handlungsinstrumentes führt – der Verwalter etwa kann anders als die Wohnungseigentümer nicht durch Beschluss entscheiden.

58 Das Problem des **Typenzwangs** beschränkt sich auf das Innenverhältnis der Wohnungseigentümergemeinschaft. Das betrifft zum einen die Organzuständigkeit im Sinne einer Gewaltenteilung. Aus Gründen der Rechtssicherheit ist es nämlich nicht möglich, mit Wirkung im Außenverhältnis die organschaftliche Vertretung zu ändern, § 9b Abs 1 S 3 WEG. Das zuständige Organ muss sich im **Außenverhältnis** zudem der allgemeinen Handlungsinstrumente bedienen. Soweit dort ein Typenzwang besteht, wirkt er auch gegenüber der Wohnungseigentümergemeinschaft. Wenn also etwa die Beendigung eines Dauerschuldverhältnisses durch die Wohnungseigentümergemeinschaft eine Kündigung voraussetzt, muss die Wohnungseigentümergemeinschaft offensichtlich dieses Instrument einsetzen. Im **Innenverhältnis** ist die

Rechtslage hingegen vielschichtiger (zu den Entscheidungsinstrumenten des Beirats § 29 WEG Rn 50):

a) Vereinbarung oder Beschluss der Wohnungseigentümer?

Die Frage nach einem Typenzwang stellt sich beim Verhältnis zwischen Vereinbarung und Beschluss: Bestehen für beide Instrumente reservierte Regelungsbereiche mit der Folge, dass eine durch das jeweils andere Instrument getroffene Entscheidung ohne rechtliche Wirkung ist oder ist eine (teilweise) Typenkonkurrenz anzuerkennen? In diesem Problemkreis liegt die bekannte Frage nach der **Beschlusskompetenz**, es sind aber noch weitere Konstellationen betroffen. 59

aa) Verwaltungskompetenz

Der rechtswirksame **Einsatz** der **Entscheidungsinstrumente des WEG** – Vereinbarung iSd § 10 Abs 1 S 2 WEG, Beschluss – setzt jedenfalls voraus, dass ein Sachverhalt geregelt wird, der zum **Zweck der Wohnungseigentümergemeinschaft** gehört. Es muss sich also um eine Entscheidung handeln, die zum Bereich der Verwaltungsaufgaben zu zählen ist (dazu Rn 10). Man kann dies als Verwaltungskompetenz bezeichnen. Sollen Rechtsfolgen außerhalb dieses Verwaltungsbereichs ausgelöst werden, müssen sich die Beteiligten der hierfür vorgesehenen allgemeinen Instrumente bedienen. Ein Beispiel ist die Änderung des sachenrechtlichen Grundverhältnisses. Dieses ist selbstverständlich einer rechtsgeschäftlichen Regelung durch die Wohnungseigentümer zugänglich. Indes ist ein solcher Vertrag keine Vereinbarung iSd § 10 Abs 1 S 2 WEG. Dies wirkt sich insbesondere dahingehend aus, dass der Vertrag nicht nach § 10 Abs 3 S 1 WEG gegenüber Sondernachfolger wirkt. 60

Neben der Zuordnung zum Aufgabenreich der Wohnungseigentümergemeinschaft verlangt die Verwaltungskompetenz, dass die in Rede stehende Frage nicht der Regelungsmacht durch die Wohnungseigentümer entzogen ist. Dass ist nur ausnahmsweise der Fall, nämlich dann, wenn eine Regelung aus dem Innenverhältnis **unabdingbar** ist. Diese Frage ist durch Auslegung der in Rede stehenden Vorschrift zu beantworten. Der BGH spricht hier auch von **„unverzichtbaren" Rechten** (vgl BGH 12. 4. 2019 – V ZR 112/18, NJW 2019, 2083 Rn 7). 61

Besteht danach Verwaltungskompetenz, stellt sich die Frage nach dem **richtigen Handlungsinstrument**, nämlich ob die Regelung durch Vereinbarung und/oder Beschluss erfolgen kann. Bei der Antwort ist zu differenzieren: 62

bb) Vereinbarungskompetenz in Beschlussangelegenheiten

Zunächst zu dem Problem, ob eine Regelung durch Vereinbarung auch dort möglich ist, wo das Gesetz nur den **Beschluss** als Regelungsinstrument **nennt**. Ein Beispiel ist etwa die Bestellung eines Verwalters (§ 26 Abs 1 WEG) oder eines Beiratsmitglieds (§ 29 Abs 1 S 1 WEG), aber auch die Modifikation des Soll-Zustands durch eine bauliche Veränderung (§ 20 Abs 1 WEG). Das **Meinungsbild** ist uneinheitlich. Die Rspr geht fallbezogen vor (etwa BGH 1. 6. 2012 – V ZR 171/11, ZMR 2012, 117 Rn 10, zu § 27 Abs 3 S 3 WEG aF; KG 6. 10. 2011 – 1 W 477/11, ZWE 2012, 96, zur Verwalterbestellung) und bejaht eine Vereinbarungskompetenz, indes meist, ohne das Problem allgemein zu adressieren. Teilweise wird aber auch generell behauptet, dass Gegenstände, die zu beschließen sind, stets auch vereinbart werden könnten (OLG München 6. 2. 2019 – 32 Wx 147/18 WEG, ZMR 2019, 524). In der Literatur wird eine Vereinbarungskompetenz 63 hingegen für Teilbereiche der Beschlussangelegenheiten verneint (Wenzel, in: FS Bub [2007] 249, 256 [Dauerwirkung erforderlich]; Jacoby ZWE 2012, 96, zur Verwalterbestellung; Staudinger/Jacoby [2023] § 9b WEG Rn 48 zur Vertretungsmacht).

64 **Stellungnahme**: Die zuletzt genannte Ansicht überzeugt. Aus § 19 Abs 1 WEG folgt im Ausgangspunkt, dass sich die Vereinbarungskompetenz auf den gesamten Bereich der Verwaltung erstreckt. An einer Vereinbarungskompetenz fehlt es daher nur, wenn aus Sachgründen eine Beschränkung auf den Beschluss erforderlich ist. Solche Gründe liegen mit dem Bedürfnis nach Ämterstabilität bei der Bestellung des Verwalters und des Verwaltungsbeirats vor. Denn nur der Bestellungsbeschluss wirkt ohne Grundbucheintragung gegenüber Sondernachfolgern. Zur Wahrung der Dynamik der Entscheidungsfindung ist ein allgemeiner Vorrang des Beschlusses hingegen nicht erforderlich. Denn um diese Dynamik auszuschließen, müsste die Vereinbarung in einer Beschlussangelegenheit nicht nur die konkrete Sachfrage regeln – etwa eine Hausordnung –, sondern auch die Beschlusskompetenz in dieser Sachfrage abbedingen. Bei einer den Einzelfall regelnden Vereinbarung ist eine solche Abbedingung aber nicht anzunehmen (vgl etwa BayObLG 23. 8. 2001 – 2Z BR 96/01, ZMR 2002, 64). Zudem steht es den Wohnungseigentümern in den allgemeinen Grenzen ohnehin frei, eine solche Vereinbarung zu treffen.

65 Diese Typenkonkurrenz führt angesichts der Unterschiede in der Wirkung gegenüber Sondernachfolgern (§ 10 Abs 3 WEG) sowie wegen § 44 Abs 1 S 1 WEG zur Notwendigkeit, den **gemeinschaftlichen Beschluss** von der **Vereinbarung abzugrenzen**. Dazu Staudinger/Wobst (2023) § 10 WEG Rn 21.

cc) Beschlusskompetenz in Vereinbarungsangelegenheiten

66 Eine Beschlusskompetenz in Angelegenheiten, die zwar in die Verwaltungskompetenz der Wohnungseigentümer fallen, aber durch Vereinbarung zu regeln sind, **besteht** nach dem Gesetz **nicht**. Ein gegen diesen Grundsatz verstoßender Beschluss ist nach allgM nichtig (BGH 20. 9. 2000 – V ZB 58/99, NJW 2000, 3500). Durch Vereinbarung kann in diesen Fällen aber eine Beschlusskompetenz begründet werden, sog Öffnungsklauseln (dazu § 19 WEG Rn 21). Diese Möglichkeit ist seit dem WEMoG 2020 auch aus dem Gesetz ablesbar (vgl § 10 Abs 3 S 1 WEG).

b) Vertrag der Wohnungseigentümergemeinschaft

67 Die Frage, ob und in welchen Konstellationen durch einen Vertrag der Wohnungseigentümergemeinschaft das Innenverhältnis ausgestaltet werden kann, betrifft die **Vertragsgestaltungskompetenz**, also, ob ein entsprechender Vertrag geeignet ist, Bindungswirkung zu entfalten. Die Problematik ist noch nicht abschließend geklärt.

aa) Problemaufriss

68 Das WEG äußert sich zum Vertrag der Wohnungseigentümergemeinschaft als Handlungsinstrument im Innenverhältnis nur an einer Stelle, nämlich in **§ 26 Abs 3 S 2 WEG**. Aus dieser Vorschrift ergibt sich, dass die Rechtsbeziehung der Wohnungseigentümergemeinschaft zum Verwalter durch Vertrag ausgestaltet werden kann. Die Reichweite dieses Gestaltungsinstruments wird indes meist nicht problematisiert. Der BGH scheint auf dem Standpunkt zu stehen, dass sämtliche Organpflichten des Verwalters Gegenstand des Verwaltervertrags seien können (BGH 26. 2. 2021 – V ZR 290/19, ZMR 2021, 598 Rn 8 f). Macht man mit diesem Standpunkt ernst, könnten die Or-

ganpflichten des Verwalters durch Vertrag der Wohnungseigentümergemeinschaft erweitert und beschränkt werden. Das steht in einem greifbaren Spannungsverhältnis zu § 27 Abs 2 WEG, der für Modifikationen der Entscheidungskompetenz des Verwalters einen Beschluss verlangt (näher Lehmann-Richter, in: vWestphalen/Thüsing AGB-Klauselwerke/Wohnungseigentumsverwalter Rn 3 ff).

Die Fragestellung geht aber über das Amt des Verwalters hinaus und betrifft auch **Rechte und Pflichten der übrigen Organe bzw der einzelnen Wohnungseigentümer**: Kann sich die Wohnungseigentümergemeinschaft etwa durch Vertrag mit einem Wohnungseigentümer zu einer bestimmten Beschlussfassung verpflichten und auf diese Weise das Organ Gesamtheit der Wohnungseigentümer faktisch binden? Wie ist es mit einem Vertrag, der einem Wohnungseigentümer einen bestimmten Gebrauch des gemeinschaftlichen Eigentums gestattet? Kann die Wohnungseigentümergemeinschaft in einem Vergleich auf eine streitige Beitragsforderung verzichten? 69

bb) Stellungnahme

Mit Ausnahme des Verwaltervertrags (§ 26 Abs 3 S 2 WEG) ist dem WEG eine Regelung des Innenverhältnisses durch Vertrag der Wohnungseigentümergemeinschaft fremd. Die Verwaltung erfolgt vielmehr in anderen Rechtsformen, namentlich durch Verwaltungsmaßnahmen der Organe der Wohnungseigentümergemeinschaft oder ihrer sonstigen Funktionsträger. Überall dort, wo das Gesetz **Verwaltungsmaßnahmen** als **Regelungsinstrument** vorsieht, besteht mithin **keine Vertragsgestaltungskompetenz**: Ein von der Wohnungseigentümergemeinschaft geschlossener Vertrag kann insofern keine Rechtswirkungen herbeiführen (Typenzwang). Bei der Lösung von Einzelproblemen muss mithin die Frage beantwortet werden, ob die im konkreten Fall durch den Vertrag der Wohnungseigentümergemeinschaft beabsichtigte Rechtsfolge durch eine Verwaltungsmaßnahme herbeigeführt werden kann. Wird dies bejaht, besteht ein Typenzwang zugunsten der Verwaltungsmaßnahme, anderenfalls ist die Vertragsgestaltungsfreiheit eröffnet. 70

Dies soll zunächst am Beispiel der **Benutzung** des Sonder- oder Gemeinschaftseigentums illustriert werden: Ein Vertrag zwischen Wohnungseigentümergemeinschaft und einem Wohnungseigentümer, der die Gestattung eines bestimmten Gebrauchs zum Gegenstand hat, ist ohne Wirkung. Denn eine Gebrauchsregelung kann nur durch Beschluss oder Vereinbarung iSd § 10 Abs 1 S 2 WEG erfolgen. Abzulehnen ist daher die hM, nach der sich die Wohnungseigentümergemeinschaft in einem Mietvertrag mit einem Wohnungseigentümer zur Gebrauchsüberlassung verpflichten kann (Staudinger/Lehmann-Richter [2023] § 16 WEG Rn 51). 71

Hingegen kann die Wohnungseigentümergemeinschaft – eine wirksame Vertretung unterstellt (zum beschränkten Umfang der Vertretungsmacht des Verwalters gegenüber Wohnungseigentümern Lehmann-Richter/Wobst WEG-Reform 2020 Rn 216 f) – auf konkrete **Ansprüche verzichten**, die aus einem rechtswidrigen Gebrauchsverhaltens resultieren. Denn diese Rechtsfolge kann nicht durch Beschluss oder Vereinbarung herbeigeführt werden. Hier besteht auch kein Konflikt zu der nur durch Beschluss oder Vereinbarung möglichen Dauerregelung des Gebrauchs, weil ein erneuter Regelverstoß des Wohnungseigentümers zu einem neuen Anspruch führt. Einen solchen Konflikt löst hingegen ein Vertrag aus, in dem die Wohnungseigentümergemeinschaft den Verzicht auf sämtliche zukünftige Ansprüche wegen eines rechtswidrigen Ge- 72 brauchsverhaltens erklärt. Ein solcher Vertrag ist wegen des Vorrangs der Gestaltungsinstrumente Beschluss oder Vereinbarung ohne Wirkung. Deshalb kann etwa auch der Verwalter nicht vertraglich in das Amt gelangen oder ein die **Beitragspflicht** betreffender Zahlungsanspruch gegen den Wohnungseigentümer nicht durch Vertrag mit der Wohnungseigentümergemeinschaft begründet werden. Denn § 28 Abs 1 S 1, Abs 2 S 1 WEG verlangt hierfür einen Beschluss der Wohnungseigentümer. Vertragsgestaltungskompetenz besteht aber, wenn – wirksame Vertretung auch hier unterstellt – die Wohnungseigentümergemeinschaft auf konkrete Beitragsansprüche verzichtet.

73 Ohne rechtliche Wirkung ist ein Vertrag, in dem sich die Wohnungseigentümergemeinschaft verpflichtet, einen bestimmten Beschluss zu fassen oder aufzuheben. Denn Beschlüsse sind von den Wohnungseigentümern zu fassen und dementsprechend auch inhaltlich festzulegen. Eine vertragliche **Verpflichtung** der Wohnungseigentümergemeinschaft zur **Beschlussfassung** verstößt als Umgehungsversuch gegen diesen Typenzwang und ist deshalb wirkungslos (vgl Lehmann-Richter/Wobst WEG-Reform 2020 Rn 214a). Gleiches gilt für die Pflicht, andere Verwaltungsmaßnahmen vorzunehmen, etwa zu einer Versammlung zu laden oder eine bestimmte Person zum Verwalter zu bestellen.

74 Noch nicht abschließend geklärt ist, inwieweit durch Vertrag zwischen den Organen und der Wohnungseigentümergemeinschaft auf das **Organverhältnis eingewirkt** werden kann. Das betrifft vor allem den Verwalter, aber auch den Verwaltungsbeirat. Aus § 26 Abs 3 S 2 WEG folgt, dass das Organverhältnis des Verwalters vertraglich gestaltet werden kann. Über den Umfang dieser vertraglichen Gestaltungsbefugnis besteht indes keine Einigkeit. Nach hiesiger Ansicht beschränkt sich die Gestaltungsbefugnis auf die Vergütung und die Begründung von Drittpflichten, also solche, die nicht bereits aus dem Organverhältnis folgen (Wobst ZWE 2022, 15; näher Lehmann-Richter, in: vWestphalen/Thüsing AGB-Klauselwerke/Wohnungseigentumsverwalter Rn 7 ff). Das entspricht aber nicht der hM (zu dieser Staudinger/Jacoby § 26 WEG Rn 160). Beim Verwaltungsbeirat ist eine Vertragskompetenz mangels normativer Grundlage hingegen gar nicht anzuerkennen, was indes ebenfalls nicht der hM entspricht (§ 29 WEG Rn 16).

c) Handeln im Aufgabenbereich eines anderen Organs oder Gewaltenteilung?

75 Jedes Organisationssystem beruht auf Kompetenzabgrenzungen. Es fragt sich, ob die einem Organ zugewiesene Aufgabe exklusiver Natur im Sinne einer zwingenden **Gewaltenteilung** ist oder ob es möglich ist, dass auch ein anderer Funktionsträger diese Aufgabe wahrnimmt. In diesem Fall käme es zu einer **Ausübungskonkurrenz**.

76 Aus theoretischer Sicht ist eine solche Konkurrenz unerwünscht, da Zuständigkeitskonflikte Rechtsunsicherheit bedeuten. Dennoch ist im Wohnungseigentumsrecht eine Ausübungskonkurrenz verbreitet. Sie erfüllt zwei **Zwecke**. Zunächst geht es darum, ein Vakuum zu füllen, dass durch den Ausfall des originär zuständigen Organs eintritt (zB § 24 Abs 3 WEG). Daneben sichert die zugunsten des Organs Gesamtheit der Wohnungseigentümer bestehende konkurrierende Ausübungsbefugnis ihr Verwaltungsprimat.

Die **Durchbrechung** der organisationsrechtlichen **Gewaltenteilung** kann sich aus dem Gesetz, einer Vereinbarung iSd § 10 Abs 1 S 2 WEG oder aus einem Beschluss ergeben. Im Einzelnen: 77

aa) Gesetzliche Ersatzhandlungsbefugnis

Eine gesetzliche Kompetenz, im originären Aufgabenbereich eines anderen Organs konkurrierend handeln zu können, enthält § 24 Abs 3 WEG für die Einberufung der **Versammlung** durch den Verwaltungsbeirat. 78

bb) Vereinbarte Ersatzhandlungsbefugnis

Ob die Gemeinschaftsordnung eine Handlungsbefugnis in einem Aufgabenbereich eröffnet, der nach dem **Gesetz einem anderen Organ zugewiesen** ist, ist eine Frage der Auslegung. Bedarf nach der Gemeinschaftsordnung eine bauliche Veränderung etwa der Zustimmung des Verwalters, ist nicht davon auszugehen, dass hierdurch der nach § 20 Abs 1 WEG erforderliche Wohnungseigentümerbeschluss ersetzt werden soll (vgl BGH 18. 11. 2016 – V ZR 49/16, NJW 2017, 2184 Rn 25; LG Hamburg ZWE 2016, 229; zum Problemkreis auch Forschner ZWE 2022, 193, 196). Zu Regelungen über die Erhaltung des Gemeinschaftseigentums, das sich im Bereich des Sondereigentums befindet (zB Fenster), siehe Staudinger/Lehmann-Richter § 16 WEG Rn 95. 79

Anschauungsmaterial existiert auch zur **Veräußerungszustimmung** nach § 12 WEG, wobei hier die originäre Organzuständigkeit sich erst aus der Vereinbarung ergibt. Ist nach dem Wortlaut der Vereinbarung die Zustimmung des Verwalters erforderlich, soll diese nach Ansicht des BGH regelmäßig durch einen Beschluss der Wohnungseigentümer ersetzt werden können (BGH 11. 10. 2012 – V ZB 2/12, NJW 2013, 299 Rn 14 aE). Diese Rechtsprechung ist problematisch, da sie dem Beschluss Wirkung im Außenverhältnis beimisst, da die Veräußerungszustimmung auch dort wirkt (Staudinger/Wobst [2023] § 12 WEG Rn 70). Damit wird eine Grenze der Ersetzungsbefugnis offensichtlich: Soll neben dem handelnden Organ (zB Gesamtheit der Wohnungseigentümer anstelle des Verwalters) auch das Handlungsinstrument (zB Beschluss anstatt Verwaltungshandlung) ersetzt werden, muss das alternative Handlungsinstrument die angestrebte Rechtsfolge auch herbeiführen können. Das ist nur im Innenverhältnis möglich (Rn 50). 80

Ein weiteres Beispiel ist die Klausel, wonach der aufteilende Wohnungseigentümer den **Verwalter bestellen** kann. Eine solche Regelung ist nach § 26 Abs 3 WEG nichtig, weil sie von § 26 Abs 1 WEG abweicht, nach der die Bestellung nur durch Beschluss erfolgen darf (vgl BGH 11. 3. 2022 – V ZR 77/21, WuM 2022, 303). 81

cc) Ersatzhandlungsbefugnis aufgrund Beschlusses

Die Möglichkeit der Wohnungseigentümer, durch Beschluss den **Funktionsträger auszutauschen**, besteht nach dem Gesetz in zwei Fällen, dem Versammlungsvorsitz (§ 24 Abs 5 WEG) sowie dem Führen der Beschlusssammlung (§ 24 Abs 8 S 2 WEG). Zu einer **Funktionsträgerkonkurrenz** bei der Ladung zur Versammlung kann es durch einen Ermächtigungsbeschluss zugunsten eines Wohnungseigentümers kommen (§ 24 Abs 3 Var 3 WEG). Diesen Regelungen ist aber kein allgemeines Prinzip dahingehend zu entnehmen, dass Austausch oder Ergänzung von Funktionsträgern stets in der Beschlusskompetenz der Wohnungseigentümer liegen. Bedenklich wäre daher im Wohnungseigentumsrecht die Ansicht, die aus der Verfahrenshoheit der Ver- 82 sammlung eine (ungeschriebene) Ersetzungsbefugnis für Ordnungsmaßnahmen in der Versammlung ableitet, etwa zur Beschlussverkündung (vgl Ernst, in: Liber Amicorum Leenen [2012] 1, 13 f: Handeln durch Mehrheitsbeschluss anstelle des Versammlungsleiters).

83 Aus **§ 27 Abs 2 WEG** folgt, dass die Wohnungseigentümer Maßnahmen, die nach § 27 Abs 1 WEG der **Verwalter** entscheiden kann, durch Beschluss regeln können. Machen sie von diesem Recht Gebrauch, tritt im Innenverhältnis ihr Beschluss an die Stelle einer Verwaltungsmaßnahme des Verwalters. Im Außenverhältnis bedarf es hingegen der Mitwirkung des Verwalters in Form der Vertretung bei der Beschlussumsetzung, § 9b Abs 1 S 1 WEG. Umgekehrt können die Wohnungseigentümer nach § 27 Abs 2 WEG auch ihnen obliegende Entscheidungsmacht auf den Verwalter übertragen.

84 Anzuerkennen ist auch die Kompetenz, Aufgaben durch Beschluss auf den **Verwaltungsbeirat** zu übertragen. Rechtsgrundlage ist § 19 Abs 1 WEG (näher § 29 WEG Rn 14). Das Gesetz gibt auch Beschlusskompetenz, Entscheidungsbefugnisse auf **einzelne Wohnungseigentümer** zu delegieren (Rn 244).

85 Verwaltungsmaßnahmen, die von einem Delegationsbeschluss gedeckt sind, sind im Innenverhältnis **rechtmäßig**. Die Bindung von Sondernachfolgern richtet sich nach § 10 Abs 3 WEG. Typischerweise ist die delegierte Entscheidung Bestandteil eines Wohnungseigentümerbeschlusses. Dann folgt die **Bindung** der **Sondernachfolger** aus diesem Beschluss. Ein Beispiel ist der Beschluss, Baumaßnahmen am gemeinschaftlichen Eigentum in Auftrag zu geben, wobei die Auswahl des Unternehmens dem Verwaltungsbeirat übertragen wird. Zur Bindung an atypische Verwaltungsmaßnahmen Rn 27.

dd) Primat der gemeinschaftlichen Verwaltung

86 Die Wohnungseigentümer haben jederzeit die Möglichkeit, gemeinschaftlich Aufgaben wahrzunehmen, die das Gesetz einem anderen Organ zuweist. Dieses Primat der gemeinschaftlichen Verwaltung ist im Gesetz nicht ausdrücklich genannt. Es **folgt** aber **aus** dem **Zweck der Wohnungseigentümergemeinschaft**, dass Eigentum der Wohnungseigentümer zu verwalten. Sind sich sämtliche Wohnungseigentümer über eine Verwaltungsmaßnahme im Innenverhältnis einig, ist daher kein Grund ersichtlich, dieser Entscheidung die Wirksamkeit zu versagen. Die Wohnungseigentümer können daher etwa wirksam gemeinschaftlich Termin, Ort und Gegenstand einer Versammlung festlegen (vgl BGH 10. 6. 2011 – V ZR 222/10, ZMR 2011, 892 Rn 4) und so die Einberufung nach § 24 Abs 3 WEG entbehrlich machen. Auch können die Wohnungseigentümer das Zustandekommen eines gefassten Beschlusses gemeinschaftlich feststellen (Ernst, in: Liber Amicorum Leenen [2012] 1, 13 f). Entsprechende Handlungen wirken im Innenverhältnis unmittelbar und bedürfen nicht etwa noch eines förmlichen Umsetzungsaktes, etwa der Beschlussverkündung (vgl Rn 49).

87 Eine andere Frage ist, ob eine Pflicht besteht, von der gemeinschaftlichen Handlungskompetenz auch Gebrauch zu machen. Praxisrelevant ist dies vor allem in der verwalterlosen Gemeinschaft. Die Frage ist zu verneinen: Eine **Organpflicht** der Wohnungseigentümer zur Binnenrepräsentation der Wohnungseigentümergemeinschaft **besteht nicht**. Die Wohnungseigentümer müssen bei Fehlen eines Verwalters also nicht etwa Jahresabrechnungen erstellen oder Einsicht nach § 18 Abs 4 WEG

gewähren. Sie sind hier nur verpflichtet, durch Beschluss zu entscheiden, welche Person – etwa ein neu zu bestellender Verwalter oder ein Drittunternehmer – die Abrechnung erstellen oder die Einsicht ermöglichen soll. Die Vereinbarungskompetenz (§ 10 Abs 1 S 2 WEG) ist also nicht mit einer allgemeinen Organpflicht verbunden, die Verwaltung gemeinschaftlich auszuführen. Dies verdeutlicht § 10 Abs 2 WEG, der den Anspruch auf Abschluss einer Vereinbarung unter besondere Schranken stellt.

d) Weisungsbefugnis der Wohnungseigentümer

Das Gewaltenteilungsprinzip bei der Verwaltung ist auch angesprochen, wenn es um **88** die Weisungsbefugnis der Wohnungseigentümer gegenüber den Organen **Verwalter** und **Verwaltungsbeirat** geht. Bei den Entscheidungskompetenzen des Verwalters enthält § 27 Abs 2 WEG eine per Beschluss auszuübendes Weisungsrecht. Für seine Vollzugs- und Organisationskompetenzen fehlt hingegen eine ausdrückliche gesetzliche Regelung. Beispiele sind etwa Vorgaben der Wohnungseigentümer zum Versammlungsort, der Art und Weise der Führung der Beschlusssammlung und anderer Verwaltungsunterlagen oder zur Struktur des Vermögensberichts. Eine pauschale Lösung des Problems scheidet aus. Vielmehr gilt es zwei Fragen für die konkret in Rede stehende Befugnis des Verwalters zu beantworten: Erstens, ist diese Befugnis der Verwaltungskompetenz der Wohnungseigentümer entzogen, also auch durch Vereinbarung unabdingbar? Nur wenn man dies verneint, stellt sich zweitens die Frage, ob die Weisung nur durch Vereinbarung oder auch durch Beschluss erfolgen kann (näher Elzer ZWE 2023, 68). Nach Ansicht des **BGH** besteht Beschlusskompetenz, bei unklarer Rechtslage die für die Gemeinschaft maßgebliche Verwaltungspraxis vorzugeben (BGH 16. 9. 2022 – V ZR 68/21, ZWE 2023, 39 Rn 15, Umgang mit Versicherungsselbstbehalt).

7. Sonderfall verwalterlose Wohnungseigentümergemeinschaft

Der Verwalter ist kein zwingendes Organ der Wohnungseigentümergemeinschaft. **89** Die verwalterlose Gemeinschaft ist aber nicht der vom Gesetzgeber zugrunde gelegte Regelfall, weshalb die **Kodifikationsdichte** der verwalterlosen Wohnungseigentümergemeinschaft **nicht sehr hoch** ist. Das Gesetz verfolgt insbesondere nicht das Ziel, die Funktionsfähigkeit der verwalterlosen Gemeinschaft in allen Fällen zu gewährleisten (Lehmann-Richter/Wobst NJW 2021, 662, 666).

Die Gretchenfrage der verwalterlosen Wohnungseigentümergemeinschaft ist offen- **90** sichtlich, nämlich wie die durch das Fehlen eines Verwalters entstehende organisationsrechtliche Lücke zu füllen ist (näher Lehmann-Richter ZWE 2022, 61). Im Außenverhältnis gibt § 9b Abs 1 S 2 WEG die Antwort (Staudinger/Jacoby [2023] § 9b WEG Rn 84 ff). Im Innenverhältnis sind zwei Fälle besonders geregelt, nämlich die Einberufung der Versammlung und das Führen der Beschlusssammlung, §§ 24 Abs 3, Abs 8 S 2 WEG. Daneben ist § 24 Abs 5 WEG betroffen, der indes auch auf die verwaltergeführte Gemeinschaft Anwendung findet. Das Gesetz befasst sich mithin nur mit Teilaspekten, weshalb im **Innenverhältnis** für die verwalterlose Wohnungseigentümergemeinschaft nur **einige spezielle Regelungen** existieren.

Nicht überzeugend ist ein allgemeines Prinzip der Lückenfüllung, das den **Verwal- 91 tungsbeirat** zum generellen **Ersatzorgan** des Verwalters aufwertet. Dagegen spricht schon, dass auch der Beirat kein zwingendes Organ ist. Vor allem aber würden sich auf diese Weise umfassende Handlungspflichten der Beiratsmitglieder ergeben, was mangels einer tragfähigen normativen Grundlage nicht in Betracht kommt. § 24 Abs 3 Var 1 WEG enthält also keinen verallgemeinerungsfähigen Grundsatz.

92 Auch die **Wohnungseigentümer** in ihrer Gesamtheit sind im Innenverhältnis kein generelles Ersatzorgan des Verwalters. Vielmehr treten sie nur bei der Vertretung auch im Innenverhältnis an die Stelle des Verwalters. § 9b Abs 1 S 2 WEG führt nämlich zu einer (ungeschriebenen) Handlungspflicht: In der verwalterlosen Gemeinschaft ist jeder Wohnungseigentümer der Gemeinschaft gegenüber verpflichtet, an der **Vertretung mitzuwirken** (Lehmann-Richter/Wobst WEG-Reform 2020 Rn 237). Denn die Zuweisung von Organkompetenzen ist kein Selbstzweck, weshalb sie mit einer Ausübungsverpflichtung einhergeht.

93 Daneben sind die **Wohnungseigentümer** in der verwalterlosen Gemeinschaft nach § 19 Abs 1 WEG verpflichtet, **Beschlüsse** zu fassen. Dies betrifft auch die Bereiche, die § 27 Abs 1 WEG einer Entscheidung durch den Verwalter zuweist. Die Beschlusspflicht besteht aber nur in einer Versammlung, hingegen wegen des atypischen Charakters dieser Art der Beschlussfassung nicht im Umlaufverfahren nach § 23 Abs 3 S 1 WEG (Lehmann-Richter/Wobst WEG-Reform 2020 Rn 414). Indes ist in der verwalterlosen Wohnungseigentümergemeinschaft die Einberufung der Versammlung offensichtlich problematisch. Fehlt ein nach § 24 Abs 3 WEG Einberufungsberechtigter, hat nicht etwa jeder Wohnungseigentümer ein aus § 18 Abs 3 WEG folgendes Einberufungsrecht (Rn 225). Versammeln sich die Wohnungseigentümer nicht freiwillig gemeinschaftlich (Rn 86), so kann eine Versammlung daher nur stattfinden, wenn sich ein Wohnungseigentümer durch Beschlussersetzungsklage zur Einberufung ermächtigen lässt oder auf diesem Wege ein Verwalter bestellt wird (Lehmann-Richter ZWE 2022, 61); das Vorbefassungsgebot sperrt nicht (§ 44 WEG Rn 266). Die Ermächtigung kann bei akutem Verwaltungsbedarf durch einstweilige Verfügung erfolgen (LG Landau 18. 10. 2021 – 5 T 75/21, ZMR 2022, 147). § 29 BGB ist wegen dieser Ermächtigungsmöglichkeit mangels Gesetzeslücke mit der hM (etwa OLG Düsseldorf 31. 8. 2007 – 3 Wx 85/07, NZM 2008, 453; **aA** Suilmann ZWE 2021, 246, 247 f) nicht analog anwendbar.

8. Modifikation des Organisationssystems

94 Das Organisationssystem der Wohnungseigentümergemeinschaft ist in seinem Kern **unabdingbar** (vgl Hügel/Elzer § 10 Rn 56; Jennissen/Sommer/Heinemann Rn 7; BeckOGK/Skauradszun Rn 13). Es handelt sich allerdings um das Innenverhältnis der Wohnungseigentümergemeinschaft, in dem grds Vereinbarungsfreiheit herrscht (Wobst ZWE 2023, 149, 153). Das Organisationssystem ist indes das Herz des Wohnungseigentumsrechts. Veränderungen, die den Kern des Systems berühren, bedrohen die Funktionalität des Wohnungseigentumsrechts. Die dadurch ausgelöste Rechtsunsicherheit ist nicht hinzunehmen. Eine Regelungsbefugnis ist daher nur in Randbereichen anzuerkennen, etwa durch Umverteilung der Organkompetenzen (Bärmann/Dötsch Rn 45).

IV. Verwaltungspflicht der Wohnungseigentümergemeinschaft (Abs 2)

§ 18 Abs 2 WEG regelt die Verwaltungspflicht der Wohnungseigentümergemeinschaft. Der diesbezügliche Anspruch jedes Wohnungseigentümers ist darauf gerichtet, dass die Wohnungseigentümergemeinschaft ihrem Zweck entsprechend tätig wird. Angesichts des weiten Verwaltungsbegriffs (Rn 13) ist es treffend, § 18 Abs 2 WEG als **Verwaltungsanspruch** zu bezeichnen. 95

1. Allgemeines

Vorgängernormen des durch die WEG-Reform 2020 neu gefassten § 18 Abs 2 WEG waren § 15 Abs 3 aF und § 21 Abs 4 WEG aF. § 21 Abs 4 WEG aF gewährte jedem Wohnungseigentümer einen Anspruch auf ordnungsmäßige Verwaltung und § 15 Abs 3 WEG aF einen Anspruch auf ordnungsmäßigen Gebrauch. Nach allgM richteten sich diese Ansprüche aber, anders als nach geltendem Recht, gegen die übrigen Wohnungseigentümer (etwa BGH 26. 2. 2016 – V ZR 250/14, NJW 2016, 2181 Rn 10). Der Anspruch auf Verwaltung des Gemeinschaftsvermögens war vor der WEG-Reform 2020 nicht speziell geregelt. 96

a) Anspruchsvoraussetzungen im Überblick

Die **Voraussetzungen** des Anspruchs aus § 18 Abs 2 WEG sind neben den richtigen Parteien (Rn 109 ff), 97

- dass der Anspruch auf Ausführung einer Maßnahme gerichtet ist, die zum Aufgabenkreis der Wohnungseigentümergemeinschaft gehört (Rn 113 ff),
- dass die Maßnahme binnenrechtskonform ist (Rn 130 ff) und
- dass ein für die Vornahme der Maßnahme zuständiger Funktionsträger existiert (Rn 173 ff).

Als **negatives Tatbestandsmerkmal** kommt wegen des Vorrangs von § 10 Abs 2 WEG hinzu, dass es sich nicht um eine Maßnahme handeln darf, die nur per Vereinbarung getroffen werden kann (Rn 114).

b) Normzweck

§ 18 Abs 2 WEG sichert das **Interesse** der **Wohnungseigentümer** an einer ordnungsmäßigen Verwaltung. Die Regelung ist zudem eine Konkretisierung des in § 18 Abs 1 WEG verankerten Organisationskonzepts, dem es immanent ist, dass die Wohnungseigentümer von der Wohnungseigentümergemeinschaft die Ausführung der für die Verwaltung erforderlichen Maßnahmen verlangen können: § 18 Abs 2 WEG ist das Surrogat dafür, dass die Wohnungseigentümer ihr Gemeinschaftseigentum nicht selbst verwalten dürfen. 98

Aus der Organisationsstruktur folgt eine weitere Funktion. Die Wohnungseigentümergemeinschaft kann ihrer Pflicht aus § 18 Abs 2 WEG nur gerecht werden, wenn ihre Organe die ihnen obliegenden Aufgaben binnenrechtskonform ausführen. Deshalb sind die Organe ihrerseits der Wohnungseigentümergemeinschaft zu einer Verwaltung verpflichtet, die § 18 Abs 2 WEG entspricht. § 18 Abs 2 WEG strahlt also 99 auch auf das jeweilige Organverhältnis aus und ist damit **Maßstab** für die **Rechtmäßigkeit jeder Verwaltungsmaßnahme** innerhalb der Wohnungseigentümergemeinschaft.

c) Funktionsweise

100 § 18 Abs 2 WEG kann man als **Stammrecht** bezeichnen, aus dem **konkrete Ansprüche erwachsen**: Begehrt ein Wohnungseigentümer etwa den erforderlichen Austausch der Fenster, so verpflichtet § 18 Abs 2 WEG die Wohnungseigentümergemeinschaft typischerweise zunächst dazu, dass der Verwalter eine Versammlung zu diesem Thema einberuft. Auf dieser Versammlung muss die Wohnungseigentümergemeinschaft dann nach § 18 Abs 2 WEG den Fensteraustausch zur Abstimmung stellen. Ist dies passiert, schuldet die Wohnungseigentümergemeinschaft nach § 18 Abs 2 WEG eine entsprechende Beschlussfassung und anschließend eine ordnungsgemäße Beschlussausführung. Fällt der Fensteraustausch hingegen im konkreten Fall unter die Entscheidungskompetenz des Verwalters (§ 27 WEG), ist der Anspruch aus § 18 Abs 2 WEG unmittelbar auf Fensteraustausch gerichtet (Rn 157). Dieses Beispiel verdeutlicht, dass es nicht „den" Anspruch auf ordnungsmäßige Verwaltung gibt, sondern der Anspruchsinhalt von der konkreten **Situation** im **wohnungseigentumsrechtlichen Verwaltungsverfahren** bestimmt wird.

101 Diese Funktionsweise von § 18 Abs 2 WEG hat weitreichende Konsequenzen. So wird etwa der Anspruch auf Beschlussfassung erst **fällig**, wenn in einer Versammlung die begehrte Verwaltungsmaßnahme zur Abstimmung gebracht wird (Rn 169) und auf **Sekundärebene** ist stets an eine konkrete Verwaltungsmaßnahme anzuknüpfen (Rn 182).

d) Abspaltungsverbot und Ausübung durch Dritte

102 Das **Abspaltungsverbot** verbietet es, mitgliedschaftliche Rechte von der Mitgliedschaft zu lösen. Es gilt im gesamten Verbandsrecht und damit, auch wenn es im WEG nicht kodifiziert ist, auch im Wohnungseigentumsrecht (Wobst ZWE 2023, 149). Der BGH hat das Abspaltungsverbot bereits auf das Stimmrecht angewendet (BGH 7. 3. 2002 – V ZB 24/01, NJW 2002, 1647 unter III 3 b bb). Das Abspaltungsverbot steht der Abtretung des Anspruchs aus § 18 Abs 2 WEG grds entgegen. Die durch das Abspaltungsverbot gesetzten Grenzen gelten aber nicht für rein vermögensrechtliche Ansprüche, die aus der Mitgliedschaft fließen, weshalb etwa Zahlungsansprüche (§ 28 WEG) abgetreten werden können (Wobst ZWE 2023, 149).

103 Abzugrenzen ist die Abspaltung von der Ausübung des beim Wohnungseigentümer verbleibenden Verwaltungsrechts durch Dritte. Anerkannt ist dieses Vorgehen beim Stimmrecht durch eine Bevollmächtigung (BGH 11. 11. 1986 – V ZB 1/86, NJW 1987, 650) und – um ein weiteres Beispiel zu nennen – bei den Beschlussklagen in Form der Prozessstandschaft. Das Abspaltungsverbot steht also der Ausübung von Verwaltungsrechten durch Dritte nicht generell entgegen. Ist mithin nach **allg Regeln** eine **Repräsentation** möglich, gilt dies grds auch beim Recht aus § 18 Abs 2 WEG. Es stellt sich aber stets die Frage, ob Besonderheiten des in Rede stehenden Verwaltungsrechts einer Anwendung der allgemeinen Regeln entgegenstehen. Dies ist noch nicht allgemein untersucht, sondern wird bislang – so auch hier (Rn 255) – nur problembezogen erörtert. Keine pauschale Antwort gibt es auch auf die Frage, **wie** die **Ausübungsbefugnis übertragen** werden kann. Denn dies richtet sich danach, wie das betreffende Recht auszuüben ist (näher Wobst ZWE 2023, 149). Bei § 18 Abs 2 WEG geht

es um die Geltendmachung und Erfüllung eines Anspruchs. Die Geltendmachung kann als rechtsgeschäftsähnliche Handlung analog § 164 Abs 1 BGB durch einen Dritten erfolgen und die Erfüllung gegenüber Dritten ist nach § 362 Abs 2 BGB bei entsprechender Ermächtigung möglich (Wobst ZWE 2023, 149). Zwar nicht ausdrücklich geregelt, aber allgemein anerkannt ist ferner die Leistung an den Gläubiger unter Einschaltung einer Hilfsperson, die zum Leistungserfolg in der Person des Gläubigers führt (näher Wobst ZWE 2023, 149). Die Ausübung des Anspruchs aus § 18 Abs 2 WEG durch Dritte kann innerhalb der allg Wirksamkeitsschranken in der Gemeinschaftsordnung ausgeschlossen werden (Wobst ZWE 2023, 149, 151).

e) Konkurrenzen

Der Anspruch eines Wohnungseigentümers auf Abschluss oder Änderung einer Vereinbarung ergibt sich nicht aus § 18 Abs 2 WEG, sondern aus dem spezielleren **§ 10 Abs 2 WEG**. Auch dieser Anspruch ist mit Blick auf das in § 18 Abs 1 WEG verankerte Organisationssystem gegen die Wohnungseigentümergemeinschaft gerichtet, da es sich um eine Verwaltungsmaßnahme handelt (Lehmann-Richter/Wobst WEG-Reform 2020 Rn 1971; **aA** die hM, etwa BeckOGK/Falkner § 10 WEG Rn 240 f). **104**

Zwischen § 18 Abs 2 WEG und den **übrigen Regelungen** im **Abschnitt 4** von Teil 1 des **WEG**, die sich mit der Verwaltung durch die Wohnungseigentümergemeinschaft befassen, besteht keine Anspruchskonkurrenz. Denn Grundlage des Verwaltungsanspruchs ist stets § 18 Abs 2 WEG. Andere Vorschriften im WEG über die Verwaltung haben im Verhältnis zu § 18 Abs 2 WEG nur den Charakter von Hilfsnormen: Sie dienen der Beantwortung der Frage, ob die begehrte Maßnahme im Einzelfall nach § 18 Abs 2 WEG geschuldet ist (zu diesem Systemverständnis Lehmann-Richter/Wobst WEG-Reform 2020 Rn 319). Daher folgt etwa der Anspruch auf Einberufung der jährlichen Eigentümerversammlung nicht aus § 24 Abs 1 WEG, sondern aus § 18 Abs 2 Nr 1 WEG. **105**

Eine auf § 18 Abs 2 WEG gestützte **Leistungsklage** auf **Beschlussfassung** – sei es auf Aufhebung eines rechtswidrigen Beschlusses oder auf Fassung eines Beschlusses mit positivem Inhalt – wird regelmäßig durch § 44 Abs 1 S 1 Var 1 WEG bzw § 44 Abs 1 S 2 WEG gesperrt. Denn diese Vorschriften ersetzen den Anspruch aus § 18 Abs 2 WEG durch ein **Gestaltungsklagerecht** des Wohnungseigentümers (§ 44 WEG Rn 251). **106**

Die **Abgrenzung** zwischen **§ 18 Abs 2 Nr 1 und Nr 2 WEG** (s dazu Jennissen/Sommer/Heinemann Rn 46) ist wegen der identischen Rechtsfolgen nur von theoretischem Interesse. Die Frage stellt sich bei einem binnenrechtswidrigen Zustand des gemeinschaftlichen Eigentums oder einem binnenrechtswidrigen Gebrauch. In diesen Fällen ist die Konkurrenzsituation folgende (Lehmann-Richter/Wobst WEG-Reform 2020 Rn 1464 f, auch zum Verhältnis zu § 9a Abs 3 WEG): Das Einschreiten gegen die rechtswidrig selbstnutzende Gemeinschaft der Wohnungseigentümer fällt unter § 18 Abs 2 Nr 2 WEG. Das Begehr, die Gemeinschaft der Wohnungseigentümer möge gegen den binnenrechtswidrigen Gebrauch des Gemeinschafts- oder Sondereigentums durch eine andere Person (Wohnungseigentümer oder Dritter) einschreiten, fällt ebenfalls unter Nr 2. Die Durchsetzung von Ansprüchen auf Beseitigung eines rechtswidrigen Umgangs mit dem gemeinschaftlichen Eigentum – insbesondere Schadensersatzansprüche – fällt hingegen unter Nr 1. Die von der Gemeinschaft ver- **107** langte Leistung betrifft hier nämlich den Umgang mit dem gemeinschaftlichen Eigentum und damit dessen Verwaltung.

108 § 18 Abs 2 Nr 2 WEG tritt nicht hinter **§ 14 Abs 2 Nr 1 WEG** zurück. Die Wohnungseigentümergemeinschaft ist daher auch dann zum Einschreiten gegen einen rechtswidrigen Gebrauch des Sondereigentums verpflichtet, wenn andere Wohnungseigentümer die dadurch ausgelösten Störungen nach § 14 Abs 2 Nr 1 WEG abwehren können (Bärmann/Dötsch Rn 58; **aA** Hügel/Elzer Rn 99).

2. Parteien

109 **Gläubiger** des Verwaltungsanspruchs ist zunächst jeder Wohnungseigentümer einschließlich der sog werdenden Wohnungseigentümer iSd § 8 Abs 3 WEG. Dem ausgeschiedenen Wohnungseigentümer steht kein Anspruch aus § 18 Abs 2 WEG mehr zu (**aA** etwa Bärmann/Dötsch Rn 55). Das folgt sowohl aus Wortlaut als auch aus dem System, weil der Verwaltungsanspruch im Wohnungseigentum wurzelt. **Schuldnerin** ist allein die Wohnungseigentümergemeinschaft (BGH 21. 4. 2023 – V ZR 86/22, DWW 2023, 217 Rn 25).

110 Die **Mitberechtigung** am Wohnungseigentum – betroffen sind neben der Gemeinschaft nach Bruchteilen (§§ 741, 1008 BGB) die Erben- und die Gütergemeinschaft – führt weder zu einer Vervielfältigung des Anspruchs aus § 18 Abs 2 WEG noch zu einer Mehrzahl von Forderungsrechten Den konkreten Anspruch müssen die Mitberechtigten vielmehr **gemeinschaftlich ausüben** (Staudinger/Lehmann-Richter [2023] § 14 WEG Rn 8). Die **Erfüllung**, etwa des Anspruchs auf Information, hat durch Leistung an alle Mitberechtigten gemeinschaftlich zu erfolgen. Die Wohnungseigentümergemeinschaft kann daher die Erfüllung, etwa eine Einsicht in Verwaltungsunterlagen durch einen einzelnen, der nicht rechtsgeschäftlich von den übrigen Mitberechtigten ermächtigt ist, verweigern. Macht sie von diesem Recht keinen Gebrauch, hat die Leistung gegenüber einem Mitberechtigten keine Gesamtwirkung (Lehmann-Richter ZWE 2022, 389).

111 Ob der Verwaltungsanspruch auf einen Amtsträger übergeht (**Insolvenzverwalter, Zwangsverwalter, Testamentsvollstrecker, Nachlassverwalter**) entscheidet sich danach, ob sich die Verwaltungsbefugnis dieser Personen auch auf den Gegenstand erstreckt, auf den der Anspruch im konkreten Fall gerichtet ist. Hier gelten die Ausführungen zum Anfechtungsrecht entsprechend (s § 44 WEG Rn 90 ff).

112 **Sonstigen Personen** (zB Nießbraucher, Mieter, Grundpfandgläubiger) ist der Verwaltungsanspruch aus § 18 Abs 2 WEG hingegen gesetzlich nach allgM nicht zugeordnet. Dies gilt auch für Verwaltungsbeiräte, die keine Wohnungseigentümer sind (Jennissen/Sommer/Heinemann Rn 47). Bei diesen kann sich in Einzelfällen aber aus § 29 Abs 2 S 1 WEG ein Recht zur Partizipation an der Verwaltung ergeben, etwa zur Teilnahme an einer Eigentümerversammlung (§ 29 WEG Rn 63). Subsumiert man die auf das Gemeinschaftseigentum bezogenen Abwehransprüche des Nießbrauchsberechtigten aus § 1065 BGB unter § 9a Abs 2 WEG, stellt sich allerdings die Frage, ob nicht der Nießbrauchsberechtigte über § 18 Abs 2 WEG von der Gemeinschaft ein Tätigwerden bei der Störungsabwehr verlangen kann (Staudinger/Jacoby [2023] § 9a Rn 174).

3. Verwaltungsmaßnahme

Gegenstand des Anspruchs aus § 18 Abs 2 WEG muss alternativ sein eine Maßnahme 113

- der Verwaltung des gemeinschaftlichen Eigentums (Nr 1),
- zur Regelung der Benutzung des gemeinschaftlichen Eigentums oder des Sondereigentums (Nr 2),
- der Verwaltung des Gemeinschaftsvermögens (§ 9a Abs 3 WEG) oder
- eine sonstige Maßnahme, die zum Aufgabenbereich der Wohnungseigentümergemeinschaft gehört. Sämtliche soeben aufgezählte Maßnahmen werden hier unter dem Begriff der **Verwaltung** zusammengefasst (Rn 13).

Eine gegenständliche Beschränkung des Anspruchs aus § 18 Abs 2 WEG folgt aus 114 dem Vorrang von § 10 Abs 2 WEG (Rn 104): **Verwaltungsentscheidungen** können durch Vereinbarung oder Beschluss getroffen werden. Da der Abschluss einer Vereinbarung aber nicht nach § 18 Abs 2 WEG, sondern nur nach § 10 Abs 2 WEG verlangt werden kann, beschränkt sich der Anwendungsbereich des § 18 Abs 2 WEG hinsichtlich des Anspruchs auf eine Verwaltungsentscheidung auf solche, die durch Beschluss getroffen werden können. § 18 Abs 2 WEG setzt mithin insoweit **Beschlusskompetenz** (dazu Rn 66) voraus.

a) Verwaltung des gemeinschaftlichen Eigentums (§ 18 Abs 2 Nr 1 WEG)

Die Rspr versteht unter Verwaltung des gemeinschaftlichen Eigentums „alle Maß- 115 nahmen, die in tatsächlicher oder rechtlicher Hinsicht auf eine Änderung des bestehenden Zustands abzielen oder sich als Geschäftsführung … in Bezug auf das gemeinschaftliche Eigentum darstellen" (BGH NJW 1997, 2106; BGHZ 121, 22; ähnlich BGH NJW 2015, 3713 Rn 11). Der Begriff ist nach **hM weit auszulegen** (BGH NJW 2016, 2177; NJW 2015, 3713).

aa) Einwirkungen auf das gemeinschaftliche Eigentum

Um eine Verwaltung des gemeinschaftlichen Eigentums handelt es sich, wenn die 116 Maßnahme das **Ziel** hat, auf das Gemeinschaftseigentum **physisch einzuwirken**. In diese Kategorie fallen insbesondere Erhaltungsmaßnahmen, aber auch die Neu-Definition des Sollzustandes durch einen Beschluss nach § 20 Abs 1 WEG sowie der Beschluss, diesen Zustand baulich herzustellen. Eine auf das gemeinschaftliche Eigentum einwirkende Maßnahme ist dabei nicht nur die unmittelbare Einwirkung (zB Anstrich der Wohnungseingangstür), sondern auch die Entscheidung, die Einwirkung zu gestatten, zu veranlassen oder zu ermöglichen (zB Beschluss über die Begutachtung oder Sanierung der Fassade durch einen Handwerker [vgl BGH 23. 3. 2018 – V ZR 101/16, NJW 2018, 2550 Rn 25]; Beschluss über Ankauf von Geräten zur Reparatur des gemeinschaftlichen Eigentums).

bb) Voraussetzungen für Gebrauch des gemeinschaftlichen Eigentums

Um eine Verwaltung des gemeinschaftlichen Eigentums geht es auch, wenn die Maß- 117 nahme das Ziel hat, die Voraussetzungen für den Gebrauch des Gemeinschaftseigentums zu schaffen bzw diese aufrechtzuerhalten; Benutzungsregelungen fallen hingegen unter § 18 Abs 2 Nr 2 WEG (s Rn 107). In diese Kategorie gehören insbes Beschlüsse über den Abschluss von Verträgen zur **Versorgung** des gemeinschaftlichen Eigentums (zB Bezug von Strom zur Beleuchtung des Treppenhauses), aber auch der Beschluss, einen öffentlichen Weg, der zum Gemeinschaftseigentum führt, von Schnee zu beseitigen (LG Hamburg 28. 6. 2017 – 318 S 95/16, ZMR 2017, 827). Auch der **Erwerb** eines **Grundstücks** oder von Wohnungseigentum durch die Wohnungseigentümergemeinschaft gehört hierin, wenn das neue Eigentum dazu dienen soll, dem Gebrauch des gemeinschaftlichen Eigentums oder seiner Verwaltung zu dienen (BGH NJW 2016, 2177).

118 **Abgrenzungsbedarf** besteht zur **Verwaltung des Sondereigentums**. Insbesondere bei Entscheidungen über die Versorgung der Wohnungen, etwa mit Wärme, TV oder Strom, kann sich nämlich die Frage stellen, ob es nicht um eine dem Aufgabenbereich der Wohnungseigentümergemeinschaft entzogene Verwaltung des Sondereigentums geht. § 18 Abs 2 Nr 2 WEG ist hier nur einschlägig, wenn die in Rede stehende Versorgung durch das gemeinschaftliche Eigentum erfolgt und zudem in den Aufgabenbereich der Wohnungseigentümergemeinschaft fällt. Die erste Voraussetzung ist etwa erfüllt, wenn die Versorgung durch im gemeinschaftlichen Eigentum stehende Leitungen (zB Gas- oder Wasserleitungen, Leitungen für Kabelfernsehen) erfolgt. Die daneben erforderliche Einordnung als gemeinschaftliche Angelegenheit kann sich insbes aus dem (wirksamen) Binnenrecht ergeben; ein Beispiel hierfür ist der Bezug von Brennstoffen zwecks Befeuerung einer in der Gemeinschaftsordnung vorgesehenen Zentralheizung. Daneben kann die Zuordnung zum Aufgabenbereich der Wohnungseigentümergemeinschaft auch aus dem WEG folgen, zB wenn durch eine bauliche Veränderung (§ 20 Abs 1 WEG) der Bezug von Versorgungsleistungen auf die Wohnungseigentümergemeinschaft „umgestellt" wird. Ein Beispiel ist der (wirksam beschlossene) Wechsel zur gemeinschaftlichen Heizungsversorgung, hier fällt etwa die Entscheidung über den Bezug von Brennstoffen unter § 18 Abs 2 Nr 1 WEG. Auch Vorschriften außerhalb des WEG können den Gemeinschaftsbezug ergeben, etwa wenn der Bezug der Versorgungsleistungen nach öffentlichem Recht durch die Wohnungseigentümergemeinschaft zu erfolgen hat (vgl den Sachverhalt BGH NJW 2010, 932).

cc) Organisationsmaßnahmen

119 Eine Verwaltung des gemeinschaftlichen Eigentums liegt weiter vor, wenn die Maßnahme den Zweck hat, die **Art und Weise** der Verwaltung zu **organisieren**. Dies betrifft etwa Beschlüsse über die Beauftragung Dritter, um die tatsächlichen oder rechtlichen Voraussetzungen für die Verwaltung zu schaffen oder aufrechtzuerhalten. Beispiele sind etwa die Beauftragung eines Rechtsanwalts zwecks Beratung über das Pflichtenprogramm im Rahmen der Verwaltung des gemeinschaftlichen Eigentums oder zwecks Vertretung der Wohnungseigentümergemeinschaft in einem Prozess, in dem dieses Pflichtenprogramm im Streit steht. Auch die **Vorbereitung** einer – nur durch **Vertrag** umsetzbaren – Änderung der Gemeinschaftsordnung oder der Teilungserklärung gehört in diese Kategorie (BGH 20. 9. 2019 – V ZR 258/18, ZMR 2020, 197 Rn 16).

dd) Nicht erfasste Maßnahmen

120 Nicht zur Verwaltung des gemeinschaftlichen Eigentums zählen Tätigkeiten aus dem **persönlichen Aufgabenbereich** der **Wohnungseigentümer**. Anerkannt ist dies für die Verwaltung des **Sondereigentums** (vgl BGH ZMR 2014, 899; NJW 2011, 2958). Soweit es aber um eine den Gebrauch des Sondereigentums regelnde Maßnahme geht, kann § 18 Abs 2 Nr 2 WEG einschlägig sein (Rn 122). Ob es sich um eine persönliche Aufgabe der Wohnungseigentümer handelt, ist in Zweifelsfällen durch Auslegung zu ermitteln. Eine persönliche Pflicht der Wohnungseigentümer ist etwa ihre Auskunftspflicht nach § 24 Abs 1 S 1 **ZensG 2022**. Deshalb ist ein Beschluss nichtig, der die Erfüllung dieser Auskunftspflicht durch die Wohnungseigentümergemeinschaft vorsieht. Wirkt sich ein den Gebrauch des Gemeinschaftseigentums betreffender Beschluss reflexartig auch auf das Sondereigentum aus, überschreitet die Gemeinschaft ihren Aufgabenbereich nicht (BGH 15. 10. 2021 – V ZR 225/20, ZWE 2022, 50 Rn 9).

121 Nicht zur Verwaltung des gemeinschaftlichen Eigentums gehören ferner Maßnahmen, die das sog **sachenrechtliche Grundverhältnis** der Wohnungseigentümer betreffen (BGH NJW 2016, 2177). § 18 Abs 2 Nr 1 WEG gibt daher etwa keinen Anspruch auf Änderung der Zuteilung des Eigentums am Grundstück. Ein Anspruch auf Änderung des sachenrechtlichen Grundverhältnisses ist nur zwischen den Wohnungseigentümern denkbar (vgl BGH 11. 5. 2012 – V ZR 189/11, ZMR 2012, 793 Rn 10). Denn der Zweck der Wohnungseigentümergemeinschaft erstreckt sich nicht auf die Verwaltung dieser Rechtsbeziehungen.

b) Regelung der Benutzung (§ 18 Abs 2 Nr 2 WEG)

122 § 18 Abs 2 Nr 2 WEG erstreckt die Verwaltungspflicht auf eine binnenrechtskonforme Benutzung des gemeinschaftlichen Eigentums und des Sondereigentums. Es geht hier offensichtlich nicht darum, die Benutzung durch die Wohnungseigentümergemeinschaft zu regulieren, da das Recht zum Gebrauch des gemeinschaftlichen Eigentums sowie des Sondereigentums den Wohnungseigentümern persönlich – und nicht etwa in ihrer Eigenschaft als Verbandsorgan – zusteht, §§ 13 Abs 1, 16 Abs 1 S 3 WEG. § 18 Abs 2 WEG betrifft vielmehr **das Gebrauchsverhalten der Wohnungseigentümer**, indem die Wohnungseigentümergemeinschaft Regeln über den Gebrauch vorgibt oder gegen ein binnenrechtswidriges Verhalten einschreitet. Diese Pflicht erstreckt sich auch auf den Gebrauch des Sondereigentums. Der Zweck der Wohnungseigentümergemeinschaft beschränkt sich daher keineswegs auf die Verwaltung des gemeinschaftlichen Eigentums (Rn 13).

aa) Vorgaben über Art und Weise der Benutzung

123 Unter § 18 Abs 2 Nr 2 WEG fallen zunächst Vorgaben über Art und Weise der Benutzung. Diese können sowohl das gemeinschaftliche Eigentum als auch das Sondereigentum betreffen. Gegenständliche Beschränkungen enthält der Wortlaut des § 18 Abs 2 Nr 2 WEG zwar nicht. Sie folgen aber aus dem Vorrang von § 10 Abs 2 WEG: Die begehrte Maßnahme muss eine solche sein, die per **Beschluss geregelt** werden **kann** (dazu § 13 WEG Rn 53).

bb) Durchsetzung der Benutzungsregeln

124 Von besonderer Relevanz ist bei § 18 Abs 2 Nr 2 WEG die Durchsetzung der in der Gemeinschaft geltenden Benutzungsregeln. Insoweit steht die Vorschrift mit **§ 14 Abs 1 Nr 1 WEG** in untrennbarem funktionalen **Zusammenhang**: Nach dieser Vor-

schrift ist jeder Wohnungseigentümer (nur) der Wohnungseigentümergemeinschaft zur Einhaltung der Gebrauchsregeln verpflichtet. § 18 Abs 2 Nr 2 WEG stellt sicher, dass die Wohnungseigentümer, die typischerweise die Leidtragenden eines binnenrechtswidrigen Gebrauchs sind, von der Wohnungseigentümergemeinschaft ein Einschreiten gegen den Störer verlangen können. Auch zu § 9a Abs 2 WEG besteht ein entsprechender Funktionszusammenhang, weil § 18 Abs 2 Nr 2 WEG auch auf Durchsetzung der unter diese Vorschrift fallenden Ansprüche – etwa aus § 1004 Abs 1 BGB – gerichtet ist.

c) Verwaltung des Gemeinschaftsvermögens

125 Aus der Verweisung in § 9a Abs 3 WEG folgt, dass § 18 Abs 2 WEG jedem Wohnungseigentümer auch einen Anspruch auf Verwaltung des Gemeinschaftsvermögens gibt. Mit Blick auf den Verwaltungsanspruch des Wohnungseigentümers ist daher die **Abgrenzung** ohne Bedeutung, ob die begehrte Maßnahme eine solche der Verwaltung des gemeinschaftlichen Eigentums oder des Gemeinschaftsvermögens ist (Beispiel: Ankauf Rasenmäher zwecks Pflege des gemeinschaftlichen Gartens). Auch für die Beschlusskompetenz (§ 19 Abs 1 WEG) ist die Abgrenzung nicht relevant. Bedeutung hat sie nur für § 16 Abs 1 S 3 und § 20 WEG, die in § 9a Abs 3 WEG nicht in Bezug genommen sind.

d) Sonstige Aufgaben der Wohnungseigentümergemeinschaft

126 Ist § 18 Abs 2 WEG nicht erfüllt und geht es auch nicht um die Verwaltung des Gemeinschaftsvermögens (§ 9b Abs 2, § 18 Abs 2 WEG), ist eine analoge Anwendung von § 18 Abs 2 WEG möglich. Voraussetzung ist, dass es sich um eine Maßnahme handelt, die zwar nicht vom Wortlaut der Vorschrift erfasst ist, aber zum Aufgabenbereich der Wohnungseigentümergemeinschaft gehört (Rn 13). Denn auch dann ist der Zweck von § 18 Abs 2 WEG einschlägig, eine binnenrechtskonforme Verwaltung zugunsten der Wohnungseigentümer abzusichern. Deshalb hat jeder Wohnungseigentümer analog § 18 Abs 2 WEG Anspruch auf Erteilung einer binnenrechtskonformen **Veräußerungszustimmung** (§ 12 WEG).

127 Auch die für eine gebotene **Entziehung** (§ 17 WEG) erforderlichen Maßnahmen gehören zur Verwaltung. Auf diese hat jeder Wohnungseigentümer daher analog § 18 Abs 2 WEG einen Anspruch. Die Zuordnung zur Verwaltung ist auch für § 19 Abs 1 WEG von Bedeutung: Es besteht nämlich Beschlusskompetenz für den **Erwerb des Wohnungseigentums** des Störers im Zwangsversteigerungsverfahren nach § 17 Abs 4 WEG (vgl OLG Hamm 20. 10. 2009 – 15 Wx 81/09, NJW 2010, 1464). Ob ein entsprechender Beschluss ordnungsmäßiger Verwaltung entspricht, richtet sich nach allg Prinzipien (Staudinger/Lehmann-Richter [2023] § 17 WEG Rn 100).

4. Binnenrechtskonformität der Verwaltungsmaßnahme

128 Der Verwaltungsanspruch aus § 18 Abs 2 WEG setzt voraus, dass die in Rede stehende Verwaltungsmaßnahme den gesetzlichen Regelungen, Vereinbarungen und Beschlüssen, hilfsweise dem Interesse der Gesamtheit der Wohnungseigentümer nach billigem Ermessen entspricht. Diese Übereinstimmung mit dem **in der Gemeinschaft geltenden Regelwerk** wird hier als „Binnenrechtskonformität" bezeichnet (zum Folgenden bereits Lehmann-Richter/Wobst WEG-Reform 2020 Rn 325 ff). Dieses Merkmal erfüllt zwei wesentliche Funktionen: Es dient der Konkretisierung des Anspruchs

des Wohnungseigentümers und ist der allgemeine Maßstab für die Kontrolle der Rechtmäßigkeit von Verwaltungsmaßnahmen.

a) Konkretisierungsfunktion

Das Merkmal der Binnenrechtskonformität hat maßgebliche Bedeutung für den Inhalt des Anspruchs des Wohnungseigentümers: Ein **Anspruch auf** eine **konkrete Verwaltungshandlung** besteht nur, wenn diese durch das Gesetz, eine Vereinbarung oder einen Beschluss **festgelegt** wurde. Fehlt es an einer solchen Fixierung, beschränkt das dann zu prüfende Merkmal der ordnungsmäßigen Verwaltung und Benutzung den Anspruch des Wohnungseigentümers darauf, dass zunächst ein Beschluss über die letztlich begehrte Verwaltungshandlung getroffen wird. § 18 Abs 2 WEG ähnelt insoweit § 315 BGB: Der Anspruch auf Vornahme einer bestimmten Verwaltungshandlung, etwa auf Ausführung einer Erhaltungsmaßnahme am gemeinschaftlichen Eigentum, ist erst durchsetzbar, wenn er durch Beschluss konkretisiert wurde (vgl Staudinger/Rieble [2020] § 315 BGB Rn 498). Solange der für die Konkretisierung erforderliche Beschluss fehlt, ist § 18 Abs 2 WEG mithin auf der ersten Stufe nur auf Beschlussfassung gerichtet. Ist ein Beschluss gefasst, kann nach § 18 Abs 2 WEG auf der zweiten Stufe die ordnungsgemäße Beschlussdurchführung (Rn 161) verlangt werden. Eine Ausnahme von dem Prinzip der Konkretisierung durch Beschluss gilt, wenn diese Kompetenz dem Verwalter zugewiesen ist (Rn 157). **129**

b) Allgemeiner Rechtmäßigkeitsmaßstab für Verwaltungsmaßnahmen

Der unmittelbare Anwendungsbereich von § 18 Abs 2 WEG und damit auch des Grundsatzes der Binnenrechtskonformität ist das Rechtsverhältnis zwischen den Wohnungseigentümern und der Gemeinschaft. Der Anspruch strahlt aber daneben auf die gesamte Verwaltung in der Wohnungseigentümergemeinschaft aus. Denn die Gemeinschaft kann ihrer Pflicht aus § 18 Abs 2 WEG nur gerecht werden, wenn ihre Organe die ihnen obliegenden Aufgaben binnenrechtskonform ausführen. Die in § 18 Abs 2 WEG geregelte Binnenrechtskonformität ist daher **Maßstab** für die **Rechtmäßigkeitskontrolle jeder Verwaltungsmaßnahme**. **130**

Ausdruck dieses **Prinzip** sind sowohl § 19 Abs 1 WEG als auch § 27 Abs 1 WEG. Die Pflicht zu einer binnenrechtskonformen Verwaltung trifft die Organe aber auch dort, wo dies nicht ausdrücklich im Gesetz genannt ist. Deshalb ist etwa auch der **Verwaltungsbeirat** an diesen Maßstab gebunden. Von besonderer Bedeutung ist dies aber für den **Verwalter**, wenn man die Annex-Entscheidungen zu Vollzugs- oder Organisationsakten – etwa Wahl von Zeit und Ort der Versammlung – nicht unter § 27 WEG fasst (dazu Lehmann-Richter/Wobst WEG-Reform 2020 Rn 473). Der Verwalter ist dann auch bei diesen Entscheidungen an das Merkmal der Binnenrechtskonformität gebunden. Deshalb ist es dogmatisch stimmig, wenn etwa allgemein betont wird, dass dem Verwalter bei der Bestimmung des Ortes der Versammlung grds ein Ermessen zusteht. Ein entsprechendes Ermessen hat der Verwalter auch bei seinen anderen Verwaltungsentscheidungen, nämlich immer dann, wenn diese nicht durch Gesetz, Vereinbarung oder Beschluss determiniert sind. Das Ermessen folgt aus dem Merkmal ordnungsmäßige Verwaltung in § 18 Abs 2 WEG (Hügel/Elzer § 26 Rn 74). Ein weiteres Beispiel ist die Art und Weise der Versammlungsleitung, die ordnungsmäßiger Verwaltung entsprechen muss (vgl etwa BGH 18. 1. 2019 – V ZR 324/17, ZMR 2019, 776 Rn 6). Eine andere Frage ist, in welchem Umfang die Wohnungseigentümer Be- **131**

schlusskompetenz besitzen, dem Verwalter in seinem Organisationsbereich Weisungen zu erteilen (dazu Rn 88).

5. Ordnungsmäßige Verwaltung

132 Der Dynamik der Verwaltung und Benutzung ist es immanent, dass meist nicht durch Vereinbarung, Gesetz oder Beschluss geregelt ist, welche konkrete Verwaltungsmaßnahme auszuführen ist. Dann ist der Anspruch des Wohnungseigentümers aus § 18 Abs 2 WEG auf eine Verwaltung des gemeinschaftlichen Eigentums und eine Benutzung des gemeinschaftlichen Eigentums und des Sondereigentums gerichtet, die ordnungsgemäß ist. Dieser Wortlaut ist indes verkürzend, weil sich § 18 Abs 2 WEG auf den gesamten Aufgabenbereich der Wohnungseigentümergemeinschaft bezieht; treffender ist daher die Bezeichnung „ordnungsmäßige Verwaltung". Dies ist der **zentrale Kontrollmaßstab** im Wohnungseigentumsrecht, nach dem sich typischerweise die Rechtmäßigkeit von Verwaltungsmaßnahmen im Innenverhältnis richtet.

a) Grundlagen

133 Ordnungsgemäß ist nach der Legaldefinition in § 18 Abs 2 WEG eine Verwaltung, die dem Interesse der Gesamtheit der Wohnungseigentümer nach billigem Ermessen entspricht. Das WEG enthält an verschiedenen Stellen **Konkretisierungen**. Vorrangig zu nennen ist § 19 Abs 2 WEG, dessen Konkretisierungsfunktion bereits der Wortlaut offenlegt. Diese Funktion kann sich aber auch aus einer Gesetzesauslegung ergeben. So gehört etwa die Bestellung eines Verwalters (§ 26 Abs 1 WEG) zur ordnungsmäßigen Verwaltung (vgl BGH 10. 6. 2011 – V ZR 146/10, NJW 2011, 3025 Rn 11).

134 Der durch das Merkmal „Interesse der Gesamtheit der Wohnungseigentümer nach billigem Ermessen" eingeräumte **Entscheidungsspielraum** steht der **Wohnungseigentümergemeinschaft** zu (BeckOGK/Skauradszun Rn 44); **ausgeübt** wird das Verwaltungsermessen durch das zur konkreten Verwaltungsentscheidung berufene **Organ**. Besondere Bedeutung hat der Begriff der ordnungsmäßigen Verwaltung für die Beschlussfassung. Denn § 19 Abs 1 WEG knüpft die Rechtmäßigkeit eines Beschlusses an dieses Merkmal, wenn gesetzliche oder vertragliche Vorgaben fehlen. Relevant ist der Begriff aber auch bei der Verwaltung durch den Verwalter oder den Beirat (Rn 131). Auf diese Weise wird der Entscheidungsspielraum auch **Gegenstand** des jeweiligen **Organverhältnisses**.

b) Interessen der Gesamtheit der Wohnungseigentümer

135 Die Anknüpfung an die Interessen der Wohnungseigentümer führt zu einem **konkreten Ordnungsmäßigkeitsbegriff**, der auf die Belange in der jeweiligen Wohnungseigentumsanlage abstellt. Bei der Anwendung des Begriffes ist zu differenzieren: Lässt sich feststellen, welchen Willen die Wohnungseigentümer zu einem bestimmten Sachverhalt gebildet haben und ist dieser Wille der Wohnungseigentümer deckungsgleich, so entspricht dieser Wille dem Interesse der Gesamtheit der Wohnungseigentümer. Das ist in der **Ein-Personen-Gemeinschaft** von Relevanz: Hier bestimmt der Wille des Alleinwohnungseigentümers bei Fehlen einer vorrangigen Regelung durch Gesetz, Vereinbarung oder Beschluss die Ordnungsmäßigkeit der Verwaltung. Deshalb scheidet eine Haftung des Alleinwohnungseigentümers gegenüber der Woh-

nungseigentümergemeinschaft wegen pflichtwidriger Verwaltung regelmäßig aus (STAUDINGER/JACOBY [2023] § 9a WEG Rn 106).

136 Typischerweise lässt sich ein übereinstimmender Wille der Wohnungseigentümer nicht feststellen. Diesen Umstand würdigt die verbreitete Definition, nach der eine Maßnahme im Interesse der Gesamtheit der Wohnungseigentümer liegt, wenn sie bei objektiver Betrachtung unter Berücksichtigung der Umstände des Einzelfalls nützlich ist (etwa OLG Hamm NJW 2010, 3586). Dahinter steht die zutreffende Erkenntnis, dass die objektive Interessenlage maßgeblich ist, es also nicht um eine Gewichtung der konkret zu ermittelnden Einzelinteressen geht. Denn auf die Majorität der Einzelinteressen kann es schon deshalb nicht ankommen, weil das Merkmal der Ordnungsmäßigkeit neben der Stimmenmehrheit Voraussetzung eines rechtmäßigen Beschlusses ist. Es muss also aus der Sicht eines **vernünftig denkenden Wohnungseigentümers** in der konkreten Eigentumsanlage ermittelt werden, welche Interessen in Bezug auf den Gegenstand der Verwaltungsmaßnahme bestehen. Es lassen sich die folgenden Kriterien unterscheiden, wobei häufig mehrere dieser Interessen berührt sein werden und sich die Kategorien teilweise überschneiden:

aa) Beschaffenheit des Gemeinschaftseigentums

137 Es liegt zunächst im Interesse der Wohnungseigentümer, dass für eine Beschaffenheit des Gemeinschaftseigentums Sorge getragen wird, die einerseits einen dem Binnenrecht entsprechenden, **gefahrlosen Gebrauch ermöglicht** und zum anderen **werterhaltend** ist. Dieses Interesse steht hinter dem Regelbeispiel in § 19 Abs 2 Nr 2 WEG. In diese Kategorie fallen etwa Beschlüsse, die der Abwehr oder Beseitigung von Störungen/Beschädigungen des Gemeinschaftseigentums dienen. Ferner gehören hierin Beschlüsse über die Bildung von Gemeinschafsvermögen (etwa Erhebung von Sonderumlagen, Darlehensaufnahme), soweit dieses dazu dienen soll, Investitionen in das Gemeinschaftseigentum finanziell zu ermöglichen. Insofern steht hinter § 28 Abs 1 S 2 und Abs 2 S 2 WEG (auch) der Topos der interessengerechten Beschaffenheit des Gemeinschaftseigentums.

bb) Durchsetzung von Ansprüchen

138 Ob es grds im Interesse der Gesamtheit der Wohnungseigentümer liegt, dass die Gemeinschaft der Wohnungseigentümer ihr zustehende Ansprüche durchsetzt, hat der **BGH** noch nicht entschieden (BGH 28. 1. 2022 – V ZR 86/21, ZMR 2022, 487 Rn 25). Richtigerweise ist die Frage zu bejahen (vgl OLG Hamm 22. 12. 2003 – 15 W 396/03, ZMR 2004, 852; LG Koblenz 30. 4. 2018 – 2 S 67/16, ZMR 2018, 795; JENNISSEN/SOMMER/HEINEMANN Rn 122). Denn die Erfüllung führt typischerweise dazu, dass die Wohnungseigentümer von einer Last befreit werden – etwa der Belastung durch ein binnenrechtswidriges Gebrauchsverhalten oder bei Zahlungsansprüchen von der Last, den Betrag anderenfalls selbst aufbringen zu müssen. Deshalb ist das Recht aus § 18 Abs 2 WEG **regelmäßig** darauf gerichtet, dass **Ansprüche verfolgt** werden.

139 Das Absehen von einer Anspruchsdurchsetzung muss daher, um ordnungsmäßiger Verwaltung zu entsprechen, durch besondere Gründe gerechtfertigt sein (vgl BGH 21. 4. 1997 – II ZR 175/95, NJW 1997, 1926 – ARAG/Garmenbeck). Eine solche Ausnahmeentscheidung kommt in Betracht, wenn **ernsthafte Bedenken** gegen die **Durchsetzbarkeit** des Anspruchs bestehen. Der ebenfalls zu berücksichtigende Topos der Vermeidung finanzieller Belastungen (Rn 150) kann in diesem Fall nämlich dazu führen, dass die

Entscheidung, auf eine Anspruchsdurchsetzung zu verzichten, ordnungsmäßig ist. Denn wenn die Anspruchsdurchsetzung – wie bei einer gerichtlichen Verfolgung – mit einem finanziellen Risiko verbunden ist, kann es ordnungsmäßig sein, dieses Risiko zu vermeiden. Eine außergerichtliche Geltendmachung verursacht, soweit keine Sondervergütung des Verwalters anfällt, bei der Gemeinschaft der Wohnungseigentümer zwar unmittelbar keine Kosten. Indes droht eine für die Gemeinschaft der Wohnungseigentümer mit einem Kostenrisiko verbundene (prozessuale) Gegenreaktion (zB negative Feststellungsklage); dies kann auch das Absehen von einer außergerichtlichen Geltendmachung rechtfertigen.

140 Die Antwort auf die **Frage**, ob ein **Anspruch** besteht oder **durchsetzbar** ist, wird häufig durch tatsächliche oder rechtliche Unsicherheiten erschwert. Die Rechtsprechung verlangt in solchen Fällen für einen Anspruch des Wohnungseigentümers auf Rechtsdurchsetzung, dass die Voraussetzungen des Anspruchs schlüssig dargelegt sein und begründet erscheinen müssen (vgl OLG Hamm 22. 12. 2003 – 15 W 396/03, ZMR 2004, 852; OLG Düsseldorf v 25. 8. 1999 – 3 WX 270/99, ZMR 2000, 243; LG Koblenz 30. 4. 2018 – 2 S 67/16, ZMR 2018, 795). Eine andere Frage ist es, ob der Beschluss, einen zweifelhaften Anspruch zu verfolgen, ordnungswidrig ist. Dies setzt wegen des Verwaltungsermessens (Rn 134) voraus, dass diese Entscheidung unvertretbar ist, was nur bei offensichtlich unbegründeten Ansprüchen zu bejahen ist (Lehmann-Richter/Wobst WEG-Reform 2020 Rn 1479).

141 Ordnungsmäßig kann ein Absehen von der Anspruchsverfolgung daneben bei **Bagatellforderungen** sein, insbesondere, wenn dadurch die noch andauernde Vertragsbeziehung zu einem Vertragspartner belastet würde (vgl BGH 15. 12. 1988 – V ZB 9/88, NJW 1989, 1091, 1093). Gleiches gilt, wenn die Durchsetzung einer Bagatellforderung gegenüber einem Wohnungseigentümer das Gemeinschaftsverhältnis unverhältnismäßig vergiften würde (zu diesem Gesichtspunkt Rn 147).

142 Nicht nur das ob, sondern auch die **Art und Weise** der Anspruchsverfolgung unterliegt dem Maßstab ordnungsmäßiger Verwaltung. Dies ist insbes von Relevanz, wenn die Wohnungseigentümergemeinschaft sich über einen Anspruch vergleicht. Ein solcher **Vergleich** ist ordnungsmäßig, wenn er unter Berücksichtigung der Begründet- und Durchsetzbarkeit der von ihm erfassten Forderungen sowie anderer relevanter Interessen der Gesamtheit der Wohnungseigentümer vertretbar ist. Siehe zum Vergleichsabschlusses auch Vorbem 23 zu §§ 43–45 WEG.

cc) Gesetzesmäßige Verwaltung

143 Das Interesse an einer rechtmäßigen Verwaltung verkörpert § 14 Abs 1 Nr 1 WEG, wenn es jeden Wohnungseigentümer zu einem binnenrechtskonformen Verhalten verpflichtet. Die Durchsetzung dieser und anderer **Sozialpflichten** liegt im Interesse der Gesamtheit der Wohnungseigentümer.

144 Der Beschluss, einen **AGB-rechtswidrigen Vertrag** abzuschließen, verstößt nach Ansicht des BGH nicht gegen das Gebot der gesetzesmäßigen Verwaltung, weil Rechtsschutz über die §§ 305 ff BGB hinreichend gewährleistet sei (BGH 5. 7. 2019 – V ZR 278/17, NJW 2020, 988 Rn 20). Eine Verwaltungsmaßnahme, die gegen die **DSGVO** verstößt, wird regelmäßig ordnungswidrig sein. Indes besteht in der Gemeinschaft kein allg Geheimhaltungsgebot. Vielmehr ist die Nennung von „Ross und Reiter" typischerweise erforderlich, um die Wohnungseigentümer über die Situation in der Gemeinschaft zu informieren (vgl OLG München 27. 10. 2021 – 20 U 7051/20, ZWE 2022, 85).

dd) Funktionsfähige Verwaltung

Das Interesse an einer funktionsfähigen Verwaltung steht insbes hinter § 26 Abs 1 WEG (Bestellung/Abberufung Verwalter) und § 29 Abs 1 S 1 WEG (Bestellung Verwaltungsbeirat). Eine Verwaltungsmaßnahme kollidiert mit diesem Interesse, wenn sie die Verwaltung mit **Rechtsunsicherheit** belastet. In diese Kategorie fallen etwa Beschlüsse, die aus tatsächlichen oder rechtlichen Gründen unausführbar sind – insbes weil sie nicht hinreichend bestimmt sind (vgl BGHZ 139, 288, zum Musizierverbot) – oder deren Ziel nicht erreichbar ist (BGH ZMR 2013, 288 Rn 16). **145**

Dem Interesse an einer funktionsfähigen Verwaltung dienen hingegen Beschlüsse über die **Ermittlung** des Bestands oder des Umfangs von **Rechten** und Pflichten in der Gemeinschaft, über die keine hinreichende Klarheit besteht (vgl BayObLG ZMR 2002, 529; OLG Frankfurt ZMR 2009, 462). Deshalb können die Wohnungseigentümer durch Beschluss festlegen, welche **Verwaltungspraxis** in ihrer Gemeinschaft mit Blick auf eine **umstrittene Rechtslage** gelten soll (BGH 16. 9. 2022 – V ZR 69/21, ZMR 2023, 55, Rn 15, Verteilung Versicherungsselbstbehalt). **146**

ee) Gegenseitige Rücksichtnahme

Der Zusammenschluss in der Wohnungseigentümergemeinschaft ist ein potenzieller Quell von Streitigkeiten, weshalb die Wohnungseigentümer ein Interesse daran haben, auf ein geordnetes Zusammenleben und die Wahrung des gemeinschaftlichen Friedens hinzuwirken. Dieses Gebot gegenseitiger Rücksichtnahme liegt im Allgemeininteresse, weil jeder Wohnungseigentümer wegen seiner Geltung darauf vertrauen darf, dass in der gebotenen Stunde die übrigen Wohnungseigentümer seine Interessen nicht missachten werden. Besondere Relevanz hat dies bei Verwaltungsmaßnahmen, die den Gebrauch betreffen. Hier sind die widerstreitenden **Nutzungsinteressen** zu beachten (§ 13 WEG Rn 56). **147**

Eine weitere Ausprägung ist das Gebot der **Gleichbehandlung** (vgl etwa BGH ZMR 2013, 288 Rn 19; NJW 2010, 3508). Dieses Gebot kann auch eine Gleichbehandlung im Unrecht rechtfertigen, was allerdings jedenfalls voraussetzt, dass die zu Unrecht erfolgte Privilegierung anderer Wohnungseigentümer nicht mehr rückgängig gemacht werden kann (vgl LG München I ZMR 2014, 668). **148**

Das Gebot der gegenseitigen Rücksichtnahme kann dazu führen, dass im Einzelfall individuelle Interessen die Frage der Ordnungsmäßigkeit prägen. Bedeutsam ist dies, wenn auf Seiten eines Wohnungseigentümers ein **schutzwürdiges Vertrauen** in den Bestand einer bestimmten (Rechts)lage vorhanden ist. Nach allgM ist aus diesem Grund die Rechtmäßigkeit eines einen vorherigen Beschluss aufhebenden sog **Zweitbeschlusses** davon abhängig, dass der neue Beschluss schutzwürdige Belange aus Inhalt und Wirkungen des Erstbeschlusses berücksichtigt (BGHZ 113, 197; OLGR Frankfurt 2005, 334; näher Elzer ZMR 2007, 237). Wird ein Beschluss aufgehoben, der den Beschluss über eine bauliche Veränderung rückgängig macht, richtet sich die Inhaltskontrolle nicht nach allgemeinen Vertrauensschutzgesichtspunkten, sondern dem (inhaltlich durchaus verwandten) Topos des Sonderopfers aus § 20 Abs 4 WEG. Denn ein solcher Beschluss hat eine bauliche Veränderung zum Gegenstand, da er **149** den durch den Erstbeschluss neu definierten Soll-Zustand des Gemeinschaftseigentums zurückändert.

ff) Schutz vor (finanziellen) Belastungen

150 Für die Bewertung der Ordnungsmäßigkeit sind auch die mit dem Beschluss verbundenen Belastungen und Risiken für die Wohnungseigentümer von Bedeutung. Besonders relevant sind die **finanziellen Folgen**. Deshalb ist bei Verwaltungsentscheidungen, insbes bei Beschlüssen, das Gebot der Wirtschaftlichkeit zu beachten und auf die Leistungsfähigkeit der Wohnungseigentümer Rücksicht zu nehmen (etwa BGHZ 207, 99; BGHZ 202, 375 Rn 10). Dieses Kriterium ist bei Investitionsentscheidungen von Bedeutung, insbes bei Beschlüssen über Maßnahmen der Erhaltung, aber etwa auch bei Beschlüssen über den Erwerb von Grundeigentum durch die Gemeinschaft (dazu BGH NJW 2016, 2177). Das Interesse, finanzielle Belastungen zu vermeiden, spricht zB auch gegen den Verzicht auf durchsetzbare Forderungen (Rn 139) sowie gegen den Abschluss eines Verwaltervertrags mit objektiv überhöhter (BGH 5. 7. 2019 – V ZR 278/17, NJW 2020, 988 Rn 30) oder intransparenter Vergütung.

c) Billiges Ermessen

151 § 18 Abs 2 WEG verlangt weiter, dass die Verwaltung billigem Ermessen entsprechen muss (ausf Jacoby ZWE 2023, 16). Dieses Merkmal betrifft offensichtlich nur Verwaltungsentscheidungen (zum Begriff Rn 21), weil nur bei diesen eine Ermessensausübung in Betracht kommt. Billigem Ermessen entspricht eine Verwaltungsentscheidung, wenn sie aus Sicht eines **objektiven und vernünftigen Wohnungseigentümers vertretbar ist**, dem sämtliche relevanten Interessen, die für oder gegen die Entscheidung sprechen, bekannt sind (vgl etwa BGH 25. 2. 2022 – V ZR 65/21, ZMR 2022, 483 Rn 22, zum Beschluss). Man kann dies als **Verwaltungsermessen** bezeichnen.

152 Da Verwaltungsentscheidungen typischerweise von den Wohnungseigentümern durch Beschluss getroffen werden, spielt die Prüfung des Merkmals des billigen Ermessens bei der **Inhaltskontrolle** von **Beschlüssen** eine besondere Rolle (näher § 19 WEG Rn 31). Sie ist aber nicht auf diesen Bereich beschränkt, sondern greift auch ein, wenn andere Organe oder Funktionsträger eine Verwaltungsentscheidung treffen. Dies betrifft vor allem Entscheidungen des **Verwalters** nach § 27 Abs 1 WEG oder Annex-Entscheidungen aus seiner Organisations- oder Vollzugskompetenz (dazu Rn 131). Daneben geht es um Entscheidungen des Verwaltungsbeirats (§ 29 WEG Rn 95) sowie solche eines Wohnungseigentümers, dem Entscheidungsmacht per Beschluss zugewiesen wurde (Rn 244). Ob die Entscheidung billigem Ermessen entspricht, bestimmt sich aus der **Sicht** eines **objektiven und vernünftigen Wohnungseigentümers**, dem sämtliche relevanten Interessen bekannt sind (§ 19 WEG Rn 37). Eine Kontrolle des Vorgangs der Ermessensausübung ist nicht gerechtfertigt (§ 19 WEG Rn 39).

153 Ist eine Entscheidung danach vom Verwaltungsermessen gedeckt, so ist eine sie **umsetzende Verwaltungshandlung** im Innenverhältnis der Wohnungseigentümergemeinschaft **rechtmäßig**. Wählt etwa der Verwalter eine vertretbare Art und Weise der Darstellung des Vermögensberichts (§ 28 Abs 4 S 2 WEG), so hat dieser Bericht, wenn er den Wohnungseigentümern zur Verfügung gestellt wurde, Erfüllungswirkung.

6. Anspruch auf Ausführung einer Verwaltungshandlung

Der direkte Anspruch auf eine konkrete Verwaltungshandlung ist die Ausnahme (Rn 100). Er setzt nämlich voraus, dass der Anspruch durch Gesetz, eine Vereinbarung oder einen Beschluss der Wohnungseigentümer hinreichend bestimmt ist. Solange dies nicht der Fall ist, ist der Anspruch auf Ausführung der begehrten Verwaltungshandlung noch nicht **fällig** (vgl BGH 5. 7. 2005 – X ZR 60/04, NJW 2005, 2919, 2920). **154**

a) Gesetzliche Regelung der Verwaltungshandlung

Ob das Gesetz einen Anspruch auf eine konkrete Verwaltungshandlung gibt, ist durch Auslegung der Vorschrift zu bestimmen, welche die Verwaltungshandlung regelt. Erforderlich ist, dass ihre Ausführung **nicht** in das **Ermessen** des Organs Gesamtheit der **Wohnungseigentümer** gestellt wird. **155**

Ein direkter Anspruch auf eine Verwaltungshandlung besteht zunächst bei den **besonders geregelten Verwaltungshandlungen**, namentlich **156**

- Erfüllung eines Ausgleichsanspruchs durch die Wohnungseigentümergemeinschaft (§ 14 Abs 3 WEG),
- Einsicht in die Verwaltungsunterlagen (§ 18 Abs 4 WEG),
- Einberufung einer Versammlung (§ 24 Abs 1 WEG),
- Aufstellung von Wirtschaftsplan und Jahresabrechnung als Zahlenwerke (§ 28 Abs 2 S 1, Abs 2 S 2 WEG),
- Zurverfügungstellung des Vermögensberichts (§ 28 Abs 4 S 2 WEG),
- Prüfung der Jahresabrechnung (§ 29 Abs 2 S 2 WEG),
- Benachrichtigung über Beschlussklagen (§ 44 Abs 2 S 2 WEG).

Ein direkter Anspruch auf eine Verwaltungshandlung ist aber auch anzuerkennen, wenn die Verwaltungshandlung zwar **nicht besonders geregelt**, aber in den **Kompetenzbereich** des **Verwalters** fällt. Denn auch hier ist nach dem Organisationsrecht eine Konkretisierung durch Beschluss der Wohnungseigentümer entbehrlich. Zu dieser Fallgruppe gehören: **157**

- Verwaltungshandlungen auf der Grundlage von Verwaltungsentscheidungen, die nach **§ 27 WEG** der Verwalter zu treffen hat (vgl Bärmann/Dötsch Rn 64; **aA** noch Lehmann-Richter/Wobst WEG-Reform 2020 Rn 338);
- Verwaltungshandlungen, zu deren Vornahme der Verwalter aufgrund seiner Organisations- oder Vollzugskompetenz befugt und verpflichtet ist; ein Beispiel ist etwa das Aufrufen eines Tagesordnungspunktes auf einer Versammlung, aber auch die Erteilung geschuldeter Auskünfte (Rn 291).

158 Dieses System gewährleistet die Durchsetzung des Anspruchs jedes Wohnungseigentümers auf **Beschlussfassung**: Zwar wird dieser Anspruch erst mit Aufrufung des Beschlussthemas in einer Versammlung fällig (Rn 169). Indes kann der Wohnungseigentümer nach § 18 Abs 2 WEG auch verlangen, dass eine Versammlung zwecks Abstimmung einberufen wird. Zu beachten ist, dass der Anspruch auf die Verwaltungshandlung an einer **Durchsetzungssperre** scheitert, wenn der für ihre Ausführung zuständige Funktionsträger fehlt (Rn 173).

b) Vereinbarung einer Verwaltungshandlung

159 Ist Grundlage der begehrten Verwaltungshandlung eine Vereinbarung (Gemeinschaftsordnung), ist in Zweifelsfällen durch **Auslegung** zu ermitteln, ob die Gemeinschaftsordnung einen direkten Anspruch auf die Verwaltungshandlung gewährt oder unter dem Vorbehalt eines die Verwaltungshandlung konkretisierenden Beschlusses steht (Lehmann-Richter/Wobst WEG-Reform 2020 Rn 328 f m Beispiel).

160 Die Gemeinschaftsordnung kann statt der Fassung eines Beschlusses auch eine **atypische Verwaltungsmaßnahme** vorsehen, etwa die individuelle Zustimmung zu einer Vermietung (Rn 22). Entspricht nur die Ausführung dieser Maßnahme ordnungsmäßiger Verwaltung, hat jeder Wohnungseigentümer nach § 18 Abs 2 WEG einen entsprechenden Anspruch gegen die Wohnungseigentümergemeinschaft.

c) Beschluss über eine Verwaltungshandlung

161 § 18 Abs 2 WEG gewährt einen Anspruch auf eine Verwaltungshandlung auch, wenn ein Beschluss über die Ausführung der Verwaltungshandlung gefasst wurde. Jeder Wohnungseigentümer hat mithin aus § 18 Abs 2 WEG einen Anspruch gegen die Wohnungseigentümergemeinschaft auf **Beschlussausführung**.

162 Ein direkter Anspruch auf eine Beschlussausführung besteht auch, wenn die Konkretisierung gemäß **§ 27 Abs 2 WEG** durch den Verwalter vorzunehmen ist, etwa bei beschlossen Baumaßnahmen durch Festlegung konkreter Bauzeiten. Gleiches gilt, wenn der Beschluss über eine Verwaltungshandlung durch die Entscheidung eines anderen Funktionsträgers zu konkretisieren ist.

d) Unterlassen und Beseitigung einer Verwaltungshandlung

163 § 18 Abs 2 WEG ist auf das unmittelbare **Unterlassen** einer Verwaltungshandlung gerichtet, wenn deren Vornahme binnenrechtswidrig wäre. Ein Beispiel ist das Begehr, die Einberufung oder Durchführung einer Versammlung zu unterlassen. Denn die Binnenrechtskonformität des Unterlassungsverlangens kann dadurch festgestellt werden, dass das gerügte Verhalten mit den Vereinbarungen, Beschlüssen oder den gesetzlichen Regelungen abgeglichen wird. Ist es von diesen nicht gedeckt, hat die Maßnahme zu unterbleiben; einer Konkretisierung durch Beschluss bedarf es nicht. Wie in anderen Fällen (vgl insbes § 1004 Abs 1 S 2 BGB) ist auch der auf § 18 Abs 2 WEG gestützte Unterlassungsanspruch davon abhängig, dass die Vornahme einer rechtswidrigen Verwaltungshandlung droht, also **alsbald zu erwarten** ist (vgl Staudinger/Thole [2023] § 1004 BGB Rn 465). Ist eine rechtswidrige Verwaltungshandlung erfolgt, gewährt § 18 Abs 2 WEG einen Anspruch auf die **Beseitigung** ihrer Folgen.

164 Zu beachten ist, dass die soeben beschriebenen Unterlassungs- und Beseitigungsansprüche, soweit sie sich auf Beschlüsse beziehen, **prozessual** nicht mit der Leistungsklage, sondern nur mit den Beschlussklagen durchsetzbar sind. Diese **Subsidiaritätsschranke** (Rn 203) ist von großer praktischer Bedeutung. Zu den Rechtsfolgen einer Verwaltung ohne Verwaltungsmacht Rn 53.

e) Fälligkeit des Anspruchs

165 Wann der Anspruch auf Vornahme oder Unterlassen einer Verwaltungshandlung fällig wird, bestimmt sich nach § 271 Abs 1 BGB. Maßgeblich ist, ob der **gesetzlichen** oder vertraglichen Grundlage eine **Leistungszeit** zu entnehmen ist. Bei der Beantwortung dieser Frage ist in Ermangelung anderer Kriterien das allgemeine **Ordnungsmäßigkeitsprinzip** (Rn 132) leitend: Der Anspruch wird dann fällig, sobald die Vornahme oder das Unterlassen der Handlung bei ordnungsmäßiger Führung der Verwaltungstätigkeit erforderlich ist. Das führt etwa dazu, dass der Anspruch auf **Einberufung** einer Versammlung fällig wird, sobald die Einberufung mit Blick auf den Entscheidungsbedarf notwendig erscheint. Ob eine Beschlussfassung bis zur – ggf erst in Monaten anstehenden – ordentlichen Versammlung aufgeschoben werden kann oder eine außerordentliche Versammlung einzuberufen ist, ist mithin von der Dringlichkeit der Entscheidung abhängig. Zur Fälligkeit des Anspruchs auf Information Rn 253.

7. Anspruch auf Beschlussfassung

166 Ist die begehrte Verwaltungshandlung nicht durch Vereinbarung oder Gesetz festgelegt, bedarf es regelmäßig ihrer Konkretisierung durch einen Beschluss der Wohnungseigentümer. § 18 Abs 2 WEG enthält in dieser Situation, die in der Praxis der **Regelfall** ist, einen Anspruch auf Beschlussfassung.

a) Anwendungsfälle

167 Typologisch lassen sich verschiedene Fallgruppen unterscheiden. In der ersten Gruppe muss die Unbestimmtheit der begehrten Verwaltungshandlung noch durch einen Entscheidungsakt beseitigt werden. Ein Beispiel ist das Begehr eines Wohnungseigentümers, es möge eine komplexe Sanierung des gemeinschaftlichen Eigentums ausgeführt werden, weil hier etwa unklar ist, auf welche Art und durch welchen Unternehmer die Sanierung ausgeführt werden soll. In der zweiten Fallgruppe ist die begehrte Verwaltungshandlung zwar hinreichend bestimmt. Indes fehlt es noch an der **konkretisierenden Entscheidung**, dass ihre Ausführung ordnungsmäßiger Verwaltung entspricht. Ein Beispiel ist das Begehr eines Wohnungseigentümers, die Wohnungseigentümergemeinschaft möge einen Vertrag sofort fristlos kündigen.

168 Einer Konkretisierung bedarf es auch bei einer **Ermessensreduzierung auf null.** Davon spricht man, wenn allein die vom Wohnungseigentümer begehrte Verwaltungshandlung ordnungsmäßiger Verwaltung entspricht. In dieser Sonderkonstellation darf man die Beschlussfassung nicht als unnötige Förmelei abtun und § 18 Abs 2 WEG direkt auf Ausführung der Verwaltungshandlung richten. Denn die Ermessensreduzierung auf null macht die Beschlussfassung nicht entbehrlich. Der Beschluss hat hier nämlich die Funktion, die Ordnungsmäßigkeit der Verwaltungshandlung im Innenverhältnis verbindlich festzulegen. Entbehrlich ist ein Beschluss hingegen, wenn nach dem Organisationsrecht die Konkretisierung dem Verwalter zugewiesen ist (Rn 157).

b) Fälligkeit des Anspruchs

169 Der Anspruch auf Beschlussfassung ist erst fällig, wenn das Beschlussthema in einer **Versammlung** zur **Abstimmung gestellt** wird. Das folgt aus dem Organisationsrecht, nach dem eine Pflicht der Wohnungseigentümer zur Beschlussfassung nach § 19 Abs 1 WEG nur in einer Versammlung besteht. Vor diesem Zeitpunkt ist der Anspruch aus § 18 Abs 2 WEG daher nicht auf Beschlussfassung, sondern auf Einberufung einer Versammlung gerichtet. Dies ist der dogmatische Anker des sog **Vorbefassungsgebots**: Ein fälliger, mit der Beschlussersetzungsklage durchsetzbarer Anspruch auf Beschlussfassung besteht grds erst, wenn sich die Wohnungseigentümer in der Versammlung mit dem Thema befasst haben. Näher zu diesem Gebot und seinen Ausnahmen § 44 WEG Rn 264.

c) Anspruchsinhalt

170 § 18 Abs 2 WEG verpflichtet die Wohnungseigentümergemeinschaft dazu, Beschlüsse zu fassen, die **ordnungsmäßiger Verwaltung** entsprechen. Dafür ist zu prüfen, ob der Beschluss aus Sicht eines objektiven und vernünftigen Wohnungseigentümers vertretbar ist, dem sämtliche relevanten Interessen bekannt sind, die für oder gegen die Entscheidung sprechen. Bei der Beschlussfassung besteht daher regelmäßig ein Entscheidungsspielraum (§ 19 WEG Rn 35).

171 Es ist aber auch denkbar, dass eine Beschlussfassung alternativlos ist, dass **Entscheidungsermessen** sich also **auf null reduziert** hat. Hier ist zwischen dem „ob" und dem „wie" der Beschlussfassung zu unterscheiden (BGH 14. 6. 2019 – V ZR 254/17, NJW 2019, 3780 Rn 15; Hügel/Elzer § 19 Rn 45 f). Eine Pflicht zur Fassung eines konkreten Beschlusses **(„wie")** ist nur denkbar, wenn allein die Fassung eines Beschlusses mit genau diesem Inhalt ordnungsmäßiger Verwaltung entspricht (BGH 25. 9. 2015 – V ZR 246/14, NJW 2016, 1310 Rn 13). Dies wird in der Praxis kaum einmal vorkommen, weil nahezu jede Beschlussvorlage in Nuancen verändert werden kann, ohne dass das Maßnahmenziel dadurch verfehlt würde: Ist etwa eine Erhaltungsmaßnahme zwingend, wird die Beauftragung des Handwerkers A regelmäßig ebenso ordnungsgemäß sein wie die des Handwerkers B; gleiches gilt für Abweichungen in der Ausführungsart (vgl BGH 14. 6. 2019 – V ZR 254/17, NJW 2019, 3780 Rn 15). In diesen Fällen besteht also ein Entscheidungsermessen nur bezüglich des „wie" der Maßnahme, weshalb die Wohnungseigentümergemeinschaft ihre Pflicht aus § 18 Abs 2 WEG verletzt, wenn sie über das „ob" negativ beschließt oder beim „wie" den Entscheidungsspielraum überschreitet. Zu den Auswirkungen auf die Pflicht der Wohnungseigentümer bei der Mitwirkung an der Beschlussfassung § 19 WEG Rn 50.

8. Schranken des Verwaltungsanspruchs

172 Der Wegfall des Verwaltungsanspruchs richtet sich zunächst nach den allgemeinen Regelungen, er erlischt also insbes durch **Erfüllung**, aber etwa auch, wenn die Voraussetzungen des **§ 275 BGB** erfüllt sind. Auch ein Verzicht des Wohnungseigentümers (**§ 397 BGB**) kommt in Betracht.

a) Fehlen des zuständigen Organs

173 Die Wohnungseigentümergemeinschaft hat nur ein zwingendes Organ, nämlich die Gesamtheit der Wohnungseigentümer. Die Bestellung eines Verwalters und eines Verwaltungsbeirats sind hingegen insofern fakultativ, als eine öffentlich-rechtliche

Kontrolle, ob diese Ämter besetzt sind, nicht stattfindet. Aus dieser **organisationsrechtlichen Besonderheit** folgt eine **Einschränkung des Verwaltungsanspruchs**: Wenn die Ausführung der begehrten Maßnahme dem Verwalter oder dem Verwaltungsbeirat zugewiesen ist und diese Ämter nicht besetzt sind, so ist der Anspruch auf diese Maßnahme nicht durchsetzbar. Denn es fehlt dann schlicht an der Person, die die Maßnahme ausführen könnte. Eine Ausnahme gilt, wenn an die Stelle der Pflicht des Verwalters die Verwaltungspflicht eines anderen, vorhandenen Funktionsträgers tritt. So liegen die Dinge bei Verwaltungshandlungen im Außenverhältnis, die gem § 9b Abs 1 S 2 WEG von sämtlichen Wohnungseigentümern umzusetzen sind (Rn 92). Im Innenverhältnis ist der Eintritt eines anderen Funktionsträgers hingegen die Ausnahme (Rn 77).

Besteht danach ein **organisatorisches Vakuum**, so muss sich dieses auch der die Maß- **174**
nahme begehrende Wohnungseigentümer zurechnen lassen. Denn schließlich kann er über § 44 Abs 1 S 2 WEG insbesondere die Bestellung eines Verwalters erzwingen. Das organisatorische Vakuum führt deshalb zu einer temporären **Durchsetzungssperre**, das die Abweisung einer auf Ausführung der Maßnahme gerichteten Klage als derzeit unbegründet zur Folge hat. Fällt der Funktionsträger nach Rechtskraft der Entscheidung über den Anspruch ersatzlos weg, so kann dies über § 767 ZPO eingewendet werden.

Fehlt ein Verwalter, so wirkt sich dies auch auf den **Anspruch** auf **Beschlussfassung** **175**
aus. Denn § 44 Abs 1 S 2 WEG, über den dieser Anspruch durchgesetzt wird, setzt voraus, dass eine notwendige Beschlussfassung unterblieben ist (sog Vorbefassungsgebot). Das steht grds erst fest, wenn die Versammlung einen entsprechenden Beschlussantrag abgelehnt hat (§ 44 WEG Rn 264), Auf einen Umlaufbeschluss besteht angesichts dessen atypischen Charakters nämlich kein Anspruch. In der verwalterlosen Gemeinschaft werden aber typischerweise mangels einberufungsberechtigter Person keine Versammlungen stattfinden. Der Wohnungseigentümer hat dann keinen Anspruch auf Beschlussfassung, sondern muss sich eine Einberufungsermächtigung erstreiten; alternativ kann er nach § 44 Abs 1 S 2 WEG seinen Anspruch auf **Verwalterbestellung** durchsetzen. Denn für diese gilt wegen der besonderen Bedeutung des Verwalters das Vorbefassungsgebot nicht (§ 44 WEG Rn 266).

b) Zurückbehaltungsrecht

Ob die Wohnungseigentümergemeinschaft nach § 273 BGB ein Zurückbehaltungs- **176**
recht einwenden kann, hängt sowohl vom Inhalt des konkreten Verwaltungsanspruchs als auch des als Gegenrecht eingesetzten Anspruchs der Wohnungseigentümergemeinschaft ab. Maßgeblich ist eine Bewertung der **Umstände** des **Einzelfalls**.

Bei erheblichen **Beitragsschulden** ist anerkannt, dass die Wohnungseigentümerge- **177**
meinschaft Versorgungsleistungen, auf die der Wohnungseigentümer nach § 18 Abs 2 WEG einen Anspruch hat, zurückhalten kann (zu den Details § 28 WEG Rn 170). Hat der Verwaltungsanspruch eine geringere Bedeutung – Beispiel: § 18 Abs 4 WEG –, ist ein Zurückbehaltungsrecht auch bei kleineren Beitragsrückständen anzuerkennen. Dient die Durchsetzung des Verwaltungsanspruchs hingegen auch den Interessen der übrigen Eigentümer – Beispiel: ein säumiger Wohnungseigentümer verlangt, es möge über die Erhaltung des gemeinschaftlichen Eigentums beschlossen werden – so scheidet eine Zurückhaltung aus. Deshalb stehen Gegenforderungen

der Wohnungseigentümergemeinschaft auch den Beschlussklagen nicht im Wege, falls sich der Beschlussgegenstand nicht ausnahmsweise allein auf den Kläger beschränkt.

c) Verjährung und Verwirkung

178 Zur Verjährung hat der BGH entschieden, dass der Verwaltungsanspruch als gleichsam ständig neu entstehende **Dauerverpflichtung** unverjährbar ist (BGH 27. 4. 2012 – V ZR 177/11 ZMR 2012, 713). Die Entscheidung betraf den Anspruch auf Herstellung eines dem Bauordnungsrecht entsprechenden Zustands, der noch nicht durch einen Beschluss konkretisiert war.

179 Eine andere Frage lautet, ob der Anspruch des Wohnungseigentümers auf Ausführung einer konkreten Verwaltungsmaßnahme der Verjährung unterliegt. Hier geht es um die Fälle, in denen die Verwaltungshandlung durch Gesetz, Vereinbarung oder Beschluss konkretisiert wurde (Rn 155). Überzeugend ist es, die Frage angesichts des Prinzips der Verjährbarkeit von Forderungen zu bejahen: Danach ist auch der Anspruch auf Ausführung einer **konkreten Verwaltungshandlung** verjährbar. Beruft sich die Wohnungseigentümergemeinschaft hierauf, muss sie allerdings einen etwaigen Anspruch auf Konkretisierung, der ja nicht verjährt, neu erfüllen. Einen solchen Konkretisierungsanspruch gibt es indes nur dann, wenn die Verwaltungshandlung nicht durch das Gesetz vorgegeben ist (Rn 156). Ist dies der Fall, wie etwa beim Anspruch auf den Vermögensbericht (§ 28 Abs 4 WEG), geht der Wohnungseigentümer seines Anspruchsziels endgültig verlustig. Der Verwaltungsanspruch unterfällt auch den einzelfallabhängigen Schranken von **Treu und Glauben**, § 242 BGB (vgl BGHZ 208, 29).

d) Wegfall aufgrund Beschlusses

180 Die Wohnungseigentümer haben im gesetzlichen Rahmen (§ 19 WEG Rn 14) die Möglichkeit, das **Binnenrecht** durch **Beschluss** zu **modifizieren**. Machen sie hiervon Gebrauch und besteht nach dem modifizierten Binnenrecht der geltend gemachte Verwaltungsanspruch nicht mehr, so **entfällt** dieser mit Wirkung **ex nunc**. Ein Beispiel ist der Anspruch, dass die Wohnungseigentümergemeinschaft gegen eine ungenehmigte bauliche Veränderung durch einen Wohnungseigentümer vorgeht: Wenn die Wohnungseigentümer den geänderten baulichen Zustand nachträglich durch Beschluss nach § 20 Abs 1 WEG wirksam genehmigen, entspricht der bauliche Ist- dem Soll-Zustand.

9. Schadensersatz

181 Die Verletzung der Verwaltungspflicht aus § 18 Abs 2 WEG kann einen Schadensersatzanspruch nach **§ 280 Abs 1 BGB** auslösen. Denn die Wohnungseigentümer sind durch ihre Mitgliedschaft mit der Wohnungseigentümergemeinschaft schuldrechtlich verbunden. Ein Schadensersatzanspruch ist **abtretbar**, ein etwaiges Abspaltungsverbot (dazu Rn 102) steht nach allg Prinzipien nicht entgegen (vgl BFH 1. 3. 2018 – IV R 16/15, NZG 2018, 918 Rn 34).

a) Schuldhafte Pflichtverletzung

182 Dem WEG ist eine abstrakte Verwaltungspflicht fremd. Die Wohnungseigentümergemeinschaft trifft deshalb nicht die Erfolgspflicht, dass die Verwaltung stets rei-

bungslos zu funktionieren hat (Bärmann/Dötsch Rn 181; Jennissen/Sommer/Heinemann Rn 24). Daher kann aus dem Eintritt eines Schadens bei einem Wohnungseigentümer nicht auf eine Pflichtverletzung geschlossen werden. Es bedarf vielmehr der Anknüpfung an eine **konkrete Verwaltungspflicht**. Dafür kommen die Nichtfassung einer notwendigen Verwaltungsentscheidung bzw die Nicht- oder Schlechtausführung einer notwendigen Verwaltungshandlung in Betracht.

Typischerweise werden Schäden bei den Wohnungseigentümern durch unterlassene **Verwaltungshandlungen** verursacht (zB keine Beauftragung einer Reparatur des gemeinschaftlichen Eigentums; Nichtzahlung an den Versorger, die eine Versorgungssperre auslöst). Eine Pflichtverletzung ist das Unterlassen einer Verwaltungshandlung indes nur, wenn sie nach dem Binnenrecht hätte ausgeführt werden müssen. Dies setzt grundsätzlich eine **Verwaltungsentscheidung** voraus. Ist eine solche gefasst, aber nicht umgesetzt, ist das unterlassene Verwaltungshandeln pflichtwidrig. Ist die Verwaltungsentscheidung ein Beschluss und ist dieser rechtswidrig, so wirkt sich § 23 Abs 4 S 2 WEG auf das Pflichtenprogramm aus: Wird der **Beschluss bestandskräftig**, so handelt die Wohnungseigentümergemeinschaft nicht rechtswidrig, wenn sie die Vorgaben des Beschlusses beachtet – etwa eine Reparatur des Gemeinschaftseigentums dem Beschluss entsprechend unterlässt (BGH 23. 3. 2018 – V ZR 101/16, NJW 2018, 2550 Rn 44; Jennissen/Sommer/Heinemann Rn 77). **183**

Fehlt die erforderliche vorgelagerte **Verwaltungsentscheidung**, muss die Feststellung der Pflichtverletzung hieran anknüpfen. Eine Ausnahme gilt bei Identität von entscheidendem und ausführenden Organ. Denn dann – praktisch geht es um den Verwalter – lassen sich beide Pflichtenebenen nicht sinnvoll trennen, weil von außen nicht ersichtlich ist, ob das Ausbleiben der Verwaltungshandlung auf einer Nichtentscheidung oder auf einer Nichtausführung beruht. **184**

Die Anwendungsbeispiele sind vielfältig (näher Lehmann-Richter/Wobst WEG-Reform 2020 Rn 382 ff). Bei einem Schaden wegen unterlassener Erhaltung des gemeinschaftlichen Eigentums kann die Pflichtverletzung etwa darin liegen, dass der Verwalter keine Eigentümerversammlung einberuft, die Wohnungseigentümer auf einer einberufenen Versammlung keinen Beschluss fassen oder der Verwalter den gefassten Beschluss nicht ausführt. Diese Pflichtverletzungen ihrer **Organe** muss sich die Wohnungseigentümergemeinschaft **analog § 31 BGB** zurechnen lassen. **185**

Insbesondere bei Erhaltungsmaßnahmen kann ein Schaden auch durch das Handeln eines von der Wohnungseigentümergemeinschaft beauftragten **Dritten**, etwa eines Handwerkers, ausgelöst werden. Eine Pflichtverletzung der Wohnungseigentümergemeinschaft setzt dann voraus, dass § 18 Abs 2 WEG nicht nur auf die Organisation des Verwaltungserfolgs, sondern zudem auf dessen Eintritt gerichtet ist. Nur diese Sichtweise ist überzeugend. Denn von einer ordnungsmäßigen Verwaltung lässt sich nicht sprechen, wenn die geschuldete Maßnahme nicht fehlerfrei ausgeführt wird. Die mit der Ausführung einer Verwaltungsmaßnahme beauftragten Dritten sind daher Erfüllungsgehilfen der Wohnungseigentümergemeinschaft mit der Folge, dass ihre Pflichtverletzungen nach § 278 BGB zugerechnet werden (BeckOGK/Skauradszun Rn 51; Grüneberg/Wicke Rn 5; MünchKomm/Scheller WEG § 14 Rn 6). Das entspricht der Judikatur vor Anerkennung der Rechtsfähigkeit der Gemeinschaft der Wohnungseigentümer (BGH 22. 4. 1999 – V ZB 28/98, NJW 1999, 2108, 2109), indes nicht der **186** späteren Rspr (BGH 8. 6. 2018 – V ZR 125/17, Z 219, 60 Rn 38). Diese spätere Rspr ist durch das WEMoG 2020 aber überholt, das – im Gegensatz zum alten Recht – in § 18 Abs 2 WEG eine Pflicht der Wohnungseigentümergemeinschaft zur Beschlussdurchführung vorschreibt.

b) Grundsätze der Schadensermittlung

187 Bei der Schadensermittlung ist zu beachten, dass der Anspruch nur auf Ersatz des Schadens gerichtet ist, der durch die Pflichtverletzung verursacht wurde. Schäden, die bereits vor der Pflichtverletzung eingetreten sind, sind daher nicht erstattungsfähig. Ist die Pflichtverletzung etwa eine unterbliebene Beschlussfassung, ist der Anspruch aus § 280 Abs 1 BGB nur auf Ersatz der danach – also nach dem Zeitpunkt der hypothetischen Beschlussfassung – eingetretenen Schäden gerichtet. Insoweit liegt das **Organisationsrisiko** also beim Wohnungseigentümer: Die Zeit, die typischerweise zwischen der Kenntnisnahme des Verwalters von der Notwendigkeit einer Beschlussfassung, einer Beschlussfassung und seiner Ausführung verstreicht, wirkt sich schadensrechtlich zu seinen Lasten aus.

188 Offensichtlich ist, dass sich die Wohnungseigentümergemeinschaft nicht mit dem **Einwand** des **rechtswidrigen Alternativverhaltens** verteidigen kann. Sie kann also etwa nicht einwenden, es fehle an der Kausalität zwischen einer Nichtladung durch den Verwalter und dem Schaden, weil nicht feststehe, dass die Wohnungseigentümer bei einer erfolgten Ladung den erforderlichen Beschluss auch gefasst hätten.

189 Liegt die Pflichtverletzung in einer erfolgten oder unterbliebenen Beschlussfassung, ist **§ 254 Abs 1 BGB** in dem (theoretischen) Fall einschlägig, in dem der Wohnungseigentümer mit seiner Stimmkraft den Beschluss hätte herbeiführen können (Bärmann/Dötsch Rn 189). Die Möglichkeit des Wohnungseigentümers, Anfechtungs- oder Beschlussersetzungsklage (§ 44 Abs 1 WEG) zu erheben, wirkt sich nach **§ 254 Abs 2 BGB** auf den zu ersetzenden Schaden aus. Dem geschädigten Wohnungseigentümer obliegt es nämlich, eine Beschlussklage zu erheben, um den Schaden zu mindern (vgl BGH 12. 3. 1990 – II ZR 179/89, NJW 1990, 2877 unter I. 4. b], zum Verein). Zwar muss sich ein Geschädigter auf einen Prozess, der keinen hinreichenden Erfolg verspricht, nicht einlassen (BGH 23. 5. 1991 – III ZR 73/90, NJW-RR 1991, 1458). Davon kann im hiesigen Zusammenhang aber keine Rede sein, weil die Pflichtverletzung, auf die der Wohnungseigentümer seinen Schadensersatzanspruch stützt, den Erfolg der **Beschlussklage** bedeutet. Die Einlegung eines Rechtsmittels verlangt § 254 Abs 2 BGB nach hM zwar nicht (BGH 6. 12. 1984 – III ZR 141/83, MDR 1985, 1000). Indes steht bei Abweisung der Beschlussklage fest, dass die Gemeinschaft der Wohnungseigentümer durch die (unterbliebene) Beschlussfassung keine Pflicht verletzt hat (§ 44 WEG Rn 152), was den Wohnungseigentümer mittelbar zur Rechtsmitteleinlegung zwingt. Schadenspositionen, die bei Erhebung der Beschlussklage nicht entstanden wären, sind daher nicht erstattungsfähig. Für die Kausalität zwischen der Nichteinlegung der Beschlussklage und dem Schadenseintritt ist die Gemeinschaft der Wohnungseigentümer darlegungs- und beweispflichtig. Die für die Schadensermittlung praktisch relevante Frage, wann (nicht: ob) eine Beschlussklage Erfolg gehabt hätte, ist der **Schätzung** nach § 287 Abs 1 ZPO zugänglich (Lehmann-Richter/Wobst WEG-Reform 2020 Rn 406).

190 Eine Schadenskürzung nach § 254 BGB kommt auch in Betracht, wenn ein Wohnungseigentümer Schadensersatz mit dem Argument verlangt, die Gemeinschaft sei

nicht nach § 14 Abs 1 Nr 1 Var 1 iVm § 14 Abs 2 Nr 1 WEG **gegen** einen **störenden Wohnungseigentümer eingeschritten**. Denn dem Wohnungseigentümer steht hier aus § 14 Abs 2 Nr 1 WEG ein eigener inhaltsgleicher Unterlassungsanspruch gegen den Störer zu (Rn 108). Dieser Umstand wird typischerweise einen vollständigen Wegfall des Schadensersatzanspruchs gegen die Wohnungseigentümergemeinschaft rechtfertigen.

c) Verzögerungsschaden

Häufig handelt es sich bei dem durch das Ausbleiben einer Verwaltungsmaßnahme eintretenden Schaden um einen solchen wegen Verzögerung der Leistung. Ein Beispiel ist der Mietausfall, der auf der Nichtbeseitigung eines Mangels am gemeinschaftlichen Eigentum beruht. Dann ist **§ 280 Abs 2 BGB** einschlägig. § 18 Abs 2 WEG ist nämlich offensichtlich eine Pflicht iSd § 241 Abs 1 BGB. Die Rspr zum alten Recht, die den Anspruch auf Beschlussfassung § 241 Abs 2 BGB zugeordnet hat (vgl BGH 23. 2. 2018 – V ZR 101/16, NJW 2018, 2550 Rn 36) ist seit dem WEMoG 2020 überholt. In der Literatur wird dies indes teilweise bestritten (Dötsch/Schultzky/Zschieschack WEG-Recht 2021 Kap 13 Rn 26; Jennissen/Sommer/Heinemann Rn 76). **191**

Der Ersatz eines Verzögerungsschadens setzt daher voraus, dass der Wohnungseigentümer die begehrte Verwaltungsmaßnahme angemahnt hat oder eine **Mahnung** nach § 286 Abs 2 BGB entbehrlich war. Der Verwalter ist als Vollzugsorgan für den **Empfang** der Mahnung zuständig. Fehlt ein Verwalter, kann die Wohnungseigentümergemeinschaft mangels eines Empfangsorgans nicht in Verzug geraten; § 9b Abs 1 S 2 WEG gilt im Innenverhältnis insoweit nicht (Rn 92). **192**

Inhaltlich muss die **Mahnung** hinreichend bestimmt sein. Dafür ist allerdings nicht erforderlich, dass der Wohnungseigentümer die relevante Verwaltungspflicht konkret benennt (etwa: Einberufung einer Versammlung; konkreter Beschlusstext). Ausreichend ist vielmehr, wenn der Wohnungseigentümer das Maßnahmenziel (etwa: Beseitigung eines Schadens am gemeinschaftlichen Eigentum) hinreichend konkret mitteilt. Denn dann ist dem Zweck des § 286 Abs 1 S 1 BGB Genüge getan, der Wohnungseigentümergemeinschaft die Gelegenheit zu geben, die für die Erfüllung des Anspruchs aus § 18 Abs 2 WEG erforderlichen Maßnahmen zu ergreifen. Hat der Wohnungseigentümer Beschlussersetzungsklage erhoben, liegt jedenfalls darin die Anmahnung der begehrten Verwaltungsmaßnahme. **193**

d) Schadensersatz statt der Leistung

Problematisch ist, ob ein Wohnungseigentümer bei Nichterbringung einer **Verwaltungsmaßnahme** diese **selbst vornehmen** und die dabei entstehenden Kosten als Schadensersatz geltend machen kann. Ein Beispiel ist der Wohnungseigentümer, der ein im Gemeinschaftseigentum stehendes Fenster selbst reparieren lässt, weil die Wohnungseigentümergemeinschaft untätig bleibt. Typologisch handelt es sich um den in § 280 Abs 3 BGB geregelten Schadensersatz statt der Leistung. Das **Problem** ist noch nicht systematisch analysiert und deshalb **ungeklärt**. Insbesondere ist offen, ob der BGH seine Ansicht, dass einem selbstvornehmenden Eigentümer kein Erstattungsanspruch aus GoA oder Bereicherungsrecht zusteht (BGH 14. 6. 2019 – V ZR 254/17, NJW 2019, 3780), auf das Schadensrecht erstrecken wird. Diese Rspr beruht auf dem Topos des Vorrangs der Beschlusskompetenz der Wohnungseigentümer: Diesen obliege die Entscheidung über Verwaltungsmaßnahmen, was nicht durch Erstattungs- **194** ansprüche umgangen werden dürfe (BGH 14. 6. 2019 – V ZR 254/17, NJW 2019, 3780 Rn 13 ff).

195 Ein Schadensersatzanspruch auf Erstattung von Selbstvornahmekosten setzt voraus, dass diese zurechenbar iSd § 249 Abs 1 BGB durch die Pflichtverletzung ausgelöst wurden. Das ist nicht der Fall, solange der **Anspruch** aus § 18 Abs 2 WEG lediglich auf einen die begehrte Verwaltungshandlung **konkretisierenden Beschluss** gerichtet ist. Denn dann ist der Anspruch auf die Verwaltungshandlung – etwa: die Reparatur eines Fensters – noch nicht fällig (Rn 169). Ergreift ein Wohnungseigentümer dennoch eine diese Handlung ersetzende Maßnahme, so liegt der dadurch eintretende Schaden **außerhalb** des **Schutzzweck** des § 18 Abs 2 WEG. Das entspricht im Ergebnis der bei Rn 194 referierten Rspr des BGH sowie einer Literaturmeinung, die auch bei § 280 BGB den Vorrang der Beschlussersetzungsklage betont (Dötsch/Schultzky/Zschieschack WEG-Recht 2021 Kap 13 Rn 25; Hügel/Elzer Rn 83).

196 Aber auch wenn ein **Anspruch** auf die **ersetzte Verwaltungshandlung** besteht (dazu Rn 154), sind die Kosten einer Ersatzvornahme kein zurechenbarer Schaden. Denn nach dem Organisationsrecht besteht kein Recht des Wohnungseigentümers, zur Ersatzvornahme zu schreiten, es sei denn, es liegt ein Notfall iSd § 18 Abs 3 WEG vor. Ein Wohnungseigentümer, der abweichend hiervon eine Verwaltungshandlung vornimmt, handelt mithin binnenrechtswidrig. Dies schließt es aus, dass er die ihm dabei entstehenden Kosten als Schaden bei der Wohnungseigentümergemeinschaft liquidieren kann. Ein schadensersatzrechtliches Einzelverwaltungsrecht des Wohnungseigentümers ist also nicht anzuerkennen.

10. Prozessrecht

197 Die prozessuale Durchsetzung des Anspruchs aus § 18 Abs 2 WEG wird vom **Vorrang der Beschlussklagen** geprägt: Ist Ziel des Wohnungseigentümers ein Beschluss, so erfolgt die Durchsetzung durch die Beschlussersetzungsklage nach § 44 Abs 1 S 2 WEG. Diese sperrt grds eine Leistungsklage auf Fassung des Beschlusses (§ 44 WEG Rn 54). Gleiches gilt für den Anspruch auf Beschlussaufhebung, der grundsätzlich nur mit der Anfechtungsklage durchgesetzt werden kann (§ 44 WEG Rn 179). Die Beschlussersetzungsklage kann im Einzelfall auch eine Leistungsklage auf eine Verwaltungshandlung sperren. Ist etwa die Beschlussverkündung unterblieben, ist statthafte Klageart nicht die Leistungsklage auf Verkündung (Verwaltungshandlung), sondern die Beschlussersetzungsklage (§ 44 WEG Rn 57). Die Beschlussklagen können auch einer Unterlassungs- oder Feststellungsklage im Wege stehen (Rn 163).

198 Für auf § 18 Abs 2 WEG gestützte Klagen ist das **Wohnungseigentumsgericht** örtlich und sachlich **zuständig** (§ 43 Abs 2 Nr 2 oder Nr 4 WEG, § 23 Nr 2c GVG); in der Berufung bestimmt sich die Zuständigkeit nach der Konzentrationsregel in § 72 Abs 2 GVG. Der **Streitwert** bestimmt sich bei einer Beschlussklage nach § 49 GKG, im Übrigen nach allgemeinen Grundsätzen. Zur **Vertretung** der Wohnungseigentümergemeinschaft Vorbem 6 zu §§ 43–45 WEG.

a) Leistungsklage auf Verwaltungshandlung

199 Begehrt der Wohnungseigentümer eine Verwaltungshandlung, besteht im Ausgangspunkt keine vorrangige Klageart. Der Wohnungseigentümer kann seinen Anspruch

aus § 18 Abs 2 WEG daher mit der allgemeinen Leistungsklage verfolgen. Von dieser prozessrechtlichen Frage ist allerdings das materielle Recht zu unterscheiden, nämlich ob § 18 Abs 2 WEG im konkreten Fall überhaupt auf Vornahme der begehrten Verwaltungshandlung gerichtet ist oder ob der Wohnungseigentümer nicht zunächst nur eine Beschlussfassung verlangen kann (Rn 154).

b) Verbindung von Beschlussersetzungs- und Leistungsklage

Die Frage, ob ein Wohnungseigentümer die Beschlussersetzungsklage mit der **200** Leistungsklage auf Ausführung des vom Gericht gefassten Beschlusses verbinden kann, ist wegen des Prinzips der Leistungsbestimmung durch Beschluss (Rn 129) von besonderer praktischer Bedeutung (näher Lehmann-Richter/Wobst WEG-Reform 2020 Rn 343 ff).

Nicht anzuerkennen ist die bei § 315 Abs 3 S 2 BGB (BGH 24. 11. 1995 – V ZR 174/94, **201** NJW 1996, 1054) gebilligte sog **verdeckte Gestaltungsklage**. Der Wohnungseigentümer kann also nicht Leistungsklage auf Vornahme der Verwaltungshandlung (etwa Reparatur des gemeinschaftlichen Eigentums) unter inzidenter richterliche Gestaltung erheben. Dieses Vorgehen ist aus Gründen der Rechtssicherheit unstatthaft. Denn eine verdeckte Gestaltung führt dazu, dass der Wohnungseigentümerbeschluss nicht tenoriert wird. Hieran besteht aber ein Bedürfnis, weil anderenfalls das Binnenrecht in der Gemeinschaft verschleiert würde.

Anzuerkennen ist hingegen die Verbindung von Beschlussersetzungs- und Leistungs- **202** klage durch **unechte Eventualhäufung**. Der Anspruch auf Beschlussausführung kann also hilfsweise für den Fall gestellt werden, dass die Beschlussersetzungsklage Erfolg hat. Diese eventuelle Antragstellung ist in der Rechtsprechung aus prozessökonomischen Gründen für Klagen aus einem Vorvertrag anerkannt (BGH 21. 12. 2000 – V ZR 254/99, NJW 2001, 1285, 1286). Bei § 18 Abs 2 WEG gilt dies ebenso, da es auch hier dem Kläger unzumutbar ist, gegenüber dem Schuldner, der seine Verpflichtung leugnet, nacheinander zwei Prozesse zu führen. Deshalb steht die unechte Eventualhäufung auch nicht unter dem Vorbehalt des § 259 ZPO. Allerdings ist zu beachten, dass der Leistungsanspruch erst mit Bestandskraft des Beschlusses entsteht, weshalb die Leistungsklage zum Schluss der mündlichen Tatsachenverhandlung (noch) unbegründet ist. Dem ist bei der Antragstellung (und richterlichen Tenorierung) Rechnung zu tragen (Formulierungen bei Lehmann-Richter/Wobst WEG-Reform 2020 Rn 352). Zu beachten ist weiter, dass die Kombination von Beschlussersetzungs- und Leistungsklage nicht die materiellen Voraussetzungen des § 18 Abs 2 WEG umgehen darf. Fasst das Gericht nur einen sog Grundlagenbeschluss, bei dem zunächst über das „Ob" einer Maßnahme entschieden wird, ist die Leistungsklage deshalb als unbegründet abzuweisen. Ob eine unechte Eventualhäufung zu einer Erhöhung des **Streitwerts** führt, ist umstritten (vgl Stein/Jonas/Roth § 260 Rn 21).

c) Unterlassungs- und Beseitigungsklage

§ 18 Abs 2 WEG verpflichtet die Wohnungseigentümergemeinschaft, binnenrechts- **203** widrige Verwaltungsmaßnahmen zu unterlassen und die Folgen solcher Maßnahmen zu beseitigen (Rn 163). Dieser Anspruch ist klagbar. Die Zulässigkeit einer Unterlassungs- oder Beseitigungsklage wird aber durch das System der Beschlussklagen beschränkt: Aus § 44 Abs 1 WEG folgt, dass Mängel eines Beschlusses oder das Nichtreffen notwendiger Beschlüsse prozessual grundsätzlich mit den Beschlussklagen zu ahnden ist. Unterlassungs- und Beseitigungsklagen unterliegen daher einer **Subsidiaritätsschranke** (Jennissen/Sommer/Heinemann Rn 65; Lehmann-Richter/Wobst WEG-Reform 2020 Rn 353 ff). Dieses Gebot steht etwa einer Klage entgegen, die darauf gerichtet ist, einen Verstoß gegen eine Stimmrechtsregel in der Gemeinschaftsordnung zu unterlassen. Denn der Rechtsschutz gegen ein solches binnenrechtswidriges Verhalten wird abschließend durch die Anfechtungsklage gegen einen Beschluss gewährt, der an diesem Mangel leidet. Die Klage, die **Fassung** eines rechtswidrigen **Beschlusses** zu **unterlassen**, ist daher grundsätzlich unzulässig. Deshalb kann etwa im Falle einer ordnungswidrigen Ladung regelmäßig weder das Unterlassen der Versammlung noch deren Absage verlangt werden (vgl Greiner ZMR 2021, 561). Ausnahmen sind in Sonderkonstellationen denkbar, in denen ein effektiver Rechtsschutz durch Beschlussklage und flankierende einstweilige Verfügung dem Kläger unzumutbar ist. Zur **einstweiligen Verfügung** § 44 WEG Rn 72.

d) Feststellungsklage

204 Auch die Zulässigkeit einer Feststellungsklage wird durch ein dem System der Beschlussklagen immanentes **Subsidiaritätsgebot** eingeschränkt: Die gegen die Wohnungseigentümergemeinschaft gerichtete Klage auf Feststellung der Pflicht, einen bestimmten Beschluss zu fassen, ist wegen des Vorrangs der Beschlussklagen (§ 44 Abs 1 WEG) unzulässig. Gleiches gilt für die Feststellungsklage, im Rahmen der Beschlussfassung sei eine Verwaltungspflicht zu beachten, etwa eine bestimmte Stimmrechtsregelung.

205 Greift dieses Subsidiaritätsgebot nicht, ist neben dem Grundsatz des Vorrangs der Leistungsklage besonderes Augenmerk auf das **Feststellungsinteresse** zu richten. Denn ein gegen die Wohnungseigentümergemeinschaft ergangenes Feststellungsurteil bindet die übrigen Wohnungseigentümer nicht; § 44 Abs 3 WEG gilt nämlich nicht analog. Ein Feststellungsinteresse ist daher nur anzuerkennen, wenn die bilaterale Klärung erwarten lässt, dass der Streit durch das Feststellungsurteil beigelegt wird. Gleiches gilt, wenn die Verwaltungspflicht als Drittrechtsverhältnis (vgl BGH 25. 2. 1982 – II ZR 174/80, NJW 1982, 1703, 1704) Gegenstand einer Feststellungsklage zwischen Wohnungseigentümern ist (s Lehmann-Richter/Wobst WEG-Reform 2020 Rn 1979 ff).

e) Vollstreckung

206 Die **Beschlussersetzung** durch das Gericht bedarf keiner besonderen Vollstreckung, da die Gestaltungswirkung des Beschlussersetzungsurteils von selbst eintritt (§ 44 WEG Rn 148). Gleiches gilt für die gerichtliche Ungültigerklärung eines Beschlusses. Zur Vollstreckung eines gegen die Wohnungseigentümergemeinschaft gerichteten Leistungsurteils auf Vornahme einer Verwaltungshandlung, etwa auf Beschlussausführung, siehe Vorbem 27 zu §§ 43–45 WEG.

f) Keine actio pro socio

207 Ist die Verwaltungshandlung, die der Wohnungseigentümer begehrt, die Durchsetzung eines Anspruchs der Wohnungseigentümergemeinschaft, so kann der Wohnungseigentümer diesen Anspruch nicht nach den Grundsätzen der actio pro socio im eigenen Namen einklagen. Eine solche Wohnungseigentümerklage ist nämlich nicht anzuerkennen (LG Karlsruhe 6. 12. 2022 – 11 S 135/21, ZWE 2023, 167; **aA** Hügel/Elzer § 9b Rn 32 ff; Lieder/Pordzik ZWE 2021, 105, 111). Denn für eine actio pro socio ist nur Platz, wenn das Organisationsrecht die Interessen des Verbandsmitglieds nicht oder

nur lückenhaft regelt (vgl BGH 23. 3. 1992 – II ZR 128/91, NJW 1992, 1890). Davon kann im Wohnungseigentumsrecht angesichts der Beschlussersetzungsklage keine Rede sein. Denn § 44 Abs 1 S 2 WEG regelt das hinter der actio pro socio stehende Problem, nämlich wie ein Wohnungseigentümer seinen Anspruch aus § 18 Abs 2 WEG effektiv durchsetzen kann.

g) Beweislast

Die Darlegungs- und Beweislast, dass die Gemeinschaft der Wohnungseigentümer ihre Verwaltungspflicht verletzt hat, trifft den **Wohnungseigentümer**. Ist dem Schadensersatzprozess ein Anfechtungs- oder Beschlussersetzungsverfahren (zur Notwendigkeit mit Blick auf § 254 BGB siehe Rn 184) vorausgegangen, so stellt ein klagestattgebendes Urteil fest, dass der Beschluss bzw seine Nichtfassung ordnungswidrig waren (§ 44 WEG Rn 149). 208

11. Abweichende Regelungen

Der Anspruch auf Verwaltung nach § 18 Abs 2 WEG ist in seinem Kern **unabdingbar** (vgl Hügel/Elzer Rn 94; Jennissen/Sommer/Heinemann Rn 93). Denn das Interesse der Wohnungseigentümer an einer ordnungsmäßigen Verwaltung gehört zu den unverzichtbaren Rechten. Modifikationen des Anspruchs, die ihn in seinem Kern unberührt lassen, sind hingegen möglich, indes nur durch Vereinbarung (vgl KG 18. 3. 2022 – 1 W 300/21, ZMR 2023, 127). Zu denken ist etwa an die Obliegenheit, einen Verwaltungsanspruch binnen einer bestimmten Frist geltend zu machen. 209

V. Gesetzliche Einzelverwaltungsmacht (Abs 3)

§ 18 Abs 3 WEG regelt die Verwaltung durch einzelne Wohnungseigentümer. **Vorgängerregelung** von § 18 Abs 3 WEG war § 21 Abs 2 WEG aF. Die Vorschrift ist an § 744 Abs 2 BGB angelehnt (BR-Drucks 75/51, 21). Wegen der engen Voraussetzungen der Einzelverwaltungsbefugnis sind nur **wenige Anwendungsbeispiele** bekannt (etwa OLG München ZMR 2008, 321; LG Hamburg ZMR 2009, 941; AG Hagen ZMR 2019, 225). 210

1. Allgemeines

Regelungszweck ist der Schutz der Wohnungseigentümergemeinschaft vor vermeidbaren Nachteilen. Zur Erreichung dieses Ziels suspendiert § 18 Abs 3 WEG den Grundsatz der kollektiven Verwaltung durch das Organ Gesamtheit der Wohnungseigentümer (§ 10 Abs 1 S 2, § 19 Abs 1 WEG) und begründet eine Einzelverwaltungsmacht jedes Wohnungseigentümers. Eine gesetzliche Einzelverwaltungsmacht enthält daneben § 24 Abs 6 S 2 WEG. 211

Der Wohnungseigentümer wird im Fall des § 18 Abs 3 WEG als **Funktionsträger** der Wohnungseigentümergemeinschaft tätig. Hält er sich im Rahmen der ihm nach der Vorschrift vermittelten Verwaltungsmacht, so wird sein Handeln mithin der Gemeinschaft zugerechnet. 212

a) Anwendungsbereich

Gegenständlicher Anwendungsbereich der Notverwaltungsbefugnis ist nach dem Wortlaut das gemeinschaftliche Eigentum. Durch den Verweis in § 9a Abs 3 WEG 213 ist daneben das Gemeinschaftsvermögen einbezogen. In analoger Anwendung erstreckt sich die Befugnis aber auch auf andere Gegenstände, die der Verwaltung durch die Wohnungseigentümergemeinschaft unterliegen (dazu Rn 13). Denn § 18 Abs 3 WEG ist Ausdruck eines allgemeinen Prinzips, nach dem jeder Wohnungseigentümer zum Vermögensschutz in einer Notsituation im Innenverhältnis handlungsbefugt ist.

214 In den **persönlichen Anwendungsbereich** fallen zunächst Wohnungseigentümer einschließlich des sog werdenden Wohnungseigentümers nach § 8 Abs 3 WEG. Die Notverwaltungsbefugnis steht auch einem Insolvenz-, Zwangs-, Nachlassverwalter oder Testamentsvollstrecker zu. Bei einer Mitberechtigung am Wohnungseigentum – Gemeinschaft nach Bruchteilen (§§ 741, 1008 BGB), Erben- und Gütergemeinschaft – sind die Miteigentümer nur gemeinsam notverwaltungsberechtigt (Staudinger/Lehmann-Richter [2023] § 14 WEG Rn 8).

215 § 18 Abs 3 WEG ist **nicht** analog **anwendbar**, wenn sich die Wohnungseigentümergemeinschaft mit der Ausführung einer **Verwaltungsmaßnahme** lediglich in **Verzug** befindet. Es fehlt einerseits an einer Regelungslücke. Denn der historische Gesetzgeber hat die Einzelverwaltungskompetenz bewusst auf Notfälle beschränkt (vgl Weitnauer/Wirths, WEG [1951] § 21 Rn 4) und der Vergleich zu §536a Abs 2 BGB offenbart das alternative, im WEG indes nicht gewählte Regelungsmodell. Es fehlt aber andererseits auch an einer Vergleichbarkeit der Sachverhalte, weil ein Notfall etwas anderes ist als der bloße Verzug.

b) Konkurrenzen

216 Mit Blick auf die Regelungen der **GoA** lautet die **Konkurrenzfrage**, ob die §§ 677 ff BGB das Handeln eines Wohnungseigentümers rechtfertigen können, wenn § 18 Abs 3 WEG nicht erfüllt ist. Das ist zu verneinen, § 18 Abs 3 WEG regelt die Einzelverwaltungsbefugnis abschließend. Zur analogen Anwendung von § 680 BGB Rn 230, zum Anspruch auf Aufwendungsersatz aus GoA Rn 237.

c) Beweislast

217 Die Beweislast für eine Einzelverwaltungskompetenz trifft den Wohnungseigentümer, der sich hierauf beruft. Rügt die Wohnungseigentümergemeinschaft das Unterlassen einer Notmaßnahme, ist hingegen sie beweisbelastet.

2. Unmittelbarer Nachteil

218 § 18 Abs 3 WEG setzt voraus, dass dem Verwaltungsgegenstand (Rn 13) ein unmittelbarer Schaden droht. Diese Formulierung darf nicht rein physisch verstanden werden. Es muss eine **Verwaltungsmaßnahme** erforderlich sein, um einen unmittelbar drohenden Nachteil abzuwenden. Die Einzelverwaltungskompetenz ist damit an eine besondere Gefahrensituation geknüpft, wie auch der Vergleich mit der (weiter gefassten) Formulierung in § 744 Abs 2 BGB zeigt; sie ähnelt § 116 Abs 4 HGB. Ein Nachteil droht, wenn die **hinreichende Wahrscheinlichkeit** besteht, dass bei ungehindertem Ablauf der Geschehnisse sich die Situation negativ verändern wird. Unmittelbar ist diese Bedrohung, wenn der Eintritt des Nachteils bereits begonnen hat oder in **allernächster Zeit** mit an Sicherheit grenzender Wahrscheinlichkeit zu erwarten ist.

a) Bewertungsmaßstab

Ob ein Nachteil unmittelbar droht, bestimmt sich nach dem **Erkenntnishorizont** eines vernünftigen **Wohnungseigentümers** in der konkreten Situation (vgl BGHZ 6, 76 zu § 2038 BGB). § 18 Abs 3 WEG ist also auch einschlägig, wenn sich ex post herausstellt, dass die Voraussetzungen der Norm nicht vorlagen, dies für einen besonnenen Wohnungseigentümer aber nicht ersichtlich war. Damit erfasst die Norm nicht nur den objektiv drohenden Nachteilseintritt (so aber in der Sache OLG Köln ZMR 1995, 497), sondern auch den sog Gefahrenverdacht und die Anscheinsgefahr. Diese Auslegung ist mit Blick auf den Normzweck geboten, weil so ein Anreiz zum Einschreiten in Gefahrensituationen geschaffen wird. **219**

b) Vorrang anderer Funktionsträger

Die Auslegung von § 18 Abs 3 WEG wird von den konkurrierenden Verwaltungsregeln im WEG geprägt. Dies betrifft zunächst die Verwaltungskompetenz der Wohnungseigentümer durch Beschluss. Diese Verwaltungskompetenz geht § 18 Abs 3 WEG vor, weil das WEG auf dem Prinzip der kollektiven und nicht der Einzelverwaltung beruht. Ein Schaden droht daher nicht unmittelbar, solange noch die Möglichkeit besteht, eine **Entscheidung der Eigentümerversammlung** darüber einzuholen, wie mit der Situation umgegangen werden soll (allgM, etwa OLG Hamburg ZMR 2007, 129; OLG Hamm ZMR 2009, 937). 59 Die Einzelverwaltungskompetenz greift also nicht bereits bei **Untätigkeit der übrigen Wohnungseigentümer**, sondern erst bei einem unmittelbar drohenden Schadenseintritt. Fehlt es hieran, muss der Wohnungseigentümer seinen Anspruch auf ordnungsmäßige Verwaltung nach § 18 Abs 2 WEG durchsetzen (vgl BGHZ 207, 40 Rn 16). **220**

Verdrängt wird § 18 Abs 3 WEG aber auch von der Verwaltungskompetenz des Verwalters (ebenfalls allgM, etwa BGHZ 207, 40; OLG Frankfurt ZMR 2009, 382). Auch dies rechtfertigt sich mit dem Prinzip der kollektiven Willensbildung: Haben die Wohnungseigentümer einen Verwalter bestellt, soll im Zweifel dieser – und nicht ein einzelner Wohnungseigentümer – Verwaltungsmaßnahmen ergreifen. Ist ein sofortiges Handeln durch den Wohnungseigentümer nicht erforderlich, muss er mithin zunächst den **Verwalter informieren**. **221**

Die Information des Verwalters führt dazu, dass sich dieser und – bei ihrer Einberufung – auch die Eigentümerversammlung mit der in Rede stehenden Gefahrensituation befassen muss. Hat die **Eigentümerversammlung** ein Vorgehen durch Mehrheitsbeschluss **abgelehnt**, steht dies einer Einzelverwaltung nach § 18 Abs 3 WEG entgegen. Dies folgt aus dem Prinzip der kollektiven Verwaltung. Die etwaige Fehlerhaftigkeit eines solchen Negativbeschlusses ist durch Anfechtungsklage geltend zu machen, nicht hingegen durch faktische Missachtung und Anerkennung einer Einzelverwaltungsbefugnis. **Weigert** sich hingegen der **Verwalter**, zur Gefahrenabwehr einzuschreiten, hat diese Entscheidung keine § 18 Abs 3 WEG ausschließende Wirkung (AG Hagen ZMR 2019, 225). Denn Entscheidungen des Verwalters haben – anders als Vereinbarungen oder Beschlüsse – nach dem wohnungseigentumsrechtlichen Organisationssystem nicht die Bedeutung, die erforderlich wäre, die Einzelverwaltungsbefugnis zu verdrängen. Hinzu kommt, dass eine solche rechtswidrige Entscheidung des Verwalters nichtig ist (Rn 43). Dass ein gefahrträchtiger Zustand bereits längere Zeit bestand und dies in der Gemeinschaft bekannt war, schließt für sich allein genommen die Kompetenz nach § 18 Abs 3 WEG ebenfalls nicht aus. Solange die Woh- **222** nungseigentümer keinen diesbezüglichen Beschluss fassen ist maßgeblich, ob beim Einschreiten des Wohnungseigentümers die von der Norm vorausgesetzte Eilbedürftigkeit vorlag (BayObLG ZWE 2001, 418; vgl auch BGHZ 207, 40; ungenau OLG Hamburg ZMR 2007, 129). Der bloße Verzug reicht nicht aus (Rn 215).

3. Ohne Zustimmung der anderen Wohnungseigentümer

223 Die Formulierung „ohne Zustimmung“ entspricht dem Recht der Bruchteilsgemeinschaft (§ 744 Abs 2 BGB). Sie darf nicht dahingehend missverstanden werden, dass das WEG für eine Verwaltungsmaßnahme stets die individuelle, formlose Zustimmung aller Wohnungseigentümer fordern würde und § 18 Abs 3 WEG hiervon einen Dispens erteilt. Denn Verwaltungsentscheidungen werden in der Wohnungseigentümergemeinschaft nicht durch Zustimmungen, sondern durch Beschluss oder Vereinbarung getroffen. In diesem Lichte ist der Begriff der Zustimmung aus § 18 Abs 3 WEG auszulegen, der mithin ein Handeln des Wohnungseigentümers auch dann zulässt, wenn eine **legitimierende Vereinbarung** oder ein legitimierender **Beschluss fehlen**.

4. Notwendige Maßnahmen

224 § 18 Abs 3 WEG beschränkt die Handlungskompetenz auf die zur Abwendung der Gefahr notwendigen Maßnahmen. Dies bedeutet, dass der Wohnungseigentümer nur solche Maßnahmen treffen darf, welche die unmittelbare Gefahr eines Schadenseintritts beseitigen. Kann dem Schadenseintritt durch **provisorische Maßnahmen** begegnet werden, ist die Handlungsbefugnis aus § 18 Abs 3 WEG hierauf beschränkt (BGHZ 207, 40; OLG München ZMR 2008, 321; Bub ZWE 2009, 245, 247). Schulbeispiele sind die provisorische Sicherung eines abgedeckten Dachs oder das Absperren des Wassers nach einem Rohrbruch.

5. Rechtsfolgen

225 Im Grundsatz bezieht sich § 18 Abs 3 WEG auf jede Art von Verwaltungsmaßnahme. **Einschränkungen** ergeben sich aber aus dem **Organisationssystem**. Ist eine Verwaltungshandlung abschließend geregelt, so schließt dies die Anwendung von § 18 Abs 3 WEG aus. Ein Beispiel ist die Einberufung einer Eigentümerversammlung die in § 24 WEG detailliert geregelt ist (Bub ZWE 2009, 245, 247; Staudinger/Häublein § 24 WEG Rn 71). Auch in der verwalterlosen Gemeinschaft ohne Einberufungsberechtigten iSd § 24 Abs 3 WEG berechtigt § 18 Abs 3 WEG daher nicht zur Einberufung (vgl BGH 20. 11. 2020 – V ZR 64/20, ZWE 2021, 223 Rn 12; Lehmann-Richter ZWE 2022, 61; anders noch Staudinger/Lehmann-Richter [2018]).

a) Handlungsbefugnis

226 Liegen die Voraussetzungen des § 18 Abs 3 WEG vor, so ist die vom Wohnungseigentümer vorgenommene Verwaltungsmaßnahme im Innenverhältnis **rechtmäßig**. Dies bedeutet etwa, dass die übrigen Wohnungseigentümer nicht nach § 18 Abs 2 WEG verlangen können, dass der vorgenommene Eingriff in das Gemeinschaftseigentum rückgängig gemacht wird.

227 § 18 Abs 3 WEG gibt nicht die Kompetenz, im Namen der Wohnungseigentümergemeinschaft Rechtsgeschäfte im Außenverhältnis vorzunehmen (hM, etwa AG Offenbach

ZMR 2016, 741; GREINER NZM 2013, 481; **aA** BUB ZWE 2009, 245, 248; BÄRMANN/DÖTSCH Rn 104). Denn die Vorschrift betrifft nur das Innenverhältnis. Die Vertretung der Wohnungseigentümergemeinschaft ist abschließend in § 9b WEG geregelt. Ein Notvertretungsrecht ist dort nicht vorgesehen, was es verbietet, ein solches aus § 18 Abs 3 WEG abzuleiten. § 18 Abs 3 WEG gibt mithin **keine Vertretungsmacht**, eine Schadensbeseitigung im Namen der Wohnungseigentümergemeinschaft zu beauftragen. Dies hat auch Auswirkungen auf Maßnahmen zur Abwehr eines Schadens vom Gemeinschaftsvermögen, soweit dem nur durch rechtsgeschäftliches Handeln begegnet werden kann, etwa durch Abgabe von Gestaltungserklärungen oder Vornahme einer Prozesshandlung. § 18 Abs 3 WEG gibt dem einzelnen Wohnungseigentümer hierfür keine Vertretungsmacht. Die Vorschrift verleiht aber Verwaltungsmacht (dazu Rn 32) im Innenverhältnis.

§ 18 Abs 3 WEG führt **nicht** etwa dazu, dass die **Wohnungseigentümergemeinschaft** **228**
verpflichtet wäre, eine vom Wohnungseigentümer entschiedene Maßnahme im **Außenverhältnis umzusetzen**, also etwa einen vom Wohnungseigentümer ausgewählten Dachdecker mit der Notreparatur zu beauftragen. Denn es fehlt der auf § 18 Abs 3 WEG gestützten Verwaltungsentscheidung an der erforderlichen Transparenz; zudem drohen konkurrierende Entscheidungen der Wohnungseigentümer. Der sich auf § 18 Abs 3 WEG stützende Eigentümer muss im Außenverhältnis also im eigenen Namen auftreten, um anschließend Aufwendungsersatz (Rn 231) zu verlangen.

b) Handlungspflicht

§ 18 Abs 3 WEG enthält nicht nur ein Recht, sondern auch eine **Pflicht** jedes **Woh- 229**
nungseigentümers, in einem Notfall zu handeln (vgl HÜGEL/ELZER Rn 140). Dies folgt aus dem Normzweck, aber auch aus dem Prinzip, dass die Einräumung von Handlungsmacht kein Selbstzweck. Die Handlungspflicht besteht nur gegenüber der Wohnungseigentümergemeinschaft. § 18 Abs 3 WEG verpflichtet den Wohnungseigentümer etwa, Symptome eines Schadens am gemeinschaftlichen Eigentum, die im räumlichen Bereich seines Sondereigentums auftreten, der Wohnungseigentümergemeinschaft anzuzeigen.

Eine **Haftung** des Wohnungseigentümers aus § 280 BGB scheidet aus, wenn er den **230**
Verstoß gegen § 18 Abs 3 WEG nicht zu vertreten hat. Das ist bei einem Nichthandeln der Fall, wenn dem Wohnungseigentümer ein Tätigwerden nicht zumutbar war. Verursacht der Wohnungseigentümer im Rahmen der Notverwaltung einen Schaden, wird teilweise für eine Haftungsbeschränkung auf Vorsatz oder grobe Fahrlässigkeit analog § 680 BGB plädiert (BeckOGK/SKAURADSZUN Rn 64; BUB ZWE 2009, 245, 252). Das überzeugt mangels Vergleichbarkeit der Sachverhalte nicht, denn bei § 18 Abs 3 WEG handelt der Wohnungseigentümer auf Grundlage einer verbandsrechtlichen Pflicht. Auch § 29 Abs 3 WEG gilt nicht analog, soll diese Norm doch (nur) die Bereitschaft zur Mitwirkung im Verwaltungsbeirat fördern.

c) Aufwendungsersatzanspruch bei Notverwaltung

Sind dem Wohnungseigentümer durch ein nach § 18 Abs 3 WEG gerechtfertigtes **231**
Verwaltungshandeln Aufwendungen entstanden, sind ihm diese von der Wohnungseigentümergemeinschaft zu erstatten. Anspruchsgrundlage ist aber nicht die GoA (so aber OLG München ZMR 2008, 321; OLG Schleswig ZMR 2010, 710; BGH 26. 10. 2018 – V ZR 279/17, ZMR 2019, 419 Rn 5 f lässt die Anspruchsgrundlage offen). Denn § 18 Abs 3 WEG ist

eine Berechtigung iSd § 677 BGB (Häublein ZWE 2008, 410, 412). Auch ein Anspruch aus § 812 Abs 1 S 1 BGB scheidet aus, weil § 18 Abs 3 WEG Rechtsgrund für die Vermögensverschiebung ist (Häublein ZWE 2008, 410, 412). Richtiger Anknüpfungspunkt ist aber § 18 Abs 2 Nr 1 WEG iVm § 716 Abs 1 BGB analog. Denn **§ 716 Abs 1 BGB** ist Ausdruck des verbandsrechtlichen Prinzips, dass ein im Verbandsinteresse handelndes Mitglied einen Anspruch auf Aufwendungsersatz hat (s Häublein ZWE 2008, 410). Der Anspruch ist, wie sich aus § 18 Abs 2 Nr 1 WEG ergibt, **gegen** die **Wohnungseigentümergemeinschaft** gerichtet (vgl BGH 26. 10. 2018 – V ZR 279/17, ZMR 2019, 419 Rn 6). Denn der Wohnungseigentümer wird im Falle des § 18 Abs 3 WEG als ihr Funktionsträger tätig. Da in Form von § 716 Abs 1 analog eine gesetzliche Regelung existiert, muss der Erstattungsanspruch nicht durch Beschluss konkretisiert werden. Der Anspruch unterliegt der **Regelverjährung** nach § 195 BGB (OLG Rostock NJW-RR 2010, 160).

232 Der Anspruch setzt voraus, dass der Wohnungseigentümer die **Höhe** der **Aufwendungen** den Umständen nach für erforderlich halten durfte; dass die Aufwendungen dem Grunde nach erforderlich waren, ergibt sich bereits aus § 18 Abs 3 WEG. Maßgeblich ist, ob aus Sicht eines durchschnittlichen, dem Gebot der Wirtschaftlichkeit verpflichteten Wohnungseigentümer der Schaden finanziell günstiger hätte abgewendet werden können. Zu ersetzen sind auch die bei der Verwaltungsmaßnahme erlittenen Verluste des Wohnungseigentümers, zB Vermögensnachteile aufgrund von Körper- oder Sachschäden. Eine analoge Anwendung der Verzinsungspflicht aus § 716 Abs 4 S 1 BGB ist nicht angezeigt.

233 Die übrigen **Wohnungseigentümer haften nicht** nach **§ 9a Abs 4 S 1 WEG** für den Aufwendungsersatzanspruch (BGH 26. 10. 2018 – V ZR 279/17, ZMR 2019, 419 Rn 16). Denn Aufwendungsersatzansprüche unter den Eigentümern würden das wohnungseigentumsrechtliche Finanzierungssystem unterlaufen. Davon ist auch in Zweier-Wohnungseigentümergemeinschaften keine Ausnahme zu machen (BGH 25. 9. 2020 – V ZR 288/19, ZMR 2021, 255 Rn 7). Der Aufwendungsersatzanspruch des Wohnungseigentümers ist **nicht** um seinen **Eigenanteil zu kürzen** (Bärmann/Dötsch Rn 106; Häublein ZWE 2008, 411, 413; **aA** OLG Hamm ZMR 2008, 228). Dies folgt daraus, dass es sich bei der gesamten Leistung des Eigentümers um eine Aufwendung für die Wohnungseigentümergemeinschaft handelt und eine Norm fehlt, die hier einen Abzug rechtfertigen würde. Erst durch den Beschluss auf Grundlage der Jahresabrechnung, in welche die Zahlung auf den Aufwendungsersatzanspruch als Ausgabe der Wohnungseigentümergemeinschaft eingestellt wird, kommt es zu einer Beteiligung des Wohnungseigentümers. Zur **Aufrechnung** gegen Wohngeldforderungen s § 28 WEG Rn 140.

6. Überschreiten der Einzelverwaltungsmacht

234 Überschreitet ein Wohnungseigentümer seine Einzelverwaltungskompetenz – handelt er also als Funktionsträger ohne Verwaltungsmacht (dazu Rn 53) –, so ist bei den **Folgen** zwischen den verschiedenen Ansprüchen zu unterscheiden:

a) Aufwendungsersatzanspruch des Wohnungseigentümers

235 Ein Aufwendungsersatz des nicht durch § 18 Abs 3 WEG oder einen Beschluss/eine Vereinbarung legitimierten Wohnungseigentümers richtet sich nach den Regeln der **gesetzlichen Rechtsverhältnisse**. In Betracht kommen § 716 Abs 1 BGB analog, die

Regeln der GoA, das EBV sowie das Bereicherungsrecht. Zum schadensersatzrechtlichen Aufwendungsersatzanspruch nach **§ 280 Abs 3 BGB** s Rn 194.

aa) Aufwendungen in das gemeinschaftliche Eigentum

Verwendungsersatzansprüche aus **§§ 994, 996 BGB** wegen Aufwendungen in das gemeinschaftliche Eigentum scheitern daran, dass der Wohnungseigentümer berechtigter Besitzer des Gemeinschaftseigentums ist (vgl BGH NJW 1987, 3001, zur Erbengemeinschaft). **236**

Nach einer Grundsatzentscheidung des **BGH** aus dem Jahr 2019 steht einem Wohnungseigentümer, der das gemeinschaftliche Eigentum **repariert**, ohne dass dies nach dem Binnenrecht gerechtfertigt wäre, kein Aufwendungsersatzanspruch zu, und zwar weder nach § 110 HGB aF analog, den Regeln der GoA oder nach Bereicherungsrecht (BGH 14. 6. 2019 – V ZR 254/17, NJW 2019, 3780). Die abweichende ältere Rspr ist mithin überholt. Der BGH hält den Topos des Vorrangs der Beschlussfassung durch die Wohnungseigentümer für schlagend: Diesen obliege die Entscheidung über Verwaltungsmaßnahmen, was nicht durch Aufwendungsersatzansprüche umgangen werden dürfe (BGH 14. 6. 2019 – V ZR 254/17, NJW 2019, 3780 Rn 13 ff). Das gilt nach dieser Entscheidung auch dann, wenn die Maßnahme ohnehin hätte vorgenommen werden müssen oder wenn der Wohnungseigentümer eine Erhaltungsmaßnahme in der irrigen Annahme durchgeführt hat, hierzu verpflichtet zu sein. Das Urteil des BGH wird in der **Literatur** teilweise als zu rigide kritisiert (etwa Greiner ZWE 2020, 23; Gsell ZWE 2019, 490). **237**

Offen ist, ob auch Ersatzansprüche wegen Aufwendungen in das Gemeinschaftseigentum gesperrt sind, die **nicht** auf einer **Erhaltungsmaßnahme** beruhen. Entschieden hat der BGH dies bislang nicht. Ein Beispiel: Ein Wohnungseigentümer baut den Dachstuhl zu Wohnräumen aus in der irrigen Annahme, die Räumen stünden in seinem Sondereigentum oder ihm stehe ein Sondernutzungsrecht zu. Gegen eine Sperre spricht, dass in diesen Fällen kein Anspruch auf Ausführung der Baumaßnahme durch die Wohnungseigentümergemeinschaft besteht. Der Wohnungseigentümer umgeht also nicht die Durchsetzung seines Verwaltungsanspruchs aus § 18 Abs 2 WEG. **238**

bb) Tilgung einer Verbindlichkeit der Wohnungseigentümergemeinschaft

Tilgt ein Wohnungseigentümer eine Verbindlichkeit der Wohnungseigentümergemeinschaft, steht ihm nach der Rspr des BGH ein Regressanspruch zu; lediglich die **Anspruchsgrundlage** hat der BGH offengelassen (BGH 7. 5. 2021 – V ZR 254/19, WuM 2021, 459 Rn 4; 26. 10. 2018 – V ZR 279/17, ZMR 2019, 419 Rn 5). Diese liegt in § 18 Abs 2 Nr 1 WEG, § 716 Abs 1 BGB analog (vgl Rn 231). Der BGH problematisiert allerdings nicht, warum der Wohnungseigentümer in dieser Konstellation ohne weiteres Kostenersatz verlangen kann, bei Aufwendungen in das gemeinschaftliche Eigentum hingegen nicht. Man mag als Differenzierungskriterium § 9a Abs 4 S 1 WEG heranziehen. Die quotale Haftung des Wohnungseigentümers zwingt allerdings nicht zu einer darüberhinausgehenden Tilgung. Wertungsmäßig ist der volle Regressanspruch indes überzeugend, was letztlich die Literaturansicht stützt, welche die abweichende Linie bei Aufwendungen in das gemeinschaftliche Eigentum kritisiert. **239**

b) Ansprüche der Wohnungseigentümergemeinschaft und der übrigen Wohnungseigentümer

240 Überschreitet der Wohnungseigentümer seine Einzelverwaltungsbefugnis, liegt ein Fall der **Verwaltung ohne Verwaltungsmacht** vor. Zu den dadurch ausgelösten Ansprüchen der Wohnungseigentümergemeinschaft gegen den Wohnungseigentümer und der übrigen Wohnungseigentümer gegen die Gemeinschaft Rn 53.

7. Abweichende Vereinbarungen

241 Die gesetzliche Kompetenzregelung aus § 18 Abs 3 WEG ist angesichts ihres Zwecks **nicht abdingbar** (Häublein ZWE 2021, 337, 340; **aA** Hügel/Elzer Rn 142).

VI. Rechtsgeschäftliche Einzelverwaltungsmacht

242 Es ist möglich, den Bereich der Einzelverwaltung zu **erweitern**, und zwar sowohl durch Beschluss als auch durch Vereinbarung.

1. Beschluss

243 **Ausdrückliche Regelungen** über die Einräumung von Einzelverwaltungsmacht im Innenverhältnis finden sich zur Wohnungseigentümerversammlung. So kann durch **Beschluss** nach § 24 Abs 3 Var 3 WEG ein Wohnungseigentümer zur Einberufung und nach § 24 Abs 5 WEG zur Leitung einer Versammlung ermächtigt werden. § 24 Abs 8 S 2 WEG ermöglicht es, einem Wohnungseigentümer durch Beschluss die Kompetenz einzuräumen, die Beschlusssammlung zu führen; aus § 24 Abs 6 S 2 WEG wird die Kompetenz abgeleitet, den Unterzeichner des Protokolls per Beschluss zu küren (Staudinger/Häublein § 24 WEG Rn 236). Im Außenverhältnis regelt § 9b Abs 2 Var 2 WEG Einzelverwaltungsmacht.

244 Fraglich ist, ob die Kompetenz anzuerkennen ist, **Entscheidungsbefugnisse** durch **Beschluss** auf einzelne Wohnungseigentümer zu delegieren. Der BGH hat beiläufig die These aufgestellt, es könne durch Beschluss ein „Sonderausschuss für bestimmte einzelne Aufgaben“ eingerichtet werden, sofern dadurch nicht die Befugnisse der Wohnungseigentümer und des Verwalters beschnitten würden (BGH 5. 2. 2010 – V ZR 126/09, NJW 2010, 3168 Rn 8). In der Literatur wird eine Kompetenzübertragung im Einzelfall für möglich gehalten (Grüneberg/Wicke § 18 Rn 7). Da das Gesetz – anders als zum Verwalter (§ 27 Abs 2 WEG) – eine solche Beschlusskompetenz nicht ausdrücklich erwähnt, kommt als Kompetenztitel nur § 19 Abs 1 WEG in Betracht. Bei dessen Auslegung sollte § 20 Abs 1 Var 2 WEG leitend sein. Denn dort sieht das Gesetz die Delegation von Entscheidungsmacht auf einzelne Wohnungseigentümer für den wichtigen Bereich der baulichen Veränderung ausdrücklich vor. Für andere Maßnahmen darf dann nichts Anderes gelten (Wobst ZWE 2023, 149, 152).

2. Vereinbarung

245 Die Gemeinschaftsordnung kann Einzelverwaltungsmacht einräumen (Grüneberg/Wicke § 19 Rn 18). Der einzelne Wohnungseigentümer wird dann im Innenverhältnis **als Funktionsträger** für die Wohnungseigentümergemeinschaft anstelle der gesetzlich vorgesehenen Organe tätig (vgl Jennissen/Sommer/Heinemann Rn 63). Pflichtverletzun-

gen bei der Ausführung der Verwaltungsmaßnahme werden im Innenverhältnis daher der Wohnungseigentümergemeinschaft zugerechnet.

Abzugrenzen sind solche Einzelverwaltungsregelungen von **Ersatzvornahmeklauseln**. Bei diesen kann man zwei Kategorien unterscheiden. Verdrängende Ersatzvornahmeklauseln sind eine partielle Abbedingung von § 18 Abs 1 WEG, die Wohnungseigentümergemeinschaft ist für die in Rede stehende Maßnahme (etwa: Reparatur der Wohnungsfenster) nicht zuständig. Bei einer konkurrierenden Ersatzvornahmeklausel hat der Wohnungseigentümer hingegen nur das Recht, ggf. auch die Pflicht, das in Rede stehende Bauteil selbst zu reparieren (näher § 19 WEG Rn 111). Gegen konkurrierende Ersatzvornahmeklauseln bestehen keine Wirksamkeitsbedenken, während sich bei verdrängenden Ersatzvornahmeklauseln die Frage stellt, inwieweit § 18 Abs 1 WEG insoweit überhaupt abdingbar ist (Rn 94). 246

Ob die Gemeinschaftsordnung eine Einzelverwaltungskompetenz begründet oder eine Ersatvornahmeregelung enthält, ist durch **Auslegung** zu bestimmen. Hier ist nach der Rspr Zurückhaltung geboten: Erforderlich ist eine klare und eindeutige Regelung; **im Zweifel** bleibt es bei der **gesetzlichen Zuständigkeit** (BGH 14. 6. 2019 – V ZR 254/17, NJW 2019, 3780 Rn 7; 28. 10. 2016 – V ZR 91/16, NJW 2017, 1167 Rn 19; 2. 3. 2012 – V ZR 174/11, NJW 2012, 1722 Rn 7; 22. 11. 2013 – V ZR 46/13, ZMR 2014, 899 Rn 10). Das überzeugt, da ein Eingriff in das gesetzliche Organisationssystem Folgefragen auslöst, zu denen sich das Gesetz nicht ausdrücklich verhält. Regelungen zur Erhaltung des gemeinschaftlichen Eigentums sind daher regelmäßig als **Kostenverteilungsschlüssel** auszulegen (Staudinger/Lehmann-Richter [2023] § 16 WEG Rn 97). 247

VII. Informationsanspruch der Wohnungseigentümer

Die Informationsrechte des Wohnungseigentümers sind im WEG an **drei Stellen besonders geregelt**, nämlich in § 18 Abs 4 WEG, § 24 Abs 7 S 8 WEG (zu ihrem Verhältnis Rn 263) sowie in § 28 Abs 4 S 2 WEG. Mittelbare Regelungen, welche die Wohnungseigentümer nicht konkret nennen, finden sich in § 28 Abs 1 S 2, Abs 2 S 2 WEG. Diese Vorschriften behandeln die Informationsrechte aber nicht abschließend (vgl BT-Drucks 19/18791, S 60). Sie stehen daher einem weitergehenden Informationsanspruch nicht entgegen. Dieser kann sich unter den dort geregelten Voraussetzungen auch aus **§ 15 DSGVO** ergeben, weil dieser Auskunftsanspruch neben dem Wohnungseigentumsrecht besteht (BGH 22. 10. 2022 – VI ZR 14/21, ZMR 2022, 539 Rn 10, zur Miete). Eine Sonderinformationspflicht der Wohnungseigentümergemeinschaft regeln § 5 Abs 3 S 3 **ESWG** und § 26 Abs 7 S 3, Abs 8 S 2 **EWPBG**. 248

Gläubiger des Informationsanspruchs sind zunächst Wohnungseigentümer einschließlich des sog werdenden Wohnungseigentümers nach § 8 Abs 3 WEG. Der Informationsanspruch steht auch einem Insolvenz-, Zwangs-, Nachlassverwalter oder Testamentsvollstrecker zu, falls sich die Information auf den Verwaltungsgegenstand bezieht (vgl Rn 111). Bei einer **Mitberechtigung** am Wohnungseigentum – Gemeinschaft nach Bruchteilen (§§ 741, 1008 BGB), Erben- und Gütergemeinschaft – können die Wohnungseigentümer den Anspruch nur gemeinschaftlich ausüben; die Information gegenüber einem von ihnen hat keine Gesamtwirkung (Staudinger/Lehmann-Richter [2023] § 14 WEG Rn 9). 249

250 **Ausgeschlossen** ist angesichts des in § 18 Abs 1 WEG geregelten Organisationssystems ein Informationsanspruch eines Wohnungseigentümers **gegen** den **Verwalter**. Die abweichende Rspr aus der Zeit vor dem WEMoG 2020 (BGH 11. 2. 2011 – V ZR 66/10, NZM 2011, 279) ist überholt. Auch ein allgemeiner Informationsanspruch gegen **andere Wohnungseigentümer** besteht nicht. Dies schließt es aber nicht aus, in Sonderkonstellationen einen solchen Anspruch aus dem Rechtsverhältnis der Wohnungseigentümer abzuleiten (vgl Lehmann-Richter/Wobst WEG-Reform 2020 Rn 69). Näher zum **gesetzlichen Informationssystem** § 28 WEG Rn 324 ff.

1. Anspruchsgrundlage

251 Im Gegensatz zu anderen Verbänden muss der Informationsanspruch nicht auf ein ungeschriebenes mitgliedschaftliches Grundrecht (vgl etwa Wiedemann GesR I S 274), eine Analogie oder Treu und Glauben gestützt werden. Denn der Anspruch lässt sich ohne weiteres unter **§ 18 Abs 2 Nr 1 WEG** fassen: Zu einer ordnungsmäßigen Verwaltung gehört auch, dass die Wohnungseigentümergemeinschaft die Wohnungseigentümer in angemessener Art und Weise informiert. Die Aufgabe des Rechtsanwenders besteht damit darin, den Inhalt des Informationsanspruchs durch Anwendung des Merkmals „ordnungsmäßige Verwaltung" näher zu konkretisieren. Soweit es um die Einsicht in die Verwaltungsunterlagen geht, hat der Gesetzgeber diese Konkretisierung in § 18 Abs 4, § 24 Abs 7 S 8 WEG weitgehend vorgenommen; den vermögensbezogenen Informationsanspruch konkretisiert § 28 Abs 4 S 2 WEG.

2. Allgemeine Prinzipien des Anspruchs

252 **§ 259 Abs 2 BGB** findet auf den Informationsanspruch **keine Anwendung**. Die Wohnungseigentümergemeinschaft ist also nicht zu einer eine eidesstattlichen Versicherung der Richtigkeit einer Auskunft verpflichtet. Denn der Informationsanspruch ist nicht, wie es § 259 Abs 1 BGB voraussetzt, auf Rechenschaft gerichtet. Die abweichende Rspr zur Rechtslage vor dem WEMoG 2020 (LG Saarbrücken 18. 1. 2006 – 5 T 375/05, ZMR 2006, 399) ist auf § 18 Abs 2 Nr 1 WEG nicht übertragbar. Im Übrigen gelten folgende Grundsätze:

a) Verhaltener Anspruch

253 Das Recht des Wohnungseigentümers auf Information ist ein **verhaltener Anspruch**. Dies bedeutet, dass die Wohnungseigentümergemeinschaft den Anspruch erst erfüllen muss, wenn ihn der Wohnungseigentümer geltend gemacht hat. Dieser allgemeine Aspekt kommt im Wortlaut des § 24 Abs 7 S 8 WEG zum Ausdruck; atypisch ist insofern § 28 Abs 4 S 2 WEG. Der Verwalter ist als Vollzugsorgan für den Empfang des Einsichtsverlangens zuständig. Hat die Wohnungseigentümergemeinschaft keinen Verwalter, fehlt ein Vollzugsorgan, weshalb der Informationsanspruch gesperrt ist (Rn 173). Den Umfang des Informationsanspruchs kann der Wohnungseigentümer durch sein Verlangen bestimmen, wobei er sich selbstverständlich im Rahmen des von der Wohnungseigentümergemeinschaft Geschuldeten bewegen muss. Beim Einsichtsrecht etwa kann sich das Einsichtsverlangen entweder auf sämtliche oder nur auf bestimmte, vom Wohnungseigentümer bezeichnete Unterlagen beziehen.

254 Aus dem Charakter des Informationsrechts als verhaltener Anspruch folgt, dass die Wohnungseigentümergemeinschaft sich **nicht jederzeit erfüllungsbereit** halten muss.

Sie ist daher insbes nicht verpflichtet, die Verwaltungsunterlagen zu jeder Eigentümerversammlung einsichtsbereit zu halten (**aA** für die Belege der Jahresabrechnung OLG Köln 11. 12. 2006 – 16 Wx 200/06, NZM 2007, 366; offenlassend BGH 11. 2. 2011 – V ZR 66/10, NZM 2011, 279 Rn 10).

b) Ausübung durch Dritte

Der Informationsanspruch des Wohnungseigentümers wird in den gegebenen Fällen 255
von seinem **gesetzlichen Vertreter** oder einer Partei kraft Amtes ausgeübt. Abtretbar ist der Anspruch nicht. Ob eine Ausübung durch einen Dritten auch auf **rechtsgeschäftlicher Grundlage** erfolgen kann, ist Teil der allgemeinen Frage nach der Repräsentation bei § 18 Abs 2 WEG (Rn 103). Für die Einsicht in die Beschlusssammlung hat der Gesetzgeber die Frage ausdrücklich beantwortet: Nach § 24 Abs 7 S 8 WEG muss die Wohnungseigentümergemeinschaft auch einem hierzu ermächtigten Dritten Einsicht geben. Hintergrund ist die Befriedigung des Informationsinteresses des Erwerbers (BT-Drucks 16/887, 21). Das bringt ein allgemeines Prinzip zum Ausdruck: Die Ermächtigung – dogmatisch handelt es sich um einen Fall der Einziehungsermächtigung – verpflichtet die Wohnungseigentümergemeinschaft zur Information eines Dritten nicht stets, sondern nur dann, wenn dies **ordnungsmäßiger Verwaltung** entspricht (Wobst ZWE 2023, 149, 151). Nicht anzuerkennen ist deshalb ein allgemeines Geheimhaltungsinteresse der Wohnungseigentümergemeinschaft (**aA** LG Saarbrücken 26. 4. 2019 – 5 S 31/18, ZMR 2019, 798; LG Hamburg 5. 10. 2011 – 318 S 7/11, ZMR 2012, 292). Denn den informierten Wohnungseigentümer trifft selbst keine Verschwiegenheitspflicht (Wobst ZWE 2023, 149, 151; **aA** Armbrüster ZWE 2002, 333, 341), weshalb dem ermächtigten Dritten regelmäßig die Information zu erteilen ist.

Ein bei der Prüfung des Merkmals der Ordnungsmäßigkeit überwiegendes Ermäch- 256
tigungsinteresse ist etwa beim **Mieter** für die Belege zu bejahen, die der Betriebskostenabrechnung des Wohnungseigentümers zugrunde liegen (Jacoby PiG 107 [2018], 81, 89). Das Ermächtigungsinteresse wird sich regelmäßig auch durchsetzen, wenn der Wohnungseigentümer wegen körperlicher Gebrechen oder wegen weiter Entfernung zum Ort der Verwaltung (Rn 256; vgl LG Hamburg 15. 1. 2020 – 318 S 59/19, ZWE 2020, 288) nicht selbst zur Einsicht in die Verwaltungsunterlagen in der Lage ist oder aber er die Einsicht berechtigterweise durch **Fachleute** (vgl LG Hamburg 5. 10. 2011 – 318 S 7/11, ZMR 2012, 292) vornehmen lassen möchte.

c) Durchsetzungssperren und Wegfall des Anspruchs

Das **Datenschutzrecht** steht der der Erfüllung des Informationsanspruchs nicht ent- 257
gegen (etwa OLG München 9. 3. 2007 – 32 Wx 177/06, ZMR 2007, 720; LG Oldenburg 22. 12. 2020 – 5 S 50/20, ZMR 2021, 420). Denn die Weitergabe der entsprechenden Daten an die Wohnungseigentümer ist jedenfalls nach Art 6 Abs 1 lit f DSGVO gerechtfertigt (näher Bärmann/Dötsch Rn 267 ff). Bei einem ermächtigten Dritten wird teilweise verlangt, dieser müsse einer Verschwiegenheitspflicht unterliegen (AG Köln 30. 7. 2018 – 202 C 38/18, ZMR 2019, 1016). Das überzeugt nicht. Denn die Ermächtigung setzt ein entsprechendes Interesse (Rn 256) voraus, das sich gegen Datenschutzbedenken durchsetzt, Art 6 Abs 1 lit f DSGVO.

Der Anspruch auf Erteilung einer konkreten Information ist verjährbar (vgl Rn 179). 258
Die **Verjährungsfrist** des Anspruchs beginnt aber erst mit seiner Geltendmachung (vgl

BGH 25. 3. 2021 – VII ZR 94/20, NJW 2021, 2112 Rn 16). Ist Verjährung eingetreten, kann der Anspruch auf die identische Information neu entstehen (Rn 280).

259 Der Anspruch auf die Information kann an einer **Durchsetzungssperre** scheitern, wenn der für seine Erfüllung zuständige Funktionsträger, nämlich der Verwalter, fehlt (näher Rn 173; **aA** wohl Jennissen/Sommer/Heinemann Rn 144). Zur Einrede nach **§ 273 BGB** gegen den Informationsanspruch s Rn 177.

260 Das **Ausscheiden** aus der **Wohnungseigentümergemeinschaft** führt zum Verlust des Informationsanspruchs aus § 18 Abs 2 Nr 1 WEG (**aA** Bärmann/Dötsch Rn 125). Ein solcher Anspruch kann sich dann nur noch nach den allgemeinen Grundsätzen des Nachwirkens von schuldrechtlichen Pflichten ergeben. Dafür ist aber ein besonderes Informationsinteresse erforderlich (**aA** KG 31. 1. 2000 – 24 W 601/99, ZWE 2000, 226: Begrenzung lediglich durch Treu und Glauben).

261 Der Informationsanspruch ist **unabdingbar**, kann also weder durch Vereinbarung noch durch Beschluss vollständig ausgeschlossen werden (Bärmann/Dötsch Rn 120; Jennissen/Sommer/Heinemann Rn 138). Die **Modalitäten** seiner **Erfüllung** können hingegen geregelt werden; diesbezüglich ist auch eine Beschlusskompetenz aus § 19 Abs 1 WEG anzuerkennen. Nichtig ist aber sowohl eine Vereinbarung als auch ein Beschluss, die im Mantel der Modalitätsregelung letztlich den Informationsanspruch aushöhlen. Regelungen im **Verwaltervertrag** zur Art und Weise der Information sind im Verhältnis zwischen Wohnungseigentümer und Gemeinschaft ohne Wirkung. Zudem besteht auch keine Kompetenz, die diesbezügliche Organpflicht im Verwaltervertrag zu modifizieren (Wobst ZWE 2022, 15; **aA** wohl Jennissen/Sommer/Heinemann Rn 77).

3. Anspruch auf Einsicht in die Verwaltungsunterlagen (Abs 4)

262 § 18 Abs 4 WEG ist keine Anspruchsgrundlage, sondern **konkretisiert** den aus § 18 Abs 2 Nr 1 WEG folgenden Einsichtsanspruchs des Wohnungseigentümers. § 18 Abs 4 WEG hat mithin nur den Charakter einer Hilfsnorm. Danach entspricht die Gewährung von Einsicht in die Verwaltungsunterlagen stets ordnungsmäßiger Verwaltung, weshalb der Wohnungseigentümer auch ohne vorherige Beschlussfassung einen Einsichtsanspruch hat (Rn 156). Auch eines besonderen Einsichtsinteresses bedarf es nicht (vgl BGH 11. 2. 2011 – V ZR 66/10, NZM 2011, 279 Rn 8).

263 Nach **§ 24 Abs 7 S 8 WEG** kann jeder Wohnungseigentümer Einsicht in die Beschlusssammlung verlangen. Auch diese Regelung konkretisiert den aus § 18 Abs 2 Nr 1 WEG folgenden Informationsanspruch. Die Vorschrift ist angesichts des sämtliche Verwaltungsunterlagen erfassenden § 18 Abs 4 WEG überflüssig. Ihre Existenz erhellt die Entwicklung des WEMoG 2020: Nach dem RegE sollte § 24 Abs 7 WEG zugunsten eines neuen § 25 Abs 5 WEG gestrichen werden (BT-Drucks 19/18791, 15 f). Buchstäblich in letzter Minute der parlamentarischen Beratungen wurde die Beschlusssammlung des § 24 Abs 7 WEG dann aber beibehalten (Lehmann-Richter/Wobst WEG-Reform 2020 Rn 26). Dabei unterblieb eine Abstimmung zwischen § 24 Abs 7 S 8 WEG und § 18 Abs 4 WEG.

a) Verwaltungsunterlagen

Unter den Begriff „Verwaltungsunterlagen" iSd § 18 Abs 4 WEG fallen **alle Dokumente**, auch digitaler Art (vgl BGH 6. 3. 1997 – II ZB 4/96, NJW 1997, 1985, zu § 51a GmbHG), die die Wohnungseigentümergemeinschaft führt oder für sich führen lässt (vgl OLG München 11. 12. 2007 – 31 Wx 48/07, ZIP 2008, 553, zu § 51a GmbHG). Erfasst sind damit sämtliche Unterlagen, zu denen sowohl alle internen Papiere und die gesamte Korrespondenz der Wohnungseigentümergemeinschaft als auch Buchungsbelege (BGH 6. 3. 1997 – II ZB 4/96, NJW 1997, 1985, zu § 51a GmbHG), aber zB auch die Niederschrift gem § 24 Abs 6 S 1 WEG zählen. Ausgenommen sind nur persönliche Papiere des Verwalters, auch wenn sie die Wohnungseigentümergemeinschaft betreffen (vgl Lutter/Hommelhoff/Bayer § 51a GmbHG Rn 23). **264**

b) Aktenführung

Das Gesetz macht zur Art und Weise der Führung der Verwaltungsunterlagen keine Vorgaben. Da es sich um eine Verwaltungshandlung handelt, gilt der Maßstab des **§ 18 Abs 2 Nr 1 WEG**: Die Unterlagen müssen so geführt werden, wie es durch Vereinbarung oder Beschluss festgelegt ist, hilfsweise billigem Ermessen entspricht. Es stellen sich eine Reihe von Detailfragen (zur **Buchführungspflicht** § 28 WEG Rn 349): **265**

aa) Laufende Aktenführung

Die laufende Aktenführung ist eine Organpflicht des Verwalters. Fehlen Vorgaben der Wohnungseigentümer, muss er eine Struktur wählen, die es anderen Personen – sei es ein neuer Verwalter oder die Wohnungseigentümer im Rahmen der Einsichtnahme – erlaubt, **einzelne Dokumente ohne größeren Suchaufwand** zu **finden**. **266**

bb) Digitalisierung

Die Verwaltungsunterlagen sind in der (körperlichen oder nichtkörperlichen) Form zu führen, wie sie die Wohnungseigentümergemeinschaft erworben hat. Ein „Formwechsel" bedarf einer Verwaltungsentscheidung. Bei der praxisrelevanten Digitalisierung geht es um einen Vorgang, bei dem papierene Verwaltungsunterlagen elektronisch bildlich („augenlesbar") erfasst werden (zB gescannt), das Erfasste dann auf Medien mit Schriftersatzfunktion (Bild- oder Datenträger) gespeichert und das Papier anschließend vernichtet wird. Ob (und wie) die Wohnungseigentümer oder der Verwalter diese Entscheidungen treffen können, regelt das Gesetz nicht ausdrücklich. Deshalb gelten die **allgemeinen Grundsätze**. **267**

Ob der **Verwalter** die **Entscheidung** für eine Digitalisierung treffen kann, richtet sich nach § 27 WEG. Der Kompetenztitel des § 27 Abs 1 Nr 1 WEG kann einen „Formwechsel" decken; maßgeblich ist, ob die Umwandlung von Papier in eine digitale Form nur untergeordnete Bedeutung hat. Das hängt von der Relevanz der Papierform ab. Nur wenn ein durchschnittlicher Wohnungseigentümer am Papier offensichtlich kein Interesse haben kann, fällt eine Umwandlung unter § 27 Abs 1 Nr 1 WEG. Ein Beispiel ist etwas das Einscannen und Vernichten von Alternativangeboten nach Auftragsvergabe. **Delegieren** die Wohnungseigentümer die Entscheidung über die Digitalisierung auf den Verwalter (§ 27 Abs 2 WEG), hat dieser bei der Digitalisierung den Maßstab der Ordnungsmäßigkeit zu beachten. Es gelten die sogleich darzustellenden Anforderungen an einen Wohnungseigentümerbeschluss entsprechend. **268**

269 Die **Wohnungseigentümer** können die Digitalisierung durch Vereinbarung oder **Beschluss** regeln, weil § 19 Abs 1 WEG entsprechende Beschlusskompetenz eröffnet. Bei der Ordnungsmäßigkeitsprüfung eines Beschlusses ist zu fragen, ob die Wohnungseigentümer Gegenstand und Art und Weise der Digitalisierung vertretbar geregelt haben.

270 Beim Gegenstand ist maßgeblich, ob ein besonderes Interesse der Digitalisierung der **konkreten Unterlage** entgegensteht. Das ist zu bejahen, wenn dem Original ein höherer Beweiswert zukommt und es möglich erscheint, dass die Wohnungseigentümergemeinschaft oder einzelne Wohnungseigentümer auf diesen erhöhten **Beweiswert** angewiesen sein werden. Hier ist beachten, dass bei einer Fotokopie anstelle der formellen Beweiskraft die freie tatrichterliche Beweiswürdigung tritt (BGH 20. 1. 1986 – II ZR 56/85, DB 1986, 798). Offensichtlich ordnungswidrig ist die Digitalisierung, wenn allein das Original im Rechtsverkehr „nutzbar" ist (zB vollstreckbare Ausfertigung eines Titels).

271 Bei der Art und Weise geht es um die digitale Form. Das betrifft zum einen die Entscheidung, in welches **digitale Format** das Papier umgewandelt wird. Stellt der Rechtsverkehr, etwa im Steuerrecht, an den Gebrauch einer digitalen Kopie besondere Anforderungen, sind diese zu beachten. Ansonsten ist ein allgemein gebräuchliches Format zu wählen, das Gewähr für eine effektive Verwendung auch durch zukünftige Verwalter und die Wohnungseigentümer bietet. Zum anderen geht es um die Bestimmung eines **Ordnungssystems**, das die ordnungsmäßige Auffindbarkeit der digitalen Kopie sicherstellt.

cc) Vernichtung

272 § 27 Abs 1 Nr 1 WEG berechtigt den **Verwalter** dazu, offensichtlich überflüssige Verwaltungsunterlagen zu vernichten. Die ersatzlose Vernichtung anderer Unterlagen bedarf hingegen eines **Beschlusses** der Wohnungseigentümer. Bei der Ordnungsmäßigkeitsprüfung eines solchen Beschlusses ist zu fragen, ob die Vernichtung mit Blick auf ein etwaiges Interesse an einer zukünftigen Verwendung der Unterlagen vertretbar erscheint.

c) Inhalt des Einsichtsanspruchs

273 Der Einsichtsanspruch des Wohnungseigentümers erstreckt sich auf **sämtliche Verwaltungsunterlagen**. Ein den Anspruch einschränkendes Geheimhaltungsinteresse der Wohnungseigentümergemeinschaft ist nicht anzuerkennen; auch das Datenschutzrecht steht nicht entgegen (Rn 257).

274 „**Einsicht**" iSd § 18 Abs 4 WEG bedeutet, dass dem Wohnungseigentümer die Verwaltungsunterlagen augenlesbar zur Verfügung gestellt werden. Es ist also die Gewährung einer **Einsichtsmöglichkeit** geschuldet. Bei digital geführten Unterlagen genügt das Sichtbarmachen auf einem Bildschirm.

275 § 18 Abs 2 Nr 1, Abs 4 WEG gibt daher weder einen Anspruch, dass die Wohnungseigentümergemeinschaft für den Wohnungseigentümer **Fotokopien** anfertigt noch gar, dass sie ihm diese auch übersendet. Denn die Norm ist allein auf „Einsicht" gerichtet. Die abweichende Rspr zum Recht vor der WEG-Reform 2020, als der allgemeine Einsichtsanspruch noch nicht kodifiziert war, ist daher nicht fortzuführen

(anders wohl BÄRMANN/DÖTSCH Rn 147). Danach sollte der Wohnungseigentümer vor Ort die Anfertigung von Fotokopien (etwa OLG München 9. 3. 2007 – 32 Wx 177/06, ZMR 2007, 720) und in Ausnahmefällen sogar deren Übersendung (BGH 11. 2. 2011 – V ZR 66/10, NZM 2011, 279 Rn 7) verlangen können.

Der Wohnungseigentümer darf sich mit seinen eigenen technischen Geräten während der Einsichtnahme **Ablichtungen anfertigen** (BGH 11. 2. 2011 – V ZR 66/10, NZM 2011, 279 Rn 7). Denn nur dies versetzt ihn in die Lage, die Verwaltungsunterlagen auch nach der Einsicht jederzeit nach Bedarf heranzuziehen. Ein gesetzliches Recht zur Nutzung von Geräten der Wohnungseigentümergemeinschaft oder gar des Verwalters besteht nicht (LEHMANN-RICHTER/WOBST WEG-Reform 2020 Rn 174; **aA** JENNISSEN/SOMMER/HEINEMANN Rn 151). 276

Bei der Antwort auf die Frage, ob der Wohnungseigentümer Anspruch auf Einsicht in die **Originale** der Verwaltungsunterlagen hat oder die Wohnungseigentümergemeinschaft ihn auch auf (digitale) **Fotokopien** verweisen darf, ist zu unterscheiden: Ist die Wohnungseigentümergemeinschaft im Besitz von Originalen, erstreckt sich das Einsichtsrecht des Wohnungseigentümers auf die Originaldokumente. Das gebietet der Zweck von § 18 Abs 4 WEG, dem Wohnungseigentümer eine möglichst genaue Kenntnis des Dokumentenbestands zu ermöglichen. Ist die Wohnungseigentümergemeinschaft hingegen nur (noch) in Besitz von Fotokopien, kann es naturgemäß keinen Anspruch auf Einsicht in Originaldokumente geben (§ 275 BGB). Der Anspruch beschränkt sich dann auf die Fotokopien, und zwar in der Form, in der sie bei der Wohnungseigentümergemeinschaft vorgehalten werden (physisch oder digital). Die Darlegungs- und Beweislast dafür, dass keine Originaldokumente vorhanden sind, trifft die Wohnungseigentümergemeinschaft. Denn ihr obliegt der Nachweis, dass durch die Gewährung der Einsicht in die Fotokopien der Anspruch erfüllt wurde. 277

Die Verwaltungsunterlagen müssen in **geordneter Form** zur Einsicht überlassen werden. Denn nur so wird der Normzweck, nämlich die Information des Wohnungseigentümers, zuverlässig erreicht. Der Verwalter muss eine Struktur gewählt haben, die unter Berücksichtigung des Informationsgebots vertretbar erscheint (Rn 246). 278

Befinden sich die **Unterlagen bei** einem **Dritten**, etwa dem ausgeschiedenen Verwalter, so bedeutet dies nicht ohne weiteres, dass der Einsichtsanspruch an § 275 Abs 2 BGB scheitert. Denn solange sich die Wohnungseigentümergemeinschaft zwecks Erfüllung des Anspruchs die Unterlagen vom Dritten in zumutbarer Art und Weise beschaffen kann, liegt keine Einrede nach § 275 Abs 3 BGB vor (zur vorübergehenden Unmöglichkeit GRÜNEBERG/GRÜNEBERG § 275 Rn 10). 279

d) Erfüllung

Wie jede andere Forderung ist auch der Anspruch auf Unterlageneinsicht **erfüllbar** (**aA** etwa HÜGEL/ELZER Rn 171, die zur Beschränkung § 242 BGB heranziehen). Eine Erfüllung des Einsichtsanspruchs bedeutet aber nicht, dass dem Wohnungseigentümer die Einsicht in Zukunft dauerhaft verwehrt wäre. Eine erneute Einsicht setzt aber voraus, dass sich das von § 18 Abs 4 WEG geschützte Einsichtsinteresse erneuert hat; der **Einsichtsanspruch entsteht** dann **neu**. In der Rspr ist dies nach Ablauf von 1 ¾ Jahren seit dem letzten Einsichtstermin bejaht worden (LG Hamburg 5. 10. 2011 – 318 S 7/11, ZMR 2012, 292). 280

281 Der Anspruch wird nicht etwa erst durch tatsächliche Kenntnisnahme des Wohnungseigentümers erfüllt. Denn wäre dies der Fall, könnte sich die Wohnungseigentümergemeinschaft bei fehlender Mitwirkung des Wohnungseigentümers vom Anspruch nicht befreien, da eine Hinterlegung nach § 372 S 1 BGB nicht in Betracht kommt. Die Wohnungseigentümergemeinschaft erfüllt den Anspruch daher bereits dadurch, dass sie dem Wohnungseigentümer die **Einsicht** in die Verwaltungsunterlagen **ermöglicht**. Damit stellen sich zwei Fragen, nämlich wo und wann diese Möglichkeit gewährt werden muss:

aa) Leistungsort

282 § 18 Abs 4 WEG regelt – anders noch als der Referentenentwurf zum WEMoG (NZM 2020, 161: Ort der Verwaltung) – den Ort der Einsichtnahme nicht näher. Maßgeblich ist daher § 269 Abs 1 BGB, der mit dem Verweis auf die „Natur des Schuldverhältnisses" – also des Einsichtsanspruchs aus § 18 Abs 2 Nr 1, Abs 4 WEG – eine flexible Bestimmung anhand der Interessenlage ermöglicht. Hat die Wohnungseigentümergemeinschaft einen Verwalter, dessen Geschäftsräume sich in zumutbarer Nähe zum gemeinschaftlichen Grundstück befinden, ist daher dort der Leistungsort (BGH 11. 2. 2011 – V ZR 66/10, NZM 2011, 279 Rn 9). Fehlt es hingegen an einer zumutbaren Nähe, ist Leistungsort das gemeinschaftliche Grundstück (offengelassen von BGH 11. 2. 2011 – V ZR 66/10, NZM 2011, 279 Rn 10). Dies führt zu einem **beweglichen Modell** (wie hier Jennissen/Sommer/Heinemann Rn 147; **aA** BeckOGK/Skauradszun Rn 74: stets gemeinschaftliches Grundstück und AG Heidelberg 19. 4. 2023 – 45 C 103/22, juris: stets Ort Verwalter), welches die Parteiinteressen zu einem angemessenen Ausgleich bringt: Für den Ort der Verwaltung als typischen Leistungsort spricht, dass sich dort die Unterlagen befinden. Das Kriterium der zumutbaren Entfernung vom gemeinschaftlichen Grundstück wiederum verhindert eine übermäßige Erschwerung des Einsichtsrechts.

283 Ein **„digitaler Einsichtsort"** genügt nicht den gesetzlichen Anforderungen. Eine dortige Einsichtnahmemöglichkeit hat daher keine Erfüllungswirkung. Denn der „digitale Zugriff" ist (noch) nicht allgemein verbreitet und damit mit der Möglichkeit, sich an einem physischen Ort einzufinden, nicht vergleichbar. Diese Art der Einsicht kann aber vereinbart werden (§ 10 Abs 1 S 2 WEG). Eine entsprechende Beschlusskompetenz aus § 19 Abs 1 WEG (dafür BeckOGK/Skauradszun Rn 75) scheidet mit Blick auf den Charakter von § 18 Abs 4 WEG als Minderheitenrecht hingegen aus.

bb) Leistungszeit

284 Fraglich ist, zu welchem Zeitpunkt die Einsichtsmöglichkeit gewährt werden muss. Der Anspruch auf Einsicht ist erst auf ein entsprechendes Verlangen des Wohnungseigentümers zu erfüllen (Rn 253). Hat der Wohnungseigentümer ein solches Verlangen ausgesprochen, ist fraglich, ob eine der Parteien – falls eine einvernehmliche Terminabrede scheitert – den Einsichtstermin vorgeben kann. Hier überzeugt es, dass die **Wohnungseigentümergemeinschaft** den **Termin** im Rahmen ordnungsmäßiger Verwaltung **festlegen** kann und muss. Um ordnungsmäßiger Verwaltung gerecht zu werden, muss sie eine Reihe von objektiv zumutbaren, alternativen Einsichtsterminen anbieten. Die Termine müssen zudem zeitlich so liegen, dass sie eine effektive Wahrnehmung des Einsichtsrechts ermöglichen. Für welchen Dauer die Zugriffsmöglichkeit bestehen muss, hängt vom Umfang der einzusehenden Unterlagen ab: Die Einsichtszeit muss so bemessen sein, dass eine Prüfung der Unterlagen durch einen durchschnittlichen Wohnungseigentümer erfolgen kann. Der Anspruch kann auch

durch sukzessive Einsichtstermine erfüllt werden. Ist die Einsichtszeit abgelaufen, ist der Anspruch erfüllt, unabhängig davon, ob der Wohnungseigentümer von der Einsichtsmöglichkeit Gebrauch gemacht hat.

4. Anspruch auf Auskunft

Es ist unstreitig, dass dem Wohnungseigentümer ein über die Einsicht in die Verwal- 285
tungsunterlagen hinausgehender Informationsanspruch zustehen kann. Rechtsgrundlage und Voraussetzungen dieses Auskunftsanspruchs sind hingegen noch **nicht abschließend geklärt**.

Der **BGH** hat zur **Rechtslage vor** dem **WEMoG 2020**, als sich der Auskunftsanspruch 286
noch gegen den Verwalter richtete, ein zweispuriges System entwickelt: Es handele sich in erster Linie um einen allen Wohnungseigentümern als unteilbare Leistung zustehenden Anspruch, weshalb der Wohnungseigentümer die Auskunft grundsätzlich nur in der Wohnungseigentümerversammlung verlangen könne. In Ausnahmefällen anerkannte der BGH aber einen individuellen Anspruch, wenn die Wohnungseigentümer von ihrem Auskunftsrecht keinen Gebrauch machten oder wenn die Auskunft ausschließlich den Wohnungseigentümer betraf (BGH 11. 2. 2011 – V ZR 66/10, NZM 2011, 279 Rn 14). Aus der „Gemeinschaftsbezogenheit" des Anspruchs wurde geschlussfolgert, ein Wohnungseigentümer könne durch Beschluss zur individuellen Geltendmachung ermächtigt werden (BGH 11. 2. 2011 – V ZR 66/10, NZM 2011, 279 Rn 14). Einen individuellen Anspruch hat der BGH für die Auskunft über die Personen der Wohnungseigentümer (Eigentümerliste) bejaht (BGH 14. 12. 2012 – V ZR 162/11, NJW 2013, 1003 Rn 12).

Stellungnahme: Diesem System ist durch das WEMoG 2020 die Grundlage entzogen 287
worden. Denn das WEMoG hat die Rechtsbeziehungen zwischen Wohnungseigentümern und Verwalter gekappt (Lehmann-Richter/Wobst WEG-Reform 2020 Rn 52 ff). Der Auskunftsanspruch richtet sich seit dem WEMoG gegen die Wohnungseigentümergemeinschaft. Wie auch im übrigen Verbandsrecht handelt es sich um ein Minderheitenrecht jedes Wohnungseigentümers, was für die These keinen Raum lässt, es gehe um eine „gemeinschaftsbezogene" oder „unteilbare" Leistung. Erkennt man, dass **Grundlage** des Anspruchs **§ 18 Abs 2 Nr 1 WEG** ist (Rn 251), steht der Rechtsanwender auch bei der Auskunft vor der allgemeinen Aufgabe, die Voraussetzungen dieses Verwaltungsanspruchs zu bestimmen. Da § 18 Abs 2 Nr 1 WEG den Informationsanspruch unter den **Vorbehalt** der **ordnungsmäßigen Verwaltung** stellt, ist es nicht etwa so, dass der Wohnungseigentümer jede Information zu jedem Zeitpunkt auf jede Art und Weise verlangen kann. Der Auskunftsanspruch ist vielmehr wie folgt zu konkretisieren:

a) Umfang des Anspruchs

Ein **Geheimhaltungsinteresse** der Wohnungseigentümergemeinschaft in dem Sinne, 288
dass bestimmte Informationen den Wohnungseigentümern nicht offenbart werden müssten, ist **nicht anzuerkennen**: Jede Information der Wohnungseigentümergemeinschaft ist offenbarungsfähig (BeckOGK/Skauradszun Rn 70) und damit im Grundsatz auch offenbarungspflichtig.

Der Auskunftsanspruch bezieht sich nur auf **Informationen**, über die die Wohnungs- 289
eigentümergemeinschaft **verfügt**. Muss sich die Wohnungseigentümergemeinschaft

Informationen erst verschaffen, kann der Wohnungseigentümer nicht direkt die Auskunft verlangen, sondern sein Anspruch aus § 18 Abs 2 Nr 1 WEG ist darauf gerichtet, dass die Gemeinschaft die notwendigen Schritte ergreift, um die Information zu erhalten. Regelmäßig wird dies auf einen Anspruch auf eine Beschlussfassung hinauslaufen, dass ein **Informationsverschaffungsanspruch** gegen einen **Dritten** durchgesetzt wird. Fällt die diesbezügliche Entscheidungskompetenz hingegen unter § 27 WEG, ist der Anspruch aus § 18 Abs 2 Nr 1 WEG unmittelbar auf Durchsetzung des Informationsverschaffungsanspruchs gegen den Dritten gerichtet (Rn 157). Der Verwalter ist selbstverständlich kein „Dritter" in diesem Sinne. Informationen, auf die der Verwalter kraft Amtes Zugriff hat, sind solche der Wohnungseigentümergemeinschaft und damit offenbarungspflichtig. Das gilt auch dann, wenn der Verwalter konkrete Daten nicht unmittelbar parat hat, sondern anhand der Verwaltungsunterlagen ermitteln muss.

290 Der Grundsatz ordnungsmäßiger Verwaltung führt zu einer **gegenständlichen Beschränkung** des Anspruchs. Denn der Wohnungseigentümer kann nur solche Informationen verlangen, die für einen **durchschnittlichen Wohnungseigentümer von Interesse** sind. Aber auch wenn ein solches Interesse vorliegt, kann das Begehr ordnungsmäßiger Verwaltung widersprechen, falls die – interne oder externe – Informationsbeschaffung einen Aufwand erfordert, der in keinem angemessenen Verhältnis zum Informationsinteresse steht. Diese Fälle sind mithin methodisch durch Ausfüllung des Merkmals der ordnungsmäßigen Verwaltung zu lösen; eines Rückgriffs auf Treuegesichtspunkte zwecks Beschränkung des Auskunftsanspruchs bedarf es – anders als im übrigen Verbandsrecht – nicht.

b) Modalitäten der Auskunft

291 Der Grundsatz ordnungsmäßiger Verwaltung regelt auch, **wann, wo** und **in welcher Art und Weise** der Wohnungseigentümer Auskunft verlangen kann. Denn die Abwägung zwischen Informationsinteresse und Erfüllungsaufwand ist auch bei diesen Modalitäten der Auskunft zu berücksichtigen.

292 Aus § 18 Abs 4, § 24 Abs 7 S 8 WEG folgt, dass die Wohnungseigentümergemeinschaft auf die **Einsichtnahme** in die Verwaltungsunterlagen **verweisen** darf. Informationen, die sich der Wohnungseigentümer auf diese Weise verschaffen kann, muss ihm die Wohnungseigentümergemeinschaft nicht auf andere Art und Weise erteilen (LG Düsseldorf 4. 10. 2018 – 25 S 22/18, NJW 2019, 530, LG Frankfurt/M 27. 7. 2021 – 2-13 S 120/20, WuM 2021, 643). Gleiches gilt für Auskünfte, die Gegenstand des **Vermögensberichts** sind. Diesbezügliche Informationen schuldet die Wohnungseigentümergemeinschaft nur nach Maßgabe des § 28 Abs 4 WEG, also in Form des jährlichen Vermögensberichts. Auch Wirtschaftsplan und Jahresabrechnung (§ 28 Abs 1 S 2, Abs 2 S 2 WEG) gehören in diese Kategorie. Aus den speziellen Regelungen zu Wirtschaftsplan, Jahresabrechnung und Vermögensbericht folgt auch, dass die Wohnungseigentümergemeinschaft grds nicht die Erstellung ergänzender Zahlenwerke schuldet, insbesondere **keine Rechnungslegung** (§ 28 WEG Rn 336).

293 Ist die Einsichtnahme in die Verwaltungsunterlagen, Wirtschaftsplan, Jahresabrechnung oder den Vermögensbericht zur Information nicht genügend, so schuldet die Wohnungseigentümergemeinschaft im Interesse einer reibungslosen Verwaltung Auskunft grundsätzlich nur **in** einer **Wohnungseigentümerversammlung** (vgl BGH 11. 2.

2011 – V ZR 66/10, NZM 2011, 279 Rn 14). Ein Beispiel ist die Information über vom Verwalter nach § 27 WEG getroffene Entscheidungen. Können Fragen nicht in der Versammlung beantwortet werden, sind geschuldete Informationen unverzüglich im Nachgang zu erteilen. Dieser „Versammlungsvorbehalt" gilt aber nicht ausnahmslos. Denn das Informationsinteresse kann durchaus so gewichtig sein, dass es den Erfüllungsaufwand einer Auskunft außerhalb einer Versammlung rechtfertigt. Ein Beispiel sind Immissionen aus der vermieteten Nachbarwohnung, gegen die der beeinträchtigte Wohnungseigentümer nach einem Verkauf einschreiten möchte. Ist der Name des Erwerbers der Wohnungseigentümergemeinschaft bekannt, so ist sie dem Wohnungseigentümer – vorbehaltlich eines Verweises auf das Einsichtsrecht – zu einer unverzüglichen Auskunft verpflichtet.

5. Prozessrecht

Der Anspruch auf **Einsicht** wird durch Leistungsklage durchgesetzt. Fraglich ist, ob der Wohnungseigentümer allgemein die Einsicht in die Verwaltungsunterlagen beantragen kann oder ob das **Bestimmtheitsgebot** (§ 253 Abs 2 Nr 2 ZPO) verlangt, dass die Verwaltungsunterlagen näher bezeichnet werden. Bei der GmbH stellt sich das Problem in gleicher Weise. Zwar wird der Einsichtsanspruch aus § 51b S 2 GmbHG im Verfahren nach dem FamFG durchgesetzt, indes – ebenso wie der Anspruch aus § 18 Abs 2 Nr 1, Abs 4 WEG – nach den Regeln der ZPO vollstreckt (§ 51b S 1 GmbHG, § 132 Abs 4 S 2 AktG). Bei der GmbH akzeptiert die Rspr einen allgemeinen Einsichtsantrag, was mit der Effektivität der Anspruchsdurchsetzung begründet wird (etwa OLG Frankfurt/M 10. 8. 1995 – 20 W 364/92, NJW-RR 1996, 415, 416 m Nachw). Diese Sichtweise findet sich auch im Wohnungseigentumsrecht (etwa AG Köln 30. 7. 2018 – 202 C 38/18, ZMR 2019, 1016). Sie verträgt sich indes nicht mit dem Bestimmtheitsgebot, da in der Zwangsvollstreckung kaum verlässlich geklärt werden kann, ob die Wohnungseigentümergemeinschaft den titulierten Anspruch erfüllt hat. Das spricht dafür, dass der Wohnungseigentümer die betroffenen Verwaltungsunterlagen hinreichend konkret bezeichnen muss (vgl LG Frankfurt/M 16. 2. 2023 – 13 S 39/22, GE 2023, 307; LG Frankfurt/M 1. 11. 2018 2 – 13 S 114/17, ZMR 2019, 434). 294

Verhält sich der Urteilstenor nicht zum **Ort** der Einsichtnahme, so ist sie im Wege der Auslegung an dem bei Rn 282 beschriebenem Ort zu gewähren (vgl OLG Frankfurt/M 1. 12. 2020 – 21 W 137/20, ZIP 2021, 249). Soll die Einsicht durch einen ermächtigten **Dritten** erfolgen, muss dies tenoriert werden (vgl AG Köln 30. 7. 2018 – 202 C 38/18, ZMR 2019, 1016). 295

Auch der Anspruch auf **Auskunft** wird mit der Leistungsklage durchgesetzt, falls der Wohnungseigentümer nicht ausnahmsweise durch Beschlussklage auf Informationsbeschaffung dringen muss (Rn 289). Für die Klage gelten die allgemeinen Bestimmtheitsanforderungen aus § 253 Abs 2 Nr 2 ZPO: Der Antrag muss auf Erteilung hinreichend konkretisierter Auskünfte lauten (vgl BayObLG 22. 4. 2021 – 1 ZBR 74/20, GmbHR 2021, 707 Rn 42 ff; OLG Frankfurt/M 10. 3. 2003 – 20 W 96/99, InVo 2003, 445). 296

Die **Darlegungs- und Beweislast** für den Anspruch auf Information trifft nach allgemeinen Grundsätzen den Wohnungseigentümer; die Wohnungseigentümergemeinschaft hat eine etwaige Erfüllung zu beweisen. 297

298 Die gerichtliche **Zuständigkeit** richtet sich nach § 43 Abs 2 Nr 2 WEG, § 23 Nr 2c GVG. Die **Vollstreckung** des Auskunftsurteils erfolgt nach § 888 ZPO (vgl BGH 5. 3. 2015 – I ZB 74/14, GRUR 2015, 1248 Rn 15). Ob gleiches für das Einsichtsurteil gilt oder § 883 Abs 2 ZPO einschlägig ist, ist umstritten (ausf zum Streitstand BayObLG 101 ZBR 13/21, DGVZ 2022, 133, zu § 51a GmbHG). Näher zum Vollstreckungsverfahren Vorbem 27 zu §§ 43–45 WEG.

§ 19 WEG
Regelung der Verwaltung und Benutzung durch Beschluss

(1) Soweit die Verwaltung des gemeinschaftlichen Eigentums und die Benutzung des gemeinschaftlichen Eigentums und des Sondereigentums nicht durch Vereinbarung der Wohnungseigentümer geregelt sind, beschließen die Wohnungseigentümer eine ordnungsmäßige Verwaltung und Benutzung.

(2) Zur ordnungsmäßigen Verwaltung und Benutzung gehören insbesondere

1. die Aufstellung einer Hausordnung,

2. die ordnungsmäßige Erhaltung des gemeinschaftlichen Eigentums,

3. die angemessene Versicherung des gemeinschaftlichen Eigentums zum Neuwert sowie der Wohnungseigentümer gegen Haus- und Grundbesitzerhaftpflicht,

4. die Ansammlung einer angemessenen Erhaltungsrücklage,

5. die Festsetzung von Vorschüssen nach § 28 Absatz 1 Satz 1 sowie

6. die Bestellung eines zertifizierten Verwalters nach § 26a, es sei denn, es bestehen weniger als neun Sondereigentumsrechte, ein Wohnungseigentümer wurde zum Verwalter bestellt und weniger als ein Drittel der Wohnungseigentümer (§ 25 Absatz 2) verlangt die Bestellung eines zertifizierten Verwalters.

Materialien: BR-Drucks 75/51, 19, 21 f; BT-Drucks 19/18791, 60 ff; BT- Drucks 19/22634, 43 f.

Schrifttum

Armbrüster, Vereinbarte Öffnungsklauseln in der Gemeinschaftsordnung, ZWE 2013, 242
Elzer, Ermessen im Wohnungseigentumsrecht, ZMR 2006, 85
Jacoby, Ermessen im Wohnungseigentumsrecht, ZWE 2023, 16
Lehmann-Richter, Die magischen drei Angebote oder: Information als Rechtmäßigkeitsvoraussetzung eines Wohnungseigentümerbeschlusses, ZMR 2021, 868
Skauradszun, Der Beschluss als Rechtsgeschäft (2020).

Systematische Übersicht

Alphabetische Übersicht

I. Grundlagen

1 § 19 Abs 1 WEG ist die durch das **WEMoG 2020** neu gefasste, zentrale Vorschrift zu den Kompetenzen des Organs Gesamtheit der Wohnungseigentümer. Vorgängernormen von § 19 Abs 1 WEG waren § 15 Abs 2 aF sowie § 21 Abs 3 WEG aF. Der ebenfalls durch das WEMoG 2020 reformierte § 19 Abs 2 WEG (früher: § 21 Abs 5 WEG aF) ist hingegen von deutlich geringerer praktischer und theoretischer Bedeutung. § 19 WEG gilt seit dem 1. 12. 2020 (zum Übergangsrecht Lehmann-Richter/Wobst WEG-Reform 2020 Rn 2006 ff) mit Ausnahme von § 19 Abs 2 Nr 6 WEG, der gemäß § 48 Abs 4 S 1 WEG erst ab dem 1. 12. 2023 anwendbar ist.

Systematisch besteht zwischen § 19 Abs 1 und Abs 2 WEG insofern ein Zusammenhang, als aus Absatz 2 folgt, dass in den dortigen Beispielen Beschlusskompetenz besteht. Soweit Absatz 2 hingegen den Begriff der ordnungsmäßigen Verwaltung konkretisiert, ist die Verbindung zu § 18 Abs 2 WEG enger (Bärmann/Dötsch § 18 Rn 71). 2

1. Zweck

§ 19 Abs 1 WEG hat einen doppelten Zweck. Zum einen enthält die Vorschrift die Befugnis des Organs Gesamtheit der Wohnungseigentümer, die Verwaltung und Benutzung durch Mehrheitsbeschluss (vgl § 25 Abs 1 WEG) zu regeln (Rn 14). Zum anderen besteht nach § 19 Abs 1 WEG eine Beschlusspflicht der Wohnungseigentümer (Rn 44). § 19 Abs 1 WEG sichert auf diese Weise die **Funktionsfähigkeit** der Wohnungseigentümergemeinschaft. Denn die Mehrheitsmacht ist jedenfalls in größeren Gemeinschaften, in denen Vereinbarungen (§ 10 Abs 1 S 2 WEG) typischerweise nicht zustandekommen, alternativlos und ohne eine Pflicht zur Beschlussfassung droht eine Lähmung der Verwaltungstätigkeit. Insofern steht § 19 Abs 1 WEG auch in funktionalem Zusammenhang mit der Verwaltungspflicht der Wohnungseigentümergemeinschaft aus § 18 Abs 2 WEG: Beschlussmacht und Beschlusspflicht führen dazu, dass die Wohnungseigentümergemeinschaft ihren dort geregelten Zweck auch erfüllen kann. 3

§ 19 Abs 2 WEG hat den Zweck, aus Sicht des Gesetzgebers besonders wichtige Themen dem Bereich der ordnungsmäßigen Verwaltung und gleichzeitig der Beschlusskompetenz zuzuordnen. 4

2. Konkurrenzen

§ 19 WEG regelt die Verwaltung durch Beschluss **nicht abschließend**. Offensichtlich ist die Ergänzung durch das Verfahren der Beschlussfassung in den §§ 23 ff WEG. Aber auch zum materiellen Beschlussrecht finden sich im Gesetz eine Reihe von zusätzlichen Vorschriften. Zu nennen sind etwa Beschlüsse über bauliche Veränderungen (§ 20 WEG), die Bestellung des Verwalters (§ 26 Abs 1 WEG) oder über Beiträge (§ 28 Abs 1 S 1, Abs 2 S 1 WEG). Es ist eine theoretische Frage, ob diese oder andere Regelungen eigene Kompetenztitel enthalten oder die allgemeine Regelung des § 19 Abs 1 WEG lediglich konkretisieren. Ein eigener Kompetenztitel liegt vor, wenn die Regelung – in Abweichung von § 19 Abs 1 WEG – Beschlussmacht in Bereichen eröffnet, die bereits durch Gesetz oder Vereinbarung geregelt sind. Solche Erweiterungen der Beschlusskompetenz finden sich etwa in § 16 Abs 2 S WEG oder § 20 Abs 1 WEG; sie werden häufig als „gesetzliche Öffnungsklauseln" bezeichnet (zB Jacoby ZWE 2013, 61). Eine § 19 Abs 1 WEG lediglich konkretisierende Funktion haben zB §§ 26 Abs 1 S 1, § 28 Abs 2 S 1 oder § 29 Abs 1 S 1 WEG (vgl BGHZ 156, 279). 5

Die Verwaltung durch **Vereinbarung** regelt § 10 Abs 1 S 2 WEG. Grundsätzlich besteht zwischen der Verwaltung durch Beschluss und der Verwaltung durch Vereinbarung Anwendungskonkurrenz (§ 18 WEG Rn 64). Zwischen der Einzelverwaltungskompetenz nach **§ 18 Abs 3 WEG** und der Verwaltung durch Beschluss sind keine Überschneidungen denkbar, da erstere auf Notfälle beschränkt ist, in denen ein Beschluss zu spät käme. Zur Konkurrenz zwischen der Verwaltung durch den **Verwalter** 6 und der Verwaltung durch die Wohnungseigentümer per Beschluss § 18 WEG Rn 88.

3. Abweichende Vereinbarungen

7 Eine Abbedingung der in § 19 Abs 1 WEG geregelten **Beschlusskompetenz** liegt vor, wenn in der Gemeinschaftsordnung die Verwaltung durch Beschluss nach § 19 Abs 1 WEG ausgeschlossen wird. Die Wohnungseigentümer wären dann darauf beschränkt, diese Verwaltungsentscheidungen durch Vereinbarung zu treffen. Keine Bedenken bestehen zunächst gegen eine Vereinbarung, die einzelne oder auch eine Reihe von Verwaltungsangelegenheiten regelt und einer Beschlussfassung entzieht (dazu Rn 19). Wirksam ist auch der allgemeine Ausschluss der Verwaltung durch Beschluss. Hier entsteht kein unzumutbares Verwaltungsvakuum, da die Wohnungseigentümer weiterhin zur – dann gemeinschaftlichen – Verwaltung verpflichtet bleiben.

8 Die in § 19 Abs 1 WEG geregelte **Beschlusspflicht** und das korrespondierende **Beschlussrecht** sind berührt, wenn die Gemeinschaftsordnung einzelne Wohnungseigentümer von der Beschlussfassung ausschließt. Unproblematisch ist dies, wenn sich der Ausschluss auf einzelne Verwaltungsfragen beschränkt. Bei Mehrhausanlagen (dazu etwa Staudinger/Häublein § 24 WEG Rn 24) wird die Beschlusskompetenz häufig „gebäudegerecht" den in der Gemeinschaftsordnung gebildeten „Untergemeinschaften" zugewiesen. Solche Regelungen modifizieren (auch) § 19 Abs 1 WEG, weil sie die Beschlussmacht nicht in die Hände sämtlicher Wohnungseigentümer legen, sondern gruppenweise verteilen. Sie sind nach allgM grundsätzlich von der Satzungsautonomie gedeckt (etwa BGH 10. 11. 2017 – V ZR 184/16, NJW 2018, 1309 Rn 25; ZMR 2012, 979 Rn 10). Denn der (teilweise) Ausschluss des einzelnen Wohnungseigentümers von der Verwaltung wird durch die „Verstärkung" der Verwaltungsbefugnisse in den Angelegenheiten „seines" Gebäudes kompensiert (Häublein ZWE 2010, 149, 153). Nichtig ist nach Ansicht des BGH aber die Begründung von Beschlusskompetenz zugunsten einer Untergemeinschaft, wenn nicht in der Gemeinschaftsordnung gleichzeitig bestimmt ist, dass die durch die beschlossenen Maßnahmen verursachten Kosten im Innenverhältnis allein von den Mitgliedern der jeweiligen Untergemeinschaft zu tragen sind (BGH 10. 11. 2017 – V ZR 184/16, NJW 2018, 1309 Rn 27).

9 Die Vereinbarung eines vom Gesetz abweichenden **Quorums** für Beschlüsse ist keine Abbedingung von § 19 Abs 1 WEG, der hierzu keine Aussage trifft, sondern von § 25 Abs 1 WEG (näher Staudinger/Häublein § 25 WEG Rn 36).

10 Nach § 19 Abs 1 WEG sind Beschlüsse am Maßstab der **Ordnungsmäßigkeit** zu messen. Fraglich ist, inwieweit dieser **Begriff** durch Vereinbarung abweichend vom Gesetz festgelegt werden kann. Denn auch bei solchen Vereinbarungen ist das in § 19 Abs 1 WEG geregelte Recht zur Mitwirkung bei der Beschlussfassung berührt, da es nach dem Gesetz auf ordnungsmäßige Maßnahmen gerichtet ist. Bei der Inhaltskontrolle ist im Einzelfall zu prüfen, ob die Modifikation des Merkmals der Ordnungsmäßigkeit den Kernbereich dieses Mitwirkungsrechts trifft und deshalb nach § 134 BGB unwirksam ist. Dabei ist in einem ersten Schritt zu fragen, ob die Klausel überhaupt den Maßstab der Ordnungsmäßigkeit verändern soll. Davon ist nur auszugehen, wenn dies im Wortlaut der Regel hinreichend deutlich zum Ausdruck kommt,

weil es anderenfalls beim gesetzlichen Prinzip verbleibt, dass Mehrheitsbeschlüsse anhand des gesetzlichen Maßstabs kontrolliert werden. Weder allgemeine noch spezielle Öffnungsklauseln befreien daher von der Ordnungsmäßigkeitskontrolle. Modifiziert die Klausel hingegen den Kontrollmaßstab, ist entscheidend, ob die Thematik von untergeordneter Bedeutung ist. Nur in diesem Fall ist die Regelung wirksam.

II. Beschlussfassung (Abs 1)

Nach § 19 Abs 1 WEG beschließen die Wohnungseigentümer eine ordnungsmäßige Verwaltung und Benutzung, soweit diese nicht durch Vereinbarung der Wohnungseigentümer geregelt sind. Die Vorschrift regelt **drei Aspekte**: Die Beschlusskompetenz des Organs Gesamtheit der Wohnungseigentümer, die Beschlusspflicht und das Beschlussrecht der Wohnungseigentümer. 11

1. Beschlussmängel im Überblick

Die Voraussetzung für die Rechtmäßigkeit eines Beschlusses sind in § 23 Abs 4 WEG nur angedeutet. Nach § 23 Abs 4, § 44 Abs 1 S 1 WEG sind **zwei Rechtswidrigkeitskategorien** zu unterscheiden: Fehler, die zur Nichtigkeit des Beschlusses führen (sog **Nichtigkeitsgründe**) von solchen, die nur auf Anfechtungsurteil hin die Unwirksamkeit des Beschlusses auslösen. Für die zuletzt genannte Kategorie hat sich der Begriff „**Anfechtungsgründe**" etabliert. 12

Die **Beschlussfehler** kann man in **vier Kategorien** unterteilen. Die erste Kategorie betrifft das Fehlen von Beschlusskompetenz, die in § 19 Abs 1 WEG – indes nicht abschließend – geregelt ist und zur Nichtigkeit des Beschlusses führt. In die zweite Kategorie gehören sonstige Nichtigkeitsgründe. Die weiteren beiden Kategorien bilden die Anfechtungsgründe, unterteilt in Verfahrens- und Inhaltsfehler (näher Staudinger/Häublein § 23 WEG Rn 234 ff). 13

2. Beschlusskompetenz

Das Problem, welche Entscheidungen die Wohnungseigentümer per Beschluss treffen können, in welchen Bereichen es also keiner Vereinbarung bedarf, wird als Beschlusskompetenz bezeichnet: Entscheiden die Eigentümer nämlich durch Beschluss, ohne dass ihnen diese Kompetenz zukommt, ist der Beschluss nichtig (BGH 20. 9. 2000 – V ZB 58/99, Z 145, 158). Dahinter steht der wohnungseigentumsrechtliche **Typenzwang** (§ 18 WEG Rn 57). Gesetzliche Beschlusskompetenz besteht nach § 19 Abs 1 WEG unter **zwei Voraussetzungen**: Es muss sich 14

1. um eine Maßnahme der Verwaltung handeln, die

2. nicht abschließend durch Gesetz oder Vereinbarung geregelt ist.

Der Begriff der Ordnungsmäßigkeit ist aus Gründen der Rechtssicherheit hingegen nicht kompetenzbegründend (Rn 28).

§ 19 Abs 1 WEG regelt die Beschlusskompetenz **nicht abschließend**. Ein Beispiel ist etwa § 20 Abs 1 WEG, der die Definition des Sollzustands durch Beschluss erlaubt. 15

Diese und andere Regelungen sind **eigene Kompetenztitel**, wenn sie die Schranke beseitigen, nach der durch Beschluss nicht vom Gesetz oder der Gemeinschaftsordnung abgewichen werden kann (Rn 5). Anderenfalls handelt es sich nur um **Regelbeispiele** des § 19 Abs 1 WEG, also einer konstitutiv bereits nach dieser Norm der Entscheidung durch Beschluss zugänglichen Verwaltungsmaßnahme. In die erste Kategorie fällt neben § 20 Abs 1 WEG etwa § 16 Abs 2 S 2 WEG, Beispiele für die zweite Kategorie sind § 26 Abs 1 und § 29 Abs 1 S 1 WEG.

a) Voraussetzung: Maßnahme der Verwaltung (im weiteren Sinne)

16 Die Beschlusskompetenz aus § 19 Abs 1 WEG erstreckt sich vor allem, dies folgt aus dem Wortlaut, auf die **Verwaltung** des **gemeinschaftlichen Eigentums** und die Regelung der **Benutzung** des gemeinschaftlichen Eigentums oder des Sondereigentums. Ebenso wie bei § 18 Abs 2 WEG fallen aber auch **sonstige Maßnahmen** aus dem Aufgabenbereich der Wohnungseigentümergemeinschaft unter die Kompetenzregel des § 19 Abs 1 WEG. Dies folgt aus dem Zusammenhang beider Normen (Rn 3): Soweit § 18 Abs 2 WEG die Wohnungseigentümergemeinschaft zur Verwaltung verpflichtet (dazu § 18 WEG Rn 113), muss Beschlussmacht der Wohnungseigentümer bestehen, damit die Verwaltungspflicht erfüllt werden kann.

b) Schranken: Gesetz oder Vereinbarung

17 § 19 Abs 1 WEG enthält nach **allgM** nicht die Kompetenz, das Gesetz oder eine Vereinbarung der Wohnungseigentümer (Gemeinschaftsordnung) durch Beschluss zu ändern (BGHZ 145, 158; 157, 322). Für die Gemeinschaftsordnung ergibt sich diese **Beschlusssperre** aus dem Wortlaut von § 19 Abs 1 WEG; das Gesetz als Sperre ist hingegen nicht ausdrücklich genannt. Der Vorrang des Gesetzes folgt indes aus der Natur der Sache: Da § 19 Abs 1 WEG gesetzliche Beschlussmacht gewährt, besteht sie nur innerhalb der durch das Gesetz gezogenen Grenzen. § 21 Abs 1 WEG aF brachte diesen Grundsatz, den das WEMoG 2020 selbstverständlich nicht aufgegeben hat, auch noch wörtlich zum Ausdruck.

18 Die Anwendung dieser Kompetenzschranken ist von der **Auslegung** des Gesetzes und der Gemeinschaftsordnung geprägt. Ob Beschlusskompetenz besteht, hängt nämlich davon ab, ob der Bereich, der geregelt werden soll, für den Beschluss gesperrt ist. Die Rspr hat dies etwa für die Begründung von im Gesetz nicht vorgesehenen, die Verwaltung betreffenden Leistungspflichten der Wohnungseigentümer bejaht, sog **Belastungsverbot** (BGH NJW 2014, 2861; NJW 2012, 2796; NJW 2012, 1724; NJW 2010, 2801; Ausnahme BGH NJW 2019, 2083, Vermietungsanzeige). Wegen weiterer Details ist auf die Kommentierung der Vorschriften zu verweisen, von denen durch Beschluss abgewichen werden soll. Dies betrifft vor allem **gebrauchsregelnde Beschlüsse**, bei denen sich die Frage stellt, unter welchen Voraussetzungen sie wegen Abweichung von § 13 Abs 1 oder § 16 Abs 1 S 3 WEG **nichtig** sind, dazu Staudinger/Lehmann-Richter (2023) § 13 WEG Rn 50 und Staudinger/Lehmann-Richter (2023) § 16 WEG Rn 46.

19 Auch bei der **Gemeinschaftsordnung** lautet die Frage, ob sie die Beschlusskompetenz ausschließt, also einen sog Vereinbarungsvorbehalt enthält (Elzer ZMR 2006, 733, 734). Maßgebliches Kriterium ist das Interesse der Wohnungseigentümer, auf veränderte Umstände durch Mehrheitsbeschluss reagieren zu können, was im Zweifel gegen einen Vereinbarungsvorbehalt spricht. Deshalb überzeugt etwa der Standpunkt der hM, dass eine in der Gemeinschaftsordnung enthaltene Hausordnung grundsätzlich

durch einen Beschluss geändert werden kann (BayObLG ZMR 1998, 356; J-H Schmidt ZMR 2009, 325, 328).

Eine allgemeine gesetzliche Schranke ist das **Rückwirkungsverbot**: Die Wohnungseigentümer können das Binnenrecht nicht rückwirkend, sondern nur ex nunc durch Beschluss modifizieren. Daher kann etwa eine binnenrechtswidrige bauliche Veränderung nicht rückwirkend durch Beschluss nach § 20 Abs 1 WEG legalisiert werden; der rechtswidrige Zustand wird nur ex nunc beendet. 20

c) Öffnungsklausel

Durch eine sog Öffnungsklausel in der Gemeinschaftsordnung kann, wie sich aus § 23 Abs 1 S 1 WEG ergibt, eine aus Gesetz oder Vereinbarung folgende Beschlusssperre aufgehoben werden. **Typologisch** ist zwischen allgemeiner und spezieller Öffnungsklausel zu unterscheiden. Von einer **speziellen Öffnungsklausel** spricht man, wenn sich der Anwendungsbereich einer Öffnungsklausel auf bestimmte Bereiche beschränkt, von einer **allgemeinen Öffnungsklausel**, wenn die Gemeinschaftsordnung eine nicht gegenständlich beschränkte Regelung enthält. Ob die Wohnungseigentümer eine Öffnungsklausel vereinbart haben und auf welche Beschlussgegenstände sie sich bezieht, ist in Zweifelsfällen durch **Auslegung** zu bestimmen (etwa KG 19. 9. 2001 – 24 W 6354/00, ZMR 2002, 147). 21

Die Öffnungsklausel kann für die auf ihrer Grundlage gefassten Beschlüsse **besondere Voraussetzungen** aufstellen. So kann etwa vereinbart werden, dass ein Beschluss einer besonderen Form (OLG Köln 14. 8. 2006 – 16 Wx 113/06, ZMR 2007, 388) oder einer besonderen Mehrheit bedarf. Ungeklärt ist, ob ein Verstoß gegen solche besonderen Voraussetzungen zur Nichtigkeit führt (dafür etwa Derleder ZWE 2008, 253, 258; Elzer ZWE 2012, 324) oder ob der Beschluss der Bestandskraft zugänglich ist (dafür etwa LG München I 20. 9. 2010 – 36 S 12740/10, ZWE 2011, 102; Armbrüster ZWE 2013, 242, 245). Die Frage ist durch Auslegung der Gemeinschaftsordnung zu beantworten. Typischerweise wird dies zur Nichtigkeit der Beschlüsse führen, weil die besondere Voraussetzung Teil der Öffnungsklausel ist, welche die Mehrheitsmacht erst eröffnet. 22

Die **Eintragung** von Öffnungsklausel-Beschlüssen in das Grundbuch regelt § 5 Abs 4 WEG, die **Bindung von Rechtsnachfolgern** § 10 Abs 3 S 1 WEG. 23

aa) Inhaltskontrolle bei speziellen Öffnungsklauseln

Beschlüsse aufgrund einer speziellen Öffnungsklausel unterliegen **keiner besonderen Rechtmäßigkeitskontrolle**, sondern es gelten die allgemeinen Regelungen, insbes zum Beschlussverfahren und der Grundsatz ordnungsmäßiger Verwaltung. Denn die Mehrheitsmacht wird hier durch die Öffnungsklausel unmittelbar legitimiert, die den Beschlussgegenstand ausdrücklich der Mehrheitsmacht öffnet (vgl BGH 12. 4. 2019 – V ZR 112/18, NJW 2019, 2083 Rn 19). Die Wohnungseigentümer haben durch die Zustimmung zu dieser Klausel – sei es als aufteilende Eigentümer oder durch Eintritt in die Gemeinschaft – die antizipierte Zustimmung zu einer Änderung der Gemeinschaftsordnung bzw der gesetzlichen Regelung erklärt. 24

bb) Inhaltskontrolle bei allgemeinen Öffnungsklauseln

Bei Beschlüssen aufgrund einer allgemeinen Öffnungsklausel liegen die Dinge anders, weil solche Klauseln die Bereiche verschleiert, in denen Mehrheitsmacht eröff- 25 net ist. Die hM reagiert auf dieses Defizit indes nicht damit, dass allgemeine Öffnungsklauseln keine Beschlüsse rechtfertigen können. Vielmehr soll auch eine solche Klausel die Mehrheitsmacht formell legitimieren, die auf ihrer Grundlage gefassten Beschlüsse werden aber einer **besonderen Rechtmäßigkeitskontrolle** unterzogen (BGH 10. 10. 2014 – V ZR 315/13 NJW 2015, 549 Rn 14 ff; BGH 12. 4. 2019 – V ZR 112/18, NJW 2019, 2083 Rn 7): Dafür verlangt der BGH eine „materielle Rechtfertigung“, die nur vorliege, wenn „bestimmte fundamentale inhaltliche Schranken“ beachtet sind. Dazu zählt der BGH neben den §§ 134, 138, 242 BGB und Vorschriften aus dem Kernbereich des Wohnungseigentumsrechts auch unentziehbare und unverzichtbare Individualrechte. Bei unentziehbaren, aber verzichtbaren Mitgliedschaftsrechten ist die Zustimmung des betroffenen Wohnungseigentümers erforderlich. Ist der Beschluss danach materiell gerechtfertigt, so ist er zudem an den allgemeinen Grundsätzen ordnungsmäßiger Verwaltung zu messen; der BGH spricht insoweit – in der Wortwahl missverständlich – von einem „Willkürverbot“ (BGH 12. 4. 2019 – V ZR 112/18, NJW 2019, 2083 Rn 14).

26 **Stellungnahme**: Es versteht sich von selbst, dass Beschlüsse, die gegen §§ 134, 138, 242 BGB oder die zum Kernbereich des Wohnungseigentumsrechts zählenden Vorschriften verstoßen oder in unentziehbare und unverzichtbare Individualrechte eingreifen, nichtig sind. Denn hier wäre auch eine entsprechende Vereinbarung unwirksam, weil es schlicht an der nötigen Verwaltungskompetenz (§ 18 WEG Rn 61) fehlt. Diese besteht hingegen, soweit verzichtbare Mitgliedschaftsrechte berührt sind. Wenn der BGH als Grundlage für einen Entzug dieser Rechte eine allgemeine Öffnungsklausel anerkennt, muss er die Frage beantworten, ob der betroffene Wohnungseigentümer die erforderliche Zustimmung erklärt hat. Der Ansicht, die Zustimmung werde vorab in der Gemeinschaftsordnung erklärt, hat der BGH eine Absage erteilt (BGH 12. 4. 2019 – V ZR 112/18, NJW 2019, 2083 Rn 19 m Nachw). Das führt zu verschiedenen Problemen. Zunächst stellt sich die Frage, ob der betroffene Wohnungseigentümer seine Zustimmung nur im Beschlussverfahren (also als „Ja“-Stimme) oder auch später erklären kann und der Beschluss bis dahin schwebend unwirksam ist. Der BGH hat dies zuletzt offengelassen (BGH 12. 4. 2019 – V ZR 112/18, NJW 2019, 2083 Rn 25; für schwebende Unwirksamkeit hingegen BGH 10. 10. 2014 – V ZR 315/13 NJW 2015, 549 Rn 15, 20). Spricht man sich gegen das Modell der schwebenden Unwirksamkeit aus, ist zu klären, ob der Beschluss bei fehlenden „Ja“-Stimmen verkündet werden darf und ob er im Falle einer Verkündung bestandskräftig wird (letzteres offenlassend BGH 12. 4. 2019 – V ZR 112/18, NJW 2019, 2083 Rn 25). Zuletzt fragt sich, ob es Beschlüsse auf der Grundlage einer Öffnungsklausel gibt, die keinen relevanten Eingriff in Mitgliedschaftsrechte bedeuten, bei denen also Zustimmungserklärungen entbehrlich sind. Hier geht es darum, was der BGH genau unter „unentziehbaren, aber verzichtbaren“ Mitgliedschaftsrechten versteht. Es liegt nahe, dass unentziehbar alle Rechte der Wohnungseigentümer sind, die nach dem Gesetz nicht dem Zugriff der Mehrheit unterliegen. Damit stehen dann aber letztlich alle Beschlüsse auf der Grundlage einer allgemeinen Öffnungsklausel unter einem Zustimmungsvorbehalt, dessen Umfang vom Beschlussgegenstand abhängt: Wird etwa ein Sondernutzungsrecht begründet, wären alle Wohnungseigentümer mit Ausnahme des Begünstigten vetoberechtigt.

27 An dieser Stelle wird deutlich, dass das **System** des BGH **nur schlüssig** ist, wenn man eine **Bestandskraft** von Beschlüssen aufgrund einer allgemeinen Öffnungsklausel an-

erkennt. Denn sonst wäre die vom BGH bezeichnete „formelle Legitimation" letztlich kraftlos: Sie würde nämlich nur in dem exotischen Fall zu einer Änderung des Binnenrechts führen, in dem zwar die vom Beschluss in ihren Mitgliedschaftsrechten betroffenen Wohnungseigentümer, nicht aber sämtliche Wohnungseigentümer zustimmen. Hält man die Beschränkung der Wirkung allgemeiner Öffnungsklauseln auf diese Exotenfälle für unbefriedigend, so könnte sich eine Bestandskraftlösung an das Merkmal der „Zustimmung" in § 22 Abs 1 S 1 WEG aF anlehnen und dort entwickelte Lösungen übernehmen: Fehlen die erforderlichen Zustimmungen, würde der ordnungswidrige Beschluss bestandskräftig (vgl BGH 11. 11. 2011 – V ZR 65/11, NJW 2012, 603 Rn 8, zu § 22 WEG aF). Damit der Eintritt der Bestandskraft nicht in den Händen des Versammlungsleiters läge, wäre dieser zur Beschlussverkündung verpflichtet (vgl BGH 29. 5. 2020 – V ZR 141/19, ZMR 2020, 770 Rn 25). Überzeugender ist es freilich, das Argument der „formellen Legitimation" als **Irrweg** zu verwerfen und die Beschlusskompetenz davon abhängig zu machen, dass die Öffnungsklausel den in Rede stehenden Beschlussgegenstand hinreichend konkret bezeichnet.

3. Ordnungsmäßigkeit der Beschlussfassung

Nach § 19 Abs 1 WEG beschließen die Wohnungseigentümer eine ordnungsmäßige Verwaltung und Benutzung. Dieses Merkmal, dessen Ausfüllung häufig Schwierigkeiten bereitet, ist aus Gründen der Rechtssicherheit nach ganz hM **nicht kompetenzbegründend** (insbes BGH 20. 9. 2000 – V ZB 58/99, NJW 2000, 3500). Widerspricht ein Beschluss ordnungsmäßiger Verwaltung oder Benutzung, ist er daher nicht etwa nichtig, sondern muss aufgrund **Anfechtungsurteils** für unwirksam erklärt werden, § 23 Abs 4 S 2 WEG. 28

Der Begriff der ordnungsmäßigen Verwaltung und Benutzung ist in **§ 18 Abs 2 WEG** legal definiert. Es handelt sich um den allg Maßstab für die Kontrolle von Verwaltungsmaßnahmen der Wohnungseigentümergemeinschaft. § 19 Abs 1 WEG wiederholt diesen Kontrollmaßstab für die Beschlussfassung. Dieser betrifft – abweichend vom Wortlaut des § 19 Abs 1 WEG – nicht nur die Verwaltung des gemeinschaftlichen Eigentums oder die Benutzung des Gemeinschafts- oder Sondereigentums, sondern den gesamten Aufgabenbereich der Wohnungseigentümergemeinschaft. Dieser wird hier als „Verwaltung" bezeichnet (§ 18 WEG Rn 11). Maßgeblich ist, ob der Beschluss dem **Interesse der Gesamtheit der Wohnungseigentümer nach billigem Ermessen** entspricht. 29

a) Vorfrage: Ermittlung des Beschlussinhalts

Vor der Inhaltskontrolle muss festgestellt werden, was die Wohnungseigentümer konkret beschlossen haben. Die **Beschlussauslegung** (zur Methode Staudinger/Häublein § 23 WEG Rn 79) hat mithin **Vorrang**. Führt diese zu keinem eindeutigen Ergebnis, so kann dies wegen der damit einhergehenden Rechtsunsicherheit zur Ordnungswidrigkeit des Beschlusses führen (vgl § 18 WEG Rn 145). Scheitert die Auslegung, lässt sich also kein hinreichend konkreter Inhalt feststellen, ist der Beschluss sogar nichtig (Staudinger/Häublein § 23 WEG Rn 85). 30

b) Ermessenskontrolle

Die Inhaltskontrolle erfordert zunächst die **Ermittlung der Interessen** der Wohnungseigentümer an der durch den Beschluss geregelten Materie, dazu § 18 WEG Rn 135 ff. 31

32 Sind die maßgeblichen Interessen ermittelt, ist in einem zweiten Schritt zu prüfen, ob die Regelung angesichts der Interessenlage billigem Ermessen entspricht. Maßgeblich ist, ob der Beschlussinhalt unter Abwägung der betroffenen Interessen eine im Ergebnis **vertretbare Entscheidung** enthält (vgl etwa BGH 25. 2. 2022 – V ZR 65/21, ZMR 2022, 483 Rn 22; NJW 2012, 3175 Rn 8). Der Entscheidungsspielraum folgt aus § 18 Abs 2 WEG und steht damit der Wohnungseigentümergemeinschaft zu (BeckOGK/Skauradszun § 18 Rn 44); ausgeübt wird das Verwaltungsermessen beim Beschluss durch das Organ Gesamtheit der Wohnungseigentümer.

33 Ordnungswidrig ist daher jedenfalls ein Beschluss, für dessen Inhalt überhaupt keine Interessen der Eigentümergesamtheit streiten; spiegelbildlich in jedem Fall ordnungsgemäß ist ein Beschluss, dem keine Interessen entgegenstehen. In diesen Fällen besteht mithin kein Entscheidungsspielraum; näher zu dieser **Ermessensreduzierung auf null** § 18 WEG Rn 171.

34 Typischerweise sprechen hingegen sowohl Argumente für als auch gegen den Beschluss. Dann bedarf es zur Beantwortung der Frage, ob die Mehrheitsentscheidung noch vertretbar ist, einer **Interessenabwägung** (anschaulich etwa BGHZ 207, 99 [Darlehensaufnahme]; s auch BGH NJW 2005, 2622 [Versorgungssperre]). Ordnungswidrig ist der Beschluss nur, wenn die Interessenabwägung dazu führt, dass ein Beschluss mit diesem Inhalt nicht hätte gefasst werden dürfen. Das kann etwa bei der Wahl eines teureren Anbieters der Fall sein, wenn bei vergleichbarer Qualität der Leistung ein Konkurrent ein spürbar günstigeres Angebot gemacht hatte (BGH 22. 6. 2012 – V ZR 190/11, NJW 2012, 3175 Rn 11).

aa) Entscheidungsspielraum

35 Es ist demnach keineswegs so, dass die Mehrheit darauf beschränkt ist, die im konkreten Fall aus objektiver Sicht „beste“ Maßnahme zu ergreifen, also die, welche die betroffenen Interessen optimal zum Ausgleich bringt. Die Wohnungseigentümer haben vielmehr typischerweise die Wahl, welche von mehreren in Betracht kommenden Regelungen sie treffen. In der Rechtsprechung kommt dieser Entscheidungsspielraum unterschiedlich zum Ausdruck, etwa durch den Satz, die Notwendigkeit und Zweckmäßigkeit eines Beschlusses sei der **gerichtlichen Nachprüfung** weitgehend **entzogen** (etwa BayObLGR 2005, 453: OLG München ZMR 1999, 494). Der BGH spricht von einem Beurteilungs- (zB BGH NJW 2015, 1378 Rn 5), Ermessens- (BGHZ 139, 288) oder Gestaltungsspielraum (BGH ZMR 2013, 288 Rn 19).

36 Obwohl das der Mehrheit zustehende Ermessen damit allgemein anerkannt ist, tendiert die **Rspr** dennoch gelegentlich dazu, Beschlüsse einer **unbeschränkten Inhaltskontrolle** zu unterziehen, also bis ins Detail zu untersuchen, ob der Beschluss zweckmäßig und notwendig ist. Ein Beispiel sind die Vorgaben des BGH an den Beschluss über eine Versorgungssperre, der nur rechtmäßig sein soll, wenn die Sperre einen Wohnungseigentümer mit einem Beitragsrückstand von mehr als sechs Monate nach vorheriger Androhung trifft (BGH NJW 2005, 2622). Diese Tendenzen sind abzulehnen.

bb) Objektiver Kontrollmaßstab

37 Ob die Entscheidung der Mehrheit (noch) vertretbar ist, bestimmt sich aus der Sicht eines **objektiven und vernünftigen Wohnungseigentümers**, dem sämtliche relevanten In-

teressen, die für oder gegen den Beschluss sprechen, bekannt sind. Die Prüfung des Verwaltungsermessens beschränkt sich also nicht etwa auf die bei der Beschlussfassung bekannten Tatsachen (BGH 13. 1. 2012 – V ZR 129/11, ZMR 2012, 380 Rn 18: *„Schon damals waren demnach etwa 300 000 Euro nicht gedeckt. Dass das niemandem aufgefallen ist, ändert an der sachlichen Berechtigung der weiteren Sonderumlage nichts"*). Denn eine solche subjektive Prüfung des Verwaltungsermessens würde dem Zweck der Beschränkung der Mehrheitsmacht auf ordnungsmäßige Maßnahmen nicht gerecht, die gerade verhindern soll, dass durch Beschlüsse nachteilige Folgen eintreten (Lehmann-Richter ZMR 2021, 868; Frage trotz BGH 13. 1. 2012 – V ZR 129/11, ZMR 2012, 380 Rn 18 offen gelassen von BGH 4. 5. 2018 – V ZR 203/17, NJW 2018, 3238 Rn 28). Deshalb muss ein optimal informierter Wohnungseigentümer im Lichte der Interessenlage zu dem Ergebnis kommen, dass man einen solchen Beschluss fassen kann; ein „Muss" ist nicht Voraussetzung der Ordnungsmäßigkeit.

Es ist daher nicht gerechtfertigt, einen aus objektiver Sicht ordnungswidrigen Beschluss gerichtlich zu bestätigen, weil für die Wohnungseigentümer erst nach Beschlussfassung ersichtlich wurde, dass der Beschlussinhalt unangemessen ist (**aA** KG ZMR 2005, 470; wie hier iE AG Hamburg ZMR 2011, 758). Umgekehrt kann eine Änderung der Interessenlage nach Beschlussfassung für dessen Ordnungsmäßigkeit sprechen (**aA** KG ZMR 2005, 470). Maßgeblicher **Zeitpunkt** für die Rechtmäßigkeitskontrolle ist die **letzte mündliche Tatsachenverhandlung** im Anfechtungsprozess. 38

cc) Nicht: Kontrolle des Vorgangs der Ermessensausübung

Nach hM sollen sich die Wohnungseigentümer nur im Rahmen ihres Beurteilungsspielraums halten, wenn sie ihre Entscheidung auf einer **ausreichenden Tatsachengrundlage** treffen (BGH 22. 6. 2012 – V ZR 190/11, NJW 2012, 3175 Rn 19; aus der Literatur mit zahlreichen Nachweisen Jennissen/Sommer/Heinemann § 18 Rn 26 ff). Höchstrichterliche Rspr liegt zur Verwalterbestellung vor: Die Neubestellung erfordere die Einholung von Alternativangeboten (BGH 22. 6. 2012 – V ZR 190/11, NJW 2012, 3175 Rn 10: ein Vergleichsangebot gebilligt), die den Wohnungseigentümern regelmäßig binnen der Ladungsfrist vorab mitzuteilen seien (BGH 24. 1. 2020 – V ZR 110/19, ZMR 2020, 671). Bei der Wiederbestellung des Verwalters sollen **Vergleichsangebote** hingegen entbehrlich sein, falls sich der „Beurteilungssachverhalt" nicht verändert hat (BGH 1. 4. 2011 – V ZR 96/10, ZMR 2011, 735). Die hM hat daraus einen allgemeinen Grundsatz gemacht, dass vor jeder Beschlussfassung über eine Auftragsvergabe Vergleichsangebote eingeholt werden müssen (etwa LG Hamburg 25. 3. 2020 – 318 S 5/19, ZMR 2020, 681; zurückhaltender aber LG Frankfurt/M 25. 2. 2021 – 2/13 S 47/20, GE 2021, 447: kein Selbstzweck). Häufig werden drei Vergleichsangebote verlangt (etwa LG Itzehoe 5. 1. 2018 – 11 S 1/17, ZMR 2018, 626; Bärmann/Pick/Emmerich § 21 WEG Rn 97). Indes werden verschiedene Ausnahmen gemacht, etwa bei Bagatellgeschäften (zB LG Dortmund 21. 4. 2015 – 1 S 445/14, ZMR 2015, 777: Grenze bei 5.000 Euro), bewährten Vertragspartnern (AG Charlottenburg 3. 5. 2018 – 72 C 15/18, ZMR 2018, 873) oder Nachtragsangeboten (LG Berlin 8. 5. 2018 – 85 S 49/17, ZMR 2018, 849). Diese Rspr zu den Vergleichsangeboten wird in der Literatur teilweise kritisiert (etwa Greiner ZWE 2019, 243, 247; Küttner ZMR 2021, 295). Zur **Darlehensaufnahme** verlangt der BGH sogar, dass die damit verbundenen Risiken vor der Beschlussfassung erörtert werden und dies im Protokoll der Eigentümerversammlung festgehalten wird (BGHZ 207, 99). Zu den Informationsanforderungen bei **Beitragsbeschlüssen** § 28 WEG Rn 53. 39

40 **Stellungnahme**: Diese hM ist abzulehnen (ausf Lehmann-Richter ZMR 2021, 868). Dies gilt zunächst für ein Protokollierungsgebot, dem es schlicht an einer Rechtsgrundlage ermangelt. Ohne tragfähigen rechtlichen Anker ist aber auch das Kriterium der Entscheidung auf hinreichender Tatsachengrundlage und die Erörterungsobliegenheit. In der Sache sollen diese Voraussetzungen eine hinreichende Entscheidungsgrundlage für die Ermessensausübung gewährleisten (vgl LG Itzehoe 5. 1. 2018 – 11 S 1/17, ZMR 2018, 626; Elzer ZMR 2006, 85, 87, Jacoby ZWE 2023, 16). Diese Sichtweise verkennt, dass eine Prüfung des Vorgangs der Ermessensbetätigung an der Natur des Beschlusses scheitern muss. Vorgangsfehler lassen sich – anders als Ergebnisfehler – nämlich nur feststellen, wenn die Beweggründe für die Entscheidung bekannt sind. Dies ist beim Wohnungseigentümerbeschluss als Produkt einer kollektiven Willensbildung aber nicht möglich. Für die hM sprechen auch keine generalpräventiven Gesichtspunkte. Zwar wird die Gefahr der Beschlussaufhebung allein wegen eines Vorgangsfehlers die Bereitschaft erhöhen, das Für und Wider einer konkreten Entscheidung abzuwägen. Dieser Anreizwirkung bedarf es aber nicht, weil die Wohnungseigentümer als von der Beschlussfassung betroffene Personen am Entscheidungsverfahren beteiligt sind. Es ist deshalb grds nicht gerechtfertigt, einen inhaltlich nicht zu beanstandenden Beschluss wegen Verstoßes gegen § 18 Abs 2 WEG aufzuheben, weil die Beschlussgrundlage mutmaßlich unvollständig war. Dieser Aspekt ist vielmehr rein **verfahrensrechtlicher Natur** und deshalb allein nach § 23 Abs 2 WEG zu bewerten (Lehmann-Richter ZMR 2021, 868). Das durch das WEMoG geschaffene Konzept der Rechtmäßigkeitskontrolle der Zahlungsbeschlüsse bestätigt diese Sichtweise. Denn danach sind Fehler des beschlussvorbereitenden Zahlenwerks kein Unwirksamkeitsgrund der Zahlungsbeschlüsse (§ 28 WEG Rn 54).

dd) Kontrolle von Beschlüssen über die Vornahme von Rechtsgeschäften

41 Ist Gegenstand des **Beschlusses** die **Ermächtigung** des Vertretungsorgans, einen **Vertrag abzuschließen**, so differenziert der BGH wie folgt: Betrifft der Beschluss die Ermächtigung des Vertretungsorgans zum Abschluss des Vertrages, ohne dass dessen Inhalt durch den Beschluss bestimmt wird, ist anhand des Maßstabs der Ordnungsmäßigkeit zu prüfen, ob die Wohnungseigentümer den Vertragsinhalt im konkreten Fall hätten bestimmen müssen. Ist Gegenstand der Beschlussfassung hingegen ein Vertragsmuster, bezieht sich die Ordnungsmäßigkeitsprüfung auf dieses (BGH 5. 7. 2019 – V ZR 278/17, NJW 2020, 988 Rn 16, zum Verwaltervertrag). Enthält das Vertragsmuster AGB-rechtswidrige Klauseln, führt dies nach Ansicht des BGH aber nicht zur Ordnungswidrigkeit, weil Rechtsschutz über die §§ 305 ff BGB hinreichend gewährleistet sei (BGH 5. 7. 2019 – V ZR 278/17, NJW 2020, 988 Rn 20).

42 Die Frage, inwieweit die Wohnungseigentümer den Vertragsinhalt festlegen müssen, hat der BGH für den **Verwaltervertrag** beantwortet: Es müssen die Eckpunkte des abzuschließenden Verwaltervertrags (Laufzeit und Vergütung) in wesentlichen Umrissen im Beschluss festgelegt werden (vgl BGH 27. 2. 2015 – V ZR 114/14, NJW 2015, 1378 Rn 9). Ordnungswidrig ist nach der Rspr regelmäßig auch die isolierte **Bestellung** des **Verwalters** ohne gleichzeitigen Beschluss über den Verwaltervertrag (vgl BGH 27. 2. 2015 – V ZR 114/14, NJW 2015, 1378 Rn 9).

ee) Sonderfall gemeinschaftlicher Beschluss

43 Wird **ein gemeinschaftlicher Beschluss** angefochten, so gilt kein abstrakter Kontrollmaßstab der **Ordnungsmäßigkeit** (Kümmel ZWE 2001, 52, 53; **aA** etwa Bärmann/Dötsch

§ 18 Rn 67a). Denn in diesem Fall steht der übereinstimmende Wille fest, der den Maßstab ordnungsmäßiger Verwaltung definiert (§ 18 WEG Rn 135).

4. Pflicht zur Beschlussfassung

Aus § 19 Abs 1 WEG folgt die Pflicht der Wohnungseigentümer, an der Beschluss- fassung mitzuwirken: Das dort geregelte Recht zur ordnungsmäßigen Verwaltung durch Beschluss enthält spiegelbildlich die Pflicht, für eine solche Verwaltung Sorge zu tragen (BT-Drucks 19/18791, 60). Die Stimmpflicht hat den **Zweck**, die Funktions- fähigkeit der Verwaltung zu gewährleisten. 44

§ 19 Abs 1 WEG ist eine **organschaftliche Pflicht**, die systematisch von den in § 14 WEG geregelten mitgliedschaftlichen Pflichten der Wohnungseigentümer zu trennen ist. Die Rspr zu Umfang und Voraussetzungen der Stimmpflicht nach dem vor dem WEMoG 2020 geltenden Recht (BGH 17. 10. 2014 – V ZR 9/14, NJW 2015, 613 Rn 24) ist durch die Reform des Organisationssystems 2020 überholt. Denn diesem ist **eine unbedingte Stimmpflicht** der Wohnungseigentümer immanent, damit die Verwaltung durch die Gemeinschaft funktionieren kann (abw Bärmann/Dötsch § 18 WEG Rn 196: keine allgemeines Stimmpflicht). 45

Schuldner sind zunächst Wohnungseigentümer einschließlich des sog werdenden Wohnungseigentümers nach § 8 Abs 3 WEG. Die Stimmpflicht trifft auch einen Insolvenz-, Zwangs-, Nachlassverwalter oder Testamentsvollstrecker, falls sich das Beschlussthema auf den Verwaltungsgegenstand bezieht. Bei einer Mitberechtigung am Wohnungseigentum – Gemeinschaft nach Bruchteilen (§§ 741, 1008 BGB), Erben- und Gütergemeinschaft – ist jeder Miteigentümer gegenüber der Wohnungseigentümergemeinschaft zur Stimmabgabe verpflichtet, da die Miteigentümer gemeinschaftlich abstimmen müssen (§ 25 Abs 2 S 2 WEG). 46

Der Verstoß gegen die Stimmpflicht führt nach allgM – anders als nach hM im Gesellschaftsrecht (zB BGH NJW 1991, 846) – **nicht** zur **Unwirksamkeit** der pflichtwidrig abgegebenen **Gegenstimme**. Das überzeugt schon deshalb, weil anderenfalls die Frage des Pflichtverstoßes vom Versammlungsleiter bei der Auszählung der Stimmen zu bewerten wäre, was ihn typischerweise überfordern würde. 47

a) Voraussetzungen

Die Mitwirkungspflicht ist im Grundsatz auf **Versammlungsbeschlüsse** beschränkt. Denn Umlaufbeschlüsse sind nach dem Organisationsrecht atypisch, was einer Stimmpflicht entgegensteht. Eine Ausnahme gilt, wenn die Wohnungseigentümer nach § 23 Abs 3 S 2 WEG beschlossen haben, dass über einen bestimmten Gegenstand mit einfacher Mehrheit ein Umlaufbeschluss gefasst werden soll (Lehmann-Richter/Wobst WEG-Reform 2020 Rn 414). 48

Die Stimmpflicht besteht **unabhängig** davon, ob **andere Wohnungseigentümer** ebenfalls für den Beschluss stimmen, es auf die Stimme des Wohnungseigentümers also letztlich nicht ankommt. Der einzelne Wohnungseigentümer kann sich auch nicht darauf berufen, die anderen Wohnungseigentümer könnten durch ihre „Ja"-Stimmen den Beschluss fassen, weshalb es seiner Mitwirkung nicht bedürfe. Denn die Pflicht aus § 19 Abs 1 WEG ist eine unbedingte. 49

50 Die Stimmpflicht bezieht sich nur auf Beschlüsse, die **ordnungsmäßiger Verwaltung** entsprechen. Hier ist der Entscheidungsspielraum bei der Beschlussfassung (Rn 35) von Bedeutung. Denn häufig sind verschiedene Beschlüsse zur Regelung einer notwendigen Materie ordnungsgemäß sind (zB Beschluss A und Beschluss B). Dann können die Wohnungseigentümer ihre Pflicht durch verschiedene Leistungen (zB Mitwirkung an Beschluss A oder Beschluss B) erfüllen. Dies lässt sowohl an eine Wahlschuld (§ 262 BGB) als auch an eine Leistungsbestimmung nach § 315 BGB denken. Bei der Einordnung kommt dem Umstand maßgebliche Bedeutung zu, dass Beschlüsse nach dem WEG in einem gesetzlich geregelten Verfahren auf Vorlagen hin gefasst werden. Eine Stimmpflicht ist in diesem Verfahren zu erfüllen, weshalb die Möglichkeiten zur Erfüllung der Stimmpflicht durch die bei **der Beschlussfassung zur Abstimmung stehenden Entscheidungsvarianten konkretisiert** werden und sich auf diese beschränken. Ist also das „ob" einer Beschlussfassung alternativlos, entfällt die Stimmpflicht nicht dadurch, dass auch eine nicht zur Abstimmung gestellte Variante ordnungsgemäß wäre. Vielmehr muss jeder Wohnungseigentümer dann daran mitwirken, dass eine der ordnungsgemäßen Beschlussvarianten gefasst wird. Steht die von ihm bevorzugte Variante nicht zur Abstimmung, muss er mithin dafür Sorge tragen, dass die Abstimmungsvorlage entsprechend erweitert wird (vgl Häublein ZWE 2015, 83, 86). Die Wahl, an welcher der zur Abstimmung stehenden Beschlussvorlagen er mitwirkt, ist – nur insoweit wirkt sich sein Entscheidungsermessen aus – ihm überlassen, weshalb die Stimmpflicht als eine **besondere** Art der **Wahlschuld** zu qualifizieren ist.

b) Wegfall der Pflicht

51 Da der Anspruch auf Mitwirkung bei der Beschlussfassung durch die Vorlage in einer Versammlung konkretisiert wird, kommt eine **Verjährung** nicht in Betracht. Denn wenn dasselbe Beschlussthema in einer neuen Versammlung wiederum zur Abstimmung kommt, entsteht auch die Stimmpflicht neu. Ein Recht des Wohnungseigentümers, seine Stimme nach **§ 273 BGB** zurückzubehalten, ist nicht anzuerkennen. Denn dies ist mit der Zweck der Stimmpflicht, eine ordnungsmäßige Verwaltung zu gewährleisten (Rn 45), nicht vereinbar. Aus diesem Grund scheidet auch ein Wegfall der Stimmpflicht nach § 242 BGB aus.

c) Durchsetzung

52 Der Anspruch auf Mitwirkung bei der Beschlussfassung kann im Wege der **Leistungsklage** durchgesetzt werden. § 44 Abs 1 S 2 WEG sperrt diese Klage nicht, weil die Gemeinschaft der Wohnungseigentümer als Gläubigerin keine Beschlussersetzungsklage erheben kann. In der Praxis besteht für eine Klage der Gemeinschaft indes regelmäßig kein Bedarf, weil typischerweise ein an der Beschlussfassung interessierter Wohnungseigentümer Beschlussersetzungsklage erheben wird. Die auf § 19 Abs 1 WEG gestützte Leistungsklage ermöglicht es der Gemeinschaft aber in Ausnahmesituationen, für eine Beschlussfassung Sorge zu tragen, wenn sich alle Wohnungseigentümer einer Mitwirkung verweigern (näher Lehmann-Richter/Wobst WEG-Reform 2020 Rn 417 f). In diesen Sonderkonstellationen ist der Verwalter nach § 27 Abs 1 Nr 2 WEG berechtigt und verpflichtet, im Namen der Gemeinschaft der Wohnungseigentümer eine Klage auf Mitwirkung bei der Beschlussfassung zu erheben.

d) Schadensersatz

53 Verletzt ein Wohnungseigentümer schuldhaft seine Stimmpflicht, kann dies einen **Anspruch der Wohnungseigentümergemeinschaft** aus **§ 280 BGB** auslösen. Ein anderer

Wohnungseigentümer hat hingegen keinen solchen Anspruch, weil die Stimmpflicht nicht zwischen den Wohnungseigentümern besteht. Der Versuchung, die allg Treuepflicht zwischen den Wohnungseigentümern um eine Stimmpflicht aufzuladen (so MünchKomm/Scheller WEG § 13 Rn 6), darf man angesichts des klaren Organisationssystems nicht nachgeben. In Extremfällen kann freilich § 826 BGB erfüllt sein.

aa) Pflichtverletzung

Bei der Pflichtverletzung ist zu **differenzieren**: Steht ein ordnungsmäßiger Beschluss- 54
antrag zur Abstimmung, ist jeder Wohnungseigentümer verpflichtet, diesem seine „Ja"-Stimme zu geben; die Nichtteilnahme an der Versammlung ändert daran nichts. Bei mehreren ordnungsmäßigen Beschlussvarianten hat der Wohnungseigentümer ein Wahlrecht (Rn 50). Stand hingegen ein ordnungswidriger Beschlussantrag zur Abstimmung, ist jeder Wohnungseigentümer verpflichtet, diesem seine „Nein"-Stimme zu geben.

bb) Vertretenmüssen

Das Vertretenmüssen wird nach § 280 Abs 1 S 2 BGB vermutet. Der Wohnungsei- 55
gentümer kann sich aber durch den Nachweis entlasten, dass die zur **Ordnungswidrigkeit** seiner Stimmabgabe führenden Umstände bei Berücksichtigung der üblichen Sorgfalt eines durchschnittlichen Wohnungseigentümers **nicht erkennbar** waren. Dies ist bei den Beschlüssen über Zahlungspflichten von besonderer Bedeutung. Hier folgt aus der Beschlussvorbereitungspflicht des Verwalters (§ 28 Abs 1 S 2, Abs 2 S 2 WEG) und der Prüf- und Stellungnahmepflicht des Beirats (§ 29 Abs 2 S 2 WEG), dass es grundsätzlich nicht zur vom Wohnungseigentümer geschuldeten Sorgfalt gehört, die Richtigkeit des Zahlenwerks zu überprüfen. Ausnahmen sind denkbar, etwa, wenn sich dem Wohnungseigentümer eine drohende Fehlerhaftigkeit des Zahlenwerks aufdrängen muss.

Hat ein von der Wohnungseigentümergemeinschaft beauftragter Gutachter die zur 56
Mitwirkungspflicht führenden Tatsachen ermittelt bzw bewertet (etwa die Notwendigkeit einer bestimmten Erhaltungsmaßnahme), ist dessen Verschulden den Wohnungseigentümern **nicht** nach **§ 278 BGB** zuzurechnen, weil sie den Gutachter nicht beauftragt haben. Auch der Verwalter ist nicht Erfüllungsgehilfe der Wohnungseigentümer, weshalb insbesondere seine Fehler bei der Vorbereitung des Jahresabrechnungsbeschlusses den Wohnungseigentümern, die für den Beschluss gestimmt haben, nicht zugerechnet werden.

cc) Schaden

Die kausale Schadensverursachung durch Verletzung der Stimmpflicht entfällt nach 57
den Grundsätzen der **Doppelkausalität** nicht dadurch, dass mehrere Wohnungseigentümer diese Pflicht verletzt haben und das pflichtgerechte Verhalten eines von ihnen ausgereicht hätte, den Beschluss zustande zu bringen (Skauradszun NZM 2015, 237, 239). Ebenfalls von allen pflichtwidrig handelnden Wohnungseigentümern verursacht ist der Schaden, wenn nur das pflichtgerechte Verhalten aller von ihnen den Beschluss herbeigeführt hätte, sog **kumulative Kausalität** (Skauradszun NZM 2015, 273, 279; allg etwa BGH NJW 2009, 987 Rn 20). Selbstverständlich entfällt der Schaden nicht dadurch, dass die Wohnungseigentümer die Ausgaben der Gemeinschaft durch Beiträge ersetzen (BGH 21. 4. 2023 – V ZR 86/22, DWW 2023, 217 Rn 31).

58 Haben mehrere Wohnungseigentümer gegen ihre Stimmpflicht verstoßen, so sind sie **Gesamtschuldner** (BGH 25. 9. 2015 – V ZR 246/14, NJW 2016, 1310 Rn 15). Denn § 43 Abs 2 GmbHG lässt sich der allgemeine Grundsatz entnehmen, dass mehrere Mitglieder eines Organs dem Verband als Gesamtschuldner haften.

59 Es wird vertreten, dass es sich bei den Folgen der ausgebliebenen Beschlussfassung um einen Verzögerungsschaden handele, der nur unter den Voraussetzungen des § 286 BGB erstattungsfähig sei (Skauradszun, Der Beschluss als Rechtsgeschäft [2020] 395 und zum alten Recht BGH 17. 10. 2014 – NJW 2015, 613 Rn 18). Das überzeugt nicht, weil das WEG mit den Regeln über die Einberufung der Versammlung spezielle Verfahrensregeln vorhält, die eine zusätzliche Begrenzung der Sekundärrechte zum Schutze der stimmpflichtigen Wohnungseigentümer durch **§ 286 BGB** entbehrlich machen; der Zweck von § 280 Abs 2 BGB ist mithin **nicht einschlägig**.

60 Da ein einzelner Wohnungseigentümer außerhalb von § 18 Abs 3 WEG keine Handlungskompetenz hat, bedeutet es weder ein **Mitverschulden**, wenn er eine von ihm begehrte Sanierung des Gemeinschaftseigentums nicht selbst ausführt noch – vorbehaltlich einer offensichtlichen Handlungsunwilligkeit in der Gemeinschaft –, wenn er durch Beschlussersetzungsklage zunächst einen Grundlagenbeschluss begehrt (BGH 23. 2. 2018 – V ZR 101/16, NJW 2018, 2550 Rn 95 und Rn 124).

dd) Durchsetzung des Schadensersatzanspruchs

61 Die Durchsetzung des Schadensersatzanspruchs bedarf im Innenverhältnis einer entsprechenden **Verwaltungsentscheidung**. Es ist denkbar, dass diese Kompetenz nach § 27 Abs 1 Nr 1 WEG oder aufgrund eines Beschlusses nach § 27 Abs 2 WEG dem Verwalter zufällt. Maßgeblich sind die Umstände des Einzelfalls, bei der Anwendung von § 27 Abs 1 Nr 1 WEG insbesondere der Umfang der Forderung. Fehlt es hingegen an einer Verwalterkompetenz, ist ein Beschluss der Wohnungseigentümer erforderlich. Wird dieser nicht gefasst, kann ein am Regress interessierter Wohnungseigentümer eine kombinierte Beschlussersetzungs- und Beschlussausführungsklage erheben (§ 18 WEG Rn 200). Zur Verteilung des Schadens auf den Wohnungseigentümer in der **Jahresabrechnung** s Staudinger/Lehmann-Richter (2023) § 16 WEG Rn 132.

62 Für auf die Verletzung von § 19 Abs 1 WEG gestützte Klagen ist das **Wohnungseigentumsgericht** örtlich und sachlich **zuständig** (§ 43 Abs 2 Nr 2 WEG, § 23 Nr 2c GVG); in der Berufung bestimmt sich die Zuständigkeit nach der Konzentrationsregel in § 72 Abs 2 GVG. Der **Streitwert** bestimmt sich nach allg Grundsätzen, da die Sonderregelung des § 49 GKG auf Beschlussklagen beschränkt ist. Zur Vertretung der Wohnungseigentümergemeinschaft Vorbem 6 zu § 43–45 ff WEG.

63 Die **Darlegungs- und Beweislast**, dass ein Wohnungseigentümer seine Stimmpflicht verletzt hat, trifft im Prozess die Gemeinschaft der Wohnungseigentümer. Nach Ansicht des BGH gilt eine Ausnahme, wenn der Beklagte behauptet, er habe in der Versammlung sein Abstimmungsverhalten geändert (BGH 23. 2. 2018 – V ZR 101/16, NJW 2018, 2550 Rn 123).

ee) Präklusion

64 Ist dem Schadensersatzprozess ein **Anfechtungs- oder Beschlussersetzungsverfahren vorausgegangen**, so stellt ein klagestattgebendes Urteil fest, dass der Beschluss bzw

seine Nichtfassung ordnungswidrig war (§ 44 WEG Rn 149). Diese Feststellung wirkt nach § 44 Abs 3 WEG auch zwischen der Gemeinschaft und dem in Anspruch genommenen Wohnungseigentümer. Die Pflichtwidrigkeit des Stimmerhaltens steht in diesen Fällen im Schadensersatzprozess mithin fest. Umgekehrt stellt die Klageabweisung die Ordnungsmäßigkeit des Stimmverhaltens fest. Das Vertretenmüssen wird von der Präklusionswirkung hingegen nicht erfasst.

Fraglich ist, was gilt, wenn der **Beschluss ohne Anfechtungsverfahren bestandskräftig** wird. Nach hM schließt dies einen Schadensersatzanspruch grds aus (BGH NJW 2012, 2955 Rn 11; KG ZMR 1991, 233; diff etwa ARMBRÜSTER/KRÄHER ZWE 2014, 1, 6 f). Dem ist zu folgen. Zwar hat die Bestandskraft allein zur Folge, dass sich die Wohnungseigentümer und die Gemeinschaft auf Beschlussmängel nicht mehr berufen können. Diese Präklusion ist aber auf die Fehlerhaftigkeit des Stimmverhaltens zu erstrecken. Denn der Beschluss ist letztlich nur das Produkt der Mitwirkungsentscheidungen und seine Ordnungswidrigkeit damit ein Ergebnis der ordnungswidrigen Stimmabgaben. Bestandskräftige Beschlüsse schließen deshalb Schadensersatzansprüche aus, die sich auf die ordnungswidrige Mitwirkung an diesen Beschlüssen stützen. Eine – nicht überzeugende – Ausnahme macht der BGH (BGH 23. 2. 2018 – V ZR 101/16, NJW 2018, 2550 Rn 46 und Rn 122), wenn ein Negativbeschluss angefochten wird, die Maßnahme später erneut auf der Tagesordnung steht, ein Vertagungsbeschluss ergeht und dieser bestandskräftig wird. Die Mitwirkung am pflichtwidrigen Vertagungsbeschluss, so der BGH, könne Grundlage einer Schadenshaftung sein, weil sich insofern kein schutzwürdiges Vertrauen bilden konnte. 65

5. Recht zur Mitwirkung bei der Beschlussfassung

Aus § 19 Abs 1 WEG ergibt sich nicht nur die Pflicht, sondern auch das Recht jedes Wohnungseigentümers, an der Beschlussfassung mitzuwirken. Es handelt sich um ein **organschaftliches Recht**, dessen Wahrnehmung durch die Vorschriften über die Beschlussfassung (§ 23 ff WEG) näher ausgestaltet ist. Zur Abbedingung durch Vereinbarung Rn 8. 66

III. Regelbeispiele ordnungsmäßiger Verwaltung (Abs 2)

§ 19 Abs 2 WEG regelt in nicht abschließender Form („insbesondere") Fälle ordnungsmäßiger Verwaltung. Die Vorschrift steht systematisch § 18 Abs 2 WEG nahe (Rn 2). Die Regelbeispiele aus Absatz 2 werden durch an **anderer** Stelle im Gesetz genannte **Fälle ergänzt**. Diese Vorschriften sprechen zwar die Zuordnung zur ordnungsmäßigen Verwaltung – abweichend von der Technik des Absatzes 2 – nicht ausdrücklich aus. Diese Rechtsfolge ergibt sich aber aus dem jeweiligen Normzweck. Daher gehört etwa auch die Verteilung der Kosten der Wohnungseigentümergemeinschaft (§ 28 Abs 2 S 1 WEG) zur ordnungsmäßigen Verwaltung. 67

1. Allgemeines

Zweck der Regelbeispiele aus Absatz 2 ist es, besonders wichtige Verwaltungsmaterien einer rechtmäßigen Mehrheitsentscheidung zuzuführen. Dafür entbindet die Regelung den Rechtsanwender von der Subsumtion unter § 19 Abs 1 WEG. Aus Absatz 2 folgt mithin, dass in den dort geregelten Materien Beschlusskompetenz 68 besteht. Ein zweiter Aspekt kommt hinzu: Bei den Beispielen ist die Frage, ob die Regelung eines bestimmten Verwaltungsgegenstandes ordnungsmäßiger Verwaltung entspricht, von Gesetzes wegen stets zu bejahen. Die Wohnungseigentümer haben hier mithin **kein Entschließungsermessen**; allein die Entscheidung über die Art und Weise der Regelung unterfällt ihrem Ermessen (Hügel/Elzer Rn 37; **aA** etwa MünchKomm/Rüscher Rn 9). Das wird aus der Nummer 6 besonders deutlich, die sicherstellen soll, dass – unter den Voraussetzungen der Norm – ein zertifizierter Verwalter bestellt wird. Der BGH hat sich zu dieser Frage indes noch nicht ausdrücklich positioniert, allerdings zur Erhaltung (Abs 2 Nr 2) entschieden, dass die Wohnungseigentümer berechtigt sind, mit Blick auf Kosten und Nutzen eine Erhaltungsmaßnahme zurückzustellen (BGHZ 202, 375 Rn 10). Dass damit im Umkehrschluss nach Ansicht des BGH der Verzicht auf die Durchführung der Maßnahme ausscheidet, liegt nahe, ist indes noch nicht entschieden.

69 Da die Beispiele in Absatz 2 nicht abschließend sind, **verbietet** sich der **Umkehrschluss**, dass verwandte Maßnahmen, die im Katalog keine Erwähnung finden, ordnungswidrig sind.

2. Hausordnung (Nr 1)

70 Die Aufstellung einer Hausordnung gehört nach Absatz 2 Nummer 1 zur ordnungsmäßigen Verwaltung. Diese unmittelbare Rechtsfolge ist ohne wesentliche Bedeutung: Aus Absatz 2 Nummer 1 folgt nämlich nur, dass der Beschluss über eine Hausordnung als solcher ordnungsgemäß ist (Rn 68). Zum konkreten Inhalt der Hausordnung macht die Norm, die auch auf eine nähere Definition des Begriffs verzichtet, hingegen keine Vorgaben.

71 § 19 Abs 2 Nr 1 WEG ist keine besondere Beschlusskompetenznorm (Rn 5). Die Kompetenzfrage beantwortet sich daher nach § 19 Abs 1 WEG. Es besteht etwa **keine Kompetenz**, die Wohnungseigentümer im Beschlusswege in der Hausordnung zur **tätigen Mithilfe** zu verpflichten (Rn 18). Hausordnungsregelnde Beschlüsse wirken nach richtiger Auffassung nicht gegenüber **Dritten** (s Staudinger/Lehmann-Richter [2023] § 15 WEG Rn 63).

72 Wird eine Hausordnung beschlossen, ist jeder Regelungspunkt gesondert auf seine **Ordnungsmäßigkeit** zu überprüfen. Dies erfolgt nach allgemeinen Kriterien (s Rn 28). Gibt es in der Wohnungseigentumsanlage keinen konkreten Regelungsbedarf, kann auch eine einsilbige Hausordnung („In der Wohnungseigentümergemeinschaft gelten die sich aus Gesetz und Gemeinschaftsordnung ergebenden Verhaltensregeln") ordnungsmäßig sein. Da Hausordnungen „Dauercharakter" haben, ist das **Bestimmtheitsgebot** von besonderer Bedeutung. Verworfen hat der BGH (BGH 10. 9. 1998 – V ZB 11/98, NJW 1998, 3713) unter diesem Gesichtspunkt etwa eine Regel, die das Singen und Musizieren außerhalb von Ruhezeiten nur in nicht belästigender Weise und Lautstärke gestattete. Ist einer oder mehrere Punkte einer Hausordnung ordnungswidrig, wird im Anfechtungsprozess das Gericht typischerweise den Beschluss im Übrigen nicht für ungültig erklären (**§ 139 BGB**, s § 44 WEG Rn 186).

73 Gelegentlich weist die **Gemeinschaftsordnung** dem **Verwalter** – ggf zusammen mit dem Verwaltungsbeirat – die Kompetenz zu, eine Hausordnung aufzustellen. Eine solche Regel ist wegen der Satzungsautonomie der Wohnungseigentümer wirksam (allgM, etwa BayObLG NJW 2001, 3635; Forschner ZWE 2022, 193, 194). Macht der Verwalter hiervon Gebrauch, handelt es sich methodisch um eine Ergänzung der Gemeinschaftsordnung (näher § 18 WEG Rn 22). Eine vom Verwalter aufgestellte Hausordnung kann von den Wohnungseigentümern im Regelfall durch Beschluss geändert/aufgehoben werden (BayObLG NJW 2001, 3635; KG ZMR 1992). Denn der Kompetenzzuweisung in der Gemeinschaftsordnung wird sich typischerweise nicht entnehmen lassen, dass die Wohnungseigentümer die Gestaltung der Hausordnung endgültig und abschließend in die Hände des Verwalters legen wollten (Elzer ZMR 2006, 733, 735; s auch Rn 19). Früher war umstritten, ob die Kompetenzzuweisung an den Verwalter auch im **Beschlusswege** erfolgen kann (bejahend etwa OLG Stuttgart NJW-RR 1987, 976; **aA** etwa LG Frankfurt ZMR 2014, 820). Seit dem WEMoG 2020 folgt die hierfür erforderliche Beschlusskompetenz aus § 27 Abs 2 WEG. Solche Beschlüsse werden wegen des gewichtigen Interesses an einer Selbstentscheidung durch die Wohnungseigentümer aber typischerweise ordnungsmäßiger Verwaltung widersprechen.

3. Erhaltung (Nr 2)

§ 19 Abs 2 Nr 2 WEG erklärt die Erhaltung des gemeinschaftlichen Eigentums und 74
damit die vorrangigste Aufgabe der Wohnungseigentümergemeinschaft für ordnungsmäßig. Baumaßnahmen am **Sondereigentum** fallen **nicht** unter § 19 Abs 2 Nr 2 WEG (BGH 8. 7. 2022 – V ZR 207/21, WuM 2022, 629 Rn 11), und zwar auch dann nicht, wenn es um die erstmalige Herstellung (Rn 81) geht (BGH 9. 12. 2016 – V ZR 84/16, ZWE 2017, 177 Rn 23; Ott NZM 2003, 134, 136; **aA** Rix, Der steckengebliebene Bau [1991] 61).

Zwischen § 19 Abs 2 Nr 2 WEG und dem Beschluss, das gemeinschaftliche Eigentum 75
baulich zu verändern (§ 20 WEG), besteht kein Konkurrenzverhältnis. Denn bei der **baulichen Veränderung** ist zwischen dem Beschluss, der den Soll-Zustand neu definiert (geregelt in § 20 Abs 1, Abs 2 S 1, Abs 3, Abs 4 WEG) und dem Beschluss, den neu definierten Soll-Zustand herbeizuführen (geregelt in § 20 Abs 2 S 2 WEG), zu unterscheiden (Lehmann-Richter/Wobst WEG-Reform 2020 Rn 975). Man mag den „Herbeiführungsbeschluss" unter § 19 Abs 2 Nr 2 WEG subsumieren, weil er – letztlich wie in den Fällen der Erstherstellung (Rn 81) – der Erreichung des (neuen) Soll-Zustands des gemeinschaftlichen Eigentums dient. Anderenfalls folgt seine Ordnungsmäßigkeit unmittelbar aus § 18 Abs 2 WEG, weil er die beschlossene bauliche Veränderung umsetzt. Wird der Soll-Zustand durch Beschluss gemäß § 20 WEG „nach unten" neu festgelegt, reduziert sich die Erhaltungspflicht der Wohnungseigentümergemeinschaft, dazu Rn 99.

Aus § 27 Abs 2 WEG folgt die Kompetenz, den **Verwalter** mit der **Entscheidung** über 76
Erhaltungsmaßnahmen zu beauftragen; zur Übertragung entsprechender Kompetenzen auf den **Verwaltungsbeirat** s § 29 WEG Rn 75. Zum Schadensersatzanspruch des Wohnungseigentümers wegen unterlassener Erhaltung s § 18 WEG Rn 181 ff, zum Ausgleichsanspruch eines Wohnungseigentümers, der eigenmächtig Gemeinschaftseigentum erhält, s § 18 WEG Rn 235.

a) Erfasste Maßnahmen

Der aus der WEG-Reform 2020 stammende § 13 Abs 2 WEG definiert Erhaltung als 77
Maßnahmen der Instandhaltung und Instandsetzung. Diese Definition führt zu kei-

nem Erkenntnisgewinn. Sie übernimmt mit den Begriffen Instandhaltung und Instandsetzung Begrifflichkeiten aus dem alten Recht. Diese werden im WEG wiederum nicht definiert. **Uneinheitliche Definitionen** finden sich in anderen Gesetzen, was historische Gründe hat: Differenzierte nämlich etwa § 5 Reichsmietengesetz (RGBl 1922 I 273) noch zwischen laufenden und großen Instandsetzungsarbeiten, fand später zusätzlich der Begriff der Instandhaltung Einzug in das soziale Wohnungsrecht. Der Gesetzgeber hat es dabei versäumt, die Unterschiede zwischen beiden Bezeichnungen deutlich zu machen.

78 Für § 19 Abs 2 Nr 2 WEG sind diese Ungenauigkeiten nicht von Bedeutung, sondern der Begriff der Erhaltung nach dem **Normzweck** zu bestimmen. Dieser liegt darin, den Soll-Zustand des Gemeinschaftseigentums zu bewahren, um einen ordnungsgemäßen Gebrauch sowie die Werterhaltung der Immobilie zu gewährleisten. Daneben sollen Gefahren abgewendet werden, die vom Zustand des Gemeinschaftseigentums für die Wohnungseigentümer ausgehen. Es lassen sich drei Typen von Maßnahmen unterscheiden:

aa) Erhaltung des Soll-Zustands

79 Erhaltung iSd Absatzes 2 Nummer 2 ist einerseits jede Maßnahme, die dazu dient, den Soll-Zustand des Gemeinschaftseigentums erstmals herzustellen, zu konservieren oder wiederherzustellen. Bei diesem Hauptanwendungsfall von § 19 Abs 2 Nr 2 WEG liegt der Fokus in der **Definition** des Soll-Zustands (Rn 86). Für § 19 Abs 2 Nr 2 WEG reicht jede Abweichung des Ist- vom Soll-Zustand aus. Deshalb ist es für die Anwendung der Norm – und damit für die Abgrenzung von § 20 WEG – insbes nicht erforderlich, dass das in Rede stehende Bauteil so schadhaft ist, dass es funktionsuntüchtig ist. Wird ein abgenutztes, aber noch funktionstüchtiges Bauteil ersetzt, kann dies mangels Handlungsbedarfs aber ordnungsmäßiger Verwaltung widersprechen.

80 Um eine Erhaltungsmaßnahme handelt es sich auch, wenn eine **binnenrechtswidrige bauliche Veränderung beseitigt** wird (AG Hamburg-St Georg 31. 8. 2018 – 980b C 7/18 ZMR 2019, 77). Beim „wie“ dieser Maßnahme kommt sowohl eine Beseitigung durch Beauftragung eines Handwerkers als auch eine Durchsetzung von Rückbauansprüchen gegen den Störer in Betracht.

bb) Beseitigung eines gefahrträchtigen Soll-Zustands

81 Um eine Erhaltung handelt es sich andererseits auch, wenn der Ist-Zustand dem Soll-Zustand entspricht, dieser aber gefahrbringend ist und die Gefahr beseitigt werden soll. Die Gefahr kann dabei **tatsächlicher Natur** sein (zB BayObLG ZMR 1999, 843), aber auch in einem (bloßen) **Verstoß** des Zustandes des Gemeinschaftseigentums gegen **gesetzliche Vorschriften** liegen (BGH NJW 2016, 2181 Rn 10 [Stellplatznachweis]; AG Hamburg-St Georg 20. 5. 2018 – 980b C 38/17, ZMR 2019, 779 [Papiercontainer]). Zu einer ordnungsmäßigen Verwaltung in Form der Erhaltung gehört daher auch der Einbau der nach der HeizKV vorgeschriebenen technischen Ausstattung, etwa **Wärmemengenzähler** (BGH 16. 9. 2022 – V ZR 214/21, ZMR 2023, 61 Rn 18). Zu **Rauchwarnmeldern** und Maßnahmen der **Legionellenkontrolle** s Staudinger/Jacoby (2023) § 9a WEG Rn 196.

cc) Erstmalige Herstellung

82 Nach hM ist auch die sog erstmalige Herstellung des Gemeinschaftseigentums (Rn 94) eine Erhaltungsmaßnahme (BGH NJW 2016, 2181 Rn 10; NJW 2015, 2027 Rn 20; **aA**

J-H Schmidt ZWE 2017, 238 [allg Verwaltungsmaßnahme]). Besondere Probleme bereitet die Einordnung baulicher Maßnahmen des aufteilenden Eigentümers in der **Ein-Personen-Gemeinschaft**, die der Errichtung des Gebäudes dienen. Es handelt sich dabei grds nicht um eine Verwaltungsmaßnahme, auch wenn die Wohnungseigentümergemeinschaft die Pflicht zur Ersterstellung trifft. Denn der aufteilende Eigentümer erfüllt in diesen Fällen eine ihn originär aus den Bauträgerverträgen treffende Pflicht. Deshalb überzeugt es nicht, im Wege der Auslegung einen Ein-Mann-Beschluss anzunehmen, dessen Inhalt es wäre, dass die Errichtung durch die Wohnungseigentümergemeinschaft erfolgen soll. Unabhängig davon ist eine Zurechnung aber selbst dann zu verneinen, wenn ein solcher Beschluss – auch in der Mehrpersonen-Gemeinschaft – gefasst wird. Denn prägend ist stets der Umstand, dass der Bauträger zur **Ersterstellung** verpflichtet ist, was einer Zuordnung zur Wohnungseigentümergemeinschaft verbietet. Vom hier beschriebenen Innenverhältnis ist die Haftung der Wohnungseigentümergemeinschaft für den Bauträger im Außenverhältnis zu unterscheiden (dazu OLG Köln 21. 4. 2021 – 16 U 124/20, ZWE 2022, 162).

dd) Nicht: vorbeugende und vorbereitende Maßnahmen

Nicht unter § 19 Abs 2 Nr 2 WEG fallen Maßnahmen, die einer Verschlechterung des Ist-Zustands vorbeugen sowie solche, die eine Erhaltungsmaßnahme vorbereiten sollen. Denn es fehlt schlicht an dem mit der Erhaltung notwendigerweise verbundenen Eingriff in die Sachsubstanz. Die Ordnungsmäßigkeit solcher Maßnahmen richtet sich daher nach § 18 Abs 2 WEG. Bei **Wartungsmaßnahmen** sind etwa die Nachteile (Kosten) gegen die Vorteile (Schadenspotential, dem begegnet wird) abzuwägen (KG ZMR 1999, 207). Gleiches gilt für vorbereitende Maßnahmen, etwa der **Begutachtung** des gemeinschaftlichen Eigentums zwecks Feststellung von Schäden (vgl BGH 23. 2. 2018 – V ZR 101/16, NJW 2018, 2550 Rn 25) oder dem Erwerb von Geräten, mit denen Erhaltungsmaßnahmen ausgeführt werden können. **83**

ee) Nicht: Modernisierende Instandhaltung

Ebenfalls nicht unter § 19 Abs 2 Nr 2 WEG fällt die sog modernisierende Instandhaltung (vgl § 22 Abs 3 WEG aF), bei der eine Erhaltungsmaßnahme dazu genutzt wird, das zu erhaltende Bauteil zu verbessern (**aA** Hügel/Elzer Rn 72). Diese Figur diente im alten Recht dazu, das erhöhte Modernisierungsquorum nach § 22 Abs 2 WEG aF zu umgehen. Da seit dem WEMoG 2020 aber alle **baulichen Veränderungen** – also auch solche anlässlich einer Erhaltungsmaßnahme – mit einfacher Stimmenmehrheit beschlossen werden können (§ 20 Abs 1 WEG), fügt sich die sog modernisierende Instandhaltung ohne weiteres in das System der §§ 20 und 21 WEG ein. Es bedarf daher keiner eigenen, im Wortlaut des § 19 Abs 2 Nr 2 WEG nicht abgebildeten Kategorie. **84**

Bei einer sog modernisierenden Instandsetzung wird daher auf Grundlage des § 20 Abs 1 WEG über eine bauliche Veränderung beschlossen, also der Soll-Zustand zugleich neu definiert. Die **tatsächliche Herstellung** des neu definierten Soll-Zustands, also die Durchführung der baulichen Veränderung, schließt die Erhaltungsmaßnahme mit ein. Grundlage dieses Ausführungsbeschlusses ist, wie bei der Durchführung anderer baulicher Veränderungen auch, § 19 Abs 1 WEG (Lehmann-Richter/Wobst WEG-Reform 2020 Rn 1296 f). Die Verteilung der **Kosten** richtet sich nach § 21 WEG, nicht nach § 16 Abs 2 WEG und der **Anspruch** auf eine modernisierende Instandsetzung richtet sich nach § 20 WEG. **85**

b) Bestimmung des Soll-Zustandes

86 Für die Bestimmung des Soll-Zustands des Gemeinschaftseigentums ist die im Grundbuch vermerkte Gemeinschaftsordnung in ihrer geltenden Fassung (bedeutsam bei späteren Änderungen durch Vereinbarung) nebst der in Bezug genommenen Urkunden maßgeblich. Daneben sind wirksame Beschlüssen nach § 20 Abs 1 WEG zu beachten, die den Soll-Zustand auch ohne Grundbucheintragung (§ 10 Abs 3 S 2 WEG) definieren. Lässt sich danach ein konkreter Soll-Zustand nicht ermitteln, entspricht der Ist-Zustand zum Zeitpunkt des Wirksamwerdens der Erklärungen über die Begründung von Wohnungseigentum nach § 3 WEG bzw § 8 WEG dem Soll-Zustand. Im Einzelnen:

aa) Im Grundbuch vermerkte Urkunden

87 Zunächst ist zu ermitteln, ob sich der Soll-Zustand vollständig aus der **Teilungserklärung/Gemeinschaftsordnung** nebst den in Bezug genommenen Urkunden, insbes dem **Aufteilungsplan** nach § 7 Abs 4 Nr 1 WEG, ergibt (BGH NJW 2016, 2181 Rn 12; diff J-H Schmidt ZWE 2017, 238, 242).

88 Ein wichtiges Anwendungsbeispiel sind etwa Vorgaben zum **Schallschutz** in der Gemeinschaftsordnung (Rn 92). Auch der **festgelegte Nutzungszweck ist** zu beachten: Das Gemeinschaftseigentum muss sich in einem Zustand befinden, der die bestimmungsgemäße Nutzung des Sondereigentums erlaubt. Massive Durchfeuchtungen der Wände müssen deshalb grds weder in Wohnungs- noch in Teileigentumseinheiten hingenommen werden, und zwar auch dann nicht, wenn gesundheitsschädlicher Schimmel (noch) nicht aufgetreten ist (BGH 4. 5. 2018 – V ZR 203/17, NJW 2018, 3238 Rn 10). Dienen die Räume nicht dem dauerhaften Aufenthalt, können Feuchtigkeitsschäden hingegen dem Soll-Zustand entsprechen. Entscheidend ist, ob trotz der Feuchtigkeit der bestimmungsgemäße Gebrauch möglich ist. Hier sind auch die örtlichen Gegebenheiten zu berücksichtigen. Ein als „Keller“ gewidmeter Raum, der in einem Altbau in einem Gebiet mit hohem Grundwasserpegel liegt, entspricht daher bei einer für solche Gebäude üblichen Feuchtigkeitsbelastung dem Soll-Zustand. Ist ein Raum dem vorübergehenden Aufenthalt gewidmet (zB Hobbyraum), sind kleinere optische Beeinträchtigungen durch Feuchtigkeit keine Abweichung vom Soll-Zustand; anders ist es jedenfalls bei einem gesundheitsschädlichen Zustand. Ist eine Einheit als Teileigentum gewidmet, so ist nicht etwa ein baulicher Zustand geschuldet, der jede denkbare Nutzung zu „Nichtwohnzwecken“ ermöglicht. Ausreichend ist es, wenn der bauliche Zustand irgendeine Nutzung zu anderen als Wohnzwecken erlaubt.

bb) Baugenehmigung und Baubeschreibungen

89 Insbes beim sog steckengebliebenen Bau (Rn 94) wird es häufig um Details der Ausführung gehen, die aus den im Grundbuch vermerkten Urkunden nicht ersichtlich sind. Dann bedarf es einer (ergänzenden) Auslegung der Gemeinschaftsordnung. Hier überzeugt das Ergebnis, dass sich der Soll-Zustand auch nach der **Baugenehmigung** nebst zugehörigen Bauplänen richtet (BGH 23. 3. 2018 – V ZR 65/17, ZMR 2018, 681 Rn 25; NJW 2016, 2181 Rn 12), selbst wenn diese nicht Bestandteil der Teilungsurkunde sind (**aA** J-H Schmidt ZWE 2017, 238, 243). Bei der ergänzenden Auslegung der Gemeinschaftsordnung ist nämlich mit Blick auf die Bindungswirkung nach § 10 Abs 3 WEG darauf zu achten, dass sie zu einem Ergebnis führt, das sich aus Sicht eines unbefangenen Betrachters als das Nächstliegende darstellt (BGHZ 160, 354). Da die Bauge-

nehmigung nebst Anlagen bei der Baubehörde archiviert ist, ist der Zugriff hierauf jedem Wohnungseigentümer möglich und Streit über den genauen Umfang dieser Dokumente nicht zu befürchten. Insbesondere aus diesem Grund ist es für einen verständigen Dritten naheliegend, dass sich der Soll-Zustand des Gebäudes nach der Baugenehmigung richtet, soweit die Teilungsurkunde hierzu keine Vorgaben enthält, aus ihr aber ablesbar ist, dass Veränderungen erfolgen sollen (vgl Grebe DNotZ 1988, 275, 286).

Für **Baubeschreibungen**, die nur Bestandteil der Erwerbsverträge sind, lässt sich dies hingegen nicht behaupten, weil hier der einzelne Wohnungseigentümer nicht ohne Weiteres überprüfen kann, inwieweit sich die Baubeschreibungen decken. Solche Baubeschreibungen definieren daher den Soll-Zustand nicht, selbst wenn sie bei allen Wohnungseigentümern identisch sein sollten (offengelassen von BGH 20. 7. 2018 – V ZR 56/17, ZMR 2019, 47 Rn 17; wie hier iE LG Berlin ZWE 2014, 40; J-H Schmidt ZWE 2017, 238, 243; **aA** etwa OLG Hamm ZMR 2008, 227; Hügel/Elzer Rn 60). Die Vereinbarung einer Umbaupflicht in nur einzelnen Erwerbsverträgen ist daher erst Recht nicht geeignet, den Soll-Zustand zu bestimmen (OLG Köln ZMR 2000, 861; OLGR Frankfurt 2008, 410). Zu berücksichtigen ist die Baubeschreibung aber, wenn sie Bestandteil der Teilungserklärung ist (LG Berlin 3. 6. 2021 – 55 S 115/20, ZWE 2022, 54, 56). 90

cc) Soll-Zustand bei Bestandsgebäuden

Fehlen bei der Aufteilung von Bestandsgebäuden konkrete Vorgaben zum Soll-Zustand, so entspricht dieser dem Ist-Zustand zum **Zeitpunkt** des Wirksamwerdens der Erklärungen über die **Begründung** von **Wohnungseigentum** nach § 3 WEG bzw § 8 WEG (vgl OLG Hamm ZMR 2004, 697; **aA** für Kellerisolierung OLG Düsseldorf NZM 2005, 184). Denn der Soll-Zustand bedarf eines Anknüpfungspunktes, für den aus objektiver Sicht nur der Ist-Zustand bei Aufteilung in Betracht kommt. Man kann dieses Ergebnis noch mit dem Argument stützen, dass der bauliche Zustand eines Grundstücks für jedermann ersichtlich und damit auch nach den für Grundbucheintragungen geltenden Grundsätzen berücksichtigungsfähig ist (vgl BGH 11. 4. 2003 – V ZR 323/02, NJW-RR 2003, 1235 unter II 2 b). 91

dd) Schallschutzniveau

Praxisrelevant ist die Bestimmung des Schallschutzniveaus des gemeinschaftlichen Eigentums (zum Sondereigentum Staudinger/Lehmann-Richter [2023] § 13 WEG Rn 101). Maßgeblich sind in erster Linie Vorgaben zum Schallschutz in der **Gemeinschaftsordnung** (BGH 27. 2. 2015 – V ZR 73/14, NJW 2015, 1442 Rn 9). Fehlen solche, ist zu differenzieren: Ist das **Gebäude** bei Aufteilung in Wohnungseigentum **noch nicht errichtet**, gelten die technischen Vorgaben bei seiner Errichtung Bei der Aufteilung eines **Bestandsgebäudes** ist hingegen das tatsächliche Niveau bei Aufteilung entscheidend. Ob auch der BGH auf diesem differenzierenden Standpunkt steht oder stets die technischen Vorgaben bei Errichtung des Gebäudes heranziehen möchte, ist indes unklar. Denn teilweise stellt er auf diese technischen Vorgaben ab (vgl BGH 1. 6. 2012 – V ZR 195/11, NJW 2012, 2725 Rn 10), während es in anderen Entscheidungen so klingt, als sei der tatsächliche Zustand maßgeblich (BGH 6. 7. 2018 – V ZR 221/17, ZMR 2019, 55 Rn 12; BGH 16. 3. 2018 – V ZR 276/16, NJW 2018, 2123 Rn 14). Ob dieser Unterschied auf der Differenzierung zwischen Begründung von Wohnungseigentum an Bestands- und Neubauten beruht, ist offen. 92

93 Wird durch Baumaßnahmen das danach geschuldete Schallschutzniveau verändert, handelt es sich um eine bauliche Veränderung iSd § 20 WEG. Ist eine solche **bauliche Veränderung** durch einen Beschluss der Wohnungseigentümer nach § 20 Abs 1 WEG oder eine Regel in der Gemeinschaftsordnung gerechtfertigt, kann die Auslegung dieses Rechtsgeschäfts ergeben, dass die Baumaßnahme ein bestimmtes Schallschutzniveau erreichen muss. Dieser Schluss liegt nahe, wenn in erheblichen Umfang, wie etwa bei der Schaffung neuen Wohnraums, zB im Dachgeschoss, in die Gebäudesubstanz eingegriffen wird (vgl BGH 16. 3. 2018 – V ZR 276/16, NJW 2018, 2123 Rn 15). Anders kann es bei kleineren Modernisierungen sein (BGH 6. 7. 2018 – V ZR 221/17, ZMR 2019, 55 Rn 12: Austausch des oberen Fußbodenaufbaus).

ee) Sonderfall „steckengebliebener Bau"

94 Schwierigkeiten können sich bei der Bestimmung des Soll-Zustands ergeben, wenn das Gebäude vom teilenden Eigentümer (Bauträger) noch errichtet werden soll und dieser seiner Errichtungsverpflichtung aus den Bauträgerverträgen nicht nachkommt (sog steckengebliebener Bau). Bestrebungen aus den 1970er Jahren, diese Konstellation in einem § 22a WEG nF einer Regelung zuzuführen (Demharter ZRP 1979, 63) sind nicht umgesetzt worden (Rix, Der steckengebliebene Bau [1991] 16). Wird ein steckengebliebener Bau von der Wohnungseigentümergemeinschaft fertiggestellt, werden die Baumaßnahmen verbreitet als „**erstmalige Herstellung**" bezeichnet. Der Problemkreis dieser erstmaligen Herstellung ist aber keineswegs auf Bauträgermodelle beschränkt (s zB BGH ZWE 2017, 177). Um die erstmalige Herstellung geht es etwa auch, wenn ein Wohnungseigentümer ein individuelles Veränderungsrecht mutmaßlich mangelhaft ausgeübt hat und die Mängelbeseitigung nicht durch ihn, sondern die Wohnungseigentümergemeinschaft erfolgen soll.

95 Eine erstmalige Herstellung setzt in einem ersten Schritt die Feststellung voraus, dass der bei Aufteilung in Wohnungseigentum anzutreffende bauliche Zustand noch verändert werden soll. Das hat anhand des Binnenrechts der Gemeinschaft zu erfolgen. Eine **Änderungsanordnung** ist einmal zu bejahen, wenn die Gemeinschaftsordnung eine ausdrückliche Ausbauklausel enthält, nach der ein bestimmter baulicher Zustand nach Gründung der Gemeinschaft herbeigeführt werden soll. Die Praxis wird hingegen von Fällen dominiert, in denen eine solche ausdrückliche Regel fehlt. Hier bedarf es einer Auslegung der bei Rn 87 ff genannten Dokumente. Beim **Neubau-Bauträgermodell** wird sich diesen regelmäßig entnehmen lassen, dass das Gebäude vom aufteilenden Eigentümer noch zu errichten ist. Schweigt der Wortlaut zu diesem Umstand, kann dies aber offensichtlich und aus diesem Grund bei der Auslegung zu berücksichtigen sein.

96 Auch bei der Aufteilung eines **Bestandsgebäudes** kommt das Ergebnis in Betracht, dass der Ist-Zustand bei Aufteilung nicht dem Soll-Zustand entspricht. Hier ist allerdings zu beachten, dass es dem oder den aufteilenden Eigentümern unbenommen ist, auch einen vergleichsweise schlechten baulichen Zustand als den Soll-Zustand des Gemeinschaftseigentums festzulegen. Es bedarf für eine vorgesehene Veränderung des Gemeinschaftseigentums daher eines hinreichenden Anhaltspunktes in Gemeinschaftsordnung oder Teilungserklärung. Der BGH hat etwa aus der Widmung einer bauordnungsrechtlich nicht zu Wohnzwecken genehmigten Einheit als Wohnung abgeleitet, dass die Erfüllung der bauordnungsrechtlichen Auflagen unter § 19 Abs 2 Nr 2 WEG fällt (BGH 9. 12. 2016 – V ZR 84/16, ZWE 2017, 177). Gleiches gilt für

den Schutz des Mauerwerks vor Durchfeuchtungen: Das Schutzniveau muss eine der Gemeinschaftsordnung entsprechende Nutzung der Räume gewährleisten (BGH 4. 5. 2018 – V ZR 203/17, NJW 2018, 3238 Rn 10). Ist eine Einheit als Teileigentum gewidmet, so ist aber nicht etwa ein baulicher Zustand geschuldet, der jede denkbare Nutzung zu „Nichtwohnzwecken" ermöglicht. Ausreichend ist es, wenn der bauliche Zustand irgendeine Nutzung zu anderen als Wohnzwecken erlaubt. Beschreibungen im Aufteilungsplan ordnen regelmäßig nicht an, dass noch eine entsprechende Anpassung zu erfolgen hat (vgl Staudinger/Lehmann-Richter [2023] § 13 WEG Rn 27).

Ist das Binnenrecht auf eine Veränderung des Gemeinschaftseigentums ausgerichtet, ist in einem nächsten Schritt zu prüfen, ob die Veränderung von der **Wohnungseigentümergemeinschaft oder einzelnen Eigentümern auszuführen** ist. Bei einem individuellen Ausbaurecht (dazu Staudinger/Jacoby § 20 WEG Rn 16) steht das Veränderungsrecht einem Wohnungseigentümer zu. Dieser ist zum Ausbau auf seine Kosten berechtigt; die Wohnungseigentümergemeinschaft trifft keine Ausführungspflicht. Eine solche Regelung ist der Gestattung durch Beschluss nach § 20 Abs 1 WEG vergleichbar. Lässt sich der Gemeinschaftsordnung eine solches individuelles Baurecht nicht (auch nicht durch Auslegung) entnehmen, greift § 18 Abs 1 WEG: In diesem Fall trifft die Pflicht zur erstmaligen ordnungsgemäßen Herstellung die Wohnungseigentümergemeinschaft. Das ist auch die Position des BGH, der bei Maßnahmen an einem Bestandsgebäude, von denen nur ein einzelner Wohnungseigentümer profitiert, nicht in Erwägung zieht, die Ausbaulast könnte allein diesem Wohnungseigentümer zugewiesen sein (BGH 9. 12. 2016 – V ZR 84/16, ZWE 2017, 177; anders iE bei Errichtung eines Einfamilienhauses OLG Hamburg ZWE 2002, 592). 97

Enthält die Gemeinschaftsordnung ein individuelles Veränderungsrecht oder hat eine erstmalige Herstellung durch die Wohnungseigentümergemeinschaft zu erfolgen, so muss die bauliche Maßnahme den **geltenden technischen Standards** zum Ausbauzeitpunkt entsprechen (BGH 4. 5. 2018 – V ZR 203/17, NJW 2018, 3238; Lehmann-Richter ZWE 2017, 103, 106). Werden etwa Schallschutzvorgaben missachtet, ist die erstmalige Herstellung nicht erfolgt. Die Beseitigung von Mängeln des veränderten gemeinschaftlichen Eigentums fällt unter § 19 Abs 2 Nr 2 WEG (LG Berlin 23. 5. 2017 – 55 S 36/16, ZWE 2017, 453). 98

ff) Modifikation durch Beschluss

Die Wohnungseigentümer haben nach § 20 WEG die Kompetenz, den Soll-Zustand des gemeinschaftlichen Eigentums neu zu definieren. Dies wirkt sich auf die Erhaltungspflicht der Wohnungseigentümergemeinschaft aus, da sich diese nur auf den Soll-Zustand bezieht. Wenn die Wohnungseigentümer nach § 20 WEG den **Soll-Zustand nach unten korrigieren**, reduziert sich mithin die Erhaltungspflicht (**aA** AG Hamburg-Altona 11. 11. 2022 – 303c C 10/21, ZWE 2022, 266: Beschlussnichtigkeit). Dies kann sich insbesondere beim steckengebliebenen Bau (Rn 94) auswirken, wenn die Wohnungseigentümer beschließen, einen vom Bauträger nicht errichteten Teil des gemeinschaftlichen Eigentums aus dem Soll-Zustand herauszunehmen (Lehmann-Richter/Wobst WEG-Reform 2020 Rn 1282 ff). 99

Zu beachten ist aber, dass sich die Mehrheit nicht darauf beschränken darf, die Herstellung des gemeinschaftlichen Eigentums abzulehnen. Denn durch einen solchen **Negativbeschluss** wird der Soll-Zustand des gemeinschaftlichen Eigentums nicht neu 100 definiert. Hierfür bedarf es vielmehr eines Beschlusses über die bauliche Veränderung des in Rede stehenden Bauteils, der die Erhaltungsmaßnahme überflüssig macht. Ein solcher Beschlussinhalt kann bei Unklarheiten ggf durch Auslegung ermittelt werden (vgl etwa BGH 11. 11. 2011 – V ZR 65/11, NJW 2012, 603 Rn 12).

c) Ordnungsmäßigkeit

101 Das Kriterium der Ordnungsmäßigkeit wird in Abs 2 Nr 2 in redundanter Weise genannt, da es bereits aus den einleitenden Worten in Abs 2 folgt. Besondere Vorgaben für die Ordnungsmäßigkeit macht Abs 2 Nr 2 nicht. Es gilt mithin der Grundsatz, nach dem die Interessenabwägung ergeben muss, dass die **Entscheidung** für oder gegen die konkrete Maßnahme aus objektiver Sicht **vertretbar** ist (s § 18 WEG Rn 151). Entgegen der allgM hängt die Ordnungsmäßigkeit nicht davon ab, dass bei Beschlussfassung **Vergleichsangebote** vorlagen (s Rn 39).

102 Bei der Entscheidung über eine Erhaltungsmaßnahme sind typischerweise sowohl das Interesse an einem ordnungsgemäßen Zustand des Gemeinschaftseigentums als auch die finanziellen Interessen der Wohnungseigentümer berührt. Der Beschluss über eine Erhaltungsmaßnahme muss daher auch die **finanzielle Situation** in der Wohnungseigentümergemeinschaft in den Blick nehmen. Kann die Durchführung der Erhaltungsmaßnahme nicht aus Rücklagen finanziert werden, ist ein Beschluss über die Ausführung solcher Maßnahmen nach der Rspr ordnungswidrig, wenn nicht gleichzeitig über die **Art** und Weise der **Finanzierung** – zB durch Sonderumlage – beschlossen wird (BGH 17. 10. 2014 – V ZR 9/14, NJW 2015, 613 Rn 17; BGH 8. 7. 2011 – V ZR 176/10, NJW 2011, 2958 Rn 8 f).

aa) Ob der Maßnahme

103 Wie sich aus der Zuordnung der Erhaltung zum Kreis der ordnungsmäßigen Verwaltungsmaßnahmen ergibt, steht es **nicht im Ermessen** der Wohnungseigentümer, ob eine Erhaltungsmaßnahme ausgeführt wird oder nicht. Vielmehr entspricht nur die Erhaltung des gemeinschaftlichen Eigentums ordnungsmäßiger Verwaltung. Eine besondere „Opfergrenze“, etwa wegen individueller finanzieller Überforderung, ist nicht anzuerkennen (BGH 17. 10. 2014 – V ZR 9/14, NJW 2015, 613 Rn 12; Häublein ZWE 2015, 83, 84).

104 Eine **Ausnahme** gilt nach der **Rspr** zum alten Recht in den Fällen des **steckengebliebenen Baus** (Rn 94): Wenn die Fertigstellung des gemeinschaftlichen Eigentums für die Nutzung nur von untergeordneter Bedeutung ist, die mit ihr verbundenen Kosten aber erheblich sind, kann die Erstherstellung nicht als ordnungsmäßige Maßnahme verlangt werden (vgl BGH 20. 11. 2015 – V ZR 284/14, ZMR 2016, 215 Rn 22; BGH 14. 11. 2014 – V ZR 118/13, NJW 2015, 2027 Rn 21; BayObLGZ 1989, 470). Andere Entscheidungen wendeten bei Insolvenz des Bauträgers auf den Fertigstellungsbeschluss § 22 WEG aF analog an (etwa BayObLG NJW 2003, 2323).

105 **Stellungnahme**: Diese Rechtsprechung ist nach dem WEMoG 2020 nicht fortzusetzen. Will die Mehrheit von einer Erstherstellung absehen, muss sie den Soll-Zustand durch **Beschluss nach § 20 Abs 1 WEG** entsprechend modifizieren (Rn 99). § 20 Abs 4 WEG zieht mithin die Grenzen des gegen die Wohnungseigentümergemeinschaft gerichteten Erstherstellungsanspruch (Lehmann-Richter/Wobst WEG-Reform 2020 Rn 1282). Das gilt auch in den Fällen, in denen die Modifikation des gemein-

schaftlichen Eigentums sich auf das Sondereigentum auswirkt, etwa wenn beschlossen wird, dass eine an falscher Stelle errichtete Trennwand zwischen Gemeinschafts- und Sondereigentum nicht versetzt werden soll. Denn auch hier geht es um die Festlegung des Soll-Zustands des gemeinschaftlichen Eigentums, für die § 20 Abs 1 WEG Beschlusskompetenz eröffnet. Die Neudefinition des Soll-Zustands führt in diesen Fällen wegen der Bindungswirkung des Beschlusses zu einer Beschränkung der Rechte aus dem Sondereigentum. Im Beispielsfall kann der Wohnungseigentümer also weder die Herausgabe seiner Sondereigentumsfläche noch die Beseitigung der Wand verlangen (§ 986 Abs 1 S 1 bzw § 1004 Abs 2 BGB). Besteht ein entsprechendes Bedürfnis, kommt ein Anspruch auf Anpassung der Teilungserklärung in Betracht, durch die das sachenrechtliche Verhältnisse mit dem baulichen Soll-Zustand in Übereinstimmung gebracht wird (vgl BGH 20. 11. 2015 – V ZR 284/14, ZMR 2016, 215 Rn 22).

bb) Wann der Maßnahme

Die finanzielle Lage der Wohnungseigentümergemeinschaft kann sich auf den **106**
Zeitpunkt der Ausführung der Erhaltungsmaßnahme auswirken. Die Ordnungsmäßigkeit der Erhaltungsmaßnahme setzt nämlich nicht zwingend voraus, dass die Substanz des Gemeinschaftseigentums bereits geschädigt oder die Gebrauchsmöglichkeit beeinträchtigt ist, sondern es können auch **vorsorgliche Maßnahmen** ordnungsgemäß sein (BayObLG ZMR 1996, 447; LG Koblenz ZWE 2009, 282;) Dafür muss die Ausführung aus Sicht eines objektiven Wohnungseigentümers aber vertretbar sein, was zB typischerweise nicht der Fall ist, wenn der erst leicht abgenutzte Anstrich im Treppenhaus erneuert wird. Zudem ist zu berücksichtigen, ob eine noch nicht zwingend erforderliche Maßnahme aus Rücklagen finanzierbar ist oder ob der Zugriff auf die Rücklagen unterbleiben sollte, weil diese für vorrangige, in Zukunft anstehende Erhaltungsmaßnahmen benötigt werden.

Sind mehrere Erhaltungsmaßnahmen erforderlich und können (einige) aufgescho- **107**
ben werden, sind die Maßnahmen vorrangig auszuführen, die besonders dringlich sind (vgl OLG Hamburg ZMR 2010, 129). Die Wohnungseigentümer können dafür einen bei neuen Erkenntnissen gegebenenfalls zu aktualisierenden **Sanierungsplan** beschließen (BGH NJW 2012, 1724). Deshalb kann es ordnungsgemäß sein, zunächst über das „ob“ und in einem weiteren Beschluss über das „wie“ einer Erhaltungsmaßnahme zu beschließen (etwa BayObLGZ 2004, 210). Dabei ist wie stets der Ermessensspielraum der Wohnungseigentümer zu berücksichtigen. Wenn allerdings die sofortige Vornahme der Sanierung zwingend geboten ist, entspricht nur dies ordnungsmäßiger Verwaltung.

Bestehen **Ansprüche gegen Dritte** auf Ausführung einer Erhaltungsmaßnahme, etwa **108**
in Form von Mängelrechten, widerspricht es regelmäßig ordnungsmäßiger Verwaltung, zur Selbstvornahme zu schreiten, ohne dass vorher die Voraussetzungen eines Regresses geschaffen wurden. Anders ist es, wenn der Anspruch gegen den Dritten verjährt ist (LG Berlin 23. 5. 2017 – 55 S 36/16, ZWE 2017, 453).

cc) Wie der Maßnahme

Die Ordnungsmäßigkeitsprüfung bezieht sich auch auf die beschlossene **technische** **109**
Ausführung einer Erhaltungsmaßnahme. Grundsätzlich entspricht nur eine Ausführungsart ordnungsmäßiger Verwaltung, die dem allgemein anerkannten Stand der

Technik, den Regeln der Baukunst sowie den öffentlich-rechtlichen Vorgaben (etwa GEG, vgl OLG Hamm ZWE 2009, 261) entspricht. Daher sind bei Sanierungen DIN-Normen zu beachten, es sei denn, diese geben nicht (mehr) den Stand der Technik wieder (BGH NJW 2013, 2271). Ausnahmen sind denkbar, etwa wenn es sich um die Reparatur eines für die Bausubstanz in ihrer Gesamtheit unwesentlichen Bauteils handelt (vgl BGH NJW 2013, 2271 Rn 25).

110 Ist den Fällen des **steckengebliebenen Baus** (Rn 94) ist es denkbar, dass sich die konkrete Gestaltung des Soll-Zustands aus dem Binnenrecht nicht ablesen lässt, zB weil offen ist, an welcher Stelle sich ein notwendiges Abflussrohr befinden oder in welchen Materialien die Bauausführung erfolgen soll. Die Beantwortung dieser offenen Gestaltungsfragen obliegt dem Ermessen der Wohnungseigentümer. Ebenfalls im Ermessen der Wohnungseigentümer liegt es, ob die Ersterstellung durch die Gemeinschaft erfolgen oder ob Ansprüche auf Ersterstellung gegen Dritte durchgesetzt werden sollen. Die zweite Variante kommt typischerweise in Betracht, wenn der Bauträger nicht insolvent ist und einzelnen Wohnungseigentümern noch ein Herstellungsanspruch gegen den Bauträger zusteht. Die Wohnungseigentümergemeinschaft kann diesen Anspruch nämlich gemäß hM nach entsprechender Beschlussfassung ausüben (s Staudinger/Jacoby [2023] § 9a WEG Rn 203). Wenn nicht ernsthaft zu befürchten ist, der Bauträger werde vorher in die Insolvenz fallen, wird typischerweise nur ein Vorgehen gegen den Bauträger ordnungsmäßiger Verwaltung entsprechen.

d) Abweichende Regelungen

111 Eine Übertragung der Erhaltungspflicht auf einzelne Wohnungseigentümer per **Beschluss** ist nichtig (BGH NJW 2012, 1724 Rn 11). Die Last der Erhaltung des gemeinschaftlichen Eigentums kann aber in der **Gemeinschaftsordnung** auf einzelne Wohnungseigentümer übertragen werden. Das kann auf unterschiedlichen Wegen passieren, nämlich entweder durch eine **Kostenverteilungsregelung**, bei der die Erhaltungsmaßnahme durch die Wohnungseigentümergemeinschaft veranlasst und der betroffene Wohnungseigentümer ihre Kosten zu tragen hat oder durch eine Regelung, die den Wohnungseigentümer zur **Ersatzvornahme** berechtigt oder verpflichtet. Bei unklaren Klauseln muss daher in einem ersten Auslegungsschritt die Frage beantwortet werden, ob es sich nicht um einen (bloßen) Kostenverteilungsschlüssel nach § 16 Abs 2 WEG handelt. Ist das nicht der Fall, bedarf es weiterer Auslegungsschritte. Es gibt nämlich drei Typen von Ersatzvornahmevereinbarungen. Der extremste Eingriff in das Organisationssystem liegt vor, wenn die eigentlichen Organe der Wohnungseigentümergemeinschaft für die Erhaltung des Bauteils nicht mehr zuständig sind. Bei einer solchen **verdrängenden Ersatzvornahmepflicht** ist ein Beschluss, nach dem die Gemeinschaft die Reparatur übernimmt, wegen Verstoß gegen die Vereinbarung nichtig (Hügel/Elzer Rn 90). Die Wohnungseigentümergemeinschaft wäre auf die Durchsetzung des Erhaltungsanspruchs gegen den Wohnungseigentümer beschränkt und könnte erst im Wege des Vollstreckungsrechts (§ 887 Abs 1 ZPO) wieder Zugriff auf das Gemeinschafseigentum gewinnen. Solche Klauseln sind nicht etwa per se unwirksam (§ 18 WEG Rn 12). Dies gilt erst Recht für **konkurrierende Ersatzvornahmregelungen**, die in zwei Spielarten vorkommen können: Die Gemeinschaftsordnung kann sich auf ein bloßes Ersatzvornahmerecht beschränken. Hier darf der Wohnungseigentümer zwecks Vermeidung einer Kostenbelastung das in Rede stehende Bauteil selbst reparieren, ist dazu aber nicht verpflichtet. Die Gemeinschaft bleibt hier mit ihren Organen eingriffsbefugt, weshalb Erhaltungsbeschlüsse nicht etwa nichtig sind (vgl zur Problematik auch Bärmann/Dötsch Rn 152). Denkbar ist auch eine **konkurrierende Ersatzvornahmepflicht**: Hier bleibt die Gemeinschaft ebenfalls verwaltungsbefugt, hat aber zudem einen Ausführungsanspruch gegen den Wohnungseigentümer.

Bei der **Auslegung** zwecks Einordung einer konkreten Klausel in dieses System gilt der Grundsatz, dass es **im Zweifel** bei der **gesetzlichen Zuständigkeit** bleibt (BGH 14. 6. 2019 – V ZR 254/17, NJW 2019, 3780 Rn 7; BGH 28. 10. 2016 – V ZR 91/16, NJW 2017, 1167 Rn 19; BGH 2. 3. 2012 – V ZR 174/11, NJW 2012, 1722 Rn 7; BGH 22. 11. 2013 – V ZR 46/13, ZMR 2014, 899 Rn 10). Deshalb sind diesbezügliche Klauseln in der Gemeinschaftsordnung regelmäßig als Kostenverteilungsschlüssel zu verstehen. Die Durchführung der Erhaltungsmaßnahme ist also Aufgabe der Wohnungseigentümergemeinschaft, der einzelne Eigentümer trägt die auf „sein" Bauteil entfallenden Kosten (vgl BGH 22. 11. 2013 – V ZR 46/13, ZMR 2014, 899 Rn 10). Für dieses Ergebnis spricht insbes, dass so die Gefahr gebannt wird, dass das Gemeinschaftseigentum von Wohnungseigentümern unsachgemäß instandgesetzt wird und Erhaltungsmaßnahmen unkoordiniert erfolgen (s Staudinger/Lehmann-Richter [2023] § 16 WEG Rn 97). Ist ausnahmsweise das Verständnis als Ersatzvornahmeregelung geboten, führt die Zweifelsregelung zu einem konkurrierenden Ersaztzvornahmerecht. Denn diese Regelung gewährleistet, dass die Wohnungseigentümergemeinschaft bei Untätigkeit des einzelnen Wohnungseigentümers das Gemeinschaftseigentum reparieren kann und vermeidet die Belastung des Wohnungseigentümers mit einem Erhaltungsanspruch. Nach der Rspr liegt in der bloßen Einräumung eines **Sondernutzungsrechts** keine Ersatzvornahmeregelung (BGHZ 202, 346 Rn 19; BGH 22. 3. 2109 – V ZR 145/18, ZMR 2019, 625). 112

Der Unterscheidung von „**Instandhaltung und Instandsetzung**" kommt Bedeutung zu, wenn die Gemeinschaftsordnung – etwa bei der Kostenverteilung – beide Begriffe nicht einheitlich oder nur einen verwendet (s etwa BGH ZMR 2017, 412). Überzeugend ist es, unter Instandhaltung dann die Beseitigung der im Laufe der Zeit typischerweise eintretenden Abnutzungen, also die laufende Erhaltung des Grundstücks zu verstehen und der Instandsetzung Maßnahmen zuzuordnen, welche diesen Bereich überschreiten. Dieses Begriffsverständnis knüpft an die Definition in § 5 Reichsmietengesetz an (RGBl 1922 I 273; „außerordentliche, einen große Kostenaufwand erfordernde Instandsetzungsarbeiten"; die Norm nannte als Beispiel etwa die Erneuerung der Heizungsanlage und das Umdecken des Dachs). Den Begriff „**Unterhaltung**" hat der BGH in einer Gemeinschaftsordnung als Oberbegriff für die Instandhaltung und Instandsetzung angesehen (BGH 22. 3. 2109 – V ZR 145/18, ZMR 2019, 625 Rn 13). 113

4. Versicherungen (Nr 3)

Nach § 21 Abs 5 Nr 3 WEG aF gehörte der Abschluss einer Feuerversicherung des gemeinschaftlichen Eigentums zum Neuwert sowie die angemessene Versicherung der Wohnungseigentümer gegen Haus- und Grundbesitzerhaftpflicht zur ordnungsmäßigen Verwaltung. Seit dem **WEMoG 2020** stellt § 19 Abs 2 Nr 3 WEG nicht mehr auf die Feuerversicherung ab, sondern allgemeiner auf eine angemessene Versicherung des Gemeinschaftseigentums sowie – unverändert – der Wohnungseigentümer gegen Haus- und Grundbesitzerhaftpflicht. 114

115 Der Abschluss der in Abs 2 Nr 3 genannten Versicherungen gehört zur ordnungsmäßigen Verwaltung. Es besteht deshalb hinsichtlich des „ob" des Abschlusses dieser Versicherungen kein Verwaltungsermessen, bei der Wahl des konkreten Versicherungsvertrags und seiner **Konditionen** – etwa eines Selbstbehalts – indes schon (BGH 16. 9. 2022 – V ZR 69/21, NJW 2023, 63).

116 Die Versicherungsverträge werden durch die Wohnungseigentümergemeinschaft abgeschlossen, was nach allgM zu einer Versicherung **für fremde Rechnung** (nämlich die der Wohnungseigentümer) nach §§ 43 ff VVG führt (BGH 16. 9. 2022 – V ZR 69/21, NJW 2023, 63 Rn 27; Greiner NZM 2013, 481, 485). Besteht danach Versicherungsschutz zugunsten eines Wohnungseigentümers, der einem anderen Eigentümer einen Schaden zugefügt hat, muss sich der Geschädigte nach Maßgabe des § 44 VVG an den Versicherer halten, falls ein Regress des Versicherers gegen den Schädiger ausgeschlossen ist. Dieser Schutz des Schädigers folgt aus § 241 Abs 2 BGB und rechtfertigt sich damit, dass der Schädiger durch seine Wohngeldzahlungen den Versicherungsschutz mitfinanziert (BGH NJW 2007, 292).

a) Versicherung des gemeinschaftlichen Eigentums

117 Anders als § 21 Abs 5 Nr 3 WEG aF (Feuerversicherung) nennt das geltende Recht die **abzudeckenden Risiken** nicht. Auch ist der Begriff „angemessene Versicherung des gemeinschaftlichen Eigentums" nicht legaldefiniert. Er ist dahingehend auszulegen, dass das gemeinschaftliche Eigentum in einer verkehrsüblichen Art und Weise gegen Sachschäden versichert wird. Dafür ist auf die jeweils geltenden **AVB** des Gesamtverbands der Deutschen Versicherungswirtschaft (GDV) zurückzugreifen. Das Gemeinschaftseigentum ist danach gegen Brand, Blitzschlag, Überspannung durch Blitz, Explosion, Implosion, Anprall oder Absturz eines Luftfahrzeuges, seiner Teile oder seiner Ladung, Leitungswasser und Naturgefahren zu versichern.

118 Ordnungsmäßiger Verwaltung entspricht nur die Versicherung des gemeinschaftlichen Eigentums zum **Neuwert**; im Schadensfall müssen also die gesamten für die Wiederherstellung des Gebäudes in neuwertigem Zustand erforderlichen Kosten abgedeckt sein (**aA** LG Essen ZMR 2007, 817 für Wohnungseigentümergemeinschaft in dauerhaft desolaten finanziellen Verhältnissen). Schweigt der Beschluss zum Versicherungswert, ist er dahingehend auszulegen, dass die Versicherung zum Neuwert erfolgen soll, weil die Wohnungseigentümer im Zweifel rechtmäßige Beschlüsse fassen wollen. Die Vereinbarung eines moderaten Selbstbehalts verstößt nicht gegen Abs 2 Nr 3, weil der von der Norm bezweckte Schutz vor übermäßigen Wiederaufbaubelastungen dadurch nicht beseitigt wird. Erfolgt die Versicherung zum sog gleitenden Neuwert 1914, ist bei Abschluss des Vertrags darauf zu achten, dass keine Unterversicherung entsteht. Hier kann es zu einer Haftung des Verwalters kommen, wenn dieser den Versicherungswert festlegt oder beim Vertragswechsel ungeprüft aus dem Altvertrag übernimmt; in Betracht kommt aber auch die Verletzung der den Versicherer treffenden Pflicht, eine Unterversicherung durch Beratung zu vermeiden (vgl BGH VersR 2007, 1411).

119 Die Versicherungspflicht bezieht sich nur auf das **gemeinschaftliche Eigentum**; die Gemeinschaftsordnung kann Abweichendes anordnen (KG WuM 1984, 308). Der typische Gebäudeversicherungsvertrag betrifft indes das gesamte Gebäude, beschränkt sich also nicht auf das gemeinschaftliche Eigentum. Zwar besteht für die Verwaltung des

Sondereigentums keine Beschlusskompetenz (BGH 8. 7. 2022 – V ZR 207/21, WuM 2022, 629 Rn 11). Dennoch sind Beschlüsse über den Abschluss einer Gebäudeversicherung, die auch das **Sondereigentum** einbeziehen, nicht unwirksam. Denn es geht nicht um die Verwaltung des Sondereigentums, sondern dieses ist lediglich reflexartig wegen des Umstands betroffen, dass die Versicherungspraxis das Gebäude als Einheit ansieht.

Die **Mitversicherung des Sondereigentums** wirkt sich auf die **Regulierung** im Scha- 120
densfall aus. Der Wohnungseigentümer hat zwar keinen Anspruch, dass die Wohnungseigentümergemeinschaft den versicherten Schaden in seinem Sondereigentum beseitigt (BGH 16. 9. 2022 – V ZR 69/21, NJW 2023, 63 Rn 31). Die Wohnungseigentümergemeinschaft muss aber einen von der Versicherung gezahlten Entschädigungsbetrag an den Wohnungseigentümer herausgeben, soweit er Schäden am Sondereigentum betrifft (BGH 16. 9. 2016 – V ZR 29/16, ZMR 2016, 974 Rn 6 f; näher § 28 WEG Rn 14). Die Wohnungseigentümergemeinschaft kann zur Abwendung dieser Zahlungspflicht mit dem geschädigten Eigentümer vereinbaren, dass sie die Schadensbeseitigung beauftragt. Dogmatisch handelt es sich um eine verbindliche **Ersetzungsbefugnis** (Staudinger/Kern [2021] § 364 Rn 17 ff), die der Verwalter im Innenverhältnis gestützt auf § 27 Abs 2 Nr 1 WEG und im Außenverhältnis gestützt auf § 9b Abs 1 S 2 WEG abschließen kann. Zur Kostenverteilung § 28 WEG Rn 237.

b) Haus- und Grundbesitzerhaftpflicht

Auch die Versicherung der Wohnungseigentümer gegen Haus- und Grundbesitzer- 121
haftpflicht gehört zur ordnungsmäßigen Verwaltung. Diese Formulierung ist seit Inkrafttreten des WEG unverändert. Sie wurde insbesondere in der WEG-Reform 2020 nicht an die Rechtsfähigkeit der Wohnungseigentümergemeinschaft angepasst. Die Wohnungseigentümergemeinschaft trifft die **Verkehrssicherungspflicht** (Staudinger/Jacoby [2023] § 9a WEG Rn 77). Deshalb ist die Wohnungseigentümergemeinschaft in dem in § 19 Abs 2 Nr 3 WEG geregelten Umfang zu versichern; dies berücksichtigen die Allgemeinen Versicherungsbedingungen für die Private Haus-und Grundbesitzerhaftpflichtversicherung.

Der **Umfang** einer Haus- und Grundbesitzerhaftpflicht ist gesetzlich nicht festgelegt. 122
Da es aber um das Risiko geht, für den Zustand eines Gebäudes oder Grundstücks verantwortlich zu sein, betrifft Abs 2 Nr 3 den Schutz vor der Inanspruchnahme wegen dieses Umstands. Aus dem Begriff der Haftpflicht folgt, dass es nur um die privatrechtliche Verantwortung geht. Ordnungsmäßiger Verwaltung entspricht daher eine Versicherung gegen das Risiko, wegen des Zustands eines Gebäudes oder Grundstücks aus **privatrechtlichen, gesetzlichen Haftungsbestimmungen** in Anspruch genommen zu werden. Das entspricht dem durch die Allgemeinen Versicherungsbedingungen für die Private Haus-und Grundbesitzerhaftpflichtversicherung gewährten Schutz. Welche Ansprüche unter diese Versicherung fallen, ist eine versicherungsrechtliche Frage. Unproblematisch zu bejahen ist dies für die §§ 823 ff BGB. Der BGH hat aber auch Ansprüche aus § 14 Nr 4 HS 2 WEG aF (BGHZ 153, 182), § 1004 Abs 1 BGB (BGH NJW 2000, 1194) und § 906 Abs 2 S 2 BGB (BGHZ 142, 66; s auch Klimke ZWE 2015, 3) unter diese Versicherung subsumiert.

Typischerweise sind in der Haus-und Grundbesitzerhaftpflichtversicherung der **Ver-** 123
walter und die **Wohnungseigentümer** in bestimmten Umfang mitversichert. Diese Mit-

versicherung wirkt sich auf die Rechtmäßigkeit des Beschlusses, eine Haus- und Grundbesitzerhaftpflichtversicherung abzuschließen, nicht aus. Denn Gegenstand des Beschlusses ist nicht etwa die Versicherung des Verwalters, sondern dieser wird wegen der Versicherungsbedingungen nur reflexartig mitversichert.

124 Die Versicherungspflicht betrifft nur die Haftung für das **gemeinschaftliche Eigentum**. Der **Höhe** nach angemessen ist die Versicherung, wenn sie aus Sicht eines objektiven Wohnungseigentümers mit hinreichender Sicherheit das Risiko ausschließt, besondere (also über die Deckung der Prämie hinausgehende) Aufwendungen wegen eines Haftpflichtfalls erbringen zu müssen. Fehlen Anhaltspunkte für eine besondere Gefahrgeneigtheit des Grundstücks, werden die in der Versicherungswirtschaft verbreiteten Deckungssummen im Zweifel angemessen sein.

c) Andere Versicherungen

125 Wird der gesetzliche Katalog der „Pflichtversicherungen" in der **Gemeinschaftsordnung** erweitert, entspricht ebenfalls nur der Abschluss dieser Versicherungen ordnungsmäßiger Verwaltung, während der konkrete Inhalt im Ermessen der Wohnungseigentümer liegt.

126 Schweigt die Gemeinschaftsordnung zur Versicherungspflicht, ist Abs 2 Nr 3 nicht etwa im Umkehrschluss zu entnehmen, dass der Abschluss dort nicht genannter Versicherungen ordnungsmäßiger Verwaltung widerspräche (allgM, etwa Armbrüster ZWE 2012, 201). Beschließen die Wohnungseigentümer den Abschluss einer in der Norm nicht erwähnten Versicherung, gelten für diese Entscheidung mithin die allgemeinen Kriterien der Ordnungsmäßigkeit (§ 18 WEG Rn 133 ff). Bei der Interessenabwägung sind vor allem die Vorteile des Versicherungsschutzes und die Kosten der Versicherung zu berücksichtigen. Bei einer entsprechenden Gefahrgeneigtheit des Grundstücks kommen eine **Gewässerschadenhaftpflichtversicherung** (Armbrüster ZWE 2012, 201) eine Versicherung gegen **Glasbruch**, eine **Elementarversicherung** (OLG Köln ZMR 2007, 987) oder eine **Bauherrenhaftpflichtversicherung** (Dötsch NZM 2014, 296) in Betracht.

127 In der Praxis sind **Haftpflichtversicherungen** zugunsten der Mitglieder des **Verwaltungsbeirats** verbreitet. Deren Abschluss fällt zwar als Organisationsmaßnahme (§ 18 WEG Rn 145) unter § 19 Abs 1 WEG, weshalb Beschlusskompetenz besteht (**aA** Köhler ZMR 2003, 891, 893). Nach altem Recht war es hM, dass der Abschluss einer Haftpflichtversicherung typischerweise die Bereitschaft fördert, dieses Verwaltungsamt zu übernehmen und deshalb regelmäßig ordnungsmäßiger Verwaltung entsprach (KG ZMR 2004, 780; Armbrüster ZWE 2010, 117, 121). Diese Ansicht ist seit dem WEMoG 2020 überholt. Denn die Haftung des unentgeltlich tätigen Verwaltungsbeirats beschränkt **§ 29 Abs 3 WEG** auf Vorsatz und grobe Fahrlässigkeit. Damit hat der Gesetzgeber den aus seiner Sicht ausreichenden Anreiz für eine Mitarbeit im Beirat geschaffen (BT-Drucks 19/18791, 79). Eine Versicherung unentgeltlich arbeitender Beiratsmitglieder oder entgeltlich tätiger Mitglieder gegen grob fahrlässiges Verhalten widerspricht daher regelmäßig ordnungsmäßiger Verwaltung.

128 Für den unentgeltlich tätig werdenden Verwalter gilt hingegen keine gesetzliche Haftungsprivilegierung. Das wird typischerweise den Abschluss einer **Verwalterhaftpflichtversicherung** für diese Personen rechtfertigen, um die Bereitschaft zur Übernahme des Amtes zu fördern. Anders ist es beim gegen Entgelt arbeitenden

Verwalter, weil bei diesem die Vergütung die Anreizwirkung ausübt und es dann Sache des Verwalters ist, sich zu versichern (Armbrüster ZWE 2012, 201, 202; Dötsch ZMR 2013, 785, 786).

5. Erhaltungsrücklage (Nr 4)

§ 19 Abs 2 Nr 4 WEG ordnet die Ansammlung einer angemessenen Erhaltungsrücklage dem Bereich ordnungsmäßiger Verwaltung zu. Bis zum **WEMoG 2020** sprach das Gesetz von „Instandhaltungsrückstellung" (§ 21 Abs 5 Nr 4 WEG aF). Die Umformulierung rührt zum einen daher, dass die Erhaltung in § 13 Abs 2 WEG als Oberbegriff für Instandhaltung und Instandsetzung definiert wird. Zum anderen soll die Verwendung des Wortes „Rücklage" verdeutlichen, dass es sich nicht um einen bilanziellen Posten, sondern um verfügbares Vermögen handelt (BT-Drucks 19/18791, 61). 129

a) Allgemeines

Mit Rücklage ist Gemeinschaftsvermögen gemeint, das in **Reserve** gehalten wird, also nicht über die Jahresabrechnung an die Wohnungseigentümer ausgeschüttet wird. 130

Die Ansammlung einer Erhaltungsrücklage hat **den Zweck, solvente Wohnungseigentümer** vor einem Zahlungsausfall anderer Wohnungseigentümer **zu schützen**. Denn wenn eine Rücklage fehlt, muss der Finanzbedarf für eine konkrete Erhaltungsmaßnahme durch eine Sonderumlage aufgebracht werden, Sind einzelne Wohnungseigentümer hierzu nicht in der Lage, haften wirtschaftlich die solventen Wohnungseigentümer für den Ausfall (vgl etwa BGHZ 207, 99 Rn 15). Dieser Ausfallhaftung wird durch die Rücklagenbildung vorgebeugt (KG ZMR 1988, 272). § 19 Abs 2 Nr 4 WEG schützt hingegen die Wohnungseigentümer nicht vor einer persönlichen Überforderung und damit nicht „vor sich selbst" (**aA** etwa Hügel/Elzer Rn 135), weil es jedem Wohnungseigentümer unbenommen ist, persönliche Rücklagen zu bilden. Es ist auch nicht Zweck der Rücklagenbildung, dass alle Erhaltungsmaßnahmen stets und in vollem Umfang aus diesen Mitteln bestritten werden können (**aA** wohl Drasdo ZWE 2012, 17, 19). Denn dies würde zu einer Überbewertung von § 19 Abs 2 Nr 4 WEG im Vergleich zu den anderen wohnungseigentumsrechtlichen Finanzierungsmethoden, insbes der Sonderumlage und der Aufnahme eines Darlehens (dazu BGHZ 207, 99), führen. § 19 Abs 2 Nr 4 WEG dient zuletzt auch nicht der Funktionsfähigkeit der Verwaltung. Zwar kann es sein, dass der Verwalter nach § 27 WEG die Verwaltungskompetenz hat, kleinere Erhaltungsmaßnahmen selbständig in Auftrag zu geben und auch aus der Rücklage zu finanzieren, die dafür in entsprechender Höhe vorhanden sein muss. Das gesetzliche Leitbild ist dies indes nicht. 131

Wird die Ansammlung einer Erhaltungsrücklage in der **Gemeinschaftsordnung** ausgeschlossen, ist dies wirksam (Hogenschurz/Elzer Rn 326); ein Beschluss, der dann dennoch die Bildung einer Rücklage anordnet, ist nichtig. Wirksam ist auch die Regel in der Gemeinschaftsordnung, dass verschiedene Rücklagen gebildet werden, etwa solche, die einem anderen Zweck dienen als der Erhaltung des Gemeinschaftseigentums (Lehmann-Richter ZWE 2014, 105, 109) oder nach Gebäuden getrennte Erhaltungsrücklagen (BGH 10. 11. 2017 – V ZR 184/16, NJW 2018, 1309 Rn 19; ZMR 2015, 726). Der zuletzt genannte Fall ist bei **Mehrhausanlagen** praxisrelevant. Hier wird in Gemeinschaftsordnungen häufig bestimmt, dass die gebäudebezogene Rücklage von den Eigentümern des entsprechenden Gebäudeteils angesammelt wird. Ein Be- 132 schluss, der dann entgegen der Gemeinschaftsordnung die Ansammlung einer einheitlichen Rücklage vorsieht, ist nichtig (BGH ZMR 2015, 726).

133 § 19 Abs 2 Nr 4 WEG hat keinen abschließenden Charakter, schließt also einen **Beschluss** über die Bildung **anderer Rücklagen** nicht aus. Die vor dem WEMoG 2020 vertretene abweichende Meinung (etwa OLG Hamm ZMR 2001, 1001) ist angesichts von § 28 Abs 1 S 1 WEG überholt. Im Rahmen ordnungsmäßiger Verwaltung kann daher etwa die Ansammlung einer nicht zweckgebundenen allgemeinen Liquiditätsrücklage, aber auch die Bildung anderer zweckgebundener Rücklagen, zB für Modernisierungen, beschlossen werden (ausf Dötsch ZWE 2018, 61; Lehmann-Richter ZWE 2014, 105). Auch für einen Beschluss, **getrennte Rücklagen** anzusparen (etwa in der Mehrhausanlage) besteht Beschlusskompetenz. Ordnungsgemäß ist ein solcher Beschluss aber nur, wenn die Erhaltungskosten nach der Gemeinschaftsordnung von den Eigentümern der einzelnen Gebäude gesondert zu tragen sind, weil sonst eine gebäudebezogene Verwendung der Rücklage bei der Kostenverteilung nicht möglich ist (vgl Häublein NZM 2003, 785, 789).

b) Kriterien der Ordnungsmäßigkeit

134 Die Ansammlung einer Erhaltungsrücklage entspricht stets ordnungsmäßiger Verwaltung (s Rn 68) und kann daher nach § 18 Abs 2 Nr 1 WEG verlangt werden. Zur Höhe der Rücklage macht die Norm mit dem Wort „angemessen" hingegen keine konkreten Vorgaben. Die Art und Weise der Ansammlung regelt § 28 Abs 1 S 1, Abs 2 S 1 WEG: Die Wohnungseigentümer haben die Rücklage durch Beitragszahlungen aufzubringen. Bei der **Ordnungsmäßigkeitskontrolle** geht es einmal um die Frage, ob die **jährlichen Beiträge** zur Rückstellung angemessen sind. Zum anderen sind **Beschlüsse** betroffen, die sich mit der **Verwendung** der angesparten Erhaltungsrücklage befassen. Vorfrage bei der Bewertung der Ordnungsmäßigkeit solcher Beschlüsse, aber auch der aus § 28 Abs 1 S 2, Abs 2 S 2 WEG folgenden Beschlussvorbereitungspflicht des Verwalters, ist stets, was die angemessene Höhe der Rücklage ist.

aa) Höhe der Rücklage

135 In **Lit** und **Rspr** werden zur Ermittlung der angemessenen Rücklagenhöhe **verschiedene Rechenmodelle** diskutiert. Einige Stimmen sehen den früheren § 28 II. BV als Orientierungsmaßstab (OLG Hamm ZMR 2006, 879; OLG Düsseldorf ZWE 2002, 535). Ein zweites Modell geht dahin, den Rücklagenbedarf danach zu ermitteln, welche Bauteile in absehbarer Zeit erneuert oder ausgebessert werden müssen. Dafür werden die Erhaltungskosten der verschiedenen Bauteile bestimmt und abdiskontiert (vHauff/Homann DWE 1997, 16; s auch Drasdo ZWE 2012, 17). Zuletzt wird als Faustformel eine jährliche Zuweisung in die Rücklage iHv 0,8 bis 1 % des Kaufpreises vorgeschlagen (Hügel/Elzer Rn 155).

136 **Stellungnahme**: Zu Recht hat sich keine dieser Berechnungsmethoden durchsetzen können. Denn die Wohnungseigentümer haben – dies ist allgM – bei der Festlegung der Höhe der Erhaltungsrücklage ein Ermessen (BGH ZMR 2011, 735 Rn 24). Die angemessene Höhe der Rücklage kann daher nicht allgemeinverbindlich, sondern nur anhand der Umstände des Einzelfalls und unter Berücksichtigung dieses Ermessens bestimmt werden. **Maßgeblich** ist dabei der Zweck von § 19 Abs 2 Nr 4 WEG, eine **Ausfallhaftung** einzelner Wohnungseigentümer bei Erhaltungsmaßnahmen zu vermeiden (s Rn 131). Angemessen ist die Höhe der Rücklage, wenn sie diesem Zweck gerecht wird. Hierbei kommt es zunächst auf den Erhaltungszustand des Gebäudes an, weil mit dessen Renovierungsbedürftigkeit das Risiko von Erhaltungsmaßnahmen steigt. Daneben ist das Ausfallrisiko in der konkreten Wohnanlage zu ermitteln. Hier spielt insbes eine Rolle, ob alle Wohnungseigentümer ihr laufendes Wohngeld regelmäßig und in voller Höhe zahlen. Typischerweise gebietet es der Schutz vor einer Ausfallhaftung – entgegen der wohl hM (s Rn 131) – nicht, dass die Rücklage den zum Zeitpunkt der Bewertung ihrer Angemessenheit vorhandenen „Reparaturstau" abdeckt. Denn das Vorhalten einer Rücklage ist für die Wohnungseigentümer auch mit finanziellen Nachteilen verbunden. Es führt nämlich dazu, dass der Wohnungseigentümergemeinschaft Geld zugeführt wird, das aktuell nicht benötigt wird. Dieses Vermögen ist dort gebunden und wird in der Praxis typischerweise nicht wieder ausgeschüttet. Hinzu kommt, dass die Rücklage beim Verkauf des Wohnungseigentums den Kaufpreis regelmäßig nicht beeinflusst, es sich aus Sicht des aus der Gemeinschaft ausscheidenden Wohnungseigentümers also um verlorene Zuschüsse handelt. Zusammengefasst ist damit festzuhalten, dass die Rücklagenhöhe immer dann angemessen ist, wenn sie aus objektiver Sicht die Wohnungseigentümer in **vertretbarer Art und Weise** gegen das **Ausfallrisiko absichert**.

Die Angemessenheit wird mit Blick auf das Ermessen der Wohnungseigentümer nicht durch einen konkreten Betrag, sondern durch eine **Spanne** ausgewiesen. Erst wenn die Rücklagenhöhe diese Spannbreite über- oder unterschreitet, ist die Höhe der Rückstellung unangemessen iSd § 19 Abs 2 Nr 4 WEG. Die Spanne ist **dynamisch**, weil eine Veränderung des Erhaltungszustands und/oder des Ausfallsrisikos auch die Rücklagenhöhe beeinflusst. Daneben spielt auch die aktuelle Höhe der Rücklage eine Rolle. Denn bei einer niedrigen Rücklage würde zwar durch eine sofortige, erhebliche Aufstockung das Risiko einer Ausfallhaftung verringert, die einzelnen Wohnungseigentümer aber auch finanziell besonders belastet. Dies führt dazu, dass auch eine nur um einen moderaten Jahresbetrag erhöhte und damit vergleichsweise niedrige Rücklage noch angemessen ist. Zu Recht betont der BGH deshalb, dass den Wohnungseigentümern bei der Bestimmung des **Zeitraums**, in welchem die Rücklage aufgebracht werden soll, ein Ermessen zusteht (BGH ZMR 2011, 735 Rn 24). 137

bb) Ansammlung der Rücklage

Die Ansammlung der laufenden Rücklage erfolgt gem § 28 Abs 1 S 1, Abs 2 S 1 WEG über **jährliche Beitragsleistungen**. Auch der Beschluss, Überschüsse zu **thesaurieren**, fällt unter diese Vorschriften. Denn dafür ist ein Nachschuss in die Rücklage zu beschließen, der mit dem Anspruch auf Erstattung von Überschüssen durch Beschluss (§ 28 Abs 3 WEG) verrechnet wird. 138

Geht es um die Kontrolle der **Ordnungsmäßigkeit** eines **Ansammlungsbeschlusses**, ist entscheidend, ob die beschlossene Zuführung dazu führt, dass die Rücklage insgesamt unangemessen hoch oder niedrig wird. Ist dies der Fall, ist der Ansammlungsbeschluss ordnungswidrig; gleiches gilt für die Beschlussvorbereitung durch den Verwalter. Zu beachten ist, dass der BGH ein Ermessen bei der Festsetzung der Ansammlungsbeträge anerkennt, das nach hier vertretener Ansicht indes bereits die Angemessenheit der Rücklagenhöhe definiert (s Rn 136). Die Beweislast für die Ordnungswidrigkeit des Ansammlungsbeschlusses trifft – wie stets – den Anfechtungskläger (BGH ZMR 2011, 735 Rn 24). 139

cc) Verwendung der Rücklage

140 Beschlüsse über die Verwendung der Rücklage können zunächst die Entscheidung betreffen, Erhaltungsmaßnahmen aus der Rücklage zu finanzieren. § 19 Abs 2 Nr 4 WEG ist hier ambivalent: Die Rücklage dient der Erhaltung, was dafür spricht, dass die angesammelten Gelder zu diesem Zweck verwendet werden können. Gleichzeitig ist aber zu beachten, dass mit der Durchführung einer konkreten Erhaltungsmaßnahme der Rücklagenzweck nicht insgesamt entfällt, weil auch in Zukunft Erhaltungsbedarf entstehen wird. Wird die Rücklage vollständig zur **Finanzierung von Erhaltungsmaßnahmen** verwendet, löst dies mithin sofort wieder eine Ansammlungspflicht aus. Grundsätzlich widerspricht die vollständige Verwendung der Rücklage daher ordnungsmäßiger Verwaltung (vgl OLG Hamm ZMR 2001, 1001), weil dies ihren Zweck (dazu Rn 131) missachten würde, die Wohnungseigentümer vor einem zukünftigen Ausfallrisiko zu schützen. Hat sich dieses Risiko allerdings realisiert – können also die Kosten einer Erhaltungsmaßnahme nicht (vollständig) durch Sonderumlagen finanziert werden – ist insoweit auch die vollständige Verwendung der Rücklage ordnungsgemäß. Die hM lässt hingegen in weiterem Umfang eine Erschöpfung der Rücklage zu (KGR Berlin 2005, 91).

141 Eine Pflicht, **Erhaltungsmaßnahmen** aus der **Rücklage zu finanzieren**, besteht nur, wenn allein diese Finanzierungsentscheidung ordnungsgemäßer Verwaltung entspricht. Rechtsprechung und Literatur betonen hier zu Recht den Ermessensspielraum der Wohnungseigentümer (etwa BayObLG ZMR 2003, 694; Hogenschurz/Elzer Rn 350). Ist die Rücklage allerdings auf eine nicht mehr angemessene Höhe angewachsen und stehen andere, größere Erhaltungsmaßnahmen nicht bevor, kann sich das Ermessen durchaus dahingehend reduzieren, dass allein ein (teilweiser) Zugriff auf die Rücklage vertretbar ist. Denn dann kann sich das Interesse der Wohnungseigentümer durchsetzen, die hinreichend kapitalisierte Wohnungseigentümergemeinschaft nicht über Sonderumlagen mit weiterem Geld auszustatten.

142 Die hier soeben für die Ordnungsmäßigkeit eines Beschlusses diskutierten Regeln gelten entsprechend, wenn es um die Bewertung der auf § 27 WEG gestützten **Entscheidung** des **Verwalters** geht, Maßnahmen aus der Rücklage zu finanzieren.

143 Es besteht **Beschlusskompetenz**, über eine (teilweise) **Auflösung** der Erhaltungsrücklage zu entscheiden (OLG Saarbrücken NZM 2000, 198; Lehmann-Richter ZWE 2014, 105, 109). Dies kann die **Ausschüttung** an die Wohnungseigentümer oder den **umwidmenden Beschluss** betreffen, die Mittel für andere Gemeinschaftszwecke zu verwenden (zB Finanzierung einer Modernisierung; Begleichung von nicht auf Erhaltungsmaßnahmen beruhenden Verbindlichkeiten). Die vollständige Auflösung der Erhaltungsrücklage verstößt allerdings gegen § 19 Abs 2 Nr 4 WEG und widerspricht daher stets ordnungsmäßiger Verwaltung. Gleiches gilt für eine teilweise Auflösung, wenn die Rücklage dadurch auf einen Betrag verringert wird, der unter der Spannbreite der Angemessenheit liegt (OLG Saarbrücken NZM 2000, 198); Rechtsprechung und Literatur sprechen insofern verbreitet von einer **„eisernen Reserve“** (etwa OLG München NJW 2008, 1679).

144 Den Wohnungseigentümern steht es – vorbehaltlich einer verbindlichen Vorgabe zur Art der Vermögensanlage in der Gemeinschaftsordnung – frei, im Rahmen ordnungsmäßiger Verwaltung eine bestimmte **Anlageform** zu beschließen. Ob die Anlageform ordnungsgemäß ist, richtet sich danach, ob der Beschluss unter Berücksichtigung der Interessen der Wohnungseigentümer vertretbar ist. Maßgeblich ist einerseits das Interesse, das Geld sicher anzulegen und schnell über dieses verfügen zu können. Daneben liegt es im Interesse der Eigentümer, Zinserträge zu erzielen (Häublein ZMR 2013, 945). Die Gewichtung dieser Interessen liegt im Ermessen der Wohnungseigentümer, weshalb auch spekulativere Anlageformen als das typische Sparkonto ordnungsgemäßer Verwaltung entsprechen können (näher Häublein ZMR 2013, 945). Dies ist aber kein gesicherter Standpunkt, weil in der Literatur verbreitet vertreten wird, dass riskante Anlageentscheidungen ordnungsmäßiger Verwaltung widersprächen und hierzu etwa Aktien, Aktienfonds und Bausparverträge gezählt werden (Suilmann ZWE 2015, 246; vgl auch OLG Düsseldorf WuM 1996, 112, zum Bausparvertrag).

6. Begründung von Vorschusspflichten (Nr 5)

Nach § 21 Abs 5 Nr 5 WEG aF gehörte die Aufstellung eines Wirtschaftsplans zur ordnungsmäßigen Verwaltung. Das **WEMoG 2020** hat die Regelung umformuliert. Der Wortlaut des § 19 Abs 2 Nr 5 WEG beruht darauf, dass § 19 WEG ausweislich seiner Überschrift („Regelung der Verwaltung und Benutzung durch Beschluss") nur noch Maßnahmen betrifft, die durch Beschluss der Wohnungseigentümer erfolgen. Die Aufstellung des Wirtschaftsplans ist nach § 28 Abs 1 S 2 WEG aber Aufgabe des Verwalters, während die Wohnungseigentümer über die Höhe der Vorschüsse beschließen, § 28 Abs 1 S 1 WEG. Wegen der Details der Beschlussfassung über die Vorschusspflichten ist auf die Kommentierung zu § 28 WEG zu verweisen. **145**

7. Zertifizierter Verwalter (Nr 6)

§ 19 Abs 2 Nr 6 WEG stammt aus der **WEG-Reform 2020** und beruht auf einer Anregung des Rechtsausschusses. Nach der Regelung entspricht grundsätzlich nur die Bestellung eines zertifizierten Verwalters iSd § 26a WEG ordnungsmäßiger Verwaltung. Das folgende **Übergangsrecht** ist zu beachten: Nach § 48 Abs 4 S 1 WEG gilt § 19 Abs 2 Nr 6 WEG erst ab dem 1. 12. 2023 und nach § 48 Abs 4 S 2 WEG gilt eine Person, die am 1. 12. 2020 Verwalter einer Wohnungseigentümergemeinschaft war, in Bezug auf diese Gemeinschaft bis zum 1. Juni 2025 als zertifizierter Verwalter. **146**

§ 19 Abs 2 Nr 6 WEG stellt klar, dass sich der **Anspruch** auf ordnungsmäßige Verwaltung aus § 18 Abs 2 Nr 1 WEG auf die **Bestellung** eines **Verwalters** erstreckt (vgl BGH 10. 6. 2011 – V ZR 146/10, NJW 2011, 3025 Rn 11). Jeder Wohnungseigentümer kann deshalb ohne weitere Darlegung von Tatsachen und ohne Rücksicht auf die Größe der Anlage die Bestellung eines Verwalters verlangen. Denn eine Gemeinschaft der Wohnungseigentümer ist ohne Verwalter nur solange funktionsfähig, wie sie unter Mitwirkung sämtlicher Wohnungseigentümer verwaltet wird. Die jederzeit zumindest drohende Funktionsunfähigkeit ist ein hinreichender Grund, dass jeder Wohnungseigentümer die Bestellung eines Verwalters verlangen kann. **147**

a) Grundsatz: Anspruch auf zertifizierten Verwalter

Zweck von § 19 Abs 2 Nr 6 WEG ist es, jedem Wohnungseigentümer grundsätzlich einen Anspruch auf Bestellung eines zertifizierten Verwalters zu gewähren. Die Vorschrift verengt das an sich bestehende Ermessen der Wohnungseigentümer, welche Person zum Verwalter bestellt wird. Nur die Bestellung eines zertifizierten Verwalters (zum Begriff s § 26a WEG) ist ordnungsgemäß. Der Sache nach handelt sich um **148**

das funktionale Äquivalent für den rechtspolitisch geforderten „Sachkundenachweis“ (näher Lehmann-Richter/Wobst WEG-Reform 2020 Rn 562).

149 Wird ein **nicht-zertifizierter Verwalter** bestellt, ist der **Bestellungsbeschluss ordnungswidrig**, aber nicht nichtig. Wird der Bestellungsbeschluss nicht angefochten, kann der Verwalter zwar – wie jeder Verwalter – jederzeit abberufen werden (§ 26 Abs 3 S 1 WEG). Ein Abberufungsanspruch aus § 18 Abs 2 Nr 1 WEG gestützt auf die Nichtzertifizierung besteht aber nicht, weil diese Ordnungswidrigkeit durch Anfechtungsklage verfolgt werden muss (§ 44 WEG Rn 51; **aA** Staudinger/Jacoby § 26 WEG Rn 137 m Nachw). Der Anspruch aus § 18 Abs 2 Nr 1 WEG auf Bestellung eines zertifizierten Verwalters lebt daher erst wieder auf, wenn nach spätestens fünf Jahren (vgl § 26 Abs 2 S 1 WEG) über die erneute Bestellung zu entscheiden ist.

b) Ausnahme: Selbstverwaltung in Kleinanlagen

150 § 19 Abs 2 Nr 6 HS 2WEG sieht eine Ausnahme für Kleinanlagen vor: In Gemeinschaften mit maximal acht Einheiten besteht – vorbehaltlich der bei Rn 152 beschriebenen Rückausnahme – kein Anspruch auf die Bestellung eines zertifizierten Verwalters, wenn einer der Wohnungseigentümer zum Verwalter bestellt wurde. Die Vorschrift ist **rechtspolitisch verfehlt**, weil die These nicht trägt, kleinere Gemeinschaften benötigten keinen zertifizierten Verwalter, wenn einer der Wohnungseigentümer das Amt übernimmt (Lehmann-Richter/Wobst WEG-Reform 2020 Rn 557).

151 Bei den nach § 19 Abs 2 Nr 6 HS 2WEG maßgeblichen **acht Einheiten** kommt es nur auf die Zahl der Wohnungen an. Das Gesetz spricht zwar pauschal von „Sondereigentumsrechten“, also allen Miteigentumsanteilen, die mit Sondereigentum verbunden sind (vgl § 7 Abs 4 S 2 WEG). Weil der Verwaltungsaufwand aber, soweit er überhaupt größenabhängig ist, im Wesentlichen von der Zahl der Wohnungen abhängt, bleiben Stellplätze aller Art bei § 19 Abs 2 Nr 6 HS 2 WEG außer Betracht.

152 Eine **Rückausnahme** besteht, wenn mindestens ein Drittel der Wohnungseigentümer nach Köpfen (§ 25 Abs 2 WEG) die Bestellung eines zertifizierten Verwalters verlangt. Das **Verlangen** ist gegenüber der Wohnungseigentümergemeinschaft zu erklären, die hierbei durch den nichtzertifizierten Verwalter repräsentiert wird. Konstruktiv ähnelt es einem Einberufungsverlangen nach § 24 Abs 2 WEG, das ebenfalls eine Ermessensreduzierung auf null bewirkt, weshalb Einzelfragen – etwa zur Widerruflichkeit – mit Hilfe der zu dieser Vorschrift entwickelten Prinzipien gelöst werden können (vgl Staudinger/Häublein § 24 WEG Rn 50 ff). Ist das notwendige Quorum erfüllt, besteht ein Anspruch auf Bestellung eines zertifizierten Verwalters.

§ 20 WEG*
Bauliche Veränderungen

(1) Maßnahmen, die über die ordnungsmäßige Erhaltung des gemeinschaftlichen Eigentums hinausgehen (bauliche Veränderungen), können beschlossen oder einem Wohnungseigentümer durch Beschluss gestattet werden.

(2) Jeder Wohnungseigentümer kann angemessene bauliche Veränderungen verlangen, die

1. dem Gebrauch durch Menschen mit Behinderungen,

2. dem Laden elektrisch betriebener Fahrzeuge,

3. dem Einbruchsschutz und

4. dem Anschluss an ein Telekommunikationsnetz mit sehr hoher Kapazität

dienen. Über die Durchführung ist im Rahmen ordnungsmäßiger Verwaltung zu beschließen.

(3) Unbeschadet des Absatzes 2 kann jeder Wohnungseigentümer verlangen, dass ihm eine bauliche Veränderung gestattet wird, wenn alle Wohnungseigentümer, deren Rechte durch die bauliche Veränderung über das bei einem geordneten Zusammenleben unvermeidliche Maß hinaus beeinträchtigt werden, einverstanden sind.

(4) Bauliche Veränderungen, die die Wohnanlage grundlegend umgestalten oder einen Wohnungseigentümer ohne sein Einverständnis gegenüber anderen unbillig benachteiligen, dürfen nicht beschlossen und gestattet werden; sie können auch nicht verlangt werden.

Materialien: BT-Drucks 19/18791, 61 ff.

Schrifttum

Bunnemann, Elektromobilität in der Immobilienwirtschaft: Neue Rahmenbedingungen durch GEIG und WEMoG, CuR 2021, 106
Dötsch, Neues bei der Verteilung der Kosten baulicher Veränderungen, ZWE 2021, 341
ders, WEG-Reform 2020 – Übersicht zum Recht der baulichen Veränderungen nach dem Regierungsentwurf, ZfIR 2020, 221
ders, WEG-Reform: Endlich der Durchbruch für die Förderung der Elektromobilität im Immobilienrecht?, ZWE 2020, 215
ders, Das Gebäude-Elektromobilitätsinfrastruktur-Gesetz (GEIG) im Überblick, MietRB 2021, 276
Elzer, Der Baum im Wohnungseigentumsrecht, NZM 2021, 334
ders, Die Beteiligung der Wohnungseigentümer bei einem benachbarten Bauvorhaben – ein Beitrag zum Verständnis des Art 66 Abs 3 Satz 2 BayBO, ZMR 2022, 97
Emmerich, Das neue Recht der Abwehr von Gebrauchsstörungen, ZWE 2021, 193

* Diese Kommentierung fußt auf Lehmann-Richter/Wobst WEG-Reform 2020, § 11 Baumaßnahmen und ihre Finanzierung, Rn 953–1269.

Forschner, Der Verwalter als Gestalter – Gestaltungsbefugnisse aus der Gemeinschaftsordnung, ZWE 2022, 193
Häublein, Der nachteilig betroffene Wohnungseigentümer – wie eine verfehlte Auslegung des Gesetzes bauliche Veränderungen in Wohnungseigentumsanlagen behindert, in: FS Riecke (2019) 171
ders/Jacoby/Lehmann-Richter/Wobst, Änderung des vereinbarten Gebrauchs als Sperre eines Beschlusses über eine bauliche Veränderung?, ZWE 2021, 27
Herlitz, Technik & Recht im Schnittpunkt der WEMoG-modernisierten Mieterrechte, NZM 2020, 912
Hogenschurz, Zu den Grenzen baulicher Veränderungen gemäß § 20 Abs 4 WEG, ZfIR 2021, 419
Horst, Bauliche Sanierung und bauliche Veränderung nach neuem WEG-Recht, MietRB 2021, 181
Hübner, E-Mobilität in vermieteten Tiefgaragen – ein Startversuch mit Hindernissen und vielen offenen Fragen, ZfIR 2020, 37
Jacoby, Das Ermessen im WEG, ZWE 2023, 16
Kassler, TKG-Novelle: Das Inkrafttreten des Telekommunikationsmodernisierungsgesetzes und seine Auswirkungen, ZWE 2022, 58
Klimesch, Gartenteich, Baum & Co. als privilegierte Maßnahmen – Art 20a GG als echtes „Natur“-Grundrecht, IMR 2021, 133
Lehmann-Richter, Ausbaurechte in der Gemeinschaftsordnung, ZWE 2017, 193
ders, Zum Trittschallschutz bei Eingriffen in das gemeinschaftliche Eigentum, ZWE 2018, 307
Mediger, Neue Regeln für bauliche Veränderungen im RefE WEModG oder: „weniger ist mehr“ – Zugleich zu den Plänen einer „Vergesellschaftung“ des Wohnungseigentums, NZM 2020, 269
Pauly, Bauliche Veränderungen des Gemeinschaftseigentums nach In-Kraft-Treten des Wohnungseigentumsmodernisierungsgesetzes (WEMoG), ZfBR 2021, 214
Rapp, Die Gestaltung der Gemeinschaftsordnung unter Berücksichtigung der vereinbarten Nutzungen, ZfIR 2019, 361
Riecke, Bauliche Veränderungen: Formulierung der Beschlüsse und Durchführung der Abstimmung, ZWE 2022, 20
ders, Die (frühere) modernisierende Instandsetzung, ZMR 2023, 178
Rolfs, Bauliche Maßnahmen des Mieters nach neuem Recht: Barrierereduzierung, E-Mobilität, Einbruchsschutz, NZM 2020, 902
Schultzky, Update zur Elektromobilität und Barrierefreiheit, ZWE 2019, 305
Zschieschack, Neues bei Beschlüssen über bauliche Veränderungen, ZWE 2021, 68
ders, Exklusive Terrassennutzung durch Baubeschluss?, ZMR 2023, 347.

Systematische Übersicht

Alphabetische Übersicht

I. Grundlagen

1 Soweit bauliche Maßnahmen über die Erhaltung iSv § 13 Abs 2 WEG hinausgehen, hat das WEMoG diese samt ihrer Kosten in Abweichung von § 22, § 16 Abs 4 u 6 WEG aF umfassend neu geregelt. Das ist die Reaktion auf einen breit artikulierten **rechtspolitischen Handlungsbedarf.** Dieser Bedarf wurzelt darin, dass das WEG herkömmlich als **Nachkriegsgesetz von 1951** veränderungsfeindlich war (u Rn 5). Es ergaben sich bei jeder baulichen Maßnahme schwer zu klärende Fragen: (1) Mit welcher Mehrheit können die Eigentümer unter welchen weiteren Voraussetzungen solche Maßnahmen beschließen? (2) Wann hat der Verwalter einen Baubeschluss zu verkünden? (3) Wer trägt die Kosten (a) der Baumaßnahme und (b) die Folgekosten, namentlich diejenigen der künftigen Erhaltung des neuen Bauteils? Nunmehr regelt § 20 WEG den Beschluss über die bauliche Veränderung, § 21 WEG die Verteilung der Kosten und Nutzungen.

2 § 20 WEG verlangt als Grundlage für jede bauliche Veränderung einen **Beschluss, durch den der Soll-Zustand des gemeinschaftlichen Eigentums verändert wird.** Dieser Beschluss kann nach § 20 Abs 1 WEG **mit einfacher Mehrheit** gefasst werden. Die Minderheit kann sich gegen den Beschluss über die bauliche Veränderung mittels Anfechtungsklage allein unter Berufung auf die beiden „Veränderungssperren“ des § 20 Abs 4 WEG verteidigen. Ausgleich für die überstimmte Minderheit ist die Kosten- und Nutzungsregelung in § 21 Abs 1, 3 WEG, so dass die Überstimmten grundsätzlich nach dem Modell des § 16 Abs 6 WEG aF die Kosten und Folgekosten der Maßnahmen nicht tragen. § 20 Abs 2 u 3 WEG regelt besondere Gestaltungen, in denen dem bauwilligen Eigentümer ein Anspruch auf eine bauliche Veränderung zusteht.

1. Entstehungsgeschichte und Zweck

3 § 20 WEG, der dem RegE entspricht, wurde vollständig neu gefasst. Dabei hatte der Gesetzgeber unterschiedliche Interessen der Wohnungseigentümer in Einklang zu bringen: Auf der einen Seite stehen die Interessen der Bauwilligen, die gerne bereit sind, das gemeinschaftliche Eigentum durch Investitionen aufzuwerten; auf der anderen Seite die Interessen der anderen Eigentümer, die gegen eine Veränderung sind, gleich ob diese Einstellung auf grundsätzlichen Erwägungen oder auf der Sorge vor den finanziellen Folgen beruht. Rechtlich gesprochen stehen dem Veränderungsinteresse das Konservierungs- bzw Bewahrungsinteresse sowie finanzielle Interessen entgegen; es geht um **Gestaltungsmacht** und **Belastungsschutz.** Zum Ausgleich dieses Widerstreits hat der Gesetzgeber in § 20 WEG die Regelung zur Zulässigkeit der baulichen Veränderung geschaffen, die der Gestaltungsmacht grundsätzlich Vorrang einräumt. Den Belastungsschutz vermittelt die Kostenregelung in § 21 WEG (Staudinger/Jacoby § 21 WEG Rn 3 ff).

a) Gestaltungsmacht der Mehrheit

4 Die dem § 20 WEG zugrundeliegende **prägende Wertentscheidung** liegt darin, die **Gestaltungsmacht grundsätzlich in die Hände der Mehrheit** zu legen. Das Gesetz wertet das Bewahrungsinteresse also nicht per se höher als das Veränderungsinteresse. Diese rechtspolitische Entscheidung dient nicht nur der Verwirklichung des Mehrheitsprinzips, sondern soll auch die Bautätigkeit in Wohnungseigentumsanlagen anregen.

In der **Vergangenheit** gewichtete das WEG das Bewahrungsinteresse schwerer als das Veränderungsinteresse. Dies offenbarte sich insbesondere in den hohen Quoren des § 22 WEG aF. Verfassungsrechtlich geboten war das nicht, denn die Eigentumsgarantie des Art 14 GG schützt sowohl die Bewahrung als auch die Veränderung des Eigentums (BVerfG 22. 5. 2001 – 1 BvR 1512/97 und 1677/97, NVwZ 2001, 1023, 1024). Es ist eine zulässige Inhalts- und Schrankenbestimmung, die Entscheidung darüber in die Hand der Mehrheit zu legen. 5

b) Privilegierung bestimmter Baumaßnahmen

Eine eigenständige weitere Wertentscheidung hat der Gesetzgeber in § 20 Abs 2 WEG durch die Privilegierung bestimmter baulicher Veränderungen zum Ausdruck gebracht: Für Maßnahmen der Barrierereduzierung, der Elektromobilität, des Einbruchsschutzes und des Glasfaserausbaus braucht es nicht einmal den Willen der Mehrheit. Jeder Wohnungseigentümer kann sie – wegen § 21 Abs 1 WEG auf eigene Kosten – verlangen. Derartige Baumaßnahmen liegen nach Ansicht des Gesetzgebers nicht nur im besonderen Interesse des einzelnen Wohnungseigentümers, sondern auch im **gesamtgesellschaftlichen Interesse**. Der Katalog unterliegt der rechtspolitischen Diskussion. Ende Mai 2023 hat das BMJ den Entwurf eines Gesetzes ua zur Erleichterung des Einsatzes von Steckersolargeräten vorgelegt, mit dem § 20 Abs 2 WEG noch um „Nr 5 der Stromerzeugung durch Steckersolargeräte“ ergänzt werden soll. Eine solche Regelung sollte allerdings nicht den Blick darauf verstellen, dass solche Maßnahmen vielfach mangels Substanzbeeinträchtigung keine bauliche Veränderung sind (u Rn 48) und dann, wenn sie es sind, vielfach bereits aus § 20 Abs 3 WEG ein Anspruch auf Genehmigung folgt (u Rn 197, 199). 6

2. Privatautonomie

§ 20 WEG erklärt sich selbst nicht für zwingend, so dass nach § 10 Abs 1 S 2 WEG im Ausgangspunkt **zulässig** ist, die Regelung durch Vereinbarung abzuändern (Bärmann/Dötsch § 20 WEG Rn 61 ff; zu eng Hügel/Elzer § 20 WEG Rn 188: § 20 Abs 2–4 WEG indisponibel). 7

a) Zulässigkeit der baulichen Veränderung

Eine solche Vereinbarung kann Veränderungs- und Bewahrungsinteresse (o Rn 3 ff) anders gewichten. Insbesondere darf sie das Bewahrungsinteresse dadurch höher bewerten, dass sie den Beschluss von einem **höheren Quorum** abhängig macht, etwa der Dreiviertelmehrheit oder einer Mehrheit im Verhältnis zu allen Eigentümern, nicht nur den abstimmenden. Darüber hinaus können auch die recht niedrigen **Schranken des § 20 Abs 4 WEG** erhöht werden. Zudem können Nutzungsregelungen Anlass für den Ausschluss sein, durch Mehrheitsbeschluss den Teil des gemeinschaftlichen Eigentums baulich umzugestalten, der von der Nutzungsregelung betroffen ist. Allerdings bedarf es dafür einer entsprechenden Regelung. Einer **Nutzungsregelung** ist nicht konkludent zu entnehmen, dass sie die Beschlusskompetenz des § 20 Abs 1 WEG ausschließen will (Häublein/Jacoby/Lehmann-Richter/Wobst ZWE 2021, 27, 28; u Rn 107 ff). 8

Angesichts der gesetzlichen Anordnung in § 10 Abs 1 S 2 WEG ist auch eine **Absenkung der geringen Hürden** für Baubeschlüsse aus § 20 Abs 4 WEG nicht ausgeschlossen (Bärmann/Dötsch § 20 WEG Rn 61; Jennissen/Hogenschurz § 20 WEG Rn 9; **aA** Beck- 9

OGK/Kempfle [15. 12. 2022] § 20 WEG Rn 247; Hügel/Elzer § 20 WEG Rn 188). Insbesondere die Zulässigkeit grundlegender Umgestaltungen kann vereinbart werden. Eines Minderheitenschutzes sollte sich der einzelne Eigentümer allerdings jedoch im Hinblick auf den vom BGH anerkannten **Kernbereich** nicht umfassend begeben dürfen.

10 Eine Vereinbarung der Eigentümer kann die Kompetenz, über bauliche Maßnahmen zu entscheiden, auch von den Eigentümern auf einen **anderen Funktionsträger**, namentlich den Verwalter verlagern. Zwar ist eine solche Delegation nicht durch Beschluss nach § 27 Abs 2 WEG zulässig, da dieser auf Maßnahmen ordnungsmäßiger Verwaltung beschränkt ist. Nur das Ermessen nach § 20 Abs 2 S 2 WEG können die Eigentümer beschlussweise auf den Verwalter delegieren (Staudinger/Jacoby § 27 WEG Rn 32, 61). Die Gestaltungsmacht für Vereinbarungen ist nach § 10 Abs 1 S 2 WEG indes weiter, so dass eine derartige **Kompetenzübertragung** auf den Verwalter zulässig ist. Die Zustimmung des Verwalters als Willenserklärung tritt dann an die Stelle des Beschlusses (Forschner ZWE 2022, 193, 197).

b) Privilegierte Maßnahmen

11 Der Kreis der privilegierten Maßnahmen in § 20 Abs 2 WEG ist durch Vereinbarung **erweiterbar**. Die Eigentümer mögen also weitere Zwecke wie Verschattung oder Klimaregulierung vereinbaren, zu deren Erreichung die Eigentümer angemessene Maßnahme verlangen können.

12 Andererseits ist es zulässig, durch Vereinbarung die Ansprüche aus § 20 Abs 2 WEG **abzuschwächen und teils sogar auszuschließen** (Jennissen/Hogenschurz § 20 WEG Rn 9). Insbesondere kann abweichend geregelt werden, dass Maßnahmen nur aufgrund eines nachgewiesenen Bedürfnisses beansprucht werden können. Hingegen darf eine Vereinbarung weder die Teilhaberechte gehandicapter Menschen beeinträchtigen noch vom GEIG verlangte Maßnahmen verbieten.

c) Fehlende Beeinträchtigung

13 Dass nicht beeinträchtigende Maßnahmen eines **Beschlusses nach § 20 Abs 3 WEG bedürfen**, kann durch Vereinbarung ausgeschlossen werden (Jennissen/Hogenschurz § 20 WEG Rn 9). Die Veränderung des Soll-Zustands erfolgt dann wie beim Ausbaurecht (u Rn 16) durch die Baumaßnahme selbst angesichts der aus der Vereinbarung folgenden Gestaltungskompetenz des bauenden Eigentümers. Es bleiben allerdings die von der Beschlusslösung berücksichtigten Probleme der Rechtssicherheit. Denn der Streit über die fehlende Beeinträchtigung wird nicht kanalisiert. Soweit diese Probleme angesichts des Bagatellcharakters des Eingriffs unbedeutend sind, lässt sich auch aus einer Nutzungsregelung (u Rn 18) ein solches Ausbaurecht konkludent gewinnen (BGH 17. 3. 2023 – V ZR 140/22, ZWE 2023, 211 Rn 30; Bärmann/Dötsch § 20 WEG Rn 69).

14 Ein Ausschluss des Anspruchs aus § 20 Abs 3 WEG auf nicht beeinträchtigende Veränderungen und solche, denen die Beeinträchtigten zugestimmt haben, erscheint indessen nicht mit dem **Kernbereich** des Wohnungseigentums zu vereinbaren.

d) Altvereinbarungen

15 Vereinbarungen aus der Zeit vor Inkrafttreten des WEMoG sind nach Maßgabe des § 47 WEG daran zu messen, ob sie auch das neue Recht abbedingen wollen. Regelmäßig werden Bestimmungen, die ein Quorum regeln, eine **Erleichterung** gegenüber den herkömmlichen Anforderungen des § 22 Abs 1 WEG aF bedeuten, wonach die Zustimmung aller beeinträchtigten Eigentümer erforderlich war. Daher geht die noch weitergehend erleichternde Regelung in § 20 Abs 1 WEG nunmehr im Zweifel vor, § 47 S 2 WEG.

e) Ausbaurechte

Durch die Gemeinschaftsordnung kann einem Wohnungseigentümer das **Sonderrecht** 16 gewährt werden, das Gemeinschaftseigentum baulich umzugestalten (LEHMANN-RICHTER ZWE 2017, 193). Es handelt sich nur insoweit um eine Abbedingung von § 20 Abs 1 WEG, als die Veränderung des Soll-Zustands nicht durch einen Beschluss, sondern aufgrund des durch Vereinbarung gewährten Gestaltungsrechts des Eigentümers erfolgen kann. Kraft der Vereinbarung tritt dieses Gestaltungsrecht an die Stelle des Beschlusses, um den Soll-Zustand zu bestimmen. Besteht Streit oder Ungewissheit über den Umfang des Ausbaurechts, kann der Ausbauberechtigte auch einen klarstellenden und ggf konkretisierenden Beschluss verlangen (vgl allgemein BGH 16. 12. 2022 – V ZR 263/21, ZWE 2023, 139 = ZMR 2023, 384 Rn 32 ff; zurückhaltender BÄRMANN/DÖTSCH § 20 WEG Rn 76). Zwar haben die Eigentümer keine Kompetenz, dem Ausbauberechtigten sein Sonderrecht durch Beschluss einseitig zu entziehen, § 35 BGB analog. Stimmt der ausbauberechtigte Sonderrechtsinhaber dem Beschluss zu, können die Eigentümer durch Beschluss nach § 20 Abs 1 WEG den Soll-Zustand verbindlich festlegen.

Ist der Umfang des Ausbaurechts nicht abschließend umschrieben, bedarf es einer 17 **Auslegung** der Regelung anhand der Interessenlage sämtlicher Wohnungseigentümer. Maßgeblich ist einerseits, ob die Veränderung des Gemeinschaftseigentums erforderlich ist, um das Ausbauziel zu erreichen (vgl KG 19. 7. 2004 – 24 W 318/02, ZMR 2005, 75). Wenn das Ausbaurecht – wie dies typischerweise der Fall ist – dem Berechtigten keine konkrete Gestaltung vorgibt, ist ein Gestaltungsermessen des Berechtigten anzuerkennen; der Ausbaubefugnis als Sonderrecht ist eine solche **Gestaltungsbefugnis** immanent (LEHMANN-RICHTER ZWE 2017, 193, 194). Die Gestaltungsbefugnis wird durch den Grundsatz begrenzt, dass keiner der Wohnungseigentümer durch eine in der Gemeinschaftsordnung nicht ausdrücklich genannte Baumaßnahme unzumutbar beeinträchtigt werden darf (vgl OLG Hamburg 25. 2. 2002 – 2 Wx 94/01, ZWE 2002, 592 = ZMR 2002, 372; OLG Hamm 5. 1. 2004 – 15 W 153/03, FGPrax 2004, 105; näher LEHMANN-RICHTER ZWE 2017, 193, 195).

Ein Ausbau wird meist **ausdrücklich** vereinbart, etwa in Form des Rechts, einen Bal- 18 kon zu errichten oder ein Dachgeschoss zu Wohnzwecken auszubauen. Denkbar ist auch, dass Eigentümer in einem näher beschriebenen Bereich (zB „ihres" Hauses in einer Reihenhausanlage) zu jeder Art von baulichen Veränderungen berechtigt sind; Grenzen sollen hier die nachbarrechtlichen Normen ziehen (BayObLG 10. 5. 1989 – BReg 2 Z 121/88, ZMR 1989, 347). Das Veränderungsrecht kann sich aber auch erst durch **Auslegung** der Gemeinschaftsordnung ergeben (zB BayObLG 14. 12. 2000 – 2Z BR 60/00, ZWE 2001, 152 = ZMR 2001, 362; nicht in Erwägung gezogen von BGH 9. 12. 2016 – V ZR 84/16, ZMR 2017, 317 = ZWE 2017, 177 für eine bauordnungsrechtlich notwendige Maßnahme, die allein einem Eigentümer diente). So kann etwa die Zuweisung eines Sondernutzungsrechts ein Ausbaurecht enthalten (BGH 2. 12. 2011 – V ZR 74/11, NJW 2012, 676 Rn 8). Gleiches ist bei anderen Nutzungsregeln denkbar (vgl OLG München 24. 7. 2006 – 34 Wx 056/06, ZMR 2006, 884).

19 Auf **Rechtsfolgenseite** steht die Rechtfertigung von Eingriffen in das Gemeinschaftseigentum im Vordergrund. Ein Ausbaurecht kann zudem Grundlage für Ansprüche zwischen den Wohnungseigentümern sein, zB auf Duldung des Betretens von Sondereigentum zwecks Ausführung von Baumaßnahmen. Das Ausbaurecht kann bei einer Befristung durch Zeitablauf **erlöschen**; durch Beschluss ist es als Sonderrecht nicht entziehbar. Die Rechtfertigungsfunktion ist unverjährbar; gleiches gilt nach § 902 Abs 1 S 1 BGB für Ansprüche aus im Grundbuch eingetragenen Ausbauvereinbarungen. Das Ausbaurecht erlischt durch Verbrauch, also mit Erreichen des Ausbauziels. Ob dies der Fall ist, muss anhand der Umstände des Einzelfalls entschieden werden (Lehmann-Richter ZWE 2017, 193, 195).

20 Soweit die Eingriffe in das Gemeinschaftseigentum – und als Reflex in fremdes Sondereigentum – durch die Ausbauvereinbarung **gerechtfertigt** sind, bestehen **keine Rückbau-, Schadensersatz- oder Unterlassungsansprüche**. Die Beeinträchtigung fremden Sondereigentums durch **Immissionen** führt aber nach § 14 Abs 3 WEG zu einem Ersatzanspruch (Bärmann/Dötsch § 20 WEG Rn 79; vgl bereits zum alten Recht Lehmann-Richter ZWE 2017, 193, 197). Inwieweit der ausbauende Wohnungseigentümer verpflichtet ist, die **Folgekosten** der Erhaltung bei einem mangelfreien Ausbau zu tragen, war unter dem alten Recht umstritten (Lehmann-Richter ZWE 2017, 193, 197). Auch nach neuem Recht wird vorrangig die Vereinbarung selbst auszulegen sein. Diese sollte eine ggf klarstellende Regelung enthalten. Fehlt eine solche Regelung, greift § 21 Abs 1 WEG mit der Kostentragungspflicht des Ausbauenden (Bärmann/Dötsch § 20 WEG Rn 83). Soweit das gemeinschaftliche Eigentum betroffen ist, liegt die Erhaltungsverantwortlichkeit indessen nach §§ 18 f WEG bei der Gemeinschaft, falls die Vereinbarung nicht insoweit eine abweichende Regelung enthält (vgl Hügel/Elzer § 20 WEG Rn 54).

21 Überschreitet der Wohnungseigentümer sein Ausbaurecht gegenständlich, indem er **zu umfangreich ausbaut**, führt dies zu Rückbauansprüchen der Gemeinschaft, § 14 Abs 1 Nr 1 WEG. Letztlich keine andere Rechtsfolge gilt, wenn der **Ausbau mangelhaft** erfolgt. Auch dies löst aus § 14 Abs 1 Nr 1 WEG verschuldensunabhängige Nachbesserungsansprüche aus. Überdies kann der Ausbauende aus § 280 Abs 1 BGB zum Schadensersatz verpflichtet sein, wobei ihm das Verschulden seiner Handwerker nach § 278 BGB zuzurechnen ist (LG Berlin 11. 11. 2016 – 55 S 174/14 WEG, ZMR 2017, 992). Bei Schäden am Sondereigentum steht den betroffenen Wohnungseigentümern ein eigener Anspruch aus § 280 Abs 1 BGB nur gegen den Ausbauenden wegen Verletzung der Pflichten aus § 14 Abs 2 Nr 1 WEG zu. Die Gemeinschaft ist indessen nicht betroffen, weil der Ausbauende nicht als Organ oder Erfüllungsgehilfe dieser tätig ist (Bärmann/Dötsch § 20 WEG Rn 79).

II. Begriff und System der baulichen Veränderung

22 In § 20 Abs 1 WEG wird der Begriff der baulichen Veränderungen definiert als „Maßnahmen, die über die ordnungsmäßige Erhaltung des gemeinschaftlichen Eigentums hinausgehen". Das entspricht der Formulierung des § 22 Abs 1 S 1 WEG aF. Lediglich die dort ebenso genannten „Aufwendungen" wurden mangels prakti-

scher Relevanz gestrichen (BT-Drucks 19/18791, 62), zumal niemand so recht wusste, was sich hinter ihnen verbarg. Tatsächlich sagt § 20 Abs 1 WEG damit allerdings nicht viel mehr, als dass Maßnahmen der ordnungsmäßigen Erhaltung keine baulichen Veränderungen sind. Eine positive Definition fehlt. § 20 Abs 1 WEG macht aber deutlich, dass der **entscheidende Bezugspunkt der Soll-Zustand** der Anlage ist. Denn gemäß der Definition des § 13 Abs 2 WEG zielt die Erhaltung auf die Instandhaltung und Instandsetzung, also darauf, die Anlage im Soll-Zustand zu halten oder in diesen zu versetzen (Staudinger/Lehmann-Richter § 19 WEG Rn 79). Bauliche Veränderungen gehen insoweit über die Erhaltung hinaus, als sie diesen Soll-Zustand neu definieren. § 20 Abs 1 WEG begründet die **für die Neu-Definition notwendige Beschlusskompetenz.**

1. Rechtsgeschäftliche Neu-Definition des Soll-Zustands

Der von § 20 Abs 1 WEG geregelte Beschluss über eine bauliche Veränderung hat den Soll-Zustand des gemeinschaftlichen Eigentums zum Gegenstand. Während im WEG nicht ausdrücklich geregelt und in Einzelheiten auch umstritten ist, wie bei Errichtung der Soll-Zustand der Anlage definiert wird (Staudinger/Lehmann-Richter § 19 WEG Rn 86 ff), klärt § 20 Abs 1 WEG, dass die **Definition durch Rechtsgeschäft** erfolgen kann. 23

a) Rechtsgeschäftliches Element

Der Beschluss nach § 20 Abs 1 WEG ist nicht das einzige Rechtsgeschäft, durch das der Soll-Zustand bestimmt werden kann. Angesichts der aus § 10 Abs 1 S 2 WEG folgenden Zulässigkeit von **Vereinbarungen** können die Eigentümer ebenso den Soll-Zustand vereinbaren. Allerdings erfordert eine solche Vereinbarung nach § 10 Abs 3 WEG die Eintragung, um gegenüber Rechtsnachfolgern zu wirken (Hügel/Elzer § 20 WEG Rn 55 f). Ein so vereinbarter Soll-Zustand kann daraufhin grundsätzlich nochmals durch Beschluss nach § 20 Abs 1 WEG verändert werden, solange der Vereinbarung nicht zu entnehmen ist, dass diese Kompetenz ausgeschlossen werden sollte. Besonderheiten ergeben sich bei Baurechten einzelner Eigentümer, da diese **Sonderrechte analog § 35 BGB** nicht ohne deren Zustimmung beeinträchtigt werden können. 24

Eine Vereinbarung nach § 10 Abs 1 S 2 WEG kann auch Grundlage sein, noch auf andere Weise den Soll-Zustand festzulegen. Es kommt der **Beschluss von Eigentümergruppen**, etwa einer Untergemeinschaft in der Mehrhausanlage in Betracht. Häufig wird aber auch Einzelnen die Kompetenz eingeräumt, den Soll-Zustand durch Willenserklärung festzulegen, insbesondere bei Genehmigungskompetenzen für den **Verwalter** oder bei **Ausbaurechten für Eigentümer**. 25

Kraft Gesetzes ist indessen weder das Einverständnis der rechtsfähigen Gemeinschaft der Wohnungseigentümer durch den Verwalter als ihrem Vertreter noch das Einverständnis aller Wohnungseigentümer ausreichend. Aus dem Einverständnis aller beeinträchtigten Eigentümer erwächst allerdings ein Anspruch auf Beschlussfassung, § 20 Abs 3 WEG. 26

b) Reale bauliche Maßnahme

Zum rechtsgeschäftlichen Tatbestand der Neu-Definition des Soll-Zustands gehört kraft Gesetzes **nicht die tatsächliche Vornahme** einer baulichen Maßnahme. Denn § 20 27

Abs 1 WEG beschränkt sich auf den Beschluss und verlangt insbesondere nicht, dass die Anlage so beschaffen sein muss, wie beschlossen wird. Es kann daher der Zustand des gemeinschaftlichen Eigentums vom Soll-Zustand abweichen, wenn ein Beschluss über eine bauliche Veränderung gefasst wird, die entsprechende Maßnahme aber nicht durchgeführt wird.

28 Jedoch kann der rechtsgeschäftliche Genehmigungstatbestand seinerseits an die Durchführung der Maßnahme seine Wirkungen als aufschiebende **Bedingung** iSv § 158 Abs 1 BGB knüpfen. Dann verändert sich der Soll-Zustand erst und nur, falls tatsächlich entsprechend gebaut wird (u Rn 120 zum Gestattungsbeschluss nach § 20 Abs 1 Fall 2). In einem solchen Fall kann die Genehmigung auch noch auflösend nach § 158 Abs 2, § 163 BGB befristet werden, dass die Genehmigung wegfällt, falls nicht binnen eines bestimmten Zeitraums von der Genehmigung Gebrauch gemacht wird.

c) Trennung von Rechtsgeschäft und Baumaßnahme

29 Wer wie hier im Anschluss an Lehmann-Richter/Wobst Rn 968 ff den rechtsgeschäftlichen Charakter des § 20 Abs 1 WEG betont, trennt zwischen dem die Soll-Beschaffenheit verändernden Rechtsgeschäft Beschluss und der Baumaßnahme. Dann liegt es nahe, das **den § 20 Abs 1 WEG charakterisierende Rechtsgeschäft** als bauliche Veränderung zu bezeichnen und von der durchzuführenden baulichen Maßnahme zu unterscheiden. Wer dem unter Hinweis auf die Legaldefinition des § 20 Abs 1 WEG, dass die bauliche Veränderung gerade eine „Maßnahme" und kein Rechtsgeschäft ist, nicht folgen mag (BeckOGK/Kempfle [15. 12. 2022] § 20 WEG Rn 22 ff; Jennissen/Hogenschurz § 20 WEG Rn 24), weicht allerdings nur in der **Begrifflichkeit**, nicht aber in der Sache ab (vgl Bärmann/Dötsch § 20 WEG Rn 110). Denn in jedem Falle sind rechtsgeschäftlicher Tatbestand über die bauliche Maßnahme und der Realakt der baulichen Maßnahme zwei zu trennende Akte. Hier wird aber auch terminologisch Lehmann-Richter/Wobst gefolgt, weil nur so der Begriff der baulichen Veränderung mit dem Tatbestand des § 20 Abs 1 WEG einhergeht. Für dieses Begriffsverständnis spricht zudem der Wortlaut von § 20 Abs 2 WEG, der mit dem Anspruch auf die bauliche Veränderung einen Anspruch auf das Rechtsgeschäft Beschluss einräumt (u Rn 136, 194).

30 Dieses **Begriffsverständnis** hat zur Folge, dass nicht jede Bautätigkeit außerhalb der Erhaltung eine bauliche Veränderung darstellt. Andersherum zieht nicht jede bauliche Veränderung zwingend eine Bautätigkeit nach sich. Entscheidend ist allein, ob der Soll-Zustand neu definiert wird. Schon gar keine bauliche Veränderung im Sinne der §§ 20 f WEG ist eine rein faktische, rechtlich nicht legitimierte Umgestaltung des Gemeinschaftseigentums, auch wenn sie landläufig oft als solche bezeichnet wird. Beispielsweise ist der Beschluss über den Abriss eines Bauteils eine bauliche Veränderung, wenn das abzureißende Bauteil dem bisherigen Soll-Zustand entsprach, weil es in der Teilungserklärung vorgesehen oder zuvor nach § 20 Abs 1 WEG beschlossen wurde. Der Rückbau einer baulichen Veränderung ist demnach eine erneute bauliche Veränderung. Eine solche liegt ebenso vor, wenn ein bereits erfolgter „Schwarzbau" nachträglich legitimiert wird (BGH 15. 5. 2020 – V ZR 64/19, ZWE 2020, 418 = ZMR 2020, 854 Rn 10). Denn dadurch wird der Soll-Zustand an den Ist-Zustand angepasst. Wird dagegen ein „Schwarzbau" beseitigt, liegt trotz Bautätigkeit keine bauliche Veränderung vor, weil der Soll-Zustand unverändert bleibt. Es wird lediglich der veränderte Ist-Zustand an den unveränderten Soll-Zustand angepasst.

Sogar die Entscheidung, das **Bauwerk so zu belassen**, wie es ist, mithin nicht zu bauen, **kann eine bauliche Veränderung sein**, nämlich wenn beschlossen wird, dass ein nach dem bisherigen Soll-Zustand vorgesehenes, aber tatsächlich nicht gebautes Bauteil nicht mehr gebaut werden soll. Zum Soll-Zustand kann etwa eine im Aufteilungsplan vorgesehene Überdachung des Eingangsbereichs gehören, die aber nie realisiert wurde. Dann hat zwar jeder Wohnungseigentümer einen Anspruch auf erstmalige plangerechte Herstellung des gemeinschaftlichen Eigentums (Staudinger/Lehmann-Richter § 19 WEG Rn 82). Auf Grundlage des § 20 Abs 1 WEG kann aber beschlossen werden, dass die Überdachung nicht gebaut wird. Der Nicht-Bau der Überdachung ist dann eine bauliche Veränderung, weil der Soll-Zustand der Anlage („mit Überdachung") neu definiert wird („ohne Überdachung"). Ob ein solcher Beschluss rechtmäßig ist, richtet sich deshalb nach § 20 Abs 4 WEG. 31

d) Weichenstellung des WEMoG

Diese Betonung des **rechtsgeschäftlichen Charakters** der baulichen Veränderung durch § 20 Abs 1 WEG ist eine maßgebliche Weichenstellung des WEMoG-Gesetzgebers. Sie hat insbesondere folgende **Auswirkungen**: 32

aa) Rechtmäßigkeitserfordernis

Das Rechtsgeschäft ist zwingend notwendig, um den bisherigen Soll-Zustand des gemeinschaftlichen Eigentums neu zu definieren. Jede bauliche Maßnahme, die keine Erhaltung darstellt, ist ohne das legitimierende Rechtsgeschäft ein Verstoß gegen die Gemeinschaftsordnung, verstanden als ein Verstoß gegen Gesetz, Vereinbarung, und Beschluss iSv § 14 Abs 1 Nr 1 sowie § 18 Abs 2 WEG. Die Baumaßnahme ist also **pflichtwidrig**. Daher kann die Gemeinschaft von dem Bauenden gem § 14 Abs 1 Nr 1 WEG Unterlassung des (Weiter-)Baus verlangen (BGH 17. 3. 2023 – V ZR 140/22, ZWE 2023, 211 Rn 26). Jeder Eigentümer hat aus § 18 Abs 2 WEG einen Anspruch, dass die Gemeinschaft diesen Anspruch durchsetzt. Darüber hinaus kann ein rechtswidriger Bau Rückbauansprüche aus § 14 Abs 1 Nr 1 WEG sowie wegen der Pflichtverletzung Schadensersatzansprüche aus § 280 Abs 1 BGB auslösen. Die Pflichtverletzung kann gar Grundlage für die Entziehung nach § 17 WEG sein. 33

Ohne die rechtsgeschäftliche Neu-Definition besteht also stets ein **Bauverbot** (BGH 17. 3. 2023 – V ZR 140/22, ZWE 2023, 211 Rn 26 ff). Dafür kommt es nicht darauf an, ob und in welchem Umfang mit der baulichen Veränderung Beeinträchtigungen einhergehen. Das zeigt § 20 Abs 3 WEG: Selbst für Baumaßnahmen, die keinerlei relevante Beeinträchtigung äußern, gewährt diese Vorschrift lediglich einen Anspruch auf Beschlussfassung. Ohne Durchsetzung des Anspruchs durch Beschluss nach § 20 Abs 1 WEG ist die Maßnahme pflichtwidrig. 34

Noch unter dem alten Recht hatte der BGH für eine solche Sachlage ausgesprochen, dass die Geltendmachung eines **Rückbauanspruchs** allein wegen Fehlen eines Beschlusses rechtsmissbräuchlich wäre, wenn dem Störer ein Anspruch auf einen den pflichtwidrigen Bau legitimierenden Beschluss zusteht (BGH 20. 7. 2018 – V ZR 56/17, NZM 2018, 794 = ZMR 2019, 47 Rn 27). Dem wird heute unter Hinweis auf den vom Gesetzgeber mit dem WEMoG normierten Beschlusszwang sowie das Erfordernis der Vorbefassung entgegengetreten (Bärmann/Dötsch § 20 WEG Rn 427; BeckOGK/Kempfle [15. 12. 2022] § 20 WEG Rn 273; MünchKomm/Rüscher § 20 WEG Rn 15; **aA** LG Berlin 11. 2. 2021 – 85 S 40/20 WEG, ZMR 2021, 411; Hügel/Elzer § 20 WEG Rn 182; offen gelassen durch BGH 35

17. 3. 2023 – V ZR 140/22, ZWE 2023, 211 Rn 29). Tatsächlich darf die Klärung der Voraussetzungen eines etwaigen Anspruchs auf einen Beschluss nicht auf das Rückbauverfahren verlagert werden. Der bauende Eigentümer muss sich auch um die Erteilung einer Genehmigung bemühen. Eine Treuwidrigkeit lässt sich allerdings bejahen, wenn die Gemeinschaft, statt die vom bauenden Eigentümer beanspruchte Genehmigung zu erteilen, den Antragsteller auf Rückbau in Anspruch nimmt.

36 Eine eigenständige Problematik weisen Rückbauansprüche wegen **nicht beeinträchtigender Maßnahmen** iSv § 20 Abs 3 WEG auf. Obwohl diese ebenfalls pflichtwidrig sind, lässt sich infolge der fehlenden Beeinträchtigung und mangels schutzwürdigen Interesses ein Rückbauanspruch nicht bejahen. Der Anspruch aus § 14 Abs 1 Nr 1 WEG gegen den pflichtwidrig bauenden Eigentümer ist darauf gerichtet, dass er aus § 20 Abs 3 WEG den Beschluss über die bauliche Veränderung begehrt, der seine Maßnahme legitimiert. Ohne den Beschluss trägt der bauende Eigentümer die Darlegungs- und Beweislast für das Fehlen der Beeinträchtigung. Überdies kann ihn aus § 280 Abs 1 BGB die Pflicht treffen, bei Irrtum über die Sachlage Rechtsverfolgungskosten der Gemeinschaft zu tragen. Zudem trifft ihn das Risiko, dass durch Veränderung sonstiger Umstände seine pflichtwidrige Maßnahme doch noch beeinträchtigend wirkt und er dadurch rückbaupflichtig wird. Schließlich sind auch nicht beeinträchtigende Maßnahmen ohne Beschluss verboten, so dass die Gemeinschaft Unterlassung begehren kann (BGH 17. 3. 2023 – V ZR 140/22, ZWE 2023, 211 Rn 26 ff).

bb) Einzige Beschlusskompetenz

37 § 20 Abs 1 WEG ist die einzige Grundlage einer Beschlusskompetenz für bauliche Veränderungen. Zwar hat das WEMoG erstmals geschriebene **Individualansprüche** auf bestimmte Baumaßnahmen geschaffen: Nach § 20 Abs 2 WEG können die dort genannten privilegierten Maßnahmen verlangt werden, nach § 20 Abs 3 WEG solche, die niemanden in relevanter Weise beeinträchtigen, der nicht zugestimmt hat. Aber auch in diesen Fällen bedarf es einer Beschlussfassung nach § 20 Abs 1 WEG. Denn die genannten Ansprüche sind **auf diese Beschlussfassung** nach § 20 Abs 1 WEG gerichtet, ohne eine eigenständige Beschlusskompetenz zu schaffen (BT-Drucks 19/18791, 62).

38 Mit der einheitlichen Beschlusskompetenz in § 20 Abs 1 WEG geht auch ein einheitlicher gerichtlicher **Kontrollmaßstab** einher (BT-Drucks 19/18791, 62). Dieser ergibt sich in erster Linie aus § 20 Abs 4 WEG, der durch das Prinzip ordnungsmäßiger Verwaltung ergänzt wird (u Rn 75, 95 ff). Für die gerichtliche Kontrolle spielt es also keine Rolle, ob die Wohnungseigentümer eine bauliche Veränderung aus eigenem Antrieb beschlossen haben oder nur in Erfüllung eines (ggf vermeintlichen) Anspruchs nach § 20 Abs 2 o 3 WEG. Im Rahmen der Anfechtungsklage ist deshalb auch das Vorliegen der Anspruchsvoraussetzungen nicht zu prüfen (u Rn 190). Auf diese kommt es nur an, wenn ein Eigentümer die bauliche Veränderung mittels Beschlussersetzungsklage begehrt.

2. Abgrenzung zur Durchführung

39 Der Beschluss über die bauliche Veränderung nach § 20 Abs 1 WEG ist von seiner Durchführung abzugrenzen, die den tatsächlichen Zustand des gemeinschaftlichen Eigentums der baulichen Veränderung entsprechend an den neuen Soll-Zustand an-

passt. Diese **Unterscheidung enthält § 20 WEG**, wenn § 20 Abs 1, Abs 2 S 1, Abs 3, Abs 4 WEG das Rechtsgeschäft „Bauliche Veränderung", hingegen § 20 Abs 2 S 2 WEG deren „Durchführung" betreffen.

Diese Durchführung der baulichen Veränderung ist ein **Realakt**. Insoweit entspricht sie einer Erhaltungsmaßnahme. Beiden baulichen Maßnahmen ist gemein, dass sie die Anlage in den Soll-Zustand versetzen. Typischerweise ist in beiden Sachlagen der Anlass unterschiedlich. Die Durchführung der baulichen Veränderung führt üblicherweise erstmals einen neuen Zustand herbei, während die Erhaltungsmaßnahme die Soll-Beschaffenheit wiederherstellt. Ausnahmen sind aber denkbar, etwa, wenn man wie herrschend die ordnungsmäßige Erstherstellung als Fall der Erhaltung versteht (Staudinger/Lehmann-Richter § 19 WEG Rn 82, 94 ff). **40**

Auch hinsichtlich dieses Realakts Durchführung der baulichen Veränderung sind **unterschiedliche Sachlagen** zu bedenken. Wenn die Gemeinschaft die bauliche Änderung durchführt, bedarf es insoweit wie bei einer Erhaltungsmaßnahme einer Verwaltungsentscheidung der Gemeinschaft, typischerweise durch die Eigentümerversammlung. Nach Maßgabe des § 27 WEG kann aber auch der Verwalter diese Entscheidung treffen. Beinhaltet der Beschluss über die bauliche Veränderung nach § 20 Abs 1 Fall 2 WEG eine Gestattung, kann für die Durchführung ebenso ein Eigentümer zuständig sein. In Ausnahmefällen bedarf es mitunter keiner Durchführung. **41**

a) Durchführung durch Gemeinschaft

Liegt die Durchführung der baulichen Veränderung bei der Gemeinschaft, entscheidet diese typischerweise nicht nur nach § 20 Abs 1 WEG durch Beschluss über die Neu-Definition des Soll-Zustands, sondern auch über die Durchführung. Die Entscheidung über das „Ob" der baulichen Veränderung und das „Wie" dieser Baumaßnahme fallen dann häufig tatsächlich **in einem Beschluss** zusammen. Ungeachtet dessen enthält dieser beide Elemente. **42**

Wo die **Grenze** jeweils verläuft, hängt von der **Verkehrsauffassung** ab. Diese entscheidet, was einerseits den Charakter der Soll-Beschaffenheit prägt und daher Bestandteil des Beschlusses nach § 20 Abs 1 WEG ist, sowie was andererseits zur Durchführung gehört. Im Zweifel sind die Merkmale, die das gemeinschaftliche Eigentum ausmachen, wie Material und Abmessungen, Bestandteil der „Ob"-Entscheidung. Typischerweise wird die Maßnahme durch eine Zeichnung/Bauplan nebst Leistungsverzeichnis charakterisiert. Zum „Wie" zählt, wer die Maßnahme wann und zu welchem Preis erbringt. Entsprechend ist es ein Missverständnis, wenn der Beschluss über das „Ob" mit einem Grundlagenbeschluss gleichgesetzt wird (BeckOK WEG/Elzer [30. 9. 2022] § 20 WEG Rn 19), der eben die bauliche Maßnahme regelmäßig noch nicht hinreichend konkretisiert. **43**

Nur die **Entscheidung über das „Ob"** beruht auf § 20 Abs 1 WEG. Die **Entscheidung über das „Wie"** will lediglich die Anpassung an den neuen Soll-Zustand herbeiführen, so dass sich diese Entscheidung auf § 19 Abs 1 WEG stützen lässt. Eine solche Unterscheidung mutet manchem künstlich an (skeptisch Bärmann/Dötsch § 20 WEG Rn 111; Zschieschack ZWE 2021, 68, 70). Den Skeptikern ist auch zuzugeben, dass sich diese Unterscheidung nicht immer auswirkt. Sie eröffnet aber erst notwendige Diffe- **44** renzierungen. Es gelten verschiedene Rechtsfolgen, die nur zutage treten, wenn man die Unterscheidung von „Ob“ und „Wie“ beherzigt: Nach § 27 Abs 2 WEG kann die Entscheidung über das „Wie“ auf den Verwalter übertragen werden, während die Entscheidung über das „Ob“ nach § 20 Abs 1 WEG dem Entscheidungsmonopol der Eigentümer unterfällt. Auch kann man unter Billigung des „Ob“ die Ausführungsart als „Wie“ angreifen, zB unter Behauptung, dass diese ordnungsmäßiger Verwaltung widerspricht, etwa unwirtschaftlich ist.

b) Durchführung durch Eigentümer kraft Gestattung

45 Diese Unterscheidung von „Ob“ und „Wie“ wird noch deutlicher, wenn der Beschluss nach § 20 Abs 1 WEG in der Alternative der Gestattung **dem einzelnen Eigentümer die Durchführung überlässt**. Dann kann der Beschluss sich auf das „Ob“ beschränken und dem Eigentümer die Wahl lassen, auf welche Weise er die Maßnahme durchführt. Denkbar ist gar, dem Eigentümer zu überlassen, bei der Bauausführung Elemente des „Ob“ festzulegen.

46 Hingegen ist es von der Beschlusskompetenz des § 20 Abs 1 WEG nicht gedeckt, die Durchführung in die **Hände eines Dritten**, etwa eines Mieters zu legen. Dieser kann es nur für einen Eigentümer machen, denn die Gestattung begrenzt § 20 Abs 1 WEG auf Eigentümer (u Rn 122).

c) Entbehrlichkeit der Durchführung

47 Besonders deutlich wird die Unterscheidung zwischen baulicher Veränderung als Rechtsgeschäft und Baumaßnahme als Realakt, wenn es keiner Durchführung bedarf, weil der **Ist-Zustand** bereits dem nunmehr beschlossenen Soll-Zustand entspricht. Das sind die Fälle einer nachträglichen Legitimation eines „Schwarzbaus“. Es lässt sich aber auch durch einen Beschluss nach § 20 Abs 1 WEG ein Erhaltungsbedarf oder ein Anspruch auf ordnungsmäßige Ersthererstellung erübrigen, indem der derzeitige Zustand als neuer Soll-Zustand beschlossen wird (Lehmann-Richter/Wobst Rn 1282 ff, 1289 ff; und o Rn 31).

3. Abgrenzung vom Gebrauch

48 Unter dem alten Recht hat sich ein Streit über die Abgrenzung von baulicher Veränderung und Gebrauch an der Frage entzündet, ob die bauliche Veränderung begrifflich eines nicht **unerheblichen Substanzeingriffes** bedarf (Nachweise aus der Rechtsprechung bei Staudinger/Lehmann-Richter [2023] § 16 WEG Rn 27), woran es beim Aufstellen von Schränken fehlt und – abhängig von der Ausführungsart – auch bei der Installation eines Balkonkraftwerks fehlen kann. Dieser Streit hat die WEG-Reform überdauert (Jennissen/Hogenschurz § 20 WEG Rn 7: entbehrlich; Hügel/Elzer § 20 WEG Rn 21: notwendig). Die nach dem hier geprägten Begriff maßgebliche Soll-Beschaffenheit des gemeinschaftlichen Eigentums verändert sich nur durch Substanzeingriffe, die das Gemeinschaftseigentum verändern und durch jene, die von § 21 WEG beantworteten Kosten- und Nutzungsfragen aufwerfen. Daher ist der Substanzeingriff erforderlich (näher Staudinger/Lehmann-Richter [2023] § 16 WEG Rn 29).

4. Abgrenzung von Maßnahmen am Sondereigentum

§ 20 Abs 1 WEG betrifft in seinem unmittelbaren Anwendungsbereich nur Maßnahmen am gemeinschaftlichen Eigentum. Maßnahmen am Sondereigentum sind also **begrifflich** schon **keine baulichen Veränderungen**. Entsprechende Maßnahmen stellt § 13 Abs 2 WEG mit seinem Verweis auf § 20 WEG allerdings in den Rechtsfolgen gleich. Ein Unterschied gilt allein hinsichtlich solcher Maßnahmen, die niemanden beeinträchtigen. Für diese bedarf es keines Beschlusses, um den Soll-Zustand des Sondereigentums neu zu definieren. Vielmehr sind solche Maßnahmen ohnehin nach § 14 Abs 2 Nr 2 WEG zulässig. 49

5. Verhältnis zu sonstigen baulichen Maßnahmen

Die bauliche Veränderung nach § 20 Abs 1 WEG mit ihrer prägenden rechtsgeschäftlichen Neu-Definition des Soll-Zustands des gemeinschaftlichen Eigentums und der davon zu unterscheidenden Durchführung der baulichen Veränderung als Realakt soll im Weiteren von verschiedenen anderen baulichen Maßnahmen und zugrundeliegenden Entscheidungen **abgegrenzt** werden. 50

a) Erhaltung (im weiteren Sinne)

Die **ordnungsmäßige Erhaltung** des gemeinschaftlichen Eigentums gehört nach § 19 Abs 2 Nr 2 WEG zur ordnungsmäßigen Verwaltung. Die Entscheidungsmacht über die Maßnahme liegt bei den Eigentümern oder nach Maßgabe von § 27 WEG beim Verwalter. Die Kostenverteilung folgt aus § 16 Abs 2 WEG. 51

Die Erhaltung als **Realakt** gleicht der Durchführung der baulichen Veränderung insoweit, als dass beide bauliche Maßnahmen den Soll-Zustand des gemeinschaftlichen Eigentums (wieder-)herstellen (o Rn 40). Der Anlass ist jedoch unterschiedlich. Die bauliche Veränderung beinhaltet die auf rechtsgeschäftlicher Gestaltung beruhende Neu-Definition des Soll-Zustands, während die Erhaltung die anderen Fälle betrifft, in denen eine bauliche Maßnahme notwendig wird, um den Soll-Zustand zu erhalten. Das sind neben den tatsächlichen Verschlechterungen des Zustands durch Abnutzung oder auch Beschädigungen vor allem Fälle der nicht ordnungsgemäßen Ersterstellung sowie die Erfordernisse aufgrund sich wandelnder öffentlich-rechtlicher Vorgaben (Bärmann/Dötsch § 20 WEG Rn 43 ff; Staudinger/Jacoby [2023] § 9a WEG Rn 194 ff). In all diesen Fällen sind die Rechtsfolgen der Erhaltung angemessen, nicht aber die der rechtsgeschäftlichen Veränderung des Soll-Zustands nach Maßgabe von §§ 20 f WEG. 52

b) Modernisierung und modernisierende Instandsetzung

Das alte Recht kannte in § 22 WEG aF die Modernisierung und die modernisierende Instandsetzung. § 22 Abs 3 WEG aF wollte die modernisierende Instandsetzung als Maßnahme ordnungsmäßiger Verwaltung behandelt wissen. Diese Einordnung rechtfertigte sich aus dem diese Maßnahmen prägende Beschaffenheit, dass sich solche Maßnahmen **binnen zehn Jahren amortisieren** (BGH 14. 12. 2012 – V ZR 224/11, BGHZ 196, 45 = NJW 2013, 1439 Rn 10). § 22 Abs 2 WEG aF privilegierte die Modernisierung gegenüber der sonstigen baulichen Veränderung, indem diese durch ein erleichtertes, allerdings doppelt qualifiziertes Quorum zu beschließen war. 53

54 Das neue Recht hat diese beiden Maßnahmen bewusst **nicht mehr als eigenständige Kategorien** fortgeführt, sondern als Anwendungsfälle der baulichen Veränderung angesehen (BT-Drucks 19/18791, 24, 69). Denn in diesen Sachlagen wird der Soll-Zustand des gemeinschaftlichen Eigentums durch Beschluss neu definiert. Streng zu trennen sind davon allerdings die Sachlagen, in denen die neue Technik nicht freiwillig, sondern aufgrund neuer zwingender öffentlich-rechtlicher Vorgaben erfolgt. Dann hat bereits diese gesetzliche Regelung den Soll-Zustand verändert (o Rn 52). Die Kostenfolge der baulichen Veränderung ist in der Fallgruppe der sich amortisierenden Maßnahme einschlägig, weil § 21 Abs 1 Nr 2 WEG die Kosten bei der vorausgesetzten Amortisation alle Miteigentümer nach Miteigentumsanteilen tragen lässt. Die danach erforderlichen Berechnungen müssen natürlich berücksichtigen, ob das betroffene Bauteil wie bei der modernisierenden Instandsetzung ohnehin erhaltungsbedürftig oder ob wie bei der Modernisierung keine Baumaßnahme erforderlich war (Staudinger/Jacoby § 21 WEG Rn 17 f, 51).

55 Dieses **Konzept des Gesetzgebers** wird mittlerweile vermehrt **angezweifelt** (Bärmann/Dötsch § 21 WEG Rn 23 ff; Riecke ZMR 2023, 178 ff, jeweils mit zahlreichen Nachweisen). Es wird insbesondere ein Anspruch auf modernisierende Instandsetzung vermisst, auch wird für § 15 WEG angesichts der Anlehnung dieser Bestimmung an das Mietrecht die Einordnung als bauliche Veränderung als Fremdkörper angesehen. Diese Einwände überzeugen indessen nicht, zumal sie das hier verfochtene gesetzgeberische Konzept der baulichen Veränderung zu leicht aufgeben. Das WEMoG hat das Mehrheitsprinzip auch im Bereich der baulichen Maßnahmen gestärkt. Entsprechend entscheidet grundsätzlich die Mehrheit, ob sie einen Erhaltungsbedarf zum Anlass für eine Modernisierung nehmen möchte. In Ausnahmekonstellationen mag sich ein Beharren auf dem bisherigen Stand als Ermessenfehler und daher ordnungswidrig erweisen. Daher bleibt den Eigentümern dann nur noch der Beschluss nach § 20 Abs 1 WEG. Dieses Beschlusses bedarf es aber eben, um die Veränderung des Soll-Zustands zu legitimieren. Im Rahmen des § 15 WEG lässt sich gewiss durch Auslegung dieser Bestimmung dem Rechnung tragen, dass die Maßnahme darauf zielt, einem Erhaltungsbedarf zu genügen.

c) Schwarzbau

56 Ein Schwarzbau ist **keine bauliche Veränderung**, weil es dafür an der rechtsgeschäftlichen Änderung des Soll-Zustands vom gemeinschaftlichen Eigentum fehlt. Der Schwarzbau teilt mit der Erhaltungsmaßnahme und der Durchführung einer baulichen Veränderung aber den Charakter als Realakt. Somit taugt er auch dazu, nachträglich als bauliche Veränderung genehmigt zu werden.

III. Beschluss über bauliche Veränderungen, § 20 Abs 1 Fall 1 WEG

57 § 20 Abs 1 WEG ist die Zentralnorm des Rechts der baulichen Veränderungen: Sie begründet die einzige **Beschlusskompetenz für eine bauliche Veränderung**, gleich aus welchem Anlass diese erfolgen soll (o Rn 37). An den Voraussetzungen dieser Bestimmung sind alle Beschlüsse über das „Ob" einer baulichen Veränderung zu messen, gleich aus welchem Anlass und über welche Maßnahme abgestimmt wird.

1. Beschlusskompetenz

58 § 20 Abs 1 WEG eröffnet die Möglichkeit, bauliche Veränderungen zu beschließen, also den Soll-Zustand des gemeinschaftlichen Eigentums neu zu definieren. Der **Soll-Zustand des gemeinschaftlichen Eigentums** ist damit **nicht mehrheitsfest**. Das Vertrauen des einzelnen Wohnungseigentümers, dass das gemeinschaftliche Eigentum so bleibt, wie es ist, wird grundsätzlich nicht geschützt. Es tritt – bis zu den Grenzen des § 20 Abs 4 WEG – hinter das Interesse der Mehrheit zurück, das gemeinschaftliche Eigentum zu verändern.

a) Abgrenzung zur Durchführung

59 Nach § 20 Abs 1 WEG wird die „bauliche Veränderung [...] beschlossen" (zur Gestattung u Rn 115). Beschlussgegenstand ist demnach nur die **Neu-Definition des Soll-Zustands**, nicht aber die Durchführung der baulichen Veränderung, also die Frage, wie der neu definierte Soll-Zustand zu erreichen ist. § 20 Abs 1 WEG betrifft allein das **„Ob" des Bauens**. Über das „Wie" des Bauens ist nach § 19 Abs 1 WEG zu beschließen (o Rn 39 ff, 44).

60 Die Durchführung wirft **allgemeine Fragen** auf, die sich in ähnlicher Weise auch bei Erhaltungsmaßnahmen stellen, zB welcher Handwerker zu welchem Preis tätig werden soll. Diese Fragen sind nach den allgemeinen Kriterien ordnungsmäßiger Verwaltung und damit nach § 19 Abs 1 WEG zu beantworten; § 20 WEG kann dazu keinen Beitrag leisten. Die „Durchführung" wird deshalb in § 20 WEG auch nur am Rande, nämlich im Zusammenhang mit den privilegierten Maßnahmen erwähnt: § 20 Abs 2 S 2 WEG stellt klar, dass auch in diesen Fällen „[ü]ber die Durchführung [...] im Rahmen ordnungsmäßiger Verwaltung", also im Rahmen des § 19 Abs 1 WEG, zu beschließen ist (unsauber BT-Drucks 19/18791, 65).

aa) Einheitliche Beschlüsse zum „Ob" und „Wie"

61 In der Praxis sind häufig **Zwillingsbeschlüsse** anzutreffen, die das „Ob" und „Wie" zusammenfassen. Beispielsweise kann die Gemeinschaft beschließen, den Vertrag mit einem Handwerker abzuschließen, im Garten ein Schwimmbad zu einem bestimmten Pauschalpreis zu errichten. Dieser Beschluss enthält „Ob" und „Wie". Rechtlich handelt es sich gleichwohl um zwei selbstständige Teile eines einheitlichen Rechtsgeschäfts, § 139 BGB. Zum „Ob" gehört die Entscheidung, das Grundstück mit dem beschlossenen Schwimmbad auszustatten. Zum „Wie" zählen die Entscheidungen, dass die Gemeinschaft den Vertrag abschließt, welchen Vertragspartner sie einschaltet und wann dieser zu welchem Preis das Schwimmbad herstellt. Die Unterscheidung der beiden Bestandteile ist vor allem bei der gerichtlichen Überprüfung von Bedeutung: Das „Ob" ist grundsätzlich nur anhand des § 20 Abs 4 WEG gerichtlich nachprüfbar (u Rn 76), das „Wie" anhand des allgemeinen Maßstabs ordnungsmäßiger Verwaltung.

62 Ist ein Teil eines so verknüpften Gesamtbeschlusses unwirksam, macht das im Zweifel nach § 139 BGB das Rechtsgeschäft insgesamt **unwirksam**. Eine Selbstständigkeit namentlich des Beschlusses über das „Ob" kann sich aus einer entsprechenden ausdrücklichen oder konkludenten Regelung ergeben. Zurecht setzt sich aber im Zweifel § 139 BGB durch. Wenn das Schwimmbad nicht bei dem konkreten Handwerker in Auftrag gegeben werden soll, will man vielleicht auch die Gestaltung anders be-

schließen. Die Entscheidung über das „Ob“ darf nicht dahingehend fehlinterpretiert werden, sie auf die Fragestellung zu verkürzen, ob überhaupt ein Schwimmbad gewollt ist. Gegenstand des Beschlusses über die bauliche Veränderung ist zudem, wie das Schwimmbad gestaltet wird, namentlich Abmessungen und Material (o Rn 43).

bb) Isolierte Beschlüsse zum „Ob“

63 Wird zunächst **nur ein Beschluss nach § 20 Abs 1 WEG** gefasst, also ausschließlich über das „Ob“ einer baulichen Veränderung entschieden, kann jeder Wohnungseigentümer verlangen, dass diese bauliche Veränderung auch durchgeführt wird. Denn nach § 18 Abs 2 Nr 1 WEG hat jeder Wohnungseigentümer einen Anspruch darauf, dass Beschlüsse vollzogen werden. Weil es in aller Regel aber eine Vielzahl von Möglichkeiten gibt, wie eine Baumaßnahme konkret durchgeführt werden kann, beschränkt sich der Anspruch darauf, dass eine dieser Möglichkeiten im Rahmen ordnungsmäßiger Verwaltung durch Beschluss nach § 19 Abs 1 WEG gewählt wird. Der Anspruch ist deshalb im Wege der Beschlussersetzungsklage nach § 44 Abs 1 S 2 WEG durchzusetzen.

b) Abgrenzung zur Kostenregelung

64 Der Beschluss über die bauliche Veränderung ist in wirtschaftlicher und rechtlicher Weise mit der Frage verknüpft, wer die Kosten der Maßnahme trägt. Dies regelt **§ 21 WEG** zusammen mit der Verteilung neuer Nutzungen, welche die bauliche Maßnahme ermöglicht. § 21 Abs 2 Nr 1, Abs 3 WEG macht diese Verteilung vom Abstimmungsverhalten abhängig, was zugleich eine namentliche Abstimmung erforderlich macht. Sie eröffnet allerdings in § 21 Abs 5 WEG ihrerseits Beschlusskompetenz, die Verteilung der Kosten und Nutzungen zu beschließen.

aa) Isolierter Baubeschluss

65 Angesicht der gesetzlichen Verteilung der Kosten und Nutzungen durch § 21 Abs 1–3 WEG können die Eigentümer bei der Beschlussfassung die Kosten unberücksichtigt lassen. Wenn keine Amortisation nach § 21 Abs 2 Nr 2 WEG zu erwarten ist, droht den zustimmenden Eigentümern die **Kostenlast aus § 21 Abs 3 WEG**. Insbesondere bei Maßnahmen der energetischen Ertüchtigung der Gebäudehülle gehen mit der Maßnahme jedoch keine Nutzungen einher, die den zustimmenden Eigentümern zufallen und die Kostenlast ausgleichen würden. In solchen Sachlagen fehlender neuer Nutzungen lädt die Bestimmung zum „**Trittbrettfahrertum**“ ein, weil jeder Eigentümer, der sich der Stimme enthält, keine Kosten tragen muss, aber von den positiven Wirkungen der Maßnahme mitprofitiert. Denn wenn diese Vorteile nicht in neuen Nutzungen, sondern in verbesserter Nutzung durch Einsparungen, Beleuchtung, Verschattung, Bedachung etc bestehen, kommen diese Verbesserungen allen Eigentümern zugute.

bb) Beschluss zu Bau und Kosten

66 In Betracht kommt daher, neben dem Beschluss über die bauliche Veränderung zugleich einen Beschluss über die Verteilung der Kosten und Nutzungen nach § 21 Abs 5 WEG zu treffen. Die Rechtmäßigkeit und daher auch Anfechtbarkeit eines solchen Beschlusses über die Kosten hängt nach § 21 Abs 5 S 2 WEG vom **Vergleich mit der gesetzlichen Kostenverteilung** ab. Diese Kostenverteilung ist allerdings in den Gestaltungen von § 21 Abs 2 Nr 1 u Abs 3 WEG ihrerseits von dem Abstimmungsverhalten der Eigentümer abhängig. Die gesetzliche Kostenverteilung liegt unabhän-

gig vom Abstimmungsverhalten nur bei Gestattungen sowie Beschlüssen auf Verlangen nach § 21 Abs 1 WEG und bei sich amortisierenden Maßnahmen nach § 21 Abs 2 Nr 2 WEG fest. In diesen Fällen bietet sich an, zugleich mit dem Beschluss über die bauliche Maßnahme über die Kosten zu beschließen. In anderen Sachlagen geht mit einem solchen Vorgehen ein Anfechtungsrisiko einher.

Mit § 139 BGB **hängt** in einem solchen Falle die Wirksamkeit des Beschlusses über den Bau **im Zweifel von der Kostenregelung ab.** Wird die Kostenregelung auf Anfechtung für unwirksam erklärt, wird daher auch der Beschluss über die bauliche Veränderung unwirksam. 67

cc) Bedingter Baubeschluss

Schon der Rechtsausschuss hat in seiner Beschlussempfehlung die Möglichkeit erwogen, dass die Eigentümer die Bauliche Veränderung durch eine Bedingung **an die Kostenverteilung knüpfen** (BT-Drucks 19/22634, 45). Tatsächlich wird es zur Ausschaltung des „Trittbrettfahrertums" (o Rn 65) dem Willen der Eigentümer vielfach entsprechen, Maßnahmen nur zu beschließen, wenn die Kosten von allen Eigentümern gemeinschaftlich getragen werden. 68

Für die **Formulierung** einer solchen Bindung bestehen verschiedene Möglichkeiten (Riecke ZWE 2022, 20, 25 ff). Das höchste Maß an Rechtssicherheit sollte dadurch zu erreichen sein, den Baubeschluss von der Bestandskraft eines Kostenbeschlusses abhängig zu machen, nach dem die Kosten dieser Maßnahme alle Eigentümer nach Miteigentumsanteilen tragen: „*Die Eigentümer stimmen folgender baulichen Veränderung: … [möglichst genaue Beschreibung der Maßnahme oder Bezugnahme auf Angebot vom Datum …] unter der aufschiebenden Bedingung zu, dass ein Beschluss bestandskräftig wird, nach dem die Kosten dieser Maßnahme alle Eigentümer nach MEA tragen.*" 69

Eine solche bedingte Beschlussfassung ist nach §§ 158 ff BGB **zulässig.** Sie ist zu unterscheiden von der unzulässigen bedingten Verkündung eines Beschlusses (vgl BGH 6. 7. 2018 – V ZR 221/17 ZWE 2019, 139 = ZMR 2019, 55 Rn 16). Der hier empfohlene bedingte Beschluss über die bauliche Maßnahme ist unbedingt zu verkünden, er wird allerdings nur unter der im Beschluss festgelegten Bedingung eines bestandskräftigen Beschlusses über die gemeinschaftliche Kostentragung wirksam. Nach dem Baubeschluss muss der Verwalter also mit der Durchführung des Beschlusses warten, ob und ggf bis ein entsprechender Kostenbeschluss bestandskräftig wird. Dafür müssen die Eigentümer zunächst einen solchen Beschluss über die Kosten fassen, sodann darf dieser nicht erfolgreich angefochten werden: „*Die Eigentümer beschließen, dass die Kosten der Maßnahme unter TOP … von allen Eigentümern nach MEA zu tragen sind.*" 70

Das **Anfechtungsrisiko des Kostenbeschlusses** bemisst sich gem § 21 Abs 5 S 2 WEG danach, ob die Eigentümer auch nach dem Gesetz die Kosten tragen müssten. Das wiederum hängt nach § 21 Abs 2 Nr 1 WEG davon ab, ob die Baumaßnahme mit der dort geforderten doppelt qualifizierten Mehrheit beschlossen wurde. Wird dieses doppelte Quorum erreicht, besteht also kein Anfechtungsrisiko, wenn die Eigentümer entsprechend der gesetzlichen Folge die Verpflichtung aller Eigentümer nach Miteigentumsanteilen im Beschluss festhalten. Falls sich jedoch für die Baumaßnah- 71 me nur eine einfache Mehrheit findet und das doppelte Quorum des § 21 Abs 2 Nr 1 WEG nicht erreicht wird, besteht ein Anfechtungsrisiko. Der Beschluss, dass Kosten dieser Maßnahme alle Eigentümer nach Miteigentumsanteilen tragen sollen, wäre anfechtbar. Um diesem Anfechtungsrisiko auszuweichen, könnte der Verwalter sich anweisen lassen, über den Kostenbeschluss gar nicht erst abstimmen zu lassen.

72 Abgesehen von diesem rechtlichen Anfechtungsrisiko stellt sich für den Verwalter noch das Problem, in tatsächlicher Hinsicht zu erkennen, **ob der Kostenbeschluss angefochten wurde** oder ob er mangels Anfechtung nach Ablauf der Frist des § 45 WEG bestandskräftig wurde. Daher lässt sich der Beschluss noch um eine Anweisung an den Verwalter ergänzen, wann er von der Bestandskraft auszugehen hat. Beispielsweise lässt sich formulieren: „*Von der Bestandskraft hat der Verwalter auszugehen, wenn ihm kein Eigentümer innerhalb der Anfechtungsfrist (ein Monat ab dem morgigen Tag) die bei Gericht eingebrachte Beschlussanfechtung in Textform angezeigt hat.*“

2. Formelle Rechtmäßigkeitsanforderungen

73 § 20 Abs 1 WEG enthält keine Besonderheiten für die Beschlussfassung. Insbesondere sieht er anders als § 22 WEG aF kein erhöhtes Beschlussquorum mehr vor. Nach der allgemeinen Vorschrift des § 25 Abs 1 WEG genügt deshalb die **einfache Mehrheit der abgegebenen Stimmen**; Enthaltungen werden nicht gezählt.

74 Aus **praktischer Sicht** stellt die Beschlussfassung über eine bauliche Veränderung den Versammlungsvorsitzenden jedoch vor **gewisse Herausforderungen**. Da die gesetzliche Kostentragung und Nutzungsbefugnis nach § 21 WEG davon abhängen kann, wie viele Wohnungseigentümer und auch konkret wer mit „Ja“ gestimmt hat, ist zur **Dokumentation namentlich abzustimmen**. Der Versammlungsvorsitzende, also typischerweise der Verwalter, ist verpflichtet, in der Niederschrift das erreichte Quorum festzuhalten sowie die Namen derjenigen, die mit „Ja“ gestimmt haben; auf die entsprechende Protokollierung der „Nein“-Stimmen und Enthaltungen kann dagegen verzichtet werden. Eine solche Niederschrift beweist zwar nicht, wer mit „Ja“ gestimmt hat, ist aber ein beachtliches Indiz dafür (vgl Staudinger/Häublein § 24 WEG Rn 246 ff). Eine namentliche Abstimmung sollte stets und nicht nur in den Fällen des § 21 Abs 3 WEG erfolgen. Denn auch wenn eine bauliche Veränderung im Raum steht, die unter § 21 Abs 2 WEG zu fallen und deshalb von allen Wohnungseigentümern bezahlt zu werden scheint, kann nie ausgeschlossen werden, dass im Nachhinein Streit über die rechtliche Einordnung entsteht, etwa ob die Kosten „unverhältnismäßig“ sind, § 21 Abs 2 S 1 Nr 1 WEG, oder der Amortisationszeitraum „angemessen“ ist, § 21 Abs 2 S 1 Nr 2 WEG. Verzichtet werden kann auf eine namentliche Abstimmung lediglich in den Fällen des § 21 Abs 1 WEG, bei denen sich der kostentragungspflichtige Wohnungseigentümer schon aus dem Beschlussinhalt ergibt.

3. Materielle Rechtmäßigkeitsanforderungen

75 Beschlüsse über bauliche Veränderungen können wie jeder Beschluss angefochten werden, wenn sie ordnungsmäßiger Verwaltung widersprechen. Dabei bezeichnet der **Maßstab ordnungsmäßiger Verwaltung** die Grenze, an der das Gestaltungsermes-

sen der Eigentümer endet. Um diese zu bestimmen, enthält § 20 Abs 4 WEG zwei spezifische **sog Veränderungssperren**, die zum einen den Umgestaltungsschutz und zum anderen den Individualschutz abdecken. § 20 Abs 4 WEG begrenzt als besondere Ausprägung des Grundsatzes ordnungsmäßiger Verwaltung nicht die Beschlusskompetenz des § 20 Abs 1 WEG. Das stellt das Verb „dürfen" klar, mit dem – anders als mit dem Verb „können" – regelmäßig keine Einschränkung der Beschlusskompetenz einhergeht (BT-Drucks 19/18791, 66). Verstößt ein Beschluss gegen § 20 Abs 4 WEG, ist er deshalb nicht nichtig, sondern nur anfechtbar; unterbleibt die Anfechtung, wird er bestandskräftig. Neben den spezifischen Veränderungssperren des Umgestaltungsschutzes oder des Individualschutzes kommt ein Verstoß gegen ordnungsmäßige Verwaltung auch nach den allgemeinen wohnungseigentumsrechtlichen Ermessensgrenzen in Betracht, soweit diese nicht ohnehin aus § 20 Abs 4 WEG folgen.

a) Grundlegende Umgestaltung der Wohnanlage

Eine bauliche Veränderung darf nach § 20 Abs 4 WEG nicht beschlossen werden, **76**
wenn sie die Wohnanlage grundlegend umgestalten würde. Dahinter liegt der Gedanke, dass der Zustand des gemeinschaftlichen Eigentums wegen der Beschlusskompetenz des § 20 Abs 1 WEG zwar nicht mehrheitsfest ist, es aber einen **Mindestbestand** gibt, den jeder Wohnungseigentümer auch gegen den Willen der Mehrheit verteidigen kann (LG München I 24. 11. 2022 – 36 S 3944/22 WEG, NZM 2023, 164 Rn 60).

In der Vergangenheit übernahm das Merkmal der „Eigenart der Wohnanlage" aus **77**
§ 22 Abs 2 S 1 WEG aF die Aufgabe, im Anwendungsbereich der Modernisierung nach altem Recht den mehrheitsfesten Mindestbestand zu definieren. In Anlehnung an die Gesetzesbegründung wurde eine Veränderung dieser Eigenart aber schon im Anbau eines Wintergartens, im Ausbau eines Speichers zu Wohnungen, in der Aufstockung oder im Abriss von Gebäudeteilen, ja sogar schon in der Veränderung des optischen Gesamteindrucks gesehen. Dadurch wurde der Spielraum für bauliche Veränderung **unangemessen eingeschränkt**. Aus diesem Grund hat der Gesetzgeber den Begriff der Eigenart aufgegeben und durch den Begriff der grundlegenden Umgestaltung ersetzt. Die Auslegung des § 22 Abs 2 S 1 WEG aF darf deshalb nicht für die Auslegung des neuen Rechts herangezogen werden.

Der Begriff der grundlegenden Umgestaltung ist **eng zu verstehen**. Insbesondere liegt **78**
nicht in jeder Veränderung der Eigenart im Sinne des § 22 Abs 2 S 1 WEG aF eine grundlegende Umgestaltung. Da in jeder baulichen Veränderung eine „Umgestaltung" liegt, lautet die zentrale Frage: Hat die bauliche Veränderung so starke Auswirkungen, dass sie die Wohnanlage „grundlegend" umgestaltet, ihr also ein neues Gepräge gibt? Abstrakte Maßstäbe kann es aufgrund der Vielgestaltigkeit der Wohnanlagen nicht geben. Maßgeblich ist die Gesamtbetrachtung aller Umstände des Einzelfalls. Bezugspunkt ist dabei stets die Wohnanlage als Ganze, also das gesamte nach dem WEG aufgeteilte Grundstück. Dabei ist zu berücksichtigen, dass in der Regel ein beträchtlicher Teil der Wohnanlage dem Sondereigentum zuzuordnen ist, das nicht Gegenstand einer baulichen Veränderung sein kann. Je größer der Anteil des Sondereigentums ist, desto schwerwiegender müssen die Veränderungen des gemeinschaftlichen Eigentums sein, um von einer grundlegenden Umgestaltung der Wohnanlage – trotz unverändertem Sondereigentum – sprechen zu können. Von einer grundlegenden Umgestaltung der Wohnanlage wird man praktisch nur selten

ausgehen können (LG München I 24. 11. 2022 – 36 S 3944/22 WEG, NZM 2023, 164 Rn 60). Es verwundert deshalb nicht, dass die Gesetzesbegründung kein Beispiel für eine grundlegende Umgestaltung nennt.

79 **aa)** Eine grundlegende Umgestaltung könnte man etwa annehmen, wenn der parkartige Garten eines Villengrundstücks mit altem Baumbestand einem weitläufigen Garagenhof weichen soll. Einfacher ist es, **Beispiele** zu finden, in denen **keine** grundlegende Umgestaltung vorliegt: Etwa der Ausbau von Dachgeschoß oder Keller erweitert lediglich den Wohnraum, gibt aber weder dem Gebäude noch der Wohnanlage ein neues Gepräge. Das Gleiche gilt für eine Aufstockung zumindest dann, wenn das Bestandsgebäude bereits über mehrere Stockwerke verfügt. Auch untergeordnete Anbauten, zB Wintergärten oder Garagen erweitern lediglich das Gebäude. Bei der Errichtung zusätzlicher Gebäude kommt es darauf an, ob die damit einhergehende Nachverdichtung den Charakter der Anlage verändert: Unschädlich wird in aller Regel die Ergänzung einer Mehrhausanlage um kleinere Gebäude sein; unzulässig ist es dagegen, ein Villengrundstück zu einer Reihenauslage zu machen. Der Abriss von Gebäudeteilen begründet erst dann eine grundlegende Umgestaltung, wenn die abzureißenden Teile prägenden Charakter für die gesamte Wohnanlage hatten. Das ist bei untergeordneten Teilen, zB Wintergärten oder Garagen, in der Regel nicht der Fall.

80 **bb)** Es ist nicht ausgeschlossen, dass im Einzelfall auch eine **Veränderung des optischen Gesamteindrucks** das Gewicht einer grundlegenden Umgestaltung der Wohnanlage haben kann. Dabei ist aber ein strenger Maßstab anzulegen. Bloße architektonische Disharmonien, wie sie häufig durch den Anbau von Balkonen oder Außenaufzügen entstehen, genügen dafür nicht. Deutlich zu weitgehend wurde eine grundlegende Umgestaltung bejaht, obwohl dem Eigentümer nur erlaubt wurde, zur Errichtung einer Terrasse eine Aufschüttung um rund 65 cm vorzunehmen, ein Fenster durch eine Tür zu ersetzen und eine Rampe zu errichten (LG Köln 26. 1. 2023 – 29 S 136/22, ZWE 2023, 176). Der Eingriff in die äußere Gestalt muss vielmehr so krass sein, dass sich das Gesicht der Wohnanlage als Ganzes verändert. Denkbar ist das etwa, wenn die reichhaltig stuckverzierte Fassade eines Altbaus einer Schieferverkleidung weichen soll.

81 In der Vergangenheit durften bauliche Veränderungen häufig nicht beschlossen werden, weil die damit einhergehende Veränderung des optischen Gesamteindrucks als unzulässige **Änderung der Eigenart** im Sinne des § 22 Abs 2 S 1 WEG aF angesehen wurde. Diese weite Auslegung der Eigenart geht zurück auf die Begründung der WEG-Novelle 2007. Sie wurde in Rechtsprechung und Literatur zwar kritisiert, aber nicht überwunden. Vor allem wegen dieser weiten Auslegung hat das WEMoG den Begriff der Eigenart aufgegeben; sie darf deshalb nicht auf das neue Recht übertragen werden. Deswegen besteht auch kein umfassender Veränderungsschutz für einen bestimmten Gebäudestil wie ein Jugendstilgebäude. Auch dort bedeutet ein Außenaufzug keine grundlegende Umgestaltung (**aA** BeckOGK/Kempfle [15. 12. 2022] § 20 WEG Rn 217), schon gar nicht beim Anbau an das nicht dem Stil entsprechende Hinterhaus (LG München I 24. 11. 2022 – 36 S 3944/22 WEG, NZM 2023, 164 Rn 63). Ebenso kann auch die bloße Störung der bisher bestehenden Symmetriegestaltung keine grundlegende Umgestaltung bedeuten (**abweichend** LG Köln 26. 1. 2023 – 29 S 136/22, ZWE 2023, 176; AG München 10. 2. 2022 – 1294 C 13970/21, ZMR 2022, 510; Bärmann/Dötsch § 20 WEG Rn 363).

Sonst würden solche Merkmale wiederum eine Entwicklung des Gebäudes hindern, was die Reform gerade durchbrechen wollte. Entsprechend lässt sich auch die Aussage des RegE erklären, dass typischerweise in den Fällen des § 20 Abs 2 WEG keine grundlegende Umgestaltung gegeben ist (BT-Drucks 19/18791, 66). Denn diese Maßnahmen wirken typischerweise punktuell.

b) Unbillige Benachteiligung eines Wohnungseigentümers

Eine bauliche Veränderung darf nicht beschlossen werden, wenn dadurch ein Wohnungseigentümer ohne sein Einverständnis gegenüber anderen unbillig benachteiligt würde, § 20 Abs 4 WEG. Das erfordert eine **dreistufige Prüfung**: 82

aa) Benachteiligung

Eine bauliche Veränderung benachteiligt einen Wohnungseigentümer gegenüber anderen, wenn sie ihn in stärkerem Maße als andere beeinträchtigt, ihm also ein **Sonderopfer** auferlegt. 83

(1) Die **Beeinträchtigung** kann sich – wie schon nach § 22 Abs 2 S 1 WEG aF – aus allen wohnungseigentumsrechtlich relevanten Rechtspositionen des Wohnungseigentümers ergeben. In Betracht kommen neben dem Sonder- und Gemeinschaftseigentum auch die Gesundheit, das allgemeine Persönlichkeitsrecht und relative Rechte, zB ein Sondernutzungsrecht. Die Benachteiligung muss sich allerdings aus der **baulichen Veränderung selbst** ergeben, also der Neu-Definition des Soll-Zustands des Gemeinschaftseigentums. Denn § 20 Abs 4 WEG betrifft nur die Kontrolle der nach § 20 Abs 1 WEG gefassten Beschlüsse über bauliche Veränderungen. Ergibt sich die Benachteiligung dagegen allein aus der Art und Weise ihrer Durchführung, ist der nach § 19 Abs 1 WEG gefasste Durchführungsbeschluss nach den allgemeinen Kriterien zu überprüfen (Bärmann/Dötsch § 20 WEG Rn 374; zur Unterscheidung o Rn 39 ff, 44). Macht zB eine schwangere Wohnungseigentümerin eine besondere Belastung durch den Baulärm geltend, geht es nicht um die bauliche Veränderung an sich, sondern den Zeitpunkt und womöglich die Art ihrer Durchführung. Anzufechten ist deshalb nur der Durchführungsbeschluss. Prüfungsmaßstab ist nicht § 20 Abs 4 WEG, sondern § 19 Abs 1 WEG. Auch die von § 21 WEG geregelte Kostenlast ist kein relevanter Aspekt (Zschieschack ZWE 2021, 68, 72 f; **aA** Bärmann/Dötsch § 20 WEG Rn 375). Denn die Wertentscheidung trifft dort in erster Linie der Gesetzgeber, der in § 21 Abs 2 WEG festlegt, unter welchen Umständen einem Eigentümer, der die Maßnahme ablehnt, die Kosten zumutbar sind. Von diesen Vorgaben abweichende Beschlüsse sind nach § 21 Abs 5 S 2 WEG anfechtbar. 84

Der Kläger kann sich dabei aber nur auf die Beeinträchtigung **eigener Rechtspositionen** berufen. Denn die Möglichkeit, sich mit einer unbilligen Benachteiligung einverstanden zu erklären, zeigt, dass jeder Wohnungseigentümer selbst über die Relevanz der ihn treffenden Benachteiligung entscheiden können soll. Das gebietet eine Abweichung von dem allgemeinen Prinzip, dass rechtswidrige Beschlüsse auch dann erfolgreich angefochten werden können, wenn sie den Kläger nicht belasten. 85

(2) Eine Benachteiligung scheidet begrifflich von vornherein aus, soweit alle Wohnungseigentümer **gleichermaßen** beeinträchtigt werden. Beispielsweise kann der Beschluss, einen Aufzug in das Treppenhaus einzubauen, nicht mit der Begründung angefochten werden, dass das Treppenhaus dadurch enger und dunkler wird. Denn 86 diese Beeinträchtigung trifft alle Wohnungseigentümer gleichermaßen. Das gilt auch, wenn ein Trockenraum durch Umbau seine Nutzbarkeit als solcher verliert. Auch diese Nutzungseinbuße trifft alle Eigentümer gleich, weil es auf ihre **Nutzungsberechtigung**, nicht auf ihr Nutzungsverhalten ankommt.

87 Unklar ist, wen § 20 Abs 4 WEG mit den „anderen" meint, **wem gegenüber der Anfechtungskläger** also **benachteiligt sein muss**. Denn vielfach beeinträchtigen bauliche Veränderungen eine Vielzahl von Wohnungseigentümern in ganz unterschiedlichem Maß: Einerseits werden sich häufig Eigentümer finden, die durch die bauliche Veränderung kaum oder gar nicht beeinträchtigt werden. Würde man sie als Vergleichsgruppe heranziehen, läge in jeder Beeinträchtigung des Anfechtungsklägers automatisch auch eine Benachteiligung. Würde man dagegen lediglich die am stärksten beeinträchtigten Wohnungseigentümer heranziehen, wäre es dem Kläger häufig unmöglich, eine Benachteiligung darzulegen. Wird ein Schwimmbad im Hinterhof errichtet, ist dieses überhaupt nur für die Bewohner wahrnehmbar, deren Wohnungen zum Hinterhof gerichtet sind. Etwaige Lärmbelästigungen mögen in den unterschiedlich hoch gelegenen zum Hinterhof ausgerichteten Stockwerken verschieden wahrgenommen werden.

88 In die **Vergleichsgruppe** sind deshalb **alle übrigen Wohnungseigentümer** aufzunehmen. Das gilt auch für solche Wohnungseigentümer, die mit der baulichen Veränderung einverstanden sind, denn sonst würde deren Einverständnis zulasten des Klägers wirken. Im Ergebnis kommt es damit auf die durchschnittliche Beeinträchtigung der Eigentümer an. Dieser Durchschnitt ist freilich nicht mathematisch zu ermitteln, sondern im Rahmen einer wertenden Betrachtung. Die Anknüpfung an alle anderen Wohnungseigentümer führt dazu, dass die durchschnittliche Beeinträchtigung mit der Größe der Gemeinschaft tendenziell sinkt, weil dann häufig die Zahl der gar nicht oder kaum beeinträchtigten Wohnungseigentümer steigt. Das ist sachgerecht, da mit der Größe der Gemeinschaft typischerweise die gegenseitige Toleranzschwelle abnimmt. Ungeachtet dessen würde § 20 Abs 4 WEG aber auch keinen Ansatzpunkt für eine Beschränkung der Vergleichsgruppe bieten.

bb) Unbilligkeit

89 Steht die Benachteiligung fest, stellt sich die Frage, ob sie auch unbillig ist. Unbilligkeit darf nicht mit Unangemessenheit gleichgesetzt werden: **Unangemessen** ist eine Benachteiligung schon dann, wenn sie außer Verhältnis zu den zu erwartenden Vorteilen steht. Die Unbilligkeit verlangt zusätzlich die Überschreitung einer **Erheblichkeitsschwelle** (BGH 18. 2. 2011 – V ZR 82/10, NJW 2011, 1221 Rn 12; BGH 20. 7. 2018 – V ZR 56/17, NZM 2018, 794 = ZMR 2019, 47 Rn 29). Das führt zu einer verschärften Verhältnismäßigkeitskontrolle: Die Schwere der Benachteiligung muss das Gewicht der Vorteile deutlich überwiegen. Wie bei jeder wertenden Betrachtung hängt dies vom Einzelfall ab. Es lassen sich aber einige Leitlinien ziehen:

90 **(1)** In die Abwägung ist nur das **Sonderopfer des Benachteiligten** einzustellen, also seine gegenüber dem Durchschnitt erhöhte Beeinträchtigung. Denn sonst würde man entgegen dem Wortlaut die Unbilligkeit der Beeinträchtigung und nicht die der Benachteiligung prüfen. Im Schwimmbadbeispiel o Rn 87 ist deshalb nur die zusätzliche optische und akustische Belästigung des klagenden Eigentümers relevant, soweit sie die durchschnittliche Belästigung aller Wohnungseigentümer übersteigt.

(2) Von vornherein **irrelevant** sind unerhebliche Sonderopfer und zwar auch dann, wenn ihnen keine oder keine nennenswerten Vorteile gegenüberstehen. Im Schwimmbadbeispiel könnte die zusätzliche Belästigung des Klägers schon deshalb nicht unbillig sein. **91**

(3) Bei der Gewichtung der Vorteile ist ein **großzügiger Maßstab** anzulegen. Denn der Gesetzgeber hat die Zulässigkeit baulicher Veränderungen gerade nicht an die Verfolgung bestimmter Zwecke geknüpft, sondern allgemein in die Hände der Mehrheit gelegt. Die subjektive Zwecksetzung der Mehrheit ist deshalb zu respektieren. Eine eigene Bewertung traf der Gesetzgeber zudem mit dem Katalog der privilegierten Maßnahmen, § 20 Abs 2 S 1 WEG. Deren Vorteile können deshalb nur durch besonders schwere Benachteiligungen aufgewogen werden. **92**

Entsprechend liegt es auch bei sonstigen Maßnahmen, die wie Modernisierungen alten Rechts nach § 22 Abs 2 WEG heute immerhin noch im **Mietrecht nach § 555b BGB herausgehoben** sind. Insoweit hat der BGH zum alten Wohnungseigentumsrecht ausgesprochen, dass typische Beeinträchtigungen solcher Maßnahmen nicht als unbillig anzusehen sind (BGH 18. 2. 2011 – V ZR 82/10, NJW 2011, 1221 Rn 12). Das gilt weiterhin, weil solche Maßnahmen heute doch mit einfacher Mehrheit beschlossen werden können (MünchKomm/Rüscher § 20 WEG Rn 35; **aA** Bärmann/Dötsch § 20 WEG Rn 373). Richtig ist freilich, dass eine Beeinträchtigung in diesen Fällen durchaus gegeben ist. Die Abwägung wird aber dahin ausfallen, dass es an einer Unbilligkeit fehlt. **93**

cc) Kein Einverständnis

Eine unbillige Benachteiligung eines Wohnungseigentümers ist nur beachtlich, wenn sie „ohne sein Einverständnis“ erfolgt. Das Einverständnis hat anfechtungsverhindernde Wirkung (o Rn 85). Die Rechtmäßigkeit des Beschlusses steht damit kraft gesetzlicher Anordnung zur **Disposition des Benachteiligten**. Das Einverständnis ist eine rechtsgeschäftsähnliche Handlung (u Rn 210); Widerruf und Anfechtung sind nur eingeschränkt möglich (u Rn 217 ff). Fällt das Einverständnis dadurch weg, kann ein etwaig gefasster Beschluss bis zum Eintritt der Bestandskraft erfolgreich gerichtlich angefochten werden. **94**

c) Ordnungsmäßigkeit im Übrigen

Neben diesen beiden Veränderungssperren des § 20 Abs 4 WEG greifen die allgemeinen **wohnungseigentumsrechtlichen Ermessensgrenzen**, wie sie § 18 Abs 2 WEG am Beispiel der ordnungsmäßigen Verwaltung und Nutzung regelt (vgl Jacoby ZWE 2023, 16 ff). Entsprechend muss das Ermessen auf ausreichender Tatsachengrundlage in Verfolgung des Interesses der Gesamtheit der Wohnungseigentümer und unter Einhaltung der materiellen Ermessensgrenzen ausgeübt werden: **95**

aa) Hinreichende Informationen

Wie stets müssen die Eigentümer auf angemessener Informationsgrundlage ihre Entscheidung treffen. Damit stehen hier nicht die drei Angebote in Rede, soweit diese die von § 19 Abs 1 WEG statt von § 20 Abs 1 WEG erfasste Durchführung der Maßnahme betreffen. Die Eigentümer müssen aber über **Alternativen** informiert werden, wie sie sonst den Zweck der baulichen Veränderung erfüllen könnten, ferner über damit verbundene Gefahren, Folgekosten etc Fehlt es daran, kommt eine Anfech- **96** tung der Entscheidung wegen dieses Ermessensfehlers in Betracht (vgl BGH 25. 9. 2015 – V ZR 244/14, BGHZ 207, 99 = NJW 2015, 3651 Rn 35 zur Informationsgrundlage bei Kreditaufnahme, allgemeiner JACOBY ZWE 2023, 26, 29 m Nachw auch zur Gegenansicht). Nichts Anderes kann gelten, wenn die Eigentümer ihren **Entscheidungsspielraum nicht erkennen**. Beispielsweise können sie informiert werden, zu einem bestimmten Stimmverhalten verpflichtet zu sein, weil einem Eigentümer ein Anspruch auf eine bauliche Maßnahme aus § 20 Abs 2 o 3 WEG zustünde.

bb) Interesse der Gesamtheit der Eigentümer

97 Die Entscheidung über eine bauliche Maßnahme ist auch ermessensfehlerhaft, wenn sie nicht von der Verfolgung des Interesses der Gesamtheit der Eigentümer, sondern von **sachfremden Erwägungen** getragen wird. Allerdings ist das Interesse der Gesamtheit der Eigentümer, das dem Wortlaut von § 18 Abs 2 WEG entstammt, unter Berücksichtigung der besonderen Wertungsgrundlagen von §§ 20 f WEG zu interpretieren: Insbesondere die Ansprüche auf bauliche Veränderungen nach § 20 Abs 2 u 3 WEG können aus eigennützigen Motiven verfolgt werden. Auch kann die Mehrheit ihr Veränderungsinteresse über das Bestandsinteresse der Minderheit stellen. Im Unterschied zu Maßnahmen nach §§ 18 f WEG regelt das Gesetz in § 21 WEG die Kostenverteilung abweichend, so dass mehr Raum für die Verfolgung von Individualinteressen verbleibt.

98 Dieser Spielraum ist aber überschritten, wenn **Drittinteressen** wahrgenommen werden, also etwa, wenn ein Mehrheitseigentümer sich für eine bauliche Maßnahme nur deswegen einsetzt, weil sie ihm als Eigentümer des Nachbargrundstücks dient. Ebenfalls sachfremd ist es, wenn die Mehrheit eine bauliche Veränderung vornimmt, um einem Miteigentümer zu schaden. Es kann in solchen Fällen so liegen, dass diesem Eigentümer zwar kein unbilliges Sonderopfer auferlegt wird, dieser einzelne Eigentümer aber wegen seiner individuellen Vorlieben von einer baulichen Veränderung besonders betroffen wird. So würden die Eigentümer sachfremde Interessen verfolgen, wenn sie den Umbau des Fahrradkellers zur Sauna nur deswegen beschließen, um dem verhassten Fahrradfahrer das Abstellen seines Fahrrads zu erschweren.

cc) Materielle Ermessensgrenzen

99 Die materiellen Ermessensgrenzen markieren zunächst die beiden **Veränderungssperren des § 20 Abs 4 WEG** zwecks Umgestaltungsschutz und Individualschutz. Da diese Konkretisierung der Ermessensgrenzen zwar zwei bedeutende Aspekte regelt, aber eben auch auf diese beschränkt ist, lässt § 20 Abs 4 WEG Raum für eine Prüfung der Ordnungsmäßigkeit im Übrigen. Dabei müssen jedoch die besonderen gesetzlichen Wertungen des § 20 Abs 4 WEG sowie des § 21 WEG berücksichtigt werden.

(1) Öffentliches Baurecht

100 Wichtige Grenzen für Bautätigkeit markiert das öffentliche Baurecht, namentlich das Bauordnungsrecht. Soweit diese Regelungen Verbotsgesetze darstellen, sind abweichende Regelungen ohnehin wegen Verstoßes gegen § 134 BGB nichtig. Darüber hinaus plädiert der BGH wegen des zwingenden Charakters dieser Bestimmungen für Nichtigkeit nach § 23 Abs 4 WEG, jedenfalls wenn die Vorschriften dem Schutz der Wohnungseigentümer dienen (BGH 28. 1. 2022 – V ZR 106/21, ZWE 2022, 209 = ZMR 2022, 570 Rn 28). Das überzeugt indessen nicht (STAUDINGER/HÄUBLEIN § 23 WEG Rn 341a), wenn die Eigentümer mangels Verbotsgesetzes zwischen sich entsprechende verbind-

liche Wirkungen durch eine Vereinbarung herbeiführen könnten. Denn dann handelt es sich nicht um **zwingendes Recht im Zivilrechtsverkehr** angesichts dessen, dass die Eigentümer untereinander durch die Vereinbarung rechtswirksam auf die Einhaltung des öffentlichen Rechts verzichten können. Folglich bedarf es zur Beschlussnichtigkeit der Anfechtung, § 23 Abs 4 S 2 WEG. Zur Erfüllung der öffentlich-rechtlichen Vorgaben können bei Bestandskraft allerdings Zweitbeschlüsse erforderlich werden.

Als Beispiel ist zunächst an den Beschluss einer baulichen Veränderung zu denken, **101** die gegen **drittschützende öffentlich-rechtliche Vorgaben** verstößt, namentlich den Grenzabstand. Ein solcher Beschluss ist anfechtbar. Im Ergebnis nichts Anderes gilt auch für den Verstoß gegen öffentlich-rechtliche Anforderungen zum Schutze der Bewohner wie gegen Vorgaben zum Brandschutz oder Schutzvorkehrungen zur Verhütung eines Sturzes mangels hinreichender Sicherheitsvorkehrungen wie Geländer. Solche Vorschriften schützen alle Gebäudenutzer gleichermaßen vor Gesundheitsbeeinträchtigungen. Insoweit besteht zwar ein Spannungsverhältnis zum Schutz durch § 20 Abs 4 WEG. Denn diese Vorschrift enthält nicht nur den Individualschutz vor unbilligen Sonderopfern, sondern zugleich die Aussage, dass sich solche Beeinträchtigungen grundsätzlich innerhalb der Ermessensgrenzen halten, die alle Eigentümer gleichermaßen treffen. Diese Aussage zielt aber auf typische durch Baumaßnahmen verursachte Beeinträchtigungen, die den Anblick, die Aussicht, die Nutzungsmöglichkeit etc betreffen, während besondere Gesundheitsgefahren durch Verstoß gegen Verkehrspflichten nicht einbezogen sind.

(2) Nutzungen

Unter dem alten Recht hatte der BGH das Problem der baulichen Veränderung und **102** der damit verbundenen **Nutzungsregelung** adressiert. Die übrigen Wohnungseigentümer dürften nicht entgegen der heute in § 16 Abs 1 S 3 WEG platzierten Regelung des § 13 Abs 2 S 1 WEG aF von dem Gebrauch des gemeinschaftlichen Eigentums ausgeschlossen werden (BGH 13. 1. 2017 – V ZR 96/16, ZWE 2017, 224 = ZMR 2017, 319 Rn 32). Heute ist folgendermaßen zu unterscheiden:

(a) Die Verteilung **neuer, auf der Baumaßnahme beruhender Nutzungen** bestimmt **103** § 21 WEG. Angesichts dieser eigenständigen Wertentscheidung des Gesetzgebers kann sich daraus eine Ordnungswidrigkeit des Beschlusses über die bauliche Veränderung nicht ergeben. Treffen die Eigentümer eine abweichende Regelung, mag dieser Beschluss anfechtbar sein, § 21 Abs 5 S 2 WEG. Dem vom BGH benannten Problem, dass Eigentümer vom gemeinschaftlichen Gebrauch nicht ausgeschlossen werden dürfen, trägt überdies § 21 Abs 4 WEG Rechnung, weil die Eigentümer sich danach in die Nutzungen einkaufen können. Dass dieser Anspruch durch das billige Ermessen begrenzt ist, steht dem nicht entgegen, dass der Gesetzgeber hier die Verteilung neuer Nutzungen abschließend geregelt hat.

(b) Allerdings ist der Anwendungsbereich des § 21 WEG auf neue – durch die **104** bauliche Veränderung begründete – Nutzungen beschränkt, gilt danach nicht für bereits **zuvor vorhandene Nutzung** (Häublein/Jacoby/Lehmann-Richter/Wobst ZWE 2021, 27, 28 f; Staudinger/Jacoby § 21 WEG Rn 21 ff; **aA** Bärmann/Dötsch § 21 WEG Rn 44). Probleme werfen deswegen nicht solche Maßnahmen auf, die die Nutzung für alle verbessern, etwa durch ästhetische Verschönerungen, Beleuchtung, Überdachung oder

Dämmung/Isolierung. Es liegt in der Entscheidungsmacht der Eigentümer, ob sie eine solche Maßnahme mit der Kostenfolge des § 21 WEG in Kauf nehmen wollen (o Rn 69 ff zur Möglichkeit der bedingten Beschlussfassung).

105 Die bauliche Maßnahme mag die Nutzung der Eigentümer aber auch verschlechtern oder die Gebrauchsmöglichkeit faktisch ausschließen. Das ist grundsätzlich nach den u Rn 107 ff zu erörternden Grundsätzen zum Wegfall von Nutzungsmöglichkeiten hinzunehmen. Manche baulichen Maßnahmen können aber zu einer faktischen Umverteilung vorhandener Nutzungen führen, indem etwa durch gefangenes Gemeinschaftseigentum ein alleiniges Mitgebrauchsrecht am gemeinschaftlichen Eigentum geschaffen wird (Staudinger/Lehmann-Richter [2023] § 16 WEG Rn 23 ff).

106 Ein Beispiel ist, dass einem Eigentümer gestattet wird, seine Terrasse über das Sondereigentum bzw Sondernutzungsrecht hinaus in das gemeinschaftliche Eigentum zu vergrößern und zu umfrieden (vgl LG Düsseldorf 11. 11. 2022 – 19 S 19/22, ZWE 2023, 214 = ZMR 2023, 391; Zschieschack ZMR 2023, 347). Neue Nutzungen werden dadurch nicht ermöglicht, so dass das Alleinnutzungsrecht nicht dem die Maßnahme begehrenden Inhaber der Terrasse über § 21 WEG gebührt (**aA** Hogenschurz ZWE 2023, 216; Zschieschack ZMR 2023, 347). Den anderen Eigentümern kann auch kein Mitgebrauchsrecht über § 21 Abs 4 WEG eingeräumt werden. Daher besteht ein durch die bauliche Maßnahme hervorgerufener Missstand bei der Nutzung, der durch §§ 20 f WEG nicht legitimiert wird. Somit ist der Beschluss rechtswidrig, solange er nicht durch eine Nutzungsregelung, etwa eine Vermietung der entsprechenden Fläche, legitimiert wird. Ob eine solche Nutzungsregelung ordnungsmäßig ist, folgt aus § 19 WEG. Steht dem etwa eine abweichende Vereinbarung entgegen, ist ein ordnungsmäßiger Beschluss über die bauliche Veränderung ebenfalls nicht möglich.

107 **(c)** Bauliche Maßnahmen können den **Wegfall von Nutzungsmöglichkeiten** mit sich bringen. Etwa können die Eigentümer beschließen, einen Apfelbaum zu fällen, eine Teppichstange zum Teppichausklopfen oder eine Sandkiste zu demontieren. Neben dem bloßen Rückbau kommen auch Umbauten in Betracht wie der Einbau einer Sauna in den bisherigen Fahrradkeller. Solche Auswirkungen der Veränderung des Soll-Zustands aufgrund eines Beschlusses nach § 20 Abs 1 WEG sind von der dort vorgesehenen Mehrheitsmacht gedeckt. Es greift der Schutz des einzelnen Eigentümers nach § 20 Abs 4 WEG. Ein einzelner Eigentümer ist geschützt, wenn sich die Nutzungsbeeinträchtigung als unbilliges Sonderopfer erweist, wofür allerdings nicht auf sein Nutzungsverhalten, sondern seine Nutzungsberechtigung abzustellen ist (o Rn 86).

108 Teilweise wird dies anders gesehen, wenn der Nutzungszweck durch eine Vereinbarung bestimmt wird (BeckOGK/Kempfle [01. 03. 2023] § 20 WEG Rn 130; BeckOK WEG/Elzer [1. 1. 2023] § 20 WEG Rn 59: „selbstverständlich nichtig“; kritisch auch Hogenschurz ZfIR 2021, 419, 422; Zschieschack ZWE 2021, 68, 73). Den Schutz einer solchen Nutzungsvereinbarung gegenüber Beschlüssen zur Nutzung beinhaltet § 19 Abs 1 WEG. Demgegenüber ist **§ 20 WEG aber vorrangig**, weil diese Regelung mit der Soll-Beschaffenheit die Gestaltung des gemeinschaftlichen Eigentums bestimmt (anders Bärmann/Dötsch § 21 WEG Rn 44: erst recht auch Baubeschlüsse gesperrt). Erst auf dieser Grundlage lässt sich dann das gemeinschaftliche Eigentum nach § 19 WEG nutzen und verwalten. Das gilt nicht nur für die Erhaltung, die sich als Verwaltungsmaßnahme am Soll-

Zustand zu orientieren hat, sondern auch Nutzungsregelungen hängen vom jeweiligen Soll-Zustand ab. Außerhalb des § 20 Abs 4 WEG gibt es keinen Vorbehalt für den Schutz von Nutzungsvereinbarungen in §§ 20 f WEG. Das trägt der **gesetzgeberischen Weichenstellung** Rechnung, die Gestaltung des gemeinschaftlichen Eigentums in das recht freie Ermessen der Eigentümer zu legen. Es ist nicht ersichtlich, warum abseits des § 20 Abs 4 WEG Nutzungsvereinbarungen stärker geschützt sein sollten als eine andere Gestaltung des gemeinschaftlichen Eigentums.

Den Eigentümern bleibt allerdings nach dem o Rn 7 ff Gesagten die Möglichkeit, **durch Vereinbarung** nach § 10 Abs 1 S 2 WEG die **Kompetenzen aus § 20 Abs 1 WEG einzuschränken**, um Vereinbarungen über Nutzungszwecke gegen zweckwidrige Baubeschlüsse abzusichern (Häublein/Jacoby/Lehmann-Richter/Wobst ZWE 2021, 27, 29). Man kann solche Baubeschlüsse durch eine formelle Regelung an ein höheres Quorum binden. Zweckwidrige Beschlüsse können aber auch infolge von materiellen Vereinbarungen ordnungswidrig, mithin anfechtbar oder nichtig sein. Entscheidend ist die Auslegung der Vereinbarung über die Zweckbestimmung. Angesichts der gesetzlichen Regelung lässt sich jedoch nicht ohne Weiteres aus der Zweckregelung auf die Erschwerung von Beschlüssen nach § 20 Abs 1 WEG schließen. Nach den Grundsätzen über die ergänzende Vertragsauslegung ist das Problem zu lösen, dass bei Schaffung der Nutzungsvereinbarungen die erst 2020 geschaffene Erleichterung der Beschlussfassung über bauliche Veränderungen noch unbekannt war. Der Nutzungsregelung muss aber eine herausgehobene Bedeutung zukommen, dass danach der hypothetische Parteiwille einen Einwand gegen den Beschluss ermöglicht. Angesichts der seit jeher unter dem WEG bejahten Beschlusskompetenz für bauliche Veränderungen und dem hohen Wert der durch § 23 Abs 4 WEG hergestellten Rechtssicherheit würde aber selbst dann aus der Zweckvereinbarung allenfalls ein Anfechtungsgrund im Wege der ergänzenden Vertragsauslegung herzuleiten sein. 109

(3) Wirtschaftliche Nachteile

Die Frage, ob die bauliche Veränderung wirtschaftlich sinnvoll ist, hat in §§ 20 f WEG keine Regelung gefunden. § 21 WEG schützt die Minderheit zwar weithin dagegen, Kosten der baulichen Veränderung tragen zu müssen. Die Veränderung kann aber schlicht Werte zerstören, wenn etwa ein separates, im gemeinschaftlichen Eigentum stehendes Nebengebäude, das als Parkraum oder Schwimmbad oder sonstiges dem gemeinschaftlichen Gebrauch dient, abgerissen werden soll. Eine solche Minderung wirtschaftlicher Werte wird von § 20 Abs 4 WEG nicht erfasst, weil es sich nicht um eine grundlegende Umgestaltung handeln muss. Auch liegt kein Sonderopfer vor, wenn die Werteinbuße alle Eigentümer trifft. Die **allgemeine Grenze ordnungsmäßiger Verwaltung** muss hier dazu dienen, Einbußen der Eigentümergesamtheit abzuwehren. Vielfach wird in solchen Fällen die Entscheidung allerdings schon nicht von dem Interesse getragen sein, der Gesamtheit der Eigentümer zu dienen (o Rn 97 f). 110

d) Bestimmtheit

Der Beschluss über die bauliche Veränderung muss den Anforderungen an die Bestimmtheit entsprechen. Im Ausnahmefall kann die fehlende Bestimmtheit zur Unwirksamkeit führen (AG Hamburg-St Georg 28. 1. 2022 – 980b C 15/21 WEG, ZMR 2022, 414). In der Regel wird sich eine Regelung nach den allgemeinen Grundsätzen im Wege der Auslegung gewinnen lassen (Staudinger/Häublein § 23 WEG Rn 85). Dann führen 111 die Bestimmtheitsdefizite vielfach aber zur **Anfechtung**. Es liegt regelmäßig auch ein **Informationsdefizit** der Eigentümer vor, welches zur Anfechtung berechtigt (o Rn 96).

e) Abgrenzung zur Durchführung

112 Die o Rn 75 ff dargestellten besonderen Anforderungen an die Ordnungsmäßigkeit beschränken sich auf den Beschluss über die bauliche Veränderung nach § 20 Abs 1 WEG, mithin auf die Veränderung der Soll-Beschaffenheit. Ohne Einschränkung nach den allgemeinen Grundsätzen von § 18 Abs 2 WEG zu überprüfen sind dagegen die Einzelheiten der Durchführung, insbesondere die Frage, welcher Handwerker zu welchem Preis wann tätig wird. Denn sie sind nicht Gegenstand des Beschlusses über die bauliche Veränderung, sondern über deren Durchführung, der auf Grundlage des § 19 Abs 1 WEG gefasst wird (o Rn 39 ff, 44). Für ihn **gilt § 20 Abs 4 WEG nicht**. Wird in einem einheitlichen Beschluss über das „Ob" der Maßnahme sowie über die Durchführung entschieden, kann sich allerdings die Unwirksamkeit des einen Beschlussteils über § 139 BGB auf den anderen auswirken (o Rn 62).

4. Bedingung und Befristung

113 Der Beschluss über die bauliche Veränderung nach § 20 Abs 1 WEG kann nach Maßgabe von §§ 158 ff BGB auch bedingt und befristet werden. Zur **Zweckmäßigkeit**, den Baubeschluss mittels aufschiebender Bedingung an die Bestandskraft eines Beschlusses über eine gemeinschaftliche Kostentragung zu koppeln o Rn 68 ff.

114 Die Wohnungseigentümer können aber auch **auflösende** Bedingungen und Befristungen durch Beschluss vorsehen. Ob ein Bedürfnis oder zumindest Interesse gegeben ist, ist Tatfrage. Im Anwendungsbereich der Privilegierungen des § 20 Abs 2 WEG besteht kein Bedürfnis, weil die Ansprüche unabhängig von einer Bedürftigkeit bestehen. Es mag aber dort oder an anderen Stellen ein Interesse der Eigentümer gegeben sein, eine bauliche Veränderung nur **Anlass- oder Zeitraumbezogen** hinzunehmen. Dann können die Eigentümer von einer solchen Gestaltung Gebrauch machen. Denkbar ist etwa, wenn eine bauliche Veränderung nur während der Nutzung durch eine bestimmte Person, namentlich einen Fremdnutzer, genehmigt werden soll.

5. Sonderfall: Gestattung durch Beschluss, § 20 Abs 1 Fall 2 WEG

115 Neben dem Beschluss der baulichen Veränderung sieht § 20 Abs 1 WEG als zweiten Fall vor, die bauliche Veränderung einem Eigentümer zu gestatten. Solche Gestattungsbeschlüsse bieten sich vor allem für **bauliche Veränderungen im Interesse einzelner Wohnungseigentümer** an. Für nichtstörende Maßnahmen besteht unter den Voraussetzungen des § 20 Abs 3 WEG ein Anspruch auf einen solchen Beschluss (u Rn 192 ff). Der Gestattungsbeschluss verbindet die Beschlussfassung über die bauliche Veränderung mit der Ermächtigung an den Eigentümer, dass dieser Eigentümer (oder sein Rechtsnachfolger) diese Maßnahme durchführt. Die Gestattung steht also nicht neben der baulichen Veränderung, sondern ist ein Sonderfall. Ausgehend von der Klärung dieser dogmatischen Struktur lassen sich im Folgenden die Spezifika der Genehmigung darstellen.

a) Struktur(-probleme) der Gestattung

Der Beschluss über die bauliche Veränderung nach § 20 Abs 1 Fall 1 WEG ist darauf beschränkt, den Soll-Zustand des gemeinschaftlichen Eigentums neu zu definieren (o Rn 23 ff, 58 f). Die Gestattung geht darüber hinaus, weil sie die Durchführungserlaubnis zugunsten eines Wohnungseigentümers enthält. Bei einem Gestattungsbeschluss handelt es sich folglich um einen **gesetzlich vertypten Zwillingsbeschluss** (allgemein o Rn 61): Der auf Grundlage des § 20 Abs 1 WEG gefasste Beschluss über die bauliche Veränderung, also über den Soll-Zustand, wird verbunden mit dem auf Grundlage des § 19 Abs 1 WEG zu fassenden Beschluss zur Durchführung, dass diese einem Wohnungseigentümer überantwortet ist. Diese Verbindung wirkt entsprechend § 139 BGB wie ein Bedingungszusammenhang: Die Unwirksamkeit des einen Beschlusses hat die Unwirksamkeit des anderen zur Folge (o Rn 62). 116

Damit kommt § 20 Abs 1 Fall 2 WEG lediglich **klarstellende und verdeutlichende Bedeutung** zu (BT-Drucks 19/18791, 62), weil er die beiden Kompetenzen aus § 20 Abs 1 Fall 1 WEG sowie § 19 Abs 1 WEG zusammenführt. Ein derartiger Zwillingsbeschluss könnte auch gefasst werden, wenn § 20 Abs 1 WEG die Gestattung nicht nennen würde. Zugleich wird geklärt, dass es ordnungsmäßiger Verwaltung entsprechen kann, die Durchführung einer baulichen Veränderung einem einzelnen Wohnungseigentümer zu überlassen. Die Gemeinschaft der Wohnungseigentümer muss also nicht zwingend als Bauherrin auftreten, nur, weil ihr nach § 18 Abs 1 WEG die Verwaltung des gemeinschaftlichen Eigentums obliegt. 117

Damit ist zugleich das **Strukturproblem** der Gestattung angedeutet. Es sind die **Kompetenzbereiche von Gemeinschaft und Eigentümer** abzugrenzen: (1) Wie klar bezeichnet der Beschluss die bauliche Veränderung; wird dem Eigentümer Gestaltungsermessen eingeräumt, zB Anbringung irgendeiner Verschattung oder einer zumindest hinsichtlich Abmessung, Farbe und Art bezeichneten? (2) Steht die Durchführung allein in der Verantwortung des Eigentümers oder hat er Vorgaben des Beschlusses zu berücksichtigen, zB einen – bestimmten – Fachhandwerker einzuschalten oder kann er die Montage auch in Eigenarbeit erledigen? Ex-ante lässt sich insoweit nur zur klaren Formulierung der Vorgaben raten, etwa durch Bezugnahme auf Skizzen, ein aussagekräftiges Angebot oder Leistungsverzeichnis (Bärmann/Dötsch § 20 WEG Rn 124). Das dient der Bestimmtheit des Beschlusses (o Rn 111). Auch die hinreichende Information der Eigentümer erfordert Aufklärung (o Rn 96). Liegt ein bestandskräftiger Beschluss vor, dessen Unklarheiten wie bei Ausbauermächtigungen (o Rn 17) meist nicht zur Nichtigkeit führen (vgl BGH 20. 7. 2018 – V ZR 56/17, ZMR 2019, 47 Rn 20: „Verschattung"; großzügig Bärmann/Dötsch § 20 WEG Rn 124; strenger BeckOK WEG/Elzer [1. 1. 2023] § 20 WEG Rn 39), muss man ihn auslegen. Dabei ist ein etwaiges Gestaltungsermessen des ermächtigten Eigentümers im Zweifel so auszulegen, dass die Miteigentümer möglichst wenig beeinträchtigt werden und die Durchführung der Maßnahme in jeder Hinsicht ordnungsmäßiger Verwaltung entspricht, insbesondere die anerkannten Regeln der Technik und sämtliche öffentlichrechtliche Vorgaben einhält (Bärmann/Dötsch § 20 WEG Rn 137). 118

b) Insbesondere keine Durchführungspflicht

Ein Wohnungseigentümer, dem eine bauliche Veränderung gestattet wurde, hat **keine Durchführungspflicht**. Denn der Gestattungsbeschluss erhält – neben der Neu-Definition des Soll-Zustands – nur eine Durchführungserlaubnis, das gemeinschaftliche Ei- 119 gentum entsprechend umzugestalten, nicht aber die Pflicht, dies zu tun. Da der Gestattungsbeschluss als Zwillingsbeschluss die Durchführung zugleich auf die Durchführungsmöglichkeit des Gestattungsempfängers beschränkt, bestehen auch für die Gemeinschaft weder das Recht noch die Pflicht, die Maßnahme durchzuführen.

120 Unter Anknüpfung an das gerade bezeichnete Strukturproblem der Gestattung, die Kompetenzen von Gemeinschaft und Gestattungsempfänger abzugrenzen, lässt sich feststellen, dass das „Ob" der baulichen Veränderung als Veränderung des Soll-Zustands in die Hände des Gestattungsempfängers gelegt wird. Dieser kann entscheiden, ob er die Veränderung durchführt. Da dies der einzige Weg der baulichen Veränderung ist, hängt von seinem Verhalten die bauliche Veränderung ab. Eine Gestattung ist daher typischerweise so auszulegen, dass die bauliche Veränderung in diesem Fall **aufschiebend bedingt** mit ihrer Durchführung beschlossen wird (Bärmann/Dötsch § 20 WEG Rn 138; o Rn 28).

121 Mit einer solchen aufschiebenden Bedingung steht der Soll-Zustand des gemeinschaftlichen Eigentums in der **Schwebe**. Schon mit der Gestattung können die Eigentümer diese Schwebezeit begrenzen, indem sie die Gestattung befristen, § 158 Abs 1, § 163 BGB. Der Gestattungsempfänger muss dann innerhalb dieser Frist von seiner Gestattung Gebrauch machen, sonst erlischt sie. Unterlassen die Eigentümer eine solche auflösende Befristung, ist in Betracht zu ziehen, ob die Erlaubnis durch Beschluss wieder aufgehoben werden kann, wenn der Gestattungsempfänger davon innerhalb eines angemessenen Zeitraums keinen Gebrauch gemacht hat. Grundlage dieses Aufhebungsbeschlusses wäre wiederum § 20 Abs 1 WEG, da die Option zur Neu-Definition des Soll-Zustands rückgängig gemacht wird. Mit der Aufhebung entfällt die Durchführungserlaubnis.

c) Adressat der Gestattung

122 Gestattungsempfänger können **nur Wohnungseigentümer** sein, nicht aber Fremdnutzer wie Mieter. Das ergibt sich schon aus dem Wortlaut des § 20 Abs 1 Fall 2 WEG („einem Wohnungseigentümer"), gilt aber notwendigerweise aufgrund des Systems von §§ 20 f WEG. Denn infolge der Gestattung entstehen aus § 21 Abs 1 WEG Kostentragungspflichten und Nutzungsziehungsrechte gegenüber der Gemeinschaft der Wohnungseigentümer, die Bestandteil der Rechtsbeziehungen nach §§ 10 ff WEG sind, die nur Eigentümer und die Gemeinschaft der Wohnungseigentümer treffen können.

123 Aus der Struktur des Gestattungsbeschlusses als Zwillingsbeschluss folgt allerdings, dass eine bauliche Veränderung über den Wortlaut des § 20 Abs 1 Fall 2 WEG hinaus **mehreren Wohnungseigentümern gemeinschaftlich** gestattet werden kann. Denn auch ihnen kann im Rahmen des § 19 Abs 1 WEG eine Durchführungserlaubnis erteilt werden. Auch wenn § 20 Abs 1 WEG von „einem Wohnungseigentümer" spricht, geht damit keine quantitative Beschränkung einher. Die Rechtsfolgen nach § 21 Abs 1 WEG treffen dann diese Eigentümer gemeinschaftlich im Umfange ihrer Miteigentumsanteile.

d) Beschlusselement über bauliche Veränderung

124 Der in jeder Gestattung liegende Zwillingsbeschluss enthält zum einen den Beschluss nach § 20 Abs 1 WEG über die **Neu-Definition des Soll-Zustands** des gemeinschaftlichen Eigentums. Da keine Durchführungspflicht besteht, ist die Neu-Definition allerdings aufschiebend dadurch bedingt, dass der Eigentümer von der ihm erteilten Gestattung Gebrauch macht (o Rn 120). Dem Eigentümer kann durch den Gestattungsbeschluss auch ein Gestaltungsermessen eingeräumt werden (o Rn 118).

Die **Rechtmäßigkeitsanforderungen** an die bauliche Veränderung entsprechen den o Rn 73 ff dargelegten allgemeinen Maßstäben. Im Mittelpunkt steht somit die Veränderungssperre des § 20 Abs 4 WEG. Ergänzend greifen aber die allgemeinen Grenzen ordnungsmäßiger Verwaltung, solange § 20 Abs 4 WEG keine Spezialregelung enthält. Insbesondere können Informationsdefizite zur Anfechtbarkeit eines Gestattungsbeschlusses führen (Bärmann/Dötsch § 20 WEG Rn 131). Ein zur Anfechtbarkeit führender Informationsfehler besteht beispielsweise darin, dass den Eigentümern fälschlich mitgeteilt wird, dass der um die Gestattung nachsuchende Eigentümer einen Anspruch auf die Gestattung hätte (o Rn 96). Das Informationsdefizit kann aber auch darauf beruhen, dass die Eigentümer nicht hinreichend über die Maßnahme sowie deren Folgen und Risiken informiert wurden. **125**

e) Beschlusselement über Durchführungserlaubnis

Ein Wohnungseigentümer kann eine bauliche Veränderung, die ihm gestattet wurde, in eigener Verantwortung durchführen. Er kann deshalb **grundsätzlich selbst entscheiden**, wann, wie und wer die Baumaßnahmen umsetzt. Gründe in der Person des begünstigten Wohnungseigentümers können daher die Rechtmäßigkeit der Durchführungserlaubnis beeinflussen; deren Aufhebung führt wiederum mittelbar zur Unwirksamkeit der gesamten Gestattung, § 139 BGB (o Rn 62). **126**

Die mit der Baumaßnahme einhergehenden Einwirkungen haben die übrigen Wohnungseigentümer zu dulden, § 14 Abs 2 Nr 2 WEG. Es gilt aber ein **Rücksichtnahmegebot**: Zu dulden sind nur Einwirkungen, die dem Gestattungsbeschluss „entsprechen", also zu dessen Vollzug notwendig sind. Unnötige Lärm-, Staub- und sonstige Immissionen können abgewehrt werden – von jedem Wohnungseigentümer für sein Sondereigentum, § 14 Abs 2 Nr 1 WEG, § 1004 BGB, von der Gemeinschaft der Wohnungseigentümer für das Gemeinschaftseigentum, § 14 Abs 1 Nr 1 WEG, § 9a Abs 2 WEG iVm § 1004 BGB. Für notwendige, gleichwohl unzumutbare Einwirkungen kann angemessener Ausgleich verlangt werden, § 14 Abs 3 WEG. **127**

Aus der Struktur des Gestattungsbeschlusses als Zwillingsbeschluss folgt, dass die Durchführungserlaubnis auch **durch Vorgaben eingeschränkt** werden kann, zB welcher Handwerker zu beauftragen ist. Nur innerhalb dieses Rahmens verbleibt dem begünstigten Wohnungseigentümer dann eigenes Ermessen. Die Grenze zulässiger Vorgaben ergibt sich aus § 19 Abs 1 WEG, also insbesondere aus dem Grundsatz ordnungsmäßiger Verwaltung. Sind diese Grenzen überschritten, kann die Gestattung angefochten werden. Das Gericht hat sie dann aber insgesamt aufzuheben und nicht etwa nur die unzulässige Vorgabe, § 139 BGB (o Rn 62). Soweit der begünstigte Wohnungseigentümer nicht ausnahmsweise nach § 20 Abs 2 oder 3 WEG einen Anspruch auf eine bauliche Veränderung hat, muss er also überlegen, ob er sich lieber mit der unzulässigen Vorgabe zufriedengibt, als auf die bauliche Veränderung zu verzichten. **128**

f) Auswirkungen der gestatteten baulichen Veränderung

129 Die Kompetenz des Gestattungsempfängers erstreckt sich auf die **gesamte Durchführung**. Damit fällt auch die etwaige Geltendmachung von Mängelrechten in dessen Kompetenz. Sofern das gemeinschaftliche Eigentum betroffen ist, kann der Eigentümer seine Ansprüche aus dem von ihm selbst abgeschlossenen Vertrag selbst geltend machen.

130 **Nach Durchführung** der baulichen Veränderung gelten indessen die allgemeinen Regelungen, so dass die Gemeinschaft für die Verwaltung des veränderten Gemeinschaftseigentums zuständig ist, freilich auf Kosten des Gestattungsempfängers nach § 21 Abs 1 WEG, soweit jedenfalls die Kosten auf der baulichen Veränderung beruhen.

g) Bestand der Gestattung

131 Die Wirksamkeit der Gestattung richtet sich nach den allgemeinen Vorschriften. Wird die Gestattung auf Anfechtung **vom Gericht rechtskräftig für ungültig** erklärt, ist der Beschluss von Anfang an unwirksam. Hat der vermeintliche Gestattungsempfänger die Maßnahme durchgeführt, ist er aus § 14 Abs 1 Nr 1 WEG zum Rückbau verpflichtet. Mangels baulicher Veränderung greifen die Rechtsfolgen des § 21 WEG nicht. Entsprechendes gilt, wenn die Gestattung unter einer **aufschiebenden Bedingung** beschlossen wurde und die Bedingung nicht eingetreten ist.

132 Im Falle einer **auflösenden Bedingung** lag ursprünglich ein Beschluss über eine bauliche Veränderung vor. Jedoch trug der Beschluss den Rückfall zum status quo ante in sich selbst. Wegen des wirksamen Beschlusses ist aber § 21 Abs 1 WEG anzuwenden, so dass sich auch die Rückbaukosten über diese Regelung verteilen lassen.

133 Wird ein Beschluss über eine bauliche Veränderung von den Eigentümern durch Zweitbeschluss wieder aufgehoben, liegen zwei Beschlüsse vor, an die die Wirkungen des § 21 WEG knüpfen können. Das ist freilich ohne Belang, falls von der Genehmigung nie Gebrauch gemacht wurde. Wird allerdings eine einmal erteilte Genehmigung durch bestandskräftigen Zweibeschluss aufgehoben, müssen die Rückbaukosten separat nach § 21 WEG angesichts des Zweitbeschlusses verteilt werden. Es greift § 21 Abs 1 WEG nur dann, wenn dem Eigentümer wiederum gestattet wird, seine Maßnahme rückgängig zu machen. Darauf mag er nach § 20 Abs 3 WEG einen Anspruch haben (u Rn 192 ff), wenn er entsprechend § 21 Abs 1 WEG allein nutzungsberechtigt ist.

IV. Anspruch auf privilegierte Maßnahmen, § 20 Abs 2 WEG

134 Bestimmte bauliche Veränderungen werden durch § 20 Abs 2 S 1 WEG privilegiert und können auch gegen den Willen der Mehrheit verlangt werden. Die Vorschrift gewährt einen Anspruch darauf, dass ein **Beschluss nach § 20 Abs 1 WEG** gefasst wird. Denn die zu verlangende „bauliche Veränderung" meint nicht etwa reale Bautätigkeiten, sondern die Neu-Definition des Soll-Zustands des Gemeinschaftseigentums eben durch einen Beschluss nach § 20 Abs 1 WEG (o Rn 29). Der Anspruch beschränkt sich deshalb auf das „Ob" der Maßnahme. Über das „Wie" der Durchführung entscheiden die Wohnungseigentümer dagegen im Rahmen ordnungsmäßiger Verwaltung, § 20 Abs 2 S 2 WEG. Sie können dem Bauwilligen nicht nur Vorgaben

zur konkreten Baudurchführung machen, sondern auch beschließen, dass die Baumaßnahme insgesamt durch die Gemeinschaft der Wohnungseigentümer durchgeführt wird (u Rn 183).

1. Anspruchsgrundlage als Rechtfolge

Rechtstechnisch ist § 20 Abs 2 S 1 WEG Anspruchsgrundlage. Die Beschlusskompetenz für die Entscheidung über die bauliche Veränderung und ihre Durchführung ergibt sich schon aus § 20 Abs 1 bzw § 19 Abs 1 WEG. Dies hat zur Folge, dass es für die gerichtliche Überprüfung gefasster Beschlüsse grundsätzlich keinen Unterschied macht, ob sie in Erfüllung eines Anspruchs nach § 20 Abs 2 WEG oder anlasslos gefasst wurden (o Rn 38). Die Voraussetzungen der Anspruchsgrundlage geben indessen den Ausschlag, wenn ein Eigentümer nach Ablehnung seines Beschlussantrags sein Begehren mit der Beschlussersetzungsklage weiterverfolgt (u Rn 187). **135**

Gläubiger des Anspruchs ist jeder **„Wohnungseigentümer"**. Das schließt freilich nicht aus, dass mehrere Wohnungseigentümer gemeinschaftlich eine privilegierte Maßnahme verlangen. **Schuldner** ist die **Gemeinschaft der Wohnungseigentümer**. Für den Bereich der baulichen Veränderungen konkretisiert § 20 Abs 2 WEG den Anspruch auf ordnungsmäßige Verwaltung aus § 18 Abs 2 Nr 1 WEG. Das wirkt sich auch auf **Inhalt und Funktionsweise des Anspruchs** aus (STAUDINGER/LEHMANN-RICHTER § 18 WEG Rn 100 f): Der von § 20 Abs 2 WEG als Anspruchsinhalt benannte Beschluss über die bauliche Veränderung und deren Durchführung ist das Ziel des Gläubigers. Damit dieser Beschluss gefasst wird, bedarf es aber einer abhängig von der Komplexität der baulichen Veränderung unterschiedlich aufwendig vorzubereitenden Eigentümerversammlung. **136**

a) Vorbereitung der Eigentümerversammlung

Die Beschlussfassung in der Eigentümerversammlung bedarf der Vorbereitung, damit die Eigentümer eine Entscheidung auf hinreichender Informationsgrundlage fassen können. Grundsätzlich ist der **Verwalter** im Rahmen seiner Organisationskompetenz dazu berufen, die Beschlussfassung vorzubereiten. Nicht einheitlich wird beurteilt (vgl BÄRMANN/DÖTSCH § 20 WEG Rn 174 für „Bringschulden" des Eigentümers; zurückhaltender MünchKomm/RÜSCHER § 20 WEG Rn 86), in welchem Umfange der den Beschluss begehrende **Eigentümer** als Gläubiger Informationen zuliefern muss. **137**

aa) Die vom Eigentümer begehrte **bauliche Veränderung** muss dieser beschreiben. Darin liegt das **Verlangen** durch einen Eigentümer, das Tatbestandsmerkmal von § 20 Abs 2 S 1 WEG, aber auch der Kostenregelung des § 21 Abs 1 WEG ist. Der Eigentümer muss also dartun, in welcher Weise das gemeinschaftliche Eigentum verändert werden soll. Möglichst hat der Eigentümer eine Bauzeichnung und ein Leistungsverzeichnis vorzulegen. Das sind hohe Anforderungen, die der Eigentümer ohne fachkundige Unterstützung meist nicht erfüllen kann. Auf die Unterstützung des Verwalters oder der Gemeinschaft hat der Eigentümer keinen Anspruch. Damit soll allerdings kein Anspruch auf Informationen ausgeschlossen sein, über die die Verwaltung als Organ der Gemeinschaft verfügt und die der Eigentümer zur Vorbereitung seines Verlangens angewiesen ist. Regelmäßig wird insoweit allerdings der Anspruch aus § 18 Abs 4 WEG genügen. **138**

139 Ob das konkrete Verlangen die **Anspruchsgrenzen** der Angemessenheit des § 20 Abs 2 WEG, der Veränderungssperren des § 20 Abs 4 WEG sowie der ordnungsmäßigen Verwaltung im Übrigen einhält, hat der Verwalter für die Eigentümer zu prüfen und diese entsprechend zu informieren. Schon im eigenen Beschleunigungsinteresse wird der Eigentümer dem Verwalter dafür etwaig erforderliche Informationen zur Verfügung stellen, soweit er über diese verfügt.

140 **bb)** Bei der Ermessensentscheidung der Eigentümer über die **Durchführung** besteht die maßgebliche Weichenstellung darin, ob dem Eigentümer die Durchführung durch Gestattungsbeschluss überantwortet wird oder ob die Gemeinschaft die Maßnahme auf das Verlangen des Eigentümers durchführt.

141 Der **Gestattungsbeschluss** kann dem Eigentümer Vorgaben machen. Eine einvernehmliche Lösung kann darin bestehen, dass dem Eigentümer gestattet wird, ein konkret vorgelegtes Angebot einer Fachfirma im eigenen Namen zu beauftragen. In jedem Falle liegen die maßgeblichen Vorbereitungen bei dieser Gestaltung beim Eigentümer (MünchKomm/Rüscher § 20 WEG Rn 86).

142 Entscheiden die Eigentümer indessen, dass die Gemeinschaft die Maßnahme durchführen soll, ergeben sich **keine Unterschiede zu einer sonstigen Verwaltungsmaßnahme**. Es muss eine hinreichende Grundlage für die Entscheidung in der Eigentümerversammlung gelegt werden. Zwar droht der Eigentümergesamtheit keine Kostenlast, die Kosten sind wegen § 21 Abs 1 WEG vom verlangenden Eigentümer zu tragen. Dessen Interesse an einer Belastung mit möglichst geringen Kosten müssen die Eigentümer aber berücksichtigen. Entsprechend haben die Eigentümer in ihre Entscheidung auch Angebote einzubeziehen, die der verlangende Eigentümer einholt. Der Verwalter kann die Befassung der Eigentümer aber nicht von der Überlassung solcher Angebote abhängig machen.

b) Abgestufte Beschlussfassung

143 Aus § 20 Abs 2 WEG folgt ein Anspruch des Eigentümers auf den Beschluss über die bauliche Veränderung und auf die Ermessensausübung hinsichtlich der Durchführung. Da sich der Anspruch auf beide Elemente erstreckt, hat die Gemeinschaft ihre Beschlussvorbereitung und -fassung von Anfang an auf diese beiden zu erstrecken. Des Weiteren bedarf die Aufspaltung in einen Grundlagenbeschluss und einen Durchführungsbeschluss (vgl LG München I 24. 11. 2022 – 36 S 3944/22 WEG, NZM 2023, 164 Rn 72; Bärmann/Dötsch § 20 WEG Rn 151 ff; MünchKomm/Rüscher § 20 WEG Rn 86) eines sachli**chen Grundes**, um ein Organisationsverschulden der Gemeinschaft auszuschließen.

144 In manchen Fällen wird es für einen Beschluss über die bauliche Veränderung schon daran fehlen, dass der Eigentümer eine konkrete bauliche Veränderung **verlangt**. Dann fehlt es an jeglichem Anspruch. Der Beschluss, dass dem Eigentümer dem Grunde nach ein noch näher zu präzisierender barrierefreier Zugang genehmigt wird, erzeugt keine Rechtswirkungen, die über die des § 20 Abs 2 WEG hinausgehen.

145 Anders liegt es, wenn eine **konkret bezeichnete Maßnahme** genehmigt wird. Dann hat die Gemeinschaft das Verlangen des Eigentümers aber nicht vollständig umgesetzt, weil die Durchführung noch ungeregelt ist. Es bedarf dafür eines Grundes, warum diese Entscheidung über die Durchführung aufgeschoben wurde. Insoweit mag ein Grund sein, dass zunächst schleunig abgestimmt werden sollte, ob die Maßnahme dem Eigentümer gestattet wird. Ist dieses Anliegen von den Eigentümern abgelehnt worden, wird es nun eine Zeitlang dauern, die Gemeinschaftsmaßnahme vorzubereiten. Das macht eine weitere Versammlung erforderlich, wenn nicht die Entscheidung nach § 27 Abs 2 WEG auf den Verwalter delegiert oder eine Beschlussfassung über § 23 Abs 3 S 2 WEG ohne Versammlung ermöglicht wird.

c) Fälligkeit

Im Einklang mit den allgemeinen Ausführungen zum Anspruch auf ordnungsmäßige Verwaltung nach § 18 Abs 2 Nr 1 WEG ist, um die Fälligkeit des Anspruchs aus § 20 Abs 2 WEG zu bestimmen, nicht allein auf den Anspruch auf Beschlussfassung abzustellen (Staudinger/Lehmann-Richter § 18 WEG Rn 101, 165, 169). Denn der **Anspruch auf Beschlussfassung bedarf** nach dem gerade o Rn 137 ff Ausgeführten der **Vorbereitung**, namentlich zumindest der Ladung zur Versammlung. **146**

In der Sache geht es in erster Linie um die Frage, ob der bauwillige Eigentümer die **zügige Einberufung einer Eigentümerversammlung** verlangen kann oder ob ihm ein Zuwarten bis zur kommenden planmäßigen Eigentümerversammlung zuzumuten ist. Diese Frage beantwortet § 24 WEG nicht. Das Quorum des § 24 Abs 2 WEG bestimmt eine Pflicht, die Eigentümerversammlung einzuberufen, ohne dass dies aus sonstigen Gründen eine ordnungsmäßige Verwaltung erfordert. Auch steht § 24 Abs 1 WEG mehreren Versammlungen pro Jahr nicht entgegen, wenn dort angeordnet wird, dass mindestens eine Versammlung pro Jahr stattzufinden hat. **147**

Daher muss § 20 Abs 2 WEG selbst die Antwort geben. Teils wird dieser Bestimmung eine **differenzierende Regelung** entnommen, dass vom Begehren **im Einzelfall** abhänge, wie dringend eine Eigentümerversammlung einzuberufen ist (Bärmann/Dötsch § 20 WEG Rn 174). Ausgangspunkt dieser Auffassung ist, dass ein auf Beschlussfassung gerichteter Anspruch abweichend von § 271 BGB grundsätzlich erst dann fällig werde, wenn nach dem üblichen Verlauf die nächste Eigentümerversammlung stattfinde. Diese These lässt sich aber nicht erhärten. Ein Zuwarten bis zu einer ohnehin notwendigen Versammlung lässt sich doch nur begründen, wenn das Gesetz das weitere Verhalten im Rahmen ordnungsmäßiger Verwaltung in das Ermessen der Gemeinschaft stellt. **148**

Jedoch begründet § 20 Abs 2 WEG einen **Anspruch auf ein Tätigwerden der Gemeinschaft**. Nur die Entscheidung über die Durchführung der Maßnahme, nicht aber der Zeitpunkt dieser Maßnahme wird in das Ermessen der Gemeinschaft gestellt. Daher macht § 20 Abs 2 WEG erforderlich (vgl zu diesem Kriterium Staudinger/Lehmann-Richter § 18 WEG Rn 165), dass die Gemeinschaft durch ihren Verwalter auf ein hinreichendes Verlangen eines bauwilligen Eigentümers eine Eigentümerversammlung vorbereitet und dazu einlädt. Jedoch kann der Eigentümer deswegen nicht verlangen, dass der Verwalter sofort mit dreiwöchiger Frist lädt. Hingegen kann er fordern, dass der Verwalter die Vorbereitung der Beschlussfassung ohne schuldhaftes Zögern in Angriff nimmt, wie er es auch tun müsste, falls der Eigentümer gravierende Erhaltungsmängel benennt, die zu beheben sind. Welche Vorbereitungszeit angemessen **149** ist, hängt von der Komplexität der Sache, aber auch den Vorarbeiten des Eigentümers ab.

150 Die Auswirkungen einer **Verletzung der Organisationspflichten** sind immens. Zum einen wirkt sich diese nach der in diesem Kommentar vertretenen Auffassung erheblich auf Primärebene aus. Mit dem der Gemeinschaft zurechenbaren Organisationsverschulden entfällt das Erfordernis der Vorbefassung, so dass der bauwillige Eigentümer mit Aussicht auf Erfolg Beschlussersetzungsklage erheben kann (Staudinger/Jacoby § 27 WEG Rn 24; Staudinger/Lehmann-Richter § 44 WEG Rn 265). Zum anderen kann dem Eigentümer auf Sekundärebene ein Schadensersatzanspruch aus § 280 BGB erwachsen. Als Schadenspositionen kommen insoweit sich erhöhende Planungskosten, steigende Baukosten, entgangene Nutzung, Verantwortlichkeit gegenüber Fremdnutzern oder der Wegfall von Fördergeldern in Betracht.

d) Kosten der Vorbereitung

151 Die Kosten der Vorbereitung, die **beim Eigentümer** entstehen, hat dieser selbst zu tragen. Aus § 280 Abs 1 BGB mögen sich Schadensersatzansprüche gegen die Gemeinschaft ergeben, falls diese – regelmäßig durch ihr Organ Verwalter, § 31 BGB analog – Organisationspflichten verletzt und dem Eigentümer so Mehraufwand in der Planung entsteht.

152 Die **Kosten der Gemeinschaft** werden teils als Kosten der baulichen Veränderung dem Eigentümer zugewiesen (Bärmann/Dötsch § 21 WEG Rn 29). Indessen scheint das jedenfalls für solche Kosten eine Überspannung von Wortlaut sowie Sinn und Zweck, die vor den Beschluss über die bauliche Veränderung anfallen. Denn zu diesem Zeitpunkt steht nicht einmal fest, ob es zu der Maßnahme kommt. Es sind vielmehr Kosten der Verwaltung, die die Gemeinschaft tätigt, um die Grenzen des Anspruchs des verlangenden Eigentümers im Interesse der Gemeinschaft auszuloten. Folglich gilt § 16 Abs 2 WEG, was allerdings ermöglicht, die Kosten durch entsprechenden **Beschluss nach § 16 Abs 2 S 2 WEG** dem verlangenden Eigentümer aufzuerlegen. Ist der Beschluss über die bauliche Veränderung nach § 20 Abs 1 WEG indessen gefasst und dienen die Kosten der Durchführung, lässt sich § 21 Abs 1 BGB anwenden.

2. Privilegierte Maßnahmen

153 § 20 Abs 2 S 1 WEG enthält einen **abschließenden Katalog** der privilegierten Maßnahmen.

a) Barrierereduzierung, S 1 Nr 1

154 Privilegiert sind bauliche Veränderungen, die dem Gebrauch durch Menschen mit Behinderungen dienen, § 20 Abs 2 S 1 Nr 1 WEG. Das ist weit zu verstehen und erstreckt sich auf alle Maßnahmen, die für eine **Nutzung durch körperlich oder geistig eingeschränkte Personen erforderlich oder auch nur förderlich** sind. Die bauliche Veränderung kann sich sowohl auf das gemeinschaftliche Eigentum beziehen, das sich im Bereich der Wohnung befindet, zB tragende Wände, Terrassen- oder Balkontür, als auch auf das übrige gemeinschaftliche Eigentum, zB Eingangsbereich und Treppenhaus. **Beispiele** sind Anbringung von Rampen, Handläufen und Treppenlifte; Ein- oder Anbau von Aufzügen; Türverbreiterungen; Beseitigung von Schwellen.

Barrierereduzierende Maßnahmen können **anlasslos** verlangt werden. Auf die individuelle Betroffenheit des Wohnungseigentümers, seiner Angehörigen oder Mieter kommt es nach dem Willen des Gesetzgebers nicht an (BT-Drucks 19/18791, 63). Damit soll einerseits Streitigkeiten über die Notwendigkeit im Einzelfall vermieden und andererseits dem gesamtgesellschaftlichen Bedürfnis nach barrierereduziertem Wohnraum Rechnung getragen werden. 155

b) Elektromobilität, S 1 Nr 2

Privilegiert sind bauliche Veränderungen, die dem **Laden elektrisch betriebener Fahrzeuge dienen**, § 20 Abs 2 S 1 Nr 2 WEG. Das umfasst alle Maßnahmen, die es ermöglichen oder erleichtern, die Batterie eines Fahrzeugs zu laden, also nicht nur die Anbringung einer Ladestation an der Wand, sog Wallbox, sondern auch die notwendige Verlegung von Leitungen und Eingriffe in die Stromversorgung. Der Anspruch beschränkt sich zudem nicht bloß auf die Ersteinrichtung einer Lademöglichkeit, sondern betrifft auch deren Verbesserung (BT-Drucks 19/18791, 63). 156

Als zu ladende Fahrzeuge kommen neben **Autos** auch elektrisch betriebene **Zweiräder** oder spezielle **Elektromobile für Gehbehinderte** in Betracht, denn der Begriff des Fahrzeugs ist bewusst nicht an das Elektromobilitätsgesetz (EmoG) gekoppelt (BT-Drucks 19/18791, 64). Die Energiegewinnung durch zB Photovoltaik ist aber hier nicht privilegiert, auch wenn sie zum Laden elektrischer Fahrzeuge eingesetzt werden soll (**aA** Bärmann/Dötsch § 20 WEG Rn 241: „Photovoltaik-Carport"). 157

Auf den Anspruch nach § 20 Abs 2 S 1 Nr 2 WEG kommt es nur an, soweit eine **bauliche Veränderung überhaupt erforderlich** ist. Genügt dagegen die Benutzung des bestehenden Gemeinschaftseigentums, geht es um das Recht auf dessen Mitgebrauch, § 16 Abs 1 S 3 WEG. Oftmals wird der Bauwillige deshalb seinen Anspruch auf bauliche Veränderung, zB zur Verlegung von Leitungen und zur Anbringung einer sog Wallbox, mit seinem Recht zum Mitgebrauch, zB der bestehenden Elektroinstallationen, kombinieren. 158

aa) § 20 Abs 2 S 1 WEG begrenzt den Anspruch auf **angemessene Veränderungen**. Dafür muss der Bauwillige auch über das Recht verfügen, das zu ladende Fahrzeug für die Zeit des Ladevorgangs abzustellen. Denn sonst könnte er die errichtete Ladestation gar nicht benutzen. Das **notwendige Abstellrecht** kann sich aus seinem Sondereigentum oder einem Sondernutzungsrecht an einem Stellplatz ergeben. Ausreichend ist aber auch das Recht zum Mitgebrauch einer gemeinschaftlichen Abstellfläche (BT-Drucks 19/18791, 64). Wird auf einer solchen Fläche eine Ladestation errichtet, darf diese nur von dem Bauwilligen benutzt werden, § 21 Abs 1 S 2 WEG; das Mitgebrauchsrecht der übrigen Wohnungseigentümer an der Abstellfläche bleibt aber bestehen. Erstreckte sich das Mitgebrauchsrecht bislang nicht darauf, das zu ladende Fahrzeug abzustellen, lässt sich ein Anspruch auf Änderung des Gebrauchs nicht auf § 20 Abs 2 S 1 Nr 2 WEG stützen. Auch aus § 21 Abs 1 WEG lässt sich kein anderes Ergebnis herleiten, weil die von dieser Bestimmung erfasste Nutzung nur die neue Lademöglichkeit erfasst, aber nicht das schon immer mögliche Abstellen. 159

bb) Der Anspruch nach § 20 Abs 2 S 1 Nr 1 WEG kann **nicht wegen Kapazitätsproblemen der bestehenden Elektroinstallationen versagt werden**. Da der Mitgebrauch des 160

Gemeinschaftseigentums nach § 16 Abs 1 S 3 WEG allen Wohnungseigentümern zusteht, gilt nicht das Prioritätsprinzip (BT-Drucks 19/18791, 64). Vielmehr sind die Kapazitätsprobleme durch einen Gebrauchsbeschluss nach § 19 Abs 1 WEG zu lösen; es können zB bestimmte Ladezeiten für die begünstigten Eigentümer beschlossen werden. Diese könnten gemeinsam aber auch weitere bauliche Veränderungen verlangen, zB die Installation eines Lastmanagementsystems oder die Erweiterung der Hausanschlussleistung, damit in der Zukunft mehr Elektroautos als bisher gleichzeitig geladen werden können. Die dafür notwendigen Kosten müssen die künftig ladewilligen Eigentümer gemeinsam tragen, § 21 Abs 1 S 1 WEG. Möchten später weitere Wohnungseigentümer Ladestationen errichten, haben sie einen Anspruch auf Mitgebrauch der verbesserten Elektroinstallation, müssen sich dafür aber nachträglich an deren Kosten beteiligen, § 21 Abs 4 S 2 WEG.

c) Einbruchsschutz, S 1 Nr 3

161 Privilegiert sind auch bauliche Veränderungen, die dem Einbruchsschutz dienen, § 20 Abs 2 S 1 Nr 3 WEG. Das betrifft alle Maßnahmen, die geeignet sind, den **widerrechtlichen Zutritt zu einzelnen Wohnungen oder zu der Wohnanlage insgesamt zu verhindern, zu erschweren oder auch nur unwahrscheinlicher zu machen**. Beispiele sind Einbau eines Türspions, einer Gegensprechanlage, einbruchshemmender Türen und Fenster; zusätzliche Beleuchtung; Errichtung von Zäunen und Mauern; Anbringung von Alarmanlagen, Überwachungskameras (EuGH 11. 12. 2019 – C-708/18, ZWE 2020, 337 zur Zulässigkeit nach der DSGVO) und Kamera-Attrappen.

162 Die Vorschrift gewährt aber **keinen grenzenlosen Anspruch**, mit dessen Hilfe die Wohnungsanlage auf Wunsch einzelner Wohnungseigentümer in einen Hochsicherheitstrakt umgebaut werden könnte. Denn der Anspruch steht, wie auch die übrigen Privilegierungen, unter dem Vorbehalt der Angemessenheit (u Rn 174 f). Dieses einschränkende Merkmal wird bei Maßnahmen des Einbruchsschutzes, die nahezu beliebig intensiviert werden können, häufiger greifen als bei den übrigen Privilegierungen. Der Wert mancher Maßnahme kann allerdings auch daran bestehen, psychologisch das Sicherheitsgefühl zu verbessern.

d) Glasfaserausbau, S 1 Nr 4

163 Privilegiert sind schließlich alle baulichen Veränderungen, die „dem Anschluss an ein Telekommunikationsnetz mit sehr hoher Kapazität" dienen, § 20 Abs 2 S 1 Nr 4 WEG. Der Sache nach geht es um **Hochgeschwindigkeits-Internetanschlüsse**. Der Begriff „**Telekommunikationsnetz mit sehr hoher Kapazität**" knüpft an den unionsrechtlichen Begriff „Netz mit sehr hoher Kapazität" an, der in Art 2 Nr 2 der RL (EU) 2018/1972 über den europäischen Kodex für die elektronische Kommunikation wie folgt definiert ist: „entweder ein elektronisches Kommunikationsnetz, das komplett aus Glasfaserkomponenten zumindest bis zum Verteilerpunkt am Ort der Nutzung besteht, oder ein elektronisches Kommunikationsnetz, das zu üblichen Spitzenlastzeiten eine ähnliche Netzleistung in Bezug auf die verfügbare Downlink- und Uplink-Bandbreite, Ausfallsicherheit, fehlerbezogene Parameter, Latenz und Latenzschwankung bieten kann; die Netzleistung kann als vergleichbar gelten, unabhängig davon, ob der Endnutzer Schwankungen feststellt, die auf die verschiedenen inhärenten Merkmale des Mediums zurückzuführen sind, über das das Netz letztlich mit dem Netzabschlusspunkt verbunden ist".

Der „**Anschluss**" bezieht sich unausgesprochen auf das Sondereigentum. Die bauliche Veränderung muss also darauf gerichtet sein, dass ein Wohnungseigentümer **in seinem Sondereigentum** einen solchen Internetanschluss nutzen kann. Er erfasst alle dazu notwendigen Maßnahmen, zB die Verlegung von Kabeln im Erdreich, den Hausanschluss, die Verkabelung im Gebäude, telekommunikationsrechtlich gesprochen also sowohl den „Hausstich" als auch den „Wohnungsstich". **164**

Nach **§ 145 Abs 1 TKG**, der § 77 Abs 1 TKG aF ersetzt, dürfen Netzbetreiber ihr Kommunikationsnetz in den Räumen eines Teilnehmers abschließen. Damit wird eine gesetzliche Duldungspflicht des Grundstücks- und Gebäudeeigentümers gegenüber dem Netzbetreiber begründet. Voraussetzung ist aber die Zustimmung des Endnutzers, § 145 Abs 1 S 2 TKG. Dabei handelt es sich nach § 3 Nr 13 TKG um einen Nutzer, der weder ein Netz betreibt noch Telekommunikationsdienste erbringt, mithin typischerweise um den Nutzer der anzuschließenden Wohnung, sei er ein Mieter oder ein Wohnungseigentümer. Unklar ist, welche Rolle dabei das Rechtsverhältnis zwischen Nutzer und Eigentümer spielt: Darf der Nutzer die Zustimmung nur erteilen, wenn ihm dies wohnungseigentums- oder mietrechtlich erlaubt ist, oder wirkt das TKG auch auf das wohnungseigentums- oder mietrechtliche Rechtsverhältnis ein und gewährt dem Nutzer ein solches Zustimmungsrecht? Die besseren Argumente sprechen für Ersteres (Bärmann/Dötsch § 20 WEG Rn 284). Daher hatten die übrigen Wohnungseigentümer es schon bislang telekommunikationsrechtlich gegenüber dem Netzbetreiber zu dulden, wenn ein Wohnungseigentümer seine Wohnung an ein Kommunikationsnetz anschließen möchte. Dies gilt kraft TKG und bedarf keines Beschlusses. Gleichwohl handelt ein Wohnungseigentümer wohnungseigentumsrechtswidrig, wenn er seine Zustimmung nach § 145 Abs 1 S 2 TKG erteilt, ohne dazu durch einen Beschluss legitimiert zu sein. § 20 Abs 2 S 1 Nr 4 WEG gewährt ihm einen Anspruch auf diesen Beschluss. **165**

e) Keine Erweiterung durch Analogie

Der Katalog des § 20 Abs 2 S 1 WEG wurde unter rein **politischen Gesichtspunkten** zusammengestellt. Die ersten drei Elemente waren bereits im Koalitionsvertrag enthalten (19. Legislaturperiode, Zeilen 5189 f), der Glasfaserausbau ist später hinzugekommen. Ihnen liegt kein gemeinsames Prinzip zugrunde. Eine Erweiterung des Katalogs im Wege der Analogie scheidet deshalb aus (LG Frankfurt 20. 4. 2021 – 2-13 S 133/20, ZWE 2021, 460 = ZMR 2021, 760 Rn 10; LG Itzehoe 4. 3. 2022 – 11 S 37/20, ZWE 2022, 451, 452 = ZMR 2022, 495, 497; **aA** Hügel/Elzer § 20 WEG Rn 99 ff: Parabolantennen, Modernisierungsmaßnahmen iSv § 555b BGB). **166**

Mit der rechtspolitischen Entwicklung mag der Gesetzgeber erwägen, den Katalog zu erweitern. Entsprechend wird die Aufnahme **steckerfertiger Mini-Photovoltaikanlagen**, sog Balkonkraftwerke, erwogen (o Rn 6). Darüber hinaus wirkt der Gesetzgeber vielfach durch öffentlich-rechtliche Vorschriften wie das GEG auf alle Eigentümer von Immobilien ein. **167**

Geht es wie bei Parabolantennen um (verfassungsrechtlich geschützte) Individualinteressen einzelner Eigentümer, wird man diesen wie nach bisherigem Recht durch eine verfassungsrechtliche Interpretation des **Nachteils im Rahmen des § 20 Abs 3 WEG** Rechnung tragen müssen (Bärmann/Dötsch § 20 WEG Rn 295 ff). **168**

3. Grenzen des Anspruchs

169 Der Anspruch aus § 20 Abs 2 WEG scheidet immer dann aus, wenn aus materiellen Gründen kein rechtmäßiger Beschluss über die Baumaßnahme getroffen werden kann (o Rn 75 ff; u Rn 180 f). Ein zusätzliches Erfordernis bestimmt § 20 Abs 2 WEG, indem der Anspruch von der Angemessenheit der konkret verlangten Maßnahme abhängig gemacht wird.

a) Angemessenheit der konkreten Maßnahme

170 Das Merkmal der Angemessenheit hat die Funktion, im Einzelfall objektiv unangemessene Forderungen zurückweisen zu können. Was unangemessen ist, soll nach der Gesetzesbegründung im Einzelfall **unter Berücksichtigung aller Umstände** entschieden werden (BT-Drucks 19/18791, 63). Rechtstechnisch handelt es sich bei der Angemessenheit um einen unbestimmten, aber voll justiziablen Rechtsbegriff, der den Wohnungseigentümern **kein Entscheidungsermessen und keinen Einschätzungsspielraum** einräumt (BT-Drucks 19/18791, 63).

171 Der Begriff der Angemessenheit ist als dritte Stufe der **Prüfung der Verhältnismäßigkeit** einer Maßnahme bekannt. Weithin wird nicht nur im öffentlichen Recht eine Maßnahme als verhältnismäßig (im weiteren Sinne) angesehen ist, wenn sie geeignet, erforderlich und verhältnismäßig im engeren Sinne, mithin angemessen ist. Die hier anzustellende Prüfung der Angemessenheit kann sich aber nicht auf diese dritte Stufe beschränken, weil die dort geforderte Abwägung notwendig die Berücksichtigung der Eignung und den Vergleich mit Alternativen im Rahmen der Erforderlichkeit voraussetzt.

aa) Eignung

172 Das Erfordernis der Eignung kommt in § 20 Abs 2 WEG auch dadurch zum Ausdruck, dass die Maßnahme den **privilegierten Zwecken dienen** muss. Dies ist weit zu verstehen. Es genügt, dass die Maßnahme förderlich ist (BT-Drucks 19/18791, 63). Über die Eignung ist unabhängig vom konkreten Nutzer zu befinden (Bärmann/Dötsch § 20 WEG Rn 208). Insbesondere braucht dieser nicht auf die Förderung angewiesen, nicht einmal am Gebrauch interessiert zu sein.

173 Mit der Begründung des RegE wird man jedoch eine **Nutzungsberechtigung** verlangen müssen (BT-Drucks 19/18791, 64). In den Gesetzesmaterialien wird dies für die Ladestationen hervorgehoben (o Rn 159). Es gilt allgemein, dass die Nutzung des veränderten gemeinschaftlichen Eigentums dem bauwilligen Eigentümer zumindest als Ausfluss seines Mitgebrauchsrechts möglich sein muss (Bärmann/Dötsch § 20 WEG Rn 202). Ein barrierefreier Zugang ist ungeeignet, wenn der Eigentümer diesen Zugang wegen entgegenstehender Sondernutzungs- oder Sondereigentumsrechte gar nicht erreichen kann. § 21 WEG bezieht sich in diesem Kontext nur auf die neuen Nutzungsmöglichkeiten aufgrund des neuen Bauteils (Häublein/Jacoby/Lehmann-Richter/Wobst ZWE 2021, 27, 28 f; § 21 WEG Rn 21 ff; **aA** Bärmann/Dötsch § 21 WEG Rn 44).

bb) Erforderlichkeit

174 Ein gewichtiger Einwand gegen die Angemessenheit besteht in der fehlenden Erforderlichkeit der verlangten Maßnahme. Dafür ist die verlangte Maßnahme mit **Alternativen zu vergleichen**, mittels derer der Eigentümer den verfolgten Zweck in ähnli-

cher Weise erreichen kann. Abzuwägen sind dann lediglich die Vor- und Nachteile der einzelnen Alternativen. Hierbei sind allerdings auch etwaige Kostenunterschiede zu berücksichtigen, die nach § 21 Abs 1 WEG nur den Bauwilligen belasten.

Insbesondere bei Maßnahmen des **Einbruchsschutzes** kann die Unangemessenheit auf der fehlenden Erforderlichkeit beruhen, weil die Bandbreite dieser Maßnahmen sehr weit ist (o Rn 162). Etwa kann in einem größeren Mehrparteienhaus nicht jeder eine eigene Alarmsirene verlangen. Was die Barrierereduzierung betrifft, kann anstelle eines verlangten Außenaufzugs ein Innenaufzug gleich effektiv sein, ohne allerdings den optischen Gesamteindruck zu beeinträchtigen. Dies kann etwaige Mehrkosten aufwiegen. **175**

Gerade bei der Suche nach Alternativen darf das Angemessenheitskriterium nicht mit dem **Durchführungsermessen** aus § 20 Abs 2 S 2 WEG vermengt werden: Beide Instrumente erlauben, dem konkreten Baubegehren Schranken zu setzen. Systematisch haben sie gleichwohl nichts gemein: Das Angemessenheitskriterium beschränkt den Anspruch auf die bauliche Veränderung, das Durchführungsermessen eröffnet einen Entscheidungsspielraum im Hinblick auf deren Durchführung. **176**

Dies lässt sich an dem **Beispiel** veranschaulichen, dass ein Eigentümer Leitungen zu seinem Tiefgaragenstellplatz verlegen möchte, damit er dort eine Ladestation errichten kann. Die Entscheidung, ob die Leitungen „auf Putz" oder „unter Putz" verlegt werden, betrifft die Definition des Soll-Zustands und damit die bauliche Veränderung. Das verkennt der RegE, wenn er diese Frage als bauliches Detail einordnet und der Durchführung zuweist (BT-Drucks 19/18791, 65). Indessen unterscheidet regelmäßig die Verkehrsanschauung den Zustand von Räumen danach, ob die Kabel sichtbar sind (o Rn 43). Den Wohnungseigentümer auf die Verlegung „unter Putz" zu verweisen, ist deshalb nur zulässig, wenn eine Verlegung „auf Putz" im konkreten Fall nicht angemessen im Sinne des § 20 Abs 2 S 1 WEG ist. Das hängt vom Einzelfall ab, namentlich der Beschaffenheit der betroffenen Räume im Übrigen. Insoweit sind die optischen Aspekte gegen die Kostenersparnis abzuwägen. Die Vorgabe, einen Fachbetrieb zu beauftragen, unterfällt dagegen dem Durchführungsermessen, § 20 Abs 2 S 2 WEG. Dessen Spielraum wird dadurch ersichtlich nicht überschritten. **177**

cc) Verhältnismäßigkeit im engeren Sinne

Schließlich hängt die Angemessenheit einer Maßnahme davon ab, dass ihre negativen Folgen bei wertender Betrachtung nicht außer Verhältnis zu dem mit ihr verfolgten Zweck stehen. Diese Betrachtung wird jedoch wesentlich durch die Entscheidung des Gesetzgebers vorgezeichnet, bestimmte Maßnahmen in § 20 Abs 2 S 1 WEG zu privilegieren, und zwar unabhängig von individuellen Bedürfnissen des Bauwilligen. Eine Abwägung wird daher, wenn zuvor bei der Erforderlichkeitsprüfung die Alternativen ausgeschieden wurden, kaum einmal zur Unangemessenheit einer Maßnahme führen. Das gilt zuvorderst für Maßnahmen des **Glasfaserausbaus** und der **Elektromobilität**, im Grundsatz aber auch für Maßnahmen der **Barrierereduzierung** (LG München I 24. 11. 2022 – 36 S 3944/22 WEG, NZM 2023, 164 Rn 51). Der Ein- oder Anbau eines Aufzugs ist nicht etwa deshalb unangemessen, weil weder der Bauwillige noch einer seiner Angehörigen gehbehindert ist. Es kommt deshalb **nur in atypischen Fällen** in Betracht, Maßnahmen unter Berufung auf deren Unangemessenheit **178**

vollständig zu versagen. Solche atypischen Fälle können sich aus der spezifischen Eigenart baulicher Gegebenheiten oder außergewöhnlichen Begehren ergeben.

179 Die **Höhe der Kosten** spielt bei dieser Beurteilung der Angemessenheit grundsätzlich keine Rolle, weil sie der Bauwillige nach § 21 Abs 1 WEG allein zu tragen hat. Löst eine Baumaßnahme jedoch besonders hohe Folgekosten aus, kann sich die Unangemessenheit aus dem Haftungsrisiko der übrigen Wohnungseigentümer ergeben, wenn der Bauwillige keine geeigneten Sicherheiten anbietet. Die Kosten eines Rückbaus sind indessen nur zu berücksichtigen, wenn die Veränderung die bauliche Maßnahme befristet oder bedingt verlangt wird. Sonst sind auch privilegierte Maßnahmen nicht darauf angelegt, rückgebaut zu werden.

b) Sonstige materielle Grenzen

180 Neben der in § 20 Abs 2 WEG ausdrücklich genannten Angemessenheit begrenzen den Anspruch des verlangenden Eigentümers alle materiellen Gründe, die der Rechtmäßigkeit entgegenstehen, namentlich die **Veränderungssperren des § 20 Abs 4 WEG**, wo auch ausdrücklich das Verlangen begrenzt wird, ferner die allgemeinen Grenzen ordnungsmäßiger Verwaltung. Vielfach werden hier Überschneidungen bestehen: Die unbillige Benachteiligung eines Einzelnen wird auch unangemessen sein. Nichts Anderes gilt für den Verstoß gegen öffentliches Recht, etwa das Verlangen eines Außenaufzugs unter Verstoß gegen die Abstandsflächen.

181 Die Unterscheidung zwischen diesen verschiedenen Kategorien materieller Grenzen kann sich auch auf die Rechtsfolgen auswirken. Das gilt nicht für den Anspruch, der durchweg bei Überschreitung aller behandelter Grenzen ausgeschlossen ist. Das Erfordernis der Angemessenheit aus § 20 Abs 2 WEG unterscheidet sich allerdings von den sonstigen materiellen Grenzen dadurch, dass es nicht zum **Prüfungsprogramm einer Anfechtungsklage** gegen einen Beschluss über eine bauliche Veränderung gehört. Haben die Eigentümer auf ein Verlangen eines Eigentümers eine bauliche Veränderung beschlossen, kann dieser Beschluss nicht allein deswegen auf Anfechtung für unwirksam erklärt werden, weil es an der Angemessenheit fehlt. Das Fehlen der Angemessenheit stellt nicht nur keinen Nichtigkeitsgrund, sondern auch keinen Anfechtungsgrund dar (Bärmann/Dötsch § 20 WEG Rn 205). Die o Rn 75 ff behandelten Anfechtungsgründe werden allerdings nicht deswegen gesperrt, weil sie zur Unangemessenheit führen. Daher kann ein Eigentümer wegen seiner unbilligen Benachteiligung anfechten, jeder Eigentümer den Verstoß gegen öffentlich-rechtliche Vorgaben mit der Anfechtung geltend machen. Schließlich ist möglich, dass sich die fehlende Angemessenheit mittelbar auswirkt. So mag die bauliche Veränderung wegen eines Informationsdefizits anfechtbar sein, wenn die Eigentümer die Angemessenheit verkannt haben und sich daher als verpflichtet ansahen zuzustimmen (vgl Jennissen/Hogenschurz § 20 WEG Rn 45; o Rn 96).

4. Durchführungsermessen der Gemeinschaft, S 2

182 Der Anspruch nach § 20 Abs 2 S 1 WEG beschränkt sich auf die bauliche Veränderung, also die Neu-Definition des Soll-Zustands. Unberührt bleibt die Entscheidungsmacht der Wohnungseigentümer, über die **Durchführung** der baulichen Veränderung im Rahmen des § 19 Abs 1 WEG zu entscheiden (zur Unterscheidung o Rn 43, 134 ff). Das stellt § 20 Abs 2 S 2 WEG ausdrücklich klar.

Die Bandbreite möglicher Durchführungsentscheidungen ist groß: Auf der einen Seite kann die privilegierte Maßnahme im Sinne des § 20 Abs 1 Fall 2 WEG **gestattet**, also ihre Durchführung dem Bauwilligen überlassen werden. Die Gestattung kann zugleich mit mehr oder minder detailreichen **Vorgaben** verbunden werden (o Rn 128). Auf der anderen Seite kann auch **die Gemeinschaft der Wohnungseigentümer** die bauliche Veränderung durchführen. Der Verwalter hat die Baumaßnahme dann im Namen der Gemeinschaft der Wohnungseigentümer – aber natürlich auf Kosten des Bauwilligen, § 21 Abs 1 WEG – zu beauftragen. Ein Anspruch des Bauwilligen auf die eine oder andere Variante könnte sich nur aus einer Ermessensreduzierung ergeben. Wegen der Betroffenheit des gemeinschaftlichen Eigentums fehlt es dafür typischerweise an einem Grund. **183**

Eine **Ausnahme** kann sich **aus einer Vereinbarung** der Eigentümer nach § 10 Abs 1 S 2 WEG ergeben, wenn danach die Verwaltungszuständigkeit für Erhaltungsmaßnahmen abweichend von §§ 18 f WEG auf den betroffenen Eigentümer delegiert wurde. Ihrem Sinn und Zweck nach wird man diese Zuständigkeitsregelung dann auch auf § 20 Abs 2 S 2 WEG erstrecken, der insoweit die Anwendbarkeit des hier abbedungenen § 19 WEG klarstellen möchte. **184**

Legt der Bauwillige besonderen Wert darauf, die Maßnahme selbst durchführen zu dürfen, zB weil er Handwerker ist, kann er sein **Verlangen unter diese Bedingung** stellen. Wird gegen seinen Willen beschlossen, muss er die Kosten nicht nach § 21 Abs 1 Fall 2 WEG tragen, weil es dafür an einem wirksamen „Verlangen nach § 20 Abs 2“ WEG fehlt. Er ist dann allerdings auch nicht allein nutzungsbefugt. **185**

5. Rechtsschutz

Für den Rechtsschutz ist zu unterscheiden zwischen dem **Begehren** des verlangenden Eigentümers auf Durchsetzung seines Anspruchs und dem Begehren anderer Eigentümer, einen Beschluss über eine verlangte bauliche Veränderung für ungültig erklären zu lassen. **186**

a) Gerichtliche Durchsetzung des Anspruchs auf Beschlussfassung

Wird einem Bauwilligen eine privilegierte Maßnahme verwehrt, kann er seinen Anspruch nach § 20 Abs 2 S 1 WEG im Wege der **Beschlussersetzungsklage** durchsetzen, § 44 Abs 1 S 2 WEG. Das Gericht hat dann zu prüfen, ob die Anspruchsvoraussetzungen vorliegen, also ein Privilegierungsfall gegeben ist, § 20 Abs 2 S 1 Nr 1–4 WEG, die begehrte Maßnahme angemessen ist, § 20 Abs 2 S 1 WEG und auch die sonstigen materiellen Grenzen gewahrt sind, § 20 Abs 4 HS 2 WEG. Einen Ermessensspielraum hat das Gericht dabei genauso wenig wie ihn die Versammlung hätte. **187**

Von der Beschlussersetzung über die bauliche Veränderung ist die Durchführungsentscheidung zu trennen. Überwiegender Auffassung nach soll die Durchsetzung eines Anspruchs nach § 20 Abs 2 WEG nur **gestuft** erfolgen (LG München I 24. 11. 2022 – 36 S 3944/22 WEG, NZM 2023, 164 Rn 72; Zschieschack ZWE 2021, 68, 71; MünchKomm/Rüscher § 20 WEG Rn 53; Lehmann-Richter/Wobst Rn 1196; **aA** Hügel/Elzer § 20 WEG Rn 118; vgl auch BT-Drucks 19/18791, 63). Tatsächlich lässt sich diese Rechtsfolge aber weder den Grundsätzen des Vorbefassungsgebots noch den zutreffenderweise dahinterstehenden Erwägungen zur Fälligkeit eines Anspruchs auf Beschlussfassung entnehmen **188**

(Staudinger/Lehmann-Richter § 44 WEG Rn 264). Denn es entschuldigt die Gemeinschaft nicht, dass sie über die Durchführung der baulichen Veränderung nicht entschieden hat, weil sie schon den Anspruch auf die Veränderung abgelehnt hat. Im Ausgangspunkt kann der Eigentümer die bauliche Veränderung und die Beschlussfassung über deren Durchführung in einem verlangen. Kommt es dazu nicht, weil die Eigentümer so nicht beschließen wollten oder weil der Verwalter die Versammlung nicht hinreichend vorbereitet hat, kann der Eigentümer **zugleich** auf die bauliche Veränderung und die Entscheidung über ihre Durchführung klagen (vgl Staudinger/Lehmann-Richter § 44 WEG Rn 264 f; o Rn 143 ff). Bei der Ersetzung des Durchführungsbeschlusses hat das Gericht den weiten Ermessensspielraum des § 20 Abs 2 S 2 WEG auszuschöpfen. Angesichts des Beibringungsgrundsatzes hat der verlangende Eigentümer als Kläger die maßgeblichen Tatsachengrundlagen darzutun.

189 Eine Ausnahmelage, in der der Eigentümer zunächst nur abgestuft den Beschluss auf die bauliche Veränderung begehren kann, ist gegeben, wenn der Eigentümer auch **in der Eigentümerversammlung** nicht erwarten konnte, dass die Eigentümer bereits über die Durchführung beschließen (o Rn 145). So mag es insbesondere liegen, wenn der Eigentümer mit dem Verwalter als Vertreter der Gemeinschaft ausgemacht hat, zunächst nur über die bauliche Veränderung abzustimmen und die Beschlussfassung über die Durchführung aufzuschieben.

b) Gerichtliche Überprüfung des gefassten Beschlusses

190 Der Anspruch nach § 20 Abs 2 S 1 WEG wird dadurch erfüllt, dass ein Beschluss über die bauliche Veränderung gefasst wird. Die dafür notwendige Beschlusskompetenz ergibt sich allein aus § 20 Abs 1 WEG (o Rn 37). Die gerichtliche Überprüfung des Beschlusses unterscheidet sich deshalb nicht von der Überprüfung anderer Beschlüsse über bauliche Veränderungen (o Rn 135). Das Gericht prüft dagegen **nicht, ob die Anspruchsvoraussetzungen vorlagen**. Denn die Mehrheit kann bauliche Veränderungen auch jenseits der Voraussetzungen des § 20 Abs 2 WEG beschließen. Genehmigen die Eigentümer beispielsweise eine verlangte bauliche Veränderung (zwei Meter hoher Zaun zwecks Einbruchsschutzes) ungeachtet ihrer Zweifel an der Angemessenheit, überprüft das Gericht die Angemessenheit nicht. Denn die Mehrheit hätte die Maßnahme auch ohne ein Verlangen beschließen können. Durch das Verlangen ändert sich der Prüfungsmaßstab nicht. Allerdings treffen die Kosten nach § 21 Abs 1 WEG den verlangenden Eigentümer.

191 Wurde ein Beschluss gefasst, obwohl die Anspruchsvoraussetzungen nicht vorlagen, kommt eine **„Kondiktion" des Beschlusses** nicht in Betracht. Denn als verbandsrechtlicher Organisationsakt trägt er seinen Rechtsgrund in sich. Denkbar ist nur, den Beschluss **durch einen Zweitbeschluss aufzuheben**. Hat sich der Bauwillige den Beschluss arglistig erschlichen, ist dies unproblematisch. Im Übrigen kommt es – wie bei jedem Zweitbeschluss (Elzer ZMR 2007, 237) – auf die schutzwürdigen Belange des Bauwilligen an.

V. Anspruch auf Maßnahmen ohne relevante Beeinträchtigung, § 20 Abs 3 WEG

192 Für das Gemeinschaftseigentum gilt grundsätzlich ein **Bauverbot** (BGH 17. 3. 2023 – V ZR 140/22, ZWE 2023, 211 Rn 26 ff; o Rn 34): Selbst eine bauliche Veränderung, die keinen Wohnungseigentümer beeinträchtigt, bedarf eines Beschlusses nach § 20 Abs 1

WEG. Ein Eigentümer kann den erforderlichen Beschluss über die bauliche Veränderung allerdings nach § 20 Abs 3 WEG auch gegen den Willen der Mehrheit beanspruchen, wenn niemand in rechtlich relevanter Weise beeinträchtigt wird. Strukturell tritt § 20 Abs 3 WEG an die Stelle des § 22 Abs 1 WEG aF. Praktisch bedeutsam ist der Anspruch nach § 20 Abs 3 WEG vor allem für Veränderungen des Gemeinschaftseigentums, das sich innerhalb der Wohnung befindet; man denke etwa an die Verlegung von Leitungen durch tragende Wände.

1. Anspruchsgrundlage als Rechtfolge

Rechtstechnisch ist § 20 Abs 3 WEG Anspruchsgrundlage. Die Beschlusskompetenz für die Gestattung einer baulichen Veränderung ergibt sich schon aus § 20 Abs 1 und § 19 Abs 1 WEG. Dies hat zur Folge, dass es für die gerichtliche Überprüfung gefasster Beschlüsse keinen Unterschied macht, ob sie in Erfüllung eines Anspruchs nach § 20 Abs 3 WEG oder anlasslos gefasst werden. 193

Anspruchsziel ist, dass die Gemeinschaft einen **Gestattungsbeschluss nach § 20 Abs 1 Fall 2 WEG** fasst. **Gläubiger** ist grundsätzlich jeder Wohnungseigentümer. Mehrere Wohnungseigentümer können auch gemeinschaftlich eine solche Maßnahme verlangen; die Formulierung des § 20 Abs 3 WEG im Singular schließt das nicht aus. **Schuldner** ist die Gemeinschaft der Wohnungseigentümer, denn § 20 Abs 3 WEG konkretisiert lediglich den Anspruch auf ordnungsmäßige Verwaltung, § 18 Abs 2 Nr 1 WEG, im Bereich der baulichen Veränderungen. 194

Wie der einleitende Satzteil deutlich macht („Unbeschadet des Absatzes 2"), kann der Anspruch nach § 20 Abs 3 WEG **neben einem Anspruch nach § 20 Abs 2 WEG** bestehen, wenn nämlich eine privilegierte Maßnahme zugleich keine relevante Beeinträchtigung auslöst. Der Bauwillige wird in der Regel § 20 Abs 3 WEG vorziehen, der auf eine Gestattung gerichtet ist und das Entscheidungsermessen der Wohnungseigentümer einschränkt. 195

2. Bestimmtes Maß nicht überschreitende Beeinträchtigungen

Beeinträchtigungen sind nach § 20 Abs 3 WEG von vornherein nur dann rechtlich relevant, wenn sie **„über das bei einem geordneten Zusammenleben unvermeidliche Maß"** hinausgehen. Dieses Maß entspricht dem des § 22 Abs 1 WEG aF; der Wortlaut wurde lediglich redaktionell angepasst (BT-Drucks 19/18791, 65). Nach Ansicht des BGH genügte dafür bereits jede nicht ganz unerhebliche konkrete und objektive Beeinträchtigung; nur ganz geringfügige Beeinträchtigungen blieben außer Betracht (BGH 24. 1. 2014 – V ZR 48/13, NJW 2014, 1233 Rn 8). Ausgehend von diesem eher restriktiven Ausgangspunkt war eine fallbezogene Abwägung der Interessen des Bauwilligen und der übrigen Wohnungseigentümer vorzunehmen. Diese Linie kann unter Geltung des WEMoG grundsätzlich fortgesetzt werden. Eine **Beeinträchtigung wegen der Kosten** scheidet jedoch von vornherein aus, weil sie allein vom Bauwilligen zu tragen sind, § 21 Abs 1 Fall 1 WEG (BT-Drucks 19/18791, 65). 196

Es steht also nicht bereits jede irgendwie vermeidbare Rechtsbeeinträchtigung dem Anspruch aus § 20 Abs 3 WEG entgegen, sondern nur eine solche, die nicht auf einem geordneten Zusammenleben beruht. Ebenso wie beim Gebrauch gibt es also 197 auch bei baulichen Maßnahmen Einwirkungen, die jeder Wohnungseigentümer nach § 14 Abs 1 Nr 2 WEG hinzunehmen hat. Dies ist anhand einer **Abwägung der widerstreitenden Interessen** zu ermitteln (BGH 13. 1. 2017 – V ZR 96/16, ZWE 2017, 224 = ZMR 2017, 319 Rn 15; LG Berlin 11. 2. 2021 – 85 S 40/20 WEG, ZMR 2021, 411). Dieser Ansatz überzeugt schon deshalb, weil die Frage, was aus Sicht eines verständigen Wohnungseigentümers bei einem geordneten Zusammenleben hinzunehmen ist, sich auch nach den Interessen des ausbauwilligen Wohnungseigentümers beantwortet. So wird ein verständiger Wohnungseigentümer die Installation einer Parabolantenne durch einen ausländischen Wohnungseigentümer, der anderenfalls keine Sender aus seinem Heimatland empfangen kann, eher für selbstverständlich halten als bei einem aus Deutschland stämmigen Miteigentümer. Dieses Beispiel zeigt, dass die Interessenabwägung auch verfassungsrechtlich geboten ist. Denn bei § 20 Abs 3 WEG kollidieren jedenfalls die Grundrechte der Wohnungseigentümer aus Art 14 Abs 1 GG, was eine fallbezogene Abwägung der beiderseits grundrechtlich geschützten Interessen erforderlich macht (BVerfG 22. 12. 2004 – 1 BvR 1806/04, ZMR 2005, 634). Dieses Abwägungsbedürfnis verkennt, wer einen Anspruch auf Genehmigung eines konkreten Balkonkraftwerks allein deswegen aus § 20 Abs 3 WEG versagt, weil es ein „erheblich wahrnehmbares Element" ist (so aber AG Konstanz 9. 2. 2023 – 4 C 425/22 WEG, ZWE 2023, 226 mit krit Anm Dötsch ZWE 2023, 230 f). Das ist mit den klimapolitischen Bedürfnissen abzuwägen, die diese Installation verfolgt.

198 Eine Berücksichtigung der **Interessen Dritter**, die Räume in der Wohnanlage nutzen – praxisrelevant ist der Mieter – ist weder verfassungsrechtlich geboten (BVerfG 11. 7. 1996 – 1 BvR 1912/95, NJW 1996, 2858) noch einfachrechtlich zulässig, weil damit gegen die Relativität des Rechtsverhältnisses der Wohnungseigentümer untereinander und zur Gemeinschaft, das durch § 20 WEG gestaltet wird, verstoßen würde (anders iE etwa OLG Hamm 1. 10. 2001 – 15 W 166/01, ZMR 2002, 538; AG Warendorf ZWE 2015, 56). In Betracht kommt aber, Drittinteressen mittelbar in die Abwägung einfließen zu lassen, falls sie auf Interessen des Wohnungseigentümers – etwa an einer Vermietung – ausstrahlen (BGH 13. 1. 2017 – V ZR 96/16, ZWE 2017, 224 = ZMR 2017, 319 Rn 21). Ob das Interesse an einer reibungslosen Vermietung stark genug ist, um das Konservierungsinteresse zu verdrängen, ist wie stets eine Frage des Einzelfalls (s Rn 197). Grundsätzlich wird man dem Vermieter in der Abwägung mit den Interessen der übrigen Wohnungseigentümer aber kleinere Störungen seines Mietverhältnisses (etwa Minderungen wegen Wegfalls des mietvertraglichen Rechts zur Nutzung einer Parabolantenne) zumuten können.

a) Veränderungsinteresse

199 Das Interesse an der Veränderung konkretisiert sich in dem Vorteil, der sich durch die Maßnahme für den/die Wohnungseigentümer ergibt. Typischerweise führt eine bauliche Veränderung zu einer **verbesserten Gebrauchsmöglichkeit** des Wohnungseigentums. Beispiele sind etwa die Verbesserung der Belichtung durch Einbau zusätzlicher Fenster, der Wärmeschutz durch Verschattungsanlagen (BGH 20. 7. 2018 – V ZR 56/17, NZM 2018, 794 = ZMR 2019, 47 Rn 28), der Einbau einer SAT-Anlage oder die Erreichbarkeit der Wohnung bei einer Gehbehinderung durch Einbau eines Treppensitzliftes. Ergänzend oder alternativ kann die Maßnahme auch den **Verkehrswert** oder die Verkehrsfähigkeit des Wohnungseigentums steigern, etwa bei einem Werbeschild für ein im Sonder- oder Teileigentum betriebenes Unternehmen. Manche baulichen Veränderungen haben den Vorteil, dass in Zukunft **Bewirtschaftungskosten**

eingespart werden, etwa das Fällen pflegeintensiver Bäume, oder Strom gewonnen wird, etwa durch ein Balkonkraftwerk. Zuletzt sind bauliche Veränderungen denkbar, die nur der Durchsetzung einer besonderen **Gestaltungsidee** dienen wie zB der Neuanstrich der Fassade in einem abweichenden Farbton.

b) Konservierungsinteresse

Typischerweise geht es den opponierenden Eigentümern darum, eine **Verschlechterung oder Gefährdung** der Substanz des **Gemeinschaftseigentums** zu vermeiden. Das ist zum einen der Fall, wenn eine Baumaßnahme in Rede steht, die zu einem Eingriff in die körperliche Struktur des Gemeinschaftseigentums führt, etwa durch Installation neuer Bauteile am Gemeinschaftseigentum oder durch Beseitigung von Teilen desselben. Insbesondere ist das Interesse an einer Konservierung des **optischen Erscheinungsbilds** zu berücksichtigen (BGH 14. 12. 2012 – V ZR 224/11, BGHZ 196, 45 = NJW 2013, 1439 Rn 8; BGH 18. 11. 2016 – V ZR 49/16, NJW 2017, 2184). Auch das Interesse am **Verkehrswert** des Wohnungseigentums ist zu berücksichtigen (BGH 24. 1. 2014 – V ZR 48/13, NJW 2014, 1233 Rn 10). 200

Das Konservierungsinteresse kann zwar im Ausgangspunkt auch darauf beruhen, nicht mit **Kosten** belastet zu werden, die durch eine bauliche Veränderung ausgelöst werden. Wegen § 21 Abs 1 WEG ist nur dieses Interesse indes typischerweise nicht geeignet, eine erhebliche Beeinträchtigung auszulösen (s Rn 196). Daher wird sich ein Nachteil auch nicht allein dadurch konkretisieren, dass durch die bauliche Veränderung die Erhaltung des übrigen Gemeinschaftseigentums erschwert (BGH 7. 2. 2014 – V ZR 25/13, NJW 2014, 1090 Rn 11 f) oder dieses reparaturanfälliger (BGH 19. 12. 1991 – V ZB 27/90, BGHZ 116, 392 = NJW 1992, 978) wird. Selbst wenn die Maßnahme zu einer **intensiveren Abnutzung** des Gemeinschaftseigentums führt (BGH 6. 11. 2009 – V ZR 73/09 NJW 2010, 446 Rn 22), kann das wegen § 21 Abs 1 WEG unerheblich sein. 201

Das Konservierungsinteresse kann sich allerdings auf den Gebrauch des Wohnungseigentums stützen, nämlich dann, wenn die Maßnahme zu einer **Verschlechterung der Gebrauchsmöglichkeiten** anderer Wohnungseigentümer führt. Beispiele sind etwa die Verschattung von Räumen durch Installationen (vgl BGH 6. 11. 2009 – V ZR 73/09 NJW 2010, 446 Rn 22), eine erhöhte Zuführung von Immissionen (s zB OLG München ZMR 2006, 643), aber auch der Verlust von Abgeschiedenheit, etwa indem neu gebaute Fenster den Einblick in fremde Räume ermöglichen. 202

c) Abwägungsprinzipien

Ausgangspunkt bei der Abwägung ist, ob sich nach der Verkehrsanschauung ein Wohnungseigentümer in der entsprechenden Lage verständlicherweise beeinträchtigt fühlen darf (vgl etwa BGH 24. 1. 2014 – V ZR 48/13, NJW 2014, 1233). Es kommt hier maßgeblich auf die Umstände des Einzelfalls an, was in der zitierten Formel der Rechtsprechung durch den Bezug auf die „entsprechende Lage" zum Ausdruck kommt. Entscheidend ist, ob ein verständiger Wohnungseigentümer, der sich auch den Interessen des Bauwilligen nicht verschließt, davon ausgehen darf, er könne der Maßnahme widersprechen, weil sie ihn übergebührlich benachteiligt. Da das WEG auf dem Prinzip der kollektiven Verwaltung – und damit auf dem Mitspracherecht jedes Einzelnen – beruht, ist die Schwelle für eine derartige Benachteiligung niedrig anzusetzen (vgl BVerfG 22. 12. 2004 – 1 BvR 1806/04, ZMR 2005, 634). Dieser Auslegungs- 203 grundsatz führt dazu, dass sich im **Zweifelsfall** die **Interessen** der **opponierenden Wohnungseigentümer durchsetzen**.

204 Bei der Abwägung sind zum einen die widerstreitenden **Interessen** zu **gewichten**. So setzt sich etwa das Interesse an der Zusammenlegung zweier Wohnungen durch einen erforderlichen, fachgerechten **Wanddurchbruch** gegen das Konservierungsinteresse durch (BGH 21. 12. 2000 – V ZB 45/00, BGHZ 146, 241 = NJW 2001, 1212). Bei der Installation von **Parabolantenne/SAT-Schüssel** zugunsten eines Wohnungseigentümers ist das Ausmaß der Beeinträchtigung des Gemeinschaftseigentums sowie die Möglichkeit der zumutbaren (auch: kostenpflichtigen) Informationsbeschaffung auf anderem Wege, zB über Internet-TV, zu berücksichtigen (vgl BVerfG 24. 1. 2005 – 1 BvR 1953/00, ZMR 2005, 932). Bei Trittschall stellt der BGH auf die Vorgaben der DIN 4109 bei Errichtung des Gebäudes ab (BGH 26. 6. 2020 – V ZR 173/19, ZWE 2020, 374 = ZMR 2020, 971; **aA** Lehmann-Richter ZWE 2018, 307, 308: Vergleich mit Schallschutz vor baulicher Veränderung). **Temporäre Nachteile** (etwa in Form vorübergehenden Baulärms) sind eher hinzunehmen als dauerhafte Verschlechterungen der Wohnumstände. Bei der Abwägung spielt es auch eine Rolle, wie konkret der Eintritt der Umstände ist, die das Erhaltungs- bzw Veränderungsinteresse begründen. Der bloße **Verdacht** bzw die Befürchtung, es könne sich ein Nachteil ergeben, ist nicht geeignet, sich gegenüber einem berechtigten Veränderungsinteresse durchzusetzen. Ein Anwendungsbeispiel ist die Ausführung fachgerecht geplanter Baumaßnahmen, falls die Planung gewährleistet, dass keine Schäden am Gemeinschaftseigentum zu erwarten sind (BGH 21. 12. 2000 – V ZB 45/00, BGHZ 146, 241 = NJW 2001, 1212).

205 Ein weiteres Beispiel eines unbeachtlichen Nachteilsverdachts sind die **Kosten** einer baulichen Veränderung. Hier geht es einerseits um die Ausführungskosten, daneben aber auch um in der Zukunft möglicherweise entstehende Kosten der Reparatur des veränderten Bauteils. § 21 Abs 1 WEG verhindert hier im Innenverhältnis, dass ein der Veränderung nicht zustimmender Wohnungseigentümer mit Kosten belastet wird. Allerdings droht seine Ausfallhaftung, weil jeder Wohnungseigentümer nach § 9a Abs 4 WEG für die von der rechtsfähigen Gemeinschaft eingegangenen Verbindlichkeiten (insb Bauverträge) – sei es im Zusammenhang mit der Vornahme oder späteren Reparatur einer baulichen Veränderung – anteilig haftet. Nach der zutreffenden **Rspr des BGH** begründet diese Gefahr nach Sinn und Zweck von § 20 Abs 3 WEG aber keinen Nachteil iSd Norm. Denn bauliche Veränderungen sind stets mit Kosten verbunden. Würde der bloße Verdacht einer Ausfallhaftung eine Zustimmungspflicht auslösen, wäre letztlich jede bauliche Veränderung von der Zustimmung aller Wohnungseigentümer abhängig, was zu einer Missachtung des von der Norm ebenfalls in den Blick genommene Veränderungsinteresses führen würde (BGH 19. 12. 1991 – V ZB 27/90, BGHZ 116, 392 = NJW 1992, 978). Da § 21 Abs 1 WEG auch gegenüber Rechtsnachfolgern wirkt, entfällt die Kostenbefreiung auch nicht bei einer Veräußerung des Wohnungseigentums (BGH 19. 12. 1991 – V ZB 27/90, BGHZ 116, 392 = NJW 1992, 978). Ist bei der Beschlussfassung allerdings hinreichend offensichtlich, dass sich die Ausfallhaftung realisieren wird, löst dies die Zustimmungspflicht aus.

3. Einverständnis mit einer baulichen Veränderung

206 Ist der Beeinträchtigte mit der Beeinträchtigung einverstanden, besteht kein Grund, dem Bauwilligen das Bauen zu versagen. Eine **Beeinträchtigung verliert** deshalb **ihre**

rechtliche Relevanz, wenn der beeinträchtigte Wohnungseigentümer einverstanden ist. Dem Bauwilligen eröffnet das die Möglichkeit, den Beeinträchtigten Einverständnisse – auch gegen Entgelt (u Rn 209) – abzuringen, um sich so einen Anspruch auf die bauliche Veränderung zu verschaffen. Das macht freilich nur Sinn, wenn der **Kreis der Beeinträchtigten überschaubar** ist. Ansonsten dürfte es aus Sicht des Bauwilligen häufig einfacher sein, eine Versammlungsmehrheit zu mobilisieren, die ihm die Baumaßnahme nach § 20 Abs 1 Fall 2 WEG gestattet, ohne dass er das beanspruchen könnte.

a) Grundlagen

207 Dem in § 20 Abs 3 u 4 WEG erwähnten Einverständnis mit einer baulichen Veränderung liegt das Prinzip zugrunde, dass individuelle Beeinträchtigungen ihre rechtliche Relevanz verlieren, wenn der Beeinträchtigte einverstanden ist. Beide Vorschriften betreffen den **identischen Tatbestand**. Gleichwohl **unterscheiden sich die Wirkungen**, weil das WEG individuellen Beeinträchtigungen je nach Intensität unterschiedliche Bedeutung beimisst: Grundsätzlich stehen individuelle Beeinträchtigungen der Rechtmäßigkeit einer mehrheitlich beschlossenen baulichen Veränderung nicht entgegen; das tun sie nur dann, wenn sie die Schwelle zur unbilligen Benachteiligung überschreiten, § 20 Abs 4 WEG. Unterhalb dieser Schwelle sperren individuelle Beeinträchtigungen lediglich den Anspruch einzelner Wohnungseigentümer auf eine bauliche Veränderung, § 20 Abs 3 WEG. Je nach Intensität der Beeinträchtigung hat ein Einverständnis deshalb anfechtungsverhindernde oder anspruchsbegründende Funktion.

208 Die anfechtungsverhindernde Wirkung des Einverständnisses **ähnelt einem Anfechtungsverzicht** (Staudinger/Lehmann-Richter § 44 WEG Rn 205 f). Strukturell haben beide Instrumente gleichwohl nichts gemein: Der Anfechtungsverzicht vernichtet ein entstandenes Anfechtungsrecht, das Einverständnis verhindert allenfalls dessen Entstehung. Auch die Rechtsfolgen des Einverständnisses sind weitreichender: Mit einem Verzicht verliert nur der verzichtende Wohnungseigentümer sein Anfechtungsrecht, mit einem Einverständnis verliert die Beeinträchtigung dagegen jegliche rechtliche Relevanz.

209 Das Einverständnis kann – genauso wie eine Zustimmung nach § 182 BGB (Staudinger/Klumpp [2019] § 182 BGB Rn 44) – zum **Gegenstand eines entgeltlichen Vertrags** gemacht werden. Der Beeinträchtigte kann sich sein Einverständnis also auch abkaufen lassen. Dabei gilt Vertragsfreiheit: Die Gegenleistung kann unabhängig von der Bedeutung der Beeinträchtigung und unabhängig von einer durch sie ausgelösten Wertminderung vereinbart werden, begrenzt allein durch § 138 BGB. Auch wenn das Einverständnis selbst stets gegenüber der Gemeinschaft der Wohnungseigentümer zu erklären ist (u Rn 214), kann sich der Beeinträchtigte auch Dritten gegenüber verpflichten, zB einzelnen bauwilligen Wohnungseigentümern oder sogar Mietern.

b) Rechtsnatur

210 Bei dem Einverständnis handelt es sich um einen **Fall des Einverstanden-Seins mit einer tatsächlichen Rechtsbeeinträchtigung** als Ausprägung des seit jeher anerkannten Grundsatzes „*volenti non fit iniuria*" – dem Wollenden geschieht kein Unrecht (vgl zur rechtfertigenden Einwilligung Bork, AT Rn 418). Das Einverständnis ist deshalb keine

Willenserklärung, sondern eine empfangsbedürftige **rechtsgeschäftsähnliche Handlung**, deren Rechtsfolgen nicht durch den Willen des Sich-Einverstanden-Erklärenden bestimmt werden, sondern durch § 20 Abs 3 und Abs 4 WEG. Wie für rechtsgeschäftsähnliche Handlungen üblich, gelten aber die BGB-Vorschriften für Willenserklärungen im Zweifel analog, wenn dem nicht besondere Gründe entgegenstehen (Staudinger/Klumpp [2021] Vorbem 99 zu §§ 104 BGB ff).

211 Schon der Wortlaut verrät, dass das „Einverständnis“ keine **Einwilligung in den Beschluss im Sinne des § 182 Abs 1 BGB** darstellt. Anders als diese Vorschrift voraussetzt, hängt von dem Einverständnis nicht die Wirksamkeit, sondern allenfalls die Ordnungsmäßigkeit des Beschlusses ab.

212 Das Einverständnis ist auch **nicht gleichzusetzen mit der „Ja“-Stimme bei der Beschlussfassung**. Denn sonst würde § 20 Abs 3 WEG ins Leere laufen: Das Einverständnis soll erst den Anspruch auf Beschlussfassung begründen und kann deshalb nicht vom Stimmverhalten abhängen. Dennoch wird man eine „Ja“-Stimme regelmäßig als Einverständnis auslegen müssen (u Rn 215).

c) Voraussetzungen

213 Das Einverständnis ist kein Verzicht (o Rn 208) und setzt deshalb **keinen Verzichtswillen** voraus. Der Beeinträchtigte muss sich deshalb weder der Beeinträchtigung noch der sich aus ihr ergebenden rechtlichen Möglichkeiten oder der rechtlichen Bedeutung seines Einverständnisses bewusst sein. Das Einverständnis erschöpft sich vielmehr in der **Verlautbarung des Willens, mit der baulichen Veränderung einverstanden zu sein**. Bezugspunkt ist dabei die bauliche Veränderung und nicht die wenig greifbare Beeinträchtigung.

214 Das Einverständnis muss **gegenüber der Gemeinschaft der Wohnungseigentümer** erklärt werden, die in der Regel durch den Verwalter vertreten wird, § 9b Abs 1 S 1 WEG. Denn spiegelbildlich müsste auch das Nicht-Einverstanden-Sein durch Erhebung einer Anfechtungsklage ihr gegenüber geltend gemacht werden, § 44 Abs 2 S 1 WEG. Wird das Einverständnis gegenüber einem Wohnungseigentümer erklärt, kann man ihn aber in der Regel als Empfangsboten der Gemeinschaft der Wohnungseigentümer ansehen.

215 Das Einverständnis bedarf **keiner Form** (BT-Drucks 19/18791, 65). Ob im konkreten Fall ein Einverständnis vorliegt, ist im Wege der **Auslegung analog §§ 133, 157 BGB** zu ermitteln. Aufgrund der verzichtsähnlichen Wirkung des Einverständnisses (o Rn 208) ist dabei ein strenger Maßstab anzulegen (vgl BGH 10. 5. 2001 – XII ZR 60/99, NJW 2001, 2324 unter 1. Zu Erlassverträgen). Typischerweise wird man deshalb eine ausdrückliche Erklärung verlangen müssen, eine konkludente Erklärung ist aber nicht kategorisch ausgeschlossen. Ausreichend ist auch eine vorbehaltlose „Ja“-Stimme bei der Beschlussfassung über die bauliche Veränderung.

216 Das Einverständnis steht im freien Belieben des Beeinträchtigten. Er kann es deshalb auch an **Bedingungen und Befristungen** knüpfen.

d) Widerruf und Anfechtung

Ob und unter welchen Voraussetzungen das Einverständnis **widerrufen** werden kann, ist nicht gesetzlich geregelt. Die Interessenlage ist klar: Der Beeinträchtigte möchte in der Regel die Freiheit behalten, seinen Entschluss zu revidieren; der Bauwillige hat dagegen ein Interesse an baldiger Rechtssicherheit. Weil § 20 Abs 3 und 4 WEG diesen Interessenwiderstreit nicht auflöst, ist auf die Wertung des § 183 BGB zurückzugreifen (vgl zum alten Recht OLG Düsseldorf 10. 3. 2006 – 3 Wx 16/06, NZM 2006, 702, 703): Nach Beschlussfassung scheidet ein Widerruf generell aus, zuvor ist die Vereinbarung mit dem Beeinträchtigten maßgeblich. Weil das Einverständnis im überwiegenden Interesse des Bauwilligen erklärt wird, ist es im Zweifel **nur aus wichtigem Grund** widerruflich (vgl zur Einwilligung nach § 182 BGB Staudinger/Klumpp [2019] § 182 BGB Rn 80). Ist das Einverständnis Gegenstand eines entgeltlichen Vertrags, wird man von der Unwiderruflichkeit allerdings erst dann ausgehen können, wenn die Gegenleistung erbracht wurde. Als *actus contrarius* zum Einverständnis ist auch sein Widerruf gegenüber der Gemeinschaft der Wohnungseigentümer zu erklären. 217

Das Einverständnis kann analog §§ 119 ff BGB **angefochten** werden. Wegen der Rückwirkung der Anfechtung analog § 142 Abs 1 BGB ist auch eine Anfechtung nach Beschlussfassung grundsätzlich noch beachtlich. Nach Eintritt der Bestandskraft kann sie dagegen keine Wirkungen mehr entfalten. Nicht zur Anfechtung berechtigen hingegen Fehlvorstellungen über Art und Ausmaß der Beeinträchtigung, denn insoweit handelt es sich um einen unbeachtlichen Motivirrtum, bezieht sich das Einverständnis doch auf die bauliche Veränderung und nicht auf die Beeinträchtigung. Eine erfolgreiche Anfechtung wird sich deshalb in der Regel nur auf **§ 123 BGB** stützen können. Anfechtungserklärungsempfänger ist analog § 143 Abs 3 S 1 BGB die Gemeinschaft der Wohnungseigentümer. 218

Die **Folgen von Widerruf und Anfechtung** hängen davon ab, ob der Anspruch nach § 20 Abs 3 WEG bereits durch Beschlussfassung erfüllt wurde. Liegt noch keine Beschlussfassung vor, erlischt der etwaige Anspruch mit dem Widerruf bzw der Anfechtung, weil die Anspruchsvoraussetzungen wegfallen. Wurde dagegen schon ein Gestattungsbeschluss gefasst, kann dieser nicht wegen des Widerrufs bzw der Anfechtung gerichtlich angefochten werden, denn die Rechtmäßigkeit einer Gestattung hängt nicht von dem Einverständnis ab. In Betracht kommt allenfalls die Aufhebung der Gestattung durch einen Zweitbeschluss (o Rn 133). 219

4. Verbleibendes Entscheidungsermessen der Gemeinschaft

Der Anspruch nach § 20 Abs 3 WEG ist auf eine **Gestattung** gerichtet. Die Wohnungseigentümer können deshalb nicht beschließen, dass die Baumaßnahme durch die Gemeinschaft der Wohnungseigentümer durchgeführt wird. Das Entscheidungsermessen der Gemeinschaft ist damit kleiner als bei nach § 20 Abs 2 WEG privilegierten Maßnahmen. Dies erscheint sachgerecht, denn § 20 Abs 3 WEG verlangt schon tatbestandlich eine Maßnahme, die niemanden in rechtlich relevanter Weise beeinträchtigt, so dass es keinen Grund gibt, warum der Bauwillige die Maßnahme nicht in eigener Verantwortung durchführen darf. Wie bei jeder Gestattung können die Wohnungseigentümer aber **Vorgaben für die Durchführung machen** (o Rn 128); sie müssen dabei den Rahmen ordnungsmäßiger Verwaltung wahren. 220

221 So mag der **Einbau eines Türspions** keinen Wohnungseigentümer über das in § 20 Abs 3 WEG bestimmte Maß hinaus beeinträchtigen. In der Eigentümerversammlung muss die Maßnahme deshalb durch Beschluss gestattet werden. Dem bauwilligen Eigentümer kann allerdings aufgegeben werden, dass eine geeignete Fachfirma zu beauftragen ist und die Arbeiten nur werktäglich zwischen 8 und 18 Uhr durchzuführen sind.

5. Rechtsschutz

222 Hinsichtlich des Rechtsschutzes stellen sich vergleichbare Fragen wie im Falle des Rechtsschutzes bei den privilegierten Maßnahmen (o Rn 186 ff).

a) Gerichtliche Durchsetzung des Anspruchs auf Beschlussfassung

223 Wird einem Bauwilligen eine bauliche Veränderung nicht gestattet, obwohl die Voraussetzungen des § 20 Abs 3 WEG vorliegen, kann er seinen Anspruch im Wege der **Beschlussersetzungsklage** durchsetzen, § 44 Abs 1 S 2 WEG. Das Gericht hat dann zu prüfen, ob die Anspruchsvoraussetzungen vorliegen, die begehrte Maßnahme also keinen Wohnungseigentümer über das in § 20 Abs 3 WEG bestimmte Maß hinaus beeinträchtigt bzw Einverständnisse der beeinträchtigten Wohnungseigentümer vorliegen. Einen Ermessensspielraum hat das Gericht dabei genauso wenig wie ihn die Versammlung hätte. Liegen die Anspruchsvoraussetzungen vor, fasst das Gericht den **Gestattungsbeschluss**. Genauso wie die Wohnungseigentümer kann das Gericht dabei Vorgaben für die Durchführung aufstellen, braucht dies aber nicht zu tun. Es darf die Durchführung aber nicht in einem gestuften Verfahren der Eigentümerversammlung zur Entscheidung überlassen.

b) Gerichtliche Überprüfung des gefassten Beschlusses

224 Der Anspruch nach § 20 Abs 3 WEG wird dadurch erfüllt, dass die bauliche Veränderung durch Beschluss gestattet wird. Die dafür notwendige Beschlusskompetenz ergibt sich allein aus § 20 Abs 1 Fall 2 WEG. Die gerichtliche Überprüfung dieser Gestattung erfolgt nach den gleichen Kriterien wie die Überprüfung anderer Gestattungen baulicher Veränderungen. Das Gericht prüft daher **nicht die Anspruchsvoraussetzungen nach § 20 Abs 3 WEG**. Für die Rechtmäßigkeit des Beschlusses spielt es nämlich keine Rolle, ob und welche Wohnungseigentümer beeinträchtigt sind und ob das Einverständnis beeinträchtigter Wohnungseigentümer vorliegt. Denn die Mehrheit kann bauliche Veränderungen auch jenseits der Voraussetzungen des § 20 Abs 3 WEG gestatten. Steht eine Gestattung nach § 20 Abs 3 WEG in Rede, werden die **Veränderungssperren des § 20 Abs 4 WEG** tatbestandlich kaum einmal greifen. Als Anfechtungsgrund kommt ein Informationsdefizit in Betracht, wenn die Eigentümerversammlung sich nach § 20 Abs 3 WEG irrtümlich für verpflichtet hielt zuzustimmen (o Rn 96).

§ 21 WEG*
Nutzungen und Kosten bei baulichen Veränderungen

(1) Die Kosten einer baulichen Veränderung, die einem Wohnungseigentümer gestattet oder die auf sein Verlangen nach § 20 Absatz 2 durch die Gemeinschaft der Wohnungseigentümer durchgeführt wurde, hat dieser Wohnungseigentümer zu tragen. Nur ihm gebühren die Nutzungen

(2) Vorbehaltlich des Absatzes 1 haben alle Wohnungseigentümer die Kosten einer baulichen Veränderung nach dem Verhältnis ihrer Anteile (§ 16 Absatz 1 Satz 2) zu tragen

1. die mit mehr als zwei Dritteln der abgegebenen Stimmen und der Hälfte aller Miteigentumsanteile beschlossen wurde, es sei denn, die bauliche Veränderung ist mit unverhältnismäßigen Kosten verbunden, oder

2. deren Kosten sich innerhalb eines angemessenen Zeitraums amortisieren.

Für die Nutzungen gilt § 16 Absatz 1.

(3) Die Kosten anderer als der in den Absätzen 1 und 2 bezeichneten baulichen Veränderungen haben die Wohnungseigentümer, die sie beschlossen haben, nach dem Verhältnis ihrer Anteile (§ 16 Absatz 1 Satz 2) zu tragen. Ihnen gebühren die Nutzungen entsprechend § 16 Absatz 1.

(4) Ein Wohnungseigentümer, der nicht berechtigt ist, Nutzungen zu ziehen, kann verlangen, dass ihm dies nach billigem Ermessen gegen angemessenen Ausgleich gestattet wird. Für seine Beteiligung an den Nutzungen und Kosten gilt Absatz 3 entsprechend.

(5) Die Wohnungseigentümer können eine abweichende Verteilung der Kosten und Nutzungen beschließen. Durch einen solchen Beschluss dürfen einem Wohnungseigentümer, der nach den vorstehenden Absätzen Kosten nicht zu tragen hat, keine Kosten auferlegt werden.

Materialien: BT-Drucks 19/18791, 67 ff;
BT-Drucks 19/22634, 44 f.

Schrifttum

Dötsch, Neues bei der Verteilung der Kosten baulicher Veränderungen, ZWE 2021, 341
Häublein/Jacoby/Lehmann-Richter/Wobst, Änderung des vereinbarten Gebrauchs als Sperre eines Beschlusses über eine bauliche Veränderung?, ZWE 2021, 27
Küttner, Nachträglicher Gestattungsanspruch des Wohnungseigentümers gemäß § 21 Abs 4 WEG: Anspruchsdurchsetzung und Berech-

* Diese Kommentierung fußt auf Lehmann-Richter/Wobst WEG-Reform 2020, § 11 Baumaßnahmen und ihre Finanzierung, Rn 953–1269.

nung des Ausgleichs, AnwZert MietR 7/2021 Anm. 1

Riecke, Bauliche Veränderungen: Formulierung der Beschlüsse und Durchführung der Abstimmung, ZWE 2022, 20

ders, Die (frühere) modernisierende Instandsetzung, ZMR 2023, 178.

S ferner Schrifttum zu § 20 WEG.

Systematische Übersicht

Alphabetische Übersicht

I. Grundlagen

1 Eine bauliche Veränderung ist ein Beschluss nach § 20 Abs 1 WEG, der den Soll-Zustands des gemeinschaftlichen Eigentums verändert (§ 20 WEG Rn 23 ff). Für die Verteilung von Kosten und Nutzungen, die auf dieser Beschlussfassung beruhen, gelten nach § 16 Abs 3 WEG nicht die allgemeinen Grundsätze, sondern die **auf die bauliche Veränderung beschränkte Sonderregelung** des § 21 WEG. Zu unterscheiden ist zwischen der gesetzlichen Verteilung nach § 21 Abs 1–3 WEG und der beschlussweisen nach § 21 Abs 5 WEG. § 21 Abs 4 WEG gewährt dem Eigentümer einer Einheit, der zunächst nicht an den Nutzungen beteiligt ist, einen Anspruch, nachträglich gegen Kostenbeteiligung in die Nutzungen einbezogen zu werden.

1. Entstehungsgeschichte und Zweck

2 § 21 WEG wurde durch das WEMoG neu geschaffen. Dabei hatte der Gesetzgeber an seine neue Weichenstellung in § 20 Abs 1 WEG anzuknüpfen, dass dadurch nunmehr die Mehrheit Gestaltungsmacht hinsichtlich baulicher Veränderungen besitzt. Als Ausgleich dazu muss die Kostenregelung einen **angemessenen Belastungsschutz** herstellen, um den im Gesetzgebungsverfahren lange gerungen wurde.

a) Schutz vor finanzieller Überlastung

3 Dem **Belastungsschutz** kommt die Aufgabe zu, gegenüber dem von § 20 Abs 1 WEG gewahrten Veränderungsinteresse einen Ausgleich hinsichtlich der finanziellen Belastungen herzustellen. Die denkbaren Extremlösungen überzeugen nicht: Die überstimmte Minderheit für jede noch so aufwändige Baumaßnahme zur Kasse zu bitten wäre genauso unangemessen, wie die Finanzierungslast bei noch so sinnvollen Maßnahmen allein der Mehrheit aufzubürden. Der Gesetzgeber suchte daher nach einem Kompromiss, bis zu welcher Grenze alle Wohnungseigentümer mehrheitlich beschlossene Baumaßnahmen mitfinanzieren müssen und jenseits derer dies allein Aufgabe der beschließenden Mehrheit ist. Diese Grenze zu bestimmen ist nicht einfach: Je weiter sie reicht, desto höher ist die Wahrscheinlichkeit, dass sich Wohnungseigentumsanlagen baulich fortentwickeln – damit steigt aber auch das Risiko, dass einzelne Wohnungseigentümer finanziell überfordert werden. In der Sache geht es darum, „objektiv vernünftige Maßnahmen“ (vgl Bund-Länder-Arbeitsgruppe ZWE 2019, 429, 446 f) von sonstigen Maßnahmen zu trennen.

4 Der Gesetzgeber entschied sich dabei für einen **zweigliedrigen Tatbestand**: Es bestand schnell Einigkeit, dass Baumaßnahmen, die sich **mittelfristig amortisieren**, von allen finanziert werden sollen, § 21 Abs 2 S 1 Nr 2 WEG (vgl Bund-Länder-Arbeitsgruppe ZWE 2019, 429, 447). Kontrovers wurde derweil diskutiert, wann darüber hinaus die gemeinsame Kostenbelastung passend ist. Die Bund-Länder-Arbeitsgruppe sah den zentralen Aspekt darin, dass „nach dem WEG aufgeteilte Wohnanlagen auch hinsichtlich ihres Wohn- und Gebrauchswerts nicht dauerhaft hinter sonstigen Wohnanlagen zurückfallen" sollen (ZWE 2019, 429, 447). Daraus formte die Bundesregierung in ihrem Entwurf den Tatbestand der „Anpassung an den Zustand [...], der bei Anlagen vergleichbarer Art in der Umgebung üblich" ist (BT-Drucks 19/18791, 14). Er wurde im Rechtsausschuss von unterschiedlichen Seiten scharf kritisiert: Die einen fürchteten „Luxusmodernisierungen" auf Kosten aller, die anderen Stillstand (vgl die Zitate bei Lehmann-Richter/Wobst Rn 1075). Vor diesem Hintergrund ließ der Gesetzgeber von dem Versuch ab, die „objektiv vernünftigen baulichen Veränderungen" objektiv-begrifflich zu bestimmen, und wandte sich einer **Quorums-Lösung** zu, die schließlich Gesetz wurde: Die überstimmte Minderheit muss auch dann mitbezahlen, wenn die bauliche Veränderung mit mehr als zwei Dritteln der abgegebenen Stimmen und der Hälfte aller Miteigentumsanteile beschlossen wurde, es sei denn, sie ist mit unverhältnismäßigen Kosten verbunden, § 21 Abs 2 S 1 Nr 1 WEG (BT-Drucks 19/22634, 44). Dem liegt der Gedanke zugrunde, dass Maßnahmen, die von einer derart großen Mehrheit getragen werden, die Vermutung der Angemessenheit in sich tragen. Alle anderen Maßnahmen zahlt die beschließende Mehrheit allein, § 21 Abs 3 S 1 WEG.

5 **Ursprünglich** zog das WEG die Grenze deutlich enger: Nach § 16 Abs 6 S 1 HS 2 WEG aF – bis 2007: § 16 Abs 4 HS 2 WEG – mussten Wohnungseigentümer, die einer baulichen Veränderungen nicht zugestimmt hatten, generell keine Kosten tragen, egal um welche Maßnahme es sich handelte. Eine Wende vollzog dann aber die **WEG-Novelle 2007**. Sie stärkte durch § 22 Abs 2 WEG die – allerdings doppelt qualifizierten Anforderungen unterliegende – Mehrheitsmacht, indem sie die Beschlussfassung für „Modernisierungen" öffnete, für die schon jede Verbesserung der Wohnverhältnisse genügt, § 555b Nr 5 BGB. Diese Zulassung der baulichen Veränderung wurde durch keine spezifische Kostenregelung flankiert, so dass grundsätzlich nach § 16 Abs 2 WEG aF alle Miteigentümer nach Miteigentumsanteilen zahlen mussten. Einziger Schutz der Minderheit waren daher die Quoren nach § 22 Abs 2 WEG aF: Dreiviertel aller Köpfe und zugleich Hälfte aller MEA. Auch wenn § 21 Abs 2 S 1 Nr 1 WEG diese Quoren absenkt, stärkt er doch die Minderheit, indem er ihr erlaubt, sich auf die Unverhältnismäßigkeit der Kosten zu berufen.

b) Parallelität von Nutzungen und Kosten

6 Eine weitere **Wertentscheidung** des Gesetzgebers betrifft die **Nutzungen des baulich veränderten Gemeinschaftseigentums:** Diese baut auf den beiden Entscheidungen auf, zum einen bauliche Veränderungen durch Mehrheitsbeschluss zuzulassen, zum anderen aber die Kostenlast der überstimmten Minderheit im Grundsatz auszuschließen. Dann bietet sich an, parallel zu den Kosten auch die Nutzungen zu verteilen. Diesem Gedanken des § 16 Abs 6 S 1 WEG aF übernimmt § 21 Abs 2 S 2, Abs 3 S 2 WEG ins neue Recht. Auch der neue § 21 Abs 4 WEG macht die Einbeziehung in die Nutzungen von einer Beteiligung an den Kosten abhängig.

2. Privatautonomie

Die Regelungen in § 21 WEG sind weithin **offen für privatautonome Dispositionen** (Bärmann/Dötsch § 21 WEG Rn 51 f; Hügel/Elzer § 21 WEG Rn 78). § 21 Abs 5 WEG räumt Beschlusskompetenz ein, nicht nur Kosten, sondern – was § 16 WEG nicht zulässt – auch Nutzungen anderweit zu verteilen. Die Grenze des § 21 Abs 5 S 2 WEG, wie es der Wortlaut „dürfen" statt „können" ausdrückt, ist nur Anfechtungsgrund. Vereinbarungen sind nach § 10 Abs 1 S 2 WEG möglich. 7

II. Anwendungsbereich

§ 21 WEG steht in enger **systematischer Verknüpfung zu § 16 WEG sowie zu § 20 WEG**. Mit § 16 WEG teilt § 21 WEG die Aufgabe, Kosten und Nutzungen zu verteilen. Ausweislich des § 16 Abs 3 WEG ist § 21 WEG allerdings spezieller. Den Anwendungsbereich prägt die bauliche Veränderung, wie sie § 20 Abs 1 WEG vorsieht. Allerdings bestimmt das Gesetz nicht ausdrücklich das Kausalverhältnis, das zwischen baulicher Veränderung und Nutzung bestehen muss. Während § 16 Abs 3 WEG von Kosten und Nutzungen „bei" baulichen Veränderungen spricht, nimmt § 21 WEG an verschiedenen Stellen die Kosten „der baulichen Veränderungen" in Bezug, lässt den Bezug bei den Nutzungen offen. § 16 Abs 6 WEG aF sprach indessen von „Nutzungen, die auf einer solchen Maßnahme beruhen," und „Kosten, die durch eine solche Maßnahme verursacht sind". Entsprechend sollen nach dem RegE erfasst seien „alle Kosten, die auf der baulichen Veränderung beruhen" (BT-Drucks 19/18791, 69). Das ist im Folgenden zu konkretisieren: 8

1. Kosten

Im Anschluss an die zitierte Stelle aus dem RegE bedarf es eines **Kausalverhältnisses zwischen der baulichen Veränderung und Kosten**, die der Gemeinschaft entstehen. Bauliche Veränderung ist der Beschluss über die Veränderung des Sollzustands nach § 20 Abs 1 WEG (§ 20 WEG Rn 23 ff). Kosten sind Ausgaben (Staudinger/Lehmann-Richter [2023] § 16 WEG Rn 78), die die Gemeinschaft (Staudinger/Lehmann-Richter [2023] § 16 WEG Rn 74 zur personellen Komponente) tätigt und die daher mittels Jahresabrechnung, § 28 Abs 2 S 2 WEG auf die Eigentümer zu verteilen sind, um deren Beiträge, § 28 Abs 2 S 1 WEG zu berechnen (näher zur Rechtsfolge u Rn 29 f). 9

a) Ausgaben der Gemeinschaft

Da § 21 WEG keine Anspruchsgrundlage darstellt und seine Wirkungen sich darauf beschränken, ergänzend zu § 16 Abs 2 WEG als Kostenverteilungsschlüssel zu dienen (u Rn 28 f), kann der Anwendungsbereich dieser Bestimmung nur **Ausgaben der Gemeinschaft** erfassen. 10

Erleiden Eigentümer **Beeinträchtigungen** durch eine bauliche Veränderung, können sie also aus § 21 WEG keine Ansprüche herleiten. Solche Ansprüche können sich allein aus § 14 Abs 3 WEG ergeben. Diese Ansprüche richten sich ggf gegen den jeweiligen Bauherrn, was die Gemeinschaft, aber gerade im Falle der Gestattung auch ein Eigentümer sein kann (vgl Staudinger/Lehmann-Richter [2023] § 14 WEG Rn 164). In den Anwendungsbereich des § 21 WEG fallen solche Gestaltungen erst, wenn die Gemeinschaft einen Ausgleich an einen Eigentümer zahlt. Dann ist die tatsächliche 11

Ausgabe nach § 21 WEG umzulegen. Will der kostentragungspflichtige Eigentümer sich gegen die Höhe der Ausgabe wehren, muss er insoweit seinen Anspruch auf ordnungsmäßige Verwaltung geltend machen. Denn auch wenn ein objektiv zu hoher Ausgleich an einen Eigentümer gezahlt wird, beruht diese Ausgabe noch kausal auf der Baumaßnahme.

12 Entsprechendes gilt für **Ansprüche von Dritten**, die aufgrund der baulichen Veränderung als Werkunternehmer oder sonstiger Vertragspartner gegenüber der Gemeinschaft tätig werden. Für diese folgt aus § 21 WEG kein Anspruch. Leistet aber die Gemeinschaft an diesen Dritten, so ist diese Ausgabe nach § 21 WEG zu verteilen.

b) Kausalität der Ausgaben

13 Die Kostentragungspflicht betrifft alle kausal auf der baulichen Veränderung beruhenden Ausgaben. Das sind zunächst die Ausgaben zur **Durchführung** der Maßnahme, namentlich die Zahlungen der Gemeinschaft an den Handwerker, der die entsprechenden Bauarbeiten aufgrund eines Vertrags mit der Gemeinschaft vorgenommen hat. Es kann allerdings auch an entsprechenden Ausgaben fehlen, etwa wenn der bauwillige Eigentümer aufgrund einer Gestattung selbst die Maßnahme durchführt oder der Beschluss über die bauliche Veränderung den derzeitigen Zustand legalisiert.

14 Das Kausalitätserfordernis können auch spätere **Folgekosten** erfüllen. Zum einen sind das Ausgaben zum **Betrieb** des veränderten Gemeinschaftseigentums, zB die Kosten für Strom, Wartung und Versicherung eines eingebauten Aufzugs, aber auch schlicht Ausgaben zur Stromversorgung einer neuen Außenbeleuchtung. Zum anderen sind Ausgaben erfasst, die dazu dienen, das gemeinschaftliche Eigentum in dem **neuen Sollzustand zu erhalten**.

15 Etwaige **Rückbaukosten** sind hingegen grundsätzlich nicht erfasst. Denn der Beschluss über die bauliche Veränderung legitimiert den Rückbau nicht. Dafür bedarf es eines neuerlichen Beschlusses über eine weitere bauliche Veränderung, nach der dann die Kostenverteilung wiederum auf Grundlage von § 21 WEG zu bemessen ist. Eine Ausnahme ist allerdings insbesondere dann zu machen, wenn die bauliche Veränderung befristet oder auflösend bedingt war (§ 20 WEG Rn 113). Dann beruht der Rückbauaufwand auf dem Beschluss über die bauliche Veränderung selbst.

16 Vielfach werden die **Kosten zur Vorbereitung** des Beschlusses über die bauliche Veränderung ebenfalls dem § 21 WEG unterstellt (Bärmann/Dötsch § 21 WEG Rn 29). Indessen fehlt es insoweit am Kausalverhältnis jedenfalls dann, wenn diese Kosten auch bei einem negativen Beschluss über die bauliche Veränderung anfallen. Auch der Sinn und Zweck des § 21 WEG ist nicht einschlägig, wenn die Kosten anfallen, um die Grenzen des Anspruchs eines Eigentümers auf eine bauliche Veränderung zu eruieren. Dann greift der Vorrang des § 21 WEG über § 16 Abs 3 WEG nicht, so dass die Kosten als solche der Verwaltung nach § 16 Abs 2 WEG zu verteilen sind, was freilich nach § 16 Abs 2 S 2 WEG eröffnet, die Kosten einem veranlassenden Eigentümer aufzuerlegen. Die Abgrenzung zu den Durchführungskosten mag im Einzelfall schwierig sein. Es kann dafür nicht auf den Zeitpunkt der Ausgabe, sondern auf deren Veranlassung ankommen. Zu den Durchführungskosten zählen jedenfalls

alle diejenigen Kosten, die in ihrer Entstehung vom Positivbeschluss und damit der baulichen Maßnahme abhängig gemacht werden.

c) Reduzierung durch hypothetische Kosten

Bezieht sich die bauliche Veränderung auf ein bereits zuvor vorhandenes Grundstücks- oder Gebäudeteil, so sind die **hypothetischen Kosten der Erhaltung** dieses Bauteils als Abzugsposten zu berücksichtigen. Diese ersparten Ausgaben müssen also als Bestandteil der Kausalitätsüberlegung wie im Schadensersatzrecht im Wege der Vorteilsanrechnung (vgl Staudinger/Höpfner [2021] § 249 BGB Rn 133 ff) Berücksichtigung finden. Das gilt besonders in den Fällen der sog modernisierenden Instandsetzung des alten § 22 Abs 3 WEG aF (§ 20 WEG Rn 53 ff), bei der schon die Durchführung der baulichen Veränderung angesichts des Erhaltungsbedarfs Kosten einspart. Die Anrechnung muss aber auch berücksichtigen, dass ein bei Durchführung der baulichen Veränderung noch intaktes Teil später ebenfalls hätte instandgesetzt werden müssen. 17

Diese Fallgruppe macht schwer zu schätzende Berechnungen erforderlich. Möglichst sollten diese Berechnungsprobleme durch einen **Beschluss nach § 21 Abs 5 WEG** mehrheitlich gelöst werden. Möglich ist insbesondere festzulegen, welcher Anteil der Folgekosten als Ausgleich für die entfallenden Erhaltungskosten nach § 16 Abs 2 WEG verteilt wird. Dann würden nur die restlichen Kosten im Beschlusswege in Anlehnung an den einschlägigen gesetzlichen Maßstab nach § 21 WEG verteilt werden. Macht sich etwa aus Gründen des Einbruchsschutzes eine Mehrheit für einen neuen Zaun stark, könnten die Folgekosten späterer Erhaltungsmaßnahmen des neuen Zauns zu 50 % nach MEA und zu 50 % entsprechend § 21 Abs 1 WEG von denjenigen zu tragen sein, die diese Maßnahme aus Gründen des Einbruchsschutzes verlangt haben. 18

2. Nutzungen

Nutzungen sind nach § 100 BGB der **Gebrauch sowie die Früchte** (§ 99 BGB) der Sache, zu denen insbesondere als mittelbare Sachfrüchte Erträge aus der Vermietung zählen. Früchte sind also nicht nur die Ernten neu gepflanzter Bäume, sondern auch die Mieterträge aus Aufstockungen eines Hauses zur Schaffung zu vermietenden Wohnraums. Als Gegenstand des Gebrauchs kommen neue Einrichtungen wie ein Schwimmbad, eine Sauna sowie ein Aufzug in Betracht. 19

§ 21 WEG enthält für die Nutzungen **spezifische Rechtsfolgen**, die von denen des § 16 Abs 1 WEG abweichen. Das gilt namentlich für die Beschlusskompetenz, Nutzungen durch Beschluss zuzuweisen, was § 21 Abs 5 WEG im Unterschied zu §§ 16, 19 WEG erlaubt (u Rn 34). Das macht die Abgrenzung zwischen den von § 21 WEG erfassten Nutzungen und denen, die § 16 WEG unterfallen, besonders bedeutsam. Beispielsweise ist der Beschluss, dass Eigentümer von Nutzungen eines Schuppens, eines Parkplatzes oder Schwimmbades ausgeschlossen werden, nur wirksam, wenn diese Nutzungen von § 21 WEG und damit auch der Beschlusskompetenz des § 21 Abs 5 WEG erfasst werden. Sonst wäre ein Beschluss wie jedes Sondernutzungsrecht nichtig (BGH 8. 4. 2016 – V ZR 191/15, NJW 2017, 64 Rn 11; Staudinger/Lehmann-Richter [2023] § 16 WEG Rn 44 ff). Gilt § 21 WEG, kann der Ausgeschlossene freilich wiederum nach Maßgabe von § 21 Abs 4 WEG Einbeziehung verlangen. 20

21 Die im Folgenden zu konkretisierende Abgrenzung zwischen den neuen – dem § 21 WEG unterfallenden – und den alten – nach § 16 WEG zu beurteilenden – Nutzungen hat in Anknüpfung an den Wortlaut des alten Rechts in § 16 Abs 6 WEG aF wie bei den Kosten danach zu erfolgen, ob die **Nutzungen auf der baulichen Veränderung**, mithin dem Beschluss nach § 20 Abs 1 WEG, **beruhen** (Häublein/Jacoby/Lehmann-Richter/Wobst ZWE 2021, 27, 28 f; **aA** Bärmann/Dötsch § 21 WEG Rn 44). Von dieser Weichenstellung sind andere Fragestellungen zu unterscheiden, die ebenfalls Nutzungen im Zusammenhang baulicher Veränderungen betreffen (§ 20 WEG Rn 102 ff). Das betrifft insbesondere den Wegfall von Nutzungsmöglichkeiten durch Abriss oder Umbau. Diese Problematik berührt die Rechtmäßigkeit des Baubeschlusses (§ 20 WEG Rn 107 f), aber nicht die Fragestellung des § 21 WEG, weil weggefallene Nutzungen nicht mehr zu verteilen sind.

a) Erfasste neue Nutzungen

22 Typische von § 21 WEG erfasste neue Nutzungsmöglichkeiten sind die **Schaffung neuer Räume**, die dann als neues gemeinschaftliches Eigentum nach Maßgabe von § 21 WEG genutzt werden können. Dafür macht es keinen Unterschied, ob diese Räume ihrer Art nach als – ggf zu vermietender – Wohnraum, als Abstellraum oder als Fahrradbox konzipiert sind. Ebenso eröffnen ein Aufzug und der Anbau eines Balkons neue Nutzungsmöglichkeiten. Das gilt auch für Einbauten in das gemeinschaftliche Eigentum wie eine Sauna, ein Schwimmbad oder bloß eine Dusche, ggf auch nur ein Wasseranschluss. Ladestationen, die in das gemeinschaftliche Eigentum installiert werden, gehören ebenso hierher. Es können auch **technische Verbesserungen** erfasst sein, wenn sich die Nutzungsmöglichkeiten aufgrund der Verbesserung trennen lassen (BT-Drucks 19/18791, 69), etwa das Glasfaserkabel, die Ertüchtigung des Stromnetzes, das die Nutzung von Ladestationen eröffnet, die Installation weiterer Lichtquellen oder die Installation einer Kamera zB als Bestandteil der Gegensprechanlage.

23 Die Reichweite des Anwendungsbereichs des § 21 WEG ist allerdings auf die neuen Nutzungen beschränkt. Insbesondere im Falle der Ladestation gibt diese keine exklusiven Nutzungsrechte an einer Fläche, auf der man sein zu ladendes Mobil wie Auto oder Rollstuhl abstellen möchte. Dabei wird nicht übersehen, dass jede bauliche Veränderung eine Vereinnahmung von gemeinschaftlichem Eigentum beinhaltet. Dort, wo beispielsweise der Aufzug errichtet wird, kann ein anderer Eigentümer sich nicht mehr aufhalten oder etwas abstellen. Diese vom Gesetz zugelassene und vorrangig an § 20 Abs 4 WEG zu messende Vereinnahmung der Fläche ist aber auf den **Gegenstand der baulichen Veränderung selbst** beschränkt. Sie darf nicht zur Vereinnahmung zusätzlicher Flächen führen, die für die Nutzung des neuen Bauteils nützlich wären. Solche Nutzungsmöglichkeiten müssen sich aus den für diesen Teil des gemeinschaftlichen Eigentums weiterhin geltenden Regelungen, etwa einem Sondernutzungsrecht oder dem Mitgebrauchsrecht, § 16 Abs 1 S 3 WEG, ergeben. Im Rahmen des Mitgebrauchs kommt auch in Betracht, dass ein nutzungswilliger Eigentümer die betroffene Fläche von der Gemeinschaft mietet, um ein Alleinnutzungsrecht zu begründen.

24 An der Bewertung ändert sich auch nichts dadurch, dass eine Grundstücksfläche, auf der im Beispiel das Elektromobil zum Laden abgestellt werden soll, gepflastert wird. Denn eine **Pflasterung** schafft keine neuen Nutzungen, sondern die Grundstücksfläche ist weiterhin zum Aufenthalt von Personen oder zum Abstellen von Sachen geeignet (Häublein/Jacoby/Lehmann-Richter/Wobst ZWE 2021, 27, 29; **aA** Bärmann/Dötsch § 21 WEG Rn 44). Eine Ausnahme lässt sich freilich für die **Einrichtung von Parkplätzen** erwägen, weil § 3 Abs 1 S 2 WEG diesen eine besondere Qualität durch die Raumfiktion verleiht. Indessen soll diese Fiktion nur die Schaffung von Sondereigentum ermöglichen. Eine darüberhinausgehende Privilegierung von Stellplätzen im Konzept von §§ 20 f WEG ist indessen nicht vorgesehen. Daher erzeugt die Schaffung von Stellplätzen auf dem gemeinschaftlichen Eigentum keine nach § 21 WEG zu verteilende Nutzungen, wenn dazu nicht neue Gebäude errichtet werden.

Entsprechende Erwägungen müssen gelten, wenn einem Eigentümer erlaubt wird, **25** seine **Terrassenfläche** durch bauliche Maßnahmen **zu erweitern** (§ 20 WEG Rn 106). Ein Alleinnutzungsrecht kann sich aus dem Verlegen der Platten nicht ergeben. Ebenso erstreckt sich die Nutzungsregelung aus § 21 WEG für ein Außenschwimmbad nicht auf eine ebenfalls damit eingerichtete Liegewiese. Dort dürfen daher auch die Eigentümer liegen, die von der Nutzung des Schwimmbades nach § 21 WEG ausgeschlossen sind.

b) Alte (nicht erfasste) Nutzungen

Von § 21 WEG nicht erfasst werden alle Nutzungen, die auch schon ohne die bauli- **26** che Veränderung vorhanden waren (o Rn 22, 23). In diesen Sachlagen bewirkt die bauliche Veränderung typischerweise **Verbesserungen der Nutzung**, die sich aber nicht von der eigentlichen Nutzung trennen lassen (vgl BT-Drucks 19/18791, 69). Das mögen ästhetische Verschönerungen des Müllplatzes, die Überdachung des Eingangs, die energetische Ertüchtigung von Gebäudehülle und Dach zwecks Dämmung/Isolierung, aber auch Maßnahmen zur Einbruchssicherheit wie ein neuer Zaun, Alarmanlage oder Gitter an Fenstern sein. Auch bei Erweiterungen, zB der Vergrößerung eines Schwimmbeckens im Unterschied zur Schaffung eines weiteren Beckens, wird man die Nutzung in der Regel nicht trennen können.

Bei manchen Maßnahmen hängt es von der Ausgestaltung ab, ob sich die Verbes- **27** serung **trennen** lässt. Wird eine neue Außenbeleuchtung über einen Bewegungsmelder geschaltet, profitieren davon alle Nutzer des Grundstücks. Bedarf es eines willentlichen Anschaltvorgangs, ist dieser denjenigen vorbehalten, denen die Nutzungen zustehen. Die Entscheidung über den Betrieb selbst, stellt allerdings selbst schon eine Nutzung dar. Starrer ist die Entscheidung bei Maßnahmen zur Barrierereduzierung. Wird nicht ein separater Eingang oder eine separate Rampe geschaffen, sondern der einzig vorhandene Zugang umgestaltet, wirkt sich die veränderte Nutzung wiederum auf alle Nutzer des Gebäudes aus.

III. Verteilungsmaßstab als Rechtsfolge

§ 21 WEG teilt mit § 16 WEG den Charakter als Regelung des Verteilungsmaßstabs **28** für Kosten und Nutzungen. Das entspricht der Stellung des § 21 WEG als Spezialvorschrift zu § 16 WEG, wie es dessen Abs 3 anordnet. Demzufolge ist § 21 WEG nicht selbst Anspruchsnorm, sondern Hilfsnorm (vgl zum Streit um § 16 WEG Staudinger/Lehmann-Richter [2023] § 16 WEG Rn 70 f; unsicher zu § 21 WEG Bärmann/Dötsch § 21 WEG Rn 27).

1. Kosten

29 Hinsichtlich der Kosten kommt § 21 WEG die Funktion zu, Ausgaben der Gemeinschaft zu verteilen, was sich auf die nach § 28 Abs 1 S 1 u Abs 2 S 1 WEG zu beschließende Beitragsforderung der zur Kostentragung verpflichteten Eigentümer auswirkt. Die von § 21 angeordnete Kostenverteilung ist **Bestandteil des Wirtschaftsplans** nach § 28 Abs 1 S 2 WEG hinsichtlich der voraussichtlichen Ausgaben und Bestandteil der Jahresabrechnung nach § 28 Abs 2 S 2 WEG hinsichtlich der tatsächlichen Ausgaben. Daher kommt es anders als bei Aufwendungsersatzansprüchen wie namentlich nach § 670 BGB nicht auf die Erforderlichkeit der Ausgaben an, sondern allein darauf, ob diese angefallen sind. Gegen unangemessene Belastungen kann sich ein Eigentümer nur dadurch wehren, dass er im Innenverhältnis seinen Anspruch auf ordnungsmäßige Verwaltung durchsetzt (o Rn 11).

30 Entsprechend der **objektbezogenen Abrechnung** des Wohnungseigentumsrechts trifft die Belastung den jeweiligen Eigentümer der Einheit, dessen Eigentümer diese Rechtsfolge ausgelöst hat. Bei einer Rechtsnachfolge trifft die Verpflichtung also den Erwerber, während der Veräußerer nur für während seiner Eigentümerstellung fällig gewordene Verbindlichkeiten haftet. Die Kostentragungspflicht des **Sondernachfolgers** lässt sich auf § 10 Abs 3 S 2 WEG stützen. Danach wirken Beschlüsse aufgrund gesetzlicher Beschlusskompetenz auch ohne Grundbucheintragung gegen Sondernachfolger. Darum handelt es sich hier, nämlich um die Wirkungen eines Beschlusses über die bauliche Veränderung aufgrund von § 20 Abs 1 WEG, soweit die gesetzliche Kostentragung nach § 21 Abs 1 – 3 WEG betroffen, sonst aufgrund eines Kostenbeschlusses aufgrund von § 21 Abs 5 WEG.

31 Ausweislich des § 28 Abs 1 S 1 WEG können die Eigentümer durch Beschluss Rücklagen mit unterschiedlicher Zweckrichtung festlegen. Ist zu erwarten, dass die bauliche Veränderung zu erheblichen Folgekosten führt, kann es geboten sein, eine **Rücklage** für das jeweilige Bauteil, etwa einen Aufzug anzulegen, um so Mittel zur Verfügung zu haben, um Erhaltungsmaßnahmen bestreiten zu können.

2. Nutzungen

32 Die Verteilung der Nutzungen wirkt sich wie die Kostenverteilung auf die Beitragsforderung aus, wenn die Nutzungen in **Einnahmen** bestehen. Diese sind dann wie zu den Kosten dargestellt (o Rn 29) über Wirtschaftsplan und Jahresabrechnung zu verteilen.

33 Vielfach werden sich die Nutzungen als **Gebrauchsregelung** auswirken. Der Gebrauch kann dann einem Eigentümer allein, einer Nutzergruppe oder allen Eigentümern gemeinschaftlich zustehen. Nutzungsregelungen sind nach § 19 Abs 1 WEG von allen Eigentümern zu beschließen, wenn sie auch nur Nutzergruppen betreffen. Aus § 21 WEG folgen auch insoweit keine Ansprüche. Bei Verstößen gegen die Vorgaben des § 21 WEG kann die Gemeinschaft von dem Störer aus § 14 Abs 1 Nr 1 WEG Unterlassung verlangen. Einzelne Eigentümer können aus § 18 Abs 2 Nr 2 WEG von der Gemeinschaft verlangen, für die Einhaltung der Vorgaben des § 21 WEG zu sorgen.

34 Letztlich nur eine dogmatische Frage ist es, ob man die Gebrauchsregelungen des § 21 WEG als **Sondernutzungsrecht kraft Gesetzes** beschreiben sollte. Dadurch wird richtig zum Ausdruck gebracht, dass die Rechtfolgen von § 21 Abs 1, 3 u 5 WEG Eigentümer von den Nutzungen ausschließen können. Dieser Ausschluss ist aber nicht so strikt wie beim Sondernutzungsrecht. Denn den Eigentümern steht aus § 21 Abs 5 WEG Beschlusskompetenz zu, über die Nutzungen zu disponieren. Diese Beschlusskompetenz ist eine Eigentümlichkeit der Nutzungsregelung des § 21 WEG (Häublein/Jacoby/Lehmann-Richter/Wobst ZWE 2021, 27, 28; o Rn 20). Im Unterschied dazu gewährt § 16 Abs 1 WEG– anders als § 16 Abs 2 S 2 WEG hinsichtlich der Kosten – keine Beschlusskompetenz und § 19 Abs 1 WEG gewährt Kompetenz nur zur Ausgestaltung von Gebrauchsvorgaben durch Nutzungsbeschluss. Jeder einzelne Eigentümer hat zudem aus § 21 Abs 4 WEG einen Anspruch in die Nutzungen durch einen solchen Beschluss einbezogen zu werden.

IV. Gesetzliche Verteilungsregelung

35 Die gesetzliche Verteilung ist in § 21 Abs 1–3 WEG geregelt. **§ 21 Abs 3 WEG** beschreibt den **Grundsatz**, dass von Kosten und Nutzungen und nur die betroffen werden, die mit „Ja" gestimmt haben. Davon weicht zunächst **§ 21 Abs 2 WEG** zugunsten einer Verteilung auf alle Eigentümer nach Miteigentumsanteilen ab, wenn die Voraussetzungen einer der beiden dort in dem Katalog bestimmten Fälle gegeben sind. Eine noch speziellere Verteilung auf den Initiator einer Maßnahme bestimmt **§ 21 Abs 1 WEG** bei Gestattungen nach § 20 Abs 1 Fall 2 WEG oder baulichen Veränderungen der Gemeinschaft auf Verlangen eines Eigentümers nach § 20 Abs 2 WEG.

1. Grundsatz: Ja-Stimmen, Abs 3

36 § 21 Abs 3 WEG betrifft alle baulichen Veränderungen, die nicht von § 21 Abs 1 oder 2 WEG erfasst sind, und stellt den Grundsatz auf: „Wer bestimmt, der zahlt, und wer zahlt, der nutzt."

a) Kosten, Abs 3 S 1

37 Kostentragungspflichtig sind nach § 21 Abs 3 S 1 WEG diejenigen Wohnungseigentümer, die die bauliche Veränderung „beschlossen" haben. Damit sind die Wohnungseigentümer gemeint, die – selbst oder durch einen Vertreter – bei der Beschlussfassung über die bauliche Veränderung **mit „Ja" gestimmt** haben (BT-Drucks 19/18791, 69). Es ist deshalb wichtig, dass bei Beschlüssen über bauliche Veränderungen namentlich abgestimmt und in der Niederschrift festgehalten wird, wer mit „Ja" gestimmt hat (§ 20 WEG Rn 74). Die Kostentragungspflicht untereinander bemisst sich nach dem Verhältnis der Miteigentumsanteile. Ein anderes Verhältnis kann durch Beschluss nach § 21 Abs 5 WEG festgelegt werden (u Rn 69).

38 § 21 Abs 3 S 1 WEG stellt allein auf die **Stimmabgabe bei der Beschlussfassung** ab. Eine „Zustimmung" außerhalb der Beschlussfassung ist folgenlos: Sie begründet weder eine Kostentragungspflicht, noch eine Nutzungsbefugnis. Wollen Wohnungseigentümer, die bei der Beschlussfassung nicht mit „Ja" gestimmt haben, an den Nutzungen teilhaben, können sie ihren Anspruch aus § 21 Abs 4 WEG geltend machen (u Rn 78 ff).

b) Nutzungen, Abs 3 S 2

39 Die Nutzungen (o Rn 19 ff) – des durch die bauliche Veränderung neu geschaffenen oder veränderten gemeinschaftlichen Eigentums gebühren nur denjenigen Wohnungseigentümern, die bei der Abstimmung über die bauliche Veränderung **mit „Ja" gestimmt** haben, § 21 Abs 3 S 2 WEG. Die Nutzungsbefugnis verläuft damit parallel zur Kostentragungspflicht.

40 Zum **Mitgebrauch** des neu geschaffenen oder veränderten gemeinschaftlichen Eigentums sind nach dem Wortlaut des Gesetzes nur die kostentragungspflichtigen Wohnungseigentümer berechtigt, § 21 Abs 3 S 2, § 16 Abs 1 S 3 WEG. Um den unzulässigen Gebrauch durch andere Wohnungseigentümer zu verhindern, können etwa technische Zugangs- oder Nutzungssperren angebracht werden. Vermögensvorteile aufgrund eines unzulässigen Gebrauchs können bereicherungsrechtlich abgeschöpft werden. Das gilt aber nicht, wenn sich die bauliche Veränderung keine abgrenzbaren neuen Nutzungsmöglichkeiten schafft, sondern nur die alte Nutzungsmöglichkeit verbessert wird (o Rn 26). Hat eine Eigentümergruppe das Gebäude gedämmt, muss auch ein nicht beteiligter Eigentümer keine Ersparnisse herausgeben, die ihm diese Dämmung/Isolierung bringt. Denn seine Wohnungsnutzung ist ihm weiterhin gestattet. Zum möglichen Umgang mit der deswegen bestehenden Gefahr des Trittbrettfahrertums § 20 WEG Rn 65, 68 ff.

2. Erste Ausnahme: Gemeinschaftliche Verteilung, Abs 2

41 In den beiden in § 21 Abs 2 S 1 WEG bestimmten Fällen sind alle Wohnungseigentümer – also auch die überstimmte Minderheit – zur Kostentragung verpflichtet und zur Nutzungsziehung berechtigt. Es handelt sich um gesetzlich angeordnete Rechtsfolgen des Beschlusses über die bauliche Veränderung, die **nicht Inhalt des Beschlusses** sind und daher nicht in Bestandskraft erwachsen, wenn sie nicht zum Inhalt eines weiteren Beschlusses nach § 21 Abs 5 WEG gemacht werden. Streit darüber, ob diese gesetzlichen Folgen tatsächlich greifen, kann sich daher anlässlich Jahresabrechnung oder Sonderumlage noch Jahre später auswirken. Auch wenn die Wohnungseigentümer zum Zeitpunkt der Beschlussfassung über die bauliche Veränderung davon ausgingen, dass die Voraussetzungen des § 21 Abs 2 S 1 WEG vorliegen, kann der Jahresabrechnungs- oder Sonderumlagebeschluss mit dem Argument angefochten werden, dass das in Wirklichkeit doch nicht der Fall war. Rechtssicherheit lässt sich allerdings mittels eines Beschlusses nach § 21 Abs 5 WEG erreichen. Die Voraussetzungen von § 21 Abs 2 WEG sind dann erheblich, um nach § 21 Abs 5 S 2 WEG über die Rechtmäßigkeit des Beschlusses zu befinden (u Rn 69).

a) Beschlussfassung mit großer Mehrheit, Abs 2 S 1 Nr 1

42 Die Kosten einer baulichen Veränderung sind von allen Wohnungseigentümern zu tragen, wenn die bauliche Veränderung mit mehr als zwei Dritteln der abgegebenen Stimmen und der Hälfte aller Miteigentumsanteile beschlossen wurde, es sei denn, die bauliche Veränderung ist mit unverhältnismäßigen Kosten verbunden, § 21 Abs 2 S 1 Nr 1 WEG. Dieser vom Rechtsausschuss (BT-Drucks 19/22634, 44 f; o Rn 4) empfohlenen Regelung liegt der Gedanke zugrunde, dass eine bauliche Veränderung, die von einer derart großen Mehrheit getragen wird, die **Vermutung der Angemessenheit** in sich trägt. Diese Vermutung kann aber durch den Nachweis der Unangemessenheit widerlegt werden.

aa) Erforderliche Mehrheit

Der Beschluss über eine bauliche Veränderung nach § 20 Abs 1 WEG bedarf stets nur der einfachen Mehrheit. § 21 Abs 2 S 1 Nr 1 WEG ändert daran nichts. Die Vorschrift **knüpft** lediglich **tatbestandlich an** die bei der Abstimmung nach § 20 Abs 1 WEG erreichten Mehrheiten an. Überschreitet diese Mehrheit die beiden in § 21 Abs 2 S 1 Nr 1 WEG genannten Grenzen, ist die bauliche Veränderung grundsätzlich von allen Wohnungseigentümern zu finanzieren. 43

Dafür müssen sich **erstens** mehr als **zwei Drittel der abgegebenen Stimmen** für die bauliche Veränderung ausgesprochen haben. Die Stimmkraft bemisst sich dabei nach dem in der Gemeinschaft für diese Abstimmung nach § 20 Abs 1 WEG geltenden Stimmkraftprinzip. Grundsätzlich gilt also das Kopfprinzip, § 25 Abs 2 S 1 WEG, wenn es nicht durch Vereinbarung zugunsten eines Wert-, Objekt- oder anderen Stimmprinzips abbedungen wurde. Enthaltungen zählen, wie sonst auch, nicht zu den abgegebenen Stimmen. **Zweitens** müssen die Stimmen derjenigen Wohnungseigentümer, die sich für die bauliche Veränderung ausgesprochen haben, mehr als die **Hälfte aller Miteigentumsanteile** repräsentieren, egal wie viele Wohnungseigentümer sich an der Abstimmung beteiligt haben. Zwar ist insoweit der Wortlaut nicht eindeutig, ob sich die Anforderung „mehr als" auch auf diese zweite Voraussetzung bezieht. Die Gesetzesmaterialien sind ebenfalls unergiebig (BT-Drucks 19/22634, 44). Entscheidend ist der Zweck, dass die hohe Zustimmung für die Angemessenheit der Maßnahme spricht. Daher ist eine doppelt-qualifizierte **Mehrheit** zu verlangen (Bärmann/Dötsch § 21 WEG Rn 73; Grüneberg/Wicke § 21 Rn 3; **aA** Hügel/Elzer § 21 WEG Rn 24). Eine exakte Befolgung des Wortlauts würde indessen exakt die Hälfte verlangen, was sinnwidrig wäre (Riecke ZWE 2022, 20, 22). 44

Dieses **qualifizierte relativ-absolute Mehrheitserfordernis** bezweck zweierlei: Die relative Zwei-Drittel-Mehrheit in der Versammlung soll ausschließen, dass die bauliche Veränderung unter den Wohnungseigentümern stark umstritten ist. Die absolute Mehrheit der Miteigentumsanteile soll zugleich sicherstellen, dass sie über eine breite Akzeptanz bei allen Wohnungseigentümern verfügt. 45

bb) Keine Unverhältnismäßigkeit

Auch wenn eine bauliche Veränderung mit der in § 21 Abs 2 S 1 Nr 1 WEG beschriebenen Mehrheit beschlossen wurde, scheidet eine Kostentragung durch alle Wohnungseigentümer aus, wenn die bauliche Veränderung mit unverhältnismäßigen Kosten verbunden ist. Da § 21 Abs 2 S 1 Nr 1 HS 2 WEG negativ formuliert ist, hat derjenige, der die Unverhältnismäßigkeit behauptet, die dafür maßgeblichen Umstände zu beweisen. **Im Zweifel** ist von der **Verhältnismäßigkeit** auszugehen. 46

Die Verhältnismäßigkeitsprüfung verlangt eine **Abwägungsentscheidung**. Dafür ist der einschlägige **Bezugspunkt** zu bestimmen. Die Kosten sind nicht mit den typischen Kosten der konkreten baulichen Veränderung abzuwägen. Eine solche Abwägung würde nur unwirtschaftliche Ausführungen der baulichen Veränderung ausscheiden, wie sie schon allgemein gegen ordnungsmäßige Verwaltung verstoßen. Es ist vielmehr auf die Vorteile abzustellen, die mit der baulichen Veränderung bezweckt werden. Diese **Vorteile**, die sie verspricht, sind gegen die **Kosten** abzuwägen, die mit ihr verbunden sind. Dabei sind nicht nur die Baukosten, sondern auch die Folgekosten für Gebrauch und Erhaltung zu berücksichtigen (BT-Drucks 19/22634, 44). Vorteile können wirtschaft- 47 liche Zwecke wie Wertsteigerung oder zumindest Werterhalt sein, aber auch die Verfolgung umweltpolitischer Zwecke sowie schlichte Nützlichkeitserwägungen.

48 Grundsätzlich sind solche **Vorteile** in der notwendigen Wertentscheidung mit Gewicht anzusetzen. Denn Ziel der Schaffung von §§ 20 f WEG durch das WEMoG war es gerade, bauliche Veränderungen zu erleichtern und zu verhindern, dass Wohnungseigentumsanlagen wegen der häufig widerstreitenden Interessen der Wohnungseigentümer baulich hinter vergleichbaren Anlagen zurückfallen (BT-Drucks 19/18791, 26 f, 68). Insbesondere ist von der Verhältnismäßigkeit grundsätzlich auszugehen, wenn die bauliche Veränderung **bei vergleichbaren Anlagen in der Umgebung üblich ist**. Das Gesetz knüpft zwar – anders als noch der Regierungsentwurf (BT-Drucks 19/18791, 14) – nicht mehr unmittelbar an dieses Kriterium an. Das liegt vor allem daran, dass der Gesetzgeber fürchtete, durch eine starre Anknüpfung in besonderen Ortslagen unangemessene Ergebnisse hervorzurufen (o Rn 4). Die indizielle Berücksichtigung des Umgebungsstandards ist deshalb aber nicht ausgeschlossen. Im Regelfall ist sie sogar angezeigt, weil sie es ermöglicht, der Entscheidung der Wohnungseigentümer angemessen Rechnung zu tragen, sich gerade in dieser Wohnlage eine Eigentumswohnung dieser Bauart angeschafft zu haben. Indessen sind kostenintensive bauliche Veränderungen, die **über den Neubaustandard** vergleichbarer Anlagen hinausgehen, in der Regel **unverhältnismäßig**.

49 Die Unverhältnismäßigkeit kann sich auch aus der **Kostenbelastung** ergeben. Allerdings gibt nicht den Ausschlag, ob sich alle Eigentümer die bauliche Veränderung leisten können. Es ist ein **anlagenbezogener objektiv-konkreter Maßstab** anzulegen. Auf die Bedürfnisse und finanziellen Möglichkeiten des einzelnen Wohnungseigentümers kommt es nicht an, sondern auf die der Gesamtheit der Wohnungseigentümer in der konkreten Wohnanlage. Je nach Alters- und Sozialstruktur kann die Bewertung deshalb unterschiedlich ausfallen (BT-Drucks 19/22634, 44).

b) Amortisierung der Kosten, Abs 2 S 1 Nr 2

50 Die Kosten einer baulichen Veränderung sind auch dann von allen Wohnungseigentümern zu tragen, wenn sie sich innerhalb eines angemessenen Zeitraums amortisieren, § 21 Abs 2 S 1 Nr 2 WEG. Das ist sachgerecht, weil in diesen Fällen alle Wohnungseigentümer auf lange Sicht finanziell profitieren. Der überstimmten Minderheit wird gegen ihren Willen **lediglich die Vorfinanzierungslast** aufgebürdet. In der Praxis wird die Vorschrift vor allem für Maßnahmen der energetischen Modernisierung relevant werden. Das gilt ganz besonders, wenn diese Maßnahmen bei Erhaltungsaufwand (zur sog modernisierenden Instandhaltung § 20 WEG Rn 53 ff) vorgenommen werden, so dass bei Berechnung der maßgeblichen Kosten der alternative Erhaltungsaufwand abzuziehen ist (o Rn 17, u Rn 51). Eine Amortisation ist aber nicht auf energetische Maßnahmen beschränkt. Etwa auch bauliche Veränderungen, die dazu führen, dass Erhaltungskosten eingespart werden, zB die Überdachung eines Kelleraufgangs, um Frost- und Nässeschäden zu reduzieren, können sich amortisieren (vgl BGH 14. 12. 2012 – V ZR 224/11, NJW 2013, 1439 Rn 10: Haltbarer Stahl- und Glasbalkon mag sich gegenüber erhaltungsbedürftigeren Holzbalkon amortisieren).

51 Weitgehend unproblematisch ist das Tatbestandsmerkmal **„amortisieren"**: Kosten amortisieren sich, wenn sie durch zusätzliche Einnahmen oder – praktisch bedeutsamer – durch geringere Ausgaben ausgeglichen werden. Ob das der Fall ist, kann durch eine mathematisch einfache – angesichts des Prognosecharakters indes in den tatsächlichen Grundlagen komplexe (u Rn 54) – Vergleichsrechnung festgestellt werden: Die Kosten der baulichen Veränderung einschließlich ihrer Folgekosten sind zu vergleichen mit den Kosten, die durch sie eingespart werden. Daraus folgt, dass sich nur diejenigen Kosten amortisieren müssen, die ohne die bauliche Veränderung nicht angefallen wären. Tritt eine bauliche Veränderung an die Stelle einer Erhaltungsmaßnahme, müssen sich deshalb nur die durch die bauliche Veränderung zusätzlich anfallenden Kosten amortisieren.

Problematisch ist, welcher Amortisationszeitraum anzusetzen ist. Das Gesetz legt ihn nicht fest, sondern spricht lediglich von einem **„angemessenen Zeitraum“**. Das ist für sich genommen nichtssagend: Ohne Bezugspunkt kann die Angemessenheit nicht bestimmt werden. Zieht man den Normzweck heran, kann es nur darum gehen, den Wohnungseigentümern keine zu hohe Vorfinanzierungslast aufzubürden; aber auch daraus lässt sich keine Jahresgrenze ableiten. Offenbar wollte der Gesetzgeber (BT-Drucks 19/22634, 43) mit dem Begriff des angemessenen Zeitraums an die Rechtsprechung zur sog modernisierenden Instandhaltung (§ 20 WEG Rn 53 ff) anknüpfen, die von einer Grenze bei **zehn Jahren** ausging (BGH 14. 12. 2012 – V ZR 224/11, NJW 2013, 1439 Rn 10). Diese Grenze auch für die Auslegung des § 21 Abs 2 S 1 Nr 2 WEG heranzuziehen, überzeugt schon deshalb, weil sich Einsparungen für einen längeren Zeitraum kaum seriös prognostizieren lassen, zB wegen schwankender Energiepreise. 52

Eine einheitlich beschlossene bauliche Veränderung muss **nicht zwingend einheitlich** bewertet werten. Denkbar ist etwa, dass sich nur einzelne Teile einer baulichen Veränderung amortisieren. Wenn diese Teile auch als eigenständige bauliche Veränderung beschlossen hätten werden können, sind deren – hypothetische – Kosten von allen Wohnungseigentümern zu tragen. Denn es kann wirtschaftlich keinen Unterschied machen, ob bauliche Veränderungen nacheinander oder auf einmal beschlossen werden. 53

Ob sich die Kosten tatsächlich amortisieren, kann in der Regel erst in der Rückschau festgestellt werden. Für § 21 Abs 2 S 1 Nr 2 WEG kommt es dagegen allein auf den **Stand zum Zeitpunkt der Beschlussfassung über die bauliche Veränderung** an (BT-Drucks 19/18791, 69). Das rechtfertigt sich mit dem Bedürfnis nach Rechtssicherheit, weil ohne Anknüpfung an einen statischen Betrachtungszeitpunkt eine wechselnde Kostenverteilung droht. Stellt sich eine sorgsam erstellte Prognose im Nachhinein als unrichtig heraus, sind die Kosten deshalb nicht neu zu verteilen. Vernünftigerweise werden die Eigentümer ohnehin zwecks Rechtssicherheit über die Verteilung einen Beschluss nach § 21 Abs 5 WEG fassen (o Rn 41, u Rn 75 ff). Auf Anfechtung hat dann die Überprüfung nach § 21 Abs 5 S 2 WEG ebenfalls zu einem frühen Zeitpunkt stattzufinden. 54

c) Rechtsfolgen

Soweit Kosten und Nutzungen auf der baulichen Veränderung beruhen (o Rn 8 ff), sind diese aufgrund § 21 Abs 2 WEG so zu verteilen, wie Kosten und Nutzungen des gemeinschaftlichen Eigentums kraft Gesetzes nach § 16 Abs 1 u 2 S 1 WEG zu verteilen sind. Eine **Diskrepanz** droht, wenn die Eigentümer selbst einen anderen allgemeinen Maßstab bestimmt haben, der von § 16 WEG abweicht. So mögen die Ei- 55 gentümer in einer Mehrhausanlage eine Verteilung nach Häusern oder auch sonst sich abweichend von den Miteigentumsanteilen für einen Flächenschlüssel entschieden haben.

56 Erfolgte diese abweichende Regelung durch **Vereinbarung**, greift diese Sonderregelung auch im Anwendungsbereich des § 21 Abs 2 WEG, wenn der Vereinbarung im Wege der **Auslegung** entnommen werden kann, dass sie auch für Kosten und Nutzungen bei baulichen Veränderungen gelten soll. Dann weicht die Vereinbarung nämlich nicht nur von der Rechtsfolge des § 16 WEG, sondern auch von § 21 Abs 2 WEG ab. Das wird vielfach so liegen. Es gilt insbesondere im Wege ergänzender Vertragsauslegung für Altvereinbarungen, die dieses Problem vor Schaffung von § 21 Abs 2 WEG gar nicht ausdrücklich regeln konnten.

57 Beruht die abweichende Regelung auf **Beschluss**, besteht dafür erst seit dem WEMoG gesetzliche Beschlusskompetenz. Zudem verlangt § 16 Abs 2 S 2 WEG, dass der jeweils zu ändernde Schlüssel bestimmt wird. Entsprechend wird man dann eine Beschlussfassung nach § 21 Abs 5 WEG verlangen müssen. Beruht die Beschlussfassung indessen auf einer vereinbarten Beschlusskompetenz, sog **Öffnungsklausel** der Teilungserklärung, hat diese Beschlussfassung weithin Vereinbarungscharakter, so dass für die Auslegung im Zweifel das zur Vereinbarung Ausgeführte gilt.

3. Vorrangige Ausnahme: Bauwillige, Abs 1

58 § 21 Abs 1 WEG sieht die Verteilung von Kosten und Nutzungen auf den bauwilligen Initiator einer Maßnahme in zwei Fällen vor, nämlich wenn ihm eine Maßnahme gestattet wird, § 20 Abs 1 Fall 2 WEG, und wenn die Gemeinschaft auf Verlangen eines Eigentümers eine nach § 20 Abs 2 WEG privilegierte Maßnahme durchführt. Diese Verteilung hat **Vorrang vor § 21 Abs 2 WEG**, der ausdrücklich unter dem Vorbehalt von Abs 1 steht. Dieser Vorrang gegenüber den Folgen der doppelt-qualifizierten Mehrheit nach § 21 Abs 2 S 1 Nr 1 WEG ist schon dem geschuldet, dass in den Fällen des § 20 Abs 2 WEG die Mehrheit nicht freiwillig zustande kommt, sondern Folge der Verpflichtung des Anspruchs des Bauwilligen ist. Die Vorrangklausel stellt darüber hinaus aber klar, dass der Bauwillige eine privilegierte Maßnahme auch dann alleine zu schultern hat, wenn sie sich, was freilich nur selten der Fall sein dürfte, amortisiert. Auch dann greift § 21 Abs 2 S 1 Nr 2 WEG nicht. Dem liegt der zutreffende Gedanke zugrunde, dass die Kostentragungspflicht aller Wohnungseigentümer nur angemessen ist, wenn die Baumaßnahme dem Wunsch der Mehrheit entspricht. Ein einzelner Wohnungseigentümer soll dagegen nicht die Möglichkeit haben, über § 20 Abs 2 WEG Baumaßnahmen auf Kosten aller Wohnungseigentümer aber gegen den Wunsch der Mehrheit durchsetzen (BT-Drucks 19/18791, 69).

a) Privilegierte Maßnahme auf Verlangen

59 Die **Kosten** einer privilegierten Maßnahme hat **stets der Bauwillige** zu tragen. Das gilt nicht nur für den Fall der Gestattung, § 21 Abs 1 Fall 1 WEG, sondern auch dann, wenn die Maßnahme durch die Gemeinschaft der Wohnungseigentümer „auf sein Verlangen nach § 20 Absatz 2" durchgeführt wird, § 21 Abs 1 Fall 2 WEG. Im Gegenzug gebühren auch die **Nutzungen allein dem Bauwilligen**, § 21 Abs 1 S 2 WEG. Das setzt freilich voraus, dass eine exklusive Nutzung möglich ist; insoweit gelten die gleichen Grundsätze wie bei jeder anderen baulichen Veränderung auch (o Rn 22 ff).

Wird das Verlangen von mehreren Eigentümern gestellt, gilt entsprechend § 21 Abs 3 WEG im Verhältnis dieser Eigentümer untereinander die Verteilung nach Miteigentumsanteilen.

Ob eine bauliche Veränderung **„auf Verlangen" eines Wohnungseigentümers** durchgeführt wurde, ist objektiv zu beantworten und nicht etwa Gegenstand des Beschlusses. Weil sich die Mehrheit das Verlangen eines einzelnen Wohnungseigentümers zu Eigen machen kann, kann die Antwort im Einzelfall zweifelhaft sein, zB wenn erst das Verlangen eines Einzelnen den Wunsch der Mehrheit nach einem Aufzug weckt. In aller Regel wird man zu einem klaren Ergebnis kommen, wenn man fragt, welche Vorstellung für die Verteilung von Nutzungen und Kosten dem Beschluss zugrunde lag. Um Zweifel von vornherein auszuschließen, bietet es sich an, das Verlangen im Beschlusstext festzuhalten, freilich ohne dass es in Bestandskraft erwachsen könnte. Noch besser ist es, auch bei privilegierten Baumaßnahmen **stets über die Verteilung der Kosten und Nutzungen nach § 21 Abs 5 WEG zu beschließen**, auch wenn damit nur die Rechtsfolgen des § 21 Abs 1 WEG wiederholt werden, denn so erwachsen sie in Bestandskraft. 60

Weithin wird § 21 Abs 1 WEG auch angewendet, wenn auf Initiative eines Eigentümers eine sonstige Maßnahme in dessen Interesse wie der Einbau einer Gaube oder auch nur einer Markise beschlossen wird, die dann von der Gemeinschaft durchgeführt wird (Bärmann/Dötsch § 21 WEG Rn 61; BeckOGK/Kempfle [01. 03. 2023] § 21 WEG Rn 27; Jennissen/Jennissen § 21 WEG Rn 26). Das entspricht nicht dem gesetzgeberischen Regelungsmodell, der § 21 Abs 1 Fall 2 WEG ausdrücklich auf die privilegierten Maßnahmen beschränkte. In den anderen Sachlagen brauchen die Eigentümer nicht zuzustimmen, können ihre Zustimmung von einem Junktim mit einer Kostenregelung abhängig machen, dass der Bauinteressent die Kosten trägt. Vielfach sollte es möglich sein, den Beschluss auch so auszulegen. Die Praxis ist ohnehin stets aufgerufen, eine **bauliche Veränderung nicht ohne Kostenregelung** zu beschließen. 61

b) Gestattung

Für die Verteilung der Kosten und Nutzungen gilt bei jeder Gestattung, dass sie **allein Sache des Bauwilligen** sind, § 21 Abs 1 S 1 Fall 1, S 2 WEG. Dafür kommt es nicht darauf an, ob die Maßnahme privilegiert ist. Nicht ausdrücklich geregelt ist der Fall, dass eine bauliche Veränderung **mehreren Wohnungseigentümern gemeinsam gestattet** wird. Es gilt § 21 Abs 3 WEG analog: Die Kosten und Nutzungen sind nach dem Verhältnis der Miteigentumsanteile zu verteilen. 62

§ 21 Abs 1 WEG setzt zwingend eine Gestattung voraus und betrifft deshalb **nicht die Kostentragung für Schwarzbauten**. Die Kosten von Baumaßnahmen am gemeinschaftlichen Eigentum, die ein Wohnungseigentümer ohne eine notwendige Gestattung vorgenommen hat, hat er dennoch alleine zu tragen: Soweit er die Kosten ohnehin selbst aufgewendet hat, verbleiben sie schlicht bei ihm. Soweit sie ausnahmsweise etwa aus Gründen der Verkehrssicherung bei der Gemeinschaft der Wohnungseigentümer anfallen, steht dieser ein Schadensersatzanspruch aus § 280 Abs 1 BGB zu. Die Eigentümer können den Schwarzbau allerdings auch nachträglich genehmigen. Diese Genehmigung löst dann die Wirkungen der Gestattung aus. 63

V. Beschlusskompetenz zur Verteilung von Kosten und Nutzungen, Abs 5

64 **§ 21 Abs 5 WEG** gewährt **Beschlusskompetenz**, die Verteilung von Kosten und Nutzungen der baulichen Veränderung durch Beschluss festzulegen. Zwar soll der Beschluss sich an der gesetzlichen Kostenverteilung orientieren. Anderenfalls ist der Beschluss aber nicht nichtig, sondern nur anfechtbar. So wird die Funktion der Bestandskraft eines Beschlusses fruchtbar gemacht, auch bei zweifelhafter Rechtslage für Rechtssicherheit zu sorgen. So lässt sich der **Hauptzweck** der Vorschrift dahin beschreiben, **Rechtssicherheit** über die Kostenverteilung zu schaffen, wenn die gesetzliche Kostenfolge unklar ist, namentlich die Voraussetzungen des § 21 Abs 2 WEG.

1. Reichweite der Beschlusskompetenz, Abs 5 S 1

65 Die Beschlusskompetenz wird **durch § 21 Abs 5 S 1 WEG definiert**, der bestimmt, was die Wohnungseigentümer „können". Was sie ausweislich § 21 Abs 5 S 2 WEG „dürfen", ist allein für die Anfechtbarkeit von Relevanz. Diese Beschlusskompetenz gilt bei jeder Art einer baulichen Veränderung, mithin auch bei der Gestattung, § 20 Abs 1 Fall 2 WEG. Angesichts des Neubelastungsverbots (u Rn 69) kommen rechtmäßige abweichende Gestaltungen bei Gestattungen nur in Betracht, um bei mehreren Gestattungsempfängern deren Innenverhältnis abweichend als nach Miteigentumsanteilen nach § 21 Abs 3 WEG analog (o Rn 62) festzulegen.

66 § 21 Abs 5 S 1 WEG steht so parallel (o Rn 20, 34) zu § 16 Abs 2 S 2 und § 19 Abs 1 WEG, wonach frei über die Kosten und etwas eingeschränkt über den Gebrauch des unveränderten Gemeinschaftseigentums beschlossen werden kann. Hinsichtlich der Früchte hat § 21 Abs 5 WEG jedoch kein Pendant: Die Früchte des unveränderten Gemeinschaftseigentums sind – vorbehaltlich einer abweichenden Vereinbarung – zwingend nach Miteigentumsanteilen zu verteilen, § 16 Abs 1 WEG. Zur erforderlichen Abgrenzung der von § 21 Abs 5 WEG erfassten Kosten und Nutzungen aufgrund der baulichen Veränderungen und den unverändert nach §§ 16, 19 WEG zu bemessenden Kosten und Nutzungen o Rn 8 ff. **Bezugspunkt** muss analog § 16 Abs 2 S 2 WEG eine **einzelne bauliche Veränderung** oder zumindest eine **bestimmte Art von baulichen Veränderungen** sein. Ein Generalbeschluss, mit dem Kosten und Nutzungen für alle künftigen baulichen Veränderungen verteilt werden sollen, wäre nichtig.

67 Über die Verteilung der Kosten und Nutzungen kann **unabhängig voneinander** beschlossen werden. Das ergibt sich mittelbar aus § 21 Abs 4 S 2 WEG; denn die dort angeordnete gesetzliche Kostenfolge kann nur greifen, wenn isoliert über die Nutzungen beschlossen wird. Häufig wird eine isolierte Regelung der Kosten ohne die Nutzungen und andersherum aber ordnungsmäßiger Verwaltung widersprechen (u Rn 73). Auch wenn zugleich über die Kosten und Nutzungen beschlossen wird, handelt es sich rechtlich um einen Beschluss, der nur einheitlich angefochten werden kann.

68 Die Beschlusskompetenz kennt **keine zeitlichen Grenzen**. Eine abweichende Verteilung der Kosten und Nutzungen kann deshalb sowohl im Zusammenhang mit dem Beschluss über eine bauliche Veränderung nach § 20 Abs 1 WEG beschlossen werden, aber auch zu jedem späteren Zeitpunkt. Nachträglich ist er vor allem dann zu

fassen, wenn ein Wohnungseigentümer nach § 21 Abs 4 S 1 WEG die Einräumung der Nutzungsbefugnis verlangt (u Rn 81).

2. Neubelastungsverbot, Abs 5 S 2

Durch einen Kostenverteilungsbeschluss nach § 21 Abs 5 S 1 WEG dürfen einem Wohnungseigentümer, der nach den gesetzlichen Vorschriften Kosten nicht zu tragen hat, keine Kosten auferlegt werden, § 21 Abs 5 S 2 WEG. Dieses Neubelastungsverbot erlaubt es deshalb lediglich, die **Binnenverteilung** innerhalb des Kreises der nach § 21 Abs 1 bis 4 WEG kostentragungspflichtigen Wohnungseigentümer zu verändern oder diesen Kreis zu verkleinern, nicht aber ihn zu erweitern. 69

Das Neubelastungsverbot konkretisiert den Grundsatz ordnungsmäßiger Verwaltung, § 18 Abs 2 WEG. Ein Verstoß hat deshalb nur die **Anfechtbarkeit** des Beschlusses zur Folge, nicht aber seine Nichtigkeit (BT-Drucks 19/18791, 71). Der Wortlaut verdeutlicht dies durch die Verwendung des Verbs „dürfen“ anstelle von „können“. 70

3. Ordnungsmäßigkeit im Übrigen

Das Neubelastungsverbot des § 21 Abs 5 S 2 WEG konkretisiert den Grundsatz ordnungsmäßiger Verwaltung lediglich punktuell. Ein Beschluss nach § 21 Abs 5 S 1 WEG ist deshalb auch dann anfechtbar, wenn er **aus anderen Gründen gegen den Grundsatz ordnungsmäßiger Verwaltung verstößt**, also die Grenzen überschreitet, die durch das „Interesse der Gesamtheit der Wohnungseigentümer nach billigem Ermessen“, § 18 Abs 2 WEG, gezogen werden. 71

aa) Ein solcher Verstoß kann sich daraus ergeben, dass eine **unangemessene Binnenverteilung** gewählt wird; insoweit gelten die gleichen Grundsätze wie bei Kostenverteilungsbeschlüssen nach § 16 Abs 2 S 2 WEG (Staudinger/Lehmann-Richter [2023] § 16 WEG Rn 120 ff). 72

bb) In der Regel wird ein Verstoß auch dann vorliegen, wenn **Kosten und Nutzungen asymmetrisch** verteilt werden, ohne dass dafür ein sachlicher Grund besteht. Denn die Reziprozität von Rechten und Pflichten ist nicht nur ein allgemeines Gerechtigkeitsprinzip, sondern auch gesetzliches Leitbild des § 21 WEG. Es ist evident unangemessen, einem Wohnungseigentümer Kosten aufzuerlegen, ihm zugleich aber Nutzungen zu versagen. Weniger evident, aber genauso unangemessen ist das Gegenteil: Die Nutzungen, die einem Wohnungseigentümer gewährt werden, ohne dass er zugleich Kosten tragen muss, werden letztlich von den übrigen kostentragungspflichtigen Wohnungseigentümern mitfinanziert. Unproblematisch ist die isolierte Einräumung einer Nutzungsbefugnis jedoch im Fall des § 21 Abs 4 WEG. Denn hier ergibt sich die korrespondierende Kostentragungspflicht notfalls aus § 21 Abs 4 S 2 WEG. 73

Im Einzelfall ist es freilich eine **Frage der Auslegung**, ob tatsächlich eine asymmetrische Verteilung beschlossen wurde. Soll etwa ein Wohnungseigentümer nach dem Beschlusswortlaut die Kosten einer bestimmten baulichen Veränderung tragen, ohne dass die Nutzungen erwähnt werden, wird man in der Regel nach dem Motto „wer zahlt, darf nutzen“ davon ausgehen müssen, dass er zugleich auch nutzungsberechtigt 74 sein soll. Steht allerdings fest, dass eine asymmetrische Verteilung beschlossen wurde, und wird dieser Beschluss bestandskräftig, verbleibt es dabei. Die Asymmetrie kann **nicht** durch eine **analoge Anwendung des § 21 Abs 4 S 2 WEG** beseitigt werden. Denn diese Auffangvorschrift (u Rn 96) gilt nur, wenn die Nutzungsbefugnis auf Verlangen eingeräumt wird, nicht aber, wenn die Wohnungseigentümer aus eigenem Antrieb beschließen.

4. Gebotenheit des Kostenbeschlusses

75 In aller Regel ist es geboten, dass bei dem Beschluss über eine bauliche Maßnahme zugleich über deren Kosten und Nutzungen beschlossen wird. Dafür spricht die durch die Bestandskraft des Beschlusses zu erzielende **Rechtssicherheit**. Auch wenn in den Fällen des § 21 Abs 1 u 3 WEG dem Beschluss nur deklaratorische Bedeutung zukommt, ist diese angesichts der langen zeitlichen Wirkungen dieser Rechtsfolge nicht gering zu schätzen. So geht aus der Beschluss-Sammlung der Inhalt der Kosten- und Nutzungenverteilung hervor. Man bedarf keiner Niederschrift über das Abstimmverhalten. Entsprechend sollten in den Beschluss nicht nur die Namen der Eigentümer, sondern ihre **Wohnungsnummern** aufgenommen werden.

76 In manchen Gestaltungen kann auch die Entscheidung der Eigentümer über eine bauliche Veränderung von der Kostenverteilung abhängig sein. Dann empfiehlt sich eine **bedingte Beschlussfassung**, die den Beschluss über die bauliche Veränderung von der Bestandskraft eines entsprechenden Kostenbeschlusses abhängig macht (§ 20 WEG Rn 68 ff).

77 Wird in einem Beschluss über bauliche Veränderung sowie über Kosten und Nutzungen entschieden, sind die einzelnen Bestanteile grundsätzlich über § 139 BGB in ihrer **Wirksamkeit** voneinander **abhängig** (§ 20 WEG Rn 67).

VI. Teilhabeanspruch, Abs 4

78 § 21 Abs 4 WEG eröffnet allen Eigentümern den Anspruch, auch längere Zeit nach Vornahme einer baulichen Veränderung an den **Nutzungen teilzuhaben**. Das trägt dem Umstand Rechnung, dass das gemeinschaftliche Eigentum im Ausgangspunkt allen Eigentümern zusteht.

79 § 21 Abs 4 WEG steht in unmittelbarem Zusammenhang mit den differenzierten Kosten- und Nutzungsregelungen in § 21 Abs 1 und 3 WEG. Denn diese Regelungen können dazu führen, dass ein Teil der Wohnungseigentümer von den Nutzungen des veränderten Gemeinschaftseigentums ausgeschlossen ist. Die damit einhergehende Monopolisierung des Gemeinschaftseigentums musste der Gesetzgeber in Kauf nehmen, weil er Mehrheitsentscheidungen über bauliche Veränderungen zulassen, die überstimmte Minderheit zugleich aber vor finanzieller Überlastung schützen wollte (o Rn 6). Der Teilhabeanspruch nach § 21 Abs 4 WEG **verhindert die Versteinerung dieser Monopolisierung**. Er eröffnet jedem Wohnungseigentümer, der einer baulichen Veränderung nicht zugestimmt hat, die Möglichkeit, seine Meinung nachträglich zu ändern und gegen finanziellen Ausgleich doch noch an deren Vorteilen zu partizipieren. Gleiches gilt für seinen Rechtsnachfolger.

Besondere Bedeutung hat der Teilhabeanspruch bei **baulichen Veränderungen, die aufeinander aufbauen**. Dort bewirkt er eine angemessene Verteilung der Kosten zwischen den beteiligten Wohnungseigentümern. Praktisch wird das insbesondere bei der Errichtung von Ladeinfrastruktur relevant (§ 20 WEG Rn 160). 80

1. Anspruchsziel und Beschlussinhalt

Der Anspruch nach § 21 Abs 4 S 1 WEG ist seinem Wortlaut nach darauf gerichtet, 81 dass dem bislang ausgeschlossenen Wohnungseigentümer „gestattet" wird, Nutzungen zu ziehen. Diese Gestattung erfolgt durch einen **Beschluss nach § 21 Abs 5 S 1 WEG** (unsauber BT-Drucks 19/18791, 70: Beschlusskompetenz aus § 21 Abs 4 S 1 WEG), der den Kreis der nutzungsberechtigten Wohnungseigentümer erweitert. Der Beschluss ist – wie jeder Beschluss nach § 21 Abs 5 S 1 WEG – von allen Wohnungseigentümern zu fassen, nicht nur von den bereits nutzungsberechtigten.

Er kann sich auf die pauschale Einräumung der Nutzungsbefugnis beschränken; zu- 82 gleich ist ein angemessener Ausgleich festzusetzen (u Rn 90). Das konkrete **Maß der Nutzungen** und die Pflicht zur Kostentragung ergibt sich dann aus § 21 Abs 4 S 2 WEG. Das Maß der Nutzungen und Kosten kann in dem Beschluss aber auch näher konkretisiert werden (u Rn 96).

Die Beschlusswirkungen greifen grundsätzlich mit **Wirksamwerden des Beschlusses.** 83 Insbesondere ist der Eigentümer zur Nutzung berechtigt und zur Zahlung des Ausgleichs verpflichtet. Der Beschluss beinhaltet mithin keine bloße Option des Eigentümers, sondern unmittelbar seine Ausgleichspflicht. Der Eigentümer übt sein Wahlrecht vor der Beschlussfassung dadurch aus, dass er das Verlangen nach § 21 Abs 4 S 1 WEG erhebt, an das die Beschlussfassung der Eigentümer anknüpft. Insoweit steht ihm die Möglichkeit zu, sein **Verlangen** an einen bestimmten Höchstbetrag als angemessenen Ausgleich zu binden (u Rn 93).

Schuldner des Anspruchs ist die **Gemeinschaft der Wohnungseigentümer**. Denn ihr ob- 84 liegt die Verwaltung des – auch veränderten – gemeinschaftlichen Eigentums, § 18 Abs 1 WEG. Der Anspruch kann im Wege der **Beschlussersetzungsklage** nach § 44 Abs 1 S 2 WEG durchgesetzt werden.

2. Bedeutung des billigen Ermessens

Der Teilhabeanspruch besteht nur unter dem **Vorbehalt** billigen Ermessens. Im Re- 85 gelfall wird dieses billige Ermessen erfordern, einem Wohnungseigentümer die Nutzungsbefugnis einzuräumen. Denn auch baulich verändertes Gemeinschaftseigentum bleibt Gemeinschaftseigentum, das grundsätzlich allen **Wohnungseigentümern gleichermaßen** dient. Das daraus abzuleitende Gleichbehandlungsprinzip wiegt schwerer als die zeitliche Priorität; „wer zuerst kommt, mahlt zuerst" gilt nicht (BT-Drucks 19/18791, 70).

Deshalb stehen auch **Kapazitätsprobleme** der Einräumung der Nutzungsbefugnis 86 nicht entgegen. Sie müssen vielmehr nach allgemeinen Regeln gelöst werden, zB über einen Beschluss nach § 19 Abs 1 WEG, der regelt, welcher Wohnungseigentümer wann gebrauchen darf (§ 20 WEG Rn 160 zur Elektromobilität). Hat eine Eigentümergruppe eine Fahrradbox mehrheitlich beschlossen, darf den anderen Eigentümern nicht die Beteiligung verwehrt werden. Vielmehr müssen die Eigentümer eine angemessene Regelung finden, etwa dahin, dass jeder Eigentümer nur ein Rad einstellen darf. Auch eine Erweiterung der Box ist denkbar, setzt allerdings einen weiteren Beschluss nach § 20 Abs 1 WEG voraus.

87 Die Grenze billigen Ermessens rechtfertigt daher **nur in Ausnahmefällen**, das Verlangen eines Wohnungseigentümers **zurückzuweisen**. Das ist etwa denkbar, wenn das baulich veränderte Gemeinschaftseigentum in besonderer Weise mit dem Sondereigentum eines Wohnungseigentümers verbunden ist und ein Gebrauch durch mehrere Parteien deshalb von vornherein unzumutbar ist. Wurde dem Dachgeschosseigentümer gestattet einen Dachgarten zu errichten, stellt dieser gefangenes Gemeinschaftseigentum (Staudinger/Lehmann-Richter [2023] § 16 WEG Rn 23 ff) dar, der nur dem Eigentümer zugänglich ist. Das lässt es unbillig erscheinen, die Nutzung auf andere Eigentümer auszuweiten. So mag es bei Gestattungen vielfach liegen, die im Zusammenhang zu einem Sondereigentum stehen. Daher ist bei Gestattungen der Anspruch aus § 21 Abs 4 WEG zwar nicht grundsätzlich ausgeschlossen. Es kann ihm aber vielfach die Unangemessenheit entgegengesetzt werden.

88 Wird eine Nutzungsbefugnis durch Beschluss eingeräumt, obwohl dies billigem Ermessen widerspricht, ist der Beschluss **anfechtbar**. Das Tatbestandsmerkmal „billiges Ermessen" bezieht sich zwar nur auf den Anspruch nach § 21 Abs 4 S 1 WEG und bestimmt deshalb nicht den Kontrollmaßstab für den nach § 21 Abs 5 S 1 WEG zu fassenden Beschluss. Ein Beschluss, der gegen billiges Ermessen verstößt, widerspricht aber zugleich dem Grundsatz ordnungsmäßiger Verwaltung, § 18 Abs 2 WEG.

3. Angemessener Ausgleich

89 Ein Wohnungseigentümer kann die Teilhabe an den Nutzungen nur „gegen angemessenen Ausgleich" verlangen, § 21 Abs 4 S 1 WEG. Dieser Ausgleich ist die Kompensation dafür, dass der Wohnungseigentümer bislang keine Kosten der baulichen Veränderung getragen hat; der Ausgleich ist deshalb **vergangenheitsbezogen** (zur Kostentragung für die Zukunft u Rn 98 ff).

90 Der Anspruch auf den Ausgleich ist nicht gesetzliche Folge des Beschlusses, sondern ist **rechtsgeschäftlicher Inhalt des Beschlusses** (BT-Drucks 19/18791, 70; o Rn 82 f); die notwendige Beschlusskompetenz ist § 21 Abs 4 S 1 WEG selbst zu entnehmen. Das ordnet § 21 Abs 4 WEG zwar nicht ausdrücklich an. Man hat es aber daraus zu lesen, dass die Gestattung „gegen" Begründung der Ausgleichforderung erfolgt, beides also eine Einheit bildet. Ein isolierter Beschluss wäre nichtig. Darum hat die erfolgreiche Anfechtung des einen Elements auch die Unwirksamkeit des anderen zur Folge, ohne dass es § 139 BGB bedarf, weil das einheitliche Rechtsgeschäft nicht teilbar ist. In teleologischer Hinsicht spricht für diese Deutung des § 21 Abs 4 WEG maßgeblich, dass die Beschlussfassung angesichts der mit ihrer Bestandskraft einhergehenden Rechtssicherheit vermag, Unsicherheiten bei der Berechnung des angemessenen Ausgleichs einer Klärung zuzuführen.

a) **Bestimmung des Ausgleichs**

Um den angemessenen Ausgleich zu bestimmen, sind zunächst die **auszugleichenden Kosten** zu ermitteln. Im Ausgangspunkt sind das alle Kosten, die vor Einräumung der Nutzungsbefugnis angefallen sind. Unangemessen wäre es jedoch, solche Kosten miteinzubeziehen, die sich auf die künftige Nutzung gar nicht auswirken (BT-Drucks 19/18791, 70). Somit sind laufende Betriebskosten aus der Vergangenheit auszuscheiden. Zugleich sind zwischenzeitliche Abnutzungen und sonstige Verschlechterungen zu berücksichtigen. In der Regel sind deshalb lediglich die **Bau- und Erhaltungskosten** anzusetzen und diese zeitanteilig zu kürzen. Dabei ist auf den Zeitwert abzustellen; als Indiz mag auf die steuerlichen Abschreibungsfristen zurückgegriffen werden. Aufgrund der mit der Bestimmung des Ausgleichsbetrags verbundenen Unwägbarkeiten wird man den Wohnungseigentümern dabei einen Einschätzungsspielraum einräumen müssen. 91

Der Anteil des Wohnungseigentümers an diesen Kosten bemisst sich nach dem **Verhältnis seines Miteigentumsanteils** zu den Miteigentumsanteilen der übrigen nutzungsberechtigten Wohnungseigentümer; denn dieses Verhältnis wäre auch nach § 21 Abs 3 S 1 WEG maßgeblich gewesen. 92

Um das **Kostenrisiko zu beschränken**, kann ein Wohnungseigentümer sein Verlangen an einen der Höhe nach bestimmten Ausgleichsbetrag binden (o Rn 83). Wird ein höherer Betrag beschlossen, ist der Beschluss selbst dann anfechtbar, wenn der beschlossene Betrag angemessen ist. Denn ohne ein wirksames Verlangen verstößt der Beschluss gegen das Neubelastungsverbot des § 21 Abs 5 S 2 WEG. 93

b) **Verwendung des Ausgleichs**

Gläubiger des Ausgleichsanspruchs ist die Gemeinschaft der Wohnungseigentümer, weil ihr auch die Verwaltung des veränderten gemeinschaftlichen Eigentums obliegt, § 18 Abs 1 WEG. 94

Im Rahmen der **Jahresabrechnung** ist der Ausgleich denjenigen Eigentümern derjenigen Einheiten gutzuschreiben, auf die die Kosten zunächst entfielen (BT-Drucks 19/18791, 70). Dafür gilt der für die damalige Kostentragung maßgebliche gesetzliche, § 21 Abs 1 S 1, Abs 3 S 1 WEG, oder beschlossene, § 21 Abs 5 S 1 WEG, Schlüssel entsprechend. Ist für die Nutzergruppe an dem neuen Gebäudeteil eine Rücklage gebildet (o Rn 31), kann es auch ordnungsmäßiger Verwaltung entsprechen, diesen Betrag der Rücklage zuzuführen. Wegen seiner Beteiligung an den künftigen Kosten (u Rn 98 ff), müsste der neu nutzungsberechtigte Eigentümer sich zusätzlich ohnehin an der Rücklage in dem Umfange beteiligen, wie es seinem Anteil entspricht, zu dem er an den künftigen Kosten zu beteiligen ist. 95

4. Gesetzliche Rechtsfolgen, Abs 4 S 2

§ 21 Abs 4 S 2 WEG verweist auf § 21 Abs 3 WEG und bewirkt damit, dass der Wohnungseigentümer, dem die Nutzungsbefugnis nachträglich eingeräumt wird, für die Zukunft so behandelt wird, als ob er für die bauliche Veränderung gestimmt hätte. Die entsprechende Verteilung der Kosten und Nutzungen könnten die Wohnungseigentümer freilich auch nach § 21 Abs 5 S 1 WEG privatautonom beschließen. § 21 Abs 4 S 2 WEG hat deshalb vor allem **Auffangfunktion**. Die Vorschrift beschränkt 96 nicht etwa die Kompetenz der Wohnungseigentümer nach § 21 Abs 5 S 1 WEG, über die Verteilung der Kosten und Nutzungen zu beschließen, sondern bietet eine Rückfallposition, soweit sie von dieser Kompetenz keinen Gebrauch machen.

a) Nutzungsbefugnis

97 Für das Maß der Nutzungen verweist § 21 Abs 4 S 2 WEG auf § 21 Abs 3 S 2 WEG, der wiederum auf § 16 Abs 1 WEG verweist. Daraus folgt: Der Wohnungseigentümer ist zum **Mitgebrauch** befugt, § 16 Abs 1 S 3 WEG. Für seinen **Anteil an den Früchten** ist sein Miteigentumsanteil maßgeblich, aber – weil § 21 Abs 3 S 2 WEG nur „entsprechend" gilt – nicht als absolute Zahl, sondern im Verhältnis zu den Miteigentumsanteilen der übrigen nutzungsberechtigten Wohnungseigentümer. Im Ergebnis wird der Wohnungseigentümer damit für die Zukunft so gestellt, als ob er für die bauliche Veränderung gestimmt hätte.

b) Kostentragungspflicht

98 Für die Kostentragungspflicht ist zwischen den vergangenheits- und den zukunftsbezogenen Kosten zu unterscheiden: Für die in der **Vergangenheit**, also vor Einräumung der Nutzungsbefugnis, angefallenen Kosten hat der Wohnungseigentümer einen einmaligen angemessenen Ausgleich zu leisten, der durch Beschluss festgesetzt wird (o Rn 90). Für die Kosten der **Zukunft**, also diejenigen, die nach Einräumung der Nutzungsbefugnis anfallen, verweist § 21 Abs 4 S 2 WEG auf § 21 Abs 3 S 1 WEG. Die Kostentragungspflicht bemisst sich deshalb nach seinem Miteigentumsanteil, aber – weil § 21 Abs 3 S 2 WEG nur „entsprechend" gilt – nicht als absolute Zahl, sondern im Verhältnis zu den Miteigentumsanteilen der übrigen nutzungsberechtigten Wohnungseigentümer. Für die Zukunft wird der Wohnungseigentümer damit so gestellt, als ob er für die bauliche Veränderung gestimmt hätte.

99 Nicht geregelt ist, was gilt, wenn eine von § 21 Abs 3 S 1 WEG **abweichende Kostenverteilung nach § 21 Abs 5 WEG beschlossen** wurde. § 21 Abs 4 S 2 WEG liegt zwar der Gedanke zugrunde, dass der neuerdings nutzungsberechtigte Wohnungseigentümer ohne Unterschied in die Gruppe der bereits kostentragungspflichtigen Wohnungseigentümer aufgenommen wird. Das spräche dafür, ihn auch in die beschlossene Verteilung einzubeziehen. Voraussetzung dafür ist aber, dass der Beschluss abstrakte Kriterien heranzieht, die auch auf den neu hinzutretenden Wohnungseigentümer angewendet werden können. Daran wird es häufig fehlen. Um eine einheitliche Anwendung des § 21 Abs 4 S 2 WEG zu ermöglichen und unnötige Auslegungsschwierigkeiten zu vermeiden, ist es deshalb vorzugswürdig, auch im Fall einer abweichenden Kostenverteilung bei der schlichten **Anwendung des § 21 Abs 3 S 1 WEG** zu bleiben: Der neuerdings nutzungsberechtigte Wohnungseigentümer hat einen Anteil entsprechend dem Verhältnis seines Miteigentumsanteils zu den Miteigentumsanteilen der übrigen nutzungsberechtigen Wohnungseigentümer zu tragen; nur der dann noch verbleibende Teil der Kosten ist dem Beschluss entsprechend unter den seit jeher nutzungsberechtigten Eigentümern zu verteilen.

100 Den Wohnungseigentümern bleibt es freilich unbenommen, den **Kostenverteilungsbeschluss anzupassen**. Das ist für die Praxis sogar zu empfehlen, um die Kostenverteilung nicht noch weiter zu verkomplizieren. Im Einzelfall kann der neu hinzutretende Wohnungseigentümer aus Gründen der Gleichbehandlung sogar einen Anspruch auf eine solche Anpassung nach § 18 Abs 2 Nr 1 WEG haben.

5. Kein „Aufgaberecht“

101 Ein Wohnungseigentümer, dem auf sein Verlangen hin die Nutzungsbefugnis eingeräumt wurde, hat keine Möglichkeit, seine Entscheidung einseitig zu revidieren, um sich von der Kostenlast zu befreien. § 21 Abs 4 WEG gewährt lediglich einen Anspruch auf Einräumung der Nutzungsbefugnis, nicht aber auf deren „Rückgabe“. Das widerspräche auch dem Zweck der Vorschrift, **einer Versteinerung der Monopolisierung der Nutzung entgegenzuwirken** und einheitliche Nutzungsverhältnisse zu schaffen (o Rn 79).

§ 22 WEG
Wiederaufbau

Ist das Gebäude zu mehr als der Hälfte seines Wertes zerstört und ist der Schaden nicht durch eine Versicherung oder in anderer Weise gedeckt, so kann der Wiederaufbau nicht beschlossen oder verlangt werden.

Materialien: BR-Drucks 75/51, 23; BT-Drucks 19/18791, 71.

Schrifttum

Alsdorf, Rechtsverhältnisse bei zerstörtem Wohnungseigentum, BlGBW 1977, 88
Buhl, Die Liquidation der Wohnungseigentümergemeinschaft, BWNotZ 2013, 130
Dötsch, Grenzen der Instandsetzungspflicht – Bildet § 22 Abs 4 WEG eine allgemeine „Opfergrenze“ bei Baumängeln?, ZfIR 2018, 577
Grziwotz, Schrottimmobilien – Ausstieg oder mehrheitliche Umwandlung beim Wohnungseigentum?, ZfIR 2017, 81
Hogenschurz, Der Anspruch des Wohnungseigentümers auf erstmalige ordnungsgemäße Herstellung des Gemeinschaftseigentums, ZfIR 2019, 9
Ott, Der stecken gebliebene Bau nach Insolvenz des Bauträgers – Folgeprobleme für Gemeinschaft und Verwaltung, NZM 2003, 134
Riesenberger, Der stecken gebliebene Bau, in: FS Deckert (2002) 395
Rix, Der steckengebliebene Bau: Die Aufbaupflicht im Wohnungseigentumsrecht bei Insolvenz des Bauträgers (1991)
Schmid, Auflösung der Wohnungseigentümergemeinschaft und Abriss des Gebäudes, ZfIR 2011, 809.

Systematische Übersicht

Alphabetische Übersicht

I. Grundlagen

1 Grundsätzlich löst jede Beschädigung am gemeinschaftlichen Eigentum einen **Erhaltungsbedarf** aus, den es als Maßnahme ordnungsmäßiger Verwaltung nach § 19 Abs 2 Nr 2 WEG zu erfüllen gilt. Daher kann jeder Eigentümer von der Gemeinschaft nach § 18 Abs 2 Nr 1 WEG eine solche Maßnahme beanspruchen. Die Eigentümer haben sie nach § 19 Abs 1 WEG zu beschließen, falls nicht der Verwalter nach § 27 WEG entscheidungsbefugt ist. Eine **Ausnahme** von diesem Grundsatz bestimmt § 22 WEG für die von ihm beschriebene fundamentale Erhaltungslage aufgrund einer Zerstörung erheblichen Ausmaßes. Unter den Voraussetzungen des § 22 WEG stellt sich der Wiederaufbau nicht als ordnungsmäßig dar. Grund dafür ist, dass die Kosten für Erhaltung und damit auch Wiederaufbau grundsätzlich von allen Eigentümern nach § 16 Abs 2 WEG gemeinschaftlich zu tragen sind. Vor dieser Kostenbelastung sollen die Eigentümer im Falle des § 22 WEG geschützt werden.

1. Entstehungsgeschichte und Zweck

2 Die Bestimmung ist von Anfang an **Bestandteil des WEG** gewesen, zunächst als § 22 Abs 2 WEG 1951, dann als § 22 Abs 4 WEG 2007. Heute bildet sie den gesamten § 22 WEG, wobei die bis 2020 enthaltene Bezugnahme auf Regelungen der ordnungsmäßigen Verwaltung („der Wiederaufbau nicht gemäß *§ 21 Abs 3* beschlossen oder gemäß *§ 21 Abs 4* verlangt werden") gestrichen wurde.

Die Beratungen der **Bund-Länder-Arbeitsgruppe** im Vorfeld der Reform 2020 erstreckten sich auch auf die von § 22 WEG nur in einem Teilbereich geregelte Frage der sog Problemimmobilien (ZWE 2019, 429, 465 ff). Letztlich enthielt sich schon der Regierungsentwurf aber einer diesbezüglichen Regelung. 3

Den Materialien sind keine Hinweise zu entnehmen, ob eine Änderung des § 22 WEG erwogen wurde, um das im alten § 22 WEG aF seitjeher enthaltene und dem § 745 Abs 3 S 1 BGB entlehnte „**kann** nicht beschlossen werden" entsprechend § 20 Abs 4 WEG durch „**dürfen** nicht beschlossen werden" zu ersetzen. Dieser sprachlichen Unterscheidung misst die Reform sonst erhebliche Bedeutung bei, wenn in § 26 Abs 2 WEG die Formulierung „kann" statt „dürfen" die Grenzen der **Beschlusskompetenz** beschreiben soll, während das in § 21 Abs 5 WEG verwendete „dürfen" mit der Charakterisierung als **Anfechtungsgrund** einhergeht. Zu den Rechtsfolgen u Rn 24 ff. 4

2. Privatautonomie

§ 22 WEG setzt Vereinbarungen der Eigentümer **nach Zerstörung** keine Grenzen. Daher können die Eigentümer ungeachtet der Voraussetzungen des § 22 WEG sich darauf einigen, das Gebäude wiederaufzubauen (BR-Drucks 75/51, 23) oder von einem Wiederaufbau abzusehen. Im Letzteren Fall werden die Eigentümer sich regelmäßig auf eine andere Lösung verständigen, etwa eine Aufhebung der Gemeinschaft, die die Eigentümer ungeachtet § 11 WEG jederzeit außerhalb des Gemeinschaftsverhältnisses etwa durch Verpflichtung zur Aufhebung der Sondereigentumsrechte, § 4 Abs 3 WEG, vereinbaren können (Staudinger/Jacoby [2023] § 11 WEG Rn 6). 5

Nach hergebrachter und auch heute noch ganz überwiegender Auffassung können die Eigentümer aber auch **vor einer Zerstörung** die ordnungsmäßige Beschlussfassung über den Wiederaufbau für den Fall einer Zerstörung abweichend von § 22 WEG regeln (BGH 9. 7. 1980 – V ZB 16/79, BGHZ 78, 28 = NJW 1981, 109, 110; KG 20. 6. 1997 – 24 W 9042/96, ZMR 1997, 534; BeckOGK-WEG/Kempfle [15. 12. 2022] § 22 WEG Rn 7; BeckOK WEG/Elzer [30. 9. 2022] § 22 WEG Rn 22; Jennissen/Hogenschurz § 22 WEG Rn 1; MünchKomm/Rüscher § 22 WEG Rn 24 f). Dagegen hat Lehmann-Richter (Voraufl § 22 Rn 141) geltend gemacht, dass § 22 WEG eine zentrale Problematik zur Ordnungsmäßigkeit des Wiederaufbaubeschlusses regele, was nach den von ihm entwickelten Grundsätzen (Staudinger/Lehmann-Richter § 19 WEG Rn 10) zur Unabdingbarkeit angesichts der Schlagworte Kernbereich und Belastungsverbot führt. Dem ist Dötsch (Bärmann § 22 WEG Rn 6) zu § 22 WEG unter Hinweis auf die grundlegende gesetzliche Wertungsentscheidung gefolgt. Das passt zu der Forderung des BGH an den Gesetzgeber, im Kontext sonstiger Problemimmobilien eine ähnliche Weichenstellung zu treffen, wie es § 22 WEG für die Zerstörung tut (BGH 15. 10. 2021 – V ZR 225/20, NJW 2022, 326 Rn 35; u Rn 12). 6

Indessen ist an der herrschenden Auffassung zur **Zulässigkeit einer abweichenden Regelung** festzuhalten. Dafür streitet schon der Wortlaut des § 10 Abs 1 S 2 WEG, weil § 22 WEG sich eben nicht für unabdingbar erklärt. Der Gesetzgeber war sich aber auch einer so bedeutsamen Wertentscheidung, die die Abdingbarkeit verlangen würde, nicht bewusst. Vielmehr wurden seitjeher abweichende Gestaltungen für zulässig gehalten (vgl Weitnauer/Wirths WEG [1951] § 22 Rn 7: „abdingbare Regelung"). So lässt 7 sich auch die Wertentscheidung des Gesetzgebers durchaus hinterfragen. Die Eigentümer werden vor Belastungen aufgrund des Wiederaufbaus geschützt, ohne dass in diese Entscheidung über den Wiederaufbau die wirtschaftliche Rationalität einfließt, also diese Möglichkeit des Wiederaufbaus ins Verhältnis zu Alternativen gesetzt wird. Letztlich ist es daher den Eigentümern unbenommen, bereits vorab andere Regelungen für die Zerstörung vorzusehen. Jede Regelung muss sich schließlich an der Grenze des § 10 Abs 2 WEG messen lassen, dass kein Eigentümer eine Lösung hinnehmen muss, die ihm unzumutbar ist (u Rn 12 f). Wird der Wiederaufbau erschwert, muss eine anderweitige Lösung angestrebt werden. Insbesondere ergibt sich dann die Möglichkeit, zugleich die Aufhebung nach § 11 Abs 1 S 3 zu vereinbaren (Staudinger/Jacoby [2023] § 11 WEG Rn 18 ff, 24).

II. Problemstruktur der Problemimmobilien

8 Der im Vorfeld der Reform 2020 von der Bund-Länder-Arbeitsgruppe verwendete **Begriff der Problemimmobilie** hat inzwischen auch Eingang in die Rechtsprechung des BGH gefunden (BGH 15. 10. 2021 – V ZR 225/20, NJW 2022, 326 Rn 32, 35). Die Arbeitsgruppe definiert den Begriff schlicht dahin, dass die Immobilie nahezu keinen Wert mehr hat, aber weiterhin Kosten verursacht (ZWE 2019, 429, 465). Der BGH ergänzt noch den Aspekt der Unrentabilität der Sanierung (BGH 15. 10. 2021 – V ZR 225/20, NJW 2022, 326 Rn 32). Letztlich handelt es sich um Sachlagen, in denen die (Wieder-)Herstellung des Sollzustands der Immobilie als Maßnahme der ordnungsmäßigen Verwaltung (o Rn 1) einen so erheblichen Aufwand darstellt, dass Zweifel an der Realisierbarkeit und Zumutbarkeit für die Eigentümer, aber auch der wirtschaftlichen Sinnhaftigkeit bestehen.

9 Neben § 22 WEG berücksichtigt auch § 11 Abs 1 S 3 WEG die **Zerstörung**, mithin einen Sanierungsbedarf, der durch ein plötzliches Schadensereignis eintritt (u Rn 31). Keine Regelung im WEG hat die Problematik gefunden, dass die Nutzungsdauer eines Gebäudes beschränkt ist, was durch das Unterlassen von Erhaltungsmaßnahmen noch verschärft werden kann (vgl Bund-Länder-Arbeitsgruppe ZWE 2019, 429, 465; u Rn 33). Solche Entwicklungen können gleichermaßen dazu führen, dass sich das **Gebäude als wertlos** (BGH 15. 10. 2021 – V ZR 225/20, NJW 2022, 326 Rn 32: „Schrottimmobilie") oder/und eine **Sanierung als unrentabel** erweist. Vergleichbare Probleme kann auch der **steckengebliebene Bau** (u Rn 34) mit sich bringen, bei dem Wohnungseigentum an einem noch zu errichtenden Gebäude begründet und das Gebäude vom aufteilenden Eigentümer typischerweise wegen Insolvenz nicht vollständig errichtet wird. Die nicht errichteten Sondereigentumseinheiten bezeichnet der BGH als „Geisterwohnung" (BGH 18. 1. 2019 – V ZR 72/18, ZWE 2019, 403 = ZMR 2019, 616 Rn 23, 30 f sowie Leitsatz). In sachenrechtlicher Hinsicht wird auch vom isolierten Miteigentumsanteil gesprochen.

1. Ausnahme vom Anspruch auf ordnungsmäßige Verwaltung

10 Grundsätzlich hat die rechtsfähige Gemeinschaft als Maßnahme ordnungsmäßiger Verwaltung den **Sollzustand der Anlage** herzustellen. Zwar steht den Eigentümern insoweit ein Ermessen zu. Mittels Beschlusses nach § 20 Abs 1 WEG können die Eigentümer auch eine Veränderung des gemeinschaftlichen Eigentums und damit des Sollzustands beschließen (§ 20 WEG Rn 23 ff). Die Grenze markiert aber der für jeden

Eigentümer geschützte Bereich seines Sondereigentums. Daher hat der BGH zurecht jedem Eigentümer einen Anspruch auf Erhaltung insbesondere insoweit zugesprochen, als die Maßnahme zur zweckentsprechenden Nutzung von Wohnungs- oder Teileigentumseinheiten erforderlich ist (BGH 15. 10. 2021 – V ZR 225/20, NJW 2022, 326 Rn 20; 4. 5. 2018 – V ZR 203/17, NJW 2018, 3238 Rn 10).

Von diesem Grundsatz ordnet § 22 WEG für die dort vorausgesetzte Gestaltung eine **Ausnahme** an. Um eine Ausnahme auch in anderen Sachlagen der Problemimmobilie begründen zu können, ist wiederholt eine **Analogie zu § 22 WEG** erwogen worden. Dem hat angesichts der in § 22 WEG vorausgesetzten spezifischen Gestaltung indessen der BGH überzeugend eine Absage erteilt (BGH 15. 10. 2021 – V ZR 225/20, NJW 2022, 326 Rn 29 ff; u Rn 33 f). 11

Das schließt freilich nicht aus, dass Ausnahmen sich aus anderen Gründen herleiten lassen. Der BGH hat mehrfach erwogen, dass die Unwirtschaftlichkeit der Sanierung einen Anspruch auf Aufhebung der Gemeinschaft aus § 242 BGB ergeben kann (BGH 14. 6. 2007 – V ZB 18/07, BGHZ 172, 338 = NJW 2007, 2547 Rn 17; 15. 10. 2021 – V ZR 225/20, NJW 2022, 326 Rn 36). Dann dürfte sich die Sanierung gleichfalls nicht mehr als Maßnahme ordnungsmäßiger Verwaltung darstellen. Diesen Gedanken wird man heute treffender beim **Anspruch eines Wohnungseigentümers auf eine Vereinbarung** verorten können, der seit 2020 in § 10 Abs 2 WEG geregelt ist und mit dem die Reform 2007 die zuvor aus § 242 BGB hergeleiteten Anforderungen absenken wollte (vgl BGH 23. 3. 2018 – V ZR 65/17, NZM 2018, 568 = ZMR 2018, 681 Rn 11). Bei der nach dieser Bestimmung erforderlichen Abwägung lassen sich auch Umstände berücksichtigen, denen das allgemeine Schuldrecht mit der wirtschaftlichen Unmöglichkeit nach § 275 Abs 2 BGB genügt. Allerdings ist es schwierig, sich abstrakt auf einschlägige Kriterien zu verständigen, wie die Beratungen der Bund-Länder-Arbeitsgruppe belegen (ZWE 2019, 429, 467). Daher ist der Appell des BGH an den Gesetzgeber, die Problematik der Schrottimmobilien zu regeln (BGH 15. 10. 2021 – V ZR 225/20, NJW 2022, 326 Rn 35) nicht unproblematisch, zumal § 10 Abs 2 WEG eine gesetzliche Grundlage bildet, um die Besonderheiten jedes Einzelfalls einfließen zu lassen. 12

Man wird hier nicht nur darauf abstellen müssen welchen Wertzuwachs eine Sanierungsmaßnahme dem **Gebäude** einbringt, wie es umgekehrt § 22 WEG für den Wertverlust bei Zerstörung tut (u Rn 35), sondern auch das **Grundstück** einzubeziehen haben. Für die Eigentümer gemeinschaftlich lässt sich fragen, in welchem Verhältnis die Wertentwicklung des bebauten Grundstücks durch die Sanierung zu den Sanierungskosten steht. Im Unterschied dazu können sich einzelne Eigentümer allerdings nicht darauf berufen, dass die Sanierungskosten sich nicht in einem Wertzuwachs an ihrem Wohnungseigentum materialisieren. Nicht nur in einer Mehrhausanlage wird es immer wieder Maßnahmen am gemeinschaftlichen Eigentum geben, die dem einzelnen Eigentümer keinen Wertzuwachs eintragen, namentlich dem, dessen Sondereigentum von der Zerstörung nicht betroffen wurde. Der Eigentümer wird sich jedoch darauf berufen können, dass die Sanierungskosten sich im Wert seines Wohnungseigentums nach der Sanierung nicht widerspiegeln, er also mehr einsetzen muss, als ihm schließlich als Wert verbleibt. 13

2. Lösungsmöglichkeiten

14 Scheidet aus den behandelten Gründen die Erhaltungsmaßnahme insgesamt oder zumindest aus Sicht einzelner Eigentümer aus, um dem Erhaltungsbedarf zu entsprechen, sind **alternative Lösungsmöglichkeiten** zu suchen. Dazu verhält § 22 WEG sich nicht.

a) Aufhebung der Wohnungseigentümergemeinschaft

15 **§ 11 Abs 1 WEG sperrt** grundsätzlich eine Aufhebung der Wohnungseigentümergemeinschaft (zum Begriff Staudinger/Jacoby [2023] § 11 WEG Rn 8 ff), lässt aber für die von § 22 WEG geregelte Zerstörung ohne Wiederaufbauverpflichtung zu, dass bereits vor der Zerstörung in einer Vereinbarung für diesen Fall ein Aufhebungsanspruch eingeräumt wird, § 11 Abs 1 S 3 WEG.

16 Die Aufhebung kann aber auch **Gegenstand einer Vereinbarung** der Eigentümer sein, zu der diese möglicherweise auch aus § 10 Abs 2 WEG verpflichtet sind (Staudinger/Jacoby [2023] § 11 WEG Rn 30 f). Der BGH hat offengelassen, in welcher Gestaltung die wirtschaftliche Wertlosigkeit des Gebäudes einen solchen Grund darstellen kann (BGH 14. 6. 2007 – V ZB 18/07, BGHZ 172, 338 = NJW 2007, 2547 Rn 17; BGH 15. 10. 2021 – V ZR 225/20, NJW 2022, 326 Rn 36).

17 In den Beratungen der **Bund-Länder-Arbeitsgruppe** im Vorfeld der Reform 2020 wurde erwogen, tatbestandliche Voraussetzungen zu definieren, unter denen die Aufhebung der Gemeinschaft durch Veräußerung aller einzelnen Einheiten beschlossen oder gar verlangt werden kann (ZWE 2019, 429, 466 f).

b) Ausscheiden statt Beteiligung am Wiederaufbau

18 Als Alternative zur Aufhebung kommt in Betracht, dass nicht sanierungswillige Eigentümer ihr Eigentum aufgeben. Allerdings ist eine **Dereliktion** ausgeschlossen (BGH 14. 6. 2007 – V ZB 18/07, BGHZ 172, 338 = NJW 2007, 2547 Rn 11; Staudinger/Diehn [2020] § 928 BGB Rn 8), woran festzuhalten die Bund-Länder-Arbeitsgruppe im Vorfeld der Reform 2020 gerade empfohlen hat (ZWE 2019, 429, 466 f). Die Eigentümer können sich darauf verständigen, dass einzelne Eigentümer ihr Wohnungseigentum auf andere Eigentümer oder die rechtsfähige Gemeinschaft übertragen. Es könnten gar alle Eigentümer ihr Wohnungseigentum auf die rechtsfähige Gemeinschaft übertragen, was nach hier vertretener Auffassung zur Dereliktion des Grundstückeigentums führt (Staudinger/Jacoby [2023] § 9a WEG Rn 61).

c) Sonstige Regelungen

19 Im Einzelfall können auch andere Regelungen in Betracht kommen. So hat der BGH **Stimmrechtsveränderungen für „Geisterwohnungen"** als angemessen erachtet (BGH 18. 1. 2019 – V ZR 72/18, ZWE 2019, 403 = ZMR 2019, 616 Rn 14).

20 Als Folge des Ausschlusses der Sanierungspflicht hält der BGH auch ein **dauerndes Nutzungsverbot** für denkbar (BGH 15. 10. 2021 – V ZR 225/20, NJW 2022, 326 Rn 22). Freilich ist zweifelhaft, ob ein solcher dauerhafter Stillstand eine angemessene Lösung darstellen kann (vgl BGH Rn 36 zur Aufhebung contra dauerhaftes Nutzungsverbot).

III. Rechtsfolge: Ob des Wiederaufbaus

21 Als Rechtfolge bestimmt § 22 WEG: *„so kann der Wiederaufbau nicht beschlossen oder verlangt werden"*. Das ist dahin zu verstehen, dass sich der Wiederaufbau unter den Voraussetzungen des § 22 WEG **nicht mehr als Maßnahme ordnungsmäßiger Verwaltung** nach § 19 Abs 2 Nr 2 WEG darstellt. Damit entscheidet § 22 WEG in seiner Rechtsfolge über die Rechtmäßigkeit der Entscheidung über das Ob des Wiederaufbaus. Im Einzelnen ist folgendermaßen zu unterscheiden:

1. Eingreifen des § 22 WEG

22 Greift § 22 WEG ein, stellt der Wiederaufbau keine Maßnahme ordnungsmäßiger Verwaltung nach § 19 Abs 2 Nr 2 WEG dar. Darauf beruhen folgende Rechtsfolgen:

23 **a)** Die Eigentümer können den Wiederaufbau **nicht nach § 18 Abs 2 WEG verlangen**. Sie haben also keinen Anspruch, den sie sonst ggf im Wege der Beschlussersetzungsklage, § 44 Abs 1 S 2 WEG, gegen die Gemeinschaft durchsetzen könnten.

24 **b)** Auslegungsprobleme wirft die Formulierung auf, dass ein Wiederaufbau nicht beschlossen werden kann. Zwar kennzeichnet an anderen Stellen des WEG die Formulierung „kann" die **Beschlusskompetenz**, während durch „dürfen" Anforderungen an die **Ordnungsmäßigkeit** ausgedrückt werden, deren Nichtbeachtung bloß zur Anfechtbarkeit, nicht aber zur Nichtigkeit führen (o Rn 4). Daher lässt sich aus der Formulierung auf fehlende Beschlusskompetenz und daher auf Nichtigkeit eines gegen § 22 WEG verstoßenden Beschlusses schließen (so auch im Ergebnis BeckOGK-WEG/Kempfle [15. 12. 2022] § 22 WEG Rn 21; Hügel/Elzer § 22 WEG Rn 10).

25 Indessen sollte man nicht beim Wortlaut stehen bleiben, zumal dieser durch die Reform nicht geändert wurde und bislang schon – was für den gleichlautenden § 22 Abs 1 WEG aF herrschend war – im Sinne einer bloßen Anfechtbarkeit verstanden wurde (Staudinger/Lehmann-Richter [2017] § 22 Rn 139). Die **Beschlusskompetenz** für den Wiederaufbaubeschluss folgt aus § 19 Abs 1 WEG, weil es sich beim Wiederaufbau um eine Erhaltungsmaßnahme handelt. Da die Eigentümer ungeachtet der Voraussetzungen des § 22 WEG einen Wiederaufbau vereinbaren können (o Rn 5), **kann** auf die Einhaltung der Voraussetzungen des § 22 WEG **verzichtet werden**, so dass die Nichtigkeit auch nicht aus § 23 Abs 4 S 1 WEG folgt.

26 Der **Zweck** von § 22 WEG, die Wohnungseigentümer vor den besonderen finanziellen Belastungen eines Wiederaufbaus zu schützen, zwingt nicht dazu, gegen die Norm verstoßende Beschlüsse als nichtig einzuordnen. Denn ebenso gewichtig ist das durch die Bestandskraft abgesicherte **Bedürfnis nach Rechtssicherheit**. Dem Beschluss über einen Wiederaufbau kommt besondere Bedeutung zu, da er die Grundlage für uU erhebliche Investitionen in das Grundstück ist. Damit würde es sich nicht vertragen, wenn nach Ausführung der Baumaßnahmen noch deren Rechtswidrigkeit mit den unklaren Folgen der Rückabwicklung eingewendet werden könnte. § 22 WEG **regelt** mithin die **Ordnungsmäßigkeit** eines Wiederaufbaubeschlusses, ein Verstoß hat nur Anfechtbarkeit zur Folge (Bärmann/Dötsch § 22 WEG Rn 35; Jennissen/Hogenschurz § 22 WEG Rn 8; MünchKomm/Rüscher § 22 WEG Rn 22). Dies schließt selbstverständlich nicht aus, dass im Einzelfall ein Beschluss aus anderen Gründen nichtig ist.

27 **c)** Wird der Wiederaufbau wegen § 22 WEG nicht beschlossen, stellt sich die von der Norm nicht beantwortete Frage, ob ein Anspruch auf Aufhebung der Gemeinschaft besteht. Nach § 11 Abs 1 S 3 WEG kann ein solcher Anspruch in der Gemeinschaftsordnung vereinbart werden (Staudinger/Jacoby [2023] § 11 WEG Rn 18 ff). Wenn die Gemeinschaftsordnung hierzu schweigt, kann sich ein **Aufhebungsanspruch aus § 10 Abs 2 WEG** ergeben, falls die Fortsetzung der Gemeinschaft ohne Wiederaufbau einem Wohnungseigentümer unzumutbar ist (BGH 14. 6. 2007 – V ZB 18/07, BGHZ 172, 338 = NJW 2007, 2547 Rn 17; 15. 10. 2021 – V ZR 225/20, NJW 2022, 326 Rn 36; Hügel/Elzer § 22 WEG Rn 14; vgl o Rn 16, 12 f; Staudinger/Jacoby [2023] § 11 WEG Rn 21).

2. Fehlen des § 22 WEG

28 Für den Fall, dass die Voraussetzungen des § 22 WEG fehlen, ordnet die Bestimmung keine eigene Rechtsfolge an. Diese folgt vielmehr daraus, dass sich der Wiederaufbau – vorbehaltlich des Eingreifens einer anderen Ausnahme – als **Erhaltungsmaßnahme** und daher als **Maßnahme ordnungsmäßiger Verwaltung** nach § 19 Abs 2 Nr 2 WEG darstellt. Daher kann ein Eigentümer von der Gemeinschaft nach § 18 Abs 2 Nr 1 WEG den Wiederaufbau verlangen. Entsprechend muss dieser nach § 19 Abs 1 WEG beschlossen werden (BayObLG 19. 10. 1995 – 2Z BR 110/95, ZMR 1996, 98; vgl auch BGH 15. 10. 2021 – V ZR 225/20, NJW 2022, 326 Rn 20), sonst steht jedem Eigentümer die Beschlussersetzungsklage gegen die Gemeinschaft zu, § 44 Abs 1 S 2 WEG.

29 Entsprechend der Herleitung aus §§ 18 f WEG bezieht sich der Wiederaufbau **nur** auf das **Gemeinschaftseigentum**. Für den Wiederaufbau des Sondereigentums besteht keine Beschlusskompetenz.

IV. Voraussetzungen

30 § 22 WEG verneint die Ordnungsmäßigkeit eines Wiederaufbaubeschlusses (o Rn 22 ff), wenn drei Voraussetzungen vorliegen:

1. Zerstörung

31 Zunächst handelt § 22 WEG allein von der Zerstörung, erfasst **keineswegs alle** Gestaltungen von **Problemimmobilien**:

a) Begriff

32 § 22 WEG enthält wie auch § 11 Abs 1 S 3 WEG keine Definition des Begriffs der Zerstörung. Der BGH hat den Begriff dahin geklärt, dass nur ein **unerwartetes, punktuell eintretendes Schadensereignis** erfasst ist (BGH 15. 10. 2021 – V ZR 225/20, NJW 2022, 326 Rn 26 ff; **aA** LG München I 7. 10. 2020 – 1 S 9173/17 WEG, ZWE 2021, 170; 15. 3. 2017 – 1 S 10106/16 WEG, ZWE 2017, 325). Beispiele sind Brand, Überflutung, Erdbeben oder Explosion. Dafür sprechen zunächst die Begriffe Zerstörung, Wiederaufbau und Versicherungsleistung im Wortlaut der Norm, ferner der Bezugspunkt der Belastungsgrenze „Hälfte seines Wertes“, was auf eine punktuelle Einbuße (u Rn 37) hindeutet.

b) Abgrenzung

33 Die Zerstörung durch ein punktuelles Ereignis ist von den anderen o Rn 8 ff dargestellten Gestaltungen von Problemimmobilien abzugrenzen:

Erstens ist der langsame Verfall einer Immobilie in Ermangelung notwendiger Erhaltungsmaßnahmen bis hin zur **Schrottimmobilie** zu nennen. Teilweise wurde diese Sachlage der Zerstörung gleichgestellt (LG München I 7. 10. 2020 – 1 S 9173/17 WEG, ZWE 2021, 170; 15. 3. 2017 – 1 S 10106/16 WEG, ZWE 2017, 325). Dem ist der BGH entgegengetreten und hat treffend auch eine analoge Anwendung abgelehnt (BGH 15. 10. 2021 – V ZR 225/20, NJW 2022, 326 Rn 26 ff). § 22 WEG regelt die Sachlage, dass Mittel erforderlich werden, um plötzlich eintretende Schäden zu beheben. Davon sind Schäden abzugrenzen, die durch den „Zahn der Zeit" eintreten. Bei dieser laufenden Abnutzung droht grundsätzlich keine finanzielle Überforderung, vor der § 22 WEG schützen soll, weil jeder Wohnungseigentümer über § 18 Abs 2 WEG eine ständige Erhaltung verlangen kann, die es verhindert, dass mit einem Schlag eine große Sanierung ansteht. Falls ungeachtet dessen einmal die Erhaltung in so einem Fall unbillig sein sollte, sind entsprechende Rechtsfolgen aus § 10 Abs 2 WEG zu gewinnen (o Rn 12 f). 34

Zweitens ist von der Zerstörung der **steckengebliebene Bau** abzugrenzen (o Rn 9). Auch in einer solchen Sachlage haben die Eigentümer mittels Beschluss nach § 19 WEG über die Fertigstellung zu beschließen (näher Staudinger/Lehmann-Richter § 19 WEG Rn 94 ff, 104 ff). Ob auf diesen Fertigstellungsbeschluss § 22 WEG analog anzuwenden ist, hat der BGH offengelassen (BGH 15. 10. 2021 – V ZR 225/20, NJW 2022, 326 Rn 31). Verschiedentlich wird diese Analogie bejaht (etwa BayObLG 20. 11. 2002 – 2Z BR 144/01, NJW 2003, 2323; OLG Celle 4. 5. 2005 – 4 W 77/05, ZInsO 2005, 818; Hügel/Elzer § 22 WEG Rn 16). Die Ordnungsmäßigkeit eines Fertigstellungsbeschlusses setzt nach dieser Ansicht also voraus, dass das Gebäude zu wenigstens der Hälfte bereits errichtet wurde bzw eine entsprechende Kostendeckung vorhanden ist. Dem ist **nicht** zu **folgen**, weil beide Konstellationen nicht vergleichbar sind. Denn beim steckengebliebenen Bau haben die Wohnungseigentümer – falls die zwingenden Vorgaben der MaBV nicht missachtet wurden – die Baukosten noch nicht vollständig aufgebracht. Die Fertigstellung durch die Wohnungseigentümergemeinschaft bedeutet für sie daher keine übergebührliche Belastung wie dies beim Wiederaufbau eines von den Eigentümern bereits „finanzierten" Gebäudes der Fall ist (Bärmann/Dötsch § 22 WEG Rn 43; Ott NZM 2003, 134, 136; Rix, Der steckengebliebene Bau [1991] 33 ff). Dies schließt es indes nicht aus, ausnahmsweise aus § 10 Abs 2 WEG wegen Unbilligkeit einen Einwand gegen den Fortsetzungsbeschluss herzuleiten (o Rn 12 f). 35

2. Grad der Zerstörung

Die Zerstörung muss das Gebäude zu **mehr als der Hälfte dessen Wertes** erfassen. Dafür sind alle im gemeinschaftlichen Eigentum befindlichen Bestandteile des Gebäudes einschließlich einer etwaigen Tiefgarage (OLG Schleswig 6. 8. 1997 – 2 W 89/97, NJW-RR 1998, 15) oder sonstiger Nebengebäude maßgeblich. Grundstück (LG München I 15. 3. 2017 – 1 S 10106/16 WEG, ZWE 2017, 325) und Sondereigentum (Bärmann/Dötsch § 22 WEG Rn 17; Jennissen/Hogenschurz § 22 WEG Rn 3; **aA** BeckOGK/Kempfle [15. 12. 2022] § 22 WEG Rn 11) bleiben unberücksichtigt, weil sich darauf die in Rede stehende Wiederaufbaupflicht nicht bezieht. 36

Befinden sich auf dem Grundstück mehrere selbständige Gebäude, namentlich im Falle einer **Mehrhausanlage**, so sind grundsätzlich sämtliche dieser Gebäude in die Betrachtung einzubeziehen (**aA** NK-BGB/Brücher/Schultzky § 22 WEG Rn 3). Eine Ausnahme gilt, wenn nach der Gemeinschaftsordnung die Instandsetzungskosten gebäu- 37 debezogen verteilt werden (wie hier differenzierend Bärmann/Dötsch § 22 WEG Rn 14; Jennissen/Hogenschurz § 22 WEG Rn 5; BeckOGK/Kempfle [15. 12. 2022] § 22 WEG Rn 15). Dann gebietet der mit Abs 4 bezweckte Belastungsschutz eine gebäudebezogene Ermittlung des Zerstörungsgrades.

38 Um die Werteinbuße durch die Zerstörung zu bemessen, ist der Wert des Gebäudes nach der Zerstörung mit dem **vor diesem punktuellen Ereignis** (o Rn 31) zu vergleichen (Bärmann/Dötsch § 22 WEG Rn 18; Hügel/Elzer § 22 WEG Rn 4; **aA** LG München I 15. 3. 2017 – 1 S 10106/16 WEG, ZWE 2017, 325; MünchKomm/Rüscher § 22 WEG Rn 8). Vor der Zerstörung liegende Werteinbußen des Gebäudes, die auf einer mangelhaften Erhaltung beruhen, bleiben außer Betracht. Das ist Konsequenz des auch vom BGH vertretenen Begriffs der Zerstörung (BGH 15. 10. 2021 – V ZR 225/20, NJW 2022, 326 Rn 28, 34; vgl auch KG 20. 6. 1997 – 24 W 9042/96, ZMR 1997, 534).

3. Keine Deckung

39 Ergibt sich eine Zerstörung zu mehr als der Hälfte, hängt die Ordnungsmäßigkeit eines Wiederaufbaubeschlusses davon ab, ob der **Schaden** durch eine Versicherung oder anderweitig **gedeckt** ist. Dahinter steht die Erwägung, dass eine vorhandene Kostendeckung eine unangemessene finanzielle Belastung vermeidet. Deshalb reicht es aus, wenn die Kosten des Wiederaufbaus insoweit abgedeckt sind, dass die Wohnungseigentümer maximal noch die Kosten aufzubringen haben, die zur Beseitigung des **„hälftigen Zerstörungsgrads“** erforderlich sind (Jennissen/Hogenschurz § 22 WEG Rn 6).

40 Gedeckt ist der Wiederaufbau, wenn bei objektiver Betrachtung nicht die Befürchtung besteht, die Wohnungseigentümer müssten für den in Rede stehenden Deckungsbetrag durch Zahlung aufkommen. Dies ist einmal der Fall, wenn der Betrag liquide in der Rücklage der Gemeinschaft vorhanden ist. Dies gilt auch, wenn die Eigentümer die **Rücklage** angespart haben (Dötsch ZfIR 2018, 577 586; BeckOGK/Kempfle [15. 12. 2022] § 22 WEG Rn 16; **aA** NK-BGB/Brücher/Schultzky § 22 WEG Rn 2) oder freiwillige Zahlung einzelner wiederaufbauwilliger Eigentümer erfolgen (Jennissen/Hogenschurz § 22 WEG Rn 6), weil auch dann der durch § 22 WEG vermittelte besondere Belastungsschutz entbehrlich ist. Besteht ein noch nicht erfüllter **Anspruch auf Kostenerstattung**, etwa auf Schadensersatz gegen den Nachbarn, so ist ferner erforderlich, dass die Erfüllung dieses Anspruchs bei objektiver Betrachtung mit hinreichender Wahrscheinlichkeit zu erwarten ist (vgl Bärmann/Dötsch § 22 WEG Rn 29; Jennissen/Hogenschurz § 22 WEG Rn 6). Leistungen aus einer **Gebäudeversicherung** sind nur insoweit zu berücksichtigen, als sie das Gemeinschaftseigentum betreffen.

§ 23 WEG
Wohnungseigentümerversammlung

(1) Angelegenheiten, über die nach diesem Gesetz oder nach einer Vereinbarung der Wohnungseigentümer die Wohnungseigentümer durch Beschluss entscheiden können, werden durch Beschlussfassung in einer Versammlung der Wohnungseigentümer geordnet. Die Wohnungseigentümer können beschließen, dass Wohnungseigentümer an der Versammlung auch ohne Anwesenheit an deren Ort teilnehmen

und sämtliche oder einzelne ihrer Rechte ganz oder teilweise im Wege elektronischer Kommunikation ausüben können.

(2) Zur Gültigkeit eines Beschlusses ist erforderlich, dass der Gegenstand bei der Einberufung bezeichnet ist.

(3) Auch ohne Versammlung ist ein Beschluss gültig, wenn alle Wohnungseigentümer ihre Zustimmung zu diesem Beschluss in Textform erklären. Die Wohnungseigentümer können beschließen, dass für einen einzelnen Gegenstand die Mehrheit der abgegebenen Stimmen genügt.

(4) Ein Beschluss, der gegen eine Rechtsvorschrift verstößt, auf deren Einhaltung rechtswirksam nicht verzichtet werden kann, ist nichtig. Im Übrigen ist ein Beschluss gültig, solange er nicht durch rechtskräftiges Urteil für ungültig erklärt ist.

Materialien: BR-Drucks 75/51; BT-Drucks 19/18791, 71 f; BT-Drucks 19/22634, 45.

Schrifttum

ABRAMENKO, Die außergerichtliche Berichtigung der Niederschrift über eine Versammlung der Eigentümer, ZMR 2003, 245
ders, Die Bedeutung der Monatsfrist nach § 23 Abs 4 Satz 2 WEG für die Berichtigung von Niederschriften über Versammlung der Eigentümer, ZMR 2003, 326
ders, Einberufung der Versammlung der Eigentümer durch Unbefugte, ZWE 2005, 25
ders, Die Haftung der Wohnungseigentümer für ihr Stimmverhalten, in: FS Merle (2010) 1
ders, Beschlussfassung und Beschlussanfechtung in Untergemeinschaften, ZWE 2011, 159
ders, Die inhaltliche Bestimmtheit eines Beschlusses der Wohnungseigentümer, ZfIR 2014, 725
ders, Die Prüfung von Stimmrechtsvollmachten, ZWE 2016, 399
ders, Die Eintragung von Beschlüssen in das Grundbuch, ZMR 2020, 453
ARMBRÜSTER, Stimmrecht und Beschlussanfechtungsrecht beim Nießbrauch am Wohnungseigentum, DNotZ 1999, 562
ders, Die Treuepflicht der Wohnungseigentümer, in: FS Merle (2000) 1 = ZWE 2002, 333
ders, Die guten Sitten im Wohnungseigentumsrecht, ZWE 2008, 361
ARMBRÜSTER/KRÄHER, Verwaltung des gemeinschaftlichen Eigentums durch die Gemeinschaft – Verband als weiteres Verwaltungsorgan?, ZWE 2014, 1
ARMBRÜSTER/ROGUHN, Der Grundsatz der Nichtöffentlichkeit der Versammlung – wen muss, wenn darf man zulassen?, ZWE 2016, 105
BASSENGE, Nichtursächlichkeit von Verfahrensmängeln, in: FS Merle (2000) 17
M BECKER, Die Teilnahme an der Wohnungseigentümerversammlung (1996)
ders, Ergebnisfeststellung und Beschlusstatbestand, ZWE 2002, 93
ders, Beschlusskompetenz kraft Vereinbarung – sog Öffnungsklausel, ZWE 2002, 341
ders, Rechtsschutz bei unterbliebener oder fehlerhafter Feststellung und Bekanntgabe des Ergebnisses des Eigentümerbeschlusses, MietRB 2003, 53
ders, Die Feststellung des Inhalts fehlerhaft protokollierter Eigentümerbeschlüsse, ZMR 2006, 489
ders, Folgen fehlerhafter Beschlussverkündung durch den Versammlungsleiter, ZWE 2006, 157
ders, Die Einpersonen-Eigentümergemeinschaft, in: FS Seuß (2007) 19
ders, Niederschrift über die Versammlung – Funktion, Inhalt, Form, ZWE 2016, 2

M Becker/Gregor, Feststellung und Bekanntgabe des Beschlussergebnisses, ZWE 2001, 245
M Becker/Strecker, Mehrheitsherrschaft und Individualrechtsschutz bei der Instandsetzung gemeinschaftlichen Eigentums, ZWE 2001, 569
Bielefeld, Unterteilung und Veräußerung von Wohnungseigentum – Machen Stimmrechtsauswirkungen die Zustimmung erforderlich?, in: FS Merle (2000) 75
Bonifacio, Die Auslegung von Beschlüssen der Wohnungseigentümer unter Berücksichtigung der Bedeutung der Versammlungsniederschrift, ZMR 2006, 583
ders, Die Nichtigkeit von Wohnungseigentümerbeschlüssen bei fehlender Einladung zur Versammlung, NZM 2011, 10
ders, Zu den Prüfungspflichten des Versammlungsleiters bei der Beschlussverkündung, DWE 2011, 9
Bornheimer, Das Stimmrecht im Wohnungseigentumsrecht (1993)
R Breiholdt, Der Wohnungseigentümerbeschluss im schriftlichen Verfahren auf der Grundlage per Telefax abgegebener Zustimmungserklärungen, ZMR 2010, 168
Briesemeister, Nochmals – Stimmrecht nach Unterteilung von Wohnungseigentum, NZM 2000, 992
ders, Das Stimmrecht bei unterteiltem Wohnungseigentum – oder: Kann es nach dem Gesetz einen „halben" Wohnungseigentümer geben?, in: FS Seuß (2007) 9
ders, Beschluss-Sammlung – § 24 Abs 7, 8 WEG, ZWE 2012, 397
ders, Die Beweiskraft des Protokolls der Versammlung der Eigentümer, in: FS Seuß (1997) 53
ders, Der Mehrheitsbeschluss im Überblick, PiG 59 (2000), 5 = ZWE 2000, 194
ders, Der schwebend unwirksame Beschluss im Wohnungseigentumsrecht, in: FS Seuß (2007) 53
ders, Maßnahmen der Modernisierung und Anpassung an den Stand der Technik (§ 22 Abs 2 WEG) und Verteilung der Kosten gem § 16 Abs 4 WEG, ZWE 2008, 205
Buck, Mehrheitsentscheidungen mit Vereinbarungsinhalt im Wohnungseigentumsrecht (2001)
Deckert, Die Beschlusssammlung – Ein Danaergeschenk der WEG-Reformer für Wohnungseigentumsverwalter?, NZM 2005, 927
ders, Die korrekte Verkündung von Entscheidungsergebnissen der Eigentümer einer Wohnungseigentümergemeinschaft durch den Verwalter, ZMR 2008, 585
Derleder, Die neuen Mehrheitsbefugnisse der Wohnungseigentümer nach der WEG-Reform, ZWE 2008, 253
Dötsch/Hogenschurz, Darlegungs- und Beweislast im Wohnungseigentumsrecht – Erläutert am Beispiel der Beschlussanfechtungsklage nach § 46 WEG, NZM 2010, 297
Drabek, Vorbereitung und Durchführung von Eigentümerversammlungen, ZWE 2000, 395
ders, Unter rechtlicher Betreuung stehende Personen als Wohnungseigentümer, in: FS Deckert (2002) 105
Drasdo, Die Eigentümerversammlung nach dem WEG (5. Aufl 2014)
ders, Die Zwangsverwaltung von Wohnungseigentum, ZWE 2006, 69
ders, Die Beschluss-Sammlung in der Reform des WEG, ZMR 2007, 501
ders, Zur Rechtsfrage der Führung der Beschluss-Sammlung, ZWE 2008, 169
ders, Teilnahme Dritter an der Eigentümerversammlung, NZM 2015, 360
ders, Die Verwaltung von Gemeinschaften mit grundstücksübergreifenden Anlagen und Einrichtungen, ZWE 2017, 155
ders, Die Planung der digitalen Teilnahme an der Wohnungseigentümerversammlung, GE 2021, 738
ders, Die Vorbereitung eines sogenannten „Mehrheitsbeschlusses im Umlaufverfahren", GE 2021, 920
Elzer, Die fehlerhafte Verkündung eines positiven Beschlusses, ZWE 2007, 165
ders, Der abändernde Zweitbeschluss: Vom notwendigen Ausgleich zwischen Schutzbedürftigkeit und Flexibilität, ZMR 2007, 237
ders, Verkündung und Verkündungsprobleme, MietRB 2008, 378
ders, Aktuelles zur Eigentümerversammlung, ZMR 2009, 7
ders, Die Vertretung eines Wohnungseigentümers in der WEG-Versammlung, GE 2010, 455
ders, Die Vertretung eines Wohnungseigentü-

mers in der WEG-Versammlung – Checkliste zu Vollmachtserteilung und Vertreterklauseln, MietRB 2010, 29
ders, Neuere Entwicklungen und Fragestellungen zur Eigentümerversammlung, MietRB 2010, 344
ders, Die Geschäftsordnung für Eigentümerversammlungen, MietRB 2011, 64
ders, Widerruf der Stimmabgabe, ZWE 2012, 485
ders, Gemeinschaft und Verband: Gleiches ist gleich zu behandeln!, ZWE 2013, 444
ders, Rechtskräftig für ungültig erklärte Beschlüsse – Folgenbeseitigung, MietRB 2016, 300
Falkner, Das Übergangsrecht des WEMoG, ZWE 2021, 149
Greiner, Verwalterhaftung wegen Anwendung des Kopfprinzips bei der Verwalterwahl, ZWE 2011, 118
ders, Geschäftsordnungsbeschlüsse, ZWE 2016, 297
ders, Einstweilige Verfügung zur Verhinderung einer rechtswidrigen Beschlussfassung? Keine gute Idee!, ZMR 2021, 560
Gottschalg, Probleme bei der Einberufung der Versammlung der Eigentümer, NZM 1999, 825
ders, Rückabwicklung aufgehobener Wohnungseigentumsbeschlüsse, NZM 2001, 113
ders, Stimmrechtsfragen in der Wohnungseigentümerversammlung, NZM 2005, 88
ders, Die Durchsetzung des Anspruchs der Wohnungseigentümer auf Einberufung der Eigentümerversammlung, NZM 2005, 406
ders, Informationspflichten und Haftungsrisiken des Verwalters, in: FS Seuß (2007) 113
ders, Stimmrechtsausschluss in der Eigentümerversammlung, NZM 2012, 271
Häublein, Beschlussfähigkeit der Wohnungseigentümerversammlung und Stimmrechtsausschluss, NZM 2004, 534
ders, Aktuelle Rechtsfragen der Einberufung und Durchführung von Wohnungseigentümerversammlungen, ZMR 2004, 723
ders, Beschlussanfechtungsbefugnis bei zwangsverwaltetem Wohnungseigentum, ZfIR 2005, 337
ders, Die Willensbildung in der Wohnungseigentümergemeinschaft nach der WEG-Novelle, ZMR 2007, 409
ders, Bauliche Veränderungen nach der WEG-Novelle – neue Fragen und alte Probleme in neuem Gewand, NZM 2007, 752
ders, Die Stärkung der Mehrheitsmacht durch zwingende Beschlusskompetenz, in: FS Bub (2007) 113
ders, Mehrhausanlagen und Rechtsfähigkeit der Gemeinschaft, ZWE 2010, 149
ders, Die Vertretung von Wohnungseigentümern durch den Verwalter in der Versammlung, ZWE 2012, 1
ders, „Werdende Wohnungseigentümergemeinschaft“ und „werdender Wohnungseigentümer“ – Gesicherter Bestand des deutschen Wohnungseigentumsrechts oder korrekturbedürftige Verlegenheitslösung?, in: Hager (Hrsg), Wohnungseigentümer und ihre Gemeinschaft (2012) 36
ders, Einführung eines kombinierten Abstimmungsverfahrens als Konsequenz praktischer Unzulänglichkeiten der §§ 16 IV, 22 II WEG, ZWE 2013, 12
ders, Willensbildung in der Eigentümerversammlung nach Inkrafttreten des WEMoG unter besonderer Berücksichtigung der Verwalterpflichten, ZWE 2021, 385
Heggen, Das Kreuz mit dem Verwalternachweis oder: Wer unterschreibt das Protokoll der Versammlung der Eigentümer wie?, RNotZ 2010, 455
Hogenschurz, Zur heilenden Wirkung der Vollversammlung der Wohnungseigentümer, ZMR 2009, 824
ders, Die Unbestimmtheit von Eigentümerbeschlüssen, NZM 2010, 500
ders, Unbestimmtheit von Eigentümerbeschlüssen und Ausschluss von Anfechtungsgründen gemäß § 46 Abs 1 Satz 2 WEG, ZMR 2011, 928
ders, Die Bestimmtheit von Eigentümerbeschlüssen, MietRB 2018, 91
Hügel, Die Gestaltung von Öffnungsklauseln, ZWE 2001, 578
ders, Die Mehrheitsvereinbarung im Wohnungseigentumsrecht, DNotZ 2001, 176
ders, Das Ableben eines Wohnungseigentümers und dessen Folgen für die Eigentümergemeinschaft, ZWE 2006, 174
ders, Die Mehrhausanlage nach der Reform des WEG, NZM 2010, 8

Hügel/Elzer, Zwei Jahre neues WEG – oder: Das Wohnungseigentum auf dem Weg vom Immobiliareigentum zur gesellschaftsrechtlichen Beteiligung?, NZM 2009, 457
Hurst, Organisationsformen und -möglichkeiten des Raumeigentums in der Fortentwicklung des Gesetzes über das Wohnungseigentum, AcP 181 (1981) 169
Jacoby, Verantwortlichkeit der Gemeinschaft für Verwalter und Wohnungseigentümer sowie Regress?, ZWE 2014, 8
ders, Das Ermessen im Wohnungseigentumsrecht, ZWE 2023, 1
Jennissen, Beschlussfähigkeit der Versammlung, ZWE 2016, 8
Jennissen/Schwermer, Majorisierung in der Wohnungseigentümerversammlung, WuM 1988, 285
Jennissen/Intveen, Anwaltliche Teilnahme an der Wohnungseigentümerversammlung, NJW 2007, 2881
Kefferpütz, Stimmrechtsschranken im Wohnungseigentumsrecht (1994)
Kiess, Das neue Betreuungsrecht – Auswirkungen auf das Wohnungseigentumsrecht, ZWE 2022, 385
Kreuzer, Zweierlei Beschlüsse nach dem WEG?, in: FS Seuß (2007) 155
Kümmel, Zur Vertretung der Wohnungseigentümer in der Versammlung, ZWE 2000, 292
ders, Beschlüsse aufgrund „schuldrechtlicher" Öffnungsklausel, ZWE 2002, 68
ders, Die Versammlungsniederschrift – Erstellung, Inhalt, Berichtigung, MietRB 2003, 58
ders, Stimmrechtsausschlüsse in der Wohnungseigentümerversammlung, MietRB 2004, 249
ders, Voraussetzungen für die Verkündung positiver Beschlüsse durch den Versammlungsleiter, ZWE 2006, 278
Lehmann-Richter, Zur Zurückweisung eines Stellvertreters in der Eigentümerversammlung, ZMR 2007, 741
ders, Objektprinzip bei der Verwalterbestellung, ZWE 2012, 77
Letzner, Die Umsetzung der elektronischen Teilnahme an der Wohnungseigentümerversammlung – Chancen, Risiken und Nebenwirkungen, ZWE 2022, 115
Lieder, Öffnungs- und Mehrheitsklauseln im Wohnungseigentums- und Gesellschaftsrecht, notar 2016, 283
Lieder/Meyer, Ermessen im Privatrecht, ZWE 2023, 9
Lieder/Pommerening, Materielle Beschlusskontrolle im Wohnungseigentumsrecht, NotBZ 2019, 403
Lotz-Störmer, Stimmrechtsausübung und Stimmrechtsbeschränkung im Wohnungseigentumsrecht (1993)
Lüke, Der Zweitbeschluss, ZWE 2000, 98
ders, Prüfung von Stimmrechtsvollmachten, ZWE 2012, 193
Mankowski, Die virtuelle Wohnungseigentümerversammlung, ZMR 2002, 246
ders, Textform und Formerfordernisse im Miet- und Wohnungseigentumsrecht, ZMR 2002, 481
Mediger, Die Vermehrung von Stimmrechten nach § 25 II WEG, NZM 2011, 137
Merle, Folgerechte und Folgepflichten der Versammlung der Eigentümer, Bekanntmachung und Anfechtung der Beschlüsse, ZWE 2000, 237
ders, Die Vereinbarung als mehrseitiger Vertrag, in: FS Wenzel (2005) 251
ders, Zur Vertretung beim gemeinschaftlichen Stimmrecht, in: FS Seuß (2007) 193 = ZWE 2007, 125
ders, Neues WEG – Die Beschluss-Sammlung, ZWE 2007, 272
ders, Die Feststellung des Beschlussergebnisses bei Vereinbarungen zur Stimmkraft, ZWE 2009, 15
H Müller, Die Beschlussfassung, ZWE 2000, 237
ders, Die unerkannten Folgen unterbliebener oder fehlerhafter Beschlussverkündung – Eine Nachbetrachtung zum BGH-Beschluss vom 23. 8. 2001, in: FS Deckert (2002) 255
ders, Feststellung und Verkündung fehlerhafter Beschlüsse durch den Verwalter, ZWE 2015, 303
Niedenführ, Feststellung des Abstimmungsergebnisses durch Schlussfolgerung, NZM 2002, 854
Ott, Beschlüsse in der Mehrhausanlage, ZWE 2016, 193
Pauli, Voraussetzungen und Ablauf der teilvirtuellen Eigentümerversammlung, ZMR 2021, 187
Pauly, Zum Stimmrechtsausschluss im Wohnungseigentumsrecht, ZMR 2013, 13

Prüfer, Schriftliche Beschlüsse, gespaltene Jahresabrechnungen (2001)
ders, Stimmrecht des Nießbrauchers, ZWE 2002, 258
Rapp, Änderungen der Gemeinschaftsordnung nach neuem Wohnungseigentumsrecht, DNotZ 2009, 335
Riecke, Bauliche Veränderungen: Formulierung der Beschlüsse und Durchführung der Abstimmung, ZWE 2022, 20
ders, Der Bestimmtheitsgrundsatz im Wohnungseigentum, ZMR 2018, 173 ff
ders, Hinweis-, Informations- und Belehrungspflichten des Verwalters, insbesondere bei unzureichenden Anträgen zur Tagesordnung, WuM 2020, 543
Röll, Beschlüsse einer durch einen Eigentümer eigenmächtig einberufenen Versammlung der Eigentümer, in: FS Schippel (1996) 267
Rüscher, Beschlusskompetenzen bei wirtschaftlichen Untergemeinschaften, ZWE 2011, 308
Sauren, Haftung der Wohnungseigentümer wegen aufgehobener, aber durchgeführter Beschlüsse, PiG 59 (2000) 209
ders, Zum Nicht-Öffentlichkeitsgebot in der Eigentümerversammlung, ZWE 2007, 21
Scheff/Schmidt, Wohnungseigentümerversammlung – Vertretung der Wohnungseigentümer und Teilnahmerecht Dritter, MDR 2010, 186
Schmack/Kümmel, Der einstimmige Beschluss als Regelungsinstrument im Wohnungseigentumsrecht, ZWE 2000, 433
F Schmidt, Schriftliches Beschlussverfahren, ZWE 2000, 155
ders, Die konkludente Beschlussfeststellung, ZWE 2006, 164
J-H Schmidt, Verkündung rechtswidriger Beschlüsse, ZWE 2016, 385
M Schmid, Der Gleichbehandlungsgrundsatz im Wohnungseigentumsrecht, ZWE 2011, 70
ders, Der „Kernbereich" elementarer Mitwirkungsrechte des Wohnungseigentümers, NJW 2011, 1841
ders, Was tun, wenn ein Wohnungseigentümer oder seine Anschrift nicht bekannt sind?, ZWE 2011, 443
ders, Mehrere Inhaber eines Wohnungseigentums, ZfIR 2012, 721
ders, Die Nichtöffentlichkeit der Wohnungseigentümerversammlung, ZWE 2012, 480
ders, Zur Auslegung von Wohnungseigentümerbeschlüssen, ZWE 2013, 442
Schneider, Grundbucheintragung und Nachweis von Beschlüssen der Wohnungseigentümer, ZfIR 2022, 349
Schoene, Das Stimmrecht des mehrfachen Wohnungseigentümers, NJW 1981, 435
Schultzky, Das Ermessen des Versammlungsleiters, ZWE 2023, 61
Skauradszun, Der Beschluss als Rechtsgeschäft (2020)
ders, Schadensersatz für Stimmverhalten in der Eigentümerversammlung, NZM 2015, 273
ders, Einberufung der Versammlung und Bezeichnung der Beschlussgegenstände, ZWE 2016, 61
ders, Absenkungsbeschlüsse und Mehrheitsbeschlüsse im Umlaufverfahren, ZWE 2022, 106
Skauradszun/Harnack, Grundfragen der Absenkungs- und Finanzbeschlüsse, ZMR 2023, 441
Sommer, Verwaltungsprobleme bei Mehrhausanlagen, ZWE 2019, 155
Strake, Probleme der Eigentümerversammlung: Unterschreitung der Ladungsfrist und deren Folgen, ZWE 2020, 487
Vogel, Die Versammlung der Wohnungseigentümer, ZWE 2019, 193
Wedemeyer, Stimmrecht nach Unterteilung von Wohnungseigentum, NZM 2000, 638
Wendel, Rechtsfolgen missbräuchlicher Stimmrechtsausübung, ZWE 2002, 545
Wenzel, Die Bestandskraft von Mehrheitsbeschlüssen der Wohnungseigentümer mit Vereinbarungsinhalt, in: FS Hagen (1999) 231
ders, Der vereinbarungsersetzende, vereinbarungswidrige und vereinbarungsändernde Mehrheitsbeschluß, ZWE 2000, 2
ders, Die Entscheidung des Bundesgerichtshofes zur Beschlusskompetenz der Wohnungseigentümerversammlung und ihre Folgen, ZWE 2001, 226
ders, Beschluss oder Vereinbarung, in: FS Deckert (2002) 517
ders, Der Negativbeschluss und seine rechtlichen Folgen, ZMR 2005, 413
ders, Die Ehegattenvertretung in der Wohnungseigentümerversammlung, NZM 2005, 402

ders, Vereinbarung in Beschlussangelegenheiten? – Zur Rechtsnatur der Verwalterbestellung in der Gemeinschaftsordnung, in: FS Bub (2007) 249
ders, Werdende Wohnungseigentümergemeinschaft, werdender Wohnungseigentümer und Ersterwerb von Wohnungseigentum, NZM 2008, 625
WOBST, Die neue Struktur der Rechtsbeziehungen in der Gemeinschaft, ZWE 2021, 17
ders, Ausübung fremder Rechte im Wohnungseigentumsrecht, ZWE 2023, 149
ZIEGE, Das Stimmrecht mehrerer Inhaber eines Wohnungseigentums, NJW 1973, 2185
ZSCHIESCHACK, Neues bei Beschlüssen über bauliche Veränderungen, ZWE 2021, 68.

Systematische Übersicht

Alphabetische Übersicht

I. Regelungsgegenstand und Systematik

§ 23 WEG ist mit „Wohnungseigentümerversammlung" überschrieben und regelt **im Verbund mit §§ 24, 25 WEG** wichtige Fragen der Willensbildung der Wohnungseigentümer durch Beschluss, insbes sofern die Entschließung **im Rahmen einer Wohnungseigentümerversammlung** erfolgt. Sie ist der gesetzliche **(§ 23 Abs 1 WEG)** und praktische Regelfall. Dies deswegen, weil die Versammlung nicht nur die Willensäußerung zu einem Beschlussgegenstand ermöglicht, sondern zugleich den Rahmen für einen **Willensbildungsprozess** bietet. Eigentümer können ua durch spontane Rede für ihren Standpunkt werben, in einen Dialog eintreten, um Informationen bitten oder sogar ad hoc eigene Anträge stellen. Allerdings sieht der durch das WEMoG eingefügte § 23 Abs 1 S 2 WEG vor, dass diejenigen, die **elektronisch** an der Versammlung **teilnehmen** möchten, in ihren Mitwirkungsrechten limitiert werden können (s Rn 157). 1

§ 23 Abs 3 WEG schafft alternativ die Möglichkeit, Beschlüsse **außerhalb der Versammlung** zu fassen, seit Einführung des **Abs 3 S 2** durch das WEMoG punktuell sogar mit einfacher Stimmenmehrheit (s Rn 292a). Daneben können die Eigentümer ihren Willen durch Vereinbarungen bilden (s § 10 Abs 1 S 2, Abs 3 S 1 WEG; dazu Staudinger/Wobst [2023] § 10 WEG Rn 9 ff). Da an diese beiden Regelungsinstrumente unterschiedliche formelle Anforderungen gestellt werden (zum Textformerfordernis der Umlaufbeschlüsse s Rn 310; zur Vereinbarung Staudinger/Wobst [2023] § 10 WEG Rn 27; ausf zur Formbedürftigkeit von Vereinbarungen Häublein, Sondernutzungsrechte 63 ff) und auch ihre Bindungswirkung von verschiedenen Voraussetzungen abhängt (s § 10 Abs 3 WEG), kann es zu schwierigen Abgrenzungsfragen kommen, wenn die Eigentümer einvernehmlich eine Regelung ihres Verhältnisses zustande bringen (zur Abgrenzung, bei der die äußeren Umstände der Willensbildung und nicht der Inhalt der Regelung im Mittelpunkt steht, Rn 19a). 2

§ 23 Abs 2 WEG errichtet für die Beschlussfassung in der Versammlung die **formale Anforderung** einer Bezeichnung der Beschlussgegenstände bei der Einberufung (ausf zur Einberufung und Ladung § 24 WEG Rn 3 ff). Weitere formale Hürden für diese Art der 3

Willensbildung enthalten §§ 24, 25 WEG, zB über Form und Frist der Einberufung oder die Protokollierung von Beschlüssen. Diese Anforderungen dienen vor allem dem Schutz der Minderheit und derjenigen Eigentümer, die an der Beschlussfassung (noch) nicht mitwirken konnten (s auch Rn 22). Gewisse formale Hürden scheinen insbes deswegen angezeigt, weil die beschließende Mehrheit keine „absolute“ sein muss (zur Berechnung der einfachen Mehrheit § 25 WEG Rn 6), weshalb im Extremfall ein Eigentümer die Geschicke aller durch rechtsgeschäftliche Regelungen bestimmen kann. Das unterscheidet das WEG vom schlichten Miteigentum (s § 745 Abs 1 BGB; dazu sowie zur Anlehnung des WEG an das Vereinsrecht, namentlich § 32 BGB, s Bärmann/Dötsch Rn 2). Dieser **prozedurale Schutz** vor nachteiligen rechtsgeschäftlichen Regelungen, den ua § 23 Abs 2 WEG gewährt, wird flankiert durch die Anfechtungsmöglichkeit (§§ 23 Abs 4 S 2, 44 Abs 1 S 1 WEG) und die Begrenzung der Beschlusskompetenz (dazu Rn 126 ff, 343 ff).

4 Auch **§ 23 Abs 4 S 1 WEG** dient dem Schutz der Eigentümer, sofern die zwingende gesetzliche Vorschrift, gegen die der Beschluss verstößt, dieses Schutzziel verfolgt. Das muss aber nicht der Fall sein. Ebenso können Belange Dritter, zB von Gläubigern der Gemeinschaft, oder der Allgemeinheit in Rede stehen (zur Sittenwidrigkeit aus diesem Grund Staudinger/Fischinger [2021] § 138 BGB Rn 470). Freilich hat S 1 selbst keinen eigenständigen Regelungsgehalt, da es in der Natur der Sache liegt, dass durch Rechtsgeschäft (Beschluss) nicht von zwingenden Vorschriften abgewichen werden kann.

5 Demgegenüber trifft **Abs 4 S 2** im Verbund mit § 45 S 1 WEG, der eine Anfechtungsfrist von einem Monat vorsieht, eine für die Willensbildung der Wohnungseigentümer **zentrale Anordnung**. In Abweichung vom Recht der schlichten Miteigentümergemeinschaft (Staudinger/Eickelberg [2021] § 745 BGB Rn 47) und dem Vereinsrecht (Staudinger/Schwennicke [2019] § 32 BGB Rn 129 ff) sind **rechtswidrige Beschlüsse** der Wohnungseigentümer grundsätzlich **gültig**. Diese Bestandskraft soll dem Schutz des Vertrauens der Wohnungseigentümer, insbes von Rechtsnachfolgern, dienen und einen angemessenen Ausgleich zwischen ordnungsgemäßer Beschlussfassung und der Rechtssicherheit schaffen (Bärmann/Dötsch Rn 5, 269; Bub, in: FS Seuß [2007] 53, 54 f = ZWE 2007, 339). Die Bezugnahme auf das Vertrauen ist kritisch zu sehen, weil unstreitig sein dürfte, dass es auf ein konkretes Vertrauen nicht ankommt und „abstraktes Vertrauen“ bei Licht betrachtet einen Widerspruch in sich darstellt. Tatsächlich geht es um **objektiven Verkehrsschutz**. Durch die Anfechtungsfrist soll alsbald **Klarheit über die Rechtslage** zwischen den Eigentümern herrschen und es soll ferner verhindert werden, dass noch nach längerer Zeit der Einwand erhoben werden kann, der Mehrheitsbeschluss sei unwirksam (BGHZ 54, 65, 69). Damit schuf bereits die ursprgl Fassung des WEG „einen einfachen Ersatz der Anfechtungsklage“ (s BR-Drucks 75/51, wiedergegeben in PiG 8 [1982] 234), wie sie mit gleicher Frist in §§ 246 AktG, 51 GenG vorgesehen ist, aber auch in Art 75 ZGB für Vereine nach Schweizer Recht, auf deren Recht Art 712m Abs 2 ZGB für das dortige Stockwerkeigentum verweist (s für Österreich ebenso § 24 Abs 6 WEG 2002, wo § 29 Abs 1 S 2 WEG 2002 die Frist aber für Beschlüsse auf dem Gebiet der außerordentlichen Verwaltung auf drei bzw sechs Monate verlängert).

6 **Systematisch** ist die Willensbildung durch Beschluss im 4. Abschnitt des I. Teils sowie im III. Teil des WEG angesiedelt. Die überwiegende Zahl der Beschlussgegenstände

ist dem Bereich der Verwaltung zuzuordnen, zu dem § 20 selbst grundlegende bauliche Veränderungen zählt (str für das schlichte Miteigentum; s Staudinger/vProff [2021] § 744 BGB Rn 8). Der Gebrauch/die Benutzung gehören nicht zur Verwaltung, was neben der in §§ 743 ff angelegten Differenzierung (Staudinger/vProff [2021] § 744 BGB Rn 6 ff) aus dem WEG selbst folgt, das zwischen Benutzung und Verwaltung unterscheidet (s § 18 Abs 2 WEG). Ferner betreffen auch die Regelungen über die Veräußerungszustimmung (§ 12) und die Entziehung (§ 17 WEG) nicht die Verwaltung, sondern gehören zum Komplex der Verfügung über das Eigentum. Durch das WEMoG wurden die genannten Bereiche trotz ihrer verschiedenen Regelungsinhalte im 4. Abschnitt des I. Teils des WEG zusammengefasst, in dem – nunmehr systematisch konsistent (krit zur alten Rechtslage die Vorauflage Rn 6) – auch die Beschlussfassung geregelt ist. Das ändert aber nichts daran, dass der Beschluss ein **Regelungsinstrument mit beschränktem Anwendungsbereich** ist (s Häublein ZWE 2001, 2, 4; zu den Auswirkungen auf die Beschlussmängellehre Rn 343 ff). Ungeachtet dessen handelt es sich bei den §§ 23 ff WEG um allgemeine Regelungen, die nicht nur bei Beschlüssen im Rahmen der Verwaltung oder der Benutzung anzuwenden sind, sondern immer, wenn durch Beschluss entschieden werden kann (s §§ 5 Abs 4 S 1, 23 Abs 1 WEG).

Zur Frage der **Abdingbarkeit** der einzelnen Regelungen, für deren Beantwortung sys- 7
tematisch § 10 Abs 1 S 2 den Ausgangspunkt liefert, s Staudinger/Wobst (2023) § 10 WEG Rn 9 ff.

II. Der Beschluss als Instrument der Willensbildung

Ganz gleich, ob die Willensbildung inner- oder außerhalb der Wohnungseigentümer- 8
versammlung erfolgt (s dazu Rn 121 ff und 288 ff), sind mit dem Beschluss als Gestaltungsinstrument Probleme verbunden, die in einem allgemeinen Teil gleichsam „vor die Klammer" zu ziehen sind (zur Willensbildung durch Beschluss s ferner Staudinger/Wobst [2023] § 10 WEG Rn 21 ff und Rn 96 ff). Es geht dabei zum einen um grundlegende Fragen, die die **Rechtsnatur von Beschlüssen** (Bärmann/Dötsch Rn 56; BeckOK-BGB/Hügel § 23 WEG Rn 2; Jennissen/Schultzky Rn 38), deren **Rechtscharakter** (Niedenführ/Schmidt-Räntsch/Vandenhouten/Vandenhouten Rn 41) oder den **Beschlussbegriff** (Hügel/Elzer Vor §§ 23 ff WEG Rn 1; MünchKomm/Hogenschurz Rn 4) betreffen. Die dieser Kommentierung zugrundeliegenden Annahmen über den Beschluss als Regelungsinstrument sind offenzulegen.

Insbes das Verhältnis des Beschlusses zu den allgemeinen Vorschriften der Rechts- 9
geschäftslehre ist nach wie vor umstritten (dazu Rn 11). Damit hängen die das **Zustandekommen** von Beschlüssen betreffenden Fragestellungen, insbes die Verkündungsproblematik (s Rn 29), und die Abgrenzung von Beschlüssen und Vereinbarungen (Rn 15) eng zusammen, was wiederum zum **beschränkten Anwendungsbereich** des Beschlusses als Regelungsinstrument überleitet (zur Beschlusskompetenz Rn 126 ff, 343 ff). Das Verhältnis von Vereinbarung und Beschluss ist deswegen besonders wichtig, weil § 10 Abs 3 WEG an das jeweilige Regelungsinstrument eine **differenzierte Bindungswirkung** knüpft. Das unterscheidet das Wohnungseigentumsrecht vom Gesellschaftsrecht, das den Beschluss als Mittel zur Willensbildung ebenso kennt. Deshalb ist aus systematischen Gründen (Einheit der Rechtsordnung) die dort entwickelte Dogmatik zwar zu berücksichtigen, jedoch dürfen die im Verbandsrecht entwickelten

Lösungen nicht unkritisch übernommen werden (vgl etwa Bub, in: FS Seuß [2007] 53, 62 f = ZWE 2007, 339 zur Problematik schwebend unwirksamer Beschlüsse; s dazu Rn 371).

10 Zur gängigen **Phänomenologie** der Beschlüsse, die vom gewählten Verfahren der Beschlussfassung ebenfalls unabhängig und daher vorab zu behandeln ist, gehört ferner die Unterscheidung von Positiv- und Negativbeschlüssen (s Rn 106), Zweitbeschlüssen (Rn 95) und Ein-Personen-Beschlüssen (Rn 271); zu den sog Geschäftsordnungsbeschlüssen s § 24 WEG Rn 196 ff. Besonderheiten gelten schließlich für die **Auslegung von Beschlüssen**, wobei einerseits allg Regeln aufgestellt werden (s zur objektiven Auslegung Staudinger/Wobst [2023] § 10 WEG Rn 32 ff), sich andererseits aber Unterschiede dadurch ergeben können, dass die Niederschrift für die Auslegung von besonderer Bedeutung ist (§ 24 WEG Rn 250), diese aber vom Gesetz nur für Beschlüsse der Versammlung vorgesehen ist (zur Dokumentation von Umlaufbeschlüssen Rn 326).

1. Der Beschluss als Rechtsgeschäft oder „Organakt“?

11 Nach ganz hM handelt es sich bei einem Beschluss um ein **mehrseitiges Rechtsgeschäft**. In Abgrenzung zum Vertrag, der auf wechselbezüglichen Willenserklärungen der Parteien beruht, soll dieser das Ergebnis gleichgerichteter Erklärungen der Abstimmenden sein, was regelmäßig durch den Begriff **Gesamtakt** umschrieben wird (BGHZ 139, 288, 297; BayObLGZ 1995, 407 = ZMR 1996, 151; BeckOK-BGB/Hügel § 23 WEG Rn 2; Hügel/Elzer Vor §§ 23 ff WEG Rn 1; Weitnauer/Lüke Rn 12; Wenzel ZMR 2005, 413), teils mit dem Hinweis, es handele sich um ein Rechtsgeschäft **eigener Art** (BGHZ 139, 288, 297; BeckOK-WEG/Bartholome Rn 26; Becker ZWE 2002, 93, 94 f mwNw; Wenzel ZMR 2005, 413; s auch Staudinger/Schwennicke [2019] § 32 BGB Rn 72). Damit sieht sich die im Wohnungseigentumsrecht vorherrschende Deutung in Übereinstimmung mit der heute nahezu einhM im Gesellschaftsrecht (zur GbR: BeckOK-BGB/Schöne § 709 BGB Rn 30; MünchKomm/Schäfer § 709 BGB Rn 51; zur oHG: BeckOK-HGB/Klimke § 119 HGB Rn 59; Staub/Schäfer § 119 HGB Rn 7; zur GmbH: MünchKommGmbHG/Drescher § 47 Rn 8 f; BeckOK-GmbHG/Schindler § 47 GmbHG Rn 8 ff; zur AG: Grigoleit/Herrler AktG § 133 AktG Rn 2; MünchKommAktG/Arnold § 133 Rn 3; übergreifend: Zöller FS Lutter [2000] 821 sowie bereits v Tuhr Allg Teil II/1 [1914] 232). Nur bei Ein-Personen-Verbänden wird insofern ein Vorbehalt gemacht, als es sich per se nicht um ein mehrseitiges Rechtsgeschäft handeln kann (statt vieler: MünchKommGmbHG/Drescher § 47 Rn 8; zum Ein-Personen-Beschluss bei der Wohnungseigentümergemeinschaft s Rn 133, 271 ff).

12 Dem steht die Deutung des Beschlusses als (einseitiger) **Rechtsakt eines Verbandsorgans**, insbes der Versammlung der Mitglieder, gegenüber (ausf Ernst, in: FG Leenen [2012] 1 ff). Der Beschluss wird nicht als das Rechtsgeschäft der Abstimmungsmehrheit begriffen, sondern als „Organakt“, der das Abstimmungsverhalten der Mitglieder in sich aufnimmt. Die Feststellung und Verkündung des Beschlussergebnisses durch die hierzu berufene Person und nicht die Willenserklärungen der Abstimmenden schaffen nach dieser Ansicht den Beschluss als Rechtsakt (Ernst, in: FG Leenen [2012] 1, 12). Diese Sichtweise kann für sich in Anspruch nehmen, dass die Vorstellung eines mehrseitigen Rechtsgeschäfts, das von den gleichgerichteten Erklärungen einer Mehrheit getragen wird, dort an ihre Grenzen stößt, wo ein Negativbeschluss (zum Begriff Rn 106) zustande kommt, weil die für einen positiven Beschluss erforderliche (qualifizierte) Mehrheit verfehlt wird (Ernst, in: FG Leenen [2012] 1, 7), weshalb die Verkündung des Negativbeschlusses uU keine einzige Nein-Stimme erfordert. Den Ne-

gativbeschluss als das Rechtsgeschäft all jener anzusehen, die abwesend waren oder sich enthalten haben, ist – um es vorsichtig auszudrücken – jedenfalls keine unmittelbar einleuchtende Deutung (gegen die Deutung des Negativbeschlusses als Beschluss s Rn 107).

Es sprengte den Rahmen einer Kommentierung, diesen Grundsatzstreit zu führen **13** (eine monographische Aufarbeitung der Einbettung des Beschlusses in die Rechtsgeschäftslehre hat unlängst – unter Berücksichtigung auch des WEG – SKAURADSZUN, Der Beschluss als Rechtsgeschäft [2020], S 50 ff unternommen). Weil aber durch die dogmatische Einordnung Weichen für die Lösung praktischer Rechtsfragen gestellt werden, zB in Bezug auf Negativbeschlüsse (s Rn 106), sind im Folgenden die maßgeblichen Grundannahmen dieser Bearbeitung zu skizzieren: Zustimmung verdient das – allerdings auch von vielen Vertretern der hM anerkannte – Bestreben, einer sklavischen **Übertragung der Vorgaben der allgemeinen Rechtsgeschäftslehre** auf den Beschluss **zu begegnen**. Auch die ältere Rechtsprechung verfolgte dieses Ziel, etwa in Bezug auf § 181 BGB, indem sie statt von einem Rechtsgeschäft von einem „Sozialakt" sprach (BGHZ 33, 189; dazu aus heutiger Sicht MünchKomm/SCHÄFER § 709 BGB Rn 51). Auf der anderen Seite muss man den Beschluss nicht vollkommen von seinen rechtsgeschäftlichen Wurzeln und damit den Willenserklärungen der Mitglieder lösen, um zu sachgerechten Ergebnissen zu gelangen. Das gilt zum einen für das zentrale Erfordernis einer konstitutiven Feststellung und Verkündung des Beschlussergebnisses (zur Deutung auf dem Boden der herrschenden rechtsgeschäftlichen Doktrin s Rn 52), zum anderen aber auch für die Einsicht, dass der Beschluss als Rechtsgeschäft etwas anderes ist als die Willenserklärungen, die zu seinem Zustandekommen geführt haben (LEENEN/HÄUBLEIN, Allg Teil [3. Aufl 2021] § 4 Rn 17 iVm Rn 101 ff). Ist der Tatbestand des Rechtsgeschäfts geschaffen, führt dieses ein „Eigenleben", dh die rechtlichen Wirkungen des Rechtsgeschäfts gehen über die der Willenserklärungen, die in ihm aufgehen, hinaus. Das Institut der ergänzenden Vertragsauslegung verdeutlicht das plastisch. Es wäre verfehlt, deswegen die rechtsgeschäftliche Natur des Vertrages in Frage zu stellen.

Zur adäquaten dogmatischen Erfassung des Beschlusses ist es nach hier vertretener **14** Ansicht zweckmäßig, zwei **verschiedene Funktionen** zu unterscheiden. Zum einen ist der Beschluss ein Instrument zur (internen) **Willensbildung** (zur Betonung dieser Funktion bei der Einordnung von Negativbeschlüssen s Rn 109), zum anderen ein **Regelungsinstrument** iSd Rechtsgeschäftslehre. Letzteres wird nicht etwa dadurch in Frage gestellt, dass manche Beschlüsse der Umsetzung bedürfen, die auch in der Abgabe einer Willenserklärung bestehen kann, etwa wenn die Eigentümer beschließen, den Vertrag mit einem Dienstleister zu kündigen oder einen solchen einzugehen (dazu STAUDINGER/JACOBY § 26 WEG Rn 152). Der Beschluss selbst begründet eine Umsetzungspflicht und wirkt bereits damit regelnd. Dieser rechtsgeschäftlichen Seite steht die Bedeutung des Beschlusses als **Ergebnis des Willensbildungsverfahrens** gegenüber, dessen Ende er zugleich markiert. Ob insofern, wie beim Prozessvergleich (STAUDINGER/HAU [2020] § 779 BGB Rn 195), von einer „Doppelnatur" gesprochen werden kann, ist ebenso ungeklärt wie die Zweckmäßigkeit einer solchen Assoziation. Jedenfalls dürfte es so sein, dass eine Willensbildung stets, dh auch bei Ablehnung eines Beschlussantrages stattfindet, während sich die **Regelungsfunktion nicht immer** verwirklicht. Für die Rechtsanwendung folgt daraus die Frage, ob es Normen gibt, deren Anwendung ausschließlich dann gerechtfertigt ist, wenn der Beschluss beide Funktionen verwirklicht. Bei der Antwort muss man bedenken, dass ex ante, dh zum Zeitpunkt der Abgabe der Stimmen, regelmäßig nicht feststeht, wie die Abstimmung ausgeht, ob also die im Antrag zur Abstimmung gestellte Thematik tatsächlich einer Regelung zugeführt wird. Die Erklärungen haben daher das Potenzial, ein Rechtsgeschäft zustande zu bringen, was für einen **Rekurs auf die Vorschriften über Willenserklärungen** spricht (s hierzu auch SOERGEL/SKAURADSZUN Rn 14). Umgekehrt adressieren viele Normen des WEG den Beschluss als Resultat einer (abgeschlossenen) Willensbildung, weshalb die hM zB die Anfechtungsklage auch gegen Negativbeschlüsse zulässt (s dazu ausf Rn 112).

2. Abgrenzung zur Vereinbarung

15 Da den Wohnungseigentümern als Handlungsform neben dem Beschluss auch die Vereinbarung zur Verfügung steht und deren **Rechtsfolgen sich** von denen der Beschlüsse **unterscheiden** (dazu Rn 17), müssen beide voneinander abgegrenzt werden. Wie das zu geschehen hat, ist **umstritten**. Die Abgrenzung wird dadurch erschwert, dass Beschlüsse zwar typischer Weise (s § 25 Abs 1 WEG), aber nicht notwendig ein Mehrheitsinstrument sind. Das zeigt § 23 Abs 3 S 1 WEG (zum Begriff des „allstimmigen" Beschlusses Rn 104 f; zu diesem als Gestaltungsinstrument in Verwaltungsangelegenheiten ausf SCHMACK/KÜMMEL ZWE 2000, 433, 435 ff; **krit** zu dieser Sichtweise OTT ZWE 2002, 61, 63 f).

16 **Entscheidungen**, die **von allen Eigentümern** getragen werden, sind damit also nicht notwendig Vereinbarungen (s Rn 15). Auf der anderen Seite sind Mehrheitsentscheidungen nicht notwendig Beschlüsse, weil es sich auch um Fälle handeln kann, in denen eine Vereinbarung angestrebt, die erforderliche allseitige Zustimmung aber verfehlt wurde. Erst recht gilt das, wenn man mit einer – allerdings nur vereinzelt vertretenen – Literaturmeinung die auf der Grundlage einer Öffnungsklausel gefassten Beschlüsse in Vereinbarungsangelegenheiten als „Mehrheitsvereinbarungen" ansieht (HÜGEL DNotZ 2001, 176, 187 ff; zust BÖTTCHER NotBZ 2007, 421, 428; RAPP DNotZ 2009, 335, 340 f), was aber nicht das Verständnis des Gesetzes ist (s §§ 5 Abs 4 S 1, 7 Abs 2 S 1, 10 Abs 3 S 1 WEG).

17 Die **praktische Bedeutung** der Abgrenzung zeigte sich bis zum Inkrafttreten des WEMoG nicht nur bei den unterschiedlichen Bindungswirkungen beider Regelungsinstrumente (zur Wirkung von Vereinbarungen und Beschlüssen s STAUDINGER/WOBST [2023] § 10 WEG Rn 75 ff). Mit ihr hingen die Eintragungspflicht und -fähigkeit (dazu in Bezug auf das Grundbuch etwa HÄUBLEIN NZM 2001, 734, 736) entsprechender Regelungen zusammen. Infolge des durch das WEMoG eingeführten Eintragungserfordernisses für Beschlüsse mit Vereinbarungsinhalt (s § 10 Abs 3 S 1 WEG) hat sich die praktische Bedeutung der Abgrenzungsproblematik insofern **verlagert**, als das vereinfachte Eintragungsverfahren nach § 7 Abs 2 WEG nur für Beschlüsse gilt, also nicht zur Anwendung gelangt, wenn es um eine Vereinbarung geht. Unterschiede bestehen ferner auf der Tatbestandsebene (zum Verkündungserfordernis bei Beschlüssen s Rn 29) sowie bei den Wirksamkeitsanforderungen (zum Formerfordernis der Umlaufbeschlüsse s Rn 310; zu konkludenten Vereinbarungen STAUDINGER/WOBST [2023] § 10 WEG Rn 27) und den Rechtsschutzmöglichkeiten; Vereinbarungen können nicht im Verfahren nach §§ 43 Abs 2 Nr 4, 44 f WEG angefochten werden. Schließlich können Beschlüsse durch (Zweit-)Beschlüsse (Rn 95) abgeändert werden, während für die Änderung von Vereinbarungen im Grundsatz ein Vereinbarungsvorbehalt gilt (zur Bedeutung dieser Frage bei Änderungen der vom aufteilenden Eigentümer errichteten Gemeinschaftsordnung etwa WENZEL, in: FS Bub [2007] 249, 251 f).

Die aus der Rechtsnatur der Beschlüsse abgeleitete Abgrenzung danach, ob die Eigentümer **gleichgerichtete Erklärungen** abgegeben haben (s etwa OLG Köln NJW-RR 1992, 598), ist wenig hilfreich (HÄUBLEIN, Sondernutzungsrechte 187 f). Auch Vereinbarungen kommen idR, wie Beschlüsse, dadurch zustande, dass die Eigentümer ihre Zustimmung zu einem vorformulierten Text (Antrag) erklären (zu dieser Abschlusstechnik MERLE, in: FS Wenzel [2005] 251, 256 ff; LEENEN AcP 188 [1988] 391, 393 ff). Die Erklärungen sind also ebenfalls gleichgerichtet bzw kommt man nicht umhin, auch bei der Beschlussfassung eine gewisse Wechselbezüglichkeit der Erklärungen anzuerkennen, weil mit den aus der Regelung resultierenden Rechten typischerweise Pflichten einhergehen. Angesichts dessen versucht eine Ansicht, die Abgrenzung von Vereinbarung und Beschluss **nach dem Inhalt der Regelung** vorzunehmen (NIEDENFÜHR/SCHMIDT-RÄNTSCH/VANDENHOUTEN/VANDENHOUTEN Rn 42; WEITNAUER/LÜKE § 10 Rn 28; zu dieser in der Rspr vorherrschenden Ansicht OLG Hamm ZMR 1996, 671; OLG Düsseldorf ZWE 2001, 383 = ZMR 2001, 649; BayObLG ZWE 2002, 583). Dies geschieht vor dem Hintergrund der Annahme einer Exklusivität beider Regelungsinstrumente, was freilich wiederum umstritten ist (**aA** etwa BeckOK-WEG/M A MÜLLER § 10 WEG Rn 68: wenn Beschluss zulässig, könne erst recht durch Vereinbarung geregelt werden; RIECKE/SCHMID/LEHMANN-RICHTER Rn 88). Abstrakt-generelle Regelungen auf dem Gebiet der Verwaltung des gemeinschaftlichen Eigentums sollen – vorbehaltlich einer Öffnungsklausel – allein durch Vereinbarungen getroffen werden können, während Beschlüsse sich in der konkreten Regelung eines Einzelfalles erschöpften (NIEDENFÜHR/SCHMIDT-RÄNTSCH/VANDENHOUTEN/VANDENHOUTEN Rn 15 f, anders aber bei Rn 17 für Regelungen des Gebrauchs/der Benützung; SCHMACK/KÜMMEL ZWE 2000, 433, 442). In eine ähnliche Richtung geht auch die Auffassung, Vereinbarungen erforderten stets eine in die Zukunft gerichtete Regelung, die vom Gesetz oder bestehenden Vereinbarungen abweicht oder diese ergänzt, weshalb sie dort als Regelungsinstrument nicht zur Verfügung stehe, wo sich eine Einzelfallentscheidung in ihrem Vollzug erschöpft (dazu am Bsp der Verwalterbestellung WENZEL, in: FS Bub [2007] 249, 255 f; abw noch ders ZWE 2004, 130, 136). **18**

Die vorrangige oder gar alleinige Beurteilung nach dem Regelungsinhalt ist **abzulehnen** (BÄRMANN/DÖTSCH Rn 58; WENZEL, in: FS Bub [2007] 249, 258; HÄUBLEIN ZMR 2000, 423, 425). Entscheidend ist, welches Regelungsinstrument die Eigentümer gewählt haben (zust BeckOK-WEG/M A MÜLLER § 10 WEG Rn 83). Das kann im Einzelfall statt einer eigentlich erforderlichen Vereinbarung der (mangels Kompetenz unwirksame) Beschluss sein und umgekehrt. Dabei ist der durch **objektive und normative Auslegung** zu bestimmende Wille maßgeblich, der unter Berücksichtigung **aller Umstände** ermittelt werden muss. Der Inhalt der Regelung kann zwar ein **Indiz** für den Willen der Eigentümer sein, zumal deren Handlungen iZw das gesetzeskonforme und damit wirksame Geschäft bezwecken (BGHZ 142, 290, 298; ZWE 2015, 335 = ZMR 2015, 726). Hierzu gehört neben der Bezeichnung (gegen deren Berücksichtigung WEITNAUER/LÜKE § 10 WEG Rn 28, der aber die spezifischen Voraussetzungen des Grundsatzes falsa demonstratio non nocet in den hier behandelten Fällen nicht würdigt; dazu HÄUBLEIN, Sondernutzungsrechte 189 ff) vor allem das gewählte Verfahren, weshalb es ein **gewichtiges Indiz** für einen Beschluss ist, wenn die Entschließung in der Eigentümerversammlung gefasst wurde. **19**

19a Für diese „formelle“, auf die **äußeren Umstände** abstellende Abgrenzung (ausf HÄUBLEIN, Sondernutzungsrechte 188 ff) spricht entscheidend, dass die Eigentümer ex ante feststellen können müssen, zu welchem Rechtsgeschäft sie ihre Zustimmung erteilen. Wer auf der Versammlung seine Zustimmung zu einem Beschlussantrag erteilt, möchte im Zweifel nicht allein deswegen eine Vereinbarung zustande bringen (die dann ihrerseits regelmäßig wieder nur durch Vereinbarung abzuändern wäre!), weil „zufällig“ auch alle anderen Eigentümer der Regelung zustimmen (HÄUBLEIN ZMR 2001, 165, 169). Dieser Gedanke ist auch im Rahmen einer **Umdeutung** zu berücksichtigen (WENZEL, in: FS Bub [2007] 249, 259), die freilich grundsätzlich nach § 140 BGB auch dort in Betracht kommt, wo die Grenzen der Auslegung überschritten werden (die Gerichte meinen hingegen oft, das Problem durch einfache Auslegung lösen zu können; zB BayObLG ZWE 2002, 583; zur Umdeutung allstimmiger Beschlüsse JENNISSEN/SCHULTZKY Rn 45 ff). Zu den äußeren Umständen gehören ferner Erwägungen, die die Eigentümer ex ante zur **Bindungswirkung** ihrer Entschließung angestellt haben. Soll eine im Umlaufverfahren herbeigeführte Entschließung von der Gemeinschaft nach § 7 Abs 2 S 2 WEG zur Eintragung in das Grundbuch angemeldet werden, handelt es sich iZw um einen Beschluss. Das Gleiche gilt, wenn eine Eintragung aus der Sicht der um ihre Zustimmung ersuchten Eigentümer nicht beabsichtigt ist, wohl aber die Geltung der Reglung über den gegenwärtigen Eigentümerkreis hinaus; denn dies lässt sich über § 10 Abs 3 S 2 WEG nur im Beschlusswege erreichen.

3. Zustandekommen und Wirksamkeit von Beschlüssen

a) Unterscheidung von Beschlusstatbestand und -wirksamkeit sowie den zugrundeliegenden Erklärungen

20 Viele Darstellungen (pars pro toto ELZER ZWE 2007, 165, der die Stimmabgabe als Wirksamkeitsvoraussetzung sieht; s ferner BECKER ZWE 2002, 93, der eingangs seines Beitrages die oft verwendete [zB BGHZ 148, 335, 342; OLG Hamm ZMR 2009, 58 juris Rn 49] Formulierung vom „rechtswirksamen Zustandekommen“ aufgreift, die die Kategorien Tatbestand und Wirksamkeit des Geschäftes vermengt, um sich dann später aber für eine Differenzierung auszusprechen, BECKER ZWE 2002, 94 f) unterscheiden nicht zwischen dem Tatbestand des Rechtsgeschäfts und seiner Wirksamkeit (grdl dazu LEENEN AcP 188 [1988] 381). Die Unterscheidung ist aber deswegen wichtig, weil die Rechtsordnung es in die Hände der Parteien legt, den Tatbestand des Rechtsgeschäfts zu schaffen, während es nicht in ihrer Macht steht, darüber zu befinden, ob das Geschäft wirksam ist. Letzteres ist allein Sache der Rechtsordnung (dazu LEENEN/HÄUBLEIN, Allg Teil [3. Aufl 2021] § 4 Rn 58 f), was freilich die Vereinbarung über bestimmte Wirksamkeitsanforderungen an Rechtsgeschäfte seitens der Parteien nicht ausschließt (vgl § 125 S 2 BGB). Andererseits macht die Rechtsordnung Vorgaben für den Tatbestand des Rechtsgeschäfts, etwa indem sie wirksame Erklärungen (s § 130 BGB) oder eine vollständige Einigung fordert (§ 154 BGB). Für die Problemabschichtung zweckmäßig ist es ferner, die Wirksamkeit von den Wirkungen des Geschäfts abzugrenzen. So ist etwa ein unter einer Bedingung vorgenommenes Geschäft nicht (schwebend) unwirksam (s dazu Rn 73). Diese Unterscheidung betrifft ebenso die das Geschäft konstituierenden Erklärungen, deren Wirkungen sich in der Schaffung des Tatbestandes des Geschäftes erschöpfen (zum Ganzen LEENEN, in: FS Canaris [2007] Bd I, 699, 702 ff; prägnant zum Verhältnis von Erklärung und Geschäft MEDICUS/PETERSEN, Allg Teil d BGB Rn 175: Die Willenserklärung ist das Mittel des Rechtsgeschäfts, dieses ist das Mittel der Privatautonomie).

Dass zwischen den auf Herbeiführung eines Beschlusses gerichteten Willenserklärungen der Wohnungseigentümer **(Stimmabgabe)** und dem Rechtsgeschäft **(Beschluss) unterschieden** werden muss, entspricht einhelliger Ansicht im Wohnungseigentumsrecht. Die Frage ist vor allem für die Auswirkungen von Mängeln einzelner Willenserklärungen (Geschäftsunfähigkeit, Irrtum, mangelnde Vertretungsmacht) relevant. Diese schlagen nicht unmittelbar auf den Beschluss durch (Rn 262). Unklar ist allerdings, welche Umstände zum **Tatbestand des Beschlusses** gehören. Grundsätzlich gilt, dass die Rechtsordnung an den Tatbestand von Geschäften eher geringe Anforderungen stellt, weil hohe Hürden die privatautonome Gestaltungsfreiheit einschränken. Andererseits muss die Rechtsordnung in Bezug auf Beschlüsse dem Umstand Rechnung tragen, dass deren Gestaltungswirkung über den Kreis der das Rechtsgeschäft abschließenden Personen hinausreicht. Der Schutz der berechtigten Belange künftiger Eigentümer vermag höhere Anforderungen, insbes an das Verfahren, ebenso zu rechtfertigen wie der Umstand, dass Beschlüsse jedenfalls dort, wo sie als Regelungsinstrument zugunsten der Mehrheit ausgestaltet sind, nicht einmal die Mitwirkung aller gegenwärtigen Eigentümer erfordern. **21**

Die **Anforderungen an das Zustandekommen** (Tatbestand) und die **Wirksamkeit** von Beschlüssen richten sich zT danach, ob es sich um einen potenziellen Mehrheitsbeschluss handelt. Dieser kann grundsätzlich (Ausnahme: § 23 Abs 3 S 2) nur in der Versammlung gefasst werden, was die Existenz einer solchen, die dem prozeduralen Schutz dient, voraussetzt (s dazu Rn 128a ff). Außerhalb der Versammlung fordert das WEG grundsätzlich die Zustimmung aller Eigentümer in Textform (zu den Gründen, die den Gesetzgeber zu der Ausnahme in § 23 Abs 3 S 2 WEG bewogen haben, s Rn 292a). Der Schutz durch ein besonderes Verfahren erscheint infolge des Allstimmigkeitserfordernisses nicht geboten (zum Schutz durch das Formerfordernis s Rn 291). Dort, wo auch im Umlaufverfahren ein Mehrheitsbeschluss zugelassen wird, ist eine stärkere Formalisierung des Verfahrens geboten (näher Rn 296a). In dieses Muster passt es auch, wenn Beschlüsse eine Sonderbehandlung erfahren, die in Anwesenheit aller Eigentümer zustande gekommen sind (zur sog Vollversammlung s Rn 134). Demgegenüber handelt es sich bei dem **Verkündungserfordernis** um eine Anforderung, die nach hM für sämtliche Beschlüsse gilt. Sie ist daher im Folgenden, ebenso wie der notwendige Antrag, vorab darzustellen. **22**

b) Beschlussantrag

Infolge der in Rn 18 dargestellten Abschlusstechnik ergibt sich aus dem Beschlussantrag der **Inhalt der Erklärungen der Eigentümer**, weshalb ihm entscheidende Bedeutung bei dessen Ermittlung und, darauf aufbauend, bei der Verkündung des Beschlussergebnisses zukommt (s Becker ZWE 2002, 93, 95: Antrag fixiert den Inhalt eines positiven Beschlusses). Zu den daraus abzuleitenden Bestimmtheitsanforderungen ausf Rn 84. Verneinende Formulierungen („Eine Änderung der Verteilung der Betriebskosten wird nicht gewünscht") können zu Verwirrung führen (wer eine Änderung will, muss mit Nein stimmen), und sollten daher eher vermieden werden. Wollen die Eigentümer vom Antrag abweichen, etwa hinter der zur Abstimmung gestellten Aufstockung der Rücklage zurückbleiben, muss ein entsprechender neuer Antrag gestellt werden; inhaltliche Modifizierung durch Stimmabgabe sind nicht möglich (s OLG München ZMR 2009, 224). **23**

24 Die **Formulierung** des Antrags obliegt im Ausgangspunkt demjenigen, der ihn zur Abstimmung stellt, dh dem Versammlungsleiter oder, beim Beschluss gem § 23 Abs 3 WEG, dem Initiator. Er kann sich dabei der Hilfe Dritter, auch der Versammlungsteilnehmer (Niedenführ/Schmidt-Räntsch/Vandenhouten/Vandenhouten Rn 45), bedienen. Außerdem gehört zu den Mitverwaltungsrechten der Eigentümer ein eigenes **Antragsrecht** (§ 24 WEG Rn 152 ff), das die Befugnis, aber auch die Pflicht impliziert, diesen **zu formulieren** (H Müller ZWE 2000, 237, 242) Andererseits ist der Verwalter für die Leitung der Versammlung zuständig und nicht verpflichtet, den Antrag sklavisch zu übernehmen (s aber § 24 WEG Rn 97). Zumindest wenn die Eigentümer einen Verwalter gegen Entgelt bestellt haben und dieser die Abstimmung leitet, muss er dem in Verwaltungsangelegenheiten nicht versierten Eigentümer ggf bei der Formulierung behilflich sein (§ 24 WEG Rn 202). Ferner muss er den Antragsteller **auf Mängel des Antrages hinweisen**, wenn er diese **erkennt**. Beharrt der Eigentümer gleichwohl auf seinem Antrag, muss der Versammlungsleiter diesen aber zur Abstimmung stellen. Es empfiehlt sich eine Aufnahme des Hinweises auf den Formulierungsmangel in das Protokoll (vgl dazu auch § 24 WEG Rn 232).

25 Fraglich und ungeklärt ist, ob und in welchem Umfang den Verwalter, der die Versammlung einberuft und die Abstimmung leitet, eine **Pflicht** trifft, den **fremden Beschlussantrag zu prüfen**. Zwar ist er verpflichtet, die Eigentümer bei der Willensbildung zu unterstützen (Organisationskompetenz; s Staudinger/Jacoby § 27 WEG Rn 23) und auf eine ordnungsmäßige Beschlussfassung hinzuwirken (Staudinger/Jacoby § 27 WEG Rn 103). Man muss jedoch auch bedenken, dass der Verwalter kein Jurist sein muss und es regelmäßig auch nicht ist. Derjenige, der von seinem Antragsrecht Gebrauch machen möchte, hat es in der Hand, sich bei der Formulierung fachkundig durch einen (Rechts-)Berater unterstützen zu lassen und kann diese Obliegenheit, zumal bei individualnützigen Anträgen, zB nach § 20 Abs 2 WEG, nicht auf den Verwalter abwälzen. Bei ad hoc gestellten GO-Beschlussanträgen fehlt eine solche Prüfungsmöglichkeit allerdings meist, was aber deswegen nicht notwendig für eine verstärkte Prüfungspflicht des Versammlungsleiters spricht, weil derartige Anträge regelmäßig für ihn unerwartet kommen. Weder kann er sich auf deren Prüfung vorbereiten, noch sich die Zeit für eine detaillierte Prüfung nehmen, weil die Versammlungsteilnehmer regelmäßig eine zügige Fortsetzung der Versammlung erwarten (gegen eine ad hoc-Prüfungspflicht zutr LG Hamburg 13. 9. 2018 – 318 T 13/18, juris Rn 7). Auszugehen ist daher von einer **reduzierten Prüfungspflicht**, die vor allem **evidente Mängel** und die Durchführbarkeit des Antrages betrifft, weil die Durchführung ohnehin in der Verantwortung des Verwalters liegt (s auch Rn 248).

26 Der Antrag ist selbst grundsätzlich **keine Willenserklärung**, weil er aus Sicht eines redlichen Empfängers nur die Aufforderung an die Träger des Stimmrechts enthält, sich zu diesem zu äußern. Allerdings kann im Einzelfall, insbes bei einem von Eigentümern initiierten Verfahren nach § 23 Abs 3 WEG deren Zustimmung bereits im Antrag enthalten sein (Auslegungsfrage). Regelmäßig ist der Antrag eine **geschäftsähnliche Handlung**. Auf ihn finden daher nach hM (Staudinger/Singer [2021] Vorbem 2 zu §§ 116–144 BGB mit Einschränkungen für die Vorschriften über Willensmängel) die Vorschriften über Willenserklärungen und Rechtsgeschäfte grundsätzlich entsprechende Anwendung (zur Stellvertretung bei der Antragstellung s Rn 298b, § 25 WEG Rn 102).

Der Antrag bedarf im Ausgangspunkt **keiner Form**. Allerdings empfiehlt sich eine **Fixierung** mit Hilfe eines zur dauerhaften Wiedergabe geeigneten Datenträgers („verkörperte Schriftzeichen"). Bei einer rein mündlichen Formulierung besteht eine deutlich erhöhte Gefahr, dass Antrag und verkündeter sowie protokollierter Beschlussinhalt voneinander abweichen, was ordnungsmäßiger Verwaltung widerspricht (H Müller ZWE 2000, 237, 244). 27

Bei einer Abstimmung nach § 23 Abs 3 WEG ist der Antrag wegen des Textformerfordernisses für die abgegebenen Stimmen idR bereits deswegen **verkörpert**, damit die Eigentümer ihre Zustimmung einfach formgerecht erklären können. Nach dem Wortlaut des § 23 Abs 3 WEG muss zwar nur die Zustimmung in Textform erfolgen. Ein mündlicher Antrag scheidet aber deswegen aus, weil die hinter dem Formerfordernis des § 23 Abs 3 WEG stehende Perpetuierungsfunktion leer liefe, wenn sich das Verkörperungserfordernis allein auf die Zustimmungserklärungen ohne den dazu gehörenden Antrag erstreckte. Aus der Textformurkunde muss sich zumindest im Zusammenspiel mit einer anderen der Textform genügenden Urkunde ergeben, welchen Inhalt der Antrag hat, auf den sich die Stimmabgabe bezieht (für eine Analogie zu § 24 Abs 4 S 1 WEG plädieren Lehmann-Richter/Wobst WEG-Reform 2020 Rn 644). 28

c) Feststellung und Verkündung des Beschlussergebnisses

Der Abstimmungsleiter muss nach Beendigung der Stimmabgabe das Abstimmungsergebnis feststellen und daraus das Beschlussergebnis ermitteln. Die Frage, ob Beschlüsse der Wohnungseigentümer der (förmlichen) Feststellung und Verkündung bedürfen, war bis zur Grundsatzentscheidung des BGH aus dem Jahr 2001 (BGHZ 148, 335) sehr umstritten (explizit anders etwa noch BayObLGZ 1995, 407 = ZMR 1996, 151) und ist seitdem für die Praxis im Sinne eines entsprechenden Erfordernisses geklärt (s dazu die folgenden Rn 30 ff). Davon **zu unterscheiden** ist die rechtliche Bedeutung, die ein verkündeter Beschluss hat (zutr Bärmann/Dötsch Rn 81). Auch dort, wo kein konstitutives Verkündungserfordernis besteht, was etwa hM im Recht der GmbH entspricht (BGHZ 76, 154; NJW 1996, 259; 2007, 917; MünchKommGmbHG/Drescher § 47 Rn 54), kommt es zu Beschlussverkündungen. Hat der Versammlungsleiter oder eine andere hierzu berufene Person das Zustandekommen eines Beschlusses festgestellt und das Beschlussergebnis verkündet, existiert für den Rechtsverkehr ein Orientierungsdatum. Besonders deutlich ist dies, wenn das Ergebnis in einem Protokoll dokumentiert wurde, weil nicht anwesende Person sich an diesem orientieren (näher zur Verkündung durch Aufnahme in das Protokoll Rn 40). Wird das verkündete Ergebnis nicht vom Willen der Mehrheit der Abstimmenden getragen, handelt es sich um einen bloßen **Verkündungsbeschluss** und es ist zu fragen, welche Auswirkungen ein solcher hat (s Rn 48 ff), womit wiederum die in Betracht kommenden Rechtsschutzmöglichkeiten eng zusammenhängen (Rn 46, 49). 29

aa) Konstitutive Beschlussverkündung

(1) Herleitung und Meinungsstand

Ein **konstitutives Erfordernis** bilden die Feststellung des Beschlussergebnisses und dessen Verlautbarung zum Teil im Gesellschaftsrecht. Das betrifft neben der AG den VVaG, weil § 191 S 1 VAG auf das Aktienrecht Bezug nimmt, und die Genossenschaft (eG), deren Recht insofern dem der AG nachgebildet ist. Anders als § 128 Abs 1 österr AktG fehlt allerdings eine explizite Regelung über die Beschlussfeststellung. Vielmehr folgt aus den Normen über die Beschlussprotokollierung (§ 130 30

Abs 2 S 1 AktG, § 47 Abs 1 GenG), dass der Vorsitzende eine Feststellung über die Beschlussfassung vornehmen muss, die dann zu protokollieren ist (s dazu etwa Koch § 130 AktG Rn 22; MünchKommAktG/Kubis § 130 Rn 67 f; zum Genossenschaftsrecht BGH NJW 1997, 318, 320; Henssler/Strohn/Geibel GesellschaftsR § 47 GenG Rn 2). Mangelnde Protokollierung führt gem § 241 Nr 2 AktG zur Nichtigkeit, die allerdings nach Eintragung des Beschlusses nicht mehr geltend gemacht werden kann (§ 242 Abs 1 AktG). Die Registereintragung übernimmt insofern die Dokumentations- und Informationsfunktion, weshalb es nicht gerechtfertigt wäre, die Wirksamkeit des Rechtsgeschäfts an dem Protokollierungsmangel scheitern zu lassen.

31 Dem Konstitutivakt wird – ganz iSd Ausführungen bei Rn 29 – eine **doppelte Bedeutung** zugemessen: Zum einen führt erst die Verkündung des Beschlussergebnisses zu einem wirksamen Beschluss (zur dogmatischen Einordnung s Rn 35) und zum anderen wird der Inhalt des Beschlusses durch sie festgelegt (MünchKommAktG/Kubis § 130 Rn 62). Man spricht insoweit auch von einer **Fixierung des Beschlussinhalts**.

32 Der **BGH** hat diese Sichtweise für das **Wohnungseigentumsrecht** übernommen (BGHZ 148, 335, 341 ff; zuvor bereits Merle Bestellung und Abberufung des Verwalters [1977] 41 ff; Wenzel, in: FS Merle [2000] 353, 356 ff). Seit 1. 7. 2007 spricht ferner § 24 Abs 7 S 2 WEG für ein **konstitutives Verkündungserfordernis**. In Nr 1 leg cit ist explizit von den „verkündeten Beschlüssen" die Rede, was den Umkehrschluss zulässt, dass nicht verkündete Beschlüsse deswegen nicht in der Beschluss-Sammlung ersichtlich zu machen sind, weil ihnen keine rechtliche Relevanz zukommt. Ferner sieht Nr 2 leg cit eine Verkündung für Umlaufbeschlüsse vor. Wie im Aktienrecht wird dabei nicht ausdrücklich angeordnet, dass der Versammlungsleiter Beschlüsse zu verkünden hat, sondern die Verkündung wird im Kontext der Dokumentation der Beschlüsse vorausgesetzt.

33 Das Erfordernis einer Beschlussfeststellung und -verkündung begründet der BGH für das WEG parallel zur eG. Dem verkündeten Beschluss komme **nicht lediglich** der Charakter eines **Rechtsscheintatbestandes** zu, der nur aus dem Gesichtspunkt des Vertrauensschutzes eine Anfechtung ermöglicht (BGHZ 148, 335, 343). Vielmehr habe die Verlautbarung des Beschlussergebnisses **vor allem Bedeutung für die Geltendmachung von Mängeln**. Da die Anfechtungsklage an die kurze Monatsfrist gebunden ist (§§ 45 S 1 WEG, 51 Abs 1 S 2 GenG), müssten Anfechtungsberechtigte von einem bestimmten Beschlussergebnis als maßgebend ausgehen können, weshalb dieses Ergebnis festzustellen und zu verkünden sei (BGH NJW 1997, 318, 320 zur eG). Wäre eine solche Feststellung nicht erforderlich, müssten die Mitglieder das Abstimmungsergebnis innerhalb der Anfechtungsfrist zunächst auf eigenes Risiko interpretieren und bewerten. Mit der danach notwendigen Ermittlung des objektivierten Beschlusswillens seien sie jedoch regelmäßig überfordert, weil sowohl die Ermittlung des Abstimmungsergebnisses als auch seine Beurteilung anhand der rechtlichen Mehrheitserfordernisse Rechtskenntnisse voraussetzten, die von den Eigentümern weder erwartet werden könnten noch verlangt werden dürften (BGHZ 148, 335, 343).

34 Die Rechtsprechung und Lehre **folgen dem BGH** ganz überwiegend (statt vieler: OLG Celle NZM 2005, 308; OLG Hamm ZMR 2009, 58 juris Rn 49; BeckOK-WEG/Bartholome Rn 68; Hügel/Elzer Vor §§ 23 WEG ff Rn 23; H Müller ZWE 2015, 303; zur Erstreckung des Verkündungserfordernisses auf die **Ein-Personen-Versammlung** OLG München ZMR 2008, 409; Elzer MietRB 2008, 378; gegen die Herleitung eines konstitutiven Feststellungserfordernisses aus dem

WEG aber etwa BECKER ZWE 2002, 93, 94). Manche Autoren gehen sogar davon aus, es gebe einen allgemeinen Rechtsgrundsatz, der in den Vorschriften des AktG und dem GenG Ausdruck gefunden hat. Ihm zufolge sei die Feststellung und Verkündung immer dann Wirksamkeitsvoraussetzung eines Beschlusses, wenn dieser nur im Wege eines fristgebundenen Anfechtungsverfahrens angegriffen werden könne (HADDING ZWE 2001, 179, 184 mwNw; krit zur Beschränkung des Feststellungserfordernisses auf bestimmte Verbandsformen und für ein generelles Erfordernis einer Beschlussfeststellung im Verbandsrecht ERNST, in: FG Leenen [2012] 1, 12). Umstritten ist das Verkündungserfordernis aber für **Geschäftsordnungsbeschlüsse** (dazu § 24 WEG Rn 204).

(2) Beschlussverkündung als Tatbestandsvoraussetzung oder Wirksamkeitserfordernis

Erkennt man mit der hM die Feststellung und Verkündung des Beschlussergebnisses 35
als konstitutives Element eines Wohnungseigentümerbeschlusses an, muss man dieses dogmatisch einordnen. Die Ausführungen des BGH sind **nicht eindeutig**. In der Grundsatzentscheidung des V. Zivilsenats aus dem Jahr 2001 ist um Zusammenhang mit der Feststellung und Verkündung des Beschlussergebnisses vom „Entstehungstatbestand" und ferner davon die Rede, die Feststellung des Ergebnisses komplettiere den **Tatbestand** für das Entstehen eines Eigentümerbeschlusses (BGHZ 148, 335, 346 = ZWE 2001, 530, 534; in BGHZ gekürzt abgedruckt); dazu passt es, dass in einem späteren Urteil davon die Rede ist, ein unter einer Bedingung festgestellter Beschluss sei **nicht zustande gekommen** (BGH 6. 7. 2018 – V ZR 221/17 Rn 16, WuM 2018, 802 = ZWE 2019, 139 [LS] mAnm RÜSCHER). In einer anderen Entscheidung heißt es aber, Feststellung und Verkündung des Abstimmungsergebnisses seien im Regelfall notwendige **Wirksamkeitsvoraussetzung** eines Beschlusses (BGH NJW 2014, 1090 Rn 8 = ZWE 2014, 178). Erst unlängst hat der BGH dann für die Verkündung formuliert, es handele sich um eine Voraussetzung für das „rechtswirksame Zustandekommen" eines Beschlusses (BGH 29. 5. 2020 – V ZR 141/19 Rn 14, ZWE 2020, 379) und vermengt damit Tatbestand und Wirksamkeit. Auch das Schrifttum unterscheidet Zustandekommen und Wirksamkeit des Beschlusses oft nicht (s pars pro toto BeckOGK/HERMANN Rn 79, der von „wirksam zustande (kommen)" spricht; WOBST ZWE 2020, 383, 385 spricht von der Erlangung der „rechtlichen Existenz" des Beschlusses und weicht damit der Frage iErg aus).

Sieht man den Beschluss mit der hM in der Rechtsgeschäftslehre verankert (dazu 36
Rn 11), sprechen bessere Gründe dafür, auf der **Ebene der Wirksamkeit** anzusetzen (so iE auch BÄRMANN/DÖTSCH Rn 271). Der Tatbestand des Rechtsgeschäfts, dessen Erzeugung die Rechtsordnung den betreffenden Rechtssubjekten überlässt, wird durch die Willenserklärungen geschaffen (Rn 19; zur Zugangsproblematik bei der Stimmabgabe s Rn 257 und 306 f). Die Anforderungen der Rechtsordnung an diesen Tatbestand sind regelmäßig gering. Das ist Ausfluss privatautonomer Gestaltungsfreiheit, von der Gebrauch zu machen nicht den Rechtskundigen vorbehalten bleiben soll. Ordnet die Rechtsordnung ausnahmsweise eine Form an, die – wie die Beschlussverkündung – oft zumindest auch der Dokumentation des Geschäfts und der Rechtssicherheit dient, betrifft dies die Wirksamkeit des Geschäfts, wofür bereits der Wortlaut des § 125 BGB spricht (dazu vertiefend LEENEN/HÄUBLEIN, Allg Teil 3. Aufl [2021] § 9 Rn 156; zur Stimmabgabe als Geschäft s Rn 314). Praktisch bedeutsam ist dies etwa bei der Heilung von Formmängeln, die das Gesetz an vielen Stellen vorsieht (zB §§ 311b Abs 1 S 2, 518 Abs 2, 766 S 3 BGB): Da der Tatbestand des Geschäfts vorliegt, weil wirksame (und korrespondierende) Willenserklärungen existieren, kann die Rechtsordnung

die für den Formzwang sprechenden Belange zurückstellen. Dieser Gedanke erlangt Bedeutung für die Frage, ob die Wiedergabe des Beschlussergebnisses in der Beschluss-Sammlung für die Wirksamkeit von auf der Versammlung nicht (nachweisbar) verkündeten Beschlüssen ausreicht (s Rn 43) sowie im Rahmen sog Beschlussfeststellungsklagen (s dazu Rn 58).

37 Die hier vertretene Ansicht deckt sich, zumindest im Ergebnis, mit der Auffassung derjenigen, die Tatbestandsmerkmale als die typusbildenden, wesensbestimmenden Merkmale eines Rechtsgeschäfts ansehen, die vorliegen müssen, damit das Geschäft tatbestandlich existiert. Wirksamkeitserfordernisse müssten hingegen zusätzlich zum Tatbestand eines Rechtsgeschäfts erfüllt sein, damit die intendierten Rechtswirkungen eintreten (Becker ZWE 2002, 93, 94 f mwNw). Da die Feststellung eines Beschlusses darauf gerichtet sei, den Inhalt eines zu Stande gekommenen Beschlusses zu verkünden, müsse die Feststellung des Beschlussergebnisses bereits begrifflich **vom Beschlusstatbestand unterschieden** werden (Becker ZWE 2002, 93, 95; Hügel NotBZ 2001, 409, 413). Es handelt sich bei einem Beschluss mithin nicht um ein mehraktiges Geschäft, bei dem die Verkündung aus Publizitätsgründen, vergleichbar etwa der Übereignung, zum Tatbestand zählt (die Verkündung zum Beschlusstatbestand rechnend aber etwa H Müller ZWE 2015, 303, 304; Niedenführ/Schmidt-Räntsch/Vandenhouten/Vandenhouten Rn 54; wohl auch Jennissen/Schultzky Rn 67, der meint, ohne Verkündung gebe es keinen Beschluss).

37a Für eine Einordnung der Beschlussverkündung als Tatbestandsmerkmal des Rechtsgeschäfts Beschluss hat sich unlängst ausführlich Skauradszun (Der Beschluss als Rechtsgeschäft S 84 ff) ausgesprochen. Er beruft sich dabei auf **Parallelen** beim Zustandekommen andere Rechtsgeschäfte. Hierzu zählt er das **notarielle Beurkundungsverfahren** nach §§ 8 ff BeurkG, bei dem die Unterzeichnung durch den Notar gleichermaßen einen Endakt darstelle. Allerdings stellt Skauradszun (S 95) explizit fest, dass es bei der notariellen Beurkundung um die Wirksamkeit des Geschäfts und nicht um dessen tatbestandliches Zustandekommen geht. Diesen an sich für die hier vertretene Ansicht sprechenden Umstand verkehrt er dann mit dem Hinweis, beim Beschluss müsse aber „zunächst der Tatbestand erfüllt werden und damit das Rechtsgeschäft entstehen", der Sache nach in sein Gegenteil. Das überzeugt nicht, weil unterstellt wird, was zu beweisen wäre, nämlich dass der Tatbestand eines Beschlusses an der Verkündung hängt (eine vergleichbare petitio principii ist die Aussage, die „Deutung der Verkündung als Willenserklärung würde aber dem nicht gerecht werden, dass die Beschlussverkündung einen Endakt darstellt, mit dem der Tatbestand erfüllt und damit das Rechtsgeschäft durch den Versammlungsleiter konstituiert wird."; Skauradszun Der Beschluss als Rechtsgeschäft S 90). Nicht viel besser sieht es mit der darüber hinaus bemühten **Parallele zum gerichtlichen Vergleich** gem § 278 Abs 6 ZPO aus. Skauradszun meint, der Wortlaut der Norm verorte „den Mechanismus auf der Tatbestandsebene", führt dann aber nur Schrifttum an, das in dem gerichtlichen Beschluss nach § 278 Abs 6 S 2 ZPO ein Wirksamkeitserfordernis erblickt (Skauradszun Der Beschluss als Rechtsgeschäft S 100 f). Letzteres entspricht der hier vertretenen Auffassung, und Ersteres, nämlich das Wortlautargument, ist denkbar schwach. Dass das Gericht nach § 278 Abs 6 S 2 ZPO das Zustandekommen des geschlossenen Vergleichs feststellt, lässt entgegen Skauradszun nicht die Schlussfolgerung zu, die Feststellung selbst gehöre zum Zustandekommen und damit zum Tatbestand. Ganz im Gegenteil setzt eine Feststellung an sich die

Existenz des Festgestellten, hier also des zu Stande gekommenen Vergleichs, voraus (zu diesem Argument s bereits die unter Rn 37 referierte Ansicht).

Auch die im weiteren Fortgang der Untersuchung Skauradszuns als „Plädoyer für die Deutung der Verkündung als finalisierendes Tatbestandsmerkmal" (S 102 ff) vorgebrachten Überlegungen widerlegen die hier verfochtene These von der Verkündung als Wirksamkeitserfordernis nicht. Das wohl gewichtigste Argument ist der im Anschluss an Ernst (FG Leenen [2012] 1, 11) vorgebrachte Gedanke, Wirksamkeitserfordernisse hätten in der Privatrechtsordnung nicht die **Funktion** darüber zu entscheiden, welchen **Inhalt ein Rechtsgeschäft** habe (Skauradszun Der Beschluss als Rechtsgeschäft S 105). In der Tat richtet sich dieser grundsätzlich – abgesehen etwa von der ergänzenden Vertragsauslegung – nach dem Inhalt der Willenserklärung(en) und damit nach dem Tatbestand. Dennoch lässt sich daraus kein Argument für die Einordnung der Verkündung als Tatbestandsmerkmal herleiten. Wie sogleich noch zu zeigen ist, hat der verkündete Beschluss auch dort als Orientierungsdatum Bedeutung, wo die Verkündung keine konstitutive Wirkung entfaltet. Solche Ersatztatsachen können den Inhalt eines Geschäfts selbst dann bestimmen, wenn sie weder zum Tatbestand des Geschäfts zählen noch zu dessen Wirksamkeitserfordernissen. Beispiele hierfür sind deklaratorische Eintragungen in ein Register oder das kaufmännische Bestätigungsschreiben (vgl dazu Rn 53). Rückschlüsse auf die dogmatische Einordnung der Verkündung lassen sich also aus deren „inhaltsfixierender Wirkung" mE nicht ziehen. **37b**

(3) Form und Zeitpunkt der Beschlussverkündung

Angesichts dessen, dass die Verkündung des Beschlussergebnisses für Klarheit über den Inhalt der jeweiligen Rechtsgeschäfte sorgen soll, liegt es nahe, eine **förmliche Feststellung** zu fordern und ein konkludentes Handeln des Abstimmungsleiters für nicht ausreichend zu halten. Auch die ebenfalls umstrittene Frage, ob die Befugnis zur Feststellung und Verkündung des Beschlussergebnisses **nach Beendigung der Versammlung** fortbesteht bzw bis zu welchem Zeitpunkt sie bei einem Umlaufverfahren in den Händen des Initiators liegt, muss vor dem Hintergrund des Zwecks des Verkündungserfordernisses beantwortet werden. **38**

Nicht nur im Schrifttum wird vertreten, der Vorsitzende könne das Beschlussergebnis nur in der Versammlung feststellen und verkünden. Andernfalls fehle ein „Element des eigentlichen Beschlusstatbestandes", das **nicht nachholbar** sei (LG Bamberg ZWE 2014, 322; Bärmann/Dötsch Rn 77; Bub, in: FS Seuß [2007] 53, 69 = ZWE 2007, 339 unter Hinweis auf BGHZ 148, 335; Jennissen/Schultzky Rn 67). Diese Ansicht hat den Nachteil **gravierender Rechtsunsicherheit**; denn ob in der Versammlung eine Verkündung stattgefunden hat, können höchstens die Anwesenden feststellen. Im Falle einer konkludenten Feststellung des Beschlussergebnisses können es uU nicht einmal diese (vgl dazu auch Rn 41). Das Verkündungserfordernis soll aber gerade auch den Abwesenden eine sichere Entscheidungsgrundlage für eine etwaige Beschlussanfechtung liefern. Künftige Eigentümer werden mit unwirksamen, für sie als solche aber nicht erkennbaren Beschlüssen konfrontiert, wenn das Protokoll und/oder die Beschluss-Sammlung einen Beschluss ausweisen, der in der Versammlung tatsächlich nicht verkündet worden ist. In diese Richtung geht ebenfalls die Kritik einer Literaturmeinung, die dem BGH vorhält, dem Schutz der nicht anwesenden Wohnungseigentümer und der Sondernachfolger diene allenfalls die förmliche Protokollierung des gefassten Be- **39** schlusses, nicht aber die mündliche Feststellung des Beschlussergebnisses in der Versammlung (Becker ZWE 2002, 93, 94 in Auseinandersetzung mit BGHZ 148, 335).

40 Nach Ansicht des BGH kann der Versammlungsleiter das Beschlussergebnis **konkludent feststellen**, wofür idR die bloße **Wiedergabe** des für sich genommen eindeutigen Abstimmungsergebnisses **im Versammlungsprotokoll** genüge (BGHZ 148, 335, 345). Ebenso geht das OLG München von der Möglichkeit einer konkludenten Verkündung aus und meint, sie sei anzunehmen, wenn ein klares Abstimmungsergebnis im Protokoll niedergelegt ist (OLG München ZWE 2008, 351; Soergel/Skauradszun Rn 33). Da das Protokoll typischerweise nach der Versammlung erstellt und vom Vorsitzenden unterzeichnet wird, könnte man meinen, der BGH erstrecke die Verkündungsbefugnis über das Ende der Versammlung hinaus. Allerdings heißt es in der grundlegenden Entscheidung hierzu weiter, Feststellung und Verkündung des Beschlussergebnisses müssten **in der Eigentümerversammlung** erfolgen (BGHZ 148, 335, 346). Freilich lässt sich dies wiederum als bloße Beschreibung des Pflichtenprogramms des Versammlungsleiters verstehen, der pflichtwidrig handelt, wenn er anders verfährt. Es bleibt der Befund einer unklaren Position des BGH in Bezug auf den Zeitpunkt der Beschlussfeststellung.

40a In einem anderen Punkt hat der BGH inzwischen klar Position bezogen und die Feststellung eines im Umlaufverfahren gefassten Beschlusses **unter der Bedingung**, dass kein Wohnungseigentümer innerhalb einer bestimmten Frist widerspricht, für **unzulässig** erklärt (BGH 6. 7. 2018 – V ZR 221/17 Rn 16, WuM 2018, 802 = ZWE 2019, 139 [LS] mAnm Rüscher). Maßgeblich ist für ihn dabei das Bedürfnis der Eigentümer, Klarheit über die Existenz eines Beschlusses zu erhalten (s dazu auch Rn 325a). Zwar handelt es sich nach hier vertretener Ansicht nicht um ein Problem des Zustandekommens des Beschlusses (= Tatbestand), sondern um eine Frage der Wirksamkeit (s Rn 35 ff). Jedoch überzeugt es, dass der BGH eine bedingte Zustimmung für unzulässig gehalten hat. Eine bedingte Feststellung eines auf einer Versammlung gefassten Beschlusses scheidet folglich ebenfalls aus. Davon zu unterscheiden ist die (unbedingte) Feststellung eines Beschlusses, der unter eine Bedingung gestellt ist (jurisPK-BGB/Reichel-Scherer Rn 73). Das ist zulässig, weil die Eigentümer nicht im Unklaren darüber bleiben, ob ein Beschluss gefasst wurde, und hat bei Beschlüssen über bauliche Veränderungen große praktische Bedeutung (häufige Bedingung: Kostentragung durch sämtliche Eigentümer; vgl Staudinger/Jacoby § 20 Rn 68). Offen ist in solchen Fällen lediglich, wie bei anderen bedingten Geschäften auch (s § 158 BGB), ob die Wirkungen des Geschäftes eintreten werden (zur Unterscheidung von Wirksamkeit und Wirkungen Leenen/Häublein, Allg Teil [2021] § 7 und § 10). Das mag im Einzelfall ordnungsmäßiger Verwaltung widersprechen, ist aber nicht aus Gründen der Rechtssicherheit per se unzulässig.

40b Ob diese Entscheidung Auswirkungen auf den Streit um die **Genehmigung einer ohne Vertretungsmacht** von einem Vertreter **abgegebenen Stimme** (dazu § 25 WEG Rn 166 ff) hat, ist bislang nicht untersucht, nach hier vertretener Ansicht aber zu verneinen. Denn wenn man eine Genehmigung vollmachtlosen Handelns bei der Stimmabgabe analog § 180 S 2 BGB zulässt (zu dieser hM § 25 WEG Rn 169), muss der Versammlungsleiter Feststellung und Verkündung richtigerweise aussetzen, bis ihm die entsprechenden Erklärungen vorliegen oder die gesetzte Frist verstrichen ist (vgl dazu § 25 WEG Rn 170, 172). Für die Eigentümer ist dadurch klar, dass es noch keinen Beschluss gibt, der gerichtlich angefochten werden muss, wenn man dessen Bestandskraft verhindern will.

41 Das Schrifttum akzeptiert ein konkludentes Handeln des Abstimmungsleiters im Anschluss an den BGH zwar zum Teil (BeckOGK/Hermann Rn 80; Jennissen/Schultzky Rn 64; Hügel/Elzer Vor §§ 23 WEG ff Rn 23). Es hat sich jedoch eine beachtliche **Gegenposition** etabliert (krit zur konkludenten Feststellung Drasdo ETV Teil H Rn 93; Hügel NotBZ 2001, 409; F Schmidt ZWE 2006, 164), die teilweise sogar eine förmliche Feststellung des Beschlusses fordert (rechtsformübergreifend Ernst, in: FG Leenen [2012] 1, 14). Damit das dem Verkündungserfordernis zugrundeliegende Ziel, klare Verhältnisse über die Existenz eines Beschlusses zu schaffen, erreicht werden kann, muss die konkludente Verkündung jedenfalls so erfolgen, dass für einen durchschnittlichen und aufmerksamen Teilnehmer **kein Zweifel** an der Existenz des Beschlusses und dessen Inhalt bestehen kann (s zu diesem Erfordernis in Bezug auf GO-Beschlüsse, bei denen das Verkündungserfordernis umstritten ist § 24 WEG Rn 205). Dem Streit kommt allerdings eine eher geringe Bedeutung zu, wenn man mit der hier vertretenen Ansicht von einer Heilung des Verkündungsmangels durch Eintragung in die Beschluss-Sammlung ausgeht (Rn 43).

42 Nach hier vertretener Ansicht führt es zu einem unerträglichen **Wertungswiderspruch**, wenn man die Wiedergabe eines Beschlusses im Protokoll unberücksichtigt lässt (so aber etwa Hügel/Elzer Vor §§ 23 WEG ff Rn 23). Der Widerspruch resultiert aus der besonderen Bedeutung, die die Niederschrift für die Feststellung der Existenz und des Inhalts von Beschlüssen hat (§ 24 WEG Rn 250 und 256). Auf sie nimmt der V. Zivilsenat explizit Bezug (BGHZ 148, 335, 345). Der Rechtsverkehr und insbes Sondernachfolger könnten sich nicht auf den Inhalt der Niederschrift verlassen, wenn jeder Eigentümer unbefristet geltend machen könnte, das Beschlussergebnis sei erstmalig im Protokoll festgestellt und verkündet worden und es bestehe daher – entgegen dem Protokollinhalt – kein Beschluss. Gerade weil das Geschehen auf der Versammlung ex post nur schwer rechtssicher festzustellen und überdies für abwesende Eigentümer und Dritte nicht erkennbar ist, stellt die Rechtsordnung auf die Ersatztatsache ab (Rn 48 ff s auch § 24 WEG Rn 246 ff).

43 Mutatis mutandis gilt das ebenfalls für die **Eintragung des Beschlusses in die Beschluss-Sammlung**. Sie dient der Information des Rechtsverkehrs (§ 24 Rn 260 f). Beschlüsse die dort verlautbart sind können nicht allein deswegen angegriffen werden, weil sie nicht verkündet wurden. Die Eintragung sichert die **Publizität der Beschlüsse**. Genau deswegen saniert die Registereintragung den Nichtigkeitsgrund des § 241 Nr 2 AktG im Aktienrecht (§ 242 Abs 1 AktG). Die zutreffende (zur Diskrepanz s Rn 47) Aufnahme des Beschlusses in die Beschluss-Sammlung führt daher zu einer **Heilung des Verkündungsmangels**.

44 Anders liegen die Dinge bei der **Niederschrift**, wenn man mit der oben (Rn 39) genannten Ansicht eine Verkündung in der Versammlung fordert, damit für die Anwesenden Klarheit herrscht. Ist sie unterblieben und weist das Protokoll den Beschluss gleichwohl aus, wäre die Niederschrift inhaltlich unrichtig und könnte jedenfalls innerhalb der Anfechtungsfrist gerichtlich angegriffen werden (zum Streit um die Fristgebundenheit solcher Verfahren s § 24 WEG Rn 255 f).

45 Für die hier vertretene Berücksichtigung der Eintragung in die Beschluss-Sammlung und das Heranziehen der Niederschrift als Ersatztatsache sprechen die Überlegungen, die der BGH zur **Rechtssicherheit** unter Hinweis auf die einmonatige Anfechtungsfrist anstellt (BGHZ 148, 335, 346). Dem hinter dem Verkündungserfordernis stehenden Rechtssicherheitsgedanken würde nämlich ein Bärendienst erwiesen, wenn die Eigentümer einen Beschluss allein deswegen zeitlich unbefristet (!) angreifen könnten, weil dieser erst im Protokoll (konkludent) verkündet wurde. Der BGH dürfte diesen Konflikt im Grundsatz erkannt und genau aus diesem Grund von einer besonderen Förmlichkeit der Feststellung und Verkündung, wie sie zT gefordert wird (Ernst, in: FG Leenen [2012] 1, 14), abgesehen und sich für die Möglichkeit einer konkludenten Feststellung entschieden haben (s Rn 40).

46 Schließlich meint der BGH, es stehe dann, wenn auf der Versammlung kein Beschlussergebnis verkündet wurde, für die Eigentümer außer Frage, dass sie eine möglicherweise konkludente Feststellung und Bekanntgabe des Beschlussergebnisses in Betracht ziehen und, wenn dies zu bejahen sei, den damit zustande gekommenen Beschluss **rechtzeitig anfechten** müssten (BGHZ 148, 335, 346). Lässt man, wie hier vertreten, eine Heilung des Verkündungsmangels durch Aufnahme in die Beschluss-Sammlung zu, wird den Eigentümern diese Rechtsschutzmöglichkeit nicht genommen, da die Eintragung unverzüglich erfolgen muss (s § 24 WEG Rn 272). Unterbleibt die Eintragung, ergibt sich der Beschluss aber aus dem Protokoll und ficht der Eigentümer auf dieser Grundlage an, dürfte seine Klage nicht unter Hinweis auf das Fehlen eines konstitutiven Beschlussmerkmals einfach abgewiesen werden. Sieht man mit dem BGH (BGHZ 182, 307 Rn 20; 202, 346 Rn 23; Staudinger/Lehmann-Richter § 44 WEG Rn 21, 239) in der Beschlussmängelklage den Antrag auf Feststellung der Nichtigkeit enthalten, kann für die Feststellung, es sei gar kein Beschluss zustande gekommen, nichts anderes gelten (zur Rüge fehlender Verkündung im Wege der Feststellungsklage BeckOK-WEG/Bartholome Rn 57 iVm 31).

47 Für **auf einer Versammlung der Wohnungseigentümer gefasste** Beschlüsse lässt sich Folgendes festhalten (zur Verkündung von Umlaufbeschlüssen s ergänzend Rn 324): Nach überwiegender Ansicht muss die Verkündung in der Versammlung erfolgen. Eine konkludente Verkündung genügt nach hM, wenn für die Anwesenden kein vernünftiger Zweifel über das Zustandekommen des Beschlusses und dessen Inhalt bestehen konnte. Unterbleibt die Verkündung, kommt es durch **Aufnahme in die Beschluss-Sammlung zur Heilung** des Mangels. Allerdings genießt die Beschluss-Sammlung keinen Gutglaubensschutz (§ 24 WEG Rn 260), weshalb eine **inhaltliche Diskrepanz** zwischen Eintragung und dem tatsächlich Beschlossenen einer Heilung des Verkündungsmangels **entgegensteht**. Davon zu unterscheiden ist die Aufnahme des Beschlusses in die **Niederschrift**. Es liegt in der Konsequenz der Judikatur, die den Beschlussinhalt aus Gründen der Rechtssicherheit allein nach dem Protokoll ermittelt (dazu § 24 WEG Rn 250), dieses auch hinsichtlich der Verkündung als **Ersatztatsache** (§ 24 WEG Rn 246 ff) anzusehen. Wer also die Gültigkeit des Beschlusses infolge fehlender Verkündung geltend macht, muss die Ersatztatsache, dh die Niederschrift bekämpfen. Nach hM, die allerdings zu Abstrichen bei der Rechtssicherheit führt, kann das auch noch nach Ablauf der Anfechtungsfrist geschehen (§ 24 WEG Rn 255 f). Allein eine **Diskrepanz zwischen der Niederschrift und dem in der Beschluss-Sammlung** dokumentierten Beschlussinhalt nimmt der Ersatztatsache nicht ihre Relevanz. Dies letztlich deswegen, weil das Gesetz durch das Unterzeichnungserfordernis in Bezug

auf die Niederschrift einen Mechanismus vorsieht, der eine höhere Gewähr für die Übereinstimmung von Beschlossenem und Protokolliertem bietet als die Eintragung durch den Versammlungsleiter (dazu auch § 24 WEG Rn 261).

bb) Der verkündete Beschluss als rechtlich relevantes Datum (sog Ersatztatsache)
(1) Die Position der hM

Obwohl zwischen dem Verkündungserfordernis (dazu Rn 30 ff) und der inhaltsfixierenden Wirkung einer (rein deklaratorische) Beschlussverkündung unterschieden werden muss (s Rn 29), sind die maßgeblichen Wertungen, insbes der **Rechtssicherheitsgedanke**, auch für die Behandlung sog Verkündungsbeschlüsse letztlich ausschlaggebend. Dabei geht es um Verkündungen, die inhaltlich vom tatsächlich Beschlossenen abweichen. Das Meinungsspektrum reicht von der Irrelevanz unrichtiger Verkündungen, über die Anwendung von Rechtsscheingrundsätzen bis hin zu der Annahme, die Verkündung durch die zuständige Person trete – vorbehaltlich einer gerichtlichen Korrektur – an die Stelle des tatsächlich gefassten Beschlusses. Verfahrensrechtlich erlangt die Problematik vor allem in Bezug auf die Bestimmung der zutreffenden Klageart Bedeutung (zur Beseitigung eines im Recht der GmbH rein deklaratorisch verkündeten Beschlusses durch Anfechtungsklage BGHZ 104, 66, 69; NZG 2008, 317; stRspr; zur Bezugnahme auf diese Judikatur für den Bereich des WEG s BGHZ 148, 335, 351). 48

Ausgehend von der rechtsgeschäftlichen Einordnung des Beschlusses seitens der hM (s Rn 11) bedarf es näherer Begründung, wenn allein durch Feststellung und Verkündung des Beschussergebnisses durch den Abstimmungsleiter ein rechtlich relevantes Datum geschaffen werden soll. Besonders evident ist das, wenn die nach der Rechtsgeschäftslehre **erforderlichen Tatbestandsvoraussetzungen** eines Beschlusses **gar nicht vorliegen**. Paradigmatisch sind die in der Praxis gar nicht selten vorkommenden Fälle, in denen der Verkündende irrtümlich meint, die erforderliche Stimmenzahl für die Annahme des Beschlussantrages sei erreicht (bzw nicht erreicht), da er Stimmrechtsausschlüsse übersieht oder sich schlicht verzählt (zu derartigen Fällen auch Bärmann/Dötsch Rn 339 f). Letzteres kann etwa darauf beruhen, dass der Versammlungsleiter irrtümlich von der Geltung des Kopfprinzips ausgeht, obwohl tatsächlich nach Anteilen oder Objekten hätte abgestimmt werden müssen oder umgekehrt. Auch die Verkündung eines positiven Beschlusses unter Verkennung der erforderlichen Mehrheiten gehört hierher. Gleichwohl sind derartige **Verkündungsbeschlüsse nach hM beachtlich** und müssen im Wege der Anfechtungsklage fristgerecht angefochten werden (statt vieler BGHZ 148, 335; Becker/Gregor ZWE 2001, 245, 250 f; H Müller ZWE 2015, 303; Wenzel ZWE 2000, 382, 386). Entspricht das festgestellte und verkündete Beschlussergebnis nicht den tatsächlichen und rechtlichen Verhältnissen, so folgt daraus ein Anfechtungs- und kein Nichtigkeitsgrund (BGH NJW 2009, 2132 Rn 29; OLG München ZMR 2007, 480). Als Grund für die Verbindlichkeit des unrichtigen Beschlussergebnisses wird das schützenswerte Vertrauen in die Rechtsbeständigkeit des durch den Versammlungsleiter festgestellten Beschlusses angesehen (Becker ZWE 2002, 93, 96 mHinw auf Zöllner FS Lutter [2000] 821, 827). Damit werde dem Zweck des fristgebundenen Beschlussanfechtungsverfahrens Rechnung getragen (OLG Hamm OLGZ 1990, 180, 185 unter Bestätigung von OLGZ 1979, 296; Bärmann/Dötsch Rn 81; Wenzel ZWE 2000, 382, 386). 49

(2) Kritik im Schrifttum

Die hM sieht sich **grundsätzlicher Kritik** ausgesetzt (ausf Elzer ZWE 2007, 165). Bei Fehlen erforderlicher Mehrheiten mangele es dem Rechtsgeschäft am erforderlichen 50

Tatbestand. Dort, wo Feststellung und Verkündung als konstitutive Voraussetzungen eines Beschlusses angesehen werden, handele es sich um ein zusätzliches Tatbestandsmerkmal des Beschlusses (gegen die Einordnung als solches aber Rn 30). Aus der Warte der Rechtsgeschäftslehre sei nicht zu erklären, wie die Verkündung die übrigen Voraussetzungen einfach „simulieren" könne. Allein die Beförderung der Rechtssicherheit rechtfertige dies nicht. Es fehle eine Gesetzesregelung, die den Versammlungsleiter mit der Rechtsmacht ausstattet, Beschlüsse zu erzeugen, obwohl deren Tatbestandsvoraussetzungen fehlen. Seine Verkündung gehe „ins Leere". Es sei geradezu „unerträglich", wenn dem Versammlungsleiter die Rechtsmacht zuerkannt werde, die Eigentümer in eine Anfechtung „hineinzutreiben". Allenfalls entstehe der Rechtsschein eines Beschlusses, den jeder Eigentümer durch eine (negative) Feststellungsklage beseitigen könne. Da es keinen Beschluss gebe, handele es sich nicht um eine Anfechtungsklage, weshalb keine Bindung an die Anfechtungsfrist bestehe (Elzer ZWE 2007, 165, 169, 171 ff). Im Ergebnis kann daher nach dieser Ansicht jeder Eigentümer selbst nach Ablauf der Anfechtungsfrist vorbringen, ein Beschluss existiere nicht.

(3) Stellungnahme

51 Die dargestellte Mindermeinung führt zu **massiver Rechtsunsicherheit**. Zu folgen ist daher der hM, die – in Übereinstimmung mit dem Aktienrecht (s BGHZ 76, 191, 197 Verkennung der erforderlichen Mehrheit sowie RGZ 146, 385, 388 zu übergangenen Stimmverboten) – davon ausgeht, der Verkündungsbeschluss werde mit Ablauf der Anfechtungsfrist ungeachtet der Frage, ob die nach dem Gesetz oder der Satzung erforderliche Zahl von Stimmen vorlag, **bestandskräftig** (statt vieler: BGHZ 148, 335, 341 ff; 152, 46, 49 f; BGH NJW 2009, 2132 Rn 29; Skauradszun Der Beschluss als Rechtsgeschäft S 137 mwN). Das Bedürfnis nach einer **klaren und verlässlichen** Aussage über die Existenz und den Inhalt eines Beschlusses ergibt sich aus der besonderen Situation von Personenvereinigungen, insbes solcher, die auf einen offenen Eigentümer-/Mitgliederkreis angelegt sind. Stellt der Abstimmungsleiter ein bestimmtes Beschlussergebnis fest und ficht niemand an, gehen nicht nur die Eigentümer von der Existenz des verkündeten Beschlusses aus und werden sich bei der Wahrnehmung ihrer Rechte an diesem orientieren. Auch die Organwalter legen ihrem Handeln typischer Weise den auf diese Weise kundgetanen Willen der Versammlung zugrunde. Darüber hinaus können Beschlüsse Außenwirkung entfalten, etwa weil der Umfang der Vertretungsmacht von der Existenz eines Ermächtigungsbeschlusses abhängt (s für Grundstückskauf- und Darlehensverträge § 9b Abs 1 S 1 WEG). Es liegt auf der Hand, welche unzuträglichen Folgen es für den Rechtsverkehr hätte, wenn man unbefristet den Einwand zulässt, dem Beschluss fehlte die erforderliche Stimmenzahl.

52 Diese Auffassung ist mit der Rechtsgeschäftslehre – entgegen der daran geübten Kritik (Rn 50) – vereinbar. Freilich ist es im Ausgangspunkt offensichtlich, dass sich die rechtlichen Wirkungen von Verkündungsbeschlüssen nicht allein mit Hilfe der privatautonomen Erklärungen der Eigentümer/Mitglieder legitimieren lassen. Daraus folgt aber **keine Unvereinbarkeit mit der Rechtsgeschäftslehre**. Das zeigt die Rechtsscheinlehre, die die Rechtsgeschäftslehre ergänzt und mit ihr eng verzahnt ist. Sie schützt zum einen das Vertrauen des Verkehrs auf bestimmte Tatbestände, ohne das rechtsgeschäftliche Interaktionen undenkbar sind, weil niemand ein Geschäft eingeht, wenn er sich nicht auf eine Bindung verlassen kann. Zum anderen geht diese Lehre aber darüber hinaus und sorgt für **objektiven Verkehrsschutz**, der nicht von der

Existenz irgendwie gearteten Vertrauens abhängt. Dieser Bereich wird verbreitet als „abstrakter Vertrauensschutz" bezeichnet (Neuner, AT [2020] § 10 Rn 83). Für den Bereich des WEG wird in Anknüpfung an die allg Rechtsscheinlehre vertreten, der Abstimmungsleiter setze mit der unrichtigen Ergebnisfeststellung und -verkündung den Rechtsschein eines entsprechenden Beschlusses. Dieser binde die Wohnungseigentümer, da der Vorsitzende aufgrund seiner Ordnungsfunktion befugt ist, das Beschlussergebnis verbindlich festzustellen. Ob der einzelne Wohnungseigentümer konkret auf das Beschlussergebnisses vertraut habe, sei unerheblich; die unrichtige Ergebnisfeststellung sei insoweit ein **abstrakter Rechtsscheintatbestand**, der im Interesse der Rechtssicherheit verbindlich sei (Becker ZWE 2002, 93, 96).

Eine Verengung der Rechtfertigung solcher Institutionen des Privatrechts, die der Rechtssicherheit und dem Verkehrsschutz dienen, auf den Vertrauensschutz, ist abzulehnen. Der Schutz „abstrakten Vertrauens" läuft auf „Vertrauensschutz ohne Vertrauen" hinaus (Leenen, in: Rechtsdogmatik und praktische Vernunft – Symposium zum 80. Geburtstag von Wieacker [1990] 108, 121). Tatsächlich geht es um **objektiven Verkehrsschutz** durch Ersatztatsachen, dh die Rechtsordnung knüpft statt an das tatsächliche Rechtsgeschäft an einen anderen Umstand an, dem sie eine hinreichende Richtigkeitsgewähr beimisst (s für die Niederschrift § 24 WEG Rn 246). Dieser Mechanismus lässt sich nicht nur bei Registereintragungen beobachten (zu § 15 HGB lesenswert Leenen, in: Rechtsdogmatik und praktische Vernunft – Symposium zum 80. Geburtstag von Wieacker [1990] 108, 120 ff), sondern ebenso beim sog kaufmännischen Bestätigungsschreiben (Häublein ÖBA 2014, 601). Er steht keineswegs beziehungslos neben der **Rechtsgeschäftslehre**, sondern **ergänzt** diese. Im Regelfall nämlich decken sich der Inhalt eines Bestätigungsschreibens, des Handelsregisters und die Feststellungen des Abstimmungsleiters mit dem Inhalt des darin verkörperten Rechtsgeschäfts. Gerade weil es die Rechtsordnung dem Betroffenen nur in sehr engen zeitlichen – ein Monat bei der Anfechtungsklage – oder inhaltlichen – Beschränkung auf den Einwand einer positiven Kenntnis bei § 15 HGB – Grenzen gestattet, sich auf die tatsächliche Rechtslage zu berufen, schafft sie für diesen einen Anreiz, sich im Eigeninteresse zügig um die Richtigstellung zu kümmern. Das sichert ein **hohes Maß an Übereinstimmung** der maßgeblichen Ersatztatsache mit der Realität (Leenen, in: Rechtsdogmatik und praktische Vernunft – Symposium zum 80. Geburtstag von Wieacker [1990] 108, 123; s auch K Schmidt DB 1994, 515, 519). Die Anerkennung von Verkündungsbeschlüssen erscheint geradezu notwendig um die Funktionsbedingungen der Privatautonomie abzusichern. Ohne klaren und verlässlichen Inhalt des Beschlusses bliebe derjenige, der von seinem Stimmrecht Gebrauch gemacht hat, im Unklaren über das Ergebnis seines rechtsgeschäftlichen Handelns. **53**

Die von den Kritikern der hM (Rn 50) vermisste gesetzliche Regelung, die dem Abstimmungsleiter die Rechtsmacht verleiht, einen Verkündungsbeschluss in die Welt zu setzen, lässt sich zum einen in den **Vorschriften über die Bestandskraft** von Eigentümerbeschlüssen finden (§§ 23 Abs 4 S 2, 44 f WEG) und zum anderen im mittlerweile gesetzlich verankerten **Verkündungserfordernis** (§ 24 Abs 7 S 2 Nrn 1 und 2 WEG). In ersteren drückt sich das Bestreben aus, Beschlussmängel zugunsten rechtssicherer Entschließungen hintan zu stellen. Mit der Rechtsgeschäftslehre ist das aus den dargelegten Gründen vereinbar (Rn 52). Einen Rechtssatz, nach dem der Gesetzgeber derartiges „ausdrücklich" oder „besonders deutlich" regeln muss, gibt es nicht. Vielmehr wird die Grenzziehung zwischen anfechtbaren und nichtigen Beschlüssen be- **54** wusst der Rechtspraxis überlassen. Die Aufnahme des Verkündungserfordernisses in § 24 Abs 7 S 2 WEG belegt zusätzlich den hohen Stellenwert, den der Gesetzgeber klaren und rechtssicheren Verhältnissen zumisst. Hinter der Norm steht die Wertung, selbst ein übereinstimmender Wille aller Eigentümer führe nicht zu einem wirksamen Geschäft, wenn es an einer Verkündung fehlt. Die damit verbundene Zielsetzung (Klarheit für die Eigentümer und ggf Dritte) würde unterlaufen, wenn man unbefristet den Einwand zuließe, es fehle ein die Verkündung tragender Beschlusstatbestand.

55 Sofern hinter der Kritik die unausgesprochene Annahme stehen sollte, die Verkündung durch den Vorsitzenden biete keine **hinreichende Gewähr für eine Konvergenz** von Abstimmungsergebnis und verkündetem Beschluss, so läge darin ebenfalls kein durchgreifender Einwand gegen die Position der hM. In aller Regel handelt es sich beim Abstimmungsleiter um eine neutrale Person, die den artikulierten Willen der Eigentümer nach der Abstimmung zutreffend wiedergibt. Hierzu wird sie durch das Protokollierungserfordernis zusätzlich angehalten. Zwar muss die Verkündung selbst nach hM nicht protokolliert werden (BGHZ 148, 335, 345; § 24 WEG Rn 228, 248). Jedoch sind „die gefassten Beschlüsse" in der Niederschrift festzuhalten, was den Vorsitzenden (mittelbar) dazu anhält, bei der Feststellung des Beschlussergebnisses besondere Sorgfalt an den Tag zu legen und den Beschlussinhalt in einer Form bekannt zu machen, die es den Eigentümern erlaubt, die Richtigkeit des Protokolls zu bestätigen. Eine Diskrepanz birgt nämlich die Gefahr einer Unterschriftsverweigerung durch die hierfür vorgesehenen Personen. Kommt das **Protokoll** nach Maßgabe der gesetzlichen oder vereinbarten Vorschriften zustande, bildet es **seinerseits eine Ersatztatsache** (§ 24 WEG Rn 246 ff). Dadurch tritt die praktische Bedeutung der inhaltsfixierenden Wirkung der Verkündung in der Versammlung zugunsten des nach dem Vier- bzw Sechs-Augen-Prinzip errichteten Protokolls deutlich zurück. Dieses bietet nach hier vertretener Ansicht eine hinreichende Richtigkeitsgewähr (zum Zweck des Unterzeichnungserfordernisses s § 24 WEG Rn 223). Dass der Gesetzgeber auf die Hinzuziehung eines Notars verzichtet hat, liegt im Rahmen seines Ermessens und zwingt nicht dazu, die entsprechenden Sachverhalte bei der Wohnungseigentümergemeinschaft anders zu bewerten als dies bei der AG der Fall ist.

cc) Pflicht zur Verkündung, insbes bei rechtswidrigen Beschlüssen

56 Den Abstimmungsleiter, dh den Vorsitzenden der Versammlung oder den Initiator eines Verfahrens nach § 23 Abs 3 WEG, trifft grundsätzlich die Pflicht, das Abstimmungsergebnis zu ermitteln und auf dieser Basis das Beschlussergebnis festzustellen und zu verkünden, dh den Abstimmenden **bekannt zu geben**. Während die Feststellung des Ergebnisses als ein interner Vorgang der Abstimmungsleitung (zur Ermittlung des Abstimmungsergebnisses durch den Versammlungsleiter s Rn 161) angesehen wird (Jennissen/Schultzky Rn 60), muss die Verkündung so erfolgen, dass für einen durchschnittlichen, aufmerksamen Versammlungsteilnehmer keine vernünftigen Zweifel am Beschlussergebnis verbleiben.

57 Nach Ansicht des BGH ist eine Weigerung, das Zustandekommen eines Beschlusses festzustellen, dann **nicht pflichtwidrig**, wenn sich der Vorsitzende wegen tatsächlicher oder rechtlicher Schwierigkeiten bei der Bewertung des Abstimmungsergebnisses außer Stande sieht, das Beschlussergebnis festzustellen (BGHZ 148, 335 = ZWE 2001, 530, 534 f; in BGHZ gekürzt abgedruckt). Derartige rechtliche Schwierigkeiten liegen zB vor, wenn eine Öffnungsklausel in der Gemeinschaftsordnung hinsichtlich der Berechnung der erforderlichen Mehrheiten unklar formuliert ist. Probleme bereitet ferner oft die abschließende Bewertung von Stimmverboten.

Weigert sich der Abstimmungsleiter das Zustandekommen eines Beschlusses festzustellen und zu verkünden oder unterbleibt dies aus anderen Gründen, kommt eine gerichtliche Feststellung des Beschlussergebnisses in Betracht (sog **Beschlussfeststellungs- oder -verkündungsklage**), was – jedenfalls bisher – ganz hM ist (gegen Feststellungs- und für Beschlussersetzungsklage nach § 44 Abs 1 S 2 WEG aber Staudinger/Lehmann-Richter § 44 WEG Rn 56 f). Nach Ansicht des BGH handelt es sich um einen **nicht fristgebundenen** (für analoge Anwendung von § 45 S 1 WEG aber Hügel/Elzer § 44 WEG Rn 11) Beschlussfeststellungsantrag (nunmehr wohl: analog § 43 Abs 2 Nr 4 iVm § 44 WEG) gegen die Gemeinschaft und die rechtskräftige Feststellung des Beschlussergebnisses durch das Gericht ersetzt die unterbliebene Feststellung des Versammlungsleiters (BGHZ 148, 335 = ZWE 2001, 530, 534 f; in BGHZ gekürzt abgedruckt). Dogmatisch überzeugen kann das freilich allenfalls dann, wenn man die fehlende Verkündung (mit der hier vertretenen Ansicht; s Rn 36) als ein Problem der Wirksamkeit ansieht und nicht dem Tatbestand des Beschlusses zuordnet. Denn andernfalls ginge es um die Feststellung von Etwas (= der Beschluss), das es (noch) gar nicht gibt, weshalb die Feststellungsklage als Rechtsbehelf konsequent ausscheiden müsste. 58

Nicht abschließend geklärt ist, wie zu verfahren ist, wenn auf Feststellung eines Beschlusses geklagt wird, der rechtswidrig ist. Hier kommt zum einen ein gestuftes Vorgehen in Betracht, bei dem zunächst der **rechtswidrige Beschluss** festgestellt wird, der dann in einem weiteren Verfahren angefochten werden müsste (AG Hamburg-Blankenese ZMR 2008, 1001; Müller NZM 2003, 222, 225; Deckert ZMR 2003, 153, 158). Nach der zum WEG aF hM ist die Rechtswidrigkeit und damit die Gültigkeit des Beschlusses insgesamt im Beschlussfeststellungsverfahren zu prüfen, was deutlich prozessökonomischer ist (OLG München ZMR 2007, 221; LG Hamburg ZMR 2011, 822, 823; Abramenko ZMR 2004, 789, 792; Becker ZWE 2006, 157, 161; wohl auch Soergel/Skauradszun Rn 33). Das setzte allerdings voraus, dass die zur Rechtswidrigkeit führenden Mängel geltend gemacht wurden, da diese – anders als zur Nichtigkeit führende Umstände (LG München I ZMR 2015, 152, 153) – nicht von Amts wegen zu berücksichtigen sind. Sollte die beklagte Gemeinschaft dies nicht tun, können interessierte Wohnungseigentümer zu diesem Zweck dem Streit beitreten (vgl Hügel/Elzer § 44 WEG Rn 8, die freilich entgegen der hM die Rechtswidrigkeit des Beschlusses nicht zum Gegenstand der Feststellungsklage zählen und eine Widerklage fordern). Unklar ist, ob man zu einem anderen Ergebnis gelangt, wenn man allein die Beschlussersetzungsklage für statthaft und andere Klagen durch § 44 Abs 1 S 2 WEG als gesperrt erachtet (Staudinger/Lehmann-Richter § 44 WEG Rn 57). 58a

Die Pflicht des Versammlungsleiters, dass Zustandekommen eines Beschlusses festzustellen und dessen Inhalt zu verkünden, erfasst nach hM **auch rechtswidrige Beschlüsse** (zu nichtigen Beschlüssen Rn 61). Allerdings darf er das Zustandekommen eines positiven Beschlusses grundsätzlich nur bei **Erreichen der erforderlichen Mehrheit** verkünden. Äußerst umstritten war, ob die Zustimmung der betroffenen Eigentümer bei **Beschlüssen gem § 22 Abs 1 WEG aF** im Rahmen der Ermittlung der erforderlichen Mehrheit zu berücksichtigen ist. Der BGH erblickt in der nach altem Recht erforderlichen Zustimmung allein eine Frage der Ordnungsmäßigkeit des Beschlusses 59 (zu dieser Argumentation s Vorauflage Rn 60 sowie HÄUBLEIN NJW 2005, 1466 und NZM 2007, 752, insbes 758 f;), sodass der Beschluss auch bei Fehlen der Zustimmung zu verkünden ist (BGH 29. 5. 2020 – V ZR 141/19 Rn 19 ff, ZWE 2020, 379; zust Anm WOBST ZWE 2020, 383, 385 f).

60 Der wesentliche Grund für die Annahme einer Verkündungspflicht besteht darin, dass der Versammlungsleiter **Funktionsgehilfe der Versammlung** (dazu § 24 WEG Rn 126, 131 f) ist. Nach zutreffender Ansicht des BGH muss er die erfolgte Abstimmung respektieren, und er darf sich über die mehrheitliche Willensbildung auch dann nicht hinwegsetzen, wenn deren Ergebnis ordnungsmäßiger Verwaltung widerspricht. Der Versammlungsleiter sei nicht Aufsichtsorgan der Wohnungseigentümer und das Verkündungserfordernis diene nicht der Durchsetzung des Gebots der ordnungsmäßigen Verwaltung (BGH 29. 5. 2020 – V ZR 141/19 Rn 25, ZWE 2020, 379).

61 Ungeklärt ist die Rechtslage nach wie vor bei **nichtigen Beschlüssen**. Leidet der Beschluss an einem zur Nichtigkeit führenden Mangel, kann auch die Verkündung ihm nicht zur Wirksamkeit verhelfen. Ob ein nichtiger Beschluss gleichwohl verkündet werden darf oder sogar eine Pflicht zur Verkündung besteht, hatte der BGH noch nicht zu entscheiden. Die Funktionsgehilfeneigenschaft des Abstimmungsleiters spricht für eine Verkündungspflicht (so iErg JENNISSEN/SCHULTZKY Rn 66). Andere meinen, eine Verkündung nichtiger Beschlüsse sei zumindest nicht zu beanstanden (BONIFACIO DWE 2011, 9, 10) oder die Verkündung nichtiger Beschlüsse wird für unzulässig gehalten (KÜMMEL ZWE 2006, 278, 282).

62 Erblickt man in der Verkündung eine Tatbestandsvoraussetzung des Beschlusses, dürfte § 140 BGB für eine Verkündungspflicht sprechen (die Umdeutungsmöglichkeit würdigt BONIFACIO DWE 2011, 9, 10 mE zu Unrecht nicht). Da zB die Umdeutung eines Beschlusses über die Zuweisung eines Gebäudebestandteils zum Sondereigentum in eine Kostenverteilungsregelung voraussetzt, dass die Parteien den Beschlusstatbestand geschaffen haben, wäre die fehlende Verkündung mit dem Fehlen eines umdeutungsfähigen Rechtsgeschäfts gleichzusetzen. Den Eigentümern die Möglichkeit zu nehmen, sich mit Erfolg auf § 140 BGB zu berufen (zur grundsätzlich Zulässigkeit der Umdeutung von Beschlüssen JENNISSEN/SCHULTZKY Rn 78; auch der BGH greift auf § 140 BGB zurück NJW 2010, 2801 Rn 7; 2013, 1962 Rn 6), kann aber nicht Sache des Abstimmungsleiters sein, der als bloßer Funktionsgehilfe agiert (Rn 60). Siedelt man das Verkündungserfordernis hingegen mit der hier vertretenen Auffassung (s Rn 36) auf der Stufe der Wirksamkeit des Rechtsgeschäfts an, greift dieses Argument nicht durch.

63 Bei der Lösung des Problems sollte das aus § 140 BGB hergeleitete Argument aber ohnehin nicht den Ausschlag geben. Selbst bei Verkündung des Beschlusses durch den Abstimmungsleiter bleibt der im Wege der Umdeutung ermittelte Inhalt des Geschäfts für die Eigentümer nämlich im Dunkeln, sodass die Verkündung ein zentrales Ziel nicht erreicht. Eine rechtssichere Grundlage für die künftige Verwaltung kann nur durch eine gerichtliche Entscheidung darüber geschaffen werden, ob eine Umdeutung in Betracht kommt. Dabei ist der BGH (BGHZ 202, 346 Rn 21), ebenso wie bei der teilweisen Aufrechterhaltung von wohnungseigentumsrechtlichen Beschlüssen entsprechend § 139 BGB (dazu BGH NJW 2012, 2648 Rn 10), zurückhaltend. Bei der Beschlussmängelklage stehe dem Richter kein Gestaltungsermessen zu (BGH NJW 2012, 2648 Rn 9), sondern es sei Sache der Eigentümer, innerhalb der durch das Recht gesetzten Schranken die Verwaltung des Gemeinschaftseigentums in eigener Regie privatautonom zu regeln.

Sieht der Verwalter von einer Verkündung ab, ist das Fehlen einer Regelung erkennbar und die Eigentümer wissen, dass sie ihr Gestaltungsermessen (erneut) ausüben müssen. Das schafft klare Verhältnisse, weil verhindert wird, dass der Anschein eines wirksamen Beschlusses entsteht (das würdigt Wobst ZWE 2020, 383, 385 nicht und geht von einer Verkündungspflicht bei Nichtigkeit aus). Die **Weigerung**, das Ergebnis zu verkünden, ist daher nach hier vertretener Ansicht **nicht pflichtwidrig**. Freilich gilt das nur, wenn der Beschluss tatsächlich nichtig ist, und genau dies kann der Versammlungsleiter in vielen Fällen nicht verlässlich feststellen. Deswegen erscheint **gleichfalls** die Annahme **problematisch**, der Abstimmungsleiter dürfe **nichtige Beschlüsse nicht verkünden** (davon zu unterscheiden ist die Frage der Durchführung des Beschlusses, dazu Staudinger/Jacoby § 27 WEG Rn 72). Vorzugswürdig ist es, die **Verkündung** solcher Beschlüsse **zuzulassen**. Diejenigen, die eine Verkündung für pflichtwidrig halten, müssen sich fragen lassen, warum der zu einem nichtigen Beschluss führende Antrag überhaupt zur Abstimmung gestellt werden darf. Will man den Anschein eines wirksamen Beschlusses vermeiden, wäre es konsequent, bereits hier, also am Anfang, anzusetzen. Hinzu kommt, dass zumindest dem professionellen Abstimmungsleiter/Verwalter der Vorwurf droht, er habe die mögliche Beschlussnichtigkeit bereits im Vorfeld der Versammlung erkennen können und sich deswegen durch einen Fachmann beraten lassen müssen, um seine Pflichten ordnungsgemäß erfüllen zu können. Das Ergebnis wäre, dass sich der Versammlungsleiter nicht allein deswegen auf fehlendes Verschulden berufen könnte, weil man von ihm die komplizierte Abgrenzung der Anfechtungs- und Nichtigkeitsgründe nicht verlangen kann. Da die Verkündung demnach nicht pflichtwidrig ist, handelt der Verwalter auch nicht widersprüchlich, wenn er trotz Verkündung Wirksamkeitsbedenken zu Protokoll gibt und die Durchführung ablehnt. **63a**

d) Vereinbarungen über das Zustandekommen und die Wirksamkeit von Beschlüssen

Nach hM können in Ergänzung der gesetzlichen Vorschriften **weitere Anforderungen** an Beschlüsse der Wohnungseigentümer vereinbart werden (Hügel/Elzer Vor §§ 23 ff Rn 29). Hierzu gehören sog **qualifizierte Protokollierungsklauseln**, die der Dokumentation von Versammlungsbeschlüssen in einer Niederschrift eine stärkere Bedeutung zumessen als § 24 Abs 6 WEG (zur Wirksamkeit nicht protokollierter Beschlüsse § 24 WEG Rn 220). Derartige Vereinbarungen haben eine gewisse Verbreitung (vgl BGHZ 136, 187; NJW 2012, 2512; 2016, 568; OLG Schleswig ZMR 2006, 721; OLG München NJW 2008, 156; OLG Frankfurt ZWE 2011, 363), was auch für die damit verwandten **qualifizierten Eintragungsklauseln** gilt. Bereits vor Einführung der Beschluss-Sammlung durch das WEG im Jahr 2007 sahen Gemeinschaftsordnungen die Führung eines „Beschluss-" oder „Protokollbuches" vor und knüpften die Geltung von Beschlüssen an die Eintragung (dazu etwa OLG Düsseldorf ZMR 2005, 218; OLG Köln ZMR 2006, 711). Beides dient letztlich Dokumentationszwecken, was die Frage aufwirft, welche Rechtsfolgen Verstöße haben (ausf dazu § 24 WEG Rn 243 ff). **64**

Denkbar sind ferner Vereinbarungen über **qualifizierte Mehrheiten oder gar Ein-/Allstimmigkeit** (OLG Hamm ZWE 2008, 465 = ZMR 2009, 219) in Angelegenheiten, die nach dem WEG mit (einfacher) Stimmenmehrheit beschlossen werden können oder, umgekehrt, (einfache) Mehrheitsbeschlüsse dort, wo nach dem Gesetz Einstimmigkeit **65** vorgesehen ist (zu sog Öffnungsklauseln s Staudinger/Wobst [2023] § 10 WEG Rn 20). Ob es tatsächlich das Ziel einer Vereinbarung ist, die nach dem Gesetz vorgesehene einfache Mehrheit durch eine qualifizierte zu ersetzen, muss bei **Gemeinschaftsordnungen aus der Zeit vor dem 1. 12. 2020** durch Auslegung nach Maßgabe des § 47 WEG (s dort) ermittelt werden. Ausnahmen vom Dispositivitätsgrundsatz des § 10 Abs 1 S 2 WEG enthalten §§ 17 Abs 3, 26 Abs 5 WEG. Zu Modifizierungen des Einstimmigkeitserfordernisses in **§ 23 Abs 3 WEG** s Rn 293 ff.

66 Ungeklärt ist, ob das **Verkündungserfordernis** modifiziert oder abbedungen werden kann. Das ist wegen § 10 Abs 1 S 2 WEG zu bejahen, und zwar in beide Richtungen. So können die Eigentümer eine förmliche Verkündung ebenso vereinbaren wie den Verzicht auf eine Bekanntgabe des Beschlussergebnisses in der Versammlung. Ob darüber hinaus auch die Wirkungen eines verkündeten Beschlusses durch Vereinbarung modifizierbar sind, ist eine andere Frage. Jedenfalls zu Lasten Dritter, die mit einem Verkündungsbeschluss konfrontiert werden, etwa weil sich aus diesem eine Vertretungsermächtigung iSv § 9b Abs 1 S 1 WEG ergibt, ist das abzulehnen.

4. Wirkungen von Beschlüssen

a) Funktionen des Beschlusses als Ausgangspunkt

67 Die Beschlusswirkungen hängen eng mit dessen Funktionen zusammen. Gemeinhin wird davon ausgegangen, der Beschluss lege den **gemeinschaftsinternen Willen** verbindlich fest (BGHZ 148, 335, 349; Hügel/Elzer Vor §§ 23 ff WEG Rn 4). Das dürfte allerdings eine verkürzende Sichtweise sein, weil damit die **regelnde Funktion** (und Wirkung) von Beschlüssen keinen Ausdruck findet. Sie wiederum liegt aber der Einordnung des Beschlusses als Rechtsgeschäft seitens der hM zugrunde (Rn 11). Insbes nicht ausführungsbedürftige Beschlüsse, wie etwa solche über eine Hausordnung, (sonstige) Gebrauchsregelungen, die Änderung des Kostenverteilungsschlüssels oder die Genehmigung einer baulichen Veränderung, gestalten unmittelbar das Gemeinschaftsverhältnis aus. Bedürfen die Beschlüsse hingegen einer Ausführung, haben sie nicht nur eine die Ausführungshandlung legitimierende Funktion (und Wirkung), sondern begründen regelmäßig auch Ausführungspflichten, insbes des Verwalters (früher explizit in § 27 Abs 1 Nr 1 WEG aF normiert).

68 Daran knüpft die Unterscheidung der Verwaltungsmaßnahmen in **Verwaltungsentscheidungen** (Willensbildung, Beschlussfassung) und Verwaltungshandlungen, die der Durchführung des Ergebnisses der Willensbildung dienen an (dazu Staudinger/Lehmann-Richter § 18 WEG Rn 17). Insofern entspricht es, ganz im Sinne des in Rn 67 Gesagten, einhM, dass nicht jeder Beschluss einer Umsetzungshandlung bedarf (Hügel/Elzer Vor §§ 23 WEG ff Rn 37). Vielmehr entfalten sie ihre regelnde, rechtsgestaltende Wirkung allein durch ihre Existenz. Das gilt auch für den Bestellungsbeschluss, zB bei der Wahl eines Verwalters (Staudinger/Jacoby § 26 WEG Rn 54, 148 ff, dort explizit anders für den Verwaltervertrag). Der Umstand, dass die Wahl in das Amt der Zustimmung des Gewählten bedarf, bedeutet keine Umsetzungshandlung seitens der Gemeinschaft, sondern trägt allein dem Interesse des Gewählten Rechnung, nicht gegen seinen Willen ein Amt bekleiden zu müssen.

69 **Negativbeschlüsse** sind nach heute auch im Bereich des WEG ganz herrschender Meinung ebenfalls Beschlüsse (s Rn 106 ff). Diese Einordnung vermag nur zu überzeugen,

wenn man allein auf die Willensbildungsfunktion von Beschlüssen abstellt (der Sache nach HÜGEL/ELZER Vor §§ 23 ff Rn 2, wo von Festlegungs- und Ordnungsfunktion gesprochen wird). Hinsichtlich der Regelungsfunktion bestehen aber Unterschiede zwischen Positiv- und Negativbeschlüssen (näher dazu Rn 108).

b) Bindungswirkung

Mit dem Begriff der Bindungswirkung ist hier die **Verbindlichkeit** der beschlossenen Regelung **für und gegen bestimmte Personen** (nicht zustimmende Eigentümer, Sondernachfolger, Dritte) gemeint und nicht die Möglichkeit der Eigentümer, von einer einmal getroffenen Regelung wieder abzuweichen (zum sog Zweitbeschluss s Rn 95). § 10 Abs 3 S 2 WEG erklärt Beschlüsse auch ohne Grundbucheintrag in Bezug auf **Sondernachfolger** (Einzelrechtsnachfolger) für verbindlich (STAUDINGER/WOBST [2023] § 10 WEG Rn 96). Auch wenn das reformierte WEG diesen Aspekt nicht mehr ausdrücklich ausspricht (s § 10 Abs 5 WEG aF), sind **opponierende oder abwesende Eigentümer** an Rechtshandlungen bei der Beschlussumsetzung (Verwaltungshandlungen iSv Rn 68) gebunden. Dies erreicht das neue Recht über die konsequente Zuweisung der Verwaltungshandlungen an die rechtsfähige Gemeinschaft (§ 18 I WEG). Erst recht sind diese Personen an die regelnde Wirkung der Beschlüsse unmittelbar ebenso gebunden wie die den Beschluss tragende Mehrheit. Das folgt unmittelbar aus der Zulassung des Mehrheitsbeschlusses als Regelungsinstrument (HÜGEL/ELZER Vor §§ 23 WEG ff Rn 33). Die Wirkung setzt – vorbehaltlich einer abweichenden Regelung (dazu Rn 73) unmittelbar mit der Verkündung ein, entfällt aber im Falle einer erfolgreichen Anfechtung **ex tunc**. 70

Neben den Wohnungseigentümern bindet der Beschluss auch den **Verwalter**, der ihn durchführen muss. Nicht abschließend geklärt ist, ob die Eigentümer zu Lasten des Verwalters einseitig weitere Pflichten begründen können bzw wo die Grenzen hierfür liegen. Im Ausgangspunkt ist der Amtsträger neben den Vereinbarungen auch an sämtliche Beschlüsse gebunden (HÜGEL/ELZER § 26 Rn 61). Sie gestalten das vom Verwalter bekleidete Amt aus. Allerdings erscheint es nicht interessengerecht, dem Verwalter die Durchführungspflicht ohne jede Einschränkung zu übertragen (s dazu auch § 24 WEG Rn 47 sowie; STAUDINGER/JACOBY § 27 WEG Rn 79). Vielmehr ist jeweils im Einzelfall, insbes unter Berücksichtigung der vertraglichen Absprachen der Parteien und der damit verbundenen Risikoverteilung, zu entscheiden, ob die Begründung einer Verpflichtung ausnahmsweise des Einverständnisses des Verwalters bedarf oder dieser die Anpassung des Vertrages, insbes seiner Vergütung (dazu, dass in der Regelung der Vergütung die eigentliche Funktion des Verwaltervertrages liegt, s HÄUBLEIN, in: ULMER/BRANDNER/HENSEN, AGB-Recht Teil 2 [61] Rn 50 aE; zur Reichweite der Gestaltungsmacht des Verwaltervertrags ausf WOBST ZWE 2022, 15), verlangen oder zumindest den Vertrag und das Amtsverhältnis (außerordentlich) beenden kann. 71

Dritte, zB Nutzungsberechtigte, wie Mieter, Pächter oder Nießbraucher, oder bereits ausgeschiedene Eigentümer, sind **nicht unmittelbar** an die Beschlüsse der Wohnungseigentümer gebunden (statt vieler s etwa LG Nürnberg-Fürth ZMR 2010, 69 = ZWE 2010, 26; ARMBRÜSTER/M MÜLLER ZWE 2007, 227 und ZMR 2007, 321; KÜMMEL ZWE 2008, 273, 275; hM). „Gesamtakte" zu Lasten Dritter gelten ebenso als unzulässig wie derartige Verträge (BGHZ 142, 290; ZMR 2012, 284 = ZWE 2012, 90 Rn 9 ff). **Mittelbar** können die Beschlüsse der Wohnungseigentümer aber auch für diese Personen Auswirkungen haben (vgl 72

§ 9b Abs 1 WEG; ausf JACOBY ZWE 2012, 70, 73 f; zu den Auswirkungen der Beschlüsse auf die Geschäftsgrundlage von Mietverträgen s ferner LEHMANN-RICHTER ZWE 2009, 345).

c) Abreden über den Zeitpunkt des Eintritts der Beschlusswirkungen

73 Beschlüsse können gem den §§ 158 ff BGB unter einer (aufschiebenden oder auflösenden) **Bedingung** gefasst und **befristet** werden (OLG Köln ZMR 2005, 227; HÄUBLEIN ZWE 2008, 368, 370). Derartige Bedingungen haben nichts mit der Wirksamkeit des Rechtsgeschäfts zu tun, sondern betreffen lediglich dessen Wirkungen (BÄRMANN/DÖTSCH Rn 317; zur Unterscheidung von Wirksamkeit und Wirkungen von Willenserklärungen und Rechtsgeschäften s LEENEN, in: FS Canaris [2007] Bd I, 699, 702 ff; LEENEN/HÄUBLEIN, Allg Teil [2021] § 4 Rn 105 ff, § 7 Rn 1 sowie zu Bedingungen und Befristungen § 10 Rn 7 ff). Die Bedingung kann auch einzelne Aspekte der Beschlusswirkungen betreffen, zB die **Durchführungspflicht** des Verwalters. In der Praxis wird vor allem diese häufig von der Bedingung des Eintritts der Bestandskraft des Beschlusses oder dem Verstreichen einer entsprechenden Frist abhängig gemacht (zu einem Alternativvorschlag s HÄUBLEIN ZWE 2020, 311). Insbes bei umfangreichen Baumaßnahmen kommt es ferner nicht selten zu einem Liquiditätsvorbehalt, dh der Verwalter soll die beschlossenen Aufträge erst erteilen, wenn die notwendigen Mittel hierfür auf dem Konto der Gemeinschaft eingegangen sind (s STAUDINGER/JACOBY § 27 WEG Rn 82; zur Sicherung der Finanzierung in der Untergemeinschaft bei einer Mehrhausanlage HÄUBLEIN ZWE 2010, 149, 155, auch zur Außenwirkung derartiger Beschränkungen). Große praktische Bedeutung erlangt die bedingte Beschlussfassung außerdem seit Einführung der Kostenverteilung für bauliche Veränderungen in § 21 Abs 2 und 3 WEG (STAUDINGER/JACOBY § 20 WEG Rn 68).

74 Von der Bedingung des Beschlusses ist die unzulässige **bedingte Stimmabgabe** zu unterscheiden. Die Stimmabgabe ist im Interesse klarer und rechtssicherer Rechtsverhältnisse innerhalb der Gemeinschaft **bedingungsfeindlich** (im Bereich des WEG einhM; s OLG Düsseldorf ZWE 2002, 418, 419; jurisPK-BGB/REICHEL-SCHERER Rn 40; F SCHMIDT ZWE 2000, 155, 157; ebenso zum Vereinsrecht STAUDINGER/SCHWENNICKE [2019] § 32 BGB Rn 89; gegenteilige Ansichten werden im Verbandsrecht für bestimmte Konstellationen vertreten, vgl MünchKommGmbHG/DRESCHER, 3. Aufl 2019, § 47 Rn 32; OPPERMANN/vBONIN/BERTHOLD ZIP 2017, 2338;). Es ist daher unerfindlich, wie ein Eigentümer bei einer Beschlussfassung über eine Baumaßnahme seine Stimme „unter Verwahrung gegen die Kostenlast" abgeben können soll, was gleichwohl gelegentlich angenommen wird (s BGH ZWE 2017, 18). Eine bedingte Stimmabgabe ist iZw unwirksam (zu den Rechtsfolgen der Vornahme eines bedingungsfeindlichen Geschäfts unter einer Bedingung STAUDINGER/BORK [2020] Vorbem 44 zu §§ 158–163 BGB). Von der bedingten Stimmabgabe zu unterscheiden sind die Fälle, in denen eine außerhalb des Abstimmungsverfahrens erteilte Zustimmung iSv § 20 Abs 3 WEG an die Kostenübernahme durch den Bauwilligen geknüpft ist oder im Beschlussantrag selbst die Gestattung der (individualnützigen) Baumaßnahme von der Kostentragung durch den Bauwilligen abhängig gemacht wird (für Zulässigkeit einer solchen Bedingung OLG Düsseldorf NZM 2006, 109; s jetzt auch § 21 Abs 1 WEG).

d) Anspruchsbegründung und -untergang durch Beschluss?

75 Zu einem für die Praxis sehr wichtigen Thema hat sich die Frage entwickelt, ob durch Beschluss Ansprüche der Gemeinschaft gegen einzelne Eigentümer, zB auf Zahlung oder andere Leistungen, die auch in einem Unterlassen bestehen können, begründet werden können. Davon wird für den Bereich der Beitragspflichten ausgegangen, weil und insofern § 28 Abs 1 und Abs 2 WEG ein Beschlusserfordernis statuieren,

das den Wirtschaftsplan, die Jahresabrechnung und etwaige Sonderumlagen betrifft (dazu Staudinger/Häublein/Lehmann-Richter § 28 WEG Rn 5). Jenseits dieser gesetzlich vorgesehenen Fälle wird eine **Beschlusskompetenz** zur Anspruchsbegründung von der ganz hM aber **abgelehnt** (BGH NJW 2010, 2801 Rn 10; 3093 Rn 11 ff; ZWE 2011, 403 Rn 51 f; NJW 2012, 2796 Rn 9; Schmidt/Riecke ZMR 2005, 252; Wenzel NZM 2004, 542; zur fehlenden Kompetenz, eine [gesamtschuldnerische] Haftung der Eigentümer gegenüber Dritten zu begründen, s ferner BGHZ 163, 154, 173: 195, 22).

76 Gleichsam spiegelbildlich stellt sich die Frage nach der Beschlusskompetenz auch, wenn es um den **Untergang von Ansprüchen** geht. Dabei geht es zum einen um die Fälle eines Zweitbeschlusses, durch den ein anspruchsbegründender Beschluss, zB über eine Sonderumlage aufgehoben oder modifiziert werden soll. Solche Beschlüsse sind als sog Zweitbeschlüsse nach Maßgabe der Rn 95 ff zulässig. Davon zu unterscheiden sind die Sachverhalte, in denen auf einen Anspruch, der aus einer gesetzlichen Norm, zB §§ 280 Abs 1, 823 BGB oder § 14 Abs 3 WEG, erwachsen ist, (partiell) „verzichtet" werden soll. Nach hM fehlt insoweit ebenfalls die Beschlusskompetenz (BGH NJW 2015, 3713 Rn 12; OLG Düsseldorf ZMR 2006, 459; Jennissen/Schultzky Rn 186; Niedenführ/Schmidt-Räntsch/Vandenhouten/Vandenhouten Rn 31; Schmidt/Riecke ZMR 2005, 252). Gleichwohl wird zT eine pauschale (vergleichsweise) **Abgeltung** von Ansprüchen für zulässig gehalten (BayObLGZ 1994, 140 = ZMR 1994, 420). Gleiches gilt für die beschlussweise Zustimmung der Eigentümer zu einem Vergleich, selbst wenn die zugrundeliegenden Ansprüche den jeweiligen Eigentümern zustanden und nur durch den Verband ausgeübt wurden (s dazu OLG Jena ZMR 2007, 65; Bärmann/Suilmann § 9a WEG Rn 77). Die Grenzen der Beschlusskompetenz sind insofern noch nicht abschließend geklärt.

77 Vor dem Hintergrund der mit dem Fehlen der Beschlusskompetenz verbundenen **Nichtigkeitsfolge**, stellt sich bei den vorstehend behandelten Beschlüssen in der Praxis regelmäßig die Frage, ob die Eigentümer eine Anspruchsbegründung wirklich wollten oder ob es ihnen nicht **lediglich** darum ging, ihr Rechtsverständnis über das Bestehen/Nichtbestehen eines Anspruchs zum Ausdruck zu bringen und eine **Anspruchsdurchsetzung**, zB durch außergerichtliche Leistungsaufforderung (Mahnung) des vermeintlichen Schuldners vorzubereiten. Ob eine solche gesetzeskonforme und damit letztlich geltungserhaltende Auslegung in Betracht kommt (dazu BGHZ 142, 290, 298 und ZWE 2015, 335 Rn 28: Die zu einer gesetzmäßigen Verwaltung verpflichteten Wohnungseigentümer wollen **iZw keinen rechtswidrigen Beschluss** fassen; LG München I 11. 8. 2022 – 36 S 613/22 WEG juris Rn 73), hängt von der Formulierung des konkreten Beschlusses und den sonstigen aus dem Protokoll ersichtlichen Umständen ab. Zum Teil wird davon ausgegangen, konstitutive Handlungspflichten müssten für den Betroffenen „klar erkennbar" beschlossen werden, weshalb ein Beschluss **iZw nur als Hinweis** auf die materielle Rechtslage anzusehen sei, der die Rechtsverfolgung gegen den betroffenen Wohnungseigentümer durch Ermächtigung des Verwalters ermögliche, nicht aber selbstständig eine entsprechende Handlungspflicht des Wohnungseigentümers begründe (KG ZMR 2010, 133 = ZWE 2010, 186; LG Köln ZMR 2013, 473; Niedenführ/Schmidt-Räntsch/Vandenhouten/Vandenhouten Rn 30).

5. Beschlussinhalt und Beschlussarten

78 Angesichts der Tatsache, dass die Wirkungen eines Beschlusses davon abhängen, welchen Inhalt der Beschluss hat, kommt dessen Ermittlung **große praktische Bedeu-**

tung zu. Sie erfolgt, wie bei anderen Geschäften, durch Auslegung (s Rn 79). Ferner steht man bei Beschlüssen, ebenfalls wie bei anderen Rechtsgeschäften, vor dem Problem, dass ihr Inhalt gewisse Mindestanforderungen an die Bestimmbarkeit erfüllen muss (Rn 84). Beide Fragen hängen eng miteinander zusammen, weil ein Bestimmtheitsmangel zu verneinen ist, wenn dem Geschäft im Wege der Auslegung die (normativ) gewollte Rechtsfolge entnommen werden kann. Schließlich werden Beschlüsse in Abhängigkeit von ihrem Inhalt bestimmten Kategorien von Beschlüssen zugeordnet, die hier ebenfalls dargestellt werden, wobei allerdings auch die Umstände des Zustandekommens mitberücksichtigt werden (s Rn 91).

a) Ermittlung des Beschlussinhalts und ergänzende Auslegung

79 Im Ausgangspunkt gelten nach hM die Grundaussagen der §§ 133, 157 BGB auch für Wohnungseigentümerbeschlüsse (zum weiten, über den Wortlaut hinausgehenden Anwendungsbereich der Normen s Staudinger/Singer [2021] § 133 BGB Rn 3; Staudinger/H Roth [2020] § 157 BGB Rn 1). Dh es wäre fehlerhaft, allein am Wortlaut „zu haften" und man muss auf den Horizont eines redlichen Eigentümers („Treu und Glauben") unter Berücksichtigung der gesamten, für diesen erkennbaren Umstände (wozu auch eine „Verkehrssitte" zählt, die der redliche Empfänger regelmäßig kennen muss; zum Kennenmüssen s Staudinger/Singer [2021] § 133 BGB Rn 68) abstellen.

80 Allerdings sind Beschlüsse grundsätzlich „aus sich heraus" **objektiv und normativ** auszulegen (dazu, dass durch die Merkmale „Treu und Glauben" sowie „Verkehrssitte" auch in § 157 BGB eine verkehrsschützende objektive Auslegung angelegt ist, Staudinger/H Roth [2020] § 157 BGB Rn 2). Auf die subjektiven Vorstellungen der an der Beschlussfassung Beteiligten, also deren „wirklichen Willen" (zur eingeschränkten Anwendbarkeit von § 133 BGB etwa KG OLGZ 1981, 307, 308; Soergel/Skauradszun Rn 26: Regelung des Einzelfalls allein unter den gegenwärtigen Eigentümern; zur Auslegung von GO-Beschlüssen s unten bei Rn 93), kommt es ebenso wenig an wie auf die Vorstellungen des Antragsstellers/Initiators (zu einer Ausnahme bei GO-Beschlüssen s Rn 81). Maßgebend sind der protokollierte Beschlusswortlaut und der sonstige Protokollinhalt; Umstände außerhalb des protokollierten Beschlusses können nur berücksichtigt werden, wenn sie nach den besonderen Verhältnissen des Einzelfalls für jedermann ohne Weiteres erkennbar sind (einhM; statt vieler BGHZ 139, 288; NJW 2010, 3093 Rn 9; OLG Frankfurt ZMR 2013, 296 = ZWE 2013, 211; s hierzu im Kontext der Niederschrift § 24 WEG Rn 250 f). Aus der Bedeutung des Protokolls für die Auslegung der Beschlüsse, die die Rechtslage in der Anlage bestimmen, folgen entsprechende Anforderungen an den Protokollverantwortlichen und ein Anspruch auf Aufnahme der relevanten Umstände in die Niederschrift (§ 24 WEG Rn 231).

81 Für die **Auslegung** von Beschlüssen **im gerichtlichen Verfahren** gilt Folgendes: Angesichts der Fokussierung auf die Niederschrift (§ 24 WEG Rn 250) ist deren tatrichterliche Würdigung im Rahmen der Auslegung jedenfalls bei Beschlüssen, die Sondernachfolger zu binden geeignet sind, nach einhM **nicht allein auf Rechtsfehler** überprüfbar. Der Revisionsrichter kann solche Beschlüsse **uneingeschränkt selbst auslegen** (BGHZ 139, 288, 291; BGH ZMR 2016, 638 = ZWE 2016, 325 Rn 13; OLG Köln ZWE 2000, 429, 430). Damit wird an die Auslegung von im Grundbuch eingetragenen Erklärungen angeknüpft; denn soweit ein Beschluss „aus sich heraus" auszulegen ist, dh nur die aus dem Protokoll ersichtlichen und für jedermann sonst erkennbaren Umstände Berücksichtigung finden dürfen, besteht kein Grund, die Auslegung als rechtliche

Würdigung dem Tatrichter vorzubehalten. Anders ist es aber dort, wo ausnahmsweise der tatsächliche Wille der Beteiligten maßgeblich ist, nach hier vertretener Ansicht also bei **GO-Beschlüssen** (Rn 93). Nach der Gegenansicht ist die eigenständige Auslegung durch das Revisionsgericht nicht auf Beschlüsse beschränkt, die für Sondernachfolger gelten sollen, weil § 10 Abs 3 S 2 WEG (§ 10 Abs 4 WEG aF) für jeden Beschluss gelte (KG ZWE 2010, 186 f; Bärmann/Dötsch Rn 96).

Hält man den Beschluss mit der hM (s Rn 11) für in der Rechtsgeschäftslehre verankert, liegt es nahe, auch eine **ergänzende Auslegung** zuzulassen (so auch die hL; s etwa Bärmann/Dötsch Rn 87), wenn sich der durch Auslegung des Beschlusses ermittelte Inhalt als lückenhaft erweist (zum Erfordernis der Regelungslücke ausf Staudinger/H Roth [2020] § 157 BGB Rn 15 ff). Bereits bei der Ermittlung der planwidrigen Unvollständigkeit (= Lücke) muss man aber der Begrenzung des Auslegungsstoffes Rechnung tragen, weil auch die Umstände, die für eine Lücke sprechen, für nicht anwesende Eigentümer und Sondernachfolger erkennbar sein müssen (zu diesem die ergänzende Auslegung begrenzenden Aspekt BGH ZWE 2015, 335 = ZMR 2015, 726 Rn 28). Ganz in diesem Sinn wendet der BGH in st Rspr die ergänzende Vertragsauslegung auf Vereinbarungen der Wohnungseigentümer an, betont dabei aber, dass auf den Wortlaut und Sinn der Eintragung abzustellen ist, wie er sich aus unbefangener Sicht als nächstliegende Bedeutung des Eingetragenen ergibt (BGHZ 160, 354 Rn 21 ff; NJW 2016, 568 Rn 18 ff; in der Sache bereits BGHZ 92, 18, 21). Sofern der **hypothetische Parteiwille aus den berücksichtigungsfähigen Unterlagen** ermittelt werden kann, gibt es keinen Grund, eine ergänzende Auslegung generell auszuschließen (BGHZ 160, 354 Rn 23 mHinw auf Grebe DNotZ 1988, 275, 283; s hierzu auch Staudinger/Wobst [2023] § 10 WEG Rn 35, 54). 82

Das gilt **sinngemäß für Beschlüsse** (zur ergänzenden Auslegung von Beschlüssen s BayObLG 26. 3. 1993 – 2Z BR 122/92 juris Rn 22 ff, WuM 1993, 482; OLG Düsseldorf 21. 10. 2005 – I-3 Wx 164/05 juris Rn 29, ZMR 2006, 296). Für eine ergänzende Auslegung ist neben einer Lücke erforderlich, dass mit hinreichender Sicherheit ermittelt werden kann, was die Wohnungseigentümer beschlossen hätten, wenn ihnen das Regelungserfordernis zur Erreichung ihres mit dem Beschluss (erkennbar) verfolgten Ziels bekannt gewesen wäre (vgl BGH ZWE 2015, 335 = ZMR 2015, 726 Rn 28). Dabei ist darauf abzustellen, was redliche Wohnungseigentümer bei einer **angemessenen Abwägung ihrer Interessen nach Treu und Glauben** vereinbart haben würden, wenn sie den nicht geregelten Fall bedacht hätten. Darüber hinaus sind die besonderen, über die jedem Schuldverhältnis innewohnenden Pflichten hinausgehenden Schutz- und Treuepflichten zu beachten, die von jedem Eigentümer gegenüber der Gemeinschaft und gegenüber jedem anderen Wohnungseigentümer beachtet werden müssen (BayObLG WuM 1993, 482). 83

b) Bestimmtheitsanforderungen

Grundvoraussetzung einer rechtsgeschäftlichen Regelung ist deren hinreichende Bestimmtheit. Beim Beschluss ist insoweit der **Beschlussantrag** entscheidend, weil die Stimmen als maßgebliche Erklärungen ihren Inhalt aus diesem ableiten, weshalb auch die Verkündung des Beschlussergebnisses mit dem Antrag korrespondieren muss. Die Kasuistik zur fehlenden Bestimmtheit von Beschlüssen ist kaum zu überschauen (s dazu Bärmann/Dötsch Rn 88 ff; Hogenschurz NZM 2010, 500; Jennissen/Schultzky Rn 195; Hogenschurz MietRB 2018, 91). Es handelt sich um Einzelfallentscheidungen, denen **einheitliche Leitlinien nur schwer zu entnehmen** sind. Die dadurch entstehende Rechtsunsicherheit führt zu Empfehlungen, die dahin gehen, „so ausführlich wie 84 möglich“ zu beschreiben, was gelten soll (Jennissen/Schultzky Rn 191). Damit freilich gibt man der Praxis Steine statt Brot, weil der Umfang des Beschlusstextes bei Berücksichtigung dieses Ratschlags auszuufern droht. Der Transparenz und damit der Verständlichkeit ist das abträglich und außerdem gilt, dass es fast immer noch ausführlicher geht (zur vergleichbaren Problematik beim Transparenzgebot s Häublein WuM 2016, 468, 477). Wer einen Beschlusstext formuliert, sollte daher vielmehr auf klare und möglichst knappe Formulierungen achten und zugleich darauf, dass deren Verständnis nur von Umständen abhängt, die insbes für später hinzukommende Eigentümer ohne Weiteres erkennbar sind, vor allem, weil sie aus dem Protokoll selbst zu entnehmen sind.

85 Grundlegend für eine sachgerechte Bewältigung der Bestimmtheitsproblematik ist die Unterscheidung zwischen Unklarheiten, die im Wege normativer Auslegung beseitigt werden können, dh der Beschlussinhalt ist jedenfalls (gerade noch) **bestimmbar**, und einer Unbestimmtheit iSe **vollständigen Unbestimmbarkeit** der Regelung. Nur letztere führt zur **Nichtigkeit** des Beschlusses (zu den Rechtsfolgen s Rn 89), was aber die Ausnahme ist, weil es unter Berücksichtigung der allgemeinen Auslegungsregeln (besonders wichtig ist dabei die teleologische Auslegung, dazu Staudinger/Singer [2021] § 133 BGB Rn 52 ff) in den meisten Fällen gelingen wird (und muss!), einen Beschlussinhalt zu bestimmen. Das ist ein **Gebot der privatautonomen Gestaltungsfreiheit**, die von Verfassungs wegen nicht nur denjenigen Handlungsspielräume eröffnen soll, die im Formulieren geschult sind. Überzogene Bestimmtheitsanforderungen sind geeignet, die Privatautonomie erheblich einzuschränken. Die Fokussierung der Auslegung auf das Protokoll führt dazu, dass sich die der Sprache als Ausdrucksform inhärenten Unzulänglichkeiten besonders auswirken. Aus diesem Grund ist der Inhalt eines Beschlusses auch dann noch bestimmbar und die Nichtigkeitssanktion fehl am Platze, wenn **Zweifel** hinsichtlich des (normativ) Gewollten **verbleiben**, wodurch ggf **Ermessensspielräume** bei der Umsetzung des Beschlusses erwachsen können. Daher kann auf **unbestimmte Rechtsbegriffe** durchaus zurückgegriffen werden (vgl BGHZ 202, 346, 348 f wo die „ordnungsgemäße Instandhaltung in Gestalt von Gartenpflege- und Reinigungsarbeiten“ als hinreichend bestimmt angesehen wird).

86 Allerdings sind die **Fälle**, in denen eine **vollständige Unbestimmbarkeit** angenommen wird, **häufiger** als bei Geschäften, deren Inhalt unter Berücksichtigung sämtlicher Umstände und des konkreten Parteiwillens ermittelt wird. Grund dafür ist die über den Kreis der Beschließenden hinausreichende Wirkung der Beschlüsse (Rn 70), aus der sich **tendenziell höhere Anforderungen an die Bestimmtheit** ergeben, weil gerade auch für diese Personen erkennbar sein muss, worin die getroffene Regelung besteht. Es besteht, wie der BGH betont, ein Interesse des Rechtsverkehrs, die durch die Beschlussfassung eingetretenen Rechtswirkungen der Beschlussformulierung entnehmen zu können (BGH ZMR 2016, 638 = ZWE 2016, 325 Rn 9).

87 **Nichtigkeit** wurde daher etwa in Bezug auf einen Beschluss angenommen, dessen Regelungsgehalt sich in einer pauschalen Verweisung auf eine bestehende tatsächliche Übung erschöpft. Es genügt nicht, dass sich möglicherweise durch Beweiserhebung feststellen ließe, welche übereinstimmenden Vorstellungen die an der Abstimmung Beteiligten mit dem Hinweis auf das „bisher Gehandhabte“ verbunden haben (KG OLGZ 1981, 307, 308 zur Regelung der **Gartennutzung**). Bedenklich ist es demgegenüber, wenn Regelungen über den **Gebrauch des Sondereigentums** wegen ihrer fehlenden Bestimmtheit für unwirksam gehalten werden, weil sie vorschreiben, „unnötige und störende Geräusche zu vermeiden" (OLG Düsseldorf NJW 2009, 3377 sogar in Bezug auf eine vereinbarte Hausordnung), oder das **Singen und Musizieren** außerhalb bestimmter Ruhezeiten nur in „nicht belästigender Weise und Lautstärke" gestatten (vgl BGHZ 139, 288). Diese Begriffe sind zwar unbestimmt und sorgen daher bereits unter den bestehenden Eigentümern für Rechtsunsicherheit, was ein Verstoß gegen die Grundsätze ordnungsmäßiger Verwaltung sein mag (s BGHZ 139, 288, 299, wo explizit nur Anfechtbarkeit angenommen wird). Gegen die Nichtigkeit der Regelungen spricht jedoch, dass eine Präzisierung möglich ist (BGHZ 139, 288, 299 geht ebenfalls von einer noch durchführbaren Regelung aus). Deren Erforderlichkeit ist für Sondernachfolger evident. Dabei muss ein angemessener Ausgleich zwischen dem im Beschluss zum Ausdruck gebrachten (gesteigerten) Ruhebedürfnis der Mehrheit und den berechtigten Nutzungserwartungen der einzelnen Wohnungseigentümer herbeigeführt werden. Letztere gebieten es, eine Nutzung nur dann zu untersagen, wenn sie zu Störungen führt, die für einen verständigen Durchschnittsmenschen nicht mehr hinnehmbar sind (BGHZ 139, 288, 296). Hinsichtlich dieser normativen Kriterien haben die Beschließenden keinen Kenntnisvorsprung, weshalb die Bindungswirkung des § 10 Abs 3 S 2 WEG den zT von den Gerichten angelegten strengen Maßstab nicht rechtfertigt.

Um zu verhindern, dass der Beschlusstext ausufert, um den teilweise strengen Be- **88**
stimmtheitsanforderungen Rechnung zu tragen, erkennt die ganz hM an, dass der Wortlaut des Beschlusses zur näheren Erläuterung inhaltlich **Bezug auf Urkunden oder Schriftstücke** nehmen darf (BGH ZMR 2016, 638 = ZWE 2016, 325 Rn 9; Hügel/Elzer Rn 142). Bezieht sich ein Beschluss auf ein solches Dokument, das weder Teil des Beschlusstextes noch des Protokolls ist, erfordert es das Gebot der inhaltlichen Klarheit und Bestimmtheit, dass das in Bezug genommene Dokument **zweifelsfrei bestimmt** ist (BGH ZMR 2016, 638 = ZWE 2016, 325 Rn 9; BayObLG ZMR 2005, 639, 640 = ZWE 2005, 230; KG ZMR 2009, 790, 793; LG München I NJW 2011, 1974). Um die Publizität der Beschlüsse zu sichern, sind die in Bezug genommenen Dokumente **in die Beschluss-Sammlung** wenigstens als Anlage zu dieser aufzunehmen (s § 24 WEG Rn 269).

In Bezug auf die **Rechtsfolgen** von Bestimmtheitsmängeln ist nach dem Vorgesagten **89**
wie folgt zu differenzieren (s dazu auch Bärmann/Dötsch Rn 302 f; Jennissen/Schultzky Rn 196). Nach ganz hM führt vollkommene Unbestimmbarkeit, wozu auch Perplexität zählt, **zur Nichtigkeit des Geschäfts**, allerdings nur, sofern nicht bereits der Tatbestand des Rechtsgeschäfts fehlt, weil kein auf Herbeiführung von Rechtsfolgen gerichteter Wille auszumachen ist (zur Unterscheidung von Tatbestand und Wirksamkeit des Geschäfts s Rn 20). Eine Umdeutung ist in solchen Fällen deswegen nicht möglich, weil die Regelungsabsicht im Verborgenen bleibt (OLG Hamburg ZMR 2001, 725, 727).

Lässt der Beschluss eine durchführbare Regelung (bei Undurchführbarkeit der Regelung **90**
wird ebenfalls Nichtigkeit angenommen; s BGHZ 202, 346 Rn 8) noch erkennen, kommt **lediglich eine Anfechtung** des Beschlusses in Betracht (BGHZ 139, 288, 299 mwNw; OLG Hamburg ZMR 2008, 225; LG Stuttgart 20. 8. 2018 – 19 S 51/17 juris Rn 4). Mangelt es dem Beschluss an der erforderlichen Klarheit und Bestimmtheit, liegt darin ein Verstoß gegen die Grundsätze ordnungsmäßiger Verwaltung, weil der dadurch verursachte Auslegungsbedarf geeignet ist, Streitigkeiten unter den Eigentümern hervorzurufen und so die Verwaltung und Gebrauch zu erschweren. Angenommen hat man das

etwa (eine nach Fallgruppen geordnete Übersicht findet sich bei Hogenschurz NZM 2010, 500, 501 f), in Bezug auf Beschlüsse, die

- das Singen und Musizieren außerhalb von Ruhezeiten nur in „nicht belästigender Weise und Lautstärke" gestattet (BGHZ 139, 288)
- „einfache Pflegearbeiten" der Gartenanlage den Hausbewohnern in Eigenregie übertrug, weil nicht festlegt war, wer wann welche Arbeiten in welchem Umfange zu erledigen habe (OLG Köln ZMR 2005, 229 – tendenziell allerdings mE zu streng),
- baulichen Veränderungen zustimmen, ohne dass sich aus dem Beschluss selbst oder den sonstigen aus dem Protokoll ersichtlichen Umständen (wie zB als Anlage beigefügten Planskizzen) hinreichend eindeutig ergibt, welches Ausmaß diese hat (OLG München ZMR 2006, 290; s auch AG Hamburg-Blankenese ZMR 2022, 582: Hinzuziehung der Gemeinschaftsordnung bei der Auslegung nur, wenn der Beschluss darauf Bezug nimmt).

c) Phänomenologie der Beschlüsse

91 Beschlüsse werden nach unterschiedlichen Kriterien, die den **Inhalt oder die Art des Zustandekommens des Beschlusses betreffen**, in verschiedenen Kategorien (Beschlussarten) unterteilt. Die Bedeutung dieser Unterscheidung folgt idR aus einer differenzierten rechtlichen Behandlung der jeweiligen Beschlüsse, vor allem in Bezug auf Beschlussmängel.

aa) Geschäftsordnungsbeschlüsse

92 Solche Besonderheiten, die nicht nur in Bezug auf die Geltendmachung von Beschlussmängeln bestehen, sondern zB auch die Dokumentation in der Beschluss-Sammlung betreffen, existieren etwa, wenn die Beschlussfassung nur der **Regelung des Verfahrens der konkreten Eigentümerversammlung** dient. Zu diesen sog GO-Beschlüssen ausf § 24 WEG Rn 196 ff.

93 Da sich die Besonderheiten bei der Auslegung von Beschlüssen aus ihrer Bindungswirkung und damit dem Verkehrsschutz ergeben (§ 24 WEG Rn 250), kommt eine **Berücksichtigung des** (im Protokoll nicht ausgedrückten) **tatsächlich Gewollten** gem § 133 BGB dann in Betracht, wenn eine solche Bindungswirkung ausgeschlossen ist. So liegen die Dinge bei GO-Beschlüssen. Es handelt dabei um Regelungen über Verfahrensfragen der konkret stattfindenden Versammlung. Ihre Bedeutung erschöpft sich in den gefassten Sachbeschlüssen und erledigt sich daher mit der Versammlung (§ 24 WEG Rn 196). Aus diesem Grund ist es gerechtfertigt, wenn der Inhalt dieser Beschlüsse unter Berücksichtigung des Verständnisses der anwesenden Eigentümer ermittelt wird. Allerdings setzt eine Anwendung der falsa-demonstratio-Regel ein einheitliches Verständnis aller anwesenden Eigentümer voraus. Bei der normativen Interpretation erscheint aus den genannten Gründen eine Beschränkung auf den **Horizont eines unbefangenen und aufmerksamen anwesenden Wohnungseigentümers** vorzugswürdig.

94 Diese Ansicht steht nicht im Widerspruch zu der in dieser Kommentierung angenommenen **Protokollierungspflicht** von GO-Beschlüssen (§ 24 WEG Rn 208). Abwesende Eigentümer haben zwar ein Interesse daran zu erfahren, ob GO-Beschlüsse gefasst

wurden und welchen Inhalt sie haben, damit sie deren Existenz bei der Prüfung der Ordnungsmäßigkeit der in ihrer Abwesenheit gefassten Beschlüsse berücksichtigen können. Jedoch ist dieses Interesse nicht so gewichtig, dass es eine (normative) Auslegung der GO-Beschlüsse gegen den Willen aller anwesenden Eigentümer zu rechtfertigen vermag. Dies deswegen, weil die Anwesenden das Verfahren an ihrem übereinstimmenden Verständnis des GO-Beschlusses orientieren werden, weshalb ein normatives Verständnis des Beschlusses zu Verfahrensfehlern führt, sofern das tatsächliche Vorgehen auf der Versammlung vom normativen Beschlussinhalt abweicht. Das überzeugt angesichts des Regelungszwecks nicht. Ficht ein abwesender Eigentümer den Beschluss im Vertrauen auf den protokollierten Inhalt des GO-Beschlusses an und stellt sich im Prozess eine Protokollierungsmangel heraus, kann der Anfechtende die ihm ggf entstehenden Verfahrenskosten bei der für die Protokollierung verantwortlichen Person liquidieren.

bb) Zweitbeschlüsse

Als Zweitbeschluss werden Beschlüsse bezeichnet, die eine bereits beschlussweise geregelte Materie **erneut zum Gegenstand einer Beschlussfassung** machen (dazu etwa Lüke ZWE 2000, 98; Elzer ZMR 2007, 237). Der Grund hierfür kann in dem Wunsch bestehen, eine abweichende inhaltliche Befassung der Eigentümer zu erreichen. Oft geht es aber auch darum, die bereits getroffene Regelung zu bestätigen, zB weil der Erstbeschluss wegen eines (vermeintlichen) Verfahrensverstoßes gerichtlich angefochten ist (zum bestätigenden Zweitbeschluss s etwa BGHZ 148, 335, 350; Jennissen/Schultzky Rn 82 ff). Je nach dem Grund für den Zweitbeschluss richten sich die **intendierten Wirkungen**, die darin bestehen können, einen Erstbeschluss zu bestätigen oder zu ersetzen, wobei letzteres unter Aufhebung des Erstbeschlusses erfolgen kann, aber auch bei Fortbestand des bisherigen Beschlusses. Die erneute Befassung mit der Materie lässt für sich genommen nicht den Rückschluss zu, der bisherige Beschluss solle aufgehoben werden (zutr OLG Frankfurt ZMR 2013, 296 = ZWE 2013, 211 mHinw auf BGHZ 113, 197 = NJW 1994, 3220). 95

Wird der den Erstbeschluss aufhebende Zweitbeschluss für ungültig erklärt, bleibt es bei der ursprünglichen Regelung (BayObLG ZMR 1997, 478, 480). Bei einem bloß bestätigenden Zweitbeschluss soll das **Rechtsschutzbedürfnis** für eine Anfechtung fehlen, wenn bei Ungültigkeit des Beschlusses der inhaltsgleiche Erstbeschluss fortgilt (zum fehlenden Rechtsschutzbedürfnis bei der Anfechtung Staudinger/Lehmann-Richter § 44 WEG Rn 192 ff). Davon ist iZw deswegen auszugehen, weil die Eigentümer in Kenntnis einer erfolgreichen gerichtlichen Anfechtung des Zweitbeschlusses idR nicht die Aufhebung des Erstbeschlusses beschlossen hätten (BGHZ 127, 99, 106; 148, 335, 350 f; OLG Frankfurt ZMR 2013, 296 = ZWE 2013, 211; H Müller ZWE 2000, 557, 559; ganz hM). Mangelndes Rechtsschutzbedürfnis wird ferner in Bezug auf die **Anfechtung des Erstbeschlusses** jedenfalls „regelmäßig" angenommen, wenn der inhaltsgleiche Zweitbeschluss bestandskräftig wird, was das Fehlen von Nichtigkeitsgründen impliziert (BayObLG ZWE 2002, 315). ZT wird sogar die Bestandskraft des Zweitbeschlusses für irrelevant gehalten und angenommen, allein die Existenz des Zweitbeschlusses lasse das Rechtsschutzbedürfnis für die Anfechtung des Erstbeschlusses entfallen (BayObLGZ 1977, 226, 229 ff = ZMR 1977, 85). Dem ist nicht zu folgen (ebenso OLG Frankfurt ZMR 2013, 296 = ZWE 2013, 211; nun auch Jennissen/Schultzky Rn 84). Ist der Zweitbeschluss noch nicht bestandskräftig, wäre für den Fall seiner Anfechtung und Aufhebung durch das Gericht nach wie vor der Erstbeschluss relevant, weshalb das Rechtsschutzbedürfnis 96 fortbesteht. Selbst bei Eintritt der Bestandskraft des Zweitbeschlusses kann an der Entscheidung über die Gültigkeit des Erstbeschlusses ein rechtlich relevantes Interesse bestehen, etwa weil aus rechtlichen oder tatsächlichen Gründen unsicher ist, ob der Zweitbeschluss zurückwirkt. So kann es bei Beschlüssen liegen, die Zahlungsansprüche auslösen, wenn sich der Anfechtende im Verzug befinden soll.

97 Zweitbeschlüsse sind **zulässig** (grdl und unter Hinw auf die „autonome Beschlusszuständigkeit der Gemeinschaft" BGHZ 113, 197 und NJW 2001, 3339; ferner OLG Düsseldorf ZWE 2000, 368). Insbesondere steht es – vorbehaltlich einer missbräuchlichen Zweitbeschlussfassung (Rn 99) – nicht entgegen, wenn der Erstbeschluss rechtskräftig für ungültig erklärt wurde (BGHZ 156, 192, 205 f; LG Hamburg ZWE 2011, 283 = ZMR 2011, 586). Ob der zweite Beschluss rechtmäßig ist, hängt davon ab, ob er selbst einwandfrei zustande gekommen ist und welchen Inhalt er hat. Der BGH musste bislang nicht entscheiden, ob Zweitbeschlüsse nur ordnungsmäßiger Verwaltung entsprechen, wenn ein sachlicher Grund für die erneute Beschlussfassung besteht (BGH NJW 2010, 3298 Rn 14). Das ist abzulehnen (ebenso Elzer ZMR 2007, 237, 239; gegen das Erfordernis eines sachlichen Grundes bei Beschlüssen aufgrund einer Öffnungsklausel bereits Häublein, Sondernutzungsrechte 212). Vielmehr liegt es grundsätzlich im Ermessen der jeweils erforderlichen Mehrheit darüber zu befinden, ob sie eine erneute Regelung für angezeigt hält. Die Grenze bildet das **Willkürverbot**. Für die Beschlusskompetenz aus § 16 Abs 3 WEG aF (jetzt: § 16 Abs 2 S 2 WEG) hat der BGH (NJW 2011, 2202 Rn 8; best BGH ZWE 2012, 30 = ZMR 2012, 116; s ferner für vereinbarte Öffnungsklauseln BGH ZWE 2011, 327 = ZMR 2011, 808) ganz in diesem Sinn und überzeugend erkannt, dass es keines sachlichen Grundes bedarf, wenn die Mehrheit von der Änderungsbefugnis Gebrauch machen möchte. Es wäre inkonsequent, dies für die Änderung einer Vereinbarung (Kostenverteilungsschlüssel) so zu sehen, bei der Abänderung eines Beschlusses aber höhere Anforderungen in Form eines sachlichen Grundes zu stellen (iE wie hier etwa Hügel/Elzer Vor §§ 23 ff WEG Rn 53).

98 Allerdings kann jeder Wohnungseigentümer nach hM verlangen, dass der neue Beschluss **schutzwürdige Belange** aus Inhalt und Wirkungen des Erstbeschlusses **berücksichtigt** (BGHZ 113, 197 und NJW 2001, 3339). Bislang berief man sich hierfür auf § 21 Abs 3 und Abs 4 WEG aF, nun wird hierfür § 18 Abs 2 Nr 1 WEG angeführt (Hügel/Elzer Vor §§ 23 ff WEG Rn 56). Solche schutzwürdigen Belange ergeben sich aber nicht allein daraus, dass ein Eigentümer infolge des Zweitbeschlusses schlechter steht als unter der Geltung der ersten Regelung (zutr Lüke ZWE 2000, 98, 103; Hügel/Elzer Vor §§ 23 ff WEG Rn 59 in Ablehnung einer in der Rspr anzutreffenden Auffassung, die „wohlerworbene" Rechte schützen möchte, so etwa OLG Köln NZM 2002, 454; s auch OLG Düsseldorf ZWE 2001, 34). Insbes müssen dem Eigentümer nicht etwaige tatsächliche Vorteile erhalten bleiben, die er nach dem Erstbeschluss hatte (OLG Saarbrücken ZMR 1998, 50; OLG Düsseldorf ZWE 2000, 368). Vielmehr ist im Einzelfall durch Interessenabwägung zu ermitteln, ob der Nachteil für den sich verschlechternden Eigentümer derart gewichtig ist, dass er nicht nur eine Ermessensentscheidung der Mehrheit ausschließt, sondern auch die Interessen der für den Zweitbeschluss Plädierenden überwiegt (s zum Ganzen auch Jennissen/Schultzky Rn 87).

99 Wurde der Erstbeschluss gerichtlich für ungültig erklärt, kann es ausnahmsweise **rechtsmissbräuchlich** sein, wenn die Mehrheit den Beschluss inhaltsgleich erneut fasst und die Minderheit so in ein weiteres Anfechtungsverfahren treibt (LG Hamburg ZWE

2011, 283; Jennissen/Schultzky Rn 83; Hügel/Elzer Vor §§ 23 ff WEG Rn 62, wo aber – mE zu Unrecht – an der Beschlusskompetenz gezweifelt wird). Allerdings kommt es hier auf die gesamten Umstände des Einzelfalls an, insbes darauf, aus welchen Gründen der Erstbeschluss aufgehoben wurde und ob sich die tatsächlichen und rechtlichen Verhältnisse seither geändert haben.

Die vorstehenden Ausführungen über die Zulässigkeit von Zweitbeschlüssen basieren auf dem recht weiten Ermessen der Mehrheit bei der Regelung der Verwaltungsbelange. Davon zu unterscheiden ist die Frage, ob der Einzelne einen **Anspruch auf Zweitbeschlussfassung** haben kann. Das wird vor allem dann virulent, wenn der Erstbeschluss rechtswidrig ist. Zwar wird die Ansicht vertreten, aus § 21 Abs 4 WEG aF (jetzt: § 18 Abs 2 Nr 1 WEG) folge ein Anspruch auf Aufhebung eines inhaltlich rechtswidrigen Beschlusses (Hauger WE 1993, 231; s auch Rn 368), jedoch spricht gegen diese Ansicht die durch den Ablauf der Anfechtungsfrist seitens des Gesetzgebers intendierte Rechtssicherheit. Sie wäre gefährdet, wenn jeder Eigentümer die „Beseitigung" eines Beschlusses allein deswegen verlangen könnte, weil dieser ordnungsmäßiger Verwaltung widerspricht. Allerdings mag es Ausnahmefälle geben, in denen es **grob unbillig und damit treuwidrig** erscheint, wenn die Mehrheit sich dem Ansinnen auf abweichende Beschlussfassung versperrt. Vor allem geänderte Umstände, zB die Verschlechterung des Gesundheitszustandes eines Eigentümers, dessen Antrag auf eine bauliche Veränderung abgelehnt wurde, können für einen Anspruch auf erneute Befassung sprechen (BayObLG NJW-RR 1994, 658, 659; ZWE 2000, 577, 579; OLG Frankfurt ZMR 2009, 860; Jennissen/Schultzky Rn 91). 100

cc) Beschlüsse mit Vereinbarungsinhalt

Im Anschluss an die in BGHZ 145, 158 veröffentlichte Grundsatzentscheidung unterscheidet man nahezu einmütig **vereinbarungsersetzende, vereinbarungswidrige** und **vereinbarungsändernde** Beschlüsse (Staudinger/Kreuzer [2018] § 10 WEG Rn 109; zu dieser Terminologie grdl Wenzel, in: FS Hagen [1999] 231, 235; ders ZWE 2000, 2 f). Während der vereinbarungswidrige Beschluss die Geltung der Vereinbarungen der Eigentümer oder der (dispositiven) gesetzlichen Regelungen unberührt lässt und diese nur im Einzelfall **verletzt**, weil er sie nicht zutreffend berücksichtigt (Bsp: Anwendung eines unzutreffenden Verteilungsschlüssels in der Jahresabrechnung), handelt es sich bei einem vereinbarungsändernden Beschluss um einen, der bestehende Vereinbarungen oder das Gesetz auf Dauer **abändert oder aufhebt**. Wie das Merkmal „auf Dauer" auszulegen ist, ist nicht geklärt. Zum Teil wird es iSv „nicht nur im Einzelfall" verstanden (BeckOK-WEG/Bartholome Rn 150; BeckOK-BGB/Hügel § 23 WEG Rn 21). Auch der BGH benutzt den Begriff „Einzelfall", allerdings im Kontext von Beschlüssen, die nicht darauf gerichtet sind, künftige Verwaltungsentscheidungen zu legitimieren (s BGH 22. 6. 2018 – V ZR 193/17 Rn 18, NJW 2018, 3717 zum Verstoß gegen die HeizkV in der Abrechnung). Die zutreffende Gegenposition hält jede Beschlussfassung für vereinbarungs- oder gesetzesändernd, die eine Vereinbarung oder das Gesetz auch nur **für eine einzige *künftige* Verwaltungsentscheidung außer Kraft setzen** soll (in diesem Sinne etwa Niedenführ/Schmidt-Räntsch/Vandenhouten/Vandenhouten Rn 23; s dazu auch Rn 344 ff). Die Konsequenz besteht darin, dass solche Beschlüsse – vorbehaltlich einer einschlägigen Öffnungsklausel – **mangels Beschlusskompetenz nichtig sind**, während vereinbarungswidrige Beschlüsse lediglich anfechtbar iSv § 23 Abs 4 S 2 WEG sind. In die erstgenannte Kategorie gehört auch ein Beschluss, der darauf gerichtet ist, eine verbindliche Ausle- 101 gung von Klauseln der Teilungserklärung/Gemeinschaftsordnung herbeizuführen; er ist mangels Beschlusskompetenz nichtig (LG München I ZMR 2012, 582, 583).

102 Die umstrittenste Kategorie war bis zur Entscheidung des BGH vom 20. 9. 2000 (BGHZ 145, 158) der **vereinbarungsersetzende** Beschluss. Er wird verstanden als ein Beschluss der Eigentümer in einer Angelegenheit, die grundsätzlich sowohl durch Vereinbarung als auch durch Beschluss geregelt werden kann, sofern im konkreten Fall eine Vereinbarung erforderlich gewesen wäre. Hauptanwendungsfall ist die nicht ordnungsmäßige Benutzungsregelung, da die Eigentümer die Benutzung von Sondereigentum und gemeinschaftlichem Eigentum zwar durch Vereinbarung (§ 10 Abs 1 S 2 WEG; s früher auch § 15 Abs 1 WEG aF), nach § 19 Abs 1 WEG (§ 15 Abs 2 WEG aF) aber auch durch Beschluss regeln können. Letzteres geht rechtmäßig aber nur, wenn die Regelung als ordnungsmäßig (dazu auch § 18 Abs 2 WEG) anzusehen ist. Beschließen die Eigentümer eine nicht ordnungsmäßige Benutzungsregelung, ist der Beschluss nach heute einhelliger Ansicht (abw noch Häublein ZMR 2000, 423, 429) von Beschlusskompetenz gedeckt. Er tritt an die Stelle der vom Gesetz an sich vorgesehenen Vereinbarung und hat somit vereinbarungsersetzenden Charakter. Entsprechendes gilt für Beschlüsse auf dem Gebiet der Verwaltung iSv §§ 19 Abs 1, 18 Abs 2 Nr 1 WEG einschließlich baulicher Veränderungen gem § 20 WEG (vgl BGHZ 145, 158, 168). Ob die Bezeichnung „vereinbarungsersetzend" für nicht ordnungsmäßige Beschlüsse auf den Gebieten der Verwaltung und Benutzung auch unter dem reformierten WEG noch Gefolgschaft finden wird, ist allerdings zweifelhaft. Anders als §§ 15 Abs 1, 21 Abs 1 WEG aF (zu den Unterschieden der beiden Regelungen Häublein ZWE 2001, 2, 4) erhebt das geltende Recht nämlich die einvernehmliche Willensbildung insoweit nicht mehr zum Regelfall.

dd) Mehrheits-, ein- und allstimmige Beschlüsse

103 Beschlüsse werden ferner danach unterschieden, ob ihr Zustandekommen von der Zustimmung einer **einfachen oder qualifizierten Mehrheit** abhängt (zum Erreichen der einfachen Mehrheit s § 25 WEG Rn 6). Obwohl das WEMoG die gesetzlich vorgesehenen qualifizierten Mehrheitserfordernisse abgeschafft hat (§ 21 Abs 2 S 1 Nr 1 WEG regelt nur die Kostenfolge), bestehen solche häufig, wenn die Gemeinschaftsordnung eine Öffnungsklausel enthält. Außerdem plant der Gesetzgeber im Rahmen der Einführung einer Norm über die Zulassung rein virtueller Versammlungen (§ 23 Abs 2a WEG-E) an eine qualifizierte Mehrheit von drei Viertel der abgegebenen Stimmen anzuknüpfen (s zu diesem RefE des BMJ Rn 147a).

104 Ferner wird zwischen **ein- und allstimmigen Beschlüssen** differenziert (s Staudinger/Wobst [2023] § 10 WEG Rn 22; Hügel/Elzer Vor §§ 23 ff WEG Rn 72 f), wobei vor allem in älteren Entscheidungen und Publikationen „Einstimmigkeit" iSv „Allstimmigkeit" verwendet wird (pars pro toto OLG Celle NJW-RR 1992, 86; Ott ZWE 2002, 61). Dabei geht es um die Frage, ob sämtliche Eigentümer dem Antrag zustimmen bzw zustimmen müssen (§ 23 Abs 3 S 1 WEG), damit ein positiver Beschluss zustande kommt und rechtmäßig verkündet werden kann („Allstimmigkeit"), oder nur die auf der Versammlung anwesenden. Das Gesetz kennt zwar keine Beschlüsse der letztgenannten Kategorie. Sie können aber in der Gemeinschaftsordnung vorgesehen sein. Dabei ist umstritten, welche Anforderungen an das Erreichen der Einstimmigkeit zu stellen sind. Letztlich handelt es sich dabei um eine Auslegungsfrage, weshalb eine Bewertung im Einzelfall von der Formulierung der entsprechenden Klauseln abhängt. Dabei geht es zum einen darum, ob nur die Stimmen der anwesenden Eigentümer zu berücksichtigen sind und zum anderen um die Auswirkungen etwaiger Enthaltungen.

Im Zweifel dürfte der Begriff „Einstimmigkeit" in Gemeinschaftsordnungen iSv Allstimmigkeit verwendet werden, dh sämtliche Eigentümer müssen mit Ja stimmen. Das entspricht dem Sprachgebrauch eines unbefangenen Wohnungseigentümers der außerdem dem des (übrigen) Verbandsrechts entspricht (statt aller s MünchKomm/SCHÄFER § 709 BGB Rn 38 ff zur GbR; BeckOK-HGB/KLIMKE § 119 HGB Rn 2 zur oHG; BGH NJW 2006, 2044 zu § 48 GmbHG). Allerdings ist das für das WEG, wie gesagt, streitig und eine höchstrichterliche Klärung steht aus. Nach einer durchaus verbreiteten Ansicht soll die **Enthaltung** anwesender Eigentümer einer einstimmigen Beschlussfassung nicht entgegenstehen (OLG Hamm ZMR 2009, 219 = ZWE 2008, 465; zust F SCHMIDT ZWE 2008, 463; HÜGEL/ELZER Vor §§ 23 ff WEG Rn 72). Mit seiner Enthaltung gebe der Wohnungseigentümer, der weder mit Ja noch mit Nein stimme, zu verstehen, dass er sich dem Votum der anderen anschließe; wolle er dies nicht, müsse er mit Nein stimmen. Nach der Gegenansicht steht die Enthaltung der Einstimmigkeit entgegen (BÄRMANN/MERLE § 25 WEG Rn 126 ff; in diesem Sinn auch OLG Celle NJW-RR 1992, 86). Letzteres dürfte iZw zutreffend sein. Die Gegenansicht bietet zwar den Vorteil einer erleichterten Willensbildung. Diese ist jedoch gerade nicht das Ziel von Einstimmigkeitsklauseln. Dass § 25 Abs 1 WEG nunmehr verdeutlichen soll, dass Enthaltungen keine abgegebenen Stimmen sind, kann bei der Auslegung von Vereinbarungen aus der Zeit vor dem 1. 12. 2020 schwerlich herangezogen werden). Ob solche Vereinbarungen allerdings überhaupt noch anzuwenden sind, richtet sich nach § 47 WEG (s dort). 105

ee) Negativbeschlüsse

Erreicht der zur Abstimmung gestellte Beschlussantrag **nicht die erforderliche Stimmenzahl**, wird dieser also abgelehnt, nahm die bis zur grdl Entscheidung des BGH vom 23. 8. 2001 vorherrschende Auffassung an, es komme kein Beschluss zustande, weshalb ein „Nichtbeschluss" (dazu Rn 116) vorliege (s BayObLGZ 1984, 213, 215; BayObLG ZMR 1986, 319; NJW-RR 1992, 83, 84; 1994, 658, 659; WuM 1997, 57; 344; ZMR 1998, 707; NZM 1998, 917; 1999, 712; 713, 714; ZMR 2000, 115, 116; ebenso OLG Hamburg, NJW-RR 1994, 783; OLG Hamm, NJW-RR 1995, 465; OLG Zweibrücken, NZM 1999, 849; OLG Düsseldorf, ZMR 2000, 118, 119; ähnlich OLG Köln, NZM 2001, 293, 294). Dem ist der BGH mit Hinweis auf eine Literaturansicht (etwa BUB ZWE 2000, 194, 196; HADDING ZWE 2001, 179, 182; J-H SCHMIDT ZfIR 2001, 212, 214; SUILMANN Beschlussmängelverfahren 14; WENZEL ZWE 2000, 382, 383; s ferner ders ZMR 2005, 413) entgegengetreten (grdl BGHZ 148, 335, 348 f; 152, 46; 184, 88 Rn 13; stRspr). Beschlüsse dienten dazu, den gemeinschaftsinternen Willen verbindlich festzulegen, weshalb auch einem negativen kollektiven Willensakt **Beschlussqualität** zukomme. Nicht anders als ein positiver Beschluss komme auch ein negatives Abstimmungsergebnis in Verwirklichung der Beschlusskompetenz der Wohnungseigentümerversammlung zustande und sei daher das Resultat einer verbindlichen Willensbildung. Es werde der Gemeinschaftswille festgelegt, dass die beantragte Änderung oder Ergänzung des Gemeinschaftsverhältnisses nicht eintreten soll. Die Ablehnung eines Beschlussantrags unterscheide sich in nichts von der unzweifelhaft als Beschluss anzusehenden Annahme des „negativen" Antrags, eine bestimmte Verwaltungsmaßnahme nicht vorzunehmen oder zu unterlassen (BGHZ 148, 335, 349). 106

Diese Sichtweise wird allerdings nach wie vor **in Zweifel gezogen**. Der Negativbeschluss sei weder auf Herbeiführung einer Rechtsfolge gerichtet noch bestehe ein 107

Bedürfnis dafür, ihm Beschlussqualität zuzumessen (Hügel/Elzer Vor §§ 23 ff WEG Rn 65). Ersteres erscheint richtig, weil ein Negativbeschluss ebenso wenig auf privatautonome Gestaltung der Rechtslage zielt wie die Ablehnung eines Vertragsangebotes (was nicht bedeutet, dass die Ablehnung keine rechtlichen Wirkungen hat; s § 146 BGB einerseits und die Ausführungen zur Bindungswirkung von Negativbeschlüssen bei Rn 111 andererseits). Durch das Fehlen der erforderlichen Zustimmung zu einem Beschlussantrag wird nicht das kontradiktorische Gegenteil geregelt (zutr BGHZ 148, 335, 349 mHinw auf Suilmann, Beschlussmängelverfahren 13), sondern es wird zunächst einmal nur abgelehnt, die Frage (gegenwärtig) überhaupt zu regeln (OLG München ZMR 2007, 304; Wenzel ZWE 2000, 382, 386 spricht hingegen von einer „negativen Regelung“, wobei nicht klar ist, was das genau sein soll; deutlich gegen einen sachlichen Regelungsgehalt des Negativbeschlusses und mE zutr aber Wenzel ZMR 2005, 413, 414). Dementsprechend misst der BGH dem Negativbeschluss auch keine „Sperrwirkung“ zu (BGHZ 152, 46, 51 mHinw auf Wenzel, in: FS Merle [2000] 353, 361= ZWE 2000, 382, 386; BGH NJW 2015, 3713 Rn 12; OLG München ZMR 2007, 304; zur insofern noch abw Auffassung in BGHZ 148, 335, 350 f s Wenzel ZMR 2005, 413, 415), weshalb im Falle einer erneuten Befassung der Versammlung mit dem identischen Antrag die Regeln über den Zweitbeschluss (s Rn 95) nicht zum Tragen kommen (Wenzel ZMR 2005, 413, 415, der ausnahmsweise dann etwas anderes annimmt, wenn aus dem Protokoll ein Regelungswille der ablehnenden Mehrheit folgt).

108 Rechtskonstruktiv besteht der aus Sicht der Rechtsgeschäftslehre **maßgebliche Unterschied** zwischen einem positiven und einem negativen Beschluss darin, dass der erstgenannte von übereinstimmenden Erklärungen der regelungswilligen Mehrheit getragen wird, während der Negativbeschluss im Extremfall nicht einmal eine einzige ablehnende Stimme benötigt. So liegt es etwa, wenn die Annahme des Antrages infolge eines Quorums allein am Fehlen der erforderlichen Ja-Stimmen scheitert, wie es etwa im Verfahren des § 23 Abs 3 S 1 WEG der Fall ist, wenn auch nur ein Eigentümer untätig bleibt. Die Ansicht des BGH (s Rn 106 aE), die Ablehnung des Antrages unterscheide sich nicht von der Annahme des „negativen“ Antrags, übergeht diese Erwägungen und verleitet daher zu der falschen Schlussfolgerung, sie gleiche einem positiven Beschluss über den negativ gefassten Antrag (zu den aus der Aussage des BGH abzuleitenden Konsequenzen s Wenzel ZMR 2005, 413, 414 in Auseinandersetzung mit BayObLG ZMR 2003, 50).

109 Die Kritik an der hM würdigt allerdings die **Willensbildungsfunktion** des Beschlusses (zu den beiden Beschlussfunktionen s Rn 14) nicht hinreichend. Ohne Begründung wird vorausgesetzt, dass man den Beschluss als auf die Erzeugung von Rechtsfolgen gerichtetes Rechtsgeschäft (s dazu Rn 11) ansieht und die maßgeblichen Normen des WEG über Beschlüsse diese gerade in ihrer Funktion als Regelungsinstrument adressieren. Gerade letzteres dürfte aber nicht der Fall sein und die Willensbildung mindestens ebenso im Fokus stehen. Ein Negativbeschluss ist Ausdruck des Willens, das Beantragte nicht gewähren zu wollen (Skauradszun Der Beschluss als Rechtsgeschäft S 310 spricht davon, dass Negativbeschlüsse weniger Regelungswirkung haben als positive). Ungeachtet des Fehlens einer Regelung kommt der Willensbildung rechtliche Bedeutung zu, etwa wenn ein Eigentümer einen Anspruch auf Beschlussfassung aus § 18 Abs 2 WEG für sich reklamiert und diesen geltend macht (§ 44 Abs 1 S 2 WEG), was grundsätzlich eine Vorbefassung der Versammlung erfordert (BGHZ 184, 88 Rn 14; Hogenschurz MietRB 2021, 155, 159). Die Protokollierung des Negativbeschlusses dokumentiert die Vorbefassung.

„Beschlussfassung" iSv § 23 Abs 1 WEG ist zweifellos auch ein Abstimmungsverfahren, das ohne positiven Beschluss endet (zutr WENZEL ZMR 2005, 413). Das Gesetz knüpft insofern an das **Verfahren der Willensbildung** (WENZEL ZMR 2005, 413, 414 spricht insofern von der „Form" der Entschließung und SKAURADSZUN Der Beschluss als Rechtsgeschäft S 64 im Anschluss an Stimmen aus dem Verbandsrecht von „Beschlussprozedur") und nicht an den Inhalt der Entschließung an. Gleiches gilt für das praeter legem entwickelte **Verkündungserfordernis** (dazu Rn 29 ff). Die Verkündung der negativen Entscheidung durch den Abstimmungsleiter ist ungeachtet der Frage geboten, ob das Ergebnis positiv oder negativ ausgefallen ist. Die Eigentümer haben nämlich ein Interesse daran zu erfahren, zu welchem Ergebnis die Abstimmung geführt hat. Der Aspekt der Rechtssicherheit spricht ferner dafür, dass der Einwand, der Abstimmungsleiter habe sich verzählt und es sei tatsächlich ein positiver Beschluss zustande gekommen, nicht unbegrenzt erhoben werden darf (WENZEL ZMR 2005, 413, 416, dort auch zur Kombination der Anfechtung mit einem Beschlussfeststellungsantrag). Man darf diese Sachverhalte nicht anders behandeln als den umgekehrten Fall, in dem zu Unrecht ein positiver Beschluss verkündet wird. **110**

Erst recht muss man von einer Beschlussqualität ausgehen, wenn dem Negativbeschluss eine **Bindungswirkung** zugeschrieben wird. Die hM lehnt eine solche Wirkung im Verhältnis der Eigentümer untereinander ab, weshalb der Anspruch auf positive Beschlussfassung auch ohne Anfechtung des Negativbeschlusses durchsetzbar ist (s HOGENSCHURZ MietRB 2021, 155, 159; WENZEL ZMR 2005, 413, 416; JENNISSEN/SUILMANN § 44 WEG Rn 71, 154; zur Ablehnung einer „Sperrwirkung" durch den BGH s Rn 107; **anders** aber BayObLG ZMR 2003, 50, 51;). Daneben ist aber auch an Dritte zu denken, die den Willen der Eigentümer befolgen müssen, dh insbes an den Verwalter als Organ. Ob ihm ein Negativbeschluss gleichsam die Hände bindet, ist nicht geklärt. Sieht man es so, muss die Möglichkeit bestehen, diese Wirkung durch Beschlussanfechtung zu beseitigen, wenn der Beschluss ordnungsmäßiger Verwaltung widerspricht. **111**

Infolgedessen erfasst der Begriff Beschluss iSv §§ 43 Abs 2 Nr 4, 44 WEG nach ganz hM auch den Negativbeschluss (für Anfechtbarkeit von Negativbeschlüssen etwa BGHZ 148, 335, 349; BGH NJW 2015, 3713 Rn 8; WENZEL ZWE 2000, 382, 386; STAUDINGER/LEHMANN-RICHTER § 44 WEG Rn 182). Die beim Negativbeschluss grundsätzlich fehlende Regelungskomponente setzt sich allerdings in der Frage fort, ob besondere Anforderungen an das **Anfechtungsinteresse** (Rechtsschutzbedürfnis; gegen diese Zuordnung des Problems seitens der hM STAUDINGER/LEHMANN-RICHTER § 44 WEG Rn 220: Missbrauch des Anfechtungsrechts) zu stellen sind. Zunächst betonte der BGH (BGHZ 152, 46, 51), dieses fehle deswegen häufig, weil der Negativbeschluss den Antragsteller regelmäßig nicht in seinen Rechten beeinträchtige, womit letztlich die fehlende Regelungswirkung ins Feld geführt wird. Inzwischen scheint der V. Zivilsenat, im Anschluss an seinen früheren Vorsitzenden (WENZEL ZMR 2005, 413, 415; anders noch ders ZWE 2000, 382, 386 f), verstärkt auf das Recht auf ordnungsmäßige Verwaltung abzustellen (BGHZ 184, 88 Rn 13; BGH ZMR 2011, 735 = ZWE 2011, 317 Rn 21; krit JENNISSEN/SUILMANN § 44 WEG Rn 68). Das führt zu einer Ausweitung der Anfechtbarkeit von Negativbeschlüssen (mit dem gleichen Ergebnis STAUDINGER/LEHMANN-RICHTER § 44 WEG Rn 220, der von einem Rechtsmissbrauch nur ausgeht, wenn völlig offensichtlich ist, dass die Aufhebung des Beschlusses für den Kläger ohne jegliches Interesse ist). **112**

113 Möchte der Eigentümer die negative Entscheidung gerichtlich überprüfen lassen, soll ihm nach Ansicht derer, die im Negativbeschluss keinen Beschluss sehen, dafür hingegen die **Feststellungsklage** zur Verfügung stehen (Hügel/Elzer Vor §§ 23 ff WEG Rn 65). Es wird also der Streit um das Rechtsschutzbedürfnis für die Anfechtung von Negativbeschlüssen oder deren Missbräuchlichkeit (Staudinger/Lehmann-Richter § 44 WEG Rn 220) auf die Stufe des Feststellungsinteresses verlagert, was die Anforderungen an das klägerische Interesse tendenziell erhöht.

ff) Deklaratorische Beschlüsse

114 Deklaratorische Beschlüsse zeichnen sich dadurch aus, dass sie die bestehende Rechtslage lediglich wiedergeben, aber nicht ändern. Ihnen **fehlt ein Regelungsgehalt**. Ob das der Fall ist, muss durch Auslegung ermittelt werden. IZw ist davon auszugehen, dass die Eigentümer einen Beschluss nur dann fassen, wenn sie einen Regelungsbedarf ausgemacht haben, also nicht rein deklaratorisch handeln. So hat etwa der BGH in Bezug auf bestehende Zahlungsansprüche des Einzelnen gegen die Gemeinschaft, zB aus § 14 Abs 3 WEG, bei einer entsprechenden Beschlussfassung über diese Ansprüche ein freiwilliges Anerkenntnis erwogen (BGH NJW 2015, 3713 Rn 12, 16). Dass solche Beschlüsse der Umsetzung durch Abgabe einer Erklärung namens der Gemeinschaft bedürfen, nimmt ihnen den Regelungscharakter nicht (Rn 14). Häufig wollen die Eigentümer auch Unklarheiten einer bestehenden Vereinbarung beseitigen und beschließen über die Auslegung, wofür aber jedenfalls dann die Beschlusskompetenz fehlt, wenn der beschlossene Inhalt von dem abweicht, den ein unbefangener Eigentümer der eingetragenen Vereinbarung entnommen hätte (s dazu Rn 101).

115 ZT wird angenommen, für deklaratorische Beschlüsse fehle den Wohnungseigentümern die **Beschlusskompetenz** (F Schmidt ZWE 2009, 353). Nach anderer Ansicht ist ein Beschluss, der nichts regelt, sondern nur deklaratorisch wiederholt, was in der Gemeinschaftsordnung oder dem Gesetz bereits bestimmt ist, per se **nicht ordnungsgemäß** (KG WuM 1993, 429; LG Karlsruhe ZWE 2009, 355). Der BGH geht demgegenüber davon aus, dass auch Beschlüsse, die eine „überflüssige Regelung" enthalten – genauer: denen eine eigenständige Regelung fehlt – durchaus Bestand haben können (BGH NJW 2010, 933 Rn 13). Es fehlt also weder generell die Beschlusskompetenz noch liegt per se ein Verstoß gegen die Grundsätze ordnungsmäßiger Verwaltung vor (s auch Elzer ZMR 2005, 892).

gg) Nichtbeschlüsse

116 Von Negativ- (Rn 106) und Verkündungsbeschlüssen (Rn 120) sind nach ganz überwiegender Auffassung **Nichtbeschlüsse** zu unterscheiden. Hierbei handelt es sich um vermeintliche Beschlüsse, die zwar, insbes weil eine Verkündung stattgefunden hat, geeignet sind, den Rechtsschein eines Beschlusses hervorzurufen (weshalb zT auch von „Scheinbeschluss" die Rede ist; OLG Hamm ZMR 2008, 161 mHinw auf WE 1993, 24; Soergel/Skauradszun Rn 68), die aber gleichwohl keine rechtlichen Wirkungen haben. Letzteres haben sie, abgesehen von einer etwaigen Umdeutungsmöglichkeit, mit nichtigen Beschlüssen gemein. Bei nichtigen Beschlüssen geht es aber regelmäßig um Mängel, die mit dem Inhalt des Beschlusses zusammenhängen, zB weil dieser gegen zwingende Vorgaben des Gesetzes (§ 134 BGB, § 23 Abs 4 S 1 WEG) oder die guten Sitten (§ 138 BGB) verstößt, inhaltlich vollkommen unbestimmt ist oder für die beschlossene Regelung keine Beschlusskompetenz bestand. Nichtbeschlüsse leiden demgegenüber an einem derart **gravierenden Entstehungsmangel** (Verfahrensmangel), dass **gar nicht von einer Willensbildung der Wohnungseigentümer** iSd WEG gesprochen werden kann (Bärmann/Merle WEG, 14. Aufl., Rn 127: erheblicher Mangel, der das Zustandekommen eines Beschlusses verhindert). Zum Teil wird auch formuliert, es gehe um Fälle, in denen nicht sämtliche Tatbestandsvoraussetzungen eines Beschlusses vorliegen (Jennissen/Schultzky Rn 172) bzw Entstehungsvoraussetzungen fehlen (Bärmann/Dötsch Rn 270).

Zu den Nichtbeschlüssen werden Entschließungen **vor Entstehen einer Gemeinschaft** 117
gezählt, weil eine Beschlussfassung iSd §§ 23 ff WEG eine Gemeinschaft voraussetze (OLG Frankfurt OLGZ 1986, 40, 41; BayObLG ZMR 2003, 521 = ZWE 2003, 387 mwNw zu dieser hM; Bärmann/Dötsch Rn 271). Als **Nichtbeschlüsse** werden daher neben den Beschlussfassungen des aufteilenden Alleineigentümers auch die derjenigen Personen gesehen, die wie ein Zwangsverwalter an die Stelle des Eigentümers treten (OLG München ZMR 2006, 308); wegen § 9a Abs 1 S 2 WEG und der darin ausgedrückten Anerkennung von Ein-Personen-Gemeinschaften und -Beschlüssen gilt das nunmehr aber nur noch für die Zeit vor Anlegung der Wohnungsgrundbücher. Aus Gründen der Praktikabilität wurden ferner bislang, wenngleich ohne überzeugende dogmatische Begründung, sog **„Entschlüsse"** des Aufteilenden als eigenständiges Regelungsinstrument anerkannt, die analog §§ 5 Abs 4, 8 Abs 2 WEG formelle Bestandteile der Gemeinschaftsordnung sind, aber wie Beschlüsse zu behandeln sein sollen (Wenzel, in: FS Bub [2007] 249). Weit verbreitet ist das insbes bei der Bestellung des Erstverwalters (zur Lösung des Problems nach neuem Recht Staudinger/Jacoby § 26 WEG Rn 65).

Ferner geht es bei den Nichtbeschlüssen um Fälle, in denen Mehrheitsentscheidun- 118
gen **außerhalb einer Versammlung** gefasst werden (OLG Hamm ZMR 2008, 161; Jennissen/Schultzky Rn 173; Niedenführ/Schmidt-Räntsch/Vandenhouten/Vandenhouten Rn 6; zur Beschlussfassung nach Versammlungsende s BayObLG NZM 1998, 1010; KG ZMR 1989, 27). Mangels Eigentümerversammlung wird ein Nichtbeschluss angenommen, wenn gar nicht zu einer solchen eingeladen wurde oder die **Ladung durch eine Person** erfolgte, die **„nicht einmal potenziell" hierzu berechtigt** ist (OLG Hamm ZMR 2008, 161; LG Frankfurt/M 15. 4. 2021 – 2-13 S 87/20, ZWE 2021, 418; Hügel/Elzer Vor §§ 23 ff WEG Rn 71; Jennissen/Schultzky Rn 21, 174; s auch Weitnauer/Lüke Rn 15). Allerdings zeigt diese Fallgruppe, wie **schwierig und letztlich unsicher die Abgrenzung** ist (zutr BayObLGZ 1995, 407 = ZMR 1996, 151 mHinw auf BayObLGZ 1986, 444, 447). Denn an sich wird jede Person, die zum Verwalter bestellt werden könnte, davon erfasst (näher Rn 132), weshalb auch die Ansicht vertreten wird, jede Ladung durch einen Nichtberechtigten führe zum Nichtbeschluss (Lehmann-Richter ZWE 2021, 419, 420). Ein weiterer Fall des Nichtbeschlusses soll vorliegen, wenn keine Verkündung erfolgt ist (Jennissen/Schultzky Rn 174), was aber zweifelhaft ist, wenn man die Verkündung nicht als Tatbestandsvoraussetzung ansieht, sondern auf der Stufe der Wirksamkeit ansiedelt (s Rn 36).

Die Abgrenzung von Nichtbeschlüssen und nichtigen Beschlüssen ist, anders als die 119
Abgrenzung zu bloßen Anfechtungsgründen, deswegen für die Praxis regelmäßig von untergeordneter Bedeutung, weil es in beiden Fällen von vornherein an einer wirksamen rechtsgeschäftlichen Regelung fehlt, was nicht nur den **Eintritt von Bestandskraft** nach Ablauf der Anfechtungsfrist **ausschließt**, sondern es ferner jedem Betroffenen gestattet, den Mangel jederzeit außerhalb eines gerichtlichen Verfahrens geltend zu machen (zur äquivalenten Feststellung des Nichtzustandekommens statt der

Nichtigkeit eines Beschluss s BayObLGZ 1995, 407 = ZMR 1996, 151). Das Fehlen einer zeitlichen Beschränkung führt zu erheblicher Rechtsunsicherheit, weshalb der Nichtbeschluss ein **eng begrenztes Anwendungsfeld** hat. Insbes liegt nach zutreffender hM weder ein Nichtbeschluss noch ein nichtiger Beschluss vor, wenn die erforderliche Mehrheit nicht erreicht, ein positives Beschlussergebnis aber gleichwohl verkündet wurde (ausf dazu Rn 48 ff; **aA** Hügel/Elzer Vor §§ 23 ff WEG Rn 71). Gleichfalls bringt die bloß mehrheitliche Zustimmung im Verfahren gem § 23 Abs 3 S 1 WEG nach hM keinen Nichtbeschluss hervor, wenn der Initiator ein positives Beschlussergebnis verkündet, sondern es besteht lediglich ein Anfechtungsgrund des Verkündungsbeschlusses (s dazu Rn 330). Bei vorsätzlicher Nichtladung liegt nach hM ein nichtiger Beschluss vor (s § 24 WEG Rn 120), obwohl ein Nichtbeschluss wohl näher läge, wenn man in der Nichtladung einen gravierenden Verfahrensmangel erblickt, der der Zusammenkunft ihren Charakter als Versammlung der Wohnungseigentümer nimmt. Allerdings ist letzteres aus Rechtssicherheitsgründen abzulehnen und daher weder von einem Nichtbeschluss noch von Nichtigkeit auszugehen (§ 24 WEG Rn 124).

hh) Verkündungsbeschlüsse

120 Als Verkündungsbeschluss werden hier Beschlüsse bezeichnet, die an sich nicht die Voraussetzungen erfüllen, die an das Zustandekommen eines Beschlusses gestellt werden, bei denen aber gleichwohl eine **Verkündung durch den** hierzu berufenen **Abstimmungsleiter**, dh den Versammlungsleiter oder Initiator eines Umlaufverfahrens, stattgefunden hat. Der Verkündungsbeschluss tritt dann als **Ersatztatsache** an die Stelle des nicht zustande gekommenen Beschlusses und kann nur durch Anfechtungsklage, dh fristgebunden beseitigt werden (s Rn 51). Fehlt es bereits an einer Versammlung von Wohnungseigentümern oder wurde kein Verfahren nach § 23 Abs 3 WEG initiiert, gibt es auch keine zur Verkündung berufene Person, weshalb der Mangel des Nichtbeschlusses (s Rn 116) nicht durch Verkündung behoben werden kann. Gleiches gilt vor Entstehen einer Gemeinschaft (Rn 117).

III. Beschlussfassung in der Wohnungseigentümerversammlung (Abs 1)

1. Die Versammlung der Wohnungseigentümer

121 § 23 WEG ist mit Wohnungseigentümerversammlung überschrieben, enthält aber eher **wenige einschlägige Regelungen**. Abs 1 betrifft deren Zuständigkeiten (s Rn 126) und Abs 2 normiert Anforderungen an die Einberufung (s Rn 274). Vor allem § 24 WEG befasst sich dann mit der Durchführung und auch § 25 WEG, weshalb auf die dortige Kommentierung im Folgenden häufig Bezug genommen wird. Charakteristisch ist für alle genannten Normen, dass sie zugleich den **Beschluss als Regelungsinstrument näher ausgestalten** (s § 23 Abs 3 und 4 WEG, § 24 Abs 7 WEG, § 25 Abs 2 WEG; zur Kontroverse um die Anwendung von § 25 Abs 4 WEG auf Beschlüsse außerhalb von Versammlungen s Rn 315). Beschlüsse sind zwar regelmäßig, nicht aber notwendig mit der Versammlung verknüpft. Einerseits können sie außerhalb einer solchen gefasst werden (§ 23 Abs 3 WEG, Rn 288 ff). und andererseits ist die Beschlussfassung kein notwendiger Bestandteil einer Versammlung (zu den Funktionen der Versammlung Rn 123). Die Gliederung dieser Kommentierung versucht das stärker abzubilden als die Gesetzessystematik (s Rn 8).

a) Die Versammlung als genuiner Ort der Willensbildung und Organ

Im Unterschied zum Recht der Bruchteilsgemeinschaft (s § 745 Abs 1 S 1 BGB), auf dem das WEG aufbaut, und in Anlehnung an das Vereinsrecht (s § 32 BGB, dem § 23 WEG partiell nachgebildet ist) wird in den §§ 23–25 WEG nicht nur der **Willensbildungsprozess** näher ausgestaltet, sondern auch der Versammlung als primärer Ort der Willensbildung Kontur verliehen. Nach hM handelt es sich dabei zugleich um das oberste **Organ** der Gemeinschaft der Wohnungseigentümer (Bärmann/Dötsch Rn 8; ausf Becker, Teilnahme 10 ff; von einem Organ spricht auch der BGH NJW 2014, 1093 Rn 12). Allerdings war dies zumindest bis zum Inkrafttreten des WEMoG nicht unumstritten (anders Armbrüster/Kräher ZWE 2014, 1, 2: Organstellung allgemein anerkannt). Den Streit um die Frage, ob die Gemeinschaft als Rechtsträger mit verfasster Organisation iSd Verbandsrechts einzuordnen ist (Meiners Rechtsfähige Wohnungseigentümergemeinschaft [2015] 19 ff), wollte der Gesetzgeber bejahend entscheiden und hat durch die konsequente Zuordnung der Verwaltungsaufgaben an die Gemeinschaft zugleich die Diskussion um eine doppelte Funktion der Versammlung (nämlich als Organ der rechtsfähigen Gemeinschaft und als Gremium der Willensbildung in der Bruchteilsgemeinschaft der Miteigentümer) jedenfalls für die Praxis ad acta gelegt (Jennissen/Schultzky Rn 13: obsolet). **122**

Zur Willensbildung und damit zu den **Funktionen einer Versammlung** gehört nicht allein die **Entscheidung** durch Ausübung des Stimmrechts (Beschlussfassung). Vorgelagert sind typischerweise **Informationen**, zB durch den Verwalter oder hinzugezogene Fachleute (zu deren Teilnahme s § 24 WEG Rn 185 ff) sowie die **Aussprache/Diskussion** unter den Anwesenden. Das Rederecht gehört als Bestandteil des Teilnahmerechts (zur Unterscheidung zwischen Anwesenheits-, Rede- und Antragsrecht s § 24 WEG Rn 152) zu den wesentlichen Mitverwaltungsrechten der Eigentümer und damit, wie das Stimmrecht (§ 25 WEG Rn 7 ff) zum Kernbereich der Befugnisse der Wohnungseigentümer. Zur Willensbildung treten damit eine Informations- und Beratungsfunktion der Versammlung (zum Ganzen Becker, Teilnahme 12 ff; Vogel ZWE 2019, 193 mHinw auf Staudinger/Bub [2005] § 24 Rn 6). Eng mit der Information hängt schließlich die **Kontrollfunktion** zusammen. Aus ihr wird abgeleitet, dass der Verwalter die die Tagesordnung betreffenden Unterlagen zur Einsicht am Versammlungsort bereit halten muss. **123**

Das WEG definiert keinen **Versammlungsbegriff**. Dieser ist vielmehr aus den Funktionen abzuleiten. Bedeutung erlangt das vor allem im Zusammenhang mit sog „virtuellen Versammlungen" (s dazu Rn 142). Nach hM (Hügel/Elzer Rn 11; Jennissen/Schultzky Rn 12; gegen Telefonkonferenz als Versammlung AG Königstein NZM 2008, 171) handelt es sich grundsätzlich (zur elektronischen Kommunikation Rn 146 ff) um eine **physische Zusammenkunft** (Präsenzversammlung) der Eigentümer und sonstiger Teilnahmeberechtigter (s § 24 WEG Rn 157 ff), die allerdings keine persönliche Anwesenheit erfordert (zur Entsendung von Bevollmächtigten s § 24 WEG Rn 180 f, insbes zur Ausübung des Stimmrechts durch diese § 25 WEG Rn 80 ff). Aus Gründen der Rechtssicherheit und zum Schutze der Berechtigten vor Entscheidungen unter Missachtung ihrer Mitverwaltungsbefugnisse durch andere Eigentümer verschafft das **Einberufungserfordernis** der Versammlung einen gewissen formalen Rahmen, der aber nicht überhöht werden darf, um die durch §§ 23 Abs 4, 45 WEG erstrebte Rechtssicherheit nicht zu gefährden (zum damit einhergehenden Konflikt s Rn 129 ff). Das Gesetz geht davon aus, dass die Versammlung einen Vorsitzenden hat (§ 24 Abs 5 WEG; dazu § 24 WEG Rn 126 ff). Dieser eröffnet (§ 24 WEG Rn 144) und beschließt (§ 24 WEG Rn 146) die Versammlung, **124** wodurch der äußere Rahmen der Versammlung für die Eigentümer erkennbar gesetzt wird.

125 Aus den Funktionen der Versammlung folgen ferner gewisse **Anforderungen an deren Durchführung**. Da es um die Willensbildung einer konkreten Gemeinschaft geht, ist der Zutritt Dritter reglementiert (zum Nichtöffentlichkeitsgrundsatz s § 24 WEG Rn 167 ff). Versammlungsort und Zeit müssen so bemessen sein, dass den Berechtigten die Willensbildung ungestört möglich ist (§ 24 WEG Rn 133 ff, 139 ff).

b) Zuständigkeit der Versammlung zur Beschlussfassung (Beschlusskompetenz)

126 Die Zuständigkeiten der Versammlung der Wohnungseigentümer sind vor allem seit der Entscheidung des BGH vom 20. 9. 2000 (BGHZ 145, 158) in den Fokus gerückt. Beschlüsse, die **jenseits der Zuständigkeit** der Versammlung liegen sind nämlich **nichtig** (BGHZ 145, 158, 167 mHinw auf BGHZ 115, 151, 152). § 23 Abs 1 WEG weist nur „Angelegenheiten, über die nach diesem Gesetz oder nach einer Vereinbarung der Wohnungseigentümer die Wohnungseigentümer durch Beschluss entscheiden können" der Versammlung zur Beschlussfassung zu (ausf zum Begriff der Angelegenheit Häublein ZWE 2001, 2). Im Übrigen gilt das **Vertragsprinzip**, dh der Beschluss steht den Eigentümern, anders als bei den Körperschaften, als Regelungsinstrument nicht umfassend zur Verfügung. Der BGH sieht die Versammlung insofern als **absolut unzuständig** an (BGHZ 145, 158, 168; 156, 279, 288), spricht zum Teil synonym aber ebenso von einer Unzuständigkeit der Gemeinschaft (BGH NJW 2012, 2578 Rn 14). Das zeigt, dass das Problem weniger die Versammlung als solche betrifft, sondern den Beschluss als Regelungsinstrument; zum Beschluss mit Vereinbarungsinhalt s Rn 101.

127 Die Zuständigkeiten der Versammlung und damit die durch Beschluss zu regelnden Materien zählt das Gesetz nicht an einer Stelle auf und unterscheidet sich dadurch von § 119 AktG (s auch § 46 GmbHG iVm §§ 47 f GmbHG). Das WEG nimmt die **Kompetenzzuweisungen** zum einen durch die Generalklausel in § 19 Abs 1 WEG und zum anderen durch konkrete Einzelbestimmungen vor (§§ 12 Abs 4 S 1, 16 Abs 2 S 2, 20 Abs 1, 21 Abs 5 S 1 usw; s hierzu auch § 25 WEG Rn 4). Daneben kommt eine Zuweisung durch Vereinbarung in Betracht (zu den sog Öffnungsklauseln Staudinger/Wobst [2023] § 10 WEG Rn 20). Allerdings ist zu beachten, dass der BGH solchen Klauseln lediglich die Funktion zumisst, zukünftige Mehrheitsentscheidungen **formell zu legitimieren**, nicht aber auch materiell zu rechtfertigen (BGHZ 202, 346 Rn 14 mwNw). Zum Schutz der Minderheit müssen fundamentale **inhaltliche Schranken** beachtet werden, die mit den sich zum Teil überschneidenden (s dazu BGHZ 202, 346 Rn 15 ff) Schlagworten Belastungsverbot (vgl § 53 Abs 3 GmbHG), Sonderrechte (§ 35 BGB; der Sache nach ging es darum wohl in BGH NJW 2012, 2578), Leistungspflicht (BGH NJW 2010, 2801 Rn 10 f) und Kernbereich (BGH NJW 2011, 679, eine Vereinbarung betreffend) umschrieben werden. Dieses **zweistufige Vorgehen** findet insofern eine Entsprechung bei gesetzlichen Kompetenzzuweisungen, als die Zugehörigkeit einer zu regelnden Materie zum Bereich der Benutzung oder der Verwaltung iSv § 18 Abs 2 WEG nicht von der weiteren Prüfung entbindet, ob der Beschluss „vereinbarungs- oder gesetzesändernd" ist (BGHZ 157, 322, 333 s dazu Rn 101).

128 Nicht abschließend geklärt ist, ob zwischen absoluter Unzuständigkeit der Versammlung bzw absoluter Beschlussunzuständigkeit, etwa bei Verfügungen über das gemeinschaftliche Eigentum oder Eingriffen in Individualrechte von Eigentümern, und

der Überschreitung von Beschlusskompetenz oder inhaltlichen Schranken differenziert werden muss und wenn ja, in welcher Weise (s dazu Rn 357). Die damit verbundene rechtstheoretische Unterscheidung ändert allerdings für die Praxis nichts am Ergebnis der **Nichtigkeit entsprechender Beschlüsse**.

c) Essentielle Voraussetzungen einer Versammlung

Für die Rechtspraxis hat die Frage große Bedeutung, welche essentiellen Voraussetzungen zu stellen sind, damit die Versammlung der Wohnungseigentümer als solche zusammentreten kann. Dies ist deswegen sehr wichtig, weil die Willensbildung der Wohnungseigentümer nach § 23 Abs 1 WEG vorrangig in der Versammlung erfolgt und nur unter Beachtung der restriktiven Anforderungen des § 23 Abs 3 WEG (zur grundsätzlich erforderlichen Allstimmigkeit s Rn 104; zur Textform s Rn 310) außerhalb einer solchen erfolgen darf. „Essentiell" ist eine Voraussetzung dann, wenn sie iSe **conditio sine qua non** unbedingt erforderlich ist, damit ein Beschluss § 23 Abs 1 WEG vorliegt. Die meisten gesetzlichen Normen über die Versammlung der Wohnungseigentümer haben **diese Qualität nicht**. So ändern insbes ein Verstoß gegen § 23 Abs 2 WEG (dazu Rn 174 ff) und sonstige Einberufungsmängel nach hM grundsätzlich nichts daran, dass die Zusammenkunft als Versammlung angesehen wird, was zur Folge hat, dass die dort gefassten **Beschlüsse lediglich anfechtbar** sind (dazu § 24 WEG Rn 112 ff). Hingegen wird ein außerhalb der Versammlung gefasster Beschluss – vorbehaltlich des Verfahrens nach § 23 Abs 3 WEG – als **Nichtbeschluss** angesehen (Rn 116). Er kann also, wie ein nichtiger Beschluss, nicht in Bestandskraft erwachsen. Hier zeigt sich die Bedeutung der essentiellen Voraussetzungen. **128a**

Die Festlegung dieser Voraussetzungen erfolgt im **Spannungsfeld von Rechtssicherheit** und **Wahrung grundlegender Eigentümerrechte**, zu denen die Mitwirkung an der Willensbildung gehört (§ 24 WEG Rn 191 zum Teilnahmerecht und § 25 WEG Rn 7 f zum Stimmrecht). Die hM gibt dabei der Rechtssicherheit meistens den Vorzug. Das verdeutlichen insbes die Fälle, in denen ein Eigentümer gar keine Kenntnis von der Versammlung hatte, weil ihm die **Ladung nicht zugegangen** ist (dazu nur BGHZ 142, 290, 294). Das führt zwar zu einer massiven Rechtsbeeinträchtigung, hat gleichwohl aber nur die Anfechtbarkeit der gefassten Beschlüsse zur Folge (ausf dazu § 24 WEG Rn 117 ff). Der Zugang der Ladung ist also keine essentielle Voraussetzung einer Beschlussfassung in der Versammlung und damit der Versammlung selbst. **129**

Zu den essentiellen Voraussetzungen einer Versammlung zählt allerdings **deren Einberufung** (s etwa Jennissen/Schultzky Rn 21: notwendiges Merkmal). Als Formalakt dient sie der Rechtssicherheit, weil sie die Versammlung von **anderen Zusammenkünften abgrenzt** (§ 25 WEG Rn 4). Auf solchen, oft spontan stattfindenden Treffen, können nach einhM keine Beschlüsse gefasst werden (**Nichtbeschluss** iSv Rn 116) Ausnahmen werden aber bei Anwesenheit sämtlicher Eigentümer gemacht (sog Vollversammlung, dazu Rn 134, 285). Der Einberufungswille muss durch Ladung nach außen hervortreten und für die Eigentümer als solcher erkennbar sein (Niedenführ/Schmidt-Räntsch/Vandenhouten/Vandenhouten Rn 6). Dass die Ladungen tatsächlich an sämtliche zu ladende Personen adressiert wurden, ist aber, wie der Zugang (s Rn 129), keine essentielle Voraussetzung. Sähe man das anders, käme es angesichts der teils kontroversen Ansichten über die zu Ladenden (dazu § 24 WEG Rn 8 ff) zu erheblicher Rechtsunsicherheit, weil die gefassten Beschlüsse nicht in Bestandskraft erwachsen könnten. **130**

131 Ungeklärt ist, ob der Einberufungswille dadurch hinreichend manifestiert werden kann, dass **nur ein** (kleiner) **Teil** der Eigentümer **geladen** wird, womöglich unter Verstoß gegen das Formerfordernis des § 24 Abs 4 S 1 WEG, der für sich genommen wiederum nur einen Anfechtungsgrund begründet (§ 24 WEG Rn 77), also eine Versammlung nicht hindert. Hier muss es zum Schutz der Eigentümer Grenzen geben. Man könnte diese Grenze entweder – zwar klar jedoch dezisionistisch – an einem festen Wert orientieren, zB unter Rekurs auf § 25 Abs 3 WEG aF daran, ob mehr als die Hälfte der MEA geladen wurden. Oder man stellt wertend darauf ab, ob die Einberufungshandlung aus der Sicht eines verständigen Betrachters noch als Ladung zu einer Versammlung verstanden werden kann, was etwa ausgeschlossen wird, wenn willkürlich nur ein Teil der Eigentümer informiert wird (anders aber bei einer Teilversammlung, s Rn 136). Die durch diese Sichtweise unbestreitbar erzeugte Unsicherheit über das Zustandekommen von Versammlungsbeschlüssen erscheint jedoch hinnehmbar, weil entsprechende Verstöße äußerst selten vorkommen werden.

132 Zur Frage, ob eine hinreichende Einberufungshandlung vorliegt, gehört auch das Problem der **Ladung durch eine unzuständige Person** (zur Zuständigkeit s § 24 WEG Rn 39 ff). Auch sie begründet nach ganz hM (BayObLG MDR 1982, 323; ZMR 2002, 525; ZMR 2005, 559; OLG Köln WuM 1996, 246; OLG Hamm OLGZ 1992, 309, 311; WuM 2009, 477; LG Frankfurt/M ZWE 2021, 418; AG Tettnang ZWE 2021, 419; BeckOGK/Hermann § 24 WEG Rn 48 ff; Hügel/Elzer § 24 WEG Rn 82 f; Skauradszun ZWE 2016, 61, 62; **aA** Lehmann-Richter ZWE 2021, 419) lediglich einen Anfechtungsgrund, stellt die Existenz einer Versammlung der Wohnungseigentümer also nicht in Frage (s auch § 24 WEG Rn 112). So sieht es in der Sache auch der BGH (s BGH 20. 11. 2020 – V ZR 64/20 Rn 12 ff, ZWE 2021, 223 und dazu Greiner Wohnungseigentumsrecht § 7 Rn 62 mFn 75). Allerdings wird hier ebenfalls eine Einschränkung gemacht, nämlich dann, wenn die einberufende Person ein „beliebiger Dritter" (Bärmann/Merle § 24 WEG Rn 35; LG Frankfurt/M ZWE 2021, 418: „unbeteiligter Dritter") oder „nicht einmal potenziell befugt" war (Hügel/Elzer § 24 WEG Rn 83).

132a Der hM ist entgegengehalten worden, dass es bei der Einberufung durch einen Nichtberechtigten an einer **Grundlage für die Zurechnung** der Verwaltungshandlung zur Gemeinschaft fehle. Ohne eine solche könne der Gemeinschaft aber auch die Entscheidung der Beschließenden nicht zugerechnet werden, weil es sich nicht um einen Beschluss iSd WEG handele (Lehmann-Richter ZWE 2021, 419, 420). Diese Ansicht scheint Unterstützung im Aktienrecht zu finden. Nach § 241 Nr 1 AktG führt der Ladungsmangel zur Nichtigkeit. Allerdings darf nicht übersehen werden, dass § 242 Abs 2 AktG die Rechtssicherheit durch eine Heilungsmöglichkeit schützt. Eine derartige Regelung fehlt im WEG, und § 23 Abs 4 WEG spricht dafür, dass der Gesetzgeber den Kreis nichtiger Beschlüsse bewusst enger gezogen hat (so unter Hinweis auf die Abdingbarkeit der Ladungsvorschriften Bärmann/Merle § 24 WEG Rn 34). Die hM ist daher im Ansatz zutreffend. Sieht man es anders, sollte wenigstens § 242 Abs 2 AktG entsprechend angewendet und der Mangel drei Jahre nach Eintragung des Beschusses in die Beschluss-Sammlung geheilt werden.

132b Berechtigt erscheint die Kritik an der hM aber insofern, als das **Kriterium der „potenziellen Berechtigung" nicht taugt**; denn grundsätzlich ist jeder „potenziell" berechtigt, sofern er zum Verwalter bestellt oder von einem berechtigten Eigentümer bevollmächtigt werden könnte (s dazu Skauradszun ZWE 2016, 61, 62: Rechtsanwalt eines Eigentümers; dagegen HÜGEL/ELZER § 24 WEG Rn 85). Letztlich geht es der hM darum, zum Schutze der Eigentümer vor bestandskräftigen Beschlüssen die Fälle auszuscheiden, in denen weder der Ladende noch die Empfänger redlicher Weise annehmen durften, es werde eine Versammlung gem §§ 23 ff WEG einberufen. So kann es etwa bei einer Person liegen, die **offenkundig niemals zum Verwalter gewählt wurde** (OLG Hamm ZMR 2008, 161), nicht jedoch, wenn über die Gültigkeit des Bestellungs- oder Abberufungsbeschlusses gestritten wird oder unklar ist, ob die Voraussetzungen für eine Einberufung nach § 24 Abs 3 WEG (§ 24 WEG Rn 67 ff) vorliegen (zu den potenziell Berechtigten s auch JENNISSEN/SCHULTZKY § 24 WEG Rn 33). Mit Blick darauf und weil das Anfechtungserfordernis dazu dient, Zweifel an der Rechtmäßigkeit von Beschlüssen zu beseitigen, erscheint es vorzugswürdig, darauf abzustellen, dass der Einberufende aus der Sicht eines verständigen Wohnungseigentümers **offenkundig unzuständig** war (so auch BÄRMANN/PICK/J EMMERICH WEG § 24 Rn 20). Dieser zugegebenermaßen mit verbleibenden Unsicherheiten behaftete Kompromiss erscheint deswegen gerechtfertigt, weil unter den gegenwärtigen Eigentümern in derartigen Fällen kein schutzwürdiges Vertrauen entstehen kann. Künftige Eigentümer, die den offenkundigen Mangel typischerweise nicht erkennen können, können allenfalls im Einzelfall über die Treuepflicht geschützt werden, wenn sich nach ihrem Eintritt jemand auf den Mangel beruft. Jenseits dieser Evidenzfälle ändert der Einberufungsmangel nichts an der Existenz einer Versammlung und die dort gefassten Beschlüsse sind der Bestandskraft zugänglich. Wie im Falle der Ladung nur eines Teils der Eigentümer (s Rn 131) werden also nur „Extremfälle" erfasst und der Kreis der essentiellen Voraussetzungen der Versammlung wird systemkonform eng gehalten.

Zu den Mindestvoraussetzungen einer Versammlung gehört nach hM die **Existenz einer Gemeinschaft iSd WEG**. Vorher gefasste Beschlüsse des Alleineigentümers sind nach ganz hM **Nichtbeschlüsse** (statt vieler OLG Köln ZMR 2008, 242, 244, zum Wirtschaftsplan; s dazu auch Rn 117). **„Ein-Personen-Versammlungen"**, zu denen zT auch die Fälle gezählt werden, in denen nur eine Person anwesend ist (vgl OLG München ZMR 2008, 409 und RÖLL NJW 1989, 1070, 1072), was insbesondere während pandemiebedingter Kontaktbeschränkungen Relevanz erlangt, sind nach dem geltenden Recht ohne Zweifel auch dann Versammlungen iSd WEG, wenn es nur einen Eigentümer gibt (s § 9a Abs 1 S 2 WEG). Auf ihr können daher Beschlüsse gefasst werden. Allerdings wird es aus Gründen der Rechtssicherheit zum Teil für unverzichtbar gehalten, dass die Beschlussfassung nach außen durch einen Formalakt unmittelbar in Erscheinung tritt (BayObLGZ 1995, 407 = ZMR 1996, 151; OLG München ZMR 2008, 409; s dazu auch Rn 271). 133

d) Voll-, Teilversammlungen und andere Sonderformen

Als **Voll- oder Universalversammlung** wird eine Versammlung der Wohnungseigentümer bezeichnet, auf der sämtliche Eigentümer anwesend oder zumindest „erschienen" sind (BGH ZMR 2011, 892 = ZWE 2011, 354; BÄRMANN/DÖTSCH Rn 12; HOGENSCHURZ ZMR 2009, 824). Die Bedeutung der Vollversammlung besteht darin, dass bestimmte (ausf dazu im Kontext des § 23 Abs 2 WEG Rn 285; s ferner § 24 WEG Rn 116, 216) **Verfahrensmängel geheilt** werden können, weil das Verfahren grundsätzlich zur Disposition aller Eigentümer steht. Vorbild ist insofern § 51 Abs 3 GmbHG (BGH ZMR 2011, 892 = ZWE 2011, 354;). 134

Anwesenheit erfordert kein persönliches Anwesendsein, sondern es genügt die **Entsendung eines Vertreters**. Allerdings muss dieser über die notwendige Vertretungs- 135 macht verfügen, neben den Entscheidungen in der Sache auch über das Verfahren disponieren zu können (**abl** dazu LG Karlsruhe ZMR 2011, 588 = ZWE 2010, 377, 379). Zu beachten ist ferner, dass die bloße Anwesenheit aller Eigentümer dann nicht ausreichen kann, wenn das Stimmrecht (ggf im Verbund mit anderen Mitverwaltungsrechten) bei anderen Personen liegt oder von diesen auszuüben ist, zB einem Zwangs- oder Insolvenzverwalter (§ 25 WEG Rn 17 ff).

136 Um einen ganz anderen Problemkreis geht es bei sog **Teilversammlungen**. Sie werden zT in Gemeinschaften durchgeführt, deren Eigentümer sich über mehrere mehr oder weniger eigenständige Gebäude verteilen (zum Begriff der **Mehrhausanlage** und **Untergemeinschaft** s Häublein ZWE 2010, 149; Sommer ZWE 2019, 155). Voraussetzung für die Zulässigkeit eines solchen Verfahrens ist eine entsprechende **Vereinbarung**. Da das Gesetz vom Prinzip einer einheitlichen Versammlung ausgeht, sind an entsprechende Regelungen strenge Anforderungen zu stellen. Es bleibt iZw beim gesetzlichen Prinzip, das sämtlichen Eigentümern die Informationen über die Angelegenheiten auch der anderen Gebäude sichert, weil sie deren Miteigentümer sind (in der Sache ebenso Sommer ZWE 2019, 155, 160 f). Die bloße Regelung zu jeweils gesonderten Stimmrechten (Blockstimmrecht) genügt nach hier vertretener Ansicht nicht, um Teilversammlungen zu etablieren (ausf § 24 WEG Rn 25 ff).

137 Insbes das BayObLG und ihm nachfolgend das OLG München haben sich allerdings wiederholt auf den Standpunkt gestellt, bei Mehrhausanlagen könnten **ex lege getrennte Versammlungen** der einzelnen Häuser durchgeführt werden, wenn es sich um Angelegenheiten handelt, die ausschließlich die Wohnungseigentümer eines oder mehrerer Häuser betreffen und durch die die Interessen der übrigen Wohnungseigentümer in keiner Weise berührt werden (OLG München ZMR 2007, 391; BayObLG DNotZ 1985, 414; von LG Karlsruhe 16. 5. 2011 – 11 S 11/10 wird diese Ansicht – wohl zu Unrecht – als herrschend bezeichnet). Die hL lehnt das zu Recht ab (Hügel NZM 2010, 8, 15; Jennissen/Schultzky Rn 32; Rüscher ZWE 2011, 308, 309; Sommer ZWE 2019, 155, 160; s auch Häublein ZWE 2010, 149, 155).

138 Ungeklärt ist, wie es sich auswirkt, wenn für die einberufene Teilversammlung **eine hinreichende Grundlage** (Vereinbarung) **fehlt**. Zwar handelt es sich um einen Fall der Ladung nur eines Teils der Eigentümer (s Rn 131). Jedoch erfolgt diese regelmäßig nicht willkürlich, sondern trägt den zu behandelnden Angelegenheiten sowie separierten Stimmrechten Rechnung, weshalb sie von vielen Eigentümern in großen Anlagen sogar erwartet wird. Aus der Sicht eines verständigen Betrachters handelt es sich daher regelmäßig um eine Ladung zu einer Versammlung iSd §§ 23 ff WEG, weshalb die dort gefassten Beschlüsse, sofern sie sich auf die Angelegenheiten der stimmberechtigten Eigentümer des Gebäudes beschränken, **allenfalls anfechtbar** sind; es handelt sich nach hier vertretener Ansicht nicht um Nichtbeschlüsse (wie hier LG Karlsruhe 16. 5. 2011 – 11 S 11/10; anders wohl Niedenführ/Schmidt-Räntsch/Vandenhouten/Vandenhouten Rn 8, die an die Judikatur zur vorsätzlichen Nichtladung anknüpft; dazu **abl** § 24 WEG Rn 124).

139 Beschlüsse, die auf einer Teilversammlung gefasst werden, sind allerdings **nichtig**, wenn über Angelegenheiten befunden wird, die auch Eigentümer anderer Gebäude betreffen (OLG Schleswig NZM 2000, 385; OLG Köln NZM 2005, 550; OLG München ZMR 2007, 391; s auch BGH ZMR 2012, 979 = ZWE 2012, 494 Rn 11 f). Eine Ausnahme gilt bei Vereinbarungen nach dem sog **„Stuttgarter Modell"** (s OLG Stuttgart DWE 1980, 62; WuM 1996, 791). Dabei werden Beschlüsse über Angelegenheiten, die alle Eigentümer betreffen, gleichsam **sukzessive** dadurch gefasst, dass auf den jeweiligen Teilversammlungen über identische Anträge abgestimmt wird und das Ergebnis versammlungsübergreifend ermittelt und auch erst dann verkündet wird, wobei Parallelen zur Verkündung im Verfahren nach § 23 Abs 3 WEG bestehen (LG Karlsruhe 16. 5. 2011 – 11 S 11/10; s dazu und insbes zum Lauf der Anfechtungsfrist Häublein NZM 2003, 785, 792). Von der hM wird gefordert, dass den Eigentümern das Teilnahmerecht an allen Versammlungen zustehen muss (LG Karlsruhe 16. 5. 2011 – 11 S 11/10; Hügel NZM 2010, 8, 15; Göken, Mehrhausanlage 50 f; Niedenführ/Schmidt-Räntsch/Vandenhouten/Vandenhouten Rn 7; abw Bub ZWE 2000, 194, 198). Von diesem Verfahren wird wegen vieler ungeklärter Fragen und einer infolgedessen hohen Streitanfälligkeit mit guten Gründen **abgeraten** (Hügel NZM 2010, 8, 15; Jennissen/Schultzky Rn 33).

In größeren Gemeinschaften wird darüber hinaus gelegentlich die Abhaltung von **Vertreter- oder Delegiertenversammlungen** vereinbart. Infolge der mit derartigen Regelungen verbundenen Beschränkung der zum Kernbereich gehörenden Rechte der einzelnen Eigentümer, die sich auf einen Delegierten/Vertreter verständigen müssen, ist die Zulässigkeit solcher Vereinbarungen umstritten (**abl** Niedenführ/Schmidt-Räntsch/Vandenhouten/Vandenhouten Rn 10). Sie hängt von der konkreten Ausgestaltung der Vereinbarung ab; ausf dazu § 25 WEG Rn 175 ff. **140**

Schließlich kommt es vor, dass die **Versammlungen mehrerer Gemeinschaften zusammen** durchgeführt werden. Anlass hierfür bieten oft gemeinsame Versorgungseinrichtungen oder Anlagen benachbarter Grundstücke, die vor allem bei der Entwicklung größerer Areale unter Begründung verschiedener Gemeinschaften entstehen (s dazu Drasdo ZWE 2017, 155). Damit geht meistens eine gemeinsame Kostentragungspflicht und Verwaltungszuständigkeit einher, weshalb gemeinschaftsübergreifender Abstimmungsbedarf in einer „Dachgemeinschaft" besteht. Daher haben die Gemeinschaften – jedenfalls zunächst – in aller Regel auch denselben Verwalter. Gerichte haben in solchen Fällen zT die Nichtigkeit der auf solchen Versammlungen gefassten Beschlüsse angenommen und dies mit deren absoluter Unzuständigkeit begründet (zu dieser Kategorie s Rn 357). Jede der Gemeinschaften sei bezogen auf die Angelegenheiten der jeweils anderen zu Regelungen nicht befugt (OLG Hamm ZMR 2005, 721; s ferner OLG Düsseldorf ZMR 2003, 765 und Niedenführ/Schmidt-Räntsch/Vandenhouten/Vandenhouten Rn 10, die allerdings von einem Nichtbeschluss spricht). Werden vertragliche Absprachen zwischen den Gemeinschaften getroffen, kann eine GbR entstehen (vgl OLG Köln ZMR 2000, 561; Jennissen/Schultzky Rn 36). Gegen entsprechende Regelungen in den Gemeinschaftsordnungen wird eingewandt, sie beträfen nicht das Verhältnis der Eigentümer untereinander iSv § 10 Abs 3 WEG (Drasdo ZWE 2017, 155, 157). Für zulässig wird es aber gehalten, den Eigentümern der benachbarten Gemeinschaft – ggf bezogen auf bestimmte Versammlungsgegenstände – die Teilnahme an der Versammlung zu gestatten und durch eine solche Vereinbarung einen Verstoß gegen den Nichtöffentlichkeitsgrundsatz (§ 24 WEG Rn 167) auszuschließen (Niedenführ/Schmidt-Räntsch/Vandenhouten/Vandenhouten Rn 10). **141**

Zurückhaltend war die Praxis bislang bei Versammlungsformen, die auf eine physische Präsenz der Eigentümer verzichten. Rein telefonische Zusammenkünfte sind keine Versammlung (AG Königstein NZM 2008, 171; BeckOGK/Hermann Rn 25; Soergel/ **142**

Skauradszun Rn 8). Ob und unter welchen Voraussetzungen **„virtuelle“ Zusammenkünfte** unter den Versammlungsbegriff des WEG fallen, wurde zunächst auch nur vereinzelt diskutiert (s dazu etwa Mankowski ZMR 2002, 246; Huff, in: FS Deckert [2002] 175). Das WEMoG hat aber durch die Einführung der Teilnahme und Ausübung von Rechten mithilfe elektronischer Kommunikationsmittel (§ 23 Abs 1 S 2 WEG) die Möglichkeit geschaffen, dass im Ergebnis sämtliche Eigentümer der Versammlung fernbleiben können, auch wenn rein „virtuelle“ Versammlungen nicht zugelassen sind (BT-Drucks 19/18791, 71; näher Rn 147). Es kann daher kein Zweifel bestehen, dass solche hybriden Formate Versammlungen iSd WEG sind. Rein „virtuelle“ Zusammenkünfte aber, bei denen allein eine Teilnahme mit Hilfe elektronischer Kommunikation zugelassen und eine physische Anwesenheit von Eigentümern ausgeschlossen wird, deckt der Versammlungsbegriff des § 23 Abs 1 WEG nach wie vor nicht.

142a Ob rein virtuelle Versammlungen durch eine **Vereinbarung** eingeführt werden können, ist nicht geklärt. Dafür spricht § 10 Abs 1 S 2 WEG, dagegen die Bedeutung der Versammlung für die Wahrnehmung der Eigentümerrechte und der Umstand, dass vor allem ältere Eigentümer oft nicht in der Lage sind, ihre Rechte auf diesem Wege wahrzunehmen. Nach hier vertretener Ansicht würde daher ein **vollständiger Ausschluss** von Präsenzversammlungen („Versammlungen finden ausschließlich im Wege elektronischer Kommunikation statt.“) gegen die Ratio des § 23 Abs 1 WEG verstoßen und wäre wegen des Eingriffs in den **unverzichtbaren Kernbereich unwirksam** (wie hier BeckOGK/Hermann Rn 187; Hügel/Elzer Rn 175; tendenziell auch Grüneberg/Wicke Rn 4a und Forschner ZNotP 2021, 202, 206, der einen solchen Ausschluss jedenfalls für „keinesfalls sinnvoll“ erachtet). **Zulässig** sind hingegen Vereinbarungen, die es dem Einberufenden gestatten, zwischen einer virtuellen und einer Präsenzveranstaltung **zu wählen**. Solche Vereinbarungen haben den Vorteil, dass sie – zB bei Bestehen pandemiebedingter Kontaktbeschränkungen – reine „Online-Versammlungen“ zulassen, sich aus § 18 Abs 2 Nr 1 WEG aber dennoch ein Anspruch auf Einberufung in Präsenzform ergeben kann. Haben einzelne Eigentümer keine zumutbare Möglichkeit, ihre Interessen auf elektronischem Wege wahrzunehmen, muss der Einladende dies im Rahmen seiner Ermessensausübung nämlich berücksichtigen. Seine Entscheidung unterliegt gerichtlicher Kontrolle im Einzelfall und schützt auf diese Weise die Belange derer, die hinreichend gewichtige Gründe für die Durchführung einer Präsenzversammlung vorbringen können (s zu diesem Vorschlag bereits Häublein ZWE 2021, 385, 389).

e) Ordentliche und außerordentliche Versammlung

143 Gem § 24 Abs 1 WEG ist mindestens einmal im Jahr eine Versammlung der Wohnungseigentümer einzuberufen. In der Praxis hat es mit dieser einen Versammlung in vielen Gemeinschaften sein Bewenden. Auf ihr werden neben den jährlich wiederkehrenden Themen (Wirtschaftsplan, Abrechnung, Entlastung, ggf Beiratswahl) und solchen, die in größeren Abständen regelmäßig zur Abstimmung stehen (Verwalterwahl und -vertrag), meistens auch sonstige Angelegenheiten geordnet. Angesichts der Tatsache, dass es für diese Zusammenkunft keines besonderen Grundes bedarf, hat sich hierfür der Begriff **ordentliche Versammlung** eingebürgert (§ 24 WEG Rn 44). Denkbar, wenngleich unüblich ist auch die Durchführung mehrerer ordentlicher Versammlungen, etwa wenn jeweils im Frühjahr über den Wirtschaftsplan und zum Jahresende über die Abrechnung beschlossen werden soll.

Demgegenüber bezeichnet man Versammlungen, die zusätzlich zu den jährlich stattfindenden ohne Regelmäßigkeit einberufen werden als **außerordentliche**. Sie können auf einem Verlangen der Eigentümer (§ 24 Abs 2 WEG; dazu § 24 WEG Rn 49 ff) beruhen oder infolge besonderer Dringlichkeit einer Verwaltungsentscheidung geboten erscheinen (Staudinger/Jacoby § 27 WEG Rn 19). Dabei steht dem Verwalter ein **Ermessen** zu (s dazu § 24 WEG Rn 41 ff). Dieses kann dadurch reduziert sein, dass die Gemeinschaftsordnung die Einberufung einer Versammlung vorsieht (s § 24 Abs 2 WEG), etwa bei mangelnder Kapitalausstattung der Gemeinschaft (§ 24 WEG Rn 46 ff). 144

Das Gesetz nimmt keine Unterscheidung zwischen ordentlicher und außerordentlicher Versammlung vor. Die Regeln über die Versammlung (§§ 23 ff WEG) **gelten** also **für beide**. Mittelbar findet sich die Unterscheidung indes in § 24 Abs 4 S 2 WEG insofern angelegt, als Versammlungen, bei denen infolge besonderer Dringlichkeit die Ladungsfrist abgekürzt wird, stets außerordentliche sind. Dies deswegen, weil die stetig wiederkehrenden und damit absehbaren Beschlussgegenstände eine solche nicht aufweisen und daher nicht zum Gegenstand einer Versammlung mit abgekürzter Ladungsfrist gemacht werden dürfen (s § 24 WEG Rn 86). Ob es sich bei der abgehaltenen Versammlung um eine außerordentliche handelt, kann dann von Bedeutung sein, wenn der **Verwaltervertrag** an diese Kategorie anknüpft, etwa bei einer **Vergütungsregelung** (Staudinger/Jacoby § 26 WEG Rn 168). 145

f) Teilnahme und Ausübung von Rechten im Wege elektronischer Kommunikation (Abs 1 S 2)

Gem § 23 Abs 1 S 2 WEG kann beschlossen werden, dass Eigentümer an Versammlungen ohne Anwesenheit vor Ort teilnehmen und sämtliche oder einzelne ihrer Rechte ganz oder teilweise im Wege elektronischer Kommunikation ausüben können. Diese durch das WEMoG mit **Wirkung zum 1. 12. 2020** eingeführte Norm lehnt sich an § 118 Abs 1 S 2 AktG an. Beschlüsse aus der Zeit davor sind, vorbehaltlich einer Öffnungsklausel, nichtig und müssen erneut gefasst werden. 146

Bewusst entschied sich der Gesetzgeber dagegen, reine „Online-Versammlungen" zuzulassen. Wörtlich heißt es in der Gesetzesbegründung (BT-Drucks 19/18791, 71), die Norm „ermöglicht es aber nicht, die Präsenzversammlung insgesamt zugunsten einer reinen Online-Versammlung abzuschaffen. Das Recht jedes Wohnungseigentümers, physisch an der Versammlung teilzunehmen, steht damit nicht zur Disposition der Mehrheit." Zum unentziehbaren (Rn 142a) **Kernbereich** der Eigentümerrechte zählt daher nach wie vor, dass der, der möchte, vor Ort teilnehmen kann. Daher darf auch **niemand gegen seinen Willen** faktisch zur Teilnahme durch elektronische Kommunikation gezwungen werden (Letzner ZWE 2021, 115, 116; große Bedeutung hat das während der Pandemie erlangt, s LG Frankfurt/M 17. 12. 2020 – 2-13 S 108/20, ZWE 2021, 134; zum Teil wird darin sogar ein Nichtigkeitsgrund gesehen s AG Hamburg-St. Georg 28. 1. 2022 – 980a C 23/21 WEG, ZWE 2022, 326; gegen die Nichtigkeit der auf einer reinen „Online-Versammlung" gefassten Beschlüsse aber AG Saarbrücken 19. 8. 2021 – 36 C 139/21, ZMR 2021, 1022). Zu einer reinen „Online-Versammlung" kann es aber kommen, wenn kein Eigentümer vor Ort teilnehmen möchte. 147

Die Entscheidung gegen rein virtuelle Versammlungen hat teils Kritik erfahren. Das BMJ hat deswegen, nicht einmal drei Jahre nach dem Inkrafttreten des WEMoG, einen RefE vorgelegt, der in Anlehnung an § 118a AktG die Zulassung virtueller Ver- 147a sammlungen vorsieht. Folgender Wortlaut wird in dem RefE vom Mai 2023 für einen neuen § 23 Abs 2a WEG vorgeschlagen: *„Die Wohnungseigentümer können mit mindestens drei Vierteln der abgegebenen Stimmen beschließen, dass die Versammlung innerhalb eines Zeitraums von längstens drei Jahren ab Beschlussfassung ohne physische Präsenz der Wohnungseigentümer und des Verwalters an einem Versammlungsort stattfindet oder stattfinden kann (virtuelle Wohnungseigentümerversammlung). Die virtuelle Wohnungseigentümerversammlung muss hinsichtlich der Teilnahme und Rechteausübung mit einer Präsenzversammlung vergleichbar sein.“* Ob dieser RefE tatsächlich in der vorgeschlagenen Form Gesetz wird (zur Kritik an dem Entwurf Häublein ZWE 2023, Heft 9), ist gegenwärtig ungewiss.

aa) Voraussetzungen einer elektronischen Versammlungsteilnahme

148 Voraussetzung für die Teilnahme im Wege elektronischer Kommunikation ist ein entsprechender Beschluss. § 23 Abs 1 S 2 WEG gestattet die „Online-Teilnahme“ also nicht per se, sondern **begründet lediglich Beschlusskompetenz** für eine entsprechende Gestattung (gesetzliche Öffnungsklausel; s Forschner ZNotP 2021, 202, 206). Selbstverständlich kann eine solche Teilnahme auch im Vereinbarungswege zugelassen werden, was einen Beschluss aber nicht ausschließt. Besteht eine solche Vereinbarung, wird diese nicht durch § 47 WEG obsolet, aus § 23 Abs 1 S 2 WEG folgt aber im Zweifel die Kompetenz, **inhaltlich abweichend zu beschließen**. Gewährt die Gemeinschaftsordnung etwa nur ein Recht auf „virtuelle Anwesenheit“, kann nunmehr auch die Ausübung von Antrags-, Rede- und Stimmrechten beschlossen werden.

149 Einzelne Eigentümer können aus § 23 Abs 1 S 2 WEG grundsätzlich **keinen Anspruch auf Gestattung** der Teilnahme im Wege elektronischer Kommunikation herleiten, vielmehr besteht insofern ein **Ermessen der Mehrheit** (ebenso Grüneberg/Wicke Rn 4a; Lehmann-Richter/Wobst WEG-Reform 2020 Rn 608; MünchKomm/Hogenschurz Rn 43). Sofern im Schrifttum etwas anderes für Fälle erwogen wird, in denen weit entfernt wohnende oder in ihrer Mobilität eingeschränkte Eigentümer die Gestattung begehren (Abramenko Das neue Wohnungseigentumsrecht § 7 Rn 19), könnte sich derartiges im Einzelfall allenfalls ausnahmsweise zu einem Anspruch verdichten, etwa dann, wenn die Mehrheit in der Vergangenheit bereits Gestattungsbeschlüsse gefasst hatte (**Gleichbehandlung**). Im Regelfall aber werden sich die Interessen einer Mehrheit, die „Online-Teilnahmen“ prinzipiell ablehnt, durchsetzen. Demjenigen, der an einer persönlichen Teilnahme verhindert ist, ist grundsätzlich die Wahrnehmung seiner Rechte durch einen Vertreter vor Ort zumutbar (dazu, dass selbst Vertreterklauseln dieses Recht nicht einschränken, wenn die dort Genannten für den Verhinderten unzumutbar sind, s § 25 Rn 90).

150 **Ob** ein Gestattungsbeschluss nach § 23 Abs 1 S 2 WEG **zur Abstimmung gestellt** wird, liegt im **pflichtgemäßen Ermessen** der Person, die zur Versammlung lädt und die Tagesordnung gestalten. In der Regel ist das der Verwalter (BGH 23. 2. 2018 – V ZR 101/16 Rn 62, NJW 2018, 2550; § 24 Rn 89 ff). Dieser muss aber ordnungsmäßige, dh vor allem fristgerecht eingegangene Anträge einzelner Eigentümer grundsätzlich berücksichtigen, wohingegen Einzelne oder Eigentümergruppen selbst keine Tagesordnungspunkte ankündigen und auf diese Weise die Versammlung zu einer Beschlussfassung zwingen können (BGH 23. 2. 2018 – V ZR 101/16 Rn 62, NJW 2018, 2550 unter Hinweis auf die Ordnungsfunktion dieser Zuständigkeitsverteilung, die einen strukturierten und effizienten Ablauf einer Eigentümerversammlung gewährleisten soll). Die Entscheidung darüber, ob den Eigentümern künftig eine „virtuelle“ Teilnahme ermöglicht werden soll, liegt im Interesse der Gesamtheit der Wohnungseigentümer, weshalb gem § 18 Abs 2 Nr 1 WEG ein **Anspruch des Einzelnen** besteht, einen Gestattungsbeschluss zur Abstimmung zu stellen.

Nach dem durch das WEMoG etablierten System richtet sich dieser **Anspruch gegen die Gemeinschaft** (§ 18 Abs 1 WEG), weshalb es verfehlt wäre, wenn der Einzelne ein Verfahren gegen den die Aufnahme auf die Tagesordnung pflichtwidrig verweigernden Verwalter anstrengte. Der Verwalter hat die Verbindlichkeit der Gemeinschaft als zuständiges (s § 24 Abs 1 WEG) Organ lediglich zu erfüllen. Kommt er dieser Pflicht nicht nach und verklagt ein Eigentümer daraufhin die Gemeinschaft erfolgreich, besteht eine Regressforderung der Gemeinschaft, sofern sich der Verwalter nicht exkulpieren kann (§ 280 Abs 1 S 2 BGB), was zumindest einem professionellen Verwalter in diesem Punkt nicht gelingen wird. 151

Seinem Wortlaut nach eröffnet § 23 Abs 1 S 2 WEG nur die Möglichkeit, Wohnungseigentümern die „virtuelle“ Teilnahme zu gestatten. Das wirft die Frage auf, ob die Gestattung auch zugunsten von **Nichtwohnungseigentümern** („Dritten“) erfolgen kann (davon zu unterscheiden ist die zusätzliche Teilnahme eines Vertreters vor Ort, s Rn 159). Repräsentieren solche Personen den Eigentümer, insbesondere als dessen gesetzliche oder rechtsgeschäftlich bestellte **Vertreter**, ist das zweifellos zu bejahen (Letzner ZWE 2022, 115, 119: unstrittig). Der Gesetzeswortlaut ist in dieser Hinsicht nicht „zu eng“ (so der Vorwurf von Abramenko Das neue Wohnungseigentumsrecht § 7 Rn 21), weil das WEG nur Wohnungseigentümer als Adressaten von Eigentümerechten und -pflichten kennt, was im Sinne einer knappen, verständlichen Diktion sinnvoll ist. 152

Darüber hinaus kann auch **anderen Dritten**, etwa Beratern der Gemeinschaft oder sich vorstellenden Bewerbern um das Verwalteramt, die Anwesenheit im Wege elektronischer Kommunikation gestattet werden. Dabei geht es nicht um eine Analogie zu § 23 Abs 1 S 2 WEG, der im Kontext der Wahrnehmung von Eigentümerrechten steht. Vielmehr ist die Zulassung vom **Organisationsermessen der Mehrheit** gedeckt. Einer gesetzlichen Öffnungsklausel bedarf eine entsprechende Beschlussfassung nicht. Fraglich ist vielmehr, ob die Zulassung einer „virtuellen“ Anwesenheit von Dritten überhaupt einen Beschluss erfordert. Das dürfte mit Blick auf das **Organisationsermessen des Versammlungsleiters** abzulehnen sein. Allerdings kann es Situationen geben, in denen eine „virtuelle“ Teilnahme, zB von Beratern, ordnungsmäßiger Verwaltung widerspricht, weshalb der Praxis zu empfehlen ist, sich durch einen möglichst bestandskräftigen Beschluss abzusichern, bevor Dritte mit Hilfe elektronischer Kommunikationsmittel zur Versammlung zugelassen werden. 153

bb) Festlegung der auszuübenden Rechte im Gestattungsbeschluss

Gestattungsbeschlüsse können sehr unterschiedliche Inhalte haben. Die Eigentümer besitzen einen **großen Gestaltungsspielraum** (Lehmann-Richter/Wobst WEG-Reform 2020 Rn 605). Zum Teil ergibt sich das bereits aus dem Wortlaut der Norm („sämtliche oder einzelne ihrer Rechte“, „ganz oder teilweise“), keineswegs aber für alle in Betracht kommenden Differenzierungen. **Im Zweifel** wird die Ausübung **aller Rechte** gestattet sein (Letzner ZWE 2022, 115, 116). 154

155 So erstreckt sich das Ermessen der Mehrheit etwa auf die Frage, ob elektronische Kommunikationsmittel **künftig für alle Versammlungen** zugelassen werden (Dauerbeschluss) oder ob sich die Gestattung auf einzelne Versammlungen, zB auf die nächste oder nur auf außerordentliche Versammlungen, beschränken soll. Denkbar ist sogar, die Teilnahme für die **laufende Versammlung** zu beschließen (Letzner ZWE 2022, 115, 116 geht – mE unzutreffend – im Zweifel von einer Pflicht zur sofortigen Umsetzung noch während der laufenden Versammlung aus und rät daher zur expliziten Festlegung des Geltungszeitpunktes der Gestattung). Das erfordert aber eine entsprechende Organisation im Vorfeld und eine **Ankündigung** der Beschlussfassung in der Ladung, um den Grundsätzen ordnungsmäßiger Verwaltung zu genügen (Greiner Wohnungseigentumsrecht § 7 Rn 99). Die Gestattung kann auch nur **für einzelne Tagesordnungspunkte** einer Versammlung erteilt werden, zB wenn eine besonders kontroverse Maßnahme zur Aussprache und/oder Entscheidung ansteht.

156 Erwogen wird ferner, **nur bestimmten Eigentümern**, denen die Anwesenheit vor Ort nicht zuzumuten ist, die Teilnahme aus der Ferne zu gestatten (Abramenko Das neue Wohnungseigentumsrecht § 7 Rn 20). Dabei ist aber das **Gleichbehandlungsgebot** zu beachten, das einen hinreichenden Sachgrund fordert, wenn Wohnungseigentümer unterschiedlich behandelt werden (BGH 1. 10. 2010 – V ZR 220/09 Rn 12, NJW 2010, 3508; § 25 WEG Rn 198). Ob das gewählte Differenzierungskriterium, etwa die Existenz eines körperlichen Gebrechens, hinreichend ist, muss unter Berücksichtigung der Auswirkungen/Nachteile beurteilt werden, die es hätte, wenn man auch andere Eigentümer zulässt. Die Mehrheit kann insofern nicht nach freiem Ermessen entscheiden, weshalb zur Vermeidung von Anfechtungsrisiken von derartigen Differenzierungen eher abzusehen ist (Letzner ZWE 2022, 115, 116; für Gleichbehandlung auch Grüneberg/Wicke Rn 4a).

157 Bereits im Gesetz angelegt ist die Entscheidung der beschließenden Mehrheit darüber, **welche Mitverwaltungsrechte** elektronisch ausgeübt werden können. Zu unterscheiden sind das bloße Anwesenheitsrecht, das man auch als Teilnahmerecht ieS bezeichnen kann (zur synonymen Verwendung der Begriffe „Anwesenheit“ und „Teilnahme“ s § 24 WEG Rn 149), vom Rede-, Antrags- und Stimmrecht, die eine aktive Teilnahme an der Versammlung verbürgen. Die Gestattung der Ausübung nur einzelner Rechte, etwa des Anwesenheits- und Stimmrechts ohne Antrags- und Rederecht, ist vom Gesetz ebenso ausdrücklich vorgesehen wie die lediglich teilweise Ausübung von Rechten. So kann das Rederecht auf bestimmte Tagesordnungspunkte beschränkt werden. Da der Gestattungsbeschluss lediglich die Möglichkeit einräumt, elektronisch zu kommunizieren, bedeuten derartige Festlegungen keinen Eingriff in die Eigentümerrechte (Letzner ZWE 2022, 115, 116, der von einer Teilnahme „zweiter Klasse“ spricht).

158 Ebenfalls im Ermessen der Mehrheit liegt die Entscheidung über die **Art der „Anwesenheit“**, insbesondere über die Frage, ob neben der Ton- auch eine Bildübertragung stattfinden soll (vgl Skauradszun/Elzer/Hinz/Riecke/Riecke Die WEG-Reform 2020, § 6 Rn 77: nur Zuhören/-sehen). Allerdings muss die gewählte Kommunikationsform mit dem Grundsatz der Nichtöffentlichkeit (dazu Rn 175 ff) kompatibel sein und eine Identifizierung der Teilnehmer ermöglichen, um den Grundsätzen ordnungsmäßiger Verwaltung zu entsprechen (s dazu Letzner ZWE 2022, 115, 117, der daher weder E-Mail, noch SMS oder einen Chat für geeignet hält). Zugangscodes sollten insofern aber ausreichen. Es dürfte daher zu weit gehen, allein eine Bild- und Tonübertragung für ordnungsmäßig zu halten (Letzner ZWE 2022, 115, 116 weist darauf hin, dass anders als nach herrschendem Verständnis zu § 118 AktG, an den sich § 23 Abs 1 S 2 WEG anlehnt, eine Zwei-Wege-Verbindung nicht zu fordern ist). Dass die Redebeiträge für alle Teilnehmer wahrnehmbar sein müssen (Abramenko Das neue Wohnungseigentumsrecht § 7 Rn 18), ist ein Gebot ordnungsmäßiger Verwaltung und bei der Umsetzung des Beschlossenen zu beachten.

Können die Eigentümer nach dem Gestattungsbeschluss nicht sämtliche Rechte mit Hilfe elektronischer Kommunikation ausüben, muss man ihnen zur Ausübung der sonstigen Rechte die Möglichkeit geben, **zusätzlich einen Vertreter zu entsenden**. Das gilt insbesondere, wenn das Stimmrecht aus der Ferne nicht ausgeübt werden kann (dazu Greiner Wohnungseigentumsrecht § 7 Rn 100, der die Wahrnehmung des Stimmrechts durch den Vertreter zum Gegenstand des Gestattungsbeschlusses macht). Zwar schließt die Anwesenheit des Eigentümers die Entsendung eines Vertreters grundsätzlich aus (LG Karlsruhe ZWE 2016, 94; Armbrüster/Roguhn ZWE 2016, 105, 107). Jedoch ist davon in Abwägung der involvierten Belange eine Ausnahme zuzulassen, wenn die Art der Anwesenheit den Eigentümer daran hindert, seine Rechte umfassend wahrzunehmen. Einen persönlich anwesenden Eigentümer beeinträchtigt ein Vertretungsverbot nicht, weil er alle seine Rechte, vor allem aber sein Stimmrecht, selbst ausüben kann. Folglich setzt sich das Interesse der übrigen Eigentümer durch, die Teilnahme einer weiteren Person als Vertreter auszuschließen und den Kreis der Anwesenden eng zu halten (§ 25 WEG Rn 80). Ist der persönlich nicht anwesende Eigentümer aber daran gehindert, seine Stimme aus der Ferne abzugeben, weil der Beschluss nach § 23 Abs 1 S 2 WEG ihm dieses Recht nicht einräumt, müssen die übrigen die Anwesenheit eines Vertreters und damit im Ergebnis eine Vervielfältigung des Anwesenheitsrechts hinnehmen. Dies ist die Folge der von der Mehrheit getroffenen Verwaltungsentscheidung, die Teilnahmerechte bei „virtueller" Anwesenheit zu beschränken. Die (passive) Anwesenheit des Eigentümers im Wege elektronischer Kommunikation tangiert schutzwürdige Belange der übrigen Eigentümer nicht in relevanter Weise, weshalb sie den Abwesenden nicht auf die Alternative verweisen können, entweder einen Vertreter zu entsenden oder aus der Ferne anwesend zu sein. Erst recht fällt die Interessenabwägung zugunsten des „online" Teilnehmenden aus, wenn der zur Stimmabgabe Bevollmächtigte selbst ein Anwesenheitsrecht besitzt, zB weil er Eigentümer ist oder der Verwalter bevollmächtigt wurde; dann nämlich ist der Grundsatz der Nichtöffentlichkeit überhaupt nicht berührt und kann daher auch keinen relevanten Belang der übrigen Eigentümer begründen. 159

Sofern der Ablauf der Versammlung dadurch nicht gestört wird, kommt auch eine elektronische **Kommunikation zwischen** dem **Eigentümer und** dem am Versammlungsort anwesenden **Vertreter** in Betracht. Auf diese Weise kann der nicht vor Ort Anwesende seinen Vertreter anweisen, wie die Rechte von diesem auszuüben sind. Durchgreifende Bedenken gegen dieses Vorgehen ergeben sich insbesondere nicht aus dem Umstand, dass der Eigentümer vor seiner Weisung seinerseits bei einem Dritten, zB einem Rechtsberater, Rat einholen kann. Allerdings darf dieser Dritte wegen des Grundsatzes der Nichtöffentlichkeit die Versammlung selbst nicht aus der Ferne verfolgen (s Rn 177). 160

cc) Regelungen zum Ablauf und zur technischen Umsetzung der Teilnahme

Im Gestattungsbeschluss können auch der Ablauf und die technische Umsetzung näher ausgestaltet werden, was im Ausgangspunkt **sinnvoll** erscheint. Das Schrifttum 161 hat allerdings teils äußerst umfangreiche Vorschläge unterbreitet oder rät zumindest zur umfassenden Festlegung des Prozederes der „Online-Teilnahme“ (Pauli AnwZert MietR 9/2020 Anm. 2 unter C. II.; für „möglichst eingehende Regelung“ Abramenko Das neue Wohnungseigentumsrecht § 7 Rn 26; Dötsch/Schultzky/Zschieschack WEG-Recht 2020, Kap 8 Rn 45: eher mehr als weniger regeln). Andere Stimmen meinen, zu detaillierte Regelungen erhöhten angesichts noch ungeklärter rechtlicher Einzelfragen die Anfechtungsgefahr für den Gestattungsbeschluss. Auch seien starre Vorgaben wegen des Verlusts von Flexibilität problematisch, weil Änderungen stets neu beschlossen werden müssten. Vorzugswürdig sei es, den Ermessensbereich des Versammlungsleiters nicht zu sehr einzuengen (Letzner ZWE 2022, 115, 118). In der Tat erscheint es weder geboten noch stringent, den Versammlungsleiter, der nach pflichtgemäßem Ermessen Festlegungen zur Durchführung der Versammlung treffen kann und muss, „eng an die Leine“ zu nehmen, während man vergleichbare Festlegungen für reine Präsenzversammlungen nicht vornimmt (Häublein ZWE 2021, 385, 390 f). Detailreiche Regelungen erhöhen die Klarheit und Rechtssicherheit oft nicht, weil jede rechtsgeschäftliche Festlegung ausgelegt werden muss und es umfangreichen Beschlusstexten überdies oft an Transparenz mangelt.

162 **Regelungen zur Prüfung der Anwesenheit oder Legitimation der Teilnehmer**, die verbreitet vorgeschlagen werden (Pauli AnwZert MietR 9/2020 Anm 2 unter C. II.; Dötsch/Schultzky/Zschieschack WEG-Recht 2020, Kap 8 Rn 65 f. möchten eine Zwei-Faktor-Authentifizierung beschließen lassen), sollten jedenfalls knappgehalten werden, sofern die Eigentümer nicht vollends auf diese verzichten möchten. Wenn bislang in der Gemeinschaft solche Überprüfungen bei Präsenzversammlungen nicht durch Beschluss geregelt und damit dem **pflichtgemäßen Ermessen des Verwalters** überantwortet wurden, liegt es nahe, es bei der „Online-Teilnahme“ zunächst einmal ebenso zu handhaben. Sollten sich bei der Durchführung der Versammlung Probleme ergeben, können die Eigentümer (für zukünftige Versammlungen) immer noch nachjustieren.

163 Geboten ist es, die **Art der elektronischen Kommunikation** im Gestattungsbeschluss näher festzulegen. Möchten die Eigentümer, was die Regel sein dürfte, über eine telefonische Zuschaltung oder einen Chat hinausgehen (zur Zulässigkeit auch solcher Regelungen s Lehmann-Richter/Wobst WEG-Reform 2020 Rn 611; Dötsch/Schultzky/Zschieschack WEG-Recht 2020, Kap 8 Rn 48), ist vor allem festzulegen, welche Software verwendet werden soll.

164 Wünschen die Eigentümer nicht bloß eine Bild- und Tonübertragung, sondern auch eine Teilnahme an der Abstimmung, empfiehlt sich die Verwendung einer **spezialisierten Software**. Nur in kleineren Gemeinschaften ist die Stimmabgabe durch Handheben oder das Verwenden entsprechender Symbole (zB Daumen hoch oder runter) durchführbar, ohne den Auszählungsprozess zu verzögern. Bei größeren Gemeinschaften gefährdet ein solches Vorgehen die sichere Ermittlung des Abstimmungsergebnisses. Nicht nur die Feststellung des Ergebnisses, sondern vor allem auch die personalisierte Erfassung des Abstimmungsverhaltens, die etwa für § 21 Abs 3 WEG wichtig ist, wird durch elektronische Abstimmungsinstrumente deutlich schneller und sicherer ermöglicht (Michels ZWE 2021, 191). Es empfiehlt sich, dass die Wohnungseigentümer die Auswahl auf Vorschlag des Verwalters treffen, nicht zuletzt, weil dieser als Host in der Lage sein muss, die Anwendungen zuverlässig zu bedienen. Diese Auswahl kann auch gem § 27 Abs 2 WEG an den Verwalter als den Vor-

sitzenden künftiger Versammlungen **delegiert** werden (Greiner Wohnungseigentumsrecht § 7 Rn 100; Letzner ZWE 2022, 115, 117). Muss ein Verwalter in jeder Gemeinschaft mit einer anderen Software zurechtkommen, kann er nur schwer Routine entwickeln, was negativ auf die Wohnungseigentümer zurückwirken dürfte.

165 In diesem Zusammenhang stellt sich die Frage, ob der Verwalter die Möglichkeit besitzt, die Nutzung der von den Eigentümern mehrheitlich beschlossenen Software abzulehnen. Das ist zu verneinen; denn grundsätzlich ist der **Verwalter** an die Festlegungen der Eigentümer über die Verwaltung **gebunden** (Rn 71). Der Verwalter darf eine entsprechende Beschlussfassung auch nicht dadurch verhindern, dass er sich weigert, den Antrag zur Software der Wohnungseigentümer zur Abstimmung zu stellen (zum Umgang mit Eigentümeranträgen s Rn 25). Allerdings kann der Verwaltervertrag für den zusätzlichen Aufwand eine Vergütung vorsehen (zu den Kosten der Online-Teilnahme Rn 169 ff). Im Übrigen bleibt dem Verwalter die Möglichkeit, dass **Amt niederzulegen**, wenn er nicht bereit ist, die Festlegungen der Eigentümer zu befolgen.

166 Um ordnungsmäßiger Verwaltung zu entsprechen, muss die Auswahl der Kommunikationsmittel auch den **datenschutzrechtlichen Vorgaben** entsprechen (s Letzner ZWE 2022, 115, 117 f, der darauf hinweist, dass die gängige Software zur Durchführung von Videokonferenzen oftmals den datenschutzrechtlichen Vorgaben widerspricht). Darauf ist bei der Anschaffung der Software zu achten, was aber nicht explizit beschlossen werden muss, sondern vom ausführenden Organ, idR ist das der Verwalter, zu beachten ist. Legt sich die Mehrheit, zB aus Kostengründen, auf ein System fest, dass den datenschutzrechtlichen Vorgaben nicht entspricht, werden die datenschutzrechtlichen Befugnisse der Eigentümer dadurch nicht ausgeschlossen. Gleichwohl dürfte der Beschluss insoweit nicht nichtig sein und dem Versammlungsleiter als Legitimationsgrundlage für den Einsatz der beschlossenen Software dienen.

167 Zum Ablauf iwS gehört auch die Frage, ob Eigentümer verpflichtet werden können, sich innerhalb einer bestimmten Frist vor dem Versammlungstermin **verbindlich dazu zu äußern**, ob sie an der Versammlung vor Ort teilnehmen oder **elektronische Kommunikationsmittel nutzen** werden. Solche Festlegungen dienen dazu, Verwaltungsaufwand zu reduzieren, sei es, dass die Kosten für die „virtuelle“ Teilnahme gespart werden, weil kein Eigentümer ein entsprechendes Interesse bekundet, sei es, dass infolge eines großen Interesses an dieser Möglichkeit ein kleiner Versammlungsraum angemietet werden kann. Deswegen erscheint es zulässig, wenn der Verwalter so verfährt und entsprechend den Rückäußerungen der Eigentümer die Durchführung ggf ohne elektronische Kommunikationsmittel plant.

168 Ungeklärt ist, ob Eigentümern, die sich im Vorfeld für eine „virtuelle“ Teilnahme entschieden haben, der **Zugang zum Versammlungsraum verweigert** werden darf und sie auf die Nutzung elektronischer Kommunikation verwiesen werden können (Letzner ZWE 2022, 115 f geht insofern von einem unzulässigen Eingriff in das Teilnahmerecht aus). Die Probleme erwachsen daraus, dass das Teilnahmerecht einerseits zum unverzichtbaren Kernbereich zählt (s § 24 Rn 191), dieser Umstand aber andererseits nicht jede einvernehmliche Ausgestaltung des Teilnahmerechts ausschließt. Der Versammlungsleiter sollte den Betreffenden **im Zweifel zulassen**, insbesondere wenn dieser einen sachlichen Grund vorbringt. Würden dadurch allerdings die Kapazitäten des Versammlungsraums überschritten und müsste die Versammlung daraufhin abgesagt

werden, sollte der Versammlungsleiter den an der Präsenzteilnahme interessierten Eigentümer darauf ebenso hinweisen, wie auf die Tatsache, dass die Kosten einer weiteren Versammlung ihm auferlegt werden können (§ 16 Abs 2 S 2 WEG).

dd) Kosten der Umsetzung des Gestattungsbeschlusses

169 Die „Online-Teilnahme“ löst verschiedene Kosten aus. Solche werden etwa durch die erforderliche Hard- und die Software anfallen, die Miete entsprechend ausgestatteter Versammlungsräume, ggf aber auch durch erhöhte Verwalterentgelte. In Verwalterverträgen werden diese nicht zuletzt deswegen zunehmend vorgesehen, weil hybride Versammlungen zusätzliches Personal erfordern (zutreffend Letzner ZWE 2022, 115, 118).

170 Im Ausgangspunkt handelt es sich um **Kosten der Verwaltung iSv § 16 Abs 2 S 1 WEG**, die von allen Eigentümern zu tragen sind. Sollten die Eigentümer, die an einer elektronischen Kommunikation kein Interesse haben, nicht bereit sein, die Kosten aufzubringen ermöglicht es § 16 Abs 2 S 2 WEG, durch Beschluss von der allgemeinen Kostenverteilung abzuweichen. Dabei gewährt das Gesetz den Eigentümern ein sehr weites Ermessen und es sind Regelungen für den Einzelfall, also etwa für eine konkrete Versammlung, oder dauerhafte Abweichungen zulässig (Staudinger/Lehmann-Richter § 16 Rn 112 ff).

171 Folglich ist es möglich, denjenigen, die die Gestattung der elektronischen Kommunikation wünschen, auch die Kosten hierfür aufzuerlegen. Da dies dem **Veranlasserprinzip** entspricht, wird ein solcher Beschluss regelmäßig ordnungsmäßiger Verwaltung entsprechen. Er kann insbesondere nicht erfolgreich mit dem Argument angefochten werden, die Kostenbelastung sei geeignet, die vom Gesetz zugelassene Nutzung moderner Kommunikationsmittel zu erschweren oder gar zu vereiteln. Da der Einzelne keinen Anspruch auf eine Gestattung besitzt (Rn 149), erweitert ein Gestattungsbeschluss mit entsprechender Kostenverteilungsregelung seine Handlungsmöglichkeiten lediglich; er muss davon nicht Gebrauch machen. Auf der anderen Seite hat allerdings auch die Minderheit, die an einer Teilnahme aus der Ferne kein Interesse hat, keinen Anspruch auf eine sie von den Kosten entlastende Beschlussfassung nach § 16 Abs 2 S 2 WEG.

172 Ordnungsmäßiger Verwaltung **widersprechen** allerdings Kostenverteilungen, die es dem Einzelnen ex ante, dh vor Versammlungsbeginn, nicht ermöglichen, die auf ihn zukommenden Kosten wenigstens ungefähr zu ermitteln. Dazu kann es kommen, wenn die zusätzlichen Kosten einer Versammlung nur von denen zu tragen sein sollen, die an dieser Versammlung durch elektronische Kommunikationsmittel teilnehmen. Im Extremfall würden dann die teils erheblichen Kosten nur einen Eigentümer treffen, der der Belastung dann nur noch dadurch ausweichen könnte, dass er spontan auf die „Online-Teilnahme“ verzichtet. Das widerspricht schon deswegen ordnungsmäßiger Verwaltung, weil dann letztlich niemand die Kosten zu tragen hätte, was nicht möglich und daher unter Rückgriff auf § 16 Abs 2 S 1 WEG aufzulösen ist.

173 Sollen die Kosten nach dem Veranlasserprinzip verteilt werden, sind daher die **an der Gestattung interessierten Eigentümer**, genauer: deren Sondereigentumseinheiten, zu erfassen und es ist zu regeln, dass die Kosten künftig unter diesen Eigentümern verteilt werden, und zwar unabhängig davon, ob sie die Möglichkeit einer elektronischen Kommunikation während einer konkreten Versammlung tatsächlich genutzt haben. Letztlich bezahlen die Eigentümer in solchen Fällen für die Flexibilität, die ihnen die Möglichkeit einer „Online-Teilnahme" bietet. Ungeachtet der Ausführungen in Rn 149, 156 stellt es keinen Verstoß gegen den Gleichbehandlungsgrundsatz dar, denjenigen, die nicht bereit sind, sich an den Kosten zu beteiligen, die „virtuelle" Teilnahme zu verweigern.

ee) Risiken der virtuellen Teilnahme, insbesondere durch Beschlussanfechtungen

Teils wird geraten, Beschlüsse gem § 23 Abs 1 S 2 WEG zurückhaltend zu fassen **174**
(Dötsch/Schultzky/Zschieschack WEG-Recht 2020, Kap 8 Rn 54). Das hat auch damit zu tun, dass durch die Teilnahme unter Verwendung elektronischer Kommunikationsmittel **Anfechtungsgründe entstehen** können, die es bei reinen Präsenzversammlung so nicht gibt. Welches Gewicht die Mehrheit diesem Risiko beimisst, liegt letztlich bei ihr. Ihre Entscheidung für einen Gestattungsbeschluss wird aufgrund des steigenden Anfechtungsrisikos für spätere Beschlüsse selbst jedenfalls nicht anfechtbar, weil diese Risiken der Entscheidung gem § 23 Abs 1 S 2 WEG stets innewohnen.

(1) Verstöße gegen den Nichtöffentlichkeitsgrundsatz

Die Teilnahme mit Hilfe elektronischer Kommunikationsmittel steht **offenkundig** in **175**
einem **Spannungsverhältnis** zum Grundsatz der Nichtöffentlichkeit von Wohnungseigentümerversammlungen (zu diesem § 24 Rn 167 ff). Durch Einführung von § 23 Abs 1 S 2 WEG hat der Gesetzgeber allerdings eine gewisse **Gefährdung** der Nichtöffentlichkeit **in Kauf genommen**, weil kaum vollkommen auszuschließen ist, dass auch Dritte die Versammlung aus der Ferne mitverfolgen. Um eine solche Gefährdung zu vermeiden, wird von manchen erwogen, die „Online-Teilnahme" nur von solchen Orten aus zuzulassen, die überwacht werden können (Dötsch/Schultzky/Zschieschack WEG-Recht 2020, Kap 8 Rn 73). Damit aber würden die Vorteile (Greiner Wohnungseigentumsrecht § 7 Rn 97 nennt diese „überragend") der „virtuellen" Teilnahme für die Eigentümer, vor allem die Flexibilität, erheblich reduziert. Derartige Anforderungen sind überzogen; die Grundsätze ordnungsmäßiger Verwaltung fordern sie nicht. Keine Zustimmung verdient aber die Einschätzung, die Gestattung der Teilnahme könne nicht an derartige Bedingungen geknüpft werden, etwa die, dass sich die aus der Ferne Teilnehmenden in einem abgeschlossenen Raum aufzuhalten haben (so Greiner Wohnungseigentumsrecht § 7 Rn 98). Die Mehrheit kann solche Voraussetzungen selbstverständlich festlegen, sollte davon aber besser absehen.

Ein apodiktisches Nichtöffentlichkeitsdogma kennt das WEG nicht (§ 24 Rn 167), wes- **176**
halb die widerstreitenden Interessen stets, zB auch bei der Entsendung von Vertretern oder der Teilnahme von Beratern an der Versammlung, durch Abwägung zum Ausgleich gebracht werden müssen. Aus der Einführung des § 23 Abs 1 S 2 WEG folgt, dass der Nichtöffentlichkeitsgrundsatz nicht per se den Vorrang genießt. Hinzu kommt, dass auch anwesende Eigentümer, die es darauf anlegen, durchaus in der Lage sind, Dritte zumindest akustisch an der Versammlung teilnehmen zu lassen oder diese heimlich aufzuzeichnen. Die **abstrakte Gefahr** solcher Handlungen konnte also für den Gesetzgeber nicht den Ausschlag gegen eine elektronische Teilnahme geben und wurde daher zu Recht nicht als durchschlagend erachtet. Auf sie kann folglich auch keine erfolgreiche Beschlussanfechtung gestützt werden.

177 Die Grundsätze ordnungsmäßiger Verwaltung gebieten es allerdings, zum Schutze der Nichtöffentlichkeit der Versammlung **Dritten** die Teilnahme **angemessen zu erschweren**. Die dafür erforderlichen Maßnahmen müssen verhältnismäßig sein und dürfen keinen unangemessenen Aufwand hervorrufen. Zugangskontrollen durch Einwahlcodes etc sind sicherlich angemessen. Geboten ist jedenfalls eine **Belehrung** über die Nichtöffentlichkeit durch den Versammlungsleiter, weil nicht davon auszugehen ist, dass sämtliche Wohnungseigentümer über hinreichendes Problembewusstsein verfügen (zur Aufnahme einer solchen Belehrung in den Text des Gestattungsbeschlusses s Greiner Wohnungseigentumsrecht § 7 Rn 100; Letzner ZWE 2022, 115, 120; Abramenko Das neue Wohnungseigentumsrecht § 7 Rn 25 zufolge ist sogar von den Teilnehmern die Versicherung zu verlangen, dass sie Dritte weder mithören noch -sehen lassen). Ob der Versammlungsleiter Kontrollhandlungen vornimmt, wie zB einen Kameraschwenk durch den Raum, in dem der abwesende Eigentümer der Versammlung folgt, liegt in seinem **Ermessen**.

178 Kommt es zu **Störungen des Ablaufs** der Versammlung, etwa weil ein Berater, der im Auftrag des Eigentümers unzulässigerweise die Versammlung verfolgt, sich zu Wort meldet, hat der Versammlungsleiter diese Handlungen zu unterbinden und bei fortgesetzten Verstößen die Verbindung zu dem entsprechenden Eigentümer zu beenden. Gleiches gilt, wenn der Versammlungsleiter auf anderem Weg von einer Verletzung des Nichtöffentlichkeitsgrundsatzes Kenntnis erlangt. Schreitet er nicht ein, begründet die unzulässige Einflussnahme ein Anfechtungsrisiko. Allerdings gilt auch insofern, wie bei anderen Verletzungen des Grundsatzes auch, dass grundsätzlich nur kausale Verstöße (s hierzu auch nachstehend Rn 176 sowie § 24 Rn 112; zur Relevanztheorie s § 24 Rn 114, 123) dazu führen, dass der Beschluss für ungültig erklärt wird.

(2) Technische Störungen

179 Inwieweit technische Probleme und Übertragungsfehler die auf der Versammlung gefassten Beschlüsse anfechtbar machen, hängt von verschiedenen Faktoren ab. Auszugehen ist vom **Sphärengedanken** (Lehmann-Richter/Wobst WEG-Reform 2020 Rn 616a). Störungen aus der Sphäre der Gemeinschaft, zB Netzausfälle oder Fehlfunktionen von Kameras, Mikrofonen oder anderer Hardware am Versammlungsort, sind grundsätzlich geeignet, formelle Anfechtungsgründe zu liefern, weil Eigentümer ihre Mitverwaltungsrechte nicht wahrnehmen konnten. In diesen Bereich gehören auch Mängel der Software, die von der Gemeinschaft verwendet wird. Da der Versammlungsleiter für den geordneten, den Eigentümern die Wahrnehmung ihrer Rechte ermöglichenden Ablauf verantwortlich ist, handelt er jedenfalls ermessenskonform, wenn er die **Versammlung unterbricht** und sie, sollte sich der Mangel nicht beheben lassen, sogar **abbricht**. Zumindest ersteres gilt auch für Fehler aus der Sphäre der Eigentümer, zumal sich oft nicht ohne weiteres bei laufender Versammlung feststellen lassen wird, wo der Fehler liegt (ein **Beschluss**, nach dem Übertragungsfehler den Fortgang der Versammlung nicht beeinflussen sollen, soll ordnungsmäßiger Verwaltung entsprechen AG München 27. 4. 2022 – 1292 C 19128/21, ZMR 2022, 931).

180 Auch bei technischen Störungen gilt im Ausgangspunkt, wie beim Nichtöffentlichkeitsverstoß (Rn 178), dass nicht jede Beeinträchtigung der Mitwirkungsrechte die gefassten Beschlüsse anfechtbar macht. Allerdings wird in Bezug auf Störungen aus der Sphäre der Gemeinschaft teils ein bedingungsloses Anfechtungsrecht vertreten (so wohl Lehmann-Richter/Wobst WEG-Reform 2020 Rn 617). Nach hM (Nachw bei § 24 Rn 112) gilt, dass eine Anfechtung ohne Erfolg bleibt, wenn sich der formelle Fehler

auf das Abstimmungsergebnis nicht ausgewirkt hat (so etwa LETZNER ZWE 2022, 115, 119). Anders hat der BGH aber entschieden, wenn die Teilnahme- und Mitwirkungsrechte eines Eigentümers in gravierender Weise ausgehebelt werden (BGH 10. 12. 2010 – V ZR 60/10 Rn 10, ZWE 2011, 122; 14. 2. 2020 – V ZR 159/19 Rn 18, ZWE 2020, 267). Das Problem besteht darin, dass technische Störungen und Übertragungsfehler am Versammlungsort die aus der Ferne Teilnehmenden von der Wahrnehmung ihrer Rechte, die immerhin zum **Kernbereich** der Eigentümerrechte zählen, typischerweise komplett ausschließen. Bemerkt der Versammlungsleiter eine solche Störung, wird sich sein **Ermessen** daher regelmäßig darauf **reduzieren**, die Versammlung zu unterbrechen. Tut er das nicht und schließt damit letztlich sehenden Auges diejenigen von der Teilnahme aus, die an dieser mit elektronischen Kommunikationsmitteln teilnehmen, droht eine erfolgreiche Anfechtung (die Voraussetzungen einer Beschlussnichtigkeit liegen demgegenüber regelmäßig nicht vor, vgl dazu ABRAMENKO Das neue Wohnungseigentumsrecht § 7 Rn 28).

Ob dem durch Aufnahme einer **Regelung** in den Gestattungsbeschluss, die solche **Risiken** den betroffenen Eigentümern **zuweist**, begegnet werden kann, ist ungeklärt (s dazu GREINER Wohnungseigentumsrecht § 7 Rn 100: „Übertragungsfehler, gleich aus welchem Grund, hindern den Fortgang der Versammlung nicht."; von solchen Regelungen abratend LETZNER ZWE 2022, 115, 119). Sofern derartige Regelungen als Weisungen an den Versammlungsleiter zu verstehen sind, besteht hierfür jedenfalls Beschlusskompetenz. **Ordnungsmäßiger Verwaltung** dürften derart pauschale Festlegungen aber nicht entsprechen, weil auch Risiken aus der Sphäre der Gemeinschaft dem Einzelnen zugewiesen werden. Wenn der Versammlungsleiter ohne Zweifel feststellen kann, dass der Fehler aus der Sphäre der Gemeinschaft stammt, sollte er darauf angemessen reagieren können (ebenso LETZNER ZWE 2022, 115, 119). Jedenfalls unzulässig und mangels Beschlusskompetenz sogar **nichtig** wäre nach hier vertretener Ansicht der Versuch, den Eigentümern, die im Wege elektronischer Kommunikation teilnehmen und aufgrund eines Übertragungsfehlers an der Ausübung ihrer Rechte gehindert werden, ihr Anfechtungsrecht zu nehmen. So weit geht nicht einmal das Aktienrecht, das erkennbar bestrebt ist, Anfechtungsrisiken zu minimieren. **181**

Abzulehnen ist eine analoge Anwendung von **§ 243 Abs 3 Nr 1 AktG**, der eine Anfechtung ausschließt, wenn technische Störungen die Online-Teilnahme behindern und der Aktionär der Gesellschaft weder Vorsatz noch grobe Fahrlässigkeit nachweisen kann. Der Zweck der 2009 durch das ARUG eingeführten Norm besteht darin, die Anfechtbarkeit wegen technischer Störungen zu vermeiden; warum dies dem Gesetzgeber wichtig war, lässt die Begründung aber nicht erkennen (s BT-Drucks 16/11642, 40). Nahe liegt die Annahme, dass die Mehrheitsentscheidung im Interesse der Gesellschaft geschützt und Rechtsunsicherheit durch schwebende Verfahren vermieden werden sollte (s den Hinweis auf das Blockadepotenzial bei MünchKommAktG/SCHÄFER § 243 Rn 110). Nach hier vertretener Ansicht liegen die Dinge im Wohnungseigentumsrecht insofern anders, als dem Schutz der Mitwirkungsrechte des Einzelnen ein tendenziell höheres Gewicht zukommt als bei einer kapitalistischen Beteiligung an einem Unternehmen. Auch das Interesse des Verbandes an unanfechtbaren Versammlungsentscheidungen erscheint verschieden. Ein im Wettbewerb stehendes Unternehmen ist darauf angewiesen, zumindest bestimmte Entscheidungen der Anteilseigner rasch umsetzen zu können, um auf Entwicklungen am Markt zu reagieren (vgl in diesem Zusammenhang das in § 246a AktG geregelte Freigabeverfahren). Die mit einer An- **182**

fechtung verbundene Rechtsunsicherheit ist zwar auch für eine Wohnungseigentümergemeinschaft misslich, das Blockadepotenzial und das damit verbundene Missbrauchsrisiko sind aber doch deutlich geringer. Mangels Vergleichbarkeit scheidet eine Analogie also aus (wohl einhM; s nur Letzner ZWE 2022, 115, 119; Lehmann-Richter/Wobst WEG-Reform 2020 Rn 618 f., Grüneberg/Wicke Rn 4a; Dötsch/Schultzky/Zschieschack WEG-Recht 2020, Kap 8 Rn 56).

183–245 Sind nicht besetzt.

2. Das Beschlussverfahren

a) Der Beschlussantrag als Ausgangs- und Bezugspunkt der Abstimmung

246 Der Beschlussantrag bildet in der Versammlung der Eigentümer nicht nur den Bezugspunkt für die sich anschließende Stimmabgabe (dazu, insbes zur Form und Inhalt des Antrags, ausf Rn 23 ff). Das Stellen des Beschlussantrages markiert häufig auch das **Ende der** vorausgegangenen **Aussprache**. Wortbeiträge sind dann grundsätzlich unzulässig und bedeuten eine Störung des Versammlungsablaufs (H Müller ZWE 2000, 237, 244). In der Praxis besteht das Problem häufig darin, dass erst der konkrete Antrag bei den Eigentümern Diskussionsbedarf auslöst. Das „Vorstellen" des Antrages ist daher nicht per se als Auftakt zur Abstimmung zu verstehen. Der Versammlungsleiter muss dies deutlich machen und den Übergang in die Abstimmungsphase betonen („Dann stimmen wir nun ab"). Die Diskussion unter den Eigentümern ist keine Abstimmung und bringt daher keinen Beschluss zustande (s OLG Frankfurt ZMR 2009, 463; LG Dortmund ZWE 2014, 127). Wird gleichwohl verkündet, handelt es sich um einen Verkündungsbeschluss iSd Rn 120, der angefochten werden kann und muss.

247 Der Antrag wird regelmäßig vom **Vorsitzenden** gestellt (Rn 24). Allerdings können **andere Anwesende** von ihrem Antragsrecht (§ 24 WEG Rn 152 ff) Gebrauch machen. Hier kann es zu Konflikten zwischen dem Mitverwaltungsrecht und der Verantwortlichkeit des Vorsitzenden kommen, die sich nicht einfach unter Hinweis auf die Funktionsgehilfeneigenschaft des Versammlungsleiters (§ 24 WEG Rn 126) auflösen lassen; denn der Verwalter/Vorsitzende ist Gehilfe der Versammlung, nicht aber des einzelnen Eigentümers. Die **Konflikte** treten vor allem bei der Formulierung des Antrages zu Tage (zu den Prüfpflichten des Verwalters s Rn 25), können sich aber auch in Bezug auf die Reihenfolge der Abstimmung ergeben. Den Ausgangspunkt bilden die Verantwortlichkeit und das Ermessen des Vorsitzenden in Bezug auf die Versammlungsleitung (§ 24 WEG Rn 193). Das Ermessen kann aber durch GO-Beschlüsse beschränkt werden (ausf § 24 WEG Rn 196 ff). **GO-Anträge** muss der Vorsitzende **vorrangig** zur Abstimmung stellen, dh vor einer Beschlussfassung „in der Sache". Allerdings obliegt die Einleitung des Abstimmungsvorgangs nach hier vertretener Ansicht allein dem Vorsitzenden, weshalb dieser in letzter Konsequenz eine Abstimmung verhindern kann (§ 24 WEG Rn 202).

248 Anträge in der Sache sind regelmäßig bereits **vor der Versammlung** zu stellen, weil andernfalls die Ladungsfrist des § 24 Abs 4 S 2 WEG (§ 24 WEG Rn 78) nicht gewahrt werden kann, was einen Verfahrensverstoß bedeutet. Ihn muss der Ladende vermeiden, um einer Haftung zu entgehen (§ 24 WEG Rn 61). Die Weigerung des Verwalters, die Tagesordnung zu ergänzen, ist nicht pflichtwidrig, wenn die Ergänzung zu einem Verstoß gegen § 24 Abs 4 S 2 WEG führt. Das gilt auch für den Versammlungsleiter, der **ad hoc mit einem Sachantrag** konfrontiert wird. Anders liegt es, wenn der ad hoc gestellte Antrag von dem in der Ladung angekündigten Gegenstand abgedeckt ist. Ihn muss der Vorsitzende regelmäßig berücksichtigen (§ 24 WEG Rn 101). Allerdings bleibt er in der Verantwortung für den ordnungsgemäßen Ablauf der Versammlung, weshalb man ihm dann, wenn Zweifel an der Übereinstimmung von Ankündigung und Antrag bestehen, für berechtigt halten wird, von einer Abstimmung abzusehen (zu den teilw umstrittenen Anforderungen an die Bezeichnung des Beschlussgegenstandes s Rn 176).

Sinngemäß gilt das für die **Formulierung** des Antrags. Der Vorsitzende wird nämlich auch bei Antragstellung durch die Eigentümer von seiner **Verantwortung** nicht frei. Er ist daher aber andererseits – vorbehaltlich eines ihn anweisenden wirksamen GO-Beschlusses – auch nicht verpflichtet, den Antrag wörtlich zu übernehmen (Rn 24 sowie § 24 WEG Rn 97; **str**). Verletzt die Umformulierung das Antragsrecht des Eigentümers, weil der zur Abstimmung gestellte Antrag das Begehren nicht (vollständig) abbildet, haftet der Vorsitzende im Verschuldensfall (§ 280 Abs 1 BGB). Handelt es sich um den Verwalter, liegt eine Pflichtverletzung vor, die je nach Bedeutung des Verstoßes zur Abwahl und fristlosen Kündigung des Verwaltervertrages führen kann. **249**

b) Abstimmung und Zustandekommen des Beschlusses
aa) Bestimmung der Modalitäten

Nach Stellung des Antrages beginnt das im WEG nicht näher geregelte Abstimmungsverfahren mit der **Aufforderung** durch den Vorsitzenden zur Stimmabgabe. In welcher Form das geschieht, durch Aufzeigen, Stimmzettel/-karten, elektronische Abstimmungssysteme, legt der Vorsitzende im Rahmen seines **pflichtgemäßen Ermessens** fest (zum Ermessen bzgl des Ablaufs der Versammlung s § 24 WEG Rn 193). Die Eigentümer können ihr Stimmrecht nur in dem vom Vorsitzenden gesetzten Rahmen wahrnehmen, dh sie müssen in der Form abstimmen, die vorgegeben ist. Andernfalls ist die Stimme **unwirksam**. **250**

Einschlägige Vereinbarungen und Beschlüsse muss der Vorsitzende berücksichtigen, jedenfalls wenn sie wirksam sind. Das gewählte Verfahren muss den Vorsitzenden in die Lage versetzen, die für das Zustandekommen eines positiven Beschlusses maßgeblichen Umstände zu ermitteln. Auch wenn die Kostenverteilung vom Abstimmungsverhalten abhängt (s § 21 Abs 2 und 3 WEG), muss die Abstimmung so organisiert werden, dass auch diese Umstände zu ermitteln sind. **Richtschnur** für die Ausübung des Ermessens ist die Sicherstellung der ungestörten Willensbildung der Versammlungsteilnehmer und der klaren Feststellung des Abstimmungsergebnisses (KG ZMR 1985, 105). Das Ermessen erstreckt sich darauf, in welcher Reihenfolge die Fragen nach Zustimmung, Ablehnung und Enthaltung gestellt werden (LG München I ZMR 2016, 569). Es gewährt dem Vorsitzenden die Möglichkeit, von einer vollständigen Abfrage/Auszählung der Stimmen abzusehen, wenn diese rechtlich irrelevant ist. Steht etwa das (positive oder negative) Beschlussergebnis bereits fest, kann die weitere Abfrage/Auszählung unterbleiben. Wie die Subtraktionsmethode (s Rn 264) dient das vor allem in großen Gemeinschaften der Beschleunigung der Versammlung und entspricht daher ordnungsmäßiger Verwaltung. **251**

Grundsätzlich liegt es auch im Ermessen des Vorsitzenden, ob er offen (bzw sogar namentlich; s § 21 Abs 3 WEG) oder **geheim abstimmen** lässt. Der Verkündung des **252**

Beschlussergebnisses kommt bei einer geheimen Abstimmung besondere Relevanz zu, da die Anwesenden den Ausgang der Abstimmung nicht nachvollziehen können, weshalb eine konkludente Verkündung kaum vorstellbar ist. Bei der Entscheidung über die geheime Abstimmung hat der Vorsitzende die Interessen der Gesamtheit der Eigentümer zugrunde zu legen. Bei **Wahlentscheidungen** ist wegen der persönlichen Bezuges jedenfalls dann geheim abzustimmen, wenn nur ein Eigentümer das verlangt. Ein abweichender, eine geheime Abstimmung ablehnender GO-Beschluss wäre rechtswidrig, aber für den Vorsitzenden grundsätzlich beachtlich (§ 24 WEG Rn 207; str). Er ist nicht selbständig anfechtbar, begründet aber einen Verfahrensverstoß des Sachbeschlusses (BayObLG NJW-RR 1987, 1363; dazu § 24 WEG Rn 206). Der GO-Beschluss kann aber, wie andere Beschlüsse auch, dann nichtig und unbeachtlich sein, wenn es dem Eigentümer angesichts der Umstände des konkreten Falles nicht zuzumuten ist, seine Stimme offen abzugeben, und ihm die Ausübung des Stimmrechts auf diese Art unmöglich gemacht wird. Zur Zulässigkeit einer **Blockwahl**, die bei der Beiratswahl häufig vorgenommen wird, s Staudinger/Lehmann-Richter § 29 WEG Rn 29.

253 Die geheime Abstimmung **widerspricht** dann **Grundsätzen ordnungsmäßiger Verwaltung**, wenn ein legitimes Interesse der Eigentümer und/oder der Verwalter daran besteht, das Stimmverhalten zu kennen. Hierzu zählt vor allem ein Beschluss über eine Maßnahme nach § 20 Abs 1 WEG, weil die Kostentragungspflicht an das Stimmverhalten anknüpft (§ 21 Abs 3 WEG). Neben einer namentlichen Abstimmung ist in diesen Fällen sogar die **Dokumentation** des Stimmverhaltens geboten, da es für die weitere Verwaltung relevant ist und für den Verwalter abrufbar sein muss. Eine weitere wichtige Fallgruppe bilden potenzielle Ersatzansprüche von Eigentümern infolge rechtswidriger Stimmrechtsausübung (ausf zur Haftung im Zusammenhang mit dem Stimmverhalten § 25 WEG Rn 214 ff). Kommen solche Ansprüche objektiv in Betracht, darf sich der Versammlungsleiter dem Ansinnen nach einer namentlichen Abstimmung nicht verschließen. Ein abweichender GO-Beschluss, der – nach den gesamten Umständen – dem Ziel dient, die Durchsetzung derartiger Ansprüche zu vereiteln, ist sittenwidrig und daher nicht zu beachten (Häublein ZWE 2015, 83, 86).

254 Zu den Modalitäten der Abstimmung gehört auch das Durchführen einer **Probeabstimmung**. Sie dient dazu, ein Meinungsbild einzuholen, was zB sinnvoll ist, wenn die eigentliche Beschlussfassung aufwendig vorbereitet werden müsste und man sich diesen Aufwand angesichts einer ablehnenden Haltung der Mehrheit ersparen möchte. Solche Abstimmungen sind weder geeignet, ein Rechtsgeschäft zustande zu bringen, noch den Willen der Eigentümer zu bilden, weil die Beteiligten erkennbar (noch) nicht verbindlich abstimmen wollen (vgl LG Dortmund ZWE 2014, 127). Ob das der Fall ist oder ob bereits ein **Beschluss** vorliegt, den die Probeabstimmung gerade **nicht zustande bringt**, muss iZw durch Auslegung ermittelt werden. Dabei sollen auch solche Begleitumstände zu berücksichtigen sein, die in der Versammlungsniederschrift festgehalten sind (Bärmann/Dötsch Rn 61). Das impliziert, dass das Ergebnis der Probeabstimmung überhaupt in die Niederschrift aufgenommen wurde. § 24 Abs 6 WEG fordert derartiges nicht, weshalb die Aufnahme eines Abstimmungsergebnisses in ein Protokoll eher ein Indiz für eine (verbindliche) Beschlussfassung ist. Der Probecharakter sollte folglich in der Niederschrift **ausdrücklich vermerkt** werden, kann sich aber auch aus den Umständen ergeben (LG Stuttgart ZMR 1991, 191). Begehrt ein Eigentümer hingegen die Aufnahme der Abstimmung als Beschluss in die Nieder-

schrift, gehören in einem gerichtlichen Verfahren sämtliche Umstände der Versammlung (Verlauf der Versammlung, Ankündigungen des Versammlungsleiters etc) zum relevanten Stoff über den ggf Beweis zu erheben ist.

bb) Stimmabgabe und Zugang

Die abgegebene Stimme ist eine **empfangsbedürftige Willenserklärung** (BGHZ 152, 63, 67; NJW 2012, 3372 Rn 5) desjenigen, der zur Ausübung des Stimmrechts berufen ist (dazu § 25 WEG Rn 11 ff). Sie muss in der Versammlung erfolgen (BGHZ 152, 63, 73). Eine **Vertretung bei der Stimmabgabe** ist zulässig (ausf § 25 WEG Rn 80 ff). Das Verhalten des Erklärenden muss dessen Willen eindeutig erkennen lassen. Das setzt keine ausdrückliche Erklärung voraus und lässt **konkludentes** Verhalten zu, wie es etwa bei einer Akklamation oder der Anwendung der vom BGH anerkannten Subtraktionsmethode (s Rn 264) unumgänglich ist. Eine Stimme, die den Willen nicht eindeutig erkennen lässt, ist **ungültig**. Unsicherheit darüber, ob die Erklärung als Zustimmung, Ablehnung oder Enthaltung zu werten ist, führte zu einem Schwebezustand, der aus denselben Gründen vermieden werden soll, aus denen eine bedingte Stimmabgabe unzulässig ist (s Rn 74). Um Unsicherheiten zu vermeiden, kann der Vorsitzende den Eigentümer ggf zur Klarstellung auffordern (vgl dazu in Bezug auf Abstimmung nach § 23 Abs 3 WEG auch Rn 304). 255

Umstritten ist, wer der Adressat ist (offenlassend BayObLGZ 1995, 407 = ZMR 1996, 151; Häublein ZWE 2012, 1, 3). In Betracht kommen die übrigen anwesenden Wohnungseigentümer, als deren Empfangsvertreter der Vorsitzende angesehen wird (Lehmann-Richter ZMR 2007, 741, 743 mHinw auf Bornheimer, Stimmrecht 42). Nach hM ist der **Versammlungsleiter der Empfänger** (BGHZ 152, 63, 67; Hadding ZWE 2001 179, 181; Merle, in: FS Seuß [2007] 193, 202, 205 f). 256

Die Stimme wird gem § 130 Abs 1 BGB **mit ihrem Zugang** beim Versammlungsleiter wirksam (zur Anwendbarkeit von § 130 BGB s BGH NJW 2012, 3372 Rn 5 ff). Ob es auf die tatsächliche Wahrnehmung ankommt, ist fraglich. Einerseits widerspräche dies den Grundätzen der Rechtsgeschäftslehre, die allein auf die Möglichkeit der Kenntnisnahme abstellt, damit der Erklärende nicht das Risiko fehlender Kenntnisnahme seitens des Empfängers zu tragen hat, das in dessen Sphäre fällt. Andererseits ermöglicht es allein die Kenntnisnahme dem Vorsitzenden, das Abstimmungsergebnis korrekt festzustellen und daraus das Beschlussergebnis abzuleiten. Dieser Umstand betrifft allerdings die Rechtmäßigkeit der Ergebnisfeststellung und ändert nichts am Zugang der Stimme, die bereits in dem **Zeitpunkt** erfolgt, in der sie von einem sorgfältigen Vorsitzenden zur Kenntnis genommen worden wäre. Das ist freilich nicht per se bereits mit dem Aufzeigen seitens des Eigentümers geschehen, weil die Möglichkeit der Kenntnisnahme gerade bei Anwesenheit vieler Eigentümer eine gewisse Zeit erfordert. Die Frage hat vor allem dann Bedeutung, wenn der Abstimmende seine Meinung ändert (zum Widerruf s Rn 258). 257

cc) Widerruf der abgegebenen Stimme

Umstritten war lange Zeit, bis zu welchem Zeitpunkt eine einmal abgegebene Stimme widerrufen werden kann. Dabei geht es um den (grundlosen) **Widerruf iSv § 130 Abs 1 S 2 BGB**, der von anderen Gestaltungsrechten, insbes einer Irrtumsanfechtung zu unterscheiden ist. Nach der im Anschluss an den BGH inzwischen ganz hM ist ein Widerruf der Stimme nach Zugang beim Versammlungsleiter nicht mehr möglich 258

(BGH NJW 2012, 3372; für weitere Nachweise s auch die Darstellung unter Rn 319 zum Umlaufbeschluss). Fraglich ist, ob es der Versammlungsleiter in der Hand hat, die **Widerrufsfrist zu verlängern**, dh dem Abstimmenden die Möglichkeit geben kann, sich trotz des Zugangs der Stimme noch einem anderen Lager anzuschließen. Dafür könnte sprechen, dass der Vorsitzende einschätzen kann, ob er eine solche Änderung berücksichtigen kann, ohne dadurch die eindeutige Feststellung des Ergebnisses zu erschweren. Allerdings ist dieser lediglich Funktionsgehilfe der Versammlung und daher, anders als die Partei eines Rechtsgeschäfts, nicht derjenige, der (primär) von der Erklärung betroffen ist, was gegen die Möglichkeit einer Einflussnahme spricht. Außerdem besteht bei Zulassung einer solchen Möglichkeit die Gefahr von Manipulationen. Eine Gestattung des Widerrufs durch den Vorsitzenden scheidet daher aus (so iE auch BGH NJW 2012, 3372).

dd) Zustandekommen des Beschlusses

259 Nach der dieser Kommentierung zugrunde liegenden Unterscheidung zwischen Tatbestand und Wirksamkeit des Beschlusses (s Rn 20), ist der Beschlusstatbestand **mit Zugang** aller abgefragten Stimmen beim Versammlungsleiter verwirklicht. Die zur Abstimmung Berufenen haben ihren Teil zur Willensbildung und rechtsgeschäftlichen Regelung der zur Abstimmung gestellten Frage beigetragen. Infolge der Anerkennung von Negativbeschlüssen (s Rn 106 ff) kommt es nicht darauf an, ob die für einen positiven Beschluss erforderliche Mehrheit erreicht wurde, weil andernfalls ein Negativbeschluss zustande gekommen ist.

c) Wirksamkeit und Wirkungen des Beschlusses

260 Während der Tatbestand des Beschlusses nach hiesigem Verständnis bereits mit Zugang der Stimmen beim Versammlungsleiter vollendet wird (s Rn 259), bedarf es zur Wirksamkeit nach hM der **Verkündung des Beschlussergebnisses** (dazu ausf Rn 29 ff). Grundlage hierfür ist die Feststellung des Beschlussergebnisses, die ihrerseits erst erfolgen kann, wenn das Abstimmungsergebnis feststeht. Diese Schritte bauen aufeinander auf. Die Wirkungen des Beschlusses richten sich maßgeblich danach, ob es sich um einen positiven oder einen negativen Beschluss handelt. Ausf zu den Wirkungen von Beschlüssen Rn 67.

aa) Ermittlung des Abstimmungsergebnisses

261 Zunächst hat der Vorsitzende das Abstimmungsergebnis festzustellen. Dieses „Auszählen der Stimmen" muss er nicht persönlich vornehmen, sondern kann **Gehilfen** einsetzen. Ordnungsmäßiger Verwaltung entspricht das aber nur dann, wenn dadurch keine Zählfehler hervorgerufen werden, zB weil die Gehilfen die maßgeblichen rechtlichen Vorgaben (dazu sogleich Rn 262 ff) nicht kennen oder zutreffend umsetzen. Bei der Ermittlung des Abstimmungsergebnisses geht es zunächst darum, die **Zahl der Stimmen** festzustellen, die für bzw gegen einen Antrag gestimmt oder sich enthalten haben. Dies ist kein Selbstzweck, sondern erfolgt mit Blick auf das Beschlussergebnis. Deshalb muss das Abstimmungsergebnis nur in dem Umfang ermittelt werden, der eine sichere Feststellung des Beschlussergebnisses erlaubt. So ist es bei 1000 abgegebenen Ja-Stimmen unerheblich, wie sich die verbleibenden 900 Stimmen zusammensetzen, wenn mit einfacher Stimmenmehrheit beschlossen werden kann.

(1) Stimmkraft und Wirksamkeit der Stimmen

Um das Abstimmungsergebnis feststellen zu können, muss der Vorsitzende wissen, welchem **Stimmkraftprinzip** die Abstimmung unterworfen ist (ausf § 25 WEG Rn 27 ff). Regelmäßig muss diese Frage bereits im Vorfeld der Abstimmung geklärt werden, weil dies Einfluss auf die Durchführung des Abstimmungsvorgangs hat. Ferner kann das zutreffende Abstimmungsergebnis ermittelt werden, wenn **unwirksame Stimmen** als solche erkannt und weder als Ja- noch als Nein-Stimmen gezählt werden. Eine von den Enthaltungen getrennte Erfassung ist nicht erforderlich, da diese seit der grundlegenden Entscheidung des BGH (BGHZ 106, 179, 183) nach einhM nicht (mehr) als Nein-Stimmen gelten (s § 25 WEG Rn 6 mwNw); § 25 Abs 1 WEG soll das nunmehr klarstellen. Werden unwirksame Stimmen mitgezählt, bewirkt dieser **Zählfehler** allenfalls die Anfechtbarkeit des verkündeten Beschlusses (s dazu Rn 120). 262

Die Unwirksamkeit einer Stimme kann sich neben der mangelnden Eindeutigkeit (Rn 255) und allgemeinen bürgerlich-rechtlichen Tatbeständen (zB §§ 105, 142 BGB) vor allem aus bestehenden **Stimmverboten** (dazu § 25 WEG Rn 223 ff) ergeben. Freilich wird der Vorsitzende, wenn er um solche weiß, was grundsätzlich seine Pflicht ist, diese bereits vor der Abstimmung deutlich machen und so eine Stimmabgabe der ausgeschlossenen Eigentümer verhindern. Deutlich schwieriger ist die Ermittlung von Unwirksamkeitsgründen, die von der konkreten Ausübung des Stimmrechts abhängen. Das betrifft vor allem den **Missbrauch** des Stimmrechts (zu den beweglichen Stimmrechtsschranken § 25 WEG Rn 192 ff), der nach hM dazu führt, dass die betroffenen Stimmen unwirksam sind (§ 25 WEG Rn 200). Äußerst schwierig und unangenehm (zur Haftung des Verwalters s LG Landau/Pf ZMR 2013, 996 = ZWE 2014, 136) sind für den Abstimmungsleiter ferner Sachverhalte, in denen **Vollmachten** (regelmäßig unerkannt) unwirksam sind (§ 25 WEG Rn 116 ff) oder die Vertretungsmacht eines Bevollmächtigten nicht jede Stimmrechtsausübung deckt, zB eine Weisung vorliegt, den Antrag abzulehnen (zur Bedeutung solcher Weisungen für den Umfang der Vertretungsmacht (ausf dazu § 25 WEG Rn 146 ff). 263

(2) Die sog Subtraktionsmethode

Oft beschäftigt hat Gerichte die sog **Subtraktionsmethode**. Bei ihr erfolgt die Feststellung des tatsächlichen Abstimmungsergebnisses dadurch, dass nur zwei von drei möglichen Abstimmungsfragen (Ja, Nein, Enthaltung) gestellt und aus deren Ergebnis der Rückschluss auf das Abstimmungsverhalten zur dritten Frage gezogen wird. Die Subtraktionsmethode kommt vor allem in großen Gemeinschaften zur Anwendung, weil sie dem Versammlungsleiter das Auszählen eines Teils der Stimmen erspart. Bei Beschlussanträgen etwa, die voraussichtlich eine große Mehrheit finden, werden nur Gegenstimmen und Enthaltungen erfragt. Nachdem die Zulässigkeit dieser Vorgehensweise (s etwa KG ZMR 1985, 105) in Frage gestellt worden war (OLG Düsseldorf NZM 2000, 763 = ZWE 2000, 423), **bestätigte der BGH** das Verfahren und setzte sich in einem Grundsatzbeschluss ausführlich mit dessen Risiken auseinander (BGHZ 152, 63; s ferner LG München ZMR 2016, 569). 264

Dem Einwand, das Schweigen eines Eigentümers bedeute nicht per se, dass dieser der nicht aufgerufenen Meinungsgruppe angehöre, zB weil es einer Unaufmerksamkeit geschuldet sein könne, wird mit einem Hinweis auf die Treuepflicht begegnet. Der Versammlungsleiter könne erwarten, dass sich ein Eigentümer artikuliere, wenn eine seinem Willen entsprechende Abstimmungsfrage gestellt werde. Ein vorheriger 265

Hinweis auf die Bedeutung des Schweigens sei nicht erforderlich (BGHZ 152, 63, 70). Unter Heranziehung der von der Rechtsprechung zum fehlenden Erklärungsbewusstsein entwickelten Grundsätze (BGHZ 91, 324, 329; 109, 171, 177 ua), gewährt der BGH dem Eigentümer, der keine Erklärung abgeben wollte, allerdings ein **Anfechtungsrecht** analog § 119 Abs 1 Alt 2 BGB. Ob das Auswirkungen auf das Rechtsgeschäft, den Beschluss, hat, richtet sich danach, ob es nach den Mehrheitsverhältnissen auf die Stimme ankam.

266 Die Subtraktionsmethode entspricht nur dann ordnungsmäßiger Verwaltung, wenn der Versammlungsleiter die hierfür erforderlichen **begleitenden organisatorischen Maßnahmen** trifft, insbes muss er die Anzahl der anwesenden (= persönlich anwesende oder vertretene) Stimmen zum Zeitpunkt des Abstimmungsvorgangs kennen (BGHZ 152, 63, 70; zur Einlasskontrolle s § 24 WEG Rn 194). Um dies für den Fall einer Beschlussanfechtung dokumentieren zu können, sollte er eine Anwesenheitsliste führen. Dabei muss man sich zwar nicht an den Anforderungen des sehr formalen Aktienrechts orientieren (zur Subtraktionsmethode in der Hauptversammlung s OLG Hamm NZM 2003, 919; OLG Frankfurt ZIP 2007, 232), jedoch ist es sicher zweckmäßig, wenn der Versammlungsleiter jeden die Versammlung verlassenden Stimmrechtsträger eine Unterschrift leisten lässt. Lässt sich die Zahl der anwesenden Stimmen später nicht rekonstruieren und hebt das Gericht den Beschluss auf, weil sich deswegen das Abstimmungsergebnis nicht genau feststellen lässt, droht dem für den Abstimmungsvorgang Verantwortlichen die Haftung; vor allem von professionellen Verwaltern wird verlangt, dass sie die Mindestvoraussetzungen der Anwendung der Subtraktionsmethode kennen (zum alten Recht BayObLG NZM 2005, 262).

267 Ob Unklarheiten bei der Ermittlung des Ergebnisses im Falle einer Anfechtung zur **Aufhebung des Beschlusses** führen, richtet sich nach hM nach der Kausalitätstheorie (§ 24 WEG Rn 112 ff). Eine solche kausale Auswirkung auf das positive Beschlussergebnis ist ausgeschlossen, wenn selbst bei der behaupteten geringsten Präsenz Nein-Stimmen und Enthaltungen in der Minderheit sind, was freilich die den Beschluss verteidigende Mehrheit zu beweisen hat (s zum Aktienrecht OLG Frankfurt ZIP 2007, 232). Lässt sich nicht mehr aufklären, wie viele Stimmen anwesend waren, und verbleiben dadurch Zweifel an den Mehrheitsverhältnissen, so ist allerdings im Falle der Beschlussanfechtung davon auszugehen, dass der Versammlungsleiter die Zahl der Stimmen zu Unrecht festgestellt hat und der Beschluss ist für ungültig zu erklären (BGHZ 152, 63, 73 mHinw auf OLG Köln NZM 2002, 458 = ZMR 2002, 972; zust OLG Düsseldorf NZM 2005, 708 = ZMR 2006, 140; LG Hamburg ZMR 2015, 483).

268 Die Subtraktionsmethode **widerspricht den Grundsätzen ordnungsmäßiger Verwaltung**, wenn sie gegen rechtsgeschäftliche Regelungen der Eigentümer verstößt. Regeln zur Ermittlung des tatsächlichen Ergebnisses der Abstimmung können unstreitig in der Gemeinschaftsordnung vereinbart oder anlässlich der konkreten Versammlung beschlossen werden (GO-Beschluss; dazu § 24 WEG Rn 196 ff). Der BGH scheint davon auszugehen, dass darüber hinaus eine **generelle Regelung** zur Ermittlung des Beschlussergebnisses beschlossen werden kann; jedenfalls heißt es in BGHZ 152, 63, 69, dies könne „auch noch durch einen Geschäftsordnungsbeschluss in der betreffenden Eigentümerversammlung geschehen", was für das Bestehen anderer Möglichkeiten einer Beschlussfassung spricht (zur Beschlusskompetenz für derartige Regelungen, die letztlich aus dem Selbstorganisationsrecht der Versammlung folgt, § 24 WEG Rn 210 ff).

bb) Feststellung und Verkündung des Beschlussergebnisses

Um **aus dem Abstimmungsergebnis** das Beschlussergebnis **ableiten** zu können, muss der Versammlungsleiter die für einen positiven Beschluss erforderliche Mehrheit kennen. Wird diese **Mehrheit verfehlt**, ist ein Negativbeschluss zustande gekommen. **Stimmengleichheit** führt ebenfalls zur Ablehnung des Antrages und daher nach hM zu einem Negativbeschluss (Jennissen/Schultzky Rn 61). Wird die Mehrheit durch eine Vereinbarung festgelegt oder näher ausgestaltet (§ 25 WEG Rn 5), gehört deren Auslegung (zur Ermittlung der erforderlichen Mehrheiten s BGH NJW 2011, 2202 Rn 14; ZMR 2011, 808 = ZWE 2011, 327 Rn 12) ebenso zu den Aufgaben des Versammlungsleiters wie die Prüfung der Wirksamkeit, etwa am Maßstab der § 26 Abs 5 WEG (s dazu etwa OLG Köln NZM 2003, 685). 269

Hat der Vorsitzende das Beschlussergebnis festgestellt, muss er es den Anwesenden **verkünden** (zur Frage, ob das zwingend auf der Versammlung geschehen muss s Rn 39). Die Verkündung ist **Voraussetzung für die Wirksamkeit** des Beschlusses (Rn 30 ff). Eine bestimmte Form ist dafür nicht vorgeschrieben (Rn 40). Auch die Aufnahme des Verkündungsaktes in das Protokoll ist nicht zwingend (§ 24 WEG Rn 228), empfiehlt sich aber. Wurde der Beschluss selbst protokolliert, kommt es nach allgemeinen Grundsätzen nur dann auf den Einwand fehlender Verkündung an, wenn die Berichtigung der Niederschrift verlangt wird (Rn 42, 44). Ist die Verkündung unterblieben, wird dieser Mangel **in analoger Anwendung von § 242 Abs 1 AktG** durch Aufnahme in die Beschluss-Sammlung geheilt (Rn 43, 47). 270

d) Sonderfall: Ein-Personen-Versammlung

Die Anwesenheit mehrerer Personen auf einer Versammlung ist keine Voraussetzung einer wirksamen Willensbildung auf einer Wohnungseigentümerversammlung (Rn 133). Allerdings, so wird argumentiert, könne die anwesende Person nicht zugleich (im eigenen Namen und/oder als Vertreter der Eigentümer) die Stimme abgeben und diese (als Versammlungsleiter) empfangen, sodass ein Eigentümerbeschluss zwar nicht auf herkömmlichem Wege (s dazu Rn 255) zustande kommen könne, jedoch entfalle hinsichtlich der Stimmabgabe das Empfangserfordernis (BayObLGZ 1995, 407 = ZMR 1996, 151). Unverzichtbar sei in solchen Fällen die **Kundgabe der Stimme in der Versammlung**. Diese könne durch schriftliche Niederlegung der Abstimmung oder durch vorläufige Aufzeichnung auf einem Ton- oder Datenträger erfolgen. Andernfalls komme **kein Beschluss zustande**, insbes reiche das spätere Abfassen einer Niederschrift nicht aus (BayObLGZ 1995, 407 = ZMR 1996, 151; OLG München ZMR 2008, 409; Bärmann/Merle WEG, 14. Aufl., Rn 29). 271

Die beschriebene Ansicht vermengt zwei Fragen und ist daher **abzulehnen** (zust Bärmann/Dötsch Rn 60). Richtig erscheint, dass der Beschluss „in einer Versammlung" (§ 23 Abs 1 WEG) gefasst worden sein muss und ferner, dass das Durchführen einer förmlichen Abstimmung sinnlos wäre. Durch das Kundgabeerfordernis tritt jedoch ein (Rechtssicherheits-)Aspekt in den Vordergrund, der positiv-rechtlich keine Rechtfertigung findet. Das WEG fordert weder eine schriftliche Niederlegung der Stimmabgabe noch deren anderweitige Aufzeichnung. Als Anknüpfungspunkt taugt auch nicht § 48 Abs 3 GmbHG. Der Norm geht es nicht um den Schutz anderer Gesellschafter, die es ja notwendig gar nicht gibt, vor Manipulationen des allein Anwesenden. Vielmehr soll sie andere am Rechtsverkehr Beteiligte schützen. Der Alleingesellschafter soll die Beschlusslage nicht zu deren Nachteil manipulieren können. 272

Daher wird die Vorschrift nach ganz hM **nicht** auf Ein-Personen-Versammlungen mehrgliedriger Gesellschaften **analog** angewendet (Lutter/Hommelhoff/Bayer § 48 GmbHG Rn 33; MünchKommGmbHG/Liebscher § 48 Rn 184; Altmeppen § 48 GmbHG Rn 52; Wicke § 48 GmbHG Rn 9).

273 Folglich genügt es, wenn der Anwesende die Beschlüsse **tatsächlich** während der regelmäßig von ihm selbst einberufenen Versammlung **gefasst** hat. Eine unmittelbare Kundgabe des Willens ist nicht erforderlich. Als Versammlungsleiter hat er aber eine Niederschrift aufzunehmen (§ 24 Abs 6 WEG), zu deren **Unterzeichnung** allein er berufen ist (s dazu § 24 WEG Rn 238). Die hier vertretene Ansicht wird durch die **Begründung zum WEMoG** mittelbar bestätigt. Der Gesetzgeber hat explizit davon abgesehen, Sonderregelungen für die Beschlussfassung bei der Ein-Personen-Gemeinschaft vorzusehen und es bewusst bei den allgemeinen Regelungen belassen (s BT-Drucks 19/18791, 45 zu § 9a Abs 1 S 2 WEG).

IV. Bezeichnung des Beschlussgegenstandes (Abs 2)

1. Systematische Einordnung und Zweck der Vorschrift

274 Unter Übernahme der noch heute fast wortlautidentischen Regelung in § 32 Abs 1 S 2 BGB (dazu Staudinger/ Schwennicke [2019] § 32 BGB Rn 26, 52 ff) ordnet § 23 Abs 2 WEG **für die Beschlussfassung in der Eigentümerversammlung** an, dass der Gegenstand bei der Einberufung bezeichnet sein muss. Die Norm steht in engem **Zusammenhang mit § 24 Abs 4 WEG** und wäre systematisch dort besser verortet (zur Unzulänglichkeit der Wortwahl s ferner Rn 284). Zum Begriff und der Bedeutung von Einberufung und Ladung s § 24 WEG Rn 3 ff, zu den Ladungsadressaten § 24 WEG Rn 8 ff, zum Zugangserfordernis § 24 WEG Rn 29 ff, zur Person des Einberufenden und Ladenden § 24 WEG Rn 39 ff, zu den Modalitäten der Einberufung und Ladung § 24 WEG Rn 74 ff sowie zu nachträglichen Änderungen § 24 WEG Rn 107 ff.

275 § 23 Abs 2 WEG dient dem **Informationsinteresse** der Eigentümer, die nicht mit überraschenden Anträgen konfrontiert werden sollen (OLG Hamm NJW-RR 1993, 468; OLG München ZMR 2006, 954; Jennissen/Schultzky Rn 112; hierzu auch § 24 WEG Rn 4 aE). Es geht darum, ihnen die Möglichkeit zu verschaffen, sich auf die Versammlung vorzubereiten und anhand der Bedeutung der anstehenden Angelegenheiten zu entscheiden, ob eine (persönliche) Teilnahme, ggf unter Hinzuziehung eines Beraters (§ 24 WEG Rn 185 ff), geboten ist (BGH ZWE 2015, 328 = ZMR 2015, 729 Rn 11; BayObLG WuM 1985, 100 mHinw auf BayObLGZ 1961, 322, 327; OLG Düsseldorf ZWE 2021, 31 Rn 15). Hierzu soll ihnen die Ladungsfrist grundsätzlich zur Verfügung stehen (§ 24 WEG Rn 78 ff), weshalb es für die Wahrung der Frist auf die Möglichkeit der Kenntnisnahme der Ladung durch den Eigentümer ankommt (§ 24 WEG Rn 34). Der Verwalter wird hingegen durch § 23 Abs 2 WEG nicht vor spontanen Beschlüssen geschützt (LG Berlin 13. 10. 2020 – 85 S 2/19 WEG, 85 S 18/19 WEG, GE 2021, 384). Zur ausnahmsweise nicht erforderlichen Bezeichnung von ad hoc gestellten GO-Anträgen infolge **teleologischer Reduktion** des § 23 Abs 2 WEG s § 24 WEG Rn 201.

2. Anforderungen an die Bezeichnung

Um dem Informationszweck Rechnung zu tragen, müssen nach Ansicht der Rechtsprechung die Tagesordnungspunkte und die vorgesehenen Beschlüsse so genau bezeichnet werden, dass die Wohnungseigentümer **verstehen und überblicken können**, was in tatsächlicher und rechtlicher Hinsicht erörtert und beschlossen werden soll und welche Auswirkungen der vorgesehene Beschluss insoweit auf die Gemeinschaft und sie selbst hat; eine **schlagwortartige** Bezeichnung reicht regelmäßig aus (BGH ZWE 2012, 125 = ZMR 2012, 380 Rn 9; NJW 2013, 3098 Rn 22; ZWE 2015, 328 = ZMR 2015, 729 Rn 11; OLG Düsseldorf ZMR 2001, 723 = ZWE 2001, 499). Dies gilt insbesondere dann, wenn die Angelegenheit bereits Gegenstand von Erörterungen war und die Wohnungseigentümer damit vertraut sind (BGH NJW 2013, 3098 Rn 22; vgl ferner BayObLG WuM 1985, 100; ZMR 2005, 460). Eine Erleichterung kann damit allerdings nur dann einhergehen, wenn sämtliche Eigentümer über die entsprechenden Informationen verfügen. Dabei sind die Niederschriften zurückliegender Versammlungen einzubeziehen (der Sache nach ebenso BGH ZWE 2015, 328 = ZMR 2015, 729 Rn 12), weil das Gesetz davon ausgeht, dass diese Sondernachfolgern zur Verfügung stehen, wie das Abstellen auf den Inhalt der Niederschrift im Rahmen der Auslegung zeigt (§ 24 WEG Rn 250 f). Dass über einen bestimmten Gegenstand abgestimmt werden soll, muss der Eigentümer aber stets der Ladung entnehmen können und braucht sich insofern nicht auf andere Informationsquellen verweisen zu lassen (OLG Hamm NJW-RR 1993, 468). Die Ladung muss in **deutscher Sprache** verfasst sein (Skauradszun ZWE 2016, 61, 67). 276

Die Anforderungen an die Bezeichnung hängen von der **Bedeutung des Beschlussgegenstandes** ab (OLG Hamm NJW-RR 1993, 468; Bärmann/Dötsch Rn 163). Dieser muss umso genauer bezeichnet werden, je größer seine Bedeutung und je geringer der Wissensstand der Eigentümer ist (OLG Köln NZM 2003, 121; OLG München ZMR 2006, 954; LG Frankfurt/M 23. 10. 2018 – 2-09 S 71/18, ZWE 2019, 221 Rn 26). Das genaue Ausmaß der erforderlichen Information kann nur im konkreten Fall ermittelt werden und wird daher als **Tatfrage** angesehen (OLG Hamm NJW-RR 1993, 468; OLG Zweibrücken ZMR 2004, 363). Das hat zu einer erheblichen Kasuistik geführt und begründet Rechtsunsicherheit, zumal die Gerichte zT zu strenge Anforderungen stellen (s Rn 282: Überblick zur Rspr Jennissen/Schultzky Rn 122 ff). 277

Auch bei wichtigen Maßnahmen dürfen aber **keine überzogenen Anforderungen** gestellt werden (OLG Celle ZWE 2002, 474; Niedenführ/Schmidt-Räntsch/Vandenhouten/Vandenhouten Rn 72 mHinw auf LG Itzehoe ZMR 2012, 219). Regelmäßig ist es nicht erforderlich, dass der einzelne Eigentümer die tatsächlichen und rechtlichen Auswirkungen der Beschlussfassung in allen Einzelheiten überblicken kann (LG München I ZWE 2013, 413). Vor allem ist grundsätzlich jeder Eigentümer selbst für die rechtlichen Kenntnisse verantwortlich, die notwendig sind, um die Auswirkungen einer etwaigen Entschließung abzuschätzen. Bei **schwerwiegenden Beschlüssen** wird allerdings angenommen, das Informationsbedürfnis der Wohnungseigentümer umfasse auch die rechtlichen und tatsächlichen Folgen der Beschlussfassung (OLG Celle ZWE 2002, 474), wobei zT eine Beschränkung auf die wesentlichen Auswirkungen vorgenommen wird (OLG München ZMR 2006, 954). 278

Auch hier ist aber Zurückhaltung geboten, weil die **rechtliche Beratung** des Einzelnen nicht Sache der Gemeinschaft ist (ebenso und gegen vereinzelte abw Ansichten Skauradszun 279

ZWE 2016, 61, 66). Man würde den Verwalter und damit die Gemeinschaft und letztlich die Miteigentümer (finanziell) überfordern, wenn man eine Belehrung verlangte, die selbst dem Laien verständlich vor Augen führt, welche Rechtsfolgen mit dem Beschluss einhergehen. Sorgfältige Verwalter würden dadurch dazu angehalten, sich vor jeder Ladung entsprechend beraten oder die Hinweise sogar durch einen Berater verfassen zu lassen, sofern sie nicht selbst über die notwendigen Kenntnisse verfügen. Die Implementierung einer derartigen Belehrungspflicht wäre falsch verstandener Verbraucherschutz, weil er in parternalistischer Weise die Kosten für die Eigentümer erhöht. Hat die **Gemeinschaft** aber infolge der Bedeutung der Angelegenheit **Rechtsrat** in Anspruch genommen, muss sie den Eigentümern diese Erkenntnisse zugänglich machen, sofern sie bereits vor der Versammlung vorliegen. Das kann in einem Informationsschreiben geschehen, das mit der Ladung versandt wird oder, insbes bei umfangreicheren Stellungnahmen, dadurch, dass interessierten Eigentümern die Unterlagen auf Wunsch übermittelt oder diese für sie zur Einsicht bereitgehalten werden (zum Einsichtsrecht allg § 18 Abs 4 WEG). Das betrifft freilich nicht mehr die Bezeichnung des Beschlussgegenstandes selbst (Niedenführ/Schmidt-Räntsch/Vandenhouten/Vandenhouten Rn 73).

280 Die gebotene schlagwortartige Bezeichnung macht es **nicht erforderlich**, dass Beschlussanträge **wörtlich** mitgeteilt werden, was bereits aus dem Wortlaut („Gegenstand des Beschlusses") folgt (OLG Hamm NJW-RR 1997, 846; OLG Celle ZWE 2002, 474; Bärmann/Dötsch Rn 165). Ein gewisser Spielraum ist hier bereits deswegen geboten und ratsam, weil die Aussprache vor der Abstimmung noch zu Änderungen eines vorbereiteten Antrages führen kann. Weil dies für einen redlichen Eigentümer erkennbar ist, bedeutet die Übersendung konkreter Anträge keine Festlegung auf diese Formulierungen (LG München I ZWE 2010, 138 f). Ein ausdrücklicher Hinweis auf diesen Umstand empfiehlt sich gleichwohl, wenn konkrete Anträge mitgeteilt werden (Jennissen/Schultzky Rn 121). Nimmt eine Vollmacht, die Weisungen an den Bevollmächtigten enthält, auf vorformulierte Beschlussanträge Bezug, ist für den Vorsitzenden freilich idR nur schwer zu ermitteln, ob die Vollmacht auch für den geänderten Antrag gelten soll (dazu § 25 WEG Rn 148 aE).

281 Ein Eigentümer muss auch mit Beschlüssen rechnen, die mit dem bezeichneten Gegenstand eng verbundenen sind und daher naheliegen (Bärmann/Dötsch Rn 163; BeckOK-BGB/Hügel § 23 WEG Rn 14). Für **ausreichend** wurde in Übereinstimmung mit dem Vorgesagten zB befunden:

- „Wahl/Bestellung eines Verwalters" (OLG Celle ZWE 2002, 474; s ferner OLG Celle NZM 2005, 308), wobei zugleich eine Beschlussfassung über den **Verwaltervertrag** naheliegt, wenn es um die Wahl des Verwalters geht (OLG München ZMR 2009, 64 = ZWE 2009, 27 mHinw auf BayObLG ZMR 2000, 858 ua) und anders herum kann unter „Erneuerung des Verwaltervertrages" die **Wiederwahl** beschlossen werden (OLG Schleswig ZMR 2006, 803 = ZWE 2007, 51, 53) und auch eine **Abwahl** kommt in Betracht (Bärmann/Dötsch Rn 168v), allerdings soll die Bezeichnung „Verwalterbestätigung" nicht Änderungen des Verwaltervertrags, wie zB die Entgelterhöhung, abdecken (LG Berlin 17. 12. 2019 – 85 S 26/17, ZMR 2020, 679 allerdings mit starkem Einzelfallbezug),

- unter der Bezeichnung **„Jahresabrechnung"** kann der in § 28 Abs 2 S 1 WEG vorgesehene Beschluss gefasst werden, auch wenn es sich dabei nicht mehr um einen

Beschluss über die Abrechnung handelt, denn typischerweise sind juristische Details dieser „Standardbeschlüsse" (Jennissen/Schultzky Rn 118) für die Eigentümer nicht relevant,

- sofern der Beschluss über eine Baumaßnahme oder einen Grundstückserwerb angekündigt ist, soll auch über die **Finanzierung** der Maßnahme beschlossen werden können (LG Bremen-Blumenthal ZWE 2014, 227, 230), was grundsätzlich überzeugt, weil mit derartigen Maßnahmen Kosten verbunden sind, die erkennbar von der Gemeinschaft aufgebracht werden müssen; das schließt es aber nicht aus, dass im Einzelfall ein Hinweis auf einen Beschluss über eine Sonderumlage notwendig ist, zB wenn die Eigentümer angesichts bisheriger Praxis oder einer vorangegangenen Befassung nicht mit einer solchen rechnen mussten.

Dieser eher großzügigen Linie stehen Entscheidungen gegenüber, die eine detailliertere Information für erforderlich halten. So wurde ein **Verstoß** gegen § 23 Abs 2 WEG zB angenommen: **282**

- bei Ankündigung von „ergänzenden und weiterführenden Beschlüssen zur Großsanierung", wenn über konkrete bauliche Einzelmaßnahmen beschlossen werden soll (OLG München ZMR 2006, 954),
- bei Verwendung von **Fachbegriffen**, die gewöhnlichen Eigentümern nicht geläufig sind, wie zB „Abmeierungsklage" (Skauradszun ZWE 2016, 61, 66; **aA** Riecke/Schmid/Drabek/Riecke Rn 32 unter Hinw auf KG ZMR 1996, 223),
- sofern unter dem angekündigten Punkt „Nutzung der Gewerbeeinheit im ehemaligen Teeladen/Information durch den Verwalter – Beschlussfassung" über die Beauftragung der gerichtlichen Durchsetzung der Untersagung der Nutzung und Finanzierung der Honorierung beschlossen wird (LG Nürnberg-Fürth ZWE 2011, 227).

Unter dem **Tagesordnungspunkt „Sonstiges"** kann nur über Angelegenheiten von untergeordneter Bedeutung beschlossen werden (ausf dazu § 24 WEG Rn 93). Ein Beschluss, der dagegen verstößt, ist anfechtbar (OLG Hamm NJW-RR 1993, 468; s auch Rn 284). **283**

3. Rechtsfolge bei Verstößen und Abdingbarkeit

Im Vereinsrecht, an das sich § 23 Abs 2 WEG anlehnt (Rn 274), führt die unzulängliche Bezeichnung des Gegenstandes zur Nichtigkeit aller auf der Versammlung gefassten Beschlüsse (BGH NJW 2008, 69 Rn 38; OLG Düsseldorf MDR 2015, 1312; Staudinger/Schwennicke [2019] § 32 BGB Rn 64). Der Wortlaut des § 23 Abs 2 WEG legt das ebenfalls nahe. Gleichwohl entspricht es einhelliger Auffassung (statt aller OLG Hamm NJW-RR 1993, 468; KG ZMR 1999, 426; OLG Düsseldorf 30. 10. 2020 – 3 Wx 182/20, ZWE 2021, 31 Rn 16), dass der Verstoß gegen § 23 Abs 2 WEG allenfalls einen **Anfechtungsgrund** begründet (zu den Voraussetzungen einer erfolgreichen Anfechtung, insbes zur Kausalitäts- und Relevanztheorie s § 24 WEG Rn 112 ff). **284**

Ist die Anfechtung erfolgreich, können sich **Ersatzansprüche** der Gemeinschaft gegen den Einladenden ergeben (s LG Stuttgart 7. 8. 2019 – 19 T 394/18, ZMR 2020, 437: grobe Fahr- **284a** lässigkeit des Verwalters), wobei der Schaden auch in einem Haftungsschaden bestehen kann; denn das schuldhafte Verhalten des ladenden Organs wird **der Gemeinschaft zugrechnet**. Allerdings setzt die Haftung eine vorwerfbare Pflichtverletzung voraus. An einem Verschulden kann es etwa dann fehlen, wenn der Verwalter auf der Versammlung aufgrund einer auf Wunsch der Eigentümer modifizierten Antragstellung ad hoc die Reichweite des Einladungstextes bewerten muss (LG Hamburg 13. 9. 2018 – 318 T 13/18, juris Rn 8: kein grobes Verschulden vorwerfbar). Ob es daneben eine unmittelbare Haftung des Einladenden einzelnen Eigentümern gegenüber geben kann, ist nicht abschließend geklärt. Wortlaut und Systematik des neuen WEG sprechen dagegen (Staudinger/Jacoby § 26 WEG Rn 217 iVm Rn 28 f; 147).

285 Bei einer Vollversammlung (dazu Rn 134), bei der sämtliche Wohnungseigentümer auf die Einhaltung der Formvorschrift des § 23 Abs 2 WEG verzichten, ist der Verfahrensmangel der fehlenden Bezeichnung des Gegenstands bei der Einberufung nach hM **geheilt** (OLG Celle NZM 2005, 308; Jennissen/Schultzky Rn 131). Daran erscheint zutreffend, dass sich sämtliche Eigentümer ad hoc über alle Punkte verständigen können, die durch Vereinbarung geregelt werden können (was freilich für einen Verzicht auf die Ankündigung umstritten ist, s Rn 287). Allerdings stellt sich die Frage, wann ein solcher „Verzicht" überhaupt angenommen werden kann (s dazu auch § 24 WEG Rn 116). Daran sind, wie beim konkludenten Verzicht generell, tendenziell **strenge Anforderungen** zu stellen. Die Details sind umstritten.

286 Die bloße Anwesenheit kann **nicht ausreichen** (tendenziell anders bzgl § 32 Abs 2 BGB Mugdan Materialien I 62), weil der Eigentümer überhaupt erst auf der Versammlung von der Diskrepanz zwischen der Bezeichnung und dem zur Abstimmung gestellten Antrag erfährt. Man kann auch nicht verlangen, dass der Eigentümer auf die Ausübung seines Stimmrechts verzichtet oder gar die Versammlung verlässt, um den Verlust seines Anfechtungsrechts zu vermeiden. Selbst eine Zustimmung zum Beschlussantrag schließt das Anfechtungsrecht grundsätzlich nicht aus (hM; OLG Hamm ZMR 1997, 371; BayObLG ZMR 1994, 279; OLG Karlsruhe ZMR 2003, 290; **aA** Kümmel ZWE 2001, 516, 520). Der Eigentümer kann später etwa geltend machen, er habe die Tragweite seiner Zustimmung verkannt, was anders gewesen wäre, wenn er auf der Basis einer ordnungsmäßigen Ankündigung Rat eingeholt hätte. Schließlich gibt es, anders als im Aktienrecht (§ 245 Nr 1 AktG), kein Widerspruchserfordernis, weshalb ein Rügeerfordernis schwer zu begründen ist (gegen ein solches auch Jennissen/Schultzky Rn 23). Gleichwohl wird verbreitet angenommen, die Beteiligung an der Beratung und Abstimmung ohne Rüge des Verfahrensverstoßes führe zur Heilung (KG OLGZ 1979, 399, 401 und OLG Hamm OLGZ 1979, 296, 300; weitergehend wohl Bärmann/Dötsch Rn 180; krit Hogenschurz ZMR 2009, 824). Für § 51 Abs 3 GmbHG stellt der BGH darauf ab, wie sich der Gesellschafter nach Bekanntgabe der Tagesordnungspunkte, während des Verlaufs der Versammlung und bei den Abstimmungen verhalten hat (BGH MDR 2009, 515). Ganz maßgeblich kommt es darauf an, ob die Eigentümer den Verfahrensmangel kannten, dh ihnen die **Abweichung** vom ordnungsmäßigen Verfahren **bewusst ist**; denn wenn dies nicht der Fall ist, wird ihr Verhalten von den anderen redlicher Weise auch nicht als Verzicht verstanden werden dürfen (ähnl Jennissen/Schultzky Rn 23). Es empfiehlt sich daher, dass der Vorsitzende das Problem offenlegt.

287 Das Ankündigungserfordernis ist nach der Regel des § 10 Abs 1 S 2 WEG **abdingbar**. Die Anforderungen können verschärft werden, zB dahin, dass den Eigentümern die konkreten Beschlussanträge mitgeteilt werden müssen. Gegen einen vollständigen Verzicht auf das Ankündigungserfordernis werden aber Bedenken erhoben (Skauradszun ZWE 2016, 61, 66). Die Frage ist nicht abschließend geklärt und bislang kaum untersucht (s dazu Staudinger/Bub [2005] Rn 40 f). Handelte es sich bei § 23 Abs 2 WEG um eine Vorschrift, „auf deren Einhaltung rechtswirksam nicht verzichtet werden kann" (s § 23 Abs 4 S 1 WEG), spräche das gegen die von der hM angenommene bloße Anfechtbarkeit und für die im Vereinsrecht angenommene Nichtigkeit (s Rn 284), was einen massiven Verlust an Rechtssicherheit bedeuten würde. Überzeugender ist die Ansicht, nach der § 23 Abs 2 WEG abbedungen werden kann (OLG Hamm NJW-RR 1993, 468; ebenso zum Vereinsrecht Staudinger/Schwennicke [2019] § 32 BGB Rn 58). Dem entspricht es, dass den Eigentümern das Recht zugestanden wird, „auch im Einzelfall" auf die Ankündigung zu verzichten (KG OLGZ 1974, 399, 401 mHinw auf BayObLGZ 1970, 1 = NJW 1970, 1136; zur Vollversammlungsproblematik bereits Rn 285 f).

V. Beschlussfassung außerhalb der Versammlung (Abs 3)

1. Zweck der Vorschrift

§ 23 Abs 3 S 1 WEG regelt – gleichlautend mit § 32 Abs 2 BGB – als Ausnahme zu **288** Abs 1 die Zulässigkeit einer Beschlussfassung **außerhalb der Versammlung** der Wohnungseigentümer. Eine solche Entscheidungsfindung dient der effizienten Verwaltung, weil sie den Aufwand einer Eigentümerversammlung erspart. Im Übrigen wäre es nicht konsequent, wenn die Eigentümer zwar grundlegende, selbst das sachenrechtliche Grundverhältnis berührende Fragen außerhalb einer Versammlung (vertraglich) regeln könnten, nicht jedoch Verwaltungsangelegenheiten oder Fragen des Gebrauchs. **Gegenständliche Beschränkungen** der regelbaren Materien, wie sie zum Teil im Gesellschaftsrecht etwa für Grundlagenbeschlüsse diskutiert werden, gibt es im Wohnungseigentumsrecht **nicht**, dh Gegenstand des Umlaufverfahrens können alle Angelegenheiten sein, über die nach dem Gesetz oder einer Vereinbarung beschlossen werden kann (§ 23 Abs 1 WEG).

Vom Zweck der Zulassung einer Beschlussfassung im Umlaufverfahren zu unter- **289** scheiden sind die Zwecke der damit einhergehenden Anforderungen, die sich insofern als **Restriktionen** erweisen, als sie über die Anforderungen hinausgehen, die das Gesetz an Versammlungsbeschlüsse stellt (zur rechtspolitischen Legitimation dieses Ansatzes F Schmidt ZWE 2000, 155, 161). Hierzu gehören das Textformerfordernis – vor dem 1. 12. 2020 herrschte sogar Schriftformzwang – und die erforderliche Zustimmung aller Eigentümer (sog Einstimmigkeit, zT ist auch von Allstimmigkeit die Rede; zur Terminologie s Rn 104). Letzteres hat das WEMoG vorsichtig durch Einführung von § 23 Abs 3 S 2 WEG gelockert.

Das **Einstimmigkeitserfordernis** trägt dem Fehlen eines auf wechselseitigen Austausch **290** und Information gerichteten Willensbildungsprozesses insofern Rechnung, als es jedem Eigentümer freisteht, durch Verweigerung seiner Zustimmung eine „Verweisung" der Angelegenheit an die Versammlung der Eigentümer zu bewirken (Jennissen/Schultzky Rn 146). Es wird daher als ein Instrument des **Minderheitenschutzes** angesehen (Riecke/Schmid/Drabek/Riecke Rn 42). Stimmt ein Eigentümer dem vorgelegten Antrag nicht zu, kommt darin nicht notwendig die Ablehnung des Beschlussantrages in der Sache zum Ausdruck. Vielmehr kann es dem Opponenten allein darum gehen, eine Beschlussfassung ohne vorherigen Meinungsaustausch und Information in einer Versammlung zu verhindern, was legitim ist. Das gilt in Ermangelung eines Anspruchs auf Zustimmung zum schriftlichen Verfahren (LG München I ZMR 2015, 799) selbst dann, wenn ausnahmsweise eine Pflicht besteht, an einer Verwaltungsentscheidung mitzuwirken (dazu § 25 WEG Rn 214 ff).

291 Dem **Zweck des Formerfordernisses** wird in den meisten Darstellungen keine Aufmerksamkeit gewidmet. Die Frage hatte unter der Geltung des Schriftformzwanges (Rn 289) etwa dann erhebliche praktische Bedeutung, wenn die Zustimmungserklärungen durch Telefax übermittelt wurden (s Vorauflage Rn 211). Sie ist trotz der Umstellung auf das Textformerfordernis durch das WEMoG keineswegs obsolet, weil die Formzwecke auf die Formanforderungen zurückwirken. Die Materialien sind unergiebig, da der Gesetzgeber ohne nähere Erläuterung § 32 Abs 2 BGB übernommen hat (s BR-Drucks 75/51, hier zitiert nach PiG 8, 223, 234). In der Begründung zum WEMoG heißt es lapidar, es trete die Textform an die Stelle der Schriftform, was die Möglichkeit eröffne, Umlaufbeschlüsse auch im Wege elektronischer Kommunikation zu fassen, zum Beispiel per E-Mail, über Internetplattformen oder Apps (BT-Drucks 19/18791, 72). Auch im vereinsrechtlichen Schrifttum wird dem Zweck des Formerfordernisses keine Aufmerksamkeit zu teil (s dazu BeckOGK/Notz § 32 BGB Rn 196; BeckOK-BGB/Schöpflin § 32 BGB Rn 45; Erman/Westermann § 32 BGB Rn 1; jurisPK/Otto § 32 BGB Rn 12 ff; MünchKomm/Leuschner § 32 BGB Rn 67; Staudinger/Schwennicke [2019] § 32 BGB Rn 161).

292 Objektiv teleologisch dürfte es schon immer vor allem um die **Dokumentation** der Erklärungen gegangen sein (Perpetuierungsfunktion). Bei Erlass der ursprgl § 32 Abs 2 BGB und § 23 Abs 3 WEG stand dem Gesetzgeber die Textform nicht zu Gebote, weshalb aus der strengeren Schriftform nicht auf weitergehende Zwecke geschlossen werden durfte. Bis zur Änderung durch das WEMoG war es dennoch zumindest vertretbar, angesichts des Festhaltens am Schriftformerfordernis trotz Einführung der Textform in § 126b BGB im Jahre 2001 einen **Übereilungsschutz** (Warnfunktion) als weiteren Normzweck anzunehmen. Ob die nunmehr geltende Textform auch diesen Zweck verfolgt, ist ungeklärt. Fern liegt jedenfalls die Annahme, das Gesetz wolle dem Abstimmungsleiter die Möglichkeit an die Hand geben, die Authentizität der Erklärung zu prüfen (Verifizierungsfunktion). Abgesehen davon, dass er dazu insbesondere nach der Umstellung auf die Textform gar nicht in der Lage ist, ordnet das Gesetz dort, wo es um diesen Aspekt geht, ein Beglaubigungserfordernis an (vgl § 26 Abs 4 WEG). Zu den Auswirkungen der hier befürworteten Formzwecke s Rn 310 ff.

292a In Abwägung der widerstreitenden Belange, nämlich des Minderheitenschutzes einerseits (Rn 290) sowie der Flexibilität und Effektivität der Willensbildung andererseits, sieht **§ 23 Abs 3 S 2 WEG** mit Wirkung vom 1. 12. 2020 erstmals einen **Mehrheitsbeschluss im Umlaufverfahren** vor. Solche Mehrheitsbeschlüsse außerhalb von Wohnungseigentümerversammlungen kennt etwa die österr. Rechtsordnung (s Rn 294) und Gleiches wurde im Vorfeld des WEMoG auch für Deutschland gefordert. Herausgekommen ist ein erst vom Rechtsausschuss in das Gesetz aufgenommener Kompromiss, der Mehrheitsumlaufbeschlüsse punktuell gestattet. **Ziel** ist eine Erleichterung der Willensbildung außerhalb von Versammlungen (BT-Drucks 19/22634, 45), wobei die Einschränkungen (dazu Rn 295i) zeigen, dass der Gesetzgeber an dem

Konzept festgehalten hat, dass die Willensbildung grundsätzlich in einer Versammlung mit der Möglichkeit einer Aussprache stattfinden soll. Der Umlaufmehrheitsbeschluss ist folgerichtig insbes für solche Fälle vorgesehen, in denen auf der Versammlung eine Beschlussfassung, zB infolge fehlender Informationen, unterblieben ist und ohne eine erneute Versammlung nachgeholt werden soll (s Begr Rechtsausschuss ebenda).

2. Disponibilität

Mit der Einführung von Abs 3 S 2 sieht das WEG in Bezug auf Umlaufmehrheits- 292b
beschlüsse eine **gesetzliche Öffnungsklausel** vor. Die Frage nach der Abdingbarkeit des § 23 Abs 3 WEG ist demzufolge nunmehr differenziert zu beantworten.

a) Abs 3 S 1 abändernde Vereinbarungen

Dem Grundsatz des § 10 Abs 1 S 2 WEG entsprechend kann auch § 23 Abs 3 S 1 293
WEG durch Vereinbarung **abbedungen** werden. Das wurde bislang etwa in Bezug auf die Form, zB Text- statt Schriftform, angenommen (statt vieler: Soergel/Skauradszun Rn 57; zur Vereinbarung einer formlosen Stimmabgabe im sog kombinierten Verfahren s Rn 313). Zulässig ist es ferner, das Verfahren, zB Fristen für den Zugang der Erklärungen beim Initiator, in der Gemeinschaftsordnung auszugestalten (Jennissen/Schultzky Rn 6 aE). Demgegenüber wurde und wird das Erfordernis einer Zustimmung durch sämtliche Wohnungseigentümer von der hM, für die insofern insbes die obergerichtliche Rspr steht, **für zwingend** gehalten (OLG Hamm OLGZ 1978, 292, 294; BayObLGZ 1980, 331, 337 ff; Jennissen/Schultzky Rn 6; F Schmidt PiG [1999] 59, 125, 126 = ZWE 2000, 155; skeptisch aber OLG Schleswig ZWE 2007, 50, 54: hM erscheint bedenklich; vollkommen anderer Ansatz bei Kümmel ZWE 2000, 62: Mehrheitsentscheidung in der Sache bereits ex lege zulässig). Im schriftlichen Verfahren, so wird argumentiert, könne auf den vorgelegten Antrag regelmäßig nur mit Ja oder Nein geantwortet werden, während ein Meinungsaustausch zum Schaden der Minderheit grundsätzlich nicht stattfinde (BayObLGZ 1980, 331, 337 ff mHinw auf OLG Köln WEM 1977, 52, 54).

Diese Argumente sind nach überzeugender, in der Lehre wohl vorherrschender An- 294
sicht nicht geeignet, eine Durchbrechung des in § 10 Abs 1 S 2 WEG niedergelegten **Dispositivitätsprinzips** zu rechtfertigen (für Abdingbarkeit etwa B Müller ZWE 2007, 56, 57; Niedenführ/Schmidt-Räntsch/Vandenhouten/Vandenhouten Rn 4; Riecke/Schmid/Drabek/Riecke Rn 46 ff). Das entspricht der ganz hM zu § 32 Abs 2 BGB (s § 40 BGB), dem § 23 Abs 3 WEG nachgebildet ist (MünchKomm/Leuschner § 32 BGB Rn 68; Soergel/Hadding § 32 BGB Rn 42). Es ist grundsätzlich Sache der Wohnungseigentümer darüber zu entscheiden, ob sie die Möglichkeit eines Austauschs in der Versammlung höher gewichten als die Effizienzvorteile, die ein Umlaufverfahren mit sich bringt. Letztere konnten in der Vergangenheit wegen des Allstimmigkeitserfordernisses allenfalls in kleinen Anlagen genutzt werden. Folglich war der Umlaufbeschluss bislang in der Praxis kaum relevant (F Schmidt ZWE 2000, 155), was die geringe Zahl von gerichtlichen Entscheidungen belegt. Ganz anders gestaltet sich die Rechtslage in Österreich, wo Umlaufbeschlüsse mit (absoluter) Mehrheit gefasst werden können und eine erhebliche Rolle spielen. Erst durch § 24 Abs 1 S 1 WEG 2002 hat der österr Gesetzgeber die Entschließung in der Versammlung zur „vornehmlichen" Art der Willensbildung erklärt, an der Möglichkeit einer mehrheitlichen Beschlussfassung außerhalb der Versammlung aber gleichwohl festgehalten. Vor dem Hinter-

grund dieses rechtsvergleichenden Befundes erscheint die These vom defizitären Minderheitenschutz (s Rn 293 aE) alles andere als selbstverständlich. Die Rechtsschutzmöglichkeiten, insbes im Anfechtungsverfahren, gewährleisten im Zusammenspiel mit den Ansprüchen auf Einberufung einer Versammlung (§ 24 WEG Rn 49 ff) und Aufnahme von Tagesordnungspunkten (§ 24 WEG Rn 96) einen manifesten Minderheitenschutz, weil jeder auf diese Weise eine Befassung der Versammlung erreichen kann.

295 Unter denen, die das Allstimmigkeitserfordernis für abdingbar halten, gibt es Stimmen, die hinsichtlich der zulässigen Mehrheit Einschränkungen befürworten. Zulässig sei nur die Vereinbarung einer absoluten Mehrheit, während eine **relative Mehrheit** als Voraussetzung für das Zustandekommen eines Umlaufbeschlusses nicht vereinbart werden könne (Niedenführ/Schmidt-Räntsch/Vandenhouten/Vandenhouten Rn 4; ohne diese Einschränkung Bärmann/Dötsch Rn 258). Dieser Ansicht ist zuzugeben, dass zu den Funktionsbedingungen eines Abstimmungsverfahrens, in dem die relative Mehrheit der Stimmen für das Zustandekommen eines positiven Beschlusses ausreicht, eine Begrenzung der Abstimmungszeit zählt. In der Eigentümerversammlung wird diese Bedingung erfüllt. Im Umlaufverfahren kann eine solche Frist allerdings ebenfalls gesetzt werden, und zwar sowohl abstrakt durch Vereinbarung als auch konkret seitens des Initiators; in Betracht kommt auch eine Regelung im Absenkungsbeschluss (s Rn 295d ff). Ist das geschehen, bestehen keine durchgreifenden Bedenken gegen die Zulassung einer relativen Mehrheit. Insbes gibt es keinen Rechtssatz, demzufolge ein Verzicht auf eine Versammlung der Zustimmung der Mehrheit aller Eigentümer bedarf. Die Einführung von Abs 3 S 2 durch das WEMoG bestätigt die hier vertretene Ansicht zumindest mittelbar.

295a Fehlt hingegen eine solche zeitliche Grenze für die Stimmabgabe, besteht zwar die Gefahr, dass der Initiator, dem oft am Zustandekommen eines positiven Beschlusses gelegen ist, dadurch Einfluss auf das Abstimmungsergebnis nimmt, dass er die Abstimmung für beendet erklärt und das Ergebnis verkündet, sobald eine relative Mehrheit für den Antrag votiert hat. Indes ist diesem Problem nicht durch Inhaltskontrolle der Vereinbarung und damit Beschränkung der Privatautonomie der Eigentümer zu begegnen, sondern durch Kontrolle der Rechtshandlungen des Initiators. Dieser kann die Abstimmung nicht nach Belieben ad hoc schließen. Tut er es dennoch, muss er später einlangende Stimmen grundsätzlich noch berücksichtigen und ggf das Beschlussergebnis korrigieren.

b) Abs 3 S 2 abändernde Vereinbarungen

295b Auch in Bezug auf die neu eingeführte Möglichkeit, einen Umlaufbeschluss mit Stimmenmehrheit zu fassen, gilt der Grundsatz des § 10 Abs 1 S 2 WEG (**aA** wohl, aber ohne nähere Begründung, Skauradszun ZWE 2022, 106, 111, der § 23 Abs 3 S 2 WEG für zwingend erachtet). Daher kann vereinbart werden, dass Umlaufbeschlüsse ausschließlich nach Abs 3 S 1 WEG, also **nur allstimmig** gefasst werden können. Entsprechende Regelungen in Gemeinschaftsordnungen aus der Zeit vor dem 1. 12. 2020 wiederholen aber im Zweifel lediglich das WEG aF und es bleibt, dem Prinzip des § 47 S 2 WEG entsprechend, bei der durch Abs 3 S 2 eingeräumten Möglichkeit. Gewissermaßen als Minus zur Abbedingung des Abs 3 S 2 kommt auch eine Vereinbarung in Betracht, nach der für Umlaufmehrheitsbeschlüsse eine **qualifizierte Mehrheit** erforderlich ist. Die vom Gesetz vorgesehene einfache Mehrheit gilt aber dann, wenn Altvereinbarungen aus der Zeit vor dem WEMoG für Umlaufmehrheitsbeschlüsse eine qualifizierte Mehrheit vorsehen. Solche Vereinbarungen zielen im Ergebnis nämlich, wie das neue Recht, auf eine Erleichterung der Willensbildung im Umlaufverfahren, sodass ihnen kein Vorrangwille iSd § 47 S 1 WEG entnommen werden kann (Staudinger/Rapp/Wobst [2023] § 47 WEG Rn 17).

Bereits aus den Überlegungen zur Abdingbarkeit von Abs 3 S 1 (Rn 293 ff) folgt, dass der **Anwendungsbereich** des Abs 3 S 2 dadurch **erweitert** werden kann, dass auf das Merkmal „für einen einzelnen Gegenstand" durch Vereinbarung verzichtet wird. Wenn man der hier vertretenen Ansicht folgt und Abs 3 S 1 für dispositiv erachtet, kann durch Vereinbarung ein Umlaufmehrheitsbeschluss sogar ohne vorherige Beschlussfassung zugelassen werden. Verglichen damit bedeutet es für die Minderheit einen zusätzlichen Schutz, wenn zwar auf die gegenständliche Beschränkung („einen einzelnen") verzichtet, jedoch am Erfordernis eines Absenkungsbeschlusses festgehalten wird. Auch die erforderliche Mehrheit für einen Umlaufmehrheitsbeschluss kann durch Vereinbarung modifiziert, also heraufgesetzt werden (zur Frage, ob insofern auch Beschlusskompetenz anzunehmen ist, s Rn 295m). **295c**

c) Abänderung durch Beschluss, insbes Beschluss nach Abs 3 S 2

Modifizierungen des § 23 Abs 3 S 1 WEG durch Beschluss können einerseits durch die gesetzliche Öffnungsklausel in Abs 3 S 2 legitimiert sein (dazu sogleich Rn 295e ff), andererseits aber auch durch eine **vereinbarte Öffnungsklausel**. Ob eine allgemeine Öffnungsklausel (zum Teil wird auch von einer „unbegrenzten Öffnungsklausel" gesprochen, s den Formulierungsvorschlag bei Köhler/Becker AnwHdb 4. Aufl Rn 3.93) dazu führt, dass das Allstimmigkeitsprinzip abbedungen werden kann, ist nicht geklärt, nach hier vertretener Ansicht aber zu bejahen. Für spezielle (begrenzte) Klauseln, die Modifizierungen des § 23 Abs 3 S 1 WEG einschließen, gilt das erst recht. **295d**

Das WEMoG hat Umlaufmehrheitsbeschlüsse nicht ex lege zugelassen, sondern den Eigentümern lediglich die Kompetenz verschafft, darüber durch sog Absenkungsbeschluss zu befinden (**gesetzliche Öffnungsklausel**). Von diesem Beschluss, der auch als Gestattungs- oder Zulassungsbeschluss bezeichnet wird, ist der eigentliche Umlaufbeschluss zu unterscheiden (dazu Rn 296). Der Absenkungsbeschluss dürfte regelmäßig in einer Versammlung gefasst werden (zu entsprechenden Erwägungen des Gesetzgebers s Rn 292a aE), wofür die **einfache Stimmenmehrheit** genügt (s aber Rn 295m). Beschließen die Eigentümer nur, die Abstimmung in das Umlaufverfahren zu verlagern, soll es iZw beim Allstimmigkeitserfordernis nach § 23 Abs 3 S 1 WEG bleiben, weil die Absenkung auf die Stimmenmehrheit ausdrücklich aus dem Beschlusswortlaut hervorgehen müsse (AG Hamburg-Bergedorf 9. 8. 2022 – 407a C 1/22, ZMR 2022, 1002; AG Charlottenburg 10. 5. 2023 – 75 C 10/23, MietRB 2023, 206). Ein solches Ausdrücklichkeitserfordernis widerspricht indes allgemeinen Grundsätzen des Privatrechts und ist daher nicht anzuerkennen (näher dazu Häublein ZWE 2023, Heft 10, Anm zu AG Charlottenburg). Zulässig ist es auch, einen Absenkungsbeschluss im Umlaufverfahren zu fassen, was dann nach § 23 Abs 3 S 1 WEG jedoch der Zustimmung aller Wohnungseigentümer bedarf (AG Essen 2. 11. 2021 – 196 C 50/21, ZWE 2022, 183 Rn 36; Lehmann-Richter/Wobst WEG-Reform 2020 Rn 648). **295e**

Die **Rechtsnatur** des Absenkungsbeschlusses ist kontrovers. Teils wird angenommen, es handele sich um einen allein das Verfahren betreffenden Geschäftsordnungs- **295f** beschluss, woraus Konsequenzen zB für die Ankündigung solcher Beschlüsse oder deren isolierte Anfechtbarkeit gezogen werden (s hierzu Dötsch/Schultzky/Zschieschack WEG-Recht 2020, Kap 8 Rn 32). Nach der Gegenansicht liegt kein bloßer Geschäftsordnungsbeschluss vor, sondern ein die Verwaltung regelnder Beschluss (Skauradszun/Elzer/Hinz/Riecke/Riecke Die WEG-Reform 2020, § 6 Rn 9; Skauradszun ZWE 2022, 106, 107). In der Tat geht der Absenkungsbeschluss **über einen Geschäftsordnungsbeschluss** (dazu § 24 Rn 196 ff) **hinaus**, weil er sich nicht mit Abschluss der Versammlung erledigt, sondern die Grundlage einer späteren Willensbildung bildet. Gleichwohl besteht die Besonderheit, dass der Absenkungsbeschluss lediglich das Verfahren für eine Willensbildung iSd § 19 Abs 1 WEG festlegt, woraus sich gewisse Besonderheiten ergeben.

295g Das gilt insbesondere für das **Ankündigungserfordernis**. Ein Absenkungsbeschluss muss in der Ladung **nicht angekündigt** werden, wenn der Beschlussgegenstand, für den dann in der Versammlung ein Absenkungsbeschluss gefasst wird, seinerseits angekündigt wurde. Insofern muss jeder Eigentümer damit rechnen, dass statt einer Entscheidung in der Sache eine Verweisung in das Umlaufverfahren erfolgt. Ist aber der Beschussgegenstand, über den später mehrheitlich im Umlaufverfahren entschieden werden soll, nicht in der Ladung angekündigt, widerspricht es ordnungsmäßiger Verwaltung, ad hoc einen Beschluss nach § 23 Abs 3 S 2 WEG zu fassen. In solchen Fällen **bedarf es der Ankündigung**, zu welchem Gegenstand ein Absenkungsbeschluss gefasst werden soll (wie hier BeckOK-WEG/Bartholome Rn 102; Skauradszun ZWE 2022, 106, 108; s dazu auch AG Bonn 8. 12. 2021 – 211 C 22/21, ZMR 2022, 245).

295h Der Absenkungsbeschluss muss **verkündet und protokolliert** werden. Er ist auch in die **Beschluss-Sammlung** aufzunehmen, weil er sich, anders als gewöhnliche Geschäftsordnungsbeschlüsse, nicht mit dem Versammlungsende erledigt, sondern eine künftige Abstimmung legitimiert und insoweit abwesende Eigentümer sowie Sondernachfolger bindet (daher eine Aufnahme in die Beschluss-Sammlung erwägend auch Dötsch/Schultzky/Zschieschack WEG-Recht 2020, Kap 8 Rn 33). Ob der Absenkungsbeschluss selbst anfechtbar ist, ist umstritten. Gegen eine **isolierte Anfechtbarkeit** spricht, dass die Interessen der gegen die Entscheidung in der Sache opponierenden Minderheit durch eine Anfechtung des auf der Grundlage des Absenkungsbeschlusses gefassten Beschlusses gewahrt sind (so iErg etwa LG Frankfurt/M 16. 2. 2023 – 2-13 S 79/22, ZWE 2023, 272 mAnm Sommer; BeckOK-WEG/Bartholome Rn 105; Dötsch/Schultzky/Zschieschack WEG-Recht 2020, Kap 8 Rn 32; zur Kritik an der E des LG Frankfurt/M s Skauradszun/Harnack ZMR 2023, 441); insofern liegen die Dinge ähnlich wie beim Geschäftsordnungsbeschluss (§ 24 Rn 206). Dennoch erscheint es vorzugswürdig, eine Anfechtung **zuzulassen**, was im Umkehrschluss bedeutet, dass der Absenkungsbeschluss **der Bestandskraft zugänglich** ist (so iErg auch Skauradszun ZWE 2022, 106, 111; Skauradszun/Elzer/Hinz/Riecke/Riecke Die WEG-Reform 2020, § 6 Rn 9). Mit dem Eintritt der Bestandskraft wird eine verlässliche Grundlage für das sich anschließende Umlaufverfahren geschaffen, sodass vor allem Aspekte der Rechtssicherheit für die hier vertretene Ansicht streiten. Muss derjenige, der meint, die Absenkung sei rechtswidrig erfolgt, seine Einwände fristgerecht vorbringen, gibt das der Gemeinschaft die Möglichkeit, von der Durchführung des Umlaufverfahrens abzusehen, bis dieses Vorbringen geklärt ist, wodurch frustrierter Verwaltungsaufwand vermieden wird.

Der in Rn 292a betonte Kompromisscharakter des § 23 Abs 3 S 2 WEG kommt besonders deutlich darin zum Ausdruck, dass der Umlaufmehrheitsbeschluss **nur für einen einzelnen Gegenstand** zugelassen werden kann. Eine Überschreitung hat idR die **Nichtigkeit des Absenkungsbeschlusses** (zu den Auswirkungen auf den Umlaufmehrheitsbeschluss s Rn 330) zur Folge, weil insofern die Beschlusskompetenz fehlt (Hügel/Elzer Rn 107; Jennissen/Schultzky Rn 153; Skauradszun ZWE 2022, 106, 111). Die Dinge liegen insofern ähnlich wie bei § 16 Abs 4 WEG aF, wo das Einzelfallkriterium von der hM (statt vieler BGH 15. 5. 2020 – V ZR 64/19 Rn 18, ZWE 2020, 418 mwN) ebenfalls als kompetenzbegründend angesehen wurde. Anders liegen die Dinge aber bei Bestehen einer Öffnungsklausel in der Gemeinschaftsordnung, sofern diese Vereinbarung Entscheidungen zum Beschlussverfahren abdeckt (Rn 295d). 295i

Vor diesem Hintergrund der drohenden Nichtigkeit des Absenkungsbeschlusses kommt der Frage besondere Bedeutung zu, wie das Tatbestandsmerkmal **„einzelner Gegenstand“** auszulegen ist. Im Ausgangspunkt ist anerkannt, dass „Gegenstand“ an § 23 Abs 2 WEG anknüpft und daher wie dort auszulegen ist. Es genügt daher eine **schlagwortartige Bezeichnung** (s Rn 276 ff) im Absenkungsbeschluss (Lehmann-Richter/Wobst WEG-Reform 2020 Rn 648). **Umstritten** ist, ob hinsichtlich dieses Gegenstandes auch mehrere Umlaufmehrheitsbeschlüsse gestattet werden können. Eine Ansicht tritt für eine enge Auslegung ein und meint, es könne durch den Absenkungsbeschluss jeweils nur ein einziger Umlaufbeschluss gestattet werden (Lehmann-Richter/Wobst WEG-Reform 2020 Rn 648; zust BeckOK-WEG/Bartholome Rn 103; Skauradszun ZWE 2022, 106, 108 ff). Nach der Gegenansicht können aufgrund des Absenkungsbeschlusses auch mehrere Umlaufbeschlüsse zum betreffenden Gegenstand gefasst werden (Dötsch/Schultzky/Zschieschack WEG-Recht 2020, Kap 8 Rn 27; Jennissen/Schultzky Rn 151; Hügel/Elzer Rn 107). Für die zuletzt genannte Ansicht spricht der Wortlaut, weil im Gesetz gerade nicht vom „einzelnen Beschluss“ die Rede ist. Ferner überzeugt eine zu enge Auslegung wegen der an § 23 Abs 2 WEG anknüpfenden Systematik nicht, weil auch dort Gegenstand nicht synonym für Beschluss steht. 295j

Folglich ist es **zulässig**, im Rahmen des im Absenkungsbeschluss festgelegten Gegenstandes **mehrere Beschlüsse** zu fassen. Denkbar ist etwa, dass ein Beschlussantrag abgelehnt wird und der Initiator daraufhin, zB nach Rücksprache mit dem Verwaltungsbeirat, einen modifizierten Antrag zur erneuten Abstimmung stellt. Gleichfalls zulässig ist es, über eine durch Absenkungsbeschluss dem Umlaufverfahren zugewiesene Baumaßnahme getrennt nach Maßnahme und Finanzierung derselben abzustimmen (ebenso Hügel/Elzer Rn 107). Dem **Zweck** des einschränkenden Merkmals „einzelner Gegenstand“, nämlich das Verhindern der Aushöhlung der in § 23 Abs 1 S 1 und Abs 3 S 1 WEG enthaltenen Grundsätze (s Rn 292a), ist dadurch Rechnung zu tragen, dass es stets um einen **konkreten Gegenstand** gehen muss, also eine bestimmte Baumaßnahme, eine Sonderumlage zu einem bestimmten Zweck, einen bestimmten Verwaltervertrag usw (s zur Auslegung von § 16 Abs 4 WEG aF BGH 15. 5. 2020 – V ZR 64/19 Rn 19, ZWE 2020, 418 mwN). Der Absenkungsbeschluss bedarf also stets eines konkreten Anlasses (wohl auch BeckOK-BGB/Hügel Rn 18: keine abstrakt unbekannten Gegenstände). Dieser Anlass steht den Eigentümern bei ihrer Abstimmung über den Absenkungsbeschluss vor Augen und sie können in Ansehung der konkreten Verwaltungs- oder Benutzungsproblematik befinden, ob eine weitere Aussprache verzichtbar erscheint. 295k

295l **Unzulässig** ist demgegenüber ein Absenkungsbeschluss mit dem Inhalt, Maßnahmen einer Gattung in das Umlaufverfahren zu verweisen, etwa die künftige (Nach-)Wahl von Verwaltungsbeiräten oder Verwaltern, die unterjährige Anpassung von Vorschüssen im Bedarfsfall oder die Erhöhung des Verwalterhonorars (wie hier Dötsch/Schultzky/Zschieschack WEG-Recht 2020, Kap 8 Rn 27; Jennissen/Schultzky Rn 151; MünchKomm/Hogenschurz Rn 61).

295m **Zulässig** ist es, im Absenkungsbeschluss statt der einfachen eine **qualifizierte Mehrheit**, zB die Zustimmung von mehr als der Hälfte aller Stimmen, **festzulegen**. Nach hier vertretener Ansicht „öffnet" Abs 3 S 2 auch in dieser Hinsicht die Gemeinschaftsordnung. Dem Gesetzgeber ging es darum, der Mehrheit die Möglichkeit zu geben, das Umlaufverfahren zu erleichtern. Möchte die Mehrheit dabei nicht den vom Gesetz zugelassenen Rahmen ausschöpfen, braucht die Minderheit nicht vor einer entsprechenden Entschließung geschützt zu werden (wie hier Skauradszun ZWE 2022, 106, 112 in Fn 75). Gleiches dürfte für die Festlegung gelten, dass die Stimmen **„schriftlich"** abzugeben sind.

3. Beschlussverfahren und Zustandekommen des Umlaufbeschlusses

296 Die gesetzlichen Regelungen über das Beschlussverfahren außerhalb der Versammlung sind **rudimentär** (F Schmidt ZWE 2000, 155). Viele Fragen sind in Ermangelung praktischer Anwendungsfälle ungeklärt. Vor Einführung des § 23 Abs 3 S 2 WEG spielte diese Unvollständigkeit des Gesetzes für die Praxis keine große Rolle. Umlaufbeschlüsse kamen vor allem in kleinen Gemeinschaften zum Einsatz. Hier fehlt es nicht selten an einem professionellen Verwalter, weshalb ein zu hohes Maß an Förmlichkeit die Willensbildung erschwert und deren Wirksamkeit gefährdet.

296a Mit der Zulassung von Umlaufmehrheitsbeschlüssen haben sich die Dinge aber grundlegend gewandelt. Eine **stärkere Formalisierung des Verfahrens** ist aus Gründen der Rechtssicherheit und des Minderheitenschutzes geboten. Hinzu kommt die Umstellung auf die Textform, die es erschwert, die Beschlussfassung durch Vorlage der Stimmen der Eigentümer nachzuweisen. Das Interesse an einem geordneten, rechtssicheren Verfahren, das allen Beteiligten Klarheit darüber verschafft, ob ein Beschluss zustande gekommen ist, muss bei der Problemlösung ebenso im Blick behalten werden wie das Interesse an einer einfachen und unkomplizierten Willensbildung.

a) Initiator und Anforderungen an den Antrag

297 Es entspricht einhelliger Meinung, dass **der Verwalter**, der nach § 24 Abs 1 und Abs 5 WEG grundsätzlich auch die Versammlung einberuft und leitet, gleichsam der geborene Initiator eines alternativen Verfahrens gem § 23 Abs 3 WEG ist (statt aller OLG München ZMR 2007, 304). Wie auch sonst im Rahmen der Verwaltung handelt er als Organ, nimmt also eine Befugnis der Gemeinschaft wahr. Da nunmehr nicht mehr jeder Eigentümer selbst die Initiative ergreifen kann (s dazu sogleich Rn 298), kann anders als nach altem Recht (hier wurde ein Anspruch selbst dann abgelehnt, wenn ein Viertel der Eigentümer hinter diesem Verlangen stand; F Schmidt ZWE 2000, 155, 158 f) **ein Anspruch gegen den Verwalter** bestehen, ein solches Verfahren in Gang zu setzen. Insbesondere bei vorausgegangenem Absenkungsbeschluss (dazu Rn 295d) kann das grundsätzlich **bestehende Ermessen des Verwalters**, ob er ein Umlaufverfahren in die Wege leitet,

auf null reduziert sein. Der entsprechende Anspruch der Eigentümer richtet sich gegen die Gemeinschaft, deren Anspruch gegen den Verwalter.

Neben dem Verwalter kann – jedenfalls nach bislang hM – **jeder Wohnungseigentümer** eine Abstimmung im Umlaufverfahren initiieren, zB wenn er die Zustimmung zu einer baulichen Veränderung erstrebt (LG München I ZMR 2015, 799; Merle PiG 18, 125, 134; Niedenführ/Schmidt-Räntsch/Vandenhouten/Vandenhouten Rn 77; Soergel/Skauradszun Rn 56). Umstritten ist, ob auch **Mitglieder des Verwaltungsbeirats** ein Initiativrecht haben, was unter Hinweis auf § 24 Abs 3 WEG für den Vorsitzenden und dessen Stellvertreter angenommen wird (Bärmann/Merle WEG, 14. Aufl., Rn 107 mHinw auf Prüfer Schriftliche Beschlüsse 49 f; Riecke/Schmid/Drabek/Riecke Rn 44), dann aber auch nur unter den dort genannten Voraussetzungen gelten kann. Letzteres wird auch zum neuen Recht vertreten, ein Initiativrecht eines jeden Wohnungseigentümers aber **abgelehnt**, weil auch nicht jeder berechtigt sei, eine Versammlung einzuberufen (Lehmann-Richter/Wobst WEG-Reform 2020 Rn 643; Skauradszun ZWE 2022, 106, 111 f; **aA** etwa Greiner Wohnungseigentumsrecht § 2 Rn 22; Grüneberg/Wicke Rn 6a; Hügel/Elzer WEG Rn 111; Jennissen/Schultzky Rn 154; Bärmann/Dötsch Rn 206). Ob das generell, also auch für Abs 3 S 1 zutrifft, ist zweifelhaft. Zumindest für die Fälle aber, in denen die Abstimmung **auf einem Absenkungsbeschluss beruht**, muss das Initiativrecht zwingend ebenso eindeutig einer Person, dh iZw dem Verwalter, zugewiesen sein wie die Versammlungsleitung. Könnte jeder Eigentümer die Abstimmung einleiten, bestünde die Gefahr unterschiedlicher Anträge, die aufgrund des einfachen Mehrheitserfordernisses auch sämtlich angenommen werden könnten. Dann aber wäre unklar, welcher Beschluss durchzuführen ist. Das widerspricht ordnungsmäßiger Verwaltung und ist aus Gründen der Rechtssicherheit zu vermeiden. 298

Abstimmungen auf der Basis eines zuvor gefassten Absenkungsbeschlusses ist im Zweifel allein der Verwalter berechtigt in Gang zu setzen. Analog § 24 Abs 5 WEG kann im Absenkungsbeschluss aber ein Initiator **abweichend bestimmt** werden (Skauradszun ZWE 2022, 106, 112). Das Initiativrecht steht nach dem Vorgesagten aber nicht allein Personen zu, die zur Vertretung der Gemeinschaft im Außenverhältnis berufen sind. Eine solche Verknüpfung widerspräche der Ermächtigungsmöglichkeit in § 24 Abs 3 WEG, die es so im Außenverhältnis nicht mehr gibt (s § 9b Abs 1 S 2 WEG), und sie wird im Übrigen auch im Rahmen des § 24 Abs 5 WEG nicht vorgenommen (zur Versammlungsleitung durch Dritte § 24 Rn 128). Daher kann **Dritten**, etwa dem rechtlich versierten Angehörigen eines Eigentümers, das Initiativrecht im Absenkungsbeschluss eingeräumt werden (**aA** wohl Lehmann-Richter/Wobst WEG-Reform 2020 Rn 643, die Dritte ausschließen wollen). 298a

Da der Antrag eine geschäftsähnliche Handlung ist (s Rn 26), können die Vorschriften über die **Stellvertretung** nur entsprechend herangezogen werden. Die ganz hM bejaht die analoge Anwendung der §§ 164 ff BGB auf solche Handlungen (Staudinger/Schilken [2019] Vorbem 38 zu §§ 164 ff BGB), weshalb eine Vertretung bei der das Verfahren auslösenden Antragstellung zulässig ist, aber die Gefahr einer Zurückweisung gem § 174 BGB birgt. Haben die Wohnungseigentümer **einen Dritten** zum Initiator bestellt, der zugleich die Formulierung des Antrages übernimmt (vgl dazu die Erwägungen in KG OLGZ 1974, 399, 402 ff), ergibt sich regelmäßig aus den Umständen (§ 164 Abs 2 BGB), dass dieser für die Gemeinschaft tätig wird; Aufwendungsersatzansprüche richten sich daher im Zweifel auch gegen diese. 298b

299 Hat eine **andere Person** das Verfahren im eigenen Namen initiiert, zB der im Grundbuch nicht eingetragene Ehegatte eines Eigentümers, fragt sich, ob ein Berechtigter sich die Initiative „zu eigen machen" kann (dazu bejahend für § 48 Abs 2 GmbHG zB MünchKommGmbHG/Liebscher § 48 Rn 150). Für das Wohnungseigentumsrecht gibt es dazu bislang – offenbar mangels praktischer Anwendungsfälle – keine Diskussion (s aber Rn 300). Unproblematisch erscheint es, wenn der Verwalter oder ein anderer Berechtigter vor Abgabe der ersten Stimme erklärt, als Initiator gelten zu wollen. Diese Erklärung wird man im Lichte der Handlung des Nichtberechtigten als Antrag des Berechtigten auslegen können. Es muss aber deutlich werden, dass die Zustimmungserklärungen an ihn zu richten sind. Wurden entsprechende Zustimmungserklärungen bereits dem unzuständigen Initiator gegenüber abgegeben, müssten diese wohl erneut abgegeben und an den Berechtigten adressiert werden. Letzteres ist nach einer zum GmbH-Recht vertretenen Auffassung nicht erforderlich, wenn **sämtliche Eigentümer** dem Antrag des Nichtberechtigten **zugestimmt** haben; denn dann haben sie sich diesen ebenfalls „zu eigen gemacht" (so zum GmbHG etwa BeckOK-GmbHG/Schindler § 48 GmbHG Rn 82; Michalski et al/Römermann § 48 GmbHG Rn 223). Die dahinterstehende rechtsdogmatische Konstruktion bedarf allerdings noch näherer Untersuchung. Sie dürfte sich finden lassen, wenn man das Antragserfordernis nicht überhöht (dazu sogleich Rn 302) und in der Zustimmung zum Antrag zugleich eine Ermächtigung zur Feststellung und Verkündung des Ergebnisses durch den Initiator erblickt. Zu den Auswirkungen die der Mangel der Berechtigung des Initiators auf die Wirksamkeit des Beschlusses hat s Rn 331.

300 Dem berechtigten Anliegen, einer unter Beteiligung aller zustande gekommenen Entschließung nicht deswegen die Anerkennung zu versagen, weil **ein Dritter** den Willensbildungsprozess angestoßen hat, trägt eine in der Literatur vertretene Ansicht auf andere Weise Rechnung. Nach ihr soll es gänzlich **ohne Bedeutung** sein, **wer** die Initiative ergreift. Infolge des Zustimmungserfordernisses könne jeder Eigentümer selbst entscheiden, ob er der Person hinreichendes Vertrauen entgegenbringt (Hügel/Elzer Rn 111; Riecke/Schmid/Drabek/Riecke Rn 45). Allerdings muss man bedenken, dass die betreffende Person für eine Eintragung in der Beschluss-Sammlung sorgen muss (§ 27 Abs 7 S 2 Nr 2 WEG) und als Initiator die Rechtsmacht hat, Verkündungsbeschlüsse zu erzeugen. Das gilt auch, wenn gerade nicht sämtliche Eigentümer ihr Einverständnis erklärt haben (s Rn 330). Deswegen erscheint eine Beschränkung des Initiatorenkreises durchaus geboten.

301 Eine Beschlussfassung im Verfahren nach § 23 Abs 3 WEG setzt nach ganz hM einen **eindeutigen Antrag**, dh eine unmissverständliche Initiative voraus, weil nur dann vom Bewusstsein der Wohnungseigentümer auszugehen ist, einen Rechtsbindungswillen zu äußern und so einen verbindlichen Beschluss zu fassen (BGH NJW 2015, 2425 Rn 12; OLG Celle NZM 2006, 784; LG Bremen 2. 10. 2020 – 4 S 188/19, ZWE 2021, 168 Rn 34; ebenso bereits KG OLGZ 1974, 399, 403 unter Hinw auf BGHZ 28, 355, 358 zu § 48 Abs 2 GmbHG). Obwohl sich das Formerfordernis des § 23 Abs 3 S 1 WEG nur auf die Zustimmungen erstreckt, genügt ein mündlicher Antrag nicht, sondern dieser muss **verkörpert** sein (Lehmann-Richter/Wobst WEG-Reform 2020 Rn 644: § 24 Abs 4 S 1 WEG analog), was auch in Form einer E-Mail geschehen kann (s Rn 27 f). Der Beschlussantrag muss **an alle Eigentümer** gerichtet werden (Lehmann-Richter/Wobst WEG-Reform 2020 Rn 644). Eine Übermittlung durch den Initiator selbst wird aber nicht für erforderlich gehalten; es genüge, dass ihm ein anderer Eigentümer den Antrag übermittle (JENNISSEN/SCHULTZKY Rn 156).

Das **Antragserfordernis** dient der Schaffung klarer Verhältnisse. Es sollte aber zur Vermeidung einer übermäßigen Förmlichkeit (s Rn 299) **nicht überhöht** werden. Insbes kann ein Antrag implizit auch in der ersten Stimmabgabe liegen, wenn diese einen hinreichenden Bindungswillen erkennen lässt. In kleinen Gemeinschaften, für die das Verfahren nach § 23 Abs 3 WEG seine eigentliche Bedeutung hat, kommt es vor, dass ein Eigentümer seine Haltung zu einer bestimmten Frage zB in einem Rundschreiben darlegt und sogleich seine Stimme abgibt („Daher bin ich dafür, dass wir künftig …"). Das genügt nach hier vertretener Ansicht. Das Gesetz fordert keinen gesonderten Antrag. Voraussetzung ist freilich, dass der verbindliche Regelungswille erkennbar hervortritt und auch deutlich wird, an wen die Zustimmungen zu richten sind. Die Abgrenzung von Beschluss und Vereinbarung (s dazu Rn 15 ff) gestaltet sich in solchen Fällen besonders schwierig, was aber nicht entscheidend für höhere formale Hürden spricht. 302

b) Stimmabgabe und Zugang

Die Stimmabgabe ist eine **empfangsbedürftige Willenserklärung** (BGHZ 152, 63, 67; NJW 2012, 3372 Rn 5 zur Versammlung) desjenigen, der das Stimmrecht innehat (zum Stimmrechtsinhaber ausf § 25 WEG Rn 11 ff). Die Stimme ist dem Initiator gegenüber abzugeben. Hierfür kann das Dokument genutzt werden, das auch den Antrag enthält (zirkular oder Umlaufverfahren ieS). Möglich ist es aber ebenso, sich in einem gesonderten Dokument zu erklären, zB einem vom Verwalter vorbereiteten Formular/Stimmzettel. Es muss dann aber, sofern der Beschlussantrag dort nicht wiedergegeben ist, in eindeutiger Weise auf diesen Bezug genommen werden. Schließlich können verschiedene Verfahren auch kombiniert werden (JENNISSEN/SCHULTZKY Rn 157; SOERGEL/SKAURADSZUN Rn 59 zur Kombination mit Stimmabgaben in der Versammlung). 303

Die Erklärung muss so beschaffen sein, dass deren Empfänger den Willen des Eigentümers erkennen kann, **sowohl dem Verfahren** (Rn 307) **als auch dem Beschlussantrag** zuzustimmen, ohne dass eine bestimmte Formulierung vorgeschrieben ist. Das gilt iZw selbst dann, wenn der Initiator Formulare oder Stimmzettel beigefügt hat. Ist der Erklärungsinhalt aber **nicht eindeutig**, ist die Stimme iZw ungültig. Die Bestimmtheitsanforderungen sind bei Abstimmungen tendenziell höher als bei Vertragserklärungen; denn die Unsicherheit darüber, ob die Erklärung hinreichend bestimmt ist, wäre im Falle einer Beschlussanfechtung erst nach Eintritt der Rechtskraft beseitigt. Dieser Schwebezustand soll aus denselben Gründen vermieden werden, aus denen eine bedingte Stimmabgabe unzulässig ist (s Rn 74). Allerdings muss man auch bedenken, dass zu hohe Bestimmtheitsanforderungen ihrerseits Anfechtungsgründe herbeiführen können. Um Unsicherheiten zu vermeiden, kann der Initiator den Eigentümer zur Klarstellung auffordern. Auch für letztere gilt dann das Textformerfordernis (Perpetuierungsfunktion). Ob der Initiator hierzu verpflichtet ist, ist ungeklärt. Insofern ist aber Zurückhaltung geboten, nicht zuletzt weil es Sache des Eigentümers ist, seine Erklärung zweifelsfrei zu artikulieren. 304

Eine **Vertretung bei der Stimmabgabe** ist ebenso wie in der Versammlung (dazu § 25 WEG Rn 80 ff) zulässig. Bei rechtsgeschäftlich erteilter Vertretungsmacht ist eine schriftliche Vollmacht grundsätzlich nicht erforderlich (§ 167 Abs 2 BGB; zur Formfrei- 305 heit der Vollmacht und ihren Ausnahmen STAUDINGER/SCHILKEN [2019] § 167 BGB Rn 18 ff). Es empfiehlt sich aber, eine solche der Stimmabgabe im Original beizufügen, weil ein Zurückweisungsrecht (§ 174 BGB) angenommen wird, sofern nicht der Eigentümer den Initiator in Kenntnis gesetzt hat (BÄRMANN/MERLE Rn 108a; RIECKE/SCHMID/DRABEK/RIECKE Rn 54).

306 Wirksam wird die Zustimmung mit **Zugang beim Initiator** (§ 130 Abs 1 BGB; zu dessen Anwendbarkeit BGH NJW 2012, 3372 Rn 5 ff zur Versammlung). Hierfür genügt es, dass die Erklärung in dessen Machtbereich gelangt, sodass unter gewöhnlichen Umständen mit dessen Kenntnisnahme zu rechnen ist (zum Widerruf s Rn 319). Der Initiator kann – sofern nicht bereits eine entsprechende Regelung in der Gemeinschaftsordnung existiert – hierfür eine **Frist setzen**, was er auch tun sollte. Andernfalls kommt die mit erheblicher Rechtsunsicherheit verbundene Vorschrift des § 147 Abs 2 BGB zur Anwendung (JENNISEN/SCHULTZKY Rn 158). Handelt es sich um ein Umlaufverfahren, in dem mit Stimmenmehrheit beschlossen werden kann, erscheint die Fristsetzung **besonders geboten**, damit für alle Beteiligten klar ist, wann die Abstimmung endet; denn anders als im Fall des Abs 3 S 1 müssen Opponenten aktiv werden, um das Zustandekommen eines positiven Beschlusses zu verhindern. Für die Frist gilt **§ 24 Abs 4 S 2 WEG nicht analog** (**aA** LEHMANN-RICHTER/WOBST WEG-Reform 2020 Rn 645; GREINER Wohnungseigentumsrecht § 2 Rn 22; GRÜNEBERG/WICKE Rn 6a); die Situation ist beim Umlaufverfahren eine andere (so iErg auch MünchKomm/HOGENSCHURZ Rn 61). Das ist offenkundig, wenn der Abstimmung im Umlaufverfahren eine Befassung in der Versammlung vorausgegangen ist, weil die Eigentümer dann bereits mit der Materie vertraut sind (zum Hinweis der Gesetzesbegründung auf diesen „Regelfall" s Rn 292a). Aber auch wenn das nicht der Fall ist, muss man bedenken, dass die Eigentümer sich nicht auf einen Versammlungstermin einrichten müssen.

306a Ist nichts anderes bestimmt, muss die Zustimmung bis zum Zeitpunkt des Fristablaufes **zugegangen sein**. Ferner ist darauf zu achten, dass der **Endtermin** durch ein Datum (ggf mit Uhrzeit) fixiert wird. Fehlte eine solche Bestimmung, hat der Initiator also zB um Zustimmung binnen zwei Wochen gebeten, bestehen Zweifel am maßgeblichen Ereignis (§ 187 Abs 1 BGB) für den Fristlauf. Regelmäßig kommt es nicht auf den Zugang des Antrags beim Eigentümer an, sondern auf dessen Abgabe durch den Initiator. Die Frist dient nämlich, für jeden Eigentümer erkennbar, der Rechtsklarheit. Nach Fristablauf ist das Verfahren beendet und das Ergebnis zu verkünden. Daher muss es einen einheitlichen Zeitpunkt für den Fristlauf geben, den der Initiator kennt. Dies ist iZw der Tag, an dem der Antrag zur Abstimmung gestellt wird. Auf die Frage, wie sich der verspätete Zugang auswirkt, wird beim Zustandekommen des Beschlusses eingegangen (Rn 320).

c) Zustimmung zum Verfahren

307 Verbreiteter Ansicht nach, bedarf bereits die Durchführung des Abstimmungsverfahrens außerhalb der Versammlung der **Zustimmung aller Eigentümer** (LG München I ZMR 2015, 799; BÄRMANN/DÖTSCH Rn 215; NIEDENFÜHR/SCHMIDT-RÄNTSCH/VANDENHOUTEN/VANDENHOUTEN Rn 76). Damit der Beschluss ordnungsgemäß zustande kommt, muss sich die Zustimmung zum Beschlussantrag also neben der Entscheidung in der Sache **auch auf das Verfahren beziehen**. In der Zustimmung zum Beschlussinhalt liegt allerdings nach hM zugleich die konkludente Zustimmung zur schriftlichen Beschlussfassung (LG Bremen 2. 10. 2020 – 4 S 188/19, ZWE 2021, 168 Rn 34; BÄRMANN/MERLE Rn 110; JEN-

NISSEN/SCHULTZKY Rn 155; zur Frage des Splittings der Stimme s KÜMMEL ZWE 2000, 62). Zur Frage der Formbedürftigkeit der Zustimmungserklärung s Rn 312.

Die Zustimmung aller Eigentümer zum Verfahren wird **in den Fällen des § 23 Abs 3 S 2 WEG** durch den Absenkungsbeschluss obsolet. Die darin enthaltene Regelung, nämlich dass über einen einzelnen Gegenstand außerhalb einer Versammlung mit Stimmenmehrheit abgestimmt werden kann, impliziert das Einverständnis mit dem Umlaufverfahren. Der Gesetzgeber hat die Entscheidung darüber der einfachen Mehrheit zugewiesen. **307a**

Bedeutung erlangt die von § 48 Abs 2 GmbHG aufgegriffene Unterscheidung zwischen der Zustimmung zum Verfahren und in der Sache nach zutreffender Auffassung beim Bestehen von **Stimmverboten** (s dazu Rn 315). Daneben geht es um Fälle, in denen die Gemeinschaftsordnung das Umlaufverfahren für Mehrheitsentscheidungen öffnet (zur Zulässigkeit solcher Vereinbarungen s Rn 293). Es muss nämlich regelmäßig durch Auslegung ermittelt werden, ob sich die Mehrheitsmacht auf die Entscheidung über das Umlaufverfahren erstreckt. Das ist iZw zu bejahen, weil entsprechende Klauseln den Willen zum Ausdruck bringen, bei der Entscheidungsfindung außerhalb der Versammlung gerade nicht von der Mitwirkung aller Eigentümer abhängig sein zu wollen. Insofern liegen die Dinge also wie bei § 23 Abs 3 S 2 WEG (Rn 307a). **308**

Da das Einstimmigkeitserfordernis abdingbar ist (Rn 294), können alle Eigentümer im Rahmen ihrer Zustimmung zum Umlaufverfahren **für den Einzelfall** zugleich **vereinbaren**, dass für die Entscheidung in der Sache eine Stimmenmehrheit ausreicht. Dies galt schon zum alten Recht, wird nun aber durch Abs 3 S 2 bestätigt (zum Absenkungsbeschluss im Umlaufverfahren Rn 295e) Der Initiator muss den Antrag entsprechend gestalten, insbes deutlich machen, dass über verschiedene Fragen befunden werden soll. Nur dann werden Eigentümer ggf dem Verfahren zustimmen, auch wenn sie sich in der Sache gegen den Antrag aussprechen. Beteiligt sich allerdings nur ein Eigentümer gar nicht an der Abstimmung, scheitert die Vereinbarung über das Verfahren, weshalb es beim Einstimmigkeitserfordernis auch in der Sache bleibt. **309**

d) Textformerfordernis

Die Stimmen müssen in Textform abgegeben werden. § 23 Abs 3 S 1 WEG knüpft an § 126b BGB an (zu den Anforderungen s STAUDINGER/HERTEL [2017] § 126b BGB Rn 24a ff). Damit ist eine stillschweigende Zustimmung, etwa dergestalt, dass das Schweigen innerhalb einer im Antrag bestimmten Frist als Zustimmung gewertet wird, nicht zu vereinbaren (F SCHMIDT ZWE 2000, 155). Textform wird durch die Schriftform oder die notarielle Beurkundung gem § 128 BGB ersetzt. **310**

Der unter der Geltung des Schriftformerfordernisses geführte Streit, ob eine **Übermittlung** der schriftlichen Zustimmung durch **Telefax, E-Mail oder Textnachricht genügt** (dagegen die ganz hM, etwa BREIHOLDT ZMR 2010, 168, 169; PRÜFER, Schriftliche Beschlüsse 44 ff; abw ELZER/JACOBY ZIP 1997, 1821, 1826; anders die in der Vorauflage Rn 211 vertretene Ansicht) ist obsolet geworden, weil derartig übermittelte Erklärungen die Textform unbestritten wahren. **311**

Geht man mit der hM davon aus, dass es einer **Zustimmung zum Umlaufverfahren** bedarf (Rn 307), stellt sich auch hinsichtlich dieser Erklärung die Frage, ob sie **formbe-** **312**

dürftig ist. Zu § 48 Abs 2 GmbHG herrscht die Auffassung vor, die Zustimmung zum Verfahren könne **konkludent** erfolgen (OLG Jena GmbHR 2006, 985; BeckOK-GmbHG/Schindler § 48 GmbHG Rn 90; in diese Richtung auch BGHZ 28, 355, 358). Es liegt nahe, diese Sichtweise auf das WEG zu übertragen (s etwa Jennissen/Schultzky Rn 155: konkludent möglich; BeckOGK/Hermann Rn 111); die hM nimmt eine schlüssige Zustimmung zum Verfahren an, wenn in der Sache zugestimmt wird (LG Bremen 2. 10. 2020 – 4 S 188/19, ZWE 2021, 168 Rn 34; dazu bereits Rn 307). Probleme ergeben sich eigentlich nur, wenn die Zustimmung zum Verfahren nicht gemeinsam mit der Stimmabgabe in der Sache erfolgt; denn bei einer gemeinsamen Erklärung ist die Textform gewahrt, wenn die Umstände, aus denen sich die Zustimmung zum Verfahren herleiten lässt, aus der textformgerechten Stimmabgabe folgen, was die Regel ist. Wenn aber die Zustimmung zum Verfahren **vorab abgefragt** wird und Eigentümer, die sich dann später an der Abstimmung in der Sache nicht mehr beteiligen (zB infolge eines bestehenden Stimmverbots; s Rn 317), mündlich die Zustimmung zum Verfahren erklären, ist der Dokumentationszweck des Textformerfordernisses gefährdet. Daher ist die Textform nach hier vertretener Ansicht auch **auf die Zustimmung zum Verfahren zu erstrecken**.

313 **Sämtliche Stimmen** müssen formgerecht vorliegen. Ein **kombiniertes Verfahren** dergestalt, dass einzelne Eigentümer ihre Stimme formlos auf der Versammlung abgeben und andere dies nachträglich in Textform tun (dazu Häublein ZWE 2013, 12 unter Bezugnahme auf die Rechtslage in Österreich, s dort § 25 Abs 3 S 2 WEG 2002), sieht das WEG nicht vor (zur Ablehnung des Verfahrens durch die Bund-Länder-Arbeitsgruppe s den Abschlussbericht in ZWE 2019, 429, 450). Ein solches kombiniertes Verfahren kann aber **vereinbart** werden (dazu etwa OLG Schleswig ZMR 2006, 803; Bärmann/Dötsch Rn 254). Das Formerfordernis in Abs 3 S 1 ist dispositiv (Rn 293), sodass auch in der Versammlung abgegebene Stimmen zugelassen werden können. Ungeklärt ist, ob die – auch für den Einzelfall zulässige – Vereinbarung dadurch zustande kommen kann, dass sich zunächst die auf der Versammlung anwesenden Eigentümer mit dem kombinierten Verfahren einverstanden erklären und im Anschluss daran die übrigen im Rahmen ihrer Zustimmungserklärung (s Vorauflage Rn 313). Die Frage dürfte sich für die Praxis wegen der Möglichkeit, nach Abs 3 S 2 vorzugehen, erledigt haben. Ob das Fehlen einer Vereinbarung über das kombinierte Verfahren zur **Nichtigkeit** eines kombiniert gefassten Beschlusses führt (so zu § 48 GmbHG BGH NJW 2006, 2044) oder diesen nur anfechtbar macht, sodass nach Verkündung des Ergebnisses und Ablauf der Anfechtungsfrist der Verfahrensmangel geheilt ist (Bärmann/Dötsch Rn 255; Riecke/Schmid/Drabek/Riecke Rn 59), ist offen.

314 Entspricht eine Stimme nicht dem Formerfordernis, ist sie **unwirksam**. § 125 S 1 BGB ist insofern auf die einzelne Erklärung zu beziehen und nicht auf das dadurch zustande gebrachte Geschäft, den Beschluss. Formbedürftig ist nicht der Beschluss, sondern es sind die Zustimmungserklärungen (§ 23 Abs 3 S 1 WEG). Nach dem Wortlaut von § 125 S 1 BGB korrespondieren Sanktionsebene und Gegenstand des Formerfordernisses. Außerdem ähnelt die Stimmabgabe der Ausübung eines Gestaltungsrechts (vgl dazu auch § 25 WEG Rn 103), das als einseitiges Rechtsgeschäft zweifellos der Nichtigkeitssanktion unterfällt (s zur Kündigung gem § 568 Abs 1 BGB etwa Staudinger/Hertel [2017] § 126 BGB Rn 31), weshalb § 125 S 1 BGB auf die Stimmabgabe anzuwenden ist, ohne dass man die Unterscheidung zwischen Willenserklärung und Rechtsgeschäft (s Rn 13) grundlegend in Frage stellen muss.

Nach hM bewirkt die Unwirksamkeit einzelner Stimmen nicht per se die des Beschlusses, sondern begründet **lediglich** dessen **Anfechtbarkeit** (ganz hM LG Hamburg 12. 7. 2017 – 318 S 31/16, ZWE 2018, 28 Rn 43 ff; Breiholdt ZMR 2010, 168, 169; Greiner Wohnungseigentumsrecht § 2 Rn 22; Jennissen/Schultzky Rn 165; **aA** LG Bremen 2. 10. 2020 – 4 S 188/19, ZWE 2021, 168 Rn 35 mwN: bei Fehlender Allstimmigkeit liege ein Nichtbeschluss vor; so auch Jennissen/Schultzky Rn 161, was angesichts der zu Formmängeln vertretenen Gegenposition aber inkonsequent ist). Es fehlt dann zwar an einer allstimmigen Entschließung, jedoch führt dieser Mangel nur zu einem Anfechtungsgrund (s Rn 262, 362). Diese bereits nach altem Recht hM hat durch die Einführung der Möglichkeit, gem Abs 3 S 2 auch mehrheitlich im Umlaufverfahren abstimmen zu können, noch weiter an Überzeugungskraft gewonnen (Lehmann-Richter/Wobst WEG-Reform 2020 Rn 650). **314a**

e) Auswirkungen von Stimmverboten

Umstritten ist, wie es sich auswirkt, wenn einzelne Eigentümer einem Stimmverbot iSv § 25 Abs 4 WEG unterliegen oder ihr Stimmrecht ruht (ausf dazu § 25 WEG Rn 223 ff). Die wohl **hM** nimmt an, das Verbot/Ruhen betreffe nur die Abstimmung in der Versammlung, weshalb es im Verfahren nach § 23 Abs 3 WEG gleichwohl **auf die Zustimmung** der betreffenden Eigentümer **ankomme** (BayObLG ZMR 2002, 138 = ZWE 2001, 590, 593; Bärmann/Dötsch Rn 218; Bassenge PiG 25 [1989] 101, 107 f; Hügel/Elzer Rn 114; Jennissen/Schultzky Rn 159; Riecke/Schmid/Drabek/Riecke Rn 57; Soergel/Skauradszun Rn 61). **315**

Dem ist mit der Gegenansicht **nicht zu folgen**, sondern vielmehr davon auszugehen, dass es genügt, wenn die betroffenen Eigentümer sich **mit dem Verfahren einverstanden erklären**, während es hinsichtlich der Abstimmung in der Sache bei ihrem Stimmrechtsausschluss bleibt (Kümmel ZWE 2000, 62, 64; F Schmidt ZWE 2000, 155, 157). § 25 Abs 4 WEG gilt nach der (neuen) Überschrift der Norm für die Beschlussfassung schlechthin. Ferner ist § 25 Abs 4 WEG in einem größeren Zusammenhang zu sehen und stellt sich als bloß punktuelle Regelung eines übergeordneten verbandsrechtlichen Prinzips dar. Die Norm ist keineswegs abschließend. So geht der BGH etwa von einem in §§ 712 Abs 1, 737 BGB, §§ 117, 127, 140 HGB ua angelegten allgemeinen Rechtsgedanken aus, nach dem ein Mitglied einer Personenvereinigung nicht an Abstimmungen beteiligt sein soll, wenn über Maßnahmen zu entscheiden ist, die ihm gegenüber aus wichtigem Grund vorgenommen werden (BGHZ 152, 46, 59; s dazu auch § 25 WEG Rn 239). **316**

Es genügt daher den Vorgaben von § 23 Abs 3 S 1 WEG, wenn **sämtliche Stimmberechtigte** dem Antrag zustimmen. Auf der anderen Seite muss man berücksichtigen, dass die übrigen Rechte in Bezug auf die Willensbildung den Eigentümern nach hM nicht genommen werden, auch wenn die Voraussetzungen des § 25 Abs 4 WEG vorliegen (s dazu § 25 WEG Rn 225). Das spricht dafür, sie ganz im Sinne der hier befürworteten Schrifttumsansicht an der Entscheidung über das Verfahren zu beteiligen (insoweit überzeugend auch Bärmann/Dötsch Rn 218). Zur Formbedürftigkeit der Erklärung s Rn 312. Gegen die hier vertretene Ansicht spricht nicht, dass das WEG anders als § 48 Abs 2 GmbHG nicht zwischen der Zustimmung zum Verfahren und der in der Sache differenziert. Es wäre nämlich inkonsequent, § 23 Abs 3 WEG zunächst ein ungeschriebenes (!) Zustimmungserfordernis in Bezug auf das Verfahren zu entnehmen und dann mit einer fehlenden gesetzlichen Ausgestaltung zu argumentieren. **317**

318 Das Stimmrecht kann auch durch rechtsgeschäftliche Regelung ausgeschlossen sein, was insbes in Form des sog Blockstimmrechts **bei Mehrhausanlagen** vorkommt. (§ 25 WEG Rn 245) Es fragt sich, ob auch in derartigen Fällen die Zustimmung sämtlicher Eigentümer zum Verfahren erforderlich ist. Die Antwort hängt maßgeblich davon ab, ob die Gemeinschaftsordnung die Durchführung getrennter Versammlungen vorsieht (s zu sog Teilversammlungen § 24 WEG Rn 26 f mit restriktiver Tendenz). Ist dies der Fall, haben die betreffenden Eigentümer iZw auch die Kompetenz darüber zu befinden, ob sie eine Versammlung durchführen oder schriftlich abstimmen wollen (ebenso iE Bärmann/Dötsch Rn 214; Jennissen/Schultzky Rn 159; Riecke/Schmid/Drabek/Riecke Rn 56, die aber allein an das Stimmrecht anknüpfen; so auch noch Häublein NZM 2003, 785, 792). Maßgeblich ist allerdings im Einzelfall die konkrete Ausgestaltung der Gemeinschaftsordnung (zur Wirksamkeit entsprechender Regelungen über schriftliche Abstimmung vgl OLG Schleswig ZMR 2006, 803).

f) Widerruf der abgegebenen Stimme

319 Nach einer früher vorherrschenden Meinung, die zu Unrecht auch heute noch als herrschend bezeichnet wird (Hügel/Elzer Rn 99), konnte jeder Eigentümer seine Erklärung bis zum Zustandekommen des Beschlusses, dh bis zu dessen Verkündung durch den Initiator, **frei widerrufen** (s OLG Celle NZM 2006, 784; Niedenführ/Schmidt-Räntsch/Vandenhouten/Vandenhouten Rn 77; so auch noch Bärmann/Seuss/Rüscher [5. Aufl] C Rn 886; wNw bei Elzer ZWE 2012, 485, 486). Die Gegenposition sprach sich hingegen gemäß der Regel des § 130 Abs 1 S 2 BGB für eine **Bindung mit Zugang** der Stimme beim Initiator aus (H Müller, Praktische Fragen 8. Teil Rn 230; ebenso wohl Weitnauer/Lüke Rn 11, nach dem eine einmal abgegebene Zustimmungserklärung bindend ist; zum Gesellschaftsrecht OLG Jena DB 2006, 271). Der zuletzt genannten wurde von Seiten der anderen Ansicht vorgehalten, der Zugang der Stimme beim Initiator begründe noch keinen Vertrauensschutz; insofern sei die Lage eine andere als beim Vertragsschluss (etwa OLG Celle NZM 2006, 784, 785; Staudinger/Bub [2005] Rn 222). Dieser Vorwurf würdigt allerdings nicht, dass es im Rahmen von § 130 Abs 1 S 2 BGB nicht auf das Entstehen eines schutzwürdigen Vertrauens ankommt, sondern auf den Zugang, der normativ auf die Möglichkeit der Kenntnisnahme abstellt (Staudinger/Singer/Benedict [2021] § 130 BGB Rn 102 sowie oben Rn 257). Aus Gründen der Klarheit und Rechtssicherheit wird insofern abstrahiert, weshalb es überzeugend ist, dies im Rahmen von § 23 Abs 3 WEG gleichermaßen zu tun. Da der **BGH** (NJW 2012, 3372) zur Stimmabgabe in der Versammlung in Übereinstimmung mit § 130 BGB auf den **Zugang beim Abstimmungsleiter** abstellt, gebührt dieser Ansicht auch für § 23 Abs 3 WEG der Vorzug, was inzwischen hM sein dürfte (s Bärmann/Dötsch Rn 222; Bärmann/Seuss/Rüscher C Rn 886; Elzer ZWE 2012, 485, 486; Jennissen/Schultzky Rn 166, der irrtümlich die vorliegende Kommentierung der Gegenansicht zurechnet; Riecke/Schmid/Drabek/Riecke Rn 60).

g) Zustandekommen des Beschlusses durch Zugang wirksamer Stimmen

320 Der Beschluss kommt mit dem Zugang der letzten wirksamen, dh vor allem formgerechten Erklärung beim Initiator zustande (zur Verkündung als Wirksamkeitserfordernis des Beschlusses s sogleich Rn 324). Voraussetzung ist ein vollständiger Konsens iS einer inhaltlichen Übereinstimmung der Erklärungen. Wegen des Einstimmigkeitserfordernisses verhindert im Rahmen von Abs 3 S 1 bereits eine **Stimmenthaltung** das Zustandekommen eines Beschlusses (zur gleichwohl erfolgten Verkündung Rn 330). In entsprechender Anwendung der §§ 146 ff BGB ist es ferner erforderlich, dass dem

Beschlussantrag zum Zeitpunkt des Zugangs überhaupt noch zugestimmt werden kann. Das ist nicht der Fall, wenn die gesetzte **Frist** (vgl § 148 BGB) bereits **verstrichen** war (zur Fristberechnung s auch Rn 306a) oder der Initiator mit einer Zustimmungserklärung unter gewöhnlichen Umständen nicht mehr rechnen musste (vgl § 147 Abs 2 BGB; Jennissen/Schultzky Rn 158).

Man muss allerdings berücksichtigen, dass die §§ 146 ff BGB nicht auf die Beschluss- 321
fassung zugeschnitten sind. So wird der verspätet Zustimmende nicht nach dem Gedanken des § 150 Abs 1 BGB zum neuen Initiator (Beschlussantragsteller), weil damit Pflichten verbunden sind, die dem Eigentümer nicht ohne seinen Willen aufgeladen werden dürfen. Das gilt auch für **Zustimmungen, die eine Modifizierung enthalten**. Sie gelten zwar als Ablehnung des Beschlussantrags, nicht jedoch als neuer Antrag. Gleichfalls kann § 151 BGB nicht entsprechend herangezogen werden.

Das Gesagte gilt sinngemäß für **Umlaufbeschlüsse mit Stimmenmehrheit**. Hier spielt 321a
aber die Frist für die Stimmabgabe (Rn 306) eine entscheidende Rolle für das Zustandekommen des Beschlusses. Regelmäßig, dh vorbehaltlich einer Stimmabgabe durch alle Eigentümer vor Verstreichen der Frist, entscheidet der Fristablauf nämlich darüber, ob ein Positiv- oder ein Negativbeschluss zustande gekommen ist. Während das Allstimmigkeitserfordernis in Abs 3 S 1 dazu führt, dass der rechtzeitige Zugang der Stimme beim Initiator nur dann Einfluss auf das Abstimmungsergebnis hat, wenn es sich um die letzte ausstehende Zustimmung handelt, muss unter der Geltung des Mehrheitsprinzips besonderes Augenmerk auf den Abstimmungsstand zum Zeitpunkt des Fristablaufes gelegt werden. Auch das spricht für die hier vertretene Ansicht, dass nicht jeder Eigentümer berufen ist, das Umlaufverfahren durchzuführen (s Rn 298).

Fraglich ist, ob es der Initiator in der Hand hat, die von ihm gesetzte **Frist zu verlän-** 322
gern. Anlass dafür kann vor allem bei Verfahren nach Abs 3 S 1 etwa dann bestehen, wenn nur noch eine oder wenige Erklärungen ausstehen, die ganz überwiegende Mehrheit aber bereits zugestimmt hat (vgl etwa den Sachverhalt der BGH 6. 7. 2018 – V ZR 221/17 Rn 16, WuM 2018, 802 = ZWE 2019, 139 [LS] zugrunde lag). Hier droht ein erhöhter Verwaltungsaufwand, wenn man den Initiator für verpflichtet hält, einen Negativbeschluss zu verkünden und der Antrag, der bislang ohne (explizite) Ablehnung geblieben ist, ggf erneut zur Abstimmung gestellt werden muss. Besonders eklatant wäre das in dem Fall, dass die letzte erforderliche Ja-Stimme verspätet zugeht, ohne dass die Voraussetzungen des § 149 BGB vorliegen. Auch dann nämlich müsste der Abstimmungsleiter, wenn er zu einer Verlängerung der Frist nicht berechtigt ist, einen Negativ-Beschluss verkünden (Hügel/Elzer Rn 70; Niedenführ/Schmidt-Räntsch/Vandenhouten/Vandenhouten Rn 78), was dem Interesse der Eigentümer zuwider zu laufen droht. Andererseits muss man allerdings berücksichtigen, dass die zustimmenden Eigentümer ihre Erklärung unter der Prämisse der bestehenden Frist abgegeben haben. Der Zugang beim Abstimmungsleiter bewirkt eine Bindung (s Rn 306), die die Eigentümer uU nicht eingegangen wären, wenn ihnen die verlängerte Frist von Anfang an bekannt gewesen wäre. Das spricht gegen die Zulässigkeit einer einseitigen Modifizierung des verfahrensrechtlichen Rahmens durch den Initiator. Eine Lösung könnte evtl darin bestehen, die Fristverlängerung mit der Möglichkeit zu kombinieren, die Erklärung zu widerrufen.

322a Bei Umlaufverfahren, in denen ein **Absenkungsbeschluss vorausgegangen** ist, bergen etwaige Modifizierungen der Frist ein erhöhtes Manipulationspotenzial, weil das Fristende von besonderer Bedeutung dafür ist, ob ein Positiv- oder ein Negativbeschluss zustande kommt (s Rn 321a). Hier **widersprechen Fristverlängerungen** daher **ordnungsmäßiger Verwaltung**, sofern nicht sachliche Gründe für eine solche sprechen, etwa der Ausfall elektronischer Kommunikationsmittel während der ursprünglich festgelegten Frist.

4. Wirksamkeit und Wirkungen des Umlaufbeschlusses

323 Im Folgenden werden nur die **Besonderheiten** in Bezug auf die Wirksamkeit und die Wirkungen von Umlaufbeschlüssen dargestellt. Eine ausführliche Darstellung des Verkündungserfordernisses und der Wirkungen eines verkündeten Beschlusses ist, da es insoweit um ein Problem des Beschlusses an sich geht, bereits bei Rn 29 ff, Rn 48 ff erfolgt.

a) Feststellung und Verkündung des Ergebnisses

324 Erst die **Feststellung des Beschlussergebnisses** durch den Initiator (zu dessen Zuständigkeit als Abstimmungsleiter s etwa LG Karlsruhe 7. 7. 2017 – 7 S 74/16, ZWE 2017, 362 Rn 10; Jennissen/Schultzky Rn 160; Lehmann-Richter/Wobst WEG-Reform 2020 Rn 652) und eine an alle Wohnungseigentümer gerichtete **Mitteilung**, die aber nach Ansicht des BGH **nicht zugangsbedürftig** ist, führt zu einem wirksamen Umlaufbeschluss (grdl BGHZ 148, 335; OLG Düsseldorf 2. 7. 2019 – 23 U 205/18, ZWE 2020, 71 Rn 20; zuvor bereits KG OLGZ 1974, 399, 403 mHinw auf BGHZ 15, 324, 329 zum GmbH-Recht). Dabei wird auf den **Zeitpunkt** abgestellt, zu dem die Mitteilung, die durch ein Rundschreiben, einen Aushang oder auch eine Mitteilung in einem für die Verwaltung eingerichteten Internetportal/einer App usw erfolgen kann, den internen Geschäftsbereich des Feststellenden verlassen hat, sofern unter gewöhnlichen Umständen mit einer Kenntnisnahme durch die Wohnungseigentümer zu rechnen ist (BGHZ 148, 335, 347; zust LG Karlsruhe 7. 7. 2017 – 7 S 74/16, ZWE 2017, 362 Rn 10; Greiner Wohnungseigentumsrecht § 2 Rn 22; Soergel/Skauradszun Rn 62). Der Zeitpunkt ist vor allem für den Lauf der Anfechtungsfrist maßgeblich (s Rn 333). Auch eine mündliche Verkündung kommt in Betracht (Jennissen/Schultzky Rn 162: zB in einer späteren Versammlung), muss aber ebenfalls so erfolgen, dass unter gewöhnlichen Umständen mit einer Kenntnisnahme durch die Wohnungseigentümer zu rechnen ist.

325 Das Ergebnis der Abstimmung ist auch dann festzustellen und zu verkünden, wenn **kein positiver Beschluss zustande gekommen** ist, zB weil Eigentümer mit Nein gestimmt, sich enthalten oder schlicht geschwiegen haben, ihre Stimme (form-)unwirksam war oder verspätet zugegangen ist. Die Behauptung, es komme in derartigen Fällen „kein Beschluss zustande" (Jennissen/Schultzky Rn 161), würdigt die Anerkennung des Negativbeschlusses seitens der hM nicht (dazu Rn 106). Damit von einer „eindeutigen und offensichtlich endgültigen Willenskundgebung der Eigentümer ausgegangen werden kann" (KG OLGZ 1974, 399, 403), bedarf es der Verkündung, auch wenn die angestrebte Regelung unterblieben ist. Zu ihr ist der Initiator – nach hier vertretener Ansicht **unverzüglich** – verpflichtet. Unterbleibt sie schuldhaft, macht sich der Betreffende ersatzpflichtig, zB wenn infolge der unterlassenen Verkündung Gerichtskosten entstehen

Ungeachtet der Frage, ob der Initiator berechtigt ist, die Abstimmungsfrist zu verlängern (Rn 322), darf er jedenfalls keine **Verkündung unter** dem **Vorbehalt** weiterer eingehender Stimmen o dgl vornehmen. Eine solche **bedingte Verkündung** des (vorläufig) festgestellten Ergebnisses **widerspricht** der Rechtssicherheitsfunktion des Verkündungserfordernisses (Rn 30 ff). Die Eigentümer sind wegen der nur einmonatigen Anfechtungsfrist auf eine verbindliche Feststellung angewiesen. Aus diesem Grund kann die Verkündung eines Umlaufbeschlusses auch nicht unter der Bedingung erfolgen, dass nicht widersprochen wird (BGH 6. 7. 2018 – V ZR 221/17 Rn 16, WuM 2018, 802 = ZWE 2019, 139 [LS] mAnm Rüscher; dazu Rn 40a). Verkündet der Initiator das Zustandekommen eines Beschlusses gleichwohl unter der Bedingung, dass kein Wohnungseigentümer widerspricht, **verletzt** er seine **Pflichten** der Gemeinschaft gegenüber. 325a

b) Dokumentation des Ergebnisses und Auslegung von Umlaufbeschlüssen

Da Umlaufbeschlüsse geeignet sind, (Binnen-)Recht zu setzen und dies sogar in Bezug auf Personen, die nicht an der Beschlussfassung beteiligt waren, stellt sich wie bei Versammlungsbeschlüssen die Frage, wie eine verlässliche Dokumentation erfolgen kann. Eine **Niederschrift** sieht das Gesetz **nicht** vor. Das erschien nach bisherigem Recht insofern folgerichtig, als durch die notwendig schriftlichen Erklärungen zum Antrag entsprechende Urkunden vorlagen, die zum Zwecke der Ermittlung des Inhalts dauerhaft herangezogen werden konnten (zur Auslegung s Rn 328). Das hat sich mit dem Inkrafttreten des WEMoG geändert. Zum einen sind Textformerklärungen für den Nachweis des Zustandekommens des Beschlusses weniger gut geeignet als schriftliche. Zum anderen scheidet ein solcher Nachweis bei Umlaufmehrheitsbeschlüssen per se aus, weil nicht verlässlich dokumentiert ist, wie viele Stimmen zur Erreichung der Mehrheit erforderlich sind. Folgerichtig wird im Schrifttum für ein Protokollierungserfordernis **analog § 24 Abs 6 WEG** plädiert (Lehmann-Richter/Wobst WEG-Reform 2020 Rn 653; Bärmann/Dötsch Rn 251; **aA** Greiner Wohnungseigentumsrecht § 2 Rn 22). Diese Analogie ist zu bejahen, weil aus der Beschränkung des § 24 WEG auf Beschlüsse in einer Versammlung nicht der Umkehrschluss folgt, dass der Gesetzgeber für das – ohnehin nicht näher ausgestaltete Verfahren nach § 23 Abs 3 WEG – eine Protokollierungspflicht ablehnen wollte. 326

Folgerichtig gilt für die Protokollierung auch **§ 24 Abs 6 S 2 WEG analog**, wofür die Funktion der Unterschriften spricht (s § 24 Rn 223) und auch, dass sich die bei Rn 329 dargestellte Problematik auf diese Weise lösen lässt. Die Protokollierung der Verkündung ist bei Versammlungsbeschlüssen nicht gesetzlich vorgesehen (§ 24 Rn 228) und daher auch bei Umlaufbeschlüssen nicht zu fordern; gleichwohl erscheint ein solches Vorgehen zweckmäßig. 326a

Daneben ist zum Zwecke der Dokumentation die **Eintragung in die Beschluss-Sammlung** vorgesehen (§ 24 WEG Rn 274). Der Initiator hat daher, sofern es sich nicht um den Verwalter handelt, diesem unverzüglich nach der Verkündung den Beschluss mitzuteilen, damit dieser die Eintragung vornehmen kann. Ob der Verwalter als Verantwortlicher für die Beschluss-Sammlung (§ 24 Abs 8 S 1 WEG) anhand der Zustimmungserklärungen prüfen darf, ob tatsächlich ein Beschluss zustande gekommen ist, ist ungeklärt. Dagegen spricht, dass die hM auch im Umlaufverfahren einen Verkündungsbeschluss anerkennt, der lediglich im Falle der Anfechtung für ungültig erklärt wird (Rn 330). Die Sammlung wäre also unvollständig, wenn der Verwalter den tatsächlich verkündeten Beschluss nicht eintragen würde. Ob eine Verkündung er- 327 folgt ist, wird der Verwalter allerdings prüfen können und müssen. Jedoch kann er insofern keinen schriftlichen Nachweis verlangen, weil ein solcher, zB bei einer Verkündung durch Aushang oder durch mündliche Erklärung, nicht existiert. **Fehlt ein Verwalter**, erfolgt die Eintragung durch die Person, die die Eigentümer bestimmt haben (§ 24 WEG Rn 288). Gibt es keine solche Person, ist der Initiator dafür verantwortlich, dass der Beschluss zur Eintragung gelangt.

328 Sofern es an einer Niederschrift über die Beschlussfassung fehlt, kann für die **Auslegung** von Umlaufbeschlüssen, deren Wirksamkeit nicht von einer Protokollierung abhängt (zum Protokollierungserfordernis s aber Rn 326), darauf nicht abgestellt werden. Allerdings ist eine objektive und normative Auslegung dennoch geboten, da die Bindungswirkung über den Kreis der an der Beschlussfassung Beteiligten hinausgeht. Abzustellen ist insofern **auf die Erklärungen der Eigentümer** und den darin in Bezug genommenen **Antrag**. Umstände, die aus diesen Dokumenten nicht hervorgehen, können nur berücksichtigt werden, wenn sie, zB infolge der Beschaffenheit der Anlage, für jedermann erkennbar sind. Besteht eine Diskrepanz zur Eintragung in der Beschluss-Sammlung, sind die genannten Dokumente ausschlaggebend, obwohl sie nicht dokumentieren, was tatsächlich verkündet wurde. Die Dinge liegen insofern nicht anders als beim Versammlungsbeschluss (zum Konflikt von Protokollinhalt und Beschluss-Sammlung s § 24 WEG Rn 261). Maßgeblich erscheint, dass die Abstimmungsunterlagen insofern eine höhere Richtigkeitsgewähr bieten. Sie sind daher, wie Niederschriften, **zu verwahren** bzw zu speichern (dazu § 24 WEG Rn 259). Ist ein Verwalter bestellt, sind die Unterlagen vom Initiator an diesen zum Zwecke der Verwahrung herauszugeben.

329 Umstritten ist, ob zum **Nachweis der Verwaltereigenschaft**, zB im Rahmen einer Zustimmung gem § 12 WEG, entsprechend § 26 Abs 4 WEG eine notariell beglaubigte Niederschrift oder zumindest ein Verkündungsprotokoll genügt, wenn der Verwalter im Umlaufverfahren gewählt wurde (dafür Riecke/Schmid/Drabek/Riecke Rn 58, deren Hinweis auf BGHZ 148, 335 allerdings zu pauschal erscheint). Die bislang hM hat das abgelehnt und als Nachweis iSd § 29 Abs 1 GBO Erklärungen **aller Eigentümer in öffentlich beglaubigter Form** gefordert (BayObLG NJW-RR 1986, 565; OLG Hamm ZWE 2012, 489). Folgt man der hier vertretenen Ansicht, dass auch über Umlaufbeschlüsse eine Niederschrift aufzunehmen ist, ist es konsequent, insoweit auch **§ 26 Abs 4 WEG anzuwenden**.

c) Anfechtung von Umlaufbeschlüssen

330 §§ 44 f WEG gelten auch für Umlaufbeschlüsse. Im Ausgangspunkt ergeben sich in Bezug auf die Beschlussmängel daher keine Besonderheiten. Das gilt ohne Ausnahmen für inhaltliche Mängel (materielle Mängel; s Rn 362). Hinsichtlich einzelner Verfahrensmängel ist allerdings nicht abschließend geklärt, wie sich diese auswirken (zum Formmangel s bereits Rn 314a). Das betrifft insbesondere die **Verkündung** eines positiven Beschlusses, obwohl nicht sämtliche Eigentümer wirksam ihre Zustimmung erklärt haben. Die von § 23 Abs 3 S 1 WEG geforderte Allstimmigkeit wird zum Teil als nicht verzichtbar und ein Beschluss, bei dem es an der Allstimmigkeit fehlt, gemäß § 23 Abs 4 S 1 WEG daher als **nichtig** angesehen (BayObLG ZMR 2002, 138; LG München I ZWE 2014, 189 = ZMR 2014, 53; Jennissen/Schultzky Rn 161: Nichtbeschluss; ebenso MünchKomm/Hogenschurz Rn 60). Dem ist nicht zu folgen. Das Einstimmigkeitserfordernis ist nach zutreffender hL dispositiv (s Rn 294), weshalb nach der Regel des § 23

Abs 4 S 2 WEG **lediglich ein Anfechtungsgrund** besteht (s auch BREIHOLDT ZMR 2010, 168, 170; B MÜLLER ZWE 2007, 56, 57; BÄRMANN/SEUSS/RÜSCHER § 25 Rn 19; BeckOGK/HERMANN Rn 120; LEHMANN-RICHTER/WOBST WEG-Reform 2020 Rn 650). Gleiches gilt, wenn ein **nichtiger Absenkungsbeschluss** gefasst (dazu Rn 295i) und in Unkenntnis der Nichtigkeit ein positiver Mehrheitsbeschluss im Umlaufverfahren verkündet wurde. Ebenso abzulehnen ist die Ansicht, die sich für eine Nichtigkeit des Beschlusses ausspricht, wenn die absolute Mehrheit verfehlt wird (NIEDENFÜHR/SCHMIDT-RÄNTSCH/VANDENHOUTEN/VANDENHOUTEN Rn 79; dagegen bereits Rn 295). Schließlich überzeugt auch der Einwand nicht, es mangele dem Rechtsgeschäft am erforderlichen Tatbestand (ELZER ZWE 2007, 165, 168; JENNISSEN/SCHULTZKY Rn 161). Der **Verkündungsbeschluss** (zum Begriff Rn 120) wird aus Gründen der Rechtsklarheit und zum Zwecke des Verkehrsschutzes von der Rechtsordnung als Ersatztatsache statt des tatsächlichen Beschlussergebnisses anerkannt (s Rn 51).

Allerdings setzt das eine **Verkündung durch die hierzu berufene Person** voraus. Das ist der rechtmäßige Initiator (Rn 324, 297 ff). Wird der Beschluss durch eine andere Person verkündet, ist er entweder nicht zustande gekommen (bei Fehlen der erforderlichen Zustimmungen) oder unwirksam (bei Vorliegen aller Zustimmungserklärungen). Diese Unterscheidung ist deswegen relevant, weil die fehlende Verkündung mit Hilfe eines (nicht fristgebundenen) Beschlussfeststellungsantrags gerichtlich herbeigeführt werden kann (BGHZ 148, 335 = BGH NJW 2001, 3339, 3342 f in BGHZ insoweit nicht abgedeckt). Ob daneben eine auf Verkündung des Beschlussergebnisses gerichtete Leistungsklage gegen die Gemeinschaft möglich ist, weil sich aus § 18 Abs 2 WEG ein entsprechender Anspruch ergibt, ist ungeklärt. 331

In Übereinstimmung mit der vorherrschenden Judikatur zur vorsätzlichen Nichtladung eines Eigentümers (§ 24 WEG Rn 120) wird für Beschlüsse gem § 23 Abs 3 WEG die Ansicht vertreten, es komme kein Beschluss zustande, wenn **nicht sämtliche Wohnungseigentümer an der Abstimmung beteiligt**, dh zur Abgabe einer Erklärung aufgefordert wurden (OLG Zweibrücken ZMR 2004, 60). Dem ist nicht zu folgen, und zwar wegen der Erwägungen zu § 24 WEG Rn 124 (Rechtssicherheit). 332

Die **Anfechtungsfrist** gem § 45 S 1 WEG beginnt mit dem Tag der Verkündung (STAUDINGER/LEHMANN-RICHTER § 45 WEG Rn 8). Da es, letztlich wie beim Versammlungsbeschluss, nicht darauf ankommt, ob jeder Eigentümer Kenntnis vom Beschluss erlangt hat oder ihm die Mitteilung des Initiators über die Beschlussfassung zugegangen ist (s Rn 324; für eine solches Zugangserfordernis aber BÄRMANN/PICK/EMMERICH Rn 80; BÄRMANN/SEUSS/RÜSCHER § 25 Rn 19; HÜGEL/ELZER Rn 118; für die im Anschluss an BGHZ 148, 335 hM etwa OLG Düsseldorf 2. 7. 2019 – 23 U 205/18, ZWE 2020, 71 Rn 20; LG Karlsruhe 7. 7. 2017 – 7 S 74/16, ZWE 2017, 362 Rn 10; JENNISSEN/SCHULTZKY Rn 162), bedarf es auch hier eines Korrektivs in Form der Wiedereinsetzungsregeln (§ 45 S 2 WEG iVm §§ 233 ff ZPO). 333

VI. Beschlussmängel (Abs 4)

1. Überblick

Bereits § 23 Abs 4 WEG, der im Rahmen der WEG-Novelle 2007 sprachlich angepasst wurde, offenbart, dass es zwei verschiedene Arten von Beschlussmängeln gibt. S 1 leg cit behandelt **nichtige Beschlüsse**, also solche, denen die Rechtsordnung die 334

Anerkennung unabhängig davon versagt, ob der Mangel in einem gerichtlichen Verfahren (fristgerecht) geltend gemacht wurde. Die Norm ist deklaratorisch (zum Zweck der Vorschrift s Rn 4 f). Sonstige formelle oder inhaltliche Fehler werden vom 2. Satz der Norm erfasst. Er ordnet die Gültigkeit von Beschlüssen an, solange nicht ein rechtskräftiges Urteil das Gegenteil feststellt. Man spricht insofern von bloß **anfechtbaren Beschlüssen**. Diese Anordnung sorgt dadurch **für Rechtssicherheit**, dass die Ungewissheit über das Bestehen eines Beschlussmangels die Verwaltung und den Gebrauch der Liegenschaft zunächst nicht belastet, weil von der Gültigkeit der Entschließung auszugehen ist (pars pro toto dazu BGHZ 54, 65, 69). Anfechtbare Beschlüsse entfalten **unmittelbar mit der Verkündung ihre Bindungswirkung** (s dazu Rn 365). Der Verwalter hat sie daher durchzuführen (dazu Staudinger/Jacoby § 27 WEG Rn 73).

335 In der Zusammenschau mit § 45 WEG offenbart sich dann ein weiteres Instrument, das dazu dient, den Eigentümern und ihrem Verwalter rechtssichere Grundlagen an die Hand zu geben. Die Möglichkeit, die Ungültigkeit anfechtbarer Beschlüsse durch Urteil herbeiführen zu können, ist **zeitlich streng limitiert**, und zwar seit Inkrafttreten der WEG-Novelle 2007 nicht nur durch die einmonatige Klagefrist, sondern auch durch eine Klagebegründungsfrist (Staudinger/Lehmann-Richter § 45 WEG Rn 35 ff). Dabei handelt es sich um materiell-rechtliche Präklusionsfristen (Staudinger/Lehmann-Richter § 45 WEG Rn 4).

336 § 23 Abs 4 WEG gilt für **alle Arten von Beschlüssen**, nicht aber für Vereinbarungen, was der Abgrenzung (Rn 15) erhebliche Bedeutung verleiht. Bei Vereinbarungen, die dem allg Vertragsrecht unterliegen, kann ein Mangel, etwa die Unwirksamkeit einer Zustimmungserklärung, von jedermann **zeitlich unbefristet** geltend gemacht werden und der Mangel ist, bei entsprechendem Sachvortrag, von Amts wegen zu berücksichtigen. Das Gleiche gilt für nichtige Beschlüsse (BGHZ 107, 268, 270; ZMR 2011, 981, 983 = ZWE 2011, 403 Rn 49). Allerdings kann sich insofern – ungeachtet der Aufhebung von § 48 Abs 4 WEG aF – aus der rechtskräftigen Abweisung einer Anfechtungsklage ergeben, dass der Nichtigkeitsgrund nicht mehr geltend gemacht werden kann (Lehmann-Richter/Wobst WEG-Reform 2020 Rn 1859; zum einheitlichen Streitgegenstand BGH 15. 10. 2021 – V ZR 225/20 Rn 21, NJW 2022, 326; Staudinger/Lehmann-Richter § 44 WEG Rn 241 iVm Rn 152). Sieht man den Einwand der (schwebenden) Unwirksamkeit infolge fehlender Zustimmung eines Eigentümers (dazu Rn 271) ebenfalls von der Anfechtungsklage erfasst (vgl BGHZ 202, 346 Rn 23), wird man die Sperrwirkung auch auf diesen Beschlussmangel erstrecken müssen. Das ist aber, wie andere Fragen dieser umstrittenen Beschlussmängelkategorie, ungeklärt (Rn 374).

337 Die wohnungseigentumsrechtliche Beschlussmängellehre kennt neben anfechtbaren und nichtigen Beschlüssen noch den Nichtbeschluss (s Rn 116). Ferner hat der BGH die aus dem Gesellschaftsrecht geläufige (s etwa Noack, Fehlerhafte Beschlüsse in Gesellschaften und Vereinen [1989] 12 f) Kategorie der (schwebend) unwirksamen Beschlüsse anerkannt, bei denen die Wirksamkeit von der Zustimmung eines betroffenen Eigentümers abhängt. Ob er daran festhalten wird, ist aber nach eigenem Bekunden des V. Zivilsenats fraglich (BGH 12. 4. 2019 – V ZR 112/18 Rn 25, BGHZ 221, 373; dazu abl Rn 374 f).

2. Nichtige Beschlüsse

a) § 23 Abs 4 S 1 WEG als gesetzlicher Ausgangspunkt

Die für die Praxis so überaus wichtige Unterscheidung zwischen nichtigen und anfechtbaren (dazu Rn 361 ff) Beschlüssen ist in § 23 Abs 4 WEG explizit ausgesprochen (zur Frage, ob daneben [schwebend] **unwirksame Beschlüsse** als eigenständige Kategorie zu akzeptieren sind, s Rn 371). Sie aufzuzeigen ist die eigentliche Bedeutung von S 1, der im Übrigen deklaratorischer Natur ist (Rn 4). Es versteht sich von selbst, dass einem Rechtsgeschäft, das „gegen eine Rechtsvorschrift verstößt, auf deren Einhaltung rechtswirksam nicht verzichtet werden kann" die Anerkennung durch die Rechtsordnung zu versagen ist (zu dieser Bedeutung der Kategorie der Wirksamkeit s Rn 20). Aus Gründen der Rechtssicherheit wird von einem **numerus clausus der Nichtigkeitsgründe** ausgegangen, weshalb die Eigentümer solche nicht vereinbaren können (LG Düsseldorf 18. 12. 2013 – 25 S 78/13, juris Rn 92; Bärmann/Dötsch Rn 280; Jennissen/Schultzky Rn 197 sowie § 24 Rn 132; s. dazu auch § 24 WEG Rn 244; **str**). Der BGH (s etwa BGHZ 202, 346 Rn 15; NJW 2009, 2132, 2134 Rn 27; aus der Lit s zB Jennissen/Schultzky Rn 177 ff) differenziert zwischen verschiedenen **Fallgruppen**, nämlich: 338

- Verstöße gegen zwingende Vorschriften des WEG,
- Verstöße gegen andere zwingende Vorschriften oder die guten Sitten,
- Eingriffe in den Kernbereich des Eigentums, wobei noch einmal zwischen unverzichtbaren und unentziehbaren Individualrechten unterschieden wird (BGHZ 202, 346 Rn 15),
- Überschreitung der Grenzen der Beschlusskompetenz sowie
- Unbestimmtheit von Beschlüssen, auf die bereits bei Rn 85 eingegangen wurde.

Allerdings erfolgt die Fallgruppenbildung nicht einheitlich (zB Niedenführ/Schmidt-Räntsch/Vandenhouten/Vandenhouten Rn 20 ff und 82 ff). Das liegt vor allem daran, dass sich die genannten **Kategorien überschneiden**. Verdeutlichen lässt sich das gut am Belastungsverbot (dazu bereits Rn 127). Es handelt sich um einen Rechtssatz, den das WEG nicht explizit erwähnt, der aber für andere Personenvereinigungen gesetzlichen Ausdruck gefunden hat (s §§ 53 Abs 3 GmbHG, 180 Abs 1 AktG, aber auch §§ 35, 707 BGB), weshalb er auch im Wohnungseigentumsrecht als ungeschriebenes Prinzip gilt (s etwa BGHZ 202, 346 Rn 16; ZWE 2016, 374 = ZMR 2016, 713 Rn 17). Man kann das Belastungsverbot daher als zwingende Rechtsvorschrift des WEG ebenso ansehen wie als sonstige zwingende Norm. Zwingend ist das Verbot deswegen, weil selbst durch Vereinbarung lediglich bestimmte Belastungen zugelassen werden können, zB durch (qualifizierten) Mehrheitsbeschluss, nicht aber der Grundsatz an sich zur Disposition steht. Der BGH ordnet das Verbot hingegen dem (unentziehbaren) Kernbereich des Wohnungseigentums zu (s Rn 373). Schließlich wird es als Fallgruppe fehlender Beschlusskompetenz begriffen (Niedenführ/Schmidt-Räntsch/Vandenhouten/Vandenhouten Rn 28). 339

Ein weiteres Beispiel, das den Befund sich überschneidender Kategorien bestätigt, bilden Fälle, in denen ein Beschluss die **sachenrechtlichen Grundlagen** des Wohnungs- 340 eigentums regelt, zB Sonder- in gemeinschaftliches Eigentum umgewandelt werden soll oder umgekehrt. Das kann, etwa wenn Außenfenster zu Sondereigentum erklärt werden, gegen § 5 Abs 2 WEG verstoßen und damit unmittelbar gegen eine zwingende Norm (Staudinger/Rapp/Wobst [2023] § 5 WEG Rn 2, § 3 WEG Rn 128). Außerdem gehört es zu den zwingenden Grundsätzen des WEG, dass durch Vereinbarungen iSv § 10 WEG – und daher erst recht nicht durch Beschluss (BGHZ 202, 346 Rn 15) – der Gegenstand des Sondereigentums nicht modifiziert werden kann (BGH NJW 2003, 2165 Rn 10; 2013, 1962 Rn 9; Kümmel, Die Bindung der Wohnungseigentümer und deren Sondernachfolger an Vereinbarungen, Beschlüsse und Rechtshandlungen nach § 10 WEG [2002] 6; Häublein DNotZ 2000, 442, 450; Staudinger/Wobst [2023] § 10 WEG Rn 12). Versucht die Mehrheit trotzdem, einem Eigentümer Sondereigentum zu entziehen, wird man darin aber ebenso einen Kernbereichseingriff sehen können und es wird darüber hinaus auch das Fehlen von Beschlusskompetenz angeführt, wenn Beschlüsse die sachenrechtlichen Grundlagen betreffen (BGH NJW 2013, 1962 Rn 8). Hinzu kommt, dass das für sich genommen „schillernde" (s Rn 343) Kompetenzerfordernis in BGH 145, 158 grundlegend mit einer Überlegung gerechtfertigt wird, die unmittelbar an § 23 Abs 4 S 1 WEG anknüpft. Es wird nämlich an das in § 10 Abs 1 S 2 WEG zum Ausdruck gebrachte Vertragsprinzip angeknüpft, das Mehrheitsentscheidungen zur Ausnahme mache und zwingend sei (BGHZ 145, 158, 168). Schließlich wird hinsichtlich der Kernbereichslehre die Ansicht vertreten (Lieder notar 2016, 283, 291), sie sei zugunsten der allgemeinen Kontrollnormen (§§ 134, 138, 242 BGB) außen vor zu lassen oder habe daneben zumindest keinen weitergehenden argumentativen Wert.

b) Verstoß gegen zwingende Rechtsvorschriften und die guten Sitten

341 § 23 Abs 4 S 1 WEG nennt anders als § 241 AktG keine speziellen wohnungseigentumsrechtliche Nichtigkeitsgründe. Es gelten jedenfalls die **allgemeinen Nichtigkeitsgründe** (§§ 125, 134, 138, 242 BGB). Die weite Formulierung von § 23 Abs 4 S 1 WEG schließt **§ 138 BGB** mit ein, da auch diese Norm nicht zur Parteidisposition steht (zur Sittenwidrigkeit, ihren Kriterien und einzelnen Fallgruppen im Wohnungseigentumsrecht Armbrüster ZWE 2008, 361). Zu den **zwingenden Vorschriften des WEG** gehören zB §§ 9a Abs 5, 9b Abs 1 (Dritten gegenüber), 17 Abs 1, 26 Abs 1 bis 3 (s auch Jennissen/Schultzky Rn 178). Davon werden zT die Normen unterschieden, die den Eigentümern die Regelungskompetenz vollständig entziehen, was etwa für §§ 6, 11 Abs 1 WEG angenommen wird (Armbrüster ZWE 2008, 361; s dazu auch unter Rn 358). Auch die Vorschriften über das gerichtliche Verfahren wird man dieser Gruppe zuzurechnen haben (Bärmann/Dötsch Rn 283).

341a Nach Ansicht des BGH ist auch ein Beschluss nichtig, der im **Widerspruch zu bauordnungsrechtlichen Vorschriften** eine Duldung des regelmäßigen Haltens von Lieferfahrzeugen in der Feuerwehrzufahrt zusagt (BGH 28. 1. 2022 – V ZR 106/21 Rn 27 ff, ZWE 2022, 209). Dabei lässt der BGH offen, ob die betreffende Norm ein Verbotsgesetz iSv § 134 BGB ist. § 23 Abs 4 S 1 WEG erfasse zwar vor allem, aber **nicht nur Verbotsgesetze**. Aus wohnungseigentumsrechtlicher Sicht komme es bei Verstößen gegen zwingende Rechtsvorschriften maßgeblich auf den **Schutzzweck** der verletzten Rechtsvorschrift an. Der im konkreten Fall betroffene § 5 Abs 2 HessBauO diene der Gefahrenabwehr und dem Brandschutz und schütze damit sowohl die Wohnungseigentümer als auch Dritte. Zum anderen könnte der Versicherungsschutz im Brandfall gefährdet sein, wenn ein erheblicher Verstoß gegen Brandschutzvorschriften bewusst geduldet werde. Die Entscheidung weist erhebliche **Begründungsdefizite** auf, weil sie nicht erkennen lässt, warum die öffentlich-rechtliche Norm die Unwirksamkeit des Rechtsgeschäfts erfordert (abl auch Staudinger/Jacoby § 20 WEG Rn 100 sowie § 26a Rn 25). Das Bauordnungsrecht ist eine eigenständige Materie, auf die die Wohnungseigentümer grundsätzlich (zur Übernahme von Abstandsflächen s aber BGH ZWE 2010, 33; krit dazu Bärmann/Dötsch § 20 WEG Rn 91) durch ihre Rechtsgeschäfte keinen Einfluss nehmen können, weshalb ein wirksames Rechtsgeschäft den Normzweck nicht zu beeinträchtigen droht. Von einem solchen Nebeneinander beider Materien geht in anderem Zusammenhang auch der BGH aus. Er hat etwa als Folge einer Zweckwidmung des Sondereigentums (= Rechtsgeschäft der Eigentümer) einen Anspruch auf Herstellung eines Zustandes des gemeinschaftlichen Eigentums bejaht, der mit dem Bauordnungsrecht konform ist (BGH 23. 6. 2017 – V ZR 102/16 Rn 8, ZMR 2017, 818 = ZWE 2017, 367). Eine (Teil-)Unwirksamkeit der Zweckwidmung wurde dabei – zu Recht – nicht diskutiert.

341b Ein Beschluss kann ferner wegen **Rechtsmissbrauchs** nichtig sein. Das hat der BGH in Bezug auf eine Beschlussfassung nach § 10 Abs 6 S 3 Var 2 WEG aF (sog Vergemeinschaftung) erwogen, dabei aber betont, bei der Annahme von Beschlussnichtigkeit sei Zurückhaltung geboten (BGH 26. 10. 2018 – V ZR 328/17 Rn 22, NJW 2019, 1216; s ferner BGH 22. 6. 2018 – V ZR 193/17 Rn 18, NJW 2018, 3717: Nichtigkeit eines Beschlusses ist die Ausnahme). Nur in **Ausnahmefällen** könne ein Beschluss, mit dem Individualansprüche der Eigentümer vergemeinschaftet werden, als rechtsmissbräuchlich und deshalb nichtig anzusehen sein. Das komme etwa in Betracht, wenn ein einzelner Eigentümer seinen Anspruch bereits gerichtlich geltend gemacht hat, eine Rechtsverfolgung durch die Gemeinschaft gar nicht beabsichtigt ist und die Beschlussfassung allein dazu dienen soll, den laufenden Individualprozess zu beenden. Ein solches Vorgehen widerspreche Sinn und Zweck der Vergemeinschaftung, die die Rechtsverfolgung nicht verhindern, sondern die Möglichkeit zu einer gemeinschaftlichen Rechtsverfolgung eröffnen solle, und bezwecke eine treuwidrige Benachteiligung des klagenden Eigentümers. Zwar hat das WEMoG die Vergemeinschaftung abgeschafft (zum Sonderproblem der Mängelrechte aus Ersterwerbsverträgen Staudinger/Jacoby [2023] § 9a WEG Rn 204 f), jedoch ist die Kategorie rechtsmissbräuchlicher („rechtsvereitelnder“) Beschlüsse damit nicht ad acta gelegt, weil der Einzelne durch § 9a Abs 2 WEG bei der Durchsetzung seiner Rechte in noch stärkerem Maße von der Gemeinschaft abhängig ist.

342 Vorschriften, die auf die **Nichtigkeit einer abgegebenen Stimme** zielen (für Geschäftsunfähige s § 105 Abs 1 BGB), werden von § 23 Abs 4 S 1 WEG nicht eingeschlossen. Sie führen nicht zur Nichtigkeit des Beschlusses, sondern begründen lediglich einen Mangel minderen Gewichts, der im Wege der Anfechtung geltend gemacht werden muss (s Rn 361 ff).

c) Beschlusskompetenz

343 Grundvoraussetzung für einen wirksamen Beschluss ist die gesetzlich oder durch Vereinbarung begründete **Beschlusskompetenz**. Dieser Begriff, den das Gesetz nicht kennt, hat sich im Anschluss an die sog „Jahrhundertentscheidung“ (BGHZ 145, 158) zu einem **wohnungseigentumsrechtlichen Schlüsselbegriff** entwickelt (s zur Nichtigkeit wegen fehlender Kompetenz etwa BGH 13. 10. 2017 – V ZR 305/16 Rn 6, NJW 2018, 1254; BGH 8. 6. 2018 – V ZR 195/17 Rn 10, Rn 22, MDR 2018, 1238 = ZMR 2018, 1024; dazu auch Staudinger/Wobst [2023] § 10 WEG Rn 46). Er ist plakativ und eingängig, weil es unmittelbar einleuchtet, dass von einem Instrument, das regelmäßig eine mehrheitliche Entscheidung erlaubt, angesichts der (negativen) Vertragsfreiheit nur Gebrauch gemacht werden kann, wenn eine entsprechende Kompetenzzuweisung besteht. Der Begriff ist aber auch insofern „schillernd", als er die maßgeblichen Wertungen, die hinter der Kompetenzzuweisung oder -versagung stehen, weder erkennen lässt noch solche entbehrlich macht. In Konsequenz dessen ist **nicht abschließend geklärt**, in welchen Fällen die Beschlusskompetenz tatsächlich fehlt und in welchem Verhältnis dieser Nichtigkeitsgrund zu anderen steht, insbes dem Eingriff in den Kernbereich oder Verstößen gegen das Belastungsverbot (s Rn 339).

aa) Das Vorliegen einer Angelegenheit iSv § 23 Abs 1 S 1 WEG als Ausgangspunkt

344 § 23 Abs 4 S 2 WEG baut systematisch auf Abs 1 S 1 leg cit auf. Nur in **Angelegenheiten**, über die die Wohnungseigentümer **nach dem Gesetz oder nach einer Vereinbarung** der Wohnungseigentümer durch Beschluss entscheiden können, kommt ein wirksamer, der Bestandskraft zugänglicher Beschluss in Betracht (zur Bedeutung des Begriffs Angelegenheit in § 23 Abs 1 WEG Häublein ZWE 2001, 2). Das WEG unterscheidet nicht nur an dieser Stelle Angelegenheiten, die durch (mehrheitlichen) Beschluss geregelt werden können, von solchen, die einer Vereinbarung bedürfen (grdl BGHZ 145, 158, 166 f). Fehlt die Beschlusskompetenz, ist der **Beschluss nichtig**. Diese Sichtweise wird nicht nur durch § 10 Abs 1 S 2 WEG bestätigt, der die Vereinbarung als Instrument vorsieht, sofern die Eigentümer ihr Gemeinschaftsverhältnis regeln wollen. Vielmehr entspricht es den Grundannahmen privatautonomer Gestaltungsfreiheit, dass das **Vertragsprinzip die Regel** und das Mehrheitsprinzip die begründungsbedürftige Ausnahme ist (statt vieler BGHZ 145, 158, 168). Die Bindung eines Rechtssubjekts an ein nicht konsentiertes Rechtsgeschäft, bedarf nach allgemeinen Prinzipien einer gesetzlichen oder privatautonom erzeugten Grundlage (Skauradszun Der Beschluss als Rechtsgeschäft S 168 ff; Häublein, Sondernutzungsrechte 239 ff). Welche Angelegenheiten aber sind nun den Eigentümern zur Beschlussfassung zugewiesen? Bei der Antwort auf diese Frage wird es vielschichtig und dadurch enorm kompliziert.

bb) Kompetenzzuweisung durch das Gesetz

345 Das Gesetz weist Beschlusskompetenz teils durch Generalklauseln zu und teils durch spezielle Normen (s dazu bereits Rn 127), die eine ganz konkrete Verwaltungsmaßnahme betreffen, wie die Beirats- (§ 29 Abs 1 S 1 WEG) und Verwalterbestellung (§ 26 Abs 1 WEG) oder die Begründung von Beitragsforderungen (§ 28 Abs 1 S 1, Abs 2 S 1 WEG). Vor allem die in der Generalklausel des § 19 Abs 1 WEG verwendeten Begriffe **„Verwaltung" und „Benutzung"** haben eine solche Weite, dass die Mehrheitsmacht nahezu schrankenlos wäre, wenn man es dabei beließe. Das tut die **hM** daher nicht, sondern **grenzt** die Beschlusskompetenz durch weitere Überlegungen **ein**. Dabei drohen eher formale Argumentationsmuster den Blick dafür zu verstellen, dass es in der Sache um einen (abstrakten) Schutz vor Mehrheitsentscheidungen geht. So wurde in BGHZ 145, 158 die Begründung eines Sondernutzungsrechts aus dem Bereich des § 15 Abs 2 WEG aF mit dem Argument herausgenommen, es handele sich nicht um eine Gebrauchsregelung, sondern um den partiellen Ausschluss vom Mitgebrauch (§ 16 Abs 1 S 3 WEG). Der Beschluss habe daher **„gesetzesändernden Inhalt"** (zum Begriff bereits Rn 101), der von der Kompetenznorm ebenso wenig erfasst sei wie die Änderung bestehender Vereinbarungen, deren Vorrang (heute in § 19 Abs 1

WEG) explizit erwähnt ist (BGHZ 145, 158, 167 f; s auch BGH 8. 6. 2018 – V ZR 195/17 Rn 24, MDR 2018, 1238 = ZMR 2018, 1024). Das mutet begriffsjuristisch an, schützt den Einzelnen im Ergebnis aber vor einem Entzug des Mitgebrauchsrechts und macht dieses mehrheitsfest.

Der kompetenzbegründende Begriff der Verwaltung iSv §§ 18, 19 WEG (§ 21 WEG aF) wird vom BGH aber weit verstanden und umfasst regelmäßig auch Maßnahmen, die eine **Veränderung der sachenrechtlichen Grundlagen** der Gemeinschaft **vorbereiten** sollen, damit die Eigentümer diese anschließend aus eigenem Entschluss umsetzen können; solche Maßnahmen können mehrheitlich beschlossen werden (BGH 20. 9. 2019 – V ZR 258/18, ZWE 2020, 138 mAnm Baer). **345a**

Die Kompetenzbeschränkung für Änderungen gesetzlicher oder vereinbarter Regelungen (in der Summe werden diese oft als Gemeinschaftsordnung oder als Gemeinschaftsgrundverhältnis bezeichnet) erfasst nach hM nicht nur die aus § 19 Abs 1 WEG abgeleitete Kompetenz, sondern er gilt im Ausgangspunkt **für jede gesetzliche Kompetenznorm**. Ein Konflikt zwischen einem Beschluss und der Grundordnung besteht allerdings per se dort nicht, wo der Gegenstand des Beschlusses eine Angelegenheit betrifft, die weder durch Gesetz noch durch Vereinbarung geregelt oder – was in den Details umstritten ist – regelbar ist. Das betrifft konkrete Verwaltungsmaßnahmen, wie etwa die Bestellung eines Verwalters/Beirats oder den Beschluss über Vorschüsse/Nachschüsse. Ist der Beschluss aber darauf gerichtet, eine künftige Abweichung von dem durch das Gesetz und die Vereinbarungen der Eigentümer determinierten Grundverhältnis zu legitimieren, zB eine Vorgabe für eine künftige Verwalterbestellung, Abrechnung oder Versammlung zu machen, besteht ein Konflikt (Becker/Strecker ZWE 2001, 569, 570; Becker/Kümmel ZWE 2001, 128, 132; Wenzel ZWE 2001, 226, 234; s dazu auch Rn 101). Das gilt auch, wenn der Beschluss nicht dauerhaft neues Recht setzen soll, sondern **nur einmalig** eine abweichende Rechtslage für eine zukünftige Verwaltungsmaßnahme schaffen soll. Vergleichbare Änderungen werden auch durch Beschlüsse bewirkt, die Rechte und Befugnisse entziehen (Bärmann/Dötsch Rn 24). **346**

Nur sehr **vereinzelt** hat der Gesetzgeber der Versammlung die **Befugnis** verliehen, das Verhältnis der Wohnungseigentümer untereinander dauerhaft neu zu ordnen. Diese Entscheidung für eine lediglich punktuelle Öffnung des Grundverhältnisses bedeutet eine bewusste Ablehnung einer allgemeinen Öffnungsklausel, wie sie im Gesetzgebungsverfahren verschiedentlich gefordert worden war; das Eigentum sollte „mehrheitsfest" bleiben (BT-Drucks 16/887, 10 f). Als sog **gesetzliche Öffnungsklauseln** wurden 2007 und 2020 §§ 12 Abs 4 S 1, 16 Abs 2 S 2, 21 Abs 5 S 1, 23 Abs 1 S 2, Abs 3 S 2, 27 Abs 2, 28 Abs 3 WEG eingeführt. Diese Normen legitimieren nur Beschlüsse, die ab dem 1. 7. 2007 bzw 1. 12. 2020 gefasst wurden, ändern aber nichts an einer etwaigen Nichtigkeit älterer Beschlüsse (BGH 8. 6. 2018 – V ZR 195/17 Rn 23, MDR 2018, 1238 = ZMR 2018, 1024; OLG Köln ZMR 2008, 815). § 20 Abs 1 WEG, der durch die WEG-Reform 2007 eingefügt wurde, unterscheidet sich von den vorgenannten Vorschriften, weil § 22 Abs 1 WEG aF die aus § 21 Abs 3 WEG aF folgende Kompetenz nach hM nicht ausschloss und Beschlüsse über konkrete bauliche Veränderungen nicht das Grundverhältnis betreffen. Es handelt sich daher nicht um eine die Kompetenz erst begründende gesetzliche Öffnungsklausel. **347**

348 Mangels Beschlusskompetenz hat die Rechtsprechung etwa folgende durch Beschluss getroffene Regelungen **für nichtig erachtet**, wobei die Zahl der Entscheidungen, vor allem der AG und LG, hierzu kaum noch zu überschauen ist:

- Veränderungen der sachenrechtlichen Grundlagen, wie zB die Veräußerung von Teilen des gemeinschaftlichen Eigentums (BGH 12. 4. 2013 – V ZR 103/12 Rn 8, NJW 2013, 1962; BGH 20. 9. 2019 – V ZR 258/18 Rn 12, ZWE 2020, 138);
- Einschränkung/Ausschluss einer nach der Teilungserklärung erlaubten Benutzung (OLG Düsseldorf ZMR 2003, 861; der BGH 12. 4. 2019 – V ZR 112/18 Rn 13 ff, BGHZ 221, 373 hat die Nichtigkeit eines solchen Beschusses auch dann bejaht, wenn eine vereinbarte Öffnungsklausel formell Beschlusskompetenz begründet);
- Begründung (BGHZ 145, 158) und Beschränkung eines Sondernutzungsrechts (OLG Köln ZMR 2002, 702);
- (Bau-)Maßnahmen am Sondereigentum (BGH ZWE 2017, 177 = ZMR 2017, 317);
- Vergemeinschaftung von Ansprüchen aus dem Sondereigentum (BGH 24. 1. 2020 – V ZR 295/16 Rn 18, ZWE 2020, 344) oder Verzicht auf solche (BGH 23. 2. 2018 – V ZR 101/16 Rn 65, NJW 2018, 2550; BGH 19. 7. 2019 – V ZR 75/18 Rn 35, ZWE 2020, 44; Rn 348a);
- Ausschluss der Wahrnehmung von Rechten im Anfechtungsverfahren durch den einzelnen Eigentümer (BGH 18. 10. 2019 – V ZR 286/18 Rn 10, NJW 2020, 1134; heute obsolet durch § 44 Abs 2 S 1 WEG);
- Stilllegung eines Müllschluckers (BayObLG ZMR 2002, 607: Entzug des Mitgebrauchs wider § 13 Abs 2 WEG aF; offengelassen von BGH 15. 10. 2021 – V ZR 225/20 Rn 21, NJW 2022, 326);
- Änderung des Schlüssels für die Zuführung zur Rücklage (BGH NJW 2011, 2202 Rn 13);
- Einführung der Schriftform für Beschlussanträge der Wohnungseigentümer nebst schriftlicher Begründung (KG ZMR 2002, 863);
- generelle Fortgeltung des jeweiligen Wirtschaftsplans bis zur Beschlussfassung über einen neuen (BGH 14. 12. 2018 – V ZR 2/18 Rn 8, ZMR 2018, 416 = MDR 209, 601; OLG Düsseldorf ZMR 2003, 862; BayObLG ZMR 2003, 279; KG ZWE 2005, 100);
- Begründung von Beitragsforderungen in Beschlüssen nach § 28 Abs 2 WEG über die sog Abrechnungsspitze hinaus (BGH 9. 3. 2012 – V ZR 147/11 Rn 8 u 13 aE, NJW 2012, 2796; BGH 13. 2. 2020 – V ZR 29/15 Rn 6 f, ZWE 2020, 347).

Der Mangel an Beschlusskompetenz kann zum einen deswegen bestehen, weil – gewissermaßen auf der ersten Stufe – bereits keine Regelung der Verwaltung des gemeinschaftlichen Eigentums oder des Gebrauchs vorliegt, etwa wenn die Auflösung der Gemeinschaft beschlossen (Bärmann/Dötsch Rn 283), in die sachenrechtlichen Grundlagen eingegriffen oder der Mitgebrauch entzogen wird (BayObLG ZMR 2002, 607). Zum anderen kann er sich trotz einer Zuordnung der Regelung zu diesem Bereich unter dem Aspekt der vereinbarungs- oder gesetzesändernden Qualität der Regelung ergeben.

Voraussetzung der Nichtigkeit ist stets, dass der Beschluss die Materie, für die die Kompetenz fehlt, auch tatsächlich regelt. Das ist im Zweifel **durch Auslegung** zu ermitteln. Der BGH hat eine Beschlusskompetenz für eine Entlastung von Verwalter und Verwaltungsbeirat verneint, sofern sich die Entlastungswirkung auf etwaige Ansprüche einzelner Wohnungseigentümer wegen Schäden an ihrem jeweiligen Sondereigentum erstrecken soll. Davon sei aber im Zweifel nicht auszugehen (zum Beirat BGH 23. 2. 2018 – V ZR 101/16 Rn 65, NJW 2018, 2550 und zum Verwalter BGH ZWE 2020, 44 Rn 35), was aus dem Grundsatz folgt, dass Privatrechtssubjekte im Zweifel wirksame Regelungen anstreben (**gesetzeskonforme Auslegung**). Sollte diese Wirkung aber im konkreten Fall tatsächlich einmal gewollt sein, wäre der Entlastungsbeschluss insoweit nichtig, wobei iSv § 139 BGB davon auszugehen ist, dass die Entlastung im Übrigen gewährt worden wäre (Teilnichtigkeit). **348a**

Offengelassen hat der BGH, ob die Eigentümer die Kompetenz haben, eine **Vertragsstrafe** für den Fall zu beschließen, dass einzelne Eigentümer gegen ihre aus dem Wohnungseigentum resultierenden Pflichten verstoßen. Jedenfalls aber könne aus § 21 Abs 7 WEG aF keine solche Kompetenz abgeleitet werden, wenn eine Unterlassung (im konkreten Fall: Vermietung unter Verstoß gegen eine Vermietungsbeschränkung) erzwungen werden soll (BGH 22. 3. 2019 – V ZR 105/18 Rn 6, NJW 2019, 1673). **348b**

Umstritten ist, ob bereits die **Ergänzung** der gesetzlichen oder vereinbarten Regelungen über das Verhältnis der Eigentümer untereinander einem Vereinbarungsvorbehalt unterliegt (so dezidiert Niedenführ/Schmidt-Räntsch/Vandenhouten/Vandenhouten Rn 14) **oder nur die Abweichung** hiervon (Bärmann/Dötsch Rn 24; Wenzel ZWE 2000, 2; dem folgt letztlich auch BGHZ 145, 158 und im Anschluss daran die hM). Nimmt man ersteres an, weil man § 10 Abs 3 S 1 WEG in Bezug auf Ergänzungen für abschließend hält, könnte unter dem Kompetenztitel des § 19 Abs 1 WEG eine abstrakt-generelle Regelung gar nicht beschlossen werden (Niedenführ/Schmidt-Räntsch/Vandenhouten/Vandenhouten Rn 15; grdl dazu Schmack/Kümmel ZWE 2000, 433, 441 f, mit abw Beurteilung für Regelungen des Gebrauchs). Das widerspricht praktischen Bedürfnissen, weil es den Verwaltungsaufwand durch permanent zu wiederholende Beschlussfassungen erhöht (s zum Beschluss über eine Geschäftsordnung § 24 WEG Rn 210 ff). Auch der Wortlaut von § 19 Abs 1 WEG („Soweit … nicht durch Vereinbarung … geregelt") deckt diese Interpretation nicht. Systematisch spricht gegen diese Sichtweise zudem die Erwähnung der Hausordnung in § 19 Abs 2 Nr 1 WEG, die stets aus abstrakt-generellen Regelungen besteht. Schließlich und vor allem ist ein schutzwürdiges Interesse der Eigentümer, vor dauerhaft wirkenden Beschlüssen in Verwaltungsangelegenheiten umfassend verschont zu bleiben, in dieser Allgemeinheit nicht anzuerkennen. Dieser Einwand trifft freilich auch die hM, die nur Abweichungen vom Gesetz oder bestehenden Vereinbarungen für ausgeschlossen hält (s dazu Häublein ZWE 2001, 2, 7 am Beispiel der Änderung des Wirtschaftsjahres durch Beschluss). **349**

cc) Kompetenzzuweisung durch Vereinbarung und Ausübungsschranken

350 § 23 Abs 1 WEG erkennt explizit neben der gesetzlich begründeten Beschlusskompetenz die vereinbarte an (Rn 64, 127). Für Vereinbarungen, die Mehrheitsbeschlüsse zulassen, obwohl nach dem Gesetz eine Vereinbarung oder ein allstimmiger Beschluss erforderlich wäre, hat sich im Wohnungseigentumsrecht der Begriff **Öffnungsklausel** durchgesetzt (dazu Staudinger/Wobst [2023] § 10 WEG Rn 20), während im Recht der Personengesellschaften eher von Mehrheitsklauseln die Rede ist (s hierzu die Darstellung von Lieder notar 2016, 283). Obwohl sich im Wohnungseigentumsrecht der sog **Bestimmtheitsgrundsatz** zu Recht nie in der Form durchgesetzt hat, dass die Wirksamkeit einer solchen Klausel von der Aufzählung konkreter Beschlussgegenstände abhängig ist (allgemein gehaltene Öffnungsklauseln genügen dem Bestimmtheitsgebot nach ganz hM, s etwa Armbrüster ZWE 2013, 242), unterscheidet man allgemeine oder generelle, dh gegenständlich unbegrenzte Öffnungsklauseln von solchen, die auf bestimmte Angelegenheiten beschränkt sind (BeckOK-WEG/Müller § 10 WEG Rn 164 ff; Köhler/Becker AnwHdb 4. Aufl Rn 3.92 ff). Eine gewisse Verbreitung haben zB Regelungen, die allein die Vornahme baulicher Veränderungen durch Mehrheitsbeschluss zulassen, wobei man erkennen muss, dass dadurch keine Vereinbarung sondern allenfalls ein allstimmiger Beschluss substituiert wird; nach Inkrafttreten der WEMoG sind solche Regelungen gem §§ 20 Abs 1, 47 WEG idR obsolet. Die konkrete Ausgestaltung einer solchen speziellen Öffnungsklausel kann im Einzelfall dazu führen, dass ein Eigentümer eine ihn belastende Regelung hinnehmen muss, obwohl der unentziehbare Kernbereich betroffen ist; denn die Vereinbarung der Mehrheitsmacht für einen hinreichend konkret beschriebenen Sachverhalt kann **als Einverständnis des Einzelnen** auszulegen sein (s im Kontext des § 707 BGB etwa BGHZ 170, 283 Rn 9). Außerdem kann die konkrete Fassung Einfluss auf die Abwägung im Rahmen der Prüfung der Ordnungsmäßigkeit des Änderungsbeschlusses haben. Auf der Stufe der Wirkungen der Öffnungsklausel entfaltet das Bestimmtheitsargument daher, wie im Rahmen der **tendenziell einschränkenden Auslegung** der Klauseln (zur Herausnahme von Beschlüssen über Sondernutzungsrechte s Rn 375), durchaus gewisse Wirkungen. Das alles ist aber nicht abschließend geklärt.

351 Wie im Recht der Personengesellschaften (s dazu etwa BGHZ 203, 77 zum Recht der GmbH & Co KG in Fortführung von BGHZ 170, 283 und 179, 13; dazu im Vgl mit dem WEG ausf Lieder notar 2016, 283) erblickt der BGH auch im Wohnungseigentumsrecht in der Öffnungsklausel **nur eine formelle Legitimation der Beschlussfassung** (BGHZ 202, 346). In einem zweiten Schritt unterzieht er die Beschlüsse einer materiellen Kontrolle, wobei Kernbereichsschutz und insbesondere das Belastungsverbot maßgebliche Instrumente des Individual- und Minderheitenschutzes sind, mit der Folge, dass die Wirksamkeit entsprechender Beschlüsse von der Zustimmung einzelner Eigentümer abhängig sein kann (s dazu auch Rn 373). Sieht man es so, ist fraglich, ob der zweite Schritt überhaupt noch die Beschlusskompetenz betrifft (zu den bislang kaum untersuchten Überschneidungen der verschiedenen Nichtigkeitsgründe s Rn 339). Das ist jedenfalls dann abzulehnen, wenn man mit fehlender Beschlusskompetenz die Nichtigkeit des Beschlusses infolge Unzuständigkeit der Versammlung gleichsetzt.

352 Unter dem Dach der **Kernbereichslehre**, die der BGH zunächst in Gestalt des „dinglichen" Kernbereichs (s BGHZ 127, 99, 105; 129, 329), später dann aber ohne das einschränkende Attribut als materielles Kontrollinstrument anerkannte (BGHZ 145, 158, 165 f; BGHZ 191, 198 Rn 10; NJW 2011, 679 Rn 8: Kernbereich elementarer Mitgliedschaftsrechte; ebenso BGH ZMR 2014, 559 = ZWE 2014, 176; zu dieser „Evolution" des Begriffs auch Lieder notar 2016, 283, 285), haben sich verschiedene Fallgruppen etabliert, die ihrerseits noch einmal danach unterschieden werden, ob die betroffene Rechtsposition des Eigentümers **unverzichtbar** ist (zur Unterscheidung zwischen unentziehbaren und verzichtbaren Rechten etwa BGHZ 202, 346 Rn 15). Ist das der Fall, wie etwa bei den elementaren Rechten auf Teilnahme an der Versammlung und Anfechtung der dort gefassten Beschlüsse (zu einzelnen Ausprägungen s auch Schmid NJW 2011, 1841), scheidet selbst eine vertragliche Regelung aus, weshalb das Institut sogar für die Inhaltskontrolle von Vereinbarungen der Eigentümer bedeutsam ist (BGH NJW 2011, 679 Rn 8: Nichtigkeit eines Stimmrechtsausschlusses; ob die Bezugnahme auf § 134 BGB in diesem Zusammenhang überzeugt, so bereits BGHZ 99, 90, 94, ist allerdings zweifelhaft). Der unverzichtbare Kernbereich ist folglich bei entsprechend weitem Verständnis des Begriffs Rechtsvorschrift unmittelbar durch § 23 Abs 4 S 1 WEG gegen eingreifende Beschlüsse abgesichert. Was selbst durch Vereinbarung nicht geregelt werden könnte, entzieht sich ebenfalls einer Regelung im Beschlusswege aufgrund einer Öffnungsklausel (BGHZ 202, 346 Rn 15 mHinw auf Wenzel ZNotP 2004, 170, 171).

Hinsichtlich des **unentziehbaren Kernbereichs** erscheint gegenwärtig offen, ob Eingriffe ausschließlich zur schwebenden Unwirksamkeit führen (s dazu Rn 371 ff) oder ob auch eine Nichtigkeit in Betracht kommt, wofür der Aspekt des Schutzes von Sondernachfolgern sprechen kann (Rn 354). Die Rechtsunsicherheit in Bezug auf die Kernbereichslehre reicht aber deutlich über diese Frage hinaus. Der BGH scheint das **Institut** im Gesellschaftsrecht insgesamt **zur Disposition zu stellen** und meint, bei Eingriffen in individuelle Rechte komme es letztlich immer maßgeblich darauf an, ob dieser im Verbandsinteresse geboten und dem Betroffenen unter Berücksichtigung seiner eigenen schutzwerten Belange zumutbar ist (BGHZ 203, 77 Rn 19; BGH 13. 10. 2020 – II ZR 359/18 Rn 16 ff, MDR 2020, 1454 knüpft allerdings ohne weiteres an die Kernbereichsrechtsprechung an). Das ist Ausdruck des Bestrebens, der Praxis die durch das Mehrheitsprinzip gewährleistete flexible Handlungsfähigkeit tatsächlich nur dort vorzuenthalten, wo es der Schutz der Minderheit unter Abwägung aller Belange gebietet. Dieses Ziel steht letztlich auch hinter den hier (Rn 349) vorgetragenen Bedenken gegen eine Beschlussnichtigkeit, die sich allein auf die gesetzesergänzende oder -ändernde Wirkung des Beschlusses gründet. Allerdings sorgt das Erfordernis einer umfassenden Abwägung im Einzelfall auf der anderen Seite für erhebliche Rechtsunsicherheit (gegen eine Abkehr von der Kernbereichslehre plädieren daher genau aus diesem Grund Teile des Schrifttums BeckOK-HGB/Klimke § 119 HGB Rn 47 mwNw). Indes wird auch der Kernbereichslehre vorgehalten, es fehlten ihr klare Konturen. Das **Problem der Kernbereichslehre** besteht letztlich darin, dass durch die Zuordnung eines bestimmten Rechts, zB des Stimmrechts, zum Kernbereich die Entscheidung über die Wirksamkeit des Rechtsgeschäfts – das kann beim unverzichtbaren Kernbereich auch eine Vereinbarung sein – gefallen scheint. Tatsächlich sind aber Abstufungen geboten (s zum Stimmrecht § 25 WEG Rn 8). Diese kann die Kernbereichslehre deswegen nicht gut abbilden, weil der Gedanke eines „unantastbaren Kerns" in ihr angelegt ist, was intuitiv überzeugt und daher zu ihrer weiten Verbreitung als Instrument der Beschränkung der Privatautonomie beigetragen haben dürfte. 353

Die Unsicherheiten im Umgang mit Kernbereichsverstößen zeigt auch die Entscheidung des BGH zur fehlenden Kompetenz, Ansprüche aus § 10 Abs 2 S 3 WEG aF (heute § 10 Abs 2 WEG) zu vergemeinschaften (BGH 13. 10. 2017 – V ZR 353a

305/16, NJW 2018, 1254). Der BGH geht von einer Nichtigkeit des Beschlusses aus, ohne den Individualanspruch auf Änderung der Gemeinschaftsordnung explizit dem unverzichtbaren Kernbereich zuzuweisen. Ordnet man diesen dem unentziehbaren Kernbereich zu, hätte sich der Senat fragen müssen, ob tatsächlich gegen oder zumindest ohne den Willen der im Kernbereich ihrer Rechtsstellung (vermeintlich) betroffenen Eigentümer gehandelt wurde. Das lag nach dem mitgeteilten Sachverhalt eher fern; denn offenbar gab es nur einen Eigentümer, der die angestrebte Änderung der Gemeinschaftsordnung nicht wollte, und gerade dieser erhob Beschlussmängelklage gegen die Vergemeinschaftung. Das Verhältnis dieser Entscheidung zu der bei Rn 373 dargestellten Judikatur zur schwebenden Unwirksamkeit von Beschlüssen, die in den unentziehbaren Kernbereich eingreifen, muss als vollkommen ungeklärt gelten.

354 Folgt die Beschlusskompetenz aus der allg Vorschrift des § 19 Abs 1 WEG (Rn 345), kommt es deswegen auf die Kernbereichslehre regelmäßig nicht an, weil das weite Kriterium der Gesetzes- oder Vereinbarungsänderung (Rn 101, 345 f) entsprechende Beschlüsse bereits auf einer vorgelagerten Prüfungsstufe am Fehlen formaler Beschlusskompetenz scheitern lässt (s dazu BGHZ 145, 158, 165 f). Inwieweit die materiellen Schutzinstrumente auch **im Bereich der gesetzlichen Öffnungsklauseln** (s Rn 347) eine Kontrollfunktion entfalten, ist hingegen nicht geklärt. Grundsätzlich erscheint das durchaus möglich, wenngleich §§ 16 Abs 2 S 2, 21 Abs 5 S 1 WEG die Belastung einzelner Eigentümer gerade zulassen, wodurch das Belastungsverbot seinerseits beschränkt wird. Der BGH hat eine fehlende Beschlusskompetenz in einem Fall angenommen, in dem ein nach der Teilungserklärung von der Kostentragung temporär befreiter Dachgeschosseigentümer durch Beschluss erstmalig an Kosten beteiligt werden sollte. Dies hat er im Wege einer einschränkenden Auslegung von § 16 Abs 3 WEG aF begründet und angenommen, die Kompetenznorm setze eine bereits bestehende Kostentragungspflicht voraus (BGH NJW 2012, 2578 Rn 13; **abl** Hügel/Elzer [2. Aufl] § 16 WEG Rn 87). Die Argumentation mutet sehr formal an. Teleologisch könnte hinter ihr das Belastungsverbot stehen. Allerdings muss man bedenken, dass allein die Zustimmung des betroffenen Eigentümers, der im entschiedenen Fall den Beschluss sogar befolgte und zahlte, nicht zur Wirksamkeit des Beschlusses mit der Folge führen darf, dass auch ein Sondernachfolger gem § 10 Abs 3 WEG gebunden ist (dieser hatte sich im Fall des BGH auf die Nichtigkeit des Beschlusses berufen). Dies deswegen, weil die Gemeinschaftsordnung zu seinen Gunsten den Sondervorteil (§ 35 BGB) ausweist und für ihn nicht zu erkennen ist, ob der abweichende Beschluss, dessen Wortlaut die Beschluss-Sammlung wiedergibt, wirksam gefasst wurde. Das spricht für die vom BGH angenommene Nichtigkeit und gehört zu den ungelösten Problemen der vom BGH anerkannten Kategorie der schwebend unwirksamen Beschlüsse (vgl Rn 374).

dd) Sonderfall: Beschlusskompetenz zugunsten bestimmter Eigentümergruppen („Untergemeinschaften")

355 Zu den Öffnungsklauseln gehören nach einer Ansicht (Hügel NZM 2010, 8, 14) Vereinbarungen, die die Beschlusskompetenz an einen Teil der Wohnungseigentümer delegieren. Solche Regelungen führen in der Tat, wie Öffnungsklauseln, zur Herabsetzung der erforderlichen Ja-Stimmen, gehen aber zudem mit einem Stimmrechtsausschluss für einen Teil der Eigentümer einher (§ 25 WEG Rn 8b), was sie von den Öffnungsklauseln **unterscheidet**. Verbreitet sind Gemeinschaftsordnungen, in denen die Zugehörigkeit zu einer sog Untergemeinschaft (dazu STAUDINGER/LEHMANN-RICHTER § 19 WEG Rn 8; zur Unschärfe dieses Begriffs HÄUBLEIN ZWE 2010, 149, 150) anhand der Belegenheit der Sondereigentumseinheiten in einem baulich verselbständigten Gebäude oder Gebäudeteil festgelegt und die Beschlusskompetenz der betreffenden Eigentümergruppe davon abhängig gemacht wird, dass die zu regelnde Materie **ausschließlich diese Gruppe betrifft**. Das ist im Grundsatz zulässig (s BGH ZWE 2012, 494 Rn 10; 12. 11. 2021 – V ZR 204/20 Rn 13, ZWE 2022, 123). Wo die Grenzen einer solchen Kompetenz liegen, hängt von Formulierung und Systematik der jeweiligen Urkunde ab (OLG München ZMR 2016, 303). So betrifft etwa der Abschluss eines Vertrages mit einem Handwerker mangels Rechtsfähigkeit der „Untergemeinschaft" regelmäßig selbst dann sämtliche Eigentümer, wenn sich die Baumaßnahme auf ein Gebäude beschränkt (HÄUBLEIN ZWE 2010, 149, 152 ff). Nicht anders verhält es sich mit dem Wirtschaftsplan oder der Jahresabrechnung, die in aller Regel gebäudeübergreifende Kostenpositionen enthalten (der BGH geht davon aus, dass die Gesamtabrechnung zwingend Sache der Gesamtgemeinschaft sei, BGH 16. 7. 2021 – V ZR 163/20, NJW 2021, 3057; dazu STAUDINGER/HÄUBLEIN/LEHMANN-RICHTER § 28 WEG Rn 65 f, 279 f).

Die Rechtslage wird verkompliziert und ist im Einzelfall oft unsicher, weil die **Formulierungen**, mit denen die Beschlusskompetenz zugewiesen wird, **stark variieren**. Regelungen, die nicht auf ein Betroffensein vom Beschluss abstellen, sondern an andere Kriterien anknüpfen, können naturgemäß zu einer abweichenden, oft sehr weitreichenden Beschlusskompetenz der Eigentümergruppe führen. Bei der Formulierung der Gemeinschaftsordnung ist größte Sorgfalt geboten, weil es bei deren Auslegung entscheidend auf den Wortlaut ankommt (zur Auslegung von Vereinbarungen s STAUDINGER/WOBST [2023] § 10 WEG Rn 32). Ist etwa vereinbart, dass Untergemeinschaften in eigener Zuständigkeit über die Lasten und Kosten entscheiden, wie wenn sie selbständige Eigentümergemeinschaften wären, wird die Grenze ihrer Beschlusszuständigkeit nach Ansicht des BGH nicht bereits mit der Aufnahme der anteiligen Kosten in die Wirtschaftspläne und Abrechnungen, sondern erst dann überschritten, wenn sie dadurch einen in der Gemeinschaftsordnung bestimmten oder den auf einer Gesamteigentümerversammlung beschlossenen Verteilungsschlüssel ändern (BGH ZWE 2012, 494 Rn 12). Das ist zweifelhaft (enger später BGH 16. 7. 2021 – V ZR 163/20, NJW 2021, 3057; vgl auch STAUDINGER/HÄUBLEIN/LEHMANN-RICHTER § 28 WEG Rn 65). 356

Sind nach einer Vereinbarung für „Maßnahmen der Instandhaltung und Instandsetzung (**Erhaltung**), der Modernisierung sowie sonstige **bauliche Veränderungen** an einem Gebäude nur die Eigentümer zur Beschlussfassung berufen, deren Wohn- oder Teileigentum sich in diesem Gebäude befindet", wird die Beschlusskompetenz nicht dadurch begrenzt, dass die Auftragserteilung nur im Namen der Gemeinschaft der Wohnungseigentümer insgesamt erfolgen kann und daher alle Eigentümer **gem § 9a Abs 4 WEG haften**. Zum einen kommt es nach der konkreten Formulierung der Regelung nicht auf das fehlende Betroffensein der übrigen Eigentümer an (vgl hierzu HÄUBLEIN, in: SCHRÖDER [Hrsg], Drei Jahre nach der WEG-Reform – Eine Zwischenbilanz [2011] 63, 76). Zum anderen geht der BGH davon aus, dass die durch die Mithaftung ausgelöste Beeinträchtigung der Interessen der übrigen Eigentümer von diesen hinzunehmen ist, zumindest wenn im Innenverhältnis die Kosten allein von den Eigentümern des betroffenen Gebäudes aufzubringen sind (BGH 10. 11. 2017 – V ZR 184/16 Rn 21 ff, NJW 2018, 1309). 356a

356b Sind die übrigen Eigentümer nach dem Inhalt der Gemeinschaftsordnung vom Mitgebrauch ausgeschlossen, können die allein gebrauchsberechtigten Eigentümer eines Hauses für dieses **Nutzungsregelungen** treffen und sogar Sondernutzungsrechte begründen (OLG München ZMR 2016, 303). Zum Problem des Blockstimmrechts ohne entsprechende Vereinbarung § 25 WEG Rn 245.

ee) Absolute Beschlussunzuständigkeit als eigenständige Kategorie?

357 Vor allem in der älteren Judikatur aus der Zeit vor der grundlegenden Entscheidung vom 20. 9. 2000 (BGHZ 145, 158), ist die Nichtigkeit häufig mit der absoluten Unzuständigkeit der Versammlung der Wohnungseigentümer oder synonym mit der absoluten Beschlussunzuständigkeit begründet worden (BayObLG 1985, 345 = ZMR 1985, 421; 1994, 140 = ZMR 1994, 420; OLG Hamm OLGZ 1991, 175). Diese wird zT noch heute als eigene, neben der fehlenden Beschlusskompetenz stehende Fallgruppe der Nichtigkeit angesehen (s Bärmann/Merle WEG, 14. Aufl., Rn 150, der von absoluter Unzuständigkeit der Wohnungseigentümer spricht; unklar Bärmann/Dötsch Rn 293, der den Begriff in Anführungszeichen setzt). Das ist überaus zweifelhaft. Bereits in BGHZ 145, 158 wird insofern nicht unterschieden und der BGH scheint die Termini synonym zu gebrauchen (s Rn 126). Das deckt sich mit der Instanzrechtsprechung, die **absolute Unzuständigkeit oft mit fehlender Beschlusskompetenz gleichgesetzt** (OLG Hamm ZMR 2005, 897; OLG München NJW 2005, 3006; LG Saarbrücken ZWE 2011, 47). Im Schrifttum werden ebenfalls dieselben Sachverhalte, etwa die Überschreitung der Zuständigkeit einer Teilversammlung (BGH ZWE 2012, 494 = ZMR 2012, 979), sowohl als Fälle der absoluten Unzuständigkeit der (Teil-)Versammlung behandelt (Bärmann/Merle WEG, 14. Aufl., Rn 151) als auch sub specie fehlender Beschlusskompetenz (Bärmann/Merle WEG, 14. Aufl., Rn 157).

358 Wenn man eine Unterscheidung für geboten erachtet, was angesichts identischer Folgen für die gefassten Beschlüsse fraglich ist, dann wäre sie wohl dort vorzunehmen, wo überhaupt keine Regelungskompetenz der Wohnungseigentümer besteht, etwa wenn es um die Belastung Dritter geht oder um Zuweisungen zum Sondereigentum entgegen § 5 Abs 2 WEG (zu den Gründen für diese Beschränkung der Privatautonomie Staudinger/Rapp/Wobst [2023] § 5 WEG Rn 33). Fehlt hingegen nur die Möglichkeit, die Angelegenheit durch Beschluss zu regeln, erscheint der Begriff der „absoluten" Unzuständigkeit eher unangebracht. Durch diese terminologische Festlegung würde die Fallgruppe der fehlenden Beschlusskompetenz auf die zuletzt genannten Sachverhalte reduziert (zur hier nicht angesprochenen, aber unterstellten Unterscheidung von Kompetenzmängel und Verstößen gegen §§ 134, 138 BGB s Armbrüster ZWE 2008, 361 sowie allg MünchKomm/Armbrüster § 134 Rn 9).

d) Teilnichtigkeit

359 Verstößt ein Beschluss nur teilweise gegen zwingendes Recht, wendet die hM **§ 139 BGB** an. Der BGH äußert sich allerdings einschränkend dahin, dass die Vorschrift bei Wohnungseigentumsbeschlüssen jedenfalls dann entsprechend anwendbar sei, wenn diese nicht lediglich interne Wirkung entfalten, sondern auf die Begründung, Änderung oder Aufhebung rechtlicher Befugnisse oder Pflichten gerichtet sind (vgl BGH NJW 2012, 2648 Rn 10 mHinw auf BGHZ 139, 289, 298). Indes ist die Berechtigung einer solchen Einschränkung zweifelhaft. Auf § 139 BGB kommt es nur an, wenn sich der Beschluss als **einheitliches Geschäft** darstellt. Maßgeblich ist ein entsprechender Einheitlichkeitswille (Staudinger/H Roth [2020] § 139 BGB Rn 37). Er wird regelmäßig

nicht ausdrücklich geäußert und muss daher aus den Umständen ermittelt werden. Das Zusammenfassen mehrerer Regelungen in einem Beschluss ist regelmäßig ein gewichtiges Indiz für diesen Willen (Jennissen/Schultzky Rn 199). Ferner muss das Geschäft **inhaltlich teilbar** sein (Staudinger/H Roth [2020] § 139 BGB Rn 60 ff). Schließlich muss ermittelt werden, ob die Eigentümer in Kenntnis der Nichtigkeit eines Teils der Regelung über den verbleibenden Rest ebenso beschlossen hätten. Dieser hypothetische Wille orientiert sich grundsätzlich am objektiv Vernünftigen, sofern nicht ein gegenteiliger Wille der Eigentümer erkennbar geworden ist (Staudinger/H Roth [2020] § 139 BGB Rn 75). Der BGH verlangt zwar, dass zweifelsfrei davon auszugehen ist, dass der Beschluss auch als Teilregelung gefasst worden wäre (vgl BGHZ 202, 346 Rn 21), bejaht diese Voraussetzung aber, wenn die Teilaufrechterhaltung dem objektiv Vernünftigen entspricht (BGH ZWE 2017, 177 = ZMR 2017, 317 mHinw auf BGH NJW 2012, 2648 Rn 13; einschränkend zur Gesamtunwirksamkeit auch LG Rostock 10. 5. 2019 – 1 S 115/18 juris Rn 10, ZMR 2019, 795). Maßgeblich ist der Zeitpunkt der Beschlussfassung (OLG Köln ZMR 2008, 70).

Der BGH vertritt die Ansicht, eine **getrennte Beschlussfassung** – im konkreten Fall **359a**
ging es um die Bestellung des Verwalters und den Abschluss des Verwaltervertrages in gesonderten Beschlüssen – führe dazu, dass die Beschlüsse eigenständig zu behandeln sind und in ihrem Bestand von dem Schicksal des jeweils anderen nicht berührt werden, was die Anwendung von § 139 BGB ausschließe (BGH 5. 7. 2019 – V ZR 278/17 Rn 40, ZWE 2020, 83). Dem muss bei der Formulierung von Beschlussanträgen unbedingt Rechnung getragen werden, um eine Bindung der Eigentümer an einen ungewollten Torso zu verhindern. Wenn sich Beschlüsse nach dem Interesse der Eigentümer wechselseitig in dem Sinne bedingen, dass die Mehrheit den einen nicht ohne den anderen gefasst hätte, muss dies möglichst im Beschlusstext selbst deutlich zum Ausdruck gebracht werden (s auch Häublein ZWE 2020, 91; zu bedingten Beschlüssen auch Rn 73).

Eine besonders große Rolle spielt die Teilnichtigkeit bislang bei der **Abrechnung** **360**
(s dazu Staudinger/Häublein [2018] § 28 WEG Rn 189, 195; zur Teilnichtigkeit von Positionen in Wirtschaftsplan/Jahresabrechnung s ferner BGH ZWE 2012, 494 Rn 12 mHinw auf BGH NJW 2012, 2648 Rn 13; LG Frankfurt/M 17. 5. 2018 – 2-13 S 91/16, juris Rn 9, ZMR 2018, 789). Nach zutreffender Ansicht führt auch ein Verstoß gegen § 26 Abs 2 S 1 WEG nur zur Teilnichtigkeit in dem Umfang, in dem die Höchstdauer überschritten wird (Staudinger/Jacoby § 26 WEG Rn 10; **aA** Jennissen/Schultzky Rn 200). Wer einer Person das Vertrauen für einen Zeitraum entgegenbringt, der drei oder fünf Jahre überschreitet, hätte in Kenntnis der gesetzlichen Vorgaben im Zweifel diese gewählt. Insbesondere besteht kein Anlass, die zeitliche Bindung aus präventiven Erwägungen vollkommen zu kassieren. Ein Verbot geltungserhaltender Reduktion, das aus dem Recht der AGB geläufig ist, ist insoweit nicht anzuerkennen. Abgelehnt wurde aber die Teilaufrechterhaltung der Verwalterbestellung bei Ungültigkeit des mitbeschlossenen Verwaltervertrages (OLG Köln ZMR 2008, 70). Umfasst ein Beschluss das Entfernen sog „SAT-Schüsseln" durch die Gemeinschaft und weiter das Verbot, solche am Gemeinschaftseigentum anzubringen, soll nur der erste Teil mangels Beschlusskompetenz nichtig und der zweite Teil aufrecht zu erhalten sein (LG Hamburg ZMR 2016, 131; zur Unteilbarkeit eines Verbots von Sattelitenantennen s LG Hamburg ZMR 2014, 743).

3. Anfechtbare Beschlüsse

361 Die zweite in § 23 Abs 4 WEG vorgesehene Kategorie von Beschlussmängeln betrifft solche, die nach Ablauf der **Anfechtungsfrist** (§ 46 Abs 1 WEG) auf die Wirksamkeit des Beschlusses keine Auswirkungen mehr haben können. Damit die Verwaltung, die Benutzung und sonstige der beschlussweisen Regelung der Eigentümer unterworfene Belange nicht durch unsichere rechtliche Grundlagen belastet werden (zum Verkehrsschutz durch Rechtssicherheit als Ziel dieses Konzeptes s Rn 5). Man spricht insofern auch von „bloß rechtswidrigen" Beschlüssen, was allerdings eine sprachlich wenig gelungene Beschreibung des Phänomens ist. **Gegenstand der Anfechtung** können alle Beschlüsse, selbst Negativbeschlüsse (s Staudinger/Lehmann-Richter § 44 WEG Rn 182, 220) sein, ganz gleich ob sie in der Versammlung, außerhalb einer solchen oder in einem (vereinbarten) kombinierten Verfahren gefasst wurden. Bedingte Beschlüsse unterliegen der Anfechtung ebenfalls, weil auch sie nach Ablauf der Anfechtungsfrist bestandskräftig werden und nur ihre Wirkungen aufgeschoben sind (s Rn 73; wie hier Bärmann/Dötsch Rn 317). Zu den Besonderheiten von **GO-Beschlüssen**, bzgl derer § 23 Abs 4 S 2 WEG **teleologisch zu reduzieren** ist, s § 24 WEG Rn 206. Vereinbarungen können hingegen nicht angefochten werden (Rn 336), ebenso Nichtbeschlüsse (Scheinbeschlüsse; s Rn 116). Hier kommt eine – von § 44 Abs 1 S 1 Var 2 WEG (dazu Staudinger/Lehmann-Richter § 44 WEG Rn 235) zu unterscheidende – Klage auf Feststellung der Nichtigkeit bzw des Nichtbestehens einer rechtgeschäftlichen Regelung in Betracht (Soergel/Skauradszun Rn 68 mwN).

a) Unterscheidung von formellen und materiellen Beschlussmängeln

362 Hinsichtlich der Gründe, die zu einer Anfechtbarkeit führen können, wird gemeinhin zwischen **formellen**, dh das Verfahren des Zustandekommens des Beschlusses betreffenden (zur Anfechtbarkeit insbes bei Einberufungs- und Durchführungsmängeln der Versammlung s ausf § 24 WEG Rn 112 ff und oben Rn 314a sowie wegen einzelner sonstiger formeller Mängel, zB Zählfehler, ferner Rn 128a ff, 138, § 24 WEG Rn 30, 77, 87, 100, § 25 WEG Rn 65, 94, 200, 246, 251) und **materiellen**, auf den Inhalt Bezug nehmenden Beschlussmängeln unterschieden. Der inhaltliche Mangel kann sich aus einem Verstoß gegen eine dispositive gesetzliche Norm oder eine Vereinbarung ergeben. Die Grundsätze ordnungsmäßiger Verwaltung werden durch diese konkretisiert.

363 Die Unterscheidung ist vor allem deswegen von **praktischer Bedeutung**, weil nur inhaltliche Beschlussmängel dem Anfechtungskläger stets zum Erfolg verhelfen. Bei formellen Fehlern kommt es hingegen nach hM auf deren Auswirkungen auf den Beschluss an (Kausalitätstheorie), während nach einer im Vordringen befindlichen Ansicht auf den Zweck der verletzten Verfahrensnorm und das Ausmaß der Beeinträchtigung von Eigentümerrechten und deren Bedeutung abzustellen ist (Relevanztheorie). S dazu mit einer Präferenz für die neuere Auffassung (ebenso Bärmann/Dötsch Rn 323) § 24 WEG Rn 112 ff.

364 Wird ein **Beschluss über die Entziehung des Wohnungseigentums** angefochten, prüft das Gericht im Verfahren gem § 44 WEG nur die formelle Rechtmäßigkeit. Da es sich um ein gestuftes Verfahren handelt, ist die sachliche Rechtfertigung des von der Mehrheit erhobenen Entziehungsanspruchs erst im Rahmen der Entziehungsklage (s § 17 Abs 4 WEG) zu prüfen (BGHZ 190, 236 Rn 5; BayObLGZ 1999, 66, 69).

b) Wirkungen anfechtbarer Beschlüsse und Folgen einer Anfechtung

Ein anfechtbarer Beschluss ist bis zur rechtskräftigen Entscheidung über seine Ungültigkeit **wirksam**. Er ist daher für alle Personen, die dem dadurch gesetzten Binnenrecht unterworfen sind, dh insbes für die Wohnungseigentümer und den Verwalter, **verbindlich**. Die Bindungswirkung des Beschlusses erfasst, unabhängig davon, ob Bestandskraft eingetreten ist oder das Anfechtungsverfahren noch schwebt, neben den gegenwärtigen Eigentümern auch **Sondernachfolger** (zur Bindungswirkung s Rn 70). Die Anfechtungsklage hat keine aufschiebende Wirkung (Staudinger/Lehmann-Richter § 44 WEG Rn 66). Allerdings wirkt ein entsprechendes Gestaltungsurteil zurück (zur Wirkung des Gestaltungsurteils Staudinger/Lehmann-Richter § 44 WEG Rn 147 ff). Der Beschluss ist **ex tunc ungültig**. Vermögensverschiebungen, die auf der Grundlage des Beschlusses bereits erfolgt sind, sind daher auszugleichen, wobei nicht abschließend geklärt ist, ob es insoweit mit den allgemeinen Vorschriften sein Bewenden hat (§ 812 Abs 1 S 2 Var 1 BGB) oder ob sich ein speziellerer – nicht notwendig unmittelbar auf Zahlung gerichteter – Anspruch aus dem Gemeinschaftsverhältnis ergibt (zur Ablehnung eines bereicherungsrechtlichen Anspruchs bei zumindest teilweiser Aufhebung des Abrechnungsbeschlusses s BGH 10. 7. 2020 – V ZR 178/19, ZWE 2020, 425). Eine gewisse **Durchbrechung** erfährt dieses Prinzip aus Gründen des Verkehrsschutzes, wenn der Beschluss über die Verwalterbestellung aufgehoben wird, weil dies nach hM nicht auf die bereits vorgenommene Verwaltungshandlung durchschlägt (§ 24 WEG Rn 39). Darüber hinaus beseitigt nach Ansicht des BGH erst die Rechtskraft des Urteils im Anfechtungsverfahren einen etwaigen Verzug des durch den Beschluss zur Leistung verpflichteten Eigentümers (BGH 10. 7. 2020 – V ZR 178/19 Rn 31, ZWE 2020, 425). 365

In welchem Umfang der Beschluss für ungültig erklärt wird, richtet sich nach dem Antrag (§ 308 Abs 1 ZPO). Eine **Teilanfechtung** ist grundsätzlich möglich. Bei entsprechendem Antrag spricht § 139 BGB dafür, iZw den gesamten Beschluss für ungültig zu erklären (BGHZ 139, 288, 297; s aber Rn 359). Wurde der **Beschluss bereits vollzogen** – was eigentlich die Regel sein muss, weil die früher in § 27 Abs 1 Nr 1 WEG aF explizit erwähnte und fortbestehende Durchführungspflicht grundsätzlich auch rechtswidrige (und angefochtene) Beschlüsse betrifft (zur Berücksichtigung dieser Grundregel im Rahmen des einstweiligen Rechtsschutzes LG München I ZWE 2009, 84, 86 f) –, kann der Betroffene bei rechtskräftiger Aufhebung die Rückgängigmachung der Verwaltungsmaßnahme beanspruchen (**Folgenbeseitigungsanspruch**; s dazu Gottschalg NZM 2001, 113, 114 ff; Jennissen/Schultzky Rn 213; Soergel/Skauradszun Rn 77; aus der Rspr etwa LG München I ZWE 2009, 84, 87; speziell zur Verwirkung eines solchen Anspruchs KG ZMR 2009, 790). Der Anspruch folgt aus § 18 Abs 2 WEG (früher § 21 Abs 4 WEG aF s BayObLG WuM 1992, 566) und richtet sich gegen die Gemeinschaft. Als weitere Anspruchsgrundlagen werden § 1004 Abs 1 BGB und §§ 823 Abs 1, 249 BGB in Betracht gezogen (Schmid ZWE 2013, 111, 112). Ungeklärt ist, ob aus dem Gemeinschaftsverhältnis (Treuepflicht) eine über die allg Vorschriften (§§ 226, 242, 251 Abs 2, 275 Abs 2 BGB) hinausgehende Beschränkung der Durchsetzbarkeit derartiger Ansprüche folgt (zum Missbrauchseinwand Jennissen/Schultzky Rn 214). Aktivlegitimiert ist jeder betroffene Eigentümer. Auch nach gerichtlicher Aufhebung eines Beschlusses können die Eigentümer **erneut einen Beschluss mit gleichem Inhalt fassen** (Rn 97). 366

Nach **Eintritt der Bestandskraft** eines Beschlusses kann ein Anfechtungsgrund (zum Einwand der Nichtigkeit nach rechtskräftiger Abweisung der Anfechtungsklage s Rn 336) nicht mehr geltend gemacht werden. Der Einwand, ein Beschluss habe ordnungsmäßiger 367

Verwaltung widersprochen, ist grundsätzlich ausgeschlossen, weshalb nach Ansicht des BGH auch Schadensersatzansprüche ausscheiden (BGH NJW 2012, 2955). Der inhaltlich fehlerhafte Beschluss werde zwar durch den Eintritt der Bestandskraft nicht fehlerfrei, bleibe aber nach § 23 Abs 4 S 2 WEG gültig und bilde daher die Rechtsgrundlage für das weitere Handeln der Wohnungseigentümer, ihrer Gemeinschaft und des zur Durchführung verpflichteten Verwalters (s hierzu auch Rn 369).

c) Sonderfall: Anspruch auf Zweitbeschluss

368 Haben die Eigentümer einen Beschluss gefasst, der ordnungsmäßiger Verwaltung zwar widerspricht, der jedoch durch Ablauf der Anfechtungsfrist bestandskräftig geworden ist, fragt sich, ob **aus § 18 Abs 2 WEG** ein Anspruch auf abweichende Beschlussfassung besteht. Dafür könnte sprechen, dass jedenfalls bei Beschlussmängeln, die den Inhalt betreffen, durch den Beschluss eine Rechtslage entstanden ist, die nicht den Grundsätzen ordnungsmäßiger Verwaltung entspricht. Dieser gedankliche Ansatz wurde vor allem bis zu der in BGHZ 145, 158 veröffentlichten Grundsatzentscheidung herangezogen, um den von Beschlüssen mit Vereinbarungsinhalt betroffenen Eigentümern ein Instrument an die Hand zu geben, den vereinbarungs- oder gesetzesgemäßen Zustand wiederherzustellen (s etwa Hauger WE 1993, 231). Er kann für sich in Anspruch nehmen, die wechselseitigen Belange auszugleichen, indem er einerseits eine an den Grundsätzen ordnungsmäßiger Verwaltung orientierte Willensbildung sichert und andererseits an der beschlossenen Rechtslage solange festgehalten wird, bis ein abweichender Beschluss gefasst worden ist, was für Rechtsklarheit sorgt.

369 Gleichwohl hat sich der Ansatz zu Recht **nicht durchgesetzt**, weil die Rechtssicherheit auch dann gefährdet erscheint, wenn die Wohnungseigentümer jederzeit damit rechnen müssten, auf abändernde Zweitbeschlussfassung in Anspruch genommen zu werden. Das ist dem Rechtsfrieden abträglich und belastet den Rechtsverkehr, weil dieser gehalten wäre, auch nach Ablauf der Anfechtungsfrist die Ordnungsmäßigkeit des Beschlussinhalts zu prüfen. Zutreffend geht daher der BGH davon aus, ein bestandskräftiger Beschluss schließe den Einwand aus, die Beschlussfassung habe nicht ordnungsgemäßer Verwaltung entsprochen (BGHZ 195, 22 Rn 16; ZWE 2012, 218 Rn 9; s zuvor bereits BGH NJW 2011, 2660 Rn 16 mHinw auf OLG Hamm ZMR 2005, 808, 809).

370 Ein Anspruch auf (abweichende) Zweitbeschlussfassung besteht nur dann **ausnahmsweise**, wenn **schwerwiegende Gründe** – etwa eine erhebliche Änderung der tatsächlichen Verhältnisse – das Festhalten an dem Beschluss als treuwidrig erscheinen lassen und der bestehende Zustand in seinem Sinne verändert werden muss (BGHZ 195, 22 Rn 17; 197, 274 Rn 22; 207, 40 Rn 16; Jennissen/Schultzky Rn 91 mwNw). Das Ermessen der Mehrheit, einen Zweitbeschluss zu fassen, ist dann auf null reduziert. Da allerdings im Hinblick auf den Inhalt des Zweitbeschlusses durchaus noch ein Ermessen bestehen kann, ist grundsätzlich die Vorbefassung der Versammlung erforderlich.

4. Schwebend unwirksame Beschlüsse

371 Kontrovers ist die in § 23 Abs 4 WEG nicht erwähnte Kategorie der schwebend unwirksamen Beschlüsse (dazu etwa Bub, in: FS Seuß [2007] 53 = ZWE 2007, 339). Die terminologische Unterscheidung von Nichtigkeit und Unwirksamkeit ist schwierig, zumal eine Differenzierung in privatrechtlichen Normen nicht stets konsequent vorgenommen wird (s dazu Leenen/Häublein, Allg Teil [2021] § 9 Rn 15). Im Kern dürfte es darum gehen, dass unwirksame Geschäfte durch das Hinzutreten gewisser Umstände zu wirksamen erstarken können, weshalb der Formulierung „schwebend unwirksam" etwas Tautologisches anhaftet. Allerdings wird die Bedeutung dieser Unterscheidung dadurch relativiert, dass Nichtigkeitsgründe geheilt werden können (s in Bezug auf § 125 S 1 BGB etwa §§ 311b Abs 1 S 2, 766 S 3 BGB).

Zu den unwirksamen Beschlüssen werden zum einen solche gezählt (dazu etwa Bärmann/Dötsch Rn 274), bei denen ein zur Wirksamkeit erforderlicher Akt fehlt, der **Klarheit über das Zustandekommen** eines Beschlusses schafft, insbes die Verkündung (dazu ausf Rn 29 ff; zu sog Protokollierungsklauseln s § 24 WEG Rn 243 ff). Zum anderen geht es um Beschlüsse, die einzelne Eigentümer in ihren **unentziehbaren Rechten verletzen**, etwa weil ihnen eine nach der Gemeinschaftsordnung zustehende Vergünstigung entzogen wird. Ginge man hier von einem mangels Beschlusskompetenz nichtigen Beschluss aus, was durchaus vertreten wird, läge darin wohl eine überschießende Rechtsfolge, die zum Schutz des betroffenen Eigentümers nicht geboten erscheint. Eine Regelung durch zustimmungsbedürftigen Mehrheitsbeschluss verschafft den Eigentümern, verglichen mit einer Vereinbarung, eine größere Flexibilität, ohne dass der nachteilig Betroffene in seinen schutzwürdigen Belangen beeinträchtigt wird (ausf Becker/Strecker ZWE 2001, 569). 372

Der **BGH** hat die Kategorie der schwebend unwirksamen Beschlüsse **anerkannt** (s aber Rn 374a) und dadurch ein differenziertes Rechtsfolgensystem etabliert, dessen Auswirkungen noch nicht hinreichend geklärt erscheinen. In BGHZ 157, 322 ging es um einen Beschluss, der durch ein Parabolantennenverbot in das Individualrecht auf Informationsfreiheit eines Eigentümers und damit in den unentziehbaren Kernbereich seines Eigentums eingriff. Angesichts der mehrheitsfesten, wohl aber verzichtbaren Position habe die fehlende Zustimmung des betroffenen Wohnungseigentümers zunächst lediglich die schwebende Unwirksamkeit des Beschlusses zur Folge (hierfür bezieht sich der BGH auf Buck Mehrheitsentscheidungen 77 und Becker ZWE 2002, 341, 344 f). Dadurch, dass sich der Eigentümer auf das Recht berief, eine Parabolantenne anzubringen, obwohl der Beschluss ein Verbot enthielt, habe dieser aber zumindest in konkludenter Weise seine Zustimmung verweigert. Damit sei der Beschluss endgültig unwirksam, was seiner Nichtigkeit iE entspricht (BGHZ 157, 322, 335). Diese Rechtsprechung hat der BGH später bestätigt (BGHZ 202, 346 Rn 15). Dabei ging es um einen Beschluss, der zwar formell durch eine Öffnungsklausel legitimiert war, nach Ansicht des BGH aber gegen das Belastungsverbot (s Rn 339, 351, 354) verstieß, weil er eine Eigentümerin die Pflicht zur Instandhaltung einer Gartenfläche auferlegte. Diese versagte ihre Zustimmung, wodurch der Schwebezustand beendet wurde. 373

Die **Folgefragen**, die sich aus dieser Judikatur ergeben, bedürfen – wie erwähnt – noch der Klärung (s dazu auch Rn 353 f). Der BGH hatte es mit Fällen zu tun, in denen sich der Betroffene zur Wehr setzte oder dem Beschluss zuwider handelte. Er musste sich daher nicht mit den Konsequenzen einer Heilung befassen, die insbesondere Rechtsnachfolger des betroffenen Eigentümers unerwartet treffen können. Die Rechtsschutzmöglichkeiten der übrigen Eigentümer liegen gleichfalls im Dunkeln. Ist der Beschluss etwa so formuliert, dass er für einen unbefangenen Betrachter die intendierte Rechtsfolge ungeachtet der erforderlichen Zustimmung der betroffenen 374

Eigentümer auslöst, was der Regelfall sein wird, könnte das ordnungsmäßiger Verwaltung widersprechen. Der Beschluss könnte angefochten werden, weil er geeignet ist, einen unbefangenen Betrachter über die Existenz einer wirksamen Regelung in die Irre zu führen. Ob daneben – oder nach Ablauf der Anfechtungsfrist nur noch – von jedem Eigentümer auf Feststellung der Unwirksamkeit geklagt werden kann, ist ebenso offen. Geklärt hat der BGH nur, dass eine Anfechtungsklage die Feststellung der endgültigen Unwirksamkeit des Beschlusses einschließt, da ein endgültig unwirksamer Beschluss dem nichtigen Beschluss hinsichtlich der Rechtsfolgen gleichsteht (BGHZ 202, 346 Rn 23). Schließlich bedeutet es eine **Vermengung mit den Nichtigkeitsgründen** (s zur Beschlusskompetenz Rn 343), wenn angenommen wird, ein Mehrheitsbeschluss in einer nur durch Vereinbarung regelbaren Angelegenheit sei schwebend unwirksam (so aber Bärmann/Merle WEG, 14. Aufl., Rn 139 zum Verbot der Tierhaltung; die Beschlussnichtigkeit betont aber Bärmann/Dötsch Rn 275). Sie offenbart die Unsicherheit im Umgang mit dieser Kategorie.

374a Infolge der nicht nur in dieser Kommentierung geäußerten Bedenken gegen die dem WEG nicht geläufige Kategorie der schwebend unwirksamen Beschlüsse, hat der **BGH bezweifelt**, ob er an ihr festhält (BGH 12. 4. 2019 – V ZR 112/18 Rn 25, BGHZ 221, 373). § 23 Abs 4 WEG sehe schwebend unwirksame Beschlüsse nicht vor, und es bestünden – ebenso wie bei unter eine Bedingung gestellten Beschlüssen (vgl BGH 6. 7. 2018 – V ZR 221/17, WuM 2018, 802 Rn 16 mAnm Rüscher ZWE 2019, 139) – Bedenken im Hinblick auf das Gebot der Rechtssicherheit. In der zuletzt genannten Entscheidung ging es allerdings um eine (unzulässig) bedingte Beschlussfeststellung, ein vollständiges Bedingungsverbot in Bezug auf Beschlüsse der Wohnungseigentümer kann ihr nicht entnommen werden. Dessen ungeachtet hat der angesprochene Aspekt der Rechtssicherheit hohes Gewicht, wie der Umstand zeigt, dass Wohnungseigentümerbeschlüsse der Bestandskraft zugänglich sind. Fehlt die erforderliche Zustimmung eines Eigentümers zum Zeitpunkt der Beschlussfassung, **ist dieser daher als nichtig anzusehen**. Das widerspricht nicht der zu § 22 Abs 1 WEG aF ergangenen Rechtsprechung, nach der das Fehlen der Zustimmung eines beeinträchtigten Eigentümers nach Ablauf der Anfechtungsfrist unbeachtlich war (dazu nur BGH 20. 7. 2018 – V ZR 56/17 Rn 21, WuM 2018, 596 mwN). Bauliche Veränderungen, die das Maß des § 14 Abs 1 Nr 2 WEG übersteigen und daher nach altem Recht der Zustimmung bedurften, beeinträchtigen die Rechte des Einzelnen nicht per se in gleicher Weise wie der Eingriff in unentziehbare Individualrechte. Diese Interessenbewertung bestätigt § 20 Abs 1 WEG, da die Mehrheit nunmehr in den Grenzen des Abs 4 leg cit frei über bauliche Veränderungen entscheiden kann.

374b Ungeklärt ist, wie es sich auswirkt, wenn betroffene Eigentümer ihre Zustimmung **vor der Beschlussfassung erklärt** haben. In Fällen, in denen der Beschluss in die Rechte aller Eigentümer eingreift, wie es bei einer Vermietungsbeschränkung der Fall ist (s den Sachverhalt, der BGH 12. 4. 2019 – V ZR 112/18, BGHZ 221, 373 zugrunde lag), könnte man bei Vorliegen aller Zustimmungen zum Zeitpunkt der Beschlussfassung zwar von einer (konkludenten) Vereinbarung ausgehen. Ohne Eintragung im Grundbuch jedoch führt dies bei Rechtsnachfolge zu Problemen, weshalb zu fragen ist, ob der Beschluss infolge der Einwilligungen wirksam ist. Gleiches gilt für Sachverhalte, in denen nur die Rechte Einzelner betroffen sind (s das Belastungsverbot betreffend BGH 10. 10. 2014 – V ZR 315/13, BGHZ 202, 346: Belastung eines Sondernutzungsberechtigten mit der Instandhaltung). Hat der betroffene Eigentümer in die Beeinträchtigung seiner

Rechte eingewilligt, muss er an sich nicht durch Beschlussnichtigkeit geschützt werden. Allerdings spielt auch hier der Aspekt der Rechtssicherheit eine Rolle. Der Rechtsverkehr kann das Vorliegen der Einwilligungen nur schwer feststellen. Letztlich geht es um die **Beweisbarkeit der Einwilligungen**. Die Dinge liegen insofern ähnlich wie bei bedingten Beschlüssen, bei denen sich aus dem Beschluss auch nicht ergibt, ob die Bedingung eingetreten ist. Solche Gestaltungen aus Gründen der Rechtssicherheit abzulehnen und daher einen Beschluss trotz vorliegender Einwilligungen als nichtig anzusehen, wäre überschießend und nicht gerechtfertigt. Nach hier vertretener Ansicht ist es Sache desjenigen, der sich auf die Wirksamkeit des Beschlusses beruft, darzulegen und zu beweisen, dass die Zustimmung(en) im Zeitpunkt der Beschlussfassung vorlag(en).

5. Der die Gemeinschaftsordnung ändernde Beschluss

Besonderheiten gelten für Beschlüsse, die auf der **Grundlage einer Öffnungsklausel** 375
(Staudinger/Wobst [2023] § 10 WEG Rn 20) gefasst werden (zum nicht unbestrittenen Beschlusscharakter solcher Regelungen s Rn 16; ausf zu derartigen Änderungsbeschlüssen Köhler/Becker AnwHdb 4. Aufl Rn 3.118 ff). Zunächst ist zu prüfen, ob der Beschluss von der vereinbarten Beschlusskompetenz **gedeckt** ist. Das ist zB nach hM nicht der Fall, wenn auf der Grundlage einer allgemeinen Öffnungsklausel (zur Unterscheidung von sachlich unbegrenzten [„allgemeinen“] und sachlich begrenzten Öffnungsklauseln Köhler/Becker AnwHdb 4. Aufl Rn 3.92 ff) ein Sondernutzungsrecht durch Beschluss begründet wird (zum Meinungsstand s mNachw Köhler/Ott AnwHdb 4. Aufl Rn 12.96 ff; zur Begründung durch eine hinreichend konkretisierte Vereinbarung s ebenda sowie Becker ZWE 2002, 341, 345; Kreuzer FS Merle [2000] 203, 209). Allerdings handelt es sich hierbei um eine einschränkende Auslegung, die bei Licht betrachtet die Funktion einer materiell-rechtlichen Kontrolle des Ausführungsbeschlusses übernimmt. Es ist daher vorzugswürdig, die formelle Beschlusskompetenz nicht durch wertende Auslegungserwägungen zu beschneiden, sondern auf der zweiten Stufe (s Rn 351) unter Berücksichtigung aller Umstände (vgl Schüller RNotZ 2011, 203, 219) zu entscheiden, ob ggf ein Zustimmungserfordernis besteht (so auch Köhler/Ott AnwHdb 4. Aufl Rn 12.97).

Nach einer grundlegenden Entscheidung des BGH (BGHZ 95, 137, 143) ist ein Be- 376
schluss auf der Grundlage einer Öffnungsklausel nur dann rechtmäßig, wenn ein **sachlicher Grund** besteht und kein Eigentümer gegenüber dem früheren Rechtszustand **unbillig benachteiligt** wird. Das Erfordernis eines sachlichen Grundes ist jedoch im Schrifttum in Zweifel gezogen worden, weil es das durch die Regelung begründete Regelungsermessen der Mehrheit in Frage stellt (Häublein, Sondernutzungsrechte 212 mwNw; ders ZMR 2007, 409, 417; Elzer ZMR 2007, 237, 240). Der BGH hat seine Judikatur angepasst und meint, das Kriterium bedeute nur, dass sowohl das „Ob“ als auch das „Wie“ der Änderung nicht willkürlich sein dürfe. Hierbei handele es sich um einen rechtlichen Gesichtspunkt, der bei der Beantwortung der Frage zu berücksichtigen sei, ob die beschlossene Änderung den Grundsätzen ordnungsmäßiger Verwaltung entspreche (BGH ZMR 2011, 808 = ZWE 2011, 327 Rn 11; zuvor bereits zu § 16 Abs 3 WEG aF BGH NJW 2011, 2202 Rn 8; Bärmann/Dötsch Rn 45). Willkürliche Entschließungen dürften sehr selten sein; denn sie setzen voraus, dass sich kein vernünftiger, aus der Natur der Sache ergebender oder sonst wie einleuchtender Grund für die Regelung finden lässt (Armbrüster ZWE 2013, 242, 244).

377 Die Willkürlichkeit muss ebenso wie eine unbillige Beeinträchtigung oder ein sonstiger Verstoß gegen die Grundsätze ordnungsmäßiger Verwaltung vom betroffenen Eigentümer innerhalb der **Anfechtungsfrist** gerichtlich geltend gemacht werden. Sie führt nicht zur Nichtigkeit des Beschlusses (Armbrüster ZWE 2013, 242, 245). Wird die nach der Vereinbarung erforderliche Mehrheit verfehlt, gleichwohl aber ein Beschluss verkündet, erwächst auch dieser Verkündungsbeschluss (Rn 120) in Bestandskraft (LG München I ZMR 2008, 915; LG Berlin ZMR 2015, 327; Schultzky MietRB 2015, 60, 63).

378 Eine Eintragung des Beschlusses im **Grundbuch** war bis zum Inkrafttreten des WEMoG weder vorgesehen noch zulässig (s zu dieser ganz hM nur OLG München ZWE 2010, 128; dazu Commichau ZWE 2010, 126). Gerade die (vereinbarungsändernden; zur Terminologie Rn 101) Beschlüsse auf der Basis von Öffnungsklauseln waren der Grund, warum der Gesetzgeber das alternative Dokumentationssystem der Beschluss-Sammlung eingeführt hat (dazu § 24 WEG Rn 260 ff). An diesem hält das WEMoG fest, sieht nunmehr aber auch **explizit die Eintragung von Beschlüssen** vor, deren alleinige Kompetenzgrundlage eine Öffnungsklausel ist (s §§ 10 Abs 3 S 1, 5 Abs 4 S 1, 7 Abs 2 WEG). Die Existenz von drei unterschiedlichen Publizitätsträgern (Grundbuch, Beschluss-Sammlung und Niederschrift) ist hypertroph (zum Problem der Auflösung von Divergenzen s § 24 Rn 249, 261) und dem Rechtsausschuss zu verdanken (BT-Drucks 19/22634, 45; s dazu auch Häublein ZWE 2021, 385, 394 f).

378a Obwohl die 2007 eingeführte Erleichterung in § 5 Abs 4 S 2 WEG die praktische Bedeutung eines **Zustimmungserfordernisses gem §§ 876 f BGB** deutlich verringert hat, ist die Frage für Beschlüsse, die die Gemeinschaftsordnung ändern, nach wie vor virulent (Bärmann/Dötsch Rn 47; Lieder notar 2016, 283, 297 f; s dazu auch Staudinger/Rapp/Wobst [2023] § 5 WEG Rn 92 ff und 180).

§ 24 WEG
Einberufung, Vorsitz, Niederschrift

(1) Die Versammlung der Wohnungseigentümer wird von dem Verwalter mindestens einmal im Jahre einberufen.

(2) Die Versammlung der Wohnungseigentümer muss von dem Verwalter in den durch Vereinbarung der Wohnungseigentümer bestimmten Fällen, im Übrigen dann einberufen werden, wenn dies in Textform unter Angabe des Zweckes und der Gründe von mehr als einem Viertel der Wohnungseigentümer verlangt wird.

(3) Fehlt ein Verwalter oder weigert er sich pflichtwidrig, die Versammlung der Wohnungseigentümer einzuberufen, so kann die Versammlung auch durch den Vorsitzenden des Verwaltungsbeirats, dessen Vertreter oder einen durch Beschluss ermächtigten Wohnungseigentümer einberufen werden.

(4) Die Einberufung erfolgt in Textform. Die Frist der Einberufung soll, sofern nicht ein Fall besonderer Dringlichkeit vorliegt, mindestens drei Wochen betragen.

(5) Den Vorsitz in der Wohnungseigentümerversammlung führt, sofern diese nichts anderes beschließt, der Verwalter.

(6) Über die in der Versammlung gefassten Beschlüsse ist unverzüglich eine Niederschrift aufzunehmen. Die Niederschrift ist von dem Vorsitzenden und einem Wohnungseigentümer und, falls ein Verwaltungsbeirat bestellt ist, auch von dessen Vorsitzenden oder seinem Vertreter zu unterschreiben.

(7) Es ist eine Beschluss-Sammlung zu führen. Die Beschluss-Sammlung enthält nur den Wortlaut

1. **der in der Versammlung der Wohnungseigentümer verkündeten Beschlüsse mit Angabe von Ort und Datum der Versammlung,**

2. **der schriftlichen Beschlüsse mit Angabe von Ort und Datum der Verkündung und**

3. **der Urteilsformeln der gerichtlichen Entscheidungen in einem Rechtsstreit gemäß § 43 mit Angabe ihres Datums, des Gerichts und der Parteien, soweit diese Beschlüsse und gerichtlichen Entscheidungen nach dem 1. Juli 2007 ergangen sind. Die Beschlüsse und gerichtlichen Entscheidungen sind fortlaufend einzutragen und zu nummerieren. Sind sie angefochten oder aufgehoben worden, so ist dies anzumerken. Im Falle einer Aufhebung kann von einer Anmerkung abgesehen und die Eintragung gelöscht werden. Eine Eintragung kann auch gelöscht werden, wenn sie aus einem anderen Grund für die Wohnungseigentümer keine Bedeutung mehr hat. Die Eintragungen, Vermerke und Löschungen gemäß den Sätzen 3 bis 6 sind unverzüglich zu erledigen und mit Datum zu versehen. Einem Wohnungseigentümer oder einem Dritten, den ein Wohnungseigentümer ermächtigt hat, ist auf sein Verlangen Einsicht in die Beschluss-Sammlung zu geben.**

(8) Die Beschluss-Sammlung ist von dem Verwalter zu führen. Fehlt ein Verwalter, so ist der Vorsitzende der Wohnungseigentümerversammlung verpflichtet, die Beschluss-Sammlung zu führen, sofern die Wohnungseigentümer durch Stimmenmehrheit keinen anderen für diese Aufgabe bestellt haben.

Materialien: BR-Drucks 75/51; BT-Drucks 7/62, 8; BT-Drucks 16/887, 33 f; BT-Drucks 19/18791, 72; BT-Drucks 19/22634, 45.

Schrifttum

S hierzu die Übersicht bei § 23 WEG.

Systematische Übersicht

Alphabetische Übersicht

I. Regelungsgegenstand

1 Wie §§ 23, 25 WEG befasst sich auch § 24 WEG mit der Willensbildung in der Versammlung der Wohnungseigentümer. Die Norm enthält Vorgaben zur Einberufung (Abs 1–4), Versammlungsleitung (Abs 5) sowie -niederschrift (Abs 6) und regelt – seit der Novelle 2007 (BGBl I 370) – auch die Beschluss-Sammlung (Abs 7 und 8). Da-

bei orientierte sich der Gesetzgeber des Jahres 1951 im Ausgangspunkt an den §§ 36 f BGB (Bärmann/Merle Rn 1). Er nimmt für die Organisation und Durchführung der Versammlung grundsätzlich **den Verwalter in die Pflicht**. Da die Verwaltung nach dem WEMoG Sache der GdWE ist (§ 18 Abs 1 WEG), wird dieser auch insoweit **als Verbandsorgan** tätig.

Die Formalien der Versammlung werden in § 24 **nicht umfassend geregelt** (s auch § 25 WEG Rn 2). So fehlen etwa explizite Vorgaben zu Versammlungsort und -zeit, den zu ladenden Personen sowie zum Teilnahmerecht. Überdies finden sich weitere Regelungen über die Einberufung und Durchführung der Versammlung in § 23 Abs 2 WEG und § 25 WEG. 2

II. Einberufung der Versammlung (Abs 1–4)

1. Begriff und Bedeutung der Einberufung und Ladung

Der Begriff „Einberufung" wird nicht definiert, sondern vom WEG vorausgesetzt. Anders als im Gesellschaftsrecht wird der rechtstheoretischen Fundierung der Einberufung im Wohnungseigentumsrecht kaum Aufmerksamkeit zuteil. 3

Die **dogmatische Einordnung** ist unter Berücksichtigung der Funktion und des Zwecks der Einberufung vorzunehmen. Die Einberufung (auch Berufung) der Versammlung ist eine Leitungsaufgabe, die grundsätzlich den **geschäftsführenden Organen** der Personenvereinigung übertragen ist (s §§ 121 Abs 2 S 1 AktG, 49 Abs 1 GmbHG, 44 Abs 1 GenG; zum eV s Staudinger/Schwennicke [2019] § 36 BGB Rn 5). Ihre äußere Umsetzung (Kundgabe) kann auf unterschiedliche Weise erfolgen, typischerweise aber durch (Ein-)Ladungsschreiben, für das teilweise Formvorgaben bestehen (§§ 121 Abs 4 S 2 AktG, 51 Abs 1 S 1 GmbHG). Das Gesetz unterscheidet **terminologisch** nicht zwischen Einberufung und Ladung, sondern verwendet den Begriff Einberufung auch für den Kundgabeakt. Als Formalakt der Geschäftsleitung **dient** die Einberufung **der Rechtssicherheit**, weil sie die Versammlung von anderen Zusammenkünften der Mitglieder bzw Eigentümer (zum im Kontext des WEG problematischen Mitgliederbegriff s Staudinger/Jacoby [2023] § 9a WEG Rn 39 ff) abgrenzt. Der **Zweck der Kundgabe** besteht ferner darin, den Mitgliedern/Eigentümern die Wahrnehmung ihrer Rechte zu sichern und ihnen die adäquate Vorbereitung zu ermöglichen (vgl MünchKommGmbHG/Liebscher § 51 GmbHG Rn 2 zur GmbH; s dazu auch § 23 WEG Rn 275). Das erfordert nicht nur eine rechtzeitige Information über den Versammlungszeitpunkt, sondern auch über die anstehenden Tagesordnungspunkte (s dazu Rn 89). 4

Die Einberufung zielt demnach nicht darauf, einen bestimmten Sachverhalt privatrechtlich zu regeln, weshalb es sich nicht um eine rechtsgeschäftliche Erklärung handelt (s zum Gesellschaftsrecht MünchKommGmbHG/Liebscher § 49 Rn 8; Grigoleit/Herrler § 121 AktG Rn 2). Im Gesellschaftsrecht wird sie überwiegend als **rein innergesellschaftliche Verfahrenshandlung** angesehen (BGHZ 100, 264, 267; Koch, § 121 AktG Rn 1). Die Vorschriften über Willenserklärungen können daher allenfalls entsprechend angewendet werden (gegen § 130 Abs 1 BGB etwa BGHZ 100, 264, 267 zur GmbH). 5

Ungeachtet der Frage, ob es sich bei der GdWE um einen Verband iSd Gesellschaftsrechts handelt und die Willensbildung eine solche des Verbandes ist, hat die Einberu- 6 fung bzw Ladung auch hier jedenfalls **nicht die Qualität einer Willenserklärung**. Die Einberufung zielt darauf, die Versammlung der Eigentümer zu konstituieren und die äußere Umsetzung der Einberufung durch Ladung dient darüber hinaus der Information der Wohnungseigentümer, die die Möglichkeit erhalten sollen, sich auf die Versammlung vorzubereiten (§ 23 WEG Rn 275). Die Lösung der virulenten Praxisfragen, zu denen der Streit um das Zugangserfordernis der Ladung gehört (dazu Rn 29), kann daher nur unter Abwägung der individuellen und der gemeinschaftlichen Belange überzeugend gelingen (gegen eine Anwendung des § 181 BGB mangels Schutzbedürftigkeit etwa Rn 14). Eine Deduktion aus der Zuordnung zu den Kategorien „Willenserklärung" oder „geschäftsähnliche Handlung" erscheint demgegenüber nicht möglich (anders Staudinger/Bub [2005] § 24 WEG Rn 34).

7 Anders als die Willenserklärung, die darauf gerichtet ist, Rechtsfolgen zu setzen, ist die Einberufung der Versammlung in Bezug auf die Willensbildung nur eine **Vorbereitungshandlung**. Die entscheidende **Sanktionsebene für Einberufungsmängel** ist daher nicht die Einberufung/Ladung selbst und es ist fraglich, ob die Kategorien wirksam/unwirksam insoweit zweckmäßig sind (sie sind gleichwohl gängig, vgl BGH NJW 2013, 3098 Rn 18). Vielmehr ist das Ergebnis der Willensbildung, der Beschluss, in den Blick zu nehmen. Diese Verknüpfung stellt bereits § 23 Abs 2 WEG her, wenngleich sprachlich – in Anlehnung an § 32 Abs 1 S 2 BGB – angesichts der Dogmatik der Beschlussmängel wenig präzise. Auch diejenigen, die unter bestimmten Voraussetzungen von einer Unwirksamkeit der Einberufung ausgehen, müssen in einem weiteren Schritt deren Auswirkungen auf die gefassten Beschlüsse prüfen, da die Eigentümer erst durch diese die Rechtslage gestalten (s dazu etwa BGH NJW 2012, 3571 Rn 5 ff).

7a Aus dem Kundgabezweck der Ladung (Rn 4) folgt, dass die Ladung **nicht so formuliert sein darf**, dass sie die Anwesenheit des zu ladenden Eigentümers ausschließt. Solche „Ausladungen" haben in der **Pandemie** Bedeutung erlangt, etwa wenn Eigentümer aufgefordert werden, nicht zur Versammlung zu erscheinen, sondern sich durch den (allein) anwesenden Verwalter vertreten zu lassen. Teilweise haben die Gerichte die auf solchen Versammlungen gefassten Beschlüsse pauschal für **nichtig** erklärt (s AG Lemgo 24. 8. 2020 – 16 C 10/20, ZWE 2020, 480; AG München 19. 11. 2020 – 483 C 8456/20 WEG, ZMR 2021, 159; AG Hannover 7. 1. 2021 – 480 C 8302/20, ZMR 2021, 686; s auch AG Mettmann 19. 4. 2021 – 26 C 1/21, ZMR 2021, 687: Anfechtbarkeit bei zu kleinem Raum). Diese für Rechtsunsicherheit sorgende Rechtsfolge ist aus den bei Rn 124 (dort zur vorsätzlichen Nichtladung) genannten Gründen **abzulehnen** (s auch Rn 134b). Auch aus präventiven Gründen ist sie weder gerechtfertigt noch geboten, weil die Einladenden in einer Ausnahmesituation regelmäßig in der Absicht handelten, eine Versammlung überhaupt zu ermöglichen. Mit Fällen, in denen Einzelne, etwa aus taktischen Erwägungen, von der Versammlung ferngehalten werden sollen, ist das nicht zu vergleichen. Von der „Ausladung" zu unterscheiden sind die Fälle, in denen in der Ladung darauf hingewiesen wird, dass beim Erscheinen von (zu vielen) Eigentümern die Versammlung nicht stattfinden kann. Solche Einladungen widersprechen auch dann nicht ordnungsmäßiger Verwaltung, wenn es dem Verwalter, der insofern ein Ermessen hat (Rn 134a), möglich gewesen wäre, einen größeren Versammlungsraum zu mieten (LG Frankfurt/M 17. 12. 2020 – 2-13 S 108/20, ZWE 2021, 134; LG Bremen 4. 2. 2022 – 4 S 239/21, ZWE 2022, 325; zum Hinweis auf die 3 G-Regeln und die Bitte, nur mit maximal einer Person anwesend zu sein, s LG Bremen 14. 7. 2022 – 4 S 93/22, ZMR 2022, 813).

2. Adressaten der Einberufungshandlung (Ladung)

Das Gesetz legt nicht ausdrücklich fest, welche Personen über die Einberufung informiert werden, dh zur Versammlung geladen werden müssen. Im Mittelpunkt der Versammlung der Wohnungseigentümer steht die Willensbildung, wobei sich die Funktion darauf aber nicht beschränkt, da die Versammlung etwa auch der Information der Eigentümer dient (§ 23 WEG Rn 123). Es fragt sich daher, ob neben den **Inhabern der Stimmrechte** (ausf dazu § 25 WEG Rn 11 ff) auch diejenigen zu laden sind, denen Teilnahmerechte, also ein **Anwesenheitsrecht** (so Köhler/Vandenhouten AnwHdb [4. Aufl] Teil 5 Rn 71b) oder darüber hinaus ein **Antrags- oder Rederecht** zusteht (Hügel/Elzer Rn 3). Besondere praktische Bedeutung hat dies bei gesetzlicher Vertretung des Eigentümers oder bei Ausübung der Eigentümerrechte durch einen Amtswalter. Bei der Lösung dieser Frage müssen die überindividuellen Belange einer ordnungsmäßigen Verwaltung (zB Vermeidung von Fehlerquellen, die die Wirksamkeit der Willensbildung beeinträchtigen können) gegen die Interessen des Rechtsinhabers abgewogen werden (s dazu im Folgenden insb Rn 16 ff, 18 f). **Maßgeblicher Zeitpunkt** für die Feststellung der Adressaten ist derjenige, in dem der Einberufene nach pflichtgemäßem Ermessen die Ladungen fertigt (s dazu Rn 80). Kommt es zwischen der Ladung und dem Tag der Versammlung zu einem Eigentümerwechsel, folgt daraus kein Ladungsmangel (KG ZMR 1997, 318 = NJW-RR 1997, 1033). Zur Auswirkung von Ladungsmängeln allg Rn 112 ff. 8

a) Wohnungseigentümer

Die Teilnahme- und Stimmrechte stehen den **Wohnungseigentümern** zu (ausf § 25 WEG Rn 11 ff), die daher grundsätzlich zu laden sind. Bei Anordnung einer Nacherbschaft ist dies bis zum Eintritt des Nacherbfalles nur der Vorerbe (Niedenführ/Schmidt-Räntsch/Vandenhouten/Vandenhouten Rn 31). Dies findet insofern eine Bestätigung im Wortlaut des Gesetzes, als dieses von der „Versammlung der Wohnungseigentümer" spricht. Die Ladung hat nach einhM unabhängig davon zu erfolgen, ob der Eigentümer für einzelne oder alle zur Abstimmung anstehenden TOP **vom Stimmrecht ausgeschlossen** ist. Er muss sich über den Inhalt der Versammlung informieren können und ihm stehen die übrigen Rechte aus dem Wohnungseigentum, neben dem Anwesenheits- insb auch das Anfechtungsrecht, ungeschmälert zu (BayObLG NZM 2002, 616 = ZMR 2002, 844; OLG Zweibrücken ZMR 2004, 60, 63). 9

Der Einberufende kann sich am **Inhalt des GB** orientieren (zum werdenden Eigentümer s Rn 11), muss jedoch den tatsächlichen Eigentümer laden, wenn ihm die Unrichtigkeit des Registerinhalts bekannt ist (einhM; statt aller Jennissen/Schultzky Rn 35; Riecke/Schmid/Riecke Rn 40). Zum Zeitpunkt der Feststellung der Eigentumsverhältnisse s Rn 8. Eine **Pflicht**, vor der Einberufung der Versammlung das GB einzusehen, besteht aber zumindest für den **Verwalter** nicht. Vielmehr darf er sich grundsätzlich darauf verlassen, dass ihm die ladungsfähige Anschrift nach einem Eigentümerwechsel mitgeteilt wird (BGH NJW 2013, 3098 Rn 18; LG München I ZWE 2013, 463; s dazu auch Rn 31, 36, 117). Für eine **neue Adresse** des bisherigen Eigentümers gilt das sinngemäß (BGH NJW 2013, 3098 Rn 18; Jennissen/Schultzky Rn 39). Die Beweislast für die erfolgte Mitteilung trifft den Wohnungseigentümer, der sich darauf beruft. **Andere Personen**, die eine Versammlung einberufen, werden typischerweise nicht über Eigentümerwechsel informiert, weshalb diese sich iZw im GB über die zu Ladenden unterrichten müssen. Im Einzelfall ist das dann entbehrlich, wenn der Einberufende unter Berücksich- 10 tigung aller Umstände redlicher Weise davon ausgehen darf, den aktuellen Eigentümerstand zu kennen. Herrscht **Streit über das Eigentum** und ist der öffentliche Glaube des GB erschüttert, wird es regelmäßig im pflichtgemäßen Ermessen liegen, alle Eigentumsprätendenten zunächst einmal zu laden (zur Zulassung zur Abstimmung s aber § 25 WEG Rn 11).

11 **Werdende Wohnungseigentümer** (zum Begriff s § 8 Abs 3 WEG und dazu Staudinger/Rapp/Wobst [2023] § 8 WEG Rn 49 ff) stehen Wohnungseigentümern gleich und sind daher **zu laden**. Da sie den noch in Abteilung I des GB eingetragenen (aufteilenden) Eigentümer hinsichtlich der Mitverwaltungsrechte verdrängen, ist dieser nicht zu laden; das Mitverwaltungsrecht verdoppelt sich nicht (s § 8 Abs 3 WEG: „anstelle des teilenden Eigentümers" und dazu LG Frankfurt/M 14. 1. 2021 – 2-13 S 18/20, ZWE 2021, 320; so zuvor bereits BGHZ 193, 219 = NJW 2012, 2650 Rn 18; OLG Hamm ZMR 2007, 712; Wenzel NZM 2008, 625, 628; **aA** Elzer ZMR 2007, 714; Heismann, Werdende Wohnungseigentümergemeinschaft [2003] 211 f). Weil § 8 Abs 3 WEG die Figur des werdenden Eigentümers auf das Innenverhältnis beschränkt („gilt gegenüber der GdWE und den anderen Wohnungseigentümern"; s dazu Staudinger/Rapp/Wobst [2023] § 8 WEG Rn 65; für alleinige Relevanz der Eigentümerstellung im Rahmen der Zwangsvollstreckung BGH ZWE 2010, 215 Rn 4), wirken sich Beschlüsse der Wohnungseigentümer wegen der Haftung aus § 9a Abs 4 WEG jedenfalls dann auf den noch eingetragenen Veräußerer aus, wenn die Beschlussumsetzung zu einer Haftung der GdWE führt. Nach hM muss der Veräußerer dies aber ebenso hinnehmen, wie bspw. eine Entscheidung über eine bauliche Veränderung auf der Liegenschaft, ohne Einfluss auf die Willensbildung nehmen zu können; ein Teilnahmerecht folgt daraus nicht.

12 Anders ist die Rechtslage beim **Zweiterwerber** („Wohnungseigentumsanwärter"; zur Terminologie § 25 WEG Rn 13). Selbst wenn zu seinen Gunsten eine Auflassungsvormerkung eingetragen und ihm die Wohnung bereits übergeben worden sein sollte, ist **der Veräußerer** immer noch Wohnungseigentümer iSd des Gesetzes und daher grundsätzlich **zu laden** (ganz hM; statt aller BGHZ 106, 113, 118 ff; Bärmann/Merle Rn 56). Er kann den Einberufenden aber **anweisen**, statt seiner den Erwerber einzuladen; dass der einzelne Eigentümer infolge der Anerkennung der Rechtsfähigkeit nicht Partei des Verwaltervertrages ist, ändert daran im Ergebnis nichts, auch wenn die §§ 675 Abs 1, 665 BGB nicht unmittelbar einschlägig sind. Der in diesem Zusammenhang verwendete Begriff des „Ladungsbevollmächtigten" (Greiner, Wohnungseigentumsrecht § 7 Rn 23; Jennissen/Schultzky Rn 36, 40; Riecke/Schmid/Riecke Rn 41) ist insofern ungenau, als es sich bei der Ladung nicht um eine Willenserklärung handelt (Rn 6), weshalb es nicht um eine Frage der (passiven) Stellvertretung geht. Aus Gründen der Rechtssicherheit muss der Eigentümer allerdings **eindeutig** erklären, auf eine an ihn gerichtete Ladung zugunsten des Erwerbers zu verzichten. Da er von den Entscheidungen der Versammlung nach wie vor betroffen ist (bspw trifft ihn die Haftung aus § 9a Abs 4 WEG), hat er aus der Sicht eines sorgfältigen und verständigen Einberufenden nämlich ein Informationsinteresse. Aus diesem Grund genügt es für eine Weisung nicht, wenn der Veräußerer oder Erwerber dem Verwalter den Kaufvertrag übersendet, aus dem sich der vor dem Zeitpunkt der Einberufung liegende Nutzen-/Lastenwechsel ergibt (dazu bereits Häublein ZMR 2004, 723, 725).

13 Gehört das Wohnungseigentum **mehreren Personen**, sind grundsätzlich sämtliche Miteigentümer einzuladen (zur Erbengemeinschaft s etwa Skauradszun ZWE 2016, 61, 64).

Nach hL hat die Ladung selbst bei zusammenlebenden Ehegatten durch **gesonderte Ladungsschreiben** zu erfolgen (Drabek ZWE 2000, 395, 396; Hügel/Elzer Rn 8: „gesondert"; ebenso Jennissen/Schultzky Rn 36; Palandt/Wicke § 24 WEG Rn 5). Die Gegenposition lässt – zu Recht – bei Miteigentümern, die sich einer gemeinsamen Anschrift bedienen, **eine** an alle Empfänger adressierte **Ladung** genügen (Greiner, Wohnungseigentumsrecht § 7 Rn 23; Köhler/Scheuer AnwHdb Rn 3.97; auch Bärmann/Merle Rn 55 fordert keine gesonderten Ladungsschreiben). Der nicht nur für Gesellschaften (s Rn 14) in Bezug auf Willenserklärungen anerkannte Grundsatz, nach dem die Abgabe einer Erklärung gegenüber einem von mehreren Vertretern genügt (zur elterlichen Sorge s § 1629 Abs 1 S 2 HS 2 BGB), findet jedoch keine entsprechende Anwendung. Jedenfalls aber genügt die Ladung eines Miteigentümers, wenn die **Gemeinschaftsordnung** dies so regelt (§ 10 Abs 1 S 2 WEG; Drabek ZWE 2000, 395, 396; Palandt/Wicke § 24 WEG Rn 5) oder die übrigen Miteigentümer hiermit einverstanden sind. Letzteres ist iZw anzunehmen, wenn ein Miteigentümer die übrigen bei der Ausübung der Mitverwaltungsrechte zu vertreten berechtigt ist.

Handelt es sich bei der Personenvereinigung, der das Wohnungseigentum gehört, um eine **rechtsfähige**, erfolgt die Ladung an die gesetzlichen Vertreter (Rn 15). Bei mehrgliedrigen Organen genügt es in entsprechender Anwendung des für Willenserklärungen geltenden Grundsatzes (s §§ 26 Abs 2 S 2 WEG, 86 BGB, 125 Abs 2 S 3 HGB [ebenso 124 Abs 6 HGB in der ab dem 1. 1. 2024 geltenden Fassung], 78 Abs 2 S 1 AktG, 35 Abs 2 S 2 GmbHG, 25 Abs 1 S 3 GenG), wenn die Ladung **an ein Mitglied des Organs** in dieser Eigenschaft adressiert wird (Hügel/Elzer Rn 4). Der Rechtsverkehr darf davon ausgehen, dass die Informationen innerhalb des Leitungsgremiums an die nach der Binnenorganisation dafür vorgesehene Stelle gelangen. Der Einberufende kann sich – vorbehaltlich positiver Kenntnis der Unrichtigkeit – auf den Inhalt des Handels-/Genossenschafts-/Vereinsregisters verlassen (s §§ 15 HGB, 29 GenG, 68 BGB). Gehört eine Sondereigentumseinheit der **GdWE**, ist die Ladung an deren vertretungsberechtigtes Organ zu adressieren. Das ist regelmäßig der Verwalter (vgl § 9b Abs 1 S 1 WEG). Beruft er selbst die Versammlung ein, was den Regelfall darstellt, findet § 181 BGB keine entsprechende Anwendung. Den (übrigen) Wohnungseigentümern, die hinter der GdWE stehen, droht dadurch kein Informationsverlust, da sie als Eigentümer ohnehin zu laden sind. 14

b) Vertreter

Bei **gesetzlichen Vertretern** von Wohnungseigentümern, die in der Geschäftsfähigkeit zumindest beschränkt sind, fragt sich, ob diese (stets) **statt des Eigentümers** zu laden sind (vgl Bärmann/Seuss/Rüscher Teil C Rn 551; Jennissen/Schultzky Rn 41). Nach dem Rechtsgedanken des § 131 BGB, der mangels einer Willenserklärung (s Rn 6) lediglich entsprechend herangezogen werden kann, soll der gesetzliche Vertreter Kenntnis von Rechtshandlungen erlangen, die für den Vertretenen mit rechtlichen Nachteilen verbunden sein können. Die Interessen des Eigentümers werden im Rechtsverkehr insofern durch dessen gesetzlichen Vertreter gewahrt. Allerdings entspricht die alleinige Ladung des gesetzlichen Vertreters nur bei **Geschäftsunfähigen** der allgM. 15

Volljährige Personen, für die nach Maßgabe der §§ 1814 ff BGB (früher: §§ 1896 ff BGB aF) eine **Betreuung** besteht, sollen hingegen – sofern **nicht** ihre **Geschäftsunfähigkeit feststeht** (Geschäftsunfähige sind, ungeachtet des Bestehens eines Teilnahmerechts, nicht zu la- 16 den; Kiess ZWE 2022, 385, 387 f) – nach hL neben dem Betreuer zu laden sein (Drabek ZWE 2000, 395, 397; Hügel/Elzer Rn 7; Jennissen/Schultzky Rn 41; Niedenführ/Schmidt-Räntsch/Vandenhouten/Vandenhouten Rn 31; Skauradszun ZWE 2016, 61, 64). In Bezug auf Minderjährige, die das siebte Lebensjahr vollendet haben, wird eine solche Pflicht zur Doppelladung hingegen nicht angenommen, ohne dass diese (verfehlte!) Differenzierung näher begründet wird. Richtigerweise sind die Fälle gleich zu behandeln.

16a Besteht ein **Einwilligungsvorbehalt**, der die Wahrnehmung der Rechte aus dem Wohnungseigentum abdeckt (s für den Aufgabenbereich „Vermögenssorge“ Kiess ZWE 2022, 385, 387), verweist § 1825 Abs 1 S 3 BGB auf § 131 Abs 2 BGB, weshalb **nur der Betreuer** zu laden ist, bei Minderjährigen nur deren gesetzlicher Vertreter. Nach dem Konzept des § 131 BGB sind rechtserhebliche Handlungen, die mit Rechtsnachteilen verbunden sein können, dem Vertreter gegenüber vorzunehmen. Das Gesetz geht davon aus, dass dieser die Interessen des Vertretenen wahrnimmt. Daran ändert auch die Tatsache nichts, dass der beschränkt Geschäftsfähige nach hier vertretener Ansicht an der Versammlung teilnehmen darf (s Rn 161). Es ist aber Sache des Vertreters, den Betreuten oder Minderjährigen von der Versammlung in Kenntnis zu setzen. Für diese Sichtweise sprechen neben § 131 BGB auch die in Rn 8 bereits als maßgebliche Abwägungsparameter hervorgehobenen überindividuellen Interessen. Die reibungslose, möglichst wenig fehleranfällige Verwaltung ist ein gewichtiger Belang, zumal der Einberufende nicht feststellen kann, ob die nach der Gegenansicht beachtliche Geschäftsunfähigkeit des Eigentümers (noch) gegeben ist.

16b Anders verhält es sich bei geschäftsfähigen betreuten Personen, für die **kein einschlägiger Einwilligungsvorbehalt** besteht. Sie sind **selbst** zu laden. Allerdings ist grundsätzlich **auch** der Betreuer zu laden, wenn die Wahrnehmung der Rechte auf der Versammlung zu seinem Aufgabenkreis (zur daraus folgenden Vertretungsmacht s § 1823 BGB; zur Zusammensetzung des Aufgabenkreises aus Aufgabenbereichen s § 1815 BGB) gehört (gegen ein Anwesenheitsrecht des Betreuers, mE zu Unrecht, Kiess ZWE 2022, 385, 388). Das zu ermitteln, kann ebenso Probleme bereiten wie die Feststellung einer bestehenden Betreuung an sich (zum Risiko eines Ladungsmangels bei einer der GdWE verborgen gebliebenen Betreuung, Kiess ZWE 2022, 385, 388). Der gerichtliche Beschluss, der die Aufgabenkreise gem § 286 Abs 1 Nr 1 FamFG zu bezeichnen hat, muss insofern ausgelegt werden (zur Klärung durch Anrufung des Gerichts Drabek ZWE 2000, 395, 397; s Kiess ZWE 2022, 385, 386, der darauf hinweist, dass ein Auskunftsrecht der GdWE beim zuständigen Betreuungsgericht mangels gesetzlicher Regelung nicht bestehen dürfte und das Betreuungsgericht jedenfalls nicht zur Auskunft verpflichtet sei). Das Gericht kann spezielle Regelungen für die Befugnisse aus dem Wohnungseigentum vorsehen, die Betreuung aber auch pauschal für den Bereich der Vermögenssorge anordnen (Kiess ZWE 2022, 385, 387). Ist Letzteres der Fall, sind iZw beide Personen zu laden. Die damit verbundenen Erschwernisse der Verwaltung sind hinzunehmen, weil andernfalls die Gefahr besteht, dass der Betreuer nicht von der Versammlung erfährt und so der Schutz des unter Betreuung stehenden Eigentümers lückenhaft bleibt.

17 Hat der Wohnungseigentümer einen Vertreter **rechtsgeschäftlich** bestellt, muss durch Auslegung ermittelt werden, ob darin auch das Einverständnis liegt, die Ladung unmittelbar an den Vertreter zu adressieren (Hügel/Elzer Rn 5). Werden die **Mitverwaltungsrechte** in Bezug auf die Versammlung **vollständig** in die Hände des Vertreters gelegt, wie es zB bei Sondereigentumsverwaltern häufig geschieht, spricht dies für ein solches Einverständnis und es ist grundsätzlich nur der Vertreter zu laden (Jennissen/Schultzky Rn 40). Allerdings ist zu beachten, dass **Vertreterklauseln** bestimmte Personen von der Vertretung ausschließen können (ausf § 25 WEG Rn 82 ff). Es wäre problematisch, wenn der Verwalter diese Personen zunächst lädt und sie dann nicht zur Versammlung zulässt. Daher fragt sich, ob der Einberufende in derartigen Fällen nicht doch den Eigentümer zu laden hat. Dagegen spricht, dass es Sache des Eigentümers ist, sich zu vergewissern, ob sein Vertreter zur Teilnahme an der Versammlung berechtigt ist. Andererseits müssen zumindest unternehmerisch tätige Verwalter in aller Regel die mit Vertreterklauseln verbundenen Probleme (zur einschränkenden Auslegung solcher Klauseln § 25 WEG Rn 84 ff) besser einschätzen können als die Eigentümer. Zumindest sie können daher nach hier vertretener Ansicht nicht ungeprüft die benannte Person laden. Bestehen Zweifel am Teilnahmerecht des Vertreters, wird es sich regelmäßig empfehlen, die Ladung an den Eigentümer zu adressieren und diesen darauf hinweisen, dass der bestellte Vertreter untauglich ist. Sofern es unter den gegebenen Umständen, insb unter Beachtung der Ladungsfrist, tunlich ist, kann sich der Einberufende vor Versenden der Ladung beim Eigentümer vergewissern, ob die Ladung ungeachtet der Bedenken an den Vertreter gehen soll.

c) Amtsinhaber

Der gesetzlichen Vertretung stehen die Fälle nahe, in denen die Rechte aus dem Wohnungseigentum, wenn auch nicht im Namen des Eigentümers, durch den Inhaber eines (privaten) Amtes wahrgenommen werden. Dabei ist zwischen dem Teilnahmerecht (dazu Rn 164 f) und der Ladung zu differenzieren. Aus dem **Teilnahmerecht folgt nicht** per se eine **Pflicht** des Einberufenden **zur Ladung** (**aA** etwa LG Düsseldorf ZWE 2012, 328 = ZMR 2012, 384; wohl auch Hügel Wohnungseigentum/Elzer Teil 12 Rn 42, wo aus dem Teilnahmerecht auf die Ladung geschlossen wird). Vielmehr muss das Informationsinteresse des einzelnen Eigentümers gegen die Belange der Verwaltung abgewogen werden. Dabei geht es nicht nur um den Aufwand, der mit der Ladung mehrerer Personen verbunden ist, sondern es sollen vor allem Ladungsmängel und der Streit um behauptete Ladungsfehler vermieden werden. 18

Diese Auffassung liegt auf der Linie der Argumentation, mit der sich der BGH gegen ein (partielles) Stimmrecht des Nießbrauchers ausgesprochen hat (BGHZ 150, 109, 119 ff; s ferner Armbrüster DNotZ 1999, 562, 575; Röll WE 1999, 75). Gegen sie spricht nicht, dass ein Eigentümer durch Veräußerung von Miteigentumsanteilen an seiner Einheit ebenfalls für einen erhöhten Verwaltungsaufwand sorgen könnte (mit diesem Argument noch anders Häublein, Sondernutzungsrechte [2003] 139); denn Zwangs- und Insolvenzverwalter nehmen gerade die Rechte des Eigentümers wahr, während Miteigentümer gewissermaßen selbständig nebeneinander stehen. Daher genügt bei Bestehen einer **Zwangs- oder Insolvenzverwaltung** die Ladung des jeweiligen Verwalters (iErg ebenso Hügel/Elzer Rn 6; Riecke/Schmid/Riecke Rn 46), zu dessen Pflichten es nach hier vertretener Ansicht allerdings gehört, den Schuldner zu informieren. Das Amt bietet regelmäßig Gewähr für die Wahrnehmung dieser Pflicht. Die Gegenansicht plädiert für eine „Doppelladung“ (Greiner, Wohnungseigentumsrecht § 7 Rn 27; Jennissen/Schultzky Rn 45; für Zwangs-, und vorläufigen Insolvenzverwalter Niedenführ/Schmidt-Räntsch/Vandenhouten/Vandenhouten Rn 31; für Zwangs-, nicht aber für Insolvenzverwalter ebenso Bärmann/Merle Rn 58; wohl auch Drasdo ZWE 2006, 68, 74). Nach wieder anderer, indes abzulehnender (s Rn 164, § 25 WEG Rn 19) Auffassung sollen dem zwangs- oder insolvenzverwalteten Wohnungseigentümer gar keine Mitverwaltungsrechte mehr zuste- 19 hen (LG Berlin ZMR 2009, 474), weshalb der Eigentümer nach dieser Meinung auch nicht zu laden ist. Nach Freigabe der Wohnung aus der Masse ist unstreitig wieder allein der Eigentümer zu laden (statt vieler JENNISSEN/SCHULTZKY Rn 44). Auch bei Einleitung eines **Zwangsversteigerungsverfahrens** ist allein der Wohnungseigentümer zu laden (SKAURADSZUN ZWE 2016, 61, 65).

20 Der **Testamentsvollstrecker** eines verstorbenen Wohnungseigentümers ist zur Teilnahme an der Versammlung und Ausübung des Stimmrechts berechtigt und einzuladen (DRABEK ZWE 2000, 395, 397; HÜGEL/ELZER Rn 10; NIEDENFÜHR/SCHMIDT-RÄNTSCH/VANDENHOUTEN/VANDENHOUTEN Rn 31; vgl zum Stimmrecht § 25 WEG Rn 24, auch zum insofern nicht anders zu behandelnden **Nachlassverwalter**). Jedenfalls wenn der Erblasser Testamentsvollstreckung dauerhaft zur Verwaltung des Nachlasses, dh nicht bloß zu dessen Auseinandersetzung, angeordnet hat, kann darin der Wille zum Ausdruck kommen, die Erben von der Verwaltung der zum Nachlass gehörenden Wohnung möglichst fernzuhalten. In diesem Sinn befürwortet der BGH für zum Nachlass gehörende Gesellschaftsanteile eine Ausübung **sämtlicher Mitgliedschaftsrechte** allein durch den Testamentsvollstrecker. Nur dadurch werde dem durch Anordnung unbeschränkter Testamentsvollstreckung ausgedrückten Willen des Erblassers Rechnung getragen, die Ebene der Gesellschaft von der Klärung von Streitigkeiten zwischen den Erben und dem Testamentsvollstrecker über die – allein das zwischen ihnen bestehende (erbrechtliche) Innenverhältnis betreffende – ordnungsgemäße Verwaltung des Nachlasses freizuhalten (BGHZ 201, 216 Rn 17).

21 Grundsätzlich bedarf es keiner gesonderten **Ladung des WE-Verwalters** und der **Mitglieder des VBR**, weil ersterer die Einberufung idR vornimmt, also hinreichend informiert ist, und letztere bereits als Wohnungseigentümer zu laden sind. Ausnahmsweise ist das anders, wenn die Einberufung durch andere Personen erfolgt (s Rn 67) oder Nichteigentümer zum VBR gehören (s STAUDINGER/LEHMANN-RICHTER § 29 WEG Rn 35). Ob in solchen Fällen aus dem Verwalter- bzw Beiratsamt folgt, dass die Amtsinhaber in dieser Eigenschaft zu laden sind, ist umstritten. Nach wohl herrschender Ansicht resultiert aus der den Amtsinhabern im Rahmen der Verwaltung zukommenden Funktion deren Interesse, über das Stattfinden der Versammlung ebenso unterrichtet zu werden, wie über deren Inhalt (wie hier LG Düsseldorf ZWE 2012, 328 = ZMR 2012, 384; zust JENNISSEN/SCHULTZKY Rn 47; BÄRMANN/MERLE Rn 59 f, der für den Beirat auch auf das Unterschriftserfordernis in § 24 Abs 6 WEG hinweist). Die Rechtsprechung ist insofern aber zT zurückhaltend. Einem Beiratsmitglied soll zwar jedenfalls in dem Umfang ein Anwesenheitsrecht zustehen, in dem dessen **Aufgabenbereich betroffen** ist (OLG Hamm ZMR 2007, 133, 134). Zur sachgerechten Erfüllung dieser Aufgaben, so das BayObLG (ZMR 1988, 70; dagegen BÄRMANN/MERLE Rn 59), sei eine Teilnahme des Beirats an der Versammlung aber nicht erforderlich und jedenfalls ein Beschluss nicht allein wegen der unterbliebenen Ladung anfechtbar. Für den Verwalter wird überdies auf das legitime Interesse der Eigentümer hingewiesen, sich unbeeinflusst von dessen Anwesenheit über die Verwaltungsbelange, insb die Abwahl des Verwalters auszutauschen (NIEDENFÜHR/SCHMIDT-RÄNTSCH/VANDENHOUTEN/VANDENHOUTEN Rn 33). Nach hier vertretener Ansicht sind die betreffenden Personen nicht zu laden, wenn ihnen kein Anwesenheitsrecht zusteht (s dazu Rn 182 ff).

22 Der nicht mehr im Amt befindliche, **frühere Amtsinhaber** ist nach ganz überwM nicht mehr zu laden, da die Verwaltung des gemeinschaftlichen Eigentums nicht mehr zu seinen Aufgaben zählt. Allein die Tatsache, dass es auf der Versammlung um Themen geht, die ihn (mittelbar) betreffen, wie etwa die Herausgabe von Unterlagen oder das Geltendmachen von Ersatzansprüchen, rechtfertigt seine Information nicht, da die Willensbildung ein Internum der Eigentümer und der gegenwärtigen Amtsinhaber ist (OLG Hamm NZM 1999, 229, 230 = ZMR 1999, 279; Bärmann/Merle Rn 60).

d) Dinglich Berechtigte

Inhaber eines dinglichen Rechts am Wohnungseigentum, wie Nießbraucher, Inhaber eines Wohnungsrechts iSv § 1093 BGB oder Grundpfandrechtsgläubiger, sind nach ganz hM zur Mitverwaltung nicht berechtigt und daher auch **nicht zur Versammlung zu laden** (so im Anschluss an die Rspr des BGH zum Nießbrauch – s dazu § 25 WEG Rn 25 – statt vieler Bärmann/Merle Rn 57; Bärmann/Seuss/Rüscher Teil C Rn 559; **aA** unter Hinw auf ältere Judikatur Riecke/Schmid/Riecke Rn 45; s ferner Schöner DNotZ 1975, 78, 86; zur Mitwirkung des Nießbrauchers an Vereinbarungen der Eigentümer s auch Häublein, Sondernutzungsrechte [2003] 136 ff). Wie beim (vorgemerkten) Zweiterwerber kommt aber eine Weisung des Eigentümers an den Einberufenden, statt seiner den Rechtsinhaber zu laden, in Betracht (Rn 12; Drabek ZWE 2000, 395, 396). 23

e) Abweichende Vereinbarungen, insb bei Mehrhausanlagen

Vereinbarungen über die Adressaten von Ladungen sind selten, grundsätzlich aber **zulässig** (§ 10 Abs 1 S 2 WEG). Bisweilen wird abweichend von dem bei Rn 13 dargestellten Grundsatz vereinbart, dass sich **mehrere Eigentümer einer Einheit** Rechtshandlungen, die gegenüber einem von ihnen vorgenommen wurden, zurechnen lassen müssen. Dies dient der einfachen, reibungslosen Verwaltung und ist **statthaft**. Bei der Abwägung der Belange (s Rn 8) ist nämlich auch zu berücksichtigen, dass durch entsprechende Vereinbarungen die Gleichbehandlung aller Wohnungseigentümer insofern gesichert wird, als stets je Einheit nur eine Ladung vorgenommen werden muss. Das Informationsinteresse der Miteigentümer rechtfertigt nicht die Zuordnung eines individuellen Ladungserfordernisses zum unverzichtbaren Kernbereich; denn wenn bei einer Mehrheit gesetzlicher Vertreter der Zugang bei einem bereits *ex lege* genügt, kann eine entsprechende Vereinbarung bei schlichtem Miteigentum nicht unwirksam sein. In beiden Fällen ist die Organisation des Informationsflusses Sache der an der Einheit Berechtigten. 24

Besondere praktische Relevanz haben vom Gesetz abweichende Vereinbarungen bei **Mehrhausanlagen**, in denen die Gemeinschaftsordnung Teile der Verwaltung an einzelne Untergemeinschaften delegiert. Leider sind diese sprachlich und inhaltlich sehr verschieden, was sich auf die rechtliche Bewertung niederschlägt und vor allem Auslegungsprobleme hervorbringt. Die Frage lautet, ob die Gemeinschaftsordnung nach ihrem objektiven Regelungsgehalt (zur Auslegung Staudinger/Wobst [2023] § 10 WEG Rn 33) das Teilnahmerecht und das Ladungserfordernis zu Lasten einzelner Eigentümer einschränken soll. Im Ausgangspunkt ist für die Antwort davon auszugehen, dass die bloße Existenz von Regelungen über die Kostentragung weder zu einem sog Blockstimmrecht führt (zur Zulässigkeit eines solchen partiellen Stimmrechtsausschlusses s § 25 WEG Rn 8b, 245), noch eine Beschränkung der zu ladenden Personen bewirkt (s dazu auch Häublein ZWE 2010, 149, 155). Erst wenn die Gemeinschaftsordnung den Untergemeinschaften Materien zur eigenständigen Beschlussfassung zuweist, stellt sich überhaupt die Frage, ob damit bei Durchführung sog **Teilversammlungen** (§ 23 WEG Rn 136 ff) auch der Kreis der zu ladenden Eigentümer modifiziert wurde. 25

Das wird zum Teil bejaht, weil hinter der Bildung von Untergemeinschaften das Bestreben stehe, die Verwaltung zu vereinfachen (BayObLG DNotZ 1985, 414, 415; LG Köln ZWE 2010, 278; für Ladung nur der Eigentümer, die der Untergemeinschaft angehören, auch HÜGEL NZM 2010, 8, 15). Nach anderer Ansicht sind auch die anderen Eigentümer zu laden, weil ihnen ein Teilnahmerecht zusteht (BÄRMANN/SEUSS/RÜSCHER Teil C Rn 558a; gegen Teilversammlungen ABRAMENKO ZWE 2011, 159 entgegen LG München I ZWE 2011, 184 = ZMR 2011, 413). Es ist wie folgt zu differenzieren:

26 Zunächst ist prüfen, ob die Gemeinschaftsordnung Teilversammlungen tatsächlich zulässt und dadurch uU das Ladungserfordernis modifiziert wird. Gesetzliches Leitbild ist die **Versammlung aller Eigentümer**. An ihm ist für Mehrhausanlagen festzuhalten, und zwar selbst dann, wenn neben der Kostenverteilung nach Untergemeinschaften auch ein Blockstimmrecht vereinbart ist. Ein solches erfordert **keine Teilversammlungen** (ABRAMENKO ZWE 2011, 159). Zwar könnte man einwenden, die Zuweisung von Verwaltungsangelegenheiten an einen abgrenzbaren Teil der Eigentümer impliziere die Möglichkeit eines separaten, von externen Einflüssen freien Willensbildungsprozesses. Jedoch gibt es kaum Materien, über die durch eine Untergemeinschaft ohne **Auswirkungen auf andere Eigentümer** beschlossen werden kann. Ein wesentlicher Grund dafür ist die Verantwortlichkeit aller für Schulden der Gemeinschaft (§ 9a Abs 4 WEG), mit der das Interesse korrespondiert, dass jede Untergemeinschaft entsprechend zur finanziellen Ausstattung beiträgt (ausf dazu HÄUBLEIN ZWE 2010, 149). Die Auswirkungen von Beitragsbeschlüssen innerhalb einer Untergemeinschaft (zu Wirtschaftsplan und Abrechnung s STAUDINGER/HÄUBLEIN/LEHMANN-RICHTER § 28 WEG Rn 279) beschränken sich nicht auf deren Eigentümer, weil eine inadäquate Beitragshöhe die Liquidität der gesamten Gemeinschaft gefährdet. Auch die Entlastung des Verwalters, als weiterer Routinegegenstand ordentlicher Eigentümerversammlungen, betrifft nicht bloß einen Teil der Eigentümer. Vertragspartner des Verwalters ist die Gemeinschaft, deren Eigentümer in ihrer Gesamtheit zu entscheiden haben (zur Unzulässigkeit eigener Verwalter in Untergemeinschaften s STAUDINGER/JACOBY § 26 WEG Rn 129: nur eine Person). Dass es auch (einige wenige) Entscheidungen geben kann, die ohne Auswirkungen auf nicht zur Untergemeinschaft gehörende Eigentümer bleiben, rechtfertigt nicht die Annahme, mit dem Blockstimmrecht solle zugleich die Anwesenheit der übrigen Eigentümer ausgeschlossen sein. Der Grundsatz der Nichtöffentlichkeit (s Rn 167 ff) gilt zwischen den Eigentümern nicht. Teilversammlungen sind daher nur dort **ausnahmsweise** zuzulassen, wo dies **hinreichend deutlich vereinbart** ist. Das Bestreben, die Verwaltungsabläufe gerade durch Teilversammlungen zu vereinfachen (s Rn 25 aE), muss idR explizit geregelt sein. Dies nicht zuletzt deswegen, weil Teilversammlungen ihrerseits zu Unzuträglichkeiten bei der Verwaltung führen (zutr ABRAMENKO ZWE 2011, 159; s auch HÄUBLEIN NZM 2003, 785, 792). Bei bloßer Zuweisung von Verwaltungsentscheidungen an Untergemeinschaften mit entspr Stimmrechtsausschluss für andere Eigentümer ist davon jedenfalls **iZw nicht auszugehen**.

27 Unzulässig sind **Teilversammlungen** gleichwohl nicht, weil die Eigentümer ihren Willensbildungsprozess privatautonom gestalten können (§ 10 Abs 1 S 2 WEG). Sie müssen nur mit **hinreichender Deutlichkeit** vereinbart sein (zu den Gründen Rn 26). Fraglich ist allerdings, ob das **Anwesenheitsrecht** der übrigen Eigentümer ausgeschlossen werden kann. Das ist nach hier vertretener Ansicht zu verneinen. Diese haben ein Informationsinteresse. Nicht zuletzt mit Blick auf eine mögliche Anfechtungsklage müssen sie ermitteln können, wie die Versammlung ablief und was beschlossen wurde. Dabei müssen sie sich nicht auf die Niederschrift verweisen lassen; diese kann unzutreffend sein. Das gilt mutatis mutandis für Beschlüsse, die die Kompetenz der Untergemeinschaft überschreiten. Die (Teil-)Nichtigkeit des Beschlusses können auch und gerade die übrigen Eigentümer geltend machen. Anders als das Antrags- und Rederecht (für ein Rederecht allerdings Niedenführ/Schmidt-Räntsch/Vandenhouten/Vandenhouten Rn 34) gewährt das Anwesenheitsrecht auf der anderen Seite keine nennenswerte Möglichkeit, den Ablauf der Versammlung zu beeinflussen, weshalb die Interessen der zur Untergemeinschaft gehörenden Eigentümer an einer ungestörten Willensbildung nicht beeinträchtigt werden. Daher ist das **Anwesenheitsrecht** auch **nicht** auf einzelne, die übrigen Eigentümer inhaltlich betreffende TOP **beschränkt** (tendenziell anders noch Häublein ZWE 2010, 149, 156). Der Versammlungsleiter muss das Anwesenheitsrecht möglichst rechtssicher feststellen können, was gegen eine Differenzierung nach Beschlussgegenständen spricht. Außerdem drohte der Ablauf der Versammlung eher dadurch gestört zu werden, dass ein Teil der Anwesenden diese, uU mehrfach, verlassen muss.

Was folgt daraus für die Ladung? Nach hier vertretener Ansicht resultiert aus dem Anwesenheitsrecht nicht notwendig ein Ladungserfordernis. Die Einberufung bzw die Ladung als deren äußere Umsetzung ergeht, sofern Teilversammlungen vereinbart wurden, **allein an diejenigen Eigentümer, die zu der Untergemeinschaft gehören** (so iErg auch BayObLGZ 1999, 40, 45 = ZWE 2000, 529; DNotZ 1985, 414; Bärmann/Merle Rn 61; Göken 43 ff; Häublein NZM 2003, 785, 791). Um diese Versammlung von anderen Zusammenkünften eines Teils der Eigentümer rechtssicher (zu dieser Funktion der Einberufung s Rn 4) abzugrenzen, ist mehr nicht geboten. Forderte man die Ladung sämtlicher Eigentümer, erhöhte sich nicht nur der Verwaltungsaufwand, sondern auch die Fehleranfälligkeit nähme zu, weil jeder Eigentümer Ladungsmängel einwenden und ggf den Beschluss anfechten könnte. Dabei muss man auch bedenken, dass § 23 Abs 2 WEG und die Anforderungen, die an die inhaltliche Ausgestaltung von Ladungen gestellt werden (dazu § 23 WEG Rn 274), auf den Fall eines teilnahme- und stimmberechtigten Eigentümers zugeschnitten sind. Derjenige, der lediglich ein Anwesenheitsrecht besitzt, hat nicht das gleiche Informationsinteresse. Ihm ist es viel eher zuzumuten, sich wegen der Details einzelner, ihn interessierender TOP an den Einberufenden zu wenden, um diese zu erfragen. Das reduziert den Verwaltungsaufwand (zu diesem Ansinnen Rn 25 aE), was auch deswegen geboten ist, weil in Mehrhausanlagen ohnehin regelmäßig nur ein geringer Teil der übrigen Eigentümer an der Teilnahme interessiert ist. Daher genügt nach hier vertretener Ansicht eine **formlose Information der übrigen Eigentümer** über das Stattfinden der Teilversammlung, deren Vorlauf freilich an § 24 Abs 4 S 2 WEG zu orientieren ist (vgl zu diesem Ansatz bereits Häublein ZWE 2010, 149, 156). Eine wichtige Konsequenz dieser Differenzierung liegt darin, dass die zu den Ladungsmängeln entwickelten Grundsätze (dazu Rn 112) nicht einfach auf die unterlassene Information übertragen werden können. Insbesondere ist nicht zu vermuten, dass der formelle Fehler Auswirkungen auf das Beschlussergebnis gehabt hat. 28

3. Zugang der Ladung

a) Zugangserfordernis

aa) Die Position der hM

Nach überwiegender Ansicht erfordert eine wirksame Einberufung gemäß oder zumindest analog **§ 130 Abs 1 S 1 BGB** den Zugang der Ladung (BGHZ 227, 289 Rn 6, 29

34: entsprechende Anwendung; ohne diese Festlegung noch BGH NJW 2013, 2098 Rn 18; ebenso Jennissen/Schultzky Rn 63; Niedenführ/Schmidt-Räntsch/Vandenhouten/Vandenhouten Rn 35; auf analoge Anwendung der Vorschrift stellen ab OLG Hamburg ZMR 2006, 704 und Bärmann/Merle Rn 43). **Voraussetzung** sei, dass die Erklärung in den Machtbereich des zu Ladenden gelange und dieser unter gewöhnlichen Umständen die Möglichkeit zur Kenntnisnahme besitze. Bei Eigentümermehrheit kommt es iZw auf Zugang bei sämtlichen Eigentümern an (Rn 13). Die **Darlegungs- und Beweislast** für den Zugang trägt nach allgemeinen Grundsätzen derjenige, der hieraus für sich Rechtsfolgen herleitet. Im Anfechtungsprozess ist dies nach hM die beklagte GdWE (s aber Rn 119 aE). Eine **Ausnahme** vom Zugangserfordernis wird unter Hinweis auf § 51 Abs 1 GmbHG dann zugelassen, wenn die Ladung per Einschreiben übersandt wurde. Hier soll die ordnungsmäßige – zur Ladungsanschrift Rn 10, 31 – Aufgabe des Ladungsschreibens ausreichen, weil mit der gewählten Übermittlungsform eine erhöhte Gewähr für einen erfolgreichen Zugang einhergehe (Bärmann/Merle Rn 43). Es gibt vereinzelt aber auch Ansätze, die Beförderungsrisiken allg abweichend von der hM zu verteilen. Die Ladungsfrist soll bereits dann zu laufen beginnen, wenn das ordnungsmäßige Einberufungsschreiben nach den gewöhnlichen Umständen zugegangen wäre, weil andernfalls die übrigen Eigentümer stets mit dem Zugangsnachweis belastet wären (Bub/Bernhard FD-MietR 2007, 241252; s auch AG Aachen ZMR 2009, 718, 719 im Kontext der Verwalterpflichten).

30 Als **Rechtsfolge** fehlenden Zugangs wird grundsätzlich die **Unwirksamkeit** der Ladung angesehen. Davon wird aber stets die Frage unterschieden, welche Auswirkungen diese auf die Wirksamkeit der auf der Versammlung gefassten Beschlüsse hat (s hierzu Rn 117). Abgesehen von den Fällen einer bewussten Nichtladung, die nach hM zur Nichtigkeit aller auf der Versammlung gefassten Beschlüsse führen soll (Rn 120), resultiert aus einer unwirksamen Ladung also weder die Nichtigkeit noch stets die zur Anfechtung berechtigende Rechtswidrigkeit der Beschlüsse der Eigentümerversammlung.

31 Darüber hinaus versagt es der BGH solchen Eigentümern, die den Verwalter nicht von einer **Adressänderung** verständigt haben, sich auf den Ladungsmangel zu berufen und den Beschluss deswegen erfolgreich anzufechten (BGH NJW 2013, 3098 Rn 18; Jennissen/Schultzky Rn 64). Das gilt sinngemäß bei einem **Eigentümerwechsel**. Dabei genügt eine bloße Information über den Abschluss des schuldrechtlichen Vertrages nicht, da sich allein dadurch die Person des zu Ladenden nicht verändert (LG München I ZWE 2013, 463; Niedenführ/Schmidt-Räntsch/Vandenhouten/Vandenhouten Rn 31). Ob die Rechtsfolge, wie bei der Verhinderung des Zugangs von Willenserklärungen seitens der hM angenommen (zum Meinungsstand s Staudinger/Singer/Benedict [2021] § 130 BGB Rn 84), aus § 242 BGB herzuleiten ist (Merle ZWE 2001, 196, 197: Verstoß gegen Treu und Glauben), erörtert der BGH nicht. Er beschränkt sich auf die Feststellung, dem Eigentümer seien die Folgen seiner Obliegenheitsverletzung (s dazu auch Rn 35 aE) zuzurechnen und in der Versammlung gefasste Beschlüsse könnten nicht wegen der unterbliebenen Ladung angefochten werden (BGH NJW 2013, 3098 Rn 18). Folgt man der hier vertretenen Ansicht, nach der § 130 Abs 1 S 1 BGB für die Ladung nicht gilt (Rn 32), erweisen sich dogmatische Überlegungen zur Überwindung des Unwirksamkeitseinwandes als überflüssig.

bb) Stellungnahme

32 Entgegen der hM ist § 130 Abs 1 S 1 BGB **nicht** auf die Ladung **anzuwenden**. Eine unmittelbare Anwendung scheidet aus, weil die Ladung keine Willenserklärung ist (Rn 6). Einer Analogie stehen die Spezifika der Willensbildung in Personenvereinigungen entgegen, die es ausschließen, die Vorschriften der Rechtsgeschäftslehre einfach zu übernehmen (dafür das Bewusstsein zu wecken ist das Hauptanliegen des lesenswerten Beitrages von Ernst, in: FG Leenen [2012] 1 ff). Hinter § 130 Abs 1 S 1 BGB steht die Erwägung, privatautonome Rechtssetzung könne grundsätzlich nur von der Rechtsordnung anerkannt werden, wenn der Betroffene die Erklärung unter gewöhnlichen Umständen wenigstens zur Kenntnis nehmen konnte. Da die privatautonome Rechtssetzung in der Personenvereinigung – sofern nicht ein Umlaufverfahren durchgeführt wird – erst in der Mitgliederversammlung stattfindet, ist die Ladung eine bloße Vorbereitungshandlung. Welches Gewicht ein Verfahrensverstoß insoweit hat, muss durch Abwägung der Belange der Beteiligten entschieden werden (Rn 7). Die von § 130 BGB rigoros an den Zugang geknüpfte Wirksamkeit **wird den Interessen nicht gerecht**. Das sieht im Ergebnis auch die hM, wenn sie es ablehnt, aus der Unwirksamkeit der Ladung die des Beschlusses abzuleiten.

33 Nach hier vertretener Ansicht hängt die **Wirkung der Einberufung**, die als Formalakt die rechtssichere Konstituierung des Willensbildungsorgans gewährleisten soll, **nicht vom Zugang der Ladung** beim einzelnen Eigentümer ab. Das bedeutet nicht, dass fehlender Zugang rechtlich irrelevant ist; er kann sich sehr wohl auf die Wirksamkeit der gefassten Beschlüsse auswirken. Ihre Informationsfunktion (Rn 4) kann die Ladung nämlich nur erfüllen, wenn die Eigentümer die Möglichkeit haben, den Inhalt zur Kenntnis zu nehmen. Die Sanktionen sind aber allein auf der Ebene der Rechtsgeschäfte (Beschlüsse) anzusiedeln und nicht auf der vorgelagerten Stufe einer Vorbereitungshandlung (zu den Folgen von Einberufungsmängeln Rn 112).

cc) Bewirken des Zugangs durch den Einberufenden

34 Derjenige, der die Versammlung einberuft, idR also der Verwalter, ist verpflichtet, die Ladung dergestalt auf den Weg zu bringen, dass unter gewöhnlichen Umständen für den Empfänger in zumutbarer Weise die Möglichkeit besteht (zur Form der Ladung Rn 75), sie **ohne Verletzung der Ladungsfrist** zur **Kenntnis zu nehmen** (zur Frist s Rn 78). Dabei muss er die Sicherheit des Zugangs und dessen Nachweisbarkeit gegen den höheren Aufwand abwägen, den eine sicherere Übermittlungsform verursacht. Den Regelfall bildet noch immer eine Übersendung mit **einfachem Brief**. Allerdings ist es kostengünstiger für die Gemeinschaft, wenn die Ladung elektronisch erfolgt, was die Möglichkeit einschließen kann, die Tagesordnung und ggf hierzu gehörendes Informationsmaterial, das auf einem Portal des Verwalters zum Download bereitsteht, abzurufen. Zumindest zum gegenwärtigen Zeitpunkt stellt das aber ebenso wie eine Zusendung per **E-Mail** nicht für alle Eigentümer eine zumutbare Kenntnisnahmemöglichkeit dar, weshalb es darauf ankommt, ob die Betroffenen **mit diesem Übermittlungsweg einverstanden** sind (zu entspr Beschlüssen der Eigentümer s Rn 38).

35 In der Vergangenheit aufgetretene oder zumindest behauptete Zugangsmängel können zu **gesteigerten Anforderungen** führen. Der Einberufende muss die Konsequenzen eines erneuten (behaupteten) Zugangsmangels bedenken und den gewählten Übermittlungsweg daran orientieren (Niedenführ/Schmidt-Räntsch/Vandenhouten/Vandenhouten Rn 35). In Betracht kommt eine Übermittlung durch Einschreiben, wo-

bei das Einwurfeinschreiben mit Nachweismängeln behaftet ist und das Übergabeeinschreiben die Mitwirkungsbereitschaft des Adressaten voraussetzt (vgl hierzu BGHZ 137, 205 = NJW 1998, 976). Alternativ können ein Bote oder gar ein Gerichtsvollzieher (vgl § 132 Abs 1 BGB) eingeschaltet werden. Die **Kosten** trägt grundsätzlich die Gemeinschaft. Eine abweichende Regelung kann aber gem § 16 Abs 2 S 2 WEG beschlossen werden. Ferner können materiell-rechtliche Ersatzansprüche in Betracht kommen, wenn der Empfänger Pflichten verletzt hat. Der BGH (NJW 2013, 3098 Rn 18) scheint in der Mitteilung einer aktuellen Anschrift eine bloße Obliegenheit zu sehen, setzt sich allerdings nicht näher damit auseinander, ob darin auch eine Pflicht iSd §§ 280 ff BGB liegt. Das ist zu bejahen, weil es nicht nur im Interesse des Eigentümers liegt, dass ihm Erklärungen der Gemeinschaft reibungslos übermittelt werden können. Das zeigt sich ua an den gesteigerten Anforderungen, die gescheiterte Übermittlungen nach sich ziehen.

b) Abweichende Vereinbarungen

36 Um der Gemeinschaft den Nachweis einer ordnungsmäßigen Einberufung zu erleichtern, kann **vereinbart** werden, dass eine an die letzte vom Eigentümer angegebene Anschrift **abgesendete Ladung** als ordnungsmäßige Ladung ausreicht, es auf den Zugang also nicht ankommt, oder deren Zugang zumindest fingiert/vermutet wird (BGHZ 227, 289 Rn 34 ff; OLG Hamburg ZMR 2006, 704, 705; OLG Frankfurt MietRB 2005, 235; LG Magdeburg Rpfleger 1997, 306 unter Aufgabe der in Rpfleger 1997, 108 vertretenen gegenteiligen Position; Basty MittBayNot 1996, 421; Jennissen/Schultzky Rn 39, 65; allg für Zustellungen an die letzte Anschrift OLG Hamm ZWE 2017, 173 Rn 15, offenlassend: BGHZ 227, 289 Rn 15). Während eine Zugangsfiktion per definitionem den Beweis des fehlenden Zugangs ausschließt (anders ohne nähere Begründung BGHZ 227, 289 Rn 35, wo zwischen Fiktion und Vermutung nicht unterschieden wird), muss bei einer vereinbarten Zugangsvermutung durch Auslegung ermittelt werden, ob diese Vermutung widerleglich oder im Gemeinschaftsinteresse unwiderleglich ist (Fiktion und unwiderlegliche Vermutung unterschieden sich allein im Hinblick darauf, ob der betreffende Umstand mit der Realität nicht übereinstimmen kann, dann Fiktion, oder diese Möglichkeit zumindest besteht, dann Vermutung). Da Vereinbarungen, nach denen die Ladung bei entsprechender Absendung als zugegangen gilt, für Rechtssicherheit und Kostenersparnis sorgen sollen, ist iZw von einer unwiderleglichen Vermutung auszugehen. Dass damit dem Eigentümer neben dem Verzögerungs- auch das **Beförderungsrisiko** auferlegt wird, verstößt nicht gegen Treu und Glauben, weil jeder Eigentümer ein Interesse an einem einfachen und kostengünstigen Verwaltungsablauf hat (BGHZ 227, 289 Rn 36 f). Ist in der Gemeinschaftsordnung vorgesehen, dass es für die Ordnungsmäßigkeit der Einberufung genügt, wenn die Ladung an die Anschrift, die vom Eigentümer zuletzt mitgeteilt worden ist, versendet wird, trifft den Verwalter auch **keine Nachforschungspflicht** bezüglich etwaiger Adressenänderungen (OLG Hamburg ZMR 2006, 704, 705). Freilich bestehen derartige Nachforschungspflichten des Verwalters auch nach der gesetzlichen Rechtslage kaum, weil jeder Eigentümer der Gemeinschaft seine ladungsfähige Anschrift mitzuteilen hat (s Rn 10, 117), weshalb für Zugangsvermutungs-/-fiktionsklauseln das Gleiche gilt.

37 Ob und in welchem Ausmaß entsprechende Klauseln dem Eigentümer das Risiko auch dann auferlegen, wenn die **GdWE über die zutreffende Anschrift verfügt**, ist durch Auslegung zu ermitteln und war lange streitig. Wegen der Bedeutung der Information, ohne die ein Eigentümer wichtige Mitverwaltungsrechte nicht ausüben kann, sprach sich eine Ansicht für eine restriktive Auslegung solcher Vereinbarungen aus; insb Verzögerungen im Postlauf seien iZw nicht dem Eigentümer zugewiesen (s OLG Hamburg ZMR 2006, 704, 705 und die Vorauflage Rn 37). Nach Ansicht des **BGH** (BGHZ 227, 289) hingegen ist die Vereinbarung *„Für die Ordnungsmäßigkeit der Einberufung genügt die Absendung an die Anschrift, die dem Verwalter von dem Wohnungseigentümer zuletzt mitgeteilt worden ist."* in dem Sinne **weit** auszulegen, dass sie dem Eigentümer sämtliche den Zugang der Ladung betreffende Einwände abschneidet, wenn der Einberufende die Ladung so rechtzeitig an die entsprechende Adresse auf den Weg gebracht hat, dass der Empfänger unter gewöhnlichen Umständen vom Inhalt vor Ablauf der Ladungsfrist Kenntnis nehmen kann.

Beschlüsse, die eine Zugangsfiktion/-vermutung vorsehen oder gänzlich auf das Zu- **38**
gangserfordernis verzichten, sind nach hM mangels Beschlusskompetenz **nichtig**, es sei denn, die Gemeinschaftsordnung enthält eine Öffnungsklausel (Jennissen/Schultzky Rn 65; Merle ZWE 2001, 196 f). Gleiches gilt für Beschlüsse, die **ausschließlich eine Ladung auf elektronischem Wege**, insb per E-Mail (zum SMS-Versand s BeckOK-WEG/Bartholome Rn 49; Häublein ZMR 2004, 723, 724), vorsehen (BeckOK-WEG/Bartholome Rn 95; Jennissen/Schultzky Rn 53; Mankowski ZMR 2002, 481, 489). Zum gegenwärtigen Zeitpunkt ist (noch) nicht von einer privatrechtlichen Pflicht/Obliegenheit zur Teilnahme am elektronischen Rechtsverkehr auszugehen, weshalb es auf das Einverständnis jedes einzelnen Eigentümers ankommt (ebenso BeckOK-WEG/Bartholome Rn 52, 92, 95). Existiert eine Öffnungsklausel und wird ein derartiger Beschluss angefochten, sind im Rahmen der Grundsätze ordnungsmäßiger Verwaltung die Interessen abzuwägen. Dabei ist zu beachten, dass eine postalische Versendung der Ladung die Verwaltungsabläufe regelmäßig nicht nachhaltig verkompliziert und § 16 Abs 2 S 2 WEG ferner der Mehrheit die Möglichkeit an die Hand gibt, die Mehrkosten den betreffenden Eigentümern zuzuweisen. Solche Mehrkosten können sich etwa aus einer Vereinbarung mit dem Verwalter ergeben, der nicht gehalten ist, die Kosten einer postalischen Versendung in seine (monatliche) Grundvergütung einzukalkulieren (zu den Vergütungsmodellen Staudinger/Jacoby § 26 WEG Rn 168 ff). Demgegenüber kann es vor allem älteren Wohnungseigentümern die Ausübung ihrer Rechte erheblich erschweren, wenn sie hierfür am elektronischen Verkehr teilnehmen müssen. Daher ist ein entsprechender Beschluss selbst bei Bestehen einer Öffnungsklausel idR **anfechtbar**.

4. Einberufung durch den Verwalter als Regelfall

a) Verwalterstellung

Vorbehaltlich einer abweichenden Vereinbarung ist die Einberufung gem § 24 Abs 1 **39**
und 2 WEG Sache des Verwalters, der als Organ der GdWE handelt (Hügel/Elzer Rn 36). **Einberufungsrecht und -pflicht** sind mit dem Verwalteramt verknüpft. Für eine rechtmäßige Einberufung ist es nicht erforderlich, dass der Verwalter auch zum Zeitpunkt der Versammlung noch im Amt ist. Maßgeblich ist vielmehr der **Zeitpunkt der Vornahme der Rechtshandlung**, also idR die Versendung der Ladungsschreiben (Niedenführ/Schmidt-Räntsch/Vandenhouten/Vandenhouten Rn 2; in der Sache ebenso zur Zustimmung des Verwalters gem § 12 WEG: BGHZ 195, 120). Wird der Bestellungsbeschluss angefochten, verliert der Verwalter das Amt zunächst nicht. Bis der Beschluss vom Gericht rechtskräftig für ungültig erklärt ist, obliegt ihm also die Einberufung (zur Möglichkeit der Anfechtenden, einstweiligen Rechtsschutz zu erlangen, Staudinger/Lehmann-

Richter§ 44 WEG Rn 66 ff). Die ex-tunc-Wirkung der gerichtlichen Entscheidung (§ 23 WEG Rn 365) ändert nach einhM nichts daran, dass die vor Eintritt der Rechtskraft vorgenommenen Einberufungshandlungen Bestand haben (OLG Hamm OLGZ 1992, 309; BayObLG ZWE 2002, 580, 582; OLG Hamburg ZMR 2006, 791, 793). Ist das **Verwalteramt** hingegen **beendet**, zB durch rechtskräftige Aufhebung des Bestellungsbeschlusses, Ablauf der Bestellungszeit oder Amtsniederlegung, führt die Einberufung durch den ehemaligen Verwalter zu einem formellen Mangel der auf der Versammlung gefassten Beschlüsse (OLG Stuttgart WuM 1986, 292; OLG Hamm OLGZ 1992, 309; OLG Köln NZM 1998, 920). Zur Rechtsfolge bloßer Anfechtbarkeit der Beschlüsse und etwaiger Heilungsmöglichkeiten s Rn 112 ff.

40 Der Verwalter muss die Einberufung nicht persönlich oder durch seine Organe vornehmen. Ein **Handeln durch Mitarbeiter** soll „gem § 278 BGB" zurechenbar sein (Hügel/Elzer Rn 38) oder der Verwalter zumindest durch einen Bevollmächtigten handeln können (OLG Köln ZMR 2003, 380). Im Ergebnis ist das überzeugend, weil die Einberufung nicht höchstpersönlich erfolgen muss. Mit § 278 BGB hat das freilich nichts zu tun, da nicht die Zurechnung eines Verletzungsverhaltens in Rede steht. Die Vorschriften der §§ 164 ff BGB sind allenfalls entsprechend anzuwenden, was am Fehlen einer Willenserklärung liegt (Rn 6). Ein Ladungsmangel, der wegen systematischer Missachtung des Gesetzes für ungültig zu erklären ist (zur sog Relevanz solcher Verstöße s Rn 115), soll aber dann vorliegen, wenn **ein Dritter**, den der Verwalter umfassend mit sämtlichen Verwaltungsaufgaben betraut hat und der faktisch die Verwaltung führt, zur Versammlung lädt (LG Frankfurt/M 13. 12. 2021 – 2-13 S 75/20, ZWE 2022, 225).

b) Pflicht zur Einberufung

aa) Bedeutung des Ermessens als Bindeglied zwischen Einberufungsrecht und -pflicht

41 Die Einberufung der Versammlung der Wohnungseigentümer ist nicht nur das primäre Recht des Verwalters (vgl § 24 Abs 3 WEG und dazu Rn 67 ff), sondern auch seine Pflicht. Beides korrespondiert insofern miteinander, als der Willensbildungsprozess infolge der primären Berechtigung des Verwalters grundsätzlich von dessen Initiative abhängt. Damit die berechtigten Belange der Wohnungseigentümer, die an der Willensbildung das maßgebliche Interesse haben, gewahrt bleiben, kann die Durchführung der Versammlung **nicht in das freie Belieben** des Verwalters gestellt werden (Maßstab des § 18 Abs 2 WEG: Interesse der Gesamtheit der Wohnungseigentümer nach billigem Ermessen; dazu Jacoby ZWE 2023, 16). Sein Ermessen wird daher zum einen ganz allgemein durch die Grundsätze ordnungsmäßiger Verwaltung gebunden und zum anderen konkret durch bestimmte Einberufungsgründe, die sein Ermessen auf null reduzieren (dazu Rn 48 ff).

42 Wenig untersucht ist in diesem Zusammenhang die Frage, ob der Verwalter eine Versammlung wirklich nur einberufen darf, wenn dies **objektiv erforderlich** ist (so etwa Jennissen/Schultzky Rn 2). Während es bei der Pflicht zur Einberufung darum geht, den Eigentümern die Willensbildung und den Austausch zu ermöglichen, steht hier der Schutz vor unnötigem Verwaltungsaufwand im Mittelpunkt. Es wird die Ansicht vertreten, der Verwalter, der eine objektiv nicht erforderliche Versammlung einberuft, mache sich **schadensersatzpflichtig** (Jennissen/Schultzky Rn 2a). Das dürfte allerdings das Ermessen des Verwalters zu sehr einengen. Ist nämlich eine Versammlung objektiv erforderlich, muss der Verwalter sie einberufen, während er sie andernfalls nicht einberufen darf, wenn man dieser Ansicht folgt. Dieses binäre Denken kann sich insofern negativ auf die Willensbildung der Eigentümer auswirken, als der Verwalter zur Vermeidung einer Haftung versuchen wird, Versammlungen dort zu vermeiden, wo sie nicht erforderlich sind. Damit wird den Eigentümern die Möglichkeit der Einflussnahme genommen. Streng genommen ist eine Versammlung dort nicht erforderlich, wo der Verwalter auf deren Entscheidung nicht angewiesen ist. So wäre etwa zweifelhaft, ob der Verwalter berechtigt ist, „zur Sicherheit" die Versammlung zu befragen. Da die § 19 Abs 1 WEG die Verwaltungsentscheidungen aber im Ausgangspunkt in die Hände der Eigentümer legt, ist eine strikte Bindung des Ermessens an das Kriterium der objektiven Erforderlichkeit **abzulehnen**.

Das grundsätzlich bestehende **Ermessen** des Verwalters (s Rn 41) kann durch verschiedene Umstände **eingeschränkt** sein. Hierzu zählt etwa ein rechtmäßiges Einberufungsverlangen nach § 24 Abs 2 WEG (Rn 49). Ungeklärt ist, unter welchen Voraussetzungen ein Anspruch eines Eigentümers auf Beschlussfassung, etwa aus § 20 Abs 2 WEG, zu einem Anspruch auf Einberufung einer (außerordentlichen) Versammlung führt (s Rn 48). **43**

bb) Ordentliche Versammlung

Zur Einberufung der Versammlung ist der Verwalter nach § 24 Abs 1 WEG **„mindestens einmal im Jahr"** verpflichtet. Damit ist das Kalenderjahr gemeint, weshalb der Abstand zwischen zwei Versammlungen 365 Tage (deutlich) überschreiten kann, ohne dass ein Verstoß vorliegt. Diese Versammlung, auf der die turnusmäßig erforderlichen Beschlüsse (s insb § 28 Abs 1 S 1 und Abs 2 S 1 WEG) gefasst werden, wird als **ordentliche Versammlung** der Wohnungseigentümer bezeichnet (so etwa GREINER, Wohnungseigentumsrecht Rn 734; SKAURADSZUN ZWE 2016, 61, 62 f). **44**

Durch das Erfordernis einer jährlichen Versammlung betont der Gesetzgeber die Bedeutung der Versammlung für die Willensbildung der Eigentümer. Ausnahmen sind im Grundsatz nur bei Einstimmigkeit zugelassen (§ 23 Abs 3 S 1 WEG) oder nach Maßgabe entsprechender Vereinbarungen sowie, seit Inkrafttreten des WEMoG, für einzelne Gegenstände auch auf der Basis eines entsprechenden Absenkungsbeschlusses (§ 23 Abs 3 S 2 WEG; dazu § 23 WEG Rn 295d). Das ist eine bewusste Entscheidung für einen auf Austausch zwischen den Eigentümern angelegten Willensbildungsprozess. Ein Vergleich mit der Rechtslage in Österreich verdeutlicht dies: Bis zur Einführung des § 24 Abs 1 S 1 WEG 2002 (dort heißt es: „Zur Willensbildung in der Eigentümergemeinschaft dient vornehmlich die Eigentümerversammlung …") stand der mit einfacher Mehrheit aller Stimmen zu fassende Umlaufbeschluss gleichberechtigt neben den Versammlungsbeschlüssen und es gab Anlagen, in denen kaum Versammlungen abgehalten wurden. Der deutsche Gesetzgeber setzte demgegenüber von Anfang an auf eine regelmäßige Zusammenkunft der Eigentümer, um die gemeinschaftlichen Belange zu diskutieren und zu regeln. Ob dadurch die Privatautonomie beschränkt wird oder ob eine **Verlängerung des gesetzlichen Intervalls** zulässig ist, bedarf noch abschließender Klärung (s einerseits SAUREN Rn 3: ordentliche Versammlung alle zwei Jahre statthaft; **aA**, allein eine Verkürzung des Intervalls für zulässig haltend, SKAURADSZUN ZWE 2016, 61, 63 in Fn 30: Gegenauffassung sei nicht nachvollziehbar). Für Österreich ordnet § 25 Abs 1 WEG 2002 eine Durchführung der Versammlung alle zwei Jahre an und sieht darin offenbar keinen Konflikt mit dem in § 24 WEG **45**

2002 niedergelegten Grundsatz einer versammlungsbasierten Willensbildung. Durchgreifende Bedenken gegen eine entsprechende rechtsgeschäftliche Regelung sollten daher auch hierzulande nicht bestehen, zumal im Bedarfsfall außerordentliche Versammlungen einberufen werden können und müssen, wenn die Grundsätze ordnungsmäßiger Verwaltung das gebieten (zu den Minderheitenrechten: Rn 49 ff, 95 f).

cc) Außerordentliche Versammlungen

46 Bereits aus der Formulierung des Gesetzes („mindestens") folgt, dass mehrere Versammlungen im Jahr durchgeführt werden können. Ob der Verwalter von der Möglichkeit, **außerordentliche** Versammlungen (zur Begrifflichkeit § 23 WEG Rn 143) einzuberufen, Gebrauch macht, entscheidet er grundsätzlich nach pflichtgemäßem Ermessen (OLG Düsseldorf ZMR 2004, 692; Elzer ZMR 2006, 85, 89). Dabei wird er die Dringlichkeit der anstehenden Entschließungen gegen den damit verbundenen Aufwand abwägen. Maßstab ist nach § 18 Abs 2 WEG das **Interesse der Gesamtheit der Eigentümer** an den für eine ordnungsmäßige Verwaltung und einen ordnungsmäßigen Gebrauch notwendigen Entschließungen. Hierzu gehören insb die Kapitalausstattung der Gemeinschaft (zur Aufgabe des Verwalters, für geordnete finanzielle Verhältnisse zu sorgen, s OLG Karlsruhe NZM 1998, 768; OLG Köln ZMR 1999, 789) und andere tatsächliche und rechtliche Maßnahmen, die zur Abwendung eines Nachteils für die Gemeinschaft oder die Eigentümer erforderlich sind (Beseitigung von Schadensquellen, Verteidigung gegen Ansprüche/Klagen etc). Dabei ist zu beachten, dass die Kompetenz des Verwalters aus § 27 Abs 1 Nr 2 WEG nur besteht, wenn die Entscheidung der Eigentümer nicht rechtzeitig in Betracht kommt (Staudinger/Jacoby § 27 WEG Rn 45).

47 Das Gesetz verpflichtet den Verwalter, eine (weitere) Versammlung auch in den Fällen einzuberufen, in denen dies von den Wohnungseigentümern **vereinbart** wurde, was in der Praxis eher selten vorkommt (zur Bindung des Verwalters an vereinbarte Modalitäten der Versammlung etwa BayObLGR 2005, 318). Das Ermessen des Verwalters soll darüber hinaus auch durch **Beschlüsse** der Eigentümer reduziert werden können (Hügel/Elzer Rn 47). Allerdings ist das Ausmaß solcher Bindungen bislang nicht abschließend geklärt. Bedenken ergeben sich bei „vereinbarungsändernden" Beschlüssen (zur Terminologie § 23 WEG Rn 101), etwa wenn die Vorgabe des § 24 Abs 1 WEG dahingehend geändert werden soll, dass künftig zwei Versammlungen jährlich durchzuführen sind. Solche Beschlüsse benötigen eine Kompetenznorm, wenn sie das Verhältnis der Wohnungseigentümer untereinander pro futuro regeln sollen; andernfalls sind sie nichtig. An wirksame Ausgestaltungen des Gemeinschaftsverhältnisses ist der Verwalter aber grundsätzlich gebunden. Das folgt nicht aus seiner Pflicht, Beschlüsse durchzuführen, sondern letztlich aus seiner Organstellung. Allerdings ist die Grundlage der Amtsübernahme das Gemeinschaftsverhältnis zum Zeitpunkt der Verwalterbestellung, und auf dieser Grundlage hat der Verwalter insbesondere sein Honorar kalkuliert. Die Annahme, der Verwalter habe das Risiko gewillkürter Änderungen vollständig übernommen, ist nicht interessengerecht (s dazu auch § 23 WEG Rn 71). Werden ihm nach Amtsantritt zusätzliche Aufgaben übertragen, sind diese vom Pauschalhonorar regelmäßig nicht abgedeckt. Sieht sich der Verwalter außerstande, auf der Basis des modifizierten Gemeinschaftsverhältnisses die Verwaltung fortzusetzen, bleibt ihm nur die Amtsniederlegung (zur Problematik neuer Pflichten auch Staudinger/Jacoby § 27 WEG Rn 79).

48 Einberufungsverlangen seitens **einzelner Eigentümer** begründen eine Pflicht zur Einberufung grundsätzlich nur unter den Voraussetzungen des § 24 Abs 2 Var 2 WEG (näher sogleich Rn 49). Darüber hinaus besteht eine Einberufungspflicht aber auch dann, wenn das Durchführen einer Versammlung nach den Grundsätzen ordnungsmäßiger Verwaltung geboten ist. Gestützt auf § 18 Abs 2 WEG kann in diesen Fällen **jeder Eigentümer** von der GdWE verlangen, dass der Verwalter zur Versammlung lädt (Niedenführ/Schmidt-Räntsch/Vandenhouten/Vandenhouten Rn 14; s auch Rn 65). Das wirkt auf die Auslegung des Minderheitenrechts aus § 24 Abs 2 WEG zurück (Rn 58). Nach hier vertretener Ansicht ist das Ermessen des für die GdWE handelnden Verwalters aber **nicht dadurch per se auf null reduziert** und die Einberufung einer Versammlung geboten, weil ein Eigentümer einen Anspruch auf einen Beschluss hat. Vielmehr muss auch hier im Einzelfall abgewogen werden, ob die Interessen des Einzelnen so gewichtig sind, dass sie die der Gesamtheit der Wohnungseigentümer (namentlich das Interesse, mit dem Aufwand zusätzlicher Versammlungen möglichst nicht belastet zu werden, vgl Rn 49) überwiegen.

dd) Einberufungsverlangen gem § 24 Abs 2 Var 2 WEG

49 Dass eine Minderheit die Einberufung einer Versammlung verlangen kann, ist keine Besonderheit des WEG (vgl § 37 Abs 1 BGB, § 50 Abs 1 GmbHG, § 122 Abs 1 AktG, § 45 Abs 1 GenG). Derartige Regelungen sollen den Betreffenden die Möglichkeit verschaffen, dem Willensbildungsorgan ihre Anliegen vorzutragen und möglichst auch eine Entscheidung herbeizuführen. Das Erfordernis einer **qualifizierten Minderheit**, die das WEG im Vergleich zu den genannten Normen des Verbandsrechts hoch ansetzt, ergibt sich aus dem Interesse der übrigen Eigentümer, mit dem Aufwand einer (zusätzlichen) Versammlung nur belastet zu werden, wenn das Anliegen eine hinreichende Unterstützung findet. Aus diesem Grund muss die Minderheit ihr Ansinnen auch begründen (§ 24 Abs 2 S 2 WEG), woraus folgt, dass ihr bloßer Wunsch, gerade jetzt eine Versammlung abzuhalten, nicht hinreichend ist (näher Rn 54).

(1) Quorum

50 Das Verlangen, das keine Willenserklärung, sondern eine geschäftsähnliche Handlung ist (LG Koblenz ZWE 2019, 46 Rn 37), muss von **mehr als** einem Viertel der Wohnungseigentümer gestellt werden. Die erforderliche Mehrheit richtet sich nach **Köpfen**. Steht ein Wohnungseigentumsrecht mehreren zu, ist die Mitwirkung aller **Mitberechtigten** erforderlich (LG Koblenz ZWE 2019, 46 Rn 27; Jennissen/Schultzky Rn 11; s auch Rn 56). Das Kopfprinzip gilt auch, wenn das Stimmrecht abweichend, zB nach Objekten oder MEA, verteilt ist (ganz hM OLG Hamm NJW 1973, 2300, 2301; Briesemeister NZM 2000, 992, 995; Hügel/Elzer Rn 52). Regelungen über die Stimmkraft haben aus der Sicht eines unbefangenen Lesers der Gemeinschaftsordnung nämlich nicht die Funktion, das Minderheitenrecht des § 24 Abs 2 WEG zu modifizieren. Ungeklärt ist, in welchem Ausmaß **Vereinbarungen** zulässig sind, die das Minderheitenrecht hinreichend deutlich **abändern** sollen (s dazu Rn 62).

51 Maßgeblich ist grundsätzlich die Eigentümerstellung zum **Zeitpunkt des Zugangs** des Verlangens beim Verwalter, dh eine nach Zugang des (letzten) erforderlichen Schriftstücks eingetretene Sondernachfolge ist unbeachtlich (AG Offenbach ZMR 2015, 638, 639; Jennissen/Schultzky Rn 11; Niedenführ/Schmidt-Räntsch/Vandenhouten/Vandenhouten Rn 10). Auf die Abgabe der Erklärung abzustellen, wie es etwa § 130 Abs 2

BGB mit Blick auf das Versterben oder Mängel der Geschäftsfähigkeit des Erklärenden tut, ist deswegen nicht gerechtfertigt, weil das hinter dem Minderheitenrecht stehende Interesse mit dem Ausscheiden des Eigentümers entfällt (zum Problem der entsprechenden Anwendbarkeit des § 130 BGB s Rn 29 ff). Gegen das Abstellen auf einen nach dem Zugang liegenden Zeitpunkt, etwa die Vornahme der Ladungshandlung, spricht, dass dieser Zeitpunkt von der Minderheit nicht mehr zu steuern ist und sich ein Zuwarten des Verwalters nicht nachteilig auswirken soll (Rechtsgedanke des § 878 BGB). Ob auch ein **Widerruf** nach Zugang beim Verwalter unbeachtlich ist (AG Offenbach ZMR 2015, 638, 639), ist fraglich. § 130 Abs 1 S 2 BGB bzw die daraus abzuleitende Bindungswirkung nach Zugang beim Adressaten ist auf das Einberufungsverlangen jedenfalls nicht ohne Weiteres übertragbar. Der Empfänger des Verlangens ist nicht in gleicher Weise schutzbedürftig wie der Adressat einer Willenserklärung. Es ist nicht zu erkennen, wieso es geboten sein sollte, eine Versammlung durchzuführen, obwohl einzelne Eigentümer von der Notwendigkeit einer solchen nicht mehr überzeugt sind (wie hier LG Koblenz ZWE 2019, 46 Rn 44 ff; Hügel/Elzer Rn 53; **aA** Jennissen/Schultzky Rn 11, der § 130 Abs 1 S 2 BGB analog heranzieht). Hält der Verwalter die Gründe der Minderheit für überzeugend, kann er die Versammlung auch einberufen, wenn die Voraussetzungen des § 24 Abs 2 WEG nicht mehr vorliegen.

52 Ob **vom Stimmrecht ausgeschlossene Eigentümer** oder solche, deren Stimmrecht ruht, ein Einberufungsverlangen stellen können, ist noch nicht abschließend geklärt. Das Recht wird mit Hinweis darauf abgelehnt, dass angesichts des fehlenden Stimmrechts erst recht kein Anspruch auf Abhaltung der Versammlung nebst Beschlussfassung bestehen könne (Niedenführ/Schmidt-Räntsch/Vandenhouten/Vandenhouten Rn 9). Dem ist mit der hM nicht zu folgen (Bärmann/Merle Rn 10; Jennissen/Schultzky Rn 11; Hügel/Elzer Rn 53; Skauradszun ZWE 2016, 61, 63). Der Ausschluss vom Stimmrecht bewirkt nicht den Entzug sämtlicher Rechte, die auf Teilhabe an der Willensbildung gerichtet sind. Insbesondere bleiben dem Betroffenen das Antrags- und Rederecht erhalten (§ 25 WEG Rn 225; s auch Rn 152 ff). Außerdem geht es bei der Einberufung einer Eigentümerversammlung nicht nur um Beschlussfassungen, sondern zumindest auch um den Willensbildungsprozess, dh die Information und Aussprache über gemeinschaftliche Belange.

(2) Formalien

53 Zu richten ist das Verlangen **an den Verwalter** als Organ der GdWE, der sich zum Zeitpunkt des Zugangs noch im Amt befinden muss. Wird das Einberufungsverlangen durch mehrere Erklärungen an den Verwalter herangetragen, was zulässig ist (Rn 56), kommt es auf den Zugang der Erklärung an, durch die das erforderliche Quorum erreicht wird.

54 Das Einberufungsverlangen muss den **Zweck** der Versammlung **angeben**. Das entspricht funktional und damit auch inhaltlich der Angabe des Gegenstandes der Versammlung iSv § 23 Abs 2 WEG (Hügel/Elzer Rn 54; Jennissen/Schultzky Rn 12). Es genügt demnach eine schlagwortartige Beschreibung, zB „Wahl eines neuen Verwalters" (s § 23 WEG Rn 276). Die Eigentümer können den/die Zweck/e auch durch Übersendung einer Tagesordnung mitteilen, haben aber keinen Anspruch darauf, dass der Verwalter sich genau an diese hält (zum Ermessen des Einberufenden s auch Rn 89 sowie allg Rn 41).

55 Als **Gründe** sind die Tatsachen anzugeben, welche die Einberufung aus Sicht der Antragsteller notwendig machen (Bärmann/Merle Rn 16). Überdies müsse sich aus ihnen die „besondere Eilbedürftigkeit" des Anliegens ergeben (Hügel/Elzer Rn 54). Das Erfordernis „besonderer Eilbedürftigkeit" ist indes problematisch. Zwar wird man dem Verwalter ein **Prüfungsrecht** grundsätzlich zugestehen müssen, weil andernfalls nicht einzusehen wäre, warum überhaupt Gründe angegeben werden müssen. Es muss aber reichen, wenn sich der Verwalter ein Bild davon machen kann, welche Erwägungen aus Sicht der Minderheit Anlass geben, mit ihrem Anliegen nicht bis zur nächsten turnusmäßigen Versammlung zu warten (wie hier Niedenführ/Schmidt-Räntsch/Vandenhouten/Vandenhouten Rn 12; Riecke/Schmid/Riecke Rn 12; zum Ausmaß des Prüfungsrechts des Verwalters s Rn 58). Wichtig ist die Angabe von Gründen aus Sicht der Minderheit vor allem deswegen, weil der Verwalter diese zugrunde legen wird, wenn er sein Terminierungsermessen ausübt (s Rn 60). Insgesamt dürfen jedenfalls **keine zu hohen formellen Hürden** errichtet werden, um das Minderheitenrecht nicht zu gefährden. Daher ist der Verwalter auch gehalten, bei Zweifeln an der Begründungsdichte, weitere Angaben einzufordern und darf nicht einfach „im Vertrauen" auf die mangelnde Begründung untätig bleiben.

56 Das Einberufungsverlangen bedarf seit Inkrafttreten des WEMoG nur noch der **Textform** (zu einer entsprechenden Forderung s die Vorauflage Rn 56; wegen der Anforderungen an die Textform s Rn 75 sowie Staudinger/Hertel [2023] § 126b BGB Rn 24 ff). Die bis dahin vorgesehene Schriftform war nach zutreffender Ansicht **abdingbar** (LG Hamburg ZMR 2011, 744); Gründe dafür, das für die geltende Textform anders zu sehen, gibt es nicht (ebenso iErg Bärmann/Merle Rn 12). Die Erklärungen müssen nicht in einer Erklärung enthalten sein, soweit nur ihre inhaltliche (nicht: wörtliche) Deckung keinen vernünftigen Zweifeln unterliegt; in Betracht kommen also etwa mehrere SMS. Gehört das Eigentum **mehreren**, müssen sämtliche Eigentümer das Verlangen formgerecht aussprechen. Das folgt letztlich aus dem hinter § 25 Abs 2 S 2 WEG stehenden Ziel (zum Normzweck § 25 WEG Rn 64), die Verwaltung nicht mit Fragen des Innenverhältnisses der Miteigentümer zu belasten. Handeln **Bevollmächtigte**, gilt die Form zwar nicht für die Vollmachten (vgl § 167 Abs 2 BGB), jedoch ist § 174 BGB entsprechend anwendbar (Niedenführ/Schmidt-Räntsch/Vandenhouten/Vandenhouten Rn 11), mit der Folge, dass die Vollmacht auf Verlangen **im schriftlichen Original** (Urschrift) vorzulegen ist (Staudinger/Schilken [2019] § 174 BGB Rn 3).

57 Mit der Angleichung des Formerfordernisses an die für die Ladung schon lange vorgesehene Textform hat sich die Diskussion darüber, ob die **elektronische Übermittlung** des Einberufungsverlangens formwahrend ist, weitestgehend erledigt. Fälle, in denen **die Gemeinschaftsordnung** ein **schriftliches Verlangen** fordert, dürften selten sein; bei Vereinbarungen aus der Zeit vor dem 1. 12. 2020, die ein schriftliches Verlangen vorsehen, ist iZw nicht vom Fortbestand dieser Regelung auszugehen (s § 47 S 2 WEG). Sollte es ausnahmsweise anders sein, gilt auch hier, dass die Formfrage von der des Zugangs zu trennen ist (dazu allg Leenen/Häublein, Allg Teil 3. Aufl [2021] § 6 Rn 63 ff sowie ausf Moussa, Das Dogma vom formgerechten Zugang [2016] passim). Ob eine schriftlich abzugebende Erklärung im Original zugehen muss, richtet sich nach dem **Formzweck**. Ein Schutz der das Verlangen äußernden Minderheit vor Übereilung scheidet aus. Allenfalls die Annahme, dass die Authentizität des Verlangens außer Zweifel stehen soll (Verifikationsfunktion der Form), könnte dafür sprechen, dass dem Verwalter ein gemäß § 126 BGB eigenhändig unterzeichnetes Original vorlie-

gen muss. Von einem solchen Zweck der Vereinbarung ist aber in aller Regel nicht auszugehen (vgl hierzu auch § 23 WEG Rn 292).

(3) Prüfung durch den Verwalter und Grenzen des Minderheitenrechts

58 In der Praxis spielen Einberufungsverlangen der Minderheit insb dort eine Rolle, wo Spannungen zwischen dem Verwalter und den Wohnungseigentümern bestehen und/oder die Gemeinschaft in verschiedene Lager gespalten ist. In solchen Fällen würde der Nutzen des Minderheitenrechts in Frage gestellt, wenn der Verwalter dazu berufen wäre, inhaltlich darüber zu befinden, ob die von der Minderheit gewünschte Entschließung Aussicht auf Erfolg hat. Es geht ja gerade darum, dass die Minderheit auch gegen den Willen der Mehrheit, an der sich manche Verwalter nicht zuletzt mit Blick auf eine etwaige Wiederwahl zu stark orientieren, eine Befassung des Willensbildungsorgans erreichen können soll. Ein sog **„materielles Prüfungsrecht"** steht dem Verwalter daher **nicht** zu (OLG München ZMR 2006, 719; Bärmann/Merle Rn 17; Skauradszun ZWE 2016, 61, 63). Es kommt auch nicht darauf an, ob der Grund so gewichtig ist, dass ein Zuwarten mit der Versammlung unzumutbar ist, etwa weil sonst Schäden am gemeinschaftlichen Eigentum oder dem Vermögen der Gemeinschaft zu erwarten sind. Das folgt bereits daraus, dass in derartigen Fällen jeder Eigentümer eine Versammlung gem § 18 Abs 2 WEG verlangen könnte und die Regelung des § 24 Abs 2 Var 2 WEG weitestgehend überflüssig wäre. Nach hier vertretener Ansicht beschränkt sich die Prüfungsbefugnis auf eine **Missbrauchskontrolle** (s Rn 59). Daran sind die Begründungsanforderungen zu orientieren, weshalb an die Angabe der Gründe keine zu hohen Anforderungen gestellt werden dürfen (vgl Rn 55).

59 **Grenzen** des Einberufungsverlangens ergeben sich vor allem aus den allg Schranken. Das Recht darf nicht **missbräuchlich** oder gar schikanös ausgeübt werden. Die Rspr hat einen solchen Missbrauch angenommen, wenn die Versammlung mit dem Gegenstand bereits befasst war und sich die zugrundeliegenden Umstände nicht verändert haben (s OLGR Celle, 2003, 419, 422). Ferner darf das Verlangen nicht auf eine gesetzes- oder sittenwidrige Entschließung der Eigentümer abzielen. Allerdings wird man das Prüfungsrecht des Verwalters insofern auf evidente Fälle beschränken müssen, zumal aus dem im Einberufungsverlangen eventuell angegebenen Beschlussantrag noch nicht folgt, dass tatsächlich genau über diesen beschlossen wird.

(4) Folgen eines rechtmäßigen Verlangens

60 Sind die vorgenannten Voraussetzungen erfüllt, hat der Verwalter die **Pflicht**, eine Versammlung **binnen angemessener Zeit** ordnungsgemäß einzuberufen (BayObLG ZMR 2003, 521). Dabei steht ihm ein gewisses **Terminierungsermessen** zu (BayObLG WuM 1991, 131; ZWE 2002, 526, 527 zur Einberufung in der Ferienzeit). Er muss die „Vorgaben" des Verlangens nicht befolgen, sein Ermessen wird aber durch die Belange der Minderheit, die zu wahren er verpflichtet ist, begrenzt. Eine konkretisierende Regelung in der Gemeinschaftsordnung ist zulässig, soweit sie dem gerecht wird (vgl OLG Hamm OLGZ 1981, 24). Bei seiner Entscheidung über den Zeitpunkt der Versammlung, zu der ggf unter Abkürzung der Frist geladen werden muss, muss der Verwalter jedenfalls die ihm mitgeteilten Gründe berücksichtigen. Wenn es um (behauptete) Pflichtverletzungen des Verwalters geht, die zB zu seiner Abwahl führen sollen, ist das Risiko der Verfolgung von Eigeninteressen besonders hoch und der Ermessensspielraum daher gering. Der Einberufende muss gerade in solchen Fällen **unverzüglich** aktiv werden (OLG München ZMR 2006, 719: umgehende Festlegung eines zeitnahen

Termins; allg für unverzügliches Tätigwerden JENNISSEN/SCHULTZKY Rn 15). Ein Versammlungstermin erst mehrere Monate nach Zugang des Verlangens wird dem nicht gerecht (OLG Düsseldorf ZMR 2003, 521; BayObLG ZMR 2003, 521; zum Einberufungsrecht des Beirats in solchen Fällen LG Düsseldorf ZMR 2012, 384 = ZWE 2012, 328). Es wird dafür plädiert, die Einberufung idR binnen zwei Wochen nach Zugang des Verlangens vorzunehmen (s LG Koblenz ZWE 2019, 46), sodass die Versammlung **binnen Monatsfrist** stattfinden kann (JENNISSEN/SCHULTZKY Rn 16; NIEDENFÜHR/SCHMIDT-RÄNTSCH/VANDENHOUTEN/VANDENHOUTEN Rn 13).

Das Ermessen des Verwalters erstreckt sich auch auf die übrige Versammlungsorganisation (vgl SCHULTZKY ZWE 2023, 61). Er muss die Interessen der Minderheit berücksichtigen, nicht jedoch deren Wünsche genau umsetzen. Das betrifft den **Versammlungsort** ebenso wie die **Tagesordnung** und die Formulierung der zur Abstimmung zu stellenden **Beschlussanträge**. Die Grundsätze ordnungsmäßiger Verwaltung können Modifizierungen der im Verlangen enthaltenen „Vorgaben" sogar erzwingen. Ist der vorgeschlagene Versammlungsort etwa objektiv ungeeignet, etwa weil er nicht für alle Eigentümer zugänglich ist oder die Nichtöffentlichkeit der Versammlung nicht gewährleistet wird, muss der Verwalter einen anderen wählen. Seine Haftung vermag er nicht unter Hinweis auf das Verlangen abzuwenden. Sinngemäß gilt das für unklare Beschlussanträge. Das Einberufungsverlangen ändert nichts daran, dass ein professioneller Verwalter als Fachmann dafür Sorge zu tragen hat, dass die Formalien einer ordnungsmäßigen Eigentümerversammlung gewahrt werden. **Inhaltliche Einflussnahmen** im Interesse der Mehrheit oder seiner eigenen Person sind ihm aber untersagt, weil er dadurch seine Neutralitätspflicht verletzt. 61

(5) Abdingbarkeit

In welchem Ausmaß § 24 Abs 2 Var 2 WEG **abbedungen** werden kann, bedarf noch abschließender Klärung. Unbestritten zulässig ist es, das Minderheitenrecht zu stärken, etwa durch Herabsetzung des Quorums auf genau 25 % (statt „mehr als") oder einen geringeren Wert, was vor allem in großen Anlagen angemessen sein kann (zur Abdingbarkeit der formellen Anforderungen LG Hamburg ZMR 2011, 744). Umstritten ist die Zulässigkeit **erschwerender Vereinbarungen** (für Abdingbarkeit AG Offenbach ZMR 2013, 1000; HÜGEL/ELZER Rn 206; NIEDENFÜHR/SCHMIDT-RÄNTSCH/VANDENHOUTEN/VANDENHOUTEN Rn 1, 9; SCHMID NJW 2011, 1841, 1842; SKAURADSZUN ZWE 2016, 61, 63; für zwingende Wahrung des Minderheitenrechts, allerdings zT nur bezogen auf das Recht als solches, BayObLG NJW 1973, 151; LG München I ZMR 2011, 415 = ZWE 2011, 139; BÄRMANN/MERLE Rn 12; BeckOGK/HERMANN Rn 29; BeckOK-WEG/BARTHOLOME Rn 24; JENNISSEN/SCHULTZKY Rn 1b; MünchKomm/HOGENSCHURZ Rn 12; RIECKE/SCHMID/RIECKE Rn 66; WEITNAUER/LÜKE Rn 3; s auch HÄUBLEIN ZMR 2003, 233, 234 f). Bei der Streitentscheidung darf nicht unberücksichtigt bleiben, wie vergleichbare Regelungen in anderen Personenvereinigungen bewertet werden. § 122 Abs 1 S 2 AktG lässt explizit lediglich Erleichterungen zu. § 50 Abs 3 GmbHG ist nach nahezu einhM zugunsten der Minderheit ebenfalls zwingend (statt aller: NOACK/SERVATIUS/HAAS/NOACK, § 50 GmbHG Rn 2; MünchKommGmbHG/LIEBSCHER § 50 Rn 76). So wird es auch für § 45 GenG gesehen (HENSSLER/STROHN/GEIBEL, § 45 GenG Rn 2: geringerer Prozentsatz zulässig). Weniger eindeutig ist die Rechtslage in Bezug auf das Recht aus § 37 Abs 1 BGB. Während die Lehre zum Teil von einem zwingenden Charakter ausgeht (BeckOK-BGB/SCHÖPFLIN § 37 BGB Rn 4; SOERGEL/HADDING, BGB § 37 Rn 5), lässt die Judikatur überwiegend eine Erschwerung zu (BayObLG MDR 2001, 948: 20 statt 10 % zulässig, mHinw auf KG NJW 1962, 1917; s ferner OLG Stuttgart OLGZ 1986, 257). Dass eine 62 (unter 50 % liegende) Minderheit zwingend das Recht haben muss, die Einberufung einer Versammlung zu fordern, ist im Vereinsrecht aber nahezu unbestritten (Staudinger/Schwennicke [2019] § 37 BGB Rn 7; vereinzelt hält MünchKomm/Leuschner § 37 BGB Rn 14 Mehrheitsquoren für denkbar).

63 Angesichts dieses Befundes **scheidet** ein vollständiger Ausschluss des Einberufungsrechts der Minderheit auch für den Bereich des WEG **aus**. Dass aus den Grundsätzen ordnungsmäßiger Verwaltung ein Anspruch auf Einberufung der Versammlung ungeachtet des § 24 Abs 2 WEG resultieren kann (so etwa das Argument von Schmid NJW 2011, 1841, 1842 f), rechtfertigt die abweichende Beurteilung nicht. Auch im Gesellschaftsrecht gibt es vergleichbare Mechanismen, wie insb die Treuepflichten, aus denen sich entsprechende Minderheitenrechte herleiten lassen. Diese stehen den gesetzlich fixierten Befugnissen aber nicht gleich, weil sie der Mehrheit und dem Adressaten des Verlangens in stärkerem Maße die Möglichkeit bieten, die Berechtigung des Verlangens in Frage zu stellen. Die gesetzliche Regelung hingegen entbindet gerade von der Bewertung, ob hinreichend „wichtige Gründe" vorliegen, und sieht – neben dem Quorum – vor allem eine Missbrauchskontrolle vor (dazu Rn 59). Außerdem ist zu berücksichtigen, dass das Quorum in § 24 Abs 2 WEG bereits vergleichsweise hoch angesetzt ist. Das erschwert einen übermäßigen Gebrauch des Rechts, weshalb ein schutzwürdiges Interesse, das Recht vollkommen auszuschließen, nicht auszumachen ist. Tatsächlich werden derartige Vereinbarungen in der Praxis auch ganz überwiegend vom aufteilenden Eigentümer in die Gemeinschaftsordnung aufgenommen, nicht zuletzt, weil dadurch die Einflussnahme der Erwerber auf die Verwaltung in der Begründungsphase erschwert wird.

64 Damit ist freilich noch nicht geklärt, ob **Modifizierungen** zulässig sind. Neben der Höhe des Quorums geht es vor allem um dessen Berechnung, die das Gesetz nach Köpfen vornimmt (Rn 50). Der BGH hat im Zusammenhang mit Regelungen über die Stimmkraft geäußert, dem Kopfprinzip könne „keineswegs ein überragender Gerechtigkeitsgehalt beigemessen werden" (BGH ZWE 2015, 410 = ZMR 2015, 876 Rn 13). Dabei war für ihn ua die Verteilung der mit der Verwaltung verbundenen wirtschaftlichen Lasten nach MEA relevant (BGHZ 191, 245 Rn 12). Diese Überlegungen dürften auch im Rahmen des § 24 Abs 2 WEG **dagegensprechen**, das Minderheitenrecht **zwingend an das Kopfprinzip** zu knüpfen (anders noch Häublein ZMR 2003, 233, 234 f). Zwar geht es in den betreffenden Regelungen über die Stimmkraft nicht um Minderheitenschutz, sondern um zwingende Mehrheitsmacht (s dazu § 25 WEG Rn 44 ff). Jedoch etabliert das deutsche Recht kein Prinzip gleichberechtigter Teilhabe aller Eigentümer an der Verwaltung unter Außerachtlassung der Anteilsgröße (dazu auch § 25 WEG Rn 27 ff). Der in § 25 Abs 3 WEG aF verfolgte „kapitalistische" Ansatz belegte das ebenso wie die unbestritten zulässige Verteilung des Stimmrechts nach Miteigentumsanteilen. Daneben sind Rechtssicherheitserwägungen anzustellen, die gerade bei Normen, die an ein bestimmtes Quorum anknüpfen, als sekundärer Normzweck zu beachten sind. Sie sprechen einerseits für einen **zwingenden Charakter der 25 %-Grenze** (**aA** Staudinger/Bub [2005] § 24 WEG Rn 31), weil andernfalls im Einzelfall geklärt werden muss, welches Quorum aus Sicht des Minderheitenschutzes als noch akzeptabel anzusehen ist, wobei die konkreten Umstände, etwa die Größe der Anlage, wohl zu berücksichtigen wären. Andererseits würde ein zwingender Charakter auch des Kopfprinzips die Folgefrage nach sich ziehen, ob Vereinbarungen, die ein nach MEA zu berechnendes Quorum vorsehen, insoweit wirksam bleiben, als sie mit

Blick auf das konkrete Einberufungsverlangen die Minderheitenrechte stärken. Die grundlegende Wertung des § 139 BGB spräche dagegen. Gestattet man hingegen die **Abweichung vom Kopfprinzip**, kommt es auf diese intrikate Frage nicht an, was auf Seiten des Adressaten des Verlangens für Klarheit sorgt und daher zuzulassen ist.

ee) Verletzung der Einberufungspflicht

65 Kommt der Verwalter seiner Pflicht, eine Versammlung einzuberufen, nicht nach, verstößt er gegen die Grundsätze ordnungsmäßiger Verwaltung. Das gilt auch, wenn er einem berechtigten Einberufungsverlangen nicht rechtzeitig nachkommt (Rn 60). § 18 Abs 2 WEG gewährt **jedem Eigentümer** einen **Anspruch** auf Einhaltung derselben, der nach § 43 Abs 2 Nr 2 WEG gegen die GdWE geltend zu machen ist (vgl Skauradszun ZWE 2016, 61). § 24 Abs 3 WEG (dazu Rn 67) enthält keine abschließende Regelung für die Fälle einer pflichtwidrigen Weigerung des Verwalters. Die gegen die GdWE gerichtete Klage auf Einberufung kann nicht mangels Rechtsschutzbedürfnisses mit dem Argument zurückgewiesen werden, der Eigentümer könne sich selbst zur Einberufung ermächtigen lassen (s dazu Rn 72). Ob der Eigentümer bereit ist, den mit der Einberufung verbundenen Aufwand auf sich zu nehmen und den Verwalter dadurch von seiner originären Pflicht zu befreien, liegt allein bei ihm (Niedenführ/Schmidt-Räntsch/Vandenhouten/Vandenhouten Rn 15).

66 Verweigert der Verwalter schuldhaft die Einberufung, ist der GdWE sein Verhalten zuzurechnen und diese macht sich nach Maßgabe der §§ 280 ff, 31 (analog) BGB **ersatzpflichtig**. Zugleich verletzt der Verwalter seine Pflichten im Verhältnis zu GdWE, die daher bei ihm Regress nehmen kann. Daneben kann die Weigerung des Verwalters zur **außerordentlichen Beendigung** des Amtsverhältnisses und zur Kündigung des Verwaltervertrages berechtigen, wobei es gem § 314 Abs 1 BGB darauf ankommt, ob der GdWE bei Berücksichtigung aller Umstände des Einzelfalls und unter Abwägung der beiderseitigen Interessen die Fortsetzung des Schuldverhältnisses bis zur vereinbarten Beendigung oder bis zum Ablauf einer Kündigungsfrist unzumutbar ist. Das kann insbesondere dann anzunehmen sein, wenn der Verwalter durch seine Passivität einen Beschluss über seine Abwahl verhindern möchte. In solchen Fällen tritt die pflichtwidrige Weigerung des Verwalters neben die Gründe, die zu dem Abberufungsverlangen geführt haben. Die Weigerung entfaltet dabei ein **erhebliches Gewicht**, weil sie zeigt, dass sich der Verwalter von Eigeninteressen leiten lässt, statt den Willensbildungsprozess ordnungsgemäß zu organisieren. Ob die Eigentümer in den Schutzbereich der Verwalterpflichten einbezogen sind und individuelle Ansprüche etwa solcher Eigentümer, die hilfsweise zur Einberufung ermächtigt waren, unmittelbar dem Verwalter gegenüber bestehen, ist nicht abschließend geklärt (s dazu Staudinger/Jacoby § 26 WEG Rn 28 f).

5. Einberufung durch andere Personen, insb den Verwaltungsbeirat

67 Nur wenn ein Verwalter fehlt oder dieser sich pflichtwidrig weigert, eine Versammlung einzuberufen, können der **Vorsitzende des Verwaltungsbeirats, dessen Vertreter oder** – seit dem WEMoG – ein **durch Beschluss ermächtigter Eigentümer** gem § 24 Abs 3 WEG eine Versammlung einberufen. Für die Beschränkung der Kompetenz auf die genannten Personen spricht, dass sie der Einberufung mehrerer Versammlungen durch verschiedene Eigentümer begegnet, was unweigerlich zu Rechtsunsicherheit führen würde. Aus diesem Grund mussten es die Eigentümer bislang auch hin-

nehmen, dass bei Fehlen eines Beirats keine Möglichkeit bestand, die Versammlung ohne Mitwirkung des Gerichts durch einzelne Eigentümer einzuberufen; die Ermächtigungsmöglichkeit schafft hier Abhilfe (s BT-Drucks 19/18791, 72; zu den Möglichkeiten des Einzelnen s Rn 72). Die Mitglieder des Beirates haben keine herausgehobene Stellung, wenn es um ein Einberufungsverlangen geht, dh auch sie bedürfen entweder der Mitwirkung anderer Eigentümer bis das Quorum des § 24 Abs 2 WEG erreicht ist, oder es liegen die Voraussetzungen des § 18 Abs 2 WEG vor.

68 Wurde weder von der Eigentümerversammlung noch vom Beirat ein Vorsitzender oder dessen Stellvertreter gewählt, können **jedenfalls sämtliche Mitglieder des Beirats** gemeinsam eine Versammlung der Wohnungseigentümer einberufen (einhM; statt aller OLG Köln ZMR 2000, 566 = ZWE 2000, 488; OLG Zweibrücken NZM 1999, 858). Nach zutreffender Ansicht kann die Einberufung ferner durch die **Mehrheit** der Beiratsmitglieder erfolgen, die idR aus zwei Wohnungseigentümern besteht, weil diese auch zur Wahl des Vorsitzenden und eines Stellvertreters berechtigt ist (Greiner, Wohnungseigentumsrecht § 7 Rn 10; Riecke/Schmid/Riecke Rn 10; Skauradszun ZWE 2016, 61, 62). Ein Beharren darauf, dass zunächst einer der Verwaltungsbeiräte zum Vorsitzenden zu wählen ist, bevor dieser unter den weiteren Voraussetzungen gem § 24 Abs 3 WEG eine Eigentümerversammlung einberufen kann, bedeutete eine Förmelei, die die Einberufung zu verzögern geeignet ist (zutr OLG Köln ZMR 2000, 566 = ZWE 2000, 488, das allerdings nur über die Einberufung durch sämtliche Beiratsmitglieder zu entscheiden hatte; ebenso OLG Zweibrücken NZM 1999, 858).

69 § 24 Abs 3 WEG begründet nach hM keine **Pflicht** des Beirats, eine Versammlung einzuberufen. Dafür spricht bereits der Wortlaut der Norm („kann"), der sich von dem des Abs 2 („muss") unterscheidet, der eine Pflicht zur Einberufung statuiert. Vor allem aber haben die übrigen Eigentümer die Möglichkeit, ohne Mitwirkung der Beiratsmitglieder für die Einberufung einer Versammlung zu sorgen (s zu § 44 Abs 1 S 2 WEG Rn 72), weshalb es nicht geboten erscheint, den Verwaltungsbeirat in die Pflicht zu nehmen und seine Mitglieder den damit verbundenen Kosten und Haftungsrisiken auszusetzen (wie hier AG Dortmund 14. 6. 2019 – 514 C 4/19, ZMR 2019, 800; Bärmann/Merle Rn 27; Jennissen/Schultzky Rn 32; Köhler/Scheuer AnwHdb Rn 3.15; für eine Pflicht plädiert hingegen AG Charlottenburg ZMR 2010, 79).

70 Ungeklärt ist, ob neben den in § 24 Abs 3 WEG vorgesehenen Möglichkeiten auch weiterhin eine **einvernehmlich durch alle Wohnungseigentümer** vorgenommene Einberufung (dazu nach altem Recht: BGH ZMR 2011, 892 = ZWE 2011, 354 Rn 4; OLG Celle MDR 2000, 1428; OLG Köln ZMR 2003, 380) zulässig ist. Gleichfalls für zulässig gehalten wurde es, wenn sich sämtliche Eigentümer darauf verständigt haben, dass einer oder einzelne von ihnen die Versammlung einberufen (Suilmann AnwZert MietR 7/2009 Anm 1 sub B. I. 2). Da sämtliche Eigentümer unter Verzicht auf alle Formalien eine Versammlung abhalten können (s Rn 116), bestehen keine Bedenken, wenn sie einvernehmlich zu einer Versammlung laden. Hingegen sieht § 24 Abs 3 WEG für die Ermächtigung Einzelner einen Beschluss vor, weshalb Bedenken bestehen, wenn die Ermächtigung auf andere Weise, insbesondere unter Missachtung des § 23 Abs 3 WEG, erfolgt.

71 Aus § 24 Abs 2 WEG folgt **kein Recht zugunsten** des dort vorgesehenen **Quorums** (ein Viertel der Wohnungseigentümer), eine Eigentümerversammlung einzuberufen (OLG Hamm OLGZ 1992, 309). Eine § 50 Abs 3 GmbHG entsprechende Regelung kennt das WEG nicht (Skauradszun ZWE 2016, 61). Vereinzelt wird bei unmittelbar drohenden Schäden aus § 21 Abs 2 WEG aF (jetzt § 18 Abs 3 WEG) ein **Notgeschäft-Einberufungsrecht** zugunsten eines jeden Eigentümers abgeleitet (Suilmann AnwZert MietR 7/2009 Anm 1 sub B. I. 3; **aA** die hM, statt vieler Bub ZWE 2009, 245, 247; s auch AG Wangen ZMR 2008, 580; zum neuen Recht gegen ein Einberufungsrecht auch Bärmann/Dötsch § 18 WEG Rn 103; Jennissen/Sommer/Heinemann § 18 WEG Rn 130; Staudinger/Lehmann-Richter § 18 WEG Rn 225). Das ist abzulehnen und auch der BGH hat sich gegen ein Einberufungsrecht einzelner Eigentümer ausgesprochen (BGH 20. 11. 2020 – V ZR 64/20 Rn 12, ZWE 2021, 223; der Sache nach auch bereits BGH 23. 2. 2018 – V ZR 101/16 Rn 62, NJW 2018, 2550). Dieser Regelungssystematik liegt eine Ordnungsfunktion zugrunde, die einen strukturierten und effizienten Ablauf einer Eigentümerversammlung gewährleisten soll. Damit wäre es unvereinbar, wenn man Einzelnen oder Eigentümergruppen ex lege das Recht zuerkannte, eine Versammlung einzuberufen. Abzulehnen ist ferner die bis zur WEG-Novelle 2007 analog § 37 Abs 2 BGB bestehende Möglichkeit, dass sich ein Wohnungseigentümer gerichtlich zur Einberufung der Versammlung ermächtigen lässt (s BayObLGZ 1970, 1, 4; OLG Hamm OLGZ 1992, 309; OLG Celle MDR 2000, 1428; OLG Köln ZMR 2003, 380). Bereits mit dem 2007 eingefügten § 21 Abs 8 WEG aF bestand diese Möglichkeit, richtiger Ansicht nach, nicht mehr (LG München I ZMR 2013, 748: keine Rechtspflegerzuständigkeit mehr; AG Charlottenburg ZMR 2010, 76; Suilmann AnwZert MietR 7/2009 Anm 1 sub C. I.).

Nach geltendem Recht kann ein Eigentümer durch Beschluss zur Einberufung er- **72**
mächtigt werden und diesen Beschluss im Wege des **§ 44 Abs 1 S 2 WEG** gerichtlich – ggf im Wege des einstweiligen Rechtsschutzes – ersetzen lassen (Bärmann/Dötsch § 18 WEG Rn 103, § 23 Rn 176). Da der Anspruch auf einen Ermächtigungsbeschluss und nicht auf einen Einberufungsbeschluss gerichtet ist, scheidet eine Einberufung durch das Gericht, wie sie zum alten Recht diskutiert wurde, aus. Die Entscheidung des Gerichts ersetzt den Ermächtigungsbeschluss der Eigentümer, was § 44 Abs 1 S 2 WEG mit der Formulierung ausdrückt, das Gericht könne „den Beschluss fassen" (s mit Hinweis auf den Rechtsgedanken des § 894 ZPO Jennissen/Suilmann § 44 WEG Rn 144; dazu auch Staudinger/Lehmann-Richter § 44 WEG Rn 266). Der Anspruch auf Beschlussersetzung besteht, wenn keine zur Einberufung befugte Person existiert (also weder die entsprechenden Beiratsmitglieder noch ein ermächtigter Eigentümer) und eine Versammlung im Interesse einer ordnungsmäßigen Verwaltung erforderlich ist (vgl Lehmann-Richter/Wobst WEG-Reform 2020 Rn 628).

Nicht geklärt ist, ob ein Anspruch auf Ermächtigung eines Eigentümers in Betracht **73**
kommt, wenn ein **Verwalter** zwar bestellt ist, sich dieser jedoch **pflichtwidrig weigert**, die Versammlung einzuberufen. In diesen Fällen kann jeder Eigentümer gem § 18 Abs 2 WEG iVm § 43 Abs 2 Nr 2 WEG seinen Einberufungsanspruch gegen die GdWE durchsetzen und der Verwalter hat diesen als Organ zu erfüllen. Demgegenüber besteht nach hier vertretener Ansicht kein Einberufungsanspruch gegen die Mitglieder des Verwaltungsbeirates (s Rn 69) und auch ein Anspruch auf Ermächtigung eines Einzelnen zur Ladung kommt **idR nicht in Betracht**. Die Grundsätze ordnungsmäßiger Verwaltung gebieten es, primär den Verwalter in die Pflicht zu nehmen. Als Fachmann bietet er grundsätzlich eine höhere Gewähr für eine formell ordnungsmäßige Einberufung und verfügt sogleich über die notwendigen (Eigentümer-)Daten. Dass die Vollstreckung des Urteils gegen die GdWE dann über § 887 ZPO ggf doch durch eine Ermächtigung des klagenden Wohnungseigentümers erfol-

gen würde (Greiner, Wohnungseigentumsrecht § 7 Rn 13), ändert daran dem Grunde nach nichts.

6. Modalitäten der Einberufung und Ladung

74 Die Anforderungen, die an den **Inhalt** der Einberufung/Ladung zu stellen sind, ergeben sich im Wesentlichen aus § 23 Abs 2 WEG, weshalb auf die dortige Kommentierung verwiesen wird (§ 23 WEG Rn 274 ff; zur sog „Ausladung" statt einer Einladung s Rn 7a). Ein Hinweis auf eine Vertretungsmöglichkeit oder einen Stimmrechtsausschluss ist hingegen nicht notwendiger Inhalt der Ladung; sind entsprechende Hinweise enthalten, **müssen** sie aber **zutreffend sein** (LG München I 4. 11. 2021 – 36 S 14711/20, ZWE 2022, 170 Rn 44). Im Folgenden geht es vor allem um die Form der Einberufung und die Frist.

a) Form

75 Gem § 24 Abs 4 S 1 WEG hat die Einberufung (mindestens) in **Textform** zu erfolgen (zur Einführung dieser Form s Mankowski ZMR 2002, 481, insb 488). Eine Unterschrift des Einberufenden ist daher nicht erforderlich, aber unschädlich (zum Auswahlermessen des Verwalters etwa Hügel/Elzer Rn 89). Der Abschluss der Erklärung und die Person des Erklärenden – idR der Verwalter oder zumindest ein Repräsentant desselben – können auf andere Weise als durch Unterschrift mitgeteilt werden (zu diesen Anforderungen an die Textform Staudinger/Hertel [2023] § 126b BGB Rn 30 ff). Erfolgt die Ladung nicht durch Versand einer Urkunde, muss sie gem § 126b BGB wenigstens auf andere zur dauerhaften Wiedergabe in Schriftzeichen geeignete Art vorgenommen werden. Hierzu zählen Versandformen, die eine elektronische Speicherung ermöglichen, wie etwa **E-Mail** (BeckOGK/Hermann Rn 53; Skauradszun ZWE 2016, 61, 65; s hierzu auch bereits Rn 34, 38). Insbesondere bei dieser Form der Übermittlung steht man vor der Frage, ob der Adressat mit derartiger Korrespondenz rechnen musste. Hierbei handelt es sich um ein Problem des Zugangs der Einberufungserklärung (vgl auch Rn 29, 57) und nicht um eine Formfrage. Gleiches gilt sub specie der Möglichkeit der Kenntnisnahme, wenn Anhänge in einem nicht hinreichend verbreiteten Dateiformat übersandt werden (vgl Jennissen/Schultzky Rn 51, nach dem ein allg zugängliches Dateiformat die Textform wahrt). Die Notwendigkeit eines „dauerhaften Datenträgers" iSv § 126b BGB soll dem Geladenen die Möglichkeit geben, die in der Ladung enthaltenen Informationen jederzeit abzurufen. Ein Aushang im Flur oder Treppenhaus genügt daher nicht (BeckOK-WEG/Bartholome Rn 50). Gleiches gilt für eine Bekanntmachung auf der Homepage des Verwalters ohne Downloadmöglichkeit (zum Zustimmungserfordernis s Rn 34).

76 Eine **Modifizierung des gesetzlichen Formerfordernisses** durch Beschluss ist nicht möglich (zur Nichtigkeit entspr Beschlüsse mangels Kompetenz etwa Jennissen/Schultzky Rn 53), wohl aber durch Vereinbarung. Besondere Probleme ergeben sich in der Praxis aus dem Umstand, dass vor allem **Gemeinschaftsordnungen** aus der Zeit vor dem 1. 8. 2001 eine **schriftliche Ladung** vorsehen, was dem Gesetzeswortlaut vor Inkrafttreten des Gesetzes zur Anpassung der Formvorschriften des Privatrechts und anderer Vorschriften an den modernen Rechtsgeschäftsverkehr (BGBl 2001 I 1542) entspricht. Eine derartige Regelung bezieht sich idR nicht auf § 126 BGB, weil die Interessenlage gegen das Erfordernis einer eigenhändigen Unterschrift spricht, sodass die Zweifelsregelung des § 127 BGB nicht zum Tragen kommt (zum früher bestehenden gesetzli-

chen Schriftformerfordernis s Staudinger/Bub[12] Rn 78 ff). Daher ist iErg der Ansicht zuzustimmen, nach der die in der Gemeinschaftsordnung vorgesehene Einberufung in Schriftform es **nicht erfordert**, dass der Einberufende seine eigenhändige Unterschrift unter jedes Ladungsschreiben setzen muss (vgl OLG Zweibrücken NJW-RR 2014, 1128).

Als **Folge eines Verstoßes** gegen das gesetzliche Formerfordernis wird von der hM eine Nichtigkeit der Ladung gem § 125 S 1 BGB angenommen (Bärmann/Merle Rn 42; Niedenführ/Schmidt-Räntsch/Vandenhouten/Vandenhouten Rn 17). Allerdings ist diese Vorschrift jedenfalls nicht unmittelbar anwendbar, weil die Ladung weder Willenserklärung (s Rn 6) noch Rechtsgeschäft ist. Das Rechtsgeschäft, auf dessen Ebene der Formverstoß sanktioniert wird, ist der auf der Versammlung gefasste Beschluss, sofern dieser fristgerecht angefochten wird (so auch die hM; statt vieler Niedenführ/Schmidt-Räntsch/Vandenhouten/Vandenhouten Rn 17). 77

b) Einberufungsfrist und Zeitpunkt der Vornahme der Ladungshandlung

aa) Gesetzliche Anforderungen im Regelfall

Die durch das WEMoG erneut verlängerte Frist für die Einberufung beträgt – vorbehaltlich besonderer Eilbedürftigkeit (s Rn 83) – **drei Wochen**; zuvor hatte bereits die WEG-Novelle 2007 die Frist um eine auf zwei Wochen erhöht. Im Entwurf zum WEMoG waren noch vier Wochen vorgesehen, um die Vorbereitungsmöglichkeit für die Eigentümer zu verbessern, etwa wenn Rechtsrat eingeholt werden muss (s BT-Drucks 19/18791, 72; der Rechtsausschuss hielt dann eine dreiwöchige Frist für angemessen, BT-Drucks 19/22634, 45; zum Kompromisscharakter dieser Lösung s Elzer MietRB 2020, 371, 377). In den Materialien zur WEG-Novelle 2007 (BT-Drucks 16/887, 33) wurde die „Berücksichtigung der heutigen Lebensgewohnheiten" als Grund der Verlängerung angegeben. Damit war vor allem die größere Mobilität der Menschen gemeint und die erhebliche Zahl von (idR vermietenden) Eigentümern, die ggf eine erhebliche Anreise zum Ort der Versammlung in Kauf nehmen müssen. Angesichts dieser erheblichen Fristverlängerung kann die für die ursprüngliche, bis 2007 geltende Ladungsfrist von einer Woche vertretene Ansicht, der Ladende müsse die Frist bei Vorliegen besonderer Umstände (zB im Ausland lebende Eigentümer) als Folge des Rücksichtnahmegebots verlängern (s OLG Karlsruhe ZMR 2006, 795, 796), nicht mehr überzeugen (Skauradszun/Elzer/Hinz/Riecke/Riecke Die WEG-Reform 2020, § 6 Rn 54; **aA** Hügel/Elzer Rn 90; Jennissen/Schultzky Rn 57). Zur Vermeidung von Rechtsunsicherheit und Verwaltungsaufwand sind die mit der Festlegung pauschaler Zeitbestimmungen verbundenen Nachteile vom Betroffenen in Kauf zu nehmen. 78

In der **Übergangszeit** war fraglich, welcher Zeitpunkt die Anwendbarkeit der neuen Ladungsfrist determiniert (s Häublein ZWE 2021, 103). In Betracht kommt der der Ladung oder der der Versammlung. Letzteres ist nach hier vertretener Ansicht richtig, sodass für alle Versammlungen ab dem 1. 12. 2020 die längere Frist gilt, auch wenn die Ladung noch vor Inkrafttreten des WEMoG erfolgte (**aA** Lehmann-Richter/Wobst WEG-Reform 2020 Rn 621 iVm Rn 2012; Skauradszun/Elzer/Hinz/Riecke/Riecke Die WEG-Reform 2020, § 6 Rn 52). Anderenfalls hätte es der Ladende uU in den Händen, durch den Zeitpunkt der Versendung der Ladung über das anwendbare Recht zu disponieren. Hinzu kommt, dass die Ladung als Vorbereitungshandlung der Versammlung das Ziel hat, den Eigentümern eine ordnungsmäßige Willensbildung zu ermöglichen. Sofern der Gesetzgeber zu den Formalien auch eine dreiwöchige Vorbereitungszeit 78a zählt, muss diese eingehalten sein, wenn die Versammlung unter das neue Recht fällt.

79 Für die Fristberechnung gelten §§ 186 ff BGB. Das maßgebliche Ereignis für die Berechnung ist der **Zugang der Ladung beim geladenen Eigentümer**, was aus der Informationsfunktion der Ladung (Rn 4) folgt. Der Ladende muss die Ladung pünktlich in den Machtbereich **aller** Empfänger bringen, sodass mit deren rechtzeitiger Kenntnisnahme zu rechnen ist (s allg Staudinger/Singer/Benedict [2021] § 130 BGB Rn 39 ff). Den Eigentümern sollen drei Wochen zur Vorbereitung auf die Versammlung zur Verfügung stehen (Rn 78). Der Tag, an dem die Sendung dem Eigentümer zugeht, ist bei der Berechnung nicht zu berücksichtigen (§ 187 Abs 1 BGB). Eine Ladung ist daher nur fristgerecht, wenn die Versammlung frühestens an dem Tag der überübernächsten Woche stattfinden soll, der auf den Tag des Zugangs folgt (§ 188 Abs 2 BGB; OLG Hamm ZMR 2007, 984, 985). Das bedeutet: Soll eine Versammlung an einem Dienstag der Kalenderwoche x stattfinden, muss die Ladung allen Eigentümern spätestens am Montag der Kalenderwoche x-3 zugegangen sein. § 193 BGB, der Besonderheiten für Sonn- und Feiertage sowie Samstage regelt, findet nach hM keine Anwendung (Bärmann/Merle Rn 50; Jennissen/Schultzky Rn 57; zum GmbH-Recht ebenso OLG Hamm NJW-RR 2001, 105). Davon ist die Frage zu unterscheiden, ob die Versammlung selbst an einem Wochenende oder Feiertag abgehalten werden darf (s Rn 140 f).

79a Im Rahmen ordnungsmäßiger Verwaltung muss der Ladende die **gewöhnlichen Postlaufzeiten berücksichtigen** (s auch BeckOK-WEG/Bartholome Rn 58: Zeitpuffer für die Zustellung ratsam). Bei einem Versand ins Ausland sind diese großzügiger zu bemessen als bei ausschließlich im Inland zu ladenden Personen; dabei geht es nicht um die in Rn 78 abgelehnte Verlängerung der Ladungsfrist für im Ausland lebende Eigentümer, weil die zu Lasten der ladenden Gemeinschaft gehende Beförderungszeit der Ladungsfrist gerade vorgelagert ist.

80 Die Formulierung des Gesetzes, die Frist solle „mindestens drei Wochen betragen", führt zu der Frage, ob eine Ladung zu jedem **früheren** Zeitpunkt, etwa mehrere Monate vor der Versammlung erfolgen darf. Im Ausgangspunkt besteht ein Ermessen des Einladenden, das aber Schranken unterliegt. Einerseits verschafft ein längerer Vorlauf den Eigentümern die Möglichkeit, Änderungs- und Ergänzungsanliegen vorzutragen, mit der Folge, dass deren Aufnahme zur Tagesordnung nebst **Ergänzung der Ladung** unter Wahrung der Frist des § 24 Abs 4 S 2 WEG möglich bleibt. Die Ladungsfrist muss nämlich für diese ebenfalls beachtet werden (BeckOK-WEG/Bartholome Rn 60). Andererseits bedeutet ein zu großer Vorlauf, dass aktuelle Themen uU nur berücksichtigt werden können, wenn neue Ladungen versandt werden, was den Verwaltungsaufwand erhöht. Außerdem kann bis zum Versammlungstermin noch die Verfügungsberechtigung an der Wohnung wechseln, auf die der Ladende nicht mehr zu reagieren bräuchte, weil es insofern auf die Absendung der Ladung ankommt (Rn 8). Ladungen sollten daher max 6 Wochen vor der Versammlung versandt werden. Soll der Termin früher bekannt gegeben werden, was sinnvoll ist (Greiner ZWE 2016, 297, 305), damit sich die Eigentümer darauf einrichten können, sollte mit einer **Vorankündigung** gearbeitet werden. Ein solches „Save the date" unterliegt nicht den Formanforderungen des § 24 Abs 4 WEG und kann daher über die Homepage des Verwalters erfolgen.

§ 24 Abs 4 S 2 WEG ist **dispositiv**, kann aber vorbehaltlich einer Öffnungsklausel in der Gemeinschaftsordnung nur **durch Vereinbarung** modifiziert werden (statt aller BayObLG WuM 2005, 148). Entsprechenden Beschlüssen mangelt grundsätzlich die Kompetenz. Eine Regelung im Verwaltervertrag betrifft das Verhältnis des Verwalters zur GdWE und ändert daher – selbst bei Bestehen einer Öffnungsklausel und Beschlussfassung über den Verwaltervertrag – nichts an der gesetzlichen oder vereinbarten Frist (OLG Dresden ZMR 2009, 301). Ist die im Vertrag vereinbarte Frist kürzer als die im Verhältnis der Eigentümer vereinbarte und orientiert sich der Verwalter an seinem Vertrag, kommt es zu einem Ladungsmangel. Handelt es sich um AGB des Verwalters, liegt ein Verstoß gegen § 307 BGB vor, weil der Verwender die speziellen rechtsgeschäftlichen Regelungen der Wohnungseigentümer kennen und bei der Gestaltung seiner Vertragsbedingungen berücksichtigen muss (Rechtsgedanke des § 305b BGB). Ist die im Verwaltervertrag vereinbarte Frist hingegen länger als die gesetzliche oder zwischen den Eigentümern vereinbarte, muss sich der Verwalter zwar daran halten. Ob ein Ladungsmangel besteht, richtet sich jedoch allein nach den Regelungen des Gemeinschaftsverhältnisses. 81

Zulässig sind gem § 10 Abs 1 S 2 WEG Vereinbarungen, die die Frist **verlängern**, zB auf einen Monat, oder **verkürzen**, zB auf eine Woche. Für Vereinbarungen, die nach dem 30. 11. 2020 getroffen werden, gilt daher deren Vorrang vor dem Gesetz. Bei **älteren Gemeinschaftsordnungen** („Alt-Vereinbarungen") hat man es infolge der wiederholten Gesetzesänderung erneut (zum Formproblem Rn 76 sowie Rn 57 zur Bedeutung von § 47 S 2 WEG für die Änderungen durch das WEMoG) mit dem verbreiteten Phänomen zu tun, dass diese die damals geltende Rechtslage wiederholen. Oft sehen sie eine Ladungsfrist von einer oder zwei Wochen vor, was bis zum 30. 6. 2007 bzw 30. 11. 2020 der Gesetzeslage entsprach. Das WEMoG regelt den Konflikt in § 47 WEG zugunsten einer Geltung des neuen Gesetzesrechts, soweit sich aus der Vereinbarung nicht **ein anderer Wille** ergibt (Staudinger/Wobst § 47 WEG Rn 13 ff). 82

Ein solcher Wille ist nach hier vertretener Ansicht anzunehmen, wenn die vereinbarte Frist **über drei Wochen hinausgeht**, weil bei Abfassung der Vereinbarung offenkundig eine längere Frist gewollt war. Liegt die vereinbarte Frist **unter drei Wochen**, gilt: Entspricht die Ladungsfrist derjenigen, die damals im Gesetz vorgesehen war (also bei Vereinbarungen bis zum 30. 6. 2007 eine Woche und ab dem 1. 7. 2007 bis zum 30. 11. 2020 zwei Wochen), beträgt die Frist **nunmehr drei Wochen**; denn bei bloßer Wiederholung des Gesetzeswortlauts ist iZw nicht von einem Willen auszugehen, künftige Gesetzesänderungen abwehren zu wollen. **Gleiches** gilt im Ergebnis für Vereinbarungen aus der Zeit vor dem 30. 6. 2007, in der eine Ladungsfrist von mehr als einer Woche (aber weniger als drei Wochen) geregelt ist, weil die Verf den Eigentümern mehr Zeit zur Vorbereitung verschaffen wollten als gesetzlich vorgesehen, weshalb ihnen nicht zu unterstellen ist, dass sie eine (noch) längere gesetzliche Frist verkürzen wollten (ebenso Dötsch/Schultzky/Zschieschack WEG-Recht 2020, Kap 8 Rn 19). Sieht eine Gemeinschaftsordnung aus der Zeit vom 1. 7. 2007 bis zum 30. 11. 2020 eine Frist von einer Woche vor, kann darin eine bewusste Verkürzung liegen oder eine unbewusste Fortführung der überholten Gesetzeslage. Ohne Anhaltspunkte für eine bewusste Verkürzung ist gem § 47 S 2 WEG nicht von einem Abweichungswillen auszugehen und es gilt die **Frist von drei Wochen** (str; anders noch Häublein ZWE 2021, 103). Gelegentlich findet man in der Praxis auch Regelungen, die offenkundig bewusst von den gesetzlichen Vorgaben abweichen, was zB bei einer Ladungsfrist 82a von 10 Tagen oder 5 Werktagen der Fall ist. Liegt der Zweck erkennbar in einer Verlängerung (zB 10 Tage oder 7 Werktage statt einer Woche in der Zeit bis zum 30. 6. 2007), gilt seit dem 1. 12. 2020 die **dreiwöchige** Frist. Sollte die Frist aber offenkundig verkürzt werden, zB fünf Tage statt der gesetzlich vorgesehenen Woche, dürfte die **Vereinbarung fortgelten** (so auch FALKNER, ZWE 2021, 149, 151), obwohl mit letzter Gewissheit nicht zu sagen ist, ob eine Verkürzung von drei Wochen auf fünf Tage gewollt war. Ist die **Tendenz** der Vereinbarung (Verkürzung oder Verlängerung der gesetzlichen Frist) **unklar**, was bei einer vereinbarten Frist von fünf Werktagen der Fall ist, wenn das WEG eine Woche als Ladungsfrist vorsieht, führt § 47 S 2 WEG zur Anwendung des § 24 Abs 4 S 2 WEG.

bb) Fälle besonderer Dringlichkeit

83 Die **Abkürzung der Mindestfrist** ist bei besonderer Dringlichkeit vorgesehen (§ 24 Abs 4 S 2 WEG). Ob Dringlichkeit vorliegt, richtet sich nach den Folgen, die die Ausschöpfung der Drei-Wochen-Frist bei objektiver ex-ante-Betrachtung voraussichtlich hätte. Diese müssen gegen die Nachteile der kürzeren Vorbereitungszeit abgewogen werden. Das Erfordernis **„besonderer“** Dringlichkeit spricht dafür, von vornherein nur Folgen von einigem Gewicht zuzulassen (s NIEDENFÜHR/SCHMIDT-RÄNTSCH/VANDENHOUTEN/VANDENHOUTEN Rn 19: Gefahr erheblicher Schäden), was deswegen gerechtfertigt erscheint, weil kürzere Ladungsfristen die Wahrscheinlichkeit erhöhen, dass Eigentümer an der Versammlung nicht teilnehmen und ihre Mitverwaltungsrechte nicht angemessen ausüben können. Vor diesem Hintergrund stellt sich etwa die Frage, ob die Abkürzung der Frist bereits deswegen zulässig ist, weil ohne eine solche eine (weitere) außerordentliche Versammlung einberufen werden müsste, was mit Kosten für die Gemeinschaft verbunden wäre. So liegt es, wenn Eigentümer nach Zugang der Ladung eine mit den Grundsätzen ordnungsmäßiger Verwaltung in Einklang stehende Ergänzung der Tagesordnung fordern (zum Anspruch auf Aufnahme solcher Tagesordnungspunkte s Rn 96) und die Abänderung der Ladung nur unter Missachtung der Ladungsfrist möglich wäre (zur Geltung der Frist auch für Ergänzungen Rn 80). Man wird diese Frage nicht pauschal beantworten können, sondern nur unter Berücksichtigung der konkreten Umstände. Zu ihnen gehören die trotz der Abkürzung der Frist verbleibende Vorbereitungszeit, die Komplexität der Materie, die Gegenstand des Ergänzungsverlangens ist, der mit der Einberufung einer weiteren Versammlung verbundene Aufwand und vor allem, ob überhaupt eine Pflicht bestünde, eine weitere Versammlung einzuberufen, wenn dem Ergänzungsverlangen nicht Rechnung getragen wird. Eine Pflicht besteht insb, wenn das Verlangen von mehr als einem Viertel der Eigentümer getragen wird.

84 Klassische Fälle der Dringlichkeit sind **Baumängel**, deren sofortige Beseitigung erforderlich ist, um weiteren Schaden an der Liegenschaft oder bei deren Nutzern zu vermeiden (zu statischen Mängeln der Tiefgarage LG Düsseldorf ZMR 2013, 821). Der drohende Schaden kann aber auch ein reiner Vermögensschaden sein, etwa wenn es um die Wahrung einer Frist geht. Es wird allerdings vertreten, eine Dringlichkeit setze voraus, dass der Verwalter ohne Eigentümerbeschluss nicht handeln kann oder zumindest nicht darf (HÜGEL/ELZER Rn 91; JENNISSEN/SCHULTZKY Rn 60; wohl auch LG Düsseldorf ZMR 2013, 821). Im Außenverhältnis kann der Verwalter die GdWE nunmehr nahezu umfassend vertreten und darf dies auch, sofern das zur Abwendung eines Nachteils erforderlich ist (§ 27 Abs 1 Nr 2 WEG). Letzteres impliziert jedoch die fehlende Möglichkeit einer vorhergehenden Entscheidung der Wohnungseigentümer (dazu

Staudinger/Jacoby § 27 WEG Rn 45 ff), sodass das Kriterium der Handlungsunfähigkeit des Verwalters nur bedingt geeignet erscheint, § 24 Abs 4 S 2 WEG zu konkretisieren. Tatsächlich dürfte eine Interessenabwägung geboten sein, bei der zu fragen ist, ob es den Eigentümern zuzumuten, trotz knapper Vorbereitungszeit die erforderliche Entscheidung selbst zu treffen. Das ist eine Frage des Einzelfalls und der konkreten Umstände (s Rn 83). Eine Abkürzung der Frist, zumal eine geringfügige, ist insbesondere bei Maßnahmen, die keine komplexe Entscheidungsfindung erfordern, eher von § 24 Abs 4 S 2 WEG gedeckt, als bei Entscheidungen, die umfangreiche Vorbereitung seitens der Eigentümer erfordern.

Weicht die **Gemeinschaftsordnung** von der gesetzlichen Ladungsfrist ab, ohne den Vorbehalt besonderer Dringlichkeit explizit vorzusehen, stellt sich die Frage, ob dieser abbedungen werden sollte. Das setzt zunächst einmal voraus, dass das Gesetz insofern überhaupt **dispositiv** ist. Schon daran bestehen Zweifel, weil eine entsprechende Regelung den Eigentümern die Möglichkeit nähme, rechtmäßig über Maßnahmen zu befinden, die keinen Aufschub dulden, was eine erhebliche Beschränkung der Mitverwaltungsrechte bedeuten und zur „Lähmung" der GdWE führen kann. Jedenfalls aber besteht der in § 24 Abs 4 S 2 WEG angelegte Vorbehalt im Zweifel fort, dh weder eine Verlängerung noch eine Verkürzung der gesetzlichen Ladungsfrist bewirken für sich genommen ein Verbot der Abkürzung bei besonderer Dringlichkeit. 85

Der Dispens von der Ladungsfrist in dringenden Fällen erfasst **nur diejenigen Tagesordnungspunkte**, die die erforderliche Eilbedürftigkeit aufweisen (einhM; Hügel/Elzer Rn 92; Jennissen/Schultzky Rn 61; Niedenführ/Schmidt-Räntsch/Vandenhouten/Vandenhouten Rn 19). Ferner darf die Abkürzung der Frist nur in dem Maße erfolgen, wie es unter Berücksichtigung der Dringlichkeit zwingend geboten ist. 86

cc) Sollvorschrift

Bereits deswegen, weil es sich bei § 24 Abs 4 S 2 WEG um eine Sollvorschrift handelt, kann die Missachtung der zwei-wöchigen Frist allein **nicht zur Ungültigkeit** des Beschlusses führen. Für die Einberufung selbst wäre die Unwirksamkeitsfolge ohnehin inadäquat (s Rn 32 zum Zugang). Vielmehr ist dieser formelle Mangel nur beachtlich, wenn er im Rahmen einer Beschlussanfechtungsklage gerügt wird. Eine Ungültigerklärung scheidet aber nach hM selbst bei rechtzeitiger Anfechtung aus, wenn feststeht, dass der angefochtene Beschluss auch bei ordnungsgemäßer Einberufung ebenso gefasst worden wäre (Rn 112). Die Missachtung der Einberufungsfrist soll aber grundsätzlich zur **Anfechtbarkeit** der in der Versammlung gefassten Beschlüsse führen, wobei im Zweifel davon ausgegangen wird, dass sich der Verfahrensverstoß auf den Beschluss ausgewirkt hat (OLG Hamburg ZMR 2006, 704; LG München I ZWE 2016, 42; Bärmann/Merle Rn 47; Jennissen/Schultzky Rn 65a f). Tatsächlich dürfte die zutreffende Verteilung der Darlegungs- und Beweislast komplizierter sein (Niedenführ/Schmidt-Räntsch/Vandenhouten/Vandenhouten Rn 21; vertiefend Rn 112 ff). 87

c) Versammlungsort und -zeit

Zu den Aufgaben des Einberufenden gehört es, den Ort der Versammlung festzulegen und die Zeit, zu der die Versammlung stattfinden soll. Insoweit besteht ein **Ermessen**, dass aber vor allem im Hinblick auf den Termin der Versammlung dann erheblich eingeschränkt ist, wenn der Verwalter die Einberufung infolge eines Ver- 88 langens nach § 24 Abs 2 WEG vornimmt (s Rn 60). Auf die Umstände, die im Rahmen der Ermessensausübung zu berücksichtigen sind, wird in Rn 133 ff, 139 ff näher eingegangen. Versammlungsort und -zeit sind den Eigentümern **im Ladungsschreiben bekannt zu geben**. Hat der Verwalter diese bereits gesondert angekündigt (s Rn 80), kommt eine Bezugnahme in Betracht, sofern die Vorankündigung für die Geladenen in gleicher Weise dauerhaft zum Abruf der Information bereitsteht.

d) Tagesordnung

aa) Bedeutung und Verantwortlichkeit

89 Der **Einberufende entscheidet**, welche Themen Gegenstand der Versammlung sind (zum Anspruch auf Aufnahme bestimmter Punkte s Rn 96). Grundsätzlich ist das der Verwalter (statt aller BGH 23. 2. 2018 – V ZR 101/16 Rn 62, NJW 2018, 2550; BayObLGZ 1988, 287, 292; ZMR 2001, 991, 993 = ZWE 2001, 538), in den Fällen des § 24 Abs 3 WEG aber der Vorsitzende des Beirats, sein Stellvertreter oder der ermächtigte Eigentümer. Diesen Personen obliegt die Festlegung der Tagesordnung. Das WEG benutzt diesen Begriff, anders als das Aktienrecht (s insb §§ 121 ff AktG, zB § 121 Abs 3 S 2 AktG), nicht. Gleichwohl ergibt sich die Notwendigkeit einer Tagesordnung („Agenda") mittelbar aus § 23 Abs 2 WEG, der die **Bezeichnung der Beschlussgegenstände** „bei der Einberufung" fordert. Ferner entspricht es den Grundsätzen einer geordneten Versammlungsleitung und damit ordnungsmäßiger Verwaltung, den Ablauf der Versammlung ex ante zu strukturieren, nicht zuletzt, um Willkür- und Manipulationsvorwürfe gegen den Versammlungsleiter auszuschließen.

90 Die Tagesordnung ist den zu ladenden Personen in Textform (Rn 75) und fristgerecht (dazu Rn 78) **zuzuleiten**, damit sie sich auf die Versammlung vorbereiten können (zu den daraus abzuleitenden inhaltlichen Anforderungen s Rn 92, § 23 WEG Rn 276). Da sich der Willensbildungsprozess über mehrere Versammlungen hinziehen kann, sind Tagesordnungspunkte möglich, für die von vornherein **keine Beschlussfassung vorgesehen** ist. Je nach Bedeutung solcher Angelegenheiten wird der Einberufende für sie einen eigenen Punkt ausweisen oder sie unter einer Sammelbezeichnung („Sonstiges" o dgl; s Rn 93) abhandeln (zum Gestaltungsermessen des Einberufenden Rn 92 f).

91 Mit dem Versand der Tagesordnung kommt es insofern zu einer **Selbstbindung** des Einberufenden, als dieser die einzelnen Punkte in der Versammlung grundsätzlich in der angegebenen Reihenfolge abhandeln muss (Jennissen/Schultzky § 23 WEG Rn 134). Das schließt Änderungen durch sog Geschäftsordnungsbeschlüsse der auf der Versammlung anwesenden Eigentümer nicht aus. Umstellungen der Tagesordnung im Vorfeld der Versammlung sind ebenso zu behandeln wie deren Ergänzung (s dazu und insb zu den einzuhaltenden Fristen Rn 100).

bb) Gestaltung der Tagesordnung

92 Die Gestaltung der Tagesordnung liegt im **pflichtgemäßen Ermessen** des Einberufenden (BGH 23. 2. 2018 – V ZR 101/16 Rn 62, NJW 2018, 2550 – für den Verwalter). Die Angelegenheiten, die durch einen **Beschluss** geregelt werden sollen, sind grundsätzlich in einem **eigenen Tagesordnungspunkt** auszuweisen, wobei inhaltlich zusammenhängende Fragen als Unterpunkte ausgewiesen werden können (zB TOP 1a, 1b usw). Informationen/Mitteilungen oder Aussprachen zu untergeordneten Punkten können demgegenüber unter „Sonstiges", „Verschiedenes", „Varia" oder „Allfälliges" zusammengefasst werden. Dahinter steht die Überlegung, dass durch Beschlüsse Re-

gelungen getroffen werden, die für die Eigentümer eine größere Bedeutung haben als Themen, zu denen (noch) keine verbindlichen Festlegungen erfolgen sollen. Um sich entsprechend vorbereiten zu können, müssen die Eigentümer die Beschlussgegenstände kennen (BayObLG WuM 1985, 101). Zu den daraus zu ziehenden Konsequenzen für die Bezeichnung der Gegenstände s § 23 WEG Rn 276.

93 Angesichts dessen kann unter dem Punkt „Sonstiges" o dgl nach hM allenfalls über Themen mit **untergeordneter Bedeutung** beschlossen werden (OLG Hamm NJW-RR 1993, 468; BayObLG WuM 2004, 366; OLG München ZMR 2006, 68, 70; Bärmann/Merle Rn 51). Anders liegen die Dinge, wenn zugleich Unterpunkte aufgeführt sind, die den Anforderungen des § 23 Abs 2 WEG genügen, der Tagesordnungspunkt „Sonstiges" also konkretisiert wird (BayObLG ZMR 1998, 649 insoweit zust H Müller ZMR 1998, 650). Auffällig ist, dass die Gerichte bei Fehlen einer solchen Konkretisierung idR keine untergeordnete Bedeutung angenommen haben (s die vorstehend zitierten Entscheidungen und zur weiteren Kasuistik Jennissen/Schultzky § 23 WEG Rn 130) bzw sogar eine „gänzlich untergeordnete Bedeutung" fordern (KG ZMR 1997, 254). In der Literatur heißt es, „im Zweifel" sei nicht von einer untergeordneten Bedeutung auszugehen (Hügel/Elzer § 23 WEG Rn 85; ebenso Jennissen/Schultzky § 23 WEG Rn 130 – beide gehen freilich nicht darauf ein, dass es sich nicht um eine Tatsachen-, sondern um eine Rechtsfrage handeln dürfte). Angesichts dieser **deutlich restriktiven Tendenz**, die wegen des Informationsbedürfnisses der Eigentümer geboten erscheint, fragt sich, warum eine Beschlussfassung nicht generell für unzulässig gehalten wird. Dagegen spricht, dass es bei untergeordneten Angelegenheiten idR den Grundsätzen ordnungsmäßiger Verwaltung widersprechen wird, deswegen eine eigene Eigentümerversammlung einzuberufen und sich die Sache im Falle eines Verschiebens auf die nächste (ordentliche) Versammlung erledigt haben kann.

94 Das **pflichtgemäße Ermessen** des Einberufenden bei der Aufstellung der Tagesordnung wird durch die Grundsätze ordnungsmäßiger Verwaltung eingegrenzt. Gegenstände, die eine Willensbildung erfordern, muss er von sich aus auf die Tagesordnung setzen. Dazu zählen turnusmäßig etwa die für die Finanzausstattung maßgeblichen Beschlüsse gem § 28 Abs 1 und 2 WEG sowie Wahlentscheidungen, wenn die Amtsperioden des Verwalters oder Beirates auslaufen. Zumindest von einem professionellen Verwalter ist überdies zu erwarten, dass er im Vorfeld einer Versammlung diejenigen Maßnahmen vornimmt, die erforderlich sind, um einen Entscheidungsbedarf festzustellen. Das betrifft zB die finanzielle Lage der Gemeinschaft und den Instandsetzungsbedarf (hierzu BGH 23. 2. 2018 – V ZR 101/16 Rn 77, NJW 2018, 2550; 19. 7. 2019 – V ZR 75/18 Rn 9, 36 ZWE 2020, 44).

95 Das Ermessen wird ferner in den Fällen des rechtmäßigen **Einberufungsverlangens** (§ 24 Abs 2 WEG) begrenzt. Zwar muss der Verwalter nicht zwingend die von den Eigentümern vorgeschlagene Tagesordnung übernehmen (s dazu auch Rn 61, 97), jedoch ist es ihm untersagt, durch eine Umgestaltung der Tagesordnung Einfluss auf die Willensbildung zu nehmen. Andernfalls drohte eine Aushöhlung des Minderheitenrechts (s hierzu bereits Rn 58 das materielle Prüfungsrecht des Verwalters betreffend).

96 Von der Gestaltung der Tagesordnung im Falle eines Einberufungsverlangens sind die Fälle zu unterscheiden, in denen die **Aufnahme von Versammlungsgegenständen** für eine vom Verwalter ohnehin anberaumte oder anzuberaumende Versammlung

gefordert wird. Ein § 122 Abs 2 S 1 AktG entsprechendes Minderheitenrecht kennt das WEG nicht. Aus § 24 Abs 2 WEG folgt aber a maiore ad minus, dass ein Viertel der Eigentümer die Aufnahme von Tagesordnungspunkten verlangen kann (Jennissen/Schultzky § 23 WEG Rn 137). Nach hM kann ferner **jeder Wohnungseigentümer** ungeachtet des Erreichens des Quorums gem § 24 Abs 2 WEG nach § 18 Abs 2 WEG von der GdWE die **Aufnahme bestimmter Punkte zur Tagesordnung** einer Wohnungseigentümerversammlung verlangen, wenn die Behandlung dieser Punkte ordnungsmäßiger Verwaltung entspricht (BGH 23. 2. 2018 – V ZR 101/16 Rn 62, NJW 2018, 2550; BayObLGZ 1988, 287, 292; ZWE 2001, 539; OLG Saarbrücken ZMR 2004, 533; OLG Frankfurt NJW 2009, 300 = ZWE 2009, 43, 47; zur Passivlegitimation der GdWE s nur Jennissen/Schultzky § 23 WEG Rn 145). Da es zu den grundlegenden Rechten eines jeden Eigentümers gehört, sich über die Verwaltung und den Gebrauch der gemeinschaftlichen Sache mit den Miteigentümern auszutauschen und die aus seiner Sicht gebotenen Entscheidungen wenigstens zur Abstimmung zu stellen, **entspricht das Ansinnen grundsätzlich ordnungsmäßiger Verwaltung** (LG München I ZWE 2012, 144 = ZMR 2012, 135; Jennissen/Schultzky § 23 WEG Rn 142: großzügiger Maßstab; zum Problem der Ankündigungsfrist s Rn 101). Eine Ausnahme gilt nur in Fällen **missbräuchlicher** Rechtsausübung (s dazu BayObLG ZWE 2001, 538, 549 = ZMR 2001, 991: Vielzahl der Anträge gefährdet den ordnungsgemäßen Versammlungsablauf). Die Dinge liegen insofern ganz ähnlich, wie beim Einberufungsverlangen nach § 24 Abs 2 WEG, für das ein materielles Prüfungsrecht des Verwalters ebenfalls abgelehnt wird (s Rn 58). Auf das Quorum kommt es deswegen nicht an, weil der Verwaltungsaufwand geringer ist, wenn eine Versammlung ohnehin ansteht.

96a Eine **weitere Einschränkung** des Anspruchs auf Aufnahme von Anträgen wird befürwortet, wenn der zu fassende Beschluss „von vornherein rechtswidrig und also unter allen Umständen anfechtbar“ wäre (Hügel/Elzer Rn 93; zustimmend LG Hamburg 13. 7. 2022 – 318 T 16/22, ZMR 2023, 69). Sofern damit („von vornherein“, „unter allen Umständen“) eine **Evidenzkontrolle** gemeint ist, kommt das in die Nähe der hier zur Prüfung des Einberufungsverlangens vertretenen Ansicht (vgl Rn 59; s auch § 23 WEG Rn 25 zur Prüfungsbefugnis bei Eigentümeranträgen); ein allgemeines Recht, den Antrag dahingehend zu prüfen, ob dieser inhaltlich ordnungsmäßiger Verwaltung entspricht, ist aber in jedem Fall abzulehnen. Der Einladende sollte, sofern er auch Versammlungsleiter ist, auf seine Bedenken hinweisen. Es ist aber nicht seine Aufgabe, die Abstimmung über Beschlüsse zu verhindern, die ordnungsmäßiger Verwaltung widersprechen. Sofern der rechtswidrige Beschlusstext nicht die Grenze zur Nichtigkeit überschreitet, ist er zur Abstimmung zu stellen. Dahinter stehen letztlich die gleichen Erwägungen, wie bei der Verkündungspflicht des Versammlungsleiters (§ 23 WEG Rn 56 ff).

96b Eine **Pflicht des einzelnen Eigentümers**, die Aufnahme eines TOP einzufordern, lehnt der BGH hingegen explizit ab, weil sich die Eigentümer auf das ordnungsmäßige Handeln des Verwalters verlassen könnten. Der Einzelne sei weder verpflichtet, Anträge zur Tagesordnung zu stellen, noch müsse er die Tätigkeit des Verwalters überwachen. Selbst dann, wenn einem Eigentümer, der die GdWE anwaltlich vertritt, die Dringlichkeit einer Beschlussfassung bewusst sei, treffe diesen keine Pflicht. Die Vorbereitung und Einberufung der Eigentümerversammlung seien ausschließlich Sache des Verwalters (BGH 23. 2. 2018 – V ZR 101/16 Rn 63, NJW 2018, 2550; nach dem WEMoG obliegt dem Verwalter diese Aufgabe als Organ der GdWE). Daraus folgert der BGH (s ebenda): Ein Eigentümer, der erkenne, dass der Verwalter pflichtwidrig einen Antrag zur Tagesordnung unberücksichtigt lasse und den Verwalter gleichwohl darauf nicht hinweise, verletze keine Treuepflichten gegenüber einem anderen Wohnungseigentümer. Nach dem seit 1. 12. 2020 geltenden WEG scheiden Ansprüche auf Schadensersatz der Eigentümer untereinander in solchen Fällen auch deswegen aus, weil § 14 Abs 2 WEG die Binnenpflichten stark eingeschränkt hat. Sollte man, was wohl nicht überzeugend wäre, für den Beirat aus dem geänderten § 29 Abs 2 WEG eine entsprechende Überwachungspflicht herleiten, bestünde diese jedenfalls nur der GdWE gegenüber.

Der Verwalter bleibt auch bei Vorliegen eines rechtmäßigen Ergänzungsverlangens **97** „Herr der Tagesordnung", weshalb er **nicht „sklavisch" an den Antrag gebunden** ist. Solange er das Anliegen eines Antragsstellers, über eine ordnungsmäßige Verwaltung in Bezug auf von ihm bezeichnete Gesichtspunkte zu beraten, erschöpfend aufnimmt, darf er es neu formulieren, aufspalten oder in einen größeren Zusammenhang stellen (OLG Saarbrücken ZMR 2004, 533). Nach einer anderen Ansicht (Jennissen/Schultzky § 23 WEG Rn 144) ist das Ermessen aber reduziert, wenn dem Verwalter **„konkrete Beschlussanträge"** übermittelt wurden. Der Verwalter soll diese, wie vom Eigentümer gewünscht, übernehmen müssen. Das überzeugt nicht. Als Versammlungsleiter liegt die Verantwortung für die Beschlussantragsformulierung grundsätzlich beim Verwalter. Ihm ist zunächst einmal auch zuzutrauen, dass er das Anliegen der Eigentümer in eine rechtmäßige, dem Verlangen Rechnung tragende Form bringt. Eine Verpflichtung zur Umsetzung „konkreter Anträge" würde dem Verwalter das Heft des Handelns aus der Hand nehmen, nicht zuletzt, weil jeder Eigentümer zu jedem beliebigen Tagesordnungspunkt konkrete Vorschläge unterbreiten kann (s hierzu aber auch § 23 WEG Rn 24).

Der Anspruch eines Eigentümers auf Aufnahme eines TOP richtet sich nach dem **97a** Inkrafttreten des WEMoG nicht mehr unmittelbar gegen den Verwalter (zur alten Rechtslage BayObLG ZWE 2001, 538, 549 = ZMR 2001, 991), sondern **gegen die GdWE**. Er ist im Verfahren nach § 43 Abs 2 Nr 2 WEG geltend zu machen und kann auch im Wege des **einstweiligen Rechtsschutzes** verfolgt werden. In der Regel rechtfertigt das Bestreben eines Wohnungseigentümers, einen bestimmten Punkt auf die Tagesordnung setzen zu lassen, aber keine die Hauptsache vorwegnehmende Leistungsverfügung (LG München I ZWE 2012, 144 = ZMR 2012, 135; zum einstw Rechtsschutz s auch LG München I ZWE 2011, 377 = ZMR 2011, 839).

Analog § 24 Abs 3 WEG sollen **im Weigerungsfall** die dort genannten Personen (Vor- **98** sitzender des Beirates etc) berechtigt sein, die Tagesordnung zu ergänzen (zur Ergänzung durch den Einberufenden selbst s Rn 100), was ebenso wie die Ladung eine Aussendung an alle zu ladendenden Personen erfordert (OLG Düsseldorf NJW-RR 1986, 96; OLG Frankfurt NJW 2009, 300, 301 = ZWE 2009, 43; Bärmann/Merle Rn 51). Die Details sind aber ungeklärt. Probleme bereitet insb, dass dadurch die Zuständigkeit für die Tagesordnung in den Händen verschiedener Personen mit häufig konträren Interessen liegt, was dem Ablauf der Versammlung unzuträglich sein kann. Im Unterschied zur Einberufung einer eigenständigen Versammlung durch den Beirat kann es bei der Ergänzung einer (fremden) Tagesordnung zu Konflikten im Ablauf kommen. Die Alternative bildet die **Einberufung einer weiteren Versammlung** im unmittelbaren Anschluss oder im Vorfeld der vom Verwalter anberaumten Versammlung. Sie ist analog § 24 Abs 3 WEG zulässig, weil die Weigerung des Verwalters, bestimmte Tagesordnungspunkte aufzunehmen, im Hinblick auf diese Punkte der Weigerung, eine Versammlung einzuberufen, gleichsteht. Für eine gesonderte Versammlung spricht, dass die in derartigen Fällen zwischen Eigentümern und Verwalter oft kontroversen Punkte in die Hände eines anderen Vorsitzenden gelegt werden können, ohne den Ablauf der vom Verwalter einberufenen Versammlung durch (mehrfachen) Wechsel in der Versammlungsführung zu unterbrechen.

99 Im Einladungsschreiben muss zwar **bezeichnet** werden, was **Gegenstand der Willensbildung** auf der Versammlung sein soll (§ 23 Abs 2 WEG), einer Übersendung der Beschlussanträge bedarf es aber nicht (s § 23 WEG Rn 280, auch zu weiteren Details der Bezeichnung).

cc) Änderungen der Tagesordnung und Ladungsfrist

100 Der Einberufende kann die Tagesordnung nach pflichtgemäßem Ermessen grundsätzlich solange **frei ändern** und vor allem ergänzen, wie die entsprechende Mitteilung den zu ladenden Personen unter **Wahrung der Frist** des § 24 Abs 4 S 2 WEG zugeht. Andernfalls ist eine Ergänzung nur rechtmäßig, wenn die Voraussetzungen einer abgekürzten Ladungsfrist (dazu Rn 83) vorliegen (Jennissen/Schultzky § 23 WEG Rn 138 f). Gegen §§ 23 Abs 2, 24 Abs 4 S 2 WEG und damit gegen die Grundsätze ordnungsmäßiger Verwaltung verstößt es in besonderer Weise, wenn erst **auf der Versammlung** Ergänzungen der Tagesordnung vorgenommen werden. Der durch die Ladungsfrist vermittelte Schutz steht auch nicht zur Disposition der (Versammlungs-) Mehrheit. Wird von ihr ein entsprechender Geschäftsordnungsbeschluss gefasst, ist der Versammlungsleiter zwar an diesen gebunden und hat die Tagesordnung zu ergänzen (**str**; wie hier Greiner ZWE 2016, 297, 305; Jennissen/Schultzky § 23 WEG Rn 139; Skauradszun ZWE 2016, 61, 67; allg zu dieser Problematik Rn 207); jedoch sind die nicht ordnungsgemäß angekündigten Beschlüsse infolge des Verfahrensverstoßes grundsätzlich **anfechtbar** (zu den Folgen von Einberufungsmängeln ausf Rn 112). Darauf sollte der Versammlungsleiter zur Vermeidung einer Haftung hinweisen und diesen Hinweis auch protokollieren (zum Gegenstand und Umfang der Niederschrift s Rn 228). Alternativ wird man ihm das Recht zugestehen müssen, die Versammlungsleitung niederzulegen, zumal der Fortgang der Versammlung durch die in § 24 Abs 5 WEG vorgesehene Möglichkeit gesichert erscheint. Unproblematisch ist die Ergänzung hingegen im Rahmen einer **Universalversammlung**, sofern sämtliche Eigentümer einverstanden sind (s dazu auch Rn 116).

101 § 24 Abs 4 S 2 WEG beschränkt nicht nur das Änderungsermessen des Verwalters, sondern die Norm wirkt sich ebenso auf **Ergänzungsverlangen** aus, die an den Verwalter, als Organ des GdWE, herangetragen werden. Der **Anspruch** auf Aufnahme aus § 18 Abs 2 WEG (Rn 96) **entfällt**, wenn nicht die Voraussetzungen besonderer Dringlichkeit vorliegen (LG München I ZWE 2011, 377 = ZMR 2011, 839; Jennissen/Schultzky § 23 WEG Rn 143). Folglich ist die Weigerung des Verwalters, die Tagesordnung zu ergänzen, nicht pflichtwidrig, wenn die Ergänzung selbst bei unverzüglicher Vornahme der erforderlichen Handlungen voraussichtlich **nicht fristgerecht** zugehen würde. Bei Abwägung der Interessen ist zu berücksichtigen, dass besonders gewichtige Belange des Eigentümers, der die Ergänzung fordert, durch den Dringlichkeitsvorbehalt geschützt werden und der Verwalter dem Interesse der Gesamtheit der Eigentümer verpflichtet ist, das durch die Verfahrensvorschriften einen formalisierten Ausdruck gefunden hat. Betrifft das Ergänzungsverlangen hingegen einen Punkt, der durch die bereits erfolgte Ladung abgedeckt ist (zur schlagwortartigen Beschreibung der Beschlussgegenstände s § 23 WEG Rn 276), handelt es sich der Sache nach nicht um eine Ergänzung. Derartige Ansinnen, zu denen auch ein konkret formulierter Beschlussantrag zu einem allgemein gehaltenen Tagesordnungspunkt zählt, können **auch ad hoc** auf der Versammlung gestellt werden. Der Versammlungsleiter darf sie nicht unter Hinweis auf § 24 Abs 4 S 2 WEG zurückweisen und muss sie ggf einem Geschäftsordnungsbeschluss zuführen (s dazu Greiner ZWE 2016, 297; zur Terminologie und den Besonderheiten von GO-Beschlüssen s Rn 196 ff).

Ein Konflikt mit § 24 Abs 4 S 2 WEG besteht nicht, wenn der Verwalter die **Tagesordnung „verkürzt"** oder durch Geschäftsordnungsbeschluss festgelegt wird, einzelne TOP nicht zu behandeln. Allerdings setzen die Grundsätze ordnungsmäßiger Verwaltung insofern Grenzen. Die Abkürzung der Tagesordnung bedarf jedenfalls dann eines **sachlichen Grundes**, wenn die Befassung der Versammlung mit dem Gegenstand geboten ist. Insbesondere steht der Anspruch eines Eigentümers auf Befassung der Versammlung mit einem bestimmten Gegenstand (§ 18 Abs 2 WEG) weder zur Disposition des Versammlungsleiters noch der Mehrheit. Ob die Abkürzung oder sonstigen Änderungen der Tagesordnung rechtmäßig sind, richtet sich nach den Umständen des konkreten Falles. Insb bei Versammlungen mit zahlreichen Gegenständen kann der Abbruch (Vertagung) ebenso geboten sein wie ein Überspringen bestimmter TOP. Derartige sachliche Gründe müssen gegen die Bedeutung der übergangenen Gegenstände abgewogen werden. 102

e) Versand von Unterlagen

Für eine ordnungsgemäße Beschlussfassung kann es **erforderlich** sein, den Eigentümern unabhängig von der ausreichenden Bezeichnung des Gegenstands der Beschlussfassung in der Einladung **Unterlagen zur Verfügung zu stellen**, um ihnen eine inhaltliche Befassung mit dem Beschlussgegenstand zu ermöglichen (BGH ZWE 2012, 125 = ZMR 2012, 380 Rn 9). Das wird etwa für das den Wirtschaftsplan-, Sonderumlage- und Abrechnungsbeschlüssen zugrundeliegende Zahlenwerk angenommen (BGH ZWE 2012, 125 = ZMR 2012, 380 Rn 9; 24. 1. 2020 – V ZR 110/19, ZWE 2020, 284 Rn 11), aber auch für die Bewerbungen um das Verwalteramt betreffenden Unterlagen (BGH 24. 1. 2020 – V ZR 110/19, ZWE 2020, 284 Rn 12 ff: Mitteilung zumindest der Eckpunkte der Bewerbungen; s ferner LG Frankfurt/M ZWE 2017, 48 zum Inhalt einer gerichtlichen Entscheidung, die Gegenstand der Versammlung ist; Hügel/Elzer Rn 98, 100). Der Umfang dieser Pflicht muss aber in **Abwägung mit dem Aufwand** bemessen werden. So ist dem geladenen Eigentümer neben dem Gesamtwirtschaftsplan und der Gesamtabrechnung auch der für ihn geltende Einzelwirtschaftsplan/die Einzelabrechnung zu übersenden. Demgegenüber sind ihm die andere Eigentümer betreffenden Unterlagen nur auf Anforderung – und ggf gegen Kostenerstattung – zugänglich zu machen. Das gilt auch für die Planungsunterlagen von Baumaßnahmen u dgl. 103

Unterlagen, auf deren Inhalt die Versammlung Einfluss nehmen kann, wie zB die Abrechnung, sind den Eigentümern in der **aktuellen Entwurfsfassung** zuzuleiten. Es ist weder erforderlich noch möglich, den Inhalt des zu fassenden Beschlusses in der Einladung bereits endgültig mitzuteilen (LG München I ZMR 2010, 554 = ZWE 2010, 138; § 23 WEG Rn 280). Es gehört zum Wesen der Versammlung, über die Beschlussgegenstände zu beraten und diese ggf abzuändern. Soll eine solche Beratung sich auch in 104 den Ergebnissen niederschlagen können, bedarf es einer gewissen Flexibilität, weshalb es den Eigentümern grundsätzlich zuzumuten ist, derartige Änderungen anhand des Entwurfs nachzuvollziehen.

105 Am **Textformerfordernis** des § 24 Abs 4 S 1 WEG haben die Unterlagen grundsätzlich nicht teil, können aber als Anhang zu einer E-Mail übermittelt werden (LG Frankfurt/M ZWE 2017, 48). Der Eigentümer muss die Möglichkeit haben, in den Besitz von Dokumenten zu kommen, die es ihm ermöglichen, die Informationen unverändert abzurufen, etwa um sie einem fachkundigen Berater vorzulegen. Anders als bei der Ladung selbst ist aber keine „persönliche Adressierung" iSv § 126b S 2 Nr 1 BGB erforderlich, sondern die Unterlagen können dem Eigentümer – ggf nur bei Verlangen (einschränkend LG München I 18. 5. 2022 – 1 S 8843/21 WEG juris Rn 23, ZMR 2023, 70) – zur Einsicht zur Verfügung gestellt werden, verbunden mit der Option, dass sich der Eigentümer selbst Ablichtungen o dgl anfertigt oder anfertigen lässt. Eine tabellarische Zusammenstellung, zB in Form eines Preisspiegels, kann ausreichen (s LG Frankfurt/M 4. 7. 2022 – 2-13 S 35/22, WuM 2022, 565 = ZMR 2022, 915: zumindest wenn Angebote im Wesentlichen vergleichbar und überschaubar).

f) Einberufung zur Zweitversammlung und Eventualeinberufung

106 Zusätzliche inhaltliche Anforderungen sah § 25 Abs 4 S 2 HS 2 WEG aF für die Einberufung der Zweitversammlung vor. Durch den Hinweis sollte den Eigentümern die unbedingte Beschlussfähigkeit dieser Zusammenkunft vor Augen geführt werden. Die Anforderungen können bereits in der Ladung zur Erstversammlung gewahrt werden, wenn mit dieser zugleich für den Fall der Beschlussunfähigkeit zu einer Zweitversammlung eingeladen wird. Da das Erfordernis der Beschlussfähigkeit (§ 25 Abs 3 WEG aF) und folglich auch die Regelung über die Zweitversammlung durch das WEMoG entfallen sind, bedarf es auch des Hinweises nicht mehr. Eine Ausnahme ist aber ggf dann zu machen, wenn die Gemeinschaftsordnung entsprechende Regelungen enthält (s dazu auch § 25 WEG Rn 251 ff).

7. Nachträgliche Änderung der Einberufung und Versammlungsabsage

107 Das WEG sieht keine Regelungen über die **Absage** und die (örtliche oder zeitliche) **Verlegung** der bereits einberufenen Wohnungseigentümerversammlung vor. Gleiches gilt für **inhaltliche Änderungen** (zu Änderungen der Tagesordnung s Rn 100). Soweit dem **Einberufenden** die Entscheidung über die Abhaltung einer Versammlung obliegt (zu den Fällen eines berechtigten Einberufungsverlangens s sogleich Rn 109), entscheidet auch **nur er** im Rahmen seines pflichtgemäßen Ermessens über deren Verlegung oder Absage. Der BGH geht insofern von einem allgemeinen verbandsrechtlichen Grundsatz aus (BGH ZWE 2011, 354 = ZMR 2011, 892 Rn 6 mHinw auf Merle ZMR 1980, 225; s ferner OLG Hamm OLGZ 1981, 24; zum GesellR s etwa BGHZ 206, 143 zur KGaA). Haben alle Wohnungseigentümer die Versammlung einvernehmlich einberufen, können daher nicht einzelne die Versammlung absagen (BGH ZWE 2011, 354 = ZMR 2011, 892 Rn 6). Gleiches gilt für die Verlegung des Versammlungsortes, dessen Festlegung ebenfalls im pflichtgemäßen Ermessen des oder der Einberufenden liegt (BGH ZWE 2011, 354 = ZMR 2011, 892 Rn 9; OLG Köln ZMR 2006, 384; Rn 133).

108 Allerdings können die **Grundsätze ordnungsmäßiger Verwaltung** eine Verlegung der Versammlung, deren Absage oder eine sonstige Änderung der Einberufung **gebieten**.

So kann es etwa liegen, wenn Wohnungseigentümer dem einladenden Verwalter ihre Verhinderung unverzüglich anzeigen (s AG Landsberg ZMR 2015, 587 = ZWE 2016, 233). Allerdings ist es mit zunehmender Größe einer Gemeinschaft kaum möglich, einen Termin zu finden, der allen Eigentümern passt. Aus diesem Grund kommt es zu einer Reduzierung des Änderungsermessens auf null (Jennissen/Schultzky Rn 67a) **nur ausnahmsweise**, zB wenn der Versammlung infolge der Verhinderung die Beschlussunfähigkeit droht oder die Anwesenheit bestimmter Eigentümer angesichts des Gegenstandes der Versammlung geboten erscheint. Auch **öffentlich-rechtliche Beschränkungen** können die Absage einer Versammlung erzwingen (zur pandemiebedingten Absage s etwa LG Meiningen ZMR 2020, 975). Ist der Einberufende nicht bereit, solchen Umständen Rechnung zu tragen, müssen diejenigen, die ein Interesse an der Modifizierung haben, ihren entsprechenden **Anspruch** (§ 18 Abs 2 WEG) gegen die GdWE durchsetzen. Findet eine Versammlung unter Verstoß gegen öffentlich-rechtliche Beschränkungen gleichwohl statt, sind die gefassten Beschlüsse nur dann gem § 134 BGB nichtig, wenn der Zweck der entsprechenden Verbotsnormen dies erfordert; in der Regel wird das, etwa bei Maßnahmen des Infektionsschutzes, nicht der Fall sein, weil sich die Normen nicht gegen den Inhalt der beschlossenen Maßnahmen richten, sondern nur gegen die Art des Zustandekommens.

Im gleichsam umgekehrten Fall **widerspricht** die Absage oder Verlegung der Ver- 109
sammlung seitens des Einberufenden den Grundsätzen **ordnungsmäßiger Verwaltung**. Es geht hierbei um Einberufungen, die zwar etwa durch den Verwalter erfolgen, hinter denen jedoch ein entsprechender Anspruch der Wohnungseigentümer steht. Paradigma sind Einberufungsverlangen gem § 24 Abs 2 WEG oder eine gerichtliche Verpflichtung zur Einberufung. Eine Absage oder – gleichsam als Minus zur Absage (OLG Hamm OLGZ 1981, 24) – eine Verlegung entspricht in diesen Fällen nur dann ordnungsmäßiger Verwaltung, wenn hinreichend gewichtige Gründe vorliegen. Nach hM ist die Verlegung einer Eigentümerversammlung aus Gründen der Rechtssicherheit **nicht davon abhängig**, dass sie ordnungsmäßiger Verwaltung entspricht. Es kommt – spiegelbildlich zur Einberufung – nicht darauf an, ob der Einberufende die Versammlung verlegen durfte, sondern nur darauf, ob er sie verlegen konnte (OLG Hamm OLGZ 1981, 24, 26; Merle ZMR 1980, 225, 226; Hügel/Elzer Rn 29). Verstöße gegen die Grundsätze ordnungsmäßiger Verwaltung lösen aber regelmäßig Ansprüche der (übrigen) Eigentümer aus, einen rechtmäßigen Zustand (wieder) herzustellen (§ 18 Abs 2 WEG). Diese müssen ggf gerichtlich gegen die GdWE geltend gemacht werden. Außerdem haftet der Handelnde der GdWE auf der Sekundärebene auf Schadensersatz (Jennissen/Schultzky Rn 67). Bei Handlungen des Verwalters kommen auch eine Abberufung und Kündigung aus wichtigem Grund in Betracht.

Die Absage ist als actus contrarius wie die Ladung **mitzuteilen**. Aus Gründen der 110
Rechtssicherheit und im Interesse klarer Verhältnisse muss sie „ausdrücklich, jedenfalls aber **eindeutig vorgenommen**" werden (OLG Hamm OLGZ 1981, 24, 26 mHinw auf RGZ 166, 129, 133). Hingegen soll kein **Formerfordernis** bestehen (Niedenführ/Schmidt-Räntsch/Vandenhouten/Vandenhouten Rn 38). Dem ist aus Gründen der Rechtssicherheit nicht zu folgen. Davon ist die Frage zu unterscheiden, ob ein zur Beschlussanfechtung vorliegender Verfahrensverstoß vorliegt, wenn der Einberufende einzelnen Eigentümern gegenüber die Versammlung formlos absagt. Die Nichtigkeit der Absage analog § 125 BGB mit der Folge des Fortbestandes der rechtmäßigen Einberufung ließe außer Acht, dass gewöhnlichen Eigentümern das Formerfordernis nicht be-

kannt ist und sie daher der Versammlung fernbleiben werden. Das spricht für eine Gleichbehandlung mit den Fällen der Nichtladung dieser Eigentümer (ebenso Niedenführ/Schmidt-Räntsch/Vandenhouten/Vandenhouten Rn 38; zu den Folgen der Nichtladung s Rn 117). Für Verlegungen oder sonstige Änderungen im Vorfeld der Versammlung gilt das sinngemäß. Im Unterschied zur Einberufung, die grundsätzlich an alle Eigentümer und sonstige zu ladende Personen gerichtet sein und diesen zugehen muss (s Rn 29), hindert bereits die einem Eigentümer zugegangene Absage die Durchführung einer ordnungsmäßigen Versammlung, wenn dieser Eigentümer daraufhin nicht erscheint.

111 Ist die Versammlung **bereits zusammengetreten** (Eröffnung), **endet** die (alleinige) Befugnis des Einladenden. Der Verwalter hat, weder als Einberufender noch als Vorsitzender, ohne Weiteres das Recht, die ordnungsgemäß einberufene und zusammengetretene Versammlung aufzulösen (KG OLGZ 1989, 51, 52 = NJW-RR 1989, 16; ZMR 1999, 426; Hügel/Elzer Rn 26, 31; zu den Wirkungen einer pflichtwidrigen Beendigung s aber Rn 146 f). Für diese Sichtweise spricht bereits § 24 Abs 5 WEG, der der Versammlung als Willensbildungsorgan das Recht gibt, einen Vorsitzenden zu wählen und sich insofern selbst zu organisieren (KG ZWE 2003, 204 = ZMR 2003, 598: originäres Recht). Jeder Eigentümer ist berechtigt, den Antrag zur Geschäftsordnung zu stellen, über einen bestimmten Gegenstand zurzeit nicht abzustimmen („Vertagung") oder die Versammlung zu beenden (vgl dazu BGHZ 106, 179). Über derartige Anträge ist sodann durch einen Geschäftsordnungsbeschluss durch die Versammlung zu befinden (vgl LG München I 7. 8. 2019 – 1 S 4408/19 WEG, ZMR 2019, 999; s dazu aber auch Rn 128 f, 202: Abstimmungsvorgang liegt in den Händen des Vorsitzenden). Eine Auflösung/Vertagung der Versammlung durch den Versammlungsleiter kommt nur ausnahmsweise in Betracht. Dafür muss ein hinreichend gewichtiger Grund vorliegen (Hügel/Elzer Rn 30: sachlicher Grund), zB der Verlust der Beschlussfähigkeit oder „tumultartige" Zustände (zum Ordnungsrecht des Versammlungsleiters s Rn 130; zur Vertagung eines Punktes mangels Entscheidungsreife s Rn 132). Hierbei handelt es sich aber um Rechte des Versammlungsleiters, der zwar mit dem Einberufenden identisch sein kann, was aber nichts daran ändert, dass der Einberufende als solcher nicht mehr berechtigt ist, auf die Tagesordnung Einfluss zu nehmen.

8. Einberufungsmängel – Heilung

a) Grundsätze, insb Kausalitäts- und Relevanztheorie

112 Formelle Mängel führen nach höchst- und obergerichtlicher Judikatur (statt vieler BGHZ 142, 290, 294; NJW 2012, 3571 Rn 5; OLG Celle ZWE 2002, 132) grundsätzlich nicht zur Beschlussnichtigkeit (zur Ausnahme s Rn 120). Im Rahmen von Anfechtungsklagen haben sie nach hM nur dann die Ungültigkeit des Beschlusses zur Folge, wenn sie sich auf den Beschluss als Ergebnis des Willensbildungsprozesses ausgewirkt haben **(Kausalitätserfordernis)**. Allerdings wird dieser Zusammenhang vermutet und die **Darlegungs- und Beweislast** für das Gegenteil obliegt den Anfechtungsbeklagten (statt vieler OLG Köln NZM 2000, 1017 mHinw ua auf BayObLGZ 1985, 436; Strake ZWE 2020, 487, 488 mwN). Für die hier interessierenden Mängel bei der Einberufung wird dementsprechend von einer Anfechtbarkeit nicht nur dann ausgegangen, wenn feststeht, dass die Beschlussfassung auf dem Einberufungsmangel beruht. Ein Erfolg bleibe der Anfechtung wegen eines solchen Mangels nur verwehrt, wenn der betreffende Beschluss bei ordnungsmäßigem Vorgehen ebenso gefasst worden wäre, wobei Zweifel

zu Lasten der den Beschluss verteidigenden Wohnungseigentümer gingen (OLG Hamm OLGZ 1992, 309, 312, das insofern von einer einh Rspr ausgeht; s ferner BayObLGZ 1985, 436; NJW-RR 1991, 531, 533). Wird zB eine Eigentümerversammlung unberechtigterweise statt vom Verwalter vom Beiratsvorsitzenden einberufen, sind die gefassten Beschlüsse für ungültig zu erklären, sofern nicht feststeht, dass auch bei ordnungsgemäßer Einberufung ebenso beschlossen worden wäre (BayObLG ZWE 2002, 526, 527 mHinw auf OLGR Frankfurt 2005, 95; LG Frankfurt/M 15. 4. 2021 – 2-13 S 87/20, ZWE 2021, 418; demgegenüber geht Lehmann-Richter ZWE 2021, 419, 420 bei einer Ladung durch unzuständige Personen von Nichtbeschlüssen aus; s dazu § 23 WEG Rn 116 ff). Gleiches wird für die Einberufung durch einen abberufenen Verwalter angenommen (OLG Köln WuM 1996, 246; NZM 1998, 920; BayObLG ZWE 2002, 580, 582; ZMR 2001, 719 = ZWE 2001, 550). Steht der formelle Mangel fest, werden an den Nachweis einer fehlenden Auswirkung auf das Beschlussergebnis **strenge Anforderungen** gestellt (OLG Köln NZM 2000, 1017; zur Missachtung der Ladungsfrist s ferner LG München I ZWE 2016, 42; s zum fehlenden Zugang auch Rn 117).

Diese hM sieht sich verschiedenen Anwürfen ausgesetzt. Eher dem Bereich der **Detailkritik** ist dabei die Ansicht zuzuordnen, die jedenfalls die Vortragslast dafür beim Anfechtenden sieht, dass ein formeller Mangel vorliegt, dieser den Berechtigten von der angemessenen Wahrnehmung seiner Rechte (Teilnahme an der und Vorbereitung auf die Versammlung) abgehalten hat und er seine Rechte bei ordnungsgemäßem Verfahren wahrgenommen hätte. Um dem Anfechtenden den für ihn schwierigen Nachweis eines hypothetischen, auf inneren Tatsachen beruhenden Verlaufs zu erleichtern, soll für den zuletzt genannten Umstand eine **sekundäre Darlegungs- und Beweislast** der Beklagten im Hinblick auf die gegenteilige Behauptung (keine Wahrnehmung der Rechte auch bei einwandfreiem Verfahren) bestehen. Sei im konkreten Fall nach diesen Grundsätzen davon auszugehen, dass der Anfechtungskläger wegen des formellen Fehlers seine Rechte nicht so wahrnehmen konnte, wie er dies bei mangelfreiem Procedere getan hätte, werde eine Auswirkung dieses Umstandes auf die Beschlussfassung vermutet und die den Beschluss verteidigende Gemeinschaft müsste das Gegenteil darlegen und beweisen (Niedenführ/Schmidt-Räntsch/Vandenhouten/Vandenhouten Rn 21). Im Kern deckt sich diese Ansicht mit der Sichtweise vieler Gerichte (s etwa BGH NJW 2002, 1647, 1651 [insoweit in BGHZ 150, 109 nicht abgedruckt], wo eine Beeinflussung des Beschlussergebnisses ausgeschlossen wird, weil weder dargetan (!) noch ersichtlich sei, dass der Anfechtende aufgrund der Einberufungsfrist an der Teilnahme und Einflussnahme auf die Beschlussfassung gehindert war; s ferner LG Hamburg 16. 11. 2016 – 318 S 54/16, ZWE 2017, 183). 113

Deutlich grundsätzlicher setzt die Kritik einer anderen Ansicht an. Sie wirft der hM und insb der Rspr vor, das Kausalitätserfordernis nie richtig fundiert und lediglich die ihrerseits an Begründungsdefiziten leidende gesellschaftsrechtliche Judikatur übernommen zu haben. Dabei werde übersehen, dass sich im Verbandsrecht inzwischen die sog **Relevanztheorie** durchgesetzt habe. Diese stellt den Zweck der verletzten Verfahrensnorm und deren Bedeutung für die Mitgliedschaft bzw, im Bereich des WEG, für das Eigentum in den Vordergrund. Das Anfechtungsrecht, als individuelles Kontrollrecht, erlaube dem Einzelnen, auf die Durchsetzung der seinem Schutz dienenden Verfahrensnormen zu dringen. Kausalitätserwägungen würden damit letztlich auf die fehlerhafte Ergebnisfeststellung beschränkt (Dötsch/Hogenschurz NZM 2010, 297, 302 f). Für die Bewertung der Relevanz eines Verfahrensfehlers wird 114 auf die Ausübung der Rechte durch einen objektiv urteilenden Eigentümer abgestellt (AG München ZMR 2014, 406).

115 Obwohl sich die Autoren für die Übernahme der Relevanztheorie in das Wohnungseigentumsrecht aussprechen (so auch AG München ZMR 2014, 406 zum Verstoß gegen den Grundsatz der Nichtöffentlichkeit; aufgehoben durch LG München I ZMR 2015, 490), gehen sie davon aus, dass die **praktischen Unterschiede** zur hM, die strenge Anforderungen an den Nachweis mangelnder Kausalität stellt (s Rn 112), gering ausfallen (Dötsch/Hogenschurz NZM 2010, 297, 303; s auch Armbrüster/Roguhn ZWE 2016, 105, 113; **gegen** eine Übernahme in das WE-Recht LG München I ZMR 2015, 490; Jennissen/Schultzky § 23 WEG Rn 206). Allerdings gibt es doch Fälle, in denen der Nachweis mangelnder Kausalität gelingt (vgl etwa BGHZ 190, 236 Rn 11), weshalb sich die praktischen Ergebnisse beider Ansichten sehr wohl unterscheiden (zu den durchaus differenzierten Betrachtungen, die bei der Bewertung der Relevanz des Verstoßes anzustellen sind, s ferner Armbrüster/Roguhn ZWE 2016, 105, 113). Der **BGH** hat in seiner jüngeren Rspr Sympathien für die Relevanztheorie erkennen lassen und bei schwerwiegenden Verstößen, die dazu führen, dass das Teilnahme- und Mitwirkungsrecht eines Eigentümers in gravierender Weise ausgehebelt wird, eine Anfechtbarkeit aus diesem Grunde angenommen (BGH NJW 2011, 679 Rn 10 mHinw auf die Judikatur zum Gesell- und VereinsR; BGH 14. 2. 2020 – V ZR 159/19 Rn 18, ZWE 2020, 267; 20. 11. 2020 – V ZR 64/20 Rn 14, ZWE 2021, 223; zust LG Frankfurt/M 13. 12. 2021 – 2-13 S 75/20, ZWE 2022, 225). Bereits in der älteren Rechtsprechung finden sich zumindest Ansätze einer Argumentation, die auf die Bedeutung des verletzten Rechts abstellt (OLG Köln WuM 1998, 176; NZM 2000, 1017, 1018).

116 Der Mangel der Einberufung durch einen Nichtberechtigten wird nach ganz hM jedenfalls **geheilt**, wenn sämtliche Wohnungseigentümer in der Versammlung anwesend sind **(Universalversammlung)** und mit abgestimmt haben (BGH 11. 3. 2022 – V ZR 77/21 Rn 18, ZWE 2022, 253; BayObLG NJW-RR 1992, 787; ZMR 2001, 719 = WuM 2001, 626; s hierzu auch BGH ZWE 2011, 354 = ZMR 2011, 892 Rn 7). Ob das in gleicher Weise für andere formelle Mängel gilt (vgl auch Rn 216), etwa die unberechtigte Verkürzung der Ladungsfrist oder inhaltliche Mängel der Ladung, ist aber zweifelhaft. Derartige Mängel können sich nämlich auf die Vorbereitung zur Versammlung auswirken, weil sie den Geladenen uU daran hindern, sich durch einen Fachmann beraten zu lassen (s dazu § 23 WEG Rn 285 f).

b) Fehlender Zugang der Ladung im Besonderen

117 Besonders heikel sind die Fälle des fehlenden Zugangs der Ladung, weil sie in besonderer Weise das **Risiko der Verkürzung von Mitverwaltungsbefugnissen** bergen. Wer von der Versammlung nichts weiß, kann seine Rechte weder im Vorfeld noch auf der Zusammenkunft selbst wahren. Gleichwohl geht die ganz hM in diesen Fällen grundsätzlich, dh vorbehaltlich einer vorsätzlichen Nichtladung (s Rn 120), von bloßer Anfechtbarkeit des Beschlusses aus. Ob eine Anfechtung Erfolg habe, müsse unter Berücksichtigung der konkreten Umstände entschieden werden (Jennissen/Schultzky Rn 49). Dabei wird insbesondere gewürdigt, ob die Rechte des Eigentümers überhaupt **kausal** durch den Ladungsmangel verkürzt worden sind. Daran kann es zB fehlen, wenn der Eigentümer anderweitig von der Versammlung erfahren und eventuell sogar an dieser teilgenommen hat (zu weiteren Fällen fehlender Kausalität s etwa Niedenführ/Schmidt-Räntsch/Vandenhouten/Vandenhouten Rn 36). Außerdem wird berücksichtigt, inwieweit der Eigentümer für die mangelnde Information selbst verantwort-

lich ist, zB weil er **keine aktuelle Anschrift** mitgeteilt hat (s dazu Rn 10). Andere Eigentümer können wegen eines Ladungsmangels bei einem Eigentümer, der seine aktuelle Anschrift nicht mitgeteilt hat, jedenfalls nicht anfechten (BGH NJW 2013, 3098 Rn 18 aE). Gesetzliche Risikozuweisungen, wie die des § 893 BGB, sind ebenfalls beachtlich (Niedenführ/Schmidt-Räntsch/Vandenhouten/Vandenhouten Rn 35).

Für die erforderliche Abwägung ist dem Umstand erhebliches Gewicht beizumessen, **118** dass die Teilnahme an der Versammlung eines der wichtigsten Mitverwaltungsrechte des Wohnungseigentümers ist und dieses ohne Information über das Stattfinden und den Gegenstand (s § 23 Abs 2 WEG) der Zusammenkunft nicht adäquat ausgeübt werden kann (zum Gewicht dieses Rechts BGH NJW 2011, 679 Rn 8). Unter Hinweis auf die Zugehörigkeit dieser Rechte zum **Kernbereich** des Wohnungseigentums treten Teile der Lehre für eine **Nichtigkeitssanktion** im Falle der sog Nichtladung ein (Bonifacio NZM 2011, 10 mwNw; Merle/Becker, in: FS Deckert [2002] 231, 246). Dem stehen allerdings die Interessen der übrigen Eigentümer entgegen, weshalb es zu nicht praktikablen Ergebnissen führte, wenn die unterbliebene ordnungsgemäße Ladung in jedem Fall zur Unwirksamkeit der Beschlüsse der Wohnungseigentümerversammlung führte (statt vieler OLG Celle ZWE 2002, 132). Dabei ist auch zu bedenken, dass über die zu ladenden Personen zum Teil Streit besteht und vom Einberufenden nicht immer verlässlich ermittelt werden kann, wer zu laden ist (s Rn 8 ff).

Die Nichtladung und der fehlende Zugang der Ladung sollen nach hM – der Kausa- **119** litätstheorie entsprechend (Rn 112) – im Rahmen einer Anfechtung **zur Ungültigkeit** der auf der Versammlung gefassten Beschlüsse führen, wenn nicht feststeht, dass der Beschluss auch bei ordnungsmäßiger Ladung ebenso gefasst worden wäre. Insofern werden hohe Anforderungen gestellt: Die Möglichkeit, dass der durch den Mangel betroffene Wohnungseigentümer das Beschlussergebnis hätte beeinflussen können, darf unter keinen Umständen in Betracht kommen (BayObLG ZMR 1999, 574: Beeinflussung durch den Eigentümer darf bei vernünftiger Beurteilung unter keinen Umständen in Betracht kommen; zust OLG Frankfurt MietRB 2005, 235; OLG Hamburg ZMR 2006, 704). Die **Darlegungs- und Beweislast** hierfür liegt bei der den Beschluss verteidigenden GdWE, die im Anfechtungsprozess auf der Beklagtenseite steht. Allerdings müsse, wofür schon das Begründungserfordernis in § 45 Abs 1 WEG spricht (s Dötsch/Hogenschurz NZM 2010, 297, 299), der den Beschluss angreifende Eigentümer wenigstens die Art des formellen Mangels (fehlender Zugang der Ladung) vortragen und ferner behaupten, dass ihn dieser an der Wahrnehmung seiner Rechte gehindert hat (s dazu Niedenführ/Schmidt-Räntsch/Vandenhouten/Vandenhouten Rn 36; zur sekundären Darlegungslast des Anfechtenden auch LG Hamburg 16. 11. 2016 – 318 S 54/16, ZWE 2017, 183; Vogel ZWE 2019, 193, 199).

Nach einer von der obergerichtlichen Rechtsprechung wiederholt bestätigten Auffas- **120** sung, resultiert aus dem durch **vorsätzliche Nichtladung** bewirkten Ausschluss eines Eigentümers die Nichtigkeit der auf der Versammlung gefassten Beschlüsse (OLG Celle ZWE 2002, 276; OLG Zweibrücken ZMR 2004, 60; BayObLG ZMR 2005, 801; s auch OLG Köln ZMR 2004, 299; MünchKomm/Hogenschurz Rn 21; Weitnauer/Lüke § 23 Rn 16). Auf die Ursächlichkeit des Verstoßes für die konkreten Beschlüsse soll es dabei nicht ankommen (Niedenführ/Schmidt-Räntsch/Vandenhouten/Vandenhouten Rn 37). Diese Judikatur, die mit erheblichen Nachweisproblemen verbunden sein kann, die denjenigen treffen, der sich auf die Nichtigkeit beruft, ist schwer zu begründen und wegen der damit verbundenen Rechtsunsicherheit bedenklich (Häublein ZMR 2004, 723, 730). Ihr dürften **Präventionserwägungen** zugrunde liegen. Der Einladende soll durch die Rechtsfolge von dem Versuch abgehalten werden, die Zusammensetzung der Versammlung der Wohnungseigentümer durch mangelnde Information zu manipulieren (s BayObLG ZMR 2005, 801: es könne nicht hingenommen werden, dass nur die zu erwartende Mehrheit geladen werde; Jennissen/Schultzky Rn 48: darf nicht sanktionslos bleiben). Gleichwohl ist die Nichtigkeitsfolge unangemessen (s Rn 124).

c) Stellungnahme

121 Angesichts der Tatsache, dass formelle Fehler des Beschlussverfahrens grundsätzlich nur zur Anfechtbarkeit führen (s Rn 112), bildet die Verteilung der Darlegungs- und Beweislast im **Anfechtungsprozess** hier den Ausgangspunkt der Überlegungen. Nach den allgemeinen Prinzipien des Zivilprozesses trifft diese in Bezug auf solche Tatsachen, aus denen sich ein Verstoß gegen die Verfahrensvorschriften ergibt, denjenigen, der den Eigentümerbeschluss anficht oder – insoweit kann nichts anderes gelten – seine **Nichtigkeit feststellen** lassen möchte, weil er von einer vorsätzlichen Nichtladung ausgeht (wie hier Dötsch/Hogenschurz NZM 2010, 297, 300).

122 Fraglich ist, ob das ebenso für die negative Tatsache des **fehlenden Zugangs** der Ladung gilt. Es besteht Einigkeit darüber, dass dem Anfechtungskläger insoweit Erleichterungen zukommen müssen. Hierfür werden die Grundsätze der sekundären Darlegungslast herangezogen (Dötsch/Hogenschurz NZM 2010, 297, 301). Behauptet der Kläger den fehlenden Zugang der Ladung, muss die Beklagte Tatsachen vortragen, aus denen sich ergibt, dass die Sendung in den Machtbereich des Geladenen gelangt ist und dieser unter gewöhnlichen Umständen die zumutbare Möglichkeit der Kenntnisnahme besaß. Dafür genügt es nicht, die Aufgabe der Sendung zur Post vorzutragen und unter Beweis zu stellen. Im Ergebnis dürfte diese Auffassung regelmäßig zu dem gleichen Ergebnis gelangen wie die **hM**, die den Zugangsnachweis der Beklagten auferlegt und sich hierfür, wenn auch nicht immer explizit, an § 130 BGB orientiert, der den Zugang der Erklärung zur Wirksamkeitsvoraussetzung einer Willenserklärung erhebt, die folglich von dem nachzuweisen ist, der deren Wirksamkeit für sich reklamiert (LG Hamburg ZWE 2012, 55; BeckOGK/Hermann Rn 62; BeckOK-WEG/Bartholome Rn 91). Auch wenn man § 130 BGB nicht für einschlägig erachtet (s Rn 32), drückt diese Norm doch den verallgemeinerungsfähigen Gedanken aus, dass derjenige, der den Übermittlungsprozess steuern kann, entsprechende Nachweisvorkehrungen zu treffen und die nachteiligen Folgen eines Unterlassens zu tragen hat.

123 Vom Vorhandensein eines formellen Fehlers ist die Frage zu unterscheiden, ob sich dieser auf den Willensbildungsprozess ausgewirkt und dessen **Ergebnis**, den Beschluss, **beeinflusst** hat. Auf diese Kausalitätserwägungen kann es nur ankommen, wenn man den Grund für die Ungültigkeit des Beschlusses allein in der Rechtswidrigkeit der konkreten Beschlussfassung erblickt und übergeordnete, **generalpräventive Aspekte** für unbeachtlich hält. Indes ist zweifelhaft, ob eine derartige Beschränkung der Funktion des Anfechtungsrechts und den Schutzzielen der Verfahrensvorschriften gerecht wird. Überspitzt formuliert bedeutet das Fehlen von Sanktionen geradezu eine Aufforderung, aufwendige oder aus anderen Gründen lästige Verfahrensvorschriften außer Acht zu lassen. Insofern verdient das Anliegen der **Relevanztheorie** (Rn 114) **Beifall**. Sie verträgt sich insofern besser als die Kausalitätslehre mit dem Umstand, dass das Anfechtungsrecht nicht nur demjenigen zusteht, der durch einen Beschluss nachteilig betroffen ist, sondern sich jeder Eigentümer gegen eine rechtswidrige Entschließung zur Wehr setzen kann (Staudinger/Lehmann-Richter § 44 WEG Rn 203).

Allerdings darf andererseits auch nicht übersehen werden, dass der Schutz der Minderheit vor rechtswidrigen Beschlüssen der Mehrheit durch das anzuerkennende Interesse aller Eigentümer an **rechtssicheren Grundlagen** für die Verwaltung **begrenzt** wird. Ausdruck dessen sind die Regelungen über die Bestandskraft (§ 23 Abs 4, § 45 WEG). Die Nichtigkeitssanktion als Folge einer (vorsätzlichen) Nichtladung (Rn 120) ist daher **abzulehnen**. Es ist eine überschießende und unangemessene Folge, zum Schutze der Mitwirkungsrechte Einzelner die pauschale Unwirksamkeit der Entschließung anzuordnen. Die hM erhöht die Rechtsunsicherheit für die Eigentümer noch dadurch, dass sie entscheidend auf ein subjektives Merkmal (Vorsatz) abstellt, das regelmäßig in der Person eines Dritten, des einladenden Verwalters nämlich, vorliegt. Angesichts dessen muss es bei Abwägung der involvierten Belange genügen, wenn die Eigentümer die Möglichkeit erhalten, den Verstoß gerichtlich zu rügen, was zu einer rechtssicheren Klärung der Rechtmäßigkeit des Verfahrens führt. Sollte der betroffene Eigentümer infolge der Nichtladung nichts von der Versammlung erfahren und daher auch die Anfechtungsfrist verpasst haben, schützen ihn § 45 S 2 WEG iVm §§ 233 ff ZPO. 124

Eine Abwägung der wechselseitigen Belange ergibt ferner, dass **nicht jeder Verfahrensverstoß** nach der Relevanztheorie zur Anfechtbarkeit der Beschlüsse führt. Dabei geht es nicht um den Missbrauchseinwand (zu dieser Grenze der Relevanztheorie Dötsch/Hogenschurz NZM 2010, 297, 303), sondern um eine vorgelagerte Problematik, die eine Anfechtung unterhalb der durch § 242 BGB errichteten Ausübungsschranke ausschließt. Bestimmte Verstöße werden nämlich von einem verständigen objektiven Wohnungseigentümer (zu diesem Maßstab Armbrüster/Roguhn ZWE 2016, 105, 113) im Hinblick auf die Wahrnehmung der eigenen Mitverwaltungsrechte typischerweise als irrelevant empfunden. Das gilt etwa für die Wahrnehmung von Eigentümerrechten durch nicht hinreichend legitimierte Ehegatten oder deren bloße Anwesenheit auf der Versammlung. Hier kommt eine „Relevanz" des Verfahrensverstoßes für die Rechte aus dem Wohnungseigentum **nur in Ausnahmefällen** in Betracht, etwa wenn sich die betreffende Person in besonderer Weise durch Wortbeiträge in den Willensbildungsprozess eingeschaltet hat. Darüber hinaus dürfte die Bedeutung des Verstoßes gegen Verfahrensvorschriften dann ein **größeres Gewicht** haben, wenn sie „sehenden Auges" begangen wird, weil ein Eigentümer auf den Mangel ex ante hingewiesen hat, oder die Rechte gar von vornherein vorsätzlich beschnitten wurden. Dahinter steht der Gedanke, dass der **bewussten Missachtung** von Eigentümerrechten in stärkerem Maße entgegengewirkt werden muss, was möglich erscheint, weil zumindest rechtskundige Verwalter die in Aussicht gestellte Sanktion, zu der auch die Haftung für die Kosten des Anfechtungsprozesses gehört der GdWE gegenüber (§ 280 Abs 1 BGB), ex ante berücksichtigen werden. 125

III. Versammlungsvorsitz (Abs 5)

1. Person des Vorsitzenden

126 § 24 Abs 5 WEG überträgt dem Verwalter den Vorsitz der Versammlung. Da diese Befugnis unter dem Vorbehalt eines abweichenden Beschlusses steht, wird sie als „Ersatzkompetenz" bezeichnet, dh es wird lediglich eine **Ausfallzuständigkeit** angenommen, die **kein eigenständiges Recht des Verwalters**, der als Funktionsgehilfe des Willensbildungsorgans angesehen wird, begründet (KG ZWE 2003, 204 = ZMR 2003, 598; in der Sache auch BGH 29. 5. 2020 – V ZR 141/19, ZWE 2020, 379; LG Düsseldorf ZMR 2012, 384 = ZWE 2012, 328; Schultzky ZWE 2023, 61; ebenso Greiner ZWE 2016, 297; in der Sache auch Armbrüster/Roguhn ZWE 2016, 105, 110; s ferner MünchKomm/Hogenschurz Rn 45: Gehilfe der Wohnungseigentümer). Nach dem WEMoG nimmt der Verwalter seine Aufgaben generell nicht aus eigenem Recht, sondern für die GdWE wahr (dazu, dass der Versammlungsleiter **nicht deren Organ** ist, Schultzky ZWE 2023, 61; als Organ sieht ihn MünchKomm/Hogenschurz Rn 83, erläutert aber nicht, wie sich das mit der Gehilfeneigenschaft verträgt). Infolge ihres **Selbstorganisationsrechts**, das vom BGH in st Rspr angenommen wird (statt vieler BGHZ 202, 346 Rn 13) und dessen Ausdruck der Abweichungsvorbehalt in § 24 Abs 5 WEG letztlich ist, sind in erster Linie die Eigentümer berufen, den Ablauf ihrer Versammlung zu regeln (Elzer MietRB 2011, 64, 66; Greiner ZWE 2016, 297; s dazu auch Rn 131 sowie zu den Rechten und Pflichten der Eigentümer Rn 132, 196 ff). Auch aus diesem Grund könnte der Verwalter den Beschluss, durch den eine andere Person zum Vorsitzenden bestellt wird, nicht anfechten (zum Charakter dieser Beschlüsse als unanfechtbare Geschäftsordnungsmaßnahmen auch Rn 128).

127 Der Verwalter ist nach zutreffender Ansicht **nicht verpflichtet**, die Versammlung **persönlich** zu leiten bzw – was bei nicht natürlichen Personen einer persönlichen Leitung gleichkommt – durch Organträger leiten zu lassen. Vielmehr kann diese Aufgabe **von Mitarbeitern** wahrgenommen werden (Hügel/Elzer Rn 105; Niedenführ/Schmidt-Räntsch/Vandenhouten/Vandenhouten Rn 61: Angestellte oder Prokuristen; **aA**, allerdings nur bei natürlichen Personen als Verwalter, Schultzky MietRB 2015, 379, 383). Sie müssen nicht einmal die herausgehobene Stellung eines Repräsentanten des Unternehmens innehaben, weshalb die verbreitete Praxis, die Versammlung durch den für die Anlage zuständigen Sachbearbeiter leiten zu lassen, nicht zu beanstanden ist. Selbst dessen mangelnde Qualifikation ändert nichts an der Statthaftigkeit der Versammlungsleitung, wird aber in der Regel eine Pflichtverletzung des Verwalters bedeuten. Es muss zwischen dem Verhältnis des Verwalters zur Gemeinschaft (Amtsverhältnis und Anstellungsvertrag) und dem Innenverhältnis unterschieden werden. Für ersteres kann die Berechtigung, die Versammlung durch einen Mitarbeiter leiten zu lassen, zB im Rahmen des Verwaltervertrages, **ausgeschlossen** werden. Das kann konkludent geschehen, wofür aber manifeste Anhaltspunkte vorliegen müssen; iZw ist das nicht anzunehmen, weil die Flexibilität erkennbar im Interesse des Verwalters liegt. Um im Innenverhältnis der Eigentümer untereinander und zur GdWE die Leitung der Versammlung durch Mitarbeiter des Verwalters auszuschließen, sodass im Falle eines Verstoßes ein Verfahrensfehler vorliegt, ist eine wirksame Entschließung der Eigentümer notwendig. Entsprechende Vereinbarungen gibt es in der Praxis eher nicht und für Beschlüsse fehlt die Kompetenz. Zur Ausübung von Vollmachten, die dem Verwalter erteilt wurden, durch dessen Mitarbeiter s § 25 WEG Rn 119, 138.

128 Die Versammlung kann **nach freiem Ermessen andere Vorsitzende bestellen**. Zum Vorsitzenden kann ein Eigentümer, aber ebenso **ein Dritter** gewählt werden (JENNISSEN/SCHULTZKY Rn 107; eher beiläufig auch BGH ZWE 2011, 354, 356), was insb dann ordnungsmäßiger Verwaltung entspricht, wenn dieser über die entsprechende Sachkunde verfügt. In der Praxis wird nicht nur bei Fehlen eines Verwalters von der in § 24 Abs 5 WEG vorgesehenen Befugnis Gebrauch gemacht, sondern zB auch, wenn ein Beirat geladen hat oder wenn – ggf nur in Bezug auf einzelne Tagesordnungspunkte – der Gegenstand den Verwalter betrifft und daher die Versammlungsleitung in neutrale Hände gelegt werden soll. Ohne einen entsprechenden Beschluss ist die Übertragung der Versammlungsleitung **unzulässig** (WILL ZWE 2022, 471, 472, zur Beauftragung eines externen Dienstleisters), die auf der Versammlung gefassten Beschlüsse sollen aber nicht nichtig sein, sofern der Versammlungsleiter seine Befugnis wenigstens vom Verwalter ableitet (OLG München 7. 6. 2005 – 32 Wx 032/05, ZWE 2005, 446 [Ls]).

128a Weder der bisherige noch der zu wählende Vorsitzende unterliegen bei der Abstimmung über die Versammlungsleitung einem Stimmverbot (HÜGEL/ELZER Rn 106 mHinw auf die zu § 47 Abs 4 GmbHG ergangene Judikatur, s BGH NJW 2010, 3027). Es handelt sich um einen – nach hM nicht anfechtbaren (NIEDENFÜHR/SCHMIDT-RÄNTSCH/VANDENHOUTEN/VANDENHOUTEN Rn 60; ausf Rn 206) – **GO-Beschluss** (zur Terminologie und den sonstigen Besonderheiten solcher Beschlüsse Rn 196 ff). Stellt ein Eigentümer einen entspr Antrag, ohne dass der Vorsitzende ihn – wozu er vorbehaltlich missbräuchlichen Verhaltens des Eigentümers verpflichtet ist – zur Abstimmung stellt, fragt sich, ob der **Antragsteller die Abstimmung** darüber **selbst herbeiführen** kann. Dafür, ein solches Recht ausnahmsweise zu bejahen, spricht, dass das in § 24 Abs 5 WEG eigens hervorgehobene Recht andernfalls vom Verwalter leicht ausgehebelt werden könnte. Andererseits dient die Bündelung der Versammlungsleitung in den Händen des Vorsitzenden einem geordneten Entscheidungsprozess und damit der Rechtssicherheit. Beides wäre gefährdet, wenn jeder Eigentümer das Recht hätte, einen Abstimmungsvorgang in die Wege zu leiten (s zu dieser Problematik auch Rn 202). Verweigert der Verwalter als Vorsitzender die Abstimmung über einen Antrag nach § 24 Abs 5 WEG, bedeutet dies idR eine **schwere Pflichtverletzung**, die deswegen die Abberufung und außerordentliche Kündigung des Verwaltervertrages rechtfertigt, weil sich der Verwalter offenkundig nicht als Funktionsgehilfe der Versammlung begreift, was für mangelnde Rechtskenntnis und fehlende Neutralität spricht. Außerdem steht es dem in § 24 Abs 3 WEG geregelten Fall nahe, wenn der Verwalter den gestellten Antrag nicht zur Abstimmung stellt, weshalb die dort genannten Personen eine neue Versammlung einberufen können.

2. Rechte und Pflichten

129 Die Rechte und Pflichten des Vorsitzenden sind im Gesetz ganz überwiegend **nicht näher geregelt**. Eine Ausnahme bildet die Niederschrift iSv § 24 Abs 6 WEG, die Sache des Vorsitzenden ist (näher dazu Rn 227). Die Befugnisse und Aufgaben sind aus der Funktion des Vorsitzenden unter Berücksichtigung der Interessen aller Eigentümer an einer geordneten, fairen und nachvollziehbaren Willensbildung abzuleiten, wobei dem Versammlungsleiter ein erheblicher **Ermessensspielraum** zugebilligt wird (dazu etwa BGH NJW 2017, 666 Rn 16; s ferner Rn 193). Dieser betrifft ua die äußere Organisation der Versammlung (zB Ein- und Auslasskontrollen, Sitzordnung, Rauch- und Mobiltelefonverbot; dazu ausführlich SCHULTZKY ZWE 2023, 61), die Abstimmungsmodi

(s § 23 WEG Rn 250), Festlegung des Protokollführers sowie – in Übereinstimmung mit diesen Personen – der Unterzeichner gem § 24 Abs 6 S 2 WEG (zu abweichenden Entscheidungen der Versammlung s Rn 131). Der Vorsitzende muss sein Ermessen so ausüben, dass die **ordnungsmäßige Willensbildung** und die **Feststellung und Dokumentation** der Abstimmungsergebnisse gewährleistet ist. Er muss für die Durchführung der Tagesordnung sorgen sowie sicherstellen, dass kein Eigentümer an der Wahrnehmung seiner Rechte gehindert ist (KG ZMR 1985, 105; Niedenführ/Schmidt-Räntsch/Vandenhouten/Vandenhouten Rn 62).

130 Der Vorsitzende trifft die erforderlichen verfahrensleitenden Maßnahmen unter Berücksichtigung der hierzu getroffenen rechtsgeschäftlichen Regelungen (s Rn 131). Er kann, soweit dies objektiv geboten ist, **Ordnungsmaßnahmen** ergreifen und übt auch das sog **Hausrecht** aus (Niedenführ/Schmidt-Räntsch/Vandenhouten/Vandenhouten Rn 62; ausf Becker, Teilnahme an der Versammlung 73 ff). Dabei muss er sich von den Belangen der **Gesamtheit der Eigentümer** leiten lassen, zu denen auch der Minderheitenschutz zählt, und darf sich nicht allein an den Mehrheitsinteressen orientieren (zur unzulässigen Bevorzugung der Interessen einer Eigentümergruppe s etwa BGH NJW 2017, 666 Rn 18; OLG Hamm ZMR 2001, 383). Seine Maßnahmen müssen **verhältnismäßig** sein und dem Grundsatz der **Gleichbehandlung** Rechnung tragen (Bub PiG 25, 49, 57 ff; Schultzky ZWE 2023, 61). Generelle **Redezeitbegrenzungen** sind daher eher zulässig als der Entzug des Rederechts, von dem nur einzelne Eigentümer betroffen sind (AG Koblenz ZWE 2010, 288 = ZMR 2011, 591; zust Greiner ZWE 2016, 297, 304 f; s dazu aber auch OLG Stuttgart ZMR 1986, 370). Allerdings sind auch feste Redezeitbeschränkungen, die keine Rücksicht auf die Bedeutung und Komplexität der konkreten Angelegenheit nehmen, mit den Grundsätzen ordnungsmäßiger Verwaltung kaum zu vereinbaren (LG Frankfurt/M ZWE 2014, 408 = ZMR 2014, 1003; zu den Voraussetzungen Schultzky ZWE 2023, 61, 63). Der **Ausschluss** von der Versammlung ist ultima ratio, weil dadurch neben dem Rede- und Antragsrecht auch das Anwesenheitsrecht beschnitten wird. Er kommt daher nur in Betracht, wenn der geordnete Ablauf der Versammlung bereits durch die bloße Anwesenheit der Person in Frage gestellt ist und der Ausschluss zuvor **angedroht** wurde (BGH NJW 2011, 679 Rn 8; OLG Saarbrücken ZMR 2004, 67; zur Empfehlung eines entspr Eigentümerbeschlusses Greiner ZWE 2016, 297, 305).

131 Da die Versammlung der Eigentümer als höchstes Willensbildungsorgan der Wohnungseigentümer und ihrer Gemeinschaft zur souveränen Festlegung ihrer Abläufe berufen ist, kann sie **Entscheidungen des Versammlungsleiters** über Ordnungsmaßnahmen **überstimmen** (Becker, Teilnahme an der Versammlung 69; Greiner ZWE 2016, 297; Schultzky ZWE 2023, 61, 66). Da der Vorsitzende nur Funktionsgehilfe der Versammlung ist (s Rn 126), ist er zunächst einmal verpflichtet, einem entspr Geschäftsordnungsantrag nachzukommen und über ihn abstimmen zu lassen (s dazu auch Rn 128, 202). Eine Ausnahme kann sich allenfalls dann ergeben, wenn der Verfahrensantrag missbräuchlich gestellt wird, etwa um die Abstimmung in der Sache durch fortwährende Beschäftigung der Versammlung mit Verfahrensfragen zu verhindern (ausf zu Geschäftsordnungsbeschlüssen Rn 196 ff).

132 Eine andere Frage ist die, ob der **Vorsitzende verpflichtet** sein kann, einen (Geschäftsordnungs-)**Beschluss** der Versammlung **einzuholen**, bevor er Maßnahmen ergreift, die den Ablauf der Versammlung betreffen. Dabei geht es zB um Sachverhalte, in denen der Vorsitzende einen sachlichen Grund für die Vertagung eines bestimmten Tages-

ordnungspunktes annimmt, weil die Faktenbasis aus seiner Sicht unzureichend ist (vgl Hügel/Elzer Rn 31). Zwar obliegen dem Versammlungsleiter grundsätzlich die verfahrensleitenden Maßnahmen und er hat dabei die Interessen etwaiger Minderheiten zu wahren, was dagegensprechen kann, die Versammlung zu befragen. Jedoch ist er andererseits nur Funktionsgehilfe der Versammlung und es besteht in Fällen der beschriebenen Art immerhin die Möglichkeit, dass die Faktenbasis den anwesenden Eigentümern für eine Entscheidung genügt oder diese zumindest eine Entschließung auf der Basis unvollständiger Informationen einer erneuten Zusammenkunft vorziehen. Dieser Konflikt dürfte sich **nicht schematisch** lösen lassen. ME hat die Mehrheit der Eigentümer in derartigen Fällen grundsätzlich ein **breiteres Ermessen als der Versammlungsleiter**, weshalb es zumindest zweckmäßig ist, einen Beschluss einzuholen. Das muss der Vorsitzende aber nicht tun, läuft dann aber Gefahr, dass sich die von ihm angenommenen Gründe für eine Vertagung bei Abwägung gegen das Interesse der Teilnehmer an einer Befolgung der Tagesordnung als nicht hinreichend gewichtig herausstellen. Das Gesagte gilt sinngemäß für andere verfahrensleitende Maßnahmen unter Einschluss von Ordnungsmaßnahmen.

IV. Durchführung der Versammlung

1. Versammlungsort

Die Wahl des Ortes, einschließlich der Räumlichkeiten, an dem eine Eigentümerversammlung abgehalten werden soll, steht im pflichtgemäßen Ermessen der für die **Einberufung zuständigen Person** (BGH ZMR 2011, 892 = ZWE 2011, 354 Rn 9; OLG Köln ZMR 2006, 384; LG Dortmund 23. 11. 2018 – 17 S 83/18, ZWE 2019, 228). Die **Ermessensgrenzen** ergeben sich aus der Funktion der Wohnungseigentümerversammlung als Ort der ungestörten (nicht öffentlichen) gemeinsamen Willensbildung durch sämtliche Eigentümer (statt vieler etwa KG ZMR 1997, 487; OLG Hamm ZMR 2001, 383; ZWE 2001, 560, 561 = ZMR 2001, 1004; Jennissen/Schultzky Rn 94). Die Versammlungsstätte muss daher **zumutbar und verkehrsüblich**, was die Erreichbarkeit mit öffentlichen Verkehrsmitteln einschließt (Hügel/Elzer Rn 19; Riecke/Schmid/Riecke Rn 16; Niedenführ/Schmidt-Räntsch/Vandenhouten/Vandenhouten Rn 26), sein, um **allen Berechtigten die Teilnahme zu ermöglichen** und nicht zu erschweren (BGH NJW 2002, 1647, 1651 [insoweit in BGHZ 150, 109 nicht abgedruckt]; OLG Hamm ZMR 2001, 383; ZWE 2001, 560, 561 = ZMR 2001, 1004; OLG Frankfurt OLGZ 1982, 418; BayObLGZ 1987, 219). Das Ermessen des Einberufenden kann durch **Vereinbarungen** und Beschlüsse der Wohnungseigentümer eingeschränkt werden (s OLG Celle NZM 1998, 822; Hügel/Elzer Rn 17). Das folgt aus dem **Selbstorganisationsrecht der Eigentümer** (Rn 200 aE), das diese berechtigt, das Verfahren ihrer Willensbildung in den Grenzen einer ordnungsmäßigen Verwaltung selbst zu bestimmen (zum Problem rechtswidriger Beschlüsse bei Ermessensüberschreitung s Rn 206 f). Daher werden zu Recht Bedenken gegen Vereinbarungen erhoben, die die Wahl des Versammlungsortes der **Willkür des Verwalters** oder einer anderen Person anheimstellen (Bärmann/Merle Rn 63 mHinw auf die Rspr zu § 121 Abs 5 AktG; s dazu BGHZ 203, 68 Rn 20; NJW 1994, 320). 133

Der Ort muss sämtlichen Eigentümern **in zumutbarer Weise Platz** bieten, was in aller Regel einen Sitzplatz erfordert (Niedenführ/Schmidt-Räntsch/Vandenhouten/Vandenhouten Rn 27; zu Ausnahmen bei besonders kurzen Zusammenkünften sogleich). Eine schlechte Akustik, die die Folge externer Geräuschquellen oder der Beschaffenheit des Rau- 134 mes sein kann, stellt die Eignung ebenfalls in Frage (Niedenführ/Schmidt-Räntsch/Vandenhouten/Vandenhouten Rn 27: ggf Lautsprecheranlage nötig). Auf **Behinderungen** einzelner Wohnungseigentümer ist bei der Wahl des (barrierefreien) Versammlungsortes Rücksicht zu nehmen (vgl OLG Köln ZMR 2004, 299 sowie als Vorinstanz LG Bonn ZMR 2004, 218; Jennissen/Schultzky Rn 95 ff). Ferner wird zum Teil ein **„neutraler" Ort** gefordert, was insb bei Spannungen in der Gemeinschaft von Bedeutung sein kann, die es für einzelne Eigentümer zB unzumutbar erscheinen lassen, sich in der Wohnung eines Miteigentümers, dem Kanzleisitz des Rechtsberaters eines Eigentümers oder in Räumen des Verwalters zusammenzufinden (OLG Hamm ZMR 2001, 383; AG Büdingen ZWE 2014, 284, 285; Jennissen/Schultzky Rn 96). Nicht nur hier zeigt sich, dass die **konkreten Umstände** maßgeblichen Einfluss auf die Rechtmäßigkeit der Ermessenentscheidung haben. Hierzu zählen neben den **Kosten**, die mit der Anmietung des Versammlungsraums verbunden sind, der Umfang der Tagesordnung, weil „beengte Verhältnisse" im Rahmen einer (voraussichtlich) **kurzen Zusammenkunft** eher zu tolerieren sind (OLG Düsseldorf WuM 1993, 305; LG Dortmund 23. 11. 2018 – 17 S 83/18, ZWE 2019, 228: 7-minütige Versammlung in einer Waschküche; s aber – bei längerer Dauer und während der Pandemie – auch AG Essen 17. 2. 2022 – 196 C 123/21, ZMR 2022, 498; Bärmann/Merle Rn 65).

134a Besondere Bedeutung hat die Frage eines geeigneten Versammlungsortes während der **COVID 19-Pandemie** erlangt. Öffentlich-rechtliche Beschränkungen können zu einer erheblichen **Reduktion der Raumkapazitäten** führen und es stellt sich die Frage, ob der Raum so bemessen sein muss, dass sämtliche Eigentümer darin Platz finden. Richtiger Ansicht nach muss auch hier **abgewogen** werden, weil hinreichend große Räume, sofern sie überhaupt verfügbar sind, regelmäßig höhere Kosten auslösen. Der Einladende darf sich bei der Größe des angemieteten Raums an der **zu erwartenden Teilnehmerzahl** orientieren und in der Einladung auch Vertretungsmöglichkeiten bewerben (zutr LG Frankfurt/M 17. 12. 2020 – 2-13 S 108/20, ZWE 2021, 134; zust LG München I 18. 5. 2022 – 1 S 8843/21 WEG juris Rn 23, ZMR 2023, 70; zum aktiven Bewerben einer Vertretungsmöglichkeit s auch Zschieschack in: H Schmidt, COVID-19 Rechtsfragen zur Corona-Krise [2. Aufl 2020] § 4 Rn 15 sowie oben Rn 7a). Die Ansicht (Jennissen/Schultzky Rn 95a), der Raum müsse stets allen Eigentümern Platz bieten, belastet größere Gemeinschaften mit erheblichen Kosten und erschwert die Verwaltung unnötig; sie ist daher abzulehnen (wie hier Greiner ZWE 2020, 482). Bei seiner Ermessensentscheidung darf der Einladenden die Präsenz der Eigentümer in einer Gemeinschaft in der Vergangenheit berücksichtigen. Eine andere Frage ist, ob er das aus Kostengründen auch muss; grundsätzlich bewegt sich der Einladenden im Rahmen seines Ermessens, wenn er einen Raum wählt, der allen Eigentümern Platz bietet.

134b Unzulässig ist es hingegen, einzelnen Eigentümern mit Hinweis auf die gewählte Raumgröße den **Zutritt zur Versammlung zu verweigern**. Erweist sich der Raum als zu klein, muss, sofern kein Eigentümer freiwillig auf die persönliche Teilnahme verzichtet, die Versammlung abgesagt werden. Wird sie gleichwohl unter Abweisung Einzelner durchgeführt, sind die Beschlüsse **anfechtbar**, wobei es wegen der Bedeutung der betroffenen Rechte nicht auf eine Kausalität ankommt (s zur Relevanz solcher Verstöße Rn 123 ff; in diesem Sinne auch LG Frankfurt/M 15. 9. 2022 – 2-13 S 38/21, ZWE 2022, 454). Nichtig sind die gefassten Beschlüsse aber nach hier vertretener Ansicht (s Rn 124) nicht, schon gar nicht, wenn die Eigentümer von der Versammlung durch eine Ladung abgehalten werden, die eine Vertretung fordert (zutr LG Frankfurt/M 17. 12. 2020 – 2-13

S 108/20, ZWE 2021, 134; **aA** die Vorinstanz AG Kassel 27. 8. 2020 – 800 C 2563/20, ZWE 2021, 136 mit krit Anm LETZNER; krit auch GREINER ZWE 2020, 482 f und HÄUBLEIN ZfIR 2020, 789; für Nichtigkeit der Beschlüsse bei einer als „Ausladung" wirkenden Ladung plädiert aber auch AG Lemgo 24. 8. 2020 – 16 C 10/20, ZWE 2020, 480; s dazu Rn 7a).

Nicht nur die Lage des Versammlungsortes, sondern ebenso die sonstigen an diesen **135** zu stellenden Anforderungen werden durch die Funktion der Versammlung näher konkretisiert. Er muss eine **nicht öffentliche** Durchführung gewährleisten, was eine **Abgrenzung** von allgemein zugänglichen Flächen erfordert (OLG Frankfurt NJW 1995, 3395; s dazu auch Rn 169). Sie kann durchaus auch **im Freien** gegeben sein (so für eine Versammlung während der Pandemie: AG Wedding v 13. 7. 2020 – 9 C 214/20, ZWE 2021, 139; allg JENNISSEN/SCHULTZKY Rn 99), wobei die Teilnehmer aber nicht gegen ihren Willen über einen längeren Zeitraum der Sonneneinstrahlung oder anderen für sie schädlichen Umwelteinflüssen (Pollenflug etc) ausgesetzt sein dürfen. Die in der Praxis häufige Wahl eines Lokals, Vereinsheims o dgl ist grundsätzlich nur ordnungsmäßig, wenn ein eigener Raum für die Versammlung zur Verfügung steht.

Nach verbreiteter Ansicht haben Versammlungen **im näheren Umkreis** der Immobilie **136** stattzufinden und auswärtige Eigentümer müssen grundsätzlich eine Anreise in Kauf nehmen, nicht aber diejenigen, die in der Anlage oder zumindest in der Gemeinde wohnen, in der diese liegt (OLG Köln NJW-RR 1991, 725; ZMR 2006, 384; JENNISSEN/SCHULTZKY Rn 97; offen OLG Hamm ZMR 2007, 63 = ZWE 2007, 40; s **aber auch** BGH NJW 2002, 1647, 1651: kein Mangel, dass Versammlung nicht im Stadtteil der Anlage stattfand; ebenso OLG Hamm ZWE 2001, 560, 561). Dem ist insoweit zuzustimmen, als derjenige, der eine Immobilie an einem auswärtigen Ort erwirbt, damit rechnen muss, seine Interessen gelegentlich an diesem Ort wahren (lassen) zu müssen (vgl auch § 43 WEG: Bezirk des Grundstücks). Die Wahl eines anderen Ortes bedarf daher eines hinreichend gewichtigen **Sachgrundes**. Zur Soll-Vorschrift des § 121 Abs 5 S 1 AktG, die zum Schutze der Minderheit in das AktG von 1937 eingeführt wurde (vgl BGH NJW 1994, 320), wird sogar vertreten, die Wahl des auswärtigen Versammlungsortes sei nur zulässig, wenn sie „zwingend geboten" erscheine (MünchKommAktG/KUBIS § 121 Rn 90). Dem ist für das Wohnungseigentumsrecht nicht zu folgen (mit großzügigerer Tendenz auch OLG Frankfurt OLGZ 1984, 333; s ferner OLG Düsseldorf DWE 1990, 116). Die Entscheidung über den Versammlungsort basiert vielmehr auf einer **Abwägung** sämtlicher Interessen aller Teilnehmer, sofern sie für den Einberufenden mit zumutbarem Aufwand zu ermitteln sind (ähnl BÄRMANN/MERLE Rn 64). Der Verwalter hat primär die Interessen der Eigentümer zu wahren, muss eigene Belange also regelmäßig zurückstellen und darf den Ort folglich nicht deswegen wählen, weil er für ihn günstig ist. Ausnahmen kommen etwa dann in Betracht, wenn die GdWE einen auswärtigen Verwalter gewinnen wollte und mit ihm deswegen die Abhaltung der Versammlung an seinem Unternehmenssitz vereinbart wurde; eine Festlegung in Verwalter-AGB steht dem nicht gleich. Dadurch kommt es zwar nicht zu einer verbindlichen Regelung des Versammlungsortes im Verhältnis der Eigentümer untereinander; jedoch darf der Verwalter dann seine Belange in die Abwägung mit einbeziehen.

Zu den **Faktoren**, die die Wahl eines auswärtigen Versammlungsorts rechtfertigen **137** können, zählt der **Charakter der Anlage**. Handelt es sich um eine reine Anlegerimmobilie, zB ein Hotel oder Boarding House, gibt es keine schutzwürdigen Belange von Selbstnutzern, weshalb es idR nicht zu beanstanden ist, wenn die Versammlungen an dem Ort durchgeführt werden, an dem sich die meisten Anleger gewöhnlich aufhalten, zB weil dort die Beteiligungen vertrieben wurden. Ferner sind die **bisherigen Gepflogenheiten** in der Anlage zu berücksichtigen (vgl OLG Hamm ZMR 2007, 63 = ZWE 2007, 40: Versammlungen in der Vergangenheit beanstandungslos am externen Ort abgehalten). Kauft sich ein Selbstnutzer oder ein am Ort ansässiger Anleger in eine Anlage ein, deren Versammlungen infolge der (bisherigen) Eigentümerstruktur nicht im näheren Umkreis stattfanden, kann er nicht erwarten, dass die Versammlung seinetwegen an einem anderen Ort stattfindet (**aA** wohl Bärmann/Merle Rn 64). Demgegenüber rechtfertigt allein die Tatsache, dass eine (große) Mehrheit der Eigentümer an einem anderen Ort lebt, für sich genommen nicht die Durchführung der Versammlung an diesem (Jennissen/Schultzky Rn 97). Vielmehr müssen weitere Umstände hinzutreten, die für eine solche Wahl sprechen, zB eine bisherige Praxis, weil die Mehrheit grundsätzlich damit rechnen muss, sich an den Ort der Anlage begeben oder dort zumindest vertreten lassen zu müssen (s Rn 136). Leben sämtliche Eigentümer in großer Entfernung zur Anlage, müssen sie also ohnehin eine Anreise in Kauf nehmen, kann auch dies bei der Abwägung zu berücksichtigen sein (s auch dazu OLG Hamm ZMR 2007, 63 = ZWE 2007, 40; zur Möglichkeit wechselnder Versammlungsorte s Hügel/Elzer Rn 21).

138 Haben die Eigentümer einen **bestimmten Versammlungsort vereinbart** (zur Zulässigkeit dieser vor allem bei Anlegerimmobilien vorkommenden Vereinbarungen s bereits Rn 133) entspricht grundsätzlich nur dieser Ort ordnungsmäßiger Verwaltung. Ob auch ein im Ausland liegender Ort vereinbart werden kann, zB weil der aufteilende Eigentümer und der von ihm bestimmte Erstverwalter dort ihren Sitz haben, ist ungeklärt (s zu einer entspr Regelung in der Satzung einer AG BGHZ 203, 68). Durch **Beschluss** kann ein auswärtiger Versammlungsort hingegen mangels einer vereinbarten Beschlusskompetenz **nicht** verbindlich festgelegt werden (**aA** wohl Hügel/Elzer Rn 13). Wird nur der Ort der nächsten Versammlung beschlossen, soll dies aber – wohl als Regelung des Einzelfalls – zulässig sein (Niedenführ/Schmidt-Räntsch/Vandenhouten/Vandenhouten Rn 25). Das ist zweifelhaft (s auch Rn 206 zu Geschäftsordnungsbeschlüssen). Aber selbst wenn man einen solchen Einzelfallbeschluss wegen der in die Zukunft weisenden regelnden Wirkung für nichtig hält (vgl § 23 WEG Rn 101), ist er nach hier vertretener Ansicht nicht unbeachtlich. Die Protokollierung und Bekanntmachung der Niederschrift führen dazu, dass alle Eigentümer die Präferenz der Mehrheit zumindest kennen können. Werden die sich daraus für Einzelne ergebenden Erschwernisse von diesen nicht ex ante namhaft gemacht, handelt der Einberufende grundsätzlich nicht ermessensfehlerhaft, wenn er sie nicht in die Abwägung einbezieht.

2. Zeitpunkt der Versammlung

139 Der Zeitpunkt der Versammlung (Datum und Uhrzeit) wird ebenfalls vom Einberufenden im Rahmen **pflichtgemäßen Ermessens** festgelegt. Wie bei der Wahl des Versammlungsortes (Rn 133) muss sich der Einberufende von dem Bestreben leiten lassen, möglichst allen Eigentümern die Wahrnehmung ihrer Rechte zu ermöglichen, und die wechselseitigen Belange abwägen. Er darf sich nicht allein an den Belangen der Mehrheit orientieren. Das bedeutet allerdings nicht, dass er solange nach einem Termin suchen muss, bis ein für alle Eigentümer passender Versammlungszeitpunkt gefunden ist. Zu den **Abwägungsparametern** im Rahmen der Ermessensausübung, in die im Ausgangspunkt alle Umstände des konkreten Falles einfließen (für die Berücksichtigung von Großereignissen, wie Fußballspielen, zB BeckOK-WEG/Bartholome Rn 78; zu wei-

teren Umständen HÜGEL/ELZER Rn 25), gehört ebenso die Notwendigkeit zweckmäßiger und praktikabler Verwaltungsabläufe, weshalb allenfalls in sehr kleinen Anlagen eine Abstimmung mit allen Eigentümern vom Einberufenden erwartet werden kann (LG München I NZM 2005, 591; zu Verlegungsgesuchen einzelner Eigentümer s Rn 108). Insbesondere wenn es um die ordentliche Eigentümerversammlung geht, empfiehlt es sich, den **Termin** nicht erst im Rahmen der Ladung **bekannt zu geben** (zur Vorankündigung s bereits Rn 80). So können sich die Eigentümer langfristig auf den Versammlungstag einrichten und etwaige Anträge zur Tagesordnung stellen. Im Einzelfall kann eine solche Ankündigung sogar Voraussetzung für die Rechtmäßigkeit des gewählten Termins sein (vgl LG Karlsruhe ZWE 2014, 93; dazu auch Rn 141).

Bei der Abwägung muss der Einberufende den Belangen berufstätiger Wohnungseigentümer Rechnung tragen, weshalb eine Versammlung **werktags** idR nicht vor 17 Uhr abzuhalten ist (BeckOK-WEG/BARTHOLOME Rn 79; NIEDENFÜHR/SCHMIDT-RÄNTSCH/VANDENHOUTEN/VANDENHOUTEN Rn 29; nach 18 Uhr: HÜGEL/ELZER Rn 23). Allerdings können der Umfang der Tagesordnung und die Tatsache, dass ein zu spätes Beenden der Versammlung (s dazu Rn 146) ebenfalls ordnungsmäßiger Verwaltung widerspricht, ausnahmsweise für einen früheren Beginn sprechen (s hierzu LG Frankfurt/M 15. 9. 2022 – 2-13 S 38/21, ZWE 2022, 454: ab 15 Uhr, keinesfalls aber werktags um 10 Uhr; ebenso OLG Frankfurt OLGZ 1982, 418; RIECKE ZMR 2023, 99). An **Samstagen** kann eine Versammlung ungeachtet der Frage durchgeführt werden, ob es sich um einen Werktag handelt. Allerdings ist auch an diesen Tagen grundsätzlich auf den Nachmittag/frühen Abend zu terminieren, da der Samstag für größere Teile der Bevölkerung ein Arbeitstag ist (zur Zulässigkeit einer abendlichen – 20 Uhr – Versammlung an einem Samstag nach einem Feiertag OLG Zweibrücken WE 1994, 146). Da nach dem WEMoG Versammlungen stets beschlussfähig sind, ist die Gefahr von „Minderheitsentscheidungen“ besonders hoch, wenn der gewählte Termin vorhersehbar für viele Eigentümer ungeeignet ist; derartige Termine widersprechen ordnungsmäßiger Verwaltung. 140

Sonn- und Feiertage scheiden nicht per se aus (LG Frankfurt/M 17. 12. 2019 – 2-13 S 129/18, ZWE 2020, 199: zur Versammlung am Abend des Pfingstmontages; NIEDENFÜHR/SCHMIDT-RÄNTSCH/VANDENHOUTEN/VANDENHOUTEN Rn 29), sollen den Menschen aber möglichst für Freizeitaktivitäten und zur Erholung zur Verfügung stehen und bergen daher idR die Gefahr geringer Präsenz. Deshalb müssen für deren Wahl **besondere Gründe** sprechen, zu denen neben der Eilbedürftigkeit die geäußerte Präferenz der Mehrheit oder zumindest einer erheblichen Gruppe der Eigentümer zählen kann. Jedenfalls ist auf die – zumindest am Ort verbreitete – Religionsausübung Rücksicht zu nehmen, zumal dann, wenn die Feiertage einen religiösen Hintergrund haben (vgl BayObLGZ 1987, 219: auch an Sonntagen infolge Gottesdienstes keine Versammlung vor 11 Uhr; s auch RIECKE ZMR 2023, 99: „im Regelfall“, anders bei Ferienwohnungen; s ferner OLG Schleswig NJW-RR 1987, 1362: Einberufung am Karfreitag ab 16 Uhr zumutbar; zur Relevanz von Feiertagen anderer Glaubensrichtungen s LG München I 20. 2. 2020 – 36 S 16296/18 WEG, ZWE 2020, 349). Während der **(Schul-)Ferienzeit** können Versammlungen grundsätzlich terminiert werden, was schon deswegen richtig erscheint, weil diese einen erheblichen Teil des Jahres betreffen und keine bundeseinheitliche Regelung existiert (LG München I ZMR 2012, 819 = ZMR 2013, 139, 141; RIECKE/SCHMID/RIECKE Rn 24). Teilweise wird aber ein **sachlicher Grund** hierfür gefordert (GOTTSCHALG NZM 2005, 529). Er kann in der besonderen Dringlichkeit der Sache oder aber darin liegen, dass die Wahrnehmung der Eigentümerrechte durch die Terminwahl nicht gefährdet erscheint, zB weil bekanntermaßen 141 kein Eigentümer während der Ferienzeit verhindert ist. Überhaupt kann es für die Ordnungsmäßigkeit der Ermessenausübung durch den Einberufenden darauf ankommen, ob ihn Eigentümer darüber informiert haben, dass eine Teilnahme nicht möglich ist (LG München I 20. 2. 2020 – 36 S 16296/18 WEG, ZWE 2020, 349 zu Terminierung am Sederabend des jüdischen Pessachfests). Bei der Abwägung ist ferner zu berücksichtigen, ob der ins Auge gefasste Termin **lange genug bekannt** war und die betroffenen Eigentümer die Gelegenheit hatten, sich darauf einzurichten bzw sich gegen den Termin auszusprechen (vgl LG Karlsruhe ZWE 2014, 93). Der sachliche Grund kann dadurch gewissermaßen substituiert werden. Ob das aber auch für eine Terminierung **zwischen Weihnachten und Neujahr** gilt, ist angesichts dieses eher kurzen Zeitraums zweifelhaft, weshalb es insofern beim Erfordernis eines sachlichen Grundes, insb der Eilbedürftigkeit, bleibt (vgl OLG Hamm ZMR 2001, 383).

142 In das Ermessen des Versammlungsleiters fällt grundsätzlich die **Entscheidung über die Beendigung** der Versammlung. Das Ende sollte nicht nach 23 Uhr liegen (BeckOK-WEG/Bartholome Rn 79; Niedenführ/Schmidt-Räntsch/Vandenhouten/Vandenhouten Rn 30). Ausnahmen kommen aber in Betracht, etwa wenn nur noch wenige Tagesordnungspunkte anstehen und die Durchführung einer weiteren Versammlung wegen dieser nicht gerechtfertigt erscheint. Zum Problem der Beendigung gegen den Willen der Eigentümer s Rn 147.

143 **Vereinbarungen** über den Versammlungstermin sind zulässig und haben eine gewisse Verbreitung, wenn es darum geht, einen Zeitkorridor für die jährliche Versammlung vorzugeben, zB bis zum 30. 6. oder im zweiten Quartal (statt aller BeckOK-WEG/Bartholome Rn 77). Ob der Termin durch Beschluss festgelegt werden kann, ist nicht geklärt. Es gilt das zum Versammlungsort Gesagte sinngemäß (Rn 138).

3. Eröffnung, Unterbrechung und Beendigung der Versammlung

144 Der Versammlung der Wohnungseigentümer kommen besondere Befugnisse zu, da nur sie nach dem Gesetz berufen ist, mehrheitlich über die Belange der Wohnungseigentümer und ihrer Gemeinschaft zu befinden. Außerhalb einer Versammlung gefasste Mehrheitsbeschlüsse sind als Nichtbeschlüsse ohne rechtliche Wirkung (s § 23 WEG Rn 116 ff, 128a ff). Aus Gründen der Rechtssicherheit und Klarheit bedarf es daher eines **konstituierenden Aktes** des Vorsitzenden, der allen Anwesenden den Beginn der Versammlung, aber auch deren (temporäre) Beendigung (dazu Rn 146), deutlich macht. Allerdings sind hohe formale Hürden geeignet, ihrerseits Verfahrensmängel zu provozieren, weshalb **keine bestimmte Form** der Eröffnung vorgeschrieben und auch eine konkludente Eröffnung zuzulassen ist, sofern für die Teilnehmer keine vernünftigen Zweifel am Eintritt in die Versammlung bestehen können.

145 Der Zeitpunkt der Eröffnung liegt im **Ermessen** des Versammlungsleiters. Er muss sich zwar an dem in der Ladung mitgeteilten Termin orientieren, darf aber aus sachlichen Gründen von diesem abweichen. Eine **vorzeitige Eröffnung** kommt nur in Betracht, wenn sämtliche Eigentümer anwesend und einverstanden sind (Vollversammlung), weil dann das Vertrauen auf den angekündigten Termin nicht enttäuscht werden kann. Eine (maßvolle) **spätere Eröffnung** kommt in der Praxis oft vor. Gerade in größeren Anlagen führt die Einlasskontrolle zu Verzögerungen, weil Eigentümer erst zum Termin erscheinen oder sich gar verspäten (zur Kontrolle von Eigentümervollmachten im Vorfeld der Versammlung s § 25 WEG Rn 128 ff). Ob der Versammlungsleiter solche Verspätungen berücksichtigt, entscheidet er nach pflichtgemäßem Ermessen. Usancen der Vergangenheit können dabei ebenso eine Rolle spielen wie kurzfristig aufgetretene, dem Vorsitzenden bekannte Verkehrsstörungen, die auch solche Eigentümer vom rechtzeitigen Erscheinen abhalten, die sich unter gewöhnlichen Umständen rechtzeitig auf den Weg zum Versammlungsort gemacht haben. Während Verspätungen bis zu 15 Minuten („akademisches Viertel") idR als nicht sonderlich gewichtig einzustufen sind, drängen bei deutlich längeren Verzögerungen die Interessen der anwesenden Teilnehmer stärker in den Vordergrund und dürfen nur bei gewichtigen Gründen den Interessen der noch Abwesenden untergeordnet werden. Der Vorsitzende kann ein Meinungsbild der Anwesenden einholen, das mangels Eröffnung der Versammlung aber noch kein (Geschäftsordnungs-)Beschluss (dazu Rn 196) ist.

Wie die Eröffnung der Versammlung (dazu Rn 144) ist deren Beendigung in **klarer und eindeutiger Weise** kundzutun (Rechtssicherheit). Mit ihr endet die Möglichkeit, Mehrheitsbeschlüsse zu fassen (zur sog Universal- oder Vollversammlung s Rn 216). Verlässt der Vorsitzende erkennbar dauerhaft den Versammlungsort, kann darin eine konkludente Beendigung liegen, wenn die Tagesordnung abgearbeitet wurde (BayObLG NZM 1998, 1010). Andernfalls ist die Versammlung iZw nicht förmlich geschlossen und die Teilnehmer können von ihrer Befugnis Gebrauch machen, einen **neuen Versammlungsleiter zu wählen**. Fraglich ist allerdings, wer diesen Antrag zur Abstimmung stellen kann. Die Gefahr von unzureichend klaren Anträgen und Abstimmungsverfahren spricht nach hier vertretener Ansicht wegen der damit verbundenen Rechtsunsicherheit grundsätzlich gegen ein Recht, das jedem Eigentümer zusteht. Darauf wurde bereits bei Rn 128a eingegangen. Von den dort behandelten Fällen einer Weigerung des Vorsitzenden unterscheidet sich das hier aufgeworfene Problem allerdings durch die Abwesenheit eines Vorsitzenden. Die Versammlung ist also **handlungsunfähig** und könnte nicht einmal formell ordnungsgemäß beschlossen werden, sondern nur schlüssig dadurch, dass die Eigentümer den Versammlungsort verlassen. Angesichts dessen und auch, weil der bisherige Vorsitzende nicht mehr anwesend ist und den Ablauf der weiteren Versammlung dadurch zu beeinträchtigen droht, dass er die Versammlungsleitung für sich reklamiert, ist der Versammlung eine Handlungsoption an die Hand zu geben. Aus den Gründen, die dafür sprechen, die Einberufungsbefugnis in die Hände der in § 24 Abs 3 WEG genannten Personen zu legen (ie: Vermeidung sich widersprechender Handlungen durch verschiedene Eigentümer; s Rn 67), wird man das Recht, den Antrag zur Abstimmung zu stellen, primär dem Vorsitzenden des Beirats, dessen Vertreter oder dem ermächtigten Eigentümer zugestehen müssen. Sind diese Personen nicht anwesend oder gar nicht gewählt, kann ausnahmsweise wohl jeder Eigentümer den Antrag nach § 24 Abs 5 WEG zur Abstimmung stellen. Gegenwärtig ist diese Problematik allerdings gänzlich ungeklärt. 146

Hat der Vorsitzende die Versammlung vor Abarbeitung der Tagesordnung **gegen den Willen der Mehrheit beendet**, stellt sich die Frage, ob diese die Versammlung wiedereröffnen und, unter Wahl eines anderen Versammlungsleiters gem § 24 Abs 5 WEG, **fortsetzen** können. Das wird zum Teil bejaht, sofern die Beendigung ohne sachlichen Grund und daher missbräuchlich erfolgt ist, weil andernfalls nie eine Beschlussfassung gegen den Willen des Verwalters möglich wäre (Niedenführ/Schmidt-Räntsch/Vandenhouten/Vandenhouten Rn 63). Die Problematik weist Parallelen zu dem Fall 147 auf, dass ein Antrag nach § 24 Abs 5 WEG nicht zur Abstimmung gestellt wird (s Rn 128a). Bei der Lösung ist daher ebenso der Aspekt der Rechtssicherheit zu berücksichtigen. Ad hoc fortgesetzte Versammlungen dürften in besonderer Weise für Verfahrensfehler anfällig sein, nicht zuletzt, weil die zum Leiter berufene Person ein Laie sein kann, der sich auf die Aufgabe nicht einmal vorbereiten konnte. Nach hier vertretener Ansicht besteht daher für die Anwesenden **keine Möglichkeit**, die formell beendete Versammlung fortzusetzen. In der vorzeitigen, grundlosen Beendigung der Versammlung liegt aber eine Weigerung iSv § 24 Abs 3 WEG, die die Einberufung einer neuen Versammlung ohne Mitwirkung des Verwalters ermöglicht. Zu weiteren Folgen der eklatanten Pflichtverletzung des Verwalters s Rn 128a.

148 Auch die **Unterbrechung** einer Versammlung muss in einer Weise erfolgen, die die Teilnehmer nicht im Zweifel über das temporäre Ende und die Wiederaufnahme der Versammlung lässt. Die Entscheidung liegt im Ermessen des Vorsitzenden, wobei aber auch eine ohne sachlichen Grund vorgenommene Unterbrechung dazu führt, dass die Versammlung temporär beendet ist (BGH NJW 2017, 666 Rn 13). Eine Unterbrechung kann dann geboten sein, wenn sie erforderlich ist, damit ein Eigentümer seine Rechte wahrnehmen kann, zB weil die Länge der Versammlung Raucher- oder Toilettenpausen gebietet oder eine Beratung erforderlich ist, die während der Versammlung nicht vorgenommen werden kann. Allerdings ist insofern auf ein faires Verfahren, insb auf **Gleichbehandlung** der Eigentümer zu achten. Aus diesem Grund vermag ein von der Mehrheit gestellter GO-Antrag auf Unterbrechung der Versammlung diese nicht gegen den Willen der Minderheit zu legitimieren, wenn sie allein im Interesse der Mehrheit erfolgt, die sich anwaltlich zu einem gerade anstehenden Tagesordnungspunkt beraten lassen möchte (vgl dazu LG Karlsruhe ZWE 2016, 141; best durch BGH NJW 2017, 666). Vielmehr kommt es für die Rechtmäßigkeit der Unterbrechung darauf an, unter welchen Umständen sie konkret erfolgte. Führt die Mehrheit die Diskussion zu einem Tagesordnungspunkt während der Unterbrechung unter Ausschluss der Minderheit in Anwesenheit des Verwalters fort und müssen die ausgeschlossenen Eigentümer für eine durch den Vorsitzenden nicht einmal ex ante näher bestimmte Zeit vor dem Versammlungsraum auf die Fortsetzung warten, widerspricht die Unterbrechung jedenfalls den Grundsätzen eines ordnungsmäßigen Verfahrens (BGH NJW 2017, 666 Rn 15 ff; LG Karlsruhe ZWE 2016, 141; zust Niedenführ/Schmidt-Räntsch/Vandenhouten/Vandenhouten Rn 62).

4. Teilnahme an und Anwesenheit während der Versammlung

a) Teilnahme, Teilnahmerecht und sonstige Versammlungsrechte

149 Als **Recht des Einzelnen** betrachtet ist unter Teilnahme an der Versammlung nicht nur die bloße Anwesenheit iS einer physischen Präsenz zu verstehen, sondern es umfasst weitere Befugnisse, die die angemessene Mitwirkung und Ausübung der Eigentümerrechte sichern (zum Rede- und Antragsrecht s Rn 152 ff). Ferner werden unter dem Oberbegriff **Versammlungsrechte** neben dem Teilnahmerecht noch weitere Teilhabebefugnisse zusammengefasst (s dazu Hügel/Elzer § 23 WEG Rn 48 f), wie das Recht, zur Versammlung ordnungsgemäß geladen zu werden (zu den Adressaten s Rn 8 ff), sich dort bei der Stimmabgabe vertreten zu lassen (s § 25 WEG Rn 80), bei Bedarf durch einen Dritten begleitet zu werden (Rn 187) oder sich des Anwesenheitsrechts anderer zu vergewissern (zur Prüfung von Stimmrechtsvollmachten durch anwesende Eigentümer s § 25 WEG Rn 133). Zum Einsicht- und Auskunftsrecht der Eigentümer s Staudinger/Leh-

MANN-RICHTER § 18 WEG Rn 262 ff, Rn 287 ff. Andererseits wird der Begriff Teilnahme jedenfalls dann oft auf die **bloße Anwesenheit** beschränkt, wenn es um Personen geht, die keine sonstigen Rechte für sich reklamieren können, etwa Gäste und Berater (dazu Rn 154).

Mit dem Teilnahmerecht hängt das von diesem zu unterscheidende **Stimmrecht** (dazu § 25 WEG Rn 7 ff) insofern zusammen, als dessen Ausübung die – nicht notwendig persönliche – Anwesenheit voraussetzt. Inhaber von Stimmrechten (ausf § 25 WEG Rn 11 ff) sind daher zur Anwesenheit und grundsätzlich weitergehend auch zur Teilnahme berechtigt. Umgekehrt ist das Stimmrecht aber keine Voraussetzung für das Teilnahmerecht, weshalb Stimmverbote letzteres nicht ausschließen (dazu bereits Rn 9 sowie § 25 WEG Rn 225, 240). Das Teilnahmerecht dient nämlich keineswegs bloß der Ausübung des Stimmrechts, sondern ist ein eigenständiges Recht, das neben der Mitwirkung an der Willensbildung vor allem der **Informationsbeschaffung** dient. – Zur **ausnahmsweise** bestehenden Pflicht, einen Beschluss herbeizuführen, wodurch die (nicht notwendig persönliche) Anwesenheit auf der Versammlung **zur Pflicht** werden kann, s § 25 WEG Rn 214 ff. 150

Aus dem Teilnahme- oder zumindest Anwesenheitsrecht wird verbreitet auf das **Ladungserfordernis** geschlossen (s Rn 8). Nach hier vertretener Ansicht stimmt das im Ausgangspunkt. Es kommen aber Ausnahmen zum Zwecke der Reduzierung des Verwaltungsaufwandes und zur Vermeidung von Ladungsmängel in Betracht, sofern die Information des Berechtigten auf andere Weise typischerweise gesichert erscheint (Rn 16 ff, 18 f). 151

b) Unterscheidung zwischen Anwesenheits-, Rede- und Antragsrecht

Nach zutreffender Ansicht geht das Teilnahmerecht über das bloße **Anwesenheitsrecht** hinaus und umfasst auch die Befugnis, auf den Willensbildungsprozess durch Wortbeiträge **(Rederecht)** und Anträge **(Antragsrecht)** einzuwirken („funktionaler Teilnahmebegriff"; s BECKER, Teilnahme an der Versammlung 19). Im Ausgangspunkt verfügen die Wohnungseigentümer über ein **einheitliches Teilnahmerecht**, was folgerichtig ebenso für die Personen gilt, die, zB als gesetzliche Vertreter oder Parteien kraft Amtes, die Befugnisse des Eigentümers wahrnehmen. Sofern also im Folgenden nicht ausdrücklich anders erwähnt, gelten die Ausführungen nicht nur für das Anwesenheitsrecht, sondern ebenso für das Rede- und Antragsrecht. Allerdings ist die terminologische Unterscheidung geboten, weil die einzelnen Facetten der Mitverwaltungsbefugnis rechtlich verschieden zu behandeln sein können (s auch § 25 WEG Rn 10). Das folgt letztlich aus der Tatsache, dass durch ihre Ausübung in unterschiedlicher Weise auf den Willensbildungsprozess eingewirkt werden kann. 152

Das **Anwesenheitsrecht** begründet die Befugnis des Berechtigten, auf der Versammlung passiv präsent zu sein. Daher bewirkt ein Ausschluss von Personen, die zur Anwesenheit berechtigt sind, einen Verfahrensmangel. Das gilt ebenso für den teilweisen Ausschluss, der nur einen bestimmten Tagesordnungspunkt betrifft, weil das Anwesenheitsrecht die **gesamte Versammlung** betrifft (zur Möglichkeit, die Versammlung zum Zwecke der Beratung zu unterbrechen, s Rn 148). 153

Andererseits führt die Präsenz einer nicht berechtigten Person ebenfalls zu einem Verstoß gegen die Grundsätze eines ordnungsmäßigen Verfahrens (zum Grundsatz der Nicht- 154 öffentlichkeit s Rn 167). Das führt zu einer besonders heiklen Situation für den Vorsitzenden (zur Beschlussfassung über die Anwesenheit s Rn 172). Zu unterscheiden ist zwischen dem Recht auf die eigene Anwesenheit des Berechtigten, zB des Wohnungseigentümers (Rn 157) oder seines gesetzlichen Vertreters, und dem **Recht auf Anwesenheit eines Dritten**. Hierbei handelt es sich nicht um ein Recht des Dritten, zB eines Beraters oder Gastes, sondern es steht der Person zu, in deren Interesse der Dritte auf der Versammlung zugegen sein darf (Armbrüster/Roguhn ZWE 2016, 105, 107).

155 Das **Rederecht** erlaubt dem Inhaber, auf der Versammlung das Wort zu ergreifen und auf diese Weise aktiv Einfluss auf die Willensbildung zu nehmen. Es liegt in der Natur der Sache, dass Redebeiträge tendenziell eher geeignet sind, den ordnungsmäßigen Ablauf der Versammlung zu beeinträchtigen, als die bloße Anwesenheit einer Person. Infolge dessen bedarf es einer stärkeren **Regulierung**. Der für den ordnungsmäßigen Ablauf der Versammlung zuständige Vorsitzende muss dem Berechtigten zunächst das Wort erteilen, bevor dieser von seinem Recht Gebrauch machen kann. Vorbehaltlich eines Missbrauchs des Rechts ist der Vorsitzende aber verpflichtet, dem Wunsch des Berechtigten, das Wort zu ergreifen, nachzukommen. Ferner kann das Rederecht **zeitlich beschränkt** werden (OLG Stuttgart ZMR 1986, 370: 3 Minuten je Eigentümer; LG München I ZMR 2008, 488: 5 Minuten je Eigentümer; Hügel/Elzer § 23 WEG Rn 58). Diese Beschränkung kann einen einzelnen Tagesordnungspunkt betreffen, die gesamte Versammlung oder auch generell gelten. Sie muss aber **sachlich gerechtfertigt** sein (LG Frankfurt/M 7. 6. 2018 – 2-13 S 88/17 Rn 14, ZWE 2018, 366), etwa infolge der Vielzahl der Wortmeldungen oder – bei abstrakt-generellen Regelungen – wegen der großen Eigentümerzahl (vgl dazu Schultzky ZWE 2023, 61, 63). Zu Beschlüssen über Redezeitbeschränkungen, die ebenfalls verhältnismäßig sein und das Gleichbehandlungsprinzip wahren müssen, s Rn 130 und 213.

156 **Anträge**, die keine bloßen GO-Anträge sind (s Rn 201), müssen wegen des Ankündigungserfordernisses (§ 23 Abs 2 WEG) grundsätzlich **vor der Versammlung** gestellt werden. Der Einberufende muss sie idR berücksichtigen (zum Anspruch aus § 18 Abs 2 WEG s Rn 96). Auf der Versammlung können im Rahmen ordnungsmäßiger Verwaltung hingegen nur GO-Anträge (dazu Rn 202) und solche Anträge über Beschlüsse in der Sache gestellt werden, die von einem Tagesordnungspunkt gedeckt sind. Letzteres kommt vor, wenn der Eigentümer eine bestimmte Formulierung des Beschlussgegenstandes wünscht. Ob das Antragsrecht den Vorsitzenden verpflichtet, auch solche Anträge zur Abstimmung zu stellen, die wegen eines Verstoßes gegen § 23 Abs 2 WEG rechtswidrig sind, ist ungeklärt. Nach hier vertretener Ansicht ist das nur zu bejahen, wenn die Mehrheit einen entsprechenden GO-Beschluss fasst, weil der Vorsitzende der Funktionsgehilfe der sich versammelnden Eigentümer ist (s dazu Rn 126; wie hier auch Greiner ZWE 2016, 297, 300). Der Einzelne hat hingegen **keinen Anspruch** darauf, dass sein gegen § 23 Abs 2 WEG verstoßender Antrag zur Abstimmung gestellt wird.

c) Teilnahmerecht der Wohnungseigentümer

157 Hinsichtlich des teilnahmeberechtigten Personenkreises sind zunächst einmal **zwei Gruppen** zu unterscheiden, nämlich die Wohnungseigentümer und Dritte (zu letzteren s Rn 166 ff). Erstere sind gleichsam die „natürlichen“ Versammlungsteilnehmer.

158 Das Gesetz erwähnt das Teilnahmerecht nicht eigens, sondern unterstellt es vielmehr (vgl §§ 23 Abs 1, 25 Abs 2 S 1 WEG). Es ist nicht nur Ausfluss, sondern **integraler**

Bestandteil der dem einzelnen Eigentümer gewährten **Mitverwaltungsbefugnis**, die in Anbetracht der gemeinschaftlichen Berechtigung eine kollektive Willensbildung erfordert. Im Mittelpunkt des praktischen Interesses steht die Wahrnehmung des Rechts in den Fällen, in denen der betreffende Eigentümer seine Mitverwaltungsrechte nicht selbst ausüben kann (s Rn 160 ff). Die zur Wahrnehmung berechtigten Personen sind keine Dritten. Zu den Dritten, die von Gesetzes wegen kein eigenes Teilnahmerecht haben, gehören hingegen die **Inhaber beschränkter dinglicher Rechte**, wie Nießbraucher oder Dienstbarkeitsberechtigte (vgl dazu BGHZ 150, 109, 114 ff; NJW 2015, 2968 Rn 8; Armbrüster/Roguhn ZWE 2016, 105, 107; zum fehlenden Stimmrecht s § 25 WEG Rn 25 f).

Obwohl Teilnahme- und Stimmrecht nicht notwendig Hand in Hand gehen (Rn 150), handelt es sich im Ausgangspunkt bei beiden um eng verzahnte Eigentümerrechte, weshalb auf die Ausführungen zum Stimmrecht verwiesen werden kann. Das gilt insb für die Voraussetzungen des Eigentumserwerbs, die Berechtigung **werdender Wohnungseigentümer** und die davon abweichende Behandlung bloßer **Wohnungseigentumsanwärter** (s § 25 WEG Rn 11 ff). Erwerber, die noch nicht als Eigentümer im Grundbuch eingetragen und auch keine werdenden Eigentümer sind, können allenfalls das Teilnahmerecht des Veräußerers wahrnehmen. Ist der Erwerber zur Ausübung des Stimmrechts wirksam bevollmächtigt worden (allg dazu § 25 WEG Rn 102 ff, spez zur Nichtanwendung von Vertreterklauseln auf Erwerber § 25 WEG Rn 88), kann er **im Zweifel auch die übrigen Teilnahmerechte** wahrnehmen. Allerdings geht es insoweit nicht um die Abgabe von Willenserklärungen, weshalb keine Stellvertretung iSd §§ 164 ff BGB in Rede steht. Diese Normen können lediglich entsprechend auf geschäftsähnliche Handlungen, zu denen das Stellen eines Antrages gehört, angewendet werden (§ 25 WEG Rn 102). Ob man hierfür den Begriff der Ermächtigung zur Rechtsausübung benutzt (so etwa Armbrüster/Roguhn ZWE 2016, 105, 107), hängt maßgeblich davon ab, wie eng man die Grenzen dieses vom Gesetz nicht näher bestimmten Begriffes zieht (vgl dazu und gegen eine Ermächtigung zur Ausübung des Stimmrechts § 25 WEG Rn 174 f). 159

aa) Teilnahme gesetzlicher Vertreter

Kann der Wohnungseigentümer infolge mangelnder Geschäftsfähigkeit sein Stimmrecht nicht allein ausüben, steht dem gesetzlichen Vertreter oder – sofern es mehrere gibt – den gesetzlichen Vertretern **auch das Teilnahmerecht** zu, sofern die Ausübung des Stimmrechts in ihren Aufgabenbereich fällt. Das betrifft insb die Eltern, einen Vormund oder Betreuer des Wohnungseigentümers, aber auch einen infolge Abwesenheit des Eigentümers bestellten Pfleger (§ 25 WEG Rn 95). Vertreterklauseln in der Gemeinschaftsordnung ändern daran nichts (s § 25 WEG Rn 86). Bei **bloßer Beschränkung der Geschäftsfähigkeit** des Eigentümers gilt nichts anderes, weshalb auch in diesen Fällen die gesetzlichen Vertreter zur Teilnahme berechtigt sind (zur Ladung des gesetzlichen Vertreters s Rn 15 f; s ferner § 25 WEG Rn 97). 160

Ungeklärt ist, ob **daneben der Eigentümer** selbst sein Teilnahmerecht ausüben kann. Auf den ersten Blick scheint dagegen zu sprechen, dass es dadurch zu einer Vermehrfachung des Teilnahmerechts käme. Dieser Gedanke mag hinter der Ansicht stehen, die die zu ladenden Personen für teilnahmeberechtigt hält und grundsätzlich nur den gesetzlichen Vertreter laden möchte (Niedenführ/Schmidt-Räntsch/Vandenhouten/Vandenhouten Rn 39 iVm Rn 31). Indes schließt allein die Vermehrung der teil- 161 nahmeberechtigten Personen die Teilnahme des Eigentümers neben dem gesetzlichen Vertreter nicht aus. Die Fälle der Mitberechtigung mehrerer Personen an einer Eigentumseinheit oder mehrerer gesamtvertretungsberechtigter gesetzlicher/organschaftlicher Vertreter zeigen, dass Verwaltungsbelange die Teilnahme mehrerer Personen nicht kategorisch ausschließen. Kann der Eigentümer sein Recht nicht allein ausüben, muss diejenige Person, auf deren Handlung es insoweit ankommt, an der Versammlung teilnehmen können, weil andernfalls eine angemessene Ausübung der Versammlungsrechte nicht gewährleistet ist (Rn 160). Jedenfalls bei **beschränkt Geschäftsfähigen**, die eine eigene Willenserklärung abgeben und in bestimmten Fällen ohne Mitwirkung des gesetzlichen Vertreters dadurch ein wirksames Rechtsgeschäft zustande bringen können, wäre es ein nicht zu rechtfertigender Eingriff in ihre Eigentümerrechte, wenn man ihnen die Anwesenheit untersagte. Dem entspricht es, dass die hM zumindest bei volljährigen Personen, die einer Betreuung unterliegen, vom Erfordernis einer Ladung auch (!) des Eigentümers ausgeht, was ein Anwesenheitsrecht impliziert (s Rn 16 ff; dazu, dass neben dem Betreuer auch die betreute Person anwesend sein darf, zutr Kiess ZWE 2022, 385, 388). Indes macht es keinen Unterschied, ob der beschränkt Geschäftsfähige voll- oder minderjährig ist. Nach dem gesetzlichen Konzept der §§ 106 ff BGB sollen Minderjährige an den Rechtsverkehr herangeführt werden. Gehört zu ihrem Vermögen Wohnungseigentum, muss ihnen die Möglichkeit eröffnet werden, auch die Ausübung der damit verbundenen Rechte und Pflichten zu erlernen (BeckOGK/Hermann Rn 117). Man wird daher grundsätzlich auch ein Rederecht des Eigentümers bejahen müssen, während das Antragsrecht als geschäftsähnliche Handlung unter die Vorbehalte der §§ 107 ff BGB zu stellen ist.

162 Nach hier vertretener Ansicht resultiert darüber hinaus auch zugunsten **Geschäftsunfähiger** aus der Eigentümerstellung ein Anwesenheitsrecht, das neben das des gesetzlichen Vertreters tritt. Personen, deren Geist iSv § 104 Nr 2 BGB krankhaft gestört ist, von vornherein von der Versammlung auszuschließen, widerspräche der, zB in § 105a BGB und dem zum 1. 1. 2023 neu gefassten Betreuungsrecht der §§ 1814 ff BGB (s Kiess ZWE 2022, 385) zum Ausdruck kommenden, Zielsetzung des Gesetzgebers, behinderten Menschen die Teilnahme am (Rechts-)Verkehr zu ermöglichen, sofern die Interessen dieser Personen oder des Rechtsverkehrs nicht entgegenstehen. Kommt es zu Störungen des Ablaufs der Versammlung, zB durch das Verhalten eines geistig gestörten Eigentümers, kann der Vorsitzende Ordnungsmaßnahmen ergreifen. Keine große praktische Bedeutung dürfte die Anwesenheit von Eigentümern erlangen, die das siebte Lebensjahr noch nicht beendet haben (zur reinen Anwesenheit von Kleinkindern s Rn 190). Auch sie sind aber zuzulassen. Für das Antragsrecht gilt das zu Rn 161 Gesagte mit der Maßgabe, dass § 105 Abs 1 BGB einem Antrag des Eigentümers entgegensteht und § 105a BGB insoweit nicht anzuwenden ist. Ob der Eigentümer in der Lage ist, von seinem Rederecht Gebrauch zu machen, ist eine Frage des Einzelfalls. Ist er zu dessen Ausübung in einer die Versammlungsabläufe nicht störenden Weise imstande, darf man ihm das Recht nicht absprechen.

163 Gehört das Eigentum einer **juristischen Person** oder sonstigen rechtsfähigen Personenvereinigung, sind deren vertretungsberechtigte Organe zur Ausübung des Stimmrechts (s § 25 WEG Rn 99 f) und daher ebenfalls befugt, anwesend zu sein und die anderen Teilnahmerechte auszuüben (zur Ladung s Rn 14). Mitarbeiter sind hingegen als Dritte anzusehen, auch wenn es sich um leitende Angestellte unterhalb der

Organebene handelt, etwa um Prokuristen. Ihnen kann die Teilnahme nur durch Rechtsgeschäft ermöglicht werden (s dazu Rn 180).

bb) Parteien kraft Amtes

Der **Insolvenzverwalter** nimmt grundsätzlich die Rechte des Eigentümers wahr (zum Stimmrecht § 25 WEG Rn 23), wozu auch das Teilnahmerecht zählt (zur Ladung s Rn 18 f). Auch bei **zwangsverwaltetem Eigentum** steht das Stimmrecht grundsätzlich dem Verwalter zu, jedoch nicht umfassend (dazu § 25 WEG Rn 19 f). Angesichts dessen ist man sich darüber weitestgehend einig, dass diesen Personen ein Teilnahmerecht zusteht, was aus ihrer vom Wohnungseigentümer abgeleiteten Mitverwaltungsbefugnis folge (ARMBRÜSTER/ROGUHN ZWE 2016, 105, 107 mwNw). **164**

Welche Konsequenzen daraus für das Teilnahmerecht des Eigentümers zu ziehen sind, ist hingegen nicht abschließend geklärt. Jedenfalls soweit dem Eigentümer das Stimmrecht noch zusteht (s § 25 WEG Rn 19), muss er auch zur Teilnahme berechtigt sein. Für ein darüber hinaus gehendes **Anwesenheitsrecht** des Eigentümers spricht nach hier vertretener Ansicht sein **Informationsbedürfnis** (**aA** LG Berlin ZMR 2009, 474: nur bei Betroffenheit des Kernbereichs). Dieses Bedürfnis ist evident, wenn man, was ebenfalls umstritten ist (dagegen mit der hM STAUDINGER/LEHMANN-RICHTER § 44 WEG Rn 90 ff; dafür HÄUBLEIN ZfIR 2005, 337, 341, 343 f), den Eigentümer für anfechtungsberechtigt hält. Wer anfechten kann, muss auch feststellen können, was tatsächlich wie beschlossen wurde. Für ein solches Anfechtungsrecht lässt sich anführen, dass es kein schutzwürdiges Interesse des Zwangs- oder Insolvenzverwalters bzw der Gläubiger des Eigentümers am Bestand eines rechtswidrigen Eigentümerbeschlusses gibt. Dagegen wird vorgebracht, dass der Verwalter seine als Prozessstandschafter wahrzunehmende Anfechtungsbefugnis vom Eigentümer ableite und es keine Verdoppelung des Rechts gebe (STAUDINGER/LEHMANN-RICHTER § 44 WEG Rn 91; s dazu auch BECKER, Teilnahme an der Versammlung 184; im Ergebnis ist das jedenfalls für den Insolvenzverwalter hM, s BeckOGK/HERMANN Rn 121; BeckOK-WEG/BARTHOLOME Rn 212). Letzteres lässt sich gegen das Anwesenheitsrecht ebenfalls einwenden. Allerdings wurde bereits bei Rn 161 f ausgeführt, dass die Belange desjenigen Eigentümers, der seine Rechte nicht (allein) ausüben kann, eine Vervielfältigung von Befugnissen rechtfertigen können. Einem apodiktischen „Verdoppelungsverbot" ist eine Interessenabwägung vorzuziehen. Sie ergibt, dass die bloße Anwesenheit des Schuldners auf der Versammlung keine gewichtige Beeinträchtigung der Interessen der Gesamtheit der Eigentümer zur Folge hat. Demgegenüber würde es eine massive Beeinträchtigung des Kernbereichs der Eigentümerrechte bedeuteten, wenn der Schuldner auf der Versammlung nicht einmal anwesend sein dürfte (BGH NJW 2011, 679 Rn 8). Nicht anders ist bei Bestehen einer **Testamentsvollstreckung** zu entscheiden (wie hier HÜGEL ZWE 2006, 174, 178; anders auch insofern die hM, s BÄRMANN/MERLE Rn 95; BeckOK-WEG/BARTHOLOME Rn 212). **165**

d) Teilnahme Dritter

Deutlich **vielschichtiger** und entsprechend kontrovers sind die Probleme, die sich ergeben, wenn Dritte an der Versammlung teilnehmen wollen bzw ein Eigentümer möchte, dass dies geschieht. Dabei geht es zum einen um Personen, die das Stimmrecht für den selbst nicht anwesenden Eigentümer ausüben sollen (Rn 180). Davon zu unterscheiden sind Begleiter des Eigentümers (Rn 185). Der Grund für ihre Anwesenheit kann in einer Beratung oder sonstigen Unterstützung des Eigentümers lie- **166** gen, einer entsprechenden Aufsichtsverpflichtung des Eigentümers geschuldet sein, zB weil dieser Kinder betreuen muss, oder aus einem – nicht notwendig schutzwürdigen – Informationsinteresse des Dritten resultieren, bspw weil dieser als Ehegatte oder Mieter (ebenfalls) in der Anlage wohnt. Ein eigenes Informationsbedürfnis kann auch bei Amtswaltern bestehen, die von der Gemeinschaft bestellt worden sind. Hierzu zählen neben dem Verwalter auch externe Verwaltungsbeiräte (Rn 182). Den Ausgangspunkt der rechtlichen Bewertung bildet in allen Fällen der Grundsatz der Nichtöffentlichkeit.

aa) Der Grundsatz der Nichtöffentlichkeit der Versammlung

(1) Dogmatische Herleitung und Schutzzweck

167 Die Willensbildung durch Beschluss erfolgt nach § 23 Abs 1 WEG in „einer Versammlung der Wohnungseigentümer", woraus nach hM folgt, dass **Dritte** auf der Versammlung grundsätzlich **nicht anwesend sein dürfen** (statt aller BGHZ 121, 236, 241; OLGR Köln 2003, 2; OLGR Frankfurt 2005, 736, 739; LG Karlsruhe ZMR 2013, 469; MünchKomm/Hogenschurz Rn 52; anders jetzt Bärmann/Merle Rn 89). Diese allein auf den Wortlaut abstellende Herleitung wird zu Recht in Frage gestellt und ihr eine Begründung vorgezogen, die auf den **Grundsatz ordnungsmäßiger Verwaltung** abstellt (Schmid ZWE 2012, 480; zust Armbrüster/Roguhn ZWE 2016, 105 f; Greiner ZWE 2016, 297, 303; Häublein ZWE 2020, 42 f). Ein apodiktisches Nichtöffentlichkeitsdogma, das der Gesetzgeber gerade nicht vorgesehen hat (zutr OLG Hamm OLGZ 1990, 57, 58), wird weder der Vielschichtigkeit der in Rede stehenden Gründe für die Anwesenheit Dritter gerecht (s Rn 166), noch vermag es die übrigen Unterschiede der in Betracht kommenden Lebenssachverhalte einzufangen (hierzu zählen die Größe der Gemeinschaft, die Komplexität der Sachfragen, über die entschieden werden soll, etc) und einer überzeugenden, von den Betroffenen akzeptierten Lösung zuzuführen (zur Nichtöffentlichkeit bei virtueller Teilnahme § 23 WEG Rn 175 ff).

168 Der Grundsatz der Nichtöffentlichkeit der Wohnungseigentümerversammlung **schützt** nach zutreffender, aber nicht einhelliger Auffassung **verschiedene Belange** der Eigentümer. Zum einen geht es darum, die Versammlung selbst **von externen Einflüssen freizuhalten**. Solche könnten den Ablauf der Versammlung und damit die Willensbildung empfindlich stören und Eigentümer davon abhalten, ihre Rechte in der gewünschten Weise wahrzunehmen (s hierzu statt vieler OLG Hamm OLGZ 1990, 57, 58 f; ZMR 2007, 133; OLG Hamburg ZMR 2007, 550; LG München I ZWE 2013, 415, 416; Sauren ZWE 2007, 21). Diese Gefahr besteht nicht nur, wenn ein Dritter aktiv, zB durch Redebeiträge, auf die Willensbildung einwirkt, sondern bereits die bloße Anwesenheit Dritter kann Eigentümer dazu veranlassen, ihr Verhalten zu ändern. Hier kommt der zweite für den Nichtöffentlichkeitsgrundsatz ins Feld geführte Begründungsstrang ins Spiel, nämlich das **Vertraulichkeitsinteresse**. Ob dieser Aspekt der Geheimhaltung tatsächlich vom Schutzzweck erfasst wird, ist ebenso kontrovers wie die Frage, ob der Einzelne ein individuelles Recht auf interne Behandlung der gemeinschaftlichen Angelegenheiten besitzt (dagegen etwa Hügel/Elzer Rn 32; s ferner BayObLG ZWE 2002, 463, 464 = ZMR 2002, 844: Geheimhaltung jedenfalls nicht in erster Linie bezweckt; anders aber die wohl hM, s dazu mwNw Armbrüster/Roguhn ZWE 2016, 105, 106; zum Vertraulichkeitsaspekt auch OLG Hamm OLGZ 1990, 57, 59 f und KG ZWE 2001, 75; unklar Jennissen/Schultzky Rn 109, der zwar nicht die Geheimhaltung als „vorrangigen Zweck" ansieht, wohl aber einer Verbreitung der Angelegenheiten der Gemeinschaft in der Öffentlichkeit begegnen möchte). Hier wird davon ausgegangen, dass die Nichtöffentlichkeit ebenso die Vertraulich-

keit der Versammlung schützt. Demgegenüber wird der Nichtöffentlichkeitsgrundsatz **nicht** vom **Grundsatz der Waffengleichheit** getragen (**aA** OLG Karlsruhe ZMR 2006, 795; LG Karlsruhe ZWE 2016, 94). Dagegen spricht bereits, dass die Eigentümer über sehr unterschiedliche Fachkenntnisse (steuer-)rechtlicher oder technischer Art verfügen. Diese Unterschiede müssen grundsätzlich durch Beratung kompensiert werden können, wenn ein entsprechender Bedarf besteht.

(2) Praktische Auswirkungen

Die Schutzziele des Nichtöffentlichkeitsgrundsatzes wirken sich zunächst auf den **169** **Versammlungsort** aus (Rn 133 ff). Ordnungsmäßiger Verwaltung widerspricht es, eine Versammlung an einem öffentlichen Ort, zB dem allgemein zugänglichen Schankraum einer Gaststätte, durchzuführen (OLG Frankfurt NJW 1995, 3395; KG ZMR 1997, 487). Ferner **beschränkt** der Grundsatz der Nichtöffentlichkeit das **Anwesenheitsrecht Dritter**. Es ist daher nicht zulässig, die Versammlungen mehrerer Gemeinschaften gemeinsam durchzuführen, auch wenn der Verwalter beide Anlagen verwaltet (LG Düsseldorf ZWE 2012, 44). Personen, die weder Eigentümer sind noch für den Eigentümer das Stimmrecht und ggf andere Teilnahmerechte wahrnehmen, sind nur ausnahmsweise zur Versammlung zuzulassen. Der Eigentümer, der selbst auf der Versammlung anwesend ist, kann diese Einschränkung nicht dadurch umgehen, dass er den Dritten zu seinem Bevollmächtigten macht (§ 25 WEG Rn 80).

Mittelbar wirkt sich der Grundsatz der Nichtöffentlichkeit ferner dort aus, wo sog **170** **Vertreterklauseln** die Befugnis der Eigentümer, sich auf der Versammlung durch einen Bevollmächtigten vertreten zu lassen, einschränken. Angesichts des hohen Stellenwertes, den das Stimmrecht und andere Rechte haben, die nur auf der Versammlung zweckentsprechend ausgeübt werden können, bedürfen Einschränkungen der Vertretungsbefugnis einer Legitimation. Sie ist in den schutzwürdigen Belangen zu finden, die für eine nicht öffentliche Versammlung sprechen (s § 25 WEG Rn 82).

(3) Disponibilität und Entschließungsermessen

Der Grundsatz unterliegt **abweichenden Vereinbarungen** der Eigentümer (statt aller **171** BGHZ 121, 236, 241; JENNISSEN/SCHULTZKY Rn 83). So können etwa Ehegatten oder Angehörige als Begleiter ebenso zugelassen werden wie Berater. Allerdings ist ein vollständiger Ausschluss Dritter (für Zulässigkeit des Ausschlusses von Begleitern JENNISSEN/SCHULTZKY Rn 83), also eine Verstärkung des Grundsatzes der Nichtöffentlichkeit, deswegen problematisch, weil die Eigentümer auf die Anwesenheit solcher Personen, zB Dolmetscher oder Berater, angewiesen sein können, um ihre Rechte auszuüben. Daher gilt, wie zu den Vertreterklauseln ausgeführt (§ 25 WEG Rn 84 ff), dass entsprechende Regelungen **restriktiv ausgelegt** werden, sie einer **Ausübungskontrolle** unterliegen und ggf im Wege der ergänzenden Auslegung **zu erweitern** sind, wenn dies erforderlich ist, um eine angemessene Ausübung der Mitverwaltungsrechte sicherzustellen. Auf diese Weise wird eine, letztlich geltungserhaltende, Reduktion von Vereinbarungen bewirkt, die den Grundsatz der Nichtöffentlichkeit in überschießender Weise verabsolutieren. Wegen der Bedeutung des Teilnahmerechts für den Eigentümer (s Rn 156) gilt, wie beim Stimmrecht (§ 25 WEG Rn 85), dass die hinter dem Nichtöffentlichkeitsgrundsatz stehenden Zwecke nur in einer Weise zu schützen sind, die der Relevanz des Teilnahmerechts gerecht wird.

172 Besonders kontrovers sind die Auswirkungen von **Beschlüssen** der Eigentümer über die Zulassung zur Versammlung. In der Praxis geht es dabei meistens um GO-Beschlüsse (dazu näher Rn 196). In Betracht kommen aber auch abstrakt-generell wirkende Beschlüsse (s dazu Rn 177; zum Verstoß der Beschlüsse gegen Vereinbarungen Rn 178). Während die wohl überwiegende Ansicht diesen – vorbehaltlich einer abweichenden Vereinbarung – durchaus legitimierende Wirkung zubilligt (Armbrüster/Roguhn ZWE 2016, 105, 111; Greiner ZWE 2016, 297, 303; Jennissen/Schultzky Rn 84; aus der Rspr etwa OLG Hamm NJW-RR 1997, 846; LG Itzehoe 7. 8. 2020 – 11 S 43/17, ZMR 2020, 877), spricht die Gegenposition der Mehrheit eine Entscheidungskompetenz ab und zieht daraus ua die Konsequenz, der Vorsitzende müsse den Dritten, dessen Anwesenheit nicht ausnahmsweise zuzulassen ist (s dazu Rn 187 f), bereits dann des Versammlungsraumes verweisen, wenn nur ein Eigentümer dies wünscht (AG Neuss DWE 1996, 38; Elzer MietRB 2010, 89, 91; Sauren ZWE 2007, 21, 25).

172a Hinter dieser Kontroverse verbirgt sich ein Streit darüber, ob der Grundsatz der Nichtöffentlichkeit ein **individuelles Recht** statuiert (so etwa Drasdo NZM 2015, 360, 364; Sauren ZWE 2007, 21, 25; **dagegen** Armbrüster/Roguhn ZWE 2016, 105, 111). Unter der – wenig präzisen – Fragestellung „Minderheits- oder Mehrheitsrecht?" wird letztlich darum gestritten, ob der **Mehrheit ein Ermessen** zusteht, Dritte zur Versammlung zuzulassen oder sie auszuschließen. Hingegen soll der Verwalter als Vorsitzender der Versammlung keine eigene Ermessensentscheidung treffen können (Armbrüster/Roguhn ZWE 2016, 105, 110 mHinw auf Drasdo NZM 2015, 360, 364). Ein solches Ermessen, das in der Tat anzuerkennen ist (s Rn 173 ff), ändert freilich nichts daran, dass der einzelne Eigentümer sich selbst gegen den erklärten Willen der Mehrheit auf den Nichtöffentlichkeitsgrundsatz berufen kann, wenn die Mehrheit ihr Ermessen fehlerhaft ausgeübt hat, zB weil ihre Entschließung nicht alle Eigentümer gleich behandelt (Jennissen/Schultzky Rn 84, der einen Verstoß des Beschlusses gegen die Grundsätze ordnungsmäßiger Verwaltung – mE zu eng – bereits dann annimmt, wenn „berechtigte Gründe" für die Teilnahme des Dritten fehlen). In diesem Sinne besteht also durchaus ein aus § 18 Abs 2 Nr 1 WEG fließendes Minderheitenrecht (vgl auch Armbrüster/Roguhn ZWE 2016, 105, 111: kein absolutes Individualrecht, sondern Recht auf ordnungsmäßige Ermessensausübung).

173 Der Schlüssel zur **Lösung des Konflikts** besteht in der Einsicht, dass der Grundsatz der Nichtöffentlichkeit die bei Rn 168 näher beschriebenen Interessen nach Art eines Gefährdungsdeliktes schützt. Dieser abstrakte Schutz, der nicht darauf abstellt, ob ein anderer Eigentümer sich vernünftigerweise durch die Anwesenheit des Dritten bei der Ausübung seiner Rechte beeinträchtigt fühlen durfte oder zumindest sein Geheimhaltungsinteresse verletzt ist, wirkte bei einer **Verabsolutierung** zugunsten des Einzelnen **überschießend**, was die entgegenstehenden Interessen zu sehr in den Hintergrund drängte. Dazu gehören nicht nur die Belange derjenigen, in deren Interesse ein Dritter auf der Versammlung zugegen ist. Ebenso gewichtig erscheint die letztlich allen Eigentümern zugutekommende Überlegung, dass es im Sinne rechtssicherer Willensbildung geboten ist, verfahrensrechtliche Hürden, die es einer Minderheit gestatten, die Mehrheitsentscheidung anzugreifen, nur dort zu errichten, wo hinreichend gewichtige Schutzinteressen bestehen. Das ist im hiesigen Kontext nur dann der Fall, wenn sich der Einzelne **redlicher Weise in seinen Rechten betroffen fühlen** durfte. Während das bei bloßer Anwesenheit des Dritten oft nicht der Fall sein wird, ist bei Inanspruchnahme sonstiger Teilnahmerechte seitens des Dritten,

die, wie das Rede- und Antragsrecht, unmittelbar Einfluss auf den Ablauf der Versammlung nehmen, von einer Betroffenheit regelmäßig auszugehen.

Dieser Ansatz wirkt sich nicht erst dort aus, wo es um die Aufhebung von (Sach-)Be- **174**
schlüssen infolge eines Verstoßes gegen den Grundsatz der Nichtöffentlichkeit geht (s dazu Armbrüster/Roguhn ZWE 2016, 105, 111; näher zu den Auswirkungen von Mängeln bei der Durchführung der Versammlung Rn 214). Vielmehr steht er in vielen Fällen bereits der Annahme eines Verfahrensverstoßes entgegen. Weit verbreitet ist etwa die Praxis, **Ehegatten** zur Versammlung mitzubringen, obwohl diese nicht Miteigentümer sind. In aller Regel interessieren sich die Miteigentümer gar nicht für die Eigentumsverhältnisse, weshalb ihnen oft verborgen bleibt, dass ein Dritter auf der Versammlung zugegen ist, zumal wenn dieser lediglich passiv mit im Raum sitzt. Ebenso wenig wird aus Sicht eines verständigen Eigentümers die Vertraulichkeit der Versammlung gefährdet, da selbst Vertreterklauseln Ehegatten stets das Recht zugestehen, sich zu vertreten und ferner davon auszugehen ist, dass diese sich über die Versammlung gegenseitig informieren und austauschen. Es wäre vor diesem Hintergrund eine überschießende und unangemessene Rechtsfolge, wenn ein anderer Eigentümer abstrakt die Beeinträchtigung seiner Rechte rügen und verlangen könnte, dass der Ehegatte die Versammlung verlässt. Mit anderen Worten verstößt allein die Anwesenheit des Ehegatten nicht gegen die Grundsätze ordnungsmäßiger Verwaltung und daher auch nicht gegen das Nichtöffentlichkeitsprinzip (zu dessen Herleitung s Rn 167). Folglich kann die **Mehrheit** die Anwesenheit durch Beschluss **gestatten**, was freilich nach hier vertretener Ansicht eher deklaratorisch erfolgt (**aA** Armbrüster/Roguhn ZWE 2016, 105, 111: Zulassung von „schlichten" Begleitern verstößt gegen ordnungsmäßige Verwaltung; sehr weitgehend für einen Anspruch auf Begleitung durch einen Dritten hingegen OLG Karlsruhe WuM 1986, 229). Ein solcher Beschluss verhindert in dem genannten Fall, dass der Vorsitzende dem Dritten die Anwesenheit untersagen darf (ebenso Greiner ZWE 2016, 297, 300).

Untersagt die Mehrheit die Anwesenheit des Dritten, verstößt dies per se ebenfalls **175**
nicht gegen die Grundsätze ordnungsmäßiger Verwaltung, weil insoweit ein Entschließungsermessen der Mehrheit besteht; diese Ermessen kann dahingehend auf null reduziert sein, dass nur die Untersagung der Anwesenheit des Dritten ordnungsmäßiger Verwaltung entspricht, etwa weil die Kapazitäten des Versammlungsraums erreicht sind. Die konkreten Umstände können aber auch gegen die Rechtmäßigkeit des Untersagungsbeschlusses sprechen. Dazu gehört ein Verstoß gegen den Gleichbehandlungsgrundsatz, ein nicht angekündigtes Abweichen von der bisherigen Zulassungspraxis (vgl etwa OLG Hamm NJW-RR 1997, 846 zur Anwesenheit des Sohnes) oder ein Ausschluss des Dritten, obwohl der Eigentümer dessen Anwesenheit ausnahmsweise beanspruchen kann (zu diesen Fällen s Rn 187). Ist das Ermessen der Mehrheit in Richtung einer Untersagung reduziert, etwa weil der Ehegatte die Versammlung durch (rechtswidrige) Redebeiträge beeinflusst hat, widerspricht die Anwesenheit ordnungsmäßiger Verwaltung und der Vorsitzende muss den Dritten von der Versammlung ausschließen.

Von der Beschlussfassung über die Teilnahme sind die Sachverhalte zu unterschei- **176**
den, in denen die Anwesenheit des oder der Dritten **rügelos geduldet** worden ist. Obgleich eine Beschlussanfechtung im Wohnungseigentumsrecht grundsätzlich ungeachtet der Frage in Betracht kommt, ob ein Eigentümer seine Bedenken bereits

auf der Versammlung artikuliert hat, misst man dem Schweigen des Einzelnen im Kontext des Nichtöffentlichkeitsgrundsatzes Bedeutung zu. Sofern die Anwesenheit des Dritten rügelos geduldet wird, liege darin ein stillschweigender Verzicht auf die Einhaltung der Nichtöffentlichkeit (OLG Hamburg ZMR 2007, 550: stillschweigender Verzicht; zust LG Düsseldorf ZWE 2012, 44; AG Hamburg-St. Georg 29. 4. 2022 – 980b C 41/21, ZWE 2022, 458; s ferner OLGR Frankfurt 2005, 736: jedenfalls, wenn die Anwesenheit des Dritten auf der Versammlung zutage getreten war). Andere gehen demgegenüber von einem Einverständnis aus (OLG Düsseldorf 11. 11. 1996 – 3 Wx 249/96; Drasdo NZM 2015, 360, 363; BeckOK-WEG/Bartholome Rn 192: bei fehlender Rüge konkludente Zustimmung zur Anwesenheit). Diese dogmatisch nicht befriedigenden Ansätze (vgl dazu Armbrüster/Roguhn ZWE 2016, 105, 111 f) sind Ausdruck des berechtigten Bestrebens, das Recht einzelner Eigentümer, sich auf einen Verfahrensverstoß zu berufen, vernünftig zu begrenzen. Indes überzeugt der Rückgriff auf **fiktive Rechtsgeschäfte** (Einverständnis, Verzicht) nicht (s auch Jennissen/Schultzky Rn 85). Vielmehr ist beim vermeintlichen Rechtsverstoß selbst anzusetzen, der eben nicht bereits dann vorliegt, wenn ein Dritter auf der Versammlung anwesend war (s Rn 174). Daran ändert die Rüge eines anwesenden Eigentümers nichts (tendenziell anders OLG Köln NJW 2009, 3245 zur Anwesenheit eines Beraters). Allenfalls können die von ihm vorgebrachten Sachgründe für den Ausschluss des Dritten (zB ungebührliches Verhalten auf zurückliegenden Versammlungen) die Rechtswidrigkeit der Anwesenheit begründen.

177 Im Rahmen ihres Ermessens kann die Mehrheit Regelungen über die Anwesenheit Dritter nicht nur ad hoc treffen, sondern auch **abstrakt-generelle Regelungen** erlassen. Das Selbstorganisationsrecht trägt nicht nur spontane Entschließungen (näher Rn 210). Hat etwa die bisherige Zulassungspraxis dazu geführt, dass sich viele Eigentümer generell von Beratern oder Angehörigen begleiten lassen, kann das zu Raumproblemen führen. Es ist in derartigen Fällen nicht nur vorzugswürdig, sondern nach Maßgabe ordnungsmäßiger Verwaltung sogar geboten, dass eine entsprechende Regulierung mit Wirkung für die Zukunft getroffen wird, weil sich die Eigentümer dann darauf einstellen können. Denkbar ist auch eine temporäre Regulierung, zB für die Zeit, in der pandemiebedingt Beschränkungen für Zusammenkünfte bestehen.

178 Derartige Beschlüsse dürfen aber, ebenso wie GO-Beschlüsse, nicht **gegen bestehende Vereinbarungen verstoßen**, weil es insofern an einer Beschlusskompetenz fehlt. Die Anwesenheit Dritter ist in der Praxis häufig nur punktuell durch Vereinbarung geregelt, nämlich durch **Vertreterklauseln**, die die Stimmrechtsausübung durch Bevollmächtigte einschränkend regeln. Obwohl diese Klauseln eng auszulegen sind (s § 25 WEG Rn 84 ff) und dann nicht eingreifen, wenn der Eigentümer ein berechtigtes Interesse an der Entsendung eines Vertreters hat, der vom Wortlaut der Klausel nicht erfasst ist (§ 25 WEG Rn 90 ff), bringen sie erkennbar den Willen zum Ausdruck, die **Anwesenheit Dritter** auf der Versammlung zu **regulieren**. Es gilt, Wertungswidersprüche zu vermeiden, die unweigerlich drohen, wenn ein Dritter als Vertreter ausgeschlossen ist, er aber bei gleichzeitiger Anwesenheit des Eigentümers als bloßen Begleiter teilnehmen darf. Dabei ist aber zu berücksichtigen, dass ein Bevollmächtigter neben dem Anwesenheitsrecht typischerweise auch das Rede- und Antragsrecht für den Eigentümer ausüben kann. Der bloßen Anwesenheit eines Dritten steht die Vertreterklausel daher nicht per se entgegen, eben weil sie restriktiv zu interpretieren ist (s dazu BGHZ 121, 236, 241; OLG Karlsruhe WuM 1986, 229; BayObLG ZMR 1997, 478). Anders ist es, wenn der Dritte die Willensbildung aktiv beeinflussen möchte (zutr Wenzel NZM 2005, 402, 403). Wird etwa die Vertretung nur durch einen Miteigentümer oder den Verwalter zugelassen (zur Wirksamkeit einer solchen Vereinbarung § 25 WEG Rn 83 aE), beseitigt das nicht das Ermessen der Mehrheit, Ehegatten von Eigentümern die (bloße) Anwesenheit auf der Versammlung zu gestatten (s dazu Rn 174). Anders liegt es, wenn der Wortlaut der Vertreterklausel deutlich bereits die Anwesenheit von nicht zur Vertretung berechtigten Personen ausschließt (wie hier Jennissen/Schultzky Rn 83; zu derartigen Besucherklauseln KG OLGZ 1986, 51, 55).

(4) Rechtsfolgen von Verstößen

Verstöße gegen den Nichtöffentlichkeitsgrundsatz begründen ebenso einen **Verfahrensverstoß** wie der Ausschluss von Personen, auf deren Anwesenheit ein Anspruch des Eigentümers besteht (Armbrüster/Roguhn ZWE 2016, 105, 113 f). Solche Verstöße lassen die Wirksamkeit der gefassten Beschlüsse zunächst unberührt, können aber einen Anfechtungsgrund begründen (s Rn 214). Diese „alles oder nichts“-Situation (plastisch Greiner ZWE 2016, 297, 303) führt zu hoher Rechtsunsicherheit, weil häufig erst ex post geklärt werden kann, ob die Anwesenheit Dritter gerechtfertigt war bzw gewesen wäre (zur Vermeidung dieser Unsicherheit durch Anerkennung eines Ermessens der Mehrheit Rn 173 ff). Man versucht dem zT dadurch zu begegnen, dass eine Kausalität des Verfahrensverstoßes abgelehnt wird (zu diesem Erfordernis der hM Rn 112), wenn der Verstoß unbemerkt geblieben ist und daher keinen Einfluss auf den Ablauf der Versammlung gehabt hat (Jennissen/Schultzky Rn 110). Fragwürdig ist diese Argumentation vor allem dann, wenn man es als Zweck der Nichtöffentlichkeit ansieht, dass keine internen Informationen nach außen dringen. Vorzugswürdig ist es daher, auf die **Relevanz des Verstoßes** für die rechtlich geschützten Eigentümerpositionen abzustellen (s zu dieser sog Relevanztheorie Rn 114, 123). Entgegen einer vereinzelten Ansicht (AG München ZMR 2014, 406, 407, dessen „Argumentation“ sich auf den – unzutreffenden – Satz beschränkt, ein Verstoß gegen den Nichtöffentlichkeitsgrundsatz sei immer relevant) führt die Relevanztheorie **nicht per se zur Anfechtbarkeit**, wenn Dritte ohne hinreichenden Sachgrund auf der Versammlung anwesend waren. Es kommt vielmehr auf die Bedeutung dieses Umstandes für die Ausübung der Eigentümerrechte an (Armbrüster/Roguhn ZWE 2016, 105, 113: qualifizierte Kausalitätsprüfung). Wird einem Eigentümer die **Anwesenheit** eines Beraters oder sonstigen Begleiters **rechtswidrig verweigert**, bedeutet dies hingegen regelmäßig eine relevante Beeinträchtigung seiner Rechte (Rn 215). 179

bb) Teilnahme von Bevollmächtigten

Obwohl das WEG dies nicht ausdrücklich erwähnt (anders für Österreich § 24 Abs 2 WEG 2002; § 25 Abs 3 WEG setzt die Vertretung hierzulande aber voraus), kann sich jeder Eigentümer bei der Ausübung seines Stimmrechts **beliebig vertreten** lassen (§ 25 WEG Rn 80; zur Tauglichkeit des Vertreters und zur Entsendung mehrerer Vertreter § 25 WEG Rn 105 ff; zur Legitimation der Vertreter § 25 WEG Rn 116 ff, 128 ff). Dadurch soll vermieden werden, dass das Stimmrecht „verfällt“, wenn ein Eigentümer nicht persönlich an der Versammlung teilnehmen kann oder möchte. Ist der Eigentümer hingegen **selbst anwesend**, kann er die aus dem Grundsatz der Nichtöffentlichkeit resultierenden Restriktionen nicht dadurch umgehen, dass er den Dritten bevollmächtigt (LG Karlsruhe ZWE 2016, 94; Armbrüster/Roguhn ZWE 2016, 105, 107; Rn 169; § 25 WEG Rn 80). Davon sind die Fälle zu unterscheiden, in denen nicht sämtliche **Bruchteilsmiteigentümer** einer Einheit anwesend sind. Die Abwesenden müssen sich nicht durch den oder die Anwesenden vertreten lassen, sondern können einen Dritten be- 180 nennen. Das Stimmrecht muss aber einheitlich ausgeübt werden (ausf § 25 WEG Rn 63 ff). Im Zweifel ist der Vertreter befugt, das Teilnahmerecht des Eigentümers insgesamt auszuüben; zum **Rede- und Antragsrecht** von Personen, die zur Ausübung des Stimmrechts berufen sind, s § 25 WEG Rn 102; speziell zum vollmachtlosen Vertreter § 25 WEG Rn 183.

181 Zum Schutze der Nichtöffentlichkeit der Versammlung kann die Befugnis, sich durch beliebige Dritte vertreten zu lassen, durch **Vereinbarung** beschränkt werden (ausf zu derartigen **Vertreterklauseln** und ihren Einschränkungen § 25 WEG Rn 82 ff). Ein entsprechender Mehrheitsbeschluss wäre hingegen mangels Kompetenz nichtig (Bärmann/Merle § 25 WEG Rn 93).

cc) Teilnahme des Verwalters und „externer" Verwaltungsbeiräte

182 Nach dem Gesetz haben sowohl der Verwalter, das schließt seine Mitarbeiter ein (Armbrüster/Roguhn ZWE 2016, 105, 107; Schmid ZWE 2012, 480, 482), als auch die Mitglieder des Beirates ein Recht, auf der Versammlung anwesend zu sein: Der Verwalter ist der „geborene" Versammlungsleiter (§ 24 Abs 5 WEG), muss also grundsätzlich zugegen sein, und die Mitglieder des Beirates sind nach den Vorgaben des WEG Wohnungseigentümer (§ 29 Abs 1 S 1 WEG) und als solche teilnahmeberechtigt. Probleme treten daher nur dann auf, wenn die Versammlungsleitung einem anderen übertragen wurde bzw ein Dritter in den Beirat gewählt wurde (zur Ladung solcher Amtsinhaber Rn 21). Ob die Amtsinhaber in diesen Konstellationen anwesend sein dürfen, kann nicht pauschal beantwortet werden. **Entscheidend** ist vielmehr, ob die Anwesenheit im konkreten Fall ordnungsmäßiger Verwaltung entspricht (Schmid ZWE 2012, 480, 482; Armbrüster/Roguhn ZWE 2016, 105, 107).

183 Dem **Verwalter** steht idR ein **Anwesenheitsrecht** zu (zur Ladung s Rn 21). Er ist für die Durchführung von Beschlüssen verantwortlich, auch wenn er selbst nicht den Vorsitz geführt hat (Köhler/Scheuer AnwHdb Rn 3.147: Verwalter müsse daher die Erwägungen und Absichten der Eigentümer kennen). Das spricht dafür, ihm neben dem Anwesenheitsrecht, das ihn in die Lage versetzt, das Beschlossene in Erfahrung zu bringen, ein **Rederecht** zuzugestehen, damit er die Eigentümer notfalls auf Probleme bei der Ausführung hinweisen kann. Allerdings kann die Anwesenheit des Verwalters geeignet sein, die Eigentümer an der Ausübung ihrer Rechte zu hindern, zB weil seine Anwesenheit eine offene Aussprache der Eigentümer über die Qualität der Tätigkeit des Verwalters erschwert. In diesen Fällen kann die **Teilnahmebefugnis** des Verwalters durch Entscheidung der Eigentümer, ggf temporär, **eingeschränkt** werden. Selbst ein vollständiger Ausschluss des Anwesenheitsrechts kommt in Betracht, wenn der Verwalter den ordnungsmäßigen Ablauf der Versammlung stört. Ist dies nicht der Fall, wurde früher aus einem Anfechtungsrecht, das dem Verwalter in beschränktem Umfang zugestanden wurde, grundsätzlich die Befugnis abgeleitet, anwesend zu sein (vgl LG Düsseldorf ZWE 2012, 328 = ZMR 2012, 384). Nach dem WEMoG besteht kein Anfechtungsrecht des Verwalters mehr (BT-Drucks 19/18791, 82; Staudinger/Lehmann-Richter § 44 WEG Rn 81), weshalb dieses Argument nicht mehr durchgreift. Geht es in der Versammlung allein um die Abwahl des Verwalters und erfolgt die Ladung gem § 24 Abs 3 WEG durch eine der dort genannten Personen, begründet allein die Betroffenheit des Verwalters **kein Anwesenheitsrecht**; er ist dann auch nicht zu laden.

184 Ein Mitglied des **Verwaltungsbeirats**, welches nicht zugleich Wohnungseigentümer ist, hat nach verbreiteter Ansicht jedenfalls in dem Umfang ein Anwesenheitsrecht, als der Aufgabenbereich des Beirats betroffen ist (OLG Hamm ZMR 2007, 133; LG Berlin 9. 4. 2019 – 53 S 44/18 WEG, GE 2020, 619; Armbrüster/Roguhn ZWE 2016, 105, 107; Jennissen/Schultzky Rn 81). Für die Abwahl gilt das zum Verwalter Gesagte aber sinngemäß (Rn 183). Im Übrigen steht der Mehrheit ein Ermessen zu, ob der externe Beirat zugelassen werden soll. Ist er anwesend, ohne dass eine solche Entscheidung herbeigeführt wurde, bedeutet das nach dem zu Rn 173 ff Gesagten nicht per se einen Verstoß gegen die Grundsätze ordnungsmäßiger Verwaltung.

dd) Teilnahme von Beratern, Gästen und sonstigen Begleitern

185 Ob Berater, Auskunftspersonen usw auf der Versammlung anwesend sein dürfen, hängt zunächst einmal davon ab, ob sie im **gemeinschaftlichen oder im Individualinteresse** einzelner Eigentümer oder des Verwalters tätig sind. Ist ersteres der Fall, entspricht die Beratung vor Ort dann ordnungsmäßiger Verwaltung, wenn sie außerhalb der Versammlung nicht in gleicher Weise sachgerecht und effektiv erfolgen könnte (OLG Köln NJW 2009, 3245; dazu, dass die Anwesenheit des Beraters mit dem Nichtöffentlichkeitsgrundsatz vereinbar ist, s auch LG München I 18. 8. 2021 – 1 S 2103/20 WEG, ZWE 2022, 87). Ein **konkreter Interessengegensatz** unter den Eigentümern schließt es nicht aus, dass die Beratung objektiv im übergeordneten Interesse aller Eigentümer liegt und daher ordnungsmäßiger Verwaltung entspricht (str; wie hier Armbrüster/Roguhn ZWE 2016, 105, 109; Jennissen/Schultzky Rn 90; wohl **aA** BayObLG ZMR 2004, 603; OLG München ZMR 2006, 960; OLG Köln NJW 2009, 3245). Allerdings wird es regelmäßig ordnungsmäßiger Verwaltung entsprechen, Berater der Minderheit ebenfalls zuzulassen, weil sonst die Gefahr einer einseitigen, durch die Fachkompetenz des Beraters dominierten Aussprache besteht (AG Hamburg ZMR 2012, 225; Niedenführ/Schmidt-Räntsch/Vandenhouten/Vandenhouten Rn 52). Ebenso wenig kommt es darauf an, ob ein anwesender Eigentümer der Anwesenheit des Beraters widerspricht (zu den Gründen Rn 173 ff; **aA** etwa OLG Köln NJW 2009, 3245).

186 Die Anwesenheit und etwaige Redebeiträge des Beraters sind auf die Punkte zu **beschränken**, in denen der Beratungs- und/oder Informationsbedarf der Eigentümer objektiv besteht. Sie muss **nicht** analog § 23 Abs 2 WEG vorher angekündigt werden, damit andere Eigentümer ggf ihrerseits einen Berater beiziehen können (AG Hamburg ZMR 2012, 225). Sofern die Beratung auf der Versammlung den Grundsätzen ordnungsmäßiger Verwaltung entspricht, muss jeder Eigentümer diese Möglichkeit in Betracht ziehen. Wendet sich ein Eigentümer aber an den Verwalter, um in Erfahrung zu bringen, ob Berater der Gemeinschaft hinzugezogen werden sollen, muss ihm der Verwalter zutreffend Auskunft geben.

187 Deutlich restriktiver wird bei der Information und Beratung im **Individualinteresse** verfahren. Grundsätzlich müsse sich ein Eigentümer außerhalb der Versammlung, ggf in einer Versammlungspause, beraten lassen, was ihm angesichts der rechtzeitigen Information (§§ 23 Abs 2, 24 Abs 4 WEG) idR zuzumuten sei (Armbrüster/Roguhn ZWE 2016, 105, 109; Jennissen/Schultzky Rn 86). Sofern nicht etwas Abweichendes vereinbart sei, dürfe ein Wohnungseigentümer einen ihn beratenden Beistand nicht stets, sondern **nur dann hinzuziehen**, wenn er daran ein berechtigtes Interesse habe. Dieses könne sich aus beachtlichen persönlichen Gründen, zB hohes Alter oder geistige Gebrechlichkeit, oder aus dem Schwierigkeitsgrad der Angelegenheit ergeben,

über die nach der Tagesordnung zu beschließen ist (BGHZ 121, 236 LS 2). Letzteres soll nur bei Angelegenheiten anzunehmen sein, über die die Eigentümer nicht regelmäßig entscheiden (vgl BayObLG ZMR 1997, 478; ARMBRÜSTER/ROGUHN ZWE 2016, 105, 109). Es ist eine Abwägung der gegensätzlichen Belange unter Berücksichtigung der gesamten Umstände des Einzelfalls vorzunehmen. Dabei müssten die Gründe des Einzelnen gewichtiger sein als das Interesse der übrigen Eigentümer, die Versammlung auf den eigenen Kreis zu beschränken. In kleinen Gemeinschaften könne etwa das Interesse, von äußeren Einflussnahmen ungestört beraten und abstimmen zu können, höher zu veranschlagen sein als in großen (BayObLG ZWE 2002, 463, 464 = ZMR 2002, 844). Zerstrittenheit der Eigentümer untereinander allein begründe hingegen keinen hinreichenden Beratungsbedarf, selbst wenn sie im Zusammenhang mit einem der Beratungsgegenstände steht (BayObLG ZMR 1997, 478; DRASDO NZM 2015, 360, 364; NIEDENFÜHR/SCHMIDT-RÄNTSCH/VANDENHOUTEN/VANDENHOUTEN Rn 51).

188 Der restriktiven Haltung der ganz hM ist insoweit zu folgen, als es um einen Anspruch des Einzelnen auf Zulassung seines Beraters geht. Die gesteigerte Pflichtenbindung der Eigentümer untereinander (BECKER, Teilnahme an der Versammlung 219 ff) reduziert das **Zulassungsermessen** der Mehrheit nur auf null, wenn Sachgründe vorliegen. Bei der gebotenen Abwägung (Rn 187) ist allerdings ebenfalls zu berücksichtigen, wie die Problematik **in der Vergangenheit gehandhabt** wurde. Der Gleichbehandlungsgrundsatz bildet ein gewichtiges Korrektiv, um „Disziplinierungsmaßnahmen" der Mehrheit zu unterbinden. Ferner muss berücksichtigt werden, welche **Bedeutung** die anstehende Entscheidung **für den Einzelnen** hat. Ein Beschlussgegenstand kann für einen Eigentümer auch dann große Bedeutung haben, wenn er sich objektiv als nicht sonderlich kompliziert darstellt und über vergleichbare Sachverhalte durchaus öfter entschieden wird (zu restriktiv insofern BayObLG ZMR 1997, 478; ARMBRÜSTER/ROGUHN ZWE 2016, 105, 109). Das gilt vor allem für Beschlüsse, die das persönliche Lebensumfeld des Eigentümers betreffen. Ferner ist bei der Abwägung zu berücksichtigen, ob der Berater zur Verschwiegenheit verpflichtet ist. Eine entsprechende berufsrechtliche Verpflichtung wahrt das Vertraulichkeitsinteresse, so man dieses überhaupt anerkennt (s Rn 168), hinreichend (ELZER MietRB 2010, 89, 90).

189 Angesichts der mit einer solchen Abwägung verbundenen Rechtsunsicherheit sprechen die besseren Gründe dafür, Berater zulassende **Mehrheitsbeschlüsse** durch den Grundsatz der Nichtöffentlichkeit nicht zu sehr einzuengen (s dazu bereits Rn 173 ff; gegen Ermessensentscheidungen SCHULTZKY ZWE 2023, 61, 62, 66). Das bedeutet, dass ein Berater grundsätzlich selbst dann zugelassen werden kann, wenn der Beratungsbedarf objektiv betrachtet unterhalb der Anforderungen liegt, die die Rspr (s Rn 187) stellt. Ob ein Eigentümer tatsächlich hinreichend sprachgewandt und informiert ist, um sein Anliegen selbst zu vertreten, ist oft ebenso schwer zu bestimmen wie die Komplexität und Bedeutung der Angelegenheit. Bedenklich ist vor diesem Hintergrund auch die Annahme, der **Widerspruch eines Eigentümers** schließe ein Anwesenheitsrecht des Beraters jedenfalls dann aus, wenn die Gemeinschaftsordnung Besucher verbiete (KG OLGZ 1986, 51, 55). Besucher und Berater sind – jedenfalls bei restriktiver Auslegung (s Rn 171) – keinesfalls gleichzusetzen. Hat ein Eigentümer ein für die Mehrheit nachvollziehbares Interesse an der Beratung, kann sie ihn zulassen, was freilich zu einer gewissen Selbstbindung für die Zukunft führt. Es widerspricht daher auch nicht per se ordnungsmäßiger Verwaltung, wenn die Mehrheit dem Berater das **Wort erteilt** oder einen von ihm formulierten **Antrag zulässt**; einen Anspruch des Beratenen oder

gar seines Beraters auf Zulassung gibt es hingegen nicht (str; ARMBRÜSTER/ROGUHN ZWE 2016, 105, 109).

Für **Gäste und sonstige Begleiter** gilt das Gesagte sinngemäß mit der Maßgabe, dass das bloße Begleitungsinteresse des Eigentümers idR geringer zu veranschlagen ist als sein Beratungsinteresse. Anders liegt es bei Begleitern, ohne die der Eigentümer seine Rechte nicht angemessen ausüben kann. Das betrifft etwa Dolmetscher bei nicht sprachkundigen Eigentümern oder Personen, die körperliche Einschränkungen (Taubheit, Blindheit etc) ausgleichen (BÄRMANN/MERLE Rn 89; SCHMID ZWE 2012, 480, 484; SOERGEL/SKAURADSZUN Rn 59). Ihnen ist die Teilnahme aber nur in dem Umfang zu gestatten, wie dies zur angemessenen Ausübung der Eigentümerrechte erforderlich ist, was eigene Redebeiträge oder Anträge grundsätzlich ausschließt (zum Dolmetscher s etwa AG Hamburg-Altona ZMR 2005, 823; ELZER MietRB 2010, 89, 90). Eine Beschränkung der Begleitpersonen auf Berufsgruppen, die zur Verschwiegenheit verpflichtet sind (AG Hannover ZWE 2018, 88: Begleitung eines Schwerhörigen nur durch Rechtsanwalt zulässig), bedeutet eine überzogene Anforderung, die abzulehnen ist (wie hier VON SCHLEDORN ZWE 2018, 89 f). Jenseits dieser Fälle besteht zwar regelmäßig kein Anspruch auf Zulassung seitens des Einzelnen, wohl aber – vorbehaltlich einschränkender Vereinbarungen – ein Zulassungsermessen der Mehrheit (zur Anwesenheit von Ehegatten s Rn 174). Die bloße Anwesenheit von Personen, die ein Eigentümer infolge seiner Aufsichtsverpflichtung zur Versammlung mitbringt, von denen aber keine Beeinträchtigung der Rechte anderer Eigentümer ausgeht, zB Babys oder Kleinkinder, muss jedenfalls solange toleriert werden, wie dies den Ablauf nicht unzumutbar beeinträchtigt. **190**

e) Beschränkungen des Teilnahmerechts

Wie das Stimmrecht (dazu § 25 WEG Rn 8) gehört das Teilnahmerecht, das einen Anspruch auf Anwesenheit Dritter begründen kann (Rn 180 ff), **zum Kernbereich** der Eigentümerbefugnisse (OLG Köln NJW 2005, 908). Ein vollkommener **Verzicht** ist **nicht möglich** (JENNISSEN/SCHULTZKY Rn 73: vereinbarungsfest; s auch § 25 WEG Rn 189) und kommt in der Praxis kaum vor. Eine gewisse Bedeutung hat die Preisgabe des Anwesenheits- und Rederechts – das Antragsrecht wird zumindest insofern miteingeschränkt, als es um ad hoc-Anträge (GO-Anträge, s Rn 201) geht, weil diese die Anwesenheit während der Versammlung voraussetzen – aber dort, wo sog Vertreter- oder Delegiertenversammlungen vereinbart sind. Ihnen ist wegen der Kernbereichsrelevanz mit Skepsis zu begegnen (s dazu ausf § 25 WEG Rn 185 ff). Möglich sind hingegen **Vereinbarungen über die Ausübung der Rechte**, sofern diese nicht einem Verzicht gleichkommen. Nach der Rspr des BGH ist der Entzug des Teilnahmerechts als Sanktion bei Zahlungsrückständen unwirksam (BGH NJW 2011, 679 Rn 8). Ungeachtet der Kontroverse um die Zulässigkeit von Stimmrechtsbeschränkungen in derartigen Fällen (s § 25 WEG Rn 8) ist dem zu folgen. **191**

Das Teilnahmerecht ist nach hM **unentziehbar** (OLG Saarbrücken ZMR 2004, 67; HÜGEL/ELZER § 23 WEG Rn 60). Gleichwohl können einzelne Facetten im Interesse einer ordnungsmäßigen Verwaltung, die sich an den Belangen der Gesamtheit der Eigentümer zu orientieren hat, auf dem Beschlusswege reglementiert werden. Eine beschlussweise Regelung über die Wahrnehmung der Rechte kommt nach hier vertretener Ansicht in Betracht, wenn sie einen Bereich betrifft, der ohne entsprechende Beschlussfassung durch eine Ermessenentscheidung des Einberufenden/Vor- **192** sitzenden der Versammlung geregelt werden müsste (dazu Rn 212). Zu praktischen Auswirkungen auf Redezeitbeschränkungen s Rn 130, 213, zu Beschränkungen des Antragsrechts Rn 213.

5. Ablauf der Versammlung und verfahrensregelnde Entschließungen

a) Ermessen des Vorsitzenden

193 Der Vorsitz der Versammlung impliziert die Befugnis, Festlegungen über deren Ablauf zu treffen (BGHZ 152, 63 Rn 12; Greiner ZWE 2016, 297). Maßstab ist auch insoweit das pflichtgemäße Ermessen, das den berechtigten Belangen aller Teilnehmer und den Grundsätzen eines fairen Verfahrens Rechnung tragen muss (BGH NJW 2017, 666 Rn 16; s hierzu bereits die Ausführungen zu den Rn 133, 139 und 145). Die Befugnis betrifft insb solche **Verfahrensfragen**, die weder gesetzlich noch durch (wirksames) Rechtsgeschäft der Wohnungseigentümer geregelt sind, wie regelmäßig etwa das Abstimmungsverfahren (s dazu auch § 23 WEG Rn 250). Eine Reduzierung des Ermessens bewirkt die **Tagesordnung**, die den Teilnehmern bekannt gegeben wurde und von der der Versammlungsleiter nicht ohne entsprechenden Geschäftsordnungsbeschluss oder zumindest einen sachlichen Grund abweichen darf (Rn 91). Der Vorsitzende hat für die ordnungsmäßige Erledigung der Tagesordnungspunkte zu sorgen (KG ZMR 1985, 105; ZWE 2001, 75, 76).

b) Äußerer Rahmen und Beschlussfähigkeit

194 Zum Ablauf der Versammlung gehört neben der **Einlasskontrolle**, die gerade in kleineren Anlagen nicht förmlich durchgeführt werden muss, auch die Möglichkeit, **Stimmrechtsvollmachten** einzusehen und **zu prüfen** (zu dieser Befugnis eines jeden Eigentümers § 25 WEG Rn 133). Der Versammlungsleiter, der auf die Einhaltung eines ordnungsmäßigen Verfahrens zu achten und daher auch den Grundsatz der Nichtöffentlichkeit der Versammlung (s Rn 167) zu wahren hat, muss nicht nur zu Beginn der Versammlung wissen, welche Personen sich im Raum befinden, sondern ebenso während der gesamten Versammlung (zum Ganzen Schultzky ZWE 2023, 61, 62).

195 Die **Beschlussfähigkeit** der Versammlung ist seit Inkrafttreten des WEMoG und Aufhebung des § 25 Abs 3 WEG aF keine Voraussetzung einer rechtmäßigen Beschlussfassung mehr. Feststellungen des Versammlungsleiters hierzu sind daher seit dem 1. 12. 2020 überflüssig und schon deswegen zu unterlassen, weil es an einem Maßstab fehlt. Aus der Gemeinschaftsordnung können sich allerdings entsprechende Erfordernisse ergeben, die zu beachten sind (s § 25 WEG Rn 252).

c) Entschließungen über das Verfahren, insb Geschäftsordnungsbeschlüsse

aa) Terminologie

196 Das Gesetz und die meisten Gemeinschaftsordnungen enthalten nur rudimentäre Regelungen über das Verfahren bei Wohnungseigentümerversammlungen. Es entspricht einhM, dass die Versammlung sog Geschäftsordnungsbeschlüsse fassen kann (statt aller BGHZ 152, 63 Rn 12 zum Abstimmungsverfahren). Das Gesetz kennt weder den Begriff noch enthält es Sonderregelungen für Beschlüsse, deren Wirkungen sich auf den Ablauf der Versammlung beschränken. Vor diesem Hintergrund wird im Schrifttum zu Recht auf zahlreiche offene Rechtsfragen und eine unsichere dogmatische Fundierung hingewiesen (Greiner ZWE 2016, 297). Das beginnt bereits bei der **Terminologie**. Von einer Geschäftsordnung wird typischerweise gesprochen, wenn Verfah-

rensfragen eines Gremiums in **abstrakt-genereller** Weise, dh für sämtliche Zusammenkünfte des Gremiums geregelt werden (zur Geschäftsordnung iSv § 129 Abs 1 AktG MünchKommAktG/Kubis § 129 Rn 10). Demgegenüber wird im Wohnungseigentumsrecht von einem „Geschäftsordnungsbeschluss" gesprochen, wenn eine Verfahrensfrage der **konkret stattfindenden Versammlung** ad hoc geregelt werden soll, deren Bedeutung sich in den gefassten Sachbeschlüssen erschöpft und sich daher mit der Versammlung erledigt (Greiner ZWE 2016, 297, 302; zum Teil ist auch von „ORGA-Beschluss" oder „Spontan-/ad hoc-Beschluss" die Rede, s Riecke/Schmid/Riecke Rn 104). Für letztere ist an sich die Bezeichnung „verfahrensordnende" oder „verfahrensleitende" Beschlüsse treffender (in diese Richtung auch Greiner ZWE 2016, 297, 298 f, der kürzer von „Verfahrensbeschlüssen" spricht; s ferner Elzer MietRB 2011, 64, der zwischen konkreten Geschäftsordnungsmaßnahmen und einer allg Geschäftsordnung unterscheidet). Gleiches gilt sinngemäß für Anträge, die als Geschäftsordnungsanträge bezeichnet werden, obgleich sie allein das Procedere der konkreten Versammlung betreffen.

Damit der Nutzer die gewohnte Begrifflichkeit auch in dieser Kommentierung vorfindet, die beiden Kategorien aber dennoch sprachlich unterschieden werden, wird für allein die konkrete Versammlung betreffende Entschließungen die **Kurzform GO-Antrag, GO-Beschluss** usw verwendet, während dauerhafte Entschließungen als **Beschlüsse über eine Geschäftsordnung** bezeichnet werden. **197**

bb) Rechtsdogmatische Einordnung verfahrensleitender Entschließungen der Versammlung

Nach **ganz hM** haben GO-Beschlüsse ebenso die Qualität eines **Beschlusses** wie Beschlüsse über eine Geschäftsordnung (statt vieler Bärmann/Merle Rn 127; Drasdo, ETV Teil H Rn 40; Greiner ZWE 2016, 297, 299; Jennissen/Schultzky Rn 126; aus der Rspr s etwa OLG Schleswig ZMR 2006, 721; OLG München ZMR 2006, 68, 70). Die Gegenansicht lehnt dies ab und geht bei Entschließungen, die nur die konkrete Versammlung betreffen, von einer „Geschäftsordnungsbestimmung" aus, wobei es sich um eine vom WEG nicht vorgesehene Kategorie handelt (Hügel/Elzer Rn 126; explizit **abl** Greiner ZWE 2016, 297, 299; Jennissen/Schultzky Rn 126). Hintergrund dieser Handlungsform „sui generis" ist die Sonderbehandlung, die die hM den GO-Beschlüssen zuteilwerden lässt. **198**

Zu folgen ist der hM. Die Besonderheiten der GO-Beschlüsse (s dazu Rn 201 ff) machen die Schöpfung einer weiteren Handlungsform *extra legem* weder erforderlich, noch ist sie für die rechtsdogmatische Erfassung der in Rede stehenden Handlungen förderlich. Im Ausgangspunkt **gelten die allg Grundsätze**, nach denen die Versammlung als Willensbildungsorgan ihren Willen äußert, nämlich auch für GO-Beschlüsse. Dem Gremium muss der Gegenstand der Willensbildung deutlich mitgeteilt werden, was durch Bekanntgabe eines Beschlussantrags seitens des Vorsitzenden verbunden mit der Aufforderung geschieht, darüber abzustimmen, woraufhin die Anwesenden ihre Willenserklärungen ausdrücklich oder konkludent so abgeben, dass der Versammlungsleiter den Mehrheitswillen ermitteln kann. Der Beschluss als Rechtsgeschäft bedarf weder per se der Verkündung (oder sonstiger Dokumentation), noch ist er stets anfechtbar, was bereits ein Blick in das Recht der Personengesellschaften zeigt (zur umstrittenen Einordnung des Beschlusses als mehrseitiges Rechtsgeschäft s § 23 WEG Rn 11). Richtig ist zwar, dass Beschlüsse iSd WEG derartige Charakteristika aufweisen. Jedoch sind diese letztlich ihrer auf Dauer angelegten Regelungswirkung (s § 10 Abs 3 S 2 WEG) geschuldet. Aus Gründen der Klarheit und Sicherheit im Rechts- **199** verkehr stellt das Wohnungseigentumsrecht besondere Anforderungen (Verkündung), ordnet die Dokumentation an (Niederschrift und Beschluss-Sammlung) und stattet rechtswidrige Regelungen mit Bestandskraft aus. Dort, wo der Beschluss keine in die Zukunft gerichtete Regelungswirkung erzeugt, sondern sich im „Hier und Jetzt" der Versammlung erschöpft, ist es nicht geboten, die beschriebenen formalen Hürden zu errichten, um abwesende oder künftige Eigentümer zu schützen. Letztlich spricht daher das Prinzip der Privatautonomie für die von der hM befürwortete, im Wortlaut des WEG freilich nicht zum Ausdruck kommende Unterscheidung zwischen den verschiedenen Beschlussarten. Die Gegenansicht kann nicht einmal für sich in Anspruch nehmen, die auf der Basis der hM notwendig werdende teleologische Reduktion gesetzlicher Vorschriften (s etwa Rn 201, 206) zu vermeiden, weil sie vor dem gleichen methodischen Problem steht, wenn sie Regelungen, die die Beschlussfassung betreffen, etwa über die Stimmkraft (zur Anwendung derselben s Rn 203), heranzieht (dafür etwa, ohne das Problem zu erörtern, Elzer MietRB 2011, 64, 66).

200 Schließlich besteht kein Anlass, an der **Beschlusskompetenz** der Versammlung zu zweifeln. Die Gegenansicht (Elzer MietRB 2011, 64, 65) meint, es werde keine das gemeinschaftliche Eigentum betreffende Verwaltungsanordnung getroffen. Indes lässt sich die Ordnung des Willensbildungsprozesses zwanglos ebenso als Maßnahme der Verwaltung des gemeinschaftlichen Eigentums begreifen wie die zu regelnde Sachfrage selbst (wie hier Jennissen/Schultzky Rn 126). Das gesteht die – insoweit in sich nicht kohärente – Gegenansicht letztlich zu, wenn sie Beschlüsse über eine Geschäftsordnung jedenfalls zum Teil als Beschlüsse iSd § 19 Abs 1, Abs 2 Nr 1 WEG anerkennt (Hügel/Elzer Rn 135 iVm § 19 Rn 50); denn diese befassen sich ebenfalls mit dem Verfahren und entfalten ihre Wirkung bei der Verwaltung des gemeinschaftlichen Eigentums (oder bei sonstigen Regelungen, insb zum Gebrauch) lediglich mittelbar. Selbst wenn man § 19 Abs 1 WEG als Grundlage ablehnt, sichert das Selbstorganisationsrecht als ungeschriebenes Prinzip die Beschlusskompetenz.

cc) Zustandekommen von GO-Beschlüssen

201 Es liegt in der Natur von ad hoc-Entschließungen, dass sie **nicht iSv § 23 Abs 2 WEG angekündigt** werden können. Zwar kann eine Aufnahme eines GO-Antrags in die Tagesordnung erfolgen, etwa wenn ein Eigentümer diesen rechtzeitig vorher stellt, wie es zB beim Rauchverbot gelegentlich geschieht; jedoch ist die Ankündigung keine Rechtmäßigkeitsvoraussetzung. Für diese **teleologische Reduktion** des § 23 Abs 2 WEG spricht zum einen die beschränkte Wirkung von GO-Beschlüssen, die eine Information der Eigentümer weniger drängend erscheinen lässt. Zum anderen würde ein Ankündigungserfordernis das Selbstorganisationsrecht der Versammlung gleichsam ausschließen, weil sich die ad hoc zu entscheidenden Fragen typischerweise erst während der Versammlung stellen. Es ist nicht zu erkennen, welchen Vorteil es für die Eigentümer hätte, wenn nur der Vorsitzende, nicht aber die Versammlung über diese Verfahrensfragen rechtmäßig entscheiden könnte (gegen ein Ankündigungserfordernis daher zu Recht etwa OLG Düsseldorf ZMR 1996, 221; OLG Köln ZMR 2000, 866; Elzer MietRB 2011, 64, 67; Greiner ZWE 2016, 297, 302).

202 GO-Anträge können von jedem antragsberechtigten Teilnehmer (s insb zur Unbeachtlichkeit eines Stimmverbots § 25 WEG Rn 225) grundsätzlich **jederzeit gestellt** werden. Führt der Verwalter den Vorsitz, muss er dem Antragsteller ggf bei der Formulierung seines Anliegens helfen (Greiner ZWE 2016, 297, 299). Nur ein inhaltlich klarer GO-Antrag ist geeignet, das Verfahren zu ordnen. Nach ganz hM ist über GO-Anträge **vorrangig**, dh vor einer Beschlussfassung „in der Sache“, abzustimmen (OLG Köln ZMR 2000, 866; Bub PiG 25, 49, 55; Greiner ZWE 2016, 297, 299; Müller ZWE 2000, 237, 243). Kommt der Vorsitzende dem Antrag nicht nach oder lässt er die Antragstellung erst gar nicht zu, was beides idR rechtswidrig ist, stellt sich die Frage, ob der Antragsteller sein Anliegen selbst zur Abstimmung stellen kann. Das ist zu verneinen. Zur Wahrung eines geordneten Ablaufs der Versammlung ist es **allein Sache des Vorsitzenden**, den Abstimmungsvorgang **einzuleiten** (s dazu im Kontext des § 24 Abs 5 WEG bereits Rn 128a). Unterlässt er dies, liegt ein Verfahrensfehler vor, der zur Anfechtbarkeit der davon betroffenen Beschlüsse führt (zum übergangenen Antrag auf Beschlussfassung über ein Rauchverbot OLG Köln ZMR 2000, 866; allg zu den Folgen von Verfahrensmängeln Rn 214). Leitet der Verwalter die Versammlung, liegt außerdem eine Pflichtverletzung vor, die einen außerordentlichen Abberufungs-/Kündigungsgrund begründen kann. Daneben tritt eine etwaige Ersatzpflicht aus § 280 Abs 1 BGB der GdWE gegenüber.

GO-Beschlüsse bedürfen der **einfachen Stimmenmehrheit** (für die Zulassung von Dritten zur Versammlung etwa OLG Hamm ZMR 1996, 677; LG Karlsruhe ZMR 2013, 469; zu den Anforderungen an einen Mehrheitsbeschluss s § 25 WEG Rn 6). Entgegen einer im Schrifttum vertretenen Auffassung (Bärmann/Merle Rn 129 mHinw auf Becker, Teilnahme an der Versammlung 75), gilt nicht stets das Kopfprinzip, sondern vorrangig die in der Gemeinschaftsordnung **vereinbarte Stimmkraftregelung** (Elzer MietRB 2011, 64, 67; Greiner ZWE 2016, 297, 299; H Müller ZWE 2000, 237, 244; in der Sache auch LG Berlin WuM 1989, 203). Aus der Sicht eines unbefangenen Betrachters umfassen abstrakt-generelle Stimmkraftregelungen, wie sie für Gemeinschaftsordnungen typisch sind, iZw sämtliche Beschlüsse. 203

dd) Wirksamkeit und Wirkungen von GO-Beschlüssen

Umstritten ist, ob GO-Beschlüsse der **Verkündung bedürfen** (zur Bedeutung der Verkündung als Wirksamkeitsvoraussetzung von Beschlüssen s § 23 WEG Rn 35). Zum Teil wird davon ausgegangen, eine konkludente Beschlussfassung ohne Feststellung und Verkündung des Ergebnisses sei zulässig (Hügel/Elzer WEG Rn 127 mit dem Hinweis, dies sei „jedenfalls unstrittig“; **aA** etwa Jennissen/Schultzky Rn 127a). Der einen dafür in Anspruch genommenen Entscheidung (OLGR Frankfurt 2005, 736) lässt sich das aber nicht ohne Weiteres entnehmen; denn dabei ging es um die schweigende Duldung der Anwesenheit eines Dritten auf der Versammlung und es ist insofern sowohl umstritten, ob eine Beschlussfassung erforderlich ist, als auch, ob eine solche ausreicht, was das Gericht nicht entschieden hat. In der anderen angeführten Entscheidung (LG Karlsruhe ZMR 2013, 469) wird zwar eine Feststellung und Verkündung von GO-Beschlüssen explizit für entbehrlich gehalten. Jedoch hatte der Vorsitzende eine Feststellung getroffen („mehrheitlich keine Einwände“ gegen die Anwesenheit), die angesichts der geringen Anforderungen, die der BGH an die Beschlussfeststellung stellt (s § 23 WEG Rn 40), durchaus als Feststellung eines Beschlussergebnisses verstanden werden kann. 204

Auch GO-Beschlüsse sind nach hier vertretener Ansicht **nur wirksam**, wenn aus Sicht eines verständigen Versammlungsteilnehmers kein vernünftiger Zweifel daran besteht, dass ein solcher Beschluss gefasst worden ist (in diesem Sinne auch Jennissen/Schultzky Rn 127a). Diesen Zweifel kann der Vorsitzende durch Feststellung und Ver- 205 kündung beseitigen, was nicht notwendig ausdrücklich erfolgen muss. Der BGH hält eine konkludente Beschlussfeststellung selbst bei solchen Beschlüssen für möglich, die Sachentscheidungen treffen und daher abwesende und künftige Eigentümer binden (s BGHZ 148, 335, 345 f). An GO-Beschlüsse sind angesichts ihrer beschränkten Wirkung (s Rn 207) keine höheren, sondern eher geringere Anforderungen zu stellen (LG Karlsruhe ZMR 2013, 469). Das gilt nicht nur für das Ergebnis, sondern auch für die Stimmabgabe, die per Akklamation erfolgen kann. Wird ein positives Ergebnis vom Versammlungsleiter verkündet, stellt die Verkündung eine Ersatztatsache in dem bei § 23 WEG Rn 48 ff beschriebenen Sinn dar, auch wenn tatsächlich nicht genügend Stimmen für den Antrag abgegeben wurden. Jedoch kommt es darauf praktisch nicht an, weil GO-Beschlüsse nicht angefochten und daher auch nicht in Bestandskraft erwachsen können, weshalb iZw eine Beweiserhebung über den Abstimmungsvorgang erforderlich ist, sofern es auf das Zustandekommen eines GO-Beschlusses im gerichtlichen Verfahren ankommt.

206 GO-Beschlüsse sind nach ganz hM **nicht isoliert anfechtbar** (statt vieler: BayObLG NJW-RR 1987, 1363; OLG Köln ZMR 2000, 866; OLG Schleswig ZMR 2006, 721; Elzer MietRB 2011, 64, 67; zust, aber auf einen Widerspruch zur Rspr zu den Negativbeschlüssen hinweisend Greiner ZWE 2016, 297, 301). Das wird meist mit der Erledigung der Regelungswirkung begründet (BayObLG NJW-RR 1987, 1363; Bärmann/Seuss/Rüscher Teil C Rn 712; Riecke/Schmid/Riecke Rn 50) oder mit einem fehlenden Rechtsschutzbedürfnis (Greiner ZWE 2016, 297, 300 f). Richtigerweise ist damit eine **teleologische Reduktion des § 23 Abs 4 S 2 WEG** verbunden, weil die Anfechtbarkeit als Minderheitenrecht den Ausgleich dafür bildet, dass die rechtswidrige Entscheidung der Mehrheit aus Gründen der Rechtssicherheit Bestand hat, dh ihre Rechtswidrigkeit nicht mehr vorgebracht werden kann. Rechtswidrige GO-Beschlüsse sind daher **unwirksam**, was sich nach Ablauf der Anfechtungsfrist, die für die Sachbeschlüsse gilt, aber nicht mehr auswirkt. Ihre Unwirksamkeit begründet in der Regel einen Verfahrensmangel, weil dem am GO-Beschluss orientierten Ablauf die Rechtsgrundlage fehlt, was zur **Anfechtbarkeit des Sachbeschlusses** führen kann (s Rn 214). Ausnahmsweise kommt, bei Bestehen eines entsprechenden Feststellungsinteresses, das sich aus der Wiederholungsgefahr ergeben kann, eine Feststellungsklage nach § 256 ZPO in Betracht (Elzer MietRB 2011, 64, 67; Jennissen/Schultzky Rn 129; s dazu auch BGHZ 121, 236, 241).

207 Das führt zu der Folgefrage, ob rechtswidrige GO-Beschlüsse vom Versammlungsleiter überhaupt berücksichtigt werden müssen und umzusetzen sind. Eine **Bindungswirkung** kann bereits angesichts der Tatsache, dass Vorsitzender eine andere Person als der Verwalter sein kann, nicht einfach aus der früher in § 27 Abs 1 Nr 1 WEG aF explizit genannten Pflicht des Verwalters, Beschlüsse durchzuführen, hergeleitet werden (s dazu bereits Rn 133). Gleichwohl wird der Vorsitzende für verpflichtet gehalten, die GO-Beschlüsse zu befolgen, auch wenn diese rechtswidrig sein sollten und daher zur Anfechtbarkeit der auf ihrer Basis gefassten Sachbeschlüsse führen (so Greiner ZWE 2016, 297, 300 zur rechtswidrigen Erweiterung der Tagesordnung und Zulassung Dritter zur Versammlung; wohl auch Elzer MietRB 2011, 64, 66; der BGH 29. 5. 2020 – V ZR 141/19 Rn 31, ZWE 2020, 379 hat sich dem für die Weisung zur Beschlussverkündung angeschlossen). Für dieses Ergebnis spricht, dass der Vorsitzende nur als Funktionsgehilfe der Versammlung angesehen wird (Rn 126), die im Rahmen ihres Selbstorganisationsrechts genuin zur Entscheidung berufen ist. Überschreiten die Eigentümer ihr Ermessen, ist es – ähnlich wie bei Sachbeschlüssen (s § 23 WEG Rn 59) – nicht die Aufgabe des Vorsitzenden, darüber faktisch dadurch zu entscheiden, dass er seine Auffassung an die Stelle der anwesenden Eigentümermehrheit setzt. Allerdings muss es – wiederum wie bei den Sachbeschlüssen (zur Unbeachtlichkeit nichtiger Beschlüsse s § 23 WEG Rn 61) – **Grenzen** geben, die etwa dann erreicht sind, wenn unentziehbare Rechte der Eigentümer infolge des GO-Beschlusses (faktisch) nicht ausgeübt werden können. Die mit dieser Abgrenzung verbundene Rechtsunsicherheit erscheint unvermeidlich und würde allenfalls auf eine andere Stufe verlagert, wenn man eine Bindung des Vorsitzenden bereits bei bloßer Ermessensüberschreitung der Mehrheit ablehnte. Zur Auslegung von GO-Beschlüssen s § 23 WEG Rn 81, 93.

ee) Dokumentation

Nach wohl überwiegender Ansicht sind GO-Beschlüsse keine Beschlüsse iSv § 24 Abs 6 S 1 WEG und daher nicht in die Niederschrift aufzunehmen (Greiner ZWE 2016, 297, 302; Hügel/Elzer Rn 127; **aA** und wie hier zwischen Niederschrift und Beschluss-Sammlung unterscheidend Jennissen/Schultzky Rn 135; Niedenführ/Schmidt-Räntsch/Vandenhouten/Vandenhouten Rn 86). Dem ist nicht zu folgen. Da die Existenz eines GO-Beschlusses und dessen konkreter Inhalt für die Anfechtbarkeit der Sachbeschlüsse relevant ist (s Rn 206), besteht insofern ein Informationsinteresse der auf der Versammlung nicht anwesenden Eigentümer (dieses Arg führt auch Bärmann/Merle Rn 199 an, freilich im Kontext der Beschluss-Sammlung; dagegen Rn 209). GO-Beschlüsse sind daher in die Niederschrift **aufzunehmen**. Das muss erst recht gelten, wenn man das vom Gesetz vorgesehene Ergebnisprotokoll inhaltlich ausdehnt (s zur dahingehenden Judikatur Rn 232). 208

Nach hM sind GO-Beschlüsse **nicht in die Beschluss-Sammlung aufzunehmen** (s Rn 268). Dem ist zu folgen, weil im Vergleich zu anderen Beschlüssen ein **geringeres Informationsbedürfnis** besteht. Das rechtfertigt eine **teleologische Reduktion** von § 24 Abs 7 S 2 Nr 1 WEG, zumal die Beschluss-Sammlung ihren Zweck nur erfüllen kann, wenn sie ihrerseits nicht überfrachtet wird (Riecke/Schmid/Riecke Rn 104 mHinw auf die in Abs 7 S 6 vorgesehene Löschung; zur in der Praxis kaum vorkommenden Löschung s Rn 281). Die Gegenansicht betont, GO-Beschlüsse hätten für die Wohnungseigentümer im Zusammenhang mit der Anfechtung der Sachbeschlüsse Bedeutung, weshalb sie ebenfalls einzutragen seien (Bärmann/Merle Rn 199). Indes genügt insofern die Protokollierungsverpflichtung (s Rn 208). Die Beschluss-Sammlung dient dem **langfristigen Dokumentationsbedürfnis** und daher vor allem Sondernachfolgern (s BT-Drucks 16/887, 11: Erwerber). Ihnen ist die Durchsicht sämtlicher Protokolle der Vergangenheit weder zuzumuten noch ist gesichert, dass diese beim Rechtsvorgänger oder dem Verwalter vorhanden sind. Hinsichtlich der auf einer Versammlung, die nicht länger als einen Monat zurückliegt, gefassten Beschlüsse, liegen die Dinge anders. Diese Niederschrift durchzusehen, ist jedem Eigentümer und Sondernachfolger zumutbar. Etwas anderes folgt auch nicht aus der Pflicht zur unverzüglichen Aufnahme der Beschlüsse in die Sammlung (§ 24 Abs 7 S 7 iVm S 3 WEG; dazu Rn 272). Diese hat den Zweck, die Aktualität der Sammlung zu gewährleisten, dient aber nicht dazu, den Anfechtungsberechtigten, die insofern durch § 45 S 2 WEG geschützt werden, die für die Anfechtung erforderlichen Informationen zur Verfügung zu stellen. Mit dem Inkrafttreten des WEMoG besteht ohnehin auch eine unverzügliche Protokollerstellungspflicht (s Rn 241). 209

ff) Beschlüsse über eine Geschäftsordnung

210 Nach hM folgt aus dem Selbstorganisationsrecht der Versammlung auch die Befugnis, eine Geschäftsordnung mit **abstrakt-genereller Wirkung** zu beschließen (Elzer MietRB 2011, 64; Greiner ZWE 2016, 297, 302; Jennissen/Schultzky Rn 126; aus der Rspr s etwa LG Dortmund ZWE 2014, 127: Anspruch auf Beschlussfassung über ein abstrakt-generelles Rauchverbot auf Versammlungen). Das entspricht der Rechtslage im Aktienrecht, und zwar unabhängig von der Einführung des § 129 Abs 1 AktG durch das KonTraG (BGBl 1998 I, 786) im Jahre 1998 (MünchKommAktG/Kubis § 129 Rn 3 mit dem Hinweis auf das Erfordernis einer einfachen Mehrheit). Nach der Gegenansicht ist eine Vereinbarung erforderlich (Niedenführ/Schmidt-Räntsch/Vandenhouten/Vandenhouten Rn 64).

211 Da derartige Beschlüsse, soweit sie wirksam sind (s dazu auch Rn 212 f), sich in ihrer Regelungswirkung nicht auf das Verfahren der konkreten Versammlung beschränken, gelten die Besonderheiten, die in den Rn 201 ff für GO-Beschlüsse herausgearbeitet wurden, nicht. Das bedeutet, dass Beschlüsse über eine Geschäftsordnung gem § 23 Abs 2 WEG **angekündigt** und nach § 24 Abs 7 WEG in die **Beschluss-Sammlung aufgenommen** werden müssen. Sie sind ferner isoliert **anfechtbar** (LG Frankfurt/M ZWE 2014, 408 = ZMR 2014, 1003; der Sache nach ebenso OLG Düsseldorf ZMR 1996, 221; s ferner LG Köln ZWE 2012, 277; Bärmann/Seuss/Rüscher Teil C Rn 681; Jennissen/Schultzky Rn 128) und können grundsätzlich auch in Bestandskraft erwachsen.

212 Für die Praxis besteht das Hauptproblem darin, dass die **Grenzen der Beschlusskompetenz** bei Beschlüssen über eine Geschäftsordnung kaum ausgelotet sind. Der zulässige, der Bestandskraft zugängliche Inhalt von Beschlüssen über die Geschäftsordnung kann nicht allein durch die abstrakten Regelungsgegenstände „Vorbereitung und Durchführung" der Versammlung (vgl die Formulierung von § 129 Abs 1 AktG; zum gleichwohl sehr engen zulässigen Inhalt von Geschäftsordnungen der Hauptversammlung MünchKommAktG/Kubis § 129 Rn 12) abgesteckt werden. Dann nämlich könnten selbst die Anforderungen des § 24 Abs 4 WEG durch Beschluss modifiziert werden, was gerade nicht hM entspricht (Elzer MietRB 2011, 64, 67; s Rn 76, 81). Sog vereinbarungs- oder gesetzesändernde Beschlüsse (dazu § 23 WEG Rn 101, 245 ff) sind nach ganz hM nichtig, wenn sie nicht durch eine Öffnungsklausel zugelassen sind. Demgegenüber sind Ergänzungen der gesetzlichen Rechtslage entgegen einer in der Lit (Niedenführ/Schmidt-Räntsch/Vandenhouten/Vandenhouten Rn 64) vertretenen Ansicht zuzulassen, wenn sie **einen Bereich betreffen**, in dem in Ermangelung einer Regelung das **Ermessen des Einberufenden oder Versammlungsleiters** zum Tragen käme. In Fortführung der in BGHZ 145, 158 veröffentlichten Entscheidung sind die Grenzen des Ermessens dabei ebenso wenig kompetenzbegründend wie die Ordnungsmäßigkeit der Regelung (BGHZ 145, 158, 169).

213 Damit sind die Grenzen der Mehrheitsmacht aber nicht abschließend aufgezeigt. Weitere, für die Praxis wichtige Schranken ergeben sich aus der Bedeutung der **individuellen Mitverwaltungsrechte**. Insbesondere das Antrags-, Stimm-, Rede- und Anwesenheitsrecht des Einzelnen kann durch Beschlüsse über eine Geschäftsordnung im Kern nicht entzogen werden. Problematisch sind daher Regelungen, nach denen GO-Anträge auf der Versammlung schriftlich beim Verwalter eingereicht werden und so formuliert sein müssen, dass über sie mit „Ja" oder „Nein" abgestimmt werden kann (s dazu Greiner ZWE 2016, 297, 302: Anträge, die davon abweichend gestellt werden, seien unbeachtlich). Es besteht die Gefahr, dass einzelnen Eigentümern infolge Un-

kenntnis dieser Regelung oder aber, weil sie sich ad hoc zu einer entsprechenden Formulierung außerstande sehen, das **Antragsrecht de facto genommen** wird (für Unzulässigkeit eines Schriftformerfordernisses ELZER MietRB 2011, 64, 67). Der Vorsitzende, der dem Antrag nicht nachkommt, wäre daher zumindest verpflichtet, den Antragsteller auf den Mangel des Antrages hinzuweisen und ihm ggf bei der Formulierung zu helfen (s dazu auch Rn 202). Das gilt sinngemäß etwa auch für starre **Redezeitbeschränkungen**, die keine Rücksicht auf die Bedeutung und Komplexität der behandelten Materie nehmen (zur Anfechtbarkeit einer solchen Regelung LG Frankfurt/M ZWE 2014, 408 = ZMR 2014, 1003). Auch nach Ablauf der Anfechtungsfrist müssen Ausnahmen zugelassen werden, wenn die zugestandene Redezeit in Anbetracht der Bedeutung der Materie für den Eigentümer unangemessen kurz erscheint.

6. Durchführungsmängel – Heilung

Wie Einberufungsmängel (s dazu Rn 112 ff) begründen auch Durchführungsmängel **214** **formelle Beschlussfehler**. Sie sind im Grundsatz nur dann zu berücksichtigen, wenn der Beschluss fristgerecht angefochten wurde (vgl BGH NJW 2012, 3571; gegen Nichtigkeit, selbst bei erheblichen und „böswilligen" Verfahrensverstößen, LG Karlsruhe ZWE 2016, 141; best durch BGH NJW 2017, 666 Rn 20; JENNISSEN/SCHULTZKY Rn 93). Eine Anfechtung soll aber dann ausscheiden, wenn sich der Mangel nicht auf den Beschluss ausgewirkt hat (BayObLGZ 1985, 436; OLG Düsseldorf DWE 1990, 116; KG ZMR 1997, 487; LG Berlin ZMR 2013, 457; LG Karlsruhe ZWE 2014, 93; mit anderer Akzentuierung aber etwa OLG Hamm ZMR 1996, 677: Anfechtung nur, wenn Fehler kausal gewesen ist; **Darlegungs- und Beweislast** s NIEDENFÜHR/SCHMIDT-RÄNTSCH/VANDENHOUTEN/VANDENHOUTEN Rn 28 sowie – die Ladungsmängel betreffend – oben Rn 112). Allerdings soll die bewusste Wahl eines für einen Eigentümer nicht zu erreichenden oder unzumutbaren Versammlungsortes einer vorsätzlichen Nichtladung gleichstehen und zur Nichtigkeit aller gefassten Beschlüsse führen (OLG Köln ZMR 2004, 299, 300; zust JENNISSEN/SCHULTZKY Rn 94). Dem ist nicht zu folgen (Rn 124).

Wie bereits unter Rn 121 ff dargelegt, ist die **Relevanz-** der Kausalitätstheorie vor- **215** zuziehen. Verstöße gegen das Teilnahmerecht haben grundsätzlich eine **gewichtige Bedeutung**, weil dieses Recht für die Ausübung der Mitverwaltungsbefugnis von grundlegender Relevanz ist (s Rn 158, 191). Bei Verstößen gegen den Grundsatz der Nichtöffentlichkeit der Versammlung liegen die Dinge hingegen anders. Hier kommt es auf die Bedeutung der Eigentümerrechte im Einzelfall an (s Rn 179).

Nach hM können Mängel bei der Durchführung der Versammlung **geheilt** werden, **216** wenn sämtliche Eigentümer anwesend waren (s Rn 116). Der Besonderheit solcher **Universal- oder Vollversammlungen** trägt etwa § 51 Abs 3 GmbHG Rechnung. Bei Fernbleiben auch nur eines Eigentümers in der Versammlung tritt die Heilungswirkung hinsichtlich etwaiger Einberufungsmängel nicht ein (BGH ZMR 2011, 892 = ZWE 2011, 354 Rn 7). Ferner erfasst die Heilungswirkung **nicht jeden Mangel**. Wird dem Eigentümer die Anwesenheit eines Beraters oder sonstigen Begleiters rechtswidrig untersagt, scheidet eine Heilung selbst dann aus, wenn der Betroffene, wozu er berechtigt wäre, die Versammlung nicht verlässt (s dazu auch § 23 WEG Rn 185 f).

V. Niederschrift (Abs 6)

217 Die gesetzliche Regelung über die Niederschrift, die in vielen Darstellungen – so auch hier – **synonym als Protokoll** bezeichnet wird, ist lückenhaft. Vor diesem Hintergrund kommt der Bestimmung des Zwecks einer solchen Niederschrift besondere Bedeutung zu (s Rn 218). Zu ihnen gehört zweifellos die Information über die von der Versammlung getroffenen Regelungen. Diesem Ziel dient seit Einführung der Abs 7 und 8 durch die WEG-Novelle 2007 ebenfalls die Beschluss-Sammlung. Bereits dieser Umstand spricht dafür, dass das Protokoll weitergehende Zwecke verfolgt.

1. Zweck und rechtliche Bedeutung der Vorschrift

218 Hinsichtlich des Normzwecks, der in vielen Darstellungen nicht hinreichend gewürdigt wird, muss zwischen den beiden Sätzen des § 24 Abs 6 WEG unterschieden werden. Teilweise ist sodann noch weitergehend zwischen den Zwecken einzelner Tatbestandsmerkmale zu differenzieren. Der bis zum 30. 11. 2020 geltende § 24 Abs 6 S 3 WEG aF, der ein Recht auf Einsicht in die Niederschriften festschrieb, ist in § 18 Abs 4 WEG nF aufgegangen, weil die Niederschriften zu den Verwaltungsunterlagen gehören (Staudinger/Lehmann-Richter § 18 WEG Rn 264). Zum Unverzüglichkeitserfordernis, das ebenfalls durch das WEMoG – nach hier vertretener Ansicht deklaratorisch – eingefügt wurde, s Rn 241.

a) Protokollierungserfordernis

219 **S 1** ordnet an, dass über die auf der Versammlung gefassten Beschlüsse eine Niederschrift aufzunehmen ist. Das dient in erster Linie der **Dokumentation** („Sicherung"; Becker ZMR 2006, 489; ZWE 2016, 2) der Beschlüsse, deren Bindungswirkung sich ohne Grundbucheintrag auf Sondernachfolger erstreckt (§ 10 Abs 3 S 2 WEG). Deshalb müssen diese, aber ebenso alle anderen Eigentümer und der jeweilige Verwalter, die Möglichkeit haben, sich über den Beschlussinhalt zu informieren (statt vieler BayObLG NZM 2004, 108). Die Besonderheit der auf einer Versammlung gefassten Beschlüsse besteht daran, dass weder die Willenserklärungen der Eigentümer noch die Feststellung und Verkündung des Beschlussergebnisses einem Formerfordernis unterliegen (s dazu § 23 WEG Rn 255, 40). Das unterscheidet sie von sog Umlaufbeschlüssen (§ 23 Abs 3 WEG) und jedenfalls insofern von Vereinbarungen der Eigentümer, als deren Bindungswirkung für künftige Eigentümer vom Grundbucheintrag abhängt (§ 10 Abs 3 S 1 WEG), was eine Verkörperung voraussetzt. Formlose Rechtsgeschäfte, deren Inhalt bestehende (Dauer-)Schuldverhältnisse dauerhaft näher ausgestalten soll, sorgen in besonderer Weise für Rechtsunsicherheit und fördern Auseinandersetzungen über ihren Inhalt (s dazu die Erwägungen zu § 32 Abs 2 BGB in Mugdan, Materialien I 621). Aus diesem Grund ordnet § 24 Abs 6 S 1 WEG die Protokollierung verpflichtend („ist … aufzunehmen") an (s dazu näher Rn 228).

220 Obwohl die Dokumentation des Beschlossenen vor dem Hintergrund des § 10 Abs 3 WEG von besonderer Bedeutung ist, akzeptiert der Gesetzgeber die Existenz **nicht protokollierter Beschlüsse**. Die Niederschrift gehört nach dem Gesetz weder zum Tatbestand des Rechtsgeschäfts noch ist sie dessen Wirksamkeitsvoraussetzung (BayObLGZ 1973, 68, 75). Allerdings hat jeder Eigentümer einen Anspruch auf Fertigung eines Protokolls (§ 18 Abs 2 WEG). Das Fehlen einer Niederschrift oder deren mangelnde Form begründet hingegen **keinen Anfechtungsgrund** (BayObLGZ 1980, 29). Allerdings kann etwas **Abweichendes vereinbart werden**, etwa die Errichtung eines Protokolls als Voraussetzung eines wirksamen Beschlusses (OLG München NJW 2008, 156). Ob das tatsächlich gewollt ist, muss durch Auslegung ermittelt werden. Gegenstand einer solchen Vereinbarung können auch bestimmte **formelle Anforderungen** an die Niederschrift sein, etwa die Unterschrift weiterer Eigentümer oder sonstiger Personen (OLG München NJW 2008, 156). In Betracht kommt zumindest theoretisch ferner das Erfordernis einer notariellen Beglaubigung oder gar einer notariellen Niederschrift iSd §§ 36 f BeurkG (s Rn 223). § 309 Nr 13 BGB findet keine Anwendung.

Eng mit der Dokumentationsfunktion sind die **Informationsfunktion** der Niederschrift und deren **Beweisfunktion** verwoben (statt vieler BayObLGZ 1973, 68, 75: maßgeblicher Beweiswert; NZM 2004, 108; LG Hamburg ZMR 2011, 664); denn die Fixierung des Beschlossenen bietet die Möglichkeit, sich über den Inhalt der Rechtsgeschäfte zu informieren, und diesen noch nach vielen Jahren und bei geänderter Zusammensetzung der Gemeinschaft nachweisen zu können. Gleichwohl sind die genannten Zwecke nicht identisch. So verschafft etwa die Dokumentation selbst den anwesenden, an sich hinreichend informierten Eigentümern die Möglichkeit, sich Gewissheit über ihre Wahrnehmung zu verschaffen und den Inhalt des Beschlusses unter Inanspruchnahme fachkundiger Hilfe in aller Ruhe ermitteln zu können (BayObLGZ 1973, 68, 75: Protokoll dient auch der Vorbereitung einer etwaigen Beschlussanfechtung). Auf der anderen Seite beschränkt sich der Informationsgehalt der Niederschrift nicht auf die zu dokumentierenden Beschlüsse (s zum Inhalt der Niederschrift Rn 228 ff). 221

Schließlich hat die Niederschrift **Legitimationsfunktion**, was bereits § 26 Abs 4 WEG belegt. Richtiger Ansicht nach kommt dem Protokoll aber jenseits dieses gesetzlich explizit geregelten Sachverhalts ebenfalls Bedeutung zu, weil eine Legitimation derjenigen Personen, die zur Vertretung der Gemeinschaft berechtigt sind, auf andere Weise praktisch unmöglich ist. Der durch das WEMoG eingefügte § 9b WEG hat das Problem nur zum Teil gelöst, weil sich der Verwalter nach wie vor als solcher im Rechtverkehr legitimieren können muss und die Vertretungsmacht in bestimmten Fällen (s § 9b Abs 1 S 1 und Abs 2 WEG) immer noch von Eigentümerbeschlüssen abhängt (s zum Nachw d Amtsstellung Staudinger/Jacoby § 26 WEG Rn 225 ff; ausf zur Bedeutung des Protokolls in diesem Kontext Häublein, in: FS Krüger [2017] 141, 148 ff). 222

b) Unterzeichnungserfordernis

Das Unterzeichnungserfordernis dient ebenfalls mehreren Zielen. Die Unterzeichner bestätigen durch ihre Signatur die **inhaltliche Richtigkeit** und Vollständigkeit der Niederschrift (BGH NJW 2012, 2512 Rn 21; NJW 2016, 568 Rn 23; OLG Hamm ZWE 2013, 215, 216; s dazu auch BGHZ 148, 335, 342 zur Unterschrift des Vorsitzenden). Das von § 24 Abs 6 S 2 WEG etablierte Vier- bzw Sechs-Augen-Prinzip (s Rn 225) erhöht die Wahrscheinlichkeit, dass das Protokollierte mit den tatsächlichen Geschehnissen übereinstimmt; denn das Protokoll kann die Umstände, über die es Auskunft geben soll, **nur widerspiegeln**, enthält aber die maßgeblichen Erklärungen, anders als bei beurkundeten Verträgen, nicht selbst. Die Unterzeichnung durch mehrere (anwesende; dazu Rn 236) Zeugen ist ein kostengünstiges Instrument, das aufwendigere Verfahren, wie etwa die notarielle Beurkundung nach Art des § 130 Abs 1 AktG, ersetzen soll. Ob der „Konvergenzdruck" dadurch zu erhöhen ist, dass die Anfechtungsfrist auf etwaige Protokollberichtigungsbegehren erstreckt wird, weil das die Eigentümer dazu anhält, sich kurzfristig mit dem protokollierten Inhalt auseinanderzusetzen, ist umstritten (Rn 256). 223

224 Das Unterzeichnungserfordernis dient darüber hinaus dem **Authentizitätsnachweis**, was insb, aber nicht nur, für den Fall der in § 26 Abs 4 WEG vorgesehenen Unterschriftsbeglaubigung gilt. Zur Aufbewahrung der Originalniederschrift durch den Verwalter s Rn 259.

225 § 24 Abs 6 S 2 WEG regelt außerdem, wer das Protokoll zu unterzeichnen hat. Neben dem Vorsitzenden, der typischerweise die Protokollierung selbst oder durch Mitarbeiter übernimmt (s Rn 227), ist dies stets ein Eigentümer (Vier-Augen-Prinzip). Sofern ein Beirat bestellt wurde, soll auch dessen Vorsitzender oder sein Stellvertreter unterzeichnen (Sechs-Augen-Prinzip). Dadurch soll eine **Übereinstimmung** des Protokollinhalts mit dem tatsächlichen Geschehen **gewährleistet** werden (Kontrollfunktion). Auf eine solche Konvergenz muss das Wohnungseigentumsrecht in besonderer Weise bedacht sein, weil der Protokollinhalt im Rechtsverkehr für den Beschlussinhalt steht (Rn 223; insb zur Auslegung von Beschlüssen Rn 250). Der Vorsitzende des Beirates bzw sein Vertreter im Amt genießen typischerweise das besondere Vertrauen zumindest der Mehrzahl der Eigentümer und es wird verhindert, dass der Vorsitzende ausschließlich ihm genehme Eigentümer um die Unterzeichnung bittet. Außerdem sollen durch die Fokussierung des Gesetzes auf den **Vorsitzenden des Beirates und dessen Stellvertreter** klare Zuständigkeiten begründet werden. Das beugt einem möglichen Kompetenzstreit der Beiratsmitglieder untereinander vor, was insbesondere von Bedeutung sein kann, wenn Uneinigkeit über den Inhalt der Niederschrift besteht (KG ZWE 2015, 173).

c) Einsichtsrecht

226 Das nunmehr in § 18 Abs 4 WEG normierte Einsichtsrecht zählt zu **den individuellen Kontroll- und Informationsrechten** der Eigentümer (s Staudinger/Lehmann-Richter § 18 WEG Rn 262 ff, der die Norm aber nicht als Grundlage des Anspruchs ansieht). Die Befugnis, die Niederschrift einzusehen, hat deswegen besondere Bedeutung, weil das WEG – anders als § 24 Abs 5 S 1 WEG 2002 in Österreich – keine Pflicht zur Protokollversendung kennt (s Rn 241). Es ist damit Voraussetzung für die von der hM angenommene Obliegenheit eines jeden Eigentümers, sich zur Wahrung der Anfechtungsfrist eigenständig über den Inhalt der gefassten Beschlüsse zu erkundigen (Staudinger/Lehmann-Richter § 45 WEG Rn 54 ff).

2. Protokollersteller

227 Wer die Niederschrift aufzunehmen hat, ist nicht gesetzlich geregelt. Typischerweise führt der Verwalter oder ein Mitarbeiter als **Versammlungsleiter** das Protokoll. Das ist entspricht grundsätzlich auch dann ordnungsmäßiger Verwaltung, wenn kein entsprechender GO-Beschluss gefasst wurde; denn die Verantwortung für die Niederschrift liegt beim Vorsitzenden (Jennissen/Schultzky Rn 133). Dieser muss durch seine Unterschrift auch die Verantwortung für die Richtigkeit übernehmen (s hierzu auch Rn 253). Selbst wenn man die Versammlungsleitung als persönliche Aufgabe des Verwalters ansieht (dagegen Rn 127), kann die Protokollführung auf Mitarbeiter delegiert werden (Schultzky MietRB 2015, 379, 383). Da der Vorsitzende durch seine Unterschrift die Richtigkeit des Protokollinhalts bezeugen soll, steht ihm ein Ermessen bei der Wahl des Protokollführers zu (allg dazu Rn 193). Wie stets gilt aber, dass die Versammlung einen abweichenden GO-Beschluss fassen (Rn 196 ff), also etwa einen Wohnungseigentümer zum Protokollführer bestellen kann. Derartige Beschlüsse müssen

sich nicht auf die konkrete Versammlung beschränken (Jennissen/Schultzky Rn 133; zu derartigen Beschlüssen über eine Geschäftsordnung s Rn 210). Eine Pflicht des Einzelnen, diese Aufgabe zu übernehmen, besteht aber nicht.

3. Inhalt der Niederschrift

Das Gesetz fordert allein die Protokollierung der Beschlüsse, dh ein **Ergebnis- und kein Verlaufsprotokoll** der Versammlung. Diese spärlichen Vorgaben, die durch Rechtsgeschäft der Eigentümer ergänzt werden können (näher dazu Rn 243), müssen unter Berücksichtigung der Zwecke der Niederschrift konkretisiert werden. Notwendiger Inhalt eines Protokolls ist damit zunächst einmal, dass dieses für einen unbefangenen Betrachter **als Niederschrift** einer Versammlung der Eigentümer einer **konkreten Gemeinschaft erkennbar** ist (Vogel ZWE 2019, 193, 196: Name der GdWE). Zu protokollieren ist außerdem der **genaue Wortlaut** der zur Abstimmung gestellten Beschlussanträge. Ferner ist das **Ergebnis der Abstimmung** so festzuhalten, dass über die Annahme/Ablehnung des Antrages keine Zweifel bestehen (zur Aufnahme von Abstimmungs- und Beschlussergebnis s BGHZ 148, 335, 342). Das impliziert nicht die Protokollierung des Feststellungs- und Verkündungsaktes, sondern es genügt die Angabe der abgegebenen Ja- und Nein-Stimmen sowie etwaiger Enthaltungen. **Negativbeschlüsse** (zum Begriff § 23 WEG Rn 106) sind ebenso zu protokollieren wie **GO-Beschlüsse** (str; s Rn 208). Selbst nichtige Beschlüsse sind in die Niederschrift aufzunehmen (Becker ZWE 2016, 2, 4; Jennissen/Schultzky Rn 135). 228

Der **Versammlungszeitpunkt** ist nicht zuletzt deswegen relevant, weil er (intertemporal) das anwendbare Recht bestimmt und gehört daher zum notwendigen Protokollinhalt. Nach hM soll die Niederschrift ferner über weitere Umstände der Versammlung und des Zustandekommens der Beschlüsse Auskunft geben. Dazu soll neben dem **Ort der Versammlung** (Bärmann/Merle Rn 146) auch – sofern eine solche durch Vereinbarung vorgesehen ist – deren **Beschlussfähigkeit** zählen (Becker ZWE 2016, 2, 4; Jennissen/Schultzky Rn 135). Dahinter steht die Überlegung, dass die für die Beurteilung des Zustandskommens und der Wirksamkeit der Beschlüsse relevanten Umstände aus dem Protokoll hervorgehen sollen. Indes dehnt dieser Ansatz den notwendigen Protokollinhalt zu sehr aus. Es ist nämlich zu bedenken, dass die meisten Verfahrensmängel nach Ablauf der Anfechtungsfrist ihre Bedeutung verlieren und andererseits selbst die Aufnahme des gesamten Verlaufs der Versammlung keine abschließende Beurteilung über die formelle Rechtmäßigkeit der Beschlüsse ermöglicht, schon weil Ladungsmängel nicht verlässlich protokolliert werden können. Ähnlich verhält es sich mit der Ansicht, die Erwägungen, die eine Ermessensausübung der Eigentümer tragen, seien in das Protokoll aufzunehmen, soweit sich diese Erwägungen nicht anderweitig für jedermann erkennbar aus dem Protokollinhalt ergeben (LG Dortmund 31. 1. 2017 – 1 S 99/16, ZMR 2019, 60; zust Vogel ZWE 2019, 193, 196). Es ist **nicht die Funktion des Protokolls**, die gerichtliche Kontrolle der Entscheidung der Eigentümer zu ermöglichen (iErg wie hier Jennissen/Schultzky Rn 136a). 229

Vor dem Hintergrund der fragmentarischen Vorgaben des Gesetzes besitzt das **Ermessen des Protokollführers** bei der Bestimmung des Protokollinhalts große Bedeutung. Da der Vorsitzende, vorbehaltlich eines GO-Beschlusses, den Protokollführer bestimmt, obliegt ihm auch die Ausübung des Ermessens vorrangig (BayObLGZ 1972, 246; Becker ZWE 2016, 2, 4; Jennissen/Schultzky Rn 137). In die Niederschrift einer Ver- 230 sammlung können nicht nur Beschlüsse, sondern weitere Aufzeichnungen hinsichtlich des Ablaufs der Versammlung aufgenommen werden (BayObLG WuM 1990, 173; LG Hamburg ZMR 2011, 664). Das gilt etwa für Zu- und Abgänge während der Versammlung und ad hoc in diesem Zusammenhang vorgenommene Stimmrechtsvollmachten. Ferner wird der Verantwortliche den Ort der Versammlung regelmäßig in das Protokoll aufnehmen, muss dies aber nicht tun (str; s Rn 229). Das Gleiche gilt für eine Teilnehmerliste. Allerdings kann es dann im Rahmen ordnungsmäßiger Verwaltung **geboten sein**, die Namen der anwesenden Eigentümer zu dokumentieren (Ermessensreduktion), wenn ein Eigentümer ein entsprechendes Interesse hat. Dieses kann sich – ebenso wie die Protokollierung einer namentlichen Abstimmung (str; gegen ein Protokollierungserfordernis Jennissen/Schultzky Rn 135a; dafür bei Stellung eines entsprechenden Antrags Häublein ZWE 2015, 83, 86) – aus etwaigen Schadensersatzansprüchen ergeben (zur Haftung s § 25 WEG Rn 214 ff). Ferner ist die Protokollierung der Namen der Zustimmenden bei baulichen Veränderungen notwendig, wenn die Kosten nach § 21 Abs 3 WEG zu verteilen sind (Jennissen/Schultzky Rn 135a).

231 Eine **Ermessenreduktion** ist insb hinsichtlich der für die Auslegung des Beschlusstextes notwendigen Umstände anzunehmen. Sie müssen sich aus der Niederschrift ergeben, weil sie sonst bei der Interpretation des Beschlossenen keine Beachtung finden (s Rn 246 ff). Im Rahmen ordnungsmäßiger Verwaltung ist es die Aufgabe des Protokollführers, der Gefahr einer dem Willen der Eigentümer widersprechenden Auslegung zu begegnen. Es ist daher bedenklich, wenn teils von einem freien Ermessen gesprochen wird (DNotI-Report 2017, 9, 10; Bärmann/Merle Rn 146). Vielmehr unterliegt dieses einer erheblichen Pflichtenbindung, die sich aus den Funktionen der Niederschrift ergibt. Jeder Eigentümer hat einen Anspruch auf Aufnahme der für die Auslegung relevanten Umstände in das Protokoll (§ 18 Abs 2 WEG). Aus diesem Grunde sind **Anhänge**, auf die sich ein Beschluss ausdrücklich oder implizit bezieht, entweder dem Protokoll – womit allerdings nur das Original gemeint ist – beizufügen oder doch zumindest so klar in Bezug zu nehmen und entsprechend dem Protokoll selbst zu verwahren, das Interessenten diese Dokumente von anderen unterscheiden und bei Bedarf auffinden können (vgl dazu BGH ZWE 2016, 325 = ZMR 2016, 638; für feste Verbindung: Jennissen/Schultzky Rn 135). **Vollmachten** gehören nicht zu den notwendigen Protokollanhängen, auch wenn empfohlen wird, sie der Niederschrift beizufügen (Niedenführ/Schmidt-Räntsch/Vandenhouten/Vandenhouten Rn 67; zur kontroversen Frage, ob der Verbleib des Originals beim Versammlungsleiter überhaupt verlangt werden kann, s § 25 WEG Rn 143 f).

232 Eine weitere **Ausdehnung des Protokollinhalts** hat der BGH im Rahmen seiner Judikatur zur Darlehensaufnahme durch die Gemeinschaft vorgenommen (BGHZ 207, 99 Rn 15 ff, s ferner den LS 2 dieser Entscheidung; s auch LG Itzehoe 19. 8. 2019 – 11 S 64/18, ZMR 2019, 897; AG Friedberg 16. 5. 2018 – 2 C 1072/16, ZWE 2019, 93 Rn 16; Jeckstaedt ZWE 2018, 189). Vor der Beschlussfassung über eine Kreditaufnahme, so der V. Zivilsenat, müsse wegen des in die Zukunft verlagerten Risikos der Zahlungsunfähigkeit einzelner Wohnungseigentümer die im Innenverhältnis bestehende Nachschusspflicht Gegenstand der Erörterung in der Versammlung gewesen sein und es sei die entsprechende **Unterrichtung** im Protokoll **zu dokumentieren**. Ferner wird aus dem Fehlen eines solchen Hinweises auf dessen Unterlassen geschlossen (BGHZ 207, 99 Rn 35, 47). Da diese Ausführungen keine dogmatische Herleitung erfahren haben, wird die Ansicht vertreten, es handele sich um eine Sonderjudikatur zur Darlehensaufnahme (Becker

ZWE 2016, 2, 5). Eine solche „lex Kreditaufnahme“ lässt sich aber nicht plausibel begründen (in dieser Hinsicht wie hier VOGEL ZWE 2019, 193, 196, der aber, anders als hier, für eine Ausweitung der Protokollzwecke plädiert). Auch andere Maßnahmen können vergleichbare Haftungsrisiken auslösen, zB umfangreiche Sanierungsmaßnahmen. Der Sache nach **erweitert** der BGH die **Protokollzwecke**. Er legt der Niederschrift die Funktion bei, Belehrungen der Eigentümer zu dokumentieren, was den Belehrenden schützen kann und die Information zugleich auch denjenigen zugänglich macht, die nicht anwesend waren (so explizit LG Itzehoe 19. 8. 2019 – 11 S 64/18, ZMR 2019, 897; krit dazu ZWE 2020, 193). Nach hier vertretener Ansicht handelt es sich dabei allenfalls um fakultative Bestandteile des Protokolls. Die Schlussfolgerung des BGH, was nicht im Protokoll vermerkt sei, sei auf der Versammlung auch nicht erörtert worden, entbehrt jeder Grundlage. Sie wäre allenfalls dann akzeptabel, wenn das Protokoll verpflichtend als Verlaufsprotokoll zu führen wäre. Einen solchen Paradigmenwechsel gleichsam en passant in die Wege leiten zu wollen, wird man dem BGH nicht unterstellen können. Dafür spricht auch, dass der BGH in einer späteren Entscheidung offenkundig davon ausgeht, der für eine Verletzung der Informations- und Hinweispflicht seitens des Versammlungsleiters darlegungs- und beweispflichtige Anfechtungskläger könne sich nicht allein auf das Fehlen einer Dokumentation im Protokoll stützen (BGH 29. 5. 2020 – V ZR 141/19 Rn 34, ZWE 2020, 379).

Zu den das Ermessen begrenzenden Grundsätzen einer ordnungsmäßigen Verwal- **233**
tung, gegen die ein unrichtiger Inhalt **(Wahrheitsgebot)** ebenso verstößt wie die Dokumentation unsachlicher oder gar beleidigender Äußerungen (LG Hamburg ZMR 2011, 664, 665), zählen schließlich die **Prinzipien der Unparteilichkeit und Gleichbehandlung**. Entschließt sich der Protokollführer, Stellungnahmen einzelner Eigentümer in das Protokoll aufzunehmen, muss die Auswahl durch sachliche Gründe gerechtfertigt sein (JENNISSEN/SCHULTZKY Rn 138). Kommt es zu einem Verstoß, kann diesem nicht nur durch Aufnahme weiterer Redebeiträge abgeholfen werden, sondern ebenso durch die Herausnahme der zunächst protokollierten. Ein Anspruch des Einzelnen auf Aufnahme in das Protokoll besteht nur ausnahmsweise, etwa wenn die Stellungnahme für die Ermittlung des Beschlussinhaltes rechtserheblich ist (selbst für diesen Fall wohl **abl** JENNISSEN/SCHULTZKY Rn 136a).

4. Form der Niederschrift und Unterzeichnung

Aus dem Zweck der Niederschrift folgt das Erfordernis einer **Verkörperung**, die es den **234**
Eigentümern oder anderen Personen mit entsprechendem Interesse ermöglicht, die von den Eigentümern gefassten Beschlüsse einzusehen. Die gewählte Form muss also zur **dauerhaften, unveränderten Wiedergabe** geeignet sein. Sie muss ferner für einen unbefangenen Betrachter erkennen lassen, dass es sich um das Protokoll einer Versammlung der Wohnungseigentümer der entsprechenden Anlage handelt (Rn 228); denn andernfalls ist der Informationsgehalt in Frage gestellt. Schließlich muss die gewählte Form die Möglichkeit für die in § 24 Abs 6 S 2 WEG vorgesehene Unterzeichnung eröffnen. Daraus wird gefolgert, die Niederschrift müsse **„auf Papier“** abgefasst werden (JENNISSEN/SCHULTZKY Rn 140; s auch OLG Köln ZMR 2006, 711: schriftlich; ebenso BÄRMANN/MERLE Rn 146; unklar BeckOK-WEG/BARTHOLOME Rn 14, der ein Zu-Papier-bringen fordert, aber die „Anfertigung durch Computer“ zulässt). Ungeklärt ist aber, ob „unterschreiben“ nach dem Gedanken der §§ 126 Abs 3, 126a BGB das Fertigen einer qualifizierten elektronischen Signatur einschließt (**abl** JENNISSEN/SCHULTZKY Rn 140: rein digitale Form

scheide aus). Das dürfte zu bejahen sein. Davon ist die Frage zu unterscheiden, ob ein **rein digitales Protokoll** (gegenwärtig bereits) den Grundsätzen ordnungsmäßiger Verwaltung entspricht. Der Protokollführer darf weder erwarten, dass die zur Unterzeichnung berufenen Personen über eine entsprechende Signatur verfügen, noch, dass alle Eigentümer bereit und in der Lage sind, die Niederschrift elektronisch zu empfangen.

235 Vorbehaltlich abweichender Vereinbarungen sind neben dem Vorsitzenden ein Wohnungseigentümer und – falls vorhanden – der Vorsitzende des Beirats oder sein Vertreter zur Unterschrift berufen. Die Unterschriften müssen sich grundsätzlich auf **demselben Exemplar der Niederschrift** befinden; § 126 Abs 2 S 2 BGB gilt nicht entsprechend. Andernfalls müsste ein Abgleich des Inhaltes der verschiedenen Niederschriften stattfinden, was aufwendig ist und den Verwaltungsaufwand erhöht. Auch wenn die Unterzeichnung auf mehreren Exemplaren also ordnungsmäßiger Verwaltung widerspricht (anders wohl Jennissen/Schultzky Rn 141a), können mehrere gleichlautende und beglaubigte Exemplare als **Nachweis** gem § 26 Abs 4 WEG **dem Grundbuchamt gegenüber genügen** (KG ZWE 2018, 264 gegen LG Berlin 23. 11. 2004 – 86 T 611/04). Zulässig ist es, dass der Vorsitzende zunächst jedem Unterzeichner einen von ihm gefertigten Protokollentwurf zuleitet und nach Rücklauf eine konsolidierte Fassung erstellt, die dann aber ggf erneut von allen zu unterzeichnen ist. Wird die Versammlung von **mehreren Vorsitzenden** abwechselnd geleitet, unterzeichnet jeder als Vorsitzender für den von ihm verantworteten Teil der Versammlung (Niedenführ/Schmidt-Räntsch/Vandenhouten/Vandenhouten Rn 68). Der Wechsel des Vorsitzes ist im Protokoll zu vermerken. Das Erstellen von Teilprotokollen wird ebenfalls für zulässig gehalten (Jennissen/Schultzky Rn 141). Wohnungseigentümer ist auch der werdende Eigentümer (§ 8 Abs 3 WEG). Bei **Miteigentümern** gilt § 25 Abs 2 S 2 WEG nicht entsprechend; der Wert der Bestätigung des Protokollinhalts durch eine Person wird durch die Existenz von Miteigentümern nicht beeinflusst (s auch DNotI-Report 2018, 113). **Wechselt der Vorsitz des Beirates** auf der Versammlung oder wird der Beirat neu gewählt, kommt es grundsätzlich darauf an, wer die entsprechende Position **am Ende der Versammlung** innehat. Wohnte der neu gewählte Beirat der Versammlung aber erst vom Zeitpunkt seiner Wahl an bei, erscheint es nach dem Zweck der Norm geboten, dass er seine Unterschrift auf die Zeit seiner Anwesenheit beschränkt. Wie im Falle mehrerer Vorsitzender kommt hier eine Unterzeichnung durch beide in Betracht.

236 Aus dem Zweck der Unterschriften (s Rn 223) folgt, dass nur Eigentümer/Beiratsmitglieder zur Unterzeichnung berufen sind, die **während der gesamten Versammlung anwesend** waren (vgl OLG Hamm ZWE 2013, 215, 216; OLG München NJW 2008, 156 zu einer Protokollierungsklausel). Eine kurzzeitige Abwesenheit dürfte die Unterzeichnung aber nicht ausschließen, zumindest wenn in dieser Zeit keine Beschlüsse gefasst wurden. Die Unterzeichner sollten **zu Beginn der Versammlung festgelegt** werden, damit sie dem gesamten Verlauf entsprechend folgen und sich bei Bedarf Notizen machen können. Eine Bestimmung am Ende der Versammlung widerspricht aber nicht per se ordnungsmäßiger Verwaltung, sofern die Ausgewählten in der Lage sind, die Richtigkeit der Niederschrift zu bestätigen. Sieht die Gemeinschaftsordnung aber eine Bestimmung der Personen ex ante vor, ist die nachgelagerte Auswahl rechtswidrig; die Auswirkungen auf die Beschlusswirksamkeit richten sich nach der Vereinbarung (BGH NJW 1998, 755; OLG Schleswig ZMR 2006, 721; s dazu Rn 243 f).

237 Die Unterschrift einer in der Versammlung **nicht anwesenden Person** ist nach dem Normzweck **entbehrlich**. Haben weder der Vorsitzende des Verwaltungsbeirats noch sein Vertreter an der Versammlung teilgenommen, genügen die Unterschriften des Versammlungsvorsitzenden und eines Wohnungseigentümers (Becker ZWE 2016, 2, 5). Ist der Beiratsvorsitzende zugleich Versammlungsleiter, soll er in dieser Doppelfunktion nur einmal unterschreiben müssen (OLG Düsseldorf ZWE 2010, 182). Der Zweck des Gesetzes, die Gewähr für die Richtigkeit des Protokolls dadurch zu erhöhen, dass bei entsprechender Anwesenheit drei Personen das Protokoll unterzeichnen, spricht allerdings dafür, in einem derartigen Fall die Unterschrift des stellvertretenden Vorsitzenden des Beirates ebenfalls zu verlangen (Jennissen/Schultzky Rn 141). Folglich kann der Vorsitzende des Beirats auch nicht zugleich als Wohnungseigentümer unterzeichnen. Ferner genügt es weder dem Zweck des § 24 Abs 6 S 2 WEG noch dem einer Protokollierungsklausel, wenn eine natürliche Person als Vorsitzende des Beirats und zugleich in ihrer Eigenschaft als Organ von Gesellschaften, die Wohnungseigentümer sind, unterzeichnet (BGH NJW 2012, 2512 Rn 20 f gegen OLG Hamm ZMR 2009, 217). Unschädlich ist es hingegen, wenn die weitere Unterschrift von einem Eigentümer stammt, der zugleich Beiratsmitglied ist (OLG Hamm ZWE 2011, 417; Niedenführ/Schmidt-Räntsch/Vandenhouten/Vandenhouten Rn 68; **aA** bei Unterschrift als Beirat OLG Düsseldorf ZWE 2010, 182). Hat ein Eigentümer einen **Vertreter** entsandt, ist dieser iZw auch berechtigt, das Protokoll zu unterzeichnen, was auch für Mitglieder des Beirats gilt. Der Wortlaut des Gesetzes begründet ebenso wenig eine Höchstpersönlichkeit wie bei der Ausübung des Stimmrechts (ebenso Becker ZWE 2016, 2, 4; Niedenführ/Schmidt-Räntsch/Vandenhouten/Vandenhouten Rn 69 zur Auslegung einer Protokollierungsklausel; s ferner BGH NJW 2012, 2512 Rn 21 aE). Allerdings ist ungeklärt, wie der Nachweis ordnungsgemäßer Unterzeichnung zu führen ist, was insb dann ein Problem darstellt, wenn das Protokoll im Rechtsverkehr zu Legitimationszwecken genutzt wird. Damit die Übereinstimmung mit den Vorgaben des § 24 Abs 6 S 2 WEG aus dem Protokoll heraus ersichtlich ist, muss sich das Vertreterhandeln aus diesem ergeben und es empfiehlt sich, die Originalvollmacht mit der Niederschrift fest zu verbinden.

238 War auf der Versammlung **nur eine Person** anwesend (zur Zulässigkeit solcher Ein-Personen-Versammlungen s § 23 WEG Rn 133, 271 ff), zB der während der Pandemie von allen Eigentümern bevollmächtigte Verwalter, so unterzeichnet nur diese den Vorsitz führende Person das Protokoll (OLG Hamm ZWE 2013, 215, 216; s ferner BGH NJW 2016, 568 Rn 23 zur Auslegung entspr Vereinbarungen; zur Pflicht des Verwalters, das nur von ihm unterzeichnete Protokoll dann auch beglaubigen zu lassen, damit es § 26 Abs 4 WEG genügt, s Häublein ZWE 2022, 102). Es empfiehlt sich, die Abwesenheit weiterer Personen **im Protokoll zu vermerken**. Das muss sinngemäß erst recht gelten, wenn neben dem Vorsitzenden nur ein Eigentümer anwesend war, dh es genügen dann die Unterschriften des Vorsitzenden und des Eigentümers, selbst wenn eine Protokollierungsklausel die Unterzeichnung durch zwei Eigentümer vorsieht (**aA** Becker ZWE 2016, 2, 4, der sich dafür zu Unrecht auf BGH NJW 2012, 2512 beruft). Sind ein ausgeschiedener Verwalter oder Eigentümer für die Unterzeichnung der Niederschrift nicht mehr zu erreichen, kann die Unterschrift nicht durch den Rechtsnachfolger vorgenommen werden. Ebenso wenig kann ein anderer Mitarbeiter oder der Geschäftsführer des Verwaltungsunternehmens die Unterschrift leisten, wenn der auf der Versammlung anwesende Mitarbeiter das Unternehmen verlassen hat; denn es fehlt den genannten Personen die persönliche Wahrnehmung, weshalb sie die Richtigkeit der Niederschrift nicht bestätigen können.

Haben die Ausgeschiedenen zwar die Niederschrift unterzeichnet, sind aber zum Zeitpunkt einer notariellen Beglaubigung iSv § 26 Abs 4 WEG nicht mehr erreichbar, scheidet diese aus (vgl § 40 Abs 1 BeurkG; dazu DNotI-Report 2017, 9, 10, mit der Empfehlung, einen von dem neuen Verwalter/anderen Eigentümern zu unterzeichnenden Bestätigungsbeschluss zu fassen).

239 Eine **Pflicht**, das Protokoll zu unterzeichnen, besteht für die Beiratsmitglieder und die Wohnungseigentümer grundsätzlich **nicht**. Den Leiter der Versammlung hingegen trifft die Pflicht, das Protokoll zu erstellen und zu unterzeichnen (Rn 227). Außerdem verletzen Eigentümer, die zu Beginn der Versammlung mit ihrem Einverständnis als Unterzeichner bestimmt wurden, ihre Pflichten, wenn sie ohne sachlichen Grund die Unterschrift verweigern, was eine Pflicht zum Schadensersatz auslösen kann. Wird die Unterschrift verweigert, weil keine Einigkeit über den Inhalt gefunden werden kann, muss der Vorsitzende das hinnehmen (ob bei einer Weigerung der von der Versammlung als Unterzeichner bestimmten Person andere Unterzeichner herangezogen werden können, ist **str**; dafür Niedenführ/Schmidt-Räntsch/Vandenhouten/Vandenhouten Rn 69; dagegen LG Dortmund ZWE 2014, 43; Becker ZWE 2016, 2, 4; Jennissen/Schultzky Rn 132a). Dieser Umstand wirkt sich auf die Beweiskraft der Urkunde aus (s Rn 249). Das gilt erst recht, wenn mehrere Niederschriften kursieren. Da keine Pflicht zur Unterzeichnung besteht, gibt es auch **keine Frist**, innerhalb deren die Unterschrift zu leisten ist. Das ist zB bei urlaubsbedingter Abwesenheit in der Praxis oft ein Problem, weshalb es sich empfiehlt, die Unterschriften unmittelbar nach der Versammlung einzuholen. Das setzt neben einer entsprechenden technischen Ausstattung allerdings voraus, dass die Unterzeichnenden die Möglichkeit haben, sich das Protokoll in Ruhe anzusehen. Umstritten ist, ob die Unterschriften **nachgeholt** werden können. Die Frage stellt sich in der Praxis häufig im Zusammenhang mit Verwalterzustimmungen gem § 12 WEG, wenn die Voraussetzungen der §§ 24 Abs 6 S 2 WEG, 26 Abs 4 WEG nicht erfüllt sind. Da die Unterzeichnung nicht fristgebunden ist, bejaht die hM die Möglichkeit einer Nachholung (OLG München NJW 2008, 156, 157; LG Köln 15. 11. 2018 – 29 S 285/17 juris Rn 36, ZWE 2019, 283; Becker ZWE 2016, 2, 5 f; Demharter ZWE 2012, 75, 76; **aA** OLG Düsseldorf ZWE 2012, 182).

240 Ungeklärt ist, zu wessen Lasten es geht, wenn innerhalb der Anfechtungsfrist **kein vollständiges Protokoll** vorliegt und der Verwalter einem Eigentümer die Einsicht in das noch nicht von allen dazu bestimmten Personen unterzeichnete Protokoll verweigert, weil dieses nicht „final" sei. Ficht der Eigentümer daraufhin sämtliche Beschlüsse der Versammlung an (s zur „Vorratsanfechtung" Staudinger/Lehmann-Richter § 45 WEG Rn 26), kommt eine Kostentragungspflicht des Verwalters (zur Kostentragungspflicht des Verwalters etwa BayObLG ZWE 2002, 220 = ZMR 2002, 367; Becker ZWE 2016, 2, 7) nur in Betracht, wenn dieser schuldhaft handelte. Das wiederum hängt davon ab, ob bereits in die vom Verwalter als Versammlungsleiter erstellte Niederschrift Einsicht zu gewähren ist. Das ist nach hier vertretener Ansicht zu bejahen, weil nach dem bei Rn 238 Gesagten fehlende Unterschriften weiterer Personen nur den Beweiswert der Niederschrift schmälern.

5. Frist zur Erstellung und Bekanntmachung der Niederschrift

241 Das WEG regelt seit 1. 12. 2020 explizit, dass die Niederschrift **unverzüglich** erstellt werden muss. Damit wird an die Definition in § 121 Abs 1 S 1 BGB angeknüpft.

Auch nach dem alten WEG musste zutreffender Ansicht nach die Niederschrift unverzüglich nach Beendigung der Versammlung erstellt werden (daran anknüpfend BT-Drucks 19/18791, 72; Staudinger/Häublein [2018] § 24 Rn 241; s auch Jennissen/Schultzky Rn 143: Analogie zu § 24 Abs 7 S 7 WEG; **aA** Becker ZWE 2016, 2, 7). Dafür spricht, dass die Erinnerung mit zunehmender Zeit verblasst, was die Richtigkeit des Protokollinhalts beeinflussen kann. „Ohne schuldhaftes Zögern" bedeutet nach hier vertretener Ansicht, dass regelmäßig am Werktag nach der Versammlung die Reinschrift des Protokolls erstellt werden muss. Liegt diese vor und wurde sie nicht vom Vorsitzenden erstellt, wird man diesem 1 bis 2 Tage Prüfzeit zugestehen müssen, bevor er die Niederschrift zur Unterzeichnung durch die dafür vorgesehenen Personen an diese weiterleitet. Je nachdem, welcher Übermittlungsweg hier gewählt wird und wie viele Personen zu unterzeichnen haben, sollte das Protokoll **idR nach ein bis zwei Wochen** nach der Versammlung in der Endfassung vorliegen (vgl Dötsch/Schultzky/Zschieschack WEG-Recht 2020, Kap 8 Rn 101: Zeitraum um zwei Wochen). Sollte es Rückfragen oder Hinweise der Unterzeichner geben, sind diese zügig zu behandeln. Die ältere Judikatur, nach der jedenfalls **spätestens eine Woche vor Ablauf der Anfechtungsfrist**, dh rund drei Wochen nach Versammlungsende, eine Niederschrift vorliegen muss (BayObLGZ 1972, 246, 249; ZMR 2001, 815, 818; OLG Frankfurt WuM 1990, 461), entspricht dem neuen Gesetzeswortlaut nicht. Hat sich der Verwalter verpflichtet, den Eigentümern das Protokoll zu versenden, muss das regelmäßig innerhalb einer Frist von zwei bis drei Wochen geschehen (vgl BayObLG ZWE 2002, 220 = ZMR 2002, 367). Maßgeblich für die Fristwahrung ist der Zugang. Ungeklärt ist, ob sich die GdWE neben schuldhaften Verzögerungen durch den Verwalter auch solche der übrigen Unterzeichner zurechnen lassen muss, was konsequent erscheint. Zur Wiedereinsetzung in die Anfechtungsfrist, wenn das Protokoll nicht fristgerecht vorlag s Staudinger/Lehmann-Richter § 45 WEG Rn 44 ff.

Sofern keine abweichenden Regelungen bestehen, trifft den Verwalter nach hM **keine Pflicht zur Protokollversendung** (statt vieler BayObLGZ 1989, 13; Vogel ZWE 2019, 193, 196). Es obliegt daher den Eigentümern, sich selbst über die auf der Versammlung gefassten Beschlüsse zu informieren, weshalb das Einsichtsrecht (§ 18 Abs 4 WEG) besondere Bedeutung hat (Rn 226). Eine Pflicht zur Protokollversendung kann sowohl aus dem Verhältnis der Eigentümer (durch Vereinbarung oder Beschluss) als auch aus dem Verhältnis der GdWE zum Verwalter folgen, sich also etwa aus dem Verwaltervertrag ergeben. Eine entspr langjährige Übung kommt als Grundlage nur in Betracht, wenn diese als Erklärung des Verwalters gewertet werden kann, in der Zukunft ebenso zu verfahren, was idR nicht der Fall ist (Jennissen/Schultzky Rn 150; **str**). **242**

6. Abweichende Vereinbarungen

Viele Gemeinschaftsordnungen enthalten Ergänzungen oder Modifizierungen des § 24 Abs 6 WEG, was grundsätzlich **zulässig** ist (§ 10 Abs 1 S 2 WEG); Beschränkungen der Gestaltungsfreiheit werden aber dort angenommen, wo das Protokoll gem § 26 Abs 3 WEG zur Legitimation im GB-Verfahren dient (Becker ZWE 2016, 2, 6). Empfohlen werden insb Vereinbarungen über eine Frist zur Erstellung und über die Versendung von Kopien der Niederschrift an die Eigentümer (Bärmann/Merle Rn 161). Nicht empfehlenswert, aber gleichwohl zulässig (Bärmann/Merle Rn 162; **str**), ist es, die Pflicht des § 24 Abs 6 S 1 WEG abzubedingen. Verbreitete Änderungen **243** des § 24 Abs 6 WEG betreffen etwa die zur Unterzeichnung berufenen Personen (zB zwei Wohnungseigentümer oder bei Mehrhausanlagen ein Eigentümer aus jeder Untergemeinschaft) oder die Aufnahme in ein Protokoll- oder Beschlussbuch, vor allem aber die Auswirkungen, die es hat, wenn eine Niederschrift fehlt oder die formellen Voraussetzungen einer solchen nicht eingehalten werden (iZw gelten die intendierten Rechtsfolgen für beide Fälle, vgl OLG München NJW 2008, 156). Während sich das Fehlen einer ordnungsmäßigen Niederschrift nach dem Gesetz nicht auf die Wirksamkeit der Beschlüsse auswirkt (s Rn 220), können sog **qualifizierte Protokollierungsklauseln** Gültigkeitserfordernisse aufstellen (s dazu BGHZ 136, 187; NJW 2012, 2512; 2016, 568; krit Lüke JZ 1998, 415; s ferner Rn 237 f). Diese sind iZw aus Sicht eines unbefangenen Betrachters dahin **auszulegen**, dass mangelnde Gültigkeit durch fristgerechte Anfechtungsklage geltend gemacht werden muss (s neben den zitierten Entscheidungen des BGH etwa OLG Schleswig ZMR 2006, 721; OLG München NJW 2008, 156; OLG Frankfurt ZWE 2011, 363, 364; Becker ZWE 2016, 2, 4; **aA** Hügel/Elzer Vor §§ 23 WEG Rn 32: iZw nur Beweissicherung ohne Auswirkung auf die Gültigkeit gewollt). Gleiches gilt für die vereinbarte Eintragung in ein Protokollbuch o dgl (OLG Düsseldorf ZMR 2005, 218; OLG Köln ZMR 2006, 711; LG Saarbrücken ZWE 2011, 47). Werden die Unterschriften im Prozess **nachgeholt**, was nach hM zulässig ist (OLG München NJW 2008, 156, 157; Becker ZWE 2016, 2, 4; Riecke/Schmid/Riecke Rn 80; **aA** OLG Schleswig ZMR 2006, 721, 722, wenn das Protokoll bereits von Personen unterschrieben wurde, die hierzu nicht ordnungsgemäß ermächtigt waren), kann der Anfechtende den Streit für erledigt erklären.

244 Umstritten ist, ob die Niederschrift darüber hinaus als **„Wirksamkeitsvoraussetzung"** vereinbart werden kann, mit der Folge, dass der Beschluss selbst nach Verstreichen der Anfechtungsfrist noch in der Schwebe ist. Nach einer im Schrifttum vertretenen Ansicht ist das nicht möglich, da der Beschluss zwingend mit der Verkündung entstanden sei – was sich so freilich nicht aus BGHZ 148, 335 ergibt – und die Eigentümer nicht die Rechtsmacht hätten, Nichtigkeitsgründe zu statuieren (Jennissen/Schultzky Rn 132). Die hM sieht das anders (OLG Düsseldorf ZMR 2005, 218, das iErg für die konkrete Klausel aber einer bloßen Anfechtbarkeit zuneigt; Becker ZWE 2016, 2, 4; Bärmann/Dötsch § 23 WEG Rn 343 ff; wohl auch OLG München NJW 2008, 156, 157: schwebend unwirksam). Sie kann für sich in Anspruch nehmen, dass das Privatrecht den Parteien eines Rechtsgeschäfts die Möglichkeit eröffnet, sowohl den Tatbestand des Rechtsgeschäfts (s § 154 Abs 2 BGB) als auch dessen Wirksamkeit (s § 125 S 2 BGB) von der Einhaltung einer bestimmten Form abhängig zu machen. Die Frage ist nur, ob die Parteien den durch die Urkunde verfolgten Zwecken tatsächlich ein so hohes Gewicht beilegen wollten.

245 Das ist deswegen **iZw zu verneinen**, weil sich die Eigentümer auf diese Weise insofern in die Hände des Verwalters (oder anderer als Unterzeichner vorgesehener Personen) begeben, als dieser durch seine Untätigkeit den Eintritt der Rechtswirkungen selbst einstimmig gefasster Entschließungen – vorbehaltlich des Gedankens des § 162 Abs 1 BGB – beeinflussen könnte (s zu diesem Gedanken auch OLG Düsseldorf ZMR 2005, 218; Jennissen/Schultzky Rn 132). Das kommt der Sache nach einem Zustimmungserfordernis gleich. Ein entsprechender Wille liegt aus Sicht eines unbefangenen Betrachters nicht bereits deswegen nahe, weil die Gemeinschaftsordnung von „Wirksamkeit" des Beschlusses statt von „Gültigkeit" spricht (**aA** Becker ZWE 2016, 2, 4). Schon gar nicht kann es für eine „konstitutive Wirksamkeitsvoraussetzung" genügen, dass die Unterschrift von zwei Eigentümern vereinbart wurde, weil das Vier-

bzw Sechs-Augen-Prinzip (darauf abstellend BÄRMANN/DÖTSCH § 23 WEG Rn 344) im Gesetz selbst angelegt ist und aus ihm nicht einmal die Anfechtbarkeit des Beschlusses gefolgert wird. Hinzu kommt, dass vollkommen ungeklärt ist, wie lange der von der hM hingenommene Schwebezustand andauern können soll (BÄRMANN/DÖTSCH § 23 WEG Rn 345: zeitnah), was der Rechtssicherheit ebenso abträglich ist, wie ein fehlendes oder mangelhaftes Protokoll. § 242 Abs 1 AktG trägt diesem Rechtssicherheitsbedürfnis für das Aktienrecht Rechnung. Zum Schutze des Rechtsverkehrs ist es angesichts dessen für das Wohnungseigentumsrecht geboten, es den Eigentümern **nach Ablauf der Anfechtungsfrist zu versagen**, sich auf das Fehlen der ordnungsmäßigen Niederschrift jedenfalls dann zu berufen, wenn der betreffende Beschluss in die Beschluss-Sammlung eingetragen wurde (**aA** JENNISSEN/SCHULTZKY Rn 132).

7. Relevanz als Beweismittel und für die Beschlussauslegung

246 Aus der Funktion der Niederschrift, die Beschlüsse zu dokumentieren und deren Nachweis zu ermöglichen, ergeben sich zwei wichtige Konsequenzen. Zum einen kommt ihr im Prozess ein **erheblicher Beweiswert** zu. Zum anderen wird der **Inhalt von Beschlüssen** vor allem zum Schutze von Sondernachfolgern ebenso ermittelt wie der von eingetragenen Vereinbarungen, dh es werden außerhalb des Protokolls liegende Umstände nur ausnahmsweise berücksichtigt (Rn 250). Ein Konzept, das diese beiden für die Praxis wichtigen Rechtsfolgen theoretisch schlüssig fundiert, hat das Schrifttum bislang allerdings nicht geliefert. Nach hier vertretener Ansicht handelt es sich um einen Fall einer sog **Ersatztatsache**. Aus Gründen der Beweisbarkeit und der Rechtssicherheit (zu diesen Zwecken der Protokollierungspflicht s Rn 219 ff), und damit letztlich zum Zwecke des **objektiven Verkehrsschutzes** stellt die Rechtsordnung nicht auf das eigentliche Rechtsgeschäft ab, sondern auf leichter erkennbare und daher nachzuweisende Umstände, die das Geschäft bzw die Erklärungen der Parteien widerspiegeln. Der Knackpunkt dieser Technik besteht in der Verlässlichkeit der Ersatztatsache. Besonders verlässlich, aber eben auch aufwendig, sind Registereintragungen. Paradigma ist § 15 HGB (diese Norm wird gemeinhin dem Vertrauensschutz zugeordnet, was seine Entsprechung für die hier behandelte Thematik in der Annahme findet, das Protokoll begründe einen Rechtsscheintatbestand, s BECKER ZMR 2006, 489, 491; ders ZWE 2006, 157, 159 f). Registereinträge bilden aber nicht die einzigen Beispiele für die beschriebene Technik, wie das Institut des kaufmännischen Bestätigungsschreibens (dazu HÄUBLEIN ÖBA 2014, 601) ebenso belegt wie die Beschlussverkündung (s § 23 WEG Rn 48 ff). Eine der wesentlichen Konsequenzen dieses Ansatzes, der die Einzelfallgerechtigkeit zugunsten des Verkehrsschutzes zurückdrängt, besteht darin, dass Rechtssätze im Zusammenhang mit der Niederschrift daran zu messen sind, ob sie sich mit dem Verkehrsschutzziel in Einklang bringen lassen (zum Problem des zeitlich unbeschränkten Anspruchs auf Protokollberichtigung s Rn 255).

247 Nach ganz hM handelt es sich bei der Niederschrift um eine **Privaturkunde** gem § 416 ZPO (BGHZ 136, 187; BayObLGZ 1973, 68, 75; WuM 1990, 93; OLG München ZWE 2006, 456; BECKER ZWE 2016, 2; JENNISSEN/SCHULTZKY Rn 145; **abl** HÜGEL/ELZER Vor §§ 43 WEG Rn 34; krit zum Rekurs auf § 416 ZPO auch BONIFACIO ZMR 2006, 583, 587). Sie soll den vollen Beweis dafür erbringen, dass die in ihr enthaltenen Erklärungen von den Ausstellern stammen. Die Beweiskraft erstreckt sich nicht auf die in der Urkunde festgehaltenen Tatsachen, also insb nicht auf das „Ob" und „Wie" der Beschlussfassung (BECKER ZMR 2006, 489, 492). Gleichwohl wird auch dem Protokollinhalt erheblicher Beweiswert zu-

gemessen, wobei man sich auf den Erfahrungssatz der **Vollständigkeit und Richtigkeit** von Urkunden beruft (Hügel/Elzer Vor §§ 43 WEG Rn 34). Dabei wird aber die Besonderheit der Niederschriften nicht gewürdigt (dazu bereits Rn 223), die darin besteht, dass diese nicht die das Rechtsgeschäft konstituierenden Willenserklärungen aller Parteien enthalten, sondern nur – gewissermaßen als Tatsachenerklärung – das Rechtsgeschäft widerspiegeln. Es gibt aber keine allgemeine Lebenserfahrung, die besagt, dass die Wahrnehmung von zwei oder drei Personen allein deswegen den Tatsachen entspricht, weil diese schriftlich niedergelegt wurde (Bonifacio ZMR 2006, 583, 587). Aus diesem Grunde werden berechtigte Bedenken gegen die Anwendung des Rechtssatzes über die Vermutung der Vollständigkeit und Richtigkeit der Urkunde erhoben (Bonifacio ZMR 2006, 583, 587; Jennissen/Schultzky Rn 146; Becker ZMR 2006, 489, 492 f; abw aber ders ZWE 2016, 2 f). Diesen Bedenken versucht eine Ansicht Rechnung zu tragen, die die Feststellung und Verkündigung des Beschlussergebnisses durch den Vorsitzenden in den Mittelpunkt rückt. Durch seine Unterschrift bestätige der Versammlungsleiter die Richtigkeit und Vollständigkeit seiner eigenen im Protokoll wiedergegebenen Erklärungen (Becker ZWE 2016, 2, 3).

248 Damit aber ist das Problem nur verlagert, weil man sich die Frage stellen muss, warum die Rechtsordnung auf den Verkündungsakt abstellt, der wiederum – jedenfalls nach hier vertretener Ansicht – ein bloßes Abbild der rechtsgeschäftlichen Erklärungen der Eigentümer ist (mithin eine Ersatztatsache; s § 23 WEG Rn 48), nicht aber das Rechtsgeschäft selbst darstellt. Hinzu kommt, dass der Verkündungsakt nicht notwendiger Inhalt des Protokolls ist (BGHZ 148, 335, 345; s dazu bereits Rn 228), was die beschriebene Ansicht, falls sie es anders sehen sollte, jedenfalls nicht explizit erwähnt (Becker ZWE 2016, 2 f). Nach hier vertretener Ansicht (folgend Staudinger/Lehmann-Richter Vorbem 80 zu §§ 43–45 WEG) darf das Gericht seine Entscheidung deswegen auf den Protokollinhalt stützen, weil die gemäß § 24 Abs 6 WEG oder nach den ergänzenden Vereinbarungen der Eigentümer errichtete Niederschrift als Ersatztatsache **an die Stelle des tatsächlich Beschlossenen tritt**. Wer gegen den Protokollinhalt argumentiert, muss demgemäß darlegen und beweisen, dass die Niederschrift nicht den Anforderungen ordnungsmäßiger Verwaltung genügt, dh insbesondere die gesetzlichen oder vereinbarten Vorgaben nicht einhält. Das gilt freilich nur für die protokollierten Beschlüsse selbst und nicht für weitere fakultative Bestandteile der Niederschrift (so auch Jennissen/Schultzky Rn 146; zur **abw Ansicht** des BGH s Rn 232). Zur Möglichkeit, eine Berichtigung des Protokolls zu verlangen s Rn 253. Gegen das Abstellen auf den Protokollinhalt als Ersatztatsache spricht nicht, dass der Errichtung der Niederschrift keine konstitutive Bedeutung zukommt (anders, aber nicht überzeugend Bonifacio ZMR 2006, 583, 587 f). Das eine hat mit dem anderen nichts zu tun, wie die deklaratorischen Eintragungen iSv § 15 HGB ebenso belegen wie das kaufmännische Bestätigungsschreiben (zu diesen Referenzfällen s Rn 246). Entscheidend ist, dass der Gesetzgeber durch die Protokollierungspflicht eine rechtssichere Dokumentation der Beschlüsse der Eigentümer gewährleisten wollte (Rn 219), weshalb bereits de lege lata statt auf das tatsächlich Beschlossene auf den Inhalt der Niederschrift abgestellt werden kann (auch Bonifacio ZMR 2006, 583, 587 erkennt, dass es mit § 24 Abs 6 WEG in Konflikt steht, wenn man – wie er – dem Protokoll nicht einmal einen besonderen Beweiswert zubilligt).

249 Legt man die hM zugrunde, können fehlende Unterschriften oder solche nachweislich abwesender Eigentümer die **Beweiskraft** der Urkunde ebenso **mindern** wie nachträgliche Änderungen (LG Berlin 23. 11. 2004 – 86 T 611/04; NIEDENFÜHR/SCHMIDT-RÄNTSCH/VANDENHOUTEN/VANDENHOUTEN Rn 69). Die Vermutung der Richtigkeit gelte nicht, wenn ein Unterzeichner die Niederschrift vorprozessual korrigiert oder die Niederschrift mit einem Berichtigungsvermerk versehen habe (BECKER ZWE 2016, 2, 3; JENNISSEN/SCHULTZKY Rn 147). Nach hier vertretener Ansicht schließen derartige Umstände das Abstellen auf die Ersatztatsache aus, weshalb, insofern in Übereinstimmung mit der hM, ggf Beweis darüber erhoben werden muss, mit welchem Inhalt der Beschluss verkündet wurde. Zu den zulässigen Beweismitteln zählt ua der Zeugenbeweis (BECKER ZWE 2016, 2, 3). Ob allerdings ein Widerspruch zwischen Niederschrift und Beschluss-Sammlung dem Protokoll seine Bedeutung nimmt (BECKER ZWE 2016, 2, 3; JENNISSEN/SCHULTZKY Rn 147; **aA** DRASDO ZMR 2007, 501, 507, der einen Vorrang der Beschluss-Sammlung annimmt), ist zweifelhaft (s auch Rn 261).

Die Bedeutung der Niederschrift zeigt sich aber nicht nur im Prozess. Ihrer Dokumentationsfunktion entsprechend und damit zugleich der Bindungswirkung (s § 10 Abs 3 WEG) Rechnung tragend, nimmt die ganz hM eine **objektiv-normative Auslegung** der Beschlüsse vor. Da die genannten Normen insofern nicht differenzieren, ist eine Beschränkung auf Beschlüsse mit Dauerwirkung abzulehnen (BONIFACIO ZMR 2006, 583, 584; **str**; zu den Besonderheiten, die in Bezug auf GO-Beschlüsse bestehen, s aber § 23 WEG Rn 93 f). In Anlehnung an die Grundätze, die für Vereinbarungen iSv § 10 Abs 3 S 1 WEG gelten, wird auf den **Wortlaut der Niederschrift** abgestellt und Umstände außerhalb des protokollierten Beschlusses (krit zur Relevanz des sonstigen Protokollinhalts VOGEL ZWE 2019, 193, 196) werden nur herangezogen, wenn sie nach den besonderen Verhältnissen des Einzelfalles für jedermann ohne Weiteres erkennbar sind, zB weil sie sich aus dem übrigen Versammlungsprotokoll ergeben (grdl BGHZ 139, 288; NJW 2010, 3093 Rn 9; st Rspr). Beschlüsse sind nach ihrem Wortlaut und ihrem Sinn auszulegen, wie er sich aus unbefangener Sicht als nächstliegende Bedeutung des Textes ergibt (BGHZ 195, 22 Rn 14; NJW 2014, 2861 Rn 24). Während die hM bislang nicht plausibel begründet hat, warum Gegenstand der Auslegung nicht das Rechtsgeschäft, sondern dessen Wiedergabe im Protokoll ist, ergibt sich das zwanglos, wenn man akzeptiert, dass die Ersatztatsache an die Stelle des Rechtsgeschäfts tritt. 250

Eine **subjektive Auslegung** soll nach einer Literaturmeinung jedoch solange gelten, wie es noch nicht zu einem Eigentümerwechsel gekommen ist (BECKER ZWE 2016, 2, 3 mHinw auf BONIFACIO ZMR 2006, 583, 588). Allerdings erstreckt sich die Bindungswirkung von Mehrheitsbeschlüssen gerade auch auf die gegenwärtigen Eigentümer, die auf der Versammlung nicht zugegen waren und sich an der Abstimmung daher nicht beteiligt haben. Nach hier vertretener Ansicht hängt die objektiv-normative Auslegung nicht vom Eigentümerwechsel ab. Es kann aber **gegen Treu und Glauben verstoßen**, wenn Eigentümer sich darauf berufen, obwohl ihnen die für eine abweichende Auslegung sprechenden Umstände bekannt waren, mögen diese vielleicht auch nicht für jedermann ohne Weiteres erkennbar sein. 251

8. Rechtsschutz bei Mängeln der Niederschrift, insb Protokollberichtigung

Mängel der Niederschrift können den **Inhalt** betreffen („innere Mängel") oder die **Form**, einschließlich des Verfahrens der Errichtung („äußere Mängel"). Letzteres ist etwa bei einer von § 24 Abs 6 S 2 WEG abweichenden Unterzeichnung der Fall, was die Unterschrift eines abwesenden Eigentümers oder Beiratsvorsitzenden einschließt 252 (s Rn 236 f). Ein äußerer Mangel liegt auch vor, wenn Teile des Protokolls unleserlich sind. Weder dies noch ein Verfahrensverstoß haben Auswirkungen auf die Wirksamkeit der Beschlüsse, jedoch wird nach hM der Beweiswert der Urkunde gemindert (s Rn 249). Nicht geklärt ist dabei die Frage, ob die Geltendmachung derartiger Mängel **fristgebunden** ist. IdR wird dies implizit verneint und ein Ausschluss des Einwandes geminderter Beweiskraft der Urkunde durch Ablauf der Anfechtungsfrist gar nicht diskutiert (ausdrücklich gegen eine Fristbindung aber Hügel/Elzer Rn 160 unter Hinweis auf BGH 10. 10. 2017 – II ZR 375/15, NJW 2018, 52 Rn 34 zur AG; dies § 45 Rn 3). Das mag bei Unleserlichkeit des Protokolls unmittelbar einleuchten, weil dieser Makel dem Dokument offenkundig anhaftet. Weniger eindeutig ist das aber bei solchen Verfahrensmängeln, die nur dann erkennbar sind, wenn man außerhalb der Niederschrift liegende Umstände berücksichtigt, wie zB die Abwesenheit eines Unterzeichners. Das Problem existiert ebenso bei inhaltlichen Mängeln. Ist das Protokoll für jedermann erkennbar in sich widersprüchlich, zB weil die festgehaltenen Ja-/Nein-Stimmen nicht mit dem protokollierten Beschlussergebnis (Annahme oder Ablehnung) übereinstimmen, eignet es sich auch nach Ablauf der Anfechtungsfrist in Bezug auf den betreffenden Punkt weder als Anknüpfungspunkt für eine Beweiserleichterung noch als Ersatztatsache. Ergibt sich der Mangel aber aus einer Abweichung vom tatsächlichen, aus der Niederschrift nicht erkennbaren Geschehen, steht man vor der Frage der Bestandskraft der Niederschrift, die für diese Fälle umstritten ist (s Rn 255).

253 Im Ausgangspunkt ist davon auszugehen, dass innere und äußere Protokollmängel ordnungsmäßiger Verwaltung widersprechen. Jeder Eigentümer kann grundsätzlich (zum Rechtsschutzbedürfnisses s Rn 254) **Beseitigung dieser Mängel verlangen**. Ein Verfahren für die Berichtigung sieht das Gesetz aber nicht vor. Der Anspruch aus § 18 Abs 2 WEG richtet sich nunmehr **gegen die GdWE** (Jennissen/Schultzky Rn 157). Allerdings wird, in Fortführung der bislang hM (s BayObLGZ 1973, 68, 75; ZMR 2002, 951; Becker ZWE 2016, 2, 7; offenlassend LG Stuttgart ZWE 2015, 424), die Ansicht vertreten, Schuldner des Anspruchs seien diejenigen, die durch Unterzeichnung des Protokolls die Verantwortung für dessen Ordnungsmäßigkeit, insb die inhaltliche Richtigkeit übernommen haben (Hügel/Elzer Rn 162, der nur bei einem Handeln des Verwalters die GdWE als Schuldner sieht; BeckOK-WEG/Bartholome Rn 160). Das erscheint wenig konsequent, geht es bei der Niederschrift doch um ein Dokument, dessen Errichtung für die GdWE erfolgt. Diese ist teils sogar darauf angewiesen, um im Rechtsverkehr handeln zu können. Hinzu kommt, dass diese Ansicht nicht begründet, warum die Verhaltenszurechnung auf Organe der GdWE beschränkt sein sollte; das Gesetz tut das jedenfalls nicht (vgl §§ 31, § 278 BGB). Wer als Funktionsgehilfe eines Organs tätig wird, handelt für dieses und damit für die dahinter stehende Rechtsperson.

253a Wird die GdWE verurteilt und weigern sich die Unterzeichner, dem Urteil zu folgen, fragt sich, ob der GdWE ihrerseits Ansprüche auf ordnungsmäßige Errichtung und Unterzeichnung der Niederschrift zustehen. Das ist zu bejahen. Für den Vorsitzenden folgt das bereits aus seiner Verantwortung für das Protokoll (Rn 227), während die übrigen Unterzeichner zwar grundsätzlich keine Pflicht zur Unterzeichnung trifft (Rn 239); haben diese jedoch freiwillig die Unterschrift einmal geleistet, sind sie auch verpflichtet, den durch ein Gericht rechtskräftig geklärten „wahren" Protokollinhalt zu bestätigen. Ungeklärt ist, ob § 43 Abs 2 WEG (analog) anzuwenden ist, wenn eine externe Person das Protokoll unterzeichnet hat, zB als gewählter Versammlungsleiter (zur weiten Anwendung des § 43 WEG durch den BGH s Staudinger/Lehmann-

Richter § 43 WEG Rn 23). Den Eigentümern, die einen vom Protokoll abweichenden Beschlussinhalt reklamieren, wird teils (gegen eine Feststellungsklage etwa MünchKomm/Hogenschurz Rn 83) auch die Möglichkeit eingeräumt, im Verfahren nach § 43 Abs 2 Nr 4 WEG den **Beschlussinhalt feststellen zu lassen** (s noch zum WEG aF Becker ZMR 2006, 489, 490 f; **str** s Staudinger/Lehmann-Richter § 43 WEG Rn 51: Verfahren nach § 43 Abs 2 Nr 4 WEG).

Ein **Rechtsschutzinteresse** an der gerichtlichen Geltendmachung des Anspruchs auf Protokollberichtigung setzt voraus, dass sich die Rechtsposition des Anspruchstellers durch die begehrte Änderung verbessert oder zumindest rechtlich erheblich verändert (LG Stuttgart ZWE 2015, 424). Dies wird abgelehnt, wenn die erstrebte Änderung **nur Bagatellen** inhaltlicher oder formeller Art betrifft, die auf die Auslegung von Wohnungseigentümerbeschlüssen keine Auswirkung haben (KG WuM 1989, 347; LG Dresden ZWE 2014, 54; s auch LG Frankfurt/M 12. 10. 2017 – 2-13 S 107/17, ZWE 2018, 137: idR nicht bei Mitteilungen über den Sitzungsverlauf). Das bedeutet aber nicht, dass nur hinsichtlich des Teils der Niederschrift, der die eigentliche Beschlussfassung betrifft, Berichtigung verlangt werden kann. Aus § 18 Abs 2 WEG sowie zum **Schutz des Persönlichkeitsrechts** (§§ 823 Abs 1, 1004 BGB) erfasst ein Änderungsanspruch etwa auch beleidigende oder diskriminierende Äußerungen (BayObLGZ 1973, 68, 75; WuM 1990, 173). Das Rechtsschutzinteresse soll ferner entfallen, wenn das Protokoll während des Verfahrens freiwillig abgeändert wird (Hügel/Elzer Rn 164). 254

Unabhängig davon, ob ein Anspruch auf Beseitigung geltend gemacht wurde, hält man die Unterzeichner grundsätzlich für befugt, Mängel der Urkunde **jederzeit von sich aus einvernehmlich** zu beseitigen, wobei zT gefordert wird, dass zuvor die Eigentümer angehört werden (Abramenko ZMR 2003, 245, 247 und 326, 328; Kümmel MietRB 2003, 58, 59; Hügel/Elzer Rn 161: möglich, aber nicht zwingend). Unter Hinweis darauf geht die hL davon aus, dass auch der Anspruch auf Berichtigung **nicht fristgebunden sei** (Abramenko ZMR 2003, 326; Becker ZWE 2016, 2, 7; Jennissen/Schultzky Rn 157; Kümmel MietRB 2003, 58, 59; Soergel/Skauradszun Rn 57). Die Rspr hat allerdings zum Teil die **Anfechtungsfrist** herangezogen oder zumindest in diese Richtung tendiert (dafür OLG Köln OLGZ 1979, 282, 285 f; OLG Hamm OLGZ 1985, 147; KG OLGZ 1990, 421; ebenso im Grundsatz Spielbauer/Then/T Spielbauer Rn 48; **aA** etwa BayObLG WuM 1990, 93). 255

Diese von der hL abweichende Judikatur kann für sich in Anspruch nehmen, dass die zeitlich unbefristete Möglichkeit einer Protokollberichtigung einen **Wertungswiderspruch** hervorruft. Sowohl die Pflicht, eine Niederschrift zu erstellen, als auch der Grundsatz der allein auf die Niederschrift abstellenden objektiv-normativen Auslegung dienen der Rechtssicherheit auch und gerade von Sondernachfolgern. Diese können sich aber nicht darauf verlassen, dass (nur) das aus dem Protokoll erkennbar Beschlossene gilt, wenn jederzeit von einem anderen Eigentümer die Unrichtigkeit der Niederschrift geltend gemacht werden kann. An dieser **evidenten Friktion** ändert der von der hL ins Feld geführte Umstand nichts, dass eine freiwillige, einvernehmliche Berichtigung jederzeit möglich ist. Vielmehr verträgt sich auch diese Annahme nicht mit dem angestrebten Verkehrsschutz. Hinzu kommt, dass durch eine strikte Beachtung der Monatsfrist ein Anreiz für alle Eigentümer geschaffen wird, sich zeitnah eingehend mit der Niederschrift auseinanderzusetzen, wodurch eine höheres Maß an Übereinstimmung von Protokollinhalt und tatsächlichem Ablauf erreicht und die Verlässlichkeit der Informationsquelle verbessert werden könnte (s Rn 223). 256

256a Gleichwohl erscheint es de lege lata **nicht angemessen**, Protokolländerungen nur innerhalb der Monatsfrist zuzulassen. Zu den Funktionsbedingungen einer durch Präklusionsfristen bewirkten Rechtssicherheit gehört ein klarer, für die betroffenen wahrnehmbarer Fristbeginn, was maßgeblich auch für das vom BGH bejahte Verkündungserfordernis spricht (s § 23 WEG Rn 33). Die Protokollierung stellt aber, anders als die Verkündung des Beschlussergebnisses, keine konstitutive Voraussetzung eines Beschlusses dar (Rn 220), dh dieser ist in der Welt und kann folglich auch angefochten werden. Zwar könnte man daran denken, wenigstens den Lauf der Anfechtungsfrist an das Vorliegen des Protokolls zu knüpfen. Dem steht aber entscheidend entgegen, dass zumindest für die als Zeugen zur Unterzeichnung berufenen Personen weder eine Pflicht noch eine Frist zur Unterzeichnung besteht (Rn 239) und ferner, dass für die Inhaber des Anfechtungsrechts nicht verlässlich festzustellen ist, wann das Protokoll als solches vorliegt. Wenn aber der Zeitpunkt des Beginns und damit des Ablaufens der Berichtigungsfrist sowie des Eintritts der Bestandskraft von den Eigentümern nicht verlässlich ermittelt werden kann, würde das angestrebte Ziel, Rechtssicherheit zu schaffen, ad absurdum geführt. Die von der hL in Kauf genommenen Friktionen erscheinen daher in der Tat als das geringere Übel und sind hinzunehmen.

257 Vor diesem Hintergrund fragt sich, ob die Eigentümer den Inhalt des Protokolls dadurch außer Streit stellen können, dass sie das **Protokoll genehmigen**. Vor allem das BayObLG hat sich gegen diese – nicht nur in Wohnungseigentümergemeinschaften – verbreitete Praxis ausgesprochen. Ein Beschluss, mit dem die Niederschrift genehmigt werde, sei geeignet, den unzutreffenden Eindruck zu erwecken, eine Unrichtigkeit der Niederschrift dürfe nicht mehr geltend gemacht werden; er widerspreche deshalb ordnungsmäßiger Verwaltung (BayObLG WuM 1988, 34). Ebenso wenig entspreche es ordnungsmäßiger Verwaltung, eine korrigierte Version der Protokolle früherer Versammlungen zu beschließen. Auch hierdurch werde der unzutreffende Eindruck erweckt, dass die berichtigte Fassung die allein maßgebliche sei. Darüber hinaus fehle es der Eigentümerversammlung an einer Zuständigkeit für die Abfassung und damit auch für die Berichtigung einer Niederschrift (BayObLG ZMR 2002, 951). Zumindest letzteres erscheint zweifelhaft, wenn man den Versammlungsleiter als Funktionsgehilfen der Versammlung der Wohnungseigentümer versteht (s zu dieser hM Rn 126).

9. Einsichtsrecht

258 Jeder Eigentümer hat das Recht, die Niederschriften einzusehen (zum Einsichtsrecht als **Individualrecht** Staudinger/Lehmann-Richter § 18 WEG Rn 249). Der Eigentümer kann das Recht auch **durch andere Personen** wahrnehmen lassen, soweit das ordnungsmäßiger Verwaltung entspricht (Staudinger/Lehmann-Richter § 18 WEG Rn 255); dabei ist das Interesse des Dritten (zB eines Erwerbers) an der Einsicht zu berücksichtigen. Die Dritten werden häufig als „Vertreter" oder „Bevollmächtigte" bezeichnet (s etwa Schmid ZWE 2014, 389, 391 f), obwohl es weder um die Abgabe noch um den Empfang einer Willenserklärung geht. Darüber hinaus kann sich der Eigentümer bei der Einsichtnahme auch durch Berater **begleiten lassen** (s zum Einsichtsrecht des Mieters BGH 13. 9. 2006 – VIII ZR 105/06, WuM 2006, 616). Vom Einsichtsrecht nicht erfasst sind **interne Mitschriften und Notizen** des Verwalters/Protokollführers (KG NJW 1989, 532; Staudinger/Lehmann-Richter § 18 WEG Rn 264). Macht sich die protokollführende Person während der Versammlung Notizen, bilden diese nicht automatisch die dem Einsichtsrecht unterliegende Niederschrift, sondern es obliegt dem Vorsitzenden im Rahmen seines Ermessens (Rn 230), darüber zu entscheiden, in welchem Umfang die Notizen Eingang in den Niederschrift finden sollen.

Das Recht besteht grundsätzlich **in den Geschäftsräumen des Verwalters**, der das verantwortliche Organ der GdWE ist (s BGH NJW 2011, 1137 Rn 9, allerdings richtete sich der Anspruch seinerzeit noch gegen den Verwalter). Der Verwalter darf die Eigentümer grundsätzlich nicht auf einen andren Ort verweisen (LG Itzehoe ZMR 2014, 144). Wählen die Eigentümer einen Verwalter, der nicht am Ort der Immobilie seinen Sitz hat, liegt darin ein besonderer Umstand iSv § 269 Abs 1 BGB. Haben die Eigentümer einen Verwalter gewählt, dessen Unternehmenssitz von der Liegenschaft erheblich entfernt ist, begründet die Entfernung für sich genommen keinen Anspruch auf Einsichtnahme am Ort der Liegenschaft (zur nachträglichen Sitzverlegung s Schmid ZWE 2014, 389, 390); bei großer Distanz kommt aber ein Anspruch auf kostenpflichtige Zusendung einer Kopie in Betracht (**aA** Staudinger/Lehmann-Richter § 18 WEG Rn 282). Ein Anspruch auf Herausgabe der Originalprotokolle besteht nicht. Diese sind aber vom Verwalter **ohne zeitliche Beschränkung aufzubewahren** und bei einem Verwalterwechsel im Original herauszugeben. Die Einsichtnahme ist dem Verwalter mit angemessener Frist anzukündigen (vgl Staudinger/Lehmann-Richter § 18 WEG Rn 254). Dabei ist die Dringlichkeit des Einsichtswunsches zu berücksichtigen, die dann besonders hoch ist, wenn der Ablauf der Anfechtungsfrist droht. Das Verbot des **Rechtsmissbrauchs** (§ 242 BGB) und das **Schikaneverbot** (§ 226 BGB) begrenzen das Einsichtsrecht (vgl BGH NJW 2011, 1137 Rn 8; BayObLGZ 1972, 246, 248; OLG Hamm ZMR 1998, 587; KG ZWE 2000, 226). Obwohl der Anspruch nicht auf einmalige Einsicht beschränkt ist (LG Hamburg ZMR 2012, 292; allg zum Erfüllungseinwand beim Einsichtsrecht Staudinger/Lehmann-Richter § 18 WEG Rn 280), soll ein ohne Grund „innerhalb kurzer Zeit" vorgebrachtes, wiederholtes Einsichtsbegehren, für das keine sachlichen Gründe angeführt werden, einen Rechtsmissbrauch „indizieren" (Schmid ZWE 2014, 389, 390). 259

VI. Beschluss-Sammlung (Abs 7 und 8)

1. Zweck der Regelung, Entstehung und praktische Bedeutung

Die Regelungen über die Beschluss-Sammlung wurden im Rahmen der WEG-Novelle 2007 eingeführt. Hintergrund war die Auseinandersetzung um die Eintragungsbedürftigkeit und -fähigkeit von Beschlüssen in das Grundbuch (s hierzu Häublein ZWE 2005, 148). Aus Kostengründen hat der Gesetzgeber sich seinerzeit für einen Publizitätsträger entschieden, der dezentral geführt wird, dafür aber **keinen Gutglaubensschutz** genießt (Drasdo ZWE 2008, 169, 170). Die damit verbundenen Verwerfungen, die sich vor allem bei Beschlüssen mit Vereinbarungsinhalt zeigen, hat er gesehen, aber für akzeptabel erachtet (zu den Divergenzen zwischen den beiden Publizitätsträgern Häublein ZMR 2007, 409, 412). Zugleich hat er die Publizität nicht auf Beschlüsse mit Vereinbarungsinhalt beschränkt, sondern die Sammlung für andere Rechtsakte geöffnet (s Rn 275 ff). Obwohl das WEMoG mit Wirkung zum 1. 12. 2020 das Grundbuch partiell für Beschlüsse mit Vereinbarungsinhalt geöffnet hat (s §§ 5 Abs 4 AS 1, 7 Abs 2, 10 Abs 3 S 1 WEG), entschied sich der Ausschuss für Recht und Verbraucherschutz des Deutschen Bundestages offenkundig ohne vertiefte Befassung mit der Materie (andernfalls hätte man evtl bemerkt, dass das Wort „schriftlich" in Abs 7 S 2 Nr 2 de- 260 platziert ist, s Rn 266) für die Beibehaltung der Beschluss-Sammlung und änderte den RegE kurzer Hand ab (BT-Drucks 19/22634, 45 mit der lapidaren Begründung, die Sammlung habe sich bewährt; zur Kritik an diesem Vorgehen HÄUBLEIN ZWE 2021, 385, 394 f). Der RegE zum WEMoG hatte demgegenüber konsequent und in der Durchführung konsistent für eine Aufhebung der Abs 7 und 8 plädiert und dafür in § 25 Abs 5 WEG-E ein anderes, für die Publizität allein auf die Niederschrift setzendes System vorgeschlagen. Die Norm, die verschiedene Probleme der Praxis einer Lösung zugeführt hätte, lautete: *„Niederschriften über Beschlüsse und Urteile in Verfahren nach § 44 Abs 1 sind in Textform aufzubewahren. Beschlüsse nach § 16 Abs 2 S 2 und § 21 Abs 5 S 1 sowie diesbezügliche Urteile sind hervorzuheben.“* (zur Begründung s BT-Drucks 19/18791, 73 f). Die Versammlungsniederschriften wären dadurch als zentrale Informationsquelle aufgewertet und die Probleme (prägnant VOGEL ZWE 2019, 193, 197), die sich aus dem Nebeneinander der verschiedenen Publizitätsträger ergeben, auf diese Weise vernünftig gelöst worden.

261 Die Eintragung in die Beschluss-Sammlung ist ebenso wie die Niederschrift (Rn 220) keine Wirksamkeitsvoraussetzung des Beschlusses (BGH ZWE 2016, 325 Rn 10; zur Möglichkeit, das Fehlen der konstitutiven Verkündung durch Eintragung zu heilen, s § 23 WEG Rn 43). Mit der Niederschrift teilt sie ferner das **Ziel**, den Rechtsverkehr – möglichst verlässlich – über die Existenz rechtlich relevanter Regelungen **zu informieren**, die nicht aus dem Grundbuch zu entnehmen sind. Diese Doppelgleisigkeit hält man wohl deswegen für gerechtfertigt, weil der Informationsgehalt der Sammlung einerseits **über den der Niederschriften hinausgeht**, andererseits aber auch **dahinter zurückbleibt**. Ersteres folgt nicht nur aus der Aufnahme weiterer Rechtsakte in die Sammlung, sondern vor allem aus der Zusammenfassung der relevanten Regelungen an einer zentralen Stelle (beides wäre auch anders zu erreichen; s Rn 260). Deren jedenfalls für Beschlüsse ab dem 1. 7. 2007 zwingend vorgeschriebene Existenz ist dem Rechtsverkehr bekannt und Lücken in der Dokumentation fallen eher auf als bei den Niederschriften, über deren tatsächliche Existenz und Verbleib der an der Einsicht Interessierte oft nichts weiß. Die Bedeutung der daneben bestehenden Niederschrift zeigt sich vor allem bei der **Auslegung** der Beschlüsse. Der relevante Auslegungsstoff ist nicht auf den Inhalt der Beschluss-Sammlung beschränkt, sondern schließt die Umstände ein, die ein unbefangener Betrachter dem Protokoll entnehmen kann (s Rn 250). Ferner wird Fehlern durch das Vier- bzw Sechs-Augen-Prinzip entgegen gewirkt. Angesichts dessen erscheint es problematisch, den Beweiswert der Niederschrift bei einem Widerspruch zur Sammlung „auf null“ zu reduzieren (so aber JENNISSEN/SCHULTZKY Rn 164; dagegen bereits Rn 249).

262 Die Einsichtnahme in die Beschluss-Sammlung, auf die § 24 Abs 7 S 8 WEG jedem Eigentümer einen Anspruch gewährt (Rn 297; dort auch zum Verhältnis zu § 18 Abs 4 WEG), hat vergleichsweise geringe praktische Bedeutung. Es liegen daher hierzu bislang **kaum höchstrichterliche Entscheidungen** vor, weshalb noch immer viele Streitfragen als ungeklärt gelten müssen (deutlich Skepsis gegenüber dem Nutzen der Sammlung bei HÜGEL/ELZER NZM 2009, 457, 467).

2. Äußere Form der Beschluss-Sammlung

263 Es existieren ausdrücklich (s BT-Drucks 16/887, 33) **keine gesetzlichen Formvorschriften**, weshalb die entsprechenden Anforderungen aus der Funktion der Beschluss-Sammlung abzuleiten sind. Die gewählte Form muss zur dauerhaften Dokumentation ebenso geeignet sein wie zur ungehinderten Einsichtnahme durch die Eigentümer. Das setzt eine übersichtliche Führung voraus. Außerdem muss die gewählte Form **Manipulationen** begegnen, soweit dies – mit vertretbarem Aufwand – bei einem privat geführten „Register“ überhaupt möglich ist. Zu diesem Zweck ordnet § 24 Abs 7 S 3 WEG eine fortlaufende Nummerierung an (s Rn 270).

Hinsichtlich der Wahl der Form besteht ein **Ermessen des Verantwortlichen** (zu diesem Rn 285 ff). Er kann die Sammlung **schriftlich oder elektronisch** führen. Ordnungsmäßiger Verwaltung entspricht eine entsprechende Software aber nur, wenn sie Vorkehrungen gegen Manipulationen trifft (vgl JENNISSEN/SCHULTZKY Rn 186: weitgehend fälschungssicher). Ungeklärt ist, ob das Ermessen durch die Entscheidung desjenigen, der die Sammlung bislang geführt hat (Vorverwalter) reduziert wird. Ein (wiederholter) **Wechsel des Mediums** erschwert die Einsicht und führt zu Unübersichtlichkeit. Es wird deswegen gefordert, dass ggf auch die bisherigen Eintragungen übernommen werden (JENNISSEN/SCHULTZKY Rn 188). 264

Die Eigentümer können förmliche Vorgaben **vereinbaren** (s dazu auch Rn 300). Ferner können sie das Ermessen des Verwalters durch **Beschluss** einschränken und Festlegungen über das Führen der Sammlung treffen. Zu den Reaktionsmöglichkeiten des bereits bestellten Verwalters, bei dem diese Festlegungen Aufwand verursachen, s Rn 47. 265

3. Inhalt und Aufbau der Beschluss-Sammlung

Nach § 24 Abs 7 S 2 WEG gehören zum Inhalt einer ordnungsmäßigen Beschluss-Sammlung der **Wortlaut**: 266

- der in der Versammlung der Wohnungseigentümer verkündeten Beschlüsse,
- der schriftlichen Beschlüsse,
- der Urteilsformeln der gerichtlichen Entscheidungen in einem Rechtsstreit gem § 43 WEG.

Damit knüpfte der Gesetzgeber an § 10 Abs 4 WEG aF an, der hinsichtlich dieser Eintragungsgegenstände eine Bindung von Sondernachfolgern außerhalb des Grundbuchs vorsah. Nach dem WEMoG ergibt sich die Bindung an gerichtliche Entscheidungen idR aus der Zugehörigkeit zur GdWE und „schriftliche Beschlüsse“ sind solche iSv § 23 Abs 3 WEG, also der Textform unterliegende Beschlüsse außerhalb von Versammlungen (zur Entstehung dieses Redaktionsversehens im Rechtsausschuss s Rn 260). Dem Inkrafttreten der WEG-Novelle entsprechend gilt die Eintragungspflicht nur für Rechtsakte, die **nach dem 1. 7. 2007** ergangen sind. Frühere Beschlüsse und Entscheidungen können fakultativ in die Sammlung aufgenommen werden (zu einer dahingehenden Beschlussfassung s DRASDO ZWE 2008, 169, 177).

Gerichtliche Vergleiche sind als solche nicht einzutragen (hM; DRASDO ZWE 2008, 169, 172 f; JENNISSEN/SCHULTZKY Rn 185; RIECKE/SCHMID/RIECKE Rn 111; **aA** BÄRMANN/MERLE Rn 208; zur Empfehlung, über den Inhalt des Vergleichs zusätzlich einen – dann eintragungspflichtigen – Beschluss zu fassen, damit Sondernachfolger gebunden werden, s HÄUBLEIN ZMR 2001, 165). Glei- 267 ches gilt für **Vereinbarungen**. Allerdings kann die Abgrenzung zu allstimmig gefassten Umlaufbeschlüssen schwierig sein (zum Abstellen auf das Verfahren der Willensbildung s § 23 WEG Rn 19).

268 **GO-Beschlüsse** (zur Terminologie s Rn 196 f) sind nach zutreffender (s Rn 209) hM **nicht** in die Beschluss-Sammlung aufzunehmen (s dazu GREINER ZWE 2016, 297, 302; DRASDO ZMR 2007, 501, 504; ZWE 2008, 169, 174; DECKERT NZM 2005, 927, 928; JENNISSEN/SCHULTZKY Rn 177; **aA** MERLE ZWE 2007, 272, 276). Anders liegen die Dinge bei Beschlüssen über eine Geschäftsordnung (zu den Gründen s Rn 211).

269 Die intendierte Publizität der auch gegen Sonderrechtsnachfolger wirkenden Beschlüsse ist nach Ansicht des BGH dadurch zu gewährleisten, dass – jedenfalls bei Beschlüssen, die die Gemeinschaftsordnung aufgrund einer Öffnungsklausel ändern – ein im Beschlusswortlaut **in Bezug genommenes Schriftstück** ebenfalls in die Beschluss-Sammlung oder eine Anlage zu dieser aufzunehmen ist (BGH ZWE 2016, 325 Rn 10; BÄRMANN/MERLE Rn 195, für Aufnahme in eine Anlage und entsprechenden Vermerk). Im Grundsatz kann für Beschlüsse ohne Vereinbarungsinhalt nichts anderes gelten, weil andernfalls das Informationsbedürfnis des Rechtsverkehrs nicht befriedigt würde (JENNISSEN/SCHULTZKY Rn 176). Sollen Beschlüsse mit Vereinbarungsinhalt gem §§ 5 Abs 4 S 1, 10 Abs 3 S 1 WEG nunmehr in das Grundbuch eingetragen werden, müssen die im Beschlusstext in Bezug genommenen Anlagen Teil der Eintragungsbewilligung sein, damit die Eintragung gem § 7 Abs 3 S 1 WEG erfolgen kann.

270 Der Aufbau der Sammlung erfolgt **chronologisch** („fortlaufende Eintragung“ iSv Abs 7 S 3). Die **Nummerierung** hat dergestalt zu erfolgen, dass Manipulationen möglichst erkennbar werden. Sie werden erleichtert, wenn Nummern mehrfach vergeben werden, etwa weil jeder Versammlung die Nummern 1–x zugewiesen werden. Das widerspricht daher ordnungsmäßiger Verwaltung. Geboten ist eine versammlungsübergreifende Nummerierung (NIEDENFÜHR/SCHMIDT-RÄNTSCH/VANDENHOUTEN/VANDENHOUTEN Rn 84).

4. Vornahme von Eintragungen

a) Eintragungen ieS und iwS

271 Primäre Eintragungsgegenstände sind die in Rn 266 genannten Beschlüsse und gerichtlichen Entscheidungen (Eintragungen ieS). Zum Zwecke der zutreffenden Information des Rechtsverkehrs sind neben den Eintragungen ieS auch **„Vermerke und Löschungen“** vorgesehen (zur Terminologie s § 24 Abs 7 S 7 WEG). Sie kann man als Eintragungen iwS bezeichnen. Anzumerken sind nach Abs 7 S 4 die Anfechtung oder Aufhebung von Beschlüssen und gerichtlichen Entscheidungen. Im Falle der Aufhebung kommt alternativ eine Löschung in Betracht (Abs 7 S 5). Darüber hinaus kann eine Eintragung nach Abs 7 S 6 gelöscht werden, wenn sie aus einem anderen Grund keine Bedeutung mehr hat.

b) Anforderungen an die Eintragungen im Einzelnen

aa) Unverzüglichkeit

272 Eintragungen haben **fortlaufend** (Rn 270) und **unverzüglich** zu erfolgen. Das erfordert ein Tätigwerden „ohne schuldhaftes Zögern“ (§ 121 Abs 1 S 1 BGB). Von einem professionellen Verwalter kann man grundsätzlich eine Eintragung eines Beschlusses

am nächsten Werktag nach der Versammlung bzw Verkündung erwarten, während Eintragungen nach einer Woche verspätet und pflichtwidrig sind (LG München I NJW 2008, 1823; Bärmann/Merle Rn 186; s auch LG Karlsruhe ZWE 2013, 36, 37: innerhalb von drei Tagen; **aA** LG Berlin ZWE 2010, 224, 225: eine Woche noch ausreichend). Im Übrigen richten sich die Anforderungen an die Eintragung nach der Art der Eintragung. Gerichtliche Entscheidungen sich unverzüglich nach Erlass sowie Zustellung und nicht erst nach Eintritt der Rechtskraft einzutragen (Jennissen/Schultzky Rn 184).

bb) Eintragung von Beschlüssen

Verkündete **Versammlungsbeschlüsse** sind, gleich ob es sich um positive oder negative Beschlüsse handelt, unter Angabe von **Ort und Datum der Versammlung** einzutragen. Dabei ist der Wortlaut des Beschlussantrages ebenso einzutragen wie das Beschlussergebnis (Annahme oder Ablehnung). Das Einscannen des Beschlussprotokolls genügt nicht. Ob der Ort einschließlich der postalischen Anschrift anzugeben ist (dafür Jennissen/Schultzky Rn 175) erscheint zweifelhaft. **273**

Beschlüsse im Umlaufverfahren (s § 23 WEG Rn 288 ff) sind mit Angabe von Ort und Datum der Verkündung und im Übrigen ebenso einzutragen. Zum Erfordernis der Verkündung von Umlaufbeschlüssen s § 23 WEG Rn 324. Dass das Gesetz von „schriftlichen Beschlüssen" spricht, ist ein Redaktionsversehen (s Rn 266 iVm Rn 260). **274**

cc) Eintragung von Urteilsformeln

Die **Urteilsformeln gerichtlicher Entscheidungen** sind mit Angabe ihres Datums, des Gerichts und der Parteien einzutragen. Das gilt für sämtliche in § 43 Abs 2 WEG genannten Fälle, also nicht mehr für Verfahren mit Dritten gem § 43 Nr 5 WEG aF (Jennissen/Schultzky Rn 179, der zu Recht die pauschale Bezugnahme auf § 43 WEG im Gesetzeswortlaut moniert). Entscheidungen in Verfahren mit Dritten haben oft nur vorübergehende Bedeutung (zB Erfüllung des vom Dritten eingeklagten Anspruchs), was für die Änderung spricht. Der Begriff „Urteilsformel" ist **zu eng** gewählt, da er gerichtliche Beschlüsse, etwa im Rahmen von Altverfahren oder von Entscheidungen des einstweiligen Rechtsschutzes, nicht einschließt. Sie sind aber gleichwohl Gegenstand der Beschluss-Sammlung (Jennissen/Schultzky Rn 182). Auf die **Rechtskraft** der Entscheidung kommt es **nicht** an (Soergel/Skauradszun Rn 67). **275**

Entscheidungen über das **sachenrechtliche Grundverhältnis** sind nach der Neufassung des § 43 WEG von Abs 2 Nr 1 erfasst (BT-Drucks 19/18791, 81; Staudinger/Lehmann-Richter § 43 WEG Rn 30) und daher nunmehr ohne jeden Zweifel einzutragen. Kommt **§ 43 Abs 2 WEG entsprechend** zur Anwendung (dazu Staudinger/Lehmann-Richter § 43 WEG Rn 17, 35, 46 mwNw), gilt § 24 Abs 7 S 2 Nr 3 WEG ebenfalls. **276**

Ungeklärt ist, ob auch solche Urteile, die eine **Klage abweisen** und deren Tenor daher keine Auskunft über den Gegenstand des Verfahrens gibt, nur mit der Urteilsformel einzutragen sind (dafür Niedenführ/Schmidt-Räntsch/Vandenhouten/Vandenhouten Rn 88; für weitergehende Eintragung auch der Klageantrags Bärmann/Merle Rn 207; Riecke/Schmid/Riecke Rn 109). In jedem Fall ist eine fakultative Eintragung des Klageantrages zulässig (Jennissen/Schultzky Rn 181). **277**

Einzutragen ist nicht nur die Entscheidung in der Hauptsache, sondern es sind ebenfalls die **Nebenentscheidungen**, die zur Urteilsformel iSv § 313 Abs 1 Nr 4 ZPO gehö- **278** ren, anzugeben (Jennissen/Schultzky Rn 181). Verfahrensbegleitende Entscheidungen des Gerichts, etwa Beweisbeschlüsse, sind hingegen nicht aufzunehmen (Niedenführ/Schmidt-Räntsch/Vandenhouten/Vandenhouten Rn 89).

279 Zu den weiteren einzutragenden Tatsachen zählen das Datum und das Gericht. Obwohl das Gesetz dies nicht ausdrücklich erwähnt, ist auch das **Aktenzeichen** einzutragen (Bärmann/Merle Rn 209).

280 Die **Parteien** sind so einzutragen, dass sie für den Rechtsverkehr hinreichend identifizierbar sind; dabei kann die Gemeinschaft etwa als „GdWE" oder „WEG" abgekürzt werden. Ob neben dem Namen auch die Anschrift anzugeben ist, ist umstritten, aber wohl zu verneinen (wie hier Bärmann/Merle Rn 209; **aA** Jennissen/Schultzky Rn 183).

dd) Eintragung von Vermerken und Löschungen

281 **Anmerkungen (Vermerke)** sind so vorzunehmen, dass der Rechtsverkehr die notwendigen Informationen prägnant erhält. Im Falle der gerichtlichen Anfechtung oder Aufhebung eines Beschlusses empfiehlt sich die Angabe des **Aktenzeichens**, ebenso bei Einlegung eines Rechtsmittels.

282 Die anzumerkende „Anfechtung" kann auch eine Klage auf **Feststellung der Nichtigkeit oder des Inhalts eines Beschlusses**, muss also keine Anfechtungsklage sein (Jennissen/Schultzky Rn 190). Für die Unverzüglichkeit (s Rn 272, 284) ist grundsätzlich auf die **Zustellung der Klage** abzustellen. Eine **gerichtliche Aufhebung** setzt Rechtskraft voraus. In Betracht kommt aber auch ein Zweitbeschluss der Eigentümer.

283 Löschungen können durch Streichung oder – bei elektronischer Führung – durch vollständiges Entfernen der Eintragung vorgenommen werden. Um einem Manipulationsverdacht zu begegnen, ist die Nummerierung beizubehalten und in jedem Fall ein Löschungsvermerk anzubringen, der das Datum der Löschung angeben muss (Abs 7 S 7).

284 Wie die Eintragungen ieS haben auch die Vermerke und Löschungen grundsätzlich **unverzüglich** zu erfolgen. Allerdings gilt das nicht bei fakultativen Löschungen (§ 24 Abs 7 S 6 WEG). Das Ermessen des Verantwortlichen steht der Annahme einer Pflicht zum unverzüglichen Tätigwerden entgegen; § 24 Abs 7 S 7 WEG ist teleologisch zu reduzieren.

5. Verantwortliche Personen

285 Nach § 27 Abs 8 S 1 WEG ist **der Verwalter** für das Führen der Beschluss-Sammlung zuständig. Im Unterschied zur Niederschrift ist eine Mitwirkung und Kontrolle durch andere Personen nicht vorgesehen, was die „Richtigkeitsgewähr" der Eintragungen vermindert. Eine dem Protokoll gleichstehende beweisrechtliche Bedeutung (zur Niederschrift s Rn 246 ff) ist damit nicht vereinbar (s auch Rn 261). Zum Führen gehören **sämtliche** in § 24 Abs 7 WEG vorgesehene **Eintragungen iwS**, also Eintragungen ieS, Vermerke und Löschungen, aber auch das Gewähren von Einsicht und ggf das Anlegen der Beschluss-Sammlung (zB bei Übernahme einer Erstverwaltung). Zum Ermessen des Verantwortlichen s Rn 264. Zur **Korrektur** von fehlerhaften Eintragungen s Rn 291.

Die Pflicht des Verwalters, eine Beschluss-Sammlung zu führen, ist eine **Amtspflicht** 286
des Organs gegenüber der GdWE (Bärmann/Merle Rn 181; Hügel/Elzer Rn 195). Schutzwirkungen gegenüber den Eigentümern schließt das aber nicht aus (**str**; s Rn 294). Die Pflicht entfällt nicht dadurch, dass ein anderer die Versammlung leitet (**str**; wie hier Jennissen/Schultzky Rn 170). § 24 Abs 8 S 2 WEG nimmt den Versammlungsleiter nur für den Fall in die Pflicht, dass kein Verwalter existiert (s Rn 288 f). Solange ein Verwalter im Amt ist, befindet er sich typischerweise auch im Besitz der Sammlung und muss diese führen. War der Verwalter auf der Versammlung nicht anwesend, muss ihn der Versammlungsleiter unverzüglich über die von ihm verkündeten Beschlüsse **unterrichten**, damit die Eintragung vorgenommen werden kann.

Umstritten ist, wer im Falle eines **Verwalterwechsels** für Eintragungen, einschließlich 287
Vermerke und Löschungen zuständig ist. Zum Teil wird angenommen, mit der Amtszeit ende auch die Befugnis, Rechtshandlungen im Zusammenhang mit der Beschluss-Sammlung vorzunehmen (Jennissen/Schultzky Rn 166; Niedenführ/Schmidt-Räntsch/Vandenhouten/Vandenhouten Rn 95). Eine Gegenauffassung meint, der neue Verwalter habe die Sammlung zwar hinsichtlich der Eintragungen zu führen, die durch die Versammlung verursacht werden, in der er bestellt worden ist, für Eintragungen, die durch frühere Versammlungen verursacht worden sind, bleibe hingegen der bisherige Verwalter zuständig (AG Schöneberg ZWE 2015, 142; Bärmann/Merle Rn 181). Die zuletzt genannte Ansicht stellt auf die Fälligkeit der Handlung ab (so auch Abramenko, Das neue WEG, § 2 Rn 60) und verweist dafür auf die Rechtslage bei der Abrechnung. Spätestens nach Inkrafttreten des WEMoG und der Zuweisung der Verwaltungsaufgaben an die GdWE kann dieses Argument aber nicht mehr überzeugen (dazu Staudinger/Häublein/Lehmann-Richter § 28 WEG Rn 201). Zweifelhaft ist ferner, ob die beiden Fälle gleich gelagert sind. Der nicht mehr im Amt befindliche Verwalter hat die Beschluss-Sammlung unverzüglich herauszugeben und kann daher regelmäßig keine Eintragungen mehr vornehmen. Mit der Übernahme des Amtes liegt die Zuständigkeit in den Händen des neuen Verwalters, der insoweit auch darüber zu befinden hat, ob er die Sammlung in der bisherigen Form fortführt (Rn 264). Eine Auseinandersetzung zwischen dem alten und dem neuen Verwalter darüber, wann, wo und wie die Eintragung vorzunehmen ist, gefährdete den unverzüglichen Vollzug, weshalb von einer **ausschließlichen Zuständigkeit des neuen Verwalters** auszugehen ist. Damit ist freilich weder gesagt, dass dieser Eintragungen unentgeltlich vornehmen muss (s Jennissen/Schultzky Rn 166, 169), noch, dass der bisherige Verwalter von Mitwirkungspflichten und einer etwaigen Schadensersatzpflicht befreit wird.

Fehlt ein Verwalter, führt im Zweifel der **Vorsitzende der Versammlung** die Beschluss- 288
Sammlung (S 2; krit dazu Drasdo ZWE 2008, 169, 171: nicht nachzuvollziehen). Damit hatte der Gesetzgeber ersichtlich nur die Eintragungen der betreffenden Versammlung nach Abs 7 S 2 Nr 1 vor Augen. Werden schriftliche Beschlüsse gefasst (Abs 7 S 2 Nr 2), muss der Initiator denjenigen, der sich im Besitz der Beschluss-Sammlung befindet (zB den Leiter der letzten Versammlung), informieren und auf die ordnungsmäßige Eintragung hinwirken oder diese selbst vornehmen. Ungeklärt ist, wer für Eintragungen nach Abs 7 S 2 Nr 3 zuständig ist. Nach dem Wortlaut von Abs 8 S 2

wäre wohl auf den Vorsitzenden der letzten Versammlung abzustellen (dafür etwa Jennissen/Schultzky Rn 171), wofür es aber keine vergleichbare Rechtfertigung gibt wie in den Fällen von Abs 7 S 2 Nr 1. Es empfiehlt sich angesichts dieser Unsicherheiten, von der im Gesetz vorgesehenen Möglichkeit Gebrauch zu machen, einen **Verantwortlichen** durch Mehrheitsbeschluss zu **bestellen**. Die Bestellung kann für konkrete Maßnahmen (zB die Beschlüsse einer Versammlung) oder dauerhaft erfolgen. Die bestellte Person muss nicht Wohnungseigentümer sein (Abramenko, Das neue WEG, § 2 Rn 57; Bärmann/Merle Rn 183). Die Bestellung kann nicht gegen den Willen der betreffenden Person erfolgen, weshalb eine (zumindest konkludent erklärte) Annahme erforderlich ist. Durch sie soll iZw zugleich ein **Auftragsverhältnis** begründet werden (Abramenko, Das neue WEG, § 2 Rn 58). Zum Ende der Bestellungszeit durch Neubestellung eines Verwalters s Rn 289.

289 Ein Verwalter fehlt, wenn kein (wirksamer) Bestellungsakt vorliegt oder wenn ein wirksam bestellter Verwalter nicht mehr im Amt ist, etwa infolge des Ablaufs der Bestellungszeit, durch Abberufung, Niederlegung usw (zur Beendigung der Verwalterstellung Staudinger/Jacoby § 26 WEG Rn 68 ff). Dem werden die Fälle gleichgestellt, dass sich der **Verwalter zwar noch im Amt** befindet, an dessen Ausübung aber nicht nur vorübergehend tatsächlich gehindert ist (zB infolge Erkrankung) oder sich weigert, eine Versammlung durchzuführen und zu leiten (Abramenko, Das neue WEG, § 2 Rn 54; Bärmann/Merle Rn 182). Wurde wegen Fehlens eines Verwalters ein Verantwortlicher bestellt, endet dessen Bestellungszeit mit der Wahl eines Verwalters. Die Eigentümer haben vorbehaltlich einer abweichenden Vereinbarung keine Kompetenz, neben dem Verwalter einen weiteren Verantwortlichen zu bestellen (s Rn 290; Abramenko, Das neue WEG § 2 Rn 59; Jennissen/Schultzky Rn 173; abw und Kompetenz bejahend Bärmann/Merle Rn 183).

290 Die Kompetenz der Versammlung, durch Beschluss eine Person zu bestimmen, die die Beschluss-Sammlung führen soll, besteht nur, wenn kein Verwalter bestellt ist. Ist hingegen ein Verwalter im Amt, sind entsprechende Beschlüsse – vorbehaltlich einer Öffnungsklausel – **nichtig** (s Abramenko, Das neue WEG, § 2 Rn 52; Jennissen/Schultzky Rn 167, 173; **anders** bei Bestellung einer „konkreten Person" Niedenführ/Schmidt-Räntsch/Vandenhouten/Vandenhouten Rn 97). Von § 24 Abs 8 S 1 WEG **abweichende Vereinbarungen** kommen zwar in Betracht (§ 10 Abs 1 S 2 WEG; statt vieler: Drasdo ZWE 2008, 169, 171), spielen aber in der Praxis keine Rolle und sind auch nicht zu empfehlen, da der Verwalter regelmäßig zuerst über die für die Beschluss-Sammlung relevanten Informationen verfügt.

6. Mängel der Eintragungen und Berichtigungen

291 Mängel der Beschluss-Sammlung, insb inhaltliche Unrichtigkeiten der Eintragungen, wie Schreibfehler, hat der Verantwortliche **selbständig zu korrigieren**. Eine zeitliche Beschränkung hierfür gibt es nach hM nicht (Jennissen/Schultzky Rn 202). Daher sind vom Verantwortlichen auch solche Fehler zu korrigieren, die auf Eintragungen anderer Personen, zB von früheren Verwaltern, beruhen (LG Berlin ZWE 2017, 95; Jennissen/Schultzky Rn 168).

292 Jeder Wohnungseigentümer hat einen **individuellen Anspruch** aus § 18 Abs 2 WEG **auf Berichtigung**, sofern der Mangel der Beschluss-Sammlung ordnungsmäßiger Verwaltung widerspricht. Er richtet sich gegen die GdWE und kann im Verfahren nach § 43 Abs 2 Nr 2 WEG gerichtlich ohne zeitliche Beschränkung durchgesetzt werden. Der verantwortlichen Verwalter wiederum schuldet der GdWE die Vornahme der entsprechenden Handlung.

Auch gegen **fehlerhafte Berichtigungen** kann sich der einzelne Eigentümer wehren. Der Anspruch resultiert ebenfalls aus § 18 Abs 2 WEG (s Rn 292). 293

Fehlerhafte Eintragungen oder sonstige Verstöße gegen die Grundsätze ordnungsmäßiger Verwaltung im Zusammenhang mit den Eintragungen in die Beschluss-Sammlung sind **Pflichtverletzungen des Verwalters**. Handelte der Verwalter schuldhaft, haftet er gem §§ 280 ff BGB auf Schadensersatz. Der Anspruch steht grundsätzlich der GdWE zu. Ob der Verwaltervertrag und/oder die Amtsstellung **Drittwirkung** zugunsten der **Wohnungseigentümer** entfalten (näher dazu Häublein ZWE 2008, 1, 6 f, 80, 82 ff), ist nach dem Inkrafttreten des WEMoG fraglich geworden. Das wird wegen des Bestehens gleichartiger Ansprüche der Eigentümer gegen die GdWE abgelehnt (AG Hannover ZWE 2021, 360; Lehmann-Richter/Wobst WEG-Reform 2020 Rn 58 ff, 542; Grüneberg/Wicke § 27 Rn 3). Die Gegenauffassung bejaht die Schutzwirkung weiterhin (Hügel/Elzer Rn 198 iVm § 26 Rn 211; s dazu auch BT-Drucks 19/22634, 47, wo an der Judikatur des BGH explizit festgehalten wird, s BGH 8. 2. 2019 – V ZR 153/18, NJW 2019, 3446 Rn 9). S zu diesem Streit Staudinger/Jacoby § 26 WEG Rn 28 f. 294

Eine **Haftung gegenüber** Einsicht nehmenden **Dritten** lehnt die hM mangels Schutzwirkung der Verwalterpflichten ab (Jennissen/Schultzky Rn 205; Demharter NZM 2006, 489, 493; Drasdo ZWE 2008, 169, 170; s hierzu auch die Gesetzesbegründung BT-Drucks 16/887, 34). 295

Der Gesetzgeber des Jahres 2007 hatte Pflichtverletzungen im Zusammenhang mit der Führung der Beschluss-Sammlung überdies ausdrücklich als **wichtigen Grund für die Abwahl** des Verwalters hervorgehoben; s § 26 Abs 1 S 4 WEG aF. Diese Hervorhebung hat das WEMoG zu Recht abgeschafft. Nicht jede Pflichtverletzung begründet einen außerordentlichen Beendigungsgrund. Das Gewicht des Verstoßes und die daraus resultierende Unzumutbarkeit der Fortsetzung der Zusammenarbeit müssen vielmehr jeweils im Einzelfall bewertet werden. 296

7. Einsichtsrecht (Abs 7 S 8)

Das Einsichtsrecht steht den Wohnungseigentümern an sich bereits nach § 18 Abs 4 WEG zu (s auch Rn 258; zum Einsichtsrecht ausf Staudinger/Lehmann-Richter § 18 WEG Rn 249 ff). Dass § 24 Abs 7 S 8 WEG durch das WEMoG nicht geändert wurde, ist eine Folge der bei Rn 260 dargestellten Entstehungsgeschichte. Daneben erwähnt das Gesetz ausdrücklich auch **Dritte**, die der Eigentümer ermächtigt hat. Da weitere Anforderungen, etwa ein berechtigtes Interesse, nicht gestellt werden (generell gegen ein solches Erfordernis beim Einsichtsrecht Wobst ZWE 2023, 149, 151), hat der Verwalter insofern kein Prüfungsrecht. Einen **Nachweis der Ermächtigung** kann der Verwalter hingegen fordern (Jennissen/Schultzky Rn 196). 297

Nach der Entscheidung des Gesetzgebers leitet sich das Einsichtsrecht eines Dritten vom Eigentümer ab, weshalb etwa ein potenzieller Bieter in der Zwangsversteige- 298 rung **kein eigenes Einsichtsrecht** hat. Das bloße Informationsinteresse genügt nach hM nicht (Drasdo ZWE 2008, 169, 178; Jennissen/Schultzky Rn 197). Ob ein Anspruch des Dritten gegen den Eigentümer auf Ermächtigung besteht, richtet sich nach dem Rechtsverhältnis der beiden (gegen einen Anspruch des Mieters BGH ZMR 2012, 173 Rn 5).

299 Für die **Modalitäten der Einsichtnahme** und die **Durchsetzung** des Anspruchs gelten die Ausführungen zur Einsicht in die Niederschrift (Rn 259) und zum allg Einsichtsrecht sinngemäß (s Staudinger/Lehmann-Richter § 18 WEG Rn 253 ff).

8. Abweichende Vereinbarungen

300 § 24 Abs 7 und 8 WEG sind nach der Regel des § 10 Abs 1 S 2 WEG grundsätzlich **dispositiv**. Neben inhaltlichen Modifikationen und ergänzenden Regelungen (zur Aufnahme der Beschlüsse in ein „Beschlussbuch" als Gültigkeitsvoraussetzung s Rn 243) soll selbst der **gänzliche Ausschluss** einer Beschluss-Sammlung zulässig sein (Bärmann/Merle Rn 178). Das ist deswegen **zweifelhaft**, weil die Einführung der Sammlung vor allem künftigen Eigentümern dient, was dagegen spricht, den gegenwärtigen Eigentümern die Rechtsmacht zu geben, das Instrument zu beseitigen. Abweichungen von § 24 Abs 7 und 8 WEG können nur bei Existenz einer Öffnungsklausel **beschlossen werden** (Drasdo ZWE 2008, 169, 171).

§ 25 WEG
Beschlussfassung

(1) Bei der Beschlussfassung entscheidet die Mehrheit der abgegebenen Stimmen.

(2) Jeder Wohnungseigentümer hat eine Stimme. Steht ein Wohnungseigentum mehreren gemeinschaftlich zu, so können sie das Stimmrecht nur einheitlich ausüben.

(3) Vollmachten bedürfen zu ihrer Gültigkeit der Textform.

(4) Ein Wohnungseigentümer ist nicht stimmberechtigt, wenn die Beschlussfassung die Vornahme eines auf die Verwaltung des gemeinschaftlichen Eigentums bezüglichen Rechtsgeschäfts mit ihm oder die Einleitung oder Erledigung eines Rechtsstreits gegen ihn betrifft oder wenn er nach § 17 rechtskräftig verurteilt ist.

Materialien: BR-Drucks 75/51; BT-Drucks VII/62, 8 f; BT-Drucks 19/18791, 73 f; BT-Drucks 19/22634, 45.

Schrifttum

S hierzu die Übersicht bei § 23 WEG.

Systematische Übersicht

Alphabetische Übersicht:

I. Regelungsgegenstand

Die Norm befasst sich in Ergänzung der §§ 23 f WEG mit der Willensbildung durch Mehrheitsbeschluss. Sie enthält in der Fassung des WEMoG in Abs 1 zunächst die Aussage, dass Beschlüsse iSd WEG **Mehrheitsentscheidungen** sind. Ferner wird das **Stimmrecht und dessen Ausübung** geregelt (Abs 2 und 4) und dabei zugleich festgelegt, in welcher **Form Vollmachten** vorliegen müssen (Abs 3). Die **prozedurale Frage der Beschlussfähigkeit** (Abs 3, 4 aF) wird demgegenüber nicht mehr angesprochen und damit jede Versammlung für beschlussfähig erklärt. 1

2 § 25 WEG hat **auch beim Umlaufbeschluss** Relevanz (s hierzu etwa § 23 WEG Rn 315) sowie dort, wo die einfache Mehrheit nicht für einen (positiven) Beschluss ausreicht. Zwar kennt das WEG solche Angelegenheiten nicht mehr, jedoch können die Eigentümer entsprechende Erfordernisse vereinbaren, was insbesondere bei Öffnungsklauseln verbreitet ist. Obwohl die Norm über das Recht der Bruchteilgemeinschaft deutlich hinausgeht (vgl § 745 BGB), wird das Spektrum der formellen Vorgaben für die Beschlussfassung von § 25 WEG keineswegs abgedeckt (dessen ist sich der Gesetzgeber bewusst, s BT-Drucks 19/18791, 73). Teilweise enthält das Gesetz auch andernorts entsprechende Regelungen (zB § 23 Abs 2 WEG und § 24 WEG) und teilweise schweigt es zu wichtigen Fragen (s auch § 24 WEG Rn 2). Ungeregelt bleibt etwa, wann ein Mehrheitsbeschluss zustande gekommen ist (zum Problem der Feststellung und Verkündung § 23 WEG Rn 30).

II. Mehrheitsbeschluss

3 In sprachlicher Anlehnung an § 32 Abs 1 S 3 BGB und § 47 Abs 1 GmbHG soll § 25 Abs 1 WEG nicht nur klarstellen, dass für die Beschlussfassung aufgrund der Vorschriften des WEG **stets die einfache Mehrheit ausreicht**, sondern zugleich auch, dass es bei der Berechnung der Mehrheit **allein auf die abgegebenen Stimmen** ankommt, also Enthaltungen nicht zu berücksichtigen sind (s BT-Drucks 19/18791, 73 mHinw auf diese Kommentierung, s Rn 16). § 25 WEG regelt hingegen nicht, welche Angelegenheiten durch (einfache) Stimmenmehrheit geordnet werden können.

1. Angelegenheiten der mehrheitlichen Beschlussfassung; Abdingbarkeit

4 Die der Beschlussfassung und damit der zugewiesenen Angelegenheiten benennt das WEG **enumerativ** (vgl dazu § 23 WEG Rn 127). Die entsprechenden Vorschriften befinden sich **überwiegend im 4. Abschnitt des 1. Teils** (s § 12 Abs 4 S 1 WEG, § 16 Abs 2 S 2 WEG, § 19 Abs 1 WEG, § 20 Abs 1 WEG, § 21 Abs 5 S 1 WEG, § 23 Abs 1 S 2 u Abs 3 S 2 WEG, § 24 Abs 3 u Abs 5 WEG, § 26 Abs 1 WEG, § 27 Abs 2 WEG, § 28 Abs 1 S 1, Abs 2 S 1 u Abs 3 WEG, § 29 Abs 1 S 1 WEG). Allerdings erlaubt eine Willensbildung durch Stimmenmehrheit auch § 9b Abs 1 S 1, Abs 2 WEG.

4a Die Generalklausel in § 19 Abs 1 WEG, die durch die Begriffe „Verwaltung" und „Benutzung" für einen **weiten Anwendungsbereich der Mehrheitsmacht** sorgt, ist besonders bedeutsam; sie sichert die Handlungsfähigkeit der GdWE. **Abweichende**, die Willensbildung erschwerende **Vereinbarungen** sind daher idR nicht empfehlenswert. Gleichwohl ist nach dem Prinzip des § 10 Abs 1 S 2 WEG selbst eine Vereinbarung, die für Verwaltungsentscheidungen **Einstimmigkeit** vorsieht, grundsätzlich **zulässig** (OLG Hamm ZMR 2009, 219 = ZWE 2008, 465; zust F Schmidt ZWE 2008, 463; nach Ansicht beider soll Einstimmigkeit idS auch erreicht sein, wenn sich einzelne Eigentümer enthalten; das ist zweifelhaft und letztlich eine Frage der Auslegung der Gemeinschaftsordnung, dazu § 23 WEG Rn 104 f, darf aber jedenfalls nicht dahin verstanden werden, ein Zustimmungserfordernis aller Eigentümer sei unzulässig). Die zumindest teilweise **Unwirksamkeit** solcher Vereinbarungen kann sich aber neben dem WEG (explizit § 17 Abs 3 WEG u § 26 Abs 5 WEG, s aber auch § 9b Abs 1 S 3 WEG u § 11 Abs 1 S 3 WEG; zur Unwirksamkeit auch im Falle einer Gesetzesänderung s OLG Hamm ZMR 2009, 219 = ZWE 2008, 465), aus den allgemeinen privatrechtlichen Vorschriften ergeben. Während das Einstimmigkeitsprinzip in sehr kleinen Gemeinschaften – bei nur zwei Eigentümern folgt das Einstimmigkeitserfordernis de facto sogar ex lege aus dem gesetzlichen Kopfprinzip – durchaus nicht dazu führen muss, dass die **Willensbildung** unter den Eigentümern **zum Erliegen kommt** (der Entscheidung des OLG Hamm ZMR 2009, 219 = ZWE 2008, 465 lag eine Gemeinschaft mit vier Einheiten zugrunde, in der die Gemeinschaftsordnung auch noch gem § 3 WEG ausgehandelt wurde), führt es bei größeren Gemeinschaften mit hoher Wahrscheinlichkeit genau zu diesem Ergebnis (vgl F Schmidt ZWE 2009, 463, 464). Das Problem ist vor allem aus dem Recht der Publikumspersonengesellschaften bekannt, wo die hL versucht, das Mehrheitsprinzip als objektives Recht zu installieren (s BeckOK-HGB/Häublein/Beyer § 161 HGB Rn 77). Vor allem dann, wenn ein aufteilender Unternehmer durch das Einstimmigkeitsprinzip für sich vorteilhafte Rechtspositionen sichert, kann die Vereinbarung **unwirksam** sein (s dazu auch Rn 41). Im Übrigen dürfte eine **Ausübungskontrolle** (§ 242 BGB) einer Inhaltskontrolle vorzuziehen sein, weil sich auch in größeren Anlagen die Situation verändern kann, etwa wenn nur noch wenige Eigentümer existieren, und man daher im Einzelfall feststellen muss, ob es treuwidrig ist, sich auf die Einstimmigkeitsvereinbarung zu berufen.

Ebenfalls durch Mehrheitsbeschluss können Angelegenheiten geordnet werden, die **durch entsprechende Vereinbarung festgelegt** wurden; s § 23 Abs 1 S 1 WEG (allg zu derartigen Öffnungsklauseln s Staudinger/Wobst [2023] § 10 WEG Rn 20). Auch für sie gilt § 25 WEG im Zweifel, wobei zunächst unter Berücksichtigung der gesamten Gemeinschaftsordnung durch Auslegung zu ermitteln ist, ob ein solcher Zweifel wirklich vorliegt (zur Auslegung der im Grundbuch eingetragenen Vereinbarungen s Staudinger/Wobst [2023] § 10 WEG Rn 32 ff). Vor allem eine intrasystematische Auslegung kann hier ein von § 25 WEG abweichendes Verständnis zu Tage fördern, das grundsätzlich vorrangig wäre, etwa das Erfordernis, dass es auf die Mehrheit aller Stimmen und nicht auf die Mehrheit der abgegebenen ankommt. 5

2. Erreichen der einfachen Stimmenmehrheit

Bis zur Einführung von § 25 Abs 1 WEG äußerte sich das WEG nicht dazu, wann die Stimmenmehrheit erreicht ist. Im Anschluss an die bis dahin hM hat das WEMoG die Mehrheit **der abgegebenen Stimmen** als maßgeblich normiert (zur Stimmabgabe s § 23 WEG Rn 255). Das deckt sich mit § 32 Abs 1 S 3 BGB, der ausdrücklich auf die Mehrheit der „abgegebenen Stimmen" abstellt. Ebenfalls wie im Vereinsrecht haben **Enthaltungen** grundsätzlich (Ausnahme: Allstimmigkeitserfordernis; s zum Umlaufbeschluss § 23 WEG Rn 320) keinen Einfluss auf das Beschlussergebnis, dh die einfache Stimmenmehrheit ist erreicht, wenn die Zahl der **abgegebenen Ja-Stimmen die der Nein-Stimmen übersteigt** (bereits zum WEG aF letztlich einhM; s BGHZ 106, 179 im Anschluss an die zu § 32 BGB ergangene Entscheidung BGHZ 83, 35 und mNw z Streitstand; BayObLG ZMR 2002, 61 = ZWE 2001, 599; anders etwa noch OLG Köln NJW-RR 1986, 698). Allerdings können die Eigentümer **vereinbaren**, dass Enthaltungen als Nein-Stimmen gewertet werden (BayObLG WuM 1991, 365 = NJW-RR 1992, 83). Eine solche Vereinbarung liegt aber nicht bereits darin, dass für bestimmte Beschlussgegenstände eine qualifizierte Mehrheit vorgesehen ist (**aA** OLG Celle OLGZ 1991, 431 = NJW-RR 1992, 86; wie hier für Öffnungsklauseln Bärmann/Merle Rn 122). Enthalten sich sämtliche Eigentümer, kommt kein Beschluss zustande. Wurden hingegen gleich viele Ja- und Nein-Stimmen abgegeben, gilt der Antrag als abgelehnt (Bärmann/Merle Rn 123: Negativbeschluss, wozu freilich die Feststellung nicht passt, dass bei Stimmengleichheit kein Beschluss zustande komme). 6

6a Besonderheiten gelten jedoch für **Wahlbeschlüsse**. Aus Anlass einer Verwalterwahl (dazu Staudinger/Jacoby § 26 WEG Rn 51; zur Wahl des Beirats, für den das Folgende sinngemäß gelten muss, Staudinger/Lehmann-Richter § 29 WEG Rn 28) mit mehreren Kandidaten hat der BGH die seit BGHZ 106, 179 allgemein anerkannte Berechnung der Mehrheit zwar als Ausgangspunkt bestätigt. Werde jedoch bei einer Wahl über jeden einzelnen Kandidaten abgestimmt, sei diese Abstimmung nur ein Teilakt eines als eine Einheit zu betrachtenden Verfahrens. In aller Regel könne erst nach Durchführung aller Wahlgänge („Wahlgang" offenbar verstanden als Abstimmung über einen Bewerber) festgestellt werden, ob ein und welcher der Bewerber die erforderliche Mehrheit erhalten hat, weil der Willensbildungsprozess nach dem ersten Wahlgang noch nicht abgeschlossen sei, da sich die Stimmrechtsausübung beim weiteren Fortgang des Wahlverfahrens auf das Endergebnis auswirken könne. Dies erfordere es, ausnahmslos über alle Bewerber abzustimmen (BGH 18. 1. 2019 – V ZR 324/17 Rn 9 f, ZWE 2019, 374). Etwas anderes gelte aber dann, wenn jeder Wohnungseigentümer nur für einen Kandidaten mit Ja stimmen dürfe; dann könne bei Erreichen der absoluten Mehrheit durch einen Kandidaten dessen Wahl verkündet werden, ohne dass über die verbleibenden Kandidaten noch abgestimmt werden müsse (BGH 18. 1. 2019 – V ZR 324/17 Rn 11, ZWE 2019, 374; s dazu auch Staudinger/Jacoby § 26 WEG Rn 51).

6b Den Überlegungen des BGH ist zuzustimmen. Sie zeigen aber auch, dass bei Wahlbeschlüssen erhebliche Unsicherheiten und ungeklärte Fragen bestehen. Im Ausgangspunkt ist – vorbehaltlich einer Festlegung durch die Gemeinschaftsordnung oder einen Geschäftsordnungsbeschluss – davon auszugehen, dass der **Versammlungsleiter** die **Modalitäten der Abstimmung festlegt** (zum Ermessen des Versammlungsleiters § 23 WEG Rn 250; § 24 WEG Rn 193). Ihm obliegt daher nicht nur die Entscheidung darüber, ob ein Wohnungseigentümer für mehrere Kandidaten stimmen kann oder auf eine Ja-Stimme beschränkt ist. Er bestimmt vielmehr auch, ob zu jedem Kandidaten neben der Zustimmung auch die Nein-Stimmen und die Enthaltungen abgefragt werden, wie es im Fall des BGH geschehen war (BGH 18. 1. 2019 – V ZR 324/17 Rn 2, ZWE 2019, 374). Geschieht das nicht, impliziert jede Ja-Stimme für einen Kandidaten eine Nein-Stimme für die übrigen (zu den Folgen eines solchen Vorgehens für das Erreichen der Beschlussmehrheit BeckOGK/Greiner § 26 WEG Rn 57 ff). Wollen die Eigentümer das mehrheitlich nicht, zB weil sie mehrere der Kandidaten für geeignet halten oder gerade keinen von ihnen, müssen sie die Modalitäten durch Geschäftsordnungsbeschluss festlegen (§ 24 WEG Rn 193), was voraussetzt, dass der Versammlungsleiter das intendierte Vorgehen vor Beginn der Abstimmung **klar kommuniziert**, wozu er verpflichtet ist.

6c Fraglich ist, ob **durch Geschäftsordnungsbeschluss** das Erreichen einer **relativen Mehrheit** – sie genügt nach ganz hM, der der BGH folgt, ex lege nicht, wenn sich mehr als zwei Kandidaten zur Wahl stellen (BGH 18. 1. 2019 – V ZR 324/17 Rn 9, ZWE 2019, 374; Staudinger/Jacoby § 26 WEG Rn 51 und Rn 14 zu abw Vereinbarungen) – als ausreichend vorgesehen werden kann. Dagegen spricht, dass damit von § 26 Abs 1 WEG iVm § 25 Abs 1 WEG („Mehrheit der abgegebenen Stimmen") abgewichen wird. Ob dieses Verständnis der Norm den Besonderheiten eines Wahlvorgangs hinreichend Rechnung trägt, erscheint bislang aber nicht hinreichend diskutiert. Wenn die Mehrheit bereit ist, den Kandidaten zu akzeptieren, der mehr Ja-Stimmen auf sich vereint als andere, bedarf es eines Sachgrundes, um sie gegen ihren Willen in eine weitere Abstimmungsrunde zu zwingen. Ein solcher könnte insbesondere darin gesehen werden, dass kein Verwalter gewählt werden soll, der keine Mehrheit hinter sich hat; indes genügt für die Verwalterwahl nach dem WEG gerade die einfache Stimmenmehrheit, die nicht selten nur eine Minderheit aller Stimmen repräsentiert. Da diese Frage aber ungeklärt ist, sollte die Praxis, die einen potenziellen Anfechtungsgrund vermeiden möchte, nicht auf einen **weiteren Abstimmungsvorgang** verzichten. Hier empfiehlt sich eine Beschränkung, etwa auf die beiden Kandidaten, die die meisten Ja-Stimmen erhalten haben, was aber vor Beginn der Abstimmung vom Versammlungsleiter festzulegen ist.

III. Stimmrecht

1. Allgemeines

Das Stimmrecht zählt zu den wichtigsten Mitverwaltungsrechten des Eigentümers. 7
Der BGH ordnet es dem **Kernbereich elementarer Mitgliedschaftsrechte** zu (BGHZ 191, 198 Rn 10; NJW 2011, 679 Rn 8, 10; ZMR 2014, 559 Rn 10; ZMR 2017, 415 = ZWE 2017, 220 Rn 17; ebenso etwa OLG Hamm ZMR 2004, 141). Dem Einzelnen ermöglicht es, sich im Rahmen der Willensbildung an den Gemeinschaftsangelegenheiten zu beteiligen, wobei es grundsätzlich nicht darauf ankommt, ob der Einzelne von der Entscheidung betroffen ist (näher zur Unzulässigkeit einer Beschränkung des Stimmrechts mit dem Argument fehlender Betroffenheit bei Rn 245; s aber auch BGH 18. 10. 2019 – V ZR 286/18 Rn 27 aE, NJW 2020, 1134, wo ohne nähere Begründung von einem Stimmrechtsausschluss ausgegangen wird). Dabei geht es nicht nur um das Wahrnehmen von Mitgliedschaftsrechten (zur Kritik am Begriff der Mitgliedschaft in der GdWE Staudinger/Jacoby [2023] § 9a WEG Rn 39 ff), sondern um **Eigentümerbefugnisse**, für deren Ausübung das Stimmrecht zentral ist (vgl zu praktischen Auswirkungen dieses Ansatzes Rn 82 f). Das muss bei der Auslegung gesetzlicher und rechtsgeschäftlicher Regelungen mit stimmrechtsbeschränkendem Charakter beachtet werden, die im Zweifel **restriktiv zu interpretieren** sind (BGH ZMR 2017, 415 = ZWE 2017, 220 Rn 17, 31; NJW 2012, 2512 Rn 11; BayObLGZ 1965, 34, 42; 1981, 220, 224). Man kann insofern von einer **stimmrechtsfreundlichen Auslegung** sprechen. Diese Regel ist entgegen verbreiteter, methodologisch aber zweifelhafter Ansicht nicht dem „Ausnahmecharakter" solcher Regelungen, sondern eben der Bedeutung des Mitverwaltungsrechts geschuldet. Außerdem **beschränkt** der Kernbereich die **Verfügungs- und Gestaltungsmacht** und tritt – zumindest funktional – als Instrument der Inhaltskontrolle neben §§ 134, 138 BGB (dazu MünchKomm/Armbrüster § 134 BGB Rn 9 ff; der BGH wendet hingegen § 134 BGB an, s BGH 20. 11. 2020 – V ZR 196/19 Rn 34, BGHZ 227, 289; BGH NJW 2011, 679; s auch KG ZMR 1986, 127, das von einem Verstoß gegen Treu und Glauben ausgeht; ausf dazu § 23 WEG Rn 338 ff). Das kann zur **Unwirksamkeit** von stimmrechtsbeschränkenden Vereinbarungen führen, sofern der unverzichtbare Kernbereich betroffen ist (Rn 8, Rn 82a, Rn 234), und wirkt sich auch auf die Beschlusskompetenz aus (Rn 43). Allerdings wird das Stimmrecht nicht schrankenlos gewährt. Aus der damit verbundenen Macht, auf die Rechtsposition der Miteigentümer einzuwirken, folgen Bindungen (s Rn 192 ff).

Von der inzwischen wohl hM wird das Stimmrecht als solches sogar dem **unverzichtbaren Kernbereich** zugeordnet, sodass es selbst durch Vereinbarung **nicht entzogen** werden kann (dagegen Hügel/Elzer § 10 WEG Rn 62; Lieder notar 2016, 283, 295). Umstritten ist dennoch, ob ein **Ruhen des Stimmrechts**, also ein vollständiger, regelmäßig aber temporärer Entzug, vereinbart werden kann, etwa wenn sich ein Eigentümer im 8

Verzug mit seinen Beiträgen befindet. Der BGH scheint das **abzulehnen** (BGH NJW 2011, 679 Rn 8: Vereinbarung, die das Ruhen des Stimm- und Teilnahmerechts bei Beitragsrückständen anordnet, gem § 134 BGB nichtig; für Nichtigkeit gem § 138 BGB LG Nürnberg-Fürth ZMR 2010, 719; zust LG München I ZMR 2011, 415 = ZWE 2011, 139; s ferner LG Regensburg NJW-RR 1991, 1169 zum Ausschluss des Teilnahmerechts; BayObLGZ 1998, 288 = NZM 1999, 77, 78: wegen der besonderen Bedeutung des Stimmrechts sei dieses wegen bestehender Wohngeldrückstände nicht ausgeschlossen, allerdings bestand wohl keine entsprechende Vereinbarung; für Zulässigkeit entsprechender Vereinbarungen aber etwa BayObLGZ 1965, 34, 42). Im Schrifttum wird eine Vereinbarung über das Ruhen des Stimmrechts demgegenüber teils als zulässige Beschränkung angesehen (dazu etwa Bärmann/Seuss/Rüscher Teil C Rn 717, der das Recht dem „unabdingbaren Kernbereich" zuordnet, eine Vereinbarung über das Ruhen des Stimmrechts bei Beitragsverzug aber für wirksam hält; iErg auch Riecke/Schmid/Riecke Rn 39; für zulässiges Ruhen des Stimmrechts jedenfalls bei erheblichem Rückstand auch Niedenführ/Schmidt-Räntsch/Vandenhouten/Vandenhouten Rn 47; s ferner Jennissen/Schultzky Rn 20, 141 f, der nur einen „allgemeinen" bzw „beständigen" Ausschluss für einen Kernbereichseingriff hält, unter diese Begriffe dann aber wiederum – etwas überraschend – auch das Ruhen des Stimmrechts bei Zahlungsverzug subsumiert; mit Formulierungsvorschlag auch Gottschalg NZM 2012, 271, 272 f). Unzulässig ist jedenfalls ein **stimmrechtsloses Wohnungseigentumsrecht** (BGHZ 99, 90, 94 f; 106, 113, 119; BayObLGZ 1965, 34, 42; OLG Hamm DWE 1990, 70, 72).

8a **Beschränkungen** des Stimmrechts werden aber zugelassen, wie etwa bei der Ausübung des Rechts durch Vertreter (BGHZ 99, 90, 93 ff; s Rn 82 ff) oder aber eine Modifizierung der gesetzlichen Stimmkraft, letztere freilich nicht ohne Zustimmung des Betroffenen (s Rn 43). Das Stimmrecht darf aber nicht ausgehöhlt und **nur ausnahmsweise** und lediglich **unter eng begrenzten Voraussetzungen eingeschränkt** werden (BGHZ 152, 46, 57; 191, 198 Rn 10; ZMR 2014, 559 Rn 10; KG OLGZ 1988, 432 = WuM 1988, 329; LG München I ZMR 2011, 415 = ZWE 2011, 139; zu eng erscheint BayObLGZ 1998, 288 = NZM 1999, 77: nur gesetzlich vorgesehene Beschränkungen zulässig). Wo diese Grenze verläuft, ist durch Interessenabwägung unter Berücksichtigung der berechtigten Belange der übrigen Eigentümer zu ermitteln. Dabei kommt der **Mittel-Zweck-Relation** erhebliche Bedeutung zu. Kann das Ziel, etwa der Schutz der Willensbildung vor unsachlicher Einflussnahme, nur durch Stimmrechtsbeschränkung erreicht werden, ist ein vereinbarter Stimmrechtsausschluss in Erweiterung des Kanons des § 25 Abs 4 WEG, ebenso wie eine analoge Anwendung der Norm (dafür BGH ZMR 2014, 559 Rn 10 f = ZWE 2014, 176 m zust Anm Kräher; ZMR 2017, 415 = ZWE 2017, 220 Rn 16 ff), eher akzeptabel, als eine Beschränkung, die das Ziel verfolgt, den Eigentümer unter Druck zu setzen oder für gemeinschaftswidriges (Zahlungs-)Verhalten zu sanktionieren (s auch Rn 244).

8b Auch die Vereinbarung sog **Blockstimmrechte** in Mehrhausanlagen wird akzeptiert, weil der damit verbundene Eingriff in das Stimmrecht kompensiert wird, nämlich durch den Vorteil einer erhöhten Stimmkraft in den Angelegenheiten, die allein das eigene Gebäude betreffen (s auch Rn 245, § 24 WEG Rn 25 f). Den Kompensationsgedanken hat auch der **BGH** hervorgehoben. Er **lehnt** eine **unangemessene Benachteiligung** der vom Stimmrecht ausgeschlossenen Eigentümer vor allem auch deswegen **ab**, weil dem partiellen Stimmrechtsausschluss der Vorteil gegenüber steht, über die das eigene Gebäude betreffende Maßnahmen allein entscheiden zu können („Autonomiegewinn"; s BGH 10. 11. 2017 – V ZR 184/16, Rn 26 ff, NJW 2018, 1309). Allerdings scheint der BGH entsprechende Regelungen von der Existenz einer Vereinbarung abhängig machen zu wollen, die die Kostentragung in Übereinstimmung mit den Stimmrechten regelt. Ob eine solche Verknüpfung wirklich überzeugt und ob das Fehlen einer entsprechenden Kostentragungsvereinbarung zur Nichtigkeit der Blockstimmrechtsvereinbarung führen soll, ist ungeklärt (zum Urteil des BGH s auch Rn 245).

Nach hM unterliegt das Stimmrecht dem **Abspaltungsverbot** (Armbrüster, in: FS Wenzel [2005] 85, 93; Bornheimer 145 f; Jennissen/Schultzky Rn 21; Lotz-Störmer 62; s auch BGHZ 150, 109, 116). § 25 Abs 2 S 1 WEG weist es dem Wohnungseigentümer zu (s Rn 11 ff), der es nicht separat auf andere Eigentümer oder gar Dritte (zB einen Nießbrauchberechtigten; s BGHZ 150, 109) übertragen kann; die Privatautonomie ist insofern begrenzt. Der Grund hierfür wird zum einen darin gesehen, dass die Begründung von Einwirkungsmacht ohne mitgliedschaftliche Bindung verhindert werden soll (Armbrüster DNotZ 1999, 362, 369). Das Selbstbetroffensein der Entscheidungsträger dürfte in der Tat **verhaltenssteuernde Wirkung** entfalten, indem es typischerweise auf die Risikobereitschaft einwirkt. Andere stellen demgegenüber den Schutz der Mitgliedschaft „als verkehrsfähiges Gut" (hier verstanden als notwendiger Teil der Eigentümerstellung) und des Verbandes vor dem Einfluss Dritter in den Mittelpunkt (wobst ZWE 2023, 149). Letzteres weist Parallelen zu der zuvor genannten Ansicht auf, Ersteres stellt einen eigenständigen Begründungsstrang dar, dessen Bedeutung nicht zuletzt darin besteht, dass er **Drittinteressen** in den Blick nimmt. Daneben spricht für ein solches Verbot das Erfordernis, das Stimmrecht an Voraussetzungen zu knüpfen, die leicht nachvollziehbar sind und eine **praktikable Willensbildung** ermöglichen, die möglichst **wenig fehleranfällig** ist. Diese Voraussetzung erfüllt die Anknüpfung an die Eigentümerstellung am ehesten. 9

Zu unterscheiden ist das Stimmrecht von anderen, ebenfalls mit der Willensbildung zusammenhängenden Mitverwaltungsrechten, insb dem **Teilnahmerecht** (s § 24 WEG Rn 149 ff), namentlich dem Recht, auf der Versammlung der Wohnungseigentümer anwesend zu sein **(Anwesenheitsrecht)**, Anträge zur Tagesordnung zu stellen **(Antragsrecht)** und sich an der Aussprache zu beteiligen (**Rederecht**, zur Unterscheidung dieser Rechte § 24 WEG Rn 152 ff). Seine Mitverwaltungsbefugnis im Rahmen der Willensbildung kann der Einzelne schließlich durch das **Anfechtungsrecht** wahrnehmen. Die Abgrenzung dieser Rechte vom Stimmrecht ist geboten, weil sie nicht notwendig das rechtliche Schicksal des Stimmrechts teilen (s Rn 225). 10

2. Inhaber des Stimmrechts

a) Eigentümer, werdender Eigentümer und Eigentumsanwärter

Das Stimmrecht steht **dem Eigentümer** (zum Begriff des „fiktiven" Wohnungseigentümers gem § 8 Abs 3 WEG s Staudinger/Rapp/Wobst [2023] § 8 WEG Rn 63) zu (zum Ruhen des Stimmrechts, sofern die Einheit der GdWE gehört, s Rn 243). Daran ändert auch dessen Geschäftsunfähigkeit nichts (zur Ausübung des Stimmrechts durch gesetzliche Vertreter s Rn 95). Für Bucheigentümer spricht zwar die Vermutung des § 891 Abs 1 BGB, weshalb etwa der Versammlungsleiter den **eingetragenen Eigentümer** grundsätzlich zur Abstimmung zuzulassen hat (KG OLGZ 1989, 425 = WuM 1989, 456; OLG Köln ZMR 1999, 786). Das ändert aber nichts daran, dass das Stimmrecht dem **tatsächlichen Eigentümer** zusteht (statt vieler Bornheimer 38; Jennissen/Schultzky Rn 24 f). Verfehlt, weil im materiellen Recht nicht hinreichend gegründet, ist die Annahme, erst die Eintragung eines Widerspruchs zerstöre die Vermutung des § 891 Abs 1 BGB, weswegen der Eingetra- 11 gene bis dahin stets zur Versammlung zuzulassen sei (KG OLGZ 1989, 425 = WuM 1989, 456; krit auch Bärmann/Merle Rn 8). Ist der Versammlungsleiter von der Unrichtigkeit der Eintragung überzeugt, hat er denjenigen zuzulassen, den er für den wahren Eigentümer hält. Davon zu unterscheiden ist die (haftungsrechtlich relevante) Frage, ob er sich diese Überzeugung sorgfältig nach **pflichtgemäßem Ermessen** gebildet hat. Grundsätzlich kann sich der Versammlungsleiter am Grundbuchinhalt orientieren. Die Wirksamkeit der Auflassungserklärung etwa, die der Eintragung zugrunde liegt, muss er nicht prüfen und kann dies regelmäßig auch nicht. Besteht Streit zwischen **mehreren Eigentumsprätendenten**, liegt es idR im pflichtgemäßen Ermessen des Versammlungsleiters, keinen von ihnen zur Abstimmung zuzulassen, wenn der öffentliche Glaube in die Richtigkeit des Grundbuchs durch eingetragenen Widerspruch erschüttert ist und der Versammlungsleiter die Eigentumsverhältnisse nicht in zumutbarer Weise klären kann. Zur Ladung sämtlicher Prätendenten zur Versammlung s aber § 24 WEG Rn 10.

12 Hat statt des tatsächlichen Eigentümers der Bucheigentümer abgestimmt, soll zugunsten der **gutgläubigen Miteigentümer § 893 BGB** eingreifen, der allerdings nach manchen nur entsprechende Anwendung finden soll, nämlich dann, wenn keine Verfügung vorliegt (Bornheimer 40 f; Bärmann/Merle Rn 9; Weitnauer WE 1988, 3; zum Begriff der Verfügung Staudinger/Picker [2019] § 893 BGB Rn 24). Letzteres dürfte in der Regel anzunehmen sein, zB bei Beschlüssen gem § 28 Abs 2 S 1 WEG oder über die Wahl des Verwalters oder des Beirats. Unter denjenigen, die die (entsprechende) Anwendung bejahen, ist ferner umstritten, auf wessen Bösgläubigkeit es ankommt (Bärmann/Merle Rn 10: positive Kenntnis des Versammlungsleiters oder sämtlicher Eigentümer; Köhler/Scheuer AnwHdb Rn 3.164: übrige Miteigentümer Staudinger/Bub [2005] Rn 119: positive Kenntnis des Versammlungsleiters oder eines Eigentümers). Ob in derartigen Fällen für eine Analogie wirklich Raum ist, erscheint indes zweifelhaft (Schmid ZWE 2011, 443, 444), weil für die Beschlussfassung eigenständige Mechanismen existieren, die auf Seiten derjenigen, die von den Handlungen des Scheineigentümers betroffen sind, für Rechtssicherheit sorgen. Ladungs- oder Zählfehler, die infolge des Grundbuchstandes begangen werden, können nur innerhalb der Monatsfrist gerügt werden (s dazu § 23 WEG Rn 262, § 24 WEG Rn 112). Das unterscheidet die Willensbildung in der Wohnungseigentümerversammlung maßgeblich von anderen Rechtsgeschäften des Scheineigentümers und lässt die übrigen Eigentümer weniger schutzbedürftig erscheinen als dies bei Verfügungen über das Recht iSd §§ 892 f BGB der Fall ist. Nach hier vertretener Ansicht wird der gute Glaube in das Bestehen des Stimmrechts daher **nicht geschützt** (zust Soergel/Weber Rn 40). Das gilt selbst für Beschlüsse, die, etwa auf der Grundlage einer Öffnungsklausel, die Gemeinschaftsordnung ändern (str). Während bei entsprechenden Vereinbarungen, zB über die Begründung eines Sondernutzungsrechts (dazu Staudinger/Rapp [2018] § 5 WEG Rn 99), trotz des schuldrechtlichen Charakters solcher Regelungen eine entsprechende Anwendung in Betracht zu ziehen ist (dazu Ott SNR 113; Köhler/Häublein/Ott AnwHdb 4. Aufl Teil 17 Rn 103 f), fehlt es bei Beschlüssen aus den genannten Gründen auch insoweit an einer vergleichbaren Interessenlage.

13 Ein **Erwerber von Wohnungseigentum** (sog **Wohnungseigentumsanwärter**, auch Zweiterwerber; der Begriff „werdender Wohnungseigentümer“ bleibt hier Ersterwerbern iSv § 8 Abs 3 WEG vorbehalten, um die Fälle auch terminologisch klar voneinander abzugrenzen, s Rn 15) verfügt grundsätzlich erst nach Übergang des Eigentums über ein eigenes Stimmrecht (ganz hM; BGHZ 106, 113, 118 f; BayObLGZ 1990, 101 = NJW 1990, 3216; OLGR Frankfurt 2005, 423; zur Eigentümerstellung des Veräußerers bis zur Eigentumsumschreibung s auch BGHZ 87, 138). Er kann aber vorher zur Abgabe der Stimme **bevollmächtigt werden** (Rn 102 ff). Hat der Veräußerer mehrere Sondereigentumseinheiten, von denen er nur eine veräußert, und gilt in der Gemeinschaft das **Kopfprinzip**, kann die Bevollmächtigung nicht zu einer Vermehrung der Stimmrechte führen; andernfalls wäre die Erteilung der Vollmacht ein Rechtsgeschäft zu Lasten Dritter, nämlich der anderen Eigentümer, deren Stimme an Gewicht verlöre. Das bedeutet, dass nur entweder der Erwerber oder der Veräußerer das (eine) Stimmrecht ausüben kann.

Da es eine verdrängende Vollmacht nach ganz hM nicht gibt (s Staudinger/Schilken [2019] Vorbem 16 zu §§ 164 ff BGB und § 168 Rn 15; spez zur Stimmrechtsvollmacht MünchKomm/Schubert § 164 BGB Rn 107; F Schmidt MittBayNot 1997, 65, 71), kann selbst eine unwiderrufliche Vollmacht dem Veräußerer das Stimmrecht nicht nehmen. Im Falle einer **divergierenden Stimmabgabe** ist § 25 Abs 2 S 2 WEG entsprechend anzuwenden. Kann der Versammlungsleiter aber nicht verlässlich feststellen, ob die Vollmacht widerruflich ist, verhält er sich pflichtgemäß, wenn er in der abweichenden Ausübung des Stimmrechts einen Widerruf sieht und iZw die Stimme des Eigentümers gelten lässt (zur Frage, ob der Bevollmächtigte bei Erscheinen des Eigentümers überhaupt ein Teilnahmerecht hat s § 24 WEG Rn 180). Für die **Ermächtigung** des Erwerbers zur Ausübung des Stimmrechts im eigenen Namen, die nach hM ebenfalls zulässig ist (dazu insb KG OLGZ 1979, 290; ZMR 1994, 524; ZMR 2004, 460 = ZWE 2005, 107; Riecke/Schmid/Riecke Rn 21b; Staudinger/Bub [2005] Rn 111; **krit** dazu unten Rn 184), kann iErg nichts anderes gelten. Eine verdrängende Ermächtigung akzeptiert die hM ebenfalls nicht (Staudinger/Klumpp [2019] § 185 BGB Rn 69). Da das Stimmrecht dem Eigentümer somit durch Vollmacht/Ermächtigung nicht entzogen wird, bestehen trotz des Abspaltungsverbots (Rn 9) keine durchgreifenden Bedenken gegen derartige Gestaltungen. 13a

Nach Ansicht mancher soll neben der Bevollmächtigung oder Ermächtigung auch eine **Stimmrechtsübertragung** in Betracht kommen (s OLG Celle ZWE 2002, 474, 475 f), mit der Folge, dass auch bei Geltung des Kopfprinzips ein eigenes, vom Recht des Veräußerers unabhängiges Stimmrecht des Erwerbers entstehen können soll (Bärmann/Merle Rn 14 mHinw auf Bornheimer 147 f; Drasdo ZMR 1995, 145, 146; ebenso für die Ermächtigung KG OLGZ 1979, 290). Diese Übertragung soll nicht gegen das Abspaltungsverbot verstoßen, weil der Veräußerer bereits vor der Umschreibung sein Interesse an der Stimmrechtsausübung verloren habe. Dem ist **nicht zu folgen**. Zum einen wird der Zweck des Abspaltungsverbotes von dieser Ansicht nicht gewürdigt (dazu Rn 9). Zum anderen ist nicht zu erkennen, welches drängende Bedürfnis für diese Durchbrechung der klaren, durch den BGH bestätigten (BGHZ 106, 113) Anknüpfung an das Eigentum streitet. Wenn man bedenkt, dass andere Eigentümerrechte und -pflichten, insb die Kostenhaftung, bis zum Eigentumsübergang zwingend beim Veräußerer bleiben und allenfalls im Innenverhältnis Abreden getroffen werden können, erscheint der Sonderweg für das Stimmrecht ziemlich willkürlich (vgl auch Niedenführ/Schmidt-Räntsch/Vandenhouten/Vandenhouten Rn 9). 14

Die Ausführungen zu Rn 13 f gelten grundsätzlich nicht für den **Ersterwerb vom aufteilenden Eigentümer**. Ihm steht das Stimmrecht **als eigenes** zu, sobald die Voraussetzungen des § 8 Abs 3 WEG – Übereignungsanspruch gegen den teilenden Eigentümer, Sicherung dieses Anspruchs durch Vormerkung und Übergabe der Wohnung 15 (s dazu BGHZ 177, 53 Rn 14 f; 193, 219 Rn 5; ausf Staudinger/Rapp/Wobst [2023] § 8 WEG Rn 55 ff) – vorliegen (s zum WEG nF LG Frankfurt/M 14. 1. 2021 – 2-13 S 18/20, ZWE 2021, 320). Das Stimmrecht gehört zum Innenverhältnis iSd § 8 Abs 3 WEG, sodass der Erwerber den eingetragenen Eigentümer **verdrängt** (vgl dazu Heismann ZMR 2004, 10, 11; Häublein, Werdende Wohnungseigentümergemeinschaft 36, 42). Daher kommt es auch nicht zu einem gemeinschaftlichen Stimmrecht von Veräußerer und Erwerber (so bereits zum WEG aF OLG Hamm ZMR 2007, 712; Wenzel NZM 2008, 625, 628; **aA** Elzer ZMR 2007, 714, 715). Gilt in der Gemeinschaft das **Kopfstimmrecht**, wird durch § 8 Abs 3 WEG der Zeitpunkt, zu dem es zu einer Stimmrechtsvermehrung kommt, vorverlegt. Gehören dem Veräußerer weitere, nicht veräußerte Einheiten, steht ihm für diese eine Stimme zu, während der oder die werdenden Eigentümer je ein eigenes Stimmrecht haben.

16 Nach dem WEMoG entsteht die GdWE und damit auch das Stimmrecht mit der Anlegung der Wohnungsgrundbücher (§ 9a Abs 1 S 2 WEG). Diese Anerkennung der Ein-Personen-Gemeinschaft (dagegen zum WEG aF BGHZ 177, 53 Rn 12; Staudinger/Rapp [2018] § 8 WEG Rn 25d; Staudinger/Kreuzer [2018] § 10 WEG Rn 30, 86 ff; zur Mindermeinung, die auch nach dem WEG aF eine Ein-Personen-Gemeinschaft bejahte, Becker, in: FS Seuß [2007] 19; ders ZWE 2007, 119; s ferner F Schmidt ZMR 2009, 725 und Häublein ZfIR 2006, 106) bedeutet einen Paradigmenwechsel, der die werdende GdWE obsolet macht. **Vor Anlegung der Grundbücher existiert** in der Begründungsphase daher **kein Stimmrecht**. Hingegen besteht das Stimmrecht bei **sondereigentumslosem Wohnungseigentum**, also dann, wenn das Gebäude nicht fertiggestellt ist und daher die Sondereigentumseinheit des Wohnungseigentümers (noch) nicht existiert (OLG Hamm ZMR 2007, 213; OLG Frankfurt ZWE 2007, 84, 88; OLG Dresden ZMR 2008, 812, 814; Bärmann/Merle Rn 6). Das Stimmrecht **erlischt erst**, wenn der Inhaber des isolierten MEA aus der Gemeinschaft ausscheidet, weil feststeht, dass es zu einer Errichtung des Sondereigentums aus rechtlichen oder tatsächlichen Gründen nicht kommen wird.

b) Zwangsverwalter

17 Während sich das schwebende Zwangsversteigerungsverfahren nicht auf das Stimmrecht des Eigentümers auswirkt (zu dieser wenig erörterten Frage etwa Skauradszun ZWE 2016, 61, 65 unter Hinw auf das Recht der GmbH), ist die Rechtslage bei der Zwangsverwaltung umstritten. Da der Eigentümer gem § 19 Abs 1 WEG über das Stimmrecht auf die Verwaltung und damit, etwa durch Beschlüsse gem § 28 Abs 1 und Abs 2 WEG, auch unmittelbar auf die Zwangsverwaltungsmasse einwirken kann, muss es ihm während des Zwangsverwaltungsverfahrens (zumindest partiell) entzogen sein. Daher erstreckt sich die Beschlagnahme auch auf die Mitverwaltungsbefugnis des Eigentümers und das **Stimmrecht steht** soweit die Beschlagnahme reicht **dem Zwangsverwalter zu** (BayObLGZ 1991, 93, 97 = WuM 1991, 308). § 148 Abs 2 ZVG entzieht dem Eigentümer neben der Benutzung auch die Verwaltungsbefugnis, die sich in Bezug auf das gemeinschaftliche Eigentum ganz wesentlich in dem Recht auf Mitwirkung bei der Abstimmung manifestiert, weshalb die wohl hM die Konsequenzen der Beschlagnahme vorbehaltlos auf das Stimmrecht erstreckt (OLG Hamm DWE 1987, 54, 55; OLG Karlsruhe ZMR 1990, 189; LG Berlin ZMR 2009, 474; Bornheimer 180 f; Bärmann/Merle Rn 26; Köhler/Scheuer AnwHdb Rn 3.169; Müller ZWE 2000, 137, 140; Soergel/Weber Rn 48; Weitnauer/Lüke Rn 12). Erst nach Aufhebung der Beschlagnahme soll die Verwaltungsbefugnis wieder dem Eigentümer zustehen (BGHZ 116, 392, 395).

Dieser Ansatz mag aus Sicht des Versammlungsleiters am einfachsten durchzuführen sein, weil nur so klare Voraussetzungen für die Zuordnung des Stimmrechts bestehen (zu diesem Aspekt s BGHZ 106, 113, 119 zum Wohnungseigentumsanwärter; BGHZ 150, 109, 119 den Nießbrauch betreffend). Vom **Verfahrenszweck** wird diese **Rechtsfolge** aber **nicht getragen**. Zum Zweck der Vollstreckung durch Zwangsverwaltung hat der BGH prägnant ausgeführt, es gehe darum, die laufenden, aus der ordnungsgemäßen Nutzung des Grundstücks stammenden Erträge zur Befriedigung des Gläubigers einzusetzen, während dem Schuldner die Substanz des Vermögensgegenstandes ungeschmälert erhalten bleibt (BGHZ 161, 336, 340). Ihre **Grenzen** findet die Zwangsverwaltung daher bei **Substanzeingriffen**, sofern diese die Sache umgestalten oder wesentlich verändern. Hierzu ist der Zwangsverwalter nicht berechtigt. Da das Stimmrecht eines der wichtigsten Mitverwaltungsrechte des Eigentümers ist (Rn 7 f), können Praktikabilitätserwägungen allein keinen Eingriff rechtfertigen, der über das durch das Gläubigerinteresse gebotene Maß hinausgeht. Daher folgt aus der Entscheidung des BGH zum Stimmrecht des Eigentümers bei Bestehen eines Nießbrauchs kein Argument gegen eine Aufspaltung des Stimmrechts bei der Zwangsverwaltung (so aber Riecke/Schmid/Riecke Rn 10); denn beim Nießbrauch wird das Stimmrecht gerade vollständig beim Eigentümer belassen, während es diesem bei der Zwangsverwaltung entzogen werden soll. Daraus ergeben sich andere Anforderungen an die Legitimation des Eingriffs. 18

Vorzugswürdig ist es daher, mit einer vordringenden Ansicht für die Zuordnung des Stimmrechts im Einzelfall darauf abzustellen, ob der Zweck der Vollstreckungsmaßnahme beeinträchtigt werden könnte, wenn das **Stimmrecht partiell beim Eigentümer** verbleibt (Bärmann/Seuss/Rüscher Teil C Rn 723; Drasdo ZWE 2006, 69, 74; ders, Eigentümerversammlung G Rn 73; Niedenführ/Schmidt-Räntsch/Vandenhouten/Vandenhouten Rn 6; Sauren Rn 11; Skauradszun ZWE 2016, 61, 65; Wenzel, in: FS Kreft [2004] 171, 172; ausf zu einzelnen Abstimmungsgegenständen Häublein ZfIR 2005, 337, 339 ff; aus der Judikatur: KG NJW-RR 1987, 77). Es steht daher dem Zwangsverwalter bei der Entscheidung über Erhaltungsmaßnahmen ebenso zu wie bei Beschlüssen gem § 28 Abs 1 S 1 und Abs 2 S 1 WEG, bei der Bestellung/Abberufung des Verwalters und dem Abschluss/die Kündigung des Verwaltervertrages, gleichfalls bei Regelungen der Benutzung, die Auswirkungen für den Nutzer der zwangsverwalteten Wohnung haben können. Auch bei baulichen Veränderungen könnte der Eigentümer, stünde ihm das Stimmrecht zu, durch seine Zustimmung die Kostenpflicht auslösen (§ 21 Abs 3 S 1 WEG), weshalb das Stimmrecht auch insofern grundsätzlich dem Zwangsverwalter zugewiesen ist (**aA** aber wohl Scheff/Schmidt MDR 2010, 186, 188: kein Teilnahmerecht des Zwangsverwalters). Beschlussgegenstände, die die Zwangsverwaltung nicht tangieren können, dürften daher **selten** sein (Niedenführ/Schmidt-Räntsch/Vandenhouten/Vandenhouten Rn 6: Betroffenheit bei nahezu allen Beschlussmaterien). 19

Überwiegend wird, um praktischen Schwierigkeiten bei der Durchführung der Versammlung zu begegnen, darüber hinaus angenommen, es sei **zu vermuten**, dass die Beschlussgegenstände die Zwangsverwaltung berühren (KG WuM 1990, 324; BayObLGZ 1998, 288 = NZM 1999, 77; Bärmann/Seuss/Rüscher Teil C Rn 723; Gottschalg NZM 2005, 88, 91; Grüneberg/Wicke Rn 2; Stöber ZVG § 152 Rn 19.1). Da für eine Vermutung kein Raum ist, soweit es um die Entscheidung einer Rechtsfrage geht, ist damit gemeint, dass ein Verbleiben des Stimmrechts beim Eigentümer nur gerechtfertigt ist, wenn jedwede Betroffenheit der Gläubigerinteressen ausgeschlossen ist. Bei verbleiben- 20 den Unsicherheiten steht das Recht dem Zwangsverwalter zu. Der Versammlungsleiter, der seine **Entscheidung über die Zulassung zur Abstimmung** nach pflichtgemäßem Ermessen zu treffen hat, wird daher im Zweifel den Zwangsverwalter zur Abstimmung zulassen (dazu, dass der Eigentümer gleichwohl – neben einem Anfechtungsrecht – stets ein Teilnahmerecht hat, s § 24 WEG Rn 165). Dem Eigentümer die Mitwirkung an der Abstimmung zu verweigern, wäre allenfalls dann pflichtwidrig, wenn für einen sorgfältigen Versammlungsleiter bereits ex ante kein Zweifel an der Irrelevanz des Beschlussgegenstandes für die Zwangsverwaltung bestand.

21 Stehen nicht sämtliche Sondereigentumseinheiten des Eigentümers unter Zwangsverwaltung, übt der Zwangsverwalter das Stimmrecht nur für die zwangsverwalteten aus. Das ist unproblematisch, sofern die Stimmkraft, abweichend vom Gesetz (s dazu Rn 36 ff), nach dem Objekt- oder Wertprinzip vereinbart ist. Bei Geltung des **Kopfprinzips** hingegen ist die Rechtslage umstritten. Nach einer Ansicht soll das Stimmrecht in entsprechender Anwendung des § 25 Abs 2 S 2 WEG dem Zwangsverwalter gemeinschaftlich mit dem Eigentümer zustehen (KG ZMR 1989, 383 = WuM 1989, 457; Bärmann/Seuss/Rüscher Teil C Rn 723; Drasdo, Eigentümerversammlung G Rn 75). Das überzeugt deswegen nicht, weil der Eigentümer dann durch sein Verhalten uU Einfluss auf die Verwaltung der Masse nehmen könnte, was nach der Beschlagnahme gerade nicht möglich sein soll. Daher plädiert die Gegenposition für **selbständige Stimmrechte** von Eigentümer und Zwangsverwalter. Manche gestehen jedem ein volles Stimmrecht zu (BeckOK-WEG/Bartholome Rn 50; Niedenführ/Schmidt-Räntsch/Vandenhouten/Vandenhouten Rn 6), während andere eine Aufteilung der einen Stimme nach Bruchteilen für angemessen halten (Bornheimer 182; Bärmann/Merle Rn 28). Die zuletzt genannte Ansicht kann für sich zwar in Anspruch nehmen, dass die Zwangsverwaltung nichts am Vorhandensein nur eines Eigentümers ändert. Andererseits besteht auf Seiten der Miteigentümer kein Schutzbedürfnis, da diese jederzeit mit einer Veräußerung eines Teils der Einheiten rechnen müssen, was ebenfalls zu einer Vermehrung der Stimmrechte führte. Insofern unterscheidet sich der Fall von dem der Unterteilung einer Einheit (s Rn 51 ff). Nach hier vertretener Ansicht steht daher dem Eigentümer und dem Zwangsverwalter **jeweils eine eigene** (volle) Stimme zu. Gehören die unter Zwangsverwaltung stehenden Einheiten hingegen **verschiedenen Eigentümern**, so hat der Zwangsverwalter für jede verwaltete Einheit ein Stimmrecht (KG NZM 2004, 878 = WuM 2004, 625; Drasdo, Eigentümerversammlung G Rn 74; Soergel/Weber Rn 48; ganz hM).

22 Der Zwangsverwalter übt das Stimmrecht kraft seiner Amtsstellung als Organ der Rechtspflege **eigenständig** aus. Er darf daher auch abstimmen, wenn im Hinblick auf den Eigentümer die Voraussetzungen des § 25 Abs 4 Var 3 WEG (rechtskräftige Verurteilung nach § 17 WEG) vorliegen (BayObLGZ 1998, 288 = ZMR 1999, 121; s dazu auch Rn 241).

c) Insolvenzverwalter

23 Nach Eröffnung des Insolvenzverfahrens über das Vermögen des Wohnungseigentümers geht die Verwaltung des Schuldnervermögens auf den Insolvenzverwalter über (§ 80 Abs 1 InsO). Es entspricht einhM, das Stimmrecht der **alleinigen Ausübungsbefugnis** durch den Insolvenzverwalter zu unterstellen (statt aller: Bärmann/Merle Rn 29; Jennissen/Schultzky Rn 43). Sofern die Verfügungs- und Verwaltungsbefugnis auf den **vorläufigen („starken") Insolvenzverwalter** übergegangen ist, insbesondere

wenn dem Schuldner ein allgemeines Verfügungsverbot auferlegt wurde (s aber auch § 22 Abs 2 InsO), steht dem vorläufigen Insolvenzverwalter auch das Stimmrecht zu (Bärmann/Seuss/Rüscher Teil C Rn 724; Skauradszun ZWE 2016, 61, 65). Ein **Nachweis der Amtsstellung** dem Versammlungsleiter gegenüber ist angesichts der öffentlichen Bekanntmachung (§§ 9, 23, 30 InsO) nicht erforderlich. Bei selbstgenutztem oder nicht rentabel vermietbarem Wohnungseigentum erfolgt häufig eine **Freigabe** aus der Masse, mit der Folge, dass das Stimmrecht wieder dem Schuldner-Eigentümer zusteht (BGHZ 152, 136, 140; Jennissen/Schultzky Rn 43; Riecke/Schmid/Riecke Rn 8). Ist Eigenverwaltung gem §§ 270 ff InsO angeordnet, behält dieser das Stimmrecht ohnehin (Skauradszun ZWE 2016, 61, 65).

d) Nachlassverwalter, Testamentsvollstrecker

Zur Verwaltung des Nachlasses durch Nachlassverwalter oder unbeschränkten Testa- **24**
mentsvollstrecker (s §§ 1984, 2205 BGB) gehört nach einh Ans die Berechtigung, das Stimmrecht auszuüben (statt aller: AG Essen NJW-RR 1996, 79; Bärmann/Merle Rn 30; Hügel ZWE 2006, 174, 178; Kefferpütz 120; Köhler/Scheuer AnwHdb Rn 3.171; Riecke/Schmid/Riecke Rn 7). Das gilt auch für eine vom Testamentsvollstrecker aus Nachlassmitteln erworbene Wohnung (**dingliche Surrogation**; s BGH NJW 2012, 316 zur Vollstreckung gem § 2209 BGB). Für den Nachlassverwalter folgt die Gleichbehandlung mit dem Insolvenzverwalter (dazu Rn 23) aus § 1984 Abs 1 BGB, dessen Satz 1 – wie § 80 InsO – die Verwaltungs- und Verfügungsbefugnis auf den Verwalter überleitet. Ist der Vermögensgegenstand (Wohnungseigentum, Gesellschaftsanteil) von der Vollstreckung betroffen, verdrängt der Testamentsvollstrecker den oder die Erben grundsätzlich ebenso auch hinsichtlich der Ausübung des Stimmrechts als Teil seiner umfassenden Befugnis zur Verwaltung des Nachlasses (s zum GesellR BGHZ 201, 216 Rn 22). Gehen die (wirtschaftlichen) Folgen aber über den Nachlass hinaus, steht die Verwaltungsbefugnis dem Vermögensträger (Erbe) zu (Skauradszun ZWE 2016, 61, 64). Insofern besteht eine Parallele zu der für die Zwangsverwaltung gemachten Einschränkung (s Rn 18). Zum **Nachweis der Amtsstellung**, zB dem Versammlungsleiter gegenüber, dient dem Testamentsvollstrecker das Zeugnis gem § 2368 BGB. Für den Nachlassverwalter gilt angesichts der öffentlichen Bekanntmachung (§ 1983 BGB) das zum Insolvenzverwalter Gesagte sinngemäß (Rn 23).

e) Inhaber dinglicher Rechte am Wohnungseigentum

Für den **Nießbrauch** scheint angesichts der Tatsache, dass das Wohnungseigentum sei- **25**
ne Wurzel im schlichten Miteigentum hat, eine analoge Anwendung von § 1066 BGB nahe zu liegen (in diesem Sinne etwa noch KG OLGZ 1987, 417; OLG Hamburg, NJW-RR 1988, 267; für gemeinschaftliches Stimmrecht Weitnauer/Lüke Rn 11). Im Anschluss an den BGH lehnt die hM diese Analogie aber ab; nach ihr ist **allein der Eigentümer Stimmrechtsträger**. Hierfür werden ua die besondere Bedeutung des Stimmrechts für den Eigentümer angeführt, das Interesse an einem funktionsfähigen Willensbildungsprozess, das gegen eine Aufteilung des Stimmrechts spreche, und das Fehlen einer Notwendigkeit, dem Nießbrauchberechtigten zur Wahrung seiner Rechte das Stimmrecht zuzugestehen, weil das Innenverhältnis insofern hinreichenden Schutz biete (BGHZ 150, 109, 117; OLG Hamburg ZMR 2003, 701; Bärmann/Merle Rn 28; Jennissen/Schultzky Rn 48; krit Häublein, Sondernutzungsrechte 136 ff, allerdings mit Blick auf die Mitwirkung des Nießbrauchers an gebrauchsregelnden Vereinbarungen der Wohnungseigentümer; in Österreich hingegen gebührt das Stimmrecht nach hM dem Nießbraucher, s OGH 22. 11. 2016, 5 Ob

154/16g; dazu, auch rechtsvergleichend mit Deutschland, HOCHLEITNER wohnrechtliche Blätter [wobl] 2019, 155).

26 Anknüpfend an die Argumentation zum Stimmrecht des Nießbrauchers wird auch dem Inhaber eines **dinglichen Wohnungsrechts iSv § 1093 BGB** überwiegend kein eigenes Stimmrecht zugestanden (OLG Hamburg ZMR 2003, 701; BÄRMANN/MERLE Rn 22; JENNISSEN/SCHULTZKY Rn 49; PRÜFER ZWE 2002, 258, 259; RIECKE/SCHMID/RIECKE Rn 15; offenlassend BGHZ 150, 109, 122; für Stimmrecht des Wohnungsberechtigten, dessen Recht sich auf die gesamte Sondereigentumseinheit erstreckt, aber noch BGH WuM 1977, 186). Für den **Dauerwohnberechtigten nach § 31 WEG** wird das ebenso gesehen, da sich seine Rechtsstellung von der des Inhabers eines dinglichen Wohnungsrechts nicht maßgeblich unterscheidet (BÄRMANN/SEUSS/RÜSCHER Teil C Rn 729; PRÜFER ZWE 2002, 258, 259; RIECKE/SCHMID/RIECKE Rn 15). Schließlich verbleibt das Stimmrecht beim Eigentümer, wenn die Wohnung mit einem **dinglichen Sicherungsrecht**, zB einer Grundschuld, belastet ist (allgM; statt aller: BORNHEIMER 178; BÄRMANN/MERLE Rn 25; RIECKE/SCHMID/RIECKE Rn 16). Zur Möglichkeit, dem Inhaber eines beschränkten dinglichen Rechts Einfluss durch **Stimmbindungsvertrag** zu sichern, s Rn 203 ff.

3. Stimmkraft

a) Kopfprinzip (§ 25 Abs 2 S 1 WEG)

aa) Grundwertungen der gesetzlichen Regelung

27 Nach § 25 Abs 2 S 1 WEG hat jeder Eigentümer eine Stimme, unabhängig von der Größe seines MEA oder der Zahl der ihm gehörenden Wohnungen (nahezu einhM; statt vieler BGHZ 49, 250, 256; BGH 20. 11. 2020 – V ZR 64/20 Rn 16, ZWE 2021, 223; OLG Karlsruhe OLGZ 1976, 145, 148; BayObLGZ 1986, 10 = NJW-RR 1986, 566; OLG Düsseldorf ZMR 2004, 696 = WuM 2004, 230; BÄRMANN/MERLE Rn 31; krit aber etwa SCHOENE NJW 1981, 435, der für das Objektprinzip plädiert; dagegen LG München I ZMR 2009, 945 = ZWE 2009, 318, 320). Dadurch hebt sich das WEG von § 745 Abs 1 S 2 BGB ab und **löst die Stimmkraft** – wie § 43 Abs 3 S 1 GenG – **vom wirtschaftlichen Gewicht** der Beteiligung. Letzterem trägt vor allem das Wertprinzip Rechnung (dazu Rn 37), weil derjenige, dem ein größerer MEA gehört, regelmäßig nicht nur mehr Kosten zu tragen hat (§ 16 Abs 2 S 1 WEG), sondern typischerweise auch mehr Kapital aufwenden musste, um den Anteil zu erwerben. Der **Zweck** des Kopfprinzips wird demzufolge darin gesehen, dass auch derjenige, der mehrere Einheiten oder einen besonders großen MEA besitzt, nicht von vornherein ein Übergewicht oder gar die absolute Mehrheit der Stimmen haben soll (BGH 20. 11. 2020 – V ZR 64/20 Rn 22, ZWE 2021, 223; BayObLGZ 1965, 283, 288; OLG Hamm OLGZ 1978, 184, 185; KG OLGZ 1988, 434 = WuM 1988, 324; LG Hamburg NJW 1974, 1911; JENNISSEN/SCHWERMER WuM 1988, 285).

28 Bei **Auslegung und Anwendung der Norm** ist zu beachten, dass der von ihr bezweckte vorbeugende Schutz **(abstrakter Majorisierungsschutz)** nicht das einzige Instrument zum Schutz vor wirtschaftlich übermächtigen Miteigentümern ist (BGHZ 191, 245 Rn 12: Minderheitenschutz werde durch das Prinzip ordnungsmäßiger, dem Interesse der Gesamtheit der Wohnungseigentümer entsprechender Verwaltung gewährleistet; BGH 20. 11. 2020 – V ZR 64/20 Rn 22, ZWE 2021, 223; vgl ferner BGHZ 152, 46, 61 f, wo ein abstrakter Schutz durch Reduzierung auf eine Sperrminorität abgelehnt wird; zum konkreten Schutz durch Ausübungskontrolle bei Majorisierung s auch Rn 194 ff). Außerdem ist das Stimmrecht von herausragender Bedeutung (Rn 7 f), weshalb der abstrakte Majorisierungsschutz für einen Eigentümer, der

mehrere Einheiten oder eine besonders große besitzt, sich aber ebenso behandeln lassen muss, wie andere, mit geringeren Anteilen, eine erhebliche Beschränkung darstellt. Sie wird (nicht nur) von den Betroffenen oft als Gerechtigkeitsdefizit empfunden. Etwas zurückhaltender formuliert der BGH, das Kopfstimmrecht sei anderen Stimmkraftregelungen nicht generell überlegen (BGHZ 191, 245 Rn 12 mHinw auf DERLEDER ZWE 2008, 253, 256: kein überragender Gerechtigkeitsgehalt; ebenso HÜGEL/ELZER NZM 2009, 457, 463). Das spricht für eine **enge, nahezu formalistische Anwendung** der Norm (dazu auch Rn 30 und Rn 33 f; gegen eine erweiternde Auslegung auch BGH 20. 11. 2020 – V ZR 64/20 Rn 22, ZWE 2021, 223; KG OLGZ 1988, 434 = WuM 1988, 324 u MEDIGER NZM 2011, 137, 141, unter Hinweis auf den Ausnahmecharakter der Norm, was methodologisch betrachtet zu kurz greift). Das BayObLG vertrat sogar die Raum für eine teleologische Reduktion eröffnende Ansicht, § 25 Abs 2 S 1 WEG sei auf „den gewöhnlichen Fall" zugeschnitten, dass jedem Eigentümer eine annähernd gleichwertige Wohnung gehöre und deshalb alle in gleicher Weise an der Verwaltung des gemeinschaftlichen Eigentums interessiert seien (BayObLGZ 1965, 283, 288; 1986, 10 = NJW-RR 1986, 566 f), konnte dafür jedoch weder im Wortlaut noch in der Entstehungsgeschichte der Norm Belege anführen.

Die durch das Kopfprinzip im Grundsatz angestrebte **„Wahlgleichheit"** („One person, 29 one vote"), wird freilich nicht konsequent umgesetzt. Gehört eine Sondereigentumseinheit **mehreren Eigentümern**, hat nicht jeder eine Stimme, sondern alle Eigentümer dieser Einheit bilden zusammen „einen Kopf" iSd gesetzlichen Stimmkraftregelung (zu den Folgen für die Stimmrechtsausübung s Rn 63 ff). Mit anderen Worten: Wohnungseigentümer iSv § 25 Abs 2 S 1 WEG ist die Gesamtheit der Eigentümer einer Sondereigentumseinheit, auch wenn sie nicht rechtsfähig ist (BASSENGE, in: FS Seuß [1987] 33, 38). Dafür spricht bereits das Zusammenspiel mit § 25 Abs 2 S 2 WEG, dessen Wortlaut („das Stimmrecht") unterstellt, dass es pro Einheit nur ein Stimmrecht gibt (wie hier unter Hinw auf § 25 Abs 2 S 2 WEG: OLG Köln ZMR 2000, 561 = NZM 2000, 1105; JENNISSEN/SCHULTZKY Rn 33; mit anderer, allein auf § 25 Abs 2 S 1 WEG abstellender Begründung, iErg wie hier MEDIGER NZM 2011, 137, 140 f). Aus diesem Grund präjudiziert die hier vorgetragene Argumentation nicht die Antwort auf die Frage, ob im Hinblick auf andere Rechte, etwa die Anfechtungsbefugnis (s dazu STAUDINGER/LEHMANN-RICHTER § 45 WEG Rn 88 f), jeder einzelne Bruchteilseigentümer Wohnungseigentümer ist (das ist grundsätzlich zu bejahen, s HÄUBLEIN DNotZ 2004, 634, 635).

Der **Sachgrund** für die Beschränkung auf eine Stimme wird darin gesehen, dass kein 29a Eigentümer die Stimmkraft der übrigen beschneiden können soll, indem er das Eigentum auf mehrere Personen überträgt und so mehrere Köpfe einbringt (LG München I ZMR 2010, 229, 230). Als weiterer Grund wird der effiziente, rechtssichere Ablauf von Abstimmungen angeführt (JENNISSEN/SCHULTZKY Rn 33). Bei **Vereinbarungen**, die „jedem Miteigentümer" eine Stimme zuweisen, muss durch Auslegung ermittelt werden, ob damit tatsächlich in Abweichung von § 25 Abs 2 WEG eine Zuweisung je einer Stimme an jeden Bruchteilseigentümer gewollt ist. Im Zweifel ist das zu verneinen, um disproportionale Stimmrechtsverteilungen zu vermeiden (LG Bremen ZMR 2004, 535; RIECKE/SCHMID/RIECKE Rn 18). Für einen unbefangenen Betrachter (zu diesem Auslegungsmaßstab STAUDINGER/WOBST [2023] § 10 WEG Rn 33 ff) liegt die Annahme fern, der Eintritt einer vielköpfigen Erbengemeinschaft in die Gemeinschaft solle die Stimmrechte der übrigen Eigentümer marginalisieren.

bb) Stimmrechtsvermehrung durch Veräußerung bestehender Einheiten

30 Gehören einem Eigentümer mehrere Sondereigentumseinheiten, entspricht es im Falle der **Veräußerung einzelner Einheiten** allg Ansicht, dass jeder Erwerber ein eigenes Kopfstimmrecht erlangt, obgleich dadurch eine Stimmrechtsmehrung eintritt, die die Stimmkraft der übrigen Eigentümer verringert (statt aller: BGH 20. 11. 2020 – V ZR 64/20 Rn 17, ZWE 2021, 223; BayObLG ZMR 2002, 527; OLG München ZMR 2006, 950 = NZM 2007, 45; LG München I ZMR 2010, 229). Jedenfalls solange nicht durch Unterteilung bestehender Wohnungen weitere Einheiten geschaffen werden (dazu insb Rn 54 ff), muss jeder Wohnungseigentümer damit rechnen, dass für jede Einheit ein Stimmrecht bestehen kann; das ist **im Kopfprinzip angelegt** (Jennissen/Schultzky Rn 14; Mediger NZM 2011, 137, 141). Das gilt selbst dann, wenn etwa **an Angehörige** mit dem Ziel veräußert wird, sich weitere Stimmrechte in der Eigentümerversammlung zu sichern (BGH 14. 7. 2017 – V ZR 290/16 Rn 6, NJW 2018, 552; OLG München ZMR 2006, 950 = ZWE 2007, 153; Mediger NZM 2011, 137, 138; Riecke/Schmid/Riecke Rn 52). Der Schutz der Miteigentümer erfolgt in derartigen Fällen durch eine Ausübungskontrolle, dh es ist – im Rahmen eines Anfechtungsverfahrens – zu prüfen, ob die konkrete Stimmrechtsausübung missbräuchlich erfolgte (dazu Rn 192).

cc) Mehrere Personen und Personenmehrheiten als Eigentümer

31 Grundsätzlich steht nach dem Kopfprinzip **jeder Miteigentümergemeinschaft**, die **nicht personenidentisch** mit den Eigentümern einer anderen Sondereigentumseinheit ist, ein eigenes Stimmrecht zu (BGH 20. 11. 2020 – V ZR 64/20 Rn 20, ZWE 2021, 223; KG OLGZ 1988, 434 = WuM 1988, 324; ZMR 2000, 191 = ZWE 2000, 313; OLG Frankfurt ZMR 1997, 156; OLG Düsseldorf ZMR 2004, 696 = WuM 2004, 230; OLG Dresden ZMR 2005, 894; AG Offenbach ZMR 2013, 238). Sind beispielsweise Ehegatten Miteigentümer einer Wohnung, so besteht neben dem (gemeinschaftlichen) Stimmrecht für diese ein weiteres, wenn einer von beiden eine weitere Einheit als Alleineigentümer erwirbt. Dieses Stimmrecht kann der Alleineigentümer-Ehegatte dann unabhängig von dem gemeinschaftlichen Stimmrecht ausüben (s dazu auch Rn 79). Demgegenüber steht ihnen nur eine Stimme zu, wenn beide Ehegatten auch die zweite Wohnung zu Miteigentum erwerben, selbst wenn dies mit einer **anderen Beteiligungsquote** oder unter **gesamthänderischer Bindung**, zB als Erben- oder ehel Gütergemeinschaft, geschieht (hM; Bärmann/Merle Rn 69; Jennissen/Schultzky Rn 35; **aA** Mediger NZM 2011, 137, 142).

32 Anders liegt aber der Fall des Erwerbs einer zweiten Wohnung durch eine von den Miteigentümern der ersten gebildeten **Außen-GbR** (zu ihr etwa MünchKomm/Schäfer § 705 BGB Rn 260 ff). Eigentümerin der zweiten Wohnung ist dann die Gesellschaft (zur Rechtsfähigkeit der Außen-GbR grdl BGHZ 146, 341) und damit **ein anderer Rechtsträger**. Folglich besteht neben dem gemeinschaftlichen Stimmrecht ein weiteres zugunsten der GbR (wie hier Jennissen/Schultzky Rn 35; Riecke/Schmid/Riecke Rn 19; **str**; s Rn 33). Das gilt selbstverständlich ebenso, wenn statt einer GbR eine andere, den Ehegatten gehörende Gesellschaft, zB eine GmbH, die Wohnung erwirbt (das wiederum ist ganz hL; Bornheimer 56; Lotz-Störmer 28 ff; Mediger NZM 2011, 137, 139).

33 Sofern – über den Wortlaut des § 25 Abs 2 S 1 WEG („Wohnungseigentümer") hinaus – explizit eine Beschränkung auf eine Stimme vertreten wird, wenn hinter **formal unterschiedlichen Rechtsträgern dieselben beteiligten Personen** stehen (zu dieser verbreiteten Ansicht OLG Düsseldorf ZMR 2004, 696 = WuM 2004, 230; Bärmann/Merle Rn 69; Bassenge, in: FS Seuß [1987] 33, 37 ff) oder dies jedenfalls „in Betracht gezogen wird" (KG

OLGZ 1988, 434 = WuM 1988, 324), ist dem nicht zu folgen, und zwar aus folgenden Gründen: Das Bestehen eines Stimmrechts muss für den Versammlungsleiter möglichst einfach feststellbar sein, was bereits Zweifel daran weckt, ob es auf den aktuellen Gesellschafterbestand einer Eigentümerin oder gar darauf ankommen kann, wer nach dem Gesellschaftsvertrag bzw den herrschenden Beteiligungsverhältnissen das Sagen in der Gesellschaft hat (dazu, dass die Ausübung des Stimmrechts ähnliche Probleme für den Versammlungsleiter mit sich bringen kann, s Rn 234 f). Außerdem bedarf es angesichts der Bedeutung des Stimmrechts gewichtiger Gründe, wenn man es einer Eigentümerin durch eine den Wortlaut des § 25 Abs 2 S 1 WEG übersteigende Anwendung des Kopfprinzips „nehmen" möchte (Rn 7). Zwar ließe sich hierfür die abstrakte Gefahr einer Majorisierung anführen, jedoch besteht diese auch bei Veräußerung an nahestehende Personen und führt dort nach hM gerade nicht zu einer Beschneidung des Stimmrechts (Rn 30). Schließlich und letztlich entscheidend: Es steht eine tragfähige Begründung dafür aus, warum die personenidentische rechtsfähige GbR anders behandelt wird als juristische Personen. Der Hinweis auf die Irrelevanz „unterschiedlicher rechtlicher Strukturen" (Bärmann/Merle Rn 69 mHinw auf Bornheimer 69, dessen Arbeit freilich aus der Zeit vor der höchstrichterlichen Anerkennung der Rechtsfähigkeit der Außen-GbR stammt; ebenso Bassenge, in: FS Seuß [1987] 33, 38; aus der Zeit danach etwa OLG Düsseldorf ZMR 2004, 696 = WuM 2004, 230) ist eine petitio principii, die nicht einmal konsequent durchgehalten wird, wenn man personenidentischen juristischen Personen ein eigenes Stimmecht zugesteht (so, ohne Versuch, diesen Unterschied zu begründen, Bassenge, in: FS Seuß [1987] 33, 38).

Im Rahmen des § 25 Abs 2 S 1 WEG ist daher eine **streng formalistische Sichtweise** 34
vorzugswürdig (dazu bereits Rn 7). Ein Minderheitenschutz kann im Einzelfall durch Ausübungskontrolle sichergestellt werden (s Rn 30). Das betrifft auch und gerade die Fälle, in denen ein Wohnungseigentümer **beherrschenden Einfluss** auf andere Eigentümer ausübt, ohne das Personenidentität gegeben ist. Reduziert man in solche Fällen das Stimmrecht auf eine Stimme (dafür etwa LG Hamburg ZMR 2008, 827, 828; Riecke/Schmid/Riecke Rn 55; Staudinger/Bub [2005] Rn 150 mHinw auf Bornheimer 72 f und Lotz-Störmer 145; Spielbauer/Then/Chr. Spielbauer Rn 8; **aA** und im Erg wie hier: OLG Dresden ZMR 2005, 894), nähme man einer Gesellschaft/Gemeinschaft das Stimmrecht, nur weil an ihr eine Person beteiligt ist, die (zumindest wirtschaftlich betrachtet) Eigentümer einer weiteren Wohnung ist, und sanktionierte damit auch die übrigen Gesellschafter/Eigentümer (zur Herleitung des Stimmrechtsausschlusses s Bassenge, in: FS Seuß [1987] 33, 38 f). Mit der Bedeutung des Stimmrechts wäre das nicht zu vereinbaren (insoweit zutreffend Bärmann/Merle Rn 71; ausf Mediger NZM 2011, 137, 140 f).

Haben mehrere Personen verschiedene Einheiten als Außen-GbR erworben, ist zu 35
fragen, ob es sich um verschiedene Rechtsträger handelt. Materiell-rechtlich kommt es darauf an, ob mehrere Gesellschaften bestehen. Die Gründung je einer Gesellschaft ist ohne Weiteres zulässig und führt nicht etwa zu einer unzulässigen Umgehung des § 25 Abs 2 S 1 WEG. Von verschiedenen Gesellschaften ist auszugehen, wenn diese jeweils mit verschiedenen Namen im Grundbuch (zur Eintragungsfähigkeit des Namens der GbR s BGHZ 179, 102 Rn 20) oder, nach Inkrafttreten des MoPeG, im Gesellschaftsregister (§ 707 BGB nF) eingetragen sind. Sind hingegen jeweils gleichlautend nur die Gesellschafter mit dem Zusatz „in Gesellschaft bürgerlichen Rechts" eingetragen, spricht die **identische Eintragung für nur eine Gesellschaft** und damit für nur ein Stimmrecht. Davon darf auch der Versammlungsleiter ausgehen. Der Nach-

weis der Existenz verschiedener Gesellschaften, etwa durch Vorlage der jeweiligen Gesellschaftsverträge, ist dann Sache der Gesellschafter.

b) Wert- und Objektprinzip

36 Die gesetzliche Stimmkraftregelung ist gem § 10 Abs 1 S 2 WEG grundsätzlich **abdingbar** (zu den Grenzen s Rn 41 ff). Zu den wichtigsten – aber keinesfalls allein zulässigen (s Rn 39, Rn 40) – Abweichungen zählen das sog Objektprinzip, bei dem jeder Sondereigentumseinheit eine Stimme zusteht, und das Wertprinzip, bei dem die Stimmkraft typischerweise dem MEA entspricht. In beiden Fällen besteht allerdings, wie beim Kopfprinzip, iZw nur ein Stimmrecht, das einheitlich ausgeübt werden muss (dazu Rn 63 ff). Beide Stimmkraftregelungen sind darauf angelegt, **wirtschaftlichen Erwägungen** bei der Stimmrechtsverteilung Rechnung zu tragen, womit notwendig die Möglichkeit einhergeht, dass ein Eigentümer, der mehr als die Hälfte der Einheiten bzw MEA erwirbt, die Geschicke der Gemeinschaft bestimmen kann. Zwar ist ein abstrakter Majorisierungsschutz gerade das Ziel des § 25 Abs 2 S 1 WEG, jedoch kommt diesem kein solches Gewicht zu, als dass es gerechtfertigt wäre, die Privatautonomie insofern einzuschränken. Bereits § 745 Abs 1 S 2 BGB, aber auch der Blick in ausländische Rechtsordnungen, wo sich die Stimmkraft nach MEA richtet (s für Österreich § 24 Abs 4 S 1 WEG 2002), zeugen von einem geringen Gewicht des hinter dem Kopfprinzip stehenden Gerechtigkeitsgehalts (vgl Rn 28). Die Minderheit kann eine Majorisierung im Einzelfall durch Beschlussanfechtung geltend machen (BGHZ 152, 46, 59; BayObLGZ 1986, 10 = NJW-RR 1986, 566, 567; KG OLGZ 1994, 389 = ZMR 1994, 168; OLG Dresden ZMR 2005, 894; Jennissen/Schwermer WuM 1988, 285, 286, zu Recht gegen eine id Rspr erwogene Reduzierung der Stimmkraft auf 25 %).

37 Insbesondere das **Wertprinzip** kann verschiedene Vorzüge für sich in Anspruch nehmen, die in der Praxis häufig den Ausschlag für seine Vereinbarung geben. Richtet sich die Kosten- und Lastenverteilung in der Gemeinschaft gem § 16 Abs 2 S 1 WEG nach dem Verhältnis der MEA, sorgt das Wertprinzip für eine **Synchronisierung** von **Kostenlast** und Entscheidung über kostenauslösende Maßnahmen (OLG Zweibrücken OLGZ 1990, 186 = ZMR 1990, 30: innere Rechtfertigung des Wertprinzips). Es ist daher nicht zu beanstanden, wenn das Wertprinzip zu einer Stimmenmehrheit eines Eigentümers führt (BayObLGZ 1986, 10, 13 = NJW-RR 1986, 566; OLG Karlsruhe WuM 1988, 325; OLG Saarbrücken ZMR 1998, 50 = WuM 1998, 243). Hinzu kommt, dass das Wertprinzip bei Unterteilung und Vereinigung von Wohnungseigentumsrechten nicht zu Problemen führt (dazu Rn 53). Dem steht ein erhöhter Aufwand bei der Abstimmung gegenüber, da der Versammlungsleiter entweder mit Stimmkarten arbeiten oder die Meldungen in MEA umrechnen muss.

38 Bei Vereinbarung des **Objektprinzips**, das ebenfalls – zumindest bei typisierender Betrachtung – dem Ausmaß der wirtschaftlichen Beteiligung Rechnung trägt (KG OLGZ 1978, 142 = ZMR 1978, 250), wird häufig etwas verkürzend, weil das Recht selbst dem Eigentümer zugeordnet ist, „jeder Wohnung eine Stimme" gewährt. Hier ist durch Auslegung zu ermitteln, was für **Teileigentumseinheiten** gelten soll. Lässt sich die Erstreckung der für die Wohnungen geltenden Regelungen auf das Teileigentum nicht bereits der Gemeinschaftsordnung selbst entnehmen, was oft der Fall sein wird, ist neben dem in § 1 Abs 6 WEG niedergelegten Grundsatz der Gleichbehandlung von Wohnungs- und Teileigentum (vgl AG Wiesbaden ZMR 2012, 490 = ZWE 2012, 325; s auch OLG Hamm ZMR 2008, 60) zu beachten, dass stimmrechtslose Teileigentumseinheiten

unzulässig wären (Rn 8), weshalb die gesetzeskonforme Auslegung für deren Einbeziehung in das Objektprinzip spricht. Infolgedessen hat ein Eigentümer, dem neben einer Wohn- oder Gewerbeeinheit noch ein Kfz-Stellplatz gehört, iZw zwei Stimmen, wenn der Stellplatz eine **eigenständige** Teileigentumseinheit ist. Es ist auch nicht zu beanstanden, wenn die Teileigentümer von Garagenstellplätzen infolge des Objektprinzips die Stimmenmehrheit in der Anlage auf sich vereinen (vgl KG OLGZ 1994, 389 = ZMR 1994, 168).

Wert- und Objektprinzip können auch **modifiziert vereinbart** werden. So ist es denkbar, dass die Stimmrechte von Teileigentumseinheiten wegen ihres Wertes höher oder geringer (zB Kfz-Stellplätze) gewichtet werden als die von in der Anlage befindlichem Wohnungseigentum (s etwa OLG Zweibrücken OLGZ 1990, 186 = ZMR 1990, 30; Bärmann/Merle Rn 34). Das folgt bereits daraus, dass es im WEG keine verpflichtenden Vorgaben für die Festlegung der MEA gibt, diese also weder den Wert noch die Größe der Sondereigentumseinheiten widerspiegeln müssen (OLG Karlsruhe WuM 1988, 325; KG OLGZ 1994, 389 = ZMR 1994, 168). Zu den Grenzen einer **disproportionalen Verteilung** der Stimmkraft s Rn 41. 39

c) Grenzen rechtsgeschäftlicher Gestaltungsmacht

aa) Änderungen der Stimmkraft durch Vereinbarung

Nach allg Ansicht ist § 25 Abs 2 S 1 WEG **abdingbar** (statt aller: BayObLGZ 1982, 203, vgl 40 dazu bereits die RegBegr, BR-Drucks 75/51, 23; BGHZ 152, 46, 53; Derleder ZWE 2008, 253, 256; Mediger NZM 2011, 137, 138; Weitnauer/Lüke Rn 8). Dafür spricht neben § 10 Abs 1 S 2 WEG (zur dadurch verbürgten Gestaltungsfreiheit s Staudinger/Wobst [2023] § 10 WEG Rn 9) gewichtig, dass die Lösung des Stimmrechts insbesondere von der Kostentragungspflicht von vielen Eigentümern als ungerecht empfunden wird (vgl Rn 28 und Rn 36). Änderungen der Stimmkraft erfordern eine **Vereinbarung** iSd § 10 WEG, die an den allgemeinen Vorschriften (§§ 134, 138, 242, 315 BGB) zu messen ist (grdl zur Kontrolle von Vereinbarungen BGH 20. 11. 2020 – V ZR 196/19, BGHZ 227, 289; s ferner BGHZ 99, 90, 94 f; 157, 322; BGH NJW 1994, 2950, 2952). Fraglich ist, ob diese allgemeinen Grenzen der Gestaltungsfreiheit bereits dann überschritten sind, wenn der Stimmkraftregelung eine **innere Rechtfertigung fehlt**, wie sie beim Objekt- oder Wertprinzip infolge der wirtschaftlichen Interessenlage jedenfalls bei typisierender Betrachtung existiert. Zu einer solchen **disproportionalen Stimmkraft** kommt es auch in den Fällen, in denen zwar das Wertprinzip vereinbart, einem oder mehreren Eigentümern aber ein überproportionaler MEA zugewiesen und die Kosten-/Lastentragung von diesem gelöst wird (vgl zu derartigen Sachverhalten OLG Karlsruhe WuM 1988, 325 und 327).

Teilweise werden disproportionale Stimmkraftregelungen für sitten- oder treuwidrig 41 und daher unwirksam gehalten (LG Frankenthal als Vorinstanz zu OLG Zweibrücken OLGZ 1990, 186 = ZMR 1990, 30 von diesem wiedergegeben; s ferner Lotz-Störmer, Stimmrechtsausübung 255). Die hM lässt demgegenüber auch eine **frei**, dh ohne erkennbare innere Rechtfertigung **festgelegte Stimmkraftverteilung** zu (OLG Zweibrücken OLGZ 1990, 186 = ZMR 1990, 30; Jennissen/Schwermer WuM 1988, 285). Für zulässig wird etwa eine „golden share"-Vereinbarung gehalten, nach der der teilende Alleineigentümer sich in der Gemeinschaftsordnung das **Vetorecht** vorbehält, dass gegen seine Stimme kein Eigentümerbeschluss gefasst werden kann, solange ihm auch nur eine Wohnung gehört (BayObLGZ 1997, 139 = WuM 1997, 285; OLG Oldenburg NJW-RR 1997, 775; zust auch OLG Hamm ZMR 2009, 219 = ZWE 2008, 465). Den Belangen der übrigen Eigentümer ist in diesen Fällen nach hM durch **Ausübungskontrolle** Rechnung zu tragen, dh es wird jeweils im Einzelfall auf Anfechtung hin geprüft, ob der beherrschende Miteigentümer von seinem Stimmrecht in missbräuchlicher Weise Gebrauch gemacht hat (statt vieler: BayObLGZ 1986, 10 = NJW-RR 1986, 566; JENNISSEN/SCHWERMER WuM 1988, 285, 286 f; s auch Rn 36 aE).

41a Für die hM spricht die in § 12 Abs 1 WEG explizit vorgesehene Möglichkeit, auch zugunsten einzelner („anderer", nicht „der anderen") Eigentümer oder Dritter einen Zustimmungsvorbehalt zu statuieren, was – in den Grenzen des § 12 Abs 2 WEG – nichts anderes als ein Vetorecht bedeutet (gegen ein Vetorecht zugunsten Dritter aber JENNISEN/SCHULTZKY Rn 19). Außerdem fällt es gerade bei Geltung des Wertprinzips schwer, die Grenze zwischen einer zulässigen freien Verteilung der MEA und einer sittenwidrigen Überhöhung der Stimmkraft zu ziehen. Im Grundsatz verdient die hM daher Zustimmung. **Sittenwidrig** sind aber wohl immerhin Stimmkraftregelungen, die einseitig durch einen **aufteilenden Unternehmer** allein zu seinen Gunsten festgelegt werden und einer inneren Rechtfertigung entbehren, weil sie weder den Wert der Einheiten noch den Umfang der Kostentragung widerspiegeln (zur Inhaltskontrolle solcher Regelungen am Maßstab des § 242 BGB s BGH 20. 11. 2020 – V ZR 196/19 Rn 29, BGHZ 227, 289). Einer sachlichen Rechtfertigung bedürfen daher auch Vetorechte zugunsten des aufteilenden Unternehmers (s dazu auch LEHMANN-RICHTER ZWE 2012, 77, 79).

41b Ausnahmsweise kann ein Anspruch auf (temporäre) **Anpassung der Stimmkraft** gemäß § 10 Abs 3 WEG bestehen. Der BGH hat das für einen Fall akzeptiert, in dem der aufteilende Eigentümer über Jahrzehnte knapp die Hälfte der Stimmen besaß, obwohl die entsprechenden Wohnungen gar nicht errichtet wurden („Geisterwohnungen"). Dadurch würden die Wohnungseigentümer in wichtigen Angelegenheiten durch eine Miteigentümerin mit faktischer Mehrheitsmacht „fremdbestimmt", die keine Wohnungen hält und daher von der Verwaltung des Gemeinschaftseigentums allenfalls in Randbereichen betroffen ist. Da eine baldige Errichtung der weiteren Sondereigentumseinheiten nicht absehbar sei, könne es als unbillig angesehen werden, die Eigentümer an einer Stimmrechtsregelung festzuhalten, nach der die nicht errichteten Einheiten bei der Bemessung der Stimmkraft voll berücksichtigt werden (BGH 18. 1. 2019 – V ZR 72/18 Rn 23, ZWE 2019, 403).

42 Im Einzelfall kann es schwer **festzustellen** sein, ob eine Vereinbarung **tatsächlich vom Kopfprinzip abweicht**. Dabei ist, jedenfalls sofern die Vereinbarung – wie regelmäßig – im Grundbuch eingetragen ist, auf den Wortlaut und Sinn abzustellen, wie sich dieser für einen unbefangenen Leser als nächstliegende Bedeutung des Eingetragenen ergibt (dazu STAUDINGER/WOBST [2023] § 10 WEG Rn 33). Nach dieser Maßgabe soll etwa eine Regelung, nach der „jeder Eigentümer einer Sondereigentumseinheit in der Eigentümerversammlung eine Stimme" hat, die nächstliegende Bedeutung der Vereinbarung des Kopfstimmrechts haben (BayObLG ZMR 1998, 797 = WuM 1998, 748; OLG München ZMR 2006, 950 = ZWE 2007, 153). Das ist zwar durchaus zweifelhaft, weil vom Eigentümer einer Sondereigentumseinheit die Rede ist und nicht neutral vom Sondereigentümer; nur letzteres wäre eine die Teileigentümer einbeziehende Wiedergabe des § 25 Abs 2 S 1 WEG, der gerade nicht lautet „Jeder Eigentümer einer Wohnung hat eine Stimme". Im Ergebnis haben die Gerichte aber gleichwohl zu Recht das Kopfprinzip angewendet. Kann nämlich der Vereinbarung eine vom Gesetz abweichende Regelung **nicht mit hinreichender Deutlichkeit** entnommen werden, bleibt es bei der gesetzlichen Regelung (so iErg auch Becker ZWE 2012, 156 f; dazu, dass Abweichungen vom Gesetz „klare und eindeutige" Vereinbarungen erfordern, s statt vieler BGH 12. 11. 2021 – V ZR 204/20 Rn 11, ZWE 2022, 123 mNw; stRspr).

bb) Änderungen der Stimmkraft durch Beschluss

Beschlüsse, die die Änderung der Stimmkraft zum Gegenstand haben, ermangeln grundsätzlich der Beschlusskompetenz (dazu § 23 WEG Rn 343 ff) und sind daher nach ganz hM **nichtig** (Bärmann/Seuss/Rüscher Teil C Rn 734; Niedenführ/Schmidt-Räntsch/Vandenhouten/Vandenhouten Rn 3). Ob eine Änderung der Stimmkraft durch Mehrheitsbeschluss dann erfolgen kann, wenn die Gemeinschaftsordnung eine **Öffnungsklausel** enthält, ist nicht geklärt (dafür Bärmann/Seuss/Rüscher Teil C Rn 734). Teils wird vertreten, eine Öffnungsklausel begründe die Kompetenz und der Einzelne sei darauf beschränkt, im Wege der Beschlussanfechtung das Fehlen eines sachlichen Grundes (dazu BGHZ 95, 137, 143) für die Beschlussfassung zu rügen (Niedenführ/Schmidt-Räntsch/Vandenhouten/Vandenhouten Rn 3). Das überzeugt zumindest für allgemeine, Stimmkraftregelungen nicht explizit zulassende Öffnungsklauseln nicht. Ein redlicher Eigentümer muss nicht damit rechnen, dass dadurch der Eingriff in den Kernbereich seiner Eigentümerrechte ohne seine Zustimmung gestattet wird (zur Unwirksamkeit von Öffnungsklausel-Beschlüssen, die in den „unentziehbaren Kernbereich" eingreifen, Becker ZWE 2002, 341, 344 f; zum Schutz des „dinglichen Kernbereichs" s OLG Köln ZMR 1998, 373 f = WuM 1998, 237). Das Stimmrecht als solches wird zT sogar zum unverzichtbaren Kernbereich gezählt (Rn 7 f). Anders als bloße Regelungen über die Ausübung, zB durch Vertreter, berührt die Stimmkraft evident die Substanz des Stimmrechts, weshalb sie dem **unentziehbaren Kernbereich** zugehört. Zur Wirksamkeit des Beschlusses ist daher auch bei Bestehen einer allgemeinen Öffnungsklausel die Zustimmung der betroffenen Eigentümer erforderlich (s dazu auch § 23 WEG Rn 271 ff); einer Anfechtung bedarf es nicht, um deren Fehlen geltend machen zu können (Köhler/Becker AnwHdb 4. Aufl Teil 4 Rn 178; vgl auch Köhler/Häublein/Ott AnwHdb 4. Aufl Teil 17 Rn 96a zur Begründung eines Sondernutzungsrechts durch Beschluss). Die Zustimmung kann zwar antizipiert bereits in der Gemeinschaftsordnung erteilt werden. Hierfür genügt es aber nicht, wenn die Öffnungsklausel „Änderungen der Stimmkraft" zulässt. Vielmehr ist zum Schutze der Eigentümer eine Konkretisierung notwendig, die als antizipierte Zustimmung ausgelegt werden kann (s § 23 WEG Rn 350). 43

cc) Abdingbarkeit im Bereich zwingender Mehrheitsmacht

Besonders kontrovers wurde bis zum Inkrafttreten des WEMoG diskutiert, ob die gesetzliche Stimmkraftregelung dort **abändernden Vereinbarungen entzogen** ist, wo die Möglichkeit zur (qualifiziert) mehrheitlichen Entscheidung nach dem Gesetz nicht durch Vereinbarung beseitigt werden kann. Dies betraf vor allem die 2007 eingefügten § 12 Abs 4 S 2 WEG aF, § 16 Abs 5 WEG aF, § 22 Abs 2 S 2 WEG aF. Nach geltendem Recht existiert eine solche zwingende Mehrheitsmacht nur noch für die Bestellung und Abberufung des Verwalters (§ 26 Abs 1, Abs 5 WEG). Da der Schlüssel zur Beantwortung der Frage, ob diese Regelungen auch die Stimmkraft gegen Modifizierungen absichern, bei den genannten Vorschriften liegt und nicht bei § 25 Abs 2 S 1 WEG, kann auf die umfangreiche Darstellung in der Vorauflage verwiesen werden (Staudinger/Häublein [2018] § 25 WEG Rn 44 ff). Lediglich für § 26 WEG ist die Frage hier noch zu klären. 44

45 Sowohl vor als auch nach Inkrafttreten der WEG-Novelle zum 1. 7. 2007 wurde vereinzelt vertreten, das heute in **§ 26 Abs 5 WEG** enthaltene Beschränkungsverbot (zuvor § 26 Abs 1 S 5 WEG aF) perpetuiere das Kopfprinzip für die Bestellung und Abwahl des Verwalters (AG Schöneberg ZMR 1976, 316; Pfennig/Duske ZMR 1976, 289, 290; Gross BlBGW 1976, 171, 172; ders ZMR 1977, 67; Merle ZWE 2009, 15, 21 f). Der BGH ist dem in beiden Fällen zu Recht entgegengetreten (BGHZ 152, 46, 53; 191, 245 Rn 7 ff). Das entspricht der hM, wobei maßgeblich auf den Zweck der Vorschrift abgestellt wird, eine Bevormundung der Wohnungseigentümer durch Dritte bzw den aufteilenden Eigentümer zu verhindern und so die Autonomie der Wohnungseigentümer abzusichern (vgl BT-Drucks VII/62, 8 f = 30 Jahre Wohnungseigentum – Materialien zum WEG, PiG 8 [1982] 254; vgl BGHZ 152, 46, 53; OLG Hamm OLGZ 1978, 184, 185 f; KG OLGZ 1978, 142 = ZMR 1978, 250; LG Dresden ZMR 2011, 318; AG Dresden ZMR 2010, 804, dazu Häublein ZMR 2010, 805, 806; Riecke/Schmid/Abramenko § 26 Rn 10; Weitnauer/Lüke § 26 Rn 16; skept Merle ZWE 2009, 15, 21 f, der die Begr für ambivalent hält). Während etwa die Anhebung der erforderlichen Mehrheit, zB auf $^3/_4$ der abgegebenen Stimmen, darauf gerichtet ist, die Verwalterbestellung/-abwahl zu erschweren, was sie unzulässig macht, kann sich die Stimmkraftregelung erschwerend oder erleichternd auswirken, ist also teleologisch betrachtet neutral. Dass das Abänderungsverbot (§ 26 Abs 1 S 5 WEG aF; § 26 Abs 5 WEG) auch die sich nach dem Kopfprinzip ergebende Mehrheit davor schützen soll, diese Befugnis zugunsten der sich nach dem Wert- oder Objektprinzip ergebenden Minderheit zu verlieren, ist nicht nachzuweisen. Mit der ganz hM sind daher **Abweichungen vom Kopfprinzip im Rahmen des § 26 Abs 1 WEG zuzulassen**. Entsprechende Vereinbarungen über das Kopf- oder Wertprinzip gelten daher iZw auch für die Verwalterwahl.

46–50 Einstweilen nicht besetzt

d) Auswirkungen der Unterteilung/Vereinigung von Einheiten auf die Stimmkraft

aa) Allgemeines

51 Ein Wohnungseigentümer kann seine Einheit in mehrere rechtlich selbständige unterteilen. Sofern die neuen Einheiten nicht bereits in sich abgeschlossen sind, wird deren Abgeschlossenheit oft durch den Eigentümer selbst durch Arbeiten im Sondereigentum geschaffen, zB durch Schließen von Türöffnungen oder Einfügen einer Trennwand. Mangels Auswirkungen auf die Rechtsstellung der übrigen Eigentümer bedarf regelmäßig **weder die rechtliche noch die tatsächliche Unterteilung einer Zustimmung** (grdl BGHZ 49, 250; s dazu ausf Staudinger/Rapp/Wobst [2023] § 6 WEG Rn 3 ff). Der umgekehrte Vorgang, also die Vereinigung mehrerer Sondereigentumseinheiten oder die Bestandteilszuschreibung iSv § 890 Abs 2 BGB, erfordert ebenfalls kein Mitwirken der übrigen Wohnungseigentümer (Staudinger/Rapp/Wobst [2023] § 6 WEG Rn 38).

52 Ob die Veränderung tatsächlich ohne Auswirkungen für die Miteigentümer bleibt, hängt auch davon ab, welche Änderungen sich für das Stimmrecht ergeben. Dabei ist zunächst darauf abzustellen, ob der Fall in der **Gemeinschaftsordnung geregelt wurde** (diese Regelung soll auch durch den hierzu ermächtigten aufteilenden Eigentümer erfolgen können, OLG Köln NZM 2005, 148). Wurde eine Modifizierung der Stimmrechte vereinbart, haben die übrigen Eigentümer die mit der Unterteilung einhergehenden Beeinträchtigungen grundsätzlich hinzunehmen, weil sie ihr zugestimmt haben oder daran zumindest gem § 10 Abs 3 S 1 WEG gebunden sind. Keine solche Zustimmung ist allerdings die gem § 12 WEG erteilte, weil dieses Zustimmungserfordernis eine andere Funktion hat und nicht darauf gerichtet ist, eine Vermehrung der Stimmrechte zu billigen (BGH NJW 2012, 2434 Rn 11; Bärmann/Seuss/Rüscher Teil C Rn 733: Vereinbarung über das Stimmrecht erforderlich). Die Regelung in der Gemeinschaftsordnung muss nicht ausdrücklich erfolgen (vgl BayObLG NJW-RR 1991, 910: Verbindung eines MEA mit mehreren in sich abgeschlossenen Wohnungen in der ursprgl Teilungserklärung; für notwendige Ausdrücklichkeit aber Drasdo, ETV Teil G Rn 28). Gerade bei Ausbaurechten, zB an einem Dachrohling, kann sich die Zustimmung zu einer Stimmrechtsvermehrung auch im Wege der ergänzenden Auslegung der Gemeinschaftsordnung ergeben (Niedenführ/Schmidt-Räntsch/Vandenhouten/Vandenhouten Rn 16). Existiert keine Regelung, ist wie folgt nach der Art der Stimmkraftregelung **zu differenzieren**.

bb) Wertprinzip

Bei Geltung des **Wertprinzips** sind die Unterteilung eines Miteigentumsanteils und die Veräußerung eines Anteils ohne Einfluss auf die Stimmkraft (statt aller OLG Frankfurt ZWE 2012, 272). Das bisherige Stimmrecht wird – dem Wertprinzip wesensimmanent – zwischen den neuen Einheiten nach deren MEA aufgeteilt und kann von deren Eigentümern selbständig, dh ohne die Bindung des § 25 Abs 2 S 2 WEG ausgeübt werden (zur divergierenden Stimmrechtsausübung für verschiedene Einheiten eines Eigentümers Rn 78). Die Vereinigung/Bestandteilszuschreibung führt demgegenüber dazu, dass es für die neugebildete Einheit nur noch ein Stimmrecht gibt, das nur einheitlich ausgeübt werden kann. 53

cc) Objektprinzip

Ist in der betreffenden Gemeinschaft hingegen das **Objektprinzip** vereinbart, führte bereits das Entstehen der neuen Sondereigentumseinheit(en) zu einer Vermehrung der Stimmrechte, wenn man den Wortlaut der entsprechenden Vereinbarung zugrunde legt (zB: „Jede Sondereigentumseinheit hat eine Stimme"). Dann aber hätte die Unterteilung der Einheit negative Auswirkungen für die übrigen Eigentümer, deren Stimmgewicht sich verringerte (die damit verbundene Substanz- und Wertbeeinträchtigung des Eigentums hebt bereits Bärmann JZ 1968, 565 zu Recht hervor). Das wäre ein Nachteil, der nach der Wertung des § 14 WEG nicht hingenommen werden muss, mit der Folge, dass die Unterteilung der Zustimmung der übrigen Eigentümer bedürfte. Das wiederum bedeutete eine empfindliche Schmälerung der Befugnisse des unterteilenden Eigentümers, weshalb es interessengerecht erscheint, wenn der BGH eine **Vermehrung der Stimmrechte ablehnt** (BGHZ 73, 150, 155; 160, 354, 366 f; NJW 2012, 2434 Rn 8; OLG Hamm ZMR 2002, 859; **aA** KG ZMR 2000, 191 = ZWE 2000, 313; OLG Düsseldorf ZMR 2004, 696 = NZM 2004, 234). Seiner Ansicht nach wird das zuvor auf die ungeteilte Einheit entfallende Stimmrecht **nach Bruchteilen** entsprechend der Anzahl der neu entstandenen Einheiten **aufgeteilt**, wobei die Eigentümer dieser Einheiten ohne die Bindung des § 25 Abs 2 S 2 WEG abstimmen dürfen (BGHZ 160, 354, 367; **aA** Drasdo, ETV Teil G Rn 30 ff); bis zur Veräußerung einer Einheit soll der unterteilende Eigentümer jedoch nur einheitlich abstimmen können (s auch Rn 79; Bärmann/Merle Rn 45; BeckOK-WEG/Bartholome Rn 40). Die Ansicht des BGH wird verbreitet geteilt und ist daher **ganz herrschend** (OLG Düsseldorf OLGZ 1990, 152 = NJW-RR 1990, 521; Bärmann/Merle Rn 45; BeckOK-WEG/Hügel § 8 WEG Rn 14; Briesemeister NZM 2000, 992, 994; Jennissen/Schultzky Rn 55; Mediger NZM 2011, 137, 143 f; Riecke/Schmid/Riecke Rn 58; Köhler/Scheuer AnwHdb Rn 3.199; Wedemeyer NZM 2000, 638, 639 ff). 54

55 Kommt es zu einer **Vereinigung**/Zuschreibung von Einheiten, führt dies nach dem Objektprinzip zur **Reduktion der Stimmrechte** (AG Dortmund 14. 6. 2019 – 514 C 4/19, ZMR 2019, 800; Bärmann/Merle Rn 46; Jennissen/Schultzky Rn 56; s auch Sauren Rn 19; **aA** Drasdo, ETV Teil G Rn 27). Dies ist für die übrigen Eigentümer nicht nachteilig, weil deren Stimmkraft steigt, und auch für den die Einheiten zusammenführenden Eigentümer nicht unbillig, da er den Stimmverlust selbst herbeiführt (zum Wiederaufleben des Stimmrechts bei späterer erneuter Unterteilung Rn 56 aE).

56 Obwohl die Judikatur des BGH (Rn 54) im Ergebnis überzeugt, bestehen Defizite in der **Begründung**, die aus einer fehlenden Auseinandersetzung mit der jeweiligen Stimmkraftvereinbarung, insbesondere der Bedeutung des Wortlauts derselben resultieren. Der Sache nach **legt** der BGH die Vereinbarung wohl **ergänzend aus**, wobei man zwei verschiedene Aspekte unterscheiden muss. Zunächst wird die Vereinbarung auf unterteilte Einheiten **nicht angewendet**, obwohl dies nach ihrem Wortlaut an sich geboten wäre. Es wird also davon ausgegangen, für einen unbefangenen Betrachter bestehe die naheliegende Bedeutung einer Vereinbarung, nach der auf jede Wohnung eine Stimme entfällt, darin, dass dies nur für solche Wohnungen gelte, die bereits in der ursprünglichen Teilungserklärung enthalten sind. Das ist deswegen letztlich überzeugend, weil das Stimmrecht ein besonders wichtiges Eigentümerrecht darstellt (s Rn 7 f), weshalb es fernliegt anzunehmen, Eigentümer sollen durch Aufteilung ihrer Einheiten maßgeblichen Einfluss auf das Gewicht der Stimmen der anderen Eigentümer nehmen können. Sofern dies ausnahmsweise gewollt ist, bedarf das einer klaren Regelung (das BayObLG NJW-RR 1991, 910 meint, diese Regelung bereits der Tatsache entnehmen zu können, dass mehrere selbstständige Wohnungen in der Teilungserklärung zu einer Einheit verbunden worden sind). Mit dieser einschränkenden Auslegung ist zugleich die kaum behandelte Frage beantwortet, wie es sich auswirkt, wenn **mehrere Einheiten vereinigt werden**, zB um bei einer Veräußerung die Gewerblichkeit zu vermeiden, und es dann später wieder zu einer Unterteilung kommt. Zunächst führt die Vereinigung zur Reduzierung der Objektstimmrechte (Rn 55). Durch die spätere (erneute) Unterteilung vermehren sich die Stimmrechte dann wieder, aber nur bis zu der in der ursprünglichen Teilung für die zunächst vereinigten Einheiten vorgesehenen Zahl, weil die Zahl der Gesamtstimmrechte aus der ursprünglichen Teilungserklärung zu entnehmen ist.

57 Der zweite begründungsbedürftige Schritt, den der BGH der Sache nach vornimmt, besteht darin, die durch die einschränkende Auslegung der Stimmkraftvereinbarung entstandene **Lücke zu schließen**. In der Tat wird ein redlicher Verfasser der Gemeinschaftsordnung, wenn er das Problem der Unterteilung als solches erkannt hat, am ehesten eine Aufspaltung des Stimmrechts anordnen und sich bei der Bestimmung der Bruchteile an der Zahl der Objekte orientieren. Letzteres liegt bereits in der Natur des Objektstimmrechts. Die Annahme, es solle ein gemeinschaftliches Stimmrecht iSv § 25 Abs 2 S 2 WEG entstehen, scheint demgegenüber fernliegend. Es entspricht offenkundig nicht dem **Interesse der Eigentümer** unterschiedlicher Einheiten, sich insofern vor jeder Stimmabgabe abstimmen zu müssen (Briesemeister, in: FS Seuß [2007] 39, 42 bezeichnet diese Stimmrechtsverteilung pointiert als „unerträglich"). Die vom BGH jedenfalls de facto im Wege der ergänzenden Auslegung der Gemeinschaftsordnung vorgenommene Aufspaltung des Stimmrechts ist also keineswegs „willkürlich" (so aber Staudinger/Rapp [2005] § 6 WEG Rn 7), sondern evident interessengerecht! Auch führt die Existenz von Bruchteilsstimmrechten nicht zu einer signifikanten Erschwe-

rung des Abstimmungsvorgangs, beeinträchtigt die Verwaltung also nicht nennenswert. Zwar muss sich der Versammlungsleiter bewusst machen, dass es Teilstimmrechte gibt. Ähnliches wäre jedoch auch bei Geltung von § 25 Abs 2 S 2 WEG geboten, weil dann die einheitliche Stimmabgabe überwacht werden müsste.

Gegen die hM spricht auch nicht der **Erwerberschutz**. Es wird – inkonsequenterweise 58
meist nur für das Kopfprinzip (vgl Briesemeister, in: FS Seuß [2007] 39; Staudinger/Bub [2005] Rn 156) – argumentiert, Erwerber seien in ihrem guten Glauben an das Bestehen eines ganzen Stimmrechts zu schützen. Dem wird entgegengehalten, ein Erwerber dürfe nicht davon ausgehen, auch seine Einheit vermittle eine ganze Stimme, nur weil in der Gemeinschaftsordnung nach Objekten abgestimmt wird, weil für ihn aus dem Bestandsverzeichnis seines Wohnungsgrundbuchs die **Unterteilung ersichtlich sei** (für die hM nur: Mediger NZM 2011, 137, 144). Jedenfalls aus der Sicht derjenigen, die mit dem BayObLG (NJW-RR 1991, 910) von Eigentümern sogar erwarten, sich mit Blick auf das Stimmrecht bei Unterteilung Kenntnis von der ursprünglichen Beschaffenheit anderer Sondereigentumseinheiten zu verschaffen, erscheint allein diese Einschränkung des Erwerberschutzes konsequent. Aber auch wenn man nicht so weit geht, wie das BayObLG, sprechen die besseren Gründe gegen die Annahme, zum Schutze der Erwerber müsse bei Unterteilung ein neues volles Stimmrecht entstehen. Keinesfalls nämlich müssten die übrigen Eigentümer die Verwässerung ihres essentiellen Teilhaberechts hinnehmen, was die Unterteilung selbst zustimmungsbedürftig machte. Die Einheit des Erwerbers würde so regelmäßig gar nicht entstehen, was für den aufteilungswilligen Eigentümer einen erheblichen Verlust an Eigentümerrechten bedeutete (s dazu bereits Rn 54) und meist auch den Interessen des Erwerbers widerspricht. Sollte dieser es tatsächlich vorziehen, vom Kauf der Einheit abzusehen, weil diese nicht über ein volles Stimmrecht verfügt, wird er hierzu regelmäßig die Möglichkeit haben. Dies deswegen, weil er in der Regel auf der ersten Versammlung von seinem Teilstimmrecht erfährt und der Veräußerer von diesem typischerweise auch wusste, weshalb nicht nur Rechtsmängelrechte entstehen, sondern auch Arglist vorliegen wird, wenn auf das reduzierte Stimmrecht im Erwerbsvertrag nicht hingewiesen wird.

dd) Kopfprinzip

Schließlich stellt sich auch beim **Kopfstimmrecht** das Problem der Stimmrechtsver- 59
mehrung, freilich mit Unterschieden im Detail. So bleibt die Unterteilung einer Sondereigentumseinheit zunächst ohne Einfluss auf die Stimmkraft, da dem unterteilenden Eigentümer weiterhin nur eine Stimme zusteht (statt vieler BGHZ 49, 250, 256; Becker ZWE 2007, 156, 157; unzutr Wedemeyer NZM 2000, 638, 639). Anders als beim Objektprinzip vermehren sich nach dem Wortlaut des § 25 Abs 2 S 1 WEG die Stimmrechte erst durch die Veräußerung. Es geht daher, auch das ein Unterschied zum Objektprinzip, um die Interpretation des Gesetzes und nicht um die einer Vereinbarung. Die Auswirkungen der Unterteilung galten beim Kopfprinzip lange als **besonders umstritten** (für eine Vermehrung der Stimmrechte etwa Becker ZWE 2007, 156, 157; Briesemeister, in: FS Seuß [2007] 39; Staudinger/Bub [2005] Rn 156).

Der **BGH** hat seine Rechtsprechung zum Objektprinzip im Jahr 2012 konsequent auf 60
das Kopfprinzip erstreckt, geht also davon aus, dass das Stimmrecht des unterteilenden Eigentümers **nach Bruchteilen** auf die neu gebildeten Einheiten verteilt wird und nach Veräußerung ungeachtet des § 25 Abs 2 S 2 WEG getrennt ausgeübt werden

kann (BGH NJW 2012, 2434 Rn 8; zust Bärmann/Merle Rn 44; Bärmann/Seuss/Rüscher Teil C Rn 733; Jennissen/Schultzky Rn 55; Mediger NZM 2011, 137, 143 f; ebenso wie der BGH, die Anwendbarkeit des § 25 Abs 2 S 2 WEG aber offenlassend LG München I ZMR 2010, 229). Damit hat er der Auffassung eine Absage erteilt, nach der die übrigen Eigentümer deswegen keinen Nachteil erleiden, weil bei Geltung des Kopfprinzips jederzeit mit einer Vermehrung der Stimmrechte gerechnet werden müsse (so etwa neben den in Rn 58 genannten Befürwortern einer Stimmrechtsvermehrung KG ZMR 2000, 191 = ZWE 2000, 313; OLG Düsseldorf ZMR 2004, 696 = NZM 2004, 234; dagegen etwa OLG Stuttgart ZMR 2005, 478 = NZM 2005, 312; LG München I ZMR 2010, 229). In der Tat liegt der Fall einer Unterteilung anders als der der Veräußerung bereits bestehender Einheiten, weil für die übrigen Eigentümer ex ante nicht zu prognostizieren ist, wie viele Einheiten der unterteilende Eigentümer bilden wird. Es kann daher nicht ohne Weiteres angenommen werden, der Gesetzgeber habe in § 25 Abs 2 S 1 WEG auch den Fall der Unterteilung regeln und damit einem Eigentümer die Möglichkeit gewähren wollen, in grundlegende Rechte der übrigen einzugreifen. Es gilt mutatis mutandis das in Rn 56 f Ausgeführte, mit der Folge, dass sich das **Gesetz** als **lückenhaft** erweist. Für die Annahme einer Regelungslücke spricht auch der Normzweck, der im vorbeugenden Majorisierungsschutz besteht (Rn 28). Nur wenn sich die Stimmrechte durch die Unterteilung nicht vermehren, sind die übrigen Eigentümer vor einer Schmälerung ihrer Stimmkraft, die sie in die Minorität drängen könnte, geschützt (vgl LG München I ZMR 2010, 229 am Beispiel einer zunächst aus zwei Eigentümern bestehenden Gemeinschaft). Die Erwerber der durch Unterteilung neu entstandenen Einheiten sind nicht in gleicher Weise schutzbedürftig (Rn 58). Durch die ursprüngliche Teilungserklärung, in der die zu erwerbende Einheit noch nicht existiert, können sie feststellen, dass es zu einer Vermehrung der Einheiten und damit auch der potenziellen Eigentümer gekommen ist. Ob sie daraus die zutreffende Rechtsfolge ableiten oder sich allein am Wortlaut des § 25 Abs 2 S 1 WEG orientieren, liegt in ihrem eigenen Risikobereich (OLG Stuttgart ZMR 2005, 478 = NZM 2005, 312).

61 **Vereinigt** ein Eigentümer mehrere ihm gehörende Einheiten oder legt diese zusammen, hat dies bei Geltung des Kopfprinzips keine Auswirkungen, weil bereits vor der sachenrechtlichen Änderung nur eine Stimme bestand. Führen hingegen mehrere Eigentümer ihre Einheiten unter Begründung von Miteigentum zusammen, besteht **nur ein Stimmrecht**, für das § 25 Abs 2 S 2 WEG gilt (Drasdo, ETV Teil G Rn 33; Niedenführ/Schmidt-Räntsch/Vandenhouten/Vandenhouten Rn 15).

4. Ausübung des Stimmrechts

62 Als eines der wichtigsten Rechte dient das Stimmrecht in erster Linie dazu, dem Eigentümer die **Verwirklichung seiner Interessen** zu ermöglichen. Wie das Eigentumsrecht an sich (vgl § 903 S 1 BGB) wird aber auch das Stimmrecht **nicht schrankenlos** gewährt und ist nicht ausschließlich individualnützig. Gerade weil sich das Wohnungseigentum einschließlich des Sondereigentums in besonderer Weise durch die Einbindung in eine gemeinschaftliche Rechtssphäre auszeichnet, sind die berechtigten Interessen der Miteigentümer in angemessener Weise zu berücksichtigen. Dies betrifft zum einen die inhaltliche Ausübungsfreiheit, der vor allem der Missbrauchsvorbehalt Grenzen setzt (zu den davon zu unterscheidenden Stimmrechtsausschlüssen, die bereits einer Missbrauchsgefahr begegnen sollen, s Rn 223 ff). Zum anderen geht es aber auch um Fragen, die vom Inhalt des konkreten Stimmverhaltens losgelöst sind. Derartige,

eher formale Ausübungsschranken, dienen in der Regel übergeordneten Eigentümerbelangen, etwa einer effizienten und reibungslosen Verwaltung. Schranken für die Stimmrechtsausübung können sich neben dem Gesetz, zB § 25 Abs 2 S 2 WEG, auch aus der Gemeinschaftsordnung ergeben, zB Beschränkungen der Ausübung durch bevollmächtigte Personen. Allgemein zur **Stimmabgabe** s im Kontext des Zustandekommens von Beschlüssen § 23 WEG Rn 255.

a) Einheitliche Ausübung bei Eigentümermehrheit (§ 25 Abs 2 S 2 WEG)

aa) Anwendungsbereich der Norm

Gehört eine Einheit mehreren Personen, ist das Stimmrecht gem § 25 Abs 2 S 2 WEG **einheitlich** auszuüben (zu der hiervon zu unterscheidenden, oft aber im Rahmen des § 25 Abs 2 S 2 WEG behandelten Frage, wann eine Beteiligung an mehreren Einheiten nach dem Kopfprinzip zu „einem Kopf" führt, s Rn 31 ff). Für andere Eigentümerrechte, zB das Teilnahmerecht (dazu § 24 WEG Rn 149 ff), gilt das nicht (Jennissen/Schultzky Rn 36; einhM). Voraussetzung ist die unmittelbare Zuordnung des Eigentums an mehrere Personen, etwa als schlichtes Miteigentum nach Bruchteilen iSd §§ 1008 ff, 741 ff BGB oder aber unter gesamthänderischer Bindung, zB als Erben- oder ehel Gütergemeinschaft. Sind mehrere Personen in einer **rechtsfähigen Personenvereinigung** verbunden, neben juristischen Personen und rechtsfähigen Personengesellschaften kommt auch eine GdWE in Betracht, steht dieser das Stimmrecht allein zu, weshalb § 25 Abs 2 S 2 WEG nicht einschlägig ist (ganz hM Bärmann/Merle Rn 48; Bornheimer 56; Jennissen/Schultzky Rn 34; Riecke/Schmid/Riecke Rn 54; Spielbauer/Then/Chr. Spielbauer Rn 12). Nach dem Grundprinzip des § 10 Abs 1 S 2 WEG ist die Regelung **abdingbar** (Jennissen/Schultzky Rn 2; **aA** ohne Begründung OLG Köln ZMR 2000, 561 = NZM 2000, 1105). 63

bb) Normzweck

Gedankliche Basis des § 25 Abs 2 S 2 WEG ist ein einheitliches Eigentumsrecht, an dem mehrere zu **ideellen Anteilen beteiligt** sind. Teils wird die Sachgerechtigkeit der Regelung mit der übereinstimmenden Interessenlage der Mitberechtigten begründet (BGHZ 106, 113, 120; 150, 109, 121; Jennissen/Schultzky Rn 33). Deutlich anders liegen die Dinge insofern bei der realen Teilung eines Objekts (dazu Rn 51 ff). Der (objektive) **Normzweck** wird in der Gewährleistung von Rechtsklarheit und einem problemlosen Versammlungsablauf gesehen (Bärmann/Merle Rn 47; Gottschalg NZM 2005, 88, 90; Jennissen/Schultzky Rn 33), also in **überindividuellen Verwaltungsbelangen** (s Rn 62). Meinungsverschiedenheiten unter den Mitberechtigten sollen möglichst nicht auf das Verfahren der Willensbildung durchschlagen (Niedenführ/Schmidt-Räntsch/Vandenhouten/Vandenhouten Rn 12). Da dieser Normzweck nicht nur bei Geltung des Kopfprinzips seine Berechtigung hat, sondern **auch beim Objekt- oder Wertprinzip** (dazu Rn 36), kann das **Stimmrecht** stets, dh ungeachtet des in der Gemeinschaft geltenden Prinzips nur einheitlich ausgeübt werden (zur Abdingbarkeit Rn 63). 64

cc) Rechtsfolge bei Verstoß

Eine uneinheitliche Stimmabgabe macht die Stimme **unwirksam** (ganz hM; OLG Rostock 12. 9. 2005 – 7 W 43/03 juris Rn 46; BeckOK-WEG/Bartholome Rn 83; Niedenführ/Schmidt-Räntsch/Vandenhouten/Vandenhouten Rn 12; Riecke/Schmid/Riecke Rn 55; Sauren Rn 18; Spielbauer/Then/Chr. Spielbauer Rn 13; Weitnauer/Lüke Rn 9; s auch OLG Düsseldorf ZMR 2004, 53 zur Stimmabgabe durch nur einen Miteigentümer; **aA** Ziege NJW 1973, 2185, 2187; OLG Köln NJW-RR 1986, 698: Divergenz führt zur Enthaltung). Aus § 25 Abs 2 S 2 WEG folgt nach hier vertretener Ansicht kein Verbot iSv § 134 BGB, sondern die Norm statu- 65 iert eine Voraussetzung privatautonomer Rechtsgestaltung. Da bereits die divergierende oder zumindest nicht mit Wirkung für und gegen alle erfolgte Ausübung des Stimmrechts zur Ungültigkeit der Stimmabgabe führt, braucht sich der Versammlungsleiter nicht darum zu kümmern, wie die Beteiligungsverhältnisse im Innenverhältnis sind und welcher der Miteigentümer sich mit seiner Ansicht gegen den oder die anderen durchsetzen könnte. Der Normzweck spricht daher für diese Rechtsfolge auch dann, wenn einzelne Miteigentümer kraft ihres Stimmenübergewichts eine einheitliche Ausübung erzwingen könnten (näher dazu Rn 69 ff). Auf die Wirksamkeit des Beschlusses hat die unwirksame Stimme aber keinen Einfluss, wenn sie für das Beschlussergebnis nicht kausal geworden ist (Bärmann/Seuss/Rüscher Teil C Rn 747).

dd) Keine Pflicht zur persönlichen Stimmabgabe

66 Der Normzweck Rechtsklarheit (Rn 64) könnte für die Annahme sprechen, die Mitberechtigten müssten auf der Versammlung persönlich einheitlich votieren, damit der Versammlungsleiter sich vom Vorliegen der Voraussetzungen des § 25 Abs 2 S 2 WEG überzeugen kann. Indes würde dies die Rechte der Mitberechtigten im Vergleich zu Personen, denen eine Einheit allein gehört und die sich grundsätzlich bei Ausübung des Stimmrechts vertreten lassen können (Rn 102 ff), unangemessen einschränken. Es entspricht daher **einhM**, dass sich die Mitberechtigten insgesamt oder teilweise **durch Dritte oder andere Mitberechtigte** bei der Stimmabgabe vertreten lassen können. Stets müssen aber **alle Mitberechtigten repräsentiert** sein. Wird, wie in der Praxis nicht selten, dem Verwalter Vollmacht zur Stimmabgabe erteilt, müssen ihn **sämtliche Mitberechtigte bevollmächtigen** (dazu Häublein ZWE 2012, 1, 2; s unten Rn 110). Zweifeln am Bestehen von Vertretungsmacht begegnet § 25 Abs 3 WEG, der § 25 Abs 2 S 2 WEG insoweit ergänzt (vgl dazu auch Rn 72). Der Versammlungsleiter hat die Vollmachten von Amts wegen zu kontrollieren (s Rn 128).

67 Erscheinen nicht sämtliche Miteigentümer auf der Versammlung, ist eine einheitliche Stimmrechtsausübung iSv § 25 Abs 2 S 2 WEG nur gewährleistet, wenn der oder die Erschienene/n **in Vertretung des oder der Abwesenden** abstimmt, also zumindest auch im fremden Namen handelt, und die entsprechende Vertretungsmacht besteht. Von einem **Handeln im fremden Namen** ist **iZw auszugehen**, weil die wirksame Stimmabgabe andernfalls bereits an § 25 Abs 2 S 2 WEG scheiterte, was dem Interesse des Handelnden evident widerspräche (Merle, in: FS Seuß [2007] 193, 194 f; Sauren § 24 WEG Rn 27; s dazu auch Rn 72). Sofern keine gesetzliche Vertretungsmacht (dazu Rn 95) für die Mitberechtigten besteht, kommt es darauf an, ob der Handelnde bevollmächtigt wurde (Rn 110) oder zumindest ein entsprechender Rechtsschein bestand (Rn 169 ff).

68 Eine Sonderbehandlung von **Ehegatten** ist ex lege nicht anzuerkennen, kann aber vereinbart werden (wie hier Bärmann/Merle Rn 52; Jennissen/Schultzky Rn 41; Niedenführ/Schmidt-Räntsch/Vandenhouten/Vandenhouten Rn 13; s auch BGH ZWE 2014, 25 Rn 9; anders, unter Hinweis auf eine Entscheidung des BayObLG, deren Gründe nicht veröffentlicht sind, OLGR Frankfurt 1997, 28; kurioserweise führt BayObLG ZMR 2001, 61 = ZWE 2001, 599 statt eine Begründung für diese Rechtsauffassung zu liefern seinerseits das OLG Frankfurt an; zum Problem der wechselseitigen Vertretungsmacht der Ehegatten s auch Rn 111). Für ein wechselseitiges Vertretungsrecht in der Eigentümerversammlung fehlt die Rechtsgrundlage (zutr Merle, in: FS Seuß [2007] 193, 202); § 1357 BGB ist insoweit nicht einschlägig (dazu im Kontext der Bevollmächtigung eines Dritten durch nur einen Ehegatten Häublein ZWE 2012, 1, 2). Es scheint so, als wäre die Gegenposition von ALR I 13 §§ 119 f beeinflusst, der ua für Ehegatten und Miteigentümer ein Handeln auch ohne ausdrückliche Vollmacht zuließ, freilich nur in Fällen, „die keinen Aufschub leiden". Im geltenden Recht ist für diese Sonderbehandlung aber kein Raum, weil man sich bei Schaffung des BGB gegen derartige Regelungen entschied (s HKK/Schmoekel §§ 164–181 BGB Rn 4). Zur Pflicht des **Versammlungsleiters**, das Bestehen dieser Vertretungsmacht unter Mitberechtigten zu **prüfen** s Rn 141.

ee) Stimmrechtsausübung als Verwaltungsmaßnahme gem § 745 Abs 1 BGB

Äußerst umstritten sind die **Auswirkungen** des in **§ 745 Abs 1 BGB** verankerten Mehrheitsprinzips, das infolge des Verweises in § 2038 Abs 2 BGB auch für die Erbengemeinschaft gilt, während bei der Gütergemeinschaft eine Mehrheitsentscheidung angesichts der auf zwei Personen beschränkten Struktur ausscheidet (die Zuständigkeit eines Ehegatten kann aber aus dem Ehevertrag folgen; § 1421 S 2 BGB). Der Streit kann sich allerdings auf eine zweiköpfige Miteigentümergemeinschaft auswirken, wenn die Beteiligungsverhältnisse asymmetrisch sind. Das Problem hat **verschiedene Facetten.** Bereits die Reichweite der Mehrheitsmacht, vor allem deren Erstreckung auf das Außenverhältnis, ist Gegenstand einer seit Langem geführten Kontroverse (dazu Staudinger/Eickelberg [2021] § 745 BGB Rn 40 ff; MünchKomm/K Schmidt § 745 BGB Rn 31 f). Gesteht man der Mehrheit grundsätzlich die Befugnis zum Handeln im Rechtsverkehr auf der Basis eines Mehrheitsbeschlusses zu, ist weiter umstritten, unter welchen Voraussetzungen dieser Beschluss entsteht. Besonders weit geht die Ansicht, die eine – auch konkludente – Entscheidung der Mehrheit selbst dann genügen lässt, wenn die Minderheit gar nicht hinzugezogen wurde (speziell zum Wohnungseigentum: Merle, in: FS Seuß [2007] 193, 200; allg dazu Staudinger/Eickelberg [2021] § 745 BGB Rn 19: ganz hM; zur Erbengemeinschaft ebenso BGHZ 56, 47, 56; **aA** MünchKomm/K Schmidt § 745 BGB Rn 19, 32). Selbst wenn man das so sieht, kann die Mehrheitsherrschaft nicht grenzenlos sein und die Minderheit muss die Möglichkeit haben, die Rechtswidrigkeit der Entscheidung, die deren Nichtigkeit zur Folge hat (Staudinger/Eickelberg [2021] § 745 BGB Rn 47), gerichtlich klären zu lassen. Alles andere widerspräche rechtsstaatlichen Grundsätzen. Allein die Grenzen der Mehrheitsmacht sind diskutabel, nicht aber die Existenz von Grenzen an sich. 69

Die genannten Streitpunkte bilden im hiesigen Kontext den Hintergrund für die Frage, welche Schlussfolgerungen aus dem Zweck des § 25 Abs 2 S 2 WEG (Rn 64) zu ziehen sind, wenn **nicht sämtliche Mitberechtigte persönlich anwesend** sind, um ihre Stimme einheitlich abzugeben. Sub specie des § 745 Abs 1 BGB sind dabei die Fälle auszuscheiden, in denen alle abwesenden Eigentümer eine Vollmacht erteilt haben (zur Vertretung durch Bevollmächtigte Rn 102 ff), weil es sich dann nicht um eine Mehrheitsentscheidung handelt. Es geht hier allein um die (bereits von Ziege NJW 1973, 2185, 2186 zutreffend benannten) Sachverhalte, in denen entweder **nur eine Mehrheit** der Mitberechtigten auf der Versammlung **repräsentiert** ist (Rn 72) oder diese das Stimmrecht in toto für sich reklamiert, während eine ebenfalls **anwesende Minderheit** einen abweichenden Gebrauch macht (Rn 71). 70

Was die zuletzt erwähnte Konstellation anbelangt, gebietet es der Zweck des § 25 Abs 2 S 2 WEG, eine **unwirksame Stimmabgabe** selbst dann anzunehmen, wenn man die Mehrheit für berechtigt hält, die Minderheit gem § 745 Abs 1 BGB zu vertreten (wie hier Jennissen/Schultzky Rn 40; Niedenführ/Schmidt-Räntsch/Vandenhouten/Vandenhouten Rn 12; Ziege NJW 1973, 2185, 2187; **aA** Bärmann/Merle Rn 59). Es würde den Ab- 71 lauf der Versammlung behindern und deren Vorsitzenden überfordern, festzustellen, ob die Mehrheitsentscheidung einer ordnungsmäßigen Verwaltung des gemeinschaftlichen Gegenstandes (nicht des gemeinschaftlichen Eigentums iSv § 1 Abs 5 WEG) entspricht (Ziege NJW 1973, 2185, 2186). In der Regel wird er noch nicht einmal verlässlich feststellen können, wer die Stimmenmehrheit auf sich vereint; denn § 745 Abs 1 S 2 BGB ist nach hM nicht zwingend (Staudinger/Eickelberg [2021] § 745 BGB Rn 4), sodass eine hiervon abweichende Vereinbarung der Mitberechtigten existieren kann, die nicht notwendig aus dem Grundbuch zu ersehen ist (die Behauptung, der Versammlungsleiter könne während des Abstimmungsvorgangs mit Hilfe des Grundbuchs die Mehrheitsverhältnisse ermitteln, Merle, in: FS Seuß [2007] 193, 199 f, ist daher nicht richtig). Denkbar ist auch, dass sich das Innenverhältnis nach den Regeln einer (Innen-)Gesellschaft richtet und das Einstimmigkeitsprinzip des § 709 BGB gilt. Möchte die Mehrheit der Mitberechtigten an dem Wohnungseigentum verhindern, dass die Minderheit die wirksame Stimmrechtsausübung durchkreuzt, muss sie vor der Versammlung notfalls gerichtlich klären lassen, wer zur Ausübung des Stimmrechts berechtigt ist. Legt ein Mitberechtigter dem Versammlungsleiter etwa eine **einstweilige Verfügung** vor, die es anderen Mitberechtigten untersagt, sich an der Ausübung des Stimmrechts zu beteiligen – was deren Teilnahmerecht nicht tangiert! –, steht § 25 Abs 2 S 2 WEG der wirksamen Stimmrechtsausübung nicht im Weg. Missachtet der anwesende Mitberechtigte die Verfügung, kann der Vorsitzende von seinem Ordnungsrecht Gebrauch machen und ihn der Versammlung verweisen.

72 Für den **anderen in** Rn 70 **beschriebenen Fall** der einheitlichen Ausübung des Stimmrechts durch alle anwesenden Mitberechtigten und Abwesenheit der übrigen gilt Folgendes: Der Versammlungsleiter hat die Stimmabgabe durch die Anwesenden nach der Wertung des § 164 Abs 1 S 2 BGB als Handeln auch **im Namen der Abwesenden** zu verstehen. Das ergibt die offenkundige Interessenlage (s Rn 67); denn wäre es anders, könnten die Stimmen der Anwesenden bereits mangels einheitlicher Stimmrechtsausübung nicht zur Geltung kommen, selbst wenn Vertretungsmacht bestanden haben sollte, weil das Stimmrecht der Abwesenden dann gar nicht ausgeübt würde. Einheitlich ausgeübt ist das Stimmrecht aber nur, wenn die abwesenden Mitberechtigten das Handeln auch für und gegen sich gelten lassen müssen, was **Vertretungsmacht** erfordert. Das richtet sich nach dem Innenverhältnis. § 25 Abs 2 S 2 WEG kann in diesem Punkt nicht für Rechtsklarheit in der Versammlung sorgen, da vor Ort nicht sicher festgestellt werden kann, ob die Anwesenden für die übrigen Mitberechtigten handeln dürfen. Diese Lücke schloss früher nach hM § 174 BGB und sie wird nach dem WEMoG durch das Textformerfordernis des § 25 Abs 3 WEG geschlossen oder ggf durch weitergehende Formerfordernisse in der Gemeinschaftsordnung (s dazu, dass § 25 Abs 3 WEG eine Zurückweisung nach § 174 BGB ausschließen soll, BT-Drucks 19/18791, 73). Wird **keine formgerechte Vollmacht** für die abwesenden Miteigentümer vorgelegt, hat der Versammlungsleiter die (auch) im Namen der Vertretenen vorgenommene Stimmabgabe **zurückzuweisen**, was gem § 25 Abs 2 S 2 WEG dazu führt, dass auch die im eigenen Namen abgegebene Stimme unwirksam ist.

73 Hat der Versammlungsleiter die Stimme nicht zurückgewiesen, kommt es auf das Bestehen von Vertretungsmacht an (s dazu, dass der Verstoß gegen § 25 Abs 3 WEG keine Unwirksamkeit bewirkt,Häublein ZWE 2021, 385, 389 und ausf in: FS Hannemann [2023] 151; s dazu auch Rn 126); denn vom Nachweisproblem zu trennen ist die Frage, ob § 745 S 1 BGB als Basis der für die einheitliche Stimmrechtsausübung notwendigen Vertretungsmacht in Betracht kommt. Einerseits kann die **Bevollmächtigung zur Stimmrechtsausübung** selbst eine **Verwaltungsmaßnahme** iSv § 745 BGB sein (so offenbar Bärmann/Merle Rn 57, der aber nicht näher erläutert, mit welchem Dokument der von ihm für notwendig gehaltene Textformnachweis erfolgen sollte). Andererseits kann eine mehrheitliche Entscheidung darüber, wie auf der Wohnungseigentümerversammlung abgestimmt werden soll, jedenfalls dann **von der Mehrheit ausgeführt** werden, wenn man die Norm auf das Außenverhältnis erstreckt (Rn 69, s dort auch zur Nichtigkeit eines Beschlusses, der die Grenzen ordnungsmäßiger Verwaltung gem § 745 Abs 1 BGB überschreitet). Über diese beiden Fälle hinaus soll auch **ohne vorherige Beschlussfassung** der Mitberechtigten in der Ausübung des Stimmrechts in der Wohnungseigentümerversammlung durch die anwesende Mehrheit zugleich konkludent die interne Regelung iSv § 745 Abs 1 BGB liegen, die die Mehrheit zur Vertretung der Minderheit ermächtigt (Bärmann/Merle Rn 59 mHinw auf Bornheimer 65). Der BGH hat diese Möglichkeit für die Erbengemeinschaft anerkannt (BGHZ 56, 47, 56; 183, 131 Rn 37; NJW 2013, 166 Rn 15). Der Sache nach wird damit auf das Beschlusserfordernis verzichtet und die nach den Anteilen zu berechnende Mehrheit zum gesetzlichen Vertreter aller Miteigentümer gemacht (eine vergleichbare Regelung enthält für die Eigentümergemeinschaft nach österr WEG § 18 Abs 3 Nr 2 lit a WEG 2002). Billigt man das, muss man der Minderheit wenigstens das Recht zugestehen, diese Mehrheitsentscheidung gerichtlich überprüfen zu lassen (s Rn 69 aE). Da es sich letztlich um ein Problem der §§ 744, 745 BGB handelt, wird auf die dortige Kommentierung verwiesen (s Staudinger/Eickelberg [2021] § 745 BGB Rn 39 ff).

ff) Stimmrechtsausschluss einzelner Mitberechtigter

Umstritten ist, welche Folgen § 25 Abs 2 S 2 WEG nach sich zieht, wenn einzelne **74**
Mitberechtigte ihr Stimmrecht nicht ausüben dürfen, insbesondere weil sie einem Ausschluss iSv § 25 Abs 4 WEG (allg dazu Rn 223 ff) unterliegen. Teilweise wird davon ausgegangen, der Ausschluss erfasse das Stimmrecht für die Einheit **insgesamt** (BayObLGZ 1992, 288, 291 f; AG Emmendingen ZMR 1984, 101; Jennissen/Schultzky Rn 37; Sauren Rn 39). Die Gegenposition **differenziert**, wobei verschiedene Kriterien angeführt werden. Zum einen wird auf den Zweck des zum Ausschluss oder Ruhen des Stimmrechts führenden Tatbestands abgehoben, zum anderen auf die Einflussmöglichkeiten des Betroffenen innerhalb der Gruppe der Mitberechtigten abgestellt (Bassenge, in: FS Seuß [1987] 33, 36; Bärmann/Merle Rn 164; Staudinger/Bub [2005] Rn 287 ff; Ziege NJW 1973, 2185, 2188). Schließlich wird der Ausschluss bei „wirtschaftlicher Identität“ der Mitberechtigten auf diese ausgedehnt (Ziege NJW 1973, 2185, 2188). Letztere Problematik muss aber von der der Erstreckung des Ausschlusses infolge Einheitlichkeit des Stimmrechts unterschieden werden, weil insofern bei dem **Mitberechtigten selbst ein Ausschlussgrund** vorliegt (dazu Rn 233 ff).

Bei der Entscheidung des Streits muss einerseits dem **Zweck von § 25 Abs 2 S 2 WEG** **75**
(Rn 64) Rechnung getragen und andererseits die wichtige **Bedeutung des Stimmrechts** im Blick behalten werden, die es ausschließt, einem Eigentümer das Recht zu nehmen, wenn nicht gewichtige Gründe dies erfordern. Der Normzweck steht im Konflikt mit den Ansätzen, die – meist im Anschluss an Rechtsprechung zum Gesellschaftsrecht (BGHZ 49, 183, 194; 51, 209, 219; 116, 353, 358; WM 1976, 204, 205) – auf den beherrschenden Einfluss des vom Ausschluss betroffenen Eigentümers unter den Mitberechtigten abstellen. In der Versammlung kann diese Frage nämlich typischer

Weise nicht verlässlich geklärt werden, vor allem weil sie durch die internen Vereinbarungen der Mitberechtigten beeinflusst wird. Allerdings handelt es sich hierbei nicht um ein auf die Mitberechtigung an einer Wohnung beschränktes Phänomen. Gehört die Wohnung einer **rechtsfähigen Gesellschaft**, soll die Tatsache, dass ein Gesellschafter einen Stimmrechtsverbotstatbestand verwirklicht, nach ganz hM auf die Gesellschaft durchschlagen, wenn dieser einen maßgebenden Einfluss ausübt (näher zu dieser problematischen Ansicht Rn 234; zur Ausübung von Stimmrechten an Gesellschaften, an denen die Gesellschaft beteiligt ist, BGH ZIP 2009, 2194 = NZG 2009, 1310 Rn 5; ZIP 2012, 917 = NZG 2012, 625 Rn 17 f). Dass die negativen Auswirkungen auf das Stimmrecht der Mitberechtigten/Mitgesellschafter identisch sind, könnte dafür sprechen, die Fälle im Ergebnis gleich zu behandeln. Allein der Umstand, dass § 25 Abs 2 S 2 WEG auf rechtsfähige Gesellschaften als Wohnungseigentümer keine Anwendung findet (Rn 63), rechtfertigt eine Differenzierung jedenfalls nicht, weil auch das Stimmrecht einer Gesellschaft selbstverständlich einheitlich auszuüben ist. Eine teleologisch fundierte Unterscheidung muss daher bei den Erkenntnismöglichkeiten des Versammlungsleiters ansetzen (Rn 77 aE).

76 Das Problem ist **differenziert** nach dem **Zweck** des jeweiligen **Stimmrechtsausschlusses zu lösen**. Demgegenüber überzeugt es nicht, pauschal unter Hinweis auf die Einheitlichkeit des Stimmrechts sämtliche Eigentümer auszuschließen, weil für den damit verbundenen Eingriff eine sachliche Rechtfertigung fehlt. Soll der Ausschluss nicht die unsachgemäße Wahrnehmung von Eigeninteressen einzelner Eigentümer, die sich in einer Interessenkollision befinden, ausschließen, sondern einem anderen Zweck dienen, ist zu fragen, ob dieser es erfordert, das Stimmverbot zu erstrecken. Im Fall des **§ 25 Abs 4 Var 3 WEG** etwa soll der bereits Verurteilte, der als „Wohnungseigentümer auf Abruf" nicht mehr in gleicher Weise an den Belangen der Gemeinschaft interessiert ist, nicht allein deswegen weiter an der Willensbildung beteiligt werden, weil sich die Veräußerung hinzieht (näher dazu Rn 240). Beim **Ruhen des Stimmrechts** im Falle des Erwerbs einer Einheit bzw des Miteigentums an einer solchen durch die **Gemeinschaft der Wohnungseigentümer** geht es demgegenüber darum zu verhindern, dass die Mehrheit der Wohnungseigentümer, die letztlich über die Ausübung des der Gemeinschaft zustehenden Stimmrechts befinden könnte, durch diesen Umstand ihr Stimmgewicht erhöht (Häublein, in: FS Seuß [2007] 125, 139; zum Ruhen des Stimmrechts aus diesem Grund s Rn 243). Diese Ziele werden auch dann erreicht, wenn man den oder die jeweils nicht betroffenen Mitberechtigten das **Stimmrecht allein ausüben** lässt (dass es dazu überhaupt kommen kann, setzt bei einer Verurteilung gem § 17 WEG voraus, dass diese nicht notwendig gegen alle Miteigentümer ergeht; so Bärmann/Merle Rn 194; Grüneberg/Wicke § 17 WEG Rn 1; s zur Entziehung bei Miteigentum auch Staudinger/Lehmann-Richter [2023] § 17 WEG Rn 11 iVm 65). Da das Ruhen/der Ausschluss unabhängig vom konkreten Beschlussantrag eine **besonders gravierende Beschränkung** bedeutet, spricht für diese Lösung nicht zuletzt der hohe Stellenwert des Stimmrechts.

77 Zielt das Stimmverbot demgegenüber darauf, ein Durchschlagen einer bestimmten **Interessenkollision eines Stimmrechtsträgers** auf die Verwaltungsentscheidung zu verhindern (§ 25 Abs 4 Var 1 und 2 WEG; dazu Rn 227 ff), muss man die vom BGH (Nw in Rn 64) wiederholt hervorgehobene übereinstimmende Interessenlage der Mitberechtigten berücksichtigen. Die Interessen mögen zwar hinsichtlich des konkreten Geschäfts, über dessen Vornahme beschlossen werden soll, divergieren, jedoch liegt die **Vermutung** nahe, ein Mitberechtigter werde sich iZw nicht gegen die Interessen einer Person stellen, auf deren Mitwirkung bei der Verwaltung eines gemeinsamen Gegenstandes er auch zukünftig angewiesen ist. Dies kann im Einzelfall anders sein, etwa bei einer Minderheitsbeteiligung des vom Stimmrecht Ausgeschlossenen, insbesondere dann, wenn der Mehrheitsbeteiligte in der Vergangenheit bereits gegen die Interessen seines Miteigentümers votiert hat oder zumindest aufgetreten ist. Sowohl im Verhältnis zum Versammlungsleiter als auch in einem etwaigen Gerichtsverfahren müssen aber **Zweifel** insoweit **zu Lasten** desjenigen gehen, der das Stimmrecht ausüben möchte. Damit dürfte sich die hier vertretene Ansicht in den Interessenkollisionsfällen (und nur in diesen) im praktischen Ergebnis meistens mit der Ansicht decken, die pauschal für den Ausschluss aller Mitberechtigten eintritt (s Rn 74). Sie schneidet das Stimmrecht aber nicht pauschal ab, was dessen Bedeutung respektiert, und bewahrt gleichzeitig den Vorsitzenden in den meisten Fällen davor, das Innenverhältnis eruieren zu müssen, zB bei hälftigem Ehegattenmiteigentum (hier wird ein Ausschluss beider ganz überwiegend auch von denen bejaht, die für Differenzierungen eintreten, s Bassenge, in: FS Seuß [1987] 33, 36; Bärmann/Merle Rn 164; Staudinger/Bub [2005] Rn 288). Der zuletzt genannte Aspekt, nämlich die **Feststellbarkeit des Ausschlusses durch den Versammlungsleiter**, rechtfertigt es, bei Stimmbindungsverträgen (Rn 212) und bloßer familiärer Nähe oder wirtschaftlicher Verflechtung zwischen dem Eigentümer und der vom Stimmrechtsausschluss betroffenen Person (Rn 233 f) anders zu entscheiden und die Ausübung des Stimmrechts zuzulassen. Während nämlich die Mitberechtigung an einer Wohnung dem Vorsitzenden idR bekannt ist oder sich zumindest ohne Weiteres aus dem Grundbuch entnehmen lässt, weiß dieser typischerweise weder von bestehenden Stimmbindungen noch kennt er das Ausmaß wirtschaftlicher Verflechtungen zwischen einem Eigentümer und anderen Personen (s dazu auch Rn 234).

b) Einheitliche Ausübung mehrerer Stimmrechte?

Wenig untersucht, aber umstritten ist, ob ein Eigentümer, dem mehrere Stimmrechte **78**
zustehen, diese unterschiedlich ausüben kann **(„gespaltene Stimmabgabe")**. Das Problem stellt sich nicht bei Geltung des Kopfprinzips, da dann nur ein Stimmrecht existiert, das auch bei Existenz mehrerer Einheiten selbst von Miteigentümern einheitlich auszuüben ist (Rn 63 ff), wohl aber, wenn **Wert- oder Objektprinzip** vereinbart wurden (dazu Rn 36 ff). Während bei Geltung des Objektprinzips wegen der Anbindung des Stimmrechts an die Einheit offenkundig erscheint, dass derjenige, dem mehrere Einheiten gehören, auch mehrere Stimmrechte besitzen soll, könnte man beim Wertprinzip meinen, mehrere Anteile führten zu einem einheitlichen Stimmrecht in Höhe der Summe der Miteigentumsanteile. Indes ist dies nicht die für einen unbefangenen Leser naheliegende Bedeutung einer Vereinbarung über das Wertprinzip (zur Dispositivität des Einheitlichkeitsgrundsatzes Rn 63 aE). Durch die Verbindung des Miteigentumsanteils mit dem Sondereigentum zum Wohnungseigentum entsteht ein Rechtsobjekt, das sich maßgeblich vom schlichten Miteigentum unterscheidet. Jede Einheit stellt im Rechtsverkehr ein eigenständiges Wirtschaftsgut dar (vgl dazu Häublein, in: FS Merle [2010] 153, 161). Anders als das Miteigentum nach Bruchteilen (Staudinger/vProff [2021] § 741 BGB Rn 70) geht das Wohnungseigentum folgerichtig nicht unter, wenn sich alle Einheiten in der Hand eines Eigentümers vereinigen, sondern es bedarf eines entsprechenden Antrags gem § 9 Abs 1 Nr 2 WEG. Das Wohnungseigentum zeichnet sich also durch eine stärkere Verselbständigung der einzelnen Einheiten aus, die daher iZw als Bezugspunkt des Stimmrechts auch dann zu

betrachten sind, wenn die Gemeinschaftsordnung das Wertprinzip vorsieht. Die Einführung von § 9a Abs 1 S 2 WEG bei gleichzeitiger Streichung von § 10 Abs 7 S 4 WEG aF (vgl dazu BT-Drucks 19/18791, 45) bestätigt das letztlich.

79 Abzulehnen ist daher die Auffassung, aus § 25 Abs 2 WEG folge auch für das Objekt- und Wertprinzip ein einheitliches Stimmrecht, das nicht gespalten ausgeübt werden könne (so aber Bärmann/Merle Rn 106; Bornheimer 135 f; Köhler/Scheuer AnwHdb Rn 3.187). Das Stimmrecht für verschiedene Einheiten kann vielmehr **unterschiedlich ausgeübt werden** (Staudinger/Bub [2005] Rn 212; nach Ansicht des AG Niebüll ZMR 2011, 912, ist dies sogar „gemeinhin anerkannt"). Weder ordnet das Gesetz zwingend die einheitliche Ausübung des Stimmrechts an (Rn 63), noch entspricht die gesetzlich geregelte Berechtigung mehrerer an einer Wohnung bei teleologischer Betrachtung dem hier behandelten Fall (zum Zweck des § 25 Abs 2 S 2 WEG s Rn 64). Es ist ferner nicht zu erkennen, welcher sachliche Grund dafür sprechen sollte, dem Eigentümer die Möglichkeit zu nehmen, von seinen verschiedenen Stimmrechten in einer Weise Gebrauch zu machen, die es ihm zB erlaubt, bestehenden Verpflichtungen Rechnung zu tragen. So kann sich der Eigentümer verschiedenen Mietern oder Nießbrauchberechtigten verpflichtet haben, die ihn anweisen, sein Stimmrecht in unterschiedlicher Weise auszuüben (zur Zulässigkeit solcher Stimmbindungsverträge s Rn 207 ff). Doktrinäre Erwägungen, etwa zur „Einheitlichkeit des Mitgliedschaftsrechts", lassen sich gegen dieses **praktische Bedürfnis** nicht überzeugend anführen. Die Zugehörigkeit zur GdWE ist die Folge der Eigentümerstellung, weshalb verschiedene Einheiten mit unterschiedlichen Rechten und Pflichten verknüpft werden können. Genau das bewirkt die Vereinbarung des Objekt- oder Wertprinzips (Rn 78). Eine **Ausnahme** wird man aber anerkennen müssen, wenn ein Eigentümer seine Einheit **ohne Veräußerungen unterteilt** (wohl hM; Nw bei Rn 54). Auch bei Geltung des Objekt- oder Wertprinzips existiert hier vor der Teilung ein einheitliches Stimmrecht. Das Interesse der Erwerber unterteilter Einheiten, das letztlich für die Aufteilung des einheitlichen Stimmrechts nach Bruchteilen und gegen eine entsprechende Anwendung des § 25 Abs 2 S 2 WEG spricht (s Rn 57), entsteht erst mit der Veräußerung.

c) Stellvertretung bei der Stimmrechtsausübung

aa) Zulässigkeit der Stimmabgabe durch Vertreter und Boten

80 Nach einhM kann sich ein Wohnungseigentümer in der Versammlung gem §§ 164 ff BGB vertreten lassen (BGHZ 99, 90, 93; 106, 113, 118; NJW 2012, 2512 Rn 10; OLG Celle NJW 1958, 307; BayObLGZ 1974, 294, 297). Die Problematik ist **im WEG nicht explizit geregelt** (anders etwa § 24 Abs 2 WEG 2002 in Österreich, der zugleich formale Vorgaben für die Vollmacht enthält), durch das WEMoG aber zumindest mittelbar, weil § 25 Abs 3 WEG formale Vorgaben für Vollmachten hat, was die Zulässigkeit der Vertretung impliziert. Es ist auf allg Grundsätze und Prinzipien zurückzugreifen, nach denen Willenserklärungen durch Vertreter abgegeben und sonstige Rechte (vgl Rn 102) durch andere wahrgenommen werden können, sofern **keine Höchstpersönlichkeit** vorliegt oder andere Beschränkungen entgegenstehen. Das Fehlen einer § 38 S 2 BGB vergleichbaren Regelung spricht gegen die Annahme von Beschränkungen *ex lege* (BGHZ 99, 90, 93; OLG Celle NJW 1958, 307 f; Vogel ZWE 2019, 193, 195 sieht den Grund für den Unterschied in der freiwilligen Vereinsmitgliedschaft; BeckOK-WEG/Bartholome Rn 45 bejaht die Höchstpersönlichkeit, lässt aber widersprüchlich rechtsgeschäftliche Vertretung gleichwohl zu; nach hM sind Teilnahme- und Stimmrecht aber nicht höchstpersönlich, statt vieler Elzer ZMR 2009, 7, 10). Allerdings resultiert eine Beschränkung aus dem **Grundsatz der Nichtöffentlich-**

keit (dazu § 24 WEG Rn 167) insofern, als eine Bevollmächtigung ausscheidet, sofern der **Eigentümer selbst anwesend** ist (keine Vervielfältigung des Teilnahme- und Stimmrechts; vgl GRIGOLEIT/HERRLER, § 134 AktG Rn 24). Dies ergibt eine **Abwägung** der involvierten Belange. Ist der Eigentümer persönlich zugegen, beschwert ihn das Vertretungsverbot nicht, weil er sein Stimmrecht selbst ausüben kann. Dementsprechend geht es in solchen Fällen auch meistens darum, dem bevollmächtigten Dritten die Anwesenheit zu ermöglichen, etwa weil es sich um einen Fachmann handelt (zur Teilnahme von Gästen und Sachverständigen s § 24 WEG Rn 185 ff).

Umstritten ist, ob die **Stimmabgabe** auch **durch Boten** vollzogen werden kann (zur Abgrenzung von Vertreter und Bote LÜKE ZWE 2012, 193; HÄUBLEIN ZWE 2012, 1, 5 f: im Zweifel Vertreterhandeln, zust BÄRMANN/MERLE Rn 101). Teilweise wird angenommen, Boten seien nicht zur Teilnahme an der Versammlung berechtigt (STAUDINGER/BUB [2005] Rn 177; KÖHLER/VANDENHOUTEN AnwHdb [4. Aufl] Teil 5 Rn 145). Die Willensbildung solle nämlich in der Versammlung erfolgen. Das ist abzulehnen (so auch BÄRMANN/MERLE Rn 101; ELZER GE 2010, 455; LÜKE ZWE 2012, 193 f; SOERGEL/WEBER Rn 61; WOBST ZWE 2023, 149). Zwar liegt es in der Natur der Botenschaft, dass die Willensbildung bereits durch den Eigentümer, dh außerhalb der Versammlung erfolgt. Jedoch besteht keine Pflicht des Stimmrechtsträgers, sich auf die in der Versammlung vorgebrachten Argumente einzulassen. Das zeigt bereits die von niemandem bestrittene Zulässigkeit von Weisungen an einen Vertreter (dazu Rn 146 ff). Es ist auch nicht ersichtlich, welches schützenswerte Interesse die übrigen Eigentümer daran haben sollten, gerade Boten von der Versammlung fernzuhalten. Der Grundsatz der Nichtöffentlichkeit jedenfalls wird durch sie nicht stärker strapaziert als durch einen entsandten Vertreter. Außerdem kann sich aus dem zugrundeliegenden Rechtsverhältnis auch für den Boten die Frage stellen, ob dieser unter den Voraussetzungen des § 665 BGB davon absieht, die Erklärung des Eigentümers zu überbringen. Um diese Entscheidung treffen zu können, muss er wenigstens feststellen können, ob in der Versammlung über den Beschlussantrag abgestimmt wird, der der zu überbringenden Erklärung zugrunde liegt. Daneben wird im Schrifttum auf § 108 Abs 3 AktG verwiesen, der für Sitzungen des Aufsichtsrats Stimmboten ausdrücklich zulässt (BÄRMANN/MERLE Rn 101; ELZER GE 2010, 455; JENNISSEN/SCHULTZKY Rn 83; zu Zweifeln an der Übertragbarkeit des der Norm zugrundeliegenden Rechtsgedankens s aber HÄUBLEIN ZWE 2012, 1, 5 m Fn 40). 81

bb) Abdingbarkeit, insb durch Vertreterklauseln in der Gemeinschaftsordnung

(1) Zweck und Grenzen von Vertretungsbeschränkungen

Umstritten ist, inwieweit das Recht, sich bei der Stimmabgabe vertreten zu lassen, abdingbar ist. Bei der Grenzziehung sind die Bedeutung des Stimmrechts einerseits und der Grundsatz der **Nichtöffentlichkeit** der Versammlung andererseits, dessen Absicherung das **legitime Regelungsziel** von Vertretungsbeschränkungen ist (BGH 28. 6. 2019 – V ZR 250/18 Rn 9, ZWE 2020, 40 mAnm HÄUBLEIN; OLG Frankfurt OLGZ 1979, 134, 135 f; HÄUBLEIN ZMR 2004, 723, 728; WENZEL NZM 2005, 402, 403), zu berücksichtigen (zu einseitig SCHMID ZWE 2012, 480, 482, der behauptet, ein Stellvertreter sei kein „außenstehender Dritter“). Mit den im Folgenden dargestellten Einschränkungen sind Vertretungsbeschränkungen grundsätzlich wirksam (BGHZ 99, 90; 121, 236; BGH 28. 6. 2019 – V ZR 250/18 Rn 8, ZWE 2020, 40). Allerdings kommt eine Beschränkung **nur durch Vereinbarung**, nicht aber durch Mehrheitsbeschluss in Betracht (BayObLG ZMR 1988, 438; ELZER GE 2010, 455, 458 = MietRB 2010, 29, 31; JENNISSEN/SCHULTZKY Rn 107; WENZEL NZM 2005, 402). 82

82a Ein vereinbarter **vollständiger Ausschluss** der Möglichkeit, sich in der Versammlung vertreten zu lassen, soll einen Eingriff in den **unverzichtbaren Kernbereich** (Rn 7 f) des Eigentumsrechts bedeuten (LG Köln ZMR 2013, 218, 219; Armbrüster/Roguhn ZWE 2016, 105 107 f; Bärmann/Merle Rn 97; Jennissen/Intveen NJW 2007, 2881). Er wird tatsächlich vom Grundsatz der Nichtöffentlichkeit nicht getragen, weil auch Personen als Vertreter ausgeschlossen werden, die ohnehin an der Versammlung teilnehmen dürfen. Solche Vereinbarungen sind von der Gestaltungsmacht der Eigentümer nicht erfasst (Rn 7) und **unwirksam** (**aA** OLG Karlsruhe OLGZ 1976, 273, 274: Vertretungsausschluss zulässig; offenbar auch Drasdo ZMR 1995, 145, 147, der – freilich zu Unrecht – meint, ein Ausschluss sei „in vielen Gemeinschaftsordnungen üblich"). Aus § 38 S 2 BGB folgt nichts anderes. Insbesondere wäre es verfehlt zu folgern, was im Vereinsrecht zwingend vorgeschrieben sei, müsse im Bereich des WEG, dessen Normen sich zT an das Vereinsrecht anlehnen (s Rn 6), vereinbart werden können. Die Mitgliedschaft in einem Idealverein hat für den Einzelnen typischerweise eine andere Bedeutung als die Eigentümerstellung, die zur Zugehörigkeit zur Gemeinschaft führt. Auf der Eigentümerversammlung kann etwa über den Gebrauch des Eigentums verbindlich beschlossen werden (§ 19 Abs 1 WEG), weshalb nicht allein „mitgliedschaftsrechtliche" Belangen, sondern die **Bedeutung des Eigentums** zu berücksichtigen ist (s bereits Rn 7). Sie schließt es aus, dem Eigentümer die Möglichkeit zu nehmen, seine Stimme einzubringen, nur weil er zum Zeitpunkt der Versammlung verhindert ist.

83 **Unzulässig** ist es ferner, die Vertretungsmöglichkeit **auf die Person des Verwalters zu beschränken** (Armbrüster/Roguhn ZWE 2016, 105, 108; Elzer GE 2010, 455, 458 = MietRB 2010, 29, 31; Jennissen/Schultzky Rn 107; dazu tendierend auch Bärmann/Merle Rn 97; wohl auch Lüke ZWE 2012, 193, 194). Da zum ohnehin teilnahmeberechtigten Personenkreis vor allem auch Miteigentümer zählen, ist eine derart rigide Beschränkung nicht zu rechtfertigen. Sie könnte zwar das Ziel verfolgen, einen reibungslosen Ablauf der Versammlung dadurch zu befördern, dass der Verwalter Vollmachten bereits im Vorfeld prüfen kann und nicht erst auf der Versammlung mit ihnen konfrontiert wird. Indes begnügt sich § 25 Abs 3 WEG zur Legitimation des Vertreters mit einer Vollmacht in Textform, die eine Authentizitätsprüfung ohnehin nicht zulässt, weshalb sich der Kontrollaufwand in Grenzen hält. Die Effizienzvorteile sind daher regelmäßig nicht sonderlich gewichtig. Daher überwiegen die Interessen der Eigentümer, die zum Zeitpunkt der Versammlung verhindert sind und sich nicht durch den Verwalter vertreten lassen wollen. Dieser nämlich ist für die Eigentümer oft eine weitgehend unbekannte Person, was insbesondere nach einer Neuwahl gilt. Ihm das Stimmrecht anvertrauen oder auf dessen Ausübung verzichten zu müssen, kann zu einer empfindlichen Rechtseinbuße führen. Das gilt besonders, wenn widerstreitende Interessen zwischen Wohnungseigentümern und Verwalter bestehen. Durch Beschlüsse der Versammlung kann der Eigentümer in seinem persönlichen Lebensumfeld betroffen sein, weshalb es ihm möglich sein muss, die Stimmabgabe zumindest dann einer Person zu übertragen, der er vertraut, wenn diese nicht zur „Öffentlichkeit" zählt. Eine Bevollmächtigung von Miteigentümern muss daher ebenso zulässig bleiben, wie eine Vertretung durch Mitglieder des Verwaltungsbeirats, die freilich idR zugleich Eigentümer sein werden.

83a Wie Miteigentümer sind **werdende Wohnungseigentümer** (zu ihnen bereits Rn 15) zu behandeln, weil sie im Innenverhältnis ebenfalls zur GdWE gehören (Wenzel NZM 2005, 402, 404). Demgegenüber liegt **kein Eingriff** in den unverzichtbaren Kernbereich vor, wenn das Vertretungsrecht auf **Verwalter und Miteigentümer** beschränkt ist. Zwar kann es Fälle geben, in denen dem Eigentümer weder die Bevollmächtigung des Verwalters noch eines Miteigentümers zuzumuten ist (Rn 90). Jedoch ist hier eine Einzelfallbetrachtung geboten, weshalb eine Ausübungskontrolle (§ 242 BGB) einer Unwirksamkeit der Vereinbarung infolge Überschreitung der rechtsgeschäftlichen Gestaltungsmacht vorzuziehen ist (Rn 7). Sie führt, anders als der Kernbereichseingriff, nicht zur Nichtigkeit der Regelung (iErg wie hier BGHZ 99, 90, 94 f; **aA** Schmid NJW 2011, 1841, 1843 und ZWE 2012, 480, 482, der für Nichtigkeit plädiert, aber durch den Zusatz, dies gelte vor allem bei Krankheit, Ortsabwesenheit usw, selbst die fehlende Stimmigkeit seines Konzepts verdeutlicht; dagegen auch Bärmann/Merle Rn 97).

(2) Auslegung von Vertreterklauseln und deren Anwendungsbereich

Besonders weit verbreitet sind Vertretungsbeschränkungen, die als potenzielle Vertreter neben dem Verwalter und Miteigentümern weitere Personen zulassen. Meist sind dies dem Eigentümer nahestehende Personen wie „Ehegatten", „Abkömmlinge", „Verwandte in gerader Linie", „Familienmitglieder", „Angehörige" usw (Wenzel NZM 2005, 402, 403, unterscheidet dementsprechend in funktions-, gemeinschafts- und personenbezogene Gründe für die Zulassung der Vertreter; ihm folgend: Elzer GE 2010, 455, 458 = MietRB 2010, 29, 31; vgl dazu auch Rn 92). Obwohl die Phantasie der Verfasser von Gemeinschaftsordnungen insofern nahezu grenzenlos scheint, folgen die Regelungen doch einem Grundmuster, weshalb sie als **Vertreterklauseln** bezeichnet werden. Derartige Vereinbarungen sind zwar **grundsätzlich zulässig** (BGHZ 99, 90, 94; 121, 236, 238; BGH 28. 6. 2019 – V ZR 250/18 Rn 8, ZWE 2020, 40; OLG Frankfurt OLGZ 1979, 134, 135; BayObLGZ 1981, 220, 224; OLG Düsseldorf ZMR 1996, 221; LG München I ZMR 2011, 415 = ZWE 2011, 139; Wenzel NZM 2005, 402; **aA** Schmid NJW 2011, 1841, 1843 und ZWE 2012, 480, 482; Weitnauer/Lüke Rn 16). Rechtsanwender stellen sie jedoch häufig vor Probleme, weil sie unklare Begriffe verwenden (Rn 85), ihren Anwendungsbereich nicht erkennen lassen (Rn 86 ff) oder im Einzelfall eingeschränkt werden müssen, um der Bedeutung des Stimmrechts gerecht zu werden (Rn 89 ff). Bei der Interpretation ist zwar vom Wortlaut auszugehen, dabei aber **nicht am buchstäblichen Sinn** des Ausdrucks zu haften (BGH 28. 6. 2019 – V ZR 250/18 Rn 8, ZWE 2020, 40: zur ergänzenden Auslegung einer Vertreterklausel; Wenzel NZM 2005, 402, 403). Große Bedeutung haben der objektive Zweck der Vertretungsbeschränkung (dazu Rn 82) und das Gebot der stimmrechtsfreundlichen Auslegung (Rn 7). Sie machen zahlreiche Einschränkungen erforderlich, die man dem Wortlaut vieler Vertreterklauseln nicht entnehmen kann (**restriktive Interpretation**; s Armbrüster/Roguhn ZWE 2016, 105, 108). Bevollmächtigt etwa ein Eigentümer eine **Person, die ohnehin an der Versammlung teilnehmen** darf und wird, wird der Grundsatz der Nichtöffentlichkeit nicht verletzt. 84

Unklare Begriffe in Vertreterklauseln sind, wie andere Grundbucheintragungen auch, **objektiv** aus der Warte eines unbefangenen Betrachters zu **interpretieren**, wobei nur solche Umstände außerhalb der Eintragung berücksichtigt werden dürfen, die nach den besonderen Verhältnissen des Einzelfalls für jedermann ohne Weiteres erkennbar sind (s dazu Staudinger/Wobst [2023] § 10 WEG Rn 33). Hat sich in der Privatrechtsordnung ein bestimmtes Begriffsverständnis durchgesetzt, ist es iZw heranzuziehen, weil auch für einen unbefangenen Laien der rechtliche Bezug erkennbar ist und er daher nicht einfach auf eine umgangssprachliche Verwendung der Begriffe vertrauen darf. Das hilft aber dann nicht weiter, wenn kein eindeutiges Begriffsverständnis existiert. Derartige Begriffe sollten bei der Gestaltung von Gemeinschaftsordnungen 85 möglichst vermieden werden. Zu ihnen gehört der im Privatrecht (s aber § 11 StGB) nicht definierte Begriff **„Angehörige“**. Bei der gebotenen objektiven Auslegung von Gemeinschaftsordnungen wird man ihn grundsätzlich weiter zu verstehen haben, als den der Familienangehörigen, der seinerseits etwa in § 563 Abs 2 S 3 und § 573 Abs 2 Nr 2 BGB verwendet und für sich genommen bereits weit ausgelegt wird (s MünchKomm/Häublein § 563 BGB Rn 13, s aber auch ebenda § 573 BGB Rn 72). Eine familiäre Zugehörigkeit ist nicht erforderlich, sondern es genügt ein besonderes soziales (persönliches) Näheverhältnis, das etwa zu **Lebensgefährten** besteht, aber auch zu geschiedenen Ehegatten bestehen kann (Armbrüster/Roguhn ZWE 2016, 105, 108: keine reine Wohn- und Wirtschaftsgemeinschaft). Der Grundsatz der Nichtöffentlichkeit der Versammlung, der durch Vertreterklauseln typischerweise gewährleistet werden soll, steht der weiten Auslegung deswegen nicht entgegen, weil dieses Regelungsziel nur in einer Weise verfolgt werden kann, die der Bedeutung des Stimmrechts gerecht wird (zur restriktiven Auslegung s Rn 7).

86 Vertreterklauseln sind, selbst wenn sie ihrem Wortlaut nach nicht auf „Bevollmächtigte“ beschränkt sind, in ihrem **Anwendungsbereich** dahingehend **restriktiv** auszulegen, dass sie **für gesetzliche Vertreter nicht gelten** (statt vieler BayObLGZ 1981, 220, 224). Hierfür spricht die grundlegend andere Interessenlage der vertretenen Eigentümer. So nehmen Geschäftsunfähige und, mit Einschränkungen, auch beschränkt Geschäftsfähige am Rechtsverkehr grundsätzlich durch gesetzliche Vertreter teil, die sich zugleich um die gesamten Vermögensangelegenheiten kümmern und daher typischerweise ohnehin Einblick in die Gemeinschaftsangelegenheiten haben. Angesichts dieser Umstände erscheint es fernliegend anzunehmen, eine Vertreterklausel wolle solche Personen von der Versammlung fernhalten. Für eine Ausnahme gesetzlicher Vertreter vom Anwendungsbereich der Vertreterklausel spricht ferner eine gesetzeskonforme Auslegung, da eine Erstreckung auf gesetzliche Vertreter zu Recht für unwirksam gehalten wird, weil sie in den Kernbereich der Rechte des gesetzlich Vertretenen eingreift (zur Unbeschränkbarkeit des Teilnahmerechts eines gesetzlichen Vertreters s Bärmann/Merle § 24 WEG Rn 96; Schmid NJW 2011, 1841, 1843; ZWE 2012, 480, 483).

87 Mutatis mutandis gilt das Gesagte auch für **organschaftliche Vertreter** von juristischen Personen und anderen rechtsfähigen Personenvereinigungen. Zu weit geht hingegen die Annahme, Vertreterklauseln erfassten juristische Personen im Zweifel gar nicht (Elzer GE 2010, 455, 458 = MietRB 2010, 29, 31; Wenzel NZM 2005, 402, 403; wie hier hingegen BGH 28. 6. 2019 – V ZR 250/18 Rn 9, ZWE 2020, 40). Das nämlich eröffnete diesen die Möglichkeit, sich durch dem Unternehmen nicht zugehörige Personen, zB Rechtsanwälte, vertreten zu lassen. Eine solche Privilegierung juristischer Personen und rechtsfähiger Gesellschaften ist nicht zu rechtfertigen. Daher gilt eine Vertreterklausel iZw für deren nicht organschaftliche Vertreter ebenfalls, allerdings mit der Maßgabe, dass eine **Vertretung durch Mitarbeiter** (BGH 28. 6. 2019 – V ZR 250/18 Rn 10, ZWE 2020, 40; BayObLGZ 1981, 220: „Firmenangehörige“; OLG Frankfurt OLGZ 1979, 134, 136: Angestellte; Jennissen/Schultzky Rn 87: Unternehmensangehörige) zulässig ist, auch wenn der Wortlaut der Vertreterklausel das nicht erkennen lässt (zur Anwendbarkeit des Textformerfordernisses auf die Vertreter von Eigentümergesellschaften s Rn 121 f). Dafür spricht neben dem objektiven Zweck einer Vertreterklausel – gemeinschaftsfremde Einflüsse sind von den zuständigen Mitarbeitern nicht zu erwarten – vor allem, dass Begriffe wie „Familienangehörige“ oder „Ehegatten“ offenbar auf natürliche Personen zugeschnitten sind (BGH 28. 6. 2019 – V ZR 250/18 Rn 9, ZWE 2020, 40). Da Unternehmen keine solchen Angehörigen besitzen, ist die Lücke der Gemeinschaftsordnung offenkundig (OLG Frankfurt OLGZ 1979, 134, 135). Sie ist unter Berücksichtigung des Grundsatzes der Nichtöffentlichkeit und des Gleichbehandlungsprinzips durch Zulassung derjenigen Personen zu schließen, die nach der internen Organisation der Eigentümerin mit dieser Aufgabe betraut wurden. Das müssen nicht notwendig Arbeitnehmer sein. Als Nachweis der internen Zuständigkeit genügt in der Versammlung regelmäßig die Vorlage einer Urkunde, aus der sich in Textform die Handlungsvollmacht (zur Unternehmenszugehörigkeit s Rn 87a) ergibt; für Prokuristen ist nicht einmal eine solche Urkunde zu fordern. Nicht von der Beschränkung erfasst werden schließlich aus den gleichen Gründen diejenigen, die **kraft Amtes** das Stimmrecht des Eigentümers wahrnehmen (AG Essen NJW-RR 1996, 79; Elzer GE 2010, 455, 458 = MietRB 2010, 29, 31; ganz hM). Auch hier ist eine Vertretung durch Mitarbeiter iZw nicht ausgeschlossen.

Nach Ansicht des BGH können sich juristische Personen nicht nur durch ihre eigenen Mitarbeiter vertreten lassen, sodass es auf das Bestehen eines Anstellungsverhältnisses mit der Eigentümergesellschaft nicht ankommt. Vertreterklauseln werden von ihm dahin ergänzend ausgelegt, dass sich eine juristische Person in der Versammlung jedenfalls auch von einem Mitarbeiter einer **zu demselben Konzern** gehörenden Tochtergesellschaft vertreten lassen darf, wenn diese für die Verwaltung des Eigentums zuständig ist (BGH 28. 6. 2019 – V ZR 250/18 Rn 11 ff, ZWE 2020, 40). Es stellt sich die Frage, inwieweit **Versammlungsleiter** diese Voraussetzungen **zu prüfen** haben; denn ein konzernfremder Sondereigentumsverwalter wird von der ergänzenden Auslegung des BGH nicht umfasst. Für die maßgeblichen Kriterien der Konzernzugehörigkeit der Gesellschaft verweist der BGH (BGH 28. 6. 2019 – V ZR 250/18 Rn 15, ZWE 2020, 40) auf § 290 Abs 1 HGB. Es kommt demnach auf den „beherrschenden Einfluss“ an, wobei dieser nicht von der Eigentümer-Gesellschaft selbst ausgehen muss, sondern, wie im entschiedenen Fall, auch von einer gemeinsamen Konzernmutter ausgehen kann. Nach § 290 Abs 2 HGB liegt ein beherrschender Einfluss zB dann vor, wenn die Stimmenmehrheit der Töchter bei der Konzernmutter liegt. Grundsätzlich wird sich der Versammlungsleiter **auf die Angaben** der Eigentümer-Gesellschaft hierzu **verlassen können**, hat aber bei der Kontrollintensität ein Ermessen. Dafür spricht, dass sich auch Angehörige von Familienangehörigen nicht zwingend legitimieren müssen. Auch eine Erstreckung des **Textformerfordernisses** auf den Nachweis der Voraussetzungen einer Vertreterklausel ist abzulehnen. 87a

Vom Anwendungsbereich einer Vertreterklausel werden außerdem iZw solche **Erwerber von Wohnungseigentum** (Wohnungseigentumsanwärter) nicht erfasst, die – anders als werdende Wohnungseigentümer (zum hiesigen Begriffsverständnis Rn 13) – das Stimmrecht des Veräußerers ausüben, solange ihre Eigentumseintragung im Grundbuch noch aussteht. Allerdings wäre es zu begrifflich, einen zur Stimmrechtsausübung ermächtigten Erwerber (s zur Ermächtigung und auch zur Unzulässigkeit einer Übertragung der Stimme Rn 13 ff sowie Rn 174) allein deswegen zuzulassen, weil die Vertreterklausel dem Wortlaut nach nur „Vertretung“ bzw „Bevollmächtigung“ regelt. Für einen Vorbehalt zugunsten von Wohnungseigentumsanwärtern sind letztlich teleologische Gründe ausschlaggebend. Typischerweise sind gemeinschaftsfremde Einflüsse von Erwerbern nämlich nicht zu befürchten. Vielmehr wird sich der Veräußerer für die Gemeinschaftsbelange oft nicht mehr interessieren, wohingegen der Erwerber ein starkes Interesse an der Willensbildung hat, insbesondere bei Beschlüssen, die sich erst zukünftig auswirken. Daher sind bevollmächtigte oder ermächtigte Erwerber wie der 88

Veräußerer selbst zu behandeln und die Vertreterklausel ist auf sie **nicht anzuwenden** (zumindest iE ebenso Bärmann/Merle Rn 96; Bornheimer 147 ff; Lüke ZWE 2012, 193, 195; Niedenführ/Schmidt-Räntsch/Vandenhouten/Vandenhouten Rn 46).

(3) Ausübungskontrolle

89 Schließlich finden Vertretungsbeschränkungen ihre **immanente Begrenzung** im Grundsatz von Treu und Glauben (dazu bereits BGHZ 99, 90, 95; OLG Karlsruhe OLGZ 1976, 273, 275). Es kann unzulässig sein, sich auf die Beschränkung zu berufen, was die Vertretung zulässig macht. Im Anschluss an das KG wird davon ausgegangen, diese **Ausübungskontrolle** dürfe erst auf der Versammlung vorgenommen werden (KG ZMR 1994, 524 = WuM 1994, 714; Elzer GE 2010, 455, 458 = MietRB 2010, 29, 32; Jennissen/Schultzky Rn 110). Indes ist nicht recht klar, warum das so sein sollte. Es dürfte sogar von Vorteil sein, wenn der an der Teilnahme verhinderte Eigentümer bereits im Vorfeld die Gründe benennt, die ihn daran hindern, einen Vertreter zu entsenden, der im Einklang mit der Klausel steht. Wird der Vorsitzende erst auf der Versammlung damit konfrontiert, wird ihm eine sorgfältige Prüfung erschwert. Richtig ist allerdings, dass sich bis zur Versammlung Gründe ergeben können, die im Rahmen der Abwägung relevant werden können. Diese können dann naturgemäß nur ad hoc gewürdigt werden. Das ändert aber nichts daran, dass bereits vor der Versammlung die Unzumutbarkeit einer Vertreterklausel feststehen kann und dem Verwalter als präsumtivem Vorsitzenden angezeigt werden sollte.

90 Trotz Vertreterklausel kann sich ein Eigentümer durch Dritte, zB einen Rechtsanwalt, vertreten lassen, wenn die nach der Vereinbarung zulässige Vertretung durch Miteigentümer oder den Verwalter wegen **Interessenkollision** oder erheblicher **persönlicher Differenzen** für den Wohnungseigentümer **unzumutbar** ist und der Betreffende keine Angehörigen besitzt, die in der Lage und bereit sind, ihn zu vertreten (OLG Düsseldorf ZMR 1999, 195 = WuM 1999, 182: Ehegatte erkrankt, Eigentümer zerstritten, Verwalter neu im Amt; ähnl OLG Karlsruhe OLGZ 1976, 273, 275; OLG Braunschweig NJW-RR 1990, 979 = WuM 1990, 171). Einem **im Ausland lebenden**, der deutschen Sprache nicht mächtigen Wohnungseigentümer soll es ferner nicht zumutbar sein, sich durch einen ihm nicht vertrauten Verwalter, Miteigentümer oder den – soweit vorhanden meist ebenfalls im Ausland lebenden – Ehegatten vertreten zu lassen, weswegen er den in der Wohnung lebenden Mieter jedenfalls dann bevollmächtigen dürfe, wenn der Mieter zur Familie gehört (OLG Hamburg ZMR 2007, 477: bei GdWE mit drei Parteien und unterschiedlicher Interessenlage wird Schwester bevollmächtigt; zur Vollmacht an den Bruder LG Nürnberg-Fürth NZM 2002, 619).

91 Treuwidrig kann es ferner sein, wenn sich Miteigentümer oder Verwalter in der Versammlung **ad hoc auf die Vertreterklausel berufen**, obwohl dieser über mehrere Jahre keine Beachtung geschenkt wurde; denn dies nimmt dem Vertretenen die Möglichkeit, auf die neue Situation zu reagieren (OLG Hamm NJW-RR 1997, 846; ZMR 2003, 51 f; OLG Köln NJW 2005, 908; Elzer GE 2010, 455, 458 = MietRB 2010, 29, 32; Jennissen/Schultzky Rn 111: mindestens zwei Wochen vor der Versammlung auf die geänderte Praxis hinweisen; s auch LG Mainz ZMR 2012, 41 = ZWE 2011, 462). Zu beachten ist allerdings, dass ein neu eingetretener Eigentümer in seinem Vertrauen auf den Bestand der Gemeinschaftsordnung ebenso schutzwürdig ist, weshalb er von deren Einhaltung ausgehen darf. Sein Beharren auf der Vertreterklausel ist nicht per se treuwidrig. Darüber hinaus soll Treuwidrigkeit vorliegen, wenn eine Angelegenheit zur Beschlussfassung ansteht,

die besondere Fachkenntnisse erfordert oder die schwerwiegende Eingriffe in die Rechte des Wohnungseigentümers mit sich bringt, wie etwa die Entziehung des Wohnungseigentums (Wenzel NZM 2005, 402, 405). Indes dürfte den schutzwürdigen Belangen des Eigentümers durch das Recht hinreichend Rechnung getragen sein, einen Berater hinzuzuziehen (s § 24 WEG Rn 187).

(4) Erweiterung besonders restriktiver Vereinbarungen durch ergänzende Auslegung

Sehr umstritten ist, ob Vereinbarungen, die im Hinblick auf Personen, die dem Eigentümer nahestehen, besonders restriktiv sind, etwa weil sie neben dem Verwalter und Miteigentümern nur Ehegatten zulassen, ergänzend so ausgelegt werden können, dass auch andere dem Eigentümer nahestehende Personen zur Vertretung berechtigt sind (zur ergänzenden Auslegung von Vertreterklauseln s BGH 28. 6. 2019 – V ZR 250/18, ZWE 2020, 40). Die Kontroverse zeigt sich besonders dort, wo statt eines Ehegatten der **Partner einer nichtehelichen Lebensgemeinschaft** oder ein anderer naher Angehöriger zum Vertreter bestellt werden soll (dazu OLG Köln ZMR 2004, 378, 379 und LG Wuppertal ZMR 1995, 423 = WuM 1995, 673 einerseits sowie BayObLGZ 1996, 297 = WuM 1997, 122 andererseits). Besonders kontrovers sind diese Fälle, weil die Vereinbarung nicht nur funktionsbezogene (Verwalter) und gemeinschaftsbezogene (Miteigentümer) Vertreterbestellungen zulässt, sondern **auch personenbezogene**, womit das Bedürfnis, sich durch eine nahestehende Person vertreten zu lassen, punktuell höher gewichtet wird als der Grundsatz der Nichtöffentlichkeit. Bei diesem Streit ist für die Praxis weniger das rechtsdogmatische Problem von Interesse, ob einer ergänzenden Auslegung der Vorrang vor einer Ausübungskontrolle gebührt. Da die ergänzende Auslegung von stimmrechtsbeschränkenden Vereinbarungen aufgrund der Besonderheiten bei der Interpretation von Gemeinschaftsordnungen normativ erfolgt, besteht durchaus eine nicht nur funktionale Nähe zur Ausübungskontrolle. Viel wichtiger als das ist, ob die Vertretung durch eine vom Wortlaut nicht erfasste nahestehende Person die **Unzumutbarkeit** der von der Klausel gestatteten Vertretung durch Miteigentümer oder den Verwalter **voraussetzt**. 92

Diejenigen, die auf diese Voraussetzung verzichten und etwa die nichteheliche Lebensgemeinschaft der Ehe gleichstellen, würdigen den Zweck der restriktiven personenbezogenen Vertreterregelung nur unvollkommen (vgl etwa Bärmann/Merle Rn 96; Elzer GE 2010, 455, 458 = MietRB 2010, 29, 31; Jennissen/Schultzky Rn 109; Wenzel NZM 2005, 402, 404 f). Zu fragen ist, welche Gründe es aus Sicht eines unbefangenen Lesers gibt, gerade nur Ehegatten und nicht auch Lebensgefährten oder gar pauschal „nahestehende Personen“ oder „Angehörige“ zuzulassen. Es liegt nahe, insoweit neben der Begrenzung des Personenkreises **Rechtssicherheitserwägungen** anzuführen. Das Bestehen einer Ehe – oder einer **Lebenspartnerschaft** nach dem LPartG aF, die der Ehe gleichsteht – entbindet den Vorsitzenden und die Miteigentümer von der Ungewissheit, ob die Beziehung des Eigentümers hinreichend verfestigt, dh auf Dauer angelegt ist. Sie **schützt** zugleich **vor Umgehungen** der Vertretungsbeschränkung durch vorgeschobene Lebensgefährten. Daher kommt eine Erweiterung des Kreises der zulässigen Vertreter nur in Betracht, wenn die nach der Klausel bestehenden Vertretungsmöglichkeiten dem Eigentümer keine zumutbare Stimmrechtsausübung ermöglichen. Neben dieser einzelfallbezogenen Ausübungskontrolle ist eine generelle Erstreckung auf nichteheliche Lebensgefährten nur möglich, wenn 93 sich die Lückenhaftigkeit der Vertreterklausel aus geänderten tatsächlichen Verhältnissen ergibt (vgl OLG Köln ZMR 2004, 378).

(5) Rechtsfolgen eines Verstoßes gegen Vertretungsbeschränkungen

94 Wurde die Stimme von einem Vertreter unter Verstoß gegen die Vertreterklausel abgegeben, muss man hinsichtlich der **Rechtsfolgen** zwei Fragen unterscheiden: Sofern die Vertreterklausel eine Vertretung wirksam ausschließt, was impliziert, dass der Vertreter selbst kein Eigentümer ist (s Rn 83), verstößt die Anwesenheit des Dritten regelmäßig gegen den Grundsatz der Nichtöffentlichkeit. Verhält es sich so, liegt bereits in der **unzulässigen Anwesenheit** des Vertreters ein formeller Mangel (zur Einschränkung des Anwesenheitsrechts durch Vertreterklauseln § 24 WEG Rn 178). Davon zu unterscheiden sind die Auswirkungen auf die Stimmabgabe. Eine von der Vertretung ausgeschlossene Person kann **keine wirksame Stimme** abgeben, weshalb es nicht darauf ankommt, ob Vertretungsmacht bestand oder die Stimmabgabe vom Vertretenen genehmigt wird (Bork, Allg Teil Rn 1341). Zählt der Vorsitzende die unwirksame Stimme mit, führt das weder zur Nichtigkeit des Beschlusses noch kann dieser allein deswegen erfolgreich angefochten werden (anders Elzer GE 2010, 455, 459 = MietRB 2010, 29, 32: anfechtbar). Hat sich die Stimme auf das Abstimmungsergebnis nicht ausgewirkt, fehlt es an einer kausalen Beeinflussung des Beschlussergebnisses. Das betrifft aber, wie gesagt, nur die Stimmabgabe und besagt nichts über die Konsequenzen, die die Teilnahme des unzulässigen Vertreters an der Versammlung in Bezug auf den Beschluss hat (dazu § 24 WEG Rn 179). Der Ansicht, der Verstoß gegen die Vertreterklausel sei ohne Bedeutung, berühre also die Wirksamkeit der Stimme nicht, wenn die Stimmabgabe durch den unzulässigen Vertreter in der Versammlung weder von den Miteigentümern noch vom Versammlungsleiter beanstandet wurde (KG ZMR 1994, 524 = WuM 1994, 714; Elzer MietRB 2006, 11, der diese Ansicht sogar als hM bezeichnet, dabei aber übersieht, dass zwischen der Beschränkung der Vertretung auf bestimmte Personen und Schriftformvereinbarungen Unterschiede bestehen), fehlt eine tragfähige Begründung; sie ist abzulehnen.

cc) Gesetzliche Vertretung

(1) Geschäftsunfähige und Abwesende

95 Eigentümer, die infolge Alters oder Gesundheitszustandes selbst keine wirksamen Willenserklärungen abgeben können (**Geschäftsunfähige**; §§ 104 f BGB), sind darauf angewiesen, ihr Stimmrecht durch diejenigen Personen ausüben zu lassen, die hierzu mit Wirkung für und gegen den Eigentümer berechtigt sind. Als gesetzliche Vertreter sind dies entweder gem § 1629 Abs 1 S 2 HS 1 BGB grundsätzlich **beide Eltern**, ein **Vormund** (§ 1789 Abs 2 BGB) oder ein **Betreuer**, soweit sein Aufgabenkreis die Wahrnehmung der Eigentümerrechte einschließt (§ 1823 BGB). Gem § 1817 Abs 1 S 1 BGB können auch mehrere Betreuer (zur Vormundschaft s § 1775 BGB) bestellt werden (zur gemeinschaftlichen Vertretungsbefugnis s Rn 101). Bei entsprechender Verhinderung der Eltern oder des Vormundes (§ 1809 Abs 1 S 1 BGB), aber auch bei Abwesenheit eines Eigentümers (§ 1884 BGB) kann dieser durch einen **Pfleger** vertreten werden. Eine solche Stimmrechtsausübung durch gesetzliche Vertreter ist allg anerkannt (statt vieler Bärmann/Seuss/Rüscher Teil C Rn 721; Köhler/Scheuer AnwHdb Rn 3.140). Sie wird durch Vertreterklauseln iZw nicht ausgeschlossen und kann auch **nicht wirksam ausgeschlossen** werden (Rn 86). Der gesetzliche Vertreter ist grundsätzlich berechtigt, einem Dritten Vollmacht **(Untervertretungsmacht)** zu ertei-

len (s Staudinger/Schilken [2019] § 167 BGB Rn 66, auch zu Ausnahmen; zur Untervollmacht ausf Rn 151).

(2) Beschränkt Geschäftsfähige

Beschränkt geschäftsfähige Eigentümer können ihr Stimmrecht selbst ausüben, da ihre Willenserklärungen nicht nichtig sind (arg e § 105 BGB). Sie benötigen aber grundsätzlich, insbesondere sofern das Geschäft rechtlich nicht lediglich vorteilhaft ist (§§ 107, 1825 Abs 3 BGB), die **Zustimmung** ihres gesetzlichen Vertreters. Es besteht ein Zurückweisungsrecht gem § 111 S 2, S 3 BGB (vgl zur Zurückweisung im Kontext des § 25 Abs 3 WEG Rn 128 ff; zur Ausübung des Rechts dem Minderjährigen gegenüber s Staudinger/Klumpp [2021] § 111 BGB Rn 31). In der Geschäftsfähigkeit beschränkt sind nicht nur Minderjährige, die das 7. Lebensjahr vollendet haben, sondern auch solche Erwachsene, die zwar nicht geschäftsunfähig sind, deren Willenserklärungen aber gem § 1825 BGB unter Einwilligungsvorbehalt gestellt wurden. Im Einzelfall kann wohl auch eine **gerichtliche Genehmigung** erforderlich sein (§ 1643 Abs 1, § 1799 Abs 1 iVm §§ 1848 ff BGB); „wohl" deswegen, weil die – regelmäßig analoge – Anwendung dieser Normen auf die Stimmabgabe bislang kaum untersucht ist. Das gilt vor allem für die Auswirkungen der Rechtsfähigkeit der Gemeinschaft, was hier nur anzudeuten ist. 96

Soll zB über die **Aufnahme eines Darlehens** beschlossen werden, erfolgt der Abschluss des Darlehensvertrages zwar nicht unmittelbar „auf den Kredit" (§ 1854 Nr 2 BGB) des beschränkt geschäftsfähigen Eigentümers, kann dessen Vermögen zukünftig aber, nicht zuletzt wegen der persönlichen Außenhaftung nach § 9a Abs 4 WEG, in gleicher Weise belasten (zum Normzweck der Vorgängernorm § 1822 Nr 8 BGB aF s Staudinger/Veit [2020] § 1822 BGB Rn 145). Bei Entscheidungen über die Veranlagung von Rücklagen kommt uU § 1848 BGB ins Spiel; zwar ist die GdWE die anlegende Person, wirtschaftlich betrachtet geht es aber um das Vermögen der Eigentümer. Hat der Beschluss die Frage zum Gegenstand, ob die Gemeinschaft eine ihr gehörende Sondereigentumseinheit veräußert, spricht gegen eine Anwendung von § 1850 Nr 1 BGB zwar, dass nach hM eine mittelbare Grundstücksbeteiligung nicht ausreicht, um das Zustimmungserfordernis auszulösen (s zur Vorgängernorm in § 1821 Abs 1 Nr 1 BGB aF Staudinger/Veit [2020] § 1821 BGB Rn 5, wo die Frage nur für Gesellschaften diskutiert wird; dazu bereits RGZ 54, 278). Allerdings werden Ausnahmen dann zugelassen, wenn der Gesellschaftszweck auf reine Verwaltung und nicht auf Erwerbstätigkeit gerichtet ist (OLG Koblenz NJW 2003, 1401). Das wiederum wird man bei der GdWE regelmäßig annehmen müssen. 96a

Fällt die Stimmabgabe in den Aufgabenkreis gesetzlicher Vertreter, was bei den Eltern *ex lege* der Fall ist, beim Betreuer aber vom zugewiesenen Aufgabenkreis abhängt, sind diese in jedem Fall **zur Versammlung zuzulassen**, ggf neben dem Eigentümer, sofern auch dieser persönlich erscheint (Drabek, in: FS Deckert [2002] 105, 141; s dazu § 24 WEG Rn 160). Ist der gesetzliche Vertreter, von dessen Zustimmung die Wirksamkeit der Stimmabgabe abhängt, anwesend und **widerspricht** seine Stimmabgabe der des beschränkt Geschäftsfähigen, liegt darin zugleich die Verweigerung der Genehmigung und der Versammlungsleiter hat nur die Stimme des Vertreters zu zählen und nicht etwa analog § 25 Abs 2 S 2 WEG vorzugehen. Anders liegen hingegen die Fälle, in denen es der **Zustimmung** des gesetzlichen Vertreters **nicht bedarf**, weil die Person, die einen gesetzlichen Vertreter hat, auch selbst handeln kann. Ist neben dem gesetz- 97 lichen Vertreter auch der Eigentümer anwesend, könnte man meinen, es sei diejenige Stimme zu werten, die zuerst abgegeben wurde (zur fehlenden Widerrufsmöglichkeit s § 23 WEG Rn 258). Damit aber hinge es von der Reihenfolge der Abfrage durch den Vorsitzenden und also letztlich vom Zufall ab, welche Stimmabgabe gewertet wird. In derartigen Fällen ist **§ 25 Abs 2 S 2 WEG analog** heranzuziehen. Die Rechtslage ähnelt der bei Existenz mehrerer alleinvertretungsberechtigter Organwalter (Rn 99).

98 Ist die Zustimmung des gesetzlichen Vertreters erforderlich und wird die Stimme **ohne Einwilligung** abgegeben, ist sie **unwirksam** (§ 111 S 1, § 1825 Abs 1 S 3 BGB). Etwas anderes, nämlich schwebende Unwirksamkeit der Stimme, wird aber im Wege teleologischer Reduktion angenommen, wenn der Empfänger (dazu § 23 WEG Rn 256) in Kenntnis der maßgeblichen Umstände, wozu neben der beschränkten Geschäftsfähigkeit des Eigentümers die fehlende Einwilligung zählt, mit der Stimmabgabe einverstanden waren (Staudinger/Klumpp [2021] § 111 BGB Rn 33; zum Parallelproblem beim Vertreter ohne Vertretungsmacht s Rn 177). Zum **Nachweis einer schriftlichen Einwilligung** bei Abwesenheit gesetzlicher Vertreter und der Zurückweisungsmöglichkeit des § 111 S 2 BGB s Rn 96 iVm Rn 128 ff.

(3) Organschaftliche Vertreter

99 Ist ein Eigentümer bereits aufgrund seiner Rechtsnatur nicht in der Lage, selbst zu handeln, wird er im Rechtsverkehr und damit auch in der Versammlung (vgl § 43 Abs 4 S 2 GenG) durch das **Organ** vertreten, das nach der Organisationsform zuständig ist. Bei **juristischen Personen** sind das gem § 26 BGB, § 78 AktG, § 34 VAG, § 24 GenG der Vorstand oder der/die Geschäftsführer nach § 35 GmbHG. Haben mehrere Organwalter jeweils Alleinvertretungsmacht, muss die Stimme einheitlich abgegeben werden, andernfalls ist sie **analog § 25 Abs 2 S 2 WEG** unwirksam (Bärmann/Merle Rn 99; F Schmidt ZWE 2011, 297, 302; zur gemeinschaftlichen Vertretung s Rn 101). **Personengesellschaften** werden durch geschäftsführende, vertretungsberechtigte Gesellschafter ebenfalls organschaftlich vertreten. Bei der GmbH & Co KG, deren Vertretungsverhältnisse mitunter als „besonders unübersichtlich" eingestuft werden (Briesemeister NZM 2003, 777, 779 zum Liquidationsverfahren; dazu auch sogleich), was mit Blick auf die meist fehlende juristische Ausbildung des Versammlungsleiters sicher zutrifft, erfolgt die Vertretung durch die organschaftlichen Vertreter der Komplementärin. Organschaftlicher Vertreter einer **GdWE** ist deren Verwalter nach § 9b Abs 1 S 1 WEG. **Besondere Vertreter** (§ 30 BGB) handeln ebenfalls nicht als Bevollmächtigte und stehen den Organen insofern gleich. Für diese Gleichstellung spricht, dass sich die Vertretungsmacht aus der Satzung ergibt und nicht aus einer Bevollmächtigung. Demgegenüber sind **Prokuristen** Bevollmächtigte, für die aber wegen der Registerpublizität Besonderheiten gelten (Rn 139). Die Vertretung durch **andere Mitarbeiter** richtet sich nach den Regeln über die rechtsgeschäftliche Vertretung (Rn 102 ff; zur Anwendbarkeit von Vertreterklauseln Rn 87 f). Organschaftliche Vertreter sind, wie gesetzliche (Rn 95), berechtigt, einem Dritten Vollmacht **(„Untervollmacht")** zu erteilen. Der Nachweis der organschaftlichen Vertretungsmacht erfolgt typischerweise durch das Register, was mit Inkrafttreten des MoPeG auch für die GbR gilt (§ 707 BGB nF; zur Rechtslage bis zum 1. 1. 2024 s Staudinger/Häublein [2018] § 25 WEG Rn 99).

100 Im Abwicklungsstadium erfolgt die Vertretung durch **Liquidatoren** (§ 49 Abs 1 BGB, § 148 HGB nF, § 70 GmbHG usw) oder Abwickler (§ 269 AktG). In der KG zählen

auch die Kommanditisten gem § 161 Abs 2 HGB, § 144 Abs 1 HGB nF zu den geborenen Liquidatoren (BGH ZIP 1982, 1318; OLG Dresden RNotZ 2012, 290). Bei der aufgelösten **GbR** steht von der Auflösung an die Geschäftsführung und Vertretung ebenfalls allen Gesellschaftern gemeinschaftlich zu (§ 736 Abs 1 BGB nF), was der BGH sogar für die **Publikumsgesellschaft** annimmt (BGH NJW 2011, 3087 Rn 10 ff). Etwas anderes gilt, wenn der Gesellschaftsvertrag „in vielfältiger Weise kapitalgesellschaftsrechtliche Regelungen" enthält, die im Wege ergänzender Auslegung den Schluss zulassen, das dispositive Recht solle durch das der Kapitalgesellschaften, in concreto der AG, ersetzt werden (BGHZ 155, 121, 123 f; NJW 2011, 3087 Rn 21).

(4) Gemeinschaftliche Vertretungsbefugnis

Bei **gemeinschaftlicher Vertretungsbefugnis** muss das Stimmrecht von der erforderli- **101**
chen Anzahl von Vertretern einheitlich ausgeübt werden (Jennissen/Schultzky Rn 86). Das gilt für Eltern ebenso wie für Organe einer Gesellschaft und ergibt sich aus dem Umstand, dass die Erklärung nur eines gesetzlichen Vertreters nicht für und gegen den Eigentümer wirkt, weil die Voraussetzungen der gesetzlichen Vertretung nicht erfüllt sind (F Schmidt ZWE 2011, 297, 302). Zu beachten ist aber, dass einzelne Gesamtvertreter entweder als Ermächtigte (s § 78 Abs 4 AktG, § 25 Abs 3 GenG) oder in **Vertretung der anderen** auftreten können (vgl KG ZMR 2004, 144 zur Vertretung der Liquidatoren), wovon im Zweifel auszugehen ist (s zum Parallelproblem bei Miteigentümern Rn 67). Mit dem Handeln im Namen auch der anderen gesetzlichen Vertreter (Offenkundigkeit) nicht zu verwechseln ist die Vertretungsmacht und der Nachweis derselben. Grundsätzlich gelten insofern die Ausführungen zu den bevollmächtigten Vertretern (s Rn 102 ff). Davon wiederum zu unterscheiden ist der Nachweis bestehender Alleinvertretungsmacht, der jedenfalls dann dem Vorsitzenden gegenüber nicht geführt werden muss, wenn sich diese aus einem öffentlichen Register ergibt (Rn 99). Beruft sich der handelnde Gesamtvertreter auf eine Ermächtigung seitens der anderen Gesamtvertreter, gilt für diese in Ermangelung einer Registereintragung für den Nachweis **§ 25 Abs 3 WEG entsprechend**.

dd) Stimmrechtsausübung durch Bevollmächtigte und Vertreter kraft Rechtsscheins

(1) Zulässigkeit und anwendbares Recht

Grundsätzlich kann sich jeder Eigentümer bei der Stimmrechtsausübung vertreten **102**
lassen, was sich aus allg privatrechtlichen Grundsätzen ergibt, die in Ermangelung spezieller Regelungen im WEG anzuwenden sind (Rn 80; zur Einschränkung des Vertretungsrechts bei Bestehen entsprechender Vereinbarungen ausf Rn 82 ff). Dies setzt freilich voraus, dass er selbst berechtigt ist, das Stimmrecht auszuüben; ist der Vertretene **vom Stimmrecht ausgeschlossen**, kann er dieses nicht durch Vertreter ausüben lassen (BGH ZMR 2014, 559 = ZWE 2014, 176 Rn 18; ganz hM, statt vieler Drasdo, ETV Teil C Rn 62). Von der Vertretung zu unterscheiden ist die **Wahrnehmung anderer Mitverwaltungsrechte**, die nicht auf Abgabe einer Willenserklärung iSd §§ 164 ff BGB gerichtet sind. Auch sie können grundsätzlich durch Dritte wahrgenommen werden, was auch für das Rederecht gilt. In Bezug auf das Anwesenheitsrecht folgt das bereits daraus, dass eine sachgerechte Verfolgung der Interessen des Vertretenen durch den Vertreter dessen Anwesenheit voraussetzt. Geht es, wie beim Antragsrecht, um geschäftsähnliche Handlungen, finden die §§ 164 ff BGB grundsätzlich entsprechende Anwendung (s auch § 24 WEG Rn 159). Durch die Vollmacht wird **regelmäßig auch die Ausübung der anderen Rechte** des Wohnungseigentümers gestattet, insbesondere Rede- und An-

tragsrecht (Wenzel NZM 2005, 402). Dieses weite Verständnis des Vertretungsbegriffs entspricht zumindest unter Laien dem Sprachgebrauch (vgl BGHZ 121, 236, 238). Von der Stellvertretung abzugrenzen ist die **Ermächtigung** zur Ausübung des Stimmrechts, die nur ausnahmsweise zugelassen wird (Rn 174).

103 Auf die Stimmabgabe sind die Vorschriften **über einseitige Rechtsgeschäfte** zumindest entsprechend anzuwenden. Zwar handelt es sich bei der Stimmabgabe lediglich um eine Willenserklärung (s § 23 WEG Rn 314; zum Verhältnis von Willenserklärung und Rechtsgeschäft s nur Leenen/Häublein, Allg Teil 3. Aufl [2021] § 4 Rn 101 ff), die auf ein Rechtsgeschäft, den Beschluss, gerichtet ist. Die Interessenlage der Erklärungsempfänger entspricht jedoch derjenigen, die bei einseitigen Geschäften typischerweise besteht. Insbesondere existiert ein unabweisbares Bedürfnis, bereits auf der Versammlung Klarheit über das Bestehen von Vertretungsmacht und damit über die Wirksamkeit der abgegebenen Stimme zu erlangen, weshalb **§ 180 BGB** anzuwenden ist (ausf Rn 176; zur Parallelnorm in § 111 BGB s Rn 98). Diese Norm befasst sich nur mit dem Bestehen der Vertretungsmacht, während deren Nachweis in § 174 BGB geregelt ist, der seit dem WEMoG nicht mehr für Versammlungsvollmachten gilt (zu § 25 Abs 3 WEG s Rn 118). Auf der Rechtsfolgenseite muss ferner zwischen der **Wirksamkeit** der Stimmabgabe und der **des Beschlusses** differenziert werden (dazu bereits Rn 94 sowie unten Rn 142, 246).

104 Rechtsgeschäftliche Vertretungsmacht erfordert eine wirksame Vollmacht. Hiervon zu trennen sind Rechtsscheinvollmachten (Rn 169 ff), deren Geltungsgrund auf Verkehrsschutzerwägungen beruht. Wie stets muss auch bei der Stimmrechtsvertretung zwischen dem **zugrundliegenden Rechtsverhältnis** und der hiervon in ihrem Entstehen abstrakten Vollmacht differenziert werden (Staudinger/Schilken [2019] § 167 BGB Rn 2, s aber auch § 168 BGB Rn 1). Sehr oft liegt der Vollmacht ein unentgeltliches Rechtsverhältnis in Form eines Auftrages zugrunde (KG ZMR 1997, 254; Bärmann/Merle Rn 72). Wird es eingegangen (dazu Häublein ZWE 2012, 1, 9 f; ferner AG Merseburg ZMR 2008, 747) und nicht rechtzeitig nach Maßgabe des § 671 BGB gekündigt, ist der Bevollmächtigte iZw zur Wahrnehmung des Stimmrechts **verpflichtet**. In Betracht kommt auch eine entgeltliche Ausübung im Rahmen eines Geschäftsbesorgungsvertrages, wie er typischerweise der sog Sondereigentumsverwaltung zugrunde liegt. Dabei werden regelmäßig Gattungsvollmachten und nicht, wie sonst, Spezialvollmachten erteilt (zu den damit verbundenen Auswirkungen auf Weisungen s Rn 146).

(2) Tauglichkeit des Vertreters; mehrere Bevollmächtigte

105 Vorbehaltlich einer wirksam vereinbarten Beschränkung (Rn 82 ff) kann sich ein Eigentümer durch **einen beliebigen Dritten**, erst recht aber durch Miteigentümer und den Verwalter vertreten lassen. In Betracht kommen neben – ggf beschränkt geschäftsfähigen (§ 165 BGB) – natürlichen Personen auch juristische und rechtsfähige Personengesellschaften. Auch **nicht rechtsfähige Personenvereinigungen**, genauer: deren Mitglieder, können bevollmächtigt werden, weil ein Eigentümer **mehrere Personen bevollmächtigen** kann (BGH NJW 2012, 2512 Rn 10). Zulässig ist nicht nur die Erteilung von Gesamtvertretungsmacht an mehrere. Vielmehr kann der Eigentümer mehrere Vertreter mit Alleinvertretungsmacht ausstatten, wobei divergierende Stimmabgabe zur Unwirksamkeit analog § 25 Abs 2 S 2 WEG führt (BGH NJW 2012, 2512 Rn 10). Das gilt aber nur, wenn durch die später erteilte Vollmacht die frühere nicht widerrufen wurde (Rn 112a). Eine Vertretung durch mehrere Personen kann

durch Vereinbarung ausgeschlossen werden, was aber selten vorkommen dürfte, da der BGH herkömmlichen Vertreterklauseln (Rn 84) keine solche Wirkung beimisst (BGH NJW 2012, 2512 Rn 11). Demgegenüber enthalten manche Gemeinschaftsordnungen durchaus Regelungen, nach denen ein Eigentümer **nur eine bestimmte Zahl** („nicht mehr als drei Vollmachten") von Eigentümern und/oder Stimmrechten vertreten darf. Derartiges ist zulässig. Es ist Sache des Bevollmächtigten zu entscheiden, welche Stimmrechte er in einer solchen Situation ausübt.

Der BGH (NJW 2012, 2512 Rn 13) geht davon aus, dass Personen als Vertreter ausschei- **106**
den, die **selbst vom Stimmrecht ausgeschlossen** sind oder es zumindest dann wären, wenn sie selbst Wohnungseigentümer wären. Das leuchtet vor allem bei Stimmverboten ein, die eine Orientierung der Willensbildung an privaten Sonderinteressen zulasten der gemeinschaftlichen Belange verhindern sollen (KG NJW-RR 1989, 144; OLG Düsseldorf ZMR 1999, 60 = WuM 1999, 59; dass ZWE 2001, 557 = ZMR 2002, 143; OLG Hamm ZMR 2007, 63 = ZWE 2007, 40; AG Weimar ZMR 2013, 582 = ZWE 2014, 53; Gottschalg NZM 2012, 271, 273; Riecke/Schmid/Riecke Rn 36; **aA** OLG München ZMR 2011, 148 = WuM 2011, 253; dagegen Häublein ZWE 2012, 312). Vor dem Hintergrund dieses in § 47 Abs 4 GmbHG, § 136 AktG ausgedrückten allg Gedankens ist § 25 Abs 4 WEG fortzubilden und über den Wortlaut der genannten verbandsrechtlichen Vorschriften hinaus **auch auf Nichtwohnungseigentümer** anzuwenden (KG NJW-RR 1989, 144). Allerdings greift die Analogie angesichts der beschriebenen Zielsetzung nicht, wenn der Eigentümer selbst entscheidet, wie das Stimmrecht auszuüben ist und den Vertreter **entsprechend anweist** (s OLG Schleswig ZMR 2006, 803 = ZWE 2007, 51; Bärmann/Merle Rn 156; Häublein ZWE 2012, 1, 15 und 312, 314; **aA** M Müller ZWE 2017, 395, 398; LG Frankfurt/M NJW-RR 1988, 596). Bezieht sich die Weisung aber nur auf das Innenverhältnis, wovon bei Spezialvollmachten nicht auszugehen ist (Rn 146), greift der Ausschlussgrund durch (Niedenführ/Schmidt-Räntsch/Vandenhouten/Vandenhouten Rn 36). Ein **rechtskräftig nach § 17 WEG verurteilter Eigentümer**, dessen Stimmrecht gem § 25 Abs 4 Var 3 WEG ruht, kann nach hM ebenfalls nicht für andere Eigentümer abstimmen (Bärmann/Merle Rn 191).

Darüber hinaus soll eine Vertretung **treuwidrig** und daher unzulässig sein, wenn der **107**
Vertreter infolge seines gemeinschaftswidrigen Verhaltens aus der Gemeinschaft ausgeschlossen wurde oder ihm, als ehemaligem Verwalter, aus wichtigem Grund gekündigt wurde (Bärmann/Merle Rn 80). In der Tat wird man hier nur im Einzelfall entscheiden können, ob es den Miteigentümern zugemutet werden kann, dass solche Personen an der Versammlung als Vertreter teilnehmen. Bei der Abwägung ist das Interesse des Vertretenen an der Vertretung gerade durch diese Person ebenso zu berücksichtigen wie die Zeit, die seit dem Konflikt verstrichen ist, und ferner, ob sich die Zusammensetzung der Gemeinschaft in der Zwischenzeit maßgeblich verändert hat.

(3) Erteilung der Vollmacht

Die Vollmachtserteilung ist ein **einseitiges Rechtsgeschäft**, das durch empfangsbedürf- **108**
tige Willenserklärung zustande kommt (zur Form s Rn 117 ff). Da die Vollmacht den Geschäftskreis des Vertreters ausschließlich erweitert, für diesen also rechtlich lediglich vorteilhaft ist (zur Vertretung durch beschränkt Geschäftsfähige s Rn 105), bedarf **es keiner Annahmeerklärung** oder -handlung. Etwas anderes gilt für das zugrundeliegende Rechtsverhältnis (Rn 104). Der für die Wirksamkeit gem § 130 Abs 1 BGB erforderli-

che **Zugang** kann beim Vertreter oder beim Dritten, zB dem Versammlungsleiter, erfolgen (§ 167 Abs 1 BGB). Diese Unterscheidung von **Innen- und Außenvollmacht** erlangt Bedeutung, wenn der Inhalt der Vollmacht und damit der Umfang der Vertretungsmacht durch Auslegung ermittelt werden muss (Staudinger/Schilken [2019] § 167 BGB Rn 84). Dafür ist der Horizont des jeweiligen Empfängers maßgeblich (Rn 145). So kann es etwa sein, dass die dem Vertreter ausgestellte Urkunde die Vertretungsmacht nicht beschränkt, was insbesondere bei Vollmachten für Wohnungseigentumserwerber oder Sondereigentumsverwalter die Regel ist, der Vertretene dem Vertreter gegenüber aber bestimmte Weisungen erteilt. Die Vertretungsmacht geht dann über die Weisungen hinaus, weil die Innenvollmacht durch die Urkunde nach außen kundgetan wurde (dazu auch Rn 146 ff). Die Vollmacht kann als **Spezialvollmacht** (für eine Versammlung), als **Gattungsvollmacht** (zB für sämtliche Versammlungen) oder als **Generalvollmacht** erteilt werden (BayObLGZ 1984, 15, 19). Die Unterscheidung ist ebenfalls für die Auslegung, mithin für den Inhalt der Vollmacht, bedeutsam. So bezieht sich die Spezialvollmacht iZw nur auf die Abstimmungsgegenstände, die zum Zeitpunkt der Erteilung der Vollmacht **auf der Tagesordnung** standen (OLG Hamm NJW-RR 1993, 468; AG Neuss WuM 1994, 505; Wenzel NZM 2005, 402). Eine Vollmacht zur Erledigung aller Vermögensverhältnisse oder eine Prokura deckt grundsätzlich auch die Stimmabgabe (BayObLGZ 1984, 15, 19; Staudinger/Bub [2005] Rn 174). Wird der **Wohnungseigentumsverwalter** dauerhaft zur Stimmrechtsausübung bevollmächtigt, gilt diese Gattungsvollmacht iZw nach einer Wiederbestellung fort (OLG Zweibrücken ZMR 1986, 369).

109 Verbreitet sind (Spezial-)Vollmachten, die auf einem hierfür vorgesehenen **Formular des Verwalters** erteilt werden. Sofern der Verwender bevollmächtigt wird, ergeben sich Schranken aus den §§ 305 ff BGB. Obwohl in § 305 Abs 1 S 1 BGB von „Vertragsbedingungen“ die Rede ist, erfordert es der Normzweck, die §§ 305 ff BGB auch dann anzuwenden, wenn eine Partei einseitige Rechtsgeschäfte der anderen Partei vorformuliert, zB Vollmachten (s dazu BGH, NJW 1987, 2011 sowie zuvor bereits NJW 1982, 2314; Staudinger/Mäsch [2022] § 305 BGB Rn 13). Zu den Auswirkungen auf verschiedene formularvertragliche Regelungen s Rn 113, 148, 150, 155, 168. Gattungsvollmachten werden häufig im Rahmen sog Sondereigentumsverwaltungsverträge (zur Wirksamkeit von Vollmachtsklauseln in derartigen Verträgen OLG Hamm ZMR 2004, 141) erteilt sowie für den **Erwerber von Wohnungseigentum** (Anwärter), sofern Nutzen und Lasten, noch nicht aber das Eigentum auf diesen übergegangen sind (erlangt der Erwerber die Rolle eines werdenden Wohnungseigentümers, steht ihm jedoch ein eigenes Stimmrecht zu, s Rn 15). Häufig wird die Vollmacht (zur Ermächtigung, für die – sofern man sie zulässt – nichts anderes gilt, Rn 174) im Erwerbsvertrag erteilt, kann aber auch außerhalb erklärt werden. Letzteres hat den Vorteil, dass sich der Erwerber nicht durch Vorlage einer (auszugsweisen) Vertragskopie legitimieren muss.

109a Insbesondere das KG (ZMR 1994, 524; 2004, 460 = ZWE 2005, 107) hat sich wiederholt **großzügig** beim Herleiten von Vollmachten/Ermächtigungen im Wege der (ergänzenden) Auslegung der Erwerbsverträge gezeigt, wobei besonders geringe Anforderungen gestellt werden, wenn zugunsten des Erwerbers eine Auflassungsvormerkung eingetragen ist. Flankierend muss man in diesen Fällen wohl einen Anspruch gegen den Veräußerer auf Abgabe einer entsprechenden formgerechten (§ 25 Abs 3 WEG) Erklärung gewähren; nur so können Probleme des Erwerbers bei der Legitimation dem Versammlungsleiter gegenüber vermieden werden. Allerdings ist die geschilderte großzügige Praxis nicht unproblematisch, weil der Veräußerer formal noch Eigentümer ist und ihn die Wohnungseigentümerbeschlüsse belasten können. Das BayObLG ist dem begegnet, indem es entsprechende Ermächtigungen – für Vollmachten kann nichts anderes gelten – iZw dahin auslegt, dass sie nicht zu einer Beschlussfassung berechtigen, die den erkennbaren **Interessen des Veräußerers** widerspricht (BayObLG ZWE 2001, 590 = ZMR 2002, 138; zust Niedenführ/Schmidt-Räntsch/Vandenhouten/Vandenhouten Rn 10; **abl** F Schmidt DNotZ 2002, 147). Indes führt diese Einschränkung zu Rechtsunsicherheit, weil der Versammlungsleiter den Umfang der Vertretungsmacht schwer feststellen kann. Sie kommt nur dort in Betracht, wo die Grenze des Missbrauchs der Vertretungsmacht erreicht ist (Evidenzfälle). Angesichts dessen ist infolge der beschriebenen Interessenlage bei der Herleitung von Vertretungsmacht des Erwerbers im Wege ergänzender Vertragsauslegung Zurückhaltung geboten (zu den mit der Ansicht des KG verbundenen Schwierigkeiten bei der Legitimation s 144 aE).

Gehört das **Wohnungseigentum mehreren** und soll ein Dritter, zB der Verwalter, bevollmächtigt werden, muss die Vollmacht das Recht zur Vertretung **aller Mitberechtigten** einräumen. Das ist der Fall, wenn sie entweder von allen Mitberechtigten erklärt wurde oder aber zumindest mit entsprechender Vertretungsmacht der handelnden Mitberechtigten im Namen aller. Wurde der Dritte nicht von allen Mitberechtigten bevollmächtigt, kann er – vorbehaltlich einer Rechtsscheinvollmacht (Rn 169) – nicht alle vertreten, was die Stimme wegen § 25 Abs 2 S 2 WEG unwirksam macht (Rn 67 iVm Rn 65). Hat nur ein oder haben nur einzelne Mitberechtigte die Vollmachtserklärung abgegeben, muss gem § 164 Abs 1 S 2 BGB **aus den Umständen** auf ein Handeln für die übrigen geschlossen werden. Relevant sind insbesondere die Interessenlage und typische Verhaltensweisen der Betroffenen, sofern sie für den Erklärungsempfänger erkennbar sind. So kommt es etwa darauf an, ob der Vollmachtgeber in der Vergangenheit die Eigentümerrechte auch für den oder die Miteigentümer wahrnahm. Soll nach dem Inhalt der Vollmacht „das Stimmrecht für die Wohnung" vom Vertreter ausgeübt werden, ist das ein Indiz für den Willen, alle Mitberechtigten zu vertreten. Existiert eine Vollmachtsurkunde, können vor allem das Rubrum/der Kopf und Zusätze, wie „iV" etc, auf ein Handeln auch im Namen der übrigen Mitberechtigten hindeuten. Die Annahme, ein Mitberechtigter wolle (und könne) die anderen bei der Bevollmächtigung eines Dritten **iZw vertreten**, ist aber **nicht gerechtfertigt**. Der Empfänger der Vollmachtserklärung weiß typischerweise nicht, ob ihm die übrigen Mitberechtigten eine gesonderte Vollmachtsurkunde übersenden oder eine andere Person bevollmächtigen werden. Das unterscheidet die Situation maßgeblich von der Stimmabgabe auf der Versammlung in Abwesenheit einzelner Mitberechtigter (Rn 72), weil dort – anderes als bei der Vollmacht – feststeht, dass die übrigen Mitberechtigten keine eigenen Erklärungen abgeben werden. **110**

Auch **Ehegatten**, die sich von einer anderen Person in der Versammlung vertreten lassen möchten, müssen die Vollmacht beide erteilen. Eine Sonderbehandlung ist nicht zu rechtfertigen (s bereits Rn 68; speziell zur Vollmacht Häublein ZWE 2012, 1, 2). Vielmehr muss anhand der konkreten Umstände festgestellt werden, ob ein Ehegatte die Stimmrechtsvollmacht zugleich für den anderen erteilte (§ 164 Abs 1 S 2 BGB) und darüber hinaus, ob der Handelnde auch berechtigt war, den anderen Ehegatten bei der Vollmachtserteilung zu vertreten. Es ist fraglich, ob neben den bei Rn 110 dargestellten Umständen (Handeln eines Ehegatten für beide in der Vergangenheit, **111**

Nennung beider im Kopf/Rubrum etc) der Wille, für beide Ehegatten zu handeln, schon dann angenommen werden kann, wenn die Vollmacht auf einem hierfür vorgesehenen Formular des Verwalters erteilt wird. Solche Formulare werden meist zusammen mit der Ladung übersandt, wobei einem an beide Ehegatten (oder sonstige Miteigentümer) gerichteten Ladungsschreiben regelmäßig nur ein Vollmachtsformular beiliegt. Wird erkennbar dieses zurückgesandt, kann das ein **Indiz** dafür sein, dass die Vollmacht im Namen aller Ladungsadressaten erklärt werden sollte, weil es eher unwahrscheinlich ist, dass der andere Ehegatte seinen Willen in einer gesonderten Urkunde erklärt, statt auf das Formular zurückzugreifen. Dieses Indiz ist freilich widerlegt, wenn der andere Ehegatte eine abweichende Urkunde übersendet, einen anderen Vertreter entsendet oder selbst auf der Versammlung erscheint. Werden Ehegatten oder sonstige Miteigentümer hingegen getrennt geladen, wird meist für jeden Eigentümer je ein Formular beigefügt. Geht dem Verwalter eines davon zu, das nur von einem Miteigentümer unterzeichnet wurde, weiß er typischerweise nicht einmal, ob den übrigen die Ladung überhaupt zugegangen ist. Um auf ein Handeln für alle Miteigentümer zu schließen bedarf es dann weiterer Umstände. Von dieser, den Bestand der Vollmacht betreffenden Auslegungsfrage zu unterscheiden ist die bei Rn 123 und 141 behandelte **Legitimationsproblematik**.

(4) Widerruf der Vollmacht

112 Die Vollmacht ist grundsätzlich, dh vorbehaltlich einer abweichenden Vereinbarung (Rn 113), **jederzeit widerruflich**. Der Widerruf ist ein einseitiges Rechtsgeschäft und die entsprechende Willenserklärung **empfangsbedürftig**. Mit Zugang des Widerrufs erlischt die Vertretungsmacht, die aber nach Rechtsscheingrundsätzen, insb § 171 Abs 2, § 172 Abs 2 BGB, (fort-)bestehen kann (Rn 169 ff). Der Widerruf kann ungeachtet der Erteilung der Vollmacht im Innen- oder Außenverhältnis gegenüber dem Bevollmächtigten oder dem Dritten gegenüber erklärt werden. „Dritter“ ist in erster Linie der Vorsitzende der Versammlung. Zum WEG aF ist vertreten worden, eine Erklärung dem Verwalter gegenüber sei ausreichend (OLG Hamburg ZMR 2005, 395). Obwohl der Verwalter nach dem WEG nF nicht mehr Empfangsvertreter für die Eigentümer ist, lässt sich für diese Ansicht anführen, dass die Versammlung ein Organ der GdWE ist, deren Vertretung nach § 9b Abs 1 WEG beim Verwalter liegt; gesichert ist die Fortführung dieser Judikatur aber nicht.

112a Für die Wirkungen des Widerrufs kommt es nicht darauf an, ob der Vollmachtgeber auch das Recht besitzt, das zugrundeliegende Rechtsverhältnis zu beenden (§ 168 S 2 BGB). Ist das Vertrauensverhältnis, das die Basis der Bevollmächtigung bildet, aus der subjektiven Warte des Vollmachtgebers erschüttert, kann er die Vertretungsmacht selbst dann entziehen, wenn die Voraussetzungen für eine Kündigung des Grundverhältnisses nicht vorliegen. Die Vollmacht kann sogar **auf der Versammlung**, zB telefonisch, widerrufen werden (Bärmann/Merle Rn 91). Der Widerruf bedarf **keiner Form**, auch dann nicht, wenn ein Formerfordernis für die Vollmacht vereinbart wurde. Er kann ausdrücklich oder durch **schlüssiges Verhalten** erklärt werden, zB durch Bestellung eines neuen Bevollmächtigten (OLG Hamburg ZMR 2005, 395). Da allerdings auch mehrere Vertreter bestellt werden können (Rn 105), muss durch Auslegung ermittelt werden, ob in der zeitlich später vorgenommenen Bevollmächtigung ein Widerruf der ersten Vollmacht liegt. Hierfür können etwa unterschiedliche inhaltliche Vorgaben (Weisungen) sprechen. Kann der Wille, die ältere Vollmacht zu widerrufen nicht festgestellt werden, besteht iZw Alleinvertretungsmacht für beide Vertreter (dazu bereits Rn 105).

Nach § 168 S 2 BGB kann der Widerruf der Vollmacht ausgeschlossen werden. Ganz überwiegend wird verlangt, dass der **Unwiderruflichkeit** ein dem Interesse des Vollmachtgebers am Vertretergeschäft mindestens gleichwertiges Interesse des Bevollmächtigten oder eines Dritten zugrunde liegen muss (Staudinger/Schilken [2019] § 168 BGB Rn 8). Dafür genügt es nicht, wenn der bevollmächtigte Verwalter von der Vertretungsmacht profitiert, etwa weil sie ihn in die Lage versetzt, seine Wiederwahl durchzusetzen. Entscheidend ist, welches erkennbare Interesse der Eigentümer bei der Vollmachterteilung verfolgte. Diese Auslegung wird nur selten ergeben, der Eigentümer habe dem Verwalter einen Vorteil zuwenden wollen. Selbst wenn dennoch ausnahmsweise ein Widerruf wirksam ausgeschlossen sein sollte, bleibt ein solcher **aus wichtigem Grund** möglich (BGHZ 136, 314 = NJW 1997, 3437, 3440; Bärmann/Merle Rn 91). Schließt das vom Verwalter übersandte und vom Eigentümer unterzeichnete Vollmachtsformular den Widerruf ausdrücklich aus, kann dies überraschend iSv § 305c Abs 1 BGB sein, weil ein durchschnittlicher Eigentümer nicht damit rechnen muss, sich seiner Entscheidungsfreiheit zu begeben, wenn er von der Möglichkeit Gebrauch macht, sich in der Versammlung vertreten zu lassen. Wegen der mit dem Verzicht auf das Widerrufsrecht verbundenen Unterwerfung unter die Fremdbestimmung ist eine deutliche drucktechnische Hervorhebung zu fordern, um eine Überrumpelung des Eigentümers auszuschließen. Selbst diese vermag aber nicht die Wirksamkeitsbedenken zu zerstreuen, die sich aus § 307 BGB ergeben. Angesichts der Bedeutung des Selbstbestimmungsrechts des Eigentümers handelt es sich bei der Möglichkeit des Vollmachtswiderrufs um eine Leitbildbestimmung iSv § 307 Abs 2 Nr 1 BGB. Dient die Wahrnehmung des Stimmrechts durch den Verwalter – wie regelmäßig – allein den Interessen des Wohnungseigentümers, ist eine **Unwiderruflichkeitsklausel unwirksam** (Staudinger/Schilken [2019] § 168 BGB Rn 10). 113

(5) Vollmachtserteilung in der Gemeinschaftsordnung und Widerruf derartiger Vollmachten

Stimmrechtsvollmachten können, jedenfalls nach hM (OLG Frankfurt OLGZ 1986, 45; Drasdo, ETV Teil C Rn 19; Jennissen/Schultzky Rn 90; offenlassend OLG Düsseldorf ZWE 2000, 538 = WuM 2000, 367), auch **in der Gemeinschaftsordnung** durch entsprechende Vereinbarung **erteilt** werden, an die alle Eigentümer gem § 10 Abs 3 S 1 WEG gebunden sind („Vollmachtsvereinbarung"). Um für klare Verhältnisse bei der Abstimmung zu sorgen (zu gem § 25 Abs 2 S 2 WEG unwirksamen Stimmabgaben s Rn 65, 67), sehen manche Gemeinschaftsordnungen für Einheiten, die **im Eigentum mehrerer** stehen, das Recht anwesender Mitberechtigter vor, die abwesenden zu vertreten. Dies erspart dem Anwesenden den Nachweis seiner Vertretungsmacht. Derartiges ist zulässig (s auch Rn 185). Problematischer sind Vereinbarungen, die **den Verwalter** berechtigen, die Stimmrechte sämtlicher Eigentümer auszuüben, die auf der Versammlung weder anwesend noch anderweitig vertreten sind (s die Sachverhalte OLG Frankfurt OLGZ 1986, 45; OLG Düsseldorf ZWE 2000, 538; BayObLG ZWE 2003, 193 = ZMR 2003, 283). Bei objektiver Betrachtung **bezweckt** eine solche Vereinbarung, die **Beschlussfähigkeit** der Versammlung zu gewährleisten, nicht aber, dem Verwalter das Einwirken auf die Willensbildung zu ermöglichen. Nur mit dieser an einem überindividuellen Interesse orientierten Zielsetzung, die Auswirkungen auf die Auslegung hat, ist eine derartige Vollmachtsvereinbarung angesichts der Bedeutung des Stimmrechts zu rechtfertigen. 114

Daraus folgt die Notwendigkeit einer einschränkenden Auslegung oder – abhängig vom konkreten Wortlaut – Reduktion solcher Regelungen. Selbst wenn die Vereinbarung nicht den verbreiteten Zusatz enthalten sollte, dass die Vollmacht zugunsten des Verwalters nur zum Tragen kommt, wenn der Eigentümer keinen anderen Vertreter entsendet, ist von einer solchen Beschränkung auszugehen, weil die Sicherung der Beschlussfähigkeit keine Bevollmächtigung gerade des Verwalters erfordert.

114a Da mit der Aufhebung der § 25 Abs 3 und 4 WEG aF durch das WEMoG das Erfordernis einer Mindestpräsenz für die Beschlussfähigkeit der Versammlung entfallen ist, fragt sich, welche Auswirkungen das auf eine Altvereinbarung hat, die das Ziel verfolgt, die Beschlussfähigkeit zu sichern. Nach hier vertretener Ansicht bleiben entsprechende Vollmachtsvereinbarungen **über den 30. 11. 2020 hinaus in Kraft**. § 47 WEG ist insofern nicht einschlägig; denn die Vereinbarung von Vertretungsmacht weicht nicht von einer Vorschrift des Gesetzes ab, die durch das WEMoG geändert wurde.

115 Die mit einer derartigen Vereinbarung dem Verwalter eingeräumte Vollmacht ist auch ohne Vorliegen eines wichtigen Grundes **widerruflich**, was das Selbstbestimmungsrecht des Eigentümers schützt (**aA** Jennissen/Schultzky Rn 97; wie hier wohl Drasdo, ETV Teil C Rn 20). Andernfalls wäre der Eingriff in das Stimmrecht infolge der „überschießenden Tendenz" derartiger Klauseln unverhältnismäßig. Um beschlussfähige Versammlungen zu garantieren, reichte es nämlich auch nach altem Recht aus, abweichend von § 25 Abs 3 WEG aF die Beschlussfähigkeit von der Zahl der anwesenden Eigentümer zu lösen, wie es das WEMoG jetzt getan hat. Demgegenüber führt eine Vertretungsregelung, nach der alle Abwesenden vom Verwalter vertreten werden, stets zu Vollversammlungen, was nach verbreiteter Meinung die Möglichkeit einschränkt, sich auf formelle Mängel der Ladung etc zu berufen (vgl § 23 WEG Rn 285 f). Da die Vertretung zur Wahrung der Beschlussfähigkeit heute idR (zu Ausnahmen bei entsprechender Vereinbarung einer Beschlussfähigkeit Rn 251) nicht mehr erforderlich ist, sind derartige Vollmacht **grundsätzlich frei widerruflich**. Das gilt iZw auch für die Vollmachten zugunsten eines Mitberechtigten an der Einheit. Eine Beschränkung des Widerrufsrechts auf das Vorliegen eines wichtigen Grundes sorgte für Rechtsunsicherheit und widerspräche daher dem Zweck der Regelung (s Rn 114). Zu anderen Formen der durch die Gemeinschaftsordnung festgeschriebenen Vertretung im Rahmen sog Vertreterversammlungen s Rn 185.

(6) Formbedürftigkeit, insb gem § 25 Abs 3 WEG, und Wirksamkeit der Vollmacht

116 Die Vollmachtserklärung wird mit **Zugang** beim Adressaten (dazu Rn 108) wirksam. Als einseitiges Rechtsgeschäft gilt für Vollmachten neben den allg Vorschriften (§§ 134, 138 BGB) § 111 BGB. Erteilt ein **beschränkt Geschäftsfähiger** – bei Geschäftsunfähigkeit ist bereits die Vollmachtserklärung nichtig; § 105 Abs 1 BGB – eine Stimmrechtsvollmacht ohne die erforderliche vorherige Zustimmung (Einwilligung) des gesetzlichen Vertreters, scheidet nach dem Wortlaut des § 111 S 1 BGB eine Genehmigung der Vollmachtserteilung aus. Die hM reduziert die Norm allerdings und lässt eine Genehmigung zu, wenn derjenige, demgegenüber das Vertretergeschäft vorgenommen wird (s zum Meinungsstand Rn 132), mit dem Schwebezustand einverstanden ist (Staudinger/Klumpp [2021] § 111 BGB Rn 33). Die Praxisrelevanz dieser Frage für das Wohnungseigentumsrecht ist gering. Für das Rechtsgeschäft „Vollmacht" haben sich vor allem Formfragen als bedeutsam erwiesen, weshalb es zu begrüßen ist, dass das WEMoG entsprechende Vorgaben in das WEG eingeführt hat.

Mit Wirkung zum 1. 12. 2020 sieht § 25 Abs 3 WEG für Vollmachten bei der Beschussfassung ein **Textformerfordernis** vor. Durch die Anknüpfung des § 25 WEG an die Beschlussfassung, besteht das Erfordernis auch für Beschlüsse nach § 23 Abs 3 WEG **außerhalb von Versammlungen** (ebenso JAHNS ZWE 2023, 295, 297). Dadurch wurde nicht nur erstmals ein gesetzliches Formerfordernis etabliert, sondern auch die Art der Form an diejenige anderer Rechtshandlungen angeglichen (s zur Ladung Rn 75 und zum Einberufungsbegehren Rn 56). Das WEG lehnt sich mit § 25 Abs 3 WEG explizit an § 47 Abs 3 GmbHG an (BT-Drucks 19/18791, 73); wegen der Voraussetzungen der Form gilt **§ 126b BGB** (s dazu STAUDINGER/HERTEL [2023] § 126b BGB Rn 24 ff). 117

Zweck des Textformerfordernisses ist es, „unnötige Unsicherheiten über die Vertretungsverhältnisse in der Versammlung" zu beseitigen (BT-Drucks 19/18791, 73). Dabei handelt es sich insofern um einen Kompromiss, als mit der Textform ein für die Eigentümer, verglichen mit der Schriftform, weniger aufwendiges Verfahren gewählt wird, das aber letztlich keine Authentifizierung der Vollmachtserklärung ermöglicht. Für den einzelnen Eigentümer sei es, so die Begründung, zumutbar, im Vertretungsfall – notfalls sogar **noch während der Versammlung** – eine Vollmacht in Textform zu erteilen, zB per E-Mail oder durch andere elektronische Nachricht (BT-Drucks 19/18791, 73). § 25 Abs 3 WEG **soll** laut der Gesetzesbegründung ferner **verhindern**, dass die Stimme eines bevollmächtigten Vertreters nur deshalb unbeachtlich ist, weil sie nach § 174 S 1 BGB zurückgewiesen wurde. Dies war bis zum Inkrafttreten des WEMoG in der Praxis ein erhebliches Problem (dazu ausführlich STAUDINGER/HÄUBLEIN [2018] Rn 122 ff). Nunmehr geht § 25 Abs 3 WEG der allgemeinen Vorschrift in **§ 174 S 1 BGB als Sondervorschrift vor**, sodass eine in Textform vorgelegte Vollmacht nicht mehr zurückgewiesen werden kann, weil kein schriftliches Original vorliegt (BT-Drucks 19/18791, 73). Zu betonen ist, dass der Gesetzgeber sich nicht schlechthin gegen ein an § 174 BGB orientiertes Zurückweisungsrecht gewendet hat, sondern nur die Anforderungen an die vorzulegende Urkunde reduzieren wollte (so auch JENNISSEN/SCHULTZKY Rn 99). 118

Der neue § 25 Abs 3 WEG wirft die Frage auf, ob **Vereinbarungen** Bestand haben, die Vollmachten der **Schriftform** unterwerfen (vgl etwa die Sachverhalte OLG München ZMR 2006, 231 und ZMR 2008, 236). Für Vereinbarungen, die nach dem 1. 12. 2020 getroffen werden, ist das wegen § 10 Abs 1 S 2 WEG zu bejahen; **§ 25 Abs 3 WEG ist dispositiv.** Für **Altvereinbarungen** richtet sich die Fortgeltung nach § 47 WEG und ist daher **iZw zu verneinen.** Der von § 47 S 1 WEG gefordert Vorrangwille (s dazu STAUDINGER/WOBST § 47 WEG Rn 14 ff), kann nur bestehen, wenn die Vereinbarung objektiv erkennen lässt, dass der Zweck des Formerfordernisses durch die Textform nicht erreicht wird. Während die Warnfunktion bei gesetzlichen Schriftformerfordernissen klar im Vordergrund steht, bildet der Übereilungsschutz sicher keinen **objektiven Zweck** solcher Schriftformvereinbarungen. IZw dient das vereinbarte Erfordernis einem **Legitimationszweck**, hinter dem das Bedürfnis steht, rasch und einfach ein hinreichendes Maß an **Sicherheit** darüber zu erlangen, dass der Vertreter tatsächlich zur Vertretung berechtigt ist und in welchen Ausmaß (BayObLGZ 1984, 15, 18; ähnl OLG Düsseldorf ZMR 2006, 56: Erleichterung des Versammlungsablaufs und einfache Überprüfung erteilter Vollmachten; zu § 47 Abs 3 GmbHG ähnl BGHZ 49, 184; fern liegt es demgegenüber, das Ver- 119 hältnis zwischen Vertreter und Prinzipal in den Mittelpunkt der Zwecküberlegungen zu rücken, zB Beweisinteressen des Vertreters, weil die Gemeinschaftsordnung für eine derartige Regelung nicht der richtige Ort wäre; Kümmel ZWE 2000, 292, 294). Das deckt sich mit § 25 Abs 3 WEG, weshalb iZw davon auszugehen ist, dass Schriftformvereinbarungen für Stimmrechtsvollmachten in Gemeinschaftsordnungen aus der Zeit vor Inkrafttreten des WEMoG **obsolet** sind. Das gilt insbesondere für Vereinbarungen aus der Zeit vor der Einführung der Textform im BGB, also **vor dem 1. 8. 2001**; hier erscheint die Annahme, man habe sich iSv § 47 S 1 WEG bewusst gegen die Textform entschieden, deswegen fernliegend, weil diese Form gar nicht zur Verfügung stand.

120 Sollte die Auslegung einer Altvereinbarung gleichwohl ergeben, dass der vereinbarten **Schriftform Vorrang** vor § 25 Abs 3 WEG zukommen soll oder handelt es sich um eine Vereinbarung nach Inkrafttreten des WEMoG, ist zu klären, ob insofern § 126 BGB (eigenhändige Unterschrift unter die Urkunde) anzuwenden ist. Das hinter solchen Vereinbarungen stehende Bestreben, die Authentizität der Urkunde prüfen zu können und etwaige Manipulationen zu erschweren, spricht ebenso für die **Anwendung von § 126 BGB**, wie ein erhöhtes Rechtssicherheitsbedürfnis, das gleichfalls für die Schriftform sprechen kann. Rechtssicherheit lässt sich für die übrigen Eigentümer nämlich dadurch erreichen, dass man dem Vertretenen durch § 172 Abs 2 BGB den Einwand fehlender Vertretungsmacht nimmt, was die Vorlage einer eigenhändig unterzeichneten Originalurkunde voraussetzt (s dazu Staudinger/Schilken [2019] § 172 BGB Rn 1). Für fortbestehende Schriftformvereinbarungen ist daher entgegen der Vermutung in § 127 Abs 2 S 1 BGB davon auszugehen, dass sie eine **eigenhändig unterschriebene** Legitimationsurkunde fordern; E-Mails oder Fotokopien genügen dieser Anforderung nicht.

121 Sowohl § 25 Abs 3 WEG als auch Schriftformvereinbarungen **gelten** grundsätzlich **nur für** die **gewillkürte Vertretung**, nicht für die gesetzliche (dazu Rn 95 ff). Dafür spricht nicht nur der an den Begriff Vollmacht (s § 166 Abs 2 S 1 BGB) anknüpfende Wortlaut. Gesetzlich vertretene Personen können formgerechte Urkunden idR nicht ohne weiteres erstellen und auch der durch die Vorlage einer (schriftlichen) Vollmachtsurkunde vermittelte Schutz aus § 172 Abs 2 BGB wirkt nur zugunsten derjenigen, die sich einem rechtsgeschäftlich bestellten Vertreter gegenüber sehen. Allerdings sind auch hinsichtlich der Bevollmächtigten **Ausnahmen** zu machen. Hierzu zählen Fälle, in denen, wie beim **Prokuristen**, auf andere Weise für Rechtssicherheit gesorgt ist (**aA** BayObLGZ 1984, 15, 18, 20 f, das auf die Vorlage eines Registerauszugs abstellt; dies erscheint angesichts der Verfügbarkeit des Handelsregisters überholt, zumal sie die Folgefrage nach der Aktualität des Auszugs aufwirft).

122 Umstritten ist die Rechtslage, wenn ein (unternehmerisch tätiger) **Eigentümer von Mitarbeitern vertreten** wird, die über eine nicht aus dem Handelsregister ersichtliche Handlungsvollmacht verfügen. Teils wird angenommen, ein vereinbartes Formerfordernis komme in diesen Fällen zumindest dann nicht zum Tragen, wenn es im Kontext einer Vertreterklausel (Rn 82 ff) steht. So sah es das BayObLG (BayObLGZ 1981, 220) für den Handlungsbevollmächtigten einer AG auf der Basis folgender Vereinbarung: „Jeder Wohnungseigentümer kann sich in einer Versammlung entweder durch seinen Ehegatten, durch einen der anderen Wohnungseigentümer oder durch den Verwalter vertreten lassen, und zwar mittels schriftlicher Vollmacht, welche der Niederschrift beizufügen ist.“ Das Gericht meinte, das Erfordernis einer schriftlichen

Vollmacht gelte nur, wenn sich ein Eigentümer durch Ehegatten, einen anderen Eigentümer oder den Verwalter vertreten lasse, passe aber nicht auf die Vertretung einer jur Person in der Versammlung. Für eine solche Privilegierung jur Personen besteht indes kein Anlass. Der Umstand, dass die Vertreterklausel nicht für Mitarbeiter gilt (Rn 87 f), rechtfertigt nicht den Schluss, diese seien vom Legitimationserfordernis ebenfalls befreit. Die Reduktion der Vertreterklausel (s hierzu auch BGH 28. 6. 2019 – V ZR 250/18 Rn 9, ZWE 2020, 40) ist auf die Regelung zu beschränken, deren Anwendung dem Sinn der Vereinbarung widerspricht. Während der Ausschluss von Mitarbeitern vom Grundsatz der Nichtöffentlichkeit nicht getragen wird, weshalb diese bevollmächtigt werden können, kann auch bei Mitarbeitern Unsicherheit über deren hinreichende Vertretungsmacht herrschen, sodass iZw Formzwang besteht. Anders wird es für **Mitarbeiter des bevollmächtigten Verwalters** gesehen (OLG München ZMR 2008, 236). In der Tat bestehen regelmäßig keine Zweifel daran, dass der die Versammlung leitende Mitarbeiter befugt ist, die dem Verwaltungsunternehmen eingeräumten Stimmrechtsvollmachten auszuüben. Die Ausnahme erfasst aber nur das letzte Glied der Legitimationskette, sodass der Formzwang selbstverständlich für die **Vollmacht zugunsten des Verwalters gilt**. Zur Reduktion von Formklauseln in Bezug auf ad hoc während der Versammlung erklärte (Unter-)Vollmachten s Rn 156.

Abzulehnen ist ferner eine weitere, verbreitet angenommene Ausnahme vom Legitimationserfordernis. Sie wird für die Vertretung von **Ehegatten** oder anderen **Bruchteilsmiteigentümern** gemacht (so BayObLGZ 1994, 98, 100 = ZMR 1994, 338; OLGR Frankfurt 1997, 28; OLG Düsseldorf ZMR 2006, 56 = WuM 2005, 414; Elzer GE 2010, 455, 458 = MietRB 2010, 29, 30 f; Sauren § 24 Rn 28: Vollmacht eines Mitberechtigten genüge; s dazu auch Rn 110 f). Zur Begründung wird, sofern überhaupt eine gegeben wird, lapidar angeführt, es sei nicht davon auszugehen, dass die Vereinbarung den Fall der Vertretung in einer Bruchteilsgemeinschaft habe regeln wollen, weshalb etwas anderes ausdrücklicher Regelung bedürfe (OLG Düsseldorf ZMR 2006, 56 = WuM 2005, 414; ähnl BayObLGZ 1994, 98, 100 = ZMR 1994, 338). Abgesehen davon, dass dieses Argument für § 25 Abs 3 WEG per se nicht verfängt, erscheint auch für Vereinbarungen das Gegenteil eher richtig. Auch bei der Vertretung von Miteigentümern stehen die anderen Wohnungseigentümer vor der Frage, ob der Handelnde über Vertretungsmacht verfügt; § 1357 BGB ist nicht einschlägig (näher Häublein ZWE 2012, 1, 2). Das spricht dafür, den **Formzwang anzuwenden**. 123

Ob das auch gilt, wenn die Ehegatten eine **Eigentümer-GbR** bilden, ist wenig diskutiert (im Erg wie hier Merle, in: FS Seuß [2007] 193, 207 f). Ist die GbR in das Gesellschaftsregister eingetragen (s den ab 1. 1. 2024 geltenden § 707 BGB nF), gilt für diese nichts anderes wie für die gesetzlichen Vertreter anderer Rechtsträger und ein Formerfordernis für die Legitimation besteht nicht. Für die nicht registrierte GbR allerdings hat der BGH § 174 BGB, entgegen dem Gesetzeswortlaut („Bevollmächtigte“, „Vollmachtsurkunde“), auf Erklärungen eines geschäftsführenden Gesellschafters einer GbR entsprechend angewendet (BGH NJW 2002, 1194). Daher bedeutet weder der Wortlaut von § 25 Abs 3 WEG („Vollmacht“) noch der einer Vereinbarung, die „schriftliche Vollmacht“ fordert, dass diese für die organschaftliche Vertretung geschäftsführender Gesellschafter einer (noch) nicht registrierten GbR nicht gelten. Vielmehr spricht die Argumentation des BGH für die **Anwendung des Formerfordernisses**. Dem Bestreben, vor der Abstimmung für Klarheit hinsichtlich der Vertretungsberechtigung zu sorgen, wird auf diese Weise Rechnung getragen. Mit einer 124

Erklärung der gem § 899a S 1 BGB eingetragenen Personen hat sich der Versammlungsleiter aber regelmäßig zu begnügen, selbst wenn man die Vorschriften über den Gutglaubensschutz für unanwendbar erachtet (Rn 12).

125 Ungeklärt ist, ob eine Vollmacht, die nicht der gesetzlichen Textform oder einer vereinbarten Schriftform entspricht, **unwirksam** ist, mit der Folge, dass der Vertreter ohne Vertretungsmacht handelt. In Betracht kommt alternativ, dass der **Formmangel nur zur Zurückweisung** des Vertreterhandelns berechtigt. Die Gesetzesbegründung zu § 25 Abs 3 WEG weist darauf hin, dass diese Frage für § 47 Abs 3 GmbHG umstritten sei (BT-Drucks 19/18791, 73). Im „Interesse einer einheitlichen Rechtsentwicklung" solle die Frage der Klärung durch die Rechtsprechung überlassen bleiben. Das ist für die Praxis unbefriedigend und bedeutet de facto eine nicht gerechtfertigte Delegierung der Entscheidung an das GmbH-Recht (zur Kritik am Ansatz des Gesetzgebers s MünchKomm/Hogenschurz Rn 32; Häublein ZWE 2021, 385, 389).

126 Nach hier vertretener Ansicht (ausf dazu Häublein, in: FS Hannemann [2023] 151) begründet § 25 Abs 3 WEG **kein Formerfordernis iSv § 125 S 1 BGB**, sondern lediglich ein Zurückweisungsrecht nach Art des § 174 BGB (dazu Rn 128). Daher **ändert** das nicht gerügte Fehlen der formgerechten Vollmacht – ungeachtet der zu § 47 Abs 3 GmbHG herrschenden Sicht (zum Streitstand im GmbH-Recht BeckOK-GmbHG/Schindler § 47 Rn 86.1 f) – **nichts an der Wirksamkeit** der Vollmacht und damit an der der Stimmabgabe. Dies folgt aus dem Zweck des Textformerfordernisses (Rn 118). Seine Legitimationsfunktion rechtfertigt es nicht, dem Rechtsgeschäft, dh der Vollmacht und damit iErg wegen § 180 S 1 BGB auch der Stimmabgabe seitens des Vertreters, die Wirksamkeit zu versagen, wenn bis zur Stimmabgabe niemand auf einer Legitimation besteht. Das Formerfordernis dient der Nachprüfbarkeit der behaupteten Vertretungsmacht (zu rechtsgeschäftlich vereinbarten Formerfordernissen für Versammlungsvollmachten Häublein ZWE 2012, 1, 4 sowie oben Rn 119). Die Versammelten sollen – in beschränktem Ausmaß (zum Kompromisscharakter von § 25 Abs 3 WEG s Rn 118) – in die Lage versetzt werden, die Berechtigung des Vertreters zu prüfen (s zu § 47 Abs 3 GmbHG BGHZ 49, 184), was auch dem Grundsatz der Nichtöffentlichkeit der Versammlung Rechnung trägt. Gleichsam spiegelbildlich wird es dem Vertreter erschwert, das Bestehen einer Vollmacht einfach zu behaupten. Diese Zielsetzung erfordert bei einem Formverstoß keine Unwirksamkeit der Bevollmächtigung. Ganz im Gegenteil wäre eine solche Rechtsfolge geeignet, die Verbindlichkeit der gefassten Beschlüsse wegen unwirksamer Stimmabgaben in Frage zu stellen. Die Unsicherheiten über das Bestehen von Vertretungsmacht würden dadurch um einen Faktor erweitert, was trotz des in die Gegenrichtung deutenden Wortlauts des § 25 Abs 3 WEG („Gültigkeit") gegen die These von der Unwirksamkeit der Vollmacht spricht (wie hier iErg Abramenko Das neue Wohnungseigentumsrecht, 2021, § 7 Rn 13, Bärmann/Merle Rn 78; Lehmann-Richter/Wobst WEG-Reform 2020 Rn 632; Skauradszun/Elzer/Hinz/Riecke/Riecke Die WEG-Reform 2020, § 6 Rn 102; für eine Unwirksamkeit bei Textformverstoß, freilich ohne sich mit dem Problem näher auseinanderzusetzen, etwa Becker/Schneider ZfIR 2020, 281, 301; BeckOGK/Hermann Rn 45; MünchKomm/Hogenschurz Rn 32; Hügel/Elzer Rn 74; Grüneberg/Wicke Rn 4). Zu beachten ist allerdings, dass beide Ansichten dann im Wesentlichen zu denselben Ergebnissen gelangen, wenn man der Auffassung ist, die durch den Formverstoß verursachte Unwirksamkeit einer Vollmacht sei für den Beschluss nur beachtlich, wenn sich ein Eigentümer oder der Versammlungsleiter in der Versammlung auf diese berufen hat (s zu den Ausnahmen von der Unwirksamkeitsfolge des Formverstoßes BeckOK-GmbHG/Schindler § 47 Rn 86.1).

Das Gesagte gilt mutatis mutandis **auch bei Vereinbarung einer Schriftform** für Vollmachten, weil auch deren Zweck (dazu Rn 119) iZw **keine Unwirksamkeit** der Vollmacht fordert (ausführlich zur Begründung dieser Ansicht Staudinger/Häublein [2018] § 25 WEG Rn 121, s dort auch zur Möglichkeit abw Vereinbarungen; dazu auch Bärmann/Merle Rn 78 f sowie mit Formulierungsvorschlag Kümmel ZWE 2000, 292, 294). Die zweckadäquate Folge eines Formverstoßes besteht grundsätzlich im Zurückweisungsrecht (Rn 132). Zur Frage, ob die Stimmabgabe unwirksam ist, wenn die **Vollmachtsurkunde** nur vorgelegt, entgegen der Gemeinschaftsordnung aber **nicht übergeben** wird, s Rn 143. 127

(7) Kontrolle von Vollmachten und Zurückweisung der Stimmabgabe

Die materiellen Anforderungen an die Vollmacht wirken – ungeachtet der bei Rn 125 behandelten Wirksamkeit formwidriger Vollmachten – auf die **Kontrollpflichten des Versammlungsleiters** zurück. Er hat das Vorliegen formgerechter Vollmachtsurkunden **von sich aus** zu prüfen. Das gilt sowohl für die gesetzlich vorgeschriebene Form als auch für die rechtsgeschäftlich vereinbarte. Zu seinen Pflichten gehört es nämlich, die Versammlung so zu organisieren und zu leiten, dass der gesetzlich und rechtsgeschäftlich errichtete Rahmen gewahrt wird. Die Formvorschriften sichern den Grundsatz der Nichtöffentlichkeit (s dazu bereits Rn 126), weshalb unzureichend legitimierte Vertreter nicht zur Versammlung zugelassen werden dürfen (OLG München ZMR 2008, 236 geht zum WEG aF davon aus, der Versammlungsleiter „kann" zurückweisen; ebenso bereits BayObLGZ 1984, 15, 18). Das Zurückweisungsrecht folgt aus einer Analogie zu § 174 BGB (s etwa Bärmann/Merle Rn 82; Jennissen/Schultzky Rn 99), obwohl § 25 Abs 3 WEG lex specialis zu dieser Norm ist (dazu Rn 118). 128

Nur in Ausnahmefällen verstößt es **gegen Treu und Glauben**, sich auf die Vorgaben des Gesetzes oder der Gemeinschaftsordnung zu berufen. So kann es liegen, wenn bislang in der Eigentümergemeinschaft kein Wert auf formgerechten Nachweis der Vertretungsmacht gelegt wurde. Abzulehnen ist die Ansicht, nach der der Schriftformvereinbarung iZw Genüge getan ist, wenn der Vertretene **dem Vorsitzenden schriftlich mitteilt**, dass er Vollmacht erteilt habe (BayObLGZ 1984, 15, 20). Damit wäre iErg die Kontrolle von Verwaltervollmachten durch die Eigentümer ausgeschlossen, was abzulehnen ist (s dazu auch Rn 133). 129

Zurückzuweisen sind auch die Vertreter, die ein formgerechtes Dokument vorlegen, dessen Inhalt **berechtigte Zweifel an der Vollmacht** hinterlässt (OLGR Hamm 1992, 32: nicht Aufgabe „des anderen", die sich aus dem Wortlaut hinsichtlich der Vollmachtserteilung ergebenden Bedenken durch Nachforschungen auszuräumen; s aber auch Rn 154). Zweifel können ggf durch äußere Umstände ausgeräumt werden, sofern diese ohne Weiteres erkennbar sind (**str**; s zur **Untervollmacht** Rn 154; zur Befreiung vom **Verbot des § 181** BGB Rn 167). Ein Nachreichen der Vollmacht widerspräche aber nicht nur in derartigen Fällen dem Zweck des Gesetzes bzw der betreffenden Vereinbarung und scheidet daher aus (OLG München ZMR 2008, 236, 237; LG Mainz ZWE 2011, 462, 464 = ZMR 2012, 41). Für berechtigte Zweifel genügt es etwa bei einer durch E-Mail erteilten Vollmacht nicht, dass der Account des Absenders keine Rückschlüsse auf diesen zulässt. Die Textform lässt eine solche Authentizitätsprüfung nicht zu. Den Anforderungen von § 126b BGB ist genügt, wenn der Erklärende aus dem Dokument zu erkennen ist, 130 etwa weil sein Name unter dem Text steht, aus dem sich die Bevollmächtigung ergibt.

131 Auch in Bezug auf **Dauervollmachten**, zB zugunsten sog Sondereigentumsverwalter, sind § 25 Abs 3 WEG und Schriftformvereinbarungen iZw dahin auszulegen, dass auch solche **in jeder Versammlung erneut** vorgelegt werden müssen, um dem Risiko eines zwischenzeitlichen Erlöschens der Vollmacht zu begegnen (LG Mainz ZWE 2011, 462; Sauren § 24 Rn 28; iErg ebenso BayObLGZ 1984, 15, 19, das ferner meint, der Zweck der Vereinbarung bestehe auch darin, es dem Vorsitzenden zu ersparen, nach der Erinnerung oder durch Suchen in den Unterlagen über frühere Eigentümerversammlungen festzustellen, ob bereits früher irgendeine fortbestehende Vollmacht vorlag). Fügt ein Vertreter einer **Blankettvollmacht** vor den Augen des Versammlungsleiters seinen Namen hinzu, kann diese nicht zurückgewiesen werden; denn der Vollmachtgeber muss sich diese Erklärung in gleicher Weise zurechnen lassen, wie eine von ihm vollständig verfasste Erklärung (KG OLGZ 1990, 421, 424).

132 Streitig ist, wer die Vorlage der Vollmacht einfordern und ggf Erklärungen des Vertreters, der keine formgerechte Vollmacht präsentiert, zurückweisen darf. Die Folge einer Zurückweisung ist analog § 174 S 1 BGB die **Unwirksamkeit der Stimme** des Vertreters. Als **Träger des Zurückweisungsrechts** kommen neben dem Versammlungsleiter die anwesenden Eigentümer in Betracht, aber auch deren Vertreter oder externe Beiratsmitglieder. Das Recht muss zumindest der Person zustehen, an die die Willenserklärung gerichtet ist. Nach hM wird die Stimme dem Versammlungsleiter gegenüber abgegeben (BGHZ 152, 63; Elzer ZMR 2009, 7, 10; Hadding ZWE 2001, 179, 181; Merle, in: FS Seuß [2007] 193, 202, 205, 206; ebenso iErg, wenn auch mit abweichender Begründung, Ernst, in: FG Leenen [2012] 1, 20, 22 mHinw auf Flume, AT I/2 249). Andere meinen die übrigen Eigentümer seien Adressaten und der Versammlungsleiter deren Empfangsvertreter (zum WEG aF s Bornheimer 42; Drasdo, ETV Teil C Rn 10; Lehmann-Richter ZMR 2007, 741, 743; zum Eigentümer als Adressaten auch H Müller ZWE 2000, 237; zum Gesellschaftsrecht Hartmann DNotZ 2002, 253, 259; für Personengesellschaften ferner BGHZ 65, 93).

133 Ungeachtet des Streits um den Adressaten der Stimmabgabe (dazu auch § 23 WEG Rn 256) erscheint es richtig, **neben dem Versammlungsleiter jedem anwesenden Eigentümer** das Recht zuzugestehen, die Vorlage formgerechter Vollmachten zu fordern (so auch zum WEG aF die hM: OLG München NZM 2008, 92 = ZMR 2008, 236; LG Mainz ZWE 2011, 462 = ZMR 2012, 41; LG Landau/Pfalz ZMR 2013, 996 = ZWE 2014, 136; Drasdo, ETV Teil C Rn 10; Elzer ZMR 2009, 7, 10; ders MietRB 2010, 29, 30; Lehmann-Richter ZMR 2007, 741, 745; **aA** Abramenko ZWE 2016, 399, 405 f; Bärmann/Merle Rn 82; Jennissen/Schultzky Rn 104; Kümmel ZWE 2000, 292, 293, die allein den Versammlungsleiter als Berechtigten ansehen; dagegen Häublein ZWE 2012, 1, 3 Fn 25). Damit notwendig verbunden ist das Recht, die dem Vorsitzenden vorliegenden **Urkunden einzusehen**; denn nur auf diese Weise kann sich der Einzelne ein Bild davon machen, ob die auch ihn schützenden Formalien der Versammlung eingehalten sind. Gelangt er zu dem Ergebnis, dass keine formgerechte Vollmacht vorliegt, kann der Eigentümer den Vertreter zurückweisen. Die schutzwürdigen Eigentümerbelange wären bei ausschließlicher Zuweisung der Zurückweisungsbefugnis an den Vorsitzenden nicht hinreichend geschützt; denn gem § 24 Abs 5 WEG läge sie damit idR in den Händen des Verwalters, der oft selbst als Vertreter auftritt und sich dann selbst überwachen müsste. Die Eigentümer darauf zu verweisen, die Existenz der Vertretungsmacht im Rahmen eines Anfechtungsverfah-

rens überprüfen zu lassen, wäre unzumutbar (vgl OLG München ZMR 2008, 657 = WuM 2008, 619). Abgesehen davon, dass die Rüge der Form gewissermaßen ins Blaue hinein erfolgen müsste, kann der substantiierte Vortrag oder gar der Nachweis eines Formmangels praktisch nur gelingen, wenn auf der Versammlung entsprechende Feststellungen getroffen werden können.

Werden Eigentümerrechte auf der Versammlung von einem **Vertreter** wahrgenommen, so steht diesem iZw auch die Befugnis zu, Einsicht in die Vollmachten zu nehmen und namens des Eigentümers andere Vertreter zurückzuweisen, wenn sich diese nicht adäquat legitimieren. Ob einem **Mitglied des Verwaltungsbeirats** in dieser Eigenschaft ein Zurückweisungsrecht zur Seite steht, ist offen. Auf die Frage kommt es nur an, wenn entgegen § 29 Abs 1 S 1 WEG ein **Externer** in den Beirat gewählt wurde (dazu Staudinger/Lehmann-Richter § 29 WEG Rn 35). Sofern dem Beirat ein Recht auf **Einsicht** in die Vollmachtsurkunden zugebilligt wird, geschieht dies regelmäßig ohne nähere Auseinandersetzung mit der hier aufgeworfenen Problematik (vgl OLG München ZMR 2008, 657 = WuM 2008, 619; Elzer GE 2010, 455, 457 = MietRB 2010, 29, 30; gegen ein Einsichtsrecht externer Beiräte aber explizit Elzer ZMR 2009, 7, 11). Da der Beirat den Verwalter nach § 29 Abs 2 S 1 BGB nunmehr auch zu überwachen hat, kann er, wenn der Verwalter den Vorsitz führt, stets Einsicht nehmen, um den Verwalter auf etwaige formelle Mängel hinweisen zu können (Jennissen/Schultzky Rn 104). 134

Die Zurückweisung erfolgt durch **empfangsbedürftige Erklärung**. Sie kann schlüssig vorgenommen werden, etwa durch den Hinweis, die Legitimation könne auf der Basis der vorgelegten Fotokopien, Telefaxe etc nicht geprüft werden, sofern der Wille deutlich hervortritt, das Handeln des Vertreters aus diesem Grund nicht zu akzeptieren (LG Mainz ZWE 2011, 462 = ZMR 2012, 41). Sie muss analog § 174 S 1 BGB **unverzüglich**, dh ohne schuldhaftes Zögern (§ 121 Abs 1 BGB) vorgenommen werden (vgl Staudinger/Schilken [2019] § 174 BGB Rn 11). Der Fall, den § 174 BGB vor Augen hat, etwa die Kündigung durch einen Vertreter, unterscheidet sich von dem der Stimmabgabe allerdings insofern, als der Empfänger der Vertretererklärung vom Handeln eines Vertreters typischerweise erst durch den Erklärungszugang erfährt. Eine ex ante-Zurückweisung scheidet de facto bereits aus diesem Grund aus. Bei einer Versammlung ist das insofern anders, als der Versammlungsleiter feststellen muss, wer zur Teilnahme berechtigt ist und daher typischerweise bereits vor Eröffnung der Versammlung feststeht, dass es zu einem Vertreterhandeln kommen wird. Es wäre nicht nur dem Versammlungsablauf unzuträglich, wenn die Zurückweisung ausschließlich bei jeder Stimmabgabe erfolgen könnte, sondern vor dem Hintergrund der Nichtöffentlichkeit der Versammlung sogar unzulässig, den Bevollmächtigten, dessen Teilnahmebefugnis allein aus seiner Rolle als Vertreter resultiert, im Übrigen teilnehmen zu lassen. Bei teleologischer Betrachtung steht § 174 BGB einer pauschalen **Zurückweisung vor der Stimmabgabe**, etwa unmittelbar vor oder am Anfang der Versammlung, nicht entgegen (Riecke/Schmid/Riecke Rn 20; Häublein ZMR 2004, 723, 728). 135

Nicht abschließend geklärt ist, ob der **Versammlungsleiter verpflichtet ist**, das Zurückweisungsrecht auszuüben (dagegen Elzer GE 2010, 455, 457 = MietRB 2010, 29, 30, der eine Zurückweisung aber empfiehlt). Seit Einführung von § 25 Abs 3 WEG schreibt das WEG eine Legitimation von Vertretern durch Textformvollmachten vor, weshalb nunmehr von einer Pflicht des Vorsitzenden auszugehen ist, die Vollmachten zu kontrollieren (Rn 128) und ggf die Zurückweisung zu erklären. Der Vorsitzende der Versammlung 136 hat auf die Einhaltung des rechtlichen Rahmens und insbesondere darauf zu achten, dass der Grundsatz der Nichtöffentlichkeit gewahrt wird und es auch sonst nicht zu formalen Beschussmängeln kommt.

137 Erfolgt eine solche Zurückweisung, steht fest, dass der Vertreter **keine wirksame Stimme abgeben kann** (Rn 142). Dem Bevollmächtigten steht dann auch kein Teilnahmerecht zu, woraus der Versammlungsleiter nach pflichtgemäßem Ermessen die Konsequenz zu ziehen hat, ihn **der Versammlung zu verweisen**. Etwas anderes kann nur dann gelten, wenn sich ein Teilnahmerecht aus einem anderen Rechtsgrund ergibt (vgl dazu Rn 183; § 24 WEG Rn 166 ff). Wegen der Auswirkungen der Zurückweisung auf die Wirksamkeit der Stimmabgabe, müssen diejenigen Eigentümer, die von ihrem Recht (Rn 133) Gebrauch machen wollen, die **Zurückweisung** zumindest auch **dem Versammlungsleiter gegenüber** erklären.

138 Von praktischer Bedeutung sind die Tatbestände, die eine **Zurückweisung ausschließen**. Nach **§ 174 S 2 BGB** kommt eine Zurückweisung nicht in Betracht, wenn der Vertretene den anderen von der Bevollmächtigung in Kenntnis gesetzt hat, wofür keine Form vorgesehen ist. Diese Ausnahme, die zu Folgefragen führte (s dazu Staudinger/Häublein [2018] § 25 WEG Rn 128), ist nach hier vertretener Ansicht **nicht mehr anzuwenden**. Gegen eine Analogie spricht, dass der Gesetzgeber in § 25 Abs 3 WEG einen verkörperten und damit für alle Betroffenen nachvollziehbaren Legitimationsnachweis eingeführt hat. Nach hM zu § 174 BGB (Staudinger/Schilken [2019] § 174 BGB Rn 13) soll eine Zurückweisung auch dann ausgeschlossen sein, wenn der Vertreter erkennbar eine Position bekleidet, die gewöhnlich mit entsprechender Vertretungsmacht ausgestattet ist. In der Tat dürfte eine Zurückweisung dann zumindest treuwidrig sein, aber nur, wenn die Erkennbarkeit objektiv und damit auch für den Träger des Zurückweisungsrechts besteht. Diese Ausnahme hat große Relevanz für die Ausübung **von Vollmachten, die dem Verwalter erteilt** wurden. Diejenigen **Mitarbeiter**, die die Versammlung für den Verwalter gem § 24 Abs 5 WEG leiten oder das Unternehmen sonst auf der Versammlung repräsentieren, haben üblicherweise auch die Vertretungsmacht, Vollmachten auszuüben, weshalb eine Zurückweisung ausscheidet.

139 Fußt die Vertretungsmacht nicht auf der Erteilung einer Vollmacht durch den Vertretenen, sondern auf gesetzlicher Basis, scheidet eine Zurückweisung per se aus (RGZ 74, 263, 265; BGH NJW 2002, 1194; OLG Düsseldorf NJW-RR 1993, 470). Die **gesetzliche Vertretungsmacht** beruht nicht auf einem Geschäft des Vertretenen und kann nicht durch Vollmachtsurkunde nachgewiesen werden (Rn 121). Das ist bei einem **Prokuristen** zwar anders; jedoch ergibt sich dessen Position typischerweise aus dem Handelsregister. Hier muss eine Zurückweisung ausscheiden. Es überzeugt nämlich nicht, denjenigen, der die Registereintragung vorschriftsmäßig bewirkt hat, dem Risiko einer Zurückweisung auszusetzen und ihn damit dazu anzuhalten, zusätzlich noch Vollmachtsurkunden auszustellen. Die Unsicherheit, vor der das Formerfordernis für Stimmrechtsvollmachten den Rechtsverkehr schützen soll, vermeidet § 15 HGB auf andere Weise. Im Übrigen ist es höchst fraglich, welchen Vorteil eine Anwendung des § 25 Abs 3 WEG hätte. Den Blick in das Handelsregister wird sie regelmäßig bereits deswegen nicht ersparen, weil die Legitimation des Ausstellers der Vollmacht – typischerweise wird dies ein Geschäftsleiter einer Eigentümergesellschaft sein – meist nur durch Registereinsicht festgestellt werden kann.

140 Das Recht zur Zurückweisung ist ferner ausgeschlossen, wenn diese **gegen Treu und Glauben** verstößt (statt vieler BayObLGZ 1984, 15, 23). An diese Ausnahme sind **strenge Anforderungen** zu stellen, wobei alle Umstände des Falles zu berücksichtigen sind. Angenommen wird Treuwidrigkeit im Kontext des § 174 BGB, wenn der Erklärungsadressat schon mehrfach Erklärungen des Vertreters namens des Vollmachtgebers ohne Vollmachtsurkunde anerkannt hat (Staudinger/Schilken [2019] § 174 BGB Rn 14 m zahlr Nw). Allein der Verzicht auf die Vorlage von Vollmachtsurkunden in früheren Versammlungen kann aber nicht zum Verlust des Rechtes führen (OLG München ZMR 2008, 236, mit dem Zusatz, „insbesondere dann nicht, wenn die letzte Eigentümerversammlung schon erhebliche Zeit zurückliegt"). Zu den konkreten Umständen, auf die es insofern ankommt, gehört ua die Zusammensetzung der GdWE, die sich seit der letzten Zusammenkunft verändert haben kann. § 10 Abs 3 S 1 WEG ist zu entnehmen, dass selbst eine mit Rechtsbindungswillen praktizierte Übung Sondernachfolger nicht bindet. Diese Wertung wird konterkariert, wenn man neuen Eigentümern gesetzliche Befugnisse allein deswegen abspricht, weil der Rechtsvorgänger von diesen keinen Gebrauch gemacht hat. Ferner bedeutet die fehlende Einsichtnahme in Vollmachtsurkunden nicht, dass die einsichtsberechtigten Eigentümer, bei denen es sich regelmäßig um rechtliche Laien handelt, bewusst nicht von ihrem Recht Gebrauch gemacht haben. Oft wird den Miteigentümern gerade in größeren Anlagen die Vertretung sogar verborgen bleiben. Anders liegt es, wenn dieselben Akteure ihr **Verhalten ohne Vorankündigung ändern** und ihre Miteigentümer auf der Versammlung gleichsam „ins offene Messer" laufen lassen (LG Mainz ZMR 2012, 41 = ZWE 2011, 462: nach fast fünfjähriger Duldung einer abweichenden Praxis moniert der Beiratsvorsitzende das Fehlen einer schriftlichen Vollmacht; vgl auch OLG Hamm NJW-RR 1997, 846 und OLG Köln NJW 2005, 908 jeweils zum treuwidrigen Berufen auf eine Vertreterklausel). Wieder anders dürfte die Situation zu bewerten sein, wenn der Verwalter als **Versammlungsleiter** ohne Vorankündigung entgegen bisheriger Praxis auf einem Vollmachtsnachweis besteht. Zumindest von einem unternehmerisch tätigen Verwalter ist zu erwarten, dass er die Eigentümer auf eine beabsichtigte verschärfte Vollmachtskontrolle hinweist, zB im Ladungsschreiben. Das gilt auch für einen neu gewählten Verwalter. Hier liegt ein Verstoß gegen Treu und Glauben näher als bei zurückweisenden Eigentümern.

141 Aus der von manchen Gerichten (OLGR Frankfurt 1997, 28; OLG Rostock 12. 9. 2005 – 7 W 43/03) vertretenen wechselseitigen Vertretungsbefugnis von **Ehegatten**, die als Miteigentümer an der Eigentumseinheit beteiligt sind, wird gefolgert, diese brauchten keine Vollmacht vorzulegen (Riecke/Schmid/Riecke Rn 20; Spielbauer/Then/Chr.Spielbauer Rn 5; s auch LG München I ZMR 2011, 835, allerdings m d Hinw, eine Zurückweisung sei nicht erfolgt). Eine solche Ausnahme ist nicht anzuerkennen und § 25 Abs 3 WEG vollumfänglich anzuwenden (s Rn 123 sowie Rn 68; s dazu auch Häublein ZWE 2023, 147 f).

(8) Auswirkungen unwirksamer Stimmen auf den Beschluss

142 Infolge der Zurückweisung ist die **Stimmabgabe unwirksam** (Rn 137). Verhält sich der Versammlungsleiter pflichtgemäß, kommt es zu einer solchen freilich gar nicht, da der Vertreter **nicht zur Abstimmung zuzulassen** und in Ermangelung eines sonstigen Teilnahmerechts sogar von der Versammlung auszuschließen ist (s Rn 137). Wird die unwirksame Stimme mitgezählt, ist der **Beschluss nicht nichtig**, kann aber angefochten werden. Zur **gerichtlichen Aufhebung des Beschlusses** führt die fälschlicherweise mitgezählte Stimme nach hM dann nicht, wenn feststeht, dass sich diese auf das Beschlussergebnis (Annahme oder Ablehnung des Beschlussantrags) nicht ausgewirkt

hat (BGH NJW 2002, 1647, 1651; BayObLG ZMR 1999, 186 = WuM 1999, 642). Obwohl an den Nachweis einer fehlenden Auswirkung auf das Ergebnis hohe Anforderungen gestellt werden und der Beschluss daher grundsätzlich aufgehoben wird, wenn Zweifel an der Auswirkung verbleiben (statt vieler KG ZMR 1999, 426; OLG Köln NZM 2000, 1017; OLG Hamburg ZMR 2006, 704), fällt der Nachweis in den hier behandelten Fällen meist leicht. Die Auswirkungen derartiger Zählfehler (zur Relevanz einer davon zu unterscheidenden unberechtigten Anwesenheit des zurückgewiesenen Vertreters vgl § 24 WEG Rn 179) des Versammlungsleiters auf das Abstimmungsergebnis lassen sich idR einfach dadurch ermitteln, dass die vom Vertreter abgegebene Stimme vom Abstimmungsergebnis subtrahiert wird. Ergibt sich dabei kein kausaler Einfluss auf das Beschlussergebnis, ist der Fehler nicht relevant (ebenso zur Relevanztheorie im GesellR: Scholz/K Schmidt/Bochmann § 45 GmbHG Rn 101). Die Anfechtung hat dann keinen Erfolg (BGH ZMR 2012, 980 = ZWE 2012, 496, 497; Häublein ZWE 2012, 1, 13; Sauren § 24 WEG Rn 30a).

142a Ist **keine Zurückweisung erfolgt**, hängt die Wirksamkeit der Stimmabgabe und damit auch die Richtigkeit des Abstimmungsergebnisses vom Bestehen entsprechender Vertretungsmacht ab (zur Genehmigungsmöglichkeit bei Vertretung ohne Vertretungsmacht Rn 176). Ein Beschluss, durch den der Vertreter **zu Unrecht** von der Teilnahme an der Versammlung **ausgeschlossen** wurde, zB weil die Zurückweisung ausgeschlossen ist (Rn 138), ist als GO-Beschluss unanfechtbar, der unrechtmäßige Ausschluss kann aber zur erfolgreichen Anfechtung aller in der Versammlung gefassten Beschlüsse führen (s BayObLG ZMR 2001, 826 = WuM 2001, 406, allerdings noch auf der Basis der Kausalitätstheorie; zur vordringenden Relevanztheorie s Rn 246 und § 24 WEG Rn 112 ff).

(9) Pflicht zur Übergabe der Vollmachtsurkunde?

143 Gleichsam als Annex stellt sich im Kontext der Legitimation des Vertreters die Frage, ob die **bloße Vorlage** einer Urkunde ausreicht oder ob diese übergeben werden muss. Das Problem wird, soweit ersichtlich, nicht vertieft diskutiert. Jedenfalls im Anwendungsbereich des § 174 BGB scheint gemäß dem Wortlaut der Norm die Vorlage zu genügen und eine **dauerhafte Besitzverschaffung** an der Urkunde nicht notwendig zu sein. Der Normzweck indes lässt sich gegen diese Interpretation anführen, weil nur der Urkundsbesitz demjenigen, der vom einseitigen Rechtsgeschäft betroffen ist, den Nachweis der Voraussetzungen des § 172 BGB ermöglicht, sofern der Vertretene später das (Fort-)Bestehen von Vertretungsmacht bezweifelt. Allerdings erfüllt die in § 25 Abs 3 WEG vorgesehene Textformvollmacht die Voraussetzungen des § 172 BGB nicht, sodass dieser Aspekt hier nicht den Ausschlag geben kann. Auch folgt aus § 174 S 2 BGB, der es genügen lässt, wenn der Vertretene „den anderen" formlos (Staudinger/Schilken [2019] § 174 BGB Rn 13) in Kenntnis setzt, dass Nachweisschwierigkeiten offenbar in Kauf genommen werden. Außerdem setzte eine Aushändigung des Originals insbesondere bei Gattungs- und Generalvollmachten den Vertretenen erheblichen Risiken aus. Er müsste dem Bevollmächtigten zu Legitimationszwecken zahlreiche Urkunden aushändigen und könnte diese nach Beendigung des Vollmachtsverhältnisses nicht einmal zurückfordern, sofern sie sich in den Händen Dritter befinden. Das Beweissicherungsinteresse muss angesichts dieser Schwierigkeiten zurücktreten und der Versammlungsleiter ist **nicht berechtigt**, die Übergabe der Urkunde zum Verbleib bei seinen Unterlagen über die Dauer der Versammlung hinaus zu verlangen. Für die Dauer der Versammlung dürfte ein solches Recht aber zu bejahen sein, schon damit bei der Abstimmung überprüft werden kann, ob das Stimmverhalten des Vertreters im Rahmen der Vollmacht liegt.

144 Sofern die **Gemeinschaftsordnung** vorsieht, dass die **Vollmachtsurkunde** im Original dem Versammlungsleiter/Verwalter **zu übergeben** ist („qualifizierte Schriftformklausel", vgl dazu etwa OLG München ZMR 2006, 231), besteht allerdings zur Vermeidung von Rechtsunsicherheit das Recht, den Vertreter, der keine Originalvollmacht übergibt, zurückzuweisen. Geschieht dies nicht und geht die Stimme des Vertreters in die Abstimmung ein, muss durch Auslegung ermittelt werden, ob es sich um ein **vereinbartes Wirksamkeitserfordernis** handelt. Das liegt in Bezug auf den Beschluss fern, kommt aber hinsichtlich der Stimmabgabe in Betracht. IZw soll die vereinbarte Übergabeverpflichtung in Bezug auf schriftliche Urkunden den Nachweis der Voraussetzungen des § 172 BGB sichern, sofern der Vertretene ex post die Vertretungsmacht bestreitet. Dieser Beweiszweck rechtfertigt die Unwirksamkeit der Stimmabgabe ebenso wenig, wie der Formverstoß der Vollmacht allgemein ihre Wirksamkeit nimmt (Rn 126). Nicht näher diskutiert ist, ob eine **Ausnahme** vom Übergabeerfordernis im Wege der Reduktion der Vereinbarung dann geboten ist, wenn die Übergabe des Originals für den Vertreter oder den Vertretenen unzumutbar ist. Während dies bei Spezialvollmachten idR nicht der Fall sein wird, weil deren Zweck mit der Durchführung erreicht ist, ist dies bei Gattungs- und Generalvollmachten gänzlich anders. Besonders deutlich wird dies bei Vollmachten, die in Wohnungseigentumskaufverträgen enthalten sind. Hier ist es dem Erwerber nicht zuzumuten, bei jeder Versammlung eine (auszugsweise) Ausfertigung zu übergeben. Allerdings hat der Versammlungsleiter das Recht, eine einfache Ablichtung der Urkunde zu fordern, die ggf nachzureichen ist.

(10) Reichweite der Vollmacht

145 Der Inhalt der Vollmacht und damit der Umfang der Vertretungsmacht sind – sofern nicht wie bei der Prokura eine gesetzliche Fixierung vorliegt – **durch Auslegung** zu ermitteln (dazu Rn 108). Während sich der **maßgebliche Empfängerhorizont** bei reiner Innenvollmacht danach richtet, wie der Bevollmächtigte das Verhalten des Vollmachtgebers verstehen durfte, kommt es bei der Außenvollmacht sowie der nach außen kundgegebenen oder in einer Urkunde verlautbarten Vollmacht auf den bestimmungsgemäßen Empfänger an (einh Ansicht; BGH NJW 1983, 1905, 1906; 1991, 3141). Ist dies keine konkrete Person, ist auf einen durchschnittlichen Versammlungsleiter/Wohnungseigentümer abzustellen. Dabei sind **äußere Umstände** heranzuziehen, die dem Empfänger bekannt waren oder zumindest bekannt sein mussten. Zu ihnen zählt vor allem bei der Spezialvollmacht der Inhalt des Ladungsschreibens zu der konkreten Versammlung. Das Verstehendürfen ist normativ, am **redlichen Empfänger** orientiert zu ermitteln. Redlich ist nur, wer sich gleichsam in die Position des Erklärenden versetzt, nicht aber derjenige, der die Erklärung nur unter dem Blickwinkel der für ihn günstigsten Bedeutung interpretiert, etwa um als Vertreter seinen Aufwand zu minimieren. Angesichts der in der Regel von rechtlichen Laien abgegebenen Vollmachtserklärungen werfen insbesondere Spezialvollmachten oft verschiedenste Auslegungsprobleme auf. Die hiesige Darstellung beschränkt sich auf drei Problemkreise, die besondere praktische Relevanz haben, nämlich **(a)** die Frage, ob Weisungen den Umfang der Vertretungsmacht beschränken, **(b)** unter welchen Voraussetzungen Untervollmacht erteilt werden kann und **(c)** die Bedeutung des § 181 BGB für Stimmrechtsvollmachten.

(a) Weisungen

146 Vollmachtsurkunden, die für eine konkrete Versammlung erteilt werden, enthalten oft sog Weisungen. Viele Vollmachtsformulare bieten eine derartige Möglichkeit ausdrücklich. Der **Begriff** „Weisung" wird nicht selten mit dem zugrundeliegenden Auftragsverhältnis assoziiert (s § 665 BGB), wodurch aus dem Blick zu geraten droht, dass der Umfang der (teilabstrakten) Vollmacht durch Auslegung der Vollmachtserklärung eigenständig zu bestimmen ist. Aus der Sicht eines redlichen Empfängers dieser Erklärung – das ist zum einen der Bevollmächtigte, zum anderen sind es aber auch diejenigen, denen die Urkunde auf der Versammlung vorgelegt wird – ist zu ermitteln, welche Bedeutung eine Weisung haben soll. Umstritten ist vor allem, ob dadurch der Umfang der Vertretungsmacht **(Außenverhältnis)** bestimmt **oder** der Bevollmächtigte nur im **Innenverhältnis** gebunden werden soll. Das Kammergericht (KG ZMR 1997, 254 = WuM 1997, 243) hat die Ansicht vertreten, „dass die Bevollmächtigung nach ihrem gesetzlichen Leitbild eine Übertragung des rechtsgeschäftlichen Willens auf den Vertreter ist, der im Außenverhältnis regelmäßig nicht eingeschränkt ist." Diese Ansicht erleichtert zwar die Versammlungsleitung (Rn 147) und findet daher in der Praxis Gefolgschaft (AG Merseburg ZMR 2008, 747 mAnm J-H Schmidt; Staudinger/Bub [2005] Rn 181, 175; H Müller, Prakt Fragen 8. Teil Rn 90; Sauren § 24 WEG Rn 27a), entbehrt aber einer tragfähigen Begründung (dazu und zum Folgenden bereits Häublein ZWE 2012, 1). Nach den Prinzipien des BGB bestimmt der Vollmachtgeber den Umfang der Vertretungsmacht und kann diese nach Belieben einschränken. Der Schutz des Rechtsverkehrs wird durch die §§ 170–173 BGB bzw die darüber hinausgehenden Rechtsscheinvollmachten sowie durch die Haftung des falsus procurator gewährleistet. Sofern also **Weisungen außerhalb der Urkunde** erteilt wurden, was sich insbesondere bei Urkunden anbietet, die nicht auf eine Versammlung beschränkt sind (Gattungs- oder Generalvollmachten), genießen Dritte gem §§ 172 Abs 2, 173 BGB Schutz. Hat der Eigentümer die Weisungen aber **in der Vollmachtsurkunde** vermerkt, **beschränkt** sich die **Rechtsmacht des Vertreters** iZw hierauf, weil der zum Ausdruck gebrachte Wille des Vertretenen auf diese Weise sicher, dh ohne Missbrauchsmöglichkeit umgesetzt wird.

147 Gegen die hier vertretene Ansicht lassen sich vor allem zwei **Einwände** erheben: Zum einen könnte sie dem Vertreter die Möglichkeit nehmen, unter dem Eindruck der Diskussion auf der Versammlung nach besserer Einsicht im Interesse des Vertretenen zu handeln. Zum anderen erhöhen eingeschränkte Vollmachten den Kontrollaufwand bei der Abstimmung, verkomplizieren also das Abstimmungsverfahren (dazu Rn 149). Was den ersten Einwand anbelangt, so eröffnet § 665 BGB dem beauftragten Vollmachtnehmer die Möglichkeit, trotz Weisung **davon abzusehen, die Stimme abzugeben**, wenn dies angesichts der geänderten Umstände dem präsumtiven Willen des Prinzipals entspricht; eine Stimmabgabe, die der Weisung zuwiderläuft, ermöglicht die Norm aber nicht (dazu Häublein ZWE 2012, 1, 11; tendenziell anders Briesemeister, in: FS Bub [2007] 17, 29). Wenn der Eigentümer es wünscht, dass der Vertreter angesichts veränderter Umstände auf der Versammlung abweichend von den Weisungen abstimmen können soll, so steht es ihm frei, die Vollmacht mit einem entsprechenden Zusatz zu versehen. Ohne einen solchen besteht aber weder Anlass, den Vollmachtgeber nicht beim Wort zu nehmen und ihm den Willen des Vertreters aufzuzwingen, noch müssen sich die übrigen Eigentümer und der Versammlungsleiter auf eine von der Urkunde abweichende Stimmabgabe einlassen. Ist unklar, ob die

Vollmacht die Stimmabgabe deckt, kann die Erklärung des Bevollmächtigten **zurückgewiesen werden** (s dazu Rn 130).

148 Ungeklärt ist, ob Weisungen durch **vorformulierte Erklärung** auf das **Innenverhältnis beschränkt** werden können oder dem Verwender des Vollmachtsformulars, idR ist das der Verwalter, die Befugnis eingeräumt werden kann, als Bevollmächtigter von den **Weisungen abzuweichen**. Dabei muss der Verwender zunächst beachten, dass eine Beschränkung auf das Innenverhältnis nichts an der Pflichtenbindung aus dem Auftrag ändert. Derartige Regelungen dürften dann nicht überraschend iSv § 305c Abs 1 BGB sein, wenn sie durch drucktechnische Hervorhebung für einen durchschnittlichen Eigentümer klar erkennen lassen, dass ihn der Bevollmächtigte entgegen den Weisungen rechtlich binden kann. Aus § 307 Abs 1 S 1 iVm Abs 2 BGB ergeben sich aber selbst bei einer klar erkennbaren, transparent formulierten Regelung **Wirksamkeitsbedenken**. Eine unangemessene Benachteiligung ist anzunehmen, wenn der Verwender durch einseitige Gestaltung missbräuchlich eigene Interessen auf Kosten des anderen durchzusetzen versucht, ohne von vornherein auch dessen Belange hinreichend zu berücksichtigen (BGHZ 175, 102 Rn 19; NJW 2005, 1774, 1775; 2010, 57 Rn 18 mwNw; st Rspr). Der Vollmachtgeber hat ein legitimes Interesse an der Beachtung seiner Weisungen. Erteilt er solche, hat er sich offenkundig mit der Tagesordnung auseinandergesetzt und es ist nicht zu erkennen, warum er den Vertreter pauschal in die Lage versetzen sollte, nach eigenem Gutdünken abzustimmen. Der Eigentümer, der die Entscheidung vollumfänglich in die Hände des Vertreters legen möchte, wird idR auf Weisungen verzichten. Angesichts dessen kann vom gesetzlichen Leitbild eines vom Vollmachtgeber frei bestimmten Umfangs der Vertretungsmacht in AGB nicht dadurch abgewichen werden, dass Weisungen schlechthin für unverbindlich erklärt oder dem Vertreter ohne Einschränkung ein abweichendes Stimmverhalten gestattet wird (§ 307 Abs 2 Nr 1 BGB). Lediglich wenn Umstände hinzutreten, die der Eigentümer ex ante erkennbar nicht bedacht hat, liegt es auch in seinem Interesse, dem Vertretenen einen Spielraum zu eröffnen, weil sonst die Gefahr besteht, dass seine Stimme nicht oder in einer interessenwidrigen Weise zum Tragen kommt. Eine solche Gefahr besteht insbesondere bei im Vergleich zur Ladung **geänderter Antragstellung**. Auf solche Fälle ist die Rechtsmacht, von Weisungen abzuweichen, daher zu beschränken. An einer derartigen Regelung hat auch der Vertreter ein Interesse, da er andernfalls durch Auslegung der Vollmacht ermitteln müsste, ob die Weisung auch für einen von der Ladung abweichenden Beschlussantrag gilt, was erhebliche Unsicherheit heraufbeschwört, der sich ein redlicher Vertreter nicht aussetzen muss (s ergänzend Häublein ZWE 2012, 1, 7).

149 Es fragt sich, wie oben erwähnt (Rn 147), ob sich an der vorgetragenen Argumentation etwas dadurch ändert, dass inhaltlich unbeschränkte Vollmachten den **Abstimmungsvorgang vereinfachen** und entsprechende Bestimmungen in Vollmachten damit (auch) einem übergeordneten Belang dienen. Die besseren Gründe sprechen dafür, das **Verfahren an das materielle Recht anzupassen** und nicht umgekehrt. Dabei ist dem Interesse an einem unkomplizierten Abstimmungsverfahren, das sich durch möglichst geringe Fehleranfälligkeit auszeichnet, das Interesse der Stimmrechtsinhaber gegenüber zu stellen, eine Stimmabgabe in ihrem Sinne zu sichern. Hält man Weisungen im Außenverhältnis für irrelevant (dazu die bei Rn 146 dargestellte Judikatur), trägt der Eigentümer das Risiko einer rechtlichen Bindung gegen seinen Willen, selbst wenn er keinen zurechenbaren Rechtsschein gesetzt hat. Möchte er dieses Risiko

nicht in Kauf nehmen, muss er bei eigener Verhinderung von der Ausübung seines Stimmrechts absehen. Der damit verbundene Eingriff in ein besonders wichtiges Mitverwaltungsrecht (Rn 7) ist vor allem in solchen Gemeinschaften unangemessen, in denen die Eigentümer in der Auswahl ihrer Interessensvertreter beschränkt sind (zu Vertreterklauseln s Rn 82 ff). Hinzu kommt, dass sich der organisatorische Aufwand, den gebundene Vollmachten verursachen, einer pauschalen Bewertung entzieht. In kleineren Anlagen oder bei Anwesenheit nur weniger Vertreter kann der Abstimmungsvorgang selbst unter Berücksichtigung gebundener Vertreter meist einfach gestaltet werden. Große Anlagen mit zahlreichen durch Vertreter repräsentierten Eigentümern werden demgegenüber von professionellen Verwaltern betreut, in deren Händen die Versammlungsleitung liegt. Die Abstimmung erfordert hier häufig ohnehin organisatorische Vorkehrungen, etwa das Erstellen von Stimmkarten, in die dann Maßnahmen integriert werden können, die einem weisungswidrigen Abstimmungsverhalten begegnen.

150 Da also **ex lege** eine Beschränkung von Weisungen auf das Innenverhältnis oder ein pauschales Abweichungsrecht des Bevollmächtigten **ausscheidet**, zielen entsprechende Bestimmungen in Vollmachtsformularen darauf, von der gesetzlichen Rechtslage abzuweichen und sind an § 307 BGB zu messen (Rn 148). Bei der Bewertung der Angemessenheit der Regelung ist einerseits als sachlicher Regelungsgrund zu berücksichtigen, dass der Verwalter als Verwender einen reibungslosen Ablauf der Versammlung sichern möchte. Andererseits besteht für die Eigentümer keine Verpflichtung, sich des Formulars zu bedienen, weshalb der Versammlungsleiter/Verwalter durch die Klausel eine Teilnahme von Bevollmächtigten mit beschränkter Vertretungsmacht nicht verhindern kann. Jeder Eigentümer kann den von ihm – in den Grenzen etwaiger Vertreterklauseln – frei gewählten Vertreter in beschränktem Umfang bevollmächtigen, was den Versammlungsleiter zwingt, die Abstimmung entsprechend auszugestalten. Zum anderen wird sich der organisatorische Aufwand für den bevollmächtigten Versammlungsleiter/Verwalter selbst dann kaum verringern, wenn die Weisungen auf das Innenverhältnis beschränkt wären. Um nämlich Verstöße gegen die Pflichten aus dem zugrundeliegenden Rechtsverhältnis zu vermeiden, muss er diese Vorgaben während der Versammlung zwingend präsent haben und bei Abgabe der Stimmen berücksichtigen, was ihn zu entsprechenden organisatorischen Vorkehrungen zwingt. Zulässig ist aber wohl eine Gestaltung des Formulars, die dem Vollmachtgeber durch das Setzen eines Kreuzes o dgl die Möglichkeit gibt, es dem Bevollmächtigten zu gestatten, von den Weisungen abzuweichen. Das ändert zwar nichts an der Existenz einer AGB, nimmt der Regelung aber wegen der freien Entscheidungsmöglichkeit nach hier vertretener Ansicht die Unangemessenheit.

(b) Unterbevollmächtigung

151 Die Unterbevollmächtigung (oft als „Weitergabe der Vollmacht oder Stimme" bezeichnet) spielt praktisch vor allem dann eine erhebliche Rolle, wenn der **Vertreter von der Stimmabgabe ausgeschlossen** ist (zum Begriff der Untervollmacht, den dogmatischen Grundlagen und der von der hM angenommenen unmittelbaren Vertretung des Prinzipals Staudinger/Schilken [2019] § 167 BGB Rn 60 ff). Sehr häufig betrifft dies den bevollmächtigten Verwalter oder bevollmächtigte Mitglieder des Verwaltungsbeirats bei der Abstimmung über ihre Entlastung (zu den Ausschlussgründen s Rn 230). Sofern die Willensbildung nicht durch den befangenen Hauptvertreter erfolgt, etwa indem dieser eine Weisung erteilt, könnte ein Dritter, der nicht vom Stimmverbot betroffen ist, das

Stimmrecht nämlich ausüben (statt vieler BayObLG WuM 1999, 58 = NZM 1998, 668 mHinw auf BayObLG NJW-RR 1990, 784; speziell zur Unterbevollmächtigung durch Vertreter, die durch eine Vertreterklausel von der Teilnahme ausgeschlossen sind, zB Sondereigentumsverwalter, Häublein ZMR 2012, 849). Die Ausübung erfolgt dann regelmäßig **im Namen des Eigentümers**, dh der Unterbevollmächtigte gibt seine Erklärung nicht im Namen des Hauptvertreters ab (Elzer GE 2010, 455, 459; Häublein ZMR 2012, 849, 850).

Der Bevollmächtigte kann – soweit nicht ein gesetzliches Verbot entgegensteht (s Staudinger/Schilken [2019] § 167 BGB Rn 64 mHinw auf §§ 52 Abs 2, 58 HGB ua) – einen anderen mit der Wahrnehmung des Stimmrechts betrauen, wenn die **Vollmacht diese Befugnis einschließt** (s Staudinger/Schilken [2019] § 167 BGB Rn 63; MünchKomm/Schubert § 167 BGB Rn 82). Das ist nicht per se anzunehmen, weil dem Prinzipal keine Indifferenz hinsichtlich der Person zu unterstellen ist, die mit Wirkung für und gegen ihn rechtsgeschäftlich handelt; es muss durch **Auslegung** der Hauptvollmacht ermittelt werden (s dazu insb BayObLG NJW-RR 1990, 784, 785; WuM 1999, 58 = NZM 1998, 668; ZWE 2003, 193 = ZMR 2003, 283, 284). Dabei sind neben dem Wortlaut der Erklärung vor allem die Interessen des Prinzipals zu berücksichtigen, allerdings nur, soweit sie für denjenigen erkennbar sind, demgegenüber die Vollmacht erklärt oder bekannt gegeben wird (zu Formfragen in diesem Kontext Rn 154). Zur Erteilung einer „Untervollmacht" durch **gesetzliche und organschaftliche** Vertreter s Rn 95 und Rn 99. 152

Resultiert die Vertretungsmacht des Hauptvertreters aus einer Vollmacht, ist im konkreten Fall danach zu fragen, ob dem Prinzipal an **persönlicher Wahrnehmung** des Stimmrechts durch den Bevollmächtigten gelegen ist (OLGR Frankfurt 2005, 423; Bärmann/Merle Rn 89; Jennissen/Schultzky Rn 93; Lüke ZWE 2012, 193, 195; allg hierzu Staudinger/Schilken [2019] § 167 BGB Rn 63). Teils wird angenommen, die Bevollmächtigung des Verwalters basiere idR auf besonderem Vertrauen (Staudinger/Bub [2005] Rn 199), was iZw ebenso gegen die Befugnis, Untervollmacht zu erteilen, sprechen soll wie § 664 Abs 1 S 1 BGB (Briesemeister, in: FS Bub [2007] 17, 30). Die Auslegung muss aber auch die Folgen berücksichtigen, die eine derartige Restriktion hat und die dem **erkennbaren Interesse des Vollmachtgebers** zuwiderlaufen können. Wäre eine Ausübung des Stimmrechts ohne Unterbevollmächtigung überhaupt nicht möglich, etwa weil der Hauptbevollmächtigte einem Stimmverbot unterliegt oder nach der Gemeinschaftsordnung nur eine beschränkte Zahl von Vollmachten ausüben kann, **droht die Stimmabgabe unmöglich zu werden**. Überzeugend stellt das BayObLG dazu fest, dass derjenige, der Stimmrechtsvollmacht erteilt, iZw den Gebrauch derselben wünscht, weshalb es in seinem Interesse liegt, wenn Untervollmacht erteilt wird (BayObLG WuM 1990, 321 = NJW-RR 1990, 784; WuM 1999, 58 = NZM 1998, 668; s ferner OLG Karlsruhe ZMR 2003, 289 = WuM 2003, 108; LG Köln ZMR 2013, 218; Sauren § 24 WEG Rn 27 in Fn 202; Staudinger/Bub [2005] Rn 198). Nicht richtig ist es, dem Gericht zu unterstellen, es halte eine Untervollmacht stets für zulässig, sofern sich aus der Vollmacht nicht das Gegenteil ergebe (Drasdo, ETV Teil C Rn 58). Vielmehr ist die Befugnis zur Erteilung einer Untervollmacht nur dann iZw in der Vollmacht enthalten, wenn und insoweit das Stimmrecht durch den Vertreter nicht ausgeübt werden kann. Nur dann entspricht es dem **mutmaßlichen Willen des Eigentümers**, wenn diese Vertrauensperson jemanden auswählt, der das Stimmrecht wahrnimmt. Der Hauptbevollmächtigte kann also keineswegs willkürlich einen Unterbevollmächtigten bestellen. 153

154 Äußerst umstritten ist, ob ein Formverstoß vorliegt und daher der **Unterbevollmächtigte zurückzuweisen** ist (zu dieser Rechtsfolge Rn 126), wenn sich die Befugnis des Hauptbevollmächtigten nicht eindeutig aus der Vollmachtsurkunde ergibt. Der Versammlungsleiter hat hinsichtlich der Zurückweisung seit Einführung des § 25 Abs 3 WEG kein Ermessen mehr (Rn 136). Grundsätzlich muss nicht nur die Vertretungsmacht des Untervertreters, sondern auch die des Hauptvertreters durch Vollmachtsurkunde nachgewiesen werden (vgl BGH NJW 2013, 297 Rn 10). Überwiegend wird davon ausgegangen, die Zulässigkeit der Unterbevollmächtigung müsse sich **zweifelsfrei aus der Urkunde entnehmen lassen** (OLG Zweibrücken ZMR 1992, 206 [Ls]; dass NZM 1998, 671; OLGR Frankfurt 2005, 423; LG Hamburg ZMR 2011, 822, 823; Bärmann/Merle Rn 89; Jennissen/Schultzky Rn 93; Köhler/Vandenhouten AnwHdb 4. Aufl Teil 5 Rn 157a). Dem ist nicht zu folgen. Vielmehr kann sich die Unterbevollmächtigungsbefugnis auch aus **Umständen außerhalb der Urkunde** ergeben. Bei der Inhaltsermittlung gem §§ 133, 157 BGB, die von der Formproblematik zu trennen ist, sind die gesamten Umstände heranzuziehen, insbesondere die für den Adressaten erkennbare Interessenlage (zum Unterschied zwischen Inhaltsermittlung durch Auslegung und Formfragen MünchKomm/Einsele § 125 BGB Rn 38 f; BeckOGK/Möslein § 133 Rn 82 ff; s auch BGH NJW 1996, 2792 f). Aus Gründen der durch die Formvorschrift erstrebten Rechtssicherheit bleiben aber solche Umstände unberücksichtigt, die für den Versammlungsleiter und die anwesenden Wohnungseigentümer (dazu OLG Zweibrücken ZMR 1992, 206 [Ls] sowie Rn 132 f) **ohne weitere Nachforschungen** (vgl OLGR Hamm 1992, 32) nicht zu erkennen sind. Ist das Interesse an einer Unterbevollmächtigung hingegen, wie in den bei Rn 153 angesprochenen Fällen, evident, ist dem Zweck des Formerfordernisses genügt und eine Zurückweisung scheidet aus (Staudinger/Bub [2005] Rn 198; s auch Häublein ZMR 2012, 849, 850; ZWE 2012, 1, 16 m Fn 147; zum Parallelproblem bei § 181 BGB s Rn 167). Sieht die **Gemeinschaftsordnung** vor, dass Vollmachten „übertragen werden können" (dazu Drasdo, ETV Teil C Rn 59, 72 mHinw auf OLG Zweibrücken ZMR 1992, 206 [Ls]), kann iZw Untervollmacht erteilt werden, nicht aber bei explizitem Ausschluss in der Hauptvollmacht.

155 Ergibt sich die Berechtigung, Untervollmacht zu erteilen weder aus der Hauptvollmachtsurkunde noch aus erkennbaren Umständen mit hinreichender Deutlichkeit, **ist** die Stimmabgabe durch den Untervertreter vom Versammlungsleiter **zurückzuweisen**. Um Zweifel auszuschließen, sehen manche **Vollmachtsformulare** die Möglichkeit vor, Untervollmacht zu erteilen. Ob dies der **Inhaltskontrolle** standhält, wenn der Verwender (idR der Verwalter) selbst bevollmächtigt wird, ist ungeklärt. Keine Bedenken bestehen jedenfalls, sofern die Regelung auf den **Fall der Verhinderung** des Hauptbevollmächtigten beschränkt ist, weil dann die Befugnis angesichts der Interessenlage iZw ohnehin besteht (Rn 153). Anders ist es, wenn die Unterbevollmächtigung **einschränkungslos in das Belieben** des bevollmächtigten Verwenders gestellt wird. Insofern ist zu beachten, dass nicht nur die Vollmacht, sondern auch das zugrundeliegende Auftragsverhältnis (§ 664 Abs 1 S 1 BGB) nach den Vorstellungen des Gesetzgebers von einem persönlichen Vertrauensverhältnis getragen wird. Substitutionsklauseln werden gem § 307 Abs 2 BGB für unwirksam gehalten (LG Köln WM 2000, 720; MünchKomm/F Schäfer § 664 BGB Rn 2; NK-BGB/M Schwab § 664 Rn 13). Selbst wenn man in der Befugnis, Untervollmacht zu erteilen, keine Substitution erblickt, durch die sich der Auftragnehmer von der Gehilfenhaftung befreien möchte, erscheint eine Erstreckung dieses Ansatzes auf die Unterbevollmächtigungsklausel nicht ausgeschlossen. Daher ist entweder zu der genannten Einschränkung (nur bei Verhinderung des Bevollmächtigten) **zu raten** oder man lässt den Vollmachtgeber

selbst entscheiden, ob er eine Untervertretung gestatten möchte, etwa indem er an der dafür im Formular vorgesehenen Stelle ein Kreuz oder Häkchen setzt. Letzteres bedeutet deswegen keine unangemessene Benachteiligung des Vollmachtgebers, weil dieser frei entscheiden kann und ein objektives Interesse daran besteht, dass in der Urkunde eine Aussage zur Untervollmachtsproblematik enthalten ist (vgl Rn 150).

Der Untervollmachtgeber kann **nicht über die ihm erteilte Vollmacht hinausgehen**, weil ihm insofern die Rechtsmacht fehlt, für den Vertretenen zu handeln (BGH NJW 2013, 297 Rn 12; BayObLG ZWE 2003, 193 = ZMR 2003, 283, 285). Das gilt auch für Weisungen, sofern diese den Umfang der Vertretungsmacht bestimmen (Rn 146). Mit anderen Worten bedarf es einer **lückenlosen Legitimationskette**, die vom Vertretenen bis zu demjenigen reicht, der die Willenserklärung in dessen Namen abgibt. Fraglich ist, ob eine formgerechte Vollmacht zugunsten des Unterbevollmächtigten dann entbehrlich ist, wenn der Hauptbevollmächtigte die **Unterbevollmächtigung auf der Versammlung erklärt**. Paradigma ist der von Eigentümern bevollmächtigte Verwalter, der die ihm weisungslos erteilten Vollmachten beim TOP „Entlastung des Verwalters" auf einen anderen, zB den Vorsitzenden des Verwaltungsbeirats, „überträgt". Es wäre eine **bloße Förmelei**, die weder vom Zweck des § 25 Abs 3 WEG noch von einer Schriftformvereinbarung geboten ist, eine Urkunde zu fordern, wenn die Vollmacht coram publico auf der Versammlung ausgesprochen wird. Für diese Fälle **gilt** die Form daher **nicht**. Nur wenn eine Schriftformklausel vorsieht, dass die Urkunden zum Versammlungsprotokoll zu nehmen sind (Rn 143 f), erfordert das damit verfolgte Beweissicherungsziel das Ausstellen einer Unterbevollmächtigungsurkunde. Unterbleibt dies, ist der Untervertreter zurückzuweisen. Ohne Zurückweisung ist seine Stimmabgabe aber wirksam (Rn 144). 156

Der Umfang der Untervollmacht kann hinter dem der Hauptvollmacht zurückbleiben. So kann die Untervollmacht beispielsweise **gegenständlich** auf einzelne TOP **beschränkt** werden. Denkbar ist es aber ebenso, dass der in seinem Stimmverhalten freie Hauptbevollmächtigte den **Unterbevollmächtigten durch Weisung bindet**. Der Vertretene, der keine Weisung erteilt, hat die Entscheidung in die Hände des Hauptbevollmächtigten gelegt, der sie letztlich auch trifft. Damit ist indes nur geklärt, ob die Hauptvollmacht die Unterbevollmächtigung abdeckt, nicht hingegen, ob diese mit dem **Zweck eines Stimmverbots** kollidiert, das uU den Ausschlag für die Unterbevollmächtigung gab. Dabei handelt es sich nicht um eine Frage der Reichweite der Vollmacht, sondern um eine des Anwendungsbereichs von Stimmrechtsausschlüssen (Rn 223 ff). Bei teleologischer Betrachtung kann es nicht darauf ankommen, welche Person die Stimme abgibt, sondern es ist entscheidend, auf **wessen Willensentschluss** die konkrete Stimmabgabe zurückgeht. Diese Wertung lässt sich bereits § 166 Abs 2 S 1 BGB entnehmen. Daher ist auch derjenige Untervertreter vom Stimmverbot betroffen, der sich nicht in einem Interessenkonflikt befindet, seine Weisungen aber von einem Hauptbevollmächtigten empfängt, der einem Ausschluss unterliegt. 157

Bisweilen wird vertreten, dem iSv § 25 Abs 4 WEG **befangenen Hauptvertreter** dürfe die **Auswahl des Unterbevollmächtigten** selbst dann nicht überlassen werden, wenn er diesem keine Weisung erteilt (Briesemeister, in: FS Bub [2007] 17, 29 ff; Drasdo, ETV Teil C Rn 73). Die zutreffende hM hingegen erstreckt das für den Vertreter geltende Stimmverbot nicht auf den von ihm ausgesuchten Untervertreter, sofern die Untervollmacht **weisungsfrei** erteilt wird (BayObLG WuM 1999, 58 = NZM 1998, 668, 669; OLG Zwei- 158 brücken NZM 1998, 671, 672; OLG Karlsruhe ZMR 2003, 289; Bärmann/Merle Rn 157 aE; Jennissen/Schultzky Rn 139). § 25 Abs 4 WEG schützt nicht vor der Gefahr einer Interessenkollision schlechthin (Rn 223). Insbesondere vermittelt die Norm unterhalb der Schwelle des konkreten Missbrauchs des Stimmrechts (dazu Rn 192 ff) keinen abstrakten Schutz davor, dass ein Eigentümer, der selbst keinen der in § 25 Abs 4 WEG genannten Tatbestände erfüllt, aus emotionaler Verbundenheit im Sinne einer befangenen Person abstimmt, auch wenn er dabei die Gemeinwohlbelange hintanstellt (dazu bereits Häublein ZWE 2012, 1, 17). Die Norm soll folglich auch keinen Schutz davor gewähren, dass der vom Verwalter ausgewählte Unterbevollmächtigte sich freiwillig dessen Interessen unterordnet. Die Dinge liegen anders als beim Stimmrechtsausschluss des Vertretenen (**aA** Niedenführ/Schmidt-Räntsch/Vandenhouten/Vandenhouten Rn 33), weil das Verbot die Stimmabgabe schlechthin, dh egal durch wen, verhindern soll. Demgegenüber geht es beim Ausschluss des (Haupt-)Vertreters nur darum, dass dieser keinen Einfluss auf die Stimmabgabe nehmen können soll.

(c) Verbot des Selbstkontrahierens

159 Im gedanklichen Ausgangspunkt den Stimmverboten durchaus verwandt, nämlich abstrakt einem Interessenkonflikt in der Person des Handelnden Rechnung tragend, errichtet **§ 181 BGB** eine Schranke für das Vertreterhandeln. Im Unterschied zu § 25 Abs 4 Var 1 WEG, der allerdings als Sondervorschrift zu § 181 BGB bezeichnet wird (BGH ZMR 2017, 415 = ZWE 2017, 220 Rn 17; LG München I ZMR 2011, 324, 325; **abl** Kefferpütz 45), dient diese Norm jedoch dem **Schutz des Vertretenen** und nicht der übrigen Eigentümer und deren Willensbildung. Obwohl zu den Aufgaben des § 181 BGB durchaus weitergehender Verkehrsschutz gezählt wird (Staudinger/Schilken [2019] § 181 BGB Rn 4 ff), gibt die Norm dem Vertretenen doch die Möglichkeit, den Vertreter von den Restriktionen zu befreien, was rechtspolitisch nur zu rechtfertigen ist, wenn man den Schutz des Prinzipals in den Mittelpunkt rückt. Eine vergleichbare **Befreiungsmöglichkeit** existiert bei den Stimmverboten des § 25 Abs 4 WEG ebenso wenig wie bei § 47 Abs 4 GmbHG, § 136 Abs 1 AktG, was die – oft nicht beachteten – Unterschiede in der teleologischen Ausrichtung deutlich hervortreten lässt. Diese verschiedenen Schutzziele wirken sich naturgemäß auf die Rechtsanwendung aus.

160 Die **Anwendung** von § 181 BGB auf die Willensbildung in einer jur Person oder Personengesellschaft ist im Detail umstritten (Staudinger/Schilken [2019] § 181 BGB Rn 23 ff; Erman/Meier-Reimer/Finkenauer § 181 Rn 19; gegen eine Anwendung der Norm Ernst, in: FG Leenen [2012] 1, 21, der bereits die Vornahme eines Rechtsgeschäfts ablehnt). Im Wohnungseigentumsrecht wird sie überwiegend **bejaht**, wobei eine nähere Auseinandersetzung meist unterbleibt und die Geltung der Norm unterstellt wird (vgl etwa OLG Hamm ZMR 2007, 63 = ZWE 2007, 40; AG Kassel 6. 2. 2011 – 800 C 4439/09; Drasdo, ETV Teil C Rn 69; das OLG Karlsruhe OLGZ 1976, 145, 149 sieht § 181 BGB aber durch § 25 Abs 5 WEG aF verdrängt; s dazu auch Jennissen/Schultzky Rn 115). Mit der hM ist § 181 BGB **grundsätzlich** auf Stimmrechtsvollmachten **anzuwenden**, und zwar selbst dann, wenn man den Stimmrechtsausschluss des § 25 Abs 4 WEG – wie § 47 Abs 4 GmbHG und § 136 Abs 1 AktG – auf Vertreter erstreckt, die nicht Wohnungseigentümer sind (vgl Rn 106). § 181 BGB und § 25 Abs 4 WEG verfolgen nicht nur verschiedene Schutzziele, sondern unterscheiden sich auch in Tatbestand und Rechtsfolge. So erfasst § 25 Abs 4 WEG nicht die Mehrfachvertretung, nimmt dem Vertreter aber dafür auf der Rechtsfolgenseite die Befugnis, das Stimmrecht auszuüben (explizit § 47 Abs 4 GmbHG; s demgegenüber zur schwebenden Unwirksamkeit Staudinger/Schilken [2019] § 181

BGB Rn 45). Der Ansicht, die § 181 BGB für nicht einschlägig hält, ist allerdings zuzugeben, dass eine wortlautgetreue Anwendung der Norm Probleme verursacht. Um den **Anwendungsbereich** zu bestimmen, muss man zwischen verschiedenen Konstellationen – es sind wohl drei (s Rn 161 ff) – unterscheiden und diese je für sich betrachten.

Der Interessenkonflikt, vor dem § 181 BGB schützen möchte, besteht offenkundig dort, wo der Beschlussantrag auf **Vornahme eines Rechtsgeschäfts** zielt, an dem der **Vertreter beteiligt** ist. Bei einer Änderung des Verwaltervertrages oder einer Entlastung des Verwalters sind etwa Vollmachten zugunsten des Verwalters betroffen (zur Anwendung der Norm auf die Geschäftsführerwahl in der GbR BGHZ 112, 339). In diesen Fällen artikulieren Gerichte häufig Bedenken gegen das Mitwirken des Vertreters an der Willensbildung. Allerdings erfasst der Wortlaut des § 181 BGB sie gar nicht, weil der Verwalter den Eigentümer bei der Beschlussfassung vertritt und nicht bei dem von der Willensbildung zu unterscheidenden Rechtsgeschäft, das den Konflikt hervorruft und das zwischen Verwalter und Gemeinschaft zustande kommt. Für eine **analoge Anwendung** des § 181 BGB spricht, dass der Fall einer dem Abschluss des Rechtsgeschäfts vorgelagerten Willensbildung durch Beschluss, wie sie für Verbände typisch ist, in der Rechtsgeschäftslehre des BGB keine spezifische Regelung erfährt (Anschauungslücke), obwohl ein vergleichbares Regelungs- und Schutzbedürfnis besteht, dem § 25 Abs 4 WEG nicht umfassend Rechnung trägt (anders noch Häublein ZWE 2012, 1, 8). **161**

Das liegt letztlich an den bereits betonten (Rn 159 f) Unterschieden beider Normen, die deutlich bei der **Wahl/Abwahl des Verwalters oder Verwaltungsbeirats** zu erkennen sind. Im Anschluss an eine zum unmittelbaren Anwendungsbereich des § 25 Abs 4 WEG ergangene Entscheidung des BGH (dazu Rn 229) meint die hM, der bevollmächtigte Verwalter oder das bevollmächtigte Mitglied des Beirats dürfe selbst dann als Vertreter abstimmen, wenn neben der Amtsstellung über den Abschluss oder die Beendigung des Vertragsverhältnisses abgestimmt wird (OLG Schleswig ZMR 2006, 803 = ZWE 2007, 51; OLG Hamm ZMR 2007, 63 = ZWE 2007, 40; OLG Köln ZMR 2007, 715; zuvor bereits OLG Hamburg ZMR 2001, 997, 998; Bärmann/Merle Rn 155). Für den analog § 25 Abs 4 WEG hergeleiteten (s Rn 106) Ausschluss des Vertreters ist das überzeugend, nicht aber für § 181 BGB; denn hier hat es der geschützte Prinzipal in der Hand, sein Stimmrecht durch Befreiung des Vertreters von dieser Beschränkung zur Geltung zu bringen. § 25 Abs 4 WEG muss reduziert werden, um das Mitverwaltungsrecht des Eigentümers vor den Einschränkungen zu schützen, die BGHZ 150, 46 vermeiden wollte (dazu Häublein ZWE 2012, 1, 15), und § 181 BGB ist analog anzuwenden, um den Eigentümer vor einer unsachgemäßen Ausübung des Stimmrechts zu schützen. Daher **fehlt** einem Verwalter oder Beiratsmitglied die **Vertretungsmacht**, wenn es um seine (Ab-)Wahl geht und der Vertretene ihn **nicht befreit** hat. Von letzterem ist freilich meist auszugehen (s Rn 165). **161a**

Interessenkonflikte iSd § 181 BGB können ferner auftreten, wenn der Beschluss nicht auf Abschluss eines Rechtsgeschäfts mit dem Vertreter gerichtet ist, aber das **Verhältnis der Wohnungseigentümer geregelt** wird und sich unterschiedliche Eigentümerinteressen gegenüberstehen (im Gesellschaftsrecht wird § 181 BGB daher ua bei vertragsändernden Beschlüssen angewendet; s BGH NJW 1961, 724; best durch BGHZ 65, 93, 96). Besonders plastisch ist dies bei einem Beschluss über die Änderung der Kos- **162** tenverteilung gem § 16 Abs 2 S 2 oder § 21 Abs 5 S 1 WEG. Sofern der Bevollmächtigte selbst Eigentümer ist oder mehrere Eigentümer vertritt, besteht die Gefahr, dass die Interessen derjenigen, die von der abweichenden Regelung profitieren, zulasten derjenigen wahrgenommen werden, die künftig höhere Beiträge schulden. Erblickt man mit der ganz hM im Beschluss ein mehrseitiges Rechtsgeschäft, dessen Parteien die Eigentümer sind, wäre § 181 BGB bereits dem Wortlaut nach einschlägig. Der bevollmächtigte Eigentümer und die von ihm vertretenen anderen Eigentümer wären formell Partei des Rechtsgeschäfts (Beschluss), auf das die Erklärung gerichtet ist. Teilt man diese Ansicht nicht und erblickt im Beschluss einen eigenständigen Organakt (dazu Ernst, in: FG Leenen [2012] 1), ist die Norm infolge ihres Zweckes und der existierenden Anschauungslücke (Rn 161) **entsprechend anzuwenden**.

163 Ist der Versammlungsleiter, gem § 24 Abs 5 WEG also regelmäßig der Verwalter, bevollmächtigt worden, ergibt sich ein weiteres Problem, wenn man den Vorsitzenden mit der hM (Nw bei Rn 132) als den Adressaten der Stimmabgabe ansieht. Denn dann agiert er **zugleich als aktiver und passiver Vertreter**. Die Anwendung des § 181 BGB auf einseitige Rechtsgeschäfte entspricht einhelliger Ansicht (BGH NJW-RR 1991, 1441; BayObLG MittBayNot 1986, 180 mHinw auf RGZ 143, 350, 352). Sie wird auch befürwortet, wenn der Vertreter am Insichgeschäft nur als Empfangsvertreter iSd § 164 Abs 3 BGB beteiligt ist (Staudinger/Schilken [2019] § 181 BGB Rn 13 aE). Dabei wird regelmäßig nicht zwischen der empfangsbedürftigen Willenserklärung und dem einseitigen Rechtsgeschäft unterschieden (in BGH NJW-RR 1991, 1441 und bei Staudinger/Schilken [2019] § 181 BGB Rn 13 ist unscharf von „einseitigen empfangsbedürftigen Rechtsgeschäften" die Rede, was darauf hindeutet, dass es im Rahmen des § 181 BGB maßgeblich auf die Empfangsbedürftigkeit ankommt; s Erman/Meier-Reimer/Finkenauer § 181 BGB Rn 7), weshalb es im Ergebnis nicht entscheidend sein kann, ob man die Stimmabgabe als einseitiges Rechtsgeschäft oder lediglich als Abgabe einer Willenserklärung ansieht (zur synonymen Verwendung der Begriffe im BGB s etwa Merle, in: FS Seuß [2007] 193, 207; demgegenüber für eine Unterscheidung zw Willenserklärung und Rechtsgeschäft § 23 WEG Rn 13).

164 **Im Ergebnis** kann sich eine **Beschränkung der Stimmrechtsvollmacht durch § 181 BGB** ergeben, wenn bzw weil (1.) der Beschluss auf den Abschluss eines Rechtsgeschäfts zwischen der GdWE und dem Vertreter oder einer ebenfalls durch ihn vertretenen anderen Person gerichtet ist, (2.) der Vertreter oder die von ihm ebenfalls vertretene andere Person bereits Partei des Rechtsgeschäfts Beschluss ist oder (3.) der Bevollmächtigte zugleich Empfänger der von ihm abgegebenen Vertretererklärung ist. § 181 BGB beschränkt die Vertretungsmacht nicht nur für rechtsgeschäftlich bestellte Vertreter, sondern **auch bei gesetzlicher oder organschaftlicher Vertretung** (Staudinger/Schilken [2019] § 181 BGB Rn 18 f).

165 Es liegt in der Hand des Vertretenen, den Vertreter von den Restriktionen des § 181 BGB zu befreien (Rn 159). Die Gestattung bedarf nach hM grundsätzlich selbst dann **keiner Form**, wenn das vorzunehmende Geschäft formbedürftig ist (Staudinger/Schilken [2019] § 181 BGB Rn 49; Erman/Meier-Reimer/Finkenauer § 181 Rn 27; zur davon zu unterscheidenden Nachweisproblematik s Rn 167). Sie kann **schlüssig** erfolgen (Staudinger/Schilken [2019] § 181 BGB Rn 51 f; MünchKomm/Schubert § 181 BGB Rn 76). Die Bevollmächtigungserklärung ist auszulegen unter Berücksichtigung der für den Adressaten erkennbaren Umstände, insb der Interessenlage des Vertretenen. Musste der Vollmachtgeber die voraussichtliche Beteiligung des Vertreters als Versammlungsleiter, Miteigentümer/Vertreter mehrerer Eigentümer oder Partei eines Rechtsgeschäfts, auf dessen Abschluss der Beschluss zielt, erkennen, liegt in der erteilten Vertretungsmacht **iZw eine Gestattung** (der Sache nach ebenso OLG Hamm NJW-RR 2007, 161 = ZWE 2007, 40, 42). Denn, so der BGH in einer Entscheidung zum Gesellschaftsrecht, es wäre sowohl vom Standpunkt des Vertretenen wie des Bevollmächtigten unvernünftig, die Wirksamkeit der Stimmabgabe dadurch zu gefährden, dass sie gegen § 181 BGB verstößt (BGHZ 66, 82, 86). Das gilt in besonderem Maße für Vollmachten, deren Inhalt **durch Weisungen beschränkt** ist, da die Entscheidung in der Sache vom Prinzipal selbst getroffen wird, weshalb ihn der Interessenkonflikt nicht gefährdet. Sofern man § 181 BGB aus diesem Grund nicht bereits für unanwendbar hält (teleologische Reduktion), ist von einer konkludenten Gestattung auszugehen.

Insbesondere bei **Vollmachten zugunsten des Verwalters** liegt eine schlüssige Befreiung 166
vom Verbot des Selbstkontrahierens und der Mehrfachvertretung nahe. Bei einer Vollmacht **für eine konkrete Versammlung**, auf deren Tagesordnung die Entlastung des Verwalters oder dessen Neuwahl steht, ist davon auszugehen, dass der Eigentümer, der den Verwalter bevollmächtigt, von den Beschränkungen des § 181 BGB Dispens erteilen wollte. Andernfalls handelte der Verwalter als falsus procurator, was wegen § 180 BGB die Gefahr einer unwirksamen Stimme mit sich bringt und den Eigentümerinteressen widerspricht. Eine sich aus § 25 Abs 4 WEG ergebende Verhinderung des Bevollmächtigten kann der Vollmachtgeber in derartigen Fällen aber nicht abwenden. Hier hilft allenfalls das Erteilen von Untervollmacht (dazu Rn 153). Infolge des iZw anzunehmenden Dispenses steht § 181 BGB der Ausübung des Stimmrechts durch den Unterbevollmächtigten nicht entgegen (zur analogen Anwendung der Norm s Staudinger/Schilken [2019] § 181 BGB Rn 35 ff). Fraglich ist, ob dies alles auch bei einer Vollmacht gilt, die nicht vor dem Hintergrund einer konkreten Tagesordnung erteilt wurde, etwa wenn sie auf **dauerhafte Vertretung** gerichtet ist. In Bezug auf den Wohnungseigentumsverwalter ist das zu bejahen. Da dieser gem § 24 Abs 5 WEG die Versammlung idR leitet, ihm häufig von verschiedenen Eigentümern Vollmachten erteilt werden und überdies regelmäßig auch über TOP abgestimmt wird, die ihn selbst betreffen (Entlastung, Verlängerung oder Änderung des Verwaltervertrages), sprechen die äußeren Umstände bei einer solchen Gattungsvollmacht ebenfalls für eine Gestattung. Hat der Eigentümer die Befürchtung, der Verwalter lasse sich bei der Wahrnehmung des Stimmrechts von Eigeninteressen leiten, kann er ihm die Vertretungsmacht entziehen. Diese Überlegungen können auf einen sog **Sondereigentumsverwalter** nicht übertragen werden. Soll er zB zum Wohnungseigentumsverwalter gewählt werden, unterliegen ihm erteilte Gattungsvollmachten iZw den Restriktionen des § 181 BGB.

Wie bei der Befugnis, Untervollmacht zu erteilen, fragt sich bei der Befreiung von 167
§ 181 BGB, ob der **Vertreter zurückgewiesen** werden kann, wenn sich die Gestattung nicht aus dem Text der Vollmachtsurkunde ergibt. Die Antwort darauf kann hier nicht anders ausfallen als dort (s Rn 154 f), dh **eine evidente Interessenlage schließt die Zurückweisung aus**, ganz gleich ob diese sich auf § 25 Abs 3 WEG oder eine Schriftformklausel stützt. Evident ist die Interessenlage jedenfalls bei einer **Spezialvollmacht**, sofern sich der Interessenkonflikt des Vertreters aus der der Vollmacht zugrundeliegenden Tagesordnung ergibt. Wird trotz des Konflikts weisungslos Vertretungsmacht

erteilt (zum Vorliegen von Weisungen s Rn 165), muss derjenige, an den sich die Vollmacht richtet oder dem sie vorgelegt wird, davon ausgehen, dass der Vertreter trotz des erkennbaren Konflikts bewusst bevollmächtigt wurde, und zwar mit dem Ziel einer wirksamen Stimmrechtsausübung. Wird dem **Verwalter eine Gattungsvollmacht** („Dauervollmacht") erteilt, gilt iErg nichts anderes (Rn 166). Zurückweisen kann man nicht allein deswegen, weil in der Urkunde eine ausdrückliche Regelung fehlt.

168 Um hinsichtlich der Geltung des § 181 BGB für klare, in einer Urkunde fixierte Verhältnisse zu sorgen, sehen **Vollmachtsformulare**, die der Verwalter den Wohnungseigentümern zusendet, verbreitet ausdrücklich eine Befreiung vom Verbot vor. Teils wird darin ein Verstoß gegen **§ 307 Abs 1 S 1 BGB** zumindest dann gesehen, wenn die Klausel in einer Vollmacht enthalten ist, die sich nicht auf eine konkrete Versammlung bezieht (AG Kassel 6. 2. 2011 – 800 C 4439/09). Dem ist infolge der bei Rn 165 f dargelegten Interessenlage des Vollmachtgebers nicht zu folgen. Eine **unangemessene Benachteiligung** des vollmachtgebenden Eigentümers **scheidet aus**, weil die Regelung seinen Interessen dient; denn ohne derartigen Dispens besteht die Gefahr, dass der Verwalter die Vollmacht bereits dann nicht ausüben kann, wenn er zugleich die Versammlung leitet (Rn 163). Etwas anderes ergibt sich auch nicht aus der Judikatur, die in entsprechenden Klauseln im Verwaltervertrag/der Verwaltervollmacht eine unangemessene Benachteiligung erblickt (OLG Düsseldorf NJW 2006, 3645; OLG Karlsruhe 14. 12. 2007 – 11 Wx 40/06). Abgesehen davon, dass die genannten Entscheidungen ihre Auffassungen kaum näher begründen (tendenziell andere Bewertung etwa durch OLG Hamm ZMR 2004, 141, die Sondereigentumsverwaltervollmacht betreffend), unterscheidet sich die Versammlungsvollmacht doch ganz maßgeblich von der Vertretungsmacht des Verwalters für die GdWE. Wie in den Rn 151 ff aufgezeigt, agiert der Verwalter auf Wohnungseigentümerversammlungen regelmäßig in mehreren Rollen, während Interessenkonflikte beim Handeln für die GdWE eher punktuell auftreten. Eine Versammlungsvollmacht ohne Befreiung vom Verbot des § 181 BGB droht ihren Zweck zu verfehlen, weil sie den Verwalter zum Vertreter ohne Vertretungsmacht machte, mit den in § 180 BGB vorgesehenen Folgen für die Stimmabgabe. Demgegenüber erfordert es die dem Verwalter übertragene ordnungsmäßige Verwaltung des gemeinschaftlichen Eigentums nicht, ihm auch das Selbstkontrahieren mit der GdWE zu gestatten.

(11) Vertretungsmacht kraft Rechtsscheins

169 Von der Bevollmächtigung unterscheidet sich die Rechtsscheinsvollmacht durch das Fehlen eines (wirksamen, fortbestehenden) Rechtsgeschäfts, das darauf gerichtet ist, Vertretungsmacht zu begründen. Ihre **gewohnheitsrechtliche Anerkennung** ist nach wie vor streitig (tendenziell **abl** Staudinger/Schilken [2019] § 167 BGB Rn 31; für gewohnheitsrechtliche Anerkennung Grüneberg/Ellenberger § 172 BGB Rn 7; explizit dagegen MünchKommHGB/Krebs Vor § 48 Rn 57, der die Anscheinsvollmacht als ein auf Unternehmensvertreter beschränktes Institut sieht; ähnl MünchKomm/Schubert § 167 BGB Rn 97). Hinter dem Institut steht der allgemeine Gedanke, dass derjenige, der einen Rechtsschein schuldhaft oder zumindest zurechenbar (str; s Rn 172) objektiv gesetzt hat, dafür einstehen muss, sofern dieser für das Handeln eines anderen ursächlich war und der andere schutzbedürftig (gutgläubig) war, was oft verkürzend als Vertrauenshaftung bezeichnet wird. Ausdruck dieses Gedankens sind die §§ 170–173 BGB sowie § 54 Abs 3 HGB (zum Streit um die Einordnung der gesetzlichen Tatbestände als Rechtsscheinsvollmachten s Staudinger/Schilken [2019] § 167 BGB Rn 28 ff). Die daraus praeter legem entwickelten Institute der **Duldungs- und Anscheinsvollmacht** weisen zwar bereits terminologisch eine Nähe zur rechtsgeschäftlich erteilten Vertretungsmacht auf (teils werden sie daher – zu Unrecht – als eine spezielle Art der Vollmacht beschrieben, SAUREN § 24 WEG Rn 27). Sie müssen aber von dieser unterschieden werden, nicht zuletzt wegen der tatbestandlichen Voraussetzungen auf Seiten des Geschäftspartners/Erklärungsempfängers, auf die es bei Bestehen einer Vollmacht nicht ankommt (ausführlich zu den im Detail teils kontroversen Voraussetzungen STAUDINGER/SCHILKEN [2019] § 167 BGB Rn 34 ff).

Rechtsscheinvollmachten haben bei der Ausübung des Stimmrechts praktische Bedeutung, etwa dann, wenn ein Vertreter an der Versammlung teilnimmt, der die Rechte aus dem Wohnungseigentum bereits in der Vergangenheit wahrgenommen hat (AG Heidelberg ZMR 2012, 51: Sohn handelt für die Eltern, denen die Wohnung gehört). Besondere Beachtung hat die Vertretungsmacht kraft Rechtsscheins für die Stimmabgabe durch einen **Bruchteilsmiteigentümer** gefunden, der die Stimme zugleich für die abwesenden Mitberechtigten abgibt (zur Ausübung des gemeinschaftlichen Stimmrechts s Rn 63 ff), ohne über eine entsprechende Vollmacht zu verfügen. Da nach zutreffender Ansicht allein das Bestehen einer Ehe, eingetragenen Lebenspartnerschaft oder sonstigen Lebensgemeinschaft keinen Rechtsschein wechselseitiger Vertretungsmacht erzeugt (STAUDINGER/SCHILKEN [2019] § 167 BGB Rn 36) und erst recht nicht zum Bestehen einer solchen führt (Rn 68, 111), fragt sich, welche Umstände hinzutreten müssen, damit ein Rechtsschein entsteht. Diese Umstände müssen **dem Vertretenen zurechenbar** sein, weshalb auf sein Verhalten abzustellen ist. Nach einer Ansicht setzten der oder die abwesenden Miteigentümer den Rechtsschein einer Bevollmächtigung der auf der Versammlung anwesenden Mitberechtigten durch ihr **stillschweigendes Dulden** der alleinigen Anwesenheit dieser Personen. Rechtsscheintatbestand sei das Schweigen der über das Vertreterhandeln der abstimmenden Mitberechtigten informierten abwesenden Mitberechtigten (MERLE, in: FS Seuß [2007] 193, 202 f; für Anscheinsvollmacht unter Ehegatten auch AG Charlottenburg v 8. 9. 2010 – 72 C 57/10). 170

Überzeugend ist diese Argumentation nur dann, wenn der Empfänger der Vertretererklärung redlicherweise davon ausgehen durfte, die **übrigen Mitberechtigten** seien **informiert** worden. Nur dann liegt ein Rechtsscheintatbestand vor. Ungeachtet der Frage, ob § 130 BGB auf die Ladung anzuwenden ist (s dazu § 24 WEG Rn 29 ff), kann allein das ordnungsmäßige Versenden der Einladungen mit der Post keine derartige Wirkung zu Lasten der Miteigentümer hervorbringen. Vom Zugang der Ladung und damit von einer Information des oder der Mitberechtigten kann nur ausgegangen werden, wenn verlässliche Anzeichen dafür bestehen, dass die Erklärung in den Herrschaftsbereich sämtlicher Miteigentümer gelangt ist. Das führt zu **folgender Differenzierung**: Erfolgte die Einladung in einem **gemeinsamen Schreiben**, das an alle unter der Adresse residierenden Mitberechtigten adressiert ist, wie es etwa bei Ehegatten regelmäßig geschieht, bildet die Anwesenheit eines Eigentümers auf der Versammlung ein hinreichendes Indiz für den Zugang und damit auch dafür, dass alle Mitberechtigten informiert wurden. Dabei kommt es nicht darauf an, ob der erschienene Eigentümer die Information weitergegeben hat, weil er dem Herrschaftsbereich des im gemeinsamen Haushalt lebenden Mitberechtigten zuzurechnen ist (STAUDINGER/SINGER/BENEDICT [2021] § 130 BGB Rn 54 ff; eine ähnl Wertung liegt § 178 Abs 1 Nr 1 ZPO zugrunde). Anders liegen die Dinge, wenn **durch verschiedene Schreiben** geladen wurde, etwa weil die Mitberechtigten keine gemeinsame Adresse 171 haben. Der offenkundige Zugang beim erschienenen Miteigentümer besagt nichts über den Zugang anderer Ladungsschreiben. Könnte ein redlicher Versammlungsleiter allein aufgrund der Anwesenheit eines und des Schweigens der übrigen Mitberechtigten von bestehender Vertretungsmacht ausgehen, würde das Beförderungsrisiko der Ladung mittelbar auf die Eigentümer übertragen. Es handelt sich nicht um eine Sonderbehandlung von Ehegatten-Miteigentümern, die ebenso unangebracht wäre wie andernorts (s Rn 68, 111, 123, 141). Die dargestellten Grundsätze gelten mutatis mutandis ebenso **für andere Miteigentümer** einer Einheit.

172 Aus dem Gesagten folgt, dass ein zurechenbarer Rechtsschein **nicht zwingend** ein **wiederholtes Handeln des Vertreters** erfordert. Zwar geht der BGH davon aus, die Rechtsgrundsätze der Anscheinsvollmacht griffen in der Regel nur ein, wenn das Verhalten, aus dem der Geschäftsgegner auf die Bevollmächtigung des Dritten schließen darf, von einer gewissen Dauer und Häufigkeit ist (BGHZ 189, 346 Rn 16). Letztlich entscheidend ist aber, ob der andere Teil redlicherweise annehmen konnte, der Prinzipal kenne und billige das Handeln des Vertreters (BGHZ 189, 346 Rn 16). Richtigerweise ist davon auch bei erstmaligem Handeln des Vertreters auszugehen, wenn man vom Prinzipal erwarten durfte, dass er gegen das Handeln des Vertreters einschreitet, zB durch **Information des Versammlungsleiters**. Der Erklärungsadressat darf das erwarten, wenn er zum einen vom Zugang des Ladungsschreibens ausgehen durfte (s Rn 171) und der Eigentümer zum anderen weder selbst an der Versammlung teilnimmt noch erkennbar einen anderen Vertreter entsenden möchte. Der durch das Schweigen begründete Tatbestand ist dem Eigentümer **zuzurechnen**, selbst wenn er tatsächlich nicht die Möglichkeit hatte, von der geplanten Versammlung Kenntnis zu erlangen, etwa weil der Mitberechtigte das Ladungsschreiben unterschlagen hat. Die für die Zurechnung maßgebliche Risikoverteilung entspricht in diesem Punkt der im Rahmen des § 130 BGB von der hM vorgenommenen. Fordert man, wie es vor allem der BGH tut, für eine Zurechnung ein schuldhaftes Verhalten des Vertretenen, ist diesem zur Vermeidung widersprüchlicher Resultate das Verhalten seiner Haushaltsangehörigen und solcher Personen zuzurechnen, die zu seinem Herrschaftsbereich zählen (zur Zurechnung von Drittverhalten Staudinger/Schilken [2019] § 167 BGB Rn 41). Lässt der Versammlungsleiter den Vertreter angesichts eines solchen Rechtsscheins zur Abstimmung zu, erfolgt die **Stimmabgabe mit Wirkung für die Vertretenen** (anders Merle, in: FS Seuß [2007] 193, 204: Schutzbedürftigkeit nur, wenn sich die Stimme auf das Beschlussergebnis ausgewirkt hat).

173 Schutzwürdig ist nur der **gutgläubige Erklärungsempfänger**. Wer das Fehlen der Vertretungsmacht kennen musste, kann sich nach der Wertung des § 173 BGB nicht auf den Rechtsschein verlassen (zur Relevanz fahrlässiger Unkenntnis s Staudinger/Schilken [2019] § 167 BGB Rn 43). Der Vorwurf mangelnder Sorgfalt ist nach hier vertretener Ansicht bereits dann zu erheben, wenn der Versammlungsleiter den Vertreter zulässt, ohne auf **Vorlage einer Vollmachtsurkunde** zu bestehen. Entsprechend den Ausführungen zu Rn 128 besteht eine solche Pflicht nunmehr ex lege, selbst wenn kein konkreter Anlass Zweifel an der Vertretungsmacht aufkommen lässt (dazu OLG Düsseldorf ZMR 2004, 53 = WuM 2004, 113, 114). In Anbetracht der durch § 25 Abs 3 WEG etablierten Kontrollpflicht dürften die Fälle, in denen die Vertretungsmacht aus einem Rechtsscheintatbestand folgt, eher seltener vorkommen.

ee) Stimmrechtsausübung durch ermächtigte Personen

Höchstrichterlich **ungeklärt** ist bislang die Zulässigkeit einer Ermächtigung, die den Ermächtigten dazu berechtigen soll, das Stimmrecht des Ermächtigenden **im eigenen Namen** auszuüben (allg zur Abgrenzung von Ermächtigung und Stellvertretung s Staudinger/Schilken [2019] Vorbem 62 zu § 164 BGB). Sie wird teils mHinw auf § 1059 S 2 BGB generell für statthaft gehalten (Weitnauer/Lüke Rn 7), aber zum Teil auch vollkommen abgelehnt (Jennissen/Schultzky Rn 84), während die **hM** sie allein **zugunsten eines Wohnungseigentumserwerbers** zulässt (KG WuM 2004, 229 = ZMR 2004, 460; zuvor bereits OLGZ 1979, 290; ZMR 1994, 524; Kümmel ZWE 2005, 110; Riecke/Schmid/Riecke Rn 21b; Staudinger/Bub [2005] Rn 222 ff). 174

Auf § 1059 S 2 BGB können sich die Befürworter einer Stimmrechtsausübung durch Ermächtigte ebenso wenig mit Erfolg berufen, wie auf § 185 BGB. Beiden Normen kann nicht entnommen werden, dass jedes fremde Recht unter Ausschaltung der §§ 164 ff BGB, insbesondere des Offenkundigkeitsgrundsatzes, auch im eigenen Namen geltend gemacht werden kann (vgl zur fehlenden Transparenz Staudinger/Klumpp [2019] § 185 BGB Rn 166). Unter Berücksichtigung der hinter dem Abspaltungsverbot stehenden Erwägungen (s Rn 9) und angesichts des Umstandes, dass anders als bei einer kapitalistischen Beteiligung an einem Unternehmen (vgl § 129 Abs 3 AktG; zu den Gründen, die gegen eine Analogie zu dieser Norm sprechen s auch Staudinger/Schilken [2019] Vorbem 72 zu § 164 BGB) kein schutzwürdiges Interesse an Anonymität zugunsten des Eigentümers streitet, besteht **kein Bedürfnis** dafür, eine Ermächtigung zugunsten von Wohnungseigentumserwerbern zuzulassen (gegen eine Ermächtigung zur Stimmabgabe auch Hügel/Elzer Rn 92; wobst ZWE 2023, 149, 150). Die Ausnahme, die die hM für Erwerber zulässt, hätte zur Folge, dass der Versammlungsleiter iZw prüfen muss, ob es sich bei dem Ermächtigten wirklich um jemanden handelt, der künftig in die Position des Eigentümers einrückt. Neben diesen praktischen Problemen sind schwierige Rechtsfragen zu beantworten, etwa die nach einer analogen Anwendung der Stellvertretungsvorschriften; denn die Rechtsunsicherheit, vor der etwa § 25 Abs 3 WEG schützen soll, kann genauso bestehen, wenn die Stimme durch einen Ermächtigten abgegeben wird. Nach hier vertretener Ansicht sind entsprechende Ermächtigungen daher gesetzeskonform **als Bevollmächtigungen auszulegen oder**, falls das nicht in Betracht kommt, **umzudeuten**. Zu der vom hier behandelten Problem zu unterscheidenden Frage, ob der Erwerber als gewillkürter Prozessstandschafter das Anfechtungsrecht des Veräußerers ausüben kann, Staudinger/Lehmann-Richter § 44 WEG Rn 84. 175

ff) Stimmrechtsausübung durch Vertreter ohne Vertretungsmacht

Die Stimmabgabe durch einen falsus procurator erfolgt regelmäßig vom Versammlungsleiter unbemerkt **(verdeckte Vertretung ohne Vertretungsmacht)**. Ursache hierfür kann zB eine falsche Bewertung von Weisungen sein (zur Beschränkung der Vertretungsmacht durch Weisungen s Rn 146), ein unbekannt gebliebener Widerruf einer in Textform vorgelegten Vollmacht oder die Zulassung eines Bruchteilsmiteigentümers zur Abstimmung in dem Glauben, dieser sei *ex lege* berechtigt, alle Mitberechtigten zu vertreten (dagegen Rn 67, 110). Wurde hingegen keine formgerechte Vollmacht vorgelegt und die Stimmabgabe daher vom Versammlungsleiter oder anwesenden Eigentümern zurückgewiesen, ist die gleichwohl abgegebene Stimme unwirksam, selbst wenn der Vertreter tatsächlich bevollmächtigt gewesen sein sollte (s dazu Rn 137, Rn 142; BGH NJW 2013, 297 Rn 9 f). Nimmt ein Vertreter an der Abstimmung teil, dem die für die wirksame Stimmabgabe notwendige Vertretungsmacht fehlt, kommt **§ 180** 176

BGB zur Anwendung (hM; statt vieler Bärmann/Merle Rn 86; Lehmann-Richter ZMR 2007, 741, 745: Analogie). Umstritten ist allerdings, ob neben § 180 S 1 BGB auch dessen S 2 anzuwenden ist, was eine **Genehmigungsmöglichkeit** entsprechend § 177 Abs 1 BGB zur Folge hätte (zum Meinungsstand s Rn 178 f).

177 Denkbar ist auch ein **offenes Handeln** eines Vertreters ohne Vertretungsmacht. Es kann sich dort als nützliches Gestaltungsmittel erweisen, wo die Erschienenen eine in einer Öffnungsklausel vereinbarte qualifizierte Mehrheit erreichen möchten, die infolge zu geringer Präsenz aber von den Anwesenden nicht zu erreichen ist. Allerdings erfüllt die offene Vertretung ohne Vertretungsmacht **nicht** die **Voraussetzungen** des § 180 S 2 Var 1 BGB, da der Vertreter weder ausdrücklich noch konkludent behauptet, Vertretungsmacht zu besitzen. Es kommt daher darauf an, ob ein **Einverständnis der erschienenen Eigentümer** iSv § 180 S 2 Var 2 BGB vorlag. Dieses kann auch konkludent erklärt werden. Allerdings wird man im fehlenden Monitum der Anwesenden ein schlüssiges Einverständnis nur erblicken können, wenn der Versammlungsleiter vor der Abstimmung deutlich gemacht hat, dass er beabsichtigt, Vertreter ohne Vertretungsmacht zur Abstimmung zuzulassen. Im Übrigen genügt das bloße Schweigen nicht (Staudinger/Schilken [2019] § 180 BGB Rn 4). Zu den Auswirkungen der **Formbedürftigkeit** der Vollmacht s Rn 184.

178 Eine beachtliche Ansicht beschränkt die Anwendung des § 180 BGB auf dessen S 1 und hält die Stimmabgabe des falsus procurator stets für **nichtig** („unzulässig" wird von der hM als nichtig gelesen; vgl Staudinger/Schilken [2019] § 180 BGB Rn 2; teils ist auch von ungültiger Stimmabgabe die Rede, BayObLG ZMR 2003, 283, 285 = WuM 2003, 173, oder – wie in § 174 BGB – vom unwirksamen Geschäft, s Leenen/Häublein, Allg Teil [3. Aufl 2021] § 11 Rn 33). Als Begründung wird angeführt, es vertrage sich nicht mit dem Wesen einer Abstimmung, Abwesenden die Möglichkeit zu geben, nachträglich das Abstimmungsergebnis zu beeinflussen. Eigentümer, die weder persönlich erscheinen noch einen zur Vertretung Berechtigten entsenden, verzichteten bewusst auf jede Einflussmöglichkeit (BayObLG ZMR 2003, 283, 285 = WuM 2003, 173). Von anderer Seite wird auf die Untrennbarkeit des Stimmrechts von anderen Mitverwaltungsrechten, insb Antrags- und Rederecht, hingewiesen. Ließe man vollmachtlose Vertreter auch insoweit zu, lasse sich deren Einflussnahme nicht ungeschehen machen (Ernst, in: FG Leenen [2012] 1, 22). Im Gesellschaftsrecht wird eine Genehmigungsmöglichkeit vor allem im Aktienrecht abgelehnt, meist mit Hinweis auf das **Formerfordernis** in § 134 Abs 3 AktG (OLG Hamm NZG 2001, 563, 564; MünchKommAktG/Arnold § 134 Rn 56; vgl auch OLG Koblenz OLGZ 1989, 223, 227 zur Publikums-KG; **krit** zu dieser hM Hartmann DNotZ 2002, 253, 255 ff; anders nunmehr auch Grigoleit/Herrler, § 134 AktG Rn 29). Im Recht der GmbH wird vollmachtlose Vertretung hingegen verbreitet zugelassen (BayObLG NJW-RR 1989, 807, zur zweigliedrigen Gesellschaft; OLG Frankfurt GmbHR 2003, 415 = NZG 2003, 453; OLG München GmbHR 2011, 91 = ZIP 2011, 772, jeweils zur Ein-Personen-Gesellschaft; Wicke § 47 GmbHG Rn 9b).

179 Im Wohnungseigentumsrecht herrscht die Ansicht vor, die für eine **Genehmigungsfähigkeit** der vollmachtlosen Stimmabgabe **entsprechend § 180 S 2, § 177 Abs 1 BGB** eintritt (LG Berlin ZMR 2001, 310, 314; LG Landau/Pfalz ZMR 2013, 995 = ZWE 2014, 95; Bärmann/Merle Rn 86; Jennissen/Schultzky Rn 105; Lehmann-Richter ZMR 2007, 741, 745; M Müller ZWE 2017, 395, 397; Sauren § 24 WEG Rn 30b). Ihr ist zuzustimmen (dazu bereits Häublein ZWE 2012, 1, 11 f). Die Lücke, die mangels einer gesetzlichen Regelung für die Stimmabgabe besteht, ist durch analoge Anwendung des § 180 S 2 BGB zu schließen. Der dort niedergelegte Kompromiss bringt die Interessen der Wohnungseigentümer angemessen zum Ausgleich. Dem Vertretenen wird die Möglichkeit gegeben, der in seinem Namen abgegebenen Stimme durch Genehmigung zur Wirksamkeit zu verhelfen, und die übrigen Anwesenden können einen Schwebezustand vermeiden, wenn sie das möchten (für diese Beanstandung gilt das in Rn 133 Gesagte sinngemäß). Jedenfalls für das Wohnungseigentumsrecht gebührt dieser Lösung der Vorzug vor einer (selektiven) Anwendung allein des § 180 S 1 BGB. Die Nichtigkeit der von niemandem beanstandeten Stimmabgabe ist nach hier vertretener Ansicht eine überschießende, paternalistische Rechtsfolge, die weder durch die Interessen der Eigentümer noch durch übergeordnete Belange eines geordneten Abstimmungsverfahrens gerechtfertigt wird (Klarheit, Rechtssicherheit etc).

Die vollmachtlos vertretenen Eigentümer entscheiden frei darüber, ob sie die Stimm- **180**
abgabe genehmigen. Möchten sie diese Möglichkeit nicht haben, zB weil sie ein am Ende der Versammlung feststehendes Abstimmungsergebnis vorziehen, steht es ihnen frei, das Verfahren selbst *ex ante* zu beanstanden oder durch Vertreter monieren zu lassen. Diejenigen, die sich gänzlich passiv verhalten, begeben sich der Möglichkeit, Einfluss zu nehmen (so auch die Arg der in Rn 178 wiedergegebenen Gegenansicht, s BayObLG ZMR 2003, 283, 285 = WuM 2003, 173). Für sie ergibt sich auch daraus kein unzumutbarer Schwebezustand, dass der Versammlungsleiter bei einer offenen Vertretung ohne Vertretungsmacht (Rn 177) das **Abstimmungsergebnis erst feststellen** und den Beschluss verkünden kann, wenn die vollmachtlos vertretenen Eigentümer die Genehmigung **erklärt oder verweigert** haben. Der Vorsitzende muss nämlich nach Versammlungsende unverzüglich die Betreffenden unter Übersendung des Beschlussantrages auffordern, sich ihm gegenüber zu erklären. Infolge der Verweigerungsfiktion des § 177 Abs 2 S 2 HS 2 BGB (dazu Lehmann-Richter ZMR 2007, 741, 745 f) kann kurzfristig für Klarheit gesorgt werden, da der Versammlungsleiter verpflichtet ist, danach das Beschlussergebnis ohne schuldhaftes Zögern bekanntzugeben (vgl zum Verfahren auch Häublein ZWE 2013, 12, 15 f im Kontext von Überlegungen de lege ferenda).

Die daraus resultierende Möglichkeit, das Abstimmungsergebnis nachträglich zu be- **181**
einflussen, ist mit dem Gedanken einer Willensbildung in der Versammlung durchaus vereinbar. Das von der Gegenansicht (s Rn 178) beschworene „Wesen der Abstimmung“ wird bezeichnender Weise von dieser nicht näher präzisiert, obwohl bereits die Existenz eines kombinierten Abstimmungsverfahrens in einer Nachbarrechtsordnung (§ 25 Abs 3 S 2 WEG 2002 für Österreich; dazu im Überblick Häublein ZWE 2013, 12, 13 f) auf die Möglichkeit eines weniger doktrinären, an praktischen Bedürfnissen orientierten Verständnisses hindeutet. Die Stimmabgabe auf der Versammlung unter Berücksichtigung der dort erfolgten Aussprache mag den Idealtypus einer Abstimmung verkörpern. Die Anerkennung verbindlicher Weisungen (Rn 146) und der Stimmabgabe durch Boten (Rn 81) offenbaren jedoch einen erheblich divergierenden Realtypus.

Auch die Rechtssicherheit wird durch die Anwendung des § 180 S 2 BGB nicht in **182**
einer Weise gefährdet, die eine Abweichung von den allg Grundsätzen der Rechtsgeschäftslehre rechtfertigt. Bei der **verdeckten Vertretung ohne Vertretungsmacht** erlangt der Beschluss nach Ablauf der Anfechtungsfrist **ohnehin Bestandskraft**, weshalb

es nicht mehr darauf ankommt, ob der Vertretene das Handeln des Vertreters genehmigt. Wurde hingegen der Beschluss angefochten und dabei die vollmachtlose Vertretung fristgerecht (§ 45 S 1 WEG) gerügt, steht ohnehin erst mit Abschluss des gerichtlichen Verfahrens zwischen den Parteien sicher fest, ob der Beschluss Bestand hat. § 180 S 2 BGB kann insofern sogar zu einer Verkürzung des Verfahrens führen und damit schneller für Klarheit sorgen, weil die Genehmigung eine Beweiserhebung über das Bestehen von Vertretungsmacht erspart (vgl die Argumentation in LG Berlin ZMR 2001, 310, 314). Kostennachteile kann der Anfechtende durch Erledigungserklärung abwenden. Für Rechtssicherheit und Streitvermeidung sorgt die Norm auch dann, wenn ein Eigentümer eine vollmachtlose Vertretung eines anderen behauptet und die Genehmigung eine darauf gestützte Anfechtung abwendet. Bei **offener Vertretung ohne Vertretungsmacht** kann der Versammlungsleiter den Eigentümern binnen angemessener Frist das Ergebnis verkünden (Rn 180); die Schwebezeit beschränkt sich auf wenige Wochen. Wer das angesichts des Beschlussgegenstandes für unzumutbar hält, zB weil ein Bauauftrag schnell ausgelöst werden soll, kann vor der Abstimmung sein Einverständnis gem § 180 S 2 BGB verweigern. Nachteile für die Beschlussanfechtung (vgl Briesemeister ZWE 2012, 397, 400) sind durch einen verzögerten, erst nach Verkündung beginnenden **Fristlauf** zu vermeiden. Maßgeblich ist, wann unter gewöhnlichen Umständen damit zu rechnen ist, dass der Wohnungseigentümer die vom Vorsitzenden versandte Unterrichtung über das Beschlussergebnis zur Kenntnis nehmen konnte (vgl Häublein ZWE 2013, 12, 16). Auf den individuellen Zugang kann es hier ebenso wenig ankommen wie bei einer Beschlussfassung nach § 23 Abs 3 WEG (vgl dazu BGHZ 148, 335, 347).

183 Infolge des Nichtöffentlichkeitsgrundsatzes darf ein ohne Vertretungsmacht agierender Vertreter nur dann **an der Versammlung teilnehmen**, wenn ihm ein Teilnahmerecht ohnehin zusteht, etwa weil er selbst Wohnungseigentümer ist; dann kann er auch Anträge stellen und Redebeiträge liefern. Fehlt ein solches Recht, dann darf der Versammlungsleiter den vollmachtlosen Vertreter nur unter den bei § 24 WEG Rn 189 dargestellten Voraussetzungen zulassen. Dadurch lässt sich eine nicht revidierbare Einflussnahme auf die Willensbildung (s zu diesem Arg der Gegenansicht Rn 178) vermeiden. Bleibt das Fehlen der Vertretungsmacht hingegen unentdeckt, ändert auch die ausschließliche Anwendung von § 180 S 1 BGB nichts mehr an der Einflussnahme des falsus procurator. Im Übrigen sind Teilnahme- und Stimmrecht keineswegs „untrennbar", wie das Teilnahmerecht des vom Stimmrecht ausgeschlossenen Eigentümers zeigt.

184 Eine Genehmigung nach § 180 S 2 BGB **scheidet aus**, wenn die Stimmabgabe des Vertreters bereits deswegen unwirksam ist, weil keine formgerechte Vollmacht vorlag und deswegen eine Zurückweisung erfolgt ist. Die Genehmigung heilt diesen Mangel nicht. Ohne eine solche Zurückweisung führt ein Verstoß gegen § 25 Abs 3 WEG aber nicht zur Unwirksamkeit der Stimmabgabe; gleiches gilt iZw bei Bestehen einer **Schriftformvereinbarung** (Rn 126 f). Es fragt sich, ob der vereinbarten Schriftform iZw wenigstens ein **konkludenter Ausschluss des § 180 S 2 BGB** zu entnehmen ist. Dafür könnte das in solchen Vereinbarungen zum Ausdruck gebrachte Anliegen sprechen, um der Rechtssicherheit Willen keine Zweifel an der Berechtigung des Vertreters dulden zu wollen (Rn 119). Daher müssen sich die Anwesenden auch nicht mit einem Nachreichen einer formgerechten Vollmacht zufriedengeben (Rn 130). Indes kann das angestrebte Ziel nur erreicht werden, wenn eine Kontrolle *ex ante* tatsächlich durchgeführt, der Vertreter bei Nichtvorlage einer Urkunde zurückgewiesen und so verhindert wird, dass die Stimme in das Abstimmungsergebnis eingeht (zur entsprechenden Pflicht des Versammlungsleiters s Rn 128). Hat sie aber, wie bei der verdeckten Vertretung ohne Vertretungsmacht üblich, Eingang in das Abstimmungsergebnis und damit auch in das verkündete Beschlussergebnis gefunden, kann der Zweck der Vereinbarung nicht mehr erreicht werden. Eine offene Vertretung ohne Vertretungsmacht kommt ohnehin nur in Betracht, wenn alle Anwesenden damit einverstanden sind, sodass sich kein Eigentümer gegen seinen Willen auf ein „Nachreichen" verweisen lassen muss. Allerdings ist der Schriftformvereinbarung iZw zu entnehmen, dass die Genehmigung ebenfalls **der Schriftform bedarf.** § 182 Abs 2 BGB ist insofern ebenso abbedungen wie § 167 Abs 2 BGB. § 25 Abs 3 WEG dürfte insofern entsprechend gelten, sodass die Genehmigung im Übrigen der Textform bedarf.

gg) Zwingende Vertretung – Vertreterversammlungen

Ungeklärt ist, ob Eigentümer durch Vereinbarung – für einen Beschluss fehlt eine gesetzliche Kompetenz – verpflichtet werden können, sich in der Versammlung vertreten oder, allgemeiner formuliert, ihre Interessen durch einen anderen wahrnehmen zu lassen. Die Unklarheiten betreffen bereits die Terminologie. Teilweise werden die Begriffe **Vertreter- und Delegiertenversammlung** synonym verwendet (Bärmann/Merle Rn 102), zum Teil wird aber auch danach differenziert, ob die entsandten Vertreter durch Weisungen gebunden werden können (sog „imperatives Mandat") oder von solchen frei sind, nur dann handele es sich um Delegierte (LG München I ZMR 2011, 415 = ZWE 2011, 139; Prüfer S 90), die von manchen auch als „Wahlmänner" bezeichnet werden (s Drasdo, ETV Teil E Rn 2 ff). Für die rechtliche Bewertung kommt es entscheidend darauf an, ob die Vereinbarung Eigentümern ihre Mitverwaltungsrechte nimmt oder diese zumindest mediatisiert und in welchem Umfang dies geschieht (dazu, dass das eine Frage der konkreten Vereinbarung ist und es daher bereits „die" Vertreterversammlung nicht gibt, LG München I ZMR 2011, 415 = ZWE 2011, 139). Eine signifikante Beschränkung der Eigentümerrechte ist jedenfalls bei solchen Vereinbarungen nicht gegeben, die bei **Mitberechtigung mehrerer** an einer Sondereigentumseinheit erreichen sollen, dass die auf der Versammlung erschienenen Miteigentümer berechtigt sind, die Abwesenden zu vertreten (s Prüfer 90, der hierfür den überwiegend anders verwendeten Begriff „Vertreterklausel" benutzt; zu solchen s Rn 82 ff). Derartige „Zwangsvollmachten" sind **zulässig**, da sie dem Bedürfnis an effektiver und rechtssicherer Willensbildung Rechnung tragen (vgl dazu und zum Widerruf solcher Vollmachten Rn 115). Sie schließen die abwesenden Eigentümer nicht von ihren Rechten aus, da diese sich ebenso durch eine andere Person vertreten lassen können. **185**

Deutlich kritischer sind Vereinbarungen zu bewerten, die die Eigentümer **darauf beschränken**, ihre betreffenden Versammlungsrechte durch Repräsentanten wahrnehmen zu lassen. Ob es hierbei tatsächlich zu einer Bevollmächtigung (krit dazu Schmid DNotZ 1975, 138, 140 ff; Drasdo, ETV Teil E Rn 13) kommt, hängt ebenso von der konkreten Ausgestaltung der Vereinbarung ab wie die Antwort auf die Frage, ob die einzelnen Eigentümer überhaupt vertreten werden. Letzteres setzt voraus, dass der Repräsentant auf der Vertreterversammlung Stimmen im Namen anderer Eigentümer abgibt, was bei einer typischen Delegiertenversammlung, wie man sie etwa von großen Vereinen (zB politischen Parteien) kennt, nicht der Fall ist. In der wohnungseigentumsrechtlichen Praxis findet man solche Regelungen gelegentlich bei sehr gro- **186** ßen Gemeinschaften. Dem Einzelnen werden damit **wesentliche Aspekte des Teilnahmerechts**, nämlich das Anwesenheits- und Rederecht (nicht notwendig auch das Antragsrecht, das freilich auf der Versammlung ebenfalls nur vom Repräsentanten ausgeübt werden kann) **genommen**, und auch sein **Stimmrecht** wird stark eingeschränkt. Je nach Ausgestaltung der Vereinbarung beschränkt es sich entweder auf die Mitwirkung bei der Auswahl des Vertreters oder es fließt zusätzlich noch in Beschlüsse ein, durch die der Vertreter hinsichtlich der Abstimmung in der Vertreterversammlung eine Weisung erhält. Hierbei handelt es sich um eine nur noch **mittelbare Mitwirkung** bei der Willensbildung, deren Gewicht sich zusätzlich noch dadurch verringert, dass der Vertreter jedenfalls im Außenverhältnis für weisungsfrei gehalten wird (vgl Bärmann/Merle Rn 104; Prüfer 92). Ein stärkeres Gewicht käme der Stimme des Einzelnen zu, wenn der Vertreter jede einzelne Stimme in der Vertreterversammlung wie vom Eigentümer gewünscht abzugeben hat (Bärmann/Merle Rn 103; Drasdo, ETV Teil E Rn 14; Elzer, in: Hügel, Wohnungseigentum 5. Aufl § 12 Rn 15). Allerdings würde das nicht nur den Charakter der Versammlung, die zu einer „Botenversammlung" würde (gegen deren Zulässigkeit Lüke ZWE 2012, 193, 196), radikal verändern (s dazu Rn 189), sondern auch den organisatorischen Aufwand stark erhöhen. Statt der durchzuführenden Wahlversammlungen, für die idR Zeiträume von 2–5 Jahren genannt werden, müsste jede Vertreterversammlung entweder durch gesonderte Versammlungen oder durch schriftliche Erklärungen der Eigentümer vorbereitet werden. Derartige Modelle dürften wohl kaum vereinbart werden.

187 Diejenigen, die Vereinbarungen über Vertreter-/Delegiertenversammlungen für zulässig halten, argumentieren mit einem praktischen Bedürfnis, weil bei sehr großen Gemeinschaften nur so eine funktionsfähige Verwaltung gewährleistet werden könne (Bader PiG 25, 67, 80; Gernhuber JZ 1995, 381, 390; Hurst AcP 181 [1981] 169, 182 ff; Tasche DNotZ 1974, 581, 586 ff). Die organisatorischen Voraussetzungen für eine Versammlung sollen durch numerische Begrenzung potenzieller Teilnehmer vereinfacht werden (Gernhuber JZ 1995, 381, 390). Dafür gibt es im Gesellschaftsrecht durchaus Vorbilder, etwa § 43a GenG für Genossenschaften mit mehr als 1500 Mitgliedern (Tasche DNotZ 1974, 581, 588; Prüfer 95, für den sich aus der Norm ein „deutliches Indiz" für die Zulässigkeit im Bereich des WEG ergibt, was terminologisch und methodisch schief und iErg abzulehnen ist, s Rn 190). Vertreterversammlungen können auch im Wohnungseigentumsrecht **allenfalls dort zulässig** sein, wo die große Zahl der Eigentümer dies im Interesse aller gebietet, nicht aber, um Einflussnahme der Eigentümer abzuwenden und so einzelnen Eigentümern oder gar dem Verwalter den Einfluss auf die Verwaltungsbelange zu sichern (ebenso zum Verein Staudinger/Weick [2005] § 32 BGB Rn 6). Daran ändert die Zulässigkeit einer **disproportionalen Verteilung der Stimmkraft** (Rn 41) nichts, weil durch die Vereinbarung über die Vertreterversammlung nicht nur das Stimmrecht des Einzelnen mediatisiert, sondern auch andere Mitverwaltungsrechte beschnitten werden (Rn 186). Im Schrifttum wird zur Vermeidung einer Benachteiligung einzelner Eigentümer zusätzlich gefordert, es müsse die Anzahl der Vertreter/Delegierten mit derjenigen der repräsentierten Wohnungseigentümer **in einem festen Verhältnis** stehen (Drasdo, ETV Teil E Rn 11). Diese Ansicht scheint von einer Stimmkraft gem § 25 Abs 2 S 1 WEG auszugehen, die in größeren Anlagen aber kaum anzutreffen ist, weil regelmäßig das Wert- oder Objektprinzip vereinbart wird. Deshalb ist die Forderung problematisch, zumal die Zahl der Eigentümer einem ständigen Wandel unterliegen kann, was die Wahl der Vertreter schwierig macht. Begründet erscheint aber immerhin das Bestreben, das Verhältnis der Stimmkraft der Vertreter in der Vertreterversammlung an die Stimmkraft der von ihnen repräsentierten Eigentümer anzugleichen. Eine Divergenz wäre vom legitimen Ziel der Vereinbarung einer Vertreterversammlung, nämlich der Vereinfachung der Willensbildung, nicht getragen und daher **unzulässig**.

Eine im Schrifttum durchaus prominent vertretene Ansicht hält Vertreterversammlungen wegen der in Rn 186 beschriebenen Aushöhlung der Mitverwaltungsrechte **für gänzlich unzulässig** (Bub ZWE 2000, 194, 197; Lüke ZWE 2012, 193, 196; Schmid DNotZ 1975, 138). Hierfür wird zum einen auf die verdrängende Wirkung der Pflicht zur Vertreterbestellung hingewiesen, der das Verbot einer „verdrängenden Vollmacht" (vgl Rn 13) entgegenstehe (Weitnauer, in: FS Weber [1975] 429, 437; Weitnauer/Lüke § 23 WEG Rn 7; Staudinger/Bub [2005] § 23 WEG Rn 29 mHinw auf BGHZ 3, 354; 20, 363; dagegen Prüfer 91 f). Zum anderen wird auf eine mögliche Verzerrung der Mehrheitsverhältnisse hingewiesen sowie darauf, dass der Minderheitenschutz erheblich reduziert wird (Bub ZWE 2000, 194, 197). Die bei der Vertreterwahl Unterlegenen können sich nämlich in der Versammlung kein Gehör verschaffen und dieser nicht einmal zur Vorbereitung einer Beschlussanfechtung beiwohnen (s zum Anfechtungsrecht eines jeden Eigentümers etwa Tasche DNotZ 1974, 581, 594). Eine vermittelnde Ansicht vertritt demgegenüber den Standpunkt, es sei **von Fall zu Fall** darüber zu befinden, ob die jeweilige Vereinbarung noch von der in § 10 Abs 1 S 2 WEG anerkannten Gestaltungsfreiheit gedeckt ist oder ob sie das Selbstverwaltungsrecht, dem ein sehr hoher Stellenwert zukommt, in seinem Kern beschneidet und aushöhlt. Von einer solchen Aushöhlung sei jedenfalls auszugehen, wenn die zu entsendenden Delegierten lediglich über eine Stimme verfügten, sodass sie divergierenden Ansichten der von ihnen repräsentierten Eigentümer bei der Abstimmung nicht Rechnung tragen können (LG München I ZMR 2011, 415 = ZWE 2011, 139; zur Wirksamkeit von Beschlüssen, die die unzulässige Vertreterversammlung gefasst hat, s Rn 191). Vom LG München I, dessen Judikat wohl die bislang einzige veröffentlichte Entscheidung zur Frage der Wirksamkeit einer Vertreterversammlungsvereinbarung darstellt, wurde ferner das Fehlen einer Regelung moniert, die es den einzelnen Eigentümern ermöglicht, die Berücksichtigung ihrer Vorgaben zu kontrollieren und durchzusetzen (iErg dem LG München I ähnl Bärmann/Merle Rn 103, der bei einem Entzug des Teilnahmerechts von einer nichtigen Vereinbarung ausgeht; für einen Schutz des Kernbereichs plädiert auch Prüfer 96). **188**

Eine abschließende Bewertung von Vertreterversammlungen fällt angesichts der Vielgestaltigkeit denkbarer Vereinbarungen schwer. Tendenziell ist ihnen **mit Skepsis zu begegnen**, da davon auszugehen ist, dass eine maßgebliche Erleichterung der Willensbildung nur zu erreichen ist, wenn man das Anwesenheits-, Rede- und Stimmrecht auf die Vertreter/Delegierten beschränkt, wodurch nach hier vertretener Ansicht der unverzichtbare **Kernbereich betroffen** wird (vgl Rn 8). Die von manchen vorgeschlagene Verbindung der Wahl der Vertreter mit einer Abstimmung in der Sache, die dazu führt, dass die Gewählten in der Vertreterversammlung lediglich die abgegeben Stimmen übermitteln, um so der besonderen Bedeutung (s Rn 7) des Stimmrechts für die übrigen Eigentümer gerecht zu werden, ist keine vernünftige Alternative (s dazu Rn 186 aE). Die Beschlussgegenstände und Abstimmungsergebnisse würden dann nämlich bereits durch die Vertreterbestellungen fixiert und die Aussprache in der Vertreterversammlung verkäme, wie diese selbst, zur Farce. **189**

190 Aus dem **Gesellschafts- und Vereinsrecht** folgt die Zulässigkeit jedenfalls nicht. Die dortige Rechtslage lässt sich **nicht** auf das WEG **übertragen**. Wohnungs- und Teileigentümer sind Grundeigentümer und nicht lediglich Inhaber eines Gesellschaftsanteils. Das Rechtsinstitut wurde 1950/51 eingeführt, weil potenzielle Erwerber der Eigentümerstellung eine größere Wertschätzung entgegenbringen, die auch die Beleihbarkeit erhöht. Eine Besonderheit des Wohnungseigentums besteht ferner darin, dass die Individualsphäre (Sondereigentum) auf das Engste mit dem gemeinschaftlichen Gegenstand verwoben ist. Der Verlust von Mitverwaltungsbefugnissen in Bezug auf das gemeinschaftliche Eigentum betrifft stets zumindest mittelbar auch die Individualsphäre. Schließlich darf nicht übersehen werden, dass die Wohnnutzung durch die Privatrechtsordnung – und nicht nur durch diese – besonders geschützt wird (diesen Aspekt würdigt etwa Hurst AcP 181 [1981] 169, 191 ff nicht). Es wäre inkonsistent und hätte eine falsche Anreizwirkung, den Wohnraummieter umfänglich zu schützen, etwa vor Veränderungen der Immobilie (s §§ 555a ff, 559 ff BGB), den selbstnutzenden Wohnungseigentümer aber wie einen Kapitalanleger oder das Mitglied eines Idealvereins zu behandeln und eine Marginalisierung seiner Mitverwaltungsrechte zuzulassen. Vertreterversammlungen, die das Anwesenheits- und Rederecht des einzelnen Eigentümers ausschließen, nehmen diesem zB die Möglichkeit, die Miteigentümer auf persönliche Folgen einer zu beschließenden Baumaßnahme eindringlich hinzuweisen. Man mag dies für eine „idealisierende Vorstellung" halten (Gernhuber JZ 1995, 381, 390), was aber nichts daran ändert, dass das WEG einen Eigentümer vor Augen stand, der durch die Willensbildung „in einer Versammlung der Wohnungseigentümer" (§ 23 Abs 1 WEG) Einfluss auf die Verwaltung ausüben kann, und zwar ungeachtet des eingesetzten Kapitals (§ 25 Abs 2 S 1 WEG). Dieses Leitbild wirkt im WEG bis heute nach, auch wenn die tatsächlichen Erscheinungsformen von Wohnungseigentum vielfältiger sind.

191 Der **Praxis** ist angesichts der unsicheren Rechtslage von entsprechenden Vereinbarungen **abzuraten** (zu den Problemen einer angemessenen inhaltlichen Ausgestaltung s Schmid DNotZ 1975, 138, 143 f; sie wird übrigens auch von den Befürwortern entsprechender Vereinbarungen gefordert, s etwa Gernhuber JZ 1995, 381, 390: den Eigentümern gehöriges Maß an Einfluss belassen). Selbst dort, wo die grundsätzlichen Bedenken gegen eine Marginalisierung geringer ausfallen mögen, wie etwa bei Kapitalanlagen in gewerblich genutzten Objekten, zB ein Hotel (vgl zur Sondereigentumsfähigkeit der einzelnen Hotelzimmer OLG Naumburg NotBZ 2005, 221 entgegen LG Halle/Saale ZMR 2004, 861), ist eine verlässliche Aussage über die Grenzen der Regelungskompetenz derzeit nicht möglich. Werden diese Grenzen aber überschritten und ist die Regelung in der Gemeinschaftsordnung daher nichtig, **droht** die **Nichtigkeit der** von der Vertreterversammlung gefassten **Beschlüsse**. Dafür könnte sprechen, dass zu Vertreterversammlungen regelmäßig nur die Vertreter geladen wurden, weshalb es sich aus der Sicht der übrigen Eigentümer um eine bloße Zusammenkunft einiger Eigentümer handelt, an der sie nicht teilnehmen konnten (vgl dazu § 23 WEG Rn 138: bloß anfechtbar). Zum anderen geht die Rechtsprechung von einer Unzuständigkeit einer Teilversammlung und damit von einem Kompetenzmangel hinsichtlich solcher Angelegenheiten aus, die alle Eigentümer betreffen (vgl BGH ZMR 2012, 979 = WuM 2012, 575 Rn 11; BayObLGZ 1983, 320; LG München I ZMR 2011, 413 = ZWE 2011, 184). Für eine Zusammenkunft eines Teils der Eigentümer, die nicht von einer wirksamen Vereinbarung gedeckt ist, kann an sich nichts anderes gelten. Dieses Nichtigkeitsrisiko sollte der Kautelarjurist tunlichst vermeiden. Da große Eigentümergemeinschaften, bei denen eine Zusammenkunft aller auf erhebliche organisatorische Schwierigkeiten stößt, meist als sog **Mehrhausanlagen** errichtet werden, kommt als Alternative zur Vertreterversammlung regelmäßig eine gebäudebezogene Zuweisung der Entscheidungskompetenz in Betracht (zu Teilversammlungen s § 23 WEG Rn 136; § 24 WEG Rn 25 ff).

d) Inhaltliche Schranken der Stimmrechtsausübung

aa) Starre und bewegliche Stimmrechtsschranken

Trotz seiner wichtigen Bedeutung für das Eigentum und der damit verbundenen **192** Möglichkeit, **individualnützige Interessen** durchzusetzen (vgl dazu BGHZ 129, 136, 162 „Girmes": dem Aktionär sei es grundsätzlich nicht versagt, sein Stimmrecht zum eigenen Vorteil auszuüben), wird das Stimmrecht, ebenso wie das Eigentum, nicht schrankenlos gewährt. Im Anschluss an die verbandsrechtliche Dogmatik (dazu grdl Zöllner, Die Schranken mitgliedschaftlicher Stimmrechtsmacht 101 ff, 287 ff) wird auch im wohnungseigentumsrechtlichen Schrifttum zwischen starren und beweglichen Stimmrechtsschranken unterschieden (Bärmann/Merle Rn 130 ff; Kefferpütz 33 ff und passim). Starre Schranken knüpfen an typische Gefährdungslagen an, in denen ein unsachgemäßer Einfluss auf die Willensbildung droht (ausf dazu Rn 223 ff). Es handelt sich um einen abstrakten, präventiven Schutz, der nicht von der konkreten Ausübung des Stimmrechts abhängt. Der Eigentümer wird von der Stimmabgabe ausgeschlossen, kann das Recht also gar nicht erst ausüben. Es handelt sich um einen sehr gewichtigen Eingriff, der infolge der Bedeutung des Stimmrechts (Rn 7) auf Ausnahmen beschränkt bleiben muss; ein pauschales Analogieverbot folgt daraus aber nicht (vgl Rn 106). Demgegenüber setzen bewegliche Stimmrechtsschranken bei der Art und Weise der Stimmrechtsausübung an und unterziehen diese – regelmäßig *ex post* – einer **Missbrauchskontrolle**. Sie greifen weniger stark in das Stimmrecht ein, weil sie dessen Wahrnehmung nicht per se ausschließen und der Stimme nur insoweit die Anerkennung durch die Rechtsordnung versagt wird, als dies unter Würdigung aller Umstände des Einzelfalls erforderlich ist, um die überstimmten Eigentümer vor einer treuwidrigen Einflussnahme zu schützen. Das Institut schließt damit eine Schutzlücke, die durch den Ausnahmecharakter starrer Schranken, die etwa die Stimmrechtsausübung durch den Mehrheitseigentümer nicht regulieren, notwendig entsteht. Der Nachteil beweglicher Schranken besteht in einem Mangel an Rechtssicherheit, dem etwa nur durch **Fallgruppenbildung** begegnet werden kann. Zwei der wichtigsten sind die Majorisierung (Rn 194 ff) und der Verstoß gegen das Gleichbehandlungsverbot (Rn 198 f). Daneben haben sich Gerichte auch auf den Gedanken des *venire contra factum proprium* berufen (BayObLG ZMR 1998, 504 = WuM 1998, 567).

Als dogmatische Grundlage wird der **Grundsatz von Treu und Glauben** angesehen, **193** wobei regelmäßig nicht zwischen § 242 BGB und dem hinter der Norm stehenden Rechtsprinzip unterschieden wird (s Kefferpütz 201 f; Riecke/Schmid/Riecke Rn 33; Spielbauer/Then/Chr. Spielbauer Rn 32). Teils wird auch (zusätzlich) noch auf die **Treuepflichten** verwiesen (Jennissen/Schultzky Rn 66; Wendel ZWE 2002, 545). Nach hier vertretener Ansicht handelt es sich bei der Treubindung um einen Topos, der eine gegenüber § 242 BGB gesteigerte Pflichtenbindung zum Ausdruck bringt, weshalb die Treubindung als *lex specialis* anzusehen ist (zu weiteren Aspekten der Treubindung s Staudinger/Kreuzer [2018] § 10 WEG Rn 50 ff, 121). Diese immanente Schranke privatautonomer Gestaltungsfreiheit ist von der Inhaltskontrolle nach §§ 134, 138 BGB zu unterscheiden (Wendel ZWE 2002, 545, 546 f). Die Treubindung **schränkt** die **Privatautonomie** des Einzelnen **ein**, auch die negative (zur Stimmpflicht s Rn 202), was letztlich der

Verwirklichung des gemeinsamen Zwecks dient, der im Wohnungseigentumsrecht in der Verwaltung der Liegenschaft besteht. Im Grundsatz ist diese Beschränkung unbedenklich, weil jeder Eigentümer gleichermaßen ein Interesse an der Verwirklichung dieses Zweckes hat und daher selbst von der wechselseitigen Beschränkung der Stimmrechte profitiert. Bei der Festlegung der Grenzen im Einzelfall muss aber auf die Bedeutung des Stimmrechts für die Verwirklichung der Eigentümerbefugnisse (Rn 7) Bedacht genommen werden. Im Ausgangspunkt hat der Einzelne ein weites Ausübungsermessen und kann eigene Interessen verfolgen (vgl auch Rn 217 f).

bb) Die sog Majorisierung

194 Einen wichtigen Anwendungsfall der unzulässigen Stimmrechtsausübung bildete lange Zeit die Majorisierung. Darunter wird eine **rechtswidrige Ausnützung der Mehrheit** verstanden, sofern der oder die beherrschenden Eigentümer **in sachwidriger Weise eigennützig** ihre Interessen auf Kosten anderer verfolgen (vgl BGHZ 152, 46, 61 f; BayObLGZ 1986, 10, 13; ZMR 2001, 366 = ZWE 2001, 492; OLG München ZMR 2006, 950 = ZWE 2007, 153). Allerdings gebietet es die Bedeutung des Stimmrechts (Rn 7), dass ein **Mehrheitseigentümer grundsätzlich frei** entscheiden kann, ob und wie er von seinem Recht Gebrauch macht. Indem es die hM gestattet, vom Kopfprinzip abzuweichen, erkennt sie das berechtigte Interesse eines Wohneigentümers, dem mehrere Einheiten gehören, an einer stärkeren Einflussnahme auf die Willensbildung an (BGHZ 152, 46, 62 f; s auch Rn 28). Auch für ihn gilt, dass er sein Stimmrecht zum eigenen Vorteil ausüben darf (Rn 192). Allein die Stimmenmehrheit begründet keine unzulässige Majorisierung, weil andernfalls zu Lasten von Mehrheitseigentümern *contra legem* eine starre Stimmrechtsschranke geschaffen würde. Eine solche Schranke errichten auch diejenigen, die die Stimmkraft des Mehrheitseigentümers vorbeugend beschränken wollen, zB durch Reduzierung der Stimmkraft auf eine Sperrminorität, weshalb dieser Ansatz abzulehnen ist (zutr BGHZ 152, 46, 61 f: OLG Karlsruhe OLGZ 1976, 145, 148; KG ZMR 1987, 61). Andere Gerichte (OLG Hamm OLGZ 1978, 184, 190, zust OLG Düsseldorf OLGZ 1984, 289) haben eine solche Reduzierung auf 25 % bei Rechtsmissbrauch angenommen. Das überzeugt nicht; denn zum einen ist es nicht praktikabel, die Stimmkraft nach der Abstimmung in Abhängigkeit vom Inhalt der abgegebenen Stimme festzustellen, und zum anderen ändert die geringere Stimmkraft nichts daran, dass der Eigentümer treuwidrig die gemeinschaftlichen Interessen eigenen Belangen unterordnet (Kefferpütz 214). Ebenfalls problematisch ist folglich die in der älteren Judikatur vertretene Auffassung, es widerspreche in der Regel ordnungsmäßiger Verwaltung, wenn der Mehrheitseigentümer mit seinem Stimmenübergewicht gegen den Willen der übrigen Wohnungseigentümer eine ihm nahestehende Person zum Verwalter bestellt (BayObLG WuM 1996, 648 f, wobei die Rechtsmissbräuchlichkeit der Stimmrechtsausübung ausdrücklich offen blieb; für Rechtsmissbrauch in einem solchen Fall etwa noch OLG Hamm OLGZ 1978, 184). Diese Judikatur ist durch jüngere Entscheidungen überholt, vor allem durch BGH 14. 7. 2017 – V ZR 290/16 Rn 16 ff, NJW 2018, 552 (s Rn 195), wo ein Stimmrechtsausschluss wegen Rechtsmissbrauchs nur ausnahmsweise unter strengen Voraussetzungen anerkannt wird.

195 Eine missbräuchliche Stimmrechtsausübung liegt nach hM nur vor, wenn zur Mehrheitsmacht **weitere Umstände** hinzutreten, die einen Verstoß gegen die Pflicht zur Rücksichtnahme auf gemeinschaftliche Interessen begründen (BGHZ 152, 46, 62; KG ZMR 1987, 61; ZMR 1994, 168; OLG Düsseldorf ZMR 1999, 581 = WuM 1999, 648; OLG München ZMR 2006, 950; Bärmann/Merle Rn 195; Kefferpütz 207 f; Köhler/Scheuer AnwHdb

Rn 3.224; Niedenführ/Schmidt-Räntsch/Vandenhouten/Vandenhouten Rn 51). Ob der vom Tatrichter bindend festgestellte Sachverhalt diese Anforderungen an den unbestimmten Rechtsbegriff „Missbrauch" erfüllt, unterliegt als Rechtsfrage der Kontrolle durch das Revisionsgericht (vgl BayObLG ZMR 2000, 846 = ZWE 2001, 22). Wegen ihrer besonderen Bedeutung für die Verwaltung des gemeinschaftlichen Eigentums beschäftigt die **Verwalterwahl** die Gerichte besonders häufig. Der Mehrheitseigentümer missbraucht sein Stimmrecht **nicht bereits dann**, wenn er sein Übergewicht einsetzt, um seinen Ehegatten (OLG Saarbrücken ZMR 1998, 50 = WuM 1998, 243) oder gar sich selbst zum Verwalter zu wählen oder die ordentliche (zum Stimmverbot bei der Abwahl aus wichtigem Grund s Rn 239) Abwahl zu verhindern (BGHZ 152, 46, 62). Missbräuchlich handelt ein Eigentümer mehrerer Sondereigentumseinheiten ferner nicht bereits deswegen, weil er einzelne von diesen auf nahestehende Personen oder eine Gesellschaft (s BGH 14. 7. 2017 – V ZR 290/16, NJW 2018, 552) überträgt, um der durch das Kopfprinzip bewirkten Beschränkung der Stimmkraft zu entgehen. **Erst die Ausübung** der Stimmrechte kann missbräuchlich sein, was aber vom Inhalt des konkreten Beschlusses abhängt (OLG München ZMR 2006, 950) und nach Ansicht des BGH nur bei offenkundiger, zweifelsfrei vorliegender Benachteiligung anderer ausnahmsweise anzuerkennen ist (BGH 14. 7 2017– V ZR 290/16 Rn 17, NJW 2018, 552). Die Minderheit wird neben der Haftung des ihnen oktroyierten Verwalters durch die Möglichkeit geschützt, ihren Anspruch auf ordnungsmäßige Verwaltung gegen die GdWE durchzusetzen und den Verwalter abzuwählen (KG ZMR 1987, 61; Kefferpütz 208). Letzteres ist nach § 26 Abs 3 S 1 WEG nunmehr jederzeit ohne besonderen Grund zulässig.

Als **missbräuchlich** ist hingegen nach bislang hM die Bestellung des Mehrheitseigentümers oder einer ihm nahestehenden Person zum Verwalter dann anzusehen, wenn bereits bei der Wahl **Interessengegensätze**, wie etwa **schwebende Gewährleistungsansprüche** gegen den aufteilenden Eigentümer, **offenkundig** sind und deshalb objektiv von vornherein nicht mit der Begründung eines unbelasteten, für die Tätigkeit des Verwalters erforderlichen Vertrauensverhältnisses zu den anderen Wohnungseigentümern zu rechnen ist (BayObLG ZMR 2001, 719 = WuM 2001, 626; ZMR 2000, 846 = ZWE 2001, 22; in der Entscheidung BayObLG WuM 1996, 648 klingt dieser Aspekt bereits an; s ferner OLG Düsseldorf ZMR 1999, 581 = WuM 1999, 648). Außerdem liegt ein Missbrauch vor, wenn sich der Mehrheitseigentümer **unangemessene Vorteile** verschafft oder als Verwalter eine **persönlich ungeeignete oder fachlich unfähige Person** wählt (BGHZ 152, 46, 62 mwNw; s dazu aber nunmehr BGH 14. 7. 2017 – V ZR 290/16, NJW 2018, 552 wo die Minderheit auf § 21 Abs 4 und 8 WEG aF – nunmehr § 18 Abs 2 und § 44 Abs 1 S 2 WEG – verwiesen wird). Trägt die Minderheit vor der Wahl konkrete Tatsachen vor, die **schwere Zweifel an der Sachkunde und/oder der Seriosität** des zu wählenden Verwalters begründen, missbraucht der Mehrheitseigentümer sein Stimmrecht ferner dann, wenn er diesen **Tatsachen nicht nachgeht** und die Wahl erzwingt (KG WuM 1989, 347). Für eine erfolgreiche Beschlussanfechtung (zu den Rechtsfolgen s Rn 200) kommt es auf die Missbräuchlichkeit der Stimmrechtsausübung aber dann gar nicht an, wenn die Wahl des konkreten Verwalters bereits für sich genommen den Grundsätzen ordnungsmäßiger Verwaltung widerspricht, zB wegen einschlägiger Vorstrafen (LG Berlin ZMR 2001, 143) oder weil die Eigentümer ihren Beurteilungsspielraum überschreiten (BGH NJW 2012, 3175); denn dann ist der Beschluss ungeachtet einer Majorisierung aufzuheben (zu den Rückwirkungen dieser Doppelgleisigkeit auf die Anforderungen an einen Missbrauch s Rn 201). Die **eigentliche Bedeutung der Majorisierung** kann daher nur unterhalb dieser Schwelle eines inhaltlich für sich betrachtet ordnungswidrigen Beschlusses liegen. Infolge 196 der Treubindung kann es missbräuchlich sein, wenn der Mehrheitseigentümer einen familiär oder wirtschaftlich mit ihm verbundenen Verwalter bestellt oder nicht abberuft, selbst wenn die von der Minderheit gegen die Eignung vorgebrachten Gründe für sich genommen nicht ausreichen, um einen Verstoß gegen die Grundsätze ordnungsmäßiger Verwaltung zu begründen (iErg ebenso OLG Düsseldorf ZMR 1999, 581 = WuM 1999, 648). Da die Treubindung ein Gegengewicht zur Einwirkungsmacht bildet (Armbrüster ZWE 2002, 333, 337 = FS Merle [2000] 1), ist es durchaus folgerichtig, den Mehrheitseigentümer einer tendenziell stärkeren Bindung zu unterwerfen.

197 **Jenseits der Verwalterwahl** wurde Missbrauch angenommen, wenn der in der Krise befindliche Bauträger/Wohnungseigentümer seine Stimmenmehrheit dazu nutzt, eine faktisch allein von den übrigen solventen Wohnungseigentümern aufzubringende Sonderumlage zu beschließen, um nicht hergestellte Gebäudeteile zu errichten (OLG Zweibrücken NZM 2005, 429).

cc) Das Gleichbehandlungsgebot

198 In einer Personenvereinigung, die der Verwirklichung eines gemeinsamen Zweckes dient, wäre es unerträglich, wenn die in ihr vereinigten Personen unter gleichen Voraussetzungen unterschiedlich behandelt werden dürften. Daher ist auch im Wohnungseigentumsrecht ein Gleichbehandlungsgebot anerkannt, das insbesondere bei Mehrheitsbeschlüssen über das Gemeinschaftsverhältnis Differenzierungen nur zulässt, wenn ein **ausreichender Sachgrund** besteht (BGH NJW 2010, 3508 Rn 12; Bärmann/Merle Rn 208; Kefferpütz 217; Schmid ZWE 2011, 70). Auch dieses Gebot wird mit der Treuepflicht verknüpft (BGH ZMR 2013, 288 Rn 19 zur Kündigung von Stellplatzmietverträgen zwischen einzelnen Eigentümern und der GdWE) und gilt als tragender Grundsatz des Gemeinschaftsverhältnisses (OLG Hamm ZMR 2007, 296). Einen Anspruch auf Gleichbehandlung **im Unrecht** gibt es aber nicht (BayObLG ZMR 2003, 758 = WuM 2003, 415 zur Beseitigung rechtswidriger baulicher Veränderungen).

199 Praktische Bedeutung erlangt der Gleichbehandlungsgrundsatz vor allem bei der Kostenverteilung (BGHZ 186, 51 zu § 16 Abs 4 WEG aF; krit zu den daraus gezogenen Schlussfolgerungen Häublein ZWE 2013, 160; zur Kostenverteilung gem § 16 Abs 2 WEG s Schmid ZWE 2011, 70, 72) und bei Gebrauchsregelungen. Was einem Eigentümer gestattet wird, zB Tierhaltung oder Anbringen einer Werbetafel an der Fassade, kann einem anderen Eigentümer nicht ohne sachlichen Grund verweigert werden (Schmid ZWE 2011, 70, 72 mwNw). Bei begrenzten Ressourcen steht man oft vor der Frage, ob das Prioritätsprinzip ein hinlänglicher Grund für eine Entscheidung zugunsten eines Eigentümers oder einer Gruppe sein kann. Das Problem tritt oft im Zusammenhang mit Abstellflächen oder Ladekapazitäten für Kfz auf. Allein der **zeitliche Vorrang** eines Begehrens rechtfertigt **nicht die dauerhafte Überlassung** ausschließlich an bestimmte Eigentümer. Hier muss, soweit tatsächlich möglich und rechtlich zulässig, eine Vergabepraxis eingeführt werden, die Chancengleichheit bietet. Vor diesem Hintergrund sind langfristige Mietverhältnisse problematisch, weil sie andere Eigentümer auf Dauer ausschließen (vgl hierzu die Erwägungen des OLG Hamburg ZMR 2003, 444). Allerdings ist es nicht zu beanstanden, wenn einzelne Gruppen infolge sachlicher Unterschiede besser oder schlechter gestellt werden. So kann eine Behinderung ein Grund sein, den betroffenen Eigentümer bei der Vergabe zu privilegieren. Problematisch erscheint es, wenn die Stellplätze auf dem gemeinschaftlichen Eigentum allein Eigentümern zur Verfügung stehen sollen, die nicht über anderweitige Abstell-

möglichkeiten verfügen (vgl hierzu den Sachverhalt OLG Frankfurt ZMR 2008, 398, wo es allerdings nur darum ging, ob der Beschluss nichtig ist). Dadurch nämlich wird denjenigen, die, regelmäßig gegen Entgelt, ein Sonderrecht erworben haben, der Mitgebrauch entzogen, was besonders problematisch ist, wenn dieser Verlust nicht einmal durch Mieteinnahmen kompensiert wird.

dd) Rechtsfolgen

Nach ganz hM sind die unter Missbrauch des Stimmrechts abgegebenen **Stimmen unwirksam** und müssen bei der **Feststellung des Beschlussergebnisses unberücksichtigt** bleiben (BGHZ 152, 46, 61; Niedenführ/Schmidt-Räntsch/Vandenhouten/Vandenhouten Rn 50). Auf die **Wirksamkeit des Beschlusses** wirkt sich die missbräuchliche Stimmabgabe grundsätzlich aber nur aus, wenn diese für das verkündete Beschlussergebnis kausal war und der Beschluss fristgerecht angefochten wurde (BayObLG ZMR 1998, 504 = WuM 1998, 567; Köhler/Scheuer AnwHdb Rn 3.226; Lotz-Störmer 262 f; Weitnauer/Lüke Rn 25). Davon zu unterscheiden ist die Aufhebung des Beschlusses, weil dieser bereits für sich genommen, also auch ohne die Majorisierung, ordnungsmäßiger Verwaltung widerspricht (BayObLG ZMR 1999, 495). Ein Beschluss, dessen Inhalt gegen das Gleichbehandlungsverbot verstößt, ist grundsätzlich **anfechtbar**, nicht aber nichtig (Schmid ZWE 2011, 70, 71). Ausnahmsweise kann nach verbreiteter Ansicht die rechtswidrige Ausnutzung der Stimmenverhältnisse nach § 138 Abs 1 BGB sogar zur **Nichtigkeit des Beschlusses** führen, wenn der begünstigte Wohnungseigentümer treuwidrig mit dem Verwalter zusammenwirkend in sachwidriger Weise eigene Zwecke auf Kosten der übrigen Wohnungseigentümer verfolgt (OLG Schleswig ZMR 2006, 315 = ZWE 2006, 138 mHinw auf BayObLGZ 1986, 10, 14 = NJW-RR 1986, 566; Weitnauer/Lüke Rn 25). Das ist aus Gründen der Rechtssicherheit problematisch, weil trotz Ablauf der Anfechtungsfrist keine Bestandskraft eintritt. Sofern der Beschlussinhalt – wie meistens in solchen Fällen – nicht bereits für sich genommen sittenwidrig ist, sondern der Sittenverstoß das Resultat einer Gesamtbetrachtung ist, in die neben dem Inhalt auch die genannten weiteren Umstände einbezogen werden, kommt Nichtigkeit nur in Betracht, wenn die die Sittenwidrigkeit begründenden Umstände allen Eigentümern bekannt waren oder sich ihnen zumindest aufdrängen mussten. 200

Wird ein Beschlussantrag, etwa auf Abwahl eines Verwalters, durch den Mehrheitseigentümer in treuwidriger Weise abgelehnt und der verkündete Negativbeschluss daraufhin angefochten, geht eine Ansicht davon aus, das Gericht könne **nicht** das **Zustandekommen eines positiven Beschlusses feststellen** (BayObLGZ 1999, 149 = ZMR 1999, 652; ZMR 1999, 495; Weitnauer/Lüke Rn 25 aE). Folgte man dieser – zu pauschal formulierten – Ansicht, ginge es zu Lasten der Überstimmten, wenn der Versammlungsleiter die Stimmen des Mehrheitseigentümers zu Unrecht mitzählt und so ein falsches Ergebnis feststellt und verkündet. Das ist bedenklich und widerspricht der sonstigen Behandlung von **Zählfehlern**. Andererseits führt – wie gezeigt (s Rn 196) – eine missbräuchliche Ausübung des Stimmrechts häufig auch zu einem ordnungswidrigen Beschlussinhalt, weshalb unterschiedliche Folgen kaum zu rechtfertigen wären. Das Problem tritt klar zu Tage, wenn ein Negativbeschluss aufgehoben wird, weil sein Inhalt gegen die Grundsätze ordnungsmäßiger Verwaltung verstößt, und die überstimmte Minderheit einen Anspruch auf positive Beschlussfassung aus § 18 Abs 2 WEG herleiten möchte (s etwa BayObLGZ 1972, 150, 153; auf diese und andere Entscheidungen beruft sich das BayObLG in den oben zitierten Entscheidungen ohne nähere Auseinandersetzung). Ein solcher Anspruch besteht nur, wenn sich das dem Eigentümer bei der 201

Stimmrechtsausübung zustehende **Ermessen auf null reduziert** hat, was der Fall ist, wenn allein die beantragte Maßnahme ordnungsmäßiger Verwaltung entspricht. Das überzeugende Ziel der hier kritisierten Ansicht besteht also darin, zu verhindern, dass dem Mehrheitseigentümer das auch ihm zustehende Ermessen durch gerichtliche Beschlussfeststellung genommen wird. Widersprüche dürften sich aber durch das Aufstellen entsprechender Anforderungen an ein missbräuchliches Stimmverhalten vermeiden lassen. Das **ablehnende Stimmverhalten des Mehrheitseigentümers** ist eben nur dann missbräuchlich, wenn eine Pflicht zur Zustimmung bestand. Übertragen auf die Verwalterwahl: Auch wenn es im konkreten Fall missbräuchlich ist, dass der Mehrheitseigentümer sich selbst wählt, bedeutet dies nicht, dass die Ablehnung des Kandidaten der Minderheit unzulässig war.

202 Ob als Resultat der Treuepflicht auch eine **Stimmpflicht** hergeleitet werden kann, ist umstritten (dagegen unter Hinweis auf § 18 Abs 2 WEG Bärmann/Merle Rn 206). § 10 Abs 2 WEG, der den aus der Treubindung hergeleiteten Abänderungsanspruch in das positive Recht überführt hat (s zu dessen Einführung Greiner ZWE 2012, 410 sowie Staudinger/Wobst [2023] § 10 WEG Rn 43 ff), zeigt, dass man ohne eine solche Pflicht im Wohnungseigentumsrecht nicht auskommt (s Armbrüster ZWE 2002, 333, 338 f = FS Merle [2000] 1). Die Existenz des als Generalklausel formulierten Anspruchs aus § 18 Abs 2 WEG macht den Rekurs auf die Treuepflichten aber meist überflüssig (zur Haftung für das Stimmverhalten s Rn 214 ff).

e) Rechtsgeschäfte über die Ausübung des Stimmrechts durch dessen Inhaber

aa) Bedeutung und Wirkung von Stimmbindungsverträgen

203 Im Unterschied zu Rechtsgeschäften, durch die der Stimmrechtsinhaber einen anderen zur Ausübung des Stimmrechts bevollmächtigt (Rn 102 ff) oder ermächtigt (Rn 174 f), zielen die hier behandelten Geschäfte auf eine Ausübung des Stimmrechts durch dessen Inhaber. Bei einem Vertrag, in dem sich der Träger des Stimmrechts verpflichtet, dieses in bestimmter Weise auszuüben oder gerade nicht auszuüben, spricht man von einem **Stimmbindungsvertrag**. Hiervon sind Gestaltungen zu unterscheiden, die darauf zielen, dem Eigentümer das Stimmrecht gänzlich zu nehmen (zu sog Vertreterversammlungsvereinbarungen s Rn 185; zur Stimmrechtsübertragung auf den Erwerber s Rn 14). Verglichen damit haben Stimmbindungsverträge infolge ihrer **auf das Innenverhältnis beschränkten Wirkung** (s Rn 205) eine geringere Eingriffsintensität. Gleichwohl sind sie sub specie des Abspaltungsverbots nicht unbedenklich (s Rn 208).

204 Die wichtigsten **praktischen Anwendungsfälle** lassen sich in verschiedene Gruppen einteilen. Zum einen geht es darum, dass Personen, die ein – regelmäßig wirtschaftliches – Eigeninteresse an der das Stimmrecht vermittelnden Sondereigentumseinheit besitzen, darüber entscheiden sollen, wie das Recht ausgeübt wird. Es kann sich um Wohnungseigentümer oder Dritte handeln (Bärmann/Merle Rn 107). Dritte können Inhaber beschränkter dinglicher Rechte sein, insb Nießbraucher (zur Zuweisung des Stimmrechts an den Eigentümer s Rn 25 f), aber auch Treugeber, denen das vom Treuhänder gehaltene Wohnungseigentumsobjekt wirtschaftlich ganz oder teilweise zusteht, sowie Erwerber, auf die das Eigentum noch nicht übergegangen ist (Drasdo ZMR 1995, 145, 147). Zum anderen geht es um Gestaltungen, in denen die einheitliche Abstimmung einer bestimmten Gruppe von Eigentümern sichergestellt werden soll. Solche Konsortial- oder Poolverträge können zB unter den Mitgliedern einer Mietpoolgesellschaft bestehen, aber auch zwischen Miteigentümern einer Sondereigentumsein-

heit. Im Unterschied zur ersten Fallgruppe kommt es hier also nicht zu einer externen Einflussnahme.

Nach hM sind Stimmbindungsverträge – wie im Gesellschaftsrecht (BGHZ 48, 163, 167 ff; 179, 13 Rn 12 „Schutzgemeinschaft II") – **grundsätzlich zulässig** (zu Ausnahmen s Rn 207 ff), entfalten aber **lediglich schuldrechtliche Wirkung**, dh eine Pflichtverletzung lässt die Wirksamkeit der Stimmabgabe unberührt (OLGR Frankfurt 2005, 423; Bärmann/Merle Rn 112; Bornheimer 96 f; Köhler/Scheuer AnwHdb Rn 3.220). Bestellt der Eigentümer für die Stimmabgabe einen **Vertreter**, der nicht mit der Partei des Stimmbindungsvertrages identisch ist, hängt die Wirksamkeit der Stimmabgabe für und gegen den Eigentümer davon ab, ob vollmachtsbeschränkende Weisungen existieren (Rn 146) und ob sich der Vertreter an diese gehalten hat. Ein von der Vollmacht oder einem entsprechenden Rechtsschein gedecktes Handeln des Vertreters bindet den Eigentümer, auch wenn es im Widerspruch zum Stimmbindungsvertrag steht. Der Vertragspartner des Eigentümers wird durch schuldrechtliche Ansprüche, zB gem §§ 280 ff BGB, geschützt, ohne dass dadurch ein **primärer Erfüllungsanspruch** ausgeschlossen wird (Staudinger/Bub [2005] Rn 220). Eine Pflichtverletzung des Stimmrechtsinhabers liegt bereits dann vor, wenn er einen Vertreter bestellt, ohne diesem diejenigen Weisungen zu erteilen, die sich aus dem Stimmbindungsvertrag ergeben (so wohl auch Drasdo, ETV Teil G Rn 103). Da Weisungen nach hier vertretener Ansicht nicht notwendig auf das Innenverhältnis beschränkt sind (Rn 146), ist von einem sorgfältigen Eigentümer grundsätzlich zu erwarten, dass er von dieser Möglichkeit Gebrauch macht, um ein **vertragsgemäßes Stimmverhalten sicherzustellen**. Beschränkt er sich auf interne Weisungen an den Vertreter und stimmt dieser weisungswidrig ab, hat nicht nur der Vertreter eine Pflicht verletzt, sondern auch der Eigentümer selbst. Ob der Eigentümer schuldhaft iSv § 276 BGB handelte, hängt davon ab, ob ein sorgfältiger Eigentümer in concreto mit dem weisungswidrigen Verhalten des Vertreters rechnen musste. Im Übrigen ist ihm das Verhalten des Vertreters gem § 278 BGB zuzurechnen. Eine unmittelbare Haftung des Vertreters dem Dritten gegenüber kommt nach allgemeinen Grundsätzen dann in Betracht, wenn das der Vertretung zugrundeliegende Rechtsverhältnis wenigstens Schutzwirkungen zugunsten des aus der Stimmbindungsabrede Berechtigten entfaltet oder der Vertreter diese Person vorsätzlich iSd § 826 BGB schädigt. **205**

Umstr ist, ob die **Vollstreckung** des primären Erfüllungsanspruchs ausschließlich nach § 894 ZPO erfolgt (dafür Staudinger/Bub [2005] Rn 220; vgl auch BGHZ 48, 163, 16 ff) oder ob auch eine Vollstreckung gem § 890 ZPO in Betracht kommt (Bärmann/Merle Rn 113; ebenso MünchKomm/Schäfer § 717 BGB Rn 28, der für das GesellR von einer einhM ausgeht). Mit der zuletzt genannten Ansicht dürfte dies vom Inhalt der Verpflichtung des stimmgebundenen Eigentümers abhängen (Bornheimer S 114 f; Drasdo, ETV Teil G Rn 116). Erschöpft sich diese in der Nichtzustimmung, steht es dem Stimmrechtsinhaber frei, ob er in Erfüllung seiner Pflicht von einer Stimmabgabe absieht, sich enthält oder gegen den Vorschlag stimmt. Da eine Verurteilung zu einer bestimmten Stimmabgabe, die die Ersetzungswirkung nach § 894 ZPO entfalten könnte, in solchen Fällen nicht in Betracht kommt, ist der Weg über § 890 ZPO zu beschreiten. So liegt es etwa, wenn sich der aufteilende Eigentümer verpflichtet, eine bestimmte Person nicht (wieder) zum Verwalter zu wählen. Von der hM abgelehnt wird die Möglichkeit, die vertragsgemäße Stimmabgabe durch **einstweilige Verfügung** zu erzwingen, da darin eine unzulässige Vorwegnahme der Hauptsache liege (Bärmann/Merle Rn 113; **206**

Staudinger/Bub [2005] Rn 221; Staudinger/Wenzel [2005] § 44 WEG Rn 24; Drasdo, ETV Teil G Rn 116; s auch § 717 Rn 11). Das droht den Erfüllungsanspruch zu entwerten, weshalb im Gesellschaftsrecht eine vordringende Ansicht einer Abwägung der konkreten Belange im Einzelfall den Vorzug gibt (statt vieler OLG Hamburg NJW 1992, 186 m umfangr Nachw; Wolff, in: MünchHdbGesellR Band 3 § 40 Rn 107; Zutt ZHR 155 [1991] 190, 199 ff). Dabei ist einerseits zu beachten, dass die einstweilige Durchsetzung eines Unterlassungsanspruchs im Unterschied zum Erzwingen einer bestimmten Stimmabgabe nicht notwendig die Vorwegnahme bedeutet, und andererseits, dass als milderes Mittel eine Verschiebung der Abstimmung in Betracht kommen kann (Hüffer/Schäfer, in: Habersack/Casper/Löbbe § 47 GmbHG Rn 90).

bb) Grenzen der Zulässigkeit von Stimmbindungsverträgen

207 Trotz der grundsätzlichen Anerkennung von Stimmbindungsverträgen unterliegen diese nicht nur den **allgemeinen Schranken** (§§ 134, 138, 826 BGB), sondern es wird deren Zulässigkeit in bestimmten Konstellationen unter Hinweis auf wohnungseigentums- und gesellschaftsrechtliche Normen und Prinzipien bezweifelt. Ausgehend von der privatautonomen Gestaltungsfreiheit obliegt es denen, die eine Vereinbarung für unzulässig halten, dies aus dem Gesetz herzuleiten.

208 Besonders kritisch wird die Unterwerfung des Stimmrechtsträgers **unter den Willen eines Externen** gesehen. Deren Zulässigkeit und damit die Wirksamkeit von Stimmbindungsverträgen wird im Gesellschaftsrecht zumindest dann gewichtig bezweifelt, wenn sie zu einer allgemeinen, nicht auf den Einzelfall beschränkten (zur Zulässigkeit einer solchen s BGH AG 2014, 705 und Rn 209) Fremdbeeinflussung führt. Dabei wird auf hinter dem Abspaltungsverbot stehende Wertungen und die fehlende Treubindung des Dritten hingewiesen (Hüffer/Schäfer, in: Habersack/Casper/Löbbe § 47 GmbHG Rn 80 f; MünchKomm/Schäfer § 717 BGB Rn 25; zur fehlenden Treubindung des Dritten BGHZ 129, 136 „Girmes"). In der Tat ist die hinter dem Abspaltungsverbot stehende Ratio (Rn 9) insofern betroffen, als der lediglich schuldrechtlich berechtigte Partner des Stimmbindungsvertrages infolge der bei Rn 205 f dargestellten Rechtsbehelfe auf der Primär- und Sekundärebene über Einwirkungsmacht verfügt (s auch Staudinger/Habermeier [2003] § 717 BGB Rn 10). Allerdings zeichnen sich die wichtigsten Anwendungsfälle für Stimmbindungsabsprachen (Rn 204) dadurch aus, dass der Dritte ein **eigenes wirtschaftliches Interesse** an der Immobilie hat. Dieses ist mit Blick auf die ordnungsmäßige Verwaltung ebenfalls geeignet, verhaltenssteuernd zu wirken (vgl Rn 9), weshalb für diese Fälle aus dem Abspaltungsverbot keine Bedenken gegen die Stimmbindung folgen (ebenso MünchKomm/Schäfer § 717 BGB Rn 26; weitergehend Hüffer/Schäfer, in: Habersack/Casper/Löbbe § 47 GmbHG Rn 82: eigenes, rechtlich anerkanntes Interesse genügt). Die mit der Frage, ob das konkrete Interesse des Dritten hinreichend ist, verbundene Unsicherheit erscheint deswegen hinnehmbar, weil sie nur das Innenverhältnis betrifft, keine Auswirkungen auf die Stimmabgabe hat und daher auch keine Prüfungspflichten des Versammlungsleiters auslöst. Auch eine Stimmbindungsabrede **zwischen Veräußerer und Erwerber** einer Sondereigentumseinheit als Nebenabrede im Erwerbsvertrag ist nach dem Gesagten unbedenklich. Wegen der Beschränkung auf das Innenverhältnis stehen die gegen eine Stimmrechtsübertragung vorgebrachten Argumente (Rn 14, 9) nicht entgegen.

209 Unterwirft sich der Eigentümer **im Einzelfall dem Willen eines Dritten**, der kein hinreichendes Eigeninteresse an der Wohnung hat, ist auch dies nicht zu beanstanden (so für das GesellR BGH AG 2014, 705). Es wäre nämlich wenig überzeugend, einer solchen Absprache unter Hinweis auf das Abspaltungsverbot die Anerkennung zu versagen, aber mit der wohl einhM die Bevollmächtigung eines Dritten ohne Eigeninteresse selbst dann zuzulassen, wenn sich der Eigentümer dem Willen des externen Vertreters unterwirft, dh diesen ohne Weisungen entsendet. In beiden Fällen kann der Dritte Einfluss auf die Willensbildung nehmen, weshalb man sie rechtlich gleich behandeln sollte.

Die **Treubindung** des Stimmrechtsträgers wird durch den Stimmbindungsvertrag nicht beschränkt. Einer Gefährdung gemeinschaftlicher Interessen durch die Stimmbindung wird auf der Stufe der Stimmrechtsausübung entgegengewirkt. Äußerst umstritten sind die Auswirkungen der Treubindung auf den Stimmbindungsvertrag selbst. Dieser ist iErg **treuepflichtkonform auszulegen** (vgl Armbrüster, Die treuhänderische Beteiligung an Gesellschaften 244), weil iZw nicht anzunehmen ist, dass sich der Stimmrechtsträger zu einer unwirksamen Stimmabgabe verpflichten wollte. Zu dem gleichen Ergebnis kommt man im Wege gesetzes-/sittenkonformer Auslegung, wenn man in der Verpflichtung zur treupflichtwidrigen Abstimmung eine **sittenwidrige Verleitung zum Vertragsbruch** erblickt (dahin tendierend Armbrüster GmbHR 2001, 1021, 1023; **aA** MünchKomm/Schäfer § 717 BGB Rn 21). Aber selbst wenn eine solche einschränkende Auslegung im konkreten Fall angesichts des eindeutigen Inhalts des Stimmbindungsvertrages nicht möglich sein sollte und man eine Sittenwidrigkeit wegen Verleitung zu pflichtwidrigem Verhalten ablehnt, spricht die fehlende Bindung des Dritten an die Treuepflichten nicht gegen die Zulässigkeit des Stimmbindungsvertrages (**aA** Hüffer/Schäfer, in: Habersack/Casper/Löbbe § 47 GmbHG Rn 81). Da die Miteigentümer auf der Stufe der Stimmrechtsausübung ohnehin gegen treuwidrige Einflussnahme auf die Willensbildung geschützt sind, gebührt der Privatautonomie des gebundenen Eigentümers der Vorrang. Außerdem unterliegen auch Dritte, die ein (wirtschaftliches) Eigeninteresse haben, keiner Treubindung, werden aber von der hier abgelehnten Ansicht gleichwohl als Partei eines wirksamen Stimmbindungsvertrages zugelassen (Hüffer/Schäfer, in: Habersack/Casper/Löbbe § 47 GmbHG Rn 82). Das zeigt, dass aus der fehlenden Treubindung letztlich kein valides Argument gegen einen wirksamen Stimmbindungsvertrag folgt. **210**

Im Schrifttum werden **weitere Grenzen** einer zulässigen Stimmbindung aufgezeigt. Eine ergibt sich aus **§ 25 Abs 4 WEG**, wobei danach zu unterscheiden ist, wer den Grund für den Stimmrechtsausschluss verwirklicht. Liegen dessen Voraussetzungen bereits **in der Person des gebundenen Eigentümers** vor, ändert sich daran nichts durch die Unterwerfung unter den Willen einer anderen Person, mag diese selbst auch nicht vom Stimmverbot betroffen sein (Bärmann/Merle Rn 174; Kefferpütz 172). Ebenso wenig wie ein Eigentümer den Stimmrechtsausschluss dadurch beseitigen kann, dass er die Stimmrechtsausübung einem unbefangenen Vertreter überträgt (Rn 102), kann er dies durch Unterwerfung unter den Willen im Rahmen eines Stimmbindungsvertrages. Im Übrigen erfasst der Stimmbindungsvertrag iZw nur Rechtsgeschäfte, an denen der Gebundene auch mitwirken kann. Auf die Wirksamkeit des Stimmbindungsvertrages hat der Stimmrechtsausschluss aber keinen Einfluss. **211**

Dem Zweck der Stimmrechtsausschlüsse (dazu Rn 227, 235, 240) widerspräche es aber ebenso, wenn Personen über einen stimmgebundenen Eigentümer Einfluss auf die Willensbildung nehmen könnten, obwohl sie selbst kein Stimmrecht ausüben dürf- **212** ten. Während die Relevanz eines **Ausschlussgrundes auf Seiten des aus dem Vertrag Berechtigten** unstreitig erscheint (vgl etwa BGHZ 48, 163, 166 zur GmbH), sind die daraus abzuleitenden Rechtsfolgen kontrovers. Eine Ansicht hält die abgegebene Stimme für unwirksam und wendet damit **§ 25 Abs 4 WEG analog** an (so zu § 25 Abs 5 WEG aF Staudinger/Bub [2005] Rn 300). Die Gegenposition leitet aus dem Stimmverbot die (teilweise) **Unwirksamkeit** des Stimmbindungsvertrages her und schließt so eine erzwingbare Einflussnahme des Berechtigten aus (Bärmann/Merle Rn 175; unklar Köhler/Scheuer AnwHdb Rn 3.221, die den Stimmbindungsvertrag für „unzulässig" hält). Das entspricht der im Gesellschaftsrecht hM, die sich hierfür auf § 134 BGB stützt (Koch § 133 AktG Rn 28 zur AG; Hüffer/Schäfer, in: Habersack/Casper/Löbbe § 47 GmbHG Rn 84 zur GmbH; MünchKomm/Schäfer § 717 BGB Rn 22 zur GbR). Wieder andere sprechen ohne konkrete Festlegung von einem „Durchschlagen" des Stimmverbots (Drasdo, ETV Teil G Rn 106). Zu folgen ist der Ansicht, die den Konflikt **auf der Ebene des Stimmbindungsvertrags** löst. Das entspricht der Bedeutung des Stimmrechts und den Anforderungen, die sich daraus ergeben, dass Stimmrechtsausschlüsse durch den Versammlungsleiter feststellbar sein müssen (s zu dieser Anforderung auch bei Rn 233 f). Sind einzelne Eigentümer eines **Stimmrechtskonsortiums/-pools** von einem Stimmrechtsausschluss betroffen, dürfen die Befangenen bereits intern nicht mitstimmen (Bärmann/Merle Rn 170). Ihnen ist damit die Rechtsmacht entzogen, das Abstimmungsverhalten der gebundenen Eigentümer zu präjudizieren, denen daher ihr Stimmrecht zusteht (vgl zur GmbH BGHZ 153, 285, 291 f). Eine rein faktische Einflussnahme rechtfertigt den Ausschluss nicht (zu den Gründen s Rn 77 und 234); der Schutz der Miteigentümer beschränkt sich auf die Missbrauchskontrolle.

213 Schließlich wird aus § 136 Abs 2 AktG von der hL gefolgert, ein **mit dem Verwalter** der Wohnungseigentumsanlage abgeschlossener Stimmbindungsvertrag sei unwirksam, weil er die Aufgabenverteilung der §§ 20 ff WEG unterlaufe (Bärmann/Merle Rn 109; Drasdo, ETV Teil G Rn 107; Staudinger/Bub [2005] Rn 216). Problematisch ist daran, dass die Zuständigkeiten im WEG grundsätzlich der privatautonomen Disposition unterliegen und nicht wie im Aktienrecht eine zwingende Verteilung der Aufgaben vorgesehen ist (Lotz-Störmer 245). Auch die entsprechende Anwendung des § 136 Abs 2 AktG auf andere Gesellschaften ist kontrovers (MünchKommHGB/Enzinger § 119 Rn 37, der Stimmbindungen zugunsten geschäftsführender Gesellschafter im Anschluss an K Schmidt, GesR § 21 II 4 a aa für zulässig hält). Nach hier vertretener Ansicht ist ein Stimmbindungsvertrag mit dem Verwalter **nicht per se unwirksam**. Die Bindung ist in den besonders problematischen Konstellationen, zB der Abstimmung über die Entlastung oder Beendigung des Verwaltervertrages aus wichtigem Grund, ohnehin unwirksam (s Rn 230, 239). Hinzu kommt die Treubindung des Stimmrechtsinhabers (Rn 193), die ihn zugleich verpflichtet, seine Bindung an den Verwalter **offenzulegen**, weil eine die vereinbarte oder gesetzlich vorgesehene Aufgabenverteilung überschreitende Einflussnahme des Verwalters ein Umstand ist, der für die übrigen Eigentümer bei der Auswahl des Verwalters bedeutsam ist.

f) Haftung infolge Nicht-/Ausübung des Stimmrechts

214 Nach § 18 Abs 2 Nr 1 WEG kann jeder Eigentümer eine Verwaltung verlangen, die dem Interesse der Gesamtheit der Wohnungseigentümer nach billigem Ermessen entspricht. Da die Eigentümer an der Verwaltung jedenfalls dann, wenn ein Verwalter bestellt wurde, typischerweise vor allem durch entsprechende Beschlussfassung mitwirken, was § 44 Abs 1 S 2 WEG widerspiegelt, liegt es nahe anzunehmen, ein Stimmverhalten, das den Interessen der Gesamtheit der Eigentümer widerspricht, könne eine Haftung begründen. Hierfür spricht auch die sprachliche Änderung, die das WEMoG in § 19 Abs 1 WEG im Vergleich zu § 21 Abs 3 WEG aF vorgenommen hat („beschließen“ statt „können beschließen“); denn das soll verdeutlichen, dass mit der Kompetenz aus § 19 Abs 1 WEG eine **Pflicht zur Mitwirkung** an einer Beschlussfassung einhergeht (BT-Drucks 19/18791, 60). Verletzt ein Eigentümer diese aus dem Gemeinschaftsverhältnis resultierende Pflicht, kommt eine Haftung insbesondere nach Maßgabe der **§§ 280 ff BGB** in Betracht, daneben aber etwa auch gem **§§ 823 ff BGB.** Bereits die Ausführungen zur Treubindung (Rn 193, 210) zeigen, dass das Stimmrecht nicht ausschließlich individualnützig ist. Allerdings können auch andere Pflichtverletzungen eine solche Haftung begründen, zB die mangelnde Versorgung der Gemeinschaft mit finanziellen Mitteln (LG Saarbrücken ZMR 2013, 138) oder eine den gemeinschaftlichen Interessen zuwider laufende Ausübung anderer Mitverwaltungsrechte (Schmid MietRB 2015, 93, 94 zum Rederecht), was verdeutlicht, dass es hier nur um eine Facette des Anspruchs auf ordnungsmäßige Verwaltung geht, der sich nach dem WEMoG gegen die GdWE richtet (s zur Zurechnung des Fehlverhaltens Staudinger/Lehmann-Richter § 18 WEG Rn 185). Jedoch hat diese Ansprüche gegen die Stimmrechtsträger, die ihre Pflichten verletzt haben. Grundsätzlich trifft diese Haftung den Eigentümer als Träger des Stimmrechts (Rn 215 ff). Dritte haften nur in besonderen Konstellationen (Rn 222).

aa) Haftung des Eigentümers

Als Partei des Gemeinschaftsverhältnisses und Inhaber des Stimmrechts treffen die Folgen einer pflichtwidrigen Stimmabgabe oder Nichtabgabe der Stimme grundsätzlich den Eigentümer. Ein hohes Schädigungspotenzial besteht dort, wo **erforderliche Erhaltungsmaßnahmen** unterlassen werden und dadurch neben dem gemeinschaftlichen Eigentum auch das Sondereigentum eines Eigentümers Schaden nimmt oder gar nicht mehr genutzt werden kann (zu solchen Konstellationen etwa: BGHZ 202, 375; NJW 2012, 2955; BayObLGZ 1992, 146 = ZMR 1992, 352; OLG München ZMR 2009, 225; ZMR 2009, 468; LG Hamburg ZMR 2012, 189). Denkbar sind aber auch **andere Fälle**, etwa die unterlassene Abwahl/die Wiederwahl eines Verwalters, der sich als ungeeignet erwiesen hat, und infolge des Fortbestehens seiner Amtsstellung die Eigentümer oder die Gemeinschaft (weiter) schädigen kann. Das Beispiel verdeutlicht, dass der Schaden **unmittelbar bei der GdWE** liegen kann. Besonders offenkundig ist dies, wenn die Mehrheit einen Beschluss über notwendige Beiträge ablehnt und so Zahlungen verhindert, wodurch bei der GdWE Zinsbelastungen entstehen können, zB aus einem Überziehungskredit oder in Form von Verzugszinsansprüchen etwaiger Gläubiger. Da die Pflichten des Einzelnen nach dem WEMoG grundsätzlich der GdWE gegenüber bestehen (s § 14 Abs 1 Nr 1 WEG; auch nach dem WEG aF bezog sich der BGH für die Pflicht ausdrücklich auf das Treueverhältnis zum Verband, BGHZ 163, 154, 175), ist diese in solchen Fällen **aktivlegitimiert**. Der daraus mittelbar im Vermögen der Eigentümer entstehende bloße **Reflexschaden** führt hingegen nicht zu einem eigenen Anspruch der übrigen Wohnungseigentümer. Dem stehen die Zweckwidmung des Gemeinschaftsvermögens und der Gleichbehandlungsgrundsatz entgegen (vgl dazu BGHZ 105, 121, 130 f zur AG). Das Vermögen der GdWE kann auch mit einem Haftungsschaden belastet sein; zur Passivlegitimation der GdWE bei pflichtwidrigem Stimmverhalten von Eigentümern s Rn 219. 215

216 Nicht abschließend geklärt ist die **Anspruchsgrundlage**. Das Gemeinschaftsverhältnis unterscheidet sich von Austauschverträgen, weshalb die Einordnung der Mitwirkungspflicht als Hauptleistungspflicht (Skauradszun NZM 2015, 273, 276) zu falschen Schlüssen führen kann. Bei der Anwendung der §§ 280 ff BGB muss auf die **Besonderheiten des Gemeinschaftsverhältnisses** Bedacht genommen und insb die Frage beantwortet werden, ob es um eine Leistung iSv § 280 Abs 2 und 3 BGB geht. So kann das Erfüllungsprogramm nicht gem § 281 BGB durch Fristsetzung abgebrochen werden. Der Ausschluss des primären Erfüllungsanspruchs gem § 281 Abs 4 BGB verträgt sich nicht mit dem Dauercharakter des Anspruchs auf ordnungsmäßige Verwaltung. Dieser ist unverjährbar, weil eine Maßnahme ständig der Durchführung bedarf, solange sie im Interesse einer ordnungsmäßigen Verwaltung notwendig ist (BGH ZMR 2012, 713 Rn 10). Andererseits geht der Mitwirkungsanspruch über eine Nebenpflicht hinaus, weshalb § 280 Abs 1 iVm § 241 Abs 2 BGB als Anspruchsgrundlage ausscheidet (zutr Skauradszun NZM 2015, 273, 276). Im Unterschied zu den Nebenpflichten, die auf Rücksichtnahme und Schutz fremder Rechtsgüter gerichtet sind, handelt es sich bei der Mitwirkungspflicht um einen (klagbaren) Anspruch, der der Verwirklichung des Gemeinschaftszwecks dient, der ordnungsmäßigen Verwaltung der Liegenschaft. Nach hM kann sich der Geschädigte daher auf **§ 280 Abs 2 BGB, § 286 BGB** stützen (BGHZ 202, 375 Rn 18; s auch BGH NJW 2012, 2955 Rn 6; OLG München ZMR 2009, 468; LG Saarbrücken ZMR 2013, 138; Abramenko, in: FS Merle [2010] 1, 3; Riecke/Schmid/Drabek/Graf § 21 Rn 38; Skauradszun NZM 2015, 273, 276 mwNw). Dafür könnte sprechen, dass typischerweise Verzögerungsschäden, also Posten geltend gemacht werden, die durch spätere Vornahme der geschuldeten Handlung, die oft parallel eingefordert wird, nicht mehr beseitigt werden. Allerdings erscheinen die Anforderungen des § 286 BGB auf die hier in Rede stehende Problematik nicht abgestimmt. Ein Mahnungserfordernis, der gesetzliche Regelfall, liegt fern (auch bei dem von Skauradszun NZM 2015, 273, 278 gebildeten Fall einer Zweitversammlung darf die Haftung nicht von einer eindeutigen und bestimmten Leistungsaufforderung abhängen). Vor allem aber ist zu berücksichtigen, dass der verpflichtete Eigentümer das Ausmaß seiner Pflicht, anders als ein Verkäufer, Werkunternehmer etc, nicht leicht feststellen kann. Die bloße Nichtleistung als Pflichtverletzung dürfte iErg haftungsverschärfend wirken (Skauradszun NZM 2015, 273, 277 f).

217 Nach hier vertretener Ansicht handelt es sich um einen Fall des **§ 280 Abs 1 BGB** (so auch BGH 23. 2. 2018 – V ZR 101/16 Rn 36, NJW 2018, 2550). Die gebotene Einschränkung des Haftungsrisikos erfolgt dabei auf der Stufe der **Pflichtwidrigkeit des Verhaltens** und nicht erst beim Verschulden, was Bedeutung für die **Beweislast** haben kann (§ 280 Abs 1 S 2 BGB). Im Ausgangspunkt hat der Eigentümer bei der Stimmrechtsausübung ein Ermessen (Rn 193) und ein dadurch gedecktes Verhalten kann per se nicht pflichtwidrig sein. Die Ermessensgrenzen sind sodann *ex ante* zu bestimmen. Eine haftungsauslösende Pflichtwidrigkeit ist nur gegeben, wenn **ein vernünftiger Eigentümer unter Berücksichtigung der konkreten Umstände ohne Weiteres**, dh ohne eigene Nachforschungen, **erkennen musste**, dass das ihm bei der Ausübung seiner Mitwirkungsrechte zustehende Ermessen reduziert ist. War einem Eigentümer etwa die Notwendigkeit einer bestimmten Verwaltungsmaßnahme mangels Information durch den Verwalter nicht bekannt, wirkt sich dies bereits auf das Pflichtenprogramm aus (anders Schmid MietRB 2015, 93, 94: Verschulden; ebenso nunmehr auch der BGH, s Rn 217a). Demgegenüber würde eine abstrakte, vom Kenntnisstand losgelöste Festlegung der Mitwirkungspflichten die Informationsbeschaffung letztlich in die Hände eines jeden

Eigentümers legen, obwohl sie nach dem WEG an sich Sache der GdWE, ausgeführt durch den Verwalter, ist. Der Einzelne, der befürchtet, die tatsächlichen Umstände nicht vollständig zu kennen, könnte sich genötigt sehen, zur Haftungsvermeidung für eine Maßnahme zu stimmen, was die Befugnis des Eigentümers, sein Stimmrecht grundsätzlich zum eigenen Vorteil auszuüben, empfindlich beschränkte. Ferner gefährdet das Haftungsrisiko die Bereitschaft, den Eigentümer bei der Ausübung des Stimmrechts zu vertreten (zum Abschreckungseffekt einer rigiden Haftung für die Stimmrechtsausübung s auch BGHZ 129, 136, 163 „Girmes"); denn der Vertreter, dem keine inhaltlichen Vorgaben gemacht wurden, müsste befürchten, von dem für das Vertreterverhalten haftenden (s Rn 221) Eigentümer bereits dann in Regress genommen zu werden, wenn er sich bei einer Abstimmung enthält. Die Haftung trifft nämlich nicht nur diejenigen, die gegen einen Beschlussantrag gestimmt haben (BGHZ 202, 375 Rn 21).

Auch der BGH hat die Probleme, die eine ausufernde Haftung für das Abstimmungsverhalten erzeugt, erkannt und bemüht sich um eine **Begrenzung**. Danach haben die Eigentümer ein pflichtwidriges Abstimmungsverhalten grundsätzlich nur zu vertreten, wenn sie mit der Einberufung **hinreichend deutlich** darüber **in Kenntnis gesetzt** worden sind, dass Instandsetzungsbedarf besteht und sich das schadhafte gemeinschaftliche Eigentum auf das Sondereigentum betroffener Wohnungseigentümer auswirkt (BGH 23. 2. 2018 – V ZR 101/16 Rn 77, NJW 2018, 2550). Nach der hier in Rn 217 vertretenen Ansicht handelt ein Eigentümer, der diese Informationen nicht besitzt, weil der Verwalter gegen seine Informationsbeschaffungs- und -übermittlungspflicht verstoßen hat, und daher der Versammlung fernbleibt, bereits nicht pflichtwidrig, was aber in der Sache regelmäßig nicht zu anderen Ergebnissen führen wird. Von dem nach § 280 Abs 1 S 2 BGB vermuteten Verschulden können sich die Wohnungseigentümer daher nach Ansicht des BGH dadurch entlasten, dass sie auf eine nicht genügende Unterrichtung in der Einberufung einer Eigentümerversammlung verweisen. Etwas anderes gelte, wenn ihnen die Umstände, die die Stimmpflicht begründen, bereits bekannt waren oder sie während der Eigentümerversammlung über diese unterrichtet wurden. Letzteres zeigt, dass das Haftungsrisiko für teilnehmende Eigentümer durchaus ein gesteigertes ist (s dazu auch Rn 218). Schließlich führt der BGH noch einen weiteren haftungsbegrenzenden Einwand an. Ändere ein Eigentümer sein Abstimmungsverhalten und stimme der Maßnahme auf einer weiteren Versammlung zu, sei er für den (weiteren) Schaden nicht verantwortlich, der durch einen gleichwohl nicht zustande gekommenen Beschluss über die Erhaltungsmaßnahme entsteht (BGH 23. 2. 2018 – V ZR 101/16 Rn 77, NJW 2018, 2550). **217a**

Man wird aber sogar noch einen Schritt weiter gehen müssen. Es genügt nicht, dass ein vernünftiger Wohnungseigentümer die Erforderlichkeit eines bestimmten Beschlusses erkennt, sondern er muss darüber hinaus erkennen können, dass seine **Teilnahme an der Versammlung erforderlich** ist, damit der Beschluss gefasst wird. Die Gegenposition, die die Eigentümer für teilnahmepflichtig hält (Skauradszun NZM 2015, 273, 277 in Fn 47 und 279), widerspricht der Rechtsprechung des BGH (BGHZ 202, 375 Rn 24: im Grundsatz keine Teilnahmepflicht; BGH NJW 2012, 2955 Rn 8; 23. 2. 2018 – V ZR 101/16 Rn 24, NJW 2018, 2550; Häublein ZWE 2015, 83) und würdigt den grundsätzlich individualnützigen Charakter der Mitwirkungsrechte zu wenig. Außerdem erlaubt die für die notwendigen Verwaltungsmaßnahmen regelmäßig geltende einfache Beschlussmehrheit eine Beschlussfassung auch bei geringer Präsenz (vgl dazu Jacoby ZWE 2014, 8, 11). Kein Eigentümer muss per se unterstellen, dass sich die auf der Versammlung anwe- **218** senden Eigentümer pflichtwidrig verhalten. Damit ist allerdings zugleich gesagt, dass abwesende Eigentümer und solche, die gegen eine Maßnahme stimmen oder sich enthalten, nicht notwendig gleichermaßen haften. Das folgt bereits daraus, dass anwesende Eigentümer dann über einen Erkenntnisvorsprung verfügen, wenn zB ein Fachmann auf der Versammlung die erforderlichen Maßnahmen darstellt. War dadurch zum Zeitpunkt der Abstimmung für sie erkennbar, dass nur ein positiver Beschluss ordnungsmäßiger Verwaltung entspricht, müssen sie diesem auch zustimmen. Ungeachtet dessen verletzt **bereits im Vorfeld der Versammlung** der Eigentümer seine Pflichten, der eine Mitwirkung an der ordnungsmäßigen Verwaltung **ernsthaft und endgültig verweigert**. Diese Voraussetzungen sind allerdings nur erfüllt, wenn es aus der Sicht eines redlichen Adressaten des Verhaltens ausgeschlossen erscheint, dass sich die betreffenden Eigentümer trotz Information über die Notwendigkeit einer Verwaltungsmaßnahme pflichtgemäß verhalten werden. Hier sind strenge Maßstäbe anzulegen, weil andernfalls die Versammlung als Ort der Willensbildung in den Hintergrund gedrängt zu werden droht. Derartige Fälle dürften eher selten sein (vgl aber den Sachverhalt BGHZ 202, 375 und dazu Häublein ZWE 2015, 83).

219 Mit diesen Einschränkungen ist dem BGH zu folgen, der die **Haftung** von Wohnungseigentümern für ihr Stimmverhalten **bejaht**, sofern diese **schuldhaft** nicht für die erforderliche Maßnahme gestimmt, zB sich enthalten haben (BGHZ 202, 375 Rn 21). Einer Beschränkung der Haftung auf Vorsatz (vgl § 117 AktG) oder grobe Fahrlässigkeit (vgl § 708 BGB) bedarf es angesichts der gesteigerten Anforderungen an die Pflichtwidrigkeit nicht. Es gilt § 276 Abs 2 BGB; **einfache Fahrlässigkeit** genügt, die vermutet wird (§ 280 Abs 1 S 2 BGB). **Anspruchsgegner** war nach dem WEG aF nicht die GdWE (dazu ausführlich zuletzt BGH 8. 6. 2018 – V ZR 125/17 Rn 13 ff, BGHZ 219, 60; s ferner BGHZ 202, 375 Rn 21 ff jeweils mwNw; Armbrüster/Kräher ZWE 2014, 1, 5 f; Elzer NZM 2012, 718, 719; Suilmann ZWE 2013, 82, 83), sondern der pflichtwidrig handelnde Wohnungseigentümer selbst. Nach der Reform des WEG durch das WEMoG, sind die Rechtsverhältnisse insofern neu geordnet, als **die GdWE** nunmehr im Mittelpunkt der Verwaltung steht (§ 18 Abs 1 WEG) und Rechtsbeziehungen der Eigentümer unter einander die Ausnahme sind (s § 14 Abs 1 und 2 WEG). Daher wird das pflichtwidrige Stimmverhalten der GdWE analog § 31 BGB **zugerechnet** (Dötsch/Schultzky/Zschieschack WEG-Recht 2020, Kap 13 Rn 19; Jennissen/Sommer/Heinemann § 18 WEG Rn 75, 82), weshalb dem geschädigten Eigentümer Ansprüche gegen diese zustehen (ganz hM; statt aller nur Becker/Schneider ZfIR 2020, 281, 298; Dötsch ZfIR 2020, 221, 225; Hügel/Elzer § 18 WEG Rn 86; Skauradszun ZRP 2020, 34, 35).

220 Das **wohnungseigentumsrechtliche System** der Beschlussanfechtung und -erzwingung **begrenzt die Haftung**. Wer es unterlässt, einen Beschluss anzufechten, lässt den gesetzlich vorgesehenen Rechtsbehelf ungenutzt. Die damit verfolgten Ziele (Gewährleistung von Rechtssicherheit und klarer Grundlagen für die Verwaltung) dürfen nicht durch spätere Liquidation von Schäden unterlaufen werden. Dabei geht es allerdings nicht um ein Konkurrenzverhältnis iS einer die Haftungsvorschriften verdrängenden *lex specialis* (so aber Abramenko, in: FS Merle [2010] 1, 6; Skauradszun NZM 2015, 273, 274 f, der dadurch zu Einschränkungen bei Negativbeschlüssen gezwungen wird, die sich mit der lex specialis-These kaum vertragen). Vielmehr sind die Wertungen der wohnungseigentumsrechtlichen Vorschriften über die Willensbildung bei der Anspruchsprüfung selbst zu berücksichtigen. Neben § 254 BGB (Derleder NJW 2012, 3132, 3133; Armbrüster/Kräher ZWE 2014, 1, 6 f) ist im Rahmen der Pflichtwidrigkeitsprüfung zu beachten, dass die unterlassene Anfechtung den Einwand ausschließt, die Beschlussfassung habe ordnungsgemäßer Verwaltung widersprochen (BGHZ 195, 22 Rn 16; WuM 2012, 399 = ZWE 2012, 218 Rn 9; für den umgekehrten Fall einer erfolgreichen Anfechtung s BGH NJW 2011, 2660 Rn 16). Es würde die Bestandskraft des Beschlusses aushebeln, wenn man die Ordnungsmäßigkeit des Abstimmungsverhaltens nach Ablauf der Anfechtungsfrist im Schadensersatzprozess in Frage stellen könnte. Allerdings hat der BGH offengelassen, ob er an dieser rigiden Sichtweise festhält (BGH 23. 2. 2018 – V ZR 101/16 Rn 42 f, NJW 2018, 2550; auf Rechtsmissbrauch abstellend BGH 14. 11. 2019 – V ZR 63/19 Rn 2, ZWE 2020, 78).

Entsendet ein Wohnungseigentümer einen **Dritten als Vertreter** zur Versammlung, 221 wird dieser grundsätzlich als sein **Erfüllungsgehilfe iSv § 278 BGB** tätig, weshalb es zu einer Zurechnung auch dieses pflichtverletzenden Verhaltens und des Verschuldens kommt (Schmid MietRB 2015, 93, 95; s ferner BGHZ 129, 136, 150 „Girmes" für die AG). Das gilt ebenso bei Vertretung durch den Erwerber einer Wohnung, selbst wenn dieser nach Nutzen-/Lastenwechsel bereits der wirtschaftlich Berechtigte ist; denn solange der Veräußerer Eigentümer ist, treffen ihn die Mitwirkungspflichten, denen er sich nicht durch Bestellung eines Vertreters entziehen kann. Sonderregelungen können dort zum Tragen kommen, wo der Dritte **kraft Amtes** das Stimmrecht ausübt (Rn 17 ff). So wird der Insolvenzverwalter zwar nicht als Erfüllungsgehilfe des Schuldners tätig, kann aber durch sein Verhalten Masseverbindlichkeiten gem § 55 Abs 1 Nr 1 InsO begründen, die den Eigentümer/Schuldner als Zuordnungssubjekt der Massegegenstände treffen.

bb) Haftung Dritter, insb von Stimmrechtsvertretern

Der **Vertreter**, der das Stimmrecht für den Eigentümer ausübt, ist nicht der Schuldner 222 des Mitwirkungsanspruchs und haftet daher grundsätzlich nur dem Vertretenen. Das Rechtsverhältnis zwischen ihm und dem Eigentümer, meistens ein Auftrag, entfaltet regelmäßig keine Schutzwirkung zugunsten der GdWE oder gar der übrigen Eigentümer (s BGHZ 129, 136, 167 ff „Girmes": keine Schutzbedürftigkeit der anderen). Durch die bloße Ausübung des Stimmrechts im Namen des Eigentümers erfüllt der Dritte ebenfalls nicht die Voraussetzungen des **§ 311 Abs 3 BGB**. Das gilt selbst dann, wenn er die Stimmrechte mehrerer Eigentümer ausübt und sein Einfluss auf die Willensbildung dadurch über den des einzelnen Eigentümers hinausgeht (BGHZ 129, 136, 170 ff „Girmes"). Möglich erscheint eine Haftung nach dieser Vorschrift aber, wenn der Vertreter, zB durch Diskussionsbeiträge, maßgeblich Einfluss auf das Abstimmungsverhalten anderer Eigentümer nimmt. Das erforderliche wirtschaftliche Eigeninteresse (s Staudinger/Feldmann [2018] § 311 BGB Rn 197) kann etwa beim Erwerber der Wohnung bestehen, der das Stimmrecht für den Eigentümer – nach hM ggf sogar im eigenen Namen (krit Rn 175) – ausübt. Ein besonderes persönliches Vertrauen werden die übrigen Eigentümer uU Vertretern entgegenbringen, die über besondere Sachkunde verfügen, zB als Fachleute auf rechtlichem oder technischem Gebiet (vgl etwa BGH NJW 1990, 1907; ZIP 1991, 1140; Staudinger/Feldmann [2018] § 311 BGB Rn 189). Nimmt der Dritte das **Stimmrecht kraft Amtes** wahr, sind etwaige Sondervorschriften zu beachten, für den Insolvenzverwalter etwa § 60 Abs 1 InsO.

5. Stimmverbote und Ruhen des Stimmrechts

a) Allgemeines

223 Während bewegliche Stimmrechtsschranken lediglich die Art und Weise der Stimmrechtsausübung beschränken (Rn 192), sollen die hier behandelten starren Schranken bereits die Ausübung des Stimmrechts verhindern. Es geht um **besonders schwerwiegende Beschränkungen** des zum Kernbereich zählenden Stimmrechts (Rn 7). Nicht zuletzt aus diesem Grund kann von den in § 25 Abs 4 Var 1 und 2 WEG geregelten Fällen **nicht** auf ein **allgemeines Stimmverbot bei Interessenkollision** geschlossen werden (einhM; statt aller: BGH ZMR 2014, 559 Rn 10; BayObLG ZMR 1998, 173 = WuM 1997, 565; Gottschalg NZM 2005, 88, 93; 2012, 271, 272; Riecke/Schmid/Riecke Rn 22). Nach Ansicht des BGH wäre ein sachgerechtes Zusammenwirken der Wohnungseigentümer nicht mehr sichergestellt, wenn jeder Interessenskonflikt zu einem Stimmrechtsausschluss führte (BGHZ 152, 46, 58 mHinw auf BGHZ 68, 107, 109 zum GesellR). Gleichwohl ist § 25 Abs 4 WEG keine abschließende Regelung. **Analogien sind zulässig** (dazu bereits Rn 8; zu pauschal Weitnauer/Lüke Rn 14) und werden – ebenso wie eine teleologische Reduktion – vom BGH vorgenommen (ZMR 2014, 559 Rn 10; ZMR 2017, 415 = ZWE 2017, 220; näher dazu Rn 233 f und 238). Der Wortlaut der Norm greift anerkanntermaßen an verschiedenen Stellen zu kurz, was etwa für die Beschränkung auf Wohnungseigentümer gilt (zum Ausschluss von Vertretern s Rn 106 sowie zur Unterbevollmächtigung Rn 158).

224 Die in § 25 Abs 4 WEG zusammengefassten Fälle unterscheiden sich hinsichtlich des Zwecks (s Rn 227, 235 sowie 240) und in ihren Rechtsfolgen. Während die ersten beiden Fälle in Abhängigkeit vom Gegenstand der Willensbildung, also punktuell, Stimmrechtsausschlüsse verfügen (Rn 226), ordnet die dritte Variante den vollständigen Ausschluss vom Stimmrecht an, ohne dass es auf den konkreten Beschlussgegenstand ankommt. Für diese Sachverhalte wird hier die verbreitete Bezeichnung **Ruhen des Stimmrechts** gewählt. Andere lehnen diese Terminologie ab (Drasdo, ETV Teil G Rn 64; Staudinger/Bub [2005] Rn 315), weil ein Ruhen stets die Möglichkeit eines Wiederauflebens des Stimmrechts impliziere. Abgesehen davon, dass es dazu durchaus kommen kann (s Rn 242), steht bei der hier gewählten Terminologie die umfassende Beschränkung des Stimmrechts und damit die Abgrenzung von den (punktuellen) Stimmverboten im Mittelpunkt.

225 **Andere Mitverwaltungsrechte**, wie das Anwesenheits-, Antrags- und Rederecht, bleiben grundsätzlich unberührt (Bärmann/Merle Rn 130; Kefferpütz 182; Niedenführ/Schmidt-Räntsch/Vandenhouten/Vandenhouten Rn 40, 45; zur Ladung vom Stimmrecht ausgeschlossener Eigentümer § 24 WEG Rn 9).

b) Stimmverbote als gegenstandsbezogene Stimmrechtsausschlüsse

226 Stimmverbote sind **gegenstandsbezogene**, mithin punktuelle Stimmrechtsausschlüsse. Die ersten beiden Varianten des § 25 Abs 4 WEG sehen solche Stimmverbote vor. In beiden geht es um den abstrakten (Rn 192) Schutz des Willensbildungsprozesses bei **typischen Interessenkollisionsfällen**. Obwohl stimmrechtsbeschränkende Regelungen grundsätzlich restriktiv ausgelegt werden (Rn 7), ist die Lückenhaftigkeit des § 25 Abs 4 WEG anerkannt, weshalb die Norm insbesondere durch entsprechende Anwendung anderer verbandsrechtlicher Regelungen ergänzt wird (s Rn 223 sowie Rn 239).

aa) Vornahme eines Rechtsgeschäfts mit dem Stimmrechtsinhaber (§ 25 Abs 4 Var 1 WEG)

Ein Wohnungseigentümer ist nicht stimmberechtigt, wenn die Beschlussfassung die Vornahme eines auf Verwaltung des gemeinschaftlichen Eigentums gerichteten Rechtsgeschäfts mit ihm betrifft. Als **Zweck des § 25 Abs 4 Var 1 WEG** wird das Verbot des In-sich-Geschäfts genannt (OLG Zweibrücken NZM 1998, 671; Jennissen/Schultzky Rn 115). Zudem wird die Norm als Ausdruck des Gedankens verstanden, dass kein Betroffener als Richter in eigener Sache tätig sein soll (KG NJW-RR 1989, 144; OLG Zweibrücken NZM 1998, 671), was vor allem bei Entlastungsbeschlüssen zum Tragen kommt (Rn 230). Der Hinweis auf das Verbot des Selbstkontrahierens darf allerdings nicht den Blick für die **Unterschiede** verstellen, die zwischen **§ 181 BGB** und § 25 Abs 4 WEG bestehen (s Rn 159 ff). Das Stimmverbot soll einerseits die GdWE und die übrigen Eigentümer, die regelmäßig wirtschaftlich (mittelbar) über den Verband an dem Geschäft beteiligt sind, vor dem Abschluss eines potenziell nachteiligen Rechtsgeschäfts bewahren. Andererseits schützt es aber auch das Gemeinschaftsverhältnis, insbesondere den Willensbildungsprozess, vor verbandsfremden Individualinteressen und erspart es den übrigen Eigentümern, den mit den Stimmen des Befangenen gefassten Beschluss anfechten zu müssen. 227

Der **persönliche Anwendungsbereich** ist entgegen dem Wortlaut der Norm nicht auf den Wohnungseigentümer als abstimmende Person beschränkt. **Dritten**, die das Stimmrecht als **Vertreter** ausüben und die Voraussetzungen des § 25 Abs 4 Var 1 WEG erfüllen, ist die Stimmabgabe ebenfalls versagt, es sei denn, die Vertretungsmacht wurde vom Eigentümer derart beschränkt, dass die Wahrnehmung von Eigeninteressen durch den befangenen Vertreter ausscheidet, weil die Entscheidung über die Art und Weise der Ausübung des Stimmrechts vom Eigentümer selbst getroffen wurde (Rn 106). Sinngemäß gilt das Gesagte ebenfalls für **Unterbevollmächtigte**, die allerdings auch dann vom Stimmrecht ausgeschlossen sind, wenn nicht sie selbst in einem Interessenkonflikt befangen sind, sondern nur der sie anweisende Hauptbevollmächtigte (s Rn 158). Ist bereits der **vertretene Eigentümer selbst** vom Stimmrecht ausgeschlossen, kommt weder Vertretung noch Untervertretung in Betracht (Rn 102). Bei Dritten, die **kraft Amtes** das Stimmrecht für den Eigentümer ausüben, zB als Insolvenz- oder Zwangsverwalter, ist nicht zu befürchten, dass sie sich den (Vermögens-)Interessen des Eigentümers unterordnen. Sie sind daher von einem Verbot in der Person des Eigentümers nicht betroffen, können aber selbst einem solchen unterliegen, wenn sie Partei eines Verwaltungsgeschäfts sind oder werden sollen (Bärmann/Merle Rn 159; Kefferpütz 118 f). Zum Stimmrechtsausschluss bei **Mitberechtigung an einer Einheit** s Rn 77. 228

„Rechtsgeschäft" iSd Stimmverbots sind nicht nur Verträge oder andere mehrseitige Geschäfte, sondern auch **einseitige Rechtsgeschäfte**, zB die Kündigung oder der Widerruf. Soll ein Rechtsgeschäft, das mit einem Wohnungseigentümer eingegangen wurde, genehmigt werden, zB weil der Verwalter bei dessen Abschluss als Vertreter ohne Vertretungsmacht handelte, unterfällt dieses einseitige Geschäft ebenfalls dem Stimmverbot, obwohl es nicht notwendig dem Eigentümer gegenüber vorgenommen werden muss (Staudinger/Bub [2005] Rn 273). **Rechtsgeschäftsähnliche Handlungen**, wie Mahnungen, Abmahnungen oder Fristsetzungen, werden ebenfalls erfasst (BGH NJW 1991, 172 zu § 47 GmbHG; best durch BGHZ 190, 45 Rn 14; Jennissen/Schultzky Rn 117). Daher gehört auch die Abnahmeerklärung iSd § 640 BGB hierher, selbst wenn man in die- 229 ser eine geschäftsähnliche Handlung sieht. Diese Auslegung trägt dem Umstand Rechnung, dass Sonderregelungen für diese Handlungen fehlen, weshalb die für Rechtsgeschäfte geltenden Vorschriften jedenfalls entsprechend anzuwenden sind, wenn der Normzweck dies erfordert (vgl etwa STAUDINGER/KLUMPP [2021] Vorbem 99 zu §§ 104 ff BGB). So liegt es hier, weil ausgeschlossen werden muss, dass der persönlich betroffene Eigentümer Rechtshandlungen verhindert, die im Gemeinschaftsinteresse liegen. Mit dem Grundsatz einer restriktiven Auslegung (Rn 7) ist das vereinbar, weil dieser eine teleologische Interpretation der Norm nicht ausschließt (s Rn 8, 223, 226).

230 Zu den **„auf Verwaltung des gemeinschaftlichen Eigentums gerichteten“** Geschäften gehören Kauf-, Werk-, Dienst- und Mietverträge, durch die ein Wohnungseigentümer (zum persönlichen Anwendungsbereich Rn 228) zum Vertragspartner der Gemeinschaft wird. Auch der Verwaltervertrag gehört grundsätzlich (s aber Rn 231) hierzu (RIECKE/SCHMID/RIECKE Rn 26). Besonders große praktische Bedeutung hat die **Entlastung**, bei der es sich nach hM um ein negatives Schuldanerkenntnis iSv § 397 Abs 2 BGB handelt (dagegen STAUDINGER/JACOBY § 26 WEG Rn 227). Verwalter-Eigentümer und Beiratsmitglieder unterliegen insofern einem Stimmverbot (BayObLG ZMR 1987, 191; OLG Karlsruhe ZMR 2008, 408; OLG Zweibrücken ZMR 2002, 786; RIECKE/SCHMID/RIECKE Rn 28; wohl einhM). Sie sind auch nicht berechtigt, andere Eigentümer zu vertreten (Rn 106; zur Möglichkeit, Untervollmacht zu erteilen s Rn 158). Auch beim Abschluss eines positiven Schuldanerkenntnisses der Gemeinschaft einem geschädigten Eigentümer gegenüber ist der Betroffene nicht stimmberechtigt (KG ZMR 2005, 570, 571). Bei einseitigen Geschäften oder geschäftsähnlichen Handlungen tritt, wie etwa bei der Abmahnung infolge gemeinschaftsschädlichen Verhaltens, häufig auch noch der Umstand hinzu, dass es um Maßnahmen aus wichtigem Grund geht. So liegt es auch in den Fällen des § 12 Abs 2 WEG (Rn 239).

231 Obwohl der Begriff der Verwaltung sehr weit ist (s STAUDINGER/LEHMANN-RICHTER § 18 WEG Rn 115), schränkt ihn die hM dort ein, wo der Stimmrechtsträger seine **„mitgliedschaftlichen Interessen“** wahrnimmt. Im Verbandsrecht wird in diesem Kontext auch von „körperschaftlichen Sozialakten“ gesprochen (BGHZ 190, 45 Rn 15). Für die rechtliche Bewertung kommt es maßgeblich darauf an, ob den **Schwerpunkt** der Angelegenheit die Verfolgung privater Sonderinteressen oder die Wahrnehmung „mitgliedschaftlicher Rechte“ bildet (BayObLGZ 2003, 254 = ZMR 2004, 209; JENNISSEN/SCHULTZKY Rn 123). Diese Kriterien sind nicht besonders scharf und die Grenze ist im Einzelfall schwer zu ziehen. Das zeigt sich bei der **Zustimmung zu baulichen Veränderungen**. Zunächst ging das BayObLG (BayObLGZ 1974, 269) von einem Stimmrechtsausschluss des bauwilligen Eigentümers aus, änderte diese Ansicht dann aber unter dem Eindruck der Entscheidung BGHZ 152, 46 (BayObLGZ 2003, 254 = ZMR 2004, 209; noch offen gelassen von BayObLG NZM 2000, 291). Freilich bedarf es hierfür keiner teleologischen Reduktion (vgl Rn 232), weil kein über den Beschluss hinausgehendes Rechtsgeschäft vorgenommen werden soll und der gestattende Beschluss selbst kein einseitiges Rechtsgeschäft dem Eigentümer gegenüber ist (zur Wahrnehmung „mitgliedschaftlicher“ Rechte bei Beschlüssen nach § 20 WEG s AG Schöneberg 29. 6. 2018 – 771 C 102/17, ZMR 2018, 959). Stimmberechtigt ist der Eigentümer auch bei **gebrauchsregelnden Beschlüssen**, die seine Einheit betreffen (BayObLG ZMR 1998, 173 = WuM 1997, 565; ZMR 2005, 561 GOTTSCHALG NZM 2012, 271, 272). Anders wird es bei **Vermietung von Gemeinschaftseigentum** an einen Eigentümer gesehen (JENNISSEN/SCHULTZKY Rn 126). Allerdings enthält auch dieser Beschluss die jedem Eigentümer zustehende Entscheidung darüber, wie das

gemeinschaftliche Eigentum genutzt werden soll, und der BGH ordnet derartige Beschlüsse gerade nicht dem Bereich der Verwaltung zu (BGHZ 144, 386). Die Beispiele verdeutlichen, dass ein Stimmrechtsausschluss nicht einfach dann angenommen werden kann, wenn die Regelung nur einzelne Eigentümer begünstigt; § 25 Abs 4 WEG schützt gerade nicht vor jeder Interessenkollision (s Rn 223; pauschal für Stimmrechtsausschluss bei Sonderrechten aber Bärmann/Merle Rn 135; Jennissen/Schultzky Rn 126; s dazu auch Rn 233). § 243 Abs 2 AktG zeigt, dass solchen **Sondervorteilen** auch durch ex post-Kontrolle Einhalt geboten werden kann. Die Wahrnehmung mitgliedschaftlicher Interessen unterliegt stets der **Missbrauchskontrolle**, was auch für das WEG gilt (Rn 192).

Kein verwaltungsbezogenes Rechtsgeschäft iSd § 25 Abs 4 Var 1 WEG sind insbe- **232**
sondere die **Bestellung oder Abberufung des Verwalters** (BGHZ 152, 46, 57 f; BayObLG WuM 1993, 488, 489; OLG Stuttgart OLGZ 1977, 433; OLG Hamm OLGZ 1978, 184, 187; ZMR 2008, 60; Bärmann/Merle Rn 137 ff). Der BGH betont, es wäre mit der Bedeutung des Stimmrechts nicht zu vereinbaren, wenn bei der Verwalterbestellung oder -abberufung das Stimmrecht des Eigentümers, der als Verwalter vorgesehen bzw bestellt ist, schlechthin ausgeschlossen würde. Der Verwalter sei nach der Eigentümerversammlung das wichtigste Organ der GdWE und die Auswahl einer fachlich qualifizierten und persönlich geeigneten Person mithin für alle Eigentümer von grundlegender Bedeutung (BGHZ 152, 46, 57). Obwohl der Abschluss, die Änderung und die Kündigung des Verwaltervertrages Rechtsgeschäfte iSv § 25 Abs 4 Var 1 WEG sind, sodass dem Wortlaut nach ein Stimmverbot für den Wohnungseigentümer, der zugleich Verwalter ist, besteht (Rn 228), wird diesem ein Stimmrecht dann zugestanden, die Norm also teleologisch reduziert, wenn über das **Rechtsgeschäft zugleich** mit der Bestellung oder Abberufung **beschlossen** wird. Damit soll eine Aushöhlung des die Verwalterbestellung/-abwahl einschließenden Stimmrechts durch Verbindung der Abstimmungsgegenstände verhindert werden (BGHZ 152, 46, 58; iErg ebenso bereits KG ZMR 2002, 862 als Vorinstanz). Der zur Ausübung des Stimmrechts **bevollmächtigte Verwalter** nimmt zwar keine eigenen Eigentümerinteressen wahr, unterliegt aber ebenfalls keinem Stimmverbot (näher Häublein ZWE 2012, 1, 15; ebenso Bärmann/Merle Rn 155). Das gilt erst recht bei „gebundenen Vollmachten" (OLG Schleswig ZMR 2006, 803). Die schutzwürdigen Belange der übrigen Eigentümer werden auch hier (s bereits Rn 231 aE) durch eine Missbrauchskontrolle gewahrt (BGHZ 152, 46, 58 f). Für die **(Ab-)Wahl des Verwaltungsbeirates** gilt das Gesagte sinngemäß (OLG Köln MietRB 2006, 322). Obwohl der Beirat in seiner Bedeutung für die Verwaltung hinter dem Verwalter zurückbleibt, besteht ein legitimes Interesse, das Amt gerade auch dann auszuüben, wenn ein Eigentümer infolge seiner überproportionalen Beteiligung über eine besonders hohe Stimmkraft verfügt (s auch Rn 161, zur Anwendung von § 181 BGB bei der Stimmrechtsvertretung).

Die Abgrenzung danach, ob der Schwerpunkt der Stimmrechtsausübung auf der **232a**
Wahrnehmung von „Mitgliedschaftsrechten" liegt oder vor allem „private Sonderinteressen" verfolgt werden (Rn 231), wird von den Instanzgerichten auch jenseits von Beschlüssen über Verwalterbestellungen/-abberufungen herangezogen. Angenommen wurde das etwa für einen Beschluss, der die Erhöhung von Entgelten für die Nutzung gemeinschaftlicher Stellplätze zum Gegenstand hatte (LG Landau [Pfalz] 18. 12. 2015 – 3 S 13/15, juris). Die Entscheidung über die **Konditionen einer Nutzung** des gemeinschaftlichen Eigentums betreffe die „Gemeinschaft als Ganzes". Einem Wohnungseigentümer, der zum Kreis der Stellplatzmieter zählt, sei die Mitwirkung nicht

deshalb zu versagen, weil die Beschlussfassung zugleich auf seinen persönlichen Rechtskreis einwirke. Der Schwerpunkt der Beschlussfassung liege in concreto auf einer allgemeinen Regelung der Höhe der Stellplatzgebühren für alle Stellplatzinhaber, ganz gleich, ob es sich um Eigentümer oder dritte Mieter handelt. Diese Ausdehnung der Judikatur des BGH ist **bedenklich**. Die teleologische Reduktion (Rn 232) wird von den zitierten Gerichten nicht hinreichend begründet, weil sie sich mit dem Zweck des einschlägigen Stimmrechtsausschlusses in § 25 Abs 4 WEG nicht auseinandersetzen. Derartige Beschlüsse bilden geradezu den Paradefall einer Entscheidung, bei der ein Eigentümer der Versuchung ausgesetzt ist, seine Privatinteressen über die der Gesamtheit der Eigentümer zu stellen. Mag die Auswahl eines Verwalters zu den wesentlichen, für die Geschicke einer Gemeinschaft prägenden Entschließungen zählen, die bei Abwägung der Interessen eine Reduktion des § 25 Abs 4 WEG rechtfertigt, liegen die Dinge bei der Entscheidung über die Höhe von Nutzungsentgelten doch jedenfalls anders. Die Orientierung an den Gemeinschaftsbelangen hat hier Vorrang und die **übrigen Eigentümer** sind davor **zu schützen**, dass eine Gruppe von Nutznießern ihre Sonderinteressen verfolgt. Letztere sind dadurch geschützt, dass sie von einer Fortführung des Mietvertrages absehen können.

233 Was die **Partei des Rechtsgeschäfts** anbelangt, so erfasst der Gesetzeswortlaut ebenfalls nur den Wohnungseigentümer („mit ihm"). Eine (familiäre, persönliche) Nahebeziehung zwischen dem Abstimmenden und dem Geschäftspartner genügt nicht (BGHZ 153, 285 zur GmbH; BayObLG ZMR 2002, 527; OLG Saarbrücken ZMR 1998, 50, 53; Bärmann/Merle Rn 154; Jennissen/Schultzky Rn 119; Niedenführ/Schmidt-Räntsch/Vandenhouten/Vandenhouten Rn 31; vgl auch Rn 234). Ebenso wenig reicht ein bloß mittelbares Interesse des Eigentümers am Abschluss des Geschäfts (OLG Düsseldorf NJW 2008, 3227). Erlangt der Eigentümer aber, ohne Vertragspartei zu sein, aus dem Geschäft eigene Ansprüche, wie bei einem **Vertrag zu Gunsten Dritter**, besteht ein Stimmverbot (Bärmann/Merle Rn 160). Für **Sicherungsgeschäfte** zugunsten des Eigentümers wird das ebenfalls vertreten (Bärmann/Merle Rn 161). Allerdings rechtfertigt der Hinweis auf ein privates Sonderinteresse des Eigentümers (wie Merle, ebenda, etwa auch Staudinger/Bub [2005] Rn 278) dieses Ergebnis nicht (s Rn 231 aE). Vielmehr handelt es sich um einen Größenschluss, weil ein Geschäft, von dem ein Eigentümer profitiert, ohne selbst zu einer Gegenleistung verpflichtet zu sein, aus der Perspektive der sich verpflichtenden GdWE besonders gefährlich ist.

234 In den Details ungelöste Probleme bereitet die **(gesellschafts-)rechtliche oder zumindest wirtschaftliche oder personelle Verflechtung** zwischen dem Stimmrechtsträger und der Partei des Geschäfts, für die eine mögliche analoge Anwendung des § 25 Abs 4 WEG im Grundsatz anerkannt ist. Hierzu zählen die Fälle, in denen eine Gesellschaft Wohnungseigentümer ist, das Geschäft aber mit deren Gesellschafter oder Geschäftsleiter abgeschlossen werden soll **(Fall 1)**. Ferner geht es um die (umgekehrten) Sachverhalte, in denen der Wohnungseigentümer Gesellschafter oder Geschäftsleiter des Vertragspartners ist **(Fall 2)**. Schließlich kommen Konstellationen in Betracht, in denen eine Person, die weder Wohnungseigentümer noch Vertragspartner ist, als Gesellschafter oder Geschäftsleiter Einfluss auf beide hat **(Fall 3)**. Bei der Lösung ist neben dem Grundsatz der restriktiven Auslegung (Rn 7), der es ausschließt, aus § 25 Abs 4 WEG einen allg Interessenkollisionstatbestand zu machen (Rn 223), zu bedenken, dass der Versammlungsleiter den Ausschluss feststellen können muss, um das zutreffende Beschlussergebnis ermitteln zu können (BGH ZMR 2017, 415 = ZWE 2017,

220 Rn 31; KEFFERPÜTZ 160). Unklare Kriterien, wie persönliche Nähe, reichen nicht (Rn 233). Selbst auf Ehegatten wird das Stimmverbot aus Gründen der Rechtssicherheit nicht erstreckt (BGHZ 56, 47, 54; 80, 69, 71 beide zum GesellR; anders etwa BayObLGZ 1992, 288 = WuM 1992, 709), weshalb es widersprüchlich ist, bereits eine räumliche Nähe für relevant zu halten (STAUDINGER/BUB [2005] Rn 279). Überwiegend wird für den **Fall 1** eine Interessenkollision, die dem gesetzlich geregelten Sachverhalt gleichkommt und ein Stimmverbot rechtfertigt, angenommen, wenn der Vertragspartner **auf die Willensbildung** in der Gesellschaft, der das Wohnungseigentum gehört, **entscheidenden Einfluss** hat (OLG Karlsruhe ZMR 2008, 408; s auch BGH ZIP 2009, 2194 f zum GesellR; KÜMMEL MietRB 2004, 249, 251). Es ist dann zu vermuten, dass er diesen Einfluss zum eigenen Vorteil einsetzen wird, was der § 25 Abs 4 Var 1 WEG zugrundeliegenden Vermutung entspricht. Anders liegen die **Fälle 2 und 3**, weil es für den persönlichen Vorteil des Wohnungseigentümers aus dem Geschäft, der den Interessenkonflikt iSd § 25 Abs 4 WEG hervorruft, nicht auf den Einfluss auf die Willensbildung der Gesellschaft ankommt. Gefordert wird eine Verbindung, die wirtschaftlich so stark ist, dass man das persönliche **Interesse** des Eigentümers dem des Unternehmens **völlig gleichsetzen** kann (BGHZ 68, 107, 109 zur GmbH; KG ZMR 1986, 94 zum WEG; dazu ferner OLG Frankfurt OLGZ 1983, 175; MietRB 2005, 234; HÜGEL/ELZER Rn 98). Jedenfalls ist eine Analogie geboten, wenn der Wohnungseigentümer den Vertragspartner beherrscht (OLG Oldenburg ZMR 1998, 195, 196; GRÜNEBERG/WICKE Rn 13). Eine (ggf enge) wirtschaftliche Verflechtung **genügt aber nicht** (LG Hamburg 2. 2. 2022 – 318 S 31/21, ZMR 2022, 400 = ZWE 2022, 276; **aA** BayObLG NJW 1993, 603; MünchKomm/HOGENSCHURZ Rn 42, der hierfür aber zu Unrecht BGH ZMR 2017, 415 = ZWE 2017, 220 Rn 19 anführt, weil dort auch von völliger Gleichsetzung der Interessen die Rede ist, was mehr als „enge Verflechtung" meint).

Der Beherrschung des Vertragspartners hat der **BGH** den Fall gleichgestellt, dass ein Wohnungseigentümer an der Gesellschaft **mehrheitlich beteiligt und deren Geschäftsführer** oder geschäftsführender Gesellschafter ist (BGH ZMR 2017, 415 = ZWE 2017, 220). Analog § 25 Abs 4 WEG sei er bei der Beschlussfassung über ein Rechtsgeschäft mit der Gesellschaft **(Fall 2)** jedenfalls dann nicht stimmberechtigt. Ausdrücklich offen gelassen hat er, wie zu entscheiden ist, wenn der Wohnungseigentümer nur entweder mehrheitlich beteiligt oder Geschäftsleiter ist (BGH ZMR 2017, 415 = ZWE 2017, 220). Bisweilen wird der Leitungsmacht eine besondere Bedeutung zugemessen (OLG Düsseldorf ZMR 1999, 60: zwei Gesellschaften haben identische Geschäftsführer und Anschriften) und auch der BGH betont die damit verbundenen Pflichten der Gesellschaft gegenüber (BGH ZMR 2017, 415 = ZWE 2017, 220). Dafür spricht, dass selbst ein angestellter Geschäftsleiter regelmäßig ein Eigeninteresse am Abschluss von Umsatzgeschäften hat. Im **Schrifttum** wird zum Teil nach der Gesellschaftsform und den sich daraus ergebenden Möglichkeiten, eigene Interessen durchzusetzen, differenziert (BÄRMANN/MERLE Rn 165 ff; s auch KEFFERPÜTZ 162 ff). Lehnt man die Analogie zu § 25 Abs 4 WEG hingegen ab, können die übrigen Eigentümer im Wege der Missbrauchskontrolle Schutz suchen (vgl Rn 28, 33 f). 234a

bb) Einleitung oder Erledigung eines Rechtsstreits (§ 25 Abs 4 Var 2 WEG)

Betrifft die Beschlussfassung die Einleitung oder Erledigung eines Rechtsstreits gegen einen Wohnungseigentümer, unterliegt dieser Eigentümer ebenfalls einem Stimmverbot. Es soll verhindert werden, dass der Prozessgegner auf das Ob und Wie der gegen ihn gerichteten Prozessführung Einfluss nehmen kann. Die Maxime, dass niemand als Richter in eigener Sache agieren kann, gehört auch (s Rn 227) bei dieser 235

Variante zum **Telos der Norm** (Jennissen/Schultzky Rn 115; Kräher ZWE 2014, 178); die Willensbildung soll von privaten Sonderinteressen freigehalten werden (LG Stuttgart ZWE 2010, 468). Der BGH betont, die Mitwirkung an der auf das Verfahren bezogenen Willensbildung führe zur Gefahr, dass eine **sachgerechte Klärung** der zur gerichtlichen Überprüfung gestellten Streitgegenstände **erschwert oder** gar **verhindert** würde, sei es, dass schon keine Klage erhoben wird, sei es, dass sachgerechte Anträge nicht gestellt werden oder der Rechtsstreit in sonstiger Weise nicht mit dem nötigen Nachdruck betrieben wird (BGHZ 191, 198 Rn 11; ZMR 2014, 559 Rn 11). Der Stimmrechtsausschluss knüpft daher an die Person an, selbst wenn das Verfahren nur eine von mehreren Wohnungen des Eigentümers betrifft, zB ein Beschluss über die Entziehung nach § 17 WEG (LG Hannover NdsRpfl 1992, 119; Bärmann/Merle Rn 152). Zum **persönlichen Anwendungsbereich** Rn 228.

236 Um diesem Zweck zu genügen, werden die Begriffe **„Einleitung und Erledigung eines Rechtsstreits"** eher **weit ausgelegt**. Ausgeschlossen ist eine Beteiligung an der Abstimmung über alle Beschlussgegenstände, die verfahrensbezogene Maßnahmen betreffen, worunter insbesondere Beschlüsse über die Einleitung des Rechtsstreits, die Art und Weise der Prozessführung und die Frage der verfahrensrechtlichen Beendigung fallen (BGHZ 191, 198 Rn 11; ZMR 2014, 559 Rn 11). Neben dem Erkenntnis- und Mahnverfahren gilt die Norm für das Vollstreckungsverfahren und für den einstweiligen Rechtsschutz sowie für ein schiedsgerichtliches Verfahren (Jennissen/Schultzky Rn 127). Ihr Anwendungsbereich erfasst nicht nur Verfahren nach § 43 Abs 2 WEG. Sowohl auf ein selbständiges Beweisverfahren (BayObLG ZMR 1998, 44 = WuM 1997, 700) als auch auf die Entscheidung über das Einlegen eines (Anschluss-)Rechtsmittels oder andere prozessrechtliche Maßnahmen, zB eine Streitverkündung, sowie die Prozessstrategie (LG Stuttgart ZWE 2010, 468), findet das Verbot Anwendung. Die Willensbildung im Stadium der **Vorbereitung des Verfahrens** wird ebenfalls geschützt. Das betrifft etwa den vorbereitenden Beschluss über eine Entziehung nach § 17 WEG (s Rn 235 aE; BGH, Urt. v 14. 7. 2017 – V ZR 290/16 Rn 11, NJW 2018, 552 sowie BayObLG NJW 1993, 603 mHinw auf BayObLGZ 1983, 109, 112 jew zu § 18 Abs 3 WEG aF; zu diesem nicht mehr explizit normierten Beschluss Staudinger/Lehmann-Richter [2023] § 17 WEG Rn 75) oder das Einholen von Gutachten, zB zur Vorbereitung eines Gewährleistungsprozesses, oder die Mandatierung eines Rechtsanwalts (OLG Köln ZMR 2004, 299, 300; Weitnauer/Lüke Rn 22). Der bloße Vorbehalt rechtlicher Schritte genügt aber nicht, um dem Eigentümer sein Stimmrecht zu nehmen (BayObLG ZMR 1998, 504 = WuM 1998, 567 zu einem Beschluss über den Gebrauch einer Einheit; s dazu auch Rn 231). Hiervon ist wiederum der Fall zu unterscheiden, dass *in eventu* über ein gerichtliches Vorgehen beschlossen wird, etwa der Verwalter beauftragt wird, den Anspruch aus § 14 Abs 1 Nr 2 WEG gegen einen Eigentümer durchzusetzen, wenn dieser den Zutritt zu seiner Wohnung verweigern sollte. Hier besteht ein Stimmverbot. Selbst die Entscheidung über die **Finanzierung des Rechtsstreits** soll vom Einfluss des Opponenten frei sein, auch wenn dieser an der Sonderumlage beteiligt wird (BayObLG NJW 1993, 603; ZMR 1998, 44 = WuM 1997, 700), und ferner der Beschluss über die Erhebung einer Sonderumlage, um eine Sicherheit leisten zu können, die Voraussetzung für die Vollstreckung ist (BayObLG ZMR 2001, 826 = WuM 2001, 406). Der Verfahrenserledigung dienen bspw Klagerücknahme, Verzicht, Anerkenntnis und Vergleich.

237 Gegenstände, die kein verfahrensrechtliches Verhalten betreffen, werden hingegen **nicht vom Verbot erfasst** (BGHZ 191, 198 Rn 12). Das gilt auch dann, wenn der Beschlussgegenstand Auswirkungen auf den Rechtsstreit hat oder haben kann, weil er die materielle Rechtslage ändert, zB weil dem Eigentümer das streitgegenständliche Verhalten gestattet werden soll (vgl BayObLG ZMR 1998, 173 = WuM 1997, 565).

Der Rechtsstreit muss **„gegen ihn"**, dh gegen einen Wohnungseigentümer geführt werden, wobei es aber nicht darauf ankommt, ob mit ihm gerade in dieser Eigenschaft gestritten wird (BGHZ 106, 222, 229 zum Eigentümer-Verwalter; Bärmann/Merle Rn 151). Ursache des Rechtsstreits kann zB eine vertragliche Beziehung zu den Wohnungseigentümern (Bauträgerprozess) oder der GdWE sein. Da neben der Einleitung auch die Erledigung eines Rechtsstreits betroffen ist, hat der BGH zu Recht erkannt, dass das Stimmverbot eingreift, wenn sich der Wohnungseigentümer **in der Rolle des Klägers oder Antragsstellers** befindet, weil die Parteirolle sub specie des Normzwecks irrelevant ist (BGH ZMR 2014, 559 Rn 13 ff). Der Stimmrechtsausschluss erfasst **sämtliche Streitgenossen** des Wohnungseigentümers, um deren mittelbare Einwirkung zu verhindern (LG München I ZMR 2011, 324). Das Stimmrecht des Wohnungseigentümers hängt also davon ab, ob in demselben Verfahren gestritten wird oder ob getrennte Verfahren geführt werden (Niedenführ/Schmidt-Räntsch/Vandenhouten/Vandenhouten Rn 30). Insoweit besteht ein Ermessen der Eigentümermehrheit, das freilich einer Missbrauchskontrolle unterliegt. Beschließen die Wohnungseigentümer, einen Rechtsstreit gegen einen **von ihnen und einen Dritten** einzuleiten, dann ist der Wohnungseigentümer vom Stimmrecht auch insoweit ausgeschlossen, als der Dritte verklagt werden soll (BayObLG ZMR 1998, 44 = WuM 1997, 700). Ein Stimmrechtsausschluss soll aber nicht bestehen, wenn **allein der Mieter eines Eigentümers** verklagt werden soll (vgl OLG Düsseldorf 21. 3. 2022 – I-9 U 25/21, ZWE 2022, 320 Rn 31). **238**

Auf die zu § 25 Abs 5 WEG aF von der hM angenommene analoge Anwendung, wenn der Rechtsstreit **mit der GdWE** geführt wird (BGH ZMR 2014, 559 Rn 10 f), kommt es heute nicht mehr an, weil der Wortlaut des § 25 Abs 4 WEG durch das WEMoG an die Prozessbeteiligung der GdWE, insbesondere bei Beschlussklagen, angepasst wurde (BT-Drucks 19/18791, 73). Der im Vergleich zu früher weite Wortlaut erfasst auch Klagen zwischen den Wohnungseigentümern, wobei eine Beschlussfassung etwa dann in Betracht kommt, wenn die GdWE die Durchsetzung von Rechten, die nach § 9a Abs 2 WEG bei ihr liegt, einem oder mehreren Wohnungseigentümern überlassen hat. **238a**

cc) Stimmverbot bei Maßnahmen aus wichtigem Grund

Infolge der teleologischen Reduktion des § 25 Abs 4 Var 1 WEG (Rn 232) folgt aus dieser Vorschrift kein Stimmverbot für den Eigentümer-Verwalter, wenn über die außerordentliche Kündigung des Verwaltervertrages aus wichtigem Grund entschieden wird. Auch von der Abstimmung über seine Abberufung aus dem Verwalteramt aus wichtigem Grund ist er infolge des „mitgliedschaftlichen Interesses" (Rn 231) nicht ausgeschlossen. Der BGH schließt diese Lücke durch eine Gesamtanalogie. In den §§ 712 Abs 1, 737 BGB, §§ 117, 127, 140 HGB komme der **allgemeine Rechtsgedanke** zum Ausdruck, dass das Mitglied einer Personenvereinigung nicht beteiligt sein soll, wenn über Maßnahmen zu entscheiden ist, die die Gemeinschaft ihm gegenüber aus wichtigem Grund vornehmen will (BGHZ 152, 46, 59; Merle, Bestellung und Abberufung des Verwalters [1977] 36 f; für Stimmberechtigung des Verwalters aber noch OLG Stuttgart OLGZ 1977, 433, 434). Andernfalls handelte der Eigentümer als „Richter in eigener Sache", was vermieden werden soll (KG ZMR 2002, 862 = WuM 2002, 387; vgl auch Rn 227). **239**

Davon ist auch die Abstimmung über die Versagung der **Zustimmung zur Veräußerung gem § 12 Abs 2 WEG** betroffen. In derartigen Fällen scheidet auch eine Vertretung von Eigentümern aus (Rn 106).

c) Ruhen des Stimmrechts

aa) Ruhen nach rechtskräftigem Entziehungsurteil (§ 25 Abs 4 Var 3 WEG)

240 Wurde ein Wohnungseigentümer formell rechtskräftig (§ 705 ZPO) zur Veräußerung seines Wohnungseigentums (s § 17 Abs 4 WEG) verurteilt („Entziehungsurteil"), ist er nicht mehr berechtigt, sich an der Abstimmung zu beteiligen. Der **Zweck der Vorschrift** besteht nicht wie bei den ersten beiden Varianten des § 25 Abs 4 WEG darin, einer Interessenkollision entgegen zu wirken (s bereits Rn 76). Auf den Gegenstand der Willensbildung kommt es insoweit überhaupt nicht an (Rn 224). Nach verbreiteter Meinung geht es vielmehr darum, dem Verurteilten den Einfluss auf die Willensbildung zu nehmen, weil er nur noch für die Dauer der vollstreckungsrechtlichen Umsetzung der Entziehungsentscheidung zur Gemeinschaft gehört und nicht mehr mit deren Schicksal verbunden ist (Bärmann/Merle Rn 186; Kefferpütz 187). Die Gefahr einer Laissez-faire-Haltung besteht in diesem Stadium gewiss. Allerdings ist fraglich, ob das als Begründung für die erhebliche Einschränkung in die Rechtsposition des Noch-Eigentümers ausreicht. Immerhin ist auch ein Veräußerer nur noch „Eigentümer auf Abruf", ohne dass ihm das Stimmrecht *ex lege* genommen wird. Es ist daher zu Recht darauf hingewiesen worden (Kefferpütz 187 und 192), dass mit der Verurteilung die Unzumutbarkeit der Fortsetzung der Gemeinschaft feststeht; es gilt freilich der Vorbehalt nachträglicher Erfüllung (s Rn 242). Dieser unzumutbare Zustand soll abgekürzt werden. Dabei mag es inkonsequent erscheinen, dem Eigentümer andere Mitverwaltungsrechte nicht zu nehmen (Rn 225), da bereits die bloße Anwesenheit auf der Versammlung eine Belastung der Miteigentümer bedeuten kann. Indes ist zu bedenken, dass der Verurteilte noch von den Verwaltungsentscheidungen betroffen und zu deren Anfechtung berechtigt ist. Daher werden ihm die Mitverwaltungsrechte nicht gänzlich genommen. Sollte er, zB durch Redebeiträge oder obstruktive Anträge, stören, kann der Versammlungsleiter adäquate Ordnungsmaßnahmen treffen. Daher ist eine Beschränkung auf das Stimmrecht angemessen. Ungeklärt ist, ob die Norm zugleich **Sanktionscharakter** hat.

241 Unter Berücksichtigung dieses Zwecks folgt für den **persönlichen Anwendungsbereich**: Ein Zwangsverwalter ist trotz Verurteilung des Eigentümers stimmberechtigt; s Rn 22. Für Insolvenz- und Nachlassverwalter gilt das ebenfalls (Kefferpütz 196; Riecke/Schmid/Riecke Rn 40). Andere Dritte, die ihre Befugnis vom Eigentümer ableiten, wie insbesondere Vertreter, können das ruhende Stimmrecht hingegen nicht ausüben (Bärmann/Merle Rn 190). Bei Mitberechtigung mehrerer Personen an einem Wohnungseigentum ruht nur das Stimmrecht derjenigen, die verurteilt sind (Rn 76). Schließlich kann der verurteilte Eigentümer nicht andere Eigentümer vertreten (Rn 106). Gerade diese Rechtsfolge erweist sich nur dann als zweckkonform, wenn man beim Telos nicht allein auf das baldige Ausscheiden fokussiert; denn grundsätzlich kommen als Vertreter auch Dritte in Betracht (Rn 105), die mit dem Schicksal der Gemeinschaft in keiner Weise verbunden sind (Bärmann/Merle Rn 191 im Anschluss an Kefferpütz 192).

242 Der verurteilte Eigentümer kann die Vollstreckung **abwenden**, insbesondere durch Zahlung der Rückstände, wenn die Entziehung die Folge einer Betragssäumnis ist.

Dieses in § 19 Abs 2 iVm § 18 Abs 2 Nr 2 WEG aF bis zum Zuschlag explizit vorgesehene Recht wurde durch das WEMoG zwar gestrichen, jedoch besteht die Abwendungsbefugnis als Ausprägung des Grundsatzes von **Treu und Glauben** fort (s unter Hinweis auf BGH 14. 9. 2018 – V ZR 138/17 Rn 23 ff, WuM 2018, 728 die RegBegr BT-Drucks 19/18791, 58). Sind die Voraussetzungen für eine Abwendung der Vollstreckung (dazu Staudinger/Lehmann-Richter [2023] § 17 WEG Rn 65) erfüllt, kann sich der Verurteilte mit der Klage nach § 767 ZPO gegen die Vollstreckung verteidigen (Hügel/Elzer § 17 WEG Rn 35; Kefferpütz 190). Dann **lebt** auch das Stimmrecht **wieder auf**, wobei ungeklärt ist, ob hierfür allein der Ausgleich der offenen Forderungen reicht. Führt dieses dazu, dass die Fortsetzung des Gemeinschaftsverhältnisses mit dem Verurteilten nicht mehr unzumutbar ist, was nicht stets der Fall sein muss, dürfte dem Eigentümer das Stimmrecht bereits in dem Augenblick wieder zustehen, in dem die Erfüllungswirkung eingetreten ist, selbst wenn keine Vollstreckungsabwehrklage erhoben wurde (s Drasdo, ETV Teil G Rn 64). Der auf das Vorliegen einer rechtskräftigen Entscheidung abstellenden Gegenposition (Staudinger/Bub [2005] Rn 320) ist zuzugeben, dass über die vollständige Erfüllung Unklarheit herrschen kann. Dennoch ginge es zu weit, den Eigentümer in eine Klage nach § 767 ZPO zu drängen und ihm das Stimmrecht während dieses Verfahrens zu nehmen. Vorzugswürdig und das Stimmrecht weniger beschränkend ist es, wenn man es dem vom Versammlungsleiter nicht zur Abstimmung zugelassenen Verurteilten versagt, sich auf einen unzulässigen Ausschluss vom Stimmrecht zu berufen (s zu dessen gravierenden Folgen Rn 246), sofern er selbst für die Unklarheit verantwortlich ist, etwa durch Zahlung kurz vor der Versammlung. Das Stimmrecht lebt ferner bei Wiedereinsetzung (§ 233 ZPO) oder Wiederaufnahme (§ 578 ZPO) auf, da diese die formelle Rechtskraft überwinden (Bärmann/Merle Rn 187; Kefferpütz 188 f).

bb) Ruhen des Stimmrechts bei Erwerb der Einheit durch die Gemeinschaft

Erwirbt die GdWE eine Sondereigentumseinheit in der eigenen Anlage (zur Zulässigkeit eines solchen Erwerbs Staudinger/Jacoby [2023] § 9a Rn 61) ruht das Stimmrecht in entsprechender Anwendung des § 71b AktG (Häublein, in: FS Seuß [2007] 125, 139). Dadurch werden unangemessene Verschiebungen der Mehrheitsverhältnisse vermieden. 243

cc) Vereinbarungen über das Ruhen des Stimmrechts und sog Blockstimmrecht

Infolge der Bedeutung des Stimmrechts für die Wahrnehmung der Eigentümerbefugnisse (Rn 7) werden privatautonome Vereinbarungen über das Ruhen des Stimmrechts kritisch gesehen. Das gilt etwa für eine **Modifizierung des in § 25 Abs 4 WEG** geregelten Falles dahin, dass bereits auf den **Beschluss**, die Entziehung durchzuführen, abgestellt wird; denn anders als die rechtskräftige Entscheidung bietet dieser keine Gewähr für das Vorliegen eines hinreichenden Grundes, weshalb die Vereinbarung **unwirksam** ist (KG ZMR 1986, 127; Bärmann/Merle Rn 198; Niedenführ/Schmidt-Räntsch/Vandenhouten/Vandenhouten Rn 44). Eine Vorverlagerung der Sanktion bewirken im Ergebnis auch solche Vereinbarungen, die bereits bei **gravierenden Zahlungsrückständen** einen Stimmrechtsausschluss vorsehen. Da derartige Vereinbarungen unwirksam sind (dazu Rn 8), kommt auch eine das Ruhen auslösende Beschlussfassung nicht in Betracht (**aA** Niedenführ/Schmidt-Räntsch/Vandenhouten/Vandenhouten Rn 45). Demgegenüber sind Vereinbarungen, die dem Eigentümer das Stimmrecht erhalten, zB trotz Verurteilung, unbedenklich, kommen aber selten vor. 244

245 Zugelassen werden ferner sog **Blockstimmrechte**. Dabei geht es um die Zuweisung der Entscheidungskompetenz an die Eigentümer eines bestimmten Teils der Immobilie, insb weil es sich um einen selbständigen Baukörper handelt, was für die übrigen bedeutet, dass sie insoweit vom Stimmrecht ausgeschlossen sind (dazu bereits Rn 8b). Um eine rechtsgeschäftliche Regelung handelt es sich dabei nur in dem Ausmaß, in dem man nicht bereits *ex lege* eine Beschränkung des Stimmrechts für den Fall anerkennt, dass einzelne Eigentümer vom Beschlussgegenstand nicht betroffen sind. Im Anschluss an das BayObLG (NJW 1962, 492, 493) wird das in der Tat verbreitet angenommen (BayObLG DNotZ 1985, 414; OLG Zweibrücken ZWE 2005, 111 = ZMR 2005, 908; OLG Düsseldorf ZMR 2005, 897; OLG München ZMR 2007, 391; Weitnauer/Lüke § 23 WEG Rn 10: st Rspr und als unstreitig anerkannt). Das neuere Schrifttum steht dem aber, iErg zutreffend, überwiegend ablehnend gegenüber, weil das WEG nicht auf einem „Betroffenheitsstimmrecht" basiert (Hügel NZM 2010, 8, 14; Rüscher ZWE 2011, 308, 309; Schultzky ZMR 2011, 521). Abgesehen von dieser Kontroverse muss die Praxis berücksichtigen, dass die Rechtsfähigkeit der GdWE jedenfalls dort zu einem Betroffensein aller Eigentümer führt, wo eine Verwaltungsmaßnahme einer Umsetzung durch die Gemeinschaft bedarf und deren Haftung begründet (Häublein ZWE 2010, 149, 153 ff). Dieser Umstand muss auch bei der Auslegung entsprechender Vereinbarungen über ein Blockstimmrecht berücksichtigt werden (s dazu auch § 23 WEG Rn 356 ff). Zu Teilversammlungen der Inhaber der Blockstimmrechte s § 24 WEG Rn 25 f. Sofern aber die Vereinbarung über die Blockstimmrechte das Regelungsziel einer möglichst weitgehenden Verselbständigung der Eigentümer in den einzelnen Gebäuden hinreichend deutlich zum Ausdruck bringt, was in der Praxis oft der Fall ist, spricht dies nach Ansicht des BGH dafür, ein Betroffensein der übrigen Eigentümer nicht allein deswegen anzunehmen, weil Beschlüsse einer Untergemeinschaft von der Gemeinschaft insgesamt umgesetzt werden müssen, was zur Haftung aller Eigentümer gem § 9a Abs 4 WEG führt. Dieses Haftungsrisiko erachtet der BGH als eher gering, sofern im Innenverhältnis eine Kostentragung durch die zur Untergemeinschaft gehörenden Eigentümer vereinbart ist (BGH 10. 11. 2017 – V ZR 184/16 Rn 17 ff, NJW 2018, 1309); s dazu auch Rn 8b sowie § 23 Rn 356a

d) Rechtsfolgen bei Verstoß

246 Gibt der Eigentümer, der vom Stimmrecht ausgeschlossen ist, seine Stimme ab, ist diese **unwirksam**. Hat der Versammlungsleiter sie mitgezählt, ist der Beschluss zwar nicht nichtig (OLG Düsseldorf WuM 1998, 437). Er kann aber erfolgreich angefochten werden, wenn sich der Zählfehler auf das Abstimmungsergebnis ausgewirkt hat (vgl Rn 142). Auf die Kausalität kommt es aber nicht an, wenn der Versammlungsleiter **zu Unrecht von einem Stimmrechtausschluss ausgeht**, zB weil er eine entsprechende Vereinbarung für wirksam hält. In diesen Fällen wird dem Eigentümer das Stimmrecht rechtswidrig entzogen, was den Beschluss grundsätzlich per se anfechtbar macht (s BGH NJW 2011, 679 Rn 10 mHinw auf BGHZ 160, 385, 391 f; zur sog Relevanztheorie Dötsch/Hogenschurz NZM 2010, 297, 302 f sowie § 24 WEG Rn 112 ff). Eine Ausnahme ist vor dem Hintergrund des Schutzzwecks dieses Rechtssatzes aber dann zu machen, wenn der zu Unrecht vom Stimmrecht Ausgeschlossene zu erkennen gegeben hat, mit dem Beschluss einverstanden zu sein (OLG Köln MietRB 2006, 322 zur Wahl des Beirats). Diese Ausnahme ist zwar rechtsdogmatisch nicht leicht zu begründen, in der Sache aber vollkommen überzeugend. Denkbar ist es, nur demjenigen, in dessen Stimmrecht eingegriffen wurde, das Recht zuzugestehen, sich auf die Relevanztheorie zu stützen. Dafür spräche, dass es um die Relevanz des konkreten Rechts geht. Lehnt man dies

ab, weil grundsätzlich jeder Eigentümer zur Anfechtung berechtigt ist (Staudinger/Lehmann-Richter § 44 WEG Rn 203), kann es immerhin noch treuwidrig sein, wenn ein anderer Eigentümer sich auf einen ihn nicht in seinen Rechten verletzenden Mangel beruft und die übrigen Eigentümer aus diesem formalen Grund erneut beschließen müssen.

IV. Beschlussfähigkeit der Wohnungseigentümerversammlung

1. Abschaffung von § 25 Abs 3 und 4 WEG aF durch das WEMoG

§ 25 Abs 3 und 4 WEG aF enthielten bis zum 30. 11. 2020 Vorgaben für die Beschlussfähigkeit der Versammlung, wobei Abs 4 die stets beschlussfähige sog Zweit- oder Wiederholungsversammlung betraf (ausf zu diesen Vorschriften s Staudinger/Häublein [2018]). Das WEMoG hat diese Normen aufgehoben mit der Folge, dass **seit dem 1. 12. 2020 jede Wohnungseigentümerversammlung beschlussfähig** ist. Damit stärkt der Gesetzgeber die Funktionsfähigkeit der Versammlung (BT-Drucks 19/18791, 73 unter Hinweis auf den Abschlussbericht der Bund-Länder-Arbeitsgruppe zur Reform des WEG, ZWE 2019, 430, 450 f). Die durchaus kontroverse Neuregelung gewichtet die widerstreitenden Belange also anders als bisher: Die Gefahr von Minderheitsentscheidungen weniger anwesender Wohnungseigentümer wird in Kauf genommen und dem Interesse der erschienenen Eigentümer an einer effektiven, die Ressourcen für eine Zweitversammlung sparenden Willensbildung untergeordnet (zum Kompromisscharakter des alten Rechts s Staudinger/Häublein [2018] § 25 Rn 236 ff). Damit bewegt sich das geltende Recht auf der Linie des nie Gesetz gewordenen **Referentenentwurfs** zum WEG vom 22. 9. 1950 (PiG 8 157 ff), der vollkommen auf Einschränkungen der Beschlussfähigkeit verzichtete (s den Hinw auf § 32 Abs 1 S 2 BGB in der Begr des Regierungsentwurfes zu § 22 WEG-E; PiG 8 181). 247

Rechtsvergleichende Betrachtungen zeigen, warum der vom WEMoG eingeschlagene Weg kontrovers diskutiert wurde. In Art 712p Abs 1 ZGB hat der **Schweizer Gesetzgeber** die Beschlussfähigkeit der Versammlung der Stockwerkeigentümer von der Präsenz der „Hälfte aller Stockwerkeigentümer, die zugleich zur Hälfte anteilsberechtigt ist", abhängig gemacht; außerdem müssen mindestens zwei Eigentümer anwesend oder vertreten sein. Die Mindestpräsenz wird also sowohl durch den Anteilswert, dh kapitalistisch, als auch durch die „anwesenden Köpfe", also personalistisch, bestimmt. Damit steigt letztlich die Bedeutung derjenigen, die kleine Anteile halten, was wiederum eine gewisse demokratische Mindestlegitimation der Eigentümerentscheidung betont. Die Stärkung der Position des Einzelnen durch das Schweizer Recht erfährt ihre Fortsetzung in Art 712p Abs 2 und 3 ZGB. Die Zweitversammlung darf nicht vor Ablauf von zehn Tagen stattfinden und ist nur beschlussfähig, wenn ein Drittel der Stockwerkeigentümer – mindestens aber wiederum zwei – repräsentiert ist. Außerdem geht die hM davon aus, dass eine rechtsgeschäftliche Herabsetzung des Quorums zumindest bei der Erstversammlung ausgeschlossen ist (s BaselerKomm/Gäumann/Bösch ZGB II [7. Aufl 2023] Art 712p Rn 3 mwNw). 248

Auf ganz andere Weise werden Minderheitsentscheidungen in **Österreich** vermieden. 249
§ 25 WEG 2002 enthält keine Vorgaben über die Beschlussfähigkeit. Dafür ist gem § 24 Abs 4 S 1 WEG 2002 für eine positive Beschlussfassung grundsätzlich die Mehrheit der nach MEA berechneten Stimmen erforderlich. Es handelt sich dabei **nicht**

um die **Versammlungsmehrheit**, sondern um die aller Eigentümer. Damit ist klar, dass die in § 25 Abs 3 WEG aF aufgestellten Anforderungen bei einem positiven Versammlungsbeschluss erfüllt sein müssen, weil anders die erforderliche Mehrheit nicht zu erreichen ist. Durch die WEG-Novelle 2022 hat der Gesetzgeber vorsichtig auch eine relative Mehrheit zugelassen, nämlich die Mehrheit von zwei Dritteln der abgegebenen Stimmen. Allerdings muss diese Mehrheit überdies zumindest ein Drittel aller Miteigentumsanteile erreichen (§ 24 Abs 4 S 2 WEG 2002). Das zeigt, dass der Gesetzgeber auch hier, anders als in Deutschland, eine demokratische Mindestlegitimation der Entscheidungen sicherstellen möchte. Die dem deutschen Recht vergleichbare Lösung einer Zweitversammlung, die im Gesetzgebungsverfahren zum WEG 2002 vorgeschlagen worden war, wurde demgegenüber nicht Gesetz (s HAUSMANN/VONKILCH/LÖCKER, Österr WohnR WEG [4. Aufl 2017] § 25 öWEG Rn 22; zur Neuregelung der WEG-Novelle 2022 s WALCH wohnrechtliche Blätter [wobl] 2022, 127, 127 f).

250 Während § 25 Abs 4 S 2 WEG aF noch einen **Hinweis auf die** von einer Mindestpräsenz gelöste **Beschlussfähigkeit** anordnete, sieht das geltende Recht eine solche Warnung (s zum Ziel des Hinweises STAUDINGER/HÄUBLEIN [2018] § 25 Rn 275) **nicht mehr** vor, was angesichts der Tatsache, dass es sich nicht mehr um eine Ausnahme handelt, folgerichtig ist (zur Empfehlungen, einen entsprechenden Hinweis in der Übergangszeit vorzusehen s HÄUBLEIN ZWE 2021, 103 f).

2. Verbleibende Anforderungen an die Beschlussfähigkeit, insb bei Bestehen entsprechender Vereinbarungen

251 Eine Versammlung iSd WEG setzt voraus, dass **wenigstens ein Wohnungseigentümer** anwesend oder durch einen Vertreter repräsentiert ist (BÄRMANN/MERLE Rn 118). Im Übrigen kann die Beschlussfähigkeit nach dem WEG aF noch in Altverfahren, deren Gegenstand eine **Beschlussfassung vor dem 1. 12. 2020** ist, von Bedeutung sein. Allerdings ist davon auszugehen, dass diese Verfahren die Praxis kaum noch beschäftigen; denn ein Verstoß gegen die Präsenzanforderungen des § 25 Abs 3 WEG aF machte den Beschluss nicht nichtig, sondern nur **anfechtbar** (einhM; BGH NJW 2009, 2132 Rn 28; ZWE 2016, 176 = ZMR 2016, 382 Rn 19; BayObLG WuM 1993, 488; OLG Köln ZMR 1996, 576; WEITNAUER/LÜKE Rn 2). Der Einwand kann daher nur in Anfechtungsverfahren erhoben werden, die regelmäßig bis zum Ende des Jahres 2020 anhängig zu machen waren. Für die wenigen verbleibenden Fälle ist auf die Vorauflage zu verweisen.

252 Von deutlich größerer praktischer Relevanz sind **vereinbarte Anforderungen an die Beschlussfähigkeit**. Dabei geht es zum einen um Vereinbarungen aus der Zeit **nach dem Inkrafttreten des WEMoG**. Nach dem **Grundsatz des § 10 Abs 1 S 2 WEG** können die Eigentümer Voraussetzungen für die Beschlussfähigkeit vereinbaren. Da die Interessenbewertung, die dem WEMoG zugrundliegt (s Rn 247) von der Bewertung in Nachbarrechtsordnungen deutlich abweicht (s Rn 248 f), liegt die Annahme nicht fern, dass manche Errichter von Gemeinschaftsordnungen der Zulassung von Minderheitsentscheidungen auf jeder Versammlung skeptisch gegenüberstehen werden. Sie könnten durch Übernahme der Abs 3 und 4 des § 25 WEG aF dafür sorgen, dass die Rechtsfragen im Zusammenhang mit der Beschlussfähigkeit (zur Erstversammlung s STAUDINGER/HÄUBLEIN [2018] Rn 247 ff und zur Zweitversammlung STAUDINGER/HÄUBLEIN [2018] Rn 270 ff) dauerhaft relevant bleiben. Allerdings ist zu beachten, dass entsprechende Vereinbarungen nicht per se im gleichen Sinne auszulegen sind, wie die alten gesetzlichen Regelungen. Das gilt erst recht, wenn sie sprachlich vom alten Recht abweichen.

Besonders weit verbreitet sind Regelungen zur Beschlussfähigkeit in **Altvereinbarungen**, womit solche aus der Zeit vor dem 1. 12. 2020 gemeint sind. Ob sie fortgelten richtet sich nach § 47 WEG (s hierzu und zum Folgenden STAUDINGER/WOBST § 47 WEG Rn 13 ff). **Grundsätzlich** gelangt danach **das neue Recht zur Anwendung**, sodass die entsprechenden Vereinbarungen obsolet sind (s § 47 S 2 WEG). Der nach § 47 S 1 WEG zu prüfende Vorrangwille zugunsten der Vereinbarung fehlt jedenfalls dort, wo § 25 Abs 3 WEG aF lediglich wiederholt wird. Dort, wo es Abweichungen gibt, dienen diese häufig dazu, die Willensbildung zu erleichtern. Besonders weit verbreitet sind Vereinbarungen, bei denen für das anwesende Quorum auf die Stimmberechtigung verzichtet wird, sodass es einfacher zu erreichen ist, als das in § 25 Abs 3 WEG aF vorgesehene (s hierzu das Beispiel bei HÄUBLEIN ZWE 2021, 103, 104). Auch bei solchen erleichternden Vereinbarungen kann von einem hinreichend deutlichen Vorrangwillen nicht ausgegangen werden. In manchen Gemeinschaftsordnungen ist ferner vorgesehen, dass jede Versammlung beschlussfähig ist, die Ladung aber einen entsprechenden Hinweis enthalten muss. Diese **vereinbarte Hinweispflicht** besteht nicht fort, weil sie in Altvereinbarungen vor dem Hintergrund des § 25 Abs 4 S 2 WEG aF erfolgt ist und nicht mit der notwendigen Gewissheit festgestellt werden kann, dass diese Hinweispflicht auch ohne die Geltung des § 25 Abs 3 und 4 WEG aF vereinbart worden wäre. 253

Praktisch eher selten sind **Vereinbarungen**, die das **Quorum**, verglichen mit dem WEG aF, **heraufsetzen**, etwa auf zwei Drittel der MEA oder die – wie im Schweizer Recht (Rn 248) – weitere Anforderungen an die Präsenz stellen, zB neben „mehr als der Hälfte der MEA“ etwa auch mehr als die Hälfte der Eigentümer fordern (s zur Ermittlung des Quorums nach Köpfen LG Nürnberg-Fürth 5. 7. 2016 – 14 S 6933/15, ZMR 2017, 95). Wenig diskutiert sind auch Fälle, in denen selbst für eine Zweitversammlung ein Quorum vorgesehen ist. Existiert in einer Gemeinschaftsordnung eine solche Vereinbarung, in der sich die Verfasser für (noch) strengere Anforderungen an die Beschlussfähigkeit entschieden haben, liegt es näher anzunehmen, dass sie an diesen Anforderungen erst recht festgehalten hätten, wenn sie die Möglichkeit der Aufhebung der gesetzlichen Regelungen bedacht hätten. Solche Vereinbarungen **gelten daher fort** (wie hier etwa BÄRMANN/MERLE Rn 121; DÖTSCH/SCHULTZKY/ZSCHIESCHACK WEG-Recht 2020, Kap 16 Rn 9; JENNISSEN/SCHULTZKY Rn 5). Insofern gelten die Ausführungen der Vorauflage, etwa zu der Frage, wann die Beschlussfähigkeit vom Versammlungsleiter festzustellen ist (STAUDINGER/HÄUBLEIN [2018] Rn 261 ff) oder welche Auswirkungen Fehler auf die gefassten Beschlüsse haben (STAUDINGER/HÄUBLEIN [2018] Rn 268 f, auch zur Darlegungs- und Beweislast bei der Beschlussmängelklage). 254

§ 26 WEG
Bestellung und Abberufung des Verwalters

(1) Über die Bestellung und Abberufung des Verwalters beschließen die Wohnungseigentümer.

(2) Die Bestellung kann auf höchstens fünf Jahre vorgenommen werden, im Falle

der ersten Bestellung nach der Begründung von Wohnungseigentum aber auf höchstens drei Jahre. Die wiederholte Bestellung ist zulässig; sie bedarf eines erneuten Beschlusses der Wohnungseigentümer, der frühestens ein Jahr vor Ablauf der Bestellungszeit gefasst werden kann.

(3) Der Verwalter kann jederzeit abberufen werden. Ein Vertrag mit dem Verwalter endet spätestens sechs Monate nach dessen Abberufung.

(4) Soweit die Verwaltereigenschaft durch eine öffentlich beglaubigte Urkunde nachgewiesen werden muss, genügt die Vorlage einer Niederschrift über den Bestellungsbeschluss, bei der die Unterschriften der in § 24 Abs 6 bezeichneten Personen öffentlich beglaubigt sind.

(5) Abweichungen von den Absätzen 1 bis 3 sind nicht zulässig.

Materialien: BR-Drucks 75/51, 24; BT-Drucks 7/62, 8; BT-Drucks 16/887, 34; BT-Drucks 16/3843, 26; BT-Drucks 19/18791, 74; BT-Drucks 19/22634, 45 f.

Schrifttum

Abramenko, Zur Haftung des Verwalters für unterlassene und falsche Beschlussfeststellung, ZWE 2004, 140
ders, Parteien und Zustandekommen des Verwaltervertrags nach der neuen Rechtsprechung zur Teilrechtsfähigkeit der Wohnungseigentümergemeinschaft, ZMR 2006, 6
ders, Die gerichtliche Verwalterbestellung ohne Anrufung der Eigentümerversammlung, ZMR 2009, 429
ders, Die Abmahnung des Verwalters vor der Abberufung aus wichtigem Grund, ZWE 2012, 250
ders, Die Vertretung der Gemeinschaft durch den Verwalter, ZWE 2020, 253
Armbrüster, Parallelen zwischen Wohnungseigentumsrecht und Gesellschaftsrecht, in: FS Wenzel (2005) 85
ders, Gesellschaft bürgerlichen Rechts kein Verwalter, ZWE 2006, 181
ders, Der Verwalter als Organ der Gemeinschaft und Vertreter der Wohnungseigentümer, ZWE 2006, 470
ders, Verbände als Verwalter nach dem WEG, NZM 2012, 369
Bachmann, Abberufung des Verwalters und Verwaltervertrag, ZWE 2022, 246
Bader, Aktuelle Fragen der Verwalterbestellung, in: FS Seuß (1987) 1
Bauriedl, Die Haftung des WEG-Verwalters für verzögerte, unterlassene und mangelhafte Instandsetzungsmaßnahmen, ZMR 2006, 252
Becker, Die Bestellung des Verwalters, WE 1997, 303
ders, Die Anfechtung des Abberufungsbeschlusses durch den abberufenen Verwalter, ZWE 2002, 211 u 2003, 162
ders, Der Rechtsschutz des Verwalters gegen Abberufung und Kündigung des Verwaltervertrages, ZWE 2002, 567
ders, Umwandlung von Verwaltungsunternehmen – Kontinuität im Verwalteramt?, in: FS Merle (2010) 51
ders, Verbraucherwiderruf des Verwaltervertrags?, NZM 2016, 249
Becker/Kümmel, Die Grenzen der Beschlusskompetenz der Wohnungseigentümer, ZWE 2001, 128
Belz, Anfechtung der Verwalterbestellung und der Verwalterabberufung, WE 1998, 322, 369 = ZdWBay 1998, 359

BERTRAM, Maklerprovision auch in Verflechtungsfällen sichern (1995)
BIELEFELD, Aushandeln und Abschluß des Verwaltervertrages durch den Verwaltungsbeirat, DWE 2001, 129
ders, Sorgfaltspflichten des Verwalters als Haftungsmaßstab, in: FS Deckert (2002) 17
BOGEN, Die Amtsniederlegung des Verwalters im Wohnungseigentumsrecht (2002)
ders, Die Niederlegung des Amtes durch den Verwalter im Wohnungseigentumsrecht, ZWE 2002, 153
ders, Bestellung und Anstellung des Verwalters im Wohnungseigentumsrecht, ZWE 2002, 289
BONIFACIO, WEG-Reform – Möglichkeiten der Bestellung eines Notverwalters, MietRB 2007, 216
ders, Die Einsetzung eines Notverwalters nach der WEG-Reform, MDR 2007, 869
BRIESEMEISTER, Bestellung des Wohnungseigentumsverwalters durch einstweilige Verfügung, NZM 2009, 64
ders, Verwalterabberufung wegen Versäumnissen bei der Beschluss-Sammlungsführung: Regelfall oder doch nur (ermessensgebundene) Ausnahme?, NZM 2013, 344
BRINK, Datenschutz und Datensicherheit beim Verwalterwechsel, ZWE 2014, 149
BRUNS, Verwalterbestellung mittels gerichtlicher Anordnung, ZWE 2022, 67
BUB, Verwalteraufgaben und Verwalterhaftung, PiG 30 (1989) 15 = WE 1988, 180 u 1989, 10
ders, Berufsbild und Berufsförderung des Verwalters von Wohnungseigentum, PiG 42 (1993) 155
ders, Beschränkung der Verwalterbestellung durch Übertragung der Zustimmungsberechtigung im Falle der Veräußerung gem § 12 WEG, NZM 2001, 502
CASSER, Nachwirkende Pflichten des ausgeschiedenen Verwalters, ZWE 2014, 157
ders, Irrungen und Wirrungen der Rechtsprechung zu Zusatzvergütungen in Verwalterverträgen, ZWE 2018, 102
DECKERT, Die Haftung des Verwalters, DWE 1983, 66
ders, Aufgaben und Haftung des Verwalters bei großen Instandhaltungs- und Instandsetzungsmaßnahmen sowie Möglichkeiten vertraglicher Haftungsbeschränkung, PiG 30 (1989) 37
ders, Erweiterung der Befugnisse des Verwalters durch Verwaltervertrag, ZWE 2003, 247
DÖTSCH, Darlegungs- und Beweislast bei der Anfechtungsklage des Verwalters gegen seine Abberufung aus wichtigem Grund, ZWE 2011, 305
DRABEK, Verwalterabberufung – Beendigung des Verwaltervertrages – Amtsniederlegung, WE 1998, 162, 216
ders, Ende der Verwalterbestellung – Auswirkungen auf den Verwaltervertrag, AnwZert MietR 5/2009
DRASDO, Verwaltervertrag und -vollmacht (1997)
ders, Eine neue Chance der „Gesellschaft bürgerlichen Rechts“ als Verwalterin von Wohnungseigentümergemeinschaften, ZMR 1999, 303
ders, Die Renaissance der Gesellschaft bürgerlichen Rechts als Wohnungseigentumsverwalterin, NZM 2001, 258
ders, Beschränkung der Abberufung des Verwalters auf einen wichtigen Grund, NZM 2001, 923
ders, Die Bestellung des Verwalters in der Gemeinschaftsordnung, RNotZ 2008, 87
ders, Pflicht des Verwalters zur Herausgabe einer aktuellen Eigentümerliste, NZM 2009, 724
ders, Die Informationspflichten des Wohnungseigentumsverwalters, ZMR 2013, 81
ders, Die Erstbestellung des Verwalters, ZfIR 2013, 279
ders, Verwalters Haftung für die Kosten eines erfolgreichen Beschlussanfechtungsverfahrens, NZM 2019, 132
ELZER, Zur gerichtlichen Entscheidung über die Wiederwahl eines WEG-Verwalters, ZMR 2001, 418
ders, Die gerichtliche Bestellung eines Notverwalters nach §§ 26 Abs 3, 43 Abs 1 Nr 3 WEG, ZMR 2004, 229
ders, Das Anfechtungsrecht des Verwalters bei seiner Abberufung – neue Aspekte, ZWE 2006, 332
ders, Der Beschluss über den Verwaltervertrag und AGB-Kontrolle, AnwZert MietR 16/2010
ders, Aufwendungsersatzansprüche des Verwalters, ZWE 2011, 207

ders, Informationspflichten des WEG-Verwalters, MietRB 2013, 192
Förster, Verwaltervertrag und Verwaltungsvergütung nach dem WEMoG, ZWE 2021, 155
Fritsch, Die vorzeitige Beendigung des Verwaltungsverhältnisses im Wohnungseigentum, ZMR 2005, 829
Frohne, Die Haupt- und Nebenpflichten des Verwalters vor Amtsantritt und nach Amtsende, NZM 2002, 242
Furmans, Verwaltervertrag und AGB-Gesetz – nicht notwendig ein Widerspruch, NZM 2000, 985
dies, Klauselkontrolle von Verwalterverträgen, NZM 2004, 201
Ganten, Prozessuale und inhaltliche Fragen zur Schadenshaftung des Verwalters, PiG 36 (1992) 97 = WE 1992, 122
Göhmann, Der WEG-Verwalter in der notariellen Praxis, RNotZ 2012, 251
Gottschalg, Die Haftung von Verwalter und Beirat in der Wohnungseigentümergemeinschaft (3. Aufl 2009)
ders, Gerichtliche Bestellung des Verwalters, PiG 54 (1998) 111 = WE 1998, 242 = ZdWBay 1998, 246
ders, Die Übertragung von Kompetenzen der Wohnungseigentümer auf Verwalter und Verwaltungsbeirat, ZWE 2000, 50
ders, Durchsetzung der Verwaltergebühren, NZM 2000, 473
ders, Rückabwicklung aufgehobener Wohnungseigentumsbeschlüsse, NZM 2001, 113
ders, Die Abberufung des Verwalters und die Beendigung/Kündigung des Verwaltervertrages, DWE 2001, 85
ders, Rechtliche Möglichkeiten und Grenzen der Vergütungsgestaltung, ZWE 2002, 200
ders, Verkehrssicherungspflichten des Wohnungseigentumsverwalters, NZM 2002, 590
ders, Haftungsrisiken des WEG-Verwalters bei der Entscheidung über die Zustimmung zur Veräußerung, in: FS Deckert (2002) 161
ders, Typische Haftungsrisiken des WEG-Verwalters, NZM 2003, 457
ders, Zur Haftung des Verwalters für fehlerhafte oder unterlassene Beschlussfeststellung, ZWE 2005, 32
ders, Amtsniederlegung des WEG-Verwalters, in: FS Wenzel (2005) 159
ders, Inhaltliche Gestaltung von Verwalterverträgen nach der WEG-Novelle, NZM 2009, 217
ders, Verwalteraufgaben und Risiken bei der Fassung von Eigentümerbeschlüssen auf der Grundlage der neuen Beschlusskompetenzen, in: FS Merle (2010) 131
Greiner, Das Verhältnis des Verwalters zur rechtsfähigen Gemeinschaft und zu den Wohnungseigentümern, ZWE 2020, 260
ders, Zum Abschluss des Verwaltervertrages, ZWE 2008, 454
ders, Belegeinsicht im Wohnungseigentumsrecht, NZM 2011, 464
ders, Das Verhältnis des Verwalters zur rechtsfähigen Gemeinschaft und zu den Wohnungseigentümern, ZWE 2020, 260
ders, Die Ein-Personen-Wohnungseigentümergemeinschaft in der Verwaltungspraxis, ZWE 2022, 258
ders, Die gerichtliche Inhaltskontrolle von Beschlüssen, oder: Wer bestimmt, was ordnungsmäßiger Verwaltung entspricht?, in: FS Riecke (2019) 133
ders, Einstweilige Verfügung zur Verhinderung einer rechtswidrigen Beschlussfassung? Keine gute Idee!, ZMR 2021, 560
ders, Wie lange müssen WEG-Verwaltungsunterlagen aufbewahrt werden?, ZMR 2018, 131
Haas, Haftung des Verwalters einer Wohnungseigentümergemeinschaft (2007)
Hadding, Die Rechtsstellung des Verwalters zwischen Verband und Wohnungseigentümern, ZWE 2012, 61
Häublein, Verwalter und Verwaltungsbeirat – einige aktuelle Probleme, ZMR 2003, 233
ders, Verwalterentlastung im Wohnungseigentumsrecht, NJW 2003, 1293
ders, Drittwirkung der Verwalterpflichten, ZWE 2008, 1 ff, 80 ff
ders, Die Rechts- und Handlungsfähigkeit der Gemeinschaft der Wohnungseigentümer, insbesondere als Gesellschafterin, ZWE 2017, 429
ders/Scheffler, Anregung einstweiliger Anordnung im Rahmen der Anfechtung der Verwalterbestellung, ZfIR 2002, 332
Heinemann, Verwalterverträge – Inhaltskontrolle einzelner Klauseln, MietRB 2008, 317 u 348

ders, Das Recht des Miteigentümers auf Verwalterbestellung, MietRB 2013, 224
Henze, Praktische Hinweise zur Bestellung eines Notverwalters, DWE 1987, 66 = ZMR 1987, 247
Hitpass, Der Winterdienst – ewiger Streitpunkt im Vermieter-/Mieterverhältnis, ZdWBay 2002, 502
Hogenschurz, Die Bestellung eines WEG-Verwalters mithilfe des Gerichts, AnwZert MietR 1/2011
Hügel, Die Gesellschaft bürgerlichen Rechts als Verwalter nach dem WEG, ZWE 2003, 323
ders, Der Verwalter als Organ des Verbands Wohnungseigentümergemeinschaft und als Vertreter der Wohnungseigentümer, ZMR 2008, 1
Jacoby, Das private Amt (2007)
ders, Die Inhaltskontrolle des Verwaltervertrags, in: FS Derleder (2015) 235
ders, Die Wohnungseigentümergemeinschaft als Verbraucherin, ZWE 2022, 306
ders, Geltendmachung der Verwalterhaftung für Kosten eines Anfechtungsstreits, ZWE 2019, 120
ders, Zum Abschluss des Verwaltervertrages, ZWE 2008, 327
ders, Grundfragen des Verwaltervertrages, in: FS Merle (2010) 181
ders, Aufgaben/Befugnisse des Verwalters – § 27 Abs 1 bis 3 WEG, ZWE 2012, 418
ders, Verbraucherschutz – Widerrufsrecht bei Verwalterverträgen, ZWE 2016, 68
ders, Das Ermessen im WEG, ZWE 2023, 16
ders/Mehde, Die Neuregelung zur Verwalterabberufung im Lichte des Verfassungsrechts, ZMR 2021, 625
ders/Lehmann-Richter/Weiler, Die AGB-Kontrolle der Verwaltervergütung im Spiegel der höchstrichterlichen Rechtsprechung zu Bankentgelten, ZMR 2018, 181
Jennissen, Die Auswirkungen der Rechtsfähigkeit auf die innengemeinschaftlichen Beziehungen der Wohnungseigentümer, NZM 2006, 203
ders/Schmidt, Der WEG-Verwalter (2. Aufl 2010)
Köhler, Die Herausgabe von Verwaltungsunterlagen – ein Aspekt bei der Übernahme der Wohnungseigentumsverwaltung, ZWE 2002, 255
Kopp, Die Rechtsnachfolge bei Verschmelzung einer Verwaltergesellschaft, ZWE 2014, 244
Lehmann-Richter, Die verwalterlose Wohnungseigentümergemeinschaft, ZWE 2022, 61
ders, Die Übertragung von Entscheidungskompetenzen im Verwaltervertrag am Beispiel der Vermögensverwaltung, ZWE 2015, 193
ders, Die magischen drei Angebote, oder: Information als Rechtmäßigkeitsvoraussetzung eines Wohnungseigentümerbeschlusses, in: FS Riecke (2019) 287 = ZMR 2021, 868
Löhlein, Maklerprovision für Verwalter von Wohnungseigentum!?, NZM 2000, 119
Lotz-Störmer, Stimmrechtsausübung und Stimmrechtsbeschränkung im Wohnungseigentumsrecht (1993)
Lüke, Beendigung des Verwalterverhältnisses, PiG 51 (1997) 195 = WE 1997, 164
ders, Die Insolvenz des Verwaltungsunternehmens, in: FS Seuß (2007) 165
ders, Vermietung von Sondereigentum unter Berücksichtigung der Aufgaben des Verwalters, ZWE 2004, 291
Maroldt, Verwalterbestellung nach Vorauswahl der Kandidaten durch den Verwaltungsbeirat, ZWE 2002, 172
Meissner, DIN EN ISO 9000 ff, Qualitätsmanagement und Zertifizierung für Immobilienverwaltung, DIV 1996 Heft 3, 19
Merle, Bestellung und Abberufung des Verwalters nach § 26 WEG (1977)
ders, Zur Anfechtung der Abberufung durch den abberufenen Verwalter, in: FS Weitnauer (1980) 195
ders, Zu den Rechten und Pflichten des Verwalters nach Beendigung seiner Rechtsstellung, ZWE 2000, 9
ders, GO und Rechtsstellung des Verwalters, ZWE 2001, 145
ders, Zur ersten Bestellung des Verwalters nach der Begründung von WE, ZWE 2007, 233
Müller, Bauträger und Immobilienverwalter, ZWE 2002, 391
ders, Unwirksame Sondervergütungsbestimmung im Verwaltervertrag, NZM 2003, 307
Niedenführ, Zahlungsanspruch der Wohnungseigentümer gegen den früheren Verwalter bei ungeklärten Abhebungen vom Treuhandkonto, NZM 2000, 270
Ott, Anfechtung des Beschlusses über die Verwalterbestellung, ZMR 2007, 584

Pelzl, Zahlungsanspruch der Wohnungseigentümer gegen den früheren Verwalter bei ungeklärten Abhebungen vom Treuhandkonto, NZM 2000, 270
ders, Vollmacht des Verwaltungsbeirates zum Abschluss des Verwaltervertrages, NZM 2001, 517
Reichert, Unberechtigte Amtsniederlegung aus wichtigem Grund, ZWE 2002, 438
ders, Rechte und Pflichten des ausgeschiedenen Verwalters, ZWE 2005, 173
Reuter, Die Anfechtung von Beschlüssen der Wohnungseigentümer durch den Verwalter, ZWE 2001, 286
Röll, Verwalterbestellung nur auf zwei Jahre?, WE 1989, 114
Rüssel, Betriebswirtschaftliche Kalkulation der Verwaltergebühren, WE 1998, 424
Sauren, Verwaltervertrag und Verwaltervollmacht im Wohnungseigentum (4. Aufl 2009)
ders, Verwaltervertrag, Allgemeine Geschäftsbedingungen und Schuldrechtsmodernisierung, in: FS Deckert (2002) 427
ders, WEG-Verwalter (4. Aufl 2009)
Schäfer, Kann die GbR Verwalter einer Wohnungseigentümergesellschaft sein?, NJW 2006, 2160
Scheffler, Verwalterbestellung durch den aufteilenden Eigentümer, AnwZert MietR 11/2011
Scheuer, Aufgaben des neuen Verwalters nach Übernahme der Verwaltung, ZWE 2014, 152
Schmid, Wo können Mieter und Wohnungseigentümer Belegeinsicht nehmen?, MietRB 2011, 261
ders, Gesellschaften als Wohnungseigentumsverwalter, NZG 2012, 134
ders, Die Vollmachts- und Ermächtigungsurkunde des Wohnungseigentumsverwalters, IMR 2012, 220
F Schmidt, Sondereigentumsverwaltung durch den Verwalter, ZWE 2000, 506, 513
ders, Verwalterbestellung durch schriftlichen Beschluss, ZWE 2015, 105
J Schmidt, Zusatztätigkeiten des Wohnungseigentumsverwalters – Verwaltung von Sondereigentum –, PiG 44 (1995) 109 = WE 1995, 49
J-H Schmidt, Grenzen zulässiger Rechtsdienstleistungen durch den WEG-Verwalter (2012)
Schneider, Zur Eintragung des WEG-Verwalters in einem Zentralgrundbuch, ZWE 2003, 339
Schultzky, Der Verwalter als Gemeinschaftsorgan – Neue Rechte und neue Pflichten, ZWE 2021, 62
Serr, Übergang der WEG-Verwalterstellung bei Umwandlungen, ZWE 2016, 307
Skauradszun, Der Beschluss als Rechtsgeschäft (2020)
ders, Die Verwalterhaftung – Pflichten und Haftungsbeschränkungen, ZWE 2008, 419
ders, Absenkungsbeschlüsse und Mehrheitsbeschlüsse im Umlaufverfahren, ZWE 2022, 106
Slomian, Verwaltervertrag und Beschluss der Versammlung der Eigentümer – welche Regelungen sind wo zu treffen?, ZfIR 2012, 732
Strecker, Kompetenzen in der Gemeinschaft der Wohnungseigentümer, ZWE 2004, 337
Striewski, Verwalterbestellung ohne Verwaltervertrag, PiG 61 (2001) 217 = ZWE 2001, 8
Suilmann, Beschlussanfechtung durch den abberufenen Verwalter, ZWE 2000, 106
ders, Zur Wiederbestellung des amtierenden Verwalters, ZWE 2011, 315
Ulmer, AGB-Gesetz und einseitig gesetzte GOen von Wohnungseigentümern, in: FS Weitnauer (1980) 205
Vandenhouten, Die Haftung des Verwalters für unterlassene Erhaltungsmaßnahmen, ZWE 2012, 237
Vogel, Haftungsbegrenzungsklauseln im Verwaltervertrag, ZWE 2015, 15
Weitnauer, Die Haftung des Verwalters und für den Verwalter, PiG 3, 55
Wenzel, Die Haftung des Verwalters aus der Durchführung angefochtener Beschlüsse, WE 1998, 455
ders, Die Befugnis des Verwalters zur Anfechtung des Abberufungsbeschlusses, ZWE 2001, 510
ders, Die Wohnungseigentümergemeinschaft – ein janusköpfiges Gebilde aus Rechtssubjekt und Miteigentümergemeinschaft?, NZM 2006, 321
Wicke, Die Gründungsphase nach der WEG-Reform, ZWE 2021, 21
ders/Menzel, Der Amtsübergang bei Umstrukturierung des WEG-Verwalters, MittBayNot 2009, 203

Windisch, Maklerprovision für den WEG-Verwalter?, NZM 2000, 478
Wobst, Zur Reichweite der Gestaltungsmacht des Verwaltervertrags, ZWE 2022, 15
Zajonz/Nachtwey, Auswirkungen der Verschmelzung einer GmbH auf ihre Stellung als WEG-Verwalter, ZfIR 2008, 701
Zschieschack, Die gerichtliche Kontrolle der Verwaltervergütung, ZMR 2018, 160
ders, Sonderregelungen für Wohnungseigentümergemeinschaften zur Abmilderung der Folgen der COVID 19-Pandemie, ZWE 2020, 165.

Systematische Übersicht

Alphabetische Übersicht

I. Grundlagen

Das Amt des Wohnungseigentumsverwalters wird durch verschiedene Bestimmungen des WEG, insbesondere § 9b Abs 1, § 27 WEG ausgestaltet. Dort sind Rechte, Pflichten und Kompetenzen des Verwalters geregelt. § 26 Abs 1 WEG bestimmt indessen, dass dieses Amt durch (annahmebedürftigen) Bestellungsbeschluss mit einer Person besetzt wird und dass diese Person dann ebenfalls durch Beschluss abberufen werden kann. § 26 Abs 2 WEG gestaltet die Bestellung durch Anordnung einer Höchstbestellungsdauer und Regelung der Wiederbestellung näher aus, § 26 Abs 3 WEG erlaubt die jederzeitige Abberufung und bestimmt deren Auswirkungen auf 1 den sonst nicht eigens geregelten Verwaltervertrag. § 26 Abs 5 WEG erklärt diese Regelungen in § 26 Abs 1 – 3 WEG abweichend von § 10 Abs 1 S 2 WEG für zwingend. Schließlich erleichtert § 26 Abs 4 WEG dem Verwalter den Nachweis seiner Amtsstellung („Verwaltereigenschaft").

2 Entsprechende Regelungen über Bestellung und/oder Abberufung eines Amtswalters aus seinem Amt enthalten § 27 BGB für den **Vorstand eines Vereins**, § 84 AktG für den **Vorstand einer AG** und § 38 GmbHG für den **Geschäftsführer einer GmbH**. Gelegentlich mögen zu diesen Bestimmungen erzielte Erkenntnisse daher die Auslegung des WEG befruchten.

1. Entstehungsgeschichte und Zweck

3 Die ursprüngliche Fassung von § 26 Abs 1 WEG beschränkte sich auf den heutigen Abs 1, also darauf, Bestellung und Abberufung durch **Mehrheitsbeschluss** vorzusehen. Das WEMoG v 16. 10. 2020 (BGBl I 2187) hat allerdings die ausdrückliche Regelung „durch Mehrheitsbeschluss" getilgt, weil dieses nun aus der allgemeinen Regelung in § 25 Abs 1 WEG folgt. Durch diese Regelung, die § 26 Abs 5 WEG zudem zwingend stellt, strebt das Gesetz eine Bestellung des Verwalters unter möglichst leichten Voraussetzungen an. Das erreicht die Regelung zunächst dadurch, dass sie überhaupt die Bestellung durch Begründung von Beschlusskompetenz der Mehrheitsentscheidung überantwortet. Dass diese Regelung nach dem durch das WEMoG neu gefassten § 26 Abs 5 WEG zwingend ist, enthält **zwei Aussagen**. Zum einen dürfen die Eigentümer das Amt des Verwalters nicht durch Vereinbarung ausschließen, was dem Inhalt des bisherigen, zum Grundbestand des WEG 1951 zählenden § 20 Abs 2 WEG aF entspricht. Zum anderen dürfen sie die Wahl des Verwalters im Anschluss an § 26 Abs 1 S 5 WEG aF nicht von höheren Anforderungen als der einfachen Mehrheitsentscheidung abhängig machen.

4 Die Anforderungen an den **Bestellungsbeschluss** in § 26 Abs 2 WEG gehen zunächst auf das G v 30. 7. 1973 (BGBl I 910) zurück, das die heutigen Abs 2 S 1 HS 1, S 2 einfügte. Die Befristung der Erstbestellung in Abs 2 S 1 HS 2 entstammt der großen Reform des WEG vom 26. 3. 2007 (BGBl I 370). Das WEMoG hat in Abs 1 S 1 „darf" durch „kann" ersetzt, um zu verdeutlichen, dass die Höchstfristen die Beschlusskompetenz begrenzen. Durch die Höchstbestelldauer wollte der Gesetzgeber erreichen, dass spätestens nach fünf Jahren eine neuerliche Verwalterwahl notwendig wird. Entsprechend schützt § 26 Abs 2 WEG vor einer Umgehung dieser Höchstdauer durch vorzeitige Wiederbestellung. Die verkürzte Höchstfrist von drei Jahren für die Erstbestellung trägt der typischen Entwicklung von Wohnungseigentumsanlagen durch Bauträger Rechnung (BeschlE RA BT-Drucks 16/3843, 26): Den Erwerbern vom Bauträger als ersten Eigentümern stehen etwaige Mängelrechte zu, die in fünf Jahren (§ 634a Abs 1 Nr 2 BGB) verjähren. Vor Ablauf der Verjährungsfrist sollen die Erwerber in der Eigentümerversammlung entscheiden können, ob sie sich zur möglichen Verfolgung der Mängelrechte eines anderen Verwalters als desjenigen bedienen wollen, der als Erstverwalter vom Bauträger ausgesucht worden sein mag.

5 Die Reform von 2007 hat eine ursprünglich in § 26 Abs 2 WEG vorgesehene, ab 1973 in Abs 3 platzierte Regelung über die **Notbestellung des Verwalters** getilgt. Danach konnten nicht nur Wohnungseigentümer, sondern auch Dritte unter dem Erfordernis eines rechtlichen Interesses die Bestellung eines Wohnungseigentumsverwalters durch das Gericht in einem Fürsorgeverfahren der **freiwilligen Gerichtsbarkeit** (-RegE BT-Drucks 16/887, 35; eingehend ALGERMISSEN, Recht und Realität der privatrechtlichen Streitverfahren in Wohnungseigentumssachen [2000] 18 ff) begehren. Der Gesetzgeber verweist nunmehr die Eigentümer auf das Streitverfahren nach § 43 Nr 1 WEG zur Durchsetzung des Anspruchs auf ordnungsmäßige Verwaltung, § 19 Abs 2 Nr 6 WEG (u Rn 61), was angesichts des dort geltenden Beibringungsgrundsatz allerdings auch zu Unterschieden im Vergleich zum Verfahren der Notbestellung führt, insbesondere, weil diese übernahmebereite Verwalter benennen müssen. Dritte haben keine Möglichkeit mehr, eine Verwalterbestellung zu beantragen. Der Gesetzgeber sah dafür auch kein Bedürfnis (RegE BT-Drucks 16/887, 35). Diese Bewertung lässt sich darauf stützen, dass die Vertretung der rechtsfähigen Gemeinschaft auch ohne Notverwalter durch § 9b Abs 1 S 2 WEG sichergestellt ist (STAUDINGER/JACOBY [2023] § 9b WEG Rn 20). Darin liegt ein maßgeblicher Unterschied zu Verein oder AG ohne Vorstand, für die § 29 BGB, § 85 AktG die Bestellung eines Notvorstands zulassen. Die Rechtslage im Wohnungseigentumsrecht entspricht insoweit (!) der bei der GbR, die nach § 709 BGB (§ 720 BGB-MoPeG) jedenfalls durch alle Gesellschafter als Gesamtvertreter handeln kann. Deswegen wird im Recht der GbR auch zu Recht eine analoge Anwendung von § 29 BGB abgelehnt (BGH ZIP 2014, 2344 Rn 12). Gleiches muss schon angesichts der Gesetzesgeschichte für das Wohnungseigentumsrecht gelten.

Das WEMoG hat die **Abberufung** in § 26 Abs 3 S 1 WEG neu geregelt. Die Eigentü- 6
mer können, was nach § 26 Abs 5 WEG zwingend ist, den Verwalter jederzeit abberufen. Bislang erlaubte § 26 Abs 1 S 3 WEG aF seit der Reform 1973 eine Stabilisierung des aktuellen Verwalters dadurch, dass die Zulässigkeit der Abberufung von einem wichtigen Grund abhängig gemacht wurde. Ob eine solche auf der Organisationsmacht der Eigentümer beruhende Stabilität des Verwalteramtes tatsächlich auch Rechte des amtierenden Verwalters begründete, wurde wenig überzeugend mehrheitlich wohl bejaht (WENZEL ZWE 2001, 510, 514, vgl auch BGH 1. 12. 1988 – V ZB 6/88, BGHZ 106, 113, 123 = NJW 1989, 1087; dagegen Voraufl Rn 27, 66). Entgegen der Rechtsprechung zum alten Recht (BGH 20. 6. 2002 – V ZB 39/01, BGHZ 151, 164, 169 ff = NJW 2002, 3240; BGH 1. 12. 1988 – V ZB 6/88, BGHZ 106, 113 = NJW 1989, 1087; BGH 21. 6. 2007 – V ZB 20/07, NJW 2007, 2776 Rn 5) kann der Verwalter gegen seine Abberufung keine Anfechtungsklage erheben, weil nach § 44 Abs 1 S 1 WEG diese Klage nur noch Eigentümern offen steht. Vor allem aber verweist § 26 Abs 3 S 2 WEG den Verwalter – ähnlich wie § 27 Abs 2 S 1 BGB, § 38 Abs 1 GmbHG, § 84 Abs 3 S 5 AktG – auf seine Vergütungsansprüche aus dem Verwaltervertrag, die freilich – ebenfalls zwingend nach § 26 Abs 5 WEG – auf maximal sechs Monate gedeckelt werden.

Die Stellung als Verwalter wird in keinem **Register** nachgehalten, insbesondere er- 7
folgt keine Eintragung im Grundbuch. Zum Nachweis der Verwalterstellung lässt sich aber auf den Bestellungsakt zurückgreifen. Nach Maßgabe von § 24 Abs 6 WEG sind die einzelnen in einer Eigentümerversammlung gefassten Beschlüsse in eine Niederschrift aufzunehmen. Daran knüpft der Gesetzgeber seit 1973 an, um nunmehr in § 26 Abs 4 WEG dem Verwalter den **Nachweis** seiner Amtsstellung zu ermöglichen, wenn er dies durch öffentlich beglaubigte Urkunde zu tun hat. Diese Regelung hat herkömmlich ihre größte Bedeutung, wenn die Eigentumsübertragung nach § 12 WEG an die Zustimmung des Verwalters geknüpft ist. In der Form des

§ 29 GBO ist dann auch die Verwaltereigenschaft des Zustimmenden nachzuweisen. Seit 2020 muss der Verwalter beim Grundbuchamt ferner seine Eigenschaft nachweisen, wenn er als gesetzlicher Vertreter der Gemeinschaft nach § 7 Abs 2 WEG beantragt, Beschlüsse aufgrund einer Vereinbarung nach § 5 Abs 4, § 10 Abs 3 WEG eintragen zu lassen.

2. Privatautonomie

8 § 26 Abs 5 WEG erklärt die Bestimmungen des § 26 Abs 1 – 3 WEG über Bestellung und Abberufung für zwingend. Da danach die Bestellung eines Verwalters möglich sein muss, führt die Bestimmung zunächst die **Garantie des Verwalteramtes** fort, die vorher § 20 Abs 2 WEG enthielt (Lehmann-Richter/Wobst Rn 453). Der BGH hat dazu einmal formuliert, dass ein Verwalter bestellt werden muss (BGH 6. 5. 1993 – V ZB 9/92, BGHZ 122, 327 = NJW 1993, 1924). Das ist übertrieben, weil die Eigentümer durchaus schlicht davon absehen können, einen Verwalter zu bestellen. Allein die Bestellung eines Verwalters entspricht aber nach § 19 Abs 2 Nr 6 WEG ordnungsmäßiger Verwaltung, sodass jedem Eigentümer aus § 18 Abs 2 WEG ein Anspruch auf Bestellung eines Verwalters gegen die Gemeinschaft zusteht. Darüber hinaus erklärt § 26 Abs 5 WEG bestimmte **Modalitäten der Bestellung** für zwingend (näher u Rn 12 ff). Dazu zählt auch, dass die Bestellung durch Beschluss erfolgen muss, eine Vereinbarung nach § 10 Abs 1 S 2 WEG scheidet daher aus (Hügel/Elzer § 26 WEG Rn 114). Schließlich darf die **Abberufung** nicht erschwert und der Verwaltervertrag nach dieser nicht mehr als sechs Monate fortdauern.

9 Diese Schranken des § 26 Abs 5 WEG erfassen alle Rechtsgeschäfte, die das Zustandekommen eines Bestellungs- oder Abberufungsbeschlusses abweichend bestimmen oder darauf Einfluss nehmen wollen. Ein gegen § 26 Abs 5 WEG verstoßendes Rechtsgeschäft ist insoweit unwirksam. Das kann sich schon daraus ergeben, dass es angesichts der gesetzlichen Regelung in § 26 Abs 5 WEG, die den Eigentümern die sonst von § 10 Abs 1 S 2 WEG eröffnete Vereinbarungskompetenz nimmt, an der erforderlichen **Regelungskompetenz** fehlt (vgl Rn 11; ferner BT-Drucks 7/62, 8; sowie allgemein MünchKomm/Armbrüster § 134 BGB Rn 4 ff). Im Übrigen ist Abs 5 auch als **Verbotsgesetz** iSv § 134 BGB zu qualifizieren (KG 28. 8. 2012 – 1 W 30/12, ZMR 2013, 129, 130).

a) Unwirksame Beschlüsse

10 § 26 Abs 1 WEG begründet die Kompetenz, den Bestellungsbeschluss zu fassen. Aus § 26 Abs 2 S 1 WEG folgt, dass die **zeitliche Höchstdauer** bei der Bestellung einzuhalten ist. Soweit ein Beschluss diese Grenzen nicht berücksichtigt, ist er schon deswegen teilnichtig, weil es für die Überschreitung an Beschlusskompetenz fehlt. Im Übrigen kann der Beschluss aber geltungserhaltend mit einem Inhalt aufrechterhalten werden, dass er die Höchstdauer nicht überschreitet. Insoweit kommt § 26 Abs 5 WEG allein die Bedeutung zu, Vereinbarungen der Eigentümer auszuschließen (u Rn 13), die Beschlusskompetenz in zeitlicher Hinsicht auszuweiten.

b) Unwirksame Vereinbarungen der Eigentümer

11 § 26 Abs 5 WEG beschränkt die Gestaltungsmacht der Eigentümer, nach Maßgabe von § 10 Abs 1 S 2 WEG vom Gesetz abweichende Regelungen zur sog Gemeinschaftsordnung durch Vereinbarung zu treffen. Die Unwirksamkeit von Vereinbarungen, die mit § 26 Abs 5 WEG nicht zu vereinbaren sind, folgt nicht erst aus

§ 134 BGB (so aber BUB NZM 2001, 502, 504), sondern schon aus der fehlenden **Regelungskompetenz** der Eigentümer angesichts von § 26 Abs 5 WEG in Verbindung mit § 10 Abs 1 S 2 WEG, ohne dass es der weiteren Voraussetzungen des § 134 BGB bedarf (vgl BT-Drucks 7/62, 8; MünchKomm/ARMBRÜSTER § 134 BGB Rn 4). Bestellung und Abberufung werden in folgende Richtungen geschützt:

aa) Einen Verstoß bedeuten zunächst alle Regelungen, die die **Kompetenz** für Bestellung oder Abberufung weg von der Eigentümerversammlung auf bestimmte Eigentümer, Dritte oder sonstige Gremien verlagern (KG 28. 8. 2012 – 1 W 30/12, ZMR 2013, 129, 130; BUB NZM 2001, 502, 504; HÜGEL/ELZER § 26 Rn 116). Der Verstoß wird besonders deutlich, wenn diese anderen Stellen statt der Eigentümerversammlung die Kompetenz erlangen sollen. Die von Abs 5 sanktionierte Abweichung ist aber auch gegeben, wenn eine andere Stelle neben der Eigentümerversammlung Bestellung oder Abbestellung vornehmen kann. Schließlich scheitert die Möglichkeit, für die Verwalterwahl einem Eigentümer (Bauträger) ein Zustimmungsvorbehalt als Sonderrecht einzuräumen, ebenso an § 26 Abs 1 S 5 WEG wie die Möglichkeit, einem Dritten ein solches Vetorecht zu überlassen (HÜGEL/ELZER § 26 Rn 116). 12

bb) Die Möglichkeit, die **Dauer der Bestellung** zu bestimmen, wird durch § 26 Abs 2 S 1 WEG mit der Höchstfrist von fünf Jahren, bei Erstbestellung nur drei Jahre, eingegrenzt. Eine über diese Höchstfristen hinausgehende Anordnung ist nicht nur in von § 26 Abs 2 S 1 WEG unmittelbar erfassten konkreten Bestellungsbeschlüssen, sondern auch in solchen Vereinbarungen der Eigentümer unwirksam, die allgemein für Bestellungsbeschlüsse Regelungen vorsehen. Daher sind beispielsweise Klauseln (teil-)nichtig, nach denen eine Bestellung andauert, bis ein neuer Verwalter gewählt wird, oder eine Bestellung sich automatisch verlängert, wenn der Verwalter nicht abberufen wird. Indessen sind solche abstrakten Regelungen zulässig, die die Länge einer Bestellung im Rahmen der Höchstfrist etwa auf ein oder zwei Jahre festschreiben. Freilich muss auch dann die Abberufung entsprechend § 26 Abs 3 u 5 WEG möglich bleiben. Auch jede Veränderung der Möglichkeit einer Wiederbestellung gegenüber § 26 Abs 2 S 2 WEG ist unwirksam. 13

cc) Die **formellen Beschlussanforderungen** wie Ladung, Beschlussfähigkeit, Beschlussmehrheit oder Verkündung werden nicht in den von § 26 Abs 5 WEG für zwingend erklärten Absätzen geregelt, sondern in anderen Bestimmungen wie vornehmlich § 25 WEG. Entsprechend dieses Wortlauts sind daher Abweichungen von diesen Regelungen im Unterschied zur alten Regel in § 26 Abs 1 S 1 u 5 WEG, die jede Erschwerung der Mehrheitsentscheidung untersagte, grundsätzlich zulässig. Es sind daher nicht nur wie nach altem Recht eine veränderte Stimmkraft zulässig (BGH 28. 10. 2011 – V ZR 253/10, BGHZ 191, 245 = NJW 2012, 921 Rn 7 ff), sondern auch erhöhte Anforderungen an das Zustandekommen eines Beschlusses (**aA** BÄRMANN/BECKER § 26 Rn 149; HÜGEL/ELZER § 26 Rn 82) durch zB ein erhöhtes Quorum, die Wertung von Enthaltungen als Nein-Stimme oder die Statuierung einer Beschlussfähigkeitsanforderung. Ebenso können die Eigentümer die Anforderungen aber auch absenken, indem sie abweichend von § 25 Abs 1 WEG keine absolute Mehrheit (u Rn 51) verlangen, sondern etwa bei einer Vielzahl an Bewerbern die relative Mehrheit genügen lassen (BÄRMANN/BECKER § 26 Rn 155). Alle diese Regelungen erlaubt nunmehr § 10 Abs 1 S 2 WEG, weil er nicht durch § 26 Abs 5 WEG gesperrt wird. Die Zulässigkeitsgrenze wird erst überschritten, wenn eine Klausel die von § 26 Abs 1 WEG 14 vorgesehene Beschlussfassung über die Bestellung faktisch ausschließt, etwa, weil sie Einstimmigkeit verlangt.

15 **dd)** Die **materiellen** (Bestellungs-)**Anforderungen** an die zum Verwalter zu bestellende Person werden zwar in § 26 Abs 1 WEG ebenfalls nicht geregelt. Der Bestimmung ist aber zu entnehmen, dass die Eigentümer frei nach ihrem Ermessen aus dem Kreis der zur Amtsübernahme bereiteten Bewerber auswählen dürfen. Daher sind jegliche Beschränkungen unzulässig wie etwa Anforderungen an den Personenkreis, aus dem gewählt werden kann (BayObLG 12. 10. 1994 – 2Z BR 97/94, NJW-RR 1995, 271: keine Beschränkung auf „Eigentümer") oder an die Qualifikation oder Ähnliches. Einer Prüfung an § 26 Abs 5 WEG hält es auch nicht stand, bestimmte Organisationen oder Personen mit bestimmten Merkmalen von der Verwaltung auszuschließen.

16 **Erweiterungen** der mit dem Amt verbundenen **Aufgaben und Kompetenzen** werden indessen von § 26 WEG nicht erfasst (Bärmann/Becker § 26 Rn 152). Vielmehr legt § 27 Abs 2 WEG es in die Beschlusskompetenz der Eigentümer, die Entscheidungsmacht der Verwaltung gegenüber der gesetzlichen Regel in § 27 Abs 1 WEG zu erweitern oder einzuschränken.

17 **ee)** Die **Abberufung** darf von keinen materiellen Anforderungen abhängig gemacht werden. Auch zeitliche Beschränkungen sind unzulässig, was auch ausschließt, die Wirksamkeit der Abberufung von der Bestandskraft des Beschlusses abhängig zu machen (KG 3. 2. 1978 – 1 W 2570/77, OLGZ 1978, 178, 181). Durch eine Vereinbarung der Eigentümer kann allerdings ein erhöhtes Beschlussquorum vorgesehen werden, solange sich dies nicht als faktischer Ausschluss der Beschlussfassung darstellt (o Rn 14).

c) Sonstige Vereinbarungen

18 § 26 Abs 1 S 5 WEG erfasst auch Vereinbarungen, die nur **mittelbar auf Bestellung oder Abberufung** abzielen (BT-Drucks 7/62, 5; Bärmann/Merle/Becker Rn 92). Solche Vereinbarungen können nach § 134 Abs 1 BGB in Verbindung mit § 26 Abs 1 S 5 WEG unwirksam sein, wenn sie aus einem der o Rn 11 ff genannten Gründe gegen § 26 Abs 5 WEG verstoßen. Beispielsweise ist nicht nur eine Vereinbarung der Eigentümer zur Gemeinschaftsordnung unzulässig, dass zum Verwalter nur Eigentümer gewählt werden dürfen (Rn 15), sondern auch entsprechende **Verpflichtungen der Eigentümer gegenüber dem Bauträger** oder sonstigen Dritten (Hügel/Elzer § 26 Rn 196).

19 Abreden des **Verwaltervertrags** (u Rn 167) können ebenfalls über § 134 BGB nichtig sein, wenn sie durch entsprechende Primärpflichten unmittelbar oder mittelbar durch wirtschaftlichen Druck einen mit § 26 Abs 1 – 3 WEG nicht zu vereinbarenden Zwang begründen. Insbesondere ist die in einem vorab geschlossenen Verwaltervertrag geregelte **Pflicht, einen Verwalter zu bestellen**, wegen Verstoßes gegen § 26 Abs 1 u 3 WEG nichtig (Wobst ZWE 2022, 15, 19). Denn die Klausel beschränkt sowohl die freie Wahl der Eigentümer (o Rn 15) als auch die jederzeitige Möglichkeit der Abberufung (o Rn 17). An § 26 Abs 3 WEG muss sich darüber hinaus die **Laufzeit der Vergütungspflicht** messen lassen. § 26 Abs 3 S 2 WEG ist so zu verstehen, dass die Vergütungspflicht im Umfange des § 615 BGB (u Rn 103 ff) maximal sechs Monate über die Abberufung hinaus vereinbart werden darf. Jede längere Laufzeit scheitert an § 26 Abs 5 WEG. An dem Umfang dieser maximalen Vergütungspflicht müssen sich

Abfindungsregelungen für den Fall der Abberufung orientieren, um nicht ebenfalls schon wegen Verstoßes gegen § 26 Abs 3 u 5 WEG unwirksam zu sein (Bärmann/Becker § 26 Rn 372). Solche maßvollen Klauseln müssen darüber hinaus freilich noch der AGB-Inhaltskontrolle nach § 307 BGB standhalten und dürfen daher wohl den Nachweis eines höheren Anrechnungsbetrags durch die Gemeinschaft nicht ausschließen. Reagiert der Verwalter auf die Gefahr jederzeitiger Abberufung dadurch, dass er seine Vergütung so kalkuliert, dass sie mit laufender Vertragsdauer geringer wird, liegt darin allein noch kein Verstoß gegen die freie Abberufungsmöglichkeit (Jennissen/Jennissen § 26 Rn 267). Denn die Preishöhe allein ist frei verhandelbar.

Die **Laufzeit des Verwaltervertrages** kann zB mit fünf Jahren von der des Bestellungs- **20** beschlusses nach § 26 Abs 1 WEG mit zwei Jahren abweichen. Allein diese Diskrepanz zwischen Vertrag und Beschluss wird nicht von § 26 WEG verboten. Führt aber das Auslaufen der Bestellung nach zwei Jahren mangels Wiederbestellung zum Auslaufen des Amtes, muss entsprechend § 26 Abs 3 S 2 WEG der Vertrag nach maximal sechs Monaten enden, weil das Auslaufen der Bestellung nicht anders behandelt werden kann als die Abberufung. Insoweit verstößt die Regelung also gegen § 26 Abs 3 u 5 WEG. Darüber hinaus muss eine solche Laufzeitregelung freilich der AGB-Inhaltskontrolle standhalten (u Rn 166 f).

II. Amtsstellung

Wird eine Person durch (annahmebedürftigen) Bestellungsbeschluss nach § 26 Abs 1 **21** WEG Verwalter, so erlangt sie allein dadurch – unabhängig vom Abschluss eines Verwaltervertrags, sog **Trennungstheorie** (u Rn 40, 142) – eine spezifische Rechtsposition, deren Voraussetzungen, Dauer und Inhalt durch die Organisationsverfassung der Eigentümergemeinschaft festgelegt wird. Diese Rechtsposition lässt sich unterschiedlich bezeichnen. § 26 Abs 4 WEG spricht von Verwaltereigenschaft. Gebräuchlich sind auch Amts- oder Verwalterstellung.

1. Inhalt

Der Inhalt dieser Rechtsstellung folgt aus der Organisationsverfassung der Woh- **22** nungseigentümergemeinschaft. Er beruht also auf Gesetz, Vereinbarungen der Eigentümer und Beschlüssen. Zur Bedeutung des Verwaltervertrags u Rn 34, 154 ff. Als Bestandteile der dem Verwalter zugewiesenen Rechtspositionen lassen sich Kompetenzen **(Amtsmacht)**, und das allein auf der Amtsstellung (und nicht erst auf dem Verwaltervertrag) beruhende **Amtswalterrechtsverhältnis** unterscheiden, aus welchem dem Verwalter Rechte und Pflichten im Verhältnis zur Gemeinschaft erwachsen, infolge der Reform durch das WEMoG aber nicht mehr zu den Eigentümern.

a) Amtsmacht

Durch die Bestellung in sein Amt erhält der Verwalter die mit dem Amt verbunde- **23** nen Kompetenzen und Aufgaben zur Organisation der rechtsfähigen Gemeinschaft. § 9b Abs 1 S 1 WEG erklärt den Verwalter zum **gesetzlichen Vertreter** mit nahezu unbeschränkter Vertretungsmacht. Damit geht die grundsätzliche Zuständigkeit des Verwalters einher, wenn nicht die Organisationsverfassung der Gemeinschaft namentlich durch das WEG eine abweichende Zuständigkeit festlegt. Denn grundsätzlich hat der Verwalter für die rechtsfähige Gemeinschaft die **erforderlichen Maß-**

nahmen zu treffen, wie es § 27 Abs 1 Nr 2 WEG aF im Hinblick auf die Erhaltung des gemeinschaftlichen Eigentums formulierte.

24 Entscheiden die Eigentümer durch Beschluss, hat der Verwalter die Beschlüsse durchzuführen. Er ist also weiterhin **„Vollzugsorgan"** (BGH 15. 12. 1988 – V ZB 9/88, BGHZ 106, 222, 226 = NJW 1989, 1091; BGH 31. 1. 2003 – V ZR 143/02, NJW 2003, 1393, 1394), auch wenn eine ausdrückliche Anordnung, wie sie § 27 Abs 1 Nr 1 Fall 1 WEG aF enthielt, heute fehlt (RegE BT-Drucks 19/18791, 75). § 27 Abs 1 WEG und ein Beschluss aufgrund von § 27 Abs 2 WEG können dem Verwalter selbst **Entscheidungskompetenz** verleihen, so dass dieser statt der Eigentümer den Willen der Gemeinschaft bildet.

25 Daneben wachsen dem Verwalter die maßgeblichen **Organisationsaufgaben** zu. Insbesondere hat der Verwalter die Entscheidungen der Eigentümer durch Beschlüsse vorzubereiten. § 24 Abs 1 WEG weist ihm die Ausgabe zu, zur Eigentümerversammlung zu laden, in der er nach § 24 Abs 5 WEG im Zweifel auch den Vorsitz führt. Damit hat der Verwalter auch die Beschlüsse vorzubereiten, was das Gesetz für das Finanzwesen dadurch ausdrückt, dass der Verwalter nach § 28 Abs 1 S 2 WEG den Wirtschaftsplan und nach § 28 Abs 2 S 2 WEG die Jahresabrechnung aufzustellen hat. Er hat das Bedürfnis für ein Tätigwerden festzustellen, mögliche Lösungen zu entwickeln und die Eigentümer über beides in der Eigentümerversammlung zu informieren (BGH 19. 7. 2019 – V ZR 75/18, ZWE 2020, 44 = ZMR 2020, 134 Rn 10; BGH 21. 11. 2019 – V ZR 101/19, ZWE 2020, 191 = ZMR 2020, 768 Rn 21 ff), damit diese sachdienliche Beschlüsse fassen können (BGH 23. 2. 2018 – V ZR 101/16, NJW 2018, 2550 Rn 77). Der Verwalter hat aber auch die Verwaltungsunterlagen zu führen, wie es § 24 Abs 8 WEG für die Beschluss-Sammlung ausdrückt. Entsprechend hat er unabhängig von anstehender Beschlussfassung bei Bedarf zu informieren. Grundsätzlich haben dafür die Eigentümer ihren Anspruch gegen die Gemeinschaft auf Einsichtnahme aus § 18 Abs 4 WEG durchzusetzen. Bei Einleitung von Beschlussklagen verlangt § 44 Abs 2 S 2 WEG vom Verwalter, dass er die Eigentümer informiert.

b) Amtswalterrechtsverhältnis

26 Von der Amtsmacht des Verwalters ist dessen persönliche Rechtsstellung zu unterscheiden. Dieses Rechtsverhältnis des Verwalters wird vom WEG nur angedeutet, wenn die Aufgaben des Verwalters als dessen persönliche Pflichten ausgestaltet werden, etwa § 28 Abs 1 S 2 u Abs 2 S 2, § 27 Abs 1, § 24 Abs 2 WEG. Das ist zu verallgemeinern. Der Amtswalter erhält allerdings auch Rechte. Das Vereinsrecht verweist in § 27 Abs 3 BGB, um die Rechtsstellung des Vorstands zum Verein auszugestalten, auf das Auftragsrecht. Daran ist für die Stellung des Verwalters zur Gemeinschaft anzuknüpfen. Für das typischerweise entgeltliche Amt des Verwalters ist dieser Verweis allerdings nicht auf den (unentgeltlichen) Auftrag, sondern im Regelfall auf die (entgeltliche) Geschäftsbesorgung, § 675 BGB, zu beziehen (Wobst ZWE 2022, 15; im Ergebnis wohl auch BGH 27. 12. 2015 – V ZR 114/14, NJW 2015, 1378 Rn 12; dies übergeht Bärmann/Becker § 26 Rn 40, 204; vgl auch Becker NZM 2016, 249, 253). Dieses Rechtsverhältnis wird hier mit dem Begriff des Amtswalterrechtsverhältnisses belegt (aufbauend auf Jacoby Amt 476 ff). Das soll zum Ausdruck bringen, dass das Rechtsverhältnis nicht die Organisation, sondern die als Amtswalter bezeichnete Person selbst mit ihrem Privatvermögen betrifft, die zum Verwalter bestellt wurde. Dieses Rechtsverhältnis wird auch als Organverhältnis (Westphalen/Thüsing/Lehmann-Richter Wohnungseigentumsverwalter Rn 5) oder Bestellungsrechtsverhältnis (Bärmann/Becker § 26 Rn 40; BeckOGK/Greiner [1. 12. 2022] § 26 WEG Rn 9) bezeichnet.

aa) Parteien des Rechtsverhältnisses

Dieses Rechtsverhältnis **verbindet den Verwalter** infolge der Reform durch das WEMoG ausweislich des § 27 Abs 1 WEG nur noch **mit der rechtsfähigen Eigentümergemeinschaft**, aber nicht mehr mit den Eigentümern. Nach § 18 Abs 1 u 2 WEG ist allein die rechtsfähige Gemeinschaft zur Verwaltung des gemeinschaftlichen Eigentums gegenüber den Eigentümern verpflichtet. Wenn der Verwalter daran mitwirkt, tut er dies als Organ der Gemeinschaft, der allein gegenüber er verpflichtet ist. Das bestimmt § 27 Abs 1 WEG, ist aber auch in die anderen Regelungen hineinzulesen, die wie § 24, § 28 WEG Verwalterpflichten vorsehen. Den einzelnen Eigentümern steht kein Anspruch gegen den Verwalter auf Tätigwerden zu. Das hat der BGH nach der Reform als erstes für den Anspruch auf Beschlussdurchführung ausgesprochen (BGH 16. 12. 2022 – V ZR 263/21, ZWE 2023, 139 Rn 26). Der Gesetzgeber hat es auch für den Anspruch auf Einsicht in die Verwaltungsunterlagen in § 18 Abs 4 WEG recht deutlich verlautbart, indem er diesen Anspruch als solchen gegen die Gemeinschaft ausgestaltet hat. 27

Während Primäransprüche gegen den Verwalter daher einhellig abgelehnt werden, wird unterschiedlich die Frage beurteilt, ob **Schutzpflichten, § 241 Abs 2 BGB**, des Verwalters **gegenüber den Eigentümern** bestehen, deren Verletzung zu einem Schadensersatzanspruch der Eigentümer unmittelbar gegen den Verwalter aus § 280 Abs 1 BGB führen kann (Bärmann/Becker § 27 WEG Rn 219; Hügel/Elzer § 26 Rn 211; Jennissen/Zschieschack § 27 Rn 276; Ulmer/Brandner/Hensen/Häublein [61] Wohnungseigentum/Verwalterverträge Rn 47) oder nicht (Bärmann/Dötsch § 18 WEG Rn 219, 221; BeckOGK/Greiner [1. 12. 2022] § 26 WEG Rn 348; MünchKomm/Skauradszun § 27 WEG Rn 56; Grüneberg/Wicke § 27 WEG Rn 1; Lehmann-Richter/Wobst Rn 57; Wobst ZWE 2022, 15, 20). Als Ausgangspunkt für diese Fragestellung gilt es zu erkennen, dass den Eigentümern auch auf Sekundärebene Ansprüche gegen die rechtsfähige Gemeinschaft zustehen. Denn ein etwaiges Fehlverhalten des Verwalters wird der Gemeinschaft analog § 31 BGB als eigenes Fehlverhalten zugerechnet (BGH 16. 12. 2022 – V ZR 263/21, ZWE 2023, 139 Rn 26; LG Frankfurt 17. 11. 2021 – 2-13 T 69/21, ZWE 2022, 165 = ZMR 2022, 240), so dass die Gemeinschaft den Eigentümern für die Verletzung ihrer Pflichten aus § 280 Abs 1 WEG haftet. Es lässt sich daher nicht behaupten, dass ein **Schutzbedürfnis** für die Eigentümer besteht, wie es im Vertragsrecht verlangt wird, um einem Vertrag – im Wege ergänzender Vertragsauslegung – Schutzwirkung für einen Dritten zu entnehmen. Denn diese Einordnung eines Vertrags als ein solcher mit Schutzwirkung für einen Dritten scheidet aus, wenn ein Schutzbedürfnis des Dritten nicht besteht. Das ist zu verneinen, wenn dem Dritten eigene gleichwertige Ansprüche aus Sonderverbindung zustehen (BGH 2. 7. 1996 – X ZR 104/94, BGHZ 133, 168, 176; BGH 15. 2. 1978 – VIII ZR 47/77, BGHZ 70, 327, 330; BGH 7. 12. 2017 – VII ZR 204/14, NJW 2018, 1537 Rn 26 f). Über solche Ansprüche verfügen die Eigentümer hier mit ihren Ansprüchen gegen die rechtsfähige Gemeinschaft. 28

Ungeachtet dessen ist allerdings anzuerkennen, dass im Gesetzgebungsverfahren die **rechtspolitische Frage**, ob den Eigentümern unmittelbare Schadensersatzansprüche zuerkannt werden sollen, kontrovers diskutiert wurde. Der Rechtsausschuss hat dann in der Begründung zu § 43 Abs 2 Nr 3 WEG ausdrücklich Ansprüche der Ei- 29 gentümer gegen den Verwalter aus einem Vertrag mit Schutzwirkung für Dritte (BT-Drucks 19/22634, 48) genannt. Indessen ist das Institut nicht einschlägig. Angesichts des gesetzlich im WEG ausgestalteten Amtswalterrechtsverhältnisses ist es untunlich, die Haftungsfrage von einer ergänzenden Vertragsauslegung abhängig zu machen. Es war schon immer schief, die Haftung des Verwalters gegenüber den Eigentümern auf eine ergänzende Vertragsauslegung des Verwaltervertrags zu stützen (so aber in ständiger Rspr BGH 8. 2. 2019 – V ZR 153/18, NJW 2019, 3446 Rn 9; BGH 7. 7. 2016 – V ZB 15/14, ZWE 2017, 55 = ZMR 2017, 406 Rn 9; daran verfehlt anknüpfend RechtsA BT-Drucks 19/22634, 47; zur Bedeutung des Verwaltervertrags u Rn 36, 154). Denn § 27 WEG ordnete früher ausdrücklich an, dass die Verwalterpflichten auf Primärebene gegenüber den Eigentümern bestanden (BGH 8. 6. 2018 – V ZR 125/17, BGHZ 219, 60 = NJW 2018, 3305 Rn 24). Deren Verletzung musste daher zu Schadensersatzansprüchen der Eigentümer gegen den Verwalter führen. Auch heute muss das Amtswalterrechtsverhältnis die Haftungsfrage bestimmen. Als der Gesetzgeber auf Primärebene die Beziehung zwischen Eigentümern und Verwalter kappte hätte er durch eine entsprechende Haftungsnorm, wie sie für andere Amtswalter etwa in § 43 GmbHG oder in 60 InsO besteht, die Frage der Aktivlegitimation regeln können. Wenn er das aber gerade bewusst nicht tut, bleibt kein Raum, abweichend von den ausdrücklich geregelten Primärpflichten Schutzpflichten zu konstruieren, die Grundlage von Schadensersatzansprüchen sein könnten (unglücklich RechtsA BT-Drucks 19/22634, 47). Das gilt umso mehr, als die Schutzzwecke des diskutierten Instituts des Vertrags mit Schutzwirkung nicht passen (o Rn 28). Das gestehen letztlich auch diejenigen zu, die für einen solchen Ersatzanspruch eintreten. Denn diese behaupten nicht die Schutzbedürftigkeit der Eigentümer, sondern wollen die Durchsetzung der Haftung des pflichtwidrig handelnden Verwalters erleichtern (vgl Bärmann/Becker § 27 WEG Rn 218). Schließlich würden solche direkten Schadensersatzansprüche die Prinzipien des WEMoG ignorieren, das die rechtsfähige Gemeinschaft zum Knotenpunkt der Rechtsbeziehungen gemacht hat. Es drohten Abgrenzungsschwierigkeiten, welche Schäden von der Gemeinschaft und welche von den Eigentümern durchzusetzen wären. Wird ein Eigentümer in seinem Sondereigentum beeinträchtigt, kommen hingegen deliktische Ansprüche aus § 823 Abs 1 BGB in Betracht. Im Rahmen der deliktischen Haftung ist dem Verwalter Fehlverhalten seiner Hilfspersonen allerdings nicht zuzurechnen, sondern ihm droht insoweit nur nach § 831 Abs 1 BGB die Haftung für vermutetes Auswahl- oder Überwachungsverschulden.

bb) Pflichten des Verwalters

30 Die **Pflicht des Verwalters**, das von ihm übernommene Amt als Verwalter ordnungsgemäß auszuführen, folgt also schon aus diesem Rechtsverhältnis, nicht erst aus dem Verwaltervertrag. Die einzelnen Pflichten des Verwalters sind an unterschiedlichen Stellen des WEG, etwa in § 24 Abs 8 S 1 WEG, ferner in § 27 Abs 1 WEG und schließlich in § 28 Abs 1 u 2 WEG ausdrücklich geregelt, ergeben sich freilich aber auch aus Kompetenzen und Amtsmacht des Verwalters, weil er davon unter Wahrung der Grundsätze ordnungsmäßiger Verwaltung Gebrauch zu machen hat.

31 Nicht zuletzt der **BGH** stellt eher **auf den Verwaltervertrag** als auf die gesetzliche Regelung ab. Exemplarisch ist eine Entscheidung zu der Frage, ob der Vorschussanspruch des § 637 Abs 3 BGB auf die Pflicht des Verwalters zur Abrechnung anwendbar ist (BGH 26. 2. 2021 – V ZR 290/19, ZWE 2021, 282 = ZMR 2021, 598 Rn 8 ff). Der BGH erläutert, warum der als ein auf Geschäftsbesorgung gerichteter Dienstvertrag

zu qualifizierende Verwaltervertrag die Anwendung einer Vorschrift des Werkvertrags ermöglicht. Näher hätte es gelegen, schlicht die auf § 28 Abs 2 S 2 WEG beruhende Pflicht des Verwalters daraufhin auszulegen, ob auf sie neben den Regelungen des allgemeinen Schuldrechts auch die werkvertragliche Regelung des § 637 BGB anzuwenden ist.

Eine **Haftung des Verwalters** (u Rn 209 ff) für die Verletzung seiner Pflichten ist anders 32
als etwa in § 43 Abs 2 GmbHG nicht eigens geregelt. Sie folgt schlicht aus **§ 280 Abs 1 BGB**. Im Unterschied zu § 43 Abs 1 GmbHG und weiteren anderen Haftungsnormen ist allerdings für den Verwalter kein objektiver Haftungsmaßstab angeordnet (u Rn 215).

cc) Ansprüche des Verwalters

Als **Entgelt** steht dem Verwalter aus dem Amtswalterrechtsverhältnis ein Anspruch 33
auf amtsangemessene Vergütung (BGH 27. 12. 2015 – V ZR 114/14, NJW 2015, 1378 Rn 12) zu (Westphalen/Thüsing/Lehmann-Richter Wohnungseigentumsverwalter Rn 5; Wobst ZWE 2022, 15). Dafür ist zunächst mit dem Gedanken des § 612 Abs 1 BGB danach zu fragen, ob eine Vergütung für die Verwaltertätigkeit zu erwarten ist. Das ist im Unterschied zur Regelung des § 27 Abs 3 BGB mit seinem Verweis auf den unentgeltlichen Auftrag grundsätzlich zu bejahen. Der Verwalter wird typischerweise im Zuge seiner Berufsausübung gewerblich tätig (Staudinger/Jacoby § 26a WEG Rn 22). Allein beim Gelegenheitsverwalter, der entweder ersichtlich allein fremdnützig agieren will oder „seine Anlage" zu verwalten bereit ist, kann das Amt als unentgeltliches zu qualifizieren sein. Als Entgelt wird entsprechend § 612 Abs 2 BGB in Ermangelung einer Taxe die übliche Vergütung geschuldet. Darüber hinaus kann der Verwalter Erstattung seiner erforderlichen Aufwendungen beanspruchen, § 670 BGB.

dd) Verwaltervertrag

Typischerweise wird neben der Bestellung ein Verwaltervertrag geschlossen. Dieser 34
Verwaltervertrag ist im Unterschied zur starren Bestellung, die nur „Ja" oder „Nein" zur Bestellung kennt, Ausfluss der **Vertragsfreiheit der Vertragsparteien**, § 311 Abs 1 BGB. In der Praxis wird der Vertrag allerdings kaum von den Vertragsparteien ausgehandelt, sondern typischerweise vom Verwalter gestellt, so dass er der Inhaltskontrolle nach §§ 307 ff BGB unterliegt. Darüber hinaus ist die Relativität des Schuldverhältnisses zu berücksichtigen. Die Eigentümer sind nicht Parteien des Vertrags. Sie können daher nicht im Verwaltervertrag verpflichtet werden. Auch können keine Regelungen der Gemeinschaftsordnung getroffen werden, die nur die Eigentümer durch Vereinbarung nach § 10 Abs 1 S 2 WEG oder Beschluss etwa nach § 16 Abs 2 S 2, § 27 Abs 2 WEG herbeiführen können (Westphalen/Thüsing/Lehmann-Richter Wohnungseigentumsverwalter Rn 6 ff; Wobst ZWE 2022, 15 ff; zur Untauglichkeit des Beschlusses über den Verwaltervertrag u Rn 162; zur Gebotenheit von Annexbeschlüssen u Rn 191 ff). Die typischen Wirkungen des Verwaltervertrags hängen vom zeitlichen Verhältnis zur Bestellung ab:

(1) Vor der Bestellung können sich die Parteien auf die Führung des Amtes durch 35
den Verwalter verständigen. Insbesondere kann sich der Verwalter verpflichten, eine etwaige Bestellung anzunehmen. Im umgekehrten Verhältnis kann die Gemeinschaft sich schon wegen § 26 Abs 1, 3 u 5 WEG nicht verpflichten, den Verwalter zu bestellen. Sie kann sich aber mit der Rechtsfolge des § 615 BGB verpflichten, die Vergü-

tung für einen bestimmten Zeitraum zu entrichten. Aus § 26 Abs 3 S 2 WEG folgt allerdings, dass dieser Zeitraum sechs Monate nicht überschreiten darf. Soweit unter dem alten Recht der BGH ausgeführt hat, dass der Verwaltervertrag aus wichtigem Grund gekündigt werden dürfe, wenn eine Bestellung des Verwalters scheitere (BGH 5. 7. 2019 – V ZR 278/17, NJW 2020, 988 Rn 41), dürfen dadurch berechtigte Vergütungsinteressen des Verwalters nicht unterlaufen werden.

36 (2) **Während der Bestellung** fragt sich, in welchem Verhältnis die Schuldverhältnisse aufgrund Bestellung und Vertrag zueinanderstehen. Diese Frage lässt sich nicht begrifflich auf Grundlage der sog Trennungstheorie (u Rn 40) dahin beantworten, dass die Rechtsverhältnisse unabhängig voneinander seien (vgl aber MünchKomm/Zschieschack § 26 WEG Rn 65). Diese Unabhängigkeit gilt für Begründung (o Rn 35) und Beendigung der Rechtsverhältnisse (u Rn 37). Bestehen die Rechtsverhältnisse nebeneinander, müssen die Wirkungen zueinander in einem (Vorrang-)Verhältnis stehen (Jacoby Amt 535 ff). Insoweit liegt es typischerweise fern, dass die Parteien Rechte und Pflichten abweichend vom WEG festlegen wollen. Denn typischerweise soll der Verwalter entsprechend der gesetzlichen Vorgaben verwalten. Daher kommt dem Verwaltervertrag vornehmlich **Konkretisierungs- und Ergänzungsfunktion** zu. So wird insbesondere die amtsangemessene Vergütung, die der Verwalter beanspruchen kann, durch den Vertrag konkretisiert. Das ist typischerweise die Hauptfunktion des Vertrags. Darüber hinaus kann der Vertrag aber auch ergänzen, indem er weitere Pflichten des Verwalters begründet, die aus dem WEG nicht folgen (Wobst ZWE 2022, 15, 17).

37 (3) **Nach Beendigung des Amtes** durch Abberufung ist nach § 26 Abs 3 S 2 WEG eine Fortgeltung des Vertrags für maximal sechs Monate möglich. In diesem Zeitraum besteht der Inhalt des Vertrags vornehmlich darin, über § 615 BGB das Vertrauen des Verwalters zu schützen, während der Vertragsdauer seinen Vergütungsanspruch nicht zu verlieren. Hingegen kann die Amtsniederlegung des Verwalters sich als Vertragsverletzung darstellen und Ansprüche aus § 280 Abs 1 BGB auslösen, wenn der Verwalter zur längeren Amtsführung aus dem Vertrag verpflichtet ist (u Rn 113, 115).

c) Kein Recht auf das Amt

38 Teilweise wurde aus der Amtsstellung selbst ein Recht auf das Amt in der Weise behauptet, dass der bestellte Verwalter beanspruchen könne, nicht durch rechtswidrigen Beschluss der Wohnungseigentümer abberufen zu werden (Wenzel ZWE 2001, 510, 514, vgl auch BGHZ 106, 113, 123 = NJW 1989, 1087). Diese Auffassung lässt sich nach dem WEMoG nicht mehr halten. § 26 Abs 3 WEG belässt dem Verwalter allenfalls einen Anspruch aus dem Vertrag auf Vergütung nach Maßgabe von § 615 BGB. Zur Anfechtung des Abberufungsbeschlusses ist der Verwalter nach § 44 Abs 1 S 1 WEG nicht berechtigt, weil diese nur Eigentümern zusteht.

d) „Isolierte" Bestellung und ihre Ordnungsmäßigkeit

39 Der BGH hält im Anschluss an von ihm reichlich zitierte Stimmen in der obergerichtlichen Rechtsprechung und Literatur die **isolierte Bestellung** eines Verwalters ohne Abschluss eines Verwaltervertrags grundsätzlich für einen Verstoß gegen die Grundsätze ordnungsmäßiger Verwaltung (grundlegend BGH 27. 2. 2015 – V ZR 114/14, NJW 2015, 1378 Rn 10 f; bestätigt BGH 5. 7. 2019 – V ZR 278/17, NJW 2020, 988 Rn 40). Ord-

nungsgemäß sei ein Bestellungsbeschluss nur, wenn die **Eckpunkte des Rechtsverhältnisses** zwischen Verwalter und Gemeinschaft, namentlich Laufzeit und Vergütung, in derselben Versammlung geregelt werden. Anderenfalls beruhe der Beschluss der Wohnungseigentümer nicht auf einer hinreichenden Informationsgrundlage. Allerdings könne ein Beschluss, der nur eine Übergangsregelung treffen wolle, ausnahmsweise mit den Grundsätzen ordnungsmäßiger Verwaltung zu vereinbaren sein.

Diese Entscheidung betont zutreffend zunächst die Trennung von Bestellung und Verwaltervertrag, sog **Trennungstheorie**. Die dagegen heute noch von Greiner (BeckOGK/Greiner [1. 12. 2022] § 26 WEG Rn 9; vermittelnd Westphalen/Thüsing/Lehmann-Richter Wohnungseigentumsverwalter Rn 4; Wobst ZWE 2022, 15 f) erhobenen Einwände schlagen nicht durch (Jacoby Amt 542 ff). Greiners Behauptung, Bestellung und Verwaltervertrag fielen stets zusammen, widerspricht der Bestimmung in § 26 Abs 1 WEG und verkennt die Unterschiede zwischen Beschluss und Vertrag. Eine isolierte Bestellung ist mit dem BGH wirksam, allein über die Anfechtbarkeit angesichts fehlender Ordnungsmäßigkeit lässt sich streiten. Auch eine Verknüpfung des Bestellungsbeschlusses mit dem möglichen Beschluss der Eigentümer über den Abschluss des Verwaltervertrags als einheitliches Rechtsgeschäft iSv § 139 BGB hat der BGH treffend abgelehnt (BGH 5. 7. 2019 – V ZR 278/17, NJW 2020, 988 Rn 40 gegen LG Frankfurt 27. 9. 2017 – 2-13 S 49/16, ZWE 2018, 38 = ZMR 2018, 62). Richtig ist freilich, dass Bestellung und Verwaltervertrag zwischen Gemeinschaft und Verwalter mit dem Amtswalterrechtsverhältnis typischerweise nur ein einheitliches Rechtsverhältnis beeinflussen (o Rn 36). Es handelt sich aber eben um zu trennende Akte, die Unterschiedliches zu regeln vermögen (Westphalen/Thüsing/Lehmann-Richter Wohnungseigentumsverwalter Rn 5 ff; Wobst ZWE 2022, 15 ff). 40

Zu Unrecht hält der BGH aber die isolierte Bestellung grundsätzlich für einen Verstoß gegen die **Grundsätze der ordnungsmäßigen Verwaltung**. Das Rechtsverhältnis zwischen Verwalter und Gemeinschaft wird allein durch die Bestellung kraft Gesetzes hinreichend ausgestaltet (Ott ZWE 2015, 206, 207; Merle ZWE 2012, 327 f). So sind die Eigentümer verpflichtet, die **übliche Vergütung** zu entrichten (o Rn 33). Daran mag den Eigentümern gelegen sein, weil sie nicht mehr als das Übliche aufwenden wollen. Auch beruht ein solcher Bestellungsbeschluss allenfalls dann auf nicht hinreichender Tatsachengrundlage, wenn die Eigentümer über diese Rechtsfolge nicht aufgeklärt worden sind. Freilich ist die Konkretisierung wünschenswert. Das gilt schon für den Verwalter, der wissen will, eine Vergütung welcher Höhe er dem Konto der Gemeinschaft entnehmen darf. Solange diese Konkretisierung fehlt, werden die Grundsätze ordnungsmäßiger Verwaltung deren Nachholung durch Abschluss eines Verwaltervertrags verlangen. Es besteht aber kein Grund, das Kind mit dem Bade auszuschütten und mangels dieser Konkretisierung auf die Bestellung zu verzichten oder eine erfolgte Bestellung für anfechtbar zu halten. Das erschwerte nämlich die Verwaltung (vgl LG Köln 15. 11. 2018 – 29 S 285/17, ZWE 2019, 283 = ZMR 2019, 218), weil durch das Fehlen eines Verwalters ebenfalls ein Zustand herbeigeführt würde, der ordnungsmäßiger Verwaltung widerspricht, § 19 Abs 2 Nr 6 WEG. Laufzeit und Möglichkeit zur Abberufung bestimmen sich ohnehin aufgrund Gesetzes allein infolge des Bestellungsbeschlusses. Selbst wenn dieser eine jederzeitige Abberufung durch die Eigentümer und Niederlegung durch den Verwalter ermöglicht, ist auch das nicht ordnungswidrig. Es mag allen daran gelegen sein, dass man nur miteinander zusammenarbeitet, solange beide Seiten das mehrheitlich wollen. 41

2. Beginn

42 Um den Verwalter einer Wohnungseigentümergemeinschaft zu bestellen, sieht das Gesetz als einziges Mittel in § 26 Abs 1 WEG den **Beschluss der Wohnungseigentümer** (dazu Rn 43 ff) vor. Abweichungen davon hindert § 26 Abs 5 WEG. Insbesondere kann die Bestellung nicht Dritten oder dem Beirat übertragen werden (o Rn 12). Fassen die Eigentümer keinen Beschluss, kann eine Bestellung auf einer gerichtlichen Beschlussersetzung nach Maßgabe von § 44 Abs 1 S 2 WEG beruhen (u Rn 61 ff).

a) Bestellung durch Beschluss

43 § 26 Abs 1 WEG begründet **Beschlusskompetenz** der Eigentümer, den Verwalter durch Beschluss zu bestellen (zum Umfang der Kompetenz bereits o Rn 10). Damit wird an die allgemeinen Regelungen zur Beschlussfassung angeknüpft. Folglich ergeben sich die formellen Anforderungen an die Beschlussfassung aus §§ 23–25 WEG, in materieller Hinsicht muss sich der Beschluss an dem Erfordernis ordnungsmäßiger Verwaltung (u Rn 127, 139 ff) messen lassen. **Beschlussfehler** berühren die Wirksamkeit des Beschlusses grundsätzlich nicht und führen allein zur Anfechtbarkeit nach Maßgabe von § 23 Abs 4, § 44 WEG. Nichtig ist allerdings die Bestellung in ein nicht existentes Amt, insbesondere die Bestellung mehrerer Verwalter (BGH 20. 7. 2012 – V ZR 241/11, NJW 2012, 3232 Rn 11; zur GbR u Rn 130), in der Praxis häufig als Verwalter einzelner Blöcke einer Mehrhausanlage (LG Nürnberg-Fürth 23. 9. 2009 – 14 S 1754/09, ZMR 2010, 315). Schließlich tritt die Bestellung erst durch die Annahme der Bestellung durch den Verwalter in Kraft. Für allgemeine Fragestellungen zur Beschlussfassung wird auf die Kommentierung der genannten Bestimmungen verwiesen. So kann die Verwalterbestellung auch auf einem verkündeten (und ebenfalls annahmebedürftigen) Beschluss ohne Versammlung nach § 23 Abs 3 WEG beruhen. Im Folgenden werden spezifische Fragen des in der Eigentümerversammlung gefassten Bestellungsbeschlusses behandelt. Zu den Beschränkungen des § 26 Abs 5 WEG für Vereinbarungen bereits o Rn 11 ff, zu den Anforderungen an den Verwalter u Rn 127 ff.

aa) Beschlussvorbereitung

44 Die Vorbereitung des Beschlusses muss so gestaltet sein, dass alle Eigentümer in der Versammlung auf hinreichender Tatsachengrundlage entscheiden können. Die Eigentümer müssen in der Lage sein, die Verwalter, über die sie abstimmen, im Hinblick auf die maßgeblichen Eignungskriterien (u Rn 127 ff; zur Zertifizierung Staudinger/Jacoby § 26a WEG Rn 17) und den angebotenen Preis im Vergleich zu anderen Verwaltern einschätzen zu können. Dieser recht einhellig anerkannte Ausgangspunkt folgt daraus, dass die Beschlussvorbereitung **ordnungsmäßiger Verwaltung** entsprechen muss, § 19 Abs 1 WEG. Daraus werden unterschiedliche Folgerungen differenzierend danach gezogen, ob ein bestimmter Verwalter zum ersten Mal gewählt wird oder ob er zur Wiederbestellung ansteht.

45 **(1)** Bei der **Erstbestellung** verlangt der BGH, dass drei Alternativangebote (BGH 27. 2. 2015 – V ZR 114/14, NJW 2015, 1378 Rn 10 f; 1. 4. 2011 – V ZR 96/10, NZM 2011, 515 = ZMR 2011, 735 Rn 13) nicht nur in der Eigentümerversammlung vorliegen, sondern den Eigentümern bereits schon mit der Ladung übermittelt werden (BGH 24. 1. 2020 – V ZR 110/19, ZWE 2020, 284 = ZMR 2020, 671 Rn 12; ebenso bereits LG Hamburg 11. 9. 2019 – 318 S 75/18, ZMR 2019, 984, 986). Nur dann könnten sich die Eigentümer einen hinreichenden Eindruck von der meist komplexen Preisgestaltung machen und hätten Gelegenheit

über die Kandidaten Erkundigungen einzuziehen. Die Anzahl von drei Angeboten hat sich nicht nur, aber gerade auch im Wohnungseigentumsrecht durchgesetzt, um zu beschreiben, wie viele Angebote ein ordentlicher Besteller sondieren muss, um sich einen Eindruck über den Markt zu verschaffen. Das kann allerdings nur eine Faustregel sein (Jacoby ZWE 2023, 16, 19). Die Angebote sind zu filtern. Berücksichtigung können nur ernst gemeinte und ernst zu nehmende Angebote finden. Bei kleineren Anlagen wird entsprechend der Grenzen des § 19 Abs 2 Nr 6 WEG zu erwägen sein, ob es eines zertifizierten Verwalters bedarf (s auch u Rn 136 f). Bei Großanlagen ist indessen das Angebot eines nicht zertifizierten Anbieters irrelevant. Nicht selten ergeben sich aber Probleme, überhaupt Angebote zu erlangen. Ggf kann – was den Vergleich der angemessenen Vergütung betrifft – auf Aufstellungen über die Höhe ortsüblicher Verwaltervergütungen zurückgegriffen werden. Der BGH verlangt die Beschlussfassung über den Verwaltervertrag zugleich mit der Bestellung, gerade weil nur so die Vergleichbarkeit hinsichtlich der Verwaltervergütung gewährleistet ist (BGH 27. 2. 2015 – V ZR 114/14, NJW 2015, 1378 Rn 10 f; o Rn 39). Dem lässt sich allerdings entgegenhalten, dass bei der isolierten Bestellung allein die übliche Vergütung geschuldet ist, eine Vergleichbarkeit gerade gewährleistet ist (o Rn 33, 41).

Diese **Vorbereitungspflichten** treffen denjenigen, der Versammlung und Beschlussfassung vorbereitet. Das ist zunächst der Einladende, dann der Versammlungsleiter. Eine Festlegung der Eigentümerversammlung (vgl LG Hamburg 11. 9. 2019 – 318 S 75/18, ZMR 2019, 984, 986 zur Zahl der Alternativangebote) ist grundsätzlich verbindlich, hindert eine Anfechtung wegen unzureichender Vorbereitung aber nur, wenn sie selbst im Rahmen ordnungsmäßiger Verwaltung liegt oder mangels Anfechtung bestandskräftig geworden ist. Inwieweit Anregungen von anderen Eigentümern zu berücksichtigen sind, bestimmt sich im Rahmen ordnungsmäßiger Verwaltung. Die Anregung, das Gebot eines anderen Verwalterkandidaten einzubeziehen, ist daher nicht immer unabhängig von seinem Inhalt zu berücksichtigen. Es wird aber einzubeziehen sein, wenn die Qualität des Angebots im Vergleich zu den vorliegenden sonstigen besticht. Umgekehrt kann der Einladende, auch wenn er Wohnungseigentümer ist, die Vorbereitung nicht auf die anderen Eigentümer delegieren, indem er ihnen anträgt, etwaige Alternativangebote zu dem von ihm vorgeschlagenen Verwalter beizubringen. Wird dann ohne Alternativangebote nur über einen Verwalter abgestimmt, widerspricht die Wahl ordnungsmäßiger Verwaltung (LG Frankfurt 7. 1. 2015 – 2-9 S 45/14, NJW 2015, 1397, 1398). Es mag allein im Einzelfall das Verhalten von einem Eigentümer widersprüchlich sein, sich mit der Abstimmung ohne Alternativangebote einverstanden zu erklären und später den Beschluss deswegen anzufechten. 46

Die Angebote müssen in einer Weise vorliegen, dass sie den abstimmenden Eigentümern eine **hinreichende Grundlage für die Entscheidungsfindung** verschaffen. Grundsätzlich wird es deswegen erforderlich sein, Unterlagen einschließlich des vom Verwalter zu stellenden Verwaltervertrags den Eigentümern entsprechend der o Rn 45 zitierten Rspr vorab zu übersenden und die Verwalterkandidaten in der Eigentümerversammlung persönlich zu hören. Es kann aber auch ausreichen, die Vorbereitung der Wahl einer zuvor von den Eigentümern – möglichst bestandskräftig – beschlossenen Kommission zu übertragen, die dann in der Versammlung ausführlich berichtet. In einfach gelagerten Sachlagen mögen auch andere Formen der Aufbereitung der unterschiedlichen Angebote in Betracht kommen. 47

48 **(2)** Nach gefestigter Rechtsprechung des BGH sind Alternativangebote bei der **Wiederbestellung** eines amtierenden Verwalters, auch wenn dessen Bestellungsdauer abgelaufen ist, nicht einzuholen (BGH 27. 2. 2015 – V ZR 114/14, NJW 2015, 1378 Rn 11, 13 ff; 1. 4. 2011 – V ZR 96/10, NZM 2011, 515 = ZMR 2011, 735 Rn 13). Diese Besonderheit wurzelt darin, dass grundsätzlich der amtierende Verwalter selbst als Einladender und Versammlungsleiter, § 24 Abs 2 u 5 WEG, auch den Beschluss über die neuerliche Verwalterwahl vorzubereiten hat. Von ihm lässt sich nicht erwarten, dass er sich auf die Suche nach konkurrenzfähigen Alternativangeboten begibt. Diese Lockerung lässt sich inhaltlich aber auch dadurch absichern, dass der Verwalter sich bei der Erstbestellung gegen Alternativangebote durchgesetzt hat und nunmehr die Pflege des Vertrauensverhältnisses zwischen Verwalter und Eigentümern es rechtfertigt, von Alternativangeboten abzusehen, wie es auch der Grund dafür ist, dass eine Entlastung des Verwalters Maßnahme ordnungsmäßiger Verwaltung sein kann (BGH 17. 7. 2003 – V ZB 11/03, BGHZ 156, 19 = NJW 2003, 3124; u Rn 222).

49 Angesichts dieser Gründe dafür, bei der Wiederbestellung von Alternativangeboten abzusehen, muss es aber Sachlagen geben, in denen diese Gründe nicht greifen und der Verhaltensmaßstab ordnungsmäßiger Verwaltung, die Berücksichtigung von **Alternativangeboten verlangt** (BGH 27. 2. 2015 – V ZR 114/14, NJW 2015, 1378 Rn 10; 1. 4. 2011 – V ZR 96/10, NZM 2011, 515 = ZMR 2011, 735 Rn 13). So liegt es zum einen, wenn der Verwalter selbst die Kontinuität seiner Wahl und Wiederwahl dadurch durchbricht, dass er seine **Konditionen** erheblich **verändert**. Zum anderen darf der Verwalter den Eigentümern solche Konkurrenzangebote nicht vorenthalten, die **von Eigentümern** ihm **vorgelegt** werden und nicht vor vornherein aussichtslos erscheinen. Stellt sich nicht der Verwalter selbst als natürliche Person zur Wiederwahl, sondern eine GmbH, deren Geschäftsführer der Verwalter ist, so handelt es sich ebenfalls nicht um eine Wiederbestellung, bei der Alternativangebote entbehrlich sind (LG Frankfurt 26. 3. 2018 – 2-13 S 27/18, ZWE 2018, 324 = ZMR 2018, 788).

bb) Beschlussfassung

50 Die Beschlussfassung folgt den allgemeinen gesetzlichen Vorgaben, die für die Wahl mit einfacher Stimmenmehrheit gelten. Vereinbarungen über das **Stimmkraftprinzip** (zB Objekt- oder Wertprinzip statt des von § 25 Abs 2 WEG statuierten Kopfprinzips) sind nach einhelliger Auffassung auch dann beachtlich, wenn sie im Einzelfall zu einer Erschwerung der Verwalterwahl führen (BGH 28. 10. 2011 – V ZR 253/10, BGHZ 191, 245 = NJW 2012, 921 Rn 7 ff; o Rn 14). Sonstige Erschwerungen durch erhöhte Mehrheitsquoren oder Anforderungen an die Beschlussfähigkeit werden in Übernahme des alten Rechts indessen auch heute überwiegend noch für unzulässig gehalten (Bärmann/Becker § 26 Rn 149; Hügel/Elzer § 26 Rn 82). Dem ist aber nicht zu folgen (o Rn 14), weil § 26 Abs 5 WEG nur die Vorgaben von § 26 WEG, aber nicht die des § 25 WEG zwingend ausgestaltet. Durch Geschäftsordnungsbeschluss können die Beteiligten die Wahl weiter ausgestalten; grundsätzlich ist es insoweit mit den Vorgaben ordnungsmäßiger Verwaltung vereinbar, wenn eine konkrete Verwalterwahl „geheim" erfolgen soll (AG Nürnberg 1. 3. 2019 – 29 C 961/18, ZWE 2019, 421 = ZMR 2019, 378 f).

51 Aus dem durch Vereinbarung nach § 10 Abs 1 S 2 WEG disponiblen (o Rn 14) Erfordernis der **Mehrheitswahl** nach § 25 Abs 1 WEG folgt, dass nur gewählt ist, wer die Mehrheit der abgegebenen Stimmen (§ 32 Abs 1 S 3 BGB), verstanden als mehr Ja-

als Nein-Stimmen, auf sich vereinigt (Staudinger/Häublein § 25 WEG Rn 6). Bei einer parallelen Abstimmung über mehrere Kandidaten ist daher derjenige, der zwar die meisten Stimmen der Bewerber auf sich vereinigt (relative Mehrheit), aber nicht mehr Stimmen als Stimmen, die gegen ihn abgegeben werden (solche für andere Kandidaten oder Nein gegen alle Kandidaten), nicht gewählt (BGH 18. 1. 2019 – V ZR 324/17, ZWE 2019, 374 = ZMR 2019, 776 Rn 9). Wird ungeachtet dessen die Wahl dieses Kandidaten mit den nur relativ meisten Stimmen verkündet, so ist die Wahl wie bei einem Zählfehler zwar wirksam (**aA** Deckert ZMR 2008, 585, 587), aber wegen dieses Fehlers anfechtbar. Umgekehrt ist der erste Bewerber, der die absolute Mehrheit der Stimmen auf sich vereinigt, nur dann gewählt, wenn das Wahlverfahren so ausgestaltet ist, dass jedem Eigentümer nur eine Ja-Stimme zusteht (BGH 18. 1. 2019 – V ZR 324/17, ZWE 2019, 374 = ZMR 2019, 776 Rn 10 f). Können die Eigentümer mehrere Ja-Stimmen abgeben, ist das Wahlverfahren bis zum letzten Bewerber durchzuführen, weil dieser immer noch die meisten Ja-Stimmen auf sich vereinigen kann. Die Festlegung des Verfahrens obliegt grundsätzlich dem Versammlungsleiter, ein vorrangiger Geschäftsordnungsbeschluss ist allerdings möglich.

Wer selbst zum Verwalter gewählt werden will, kann sich an der Beschlussfassung **52** über seine Bestellung mit Stimmrecht beteiligen. Zwar scheint § 25 Abs 4 Fall 1 WEG ein **Stimmverbot** anzuordnen, weil es sich auch bei der Bestellung um ein Rechtsgeschäft handelt, das gegenüber der zu bestellenden Person vorgenommen wird. Indes ist das Stimmverbot – wie sonst auch im Verbandsrecht anerkannt (BGH 29. 9. 1955 – II ZR 225/54, BGHZ 18, 205, 210; BGH 11. 12. 2006 – II ZR 166/05, NJW 2007, 917 Rn 19 zu § 47 Abs 4 GmbHG) – nur auf Außenrechtsgeschäfte anzuwenden, im Hinblick auf Sozialakte wie die Bestellung indes teleologisch zu reduzieren (BGH 19. 9. 2002 – V ZB 30/02, BGHZ 152, 46, 57; Staudinger/Häublein § 25 WEG Rn 232); zu den Auswirkungen auf die Beschlussfassung über den Verwaltervertrag u Rn 150. Da sich das im WEG nicht ausdrücklich geregelte **Vertretungsverbot** nur aus der Regelung des Stimmverbots in § 25 Abs 4 WEG herleiten lässt (Staudinger/Häublein § 25 WEG Rn 106; vgl auch BGH 30. 3. 2012 – V ZR 178/11, NJW 2012, 2512 Rn 13), scheidet gleichfalls mangels Stimmverbots auch ein Vertretungsverbot aus. Mithin kann jedermann – sei er Eigentümer, bereits amtierender Verwalter oder sonstiger Dritter – bei der Beschlussfassung über die eigene Bestellung zum Verwalter Wohnungseigentümer vertreten.

cc) Wirksamwerden und Wirkungsdauer

Konstitutive Bedeutung für das Zustandekommen eines Beschlusses haben Feststel- **53** lung und Bekanntgabe des Beschlussergebnisses durch den Vorsitzenden der Wohnungseigentümerversammlung (BGH 23. 8. 2001 – V ZB 10/01, BGHZ 148, 335 = NJW 2001, 3339). Indessen hindern Verstöße gegen weitere Anforderungen der Teilungserklärung wie insbesondere eine Protokollierungsklausel die Wirksamkeit eines Beschlusses nicht, sondern führen allein zur Anfechtbarkeit (BGH 3. 7. 1997 – V ZB 2/97, BGHZ 136, 187, 190 ff = NJW 1997, 2956; BGH, 30. 3. 2012 – V ZR 178/11, NJW 2012, 2512 Rn 16; zur Heilbarkeit BGH, 30. 3. 2012 – V ZR 178/11, NJW 2012, 2512 Rn 23). Entsprechend muss auch der Bestellungsbeschluss festgestellt und bekanntgegeben werden.

(1) Allerdings reicht dies allein zum Wirksamwerden dieses Beschlusses nicht aus. **54** Wie bei anderen Ämtern bedarf die Bestellung zur Wirksamkeit der **Zustimmung** des zu bestellenden Amtswalters. Damit verändert sich nicht der maßgebliche (rechtsgeschäftliche) Wirkungstatbestand: Die Bestellung beruht nicht auf Vertrag oder einem vertragsähnlichen Rechtsgeschäft (zum weiteren Rechtsgeschäft Verwaltervertrag u Rn 151 f), sondern in Übereinstimmung mit § 26 Abs 1 WEG auf Beschluss. Dieser Beschluss muss aber dem Verwalter bekannt gegeben werden und dieser muss zustimmen (vgl Staudinger/Schwennicke [2019] § 27 BGB Rn 11 zum Verein).

55 Der Verwalter kann seine **Zustimmung** nicht nur zeitlich nach dem Bestellungsbeschluss, sondern auch bereits vorher erklären (Hügel/Elzer § 26 WEG Rn 13). Inhaltlich muss die Zustimmung dem Beschluss entsprechen, was insbesondere im Hinblick auf die Laufzeit (u Rn 57) von Bedeutung sein kann, während Einvernehmen hinsichtlich des gesondert abzuschließenden Verwaltervertrags unmaßgeblich ist. Eine Form ist nicht einzuhalten, die Zustimmung kann daher auch konkludent, insbesondere durch Übernahme des Amtes erfolgen. Die Zustimmung ist grundsätzlich **empfangsbedürftige Willenserklärung**, für die es – anders als in § 182 Abs 1 BGB – an einer ausdrücklichen Regelung dazu fehlt, wer Adressat ist. Da der Verwalter Organ der Gemeinschaft ist und allein zu dieser das Rechtsverhältnis begründet wird, ist die **Gemeinschaft auch richtiger Adressat** und wird nach § 9b Abs 2 WEG vertreten.

56 Die grundsätzlich erforderliche **Mitteilung des Bestellungsbeschlusses** an den Verwalter ist Aufgabe des Versammlungsleiters als dazu konkludent nach § 9b Abs 2 Fall 2 WEG ermächtigter Vertreter der Gemeinschaft, darüber hinaus auch die des Beiratsvorsitzenden, § 9b Abs 2 Fall 1 WEG. Ist der Verwalter auf der Versammlung anwesend, bedarf es neben der ohnehin notwendigen Feststellung und Bekanntgabe des Beschlussergebnisses allerdings keiner gesonderten Bekanntgabe an den Verwalter (vgl BGH 22. 9. 1969 – II ZR 144/68, BGHZ 52, 316, 321 = NJW 1970, 33, 34). Auch wird man einen Verzicht des Verwalters auf die Bekanntgabe nach dem Rechtsgedanken des § 151 BGB, der mangels Willenserklärung und Vertragsschluss keinesfalls direkt anwendbar ist, durchaus zulassen können. Denn das Bekanntgabeerfordernis soll nur den Verwalter schützen, auf diesen Schutz kann er aber verzichten.

57 **(2)** Für welchen Zeitraum die Bestellung erfolgt, ist dem Bestellungsbeschluss durch Auslegung zu entnehmen. Allerdings **scheidet eine rückwirkende Bestellung** aus logischen Gründen (AG Bonn 3. 11. 2009 – 27 C 44/09, ZWE 2010, 292, 293 = ZMR 2010, 320) und eine Laufzeit von mehr als fünf Jahren wegen § 26 Abs 2 u 5 WEG (o Rn 10) **aus.** Im Zweifel beginnt der Bestellungszeitraum sofort mit Wirksamwerden des Beschlusses (Hügel/Elzer § 26 WEG Rn 11). Aus den Umständen kann sich freilich anderes ergeben, insbesondere, wenn bekanntlich noch ein anderer Verwalter amtiert und der Bestellung nicht zugleich – was durchaus in Betracht kommt – die gleichzeitige Abberufung des amtierenden Verwalters entnommen werden kann (Rn 70). Da der Beschluss wie stets unabhängig von seiner Bestandkraft wirksam wird (vgl o Rn 43), kommt es bei der Auslegung auf die Bestandskraft des Beschlusses nicht an (Hügel/Elzer § 26 WEG Rn 11; zu den Wirkungen der Aufhebung eines angefochtenen Bestellungsbeschlusses u Rn 124 ff). Lässt sich dem Bestellungsbeschluss keine Begrenzung entnehmen, greift die gesetzliche Höchstbestellungsdauer (Jennissen/Jennissen § 26 WEG Rn 83).

dd) Wiederbestellung (Abs 2)

58 § 26 Abs 2 S 2WEG verhält sich zur erneuten Bestellung des amtierenden Verwalters. Diese Möglichkeit verdeutlicht die Funktion der **Höchstbestellungsdauer** nach

§ 26 Abs 1 S 2 WEG. Eine Wiederbestellung und damit eine Amtsperiode, die die Höchstbestellungsdauer überschreitet, ist zulässig. Die Höchstbestellungsdauer will also nur verhindern, dass der Verwalter ohne weiteren Bestellungsbeschluss länger als die reguläre Höchstdauer von fünf Jahren amtiert.

§ 26 Abs 2 S 2 HS 2 WEG erlaubt die Wiederbestellung aber erst im letzten Jahr des laufenden Bestellungszeitraums. Dadurch wird verhindert durch Vorratsbestellungen eine **Restbestellungsdauer** herbeizuführen, die die Höchstbestellungsdauer deutlich überschreitet (BGH 23. 2. 1995 – III ZR 65/94, NJW-RR 1995, 780). So ist es etwa verboten, nach einer Bestellung auf fünf Jahre, im nächsten Jahr die Bestellung um weitere fünf Jahre zu verlängern, was eine Bestellungsrestdauer von 9 Jahren herbeiführte. Indessen ist die Regelung des HS 2 teleologisch so zu reduzieren, dass sie nicht jegliche vorzeitige Wiederbestellung ausschließt, solange die von dieser Regelung bezweckte Beschränkung der Restbestellungsdauer eingehalten wird. So wird entbehrlich, dass Verwalter und Eigentümer sich vor der Wahl auf eine Beendigung der Amtszeit des Verwalters in einem Jahr einigen, ggf bedingt durch den positiven Wiederbestellungsbeschluss. Folglich ist es stets zulässig, dass eine Wiederbestellung jederzeit erfolgen darf, sie darf aber niemals zu einer Restbestellungsdauer von mehr als sechs Jahren führen (LG Itzehoe 25. 10. 2011 – 11 S 9/11, ZWE 2012, 145; Hügel/Elzer § 26 WEG Rn 138;vgl auch BGH 17. 7. 2012 – II ZR 55/11, ZIP 2012, 1750 Rn 21 zu § 84 Abs 1 S 3 AktG). 59

Verstößt ein Beschluss gegen § 26 Abs 2 S 2 HS 2 WEG wird dieser insgesamt für nichtig gehalten (OLG Zweibrücken 23. 6. 2004 – 3 W 64/04, ZWE 2005, 111 = ZMR 2005, 908; Hügel/Elzer § 26 WEG Rn 137). Angesichts der im Wortlaut des § 26 Abs 2 S 2 HS 2 WEG zum Ausdruck kommenden Regelung ist das allein konsequent, weil jede Wiederbestellung vor der Jahresfrist unzulässig sein soll. Indessen eröffnet die in der vorigen Rn 59 geschilderte teleologische Reduktion die Möglichkeit, einen solchen Wiederbestellungsbeschluss dahingehend geltungserhaltend zu reduzieren, dass die Wiederbestellung zu einer Restamtszeit von sechs Jahren führt (vgl auch o Rn 10 zum Verstoß gegen Abs 2 S 1). 60

b) Bestellung durch gerichtliche Beschlussersetzung

Zwar hat die WEG-Reform 2007 die Regelung zur Bestellung eines **Notverwalters** abgeschafft (o Rn 5). Die Bestellung eines Verwalters kann aber auf **gerichtlicher Beschlussersetzung** beruhen, § 44 Abs 1 S 2 WEG. Die Bestellung eines Verwalters ist Maßnahme ordnungsmäßiger Verwaltung nach § 19 Abs 2 Nr 6 WEG. Daher kann ein Eigentümer seinen Anspruch auf ordnungsmäßige Verwaltung nach § 18 Abs 2 WEG vor Gericht durchsetzen (BGH 8. 7. 2022 – V ZR 202/21, NJW 2022, 3003 Rn 52). Grundsätzlich ist die gerichtliche Beschlussersetzung, die die Ermessensausübung der Eigentümer ersetzt, subsidiär, so dass die Klage nur dann Erfolg haben kann, wenn zuvor die Eigentümer mit der Sache befasst wurden oder diese Vorbefassung wegen ihrer Aussichtslosigkeit bloße Förmelei wäre (BGH 16. 9. 2022 – V ZR 69/21, NJW 2023, 63 Rn 6). Angesichts der besonderen Bedeutung des Verwalters für die Funktionsfähigkeit der Gemeinschaft ist das Regel-Ausnahme-Verhältnis für die Bestellung allerdings umzudrehen, wobei man verfrühte Klagen im Kostenpunkt durch Anwendung von § 93 ZPO sanktionieren kann (ausführlich Lehmann-Richter ZWE 2022, 61, 66; **aA** LG Frankfurt 7. 11. 2019 – 2-13 T 82/19, ZWE 2020, 56 = ZMR 2020, 141). 61

62 Zwar wird der klagende Eigentümer regelmäßig keinen Anspruch auf Bestellung eines bestimmten Verwalters haben (Jennissen/Jennissen § 26 WEG Rn 77), er muss aber angesichts des geltenden **Beibringungsgrundsatzes** einen zur Übernahme bereiten Verwalter benennen (LG Frankfurt 10. 5. 2022 – 2-13 T 26/22, ZWE 2022, 265 = ZMR 2022, 654; Lehmann-Richter ZWE 2022, 61, 66; vgl auch BGH 8. 7. 2022 – V ZR 202/21, NJW 2022, 3003 Rn 53: Prüfung der Ordnungsmäßigkeit des vorgeschlagenen Verwalters und seines Vertrags; **aA** Bruns ZWE 2022, 67, 71 f). Allerdings genügt, dass der Kläger einen Verwalter präsentiert, dessen Wahl nicht ordnungsmäßiger Verwaltung widerspricht (**aA** LG Frankfurt 7. 11. 2019 – 2-13 T 82/19, ZWE 2020, 56 = ZMR 2020, 141: gleiche Anforderungen an Grundlage der Entscheidung von Eigentümern und Gericht). Denn die Ermessensausübung durch das Gericht ist kein Selbstzweck. Es muss allein ein ordnungsmäßiges Ergebnis herauskommen. Von der Möglichkeit der eigenen Ermessensausübung haben die Eigentümer keinen Gebrauch gemacht. Das würde nicht dadurch aufgewogen, dass der Richter selbst Ermessen ausübt. Das gerichtliche Verfahren nach dem Beibringungsgrundsatz ersetzt das Verfahren der Beschlussfassung durch die Eigentümer. Es liegt also an der beklagten Gemeinschaft Tatsachen vorzubringen, warum die Wahl des vom Kläger benannten Kandidaten nicht ordnungsmäßiger Verwaltung entspricht. Dem Kläger steht es natürlich frei, dem Gericht mehrere Kandidaten zur Wahl anzubieten, dieser ist dazu aber nicht verpflichtet.

63 Das gerichtliche Urteil tritt an die **Stelle des Bestellungsbeschlusses der Eigentümer**, den es ersetzt. Die Wirkungen der so erfolgten Bestellung unterscheiden sich daher nicht von der durch Beschluss der Eigentümer. Eigenen Regeln folgt freilich die Wirksamkeit. Zwar werden Urteile grundsätzlich mit Verkündung wirksam. Wie die Verurteilung von Miteigentümern zu einer Zustimmung erst mit Rechtskraft fingiert wird, § 894 ZPO, werden auch Gestaltungsentscheidungen erst mit Rechtskraft wirksam (BGH 24. 5. 2013 – V ZR 182/12, NJW 2013, 2271 Rn 21), ebenso der Bestellungsbeschluss (BGH 10. 6. 2011 – V ZR 146/10, NJW 2011, 3025 Rn 8). Bei Eilbedürfnis lässt sich eine einstweilige Verfügung erwirken (BGH 8. 6. 2018 – V ZR 125/17, BGHZ 219, 60 = NJW 2018, 3305 Rn 28; BGH 10. 6. 2011 – V ZR 146/10, NJW 2011, 3025 Rn 11). Die Bestellung bedarf noch der Annahme durch den bestellten Verwalter (o Rn 54). Für die Wirkungsdauer ist auf die Ausführungen zur Bestellung durch Beschluss der Eigentümer zu verweisen. Das Gericht kann insoweit nur dann Sonderregelungen zur Bestellungsdauer treffen, wenn der Anspruch des klagenden Eigentümers sich auch darauf erstreckt.

64 Das **Verhältnis der gerichtlichen Bestellung zum Verwaltervertrag** ist noch nicht geklärt (bedenklich BGH 11. 5. 2017 – V ZB 52/15, NJW 2017, 2766 Rn 15 zum Ersatzzustellungsvertreter). Allerdings sind auch bei gerichtlicher Entscheidung Bestellung und Verwaltervertrag als **eigenständige Akte** zu trennen. Denn bei der gerichtlichen Entscheidung aufgrund von § 44 Abs 1 S 2 WEG werden – im Unterschied zur Notbestellung nach § 26 Abs 3 WEG aF – nur Beschlüsse der Eigentümer ersetzt, kein eigenständiger Bestellungstatbestand geschaffen. Für die Beschlussfassung der Eigentümer ist aber die Trennung von Bestellungsbeschluss und Beschluss über Verwaltervertrag mit der sog **Trennungstheorie** anerkannt (o Rn 40). Daher kann das Gericht nicht schlicht die Bestellung eines Verwalters zu einer bestimmten Vergütung anordnen, wie es bei der früheren Notbestellung üblich war. Das Gericht kann aber neben dem Bestellungsbeschluss auch den **Beschluss über den Verwaltervertrag ersetzen**. Insbesondere kommt in Betracht, dass das Gericht einen Verwalter bestellt und dem von diesem

Verwalter vorgelegten Verwaltervertrag zustimmt (vgl zum dahingehenden Prüfprogramm BGH 8. 7. 2022 – V ZR 202/21, NJW 2022, 3003 Rn 53). Ferner kann auch noch der Beschluss zur Ermächtigung des antragstellenden Eigentümers zum Vertreter nach § 9b Abs 2 Fall 2 WEG ersetzt werden. Sonst hat der Beiratsvorsitzende aufgrund seiner Vertretungsmacht aus § 9b Abs 2 S 2 WEG den Vertrag abzuschließen. Freilich bedarf es dafür nicht nur eines entsprechenden Antrags des Eigentümers, sondern ein solches Vorgehen muss auch von § 19 Abs 1 WEG gedeckt sein, also von dem Gebot ordnungsmäßiger Verwaltung gefordert sein (enger Hügel/Elzer § 26 WEG Rn 119). Auf dem Boden der oben Rn 39 referierten Auffassung des BGH, dass die isolierte Bestellung eines Verwalters ohne Abschluss eines Verwaltervertrags nicht ordnungsmäßiger Verwaltung entspricht, verlangt der Bestellungsbeschluss ohnehin stets auch den Abschluss eines Verwaltervertrags, damit die Voraussetzungen ordnungsmäßiger Verwaltung gewahrt sind. Also wäre danach sogar dem isolierten Antrag auf Bestellung nicht stattzugeben. Nach der hier vertretenen Gegenmeinung entspricht auch die isolierte Bestellung ordnungsmäßiger Verwaltung. Aber ungeachtet dessen besteht ein Interesse, die Vergütung zu konkretisieren, sodass einem gestellten Antrag auf Beschlussersetzung hinsichtlich des Verwaltervertrags grundsätzlich zu entsprechen ist. Auch kann die Ordnungsmäßigkeit der Zustimmung zum Verwaltervertrag darauf beruhen, dass der Verwalter nur auf Grundlage eines solchen Vertrags mit fixierter Vergütung zur Amtsübernahme bereit ist.

c) Bestellung des ersten Verwalters

Das WEG hat niemals eine Regelung wie § 6 Abs 3 S 2 GmbHG zur Bestellung des 65
ersten Verwalters anlässlich der Teilung enthalten. Die Bestellung des ersten Verwalters durch Beschluss nach § 26 Abs 1 WEG brachte unter dem alten Recht das Problem mit sich, dass die Anwendbarkeit des WEG und die Möglichkeit einer Beschlussfassung von der Entstehung einer zumindest werdenden Gemeinschaft abhängig war. Dafür musste zu dem teilenden Eigentümer ein zumindest werdender Eigentümer, vgl § 8 Abs 3 WEG, hinzutreten. Ohne gesetzliche Grundlage wurde aber die Bestellung des ersten Verwalters durch den teilenden Eigentümer auf den Zeitpunkt der Entstehung der (werdenden) Gemeinschaft für zulässig erachtet (BGH 20. 6. 2002 – V ZB 39/01, BGHZ 151, 164, 173 = NJW 2002, 3240, 3244; BGH 11. 3. 2022 – V ZR 77/21, ZWE 2022, 253 = ZMR 2022, 566 Rn 12). Das WEMoG hat den Rahmen dieser Problematik bewusst dadurch grundlegend verändert, dass § 9a Abs 1 S 2 WEG die **Ein-Personen-Gemeinschaft** zulässt und die Anwendbarkeit des WEG auf den Zeitpunkt der Anlegung der Wohnungsgrundbücher vorzieht. Daraus folgt:

aa) Die Bestellung ist entsprechend § 26 Abs 1 u 5 WEG **nur durch Beschluss** mög- 66
lich. Sie ist daher nicht tauglicher Inhalt von Teilungserklärung oder Teilungsvertrag (Bärmann/Becker § 26 Rn 93; BeckOGK/Greiner [1. 12. 2022] § 26 WEG Rn 93; Hügel/Elzer § 26 Rn 115; **aA** Jennissen/Jennissen § 26 WEG Rn 46 ff; Wicke ZWE 2021, 21, 23). Die hergebrachten Grundsätze gelten nicht mehr. Zur Umdeutung in einen Vorab-Beschluss sogleich.

bb) Der teilende Alleineigentümer kann den Bestellungsbeschluss vom Zeitpunkt 67
der Entstehung der Gemeinschaft **mit Anlegung** der Wohnungsgrundbücher **bis zum Hinzutreten** eines werdenden Eigentümers (vgl zu selben zeitlichen Grenze nach altem Recht BGH 11. 3. 2022 – V ZR 77/21, ZWE 2022, 253 = ZMR 2022, 566 Rn 13) durch Einmann-Beschluss fassen. Umstritten ist, ob der teilende Eigentümer den Beschluss auch vor

Anlegung der Wohnungsgrundbücher vorab fassen kann (Lehmann-Richter/Wobst Rn 461) oder nicht (BeckOGK/Greiner [1. 12. 2022] § 26 WEG Rn 93; wohl auch Bärmann/Becker § 26 Rn 93; BeckOK-WEG/Elzer [1. 1. 2023] § 26 WEG Rn 111). Dagegen spricht nicht die unter dem alten Recht anerkannte Argumentation, weil damals der teilende Eigentümer niemals allein beschließen konnte, sondern nur mit dem ersten (werdenden) Miteigentümer. Auch sonst sind keine Hinderungsgründe ersichtlich. Wie schon vor Anlegung der Wohnungsgrundbücher Vereinbarungen iSv § 10 Abs 1 S 2 WEG getroffen werden können, können auch schon Beschlüsse vorab gefasst werden. Diese werden freilich nur wirksam, wenn die Wohnungsgrundbücher angelegt werden und der Beschließende dann Alleineigentümer ist. Diese Konstruktion hilft dann auch Abreden über den ersten Verwalter im Wege der Umdeutung, § 140 BGB, in einen **Vor-Beschluss** zur Wirksamkeit zu verhelfen (Lehmann-Richter/Wobst Rn 461).

3. Ende

68 Das Amt kann regulär durch Ablauf der im Bestellungsbeschluss vorgesehenen **Bestellungszeit** (o Rn 57) oder vorzeitig auf Initiative der Wohnungseigentümer durch **Abberufung**, auf Initiative des Verwalters durch **Amtsniederlegung** oder aus sonstigen Gründen aus der Sphäre des Verwalters enden. Dieses Amtsende braucht nicht mit der Beendigung des von der Amtsstellung zu trennenden Verwaltervertrags verknüpft zu sein.

a) Abberufung durch Beschluss

69 Die Abberufung erfolgt nach § 26 Abs 1 S 1 WEG wie die Bestellung durch Mehrheitsbeschluss.

aa) Tatbestand und Wirksamwerden

70 Den Tatbestand der Abberufung bildet entsprechend zu dem zum Bestellungsbeschluss Gesagten (Rn 53), dass der Versammlungsleiter einen entsprechenden Beschluss in der Eigentümerversammlung feststellt und bekannt macht. Eine ausdrückliche Beschlussfassung ist allerdings nicht erforderlich. Insbesondere ist grundsätzlich in der **Bestellung eines neuen Verwalters gleichzeitig schlüssig die Abberufung des bislang amtierenden Verwalters mitenthalten** (OLG Hamm 5. 6. 2007 – 15 W 239/06 ZWE 2008, 182, 184 = ZMR 2008, 64; OLG München 11. 12. 2007 – 34 Wx 91/07, NZM 2008, 92, 93 = ZMR 2008, 236; LG Köln 31. 1. 2013 – 29 S 135/12, ZWE 2013, 412 = ZMR 2013, 379), da das Amt des Verwalters nur von einer Person bekleidet werden kann. Auch der Beschluss über die „Kündigung des Verwaltervertrags" wird regelmäßig aus der Laienperspektive in Unkenntnis der Trennung von Amt und Vertrag den Abberufungsbeschluss beinhalten.

71 Verbreitet wird ferner für erforderlich gehalten, dass der Abberufungsbeschluss dem abzuberufenden Verwalter mitgeteilt wird. Soweit damit die **Mitteilung** tatbestandlich als eigene Erklärung vom Abberufungsbeschluss getrennt wird (BGH 20. 6. 2002 – V ZB 39/01, BGHZ 151, 164, 171 = NJW 2002, 3240; Bärmann/Becker § 26 WEG Rn 271), liegt darin eine künstliche Aufspaltung, die von § 26 Abs 1 WEG nicht gedeckt ist: Die Abberufung erfolgt durch Beschluss. Freilich lässt sich mit guten Gründen dafür streiten, dass die Abberufung der Feststellung des Beschlusses gegenüber dem Verwalter bedarf. Dafür spricht jedenfalls, dass die Rechtsstellung und Rechtsmacht des Verwalters von diesem Beschluss unmittelbar betroffen wird. Jedoch sprechen in Abweichung von der herrschenden Auffassung die besseren Gründe gegen eine solche WEG-untypische besondere Wirksamkeitsvoraussetzung (vgl auch Hügel/Elzer § 26 WEG Rn 15). Es gibt keinen anderen Beschluss nach WEG, der denjenigen gegenüber ausdrücklich festgestellt werden muss, denen gegenüber der Beschluss Wirkungen äußert. Festgestellte Beschlüsse werden stets auch denjenigen Eigentümern gegenüber wirksam, die der Versammlung nicht beiwohnen. Auch die trotz Streichung des § 27 Abs 1 Nr 1 WEG aF weiterhin bestehende Pflicht des Verwalters gegenüber der Gemeinschaft, einen Beschluss auszuführen, hängt nicht davon ab, dass ihm dieser mitgeteilt wird. Das WEG stellt auf andere Weise sicher, dass keine Überraschungsbeschlüsse erlassen werden. So sind die Eigentümer zur Eigentümerversammlung zu laden. Dem Verwalter fällt indessen die Aufgabe der Ladung zu, § 24 Abs 1 WEG. Auch hat der Verwalter ein Recht, an der Versammlung teilzunehmen (Jennissen/Schultzky § 24 WEG Rn 47; **aA** Bärmann/Merle § 24 WEG Rn 114). Denn er ist nicht nur geborener Versammlungsleiter, § 24 Abs 5 WEG, sondern hat etwa auch die Beschluss-Sammlung zu führen, § 24 Abs 8 S 1 WEG. Wird hingegen dem Verwalter unter Verstoß gegen diese Vorgaben die Beschlussvorbereitung und Beschlussfassung über die Abberufung verheimlicht, mag dies ein Grund dafür sein, dass sich die Eigentümer dem Verwalter gegenüber nicht auf die Wirkungen der Abberufung berufen dürfen. Schließlich bleibt die persönliche Rechtsstellung des Verwalters aus dem Verwaltervertrag von der Abberufung unberührt. Die von der Abberufung zu trennende Kündigung dieses Vertrags wird als empfangsbedürftige Willenserklärung nur mit Zugang beim Verwalter wirksam (u Rn 198).

Der Beschluss selbst kann auch bestimmen, zu welchem **Zeitpunkt** die Abberufung wirksam werden soll. So kann insbesondere der Verwalterwechsel durch Abberufung des amtierenden und Bestellung eines neuen Verwalters auf den Beginn des nächsten Jahres oder einen anderen Zeitpunkt hinausgeschoben werden. **72**

bb) Wirksamkeit und Anfechtung

Formelle, aber auch materielle **Fehler des Abberufungsbeschlusses** stehen seiner Wirksamkeit grundsätzlich nicht entgegen, weil sie keine Nichtigkeitsgründe nach § 23 Abs 4 S 1 WEG darstellen. Solche Mängel können allerdings Grundlage sein, den Abberufungsbeschluss anzufechten. Hat eine solche Anfechtung Erfolg, wird der Abberufungsbeschluss nach § 23 Abs 4 S 2 WEG für ungültig erklärt. Folglich endete das Amt des Verwalters durch die Abberufung nicht. Ist der Bestellungszeitraum noch nicht abgelaufen und auch kein sonstiger Beendigungsgrund ersichtlich, ist der ungültig Abberufene weiterhin Verwalter (vgl BGH 1. 12. 1988 – V ZB 6/88, BGHZ 106, 113 = NJW 1989, 1087, 1089). Eine inzwischen erfolgte Neubestellung eines anderen Verwalters ist nichtig (LG Düsseldorf 13. 12. 2000 – 19 T 442/00, ZWE 2001, 501, 502) wie jede Bestellung eines zweiten Verwalters. Diese Nichtigkeit geht mit der Ungültigerklärung der Abberufung wegen deren Rückwirkung auch dann einher, wenn im Augenblick der Ungültigerklärung der ursprüngliche Bestellungszeitraum abgelaufen ist. Wirksam ist die Neubestellung nur dann, wenn sie nach Ablauf des (mit der Ungültigerklärung wiederauflebenden) Bestellungszeitraums erfolgt. **73**

Die so mit der Anfechtung verbundene Unsicherheit ist hinzunehmen und kann die Entscheidung über die Anfechtung nicht beeinflussen. Sie ist die typische **Konsequenz der Ausgestaltung von rechtswidrigen Beschlüssen als wirksam**, aber anfechtbar. Die Eigentümer können diese Unsicherheit reduzieren, indem sie das Wirksamwer- **74** den der Abberufung von der Bestandskraft des Beschlusses abhängig machen. Vorstellbar ist auch, mit der Anfechtung den Antrag zu verbinden, dass das Gericht dem (rechtswidrig) abberufenen Verwalter die Amtsbefugnisse einstweilen zuweist. Das erscheint aber als bedenklich, wenn die Eigentümer selbst bereits einen anderen Verwalter gewählt haben.

75 Zum alten Recht hat der BGH die Anfechtung des abberufenen Verwalters gegen den Beschluss über seine Abberufung zugelassen (BGH 20. 6. 2002 – V ZB 39/01, BGHZ 151, 164, 169 ff = NJW 2002, 3240; BGHZ 106, 113 = NJW 1989, 1087; BGH 21. 6. 2007 – V ZB 20/07, NJW 2007, 2776 Rn 5; **aA** Becker ZWE 2002, 211, 212). Infolge des WEMoG steht die Anfechtung ganz allgemein aber nur noch den Eigentümern zu, § 44 Abs 1 S 1 WEG. Daher **scheidet ein Anfechtungsrecht des Verwalters aus.** Er kann mangels schutzwürdigen Eigeninteresses auch nicht von einem Eigentümer im Wege der Grundsätze über die gewillkürte Prozessstandschaft zur Prozessführung ermächtigt werden. Selbst eine Nebenintervention in einem fremden Anfechtungsverfahren scheitert mangels eigenen rechtlichen Interesses (**aA** Bärmann/Becker § 26 WEG Rn 278). Denn die Eigentümer können den Verwalter nach § 26 Abs 3 S 1 WEG nach ihrem Belieben abberufen. Allein wenn der Verwalter zugleich auch Eigentümer ist, steht ihm ein Anfechtungsrecht zu, dieses dann aber eben nicht als Verwalter, sondern als Eigentümer.

cc) Formale Anforderungen

76 Was die formellen Anforderungen an die Beschlussfassung über die Abberufung betrifft, gelten die **allgemeinen Grundsätze** ähnlich wie bei der Bestellung (Rn 43 ff). Ihre Verletzung führt grundsätzlich nur zur Anfechtbarkeit, nicht zur Nichtigkeit des Abberufungsbeschlusses.

77 Ein spezifisches Problem ist, ob der Verwalter als Eigentümer und Vertreter der Eigentümer mitstimmen darf. Das ist im Grundsatz ungeachtet von § 25 Abs 4 WEG zu bejahen. Denn dieses **Stimmverbot** gilt wie auch seine verbandsrechtlichen Entsprechungen, etwa § 47 Abs 4 GmbHG, bei sog Sozialakten wie Bestellung und Abberufung nicht (Hügel/Elzer § 25 WEG Rn 104 f). Anders liegt es aber, wenn der Entscheidung wie bei Abberufung aus wichtigem Grund nebst außerordentlicher Kündigung des Verwaltervertrags eine **Bewertung der eigenen Amtsführung** zugrunde liegt. Dann gelten Stimmrechts- und Vertretungsverbot (OLG Düsseldorf 16. 9. 1998 – 3 Wx 366/98, ZMR 1999, 60; LG Köln 7. 7. 2016 – 29 S 180/15, ZMR 2016, 907 = ZWE 2017, 145; Häublein ZWE 2012, 14 f; **aA** OLG München 15. 9. 2010 – 32 Wx 16/10, ZMR 2011, 148 gegen Vertretungsverbot).

dd) Inhaltliche Anforderungen (Ordnungsmäßigkeit)

78 Im Ausgangspunkt liegt inhaltlich die Entscheidung über die Abberufung im **Ermessen der Eigentümer**, das ihnen der Maßstab ordnungsmäßiger Verwaltung nach § 19 Abs 1 WEG einräumt. Allerdings bestehen Grenzen dieses Ermessens, die zur Anfechtbarkeit des Beschlusses mangels Ordnungsmäßigkeit führen können. Diese im Folgenden dargestellten Grenzen beziehen sich immer auf Sachlagen, in denen kein wichtiger Grund für die Abberufung des Verwalters (u Rn 82 ff) besteht.

79 Eine Abberufung kann zu unnötigen Verbindlichkeiten der Gemeinschaft führen, wenn diese nunmehr sowohl den abberufenen Verwalter als auch einen neu zu bestellenden Verwalter entgelten muss. Inwieweit das der Fall ist, ergibt sich in erster Linie aus dem Verwaltervertrag mit dem abberufenen Verwalter. Eine **Vergütungspflicht** scheidet aus, wenn es keinen Vertrag gibt (BGH 27. 2. 2015 – V ZR 114/14, NJW 2015, 1378 Rn 12) oder ein etwaiger Vertrag mit der Abberufung ebenfalls endet oder eine den Vertrag beendende Kündigung erklärt werden kann. Anderenfalls kann der Verwalter ungeachtet der Abberufung noch nach § 26 Abs 3 S 2 WEG für maximal sechs Monate zu vergüten sein (Rn 103 ff). Dieser wirtschaftliche Nachteil der Vergütungspflicht kann allein schon die fehlende Ordnungsmäßigkeit der Abberufung begründen, wenn es keinen besonderen Grund dafür gibt, zwei Verwalter zu bezahlen.

Die Ordnungsmäßigkeit der Abberufung kann auch deswegen fehlen, weil mit dieser **80** eine Beeinträchtigung der Verwaltung einhergeht. Jeder Eigentümer hat als Ausprägung des Anspruchs auf ordnungsmäßige Verwaltung, § 18 Abs 2 WEG, einen Anspruch darauf, dass die Gemeinschaft über einen Verwalter verfügt, § 19 Abs 2 Nr 6 WEG. Daher widerspricht es ordnungsmäßiger Verwaltung, einen Verwalter, gegen dessen Amtsführung keine Bedenken bestehen, abzuberufen, ohne dass die **Kontinuität der Verwaltung** sichergestellt ist. Entscheidend sind allerdings die Umstände des Einzelfalls. Unbedenklich ist die Abberufung in Bezug auf die Kontinuität jedenfalls dann, wenn in der gleichen Versammlung ein neuer Verwalter bestellt wird oder das Wirksamwerden der Abberufung bis zu einem Termin herausgeschoben wird, bis zu dem der neue Verwalter bestellt werden soll und realistischer Weise auch kann.

Im Ausnahmefall kann sich eine Überschreitung der Ermessensgrenzen auch aus **81** einem **Vergleich von abberufenem und neuem Verwalter** ergeben. Es greifen dann ähnliche Kriterien wie bei der Überprüfung der Auswahlentscheidung der Eigentümer zwischen mehreren Bewerbern. So kann gegen die Ordnungsmäßigkeit die mit dem neuen Verwalter verbundenen unverhältnismäßigen Kosten oder die mit dem neuen Verwalter verbundene Aussicht auf eine weniger professionelle Verwaltung sprechen.

ee) Wichtiger Grund zur Abberufung

Unter dem alten Recht wurde die Abberufung typischerweise vom Vorliegen eines **82** wichtigen Grundes abhängig gemacht. Infolge des **WEMoG** schließt das nunmehr § 26 Abs 3 u 5 WEG aus, der zwingend die **freie Abberufung erlaubt**. Diese Bestimmung führt auch zur Unwirksamkeit alter Vereinbarungen der Eigentümer iSv § 10 Abs 1 S 2 WEG und entsprechend ausgestalteter Bestellungsbeschlüsse (BGH 25. 2. 2022 – V ZR 65/21, ZWE 2022, 220 = ZMR 2022, 483 Rn 25). Der wichtige Grund hat aber für verschiedene von den Eigentümern zu treffende Ermessensentscheidungen weiterhin Bedeutung:

(1) Begriff

Nach überwiegender Auffassung liegt ein wichtiger Grund zur vorzeitigen Abberu- **83** fung eines Verwalters vor, wenn „den Wohnungseigentümern unter Beachtung aller – nicht notwendig vom Verwalter verschuldeter – Umstände nach Treu und Glauben eine weitere Zusammenarbeit nicht mehr zuzumuten ist, insbesondere durch diese Umstände das erforderliche Vertrauensverhältnis zerstört ist" (BGH 20. 6. 2002 – V ZB 39/01, BGHZ 151, 164, 172 f = NJW 2002, 3240; BGH 9. 3. 2012 – V ZR 170/11, NJW 2012, 2040 Rn 12). Diese **Definition** hebt zutreffend hervor, dass über das Vorliegen eines wichtigen Grundes **zukunftsgerichtet** danach zu entscheiden ist, ob von den Eigentümern nicht erwartet werden kann, dass sie an dem Verwalter festhalten. Diese Prognose lässt sich freilich nur auf Geschehnisse der Vergangenheit stützen. Bedeutsam ist insoweit insbesondere, ob der Verwalter seine Pflichten in der Vergangenheit ordentlich erfüllt hat. Der **Vertrauensverlust** der Eigentümer kann sich aber auch aus anderen Umständen ergeben. Maßgeblich ist ohnehin nicht der Obersatz, der kaum einmal eine klare Subsumtion ermöglicht. Vielmehr müssen die Facetten eines wichtigen Grundes durch Fallgruppen veranschaulicht werden.

84 **(a)** Eine Fallgruppe für einen wichtigen Grund stellt die **Verfassung des Verwalters** dar. § 19 Abs 2 Nr 6 WEG verlangt grundsätzlich die Zertifizierung, § 34c Abs 1 Nr 4 GewO die gewerberechtliche Erlaubnis als Wohnimmobilienverwalter (u Rn 136; Staudinger/Jacoby § 26a WEG Rn 10 ff, 22 ff). § 34c Abs 2 Nr 2 GewO verlangt auch geordnete Vermögensverhältnisse. Angesichts der Vermögenssorge, die den Verwalter trifft, ist den Eigentümern kein Verwalter zuzumuten, der in Vermögensverfall geraten ist, gleich ob sich dieser durch Insolvenzantrag (LG Hamburg 13. 11. 2013 – 318 S 23/13, ZMR 2014, 310 = ZWE 2014, 367), eidesstattliche Versicherung (AG Wedding 13. 2. 2009 – 15a C 147/08, ZMR 2009, 881) oder auf andere Weise zeigt.

85 Aber auch der grundlegende Wandel der **Struktur einer Verwaltung** kann im Einzelfall einen Grund zur Abberufung bedeuten. Der BGH hat das zutreffend für den Fall der Verschmelzung mehrerer Gesellschaften nach dem UmwG ausgesprochen (BGH 21. 2. 2014 – V ZR 164/13, BGHZ 200, 221 = NJW 2014, 1447 Rn 28). Allerdings stellt eine solche Verschmelzung nicht nur keinen Grund dafür dar, dass die Verwaltung endet (u Rn 119), sondern allein für sich auch keinen wichtigen Grund zur Abberufung. Es müssen weitere Umstände hinzutreten, warum die Verschmelzung zu Nachteilen für die Eigentümer zu führen droht. Dem BGH ist auch darin zuzustimmen, dass solche Nachteile weniger aus der gesellschaftsrechtlichen Organisationsform drohen, sondern aufgrund der organisatorischen Zusammensetzung der Verwaltung bei der Abwicklung des Mandats. Daher kann auch der bloße Austausch des Gesellschafter-Geschäftsführers, der die Verwaltungs-GmbH bislang geprägt hat, im Einzelfall einen wichtigen Grund bedeuten, wenn die persönliche Betreuung durch den ausgeschiedenen Gesellschafter-Geschäftsführer die Bestellungsentscheidung der Gemeinschaft wesentlich getragen hat (vgl auch BGH 2. 7. 2021 – V ZR 201/20, ZIP 2021, 1965 = ZMR 2021, 913 Rn 16 zur Ausgliederung eines zum Verwalter bestellten einzelkaufmännischen Unternehmens zur Neugründung einer Kapitalgesellschaft).

86 **(b)** Ein wichtiger Grund kann sich auch daraus ergeben, dass die **Neutralität** des Verwalters nicht gewährleistet ist. Bei dieser Fallgruppe kommt freilich der zeitlichen Komponente besondere Bedeutung zu. Wichtige Gründe spielen uU keine Rolle mehr, wenn sie durch eine Bewährung des Verwalters überholt oder durch einen Beschluss der Eigentümer legitimiert wurden (u Rn 98).

87 Ein wichtiger Grund kann darin liegen, dass die **eigenen Interessen des Verwalters** dazu geführt haben, dass er sein Amt nicht objektiv und neutral, sondern pflichtwidrig führt (OLG Köln 22. 8. 2008 – 16 Wx 228/07, ZMR 2009, 311; OLG Rostock 20. 5. 2009 – 3 W 181/08, ZMR 2010, 223). Auch eine wirtschaftliche Verbundenheit des Verwalters mit anderen Beteiligten, wie dem auf Beseitigung etwaiger Mängel haftenden Bauträger, kann einen wichtigen Grund begründen (AG Wedding 13. 2. 2009 – 15a C 147/08, ZMR 2009, 881).

88 Die Abberufung aus wichtigem Grund rechtfertigende Neutralitätskonflikte bestehen aber auch, wenn sich eine **Abneigung des Verwalters** spezifisch gegenüber einzelnen Eigentümern zeigt (OLG Köln 30. 3. 2007 – 16 Wx 37/07, ZMR 2007, 717; LG Lüneburg 25. 10. 2011 – 5 S 36/11, ZMR 2012, 133: Bezeichnung eines schwierigen Wohnungseigentümers als Querulant). Das gilt unabhängig davon, ob und inwieweit dieser einzelne Eigentümer auch in der Gemeinschaft isoliert ist. Der Verwalter ist allen Eigentümern in gleicher Weise verpflichtet, deren Interessen zu wahren. Da kann jede Voreingenommenheit hinderlich sein.

89 **(c)** Das Vertrauen der Eigentümer kann in besonderem Maße durch Verstöße des Verwalters gegen ihn **treffende Treupflichten** Schaden nehmen. Ein wichtiger Grund zur Abberufung liegt daher insbesondere vor, wenn der Verwalter das Delikt der Untreue begeht (OLG Köln 30. 4. 2008 – 16 Wx 262/07, ZMR 2008, 734) oder andere Straftatbestände verwirklicht, die dem Schutz der Eigentümer dienen. Die Bejahung eines entsprechenden Straftatbestands beseitigt jeden Zweifel am Vorliegen eines wichtigen Grunds. Unabhängig von der strafrechtlichen Einordnung bedeuten typischerweise aber auch Fehlverhalten wie das Verschweigen einer Provision (OLG Düsseldorf 21. 1. 1998 – 3 Wx 492/97, NZM 1998, 487), die der Verwalter typischerweise nach § 667 BGB auszukehren hat, die Missachtung der Vermögenstrennung nach § 27 Abs 5 WEG (OLG Rostock 20. 5. 2009 – 3 W 181/08, ZMR 2010, 223) und die Ausstellung unberechtigter Rechnungen (OLG Köln 18. 2. 2008 – 16 Wx 219/07, ZMR 2008, 904) einen wichtigen Grund. Kein Verstoß gegen Treuepflichten stellt das Fehlverhalten des Verwalters dar, ein Treuhandkonto statt eines Fremdkontos im Namen der Gemeinschaft zu führen (vgl LG Frankfurt 20. 9. 2017 – 2-13 S 9/15, ZWE 2018, 82, 84 = ZMR 2018, 250; ferner Staudinger/Jacoby § 27 WEG Rn 111). Angesichts des Treuhandkontos liegt eine haftungsrechtliche Separierung vor, das Fehlverhalten kann daher nur nach den Grundsätzen über bloße Pflichtverletzungen nach Abmahnung einen wichtigen Grund darstellen (u Rn 93).

90 **(d)** Eine bloße **Pflichtverletzung** des Verwalters stellt allein grundsätzlich keinen wichtigen Grund zur Abberufung dar. So hat der BGH nicht genügen lassen, dass ein Verwalter in einem Jahr nicht, im Folgejahr erst im Dezember zur Eigentümerversammlung geladen hat (BGH 20. 6. 2002 – V ZB 39/01, BGHZ 151, 164 = NJW 2002, 3240).

91 Ein wichtiger Grund ist aber gegeben, wenn die verletze Pflicht eine besondere Qualität aufweist, man sie als **Kardinalpflicht** bezeichnen kann. So liegt es etwa, wenn der Verwalter sich weigert, eine Eigentümerversammlung einzuberufen und so die Selbstorganisation der Eigentümer hindert (LG Düsseldorf 3. 11. 2011 – 19 S 45/11, ZMR 2012, 384 = ZWE 2012, 328). Weitere solche Kardinalpflichten enthalten die gerade bereits in einer eigenen Fallgruppe aufgezählten Treuepflichtverletzungen (o Rn 89).

92 Unter dem alten Recht hat § 26 Abs 1 S 4 WEG aF als Kardinalpflicht fingiert, dass der Verwalter die **Beschluss-Sammlung** entgegen § 24 Abs 7 u 8 WEG nicht ordnungsmäßig führt. Die Vorschrift erklärte sich nur aus der hohen Bedeutung, die der Reformgesetzgeber 2007 der Beschluss-Sammlung zuweisen wollte. Durch die deutliche Ausweitung der Beschlusskompetenzen hat der Gesetzgeber den Eigentümern ermöglicht, die Gemeinschaftsordnung durch nicht im Grundbuch einzutragende Beschlüsse erheblich umzugestalten. Da die Beschlüsse nicht aus dem Grundbuch ersichtlich sind, hielt der Gesetzgeber es für geboten, eine andere ver-

lässliche Auskunftsquelle zu schaffen. Diesem Zweck sollte die Beschluss-Sammlung dienen. Die Konzeption für diese Regelung ist aber schon deswegen missraten, weil viel zu viele Beschlüsse und Gerichtsentscheidungen einzutragen sind, folglich auch solche, die die Gemeinschaftsordnung nicht tangieren. In der Praxis hat sich die Beschluss-Sammlung auch noch nicht als primäre Auskunftsquelle durchgesetzt. Dazu dient vielmehr weiterhin die jeweilige Niederschrift, die seit jeher entsprechend § 24 Abs 6 WEG über die in der Versammlung gefassten Beschlüsse aufzunehmen ist. Richtig war daher jedenfalls die restriktive Tendenz des BGH, dass bei Verwirklichung dieses Regelbeispiels der Maßstab ordnungsmäßiger Verwaltung von den Eigentümern nicht verlange, den Verwalter abzuberufen (BGH 10. 2. 2012 – V ZR 105/11, NJW 2012, 1884 Rn 8). Das WEMoG hat dieses Regelbeispiel gestrichen. Einen wichtigen Grund kann daher der Fehler bei Führung der Beschluss-Sammlung nur bedeuten, wenn weitere Umstände hinzutreten oder die Beschluss-Sammlung gar nicht geführt wird.

93 Die besondere Schwere einer Pflichtverletzung, die einen wichtigen Grund zur Abberufung bedeutet, kann sich auch aus der **Wiederholung** der Pflichtverletzung ergeben. In diesem und nur in diesem Zusammenhang spielt auch die **Abmahnung** eine besondere Rolle. Die Wiederholung einer Pflichtverletzung ungeachtet einer zuvor erfolgten Abmahnung stellt – vorbehaltlich der besonderen Umstände des Einzelfalls – einen wichtigen Grund zur Abberufung dar (vgl BGH 20. 6. 2002 – V ZB 39/01, BGHZ 151, 164 = NJW 2002, 3240). Es ist also keinesfalls so, dass eine Pflichtverletzung grundsätzlich nur nach Abmahnung eine Abberufung aus wichtigem Grund legitimiert (gegen ein prinzipielles Abberufungserfordernis ebenfalls Hügel/Elzer § 26 Rn 355). Die Abmahnung ist nur erforderlich, wenn die Pflichtverletzung von solchem Gewicht ist, dass sie allein die Abberufung aus wichtigem Grund nicht trägt.

94 Die schwerwiegenden **Folgen** einer Pflichtverletzung können ebenfalls einen wichtigen Grund zur Abberufung begründen. Beispielsweise kann das Unterlassen, einen Wirtschaftsplan aufzustellen, die finanzielle Handlungsunfähigkeit der Gemeinschaft auslösen (vgl BGH 20. 6. 2002 – V ZB 39/01, BGHZ 151, 164 = NJW 2002, 3240; vgl auch BGH 10. 6. 2011 – V ZR 146/10, NJW 2011, 3025: anhaltende Erfolglosigkeit, die wirtschaftlichen Probleme der Gemeinschaft zu meistern).

(2) Folgen eines wichtigen Grundes

95 Angesichts der **freien Abberufungsmöglichkeit** nach § 26 Abs 3 S 1 WEG hängen vom Vorliegen des wichtigen Grundes keine gebundenen Folgen des § 26 WEG mehr ab. Allerdings ist die Möglichkeit, den Verwaltervertrag wegen eines wichtigen Grundes nach § 626 BGB zu kündigen, in seinen Voraussetzungen mit denen der Abberufung aus wichtigem Grund deckungsgleich (u Rn 200). Vor allem aber ist das Vorliegen des wichtigen Grundes bei einer Reihe Entscheidungen der Eigentümer zu berücksichtigen, die im Ausgangspunkt § 19 Abs 1 WEG in das Ermessen der Eigentümer stellt.

96 **(a)** Die Eigentümer haben bei ihrer Entscheidung über die **Abberufung des Verwalters** das Vorliegen eines wichtigen Grundes zu berücksichtigen. Aus dem Begriff des wichtigen Grundes folgt, dass ein Festhalten am Verwalter den Eigentümern nicht mehr zugemutet werden kann, also von Ihnen nicht mehr verlangt werden kann. Die Entscheidung für die Abberufung entspricht daher ordnungsmäßiger Verwaltung, zumal die Gemeinschaft sich parallel durch Kündigung nach § 626 BGB vom Verwaltervertrag lösen kann.

97 Ob auch ein **einzelner Eigentümer** von der Gemeinschaft nach § 18 Abs 2 WEG die **Abberufung verlangen** kann, hängt davon ab, ob das Ermessen der Eigentümer im Rahmen ordnungsmäßiger Verwaltung so weit reduziert ist, dass keine andere Handlungsoption besteht. So liegt es, wenn es dem Verwalter an der Eignung als Verwalter fehlt, namentlich an der Zertifizierung oder der Erlaubnis als Wohnimmobilienverwalter (u Rn 137). Der BGH nimmt indessen bei Fehlverhalten des Verwalters in ständiger Rechtsprechung eine solche Ermessensreduktion nicht pauschal vor, sondern fordert eine Abwägung aller Umstände im Einzelfall (BGH 25. 2. 2022 – V ZR 65/21, ZWE 2022, 220 = ZMR 2022, 483 Rn 25 ff; BGH 10. 2. 2012 – V ZR 105/11, NJW 2012, 1884 Rn 8; BGH 22. 6. 2012 – V ZR 190/11, NJW 2012, 3175 Rn 8). Die Eigentümer könnten im Rahmen des ihnen eingeräumten Ermessens dem Verwalter verzeihen. Es müsse eine weitere Grenze quasi besonders schwerer wichtiger Gründe überschritten werden, angesichts derer es dann nicht mehr vertretbar sei, von der Abberufung abzusehen. So könne namentlich die Abberufung eines untauglichen Verwalters verlangt werden (BGH 10. 6. 2011 – V ZR 146/10, NJW 2011, 3025 Rn 11). Diese Sichtweise des BGH mutet also der Minderheit an Eigentümern zu, mit einem Verwalter zurechtzukommen, obwohl der Bejahung des wichtigen Grundes gerade die Wertung zugrunde liegt, dass der Verwalter nicht zumutbar ist. Dieser Auffassung wurde in der Voraufl Rn 98 noch entgegengetreten, was aber eine recht vereinzelte Auffassung geblieben ist (heute noch BeckOGK/Greiner [1. 12. 2022] Rn 286). Jedenfalls nach dem WEMoG gebührt dem BGH Gefolgschaft. Heute ist das Rechtsverhältnis des Verwalters und seine Vertretungskompetenz auf die Gemeinschaft konzentriert. Der einzelne Eigentümer wird nicht mehr vom Verwalter vertreten. Daher kann es Fehlverhalten des Verwalters geben, das die durch die Gemeinschaft repräsentierte Mehrheit der Eigentümer hinnehmen kann, ohne die Interessen einzelner Eigentümer zu verletzen.

98 So wird freilich eine zweite **Qualifizierung von Fehlverhalten** nötig, um zu entscheiden, welches Verhalten einen Anspruch auf Abberufung auslöst. Ein wesentlicher Aspekt ist die Schwere des Fehlverhaltens. Straftaten werden typischerweise eine Abberufung erfordern. Darüber hinaus lässt sich das weitere Verhalten berücksichtigen, das auf die Pflichtwidrigkeit des Verwalters folgt (BGH 25. 2. 2022 – V ZR 65/21, ZWE 2022, 220 = ZMR 2022, 483 Rn 28). Wenn die Eigentümer zunächst zuwarten, kann der Verwalter sich wieder bewähren. Diese Bewährung kann den einst bestehenden wichtigen Grund überholen. Andererseits mag der Verwalter durch sein weiteres Verhalten, etwa Vertuschungshandlungen oder Leugnen die Schwere seines Fehlers noch erhöhen.

99 **(b)** Die zum Anspruch auf Abberufung angestellten Erwägungen sind auf die Beurteilung einer **Neubestellung** eines Verwalters zu übertragen, der zuvor einen wichtigen Grund zur Abberufung verwirklicht hat: Ein solcher Beschluss verstößt nur dann gegen ordnungsmäßige Verwaltung, wenn auch ein Anspruch auf Abberufung bestand.

100 Wird die Neubestellung bestandskräftig, so scheidet eine Berücksichtigung solcher Umstände aus, die zum Zeitpunkt der bestandskräftigen **(Neu-)Bestellung** bereits vorlagen (OLG Köln 22. 8. 2008 – 16 Wx 228/07, ZMR 2009, 311). Denn aufgrund der Bestandskraft dieses Beschlusses steht fest, dass die Bestellung rechtmäßig war und

keine wichtigen Gründe der Amtsführung durch den Verwalter entgegenstehen. Das gilt unabhängig davon, ob ein Eigentümerwechsel nach der Bestellung stattgefunden hat (**aA** AG Wedding 13. 2. 2009 – 15a C 147/08, ZMR 2009, 881). Der Rechtsnachfolger muss sich entsprechend § 10 Abs 3 WEG an dem von seinem Rechtsvorgänger mitverantworteten Beschluss festhalten lassen. Freilich kommt eine Abberufung in Betracht, wenn neue Umstände hinzutreten, die einen bereits angelegten Vertrauensverlust der Eigentümer aktualisieren. Solchen neuen Umständen steht gleich, dass es dem Verwalter weiterhin an Bestellungsvoraussetzungen fehlt (u Rn 136).

101 **(c)** Fehlverhalten steht einer **Entlastung** entgegen. Hat der Verwalter ein Fehlverhalten an den Tag gelegt, das eine Abberufung aus wichtigem Grund rechtfertigt, bedeutet jede Entlastung einen Verstoß gegen ordnungsmäßig Verwaltung und ist daher anfechtbar.

102 Ähnlich wie die bestandskräftige Bestellung des Verwalters kann indessen auch die **Entlastung des Verwalters** die weitere Berücksichtigung vorherigen Fehlverhaltens hindern (LG Düsseldorf 27. 1. 2010 – 16 S 45/09, ZMR 2010, 713 = ZWE 2011, 49). Dabei ist freilich die relative Reichweite einer jeden Entlastung zu berücksichtigen (u Rn 224). Sie reicht nur so weit, wie die maßgeblichen Tatsachen den abstimmenden Eigentümern bekannt sind. Soweit das der Fall ist, kann eine Abberufung aber nicht auf Tatsachen beruhen, die Gegenstand der Entlastung des Verwalters waren.

ff) Vergütungsansprüche trotz Abberufung

103 Ungeachtet der Abberufung kann der Verwaltervertrag nach § 26 Abs 3 S 2 WEG für bis zu **sechs Monate** fortbestehen (u Rn 194 ff). Das gilt insbesondere dann, wenn er auf die ursprüngliche Bestellungsdauer geschlossen worden war und nicht aus wichtigem Grund gekündigt wird. Das Schicksal des Vergütungsanspruchs des Verwalters richtet sich dann nach § 615 BGB.

104 Das Bestehen eines Anspruchs hängt daher davon ab, ob die Gemeinschaft als Gläubigerin in **Annahmeverzug** geraten ist. Mit der Abberufung hat die Gemeinschaft zum Ausdruck gebracht, dass sie die Leistung des Verwalters, weiter als Verwalter tätig zu sein, nicht annehmen wird. Daran knüpft § 295 S 1 BGB nicht unmittelbar den Gläubigerverzug, sondern verlangt noch ein wörtliches **Angebot der Leistung** durch den Verwalter. Die Rechtsprechung ist großzügiger, weil sie das Angebot als bloße Förmelei für entbehrlich hält, wenn der Gläubiger die Leistung kategorisch abgelehnt hat. Einen solchen Fall hat der BGH gerade in der Abberufung eines GmbH-Geschäftsführers erblickt (BGH 9. 10. 2000 – II ZR 75/99, NJW 2001, 287; dagegen Staudinger/Feldmann [2019] § 295 BGB Rn 7). Jedenfalls sollte der Vergütungsanspruch untergehen, wenn der bisherige Amtsinhaber nicht zu erkennen gibt, am Fortbestand des Verwaltervertrages festhalten zu wollen (OLG Düsseldorf 13. 8. 2003 – 3 Wx 181/03, ZMR 2004, 691).

105 Der Umfang des Anspruchs bestimmt sich nach § 615 S 2 BGB ausgehend vom Vergütungsanspruch. Der Verwalter hat sich nach dieser Bestimmung aber wie in den Fällen des § 326 Abs 2, § 648 BGB anrechnen zu lassen, was er erspart, anderweitig erwirbt oder böswillig zu erwerben unterlässt. Die Vermutung des § 648 S 3 BGB, dass 5 % der Vergütung verbleiben, lässt sich nicht übertragen. Die dortige Situation der für das Baurecht mit seinem erheblichen Materialeinsatz kalkulierten Vorschrift ist auf die hiesige Sachlage nicht übertragbar. Für den Verwalter wird der Anrechnungsbetrag auf 20 % des Honorars geschätzt (OLG Hamburg 15. 8. 2005 – 2 Wx 22/99, ZMR 2005, 974; OLG Köln 9. 3. 1994 – 16 Wx 201/93, OLGR 1994, 318; LG Köln 9. 6. 2022 – 29 S 151/21, ZMR 2022, 923), vereinzelt auch auf 45 % (KG 20. 9. 1993 – 24 W 188/93, ZMR 1994, 579). Tatsächlich hängt er stark von den Umständen des Einzelfalls, namentlich der Auslastung des Verwalters ab.

b) Abberufung durch das Gericht

Findet der Antrag eines Eigentümers auf Abberufung des Verwalters keine Mehr- 106
heit, kann er seinen etwaigen Anspruch auf Abberufung (o Rn 97 f) im Wege der **Beschlussersetzungsklage** nach § 44 Abs 2 S 2 WEG durchsetzen. Bejaht das Gericht einen Anspruch des Klägers auf Abberufung, ersetzt das Gericht den Abberufungsbeschluss (BGH 10. 6. 2011 – V ZR 146/10, NJW 2011, 3025 Rn 11). Wie sonst auch bei § 44 Abs 2 S 2 WEG bedarf es keines Antrags in der Versammlung, wenn dieser bloße Förmelei wäre (BGH 16. 9. 2022 – V ZR 69/21, NJW 2023, 63 Rn 6; o Rn 61). Dann kann der Eigentümer unmittelbar das Gericht um Abberufung ersuchen.

Bei entsprechendem Antrag und Bedürfnis kann das Gericht auch eine **eilige Rege-** 107
lung treffen, die das Verhältnis bis zum rechtskräftigen Abschluss des Verfahrens regelt, wobei sich die Voraussetzungen zwar nach § 940 ZPO richten, aber kein eigenständiges Verfügungsverfahren, sondern auch eine einstweilige Anordnung im Rahmen des Verfahrens auf Abberufung möglich sein soll (BGH 10. 6. 2011 – V ZR 146/10, NJW 2011, 3025 Rn 11). Als einstweilige Regelung kommt wegen Vorwegnahme der Hauptsache die Abberufung des Verwalters verbunden mit der Bestellung eines neuen Verwalters nicht in Betracht (AG Hamburg-Blankenese 23. 7. 2008 – 539 C 26/08, ZMR 2008, 918). Es kann aber angeordnet werden, dass der amtierende Verwalter seine Verwaltungsrechte ruhen lassen muss (BeckOK-WEG/Elzer [1. 1. 2023] § 26 WEG Rn 161).

c) Niederlegung

Der Inhaber eines durch privaten Bestellungsakt besetzten Amtes kann seine Amts- 108
stellung durch Niederlegung beenden. Das ist ausdrücklich zwar nur in § 2226 BGB für den Testamentsvollstrecker normiert, ist darüber hinaus aber anerkannt, zurecht insbesondere auch für den Wohnungseigentumsverwalter.

aa) Niederlegungserklärung

Die Niederlegung ist eine empfangsbedürftige Willenserklärung, die darauf gerich- 109
tet sein muss, das Amt als Verwalter sofort oder zu einem bestimmten künftigen Zeitpunkt zu beenden. Seit dem WEMoG hat die **Niederlegung der Gemeinschaft gegenüber** zu erfolgen. Eine Erklärung gegenüber allen Eigentümern ist nicht mehr erforderlich, weil das Amtswalterrechtsverhältnis den Verwalter nur noch mit der Gemeinschaft verbindet.

Die Gemeinschaft wird bei der Entgegennahme der Niederlegung nach § 9b WEG 110
vertreten. In erster Linie wird die Gemeinschaft daher durch den **Beiratsvorsitzenden** oder einen zur Vertretung gegenüber dem Verwalter **ermächtigten Eigentümer** vertreten, § 9b Abs 2 WEG. Für den Fall, dass es an beidem fehlt, ist die Vertretung umstritten. Teils wird vertreten, dass der Verwalter eine Eigentümerversammlung einberufen sollte, um seine Niederlegung dort zu erklären (Bärmann/Becker § 26 WEG Rn 343; Jennissen/Jennissen § 26 WEG Rn 259; MünchKomm/Zschieschack § 26 WEG Rn 56).

Insoweit wirkt sich die Auffassung zu § 9b WEG aus, dass eine Vertretung gegenüber dem Verwalter nur nach § 9b Abs 2 WEG in Betracht kommt. Richtig ist aber, dass sich auch dann die **Reservefunktion des § 9b Abs 1 S 2 WEG** durchsetzt (Staudinger/Jacoby [2023] § 9b WEG Rn 104). Daher kann der Verwalter gegenüber einem der zur Gesamtvertretung berechtigten Eigentümer seine Niederlegung erklären, wenn es an einer Vertretung der Gemeinschaft nach § 9b Abs 2 WEG fehlt (BeckOK-WEG/Elzer [1. 1. 2023] § 26 WEG Rn 20).

bb) Grund der Niederlegung

111 Zur Niederlegung kann es in ganz unterschiedlichen Sachlagen kommen. Entweder lässt sich ein **wichtiger Grund** für die Niederlegung feststellen, weil es dem Verwalter nicht mehr zuzumuten ist, die Verwaltung fortzusetzen. Es kann auch eine **freie Niederlegung** vorliegen, für die es an einem besonderen Grund im Rechtsverhältnis des Verwalters zu den Eigentümern und der Gemeinschaft fehlt. Schließlich können Eigentümer und Gemeinschaft durch die Niederlegung und die damit verbundene Beeinträchtigung ihrer Organisation besonders beeinträchtigt werden, sodass man von einer Niederlegung **zur Unzeit** sprechen kann. Unabhängig von der jeweiligen Sachlage wird eine einmal erklärte Niederlegung für wirksam erachtet (AG Hamburg-Blankenese 5. 1. 2016 – 539 C 47/15, ZMR 2016, 314; Bogen ZWE 2002, 153, 155; Bärmann/Becker § 26 WEG Rn 345). Dem ist zuzustimmen. Die Rechtssicherheit verlangt nach klaren Amts- und Vertretungsverhältnissen.

112 Eine andere Frage ist indessen, ob der Verwalter ohne Weiteres zur Niederlegung **berechtigt** ist oder ob Bindungen aus einem Rechtsverhältnis dem entgegenstehen können. Insoweit lässt sich aus dem Amtsverhältnis selbst das Bedürfnis für einen wichtigen Grund nicht herleiten. Das **Amtsverhältnis** selbst kann die Grenzen von Beginn und Ende dieses Amtsverhältnisses zwischen den Beteiligten des Amtsverhältnisses nicht bestimmen. Daher entfaltet eine Vereinbarung der Eigentümer, dass der Verwalter nur aus wichtigem Grund sein Amt niederlegen dürfe, keine Wirkung (BeckOK-WEG/Elzer [1. 1. 2023] § 26 WEG Rn 19; **aA** Drabek PiG 54, 211, 228). Die aus dem Amtsverhältnis folgende Treuepflicht des Verwalters steht aber grundsätzlich einer Niederlegung zur Unzeit entgegen, sodass diese eine zum Schadensersatz führende Pflichtverletzung nach § 280 Abs 1 BGB sein kann (Bärmann/Becker § 26 WEG Rn 345).

113 Ort für eine Bindung des Verwalters ist der **Verwaltervertrag**. Hierin kann der Verwalter sich verpflichten, das Verwalteramt für einen bestimmten Zeitraum auszuüben. Dann ist er zum einen zur Annahme der Bestellung und zum anderen zur Unterlassung der Niederlegung verpflichtet. Von dieser Verpflichtung kann er sich nur bei Vorliegen eines wichtigen Grundes durch Kündigung des Verwaltervertrags befreien. Anderenfalls macht er sich bei einer Niederlegung ohne Grund schadensersatzpflichtig aus § 280 Abs 1 BGB.

cc) Verhältnis zum Verwaltervertrag

114 Der Verwaltervertrag endet nicht durch Niederlegung des Amtes, sondern grundsätzlich nur durch Kündigung, für die **eigenständige Voraussetzungen** gelten. Die Erklärung muss ebenfalls der rechtsfähigen Gemeinschaft als Vertragspartnerin zugehen. Die Kündigung bedarf eines wichtigen Grundes, wenn das vereinbart oder die Vertragslaufzeit befristet ist. Ungeachtet dieser Unterschiede wird zumeist in der Niederlegung gegenüber der Gemeinschaft im Wege der Auslegung auch die Kündigung des Verwaltervertrags zu sehen sein (BayObLG 29. 9. 1999 – 2Z BR 29/99, BayObLGZ 1999, 280 = ZMR 2000, 45). Abweichend kann der Verwaltervertrag die Laufzeit freilich an das Amt knüpfen (u Rn 196), sodass der Vertrag mit der Amtsbeendigung ebenfalls sein Ende findet.

Wegen des Vertrags kann der Verwalter aus § 280 Abs 1 BGB auf **Schadensersatz** haften, wenn er sein Amt wirksam niederlegt, ohne dass ein wichtiger Grund vorliegt, der Vertrag aber den Verwalter weiterhin zur Wahrnehmung des Amtes verpflichtet (o Rn 111). Im umgekehrten Verhältnis können dem Verwalter, wenn ein wichtiger Grund, ihn zur Amtsniederlegung und gleichzeitigen Kündigung des Vertrags bewegt, Schadensersatzansprüche wegen entgangener Vergütung zustehen (OLG München 6. 9. 2005 – 32 Wx 60/05, ZMR 2005, 980 = ZWE 2006, 31). Dafür muss der wichtige Grund zugleich eine der Gemeinschaft vorwerfbare Pflichtverletzung darstellen. 115

d) Ablauf der Bestellungszeit

Das Amt des Verwalters endet auch mit Ablauf der Bestellungszeit nach **§ 26 Abs 1 S 2 WEG**. Diese beträgt höchstens fünf Jahre. Danach endet das Amt, gleich ob Verwalter und Eigentümer das wollen und gleich auch, was der Verwaltervertrag für Verlängerungsklauseln enthält. Um das Amt fortzusetzen, bedarf es einer Wiederbestellung (o Rn 58 ff). 116

Eine Ausnahme sah § 6 Abs 1 des Gesetzes über Maßnahmen im Gesellschafts-, Genossenschafts-, Vereins-, Stiftungs- und Wohnungseigentumsrecht zur Bekämpfung der Auswirkungen der **COVID-19-Pandemie** vor, um während der Pandemie einer Verwalterlosigkeit durch Ablauf der Bestellungszeit vorzubeugen. Der zuletzt bestellte Verwalter war Verwalter. Das galt nicht nur, wenn die Bestellungszeit nach Inkrafttreten von § 6 Abs 1 COVID-Auswirkungen-BekämpfungsG am 28. 3. 2020 abläuft, sondern auch, wenn sie zuvor, etwa am 31. 12. 2019, abgelaufen ist (BT-Drucks 19/18110, 31; OLG Bamberg 1. 12. 2020 – 1 W 54/20, ZMR 2022, 393; OLG Hamm 5. 8. 2020 – I-15 W 266/20, ZWE 2020, 418 = ZMR 2021, 140) Eine Einschränkung musste man aber machen, wenn der Ablauf der Amtszeit auf Abberufung oder einer bewussten Nicht-Wiederbestellung beruhte (vgl KG 30. 12. 2020 – 1 W 1450/20 ZWE 2021, 286 = ZMR 2021, 262: Auslaufen im Jahre 2018 oder früher). Diese ursprünglich bis zum 31. 12. 2001 befristete Regelung wurde einmal bis zum 31. 8. 2022 verlängert (Art 16 AufbhG 2021 v 10. 9. 2021, BGBl I 4147). Seitdem äußert die Regelung keine Wirkung mehr, so dass die Verwalterstellung wegen Auflebens der ursprünglichen Befristung an diesem Tage endete, wenn die Eigentümer nicht zuvor den Verwalter durch Beschluss bestellt haben (**aA** Zschieschack ZWE 2020, 165, 167: unbefristete Bestellung mangels Beendigungsregelung). 117

e) Gründe in der Person des Verwalters

Bei Änderungen in der Person des Verwalters, die die Amtsführung ausschließen oder zumindest gefährden, ist stets zu entscheiden, ob diese Umstände unmittelbar zum **Erlöschen des Amtes** führen oder lediglich einen wichtigen **Grund zur Abberufung** (o Rn 84 f) bedeuten. So erlischt das Verwalteramt einer natürlichen Person mit dem Tod des Verwalters (BayObLG 7. 2. 2002 – 2Z BR 161/01, NZM 2002, 346, 348 = ZMR 2002, 532). Ein Übergang auf die Erben kommt nicht in Betracht, weil das Amt keine von § 1922 BGB erfasste Rechtsstellung ist. Der Verlust der Geschäftsfähigkeit muss 118 die gleiche Wirkung äußern, da auch dann der Verwalter dauerhaft nicht mehr in der Lage ist, seine Amtspflichten und seine Amtsmacht wahrzunehmen.

119 Juristische Personen und Personenhandelsgesellschaften verlieren das Verwalteramt mit ihrem Untergang durch Verlust der Rechtsfähigkeit. Inwieweit hier infolge eines **Umwandlungsvorgangs** eine Rechtsnachfolge stattfinden kann, war früher umstritten, ist vom BGH aber zutreffend bejaht worden (BGHZ 200, 221 = NJW 2014, 1447 Rn 16). Der Rechtsübergang nach § 20 UmwG geht weiter als der des § 1922 BGB, weil hier der Geschäftsbetrieb in Gestalt eines neuen Unternehmenskleides fortgeführt werden kann. Der BGH hatte das zunächst nur für die Wirkungen einer Verschmelzung von juristischen Personen zu entscheiden. Das Gleiche muss aber auch für Verschmelzungen anderer Rechtsträger sowie Spaltungsvorgänge (BGH 2. 7. 2021 – V ZR 201/20, ZIP 2021, 1965 = ZMR 2021, 913 Rn 16 zur Ausgliederung eines zum Verwalter bestellten einzelkaufmännischen Unternehmens zur Neugründung einer Kapitalgesellschaft; **aA** noch OLG München 31. 1. 2014 – 34 Wx 469/13, ZWE 2014, 169 = ZMR 2014, 569) gelten. Solange das UmwG einen Rechtsübergang anordnet, ist dieser nämlich der Art nach von der gleichen Rechtsqualität, gleich ob es sich um eine Gesamtrechtsnachfolge nach § 20 UmwG oder um eine partielle Gesamtrechtsnachfolge nach § 131 UmwG handelt. Die Interessen der Eigentümer sind nur so gewahrt, weil ihnen ein Verwalter erhalten bleibt, sie im Übrigen vom Gläubigerschutz des UmwG profitieren, schließlich eine **Abberufung aus wichtigem Grund** in Betracht kommt (o Rn 85). Beim umwandlungsrechtlichen Formwechsel nach § 202 UmwG bleibt die Identität des Rechtsträgers ungeachtet der veränderten Rechtsform gewahrt und damit auch das Verwalteramt. Außerhalb des UmwG kommt es zu einer Gesamtrechtsnachfolge des Vermögens einer Personengesellschaft auf ihren letzten Gesellschafter, wenn die Gesellschaft mit dem Verlust ihres vorletzten Gesellschafters untergeht. Auch dann geht aus den genannten Gründen das Verwalteramt über.

120 Die Eröffnung des **Insolvenzverfahrens** über das Vermögen der Verwaltung stellt ebenfalls keinen Beendigungsgrund dar (LG Mainz 15. 8. 2011 – 306 T 129/08, ZWE 2011, 462, 465 = ZMR 2012, 41). Das Verwalteramt ist im Hinblick auf die insolvenzrechtliche Fortführung nicht als höchstpersönliche, sondern nur als betriebsbezogene Stellung anzusehen (näher zur Bedeutung dieser insolvenzrechtlichen Abgrenzung Jaeger/Jacoby Vor § 103 InsO Rn 50). Folglich kann der Insolvenzverwalter nicht nur nach §§ 103 ff InsO über den Verwaltervertrag wählen, sondern auch das Amt als Verwalter niederlegen. Gleichzeitig steht den Eigentümern ein wichtiger Grund zur Abberufung zur Seite (o Rn 84).

f) Untergang des Amtes

121 Die Amtsstellung des Verwalters endet auch, wenn das Amt selbst erlischt. So liegt es insbesondere, wenn die Gemeinschaft untergeht, weil die **Wohnungsgrundbücher** nach Maßgabe von § 9 WEG **geschlossen** werden. Als contrarius actus zur Begründung der rechtsfähigen Gemeinschaft nach § 9a Abs 1 S 2 WEG erlischt mit der Schließung die Gemeinschaft und es endet die Anwendbarkeit des WEG (Staudinger/Jacoby [2023] § 9a WEG Rn 108 ff). Damit entfällt auch das Amt des Verwalters dieser Gemeinschaft. Ansprüche des Verwalters auf Vergütung mögen sich für maximal sechs Monate aus dem Verwaltervertrag in Verbindung mit § 326 Abs 2 BGB ergeben (vgl o Rn 103 ff zur Abberufung). Dieser Anspruch richtet sich gegen den oder die Eigentümer als Rechtsnachfolger der Gemeinschaft.

g) Rechtsfolgen der Beendigung

122 Mit Beendigung des Amtes treffen den ausgeschiedenen Verwalter die typischen Pflichten eines **Geschäftsbesorgers** bei beendetem Geschäftsbesorgungsvertrags (CASSER ZWE 2014, 157). Diese Rechtsfolgen ergeben sich – unabhängig vom Verwaltervertrag – bereits **aus dem Amtsverhältnis**, aus dem grundsätzlich Pflichten wie aus einem Geschäftsbesorgungsverhältnis folgen (o Rn 26 ff). So ist der Verwalter insbesondere zur Rechnungslegung verpflichtet (AG Mettmann 26. 5. 2008 – 7 II a 96/06 WEG, ZMR 2008, 848), § 666 BGB. Auf dieser Grundlage kann der Nachfolgeverwalter Wirtschaftsplan und Jahresabrechnung erstellen. Die vom BGH betonte Unvertretbarkeit der Erstellung einer Jahresabrechnung beruht gerade auf dem Teil der Abrechnung, der die Rechnungslegung beinhaltet (BGH 23. 6. 2016 – I ZB 5/16, NJW 2016, 3536). Liegt diese vor, kann der Nachfolger auf dieser Grundlage abrechnen (BGH 26. 2. 2021 – V ZR 290/19, ZWE 2021, 282 = ZMR 2021, 598). Darüber hinaus hat der Verwalter alles herauszugeben, was er im Zuge der Verwaltung erlangt hat, § 667 BGB. Das betrifft insbesondere Besitz und sonstige Verfügungsgewalt über Gegenstände des Gemeinschaftsvermögens, § 9a Abs 3 BGB. Insbesondere hat der Verwalter neben den Buchungsunterlagen die Unterlagen des von ihm auf den Namen der rechtsfähigen Gemeinschaft zu führenden Verwaltungskontos (STAUDINGER/JACOBY § 27 WEG Rn 111) herauszugeben.

123 Inwieweit ungeachtet der Beendigung des Amtes Ansprüche aus dem Verwaltervertrag auf **Vergütung** fortbestehen, **hängt vom Beendigungsgrund ab** und ist daher jeweils dort kommentiert (o Rn 103 ff). Entsprechendes gilt dafür, ob der Beendigung eine zum Schadensersatz verpflichtende Handlung nach § 280 Abs 1 BGB zugrunde liegt (o Rn 113, 115 ff).

4. Verwaltungstätigkeit ohne wirksame Bestellung

124 Eine Person kann auch Aufgaben eines Verwalters wahrnehmen und sich als solcher gerieren, ohne tatsächlich Inhaber dieses Amtes zu sein. In der Praxis kommt es dazu insbesondere dann, wenn die **Bestellungszeit** des Verwalters **abläuft**, ohne dass die Beteiligten die Beendigung des Amtes bemerken, und der Verwalter daher die Amtsgeschäfte weiterführt (BGH 20. 4. 2018 – V ZR 202/16, NZM 2018, 797 = ZMR 2018, 685 Rn 6; LG Hamburg 8. 2. 2009 – 318 S 99/08, NZM 2009, 708). Weitere Beispiele sind der **nichtige Bestellungsbeschluss** (OLG Köln 22. 4. 2005 – 16 Wx 59/05, NJW-RR 2005, 1096; vgl auch BGH 11. 3. 2022 – V ZR 77/21, ZWE 2022, 253 = ZMR 2022, 566) sowie der Sonderfall der Nichtigkeit, dass ein Bestellungsbeschluss auf Anfechtungsklage vom Gericht für nichtig erklärt wird (vgl BGH 23. 10. 2015 – V ZR 76/14, NJW 2016, 716 Rn 6). Solche Sachlagen lassen sich mit den Schlagwörtern **„fehlerhafter Verwalter"**, **„faktischer Verwalter"** oder **„Scheinverwalter"** belegen. Um die Rechtsfolgen einer solchen Verwaltungstätigkeit ohne wirksame Bestellung zu beschreiben, ist zwischen den einzelnen Rechtswirkungen der Bestellung (o Rn 24 ff), namentlich zwischen dem Amtswalterrechtsverhältnis und der mit der Amtsmacht verbundenen Rechten- und Pflichtenstellung, zu unterscheiden.

125 Aus dem Amtswalterrechtsverhältnis folgt der Anspruch des Verwalters auf **Vergütung**. Entsprechend erhebt sich die Frage, ob eine verwaltergleich tätige Person Vergütung für ihre Tätigkeit verlangen kann, auch wenn Bestellung und Verwaltervertrag nicht wirksam sind. Der BGH spricht dem Tätigen einen Anspruch aus Geschäftsführung ohne Auftrag zu (BGH 6. 3. 1997 – III ZR 248/95, NJW 1997, 2106, 2107; 7. 3.

1989 – XI ZR 25/88, NJW-RR 1989, 970 = ZMR 1989, 265). Vergütungsansprüche lassen sich aber angemessener bei einer in Vollzug gesetzten (oder einer in Vollzug gebliebenen) Tätigkeit des fehlerhaften Verwalters aus den Grundsätzen über fehlerhafte Dienstverhältnisse gewinnen (LG Frankfurt 24. 6. 2021 – 2-13 S 25/20, ZWE 2021, 464 ZMR 2021, 836 Rn 11; BeckOGK/Greiner [1. 12. 2022] § 26 BGB Rn 244; allgemein Staudinger/Richardi/Fischinger [2016] § 611a BGB Rn 687 ff). Danach bleiben grundsätzlich die Vergütungsansprüche aus dem wenn auch nichtigen, aber vollzogenen Rechtsverhältnis bestehen. Die Unwirksamkeitsgründe können aber jederzeit mit Wirkung ex nunc geltend gemacht werden. Dafür bedarf es nicht einer abberufungsgleichen Beschlussfassung durch die Eigentümerversammlung (BeckOGK-WEG/Greiner [1. 12. 2022] Rn 246), sondern der Widerspruch der Gemeinschaft durch ihren Vertreter nach § 9b Abs 2 WEG genügt ebenso. Solange die Wirksamkeit nicht beanstandet wird, gilt das unwirksam Vereinbarte, was insbesondere bedeutet, dass nicht die amtsangemessene, sondern die unwirksam vereinbarte Vergütung geschuldet ist (vgl BGH 15. 4. 2014 – II ZR 44/13, GmbHR 2014, 817 Rn 12 zum GmbH-Geschäftsführer).

126 Diese Anerkennung des Amtswalterrechtsverhältnisses ungeachtet seiner Unwirksamkeit beruht auf der **Eigenart der aus ihm geschuldeten Dienstleistungspflicht** (Staudinger/Richardi/Fischinger [2016] § 611a BGB Rn 688): Durch eine Dienstleistung geht der in ihr verkörperte Vermögenswert in das Vermögen des Dienstberechtigten unwiderruflich über. Diese Leistung ist in Natur nicht kondizierbar, dem Dienstberechtigten gebührt indessen eine Kompensation, als die der aus dem durchgeführten Rechtsverhältnis folgende Lohn angemessen erscheint. Diese Begründung allein trägt indessen nicht, um zu rechtfertigen, dass dem faktischen Verwalter auch aus dem Amt folgende Kompetenzen (zB Einberufung der Versammlung, Teilnahme an Versammlung) sowie die (gesetzliche) Vertretungsmacht des Verwalters zustehen. Insoweit müssen daher andere Kriterien den Ausschlag geben. Im Hinblick auf die Vertretungsmacht geben die Grundsätze über die Rechtsscheinvollmacht den Ausschlag, dass für eine Person, die von den beteiligten Eigentümern und der Gemeinschaft als Verwalter behandelt wird, auch ein Rechtsschein existiert, dass diese Person mit der aus dem Amt folgenden Vertretungsmacht ausgestattet ist (Staudinger/Jacoby [2023] § 9b WEG Rn 26 ff). Im Übrigen ist für die einzelnen Kompetenzen, Rechte und Pflichten im Einzelfall zu entscheiden. Wo die Erfüllung der Dienstverpflichtung aber von der Einräumung der jeweiligen Kompetenz abhängt, ist diese auch dem faktischen Verwalter zuzubilligen (vgl BGH 14. 5. 2019 – II ZR 299/17, BGHZ 222, 32 = ZIP 2019, 1374 Rn 19 zum GmbH-Recht). Das gilt insbesondere für die Kompetenz aus § 24 Abs 2 WEG zur Eigentümerversammlung zu laden sowie an dieser – nach § 24 Abs 5 WEG auch als geborener Versammlungsleiter – teilzunehmen (so BeckOGK-WEG/Greiner [1.12. 2022] Rn 244; ohne Problembewusstsein LG Frankfurt/Oder 27. 11. 2012 – 6a S 98/11, ZMR 2013, 981; in BGH 11. 3. 2022 – V ZR 77/21, ZWE 2022, 253 = ZMR 2022, 566 opponierte der zweite Eigentümer gegen die Berechtigung des Verwalters).

III. Anforderungen an Amtswalter und Amtsführung

127 Die Anforderungen an den Verwalter und seine Amtsführung sind im Gesetz nur teilweise geregelt. § 26 Abs 1, § 19 Abs 2 Nr 6 WEG lässt sich entnehmen, dass nur **eine Person** zum Verwalter bestellt werden kann. Die Bestellung mehrerer ist daher nichtig. § 19 Abs 2 Nr 6 WEG verlangt ferner mit Wirkung ab 1. 12. 2023, dass der Verwalter **entsprechend § 26a WEG zertifiziert** ist, wenn nicht der von § 19 Abs 2 Nr 6 WEG bestimmte Ausnahmetatbestand für die Selbstverwaltung in Kleinanlagen greift (Staudinger/Lehmann-Richter § 19 WEG Rn 150 ff). Weitere Anforderungen lassen sich nur aus der Verpflichtung aller Eigentümer auf eine ordnungsmäßige Verwaltung nach § 19 Abs 1 WEG mittelbar gewinnen. Die so zu bestimmenden Anforderungen binden die Eigentümer bei der Bestellung (BGH 22. 6. 2012 – V ZR 190/11, NJW 2012, 3175 Rn 7). Zwar haben die Eigentümer ein **Auswahlermessen** nach § 19 Abs 1 WEG. Das beschränkt sich aber auf die Auswahl unter geeigneten Bewerbern (näher u Rn 136 ff). Ermessenfehler machen den Bestellungsbeschluss nicht unwirksam, sondern nur anfechtbar, § 23 Abs 4 S 2 WEG. Das Fehlen einzelner Anforderungen wirkt sich freilich auch darauf aus, ob es noch ordnungsmäßiger Verwaltung entspricht, diesen Verwalter im Amt zu belassen. Dem entsprechend kann das Fehlen von Anforderungen einen Grund bedeuten, den Verwalter abzuberufen (BGH 10. 6. 2011 – V ZR 146/10, NJW 2011, 3025 Rn 11; o Rn 83 ff). Wegen eines solchen Grundes kann die ordnungsmäßige Verwaltung gar verlangen, den Verwalter abzuberufen (o Rn 97 f).

1. Rechtsform

Als Verwalter kommen natürliche Personen und sonstige rechtsfähige Gebilde, in der Terminologie von § 14 Abs 1 BGB also juristische Personen oder rechtsfähige Personengesellschaften in Betracht. Das gilt namentlich für die Unternehmergesellschaft (haftungsbeschränkt) (BGH 22. 6. 2012 – V ZR 190/11, NJW 2012, 3175 Rn 13), bei der es sich um eine juristische Person in Gestalt der GmbH handelt. Bei dieser wie bei anderen potenziellen Verwaltern ist finanzielle Zuverlässigkeit allein im Rahmen der Ermessensentscheidung über Bestellung und etwaige Abberufung zu berücksichtigen (u Rn 132). 128

Grundsätzlich scheiden allein **Personenmehrheiten** wegen der Begrenzung des Verwalteramts auf eine Person durch § 20 Abs 1 WEG, § 26 Abs 1 WEG von vornherein als Verwalter aus. Weil § 26 Abs 1 WEG Beschlusskompetenz nur zur Bestellung eines Verwalters einräumt, ist die Wahl mehrerer Verwalter nichtig. 129

Eine **Sonderrolle** nimmt die **GbR** ein. Ungeachtet der Anerkennung ihrer Rechtsfähigkeit durch den II. Zivilsenat des BGH (BGH 29. 1. 2001 – II ZR 331/00, BGHZ 146, 341 = NJW 2001, 1056 „ARGE Weißes Ross") hat der V. Zivilsenat der GbR die Tauglichkeit, als Verwalter bestellt zu werden, wegen ihrer fehlenden Publizität abgesprochen (BGH 26. 1. 2006 – V ZB 132/05, NJW 2006, 2189 Rn 11 ff). Diese Weichenstellung hat zurecht Gefolgschaft gefunden (BGH 28. 5. 2009 – VII ZR 206/07, NJW 2009, 2449 Rn 10). Die Neufassung des Rechts der GbR durch das MoPeG v 10. 8. 2021 (BGBl I 3436) zum 1. 1. 2024 macht eine Unterscheidung erforderlich: Die Außen-GbR ist weiterhin rechtsfähig, § 705 Abs 2 Fall 1 BGB-MoPeG. Neuerdings ermöglichen §§ 707 ff BGB-MoPeG allerdings die Eintragung der GbR in das neu geschaffene Gesellschaftsregister. Die eingetragene Gesellschaft muss das durch den Namenszusatz eGbR verlautbaren. Angesichts der so gewährleisteten Publizität besteht dann kein Grund mehr, einer eGbR die Stellung als Verwalter zu versagen (Bärmann/Becker § 26 Rn 22), wie auch § 47 Abs 2 GBO-MoPeG die Eintragung im Grundbuch nur einer eGbR eröffnet. 130

2. Grad der persönlichen Leistungserbringung

131 Einziger gesetzlicher Anknüpfungspunkt für die Frage, ob der Verwalter seine Dienste persönlich zu erbringen hat, ist § 613 S 1 BGB. Danach hat der Dienstverpflichtete „im Zweifel in Person zu leisten". Diese Zweifelsregelung gilt insbesondere für Arbeitnehmer, die keinen Gehilfen schicken dürfen. Dort passt der **Begriff der Höchstpersönlichkeit**. Anders liegt es für Verwalter von Wohnungseigentum (BGH 2. 7. 2021 – V ZR 201/20, ZIP 2021, 1965 Rn 12 ff). Zwar ist ihre Rechtsstellung unübertragbar (BGH 21. 2. 2014 – V ZR 164/13, BGHZ 200, 221 = NJW 2014, 1447 Rn 16, o Rn 119 zu Ausnahmen nach dem UmwG). Bei der Wahrnehmung der Verwaltung handelt es sich jedoch grundsätzlich um eine **betriebsbezogene Pflicht**. Die Pflichten des Verwalters kann jeder wahrnehmen, der zum Unternehmen des Verwalters gehört, gleich ob dieser natürliche Person und damit meist Einzelkaufmann, Personenhandelsgesellschaft oder juristische Person, meist GmbH, ist. Mithin kann der Verwalter grundsätzlich Erfüllungsgehilfen einsetzen, aber die Pflichten nicht auf selbstständige Dienstleister übertragen. Diese Weichenstellung hat vor allem haftungsrechtliche Konsequenzen. Denn der Verwalter hat für Verschulden seiner Hilfspersonen nach § 278 BGB einzustehen, haftet nicht bloß für die sorgfältige Auswahl und Überwachung dieser. Eine andere selbstverständliche Folge besteht darin, dass auch Hilfspersonen des Verwalters Zugang zur Eigentümerversammlung haben, ohne dass ein Verstoß gegen die Nichtöffentlichkeit der Versammlung gegeben ist.

3. Finanzielle Zuverlässigkeit

132 Da der Verwalter in erheblichem Maße für die Kasse der Gemeinschaft verantwortlich ist, muss er insbesondere in finanzieller Hinsicht zuverlässig sein. § 34c Abs 2 Nr 2 GewO verlangt **geordnete Vermögensverhältnisse**. Damit Haftungsansprüche gegen den Verwalter gedeckt sind (vgl BGH 22. 6. 2012 – V ZR 190/11, NJW 2012, 3175 Rn 17), verlangt § 34c Abs 2 Nr 3 GewO den **Abschluss einer Berufshaftpflichtversicherung** (Staudinger/Jacoby § 26a WEG Rn 27 f).

4. Unabhängigkeit

133 Wer ordnungsmäßig verwalten soll, muss grundsätzlich unabhängig sein. Es sind allerdings zwei **Sachlagen zu unterscheiden**, nämlich ob die Gemeinschaft – gerade eine kleinere iSv § 19 Abs 2 Nr 6 HS 2 WEG – von einem ihrer Eigentümer vielfach gegen geringes Entgelt oder bloß eine Aufwandsentschädigung verwaltet wird oder ob die Verwaltung von einem zertifizierten Verwalter gegen ein markübliches Entgelt erfolgt.

134 Ein zertifizierter Verwalter hat die Verwaltung unabhängig und unvoreingenommen zu führen. Die danach erforderliche **Neutralität** im Verhältnis zu den Eigentümern kann sowohl durch ein spezifisches Näheverhältnis zu bestimmten Eigentümern (LG Hamburg 30. 11. 2011 – 318 S 201/10, ZMR 2012, 385 = ZWE 2012, 288) als auch durch eine Abneigung einzelnen Eigentümern gegenüber gestört sein (OLG Köln 30. 3. 2007 – 16 Wx 37/07, ZMR 2007, 717; LG Lüneburg 25. 10. 2011 – 5 S 36/11, ZMR 2012, 133). Eine spezifische Abneigung gegen einzelne Eigentümer, die eine unvoreingenommene Amtswahrnehmung ausschließt, kann sich auch aus mehrfachen ausländerfeindlichen Äußerungen ergeben (LG Itzehoe 26. 1. 2018 – 11 S 33/17, ZMR 2018, 436). Es schadet aber

auch, wenn der Verwalter selbst oder mit ihm verbundene Personen oder Unternehmen in weiteren maßgeblichen rechtlichen Beziehungen zu der Gemeinschaft stehen und sich daraus ein Konflikt ergeben kann. So kann es insbesondere liegen, wenn der Verwalter dem Bauträger nahesteht, gegen den Mängelrechte streitig durchgesetzt werden müssen (vgl AG Wedding 13. 2. 2009 – 15a C 147/08, ZMR 2009, 881).

Soll indessen ein **Miteigentümer** als Verwalter tätig werden, steht dessen Unabhängig- 135
keit von Anfang an in Frage. Das sollte allerdings gerade in kleineren Anlagen eine solche Verwaltung aus den eigenen Reihen nicht von vornherein ausschließen. Es bedarf aber dann einer externen Verwaltung, wenn sich in der Gemeinschaft **Interessenkonflikte** zeigen (LG Karlsruhe ZWE 2010, 376) oder gar ein Streit offen ausbricht (LG Düsseldorf 18. 10. 2013 – 25 S 7/13, ZMR 2014, 234). Diese Erwägungen werden nicht durch die Sperrminorität von einem Drittel der Wohnungseigentümer nach § 19 Abs 2 Nr 6 WEG (Staudinger/Lehmann-Richter § 19 WEG Rn 152) verdrängt, weil die Unabhängigkeit ein weiteres Kriterium ist, das neben das Zertifizierungserfordernis tritt.

5. Fachliche Eignung

Lange Zeit war der **Zugang zum Verwalterberuf** ungeregelt. Mangels formaler Krite- 136
rien konnte man die Ordnungsmäßigkeit der Verwalterbestellung nur von der Prognose abhängig machen, ob der Verwalter seine Aufgabe erfolgreich wahrnehmen wird, ohne größere Fehler zu begehen. Anzeichen für die Sachkunde eines Verwalters waren insbesondere seine Ausbildung und Erfahrung (LG Düsseldorf 18. 10. 2013 – 25 S 7/13, ZMR 2014, 234; LG Hamburg 30. 11. 2011 – 318 S 201/10, ZMR 2012, 385). Inzwischen hat der Gesetzgeber in § 34c GewO die Tätigkeit eines Wohnimmobilienverwalters von einer Erlaubnis und diese neben der gewerberechtlichen Zuverlässigkeit und geordneten Vermögensverhältnissen insbesondere vom Nachweis einer Berufshaftpflichtversicherung und der Erfüllung einer Fortbildungsverpflichtung abhängig gemacht (Staudinger/Jacoby § 26a WEG Rn 22). § 26a WEG regelt darüber hinaus die Zertifizierung des Verwalters aufgrund von einer **Sachkundeprüfung** (Staudinger/Jacoby § 26a WEG Rn 11), von der § 19 Abs 2 Nr 6 WEG die Ordnungsmäßigkeit der Bestellung abhängig macht. Aus diesen formellen Kriterien ist fortan auf die fachliche Eignung zu schließen, wenn nicht außergewöhnlich Umstände vorliegen.

Gesicherte Rechtsfolge des § 19 Abs 2 Nr 6 WEG ist, dass die **Bestellung** eines nicht 137
zertifizierten Verwalters nach § 26a WEG ordnungsmäßiger Verwaltung widerspricht. Daher ist die Bestellung bei fehlender Zertifizierung anfechtbar, wie dieses auch bei fehlender Erlaubnis nach § 34c GewO gilt (Staudinger/Jacoby § 26a WEG Rn 24 f). Umstritten sind die Auswirkungen für den Fall, dass ein nicht zertifizierter Verwalter bestandskräftig bestellt worden ist. So wird vertreten, die Bestandskraft des Bestellungsbeschlusses hindere einen Anspruch eines Eigentümers aus § 18 Abs 2 WEG, einen ordnungsmäßigen Zustand durch **Abberufung** des nicht zertifizierten Verwalters herbeizuführen (Drasdo ZfIR 2021, 58, 62; Jennissen/Sommer/Heinemann § 19 WEG Rn 165; Lehmann-Richter/Wobst Rn 563). Ein Abberufungsanspruch aus § 18 Abs 2 WEG bestehe nicht, weil die Ordnungswidrigkeit des Beschlusses durch Anfechtungsklage verfolgt werden müsse. Dem ist nicht zu folgen (Bärmann/Dötsch § 19 WEG Rn 285; BeckOK-WEG/Elzer [1. 1. 2023] § 19 WEG Rn 178). Ob ein Anspruch auf die nur ex-nunc wirkende Abberufung besteht, richtet sich nicht nach den Verhält-

nissen im Augenblick der Bestellung, sondern danach, wie die Verhältnisse in demjenigen Augenblick liegen, in dem der Anspruch geltend gemacht wird. Die Bestandkraft des Bestellungsbeschlusses kann aber allenfalls fingieren, dass der Verwalter damals zertifiziert war, ohne eine Aussage über die nach der Bestellung liegende Situation zu treffen, in der der Abberufungsanspruch geltend gemacht wird. Richtig ist zwar, dass ein Anspruch auf Abberufung grundsätzlich nicht auf ein Fehlverhalten des Verwalters gestützt werden kann, dass beim Bestellungsbeschluss bekannt war (o Rn 100). Ein solches hat die Gemeinschaft dann beim Beschluss bestandskräftig akzeptiert. So liegt es hier aber nicht, weil der Makel der fehlenden Eignung mangels Zertifizierung sich nicht auf die Bestellungsentscheidung beschränkt, sondern sich täglich fortsetzt, solange der Verwalter die Zertifizierung nachholt. Entsprechend löst auch das **Fehlen der gewerberechtlichen Erlaubnis** einen Anspruch auf Abberufung aus (MünchKomm/Zschieschack § 26 WEG Rn 13; Staudinger/Jacoby § 26a WEG Rn 24 f)

6. Wirtschaftlichkeit

138 Aus Sicht der Gemeinschaft muss sich die Verwaltung auch in wirtschaftlicher Hinsicht messen lassen. Zwar ist der Preis keinesfalls der einzige und auch nicht der wichtigste Gesichtspunkt bei der Entscheidung über einen Verwalter (BGH 1. 4. 2011 – V ZR 96/10, NZM 2011, 515 = ZMR 2011, 735 Rn 13). Insbesondere ist es untunlich, nur den Preis von Verwaltern zu vergleichen. Die Eigentümer müssen sich keinesfalls für den Anbieter mit dem geringsten Preis entscheiden, sondern dürfen auch den wählen, der teurer ist (BGH 22. 6. 2012 – V ZR 190/11, NJW 2012, 3175 Rn 11; LG Köln 24. 11. 2011 – 29 S 130/11, ZMR 2012, 575). Der Preis muss sich aber stets im Verhältnis zur angebotenen Leistung **am Markt messen** lassen. Die Eigentümer dürfen sich für teurere Bewerber deswegen entscheiden, weil sie von diesen mehr Leistung verlangen, diesen mehr zutrauen (LG München I 7. 8. 2019 – 1 S 4408/19 WEG, ZMR 2019, 999, 1000: Ordnungsmäßigkeit eines doppelt so teuren Verwalters, dem die Eigentümer zutrauen, die bestehen Konflikte zu lösen und als Verwalter dauerhaft zu bestehen). Es wäre ein Irrglaube, davon auszugehen, dass Verwaltung von Wohnungseigentum von allen Anbietern gleich durchgeführt wird. Eine Wirtschaftlichkeitsgrenze ist dann aber überschritten, wenn die angebotene Leistung gemessen an den Markpreisen sich als deutlich übersetzt darstellt (vgl BGH 5. 7. 2019 – V ZR 278/17, NJW 2020, 988 Rn 30; BGH 11. 6. 2021 – V ZR 215/20, ZWE 2021, 406 = ZMR 2021, 830 Rn 19). In den Vergleich muss freilich das gesamte angebotene **Vergütungssystem** (u Rn 177 f) einfließen. Eine Beschränkung allein auf den Vergleich der Grund- oder Basisvergütung ist untunlich. In die Bewertung lässt sich schließlich noch einbeziehen, welche Sondervergütungen nach Erfahrung und Zustand der Wohnungseigentumsanlage mit hoher Wahrscheinlichkeit anfallen werden. Dieses Bündel an Kriterien zeigt wiederum, dass der Einzelfall entscheidet und pauschale Aussagen schwer zu treffen sind.

7. Beurteilungsspielraum

139 Bei den Entscheidungen über den Verwalter, mithin bei seiner Bestellung und etwaigen Abberufung (dazu bereits o Rn 83 ff, 96 ff), steht den Wohnungseigentümern ein Beurteilungsspielraum zu (BGH 22. 6. 2012 – V ZR 190/11, NJW 2012, 3175 Rn 17). Bei dieser Beurteilung haben sich die Eigentümer von den oben aufgeführten Gesichtspunkten der fachlichen Eignung, Wirtschaftlichkeit, finanziellen Zuverlässigkeit und

Unabhängigkeit leiten zu lassen. Der Spielraum eröffnet den Eigentümern die Möglichkeit, ihre eigenen **Prioritäten zu gewichten**. Freilich können die Eigentümer aber auch den ihnen vom Gesetz eröffneten Spielraum überschreiten. Ihr Beschluss bleibt dann wirksam, ist aber anfechtbar. Auch für die Entscheidung über die Anfechtung darf das Gericht freilich nur auf Tatsachen abstellen, die bereits bei Beschlussfassung vorlagen (BGH 9. 3. 2012 – V ZR 170/11, NJW 2012, 2040 Rn 13). Zwei typische Arten von Ermessensfehlern, bei denen die Entscheidung nicht vom Spielraum der Eigentümer gedeckt ist, lassen sich unterscheiden:

Zum einen können Mängel in der Person des Verwalters im Hinblick auf die Gesichtspunkte der fachlichen Eignung, Wirtschaftlichkeit, finanziellen Zuverlässigkeit und Unabhängigkeit so gewichtig sein, dass sie der Bestellung eines Verwalters entgegenstehen (vgl oben Rn 97 f Abberufung). Entsprechend formuliert der BGH, dass ein Bestellungsbeschluss ordnungsmäßiger Verwaltung widerspricht, wenn ein **wichtiger Grund gegen dessen Bestellung** spricht (BGH 9. 3. 2012 – V ZR 170/11, NJW 2012, 2040 Rn 12; LG Frankfurt 12. 12. 2019 – 2-13 S 143/18 Rn 19 bei unberechtigten Zugriffen auf das Konto der WEG). **140**

Zum andern liegt eine **Ermessensunterschreitung** vor, wenn die Eigentümer zu wenige Informationen eingeholt haben, um ihren Entscheidungsspielraum überhaupt ordnungsgemäß zu nutzen (o Rn 44 zur Beschlussvorbereitung). So liegt es immer dann, wenn die Eigentümer maßgebliche Informationen über den oder die in Aussicht genommenen Verwalterkandidaten nicht einholen, obwohl bei objektiver Betrachtung Anlass dazu besteht (BGH 22. 6. 2012 – V ZR 190/11, NJW 2012, 3175 Rn 21; vgl auch BGH 24. 1. 2020 – V ZR 110/19, ZWE 2020, 284 = ZMR 2020, 671 Rn 12). In einer solchen Sachlage müssen die Eigentümer zunächst von einer Entscheidung absehen, um die erforderlichen Informationen samt etwaiger Belege einzuholen. Erst auf dieser Grundlage können die Eigentümer dann ermessensfehlerfrei abstimmen. Stimmen sie vorher ab, ist die Entscheidung anfechtbar (Jacoby ZWE 2023, 16, 19) **141**

IV. Verwaltervertrag

Von der durch Bestellung nach Abs 1 begründeten Amtsstellung ist der Abschluss des im WEG nicht geregelten Verwaltervertrags zu trennen (vgl bereits o Rn 34 ff). Die heute ganz herrschende Trennungstheorie hat erkannt, dass die Begründung der Amtsstellung von einem Vertragsschluss unabhängig ist (vgl o Rn 40; ferner BGH 20. 6. 2002 – V ZB 39/01, BGHZ 151, 164 = NJW 2002, 3240, 3241; BGH 27. 2. 2015 – V ZR 114/14, NJW 2015, 1378; Elzer ZMR 2004, 229, 230; Häublein ZMR 2003, 233, 235; Hügel ZMR 2008, 1, 3; Wenzel ZWE 2001, 510, 512; zur getrennten Beschlussfassung in der Eigentümerversammlung BGH 5. 7. 2019 – V ZR 278/17, NJW 2020, 988 Rn 15). Zur (fehlenden) Ordnungsmäßigkeit des Bestellungsbeschlusses ohne gleichzeitiger Beschlussfassung über den Verwaltervertrag s Rn 40. **142**

1. Vertragsparteien

Vor der „Entdeckung" der **Rechtsfähigkeit** der Wohnungseigentümergemeinschaft konnten nur die einzelnen Wohnungseigentümer als Vertragspartner des Verwalters bezeichnet werden. Nach der **Reform 2007** stellte sich die Frage, ob die nach § 10 Abs 6 WEG aF rechtsfähige Eigentümergemeinschaft allein oder neben ihr auch **143**

noch die Eigentümer Vertragspartner werden. Beide Gestaltungen fand man in der Praxis des Verwaltervertrags. So wurde nicht nur die „Wohnungseigentümergemeinschaft des Objekts X Str. Nr Y" als Vertragspartner benannt, sondern anzutreffen waren auch Formulierungen wie die, dass die „Wohnungseigentümergemeinschaft des Objekts X Str. Nr Y, soweit sie als teilrechtsfähiger Verband betroffen ist und soweit die Wohnungseigentümer betroffen sind", Vertragspartner werde. Auch in der wissenschaftlichen Auseinandersetzung fand die Auffassung, dass die Wohnungseigentümer zusätzlich zur rechtsfähigen Eigentümergemeinschaft Vertragspartner werden, noch Befürworter (Gottschalg NZM 2009, 217, 218).

144 Das **WEMoG** hat die gesetzliche Ausgangsposition weiter auf Gemeinschaft und Verwalter verengt, indem es nur noch zwischen diesen mit Bestellung Rechte und Pflichten im hier sog Amtswalterrechtsverhältnis (o Rn 26) begründet (o Rn 27 ff). Typischerweise wird daher der Verwaltervertrag daher ungeachtet der Möglichkeiten aufgrund der Vertragsfreiheit zwischen Verwalter und rechtsfähiger Gemeinschaft geschlossen.

a) Grundsätzlich keine Verpflichtung der Eigentümer

145 Sind nur Gemeinschaft und Vertragspartner Parteien des Verwaltervertrags, scheidet in dem Vertrag eine Verpflichtung der Eigentümer aus. Diese Weichenstellung geht einher mit dem Fehlen einer Möglichkeit, durch Beschluss Vertretungsmacht für die einzelnen Eigentümer zu begründen. Eine Einbeziehung der Eigentümer als Vertragspartei würde daher voraussetzen, dass **jeder Eigentümer selbst** (oder durch einen eigens bevollmächtigten Vertreter) den Vertrag abschließt. Das wäre von der Vertragsfreiheit zwar gedeckt. Angesichts der Umständlichkeit ist daran aber allenfalls in sehr kleinen Einheiten zu denken, wo die Rechtsfähigkeit der Gemeinschaft vielleicht weniger gelebt wird. Es bliebe dann ferner für den Fall des Eigentümerwechsels Vorsorge zu treffen.

b) Grundsätzlich keine Berechtigung der Eigentümer

146 Die beiden Vertragsparteien Gemeinschaft und Verwalter könnten die Wohnungseigentümer in den Vertrag als begünstigte Dritte einbeziehen. Es kommt ein Vertrag zugunsten Dritter, §§ 328 ff BGB, ebenso wie ein Vertrag mit Schutzwirkung zugunsten der Eigentümer in Betracht, der den Eigentümern als Grundlage dienen würde, wegen etwaiger Pflichtverletzungen des Verwalters eigene Schadensersatzansprüche aus § 280 Abs 1 BGB geltend zu machen.

147 Wie bereits o Rn 28 f im Kontext der Parteien des Amtswalterrechtsverhältnisses mit einem Überblick über den Streitstand begründet, bedarf eine solche Begünstigung einer **ausdrücklichen Abrede**, kann einem üblichen Verwaltervertrag nicht im Wege ergänzender Vertragsauslegung entnommen werden. Dafür spricht, dass das Gesetz eine solche Begünstigung der Eigentümer aus dem Amtswalterrechtsverhältnis zwischen Verwalter und Gemeinschaft nicht mehr vorsieht (Wobst ZWE 2022, 15, 20). Die Eigentümer sind durch ihre Ansprüche gegen die Gemeinschaft hinreichend geschützt. Die klare Zuordnung der Rechtsverhältnisse über das Eck Eigentümer – Gemeinschaft – Verwalter macht komplizierte Abgrenzungsfragen hinsichtlich der Ausübungsbefugnisse der Beteiligten entbehrlich, wie sie sich früher zu § 10 Abs 6 S 3 WEG aF vielfach ergaben.

2. Vertragsschluss

148 Die Trennung von Bestellung ins Amt und Abschluss des Verwaltervertrags ist aber auch beim Tatbestand durchzuhalten. Der Verwaltervertrag kommt wie jeder Vertrag durch **Willenserklärungen** zustande. Daher kann auf Seiten der Gemeinschaft ein Beschluss nicht ausreichend sein (u Rn 151 f).

a) Vertretung der Gemeinschaft

149 Die Gemeinschaft muss bei Abschluss des Verwaltervertrags gem § 164 BGB vertreten werden. Als Vertreter scheidet der neu bestellte Verwalter wegen des Verbots des Insichgeschäfts, § 181 BGB, aus. Für einen solchen Fall, dass der Verwalter an der Vertretung gehindert ist, regelt § 9b Abs 2 WEG die Vertretung der Gemeinschaft: Zur Vertretung ist der **Beiratsvorsitzende** und ein durch Beschluss **ermächtigter Eigentümer** befugt. Amtiert noch der **alte Verwalter**, kann auch der zur Vertretung der Gemeinschaft berechtigt und verpflichtet sein. Zum Nebeneinander von Verwalter und Vertretern nach § 9b Abs 2 WEG Staudinger/Jacoby (2023) § 9b WEG Rn 95.

150 Ob der Vertreter den Vertrag auch abschließen darf, richtet sich nach dem jeweiligen Innenverhältnis. Abseits pauschaler Befugnisse des amtierenden Verwalters, hängt diese Berechtigung von einem **Ermächtigungsbeschluss** aufgrund von § 19 Abs 1 WEG ab. Der sichere Weg besteht insoweit darin, einen konkreten vom Verwalter zum Abschluss vorgelegten Verwaltervertrag zu beschließen. Ein Ermächtigungsbeschluss, der Beirat oder ermächtigten Eigentümer ein weites Entscheidungsermessen belässt, ist nicht ordnungsmäßig und daher anfechtbar (OLG Düsseldorf 30. 5. 2006 – I-3 Wx 51/06, NJW 2006, 3645, 3656; OLG Hamburg 25. 7. 2003 – 2 Wx 112/02, ZMR 2003, 864). Denn der Abschluss des Verwaltervertrags betrifft den Kernbereich der Selbstbestimmung der Eigentümer, so dass abseits von § 27 Abs 2 WEG die Entscheidungsmacht nicht übertragen werden darf. Wird der Ermächtigungsbeschluss bestandskräftig, sind die Kompetenzverlagerungen im Zweifel eng auszulegen (LG Berlin 24. 8. 2018 – 55 S 86/17 WEG, ZWE 2019, 89; Ulmer/Brandner/Hensen/Häublein [61] Wohnungseigentum/Verwalterverträge Rn 48). Anders als bei der Bestellung (o Rn 52) schließt § 25 Abs 4 WEG den Verwalter von der Beteiligung an der Abstimmung als stimmberechtigter Eigentümer oder als Vertreter aus. Der Ausschluss greift also wie bei der Abberufung aus wichtigem Grund (o Rn 77).

b) Bedeutung des Beschlusses

151 Nicht selten findet sich die Auffassung, die Gemeinschaft der Wohnungseigentümer könne das Angebot auf Abschluss eines Verwaltervertrags auch **durch Beschluss** in der Eigentümerversammlung **annehmen**. Diese Auffassung wurde nicht nur zum alten Recht vertreten (BayObLG NJW-RR 1987, 1039, 1040; OLG Hamm NJW-RR 1993, 845, 846), sondern hat die Reformen überlebt (Greiner ZWE 2008, 454 ff; BeckOGK-WEG/Greiner [1.12. 2022] Rn 136). Auch der BGH benennt zumindest missverständlich als Möglichkeit den Beschluss über die Annahme des Vertragsangebots des Verwalters und unterscheidet diesen vom Beschluss zur Ermächtigung von Wohnungseigentümern zum Abschluss des Vertrages, ohne freilich die unterschiedlichen Beschlussgegenstände näher darzustellen und die Einbettung in die Rechtsgeschäftslehre zu problematisieren (BGH 5. 7. 2019 – V ZR 278/17, NJW 2020, 988 Rn 23).

152 Ein solcher Vertragsschluss durch Beschlussfassung ist abzulehnen (Hügel ZMR 2008, 1, 4). Ihm steht entgegen, dass Verträge nicht durch Beschlüsse, sondern **allein durch Willenserklärungen** zustande kommen (Jacoby Amt 550 ff). Dieser Einwand ist nur auf den ersten Blick bloß begrifflicher Natur. Er entspringt dem Bedürfnis, die Regelungen über Willenserklärungen anwenden zu können: Den inneren Tatbestand einer Willenserklärung kann nur das von einem menschlichen Willen getragene Verhalten eines Menschen erfüllen. Nur auf dieser Grundlage lässt sich nach §§ 104 ff BGB über die Geschäftsfähigkeit und nach §§ 116 ff BGB über Willensmängel befinden. Den Beschluss als Willenserklärung anzuerkennen hieße indessen, die Mängellehre hinsichtlich der Willenserklärungen durch die Beschlussmängellehre zu ersetzen. Mit der Anfechtung des Beschlusses entfiele gleichzeitig der Verwaltervertrag. Man muss sich vergegenwärtigen, dass Beschlüsse primär dazu dienen, den Willen eines Kollektivs zu bilden. Regelmäßig bedarf es noch der Umsetzung dieses Kollektivwillens nach außen durch Willenserklärungen. Ausnahmen gelten nur, wenn das Gesetz es bei bestimmten innerorganisatorischen Akten anordnet. Eine solche Regelung enthält § 26 Abs 1 WEG für die Bestellung, sie fehlt aber in Bezug auf den Verwaltervertrag.

153 Die gerade abgelehnte Auffassung findet sich auch noch in abgeschwächter Form. Der Verwaltervertrag könne zwar nicht durch Beschluss zustande kommen. Der Beschlussfassung über einen Verwaltervertrag lasse sich aber **konkludent die Vertragserklärung** durch die Eigentümer entnehmen, die dem Verwalter sogleich zugehe, wenn er auf der Versammlung anwesend ist (Abramenko ZMR 2006, 5, 9; Jennissen/Jennissen § 26 WEG Rn 129; vgl auch BGH 4. 7. 2014 – V ZR 298/13, NJW 2014, 3314 zum Vergleichsschluss zwischen Gemeinschaft und Eigentümern). Aber auch dieser Auffassung ist nicht zu folgen (Hügel ZMR 2008, 1, 3). Nach dem in Rn 149 Gesagten kommt der Verwaltervertrag nur zustande, wenn die Gemeinschaft vertreten wird. Dafür muss eine vertretungsberechtigte Person erkennbar aufgrund des Beschluss über den Verwaltervertrag eine Willenserklärung abgeben wollen. Ob diese Voraussetzungen gegeben sind, ob überhaupt eine Person zur Vertretung berechtigt ist, hängt vom Einzelfall ab, lässt sich daher nicht pauschal bejahen.

3. Inhalte des Verwaltervertrags und Gestaltungsgrenzen

154 Herrschend wird der Verwaltervertrag als ein auf **Geschäftsbesorgung** gerichteter Dienstvertrag mit werkvertraglichen Elementen angesehen (BGH 26. 2. 2021 – V ZR 290/19, ZWE 2021, 282 = ZMR 2021, 598 Rn 8). Diese Einordnung vernachlässigt indessen das **Nebeneinander** von Bestellung und Vertrag (Westphalen/Thüsing/Lehmann-Richter Wohnungseigentumsverwalter Rn 4; vgl auch Ulmer/Brandner/Hensen/Häublein [61] Wohnungseigentum/Verwalterverträge Rn 49; Wobst ZWE 2022, 15 f). Bereits aus dem mit Bestellung begründeten Amtswalterrechtsverhältnis folgen die mit dem Amt kraft Gesetzes verbundenen Pflichten des Verwalters (o Rn 26, 31, 36). Aufgabe des Verwaltervertrags ist es, dieses Amtswalterrechtsverhältnis zwischen Gemeinschaft und Verwalter näher auszugestalten, es insbesondere zu **konkretisieren**. Dem entsprechend bezeichnet der BGH als typische Gegenstände des Verwaltervertrags Laufzeit und Vergütung (BGH 27. 2. 2015 – V ZR 114/14, NJW 2015, 1378 Rn 10 f; BGH 5. 7. 2019 – V ZR 278/17, NJW 2020, 988 Rn 16). In der Praxis verfolgt der Verwalter allerdings vielfach das Ziel, mittels des Vertrags die Grundsätze seiner Verwaltung zu formulieren. Der Formularvertrag enthält dann Regelungen über Entscheidungs- und Vertretungsmacht des Verwalters,

Durchführung der Eigentümerversammlung, Gestaltung der Abrechnung etc Schließlich formulieren Verwalter häufig im Vertrag ihre Erwartungen an die Eigentümer, indem diese etwa verpflichtet werden, Lastschrift-Mandate zu erteilen, Mieterwechsel oder sonstige Umzüge anzuzeigen und gar die Wohnanlage betreffende Verträge vorzulegen. Eine solche inhaltliche Ausgestaltung des Vertrags überschreitet allerdings die Gestaltungsmöglichkeiten, die Verwalter und Gemeinschaft in einem Verwaltervertrag haben.

a) Vertragsmacht der Parteien

Sind Verwalter und rechtsfähige Gemeinschaft die **Vertragsparteien**, können die Wohnungseigentümer – abgesehen von ihrer gesetzlichen teilschuldnerischen Haftung nach § 9 Abs 4 WEG – nicht aus dem Vertrag verpflichtet werden, Unzulässigkeit eines Vertrags zu Lasten Dritter (o Rn 145). Darüber hinaus fehlt es grundsätzlich an Beschlusskompetenz, Leistungspflichten einzelner Eigentümer außerhalb des Bereichs der gemeinschaftlichen Kosten und Lasten durch Mehrheitsbeschluss zu begründen (BGH NJW 2011, 1221; BGH ZWE 2012, 268). Selbst durch Annex-Beschluss (Rn 191) können daher nur vereinzelt – insbesondere aufgrund von § 16 Abs 2 S 2 WEG – Pflichten der Eigentümer zur Kostentragung getroffen werden. **155**

Da der Verwaltervertrag nur das Außenrechtsverhältnis zwischen Verwalter und der rechtsfähigen Gemeinschaft regeln kann, gehen aber auch weitere Bestimmungen mit einem davon abweichenden Regelungsinhalt typischerweise **ins Leere**, insbesondere auch solche, die die **Gemeinschaftsordnung** abändern, ergänzen oder konkretisieren sollen. Denn auch dazu sind nur die Eigentümer selbst, nicht aber die Rechtssubjekte rechtsfähige Gemeinschaft und Verwalter berufen. Auch kommt nicht in Betracht, dass der Verwaltervertrag die Pflichten des Verwalters abweichend von der Gemeinschaftsordnung bestimmt. Der Verwalter ist aufgrund seines Amtes den Eigentümern und der Gemeinschaft gegenüber verpflichtet, die Verwaltung entsprechend der Gemeinschaftsordnung vorzunehmen. Diese Verpflichtung können Gemeinschaft und Verwalter als Vertragspartner des Verwaltervertrags nicht abändern. Das Schutzbedürfnis der Eigentümer erfordert, dass die Formen des WEG eingehalten werden. So kann der Verwalter etwa sich nicht durch eine Regelung im Verwaltervertrag ausbedingen, Eigentümerversammlungen bereits in den Nachmittagsstunden vorzunehmen, wenn eine Vereinbarung der Eigentümer Abweichendes vorsieht. **156**

b) AGB-Inhaltskontrolle

Der regelmäßig vom Verwalter eingeführte Verwaltervertrag unterliegt der AGB-Kontrolle gemäß §§ 305 ff BGB. Dabei bestimmt sich der Anwendungsbereich der Kontrolle nach Maßgabe von § 310 BGB. Hierbei ist zu berücksichtigen, dass die rechtsfähige Gemeinschaft der Eigentümer jedenfalls dann, wenn sie nicht ausschließlich aus unternehmerisch tätigen Teileigentümern besteht, als Verbraucher (§ 310 Abs 3 BGB, § 13 BGB) einzuordnen ist (BGHZ 204, 325 = NJW 2015, 3228 Rn 30; Staudinger/Jacoby [2023] § 9a WEG Rn 67). Dann sind die Formularregelungen am Verbot überraschender Klauseln, § 305c BGB, und am Transparenzgebot, § 307 Abs 1 S 2 BGB, zu messen. Schließlich können Klauseln, die vom gesetzlichen Leitbild abweichen, als unangemessen nach § 307 Abs 2 BGB unwirksam sein. **157**

Die **Inhaltskontrolle** schützt den Vertragspartner dadurch, dass die unangemessene Klausel unwirksam ist, der Vertrag im Übrigen aber entgegen der Vermutung des **158**

§ 139 BGB nach § 306 Abs 1 BGB wirksam bleibt. Diesen Gedanken hat der BGH gewissermaßen auf die Anfechtung der Bestellung erstreckt. Da die Bestandskraft eines **Beschlusses über den Verwaltervertrag** die Unwirksamkeit einzelner Vertragsklauseln nach § 307 Abs 1 BGB nicht heile, könne die Anfechtung des Verwaltervertrags nicht darauf gestützt werden, dass einzelne Klauseln des Vertrags der AGB-Kontrolle nicht standhielten (BGH 5. 7. 2019 – V ZR 278/17, NJW 2020, 988 Rn 23; BGH 11. 6. 2021 – V ZR 215/20, ZWE 2021, 406 = ZMR 2021, 830 Rn 16). Die Gemeinschaft sei hinreichend geschützt, wenn bei einer Auseinandersetzung von Gemeinschaft und Verwalter die AGB-Kontrolle über die streitentscheidende Klausel stattfinde. Dem ist im Grundsatz zuzustimmen. Freilich kann im Einzelfall die Bestellung eines Verwalters ordnungsmäßiger Verwaltung widersprechen, wenn dieser einen Verwaltervertrag mit durchweg unangemessenen Klauseln verwendet, die streitanfällig sind und Anzeichen für fehlende Seriosität des Verwalters sind.

c) Insbesondere Verwalterkompetenzen

159 In Verwalterverträgen lässt sich der Verwalter vielfach auch die Rechtsmacht einräumen, Verträge mit Hausmeistern, Versorgern, Versicherungen oder Handwerkern selbst abzuschließen, ggf auch zu kündigen. Zur Erfassung und Bewertung solcher Klauseln ist zwischen der **Entscheidungsmacht** des Verwalters, § 27 WEG, und dessen Vertretungsmacht, § 9b Abs 1 S 1 WEG, zu unterscheiden. Die **Vertretungsmacht** beschreibt das rechtliche Können des Verwalters nach außen, durch Verträge oÄ für die Wohnungseigentümergemeinschaft im Verhältnis zu Dritten Wirkungen herbeizuführen. Die Entscheidungsmacht beschreibt im Innenrechtsverhältnis zwischen Verwalter einerseits und andererseits der rechtsfähigen Gemeinschaft das Dürfen des Verwalters, Vertragspartner, Konditionen etc zu bestimmen. Dass die Eigentümer über diese Kompetenzen disponieren können, regelt das WEMoG recht eindeutig. Nach § 9b Abs 1 S 1 u 3 WEG steht dem Verwalter ohnehin eine fast unbeschränkte Vertretungsmacht zu. Diese kann nicht eingeschränkt werden. Nur für Grundstückkauf- und Darlehensverträge bedarf der Verwalter eines Beschlusses der Eigentümer, denen also insoweit Dispositionsmacht zusteht. § 27 Abs 2 WEG verleiht den Eigentümern die Befugnis, durch Beschluss die Entscheidungsmacht des Verwalters nach § 27 Abs 1 WEG zu erweitern oder einzuschränken.

160 Die hier zu erörternde Frage geht aber dahin, ob eine solche Einräumung von Befugnissen **durch Verwaltervertrag** möglich ist. Diese Frage ist vielschichtig und wurde vom BGH in einer Entscheidung zum alten Recht jedenfalls zu wenig bedacht, was daran gelegen haben mag, dass nur der Beschluss über den Verwaltervertrag, aber keine Inhaltskontrolle desselben (vgl o Rn 158) in Rede stand. Ausdrücklich verhält sich der BGH so nur zur Frage, ob durch Beschluss Entscheidungsmacht eingeräumt werden kann (was nun durch § 27 Abs 2 WEG geklärt wurde), aber nicht dazu, ob dies auch im Verwaltervertrag möglich ist (BGH 11. 6. 2021 – V ZR 215/20, ZWE 2021, 406 = ZMR 2021, 830 Rn 5 ff).

aa) Isolierte Regelung im Verwaltervertrag

161 Eine Regelung nur im Verwaltervertrag, die nicht von einem Beschluss der Eigentümer oder einer Vereinbarung der Eigentümer nach § 10 Abs 1 S 2 WEG begleitet wird, ist untauglich, Entscheidungs- oder Vertretungsmacht des Verwalters zu erzeugen. Denn den Vertragsschließenden Gemeinschaft und Verwalter fehlt dafür schlicht die **Dispositionsmacht**. Es bedarf nach § 9b Abs 1 S 1, § 27 Abs 2 WEG eines

Beschlusses (Westphalen/Thüsing/Lehmann-Richter Wohnungseigentumsverwalter Rn 10 f; Wobst ZWE 2022, 15, 18). Wollte man das anders sehen, muss man aber jedenfalls in vom Verwalter gestellten AGB einen Verstoß gegen § 307 Abs 1 BGB sehen, wenn er sich Befugnisse einräumen lässt, die das Gesetz vom Beschluss der Eigentümer abhängig macht.

bb) Beschluss über Verwaltervertrag

Das gerade dargestellte Defizit an Dispositionsmacht soll nach teilweise vertretener Auffassung behoben sein, wenn die Eigentümer über den konkreten Verwaltervertrag beschließen, in dem die Regelung von Vertretungs- oder Entscheidungsmacht enthalten ist (BeckOGK/Greiner [1.12. 2022] § 26 Rn 169; Westphalen/Thüsing/Lehmann-Richter Wohnungseigentumsverwalter Rn 21; zurückhaltender Wobst ZWE 2022, 15, 19 f: Auslegungsfrage und jedenfalls anfechtbar). Das genügt aber ebenfalls nicht (Ulmer/Brandner/Hensen/Häublein [61] Wohnungseigentum/Verwalterverträge Rn 52; Schultzky ZWE 2021, 62, 66). Jede Regelung, mit der die Eigentümer anlässlich des Abschlusses des Verwaltervertrags ihr Innenverhältnis abweichend regeln wollen, bedarf eines separaten **Annexbeschlusses** (u Rn 191 ff), mit dem zu einem eigenständigen Tagesordnungspunkt ein entsprechender Beschluss gefasst und in die Beschluss-Sammlung eingetragen wird. 162

Dafür spricht zunächst das Bedürfnis nach **Transparenz**. Der BGH hat zum Beschluss über Kostenverteilungsschlüsse nach § 16 Abs 3 WEG aF (= § 16 Abs 2 S 2 WEG) ausgesprochen, dass es einer transparenten Beschlussfassung bedürfe, die auch für nach § 10 Abs 3 WEG gebundene Rechtsnachfolger aus der Beschluss-Sammlung erkennbar werde. Daher genüge es nicht, die Änderung in einen Vertrag zwischen der rechtsfähigen Gemeinschaft und einem Mehrheitseigentümer aufzunehmen, auch wenn in der Eigentümerversammlung über diesen Vertrag beschlossen wird (BGH 8. 6. 2018 – V ZR 195/17, ZMR 2018, 1024 = NZM 2018, 905 Rn 18 f). Entsprechende Anforderungen sind an einen Beschluss nach § 27 Abs 2 WEG zu stellen (MünchKomm/Zschieschack § 26 WEG Rn 93; Ulmer/Brandner/Hensen/Häublein [61] Wohnungseigentum/Verwalterverträge Rn 52; Schultzky ZWE 2021, 62, 66). Es kommt aber auch noch ein **inhaltliches Argument** hinzu: Nach § 27 Abs 2 WEG richtet sich der Umfang der Entscheidungsmacht des Verwalters nach den Beschlüssen der Eigentümer. In diese Ordnung bricht der Verwaltervertrag ein. Eine Regelung der Entscheidungsmacht im Verwaltervertrag lässt sich – zumal bei Berücksichtigung von § 305c Abs 2 BGB – dahin verstehen, dass die eingeräumte Entscheidungsmacht über die gesamte Vertragslaufzeit des Verwaltervertrags fortbesteht, mithin insoweit unwiderruflich ist. Dann tritt ein offener **Konflikt** zur rechtlichen Möglichkeit der Eigentümer zu Tage, durch neuerlichen Beschluss nach § 27 Abs 2 WEG festzulegen, in welchem Umfang dem Verwalter Entscheidungsmacht zusteht. 163

4. Insbesondere Laufzeit

§ 26 Abs 2 S 1 WEG enthält für die Bestellung eine zeitliche Begrenzung auf grundsätzlich fünf Jahre. In diesem Rahmen entscheiden die Eigentümer über die **Dauer der Bestellung**. Eine ausdrückliche Regelung für den insgesamt nicht spezifisch vorgesehenen Verwaltervertrag fehlt indessen. 164

Der Verwaltervertrag ist allerdings in spezifischer Weise mit der Bestellung **verknüpft**. Der Verwalter kann seine durch den Verwaltervertrag geschuldete Amtsfüh- 165 rung nur wahrnehmen, wenn er auch bestellt ist. Das schlägt auf die Laufzeitregelung des Verwaltervertrags und ihre Funktion durch. Einerseits verpflichtet der laufende Verwaltervertrag den Verwalter, die Bestellung anzunehmen und das Amt nicht niederzulegen. Andererseits folgt aus dem Vertrag für die Eigentümer der Anreiz, den Verwalter zu bestellen und nicht abzuberufen, um nicht in Annahmeverzug zu geraten, weil dann der Verwalter jedenfalls für sechs Monate nach § 26 Abs 3 S 2 WEG entsprechend § 615 BGB zu vergüten wäre, ohne Dienste erbringen zu müssen (o Rn 103 ff).

166 Der **BGH** (BGH 20. 6. 2002 – V ZB 39/01, BGHZ 151, 164, 177 ff = NJW 2002, 3240, 3245 f) erstreckte unter dem alten Recht die Höchstbestellungsdauer, heute § 26 Abs 2 S 1 WEG, auch auf den Verwaltervertrag. Es sei dieser Bestimmung eine Höchstdauer des Vertrags von fünf Jahren zu entnehmen. Diese Spezialregelung solle auch das Klauselverbot des § 309 Nr 9 lit a BGB sperren, Verbraucherverträge über die Erbringung von Diensten für länger als zwei Jahre zu befristen. Inwieweit dem auch nach dem WEMoG zu folgen ist, ist umstritten (dafür Bachmann ZWE 2022, 246, 248 f; Bärmann//Becker § 26 WEG Rn 245; Greiner ZWE 2022, 237, 241; Jennissen/Jennissen § 26 WEG Rn 141; Wicke ZWE 2021, 21, 25; **aA** Först ZWE 2021, 155, 156; Lehmann-Richter/Wobst Rn 537; unentschieden MünchKomm/Zschieschack § 26 WEG Rn 90).

167 Den Vorzug verdient es, diesen Vorrang des § 26 WEG richtig zu lesen. Es kommt auf die von den Eigentümern durch Beschluss zu bestimmende Bestellungsdauer an. Richtet der Verwalter seinen Vertrag an der **Bestellungsentscheidung** aus (Beispiel bei Jacoby ZWE 2022, 306, 312), mag man schon an einer AGB nach § 305 Abs 1 BGB zweifeln. Jedenfalls aber erlaubt § 26 Abs 2 WEG eine solche Gestaltung, um den Interessen beider Vertragsparteien aufgrund der o Rn 165 beschriebenen Verknüpfung von Bestellung und Vertragsschluss Rechnung zu tragen und verdrängt insoweit § 309 Nr 9 lit a BGB. Sieht der Verwalter aber unabhängig von der kürzeren Befristung der Bestellung im vorformulierten Verwaltervertrag eine Laufzeit von fünf Jahren vor, steht dieser Regelung § 309 Nr 9 lit a BGB entgegen. Dagegen lässt sich nicht anführen, die Eigentümer seien durch § 26 Abs 3 S 2 WEG hinreichend geschützt. Denn auch die Entgeltung des Vertragspartners für ein halbes Jahr hat die Gemeinschaft im Schutzbereich des § 309 Nr 9 lit a BGB nicht hinzunehmen.

5. Insbesondere Vergütungsregelung

168 Die Vergütungsregelung im Verwaltervertrag hat die Funktion zu präzisieren, welche Vergütung die Gemeinschaft dem Verwalter für seine Tätigkeit schuldet. Eine Präzisierung stellt dies deswegen dar, weil dem Verwalter grundsätzlich auch allein aufgrund seiner Amtsstellung eine angemessene Vergütung zusteht, weil § 612 BGB auf das kraft Bestellung entstehende Amtswalterrechtsverhältnis anzuwenden ist (Rn 33). Eine bestimmte **Vergütungsstruktur** ist nicht vorgegeben (BGH 5. 7. 2019 – V ZR 278/17, NJW 2020, 988 Rn 35). Zur Bemessung der Vergütung kommen verschiedene Ansätze in Betracht, wie es etwa das Baurecht mit Pauschalpreis, Einheitspreis und Stundenhonorar kennt (vgl Staudinger/Peters [2019] § 632 BGB Rn 4 ff). Viele Vertragsmuster, auch die in der Praxis tatsächlich verwendeten Verträge enthalten eine differenzierende Vergütungsregelung (BGH 5. 7. 2019 – V ZR 278/17, NJW 2020, 988 Rn 35: „Baukastensystem"). Es wird zum einen ein Pauschalpreis pro Einheit und Monat für die Verwaltungstätigkeit vereinbart, sog Grund- oder Basisvergütung. Darüber hinaus werden

in der Art von Einheitspreisen für bestimmte Verrichtungen wie Verwalterzustimmung oder die Durchführung einer außerordentlichen Eigentümerversammlung Vergütungssondertatbestände vorgesehen, sog Sondervergütung oder variable Vergütung. Teilweise werden diese Honorare auch nach Stundensätzen bemessen.

Diese Aufteilung kann unterschiedlich angelegt sein. Entweder verspricht der Verwalter alle Verrichtungen für die „Pauschale" auszuführen, soweit keine Sondervergütung für eine bestimmte Verrichtung vereinbart ist. Oder der Verwalter verknüpft die „Pauschale", die dann keine ist, sondern mehr eine Basisvergütung darstellt, mit exakt aufgeführten Verrichtungen. Weitere Verrichtungen werden dann noch mit weiteren spezifischen variablen Vergütungen belegt. Diese **unterschiedliche Ausgestaltung** ist insbesondere dann von Gewicht, wenn neue Pflichten hinzukommen, für die der Verwalter eine zusätzliche Vergütung beanspruchen möchte, oder wenn die Vereinbarung eines Sondervergütungstatbestands sich als unwirksam erweist. Denn bei Vereinbarung einer echten Pauschale sind im Zweifel alle Verrichtungen mit dieser vergütet. Anders liegt es, wenn die Basisvergütung ausdrücklich bestimmt, dass mit ihr nur die benannten Verrichtungen vergütet werden. Dann enthält die Vergütungsregelung für die nicht erfasste Tätigkeit eine Lücke. **169**

a) Kontrolle der Vergütungsregelung

Bei der Kontrolle der anfänglichen Vergütungsregelung in Verwalterverträgen sind zwei **unterschiedliche Arten der Kontrolle** zu unterscheiden. Zum einen greift die zivilrechtliche Kontrolle des zumeist vom Verwalter gestellten Verwaltervertrags nach §§ 305 ff BGB. Insoweit erweist sich die eigentliche Inhaltskontrolle angesichts der Preisabrede weithin nicht als einschlägig (u Rn 171), die Unwirksamkeit kann sich vornehmlich aus der Intransparenz der Klauseln ergeben (u Rn 175). Zum anderen ist die wohnungseigentumsrechtliche Beschlusskontrolle, namentlich also die Prüfung auf Ordnungsmäßigkeit des Beschlusses, einschlägig. Diese Beschlusskontrolle greift freilich nur, falls der Beschluss über den Verwaltervertrag rechtzeitig angefochten wird (u Rn 177). **170**

aa) Inhaltskontrolle

Die AGB-Inhaltskontrolle wird – abgesehen von der Transparenzkontrolle u Rn 175 – durch § 307 Abs 3 S 1 BGB auf solche Klauseln beschränkt, die von Rechtsvorschriften abweichen oder diese ergänzen. Daher unterfallen **Preisabreden** grundsätzlich nicht der Inhaltskontrolle auf Angemessenheit (vgl die Darstellung der Rspr zu Bankentgelten bei Jacoby/Lehmann-Richter/Weiler ZMR 2018, 181, 182 ff): Das gilt namentlich für die Abrede über den Preis der vertraglichen Hauptleistung sowie über das Entgelt für eine rechtlich nicht geregelte zusätzlich angebotene Sonderleistung. Es steht einem Dienstleister grundsätzlich zu, sein Preisgefüge frei auszugestalten, beispielsweise also seine Leistung entweder zu einem Pauschalpreis anzubieten oder den Preis in mehrere Preisbestandteile oder Teilentgelte aufzuteilen (BGH 13. 5. 2014 – XI ZR 405/12, BGHZ 201, 168 = NJW 2014, 2420 Rn 42). Allein Preisnebenabreden sind der Angemessenheitskontrolle unterworfen. Das sind neben Regelungen zur Leistungszeit und dem Leistungsort sowie einseitigen Bestimmungsrechten insbesondere solche Klauseln, die dem Ersatz von allgemeinen Betriebskosten oder von Aufwand für sonstige Tätigkeiten dienen, die der Klauselverwender im eigenen Interesse durchführt. Solche kontrollfähigen Nebenabreden liegen vor, wenn an die Stelle der zu kontrollierenden Klausel dispositives Gesetzesrecht treten kann. **171**

172 Da die Verwalterverträge in aller Regel solche **Preisnebenabreden** nicht enthalten, beschränkt sich die Inhaltskontrolle von Vergütungsregelungen im Verwaltervertrag auf das Transparenzgebot (u Rn 175). So entspricht es nunmehr auch der überwiegenden Ansicht, nachdem der BGH ein langjähriges Missverständnis (vgl dazu Jacoby/Lehmann-Richter/Weiler ZMR 2018, 181 f) aufgeklärt hat, dass der Verwalter Vergütungsklauseln für alle seine Tätigkeiten stellen kann, gleich ob diese nach dem Gesetz geschuldet sind oder nicht (BGH 5. 7. 2019 – V ZR 278/17, NJW 2020, 988 Rn 32 f; BeckOGK/Greiner [1.12. 2022] § 26 Rn 213 ff; Westphalen/Thüsing/Lehmann-Richter Wohnungseigentumsverwalter Rn 61 ff; vgl auch Ulmer/Brandner/Hensen/Häublein [61] Wohnungseigentum/Verwalterverträge Rn 61 ff). Es besteht kein gesetzliches Leitbild, dass die Verwaltervergütung in einen pauschalen Bestandteil für gesetzliche oder typische Leistungen sowie Sondertatbestände für darüberhinausgehende Verrichtungen aufzuteilen wäre. Nur wenn und soweit wie bei Ärzten, Architekten oder Rechtsanwälten eine gesetzliche Vergütungsregelung besteht, könnte daraus ein Maßstab für die Klauselkontrolle folgen (vgl BGH 9. 7. 1981 – VII ZR 139/80, BGHZ 81, 229, 232 = NJW 1981, 2351).

173 Vor diesem Hintergrund scheidet eine Preiskontrolle immer aus, wenn die Vergütung für Leistungen erfolgt, die der Verwalter der Gemeinschaft als Vertragspartnerin zuwendet. Anhaltspunkt dafür können die aus den Katalogen des alten Rechts in § 27 WEG aF, aber auch nach neuem Recht noch anerkannten Verwalterpflichten sein (Jacoby/Lehmann-Richter/Weiler ZMR 2018, 181, 186). Wenn der Verwalter zu Versammlungen lädt, diese durchführt, Jahresabrechnung oder Wirtschaftsplan aufstellt, Konten führt oder Sonderumlagen erhebt, bauliche Maßnahmen betreut oder diese für die Eigentümergemeinschaft vorbereitet, kann der Verwalter diese Leistungen bepreisen, ohne dass eine Angemessenheitskontrolle stattfinden könnte. Zu erwägen ist allerdings, ob sich **Ausnahmen** benennen lassen, also Tätigkeiten des Verwalters, mit denen er keine Leistung gegenüber der Gemeinschaft erbringt. Die Parallele zum Bankrecht stößt einen hier auf vorbereitende Buchungsvorgänge beim Verwalter wie die Erfassung der Daten zur Eigentumsanlage bei Übernahme einer neuen Verwaltung, oder die Buchung eines Eigentümerwechsels (Ulmer/Brandner/Hensen/Häublein [61] Wohnungseigentum/Verwalterverträge Rn 65; Jacoby/Lehmann-Richter/Weiler ZMR 2018, 181, 186), aber auch das Unterhalten eines Verwalterportals. Solche Preisnebenabreden halten einer Inhaltskontrolle typischerweise nicht stand (**aA** LG Dortmund 15. 1. 2016 – 17 S 112/15, MietRB 2017, 260 zur Einrichtungspauschale).

174 Als Relikte der alten kontrollfreudigen Rechtsprechung ist auch folgende ehemals gefestigte Auffassung zu verwerfen. Diese betraf Sondervergütungen für die Abhaltung solcher Versammlungen, die als sog **außerordentliche Versammlung** oder **Wiederholungsversammlung** über die von § 24 Abs 1 WEG geforderte eine Versammlung pro Jahr hinausgehen. Eine Klausel, die für eine solche Versammlung eine Vergütung vorsieht, sei nach § 307 Abs 1 BGB unwirksam, wenn sie keine Ausnahme für den Fall vorsehe, dass diese Versammlung vom Verwalter zu vertreten ist (OLG Düsseldorf 30. 5. 2006 – I-3 Wx 51/06, NJW 2006, 3645; OLG München 20. 3. 2008 – 34 Wx 46/07, ZWE 2009, 27 = ZMR 2009, 64; LG Dresden 9. 3. 2016 – 2 S 400/15 ZMR 2016, 388). Das überzeugt nicht (BeckOGK/Greiner [1. 12. 2022] § 26 Rn 236). So folgt doch die Verantwortlichkeit des Verwalters, die Kosten einer von ihm schuldhaft veranlassten weiteren Versammlung zu tragen, aus § 280 Abs 1 BGB. Vergütungsklauseln wollen von einer solchen Haftung des Verwalters aber nicht abweichen. Aus ihnen folgt mittelbar allein der

Umfang des vom Verwalter zu ersetzenden Schadens. Schließlich wären entsprechende „Verursachungszusätze“ bei noch viel mehr Honorarklauseln von Dienstleistern und Unternehmern zu fordern. Es verlangt aber beispielsweise zu Recht niemand, dass ein Stundenhonorar ausdrücklich dahin einzuschränken wäre, dass die Stunden auch bei ordnungsmäßiger Ausführung erforderlich gewesen sind. Wie ausgeführt, stellt sich das Problem aber schon deswegen nicht, weil entsprechende Honorarklauseln nicht der Angemessenheitskontrolle des § 307 Abs 1 BGB unterfallen. Ähnlich verwirft der BGH Einwände gegen eine Klausel über Mahnentgelte, die darauf beruhen, dass die Klausel keine Deckelung enthalte, wie viele Mahnungen vergütet werden. Denn das ist eine Frage nach dem Innenverhältnis von Gemeinschaft und Verwalter, wie häufig danach der Verwalter mahnen muss bzw darf (BGH 5. 7. 2019 – V ZR 278/17, NJW 2020, 988 Rn 36).

bb) Transparenzkontrolle

Zwar ist der Verwalter frei, seine Vergütung in Preisbestandteile oder Teilentgelte aufzuteilen. Das Transparenzgebot verlangt aber eine klare und eindeutige **Abgrenzung** derjenigen Aufgaben, die von einer vorgesehenen Grundvergütung erfasst sein sollen, von denen, die gesondert zu vergüten sind (BGH 5. 7. 2019 – V ZR 278/17, NJW 2020, 988 Rn 35). Dabei dürfen freilich keine Wertungen einfließen, ob typische Leistungen einer Sonderbepreisung unterstellt werden oder nicht. Allein kommt es darauf an, ob der Leser des Vertrags leicht zuordnen kann, ob eine bestimmte Tätigkeit des Verwalters einer Sondervergütung unterfällt oder nicht. Um das zu gewährleisten, hat sich zuletzt eingebürgert, Verwalterverträge in Tabellenform zu konzipieren, damit durch Auflistungen die einzelnen Vergütungstatbestände voneinander getrennt werden können. Ein Bedürfnis nach Transparenz besteht nicht nur, um Sondervergütungen von der Grundvergütung abzugrenzen, sondern auch um das **Verhältnis von Vergütungsregelungen** untereinander zu klären. Beispielsweise können Vergütungen für Baumaßnahmen in Konkurrenz zu Vergütungsregelungen für zusätzliche Eigentümerversammlungen stehen (AG Düsseldorf 28. 9. 2016 – 291a C 49/16, ZMR 2017, 97, 98). Erforderlich ist eine Klärung, ob beide Vergütungen nebeneinander greifen sollen, was die Klausel unwirtschaftlich und daher anfechtbar machen könnte, oder alternativ gelten sollen. 175

Schließlich muss auch die **Höhe der Vergütung** transparent geregelt sein. Vielfach wird diese Höhe schlicht in einem absoluten Betrag ausgedrückt, ohne dass Bedenken gegen die Transparenz sich ergeben können. Gleichfalls unbedenklich sind aber auch relative Regelungen, die die Vergütung im Verhältnis zum Aufwand, etwa durch einen Prozentsatz von der Bausumme, ausdrücken. Vergütungsregelungen können aber auch auf für andere Berufsgruppen bestehende gesetzliche Bestimmungen wie das RVG oder die HOAI Bezug nehmen. Transparenzprobleme ergeben sich, wenn der Inhalt dieser in Bezug genommenen Bestimmungen sich aus dem Vertragsformular nicht ergibt. In manchen Konstellationen werden tatsächlich Regelungen für intransparent gehalten, die auf gesetzliche Regelungen Bezug nehmen, ohne diese zu benennen (vgl MünchKomm/Wurmnest § 307 BGB Rn 18). Diese Wertung beruht dann aber darauf, dass durch betroffene Regelungen von der dispositiven Rechtslage abgewichen oder diese verschleiert wird. Das trifft auf Vergütungsregelungen, die erst den Umfang der Leistungspflicht begründen, nicht zu. Insoweit statuiert § 612 Abs 2 BGB vielmehr selbst den Verweis auf bestehende Taxen. Daher halten Ver- 176 weise auf gesetzlich angeordnete Vergütungsregelungen der Transparenzkontrolle auch dann stand, wenn diese Regelungen nicht mitangegeben werden.

cc) Ordnungsmäßigkeit und Wirtschaftlichkeit

177 Inwieweit die vom Verwalter gewählte **Preisgestaltung** wirtschaftlich angemessen ist, wirkt sich auf die Ordnungsmäßigkeit des Beschlusses aus, mit dem die Eigentümer dem Verwaltervertrag zustimmen (BGH 5. 7. 2019 – V ZR 278/17, NJW 2020, 988 Rn 30 ff; BGH 11. 6. 2021 – V ZR 215/20, ZWE 2021, 406 = ZMR 2021, 830 Rn 19 ff). Diese Fragestellung wird freilich nur relevant, falls dieser Beschluss fristgerecht unter Berufung auf diesen Mangel angefochten wird. Insoweit kommt es auf die Höhe der Gesamtvergütung in Addition der zu erwartenden einzelnen Vergütungsbestandteile an, während nicht einzelne Ausreißer unbedingt den gesamten Vertrag ordnungswidrig machen (BGH 5. 7. 2019 – V ZR 278/17, NJW 2020, 988 Rn 38). Für die Bewertung ist nicht nur auf die Höhe der einzelnen Bestandteile, sondern auch darauf abzustellen, in welchem Umfange bestimmte Sondertatbestände voraussichtlich erfüllt sein werden. Das kann von den Besonderheiten einer Anlage abhängen, etwa vom Umfang ihres Instandhaltungsbedarfs. Weniger ins Gewicht sollten bei der Abwägung solche Sondervergütungen fallen, die vermeidbar sind oder die von einzelnen durch ihr Verhalten veranlasst und jedenfalls infolge eines Beschlusses nach § 16 Abs 2 S 2 WEG auch von diesen zu tragen sind. Bei allem ist freilich zu bedenken, dass die Auswahl unter mehreren Verwaltern nicht allein nach dem Preis stattzufinden hat. Die Entscheidung für einen Verwalter widerspricht nicht deswegen ordnungsmäßiger Verwaltung, weil andere Kandidaten billiger anbieten (OLG München 7. 9. 2007 – 32 Wx 109/07, ZWE 2008, 34 = ZMR 2007, 1000; LG Köln 24. 11. 2011 – 29 S 130/11, ZMR 2012, 575; o Rn 138). Insbesondere müssen sich die Eigentümer nicht für den Verwalter entscheiden, der deutlich unter dem Marktpreis anbietet. Soweit der Preis eines Anbieters aber umgekehrt über dem Marktpreis liegt, bedarf es besonderer Gründe dafür, dass die Zustimmung zum Vertrag dieses Anbieters nicht der ordnungsmäßigen Verwaltung widerspricht.

178 Spezifische Probleme ergeben sich, wenn die Eigentümer in der Versammlung nicht über den konkreten Vertrag entscheiden, sondern einzelne Eigentümer, namentlich die Beiratsmitglieder zur Aushandlung des Vertrags **ermächtigen** (o Rn 150). Dann stellt sich nicht nur die grundsätzlich zu beantwortende Frage, ob eine solche Kompetenzübertragung überhaupt ordnungsmäßiger Verwaltung entsprechen kann (offen OLG Frankfurt 19. 5. 2008 – 20 W 169/07, ZMR 2008, 985 = ZWE 2008, 470; KG 5. 2. 2008 – 24 W 106/07, ZMR 2008, 476). Konkret ist auch zu klären, welchen Umfang die den ermächtigten Eigentümern zukommende Vertretungsmacht hat. Insbesondere kann die Ermächtigung dahin zu verstehen sein, dass nicht nur das Dürfen im Innenverhältnis, sondern auch das Können im Außenverhältnis darauf beschränkt ist, einen Vertrag abzuschließen, der ordnungsmäßiger Verwaltung entspricht (OLG Frankfurt 19. 5. 2008 – 20 W 169/07, ZMR 2008, 985 = ZWE 2008, 470). Dann kommt es auf die Ordnungsmäßigkeit als Voraussetzung für die Vertretungsmacht über den Zeitpunkt der Bestandskraft des Beschlusses hinaus an.

dd) Einzelfälle

179 Letztlich bestehen gegen die allermeisten gängigen **Tatbestände von Sondervergütung** bzw variablen Vergütungen keine durchgreifenden Bedenken (zu Ausnahmen o Rn 173). Namentlich der BGH hat Vergütungsklauseln für die Durchführung einer weiteren

Eigentümerversammlung, für die kaufmännische Betreuung von größeren Modernisierungs- und Sanierungsmaßnahmen, für Tätigkeiten des Verwalters bei gerichtlichen Auseinandersetzungen und für die Abwicklung von Versicherungsschäden (BGH 11. 6. 2021 – V ZR 215/20, ZWE 2021, 406 = ZMR 2021, 830 Rn 21 ff) sowie für Mahnungen und für die Verwaltung von Sonderumlagen (BGH 5. 7. 2019 – V ZR 278/17, NJW 2020, 988 Rn 38) nicht beanstandet. Gebräuchlich ist auch eine Vergütung für eine vom Verwalter zu erklärende Veräußerungszustimmung nach § 12 WEG (zum Aufwendungsersatz BGH 18. 10. 2019 – V ZR 188/18, ZWE 2020, 188 = ZMR 2020, 422). Die Erstattung von Kopierkosten entsprechend den Sätzen der Nr 7000 VV-RVG wird anerkannt (LG Frankfurt 24. 6. 15 – 2-13 S 132/13). Eine Zusatzvergütung für die Bescheinigung haushaltsnaher Dienstleistungen wird nicht beanstandet (KG 16. 4. 2009 – 24 W 93/08, ZMR 2009, 709). Auch für außerordentliche Tätigkeiten wie die Übernahme unerledigter Aufgaben des Vorverwalters (KG 16. 9. 1992 – 24 W 5725/91, NJW-RR 1993, 529; vgl auch BGH 26. 2. 2021 – V ZR 290/19, ZWE 2021, 282 = ZMR 2021, 598) kommen Sondervergütungen in Betracht. Das AG Mannheim billigt eine Sondervergütung für die Mitwirkung des Verwalters an der Datenverarbeitung einer 11er-Gemeinschaft in Höhe von brutto 214 Euro pro Jahr (11. 9. 2019 – 5 C 1733/19 WEG, ZMR 2020, 63, 66). Wenig überzeugend hält das LG Köln eine pauschale Gebühr von 200 Euro für die Vorbereitung einer Hausgeldklage für einen Verstoß gegen ordnungsmäßige Verwaltung, weil bei kleineren Streitwerten das Verwalterhonorar sonst das Honorar des Rechtsanwalts übersteigen könnte (29. 11. 2018 – 29 S 48/18, ZMR 2019, 70). Dieses Verdikt übersieht die unterschiedliche Strukturierung der Vergütungssysteme, ist aber schon deswegen fehlerhaft, weil isoliert ein Sondervergütungstatbestand einer Ordnungsmäßigkeitsprüfung unterzogen wird (o Rn 177).

b) Nachträgliche Änderungen

Die im Verwaltervertrag vereinbarte Vergütung kann auch nachträglich geändert **180** werden, insbesondere dadurch, dass dem Verwalter für eine bestimmte Verrichtung eine besondere Vergütung versprochen wird. Dafür genügt allerdings nicht, allein einen Beschluss über die dem Verwalter zu gewährende Vergütung zu fassen, sondern es bedarf auch der Umsetzung dieses Beschlusses durch **Ergänzung des Verwaltervertrags**. Es genügt also beispielsweise nicht, dass die Eigentümer anlässlich des Beschlusses über eine bauliche Maßnahme auch beschließen, dass der Verwalter für die Betreuung der Maßnahme eine Vergütung erhalten soll. Zusätzlich muss auch der Verwaltervertrag zumindest konkludent dahingehend geändert werden. Grund dafür ist, dass der Verwalter nicht Beteiligter des durch Beschluss zu bestimmenden Gemeinschaftsverhältnisses ist. Ein Beschluss nach § 19 Abs 1 WEG kann keine unmittelbaren Ansprüche des Verwalters als Dritten begründen.

Die neue Vergütungsregelung kann das Entgelt für eine Tätigkeit des Verwalters be- **181** treffen, für die bislang keine Vergütungsregelung bestand. Das können nur solche speziellen Tätigkeiten sein, die der Verwalter allein **aus seiner Amtsstellung nicht schuldet**. Der Verwalter übernimmt also Aufgaben, die sonst Spezialisten wie Rechtsanwälte (BGH 6. 5. 1993 – V ZB 9/92, BGHZ 122, 327, 332 = NJW 1993, 1924, 1925), Architekten (OLG Köln 19. 3. 2001 – 16 Wx 35/01, NZM 2001, 470; AG Düsseldorf 28. 9. 2016 – 291a C 49/16, ZMR 2017, 97, 98), Bausachverständige, Energieberater oä übernehmen. Ferner darf der Verwaltervertrag für solche speziellen Tätigkeiten noch keine Vergütungsregelung enthalten. In solchen Sachlagen gelten für die Kontrolle der Vergütungsregelungen die für den Vertragsschluss entwickelten Grundsätze (o Rn 170 ff): Die

AGB-Inhaltskontrolle beschränkt sich auf das Transparenzgebot. Die Ordnungsmäßigkeit der Beschlussfassung hat sich materiell an der Wirtschaftlichkeit der Vergütungsregelung messen zu lassen. Formell bedarf es zur adäquaten Ermessensausübung der Eigentümer der Einholung von Alternativangeboten (vgl o Rn 44).

182 Enthält der Vertrag bereits eine Vergütungsregelung, muss sich die Neuregelung daran messen lassen. Das wirkt sich auf die **Ordnungsmäßigkeit** der Beschlussfassung über die Vergütungsregelung aus. Verspricht die Gemeinschaft in Form der neuen Regelung dem Verwalter mehr, als er nach der ursprünglichen Regelung beanspruchen konnte, wird der Beschluss insoweit grundsätzlich nicht ordnungsmäßiger Verwaltung entsprechen und anfechtbar sein. Die Neuregelung kann aber die Vergütung schlicht neu strukturieren, indem etwa eine Pauschalvergütung statt eines Stundenlohns vereinbart wird. Dann spricht allein die Neuregelung nicht gegen die Ordnungsmäßigkeit (AG Düsseldorf 28. 9. 2016 – 291a C 49/16, ZMR 2017, 97, 98).

183 Allein das Vorhandensein einer vertraglichen Vergütungsregelung, die durch die Neuregelung verändert wird, wirkt sich aber nicht auf den Umfang der **AGB-Kontrolle** aus. Die Preisregelung unterliegt allein der Transparenzkontrolle. Insoweit ergibt sich freilich das Erfordernis, dass das Verhältnis zwischen der Regelung im ursprünglichen Vertrag und der Neuregelung geklärt sein muss. Grundsätzlich wird aber auch eine solche Änderungsregelung der AGB-Kontrolle standhalten. Wird ein Beschluss über die Vergütungsänderung nicht angefochten und erlangt Bestandskraft, kann also die etwaig fehlende Ordnungsmäßigkeit nicht mehr geltend gemacht werden, ist die Vergütungsregelung meist kontrollfest.

c) Gesamtpreise nach Preisangabenverordnung

184 § 1 Preisangabenverordnung verpflichtet den Verwalter, der gewerbsmäßig tätig ist, der Gemeinschaft als Verbraucherin (Staudinger/Jacoby [2023] § 9a WEG Rn 67 ff) gegenüber Gesamtpreise auszuweisen. Eine Pauschale, die pro Wohnung anfällt, ist also entsprechend zu multiplizieren. Auch ist die Umsatzsteuer einzuberechnen. Der Preis für Nebenleistungen ist nur dann zu berücksichtigen, wenn diese auf jeden Fall anfallen (vgl OLG Dresden 24. 9. 2013 – 14 U 517/13, Magazindienst 2013, 1022, 1023). Diese Vorgaben stellen allerdings nur **formelles**, kein materielles **Preisrecht** dar. Daher wirkt sich ein Verstoß nicht auf die Wirksamkeit der Preisabrede aus (BeckOGK/Greiner [1. 12. 2022] § 26 Rn 207), insbesondere, weil die Preisangabenverordnung kein Verbotsgesetz iS § 134 BGB enthält (vgl BGH 16. 11. 1978 – III ZR 47/77 NJW 1979, 540, 541). Verstöße sanktioniert § 10 Preisangabenverordnung freilich als Ordnungswidrigkeit.

d) Erhöhungsklauseln

185 Erhöhungsklauseln müssen den Vorgaben des **Preisklauselgesetzes** (PrKG) entsprechen, dass die Erhöhung nicht von der Preisentwicklung anderer nicht vergleichbarer Leistungen abhängig gemacht wird. Nach § 1 Abs 2 PrKG sind indessen Leistungsvorbehaltsklauseln sowie Spannungs- und Kostenelementklausel erlaubt. Die **Rechtsfolgen eines Verstoßes** gegen die Vorgaben des Preisklauselgesetzes sind in § 8 PrKG speziell geregelt. Danach wird die unzulässige Klausel erst unwirksam, wenn der Verstoß rechtskräftig festgestellt wurde. Auch führt der Verstoß nicht ohne Weiteres zu einer unangemessenen Benachteiligung nach § 307 Abs 1 BGB, sodass die Unwirksamkeit auch nicht aus dieser Norm hergeleitet werden kann (BGH 14. 5. 2014 – VIII ZR 114/13, NJW 2014, 2708 Rn 55 ff).

186 Den Vorgaben des Preisklauselgesetzes genügen starre Erhöhungsklauseln, die die Vergütung um einen festen Prozentsatz pro Jahr steigen lassen. Solche Klauseln halten auch der Kontrolle nach § 307 Abs 1 BGB stand, weil sie transparent sind und als Preisregel der Angemessenheitskontrolle entzogen sind (BeckOGK/Greiner [1. 12. 2022] § 26 Rn 208; Westphalen/Thüsing/Lehmann-Richter Wohnungseigentumsverwalter Rn 79 f). Gegen solche **starren Klauseln** lässt sich nicht einwenden, dass sie zu einer Veränderung des Äquivalenzverhältnisses zulasten der Gemeinschaft und zugunsten des Verwalters führten, wenn die Inflation unter der starren Steigerung liege (so aber LG Frankfurt 24. 6. 2021 – 2-13 S 35/20, ZWE 2022, 93 = ZMR 2021, 838; BeckOGK/Zschieschack § 307 BGB Preisanpassungsklausel Rn 31). Denn dieses Argument trägt angesichts der besonderen Risikoverteilung bei starren Klauseln nicht, sondern nur bei Erhöhung kraft Leistungsbestimmungsrechten (sogleich Rn 187)

187 Behält sich der Verwalter Preisveränderungen aufgrund von **einseitigen Leistungsbestimmungsrechten** vor, etwa um als Leistungsvorbehaltsklausel den Vorgaben des § 1 Abs 2 Nr 1 PrKG zu genügen, unterliegen entsprechende Klauseln als sog Preisnebenabreden umfassend der AGB-Inhaltskontrolle (BGH 17. 12. 2008 – VIII ZR 274/06, BGHZ 179, 186 = NJW 2009, 578 Rn 13; BGH 9. 5. 2012 – XII ZR 79/10, NJW 2012, 2187 Rn 19). Solche Klauseln müssen nicht nur transparent sein, sondern im Zuge der Angemessenheitsprüfung das Äquivalenzverhältnis wahren (BGH 15. 11. 2007 – III ZR 247/06, NJW 2008, 360 Rn 10; Westphalen/Thüsing/Lehmann-Richter Wohnungseigentumsverwalter Rn 79 f). Bietet die Klausel aber dem Verwender die Aussicht, darüberhinausgehend einseitig seinen Gewinn zu erhöhen, ist die Klausel unangemessen und unwirksam.

6. Verbraucherwiderruf

188 Die Umsetzung der **VerbraucherrechteRL** hat die Fragestellung geschaffen, unter welchen Voraussetzungen der Verwaltervertrag nach § 312g BGB widerrufen werden kann (näher Jacoby ZWE 2016, 68, 70; enger Becker NZM 2016, 249 ff).

189 Der **Anwendungsbereich** des Widerrufsrechts ist nach § 312 BGB für den Verwaltervertrag, nicht für die Bestellung eröffnet, soweit es sich wie meist bei dem Vertrag um einen Verbrauchervertrag handelt. Es gilt keine Ausnahme angesichts der unwiderruflichen Bestellung, weil der Vertrag im Vergleich zur Bestellung spezifische Belastungen enthalten kann, insbesondere hinsichtlich Vergütung und Laufzeit, für die Verbraucherschutz angemessen ist. Als Widerrufsrecht kommt das aus einem Außergeschäftsraumvertrag nach §§ 312g, 312b Abs 1 Nr 1 u 2 BGB dann in Betracht, wenn der/die Vertreter der rechtsfähigen Gemeinschaft ihre Vertragserklärung im Anschluss an die Eigentümerversammlung außerhalb der Geschäftsräume des unternehmerisch tätigen Verwalters diesem gegenüber abgeben. Auf konkrete Schutzbedürftigkeitsüberlegungen kommt es angesichts des zwingenden Charakters des der Richtlinienumsetzung dienenden Verbraucherschutzrechts nicht an (**aA** Becker NZM 2016, 249, 252 f). Indessen scheidet ein Fernabsatzwiderruf nach §§ 312g, 312c BGB mangels eines für den Fernabsatz organisierten Vertriebs- oder Dienstleistungssystems aus. Insoweit wirkt sich aus, dass der Verwalter stets in der Eigentümerversammlung ausgewählt und bestellt werden muss.

190 Nach § 355 Abs 2 BGB, § 356 Abs 3 BGB beträgt die **Widerrufsfrist** vierzehn Tage ab ordnungsgemäßer Belehrung, die gegenüber dem Vertreter erfolgen kann; ohne ent-

sprechende Belehrung gilt die Maximalfrist von einem Jahr plus vierzehn Tage. Ein wirksamer Widerruf beendet den Vertrag, lässt aber den Anspruch des Verwalters auf amtsangemessene Vergütung aus dem durch Bestellung begründeten Amtswalterrechtsverhältnis (o Rn 26) unberührt.

7. Annexbeschlüsse

191 Angesichts der beschränkten Gestaltungsmacht des Verwaltervertrags (Rn 154 ff) empfiehlt es sich vielfach, auftretende Regelungsbedürfnisse anlässlich von Bestellung und Vertragsschluss durch **ergänzende Beschlüsse** zu erfüllen.

192 Das betrifft zunächst die Weiterbelastung der **Verwaltervergütung** auf die Eigentümer. Soweit die Vergütung nach Einheiten bemessen ist, kann es angeraten sein, für die Umlage der Verwaltervergütung ebenfalls das Objektprinzip nach § 16 Abs 2 S 2 WEG zu beschließen. Darüber hinaus eröffnet diese Beschlusskompetenz auch die Möglichkeit, bestimmte Sondervergütungen, die durch einzelne Eigentümer verursacht werden, diesen als besondere Kosten der Verwaltung durch Beschluss abstrakt aufzuerlegen. Das können Vergütungen für Lastschriftverweigerer oder Verwalterzustimmung sein. Solche Kostenbeschlüsse bedürfen nach der beifallswürdigen Auffassung des BGH einer ausdrücklichen Beschlussfassung unter einem eigenen Tagesordnungspunkt (BGH 8. 6. 2018 – V ZR 195/17, ZMR 2018, 1024 = NZM 2018, 905 Rn 18).

193 Entsprechende separate Beschlussfassung empfiehlt sich im Hinblick auf die **Entscheidungsmacht** des Verwalters auf Grundlage von § 27 Abs 2 WEG (o Rn 163). Zur Schaffung weiterer **Rücklagen** einschließlich einer Liquiditätsrücklage bedarf es eines Beschlusses nach § 19 Abs 1 WEG, was auch § 28 Abs 1 S 1 WEG voraussetzt. Regelungen zur **Online-Teilnahme** beschließen die Eigentümer auf Grundlage von § 23 Abs 1 S 2 WEG. Die Fälligkeit des **Hausgeldes** und die Zahlungsweise, etwa die Verpflichtung zur Erteilung eines SEPA-Lastschriftmandats, beschließen die Eigentümer nach § 28 Abs 3 WEG.

8. Beendigung des Verwaltervertrags

194 Die Möglichkeiten, wie der Verwaltervertrag endet, hängen zunächst von der im Vertrag getroffenen Laufzeitregelung ab. Auf dieser Grundlage lassen sich folgende Beendigungsgründe unterscheiden. In jedem Falle ist der Beendigungsgrund des Verwaltervertrags mit der **Trennungstheorie** von der Amtsstellung zu unterscheiden (BGH 20. 6. 2002 – V ZB 39/01, BGHZ 151, 164 = NJW 2002, 3240), auch wenn § 26 Abs 3 S 2 WEG eine Verknüpfung herstellt.

a) Befristung im Vertrag

195 Der Vertrag kann eine Befristung enthalten (zu den Gestaltungsgrenzen in AGB o Rn 166 f). Diese kann entweder durch die Angabe einer Zeitspanne erfolgen oder durch den Verweis auf die Bestellungsdauer, die nach § 26 Abs 2 S 1 WEG fünf Jahre nicht überschreiten darf (o Rn 19). In diesen Fällen endet der Vertrag spätestens – wenn er also nicht zuvor aus einem anderen Grund endete – nach **Ablauf dieses Zeitraums**, § 620 Abs 1 BGB. Allerdings kann sich der Vertrag nach § 625 BGB stillschweigend verlängern, wenn er fortgesetzt wird und niemand widerspricht.

Abzugrenzen von der Befristung durch Verweis auf die Bestellungsdauer ist eine alternativ mögliche Regelung, dass der Verwaltervertrag mit Ende des Verwalteramtes ebenfalls sein Ende findet. Darin liegt eine **auflösende Bedingung** des Vertrags, unter die Dienstverträge gestellt werden können (Staudinger/Oetker [2016] Vorbem 79 zu §§ 620 ff BGB). Im Unterschied zum Laufzeitverweis auf die Bestellungsdauer führt diese auflösende Bedingung auch zur – im Unterschied zu § 26 Abs 3 S 2 WEG sofortigen – Beendigung des Vertrags, wenn das Verwalteramt vorzeitig, etwa durch Abberufung oder Amtsniederlegung, endet. 196

b) Kündigung durch die Gemeinschaft

Der Verwaltervertrag endet, wenn die Gemeinschaft den Vertrag wirksam kündigt. 197

aa) Dafür bedarf es einer **Kündigungserklärung** der Gemeinschaft die dem Verwalter zugehen muss. Die Kündigungserklärung liegt nicht schon in einem Abberufungsbeschluss, sondern ist ein eigenständiges Rechtsgeschäft. Es kommt in Betracht, dass in der Mitteilung der Abberufung dem Verwalter gegenüber im Wege der Auslegung auch gleichzeitig die Kündigungserklärung zu sehen ist (BayObLG 15. 1. 2004 – 2Z BR 240/03, ZMR 2004, 923; vgl auch BGH 20. 6. 2002 – V ZB 39/01, BGHZ 151, 164 = NJW 2002, 3240). Allerdings muss der Erklärende auch dazu berechtigt sein, die Gemeinschaft zu vertreten. Nach § 9b Abs 2 Fall 1 WEG besitzt der Beiratsvorsitzende Vertretungsmacht. Sonst müsste man den Abberufungsbeschluss auch noch dahin verstehen, dass er die Ermächtigung zur Kündigung an denjenigen nach § 9b Abs 2 Fall 2 WEG enthält, der die Abberufung überbringt. 198

bb) Ist keine Vertragslaufzeit bestimmt und enthält der Vertrag auch keinen Kündigungsausschluss, kommt eine **ordentliche Kündigung** des Vertrags in Betracht, § 620 Abs 2 BGB. Nach § 621 Nr 3 BGB kann eine Kündigung zum Ende eines Kalendermonats wirken, wenn sie spätestens am 15. dieses Monats dem anderen Vertragsteil zugegangen ist. 199

cc) Die **außerordentliche Kündigung** ermöglicht die sofortige Beendigung des Vertrags, wenn ein wichtiger Grund dafür gegeben ist, § 626 Abs 1 BGB. Der wichtige Grund zur Vertragskündigung entspricht dem, der zur Abberufung berechtigt (BGH 20. 6. 2002 – V ZB 39/01, BGHZ 151, 164 = NJW 2002, 3240; zu den Anforderungen o Rn 83 ff). Der BGH hat darüber hinaus die Kündigung eines isolieren Verwaltervertrags aus wichtigem Grund für möglich gehalten (BGH 5. 7. 2019 – V ZR 278/17, NJW 2020, 988 Rn 41). Das überzeugt angesichts der im Umfange von § 26 Abs 3 S 2 WEG geschützten Vergütungserwartung des Verwalters nicht (o Rn 35). Vielmehr endet der Vertrag in entsprechender Anwendung dieser Bestimmung nach sechs Monaten. Bis dahin kann der Verwalter seine Vergütung nach Maßgabe von § 615 BGB verlangen (o Rn 103 ff). 200

§ 626 Abs 2 S 1 BGB ordnet für die außerordentliche Kündigung eine **Ausschlussfrist** von zwei Wochen an. Diese kurze Frist wird für das Wohnungseigentumsrecht für nicht handhabbar gehalten (OLG Zweibrücken 9. 11. 2006 – 3 W 103/06, ZMR 2007, 729). Es genüge die Kündigung in angemessener Frist nach § 314 Abs 3 BGB (LG Frankfurt 20. 9. 2017 – 2-13 S 9/15, ZWE 2018, 82 = ZMR 2018, 250; Hügel/Elzer § 26 WEG Rn 357; Jennissen/Jennissen § 26 WEG Rn 192). Das beruhe auf der Notwendigkeit, die Eigentümerversammlung zu befassen. Sauberer sollte die Lösung sein, auf den Dienstver- 201 trag die Regelung des § 626 BGB anzuwenden, um die wohnungseigentumsrechtlichen Besonderheiten bei der Berechnung des Laufs der Frist zu berücksichtigen. So ist allgemein zu § 626 Abs 2 BGB zunächst anerkannt, dass diese Frist gehemmt ist, solange der Sachverhalt noch ermittelt werden muss (BAG 31. 7. 2014 – 2 AZR 407/13, NJW 2015, 1628 Rn 40; Staudinger/Temming [2022] § 626 BGB Rn 290). Vor allem aber ist darauf abzustellen, wer von dem wichtigen Grund Kenntnis haben muss, damit die Frist zu laufen beginnt. Bei größeren Gremien wie einer Gesellschafterversammlung, aber auch der Eigentümerversammlung, deren Mitglieder über die Kündigung zu entscheiden haben, reicht die Kenntnis bloß einzelner Mitglieder dieses Organs nicht aus (BGH 9. 4. 2013 – II ZR 273/11, NJW 2013, 2425 Rn 12; Staudinger/Temming [2022] § 626 BGB Rn 304). Daher wird man die Frist erst mit der Befassung in der Eigentümerversammlung als maßgeblichem Entscheidungsgremium der Eigentümerversammlung beginnen lassen können Es liegt am Verwalter eine solche einzuberufen, um Klarheit zu erlangen.

c) Kündigung durch den Verwalter

202 Für den Verwalter gelten die **gleichen Anforderungen** an die Kündigung gegenüber der Gemeinschaft, wie sie für die Gemeinschaft zur Kündigung im Verhältnis zum Verwalter gelten (näher o Rn 114 f im Kontext der Amtsniederlegung).

d) Sonstige Beendigungsgründe

203 Der Vertrag endet auch, wenn Gemeinschaft und Verwalter – etwa im Zuge eines Vergleichs zur Beendigung einer streitigen Auseinandersetzung – einen **Aufhebungsvertrag** schließen. Bei **Tod des Verwalters** endet der Vertrag nach §§ 675, 673 S 1 BGB.

204 Als **auflösende Bedingung** kommt insbesondere die Verknüpfung des Verwaltervertrags mit der Amtsstellung des Verwalters in Betracht (o Rn 196). Ohne eine solche Regelung ist der Verwaltervertrag nur durch § 26 Abs 3 S 2 WEG mit der Amtsstellung verknüpft, sodass er ungeachtet Abberufung (o Rn 103 ff) oder Niederlegung (o Rn 114 f) fortbestehen kann.

e) Späteste Beendigung nach Abberufung, Abs 3 S 2

205 § 26 Abs 3 WEG eröffnet den Eigentümern nicht nur zwingend wegen § 26 Abs 5 WEG die freie Abberufung jedes Verwalters, sondern lässt auch die Vergütungspflicht der Eigentümer nach Maßgabe von § 615 BGB (o Rn 103 ff) spätestens sechs Monate nach der Abberufung enden. Es handelt sich um eine **subsidiäre Vertragsbeendigung** („spätestens"), die nur greift, falls der Vertrag vorher nicht aus anderen gerade oben dargestellten Gründen (Befristung, auflösende Bedingung oder Kündigung) endet.

206 Als **Anknüpfung** für den Lauf der Sechsmonatsfrist benennt § 26 Abs 3 S 2 WEG allein die Abberufung. Darüber hinaus sollte man allerdings der Bestimmung ganz allgemein die Aussagen entnehmen, dass der Vergütungsanspruch des Verwalters ohne Amt auf sechs Monate gedeckelt ist. Daher ist die Bestimmung nicht nur im Falle der Abberufung einschlägig, sondern auch, wenn der Verwalteraspirant zwar einen Verwaltervertrag abschließt, aber nicht bestellt wird, oder wenn die Laufzeit des Verwaltervertrags die der Bestellung um mehr als sechs Monate übersteigt.

Nicht einheitlich wird der **Fristbeginn** für den Fall einer befristen Abberufung bestimmt, wenn also etwa der Verwalter in einer Eigentümerversammlung am 15.6. zum 31.12. abberufen wird. Teils wird dann auf den Tag abgestellt, an dem der Abberufungsbeschluss gefasst wird (Lehmann-Richter/Wobst Rn 547; Grüneberg/Wicke § 26 WEG Rn 17), mehrheitlich allerdings auf das Wirksamwerden der Abberufung nach Fristablauf (Bachmann ZWE 2022, 246, 248; Bärmann/Becker § 26 Rn 294 f; Förster ZWE 2021, 155, 156; Hügel/Elzer § 26 Rn 171). Das verdient schon Gefolgschaft, weil es dem Wortsinn am ehesten spricht auf die Wirksamkeit der Abberufung abzustellen. Die Gegenmeinung führt zu unpassenden Ergebnissen auch dann, wenn die befristete Abberufung mehr als ein halbes Jahr vor ihrem Wirksamwerden beschlossen wird. Vor allem aber enthält nur bei dieser „Abfindungslösung" im Unterschied zur „Kündigungslösung" der Verwalter mit einem halben Jahr Vergütung nach § 615 BGB ohne Arbeit einen angemessenen Ausgleich für die ins Belieben der Eigentümer gestellte Abberufungsmöglichkeit (Jacoby/Mehde ZMR 2021, 625, 631). 207

Der BGH hat in einem nicht begründeten obiter dictum ausgesprochen, dass die neue Regelung in § 26 Abs 3 S 2 WEG auch zur Beendigung von **Alt-Verwalterverträgen** führt, deren Befristung bereits vor dem WEMoG vereinbart wurde (BGH 25. 2. 2022 – V ZR 65/21, ZWE 2022, 220 = ZMR 2022, 483 Rn 25). Das ist im Hinblick auf die fehlende Übergangsregelung und die durch das Verfassungsrecht geschützten Belange der Verwalter nicht überzeugend (Bachmann ZWE 2022, 246, 248; Bärmann/Becker § 26 Rn 293; Jacoby/Mehde ZMR 2021, 625, 634 ff). Entsprechend Art 170 EGBGB sollten die alten Verträge unbeschadet des § 26 Abs 3 S 2 WEG fortgelten. Das gilt freilich nicht, wenn solche Verträge nach Inkrafttreten des WEMoG am 1. 12. 2020 verlängert wurden. 208

V. Haftung des Verwalters

Die eigentliche Verwalterhaftung ist die Haftung des Verwalters wegen Verletzung **seiner aus dem Amt folgenden Pflichten**. Daneben kann der Verwalter aber auch nach den allgemeinen Vorschriften, insbesondere dem Deliktsrecht, für Handlungen einstehen müssen, die er in Ausführung seines Amtes vornimmt. 209

1. Amtswalterhaftung

Für verschiedene Amtswalter gibt es eine ausdrückliche Regelung zur Amtshaftung, etwa für den Geschäftsführer einer GmbH in § 43 Abs 2 GmbHG. Anders liegt es für den Verwalter, aber auch den Vorstand des eingetragenen Vereins. Hier fehlt es an einer ausdrücklichen Haftungsregelung. Die Haftung besteht dann nach Maßgabe der allgemeinen schuldrechtlichen Haftungsnorm in **§ 280 Abs 1 BGB**. 210

a) Pflichten

§ 280 Abs 1 BGB setzt eine **Pflichtverletzung** voraus. Es muss sich also eine Pflicht des Verwalters benennen lassen, die er bei einer schadensstiftenden Handlung verletzt hat. Diese Pflichten beruhen in erster Linie auf dem Amtswalterrechtsverhältnis, das mit Übernahme des Amtes begründet wird (o Rn 30 ff). Auf den Verwaltervertrag (o Rn 34 ff; 154) kommt es also grundsätzlich nicht an, sofern darin nicht besondere zusätzliche Pflichten des Verwalters oder ein besonderer Haftungsmaßstab angeordnet werden. 211

212 Maßgebliche Pflichten des Verwalters folgen aus dem **Gesetz** (Staudinger/Jacoby § 27 WEG Rn 20, 93 ff). Es lassen sich die Pflichten im Zusammenhang mit der Beschlussfassung in der Eigentümerversammlung von der Ladung, § 24 Abs 1 WEG, bis zur Führung der Beschluss-Sammlung, § 24 Abs 8 S 1 WEG, aber auch diejenigen zu Aufstellung von Wirtschaftsplan und Jahresabrechnung und Erstellung des Vermögensberichts nach § 28 WEG aufzählen. Ergänzend lässt sich auf die alten Kataloge des § 27 WEG aF verweisen, aber auch auf die Entscheidungspflicht aufgrund des heutigen § 27 WEG. Für den Umfang der Pflichten ist auf die Kommentierung dieser einzelnen Pflichten zu verweisen. Davon hängt ab, worin im Einzelnen eine Pflichtverletzung liegen kann.

213 Vorsicht ist geboten bei der Übernahme von Grundsätzen, die zu anderen Ämtern entwickelt wurden. So ist als Amtspflicht für die Leitungsorgane von juristischen Personen des Verbandsrechts insbesondere die **Legalitätspflicht** anerkannt (statt aller Lutter/Hommelhoff/Kleindiek, § 43 GmbHG Rn 12 zum Geschäftsführer einer GmbH). Danach hat das Leitungsorgan nicht nur die an ihn persönlich adressierten gesetzlichen Verhaltensanforderungen zu befolgen, sondern auch kraft seines Amtes dafür zu sorgen, dass der Verband seine eigenen Pflichten erfüllt, gleich ob diese das Verbandsrecht selbst anordnet, ob diese wie rechtsgeschäftliche Pflichten oder Verkehrspflichten auf dem BGB beruhen, ob diese auf öffentlich-rechtlicher Grundlage fußen oder ob diese aus sonstigen Regelungen folgen. Für den Verwalter von Wohnungseigentum gilt Abweichendes, weil das WEG sein Amt nicht als das eines Leitungsorgans ausgestaltet. Nach § 19 WEG obliegt die Entscheidungskompetenz vorrangig den Eigentümern. Dem Verwalter fällt im Ausgangspunkt – vorbehaltlich der Abweichungen aus § 27 WEG – nur eine **Kontroll- und Gefahrerforschungs- sowie Informationspflicht**, ferner die Beschlussdurchführungspflicht zu. Der Verwalter ist selbst nicht befugt, einen Beschluss der Eigentümer zu ersetzen. Das kann nur das Gericht. Der Verwalter kann aber nicht einmal den dafür erforderlichen Antrag auf gerichtliche Entscheidung stellen.

214 Die genannten Amtspflichten des Verwalters, die Eigentümer über Erhaltungsbedarf zu unterrichten und auf eine sachgerechte Beschlussfassung hinzuwirken (Staudinger/Jacoby § 27 WEG Rn 94 ff), sind besonders haftungsträchtig. Verletzt der Verwalter diese Pflichten, kann die Erhaltungsmaßnahme unterbleiben und so ein Schaden wegen späterer höherer Kosten, wegen unsachgerecht verwendeter Mittel (BGH 21. 11. 2019 – V ZR 101/19, ZWE 2020, 191 = ZMR 2020, 768) und wegen fortdauernder Nutzungsbeeinträchtigungen (BGH 19. 7. 2019 – V ZR 75/18, ZWE 2020, 44 = ZMR 2020, 134) entstehen. In einer solchen Sachlage kann umstritten sein, ob die Eigentümer bei pflichtgemäßen Verhalten die sachgerechte Maßnahme beschlossen hätten. Beispielsweise mag der Verwalter einwenden, dass die Eigentümer vor der sachgerechten Maßnahme angesichts ihrer Kosten zurückgeschreckt hätten. Insoweit bejaht der BGH allerdings unter Bezugnahme auf die Rechtsprechung zur Verletzung vertraglicher oder vorvertraglicher Beratungs- und Aufklärungspflichten eine **tatsächliche Vermutung** dafür, dass die Pflichtverletzung für den Eintritt des Schadens kausal war (BGH 19. 7. 2019 – V ZR 75/18, ZWE 2020, 44 = ZMR 2020, 134 Rn 39; BGH 21. 11. 2019 – V ZR 101/19, ZWE 2020, 191 = ZMR 2020, 768 Rn 28). Um diese Vermutung zu erschüttern, müsse der Verwalter Tatsachen aufzeigen, dass die Wohnungseigentümer auch bei pflichtgemäßer Unterrichtung den Schadenseintritt durch ihre Beschlussfassung nicht verhindert hätten. Im Streitfalle liegt dann die Beweislast beim Verwalter.

b) Vertretenmüssen

215 Anders als das Verbandsrecht in § 43 Abs 1 GmbHG, § 93 Abs 1 S 1 AktG ordnet das WEG keinen objektiven Sorgfaltsmaßstab für den Verwalter an. Das eröffnet die Möglichkeit, bei der nach § 280 Abs 1 S 2 BGB relevanten Frage, ob der Verwalter seine Pflichtverletzung zu vertreten hat, subjektive Merkmale wie Ausbildung und Erfahrung zu berücksichtigen. Jedoch ist der allgemeine **Sorgfaltsmaßstab des BGB** bereits ein objektiver, der allerdings jeweils für die betroffenen Verkehrskreise noch zu konkretisieren ist (Staudinger/Caspers [2019] § 276 BGB Rn 29, 32). Dabei bietet es sich an, hohe Anforderungen an professionelle, dh gewerbliche Verwalter zu stellen. Diese haben eine Sorgfalt walten zu lassen, die den objektiven Anforderungen entspricht, die an eine Verwaltung in kaufmännischer, rechtlich-organisatorischer und technischer Hinsicht zu stellen sind (BGHZ 131, 347 NJW 1996, 1216). Mit der objektiven Pflichtverletzung ist dann das von § 280 Abs 1 BGB ohnehin vermutete Verschulden regelmäßig ebenfalls festgestellt. Hingegen sind für ehrenamtliche **Hobbyverwalter** geringere Sorgfaltsanforderungen zu formulieren, auch wenn überwiegend eine solche allgemeine Reduzierung des Haftungsmaßstabs abgelehnt wird (OLG München ZMR 2006, 716 = ZWE 2007, 100).

216 Der Verwalter bedient sich vielfach zur Erfüllung seiner Pflichten Hilfspersonen. Für deren Verschulden hat er nach **§ 278 BGB** grundsätzlich einzustehen (o Rn 131).

c) Kreis der Schutzberechtigten

217 Der Anspruch aus § 280 Abs 1 BGB kann nur demjenigen zustehen, dem gegenüber die verletzte Pflicht besteht. Auch dazu bestehen für manche Amtswalter mit den Haftungsregelungen gesetzliche Festlegungen. So konzentriert § 43 GmbHG wie auch § 93 AktG die Haftung des Geschäftsleiters auf die Gesellschaft, während keine Verantwortlichkeit Gesellschaftern und Gläubigern gegenüber besteht. Anders lässt § 60 InsO den Insolvenzverwalter allen Beteiligten des Insolvenzverfahrens gegenüber haften. Für den Verwalter ist durch Auslegung der jeweiligen Pflichten zu ermitteln, wem gegenüber sie bestehen, dh wer die Leistung auf Primärebene fordern kann und wem gegenüber die Pflichten wenigstens **Schutzwirkung** äußern, so dass Sekundäransprüche aus § 280 Abs 1 BGB in Betracht kommen. Die wohnungseigentumsrechtliche Diskussion erörtert diese Problematik unter der Frage, ob der Verwaltervertrag Schutzwirkung für die Eigentümer äußert. Gerade weil der Gesetzgeber das Rechtsverhältnis im Interesse leichterer Abgrenzung auf das Verhältnis Gemeinschaft und Verwalter konzentriert hat, ist das abzulehnen (o Rn 28 f; 147).

2. Sonstige Haftung

218 Die Frage der Haftung gegenüber Dritten und damit nach dem hier vertretenen Standpunkt, die Amtspflichten auf die Gemeinschaft zu konzentrieren (o Rn 217), auch gegenüber den Eigentümern ist in erster Linie eine Frage nach der **deliktischen Verantwortlichkeit**.

219 Der Verwalter kann im Zuge seiner Amtsführung sich Dritten und Eigentümern gegenüber haftbar machen, wenn er Schutzgüter des § 823 Abs 1 BGB, namentlich das **Sondereigentum**, oder ein Schutzgesetz iSv § 823 Abs 2 BGB schuldhaft verletzt sowie den Tatbestand des § 826 BGB verwirklicht.

220 In vielen Fällen verwirklicht derjenige den Tatbestand des § 823 Abs 1 BGB, den die **Verkehrssicherungspflicht** im Hinblick auf ein vom Grundstück der Wohnungseigentumsanlage ausgehende Gefahr trifft. Wer typischerweise verkehrssicherungspflichtig ist, ist umstritten. Mit dem BGH ist grundsätzlich die rechtsfähige Gemeinschaft pflichtig, nicht hingegen der Verwalter (BGH 28. 1. 2022 – V ZR 106/21, ZWE 2022, 209 = ZMR 2022, 570 Rn 29; Staudinger/Jacoby [2023] § 9a WEG Rn 201). Auf die Verletzung einer Verkehrssicherungspflicht lässt sich eine Außenhaftung des Verwalters daher regelmäßig **nicht** stützen.

3. Entlastung des Verwalters

221 Im Verbandsrecht ist es nicht unüblich, dem Handlungsorgan Entlastung zu erteilen, vgl § 120 AktG. Im Unterschied zu § 120 Abs 2 S 2 AktG wird im Wohnungseigentumsrecht verbreitet aber erwogen, einer Entlastung des Verwalters die Wirkung eines Anspruchsverzichts zuzubilligen (BGH NJW 2011, 1346 Rn 8; ZMR 2011, 654 = ZWE 2011, 257 Rn 10). Tatsächlich ist hinsichtlich Anlass, Zweck und Wirkungen der Entlastung Folgendermaßen zu unterscheiden.

a) Maßnahme ordnungsmäßiger Verwaltung

222 Verwalter und Gemeinschaft verbindet ein Dauerschuldverhältnis. In dessen Rahmen bietet die Entlastung der Gemeinschaft durch dessen Organ Eigentümerversammlung die Möglichkeit, ihre **Zufriedenheit** mit der Amtsführung des Verwalters auszudrücken. Der Verwalter erkennt dann auf dem richtigen Weg zu sein, während die Diskussion zum Tagesordnungspunkt Entlastung oder gar die Verweigerung der Entlastung ihm zeigen können, dass in der Eigentümerversammlung **Bedenken** gegen seine bisherige Amtsführung bestehen. Daher kann die Entlastung sich als Maßnahme ordnungsmäßiger Verwaltung darstellen, wenn die Verwaltung keinen Anlass zu Beanstandungen bietet (BGH 17. 7. 2003 – V ZB 11/03, BGHZ 156, 19 = NJW 2003, 3124). Abweichend ist freilich zu werten, wenn dem Verwalter Fehler vorzuwerfen sind, mit denen er gegen die vom Gesetz geforderte und von der Eigentümerversammlung gewünschte Art der Verwaltung verstoßen hat. Der Entlastungsbeschluss ist dann auf Anfechtung für ungültig zu erklären (BGH 9. 7. 2010 – V ZR 202/09, NJW 2010, 2654 Rn 17; BGH 4. 12. 2009 – V ZR 44/09, NJW 2010, 2127 Rn 19; AG München 16. 1. 2019 – 485 C 15894/18 WEG ZMR 2019, 457 zur Umsetzung eines nichtigen Beschlusses).

223 Eine andere Frage ist indessen, ob der Verwalter alljährlich einen **Anspruch auf Entlastung** besitzt. Das ist zu verneinen (BGH 17. 7. 2003 – V ZB 11/03, BGHZ 156, 19 = NJW 2003, 3124). Denn angesichts der von der herrschenden Meinung als Folge der Entlastung erwogenen Verzichtswirkung lässt sich eine Verpflichtung zu einem solchen Verhalten nicht recht begründen. Eine Regelung im Verwaltervertrag, die einen solchen Anspruch dem Verwalter gewährt, ist daher nach § 307 Abs 1 BGB unwirksam (o Rn 157).

b) Genehmigungswirkung

224 Der Entlastung ist im Wege der Auslegung zu entnehmen, dass die Eigentümer mit der Amtsführung des Verwalters, soweit sie ihnen bekannt ist, einverstanden sind. Sie halten diese Amtsführung gerade nicht für pflichtwidrig. Damit ist der Entlastung eine Genehmigungswirkung zuzusprechen. Der **Umfang** dieser Genehmigungswirkung ergibt sich zugleich aus dem, was der Verwalter den abstimmenden Eigentümern zur Kenntnis gebracht hat. Nur darauf kann sich die Entlastung beziehen.

225 Diese Wirkung der Entlastung zeigt sich etwa in der Sachlage, dass der Verwalter über eine Reihe von Maßnahmen der Instandhaltung berichtet, die er ausgelöst und deren Kosten er in der Abrechnung verteilt hat. Insoweit kann später einmal streitig sein, ob der Verwalter bestimmte Kosten ohne Legitimation, mithin eigenmächtig ausgelöst hat. Dieser Streit erledigt sich, wenn der Verwalter im Hinblick auch auf diese Maßnahme Entlastung erteilt bekommen hat. Dann legitimiert der Entlastungsbeschluss die Maßnahme. Die Entlastung kann sich aber auch auf Wirtschaftsplan (BGH 9. 7. 2010 – V ZR 202/09, NJW 2010, 2654 Rn 17) oder Abrechnung (BGH 4. 12. 2009 – V ZR 44/09, NJW 2010, 2127 Rn 19) beziehen.

226 Die Grenze dieser Genehmigungswirkung verläuft allerdings dort, wo es den Eigentümern an **Beschlusskompetenz** fehlt. Hat der Verwalter durch sein Verhalten etwa das Sondereigentum eines Eigentümers geschädigt, kann diese Schädigung durch nachträglichen Beschluss der Eigentümer nicht legitimiert werden, wie auch ein vorheriger Beschluss den Eingriff ins Sondereigentum nicht gedeckt hätte (BGH 19. 7. 2019 – V ZR 75/18, ZWE 2020, 44 = ZMR 2020, 134 Rn 35). Nach dem WEMoG hat diese Grenze der Entlastungswirkung freilich weniger Bedeutung, weil den Eigentümern vornehmlich die Gemeinschaft und diese den Eigentümern haftet (o Rn 28 f). Direktansprüche der Eigentümer gegen den Verwalter können sich bei Verletzung des Sondereigentums freilich aus § 823 Abs 1 BGB ergeben (o Rn 219).

c) (Kein) Verzicht

227 Im Unterschied zu der hier verfochtenen Genehmigungswirkung wird der Entlastung vielfach die Wirkung eines Verzichts auf Ersatzansprüche nach § 397 Abs 2 BGB beigemessen (BGH 4. 3. 2011 – V ZR 156/10, NJW 2011, 1346 Rn 8; 31. 3. 2011 – V ZB 236/10, ZMR 2011, 654 = ZWE 2011, 257 Rn 10). Dem ist aus einer Reihe von Gründen nicht zu folgen. Zunächst spricht dagegen schon der **rechtsgeschäftliche Tatbestand**. Der Verzicht kommt durch Vertrag, nicht durch Beschluss zustande. Die rechtsfähige Gemeinschaft müsste nach Maßgabe von § 9b Abs 2 WEG vertreten werden, der Verwalter müsste den Verzicht annehmen. Gegen eine solche Auslegung spricht aber vor allem, dass die Eigentümer üblicherweise gerade deswegen Entlastung erteilen, weil sie mit der Amtsführung zufrieden sind und keine Ersatzansprüche erkennen, auf die sie verzichten könnten (Hügel/Elzer § 28 Rn 357).

VI. Nachweis der Amtsstellung

228 Es existiert **kein Register** oder sonst mit öffentlichem Glauben ausgestatteter Rechtsscheinträger, aus dem sich die Person des Verwalters oder seine Kompetenzen ergeben. Für den rechtsgeschäftlichen Verkehr mit der durch einen mutmaßlichen Verwalter vertretenen Gemeinschaft existiert kein Gutglaubensschutz, der den Vertragspartner schützen könnte (Staudinger/Jacoby [2023] § 9b WEG Rn 74 ff). § 26 Abs 4 WEG behandelt indessen allein die Problematik, dass die Verwaltereigenschaft in öffentlich beglaubigter Urkunde nachgewiesen werden muss, wie es insbesondere § 29 GBO verlangt.

1. Anwendungsbereich und Wirkung

229 Eine Reihe von Normen verlangen, dass Tatsachen durch öffentliche oder öffentlich beglaubigte Urkunden nachgewiesen werden (vgl nur zum Erfordernis öffentlicher Beglau-

bigung Staudinger/Hertel [2023] § 129 BGB Rn 5 ff). Im hiesigen Zusammenhang geht es seit jeher darum, dass der Verwalter bei einer nach § 12 WEG erforderlichen **Verwalterzustimmung** dem Grundbuchamt entsprechend § 29 GBO nachweisen kann, dass er Verwalter und daher zur Zustimmung berufen ist. Zwecks nunmehr nach § 10 Abs 3 WEG gebotener **Eintragung von Beschlüssen**, die auf vertraglicher Beschlusskompetenz beruhen, muss der Verwalter ebenfalls dem Grundbuchamt seine Stellung nachweisen, um als Vertreter der Gemeinschaft nach § 7 Abs 2 S 2 WEG den Antrag zu stellen.

230 Die Wirkung von § 26 Abs 4 WEG beschränkt sich auf das **Verfahren**, in dem der jeweilige Nachweis zu führen ist. In diesem Verfahren kann die Verwaltereigenschaft als gegeben angesehen werden, das Grundbuchamt kann eine Umschreibung vornehmen. Ob die materiell-rechtlichen Voraussetzungen der Umschreibung tatsächlich vorliegen, ob also im Falle des § 12 WEG der richtige Verwalter zugestimmt hat, bleibt eine nach materiellem Recht zu beantwortende Frage. Daher kann es nach § 12 Abs 3 WEG für die Wirksamkeit der Eintragung durchaus an der erforderlichen Zustimmung fehlen, auch wenn der nicht amtierende Verwalter seine Zustimmungserklärung samt falscher Verwaltereigenschaft dem Grundbuchamt nach § 26 Abs 3 WEG nachgewiesen hat.

2. Nachweis durch Bestellungsbeschluss, Abs 4

231 § 26 Abs 4 WEG bezieht sich auf den Fall, dass die Verwalterstellung auf einem **Mehrheitsbeschluss der Eigentümerversammlung** nach § 26 Abs 1 WEG beruht.

a) Anforderungen an Niederschrift

232 Dann kann der Nachweis mittels der nach § 24 Abs 6 WEG aufzunehmenden Niederschrift geführt werden. Allerdings müssen die von § 24 Abs 6 S 2 WEG verlangten Unterschriften vom Versammlungsvorsitzenden, Eigentümer und ggf Beiratsmitglied nach § 129 BGB beglaubigt werden. Das setzt allerdings **verschiedene Personen** voraus. Es kann nicht der Versammlungsleiter, der zugleich Eigentümer ist, in zwei Funktionen unterschreiben (KG 20. 1. 2015 – 1 W 580/14, ZWE 2015, 173). Dann wäre das Vier- bzw Sechsaugenprinzip, auf das die Norm zielt, nicht gewahrt. Es genügt, dass mehrere gleichlautende Ausfertigungen der Beschlussniederschrift vorgelegt werden, die zusammen alle erforderlichen Unterschriften enthalten (KG 27. 2. 2018 – 1 W 38/18, ZWE 2018, 264). Um zu verhindern, dass eine Nachweisspirale die Erleichterungen von § 26 Abs 4 WEG zunichtemacht, bedarf es keines Nachweises der jeweiligen Funktion des Unterschreibenden. Das gilt nicht nur für Versammlungsleiter und Beiratsvorsitzenden, sondern auch für den werdenden Wohnungseigentümer iSv § 8 Abs 3 WEG (KG 11. 9. 2018 – 1 W 233/18, ZWE 2018, 397).

233 Dieses Unterschriftserfordernis ist allerdings hier wie bei § 24 Abs 6 S 2 WEG (Staudinger/Häublein § 24 WEG Rn 238) dahin zu reduzieren, dass nur derjenige unterschreiben kann, der auch bei der Versammlung **anwesend** war (vgl BGH 25. 9. 2015 – V ZR 203/14, NJW 2016, 568 Rn 18). Daher kann der Nachweis auch durch eine nur vom Verwalter in öffentlich beglaubigter Form unterschriebene Niederschrift geführt werden, wenn dieser entsprechend § 24 Abs 5 WEG den Vorsitz in der Versammlung inne hatte und sich alle an der Beschlussfassung teilnehmenden Wohnungseigentümer durch ihn vertreten ließen (OLG Hamm 21. 12. 2012 – I-15 W 395/12, ZWE 2013, 215 = ZMR 2013, 648).

b) Grenzen des Nachweises

Die Stelle, der gegenüber der Nachweis zu führen ist, also im Falle des § 29 GBO das Grundbuchamt, wird durch § 26 Abs 4 WEG in seiner Entscheidungsfindung gebunden. Es gilt der Grundsatz, dass der Nachweis der Bestellung hinreicht, um auf die fortdauernde Verwaltereigenschaft zu schließen. Auf pauschale Erwägungen, dass der Verwalter abberufen sein kann, der Verwalter sein Amt niedergelegt haben mag oder der Beschluss auf Anfechtung gerichtlich für ungültig erklärt worden sein kann, dürfen keine erheblichen Zweifel gestützt werden. Die Grenzen des Nachweises sind erst erreicht, wenn **konkrete Umstände** dargelegt sind, die gegen die Fortdauer der Bestellung sprechen. Aus dem Protokoll dürfen keine Gründe hervorgehen, die der Wirksamkeit des Beschlusses entgegenstehen. Die bloße Anfechtbarkeit schadet indessen nicht (OLG München 26. 1. 2018 – 34 Wx 304/17, ZMR 2018, 534). Das gilt insbesondere auch für die Dauer der Bestellung (BayObLG NJW-RR 1991, 978). Zwar muss das Grundbuchamt ohne Weiteres davon ausgehen, dass die durch Auslegung des Beschlusses zu gewinnende Bestellungsdauer von maximal fünf Jahren ausgeschöpft wird. Der Nachweis ist aber untauglich, wenn die nachgewiesene Bestellung mehr als fünf Jahre zurückliegt. 234

3. Nachweis bei sonstiger Bestellung

Beruht die Bestellung auf gerichtlichem **Urteil oder Teilungserklärung**, ist sie bereits Gegenstand einer öffentlichen Urkunde, sodass sich damit der Nachweis führen lässt. 235

Wird der Verwalter durch **Beschluss ohne Versammlung** nach § 23 Abs 3 WEG durch Zustimmung aller Eigentümer bestellt, liegt es nahe, die Beglaubigung aller Erklärungen der Eigentümer zu verlangen (dahin tendiert BGH 19. 7. 2021 – NotSt (Brfg) 1/21, NJW 2022, 70 Rn 16 mwN). Jedoch kommt der Beschluss nicht durch die Erklärungen der einzelnen Eigentümer, sondern durch die schriftliche Beschlussfeststellung zustande (BGH 23. 8. 2001 – V ZB 10/01, BGHZ 148, 335 = NJW 2001, 3339). Daher genügt zum Nachweis die Beglaubigung der Unterschrift desjenigen, der den Beschluss schriftlich feststellt (Schmidt ZWE 2015, 105 108 f; alternativ zur Niederschrift über Beschlüsse ohne Versammlung analog § 24 Abs 6 WEG Skauradszun ZWE 2022, 106, 110 f). 236

4. Nachweis sonstiger Beschlüsse

§ 26 Abs 4 WEG enthält für eine spezifische Sachlage die Lösung eines allgemeinen Problems. Dem entspricht der neue § 7 Abs 2 WEG für den Nachweis eines einzutragenden Beschlusses, schließlich § 12 Abs 4 S 3 WEG mit seinem Verweis auf § 7 Abs 2 WEG für den Nachweis des Beschlusses, mit dem das Zustimmungserfordernis aufgehoben wird. Letztlich liegt ein **allgemeines Prinzip** vor, das auch greift, wenn andere Beschlüsse nachzuweisen sind, beispielsweise die Bestellung eines Beiratsmitglieds (OLG Hamm 13. 3. 2013 – I-15 W 311/12, ZMR 2014, 302 = ZWE 2013, 329) oder die beschlussweise Ermächtigung des Verwalters nach § 9a Abs 1 S 1 WEG, einen Grundstückskaufvertrag zu schließen (vgl OLG Hamm 20. 10. 2009 – I-15 Wx 81/09, NJW 2010, 1464; OLG München 16. 11. 2016 – 34 Wx 305/16, ZMR 2017, 178 = ZWE 2017, 93). 237

§ 26a WEG
Zertifizierter Verwalter

(1) Als zertifizierter Verwalter darf sich bezeichnen, wer vor einer Industrie- und Handelskammer durch eine Prüfung nachgewiesen hat, dass er über die für die Tätigkeit als Verwalter notwendigen rechtlichen, kaufmännischen und technischen Kenntnisse verfügt.

(2) Das Bundesministerium der Justiz und für Verbraucherschutz wird ermächtigt, durch Rechtsverordnung nähere Bestimmungen über die Prüfung zum zertifizierten Verwalter zu erlassen. In der Rechtsverordnung nach Satz 1 können insbesondere festgelegt werden:

1. **nähere Bestimmungen zu Inhalt und Verfahren der Prüfung;**

2. **Bestimmungen über das zu erteilende Zertifikat;**

3. **Voraussetzungen, unter denen sich juristische Personen und Personengesellschaften als zertifizierte Verwalter bezeichnen dürfen;**

4. **Bestimmungen, wonach Personen aufgrund anderweitiger Qualifikationen von der Prüfung befreit sind, insbesondere weil sie die Befähigung zum Richteramt, einen Hochschulabschluss mit immobilienwirtschaftlichem Schwerpunkt, eine abgeschlossene Berufsausbildung zum Immobilienkaufmann oder zur Immobilienkauffrau oder einen vergleichbaren Berufsabschluss besitzen.**

Materialien: BT-Drucks 19/22634, 46.

Schrifttum

Drasdo, Auf dem Weg zum „zertifizierten Verwalter", NZM 2021, 449
ders, § 34c GewO versus § 26a WEG – Gleichklang oder Widerspruch?, ZfIR 2021, 58
Füllbeck, Verordnung über die Prüfung zum zertifizierten Verwalter nach dem Wohnungseigentumsgesetz (ZertVerwV), ZMR 2022, 105
Heinemann, Die Geltung der Makler- und Bauträgerverordnung (MaBV) für Wohnungseigentumsverwalter, AnwZert MietR 20/2018 Anm 2
Jahns, Die Weiterbildungspflicht für Wohnimmobilienverwalter, ZWE 2020, 442
Kassler, Ausgestaltung des privatrechtlichen Zertifizierungserfordernisses: eine kritische Untersuchung zum Entwurf der „Zertifizierte-Verwalter-Prüfungsverordnung" (ZertVerwV), ZWE 2021, 382
ders, Der zertifizierte Wohnungseigentumsverwalter: Die zivilrechtliche Lösung zur Verwalter-Qualifikation, ZWE 2021, 58
ders, Zertifizierte-Verwalter-Prüfungsverordnung: Was erwartet Verwalterinnen und Verwalter?, ZWE 2022, 146
Kunze, Wie gestaltet sich die Zukunft der Wohnungseigentumsverwalter?, ZWE 2022, 295
Osthues, Die Zertifizierung des Wohnungseigentumsverwalters, ZWE 2022, 156
Zschieschack, Die Zertifizierter-Verwalter-Prüfungsverordnung, NZM 2022, 193.

Systematische Übersicht

Alphabetische Übersicht

I. Grundlagen

§ 26a WEG führt als Kriterium, um über die Eignung eines Verwalters zu befinden, 1
dessen Zertifizierung durch eine Prüfung bei einer IHK ein. Näheres regelt die auf Grundlage von § 26a Abs 2 WEG erlassene Zertifizierter-Verwalter-Prüfungsverordnung (ZertVerwV) v 2. 12. 2021 (BGBl I 5182), die im Anhang zu § 26a WEG abgedruckt ist. So ist in § 7 ZertVerwV geregelt, wer aufgrund seiner sonstigen beruflichen Qualifikation von der Prüfung bei der IHK befreit ist (u Rn 20 f). Die von § 26a WEG und der ZertVerwV ausgestaltete Zertifizierung erlangt ihre Bedeutung durch den **erst zum 1. 12. 2023 in Kraft tretenden § 19 Abs 2 Nr 6 WEG**, dass im Grundsatz nur die Bestellung eines zertifizierten Verwalters ordnungsmäßiger Verwaltung ent-

spricht (Staudinger/Lehmann-Richter § 19 WEG Rn 146 ff). Andere Wirkungen äußert die somit auf das Wohnungseigentumsrecht beschränkte Zertifizierung nicht. Insbesondere ist sie zu unterscheiden von den öffentlichen-rechtlichen Anforderungen des § 34c GewO an die Erlaubnis dafür, als Wohnimmobilienverwalter tätig zu sein (u Rn 22).

1. Entstehungsgeschichte und Zweck

2 Im Zuge Einführung der **Erlaubnis für den Wohnimmobilienverwalter** in § 34c GewO im Jahre 2017 wurden die spezifischen Anforderungen an den Verwalter auf den Abschluss einer Haftpflichtversicherung und die Erfüllung einer Weiterbildungsverpflichtung begrenzt (BT-Drucks 18/12831). Die vom Regierungsentwurf (BT-Drucks 18/10190) noch aufgegriffene rechtspolitische Forderung nach einer Sachkundeprüfung wurde nicht erfüllt. Entsprechend wurde diese Forderung im Rahmen des WEMoG erneuert. Letztlich wurde erst auf Empfehlung des Rechtsausschusses die **wohnungseigentumsrechtliche Lösung** durch § 19 Abs 2 Nr 6, § 26a WEG geschaffen, die das Gewerberecht unberührt lässt, das unter der Federführung des Wirtschaftsministeriums steht (vgl Lehmann-Richter/Wobst Rn 562). Ob die Entwicklung damit abgeschlossen ist, ist ungewiss. Der **Koalitionsvertrag für die 20. Legislaturperiode** von SPD, BÜNDNIS 90/DIE GRÜNEN und FDP enthält in Zeile 3077 folgende Aussage: „Wir führen den echten Sachkundenachweis für Makler, Miet- und WEG-Verwalter ein."

3 Die mit der ZertVerwV zu regelnden Aspekte benennt der Katalog des § 26a Abs 2 WEG. Dem Erlass der Verordnung ist eine **intensive Diskussion** vorausgegangen, die sich insbesondere auf die Wirkungen der Befreiung bezogen hat. Der ursprüngliche Entwurf enthielt den Passus, dass die von der Prüfungspflicht befreiten Personen sich nicht als zertifizierter Verwalter bezeichnen dürfen (BR-Drucks 757/21, 3, 14). Das regelt § 7 S 2 ZertVerwV nun anders (u Rn 20; Kassler ZWE 2022, 146, 147; krit im Hinblick auf die Verordnungsermächtigung Zschieschack NZM 2022, 193, 196 f).

2. Privatautonomie

4 Die Regelungen von § 26a WEG und ZertVerwV betreffen nicht das Rechtsverhältnis der Eigentümer untereinander und zur Gemeinschaft. Daher kommt eine Vereinbarung der Eigentümer nach § 10 Abs 1 S 2 WEG nicht in Betracht. Auch eine sonstige **privatrechtliche Dispositionsbefugnis** über diese Regelungen ist **nicht ersichtlich.**

5 In Betracht zu ziehen sind vertragliche Abreden über die Bedeutung der Zertifizierung für die Bestellung. Damit ist der Regelungsbereich von § 19 Abs 2 Nr 6 WEG betroffen. Hinzu kommt aber die zwingende Natur der Regelung der Bestellung nach § 26 Abs 1 u 5 WEG. Diese Regelung ist dahin zu verstehen, dass sie die Wahl der Eigentümer unter allen Bewerbern garantiert. Daher sind jedenfalls **höhere Anforderungen** an die Qualifikation des Verwalters als die Zertifizierung als Verstoß gegen § 26 Abs 1 u 5 WEG unwirksam (Staudinger/Jacoby § 26 WEG Rn 15). Aber auch eine Regelung, die die Bestellung eines Verwalters von der Anforderung der Zertifizierung nach § 19 Abs 2 Nr 6 WEG befreien will, hält der Inhaltskontrolle nicht stand. Dafür spricht zum einen, dass die Verschiebung der Grenzen ordnungsmäßiger Verwaltung ganz allgemein die **Wahrung von Minderheitsrechten** gefährdet (Stau-

DINGER/LEHMANN-RICHTER § 19 WEG Rn 10). Dem kommt im Kontext der Bestellung besonderes Gewicht zu, weil eben § 26 Abs 1 u 5 WEG die Bestellung eines ordnungsmäßigen Verwalters nicht zur Disposition der Eigentümer stellt. Daher unterliegen weder die Zertifizierung nach § 26a WEG noch ihre Folge als Eignungsmerkmal für die Verwalterbestellung der Parteidisposition.

II. Rechtsfolgen der Zertifizierung

Die Rechtsfolgen der Zertifizierung sind nicht **Inhalt von § 26a WEG**, der nur bestimmt, wer zertifizierter Verwalter ist. Vielmehr ist folgendermaßen zu unterscheiden: 6

Die einzige ausdrücklich geregelte Rechtsfolge enthält § 19 Abs 2 Nr 6 WEG. Danach ist die **Wahl eines nicht zertifizierten Verwalters** anfechtbar. Umstritten, aber zu bejahen ist, dass die Abberufung eines nicht zertifizierten Verwalters verlangt werden kann (STAUDINGER/JACOBY § 26 WEG Rn 137). 7

Die Zertifizierung hat keine Auswirkung auf die Erteilung der **Erlaubnis nach § 34c GewO**, die Tätigkeit als Wohnimmobilienverwalter ausüben zu dürfen. 8

Wer als Verwalter eine Zertifizierung behauptet, die er nicht besitzt, begeht eine irreführende Handlung nach § 5 UWG. Damit liegt eine nach § 3 Abs 1 UWG unzulässige **unlautere geschäftliche Handlung** vor. Als Rechtsfolgen sehen § 8 UWG Unterlassungsansprüche und § 9 UWG Schadensersatzansprüche vor, nämlich § 9 Abs 1 UWG mögliche Ansprüche von Mitbewerbern und § 9 Abs 2 UWG solche der rechtsfähigen Gemeinschaft als Verbraucherin (zu dieser Stellung der Gemeinschaft STAUDINGER/JACOBY [2023] § 9a WEG Rn 67). 9

III. Ausgestaltung der Zertifizierung

§ 26a Abs 1 WEG bestimmt allein, dass die Zertifizierung über eine Prüfung einer IHK zu erlangen ist. Die weitere Ausgestaltung obliegt indessen der hier im Anhang zu § 26a WEG abgedruckten **ZertVerwV**: 10

1. Inhalt und Verfahren der Prüfung

§§ 1–6 ZertVerwV bestimmen Inhalt und Verfahren der Prüfung. Die **Prüfungsgegenstände** listet die Anlage 1 zu § 1 Satz 1 ZertVerwV in Schlagworten auf. Dadurch wird § 1 ZertVerwV präzisiert. Dieser gibt vor, dass hinsichtlich der rechtlichen, kaufmännischen und technischen Grundlagen vertiefte Kenntnisse erforderlich sind, während hinsichtlich der Grundlagen der Immobilienwirtschaft Grundkenntnisse genügen. Auf dieser Grundlage hat die DIHK in Kooperation mit den Verwalterverbänden BVI, IVD und VDIV einen „Rahmenplan mit Lernzielen für die Prüfung" verfasst, der den unterschiedlichen Prüfungsgegenständen verschiedene Taxonomiestufen (Stufe 1: Wissen; Stufe 2: Anwendung; Stufe 3: Interpretation) zuordnet. Insgesamt demonstriert die Breite der erfassten Gegenstände die Komplexität des Verwalterberufs. Es fragt sich allerdings ob dieser Bereich der Gegenstände nicht zu breit geraten ist. Zwar sind Überschneidungen mit der Anlage 1 zu § 15b Abs 1 MaBV unverkennbar. Diese Regelung beschreibt jedoch allein die Gebiete, auf de- 11 nen die Fortbildungsverpflichtung erfüllt werden kann. Die Regelung der ZertVerwV mit der daran anknüpfenden Prüfungspflicht enthält die deutlich anspruchsvolleren Anforderungen.

12 § 2 ZertVerwV legt die **Prüfung** in die Hände der Industrie- und Handelskammern, die einen mit qualifizierten Personen zu besetzenden Prüfungsausschuss einzurichten haben. Die nach § 4 ZertVerwV nichtöffentliche und nach § 6 Abs 1 ZertVerwV beliebig oft wiederholbare Prüfung gliedert § 3 ZertVerwV in einen schriftlichen Teil (mindestens 90 Minuten) und einen mündlichen Teil (mindestens 15 Minuten). Das Bestehen eines Prüfungsteils setzt nach § 5 Abs 2 ZertVerwV voraus, dass der Prüfling 50 Prozent der erreichbaren Punkte erzielt. Eine solche Leistung muss der Prüfling im mündlichen und schriftlichen Teil erbringen, wobei der schriftliche Teil nur dann bestanden ist, wenn der Prüfling hinsichtlich aller abgeprüften Themenbereiche einen entsprechenden Erfolg erzielt.

2. Erteilung des Zertifikats

13 Als Bescheinigung ist die IHK verpflichtet, bei bestandener Prüfung nach § 6 Abs 2 S 1 ZertVerwV ein Zertifikat auszustellen, für das die Anlage 2 zu § 6 Abs 1 S 1 ZertVerwV ein **Muster** enthält. Damit endet aber die Zuständigkeit der IHK, weil sie nur für die Prüfung und die Entscheidung über das Bestehen zuständig ist.

14 Indessen ist die IHK **nicht** dafür **zuständig** festzustellen, ob im Hinblick auf eine Person die Voraussetzungen einer Befreiung nach § 7 ZertVerwV oder ob ein Verband wie GmbH oder OHG, der als Verwalter tätig ist, die Anforderungen des § 8 ZertVerwV erfüllt.

3. Zertifizierung von Verbänden

16 Ein Verband, gleich ob dieser wie eine GmbH als juristische Person oder wie OHG, KG und bald auch eGbR (vgl Staudinger/Jacoby § 26 WEG Rn 130) als Personengesellschaft organisiert ist, kann als juristisches Gebilde selbst die Prüfung nicht ablegen. Man könnte die vertretungsberechtigten Organe für maßgeblich erachten. § 8 ZertVerwV geht einen anderen Weg und stellt auf **alle Beschäftigten** ab, die unmittelbar mit Aufgaben der Wohnungseigentumsverwaltung betraut sind. Diese Personen müssen zertifizierter Verwalter sein, so dass sie entweder die Prüfung bestanden haben oder nach § 7 ZertVerwV von der Prüfungspflicht befreit sein müssen.

17 Diese Reichweite des Zertifizierungserfordernisses entspricht dem der Fortbildungsverpflichtung des § 34c Abs 2a S 1 HS 2 GewO. Ein **unmittelbares Betrautsein** wird man für alle diejenigen Beschäftigten annehmen können, die selbst (fern-)mündlich oder schriftlich in unmittelbaren Kontakt mit den Eigentümern treten (Hotline, Eigentümerversammlung) oder verantwortlich Unterlagen vorbereiten, die für die Eigentümer bestimmt sind (Ladung, Abrechnung). Indessen genügen rein organisatorische Hilfstätigen wie Versand oder auch solche Tätigkeiten nicht, die sich nur auf die interne Büroorganisation (Personal) beschränken (vgl BT-Drucks 18/10190, 16 zu § 34c GewO). Theoretisch können das auch Personen mit Leitungskompetenzen sein. Zwar haben diese Weisungsbefugnisse (vgl Bärmann/Becker § 26a Rn 22 Drasdo NZM 2021, 449, 454; Zschieschack NZM 2022, 193, 197). An dem Betrautsein mit der Verwaltung

fehlt es aber nur solange, wie sie sich Weisungen im Hinblick auf die Verwaltung enthalten. In der Praxis wird ein wichtiges Merkmal sein, wie der Verband die Tätigkeit der Mitarbeitenden auf Homepage und in seiner Bewerbung darstellt. Entsprechend viele Nachweise für die Zertifizierung wird die Gemeinschaft sich vorlegen lassen müssen. Darüberhinausgehende Prüfpflichten der Gemeinschaft (dazu ZSCHIESCHACK NZM 2022, 193, 198 f) bestehen nicht.

18 Die Anforderungen für Verbände, die sich als Verwalter bestellen lassen wollen, **unterscheiden** sich damit erheblich von denen für **natürliche Personen**. Denn die Zertifizierungspflicht greift nur bei Verbänden auf die Beschäftigten durch, während beispielsweise ein eingetragener Kaufmann allein selbst zertifiziert sein muss, ohne dass es auf die vom ihm eingesetzten Beschäftigten ankommt (OSTHUS ZWE 2022, 156, 159). Es bedeutet daher für den geschäftsführenden Gesellschafter einer Verwaltungs-GmbH einen erheblichen Unterschied, ob er sich selbst oder „seine" GmbH zur Wahl als Verwalter stellt.

19 Eine Stelle, die dem Verband bestätigt, dass alle maßgeblichen Beschäftigten zertifiziert sind, gibt es nicht. Zu einer gerichtlichen **Klärung** kann es kommen, wenn eine Bestellung angefochten wird (o Rn 7) oder wenn Rechte nach dem UWG gegen den Verband verfolgt werden (o Rn 9).

4. Befreiung von der Prüfungspflicht

20 § 7 ZertVerwV enthält **vier Tatbestände**, die eine Befreiung des Verwalters von seiner Prüfungspflicht vorsehen. Erstens ist der „Volljurist" mit zwei Examina aufgrund seiner **Befähigung zum Richteramt** erfasst, § 5 Abs 1 HS 1 DRiG. Zweitens genügen **ausgewählte abgeschlossene Berufsausbildungen**, nämlich die als Immobilienkauffrau bzw Immobilienkaufmann oder als Kauffrau bzw Kaufmann in der Grundstücks- und Wohnungswirtschaft. Drittens bedeutet der Abschluss als **geprüfte(r) Immobilienfachwirt(in)** einen Befreiungsgrund. Viertens führt ein **Hochschulabschluss mit immobilienwirtschaftlichem Schwerpunkt** zur Befreiung. Ein Hochschulabschluss setzt die Verleihung eines akademischen Grades voraus. Das sind heute vor allem Bachelor und Master, früher Diplom und Magister. Die Schwierigkeit besteht allerdings darin, im Einzelfall zu entscheiden, ob der Schwerpunkt hinreichenden immobilienwirtschaftlichen Bezug aufweist. Eine Stelle, die darüber entscheidet, gibt es abseits einer rechtlichen Streitigkeit über die Zertifizierung des Betroffenen jedoch nicht (vgl BÄRMANN/BECKER § 26a Rn 8, 18; ZSCHIESCHACK NZM 2022, 193, 196 f). Das verursacht Rechtsunsicherheit, zumal als Rechtsfolge § 7 S 2 ZertVerwV vorsieht, dass Befreite zertifizierter Verwalter sind (o Rn 3).

21 Für **ausländische Abschlüsse** besteht kein spezifisches Anerkennungsverfahren. Daher kann eine Befreiung von der Prüfungspflicht aus einem solchen Abschluss nur hergeleitet werden, wenn andere Quellen die Anerkennung mit dem genannten deutschen Abschluss vorsehen. Sonst ist eine Zertifizierung erforderlich. Darin wird ein Verstoß gegen das Unionsrecht, insbesondere die Dienstleistungsfreiheit, Art 56 ff AEUV, gesehen (BÄRMANN/BECKER § 26a Rn 19; ZSCHIESCHACK NZM 2022, 193, 196). Allerdings sind die maßgeblichen Materien schon angesichts der rechtlichen Grundlagen sehr national geprägt. Vor allem aber ist die zu absolvierende Zertifizierungsprüfung vom Aufwand her überschaubar, solange die erforderliche Qualifikation gegeben ist.

IV. Abgrenzung Gewerberechtliche Erlaubnis für Wohnimmobilienverwalter

22 Durch das Gesetz zur Einführung einer Berufszulassungsregelung für gewerbliche Immobilienmakler und Wohnimmobilienverwalter v 17. 10. 2017 (BGBl I 3562) wurde in § 34c Abs 1 Nr 4 GewO die gewerbliche Ausübung des Berufs eines Wohnimmobilienverwalters unter **Erlaubnisvorbehalt** gestellt. Diese Bestimmung lautet auszugsweise folgendermaßen:

§ 34c GewO Immobilienmakler, Darlehensvermittler, Bauträger, Baubetreuer, Wohnimmobilienverwalter, Verordnungsermächtigung

(1) Wer gewerbsmäßig

(...)

4. das gemeinschaftliche Eigentum von Wohnungseigentümern im Sinne des § 1 Absatz 2, 3, 5 und 6 des Wohnungseigentumsgesetzes oder für Dritte Mietverhältnisse über Wohnräume im Sinne des § 549 des Bürgerlichen Gesetzbuchs verwalten (Wohnimmobilienverwalter)

will, bedarf der Erlaubnis der zuständigen Behörde. Die Erlaubnis kann inhaltlich beschränkt und mit Auflagen verbunden werden, soweit dies zum Schutze der Allgemeinheit oder der Auftraggeber erforderlich ist; unter denselben Voraussetzungen ist auch die nachträgliche Aufnahme, Änderung und Ergänzung von Auflagen zulässig.

(2) Die Erlaubnis ist zu versagen, wenn

1. Tatsachen die Annahme rechtfertigen, daß der Antragsteller oder eine der mit der Leitung des Betriebes oder einer Zweigniederlassung beauftragten Personen die für den Gewerbebetrieb erforderliche Zuverlässigkeit nicht besitzt; die erforderliche Zuverlässigkeit besitzt in der Regel nicht, wer in den letzten fünf Jahren vor Stellung des Antrages wegen eines Verbrechens oder wegen Diebstahls, Unterschlagung, Erpressung, Betruges, Untreue, Geldwäsche, Urkundenfälschung, Hehlerei, Wuchers oder einer Insolvenzstraftat rechtskräftig verurteilt worden ist,

2. der Antragsteller in ungeordneten Vermögensverhältnissen lebt; dies ist in der Regel der Fall, wenn über das Vermögen des Antragstellers das Insolvenzverfahren eröffnet worden oder er in das vom Vollstreckungsgericht zu führende Verzeichnis (§ 26 Abs 2 Insolvenzordnung, § 882b Zivilprozeßordnung) eingetragen ist,

3. der Antragsteller, der ein Gewerbe nach Absatz 1 Satz 1 Nummer 4 betreiben will, den Nachweis einer Berufshaftpflichtversicherung nicht erbringen kann.

(2a) Gewerbetreibende nach Absatz 1 Satz 1 Nummer 1 und 4 sind verpflichtet, sich in einem Umfang von 20 Stunden innerhalb eines Zeitraums von drei Kalenderjahren weiterzubilden; das Gleiche gilt entsprechend für unmittelbar bei der erlaubnispflichtigen Tätigkeit mitwirkende beschäftigte Personen. Der erste Weiterbildungszeitraum beginnt am 1. Januar des Kalenderjahres, in dem

1. eine Erlaubnis nach Absatz 1 Satz 1 Nummer 1 oder 4 erteilt wurde oder

2. eine weiterbildungspflichtige Tätigkeit durch eine unmittelbar bei dem Gewerbetreibenden beschäftigte Person aufgenommen wurde.

Für den Gewerbetreibenden ist es ausreichend, wenn der Weiterbildungsnachweis durch eine im Hinblick auf eine ordnungsgemäße Wahrnehmung der erlaubnispflichtigen Tätigkeit angemessene Zahl von beim Gewerbetreibenden beschäftigten natürlichen Personen erbracht wird, denen die Aufsicht über die direkt bei der Vermittlung nach Absatz 1 Satz 1 Nummer 1 oder der Verwaltung nach Absatz 1 Satz 1 Nummer 4 mitwirkenden Personen übertragen ist und die den Gewerbetreibenden vertreten dürfen.

(3) Das Bundesministerium für Wirtschaft und Klimaschutz kann durch Rechtsverordnung mit Zustimmung des Bundesrates, soweit zum Schutz der Allgemeinheit und der Auftraggeber erforderlich, Vorschriften erlassen (…)

1. Fehlen der Erlaubnis

Wer die Tätigkeit eines Wohnimmobilienverwalters ohne die erforderliche Erlaubnis ausübt, wird in verschiedener Weise **sanktioniert**. Als typische gewerberechtliche Sanktion sieht § 15 Abs 2 GewO die Betriebsuntersagung vor. Zugleich macht sich die ohne Erlaubnis verwaltende Person einer Ordnungswidrigkeit nach § 144 Abs 1 Nr 1 lit j GewO schuldig; im Falle des beharrlichen Zuwiderhandelns kommt eine Strafbarkeit nach § 148 Nr 1 GewO in Betracht. Die Verwaltung ohne Erlaubnis stellt auch eine unzulässige unlautere geschäftliche Handlung nach § 3 Abs 1 UWG mit den o Rn 9 beschriebenen Rechtsfolgen dar. 23

Im Hinblick auf § 134 BGB werden die gewerblichen Erlaubniserfordernisse nur als **Ordnungsvorschriften**, nicht aber als Verbotsgesetz eingeordnet (MünchKomm/Armbrüster § 134 BGB Rn 135, 137). Entsprechend wird die Bestellung eines Verwalters ohne Erlaubnis nicht für nichtig, sondern für anfechtbar gehalten. Dafür ist wie sonst bei der Anfechtungsklage auf die Lage bei der Bestellung abzustellen, ohne dass eine spätere Erteilung der Erlaubnis die Anfechtbarkeit heilt (AG Düsseldorf 17. 1. 2022 – 290a C 84/21, ZMR 2022, 325). Es besteht aber ein Anspruch auf Abberufung eines bestandskräftig bestellten Verwalters aus § 18 Abs 2 WEG (Staudinger/Jacoby § 26 WEG Rn 137). 24

Bedenken gegen die bloße Anfechtbarkeit der Bestellung wecken indessen die neuen **Grundsätze des BGH** zu § 23 Abs 4 WEG (BGH 28. 1. 2022 – V ZR 106/21, ZWE 2022, 209 = ZMR 2022, 570 Rn 28; krit Staudinger/Häublein § 23 WEG Rn 341a). Danach soll die Nichtigkeit eines Beschlusses aufgrund eines Verstoßes gegen zwingende öffentlichrechtliche Normen nicht auf die Fälle von Verbotsgesetzen beschränkt sein. Darüber hinaus könnte sich die Nichtigkeit auch aus wertenden Überlegungen angesichts der Schutzzwecke der verletzten Norm ergeben. Für Nichtigkeit spreche insbesondere der Zweck, die Wohnungseigentümer zu schützen. Im vom BGH entschiedenen Fall ging es mit dem Brandschutz um „Leib und Leben“. Durch die Erlaubnispflicht wird indessen das Vermögen der Gemeinschaft und damit der Wohnungseigentümer geschützt. Letztlich bleibt in jedem Falle ein Störgefühl, eine zivilrechtliche Nichtigkeit aus bloßen Ordnungsvorschriften herzuleiten. Denn § 23 Abs 4 WEG will doch die Nichtigkeit vor allem dort eintreten lassen, wo den Beteiligten auch eine einvernehmliche vertragliche Gestaltungsmacht fehlt. Diese wird aber nur durch ein Ver- 25 botsgesetz ausgeschlossen. Daher sollte man auch weiterhin allein danach entscheiden, ob die gewerberechtliche Erlaubnispflicht ein Verbotsgesetz darstellt, was sich für § 34c GewO eben nicht feststellen lässt. Also bleibt es bei den o Rn 24 dargestellten Rechtsfolgen.

2. Voraussetzungen der Erlaubnis

26 § 34c GewO knüpft die Erlaubnis für den Wohnimmobilienverwalter zunächst an die **allgemeinen gewerberechtlichen Voraussetzungen** der Zuverlässigkeit, Abs 2 Nr 1, und der geordneten Vermögensverhältnisse, Abs 2 Nr 2. Darüber hinaus werden als **spezifische, auf den Wohnimmobilienverwalter zugeschnittene Voraussetzungen** eine Berufshaftpflichtversicherung in § 34c Abs 2 Nr 3 GewO und eine Fortbildungsverpflichtung in § 34c Abs 2a GewO vorgesehen.

a) Berufshaftpflichtversicherung

27 Die Berufshaftpflichtversicherung wird von der auf Grundlage der Verordnungsermächtigung in § 34c Abs 3 GewO MaBV in § 15 f näher ausgestaltet. Zum **Umfang** der Versicherung sieht § 15 MaBV folgende Regelung vor:

§ 15 MaBV Umfang der Versicherung

(1) Die nach § 34c Absatz 2 Nummer 3 der Gewerbeordnung für einen Wohnimmobilienverwalter vorgesehene Versicherung muss bei einem im Inland zum Geschäftsbetrieb zugelassenen Versicherungsunternehmen abgeschlossen werden.

(2) Die Mindestversicherungssumme beträgt 500 000 Euro für jeden Versicherungsfall und 1 000 000 Euro für alle Versicherungsfälle eines Jahres.

(3) Der Versicherungsvertrag muss Deckung für die sich aus der gewerblichen Tätigkeit als Wohnimmobilienverwalter ergebenden Haftpflichtgefahren für Vermögensschäden gewähren. Der Versicherungsvertrag muss sich auch auf solche Vermögensschäden erstrecken, für die der Versicherungspflichtige nach § 278 oder § 831 des Bürgerlichen Gesetzbuchs einzustehen hat, soweit die Erfüllungsgehilfen oder Verrichtungsgehilfen nicht selbst zum Abschluss einer solchen Berufshaftpflichtversicherung verpflichtet sind. Ist der Gewerbetreibende in einer oder mehreren Personenhandelsgesellschaften als geschäftsführender Gesellschafter tätig, so muss für die jeweilige Personenhandelsgesellschaft jeweils ein Versicherungsvertrag abgeschlossen werden; der Versicherungsvertrag kann auch die Tätigkeit des Gewerbetreibenden nach Satz 1 abdecken.

(4) Der Versicherungsvertrag hat Versicherungsschutz für jede einzelne Pflichtverletzung zu gewähren, die gesetzliche Haftpflichtansprüche privatrechtlichen Inhalts gegen den Versicherungspflichtigen zur Folge haben könnte. Dabei kann vereinbart werden, dass sämtliche Pflichtverletzungen bei Erledigung einer einheitlichen Verwaltung von Wohnimmobilien als ein Versicherungsfall gelten, sofern die betreffenden Angelegenheiten in einem rechtlichen oder wirtschaftlichen Zusammenhang stehen.

(5) Von der Versicherung kann die Haftung für Ersatzansprüche wegen wissentlicher Pflichtverletzung ausgeschlossen werden. Weitere Ausschlüsse sind nur insoweit zulässig, als sie marktüblich sind und dem Zweck der Berufshaftpflichtversicherung nicht zuwiderlaufen.

§ 15a Abs 1 MaBV enthält noch Anforderungen an die **Versicherungsbestätigung**, die das Versicherungsunternehmen dem versicherten Wohnimmobilienverwalter auszustellen hat. Nach § 15a Abs 2 MaBV trifft das Versicherungsunternehmen eine Anzeigepflicht hinsichtlich des Untergangs des Versicherungsschutzes gegenüber der nach § 15a Abs 3 MaBV zuständigen Behörde. 28

b) Fortbildungsverpflichtung

Einzelheiten zur Fortbildungsverpflichtung enthält folgender § 15b MaBV: 29

§ 15b MaBV Weiterbildung

(1) Wer nach § 34c Absatz 2a der Gewerbeordnung zur Weiterbildung verpflichtet ist, muss sich fachlich entsprechend seiner ausgeübten Tätigkeit weiterbilden. Die inhaltlichen Anforderungen an die Weiterbildung sind an den Vorgaben der Anlage 1 auszurichten. Die Weiterbildung kann in Präsenzform, in einem begleiteten Selbststudium, durch betriebsinterne Maßnahmen des Gewerbetreibenden oder in einer anderen geeigneten Form erfolgen. Bei Weiterbildungsmaßnahmen in einem begleiteten Selbststudium ist eine nachweisbare Lernerfolgskontrolle durch den Anbieter der Weiterbildung erforderlich. Der Anbieter der Weiterbildung muss sicherstellen, dass die in Anlage 2 aufgeführten Anforderungen an die Qualität der Weiterbildungsmaßnahme eingehalten werden. Der Erwerb eines Ausbildungsabschlusses als Immobilienkaufmann oder Immobilienkauffrau oder eines Weiterbildungsabschlusses als Geprüfter Immobilienfachwirt oder Geprüfte Immobilienfachwirtin gilt als Weiterbildung.

(2) Die zur Weiterbildung verpflichteten Gewerbetreibenden sind verpflichtet, nach Maßgabe des Satzes 2 Nachweise und Unterlagen zu sammeln über Weiterbildungsmaßnahmen, an denen sie und ihre zur Weiterbildung verpflichteten Beschäftigten teilgenommen haben. Aus den Nachweisen und Unterlagen müssen mindestens ersichtlich sein:

1. Name und Vorname des Gewerbetreibenden oder der Beschäftigten,
2. Datum, Umfang, Inhalt und Bezeichnung der Weiterbildungsmaßnahme sowie
3. Name und Vorname oder Firma sowie Adresse und Kontaktdaten des in Anspruch genommenen Weiterbildungsanbieters.

Die in Satz 1 genannten Nachweise und Unterlagen sind fünf Jahre auf einem dauerhaften Datenträger vorzuhalten und in den Geschäftsräumen aufzubewahren. Die Aufbewahrungsfrist beginnt mit dem Ende des Kalenderjahres, in dem die Weiterbildungsmaßnahme durchgeführt wurde.

(3) Die für die Erlaubniserteilung zuständige Behörde kann anordnen, dass der Gewerbetreibende ihr gegenüber eine unentgeltliche Erklärung mit dem Inhalt nach dem Muster der Anlage 3 über die Erfüllung der Weiterbildungspflicht in den vorangegangenen drei Kalenderjahren durch ihn und seine zur Weiterbildung verpflichteten Beschäftigten abgibt. Die Erklärung kann elektronisch erfolgen.

(4) Für zur Weiterbildung verpflichtete Gewerbetreibende und ihre zur Weiterbildung verpflichteten Beschäftigten, die im Besitz eines Ausbildungsabschlusses als Immobilienkaufmann oder Immobilienkauffrau oder eines Weiterbildungsabschlusses als Geprüfter Immobilienfachwirt oder Geprüfte

Immobilienfachwirtin sind, beginnt die Pflicht zur Weiterbildung drei Jahre nach Erwerb des Ausbildungs- oder Weiterbildungsabschlusses.

Anhang zu § 26a WEG

ZertVerwV

Verordnung über die Prüfung zum zertifizierten Verwalter nach dem Wohnungseigentumsgesetz (Zertifizierter-Verwalter-Prüfungsverordnung) – in der Fassung vom 2. 12. 2021 (BGBl I 5182)

Auf Grund des § 26a Absatz 2 des Wohnungseigentumsgesetzes in der Fassung der Bekanntmachung vom 12. Januar 2021 (BGBl. I 34) verordnet das Bundesministerium der Justiz und für Verbraucherschutz:

§ 1 Gegenstand der Prüfung

Gegenstand der Prüfung zum zertifizierten Verwalter nach § 26a Absatz 1 des Wohnungseigentumsgesetzes sind die in Anlage 1 aufgeführten Sachgebiete. Hinsichtlich der Sachgebiete aus den Themenbereichen rechtliche Grundlagen (Nummer 2), kaufmännische Grundlagen (Nummer 3) und technische Grundlagen (Nummer 4) sind vertiefte Kenntnisse, hinsichtlich derjenigen aus dem Themenbereich Grundlagen der Immobilienwirtschaft (Nummer 1) lediglich Grundkenntnisse erforderlich.

§ 2 Zuständige Stelle und Prüfungsausschuss

(1) Die Prüfung kann vor jeder Industrie- und Handelskammer abgelegt werden, die sie anbietet.

(2) Die Industrie- und Handelskammer richtet mindestens einen Prüfungsausschuss ein, der die Prüfung abnimmt. Mehrere Industrie- und Handelskammern können einen gemeinsamen Prüfungsausschuss einrichten.

(3) Die Mitglieder des Prüfungsausschusses müssen auf den Prüfungsgebieten sachkundig sein, für die sie zuständig sind. Sie müssen für die Mitwirkung im Prüfungsverfahren geeignet sein.

§ 3 Durchführung der Prüfung

(1) Die Prüfung setzt sich aus einem schriftlichen und einem mündlichen Teil zusammen. Die Teilnahme am mündlichen Teil der Prüfung setzt das Bestehen des schriftlichen Teils voraus.

(2) Der schriftliche Teil der Prüfung umfasst die in § 1 aufgeführten Themenbereiche. Sie sind anhand praxisbezogener Aufgaben und in einem ausgewogenen Verhältnis zueinander zu prüfen. Der schriftliche Teil dauert mindestens 90 Minuten. Er kann mit Hilfe unterschiedlicher Medien durchgeführt werden.

(3) Im mündlichen Teil der Prüfung können bis zu fünf Prüflinge gleichzeitig geprüft werden. Dabei

müssen auf jeden Prüfling mindestens 15 Minuten Prüfungszeit entfallen. Der mündliche Teil der Prüfung soll sich zumindest auf Nummer 2.1 der Anlage 1 beziehen.

§ 4 Nichtöffentlichkeit der Prüfung

(1) Die Prüfung ist nicht öffentlich.

(2) Bei der Prüfung dürfen die folgenden Personen anwesend sein:

1. Mitglieder eines anderen Prüfungsausschusses der Industrie- und Handelskammer,

2. Vertreter der Industrie- und Handelskammern,

3. Personen, die beauftragt sind, die Qualität der Prüfungen zu kontrollieren, oder

4. Personen, die von einer Industrie- und Handelskammer dafür vorgesehen sind, in einen Prüfungsausschuss berufen zu werden.

Die genannten Personen dürfen nicht in die laufende Prüfung eingreifen.

§ 5 Bewertung der Prüfung

(1) Nach der Prüfung berät der Prüfungsausschuss über das Prüfungsergebnis. Die Personen nach § 4 Absatz 2 dürfen nicht in die Beratung einbezogen werden.

(2) Die Leistung des Prüflings ist von dem Prüfungsausschuss mit „bestanden“ oder „nicht bestanden“ zu bewerten. Die Prüfung ist mit „bestanden“ zu bewerten, wenn sowohl der schriftliche als auch der mündliche Teil der Prüfung jeweils mit „bestanden“ bewertet worden sind. Der schriftliche Teil der Prüfung ist mit „bestanden“ zu bewerten, wenn der Prüfling in allen Themenbereichen, auf die sich die Prüfung erstreckt, jeweils mindestens 50 Prozent der erreichbaren Punkte erzielt. Der mündliche Teil der Prüfung ist mit „bestanden“ zu bewerten, wenn der Prüfling mindestens 50 Prozent der erreichbaren Punkte erzielt.

§ 6 Wiederholung der Prüfung und Prüfungsbescheinigung, weitere Einzelheiten des Prüfungsverfahrens

(1) Die Prüfung darf beliebig oft wiederholt werden.

(2) Die Industrie- und Handelskammer stellt bei bestandener Prüfung eine Bescheinigung nach Anlage 2 aus. Wurde die Prüfung nicht bestanden, erhält der Prüfling darüber einen Bescheid, in dem er auf die Möglichkeit einer Wiederholung der Prüfung hinzuweisen ist.

(3) Die Einzelheiten des Prüfungsverfahrens regeln die Industrie- und Handelskammern durch Satzung. § 32 Absatz 1 Satz 2 der Gewerbeordnung gilt entsprechend

§ 7 Befreiung von der Prüfungspflicht

Einem zertifizierten Verwalter gleichgestellt ist, wer

1. die Befähigung zum Richteramt,

2. eine abgeschlossene Berufsausbildung zur Immobilienkauffrau oder zum Immobilienkaufmann, zur Kauffrau oder zum Kaufmann in der Grundstücks- und Wohnungswirtschaft,

3. einen anerkannten Abschluss Geprüfter Immobilienfachwirt/Geprüfte Immobilienfachwirtin oder

4. einen Hochschulabschluss mit immobilienwirtschaftlichem Schwerpunkt besitzt.

Die in Satz 1 genannten Personen dürfen sich als zertifizierte Verwalter bezeichnen.

§ 8 Juristische Personen und Personengesellschaften als zertifizierte Verwalter

Juristische Personen und Personengesellschaften dürfen sich als zertifizierte Verwalter bezeichnen, wenn die bei ihnen Beschäftigten, die unmittelbar mit Aufgaben der Wohnungseigentumsverwaltung betraut sind, die Prüfung zum zertifizierten Verwalter bestanden haben oder nach § 7 einem zertifizierten Verwalter gleichgestellt sind.

§ 9 Inkrafttreten

Diese Verordnung tritt am Tag nach der Verkündung in Kraft.

Der Bundesrat hat zugestimmt.

Anlage 1 (zu § 1 Satz 1)

Prüfungsgegenstände

1. Grundlagen der Immobilienwirtschaft

1.1 Gebäudepläne, Bauzeichnungen und Baubeschreibungen

1.2 Relevante Versicherungsarten im Immobilienbereich

1.3 Umwelt- und Energiethemen im Immobilienbereich

2. Rechtliche Grundlagen

2.1 Wohnungseigentumsgesetz

2.1.1 Begründung von Wohnungs- und Teileigentum

2.1.2 Teilungserklärung, Aufteilungsplan und Gemeinschaftsordnung

2.1.3 Rechtsfähige Gemeinschaft der Wohnungseigentümer

2.1.4 Rechtsverhältnis der Wohnungseigentümer untereinander und zur Gemeinschaft der Wohnungseigentümer

2.1.5 Rechte und Pflichten der Wohnungseigentümer

2.1.6 Wohnungseigentümerversammlung

2.1.7 Bestellung und Abberufung des WEG-Verwalters, Verwaltervertrag

2.1.8 Rechte und Pflichten des WEG-Verwalters

2.1.9 Rechte des Verwaltungsbeirats

2.2 Bürgerliches Gesetzbuch

2.2.1 Allgemeines Vertragsrecht

2.2.2 Mietrecht

2.2.3 Werkvertragsrecht

2.2.4 Grundstücksrecht

2.3 Grundbuchrecht

2.4 Zivilprozess- und Zwangsvollstreckungsrecht

2.5 Berufsrecht der Verwalter

2.5.1 Gewerbeordnung

2.5.2 Makler- und Bauträgerverordnung

2.5.3 Rechtsdienstleistungsgesetz

2.6 Sonstige Rechtsgrundlagen

2.6.1 Heizkostenverordnung

2.6.2 Trinkwasserverordnung

2.6.3 Energierecht

3. Kaufmännische Grundlagen

3.1 Allgemeine kaufmännische Grundlagen

3.1.1 Grundzüge ordnungsgemäßer Buchführung

3.1.2 Externes und internes Rechnungswesen

3.2 Spezielle kaufmännische Grundlagen des WEG-Verwalters

3.2.1 Sonderumlagen/Erhaltungsrücklage

3.2.2 Erstellung der Jahresabrechnung und des Wirtschaftsplans

3.2.3 Hausgeld, Mahnwesen

4. Technische Grundlagen

4.1 Baustoffe und Baustofftechnologie

4.2 Haustechnik

4.3 Erkennen von Mängeln

4.4 Verkehrssicherungspflichten

4.5 Erhaltungsplanung

4.6 Energetische Gebäudesanierung und Modernisierung

4.7 Altersgerechte und barrierefreie Umbauten

4.8 Fördermitteleinsatz; Beantragung von Fördermitteln

4.9 Dokumentation

Anlage 2 (zu § 6 Absatz 2 Satz 1)

Zertifikat

über die erfolgreiche Ablegung einer Prüfung

nach § 26a des Wohnungseigentumsgesetzes

(Name, Vorname)

geboren am in

wohnhaft in

hat am

vor der Industrie- und Handelskammer …

die Prüfung zum zertifizierten Verwalter erfolgreich abgelegt.

(Stempel/Siegel)

(Ort und Datum) (Unterschrift)

§ 27 WEG
Aufgaben und Befugnisse des Verwalters

(1) Der Verwalter ist gegenüber der Gemeinschaft der Wohnungseigentümer berechtigt und verpflichtet, die Maßnahmen ordnungsmäßiger Verwaltung zu treffen, die

1. untergeordnete Bedeutung haben und nicht zu erheblichen Verpflichtungen führen oder

2. zur Wahrung einer Frist oder zur Abwendung eines Nachteils erforderlich sind.

(2) Die Wohnungseigentümer können die Rechte und Pflichten nach Absatz 1 durch Beschluss einschränken oder erweitern.

Materialien: BR-Drucks 75/51, 21; BT-Drucks 16/887, 34; BT-Drucks 16/3843, 26; BT-Drucks 19/18791, 74 f; BT-Drucks 19/22634, 46 f.

Schrifttum

Abramenko, Die Entscheidungsmacht des Verwalters aus § 27 I WEG, ZWE 2023, 105
ders, Die öffentliche Beglaubigung von Vollmachten in Wohnungseigentumssachen, ZMR 2004, 166
ders, Die Eigentümergemeinschaft als Darlehensnehmerin, ZMR 2011, 173
ders, Schadensersatz für unzureichende Beschlussfassungen, ZMR 2013, 174
Armbrüster, Der Verwalter als Organ der Gemeinschaft und Vertreter der Wohnungseigentümer, ZWE 2006, 470
ders, Aufgaben des Verwalters beim Abschluss von Versicherungsverträgen für die Gemeinschaft und bei der Abwicklung von Verträgen, ZWE 2012, 201
Bärmann, Die Vollmacht des Verwalters, PiG 3, 9
Bassenge, Verwalteraufgaben in wohnungseigentumsrechtlichen Verfahren, PiG 30 (1989) 107
Bauriedl, Die Haftung des WEG-Verwalters für verzögerte, unterlassene und mangelhafte Instandsetzungsmaßnahmen, ZMR 2006, 252
A Becker, Der Verwalter als Stellvertreter der Wohnungseigentümer (Diss Dresden 2000)
M Becker, Rechtsfähige Gemeinschaft: Wahrnehmung von Pflichten der Wohnungseigentümer, ZWE 2020, 209
Bergerhoff, Die wohnungseigentumsrechtliche Anfechtungsklage im ZPO-Verfahren, NZM 2007, 425
Bielefeld, Geldwäschegesetz und Kontenführung für die Wohnungseigentümer, ZWE 2003, 130
Blackert, Die Wohnungseigentümergemeinschaft im Zivilprozeß (Diss Erlangen-Nürnberg 1998)
Brandau/Rütten, Verlagerung von Verwalterkompetenzen von den Wohnungseigentümern auf Dritte, ZfIR 2017, 770
Brauner, Zur Vertretungsmacht des Verwalters im Wohnungseigentumsrecht – Die Aufgaben und Befugnisse des Verwalters nach § 27 Abs 1 Nrn. 1 bis 3 WEG (1998)
Bremicker, Zur Verkehrssicherungspflicht des Verwalters, PiG 54 (1998) 177 = WE 1998, 295
Briesemeister, Korrigenda zur WEG-Reform 2007, NZM 2007, 345
ders, WEG-Verwalter als Hilfssheriff der Ordnungsbehörden?, ZWE 2011, 25
ders, Nochmals: WEG-Verwalter als Hilfssheriff der Ordnungsbehörden, ZWE 2011, 163
Briesemeister/Drasdo, Beschlußkompetenz der Wohnungseigentümer (2001)

Bruns, Die neuen Befugnisse des Verwalters nach § 27 Abs 1 Nr 1 WEG: Freiraum oder Kleinkram?, NZM 2022, 153
Bub, Durchführung von Instandhaltungs- und Instandsetzungsmaßnahmen als Aufgabe des Verwalters, PiG 7 (1981) 57 = ZdWBay 1981, 440
ders, Ordnungsgemäße Verwaltung von Rücklagen und sonstigen Vermögensgegenständen, PiG 27 (1988) 97
ders, Verwalteraufgaben und Verwalterhaftung, PiG 30 (1989) 13 = WE 1988, 180 u 1989, 10
ders, Der Verwalter im Hausgeldverfahren, PiG 36 (1992) 67
ders, Grundsätze der Vermögensverwaltung, ZdWBay 1994, 163
ders, Funktion und Aufgaben des Verwalters bei Mängeln am gemeinschaftlichen Eigentum im Überblick, PiG 56 (1999) 7 = NZM 1999, 530 = WE 1999, 202
ders, Die Instandhaltung und Instandsetzung des gemeinschaftlichen Eigentums – dringende Maßnahmen, ZWE 2009, 245
ders, Kreditaufnahme durch die Wohnungseigentümergemeinschaft, ZWE 2010, 246
Bub/Petersen, Konfusion von Hausgeldansprüchen und Insichprozeß in der Wohnungseigentümergemeinschaft, NZM 1999, 646
Casser, Nachwirkende Pflichten des ausgeschiedenen Verwalters, ZWE 2014, 157
Claussen, Die Haftung des WEG-Verwalters für die Beschluss-Sammlung, ZfIR 2007, 711
Daute, Die Anlage der gemeinschaftlichen Gelder einer Wohnungseigentümergemeinschaft, NZM 2006, 86
Deckert, Die Stellung des Verwalters bei der Verfolgung und Durchsetzung von Baumängelgewährleistungsansprüchen bezüglich des gemeinschaftlichen Eigentums, BauR 1981, 99
ders, Verwaltung gemeinschaftlicher Rückstellungen und Gelder, PiG 21 (1986) 77 = ZdWBay 1986, 63
ders, Aufgaben und Haftung des Verwalters bei großen Instandhaltungs- und Instandsetzungsmaßnahmen sowie Möglichkeiten vertraglicher Haftungsbeschränkungen, PiG 30 (1989) 37
ders, Aufgaben des Verwalters im gerichtlichen Verfahren, PiG 36 (1992) 29
ders, Durchführung von Instandhaltungs- und Instandsetzungsmaßnahmen am gemeinschaftlichen Eigentum als Aufgabe des Verwalters, WE 1996, 293 u 326
ders, Verkehrssicherungspflichten des Verwalters, FachV 1 (1996) 91
ders, Die Verweigerung dringend notwendiger Sanierungen durch die Wohnungseigentümergemeinschaft – Aufgaben und Haftung des Verwalters, FachV 2, 60
ders, Befugniserweiterung durch Verwaltervertrag, ZWE 2003, 251
ders, Zur Führung der Konten einer Wohnungseigentümergemeinschaft (Wer ist Inhaber des Kontos? Bedarf es der Aushändigung von Eigentümerlisten?), ZMR 2007, 251
Demharter, Zwangshypothek für den Verwalter als Verfahrensstandschafter, ZfIR 2001, 957
Derleder, Umgangsformen zwischen Wohnungseigentümer und Verwalter, ZWE 2001, 312
ders, Die Sicherung von Krediten an die Wohnungseigentümergemeinschaft, ZWE 2010, 10
Dietrich, Einlagensicherung für Wohnungseigentümergemeinschaften, ZWE 2013, 385
Donath, Compliance im Rahmen des WEG am Beispiel der Verkehrssicherungspflicht – Möglichkeiten für die Wohnungseigentümergemeinschaft und den Hausverwalter, ZWE 2013, 199
Dötsch, Der Vergleich in WEG-Sachen, NZM 2013, 625
ders, Gebäudeversicherung der Wohnungseigentümer, ZMR 2014, 169
ders, Informationspflichten des Verwalters über Fördermöglichkeiten?, ZWE 2015, 79
ders/Greiner, Wahrnehmung der Verkehrssicherungspflicht, ZWE 2014, 343
Drabek, Die Ermächtigung eines Wohnungseigentümers zum Vertreter der Gemeinschaft, ZWE 2008, 75
Drasdo, Vertretungsmacht des Verwalters, PiG 54 (1998) 55
ders, Die Zustellungsvollmacht des Verwalters nach § 27 Abs 2 Nr 3 WEG gegenüber ehemaligen Wohnungseigentümern im Zivilprozeß, in: FS Deckert (2002) 147 = Zustellungsvollmacht des Verwalters im Zivilprozeß gegenüber ausgeschiedenen Wohnungseigentümern, NZM 2003, 793

ders, Die Anlage der Instandhaltungsrücklage, ZWE 2011, 388
ders, Die Abgabe der eidesstattlichen Versicherung für die Wohnungseigentümergemeinschaft, ZWE 2011, 115
ders, Die Informationspflichten des Wohnungseigentumsverwalters, ZMR 2013, 81
Eichhorn, Beitreibung von Gemeinschaftsforderungen als Aufgabe des Verwalters, DIV 2001, 290
Elzer, Spezielle und allgemeine Weisungen gegenüber dem Verwalter, ZWE 2023, 61
ders, Zur gerichtlichen Entscheidung über die Wiederwahl eines WEG-Verwalters, ZMR 2001, 418
ders, Kreditaufnahme durch den Verband Wohnungseigentümergemeinschaft, NZM 2009, 57
ders, Pflichten des Verwalters bei Beschädigung des gemeinschaftlichen Eigentums, ZWE 2012, 163
ders, Die Wahrnehmung von Instandhaltungs- und Instandsetzungspflichten durch die Gemeinschaft der Wohnungseigentümer, ZWE 2014, 195
Erlebach, Ordnungsgemäße Verwaltung der Geld- und Bankkonten und Aufnahme von Darlehen, PiG 27 (1988) 83
Forschner, Der Verwalter als Gestalter – Gestaltungsbefugnisse aus der Gemeinschaftsordnung, ZWE 2022, 193
Frohne, Die Haupt- und Nebenpflichten des Verwalters vor Amtsantritt und nach Amtsende, NZM 2002, 242
Furmans, Verwaltervertrag und AGB-Gesetz – nicht notwendig ein Widerspruch, NZM 2000, 985
dies, Klauselkontrolle von Verwalterverträgen, NZM 2004, 201
Gemballa, Zur Vertretungsmacht des WEG-Verwalters im Anfechtungsprozess, ZMR 2011, 525
Göhmann, Der WEG-Verwalter in der notariellen Praxis, RNotZ 2012, 251
Gottschalg, Die Übertragung von Kompetenzen der Wohnungseigentümer auf Verwalter und Verwaltungsbeirat, ZWE 2000, 50
ders, Die Verkehrssicherungspflichten des Wohnungseigentumsverwalters, NZM 2002, 590
ders, Bauträger-, Verwalter- und Vermieteridentität, NZM 2002, 841
ders, Die Haftung des Verwalters für die Nichtdurchführung von Beschlüssen, ZWE 2003, 225
ders, Die Haftung von Verwalter und Beirat in der Wohnungseigentümergemeinschaft (3. Aufl 2009)
ders, Pflicht und Befugnis des Verwalters zur Mandatierung eines Rechtsanwalts, ZWE 2009, 114
ders, Inhaltliche Gestaltung von Verwalterverträgen nach der WEG-Novelle, NZM 2009, 217
Greiner, Die Änderung der Gemeinschaftsordnung mit prozessualen Tricks, ZMR 2014, 430
ders, Durchsetzung von Hausgeldansprüchen – Der Weg zum Vollstreckungstitel, ZWE 2015, 149
ders, Die Belegeinsicht im Wohnungseigentumsrecht – Ein grundsätzliches Missverständnis und Parallelen zum Recht anderer Verbände, NZM 2011, 464
ders, Wie lange müssen WEG-Verwaltungsunterlagen aufbewahrt werden?, ZMR 2018, 131
ders, Baumaßnahmen im gemeinschaftlichen Interesse, ZWE 2019, 243
Haas, Haftung des Verwalters einer Wohnungseigentümergemeinschaft (2007)
Hadding, Die Rechtsstellung des Verwalters zwischen Verband und Wohnungseigentümern, ZWE 2012, 61
Häublein, Drittwirkung der Verwalterpflichten – Das Rechtsverhältnis zwischen Wohnungseigentümern und Verwalter nach Anerkennung der Rechtsfähigkeit der Gemeinschaft, ZWE 2008, 1, 80
ders, Laufende Maßnahmen der Instandhaltung und Instandsetzung des gemeinschaftlichen Eigentums, ZWE 2009, 189
ders, Die Rechts- und Handlungsfähigkeit der Gemeinschaft der Wohnungseigentümer insbesondere als Gesellschafter, in: FS Krüger (2017) 141
Hügel, Der Verwalter als Organ des Verbands Wohnungseigentümergemeinschaft und als Vertreter der Wohnungseigentümer, ZMR 2008, 1
Hügel/Elzer, Zwei Jahre neues WEG – oder: Das Wohnungseigentum auf dem Weg vom Immobiliareigentum zur gesellschaftsrechtlichen Beteiligung?, NZM 2009, 457

Jacoby, Aufgaben/Befugnisse des Verwalters – § 27 Abs 1 bis 3 WEG, ZWE 2012, 419
ders, Verantwortlichkeit der Gemeinschaft für Verwalter und Wohnungseigentümer sowie Regress?, ZWE 2014, 8
ders, Das Ermessen im WEG, ZWE 2023, 16
Jennissen, Die Auswirkungen der Rechtsfähigkeit auf die innergemeinschaftlichen Beziehungen der Wohnungseigentümer, NZM 2006, 203
Keuter, Vorbereitung der Beschlussfassung über größere Sanierungsmaßnahmen, ZWE 2010, 381
Lehmann-Richter, Der Verwalter als Prozessbevollmächtigter, ZWE 2009, 298
ders, Verantwortlichkeit des Verbandes Wohnungseigentümergemeinschaft für Fehlverhalten des Verwaltungsbeirats, ZWE 2011, 439
ders, Öffentlich-rechtliche Verantwortung für den Zustand des Gemeinschafts- und Sondereigentums unter besonderer Berücksichtigung des Verwalters, ZWE 2012, 105
ders, Ahndung des WEG-Verwalters wegen Ordnungswidrigkeiten – TrinkwV, EnEV und EichG, ZWE 2013, 341
ders, Verantwortlichkeit des Verwalters für Beachtung des Brandschutzes, ZWE 2014, 448
ders, Die Übertragung von Entscheidungskompetenzen im Verwaltervertrag am Beispiel der Vermögensverwaltung, ZWE 2015, 193
ders, Die magischen drei Angebote, oder: Information als Rechtmäßigkeitsvoraussetzung eines Wohnungseigentümerbeschlusses, in: FS Riecke (2019) 287 = ZMR 2021, 868
ders/Wobst, Die Vertretung der Wohnungseigentümergemeinschaft nach dem WEMoG, NJW 2021, 662
Lüke, Instandhaltung und Instandsetzung des gemeinschaftlichen Eigentums – Sonstige Maßnahmen, ZWE 2009, 101
Mansel, Zustellungen an den Verwalter, in: FS Bärmann und Weitnauer (1990) 471
Merle, Organbefugnisse und Organpflichten des Verwalters bei Passivprozessen der Gemeinschaft der Wohnungseigentümer, ZWE 2006, 21
ders, Geschäftsführungs- und Vertretungsbefugnis des Verwalters bei laufenden Maßnahmen, ZWE 2010, 2
Müller, Die Stellung des Verwalters im Verfahren, PiG 36 (1992) 7
ders, Bauträger und Immobilienverwalter, ZWE 2002, 391
ders, Die Vertragspartner des Verwalters, in: FS Seuß (2007) 113
ders, Die Prozessvertretung der Beklagten durch den Verwalter im Anfechtungsrechtsstreit, ZWE 2008, 226
Niedenführ, Zahlungsanspruch der Wohnungseigentümer gegen den früheren Verwalter bei ungeklärten Abhebungen vom Treuhandkonto, NZM 2000, 270
Ott, Die Abnahme des Werkes bei Gemeinschaftseigentum, ZWE 2010, 157
Reichert, Der Wohnungseigentümer als Zustellungsvertreter nach dem RegE-WEG, ZWE 2006, 477
Riecke, Einschränkungen der Verwaltung fremden (Wohnungs-)Eigentums durch das Rechtsberatungsgesetz, ZMR 2000, 493
Röll, Der Nachweis von Beschlüssen der Wohnungseigentümerversammlung gegenüber dem Grundbuchamt, Rpfleger 1986, 4
Sauren, Verwaltung unter dem Rechtsberatungsgesetz – Rechtsberatung bei WEG-, Sondermiet- und Hausverwalter, NZM 2003, 966
ders, Haushaltsnahe (Dienst-)Leistungen in der Wohnungseigentümergemeinschaft – eine Revolution für Verwalter, NZM 2007, 23
Scheuer, Aufgaben des neuen Verwalters nach Übernahme einer Verwaltung, ZWE 2014, 152
Schmid, Prozessführung durch den Wohnungseigentumsverwalter, ZWE 2010, 305
ders, Die Vertretung der Beklagten in Beschlussanfechtungsverfahren, ZWE 2012, 168
ders, Berufungseinlegung durch den Verwalter im Beschlussanfechtungsverfahren?, ZWE 2012, 352
ders, Vertretung der Wohnungseigentümer bei Instandsetzungsaufträgen, NJW 2012, 2545
ders, Müssen Wohnungseigentümerbeschlüsse wirklich sofort durchgeführt werden?, ZMR 2013, 93
ders, Beschluss über Baumaßnahmen – nach Ausführung für ungültig erklärt. Was dann?, ZWE 2013, 111
ders, Was hat der Immobilienverwalter mit dem Mieter eines Wohnungseigentümers zu tun?, ZfIR 2013, 718

ders, Die Hausordnung in Miete und Wohnungseigentum, NJW 2013, 2145
ders, Die Vertretung der Wohnungseigentümergemeinschaft durch den Verwalter bei der Geltendmachung von Ansprüchen, ZfIR 2014, 589
J-H Schmidt, Die Durchsetzung der WEG-Hausordnung gegenüber dem Mieter und dem Eigentümer durch den WEG-Verwalter, ZMR 2009, 325
ders, Fördermittelberatung durch den WEG-Verwalter, ZWE 2014, 440
Schreiner, Der Ausschluss des Verwalters als Zustellungsvertreter, NZM 2013, 64
Schultz, Zur Rechtsstellung des Verwalters, ZWE 2009, 161
Schultzky, Der Verwalter als Gemeinschaftsorgan – Neue Rechte und neue Pflichten, ZWE 2021, 62
ders, Die Vermietung von Gemeinschaftseigentum, MietRB 2012, 61
Suilmann, Die Ermächtigung des Verwalters nach § 27 Abs 3 Satz 1 Nr 7 WEG, ZWE 2008, 113
ders, Das neue WEG-Verfahrensrecht, ZWE 2021, 246
Tank/Bringewat, Der Verwalter als Adressat einer bauordnungsrechtlichen Verfügung?, ZWE 2012, 306
Vandenhouten, Die Informationspflichten des Verwalters bei Rechtsstreitigkeiten gemäß § 27 Abs 1 Nr 7 WEG, ZWE 2009, 145
dies, Die Haftung des Verwalters für unterlassene Erhaltungsmaßnahmen, ZWE 2012, 237
Weitnauer, Die Vermögensverwaltung durch den Verwalter, PiG 21 (1986) 59
ders, Probleme bei Wechsel von Verwalter und Wohnungseigentümer, PiG 30 (1989) 55
ders, Geltendmachung von Ansprüchen zugunsten der Gemeinschaft, PiG 32 (1991) 157
Wenderoth, Die Beschlussfassung der WEG über Instandsetzungsmaßnahmen, ZMR 2011, 851
Wenzel, Die Teilrechtsfähigkeit und die Haftungsverfassung der Wohnungseigentümergemeinschaft – eine Zwischenbilanz, ZWE 2006, 2
ders, Die Wohnungseigentümergemeinschaft – ein janusköpfiges Gebilde aus Rechtssubjekt und Miteigentümergemeinschaft?, NZM 2006, 321
ders, Die Wahrnehmung der Verkehrssicherung durch den Wohnungseigentumsverwalter, ZWE 2009, 57
Wobst, Zur Reichweite der Gestaltungsmacht des Verwaltervertrags, ZWE 2022, 15
ders, Die neue Struktur der Rechtsbeziehungen in der Gemeinschaft, ZWE 2021, 17
Zieschang, Haftstrafe für Verwalter wegen Untreue?, NZM 1999, 393.

Systematische Übersicht

Alphabetische Übersicht

I. Grundlagen

1 Das WEMoG hat § 27 WEG vollständig neu gefasst. Die Regelung ist systematisch im Zusammenhang zum einen mit § 9b Abs 1 WEG und zum anderen mit § 19 Abs 1 WEG zu lesen: Während § 9b Abs 1 S 1 WEG dem Verwalter nahezu umfassende Vertretungsmacht verleiht, regelt § 27 WEG die Frage, ob der Verwalter von dieser Vertretungsmacht kraft **eigener Entscheidungsmacht** Gebrauch machen kann und muss. Alternativ besteht die Entscheidungsmacht der Eigentümer aus § 19 Abs 1 WEG, durch Beschluss in der Eigentümerversammlung über Maßnahmen ordnungsmäßiger Verwaltung zu bestimmen. Dem Verwalter verbleibt dann die Aufgabe der Beschlussvorbereitung und -durchführung.

1. Entstehungsgeschichte und Normzweck

2 An den Veränderungen des § 27 WEG lässt sich die **historische Entwicklung** besonders gut ablesen, für wen der Verwalter tätig ist. **Ursprünglich** waren dies nur die Wohnungseigentümer, soweit diese gemeinschaftlich wegen der Verwaltung des gemeinschaftlichen Eigentums betroffen waren. § 27 WEG aF aus dem Jahre 1951 bestimmte unverändert bis zur Reform 2007 in fünf Absätzen die Kompetenzen und Vertretungsmacht des Verwalters, im Namen der einzelnen (selbst eigentlich handlungsfähigen) Eigentümer rechtsgeschäftlich zu handeln. Die Kataloge in den alten Abs 1 u 2 waren als Mindestprogramm des Verwalters konzipiert, das auch durch Vereinbarung der Eigentümer nicht beschnitten werden konnte.

3 Die **große WEG-Reform 2007** durch G v 26. 3. 2007 (BGBl I 370) hat diese Kataloge der Aufgaben und Kompetenzen des Verwalters in § 27 WEG aF grundlegend neugestaltet und auf drei Absätze ausgeweitet. Regelungsanlass war die gesetzliche Anerkennung der rechtsfähigen Gemeinschaft. Infolge dieser Anerkennung veränderte sich die Funktion des Verwalters durchgreifend. Dieser war nicht mehr nur Vertreter der Eigentümer, sondern auch Organ der rechtsfähigen Gemeinschaft. Die Bundesregierung sprach von einer „**Zwitterstellung**" (BT-Drucks 16/887, 69).

4 Das **WEMoG** macht nun den nächsten Schritt, indem es die Beziehung zwischen Verwalter und Eigentümern kappt (vgl zu den Rechtsbeziehungen Staudinger/Jacoby § 26 WEG Rn 27 ff). Der Verwalter ist nicht mehr Vertreter der Eigentümer, sondern allein noch **Vertretungsorgan der rechtsfähigen Gemeinschaft**. Dieser Umstand legitimiert auch, warum das WEMoG das ursprüngliche Konzept des WEG 1951 aufgibt, die Aufgaben des Verwalters in einem Katalog zu regeln (RegE, BT-Drucks 19/18791, 74 f, verweist indessen abweichend auf die Vielgestaltigkeit der Wohnungseigentumsanlagen). Früher bestand alternativ die Kompetenz der einzelnen Eigentümer, für sich selbst zu entscheiden und zu handeln. Heute repräsentiert indessen der Verwalter als Vertretungsorgan die Gemeinschaft durchweg. Sofern eine Kompetenz nicht der Eigentümerversammlung oder einem anderen Organ zugewiesen ist, ist der Verwalter

zuständig. Auch sonst ist im Personenrecht eine Aufgabenbeschreibung des Vertretungsorgans ungewöhnlich (vgl Schultzky ZWE 2021, 62).

5 Bereits die WEG-Reform 2007 hatte sich auf die Fahnen geschrieben, deutlich zwischen der Regelung der **Entscheidungsmacht** – in der Gesetzesbegründung „Innenverhältnis" genannt – in § 27 Abs 1 WEG aF und der der **Vertretungsmacht** in § 27 Abs 3 WEG aF (für die rechtsfähige Gemeinschaft) zu unterscheiden (BT-Drucks 16/887, 70). Das WEMoG teilt die Kompetenzen des Verwalters nun auf § 9b Abs 1 WEG und § 27 WEG auf. § 27 WEG regelt allein noch die Entscheidungsmacht. Über die Reichweite der gesetzlichen Entscheidungsmacht nach § 27 Abs 1 Nr 1 WEG wurde im Gesetzgebungsverfahren gestritten. Seine heutige Fassung hat diese Bestimmung erst auf Empfehlung des Rechtsausschusses erhalten (BT-Drucks 19/22634, 46 f).

6 Mit der Schaffung des Rechtsträgers Gemeinschaft hat sich ein weiterer Verwaltungsgegenstand ergeben. Es ist nicht mehr nur das den Wohnungseigentümern zugeordnete gemeinschaftliche Eigentum, sondern auch das Vermögen der Gemeinschaft selbst zu verwalten. Dazu hatte die Reform 2007 eine Regelung vermissen lassen. Das holt das WEMoG dadurch nach, dass § 9a Abs 3 WEG für das **Gemeinschaftsvermögen** neben §§ 18 f WEG auch auf § 27 WEG verweist (Staudinger/Jacoby [2023] § 9a WEG Rn 90 f). Auch insoweit ist es also Aufgabe des § 27 WEG, die Entscheidungsmacht des Verwalters zu bestimmen.

2. Privatautonomie

7 § 27 WEG enthält in seinen beiden Absätzen zwei unterschiedliche Regelungen zur Entscheidungsmacht, von denen die eine in Abs 2 sich selbst schon zur privatautonomen Gestaltungsmacht der Eigentümer verhält. Danach können die Eigentümer die gesetzliche Regelung der Entscheidungsmacht in § 27 Abs 1 WEG durch Beschluss beliebig verändern. Das muss dann auch für die Möglichkeit durch Vereinbarung nach § 10 Abs 1 S 2 WEG gelten. Also ist die **gesetzliche Verteilung** der Entscheidungsmacht nach § 27 Abs 1 WEG **disponibel**.

8 Die Frage nach der Abdingbarkeit des § 27 Abs 2 WEG geht dahin, ob die Eigentümer durch Vereinbarung nach § 10 Abs 1 S 2 WEG die **Kompetenz der Eigentümer** aus § 27 Abs 2 WEG, über die Entscheidungsmacht zu beschließen, durch Vereinbarung **beschneiden** können. Auch das wird man mangels entgegenstehender Regelung aufgrund von § 10 Abs 1 S 2 WEG bejahen müssen. Daher kann eine Vereinbarung die Reichweite der Beschlusskompetenz einschränken, etwa eine Ober- oder Untergrenze für die Kompetenzen des Verwalters einziehen. Es kann aber auch die Beschlussfassung nach § 27 Abs 2 WEG näher ausgestaltet werden, etwa eine qualifizierte Mehrheit oder ein Mindestbeteiligungsquorum verlangt werden. Zweifel an der Abdingbarkeit wirft allerdings § 27 Abs 1 Nr 2 WEG auf. Bis 2020 konnten die Notbefugnisse des Verwalters nicht durch Vereinbarung ausgeschlossen werden, § 27 Abs 4 WEG aF, der als § 27 Abs 3 WEG aF bereits Bestandteil des WEG 1951 war. Das WEMoG wertet aber offenbar anders. Da das Verwalteramt auch unbesetzt sein kann, ist auch der Ausschluss dieser Notkompetenz zulassen. Die Notkompetenzen wachsen dann über § 18 Abs 3 WEG den Eigentümern zu. Ungeachtet der Zulässigkeit wird eine solche Regelung kaum einmal sinnvoll sein. Ausnahmen sind aber

denkbar. So werden Gestaltungen erwogen, die Aufgaben des Verwalters auf die Abrechnung zu beschränken.

9 Damit stellt sich bei Vereinbarungen der Eigentümer zur Entscheidungsmacht des Verwalters künftig das **Auslegungsproblem**, ob diese Vereinbarungen die Verwalterkompetenzen abschließend festlegen wollen oder ob diese Vereinbarungen selbst wieder über § 27 Abs 2 WEG der Beschlussdisposition unterliegen. Diese Frage beantwortet die parallele Regelung in § 16 Abs 2 S 2 WEG ausdrücklich dahin, dass die Eigentümer grundsätzlich auch über vereinbarte Kostenverteiler beschließen können. Das sollte man auf § 27 Abs 2 WEG übertragen, auch wenn der Wortlaut hier nicht so eindeutig ist. Daher kann also eine Vereinbarung über die Entscheidungsmacht des Verwalters grundsätzlich durch Beschluss verändert werden (Hügel/Elzer § 27 WEG Rn 77). Allerdings kann diese Beschlusskompetenz aus § 27 Abs 2 WEG selbst wieder durch Vereinbarung nach § 10 Abs 1 S 2 WEG ausgeschlossen werden (abweichend wohl Elzer ZWE 2023, 61, 64). Daher ist eine Vereinbarung auch dahin auszulegen, ob sie die Beschlusskompetenz aus § 27 Abs 2 WEG ausschließen will. Die Auslegung deutlich vereinfachen würde es, wenn die Vereinbarung selbst ausdrücklich bestimmen würde, inwieweit die Beschlusskompetenz aus § 27 Abs 2 WEG durch die Vereinbarung berührt wird.

10 **Altvereinbarungen** werden auf Grundlage der Auslegungsregel des § 47 WEG regelmäßig unbeachtlich sein. Denn solche Abreden konnten unter dem alten Recht mangels gesetzlicher Beschlusskompetenz die Beschlussfassung nur erleichtern. Angesichts der heutigen Weite des § 27 Abs 2 WEG könnten solche Altvereinbarungen heute nur beschränkend wirken, was ihrem Zweck widerspräche.

11 Diese Aussagen zur weiten Dispositionsmacht der Eigentümer sind auf den **Anwendungsbereich von § 27 WEG** beschränkt, den § 27 WEG mit dem Merkmal ordnungsmäßiger Verwaltung in Anknüpfung an § 19 Abs 1 WEG beschreibt (u Rn 31 ff). Daher lassen sich viele Kompetenzen, die dem Verwalter durch Vereinbarung eingeräumt werden (eingehend Forschner ZWE 2022, 193 ff), nicht auf § 27 WEG stützen. In solchen Sachlagen bedarf es mangels Anwendbarkeit der Beschlusskompetenz aus § 27 Abs 2 WEG also einer Vereinbarung nach § 10 Abs 1 S 2 WEG, etwa für die Kompetenz, abweichend von § 20 Abs 1 WEG als Verwalter bestimmte bauliche Maßnahmen zu genehmigen.

II. Verwalterkompetenz innerhalb der rechtsfähigen Gemeinschaft

12 Die von § 27 WEG geregelte Entscheidungskompetenz des Verwalters ist Bestandteil der Regelungen, die die **Organisation der rechtsfähigen Gemeinschaft** ausgestalten. Die Kompetenz, für die rechtsfähige Gemeinschaft Entscheidungen zu treffen, weist im Ausgangspunkt entweder § 19 WEG den Eigentümern oder § 27 WEG dem Verwalter zu. Die Bedeutung dieser auf § 27 WEG beruhenden Zuweisung von Entscheidungsmacht an den Verwalter äußert sich folgendermaßen:

1. Charakter der Verwalterstellung

13 Die Binnenorganisation eines organisierten Rechtsträgers ist auf **Entscheidungsfindung** ausgelegt. Um die Entscheidung reihen sich zwei weitere Kompetenzen. Mit

der **Organisationskompetenz** lässt sich die Aufgabe beschreiben, die Entscheidung vorzubereiten. Die **Vollzugskompetenz** enthält die Funktionszuweisung, die Entscheidung umzusetzen. Die Zuweisung der Entscheidungskompetenz ordnet die Machtverhältnisesse der einzelnen Organe. Entsprechend unterscheidet sich der Charakter der Stellung eines Verwalters abhängig davon, ob ihm die Entscheidungsbefugnis zusteht.

a) Entscheidungskompetenz der Eigentümer

Die **klassische Aufgabenverteilung des WEG** geht dahin, dass den Eigentümern die 14
Entscheidungsbefugnis zusteht, wie es heute auch noch weithin aus § 19 WEG folgt. Dann lassen sich die drei unterschiedlichen Kompetenzen deutlich erkennen. Als Paradebeispiel lässt sich auf die Kompetenzzuschreibung des BGH im Zuge der Erhaltung des gemeinschaftlichen Eigentums verweisen (BGH 19. 7. 2019 – V ZR 75/18, ZWE 2020, 44 = ZMR 2020, 134 Rn 9; u Rn 96 ff): Zwar hatte der Verwalter nach § 27 Abs 1 Nr 2 WEG aF die zur Erhaltung des gemeinschaftlichen Eigentums erforderlichen Maßnahmen zu treffen. Dazu war aber anerkannt, dass grundsätzlich die Entscheidungsmacht wegen § 21 Abs 1 WEG aF bei den Eigentümern lag, dem Verwalter indessen die Aufgaben aus der **Organisations- und Vollzugskompetenz** zufielen. Im Rahmen der Organisationskompetenz hatte der Verwalter das mögliche Problem zu eruieren („Zustand des Gemeinschaftseigentums kontrollieren") und die Eigentümer nicht nur darüber zu informieren („ausreichend unterrichten"), sondern auch Lösungsmöglichkeiten aufzuzeigen, damit die Eigentümer eine Entscheidung treffen können („Lage zu versetzen, einen sachgerechten Beschluss über das weitere Vorgehen zu fassen"). Diese Verwalteraufgabe der inhaltlichen Organisation wurde und wird für den Verwalter noch um die formelle Aufgabe ergänzt, nach § 24 WEG eine Eigentümerversammlung einzuberufen und dort den Vorsitz zu führen. Anschließend hat der Verwalter in Ausübung der Vollzugskompetenz den Beschluss durchzuführen.

Ungeachtet der Gesetzesänderung hat sich an dieser Grundordnung nichts geändert 15
(BeckOGK/Greiner [1. 12. 2022] § 27 WEG Rn 2; Schultzky ZWE 2021, 62, 63; vgl auch BT-Drucks 19/22634, 47). Zwar findet sich im WEG weder die Aufgabe des Verwalters, Beschlüsse durchzuführen, wie es § 27 Abs 1 Nr 1 Fall 1 WEG aF vorsah, noch die angesprochene Aufgabe, erforderliche Maßnahmen zur Erhaltung zu treffen. Alles beruht nunmehr auf der Stellung des Verwalters als gesetzlicher Vertreter, § 9b Abs 1 S 1 WEG. Der Verwalter ist für alles kompetent, was nicht abweichend einem anderen Organ zugewiesen ist. Das ist hier allein die Entscheidungskompetenz der Eigentümer durch § 19 WEG. Die **Vollzugskompetenz** ergibt sich ganz zwanglos aus der Stellung als gesetzlicher Vertreter. Denn nur wer Vertretungsmacht hat, kann die maßgeblichen Verträge im Namen der Gemeinschaft schließen. Aber auch die **Organisationskompetenz** ist weiterhin dem Verwalter zugewiesen. Aus seiner Stellung als gesetzlicher Vertreter ergibt sich in Anlehnung an den alten § 27 Abs 1 Nr 2 WEG aF die Aufgabe, alle Maßnahmen zu treffen, die für die Aufgabenwahrnehmung der Gemeinschaft erforderlich sind. Das bezieht sich also nicht mehr nur auf die Verwaltung des gemeinschaftlichen Eigentums, § 18 Abs 1 WEG, sondern auch auf das Gemeinschaftsvermögen, § 9a Abs 3 WEG.

Eine Schwächung der Stellung des Verwalters als Organisations- und Vollzugsorgan 16
trotz seiner Stellung als gesetzlicher Vertreter bedeutet die Weichenstellung von § 44 Abs 1 WEG, dass der Verwalter **keine Beschlussklage** erheben kann. Diese sind den

Eigentümern vorbehalten. Nur diese können Beschlüsse der Eigentümer anfechten und Beschlüsse, die die Eigentümer nicht gefasst haben, durch das Gericht ersetzen lassen. Diese Beschränkung der Kompetenzen des Verwalters ist kein Widerspruch zu der in der vorigen Rn 15 dargestellten grundsätzlichen Allzuständigkeit des Verwalters. Denn § 44 Abs 1 WEG beschränkt ausdrücklich die Kompetenzen auf die Eigentümer unter Aussparung des Verwalters. Der Verwalter ist mit den Beschlussklagen nur als Vertreter der nach § 44 Abs 2 S 1 WEG beklagten Gemeinschaft befasst. Überdies kann er sich unter der Voraussetzung des § 66 ZPO als Nebenintervenient beteiligen.

b) Entscheidungskompetenz des Verwalters

17 Durch die Neufassung des § 27 WEG kann es gerade aufgrund von einer Beschlussfassung nach § 27 Abs 2 WEG in weiterem Umfange zu einer Entscheidungsmacht des Verwalters kommen. Dann fallen **alle drei Aufgaben** der Entscheidungsvorbereitung, Entscheidungsfindung und Entscheidungsdurchführung in der Person des Verwalters zusammen.

18 Auch dann entfällt für den Verwalter nicht die Aufgabe der hinreichenden Entscheidungsvorbereitung. Auch der Verwalter muss seine Entscheidung auf hinreichender Informationsgrundlage treffen (Jacoby ZWE 2023, 16, 19). Es setzen sich also hier die Auseinandersetzungen um die hinreichende Entscheidungsgrundlage, Stichwort: drei Angebote (u Rn 104), fort. Allerdings gibt es kaum einen Rechtsschutz gegen die Entscheidung selbst, wie sonst die Anfechtungsklage gegen den Beschluss der Eigentümer in Betracht kommt. Führt eine pflichtwidrige, weil schlecht vorbereitete Entscheidung allerdings zu einem Schaden der Gemeinschaft, kann dieser ein Schadensersatzanspruch aus § 280 Abs 1 BGB gegen den Verwalter zustehen.

19 Die Entscheidungsmacht des Verwalters auf Grundlage eines Beschlusses nach § 27 Abs 2 WEG kann im Wege einer rechtsgeschäftlichen Bedingung auch noch von **weiteren Voraussetzungen**, namentlich der Zustimmung oder des fehlenden Widerspruchs des Beirats oder eines Bauausschusses der Eigentümer abhängig gemacht werden. Auch in einem solchen Fall handelt es sich um die Entscheidungskompetenz des Verwalters, die aber an eine **präventive Kontrolle** gekoppelt wird. Mangels einer § 27 Abs 2 WEG entsprechenden Regelung kann die Entscheidungskompetenz aber nicht durch Beschluss ganz auf ein solches Gremium verlagert werden. § 27 Abs 2 WEG sieht die Kompetenzverlagerung allein zugunsten des Verwalters vor.

2. Rechte und Pflichten des Verwalters

20 § 27 WEG kleidet die Zuweisung der Entscheidungsmacht in die Formulierung „berechtigt und verpflichtet". Damit geht einher, dass dem Verwalter nicht nur Kompetenzen zugewiesen werden, sondern er auch verpflichtet wird, von diesen Kompetenzen Gebrauch zu machen. Wenn die Entscheidungsmacht aus § 27 WEG dem Verwalter zufällt, muss er also entscheiden, darf nicht stattdessen die Eigentümer um einen Beschluss bitten. Bei seiner Entscheidung mag es im Rahmen des Entscheidungsermessens möglich sein, nichts zu unternehmen. Das **Unterlassen** einer Handlung ist aber auch dann nur ermessensfehlerfrei, wenn der Verwalter auf hinreichender Grundlage sich für dieses Verhalten entschieden hat.

21 Unter dem alten Recht war umstritten, gegenüber wem den Verwalter die Pflicht trifft, seine Verwaltungskompetenzen wahrzunehmen. In Übereinstimmung mit dem Wortlaut des § 27 Abs 1 WEG aF hat der BGH auch eine Pflicht des Verwalters unmittelbar gegenüber den Eigentümern bejaht (BGH 8. 6. 2018 – V ZR 125/17, BGHZ 219, 60 = NJW 2018, 3305 Rn 15 ff BGH 15. 2. 2019 – V ZR 71/18 ZWE 2019, 321 = ZMR 2019, 775 Rn 9; ferner zu den Pflichten aus § 28 WEG BGH 14. 12. 2018 – V ZR 2/18, NZM 2019, 374 = ZMR 2019, 416 Rn 16). Mit dem Wortlaut des § 27 WEG haben sich durch das WEMoG aber die Rechtsverhältnisse insgesamt verändert. Das Rechtsverhältnis aufgrund seiner Bestellung, sog **Amtswalterrechtsverhältnis**, verbindet den Verwalter nur noch mit der Gemeinschaft (Staudinger/Jacoby § 26 WEG Rn 27 ff). Entsprechend hat der BGH nunmehr auch einen Anspruch einzelner Eigentümer auf Beschlussdurchführung gegen den Verwalter verneint (BGH 16. 12. 2022 – V ZR 263/21, ZWE 2023, 139 = ZMR 2023, 384 Rn 26).

3. Anspruch auf ordnungsmäßige Verwaltung eines Eigentümers

22 Dem einzelnen Eigentümer steht gegen die rechtsfähige Gemeinschaft ein Anspruch auf ordnungsmäßige Verwaltung aus § 18 Abs 2 WEG zu (zur Funktionsweise und Bestimmung des Anspruchsinhalts Staudinger/Lehmann-Richter § 18 WEG Rn 100 f). Das prozessuale Vorgehen eines Eigentümers unterscheidet sich danach, ob er einen **Beschluss oder** eine **Verwaltungshandlung begehrt** (Bärmann/Dötsch § 18 WEG Rn 12, 64 f; Lehmann-Richter/Wobst Rn 321 ff). Richtet sich das Begehren auf einen Beschluss, muss der Eigentümer Beschlussersetzungsklage, § 44 Abs 1 S 2 WEG, erheben. Eine Verwaltungshandlung kann er im Wege der Leistungsklage durchsetzen. Strukturiert man die Fragestellung nach der jeweils betroffenen Verwalterkompetenz, ergibt sich folgendes Bild:

a) Beschlussvorbereitung (Organisationskompetenz)

23 Das Begehren des Eigentümers kann darauf gerichtet sein, dass der Verwalter einen Beschluss vorbereitet, namentlich zu einer **Eigentümerversammlung** einlädt. In einem solchen Falle kann sich zunächst eine Ersatzkompetenz zur Ladung aus § 24 Abs 3 WEG für ein Beiratsmitglied ergeben. Will der Eigentümer aber aus § 18 Abs 2 WEG einen Anspruch auf Ladung verfolgen, so kann er einen entsprechenden Antrag mit der Leistungsklage geltend machen (Lehmann-Richter/Wobst Rn 327).

24 Darüber hinaus bestehen gute Gründe, dass der Eigentümer unmittelbar **Beschlussersetzungsklage** auf den vom ihm begehrten Beschluss erheben kann. Dem kann nicht entgegengehalten werden, dass die Beschlussersetzung stets die Befassung der Eigentümer in der Eigentümerversammlung voraussetzt. Denn hier bedingen die neuen Rechtsverhältnisse ein Umdenken: Anspruchsgegner des klagenden Eigentümers ist die Gemeinschaft. Dieser ist die schuldhafte Erschwerung der Beschlussfassung durch ihr Organ Verwalter nach § 31 BGB analog zuzurechnen (vgl BGH 16. 12. 2022 – V ZR 263/21, ZWE 2023, 139 = ZMR 2023, 384 Rn 26). Im Interesse eines effektiven Rechtsschutzes für die Eigentümer muss dieses Fehlverhalten der Gemeinschaft genügen, um ein Rechtsschutzbedürfnis für die Beschlussersetzung zu legitimieren (Staudinger/Lehmann-Richter § 44 WEG Rn 265).

b) Entscheidung durch den Verwalter (Entscheidungskompetenz)

25 Hat der Verwalter aufgrund von § 27 WEG Entscheidungsmacht, ist das Begehren des Eigentümers auf eine bestimmte Maßnahme gerichtet. Daher ist die **Leistungskla-**

ge einschlägig (Bärmann/Dötsch § 18 WEG Rn 64; Staudinger/Lehmann-Richter § 18 WEG Rn 157). Dem wird entgegengehalten, dass die Entscheidung durch den Verwalter an die Stelle derjenigen der Eigentümer trete, ohne verdrängenden Charakter zu äußern (Lehmann-Richter/Wobst Rn 338 f). Indessen ist § 27 Abs 2 WEG nur zu entnehmen, dass die Eigentümer die Entscheidungsmacht jederzeit durch Beschluss wieder an sich ziehen können. Fassen die Eigentümer keinen Beschluss, liegt die Entscheidungsmacht beim Verwalter. Der Verwalter verletzt seine Pflichten (o Rn 20), wenn er eine Eigentümerversammlung einberuft, statt ohne Versammlung zu entscheiden. Dann muss sich diese Kompetenzregelung auch auf den einschlägigen Klageinhalt und damit die Klageart auswirken.

c) Beschlussdurchführung (Vollzugskompetenz)

26 Ist ein Beschluss gefasst worden, hat der Verwalter diesen in Umsetzung seiner Vollzugskompetenz durchzuführen. Diese Beschlussdurchführung kann im Abschluss eines Vertrags, in der Erhebung einer Klage, aber auch einer tatsächlichen Handlung bestehen. In jedem Fall begehrt der Eigentümer eine Verwaltungshandlung, so dass eine **Leistungsklage** gegen die Gemeinschaft, vertreten vom Verwalter, einschlägig ist (Lehmann-Richter/Wobst Rn 330 f).

27 Zur Zulässigkeit der Leistungsklage hat der BGH sich noch nicht geäußert. Er hat in einer Sachlage, in der zwischen den Beteiligten Streit über den Inhalt eines Sanierungsbeschlusses bestand, eine Beschlussersetzungsklage mit dem Ziel zugelassen, den Inhalt des ursprünglichen Beschlusses klarzustellen (BGH 16. 12. 2022 – V ZR 263/21, ZWE 2023, 139 = ZMR 2023, 384 Rn 30 ff; vgl zum alten Recht BGH 8. 6. 2018 – V ZR 125/17, BGHZ 219, 60 = NJW 2018, 3305 Rn 28 zur Beschlussfassung, um Streit oder Ungewissheit über den Umfang eines Beschlusses anlässlich der Durchführung zu beseitigen). Das mag insbesondere dann geboten sein, wenn der zu konkretisierende Beschluss selbst noch Spielräume lässt, die den Kläger an der Erhebung einer bestimmten Leistungsklage hindern.

4. Fehlen eines Verwalters

28 Zwar können die Eigentümer die Existenz des Verwalteramtes in ihrer Gemeinschaft nicht ausschließen, § 26 Abs 1 u 5 WEG, sie können aber faktisch das Amt des Verwalters unbesetzt lassen. In einem solchen Fall bestehen zur Verwaltung des gemeinschaftlichen Eigentums keine Ansprüche der Eigentümer untereinander. Auch dann sind die Eigentümer auf ihren Anspruch auf ordnungsmäßige Verwaltung gegen die Gemeinschaft aus § 18 Abs 2 WEG beschränkt. In erster Linie können sie ihren **Anspruch auf Bestellung eines Verwalters** durchsetzen (Staudinger/Jacoby § 26 WEG Rn 61 ff).

29 Alternativ steht den Eigentümern auch die Möglichkeit zu, eine bestimmte Maßnahme oder sonstige **Beschlussersetzung** zu begehren. Dann muss der Eigentümer seine Anträge aber der Verwalterlosigkeit anpassen. Er kann keine Ladung zur Versammlung begehren, sondern nur, dass dem klagenden Eigentümer der Beschluss ersetzt wird, zu einer Versammlung mit einem bestimmten Inhalt zu laden. Sonst kann er auf Beschlussersetzung klagen, solange es an einer Entscheidung fehlt. Auf **Beschlussdurchführung** kann er nur die Gemeinschaft verklagen. Diese muss dann von Eigentümern verlangen, dass sie an der Vertretung der verwalterlosen Gemeinschaft nach § 9 Abs 1 S 2 WEG mitwirken.

III. Anwendungsbereich

§ 27 Abs 1 WEG beschreibt den Anwendungsbereich, wofür die Entscheidungsmacht geregelt wird, als **Maßnahmen ordnungsmäßiger Verwaltung**. Damit wird auf §§ 18 f WEG Bezug genommen, so dass die Verwaltung des gemeinschaftlichen Eigentums betroffen ist. § 9a Abs 3 WEG erweitert den Anwendungsbereich von § 27 WEG wie den von § 18 f WEG auf das Gemeinschaftsvermögen. Trifft aufgrund einer Vereinbarung ausnahmsweise die Gemeinschaft auch die Erhaltungslast für Teile des **Sondereigentums** (vgl Emmerich ZWE 2017, 161, 165), muss die Pflicht des Verwalters aus § 27 WEG sich dann auch auf das Sondereigentum erstrecken (vgl Jacoby ZWE 2017, 149, 150). Dadurch wird der Verwalter nicht unzumutbar belastet. Denn die Eigentümer könnten die betroffenen Gebäudeteile auch nach § 5 Abs 3 WEG zu Gemeinschaftseigentum erklären, was eben gerade diese Pflichten in direkter Anwendung dieser Bestimmung mit sich gebracht hätte. 30

1. Verwaltung des gemeinschaftlichen Eigentums

Was die Verwaltung des gemeinschaftlichen Eigentums betrifft, **deckt** sich der Anwendungsbereich des § 27 WEG **mit dem des § 19 Abs 1 WEG**, soweit dort die Verwaltung, nicht aber die Nutzung geregelt wird. Entsprechend gilt es, den Anwendungsbereich dieser Beschlusskompetenz aus § 19 Abs 1 WEG von anderen Kompetenzen abzugrenzen. 31

Schon vom Wortlaut her verbietet sich eine Anwendung des § 27 WEG auf **bauliche Veränderungen**, die **§ 20 Abs 1 WEG** als Maßnahmen definiert, die über die ordnungsmäßige Verwaltung hinausgehen (Bärmann/Becker § 27 Rn 14; Schultzky ZWE 2021, 62, 63). Daher können die Eigentümer insbesondere nicht durch Beschluss nach § 27 Abs 2 WEG den Verwalter ermächtigen, bauliche Maßnahmen zu billigen. Eine Ausnahme ist allerdings zu machen, wenn die Eigentümer das Ob der Maßnahme und damit die maßgebliche Veränderung des Sollzustands der Anlage regeln und dem Verwalter die Macht übertragen, das Ermessen hinsichtlich der Durchführung der Maßnahme auszuüben. Dann liegt es nicht anders als bei einer Erhaltungsmaßnahme. Entsprechend verlangt § 20 Abs 2 S 2 WEG wie § 19 Abs 1 WEG eine Entscheidung im Rahmen ordnungsmäßiger Verwaltung, so dass die Eigentümer ihr Ermessen an den Verwalter delegieren können (Bärmann/Becker § 27 Rn 48; Lehmann-Richter/Wobst Rn 495). 32

Aber auch in allen anderen Fällen, in denen die Wohnungseigentümer ihre Entscheidung nicht auf § 19 Abs 1 WEG, sondern auf eine andere spezielle Beschlusskompetenz stützen, scheidet eine verdrängende Entscheidungsmacht des Verwalters aus § 27 WEG aus (vgl Elzer ZWE 2023, 61, 63 zu § 27 Abs 2 WEG). Denn diese Regelungen weisen mit der Beschlusskompetenz die Entscheidungsmacht schlicht den Eigentümern zu, ohne eine dem § 27 WEG entsprechende Ausnahme vorzusehen, dass der Verwalter statt der Eigentümer zur Entscheidung berufen ist. Grund für diese unterschiedliche Regelung ist die **abweichende Funktion**, die der Entscheidung in den jeweiligen Sachlagen zukommt (ähnlich Lehmann-Richter/Wobst Rn 495). § 27 WEG und § 19 Abs 1 WEG sind typischerweise einschlägig, wenn Einzelfälle ordnungsmäßiger Verwaltung geregelt werden, die dann durch den Verwalter als gesetzlichen Vertreter, § 9b Abs 1 S 1 WEG, nach außen umgesetzt werden. Im Verbandsrecht spricht 33 man von Geschäftsführungsmaßnahmen. **Andere Beschlusskompetenz** des WEG dienen indessen dazu, Organe zu besetzen, § 26 Abs 1, § 29 Abs 1 WEG, Funktionsträger auszustatten, § 9b Abs 2, § 24 Abs 3 WEG, die **Gemeinschaftsordnung der Eigentümer zu verändern**, § 12 Abs 4 S 1, § 16 Abs 2 S 2, § 21 Abs 5 S 1, § 23 Abs 1 S 2 WEG oder betreffen die Beitragsforderung der Eigentümer, § 28 Abs 1 S 2, Abs 2 S 2, Abs 3 WEG. In diesen Fällen verlangt das Gesetz eine Entscheidung der Eigentümer in Beschlussform, für die die Beschluss-Sammlung Transparenz schafft.

34 Daher verbietet es sich, um den Anwendungsbereich des § 27 WEG zu bestimmen, auf den **Maßnahmenkatalog des § 19 Abs 2 WEG** zurückzugreifen (abweichend großzügiger Bärmann/Becker § 27 Rn 48). Aus diesem passen allein Erhaltung, Nr 2, und Versicherung, Nr 3. Über Erhaltungsrücklage, Nr 4, und Vorschüsse, Nr 5, beschließen die Eigentümer nach § 28 WEG, über die Bestellung des Verwalters, Nr 6, nach § 26 Abs 1 WEG. Und auch die Hausordnung, Nr 1, muss nach dem Gesetz beschlossen werden, ohne dass § 27 WEG mit seiner Delegationsmöglichkeit in Abs 2 greifen könnte. Denn die Hausordnung verändert die Gemeinschaftsordnung. Ihr liegt nicht nur eine Verwaltungsentscheidung zugrunde, sondern sie beinhaltet eine Nutzungsregelung, wie sie früher in § 15 Abs 2 WEG aF geregelt war. Nur aufgrund der Integration dieser Nutzungsregelung durch das WEMoG in den § 19 WEG beschließen die Eigentümer darüber nach § 19 Abs 1 WEG, aber eben als Nutzungsregelung. Daher passt § 27 WEG nicht, der nur an die allgemeinen Verwaltungsentscheidungen nach § 19 Abs 1 WEG anknüpft.

35 Folglich greift bei allen diesen speziellen Beschlusskompetenzen § 27 Abs 1 WEG nicht. Den jeweiligen Regelungen ist durch Auslegung zu entnehmen, inwieweit die Eigentümer ihre Kompetenzen delegieren können, sodass der Verwalter wie im Falle des § 27 Abs 2 WEG statt der Eigentümer entscheiden kann. Grundsätzlich ist das zu verneinen. Vielfach kann allerdings mittels eines **Vorratsbeschlusses**, dessen Wirkung von einem Verwalterverhalten abhängig gemacht wird, eine angenäherte Wirkung erreicht werden. Beispielsweise kann die Zulässigkeit von bestimmten baulichen Veränderungen, etwa Wallbox, davon abhängig gemacht werden, dass der Verwalter die Konformität der Maßnahme mit den von den Eigentümern beschlossenen Vorgaben bestätigt.

2. Verwaltung des Gemeinschaftsvermögens

35a Über § 9a Abs 3 WEG ist auch die Verwaltung des Aktiv- und Passivvermögens der rechtsfähigen Gemeinschaft erfasst. Im Hinblick auf das **Aktivvermögen** ist in erster Linie die Geltendmachung der Ansprüche betroffen. Insoweit steht namentlich die Einschaltung von Rechtsanwälten zur Durchsetzung von Forderungen in Rede. Darüber hinaus erstreckt sich die Verwaltung auf die vereinnahmten Gelder, Kontenführung und ggf Anlage. Es sind aber auch Erhaltungsmaßnahmen am Gemeinschaftsvermögen, etwa dem Rasenmäher, einbezogen.

36 Unter dem Schlagwort des **Passivvermögens** lässt sich die Verteidigung gegen unberechtigte Ansprüche, also wiederum insbesondere die Einschaltung von Rechtsanwälten, aber auch die Erfüllung von Verbindlichkeiten benennen. Die Erfüllung von Verbindlichkeiten ist keineswegs auf die Zahlung von Geldschulden beschränkt. So können schadensersatzrechtliche Verbindlichkeiten auch durch Auftragsvergabe zwecks Naturalrestitution erfüllt werden, wenn der Geschädigte nicht Schadensersatz in Geld verlangt. Kann ein ersatzpflichtiger Wohnungseigentümer Wiederherstellung seines Sondereigentums verlangen, kann daher die Gemeinschaft zur Erfüllung dieser Verbindlichkeit auch Maßnahmen im Sondereigentum beschließen (BGH 8. 7. 2022 – V ZR 207/21, ZWE 2022, 403 = ZMR 2022, 983 Rn 16 zur Ersatzpflicht aus § 14 Nr 4 WEG aF). Damit geht keine Verwaltungskompetenz im Sondereigentum einher, sondern die Kompetenz fußt allein auf der zu erfüllenden Verbindlichkeit (vgl Bärmann/Becker § 27 Rn 15; Schultzky ZWE 2021, 62, 63). Entsprechend können Vergleichsverhandlungen zu führen sein.

IV. Gesetzliche Bagatellkompetenz, Abs 1 Nr 1

§ 27 Abs 1 Nr 1 WEG räumt dem Verwalter Entscheidungsmacht in Angelegenheiten von geringerer Bedeutung ein. Daher wird sie hier als Bagatellkompetenz bezeichnet. In Anlehnung an das alte Recht, § 27 Abs 3 Nr 3 WEG aF lässt sich auch von **laufender Verwaltung** sprechen (Lehmann-Richter/Wobst Rn 495). Der Regierungsentwurf hatte die Kompetenz des Verwalters auch tatbestandlich von der alternativen Kompetenz der Eigentümer abgegrenzt. Sie sollte sich auf Gegenstände beziehen, „über die eine Beschlussfassung durch die Wohnungseigentümer nicht geboten ist" (BT-Drucks 19/18791, 74 f). Statt dieses rein wertenden Merkmals der Gebotenheit bemüht sich die Fassung des Rechtsausschusses um **zwei subsumierbare Tatbestandsmerkmale**, die der Vielgestaltigkeit der Wohnungseigentümergemeinschaften Rechnung tragen. Die Eigentümer haben die Möglichkeit, durch Beschluss nach § 27 Abs 2 WEG die Abgrenzung zu konkretisieren. 37

1. Nicht erhebliche Verpflichtungen

Das Erfordernis der nicht erheblichen Verpflichtung sollte man als **starre Grenze** für die jeweilige Maßnahme verstehen. Es geht also darum, einen Euro-Betrag zu berechnen, der das Höchstvolumen einer Maßnahme des Verwalters beschreibt, mithin keinen Deckel für mehrere Maßnahmen im Gesamtjahr. Einzelmaßnahmen wie Erhaltungsmaßnahmen dürften diesen Deckel nicht überschreiten. Auch bei längerfristigen Verträgen ist grundsätzlich auf das Gesamtvolumen abzustellen. Dieses Volumen hängt freilich von der Kündigungsmöglichkeit ab. Etwa ist bei jährlicher Kündigungsfrist nur die Belastung des verbindlichen Vertragsjahrs zu berücksichtigten. Angesichts von § 309 Nr 9 lit a BGB wird bei Verträgen, die die regelmäßige Lieferung von Waren oder die regelmäßige Erbringung von Dienst- oder Werkleistungen zu Gegenstand haben, die Laufzeit grundsätzlich auf zwei Jahre gedeckelt sein. 38

Um der Vielgestaltigkeit der Anlagen Rechnung zu tragen, verbietet es sich, einen fixen Betrag zu benennen, der in allen Anlagen als Erheblichkeitsgrenze gilt. Der Rechtsausschuss deutete an, dass auf den einzelnen Eigentümer und die ihn aus § 9a Abs 4 WEG drohende Verpflichtung zu schauen sei (BT-Drucks 19/18791, 74). Das überzeugt aus mehreren Gründen nicht (Jennissen/Zschieschack § 27 Rn 30 f). Denn es geht doch nicht um Haftungsgefahren (vgl aber BGH 11. 6. 2021 – V ZR 215/20, ZWE 2021, 406 = ZMR 2021, 830 Rn 14: niedrige dreistellige Summe pro Einheit), sondern um den **Kostenumfang der Maßnahme**. Diese Bedeutung kann aber nicht vom Umfang des Miteigentums- und daher Kostenanteils der einzelnen Eigentümer abhängen. 39

40 Daher ist mit der überwiegenden Zahl an Stimmen die einzelne Maßnahme ins Verhältnis zu den Gesamtkosten der Gemeinschaft, namentlich der **Wirtschaftsplansumme**, zu setzen. Um Spitzen zu vermeiden, bietet sich der Durchschnitt der letzten drei Jahre an. Alternativ sind Sondereffekte rauszurechnen. Gemessen an diesem Ansatz soll die Erheblichkeitsgrenze für eine Einzelmaßnahme bei 2 % (Lehmann-Richter/Wobst Rn 477) oder bei 5 % der Wirtschaftsplansumme (Schultzky ZWE 2021, 62, 64). erreicht sein (unentschieden Bärmann/Becker § 27 Rn 22; Jennissen/Zschieschack § 27 Rn 31). Der BGH hatte in einer Anlage mit 70 Einheiten unter dem alten Recht eigenmächtige Erhaltungsaufwendungen durch den Verwalter im Einzelfall über 3.000 Euro bei einer Gesamtsumme pro Jahr von 6.000 Euro als laufende Verwaltung anerkannt (vgl BGH 11. 6. 2021 – V ZR 215/20, ZWE 2021, 406 = ZMR 2021, 830 Rn 12 ff). Als Faustregel mag man **5 %** zugrunde legen. Mehr als eine Faustregel können diese Annäherungen nicht sein. Die Rahmenbedingungen können in den Anlagen so unterschiedlich sein. In kleineren Anlagen ohne zentrale Warmwasseraufbereitung wird man die Grenze eher überschreiten können als in großen Anlagen mit sehr hohen weiteren zentralen Kosten.

2. Untergeordnete Bedeutung

41 Eigenständige Bedeutung kommt dem zweiten Merkmal zu, dass die Maßnahme keine untergeordnete Bedeutung haben darf. Insoweit wird vielfach auf den **emotionalen Gehalt** einer Maßnahme abgestellt (Lehmann-Richter/Wobst Rn 478). Gegen eine untergeordnete Bedeutung sprechen danach Streit unter den Eigentümern und die Bedeutung für die einzelnen Eigentümer, namentlich Erhaltungsmaßnahmen mit ästhetischen Auswirkungen, die vielleicht gar den Charakter der Anlage verändern (Lehmann-Richter/Wobst Rn 480: Fällen einer den Garten prägenden kranken Eiche).

42 In Anknüpfung an den Regierungsentwurf findet sich aber auch die Formulierung, ob ein Eigentümer erwarten würde, dass zu der betroffenen Maßnahme eine Eigentümerversammlung einberufen wird (Bärmann/Becker § 27 Rn 19; Jennissen/Zschieschack § 27 Rn 34). Diese abstrakte Umschreibung ist mit weiteren Fallgruppen zu füllen.

43 Keine untergeordnete Bedeutung haben solche Entscheidungen, die sich nicht auf das **„Wie"** der Maßnahme beschränken, sondern auch auf das **„Ob"** erstrecken. Defekte Gebäudebestandteile müssen erhalten werden, der jährliche Schnitt der Buchenhecke muss einmal im Jahr erfolgen, nach Grund und Höhe unbestrittene Forderungen müssen erfüllt werden, eine Gebäudeversicherung muss unterhalten werden. Die Entscheidung beschränkt sich in diesen Fällen darauf, die konkreten Konditionen und ggf den Vertragspartner zu bestimmen. Dann hat die Entscheidung untergeordnete Bedeutung. Anders liegt es, wenn es darum geht, das Erhaltungsintervall zu bestimmen, einen Selbstbehalt in die Versicherung aufzunehmen oder sich auf einen Vergleich einzulassen. Solche **Entscheidungen über das „Ob"** haben typischerweise die Eigentümer zu treffen.

44 Zweifel an der untergeordneten Bedeutung ergeben sich schließlich, wenn die **Finanzierung der Maßnahme** nicht gesichert ist (vgl Jennissen/Zschieschack § 27 Rn 31).

V. Gesetzliche Notkompetenz, Abs 1 Nr 2

Die Eil- oder Notkompetenz des Verwalters bestimmt § 27 Abs 1 Nr 2 WEG. In diesen Sachlagen beruht die Kompetenz des Verwalters darauf, dass die Entscheidung der Eigentümer aus zeitlichen Gründen ausscheidet, weil und soweit ein **Abwarten bis zu einer Entscheidung der Eigentümer** nicht mehr möglich ist. Das Gesetz unterscheidet die Wahrung von Fristen und die Abwendung von Nachteilen. Im Verhältnis beider Begriffe zueinander ist der Fristablauf spezieller, verdrängt daher die Nachteilsalternative, wenn der Nachteil auf einem Fristablauf beruht. Das brachte die Vorgängerregelung in § 27 Abs 3 S 1 Nr 2 WEG aF deutlicher zum Ausdruck, in dem sie von „sonstigen" Nachteilen sprach. Von dieser Regelung unterscheidet sich die heutige insbesondere hinsichtlich der Rechtsfolge. § 27 Abs 3 S 1 Nr 2 WEG aF gewährte Vertretungsmacht, während allein die Regelung zu dringenden Erhaltungsmaßnahmen in § 27 Abs 1 Nr 3 WEG aF zunächst die Entscheidungsmacht betraf. Heute ergibt sich die Vertretungsmacht ohnehin allein aus § 9b Abs 1 S 1 WEG. 45

Der Gesetzgeber des COVID-Auswirkungen-BekämpfungsG (BT-Drucks 19/18110, 31) hielt die Wohnungseigentümergemeinschaft infolge der Notkompetenzen des Verwalters auch dann für handlungsfähig, wenn die Eigentümer pandemiebedingt keine Eigentümerversammlung durchführen konnten. Solange der Verwalter keine Entscheidung der Eigentümer einholen kann, fällt ihm nach § 27 Abs 1 Nr 2 WEG die Aufgabe zu, im Namen der rechtsfähigen Gemeinschaft tätig zu werden. Dieser **Krisenfall** ist zu verallgemeinern, falls aus anderen Gründen eine Eigentümerversammlung einmal nicht stattfinden kann. Damit sind hohe Herausforderungen an den Verwalter gestellt, in solchen Sachlagen ex ante über die Dringlichkeit zu entscheiden. Dieses Prognoserisiko belastet den Verwalter in zweifacher Hinsicht. Denn von der Dringlichkeit hängt nicht nur ab, ob der Verwalter etwas entscheiden darf, sondern auch, wie weit die von ihm zu treffende Maßnahme reichen darf (u Rn 56). 46

Die Notkompetenz des Verwalters **verdrängt** diejenige einzelner **Eigentümer** aus § 18 Abs 3 WEG (vgl BGH 25. 9. 2015 – V ZR 246/14, BGHZ 207, 40 = NJW 2016, 1310 Rn 7). Denn der Verwalter ist im Unterschied zum einzelnen Eigentümer das von der Gesamtheit der Eigentümer ausgesuchte Verwaltungsorgan (Staudinger/Lehmann-Richter § 18 WEG Rn 221). 47

1. Wahrung einer Frist

Auslöser kann der Ablauf **jeder denkbaren** materiell-rechtlichen oder prozessualen **Frist** wie Ausschlussfristen, Kündigungsfristen, Rechtsmittelfristen, aber auch Verjährungsfristen sein. Zur Wahrung der Frist kommen ebenfalls alle möglichen Rechtshandlungen in Betracht wie die Einleitung eines Aktivprozesses, auch eines Verfahrens auf Anordnung einer einstweiligen Verfügung (AG Wiesloch 25. 3. 2011 – 5 C 4/11 WEG, ZWE 2011, 290) oder eines verwaltungsgerichtlichen Verfahrens. Der Drittantrag als Nachbar auf Anordnung der aufschiebenden Wirkung gegen eine Baugenehmigung nach §§ 80, 80a VwGO soll deswegen nicht erfasst sein, weil dieser Antrag nicht fristgebunden ist (VG Freiburg 19. 3. 2013 – 4 K 184/13, ZWE 2013, 294). Es droht allerdings die Vollziehung, so dass eine solche Gestaltung jedenfalls als „Nachteilsabwendung" von § 27 Abs 1 Nr 2 WEG erfasst wird. 48

49 Die **Erforderlichkeit** des Verwalterhandelns setzt voraus, dass der Verwalter nicht mehr rechtzeitig eine Beschlussfassung der Eigentümer erreichen kann, um auf Grundlage deren Votums tätig zu werden. Bei dieser in jedem Einzelfall konkret vorzunehmenden Abwägung ist einerseits zu berücksichtigen, dass der Verwalter durchaus nach § 24 Abs 4 S 2 WEG nicht mit einer Frist von drei Wochen zu laden braucht, sondern in Fällen der Dringlichkeit die **Ladung abkürzen** kann. Andererseits sind der gerade in größeren Anlagen erhebliche Organisationsaufwand und der damit verbundene Vorlauf für Ladung und Versammlung zu berücksichtigen. Schließlich darf nicht außer Betracht bleiben, dass die Wahrung einer Frist erheblichen Aufwand verursachen kann, wenn etwa eine Klage zu verfassen ist. Nach der Entscheidung über das „Ob" der Maßnahme muss also noch genug Zeit bestehen, um das „Wie" der Maßnahme hinreichend umzusetzen.

50 Das alte Recht sah in § 27 Abs 3 S 1 Nr 2 WEG aF vor, dass die Notkompetenz des Verwalters schon aufgrund der abstrakten Situation besteht, dass die Gemeinschaft auf **Passivseite im Erkenntnis- oder Zwangsvollstreckungsverfahren** steht, ohne dass es auf das Vorliegen einer konkreten Nachteilsabwendungslage ankommt (vgl BGH 22. 9. 2011 – I ZB 61/10, ZMR 2012, 323 = ZWE 2012, 127 Rn 23). Diese abstrakte Anordnung der Notkompetenz war für den Rechtsverkehr vor allem wegen der darauf beruhenden Vertretungsmacht maßgeblich, die heute wegen § 9b Abs 1 S 1 WEG ohnehin gegeben ist. Heute ist indessen auch in diesen Sachlagen anhand der konkreten Umstände des Einzelfalls zu entscheiden. Dabei gilt freilich wie in der vorigen Rn 49 betont zu berücksichtigen, dass einzuberechnen ist, wie lange die Abfassung der einschlägigen Schriftsätze vom zu beauftragenden Rechtsanwalt typischerweise dauert. Denn daran richten sich typischerweise die dem auf Passivseite stehenden Beteiligten gesetzten Fristen aus.

51 Schließlich ist zu berücksichtigen, wie es zu dieser Situation kommen konnte, dass der Ablauf der Frist unmittelbar bevorsteht. Manche dieser **Gründe** stehen einer Entscheidungsmacht des Verwalters nach § 27 Abs 1 Nr 2 WEG entgegen. Die Notkompetenz besteht allerdings, wenn neue Tatsachen sich ergeben, die ein sofortiges Handeln erforderlich machen, wie wenn etwa neue Mängel kurz vor Ablauf der Verjährungsfrist erkennbar werden (Bärmann/Becker § 27 Rn 30; Jennissen/Zschieschack § 27 Rn 57). Die Notkompetenz ist indessen ausgeschlossen, wenn eine verbindliche **Entscheidung der Eigentümer** vorliegt, die sich gegen eine bestimmte Maßnahme ausgesprochen hat. Teils wird dem gleichgestellt, dass die Eigentümer trotz Befassung keine Entscheidung gefasst haben (LG Frankfurt 18. 4. 2019 – 2-13 S 55/18, ZWE 2019, 377 = ZMR 2019, 630; Jennissen/Zschieschack § 27 Rn 56). Das ist zu streng. Denn es fehlt dann an einem Eigentümervotum, so dass die Entscheidungsmacht des Verwalters nicht an der Subsidiarität scheitert. Wenn der Verwalter dann erfolgreich diese Frist wahrt, scheidet ein Schaden der Gemeinschaft ohnehin aus. Scheitert indessen der vom Verwalter unter Fristwahrung vorgenommene Rechtsbehelf und löst Kosten für die Gemeinschaft aus, hängt eine Ersatzpflicht des Verwalters davon ab, inwieweit dieser vorwerfbar seine Organisationspflichten verletzt hat (vgl o Rn 18).

2. Abwendung eines Nachteils

§ 27 Abs 1 Nr 2 WEG ermächtigt den Verwalter ferner zu Handlungen, die erforderlich sind, um Nachteile abzuwenden. Diese Nachteile müssen dem drohen, was der **Verwalter zu verwalten** hat. 52

a) Nachteile des gemeinschaftlichen Eigentums

Das ist im direkten Anwendungsbereich von § 27 WEG wie bei §§ 18 f WEG das **gemeinschaftliche Eigentum**. Davon betroffen sind insbesondere die aus § 27 Abs 1 Nr 3 WEG aF bekannten Sachlagen, dass die Vornahme einer Erhaltungsmaßnahme dringend geboten ist. 53

aa) Ob eine Maßnahme des Verwalters **erforderlich** ist, hängt davon ab, inwieweit der Verwalter noch die grundsätzlich vorrangige Entscheidung der Eigentümer einholen kann. Die Voraussetzung ist erfüllt, soweit die vorherige Befassung der Eigentümer in der Eigentümerversammlung nicht mehr möglich ist (OLG Hamm 19. 7. 2011 – I-15 Wx 120/10, ZWE 2011, 415, 416 = ZMR 2012, 31; LG München I 5. 8. 2010 – 36 S 19282/09, ZWE 2011, 42). Damit verlangt § 27 Abs 1 Nr 2 WEG eine konkrete Begründung des Eilfalls (Elzer ZWE 2012, 163, 164). Maßgeblich ist auch nicht allein die Sicht des Verwalters, sondern die objektive Sachlage (Hügel/Elzer § 27 Rn 50; Jennissen/Zschieschack § 27 Rn 39). Einer unbilligen Haftung des Verwalters lässt sich aber durch Anwendung des Rechtsgedankens von § 680 BGB begegnen. Für die Notmaßnahmen kann der Verwalter als Organ der Gemeinschaft nach § 14 Abs 1 Nr 2 WEG von einzelnen Eigentümern verlangen, deren Sondereigentum zu betreten und zu benutzen. 54

Typische Fälle sind schädigende Umwelteinflüsse wie Überschwemmungen oder ein Orkan, die Schäden verursacht haben, die sich weiter zu fressen drohen. Der Ausfall notwendiger Versorgungseinrichtungen (Heizung im Winter, Wasserleitungen) kann ebenfalls sofortiges Handeln erfordern. Es kommen auch unmittelbare Gefährdungen durch die Anlage selbst in Betracht, wenn Leitungen undicht sind oder Gebäudeteile einzustürzen drohen. Im Einzelfall kann auch eine **polizeirechtliche Gefahrenlage** ein sofortiges Einschreiten erfordern (OVG Saarlouis 3. 9. 2014 – 2 B 318/14, ZMR 2015, 501 = NZM 2014, 913). Allerdings dürfen auch hier keine anderen Kriterien angelegt werden. Lässt sich die Eigentümerversammlung jedenfalls mit abgekürzter Frist laden, so liegt kein Fall des § 27 Abs 1 Nr 2 WEG vor. So wird es vielfach liegen. In keinem Falle spricht § 27 Abs 1 Nr 2 WEG für die ordnungsrechtliche Inanspruchnahme des Verwalters. Denn liegen dessen Voraussetzungen vor, kann der Verwalter als Organ der rechtsfähigen Gemeinschaft deren Ordnungspflicht erfüllen. Eine Inanspruchnahme des Verwalters persönlich weist keine Vorteile auf. 55

bb) Der Vorrang der Eigentümerentscheidung wirkt sich auch auf Rechtsfolgenseite aus. Der Verwalter ist nur zur Veranlassung solcher **Maßnahmen** berechtigt, **die die Notlage beseitigen**, bis eine Eigentümerversammlung durchgeführt werden kann. So bleibt den Eigentümern die Entscheidung vorbehalten, wie die Gefahrenursache dauerhaft zu beseitigen ist (BGH 18. 2. 2011 – V ZR 197/10, ZWE 2011, 209 Rn 27). Zweifelhaft ist die Kompetenz des Verwalters daher, wenn er Mietverträge mit einer Laufzeit von fünf Jahren schließt, um die Anlage mit geeichten Wärme-Messgeräten auszustatten (**aA** LG Hamburg ZMR 2017, 918; vgl zur Bagatellkompetenz angesichts der fünfjährigen Bindung o Rn 38). Probleme wirft auch der Ausfall eines irreparablen Heiz- 56 kessels auf, der das Gebäude mit Wärme und Warmwasser versorgt. Typischerweise gibt § 27 Abs 1 Nr 2 WEG dem Verwalter nur die Kompetenz für Maßnahmen, die die Versorgung wiederherstellen. Die Entscheidung über die Anschaffung eines neuen Kessels obliegt den Eigentümern. Das galt im Ausgangspunkt auch in der Corona-Krise (o Rn 46) mit ihren Erschwernissen, Eigentümerversammlungen abzuhalten. Eine Ausnahme und folglich eine Entscheidungskompetenz des Verwalters ergibt sich erst dann, wenn eine Übergangslösung unmöglich ist oder so unwirtschaftlich, dass ein Zuwarten ordnungsmäßiger Verwaltung widerspricht.

57 **cc)** Der **Vorrang der Eigentümerentscheidung** führt schließlich zu einer Sperrwirkung. Hat die Eigentümerversammlung ein Vorgehen durch Mehrheitsbeschluss abgelehnt, steht dies einer Kompetenz des Verwalters aus § 27 Abs 1 Nr 3 WEG entgegen.

b) Nachteile des Gemeinschaftsvermögens

58 Über § 9a Abs 3 WEG gilt es für den Verwalter ferner, Nachteile vom Gemeinschaftsvermögen abzuwenden. Insoweit wird der Eilfall vielfach schon durch den drohenden Fristablauf beschrieben, wenn Ansprüche der Gemeinschaft zu **verjähren** drohen. Von der Zusammensetzung des Vermögens der Gemeinschaft hängt freilich ab, welche Gestaltungen darüber hinaus noch denkbar sind (skeptisch Jennissen/Zschieschack § 27 Rn 38: kaum denkbar).

c) Abgrenzung: Sondereigentum

59 § 27 Abs 1 Nr 2 WEG dient dem Schutz des Gemeinschaftseigentums, aber nicht des **Sondereigentums** (BGH 18. 2. 2011 – V ZR 197/10, ZWE 2011, 209 Rn 25). Allerdings wird in den wenigsten Fällen nur das Sondereigentum betroffen sein, sondern typischerweise auch das Gemeinschaftseigentum, so dass das angedeutete Abgrenzungsproblem zumeist gar nicht besteht. Als Organ der Gemeinschaft (Bärmann/Becker § 27 Rn 36) hat der Verwalter die Pflichten der Gemeinschaft gegenüber den Eigentümern zu beachten. Das Sondereigentum ist nur soweit erforderlich zu beeinträchtigen, § 14 Abs 1 Nr 2 WEG. Zugleich ist die Gemeinschaft nicht nur nach den Regelungen der Geschäftsführung ohne Auftrag, §§ 677 ff BGB, berechtigt, sondern auch als Ausprägung ihrer Rücksichtnahmepflichten, § 241 Abs 2 BGB, verpflichtet, das Sondereigentum zu schützen. Ein solcher Fall ist freilich nur schwer vorstellbar. Dass wie im Fall des BGH (18. 2. 2011 – V ZR 197/10, ZWE 2011, 209 Rn 25) eine Sondereigentumseinheit unter Wasser steht, betrifft sicherlich auch zum Gemeinschaftseigentum zählende Teile des Hauses.

VI. Entscheidungskompetenz des Verwalters kraft Beschlusses, Abs 2

60 § 27 Abs 2 WEG **klärt** die unter dem alten Recht (vgl BGH 11. 6. 2021 – V ZR 215/20, ZWE 2021, 406 = ZMR 2021, 830 Rn 5 ff) umstrittene Frage, ob und inwieweit dem Verwalter durch Beschluss der Eigentümer Entscheidungsmacht eingeräumt werden kann. Dabei wirkt die neue Regelung in **beide Richtungen**. Die Entscheidungsmacht kann nicht nur durch Delegation eingeräumt, sondern im Vergleich zu den gesetzlichen Kompetenzen auch eingeschränkt werden. Eine Einschränkung ist nicht nur dergestalt möglich, dass die Eigentümer umfassend statt des Verwalters entscheiden, sondern sie können ihm auch für seine Entscheidung als Grundlage **Weisungen** erteilen (BGH 16. 9. 2022 – V ZR 69/21, NJW 2023, 63 Rn 15). Diese Dispositionen sind für einen

Einzelfall, aber auch generell, überdies für den aktuellen Verwalter oder für jeden Verwalter zulässig (Bärmann/Becker § 27 Rn 40; Jennissen/Zschieschack § 27 Rn 63). Die Entscheidung des Verwalters kann von Bedingungen, namentlich der Zustimmung einer Person oder eines Gremiums wie dem Beirat abhängig gemacht werden. Bei der Formulierung dieser Bedingung ist wie stets, aber angesichts warnenden Missgriffe in der Praxis hier ganz besonders auf deren Bestimmtheit zu achten.

1. Reichweite der Beschlusskompetenz

§ 27 Abs 2 WEG beschreibt seine Reichweite in Anknüpfung an die Rechte und Pflichten des Verwalters nach § 27 Abs 1 WEG. Erfasst ist daher die **Entscheidungskompetenz** des Verwalters, was § 27 Abs 1 WEG dadurch zum Ausdruck bringt, dass das *Treffen der Maßnahme* geregelt wird. Das gilt in Anknüpfung an die allgemeinen Ausführungen o Rn 32 ff zum Anwendungsbereich von § 27 WEG nur insoweit, als Maßnahmen zur **Verwaltung des gemeinschaftlichen Eigentums oder des Gemeinschaftsvermögens** betroffen sind, die sonst von den Eigentümern nach § 19 Abs 1 WEG zu fassen sind, die insbesondere also keine spezielle Regelung im WEG gefunden haben (abweichend großzügiger Bärmann/Becker § 27 Rn 48). 61

a) Abgrenzung Vertretungsmacht

Die Beschlusskompetenz des § 27 Abs 2 WEG erstreckt sich nicht auf die Vertretungsmacht des Verwalters, die **abschließend in § 9b Abs 1 WEG geregelt** ist. Danach sind Beschränkungen unzulässig, § 9b Abs 1 S 3 WEG, die Eigentümer beschließen über die Vertretungsmacht für Darlehens- und Grundstückskaufverträge, § 9b Abs 1 S 1 WEG. 62

b) Abgrenzung Organisationskompetenzen

Es lässt sich aus § 27 Abs 2 WEG auch keine Beschlusskompetenz für Eingriffe in die **Organisationskompetenzen** gewinnen, weil dieses kein Treffen von Maßnahmen iSv § 27 Abs 1 WEG wäre (Lehmann-Richter/Wobst Rn 489; **aA** Elzer ZWE 2023, 61, 63). Insoweit muss die Auslegung der jeweiligen Organisationskompetenz den Ausschlag geben, ob und ggf auf welche Art und Weise die Eigentümer dem Verwalter Vorgaben machen können. 63

Beispielsweise erlaubt § 24 Abs 5 WEG den **Vorsitz in der Versammlung** durch Beschluss abweichend festzulegen. Damit steht es in Einklang, dass die Eigentümer auch dem Verwalter in der Versammlung bei der Führung des Vorsitzes durch sog Geschäftsordnungsbeschlüsse Weisungen erteilen können. Daraus sollte man aber nicht den Schluss ziehen, dass sich diese Kompetenz auch auf die Entscheidungen des Verwalters im Vorfeld der Versammlung erstreckt (**aA** Elzer ZWE 2023, 61, 65). Die **Einberufung** obliegt nach § 24 Abs 1 WEG dem Verwalter, so dass dieser im Rahmen ordnungsmäßiger Verwaltung beispielsweise Ort und Uhrzeit bestimmen sowie den Spielraum des § 24 Abs 4 WEG bei der Ladung ausfüllen kann. Aus § 19 Abs 1 WEG folgt nichts Abweichendes, weil § 24 WEG spezieller diese Thematik regelt (vgl o Rn 33) Die Eigentümer sind nur befugt, durch Vereinbarung nach § 10 Abs 1 S 2 WEG die Regeln des § 24 WEG abzubedingen oder insoweit eine Beschlusskompetenz einzuführen. 64

c) Parallele Vollzugskompetenz

65 Die **Vollzugskompetenz** des Verwalters ist ohnehin Ausdruck der **Abhängigkeit des Verwalters** von der Entscheidung der Eigentümer. Der Vollzug hat so zu erfolgen, wie der zu vollziehende Beschluss der Eigentümer es anordnet (Lehmann-Richter/Wobst Rn 489; u Rn 71 ff). Belassen die Eigentümer dem Verwalter indessen einen Spielraum, räumen sie ihm nach § 27 Abs 2 WEG Entscheidungskompetenz zur Ausfüllung dieses Spielraums ein (u Rn 83 ff). Eine Entmachtung des Verwalters beim Vollzug scheitert jedenfalls im rechtsgeschäftlichen Bereich an der nur dem Verwalter nach § 9b Abs 1 S 1 WEG zustehenden Vertretungsmacht.

2. Abstrakte Festlegung der Verwalterentscheidungskompetenz

66 Die Eigentümer können durch Beschluss die Entscheidungskompetenzen des Verwalters einschränken oder erweitern, mithin auch die unbestimmten Rechtsbegriffe von § 27 Abs 1 WEG konkretisieren. Angesichts der durch den gesetzlichen Tatbestand vorgegebenen Struktur sollte eine abschließende abstrakte Regelung zu den **beiden Merkmalen der Bagatellkompetenz** (Höhe der Verpflichtung und Bedeutung der Maßnahme) sowie dem **Nachteilsbegriff der Notkompetenz** eine Aussage treffen.

67 Eher theoretisch ist die Überlegung, die **Notkompetenzen** auszuschließen. Nur der Verwalter hat Vertretungsmacht, die Gemeinschaft zu vertreten. Daher erscheint es kaum interessengerecht und ordnungsmäßig, dem Verwalter die Notkompetenz zu nehmen, weil ein äquivalentes Konstrukt an die Stelle treten müsste, um Nachteile auszuschließen. Das ist nicht ersichtlich.

68 Die praktischen Gestaltungen werden sich auf die **ordentliche Entscheidungsmacht** konzentrieren, die das Gesetz in § 27 Abs 1 Nr 1 WEG vorsieht. Insoweit bietet es sich an, dass die Eigentümer einen Grenzwert benennen, bis zu dem die Entscheidungsmacht des Verwalters reichen soll. Im Unterschied zur gesetzlichen Regelung mag die Grenze für den Einzelfall durch ein Jahresbudget ergänzt werden. Vorzugswürdig ist es, zugleich Aussagen hinsichtlich der Kriterien zu treffen, die die Bedeutung der Maßnahme ausmachen: Zu klären gilt, ob der Verwalter auf notwendige Entscheidungen beschränkt ist oder auch Entscheidungen über das Ob einer Maßnahme treffen darf, ob auch Maßnahmen erfasst sind, die das äußere Erscheinungsbild der Anlage berühren und ob die Finanzierung geregelt sein muss.

69 Als **Beispiel** für einen solchen abstrakten Beschluss, der zum Bestandteil der Gemeinschaftsordnung wird, kann bezogen auf Erhaltungsmaßnahmen folgende Formulierung dienen: „Die Eigentümer beschließen, dass der Verwalter berechtigt ist, notwendige Erhaltungsmaßnahmen, deren Finanzierung aus der Rücklage gesichert ist, bis …EUR (Höchstgrenze Wirtschaftsjahr … EUR) ohne Rücksprache in Auftrag zu geben, gleich welches Bauteil betroffen ist. Die Notkompetenzen des Verwalters zur Abwendung von Nachteilen aus § 27 Abs 1 Nr 2 WEG bleiben unberührt."

3. Festlegung der Entscheidungskompetenz im Einzelfall

70 § 27 Abs 2 WEG verleiht den Eigentümern auch uneingeschränkt die Beschlussmöglichkeit, bei anstehenden **Einzelfallmaßnahmen** die Entscheidungsfindung durch Be-

schluss zu regeln. Sie können entweder die konkrete Maßnahme im Beschluss festlegen, die der Verwalter durchzuführen hat, oder in durch den Beschluss zu bestimmendem Umfange, dem Verwalter Entscheidungsmacht einräumen.

a) Bloße Beschlussdurchführung (reine Vollzugskompetenz)

Der klassischen Machtverteilung des Wohnungseigentumsrechts entspricht es, dass die Eigentümer eine **konkrete Maßnahme beschließen**, die der Verwalter dann durchzuführen hat, wie es § 27 Abs 1 Nr 1 Fall 1 WEG aF anordnete. Diese auch heute noch anerkannte Verwalterpflicht gewinnt ihr maßgebliches Gepräge durch den Beschluss der Eigentümer. Ein Beispiel lautet: „Die Eigentümer beschließen, den Innenanstrich des Treppenhauses durch Handwerker H auf Grundlage des konkreten Angebots [Anlage] zu beauftragen." 71

aa) Wirksamkeit des Beschlusses

Die Durchführungspflicht setzt einen wirksamen Beschluss voraus. Es gelten die **allgemeinen Grundsätze** der wohnungseigentumsrechtlichen Beschlusslehre (Staudinger/Häublein § 23 WEG Rn 121 ff): Insbesondere liegt ein Beschluss nur vor, wenn er verkündet worden ist. Auch darf er nicht nichtig sein. Liegt kein wirksamer Beschluss vor, fehlt es an einer Pflicht des Verwalters. Wer eine Durchführungspflicht auch nichtiger Beschlüsse behauptet (LG Dortmund 24. 4. 2017 – 1 S 53/17, ZMR 2017, 910), verkennt die Bedeutung der Nichtigkeit. Ist ein Beschluss nichtig, kann die Nichtdurchführung dieses Nullums nicht pflichtwidrig sein. Wird hingegen ein nichtiger Beschluss durchgeführt, kann dieses Nullum das Verhalten des Verwalters nicht rechtfertigen. 72

Der **fehlerhafte**, aber wirksame und aufgrund der Fehlerhaftigkeit nur anfechtbare Beschluss, § 23 Abs 4 S 2 WEG, löst die Durchführungspflicht grundsätzlich aus. Das folgt aus der Systematik, dass zum Schutze der Rechtssicherheit auch fehlerhafte Beschlüsse **wirksam** sind. Alle Beteiligten einschließlich des Verwalters brauchen nicht zu prüfen, ob der Beschluss anfechtbar wäre, ggf können sie es auch nicht. Selbst im Falle der Anfechtung gilt nichts Anderes (BGH 21. 12. 1995 – V ZB 4/94, BGHZ 131, 347 = NJW 1996, 1216), solange keine einstweilige Anordnung des Gerichts dem Beschluss die Durchführbarkeit nimmt (LG Frankfurt 17. 3. 2010 – 2-13 S 32/09, ZWE 2010, 279 = ZMR 2010, 787). Der Grund, der den Beschluss fehlerhaft macht, kann aber aus anderen Gründen der Durchführbarkeit als Hindernis entgegenstehen (Rn 81 f). Wird ein durchzuführender Beschluss von den Eigentümern vor Beschlussdurchführung allerdings durch Beschluss wieder aufgehoben, erlischt die Durchführungspflicht. Sie lebt aber wieder auf, wenn der Aufhebungsbeschluss seinerseits vom Gericht auf Beschlussanfechtung für ungültig erklärt wird (BGH 15. 2. 2019 – V ZR 71/18, ZWE 2019, 321 = ZMR 2019, 775 Rn 10 ff). 73

Treffen die Eigentümer eine durchführungsbedürftige Regelung zur Verwaltung des gemeinschaftlichen Eigentums nicht durch Beschluss, sondern durch **Vereinbarung**, ist der Verwalter ebenfalls zur Durchführung verpflichtet (BayObLG 29. 1. 2004 – 2Z BR 181/03, BayObLGZ 2004, 15 = ZMR 2004, 601). Das folgt aus dem in § 19 Abs 1 WEG zum Ausdruck kommenden Stufenverhältnis von Vereinbarung und Beschluss zwecks ordnungsmäßiger Verwaltung. Die Möglichkeit, nach § 19 Abs 1 WEG Regelungen durch Beschluss mit Stimmenmehrheit zu treffen, soll den Eigentümern die Willensbildung 74 nur erleichtern. Vereinbarungen der Eigentümer sind aber nach § 19 Abs 1 WEG vorrangiges Instrument der Eigentümer, um Verwaltungsregelungen zu treffen.

bb) Zeitpunkt der Durchführung

75 Der Zeitpunkt, zu dem der Beschluss durchzuführen ist, ist dem **Beschluss selbst** durch Auslegung zu entnehmen. Die Umsetzung kann durch den Beschluss insbesondere bedingt oder befristet werden. So kann eine Auftragsvergabe davon abhängig gemacht werden, dass der Beschluss nicht angefochten wird oder dass die Eigentümer die Mittel, aus denen der Auftrag zu bezahlen ist, auf entsprechende Sonderumlage eingezahlt haben. Lassen sich aber dem Beschluss Fristen oder Bedingungen nicht entnehmen, hat die Umsetzung entsprechend § 271 Abs 1 BGB **grundsätzlich sofort** zu erfolgen (BGH 18. 2. 2011 – V ZR 197/10, ZWE 2011, 209 Rn 20; LG Frankfurt 17. 3. 2010 – 2-13 S 32/09, ZWE 2010, 279 = ZMR 2010, 787).

76 **Unerheblich** ist insbesondere ein (vermeintlicher) Meinungsumschwung unter den Eigentümern. Der Verwalter darf sich also nicht von Bitten einzelner Eigentümer und Beiratsmitglieder, die Umsetzung aufzuschieben, abhalten lassen. Es mag auch das Quorum des § 24 Abs 2 WEG von einem Viertel der Wohnungseigentümer erfüllt sein, die die Einberufung einer neuen Eigentümerversammlung begehren. Jedoch muss auch dann der Verwalter den Beschluss ausführen, weil die Eigentümer eben bereits im Beschlusswege ihren maßgeblichen Willen gebildet haben. Ggf wird in der dann vom Verwalter einberufenen Versammlung die Situation so hinzunehmen sein, wie sie sich nach der Beschlussausführung darstellt. Schiebt der Verwalter indessen die Beschlussausführung bis zur Versammlung auf, wird er sich in der Versammlung durchaus vorwerfen lassen müssen, dem Beschluss und damit dem maßgeblichen Willen der Eigentümer pflichtwidrig nicht gefolgt zu sein.

cc) Inhalt des Beschlusses

77 Der Inhalt eines Beschlusses bestimmt den **Gegenstand der Durchführungspflicht**. Im Falle der Einschaltung von Dritten wie Handwerkern hat der Verwalter üblicherweise den Dritten nicht nur vollumfänglich zu beauftragen, sondern auch dafür Sorge zu tragen, dass der Dritte den Auftrag vollständig ausführt, insbesondere also darauf zu drängen, dass unerledigte Teile des Auftrags noch ausgeführt werden (BGH 8. 6. 2018 – V ZR 125/17, BGHZ 219, 60 = NJW 2018, 3305 Rn 7). Diese Pflicht nimmt der BGH auch noch nach Abnahme an, so dass sie sich auf den Anspruch auf Nacherfüllung, §§ 635, 634 Nr 1 BGB, erstreckt.

78 Besteht **Streit oder Ungewissheit** über den Umfang des Beschlusses, kann der Verwalter die Eigentümer durch Beschlussfassung in der Eigentümerversammlung um eine Weisung bitten (BGH 8. 6. 2018 – V ZR 125/17, BGHZ 219, 60 = NJW 2018, 3305 Rn 28). Der einzelne Eigentümer soll entsprechend Präzisierung des Beschlussinhalts im Wege der Beschlussersetzungsklage verlangen können (BGH 16. 12. 2022 – V ZR 263/21, ZWE 2023, 139 = ZMR 2023, 384 Rn 29).

79 Der **Art** nach kommen als mögliche **Durchführungsakte** Willenserklärungen, rechtsgeschäftsähnliche Handlungen, mithin Wissenserklärungen und Willensäußerungen, sowie Realakte in Betracht. So mag der Verwalter Sachen zu übergeben oder Auskünfte zu erteilen haben. Die Beschlusskompetenz ist allerdings zum einen entsprechend § 19 Abs 1 WEG danach begrenzt, dass die Durchführung der Verwaltung des gemeinschaftlichen Eigentums oder des Gemeinschaftsvermögens dienen muss (o Rn 30 ff). Zum anderen sind aber auch die Pflichten ihrer Art nach in qualitativer Hinsicht begrenzt. Die Pflicht des Verwalters, eine Geschäftsbesorgung selbst vorzunehmen, muss sich aus den anderen Regelungen ergeben. Neuartige Pflichten wie die Durchführung von Instandsetzungsmaßnahmen, Führen eines Prozesses oder die Vornahme des Winterdienstes können nur im Einverständnis mit dem Verwalter begründet werden.

dd) Grenzen der Durchführungspflicht

Eine Grenze der Durchführungspflicht besteht für den Verwalter nicht schon dann, wenn der Beschluss ordnungsmäßiger Verwaltung widerspricht. Denn eine solche Überschreitung des Entscheidungsermessens der Eigentümer führt nur zur Anfechtbarkeit des Beschlusses, der den Verwalter aber wegen seiner Wirksamkeit bindet, ohne dass der Verwalter den Beschluss mangels Anfechtungsbefugnis (o Rn 16) angreifen kann. **Inhaltliche Mängel** können zur Unwirksamkeit des Beschlusses nach §§ 134, 138 BGB führen. Das gilt etwa für den Beschluss, einen Vertrag mit „ohne Rechnung-Abrede" zu schließen. **80**

Der Verwalter kann aber die Durchführung verweigern, wenn diese nur unter rechtswidrigem Verhalten möglich ist. Insbesondere können **Rechte Dritter** entgegenstehen. Dann hängt die Durchführungspflicht von der Zustimmung beeinträchtigter Dritter ab, beispielsweise von Grundstücknachbarn. **81**

Der Verwalter kann ferner einwenden, dass die Eigentümer ihm die zur Durchführung des Beschlusses **erforderlichen Mittel** nicht zur Verfügung stellen (BGH 18. 2. 2011 – V ZR 197/10, ZWE 2011, 209 Rn 20). So kann der Verwalter eine Zahlung nur dann auslösen, wenn er über hinreichende Deckung auf dem Verwaltungskonto verfügt. Diese Grenze ist aber nicht dahin misszuverstehen, dass der Verwalter stets einen Vertrag erst abschließen darf, wenn die später zur Begleichung der Verbindlichkeiten erforderlichen Mittel ihm zugeflossen sind. Eine solche Einschränkung müsste zur Bedingung des Beschlusses gemacht werden (o Rn 75). Sonst ist die Durchführungsgrenze erst erreicht, wenn der Vertragsschluss sich nach dem Wissen des Verwalters als Eingehungsbetrug darstellen würde. Auch der BGH hat bislang nur zum Beschluss über eine Instandsetzungsmaßnahme ausgesprochen, dass dessen Ordnungsmäßigkeit (nicht Durchführbarkeit) verlangt, dass die Aufbringung der Mittel gesichert ist (BGH 17. 10. 2014 – V ZR 9/14, BGHZ 202, 375 = NJW 2015, 613 Rn 17; 10. 11. 2017 – V ZR 184/16, NJW 2018, 1309 Rn 27; 8. 7. 2011 – V ZR 176/10, NJW 2011, 2958 Rn 8). Und selbst dafür hält der BGH es nicht für notwendig, dass die Mittel bereits aufgebracht sind (BGH 8. 7. 2011 – V ZR 176/10, NJW 2011, 2958 Rn 8). **82**

b) Entscheidungsspielraum des Verwalters

Lässt der Beschluss einen **Spielraum**, zwischen einer Mehrzahl von Durchführungsakten zu entscheiden, muss er zusätzlich (im Übrigen gilt Vorstehendes) festlegen, wie dieser Spielraum zu füllen ist. Insbesondere kann der Verwalter im Beschluss, ggf konkludent, von den Eigentümern ermächtigt werden, eine diesbezügliche Entscheidung vorzunehmen. Die Zulässigkeit dieser Möglichkeit bestimmt § 27 Abs 2 WEG. Aus dieser Norm ergibt sich die Freiheit der Eigentümer, den Spielraum nach ihrem Ermessen zu bestimmen. Sie können dem Verwalter einerseits nur die Wahl aus wenigen Angeboten belassen. Andererseits können die Eigentümer sich aber **83** auch darauf beschränken, dem Verwalter das Ziel einer Maßnahme vorzugeben, der Verwalter hat dann quasi als Asset Manager die Ausführungsart und die Handwerker auszusuchen.

84 Will der Beschluss den Spielraum des Verwalters beschränken, ist auf die Bestimmtheit der Regelung zu achten. Ein Klassiker der **fehlenden Bestimmtheit** lautet: „*Der Verwalter hat in Abstimmung mit dem Beirat den günstigsten Anbieter zu beauftragen.*“ Dieser Beschlusstext widerspricht aus zwei Gründen mangels Bestimmtheit ordnungsmäßiger Verwaltung (LG München I 17. 3. 2017 – 36 S 22212/15 WEG, ZMR 2017, 504): Zum einen lässt der Begriff „günstig“ nicht erkennen, ob das billigste oder das wirtschaftlichste Angebot gemeint ist. Zum anderen bleiben die Anforderungen an die Abstimmung zwischen Verwalter und Beirat unklar. Es sind also bestimmte Entscheidungskriterien und ein bestimmtes Abstimmungsverfahren („kein Zugang eines Widerspruchs beim Verwalter binnen einer Woche nach Zugang des Vorschlags beim Beiratsvorsitzenden“, u Rn 88) in den Beschluss aufzunehmen.

85 Soll der Beschluss dem Verwalter ein **weites eigenes Ermessen** belassen, kommt etwa in Betracht: „*Die Wohnungseigentümer beschließen [den Innenanstrich des Treppenhauses zu erneuern]. Der Verwalter soll entsprechende Angebote bei [Anzahl] Fachfirmen anfragen und aus den erhaltenen Angeboten im Rahmen ordnungsmäßiger Verwaltung eine Auswahl treffen.*“

86 Die Entscheidung des Verwalters auf Grundlage eines solchen Beschlusses kann anders als ein Maßnahmebeschluss der Eigentümer nicht in Bestandskraft erwachsen. Stellt sich im Nachhinein eine Entscheidung des Verwalters als ermessensfehlerhaft heraus, steht sein Pflichtverstoß fest. Dieser Pflichtverstoß kann seine Schadensersatzpflicht aus § 280 I BGB gegenüber der Gemeinschaft begründen.

4. Bedingungen/Zustimmungen

87 Die Eigentümer können die Wirkungen ihres Beschlusses an **Bedingungen** knüpfen. So kann die Entscheidungskompetenz des Verwalters von äußeren Umständen wie Umwelteinflüssen, einem Schadensfall oder dem Erlass einer befürchteten Ordnungsverfügung sowie einer Verurteilung zu einem bestimmten Verhalten abhängig gemacht werden.

88 Insbesondere kann die Kompetenz des Verwalters auch von der **Zustimmung des Beirats**, einzelner Eigentümer oder Eigentümergruppen abhängig gemacht werden. Eine solche Bedingung kommt in Betracht, gleich in welchem Umfange dem Verwalter Kompetenzen eingeräumt werden. Die Anforderungen an die Bestimmtheit des Beschlusses wurden o Rn 84 benannt. Zulässig ist etwa: „*Der Verwalter hat die Maßnahme dem Beiratsvorsitzenden anzuzeigen. Er darf sie nur ausführen, falls ihm nicht binnen zwei Wochen ein Widerspruch des Beiratsvorsitzenden zugeht. Im Falle eines Widerspruchs hat der Verwalter vor Beauftragung eine Eigentümerversammlung einzuberufen.*“

5. Entscheidungsermessen der Eigentümer

Die Entscheidung, ob und mit welchem Inhalt die Eigentümer einen Beschluss nach § 27 Abs 2 WEG fassen, steht grundsätzlich in ihrem **freien Ermessen** (Jacoby ZWE 2023, 16, 20 f). Wie es grundsätzlich im Belieben der Eigentümer steht, ob sie eine Vereinbarung nach § 10 Abs 1 S 2 WEG treffen, können sie auch frei entscheiden, ob sie durch Beschluss die Gemeinschaftsordnung ändern, sobald eine entsprechende Beschlusskompetenz aus dem Gesetz folgt. Daher besteht ein Anspruch auf einen solchen Beschluss nur unter den engen Voraussetzungen von § 10 Abs 2 WEG (BGH 16. 9. 2022 – V ZR 69/21, NJW 2023, 63 Rn 37 ff zu § 16 Abs 2 S 2 WEG). 89

Mangels Anspruchs der einzelnen Eigentümer sind die Eigentümer auch nicht gehindert, die Entscheidungsstrukturen durch einen Beschluss nach § 27 Abs 2 WEG grundlegend zu verändern. Sie können insbesondere die Befugnisse des Verwalters auch erheblich erweitern. Grenzen bestehen indessen, wenn eine einschränkende Gestaltung inhaltlich Bedenken weckt, weil sie eine ordnungsmäßige Verwaltung im Einzelfall erschwert. Beispiel ist zum einen die Streichung der Notkompetenzen des Verwalters ohne äquivalenten Ausgleich für einen solchen Fall, der freilich mangels Vertretungsmacht einer anderen Stelle kaum zu finden sein wird (o Rn 67). Schädlich kann auch ein zu weitgehender Zustimmungsvorbehalt sein, der in unangemessener Weise die Verwaltung erschwert, indem auch für Bagatellen ein aufwendiges Abstimmungsverfahren einzuhalten ist (vgl Schultzky ZWE 2021, 62, 66). 90

6. Form des Beschlusses (Abgrenzung Verwaltervertrag)

§ 27 Abs 2 WEG verlangt einen Beschluss der Eigentümer, an dem der **Verwalter nicht beteiligt** ist. Der Verwalter ist an die sich aus der etwaigen Kompetenzveränderung ergebenden Pflichten gebunden, weil er das Amt des Verwalters bekleidet. Eine grundlegende Veränderung des Kompetenzgefüges mag eine Vergütungsanpassung in ergänzender Auslegung der dem Verwaltervertrag zugrundeliegenden Vergütungsstruktur legitimieren, aber auch ein Grund für den Verwalter bedeuten, den Verwaltervertrag vorzeitig außerordentlich zu kündigen und das Verwalteramt niederzulegen. 91

Eine Vereinbarung zwischen Gemeinschaft und Verwalter vermag indessen nicht, diese Wirkungen herbeizuführen. Daher ist der Verwaltervertrag der falsche Ort, um eine solche Regelung vorzusehen (Staudinger/Jacoby § 26 WEG Rn 160 ff). Teilweise wird allerdings versucht, den angebliche Bedürfnissen der Praxis dadurch Rechnung zu tragen, dass in dem Beschluss über den Verwaltervertrag nicht nur die Zustimmung dazu liegt, den Verwaltervertrag abzuschließen, sondern zugleich auch der Beschluss nach § 27 Abs 2 WEG über die im Verwaltervertrag enthaltenden Kompetenzen (Bärmann/Becker § 27 Rn 59; BeckOGK/Greiner [1. 12. 2022] § 27 WEG Rn 169). Dem ist nicht zu folgen (Hügel/Elzer § 27 Rn 79; Jennissen/Zschieschack § 27 Rn 65). Diese Auslegung ist schon deswegen bedenklich, weil Regelungen des Verwaltervertrages einer anderen Inhaltskontrolle (unbefristete AGB-Kontrolle) unterliegen als bloß binnen Monatsfrist wegen fehlender Ordnungsmäßigkeit angreifbare Beschlüsse. Angesichts der Wirkungen eines Beschlusses aus § 27 Abs 2 WEG, die Gemeinschaftsordnung dauerhaft zu verändern, sollte man besondere Transparenzanforderungen an die Beschlussfassung stellen (vgl BGH 8. 6. 2018 – V ZR 195/17, ZMR 2018, 1024 92

= NZM 2018, 905 Rn 18 f zur Veränderung der Kostenverteilung). Schließlich ist die Kompetenzverteilung nach § 27 Abs 2 WEG vom konkreten Verwalter und seinem Verwaltervertrag unabhängig. Die Eigentümer mögen das Bedürfnis haben, während des laufenden Vertrags die Kompetenzen zu verändern. Dem darf eine Regelung des Vertrags nicht entgegenstehen. Entsprechend nötigen auch keine praktischen Bedürfnisse zu einem anderen Vorgehen. Mit der Zeit sollte sich einbürgern, dass die Eigentümer für ihre Gemeinschaft Kompetenzregelungen schaffen, die vom einzelnen Verwalter unabhängig sind. Aktuellen Bedürfnissen nach Konkretisierung der Verwalterkompetenzen kann anlässlich der Verwalterbestellung durch **Annexbeschlüsse** (zu diesen Staudinger/Jacoby § 26 WEG Rn 191 ff) Rechnung getragen werden.

VII. Einzelfälle

93 § 27 WEG aF enthielt in seinen Katalogen eine Reihe von **Aufgabenbeschreibungen** für den Verwalter, die der Gesetzgeber gestrichen hat, um allein auf die abstrakte Kompetenzzuweisung in § 27 Abs 1 WEG sowie die Beschlusskompetenz der Eigentümer aus § 27 Abs 2 WEG abzustellen. Vereinzelt werden allerdings noch außerhalb von § 27 WEG Verwalteraufgaben beschrieben. Das betrifft insbesondere Organisationskompetenzen in § 24 WEG sowie in § 28 WEG, ferner die ehemals aus § 27 Abs 1 Nr 7 WEG aF bekannten Informationspflichten über Gerichtsverfahren, die nunmehr jedenfalls teilweise von § 44 Abs 2 S 2 WEG erfasst werden. Zu den wesentlichen Verwalteraufgaben lassen sich folgende Aussagen treffen:

1. Bauliche Maßnahmen

94 Wie es § 27 Abs 1 Nr 2 WEG aF für die **Erhaltungsmaßnahmen** formulierte, hat auch heute der Verwalter nicht nur, aber insbesondere für alle baulichen Maßnahmen die erforderlichen Verrichtungen vorzunehmen (o Rn 14 f). Es sind also nicht nur die Erhaltungsmaßnahmen betroffen, sondern insbesondere im Anwendungsbereich des § 20 Abs 2 S 2 WEG muss der Verwalter auch die Ermessensentscheidung bei baulichen Veränderungen vorbereiten.

95 Aus den vorstehenden allgemeinen Ausführungen zu § 27 WEG ergibt sich die Abgrenzung, wann der Verwalter über die Maßnahme selbst entscheiden kann oder wann er eine Entscheidung der Eigentümer nach § 19 Abs 1 WEG vorzubereiten hat. Das richtet sich wegen § 27 Abs 2 WEG zunächst nach der Beschlusslage (Rn 60 ff mit Formulierungsbeispiel in Rn 69). Sonst kann sich eine gesetzliche Entscheidungsmacht entweder aus der Notkomeptenz des § 27 Abs 1 Nr 2 WEG ergeben, in der die ehemals in § 27 Abs 1 Nr 3 WEG aF geregelte Befugnis des Verwalters aufgegangen ist (Lehmann-Richter/Wobst Rn 483, o Rn 53 ff). Oder es greift die Bagatellkompetenz des § 27 Abs 1 Nr 1 WEG (o Rn 37 ff). Unabhängig von der Entscheidungsmacht, aber gerade auch dann, wenn die Entscheidungsmacht bei den Eigentümern liegt, treffen den Verwalter folgende **Organisationsaufgaben**:

a) Feststellung von Zustand und Handlungsbedarf

96 Erforderlich ist zunächst, dass der Verwalter einen etwaigen Erhaltungsbedarf feststellt, um die Maßnahmen zu bestimmen, über die die Wohnungseigentümer beschließen sollten (OLG Frankfurt 28. 5. 2009 – 20 W 115/06, ZMR 2009, 861 = ZWE 2009, 359).

aa) Ein solcher **Erhaltungsbedarf besteht**, falls das Gebäude vom Soll-Zustand abweicht oder abzuweichen droht (Staudinger/Lehmann-Richter § 19 WEG Rn 78 ff). Der Soll-Zustand ergibt sich in erster Linie aus der Teilungserklärung. Bleibt das Gebäude von Anfang an (BGH 20. 11. 2015 – V ZR 284/14, BGHZ 208, 29 = NJW 2016, 47 Rn 7) oder wegen Abnutzung oä im Nachhinein hinter diesem Zustand zurück, liegt Erhaltungsbedarf vor. Bedarf kann sich ferner aus gesetzlichen Vorgaben ergeben. Insbesondere öffentlich-rechtliche Vorgaben können den Soll-Zustand von Gebäuden verändern. 97

bb) Dem Verwalter obliegt die **Feststellung, ob** ein solcher **Erhaltungsbedarf** besteht. 98
Dafür hat er sich durch **Begehung der Anlage** von deren Zustand zu überzeugen (OLG München 20. 3. 2008 – 34 Wx 46/07, ZMR 2009, 64 = ZWE 2009, 27). Ein solcher Termin vor Ort muss mindestens einmal im Jahr erfolgen. Sollten dem Verwalter Erhaltungsrisiken, mithin Schwachstellen des Gebäudes, bekannt sein, kann das eine häufigere Untersuchung erforderlich machen. Auch der Ablauf von Fristen zur Geltendmachung von Mängelrechten, namentlich nach § 634a BGB, ist Anlass für eine Kontrolle (BGH 19. 7. 2019 – V ZR 75/18, ZWE 2020, 44 = ZMR 2020, 134 Rn 9; u Rn 109). Überdies muss der Verwalter Informationen über Gefahren und erst recht über bereits eingetretene Schäden nachgehen. Dafür kommt es nicht darauf an, ob die Hinweise von Eigentümern kommen, denen die Gemeinschaft nach § 18 Abs 2 WEG zur ordnungsmäßigen Erhaltung verpflichtet ist, oder aber von Dritten wie Mietern oder Nachbarn. Denn es ist allein der Inhalt der Information, der die Nachforschungspflicht auslöst, nicht der Charakter der Erklärung, die keine gestaltungsähnliche Wirkung entfaltet und nicht durch den Berechtigten abgegeben werden muss.

In vielen Fällen kann der Verwalter durch eigene Inaugenscheinnahme die Gefahren 99
nicht erkennen. Dann ist die **Einschaltung qualifizierter Handwerker oder Sachverständiger** geboten. So kann es insbesondere liegen, wenn die Gefahrenlage besonders komplex oder der betroffene Bauteil nur schwer zugänglich (KG 19. 10. 1998 – 24 W 4300/98, ZMR 1999, 207: Fallrohre; OLG Zweibrücken 14. 6. 1991 – 3 W 203/90, NJW-RR 1991, 1301: Dach) ist. Der Verwalter besitzt im Unterschied zum alten Recht (OLG Frankfurt 28. 5. 2009 – 20 W 115/06, ZMR 2009, 861 = ZWE 2009, 359) nicht nur Vertretungsmacht aus § 9b Abs 1 S 1 WEG, einen Sachverständigen mit der Erforschung der Sachlage zu beauftragen, sondern nach Maßgabe von § 27 Abs 1 Nr 1 WEG oder aufgrund eines entsprechenden empfehlenswerten Beschlusses auch Entscheidungsmacht, die Gefahrerforschung ohne Beschluss der Eigentümer zu beauftragen. Jedenfalls hat der Verwalter die Eigentümer bereits über einen Mangelverdacht zu informieren und ggf die Möglichkeit aufzuzeigen hat, eine sachverständige Überprüfung des Verdachts zu beauftragen (BGH 21. 11. 2019 – V ZR 101/19, ZWE 2020, 191 = ZMR 2020, 768 Rn 24).

cc) Eine Pflicht zum Tätigwerden löst schon allein der **Gefahrenverdacht** aus, dem 100
der Verwalter nachzugehen hat. So muss der Verwalter im Namen der Gemeinschaft auch dann einschreiten, wenn nicht geklärt ist, ob ein Schaden wie Schimmel auf Mängeln von Gemeinschafts- oder Sondereigentum beruht (LG München 15. 10. 2012 – 1 S 26801/11, ZMR 2013, 657 = ZWE 2013, 270). Stellt sich dann heraus, dass das Sondereigentum oder seine Nutzung ursächlich sind, kann die Gemeinschaft die Kosten der Gefahrerforschung und auch etwaige Kosten von Sanierungen am Gemeinschaftseigentum vom Sondereigentümer ersetzt verlangt werden, wenn dieser oder dessen

Bewohner, deren Verhalten dem Eigentümer als Erfüllungsgehilfen nach § 278 BGB zuzurechnen ist, seine Pflichten als Sondereigentümer vorwerfbar verletzt hat.

b) Information und Beschlussvorbereitung

101 Der Verwalter hat die Eigentümer über seine Kenntnisse zu informieren und deren **Willensbildung zu organisieren** (BGH 19. 7. 2019 – V ZR 75/18, ZWE 2020, 44 = ZMR 2020, 134 Rn 9). Im Haftungsprozess ist er mit dem Einwand, die Eigentümer hätten ohnehin Bescheid gewusst, nicht zu hören (BGH 21. 11. 2019 – V ZR 101/19, ZWE 2020, 191 = ZMR 2020, 768 Rn 21). Denn eine solche Kenntnis der Eigentümer macht allenfalls die Unterrichtung durch den Verwalter entbehrlich, aber nicht die Vorbereitung sachgerechter Beschlüsse.

102 Sein **konkretes Vorgehen** hängt in erster Linie von der **Dringlichkeit** ab, eine Maßnahme zu treffen. Am weitesten in die Zukunft gerichtet ist die **allgemeine Instandsetzungsplanung**. Sie will zukunftsgerichtet den zu erwartenden Bedarf an Baumaßnahmen ermitteln (BGH 9. 3. 2012 – V ZR 161/11, NJW 2012, 1724 Rn 5). Diese Planung kann der Verwalter den Eigentümern bei der nach § 24 Abs 1 WEG jährlich stattfindenden Versammlung vorlegen. Besteht hingegen konkreter Erhaltungsbedarf muss der Verwalter entscheiden, ob die Befassung der Eigentümer ebenfalls bis zur nächsten „jährlichen" Eigentümerversammlung warten kann, ob eine außerordentliche Eigentümerversammlung in der gesetzlichen Regelfrist von drei Wochen des § 24 Abs 4 S 2 WEG oder mit verkürzter Ladungsfrist einzuberufen ist oder ob ein Notfall des § 27 Abs 1 Nr 2 WEG vorliegt, der sofortiges Einschreiten durch den Verwalter erfordert (o Rn 53 ff). Geht es nicht um Erhaltungsmaßnahmen, sondern um bauliche Veränderungen nach § 20 Abs 1 WEG, wird regelmäßig Zeit sein, bis zur nächsten „jährlichen" Eigentümerversammlung zu warten, sofern nicht ein Eigentümer ein Anspruch auf vorheriges Tätigwerden aus § 20 Abs 2 WEG zusteht. Aus § 24 Abs 2 WEG folgt ferner, dass eine Einberufungspflicht besteht, wenn ein Viertel der Wohnungseigentümer das verlangt.

103 Liegt kein Notfall iSv § 27 Abs 1 Nr 2 WEG vor, hat der Verwalter die **Beschlussfassung der Eigentümer vorzubereiten**. Zwar ist es Sache der Eigentümer, die konkrete Maßnahme zu bestimmen (BayObLG 29. 1. 2004 – 2Z BR 181/03, BayObLGZ 2004, 15 = ZMR 2004, 601). Der Verwalter hat aber auf eine Entscheidung der Eigentümer hinzuwirken, die ordnungsmäßiger Verwaltung entspricht (OLG Frankfurt 28. 5. 2009 – 20 W 115/06, ZMR 2009, 861 = ZWE 2009, 359; LG München I 5. 8. 2010 – 36 S 19282/09, ZWE 2011, 42). Dazu hat der Verwalter die Eigentümer nicht nur über den von ihm festgestellten Bedarf für eine Baumaßnahme zu informieren, sondern auch Möglichkeiten aufzuzeigen, diesen Bedarf zu erfüllen. Im Zuge dessen hat er die Eigentümer über die gesetzlichen Anforderungen an die Maßnahme, aber auch über die Voraussetzungen der Beschlussfassung aufzuklären. Dazu gehört es auch, die Möglichkeiten der Finanzierung innerhalb der Gemeinschaft, aber auch Fördermöglichkeiten durch Externe (LG Mönchengladbach 29. 9. 2006 – 5 T 51/06, ZMR 2007, 402 = NZM 2007, 417) zu klären. Das RDG steht der Fördermittelberatung durch den Verwalter nicht grundsätzlich entgegen (**aA** AG Oberhausen 7. 5. 2013 – 34 C 79/12, ZMR 2013, 669 = ZWE 2013, 463), wie es auch sonst eine Rechtsberatung durch den Verwalter wegen § 5 Abs 2 Nr 2 RDG nicht ausschließt. Es mag aber hier wie bei anderen rechtlichen oder technischen Vorfragen angeraten sein, Experten hinzuziehen (o Rn 99).

Der Beschluss über die konkrete Maßnahme und Auftragsvergabe setzt voraus, dass die Gemeinschaft wie ein ordentlicher Besteller solcher Aufträge den Markt sondiert hat. Als Faustformel hat sich eingebürgert, dass der Verwalter oberhalb einer Bagatellgrenze (LG Dortmund 21. 4. 2015 – 1 S 445/14, ZMR 2015, 777: 5.000 Euro; LG Frankfurt 17. 5. 2018 – 2-13 S 26/17, ZMR 2018, 788: 5 % der Wirtschaftsplansumme) drei **Alternativangebote** einholen muss (LG Dortmund 14. 6. 2016 – 1 S 455/15, ZWE 2017, 96; LG Frankfurt 19. 4. 2017 – 2-13 S 2/17, ZMR 2017, 579; LG Frankfurt/Oder 21. 11. 2016 – 16 S 85/16, ZMR 2017, 825; LG Hamburg 18. 1. 2012 – 318 S 164/11, ZMR 2012, 388; LG Itzehoe 5. 1. 2018 – 11 S 1/17, ZMR 2018, 626; LG Karlsruhe 8. 8. 2013 – 11 T 355/12, ZWE 2013, 417; LG München 6. 10. 2014 – 1 S 21342/13 WEG, ZMR 2015, 147; kritisch Staudinger/Lehmann-Richter § 19 WEG Rn 40). Dieses Gebot ist freilich im Hinblick auf seinen Sinn und Zweck zu relativieren, den Eigentümern eine hinreichende Grundlage für ihre Auswahlentscheidung zu verschaffen (Greiner ZWE 2019, 243, 247 ff; Jacoby ZWE 2019, 20 f). Dabei muss auch Berücksichtigung finden, ob sich in angemessener Zeit mit angemessenem Aufwand überhaupt hinreichend viele ernst gemeinte und ernst zu nehmende Angebote erlangen lassen. 104

Letztlich entscheidet der **Einzelfall** über die konkreten Anforderungen, die sehr verschieden sein können. Insbesondere bei größeren langfristig in Angriff zu nehmenden Maßnahmen wird es die Interaktion zwischen Verwalter und Eigentümern erforderlich machen, mehrere Versammlungen abzuhalten, damit die Eigentümer Umfang und Gestalt der letztlich zu beschließenden Maßnahme sukzessive konkretisieren können. Ganz anders liegt es bei dringenden Erhaltungsmaßnahmen. In solchen Fällen, in denen ohne die Maßnahme die Nutzung von Sondereigentumseinheiten eingeschränkt wird oder sonstige Schäden drohen, müssen die Eigentümer für einen entsprechenden Beschluss stimmen (BGH 17. 10. 2014 – V ZR 9/14, BGHZ 202, 375 = NJW 2015, 613 Rn 24). Anderenfalls steht einem geschädigten Miteigentümer ein Schadensersatzanspruch aus § 280 Abs 1 BGB gegen die Gemeinschaft zu, der das Fehlverhalten der Eigentümer nach § 31 BGB analog zuzurechnen ist. Die Gemeinschaft kann dann ihrerseits bei den Eigentümern wegen Verletzung ihrer Stimmpflicht Regress nehmen (Staudinger/Jacoby [2023] § 9a WEG Rn 56). Darüber hat der Verwalter die Eigentümer bereits in der Ladung zu unterrichten (BGH 23. 2. 2018 – V ZR 101/16, NJW 2018, 2550 Rn 77). Denn nur dann können die Eigentümer ihre Pflichten bei der Entscheidung berücksichtigen, ob sie die Versammlung selbst besuchen oder sich vertreten lassen. 105

Die Durchführung der Baumaßnahme kann besondere **Verkehrssicherungspflichten** auslösen, wie es insbesondere die Baustellenverordnung vorsieht. Nicht nur deswegen kann der Abschluss einer Bauherrenhaftpflicht anzuraten sein (Dötsch NZM 2014, 296 ff). Auch darüber hat der Verwalter zu informieren. 106

c) Begleitung der Bauausführung wie Bauherr

Der Verwalter vertritt die rechtsfähige Gemeinschaft beim **Abschluss des Bauvertrags** mit den Handwerkern. Im Folgenden hat der Verwalter die Interessen von Gemeinschaft und Eigentümern gegenüber dem Vertragspartner wahrzunehmen. Dabei trifft den Verwalter die Aufgabe, den Bau wie ein Bauherr zu überwachen (BGH 18. 2. 2011 – V ZR 197/10, ZWE 2011, 209 Rn 31; OLG Frankfurt 10. 2. 2009 – 20 W 356/07, ZMR 2009, 620). Architektenleistungen schuldet der Verwalter nicht. Ein Architekt wäre wie andere Sonderfachleute (o Rn 99) vom Verwalter zu beauftragen. Erkennt der Verwalter bei der Bauausführung Schwierigkeiten technischer oder rechtlicher Art, die er allein 107 nicht lösen kann, muss er den Eigentümern raten, die Einschaltung entsprechender Experten zu beschließen. Es kann sich dann auch eine Entscheidungsmacht des Verwalters aus § 27 Abs 1 WEG ergeben. Typischerweise lässt der Verwalter die Eigentümer entscheiden, wenn die Notwendigkeit der Einschaltung eines Architekten nicht selbstverständlich (geringe Bedeutung) ist und im Kostenrahmen des § 27 Abs 1 Nr 1 WEG bleibt.

108 **Während der Bauphase** hat der Verwalter die Leistungen des Vertragspartners daraufhin zu kontrollieren, ob dieser seine Leistungen rechtzeitig, vollen Umfangs und mangelfrei erbringt. Dabei dürfen an den Verwalter nicht so hohe Anforderungen wie an einen Architekten gestellt werden (LG Hamburg 9. 4. 2013 – 318 T 17/12, ZMR 2013, 988), wenn der Verwalter sich den Eigentümern nicht besonders verpflichtet hat. Der Verwalter darf allerdings der Erklärung von Bauhandwerker/Bauträger, Mängel beseitigt zu haben, nicht vertrauen, sondern muss sich ein eigenes Bild machen und bei etwaigen Anhaltspunkten die Eigentümer informieren und auf eine sachgerechte Beschlussfassung hinwirken (BGH 19. 7. 2019 – V ZR 75/18, ZWE 2020, 44 = ZMR 2020, 134 Rn 17). Erkennt der Verwalter Mängel, so hat er Mängel- und Zurückbehaltungsrechte auszuüben (OLG Frankfurt 10. 2. 2009 – 20 W 356/07, ZMR 2009, 620; vgl ferner zur Durchführungspflicht o Rn 77). Abschlags- und Schlussrechnungen der Unternehmer hat der Verwalter sachlich und rechnerisch zu prüfen. Insoweit wirken sich die Pflichten des Verwalters als gesetzlicher Vertreter aus, Leistungen entgegenzunehmen und Zahlungen zu bewirken (u Rn 115 ff). Daher hat der Verwalter auch die Leistung abzunehmen, wenn dem Verwalter keine Mängel erkennbar und auch sonst nicht von Eigentümern behauptet werden. Sieht der Verwalter weiteren Nachforschungsbedarf, hat er das den Eigentümern mitzuteilen und um eine Weisung nachzusuchen, wie er zu verfahren hat.

109 **Nach Abschluss des Bauvorhabens** hat der Verwalter im Blick zu behalten, ob sich nachträglich Mängel zeigen. Insbesondere hat er Sorge dafür zu tragen, dass erkennbare Mängelrechte nicht verjähren (BGH 19. 7. 2019 – V ZR 75/18, ZWE 2020, 44 = ZMR 2020, 134 Rn 10 f; OLG München 25. 9. 2008 – 32 Wx 79/08, ZMR 2009, 629 = NZM 2008, 895).

2. Geldverwaltung

110 Die Aufgabe zur Verwaltung des Gemeinschaftsvermögens nach § 9a Abs 3 WEG erstreckt sich auf das vorhandene **Bar- und Giralgeldes**. Insoweit ergibt sich die umfassende Kompetenz des Verwalters aus § 27 Abs 1 Nr 1 WEG. Die Selbstverständlichkeit des § 27 Abs 5 S 1 WEG aF, dass der Verwalter die Gelder der Gemeinschaft getrennt von seinem Vermögen zu halten hat, enthält das WEG nicht mehr ausdrücklich (allgemein zum Organbesitz Staudinger/Jacoby [2023] § 9b WEG Rn 11). Zur Verwaltung darf der Verwalter das Geld innerhalb des Verwaltungsvermögens hin- und herbewegen, ist grundsätzlich kontoführungsbefugt. Die Eigentümer können diese Befugnis nach § 27 Abs 2 WEG durch Beschluss einschränken, namentlich Überweisungen ab einem bestimmten Betrag an eine **Zustimmung** binden. Wegen § 9b Abs 1 S 3 WEG hat dieses Zustimmungserfordernis allerdings grundsätzlich keine Wirkung gegenüber der Bank (zum Missbrauch der Vertretungsmacht durch den Verwalter Staudinger/Jacoby [2023] § 9b WEG Rn 62 ff). Indessen bedarf eine **Kreditaufnahme** durch den Verwalter auch gegenüber der kreditgebenden Bank eines Beschlusses der Eigentümer, § 9b Abs 1 S 1 WEG.

Der Verwalter hat **Bankkonten** zu führen, ggf vorher auch einzurichten, auf denen er das Giralgeld der rechtsfähigen Gemeinschaft hält. Die Separierung vom Vermögen des Verwalters lässt grundsätzlich sowohl die Möglichkeit eines Treuhandkontos als auch die eines Fremdkontos auf Namen der rechtsfähigen Gemeinschaft zu. Nach Schaffung der mit Verwaltungsvermögen ausgestatteten rechtsfähigen Gemeinschaft, § 9a Abs 3 WEG, entspricht es aber allein ordnungsmäßiger Verwaltung, ein Konto der Gemeinschaft zu führen (Jennissen/Zschieschack § 27 Rn 161 ff). Gegen das Treuhandkonto spricht maßgeblich, dass es formal ein Konto des Verwalters ist, sodass insbesondere bei Verwalterwechsel oder Vollstreckungszugriff Dritter vermeidbare Schwierigkeiten drohen. Die Pflichtverletzung eines Verwalters, der noch Treuhandkonten führt, sollte aber nicht überbewertet werden. Insbesondere ist sie nicht zu verwechseln mit einem Verstoß gegen das Verbot der Vermögensvermischung, der typischerweise einen wichtigen Grund zu Abberufung und Kündigung des Verwaltervertrags darstellen kann (Staudinger/Jacoby § 26 WEG Rn 11; strenger LG Frankfurt 20. 9. 2017 – 2-13 S 9/15, ZWE 2018, 82 = ZMR 2018, 250). Auch darf ein Eigentümer die Hausgeldzahlung nicht bei Einziehung auf ein Treuhandkonto verweigern (AG Dortmund 23. 5. 2019 – 514 C 29/19, ZWE 2019, 423 = ZMR 2019, 799; Jennissen/Zschieschack § 27 Rn 165; **aA** LG Hamburg 28. 1. 2015 – 318 S 118/14, ZWE 2016, 38, 40; LG Saarbrücken 4. 5. 2018 – 5 S 44/17, ZWE 2018, 275, 276) 111

Neben dem Giralgeld auf einem Konto der Gemeinschaft kann der Verwalter auch eine **Barkasse** führen. Diese ist ebenfalls vom eigenen Barvermögen des Verwalters gesondert zu halten. Vielfach wird der Verwalter das Barvermögen einem Hausmeister übergeben, damit dieser die Barkasse führt. 112

Auch die **Anlage der verfügbaren Gelder** muss sich am Maßstab ordnungsmäßiger Verwaltung ausrichten. Zweifellos profitieren die Eigentümer davon, wenn das Gemeinschaftsvermögen renditestark angelegt wird. Indessen dient dieses Vermögen – gleich ob es sich aus den Beiträgen zu den Bewirtschaftungskosten oder aus der Erhaltungsrücklage zusammensetzt – nicht der Mehrung des Vermögens durch Geldanlage, sondern dazu, dass die Gemeinschaft liquide ist, um ihre laufenden Verbindlichkeiten sowie Erhaltungsmaßnahmen zu decken. Daher muss die Anlage sich daran messen lassen, ob die Mittel hinreichend verfügbar sind. Spekulative Anlageformen, die ein Verlustrisiko beinhalten, sind ausgeschlossen (Jennissen ZWE 2014, 199, 201). Im Rahmen dieser Anforderungen gilt es freilich, eine möglichst zinsträchtige Anlageform zu finden. Gerade das Zinsniveau der vergangenen Jahre offenbart vor diesem Hintergrund, dass es zu streng ist, wenn verbreitet gefordert wird (LG Berlin 26. 11. 2013 – 55 S 69/11 WEG, ZMR 2014, 383 = ZWE 2014, 460), dass die Instandhaltungsrücklage verzinslich anzulegen ist. Jedenfalls lässt sich dem Verwalter eine Pflichtverletzung nicht dadurch nachweisen, dass man ihm im Nachhinein aufzeigt, dass zinsträchtigere Anlageformen bestanden hätten. Die Wohnungseigentümer können wegen § 27 Abs 2 WEG über die Anlageform für den Verwalter verbindlich beschließen. 113

Teilweise wird gefordert, dass der Verwalter für Mittel zur Bewirtschaftung und zur Ansparung der Erhaltungsrücklage getrennte Konten führt (LG Berlin 26. 11. 2013 – 55 S 69/11 WEG, ZMR 2014, 383 = ZWE 2014, 460). Zur Begründung wird zum einen angeführt, dass die Vermischung eine unübersichtliche Finanzlage nach sich ziehe, und zum anderen die Gefahr gesehen, dass die Anlage sonst nicht verzinst werde. Indessen ist Letzteres Tatfrage. So wäre es doch attraktiv, wenn jedes Guthaben verzinst 114 wird. Was die Übersichtlichkeit betrifft, braucht der Verwalter nur die Buchungskonten, aber nicht zusätzlich die realen Bankkonten übersichtlich zu führen. Daher ist der pauschalen Forderung nach **Bankkontentrennung nicht** zu folgen (LG Dortmund 28. 9. 2018 – 17 S 53/18, juris Rn 19; Jennissen ZWE 2014, 199, 201; Jennissen/Zschieschack § 27 Rn 170).

3. Forderungsmanagement

115 Als gesetzlicher Vertreter ist der Verwalter auch **im Verhältnis zu Gläubigern und Schuldner** richtiger Ansprechpartner für die Abwicklung von Forderungen und Pflichten. Beispielsweise vertritt er die Gemeinschaft bei der Erklärung und Entgegennahme von Mahnungen sowie der Entgegennahme und dem Bewirken von Leistungen. Nach § 27 WEG richtet sich, inwieweit der Verwalter im Innenverhältnis einer Entscheidung der Eigentümer bedarf.

a) Forderungen

116 Die Kompetenzordnung betrifft grundsätzlich alle der rechtsfähigen Gemeinschaft zustehenden Forderungen (Staudinger/Jacoby [2023] § 9a WEG Rn 50 ff). Insoweit ist der Verwalter jedenfalls zur **außergerichtlichen Geltendmachung** dieser Forderungen berechtigt und verpflichtet. Davon erfasst sind etwa Fälligstellung, Mahnung, aber auch das Gebrauchmachen von einem der Gemeinschaft erteilten SEPA-Lastschriftmandat.

117 **Empfangszuständig** für Zahlungen ist nicht der Verwalter, sondern nur die rechtsfähige Gemeinschaft. Schuldner der Gemeinschaft können daher befreiend nur auf das (vom Verwalter geführte) Konto der Gemeinschaft zahlen. Da der Verwalter aber Vertretungsmacht besitzt, die Einziehung des Anspruchs zu besorgen, kann er als Vertreter der Gemeinschaft auch ein anderes Konto nennen, auf das der Schuldner dann mit Erfüllungswirkung zahlen kann. Das kann auch das allgemeine Geschäftskonto des Verwalters sein. Sonst genügt eine Zahlung auf ein beliebiges Konto des Verwalters nicht (**aA** Bärmann/Becker § 27 Rn 128). Erfüllung tritt dann erst ein, wenn der Verwalter den Eingang auf ein Konto der Gemeinschaft weiterleitet. Als Vertreter der Gemeinschaft hat der Verwalter dem Zahlenden auf Verlangen eine Quittung nach § 368 BGB auszustellen.

118 Bleiben Zahlungen trotz Mahnung aus, ist auf Grundlage von § 27 WEG zu entscheiden, wer kompetent ist, um über die **weitere Verfahrensweise** zu entscheiden. Eine Befugnis, unbestrittene Forderungen gegen den säumigen Schuldner geltend zu machen, kann sich aus § 27 Abs 1 Nr 1 WEG ergeben. Das betrifft namentlich Hausgeldansprüche. Insbesondere muss der Verwalter zur Verfolgung von Beitragsforderungen gegen die Wohnungseigentümer Ansprüche in einem von einem anderen Gläubiger beantragten Zwangsversteigerungsverfahren anmelden. Unterlässt der Verwalter dies, kann darin eine Pflichtverletzung liegen, die Schadensersatzansprüche nach § 280 Abs 1 BGB zur Folge hat (BGH 8. 12. 2017 – V ZR 82/17, NJW 2018, 1613 Rn 10 Jacoby ZWE 2015, 297, 300). Letztlich hängt die Kompetenz des Verwalters an der Höhe der drohenden Prozesskosten.

119 Insbesondere wenn eine Forderung bestritten wird, ist zu entscheiden, ob die Gemeinschaft das **Prozesskostenrisiko** tragen will. Vielfach wird die Geltendmachung dann sowohl zu nicht unerheblichen Verpflichtungen führen können und zudem eine nicht unerhebliche Bedeutung haben. Bei einer vergleichsweisen Einigung ist darauf abzustellen, in welchem Umfange die Gemeinschaft von ihrer ursprünglichen Prätention ablässt (**aA** Bärmann/Becker § 27 Rn 138; Jennissen/Zschieschack § 27 Rn 154: nie untergeordnete Bedeutung).

b) Verbindlichkeiten

Der Verwalter hat **bestehende Ansprüche** zu erfüllen, die gegen die rechtsfähige Gemeinschaft gerichtet sind. Regelmäßig wird es sich um Zahlungsansprüche handeln, die Vertragspartner aus Kauf-, Dienst-, Werk-, Versicherungs- und vielleicht auch Darlehensverträgen beanspruchen können. Auf Zahlung gerichtet sind auch Ansprüche öffentlich-rechtlicher Versorger. Möglich ist aber auch die Erfüllung von anderen Leistungspflichten als einer Zahlung. Für Ansprüche der Eigentümer aus § 18 Abs 2 und 4, § 20 Abs 2 WEG ist nach dem o Rn 22 ff Ausgeführten danach zu unterscheiden, ob der Anspruch konkret auf Verwalterhandeln, etwa Einsicht in die Verwaltungsunterlagen, oder Beschlussfassung, etwa Erlaubnis einer baulichen Veränderung, gerichtet ist. **120**

Die **Erfüllungsbefugnis des Verwalters** folgt vorbehaltlich spezieller Beschlüsse aus § 27 Abs 1 Nr 1 WEG. Die Befugnis ist jedenfalls für solche Forderungen zu bejahen, die die **Kalkulationsgrundlage des Verwalters für den Wirtschaftsplan** bilden. Aber auch bei anderen wiederkehrenden Forderungen, die zur gewöhnlichen Verwaltung der Anlage zählen, sowie sonstigen unstreitigen Forderungen ist die Entscheidungsbefugnis des Verwalters aus § 27 Abs 1 Nr 1 WEG grundsätzlich zu bejahen. Zur Vornahme einer Zahlung bedarf der Verwalter allerdings ferner genügender liquider Mittel. **121**

Die Berechtigung des Verwalters beschränkt sich auf **bestehende Verbindlichkeiten**. Vor der Leistung hat der Verwalter zu prüfen, ob die Forderung besteht, die er zu erfüllen gedenkt. Die Möglichkeit, den Anspruch durch Aufrechnung zu vernichten, muss der Verwalter ebenso erwägen wie die Option, Einreden, namentlich die Verjährungseinrede, oder Zurückbehaltungsrechte (OLG Frankfurt 10. 2. 2009 – 20 W 356/07, ZMR 2009, 620), geltend zu machen. **122**

Bestehen **Streit oder Ungewissheit** über die Existenz einer Forderung, wird regelmäßig eine Kompetenz des Verwalters aus § 27 Abs 1 Nr 1 WEG ausscheiden, allein über das weitere Vorgehen zu entscheiden. Eine Ausnahme wird sich nur für Bagatellforderungen begründen lassen. Sonst drohen mit dem Rechtsstreit erhebliche Verpflichtungen, auch wird die Sache nicht von unerheblicher Bedeutung sein. Über einen Vergleichsschluss kann der Verwalter nach § 27 Abs 1 Nr 1 WEG nur dann entscheiden, wenn die darin gegenüber der ursprünglichen Prätention der Gemeinschaft übernommene zusätzliche Verpflichtung als gering im Sinne dieser Bestimmung anzusehen ist. **123**

4. Hausordnung und sonstige Störungen

Die Aufstellung einer **Hausordnung** gehört nach § 19 Abs 2 Nr 1 WEG zur ordnungsmäßigen Verwaltung. Da es sich dabei aber um eine **Nutzungsregelung** handelt, liegt die Kompetenz dazu nur bei den Eigentümern. Die Kompetenz kann nicht durch Be- **124** schluss nach § 27 Abs 2 WEG auf den Verwalter delegiert werden (o Rn 34). Für eine solche Delegation bedarf es einer Vereinbarung nach § 10 Abs 1 S 2 WEG (o Rn 11).

125 Aus der Hausordnung, sonstigen Beschlüssen und Vereinbarungen sowie dem Gesetz ergeben sich **Verhaltenspflichten der Eigentümer** gegenüber der Gemeinschaft nach § 14 Abs 1 Nr 1 WEG. Der Verwalter hat über diese Pflichten zu **informieren**. Das kann auf der Eigentümerversammlung, durch Aushang, spezielle Schilder, aber auch Rundbriefe erfolgen (Elzer ZMR 2006, 733, 739). Bei zu Tage tretenden Streitigkeiten über den Inhalt der Hausordnung sollte der Verwalter Bereinigungsmöglichkeiten aufzeigen. Insbesondere können die Eigentümer die Regelungen der Hausordnung durch Beschluss nach § 19 Abs 1 WEG präzisieren.

126 Bei **Verstößen gegen die Hausordnung** hat der Verwalter geeignete Maßnahmen zu ergreifen, den Verstoß zu ahnden und eine Wiederholung zu verhindern. So muss der Verwalter sich bemühen, den Verletzer der Hausordnung zu ermitteln, über den Inhalt der Hausordnung aufklären und ggf den Verletzer zur Einhaltung der Hausordnung anhalten. Für die Entscheidungskompetenz über die Geltendmachung von Ansprüchen aus § 14 Abs 1 Nr 1 WEG gegen Eigentümer oder aus § 1004 BGB, § 9a Abs 2 WEG gegen Fremdnutzer wie Mieter oder Nießbraucher, gelten im Ausgangspunkt die allgemein o Rn 116 ff zum Forderungsmanagement angestellten Überlegungen. Angesichts der engen Betroffenheit der zusammenlebenden Eigentümer wird allerdings leichter zu bejahen sein, dass einer solchen Störungsklage nicht unerhebliche Bedeutung zukommt, so dass die Entscheidungskompetenz des Verwalters ausscheidet. Den Eigentümern steht auch insoweit offen, durch Beschluss nach § 27 Abs 2 WEG die Entscheidungsbefugnisse des Verwalters zu konkretisieren.

5. Versicherungen

127 § 19 Abs 2 Nr 3 WEG benennt die angemessene Versicherung des gemeinschaftlichen Eigentums zum Neuwert sowie den Abschluss einer Haus- und Grundbesitzerhaftpflicht als **Maßnahmen ordnungsmäßiger Verwaltung**. Über den Abschluss dieser und weiterer üblicher Versicherungen ist der Verwalter nach Maßgabe von § 27 Abs 1 Nr 1 WEG befugt. Entscheidend wird dafür die Höhe der Versicherungsprämie sein, um zu entscheiden, ob eine solche Entscheidung zu erheblichen Verpflichtungen führt. Es ist die Jahresprämie anzusetzen, wenn die Versicherung jährlich kündbar ist. Im Falle von Vertragsänderungen, ist nur auf den Umfang der jeweiligen Änderung abzustellen. Das betrifft etwa den Fall der Integration der Absicherung von Elementarschäden in einen bestehenden Vertrag. Bei Kündigung und Neuabschluss, ist indessen nicht allein die Differenz zum Altvertrag, sondern der gesamte Neuvertrag relevant.

128 Besondere Modifikationen können spezifische Erwägungen erfordern. Die Vereinbarung eines Selbstbehalts ist zum einen daraufhin zu prüfen, ob er vom Umfang her noch im Rahmen einer nicht unerheblichen Verpflichtung bleibt. Zum anderen liegt es allerdings auch nahe, die Entscheidung, mit dem Selbstbehalt einen Teil des Risikos selbst zu tragen, als Frage nicht unerheblicher Bedeutung anzusehen. Verwandt ist die Entscheidung, einen Schaden selbst zu regulieren, um die Prämie niedrig zu halten (vgl Abramenko ZMR 2015, 827, 828). Dann wird es in erster Linie darauf ankommen, ob der Betrag der Selbstregulierung noch innerhalb der Bagatellgrenze bleibt.

Gewiss ist es auch insoweit empfehlenswert, dass die Eigentümer dem Verwalter, durch **Beschluss nach § 27 Abs 2 WEG** Vorgaben machen. 129

6. Dienstleistungen und Versorgung

Bei der Einschaltung von Dienstleistern wie **Hausmeistern oder Gärtnern** und von **Versorgern** ist ebenfalls für jeden einzelnen Vertragsschluss und für jede einzelne Vertragsänderung mit § 27 Abs 1 Nr 1 WEG nach dem Erreichen der Bagatellgrenze zu fragen. Aspekte, die nicht von unerheblicher Bedeutung sind, können hier insbesondere in der Änderung einer langjährigen Praxis liegen, zB Wechsel vom lokalen Versorger, Kündigung des altgedienten Hausmeisters, Engagement eines Gärtners nach bisheriger Selbsterledigung durch die Eigentümer. 130

7. Verwaltungsunterlagen

Die Verwaltungsunterlagen gehören zum nach §§ 18 f, § 27, 9a Abs 3 WEG zu verwaltenden Gemeinschaftsvermögen. Grundsätzlich hat der Verwalter die Dokumente so zu verarbeiten, wie sie bei ihm eingehen, also Papier als Papier, elektronische Dokumente als solche. 131

Nach § 27 Abs 1 Nr 1 WEG kann der Verwalter vorbehaltlich eines abweichenden Beschlusses entscheiden, Dokumente, die keine Wirkungen mehr äußern, zu vernichten. Entgegen verbreiteter Meinung sind die handelsrechtlichen Aufbewahrungspflichten aus § 147 Abs 3 AO bzw § 257 Abs 4 HGB nicht auf die Gemeinschaft anzuwenden (Greiner ZMR 2018, 131). Allerdings folgt aus § 14b Abs 1 S 5 UStG eine Aufbewahrungspflicht für bestimmte Rechnungen. Bei Fehleinschätzungen kann sich der Verwalter aus § 280 Abs 1 BGB schadensersatzpflichtig machen. 132

Denkbar ist es, alle Unterlagen einer Gemeinschaft zu digitalisieren. Für den Bereich der Abgaben enthalten vom Finanzministerium erlassene Verwaltungsvorschriften namens Grundsätze zur ordnungsmäßigen Führung und Aufbewahrung von Büchern, Aufzeichnungen und Unterlagen in elektronischer Form sowie zum Datenzugriff (GoBD) entsprechende Vorgaben. Eine solche Digitalisierung kann sich auf die neu eingehenden Dokumente beschränken oder sich auch auf die Bestandsunterlagen erstrecken. Diese Entscheidung für die Digitalisierung ist allerdings nicht von untergeordneter Bedeutung, so dass eine Verwalterkompetenz aus § 27 Abs 1 Nr 1 WEG insoweit nicht besteht. 132a

8. Prozessführung

Die Frage nach den Kompetenzen im Hinblick auf zu führende Prozesse stellt sich in **ganz unterschiedlichem Gewande**. Im Falle von Aktivprozessen hat die Gemeinschaft über die Einleitung eines Verfahrens zu entscheiden. Typische Sachklagen stellen Klagen auf Hausgeld (o Rn 118 f) und solche wegen Störungen aus § 14 Abs 1 Nr 1 WEG (o Rn 126) dar. Als Beklagter kann die Gemeinschaft nicht mehr über die Einleitung des Prozesses, sondern nur noch über die Verteidigung und den weiteren Verlauf des Verfahrens entscheiden. Wegen § 44 Abs 2 S 1 WEG ist die Gemeinschaft im Falle der Beschlussklagen notwendig Beklagte. 133

134 Im Hinblick auf **Aktivprozesse** kann sich jedenfalls bei unstreitigen Forderungen wie dem Hausgeld eine Entscheidungsmacht des Verwalters aus § 27 Abs 1 Nr 1 WEG ergeben (Bärmann/Becker § 27 Rn 179), wenn die Prozesskosten für Anwalt und Gericht voraussichtlich die Bagatellgrenze nicht überschreiten. Eine Gebührenvereinbarung mit dem Anwalt ist nicht isoliert, sondern im Paket mit den übrigen Kosten an der Bagatellgrenze zu messen. Bei umstrittenen Forderungen wird die Sache vielfach nicht von untergeordneter Bedeutung sein (vgl Bärmann/Becker § 27 Rn 179). Droht Verjährung, kann ein Notfall nach § 27 Abs 1 Nr 2 WEG gegeben sein.

135 Bei **Passivprozessen** lässt sich in Anknüpfung an das alte Recht die Entscheidungsbefugnis des Verwalters über den Prozess meist schon aus der Notkompetenz des § 27 Abs 1 Nr 2 WEG begründen (Bärmann/Becker § 27 Rn 174). Für § 27 Abs 1 Nr 1 WEG kommt es auf die Kosten des einzuschaltenden Rechtsanwalts an.

136 Insgesamt empfiehlt sich, die Kompetenzen des Verwalters für gerichtliche Auseinandersetzungen durch Beschluss nach § 27 Abs 2 WEG zu bestimmen.

§ 28 WEG
Wirtschaftsplan, Jahresabrechnung, Vermögensbericht

(1) Die Wohnungseigentümer beschließen über die Vorschüsse zur Kostentragung und zu den nach § 19 Absatz 2 Nummer 4 oder durch Beschluss vorgesehenen Rücklagen. Zu diesem Zweck hat der Verwalter jeweils für ein Kalenderjahr einen Wirtschaftsplan aufzustellen, der darüber hinaus die voraussichtlichen Einnahmen und Ausgaben enthält.

(2) Nach Ablauf des Kalenderjahres beschließen die Wohnungseigentümer über die Einforderung von Nachschüssen oder die Anpassung der beschlossenen Vorschüsse. Zu diesem Zweck hat der Verwalter eine Abrechnung über den Wirtschaftsplan (Jahresabrechnung) aufzustellen, die darüber hinaus die Einnahmen und Ausgaben enthält.

(3) Die Wohnungseigentümer können beschließen, wann Forderungen fällig werden und wie sie zu erfüllen sind.

(4) Der Verwalter hat nach Ablauf eines Kalenderjahres einen Vermögensbericht zu erstellen, der den Stand der in Absatz 1 Satz 1 bezeichneten Rücklagen und eine Aufstellung des wesentlichen Gemeinschaftsvermögens enthält. Der Vermögensbericht ist jedem Wohnungseigentümer zur Verfügung zu stellen.

Materialien: BR-Drucks 75/51; BT-Drucks 19/18791, 76; BT-Drucks 19/22634, 47.

Schrifttum

Drasdo, Der Wegfall der Umsatzsteuerbefreiung für wohnungseigentumsrechtliche Lieferungen und Leistungen gegenüber den Wohnungseigentümern, ZWE 2021, 74

Elzer, Kreditaufnahme durch den Verband Wohnungseigentümergemeinschaft, NZM 2009, 57

Häublein, Darlehensaufnahme durch die Gemeinschaft der Wohnungseigentümer als Maßnahme ordnungsmäßiger Verwaltung, ZWE 2015, 61

Lüke, Beitragsforderungen in der Insolvenz des Wohngeldschuldners, ZWE 2010, 62

Schmidt, Umsatzsteuerpflicht der Wohnungseigentümergemeinschaft nach dem Urteil des EuGH vom 17. 12. 2020 (C 449/19)?, ZWE 2022, 200.

Systematische Übersicht

Alphabetische Übersicht

I. Einführung

1 § 28 WEG regelt verschiedene Aspekte des **Finanzsystems** der Wohnungseigentümergemeinschaft. Abs 1 und Abs 2 befassen sich mit den Beitragsbeschlüssen, Abs 3 mit Fälligkeit und Erfüllung von Forderungen und Abs 4 betrifft die Information über das Vermögen der Wohnungseigentümergemeinschaft. § 28 Abs 1 und Abs 2 WEG stehen in funktionalem Zusammenhang mit § 16 Abs 1 S 1 und S 2 sowie § 16 Abs 2 WEG, die die für die Berechnung der Beitragsforderungen erforderlichen Verteilungsschlüssel vorgeben.

1. Reform durch das WEMoG 2020

2 § 28 WEG wurde durch das **WEMoG 2020** grundlegend reformiert. Zentral ist die Änderung des Gegenstandes der zahlungsbegründenden Beschlüsse: Während § 28 Abs 5 WEG aF noch ohne nähere Konkretisierung anordnete, dass die Wohnungseigentümer über „den Wirtschaftsplan" und „die Abrechnung" beschlossen, trennt das geltende Recht klar zwischen Wirtschaftsplan und Jahresabrechnung als Rechenwerk (§ 28 Abs 1 S 2 und Abs 2 S 2 WEG) und dem Beschluss über die Beitragsleistungen (§ 28 Abs 1 S 1 und Abs 2 S 1 WEG): Der Beschluss hat allein die Begründung von Zahlungspflichten zum Gegenstand, die Rechenwerke dienen lediglich seiner Vorbereitung. Als Folge dieses Konzepts ist – im Gegensatz zum alten Recht – eine Beschlussanfechtung wegen eines Inhaltsfehlers nur noch bei **beitragsrelevanten Mängeln** erfolgreich. Dadurch soll die Zahl der Gerichtsverfahren in diesem Bereich reduziert werden (BT-Drucks 19/18791, 76). **Ältere Gerichtsentscheidungen** zur „Anfechtbarkeit der Jahresabrechnung" sind angesichts dieses neuen Konzepts weitgehend **überholt**. Thesen, die sich (lediglich) um die Art und Weise der Darstellung von Wirtschaftsplan oder Jahresabrechnung drehen, können nach geltendem Recht nicht mehr erfolgreich gegen die Zahlungsbeschlüsse eingewendet werden. Sie können sich zwar bei der Frage auswirken, ob der Verwalter seine Beschlussvorbereitungspflichten ordnungsgemäß erfüllt hat. Auf die Rechtmäßigkeit des Beschlusses schlägt dies aber nicht durch.

3 Nicht übernommen hat das WEMoG 2020 die Vorschrift des § 28 Abs 4 WEG aF über die **Rechnungslegungspflicht** des Verwalters; neu eingeführt wurde in § 28 Abs 4 WEG der **Vermögensbericht**. Das WEMoG sieht für § 28 WEG **keine Übergangsregelungen** vor. Für bis zum 31. 11. 2020 gefasste Beschlüsse „über" Wirtschaftspläne und Jahresabrechnungen gilt daher § 28 WEG aF. Für Beschlüsse nach diesem Zeitpunkt gilt hingegen § 28 WEG. Der Vermögensbericht war erstmals für den Stichtag 31. 12. 2020 zu erstellen.

2. Grundlagen des Finanzierungssystems

4 Systematisch ist Ausgangspunkt des Gesetzes (§ 28 Abs 1 S 1 WEG) der auf dem Wirtschaftsplan basierende Beschluss über die Zahlung von Vorschüssen (**Vorschusssystem**).

a) Beschlussvoraussetzung als Forderungssperre

5 Die Finanzierung durch Beiträge ist von den Zahlungspflichten der Gemeinschaft losgelöst. Bereits bzw erst die **Beschlüsse** nach § 28 Abs 1 S 1, Abs 2 S 1 WEG lösen die **Beitragspflicht** aus, und nicht erst bzw bereits die Begründung einer Verbindlichkeit der Gemeinschaft (statt vieler BGH NJW 1985, 912 f; 1994, 1866, 1867; in der zerstrittenen Zweiergemeinschaft gilt keine Ausnahme, BGH 25. 9. 2020 – V ZR 288/19, ZMR 2021, 255). Das gilt spiegelbildlich für Einnahmen der Gemeinschaft. § 16 Abs 1 WEG gewährt nämlich keinen Auszahlungsanspruch (vgl BGH 1. 6. 2012 – V ZR 171/11 NJW 2012, 2797 Rn 16), weshalb es auch hier eines forderungsbegründenden Beschlusses bedarf.

6 Es existiert mithin eine in **zwei Richtungen** wirkende, unter einem jeweiligen Beschlussvorbehalt stehende **Forderungssperre**: Ohne Beschluss gibt es weder einen Anspruch der Gemeinschaft auf Beitragsleistung noch einen Anspruch des Eigentümers auf Ausschüttung von Einnahmen oder auf Erstattung zu viel geleisteter Vorschüsse.

b) Die Begriffe Einnahmen, Kosten und Ausgaben

7 Das Gesetz verwendet im Finanzwesen verschiedene Begriffe. Dies betrifft zunächst die **Aktivseite**. § 16 Abs 1 S 1 WEG, der den Verteilungsschlüssel regelt, beschränkt sich auf die „Früchte des gemeinschaftlichen Eigentums". Das ist insofern verkürzend, als die Wohnungseigentümergemeinschaft auch andere Einnahmen haben kann, die es zu verteilen gilt. Das verdeutlichen § 28 Abs 1 S 2, Abs 2 S 2 WEG. § 16 Abs 1 S 1 WEG gilt daher für sämtliche verteilungsrelevanten Einnahmen (Staudinger/Lehmann-Richter [2023] § 16 WEG Rn 9).

8 Auf der **Passivseite** sprechen § 16 Abs 2 und § 28 Abs 1 S 1 WEG von „Kosten", § 28 Abs 1 S 2, Abs 2 S 2 WEG hingegen von „Ausgaben". Das lässt sich harmonisieren, wenn man „Kosten" als die Differenz zwischen Einnahmen und Ausgaben versteht.

c) Saldierungsgebot

9 § 28 Abs 1 und Abs 2 WEG betreffen Ausgaben und Einnahmen der Gemeinschaft gleichermaßen. Sowohl die Vorschüsse als auch etwaige Nachschüsse sind auf der Grundlage eines die **verteilungsrelevanten Ausgaben und Einnahmen** (zu diesen Begriffen Rn 227 und Rn 248) einbeziehenden Rechenwerks zu beschließen. Das Gesetz trennt mithin beide Bereiche nicht, was durchaus möglich gewesen wäre. Dahinter steht das Konzept, dass die in § 16 Abs 2 WEG angeordnete Tragung der Kosten sich auf die

Differenz zwischen Einnahmen und Ausgaben bezieht. Dieses Saldierungsgebot wirkt sich in drei Richtungen aus:

1. Die verteilungsrelevanten Einnahmen sind im laufenden Wirtschaftsjahr vom Verwalter für die Deckung von Ausgaben zu verwenden;

2. in der Jahresabrechnung sind die verteilungsrelevanten Einnahmen mit den verteilungsrelevanten Ausgaben zu verrechnen;

3. diese Saldierung wird (und ist) von den Wohnungseigentümern gem § 28 Abs 2 S 1 WEG zu beschließen.

Dieses Saldierungsgebot wird durch ein **Ausschüttungsverbot** abgesichert: Vor dem Beschluss über die Saldierung ist ein Beschluss über die Ausschüttung verteilungsrelevanter Einnahmen ordnungswidrig. Erhält die Wohnungseigentümergemeinschaft etwa am 1. Februar Mieteinnahmen, so verstößt ein am 1. Mai gefasster Beschluss, diese auf die Eigentümer zu verteilen, gegen den Grundsatz ordnungsmäßiger Verwaltung. In Betracht kommt zu diesem Zeitpunkt nur ein Beschluss über die Anpassung der Vorschüsse, ggf auf null. Im atypischen Fall, dass die Einnahmen der Wohnungseigentümergemeinschaft ihre Ausgaben in einem Wirtschaftsjahr übersteigen, sind nach § 28 Abs 2 S 1 WEG die Vorschüsse auf null anzupassen und nach § 19 Abs 1 WEG die überschießenden Einnahmen zu verteilen, wodurch ein Ausschüttungsanspruch begründet wird. Im typischen Fall, in dem Vorschüsse zur Deckung der Kosten erforderlich sind, aber zu hohe Vorschüsse festgesetzt wurden, folgt der Rückzahlungsanspruch nach Beschlussfassung gem § 28 Abs 2 S 1 WEG hingegen aus Bereicherungsrecht (Rn 185). 10

d) Erfüllung von Forderungen der Wohnungseigentümer (Vorbehalt der Jahresabrechnung)

Dem Ausschüttungsverbot verwandt ist das **Problem**, ob die Wohnungseigentümergemeinschaft verpflichtet ist, Forderungen der Wohnungseigentümer ohne weiteres zu befriedigen oder ob diese Erfüllung unter dem „Vorbehalt einer Jahresabrechnung" steht. Damit ist gemeint, dass die Forderungen erst durchsetzbar werden, wenn ein Beschluss nach § 28 Abs 2 S 1 WEG gefasst wurde, der diese Forderungen bestätigt oder begründet. 11

aa) Grundsatz: Erfüllung

Dem Gesetz lässt sich nicht entnehmen, dass die Erfüllung von Zahlungsansprüchen der Wohnungseigentümer stets in dem soeben beschriebenen Sinne „über die Jahresabrechnung" zu erfolgen habe. Im **Grundsatz** gilt vielmehr: Steht dem Wohnungseigentümer – sei es aus Vertrag oder aus Gesetz – ein Anspruch gegen die Gemeinschaft zu, kann er nach den allg Vorschriften **Erfüllung verlangen**. 12

Ein Anwendungsbeispiel sind **Aufwendungsersatzansprüche**. Es ist anerkannt, dass Wohnungseigentümern im Falle der Notverwaltung (§ 18 Abs 3 WEG) sowie nach Begleichung von Schulden der Wohnungseigentümergemeinschaft ein Aufwendungsersatzanspruch zusteht (§ 18 WEG Rn 239). Der Wohnungseigentümer kann hier Ersatz in voller Höhe verlangen, sein Anspruch ist nicht um seinen Eigenanteil zu kürzen (Häublein ZWE 2008, 411, 413; **aA** OLG Hamm ZMR 2008, 228). Dies folgt daraus, dass 13 es sich bei der gesamten Leistung des Eigentümers um eine Aufwendung für die Wohnungseigentümergemeinschaft handelt und eine Norm fehlt, die hier einen Abzug anordnen würde. Erst durch den Beschluss auf Grundlage der Jahresabrechnung, in die die Zahlung auf den Aufwendungsersatzanspruch als Ausgabe der Wohnungseigentümergemeinschaft eingestellt wird, kommt es zu einer Beteiligung des Wohnungseigentümers.

14 Andere Fälle kann man unter dem Schlagwort der **Sondermasse** zusammenfassen. Hier geht es um Vermögen, welches die Wohnungseigentümergemeinschaft im weitesten Sinne als Treuhänderin für einzelne Wohnungseigentümer hält. Ein Beispiel bietet die **Gebäudeversicherung**: Diese wird von der Gemeinschaft als Versicherung auf fremde Rechnung abgeschlossen (§ 43 VVG). Es ist versicherungsrechtlich anerkannt, dass der Versicherungsnehmer verpflichtet ist, den ihm nicht zustehenden Entschädigungsbetrag einzuziehen und an den Geschädigten auszukehren. Dieser Grundsatz gilt auch zwischen Gemeinschaft und Wohnungseigentümer. Die Wohnungseigentümergemeinschaft muss daher den Betrag an die Eigentümer herausgeben, der Schäden am Sondereigentum betrifft (BGH 16. 9. 2016 – V ZR 29/16, ZMR 2016, 974 Rn 6 f). Hat die Wohnungseigentümergemeinschaft einen Selbstbehalt vereinbart, hat der Wohnungseigentümer aber – entgegen der hM (etwa LG Karlsruhe 22. 11. 2018 – 11 S 23/17, ZWE 2019, 324 und wohl auch BGH 16. 9. 2022 – V ZR 69/21, NJW 2023, 63 Rn 33) – keinen Anspruch auf entsprechende „Aufstockung" des Entschädigungsbetrags (etwa Armbrüster ZWE 2019, 327). Denn für einen solchen Anspruch fehlt es schlicht an einer Rechtsgrundlage. Eine weitere Fallgruppe folgt aus **§ 9a Abs 2 WEG**. In Sonderkonstellationen kommt es dazu, dass die Gemeinschaft über diese Norm Forderungen der Wohnungseigentümer einzieht, die nicht der Verwaltung des gemeinschaftlichen Eigentums dienen, sondern einen individuellen Schaden des Wohnungseigentümers ausgleichen (Staudinger/Jacoby [2023] § 9a WEG Rn 55). Hier folgt aus der schuldrechtlichen Verbindung des Wohnungseigentümers zur Gemeinschaft ein Anspruch auf Auskehrung dieser Sondermasse. Auf Sondermassen bezogene Leistungen gehören als nicht verteilungsrelevant nicht in die Jahresabrechnung (Rn 237 und 256).

bb) Ausnahme: Keine Erstattung rechtsgrundloser Beitragsleistung

15 Eine Ausnahme vom Grundsatz der unbeschränkten Forderungserfüllung sind nach hM **Pseudo-Beiträge**: Leistet ein Wohnungseigentümer auf eine nicht bestehende Beitragsforderung der Gemeinschaft, stellt sich die Frage nach der Rückabwicklung. Der fehlende Rechtsgrund kann insbes auf einem nichtigen Beitragsbeschluss oder seiner gerichtlichen Ungültigerklärung, aber etwa auch auf Doppelzahlungen beruhen.

16 Der **BGH** hat eine dieser Konstellationen unter Geltung von § 28 WEG aF entschieden: Wird ein Beschluss über die **Jahresabrechnung** gerichtlich für **ungültig** erklärt, so sind Bereicherungsansprüche der Wohnungseigentümer aufgrund eines „Vorrangs der Jahresabrechnung" gesperrt. Rückzahlungen können erst verlangt werden, wenn ein neuer Beschluss gefasst wird; der Rückzahlungsanspruch ist mit einem sich daraus ergebenden etwaigen Nachschussanspruch der Gemeinschaft zu verrechnen (BGH 10. 7. 2020 – V ZR 178/19, ZMR 2020, 857 Rn 22 f). Eine klare Begründung hierfür bleibt der BGH schuldig (zu den Schwächen seiner These Staudinger/Häublein [2018] § 28 WEG Rn 228). Die in der Literatur gemachten Vorschläge hat der V. Zivilsenat nicht

übernommen (vgl BGH 10. 7. 2020 – V ZR 178/19, ZMR 2020, 857 Rn 15). Dieses Begründungsdefizit ist misslich, weil es die Bestimmung der Reichweite der Entscheidung erschwert. Tragend ist aber wohl die Überzeugung, dass es bei der rechtsgrundlosen Beitragszahlung weiterhin einer Kostenverteilung bedarf, ein Bereicherungsausgleich dieses Ziel aber nicht erreiche (BGH 10. 7. 2020 – V ZR 178/19, ZMR 2020, 857 Rn 19). Dahinter dürfte letztlich das Bedürfnis der Wohnungseigentümergemeinschaft nach **Kapitalerhaltung** stehen.

17 Die Entscheidung beruht damit nicht auf Spezifika von § 28 WEG aF, weshalb sie auf das geltende Recht zu übertragen ist. Vom Standpunkt des BGH aus ist es konsequent, die **Rückzahlungssperre** auf andere Fälle rechtsgrundloser Beitragsleistungen zu erstrecken. Denn das Bedürfnis nach Kapitalerhaltung beschränkt sich nicht auf Nachschusssituationen. Die Rückzahlungssperre gilt daher für **sämtliche Pseudo-Beiträge**. Das sind solche Leistungen, die aus Sicht der Wohnungseigentümergemeinschaft den Zweck haben, eine vermeintliche Beitragspflicht zu erfüllen. Das gilt über die Entscheidung des BGH hinaus auch für ex tunc nicht bestehende Vorschüsse. Versehentliche Überzahlungen fallen hingegen nicht unter die Rückzahlungssperre (BGH 10. 7. 2020 – V ZR 178/19, ZMR 2020, 857 Rn 24 lässt dies offen).

18 Pseudo-Beiträge des **ausgeschiedenen Wohnungseigentümers** werden nach Ansicht des BGH ebenfalls von der Rückzahlungssperre erfasst (BGH 10. 7. 2020 – V ZR 178/19, ZMR 2020, 857 Rn 24). Dieses Ergebnis verdeutlicht, dass der BGH die Pseudo-Beiträge wie geschuldete Vorschüsse behandeln will, weil deren Erstattung erst nach einem Anpassungsbeschluss verlangt werden kann. Überzeugend ist diese Gleichbehandlung aber nicht. Denn § 28 Abs 2 S 1 WEG ermöglicht nur einen Beschluss über die Anpassung von Vorschusspflichten – die es im hier zu diskutierenden Fall nicht gibt – oder die Neubegründung von Nachschusspflichten. Die Vorschrift lässt daher keinen Raum, gegenüber dem ausgeschiedenen Wohnungseigentümer Zahlungspflichten zu begründen. Mangels Mitgliedschaft kann den ausgeschiedenen Wohnungseigentümer eine Rückzahlungssperre daher nicht treffen.

19 Rechtstechnisch funktioniert der Bereicherungsausgleich nach dem Modell des BGH so, dass der **Bereicherungsanspruch** des Wohnungseigentümers mit dem Nachschussanspruch der Wohnungseigentümergemeinschaft zu **verrechnen** ist (BGH 10. 7. 2020 – V ZR 178/19, ZMR 2020, 857 Rn 22). Grundlage dieser Verrechnung ist ein Beschluss nach § 28 Abs 3 WEG. Ergibt die Jahresabrechnung ein Guthaben des Wohnungseigentümers, ist der Bereicherungsanspruch nach Fassung des Beschlusses gem § 28 Abs 2 S 1 WEG in voller Höhe zu befriedigen. Hat der Wohnungseigentümer rechtsgrundlose Vorauszahlungen geleistet, gilt dies entsprechend, wobei auch eine Verrechnung mit neu beschlossenen Vorschüssen für dasselbe Wirtschaftsjahr in Betracht kommt.

e) Personenbezogene Beitragspflicht

20 Die Beitragspflicht ist nach dem Konzept der hM **nicht** mit dem Wohnungseigentum als quasi-dingliche Pflicht verknüpft. Sie ist mithin nicht **Teil** der **Mitgliedschaft**, sondern personenbezogen: Sie trifft allein denjenigen, der bei Fälligkeit der Forderung Wohnungseigentümer ist (Rn 46). Eine Haftung des Sondernachfolgers für die Beitragsschulden seines Rechtsvorgängers wird aus dem Gesetz daher nicht abgeleitet. Diesem Konzept entsprechend stehen bei einer Reduzierung der Vorschüsse durch

Beschluss nach § 28 Abs 2 S 1 WEG im Falle des Eigentümerwechsels die Erstattungsansprüche dem Rechtsvorgänger zu (Rn 185). Wie etwa das Recht der Personengesellschaften zeigt, ist dieses Konzept keineswegs zwingend, sondern auch eine Verknüpfung der Beitragsschuld mit der Mitgliedschaft denkbar, die durch eine Haftung des Rechtsvorgängers für während seiner Mitgliedschaft begründeten Beiträge flankiert wird (vgl Wiedemann Gesellschaftsrecht II [2004], 433).

21 Die personenbezogene Beitragspflicht führt dazu, dass die **Beitragsbeschlüsse** nach § 28 Abs 1 S 1, Abs 2 S 1 WEG inhaltlich darauf gerichtet sein müssen, die Zahlungspflicht einer bestimmten oder **bestimmbaren Person** zu begründen. Dafür reicht es aus, wenn die Beitragspflicht den jeweiligen Wohnungseigentümer trifft. Darauf beruht letztlich die Fälligkeitsthese (Rn 46), nach der ein Sondernachfolger Beiträge aufgrund eines Beschlusses schuldet, der vor seinem Eintritt in die Gemeinschaft gefasst wurde (als er namentlich noch unbekannt war). Auch wenn der Beitragsbeschluss die Schuldner namentlich nennt, wird die Auslegung im Zweifel ergeben, dass die Beitragsschuld stets die Person treffen soll, die bei Fälligkeit des Anspruchs Eigentümer ist. Gehört ein Wohnungseigentum **mehreren Personen**, ist der Beitragsbeschluss daher im Zweifel gegen sämtliche Wohnungseigentümer gerichtet. Diese haften nach dem in § 18 Abs 2 GmbHG, § 69 Abs 2 AktG kodifizierten, allgemeinen Rechtsgedanke als Gesamtschuldner.

f) Finanzierung durch Darlehensaufnahme

22 Nach einhM kann die Wohnungseigentümergemeinschaft ein Darlehen aufnehmen. Nach § 9b Abs 1 S 1 WEG bedarf es hierfür aber auch für eine Wirkung im Außenverhältnis eines Beschlusses, dessen Ordnungsmäßigkeit von den Umständen des Einzelfalls abhängt (BGHZ 195, 22; 207, 99; ausf Elzer NZM 2009, 57; Häublein ZWE 2015, 61). Grundsätzlich besteht ein Finanzierungsermessen. Dieses wird durch die persönlichen Haftungsrisiken (neben § 9a Abs 4 WEG tritt eine Nachschussverpflichtung im Innenverhältnis; BGHZ 163, 154, 175) begrenzt (BGHZ 207, 99 Rn 15). Zur Darstellung in der Jahresabrechnung Rn 237, 239, 256.

g) Ein-Personen-Gemeinschaft

23 Für die Finanzierung der Ein-Personen-Gemeinschaft gelten keine Besonderheiten. Die Beitragspflicht wird durch **Beschlüsse** des Alleineigentümers (Bauträger) begründet. Diese bedürfen keiner besonderen Form oder Verfahrens (Lehmann-Richter/Wobst WEG-Reform 2020 Rn 277). Zahlt der Bauträger Geld auf ein Konto der Gemeinschaft, so kann dies daher einen entsprechenden Beitragsbeschluss dokumentieren, vorausgesetzt, die Verteilung der Zahlungen auf die einzelnen Wohnungseigentumsrechte ist bestimmbar. Fehlt es an einem Beitragsbeschluss, gelten die allg Regeln über **Pseudo-Beiträge** (Rn 15).

24 Es steht dem Bauträger frei, im Vorschuss-Beschluss zu bestimmen, dass die Beitragspflichten erst mit dem Tag des **Bezuges** des **Gebäudes** begründet werden (Greiner ZWE 2022, 237, 244). Es handelt sich dabei um einen – nach allg Grundsätzen zulässigen (Staudinger/Häublein § 23 WEG Rn 73) – bedingten Beschluss. **Unwirksam** ist nach dem Topos des rechtswidrigen Sondervorteils (dazu BGH 20. 11. 2020 – V ZR 196/19, ZMR 2021, 405 Rn 29) aber eine Regelung in der Gemeinschaftsordnung, die den Bauträger von der **Kostentragungspflicht befreit** (AG München 1. 8. 2011 – 485 C 32840/10, ZMR 2012, 306 vgl auch Greiner ZWE 2022, 237, 244).

3. Verwalterpflichten

§ 28 WEG ordnet nicht nur das Verhältnis der Wohnungseigentümer zur Gemeinschaft, sondern normiert zugleich wesentliche Verwalterpflichten. Denn § 28 Abs 1 S 2, Abs 2 S 2 und Abs 4 enthalten **Organpflichten des Verwalters**. Seit der Neuordnung des Organisationssystems durch das WEMoG 2020 richtet sich der Anspruch des Wohnungseigentümers auf Errichtung des Wirtschaftsplans und der Jahresabrechnung nur gegen die Gemeinschaft (§ 18 Abs 2 Nr 2 WEG), als deren Organ ihn der Verwalter zu erfüllen hat. 25

4. Abdingbarkeit

Hinsichtlich der Abdingbarkeit von § 28 WEG ist zu unterscheiden, ob die Abweichung durch Beschluss, Vereinbarung oder Verwaltervertrag erfolgen soll. 26

a) Abweichender Beschluss

Das Gesetz enthält keinen ausdrücklichen Vorbehalt dahingehend, dass § 28 WEG durch Beschluss geändert werden kann. Es sind auch keine Gründe ersichtlich, die Vorschrift im Wege der Auslegung um eine solche Regelung zu ergänzen. Es gilt daher der allg Grundsatz, nach dem sog gesetzesändernde, dh auf eine zukünftige Abweichung von § 28 WEG gerichtete Beschlüsse mangels Beschlusskompetenz **nichtig** sind (BGH 20. 9. 2000 – V ZB 58/99, Z 145, 158; s auch § 19 WEG Rn 14). Es ist daher zB unmöglich, durch Beschluss auf das Aufstellen von Wirtschaftsplan und/oder Jahresabrechnung zu verzichten (vgl auch KG ZMR 1987, 386: Kein Verzicht auf Darstellung der Einnahmen). Die in § 28 Abs 1 S 1, Abs 2 S 1 WEG vorgesehene Beschlussfassung ist ebenfalls beschlussfest (vgl BGH ZMR 2011, 981 Rn 51). Die Wohnungseigentümer können auch nicht per Beschluss vom gesetzlichen Prinzip der Einnahmen-Ausgaben-Abrechnung zu einer **Bilanzierung** wechseln (BayObLG ZMR 2000, 687; OLG Frankfurt 16. 10. 2006 – 20 W 178/03, juris Rn 19) oder einen vom Kalenderjahr abweichenden Abrechnungszeitraum bestimmen. 27

b) Abweichende Vereinbarung

Von § 28 WEG kann nach der Regel des § 10 Abs 1 S 2 WEG grundsätzlich durch Vereinbarung abgewichen werden (Bärmann/Becker § 28 Rn 13). Bedeutung haben Regelungen, die den Besonderheiten von **Mehrhausanlagen** Rechnung tragen (zu derartigen Untergemeinschaften s Rn 279). Wo die Grenzen der Abdingbarkeit durch Vereinbarung verlaufen, ist noch nicht abschließend geklärt: 28

Die in § 28 WEG geregelten **Pflichten** des Verwalters und der Gemeinschaft zu den **Rechenwerken** sind richtigerweise **nicht einschränkbar** (teilw **aA** Hügel/Elzer § 28 Rn 375). Dies betrifft die Aufstellung von Wirtschaftsplan, Jahresabrechnung und Vermögensbericht (§ 28 Abs 1 S 2, Abs 2 S 2, Abs 4 WEG). Denn Wirtschaftsplan und Jahresabrechnung sind für ein ordnungsmäßiges Finanzierungssystem unabdingbar und der Vermögensbericht ein zwingend erforderliches Instrument, um den Umgang mit Geldern der Gemeinschaft überprüfen zu können. Nichtig ist aus diesem Grund etwa eine Regelung, wonach der Anspruch des Wohnungseigentümers gegen die Gemeinschaft auf Vorlage dieser Rechenwerke ausgeschlossen wird. 29

30 Es ist hingegen möglich, in der Gemeinschaftsordnung von § 28 Abs 1 S 1, Abs 2 S 1 WEG abzuweichen, wonach **Beitragsansprüche** eine **Beschlussfassung** voraussetzen. Relevant sind Regelungen, welche die Zahlungspflicht an eine Entscheidung des Verwalters oder des Beirats knüpfen. Es geht hier um das allg Problem des Handelns im Aufgabenbereich eines anderen Organs (§ 18 WEG Rn 94; abw Konstruktion bei Hügel/Elzer § 28 Rn 377: Beschluss gem § 23 Abs 3 WEG). Eine solche Kompetenzverschiebung kann hinsichtlich der Beitragsschuld vereinbart werden, weil die Festlegung unverbindlich ist, wenn der Verwalter (oder ein anderer Funktionsträger, etwa der Beirat) die Grenzen des § 315 BGB überschreitet (§ 18 WEG Rn 26). Das ist der Fall, wenn die Vor- oder Nachschüsse ordnungsmäßiger Verwaltung widersprechen. Die Wohnungseigentümer werden auf diese Weise vor fehlerhaften Beitragspflichten ausreichend geschützt (zweifelnd MünchKomm/Scheller § 28 WEG Rn 51). Keine Bedenken besteht gegen eine Regelung, nach der die Festlegung durch den Verwalter/Beirat bestandskräftig wird (OLG Hamm OLGZ 1982, 10, 25 f; **aA** KG 4. 7. 1990 – 24 W 1434/90, OLGZ 1990, 437, dort wird das Verfahren geregelt, wie der Wohnungseigentümer die Bestandskraft verhindern kann). Zum Problem der Bindung des Sondernachfolgers an die Festsetzung § 18 WEG Rn 27.

31 Anzuerkennen ist eine Vereinbarungskompetenz auch, soweit es um die **Modalitäten** der **Berechnung** der Beitragspflichten geht. Die Gemeinschaftsordnung kann daher einen vom Gesetz abweichenden **Abrechnungszeitraum** oder vom Gesetz abweichende inhaltliche Anforderungen an Wirtschaftsplan oder Jahresabrechnung vorgeben. Zur Erweiterung des Inhalts der Rechenwerke Rn 329.

c) Verwaltervertrag

32 § 28 Abs 1 S 2, Abs 2 S 2, Abs 4 WEG regeln Organpflichten des Verwalters. Diese können nach hier vertretener Ansicht im **Verwaltervertrag** nicht modifiziert werden (vWestphalen/Lehmann-Richter AGB-Klauselwerke Wohnungseigentumsverwalter Rn 10). Sieht man dies mit der hM anders, scheitert eine Abbedingung oder nicht nur unwesentliche Einschränkung dieser Pflichten in Verwalter-AGB an § 307 Abs 2 Nr 2 BGB.

II. Beitragsbeschlüsse (Abs 1 S 1, Abs 2 S 1)

33 Für die Beiträge der Wohnungseigentümer haben sich in der Praxis die **Begriffe** „Hausgeld“ oder „Wohngeld“ etabliert (vgl BGH NJW 2010, 2127 Rn 15). Das Gesetz spricht in § 28 Abs 3 WEG von „Forderungen“ und in § 7 Abs 3 S 2 WEG von „Geldschulden“. Hier wird der verbandsrechtliche Begriff des Beitrags verwendet.

1. Allgemeines

34 Beitragsforderung entstehen **nicht ex lege**, sondern erst aufgrund eines Beitragsbeschlusses (Rn 5). Das Gesetz unterscheidet den Beschluss über Vorschüsse vom Beschluss über Nachschüsse/Anpassung der Vorschüsse, § 28 Abs 1 S 1, Abs 2 S 1 WEG. Es handelt sich um Konkretisierungen der allg **Beschlusskompetenzregelung** aus § 19 Abs 1 WEG (§ 19 WEG Rn 5).

a) Auslegung des Beschlusses

35 Welche Zahlungspflichten durch den Beschluss begründet wurden, bestimmt sich in Zweifelsfällen nach dem darin zum Ausdruck gebrachten rechtsgeschäftlichen **Willen** der beschließenden **Mehrheit** (BGH 2. 12. 2011 – V ZR 113/11, ZWE 2012, 90).

36 Ein Bedürfnis nach Auslegung kann sich ergeben, wenn der Beschlusstenor nur den **Gesamtbeitrag** (etwa eine Sonderumlage) **nennt**, diesen aber nicht auf die einzelnen Wohnungseigentümer verteilt. Ist der Verteilungsschlüssel genannt oder durch Auslegung zu ermitteln – etwa weil offensichtlich § 16 Abs 2 S 1 WEG greift – wird man regelmäßig zu dem Ergebnis kommen, dass die sich aus dem Rechenschritt Gesamtbeitrag ./. Verteilungsschlüssel ergebenden Beiträge beschlossen wurden (vgl BayObLG NJW-RR 1990, 720).

37 Die Beitragsbeschlüsse werden gem § 28 Abs 1 S 2, Abs 2 S 2 WEG durch Wirtschaftsplan und Jahresabrechnung vorbereitet. Deshalb wird bei der Beschlussfassung häufig auf dieses Rechenwerk Bezug genommen; gelegentlich wird schlicht „über" diese Rechenwerke beschlossen. Diese Praxis wurde zum alten Recht (BGH ZWE 2016, 325 Rn 9 m zahlr Nw) gebilligt. Seit dem WEMoG 2020 ist nach § 28 Abs 1 S 1, Abs 2 S 1 WEG Beschlussgegenstand indes die Zahlungspflicht der Wohnungseigentümer (Muster bei Rn 68 und 91). Ein **Beschluss „über" Wirtschaftsplan oder Jahresabrechnung** nennt diese Pflichten nicht im Wortlaut. Wohl aus diesem Grund werden solche Beschlüsse teilweise für nichtig gehalten (etwa AG Hamburg-St Georg 25. 2. 2022 – 980a C 29/21, ZMR 2022, 421). Überzeugend ist das nicht. Maßgeblich muss vielmehr sein, ob im Wege der **Auslegung** die auf jeden Wohnungseigentümer entfallenden Beiträge ermittelt werden können (LG Frankfurt/M 20. 4. 2022 – 2-13 T 15/22, WuM 2022, 371). Das ist der Fall, wenn kein vernünftiger Zweifel daran besteht, auf welche Unterlagen Bezug genommen wurde (vgl OLG Hamm ZMR 2005, 398). Dafür muss das Rechenwerk dem Beschlussprotokoll als Anlage nicht beigefügt sein (vgl BGH ZWE 2016, 325 Rn 10; **aA** AG Sinzig 28. 4. 2022 – 10a C 7/21, ZMR 2022, 754; Hügel/Elzer Rn 69).

38 Auslegungsfragen können sich auch ergeben, wenn der Beschluss den Schuldner des Beitrags, nämlich den jeweiligen Wohnungseigentümer (Rn 20), nicht hinreichend konkret nennt. Hier ist der in der Rechtsprechung anerkannte Auslegungsgrundsatz von Bedeutung, nach dem Rechtsgeschäfte im Zweifel nicht das anstreben, was zu ihrer (teilweisen) Unwirksamkeit führt. Das spricht für den Willen, **den jeweiligen Eigentümer der betroffenen Wohnung** zu verpflichten, selbst wenn im Tenor des Beschlusses noch ein bereits ausgeschiedener Eigentümer genannt ist oder ein Erwerber, der noch nicht als Eigentümer im Grundbuch eingetragen ist (BGH ZWE 2012, 90 Rn 11).

39 Durch einen Beitragsbeschluss werden **nicht** zugleich **Verwaltungsmaßnahmen**, auf die sich die Beiträge beziehen, (konkludent) **legitimiert**. Der BGH hat dies zum Beschluss über die Jahresabrechnung nach § 28 Abs 5 WEG aF zutreffend entschieden (BGH 16. 7. 2021 – V ZR 163/20, NJW 2021, 3057 Rn 16). Ebenso wenig werden **Kostenverteilungsschlüssel** durch (bestandskräftige) Beitragsbeschlüsse konkludent festgelegt (vgl BGH 16. 7. 2021 – V ZR 163/20, NJW 2021, 3057 Rn 16). Das gilt auch bei Bestehen einer Öffnungsklausel bzw im Anwendungsbereich von § 16 Abs 2 S 2 WEG. Die Prinzipien der Rechtsgeschäftslehre gebieten dieses Ergebnis, weil die Beiträge beschließenden Eigentümer aus der Sicht eines redlichen Erklärungsempfängers keinen neu-

en Schlüssel festlegen, sondern einen vermeintlich zutreffenden anwenden wollen. Folglich liegt auch in der jahrelangen Anwendung eines anderen Schlüssels für sich genommen noch keine rechtsgeschäftliche Abänderung (Staudinger/Lehmann-Richter [2023] § 16 WEG Rn 119).

b) Anzahl und Verhältnis der Beitragsforderungen/Beitragsbeschlüsse

40 Die Frage, ob der Wohnungseigentümer der Gemeinschaft aus **einer oder aus mehreren Beitragsforderungen** verpflichtet ist, ist für die Anwendung von § 366 BGB (Rn 131), aber auch im Prozess mit Blick auf den Streitgegenstand (Rn 157) von Bedeutung. § 28 Abs 1 S 1 WEG unterscheidet **verschiedene Typen von Beiträgen**. Zunächst sind Vorschuss- und Nachschussansprüche selbständige Forderungen. Unterschiedliche Forderungen sind auch die Leistungen auf die Kosten der Gemeinschaft einer- und Zahlungen in die Rücklagen andererseits. Diese Differenzierung betrifft nicht nur die Vorschüsse, sondern – im Falle der Anpassung der Rücklagenhöhe – auch die Nachschüsse. Bei einer Mehrzahl von Rücklagen besteht eine entsprechende Zahl an Forderungen.

41 Ein weiterer Unterschied betrifft den **Zeitraum**, für den Vor- oder Nachschüsse geschuldet sind. Die Nachschüsse der jeweiligen Wirtschaftsjahre sind eigene Forderungen. Ob bei den Vorschussansprüchen für ein Kalenderjahr mehrere Forderungen begründet werden, hängt vom Beschlusstenor ab. Werden – wie üblich – monatliche Vorschüsse beschlossen, ist jeder monatliche Beitrag eine eigene Forderung (LG München I 11. 11. 2021 – 36 S 2936/21, ZWE 2022, 189). Im typischen Fall eines monatlichen Vorschusses zu den Kosten und zur Erhaltungsrücklage ist jeder Wohnungseigentümer mithin aus zwei monatlichen Forderungen verpflichtet.

42 Die einzelnen **Beitragsforderungen** sind voneinander **abstrakt**. Deshalb ist es nicht etwa so, dass der Anspruch auf Vorschüsse entfällt, sobald eine Berechnung der tatsächlichen Kosten vorliegt oder möglich wäre. Folglich begründet die noch ausstehende Jahresabrechnung keine Einwendung (etwa in Form eines Zurückbehaltungsrechts) des Eigentümers gegen Beitragsforderungen (dazu Rn 138). Durch den Beschluss nach § 28 Abs 2 S 1 WEG erfolgt keine Umschaffung der Vorschusspflicht (Rn 72 ff). Die Vorschusspflichten bleiben vielmehr unberührt (BGH NJW 2012, 2797 Rn 20), soweit sie nicht durch den Beschluss nach § 28 Abs 2 S 1 WEG reduziert werden. Im **Prozess** erledigt sich mithin die Vorschussklage in der Hauptsache durch den Beschluss nach § 28 Abs 2 S 1 WEG, soweit dieser die Vorschüsse reduziert (BayObLG NZM 1999, 853).

43 Die Beitragsbeschlüsse betreffen typischerweise sämtliche Wohnungseigentümer. Das führt zur Frage, ob es sich konstruktiv um **einen oder** um ein **Bündel** von **Beschlüssen** handelt. Die Antwort ist nur theoretisch von Bedeutung (Lehmann-Richter/Wobst WEG-Reform 2020 Rn 787): Denn eine Aufhebung der Zahlungspflicht einzelner Wohnungseigentümer im Anfechtungsurteil scheidet aus materiellen Gründen aus (Rn 56 ff.). Es spielt deshalb keine Rolle, ob man dieses Ergebnis darauf stützt, dass eine Vielzahl personenbezogener Einzelbeschlüsse entsprechend § 139 BGB miteinander verklammert ist, oder darauf, dass die Teilaufhebung des Gesamtbeschlusses wegen dieser Vorschrift ausscheidet. Gleiches gilt für die Beschlussersetzung, weil die Festsetzung von Zahlungspflichten, die nur einzelne Wohnungseigentümer treffen, ordnungsmäßiger Verwaltung widerspräche.

c) Eigentümer als Beitragsschuldner

Durch Beschluss können **nur Wohnungseigentümer** zur Beitragszahlung verpflichtet werden (BGH 2. 12. 2011 – V ZR 113/11, Z 131, 228, 230; ZWE 2012, 90 Rn 9). Wohnungseigentümer ist grundsätzlich derjenige, der im Grundbuch eingetragen ist, selbst wenn es sich um einen bloßen Treuhänder handelt (OLG Düsseldorf ZWE 2001, 615). Der **werdende Wohnungseigentümer** verdrängt den noch immer eingetragenen Veräußerer und schuldet allein die Beiträge, § 8 Abs 3 WEG. Mehrere Eigentümer einer Einheit haften als **Gesamtschuldner** (BayObLGZ 1979, 56, 60; LG Saarbrücken ZWE 2010, 416; Lehmann-Richter ZWE 2022, 389). Auch der Eigentümer eines **isolierten Miteigentumsanteils** haftet für die Beitragsschulden (OLG Hamm ZMR 2007, 213, 214; tendenziell ebenso BGH NJW 2011, 3237 Rn 17). Ist die **Gemeinschaft Eigentümerin einer Einheit**, was nach ganz hM zulässig ist (etwa OLG Celle ZMR 2008, 210; OLG Hamm ZMR 2010, 216; Abramenko ZWE 2010, 193), ist wegen des Grundsatzes der Konfusion eine Beitragsschuld nicht möglich (Daum, Das Rechtssubjekt Wohnungseigentümergemeinschaft, 2012, 77 f m Nachw zur Gegenansicht). 44

Die Beitragspflicht des Eigentümers erlischt nicht mit dessen **Ausscheiden** aus der Gemeinschaft. Dies folgt schlicht aus dem Fehlen eines Tatbestands, der dieses Erlöschen anordnet. 45

aa) Fälligkeitstheorie

Die Beitragspflicht ist personen-, nicht objektbezogen (Rn 20). Sie trifft nach hM die Person, die zum Zeitpunkt der **Fälligkeit der Forderung** Wohnungseigentümer ist (statt vieler BGHZ 104, 197, 201; 107, 285, 288; 142, 290, 299). Die Gegenansicht stellt auf das Entstehen der Beitragsforderung ab (etwa Elzer ZWE 2018, 153, 156). Für die **Fälligkeitstheorie** sprechen verschiedene Gründen. Ausgaben kommen dem Erwerber zugute, der für offene Forderungen der Gemeinschaft im Außenverhältnis nach § 9a Abs 4 WEG haftet und im Innenverhältnis nach hM verpflichtet ist, Deckungslücken aufzufüllen. Es tritt hinzu, dass die Rechtsdurchsetzung für die Gemeinschaft vereinfacht wird. 46

bb) Praktische Konsequenzen

Die Fälligkeit der Beitragsschuld kann mit der Beschlussfassung zusammenfallen, was bzgl der Nachschüsse oft der Fall ist (vgl § 271 Abs 1 BGB). Allerdings kann die Fälligkeit auch insoweit von den Eigentümern (§ 28 Abs 3 WEG) festgelegt werden. Die **Vorschüsse** hingegen werden wegen entsprechender Beschlussfassung typischerweise erst sukzessive fällig. Die damit einhergehende Zahlungsverpflichtung eines Sondernachfolgers folgt aus seiner Bindung an die Beschlüsse der Eigentümer (§ 10 Abs 3 S 2 WEG). Der Erwerber schuldet deshalb auch Beitrage für eine nach dem Eigentumswechsel fällig werdende **Sonderumlage**, die vor dem Eigentumswechsel beschlossen wurde (BGH 15. 12. 2017 – V ZR 257/16, NJW 2018, 2044). 47

Anders als bei den Vorschüssen verhindert die Fälligkeitstheorie hinsichtlich der **Nachschüsse** eine wohnungseigentumsrechtliche Aufteilung zwischen Veräußerer und Erwerber. Zu den Konsequenzen der Fälligkeitstheorie gehört es nämlich gerade, dass ein **Sondernachfolger auch für Nachforderungen** aus abgelaufenen Wirtschaftsjahren **in voller Höhe** einzustehen hat, sofern der Nachschuss während seiner Zugehörigkeit zur Gemeinschaft beschlossen und fällig wird (BGHZ 163, 154, 175; 207, 99 Rn 15; ZMR 2017, 570 Rn 11). 48

49 Der **Erbe** haftet nach den erbrechtlichen Vorschriften für die Schulden des Erblassers, für nach dem Eigentumserwerb fällig werdende Verbindlichkeiten hingegen als Wohnungseigentümer, dh unbeschränkt und unbeschränkbar (BGH NJW 2013, 3446 Rn 12).

50 Die Fälligkeitstheorie kommt bei Beschlüssen nach § 28 Abs 2 S 1 WEG auch zur Anwendung, wenn **keine Vorschüsse wirksam beschlossen** wurden. Dann haftet der Sondernachfolger für die gesamte Abrechnungssumme, sofern diese nach dem Eigentumsübergang zur Zahlung fällig wird; sie entspricht nämlich in diesen Fällen der Abrechnungsspitze. Hat der ausgeschiedene Eigentümer **rechtsgrundlos Vorschüsse geleistet**, kann die Nachschussforderung der Gemeinschaft mangels Gegenseitigkeit nicht mit bereicherungsrechtlichen Ansprüche des Alteigentümers verrechnet (dazu Rn 19) werden. Das Problem lässt sich interessengerecht am besten dadurch lösen, dass der Sondernachfolger der Gemeinschaft seine Ansprüche gegen den Veräußerer **abtritt**. Das freilich setzt voraus, dass zwischen den Parteien des Erwerbsgeschäftes ein entsprechender Erstattungsanspruch vereinbart wurde. Diese Vereinbarung kann das Ergebnis ergänzender Vertragsauslegung sein, wenn die Umstände für eine Lücke im Erwerbsvertrag sprechen. In der Regel werden die Parteien die Möglichkeit nicht bedacht haben, dass der Veräußerer bereits geleistete Vorschüsse für Zeiträume zurückfordert, für die er die Einheit noch selbst genutzt hat, und der Erwerber deshalb wohnungseigentumsrechtlich für diesen Umstand aufkommen muss.

d) Anfechtung von Beitragsbeschlüssen

51 Die Anfechtung von Beitragsbeschlüssen richtet sich nach den **allgemeinen Regeln** (§§ 44 f WEG). Zu spezifischen Fehlerfragen des Vorschuss-Beschlusses siehe Rn 81, zu solchen des Nachschuss-Beschlusses Rn 108.

aa) Ladungs- und Informationsfehler

52 Wie andere Beschlüsse auch kann der Beitragsbeschluss an einem **Verfahrensfehler** leiden. Das ist zum einen der Fall, wenn in der Ladung das Beschlussthema nicht einmal schlagwortartig (zB „Beschluss über Wirtschaftsplan“ oder „Beschluss über Vorschüsse“) mitgeteilt wird, § 23 Abs 2 WEG (BGH ZMR 2012, 380 Rn 12). Daneben stellt sich die Frage, welche Auswirkungen die in § 28 Abs 1 S 2, Abs 2 S 2 WEG geregelte Beschlussvorbereitungspflicht des Verwalters hat: Setzt die Ordnungsmäßigkeit der Zahlungsbeschlüsse voraus, dass die Wohnungseigentümer in einer bestimmten Art und Weise über die Berechnung der Beiträge informiert wurden? Es geht hier um ein **allgemeines Problem** der Beschlussfassung (§ 19 WEG Rn 39).

53 Nach der **Rspr** des BGH kann es eine ordnungsgemäße Beschlussfassung im Einzelfall erfordern, den Wohnungseigentümern schon vor der Versammlung Informationen zur Verfügung zu stellen, um ihnen eine ausreichende Vorbereitung auf die Eigentümerversammlung zu ermöglichen. Zwar nennt der BGH hier die Beitragsbeschlüsse, ohne indes entschieden zu haben, dass die vorbereitenden Rechenwerke stets vorab zur Verfügung gestellt werden müssen (BGH 24. 1. 2020 – V ZR 110/19, ZMR 2020, 671 Rn 11). Dogmatisch würde es sich nach Meinung des BGH wohl um eine neben § 23 Abs 2 WEG tretende Informationspflicht der Wohnungseigentümergemeinschaft handeln (BGH 24. 1. 2020 – V ZR 110/19, ZMR 2020, 671 Rn 11: „unabhängig von der ausreichenden Bezeichnung des Gegenstands der Beschlussfassung“), die aufgrund des Organisationssystems vom Verwalter wahrzunehmen wäre. In Instanzrechtsprechung und Literatur

wird eine **Vorabversendung** von Jahresabrechnung und Wirtschaftsplan ganz verbreitet für zwingend erforderlich gehalten und ein Verstoß soll zur **Rechtswidrigkeit** des **Beschlusses** führen (etwa LG Frankfurt/M 1. 11. 2018 – 2-13 S 112/17, ZMR 2019, 141; AG Köln 215 C 6/21, ZMR 2022, 77; HÜGEL/ELZER § 28 Rn 65). Die Möglichkeit der Kenntnisnahme der Beträge der beschlossenen Beiträge soll aber nicht erforderlich sein (LG Koblenz 19. 12. 2022 – 2 S 31/22, ZMR 2023, 321).

Stellungnahme: Anknüpfungspunkt für eine Informationspflicht ist § 23 Abs 2 WEG (näher LEHMANN-RICHTER ZMR 2021, 868). Die Wohnungseigentümer müssen danach nur in Ausnahmefällen bereits in der Ladung konkret – also über die Bezeichnung des Beschlussgegenstands hinaus – mit Informationen versorgt werden. Bei den Beitragsbeschlüssen ist eine solche Vorabinformation nicht erforderlich (vgl KG ZMR 2008, 67). Dafür spricht zum einen das durch das WEMoG 2020 neu geschaffene Recht der Beschlussfehler: Anders als nach altem Recht sollen Fehler des Rechenwerks nicht mehr zur Ordnungswidrigkeit des Beschlusses führen (Rn 2). Dazu käme es aber, wenn man das Gebot postulierte, die Wohnungseigentümer müssten durch „richtige" Rechenwerke vorab informiert werden. Ein solches Gebot ist auch wertungsmäßig nicht erforderlich: Denn die Wohnungseigentümer können auch noch in der Versammlung über die Berechnung der Beitragsforderungen informiert werden und sich damit rechtzeitig über das gebotene Abstimmungsverhalten Klarheit verschaffen. Aber man muss sogar noch einen Schritt weitergehen: Denn nach dem Willen des Gesetzgebers des WEMoG 2020 sollen Fehler bei der Beschlussvorbereitung nicht auf die Zahlungsbeschlüsse durchschlagen, soweit sich der Fehler nicht auf die Beitragshöhe auswirkt (BT-Drucks 19/18791, 76; ebenso BÄRMANN/BECKER § 28 Rn 82). Zwar ist der Verwalter kraft seines Amtsverhältnisses nach § 28 Abs 1 S 2, Abs 2 S 2 WEG zur Erstellung zutreffender Rechenwerke verpflichtet. Die Verletzung dieser Pflicht führt aber nicht zu einem Verfahrens- oder gar Inhaltsfehler der gefassten Beschlüsse. 54

bb) Beitragsrelevanter Mangel

Da sich die Beitragsbeschlüsse auf die Zahlungspflichten beschränken, können sie inhaltlich nur rechtswidrig sein, wenn die beschlossenen Beiträge nicht im Einklang mit dem materiellen Recht stehen. Eine Anfechtung ist deshalb nur mit dem Ziel möglich, dass sich die beschlossenen **Zahlungspflichten ändern**. Dafür bedarf es eines beitragsrelevanten Mangels (Rn 109). Eine Anfechtung scheidet dagegen aus, wenn lediglich die formalen Anforderungen an die Darstellung des vorbereitenden Rechenwerks (Wirtschaftsplan, Jahresabrechnung) nicht eingehalten wurden. Es wird vertreten, die Gemeinschaft treffe im Anfechtungsprozess eine sekundäre Darlegungslast zur Beitragshöhe, wenn der Kläger schlüssig vorträgt, dass die Abrechnung nicht plausibel ist (LG Frankfurt aM 9. 3. 2023 – 2-13 S 68/22, ZMR 2023, 496). 55

cc) Teilanfechtung

Ist der beschlossene Betrag unrichtig, stellt sich die Frage, ob der Beschluss auf Anfechtungsklage hin insgesamt für ungültig zu erklären ist oder nur soweit, wie der Mangel reicht (zum Folgenden: LEHMANN-RICHTER/WOBST WEG-Reform 2020 Rn 882 ff). Aus Sicht des Klägers hängt davon ab, ob er den Beschluss insgesamt angreifen muss oder die Anfechtungsklage auf den mangelhaften Teil zu beschränken hat, um ein Teilunterliegen zu vermeiden. Angesprochen ist damit die **allgemeine Frage**, inwieweit eine **Teilanfechtung** bzw -aufhebung von Beschlüssen zulässig ist. Sie wird in 56 entsprechender Anwendung des § 139 BGB grundsätzlich bejaht (§ 44 WEG Rn 186). Speziell für Beschlüsse gem § 28 Abs 5 WEG aF hat der BGH **vor der WEG-Reform 2020** eine isolierte Anfechtung bzw Aufhebung von rechnerisch selbständigen und abgrenzbaren Rechnungsteilen bejaht; sie konnte deshalb zB auf eine bestimmte Kostenposition beschränkt werden (BGH 4. 12. 2009 – V ZR 44/09, NJW 2010, 2127 Rn 6).

57 Nach geltendem Recht kommt eine **Teilanfechtung nur noch in engen Grenzen** in Betracht. Denn § 139 BGB setzt voraus, dass ein Rechtsgeschäft überhaupt zerlegbar ist. Erst dann stellt sich die Frage, ob die zerlegten Teile nach dem hypothetischen Willen auch unabhängig voneinander bestehen bleiben sollen. Dabei spielt die Frage keine Rolle, ob man den Beschluss über die Vorschüsse/Nachschüsse konstruktiv als einheitlichen Beschluss oder als Bündel vieler Beschlüsse auffasst. Der Wortlaut des § 139 BGB zielt zwar nur auf den ersten Fall, in dem ein Teil eines einheitlichen Rechtsgeschäfts unwirksam ist und die übrigen Teile bei entsprechendem Willen wegfallen. Die Vorschrift gilt aber auch dann, wenn mehrere Rechtsgeschäfte, die grundsätzlich auch für sich allein existieren könnten, zu einem einheitlichen Geschäft zusammengesetzt werden (BGH 22. 9. 2016 – III ZR 427/15, NJW 2016, 3525 Rn 16). Entscheidend ist deshalb allein, inwieweit der Beitragsbeschluss als Gesamtregelung objektiv zerlegbar ist und, soweit dies der Fall ist, der hypothetische Parteiwille dahin geht, dass die Einzelteile unabhängig voneinander Bestand haben sollen. Das ist für eine Zerlegung in sachlicher und persönlicher Hinsicht unterschiedlich zu beurteilen:

58 In **sachlicher Hinsicht** kann der Beschluss grundsätzlich nur in zwei Teile zerlegt werden: in den Betrag, der sich auf die **Kostentragung** bezieht, und in den Betrag, der sich auf die **Erhaltungsrücklage** bezieht. Diese beiden Teile können in der Regel entsprechend § 139 BGB isoliert angefochten werden, da sie sich gegenseitig nicht beeinflussen. Das Gleiche gilt für Beträge, die sich auf andere Rücklagen beziehen. Eine weitere Zerlegung des Vorschusses zur Kostentragung in **einzelne Kostenpositionen** scheidet dagegen aus (iE ebenso LG Frankfurt/M 15. 12. 20222 – 13 S 20/22, WuM 2023, 56; LG München I 13. 7. 2022 – 1 S 2338/22, ZMR 2022, 817). Denn Beschlussgegenstand ist nur der Endbetrag, nicht aber die dahinterliegenden Werte und Rechenoperationen. Das gilt unabhängig davon, inwieweit die Jahresabrechnung als Rechenwerk einzelne Kostenpositionen ausweist. Denn auch dann sind diese Kostenpositionen nicht Beschlussgegenstand. Wird dennoch eine auf einzelne Kostenpositionen beschränkte „Teilanfechtungsklage" erhoben, ist im Wege der **Auslegung** zu ermitteln, ob in Wirklichkeit nicht der Beschluss im Hinblick auf die Kostentragung insgesamt angefochten wurde und die Nennung der Kostenpositionen lediglich der Begründung dient. Letzteres ist im Regelfall anzunehmen (vgl BGH 19. 10. 2012 – V ZR 233/11, ZWE 2013, 47 Rn 11).

59 Auch eine Zerlegung **in persönlicher Hinsicht** scheidet regelmäßig aus. Ein Wohnungseigentümer kann also seine Anfechtungsklage nicht auf die eigenen Vorschuss-/Nachschussbeträge beschränken (BGH 10. 7. 2020 – V ZR 178/19, ZMR 2020, 857 Rn 24). Rechnerisch lassen sich die Beträge einzelner Wohnungseigentümer zwar unproblematisch trennen. Jedoch führt die Herabsetzung einzelner Beträge in der Regel dazu, dass eine Finanzierungslücke entsteht, die durch einen Ergänzungsbeschluss geschlossen werden muss. Deshalb entspricht eine isolierte Aufhebung der

Beträge einzelner Wohnungseigentümer nicht dem entsprechend § 139 BGB maßgeblichen hypothetischen Willen der Wohnungseigentümer.

dd) Keine de-minimis-Beschränkung

Ein Beitragsbeschluss kann auch dann angefochten werden, wenn sich der Fehler **nur geringfügig** auswirkt, zB weil Beitragsforderungen sich bei richtiger Berechnung kaum ändern würden (OLG München ZMR 2011, 738; **aA** LG Lüneburg ZMR 2014, 1005; AG Saarbrücken ZMR 2013, 153, 155). Denn hinter der Anfechtungsmöglichkeit steht das Interesse aller Eigentümer an einer ordnungsmäßigen Verwaltung (§ 44 WEG Rn 177). 60

ee) Rechtsfolgen einer Beschlussaufhebung

Wird ein Beschluss über **Nachschüsse** gerichtlich für ungültig erklärt, so löst dies nach der Rspr nicht unmittelbar **Bereicherungsansprüche** der Wohnungseigentümer aus (näher Rn 15 ff). Die Ungültigerklärung lässt nach Ansicht des BGH zudem den Schuldgrund und damit den **Verzug** des säumigen Wohnungseigentümers erst **ex nunc** (mit Eintritt der Rechtskraft des Beschlussanfechtungsurteils) **entfallen**, weshalb bis dahin entstandene Verzugsschäden zu ersetzen sind (vgl BGH 10. 7. 2020 – V ZR 178/19, ZMR 2020, 857 Rn 31, zu § 28 Abs 5 WEG aF). 61

Ob gleiches gilt, wenn der Beschluss über **Vorschüsse** erfolgreich angefochten wird, hat der BGH zwar noch nicht ausdrücklich entschieden, per obiter dictum aber bereits bejaht (BGH 10. 7. 2020 – V ZR 178/19, ZMR 2020, 857 Rn 17 mit Rn 15, zu § 28 Abs 5 WEG aF). 62

e) Beschlussersetzung durch das Gericht

§ 44 Abs 1 S 2 WEG sieht die Möglichkeit einer gerichtlichen Ersetzung eines Wohnungseigentümerbeschlusses vor. Auch **Beitragsbeschlüsse** können auf diese Weise durch das Gericht ersetzt werden. Eine derartige Gestaltungsklage kann mit der Anfechtung eines rechtswidrigen Beitragsbeschlusses verbunden werden. Die Aufstellung von Wirtschaftsplan und Jahresabrechnung erfolgt hingegen nicht durch Beschluss, weshalb eine Klage nach § 44 Abs 1 S 2 WEG insofern nicht statthaft ist. Zu den Details der Beschlussersetzungsklage § 44 WEG Rn 247. 63

Unter den Voraussetzungen der §§ 935 ff ZPO kann die Beitragspflicht auch durch **einstweilige Verfügung** geregelt werden. Im Wege der Regelungsverfügung iSv § 940 ZPO kann das Gericht etwa die Fortgeltung der bisherigen Vorschusspflichten anordnen (AG Fürth ZMR 2009, 956). 64

f) Besonderheiten bei Mehrhausanlagen

Als Mehrhausanlagen bezeichnete man Wohnungseigentümergemeinschaften, die aus verschiedenen Baukörpern bestehen. Bestimmt die Gemeinschaftsordnung nichts Abweichendes, bestehen hinsichtlich der Beitragsbeschlüsse keine Besonderheiten. Nach der Rspr des BGH kann in der Gemeinschaftsordnung zwar grds geregelt werden, dass sich die Wohnungseigentümer der einzelnen Gebäude selbständig verwalten. Man spricht dann von sog Untergemeinschaften. § 28 WEG setzt der Selbständigkeit der Untergemeinschaften nach Ansicht des BGH aber Grenzen: Es muss für die Wohnungseigentümergemeinschaft zwingend eine **einheitliche Jahresabrechnung** erstellt werden (BGH 16. 7. 2021 – V ZR 163/20, NJW 2021, 3057 Rn 9, zu § 28 WEG aF). Der BGH hat sich zum alten Recht auch mit der Frage befasst, wer 65 über diese Abrechnung zu beschließen hat und hierbei maßgeblich auf den Beschlussgegenstand alten Rechts abgestellt (BGH 16. 7. 2021 – V ZR 163/20, NJW 2021, 3057 Rn 11 ff). Für das geltende Recht haben diese Ausführungen keine Bedeutung mehr.

66 Nach geltendem Recht ist vielmehr maßgeblich, dass der BGH in der zitierten Entscheidung offengelassen hat, ob und wie die Beschlussfassung über die Beitragspflichten in der Gemeinschaftsordnung auf die **Mitglieder** der **Untergemeinschaft delegiert** werden kann. Nach Ansicht des BGH kommt dies allenfalls bei Kosten in Betracht, die ausschließlich die Mitglieder der Untergemeinschaft betreffen. Der BGH erkennt aber, dass in die Abrechnungsspitze typischerweise sowohl Kostenpositionen der Gesamtgemeinschaft als auch der Untergemeinschaft einfließen. Nach Ansicht des BGH könnte daher in Betracht kommen, dass nach einer ersten Beschlussfassung der Gesamtgemeinschaft und einer zweiten der Untergemeinschaften die abschließende Beschlussfassung durch die Gesamtgemeinschaft erfolgen muss (BGH 16. 7. 2021 – V ZR 163/20, NJW 2021, 3057 Rn 15). Erforderlich hierfür sei aber in jedem Fall eine ausdrückliche, **eindeutige Regelung** in der Gemeinschaftsordnung; im Zweifel ist das Rechnungswesen insgesamt Sache sämtlicher Wohnungseigentümer (BGH 16. 7. 2021 – V ZR 163/20, NJW 2021, 3057 Rn 17). Es genüge nicht, wenn die Gemeinschaftsordnung lediglich vorsehe, dass die Untergemeinschaften weitgehend verselbständigt sind oder dass die Kosten getrennt ermittelt und abgerechnet oder eigene Rücklagen gebildet werden sollen (BGH 16. 7. 2021 – V ZR 163/20, NJW 2021, 3057 Rn 19). Misst man die gebräuchlichen Mustergemeinschaftsordnungen an diesen Maßstäben, so fehlt es typischerweise an der Anordnung einer Beschlussfassung nur durch die Wohnungseigentümer der Untergemeinschaften (Elzer ZWE 2021, 367).

2. Der Beschluss über Vorschüsse (Abs 1 S 1)

67 Nach § 28 Abs 1 S 1 WEG beschließen die Wohnungseigentümer über die Vorschüsse der einzelnen Wohnungseigentümer zur Kostentragung und zu den Rücklagen.

a) Allgemeines

68 Nach § 28 Abs 1 S 1 WEG ist über die „Vorschüsse zur Kostentragung und zu den nach § 19 Absatz 2 Nr 4 WEG oder durch Beschluss vorgesehenen Rücklagen“ zu beschließen. Der Beschlussgegenstand beschränkt sich damit auf die **Zahlungspflichten der Wohnungseigentümer**. Beschlossen werden je Wohnungseigentümer also grundsätzlich **zwei Beträge**: Der Betrag, den er als Vorschuss zu den Kosten bezahlen muss und der Betrag, den er als Vorschuss der Erhaltungsrücklage zuführen hat. Für jede beschlossene Rücklage tritt ein weiterer Betrag hinzu. Eine entsprechende Anzahl an Forderungen wird auf diese Weise begründet (Rn 40). Bezieht sich der Beschlusstenor nicht auf Zahlungspflichten, kommt eine korrigierende Auslegung in einen Beitragsbeschluss in Betracht (Rn 35). Der **schulmäßige Wortlaut des Beschlusses** nach § 28 Abs 1 S 1 WEG lautet (Lehmann-Richter/Wobst WEG-Reform 2020 Rn 789):

„Es werden folgende monatlich jeweils im Voraus fällige Vorschüsse beschlossen:

Eigentümer der Einheit Nr	*Vorschuss zu den Kosten*	*Vorschuss zur Erhaltungsrücklage*
1	*30 Euro*	*50 Euro*
2	*45 Euro*	*75 Euro*
3	*75 Euro*	*125 Euro*

Der Beschluss gilt ab Januar 2024. Er gilt solange, bis ein neuer Beschluss über Vorschüsse gefasst wird.“

Grundsätzlich kann jeder Eigentümer nach § 18 Abs 2 Nr 1 WEG eine Beschlussfassung gem § 28 Abs 1 S 1 WEG verlangen (vgl BGH ZMR 2017, 570 Rn 10 f). Der **Anspruch** ist mit der Beschlussersetzungsklage (§ 44 Abs 1 S 2 WEG) durchzusetzen. Der Anspruch wird fällig, sobald der Anspruch der Gemeinschaft auf Erstellung des Rechenwerks zwecks Berechnung der Vorschüsse fällig wird. Hinsichtlich des Wirtschaftsplans wird zu Unrecht eine Wartefrist anerkannt (Rn 209). Jedenfalls für eine Sonderumlage gilt dies nicht, weil eine solche Frist mit dem ad-hoc-Kapitalbedarf nicht zu vereinbaren ist. 69

Der Anspruch setzt voraus, dass **allein** die Fassung eines **Vorschussbeschlusses ordnungsmäßiger Verwaltung** entspricht. Das ist angesichts des auf Vorschüsse ausgerichteten Finanzsystems der Gemeinschaft grds zu bejahen. Ausnahmen sind denkbar, wenn etwa in Reihenhausanlagen keine Ausgaben der Gemeinschaft zu erwarten sind. Ist das Wirtschaftsjahr abgelaufen und liegt die Jahresabrechnung vor, widerspricht ein Beschluss nach § 28 Abs 1 S 1 WEG ordnungsmäßiger Verwaltung; es muss ein Beschluss nach § 28 Abs 2 S 1 WEG über Nachschüsse gefasst werden. 70

Eine **Modifizierung** der beschlossenen **Vorschusspflichten** ist durch Zweitbeschluss möglich (allg zu den Grenzen des Zweitbeschlusses § 23 WEG Rn 97 ff). Durch ihn können die Vorschüsse herab- oder heraufgesetzt werden, wenn sich eine Unterschreitung abzeichnet oder eine Sonderumlage wegen eines ad hoc auftretenden Kapitalbedarfs beschlossen werden. Soweit (nur) ein solcher Zweitbeschluss ordnungsmäßiger Verwaltung entspricht, haben die Eigentümer hierauf nach § 18 Abs 2 Nr 1 WEG einen Anspruch. 71

b) Fortgeltung und Rückwirkung der Vorschusspflichten

Nach dem Wortlaut von § 28 Abs 1 S 2 WEG ist der Wirtschaftsplan **„für ein Kalenderjahr“** aufzustellen. Zum alten Recht war umstritten, ob über das Jahr hinausgehende Vorschüsse beschlossen werden konnten (Staudinger/Häublein [2018] § 28 WEG Rn 157). Das WEMoG 2020 hat diesen Streit entschieden: Denn § 28 Abs 1 S 1 WEG, der den Beschluss betrifft, nimmt anders als § 28 Abs 1 S 2 WEG, der das Rechenwerk betrifft, nicht auf das Kalenderjahr Bezug. Hierin liegt eine bewusste Entscheidung des Gesetzgebers (BT-Drucks 19/18791, S 76). Die Vorschüsse können deshalb auch **für mehrere Jahre** festgesetzt werden. 72

Es ist daher ordnungsgemäß, im Beschluss festzulegen, dass die Vorschusspflicht solange gilt, bis neue Vorschüsse beschlossen werden, sog **Fortgeltungsklausel** (BGH 14. 12. 2018 – V ZR 2/18, MDR 2019, 601 Rn 15). Ob eine solche Fortgeltung beschlossen 73 wurde, muss durch **Auslegung des konkreten Beschlusses** bestimmt werden. Davon ist im Zweifel auszugehen. Denn es widerspricht offenkundig dem Interesse der Gesamtheit der Wohnungseigentümer, dass die Vorschusspflicht endet. Der zum alten Recht teilweise vertretene Auslegungsgrundsatz, dass ein für ein konkretes Jahr gefasster Vorschuss-Beschluss nur für dieses gelten soll (vgl OLG Düsseldorf ZMR 2003, 862; 2008, 313, 314), ist seit dem WEMoG 2020 überholt. Denn seitdem wird nicht mehr über den Wirtschaftsplan eines bestimmten Jahres beschlossen, wodurch der Anknüpfungspunkt für diese Rspr entfallen ist.

74 Eine **rückwirkende Beschlussfassung** ist in der Praxis eher die Regel als die Ausnahme. Dabei sind zwei Konstellationen zu unterscheiden: (1) Regelmäßig bezieht sich die Rückwirkung **nur auf einen Teil des Wirtschaftsjahres**, meist die ersten 3–6 Monate. Das liegt daran, dass zu dieser Zeit die Abrechnung vorgelegt (und beschlossen) wird, aus der sich neue Erkenntnisse für die Kostenprognose ergeben. Daher werden Vorschüsse meist im laufenden Jahr beschlossen, was aber nicht zu einer rückwirkenden Begründung von Zahlungsansprüchen führt. Überschreiten die Ansätze des neu beschlossenen Wirtschaftsplans die bisherigen Beitragszahlungen eines Eigentümers, wird die Differenz für die bereits verstrichenen Monate iZw sofort fällig. (2) Es gibt darüber hinaus Fälle, in denen über die Vorschüsse **erst nach Ablauf des Wirtschaftsjahres** beschlossen wird. Derartige Beschlüsse werden als Zweitbeschlüsse etwa dann für zulässig gehalten, wenn sie dazu dienen, (vermeintlichen) Mängeln des Erstbeschlusses Rechnung zu tragen. Die bereits erfolgte Jahresabrechnung steht nach der Rspr nicht entgegen (BGH NJW 2014, 2197 mHinw auf Jacoby ZWE 2011, 61, 64). Wenn das aber so ist, ist nicht einzusehen, warum ein Beschluss nichtig sein sollte, der nach Ablauf des Wirtschaftsjahres erstmalig und rückwirkend Vorschüsse festlegt (so aber (Bärmann/Becker § 28 Rn 22; OLG Schleswig ZWE 2002, 141, 142). Die Fälligkeit der so begründeten Forderungen kann allerdings nicht rückwirkend eintreten, sondern bemisst sich nach § 271 BGB.

c) Sonderumlagen

75 Sonderumlagen sind im Gesetz nicht näher geregelt. Man bezeichnet damit Beitragspflichten, die weder auf dem Jahreswirtschaftsplan noch auf der Jahresabrechnung beruhen. Es handelt sich mithin um Beiträge, welche der Befriedigung eines **ad hoc auftretenden Kapitalbedarfs** der Gemeinschaft dienen (BGH ZMR 2012, 380 Rn 15).

76 Der **Beschluss**, eine Sonderumlage zu erheben, fällt unter **§ 28 Abs 1 S 1 WEG**. Denn das wohnungseigentumsrechtliche Finanzierungssystem kennt Beitragspflichten nur in der Form von Vor- oder Nachschüssen, wobei letztere auf einer Abrechnung über Ausgaben eines vergangenen Wirtschaftsjahres beruhen. Da Sonderumlagen keine Nachschüsse in diesem Sinne sind, handelt es sich um Vorschüsse, deren Besonderheit darin liegen, dass sie nicht auf der Kalkulation eines Jahreswirtschaftsplans beruhen.

77 Die **Beschlussvorbereitung** richtet sich daher nicht nach § 28 Abs 1 S 2 WEG, sondern ist im Gesetz nicht speziell geregelt; man kann von einem Sonderumlageplan sprechen (Rn 275). In der **Ladung** zur Versammlung ist der avisierte Beschluss über die Sonderumlage der Höhe nach sowie der Grund für diesen Finanzbedarf schlagwortartig mitzuteilen (BGH ZMR 2012, 380 Rn 12); Wirksamkeitsvoraussetzung für den Beschluss ist dies richtigerweise aber nicht (Rn 54). Der Übersendung einer Berechnung

analog eines Wirtschaftsplans bedarf es erst Recht nicht (s Rn 53; BGH ZMR 2012, 380 Rn 12 lässt dies offen).

Die Höhe der Beiträge hat sich am **geschätzten Finanzbedarf** zu orientieren. Der Beschluss über die Erhebung einer Sonderumlage ohne konkreten Verwendungsbedarf widerspricht ordnungsmäßiger Verwaltung und kann folglich nicht nach § 18 Abs 2 Nr 1 WEG verlangt werden (KG ZMR 1999, 509). Ordnungswidrig ist nach der Rspr auch ein Sonderumlagebeschluss, dem es an der erforderlichen Schätzgrundlage ermangelt (OLG Hamm ZMR 2009, 217, 218; s ferner BayObLG ZMR 2005, 377). Die Wohnungseigentümer können die Sonderumlage **großzügig bemessen** und dürfen dabei auch zu erwartende Zahlungsausfälle bei den Wohnungseigentümern berücksichtigen (BGH ZMR 2012, 380 Rn 15). Eine erheblich zu niedrig oder erheblich zu hoch angesetzte Sonderumlage ist aber ordnungswidrig (OLG Hamm ZMR 2009, 217, 218). **78**

d) Besonderheiten des Vorschussbeschlusses in der Begründungsphase

Der erste Wirtschaftsplan nach Entstehung der Gemeinschaft wird sich in aller Regel auf ein **Rumpfjahr** beziehen. Diese Abweichung von § 28 Abs 1 S 2 WEG („für ein Kalenderjahr") liegt in der Natur der Sache. Der Beschluss, dass für das Rumpfjahr Vorschüsse zu erbringen sind, ist allein deshalb selbstverständlich nicht rechtswidrig. **79**

Ein Beschluss nach § 28 Abs 1 S 1 WEG über Vorschüsse kann gefasst werden, sobald die **Gemeinschaft** nach § 9a Abs 1 S 2 WEG **entstanden** ist. § 9a Abs 1 S 2 WEG stammt aus dem WEMoG 2020. Nach altem Recht entstand die Gemeinschaft erst zu einem späteren Zeitpunkt. Die zum alten Recht diskutierte Frage, ob der aufteilende Eigentümer Beitragsleistung in der Vereinbarung festlegen kann (Staudinger/Häublein [2018] § 28 WEG Rn 170), ist angesichts von § 9a Abs 1 S 2 WEG nicht mehr praxisrelevant. Zu einer Regelung in der Gemeinschaftsordnung, nach der die Vorschüsse vom Verwalter festgelegt werden können s Rn 30. **80**

e) Anfechtung

Die Anfechtung von Beitragsbeschlüssen weist allgemeine Besonderheiten auf, die bei Rn 51 ff behandelt sind. Daneben stellt sich beim Vorschussbeschluss die Frage nach der **Kontrolle** seiner **Höhe**. Das Gesetz macht keine konkreten Vorgaben. Es gilt daher das Prinzip **ordnungsmäßiger Verwaltung**, vgl § 18 Abs 2 WEG. Wie stets bei der Beschlussfassung haben die Wohnungseigentümer ein Entscheidungsermessen und können in dessen Rahmen die Höhe des Vorschusses festlegen (BGH ZMR 2012, 380 Rn 15). Es steht mit einer ordnungsmäßigen Verwaltung im Einklang, wenn die Eigentümer, zumal nach entsprechenden Erfahrungen in der Vergangenheit, zur Abwendung der Gefahr von Liquiditätsengpässen über die die Differenz zwischen voraussichtlichen Einnahmen und Ausgaben hinaus ein zusätzliches finanzielles Polster schaffen (KG ZMR 1994, 527). **81**

Eine Vereinbarung über **Kostenbefreiungen** zugunsten einzelner Eigentümer ist bereits bei der Festsetzung der Vorschüsse und nicht erst im Rahmen der Beschlussfassung über Nachschüsse zu berücksichtigen (statt vieler OLG Hamm ZMR 2009, 58). Insoweit besteht **grundsätzlich kein Ermessen** der Eigentümer, weil es ordnungsmäßiger Verwaltung nur entspricht, die Beiträge am Umfang der Kostentragungspflicht zu bemessen. Deshalb müssen auch die **richtigen Verteilerschlüssel** (§ 16 Abs 2 WEG) zugrunde gelegt werden (LG Berlin 20. 9. 2022 – 55 S 60/22, Grundeigentum 2022, 1163). **82**

83 Wird ein Vorschussbeschluss mit dem Argument bemängelt, die darin enthaltenen **Ansätze** seien **zu niedrig**, ist die Anfechtungsklage nicht das richtige Instrument. Der Kläger muss Beschlussersetzungsklage mit dem Antrag erheben, neben den bereits beschlossenen Beiträgen weitere Vorschüsse festzusetzen. Eine Aufhebung des Beschlusses würde nämlich die Liquidität der Gemeinschaft noch verstärken. Das spricht dafür, dass der Anfechtungskläger die Klage **mit einem Antrag nach § 44 Abs 1 S 2 WEG** auf Ersetzung des angefochtenen Beschlusses **verbinden muss** (KG ZMR 1991, 188).

84 Wird ein Vorschussbeschluss zu Recht wegen **Überhöhung** angefochten, liegt die richtige Lösung in der Anwendung von § 139 BGB (§ 44 WEG Rn 187). Denn der Beschluss ist nur insoweit ordnungswidrig, als die Vorschüsse den Ermessenspielraum der Eigentümer überschreiten. Er ist vom Gericht daher auch nur insoweit für ungültig zu erklären.

85 Da Gegenstand des Nachschussbeschlusses nur die sog Abrechnungsspitze ist, entfällt bei Anfechtung eines Vorschussbeschlusses das **Rechtsschutzinteresse** nicht, wenn über Nachschüsse beschlossen wurde. Anderslautende obergerichtliche Rspr (s etwa OLG Stuttgart OLGZ 1990, 175, 178; OLG Hamburg ZMR 2007, 550, 552) ist überholt.

3. Der Beschluss über Nachschüsse oder Vorschussanpassungen (Abs 2 S 1)

86 Nach § 28 Abs 2 S 1 WEG beschließen die Wohnungseigentümer nach Ablauf des Kalenderjahres über die Einforderung von Nachschüssen oder die Anpassung der beschlossenen Vorschüsse.

a) Allgemeines

87 Jeder Eigentümer kann nach § 18 Abs 2 Nr 1 WEG eine **Beschlussfassung** gem § 28 Abs 2 S 1 WEG **verlangen**. Denn es widerspricht ordnungsmäßiger Verwaltung, auf eine Verteilung der entstandenen Kosten der Gemeinschaft zu verzichten. Der **Anspruch** ist mit der Beschlussersetzungsklage (§ 44 Abs 1 S 2 WEG) durchzusetzen. Der Anspruch wird fällig, sobald der Anspruch der Gemeinschaft auf Erstellung der Jahresabrechnung zwecks Berechnung der Nachschüsse fällig wird. Hier ist eine Wartefrist anerkannt (Rn 208).

88 § 28 Abs 2 S 1 WEG ermächtigt die Wohnungseigentümer nicht dazu, einen neuen Rechtsgrund für **rückständige Beiträge** zu begründen (vgl BGH 13. 2. 2020 – V ZR 29/15, ZMR 2020, 524 Rn 6). Nach der Rspr sind solche Beschlüsse nichtig: Denn andernfalls könnten die Eigentümer durch erneuten Zahlungsbeschluss die Verjährungsvorschriften faktisch außer Kraft setzen (BGH NJW 2012, 2796 Rn 13; NJW 2013, 1003 Rn 13; s auch BGH ZMR 2011, 981 Rn 51 f: keine Haftungsbegründung durch Sonderumlage „externer Kosten"). Das ist insbesondere für **Erwerber** von Wohnungseigentum von Bedeutung: Eine Haftung für Beitragsrückstände des Voreigentümers kann nicht beschlossen werden, sondern bedarf einer Vereinbarung (BGHZ 142, 290, 298; NJW 2012, 2796 Rn 11).

b) Beschlussgegenstand: Abrechnungsspitze

89 Die Diskussion um die sich in der Jahresabrechnung ausgewiesenen Zahlen wird durch Begriffe strukturiert: Mit **Abrechnungsspitze** ist der Betrag gemeint, um den die vom Wohnungseigentümer für das Wirtschaftsjahr zu tragenden Kosten die Summe seiner für das Wirtschaftsjahr zu zahlenden Vorschüsse übersteigen. Der **Abrechnungssaldo** beschreibt die zum Zeitpunkt der Abrechnung noch bestehende Beitragsschuld für das abgerechnete Wirtschaftsjahr, setzt sich also aus zwei Komponenten zusammen: den für das Wirtschaftsjahr noch nicht gezahlten Vorschüssen und der Abrechnungsspitze. **Abrechnungssumme** bezeichnet den Betrag, den der Eigentümer zu den im abgelaufenen Wirtschaftsjahr angefallenen Kosten insgesamt beitragen muss. Bei diesen Begriffen kann weiter danach unterschieden werden, ob man die Finanzsituation der Wohnungseigentümergemeinschaft – dann **Gesamtabrechnungsspitze, Gesamtabrechnungssaldo** und **Gesamtabrechnungssumme** – oder der einzelnen Wohnungseigentümer – dann **Einzelabrechnungsspitze, Einzelabrechnungssaldo** und **Einzelabrechnungssumme** – in den Blick nimmt.

Bis zur Reform von § 28 WEG durch das WEMoG 2020 war umstritten, in welchem Verhältnis die Zahlungspflichten „aus" der Jahresabrechnung zu den Zahlungspflichten „aus" dem Wirtschaftsplan standen. Überwiegend ging man davon aus, dass die Zahlungspflicht „aus" der Jahresabrechnung nur die **Abrechnungsspitze** betraf (etwa BGH ZMR 2017, 570 Rn 6, weitere Nachweise bei Staudinger/Häublein [2018] § 28 WEG Rn 174). Diese hM hat das WEMoG 2020 kodifiziert: Im Rahmen des Wirtschaftsplans werden zunächst nur „Vorschüsse" beschlossen, die dann im Rahmen der Jahresabrechnung durch „Nachschüsse" ergänzt oder durch eine „Anpassung" nach unten korrigiert werden. **Beschlussgegenstand** ist also nur die **Abrechnungsspitze**. 90

c) Tenor des Beschlusses und Auslegung

Der Beschluss nach § 28 Abs 2 S 1 WEG betrifft zwei Punkte, nämlich die Kosten der Gemeinschaft und die Zuführungen zu den Rücklagen (Rn 40). Soll die Zuführung zur Erhaltungsrücklage unverändert bleiben, lautet der **schulmäßige Wortlaut des Beschlusses** nach § 28 Abs 2 S 1 WEG etwa: 91

Es werden folgende Nachschüsse für das Jahr 2023 beschlossen, die innerhalb von zwei Wochen fällig sind:

Eigentümer der Einheit Nr	*Nachschuss zu den Kosten*
1	*40 Euro*
2	*60 Euro*
3	*100 Euro*

Die Rücklagenvorschüsse werden als Beiträge bestätigt, also nicht angepasst.

Bezieht sich der Beschlusstenor nicht auf Zahlungspflichten, kommt eine korrigierende **Auslegung** in einen Beitragsbeschluss in Betracht (Rn 35). Denkbar ist, dass – anders als im Muster – die Vorschüsse zu den Rücklagen angepasst werden. Das kann zu einer **Aufrechnungslage** führen: Stellen sich etwa die Vorschüsse zur Kostentragung als zu niedrig heraus, ist insoweit ein Nachschuss zu beschließen. Sollen zugleich die Vorschüsse zur Erhaltungsrücklage nachträglich herabgesetzt werden, sind diese durch Beschluss anzupassen. Gegen die dadurch ausgelösten Rückzahlungsansprüche kann mit den Nachschusspflichten aufgerechnet werden (Lehmann-Richter/ 92

Wobst WEG-Reform 2020 Rn 868). Diese Verrechnung kann nach § 28 Abs 3 WEG mit der Wirkung beschlossen werden, dass die betroffenen Forderungen erlöschen.

93 **Fehlt** es an einem **Beschluss über Vorschüsse**, so entspricht die Abrechnungssumme der Abrechnungsspitze. Beitragsforderungen für das Wirtschaftsjahr werden dann nämlich erstmalig durch den Beschluss nach § 28 Abs 2 S 1 WEG begründet (statt vieler OLG Köln ZMR 2008, 478, 481). Haben Eigentümer wegen eines (später) für ungültig erklärten Vorschussbeschlusses Zahlungen ohne Rechtsgrund erbracht, greift eine Rückzahlungssperre (Rn 15).

d) Beitragsbezogene Rechtsfolgen des Beschlusses

94 Für den Beschluss über Nachschüsse bzw die Anpassung der Vorschüsse spielt es **keine Rolle**, inwieweit Vorschusspflichten bereits **erfüllt** wurden: Im Fall der Unterdeckung wird nur ein Nachschussanspruch beschlossen, der neben den – schon erfüllten oder fortbestehenden – Vorschussanspruch tritt. Im Fall der Überdeckung wird der Vorschussanspruch durch den Beschluss nach § 28 Abs 2 S 1 WEG teilweise beseitigt. Soweit der Vorschussanspruch noch nicht erfüllt ist, besteht er nur noch in angepasster Höhe fort; soweit er bereits erfüllt wurde, fällt sein Rechtsgrund in Höhe der Differenz nachträglich weg und es besteht ein Rückzahlungsanspruch nach § 812 Abs 1 S 2 Var 1 BGB (näher Rn 185). Bereits entstandene Sekundäransprüche (zB Verzugszinsen) bleiben aber bestehen, weil die Anpassung des Vorschussanspruchs mangels gesetzlicher Anordnung nicht zurückwirkt.

95 Im Fall der **Unterdeckung** beschränkt sich der Beschluss nach § 28 Abs 2 S 1 Alt 1 WEG auf die zusätzlichen Zahlungspflichten der Wohnungseigentümer, die das Gesetz „Nachschüsse" nennt. Diese Nachschüsse ergänzen die nach § 28 Abs 1 S 1 WEG beschlossenen Vorschüsse und unterscheiden deshalb wie diese zwischen der Kostentragung, der Erhaltungsrücklage und Sonderrücklagen. Typischerweise wird es zur Behebung der Unterdeckung genügen, Nachschüsse zur Kostentragung zu beschließen. In diesem Fall wird je Wohnungseigentümer nur über einen einzigen Betrag beschlossen: den Betrag, den er als Nachschuss zur Kostentragung bezahlen muss. Daneben können aber natürlich auch Nachschüsse zur Erhaltungsrücklage oder zu Sonderrücklagen beschlossen werden; in diesem Fall tritt jeweils ein weiterer Betrag hinzu. Verhält sich der Beschluss nicht zu den Vorschüssen in die Rücklage, ergibt seine Auslegung, dass eine diesbezügliche Korrektur nicht beschlossen wurde.

96 Im Fall der **Überdeckung** beschränkt sich der Beschlussgegenstand nach § 28 Abs 2 S 1 Alt 2 WEG auf die „Anpassung der beschlossenen Vorschüsse", also auf die teilweise Aufhebung der Vorschusspflichten der Wohnungseigentümer. Auch diese teilweise Aufhebung muss zwischen den nach § 28 Abs 1 S 1 WEG beschlossenen Vorschüssen zur Kostentragung, zur Erhaltungsrücklage und zu Sonderrücklagen unterscheiden. In der Regel wird je Wohnungseigentümer nur über einen einzigen Betrag beschlossen: den Betrag, um den der Vorschuss zur Kostentragung reduziert wird. Beschließen die Wohnungseigentümer daneben auch eine nachträgliche Reduzierung der Vorschüsse zur Erhaltungsrücklage oder zu Sonderrücklagen, tritt jeweils ein weiterer Betrag hinzu. Typischerweise wird beschlossen, dass die Vorschüsse in Teilbeträgen fällig werden (zB monatlich). Es stellt sich dann die Frage, welche dieser Teilbeträge wie reduziert werden. § 28 Abs 2 S 1 WEG macht keine Vorgaben, sondern erlaubt allgemein die „Anpassung der beschlossenen Vorschüsse". Die

Wohnungseigentümer könnten deshalb über die Anpassung der einzelnen Teilbeträge detailliert beschließen. Im Zweifel ist davon auszugehen, dass Teilbeträge schlicht **quotal reduziert** werden (Lehmann-Richter/Wobst WEG-Reform 2020 Rn 862 f).

e) Weitere Rechtsfolgen des Beschlusses

Beschlussgegenstand ist die durch die Abrechnungsspitze bezifferte Forderung (Rn 90). Der Beschluss nach § 28 Abs 2 S 1 WEG begründet daher Forderungen, deren Gläubigerin/Schuldnerin die Wohnungseigentümergemeinschaft ist. Fraglich ist, ob der Beschluss darüberhinausgehende Wirkungen hat. Das ist nicht kategorisch ausgeschlossen. Denn die Reichweite eines Beschlusses unterliegt stets der **Auslegung**. **97**

aa) Verbindliche Verteilung und Ermittlung von Abrechnungssumme und -spitze

Da Zweck von § 28 Abs 2 S 1 WEG die Kostenverteilung ist, erfolgt durch die Beschlussfassung eine **verbindliche Anwendung des Verteilungsschlüssels** für das abzurechnende Jahr. Die Verteilung erwächst in Bestandskraft, auch wenn sie von den Vorgaben des § 16 Abs 2 WEG oder der Gemeinschaftsordnung abweicht oder den Grundsätzen ordnungsmäßiger Verwaltung widerspricht (vgl BGH 13. 2. 2020 – V ZR 29/15, ZMR 2020, 524 Rn 7). **98**

Wird der **Beschluss über die Vorschüsse gerichtlich aufgehoben**, besteht nach der Rspr bis zur Fassung des Nachschussbeschlusses eine Rückzahlungssperre (Rn 15). Da im Rahmen des Nachschussbeschlusses die Verrechnung mit den geleisteten Pseudo-Beiträgen erfolgt, stellt sich insoweit die Frage nicht, ob durch den Nachschussbeschluss die nicht bestehende Vorschusspflicht ersetzt wird. Dieses Problem taucht nur auf, soweit Vorschüsse nicht geleistet wurden, die fehlende Vorschusspflicht aber in der Jahresabrechnung nicht berücksichtig und die Abrechnungssumme daher um (tatsächlich nicht bestehende) Vorschussforderungen reduziert wurde. Dann sind die nach dem Wortlaut des Beschlusses festgelegten Nachschüsse zu niedrig. Es ist dann eine Frage der Auslegung, ob entgegen dem Wortlaut die „richtige" Abrechnungsspitze beschlossen wurde. Ein solches Ergebnis kommt wohl nur in Betracht, wenn die Möglichkeit der Unwirksamkeit des Vorschussbeschlusses bei der Fassung des Beschlusses gem § 28 Abs 2 S 1 WEG thematisiert wurde. Scheidet eine korrigierende Auslegung aus, muss das „Kostendelta" durch Zweitbeschluss verteilt werden. **99**

Wenn **Rechenfehler** die Abrechnungsspitze beeinflussen, muss der Beschluss über die Nachschüsse angefochten werden, ansonsten erwächst die beschlossene Zahlungspflicht in Bestandskraft. In welcher Höhe eine Zahlungspflicht beschlossen wurde, ist eine Frage der Auslegung. Hier ist bei offensichtlichem Rechenfehler das Ergebnis denkbar, dass die Eigentümer tatsächlich die „richtige" Abrechnungsspitze beschlossen haben. Dann können auch nach Ablauf der Anfechtungsfrist solche offensichtlichen Fehler eingewendet werden. Zu beachten ist aber, dass eine korrigierende Auslegung besonderer Anhaltspunkte bedarf. Das WEMoG 2020 hat hier die Vorzeichen verändert (Rn 90), da Beschlussgegenstand nach § 28 Abs 2 S 1 WEG die Zahlungsansprüche als solche sind. **100**

bb) Keine Regelung über erbrachte Beitragszahlungen

Der Beschluss über Nachschüsse oder Erstattungen nach § 28 Abs 2 S 1 WEG **wirkt** sich auf die **Vorschusspflicht** des Wohnungseigentümers **nicht** aus (vgl BGH 13. 2. 2020 – **101**

V ZR 29/15, ZMR 2020, 524 Rn 7). Werden daher die geleisteten Vorschüsse eines Eigentümers in der Jahresabrechnung unzutreffend wiedergegeben, kann der Betroffene dennoch Erfüllung einwenden. Denn § 28 Abs 2 S 1 WEG gibt schlicht keine Kompetenz, über das Schicksal der Vorschüsse zu beschließen. Ebenso fehlt es an der Kompetenz, auf Beiträge per Beschluss zu verzichten. Ein zu hoher Ausweis von Beitragsleistungen in der Jahresabrechnung hat daher keine anspruchsvernichtende Wirkung. Offensichtlich ist, dass der Beschluss keinen Vertrag nach § 397 BGB zustandebringen kann (vgl § 18 WEG Rn 72). Durch Beschluss nach § 28 Abs 2 S 1 WEG wird auch **nicht** (nachträglich) über die **Verrechnung der Vorschüsse** (dazu Rn 131) entschieden. Denn auch diesbezüglich fehlt es an Beschlusskompetenz (LG München I ZWE 2010, 229, 230).

cc) Keine abschließende Festlegung der Einnahmen und Ausgaben

102 Die abschließende Festlegung der Einnahmen und Ausgaben ist nicht Gegenstand des Beschlusses nach § 28 Abs 2 S 1 WEG. Das gilt ebenso für die Angaben in der Jahresabrechnung zu den Forderungen und Verbindlichkeiten der Gemeinschaft. Es fehlt schlicht an der Kompetenz, diesbezüglich Rechtsfolgen – die zudem noch zu konkretisieren wären – durch Beschluss festzulegen. Fehlen in der Jahresabrechnung verteilungsrelevante Ausgaben oder Einnahmen, ist ein **weiterer Beschluss** nach § 28 Abs 2 S 1 WEG zu fassen, worauf jeder Eigentümer einen Anspruch hat. Dieser Anspruch folgt aus § 18 Abs 2 Nr 1 WEG und ist daher unverjährbar (vgl BGH ZWE 2012, 325).

dd) Regelungen über die Rücklagen

103 Zu den Gegenständen, die im Beschluss nach § 28 Abs 2 S 1 WEG **verbindlich festzulegen** sind, gehört der **Beitrag** des jeweiligen Eigentümers **zur Erhaltungsrücklage** sowie zu weiteren, nach dem Binnenrecht anzusammelnden Rücklagen für das Wirtschaftsjahr. Äußert sich der Beschlusstenor hierzu nicht, wird die Auslegung regelmäßig ergeben, dass die Vorgaben aus dem Vorschussbeschluss bestätigt wurden.

ee) Verbindliche Verteilung von Einnahmen

104 Hat die Gemeinschaft Einnahmen erzielt, so gebührt hieran jedem Eigentümer ein Anteil. Das folgt aus § 16 Abs 1 WEG, der für sämtliche Einnahmen der Gemeinschaft gilt (Staudinger/Lehmann-Richter [2023] § 16 WEG Rn 9). Die Eigentümer haben die **Kompetenz**, im Rahmen des Beschlusses nach § 28 Abs 2 S 2 WEG über die Verwendung der Einnahmen zu entscheiden, wobei nur eine Verrechnung mit den Ausgaben ordnungsmäßiger Verwaltung entspricht (Rn 9). Die Entscheidung kann **implizit** im Rahmen des Nachschussbeschlusses getroffen werden (BGH NJW 2014, 145 Rn 7).

ff) Keine Bestätigung von Verwaltungsmaßnahmen

105 Da Beschlussgegenstand nur die Abrechnungsspitze ist (Rn 90), kann ihm im Regelfall nicht durch Auslegung entnommen werden, die Wohnungseigentümer hätten gleichzeitig Verwaltungsmaßnahmen bestätigt, die mit der Kostenverteilung im Zusammenhang stehen. Der Beschluss nach § 28 Abs 2 S 1 WEG bedeutet daher weder die **Entlastung des Verwalters** (s dazu Staudinger/Jacoby § 26 WEG Rn 221 ff), noch die Genehmigung von **Baumaßnahmen**, die Gegenstand der Jahresabrechnung sind (BGH 16. 7. 2021 – V ZR 163/20, NJW 2021, 3057 Rn 16).

f) Ergänzungsbeschluss

Durch den Beschluss nach § 28 Abs 2 S 1 WEG soll das Finanzwesen der Gemein- **106** schaft für das abzurechnende Jahr eigentlich seinen Abschluss finden. Dieses Ziel wird verfehlt, wenn die festgesetzten Beträge unrichtig sind und deshalb eine **Lücke** bleibt – sei es eine Finanzierungslücke, die geschlossen werden muss, oder ein Guthaben, das unter den Wohnungseigentümern zu verteilen ist. Diese Lücke muss durch einen neuerlichen Beschluss, einen sog Ergänzungs- oder Zweitbeschluss, geschlossen werden. Die Beschlusskompetenz dafür folgt aus § 28 Abs 2 S 1 WEG.

Für die Berechnung, wie die Lücke zu schließen ist, gilt **stets der allgemeine Vertei-** **107** **lungsschlüssel**, vorbehaltlich einer abweichenden Vereinbarung also das Verhältnis der Miteigentumsanteile (§ 16 Abs 2 S 1 WEG). Das folgt aus der Bestandskraft des Erstbeschlusses. Es ist daher ordnungswidrig zu fragen, welche Ausgaben oder Einnahmen vergessen oder falsch verteilt wurden, um daraus abzuleiten, mithilfe welches Verteilungsschlüssels die Lücke zu füllen ist. Denn die Werte und Rechenoperationen der Jahresabrechnung sind nicht Gegenstand des Erstbeschlusses. Die noch zu verteilenden Kosten können deshalb keiner Kostenart zugeordnet werden, für die womöglich ein abweichender Verteilungsschlüssel gilt (Lehmann-Richter/Wobst WEG-Reform 2020 Rn 901 f).

g) Anfechtung

Die Anfechtung von Beitragsbeschlüssen weist allgemeine Besonderheiten auf, die **108** bei Rn 51 ff behandelt sind. Für den Beschluss nach § 28 Abs 2 S 1 WEG ist der **Paradigmenwechsel** der WEG-Reform 2020 von besonderer Bedeutung: Für den Erfolg einer Anfechtungsklage genügt es nicht mehr, dass die Jahresabrechnung fehlerhaft ist, solange sich dieser Fehler nicht auf die Beitragspflicht der Wohnungseigentümer auswirkt (BT-Drucks 19/18791, 76). Der Streitwert einer Anfechtungsklage bestimmt sich nach der Rechtsprechung (BGH 24. 2. 2023 – V ZR 152/22, NJW 2023, 2111) grds nach dem Nennbetrag der Jahresabrechnung. Das für die Kappung dieses Betrags nach § 49 S 2 GKG maßgebliche Individualinteresse des Klägers entspricht seinem Anteil am Nennbetrag der Abrechnung.

aa) Beitragsrelevanter Fehler erforderlich

Dieses Konzept gründet in § 28 Abs 2 S 1 WEG, nach dem Gegenstand des Beschlus- **109** ses nicht die Jahresabrechnung als solche, sondern nur die Beitragspflichten der Wohnungseigentümer sind. Beschlussgegenstand ist mithin nur das Ergebnis in Euro, nicht aber die Werte und Rechenoperationen aus der Jahresabrechnung, auf denen das Ergebnis beruht. Der Beschluss ist deshalb nur dann inhaltlich rechtswidrig, wenn die **beschlossenen Beträge nicht im Einklang mit dem materiellen Recht** stehen. Angefochten werden kann also erfolgreich nur mit der Begründung, dass sich bei korrekter Anwendung des materiellen Rechts ein anderer Betrag ergibt, als er beschlossen wurde. Die Anfechtungsklage muss darauf zielen, die beschlossenen Nachschussbeträge bzw die Beträge, um die die Vorschüsse reduziert werden, abzuändern (Lehmann-Richter/Wobst WEG-Reform 2020 Rn 874). Nicht ausreichend ist dagegen die Behauptung, dass die Jahresabrechnung als Rechenwerk entgegen § 28 Abs 2 S 2 WEG nicht ordnungsgemäß aufgestellt wurde (BT-Drucks 19/18791, S 76).

Die Berechnung des Nachschusses/der Anpassung der Vorschüsse kann auf diesen **110** **beitragsrelevanten Fehlern** beruhen (vgl Rn 222 ff):

- Berücksichtigung unzutreffender Ausgaben der Wohnungseigentümergemeinschaft;
- Berücksichtigung unzutreffender Einnahmen der Wohnungseigentümergemeinschaft;
- Verwendung eines unzutreffenden Verteilungsschlüssels;
- Berücksichtigung der Höhe nach unzutreffender Vorschussansprüche der Wohnungseigentümergemeinschaft.

bb) Einzelfälle

111 Werden **externe**, nicht der Gemeinschaft entstandene **Kosten**, zB solche einer Gesellschaft, die die Vermietung der Sondereigentumseinheiten übernommen hat, im Wege einer „Sonderumlage" auf die Eigentümer verteilt, wird der von § 28 WEG iVm § 16 WEG vorgegebene Rahmen verlassen, was nach Ansicht des BGH zur **Nichtigkeit** des Beschlusses führt (BGH ZMR 2011, 981 Rn 51). Ein fälschlich gewählter Verteilungsschlüssel begründet hingegen keine Nichtigkeit des Beschlusses, sondern hat lediglich seine Anfechtbarkeit zur Folge (statt vieler: OLG Hamm ZMR 1996, 337, 340; OLG Brandenburg ZMR 2008, 386, 388). Ein Beschluss, mit dem die Wohnungseigentümer **im Einzelfall** – bezogen auf eine konkrete Jahresabrechnung – von den **Vorgaben der Heizkostenverordnung abweichen**, ist nicht nichtig, sondern lediglich anfechtbar (BGH 22. 6. 2018 – V ZR 193/17, NJW 2018, 3717 Rn 16).

112 Es ist kein Beschlussmangel, wenn sich Nachschüsse auf Ausgaben der Gemeinschaft beziehen, hinter denen **kein materieller Rechtsgrund** steht. Denn derartige Ausgaben sind Kosten und damit verteilungsrelevant. Häufig geht es um Ausgaben für Maßnahmen, die in den Verantwortungsbereich eines Wohnungseigentümers fallen, zB weil sie sein Sondereigentum betreffen oder ihn nach der Gemeinschaftsordnung die Zuständigkeit trifft. Aus der **materiell-rechtlichen Zuordnung** allein folgt nach der Rspr des BGH grds keine Verteilungsschlüssel: Ein Ersatzanspruch gegen einen Wohnungseigentümer rechtfertige nur dann eine entsprechende Kostenverteilung, wenn der **Anspruch tituliert** ist oder sonst feststeht, etwa weil er von dem betreffenden Eigentümer **anerkannt** worden ist (BGH NJW 2011, 1346 Rn 9).

113 Ein zur Anfechtung berechtigender Beschlussmangel folgt nicht allein aus der Tatsache, dass die Wohnungseigentümer die von Rechnungsprüfern (Verwaltungsbeiräten) geäußerten Zweifel nicht zum Anlass weiterer Nachforschungen nehmen (OLG München ZMR 2011, 738) oder die Belegprüfung durch den **Beirat** unterblieben ist (§ 29 WEG Rn 66).

III. Beschluss über Forderungserfüllung (Abs 3)

114 § 28 Abs 3 WEG ist durch das WEMoG 2020 an die Stelle von § 21 Abs 7 WEG aF getreten. Die Vorschrift regelt zwei Aspekte: Die Wohnungseigentümer können beschließen, wann Forderungen fällig werden und wie sie zu erfüllen sind. Die **Beschlusskompetenz** betrifft sowohl die Beitragsansprüche der Wohnungseigentümergemeinschaft als auch Erstattungsansprüche der Wohnungseigentümer, daneben den in § 28 Abs 3 WEG geregelten Anspruch der Wohnungseigentümer auf den Vermögensbericht. Auf Forderungen, die nicht unter § 28 WEG fallen, ist die Regelung aus systematischen Gründen hingegen unanwendbar (vgl BT-Drucks 19/22634, 47; **aA** Hügel/Elzer § 28 Rn 220). Es besteht daher etwa keine Kompetenz, die Fälligkeit oder Art der Erfüllung eines Anspruchs aus § 14 Abs 3 WEG oder eines Schadensersatzanspruchs durch Beschluss zu regeln.

Enthält die **Gemeinschaftsordnung** Regelungen zur Fälligkeit oder zur Erfüllung, ist es eine Frage der Auslegung, ob diese Regelungen durch Beschluss nach § 28 Abs 3 WEG modifiziert werden können. Da es sich bei objektiver Betrachtung um Umstände handelt, die einer Dynamik unterliegen – so ändern sich etwa im Laufe der Zeit die Gepflogenheiten, wie Forderungen unbar bezahlt werden – ist hiervon im Zweifel auszugehen (vgl § 19 WEG Rn 19). **115**

Aus § 28 Abs 3 WEG folgt, dass nur die Wohnungseigentümer die Kompetenz haben, über die Fälligkeit oder die Art und Weise der Erfüllung zu entscheiden. Entsprechende **Vorgaben** des **Verwalters** sind daher **unverbindlich**. Die Leistung auf ein vom Verwalter genanntes Konto der Gemeinschaft hat aber Erfüllungswirkung (Rn 127). **116**

1. Fälligkeit

Die Wohnungseigentümer können nach § 28 Abs 3 Alt 1 WEG zum einen über die Fälligkeit **konkreter** Beitragsforderungen beschließen (vgl BGH 16. 9. 2022 – V ZR 180/21, NJW 2022, 3577 Rn 17). Sie haben aber auch die Kompetenz, die Fälligkeit **generell** (also über das konkrete Wirtschaftsjahr hinaus) festzulegen. Ein solcher Generalbeschluss kann durch Zweitbeschluss geändert werden. Bezieht sich der **Änderungsbeschluss** auf neu entstandene Forderungen, besteht kein schutzwürdiges Vertrauen, das die Ordnungswidrigkeit rechtfertigen könnte. Anders kann dies sein, wenn zwischen Beitragsbeschluss und Fälligkeitsbeschluss ein längerer Zeitraum liegt, der es rechtfertigt, dass der Wohnungseigentümer darauf vertrauen durfte, die Beitragsforderung werde sich nach der bisherigen Fälligkeitsregel richten. **117**

Um Druck auf säumige Eigentümer auszuüben, wird die monatliche Zahlung der Vorschüsse oft durch Beschluss von der Bedingung abhängig gemacht, dass die Vorschüsse pünktlich gezahlt werden (vgl BGHZ 156, 279, 290; NJW 2011, 3098 Rn 11 aE). Das lässt sich auf zwei Arten erreichen, nämlich durch sog **Vorfälligkeits-** oder durch **Verfallklauseln** (Merle ZWE 2004, 312, 313 f). Bei jenen wird beschlossen, dass die Vorschüsse im Falle nicht rechtzeitiger monatlicher Zahlung sofort fällig werden. Bei der Verfallklausel werden hingegen keine monatlichen Vorschüsse, sondern eine das gesamte Kalenderjahr betreffende Forderung beschlossen, die dann lediglich pro rata temporis gestundet wird, solange die Eigentümer pünktlich zahlen. Die Sanktion besteht hier im Verlust der Stundungsabrede, die unter eine entsprechende auflösende Bedingung gestellt wird (eine Verfallklausel lag etwa den Entscheidungen BGHZ 156, 279 zugrunde; zu den verfahrensrechtlichen Unterschieden beider Varianten s Merle ZWE 2004, 312, 314). Es bedarf nach Eintritt des zur Vorfälligkeit bzw dem Verfall der Stundung führenden Ereignisses einer **Mahnung**, damit Verzug eintritt. **118**

Infolge der Fälligkeitstheorie (Rn 46) können beide Instrumente zu Nachteilen für die Wohnungseigentümergemeinschaft führen, wenn es zu einem Eigentümerwech- **119** sel oder zu einem **Insolvenzverfahren** kommt. Dieser Umstand macht den Beschluss über die Vorfälligkeit oder den Verfall aber noch nicht per se anfechtbar, weil es im Ermessen der Mehrheit liegt, welchen Stellenwert sie diesem Risiko einräumt (BGHZ 156, 279, 292; LG Köln ZWE 2014, 414). Allerdings können die Eigentümer die Vorfälligkeit bzw den Verfall unter die **auflösende Bedingung** des Eigentumswechsels, der Eröffnung eines Insolvenzverfahrens etc stellen (LG Köln ZWE 2014, 414; Merle ZWE 2004, 312, 316; Formulierungsvorschlag bei Häublein ZWE 2004, 48, 51 f).

2. Art und Weise der Erfüllung

120 Die Wohnungseigentümer können nach § 28 Abs 3 WEG auch über das „wie" der Erfüllung von Forderungen befinden. Hierunter fällt zB ein Beschluss über die **Verrechnung** von Beitragsforderungen mit Gegenansprüchen (OLG Hamm ZMR 2011, 656). Das betrifft etwa Konstellationen, in denen der Wohnungseigentümer einen Nachschuss zu den Kosten schuldet, ihm aber ein Erstattungsanspruch bzgl der Rücklage zusteht oder vice versa (Rn 92). Unter § 28 Abs 3 WEG fällt auch die Begründung der Pflicht zur **unbaren Zahlung** oder die Verpflichtung zur **Teilnahme am Lastschriftverfahren** (LG Köln ZMR 2014, 823). Ist in den vor der Beschlussfassung über die Beiträge übersandten Unterlagen eine Kontoverbindung der Gemeinschaft mitgeteilt, wird die Auslegung des Beschlusses regelmäßig ergeben, dass dieses Konto gem § 28 Abs 3 WEG als Zahlstelle gewidmet wurde.

121 Praxisrelevant ist auch die Bestimmung, wie **Teilleistungen** der Wohnungseigentümer zu **verrechnen** sind. Durch Beschluss können die Wohnungseigentümer etwa festgelegen, dass Teilleistungen vorrangig auf Nachschussforderungen oder auf die Vorschüsse zu den Kosten zu verrechnen sind. Auf diese Weise wird der Wohnungseigentümer seines Bestimmungsrechts aus § 366 Abs 1 BGB beraubt, vor allem aber Rechtssicherheit geschaffen werden, da die gesetzliche Tilgungsreihenfolge problembehaftet ist (Rn 133). Die entsprechende Beschlusskompetenz folgt aus § 28 Abs 3 WEG (MünchKomm/Skauradszun § 28 WEG Rn 24; **aA** Hogenschurz/Bartholome § 28 Rn 12), da die Verrechnung von Teilleistungen das „wie" der Erfüllung betrifft. Es wird vertreten, dass eine vorrangige Verrechnung auf die Beiträge zur Rücklage ordnungsmäßiger Verwaltung widerspreche (LG Köln ZWE 2012, 280). Rückwirkend kann eine eingetretene Tilgungswirkung durch Beschluss nicht verändert werden, ein solcher Beschluss ist nichtig (vgl Becker ZWE 2010, 230, 231; BGH 25. 11. 2003 – XI ZR 379/02, NJW-RR 2004, 405, 407).

122 **Nicht** unter § 28 Abs 3 WEG fällt ein Beschluss über die **Folgen** eines Verstoßes gegen die festgelegte Zahlungsweise (**aA** Abramenko ZWE 2012, 386). Die Rechtsfolgen von Verstößen richten sich vielmehr nach dem Gesetz; ist etwa bargeldlose Zahlung beschlossen, kann die Gemeinschaft die Barzahlung als nicht erfüllungstauglich zurückweisen.

IV. Beitragsforderungen der Wohnungseigentümergemeinschaft

123 **Gläubigerin** der durch die Beitragsbeschlüsse begründeten Forderungen ist, wie sich aus dem in § 18 Abs 1 WEG zum Ausdruck kommenden Organisationssystem ergibt, die Wohnungseigentümergemeinschaft (vgl etwa BGH ZMR 2017, 570 Rn 7).

1. Rechtsgrund der Beitragsforderungen

Es gibt keine ex lege wirkende Beitragspflicht der Wohnungseigentümer (Staudinger/Lehmann-Richter [2023] § 16 WEG Rn 71). Grundlage der Beitragsforderungen sind vielmehr **Beschlüsse** nach § 28 Abs 1 S 1 oder Abs 2 S 1 WEG. Diese müssen wirksam sein. Das ist auch der Fall, wenn sie an einem anfechtungsrelevanten Mangel leiden, aber gerichtlich noch nicht für unwirksam erklärt wurden, § 23 Abs 4 S 2 WEG. Da § 14 Abs 1 Nr 1 WEG den Wohnungseigentümer gegenüber der Gemeinschaft verpflichtet die Beschlüsse – und damit auch die über seine Beitragspflichten – einzuhalten, ist diese Vorschrift letztlich die Grundlage der Zahlungsansprüche. Zu den Folgen der gerichtlichen Aufhebung eines Beitragsbeschlusses Rn 15. 124

2. Fälligkeit der Beitragsforderungen

Das WEMoG 2020 hat § 28 Abs 2 WEG aF gestrichen, nach dem die Beiträge erst mit Zugang der Erklärung des Verwalters über den Abruf der Beiträge fällig wurden. Mangels einer Sondervorschrift gilt daher **§ 271 BGB**: Wenn die Wohnungseigentümer nichts Anderes bestimmen, werden die Beiträge sofort fällig. Einen abweichenden Beschluss erlaubt § 28 Abs 3 WEG (Rn 117). Die Fälligkeit ist nicht von der Bestandskraft der Beitragsbeschlüsse abhängig, § 23 Abs 4 S 2 WEG. Ebenso wenig bedarf es eines Abrufs durch den Verwalter. Der Zahlungsbeschluss hat also Direktwirkung (dazu § 18 WEG Rn 46). 125

3. Erlöschen der Beitragsforderungen

Das Erlöschen von Beitragsforderungen richtet sich grds nach den **allg Regelungen**. Dies gilt auch für den **Verzicht** (§ 397 BGB), näher § 18 WEG Rn 72. 126

a) Erfüllung

Nach § 362 Abs 1 BGB erlischt die Beitragsforderung, wenn das geschuldete Geld an die Wohnungseigentümergemeinschaft geleistet wurde. Die **Art und Weise** der Leistung kann durch **Vereinbarung** oder durch **Beschluss** (§ 28 Abs 3 WEG) **bestimmt** werden. Das betrifft insbes die Frage, ob der Beitrag in bar oder unbar zu leisten ist sowie die Details einer unbaren Leistung (Kontoverbindung, Überweisungspflicht oder Pflicht zur Erteilung einer Einzugsermächtigung etc). Der **Verwalter** hat, wie sich aus § 28 Abs 3 WEG ergibt, nicht die Kompetenz, ein Konto oder andere Modalitäten der Leistung festzulegen. Wenn er den Wohnungseigentümern ein Konto der Gemeinschaft mitteilt, muss die Zahlung daher nicht zwingend auf dieses Konto erfolgen. Da es sich indes um ein Konto der Gemeinschaft handelt, hat eine Zahlung hierauf nach § 362 Abs 1 BGB Erfüllungswirkung. 127

Fehlt eine Bestimmung über das wie der Leistung, ist nach dem gesetzlichen Leitbild eine Barzahlung möglich (AG Dortmund 23. 5. 2019 – 514 C 29/19, ZMR 2019, 799). Empfangsberechtigter ist der Verwalter, vgl § 9b Abs 1 S 1 WEG. In diesem Fall kann die Wohnungseigentümergemeinschaft eine bargeldlose Zahlung theoretisch als erfüllungsuntauglich zurückweisen; diese Erklärung erfolgt durch den Verwalter, vgl § 9b Abs 1 S 1 WEG. 128

129 Ist eine bargeldlose **Zahlung bestimmt**, so gilt das soeben gesagte entsprechend: Der Verwalter kann eine andere Leistung im Namen der Gemeinschaft als erfüllungsuntauglich zurückweisen. Ist bestimmt, dass der Gemeinschaft eine **Einzugsermächtigung** (SEPA-Lastschriftmandat) zu erteilen ist, ist jeder Wohnungseigentümer hierzu verpflichtet. Ist die Ermächtigung erteilt, so wird aus der Zahlungsverpflichtung des Eigentümers eine Holschuld iSv § 269 BGB. Der Wohnungseigentümer hat dann das zur Erfüllung Erforderliche getan, wenn er dafür sorgt, dass ausreichend Deckung auf seinem Konto vorhanden ist (s dazu BGHZ 186, 269 Rn 26; 177, 69 Rn 24). Die Einziehung ist sodann Sache der Gemeinschaft. Ihr gegenüber ist der Verwalter verpflichtet, die Beiträge pünktlich einzuziehen (zur Kündigung der Lastschriftabrede durch den Verwalter s BGH ZWE 2016, 272).

130 Fraglich ist die Erfüllungswirkung bei Zahlung auf ein **Konto**, das **nicht** der **Wohnungseigentümergemeinschaft gehört**. Unproblematisch sind Konstellationen, in denen die Wohnungseigentümergemeinschaft dieses Konto per Beschluss (oder Vereinbarung) als erfüllungstauglich gewidmet hat. Fehlt es hieran, ist die Erfüllungswirkung zweifelhaft. Zwar fehlt im WEG eine § 188 Abs 2 S 2 AktG vergleichbare Regelung, nach der Beiträge nur auf ein Konto der Gemeinschaft geleistet werden können. Aus § 28 Abs 3 WEG folgt aber, dass die Bestimmung eines erfüllungstauglichen, nicht der Gemeinschaft gehörenden Kontos einen Beschluss erfordert. Maßgeblich sollte daher sein, ob das Konto aus objektiver Sicht einem Eigenkonto der Wohnungseigentümergemeinschaft gleichsteht. Das ist nur bei einem offenen Treuhandkonto zu bejahen, nicht hingegen bei einem allg Geschäftskonto des Verwalters. Die ältere Rspr sah dies indes anders und sprach auch einer solchen Überweisung Erfüllungswirkung zu (OLG Saarbrücken OLGZ 1988, 45, 46 ff; OLG München ZMR 2007, 815; OLG Köln ZMR 2008, 71). Diese Rspr ist nach Streichung von § 27 Abs 1 Nr 4 WEG aF durch das WEMoG 2020 überholt.

b) Teilleistungen der Eigentümer

131 Gem § 266 BGB ist der Wohnungseigentümer nicht zu Teilleistungen berechtigt. Die Gemeinschaft, vertreten durch den Verwalter, kann solche daher zurückweisen. Macht sie hiervon keinen Gebrauch, stellt sich die Frage ob und in welcher Art und Weise eine Forderungstilgung eingetreten ist. Die Antwort richtet sich – wenn nicht durch Beschluss oder Gemeinschaftsordnung abweichendes bestimmt ist – nach allg Grundsätzen, mithin nach **§ 366 f BGB**. Sie ist insbes für die Verjährung, aber auch für die Berechnung einer Nachschusspflicht sowie im Prozess (Rn 157) von Relevanz.

132 § 366 BGB ist unmittelbar anwendbar, wenn der Wohnungseigentümer aus **mehreren Forderungen** (näher Rn 40) verpflichtet ist. Unterschiedliche Forderungen sind zum einen die Beiträge für verschiedene Wirtschaftsjahre. Gleiches gilt für Vorschüsse und Nachschüsse desselben Wirtschaftsjahrs. Sowohl bei den Vor- als auch den Nachschüssen bilden die Beiträge zu den Kosten der Gemeinschaft und die Beiträge zu den Rücklagen unterschiedliche Forderungen. Richtigerweise ist bei den Vorschüssen zudem nach Zeitabschnitten zu unterscheiden: Sind die Vorschüsse pro rata temporis zu erbringen, führt dies zu einer entsprechenden Aufsplittung in selbständige Forderungen. Sieht man dies anders, wird man § 366 BGB analog anwenden müssen (so etwa Häublein ZWE 2010, 237, 244).

aa) Tilgungsbestimmung des Wohnungseigentümers oder der Gemeinschaft

Nach § 366 Abs 1 BGB wird die Forderung getilgt, die der **Wohnungseigentümer** bestimmt. Diese Tilgungsbestimmung kann sich auch aus den **Umständen** ergeben, etwa aus der einer bestimmten Forderung entsprechenden Zahlungshöhe (BGH NJW 2001, 3781; 2008, 3438 Rn 16). Auch aus dem Zahlungstermin kann eine Tilgungsbestimmung folgen. Zahlt der Wohnungseigentümer zum Fälligkeitstag einer Vorschussforderung, so ist diese Zahlung auf diese Vorschussforderung zu verrechnen. Anders ist es bei Zahlungen, die nicht zum Fälligkeitstag erfolgen. Die Tatsache, dass die Zahlung in einem bestimmten Monat geleistet wird, reicht nicht aus, um eine Verrechnung mit dem Vorschuss dieses Monats zu rechtfertigen. Eine nach Eingang der Leistung bei der Wohnungseigentümergemeinschaft getroffene Tilgungsbestimmung des Eigentümers ist wirkungslos (BGH 25. 11. 2003 – XI ZR 379/02, NJW-RR 2004, 405, 407). 133

Abweichend von § 366 BGB besteht nach § 28 Abs 3 WEG die Möglichkeit, dass auch die **Wohnungseigentümergemeinschaft** als Gläubigerin durch Beschluss eine Tilgungsbestimmung trifft. Eine solche Bestimmung verdrängt als Sonderregel das Bestimmungsrecht des Wohnungseigentümers. Die entsprechende Beschlusskompetenz folgt aus § 28 Abs 3 WEG (Rn 121). Rückwirkend kann eine eingetretene Tilgungswirkung durch Beschluss aber nicht verändert werden (Becker ZWE 2010, 230, 231; vgl auch BGH 25. 11. 2003 – XI ZR 379/02, NJW-RR 2004, 405, 407). 134

bb) Fehlende Tilgungsbestimmung

Fehlt es an einer Tilgungsbestimmung, gelten **§ 367 Abs 1, § 366 Abs 2 BGB**. Der Verwalter ist nicht berechtigt, von diesen Vorschriften abweichende Verrechnungen vorzunehmen (BayObLG ZWE 2000, 348, 350; LG München I ZWE 2010, 229, 230). Eine Teilleistung ist zunächst nach § 367 Abs 1 BGB auf **Zinsen und Kosten** anzurechnen. 135

Anschließend ist § 366 Abs 2 BGB heranzuziehen. Es gilt der Vorrang der Tilgung **fälliger Schulden**. Eine Leistung wird daher etwa mit fälligen Nachschussforderungen und nicht mit erst künftig fällig werdenden Beiträgen des laufenden Wirtschaftsjahres verrechnet (LG München I ZWE 2010, 229 f; Merle ZWE 2011, 237, 238). Sind mehrere Forderungen fällig, wird die für die Wohnungseigentümergemeinschaft **weniger sichere** getilgt. Nach hM ist eine früher verjährende Forderung weniger sicher (BGH NJW 1965, 1373; 2009, 1071, 1073). Wegen § 199 Abs 1 Nr 1 BGB führt dies zur Aufteilung der Forderungen nach dem Jahr ihrer Fälligkeit. Sind innerhalb dieser „Jahresgruppen" mehrere Forderungen fällig, so ist das nächste Kriterium ihre **Lästigkeit** für den Schuldner, soweit eine solche nicht besteht, das Alter. Sind Vorschüsse, wie üblich, pro rata temporis geschuldet, bestimmt die monatliche Fälligkeit ihr Alter (vgl BGH VIII ZR 68/17, NJW 2018, 3448 Rn 52). Die maßgebliche Frage lautet daher, ob zwischen beiden Typen von Forderungen (Kosten und Rücklagen) ein Rangverhältnis hinsichtlich ihrer Lästigkeit besteht. Das wird teilweise mit dem Argument bejaht, dass bei Nichterfüllung der Kostenbeiträge Liquiditätsprobleme drohen, die den Eigentümer in Form von Verzugsfolgen oder der drohenden Haftung nach § 9a Abs 4 WEG mittelbar betreffen (Bärmann/Becker § 28 Rn 202; Häublein ZWE 2010, 237, 244). Nach dieser Ansicht werden in der „Jahresgruppe" zunächst die Kostenbeiträge nach Alter und anschließend die Rücklagenvorschüsse nach Alter getilgt. Nach der überzeugenderen Gegenansicht ist keine der beiden Forderungstypen für den Eigentümer lästiger (LG Köln ZWE 2012, 280; Hogenschurz/Bartholome § 28 Rn 12). Deshalb richtet sich in der jeweiligen „Jahresgruppe" die Tilgung allein nach dem **Alter**. Hat der Wohnungseigen- 136 tümer mit Tilgungsbestimmung für einen konkreten Monat eine Teilzahlung geleistet, gilt dies für die in diesem Monat fällige werdenden Forderungen entsprechend.

4. Gegenrechte des Wohnungseigentümers

137 Einwendungen und Einreden des Wohnungseigentümers gegen den Beitragsanspruch ergeben sich aus allg Grundsätzen, die zum Teil von **wohnungseigentumsrechtlichen Besonderheiten** überlagert werden. Eine spezielles Gegenrecht enthält **§ 26 Abs 8 S 1 EWPBG**. Danach kann der Wohnungseigentümer verlangen, dass die Gemeinschaft, nachdem sie Energiekostenbeihilfen nach diesem Gesetz erhalten hat, Vorschüsse nur in reduziertem Umfang einfordert.

a) Zurückbehaltungsrecht

138 Der Wohnungseigentümer kann seine Beitragszahlungen grds **nicht** nach **§ 273 BGB** mit dem Hinweis zurückhalten, die Gemeinschaft schulde ihm eine Maßnahme ordnungsmäßiger Verwaltung, etwa die Gewährung der Einsicht in Verwaltungsunterlagen oder die Erstellung einer Jahresabrechnung. Denn ein solches Zurückbehaltungsrecht ist mit der Beitragspflicht nicht zu vereinbaren. Diese dient dazu, die Liquidität der Gemeinschaft zu sichern. Dieser Zweck steht einem Zurückbehaltungsrecht entgegen (BGH 10. 7. 2020 – V ZR 178/19, ZMR 2020, 857 Rn 32). In der Rspr wurde eine **Ausnahme** anerkannt, wenn die Wohnungseigentümergemeinschaft kein Bankkonto unterhält (LG Hamburg ZWE 2016, 38, 40), der Wohnungseigentümer also zu einer Barzahlung an den Verwalter (Rn 128) gezwungen wäre.

139 Das Zurückbehaltungsrecht kann in der **Gemeinschaftsordnung** geregelt werden. Wirksam ist insbes ein vollständiger Ausschluss des Zurückbehaltungsrechts (BayObLG ZWE 2001, 485).

b) Aufrechnung

140 Der Zweck der Beiträge, die Liquidität zu sichern, beschränkt auch das Aufrechnungsrecht des Wohnungseigentümers. Dieses ist **grds ausgeschlossen** (BGH 10. 7. 2020 – V ZR 178/19, ZMR 2020, 857 Rn 32).

141 Noch nicht abschließend geklärt sind die **Ausnahmen** von diesem Prinzip. Nach Ansicht des BGH kann aufgerechnet werden, wenn die Gegenforderung anerkannt oder rechtskräftig festgestellt ist (BGH ZMR 2016, 472 Rn 15). Verbreitet wird auch die Aufrechnung mit Aufwendungsersatzansprüchen (zu diesen § 18 WEG Rn 235) zugelassen (etwa KG ZMR 2002, 861; OLG Frankfurt NZM 2007, 367; OLG Hamm ZMR 2009, 937; offen gelassen von BGH ZMR 2016, 472 Rn 15). Ob darüber hinaus auch mit unbestrittenen Forderungen (KG ZMR 2004, 618; Hügel/Elzer Rn 300; **aA** BayObLG WuM 2000, 147), Ansprüchen aus § 14 Abs 3 WEG (dagegen OLG München ZMR 2007, 397; dafür Hügel/Elzer Rn 301) oder solchen infolge einer Pflichtverletzung der Gemeinschaft (dafür Elzer ZMR 2005, 730, 733) aufgerechnet werden kann, ist offen.

142 **Stellungnahme**: Der Zweck der Beitragsforderungen, die Finanzausstattung der Gemeinschaft zu gewährleisten, verträgt sich mit einer Aufrechnung nicht. Ist eine Forderung rechtskräftig festgestellt, erscheint eine Ausnahme vom Aufrechnungsverbot indes angemessen, lässt ein Gerichtsverfahren der Gemeinschaft doch ausreichend Zeit, durch Sonderumlagen für die zur Tilgung der Verbindlichkeit erforderliche Liquidität zu sorgen. Andere Ausnahmen sind hingegen nicht anzuerkennen. Dies gilt auch für den Topos der anerkannten/unstreitigen Forderungen. Denn dieser prozessuale Gesichtspunkt kann letztlich nur im Rahmen einer Beitragsklage zum Tragen kommen, was den liquiditätsgefährdenden Fehlanreiz setzen würde, die Beiträge nicht zu begleichen (vgl zu diesem Gesichtspunkt BGH 10. 7. 2020 – V ZR 178/19, ZMR 2020, 857 Rn 33).

Vereinbarungen zur Aufrechnungsmöglichkeit sind zulässig (§ 10 Abs 1 S 2 WEG). **143**
Ein vollständiger Ausschluss der Aufrechnung ist wirksam (KG 25. 6. 2003 – 24 W 328/02, ZMR 2003, 618) und nicht einschränkend dahingehend auszulegen, dass er rechtskräftig festgestellte oder sogar andere Forderungen nicht erfasst.

c) Verjährung

Der Anspruch der Gemeinschaft auf Beitragszahlung verjährt gem § 195 BGB in **144**
drei Jahren (BGH NJW 2012, 2797 Rn 18). Die Verjährungsfrist beginnt nach Maßgabe von § 199 Abs 1 BGB am Ende des Jahres, in dem der jeweilige Beitrag fällig wurde (zur Fälligkeit Rn 47). Der Nachschussbeschluss setzt hinsichtlich der Vorschussforderungen keine neue Verjährungsfrist in Lauf (BGH NJW 2012, 2797 Rn 19 ff).

Für die **subjektive Verjährungsfrist** kommt es nach § 199 Abs 1 Nr 2 BGB darauf an, **145**
ob die Gemeinschaft als Gläubigerin von den den Anspruch begründenden Umständen und der Person des Schuldners **Kenntnis hat** oder ohne grobe Fahrlässigkeit hätte erlangen müssen. Ihr ist die Kenntnis des Verwalters zuzurechnen (OLG München ZMR 2007, 478); ob der Organwalter noch im Amt ist, spielt dabei keine Rolle. Da der Verwalter die zur Anspruchsentstehung maßgeblichen Beschlussanträge vorzubereiten hat und regelmäßig auch die Versammlung leitet, kennt er die den Anspruch begründenden Umstände und die Person des Schuldners. Ausnahmen sind insbes bei einem Eigentümerwechsel denkbar. Auf die Kenntnis des Verwalters und damit auf den Verjährungseintritt darf sich ein Wohnungseigentümer aber **nach Treu und Glauben nicht berufen**, der mit dem Verwalter bewusst zum Nachteil der Gemeinschaft zusammengewirkt hat (OLG Hamm ZWE 2009, 328). Die **Darlegungs- und Beweislast** hinsichtlich dieser Treuwidrigkeit liegt bei der Gemeinschaft. Nimmt die Gemeinschaft in derartigen Fällen den (inzwischen bereits ausgeschiedenen) Verwalter in Regress, hat dieser die fortbestehende Durchsetzbarkeit des Anspruchs der Gemeinschaft gegen den Eigentümer zu beweisen, wenn er dies im Rahmen der Schadensberechnung einwendet.

Fehlt ein Verwalter, kommt es nach § 9b Abs 1 S 2 WEG auf die **Kenntnis der Eigen-** **146**
tümer an (vgl Staudinger/Jacoby [2023] § 9b WEG Rn 110). Die kenntnisunabhängige Bindung von Sondernachfolgern gem § 10 Abs 3 S 2 WEG spricht dafür, das Innenverhältnis auch im Rahmen der Verjährungsproblematik von Auseinandersetzungen darüber freizuhalten, ob ein Sondernachfolger von einem anspruchsbegründenden Beschluss aus der Zeit vor seinem Beitritt Kenntnis hatte. Die Kenntnis seines Rechtsvorgängers wirkt daher auch für und gegen den Sondernachfolger, weshalb sich die Gemeinschaft nicht auf deren Unkenntnis berufen kann. Auf diese Frage kommt es praktisch freilich dann regelmäßig nicht an, wenn man bereits die **Kenntnis eines Eigentümers** im Rahmen des § 199 Abs 1 Nr 2 BGB iVm § 9a Abs 1 S 2 WEG **genügen lässt** (Staudinger/Peters/Jacoby [2019] § 199 BGB Rn 58).

5. Rechtsfolgen der Verletzung der Beitragspflicht

147 Zahlt ein Wohnungseigentümer seine Beiträge nicht wie geschuldet, können auf der **Sekundärebene** verschiedene Rechtsfolgen eintreten, von denen nur die Entziehung (§ 17 WEG) ein Spezifikum des Wohnungseigentumsrechts ist. Zur Durchsetzung des Beitragsanspruchs Rn 154.

a) Gesetzliche Verzugszinsen

148 Haben die Wohnungseigentümer die **Fälligkeit** zu einem bestimmten Termin gem § 28 Abs 3 WEG **beschlossen**, tritt Verzug ohne Mahnung ein (§ 286 Abs 2 Nr 1 BGB). Denn § 28 Abs 3 WEG enthält ein gesetzliches Recht zur einseitigen Fälligkeitsbestimmung (vgl BGH 25. 1. 2017 – VIII ZR 215/15, RdE 2017, 400). Auch wenn die Wohnungseigentümer die sofortige Fälligkeit beschließen, ist die Leistungszeit kalendermäßig bestimmt. Verzug tritt wegen § 286 Abs 4 BGB in diesem Fall aber erst nach Ablauf des für die Vornahme der Zahlung erforderlichen Zeitraums ein. Greift eine Verfallklausel (Rn 118), so fehlt es an den Voraussetzungen des § 286 Abs 2 Nr 1 oder Nr 2 BGB, weshalb es typischerweise einer Mahnung bedarf.

149 Der Verwalter ist berechtigt und verpflichtet, säumige Eigentümer zu **mahnen** (§ 9b Abs 1 S 1, § 27 Abs 1 Nr 1 WEG). **§ 286 Abs 3 BGB** findet nach hM auf die Beitragsforderungen der Eigentümer keine Anwendung, da ihnen der Entgeltcharakter fehlt (Merle ZWE 2003, 231, 234 f). Zum Verzug bei erfolgreicher Anfechtung des Beitragsbeschlusses Rn 61.

150 Der gesetzliche **Verzugszins** beträgt gem § 288 Abs 1 S 2 BGB fünf Prozentpunkte über dem Basiszinssatz. § 288 Abs 2, Abs 5 BGB sind, da Beiträge kein Entgelt sind, auch bei allein aus Unternehmern bestehenden Gemeinschaften unanwendbar (hM; Greiner ZMR 2002, 647, 650; Merle ZWE 2003, 231, 236). In der Gemeinschaftsordnung kann ein abweichender Zinssatz vereinbart werden. Probleme können insofern Regelungen in älteren Gemeinschaftsordnungen bereiten. Stellen diese noch auf den Diskontsatz der Bundesbank ab, gilt der Basiszins (Art 229 § 7 Abs 1 S 1 Nr 2 EGBGB). Fraglich ist allerdings, was gilt, wenn der **vereinbarte Zinssatz unter dem gesetzlichen** liegt. Das ist im Zweifel nicht gewollt, wenn die Regelung aus einer Zeit stammt, in der der gesetzliche Verzugszins noch unter dem vereinbarten lag (zB 4 Prozentpunkte über dem Diskontsatz statt 4 Prozent pa gem § 288 Abs 1 S 1 BGB aF). Eine ergänzende Auslegung der Vereinbarung (zu deren Zulässigkeit BGHZ 160, 354, 362; 186, 34 Rn 26) ergibt, dass ein Vorteil für den Schuldner nicht gewollt war, weshalb die Vereinbarungen heute iErg regelmäßig **nicht anzuwenden** sind (**aA** LG Itzehoe ZWE 2015, 138, 139). Dieses Auslegungsergebnis kann sich auf den in § 47 WEG zum Ausdruck kommenden Rechtsgedanken stützen.

b) Schadensersatz

151 Die Pflicht zum Ersatz eines über den gesetzlichen Verzugszins hinausgehenden Schadens richtet sich nach §§ 280 Abs 1, Abs 2, 286 BGB. Mögliche **Schadenspositionen der Gemeinschaft** sind Zinsen, wenn die Gemeinschaft infolge der Säumnis einen Kredit in Anspruch nehmen musste oder Rechtsverfolgungskosten, einschl eines Sonderhonorars des Verwalters. Nach hier vertretener Ansicht widerspricht ein Beschluss, der die **Verteilung** dieser Ausgaben der Gemeinschaft in der **Jahresabrech-**

nung auf den säumigen Wohnungseigentümer vorsieht, ordnungsmäßiger Verwaltung (STAUDINGER/LEHMANN-RICHTER [2023] § 16 WEG Rn 132).

Die **anderen Wohnungseigentümer** können einen **Schaden**, den sie wegen der Verletzung der Beitragspflicht erleiden (zB aufgrund eines Lieferstopps des Versorgers), nicht vom säumigen Wohnungseigentümer verlangen. Dem steht das durch das WEMoG 2020 neu geschaffene Organisationssystem entgegen. Schadensersatzpflichtig kann ihnen nur die Wohnungseigentümergemeinschaft wegen Verletzung der Pflicht aus § 18 Abs 2 WEG sein, die ihrerseits beim säumigen Wohnungseigentümer Regress nehmen kann (vgl zum alten Recht BGH ZMR 2017, 570). **152**

c) Entziehung

Die Verletzung der Beitragspflicht kann unter den Voraussetzungen des **§ 17 WEG** auch die Entziehung des Wohnungseigentums rechtfertigen (näher STAUDINGER/LEHMANN-RICHTER [2023] § 17 WEG Rn 67). **153**

6. Durchsetzung der Beitragsforderungen

Die **prozessrechtliche** Durchsetzung der Beitragspflicht erfolgt nach § 9b Abs 1 S 1 WEG durch den **Verwalter**. Der Verwalter ist im Innenverhältnis regelmäßig nach § 27 Abs 1 Nr 1 BGB zur prozessualen Durchsetzung berechtigt und verpflichtet. Denn dem Beitragsbeschluss ist der Wille immanent, dass die Forderung auch durchgesetzt wird (abw für „hohe" Beitragsforderung BGH 16. 9. 2022 – V ZR 180/21, NJW 2022, 3577 Rn 15, obiter). Eine Befugnis der einzelne Eigentümer nach den Grundsätzen der actio pro socio zur Geltendmachung der Forderung besteht nicht (BGH ZMR 2017, 570 Rn 8). In der verwalterlosen Gemeinschaft besteht nach hM eine prozessuale Vertretungsmacht der übrigen Wohnungseigentümer (BGH 16. 9. 2022 – V ZR 180/21, NJW 2022, 3577, näher Vorbem 18 zu §§ 43–45 WEG). **154**

a) Titulierung

Für die Titulierung gelten die allg Vorschriften, bei einer Zahlungsklage der Wohnungseigentümergemeinschaft mithin die prozessualen Regelungen in Wohnungseigentumssachen (näher Vorbem 5 ff zu §§ 43–45 WEG). Die Statthaftigkeit des **Urkundenprozesses** richtet sich nach allg Grundsätzen (LG Frankfurt/M 11. 12. 2019 – 2-13 S 106/19, ZMR 2020, 142). Diese Verfahrensart hat wegen der bereits aus dem materiellen Recht folgenden eingeschränkten Verteidigungsmöglichkeiten gegen den Beitragsanspruch (Rn 137) indes keine greifbaren Vorteile. **155**

Wird während des Klageverfahrens der **Beitragsbeschluss** rechtskräftig für **ungültig** erklärt, führt das nach der Rspr des BGH dazu, dass der Schuldgrund ex nunc entfällt (vgl BGH 10. 7. 2020 – V ZR 178/19, ZMR 2020, 857 Rn 31, zu § 28 Abs 5 WEG aF). Die Klage muss daher von beiden Parteien für **erledigt erklärt** werden. Die Kostenentscheidung nach § 91a ZPO geht auf der Grundlage der Rspr des BGH zum materiellen Recht gegen den Beklagten aus: Denn nach Ansicht des BGH sind auch bei der Beschlussaufhebung Verzugsschäden zu ersetzen, was der BGH damit begründet, dass anderenfalls Fehlanreize gesetzt würden, Beitragszahlungen zurückzuhalten (vgl BGH 10. 7. 2020 – V ZR 178/19, ZMR 2020, 857 Rn 31, zu § 28 Abs 5 WEG aF). Selbiges muss für die prozessuale Kostenerstattung gelten. **156**

aa) Saldoklage

157 Anwendbar sind die Grundsätze des BGH zur **Saldoklage**. Diese hat der BGH (BGH 21. 3. 2018 – VIII ZR 68/17, NJW 2018, 3448) zwar zum Mietrecht entwickelt. Sie beruhen aber nicht auf mietrechtlichen Besonderheiten und sind daher auf das Wohnungseigentumsrecht zu übertragen (LG München I 11. 11. 2021 – 36 S 2936/21, ZWE 2022, 189). Danach ist eine Klage, welche auf eine Zuordnung einzelner Beitragszahlungen zu bestimmten Zeiträumen sowie zu den Beiträgen zu den Kosten oder den Rücklagen verzichtet, nicht unzulässig. Erhebt die Gemeinschaft eine solche Saldoklage, muss das Gericht vielmehr durch Auslegung den Streitgegenstand analog § 366 Abs 2 BGB ermitteln (BGH 21. 3. 2018 – VIII ZR 68/17, NJW 2018, 3448). Aus dieser Norm folgen zwei Auslegungs-/Verrechnungsmethoden (Rn 131): Zum einen ist eine Anrechnung auf die jeweils früher verjährenden Rückstände vorzunehmen, bei gleichzeitig verjährenden auf die jeweils älteren. Wie diese beiden **Verrechnungsmethoden** miteinander zu kombinieren sind, hängt davon ab, ob die Gemeinschaft in der Klage die Zahlungen des Wohnungseigentümers einzelnen Zeiträumen zugeordnet hat (etwa: Wohngeld Mai 2023) oder nicht (BGH 21. 3. 2018 – VIII ZR 68/17, NJW 2018, 3448 Rn 50 ff):

158 **Erfolgt eine** solche **Zuordnung**, ist regelmäßig davon auszugehen, dass die Gemeinschaft die Zahlung zwecks Bestimmung des Streitgegenstands auf die zu diesem Termin geschuldeten Vorschüsse verhältnismäßig verrechnet hat. Übersteigt eine für einen bestimmten Zeitraum erbrachte Zahlung die für diesen Zeitraum geschuldeten Gesamtbeiträge, ist der überschießende Betrag – in absteigendem Alter – auf die weiteren Beiträge anzurechnen. **Fehlt eine Zuordnung**, weil die Gemeinschaft die Zahlung lediglich von einem Gesamtsaldo abzieht, ist die Zahlung im absteigenden Alter auf die Beiträge zu verrechnen.

159 Wenn die Gemeinschaft **nach Klageerhebung** eine von den soeben beschriebenen Grundsätzen **abweichende Erklärung** über die Zuordnung erbrachter Zahlungen abgibt, handelt es sich nach Ansicht des BGH entweder um eine Klageänderung nach § 263 ZPO (die im Berufungsverfahren ergänzend an § 533 ZPO zu messen ist) oder, wenn sich an dem zugrundeliegenden Lebenssachverhalt nichts ändert, um eine nach § 264 Nr 2 ZPO jederzeit zulässige Klageänderung (BGH 21. 3. 2018 – VIII ZR 68/17, NJW 2018, 3448 Rn 64). Erfolgt eine solche Erklärung erstmals in der Berufungsinstanz, ist sie nach der Rspr unabhängig von den Vorgaben des § 531 Abs 2 ZPO zu berücksichtigen, weil sie kein Angriffs- oder Verteidigungsmittel im Sinne dieser Vorschrift darstellt, sondern zum Angriff selbst gehört (BGH 21. 3. 2018 – VIII ZR 68/17, NJW 2018, 3448 Rn 67).

160 Die Prüfung der **Begründetheit der Klage** kann selbstverständlich ergeben, dass – abweichend von der Auslegung des Klageantrags – Forderungen, die Klagegegenstand sind, bereits erloschen sind, andere – die nicht Klagegegenstand sind – hingegen bestehen (BGH 21. 3. 2018 – VIII ZR 68/17, NJW 2018, 3448). Das ist der Fall, wenn der Wohnungseigentümer eine abweichende Tilgungsbestimmung bei der Zahlung vorgenommen hat oder die Zahlungsklage eine Tilgungsbestimmungsregelung missachtet, die in der Gemeinschaftsordnung oder durch Beschluss getroffen wurde (Rn 134).

bb) Zwangsvollstreckungsunterwerfungserklärung

161 Eine Durchsetzung von Beitragsforderungen ohne Zahlungsklage erlauben Zwangsvollstreckungsunterwerfungserklärungen (§ 794 Abs 1 Nr 5 ZPO). Manche **Gemein-**

schaftsordnungen enthalten die Verpflichtung, diese Erklärung abzugeben. Eine solche Regelung ist wirksam (KG ZMR 1997, 664; ZMR 2004, 618; Wolfsteiner, in: FS Wenzel [2005] 59, der aber den prakt Nutzen bezweifelt).

b) Zwangsvollstreckung

In der Zwangsvollstreckung wird die Gemeinschaft durch den Verwalter vertreten, § 9b Abs 1 S 1 WEG. **Zwangsversteigerung** und **Zwangsverwaltung** können von der Gemeinschaft **parallel** betrieben werden, letztere soll wegen § 155 Abs 2 S 2 ZVG aber nicht aus der Rangklasse 2 möglich sein (s dazu Alff ZWE 2010, 105, 117). 162

Die Gemeinschaft kann die Eintragung einer **Sicherungshypothek** auch dann betreiben, wenn die zu vollstreckenden Forderungen von § 10 Abs 1 Nr 2 ZVG erfasst sind (OLG Stuttgart ZMR 2011, 154; LG Düsseldorf NJW 2008, 3150; Schneider ZMR 2008, 820; **aA** AG Neuss NZM 2008, 691: kein Rechtsschutzbedürfnis mehr). Ferner kann eine Sicherungshypothek unter der Bedingung eingetragen werden, dass die zugrundeliegende Forderung nicht unter das Vorrecht des § 10 Abs 1 Nr 2 ZVG fällt (BGH ZWE 2011, 401 Rn 7). 163

aa) Auseinanderfallen von Schuldner und Wohnungseigentümer

Nur unzureichend ist die Gemeinschaft gesichert, wenn ein **werdender Wohnungseigentümer** iSd § 8 Abs 3 WEG Beiträge schuldet. Da dieser noch nicht als Eigentümer im Grundbuch eingetragen ist und der aufteilende Eigentümer nicht neben dem werdenden Eigentümer für die Beiträge haftet, **scheidet ein Vollstreckungszugriff** auf die Einheit **aus** (BGH ZWE 2010, 215). 164

Ein weiteres Problem ergibt sich (nicht nur, aber vor allem in der Begründungsphase), wenn zwar bereits eine Vormerkung zugunsten des Erwerbers eingetragen ist, dieser aber noch keine Beiträge schuldet, weil er mangels Übergabe der Wohnung **noch nicht werdender Eigentümer** geworden ist. In diesen Fällen schuldet der Veräußerer die Beiträge, sodass sich die Frage stellt, ob der Vormerkungsberechtigte mangels einer dinglichen Wirkung der aus dem Rangprivileg folgenden Duldungspflicht die Vollstreckung in die Einheit verhindern kann. Nach der Judikatur des BGH (BGHZ 201, 157) ist das nicht der Fall, weshalb der Erwerber, der eine Versteigerung der Einheit verhindern möchte, ggf die Schulden des Veräußerers bezahlen muss. 165

bb) Rangprivileg und Insolvenz

Die Gemeinschaft genießt das **Rangprivileg** des § 10 Abs 1 Nr 2 ZVG. Ist über das Vermögen des Eigentümers das **Insolvenzverfahren** eröffnet, kommt eine **Bevorrechtigung** nicht allein dann in Betracht, wenn die Beschlagnahme des Wohnungseigentums zum Zwecke der Befriedigung der Beitragsforderungen bereits vor Eröffnung des Insolvenzverfahrens erfolgt ist (vgl zur Anwendung von § 49 InsO in derartigen Fällen BGH ZIP 2009, 818 Rn 6). Analog § 1147 BGB hat der Insolvenzverwalter auch eine später betriebene Zwangsversteigerung zu dulden, sofern es sich um Forderungen handelt, die unter das von § 49 InsO in Bezug genommene **Rangprivileg des § 10 Abs 1 Nr 2 ZVG** fallen (BGH NJW 2011, 3098 Rn 19 ff; ZIP 2009, 818 Rn 7; zur Abgeltung des Absonderungsrechts bei freihändiger Veräußerung des Insolvenzverwalters LG Landau/Pf ZMR 2012, 813; BGH MDR 2010, 895 zu § 10 Abs 1 Nr 3 ZVG). Die Gemeinschaft kann auf diese Weise eine abgesonderte Befriedigung selbst dann erreichen, wenn ihre Forderung zum Zeitpunkt der Eröffnung des Insolvenzverfahrens noch nicht tituliert war. Aller- 166 dings muss das auf Duldung der Zwangsversteigerung lautende Urteil § 10 Abs 1 Nr 2 ZVG Rechnung tragen und die dort enthaltenen Beschränkungen in die Urteilsformel aufnehmen. Darüber hinaus sollte nach Ansicht des BGH als Hinweis für das Vollstreckungsgericht in den Titel aufgenommen werden, dass der Beklagte (nur) die Zwangsversteigerung aus § 10 Abs 1 Nr 2 ZVG zu dulden hat (BGH NJW 2011, 3098 Rn 26). Der Verwalter ist sowohl zur Anmeldung von Forderungen zur Insolvenztabelle als auch für das vorstehend beschriebene Vorgehen ex lege berechtigt (§ 9b Abs 1 S 1 WEG).

167 Eine Schwäche des Rangprivilegs ergibt sich aus dem **Ablösungsrecht gem § 268 BGB**, von dem in der Praxis vor allem Gläubiger der Rangklasse 4, insbes durch ein Grundpfandrecht gesicherte Banken, Gebrauch machen (vgl etwa BGH NJW 2010, 3169). Es kann dazu führen, dass die Gemeinschaft ihr Ziel, den säumigen Eigentümer durch Zwangsversteigerung aus der Gemeinschaft zu entfernen, verfehlt, wenn es auf diese Weise zur Einstellung des Verfahrens kommt (§ 75 ZVG). Mit der Ablösung gehen die Forderungen der Gemeinschaft nach § 268 Abs 3 BGB auf den Dritten über, was nach Maßgabe der §§ 412, 401 BGB das Rangprivileg einschließt (BGH NJW 2010, 3169 Rn 10; ZMR 2012, 798 Rn 9). Hat die Gemeinschaft das Vorrecht des § 10 Abs 1 Nr 2 ZVG aber in voller Höhe in Anspruch genommen, steht ihr nach der Forderungsablösung dieses Vorrecht in demselben Zwangsversteigerungsverfahren nicht nochmals zu (BGH NJW 2010, 3169 Rn 12; ZWE 2010, 367 Rn 6; ZMR 2012, 798 Rn 8). Zahlungen des Schuldners selbst betrifft das aber nicht (BGH ZMR 2012, 798 Rn 12 ff; Alff ZWE 2010, 105, 110 f; Schneider ZMR 2010, 340, 343). Ob das auch für ein neues Verfahren gilt, ist ungeklärt (Alff Rpfleger 2008, 165, 170).

cc) Anmeldung im Zwangsversteigerungsverfahren

168 Eine vereinfachte Durchsetzung des Anspruchs **ohne vorherige Titulierung** kommt im Rahmen anhängiger Zwangsversteigerungsverfahren durch Anmeldung gem § 45 Abs 3 ZVG in Betracht. Die Ansprüche können danach auch durch die Niederschrift der Beschlüsse der Wohnungseigentümer einschließlich ihrer Anlagen oder in sonst geeigneter Weise glaubhaft gemacht werden; nur müssen sich aus dem Vorbringen die Zahlungspflicht, die Art und der Bezugszeitraum des Anspruchs sowie seine Fälligkeit ergeben (BGH 8. 12. 2017 – V ZR 82/17, NJW 2018, 1613 Rn 10). Der Beschluss, auf den sich die Gemeinschaft stützt, ist – vorbehaltlich seiner Nichtigkeit – solange wirksam und damit vom Gericht zu berücksichtigen, bis er im parallelen Beschlussanfechtungsverfahren für ungültig erklärt wird, § 23 Abs 4 S 2 WEG.

169 Es ist die **Pflicht des Verwalters**, die durch § 10 Abs 1 Nr 2 ZVG privilegierten Ansprüche der Gemeinschaft in einem von dritter Seite betriebenen Zwangsversteigerungsverfahren anzumelden; die hierfür erforderliche Vertretungsmacht verschafft § 9b Abs 1 S 1 WEG und im Innenverhältnis gilt mangels Kostenbelastung der Gemeinschaft § 27 Abs 1 Nr 1 WEG. Unterlässt der Verwalter schuldhaft die Anmeldung, **haftet** er der Wohnungseigentümergemeinschaft für den dadurch entstehenden Schaden (BGH 8. 12. 2017 – V ZR 82/17, NJW 2018, 1613).

c) Versorgungssperre

170 Um Druck auf säumige Schuldner auszuüben, kann die Gemeinschaft unter den Voraussetzungen des § 273 BGB nach allgM die Belieferung des Eigentümers mit Wasser, Heizwärme usw einstellen, dh diese Leistungen **zurückbehalten**. Die Umsetzung

einer solchen Versorgungssperre unterliegt diversen Restriktionen, die sich vor allem aus dem **Verhältnismäßigkeitsgrundsatz** herleiten (ausf Bonifacio ZMR 2012, 330; Suilmann ZWE 2012, 111). Der Verhältnismäßigkeitsgrundsatz, der bei der Konkretisierung unbestimmter Rechtsbegriffe auch im Privatrecht zu beachten ist, zwingt die Wohnungseigentümer aber nicht dazu, zunächst alle anderen Maßnahmen zur Durchsetzung der Ansprüche zu ergreifen; die Versorgungssperre ist **nicht ultima ratio**. Daher ist die Gemeinschaft nicht gehalten, ein Entziehungsverfahren einzuleiten, auch wenn die Voraussetzungen des § 17 WEG vorliegen (OLG Dresden ZMR 2008, 140; OLG Celle OLGZ 1991, 50, 52). § 149 ZVG steht der Sperre ebenfalls nicht entgegen (OLG Dresden ZMR 2008, 140).

aa) Voraussetzungen

Die nach § 274 BGB nötige **Konnexität** folgt aus der Korrelation zwischen der Be- **171**
rechtigung, an den Leistungen der Gemeinschaft teilzuhaben, und der Beitragspflicht (BGH NJW 2005, 2622). Teilweise wird vertreten, dass es an der Konnexität fehle, wenn es um die bloße Sperre von Versorgungsleitungen geht, über die der Schuldner von einem Dritten (zB Strom- oder Gasversorger) beliefert wird (OLG Celle OLGZ 1991, 50, 54; Suilmann ZWE 2012, 111, 113). Überzeugend ist das nicht (wie hier iE LG München I ZMR 2011, 326; Bonifacio ZMR 2012, 330, 332). Denn nach dem durch das WEMoG 2020 geschaffenen Organisationssystem schuldet die Wohnungseigentümergemeinschaft die Benutzung des gemeinschaftlichen Eigentums. Da das Zurückbehaltungsrecht aus dem Gesetz folgt, geht es auch nicht um die Entziehung des Mitgebrauchs durch Beschluss (so aber Suilmann ZWE 2012, 111, 113).

Zu den **Voraussetzungen** einer Versorgungssperre gehören nach hM (BGH NJW 2005, **172**
2622)

1. ein **erheblicher Beitragsrückstand**, was idR erst bei Säumnis mit sechs Monatsraten angenommen wird (BGH NJW 2005, 2622; OLG Dresden ZMR 2008, 140; OVG Berlin-Brandenburg ZWE 2013, 234; Gaier ZWE 2004, 109),

2. ein **Beschluss** der Eigentümer über Durchführung und Art der Sperre,

3. die **Androhung der Maßnahme**, die dem Beschluss auch vorausgehen kann (LG München I ZMR 2011, 326).

Die Überzeugungskraft der ersten Voraussetzung (Beitragshöhe) ist zweifelhaft. **173**
Denn die Entscheidung über eine Versorgungssperre unterliegt dem allg Kontrollmaßstab der ordnungsmäßigen Verwaltung. Hier ist ein Ermessensspielraum allgemein anerkannt (§ 18 WEG Rn 151). Warum dieser durch einen festen Beitragsrückstand begrenzt wird, erschließt sich nicht. Nach verbreiteter Ansicht muss der geschuldete **Beitrag** nicht nur fällig, sondern, wegen der Schwere des Eingriffs, auch **„zweifelsfrei"** sein (OLG Frankfurt ZWE 2006, 450, 452; s auch OLG München ZMR 2011, 331, Zahlungspflicht müsse „feststehen"). Dem ist mit Blick auf § 23 Abs 4 S 2 WEG nicht zu folgen.

Die zweite Voraussetzung (**Beschluss**) kann seit der WEG-Reform 2020 kein Dogma **174**
mehr sein. Denn es kommt durchaus in Betracht, die Entscheidung über die Verhängung der Versorgungssperre im Einzelfall unter § 27 Abs 1 Nr 1 WEG zu subsumie-

ren. Ein bestandskräftiger Beschluss ersetzt die übrigen Voraussetzungen nicht (OLG München ZMR 2011, 331).

175 Die Versorgungssperre kann **unverhältnismäßig** sein (Darlegungs- und Beweislast liegt beim Schuldner; OLG Dresden ZMR 2008, 140), wenn sie in concreto mit besonders gravierenden Nachteilen verbunden ist, etwa wenn in der Wohnung Kinder leben, die infolge der unterbrochenen Wasser- und/oder Wärmeversorgung Gesundheitsgefahren ausgesetzt sind (Gaier ZWE 2004, 109, 115). Allein das gemeinsame Bewohnen mit Kindern genügt aber nicht (OLG Dresden ZMR 2008, 140). Insbes in derartigen Fällen kommt auch eine Anordnung der Wiederaufnahme der Versorgung seitens der Ordnungsbehörden in Betracht (OVG Berlin-Brandenburg ZWE 2013, 234).

176 Lagen die Voraussetzungen der Versorgungssperre vor, kann der Schuldner sie nur dadurch **abwenden**, dass die rückständigen Beiträge **nahezu vollständig ausgeglichen werden**; die bloße Wiederaufnahme der laufenden Zahlungen reicht ebenso wenig aus wie eine Leistung, die den Rückstand (knapp) unter die Grenze von sechs Monatsraten (s Rn 172) bringt (OLG Dresden ZMR 2008, 140). Ferner soll es auch nicht genügen, dass nur die Beitragsrückstände ausgeglichen werden, die den Anlass für die Versorgungssperre gaben (Gaier ZWE 2004, 109, 117). Beruht die Versorgungssperre auf einem Beschluss, so kommt es letztlich auf dessen Auslegung an, ob die Versorgungssperre bei neuerlichen Rückständen fortzuführen ist.

bb) Umsetzung

177 Müssen in Umsetzung der Versorgungssperre **Absperrvorrichtungen** installiert werden, so soll es sich wegen des temporären Charakters nicht um **bauliche Veränderungen** handeln (OLG Celle OLGZ 1991, 50, 53). Praktisch relevant ist dies (nur), wenn der Verwalter die Versorgungssperre ohne Beschluss umsetzt (Rn 174), weil § 27 Abs 1 WEG für bauliche Veränderungen nicht gilt (Staudinger/Jacoby § 20 WEG Rn 44). Ansonsten liegt im Beschluss der Wohnungseigentümer über die Versorgungssperre auch der Beschluss nach § 20 Abs 1 WEG.

178 Ist die Versorgungssperre rechtmäßig, überwiegt das Interesse der übrigen Eigentümer das des Schuldners und dieser muss die Beeinträchtigung im Rahmen eines geordneten Zusammenlebens hinnehmen. Das gilt auch für das **Betreten der Sondereigentumseinheit** durch den Verwalter und entsprechende Handwerker (OLG München ZMR 2011, 331; OLG Frankfurt ZWE 2006, 450, 452), freilich nur, sofern dies für die Umsetzung erforderlich ist (§ 14 Abs 1 Nr 2 WEG). Notfalls muss ein Duldungstitel erstritten werden.

179 Bei der Umsetzung der Versorgungssperre können sich besondere Schwierigkeiten ergeben, wenn sich ein Dritter, insbes ein Mieter, im Besitz der Einheit befindet (näher Suilmann ZWE 2011, 111). Zwar hat der **Mieter** keinen Anspruch gegen die Gemeinschaft auf Versorgung und deren Einstellung begründet auch keine Besitzstörung (BGHZ 180, 300 Rn 24 ff zur Geschäftsraummiete; KG ZWE 2002, 182; OVG Berlin-Brandenburg ZWE 2013, 234, 235). Jedoch ist bislang ungeklärt, ob der Mieter das Betreten der Sondereigentumseinheit dulden muss, damit die für eine Durchführung der Sperre erforderlichen Arbeiten vorgenommen werden können (dafür OLG Hamm OLGZ 1994, 269, 273). An den Beschluss der Eigentümer über die Versorgungssperre ist der Mieter nicht gebunden. Eine Duldungspflicht kann aber über **§ 15 Nr 2 WEG** begründet wer-

den, wenn die Absperrvorrichtung in dem Bereich des Leitungsnetzes vorgenommen werden soll, der im gemeinschaftlichen Eigentum steht.

7. Haftung des rechtsgeschäftlichen Erwerbers

Die **Beitragspflicht** ist **personenbezogen** (Rn 20). Wie § 7 Abs 3 S 2 WEG verdeutlicht, haftet der Erwerber von Wohnungseigentum nach dem Gesetz nämlich nicht für rückständige Beiträge des Voreigentümers (BGHZ 198, 216 Rn 5; NJW 1994, 2950, 2951). Wie § 7 Abs 3 S 2 WEG aber ebenso zeigt, kann in der Gemeinschaftsordnung eine Haftung für Beiträge des Rechtsvorgängers vereinbart werden (s BGH NJW 2012, 2797: NJW 1994, 2950). Die Haftung tritt dann mit der Bindung an die Vereinbarung ein (zur Umschreibung des Beitragstitels gegen den Erwerber s BECKER MietRB 2014, 282). Eine solche **Erwerberhaftung ieS**, die eine Gesamtschuld begründet (HÜGEL/ELZER Rn 265), findet ihre Grenze nach hM in § 56 S 2 ZVG (BGH NJW 1994, 2950, 2952). Zudem ist § 7 Abs 3 S 2 WEG zu beachten: Ist die Haftungsvereinbarung im Grundbuch nicht ausdrücklich eingetragen, wirkt sie gegenüber Rechtsnachfolgern nicht. Für Altvereinbarungen macht § 48 Abs 3 S 3 WEG bis zum 31. 12. 2025 eine Ausnahme. 180

Durch **Beschluss** der Eigentümer kann eine Erwerberhaftung nicht begründet werden; der Beschluss ist nichtig (BGHZ 142, 290, 298; NJW 2012, 2796 Rn 11). Zu Öffnungsklauseln § 19 WEG Rn 21. 181

8. Beitragsforderungen in Insolvenz und Zwangsvollstreckung

Die durch das Beschlusserfordernis (Rn 5) und die Fälligkeitstheorie (Rn 46) bewirkte Abkoppelung der Zahlungspflicht gegenüber der Gemeinschaft vom Entstehen der Verwaltungsschulden im Außenverhältnis wird insbes bei wechselnder Verfügungsmacht im Rahmen von **Insolvenz- und Zwangsverwaltungsverfahren** kritisiert (BGHZ 150, 305, der IX. ZS lässt hier offen, ob der Fälligkeitstheorie zu folgen ist; s ferner BGHZ 179, 336 Rn 20). Unbestritten ist aber, dass der Zwangsverwalter mit der Masse **nicht für rückständige Beiträge** haftet, die vor dem Wechsel in der Verfügungsmacht fällig geworden sind (BGH NJW 2012, 1293 Rn 12: Zahlungen auf solche Forderungen gehören nicht zum Pflichtenkreis des Zwangsverwalters). Das gilt auch, wenn diese Rückstände in einen späteren, nach dem Wechsel der Verfügungsmacht auf den Zwangsverwalter gefassten Nachschuss-Beschluss aufgenommen werden. Der irrtümlich zahlende Zwangsverwalter hat einen Rückforderungsanspruch (BayObLG ZMR 199, 577). Für den Insolvenzverwalter (BGH NJW 2011, 3098 Rn 7, 10) und Ersteher in der Zwangsversteigerung gilt das sinngemäß. Allgemein anerkannt ist ferner die Einstandspflicht der Masse für die nach Verfahrenseröffnung **fällig werdenden Beiträge** (vgl BGH NJW 2011, 3098 Rn 7, 10; LÜKE ZWE 2010, 62, 64 f). 182

Kann der Zwangsverwalter die geschuldeten Beiträge zu den Kosten **nicht aus den Erträgen der Einheit bestreiten**, hat ihm der Gläubiger zur Abwendung der Folge des § 161 Abs 3 ZVG entsprechende Vorschüsse zu leisten (BGHZ 182, 361 Rn 15). Daneben kann die Gemeinschaft auch den Schuldner wegen der Beiträge in Anspruch nehmen, weil die Anordnung der Zwangsverwaltung nichts an seiner Eigentümerstellung und damit an der Beitragsverpflichtung ändert (BGH ZWE 2008, 247 Rn 7; OLG München ZMR 2007, 216). Der Insolvenzverwalter kann das zur verwalteten Masse gehörende Wohnungseigentum durch sog **Freigabe** ex nunc wieder in die Verfügungsbe- 183 fugnis des Wohnungseigentümers überführen (Lüke ZWE 2010, 62, 66 f). Maßgeblich ist der Zugang der entsprechenden Erklärung des Insolvenzverwalters beim Eigentümer (BGHZ 152, 136, 140; KG ZMR 2002, 698). Nach ganz hM schuldet nach Wirksamwerden der „Freigabe“ allein der Wohnungseigentümer die künftig fällig werdenden Beiträge, was mittelbare Folge des Ausscheidens der Einheit aus dem Insolvenzbeschlag ist (LG Berlin ZMR 2008, 244; Vallender NZI 2004, 401, 405; **aA** AG Mannheim ZMR 2005, 483). Wird **Masseunzulänglichkeit** angezeigt (§ 208 InsO), sind Alt- und Neumassegläubiger nach den für die Abgrenzung von Insolvenz- und Massegläubigern entwickelten Grundsätzen zu bestimmen (Lüke ZWE 2010, 62, 66). Der Insolvenzverwalter ist zur Anzeige nicht verpflichtet, damit nachfolgende Beitragsansprüche der Gemeinschaft als Neumasseschuld zu qualifizieren sind, weshalb er der Gemeinschaft insofern nicht nach § 60 Abs 1 InsO haftet (BGH ZMR 2011, 310 Rn 7).

V. Erstattungsansprüche der Wohnungseigentümer

184 Hat ein Wohnungseigentümer zu hohe Beiträge geleistet, kann dies zu einem Erstattungsanspruch führen. Die Problematik ist im WEG **nicht speziell geregelt**, sondern wird in § 28 Abs 2 S 1 WEG mit der Formulierung „Anpassung der beschlossenen Vorschüsse“ nur gestreift. Es sind zwei Konstellationen zu unterscheiden: Erstattungsansprüche aufgrund der soeben erwähnten Vorschussanpassung und solche, bei denen es aus anderen Gründen an einer causa mangelt. Zu anderen, nicht mit der Vorschusspflicht zusammenhängenden Zahlungsansprüchen der Wohnungseigentümer s Rn 12.

1. Erstattung nach Vorschussanpassung

185 Werden die Vorschüsse durch Beschluss nach § 28 Abs 2 S 1 WEG angepasst, ist Grundlage des Anspruchs auf Erstattung **§ 812 Abs 1 S 2 Var 1 BGB** (Lehmann-Richter/Wobst WEG-Reform 2020 Rn 860; **aA** Bärmann/Becker Rn 227: Gemeinschaftsverhältnis). Denn der Vorschussanspruch fällt aufgrund des Beschlusses ex nunc fort. Ein Erstattungsanspruch des Wohnungseigentümers setzt mithin voraus, dass er Beiträge in einer den angepassten Vorschüssen übersteigenden Höhe geleistet hat. Der Erstattungsanspruch ist mithin nicht rechtsgeschäftlicher Natur. Er folgt insbes nicht aus § 18 Abs 2 WEG. Denn der Beschluss hat nach § 28 Abs 2 S 1 WEG nur die „Anpassung der Vorschüsse“ zum Gegenstand, nicht hingegen, einen Anspruch auf Erstattung tatsächlich überzahlter Beträge oder gar einen Anspruch auf eine Abrechnungsspitze (unabhängig von der Zahlung der Vorschüsse) zu begründen. Praxisrelevant ist diese Sichtweise für den **Eigentümerwechsel**: Der Erstattungsanspruch aus § 812 Abs 1 S 2 Var 1 BGB steht dem Wohnungseigentümer zu, der Vorschüsse überzahlt hat (Lehmann-Richter/Wobst WEG-Reform 2020 Rn 912 f). Würde man den Erstattungsanspruch hingegen auf den Beschluss stützen, wäre Gläubiger – wenn man eine „umgekehrte“ Fälligkeitstheorie vertritt – der aktuelle Wohnungseigentümer (dafür Bärmann/Becker Rn 320).

186 Der Erstattungsanspruch wird grds mit Fassung des Beschlusses nach § 28 Abs 2 S 1 WEG **fällig** (vgl BGH NJW 2014, 145 Rn 10). Die Wohnungseigentümer können aber eine abweichende Fälligkeit (OLG Hamm ZWE 2011, 414) nach § 28 Abs 3 WEG ebenso beschließen wie die Art und Weise der Erfüllung, etwa eine **Verrechnung** mit Gegenansprüchen.

2. Erstattung von Pseudo-Beiträgen

Von Pseudo-Beiträgen kann man sprechen, wenn ein Wohnungseigentümer Zahlungen leistet, mit denen von Anfang ein keine Beitragspflicht korrespondierte oder wenn die Zahlungspflicht rückwirkend (§ 23 Abs 4 S 2 WEG) weggefallen ist. In diesen Fällen folgt der Erstattungsanspruch aus **§ 812 Abs 1 S 1 Var 1 BGB**. Nach hM ist der Anspruch aber mit einer besonderen, sich aus dem Vorrang der Jahresabrechnung ergebenden **Durchsetzungssperre** belastet (Rn 15). **187**

3. Einsatz des Erstattungsanspruchs als Gegenrecht

Die sich aus allgemeinen Grundsätzen ergebende Möglichkeit, den Erstattungsanspruch als Gegenrecht einzusetzen, insbesondere durch Aufrechnung oder Zurückbehaltung, ist durch **wohnungseigentumsrechtliche Besonderheiten stark eingeschränkt**. Eine Aufrechnung gegen Beitragsforderungen ist nur in Ausnahmefällen möglich (Rn 140). Gleiches gilt für die Zurückbehaltung andere Leistungen des Wohnungseigentümers bei Verwaltung oder Benutzung (zur Mitwirkung bei der Beschlussfassung § 19 WEG Rn 51, zu anderen Pflichten Staudinger/Lehmann-Richter [2023] § 14 WEG Rn 52). **188**

VI. Wirtschaftsplan und Jahresabrechnung (Abs 1 S 2, Abs 2 S 2)

Der Wirtschaftsplan ist in § 28 Abs 1 S 2 WEG, die Jahresabrechnung ist in § 28 Abs 2 S 2 WEG geregelt. Sie haben, anders als das dritte in § 28 WEG geregelte Rechenwerk (Vermögensbericht, Abs 4) gemeinsam, dass sie die **Beitragsbeschlüsse** der Wohnungseigentümer **vorbereiten** sollen. Gleiches gilt für den im Gesetz nicht spezifisch erwähnten Sonderumlageplan. **189**

Wirtschaftsplan und Jahresabrechnung sind durch das **WEMoG 2020** neu geregelt worden. Bis dato betraf § 28 Abs 1 WEG aF den Wirtschaftsplan und § 28 Abs 3 WEG aF die Jahresabrechnung. **Rspr** und Literatur zum **alten Recht** zum Verhältnis zwischen Jahresabrechnung, Wirtschaftsplan und Beitragsbeschluss, aber auch zum Inhalt der Jahresabrechnung, sind in weiten Teilen **überholt**. **190**

Die Vorbereitung der Beitragsbeschlüsse regelt neben § 28 Abs 1 S 2, Abs 2 S 2 WEG auch **§ 29 Abs 2 S 2 WEG**, wonach die beiden Rechenwerke vor der Beschlussfassung vom **Beirat** zu prüfen und mit dessen Stellungnahme zu versehen sind. **191**

1. Zweck

Wirtschaftsplan und Jahresabrechnung dienen der **Beschlussvorbereitung** und damit dem Informationsbedürfnis der Wohnungseigentümer. Das Gesetz trägt in § 28 Abs 1 S 2, Abs 2 S 2 WEG dem Umstand Rechnung, dass die Beitragsbeschlüsse typischerweise ein komplexes Thema betreffen. Die Wohnungseigentümer wären regelmäßig überfordert, wenn sie selbst aus den Verwaltungsunterlagen die zutreffenden Zahlungspflichten ermitteln müssten. Deshalb sieht das Gesetz vor, dass diese Tätigkeit vom Verwalter übernommen wird. In den Rechenwerken werden die zu deckenden **Kosten** durch **Verrechnung** von **Einnahmen und Ausgaben ermittelt** und **192** zwischen den Wohnungseigentümern **verteilt**, wobei sich der Wirtschaftsplan auf voraussichtliche Zahlen bezieht.

193 § 28 Abs 1 S 2, Abs 2 S 2 WEG dienen damit dem **Informationsfluss** zwischen den Organen: Der über den Finanzierungsbedarf informierte Verwalter soll seine diesbezüglichen Kenntnisse in Wirtschaftsplan und Jahresabrechnung so aufarbeiten, dass ein durchschnittlicher Wohnungseigentümer erkennen kann, welche Beschlussfassung von ihm verlangt wird. Dafür muss das Rechenwerk so gestaltet sein, dass die Eigentümer durch eine Belegeinsicht die **Berechnung** der Beitragsansprüche in Wirtschaftsplan und Jahresabrechnung **nachvollziehen** können. Dieser Gesichtspunkt prägt die Anforderungen an die Prüffähigkeit der Rechenwerke (Rn 211 ff).

194 Die **Jahresabrechnung** hat seit dem WEMoG 2020 hingegen **nicht** mehr die **Funktion**, die **Kontrolle** des Verwalters zu ermöglichen und die Eigentümer über die Vermögenssituation der Gemeinschaft informieren (**aA** Bärmann/Becker § 28 Rn 112). Dazu dient der Vermögensbericht (§ 28 Abs 4 WEG) sowie der allg Informationsanspruch, insb das Recht zur Einsicht in die Verwaltungsunterlagen (§ 18 Abs 4 WEG).

2. Unterscheidung Beiträge zu Kosten und zu Rücklagen

195 Die Unterscheidung in § 28 Abs 1 S 1, Abs 2 S 2 WEG zwischen Beiträgen, die der Finanzierung (voraussichtlicher) Kosten dienen und solche, deren Zweck die Bildung einer Rücklage ist, wirkt sich auch auf Wirtschaftsplan und Jahresabrechnung aus. Die Rechenwerke müssen zwischen diesen **Beitragsgruppen unterscheiden**.

196 Für den **Wirtschaftsplan** bedeutet dies, dass er pro Wohnungseigentümer mindestens zwei Beiträge ausweisen muss; für jede weitere Rücklage tritt ein Beitrag hinzu.

197 Auch die **Jahresabrechnung** muss neben den Beiträgen zu den Kosten die Beiträge zu den **Rücklagen** mitteilen. Zwar wird deren Höhe – anders als die Kosten des abgelaufenen Wirtschaftsjahres – von den Wohnungseigentümern durch Beschluss bestimmt und dieser Beschluss wird gemeinsam mit dem Beschluss über die Höhe der Vorschüsse gefasst, weshalb die Soll-Rücklagenhöhe sich im Abrechnungszeitraum typischerweise nicht verändert. Dennoch muss sich die Jahresabrechnung auch zur Rücklage verhalten (Rn 222). Denn die diesbezüglichen Beiträge der Wohnungseigentümer sind bis zu dem Beschluss nach § 28 Abs 2 S 1 WEG, denn die Jahresabrechnung vorbereiten soll, nur Vorschüsse und bedürfen daher der Fixierung.

3. Anspruch auf Erstellung der Rechenwerke

198 Die in § 28 Abs 1 S 2, Abs 2 S 2 WEG geregelte Beschlussvorbereitungspflicht wirkt in **zwei Richtungen** anspruchsbegründend.

a) Pflicht des Verwalters

199 § 28 Abs 1 S 2, Abs 2 S 2 WEG enthalten zum einen eine **Organpflicht** des **Verwalters**. Diese Pflicht besteht gegenüber der Wohnungseigentümergemeinschaft. Anderslautende Rspr (BGH 1. 6. 2012 – V ZR 171/11, NJW 2012, 2797 Rn 14) ist durch das WEMoG 2020 überholt. Der Verwalter schuldet der Wohnungseigentümergemeinschaft bezüglich der Beiträge eine konkrete und inhaltlich zutreffende Beschlussvorlage. Er kann sich nicht darauf zurückziehen, er sei mit der Vorbereitung inhaltlich überfordert; notfalls muss er sich das erforderliche Know-how auf eigene Kosten beschaffen.

Eine Ausnahme besteht bei der **Heiz- und Warmwasserkostenabrechnung** (AG Halle/S ZMR 2013, 321; Greiner, Wohnungseigentumsrecht § 8 Rn 65). Zwar muss der Verwalter sämtliche Ausgaben hierfür in eigener Verantwortung in die Jahresabrechnung aufnehmen und die Prüfung der Vollständigkeit dieser Angaben fällt in seinen Zuständigkeitsbereich. Für die Erstellung der Heiz- und Warmwasserkostenabrechnung selbst gilt dies jedoch nicht, da sie evident Spezialkenntnisse voraussetzt (vgl BGH NJW 2006, 3135; 2012, 603 Rn 13). Der Verwalter schuldet insoweit nur die sorgfältige Auswahl eines geeigneten, von der Gemeinschaft zu vergütenden Dienstleisters, der folglich nicht sein Erfüllungsgehilfe ist. Ferner muss er die ihm obliegenden Zuarbeiten, insbes die Mitteilung der abzurechnenden Kosten und anzuwendenden Schlüssel, sorgfältig vornehmen und das vom Dienstleister vorgelegte Rechenwerk auf Plausibilität prüfen (Greiner, Wohnungseigentumsrecht § 8 Rn 65). Die Beauftragung des Dienstleisters fällt unter § 27 Abs 1 Nr 1 WEG. 200

Ein Sonderproblem ist der **Verwalterwechsel**. Nach der bis zur WEG-Reform 2020 herrschenden Meinung traf die Pflicht zur Erstellung der Jahresabrechnung denjenigen, der das Amt in dem Augenblick innehat, in dem das Wirtschaftsjahr abgelaufen und der Anspruch damit entstanden war (BGH 16. 2. 2018 – V ZR 89/17, NJW 2018, 1969 Rn 12 f). Wer die Abrechnung schuldete, wenn der Verwalter mit dem Ende des Wirtschaftsjahres ausschied, war zum alten Recht höchstrichterlich ungeklärt (BGH 16. 2. 2018 – V ZR 89/17, NJW 2018, 1969 Rn 17 ff). Dies Rspr ist durch das Organisationssystem des WEMoG 2020 überholt (**aA** Bärmann/Becker § 28 Rn 128). Die Pflicht zur Aufstellung der Rechenwerke trifft stets den aktuellen Verwalter und zwar hinsichtlich der Jahresabrechnung auch für Zeitraume, die vor seiner erstmaligen Bestellung liegen (AG Kassel 11. 11. 2021, 800 C 1850/21 ZMR 2022, 505; MünchKomm/Skauradszun § 28 WEG Rn 93; WOBST ZWE 2022, 15, 17). Überlegungen, den ausgeschiedenen Verwalter durch Auslegung seines Verwaltervertrags diesbezüglich in die Pflicht zu nehmen (Hügel/Elzer § 28 Rn 107 f), sind nicht überzeugend. Denn die Abrechnungspflicht folgt nur aus dem Organverhältnis, nicht hingegen aus einer vertraglichen Vereinbarung (vWestphalen/Lehmann-Richter AGB-Klauselwerke Wohnungseigentumsverwalter Rn 10; für vertragliche Abrechnungspflicht zum alten Recht aber BGH 26. 2. 2021 – V ZR 290/19, ZMR 2021, 598). Abzulehnen ist auch die These, es handele sich um eine nach Ende der Amtszeit fortwirkende Organpflicht. Denn für eine solche Fortwirkung fehlt es an der Rechtfertigung, da mit dem neuen Verwalter eine Person existiert, die die Rechenwerke erstellen kann. Erfüllt der Verwalter eine während seiner Amtszeit fällige Abrechnungspflicht nicht, so löst dies einen Schadensersatzanspruch der Gemeinschaft aus § 280 Abs 1 BGB aus (Rn 289). 201

b) Pflicht der Wohnungseigentümergemeinschaft

§ 28 Abs 1 S 2, Abs 2 S 2 WEG sind auch eine Ausprägung des Grundsatzes ordnungsmäßiger Verwaltung: Jeder **Wohnungseigentümer** kann im Grundsatz **von** der **Gemeinschaft** nach § 18 Abs 2 Nr 1 WEG die Erstellung von Wirtschaftsplan und Jahresabrechnung verlangen. Eine Ausnahme gilt, wenn die Wohnungseigentümergemeinschaft keinen Verwalter hat (§ 18 WEG Rn 173). 202

c) Binnenrechtskonformität als allg Maßstab zur Bestimmung des Anspruchsinhalts

203 Die Aufstellung von Wirtschaftsplan und Jahresabrechnung ist eine **Verwaltungshandlung** in der Form einer **geschäftsähnlichen Handlung**. Sie unterliegt dem in § 18 Abs 2 WEG geregelten Kontrollmaßstab: Wirtschaftsplan und Jahresabrechnung müssen den gesetzlichen Regelungen, Vereinbarungen und Beschlüssen, hilfsweise dem Interesse der Gesamtheit der Wohnungseigentümer nach billigem Ermessen entsprechen. Diese Übereinstimmung mit dem in der Gemeinschaft geltenden Regelwerk kann man als „Binnenrechtskonformität" bezeichnen.

204 Für Wirtschaftsplan und Jahresabrechnung bedeutet dies, dass sie zunächst dem **Gesetz**, also insb § 28 Abs 1 S 2, Abs 2 S 2 WEG, genügen müssen. Daneben sind Anordnungen aus der **Gemeinschaftsordnung** zu beachten. So kann etwa in Mehrhausanlagen eine besondere Art der Kostenverteilung vorgesehen sein, die in Wirtschaftsplan und Jahresabrechnung berücksichtigt werden muss. Zuletzt sind Vorgaben aus **Beschlüssen** umzusetzen, was insbes von Bedeutung ist, wenn die Wohnungseigentümer nach § 16 Abs 2 S 2 WEG den Verteilungsschlüssel geändert haben. Soweit danach Vorgaben fehlen, sind die Anforderungen an das Rechenwerk anhand des allg Maßstabs der **ordnungsmäßigen Verwaltung** zu ergänzen. Dieser Maßstab ist insbes hinsichtlich der Prüffähigkeit der Rechenwerke, aber etwa auch bei der Festlegung der Vorschüsse, von Bedeutung. **Systematisch** ist die Prüffähigkeit von Wirtschaftsplan und Jahresabrechnung als **formelle** Voraussetzung von der **inhaltlichen Anforderung** zu unterscheiden, nach der beide Rechenwerke die Beitragsansprüche zutreffend berechnen müssen.

d) Fälligkeit

205 Bei der Fälligkeit der Ansprüche auf Aufstellung ist zwischen Wirtschaftsplan und Jahresabrechnung zu unterscheiden. Zu beiden Rechenwerken fehlen im Gesetz konkrete Vorgaben, denn die Formulierung „nach Ablauf des Kalenderjahres" in § 28 Abs 2 S 1 WEG bezieht sich nur auf den Beschluss. Maßgeblich ist daher **§ 271 BGB**. Die entscheidende Frage lautet, welcher Fälligkeitstermin sich nach den **Umständen**, also der Natur des Schuldverhältnisses, ergibt.

206 Die Fälligkeit der Ansprüche fällt demnach – vorbehaltlich eine Regelung in der Gemeinschaftsordnung – nicht unter § 286 Abs 2 Nr 1 oder Nr 2 BGB, weshalb **Verzug** regelmäßig eine Mahnung voraussetzt. Für eine gegenüber dem Verwalter einseitig verzugsbegründende Fälligkeitsbestimmung per Beschluss fehlt den Wohnungseigentümern die Kompetenz (Rn 27).

aa) Jahresabrechnung

207 Die Pflicht zur Erstellung der Jahresabrechnung ist nach **ganz hM** nicht sofort nach Ablauf des in Rede stehenden Wirtschaftsjahres fällig. Vielmehr soll Fälligkeit erst nach Ablauf einer angemessenen Frist, die idR mit 3–6 Monaten nach Ablauf des Wirtschaftsjahres bemessen wird, eintreten (OLG Celle ZMR 2005, 718; OLG Zweibrücken ZMR 2007, 887; anders KG NJW-RR 1993, 529: Fälligkeit mit Ablauf des Wirtschaftsjahres). Das überzeugt. Denn der Verwalter als zuständiger Organwalter ist typischerweise nicht nur für eine Wohnungseigentümergemeinschaft tätig und die Auswertung der für die Jahresabrechnung erforderlichen Daten bedarf ebenfalls ihrer Zeit. Deshalb ist ihm eine **angemessene Bearbeitungszeit** einzuräumen, bei deren genaue Bestimmung vor allem die Komplexität der Jahresabrechnung – insbes Größe der Wohnungseigentümergemeinschaft, Existenz von Kosten-Untergemeinschaften – zu berücksichtigen ist.

bb) Wirtschaftsplan

Beim Wirtschaftsplan liegen die Dinge anders. Dieser muss so rechtzeitig aufgestellt werden, dass die Wohnungseigentümer vor Beginn des Wirtschaftsjahres Vorschüsse beschließen können, um die Liquidität der Gemeinschaft zu sichern. Der Wirtschaftsplan muss daher rechtzeitig zur Beschlussfassung **am Ende des vorangehenden Wirtschaftsjahres** vorliegen (etwa Bärmann/Becker § 28 Rn 20; Hügel/Elzer § 28 Rn 29; **aA** OLG Hamburg 5. 2. 1988 – 2 W 11/87, OLGZ 1988, 299). 208

Eine **praxisrelevante Ausnahme** gilt, wenn die Wohnungseigentümer die Fortgeltung der auf Grundlage eines alten Wirtschaftsplans festgelegten Vorschüsse beschlossen haben und kein unmittelbarer Anpassungsbedarf besteht. In diesem Fall ist dem Verwalter eine angemessene Bearbeitungszeit einzuräumen, um die Vorschüsse an die Einnahmen/Ausgaben aus dem vorangegangenen Wirtschaftsjahr anzupassen. Dies und Gründe der Effizienz dürften regelmäßig das in der Praxis verbreitete Vorgehen rechtfertigen, nach dem Wirtschaftsplan und Jahresabrechnung gleichzeitig zur Beschlussfassung vorgelegt werden. 209

Zeigt sich im Laufe des Wirtschaftsjahres, dass die Vorschüsse zu einer Überdeckung führen, löst dies grds keinen Anspruch auf einen neuen Wirtschaftsplan aus. Denn es ist den Eigentümern idR zuzumuten, mit der **Korrektur** ihrer Beitragspflicht bis zur Jahresabrechnung zu warten. Die Korrektur der Vorschüsse entspricht daher nur in Ausnahmefällen allein ordnungsmäßiger Verwaltung mit der Folge, dass ein Anspruch auf Erstellung eines neuen Wirtschaftsplans fällig wird. 210

4. Prüffähigkeit des Rechenwerks

Das Gesetz schreibt für Wirtschaftsplan und Jahresabrechnung **keine bestimmte Form** vor. Der Zweck der Rechenwerke, die Wohnungseigentümer über die Beitragspflichten zu informieren und den Wohnungseigentümern eine Richtigkeitskontrolle zu ermöglichen, verlangt aber typischerweise eine Verkörperung. Die aus § 28 Abs 1 S 2, Abs 2 S 2 WEG folgenden Pflichten werden aber etwa auch erfüllt, wenn der Verwalter in der Versammlung ein verkörpertes Rechenwerk mündlich erklärt oder korrigiert. Entscheidend ist der Maßstab ordnungsmäßiger Verwaltung, also ob ein durchschnittlicher Wohnungseigentümer bei der vom Verwalter gewählten Form die Berechnung der Beitragspflichten nachvollziehen kann. 211

a) Gestaltungsspielraum

Auch zur **Gestaltung**, also dem Aufbau von Wirtschaftsplan und Jahresabrechnung, macht das Gesetz keine Vorgaben. In der Praxis wird verbreitet zwischen **Gesamt- und Einzelplänen** unterschieden (Gesamtwirtschaftsplan, Einzelwirtschaftsplan, Gesamtabrechnung, Einzelabrechnung). Der Gesamtplan enthält nach diesem Verständnis die (voraussichtlichen) Einnahmen und Ausgaben der Wohnungseigentümergemeinschaft und die Einzelpläne die Angaben über die anteilsmäßige Verpflichtung der jeweiligen Wohnungseigentümer (BGH 7. 6. 2013 – V ZR 211/12, ZMR 2014, 49 Rn 8). Wie der BGH zutreffend ausgesprochen hat, ist eine solche gestalterische Differenzierung von Gesetzes wegen nicht erforderlich: Die Angaben aus Gesamt- und Einzelrechenwer- 212 ken können mithin zusammengefasst werden (BGH 7. 6. 2013 – V ZR 211/12, ZMR 2014, 49 Rn 8). Das ist deshalb überzeugend, weil die Art und Weise der Darstellung – wie bei anderen Maßnahmen des Verwalters auch – am Maßstab ordnungsmäßiger Verwaltung zu messen ist (s § 18 WEG Rn 130). Es besteht daher ein **gestalterischer Spielraum** (BGH 25. 9. 2020 – V ZR 80/19, ZMR 2021, 132 Rn 19).

b) Notwendige Angaben im Überblick

213 Entscheidend ist mithin allein, ob das vom Verwalter aufgestellte Rechenwerk aus Sicht eines objektiven Wohnungseigentümers **prüffähig** ist (vgl BGH NJW 2010, 2127 Rn 10; NJW 2012, 1434 Rn 16; NJW 2014, 145 Rn 6). Dafür muss das Rechenwerk in hinreichend transparenter Art und Weise die in § 28 Abs 1 S 2, Abs 2 S 2 WEG vorgeschriebenen Angaben enthalten. Diese sind für den Wirtschaftsplan bei Rn 266 und für die Jahresabrechnung bei Rn 224 aufgezählt.

214 Hinzu tritt, dass sich dem Rechenwerk als **Rubrum** die Wohnungseigentümergemeinschaft, der Abrechnungszeitraum und – soweit es um personenbezogene Angaben (etwa deren Beitragspflicht) – die betroffenen Wohnungseigentümer entnehmen lassen muss. Diese Angaben können in Zweifelsfällen durch Auslegung (Rn 220) ermittelt werden.

c) Aufschlüsselungsgebot

215 Die Unterscheidung in § 28 Abs 1 S 1, Abs 2 S 2 WEG zwischen Beiträgen, die der **Finanzierung** (voraussichtlicher) **Kosten** dienen und solchen, deren Zweck die Bildung einer **Rücklage** ist, ist bei der Gestaltung von Wirtschaftsplan und Jahresabrechnung zu berücksichtigen. Die Rechenwerke müssen zwischen diesen **Beitragsgruppen unterscheiden**.

216 Fraglich ist, ob die Prüffähigkeit auch voraussetzt, dass Wirtschaftsplan und Jahresabrechnung bei Ausgaben und Einnahmen einzelne Positionen unterscheiden. Der **BGH** hat sich hierzu noch nicht konkret geäußert. Er hat aber – ohne dies indes zu vertiefen – erklärt, Einnahmen und Ausgaben müssten in übersichtlicher und nachprüfbarer Weise nach Grund und Höhe aufgeführt werden (BGH 7. 6. 2013 – V ZR 211/12, ZMR 2014, 49 Rn 8); in einer anderen Entscheidung spricht er von einer Aufgliederung „nach Kostenarten" (BGH 25. 9. 2020 – V ZR 80/19, ZMR 2021, 132 Rn 18). In der Instanzrspr und Literatur wird verbreitet ein Verbot der Angabe „globaler Beträge" aufgestellt (AG Passau ZWE 2015, 53, 54; Bärmann/Becker Rn 35). Eine Bezugnahme auf Belege, eine Aufgliederung nach Buchungsdatum, Gegenstand, Belegnummer und Beleg wird aber nicht gefordert (OLG Frankfurt 8. 2. 2005 – 20 W 231/01, juris Rn 75; LG München I ZWE 2013, 406). Sonderregelungen in diesem Zusammenhang sind § 26 Abs 7 S 2, Abs 1 S 4 EWPBG und § 5 Abs 3 S 2 EWSG, die verlangen, dass **Energiekostenbeihilfen** nach diesen Gesetzen in der Jahresabrechnung gesondert ausgewiesen werden.

217 **Stellungnahme**: Im Grundsatz ist ein Aufschlüsselungsgebot überzeugend. Zwar führt auch ein richtiges Gesamtsummen-Rechenwerk zu richtigen Beitragsbeschlüssen. Hierauf beschränkt sich die Funktion von Wirtschaftsplan und Jahresabrechnung aber nicht. Denn ein Gesamtsummen-Rechenwerk verfehlt den Zweck (Rn 193), die Wohnungseigentümer über die Notwendigkeit der Beschlussfassung nachvollziehbar zu informieren. Schwierigkeiten bereitet aber die Konkretisierung des Aufschlüssel-

ungsgebots, weil dies die Benennung einzelner Ausgaben-/Einnahmepositionen erfordert, nach denen die Jahresabrechnung unterscheiden muss. Das WEG kann diese Konkretisierung nicht leisten, weil es seit dem WEMoG 2020 in § 16 WEG nicht mehr zwischen verschiedenen Kostenpositionen unterscheidet. Zwar differenziert das Gesetz zwischen Verwaltung und Benutzung, etwa in § 18 Abs 2 WEG. Die Zuordnung von Einnahmen/Ausgaben zu einem dieser beiden Bereiche ist aber mit Rechtsunsicherheit verbunden. Eine Aufschlüsselung analog der BetrkV könnte zwar auf die Präzisierungen des Katalogs durch die mietrechtliche Judikatur zurückgreifen. Indes ist für eine zwingende Aufschlüsselung nach dieser Verordnung im Wohnungseigentumsrecht kein überzeugender Grund ersichtlich. Auch wenn Wohnungen vermietet werden, muss der Verwalter daher die Betriebskosten nach der BetrKV grds nicht gesondert ausweisen (Rn 355). Es besteht mithin **kein abstraktes, sondern** nach den Umständen der Wohnungseigentumsanlage – insbesondere des meist von ihrer Größe abhängigen Volumens der Jahresabrechnung – zu bestimmenden **individuelles Aufschlüsselungsgebot**. Die Situation ist insofern § 650g Abs 4 S 2 BGB vergleichbar, der die Frage, was eine prüffähige Schlussrechnung genau voraussetzt, ebenfalls nicht allgemein beantwortet. Für die Jahresabrechnung ist einerseits eine Aufschlüsselung der Ausgaben und Einnahmen erforderlich, die es einem durchschnittlichen Wohnungseigentümer erlaubt, durch eine Belegeinsicht in vertretbarer Zeit zu ermitteln, ob die ausgewiesenen Gesamtausgaben/Gesamteinnahmen tatsächlich ab- oder zugeflossen sind. Andererseits muss der Wohnungseigentümer auch die Verteilung überprüfen können, was eine Aufschlüsselung insoweit erfordert, als für einzelne Ausgaben- oder Einnahmepositionen **unterschiedliche Verteilungsschlüssel** gelten. Eine Aufschlüsselung kann in der Gemeinschaftsordnung vorgeschrieben werden; eine diesbezügliche Beschlusskompetenz besteht hingegen nicht (Rn 27).

d) Saldierungen

Dem Aufschlüsselungsgebot verwandt ist die Frage nach der Zulässigkeit von Saldierungen. Darunter versteht man die im Rechenwerk nicht offengelegte Verrechnung von Ausgaben mit Einnahmen., Nach hM verstoßen Saldierungen gegen das Gebot der Prüffähigkeit und sind aus diesem Grund **ordnungswidrig** (OLG Frankfurt 8. 2. 2005 – 20 W 231/01, juris Rn 74; LG Lübeck ZMR 2011, 747; LG Dortmund ZMR 2016, 640; **aA** LG München I ZMR 2016, 143). Saldierungen sollen die Klarheit und Übersichtlichkeit des Zahlenwerks beeinträchtigen und es dem Wohnungseigentümer erschweren, Ausgaben und Einnahmen nachzuvollziehen. **218**

Stellungnahme: Im Grundsatz ist der hM zu folgen. Denn ein Wirtschaftsplan oder eine Jahresabrechnung, die schlicht einen Saldo zwischen den Wohnungseigentümern verteilen, ist offensichtlich nicht prüffähig. Das bedeutet aber nicht, dass Saldierungen stets zur Ordnungswidrigkeit des Rechenwerks führen. Denn insb bei der Jahresabrechnung sind Konstellationen denkbar, in denen durchlaufende Posten miteinander verrechnet werden können, ohne dass dies die Prüffähigkeit beeinträchtigt. Ein Beispiel sind **Fehlbuchungen** auf dem Konto der Gemeinschaft, etwa wenn einem Wohnungseigentümer ein Abrechnungsguthaben doppelt überwiesen wird und es zu einer Rücküberweisung kommt. Von dem Saldierungsverbot zu unterscheiden ist die Frage, ob Einnahmen oder Ausgaben überhaupt verteilungsrelevant sind, dazu Rn 234 und Rn 248. **219**

5. Auslegung der Rechenwerke

220 Die Aufstellung von Wirtschaftsplan und Jahresabrechnung ist eine **geschäftsähnliche Handlung**. Als solche ist sie nach allg Grundsätzen (etwa BGH 14. 10. 1994 – V ZR 196/93 NJW 1995, 45, 46) der Auslegung zugänglich. Das Rechenwerk ist daher auch dann ordnungsgemäß, wenn sich die erforderlichen Angaben im Wege der Interpretation ermitteln lassen. Das ist insbes denkbar, wenn ein Rechenschritt vergessen oder das Ergebnis eines Rechenschrittes nicht offengelegt wurde, dieses Manko aber durch einfachste gedankliche Anstrengungen eines durchschnittlichen Lesers zu beheben ist (vgl BayObLG NJW-RR 1990, 720; NZM 1999, 853, 854; OLG Frankfurt OLGZ 1984, 257, 258).

6. Jahresabrechnung: Richtige Berechnung der Nachschüsse/Vorschussanpassung

221 Da die Jahresabrechnung die Beschlussfassung über Nachschüsse oder die Anpassung der Vorschüsse vorbereiten soll, muss sie diese dem **Binnenrecht** in der Gemeinschaft **entsprechend** berechnen.

a) Allgemeines

222 Die Unterscheidung in § 28 Abs 1 S 1 WEG zwischen Beiträgen, die der Finanzierung von Kosten dienen und solchen, deren Zweck die Bildung einer Rücklage ist, wirkt sich auch auf die Jahresabrechnung aus. Diese muss **zwei Ergebnisse** mit den diesbezüglichen Rechenwegen ausweisen: Die Abrechnungsspitzen der einzelnen Wohnungseigentümer bei den Kosten und bei den Rücklagen.

223 Die Ermittlung der **Rücklagen-Abrechnungsspitze** verlangt keinen besonderen Rechenweg. Denn die richtige Rücklagenhöhe wird durch Beschluss vorgegeben. Sie ist daher, anders als die Ausgaben und Einnahmen, im Wirtschaftsjahr keiner beschlussunabhängigen Veränderung unterworfen. Der Verwalter kann sich daher regelmäßig darauf beschränken, in der Jahresabrechnung mitzuteilen, dass die als Vorschüsse festgelegten Zuführungen zur Rücklage bestätigt werden. Sind im abzurechnenden Wirtschaftsjahr besondere Umstände aufgetreten, die eine Anpassung der Rücklagenhöhe zwingend erforderlich erscheinen lassen, gebietet es der Grundsatz ordnungsmäßiger Verwaltung aber ausnahmsweise, dass dies in der Abrechnung berücksichtigt wird. Ein Anwendungsbeispiel sind **jahresübergreifende Baumaßnahmen**: Ist deren Finanzierung durch Ausgabenvorschüsse beschlossen worden, kann eine „Umbuchung" in die Rücklage aus Gründen der Ordnungsmäßigkeit erforderlich sein (Rn 261).

224 Die Berechnung der **Abrechnungsspitze** bei den **Kosten** ist im Gegensatz zur Rücklagenbestätigung komplexer Natur. Ihre Ermittlung erfolgt in **folgenden Rechenschritten:**

1. Ermittlung der verteilungsrelevanten **Gesamtausgaben**;
2. Verteilung der relevanten Gesamtausgaben unter den Wohnungseigentümern; das Ergebnis sind die auf den Wohnungseigentümer entfallenden **Einzelausgaben**;
3. Ermittlung der die Ausgaben reduzierenden **Gesamteinnahmen**;

4. Verteilung der ausgabenreduzierenden Gesamteinnahmen unter den Wohnungseigentümern; das Ergebnis sind die auf den Wohnungseigentümer entfallenden **Einzeleinnahmen**;

5. Berechnung der (einzelnen) **Abrechnungssumme** durch Subtraktion von Einzeleinnahmen von den Einzelausgaben;

6. Berechnung der (einzelnen) **Abrechnungsspitze** durch Subtraktion der Vorschusspflichten („Soll-Vorschüsse") von der Abrechnungssumme;

7. **Ergebnis**, in welcher Höhe ein Nachschuss zu beschließen oder die Vorschüsse anzupassen sind.

Die Jahresabrechnung muss diese Rechenschritte in transparenter Art und Weise enthalten, um prüffähig zu sein. Die Art der Darstellung dieser Rechenschritte schreibt das Gesetz aber nicht konkret vor. Es gilt daher der Maßstab **ordnungsmäßiger Verwaltung** (Rn 212 ff). In der Praxis werden Rechenschritte 1 und 3 verbreitet in der sog **Gesamtabrechnung** und die übrigen Rechenschritte in den sog **Einzelabrechnungen** dargestellt. Das ist zulässig, weil eine Abrechnung in einem Einzeldokument nicht vorgeschrieben ist. Die Gesamtabrechnung und die Summe der Einzelabrechnungen bilden in diesem Fall die Jahresabrechnung. **225**

b) Maßgeblicher Abrechnungszeitraum

Wenn die Gemeinschaftsordnung keinen abweichenden Abrechnungszeitraum bestimmt, sind in der Jahresabrechnung die Einnahmen und Ausgaben des **Kalenderjahrs** zu berücksichtigen, also des Zeitraums vom 1. 1. – 31. 12. Für das Jahr der **Begründung von Wohnungseigentum** ist eine „Rumpfjahresabrechnung" aufzustellen, wobei der Beginn der Wirtschaftsperiode durch das Entstehen der Gemeinschaft (§ 9a Abs 1 S 2 WEG) bestimmt wird. Gleiches gilt, wenn bislang ohne Rechtsgrund abweichend vom Kalenderjahr abgerechnet wurde und nun auf das Kalenderjahr **umgestellt** wird. **226**

c) Ermittlung der verteilungsrelevanten Gesamtausgaben

Ausgangspunkt der Jahresabrechnung sind die verteilungsrelevanten Gesamtausgaben der Wohnungseigentümergemeinschaft. **227**

aa) Grundlagen

§ 28 Abs 2 S 2 WEG definiert den Ausgabenbegriff nicht näher. Er muss daher **ausgelegt** werden, wobei insbesondere der Zweck der Jahresabrechnung maßgeblich ist, die Notwendigkeit der Begründung von Nachschuss- oder Erstattungspflichten zu ermitteln. **228**

(1) Geld

Das Merkmal „Ausgaben" beschränkt sich auf Geld (**Bar- oder Buchgeld**). Denn nur Geld kann ausgegeben werden. Wenn also die Wohnungseigentümergemeinschaft etwa eine Sache verschenkt, ist dieser Umstand in der Jahresabrechnung nicht zu berücksichtigen. **229**

(2) Grundsatz: Abflussprinzip

230 Nach § 28 Abs 2 S 2 WEG sind in der Jahresabrechnung die Ausgaben der Wohnungseigentümergemeinschaft zu berücksichtigen. Die Jahresabrechnung ist daher eine **Einnahmen- und Ausgabenrechnung** (BGH NJW 2012, 1434 Rn 16). Ob im betreffenden Wirtschaftsjahr Ausgaben erfolgt sind, bestimmt sich mithin nach dem **Abflussprinzip**, also danach, ob Geld den Verfügungsbereich der Wohnungseigentümergemeinschaft verlassen hat. Zur Saldierung von Fehlbuchungen s Rn 219.

231 Keine Ausgaben der Wohnungseigentümergemeinschaft sind Zahlungen eines Wohnungseigentümers oder eines **Dritten** auf eine Verbindlichkeit der Gemeinschaft mit **Tilgungswirkung**. Solche Leistungen dürfen daher nicht in der Jahresabrechnung auf die Wohnungseigentümer umgelegt werden (**aA** Drasdo ZWE 2011, 251, 253). Soweit ein Erstattungsanspruch gegen die Gemeinschaft besteht, ist dieser aber bei der Frage zu berücksichtigen, ob die Wohnungseigentümer – ggf durch Sonderumlage – Vorschüsse leisten müssen, um der Gemeinschaft die Erfüllung des Erstattungsanspruchs zu ermöglichen. Erst wenn diese Erfüllung erfolgt ist, liegt nach dem Abflussprinzip eine Ausgabe vor.

(3) Ausnahmen vom Abflussprinzip

232 Nur eine den Vorgaben der HeizKV entsprechende Verteilung entspricht ordnungsmäßiger Verwaltung (BGH 16. 9. 2022 – V ZR 214/21, ZMR 2023, 61 Rn 6; BGH NJW 2012, 1434 Rn 9). Das Gebot der verbrauchsabhängigen Umlage (§ 6 Abs 1 S 1 HeizKV) zwingt daher zu einer teilweisen **Ausnahme** vom **Ausgabenprinzip**: Die Jahresabrechnung muss nicht nur die Ausgaben für Heizung und Warmwasser, sondern auch den Wert der im Abrechnungszeitraum verbrauchten Brennstoffe ausweisen. Denn die HeizKV zwingt dazu, dass bei den Brennstoffen nicht die Ausgaben der Wohnungseigentümergemeinschaft, sondern die Verbrauchskosten nach den Regelungen der HeizKV verteilt werden. Eine etwaige Differenz zu den Ausgaben für Brennstoffe ist hingegen nach dem Schlüssel aus § 16 Abs 2 WEG umzulegen (Rn 243).

233 Für **andere** verbrauchsabhängig zu verteilende **Ausgaben**, etwa Wasserkosten, gelten die soeben beschriebenen Ausnahmen nach hier vertretener Ansicht hingegen nicht (Rn 243).

(4) Beschränkung auf verteilungsrelevante Ausgaben

234 Bis zum WEMoG 2020 war es ein Dogma, dass in der Jahresabrechnung die Ausgaben vollständig aufgeführt werden, also einschließlich **nicht verteilungsrelevanter Zahlungsabflüsse** (BGH 25. 9. 2020 – V ZR 80/19, ZMR 2021, 132 Rn 18). Diese Meinung ist durch die Gesetzesreform überholt. Denn die Jahresabrechnung dient nur noch der Ermittlung von Nachschuss- oder Erstattungsansprüchen. Ausgaben, die für die Berechnung dieser Ansprüche irrelevant sind, haben in der Jahresabrechnung daher **keinen zwingenden Platz**. Werden solche nicht verteilungsrelevanten Ausgaben aus Informationsgründen dennoch in der Jahresabrechnung mitgeteilt, ist das entsprechend zu kennzeichnen (vgl BGH NJW 2012, 1434 Rn 16), um die Prüffähigkeit nicht zu beeinträchtigen.

bb) Einzelne verteilungsrelevante Ausgaben

235 In die Jahresabrechnung sind etwa **sämtliche** im Abrechnungszeitraum von der Gemeinschaft geleisteten Zahlungen für die **Heizwärme- und Warmwasserversorgung** auf-

zunehmen (BGH NJW 2012, 1434 Rn 16). Kommt es unterjährig zu Erstattungen des Versorgers, verstoßen Saldierungen gegen das Gebot der Prüffähigkeit (Rn 219). Zu den Besonderheiten bei der Verteilung dieser Ausgaben Rn 242.

Auch Ausgaben aufgrund eines **Rechtsstreits** sind in die Jahresabrechnung aufzunehmen. Das WEMoG 2020 hat die diesbezüglichen Probleme des alten Rechts durch die Änderungen in § 16 WEG – insbesondere die Streichung von § 16 Abs 8 WEG aF – gelöst. Die abweichende Rspr zum alten Recht (BGH NJW 2015, 930 Rn 30) ist daher überholt. Zu den verteilungsrelevanten Ausgaben gehören auch solche, die **zu Unrecht** erfolgt sind (BGH NJW 2011, 1346 Rn 6 f). 236

Die bei einem **Darlehen** anfallenden Raten (Tilgung, Zinsen) sind Ausgaben der Wohnungseigentümergemeinschaft, die daher in der Abrechnung des jeweiligen Wirtschaftsjahres auszuweisen sind. Verteilungsrelevant sind grds auch Ausgaben der Gemeinschaft zwecks Regulierung eines Schadens im Sondereigentum bei der **Gebäudeversicherung** auf fremde Rechnung (Rn 14): Hat der Wohnungseigentümer den versicherten Schaden in seinem Sondereigentum beseitigt, steht ihm nach hM gegen die Gemeinschaft ein Erstattungsanspruch zu, der nicht etwa um einen Selbstbehalt zu kürzen ist (BGH 16. 9. 2022 – V ZR 69/21, NJW 2023, 63 Rn 33). Die zwecks Regulierung des Schadens entstandenen Ausgaben der Gemeinschaft – sei es, weil die Gemeinschaft die Beseitigung beauftragt oder den Wohnungseigentümern diesbezügliche Kosten erstattet hat – sind mithin auf sämtliche Wohnungseigentümer in der Jahresabrechnung zu verteilen (BGH 16. 9. 2022 – V ZR 69/21, NJW 2023, 63 Rn 22 und Rn 33; **aA** etwa ARMBRÜSTER ZWE 2019, 327). Eine Ausnahme gilt nach dem Sondermassen-Prinzip (Rn 14), wenn die Gemeinschaft von der Gebäudeversicherung eine Leistung erhalten hat, die sich auf das Sondereigentum bezieht. Diese ist „außerhalb der Jahresabrechnung" an den berechtigten Wohnungseigentümer auszukehren und daher nicht verteilungsrelevant (HOGENSCHURZ/ELZER § 19 Rn 127; dennoch für Darstellung in der Abrechnung BÄRMANN/DÖTSCH § 19 Rn 192). 237

cc) Einzelne nicht verteilungsrelevante Ausgaben

Die Jahresabrechnung dient dazu, eine sich nach Abzug der Soll-Vorschüsse ergebende Unter- oder Überdeckung zu ermitteln. Deshalb sind grds sämtliche Ausgaben verteilungsrelevant, weil die Wohnungseigentümer ihre Vorschüsse nicht für konkrete Ausgaben leisten. Es kann daher grds nicht behauptet werden, eine bestimmte Ausgabe sei von den Wohnungseigentümern bereits finanziert. Eine Ausnahme gilt, wenn eine Ausgabe aus einer **Rücklage** erfolgte, die dem Zweck diente, die in Rede stehende Ausgabe abzudecken. Denn dann haben die Wohnungseigentümer diese Ausgabe bereits durch ihre Zuführungen zur Rücklage finanziert. Solche Ausgaben sind daher nicht verteilungsrelevant. 238

Ebenso wenig verteilungsrelevant sind Ausgaben, soweit sie durch eine **Darlehensaufnahme** finanziert werden (DRASDO NZM 2014, 289, 292 f). Denn in diesem Fall erfolgt die Finanzierung durch die Wohnungseigentümer in Form der Verteilung von Zins und Tilgung. Ebenfalls nicht verteilungsrelevant ist die **Auskehrung** von **Sondermassen**, die vermögensrechtlich einzelnen Wohnungseigentümern individuell zugeordnet sind, etwa auf das Sondereigentum bezogene Versicherungsleistungen (Rn 237). 239

d) Verteilung der Gesamtausgaben (Berechnung Einzelausgaben)

240 Sind die verteilungsrelevanten Gesamtausgaben ermittelt, so müssen diese in der Jahresabrechnung in einem nächsten Schritt auf die **einzelnen Wohnungseigentümer verteilt** werden.

aa) Der Verteilungsschlüssel

241 Die Gesamtausausgaben sind nach dem in § 16 Abs 2 WEG geregelten Schlüssel auf die Wohnungseigentümer zu verteilen. Nach dieser Regelung kann der Schlüssel für einzelne Kostengruppen unterschiedlich bestimmt werden. Ist dies geschehen, ist in der Jahresabrechnung eine **Unterteilung** nach diesen **Ausgabegruppen** erforderlich, damit die Abrechnung prüffähig ist. Wegen der Details der Festlegung des Verteilungsschlüssels ist auf die Kommentierung zu § 16 WEG (Staudinger/Lehmann-Richter [2023] § 16 WEG Rn 85 ff) zu verweisen.

bb) Ausgaben und Kosten für Heizung und Warmwasser

242 Nur eine den Vorgaben der HeizKV entsprechende Verteilung ist ordnungsmäßig (BGH 16. 9. 2022 – V ZR 214/21, ZMR 2023, 61 Rn 18; 10. 2. 2023 – V ZR 246/21, NJW 2023, 2190 Rn 24; NJW 2012, 1434 Rn 9). Nach § 6 Abs 1 S 1 HeizKV sind die Kosten des Betriebs der Anlagen iSd § 7 ff HeizKV im Abrechnungszeitraum **(teilweise) verbrauchsabhängig** umzulegen. Das macht die Festlegung des verbrauchsabhängigen Anteils innerhalb der Spanne des § 7 Abs 1 S 1, 8 Abs 1 HeizKV erforderlich (dazu Staudinger/Lehmann-Richter [2023] § 16 WEG Rn 81).

243 Der **Kostenbegriff** der HeizKV setzt sich aus verschiedenen Positionen zusammen, wie etwa § 7 Abs 2 HeizKV für die zentrale Heizungsanlage verdeutlicht. Von diesen Kosten sind die Brennstoffkosten nach dem sog Leistungsprinzip zu ermitteln: Kosten sind nicht die Ausgaben der Wohnungseigentümergemeinschaft, sondern der Wert der im Abrechnungszeitraum verbrauchten Brennstoffe (BGH 1. 2. 2012 – VIII ZR 156/11, WuM 2012, 143 Rn 12). Für andere Positionen gilt dies nicht; diese sind zwar ebenfalls verbrauchsabhängig umzulegen, ihre Berechnung kann aber nach dem Abflussprinzip erfolgen (BGH 11. 11. 2009 – VIII ZR 221/08, WuM 2010, 33, Reinigungskosten). (Nur) bei den **Brennstoffen** zwingt die HeizKV daher zu einer **gespaltenen Verteilung**: Übersteigen die Brennstoffkosten die Ausgaben für Brennstoffe im Abrechnungszeitraum, so ist die Differenz („Brennstoffspitze") nach dem gem § 16 Abs 2 WEG geltenden Schlüssel umzulegen (BGH NJW 2012, 1434).

244 Die **Brennstoffspitze** wird auf diese Weise **zweimal verteilt**, weil im nächsten Abrechnungszeitraum die bereits über die Ausgabenverteilung beglichenen Brennstoffe erneut mit ihrem Wert umgelegt werden. Nach hM entscheiden die Wohnungseigentümer durch Beschluss, wie mit den Beiträgen, die auf der „Doppelumlage" beruhen, umzugehen ist (Hügel/Elzer § 28 Rn 157 m Nachw). Nach hier vertretener Ansicht fallen auch diese Beiträge als Einnahmen unter das Saldierungsgebot und dürfen daher nicht ausgeschüttet werden (Rn 9). Sie sind letztlich gesetzlich angeordnet, weshalb die Bezeichnung als „fiktive Einnahmen" (so LG Frankfurt/M 28. 5. 2020 – 2-13 S 6/19, ZMR 2020, 783) den Fall nicht trifft.

245 Kommt es innerhalb eines Abrechnungszeitraums zu einem **Eigentümerwechsel**, so verpflichtet § 9b Abs 1 HeizKV die Gemeinschaft zur Zwischenablesung und § 9b Abs 2 HeizKV zu einer Kostenaufteilung. Das Finanzierungssystem der Gemein-

schaft ermöglicht eine solche Aufteilung in Bezug auf den Eigentümerwechsel aber nicht; denn erst der Beschluss nach § 28 Abs 2 S 1 WEG legt die Kosten verbindlich um, und dieser kann keine Regelungen zu Lasten ausgeschiedener Eigentümer treffen. Das diesem Umstand Rechnung tragende Fälligkeitsprinzip steht also im Spannungsverhältnis zur HeizKV. Das bedeutet aber nicht, dass dieses Prinzip insoweit gegen die HeizKV verstößt. Denn der Zweck der HeizKV, durch die verbrauchsabhängige Abrechnung einen Anreiz für den sparsamen Umgang mit Energie zu setzen, wird durch das wohnungseigentumsrechtliche Abrechnungssystem nicht gefährdet. Denn der veräußernde Eigentümer muss damit rechnen, im Innenverhältnis für die verursachten Kosten aufkommen zu müssen und wird sich daher – bei typisierender Betrachtung – entsprechend verhalten.

Zur Zwischenablesung ist die Wohnungseigentümergemeinschaft verpflichtet. Der **246** Verteilungsschlüssel der dabei entstehenden Kosten ist umstritten: Subsumiert man die **Kosten der Zwischenablesung** unter das Merkmal „Kosten der Berechnung" (§ 7 Abs 2 HeizKV), sind die Kosten nach dem für die Heizkostenverteilung maßgeblichen Schlüssel umzulegen (KG NJW 2002, 2798). Sieht man dies anders, so greift § 16 Abs 2 S 1 WEG (Jennissen ZWE 2011, 153, 157). Eine abweichende Kostenverteilung kann nach Maßgabe des § 16 Abs 2 S 2 WEG beschlossen werden. § 2 HeizKV steht wegen § 9b Abs 3 HeizKV einem solchen Beschluss auch dann nicht entgegen, wenn man die Nutzerwechselkosten unter § 7 Abs 2 HeizKV subsumiert. Zwar regelt § 9b HeizKV die Kosten der Zwischenablesung nicht, seinem Abs 3 ist aber die Wertung zu entnehmen, dass die Folgen eines Nutzerwechsels rechtsgeschäftlich geregelt werden können.

cc) Sonstige verbrauchsabhängig zu verteilende Ausgaben

Fraglich ist, ob die zu den Brennstoffkosten entwickelte Ausnahme vom Abflussprin- **247** zip bei anderen Positionen entsprechend gilt, die aufgrund einer Regel in der Gemeinschaftsordnung oder eines Beschlusses verbrauchsabhängig zu verteilen sind, zB **Kalt- und Abwasser**. Das wird verbreitet angenommen (BayObLG WuM 2002, 333; OLG Köln ZMR 2005, 649; Häublein ZWE 2011, 1, 3). Damit wird von § 28 Abs 2 S 2 WEG abgewichen, der eine Verteilung der Ausgaben, nicht aber des kostenmäßigen Werts von Verbrauchstoffen vorschreibt. Auf einen Beschluss kann diese Abweichung vom Gesetz mangels Beschlusskompetenz nicht gestützt werden (Rn 27). Ist die verbrauchsabhängige Verteilung hingegen in der Gemeinschaftsordnung angeordnet, kommt in Betracht, dieser Regelung auch eine Abweichung vom Abflussprinzip zu entnehmen. Das bedarf aber besonderer Anhaltspunkte. Fehlen solche, verbleibt es – ebenso wie bei einem durch Beschluss eingeführten Schlüssel – bei der Ausgabenermittlung nach dem Abflussprinzip. Die so ermittelten Ausgaben werden indes verbrauchsabhängig verteilt; dafür sind die Verbrauchswerte zueinander in Verhältnis zu setzen.

e) Ermittlung der verteilungsrelevanten Gesamteinnahmen

Nach § 28 Abs 2 S 2 WEG sind bei der Berechnung der Abrechnungsspitze auch die **248** Einnahmen der Wohnungseigentümergemeinschaft zu berücksichtigen. Dies betrifft aber nur Einnahmen, die **verteilungsrelevant** sind.

aa) Zuflussprinzip

§ 28 Abs 2 S 2 WEG definiert den Einnahmenbegriff nicht. Er muss daher ausgelegt **249** werden. Hier gelten die zum Ausgabenbegriff gewonnen Erkenntnisse entsprechend

(Rn 229): Einnahmen sind nur **Geld**, das in dem betroffenen Abrechnungszeitraum in den Verfügungsbereich der Wohnungseigentümergemeinschaft gelangt ist (Zuflussprinzip). Daher sind auch Einnahmen, die ein anderes Wirtschaftsjahre betreffen, aber im Abrechnungszeitraum zugeflossen sind, in die Jahresabrechnung aufzunehmen (vgl BayObLG WuM 1993, 92).

250 Nach der zutreffenden Rspr des BGH (NJW 2010, 2127 Rn 10, 14) dürfen in der Jahresabrechnung nur tatsächliche Einnahmen berücksichtigt werden. Die früher verbreitete Praxis, Ausgaben aus der **Rücklage** durch eine **fiktive Einnahme** zu spiegeln, um eine diesbezügliche Nachschusspflicht zu verhindern, ist **nicht ordnungsgemäß**. Da aber Ausgaben aus der Rücklage materiell-rechtlich keine Nachschusspflicht rechtfertigen (Rn 238), führt diese fehlerhafte Praxis nicht zu einem beitragsrelevanten Mangel. Eine Beschlussaufhebung durch das Gericht kann deshalb hierauf nicht gestützt werden. Es handelt sich um einen bloßen Darstellungsfehler, den der Verwalter durch eine entsprechende Erklärung nachbessern kann.

bb) Einzelne verteilungsrelevante Einnahmen

251 Leistungen von **Versicherern** an die Gemeinschaft, zB aufgrund einer Gebäudeversicherung, sind als verteilungsrelevante Einnahme zu berücksichtigen (zum Problem der Mitversicherung des Sondereigentums Rn 14). Verteilungsrelevant sind auch (andere) **Ersatzleistungen**, zB des aufteilenden Eigentümers an die Gemeinschaft im Rahmen eines Vergleichs wegen Baumängeln. Daran ändert sich nichts, wenn die im Abrechnungszeitraum zugeflossenen Leistungen von der Gemeinschaft im Abrechnungszeitraum zweckentsprechend eingesetzt wurden. Einer Verrechnung außerhalb der Jahresabrechnung steht das Saldierungsverbot (Rn 219) entgegen. Auch wenn die Maßnahmen (etwa: Beseitigung eines Versicherungsschadens) nicht in dem Wirtschaftsjahr ausgeführt wurden, in dem die Ersatzleistung zugeflossen ist, bestehen keine Besonderheiten: Erfolgte die Leistung des Dritten im vorangegangenen Wirtschaftsjahr, entspricht es regelmäßig ordnungsmäßiger Verwaltung, die noch nicht verbrauchten Gelder der Rücklage zuzuführen; es geht dann um die Konstellationen der jahresübergreifenden Baumaßnahmen (Rn 261). Erfolgte die Leistung des Dritten erst im nächsten Wirtschaftsjahr, sind die Einnahmen verteilungsrelevant, weil die Wohnungseigentümer die Maßnahme dann bereits anderweitig finanziert haben.

252 Umstritten ist die Behandlung von **Zinsen**, die der Gemeinschaft zugeflossen sind: Während eine Ansicht meint, als Einnahme sei der Bruttobetrag der Zinsen anzugeben und die Zinsabschlagsteuer (nebst Solidaritätszuschlag) eine Ausgabe (OLG Düsseldorf ZMR 1999, 275; LG München I ZMR 2009, 947, 948), plädiert die Gegenansicht dafür, als Einnahmen nur den der Gemeinschaft zugeflossenen Nettobetrag zu berücksichtigen (LG München I ZWE 2009, 112, 114; Niedenführ NZM 1999, 640, 646). Die zuletzt genannte Ansicht ist konsequent, da es sich um eine Quellensteuer handelt, dh die einbehaltenen Abgaben sind keine Einnahme der Gemeinschaft (gleichwohl für eine wahlweise Darstellung Elzer ZWE 2011, 112, 114).

cc) Einzelne nicht verteilungsrelevante Einnahmen

253 **Beitragsleistungen** der Wohnungseigentümer sind keine verteilungsrelevanten Einnahmen der Wohnungseigentümergemeinschaft (vgl BGH 10. 7. 2020 – V ZR 178/19, ZMR 2020, 857 Rn 22). Das ergibt sich für die **Vorschüsse** zu den **Ausgaben** des betroffenen

Wirtschaftsjahres daraus, dass diese von der Abrechnungssumme als Soll-Vorschüsse abzuziehen sind, damit die Abrechnungsspitze ermittelt werden kann (Rn 224). Für die Vorschüsse zu den **Rücklagen** liegt es daran, dass diese nicht der Deckung von Ausgaben dienen. Aber auch verspätet (oder verfrüht) geleistete Ausgaben-Vorschüsse anderer Abrechnungszeiträume sind keine verteilungsrelevanten Einnahmen. Denn diese dienen ebenfalls der Deckung von Ausgaben und dürfen daher nicht beitragsmindernd berücksichtigt werden.

Ein **Beispiel** soll dies illustrieren: In einer 2-er Gemeinschaft mit einer pari-Kosten- 254
verteilung schulden E1 und E2 einen Ausgaben-Vorschuss von je 1000 Euro/Jahr. E1 leistet diesen im Wirtschaftsjahr 01 nicht. In diesem Jahr hat die Wohnungseigentümergemeinschaft Gesamtausgaben von 2000 Euro und mit Ausnahme der Beiträge des E2 keine Zahlungseingänge. In der Jahresabrechnung des Jahres 01 beträgt die Abrechnungsspitze von E1 und E2 je 0 Euro. Zahlt E1 seinen Vorschuss für das Jahr 01 im Jahr 02 nach, ist dies nicht verteilungsrelevant. Denn dieser Vorschuss dient dazu, die in der Jahresabrechnung 01 berechneten Ausgaben zu decken.

Auch auf **Sonderumlagebeschlüssen** beruhende Beiträge sind keine verteilungsrele- 255
vanten Einnahmen. Denn auch hierbei handelt es sich um gebundenes Vermögen. Dazu eine Abwandlung des obigen Beispiels: Wegen des Zahlungsausfalls von E1 wird im Jahr 01 eine Sonderumlage von insgesamt 2000 Euro beschlossen. E2 zahlt im Jahr 01 neben dem bereits beschlossenen Vorschuss von 1000 Euro auch seine Sonderumlage von 1000 Euro, E1 zahlt nichts. Die Abrechnungsspitzen von E1 und E2 im Jahr 01 betragen jeweils 1000 Euro zu ihren Gunsten. Die Vorschusspflichten sind deshalb durch Beschluss nach § 28 Abs 2 S 1 WEG entsprechend anzupassen. E1 schuldet danach noch 1000 Euro, E2 hat einen Erstattungsanspruch in Höhe von 1000 Euro. Zahlt E1 seine Beitragsschuld, kann die Gemeinschaft damit die Forderung von E2 aus der Abrechnung 01 befriedigen.

Ebenfalls nicht verteilungsrelevant sind **Darlehen**, welche die Wohnungseigentümer- 256
gemeinschaft aufgenommen hat. Denn die zugeflossene Valuta sollen nach dem Zweck der Darlehensaufnahme nicht an die Eigentümer ausgekehrt werden, sondern der Tilgung einer Schuld dienen. Gleiches gilt für **Sondermassen**, die vermögensrechtlich einzelnen Wohnungseigentümern individuell zugeordnet sind. Ein Beispiel sind auf das Sondereigentum bezogene Versicherungsleistungen, welche der Wohnungseigentümergemeinschaft zugeflossen sind (Rn 14). Diese müssen in der Jahresabrechnung nicht mitgeteilt werden (Hogenschurz/Elzer § 19 Rn 127; **aA** Bärmann/Dötsch § 19 Rn 192).

f) Verteilung der Gesamteinnahmen (Berechnung der Einzeleinnahmen)

Sind die verteilungsrelevanten Gesamtausgaben ermittelt, so müssen diese in der 257
Jahresabrechnung in einem nächsten Schritt auf die einzelnen Wohnungseigentümer verteilt werden. Den **Verteilungsschlüssel** kann die Gemeinschaftsordnung bestimmen. Fehlt eine solche Regelung, gilt nach § 16 Abs 1 S 1 und S 2 WEG das Verhältnis der Miteigentumsanteile. Ist vereinbart, dass die Einnahmen je nach ihrer Art nach unterschiedlichen Schlüsseln verteilt werden, ist in der Jahresabrechnung eine **Unterteilung** nach diesen **Einnahmegruppen** erforderlich, damit die Abrechnung prüffähig ist (Rn 218).

258 Ein Beispiel für eine solche Unterteilung ist die Aufnahme eines **Darlehens** im Interesse einer Eigentümergruppe, während eine andere den erforderlichen Kapitalbedarf durch Vorschüsse aufbringt („gespaltene Finanzierung"). § 16 Abs 2 S 2 WEG erlaubt eine Beschlussfassung, die der Erwartungshaltung der Eigentümer gerecht wird, nämlich, dass die Zins- und Tilgungsleistungen im Innenverhältnis nur von den Eigentümern erbracht werden, die sich nicht an der Sonderumlage beteiligt haben und in deren Interesse daher das Darlehen aufgenommen wurde (näher Häublein ZWE 2015, 61, 70 ff).

g) Berechnung der Einzelabrechnungssummen

259 Den Begriffen Gesamteinnahmen/Gesamtausgaben und Einzeleinnahmen/Einzelausgaben vergleichbar kann man auch zwischen Gesamtabrechnungssumme und Einzelabrechnungssumme unterscheiden. Jene ist die Differenz zwischen Gesamtausgaben und Gesamteinnahmen, diese die Differenz zwischen Einzelausgaben und Einzeleinnahmen. Für die Berechnung der nach § 28 Abs 2 S 1 WEG zu beschließenden Nachschüsse/Vorschussanpassungen sind nur die Einzelabrechnungssummen relevant. Das sind die **Beträge**, die jeder einzelne Eigentümer zu den um die Einnahmen bereinigten Ausgaben – also den Kosten – im Abrechnungszeitraum **insgesamt beitragen** muss. Die Jahresabrechnung muss diese daher ausweisen. Die Angabe der Gesamtabrechnungssumme ist für die Prüffähigkeit und damit auch die Jahresabrechnung hingegen entbehrlich.

h) Berechnung der Einzelabrechnungsspitzen

260 Auch bei der Abrechnungsspitze kann man zwischen Gesamt- und Einzelabrechnungsspitzen unterscheiden. Für die Berechnung der nach § 28 Abs 2 S 1 WEG zu beschließenden Nachschüsse/Vorschussanpassung sind nur die Einzelabrechnungsspitzen relevant; die Gesamtabrechnungsspitze ist für die Prüffähigkeit und damit auch die Jahresabrechnung hingegen ohne Bedeutung. Die Einzelabrechnungsspitze ist die **Differenz** zwischen **Einzelabrechnungssumme und** den **Soll-Vorschüssen**, also dem Betrag, den der betreffende Wohnungseigentümer für den Abrechnungszeitraum als Vorschuss schuldet.

261 Die zutreffende Berechnung der Einzelabrechnungsspitze erfordert die **Subtraktion** der **gesamten Soll-Vorschüsse**. Eine Ausnahme ist nicht anzuerkennen, und zwar auch nicht bei Finanzierungsentscheidungen, die über den Abrechnungszeitraum hinausreichen. Das kommt etwa bei **jahresübergreifenden Baumaßnahmen** vor, die im Abrechnungszeitraum nicht abgeschlossen wurden. Teilweise wird allerdings vertreten, dass über diesbezügliche Vorschüsse erst nach Abschluss der Arbeiten gesondert abzurechnen sein (AG Kerpen ZMR 1998, 376; bestätigt durch LG Köln 1. 7. 1997 – 29 T 21/97; vgl auch KG ZMR 2004, 376; Köhler ZMR 1998, 380). Die Gegenansicht lehnt dieses Vorgehen richtigerweise ab (Drasdo ZWE 2000, 248; H Müller ZWE 2011, 200, 201). Denn den entsprechenden Vorschüssen fehlt bereits eine Zweckbindung, weil Vorschüsse gem § 28 Abs 1 S 1 WEG nicht auf (bestimmte) Kosten geleistet werden. Soll eine Erstattung der Vorschüsse verhindert werden, muss nach § 28 Abs 2 S 1 WEG eine entsprechende Erhöhung der Rücklage beschlossen werden.

i) Ergebnis und Beschlussvorschlag

262 Die Jahresabrechnung muss, um ihrer Beschlussvorbereitungsfunktion gerecht zu werden, zuletzt mitteilen, in welcher Höhe für jeden Eigentümer ein Nachschuss zu beschließen oder die Vorschüsse anzupassen sind. Dieser Beschlussvorschlag muss zwischen den **Beiträgen** zu den **Kosten** und den Beiträgen zu den **Rücklagen** differenzieren. Die für die Beiträge zu den Kosten erforderliche Beschlussfassung ergibt sich aus der Abrechnungsspitze. Bei den Beiträgen zu den Rücklagen wird sich typischerweise kein Änderungsbedarf ergeben. Das macht eine Beschlussfassung zu diesem Punkt aber nicht entbehrlich, weil die diesbezüglichen Vorschüsse nach § 28 Abs 2 S 1 WEG zu bestätigen sind. Sollte nach der Einschätzung des Verwalters die Rücklage der Höhe nach verändert werden, ist der Anpassungsbetrag analog der Abrechnungsspitze auszuweisen. Ist der Beschlussvorschlag seinem Wortlaut her unklar, kann **ausgelegt** werden (Rn 35).

Ein **Beispiel** soll den Beschlussvorschlag illustrieren: In einer 2-er Gemeinschaft mit einer pari-Kostenverteilung schulden beide Eigentümer gemäß Beschluss nach § 28 Abs 1 S 1 WEG einen Kostenvorschuss von je 1.000 Euro/Jahr und einen Rücklagenvorschuss von 100 Euro/Jahr. Wegen Zahlungsausfalls des E1 wird eine Sonderumlage von insgesamt 2.000 Euro beschlossen. E2 zahlt sämtliche Vorschüsse, E1 zahlt nichts. Die Gesamtabrechnungssumme beträgt 2.000 Euro. Der Beschlussvorschlag könnte lauten (s auch Rn 91): „*Die Vorschüsse beider Eigentümer zu den Kosten werden von 2.000 Euro auf 1.000 Euro reduziert. Die Vorschüsse zu den Rücklagen werden nicht angepasst.*" – Dadurch entsteht für E2 ein Erstattungsanspruch aus § 812 Abs 1 S 2 Var 1 BGB iHv 1.000 Euro (Rn 185), während E1 aus dem Vorschussbeschluss zur Zahlung von 1.000 Euro verpflichtet bleibt. Leistet E1, kann die Gemeinschaft den Erstattungsanspruch des E2 befriedigen. 263

Werden Beiträge zu einer **Rücklage angepasst**, kann dies zur Notwendigkeit einer **Verrechnung** führen. Das ist etwa bei **jahresübergreifenden Baumaßnahmen** (vgl Rn 261) denkbar. Beispiel: In den Vorschüssen zu den Kosten wurde eine umfangreiche Baumaßnahme eingeplant, die im Abrechnungszeitraum nicht abgeschlossen wurde. Ein Teil der kalkulierten Ausgaben steht daher noch aus. Deshalb ergibt die Abrechnungsspitze bei den Kosten ein Guthaben der Wohnungseigentümer. Die noch nicht verbrauchten Vorschüsse sollen nach dem Vorschlag des Verwalters nicht ausgezahlt, sondern der Erhaltungsrücklage zugeführt werden. Der Beschlussvorschlag könnte auszugsweise lauten: „*Die Vorschüsse des Wohnungseigentümers der Einheit Nr 1 zu den Kosten werden von 12.000 auf 10.000 Euro angepasst. Seine Vorschüsse zur Erhaltungsrücklage werden von 1.000 Euro auf 3.000 Euro erhöht*" – Da es sich bei den Beiträgen zu den Kosten und zu den Rücklagen um getrennte Positionen handelt, die jeweils eigene Forderungen darstellen, besteht keine gesetzliche Verrechnungsregelung. Die Wohnungseigentümer können aber nach § 28 Abs 3 WEG die Verrechnung beschließen, da es sich um eine Regelung über die Art und Weise der Erfüllung handelt. Beispiel: „*Der Anspruch des Wohnungseigentümers auf Erstattung überzahlter Vorschüsse zu den Kosten wird mit dem Anspruch der Wohnungseigentümergemeinschaft auf Zahlung eines Nachschusses in die Erhaltungsrücklage verrechnet.*" 264

7. Wirtschaftsplan: Ordnungsmäßige Ermittlung der Vorschüsse

Da der Wirtschaftsplan den Beschluss über die Vorschüsse vorbereitet, muss er diese den Vorgaben des **Binnenrechts** (Rn 204) der Wohnungseigentümergemeinschaft entsprechend **bestimmen**. 265

a) Allgemeines

266 Die Berechnung der Vorschüsse im Wirtschaftsplan erfordert **folgende Angaben**:

1. Ermittlung der voraussichtlichen, verteilungsrelevanten Ausgaben der Gemeinschaft;
2. Verteilung dieser Ausgaben unter den Wohnungseigentümern;
3. Ermittlung der voraussichtlichen, verteilungsrelevanten Einnahmen der Gemeinschaft;
4. Verteilung dieser Einnahmen unter den Wohnungseigentümern;
5. Berechnung des Vorschusses zu den voraussichtlichen Kosten durch Subtraktion des auf die einzelnen Wohnungseigentümer entfallenden Anteils an den voraussichtlichen Einnahmen von ihrem Anteil an den voraussichtlichen Ausgaben;
6. Ergebnis und Vorschlag in welcher Höhe – getrennt nach Beiträgen zu den Ausgaben und zu den Rücklagen – Vorschüsse zu beschließen sind.

267 Der Wirtschaftsplan muss diese Rechenschritte in transparenter Art und Weise enthalten, um prüffähig zu sein (Rn 212). Die Art der Darstellung schreibt das Gesetz nicht konkret vor. Es gilt daher der Maßstab **ordnungsmäßiger Verwaltung**. In der Praxis werden die Rechenschritte 1 und 3 verbreitet im sog **Gesamtwirtschaftsplan** und die übrigen Rechenschritte in den sog **Einzelwirtschaftsplänen** dargestellt. Das ist zulässig, weil die Erstellung des Wirtschaftsplans in einem Einzeldokument nicht vorgeschrieben ist. Der Gesamtwirtschaftsplan und die Summe der Einzelwirtschaftspläne bilden in diesen Fällen den Wirtschaftsplan iSd § 28 Abs 1 S 2 WEG.

268 Wenn die Gemeinschaftsordnung keinen abweichenden Abrechnungszeitraum bestimmt, sind im Wirtschaftsplan die voraussichtlichen Einnahmen und Ausgaben des **Kalenderjahrs** zu berücksichtigen. Für das Jahr der **Begründung von Wohnungseigentum** ist eine „Rumpfplan" aufzustellen, wobei der Beginn der Wirtschaftsperiode durch das Entstehen der Gemeinschaft (§ 9a Abs 1 S 2 WEG) bestimmt wird.

b) Prognoseentscheidung

269 Dem Umstand, dass die Vorschüsse sich auf die Differenz zwischen voraussichtlichen Einnahmen und Ausgaben beziehen, ist ein **Beurteilungsspielraum** beim Finanzierungsbedarf immanent. Gleiches gilt für die Zuführungen zu der oder den Rücklagen. Der Wirtschaftsplan ist mithin kraft Natur der Sache eine Prognoseentscheidung. Das befreit den Verwalter aber nicht von jeglichen Sorgfaltspflichten. Denn er muss den Finanzbedarf der Gemeinschaft unter sorgfältiger Schätzung der voraussichtlichen Einnahmen und Ausgaben ermitteln. Es sind nämlich Vorschüsse festzulegen, die es dem Verwalter ermöglichen, die voraussichtlich entstehenden Forderungen gegen die Gemeinschaft zu begleichen (BGH 25. 9. 2020 – V ZR 80/19, ZMR 2021, 132 Rn 23). Sind **Beitragsausfälle** mit hinreichender Wahrscheinlichkeit zu erwarten, so ist dies im Wirtschaftsplan angemessen zu berücksichtigen (vgl BGH ZMR 2012, 380 Rn 15).

c) Voraussichtliche Ein- und Ausgaben und ihre Verteilung

In den Wirtschaftsplan sind (nur) solche Einnahmen und Ausgaben der Gemeinschaft einzustellen, die im jeweiligen Wirtschaftsjahr **zu erwarten** sind (vgl BGH NJW 2015, 930 Rn 26). Wie auch bei der Jahresabrechnung (Rn 234 und 248) sind mit diesen Merkmalen nur verteilungsrelevante Positionen gemeint. Die im Wirtschaftsplan ausgewiesenen und damit zu erwartenden Beiträge der Wohnungseigentümer sind mithin keine Einnahmen (Hügel/Elzer § 28 Rn 43; **aA** Bärmann/Becker § 28 Rn 38). 270

Umstritten ist, ob eine **de-minimis-Regel** anzuerkennen ist, der Verwalter also **Kleinstbeträge** unberücksichtigt lassen darf (dagegen OLG Köln ZMR 2008, 818; anders OLG München ZMR 2009, 630, 631 zu Zinseinnahmen). Die Frage kann nur praktisch werden, wenn der Verwalter Einnahmen und Ausgaben nach Positionen ohne eine Rubrik „Sonstiges" aufschlüsselt, weil das „Unterschlagen" von Kleinstbeträgen sein Ermessen bei der Gesamtbedarfsprognose nicht überschreiten wird. Dies zeigt, dass es letztlich um die Prüffähigkeit des Wirtschaftsplans (dazu Rn 212) geht, also darum, ob der Plan bei einer Aufschlüsselung den Eindruck der Unvollständigkeit erweckt. Das ist eine Frage der Umstände des Einzelfalls. 271

Die voraussichtlichen Einnahmen und Ausgaben sind nach dem geltenden **Schlüssel** zwischen den Wohnungseigentümern zu verteilen. Dieser richtet sich nach § 16 Abs 1 S 1 2, Abs 2 WEG, der auch für die Verteilung voraussichtlicher Einnahmen und Ausgaben gilt (Staudinger/Lehmann-Richter [2023] § 16 WEG Rn 7). Gelten für einzelne Einnahmen oder Ausgaben unterschiedliche Verteilungsmaßstäbe, so ist der Wirtschaftsplan entsprechend zu unterteilen (statt vieler OLG Hamm ZMR 2009, 58); zur Aufschlüsselung auch Rn 216. 272

d) Zuführungen zu den Rücklagen

Der Verwalter muss im Wirtschaftsplan auch die Zuführungen zur Erhaltungsrücklage sowie zu weiteren, nach dem Binnenrecht zu bildenden Rücklagen festlegen. Auch hierbei steht ihm ein Beurteilungsspielraum zu (Rn 269). Dieser wird zur Erhaltungsrücklage durch die (umstrittene) Frage geprägt, welche **Höhe** diese **Rücklage** haben muss, um ordnungsmäßiger Verwaltung zu entsprechen (§ 19 WEG Rn 134). Es dürfte die Aufgabe des Verwalters sein, Beiträge zu den Rücklagen vorzuschlagen, die eine entsprechende Ansparung gewährleisten. 273

e) Beschlussvorschlag

Der Wirtschaftsplan muss, um seiner Beschlussvorbereitungsfunktion gerecht zu werden, zuletzt mitteilen, in welcher Höhe pro Wohnungseigentümer Vorschüsse zu beschließen sind. Dieser Beschlussvorschlag muss zwischen den **Beiträgen** zu den **Kosten** und den Beiträgen zu den **Rücklagen** differenzieren. Ist der Beschlussvorschlag seinem Wortlaut nach unklar, kann **ausgelegt** werden (Rn 35). 274

8. Sonderumlageplan

Die Vorbereitung eines Beschlusses über die Erhebung einer Sonderumlage (zu diesem Beschluss Rn 75) ist im Gesetz **nicht speziell geregelt**. Denn § 28 Abs 1 S 2, Abs 2 S 2 WEG sind nicht einschlägig, weil es in diesen Konstellationen weder darum geht, für ein ganzes Kalenderjahr den Beitragsbedarf zu prognostizieren noch darum, für eine abgelaufene Wirtschaftsperiode Nachschüsse zu ermitteln. Der BGH hat bislang 275 offengelassen, ob der Verwalter den Beschluss über eine Sonderumlage analog den Regelungen eines Wirtschaftsplans vorzubereiten hat (BGH ZMR 2012, 380 Rn 12). Er bezeichnet – wie viele andere auch – Sonderumlagen als **Nachtrag zum Wirtschaftsplan**, der dadurch ergänzt und geändert wird (BGHZ 108, 44, 47; ZMR 2012, 380 Rn 15; OLG Frankfurt ZMR 2009, 463, 464).

276 Das den Sonderumlagebeschluss vorbereitende Rechenwerk wird hier als „Sonderumlageplan" bezeichnet. Es bedarf keiner Analogie zu § 28 Abs 1 S 2 WEG, um eine Pflicht zur Erstellung eines solchen Plans zu begründen. Denn tritt ad hoc Kapitalbedarf ein, so entspricht es allein **ordnungsmäßiger Verwaltung**, dass dieser in einem Rechenwerk so aufbereitet wird, dass die erforderlichen Beitragsbeschlüsse gefasst werden. Die Wohnungseigentümergemeinschaft ist daher nach § 18 Abs 2 WEG zur Erstellung eines solchen Plans verpflichtet. Diese Vorbereitungspflicht hat der **Verwalter** kraft seines Amtes – wie bei anderen Beschlüssen auch – zu erfüllen.

277 Der Sonderumlageplan muss, um ordnungsmäßiger Verwaltung zu entsprechen, folgende **Angaben** enthalten (vgl BGHZ 108, 44, 47; BayObLG NJW 2003, 2323; NZM 1998, 337; ZMR 2005, 377):

1. Angabe der Höhe der Deckungslücke und schlagwortartige Beschreibung ihres Grundes;

2. Verteilung dieser Deckungslücke unter den Wohnungseigentümern;

3. Vorschlag, in welcher Höhe zu Lasten jedes Wohnungseigentümers Vorschüsse zu beschließen sind.

278 Es ist anerkannt, dass auch eine großzügig bemessene Sonderumlage, die auch zu erwartende Zahlungsausfälle bei den Wohnungseigentümern berücksichtigt, ordnungsmäßiger Verwaltung entspricht (BGH ZMR 2012, 380 Rn 15). Dieser den Wohnungseigentümern eingeräumte **Ermessenspielraum** gilt für den Verwalter bei der Beschlussvorbereitung gleichermaßen. Für den Sonderumlageplan gelten im Übrigen die **allg Prinzipien** für Wirtschaftsplan und Jahresabrechnung entsprechend (Rn 192 ff).

9. Sonderfall Mehrhausanlagen

279 Die Bildung von Untergemeinschaften in einer Mehrhausanlage (zum Begriff Rn 65) ändert nichts an der Pflicht des Verwalters, gemäß § 28 Abs 1 S 2, Abs 2 S 2 WEG Wirtschaftsplan und Jahresabrechnung für die „gesamte" Wohnungseigentümergemeinschaft aufzustellen. Eine abweichende Regelung in der Gemeinschaftsordnung ist nichtig (BGH 16. 7. 2021 – V ZR 163/20, NJW 2021, 3057 Rn 9). Der **BGH** hat bislang offengelassen, ob und wie in der Gemeinschaftsordnung eine Beschlusskompetenz der Mitglieder der Untergemeinschaft begründet werden kann, über die Kosten „ihres" Gebäudes zu entscheiden (BGH 16. 7. 2021 – V ZR 163/20, NJW 2021, 3057 Rn 15 ff).

280 Ist eine solche **Regelung wirksam** getroffen, folgt daraus die Pflicht des Verwalters, ergänzend zu den Gesamtrechenwerken auch gebäudebezogene Wirtschaftspläne und Abrechnungen aufzustellen (BGH ZWE 2012, 494 Rn 10; LG Hamburg ZMR 2016, 391,

392). Letztlich handelt es sich um einen Ausschnitt aus dem Problemkreis der **Aufschlüsselung** der Rechenwerke nach Ausgaben- und Einnahmegruppen (Rn 216).

10. Erlöschen der Pflicht zur Erstellung der Rechenwerke

Aus dem Zweck der Regelungen folgt, dass die Erfüllung der aus § 28 Abs 1 S 2, Abs 2 S 2 WEG folgenden Pflichten ein **prüffähiges** und **inhaltlich zutreffendes Rechenwerk** voraussetzt (LG Berlin 22. 6. 2018 – 85 S 23/17, ZMR 2018, 843; Hügel/Elzer § 28 Rn 110). Die zum Teil abweichende Rspr, wonach auch mit einer den **formellen** Anforderungen im Wesentlichen genügenden Jahresabrechnung erfüllt werden könne, weil die Wohnungseigentümer diese durch Beschluss als ordnungsgemäß billigen könnten (etwa OLG München 22. 11. 2006 – 34 Wx 055/06, NZM 2007, 292) ist seit der Änderung des Beschlussgegenstands durch das WEMoG 2020 überholt. 281

Fraglich ist, welche **Erfüllungshandlung** erforderlich ist, also ob und wie der Schuldner – Verwalter oder Wohnungseigentümergemeinschaft – dem Gläubiger – Wohnungseigentümergemeinschaft oder Wohnungseigentümer – Zugriff auf das soeben beschriebene Rechenwerk zu verschaffen hat. Das Gesetz regelt dies nicht ausdrücklich, weil seine diesbezügliche Anordnung („aufstellen") Raum für Interpretationen lässt. Das Problem wird in **Rspr** und **Lit** im Wesentlichen unter dem Blickwinkel diskutiert, ob ein Beitragsbeschluss rechtswidrig ist, wenn die Wohnungseigentümer nicht vorab durch Übersendung der Rechenwerke informiert werden. Die Frage harrt noch der höchstrichterlichen Klärung (Rn 53). 282

Stellungnahme: Die Erfüllung der Beschlussvorbereitungspflicht aus § 28 Abs 1 S 2, Abs 2 S 2 WEG durch Verwalter oder Wohnungseigentümergemeinschaft verlangt nicht, dass Wirtschaftsplan oder Jahresabrechnung den Wohnungseigentümern zugehen. Ausreichend ist vielmehr, dass diese Rechenwerke dergestalt im Gemeinschaftsvermögen vorgehalten werden, dass die Wohnungseigentümer die **Möglichkeit der Kenntnisnahme** haben. Der Verwalter erfüllt seine Pflicht gegenüber der Wohnungseigentümergemeinschaft mithin dadurch, dass er die Rechenwerke in das Gemeinschaftsvermögen überführt. Die Wohnungseigentümergemeinschaft wiederum erfüllt ihre Beschlussvorbereitungspflicht gegenüber den Eigentümern dadurch, dass sie diesen die Möglichkeit der Kenntnisnahme gibt. Da diese Pflicht Teil des allgemeinen Informationsanspruchs des Wohnungseigentümers ist, gelten die zu diesem Anspruch entwickelten Grundsätze (§ 18 WEG Rn 252 ff) entsprechend: Die Möglichkeit der Kenntnisnahme muss erst auf Anfrage gewährt werden. Aus dem beschlussvorbereitenden Zweck folgt aber, dass sich die Wohnungseigentümergemeinschaft (vertreten durch den Verwalter) in der Eigentümerversammlung auch ohne vorherige Anfrage erfüllungsbereit halten muss. 283

Aus dem Normzweck, eine Beschlussfassung vorzubereiten, ergeben sich besondere Erlöschensgründe: Der Anspruch auf Erstellung der Rechenwerke **entfällt** zum einen, sobald der betreffende **Beitragsbeschluss bestandskräftig** ist (Lehmann-Richter/Wobst WEG-Reform 2020 Rn 843). Zum anderen erlischt die Pflicht zur Aufstellung eines Wirtschaftsplans, wenn das in Rede stehende **Wirtschaftsjahr abgelaufen** ist. Denn dann ist nur noch die Jahresabrechnung geschuldet (vgl BGH NJW 2016, 3536 Rn 33). Beim Wirtschaftsplan ist indes als Ausnahme zu beachten, dass die Vorschüsse durch Zweitbeschluss angepasst werden müssen, wenn sich der Kapitalbedarf der 284

Gemeinschaft erhöht. In diesem Sonderfall besteht daher trotz Bestandskraft des Vorschussbeschlusses ein Anspruch auf Erstellung eines **Sonderumlageplans** (Rn 276).

11. Rechtsfolgen einer Pflichtverletzung

285 Es sind verschiedene Rechtsfolgen einer Verletzung der Pflicht zur ordnungsmäßigen Erstellung von Wirtschaftsplan und Jahresabrechnung zu unterscheiden.

a) Auswirkungen auf die Beitragsbeschlüsse

286 Ein fehlerhaft erstelltes Rechenwerk wirkt sich auf die Wirksamkeit der Beitragsbeschlüsse nur aus, wenn Wirtschaftsplan oder Jahresabrechnung **unzutreffende**, von den Wohnungseigentümern beschlossene **Beitragsansprüche** ausweisen. Andere Fehler, etwa eine intransparente Darstellung, sind für die Wirksamkeit der Beitragsbeschlüsse hingegen ohne Bedeutung. Gleiches gilt, wenn überhaupt keine Rechenwerke errichtet oder den Wohnungseigentümern zur Kenntnis gebracht wurden, die Beitragsbeschlüsse aber ordnungsmäßiger Verwaltung entsprechen, weil sie der Höhe nach zutreffend sind (Rn 54, sehr streitig).

b) Pflichtverletzung des Verwalters

287 Erstellt der Verwalter Wirtschaftsplan oder Jahresabrechnung nicht oder nicht ordnungsgemäß, kann die Wohnungseigentümergemeinschaft ihn auf **Leistung** in Anspruch nehmen. Sie wird dabei nach § 9b Abs 2 WEG vertreten. Der Anspruch gegen den Verwalter ist **unverjährbar** (Hügel/Elzer Rn 111; **aA** Bärmann/Becker Rn 136), was daraus folgt, dass der Anspruch der Wohnungseigentümer auf Erstellung der Rechenwerke aus § 18 Abs 2 WEG seinerseits nicht verjährt (§ 18 WEG Rn 178).

288 Der Klageantrag im Prozess lautet auf die Verurteilung, das – näher zu bezeichnende – Rechenwerk zu erstellen. Die **Vollstreckung** eines solchen Leistungsurteils erfolgt im Wege der Ersatzvornahme (§ 887 Abs 1 ZPO), denn bei der Aufstellung des Rechenwerks handelt es sich um eine vertretbare Handlung (vgl BGH 26. 2. 2021 – V ZR 290/19, ZWE 2021, 282; **aA** Grüneberg/Wicke Rn 25). Die abweichende Rspr des I. Zivilsenats zu § 28 Abs 3 WEG aF, die sich auf die Rechenschaftsfunktion der Jahresabrechnung nach altem Recht stützte (BGH 23. 6. 2016 – I ZB 5/16, NJW 2016, 3536), ist überholt. Auch die Aufstellung des Wirtschaftsplans ist eine vertretbare Handlung (offen gelassen von BGH 23. 6. 2016 – I ZB 5/16, NJW 2016, 3536 Rn 34).

289 Die Verletzung der Pflicht zur Erstellung der Rechenwerke kann eine **fristlose Kündigung** des Verwaltervertrags (dazu Staudinger/Jacoby § 26 WEG Rn 127) rechtfertigen. Wenig untersucht sind **Schadensersatzansprüche** gegen den Verwalter wegen Verletzung seiner Pflichten aus § 28 Abs 1 S 2, Abs 2 S 2 WEG. Solche können sich aus § 280 Abs 1 BGB ergeben (LG Berlin 22. 6. 2018 – 85 S 23/17, ZMR 2018, 843). Fraglich ist, ob daneben – abhängig von der Schadensart – die in § 280 Abs 2 oder Abs 3 BGB genannten zusätzliche Voraussetzungen erfüllt sein müssen. Das richtet sich danach, ob man diese Regelungen auf die Amtshaftung des Verwalters anwendet. Dagegen spricht, dass die kodifizierten Amtshaftungsansprüche (§ 43 Abs 2 GmbHG, § 93 Abs 2 S 1 AktG, § 34 Abs 2 S 1 GenG) auf entsprechende zusätzliche Haftungsvoraussetzungen verzichten. Das ist auch für die Wohnungseigentümergemeinschaft überzeugend. Denn es fehlt an einem zwingenden Organ, dem die Aufgabe zugewiesen ist, den Verwalter zu überwachen und bei Entdeckung einer Pflichtverletzung für

die Gemeinschaft die nach § 281 Abs 1 BGB oder nach § 286 Abs 1 BGB erforderlichen Erklärungen abzugeben. Der **BGH** hat unter Geltung des alten Rechts auf eine mangelhafte Jahresabrechnung allerdings § 637 BGB angewendet und damit die Entstehung von Sekundäransprüchen grds von einer Fristsetzung abhängig gemacht (BGH V 16. 2. 2021 – ZR 290/19, ZMR 2021, 598 Rn 25).

Das durch das WEMoG 2020 neu geschaffene Organisationssystem verbietet es, dass der Verwalter bei Pflichtverletzungen den einzelnen Wohnungseigentümern nach den Grundsätzen des **Vertrags** mit **Schutzwirkung** haftet (Lehmann-Richter/Wobst WEG-Reform 2020 Rn 58; für eine Schutzwirkung aber etwa Ulmer/Brandner/Hensen/Häublein Wohnungseigentum/Verwalter Rn 47). Auch eine **Drittwirkung** der **Amtspflicht** scheidet aus (BGH 8. 11. 2022 – II ZR 91/21, WM 2023, 376 Rn 21, zur GmbH; s zum WEG auch LG Braunschweig – 6 S 228/22, ZMR 2023, 390). 290

c) Pflichtverletzung der Gemeinschaft

Werden der Wirtschaftsplan oder die Jahresabrechnung nicht rechtzeitig aufgestellt, kann jeder Eigentümer **Leistungsklage** gegen die Wohnungseigentümergemeinschaft erheben. Denn der Anspruch auf Aufstellung der Jahresabrechnung ist ein Handlungsanspruch, der keiner vorhergehenden Beschlussfassung bedarf (§ 18 WEG Rn 156). Der Klageantrag lautet auf Verurteilung, das – näher zu bezeichnende – Rechenwerk zu erstellen. Die Vollstreckung richtet sich nach § 887 Abs 1 ZPO (MünchKomm/Skauradszun § 28 WEG Rn 54). 291

Kommt die Wohnungseigentümergemeinschaft ihrer Pflicht zur Aufstellung der Rechenwerke nicht nach, kann dies unter den Voraussetzungen des § 280 BGB einen **Schadensersatzanspruch** des Wohnungseigentümers auslösen (näher § 18 WEG Rn 181 ff). Nicht erstattungsfähig sind aber Selbstvornahmekosten (vgl § 18 WEG Rn 134). 292

VII. Vermögensbericht (Abs 4)

Nach § 28 Abs 4 WEG hat der Verwalter nach Ablauf eines Kalenderjahrs einen Vermögensbericht aufzustellen, der jedem Wohnungseigentümer zu Verfügung zu stellen ist. Die Vorschrift ist durch das **WEMoG 2020** neu eingeführt worden. Mit dem Vermögensbericht ist ein Aspekt kodifiziert worden, der bis zum WEMoG unter dem Begriff „Vermögensstatus" diskutiert wurde (Staudinger/Häublein [2018] § 28 WEG Rn 44 ff). 293

Die Erstellung des Vermögensberichts ist eine Verwaltungsmaßnahme, konkret eine Verwaltungshandlung (zu den Begriffen § 18 WEG Rn 19) in der Form einer **geschäftsähnlichen Handlung**. Als solche ist der Vermögensbericht nach allg Grundsätzen (etwa BGH 14. 10. 1994 – V ZR 196/93 NJW 1995, 45, 46) der Auslegung zugänglich. 294

1. Zweck

§ 28 Abs 4 WEG ist eine Reaktion auf die Änderung des Zwecks der Jahresabrechnung: Da diese seit dem WEMoG nur noch der Beschlussvorbereitung dient, bedarf es eines weiteren Rechenwerks, um die Information der Wohnungseigentümer über den Vermögensstand der Gemeinschaft zu gewährleisten. Der Vermögensbericht hat damit eine **Kontroll- und Informationsfunktion**, die nach altem Recht die Jahresabrech- 295 nung erfüllte (Staudinger/Häublein [2018] § 28 WEG Rn 12 ff). Ebenso wie Wirtschaftsplan und Jahresabrechnung dient der Vermögensbericht (auch) dem Informationsfluss zwischen den Organen Verwalter und Gesamtheit der Wohnungseigentümer. Der Vermögensbericht enthält aber **kein tatsächliches Anerkenntnis** des Verwalters (vgl LG Bremen 8. 7. 2022 – 4 S 185/21, juris).

2. Anspruch auf Erstellung

296 § 28 Abs 4 WEG enthält zwei Ansprüche. Satz 2 regelt eine **Organpflicht** des **Verwalters** gegenüber der Wohnungseigentümergemeinschaft. Bei einem Verwalterwechsel gelten die Ausführungen zu Wirtschaftsplan und Jahresabrechnung entsprechend (Rn 201). Daneben kann jeder **Wohnungseigentümer** im Grundsatz **von** der **Gemeinschaft** nach § 18 Abs 2 Nr 1, § 28 Abs 4 S 1 WEG die Erstellung des Vermögensberichts verlangen. Eine Ausnahme gilt, wenn die Wohnungseigentümergemeinschaft keinen Verwalter hat (§ 18 WEG Rn 173). Beide Ansprüche sind auf Erstellung eines Berichts gerichtet, der ordnungsmäßiger Verwaltung entspricht.

297 Der Verwalter erfüllt seine Organpflicht, indem er einen solchen Vermögensbericht in das Gemeinschaftsvermögen überführt. Die **Erfüllung** des Anspruchs der Wohnungseigentümer beschreibt § 28 Abs 4 S 2 WEG mit den Worten „zur Verfügung stellen". Dafür ist lediglich erforderlich, dass jeder Wohnungseigentümer die Möglichkeit der Kenntnisnahme hat. Ein Zugang iSd § 130 BGB durch ergänzenden Eintritt in den Machtbereich der Wohnungseigentümer ist entbehrlich. Ausreichend ist daher die Aufgabe zur Post (Hogenschurz/Bartholome Rn 153; Lehmann-Richter/Wobst WEG-Reform 2020 Rn 917; **aA** wohl Jennissen/Jennissen § 28 Rn 357). Nicht ausreichend ist es dagegen, den Vermögensbericht lediglich zur Einsicht beim Verwalter bereitzulegen. Die Wohnungseigentümer können die Einzelheiten, wie der Bericht zur Verfügung zu stellen ist, beschließen (BT-Drucks 19/18791, S 78). Kompetenzgrundlage ist § 28 Abs 3 WEG. Im Übrigen entscheidet der Verwalter im Rahmen ordnungsmäßiger Verwaltung (vgl Rn 303).

298 Die **Fälligkeit** der in § 28 Abs 4 WEG geregelten Ansprüche ist durch Auslegung des Merkmals zu ermitteln, nach dem der Bericht „nach Ablauf des Kalenderjahres" zu erstellen ist. Die Gesetzesbegründung geht davon aus, dass die Erstellung des Vermögensberichts zusammen mit der Jahresabrechnung genügt (BT-Drucks 19/18791, S 78). Das überzeugt, da der Vermögensbericht mit Blick auf die Kontostände und die Rücklagen Funktionen der Jahresabrechnung iSd § 28 Abs 3 WEG aF übernimmt (Lehmann-Richter/Wobst WEG-Reform 2020 Rn 917). Der Anspruch des Wohnungseigentümers, aber auch der Wohnungseigentümergemeinschaft, wird daher im Gleichklang mit der Jahresabrechnung (Rn 208) fällig.

299 Wird der Vermögensbericht nicht rechtzeitig erstellt oder zur Verfügung gestellt, können die **Ansprüche** auf **Erstellung** klageweise durchgesetzt werden. Die Ausführungen zu Wirtschaftsplan und Jahresabrechnung gelten entsprechend (Rn 287). Geht es um den Anspruch gegen den Verwalter, wird die Gemeinschaft nach § 9b Abs 2 Var 1 WEG vom Verwaltungsbeiratsvorsitzenden vertreten. Setzt man die Kontrollfunktion des Vermögensberichts mit der Beiratsaufgabe in Verbindung, den Verwalter zu überwachen (§ 29 Abs 2 S 1 WEG), so kommt man zu dem Ergebnis, dass der

Verwaltungsbeirat im Innenverhältnis die Berechtigung hat, den Vermögensbericht auch ohne Beschluss der Wohnungseigentümer abzufordern (§ 29 WEG Rn 29).

Die Nichterfüllung kann die Frage nach **weiteren Rechtsfolgen** aufwerfen. Diesbezüglich wird auf die Ausführungen zu Wirtschaftsplan und Jahresabrechnung verwiesen (Rn 287 ff). **300**

3. Form und Prüffähigkeit

§ 28 Abs 4 WEG macht zur **Form** des Vermögensberichts keine Vorgaben. In der Regel genügt eine einfache Liste, auch als elektronisches Dokument. Einer Unterschrift des Verwalters bedarf es nicht (Lehmann-Richter/Wobst WEG-Reform 2020 Rn 947). **301**

Zur Darstellung des Vermögensberichts lässt sich § 28 Abs 4 WEG die Vorgabe entnehmen, dass nach Stand der Rücklagen und dem wesentlichen (sonstigen) Gemeinschaftsvermögen zu differenzieren ist. Dem letztgenannten Merkmal ist ein **Aufschlüsselungsgebot** immanent, das aus dem Zweck des Berichts folgt: Der Verwalter muss zwischen den verschiedenen Vermögenswerten differenzieren. Die pauschale Angabe „diverses sonstiges Vermögen" oä reicht daher nicht. **302**

Die konkrete Gestaltung liegt im Ermessen des Verwalters, der nach **ordnungsmäßiger Verwaltung** zu entscheiden hat (vgl BGH 25. 9. 2020 – V ZR 80/19, ZMR 2021, 132, zu § 28 Abs 3 WEG aF). Leitend ist das Kriterium der **Prüffähigkeit**: Der Vermögensbericht muss so hinreichend transparent sein, dass er das Informationsbedürfnis eines durchschnittlichen Wohnungseigentümers befriedigt. **303**

4. Stichtag

Stichtag für die Erstellung des Vermögensberichts ist der Ablauf eines **Kalenderjahres**, also der 31.12., 24.00 Uhr. Damit wird ein Gleichklang mit der Jahresabrechnung (§ 28 Abs 2 S 2 WEG) hergestellt. Sieht die **Gemeinschaftsordnung** ihrem Wortlaut nach nur für die Jahresabrechnung einen vom Kalenderjahr abweichenden Turnus vor, so ist angesichts dieses Gleichklangs regelmäßig das Auslegungsergebnis gerechtfertigt, dass sich diese Vereinbarung auf den Vermögensbericht erstreckt. **304**

5. Gesetzliche Anforderungen an den Inhalt

Nach § 28 Abs 4 S 1 WEG ist im Vermögensbericht der Stand der Rücklagen anzugeben und das wesentliche Gemeinschaftsvermögen aufzustellen (zum Folgenden bereits Lehmann-Richter/Wobst WEG-Reform 2020 Rn 922 ff). **305**

a) Stand der Rücklagen

Der Vermögensbericht hat den Stand der **Erhaltungsrücklage** nach § 19 Abs 2 Nr 4 WEG und **sonstiger** nach dem Binnenrecht (Vereinbarung oder Beschluss) zu führender **Rücklagen** mitzuteilen. Der Stand ist für jede Rücklage gesondert anzugeben. Werden in einer sog **Mehrhausanlage** (zum Begriff Rn 65) nach dem Binnenrecht gesonderte Rücklagen geführt, so sind diese im Vermögensbericht mithin getrennt anzugeben. **306**

307 „Stand" meint den Betrag in Euro, der im Gemeinschaftsvermögen tatsächlich vorhanden und für den Rücklagenzweck reserviert ist. Anzugeben ist demnach nur der **Ist-Stand** (BT-Drucks 19/18791, S 77; **aA** Hügel/Elzer § 28 Rn 237: auch Soll-Stand). Zu beachten ist, dass die fehlende Überweisung vom Giro- auf das Festgeldkonto durch den Verwalter nichts an der Zweckbindung der geleisteten Rücklagenbeiträge ändert. Ebenso wenig führt das „Parken" von nicht für die Rücklage bestimmten Mitteln auf dem Rücklagenfestgeldkonto zur Zweckwidmung (vgl OLG München ZMR 2007, 723, 724). Der Rücklagenstand mindert sich aber, soweit Mittel tatsächlich nicht mehr verfügbar sind, weil sie ausgegeben wurden. Weil es allein auf die Höhe der vorhandenen Rücklagen ankommt, spielt es keine Rolle, ob eine Ausgabe rechtmäßig erfolgte oder nicht. Außenstände auf die Rücklage erhöhen nicht den Stand der Rücklage; sie sind aber als Forderungen im Rahmen des wesentlichen (sonstigen) Gemeinschaftsvermögens anzugeben.

308 Der Stand der Rücklagen ist **ungeachtet ihrer jeweiligen Höhe** anzugeben. Das ergibt sich aus dem Wortlaut des § 28 Abs 4 S 1 WEG, der die Rücklagen nur deshalb ausdrücklich erwähnt, um sie vom Wesentlichkeitskriterium auszunehmen, das für das sonstige Gemeinschaftsvermögen gilt (BT-Drucks 19/18791, S 77).

b) Wesentliches Gemeinschaftsvermögen

309 Der Vermögensbericht muss neben dem Stand der Rücklagen auch das wesentliche Gemeinschaftsvermögen enthalten.

aa) Gemeinschaftsvermögen

310 Der Begriff des Gemeinschaftsvermögens ist in § 9a Abs 3 WEG legaldefiniert. Im Ausgangspunkt sind deshalb **alle Vermögensgegenstände, die der Wohnungseigentümergemeinschaft zugeordnet sind**, in den Vermögensbericht aufzunehmen. Das umfasst insbesondere alle Sachen, deren Eigentümerin, alle Forderungen, deren Gläubigerin die Gemeinschaft, und alle sonstigen Rechte, deren Inhaberin die Gemeinschaft ist. Der Vermögensbegriff des § 9a Abs 3 WEG betrifft auch sämtliche Passiva, also insbesondere alle Verbindlichkeiten, deren Schuldnerin die Gemeinschaft der Wohnungseigentümer ist (BT-Drucks 19/18791, S 77).

311 Aufzunehmen sind auch Forderungen und Verbindlichkeiten der Wohnungseigentümer, die die Gemeinschaft nach **§ 9a Abs 2 WEG** geltend zu machen bzw zu erfüllen hat. Bei formaler Betrachtung fällt zwar nur die Ausübungs- bzw Wahrnehmungskompetenz in das Gemeinschaftsvermögen, während die ausgeübten Rechte und die wahrgenommenen Pflichten solche der Wohnungseigentümer bleiben. Indes sind diese Rechte und Pflichten bei wirtschaftlicher Betrachtung, die für § 28 Abs 4 WEG entscheidend ist, allein der Wohnungseigentümergemeinschaft zugeordnet.

bb) Wesentlichkeit

312 Die Wesentlichkeitsgrenze hat **zwei Funktionen**. Zum einen soll die Prüffähigkeit des Vermögensberichts nicht durch die Angabe einer Vielzahl von Kleinstwerten erschwert werden. Zum anderen trägt das Merkmal dem Umstand Rechnung, dass an unwesentlichen Vermögenswerten typischerweise kein Informationsinteresse besteht.

313 Unterhalb der Wesentlichkeitsgrenze liegen zum einen **wirtschaftlich wertlose** Vermögensgegenstände (zB Verwaltungsunterlagen). Im Übrigen soll die Wertgrenze nach dem Willen des Gesetzgebers von der Größe der Gemeinschaft abhängen (BT-Drucks 19/18791, S 77). Sachgerecht erscheint eine Anknüpfung an die **steuerrechtliche Grenze** für sog geringwertige Wirtschaftsgüter. In Kleinstgemeinschaften (bis 8 Einheiten, in Anlehnung an § 19 Abs 2 Nr 6 Hs 2 WEG) sollte der halbe diesbezügliche Wert, bei sehr großen Gemeinschaften der doppelte Grenzwert angesetzt werden (Lehmann-Richter/Wobst WEG-Reform 2020 Rn 931). Es handelt sich aber um keine starren Grenzen, sondern um einen Richtwert. Die Bestimmung der Wertgrenze unterliegt, wie jede Verwaltungsentscheidung, letztlich ordnungsmäßiger Verwaltung und damit hier dem **Ermessen des Verwalters**.

Keine Rolle spielt die Wesentlichkeitsgrenze bei **Rücklagen** und **Kontoständen**. Für 314
die Rücklagen ergibt sich dies schon aus dem Wortlaut des § 28 Abs 4 WEG, der nur aus diesem Grund die Rücklagen separat aufführt (BT-Drucks 19/18791, S 77). Für die Kontostände ist der Wortlaut teleologisch zu reduzieren (Lehmann-Richter/Wobst WEG-Reform 2020 Rn 932a). Denn die Einführung des Vermögensberichts sollte die Information der Wohnungseigentümer über die Kontostände nicht verschlechtern und diese waren nach § 28 Abs 3 WEG aF ohne Rücksicht auf ihre Höhe in der Jahresabrechnung anzugeben.

Es besteht **keine Beschlusskompetenz** für die Festlegung der Wertgrenze. Denn der 315
Individualanspruch jedes Wohnungseigentümers nach § 28 Abs 4 WEG darf nicht zur Disposition der Mehrheit stehen. Auch § 27 Abs 2 WEG hilft nicht weiter: Durch Beschluss kann nur Entscheidungskompetenz von den Wohnungseigentümern auf den Verwalter übertragen werden, aber nicht eine Pflicht der Gemeinschaft der Wohnungseigentümer eingeschränkt werden.

cc) Keine Bewertung

§ 28 Abs 4 WEG verlangt lediglich eine „**Aufstellung**“ des wesentlichen Gemein- 316
schaftsvermögens. Eine Bewertung der Vermögensgegenstände ist deshalb nicht erforderlich (BT-Drucks 19/18791, S 77).

c) Einzelne Vermögenswerte

Der Stand von **Bankkonten**, und zwar sowohl von Guthaben- wie auch von Darle- 317
henskonten, ist stets aufzunehmen, auch dann, wenn der Saldo vergleichsweise gering ist (Rn 314). Das Gleiche gilt für **Bar-Kassen**. Bei **beweglichen Sachen** kommt es auf den Zeitwert an. Dabei kann zur Vereinfachung der Kaufpreis herangezogen werden, der entsprechend der steuerlichen Abschreibungsfristen linear zu kürzen ist (Lehmann-Richter/Wobst WEG-Reform 2020 Rn 936). **Brennstoffvorräte** sind, wenn wesentlich, mit der noch vorhandenen Menge anzugeben. Ist die Ermittlung der genauen Menge schwierig, genügt eine Schätzung. Der Stand der **Erhaltungs- oder anderen Rücklagen** ist stets aufzunehmen.

Forderungen/Verbindlichkeiten sind nur aufzunehmen, wenn sie auf Geld gerichtet 318
sind und die Wesentlichkeitsgrenze überschreiten. Offene **Beitragsforderungen** gegen Wohnungseigentümer sind daher aufzunehmen, wenn sie die Wesentlichkeitsschwelle übersteigen. Es genügt die Angabe des Namens des Wohnungseigentümers, des geschuldeten Betrags und des Zeitraums, für den der Beitrag geschuldet wird. Eine weitere Unterteilung danach, inwieweit die Forderungen auf Rücklagen oder die allgemeine Kostentragung entfallen, ist nicht erforderlich. Nicht auf Geld gerichtete

Forderungen/Verbindlichkeiten sind unwesentlich, weil sie für die wirtschaftliche Lage der Gemeinschaft unbedeutend sind (Lehmann-Richter/Wobst WEG-Reform 2020 Rn 940).

319 Bei **anderen Geldforderungen** als Beiträgen ist zusätzlich zu fordern, dass sie unbestritten oder tituliert sind. Denn andernfalls bestünde die Gefahr, dass die wirtschaftliche Lage der Gemeinschaft verzerrt dargestellt wird (Lehmann-Richter/Wobst WEG-Reform 2020 Rn 940). Für Forderungen und Verbindlichkeiten aus Verträgen kann der im Bilanzrecht anerkannte Gedanke fruchtbar gemacht werden, dass sich vertragliche Leistungen und Gegenleistungen in der Regel wirtschaftlich ausgleichen. Genauso wie Forderungen und Verbindlichkeiten aus **schwebenden Verträgen** nicht zu bilanzieren sind, sind sie auch nicht in den Vermögensbericht aufzunehmen, solange die jeweilige Gegenleistung nicht erbracht wurde (Lehmann-Richter/Wobst WEG-Reform 2020 Rn 946). Der Rückzahlungsanspruch des Kreditgebers bei Aufnahme eines **Darlehens** durch die Wohnungseigentümergemeinschaft ist im Vermögensbericht darzustellen. **Immobilien** der Wohnungseigentümergemeinschaft (wozu das Gemeinschaftseigentum offensichtlich nicht zählt) sind stets aufzunehmen, und zwar mit ihrer Anschrift oder den Grundbuchangaben.

320 Ist die Gemeinschaft umsatzsteuerpflichtig (dazu Schmidt ZWE 2022, 200), so sind im Vermögensbericht Forderungen und Verbindlichkeiten gegenüber der Finanzverwaltung, die aus der Abwicklung des **umsatzsteuerlichen Rechtsverhältnisses** resultieren, aufzunehmen (Drasdo ZWE 2021, 74, 77), falls sie die Wesentlichkeitsgrenze überschreiten.

VIII. Erstellung sonstiger Rechenwerke

321 Es steht dem Verwalter frei, Wirtschaftsplan, Jahresabrechnung oder den Vermögensbericht um **fakultative Informationen** über das Finanzwesen der Wohnungseigentümergemeinschaft zu ergänzen. Die Grenze ist erreicht, wenn dadurch die Prüffähigkeit der gesetzlich vorgeschriebenen Angaben beeinträchtigt wird. Ebenso steht es dem Verwalter frei, von Wirtschaftsplan, Jahresabrechnung oder Vermögensbericht getrennte Rechenwerke zu erstellen, etwa Bescheinigungen für steuerrechtliche Zwecke.

322 Problematischer ist die Frage nach einer **Pflicht** des Verwalters und der Wohnungseigentümergemeinschaft, außer Wirtschaftsplan, Jahresabrechnung und Vermögensbericht weitere Rechenwerke zu erstellen. Typologisch lassen sich **drei Konstellationen** unterscheiden: Die Rechnungslegung gem § 259 Abs 1 BGB, die Erstellung steuerlicher Bescheinigungen sowie eine Ergänzung von Jahresabrechnung und Vermögensbericht um zusätzliche Zahlen.

1. Allgemeines

323 Eine Pflicht des Verwalters oder der Wohnungseigentümergemeinschaft, solche Rechenwerke zu erstellen, bedarf eines rechtlichen Grundes. Angesichts der organisationsrechtlichen Grundentscheidung in § 18 Abs 1 WEG ist **kein** Raum für einen **Anspruch** der **Wohnungseigentümer gegen** den **Verwalter**. Die Frage lautet vielmehr, ob

der Verwalter der Gemeinschaft und diese wiederum den Wohnungseigentümern verpflichtet ist.

a) Das gesetzliche Informationssystem

Die Erteilung von Informationen ist kein Selbstzweck, sondern dient der Befriedigung eines Informationsbedürfnisses. Ein solches können nur natürliche Personen haben, weshalb es in einem Verband auf das **Informationsbedürfnis** seiner Organe oder Mitglieder ankommen muss. Die Erstellung von Rechenwerken ist im Wohnungseigentumsrecht, wie § 28 Abs 1 S 2, Abs 2 S 2, Abs 4 WEG belegen, Aufgabe des Verwalters. Wirtschaftsplan, Jahresabrechnung und Vermögensbericht dienen daher dem Informationsfluss zwischen dem Organ Verwalter und dem Organ Gesamtheit der Wohnungseigentümer sowie den einzelnen Wohnungseigentümern. Gesichert wird der **Informationsfluss** dadurch, dass die Empfänger der Informationen – die Wohnungseigentümer – von der Gemeinschaft gem § 18 Abs 2 Nr 1 WEG die Vorlage der in § 28 WEG geregelten Rechenwerke verlangen können und die Wohnungseigentümergemeinschaft einen Anspruch gegen den Verwalter auf ihre Erstellung hat. Der Informationsfluss beschränkt sich aber nicht auf die Rechenwerke gem § 28 WEG. Vielmehr ist anerkannt, dass jeder Wohnungseigentümer einen allgemeinen Informationsanspruch gegen die Wohnungseigentümergemeinschaft hat, der durch den Verwalter für die Gemeinschaft zu erfüllen ist. Grundlage dieses Auskunftsanspruchs ist § 18 Abs 2 Nr 1 WEG (§ 18 WEG Rn 251). Eine spezielle Ausprägung des Informationsanspruchs ist das in § 18 Abs 4 WEG geregelte Einsichtsrecht. Die Pflicht des Verwalters, diese Informationen für die Gemeinschaft zu erteilen, folgt aus seinem Organverhältnis zur Gemeinschaft. 324

Dieses (hier nur skizzierte) Informationssystem ist von Bedeutung, wenn es um die Frage geht, ob sich die Pflicht zur Erstellung von in § 28 WEG nicht genannten Rechenwerken aus dem **Gesetz** ergibt. Zunächst sollen aber **rechtsgeschäftliche Regelungen** hierzu in den Blick genommen werden. 325

b) Pflichten aus dem Verwaltervertrag

Es ist denkbar, dass der Verwalter gegenüber der Gemeinschaft per Vertrag die Pflicht übernimmt, in § 28 WEG nicht genannte **Rechenwerke** zu **erstellen**. Der Verwalter ist der Wohnungseigentümergemeinschaft in diesem Fall zur Erfüllung verpflichtet. Da diese Forderung gegen den Verwalter Teil des **Gemeinschaftsvermögens** ist, kann jeder Wohnungseigentümer nach § 9a Abs 3, § 18 Abs 2 WEG verlangen, dass die Gemeinschaft den Anspruch gegen den Verwalter nach Maßgabe ordnungsmäßiger Verwaltung durchsetzt. 326

Nach hM sind die vertraglichen Vereinbarungen zwischen Wohnungseigentümergemeinschaft und Verwalter Gegenstand eines vom Organverhältnis unabhängigen Geschäftsbesorgungsvertrags, sog **Trennungstheorie** (etwa BGH 5. 7. 2019 – V ZR 278/17, NJW 2020, 988 Rn 41). Das wirft hinsichtlich der **Rechnungslegung** die Frage nach der Anwendung von § 666 Var 3 BGB auf; dazu sogleich bei Rn 336 ff. 327

Nicht überzeugend ist eine **ergänzende Auslegung** des Verwaltervertrags, durch die dessen Pflichtenprogramm ohne entsprechenden Anhaltspunkt um die Erstellung sonstiger Rechenwerke aufgeladen wird (zu steuerrechtlich relevanten Angaben **aA** Jennis- 328 sen/Jennissen Rn 185; offenlassend KG ZMR 2009, 709). Die maßgebliche Frage kann nur lauten, inwieweit sich dem Gesetz solche Pflichten entnehmen lassen (dazu Rn 331).

c) Pflichten aus der Gemeinschaftsordnung

329 Es bestehen keine Bedenken gegen eine Regelung in der Gemeinschaftsordnung, welche die Vorgaben zu den Rechenwerken **erweitert**. In diesem Fall ist der Verwalter kraft Amtes zur Erfüllung der Vorgaben aus der Gemeinschaftsordnung verpflichtet (vgl Staudinger/Jacoby § 26 WEG Rn 156) und jeder Wohnungseigentümer kann dies von der Gemeinschaft verlangen, § 18 Abs 2 Nr 1 WEG.

d) Pflichten aus einem Beschluss

330 Nicht anzuerkennen ist hingegen die Kompetenz, den diesbezüglichen Aufgabenbereich der Gemeinschaft (und damit auch des Verwalters als Organ) per **Beschluss** zu erweitern. § 19 Abs 1 WEG greift nicht, weil der Gesetzgeber mit den Rechenwerken des § 28 WEG abschließend geregelt hat, welche Zahlen die Gemeinschaft in aufbereiteter Form zur Verfügung zu stellen hat.

e) Pflichten aus dem Gesetz

331 **Ausgangspunkt** der Untersuchung der gesetzlichen Vorgaben zur Erstellung in § 28 WEG nicht erwähnter Rechenwerke darf nicht das Pflichtenprogramm des Verwalters, sondern muss das **Informationsbedürfnis** der Organe und Mitglieder der Wohnungseigentümergemeinschaft sein. Das folgt aus dem eingangs skizzierten Informationssystem (Rn 324). Daraus ergibt sich ein Grundsatz und eine Ausnahme:

332 Der **Grundsatz** lautet, dass in § 28 WEG nicht erwähnte Rechenwerke nur zu erstellen sind, wenn die **Wohnungseigentümer** dies nach § 18 Abs 2 Nr 1 WEG als Teil ordnungsmäßiger Verwaltung **verlangen** können. Bei diesem Anspruch ist leitend, dass der Gesetzgeber in § 28 WEG sowie in § 18 Abs 4 WEG den Informationszugang der Wohnungseigentümer detailliert geregelt hat. Mit Wirtschaftsplan, Jahresabrechnung und Vermögensbericht sieht § 28 WEG drei Rechenwerke vor, welche der Verwalter jährlich zu erstellen hat und die daher auch die Gemeinschaft den Wohnungseigentümern als Informationsquelle schuldet. Ein Anspruch auf Vorlage anderer Rechenwerke ist weder mit § 28 WEG zu vereinbaren noch mit dem aus § 18 Abs 2 Nr 1, Abs 4 WEG folgenden Informationsregeln. Zwar ist es selbstverständlich nicht ausgeschlossen, dass ein Wohnungseigentümer von der Gemeinschaft eine zahlenmäßige Auskunft verlangen kann. Wie diese erteilt wird, bestimmt sich aber nach § 18 Abs 2 Nr 1 WEG und damit nach dem Grundsatz ordnungsmäßiger Verwaltung. Dieser beschränkt die Gemeinschaft (handelnd durch den Verwalter) nicht darauf, die Auskunft in Form eines bestimmten Rechenwerks zu geben – wenn sich der Wohnungseigentümer nicht sowieso aus Wirtschaftsplan, Jahresabrechnung, Vermögensbericht oder Einsicht in sonstige Verwaltungsunterlagen selbst informieren kann.

333 Von diesem Prinzip gibt es eine **Ausnahme**. Diese betrifft Konstellationen, in denen der **Verwalter** als Repräsentant der Gemeinschaft ein **Informationsbedürfnis** hat. Praxisrelevant ist dies, wenn es um Auskünfte gegen den ausgeschiedenen Verwalter geht (Rn 338).

2. Rechnungslegung

Rechnungslegung ist nach **§ 259 Abs 1 BGB** die Mitteilung einer geordneten Zusammenstellung der Einnahmen oder der Ausgaben nebst Vorlage von Belegen. Darunter wird verbreitet ein Textformdokument verstanden, das Einnahmen und Ausgaben in verständlicher, der Nachprüfung auf ihre Richtigkeit und Vollständigkeit zugänglicher Art aufzählt (vgl Staudinger/Bittner/Kolbe [2019] § 259 BGB Rn 26). **334**

Nach § 28 Abs 4 WEG aF konnten die Wohnungseigentümer durch Mehrheitsbeschluss vom Verwalter jederzeit Rechnungslegung verlangen. Diese Vorschrift hat das **WEMoG 2020** ersatzlos gestrichen. Eine Begründung lässt sich den Materialien (BT-Drucks 19/1879, 76 ff; zum diesbezüglichen Teil des Gesetzgebungsverfahren Dötsch/Schultzky/Zschieschack WEG-Recht 2021 Kap 10 Rn 161) nicht entnehmen. Die Streichung ist aber folgerichtig, da eine jederzeitige Pflicht zur Rechnungslegung angesichts der Regelungen zu Wirtschaftsplan, Jahresabrechnung und Vermögensbericht systemwidrig wäre. **335**

a) Grundlagen

Bis zur WEG-Reform 2020 war es wegen § 28 Abs 4 WEG aF allgemeine Meinung, dass der Verwalter grds nach Maßgabe von § 259 Abs 1 BGB rechnungslegungspflichtig war (Staudinger/Häublein [2018] § 28 WEG Rn 290 ff). Für das geltende Recht müsste sich eine solche Pflicht hingegen aus allgemeinen Vorschriften ableiten lassen. Hier liegt **§ 666 Var 3 BGB** nahe, insbesondere, wenn man mit der hM der Ansicht ist, zwischen Wohnungseigentümergemeinschaft und Verwalter bestehe ein Geschäftsbesorgungsvertrag. Aber auch wenn man dieser Trennungsthese nicht folgt (Lehmann-Richter, in: vWestphalen/Thüsing AGB-Klauselwerke/Wohnungseigentumsverwalter Rn 4 f) kommt in Betracht, eine Rechnungslegungspflicht aus dem Organverhältnis abzuleiten. Denn § 666 BGB ist letztlich Ausdruck des Prinzips, nach dem eine Person, die für einen anderen eine mit Einnahmen oder Ausgaben verbundene Verwaltung führt, hierüber Rechenschaft abzulegen hat. **336**

§ 666 Var 3 BGB darf nun allerdings nicht zu der Annahme verleiten, der Verwalter (und damit nach dem wohnungseigentumsrechtlichen Informationssystem [Rn 324] die Gemeinschaft den Eigentümern) schulde jederzeit auf Anfrage umfassende Rechenschaft. Ein solches Ergebnis würde übersehen, dass schon § 666 BGB eine solche Rechtsfolge fremd ist, weil Rechnung erst am Ende des Auftrags zu legen ist. Der BGH hat deshalb für die Auskunftspflicht des GmbH-Geschäftsführer zutreffend betont, dass Inhalt und Grenzen der Pflicht aus § 666 BGB sich stets auf das konkrete Rechtsverhältnis beziehen und sich am **Maßstab** der **Erforderlichkeit** und **Zumutbarkeit** zu orientieren haben (BGH 22. 6. 20121 – II ZR 140/20, WM 2021, 1494 Rn 12). Dieser Maßstab wird durch das Informationssystem in der Gemeinschaft, insbesondere das Informationsbedürfnis und die in § 28 WEG geregelten Rechenwerke (Rn 324), geprägt. **337**

b) Ausgeschiedener Verwalter

Zur **Rechnungslegung** gem § 259 BGB ist angesichts dieses Maßstab nur der ausgeschiedene Verwalter **verpflichtet** (s OLG München ZWE 2007, 509, 510; OLG Zweibrücken ZMR 2007, 887). Denn der neue Verwalter muss Wirtschaftsplan, Jahresabrechnung und Vermögensbericht erstellen. Dafür ist er (und damit die Wohnungseigentümergemeinschaft) typischerweise auf Informationen seines Vorgängers angewiesen. Der **338**

Rechnungslegungsanspruch gegen den ausgeschiedenen Verwalter hängt daher nicht von dem Nachweis eines besonderen Interesses der Gemeinschaft ab (OLG Hamm ZWE 2008, 193). Die Pflicht umfasst neben der verständlichen und nachvollziehbaren Darlegung aller Einnahmen und Ausgaben auch – unter Beifügung der entsprechenden Belege – eine Aufstellung der noch bestehenden Forderungen, Verbindlichkeiten und Kontostände (s OLG München ZWE 2007, 509, 510; AG Hamburg-Blankenese 21. 12. 2022 – 539 C 2/22, ZMR 2023, 326). Ist der ausgeschiedene Verwalter nicht mehr im Besitz der erforderlichen Unterlagen, hat ihm die Gemeinschaft diese oder Kopien hiervon auszuhändigen (OLG Hamm ZWE 2008, 193; LG Frankfurt/M 1. 11. 2018 – 2-13 S 114/17, ZMR 2019, 434).

339 Der ausgeschiedene Verwalter kann nach allgemeinen Grundsätzen (Staudinger/Jacoby § 26 WEG Rn 221) **Entlastung** einwenden (Grüneberg/Wicke Rn 25). Er kann die Rechnungslegung aber nicht von einem Kostenvorschuss abhängig machen, und zwar auch dann nicht, wenn hierfür ein **Sonderhonorar** (dazu Staudinger/Jacoby § 27 WEG Rn 179) wirksam vereinbart ist. Denn aus dem Rechtsgedanken des § 641 Abs 1 S 1 BGB folgt seine Vorleistungspflicht. Wie jeder Anspruch wird auch der auf Rechnungslegung durch den Gesichtspunkt von **Treu und Glauben** beschränkt (OLG Hamm ZWE 2008, 193). Die **Verjährung** des Anspruchs richtet sich nach allg. Grundsätzen, §§ 195, 199 BGB. Die frühere Rspr (zuletzt AG Hamburg-St. Georg 13. 5. 2022 – 980b C 43/21, ZMR 2022, 749), nach der die Fälligkeit eines Nachbesserungsanspruchs an einen Beschluss nach § 28 Abs 5 WEG aF gekoppelt war, ist seit dem WEMoG 2020 überholt.

340 Die Rechnungslegung ist eine für die Funktionsfähigkeit der Verwaltung wesentliche Organpflicht und kann daher in der **Gemeinschaftsordnung** nicht ausgeschlossen werden; zulässig sind allein Regelungen zur Art und Weise der Pflichterfüllung (LG Berlin 8. 8. 1984 – 91 T 40/83, ZMR 1984, 424). Für eine Regelung durch **Beschluss** fehlt den Wohnungseigentümern grds die Kompetenz; eine Ausnahme besteht für die Entscheidung, auf einen konkreten Rechnungslegungsanspruch einzuwirken (etwa durch Entlastungsbeschluss). Da es sich um eine (nachwirkende) Organpflicht handelt, scheidet nach hier vertretener Ansicht eine Regelung im **Verwaltervertrag** aus (vWestphalen/Lehmann-Richter AGB-Klauselwerke Wohnungseigentumsverwalter Rn 10). Sieht man dies mit der hM anders, so scheitert eine Reduzierung des Haftungsmaßstabes in Verwalter-AGB an § 307 Abs 2 Nr 2 BGB (OLG Frankfurt ZWE 2008, 470).

341 Die Unvollständigkeit der Rechnungslegung kann einen **Ergänzungsanspruch** auslösen (BayObLG 18. 4. 2002 – 2 Z BR 9/02, ZWE 2002, 585, 588). Hat eine Person ohne wirksame oder nach abgelaufener Bestellung die Verwaltung rein **faktisch geführt**, besteht nach hM ein Anspruch auf Rechenschaft analog § 666 BGB (s BayObLG WuM 1994, 44; ZMR 1999, 844). Zum Anspruch auf **Herausgabe** der **Verwaltungsunterlagen** s Staudinger/Jacoby § 26 WEG Rn 122.

c) Amtierender Verwalter

342 Beim **amtierenden Verwalter** stehen die Vorzeichen entscheidend anders. Dieser schuldet angesichts des Informationssystems (Rn 324) keine Rechnungslegung iSd § 259 BGB (ebenso iE Dötsch/Schultzky/Zschieschack WEG-Recht 2021 Kap 10 Rn 161; **aA** Grüneberg/Wicke Rn 25 und wohl auch BGH V ZR 290/19, ZMR 2021, 598 Rn 13, obiter). Ergänzend kommt hinzu, dass der Verwalter kraft seines Amtes zu einer ordnungsmäßigen Buchführung verpflichtet ist (Rn 350), was einen Rechnungslegungsanspruch erst Recht entbehrlich macht.

d) Durchsetzung des Anspruchs

Die Rechnungslegung ist, wie § 666 BGB („auf Verlangen") verdeutlicht, ein **verhaltener Anspruch**, der also erst durch Abforderung seitens der Wohnungseigentümergemeinschaft fällig wird. Der **Ort** der Rechnungslegung ist der Sitz des Verwalters, § 269 BGB (**aA** unter Hinweis auf die Natur des Schuldverhältnisses OLG Köln ZMR 2001, 851: Belegenheitsort des Grundstücks). 343

Die Geltendmachung des Rechnungslegungsanspruchs gegen den **ausgeschiedenen Verwalter** erfolgt durch den neuen Verwalter oder – wenn ein solcher fehlt – durch sämtliche Wohnungseigentümer, § 9b Abs 1 S 2 WEG. Bejaht man – anders als hier – auch einen Anspruch gegen den amtierenden Verwalter, so wird die **Gemeinschaft** nach § 9b Abs 2 WEG von ihrem **Verwaltungsbeiratsvorsitzenden** oder einem ermächtigten Wohnungseigentümer **vertreten**. Anders als bei der Verfolgung des Anspruchs auf Erstellung des Vermögensberichts (Rn 299) lässt sich der Überwachungsaufgabe aus § 29 Abs 2 S 1 WEG nicht entnehmen, der Verwaltungsbeirat habe im **Innenverhältnis** die Befugnis, über die Anspruchsverfolgung zu entscheiden. Es gilt daher der Maßstab des § 27 Abs 1 WEG bzw die Vorgaben eines Wohnungseigentümerbeschlusses (§ 29 WEG Rn 13). 344

Die gerichtliche Auseinandersetzung über den Rechnungslegungsanspruch gehört zu den **Streitigkeiten iSv § 43 Abs 2 Nr 3 WEG** auch dann, wenn dieser sich gegen den bereits ausgeschiedenen Verwalter richtet (OLG München ZWE 2007, 509). Das gilt nach der Rspr auch für den ohne wirksame Bestellung agierenden Scheinverwalter (OLG Köln NJW-RR 2005, 1096). 345

Die Verurteilung des (ehemaligen) Verwalters zur Rechnungslegung ist auf eine **nicht vertretbare Handlung** gerichtet und daher gemäß **§ 888 Abs 1 S 1 ZPO** durch Androhung von Zwangsmitteln und nicht im Wege der Ersatzvornahme zu vollstrecken (BayObLG 18. 4. 2002 – 2 Z BR 9/02, NZM 2002, 489; s auch BGH 23. 6. 2016 – I ZB 5/16, NJW 2016, 3536 Rn 23, zu § 28 Abs 3 WEG aF). Der Erfüllungseinwand ist im Vollstreckungsverfahren (selbstverständlich) zu berücksichtigen. Dies erfordert eine nach Maßgabe des Urteilstenors formal vollständige Rechnungslegung. Entscheidend ist nicht die materielle Rechtslage, sondern was der Vollstreckungstitel zur Rechnungslegungspflicht vorgibt (LG Dortmund 7. 6. 2021 – 9 T 126/21, ZMR 2021, 759). 346

Der (ehemalige) Verwalter ist verpflichtet, unter den Voraussetzungen des § 259 Abs 2 BGB eine **Versicherung an Eides statt** abzugeben (vgl BGH 23. 6. 2016 – I ZB 5/16, NJW 2016, 3536 Rn 23, zu § 28 Abs 3 WEG aF). Zwar bezieht sich diese Pflicht dem Gesetzeswortlaut nach nur auf die Einnahmenseite. Sie ist jedoch auf die Angaben über die Ausgaben zu erstrecken, wenn der Berechtigte – wie hier die Wohnungseigentümergemeinschaft – ein Interesse an vollständiger Rechnungslegung auch der Ausgaben hat (so iE auch BGH 23. 6. 2016 – I ZB 5/16, NJW 2016, 3536 Rn 23, zu § 28 Abs 3 WEG aF). 347

e) Schadensersatz

Wird die Pflicht zur Rechnungslegung nicht oder nicht rechtzeitig erfüllt, macht sich der (ausgeschiedene) Verwalter unter den weiteren Voraussetzungen der **§§ 280 ff** 348

BGB (Verzug, Nachfristsetzung) schadensersatzpflichtig. Zum ersatzfähigen Schaden gehören insbesondere die notwendigen Aufwendungen für einen von der Gemeinschaft – grundsätzlich nach angemessener Fristsetzung (§ 281 BGB) – mit der Abrechnung oder Rechnungslegung beauftragten Dritten (OLG Düsseldorf 4. 11. 2002 – 3 Wx 194/02, ZMR 2003, 230). In Höhe des Gemeinschaftsvermögens, dessen zweckentsprechende Verwendung der Verwalter mangels Rechnungslegung nicht nachweisen konnte, ergibt sich der Zahlungsanspruch der Gemeinschaft regelmäßig aus § 667 BGB, weshalb die fehlende Rechnungslegung in dieser Hinsicht nicht zu einem Schaden führt. Zur Haftung wegen Nichterstellung der während der Amtszeit geschuldeten **Jahresabrechnung** siehe Rn 201.

f) Abgrenzung zur Buchführungspflicht

349 Von der Rechnungslegung gem § 259 Abs 1 BGB zu trennen ist die Pflicht der Gemeinschaft gegenüber den Wohnungseigentümern sowie des Verwalters gegenüber der Gemeinschaft, die Verwaltungsunterlagen in einer ordnungsmäßigen Verwaltung entsprechenden Art und Weise zu führen. Diese aus § 18 Abs 2 Nr 1 WEG folgende Pflicht, deren Wahrnehmung der Verwalter aus seinem Organverhältnis schuldet, betrifft selbstverständlich auch die **Finanzbuchhaltung**. Zur Aktenführung siehe § 19 WEG Rn 265.

350 Der Verwalter hat die **Grundsätze ordnungsgemäßer Buchführung** einzuhalten (Bärmann/Becker Rn 301 ff; Sauren ZMR 2015, 341). Erforderlich ist eine Buchführung, aus der sich Wirtschaftsplan, Jahresabrechnung und Vermögensbericht entwickeln lassen, wobei jeder Buchung ein **schriftlicher Beleg** als Nachweis des Geschäftsvorfalls zugrunde liegen muss (OLG Oldenburg ZMR 2008, 238). Die Aufzeichnungen müssen vollständig, richtig, zeitgemäß und geordnet sein (OLG Schleswig ZMR 2008, 665, 666). Die Belege dienen als dokumentarisches Bindeglied zwischen dem Geschäftsvorfall und der Buchung, weshalb sie idR vor allem den konkreten Geschäftsvorfall, den Bezug zu der betroffenen Wohnanlage sowie die Höhe der jeweiligen Forderung einschließlich der zu ihrer Nachvollziehbarkeit erforderlichen Angaben ausweisen müssen (OLG Oldenburg ZMR 2008, 238; Hügel/Elzer Rn 376).

3. Steuerliche Bescheinigungen

351 Damit (selbstnutzende) Wohnungseigentümer gem § 35a EStG Steuerermäßigungen für Aufwendungen der Gemeinschaft für haushaltsnahe Beschäftigungsverhältnisse, **haushaltsnahe Dienstleistungen** und Handwerkerleistungen geltend machen können, bedürfen sie eines entsprechenden Nachweises. Als solcher kann die Jahresabrechnung dienen, wenn die einzelnen Kostenpositionen entsprechend unterteilt dargestellt sind. Alternativ kommt eine separate Bescheinigung in Betracht. Auf beide Arten der Darstellung besteht kein gesetzlicher Anspruch.

352 Nach Ansicht des BFH sind Beiträge zur Rücklage nicht bereits mit Zahlung an die Gemeinschaft als **Werbungskosten** bei Einkünften aus Vermietung und Verpachtung absetzbar, sondern erst, wenn Erhaltungsmaßnahmen tatsächlich bezahlt wurden (BFH NJW 1988, 2824; ZMR 2009, 380; NZM 2012, 125). Es kommt in Betracht, diesem Umstand bei der Darstellung der Rücklage Rechnung zu tragen (zB *„Entnahmen … Euro, davon rechnerisch Ihnen zuzuweisen: …“*). Auf diese Darstellung besteht kein gesetzlicher Anspruch.

Ein Wohnungseigentümer mag daran interessiert sein, über seinen (rechnerischen) **Anteil** an den von den Zinserträgen der Gemeinschaft einbehaltenen **Abgaben** unterrichtet zu werden. Dieses Interesse kann der Verwalter durch eine entsprechende Angabe im Vermögensbericht, aber auch durch gesonderte Bescheinigung befriedigen. Ein vergleichbares Interesse ist bei der sog Bauabzugssteuer oder bei einer angefallenen Umsatzsteuer (vgl DRASDO ZWE 2021, 74, 75; JENNISSEN/JENNISSEN Rn 180 ff) denkbar. Auf beide Arten der Darstellung besteht kein gesetzlicher Anspruch. 353

4. Ergänzende Angaben in Jahresabrechnung, Wirtschaftsplan, Vermögensbericht

Der Idealfall, in dem sich „Soll"-Rücklagen und Festgeldkonto decken, kommt in der Praxis so gut wie nicht vor. Dessen ungeachtet haben die Eigentümer ein Interesse daran zu erfahren, ob der Verwalter die tatsächlich gezahlten Beiträge auf die Rücklage dem Konto gutgeschrieben und so Zinsausfälle vermieden hat. Um den Wohnungseigentümern diese Prüfung zu erleichtern, können auch die **Anfangsbestände** der **Konten** mitgeteilt werden. Ein gesetzlicher Anspruch hierauf besteht nicht. 354

Vermietende Wohnungseigentümer haben ein Interesse daran, anhand den von der Wohnungseigentümergemeinschaft überlassenen Zahlen ohne viel Aufwand die **Betriebskostenabrechnung** zu erstellen. Das ist (nur) gewährleistet, wenn die Jahresabrechnung auf der Ausgabenseite nach den Positionen aus § 2 BetrKV unterscheidet. Dazu ist aber weder Verwalter noch die Wohnungseigentümergemeinschaft gesetzlich verpflichtet. 355

§ 29 WEG
Verwaltungsbeirat

(1) Wohnungseigentümer können durch Beschluss zum Mitglied des Verwaltungsbeirats bestellt werden. Hat der Verwaltungsbeirat mehrere Mitglieder, ist ein Vorsitzender und ein Stellvertreter zu bestimmen. Der Verwaltungsbeirat wird von dem Vorsitzenden nach Bedarf einberufen.

(2) Der Verwaltungsbeirat unterstützt und überwacht den Verwalter bei der Durchführung seiner Aufgaben. Der Wirtschaftsplan und die Jahresabrechnung sollen, bevor die Beschlüsse nach § 28 Absatz 1 Satz 1 und Absatz 2 Satz 1 gefasst werden, vom Verwaltungsbeirat geprüft und mit dessen Stellungnahme versehen werden.

(3) Sind Mitglieder des Verwaltungsbeirats unentgeltlich tätig, haben sie nur Vorsatz und grobe Fahrlässigkeit zu vertreten.

Materialien: BR-Drucks 75/51, 24; BT-Drucks 19/18791, 78 f; BT- Drucks 19/22634, 47.

Schrifttum

ARMBRÜSTER, Willensbildung und Beschlussfassung im Verwaltungsbeirat, ZWE 2001, 463
ders, Bestellung der Mitglieder des Verwaltungsbeirats, ZWE 2001, 355
KÜMMEL, Die Mitgliedschaft von Personenvereinigungen im Verwaltungsbeirat, NZM 2003, 303
MAAS, Der Verwaltungsbeirat als Organ der Gemeinschaft der Wohnungseigentümer (2000).

Systematische Übersicht

Alphabetische Übersicht

I. Allgemeines

Der Verwaltungsbeirat ist neben dem Verwalter und sämtlichen Wohnungseigentümern das dritte Organ der Wohnungseigentümergemeinschaft. § 29 WEG regelt den Verwaltungsbeirat nicht abschließend. Einerseits enthält das Gesetz nämlich an anderen Stellen Bestimmungen (§ 9b Abs 2, § 24 Abs 3, § 24 Abs 6 S 2 WEG) und an- 1 dererseits sind diverse Rechtsfragen ungeregelt geblieben. Diese **Lückenhaftigkeit** hat der historische Gesetzgeber bewusst in Kauf genommen (s BR-Drucks 75/51, 24: § 29 WEG umschreibe Aufgaben und Befugnisse in „kurzen Zügen"). Im Alltag einer Wohnungseigentumsanlage spielt der Verwaltungsbeirat oft eine erhebliche Rolle, er beschäftigt ausweislich der veröffentlichten Judikatur die Gerichte indes vergleichsweise wenig.

2 Die **WEG-Reform 2020** hat § 29 WEG systematisch neu konzipiert. Die inhaltlichen Änderungen sind aber überschaubar: Die Zahl der Beiratsmitglieder ist nicht mehr gesetzlich vorgeschrieben, die Pflicht, „Rechnungslegungen" und „Kostenanschläge" zu prüfen, ist entfallen, hinzugetreten ist die Aufgabe der Überwachung des Verwalters sowie die Haftungsbeschränkung nach § 29 Abs 3 WEG.

3 § 29 WEG betrifft **unterschiedliche Aspekte**: Abs 1 enthält die (wenigen) Regelungen zum Organisationsrecht, Abs 2 die Aufgaben des Beirats und Abs 3 eine Regelung zu seiner Haftung. Der in § 29 Abs 2 WEG geregelte Aufgabenkanon wird ergänzt durch die Befugnis nach § 24 Abs 3 WEG, eine Eigentümerversammlung einzuberufen sowie durch § 24 Abs 6 S 2 WEG, der die Unterzeichnung der Niederschrift betrifft, aber auch die in § 9b Abs 2 WEG geregelte Vertretung.

1. Zweck des Beirats

4 Der BGH bezeichnet den Verwaltungsbeirat recht allgemein als „Hilfs- und Kontrollorgan" (BGH NJW 2010, 3168 Rn 9). Aus den gesetzlichen Kompetenzen lassen sich zwei konkrete Funktionen ableiten: Zum einen soll der Beirat durch Kontrolle zur **Richtigkeit der Verwaltung** beitragen. Von dieser Kontrolle ist regelmäßig der Verwalter betroffen, weil dieser den vom Beirat zu prüfenden Wirtschaftsplan und die Jahresabrechnung vorlegt und typischerweise die Versammlung führt, deren Protokoll ein Beiratsmitglied zu unterschreiben hat. Daneben dient der Beirat der **Funktionsfähigkeit der Verwaltung**, was in seinen Sonderkompetenzen, nämlich dem in § 24 Abs 3 WEG geregelten Einberufungsrecht, der Vertretung (§ 9b Abs 2 WEG) sowie in seiner Unterstützungsaufgabe nach § 29 Abs 2 S 1 Var 1 WEG zum Ausdruck kommt.

5 Der Mitwirkung bei der Verwaltung kommt in der Praxis typischerweise eine über die gesetzlichen Regelungen hinausgehende Bedeutung zu. Hier geht es einmal die Vorbereitung von Verwaltungsmaßnahmen, etwa wenn der Beirat Anregungen der Eigentümer entgegennimmt und an den Verwalter weiterleitet oder wenn der Beirat Angebote potenzieller Verwalter einholt. Diese vorbereitenden Tätigkeiten beruhen meist auf keiner besonderen Grundlage im Organisationsrecht; sie könnten von jedem Eigentümer gleichermaßen erbracht werden und sind schon aus diesem Grund nur seltenen von rechtlicher Relevanz. Anders ist es, wenn die Wohnungseigentümer **rechtsgeschäftlich** – sei es in der Gemeinschaftsordnung oder durch Beschluss – dem Beirat **Verwaltungsmaßnahmen zuweisen**. Dies geschieht in der Praxis vergleichsweise häufig, um eine Entscheidung der schwerfälligeren Wohnungseigentümerversammlung zu vermeiden (dazu Rn 75 ff).

2. Organ der Wohnungseigentümergemeinschaft

6 Aus seinen Sonderkompetenzen bei der Verwaltung des gemeinschaftlichen Eigentums folgt, dass der Beirat Organ der Wohnungseigentümergemeinschaft ist (vgl BGH 17. 1. 2019 – V ZB 121/18, ZWE 2019, 329 Rn 10; **aA** HÜGEL/ELZER Rn 4 f). Die Mitglieder des Verwaltungsbeirats sind mithin Organwalter.

7 Zwischen dem Beiratsmitglied und der **Wohnungseigentümergemeinschaft** besteht ein Schuldverhältnis (vgl BGHZ 163, 154, 162), das nur durch Vereinbarung oder Beschluss ausgestaltet werden kann (Rn 16). Es wird hier als **Organverhältnis** bezeichnet; andere im Verbandsrecht gebräuchlichen Begriffe sind ebenso passend, etwa Amtswalterrechtsverhältnis, organschaftliches oder korporatives Sonderrechtsverhältnis oder verbandsrechtliches Dauerschuldverhältnis. Näher zu den aus dem Organverhältnis folgenden Rechten und Pflichten Rn 44 ff.

8 Der Beirat ist offensichtlich **nicht rechtsfähig** (allgM, etwa OLG Düsseldorf ZMR 1998, 104), weshalb Rechte und Pflichten seine Mitglieder persönlich treffen. Die Verbindung im Beirat begründet **kein** besonderes **Schuldverhältnis** iSd § 311 BGB zwischen den Beiratsmitgliedern, weil es an den Voraussetzungen der Norm mangelt.

9 Die **Rechte** der Beiratsmitglieder wurzeln in der Mitgliedstellung im Beirat und können daher weder **übertragen** noch von einer anderen Person, auch nicht einem anderen Beiratsmitglied, ausgeübt werden, falls die Gemeinschaftsordnung dies nicht erlaubt (vgl ARMBRÜSTER ZWE 2001, 463, 464).

10 Die Beiratsmitglieder stehen kraft ihres Amtes zu den **Wohnungseigentümern** in **keinem Rechtsverhältnis**. Auch ein „Beiratsvertrag" – wenn man ihn denn, anders als hier (Rn 16), als Gestaltungsinstrument des Organverhältnisses anerkennt – hat keine (Dritt)wirkung zugunsten der Wohnungseigentümer (**aA** HÜGEL/ELZER Rn 7).

3. Konkurrenz zu den anderen Organen

11 Bei seiner Ladungs- (§ 24 Abs 3 WEG) und Vertretungskompetenz (§ 9b Abs 2 WEG) soll der Beirat die Lücke schließen, die durch Fehlen, Untätigkeit oder eine Handlungssperre des **Verwalters** entsteht. Die Konkurrenz zwischen beiden Organen bei diesen Verwaltungshandlungen hat das Gesetz mithin selbst aufgelöst. Bei den anderen Kompetenzen des Verwalters kann eine Konkurrenz schon aus tatsächlichen Gründen nicht entstehen. Die Wohnungseigentümer können durch Beschluss die Entscheidungsmacht des Verwalters an eine Zustimmung des Verwaltungsbeirats koppeln; dies folgt aus § 27 Abs 2 WEG (Rn 76). Bei der Formulierung solcher **Abstimmungsbeschlüsse** ist darauf zu achten, dass hinreichend klar ist, wann die erforderliche Mitwirkung des Beirats erfolgt ist. Hier kann sich eine an § 28 Abs 2 S 2 WEG angelehnte Formulierung anbieten (zB „Vor der Auftragsvergabe soll das Angebot des zu beauftragenden Unternehmers vom Verwaltungsbeirat geprüft und mit dessen Stellungnahme versehen werden").

12 Beim Verhältnis des Beirats zum **Organ Gesamtheit der Wohnungseigentümer** stellen sich drei Fragen: Wie sind die Entscheidungskompetenzen abzugrenzen? Können die Wohnungseigentümer durch Beschluss die Verwaltungskompetenzen des Beirats

an sich ziehen? Und können sie umgekehrt per Beschluss ihnen obliegende Kompetenzen auf den Beirat delegieren?

13 Die ersten beiden Fragen sind bei § 9b Abs 2 WEG relevant. Denn die Vorschrift führt zu einer Beiratskompetenz im Innenverhältnis (Rn 60). Da die Entscheidung über ein Handeln der Wohnungseigentümergemeinschaft gegenüber dem Verwalter – zB Geltendmachung einer Forderung – aber ebenso durch die Eigentümer per Beschluss wie durch den Beirat erfolgen kann, bedarf es der Bestimmung des Umfangs der Entscheidungskompetenz des Beirats. Das Gesetz schweigt zu dieser Frage. Es beruht allerdings auf dem **Primat** der **Entscheidung** der **Wohnungseigentümer** (§ 19 Abs 1 WEG). Damit lässt sich die Meinung nicht vereinbaren, der Beirat könne über alle Rechtsgeschäfte gegenüber dem Verwalter entscheiden. Die Beiratskompetenz ist mithin beschränkt. Bei der Bestimmung ihres Umfangs muss leitend sein, dass der Beirat im Fall des § 9b Abs 2 WEG den Verwalter ersetzt. Die Beiratskompetenz entspricht im Innenverhältnis daher § 27 Abs 1 WEG: Der Beirat kann über die Vornahme von Rechtsgeschäften gegenüber dem Verwalter entscheiden, die keine wesentliche Bedeutung haben oder eilbedürftig sind (Lehmann-Richter/Wobst NJW 2021, 662, 664). Die Wohnungseigentümer besitzen aber analog § 27 Abs 2 WEG die Kompetenz, anstelle des Beirats durch Beschluss zu entscheiden. Zur Wirksamkeit des Vertreterhandelns bei einem Überschreiten des Innenverhältnisses Staudinger/Jacoby (2023) § 9b WEG Rn 105.

14 Die Frage nach der **Delegation** von **Entscheidungsmacht** auf den Beirat durch Beschluss war Gegenstand der Beratungen der Bund-Länder-Arbeitsgruppe im Vorfeld der WEG-Reform 2020, indes ohne konkretes Ergebnis (Abschlussbericht ZWE 2019, 429, 454) Das WEMoG 2020 hat sich der Frage nicht angenommen. § 27 Abs 2 WEG regelt allerdings die Delegation von Entscheidungskompetenzen auf den Verwalter. Diese Vorschrift war wegen der praktisch deutlich wichtigeren Delegation auf den Verwalter aus Gründen der Rechtssicherheit unverzichtbar. Sie ist indes nur eine spezielle Ausprägung der aus § 19 Abs 1 WEG folgenden Kompetenz, durch Beschluss Entscheidungsbefugnisse auf andere Organe zu übertragen. § 19 Abs 1 WEG ist daher Kompetenzgrundlage von Beschlüssen, mit denen Entscheidungsbefugnisse auf den Verwaltungsbeirat delegiert werden (vgl BGH 11. 6. 2021 – V ZR 215/20, ZMR 2021, 830). Deshalb erkennt der BGH zutreffend – indes ohne das theoretische Problem zu erörtern – eine Delegationskompetenz an (BGH 16. 12. 2022 – V ZR 263/21, ZWE 2023, 139 Rn 25; s auch Pramataroff ZWE 2023, 143). Diese Sichtweise findet sich auch in der Instanzrechtsprechung (BayObLG ZWE 2002, 405). In der Literatur wird eine Beschlusskompetenz hingegen verbreitet verneint (etwa Hügel/Elzer Rn 60) bzw nur in (gegenständlich unklaren) Ausnahmefällen anerkannt (etwa MünchKomm/Burgmair § 29 WEG Rn 33).

4. Organisationsrechtlicher Typenzwang bei Einwirkungen auf das Amt

15 Aus § 29 Abs 1 S 1 WEG folgt, dass Erwerb und Verlust der Mitgliedschaft im Beirat sich organisationsrechtlich und **nicht** etwa auf **vertraglichem Weg** vollziehen. Erworben wird die Mitgliedschaft also durch Beschluss und Annahmeerklärung, der Verlust tritt durch Abberufungsbeschluss oder Niederlegungserklärung ein. Der Abschluss eines „Beiratsvertrags“ ist für den Amtserwerb mithin weder erforderlich noch ausreichend.

Damit ist man bei der Frage nach der **Funktion** eines **Beiratsvertrags**, die sich für den Verwaltervertrag gleichermaßen stellt (vgl AGB-Klauselwerke/LEHMANN-RICHTER Wohnungseigentumsverwalter Rn 3 ff). Es handelt sich um ein allgemeines verbandsrechtliches Problem der Organstellung, das noch nicht abschließend geklärt ist. Für den Verwaltungsbeirat ist es überzeugend, aus § 10 Abs 1 S 2, § 19 Abs 1, § 29 Abs 1 S 1 WEG einen wohnungseigentumsrechtlichen Typenzwang abzuleiten: Das Organverhältnis zur Wohnungseigentümergemeinschaft kann nur durch Vereinbarung gemäß § 10 Abs 1 S 2 WEG oder durch Beschluss inhaltlich ausgestaltet werden (Rn 103 f). Dieser Zwang zum Organisationsrecht rechtfertigt sich auch mit dem durch § 10 Abs 3 S 1, § 24 Abs 7 WEG abgesicherten Gebot der Transparenz des wohnungseigentumsrechtlichen Binnenrechts, das durch eine vertragliche Regelung umgangen würde. In einem Vertrag mit den Beiratsmitgliedern getroffene Regelungen sind daher ohne rechtliche Wirkung, soweit sie die Amtsstellung betreffen. Daher kann, anders als dies § 26 Abs 2 S 2 WEG für den Verwalter zulässt, insbesondere die Vergütung nicht in einem Vertrag mit den Beiratsmitgliedern festgelegt werden. Erforderlich, aber auch ausreichend, ist ein entsprechender Beschluss oder eine Vereinbarung der Wohnungseigentümer. Möchte das Beiratsmitglied unter den darin festgelegten Bedingungen das Amt nicht ausüben, darf es dieses entweder gar nicht erst antreten oder es muss – wenn die Modifikationen später erfolgen – das Amt niederlegen. 16

Diese organisationsrechtliche Theorie entspricht allerdings nicht der **hM**, die auf dem Standpunkt steht, dass die Rechtsbeziehungen zum Beirat (auch) durch Vertrag ausgestaltet werden können. Danach soll neben das Organverhältnis der Beiratsvertrag als weiteres Schuldverhältnis treten, typischerweise in der Form eines Auftrags (etwa LG Nürnberg-Fürth ZMR 2001, 746; BÄRMANN/PICK/DÖTSCH Rn 25). Nach verbreiteter Meinung soll der Bestellungsbeschluss regelmäßig auch den Beschluss über den Vertragsabschluss enthalten (s etwa OLG Düsseldorf ZMR 1998, 104), der dann allerdings noch im Namen der Wohnungseigentümergemeinschaft erfolgen müsste. 17

5. Abbedingung und Ergänzung um weitere Beiräte

Der Beirat ist kein notwendiges Organ der Wohnungseigentümergemeinschaft (BGH NJW 2010, 3168 Rn 9). Es ist daher möglich, dass die Bestellung eines Beirats in der Gemeinschaftsordnung abbedungen wird; § 29 Abs 1 WEG ist mithin **kein zwingendes Recht** (allgM, etwa BayObLG ZMR 1994, 69). Es besteht hingegen keine Kompetenz, § 29 Abs 1 S 1 WEG durch Beschluss auf Dauer auszuschließen (allgM, s etwa BGH NJW 2010, 3168 Rn 5). 18

Die gesetzlichen Regelungen zum Verwaltungsbeirat sind nicht dergestalt abschließend, dass sie die Gründung anderer dauerhafter Funktionsträger durch die **Gemeinschaftsordnung** verbieten würden. Zulässig ist daher etwa die Einrichtung **mehrerer Beiräte** in einer **Mehrhausanlage** (MERLE ZWE 2005, 164, 172). Von solchen durch Vereinbarung eingerichteten Dauerinstitutionen sind Konstellationen zu unterscheiden, in denen bestimmten Wohnungseigentümern durch **Beschluss** die Wahrnehmung einer konkreten Verwaltungsaufgabe zugewiesen wird. Der BGH spricht von **„Sonderausschüssen“**, deren Einrichtung durch Beschluss rechtmäßig sei, sofern dadurch nicht den Wohnungseigentümern oder dem Verwalter nach dem Gesetz oder durch Vereinbarung zugewiesene Befugnisse beschnitten würden (BGH NJW 2010, 3168 Rn 9). 19

Diese Rechtsprechung passt ins System (Rn 76), sieht das Gesetz doch auch an anderer Stelle vor, dass einzelne Wohnungseigentümer per Beschluss zu Funktionsträgern werden können (zB § 24 Abs 3 Var 3 WEG).

6. Scheinbeirat

20 Wird der Beschluss, einen Wohnungseigentümer zum Beiratsmitglied zu bestellen, durch Urteil für ungültig erklärt, stellt sich die Frage nach der Wirksamkeit von Rechtshandlungen, an denen dieses Scheinmitglied mitgewirkt hat. Betroffen ist das allgemeine Problem, unter welchen Voraussetzungen das Handeln einer Person eine Verwaltungsmaßnahme der Wohnungseigentümergemeinschaft ist. Zu dieser **Zurechnungsfrage** § 18 WEG Rn 32 ff.

II. Erwerb und Verlust der Mitgliedschaft

21 Erwerb und Verlust der Mitgliedschaft im Beirat sind im Gesetz nur hinsichtlich des Bestellungsbeschlusses (§ 29 Abs 1 S 1 WEG) geregelt, weshalb die übrigen Voraussetzungen sich aus **allg Prinzipien** ergeben.

22 Die **Gemeinschaftsordnung** kann den Erwerb der Mitgliedschaft im Beirat abweichend vom Gesetz regeln. Es kommt deshalb etwa in Betracht, das Wahlverfahren vorzugeben, den Beirat für Dritte zu öffnen oder bei einer Mehrhausanlage zu bestimmen, dass aus jedem Haus eine bestimmte Anzahl an Mitgliedern in den Beirat zu versenden ist. Auch eine verbindliche Festlegung der Zahl der Beiratsmitglieder ist möglich. Stammt eine solche Regelung aus einer Gemeinschaftsordnung vor dem 1. 12. 2020, richtet sich die Abweichung von § 29 Abs 1 S 1 WEG nach **§ 47 WEG**. Gibt eine solche Gemeinschaftsordnung mit der Zahl von drei Mitgliedern lediglich § 29 Abs 1 S 2 WEG aF wieder, setzt sich der geltende § 29 Abs 1 S 1 WEG durch, der die Zahl der Mitglieder in das Entscheidungsermessen der Wohnungseigentümer stellt.

23 Ist die **Bestellung** eines Beirats in der **Gemeinschaftsordnung** ausgeschlossen, ist ein dennoch gefasster Bestellungsbeschluss nichtig (LG München I 12. 4. 2010 – 36 S 16624/09, juris). Werden die Mitglieder des Beirats in der Gemeinschaftsordnung bestellt, ist dies als Vorabbeschluss des aufteilenden Eigentümers zu interpretieren (vgl Lehmann-Richter/Wobst WEG-Reform 2020 Rn 461).

1. Bestellungsbeschluss (Abs 1 S 1)

24 Nach § 29 Abs 1 S 1 WEG können durch Beschluss Wohnungseigentümer zum Mitglied des Beirats bestellt werden. Die Vorschrift ist kein eigener Kompetenztitel, sondern ein Regelbeispiel für eine Verwaltungsmaßnahme, die nach § 19 Abs 1 WEG durch Beschluss getroffen werden kann (§ 19 WEG Rn 5). Für die (schon zu § 29 Abs 1 S 1 WEG aF verfehlte) Diskussion, ob zwischen dem Beschluss, einen Beirat einzurichten und dem Beschluss, bestimmte Personen zu Beiratsmitgliedern zu küren, zu unterscheiden ist (Staudinger/Lehmann-Richter [2018] § 29 WEG Rn 6 f), gibt das Gesetz keinen Anlass: § 29 Abs 1 S 1 WEG betrifft nur den Beschluss, einen **Wohnungseigentümer** zum **Beirat** zu **küren**. Einen „Einrichtungsbeschluss" sieht das Gesetz nicht vor; er ist – ebenso wie beim Verwalter – schlechthin entbehrlich.

Die Ordnungsmäßigkeit des Bestellungsbeschlusses hängt **nicht** davon ab, dass die **Eckdaten** eines **Beiratsvertrags** bei der Beschlussfassung feststehen (**aA** Bärmann/Pick/Dötsch § 29 Rn 18; Jennissen/Hogenschurz Rn 26 sowie BGH NJW 2015, 1378 für den Verwalter). Das folgt nach hier vertretener Ansicht schon daraus, dass ein Beiratsvertrag keine Auswirkungen auf das Beiratsamt haben kann (Rn 16). Aber auch wenn man dies anders sieht, bedarf es dieser Eckdaten nicht. Denn es kann dann nur um die Vergütung gehen, für die das Gesetz ausreichende Regelungen bereithält (Rn 101), was einen Vertragsschluss entbehrlich macht. 25

Es besteht nach § 29 Abs 1 S 1 WEG Beschlusskompetenz, für den Fall des Ausscheidens von Beiratsmitgliedern (aufschiebend bedingt) **Ersatzmitglieder** zu bestellen (Bub ZWE 2007, 1, 10). Ein solcher Beschluss widerspricht aber ordnungsmäßiger Verwaltung, wenn mehrere Nachrücker bestellt werden und ihre Rangfolge nicht hinreichend transparent ist. Ist die Reihenfolge auch durch Auslegung nicht zu ermitteln, ist der Beschluss unbestimmt und damit nichtig. 26

Die **Rechtsmittelbeschwer** im Verfahren über die Anfechtung eines Bestellungsbeschlusses ist nach der Rspr in aller Regel auf 750 Euro zu schätzen (BGH 17. 1. 2019 – V ZB 121/18, WuM 2019, 284). 27

a) Verfahrensfragen

Aus § 29 Abs 1 S 1, § 25 Abs 1 WEG folgt, dass die Besetzungsentscheidung per **Mehrheitsbeschluss** erfolgt. Die Zahl der Beiratsmitglieder ist gesetzlich nicht festgelegt. Es kann sich daher das Bedürfnis ergeben, dass vor der Abstimmung über einzelne Kandidaten geklärt wird, **wie viele Mitglieder** in den konkreten Beirat gewählt werden sollen (AG Sonthofen 27. 10. 2021 – 5 C 228/21, ZMR 2022, 161). Die Wohnungseigentümer können beschließen, dass jeder Wohnungseigentümer bei einer nacheinander erfolgenden Abstimmung über die einzelnen Bewerber nur eine bestimmte Zahl an Stimmen hat (vgl BGH 18. 1. 2019 – V ZR 324/17, ZMR 2019, 776 Rn 6 f). Machen die Wohnungseigentümer hiervon keinen Gebrauch, ist jeder Wohnungseigentümer in den Beirat gewählt, der bei der Abstimmung über seine Person eine Mehrheit der Stimmen erhält. Ein solche sukzessive Abstimmung durch den Versammlungsleiter (zur diesbezüglichen Kompetenz BGH 18. 1. 2019 – V ZR 324/17, ZMR 2019, 776 Rn 6 f) ist aber ordnungswidrig, wenn die Gefahr droht, dass spät aufgerufene Kandidaten nur deshalb nicht in den Beirat gewählt werden, weil dieser nach Einschätzung der Wohnungseigentümer schon genügend Mitglieder hat. 28

§ 29 Abs 1 S 1 WEG verdeutlicht, dass der Beschluss die **Berufung konkreter Mitglieder** betrifft und nicht etwa sämtliche Mitglieder des Beirats zwingend en bloc zu bestellen sind. § 29 Abs 1 S 1 WEG verbietet eine **Blockwahl** indes nicht etwa dahingehend, dass hierfür keine **Beschlusskompetenz** bestünde. Denn auch der Beschluss, mehrere Mitglieder zu bestellen, fällt unter § 29 Abs 1 S 1 WEG, der sich schon dem Wortlaut nach nicht auf eine Einzelwahl beschränkt. Ob im konkreten Fall mehrere Bestellungsbeschlüsse vorliegen, hängt daher vom **Vorgehen des Versammlungsleiters** ab: Wird über die Kandidaten als Gruppe einheitlich abgestimmt, erfolgt die Bestellung durch einheitlichen Beschluss. Anders ist es bei der Einzelwahl, die voraussetzt, dass über die Personen getrennt abgestimmt und die Wahl vom Versammlungsleiter einzeln verkündet wird. Werden die Beiratsmitglieder **sukzessive gewählt**, kann die 29

Wirksamkeit der Beschlussfassung unter die aufschiebende Bedingung gestellt werden, dass weitere Mitglieder gewählt werden.

30 Kontrovers diskutiert wird die **Ordnungsmäßigkeit** einer **Blockwahl**: Teilweise wird ein auf ihrer Grundlage verkündeter Bestellungsbeschluss stets für ordnungswidrig gehalten, weil unliebsame Kandidaten zwingend mitgewählt werden müssten (LG Düsseldorf NZM 2004, 468). Eine andere Ansicht hält mit diesem Argument einen entsprechenden Beschluss nur dann für ordnungswidrig, wenn ein Wohnungseigentümer dem Blockwahlverfahren widersprochen hat (KG ZMR 2004, 775). Es wird aber auch vertreten, dass die Blockwahl grundsätzlich ordnungsgemäß sei (OLG Hamburg ZMR 2005, 395; LG Schweinfurt WuM 1997, 641). Die zuletzt genannte Ansicht überzeugt. Denn wenn ein Wohnungseigentümer gegen die Wahl nur einzelner, en bloc zur Wahl gestellter Kandidaten ist, steht es ihm frei, die Wahl des missliebigen Kandidaten dadurch zu verhindern, dass er insgesamt gegen die Liste stimmt. Ist nur die Wahl eines der per Blockwahl gekürten Beiratsmitglieder ordnungswidrig, kann sich die Ungültigerklärung durch das Gericht hierauf beschränken, wenn die Voraussetzungen des **§ 139 BGB** vorliegen (dazu § 44 WEG Rn 186).

31 Bei der Abstimmung über seine Wahl ist der Kandidat nicht vom **Stimmrecht** ausgeschlossen, und zwar auf der Grundlage der Rspr zum Verwalter (BGH ZMR 2002, 930) auch dann nicht, wenn mit der Wahl in das Amt zugleich über einen Beiratsvertrag (s Rn 25) abgestimmt wird.

b) Persönliche Anforderungen

32 Die gewählten Personen müssen **Wohnungseigentümer** (oder Teileigentümer, § 1 Abs 6 WEG) sein; damit wird sichergestellt, dass sich das Selbstverwaltungsrecht der Wohnungseigentümer auch im Beirat fortsetzt. Wohnungseigentümer ist, wer zu Recht im Wohnungsgrundbuch eingetragen ist oder wer das Wohnungseigentum außerhalb des Grundbuchs erworben hat, insbes nach § 90 Abs 1 ZVG oder gemäß § 1922 BGB (vgl BGH NJW 2012, 3232 Rn 8). Der werdende Wohnungseigentümer gilt unter den Voraussetzungen des § 8 Abs 3 WEG als Wohnungseigentümer (AG Potsdam 16. 6. 2022 – 31 C 1/22, ZMR 2023, 78). Ein Wohnungseigentümer, der gleichzeitig Verwalter ist, darf nicht in den Beirat gewählt werden (OLG Zweibrücken OLGZ 1983, 438, allgM).

33 Entgegen einer verbreitet vertretenen, mit der Höchstpersönlichkeit der Tätigkeit begründeten Ansicht (zB Armbrüster ZWE 2001, 355, 356) können auch andere als natürliche Personen in den Beirat gewählt werden (Häublein ZMR 2003, 233, 238; Kümmel NZM 2003, 303). Denn auch diesem Typus von Eigentümern muss es möglich sein, seine Interessen im Beirat wahrzunehmen. Konkret ausgeübt wird die Beiratstätigkeit von einem Vertreter der **juristischen Person/Personenvereinigung**. Einem häufigen, die Arbeit des Beirats erschwerenden Auswechseln dieser Person kann durch Abberufung begegnet werden (Häublein ZMR 2003, 233, 238). Ist eine juristische Person/Personenvereinigung Wohnungseigentümerin, darf deren Organ als Nicht-Wohnungseigentümer nicht in den Beirat gewählt werden; gleiches gilt für andere gesetzliche Vertreter (**aA** Bärmann/Pick/Dötsch § 29 Rn 14). Eine **Partei kraft Amtes**, zB der Insolvenzverwalter, steht einem Wohnungseigentümer iSd § 29 Abs 1 S 1 WEG hingegen gleich (Jennissen/Hogenschurz Rn 8; **aA** Hügel/Elzer Rn 20).

34 Besondere **Qualifikationen** benötigen die Mitglieder nicht (KG ZMR 2004, 458; LG Frankfurt/M 9. 8. 2021 – 2-13 S 20/21, ZWE 2021, 417). Der Beschluss über die Wahl eines Wohnungseigentümers widerspricht deshalb nur dann ordnungsmäßiger Verwaltung, wenn unter Berücksichtigung aller Umstände seine Entsendung in den Beirat vom **Entscheidungsermessen** der Wohnungseigentümer nicht mehr gedeckt ist (Einzelfallwürdigungen etwa bei BayObLG ZMR 2003, 438; OLGR Köln 2006, 590; KG ZMR 2004, 458; LG Baden-Baden ZMR 2009, 473; LG Frankfurt/M ZMR 2016, 128; 2. 9. 2019 – 2-09 S 51/18, ZWE 2020, 49; LG Frankfurt/M 9. 8. 2021 – 2-13 S 20/21, ZWE 2021, 417).

35 Ein Beschluss, der eine Person in den Beirat wählt, der die hier beschriebenen persönlichen Anforderungen fehlen, ist nicht etwa nichtig, sondern (nur) **anfechtbar** (s LG Dortmund ZMR 2014, 387; Hogenschurz ZWE 2022, 134 m Nachw). Denn die erforderliche Beschlusskompetenz folgt aus § 29 Abs 1 S 1 WEG (vgl BGH NJW 2010, 3168). Diese erfasst auch die Bestellung eines **Nichteigentümers** zum Beirat (**aA** AG Hamburg-St Georg 20. 8. 2021 – 980a C 29/20 WEG, ZMR 2021, 932; Sommer ZWE 2020, 409, 410).

36 Ebenfalls nur anfechtbar, ist der Beschluss, wenn für die Wahl eine **qualifizierte Mehrheit** vereinbart ist und der Versammlungsleiter trotz Nichterreichens der erforderlichen Mehrheit das Zustandekommen des Beschlusses feststellt (BayObLG ZWE 2002, 405). Ein aus § 18 Abs 2 WEG folgender Anspruch auf Neubesetzung eines ordnungswidrig, aber bestandskräftig bestellen Beirats ist nicht anzuerkennen (s § 44 WEG Rn 51).

c) Anspruch auf Bestellung

37 Schreibt die **Gemeinschaftsordnung** die Besetzung des Beirats vor, führt dies nach **§ 18 Abs 2 Nr 1 WEG** zu einem entsprechenden Anspruch der Wohnungseigentümer, weil es sich dann um eine vereinbarungsgemäße Maßnahme handelt (Bub ZWE 2002, 7, 8; **aA** BeckOGK/Greiner WEG Rn 4.1). Anderenfalls Fällen hängt ein Anspruch aus § 18 Abs 2 Nr 1 WEG davon ab, ob allein die Besetzung des Beirats ordnungsmäßiger Verwaltung entspricht. Dies ist eine Frage des Einzelfalls, insbes, ob in der konkreten Anlage die Besetzung des Amtes – mit einem oder mehreren Mitgliedern – zwingend erforderlich ist, um eine funktionsfähige Verwaltung zu gewährleisten und ob die zur Wahl gestellten Personen geeignet erscheinen. Gerichtsentscheidungen, die sich mit dieser Thematik befassen, sind nicht bekannt.

38 Besteht danach eine Pflicht zur Bestellung von Beiratsmitgliedern, kann jeder Wohnungseigentümer seinen Anspruch aus § 18 Abs 2 Nr 1 WEG im Wege der **Beschlussersetzungsklage** nach § 44 Abs 1 S 2 WEG verfolgen. Nennt der Kläger keine Wohnungseigentümer, die bereit sind, das Amt zu übernehmen, ist die Klage allerdings unbegründet (vgl § 44 WEG Rn 276).

2. Annahmeerklärung

39 Die Mitgliedschaft im Beirat wird nach allgM nicht allein durch den Bestellungsbeschluss erworben, sondern bedarf auch der Erklärung der gewählten Person, dass sie das Amt annehme (BGH 17. 1. 2019 – V ZB 121/18, ZWE 2019, 329 Rn 10). Denn niemand kann gegen seinen Willen in ein Amt gezwungen werden. **Erklärungsempfänger** ist, da der Beirat ein Amt für die Wohnungseigentümergemeinschaft ausübt (s Rn 6), deren Repräsentant. Das ist aufgrund seiner Vollzugskompetenz der Verwalter. Fehlt

ein Verwalter, wird die Gemeinschaft durch sämtliche Wohnungseigentümer repräsentiert und es kommt zur Anwendung des Grundsatzes, nach dem jeder Vertreter passiv einzelvertretungsberechtigt ist (vgl BGH 14. 2. 1974 – II ZB 6/73, NJW 1974, 1194). Die Annahme kann auch konkludent erfolgen.

3. Verlustgründe

40 Ist die Mitgliedschaft im Bestellungsbeschluss **befristet** worden, tritt der Amtsverlust durch Zeitablauf ein (BGH 17. 1. 2019 – V ZB 121/18, ZWE 2019, 329 Rn 10). Gilt in der konkreten Gemeinschaft § 29 Abs 1 S 1 WEG, dürfen also nur Wohnungseigentümer im Beirat sein, so endet mit dem **Verlust** des **Wohnungseigentums** auch das Beiratsamt (allgM, etwa BayObLG ZMR 2001, 996). Die Begründung liegt in einer entsprechenden (konkludenten) Bedingung des Bestellungsbeschlusses (Hügel/Elzer Rn 32). Das Beiratsmitglied ist berechtigt, sein Amt jederzeit mit sofortiger Wirkung ohne Angabe von Gründen **niederzulegen** (KG ZMR 1997, 544). Die Erklärung wird mit Zugang beim Vertreter der Wohnungseigentümergemeinschaft wirksam (s Rn 39).

41 Die **Abberufung** eines Beiratsmitglieds erfolgt als actus contrarius der Bestellung durch Mehrheitsbeschluss. Das Wirksamwerden der Abberufung setzt daher einen Zugang beim Mitglied nicht voraus (OLG Hamm ZMR 1997, 433; **aA** Bärmann/Becker Rn 28 und BGH 20. 6. 2002 – V ZB 39/01, NJW 2002, 3240, 3242, zum Verwalter). Der Abberufungsbeschluss kann auch konkludent gefasst werden, etwa durch Neubesetzung des Beirats (OLG München ZMR 2007, 996) und sich auf einzelne Mitglieder beschränken (LG Nürnberg-Fürth ZMR 2001, 746). Beim Beschluss über seine Abberufung ist das betroffene Mitglied des Verwaltungsbeirats nicht nach **§ 25 Abs 4 WEG** vom Stimmrecht ausgeschlossen (vgl BGHZ 152, 46, zum Verwalter).

42 Ist ein Wohnungseigentümer für eine feste Zeit bestellt worden, so ist seine Abberufung entgegen der wohl hM (Bärmann/Becker Rn 39) nicht nur dann **ordnungsgemäß**, wenn ein Grund für die vorzeitige Beendigung des Amtes vorliegt. Denn das Recht der Mehrheit, jederzeit über die Besetzung des Beirats bestimmen zu dürfen, kann nur durch Vereinbarung beschränkt werden. Verlangt indes die Gemeinschaftsordnung für die Abberufung einen wichtigen Grund, ist der Abberufungsbeschluss erfolgreich anfechtbar, wenn ein solcher nicht vorlag. Ein Anspruch auf Abberufung kann sich aus § 18 Abs 2 Nr 1 WEG ergeben, falls allein die Absetzung des Beiratsmitglieds ordnungsmäßiger Verwaltung entspricht (vgl KG ZMR 1997, 544), wobei der Vorrang von § 44 Abs 1 S 1 WEG zu beachten ist (Rn 36).

43 Das Ausscheiden eines Mitglieds führt nur dann zum automatischen Amtsverlust der übrigen Mitglieder, wenn die Wohnungseigentümer bei der Bestellung eine solche auflösende Bedingung beschlossen haben. Dies ist typischerweise nicht der Fall, weshalb der **Beirat** ohne das ausgeschiedene Mitglied **fortbesteht** (BayObLG ZMR 2001, 996). Ist der Vorsitzende oder sein Stellvertreter ausgeschieden, können die verbleibenden Mitglieder diese Positionen neu vergeben; verbleibt nur ein Mitglied, ist es automatisch Vorsitzender (OLG München ZMR 2005, 980).

III. Verwaltungskompetenzen des Beirats

Die **gesetzlichen Verwaltungskompetenzen** des Beirats sind 44

- der in § 29 Abs 2 WEG geregelte Aufgabenkanon;
- die Befugnis, nach § 24 Abs 3 WEG, eine Eigentümerversammlung einzuberufen;
- die Unterzeichnung der Niederschrift nach § 24 Abs 6 S 2 WEG:
- die Vertretung der Wohnungseigentümergemeinschaft gegenüber dem Verwalter, § 9b Abs 2 WEG.

Weitere Verwaltungskompetenzen können durch **Vereinbarung** oder **Beschluss** (Rn 76), nicht hingegen durch Vertrag (Rn 16) begründet werden.

1. Art und Weise der Verwaltung durch den Beirat

Wie bei den übrigen Organen auch ist es Aufgabe des Beirats, für die Wohnungseigentümergemeinschaft bestimmte Maßnahmen vorzunehmen, die der Erfüllung des Zwecks der Gemeinschaft iSd § 18 Abs 1 WEG dienen. Wie die Verwaltung durch den Beirat konkret funktioniert, **regelt** das **WEG** indes **nicht näher**. Aus dem Normenbestand folgt aber, dass der Beirat bestimmte Verwaltungshandlungen vornehmen kann, über die zuvor Verwaltungsentscheidungen getroffen werden. 45

a) Verwaltungshandlungen

Verwaltungshandlungen haben ihre Verlautbarung gemein (§ 18 WEG Rn 19). Im Gesetz geregelte Verwaltungshandlungen des Beirats sind die Vertretung (§ 9a Abs 2 WEG), die Ladung zu einer Eigentümerversammlung (§ 24 Abs 3 WEG), die Unterzeichnung der Niederschrift (§ 24 Abs 6 S 2 WEG), die Einberufung der Beiratstreffen (§ 29 Abs 1 S 3 WEG) und die Stellungnahme nach § 29 Abs 2 S 2 WEG. Mit Ausnahme der zuletzt genannten Handlung nennt das Gesetz jeweils das konkrete **Mitglied**, das die Verwaltungshandlung **auszuführen** hat. Fraglich ist, wer die Verwaltungshandlung in anderen Fällen vorzunehmen hat. Hier sind zwei Konstellationen zu unterscheiden: 46

In der ersten Fallgruppe sind Vorsitzender und Stellvertreter gekürt, es geht aber um die Stellungnahme nach § 29 Abs 2 S 2 WEG oder um eine dem Beirat durch Vereinbarung oder Beschluss zugewiesene Verwaltungshandlung (Rn 76), ohne dass darin das handlungsberechtigte Mitglied bestimmt wurde (vgl etwa den Sachverhalt bei BayObIG ZWE 2002, 405). Geht es in diesen Konstellationen – wie typischerweise – um eine Verwaltungshandlung im Innenverhältnis, verkörpern § 24 Abs 3, Abs 6 S 2 WEG das allg **Prinzip** der **Binnenvertretung**: Zuständig sind entweder der Vorsitzende oder sein Stellvertreter. Es handelt sich um eine konkurrierende Handlungskompetenz; widersprüchliche Handlungen sind nach allg Grundsätzen aufzulösen (vgl Lehmann-Richter/Wobst WEG-Reform 2020 Rn 228). Zu einer Vertretung im Außenverhältnis der Wohnungseigentümergemeinschaft aufgrund einer Regelung in der Gemeinschaftsordnung kann es nur kommen, wenn man einer solchen überhaupt Wir- 47 kung zuspricht (vgl zum Gesellschaftsrecht DNotI-Report 2019, 113). Dann enthält § 9b Abs 2 WEG das Prinzip der Außenvertretung des Beirats.

48 Die zweite Konstellation betrifft Beiräte, in denen **kein Vorsitzender gekürt** wurde. Aus dem Kollektivprinzip folgt, dass die Verwaltungshandlung hier grds gemeinschaftlich vorzunehmen ist (vgl BGH 6. 4. 1964 – II ZR 75/62, NJW 1964, 1367). Die Auslegung der in Rede stehenden Kompetenzvorschrift mag aus normspezifischen Gründen ein abweichendes Ergebnis rechtfertigen.

49 Zur Frage, ob die Verwaltungshandlungen eines sog **Scheinbeirats** im Innenverhältnis wirksam sind s § 18 WEG Rn 39.

b) Verwaltungsentscheidungen

50 Im Gegensatz zu den Verwaltungshandlungen regelt das Gesetz Verwaltungsentscheidungen durch den Beirat nicht näher. Verwaltungsentscheidungen betreffen die **Willensbildung**, ob eine Verwaltungshandlung vorgenommen werden soll (§ 18 WEG Rn 21). Eine solche muss nun ganz offensichtlich auch einer Verwaltungshandlung durch den Beirat vorausgehen. Hier sind **zwei Systeme denkbar**: Im ersten System ist die Entscheidung, ggf in einem durch das Primat der Wohnungseigentümerversammlung (Rn 13) beschränkten Umfang, allein dem Mitglied zugewiesen, welches die Verwaltungshandlung vorzunehmen hat – es läge also etwa am Vorsitzenden, ob er eine Versammlung nach § 24 Abs 3 WEG einberuft. Dieses Individualsystem beruht auf der These, dass Vorsitzender oder Stellvertreter autonome Kompetenzen haben. Im alternativen Kollektivsystem hat die Bezeichnung der Handelnden nur die Funktion, dass die Außenwirkung der Verwaltungshandlung rechtssicher bestimmt werden kann. Die Kompetenz, über die Vornahme der Verwaltungshandlung zu entscheiden, hat aber der Beirat als Gruppe. Dieser für das Verständnis der Funktion des Beirats grundlegenden Systemfrage wird in Rspr und Literatur keine besondere Aufmerksamkeit geschenkt.

51 Aus verschiedenen Gründen ist nur das **Konzept** einer **Kollektiventscheidung überzeugend**. Hierfür spricht bereits, dass das Gesetz den Beirat als Kollektiv angelegt hat. Damit verträgt sich das Individualsystem nicht, dass die dem Beirat zugewiesene Verwaltung im Kern in die Hände des Vorsitzenden oder seines Stellvertreters legt. Das Konzept der Kollektiventscheidung steht auch hinter § 29 Abs 1 S 3 WEG, weil es anderenfalls kaum Bedarf für eine Einberufung des Beirats gäbe. Zudem würde das Konzept einer individuellen Entscheidungskompetenz scheitern, wenn kein Vorsitzender und/oder Stellvertreter bestimmt ist. Eine Kollektiventscheidung ist allerdings bei § 29 Abs 1 S 3 WEG offensichtlich entbehrlich, weil die Einberufung des Beirats eine solche ja erst ermöglichen soll. Außerdem ist in Übernahme des hinter § 18 Abs 3, § 27 Abs 1 Nr 2 WEG stehenden Rechtsgedankens eine Eilkompetenz des Vorsitzenden oder seines Stellvertreters anzuerkennen, falls eine Beiratsentscheidung im konkreten Fall zu spät käme.

52 Im Gegensatz zur wohl allgM ist daher auch vor **Unterzeichnung** der Niederschrift grds eine **Beiratsentscheidung** herbeizuführen. Der Vorsitzende/sein Stellvertreter haben auf Grundlage der Beiratsentscheidung auch dann zu unterzeichnen, wenn sie nicht persönlich an der Versammlung teilgenommen haben. Denn die Unterschriftsleistung ist keine persönliche Aufgabe, sondern der Vorsitzende/sein Stellvertreter

sind nur Repräsentanten des mit der Aufgabe der Bestätigung der Niederschrift betrauten Beirats. Auf diese Weise wird erreicht, dass der Beirat als Gruppe über die Niederschrift beschließt. Das Gewicht der Unterzeichnung durch den Vorsitzenden/Stellvertreter wird auf diese Weise erhöht, was dem Zweck von § 24 Abs 6 WEG, zuverlässig über die gefassten Beschlüsse zu informieren, gerechter wird als eine individuelle Entscheidungsmacht des Unterzeichners.

Bei den dem Beirat zugewiesenen Verwaltungsmaßnahmen stellt sich die Frage nach **53** dem Umfang der **Entscheidungskompetenz** in Abgrenzung zur Entscheidungsmacht der Wohnungseigentümer, dazu Rn 13. Zum **Verfahren** der Beschlussfassung im Beirat Rn 87.

c) Abstraktionsprinzip

Die hier vertretene Trennung zwischen der personellen Zuständigkeit, Verwaltungs- **54** handlung vorzunehmen und der Kompetenz, über die Vornahme der Handlung zu entscheiden, führt zu der Frage, ob Fehler bei der Verwaltungsentscheidung auf die Verwaltungshandlung dergestalt durchschlagen, dass diese ebenfalls fehlerhaft ist. Überzeugend ist es, dies zu verneinen und ein **Abstraktionsprinzip anzuerkennen**. Dieses ist im Wortlaut des Gesetzes insofern verankert, als die Regelungen über die Verwaltungshandlungen des Beirats an eine wirksame Beschlussfassung im Beirat nicht anknüpfen. Ein Abstraktionsprinzip ist auch zum Schutze des Rechtsverkehrs angemessen. Denn wenn das Gesetz die Ausübung einer Verwaltungshandlung einem bestimmten Mitglied des Beirats zuweist – wie etwa § 9a Abs 2 WEG dem Vorsitzenden – ist das Vertrauen des Rechtsverkehrs in die Wirksamkeit der Handlung dieser Person schutzwürdig. Dies gilt auch, wenn das Beiratsmitglied als Binnenrepräsentant tätig wird. Dies betrifft zum einen die gesetzlich geregelten Fälle, also etwa § 24 Abs 3 WEG. Daneben geht es um Konstellationen, in denen eine Verwaltungsmaßnahme des Verwalters durch Vereinbarung oder Beschluss an eine Zustimmung des Beirats geknüpft wird. Die vom Vorsitzenden oder seinem Stellvertreter abgegebene Zustimmung ist auch bei Fehlen eines Beiratsbeschlusses wirksam (**aA** BayObLG ZWE 2002, 405). Nicht ausgeschlossen ist selbstverständlich, dass das Abstraktionsprinzip im Einzelfall nach den **allg Kriterien durchbrochen** wird, die auch für die Beschränkung der Vertretungsmacht anerkannt sind.

d) Delegation innerhalb des Beirats

Der Beirat hat mangels gesetzlicher Grundlage nicht die Kompetenz, die Ausführung **55** einer **Verwaltungshandlung**, die **über** den **Beirat** hinaus **Außenwirkung** hat, durch Beschluss vom zuständigen Mitglied auf ein anderes Mitglied zu übertragen. Auch eine Ermächtigung durch das berechtigte Mitglied kommt nicht in Betracht. Der Vorsitzende kann also nicht etwa ein anderes Mitglied zur Einberufung einer Versammlung nach § 24 Abs 3 WEG ermächtigen. Nur wenn die Verwaltungshandlung von allen Mitgliedern gemeinschaftlich auszuführen ist – was indes der gesetzliche Ausnahmefall ist (Rn 46) – ist eine Ermächtigung untereinander möglich (vgl MünchKommAktG/Habersack § 111 Rn 107).

Von Verwaltungshandlungen mit Außenwirkung sind solche zu unterscheiden, die **56** nur den Beirat betreffen. Ein Beispiel ist die Frage, wann ein Beiratstreffen einberufen werden soll. Bei solchen **beiratsinternen Verwaltungshandlungen** ist es möglich, dass vom gesetzlichen System abgewichen wird, weshalb der Beirat etwa durch Beschluss zum nächsten Beiratstreffen einladen kann.

57 Von der Frage nach der Delegation einer Verwaltungshandlung zu trennen ist die nach der Delegation einer **Verwaltungsentscheidung**. Das WEG sieht diese Möglichkeit, etwa die Delegation auf einzelne Beiratsmitglieder, anders als § 107 Abs 3 AktG nicht vor. Eine solche Delegation mit der Folge, dass die Verantwortung für die Verwaltungsentscheidung nur noch den Delegaten träfe und die übrigen Beiratsmitglieder nur noch eine Überwachungspflicht hätten, ist nicht anzuerkennen (**aA** etwa Bärmann/Becker § 29 Rn 49). Denn für eine solche Pflichtenreduktion fehlt es im WEG an einer normativen Grundlage. Ein entsprechender Delegationsbeschluss des Beirats ist daher nichtig und eine faktische Delegation ändert den Haftungsmaßstab nicht.

2. Pflicht zur Kompetenzausübung

58 Die Frage, ob den Verwaltungsbeirat eine Pflicht zur Kompetenzausübung trifft, ist umstritten (s etwa MünchKomm/Burgmair § 29 WEG Rn 9 ff sowie die Nachweise bei Lehmann-Richter/Wobst WEG-Reform 2020 Rn 584). Sie ist zu bejahen: Der **Beirat hat** die ihm zugewiesenen **Kompetenzen** bei der Verwaltung **wahrzunehmen**. Denn die Verleihung von Organkompetenzen ist kein Selbstzweck, weshalb es nicht in der freien Entscheidung des Organträgers liegen kann, ob er von seinen Kompetenzen auch Gebrauch macht. Gestützt wird diese Sichtweise durch die in § 29 Abs 2 S 1 Var 2 WEG geregelte **Überwachungsaufgabe**. Denn die Kompetenzen des Beirats dienen nahezu sämtlich dazu, den Verwalter zu kontrollieren bzw ihn zu ersetzen, was nach § 29 Abs 2 S 1 Var 2 WEG zu einer Ausübungspflicht führt. Zur Haftung wegen Untätigkeit Rn 108.

59 Konkret bedeutet dies, dass der Beirat zur **Prüfung** von **Jahresabrechnung** und **Wirtschaftsplan** (§ 29 Abs 2 S 2 WEG) verpflichtet ist. Eine Pflicht zur **Einberufung** der Eigentümerversammlung besteht immer dann, wenn auch ein Verwalter nach § 24 Abs 1 oder 2 WEG zur Einberufung verpflichtet wäre. Ähnliches gilt für die **Unterzeichnung** der **Versammlungsniederschrift** (§ 24 Abs 6 S 2 WEG): Hier besteht eine Pflicht zur Unterzeichnung, wenn die Niederschrift zutrifft, anderenfalls besteht eine Pflicht, die Unterschrift zu verweigern.

60 Auch die **Vertretungsmacht** nach § 9b Abs 2 Alt 1 WEG ist mit einer Handlungspflicht des Beirats verbunden. Bei der Bestimmung des Umfangs dieser Handlungspflicht muss leitend sein, dass der Beirat in der Person seines Vorsitzenden den Verwalter ersetzen soll, der aus allgemeinen Gründen von der Vertretung ausgeschlossen ist. Eine Pflicht zur Vertretung besteht mithin zum einen in denselben Fällen, in denen der Verwalter hierzu verpflichtet wäre, also in unwesentlichen Angelegenheiten (§ 27 Abs 2 Nr 1 WEG) oder bei Eilbedürftigkeit (§ 27 Abs 2 Nr 2 WEG) sowie zum anderen immer dann, wenn ein entsprechendes Handeln des Beirats durch die Wohnungseigentümer beschlossen wurde (Rn 16). Die Gegenansicht beschränkt die Handlungspflicht auf den zuletzt genannten Fall (Hügel/Elzer § 29 Rn 58; MünchKomm/Burgmair § 29 WEG Rn 11). Aus der Überwachungsaufgabe lässt sich daneben die Pflicht ableiten, den Vermögensbericht im Namen der Wohnungseigentümergemeinschaft beim Verwalter abzufordern (§ 28 WEG Rn 299). Dies gilt aber nicht für eine klageweise

Durchsetzung, weil der Beirat keinen Zugriff auf das Gemeinschaftsvermögen zwecks Finanzierung des Prozesses hat.

3. Unterstützung und Überwachung des Verwalters (Abs 2 S 1)

Die Aufgabe des Beirats, den Verwalter zu **unterstützen** (§ 29 Abs 2 S 1 Var 1 WEG) enthielt schon das WEG 1951. Es handelt sich um einen Programmsatz **ohne rechtliche Funktion**. Denn die Regelung ist zu allgemein formuliert, als dass sie eine Pflicht des Beirats begründen könnte (BGH 23. 2. 2018 – V ZR 101/16, NJW 2018, 2550 Rn 66). Die in der WEG-Reform 2020 hinzugefügte Überwachungsaufgabe hätte daher Anlass geben sollen, die Unterstützungsaufgabe aus dem Gesetz zu streichen. 61

Nach § 29 Abs 2 S 1 Var 2 WEG hat der Beirat seit dem WEMoG 2020 den Verwalter auch zu **überwachen**. Die Gesetzesbegründung ist hinsichtlich des Zwecks der Regelung wenig aufschlussreich (BT-Drucks 19/22634, S 48). Der an § 111 Abs 1 AktG angelehnte Wortlaut darf nicht dazu verleiten, dem Beirat die – mit entsprechenden Haftungsrisiken verbundene – Aufgabe zuzuweisen, das Handeln des Verwalters umfassend zu kontrollieren. Dagegen sprechen schon historische Gründe, weil das WEMoG 2020 die Tätigkeit im Verwaltungsbeirat attraktiver machen sollte (BT-Drucks 19/18791, 78). Zudem fehlen dem Beirat besondere Kontrollinstrumente, die ihm eine vollständige Überwachung ermöglichen würden. Eine Ausnahme besteht beim **Vermögensbericht**, der auch der Kontrolle des Verwalters dient: Zur Anforderung dieses Berichts im Namen der Wohnungseigentümergemeinschaft ist nach § 9b Abs 2 Alt 1 WEG (nur) der Beiratsvorsitzende in der Lage. Dies spricht dafür, § 29 Abs 2 S 1 Var 2 WEG eine Anforderungskompetenz im Innenverhältnis zu entnehmen. Die Vorschrift ist daneben normative Anker für die Pflicht des Beirats, die ihm zugewiesenen Kompetenzen auch wahrzunehmen (Rn 58). 62

§ 29 Abs 2 S 1 WEG kann ein **Anwesenheitsrecht** eines externen Beiratsmitglieds in der Eigentümerversammlung begründen (vgl OLG Hamm ZMR 2007, 133), wenn dies für die Wahrnehmung seiner Unterstützungs- oder Überwachungsaufgabe förderlich ist. 63

4. Prüfung von Wirtschaftsplan und Jahresabrechnung (Abs 2 S 2)

Nach § 29 Abs 2 S 2 WEG sollen Wirtschaftsplan und die Jahresabrechnung, bevor die Beschlüsse nach § 28 Abs 1 S 1 und Abs 2 S 1 WEG gefasst werden, vom Verwaltungsbeirat geprüft und mit einer Stellungnahme versehen werden. Der **Zweiklang** von Prüfung und Stellungnahme ist kein wohnungseigentumsrechtliches Spezifikum, sondern findet sich auch in anderen Gesetzen, etwa in §§ 316, 322 HGB. 64

a) Allgemeines

Aus der Verknüpfung mit der Beschussfassung sowie dem Umstand, dass der Beirat nicht nur prüfen, sondern auch Stellung nehmen soll, folgt der **Normzweck**: § 29 Abs 2 S 2 WEG soll die Gefahr reduzieren, dass fehlerhaftes Zahlenwerk bei der Beschlussfassung „durchgewunken" wird, da Wohnungseigentümer typischerweise den Aufwand einer eigenen Prüfung des Zahlenwerks scheuen. Die Norm dient damit dazu, die **Gefahr** einer **unzutreffenden Beschlussfassung** zu **minimieren** und die sich daraus ergebenden negativen Folgen zu vermeiden. Eine Richtigkeitsgewähr bezweckt 65 die Norm hingegen nicht, weil die Beiratsmitglieder nach dem gesetzlichen Konzept (§ 29 Abs 1 S 1 WEG) Wohnungseigentümer und damit typischerweise Laien sind, von denen die Aufdeckung sämtlicher Fehler des Zahlenwerks nicht zu erwarten ist. Hinzu kommt, dass der Beirat kein zwingendes Organ der Wohnungseigentümergemeinschaft ist, was seine prinzipielle Entbehrlichkeit verdeutlicht, womit sich wiederum die Zuweisung einer Erfolgspflicht bei der Prüfung der Rechenwerke nicht verträgt.

66 Nach wohl allgM widerspricht ein **Beschluss** über das Zahlenwerk nicht allein deshalb **ordnungsmäßiger Verwaltung**, weil Prüfung oder Stellungnahme durch den Beirat unterblieben sind (etwa KG ZMR 2004, 144). Für dieses Ergebnis spricht schon der Wortlaut („soll"). Daneben ist entscheidend, dass es nicht Zweck der gerichtlichen Überprüfung von Beschlüssen ist, einen inhaltlich zutreffenden Beschluss allein deswegen aufzuheben, weil die Wohnungseigentümer bei der Beschlussfassung nicht optimal informiert waren (vgl § 19 WEG Rn 40). Hat der Beirat Einwendungen gegen das Zahlenwerk erhoben und wird über dieses trotzdem billigend beschlossen, führt deshalb der Einwand allein nicht zur Ordnungswidrigkeit (OLG München ZMR 2011, 738; LG Berlin ZMR 2013, 735). Maßgeblich ist auch hier nur, ob der Beschluss über die Zahlungspflichten inhaltlich zutreffend ist.

b) Details der Pflicht

67 § 29 Abs 2 S 2 WEG bezieht die Pflicht auf **Wirtschaftsplan** und **Jahresabrechnung**; die in § 29 Abs 3 WEG aF zusätzlich genannten Begriffe der Rechnungslegungen und Kostenanschläge sind in der WEG-Reform 2020 entfallen. Für die Prüfpflicht ist es unerheblich, von welcher Person Wirtschaftsplan oder Jahresabrechnung stammen. Eine analoge Anwendung auf den **Vermögensbericht** nach § 28 Abs 4 WEG oder andere Zahlenwerke scheidet mangels planwidriger Gesetzeslücke aus.

68 § 29 Abs 3 WEG ist keine erfolgs-, sondern eine **tätigkeitsbezogene Verhaltenspflicht**. Bei der Bestimmung des Umfangs der Verhaltenspflicht ist der mit der Norm verfolgte Zweck maßgeblich, durch das Handeln des Beirats die Gefahr einer unzutreffenden Beschlussfassung zu minimieren (s Rn 65). Hier wirkt es sich aus, dass das WEMoG 2020 den Gegenstand der Beschlüsse nach § 28 Abs 1 S 1, Abs 2 S 1 WEG verändert hat: Beschlussgegenstand sind nicht mehr Wirtschaftsplan und Jahresabrechnung als Zahlenwerke, sondern nur noch die Zahlungspflichten. Die Prüfpflicht des Beirats bezieht sich deshalb seit dem WEMoG 2020 nur noch darauf, die Richtigkeit der Zahlungspflichten zu kontrollieren.

69 Sowohl beim Wirtschaftsplan als auch bei der Jahresabrechnung beschränkt sich die Prüfung damit gegenständlich auf die **Gesamtkosten** und die Methode der Extraktion **(Verteilungsschlüssel)**, die zu den von den einzelnen Wohnungseigentümern zu tragenden Einzelkosten führen. Mit Blick auf den Umfang der Prüfungsbemühungen ist entscheidend, welche Tätigkeiten ein durchschnittlicher Wohnungseigentümer, der sich für die Tätigkeit im Beirat entschieden hat, mit Blick auf das konkrete Zahlenwerk entfalten würde. Danach darf sich der Beirat bei der Prüfung der Gesamtkosten nicht auf das vom Verwalter vorgelegte Zahlenwerk beschränken, sondern muss eine stichprobenartige Prüfung der **Belege** vornehmen, auf denen das Zahlenwerk aufbaut. Welche Belege der Beirat auswählt, liegt in seinem pflichtgemäßen Ermessen – Maßstab ist die ordnungsmäßige Verwaltung (vgl § 18 WEG Rn 130). Eine

vollständige Belegprüfung schuldet er daher nicht. Auch die Prüfung der Verteilungsschlüssel ist auf eine Laiensicht beschränkt. Hier geht es deshalb um die stichprobenartige Prüfung, ob die Verteilungsschlüssel dem Gesetz, der Gemeinschaftsordnung oder Beschlüssen, soweit sie dem Beirat bekannt sein müssen, formal entsprechen. Die Prüfung der Wirksamkeit von Verteilungsschlüsseln obliegt dem Beirat nicht.

c) Erfüllung der Pflicht

Die **Stellungnahme** trägt das Ergebnis der Prüfung nach außen. Ähnlich wie die in § 28 WEG geregelten Zahlenwerke soll auf diese Weise der **Informationsfluss** zwischen den Organen gewährleistet werden, hier zwischen Beirat und Gesamtheit der Wohnungseigentümer. Die Stellungnahme ist eine rechtsgeschäftsähnliche Handlung. Um den Normzweck (Rn 65) zu erfüllen, muss die Stellungnahme noch vor der Beschlussfassung erfolgen und über das Ergebnis der Prüfung informieren. Der Beirat muss also mitteilen, ob ihm bei seiner Prüfung Fehler im Zahlenwerk aufgefallen sind oder nicht. Wurden Fehler entdeckt, sind diese zu bezeichnen. Eine Empfehlung mit Blick auf die Beschlussfassung schuldet der Beirat nicht, ebenso wenig die Mitteilung, auf welche Art und Weise er die Prüfung vorgenommen hat. Die Stellungnahme ist vom allen Beiratsmitgliedern gemeinschaftlich oder vom Vorsitzenden/seinem Stellvertreter abzugeben (Rn 47 f). 70

Gläubigerin des Anspruchs aus § 29 Abs 2 S 2 WEG ist die Wohnungseigentümergemeinschaft (s Rn 6); eine Drittwirkung zugunsten der Wohnungseigentümer ist abzulehnen (Rn 10). Die Erfüllung der Pflicht erfolgt durch Stellungnahme gegenüber der Gemeinschaft der Wohnungseigentümer. Diese wird durch den Verwalter als Vollzugsorgan vertreten. Fehlt ein Verwalter, wird die Gemeinschaft durch sämtliche Wohnungseigentümer repräsentiert und es kommt zur Anwendung des Grundsatzes, nach dem jeder Vertreter passiv einzelvertretungsberechtigt ist (vgl BGH 14. 2. 1974 – II ZB 6/73, NJW 1974, 1194). Die Wohnungseigentümergemeinschaft wiederum schuldet jedem Wohnungseigentümer nach § 18 Abs 2 Nr 1 WEG auf Verlangen die Mitteilung der Stellungnahme. 71

5. Erweiterung der gesetzlichen Verwaltungskompetenzen

Bei der Erweiterung der gesetzlichen Kompetenzen des Verwaltungsbeirats sind die **Gestaltungsinstrumente** Vereinbarung, Beschluss und Beiratsvertrag zu **unterscheiden**. 72

a) Vereinbarung (Gemeinschaftsordnung)

Die Begründung von Verwaltungskompetenzen durch die Gemeinschaftsordnung ist nach **allgM möglich** (etwa KG ZMR 2004, 622). Es gelten die allgemeinen Wirksamkeitsgrenzen. Die Delegation von Verwaltungskompetenzen der Wohnungseigentümer ist danach unwirksam, wenn sie in den Kernbereich der Selbstverwaltung der Wohnungseigentümer eingreift (vgl OLGR Naumburg 2000, 329). Das ist jedenfalls zu verneinen, wenn die Auslegung der Regel ergibt, dass die Kompetenz des Beirats keinen verdrängenden Charakter hat, die Wohnungseigentümer die Angelegenheit also (wieder) per Beschluss an sich ziehen dürfen. Diese Auslegung ist naheliegend, weil sie das Bedürfnis einer funktionsfähigen Verwaltung (Delegation an den entscheidungsfähigeren Beirat) mit den Selbstverwaltungsinteressen des Organs Gesamtheit der Wohnungseigentümer harmonisiert. 73

74 Gebilligt hat die **Rechtsprechung** etwa eine Regel in der Gemeinschaftsordnung, wonach vor Klageerhebung ein Schlichtungsverfahren vor dem Beirat durchzuführen ist (OLG Frankfurt NZM 2008, 290, s auch Vorbem 76 zu §§ 43–45 WEG). In der **Literatur** werden als weitere Anwendungsfälle das Aufstellen einer Hausordnung (Elzer ZMR 2006, 733, 736) oder die Entscheidung über die Entlastung des Verwalters (Bärmann/Becker Rn 88) genannt.

b) Beschluss

75 Die Wohnungseigentümer haben die **Kompetenz**, Entscheidungsbefugnisse per **Beschluss** auf den Verwaltungsbeirat zu übertragen (näher Rn 14).

76 Der **Ordnungsmäßigkeit** eines Delegationsbeschlusses nähert sich die **Rechtsprechung** fallbezogen. So wurde etwa ein Beschluss gebilligt, wonach zukünftig die Haltung von Haustieren der Zustimmung des Beirats bedarf (OLG Zweibrücken NZM 1999, 621). Judikatur liegt auch zu Beschlüssen vor, in denen die Gestaltung des Verwaltervertrags dem Beirat überlassen wird. Hier ist es hM, dass ein solcher Beschluss nur ordnungsgemäß ist, wenn zumindest Honorar und Laufzeit im Beschluss vorgegeben werden (BGH 5. 7. 2019 – V ZR 278/17, NJW 2020, 988 Rn 16). Diese Judikatur zum alten Recht gilt nach dem WEMoG 2020 indes nur dann fort, wenn im konkreten Fall die Entscheidungskompetenz nicht bereits kraft Gesetzes beim Beirat liegt. Das wird man typischerweise zu verneinen haben, weil die Entscheidung über den Abschluss eines Verwaltervertrags regelmäßig nicht unter § 27 Abs 1 WEG analog fällt (Rn 60). Daneben sind Gegenstand von Gerichtsentscheidungen vor allem Beschlüsse, die dem Verwaltungsbeirat Entscheidungsbefugnisse im Zusammenhang mit Baumaßnahmen zuweisen. Die Rechtsprechung billigt hier zu Recht das praxisrelevante Vorgehen, wonach der Verwalter nach einem Grundlagenbeschluss der Eigentümer Details der Bauausführung mit dem Beirat abzustimmen hat (BayObLG ZMR 2005, 639; KG ZMR 2004, 622; OLGR München 2005, 690; vgl auch BGH 16. 12. 2022 – V ZR 263/21, ZWE 2023, 139 Rn 25). Siehe zu solchen „**Abstimmungsbeschlüssen**" auch Rn 14.

77 Diese Rechtsprechung beruht auf den beiden maßgeblichen **Kriterien** der Ordnungsmäßigkeit von Delegationsbeschlüssen, nämlich dem Bedürfnis nach einer **funktionsfähigen Verwaltung** (s § 18 WEG Rn 145) einer- und dem **Schutz** vor **finanziellen Belastungen** (s § 18 WEG Rn 150) andererseits. Die Delegation von Entscheidungskompetenz auf den Beirat ist danach ordnungsgemäß, wenn sie dazu dient, die Verwaltung zu vereinfachen und auch mit Blick auf das Risiko, das von einer Entscheidung des Beirats ausgeht, vertretbar erscheint (vgl LG Itzehoe ZMR 2014, 915).

c) Nicht: Beiratsvertrag

78 Der Beiratsvertrag ist nach der hier vertretenen Ansicht nicht das geeignete Regelungsinstrument, um Verwaltungskompetenzen des Beirats zu begründen (Rn 16).

IV. Binnenorganisationsrecht des Beirats

79 Die interne Organisation des Verwaltungsbeirats ist im Gesetz nur rudimentär geregelt, nämlich in § 29 Abs 1 S 2 und S 3 WEG (Zusammensetzung und Einberufung). Das Organisationsrecht muss daher im wesentlichen praeter legem entwickelt werden. Eine pauschale Analogie zu gesetzlichen Regelungen anderer Kontrollgremien – insbes dem aktien- und genossenschaftsrechtlichen Aufsichtsrat – verbietet

sich hier schon deshalb, weil weder die Verbandsformen noch die Gremien ohne Weiteres vergleichbar sind. Dies gilt erst Recht für eine Analogie zu den Regeln über die Binnenorganisation des Organs Gesamtheit der Wohnungseigentümer. Dies schließt es aber nicht aus, die **Lücken** im WEG durch Rückgriff auf **allgemeine Prinzipien** der Organisation von verbandsrechtlichen Kollektivkontrollorganen zu **schließen**, die in anderen Gesetzen eine positivrechtliche Regelung erfahren haben.

1. Zusammensetzung (Abs 1 S 2)

In einem mehrgliedrigen Verwaltungsbeirat ist nach § 29 Abs 1 S 2 WEG ein **Vorsitzender** und sein **Stellvertreter** zu bestimmen; etwaige weitere Mitglieder kann man in Anlehnung an § 29 Abs 1 S 2 WEG aF als **Beisitzer** bezeichnen. Das Recht, Vorsitzenden und Stellvertreter zu bestimmen, liegt als Annexkompetenz zu § 29 Abs 1 S 1 WEG bei den **Wohnungseigentümern** (allgM, BT-Drucks 19/18791, 78). Machen sie hiervon keinen Gebrauch, ist der Bestellungsbeschluss aber nicht per se ordnungswidrig und aus diesem Grund auf Anfechtungsklage hin für ungültig zu erklären. Denn es besteht eine aus seinem Selbstorganisationsrecht folgende Ersatzkompetenz des Beirats, Vorsitzenden und Stellvertreter zu bestimmen (vgl BT-Drucks 19/18791, 78). Die Beiratsmitglieder sind in diesem Fall mithin befugt, per Mehrheitsbeschluss diese Positionen zu vergeben (allgM, etwa KG 27. 2. 2018 – 1 W 38/18, ZWE 2018, 263; OLG München ZMR 2005, 980). 80

2. Beiratstreffen

Aus dem Einberufungsrecht in § 29 Abs 1 S 3 WEG folgt, dass der Beirat Treffen abhält. Vorgaben zu Art und Weise enthält das Gesetz nicht. Wenn in der Gemeinschaftsordnung nichts Abweichendes vereinbart ist, kann das Treffen daher sowohl an einem bestimmten **geographischen Ort** als auch in Form einer **„virtuellen" Zusammenkunft** stattfinden, die eine persönliche und nicht zeitversetzte Kommunikation ermöglicht (vgl BT- Drucks 19/22634, 42). 81

a) Einberufung (Abs 1 S 3) und Leitung

Nach § 29 Abs 1 S 3 WEG wird der Beirat vom Vorsitzenden nach Bedarf einberufen. Ist der Vorsitzende verhindert, hat der Stellvertreter eine kraft Natur der Sache mit seinem Amt verbundene Ersatzkompetenz (vgl § 107 Abs 1 S 3 AktG). Ein **Einberufungsrecht** der Beisitzer ist hingegen mangels normativer Grundlage nicht anzuerkennen (Bärmann/Pick/Dötsch § 29 Rn 66; **aA** Hügel/Elzer Rn 69; Maas 110). Eine Ausnahme gilt, wenn der Beirat keinen Vorsitzenden/Stellvertreter hat, weil dann alle Mitglieder auf derselben Hierarchiestufe stehen. Der Beirat hat als Gruppe die Kompetenz, über die Einladung per Beschluss zu entscheiden, weil § 29 Abs 1 S 3 WEG keine ausschließliche Kompetenz des Vorsitzenden enthält. Es ist daher möglich, in einem Treffen per Mehrheitsbeschluss den nächsten Termin festzulegen. 82

Das Gesetz stellt an Frist und Form der Einberufungserklärung keine Anforderungen. Solche sind nicht praeter legem zu entwickeln, weil die geringen Entscheidungskompetenzen des Beirats es nicht erfordern, die Einberufung durch **Verfahrensregeln** zu reglementieren. In der Literatur wird dies indes verbreitet anders gesehen und für eine analoge Anwendung der Ladungsregeln aus § 24 WEG plädiert (etwa Armbrüster ZWE 2001, 463). 83

84 Ein Beisitzer hat gegen den Vorsitzenden keinen **Anspruch auf Einberufung**. Es fehlt nämlich an einem Rechtsverhältnis, das einen solchen Anspruch enthalten könnte (Rn 8). Ein Anspruch besteht aber gegen die Wohnungseigentümergemeinschaft (vgl Bub ZWE 2002, 7, 17; Maas 113 f). Rechtsgrundlage ist das organschaftliche Rechtsverhältnis (Rn 7; vgl auch § 110 Abs 1 S 1 AktG). Voraussetzung ist, dass ein besonnener Beiratsvorsitzender nach den Umständen des Einzelfalls ein Treffen für zweckmäßig halten muss. Der Verwalter kann eine Einberufung des Beirats nicht verlangen (LG Hamburg ZMR 2011, 497; Armbrüster ZWE 2001, 463; **aA** Bub ZWE 2002, 7, 17). Streitigkeiten um die Einberufung fallen unter die Zuständigkeitsregelungen in § 43 Abs 2 WEG.

85 Aus der Stellung des Vorsitzenden folgt die (ungeschriebene) Befugnis zur **Leitung** der Beiratstreffen; bei Verhinderung hat diese Kompetenz der Stellvertreter. Es handelt sich indes um ein dem Vorsitzenden nur als Repräsentant des Beirats zugewiesenes Recht, welches daher durch Mehrheitsbeschluss des Beirats auf ein anderes Mitglied übertragen werden kann.

b) Teilnahmerecht

86 Jedes **Mitglied** ist zur Teilnahme an Beiratstreffen und zur Stellung von Anträgen berechtigt. Bei dies rechtfertigendem Fehlverhalten in einem Treffen kann der Leiter einen Ausschluss von dieser Zusammenkunft aussprechen. Dieses Ausschlussrecht steht unter dem Vorbehalt eines abweichenden Mehrheitsbeschlusses des Beirats (s Rn 85). Andere Wohnungseigentümer, der Verwalter oder sonstige **Dritte** haben kein gesetzliches Teilnahmerecht (allgM). Die Gemeinschaftsordnung (Bub ZWE 2002, 7, 18) kann ein solches aber ebenso begründen wie eine – indes unter dem Vorbehalt einer abweichenden Mehrheitsentscheidung des Beirats stehende – Entscheidung des Leiters.

3. Beschlussfassung

87 Anders als § 108 AktG schweigt das WEG zu der Frage, wie der Beirat die ihm **als Gruppe obliegenden Verwaltungsentscheidungen** (Rn 50) zu treffen hat. Diese Lücke ist mit der **allg Meinung** dahingehend zu schließen, dass die Willensbildung im Beirat per **Beschluss** erfolgt. Denn der Beschluss ist das allgemeine Instrument für eine innerorganisatorische Willensbildung. Zur Umsetzung von Beiratsbeschlüssen Rn 46.

a) Gemeinschaftlicher Beschluss

88 Um einen gemeinschaftlichen Beschluss (auch einstimmiger oder allstimmiger Beschluss genannt) handelt es sich, wenn alle Beiratsmitglieder mit einer bestimmten Entscheidung einverstanden sind. Für einen solchen Beschluss gelten nach dem Gesetz **keine Form- oder Verfahrensregeln**. Die begrenzten Kompetenzen des Beirats erfordern es auch nicht, praeter legem besondere Prinzipien der Richtigkeitsgewähr – etwa Formvorschriften, zwingende Beschlussfassung in einem Beiratstreffen, Verbot konkludenter Beschlussfassung – zu entwickeln (zu eng daher LG Hamburg ZMR 2011, 497 [förmliche Beschlussfassung analog § 23 Abs 3 WEG]; Bub ZWE 2002, 7, 17 [keine konkludente Beschlussfassung]). Ein gemeinschaftlicher Beschluss kommt daher zustande, wenn sämtliche Beiratsmitglieder entweder untereinander die Zustimmung zu einem bestimmten Beschlussgegenstand geäußert haben (BayObLGZ 1988, 212) oder die Zustimmung gegenüber dem Vorsitzenden erklärt haben. Denn der Vorsitzende hat

kraft Natur seines Amtes eine Bündelungsfunktion, ebenso wie es für den Verwalter beim Umlaufbeschluss anerkannt ist.

Die Frage, ob der Beirat alternativ auch durch **Vereinbarung** entscheiden kann, ist ohne praktische Relevanz. Denn da weder Beschluss noch Vereinbarung näher geregelt sind, würde eine Vereinbarung dieselben Rechtsfolgen auslösen wie ein gemeinschaftlich gefasster Beschluss. 89

b) Mehrheitsbeschluss

Der Beirat hat nach zutreffender **allg Meinung** auch die **Kompetenz**, Mehrheitsbeschlüsse zu fassen (etwa OLG Düsseldorf 2. 7. 2019 – 23 U 205/18, ZWE 2020, 71 Rn 28; OLG Schleswig ZMR 1988, 24). Diese Kompetenz kam in § 29 Abs 1 S 2 WEG aF durch die ungerade Zahl der Mitglieder zum Ausdruck, die auf Mehrheitsentscheidungen ausgerichtet war (Bub ZWE 2002, 7, 17). Die Aufhebung dieser Vorschrift durch das WEMoG 2020 hatte nicht den Zweck, die Mehrheitskompetenz in Frage zu stellen. Das Gesetz enthält indes keine Vorgaben zu Form und Verfahren eines Mehrheitsbeschlusses. Dies ist insbes mit Blick auf die Wirksamkeit eines Beiratsbeschlusses (dazu Rn 95), aber auch dafür von Bedeutung, ob sich (einzelne) Beiratsmitglieder pflichtwidrig verhalten haben (zur Haftung Rn 108 ff). 90

Zunächst zu dem Problem, ob Mehrheitsbeschlüsse **in** einem **Beiratstreffen** (zum Begriff Rn 81) gefasst werden müssen oder ob das Umlaufverfahren gesetzlich gleichrangig ist. Hier ist § 29 Abs 1 S 3 WEG wegweisend. Es würde dem darin zum Ausdruck kommenden Gewicht der Beiratstreffen nicht gerecht, wenn der Beirat ohne Weiteres auch außerhalb einer Zusammenkunft Mehrheitsentscheidungen treffen könnte. Deshalb können Mehrheitsentscheidungen grds nur in Beiratstreffen gefasst werden. § 29 Abs 1 S 3 WEG ist nämlich eine Norm mit minderheitenschützendem Charakter, die gewährleisten soll, dass jedes Beiratsmitglied die Möglichkeit erhält, in einem Beiratstreffen durch eigene Argumentation auf die Mehrheitsbildung Einfluss zu nehmen. Den Beiratsmitgliedern ist es aber unbenommen, auf diesen verfahrensrechtlichen Schutz zu verzichten, weshalb bei Zustimmung aller eine Mehrheitsbeschlussfassung außerhalb eines Beiratstreffens möglich ist („**Umlaufverfahren**“, s Bub ZWE 2002, 7, 17, sowie § 108 Abs 4 AktG). § 23 Abs 3 S 2 WEG gilt mangels Lücke nicht analog. 91

Vorgaben zur Beschlussfähigkeit und zur Reduzierung des Mehrheitsprinzips auf die Versammlungsmehrheit sind dem Gesetz nicht zu entnehmen. Ein Mehrheitsbeschluss kommt auf einem **Beiratstreffen** daher **nur zustande**, wenn die – ggf virtuell (Rn 81) – teilnehmende und mit Ja stimmenden Mitglieder die Mehrheit des Beirats nach Köpfen ergeben (Bärmann/Pick/Dötsch § 29 Rn 71). Es kommt mithin nicht auf die Versammlungsmehrheit an und Enthaltungen entsprechen im Ergebnis einer ablehnenden Stimme (**aA** Hügel/Elzer § 29 Rn 76). Die Verkündung des Beschlussergebnisses ist keine Voraussetzung für das Zustandekommen, weil es hierfür – anders als beim Mehrheitsbeschluss der Wohnungseigentümer (s BGHZ 148, 335) – an einem normativen Anknüpfungsmerkmal fehlt. Entgegen einer in der Literatur vertretenen Meinung (zB Armbrüster ZWE 2001, 463, 464) ist eine Stimmabgabe außerhalb des Treffens (etwa vorab per Brief) nicht wirksam. Denn damit würde der aus § 29 Abs 2 S 3 WEG folgende Minderheitenschutz (Rn 91) entwertet. Möglich ist aber eine virtuelle Abstimmung, etwa per Telefon (Rn 81). 92

93 Bei der – indes nur ausnahmsweise zulässigen (Rn 91) – Beschlussfassung im **Umlaufverfahren** ist maßgeblich, ob die Mehrheit des Beirats nach Köpfen ihre Zustimmung zur Beschlussvorlage erteilt hat; im Übrigen gelten die Ausführungen zum gemeinschaftlichen Beschluss (Rn 88) entsprechend.

94 Ob ein Beiratsmitglied bei Abstimmungen einem **Stimmverbot** unterliegen kann, hat die Rspr – soweit ersichtlich – noch nicht beschäftigt. In der Literatur wird teilweise eine Analogie zu § 25 Abs 4 WEG befürwortet (etwa Bärmann/Pick/Dötsch § 29 Rn 71). Diese Vorschrift enthält drei Varianten des Ausschlusses (Staudinger/Häublein § 25 WEG Rn 224), die ersten beiden Varianten (Rechtsgeschäft/Rechtsstreit mit Abstimmenden) enthalten einen allg Rechtsgedanken (s etwa § 34 BGB, § 47 Abs 4 GmbHG), der auch für den Verwaltungsbeirat gilt (Armbrüster ZWE 2001, 463, 464). Praktisch kann dieses Stimmverbot indes nur werden, wenn die Kompetenzen des Beirats auf entsprechende Entscheidungen erweitert wurden (Beispiel: Die Wohnungseigentümer beschließen die Ausführung von Erhaltungsmaßnahmen, delegieren die Auswahl des Bauunternehmers auf den Beirat, ein Beiratsmitglied bewirbt sich um den Auftrag). Überzeugend ist – a maiore ad minus – auch die Anwendung der dritten Variante des § 25 Abs 4 WEG auf Beiratsmitglieder (Ruhen des Stimmrechts bei Verurteilung nach § 17 WEG). Zuletzt kann sich im Einzelfall über die in § 25 Abs 4 WEG geregelten Fälle hinaus aus dem Grundsatz des Verbots des Richtens in eigener Sache (vgl Staudinger/Häublein § 25 WEG Rn 227) ein Stimmrechtsausschluss ergeben. Für die Wahl zum Vorsitzenden/Stellvertreter gilt dies indes nicht, weil anderenfalls angesichts der typischerweise kleinen Mitgliederzahl ein Patt droht (ebenso Bärmann/Pick/Dötsch § 29 Rn 71).

c) Fehlerfolgen

95 Das Gesetz schweigt zu den Rechtsfolgen eines fehlerhaften Beiratsbeschlusses. § 23 Abs 4 S 2 WEG gilt nicht analog, weshalb fehlerhafte Beiratsbeschlüsse weder in Bestandskraft erwachsen noch durch Klage nach § 44 Abs 1 S 1 Var 1 WEG angefochten werden können (allgM, etwa OLG Hamm ZMR 2008, 63). Denn das Bedürfnis nach Bestandskraft ist bei Entscheidungen des Beirats nicht in gleicher Weise gegeben wie bei Beschlüssen der Wohnungseigentümer. Beiratsbeschlüsse sind daher entweder wirksam oder unwirksam (nichtig). **Nichtig** ist ein Beiratsbeschluss daher zum einen, wenn er gegen das Gesetz, Beschlüsse der Wohnungseigentümer oder die Gemeinschaftsordnung verstößt (OLG Hamm ZMR 2008, 63). Fehlen derartige Vorgaben, so gilt der allgemeine Kontrollmaßstab der ordnungsmäßigen Verwaltung (§ 18 WEG Rn 152). Liegen die Zulässigkeitsvoraussetzungen vor, kann die Wirksamkeit eines Beiratsbeschlusses Gegenstand einer **Feststellungsklage** nach § 256 Abs 1 ZPO sein (näher Maas 132 ff).

96 **Praktische Auswirkungen** hat die Frage nach der Nichtigkeit eines Beiratsbeschlusses regelmäßig **nicht**. Denn in den Fällen, in denen eine Verwaltungsmaßnahme des Beirats Außenwirkung hat, geht es typischerweise um eine Verwaltungshandlung. Diese muss zwar in der Regel durch einen Beiratsbeschluss vorbereitet werden. Indes schlägt ein fehlerhafter Beiratsbeschluss wegen des Abstraktionsprinzips regelmäßig nicht auf die Wirksamkeit der Verwaltungshandlung durch (Rn 53). Ein Beispiel soll dies illustrieren: Ist die Veräußerung des Wohnungseigentums nach der Gemeinschaftsordnung von der Zustimmung des Beirats abhängig, so hat hierüber der Beirat per Beschluss zu entscheiden (Rn 51). Gibt indes der hierzu berufene Repräsen-

tant des Beirats (Rn 46) die Zustimmung trotz eines fehlerhaften Beschlusses ab, berührt dies die Wirksamkeit der Zustimmung grundsätzlich nicht.

4. Geschäftsordnung

Die gesetzlichen Regelungen zum Verwaltungsbeirat sind kein zwingendes Recht (Rn 19). In der **Gemeinschaftsordnung** kann daher die Organisation des Verwaltungsbeirats abweichend vom Gesetz festgelegt werden (allgM). Solche Regeln werden herkömmlich als Geschäftsordnung bezeichnet. 97

In der **Literatur** ist die Meinung herrschend, die Wohnungseigentümer könnten das Organisationsrecht des Beirats weitgehend auch per **Beschluss regeln**. Soweit die Wohnungseigentümer von dieser Kompetenz keinen Gebrauch machen, wird zudem dem Beirat die Befugnis zugesprochen, sein Organisationsrecht in einer Geschäftsordnung selbst zu regeln. Der **BGH** hat sich zu dem Problemkreis mit Blick auf die Zusammensetzung des Beirats nach altem Recht geäußert: Aus der Kompetenz, einen konkreten Beirat zu bestellen, folge auch die Befugnis, im Einzelfall einen Beirat mit einer von § 29 Abs 1 S 2 WEG aF abweichenden Mitgliederzahl zu berufen. Ein solcher Beschluss sei aber auf Anfechtungsklage hin als gesetzeswidrig aufzuheben (BGH NJW 2010, 3168). 98

Diese Entscheidung des BGH kann auch für andere, das Organisationsrecht betreffende Beschlüsse der Wohnungseigentümer fruchtbar gemacht werden. Die **Beschlusskompetenz** der Wohnungseigentümer folgt aus § 29 Abs 1 S 1 WEG. Denn die Kompetenz, per Beschluss einen Beirat einzurichten, enthält als Minus auch die Befugnis, über dessen Organisation zu entscheiden. Ob ein Geschäftsordnungsbeschluss ordnungsgemäß ist, richtet sich nach § 18 Abs 2 WEG. 99

Der **Beirat** hat eine **Selbstorganisationsbefugnis**, soweit die Wohnungseigentümer von ihrer Kompetenz keinen Gebrauch machen. Denn die Aufgabenzuweisung enthält als Annex die Befugnis, den eigenen Geschäftsablauf zu strukturieren. Eine verbindliche Geschäftsordnung kann sich der Beirat aus Gründen des Minderheitenschutzes aber nur bei Zustimmung sämtlicher Mitglieder geben. Gegenstand der Geschäftsordnung können zudem nur Regeln über das Verfahren der Beschlussfassung sein. Nicht unter die Selbstverwaltungskompetenz des Beirats fällt daher etwa die Bestellung von Ersatzmitgliedern oder die Festlegung des Stimmrechts. Die Geschäftsordnung gilt zudem wegen des erwähnten Minderheitenschutzes nur für den amtierenden Beirat, erlischt also ex lege beim Eintritt neuer Mitglieder. 100

V. Vergütung und sonstige Ansprüche

Das **WEG schweigt** sich dazu aus, ob und welche Rechte und Pflichten zwischen Beirat und Wohnungseigentümergemeinschaft neben den gesetzlichen Verwaltungskompetenzen bestehen. 101

1. Gesetz

Das Rechtsverhältnis zwischen Beirat und Wohnungseigentümergemeinschaft ist einer gesetzlichen Ergänzung zugänglich (vgl BGH ZIP 2008, 1821, zum Aufsichtsrat der AG;

Jacoby, Das private Amt 537). Ebenso wie es § 27 Abs 3 BGB für den Vereinsvorstand anordnet, gelten für die Beiratsmitglieder deshalb zunächst die **Regeln** über den **Auftrag**. Anzuerkennen ist daher ein Anspruch der Beiratsmitglieder gegen die Wohnungseigentümergemeinschaft auf **Aufwendungsersatz** analog § 670 BGB (Grüneberg/Wicke § 29 WEG Rn 2). Gläubiger des Anspruchs ist das Beiratsmitglied, dem die Aufwendungen entstanden sind. Zu ersetzen sind alle mit der Beiratstätigkeit unmittelbar verbundenen Aufwendungen, die aus Sicht eines durchschnittlichen Beiratsmitglieds zur Erfüllung seiner Tätigkeit erforderlich waren (vgl OLG Schleswig ZMR 2005, 735; zu Hotelkosten s AG Dresden 25. 8. 2008 – 440 UR II 261/05 WEG, juris; zu Fortbildungskosten s AG München 26. 3. 2022 – 1294 C 20147/21, ZMR 2022, 512). Ein Vergütungsanspruch kommt entsprechend dem Rechtsgedanken des § 612 BGB in Betracht, falls die Ausübung der Tätigkeit nur gegen **Vergütung** zu erwarten ist (vgl Jacoby, Das private Amt 537). Das ist typischerweise zu verneinen, weil der Beirat nach der in § 29 Abs 3 WEG zum Ausdruck kommenden Verkehrsanschauung ein Ehrenamt ausübt; Ausnahmen sind bei sehr großen Wohnungseigentumsanlagen mit sehr umfangreichem Arbeitsaufwand denkbar. Zur nachamtlichen Vergütung (Abberufungsentschädigung) Rn 106.

102 Die Beiratsmitglieder sind der Wohnungseigentümergemeinschaft analog § 667 BGB zur **Herausgabe** der bei der Ausführung ihrer Tätigkeit erlangten Gegenstände verpflichtet, die sie für ihre Beiratsarbeit nicht mehr benötigen (vgl OLG Hamm ZMR 1997, 433; s auch BGH ZIP 2008, 1821, zum Aufsichtsrat der AG). Auch eine **Auskunftspflicht** über die Tätigkeit analog § 666 BGB ist anzuerkennen, die auch die Einsicht in etwaige Unterlagen des Beirats umfasst. Die Beiratsmitglieder sind hier Gesamtschuldner der Wohnungseigentümergemeinschaft, die das Auskunftsrecht durch den Verwalter ausübt. Die Wohnungseigentümer wiederum können von der Gemeinschaft nach § 18 Abs 4 WEG **Einsicht** in die vom Beirat geführten Unterlagen der Wohnungseigentümergemeinschaft verlangen. Ein Anspruch der Wohnungseigentümer gegen die Beiratsmitglieder ist mit dem Organisationssystem nicht zu vereinbaren und besteht daher nicht.

2. Gemeinschaftsordnung oder Beschluss

103 Die Wohnungseigentümer können in der **Gemeinschaftsordnung** nach § 10 Abs 1 S 2 WEG die mit dem Beiratsamt verbundenen Nebenpflichten (Aufwendungsersatz, Vergütung, Auskunft etc) ausgestalten (vgl Rn 16). Es gelten die allgemeinen Wirksamkeitsschranken; Anwendungsbeispiele hierzu sind nicht bekannt.

104 Es besteht auch eine **Beschlusskompetenz**, soweit es um die Konkretisierung einer gesetzlich nicht ausdrücklich geregelten Pflicht geht (Rn 16). Praxisrelevant ist dies für den Aufwendungsersatzanspruch der Beiratsmitglieder, der durch eine per Beschluss festgelegte Pauschale abgegolten werden kann. Ob der Beschluss **ordnungsmäßiger Verwaltung** entspricht, ist einer Frage des Einzelfalls. Maßgeblich ist, ob die Entscheidung der Mehrheit unter Berücksichtigung der konkreten Tätigkeit des Beirats (Art und Umfang) vertretbar ist; dieser Maßstab gilt auch für den Beschluss über eine **Vergütung**. Die uneinheitliche Rechtsprechung ist Ausdruck der erforderlichen Einzelfallabwägung (OLG Schleswig ZMR 2005, 735 [20 Euro pro Treffen und Fahrkostenerstattung ordnungsgemäß]; KG ZMR 2004, 775 und AG München ZMR 2017, 847 [500 Euro/Jahr Vergütung für den Vorsitzenden/pro Mitglied ordnungswidrig]; LG Hannover ZMR 2006, 398 [Vergütung von rund 1. 000 Euro/Person ordnungsgemäß]).

3. Beiratsvertrag

Der Beiratsvertrag ist nach dem hier vertretenen System nicht das geeignete Rege- **105** lungsinstrument, um die Rechte und Pflichten des Beirats aus dem **organschaftlichen Rechtsverhältnis** zu gestalten (Rn 16).

Die Wohnungseigentümergemeinschaft kann aber, soweit nicht das organschaftliche **106** Rechtsverhältnis betroffen ist, mit einzelnen Beiratsmitgliedern einen Vertrag schließen und sich dort zu Leistungen verpflichten. Zu denken ist etwa an eine **Abberufungsentschädigung**. Einem Beschluss, der einen solchen Vertragsschluss billigt, wird es aber regelmäßig an der Ordnungsmäßigkeit fehlen. Die hM geht hier indes einen anderen Weg und unterscheidet zwischen Amtsende und Ende des Beiratsvertrags, aus dem sich – wenn er nicht gekündigt wird – eine Pflicht zur Weitervergütung des ausgeschiedenen Beiratsmitglieds ergeben soll (vgl LG Nürnberg-Fürth ZMR 2001, 746).

VI. Haftungsfragen

Das Stichwort Haftung bündelt eine Reihe von Rechtsfragen. Zur **Haftpflichtversi-** **107** **cherung** des Beirats s § 19 WEG Rn 127.

1. Haftung des Beirats gegenüber der Wohnungseigentümergemeinschaft

Da eine spezielle Haftungsvorschrift fehlt, ist Anspruchsgrundlage der **Wohnungsei-** **108** **gentümergemeinschaft** gegen die Beiratsmitglieder wegen einer Verletzung ihrer Organpflichten **§ 280 BGB**. Das danach erforderliche Schuldverhältnis ist das Organverhältnis (s Rn 7). Mehrere zum Schadensersatz verpflichtete Beiräte haften nach zutreffender allgM als **Gesamtschuldner**.

a) Pflichtverletzung

§ 280 Abs 1 S 1 BGB setzt eine Pflichtverletzung voraus. Hier ist zu beachten, dass **109** der Beirat als Gruppe **nicht** etwa abstrakt eine ordnungsgemäße Tätigkeit schuldet. Der Umstand, dass eine geschuldete Verwaltungshandlung des Beirats nicht oder nicht ordnungsgemäß ausgeführt wurde, bedeutet daher allein keine Pflichtverletzung sämtlicher Beiratsmitglieder. Denn für eine derartige **Erfolgspflicht** des Beirats fehlt es im Gesetz an einer Grundlage. Ein solches Gesetzesverständnis würde auch dem Ziel des Gesetzgebers widersprechen, das Beiratsamt attraktiv zu machen (BT-Drucks 19/18791, 2). Es tritt hinzu, dass ein erfolgsbezogener Pflichtenmaßstab mangels Anknüpfung an eine konkrete Pflicht die Anwendung des Verschuldensmaßstabs des § 29 Abs 3 WEG verhindern würde.

Die Haftung der Beiratsmitglieder gegenüber der Wohnungseigentümergemein- **110** schaft muss daher an die Verletzung einer **konkreten Pflicht anknüpfen**. Hier ist zu beachten, dass das Pflichtenprogramm der einzelnen Beiräte nicht identisch ist. Denn den Vorsitzenden und seinen Stellvertreter treffen insofern Sonderpflichten, als die Wirksamkeit von Verwaltungshandlungen ihr Tätigwerden verlangt (Rn 46).

Eine Pflichtverletzung des Vorsitzenden oder seines Stellvertreters kann etwa darin liegen, dass ein erforderliches Beiratstreffen nicht einberufen und deshalb eine notwendige Beschlussfassung des Beirats unterblieben ist. Zum anderen können in einem Beiratstreffen die einzelnen Mitglieder ihre Pflicht zu einer ordnungsmäßigen Verwaltung entsprechenden Beschlussfassung verletzt haben; hier gelten die Grundsätze über die Abstimmung in Eigentümerversammlungen entsprechend (§ 19 WEG Rn 54).

111 Aufgrund des unterschiedlichen Pflichtenumfangs der Mitglieder ist von Bedeutung, dass einzelne Beiräte sich die Pflichtverletzung eines anderen Beiratsmitglieds nicht zurechnen lassen müssen; jeder haftet nur für **eigenes pflichtwidriges Verhalten** (Jenissen/Hogenschurz Rn 63; Maas 228). § 278 BGB greift nicht, weil die Beiratsmitglieder untereinander keine Erfüllungsgehilfen sind.

112 Eine **Delegation** von Aufgaben mit der Folge der Reduzierung des eigenen Pflichtenprogramms ist nicht anzuerkennen (Rn 55). Wenn also etwa einzelne Beiräte die Prüfung der Jahresabrechnung einem anderen Mitglied überlassen, dem dabei ein Fehler unterläuft, haben die Delegierenden ihre Pflicht zur Prüfung verletzt, da sie diese unterlassen haben.

b) Verschuldensmaßstab (§ 29 Abs 3 WEG)

113 § 29 Abs 3 WEG beschränkt seit Inkrafttreten des WEMoG 2020 die Haftung des unentgeltlich tätigen Beirats auf Vorsatz und grobe Fahrlässigkeit. Die Vorschrift klärt die zum alten Recht umstrittene Frage nach einer Haftungsreduzierung. **Zweck** der Vorschrift ist es, die Bereitschaft zu fördern, sich im Beirat zu engagieren (BT-Drucks 19/18791, 79). Es handelt sich mithin um eine auf den Beirat zugeschnittene Sondervorschrift, was eine **analoge Anwendung** auf den unentgeltlich tätigen Verwalter **verbietet**.

114 Die Haftungsbeschränkung gilt nur in Konstellationen, in denen die Haftung auf eine **Verwaltungsmaßnahme** des **Beirats** (Rn 45 ff) gestützt wird. Dies folgt sowohl aus Wortlaut als auch aus dem Normzweck, der die Mitarbeit im Beirat fördern soll. Sie greift daher nicht, wenn es um die Haftung für ein anderes Verhalten eines Wohnungseigentümers geht, der zufällig auch Beiratsmitglied ist.

115 § 29 Abs 3 WEG setzt voraus, dass das Beiratsmitglied **unentgeltlich tätig** wird. Anders als nach §§ 31a f BGB greift die Haftungsprivilegierung bei einer auch nur geringfügigen Entlohnung also nicht. Unentgeltlich ist eine Tätigkeit, die von keiner Gegenleistung abhängt. Aufwendungsersatz ist kein Entgelt, steht der Haftungsprivilegierung also nicht im Wege. Werden Aufwendungen pauschal abgegolten, ist maßgeblich, ob dem Beiratsmitglied aus Sicht eines objektiven Betrachters Aufwendungen in der entsprechenden Höhe typischerweise entstehen können. Nur wenn diese Frage zu verneinen ist, handelt es sich um eine verschleierte Vergütung mit der Folge, dass die Haftungsprivilegierung entfällt (Lehmann-Richter/Wobst WEG-Reform 2020 Rn 596 f).

116 Die Begriffe Vorsatz und grobe Fahrlässigkeit bestimmen sich nach allgemeinen Grundsätzen: **Grob fahrlässig** handelt ein Beiratsmitglied, wenn es die im Verkehr erforderliche Sorgfalt in ungewöhnlich hohem Maße verletzt und dasjenige unbeachtet lässt, was sich in der gegebenen Situation jedem aufdrängen muss (vgl etwa BGH 18. 9. 2020 – V ZR 8/19, NJW 2020, 3711 Rn 28).

In der Literatur wird vertreten, die Haftung entgeltlich tätiger Beiratsmitglieder könne durch **Beschluss** auf Vorsatz und grobe Fahrlässigkeit reduziert werden (etwa JENISSEN/HOGENSCHURZ Rn 64). Diese Ansicht überzeugt nicht (Rn 124). **117**

c) Umfang und Art des Schadens

Zu ersetzen hat das Beiratsmitglied nur den **Schaden**, der in zurechenbarer Art und Weise auf seiner Pflichtverletzung beruht; reine Äquivalenzerwägungen reichen daher nicht aus. Zu berücksichtigen ist insbes auch der Schutzzweck der verletzten Pflicht, was sich bei einem Verstoß gegen die Prüfpflicht aus § 29 Abs 2 S 2 WEG auswirkt. Da diese Norm nur vor den nachteiligen Folgen einer Beschlussfassung über das Zahlenwerk bewahren soll (Rn 65), schuldet das Beiratsmitglied auch nur insofern Schadensersatz. Nicht erfasst sind andere Schäden, die ausgeblieben wären, wenn der Fehler im Zahlenwerk aufgedeckt worden wäre. Unzutreffend ist schon aus diesem Grund die prominente Entscheidung des OLG Düsseldorf ZMR 1998, 104: Dort wurde der Beirat, dem eine Unterschlagung des Verwalters vom Konto der Wohnungseigentümergemeinschaft bei der **Prüfung der Jahresabrechnung** nicht aufgefallen war, für den Schaden haftbar gemacht, den der Verwalter erst nach der Prüfung verursacht hatte, der im Falle der Aufdeckung aber durch Gegenmaßnahmen der Gemeinschaft vermieden worden wäre. Dieser nicht auf der fehlerhaften Beschlussfassung beruhende Schaden ist vom **Schutzzweck** des § 29 Abs 2 S WEG nicht erfasst und daher nicht erstattungsfähig. Seit der Änderung von § 28 WEG durch das WEMoG 2020 kommt ein weiterer Aspekt hinzu: Da Beschlussgegenstand nur die Zahlungspflicht ist, beschränkt sich die Prüfpflicht auf die diesbezüglichen Rechenschritte (Rn 69). Der Bestand eines Kontovermögens ist seit dem WEMoG 2020 aber nicht mehr Teil der Jahresabrechnung, sondern des Vermögensberichts. **118**

Bei der Schadensberechnung stellt sich auch die Frage, inwieweit sich der Beirat nach §§ 254, 31 BGB auf ein etwaiges **Mitverschulden** des Verwalters oder der Gesamtheit der Wohnungseigentümer als Organe der Wohnungseigentümergemeinschaft berufen kann. Das ist insbes praxisrelevant, wenn der Beirat auf der Grundlage eines ihn hierzu ermächtigenden Beschlusses eine pflichtwidrige Verwaltungsentscheidung trifft, diese Entscheidung vom Verwalter oder der Wohnungseigentümerversammlung aber schuldhaft beeinflusst wurde. Im Ausgangspunkt ist hier zu beachten, dass ein Organ – und damit auch der Beirat – im Rahmen seines gesetzlichen oder satzungsmäßigen Geschäftsbereichs für die Erfüllung seiner Pflichten selbst verantwortlich ist und deshalb im Falle einer Pflichtwidrigkeit für den verursachten Schaden voll einstehen muss (vgl BGH NJW 1983, 1856, zur GmbH). Dies führt dazu, dass dem Beiratsmitglied der Mitverschuldenseinwand (nur) abgeschnitten ist, soweit es um die Verletzung von ihm durch Gesetz oder in der Gemeinschaftsordnung zugewiesenen Aufgaben geht, nicht hingegen, falls ihm Aufgaben per Beschluss übertragen werden. **119**

Mit Blick auf den Schaden ist zuletzt von Bedeutung, ob dessen Geltendmachung unter dem Vorbehalt von § 280 Abs 2 oder Abs 3 BGB steht, es sich also um einen **Schadensersatz statt** oder **wegen Verzögerung** der **Leistung** handelt. Diese Einordnung ist für die Pflichten des Beirats – soweit ersichtlich – bislang nicht untersucht. Die Verletzung der praxisrelevanten Prüf- und Berichtspflicht aus § 29 Abs 2 S 2 WEG **120** führt regelmäßig zu einem nicht unter § 280 Abs 2 oder Abs 3 BGB fallenden Schaden, etwa wenn es um die Erstattung der Kosten eines Anfechtungsprozesses gegen den Beschluss über das fehlerhafte Zahlenwerk geht, der bei ordnungsmäßiger Leistung nicht verloren gegangenen wäre.

d) Modifikation durch Vereinbarung, Beschluss, Vertrag

121 Die Haftung des Beirats im Innenverhältnis kann nach § 10 Abs 1 S 2 WEG durch **Vereinbarung** der Wohnungseigentümer modifiziert werden. Insbesondere § 29 Abs 3 WEG ist als Regelung aus dem Innenverhältnis nicht zwingend und kann daher in der Gemeinschaftsordnung abbedungen werden.

122 Nicht anzuerkennen ist hingegen eine Ausgestaltung der Haftung des Beirats im Voraus durch einen **Vertrag** zwischen den Beiratsmitgliedern und der Wohnungseigentümergemeinschaft, etwa durch Vereinbarung einer Haftungshöchstgrenze. Denn hierfür fehlt an der notwendigen Vertragsgestaltungskompetenz (Rn 16). Auch ein Verzicht auf entstandene Ersatzansprüche wird durch das Institut der Entlastung (Rn 125) verdrängt (Typenzwang).

123 Die Kompetenz der Wohnungseigentümer, die Haftung des Beirats durch **Beschluss** zu modifizieren, regelt das WEG nicht ausdrücklich. Die Beschlusskompetenz kann sich aber aus der allgemeinen Kompetenzregelung des § 19 Abs 1 WEG ergeben. In der Sache ist nach dem Zeitpunkt der Beschlussfassung zu unterscheiden:

aa) Beschluss vor Anspruchsentstehung

124 Eine Kompetenz, im Voraus über die Haftung des Beirats zu beschließen, ist **nicht anzuerkennen**. Denn die Haftung des Beirats folgt aus dem Gesetz, weshalb ein solcher Beschluss eine gesetzesändernde Wirkung hat, die nicht auf die allgemeine Kompetenzregelung des § 19 Abs 1 WEG gestützt werden kann. Auch eine Annexkompetenz aus § 29 Abs 1 S 1 WEG ist nicht anzuerkennen. Denn die Organhaftung ist zwingende Folge der dem Organ zugewiesenen Verwaltungsmacht und aus diesem Grund mehrheitsfest (**aA** etwa AG Friedberg 31. 5. 2017 – 2 C 1076/16, ZMR 2017, 838; BeckOGK/Greiner Rn 49; Jenissen/Hogenschurz Rn 64).

bb) Beschluss nach Anspruchsentstehung, insbes Entlastung

125 Ist ein Ersatzanspruch entstanden, kann die Wohnungseigentümergemeinschaft auf diesen **rechtsgeschäftlich einwirken**. Das folgt aus allgemeinen Grundsätzen; der Ersatzanspruch ist offensichtlich kein res extra commercium. Zu Recht anerkannt ist daher die Kompetenz der Wohnungseigentümer, einen **Entlastungsbeschluss** zu fassen (BGH 17. 1. 2019 – V ZB 121/18, ZWE 2019, 329 Rn 9). Das WEG regelt – anders als etwa § 46 Nr 5 GmbHG – diesen Fall zwar nicht ausdrücklich. Die Kompetenz folgt aber aus § 19 Abs 1 WEG; denn die allgemeine, im gesamten Verbandsrecht anerkannte Befugnis, über die Entlastung zu beschließen, verdeutlicht, dass es sich auch im Wohnungseigentumsrecht um eine der Mehrheitsmacht zugewiesene Aufgabe handelt.

126 Fraglich ist, ob ein Entlastungsbeschluss **Direktwirkung** zeitigt oder noch der Umsetzung – etwa durch Abschluss eines Erlassvertrages – bedarf. Eine Direktwirkung hat der Entlastungsbeschluss nach hM im Gesellschafts- und Vereinsrecht (BGH 22. 9. 2020 – II ZR 141/19, ZIP 2020, 2117 Rn 25 m Nachw). Der BGH scheint auch dem Beschluss, den Verwaltungsbeirat zu entlasten, eine solche Direktwirkung zuzusprechen, auch wenn er durch den Hinweis auf § 397 BGB die organisations- und vertragsrechtlichen Ebenen vermengt (BGH 17. 1. 2019 – V ZB 121/18, ZWE 2019, 329 Rn 9: „Mit der Entlastung des Verwaltungsbeirats ist regelmäßig die Folge eines negativen Schuldanerkenntnisses (§ 397 Abs 2 BGB) … verbunden“). Überzeugend ist eine Direktwirkung (allg § 18 WEG Rn 46), da ein Umsetzungsakt schlicht überflüssig ist.

Über die Entlastung des Beirats kann en bloc oder in Bezug auf einzelne Mitglieder **127** abgestimmt werden. Beim **en-bloc-Verfahren** sind sämtliche, im Übrigen die betroffenen Mitglieder nach § 25 Abs 4 WEG vom Stimmrecht ausgeschlossen (OLG Zweibrücken ZMR 2002, 786). Ein Entlastungsbeschluss berührt mangels entsprechender Kompetenz etwaige individuellen Ansprüche der Wohnungseigentümer nicht (BGH 23. 2. 2018 – V ZR 101/16, NJW 2018, 2550 Rn 65), für die angesichts des Organisationssystems (Rn 6) indes ohnehin kein Raum ist.

Der Entlastungsbeschluss hat zur Folge, dass die Wohnungseigentümergemeinschaft **128** mit Ersatzansprüchen ausgeschlossen ist, die allen Wohnungseigentümern zum Zeitpunkt der Beschlussfassung **bekannt oder** ihnen **erkennbar** waren (vgl LG Düsseldorf ZMR 2014, 389; s auch BGH ZMR 2011, 654 Rn 10 [zum Verwalter]). Auf die Kenntnis des Verwalters kommt es insofern nicht an (vgl zur Genossenschaft bereits RG 9. 10. 1936 – II 43/36, Z 152, 281 f), weil das zur Entscheidung berufene Organ die Wohnungseigentümer sind.

Die Präklusionswirkung führt nicht dazu, dass ein Entlastungsbeschluss per se ord- **129** nungswidrig ist. Denn der Beschluss ist geeignet, die Grundlage für eine vertrauensvolle Zusammenarbeit in der Zukunft zu legen (BGH NJW 2010, 2127 Rn 19 iVm BGHZ 156, 19). Er widerspricht aber **ordnungsmäßiger Verwaltung**, wenn Ersatzansprüche gegen Beiratsmitglieder erkennbar in Betracht kommen und ein Verzicht auf die Durchsetzung vom Verwaltungsermessen der Wohnungseigentümer nicht gedeckt ist (vgl BGH NJW 2010, 2127 Rn 19; BayObLG ZMR 2004, 50; OLG Hamburg ZMR 2003, 772). Bei erfolgreicher Anfechtung der **Zahlungsbeschlüsse** nach § 28 WEG ist die Entlastung des Beirats nicht automatisch ordnungswidrig (LG Koblenz 24. 1. 2022 – 2 S 72/20, ZWE 2022, 175; **aA** etwa LG Frankfurt 22. 12. 2022 – 13 S 77/21, WuM 2023, 110; LG Rostock ZMR 2015, 338; vgl auch BGH NJW 2010, 2654 Rn 17), weil der Beirat nach § 29 Abs 2 S 2 WEG keinen Erfolg schuldet, ein fehlerhafter Zahlungsbeschluss also nicht zwingend eine Pflichtverletzung der Beiratsmitglieder bedeutet. Geboten ist daher eine differenzierende Sichtweise, die sich auch in der Rechtsprechung zu § 28 WEG aF nachweisen lässt (BayObLG ZMR 2004, 50; AG Hamburg-St Georg ZMR 2013, 389; AG Traunstein ZMR 2012, 63). Die Situation ist nämlich eine andere als beim Verwalter, der bei einer fehlerhaften Abrechnung jedenfalls deren Korrektur schuldet, was seiner Entlastung entgegensteht. Beim Beirat ist dieses Ergebnis nur gerechtfertigt, wenn der Anfechtungskläger vorträgt und ggf beweist, welcher Ersatzanspruch gegen die Beiratsmitglieder von der Entlastung erfasst würde und das Gericht zu dem Ergebnis kommt, die Entlastung sei deshalb ermessensfehlerhaft. Nicht überzeugend ist der Hinweis, die Entlastung sperre den Anspruch der Gemeinschaft auf Prüfung der vom Verwalter korrigierten Abrechnung (so LG Frankfurt aM 22. 12. 2022 – 13 S 77/21, WuM 2023, 110). Denn die Vorlage einer neuen Abrechnung löst eine neue Prüfpflicht aus, die von einer zuvor erteilten Entlastung nicht gesperrt ist.

130 Der **Anspruch** eines Wohnungseigentümers auf Fassung eines Entlastungsbeschlusses richtet sich nach § 18 Abs 2 Nr 1 WEG und setzt daher voraus, dass allein die Entlastung ordnungsmäßiger Verwaltung entspricht. Die **Rechtsmittelbeschwer** bei Anfechtung des Entlastungsbeschlusses beziffert der BGH (BGH ZWE 2017, 332) auf 500 Euro zzgl des Werts etwaiger Ersatzansprüche des Klägers gegen die Beiratsmitglieder.

2. Haftung des Beirats gegenüber Wohnungseigentümern und Verwalter

131 Die Beiratsmitglieder haften weder Wohnungseigentümern noch Verwalter nach § 280 BGB. Denn weder das Organverhältnis noch ein etwaiger Beiratsvertrag haben Drittwirkung (Rn 10). **Wohnungseigentümer** können Beiratsmitglieder wegen einer Verletzung von Organpflichten daher **nur** nach **Deliktsrecht** in Anspruch nehmen (**aA** Hügel/Elzer Rn 92). Dies gilt auch dann, wenn die Beiratsmitglieder – wie es typischerweise der Fall ist – Wohnungseigentümer sind. Denn das zwischen den Wohnungseigentümern bestehende Schuldverhältnis hat nicht die Beachtung der besonderen Beiratspflichten zum Gegenstand.

132 Ist eine Verwaltungsmaßnahme des Beirats eine unerlaubte Handlung gegenüber einem Wohnungseigentümer oder dem Verwalter (was praktisch kaum denkbar ist), gilt der **Verschuldensmaßstab** des **§ 29 Abs 3 WEG**. Denn die Norm gilt angesichts ihres Zwecks, die Attraktivität der Beiratstätigkeit zu steigern, für sämtliche Haftungsansprüche im Innenverhältnis der Wohnungseigentümergemeinschaft.

3. Haftung des Beirats gegenüber Dritten

133 Die Haftung der Beiratsmitglieder gegenüber Dritten richtet sich nach **allg Vorschriften**. Das Haftungsprivileg des § 29 Abs 3 WEG greift als Regelung aus dem Innenverhältnis nicht. Dies folgt aus dem Normzweck, die Bereitschaft zu einer Tätigkeit im Beirat zu fördern. Es ist nicht gerechtfertigt, Dritte, die von der Besetzung des Beirats nicht profitieren, hierfür den Preis in Form der Haftungsbeschränkung zahlen zu lassen (Lehmann-Richter/Wobst WEG-Reform 2020 Rn 593 f; **aA** Hügel/Elzer Rn 93).

134 Löst die Verwaltungsmaßnahme eines Beiratsmitglieds seine Haftung gegenüber einem Dritten aus, stellt sich die Frage, ob das Mitglied von der Wohnungseigentümergemeinschaft **Freistellung** verlangen kann, wenn es weder vorsätzlich noch grob fahrlässig gehandelt hat. § 29 WEG regelt dies, anders als § 31a Abs 2 BGB für den Verein, nicht. Da § 31a BGB aber Regelungsvorbild für die Beiratshaftung war (s Abschlussbericht der Bund-Länder-Arbeitsgruppe zur Reform des WEG, ZWE 2019, 429, 454) gilt die Rechtsfolge des § 31a Abs 2 BGB für den Verwaltungsbeirat analog (ebenso iE Bärmann/Pick/Dötsch § 29 Rn 78).

4. Haftung der Wohnungseigentümergemeinschaft für den Beirat

135 Der Wohnungseigentümergemeinschaft werden schuldhafte Pflichtverletzungen der Beiratsmitglieder **analog § 31 BGB** zugerechnet. Erforderlich ist aber, dass das Beiratsmitglied im konkreten Fall im Pflichtenkreis zwischen Wohnungseigentümerge-

meinschaft und Gläubiger gehandelt hat. Dies ist für jede Konstellation gesondert zu prüfen und etwa bei Beleidigungen des Beirats zu verneinen (BayObLG ZMR 2000, 45).

Eine Haftung der Wohnungseigentümergemeinschaft analog § 31 BGB für Pflicht- 136
verletzungen des Beirats ist sowohl im **Innen-** als auch im **Außenverhältnis** möglich. Bei der Haftung im Innenverhältnis gegenüber den Wohnungseigentümern muss für die Zurechnung an eine konkrete, schadensstiftende Verwaltungsmaßnahme des Beirats angeknüpft werden. Die Situation ist hier keine andere als in den Fällen, in denen ein Wohnungseigentümer die Wohnungseigentümergemeinschaft nach § 280 BGB, § 31 BGB analog wegen eines schadensstiftenden Verhaltens des Verwalters in Anspruch nimmt (dazu Lehmann-Richter/Wobst WEG-Reform 2020 Rn 381 ff).

In einer anderen Konstellation macht die Wohnungseigentümergemeinschaft einen 137
Anspruch geltend und der Schuldner wendet über § 254 BGB das Fehlverhalten des Beirats als **Mitverschulden** der Gemeinschaft ein. Dieser Einwand ist nicht ausgeschlossen und greift auch zugunsten des Verwalters (näher Lehmann-Richter ZWE 2011, 439).

5. Beirat als Wissensvertreter

Die Zurechnung von Wissen oder Wissenmüssen richtet sich nach **§ 166 BGB analog**. 138
Wissensvertreter ist nach der Rspr jeder, der nach der Arbeitsorganisation des Geschäftsherrn dazu berufen ist, im Rechtsverkehr als dessen Repräsentant bestimmte Aufgaben in eigener Verantwortung zu erledigen und die dabei angefallenen Informationen zur Kenntnis zu nehmen sowie gegebenenfalls weiterzuleiten hat (BGHZ 117, 104; NJW 2013, 2015 Rn 25). Daraus folgt, dass die Beiratsmitglieder keine Wissensvertreter der Wohnungseigentümer sind, da sie nicht für diese, sondern für die Wohnungseigentümergemeinschaft tätig werden.

Ob und unter welchen Voraussetzungen sich die **Wohnungseigentümergemeinschaft** 139
Wissen oder Wissenmüssen der Beiratsmitglieder zurechnen lassen muss, ist noch nicht abschließend geklärt (ablehnend BeckOGK/Greiner Rn 36). Ausgangspunkt für die praxisrelevante Wissenszurechnung gegenüber dem Verwalter muss § 9b Abs 2 WEG sein. Danach ist der Beiratsvorsitzende gegenüber dem Verwalter zur Vertretung berechtigt. Diese Aufgabe ist dem Beirat als Kollektiv zugewiesen. Der Beirat ist nach dem Gesetz mithin Binnenrepräsentant der Wohnungseigentümergemeinschaft gegenüber dem Verwalter. Das muss bei einer Wissenszurechnung analog § 166 BGB berücksichtigt werden. Denn gegenüber dem Verwalter tragen Gesichtspunkte des Verkehrsschutzes nicht. Deshalb kommt eine auf § 9b Abs 2 WEG gestützte Zurechnung des Wissens des Vorsitzenden des Beirats nicht in Betracht. Denn der Verwalter weiß (oder muss wissen), dass der Vorsitzende regelmäßig nicht dazu befugt ist, auf der Grundlage seines Wissens die Wohnungseigentümergemeinschaft gegenüber dem Verwalter zu vertreten. Deshalb folgt eine Wissenszurechnung der Verteilung der Entscheidungskompetenzen im Innenverhältnis: Maßgeblich ist, wann das zur Entscheidung berufene Organ das maßgebliche Wissen hatte oder hätte haben müssen (vgl BGH 15. 6. 1998 – II ZR 318/96, NJW 1998, 3274). Es kommt also regelmäßig auf die Wohnungseigentümer an (vgl KGR Berlin 2009, 893).

Abschnitt 5
Wohnungserbbaurecht

§ 30 WEG
Wohnungserbbaurecht

(1) Steht ein Erbbaurecht mehreren gemeinschaftlich nach Bruchteilen zu, so können die Anteile in der Weise beschränkt werden, dass jedem der Mitberechtigten das Sondereigentum an einer bestimmten Wohnung oder an nicht zu Wohnzwecken dienenden bestimmten Räumen in einem auf Grund des Erbbaurechts errichteten oder zu errichtenden Gebäude eingeräumt wird (Wohnungserbbaurecht, Teilerbbaurecht).

(2) Ein Erbbauberechtigter kann das Erbbaurecht in entsprechender Anwendung des § 8 teilen.

(3) Für jeden Anteil wird von Amts wegen ein besonderes Erbbaugrundbuchblatt angelegt (Wohnungserbbaugrundbuch, Teilerbbaugrundbuch). Im Übrigen gelten für das Wohnungserbbaurecht (Teilerbbaurecht) die Vorschriften über das Wohnungseigentum (Teileigentum) entsprechend.

Schrifttum

Rapp, Zur Möglichkeit der Umwandlung eines Wohnungserbbaurechts in Wohnungseigentum, MittBayNot 1999, 376

Rethmeier, Rechtsfragen des Wohnungserbbaurechts, MittRhNotK 1993, 145

Theus, Das Wohnungs- und Teilerbbaurecht in der notariellen Praxis, RNotZ 2019, 573

Weber, Zeitablauf und Verlängerung des Wohnungserbbaurechts, ZWE 2019, 251.

Systematische Übersicht

Alphabetische Übersicht

I. Normentwicklung

Die Vorschrift wurde seit Schaffung des WEG **nicht verändert**. 1

II. Regelungszweck und -überblick

§ 30 WEG hat lediglich **klarstellende Bedeutung** (BT-Drucks 75/51, S 25; Bärmann/Schneider WEG § 30 Rn 1). Dass auch ein Erbbaurecht nach dem WEG aufgeteilt werden kann, ergibt sich schon daraus, dass auf das Erbbaurecht die allgemeinen Vorschriften für Grundstücke Anwendung finden (vgl § 11 Abs 1 S 1 ErbbauRG und zuvor schon § 1017 Abs 1 BGB aF), wozu auch das WEG gehört. **§ 42 BGB** enthält eine **Parallelvorschrift für das Dauerwohnrecht**. 2

Abs 1 betrifft die Aufteilung durch Mit-Erbbauberechtigte entsprechend § 3, **Abs 2** die Aufteilung durch einen Allein-Erbbauberechtigten entsprechend § 8. **Abs 3 S 1** regelt die grundbuchrechtliche Behandlung. **Abs 3 S 2** ordnet schließlich die entsprechende Anwendung der WEG-Vorschriften an. 3

Abs 3 S 2 ist **in redaktioneller Hinsicht optimierungsfähig**: Zum einen suggeriert seine Positionierung hinter Abs 3 S 1, dass die entsprechende Anwendung der WEG-Vorschriften nur grundbuchrechtlicheliche Aspekte beträfe; dies ist nicht der Fall (implizit schon Weitnauer/Wirths [1. Aufl] § 30 Rn 8). Zum anderen verdeckt die Wendung „im Übrigen" die lediglich klarstellende Bedeutung des § 30 WEG (Rn 2); die WEG-Vorschriften finden umfassend Anwendung. Schließlich ist es rechtsförmlich zumindest ungewöhnlich, Alternativformulierungen („Teilerbbaurecht", „Teileigentum") in Klammerzusätzen unterzubringen. 4

III. Grundlagen

1. Rechtsbeziehungen

5 Beim Wohnungserbbaurecht **treffen WEG und ErbbauRG aufeinander**. Das WEG regelt das Rechtsverhältnis der Wohnungserbbauberechtigten untereinander und zur rechtsfähigen „Gemeinschaft der Wohnungserbbauberechtigten". An die Stelle des Wohnungseigentums tritt insoweit das Wohnungserbbaurecht, ohne dass sich daraus merkliche Veränderungen ergeben. Im Verhältnis zum Grundstückseigentümer gilt dagegen allein das ErbbauRG bzw bei älteren Erbbaurechten die jeweiligen gesetzlichen Vorschriften, auf deren Grundlage es besteht (vgl Rn 10).

6 Dabei gilt ein **logischer Vorrang des Erbbaurechts**: Wohnungseigentumsrechtlich kann – durch Vereinbarung oder Beschluss – nur ausgestaltet werden, was das Erbbaurecht als Rahmen vorgibt. Das gilt insbesondere für die Reichweite des Gebrauchs und die Zulässigkeit baulicher Veränderungen, die im Erbbaurechtsvertrag häufig eingeschränkt werden.

7 Die Trennung der Rechtssphären setzt sich auf Ebene des **Prozessrechts** fort: Für Streitigkeiten mit dem Grundstückseigentümer gelten die §§ 43 ff WEG nicht; insoweit kommen die allgemeinen Vorschriften der ZPO zur Anwendung.

2. Koordinierungsproblem

8 In der praktischen Handhabung wirft das Wohnungserbbaurecht Probleme auf, wenn die Wohnungserbbauberechtigten gegenüber dem Grundstückseigentümer nicht einheitlich auftreten. Denn insoweit können die Wohnungserbbauberechtigten **keine Mehrheitsentscheidungen treffen** und gegenüber dem Grundstückseigentümer umzusetzen. Das betrifft insbesondere die Entscheidung über eine mögliche Verlängerung des Erbbaurechts (näher dazu Rn 30). Das ErbbauRG enthält keine Vorschriften für den Fall, dass das Erbbaurecht mehreren Personen zusteht. Die Möglichkeiten des WEG, Mehrheitsbeschlüsse zu fassen (§ 19 Abs 1 WEG) und diese über die rechtsfähige Gemeinschaft der Wohnungserbbauberechtigten, vertreten durch den Verwalter, umsetzen zu lassen (§ 9b Abs 1 S 1 WEG), stehen im Verhältnis zum Grundstückseigentümer nicht zur Verfügung. Denn die Aufgabe der Gemeinschaft der Wohnungserbbauberechtigten beschränkt sich auf die Verwaltung des gemeinschaftlichen Eigentums bzw Erbbaurechts (§ 18 Abs 1 WEG). Das sog sachenrechtliche Grundverhältnis liegt dagegen in der Hand der einzelnen Wohnungseigentümer; Beschlüsse in diesem Bereich sind mangels Beschlusskompetenz nichtig (vgl zum alten Recht BGH 12. 4. 2013 – V ZR 103/12, ZWE 2013, 330 Rn 8). § 9a Abs 2 WEG betrifft deshalb nur Rechte, die sich aus dem gemeinschaftlichen Eigentum bzw Erbbaurecht in seiner derzeitigen sachenrechtlichen Gestalt ergeben, ermöglicht es aber nicht, diese Gestalt durch Verfügungen zu verändern. Es bleibt insoweit bei § 747 S 2 BGB, der über § 10 Abs 1 S 1 WEG Anwendung findet: Verfügungen sind nur gemeinschaftlich möglich (vgl allgemein zum alten Recht BGH 12. 4. 2013 – V ZR 103/12, ZWE 2013, 330 Rn 10).

3. „Sondereigentum" beim Wohnungserbbaurecht?

§ 30 Abs 1 WEG knüpft sprachlich an § 3 Abs 1 S 1 WEG an und spricht von der Einräumung von „Sondereigentum". Im Regelfall ist das unproblematisch, weil der Erbbauberechtigte Eigentümer des Gebäudes ist (vgl § 12 ErbbauRG). Die hM meint jedoch, den Wortlaut allzu ernst nehmen zu müssen, und erlaubt eine Aufteilung überhaupt nur, wenn der Erbbauberechtigte Eigentümer des Gebäudes ist (Bärmann/Schneider [15. Aufl] § 30 Rn 76; BeckOK-WEG/Munzig [1. 1. 2023] § 30 Rn 11; Theus RNotZ 2019, 573, 578 f). Praktische Bedeutung hat dies für BGB-Erbbaurechte, bei deren Bestellung das Gebäude schon vorhanden war und das Gebäude deshalb mangels einer § 12 Abs 1 S 2 ErbbauRG entsprechenden Vorschrift im Eigentum des Grundstückseigentümers verblieb (vgl BT-Drucks 75/51). Die Aufteilbarkeit von BGB-Erbbaurechten einzuschränken, widerspricht jedoch dem ausdrücklichen Willen des Gesetzgebers, der sich zudem der Unschärfe seiner Formulierung durchaus bewusst war (vgl BT-Drucks 75/51). Auch methodisch ist die strenge Ansicht der hM kaum begründbar: § 30 ist eine deklaratorische Vorschrift (Rn 2); sein Wortlaut darf deshalb nicht überbewertet werden. Die Aufteilbarkeit eines Erbbaurechts folgt bereits daraus, dass es den allgemeinen Grundstücksvorschriften unterliegt; sie ist unabhängig von der Eigentümerstellung (vgl § 1017 Abs 1 BGB aF). Aufgeteilt wird das Erbbaurecht; die damit womöglich einhergehende Aufteilung des Eigentums ist bloßer Reflex. Demharter charakterisiert das Wohnungserbbaurecht deshalb treffend, ohne dabei auf das Eigentum zu rekurrieren (DNotZ 1986, 457 [160]): „Wie Wohnungseigentum besonders ausgestaltetes Miteigentum an einem Grundstück ist, ist Wohnungserbbaurecht besonders ausgestaltete Mitberechtigung nach Bruchteilen an einem Erbbaurecht." Richtigerweise führt das Wohnungserbbaurecht deshalb **nicht zwingend zur Entstehung von „Sondereigentum"** (vgl schon BT-Drucks 75/51, S 25). Es ist folglich auch unproblematisch, ein Wohnungserbbaurecht entsprechend **§ 3 Abs 2 WEG** auf einen außerhalb des Gebäudes liegenden Teil des Grundstücks zu erstrecken, soweit diese Fläche nach § 1 Abs 2 ErbbauRG zum Erbbaurecht gehört (so wohl auch Winkler/Schlögel, Erbbaurecht [7. Aufl] Rn 100a). Der Wohnungserbbauberechtigte erwirbt an dieser Fläche freilich kein Sondereigentum, sondern eine ausschließliche Berechtigung an dem Erbbaurecht (**aA** Becker/Schneider ZfIR 2020, 282, 286, die lediglich die Einräumung eines Sondernutzungsrechts zulassen wollen). 9

IV. Begründung

1. Aufteilbares Erbbaurecht

Das WEG hat bei seiner Schaffung im Jahr 1951 drei verschiedene Typen von Erbbaurechten vorgefunden: **Erbbaurechte neueren Typus'**, die auf Grundlage der Erbbaurechtsverordnung (ErbbauVO) vom 15. 1. 1919 (umbenannt im Jahr 2007 in Erbbaurechtsgesetz) begründet wurden; **BGB-Erbbaurechte**, die vor Inkrafttreten der ErbbauVO am 22. 1. 1919 unter Geltung der §§ 1012 bis 1017 BGB aF begründet wurden und für die diese Vorschriften fortgelten (§ 38 ErbbauRG); und schließlich **altrechtliche Erbbaurechte**, die vor dem Inkrafttreten des BGB auf landesrechtlicher Grundlage entstanden sind und die nach Art 184 EGBGB weiterhin bestehen. Dem WEG-Gesetzgeber war diese Typenvielfalt bewusst (vgl BT-Drucks 75/51, S 25). Als deklaratorische Vorschrift (Rn 2) soll § 30 WEG den Kreis aufteilbarer Erbbaurechte nicht beschränken. Ob ein Erbbaurecht aufteilbar ist, hängt allein davon ab, ob es 10 den allgemeinen Grundstücksvorschriften unterliegt, zu denen eben auch das WEG gehört. Für Erbbaurechte neueren Typus' ergibt sich dies aus § 11 ErbbauRG, für BGB-Erbbaurechte aus § 1017 Abs 1 BGB aF und für altrechtliche Erbbaurechte aus Art 184 S 2 EGBGB, der § 1017 Abs 1 BGB aF für anwendbar erklärt. Die mögliche „Eigentumslosigkeit" des Erbbaurechts steht der Aufteilung nicht entgegen (Rn 9). Bei altrechtlichen Erbbaurechten muss es sich aber freilich aus Sicht des BGB überhaupt um ein Erbbaurecht handeln. Dafür müssen die Charakteristika des Rechts mit denen der §§ 1012 ff BGB übereinstimmen (Demharter DNotZ 1986, 457); hierfür gelten dieselben Auslegungsmaßstäbe wie bei Art 184 S 2 EGBGB.

11 Auch **Untererbbaurechte**, also Erbbaurechte an einem Erbbaurecht, können nach dem WEG aufgeteilt werden (statt aller Theus RNotZ 2019, 573, 578 mwN). Der Aufteilung von **Gesamterbbaurechten** steht § 1 Abs 4 WEG nicht entgegen, weil auch in diesem Fall nicht mehrere Grundstücke aufgeteilt werden, sondern das einheitliche (Gesamt-)Erbbaurecht selbst (BayObLG 30. 8. 1989 – 2 Z 95/89, MittBayNot 1989, 315, 316 unter 2.b.aa). Mehrere Erbbaurechte können dagegen wegen § 1 Abs 4 WEG nicht einheitlich aufgeteilt werden.

12 **Wohnungseigentum und Wohnungserbbaurecht** können am selben Grundstück **auch nebeneinander** bestehen (OLG Hamm, 27. 3. 1998 – 15 W 332/97, MittBayNot 1998, 347, 348). Das setzt voraus, dass sich auf einem Grundstück mehrere Gebäude befinden, die nicht alle vom Ausübungsbereich des Erbbaurechts erfasst sind. Weil der Belastungsgegenstand des Erbbaurechts stets das gesamte Grundstück ist, sind in diesem Fall jedoch im Grundbuch zwingend auch alle Wohnungseigentumseinheiten mit dem Erbbaurecht belastet, selbst wenn sie von dessen Ausübungsbereich ausgenommen sind (BeckOK-WEG/Munzig [1. 1. 2023] § 30 Rn 7).

13 Nur ein **existierendes Erbbaurecht** kann aufgeteilt werden. Das schließt es aber nicht aus, in derselben Urkunde ein Erbbaurecht zu bestellen und es sofort aufzuteilen. Allerdings muss beim Grundbuchvollzug zwingend zunächst das Erbbaurecht im Grundstücks-Grundbuch eingetragen werden, damit dieses entsteht (zur Bedeutung dieser Eintragung etwa Winkler/Schlögel, Erbbaurecht [7. Aufl] § 5 Rn 268), bevor die Wohnungserbbaugrundbücher angelegt werden; auf die Anlegung des ungeteilten Erbbaugrundbuchs (§ 14 Abs 1 S 1 ErbbauRG) kann dagegen verzichtet werden.

2. Aufteilbares Gebäude

14 Erbbaurechte können an **„Bauwerken"** bestellt werden (§ 1 Abs 1 ErbbauRG). Nach dem WEG aufgeteilt werden können indes nur **„Gebäude"** (vgl § 1 Abs 1, § 3 Abs 1 S 1 WEG). Die Begründung eines Teilerbbaurechts etwa an einer Brücke oder einem Tennisplatz, die zulässiger Gegenstand eines Erbbaurechts sein können (statt aller Grüneberg/Wicke [82. Aufl] § 1 ErbbauRG Rn 7), ist deshalb nicht möglich (BeckOK-WEG/Munzig [1. 1. 2023] § 30 Rn 8).

3. Form

15 Die Aufteilung eines Erbbaurechts durch einen **Allein-Erbbauberechtigten entsprechend § 8 WEG** bedarf – parallel zu Aufteilung durch einen Alleineigentümer – mate-

riell-rechtlich keiner Form. Lediglich § 29 Abs 1 S 1 GBO verlangt für den Grundbuchvollzug die öffentliche Beglaubigung.

Umstritten ist, welche Form für die Aufteilung durch **Mit-Erbbauberechtigte entsprechend § 3 WEG** eingehalten werden muss. § 4 Abs 2 S 1 WEG verlangt an sich die Form der Auflassung, also in der Regel die Erklärung vor einem Notar (vgl § 925 Abs 1 BGB). Jedoch verlangt das ErbbauRG für die Übertragung eines Erbbaurechts allgemein *keine* Auflassungsform (vgl § 11 Abs 1 S 1 ErbbauRG, der ausdrücklich nicht auf § 925 BGB verweist). Weil in der Aufteilung ein übertragungsähnlicher Vorgang liegt, sollten an sie keine höheren Formanforderungen gestellt werden als an die Übertragung. Zutreffend wird deshalb eine teleologische Reduktion des § 4 Abs 2 S 1 WEG befürwortet (Bärmann/Schneider [15. Aufl] § 30 Rn 10; MünchKomm/Krafka § 30 WEG Rn 7; Rethmeier MittRhNotK 1993, 145, 148 f; Theus RNotZ 2019, 573, 582 mwN; **aA** Hügel/Elzer § 30 Rn 2; BeckOGK-WEG/Schulz [1. 3. 2023] § 30 Rn 9; BeckOK-WEG/Munzig [1. 1. 2023] § 30 Rn 22). Praktisch ist die Streitfrage wenig bedeutsam: Die Verpflichtung zur Aufteilung ist unstreitig beurkundungspflichtig nach § 4 Abs 3 WEG, weil auch die Verpflichtung zur Übertragung eines Erbbaurechts beurkundungspflichtig ist (vgl § 11 Abs 2 ErbbauRG bzw § 1017 BGB aF für BGB-Erbbaurechte, der auch die schuldrechtliche Beurkundungspflicht nach § 313 BGB aF erfasste, OLG Frankfurt 6. 2. 1947, HEZ 1, 28). Für BGB- und altrechtliche Erbbaurechte ist der Streit ohnehin belanglos, weil der insoweit fortgeltende § 1015 BGB aF für deren Übertragung eine Auflassung verlangt. 16

4. Zustimmungsbedürftigkeit

Für die Aufteilung eines Erbbaurechts kann **analog §§ 877, 876 BGB die Zustimmung Drittberechtigter** erforderlich sein; es gelten dieselben Grundsätze wie für die Aufteilung eines Grundstücks. Demnach ist eine **Teilungserklärung entsprechend § 8 WEG** nicht zustimmungsbedürftig, weil sich die Belastungen an allen Einheiten fortsetzen. Bei einem **Teilungsvertrag entsprechend § 3 WEG** ist eine Zustimmung nur dann erforderlich, wenn die Belastung nicht an allen Bruchteilen lastet. Als Gläubiger der Erbbauzinsreallast muss der Grundstückseigentümer der Aufteilung deshalb in der Regel nicht zustimmen (BayObLG 22. 6. 1978 – 2 Z 31/77, BayObLGZ 1978, 157, 159 unter II.2.e). 17

Ob ein **Zustimmungserfordernis nach § 5 ErbbauRG** auch für die Aufteilung gilt, hängt von deren Art ab: Eine **Teilungserklärung entsprechend § 8 WEG** enthält keine Veräußerung und keine Belastung des Erbbaurechts und kann deshalb keinem Zustimmungserfordernis unterworfen werden (OLG Celle 22. 7. 1980 – 4 Wx 20/80, MittBayNot 1981, 131; BayObLG 22. 6. 1978 – 2 Z 31/77, BayObLGZ 1978, 157, 159 unter II.2.a.aa). Ein **Teilungsvertrag entsprechend § 3 WEG** ist dagegen als teilweise Veräußerung einzuordnen, so dass ein allgemein vereinbartes Zustimmungsbedürfnis greift (Staudinger/Rapp [2021] ErbbauRG § 7 Rn 2; **aA** LG Augsburg 6. 4. 1979 – 5 T 408/79, MittBayNot 1979, 68; BeckOK-WEG/Munzig [1. 1. 2023] § 30 Rn 27); dass die Erbbauberechtigten durch den Teilungsvertrag personell nicht wechseln, steht der Annahme einer Veräußerung nicht entgegen (**aA** MünchKomm/Krafka [9. Aufl] § 30 WEG Rn 8). In jedem Fall kommt ein Zustimmungserfordernis nach § 5 ErbbauRG jedoch bei der späteren Veräußerung der Wohnungserbbaurechte zum Tragen. Möglich ist es, einen Heimfallanspruch für den Fall der Aufteilung zu vereinbaren. Denn § 6 Abs 2 ErbbauRG verbietet es nicht, „Belastungen" außerhalb des Anwendungsbereichs des § 5 Erb- 18 bauRG mit einem Heimfallanspruch zu sanktionieren (hM, etwa OLG Hamm 9. 8. 1985 – 15 W 277/85, NJW-RR 1986, 693 [693 f]; BeckOK-BGB/Maass [1. 2. 2023] § 5 ErbbauRG Rn 5 mwN).

5. Behördliche Genehmigungen

19 Behördliche Genehmigungserfordernisse nach **§ 22 Abs 1 S 1 Nr 2 und § 250 Abs 6 S 1 Nr 1 BauGB** können ausdrücklich auch für die Begründung von Wohnungserbbaurechten bestehen. In **§ 172 BauGB** fehlt eine entsprechende Bestimmung. Umstritten ist, ob die Vorschrift entsprechend anzuwenden ist (Nachweise bei OLG München 17. 5. 2021 – 34 Wx 101/21, NZM 2021, 617 Rn 12); die Rechtsprechung wendet sie jedenfalls dann an, wenn sie ein Umgehungsgeschäft identifiziert (OLG München 17. 5. 2021 – 34 Wx 101/21, NZM 2021, 617 Rn 13; zurecht krit hierzu Häublein ErbbauZ 2021, 164).

6. Grundbuch

20 Für die grundbuchrechtliche Behandlung ordnet Abs 3 S 1 ausdrücklich die **parallele Behandlung zum Wohnungseigentum** an: Das (einheitliche) Erbbaugrundbuch ist zu schließen und durch (einzelne) Wohnungserbbaugrundbücher zu ersetzen.

V. Einzelfragen

1. Erbbauzins

21 In der Regel ist für das Erbbaurecht ein Erbbauzins, also ein Entgelt in wiederkehrenden Leistungen zu bezahlen. Der Erbbauzinsanspruch folgt den Regeln der Reallast (§ 9 Abs 1 S 1 ErbbauRG); insbesondere haftet der Erbbauberechtigte auch persönlich (§ 1108 Abs 1 BGB). Ungeklärt ist, ob auch nach Inkrafttreten des WEMoG jeder Wohnungserbbauberechtigte als **Gesamtschuldner** für den gesamten Betrag haftet (so die allg Meinung vor Inkrafttreten des WEMoG, etwa BeckOGK-WEG/Schulz [1. 3. 2023] § 30 Rn 17). Das ordnet § 1108 Abs 2 BGB an. Vieles spricht jedoch dafür, dass diese Vorschrift durch das spezielle Haftungsregime des WEG, konkret durch **§ 9a Abs 2 Alt 2 und Abs 4 WEG** überlagert wird (allg dazu Staudinger/Jacoby [2023] § 9a WEG Rn 156). Denn die Reallast ist eine Verpflichtung aus dem gemeinschaftlichen Eigentum, die allein von der rechtsfähigen Gemeinschaft der Wohnungserbbauberechtigten wahrgenommen wird. Die Wohnungserbbauberechtigten haften folglich lediglich als Teilschuldner entsprechend ihren Anteilen (§ 9a Abs 4 WEG).

22 Geht man mit der hM zum alten Recht von einer Gesamtschuld der Wohnungserbbauberechtigten aus, kann die daraus resultierende hohe Belastung jeder Einheit deren Beleihungsfähigkeit empfindlich einschränken. Eine **„Aufteilung" des Erbbauzinses** in der Gemeinschaftsordnung kann naturgemäß das Verhältnis zum Grundstückseigentümer nicht verändern, legt aber das Maß für etwaige Regressansprüche im Innenverhältnis fest (§ 426 Abs 1 S 1 BGB). Abhilfe im Außenverhältnis kann nur eine vertragliche Vereinbarung mit dem Grundstückseigentümer schaffen, wonach jeder Wohnungserbbauberechtigte nur als Teilschuldner entsprechend seinem Anteil haftet; erzwungen werden kann eine solche Vereinbarung aber nicht. Einzelne Wohnungserbbauberechtigte können eine Reduzierung ihres Anteils auch bilateral mit dem Grundstückseigentümer vereinbaren (Rn 25), denn insoweit verfügen sie nur

über ihr Wohnungserbbaurecht (§ 10 Abs 1 S 1 WEG, § 747 S 1 BGB), nicht aber über das Erbbaurecht als Ganzes, was nur gemeinschaftlich ginge (§ 10 Abs 1 S 1 WEG, § 747 S 2 BGB). Wird eine solche Vereinbarung eingetragen, wirkt sie als Inhalt des Wohnungserbbaurechts auch gegenüber Rechtsnachfolgern. Zulässig sind freilich auch rein schuldrechtliche Vereinbarungen im Sinne eines *pactum de non petendo*.

Weil allgemein umstritten ist, ob § 1132 Abs 2 BGB analog auch für Reallasten gilt (gegen die hM bejahend Staudinger/Reymann [2017] § 1107 BGB Rn 9), ist die praktisch wenig bedeutsame Frage ungeklärt, ob der **Grundstückseigentümer auch einseitig** den Erbbauzins auf die Einheiten verteilen kann. 23

Unabhängig davon, ob der Erbbauzins „aufgeteilt" wurde oder nicht, können die Wohnungseigentümer vereinbaren, dass die Raten **zunächst an die Gemeinschaft der Wohnungseigentümer zu bezahlen** sind und von dieser an die Grundstückseigentümer weitergeleitet werden. Denn so werden Zahlungsversäumnisse frühzeitig erkannt und im Interesse aller Wohnungserbbauberechtigten ein möglicher Heimfall vermieden (OLG München 23. 7. 2015 – 34 Wx 139/15, ZWE 2016, 18 Rn 16). 24

2. Verfügungen

Die Voraussetzungen einer Verfügung hängen vom Verfügungsgegenstand ab: 25

a) Einzelnes Wohnungserbbaurecht

Jeder Wohnungserbbauberechtigte kann über sein Wohnungserbbaurecht individuell verfügen (§ 10 Abs 1 S 1 WEG, § 747 S 1 BGB). Er kann es insbesondere **übertragen** und **belasten**. Eine Inhaltsänderung ist nur zulässig, soweit sie sich auf das konkrete Wohnungserbbaurecht beschränkt. Das ist etwa bei einer **Veränderung des Erbbauzinses** (Rn 22) und der **Aufhebung von Zustimmungserfordernissen** (Rn 33) **und Heimfallansprüchen** (Rn 31) – jeweils bezogen auf die konkrete Einheit – der Fall. Eine individuelle Aufhebung oder Verlängerung eines Wohnungserbbaurechts ist dagegen wegen § 1 Abs 3 ErbbauRG unzulässig.

b) Erbbaurecht als Ganzes

Verfügungen, die das Erbbaurecht als Ganzes betreffen, können nur alle Wohnungserbbauberechtigten gemeinschaftlich treffen (§ 10 Abs 1 S 1 WEG, § 747 S 2 BGB). Das betrifft insbesondere solche Verfügungen, die den Bestand des Erbbaurechts zum Gegenstand haben, wie die **Aufhebung** (Rn 27) oder **Verlängerung** (Rn 30). Mehrheitsentscheidungen können insoweit nicht getroffen werden (Rn 8, 30). Das mag im Einzelfall unbillig sein, ist aber hinzunehmen: Da der Grundstückseigentümer die Aufteilung nicht verhindern kann, darf seine Rechtsstellung nicht über das unvermeidliche Maß hinaus verschlechtert werden, wenn aus einem Erbbaurecht viele Wohnungserbbaurechte werden. Eine etwaige Schutzbedürftig- und -würdigkeit einzelner Wohnungserbbauberechtigter gegenüber anderen ist aus seiner Sicht ein unbeachtliches Internum. 26

3. Erlöschen

a) Aufhebung

27 Ein Erbbaurecht kann durch **Erklärung des Erbbauberechtigten** gegenüber dem Grundbuchamt oder dem Grundstückseigentümer aufgehoben werden (§ 11 Abs 1 S 1 ErbbauRG, § 875 Abs 1 BGB). Nach allgemeinen Vorschriften ist dafür die **Zustimmung von Drittberechtigten** am Wohnungserbbaurecht erforderlich (§ 876 BGB), bei Erbbaurechten nach dem ErbbauRG zusätzlich auch die **Zustimmung des Grundstückseigentümers** (§ 26 S 1 ErbbauRG). Steht das Erbbaurecht mehreren zu, muss die Aufhebung von allen erklärt werden; das gilt auch für Wohnungserbbauberechtigte. Eine Mehrheitsentscheidung ist ausgeschlossen (Rn 8). Ein einzelner Wohnungserbbauberechtigter kann sein Wohnungserbbaurecht auch mit Zustimmung des Grundstückseigentümers nicht aufgeben, denn dadurch entstünde ein unzulässiges (Staudinger/Rapp [2021] § 1 ErbbauRG Rn 15a) Quoten-Erbbaurecht; auch eine „Anwachsung" bei den übrigen Wohnungserbbauberechtigten kann auf diese Weise nicht gegen deren Willen konstruiert werden (zur Unzulässigkeit der Dereliktion von Wohnungseigentum BGH 10. 5. 2007 – V ZB 6/07, NJW 2007, 2254 Rn 10). Das wirtschaftliche Ergebnis lässt sich nur durch eine rechtsgeschäftliche Übertragung auf den Grundstückseigentümer, die rechtsfähige Gemeinschaft der Wohnungserbbauberechtigten oder anteilig auf die übrigen Wohnungserbbauberechtigten erreichen, die freilich die Zustimmung des Erwerbers voraussetzt.

28 Wird das Erbbaurecht aufgehoben, gehen die **Wohnungserbbaurechte ersatzlos unter** und es entsteht nicht etwa Wohnungseigentum (BayObLG 4. 3. 1999 – 2Z BR 24/99, NJW-RR 1999, 1104, 1105 unter II.2.b).

b) Zeitlauf

29 Erlischt das Erbbaurecht durch Zeitablauf, gehen alle Wohnungserbbaurechte unter. Die Wohnungserbbauberechtigten sind dann **Mitberechtigte der Entschädigungsforderung** (vgl § 27 ErbauRG).

4. Verlängerung

30 Die Verlängerung des Erbbaurechts ist eine Inhaltsänderung des Erbbaurechts, die durch **Vertrag zwischen Grundstückseigentümer und Erbbauberechtigtem** erfolgt. Sind an dem Erbbaurecht mehrere Personen beteiligt, müssen alle an dem Vertrag mitwirken; das gilt auch für Wohnungserbbauberechtigte. Ob ein Wohnungserbbauberechtigter der Verlängerung zustimmt, kann er grundsätzlich frei entscheiden; **Mehrheitsbeschlüsse können insoweit nicht gefasst werden** (Rn 8). Ein einziger Wohnungseigentümer kann deshalb die Verlängerung des Erbbaurechtsvertrags verhindern. Das mag man rechtspolitisch kritisieren (Vorschläge *de lege ferenda* macht Weber ZWE 2019, 251), lässt sich *de lege lata* aber nicht ändern. Deshalb ist auch Zurückhaltung geboten, dem Treueverhältnis der Wohnungseigentümer untereinander eine Zustimmungs- oder Veräußerungspflicht zu entnehmen (so auch Weber ZWE 2019, 251, 254). Eine Zustimmungspflicht kann freilich privatautonom begründet werden. Denkbar ist es etwa, eine mit der Gemeinschaft der Wohnungserbbauberechtigten personenidentische GbR zu gründen, deren Zweck die Verwaltung des Erbbaurechts (nicht: des gemeinschaftlichen Eigentums) ist, und die mehrheitlich über die Verlängerung entscheidet. Zu bedenken ist freilich, dass Wohnungserwerber nicht automa-

tisch in diese GbR einrücken. Das veräußernde Mitglied kann zwar verpflichtet werden, nur an solche Erwerber zu veräußern, die auch in die GbR eintreten; gegenüber dem Erwerber durchsetzbar ist diese Pflicht aber nicht. Zudem bedarf der Gesellschaftsvertrag der notariellen Beurkundung.

5. Heimfall

Im Erbbaurechtsvertrag kann ein sog Heimfall vereinbart werden, also die **Verpflichtung des Erbbauberechtigten, das Erbbaurecht beim Eintreten bestimmter Voraussetzungen auf den Grundstückseigentümer zu übertragen** (§ 2 Nr 4 ErbbauRG). Soll der Heimfall ein bestimmtes Verhalten des Erbbauberechtigten sanktionieren, löst bereits das entsprechende Verhalten *eines* Wohnungserbbauberechtigten den Heimfall aus. Das gilt auch dann, wenn das Verhalten nach der Gemeinschaftsordnung zulässig ist, denn die Gemeinschaftsordnung kann nur zulassen, was das aufgeteilte Erbbaurecht gewährt. Der Heimfall erstreckt sich dabei auf **alle Wohnungserbbaurechte** und nicht nur auf die Wohnung des Delinquenten (BeckOGK-WEG/Schulz [1. 3. 2023] § 30 Rn 26; BeckOK-WEG/Munzig [1. 1. 2023] § 30 Rn 38; **aA** *obiter* OLG München 23. 7. 2015 – 34 Wx 139/15, ZWE 2016, 18 Rn 16). Das mag zwar aus Sicht der redlichen Wohnungserbbauberechtigten unbillig erscheinen. Jede andere Sichtweise würde indes den Heimfall zulasten des Grundstückseigentümers entwerten, obwohl er an der Aufteilung des Erbbaurechts gar nicht mitgewirkt hat. Der Grundstückseigentümer ist freilich nicht gezwungen, jeden Heimfallanspruch vollumfänglich geltend zu machen; so kann er sich etwa auf das Wohnungserbbaurecht des Veranlassers beschränken. Dazu kann er sich auch schon im Vorfeld einzelnen oder allen Wohnungserbbauberechtigten gegenüber vertraglich verpflichten; erzwungen werden kann eine solche Vereinbarung von den Wohnungserbbauberechtigten aber nicht. Wird eine solche Vereinbarung als Inhaltsänderung des Erbbaurechts ins Grundbuch eingetragen, wirkt sie auch gegenüber Rechtsnachfolgern. 31

6. Zustimmungserfordernisse bei Veräußerung und Belastung

Sowohl das **WEG** als auch das **ErbbauRG** erlauben es, die Veräußerung einem Zustimmungsbedürfnis zu unterwerfen; das ErbbauRG erlaubt dies zudem für die Belastung (vgl § 12 WEG und § 5 ErbbauRG). Beim Wohnungserbbaurecht können sich beide Zustimmungserfordernisse überlagern. Sie gelten dann aber **unabhängig voneinander**. Die jeweiligen Zustimmungsansprüche bemessen sich ausschließlich nach den für sie geltenden Vorschriften. 32

Das **wohnungseigentumsrechtliche Zustimmungserfordernis** kann durch Beschluss aufgehoben werden (§ 12 Abs 4 WEG). Das **erbbaurechtliche Zustimmungserfordernis** kann dagegen nur durch Vertrag mit dem Grundstückeigentümer aufgehoben werden. Dies ist auch bilateral für einzelne Einheiten möglich; die übrigen Wohnungserbbauberechtigten müssen nicht zustimmen (BayObLG 30. 8. 1989 – 2 Z 95/89, MittBayNot 1989, 315, 316 unter 2.b.bb.(1); **aA** BeckOK-WEG/Munzig [1. 1. 2023] § 30 Rn 44). 33

Teil 2
Dauerwohnrecht

Vorbem zu §§ 31–42 WEG

GRALKA, Time-Sharing und Dauernutzungsrecht, NJW 1987, 1997
HILMES/KRÜGER, Das Schattendasein des Dauernutzungsrechts, ZfIR 2009, 184
LEHMANN, Dauerwohn- und Dauernutzungsrechte nach dem WEG, RNotZ 2011, 1
MAYER, Dauerwohnrecht statt Wohnungsrecht – unentdeckte Gestaltungsmöglichkeiten beim Übergabevertrag, ZNotP 2000, 354
WEITNAUER, Können Erbbaurecht und Dauerwohnrecht zugunsten des Eigentümers bestellt werden?, DNotZ 1958, 352.

Systematische Übersicht

Alphabetische Übersicht

I. Grundlagen

Beim Dauerwohnrecht handelt es sich um das **veräußerliche und vererbliche Nutzungsrecht** an Wohnräumen (§ 31 Abs 1 S 1, § 33 Abs 1 S 1 WEG). Das Pendant an Nicht-Wohnräumen ist das Dauernutzungsrecht (§ 31 Abs 2 WEG), für das dieselben Vorschriften gelten (§ 31 Abs 3 WEG). 1

Die Vorschriften zum Dauerwohnrecht wurden seit Schaffung des WEG im Jahr 1951 **kaum verändert**. Lediglich § 52 WEG aF, der die sachliche Zuständigkeit für Streitigkeiten über die in § 33 Abs 4 WEG genannten Inhalte sowie über den Heimfall wertunabhängig den Amtsgerichten zuwies, wurde durch die WEG-Novelle 2007 ersatzlos aufgehoben.

1. Eigenständigkeit gegenüber Wohnungseigentum

Schon im Langnamen des WEG, dem „Gesetz über das Wohnungseigentum und das Dauerwohnrecht", kommt zum Ausdruck, dass mit dem Dauerwohnrecht ein **eigenständiges Institut** neben dem Wohnungsrecht geschaffen wurde. Das Dauerwohnrecht hat **mit dem Wohnungseigentum materiell-rechtlich nichts gemein**; lediglich die formalen Erfordernisse der Abgeschlossenheit und ihrer Bescheinigung teilen sich beide Institute (vgl § 3 Abs 3, § 7 Abs 4 S 1 Nr 2 WEG einerseits und § 32 Abs 1, Abs 2 S 1 Nr 2 WEG andererseits). Anders als das Wohnungseigentum ist das Dauerwohnrecht keine Spielart des Eigentums, sondern ein zusätzliches, dem BGB unbekanntes dingliches Recht. 2

2. Rechtsnatur und Konzeption

Das Dauerwohnrecht ist kein grundstücksgleiches Recht; der Dauerwohnberechtigte erwirbt **kein Eigentum** an dem Gebäude oder gar dem Grundstück. Selbst wenn der 3

Dauerwohnberechtigte das Gebäude selbst errichtet, wird es nicht zum Scheinbestandteil nach § 95 Abs 1 S 2 BGB, weil dafür das Dauerwohnrecht als bloßes Nutzungsrecht nicht ausreicht (BeckOK-WEG/Munzig [1. 3. 2022] § 31 Rn 4).

4 Strukturell handelt es sich vielmehr um eine **Dienstbarkeit** (vgl BayObLG 14. 6. 1995 – 2Z BR 29/95, NJW-RR 1996, 397, 398: „dienstbarkeitsähnliches Recht"; BayObLG 15. 3. 1957 – 2 Z 226-231/56, NJW 1957, 1840, 1841: „besonders geartete Dienstbarkeit"; Hoche DNotZ 1953, 148, 152: „unbeschränkte persönliche Dienstbarkeit"). Es gelten die allgemeinen Vorschriften für Rechte an Grundstücken, insbesondere die §§ 873 ff BGB. Der BGH spricht von einem „einfache[n] dingliche[n] Recht an einem Grundstück" (BGH 6. 12. 2018 – V ZB 94/16, ZWE 2019, 360 Rn 8).

5 Anders als die Dienstbarkeiten des BGB erlauben die §§ 31 ff WEG jedoch eine **weitgehend freie Ausgestaltung der Rechtsbeziehung** zwischen Eigentümer und Dauerwohnberechtigtem. Insoweit ähnelt es dem Erbbaurecht (Weitnauer/Wirths [1. Aufl] Vor § 31 Rn 7).

6 Mit dem Dauerwohnrecht sollten aus Sicht des historischen Gesetzgebers insbesondere Baukostenzuschüsse des Mieters abgesichert werden (BT-Drucks 75/51, S 26; näher Rn 11). Nur so lassen sich einige der zuweilen sehr spezifischen Vorschriften der §§ 31 ff WEG erklären, die darauf abzielen, dass der Dauerwohnberechtigte **nicht schlechter steht als ein Mieter**. Das Dauerwohnrecht ist etwa in der Zwangsversteigerung des Grundstücks besonders beständig, weil sein Fortbestand auch für den Fall vereinbart werden kann, dass aus vorrangigen Rechten vollstreckt wird (§ 39 WEG). Indem § 38 WEG den Übergang schuldrechtlicher Vereinbarungen anordnet, wird der Entgeltanspruch sogar besser geschützt als ein Erbbauzinsanspruch. Ein Dauerwohnrecht bleibt nach § 42 Abs 2 WEG auch dann bestehen, wenn es zum Heimfall des belasteten Erbbaurechts kommt. Gleichwohl sind die Vorschriften des Mietrechts weder direkt noch entsprechend heranzuziehen, selbst wenn das Dauerwohnrecht im konkreten Fall funktional an die Stelle eines Mietvertrags tritt (BGH 9. 7. 1969 – V ZR 190/67, NJW 1969, 1850). Insbesondere kann ein etwaiges Entgelt für das Dauerwohnrecht nicht nach den Vorschriften über die Miete erhöht werden.

7 Genauso wie beim Wohnungs- und Teileigentum verwendet das Gesetz auch beim **Dauerwohn- und -nutzungsrecht** zwei verschiedene Begriffe für das strukturell identische Recht, je nachdem ob es sich auf Wohnungen oder andere Räume bezieht. Die Umwandlung eines Dauerwohn- in ein Dauernutzungsrecht und andersherum ist eine Inhaltsänderung des Rechts (Rn 37).

3. Abgrenzung zu anderen dinglichen Rechten

8 Von den dinglichen Rechten des BGB unterscheidet sich das Dauerwohnrecht wie folgt:

- Das **Wohnungsrecht und andere Dienstbarkeiten des BGB** sind höchstpersönliche Rechte, die nicht übertragbar sind (§ 1092 Abs 1 S 1 BGB) und mit dem Tod des Berechtigten erlöschen (§ 1090 Abs 2, § 1061 BGB). Das Dauerwohnrecht ist dagegen veräußerlich und vererblich (§ 33 Abs 1 S 1 WEG). Außerdem berechtigt das Dauerwohnrecht nicht nur zur Selbstbenutzung als Wohnung (vgl § 1092

Abs 1 S 2 BGB), sondern ermöglicht die umfassende Nutzung (vgl § 31 Abs 1 S 1 WEG), also etwa auch die Vermietung; es kann zudem als Dauernutzungsrecht auch an Nicht-Wohnräumen bestellt werden (§ 31 Abs 2 WEG). Die erhöhte Verkehrsfähigkeit des Dauerwohnrechts geht jedoch auch mit Einschränkungen einher: Es kann nur an einer in sich abgeschlossenen Wohnung begründet werden (vgl § 32 Abs 1 WEG); für das Wohnungsrecht spielt die Abgeschlossenheit dagegen keine Rolle (allgM, etwa BeckOK-BGB/Reischl [1. 5. 2022] § 1093 Rn 10; vgl auch Art 13 AGBGB, der zwischen „abgesonderte[n]" und anderen Wohnung unterscheidet). Zudem sind (auflösende) Bedingungen, wie sie für Wohnungsrechte typisch sind (zB für den Fall des dauerhaften Wegzugs), ausgeschlossen (§ 33 Abs 1 S 2 WEG).

- Vom **Nießbrauch** unterscheidet sich das Dauerwohnrecht durch seine Veräußer- 9
lich- und Vererbbarkeit (vgl § 1059 S 1, § 1061 S 1 BGB). Außerdem kann ein Nießbrauch nur am gesamten Grundstück begründet werden (hM seit RGZ 164, 196, 199). Das Dauerwohnrecht kann dagegen auf einzelne Räume beschränkt werden – das ist auch der Regelfall.

- Am ehesten ist das Dauerwohnrecht mit dem **Erbbaurecht** vergleichbar. Der 10
Dauerwohnberechtigte ist zwar – anders als der Erbbauberechtigte (vgl Staudinger/Rapp [2021] § 12 ErbbauRG Rn 1 ff) – nicht Eigentümer des Bauwerks, sondern nur Inhaber eines dinglichen Nutzungsrechts. Er kann diese Rechtsstellung aber – genauso wie der Erbbauberechtigte (vgl § 1 Abs 1 ErbbauRG) – veräußern und vererben. Beide Institute können nicht auflösend bedingt (vgl § 1 Abs 4 S 1 ErbbauRG einerseits und § 33 Abs 1 S 2 WEG andererseits), aber befristet werden. Als Ersatz dafür erlauben beide Institute Regelungen zum Heimfall (vgl § 2 Nr 4 ErbbauRG und § 36 WEG). Jedoch kann das Erbbaurecht nicht auf Teile des Gebäudes beschränkt werden (§ 1 Abs 4 ErbbauRG). Zudem bedarf das Erbbaurecht zwingend der ersten Rangstelle im Grundbuch (§ 10 Abs 1 S 1 ErbbauRG).

4. Historische Zwecksetzung

Bei seiner Schaffung sollten dem Dauerwohnrecht **zwei Aufgaben** zukommen (BT- 11
Drucks 75/51, S 26; Weitnauer/Wirths [1. Aufl] Vor § 31 Rn 5 f): Zum einen war es als eine Art **dingliches Mietrecht** gedacht, das zeitlich befristet Baukostenzuschüsse des Mieters an den Eigentümer absichern sollte. Diese waren zur Zeit der Schaffung des WEG weit verbreitet und konnten zuvor nicht adäquat abgesichert werden (Weitnauer/Wirths [1. Aufl] Vor § 31 Rn 7). Zum anderen sollte das Dauerwohnrecht in „genossenschaftlichen Rechtsgestaltungen" dazu dienen, als **Eigentumssurrogat** ein Nutzungsrecht an einer bestimmten Wohnung zu sichern. Die Genossenschaft oder ein gemeinnütziger Eigentümer konnte so den Bau und dessen Finanzierung organisieren und als Gegenleistung für die Beteiligung an der Tilgung unbefristete Dauerwohnrechte ausgegeben. Diesen unterschiedlichen Zwecken folgend wird häufig zwischen „eigentumsähnlichen" und „mietähnlichen" Dauerwohnrechten unterschieden (zur Abgrenzung näher Lehmann RNotZ 2011, 1, 4). Dem Gesetz ist diese Unterscheidung jedoch fremd; mit ihr geht deshalb im Zivilrecht auch keine unterschiedliche Behandlung einher (BGH 9. 7. 1969 – V ZR 190/67, NJW 1969, 1850), jedoch im Steuerrecht (vgl § 92a Abs 1 S 6 EStG). Signifikante Bedeutung hat das Dauerwohnrecht jedoch in keinem der beiden Kontexte erlangt. Das dürfte am durchschlagenden Erfolg des Wohnungsrechts und der Expansion des Kreditwesens ge-

legen haben. Insbesondere für Mieter ist es attraktiver, eigenes oder geliehenes Geld auf den Erwerb von Wohnungseigentum zu verwenden, als dem Vermieter einen Baukostenzuschuss zu geben. Zudem hat der 1953 eingefügte (und inzwischen wieder aufgehobene) § 57c ZVG Baukostenzuschüsse in der Zwangsversteigerung privilegiert, ohne dass dafür die Bestellung eines Dauerwohnrechts nötig war.

5. Praktische Bedeutung

12 Die praktische Bedeutung des Dauerwohnrechts ist heutzutage **gering**. Auch wenn Statistiken zu seiner Verbreitung fehlen, lässt sich dies aus der überschaubaren Zahl veröffentlichter Entscheidungen schließen. Die relative Unbekanntheit des Dauerwohnrechts im Rechtsverkehr erschwert seine Vermarktung. Nur vorübergehende Aufmerksamkeit hat es erhalten als kostengünstiges Instrument, um in den Genuss der **Eigenheimzulage** zu kommen (dazu Lotter MittBayNot 1999, 354; Mayer DNotZ 2003, 908, 908) oder um Time-Sharing-Modelle dinglich abzusichern (dazu Gralka NJW 1987, 1997).

13 Ansonsten wird es in der Regel nur dort eingesetzt, wo andere Rechtsformen versagen. Gerade in diesen Fällen ist es dann aber häufig der einzige **„Joker"** (Staudinger/Spiegelberger [2017] Vorbem 38 zu § 31 WEG). Das gilt insbesondere dann, wenn das Bedürfnis besteht, eine veräußerliche Nutzungsbefugnis an einem Gebäude zu schaffen, und die **Begründung eines Erbbaurechts scheitert**, etwa weil die dafür zwingende erste Rangstelle (§ 10 Abs 1 S 1 ErbbauRG) nicht erreichbar ist oder sich die Nutzungsbefugnis nur auf einen Teil des Gebäudes beschränken soll (vgl § 1 Abs 3 ErbbauRG). Bisweilen wird auch der Aufwand für eine Gesamtaufteilung eines größeren Gebäudes in **Wohnungseigentum** gescheut, insbesondere wenn keine tauglichen Aufteilungspläne vorliegen oder nicht alle Einheiten abgeschlossen sind. In der **Gewerbemiete** kann das Dauernutzungsrecht zudem dazu genutzt werden, ein mietvertragsähnliches Verhältnis über die 30-Jahres-Frist des § 544 BGB hinaus zu konstruieren (näher Hilmes/Krüger ZfIR 2009, 184, 184 ff; Maaß/Oprée, ZNotP 1997, 8, 11 ff). Sollen **nur einzelne Einheiten veräußert** werden, bietet sich das Dauerwohnrecht als Alternative zum Wohnungseigentum an. Dauerwohnrechte vermitteln einen **Steuervorteil**: Anders als Wohnungseigentum, Erbbaurechte (§ 2 Abs 2 Nr 1 GrEStG) und Sondernutzungsrechte (§ 2 Abs 2 Nr 3 GrStG) fällt bei ihrer Übertragung keine Grunderwerbsteuer an (BFH 13. 6. 1957 – V 259/56 U, BStBl III 1957, 269; FG München 21. 4. 2020 – 4 K 3105/18, MittBayNot 2020, 523).

II. Bestellung

14 Für die Bestellung eines Dauerwohnrechts gelten die allgemeinen Vorschriften für dingliche Rechte an Grundstücken. Es bedarf deshalb einer **dinglichen Einigung** zwischen Eigentümer und Berechtigtem und der **Eintragung in das Grundbuch** (§ 873 Abs 1 BGB) und zwar in Abteilung II (vgl § 10 Abs 1 lit a GBV). Der Anspruch auf Bestellung eines Dauerwohnrechts kann durch Vormerkung (§ 883 Abs 1 BGB) gesichert werden.

1. Belastungsgegenstand – Ausübungsbereich

Wie allgemein bei dinglichen Rechten ist zwischen dem Belastungsgegenstand und dem Ausübungsbereich zu unterscheiden: **Belastungsgegenstand** ist der Gegenstand, an dem das Dauerwohnrecht begründet wird. Dabei gilt § 93 BGB: Wesentliche Bestandteile einer Sache können nicht isoliert belastet werden. Belastungsgegenstand ist deshalb stets das Grundstück und nicht das Gebäude (vgl § 94 Abs 1 S 1 BGB), auch wenn sich das Dauerwohnungsrecht auf die Nutzung einzelner Räume in dem Gebäude beschränkt. Als **Ausübungsbereich** wird demgegenüber der Teil des Belastungsgegenstands bezeichnet, dessen Nutzung aufgrund des Dauerwohnrechts gestattet ist, also die zu benutzenden Räume und etwaige Freiflächen, auf die sich das Dauerwohnrecht erstreckt (§ 31 Abs 1 S 2 WEG). 15

a) Belastungsgegenstand

Mit einem Dauerwohnrecht belastet werden kann nur ein „Grundstück". Damit ist zunächst ein **Grundstück im Rechtssinn** gemeint, also ein katastermäßig erfasster Teil der Erdoberfläche, für den ein Grundbuchblatt angelegt ist oder der unter einer eigenständigen laufenden Nummer im Bestandsverzeichnis eines gemeinsamen Grundbuchblattes gebucht ist (RG 12. 3. 1914 – V 368/13, RGZ 84, 265, 270). Ob das so definierte Grundstück katastermäßig aus einem oder mehreren Flurstücken besteht, spielt keine Rolle. **Mehrere Grundstücke** können mit einem einheitlichen (Gesamt-) Dauerwohnrecht belastet werden (LG Hildesheim 31. 7. 1959 – 5 T 370/59, NJW 1960, 49, 50); § 1 Abs 4 WEG gilt nur für das Wohnungseigentum. Eine **reale Teilfläche** eines Grundstücks kann nur unter den Voraussetzungen des § 7 Abs 2 GBO isoliert belastet werden (vgl OLG München 30. 7. 2020 – 34 Wx 93/20 zum Nießbrauch). Wird nachträglich ein Grundstücksteil veräußert, gilt § 1026 BGB analog (BayObLG 14. 6. 1995 – 2Z BR 29/95, NJW-RR 1996, 397, 398). 16

Tauglicher Belastungsgegenstand ist auch ein **Wohnungs- oder Teileigentum**, nicht aber ein bloßes Sondernutzungsrecht (BayObLG 15. 3. 1957 – BReg 2 Z 226-231/1956, BayObLGZ 1957, 102, 110; OLG Hamburg 22. 3. 2004 – 2 Wx 153/01, BeckRS 2004, 4307). Der Ausübungsbereich (Rn 20 f) des Dauerwohnrechts kann sich in diesem Fall auf das gesamte Sondereigentum (einschließlich dazugehöriger Sondernutzungsrechte, vgl allgemein für Dienstbarkeiten BGH 20. 3. 2020 – V ZR 317/18, ZWE 2020, 328) erstrecken oder auf einen abgeschlossenen Teil davon beschränken. Wird ein mit einem Dauerwohnrecht belastetes Grundstück nachträglich in Wohnungs- oder Teileigentum aufgeteilt, lastet das Dauerwohnrecht nach dem Rechtsgedanken des § 1026 BGB nur noch an der Einheit, der der Ausübungsbereich des Dauerwohnrechts als Sondereigentum zugewiesen ist (BayObLG 15. 3. 1957 – 2 Z 226-231/56, NJW 1957, 1840). Im Übrigen können **Miteigentumsanteile nicht** mit einem Dauerwohnrecht belastet werden (BayObLG 15. 3. 1957 – BReg 2 Z 226-231/1956, BayObLGZ 1957, 102, 110). 17

§ 42 Abs 1 WEG ordnet ausdrücklich an, dass auch an einem **Erbbaurecht** Dauerwohnrechte bestellt werden können. Dasselbe gilt für **Wohnungs- oder Teilerbbaurechte**. 18

An **Gebäudeeigentum in den neuen Bundesländern** kann ein Dauerwohnrecht bestellt werden, da dafür nach Art 233 § 4 EGBGB die Vorschriften für Grundstücke gelten (Flik BWNotZ 1996, 97, 98). Ist das Gebäude dagegen ein **Scheinbestandteil** (vgl § 95 19

Abs 1 S 2 BGB), für den die Vorschriften für bewegliche Sachen gelten (BGH 31. 10. 1986 – V ZR 168/85, NJW 1987, 774, 774 f; BGH 21. 12. 1956 – V ZR 245/55, NJW 1957, 457), scheidet die Bestellung eines Dauerwohnrechts aus ebendiesem Grund aus (LG Münster 18. 11. 1952 – 5 T 872/52 und 877/52, DNotZ 1953, 148, 150). Auch die Bestellung eines **Unter-Dauerwohnrechts** an einem Dauerwohnrecht ist nicht möglich (Lehmann RNotZ 2011, 1, 15).

b) Ausübungsbereich

20 Der Ausübungsbereich des Dauerwohnrechts ist zunächst ein **„bestimmte Wohnung"** (Abs 1 S 1). Das schließt es freilich nicht aus, das gesamte Gebäude als eine Wohnung anzusehen (Hügel/Elzer [3. Aufl] § 31 Rn 3). Andererseits kann sich das Dauerwohnrechts auch auf einen einzelnen **Raum** beschränken. Ob dieser Raum über oder unter der Erdoberfläche liegt, spielt keine Rolle. Der Begriff des Gebäudes hat insoweit keine eigenständige Bedeutung; Gebäude ist schlicht, was Räume beinhaltet (vgl LG Frankfurt/M 14. 12. 1970 – 2/9 T 835/70, NJW 1971, 759, 759 f). Irrelevant ist auch, ob der Ausübungsbereich zum Zeitpunkt der Bestellung des Rechts physisch schon existiert oder nicht (vgl Abs 1 S 1: „auf dem Grundstück errichteten oder zu errichtenden Gebäude"). Der Eigentümer ist aufgrund des Dauerwohnrechts nicht zur Errichtung verpflichtet; eine solche Pflicht kann sich aber, auch erst im Wege der Auslegung, aus dem schuldrechtlichen Kausalgeschäft ergeben (dazu Rn 28).

21 Daneben kann das Dauerwohnrecht auf einen außerhalb des Gebäudes liegenden Teil des Grundstücks erstreckt werden (§ 31 Abs 1 S 2 WEG). Das Nutzungsrecht kann folglich auch **Freiflächen** einschließen. Voraussetzung ist jedoch, dass die Wohnung wirtschaftlich die Hauptsache bleibt. Insoweit gilt derselbe Maßstab wie bei § 3 Abs 2 WEG; beide Vorschriften sind wiederum an § 1 Abs 2 ErbbauRG angelehnt.

2. Berechtigter

22 Berechtigter eines Dauerwohnrechts – oder wie das Gesetz formuliert: „derjenige, zu dessen Gunsten die Belastung erfolgt" (§ 31 Abs 1 und 2 WEG) – kann nur ein **bestimmter Rechtsträger** sein, egal ob es sich dabei um eine natürliche oder juristische Person, eine Personengesellschaft oder einen anderen Rechtsträger des privaten oder öffentlichen Rechts handelt. Ein subjektiv-dingliches Dauerwohnrecht, das dem jeweiligen Eigentümer eines bestimmten Grundstücks zusteht, kennt das deutsche Recht nicht; aufgrund des *numerus clausus* der Sachenrechte kann es auch nicht durch Parteivereinbarung geschaffen werden.

23 Die Begründung eines **Eigentümer-Dauerwohnrechts** ist – genauso wie beim Wohnungsrecht des BGB – ohne weiteres zulässig (BayObLG 28. 5. 1997 – 2Z BR 60/97, DNotZ 1998, 374, 374 f; vgl auch schon Weitnauer DNotZ 1958, 352, 352 ff).

24 **Mehrere Personen** können Berechtigte desselben Dauerwohnrechts sein. Für das Verhältnis der Berechtigten untereinander gelten die allgemeinen Vorschriften; es ist schlagwortartig im Grundbuch zu verlautbaren (vgl § 47 GBO). In Betracht kommen etwa Gütergemeinschaft, Gesamtgläubigerschaft nach § 428 BGB (OLG Celle 31. 5. 1996 – 4 U 162/95, BeckRS 1996, 13042), Mitgläubigerschaft nach § 432 BGB oder Bruchteilsgemeinschaft (BGH 30. 6. 1995 – V ZR 184/94, NJW 1995, 2637, 2639). Werden verschiedenen Personen mehrere Dauerwohnrechte an den gleichen Räumen bestellt, kön-

nen diese in einem zu bestimmenden Rangverhältnis oder im Gleichrang untereinander im Grundbuch eingetragen werden.

3. Form

Die dingliche Einigung bedarf materiell-rechtlich **keiner Form** (BGH 21. 10. 1983 – V ZR 121/82, NJW 1984, 612, 613 unter II.2.); grundbuchverfahrensrechtlich muss die Bewilligung des Eigentümers in der Form des § 29 Abs 1 S 1 GBO nachgewiesen sein. § 4 Abs 2 S 1 WEG, der die Anwendung des § 925 BGB für die Begründung von Wohnungseigentum anordnet, gilt für das Dauerwohnrecht nicht. Auch § 20 GBO findet keine Anwendung. **25**

4. Zustimmungen und Genehmigungen

Die Begründung eines Dauerwohnrechts bedarf grundsätzlich nicht der Zustimmung eingetragener Gläubiger. Soll es jedoch in der Zwangsversteigerung in jedem Fall bestehen bleiben, müssen die **im Rang vorgehenden Gläubiger** dem zustimmen (§ 39 Abs 2 WEG – § 39 WEG Rn 9). **26**

Nach § 22 Abs 1 S 1 Nr 2 und § 250 Abs 6 S 1 Nr 1 BauGB kann die Bestellung eines Dauerwohnrechts einem **öffentlich-rechtlichen Genehmigungsvorbehalt** unterliegen. Dasselbe gilt in Umlegungs- und Sanierungsgebieten (§ 51 Abs 1 Nr 1, § 144 Abs 2 Nr 2 BauGB). **27**

5. Schuldrechtliches Kausalgeschäft

Die Bestellung eines Dauerwohnrechts bedarf eines Rechtsgrunds, um kondiktionsfest zu sein. Dieses Kausalgeschäft regelt insbesondere die Gegenleistungen des Dauerwohnberechtigten, ist darauf aber nicht beschränkt. In Betracht kommt bei entgeltlicher Bestellung ein **(Rechts-)Kaufvertrag** (§ 453 Abs 1 S 1, § 433 BGB – BGH 9. 7. 1969 – V ZR 190/67, NJW 1969, 1850, 1852 unter II.), wobei der Kaufpreis nicht nur als Einmalbetrag oder in Form der Ratenzahlung vereinbart werden kann, sondern auch als befristete oder unbefristete Rente quasi als „Dauerwohnzins“; auch Anpassungsklauseln etwa an die Inflation sind möglich (vgl OLG Hamburg 24. 6. 1986 – 7 U 21/86, NJW-RR 1987, 467). Die gesetzlichen Vorschriften über die Höhe und die Erhöhbarkeit der Miete finden keine Anwendung, auch nicht auf „mietähnlich“ ausgestaltete Dauerwohnrechte (BGH 9. 7. 1969 – V ZR 190/67, NJW 1969, 1850, 1852 unter II.). Der Zahlungsanspruch bleibt mit dem zugrundeliegenden Vertrag auch dann bestehen, wenn der Dauerwohnberechtigte sein dingliches Recht einseitig aufgibt (BeckOK-WEG/Munzig [1. 3. 2022] § 31 Rn 66). Bei unentgeltlicher Bestellung liegt ein **Schenkungsvertrag** nahe. Ungeeignet sind dagegen herkömmliche **Miet- oder Pachtverträge**, die lediglich eine Nutzungsüberlassungspflicht begründen, aber selbst keinen Rechtsgrund für die Einräumung eines Dauerwohnrechts bilden können. Früher wurde sogar vertreten, ein Dauerwohnrecht sei nicht eintragungsfähig, wenn der Berechtigte bereits Mieter ist (vgl die Nachweise bei Lehmann RNotZ 2011, 1, 7); das ist abzulehnen, weil ein schuldrechtlicher Vertrag die Entstehung eines dinglichen Rechts nicht verhindern kann (so auch die inzwischen hM, etwa Lehmann RNotZ 2011, 1, 7 mwN). Möglich ist es, einen Miet- oder Pachtvertrag mit einer zusätzlichen Abrede zu verbinden, wonach **sicherungshalber** für die Vertragsdauer ein Dauerwohnrecht zu bestellen ist, um das Nutzungs- **28** recht etwa für den Fall der Zwangsversteigerung abzusichern; das Dauerwohnrecht nimmt dann die Funktion einer Mieter- bzw Pächterdienstbarkeit ein.

29 Die Verpflichtung zur Begründung eines Dauerwohnrechts ist **grundsätzlich formfrei** möglich (BR-Drucks 75/51, S 27; BGH 21. 10. 1983 – V ZR 121/82, NJW 1984, 612, 613). § 311b Abs 1 BGB bzw § 4 Abs 3 WEG finden keine Anwendung, weil die Bestellung eines Dauerwohnrechts die Eigentumszuordnung, die für diese Vorschriften maßgeblich ist, unberührt lässt. Bei schenkweiser Einräumung gilt § 518 Abs 1 BGB. Soll das Dauerwohnrecht als Teilzeit-Wohnrecht im Sinne des § 481 Abs 1 S 1 BGB dienen (sog time-sharing), verlangt § 484 Abs 1 BGB die Schriftform (näher zum Dauerwohnrecht im Rahmen des time-sharing Gralka NJW 1987, 1997).

30 Das schuldrechtliche Kausalgeschäft hat beim Dauerwohnrecht größere Bedeutung als bei anderen dinglichen Rechten. Denn der Entgeltanspruch als Gegenleistung für das Dauerwohnrecht hat – anders als etwa der Erbbauzins – keinen dinglichen Charakter; er hat seine Grundlage allein in dem schuldrechtlichen Kausalgeschäft. § 38 WEG bewirkt jedoch eine **gewisse Verdinglichung** dieses Anspruchs und anderer Regelungen aus dem Kausalgeschäft, indem sie auch gegenüber Rechtsnachfolgern wirken.

III. Verfügungen

1. Belastung

31 Ein Dauerwohnrecht kann – wie jedes veräußerliche Recht (vgl § 1068 Abs 1, § 1069 Abs 2 BGB) – mit einem **Nießbrauch** belastet werden; eine dinglich wirkende Belastungszustimmung nach § 35 WEG kann insoweit nicht vereinbart werden (BGH 6. 12. 2018 – V ZB 94/16, ZWE 2019, 360 Rn 14 ff). Die Bestellung eines Wohnungsrechts oder einer anderen **Dienstbarkeit**, die nur an Grundstücken bestellt werden kann, scheidet dagegen aus. Ein subjektiv-dingliches Recht (zB eine Grunddienstbarkeit) kann auch nicht „zugunsten des jeweiligen Dauerwohnberechtigten" bestellt werden (DNotI-Gutachten 159225). Ein ebenso unzulässiges dingliches **Vorkaufsrecht** kann funktional durch ein schuldrechtliches Vorkaufsrecht ersetzt werden, das mit einer Vormerkung abgesichert wird.

32 Das Dauerwohnrecht ist veräußerlich und damit zumindest theoretisch ein taugliches Kreditsicherungsmittel. Weil es dem Berechtigten kein Grundstückseigentum beschert, kann an ihm jedoch **keine Hypothek oder Grundschuld** bestellt werden, ebenso wenig eine Reallast oder Rentenschuld. Denkbar ist eine **Sicherungsübertragung**, die jedoch nicht auflösend bedingt ausgestaltet werden kann (zur Bedingungsfeindlichkeit § 33 WEG Rn 7 ff). Unproblematisch ist lediglich die **Verpfändung**, die durch Einigung zwischen Berechtigtem und Gläubiger sowie Eintragung des Verpfändungsvermerks in das Grundbuch erfolgt (§ 1274 Abs 1, § 873 BGB).

2. Übertragung

33 Mit Ausnahme des § 35 WEG, der die Möglichkeit von Veräußerungsbeschränkungen eröffnet, enthält das WEG keine Vorschriften für die Übertragung des Dauerwohnrechts. Es gilt deshalb die allgemeine Vorschrift des § 873 BGB. Demnach be-

darf es einer **dinglichen Einigung** des Veräußerers und des Erwerbers und der **Eintragung in das Grundbuch**. Die Einigung ist **materiell-rechtlich formfrei** möglich; § 4 Abs 3 WEG gilt für das Dauerwohnrecht weder direkt noch analog. Grundbuchverfahrensrechtlich muss die Bewilligung des Veräußerers freilich in der Form des § 29 Abs 1 S 1 GBO nachgewiesen werden. Ein gutgläubiger Erwerb nach § 892 BGB ist möglich.

Weil das Dauerwohnrecht zugunsten einer Bruchteilsgemeinschaft begründet werden kann (vgl BGH 30. 6. 1995 – V ZR 184/94, NJW 1995, 2637, 2639), kann auch ein **Bruchteil** des Rechts übertragen werden. 34

Die Übertragung kann auch unter eine aufschiebende oder auflösende **Befristung** gesetzt werden, nach hM sogar unter eine **Bedingung** (Grüneberg/Wicke [82. Aufl] § 33 WEG Rn 2; Lehmann RNotZ 2011, 1, 28; Hilmes/Krüger ZfIR 2009, 184, 191). Richtigerweise sind bedingte Übertragungen analog § 33 Abs 1 S 2 WEG unzulässig. Denn diese Vorschrift sichert die Verkehrsfähigkeit des Dauerwohnrechts, indem sie Klarheit über dessen Existenz schafft (§ 33 WEG Rn 7). Existenz und Inhaberschaft eines Rechts sind jedoch so eng miteinander verbunden, dass die Bedingungsfeindlichkeit für die Übertragung analog gelten muss. Je nach Parteiwillen kann eine unzulässig bedingte Übertragung als unbedingte wirksam sein; der Regel des § 139 BGB folgend ist derjenige beweisbelastet, der einen dahingehenden Willen behauptet. 35

Auch die **Verpflichtung** zur Übertragung eines Dauerwohnrechts ist **formfrei** möglich. § 311b Abs 1 BGB bzw § 4 Abs 3 WEG finden keine Anwendung, weil die Übertragung eines Dauerwohnrechts die Eigentumszuordnung, die für diese Vorschriften maßgeblich ist, unverändert lässt. 36

3. Inhaltsänderung

Für die Inhaltsänderung eines Dauerwohnrechts gelten die §§ 877, 873 BGB. Demnach bedarf es der **Einigung** des Berechtigten und des Eigentümers sowie der **Grundbucheintragung**. Ist das Dauerwohnrecht mit dem Recht eines Dritten belastet, ist auch dessen Zustimmung erforderlich (§§ 877, 876 BGB). Eine bedingte Inhaltsänderung ist analog § 33 Abs 1 S 2 WEG unzulässig, eine befristete möglich (arg § 41 Abs 1 WEG). Die „Umwandlung" eines Dauerwohn- in ein Dauernutzungsrecht und andersherum ist als Änderung der vereinbarten Nutzung (§ 33 Abs 4 Nr 1 WEG) lediglich eine Inhaltsänderung (Grüneberg/Wicke [82. Aufl] § 31 WEG Rn 1). Eine neue Abgeschlossenheitsbescheinigung braucht es dafür genauso wenig wie bei der „Umwandlung" von Wohnungs- in Teileigentum und andersherum (Staudinger/Rapp/Wobst [2023] § 1 WEG Rn 11). 37

Zum Inhalt des Dauerwohnrechts gehört auch dessen **Ausübungsbereich** (§ 32 WEG Rn 8). Für die Erstreckung des Dauerwohnrechts auf weitere Räume braucht es demnach auch Einigung, Grundbucheintragung und ggf die Zustimmung dinglich Berechtigter (§§ 877, 873, 876 BGB). Die Verkleinerung des Ausübungsbereichs soll dagegen nach der Logik der hM zu § 875 BGB eine teilweise Aufhebung sein, für die die Zustimmung des Eigentümers entbehrlich ist (etwa Staudinger/C Heinze [2018] § 875 BGB Rn 10; vgl auch BGH 21. 12. 1973 – V ZR 202/71, NJW 1974, 498, der bei der teilweisen Aufhebung des Erbbaurechts § 26 ErbbauRG anwendet). In beiden Fällen braucht es jedoch ana- 38 log § 32 Abs 2 S 2 WEG einen neuen Aufteilungsplan und eine neue Abgeschlossenheitsbescheinigung.

4. Unterteilung und Zusammenlegung

39 Bislang wenig diskutiert ist, ob ein Dauerwohnrecht ohne Mitwirkung des Eigentümers **unterteilt** (dafür LEHMANN RNotZ 2011, 1, 30) bzw mehrere Dauerwohnrechte **zusammengelegt** werden können. Parallelen zu anderen Rechten lassen sich kaum bilden. Insbesondere bei Dienstbarkeiten und beim Nießbrauch stellt sich die Frage aus praktischer Sicht wegen deren Unübertragbarkeit nicht. Es ist jedoch kein Grund ersichtlich, warum Unterteilung und Zusammenlegung bei Dauerwohnrechten nicht möglich sein sollten. Das praktische Bedürfnis besteht vor allem bei einer Weiterveräußerung des Teil-Rechts. Die für den Eigentümer potenziell belastende Vervielfältigung der Berechtigten ohne dessen Mitwirkung wird auch bei der Bildung ideeller Bruchteile hingenommen. Rechtstechnisch erfolgt die Teilung – wie bei einem Grundstück – durch Erklärung gegenüber dem Grundbuchamt. Die Abgeschlossenheit der einzelnen Teile ist analog § 32 Abs 2 S 2 WEG durch einen Aufteilungsplan und eine Abgeschlossenheitsbescheinigung nachzuweisen, die sich jedoch nur auf die aufzuteilende Einheit beziehen müssen.

IV. Erlöschen

1. Aufhebung

40 Ein Dauerwohnrecht kann durch **einseitige Erklärung** des Berechtigten und **Löschung im Grundbuch** aufgehoben werden (§ 875 Abs 1 BGB). Diese Erklärung ist materiell-rechtlich formfrei, muss im Grundbuchverfahren aber § 29 Abs 1 S 1 GBO genügen. Eine Zustimmung des Eigentümers ist nach dem Gesetz nicht erforderlich, weil das WEG keine dem § 26 S 1 ErbbauRG entsprechende Vorschrift kennt. Das Gesetz nimmt es in Kauf, dass der womöglich heimfallberechtigte Eigentümer ohne sein Zutun die Rangstelle des Dauerwohnrechts verliert. Das möchte die hM nicht akzeptieren und verlangt eine Eigentümerzustimmung, wenn ein Heimfall vereinbart wurde (etwa GRÜNEBERG/WICKE [82. Aufl] § 33 WEG Rn 1; BeckOK-WEG/MUNZIG [1. 3. 2022] § 31 Rn 79; näher DNotI-Gutachten 65449); dem ist nicht zu folgen. Dinglich Berechtigte am Dauerwohnrecht müssen zustimmen (§ 876 BGB). Genauso wie eine bedingte Bestellung unzulässig ist, ist es auch eine bedingte Aufhebung, denn § 33 Abs 1 S 2 WEG will Klarheit über die Existenz des Rechts schaffen, die in beiden Fällen gefährdet wird. Eine aufschiebend befristete Aufhebung ist möglich, weil das Recht auch von vornherein mit diesem Ablaufdatum begründet hätte werden können (arg § 41 Abs 1 WEG).

Die einseitige Aufhebung durch den Berechtigten hat grundsätzlich nicht zur Folge, dass seine **Entgeltzahlungsverpflichtung** erlischt (DNotI-Gutachten 65449). Ob und in welchem Umfang es dazu kommt, bemisst sich nach dem schuldrechtlichen Kausalgeschäft (Rn 28).

41 Die **Verpflichtung** zur Aufhebung ist – parallel zur Verpflichtung zur Begründung (Rn 29) – formfrei möglich.

2. Sonstige Gründe

Ein auflösend befristetes Dauerwohnrecht erlischt mit **Fristablauf**. Im Grundbuchverfahren gelten die §§ 23, 24 GBO: Die Löschung darf im ersten Jahr nach Fristablauf nur mit Zustimmung des Berechtigten bzw seines Rechtsnachfolgers gelöscht werden, wenn im Grundbuch keine sog Vorlöschklausel nach § 23 Abs 2 GBO eingetragen wurde. **42**

Ein auflösend bedingtes Dauerwohnrecht kann nicht bestellt werden (§ 33 Abs 1 S 2 WEG). Ein stattdessen vereinbarter **Heimfallanspruch** (§ 36 WEG) führt nicht zum Erlöschen des Rechts, sondern begründet lediglich einen Übertragungsanspruch. Auch eine einseitige Kündigung des dinglichen Rechts ist nicht möglich; vereinbart werden kann nur ein Heimfallanspruch (vgl BGH, 23. 4. 1958 – V ZR 99/57, NJW 1958, 1289; LG Frankfurt aM 24. 3. 2000 – 2-25 O 381/99, NZM 2000, 877). **43**

Wurde keine Vereinbarung nach § 39 WEG getroffen, erlischt das Dauerwohnrecht auch durch **Zuschlag in der Zwangsversteigerung**, wenn es nicht in das geringste Gebot aufgenommen wurde (§ 91 ZVG). **44**

Die **physische Zerstörung** des Gebäudes hat keinen Einfluss auf den rechtlichen Bestand des Dauerwohnrechts; das belegt § 33 Abs 4 Nr 4 WEG (Grüneberg/Wicke [82. Aufl] § 31 WEG Rn 6; BeckOGK-WEG/Schulz [1. 3. 2022] § 31 Rn 16; differenzierend BeckOK-WEG/Munzig [1. 3. 2022] § 31 WEG Rn 80). **45**

Ein Dauerwohnrecht an einem Erbbaurecht erlischt mit dem **Erlöschen des Erbbaurechts** (Lehmann RNotZ 2011, 1, 32). **46**

V. Prozessuales

Die §§ 43 ff WEG gelten nicht für Streitigkeiten über Dauerwohnrechte (Grüneberg/Wicke [82. Aufl] § 31 WEG Rn 1); das gilt auch dann, wenn Streitigkeiten zwischen mehreren Dauerwohnberechtigten zu klären sind (Grüneberg/Wicke [82. Aufl] § 31 WEG Rn 4). Es gelten stattdessen uneingeschränkt die **Vorschriften der ZPO**. **47**

VI. Zwangsvollstreckung

Die Zwangsvollstreckung in ein Dauerwohnrecht erfolgt nach § 857 ZPO; die Zwangsversteigerung kann der Dauerwohnberechtigte dagegen nicht betreiben (BayObLG 15. 3. 1957 – BReg 2 Z 226-231/1956, BayObLGZ 1957, 102). Nach der **Pfändung** kann das Gericht die **Veräußerung** anordnen (§ 857 Abs 5 ZPO) und zwar im Wege der Versteigerung oder des freihändigen Verkaufs. Der Erwerber tritt nach Maßgabe des § 38 WEG in die Rechte und Pflichten des bisherigen Berechtigten ein. Für die Kündigung eines etwaigen Mietvertrags gilt nach § 37 Abs 3 S 2 WEG stets die Vorschrift des § 57a ZVG entsprechend, die sonst nur bei Zwangsversteigerungen nach dem ZVG Anwendung fände. **48**

§ 31 WEG
Begriffsbestimmungen

(1) Ein Grundstück kann in der Weise belastet werden, dass derjenige, zu dessen Gunsten die Belastung erfolgt, berechtigt ist, unter Ausschluss des Eigentümers eine bestimmte Wohnung in einem auf dem Grundstück errichteten oder zu errichtenden Gebäude zu bewohnen oder in anderer Weise zu nutzen (Dauerwohnrecht). Das Dauerwohnrecht kann auf einen außerhalb des Gebäudes liegenden Teil des Grundstücks erstreckt werden, sofern die Wohnung wirtschaftlich die Hauptsache bleibt.

(2) Ein Grundstück kann in der Weise belastet werden, dass derjenige, zu dessen Gunsten die Belastung erfolgt, berechtigt ist, unter Ausschluss des Eigentümers nicht zu Wohnzwecken dienende bestimmte Räume in einem auf dem Grundstück errichteten oder zu errichtenden Gebäude zu nutzen (Dauernutzungsrecht).

(3) Für das Dauernutzungsrecht gelten die Vorschriften über das Dauerwohnrecht entsprechend.

Systematische Übersicht

Alphabetische Übersicht

I. Normentwicklung

1 Die Vorschrift ist seit Schaffung des WEG **unverändert**.

II. Überblick

2 **Abs 1** definiert den Begriff des Dauerwohnrechts, **Abs 2** den des Dauernutzungsrechts. **Abs 3** ordnet an, dass ungeachtet der begrifflichen Unterschiede, dieselben Vorschriften Anwendung finden; die Vorschrift entspricht systematisch § 1 Abs 6 WEG für das Wohnungs- und Teileigentum.

III. Dauerwohnrecht (Abs 1)

3 Abs 1 definiert das Dauerwohnrecht als das Recht, unter Ausschluss des Eigentümers eine bestimmte Wohnung in einem auf dem Grundstück errichteten oder zu er-

richtenden Gebäude zu bewohnen oder in anderer Weise nutzen zu dürfen. Der Dauerwohnberechtigte darf die Wohnung also nicht nur selbst bewohnen, sondern kann auch anderweitig Früchte aus ihr ziehen, insbesondere durch Vermietung. Art und Umfang der Nutzungen können freilich durch Vereinbarung begrenzt werden (§ 33 Abs 4 Nr 1 WEG). Für die Einordnung als Dauerwohn- oder Dauernutzungsrecht ist allein die vereinbarte Nutzung maßgeblich (Grüneberg/Wicke [82. Aufl] § 31 WEG Rn 2), unabhängig davon ob diese gelebt wird oder auch nur gelebt werden könnte.

Das Dauerwohnrecht kann auf einen außerhalb des Gebäudes liegenden Teil des Grundstücks erstreckt werden. Es kann folglich auch auf **Freiflächen** wie Stellplätze oder Gartenanteile einschließen. Voraussetzung ist jedoch, dass die Wohnung wirtschaftlich die Hauptsache bleibt. Insoweit gilt derselbe Maßstab wie bei § 3 Abs 2 WEG; beide Vorschriften sind wiederum an § 1 Abs 2 ErbbauRG angelehnt. Deshalb ist es insbesondere nicht möglich, ein Dauerwohnrecht ausschließlich an einer Freifläche zu begründen. 4

IV. Dauernutzungsrecht (Abs 2)

Das Dauernutzungsrecht unterscheidet sich vom Dauerwohnrecht allein dadurch, dass die Räume nicht zu Wohnzwecken dienen. Das Dauernutzungsrecht steht damit zum Dauerwohnrecht genauso wie das Teileigentum zum Wohnungseigentum (vgl § 1 Abs 2 und 3 WEG). Auch ein Dauernutzungsrecht kann auf Freiflächen erstreckt werden. § 31 Abs 1 S 2 WEG findet über § 31 Abs 3 WEG entsprechende Anwendung. 5

§ 32 WEG
Voraussetzungen der Eintragung

(1) Das Dauerwohnrecht soll nur bestellt werden, wenn die Wohnung in sich abgeschlossen ist.

(2) Zur näheren Bezeichnung des Gegenstandes und des Inhalts des Dauerwohnrechts kann auf die Eintragungsbewilligung Bezug genommen werden. Der Eintragungsbewilligung sind als Anlagen beizufügen:

1. **eine von der Baubehörde mit Unterschrift und Siegel oder Stempel versehene Bauzeichnung, aus der die Aufteilung des Gebäudes sowie die Lage und Größe der dem Dauerwohnrecht unterliegenden Gebäude- und Grundstücksteile ersichtlich ist (Aufteilungsplan); alle zu demselben Dauerwohnrecht gehörenden Einzelräume sind mit der jeweils gleichen Nummer zu kennzeichnen;**

2. **eine Bescheinigung der Baubehörde, dass die Voraussetzungen des Absatzes 1 vorliegen.**

Wenn in der Eintragungsbewilligung für die einzelnen Dauerwohnrechte Nummern angegeben werden, sollen sie mit denen des Aufteilungsplans übereinstimmen.

(3) Das Grundbuchamt soll die Eintragung des Dauerwohnrechts ablehnen, wenn über die in § 33 Absatz 4 Nummer 1 bis 4 bezeichneten Angelegenheiten, über die Voraussetzungen des Heimfallanspruchs (§ 36 Absatz 1) und über die Entschädigung beim Heimfall (§ 36 Absatz 4) keine Vereinbarungen getroffen sind.

Systematische Übersicht

Alphabetische Übersicht

I. Normentwicklung

1 Die Vorschrift ist seit Schaffung des WEG **weitgehend unverändert**. Durch das Gesetz zur Änderung des Wohnungseigentumsgesetzes und der Verordnung über das Erbbaurecht vom 30. 7. 1973 (BGBl I 1973, 910) wurde Abs 2 S 2 Nr 1 HS 2 und S 3 – parallel zu § 7 Abs 4 S 1 Nr 1 HS 2 und S 2 WEG – eingefügt. Durch die WEG-Novelle 2007 wurde in Abs 2 S 4 ff den Bundesländern die Möglichkeit eröffnet, die Erteilung der Abgeschlossenheitsbescheinigung durch öffentlich bestellte oder anerkannte Sachverständigen zu ermöglichen. Nachdem kein Bundesland von dieser Möglichkeit Gebrauch gemacht hatte (BT-Drucks 19/18791, S 79), wurde sie durch das WEMoG wieder gestrichen.

II. Überblick

2 § 32 WEG überträgt das Abgeschlossenheitserfordernis des § 3 Abs 3 Alt 1 WEG auf das Dauerwohnrecht (**Abs 1**), regelt die damit zusammenhängenden formellen Voraussetzungen (**Abs 2**) und schreibt vor, welchen Mindestinhalt das Dauerwohnrecht haben soll, um eingetragen zu werden (**Abs 3**). Bei alledem handelt es sich nicht um materiell-rechtliche, sondern lediglich um Verfahrensvorgaben, die das Grundbuchamt zu beachten und bei deren Verletzung es eine Eintragung abzuleh-

nen hat. Wird ein Dauerwohnrecht unter Verstoß gegen § 32 WEG eintragen, ist es gleichwohl materiell-rechtlich wirksam entstanden.

III. Abgeschlossenheit (Abs 1), Aufteilungsplan (Abs 2 S 2 Nr 1) und Abgeschlossenheitsbescheinigung (Abs 2 S 2 Nr 2)

Ein Dauerwohnrecht soll nur bestellt werden, wenn die Wohnung in sich **abgeschlossen** ist (§ 31 Abs 1 WEG); Entsprechendes gilt für die Räume, an denen ein Dauernutzungsrecht bestellt werden soll (vgl § 31 Abs 3 WEG). Im Ausgangspunkt gilt derselbe Abgeschlossenheitsbegriff wie in § 3 Abs 3 Alt 1 WEG. Zu beachten ist allerdings, dass nur die Einheiten abgeschlossen sein müssen, die Gegenstand eines Dauerwohnrechts sind; ob die übrigen Einheiten abgeschlossen sind, spielt keine Rolle. Denn das Abgeschlossenheitserfordernis soll allein die Dauerwohnberechtigten vor Abgrenzungskonflikten untereinander und gegenüber anderen Nutzern (zB Eigentümern oder Mietern) schützen. Ob und wie Abgrenzungskonflikte im Kreis der anderen Nutzer zu lösen sind, bemisst sich nach dem dort anzuwendenden Recht (zB Mietrecht oder allgemeines Sachenrecht), das kein der Abgeschlossenheit vergleichbares Kriterium kennt. 3

Eine Dauerwohnrechts-Einheit muss in gleicher Weise **zugänglich** sein, wie eine Wohnungseigentums-Einheit (Grüneberg/Wicke [82. Aufl] § 32 WEG Rn 1; Hilmes/Krüger ZfIR 2009, 184 [189]; Flik BWNotZ 1996, 97 [101]; großzügiger Lotter MittBayNot 1999, 354 [356] für „Dachbodenfälle"). Ist eine Dauerwohnrechts-Einheit nur durch eine andere Nicht-Dauerwohnrechts-Einheit zugänglich, genügt es, wenn dieser Zugang dinglich gesichert ist (BeckOK-WEG/Munzig [1. 3. 2022] § 32 Rn 4). Diese dingliche Sicherung ist jedoch eine gestalterische Herausforderung, weil eine Dienstbarkeit zugunsten des jeweiligen Berechtigten des Dauerwohnrechts unzulässig ist und deshalb nur als subjektiv-persönliches und unübertragbares Recht zugunsten des aktuellen Inhabers bestellt werden kann (vgl § 1092 Abs 1 S 1 BGB). Rechtsnachfolger können über Vormerkungen auf Eintragung weiterer Dienstbarkeiten gesichert werden. 4

Falls mehrere Dauerwohnrechte bestellt werden und in der Bestellungsurkunde **Nummern** angegeben werden, sollen diese mit denen im Aufteilungsplan übereinstimmen (§ 32 Abs 2 S 3 WEG). Dies entspricht § 7 Abs 2 S 2 WEG. Aus dieser Kennzeichnungsidentität folgt wie dort aber nicht die Pflicht, alle Einzelräume zu nummerieren (Staudinger/Rapp/Wobst [2023] § 7 WEG Rn 33). 5

Die Abgeschlossenheit ist durch die Baubehörde zu bescheinigen (§ 31 Abs 2 S 2 Nr 2 WEG). Für diese **Abgeschlossenheitsbescheinigung** gelten keine Besonderheiten gegenüber § 7 Abs 4 S 1 Nr 2 WEG. 6

Wie für die Begründung von Wohnungseigentum ist auch für die Begründung eines Dauerwohnrechts ein **Aufteilungsplan** erforderlich (§ 32 Abs 2 S 2 Nr 1 WEG). Funktion und damit auch Inhalt dieses Plans unterscheiden sich jedoch. Denn der Aufteilungsplan hat beim Dauerwohnrecht nur die Aufgabe, dessen räumliche Grenzen zu definieren; eine vollständige Aufteilung in Gemeinschafts- und Sondereigentum wie beim Wohnungseigentum, die notwendigerweise das gesamte Grundstück und alle Gebäude betrifft, findet nicht statt (OLG München 11. 4. 2013 – 34 Wx 120/13, ZWE 2013, 7

323). Es genügt deshalb, wenn die Pläne so beschaffen sind, dass sie die Lage und Größe der Dauerwohnrechts-Einheit eindeutig kennzeichnen (vgl BayObLG 28. 5. 1997 – 2Z BR 60/97, NJW-RR 1997, 1233, 1234). Nur die Räume wiederzugeben, an denen das Dauerwohnrecht begründet werden soll, reicht dafür aber in der Regel nicht. Zusätzlich ist deren Bezug zu angrenzenden Räumen zu verdeutlichen; ein vollständiger Grundriss des betroffenen Geschoßes ist wiederum nicht zwingend (BayObLG 28. 5. 1997 – 2Z BR 60/97, NJW-RR 1997, 1233, 1234). Bei mehreren Gebäuden auf einem Grundstück ist das Gebäude zu markieren, in dem sich das Dauerwohnrecht befindet. Wenn sich das Dauerwohnrecht auf außerhalb des Gebäudes liegende Teile erstreckt, sind diese Teile des Grundstücks auf einem Plan zu verdeutlichen (BayObLG 28. 5. 1997 – 2Z BR 60/97, NJW-RR 1997, 1233, 1234; OLG München 11. 4. 2013 – 34 Wx 120/13, ZWE 2013, 323). Maßangaben, wie sie für eine entsprechende Erstreckung des Wohnungseigentums erforderlich sind (vgl § 3 Abs 3 Alt 2 WEG), braucht es nicht; dieser Unterschied rechtfertigt sich mit der Rechtsnatur des Dauerwohnrechts also Dienstbarkeit (Vorbem 7 zu §§ 31–42 WEG), für deren Bestellung Maßangaben ebenso entbehrlich sind. Das bloße Mitbenutzungsrecht nach § 33 Abs 3 WEG bedarf keiner planerischen Verdeutlichung, zumal sich der Umfang dieses Rechts im Laufe der Zeit durch Veränderungen am Gebäude verlagern kann (OLG München 11. 4. 2013 – 34 Wx 120/13, ZWE 2013, 323; BayObLG 28. 5. 1997 – 2Z BR 60/97, NJW-RR 1997, 1233, 1234). Erstreckt sich das Dauerwohnrecht auf das gesamte Gebäude, wird verbreitet vertreten, dass ein Aufteilungsplan und eine Abgeschlossenheitsbescheinigung insgesamt entbehrlich seien, weil die Abgeschlossenheit evident sei (Hügel/Elzer [3. Aufl] § 32 Rn 6; BeckOK-WEG/Munzig [1. 3. 2022] § 32 Rn 3; zur Abgeschlossenheitsbescheinigung auch LG Münster 18. 11. 1952 – 5 T 872/52 und 877/52, DNotZ 1953, 148, 151). Das widerspricht jedoch der formalen Ausgestaltung des § 32 Abs 2 S 2 WEG.

IV. Bezugnahmemöglichkeit (Abs 2 S 1)

8 Der Inhalt des Dauerwohnrechts muss nicht erschöpfend in der Grundbucheintragung selbst wiedergegeben werden. Nach § 32 Abs 2 S 1 WEG kann auf die Eintragungsbewilligung **Bezug genommen** werden. Diese Vorschrift läuft freilich neben § 874 S 1 BGB leer. In unreflektierter Übernahme der Vorschrift des § 7 Abs 3 Abs 1 WEG ermöglicht sie, auch wegen des „Gegenstandes" Bezug zu nehmen. Das Dauerwohnreht hat jedoch lediglich einen Ausübungsbereich, der wie bei allen beschränkt dinglichen Rechten zum Rechtsinhalt gehört (näher zur Bedeutung des Ausübungsbereich Vorbem 15 zu §§ 31–42 WEG).

9 Zwingend erforderlich ist neben der Bezeichnung des Berechtigten eine **schlagwortartige Bezeichnung** des Rechts im Grundbuch selbst. In der Regel erfolgt dies durch die Verwendung der gesetzlichen Begriffe „Dauerwohnrecht" bzw „Dauernutzungsrecht". Ausreichend ist aber auch jede andere Bezeichnung, die im Wege der Auslegung unzweideutig auf ein Recht nach §§ 31 ff WEG schließen lässt. Korrekterweise sind die Rechte wie folgt zu bezeichnen:

- (nur) Räume zu Wohnzwecken: „Dauerwohnrecht" (vgl § 31 Abs 1 WEG).

- (nur) Räume zu anderen Zwecken: „Dauernutzungsrecht" (vgl § 31 Abs 2 WEG)

- Umfasst das Recht sowohl Räume zu Wohnzwecken als auch (andere) Räume zu anderen Zwecken, kommt es auf den Schwerpunkt an; im Zweifel ist ein „Dauerwohn- und Dauernutzungsrecht" einzutragen (vgl § 2 WGV).

- Werden (dieselben) Räume gemischt genutzt, entscheidet der Schwerpunkt; im Zweifel ist ein „Dauerwohn- und Dauernutzungsrecht" einzutragen (BayObLG 28. 6. 1960 – BReg 2 Z 20/60, NJW 1960, 2100 [2100]).

Befristungen müssen ausdrücklich eingetragen werden, weil sie nicht zum Inhalt des Rechts gehören (BayObLG 26. 3. 1998 – 2Z BR 46/98, NJW-RR 1998, 1025, 1025 f). Wird die Befristung nicht eingetragen, entsteht das Recht gleichwohl als befristetes, weil sich nur insoweit Erklärung und Eintragung decken (BGH 7. 4. 2011 – V ZB 11/10, NJW-RR 2011, 882 Rn 11). Es kann dann aber als unbefristetes Recht gutgläubig erworben werden. 10

Auffällig ist, dass die **Bezugnahmeverbote** des § 7 Abs 3 S 2 WEG in § 32 Abs 2 WEG keinen Wiederhall finden. Für die Haftung von Sondernachfolgern leuchtet das ein, weil sich diese schon als gesetzliche Folge aus § 38 WEG ergibt. Veräußerungsbeschränkungen gibt es beim Dauerwohnrecht jedoch in gleicher Weise wie beim Wohnungseigentum (vgl § 35 WEG). Es ist kein Grund ersichtlich, warum ein Erwerber von Wohnungseigentum insoweit stärker geschützt werden sollte als ein Erwerber eines Dauerwohnrechts. Dass § 32 Abs 2 WEG keine entsprechende Ausnahme vorsieht, ist als redaktionelles Versehen im Rahmen des WEMoG einzuordnen; dieses Versehen war freilich schon viel früher angelegt, verlangte doch schon die Wohnungsgrundbuchverfügung vom 21. 3. 1974 nur für Wohnungseigentum die ausdrückliche Eintragung von Veräußerungsbeschränkungen (vgl § 3 Abs 2 WGV). § 7 Abs 3 S 2 Alt 1 WEG gilt deshalb analog (iE BeckOGK-WEG/Schulz [1. 3. 2022] § 32 Rn 8; MünchKomm/Krafka [9. Aufl] § 32 WEG WEG Rn 6; aA Grüneberg/Wicke [82. Aufl] § 35; BeckOK-WEG/Munzig § 35 Rn 17). 11

Umstritten ist, ob das **Bestehenbleiben** des Dauerwohnrechts in der Zwangsversteigerung nach § 39 WEG ausdrücklich eingetragen werden muss (§ 39 WEG Rn 9). 12

V. Mindestanforderungen an den Rechtsinhalt (Abs 3)

1. Regelungszweck

§ 32 Abs 3 WEG zählt auf, welchen Mindestinhalt das Dauerwohnrecht haben muss, damit es eingetragen wird. Die Vorschrift schafft einen **verfahrensrechtlichen Einigungszwang**: Nur wenn sich die Parteien im Vorfeld über ein bestimmtes Mindest-Regelungsprogramm einigen, wird das Dauerwohnrecht eingetragen. Dadurch kompensiert das WEG seine eigene niedrige Regelungsdichte, die wiederum der Vielgestaltigkeit der möglichen Einsatzzwecke des Dauerwohnrechts geschuldet ist (vgl Weitnauer/Wirths [1. Aufl] § 32 Rn 6). Weil grundlegende Regelungen etwa zu Art und Umfang der Nutzungen (§ 31 Abs 4 Nr 1 WEG) und zur Erhaltung der dem Dauerwohnrecht unterliegenden Gebäudeteile (vgl § 31 Abs 4 Nr 2 WEG) aber unerlässlich sind, um unnötige Konflikte zu vermeiden, zwingt § 32 Abs 2 WEG die Parteien zu einer privatautonomen Einigung. 13

14 Die Vorschrift dient zugleich auch der **Rechtsklarheit**. Denn die Parteien dürfen es insoweit nicht bei schuldrechtlichen Abreden belassen, obwohl diese nach § 38 WEG auch gegenüber Sondernachfolgern wirken würden; vielmehr müssen sie ihre Abreden zum dinglichen Inhalt des Dauerwohnrechts machen und damit grundbuchmäßig fixieren.

2. Mindestinhalte

15 Zu dem verlangten Mindestinhalt zählen im Kern nur die in § 33 Abs 4 Nr 1 bis 4 WEG aufgezählten Aspekte. Die Voraussetzungen eines Heimfallanspruchs (§ 36 Abs 1 WEG) und die Entschädigung beim Heimfall (§ 36 Abs 4 WEG) sind nur zu regeln, wenn überhaupt ein Heimfallanspruch vereinbart wurde; schweigt die Bestellungserklärung, ist davon auszugehen, dass dies nicht der Fall ist (BayObLG 5. 3. 1954 – 2 Z 10/54, NJW 1954, 959, 961).

3. Prüfungsumfang des Grundbuchamts

16 Nach dem Wortlaut des § 32 Abs 3 WEG, müssen über die Mindestinhalte „Vereinbarungen getroffen" sein. Dem wird zum Teil entnommen, dass dem Grundbuchamt die Einigung nachgewiesen werden muss (OLG Düsseldorf 21. 9. 1977 – 3 W 266/77, DNotZ 1978, 354; BeckOK-WEG/Munzig [1. 3. 2022] § 32 Rn 3; BeckOGK-WEG/Schulz [1. 3. 2022] § 32 Rn 16). Die überwiegende Meinung belässt es dagegen zu Recht bei der Prüfung der **Eintragungsbewilligung des Eigentümers** (schon Weitnauer/Wirths [1. Aufl] § 32 Rn 6; Grüneberg/Wicke [82. Aufl] § 32 WEG Rn 2; Hügel/Elzer [3. Aufl.] § 32 Rn 7; MünchKomm/Krafka [9. Aufl] § 32 WEG Rn 13). Denn eine Prüfung der Einigung widerspräche dem System des Grundbuchrechts, das sich eben auf die Bewilligung des Eigentümers beschränkt (vgl § 19 GBO). Strengere Anforderungen gelten nur für Auflassungen und die Begründung und Übertragung von Erbbaurechten (§ 20 GBO). Für die Begründung eines Dauerwohnrechts ist der Nachweis der Einigung dagegen nicht vorgesehen, genauso wenig wie für alle anderen dinglichen Rechte. Es wäre zudem widersprüchlich, wenn das Grundbuchamt nur die Einigung über die in § 32 Abs 3 WEG genannten Einzelaspekte prüfen dürfte, ihm zugleich aber die Einigung über die Begründung des Dauerwohnrechts selbst verwehrt wäre.

17 Unstrittig ausreichend ist es, dass überhaupt Parteiabreden getroffen wurden. Deren Angemessenheit kann und darf das Grundbuchamt nicht prüfen (etwa Grüneberg/Wicke [82. Aufl] § 32 WEG Rn 2) mit Ausnahme offensichtlicher Rechtsverstöße (Weitnauer DNotZ 1951, 486, 495).

4. Fehlerfolge

18 § 32 Abs 3 WEG ist eine rein verfahrensrechtliche Vorschrift: Wird das Dauerwohnrecht unter Verstoß gegen diese Vorschrift im Grundbuch eingetragen, entsteht es **materiell-rechtlich makellos**. Das wird durch die Verwendung des Begriffs „soll" verdeutlicht, der im Sprachgebrauch der Grundbuchordnung unbedingt zu beachtende Verfahrensvorgaben kennzeichnet, von denen das Grundbuchamt auch nicht im Ermessenswege abweichen darf, deren Verletzung aber materiell-rechtlich nicht sanktioniert ist. Dazu kommt, dass nach § 33 Abs 4, § 36 Abs 1 und 4 WEG über die in § 32 Abs 3 WEG bezeichneten Aspekte Regelungen getroffen werden „können",

aber materiell-rechtlich eben nicht müssen. Fehlen Regelungen, gelten die schuldrechtlichen Vereinbarungen, in die ein Rechtsnachfolger eintritt (§ 38 WEG). Verbleibende Lücken sind nach hM durch Rückgriff auf die in § 1093 BGB zitierten Nießbrauchsvorschriften zu schließen (BeckOK-WEG/Munzig [1. 3. 2022] § 32 Rn 17).

§ 33 WEG
Inhalt des Dauerwohnrechts

(1) Das Dauerwohnrecht ist veräußerlich und vererblich. Es kann nicht unter einer Bedingung bestellt werden.

(2) Auf das Dauerwohnrecht sind, soweit nicht etwas anderes vereinbart ist, die Vorschriften des § 14 entsprechend anzuwenden.

(3) Der Berechtigte kann die zum gemeinschaftlichen Gebrauch bestimmten Teile, Anlagen und Einrichtungen des Gebäudes und Grundstücks mitbenutzen, soweit nichts anderes vereinbart ist.

(4) Als Inhalt des Dauerwohnrechts können Vereinbarungen getroffen werden über:

1. **Art und Umfang der Nutzungen;**
2. **Instandhaltung und Instandsetzung der dem Dauerwohnrecht unterliegenden Gebäudeteile;**
3. **die Pflicht des Berechtigten zur Tragung öffentlicher oder privatrechtlicher Lasten des Grundstücks;**
4. **die Versicherung des Gebäudes und seinen Wiederaufbau im Falle der Zerstörung;**
5. **das Recht des Eigentümers, bei Vorliegen bestimmter Voraussetzungen Sicherheitsleistung zu verlangen.**

Diester, Kann ein Dauerwohnrecht auf die Lebensdauer des Berechtigten befristet werden?, NJW 1963, 183

Systematische Übersicht

Alphabetische Übersicht

I. Normentwicklung

1 § 33 WEG ist seit der Schaffung des WEG **unverändert**.

II. Überblick

2 § 33 WEG baut auf § 31 WEG auf und **konkretisiert den Inhalt des Dauerwohnrechts**. **Abs 1** enthält **zwingende Vorschriften**. Die **Abs 2 und 3** regeln **dispositive Pflichten und Rechte** des Dauerwohnberechtigten. **Abs 4** steckt – nicht abschließend (Rn 19) – den Rahmen für rechtsgeschäftliche Vereinbarungen ab, die zum **dinglichen Inhalt** des Dauerwohnrechts gemacht werden können.

III. Zwingende Vorschriften (Abs 1)

3 § 33 Abs 1 WEG enthält mit der Veräußerlichkeit, der Vererblichkeit und der Bedingungsfeindlichkeit drei **unabdingbare Prinzipien des Dauerwohnrechts**.

1. Veräußerlichkeit und Vererblichkeit (Abs 1 S 1)

4 § 33 Abs 1 S 1 WEG bestimmt, dass das Dauerwohnrecht veräußerlich und vererblich ist. An sich ist die Vorschrift **überflüssig**, weil sich die Veräußerlichkeit von Rechten schon aus den §§ 413, 398 BGB ergibt und ihre Vererblichkeit aus § 1922 Abs 1 BGB. Dass § 33 Abs 1 S 1 WEG dennoch beides ausdrücklich festschreibt, liegt daran, dass Dienstbarkeiten, zu denen das Dauerwohnrecht gehört (Vorbem 7 zu §§ 31–42

WEG), als Ausnahme von der Regel nicht veräußerlich (vgl § 1092 Abs 1 S 1 BGB) und nicht vererblich sind (§ 1090 Abs 2, § 1061 S 1 BGB, Diester NJW 1963, 183, 184).

5 **Veräußerlichkeit** meint die Möglichkeit eines Wechsels der Rechtsinhaberschaft außerhalb einer Gesamtrechtsnachfolge, ohne dass es auf das zugrundeliegende schuldrechtliche Rechtsgeschäft ankommt. Das Dauerwohnrecht kann deshalb im Rahmen eines Kaufs, einer Schenkung, eines Tauschs usw übertragen werden. Die Veräußerung selbst erfolgt nach den §§ 873 ff BGB (Vorbem 33 zu §§ 31–42 WEG). Die Veräußerlichkeit des Dauerwohnrechts kann nicht mit dinglicher Wirkung ausgeschlossen werden (vgl § 137 BGB); sie kann nur nach Maßgabe des § 35 WEG beschränkt werden. Für den Veräußerungsfall kann jedoch ein Heimfall vereinbart werden (§ 36 WEG Rn 5).

6 Die **Vererblichkeit** als solche kann weder ausgeschlossen noch beschränkt werden. Das Dauerwohnrecht kann gleichwohl auf den Tod des Berechtigten auflösend befristet werden (Rn 8). Zulässig ist auch die Vereinbarung des Heimfalls beim Tod des Berechtigten; dessen Erbe erhält dann das Recht mit der Verpflichtung, es herauszugeben (§ 36 WEG Rn 5).

2. Bedingungsfeindlichkeit (Abs 1 S 2), Befristungsmöglichkeit

7 Das Dauerwohnrecht kann nach § 33 Abs 1 S 2 BGB nicht unter einer Bedingung bestellt werden. Die Vorschrift ähnelt § 4 Abs 2 S 2 WEG, § 1 Abs 4 S 1 ErbbauRG und § 925 Abs 2 BGB, die dies für die Einräumung von Sondereigentum, die Bestellung eines Erbbaurechts und die Übertragung von Eigentum bestimmen. Wie dort geht es um die **Stabilität des Rechts**: Aufgrund seiner wirtschaftlichen Bedeutung soll der Bestand des Dauerwohnrechts nicht von einem ungewissen künftigen Ereignis abhängen. Damit wird zugleich die Verkehrsfähigkeit des Dauerwohnrechts gefördert. Als funktionelles Äquivalent kann anstelle einer auflösenden Bedingung ein Heimfallanspruch vereinbart werden (§ 36 WEG Rn 3 f).

Unzulässig sind **sowohl auflösende als auch aufschiebende Bedingungen**; das ergibt sich auch aus einem Umkehrschluss aus § 1 Abs 4 S 1 ErbbauRG, der nur auflösende Bedingungen verbietet. Bedingung meint dem Sprachgebrauch des BGB folgend die Abhängigkeit von einem zukünftigen ungewissen Ereignis (BGH 19. 5. 2016 – III ZR 274/15, NJW-RR 2016, 842 Rn 19). Dem gleichzustellen sind vergangene oder gegenwärtige Ereignisse, die den Parteien lediglich unbekannt sind (allg Staudinger/Bork [2020] Vorbem 10 f zu §§ 158 ff BGB).

8 Zulässig sind dagegen **aufschiebende oder auflösende Befristungen** (vgl auch § 41 Abs 1 WEG), also die Abhängigkeit von einem zukünftigen gewissen Ereignis, auch wenn dessen Zeitpunkt nicht absehbar ist. Im Einzelfall kann die Abgrenzung zwischen unzulässiger Bedingung und zulässiger Befristung schwierig sein. Die praktisch bedeutsame „Bedingung" auf den Todesfall des Berechtigten ist in Wirklichkeit eine Befristung, weil der Tod gewiss, nur sein Zeitpunkt ungewiss ist; ein insoweit im Grundbuch vermerkte Bedingung ist als Befristung auszulegen. Einer Befristung auf den Tod des Berechtigten steht die zwingende Vererblichkeit des Erbbaurechts (Abs 1 S 1) nicht entgegen (OLG Celle 26. 3. 2014 – 4 W 51/14, ZWE 2014, 207, 207 f; OLG Hamm 10. 8. 2011 – 15 W 557/10, NZM 2012, 318, 318 f; vgl auch BGH 14. 7. 1969 – V ZR 122/66,

NJW 1969, 2043, 2045; Diester NJW 1963, 183, 183 ff; Klingenstein BWNotZ 1965, 222, 222 ff; Marshall DNotZ 1962, 381, 381 f; **aA** noch OLG Neustadt 27. 7. 1961 – 3 W 58/61, NJW 1961, 1974, 1975). Denn das Dauerwohnrecht kann trotz einer solchen Befristung vererbt werden, etwa wenn es zunächst an einen Dritten veräußert wird und dieser dann verstirbt (Marshall DNotZ 1962, 381, 382).

9 Wird ein Wohnungsrecht unzulässigerweise unter eine Bedingung gestellt, ist zunächst im Wege der **Auslegung** zu klären, ob sich diese Bedingung tatsächlich auf das dingliche Recht oder, was zulässig wäre, nur auf das schuldrechtliche Grundverhältnis bezieht (vgl Staudinger/Diehn [2020] § 925 BGB Rn 93 ff zur Parallele bei § 925 BGB). Nur wenn die Auslegung ergibt, dass das dingliche Recht bedingt sein soll, ist das Dauerwohnrecht unheilbar nichtig.

10 Umstritten ist, ob sich die Bedingungsfeindlichkeit auch auf die **Übertragung** erstreckt (Vorbem 35 zu §§ 31–42 WEG).

IV. Gesetzliche Pflichten des Dauerwohnberechtigten (Abs 2)

11 § 33 Abs 2 WEG ordnet die entsprechende Anwendung des § 14 WEG an. Dieser Verweis ist **rechtstechnisch wenig geglückt**. Wohnungseigentum und Dauerwohnrecht sind strukturell zu verschieden für einen solch pauschalen Verweis. Das gilt insbesondere seit dem WEMoG, das § 14 WEG grundlegend umgestaltet hat. So unterscheidet § 14 WEG nunmehr zwischen dem Verhältnis der Wohnungseigentümer untereinander (Abs 2) und dem Verhältnis gegenüber der Gemeinschaft der Wohnungseigentümer (Abs 1); § 33 Abs 2 WEG geht es dagegen allein um die Pflichten des Dauerwohnberechtigten gegenüber dem Eigentümer. Zum anderen nimmt § 14 WEG auf das Sondereigentum und das gemeinschaftliches Eigentum Bezug, die es beim Dauerwohnrecht genauso wenig gibt wie Beschlüsse.

12 Im Ergebnis beschränkt sich der Verweis darauf, eine **gesetzliche Rücksichtnahme- und Duldungspflicht des Dauerwohnberechtigten** zu begründen und dafür die in § 14 WEG aufgestellten Maßstäbe heranzuziehen. Der Dauerwohnberechtigte darf demnach das Eigentum oder Dauerwohnrechte anderer nicht über das vereinbarte bzw hilfsweise das bei einem geordneten Zusammenleben unvermeidliche Maß hinaus beeinträchtigten (vgl § 14 Abs 2 Nr 1 WEG). Das schließt die Pflicht zu Erhaltungsmaßnahmen ein, wenn es sonst zu Beeinträchtigungen käme (vgl § 14 Nr 1 WEG aF, dem § 14 Abs 2 Nr 1 WEG inhaltlich entspricht, BT-Drucks 19/18791, S 53). Zudem hat er Einwirkungen auf sein Dauerwohnrecht, die dieses Maß nicht überschreiten, zu dulden (§ 14 Abs 1 Nr 2, Abs 2 Nr 2 WEG). Konsolidiert ist der Verweis auf § 14 Abs 1 und 2 WEG wie folgt zu lesen:

13 „Der Dauerwohnberechtigte ist gegenüber dem Eigentümer verpflichtet,

1. die gesetzlichen Regelungen und vertraglichen Vereinbarungen einzuhalten und

2. das Betreten der Gebäudeteile, die dem Dauerwohnrecht unterliegen, und andere Einwirkungen auf diese zu dulden, die den vertraglichen Vereinbarungen entsprechen oder, wenn keine entsprechenden Vereinbarungen bestehen, aus denen ihm über das bei einem geordneten Zusammenleben unvermeidliche Maß hinaus kein Nachteil erwächst."

14 Diese Pflichten bestehen richtigerweise **nur gegenüber dem Eigentümer** (BeckOGK-WEG/Schulz [1. 6. 2022] § 33 Rn 9; Grüneberg/Wicke [82. Aufl] § 33 WEG Rn 3; **aA** Bärmann/Schneider [15. Aufl] § 33 WEG Rn 80). Denn selbst wenn an einem Gebäude mehrere Dauerwohnrechte bestellt sind, entsteht dadurch keine Rechtsgemeinschaft unter den Berechtigten (Lehmann RNotZ 2011, 1, 3), die derartige Pflichten begründen könnte.

15 Der Verweis in § 33 Abs 2 WEG erstreckt sich auch auf § 14 Abs 3 WEG: Besteht eine Duldungspflicht, die über das zumutbare Maß hinausgeht, hat der Dauerwohnberechtigte gegen den Eigentümer einen Anspruch auf **angemessenen Geldausgleich** (BeckOGK/Schulz [1. 6. 2022] § 33 WEG Rn 9; Palandt/Wicke § 33 Rn 3; **aA** Weitnauer/Wirths [1. Aufl] § 33 Rn 9).

16 § 33 Abs 2 WEG steht ausdrücklich unter dem Vorbehalt einer abweichenden Vereinbarung („soweit nicht etwas anderes vereinbart ist") und ist damit **abdingbar**.

V. Gesetzliche Rechte des Dauerwohnberechtigten (Abs 3)

17 Kern des Dauerwohnrechts ist das Recht, eine bestimmte Wohnung unter Ausschluss des Eigentümers zu bewohnen (vgl § 31 Abs 1 S 1 WEG). § 33 Abs 3 WEG erweitert dieses Recht auf die **Mitbenutzung der zum gemeinschaftlichen Gebrauch bestimmten Teile, Anlagen und Einrichtungen des Gebäudes und des Grundstücks**. Die Vorschrift ist § 1093 Abs 3 WEG nachgebildet und wie diese auszulegen (dazu Staudinger/Reymann [2017] § 1093 BGB Rn 31 ff). Zu den Anlagen gehört insbesondere Hof, Treppenhaus, Waschküche und Trockenboden; im Zweifel entscheiden die allgemeinen Lebens- und Wohngewohnheiten (BGH 16. 9. 2011 – V ZR 236/10, ZWE 2012, 27 Rn 8). Die praktisch bedeutsame Mitbenutzung des Gartens ist ohne entsprechende Vereinbarung nicht erfasst (OLG Zweibrücken 24. 2. 1998 – 3 W 43–98, NZM 1998, 343). Bei zulässiger gewerblicher oder ähnlicher Nutzung ist die Anbringung eines Werbeschildes in der Regel zulässig (LG Dortmund 30. 8. 1990 – 17 S 164/90, NJW-RR 1991, 16).

18 § 33 Abs 3 WEG steht ausdrücklich unter dem **Vorbehalt abweichender Vereinbarung**. Die Mitbenutzung kann demnach auch eingeschränkt oder vollständig ausgeschlossen werden. Sie kann bei Freiflächen zu einer ausschließlichen Benutzung verstärkt werden, indem das Dauerwohnrecht auf diese Flächen erstreckt wird (vgl § 31 Abs 1 S 2 WEG).

VI. Rechtsgeschäftlicher Inhalt des Dauerwohnrechts (Abs 4)

19 Im Sachenrecht gilt Typenzwang. Rechtsgeschäftliche Regelungen über den dinglichen Inhalt eines Rechts sind deshalb nur in dem Rahmen zulässig, den das Gesetz selbst eröffnet. Für das Dauerwohnrecht ist dieser **Rahmen weit** und wird im Wesentlichen durch § 33 Abs 4 WEG gezeichnet (daneben auch durch § 35, § 36 Abs 1 und 4, § 39, § 40 Abs 2 und § 41 Abs 2 WEG). Eine Regelung zu den in Nr 1 bis 4 genannten Aspekten ist formell zwingend (§ 32 Abs 4 WEG). Nicht mit dinglicher Wirkung vereinbart werden kann etwa ein laufendes Entgelt für das Dauerwohnrecht oder eine Kündigungsmöglichkeit. Aus praktischer Sicht ist die präzise Definition des möglichen dinglichen Inhalts beim Dauerwohnrecht aber weniger relevant als bei anderen Rechten. Denn § 38 WEG bewirkt, dass auch schuldrechtliche Regelungen in gewisser Weise verdinglicht werden und gegenüber Rechtsnachfolgern wirken.

1. Art und Umfang der Nutzungen (Nr 1)

20 Der Begriff der **Nutzungen** entspricht § 100 BGB, meint also die Früchte und Gebrauchsvorteile der Sache. Der Kreis dieser Nutzungen kann durch Vereinbarung beliebig weit oder eng gefasst. Die Begriffe **Art und Umfang** gehen dabei fließend ineinander über, ohne dass eine Abgrenzung Mehrwert erzeugt.

21 Eine grobe Beschränkung auf Wohn- bzw Nicht-Wohnzwecke erfolgt bereits dadurch, dass ein **„Dauerwohnrecht"** oder ein **„Dauernutzungsrecht"** bestellt wird. Der Kreis der Nutzung kann aber auch weitergehend beschränkt werden, etwa indem nur der Betrieb eines Büros, eines Ladengeschäfts, einer Gaststätte etc zugelassen wird. Auch Wettbewerbsverbote können vereinbart werden (RGRK-BGB/Augustin § 33 Rn 16). Die Vermietung und Verpachtung kann ausgeschlossen oder unter Erlaubnisvorbehalt gestellt werden; Letzterer fällt aber nicht unter § 35 WEG, macht einen abredewidrig abgeschlossenen Mietvertrag also nicht unwirksam, sondern begründet nur einen Unterlassungsanspruch im Innenverhältnis (schon Weitnauer/Wirths [1. Aufl] § 33 Rn 12; Constantin NJW 1969, 1417, 1417 f).

22 Der Kreis möglicher Nutzungen muss aber nicht beschränkt werden. Genauso wie beim Wohnungseigentum (Staudinger/Rapp/Wobst [2023] § 1 WEG Rn 9) ist es möglich, **jede erdenkliche Nutzung** zuzulassen.

2. Erhaltung (Nr 2)

23 Unter den Begriffen der **Instandhaltung und Instandsetzung** ist nichts anderes als die Erhaltung zu verstehen (vgl die Legaldefinition in § 13 Abs 2 WEG). Die Anpassung des Wortlauts im Rahmen des WEMoG wurde aufgrund eines Redaktionsversehens versäumt. Geregelt werden kann nicht nur, ob und in welchem Umfang Dauerwohnberechtigter und Eigentümer jeweils für die Erhaltung zuständig sind, sondern auch die diesbezügliche Kostentragung. Beides muss nicht parallel verlaufen; zulässig ist es etwa, dass der Eigentümer die Erhaltung auf Kosten des Dauerwohnberechtigten vornimmt.

24 Auch **ohne entsprechende Vereinbarung** ist der Dauerwohnberechtigte in begrenztem Umfang zur Erhaltung verpflichtet: Nach § 33 Abs 2, § 14 Abs 2 Nr 1 WEG dürfen von den Gebäudeteilen, die seinem Recht unterliegen, keine übergebührlichen Störungen ausgehen. Das schließt entsprechende Erhaltungsmaßnahmen ein, auch wenn diese seit dem WEMoG in § 14 WEG nicht mehr eigens erwähnt werden, denn inhaltlich entspricht § 14 Abs 2 Nr 1 WEG dem alten § 14 Nr 1 WEG (BT-Drucks 19/18791, 53).

3. Lastentragung (Nr 3)

25 Die Vorschrift ist § 2 Nr 3 ErbbauRG nachgebildet. Zu den **öffentlichen Lasten** gehören Steuern und Abgaben, die an das Innehaben des Eigentum an einem Grundstück anknüpfen, insbesondere die Grundsteuer und Erschließungskosten. **Private Lasten** des Grundstücks sind alle Verpflichtungen aus Rechten, aus denen die Zwangsvollstreckung betrieben werden kann (Staudinger/Heinze [2021] § 1047 BGB Rn 14). Erfasst sind damit insbesondere die Zinsen aus grundpfandrechtlich gesicherten Forderun-

gen (vgl § 1047 BGB). Eine Vereinbarung nach Nr 3 betrifft nur das **Innenverhältnis zwischen Eigentümer und Dauerwohnberechtigtem**. Die Schuldnerstellung gegenüber dem Gläubiger bleibt unberührt, schon weil dieser an der Vereinbarung gar nicht beteiligt ist. Wird unter Verstoß gegen § 32 Abs 4 WEG ein Dauerwohnrecht eingetragen, ohne dass Vereinbarungen über die Lastentragung getroffen wurden, trägt diese der Eigentümer (Grüneberg/Wicke § 33 Rn 5).

Die **Betriebskosten** (zB für Wasser, Heizung, Strom) fallen nicht unter Nr 3. Sie hat 26
der Dauerwohnberechtigte unmittelbar gegenüber dem Versorgungsunternehmen zu tragen, wenn er dessen Vertragspartner ist. Andernfalls kann der Eigentümer mit ihm im Rahmen des Kausalgeschäfts (dazu Vorbem 28 zu §§ 31–42 WEG) eine schuldrechtliche Vereinbarung über die Erstattung treffen, die nach § 38 WEG auch gegenüber Sondernachfolgern wirkt. Inhaltlich ist eine solche Vereinbarung im Zweifel anhand mietrechtlicher Maßstäbe auszulegen.

4. Versicherung und Wiederaufbau (Nr 4)

Die Vorschrift ist § 2 Nr 2 ErbbauRG nachgebildet. **Versicherung** des Gebäudes 27
meint jede Sachversicherung, die im Fall der Beschädigung oder Zerstörung leistet (etwa infolge Brand oder anderer Elementarschäden). Die Regelung kann sich auf Art und Umfang beziehen, insbesondere auch auf den Inhalt des Versicherungsvertrags. Die Versicherung muss sich auf das Gebäude beziehen, aber nicht zwingend das gesamte Gebäude erfassen. Zulässig sind etwa auch Regelungen, die nur einzelne Gebäudebestandteile betreffen. Die Versicherung beweglicher Sachen (zB einer Aufdach-Photovoltaikanlage) ist dagegen nicht von Nr 4 erfasst.

Ohne entsprechende Vereinbarung, ist der Eigentümer nicht zum **Wiederaufbau** ver- 28
pflichtet. Eine Wiederaufbauverpflichtung kann auf den Fall beschränkt werden, dass die Versicherungsleistung dafür ausreicht (vgl § 22 WEG). Vereinbart werden kann auch eine Kostentragung oder -beteiligung durch den Dauerwohnberechtigten.

Nicht gleichzusetzen mit dem Wiederaufbau ist die **erstmalige Errichtung**. Dies zeigt 29
auch ein Vergleich mit § 2 Nr 1 und 2 ErbbauRG, der die Errichtung klar vom Wiederaufbau trennt. Eine Errichtungspflicht kann nur mit schuldrechtlicher Wirkung begründet werden (**aA** Grüneberg/Wicke [82. Aufl] § 33 WEG Rn 5).

5. Sicherheitsleistung (Nr 5)

Das WEG kennt keine dem § 1051 BGB vergleichbare gesetzliche Pflicht zur **Sicher-** 30
heitsleistung. Eine solche kann aber vereinbart werden.

§ 34 WEG
Ansprüche des Eigentümers und der Dauerwohnberechtigten

(1) Auf die Ersatzansprüche des Eigentümers wegen Veränderungen oder Verschlechterungen sowie auf die Ansprüche der Dauerwohnberechtigten auf Ersatz

von Verwendungen oder auf Gestattung der Wegnahme einer Einrichtung sind die §§ 1049, 1057 des Bürgerlichen Gesetzbuchs entsprechend anzuwenden.

(2) Wird das Dauerwohnrecht beeinträchtigt, so sind auf die Ansprüche des Berechtigten die für die Ansprüche aus dem Eigentum geltenden Vorschriften entsprechend anzuwenden.

Systematische Übersicht

Alphabetische Übersicht

I. Normentwicklung

1 § 34 WEG ist seit der Schaffung des WEG **unverändert**.

II. Überblick

2 § 34 WEG ordnet die entsprechende Anwendung einiger Vorschriften des Nießbrauchsrechts an. **Abs 1** betrifft das Verhältnis zwischen Eigentümer und Dauerwohnberechtigten, **Abs 2** Ansprüche des Dauerwohnberechtigten gegenüber Dritten.

III. Rechtsverhältnis zwischen Eigentümer und Dauerwohnberechtigtem (Abs 1)

1. Schadensersatzansprüche des Eigentümers

3 Die Anspruchsgrundlage für die Geltendmachung von Schadensersatzansprüchen des Eigentümers wegen Veränderungen oder Verschlechterungen, ist in § 34 WEG nicht geregelt. Das ist auch nicht nötig, weil das Eigentum auch gegenüber dem Dauerwohnberechtigten deliktisch geschützt ist, also insbesondere Ansprüche aus § 823 Abs 1 BGB bestehen können. Daneben können Ansprüche wegen der Verletzung dinglicher oder schuldrechtlicher Vereinbarungen aus § 280 Abs 1 BGB treten.

Nicht ausdrücklich in Bezug genommen wird § 1050 BGB. Gleichwohl sind Veränderungen und Verschlechterungen, die durch die ordnungsmäßige Ausübung des Dauerwohnrechts herbeigeführt werden, nicht ersatzpflichtig, sind sie doch durch das Dauerwohnrecht gerechtfertigt (Weitnauer/Wirths [1. Aufl] § 34 Rn 4). Die von der Ersatzpflicht zu unterscheidende Erhaltungspflicht richtet sich nach den diesbezüglichen Vereinbarungen (§ 33 Abs 4 Nr 2 WEG). 4

2. Verwendungsersatzansprüche des Dauerwohnberechtigten

Für den Verwendungsersatz gilt § 1049 BGB entsprechend: Macht der Dauerwohnberechtigte Verwendungen, zu denen er nicht verpflichtet ist, gelten die Vorschriften über die Geschäftsführung ohne Auftrag (§ 1049 Abs 1 BGB). Ein Aufwendungsersatzanspruch besteht demnach nur, wenn die Verwendungen dem Interesse bzw Willen des Eigentümers entsprachen (§ 683 S 1, § 670 BGB), sie im öffentlichen Interesse lagen (§ 683 S 2, §§ 679, 670 BGB), etwa aufgrund bauordnungsrechtlicher Verpflichtungen, oder der Eigentümer sie genehmigt (§ 684 S 2, § 683 S 1, § 670 BGB). Im Übrigen besteht nur ein Anspruch nach Bereicherungsrecht (§ 684 S 1 BGB). Ein Aufwendungsersatzanspruch besteht von vornherein nicht, wenn der Dauerwohnberechtigte zu den Verwendungen verpflichtet war; ob er dies war, bemisst sich nach den Vereinbarungen zur Erhaltung (§ 33 Abs 4 Nr 2 WEG) und den übrigen schuldrechtlichen Abreden. 5

Darüber hinaus ist der Dauerwohnberechtigte berechtigt, Einrichtungen wegzunehmen, mit denen er das Gebäude versehen hat, und zwar auch dann, wenn diese wesentliche Bestandteile des Gebäudes geworden sind (vgl Staudinger/Heinze [2021] § 1049 BGB Rn 15). Nach § 258 S 1 BGB muss er im Gegenzug aber den vorherigen Zustand auf eigene Kosten wiederherstellen. 6

3. Verjährung

Für die Verjährung der vorgenannten Ansprüche gilt § 1057 BGB und zwar egal auf welcher Anspruchsgrundlage sie beruhen. Die Verjährungsfrist beträgt einheitlich sechs Monate. Beim Fristbeginn ist zu differenzieren: Für Ansprüche des Eigentümers beginnt die Frist mit der Rückgabe (§ 1057 S 2, § 548 Abs 1 S 2 BGB), für Ansprüche des Dauerwohnberechtigten mit dem Erlöschen des Dauerwohnrechts (§ 1057 S 1, § 548 Abs 2 BGB). 7

IV. Ansprüche des Dauerwohnberechtigten bei Beeinträchtigungen seines Rechts (Abs 2)

Abs 2 stellt das Dauerwohnrecht hinsichtlich seines Schutzes gegenüber Dritten dem Eigentum gleich. Die Vorschrift entspricht § 1065 BGB. Demnach hat der Dauerwohnberechtigte einen Herausgabeanspruch gegen Nichtberechtigte nach § 985 BGB sowie einen Beseitigungs- und Unterlassungsanspruch nach § 1004 BGB. Deliktisch ist das Dauerwohnrecht nach § 34 Abs 2 WEG, § 823 Abs 1 BGB geschützt, ohne dass es der Annahme eines „sonstigen Rechts“ bedarf. Bei Schadensersatzansprüchen ist freilich sorgsam zu prüfen, welchen Schaden der Dauerwohnberechtigte erlitten hat und welcher Schaden in Wirklichkeit den Eigentümer trifft. Das hängt insbesondere davon ab, wen die Erhaltungspflicht trifft (vgl § 33 Abs 4 Nr 2 WEG). 8

§ 35 WEG
Veräußerungsbeschränkung

Als Inhalt des Dauerwohnrechts kann vereinbart werden, dass der Berechtigte zur Veräußerung des Dauerwohnrechts der Zustimmung des Eigentümers oder eines Dritten bedarf. Die Vorschriften des § 12 gelten in diesem Falle entsprechend.

Constantin, Der Schutz des Eigentümers gegen unberechtigte Vermietung durch den Dauerwohn- oder Dauernutzungsberechtigten nach dem WEG, NJW 1969, 1417.

Systematische Übersicht

Alphabetische Übersicht

I. Normentwicklung

1 § 35 WEG ist seit der Schaffung des WEG **unverändert**.

II. Veräußerungsbeschränkung

2 Für die Möglichkeiten und Grenzen einer Veräußerungsbeschränkung nach § 35 WEG gilt **dasselbe wie bei 12 WEG**. Demnach können nur Veräußerungen, also der Wechsel der Rechtsinhaberschaft außerhalb der Gesamtrechtsnachfolge, beschränkt werden. Die Zustimmung kann auch nur aus wichtigem Grund verweigert werden (§ 35 S 2, § 12 Abs 2 S 1 WEG). Die Beschränkung muss ausdrücklich im Grundbuch eingetragen werden; eine Bezugnahme genügt analog § 7 Abs 3 S 2 Alt 1 WEG nicht (§ 32 WEG Rn 11).

3 Die **Belastung mit dinglichen Rechten** oder der **Abschluss eines Mietvertrags** (Constantin NJW 1969, 1417, 1417 f) kann nicht mit Wirkung gegenüber dem Dritten von einer Zustimmung abhängig gemacht werden. Das gilt trotz § 1069 Abs 1 BGB auch für die Bestellung eines Nießbrauchs; in dieser Vorschrift liegt lediglich ein Verweis auf die allgemeinen Übertragungsvorschriften, beim Dauerwohnrecht also auf § 873 BGB, nicht aber auf rechtsgeschäftliche Beschränkungsmöglichkeiten (BGH 6. 12.

2018 – V ZB 94/16, ZWE 2019, 360 Rn 14 ff). Ein Belastungs- oder Vermietungsverbot kann als Art und Umfang der Nutzung vereinbart werden (§ 33 Abs 4 Nr 1 WEG) und ein Verstoß mit einem Heimfallanspruch sanktioniert werden. Das gewährt freilich nur beschränkten Schutz: Der Dauerwohnberechtigte verliert dann zwar sein Dauerwohnrecht, die dingliche Belastung oder der Mietvertrag bleiben jedoch bestehen (vgl § 37 Abs 2 WEG).

§ 36 WEG
Heimfallanspruch

(1) Als Inhalt des Dauerwohnrechts kann vereinbart werden, dass der Berechtigte verpflichtet ist, das Dauerwohnrecht beim Eintritt bestimmter Voraussetzungen auf den Grundstückseigentümer oder einen von diesem zu bezeichnenden Dritten zu übertragen (Heimfallanspruch). Der Heimfallanspruch kann nicht von dem Eigentum an dem Grundstück getrennt werden.

(2) Bezieht sich das Dauerwohnrecht auf Räume, die dem Mieterschutz unterliegen, so kann der Eigentümer von dem Heimfallanspruch nur Gebrauch machen, wenn ein Grund vorliegt, aus dem ein Vermieter die Aufhebung des Mietverhältnisses verlangen oder kündigen kann.

(3) Der Heimfallanspruch verjährt in sechs Monaten von dem Zeitpunkt an, in dem der Eigentümer von dem Eintritt der Voraussetzungen Kenntnis erlangt, ohne Rücksicht auf diese Kenntnis in zwei Jahren von dem Eintritt der Voraussetzungen an.

(4) Als Inhalt des Dauerwohnrechts kann vereinbart werden, dass der Eigentümer dem Berechtigten eine Entschädigung zu gewähren hat, wenn er von dem Heimfallanspruch Gebrauch macht. Als Inhalt des Dauerwohnrechts können Vereinbarungen über die Berechnung oder Höhe der Entschädigung oder die Art ihrer Zahlung getroffen werden.

Systematische Übersicht

Alphabetische Übersicht

I. Normentwicklung

1 § 36 WEG ist seit der Schaffung des WEG **unverändert**.

II. Überblick

2 § 36 WEG ist an Vorschriften des Erbbaurechtsgesetzes angelehnt (vgl § 2 Nr 4, §§ 3, 4, 32 ErbbauRG). **Abs 1** eröffnet die Möglichkeit, einen Rückübertragungsanspruch, den sog Heimfallanspruch, zum dinglichen Inhalt des Dauerwohnrechts zu machen. **Abs 2** gewährt dem Dauerwohnberechtigten jedoch den gleichen Schutz wie einem Mieter und schränkt die Geltendmachung des Heimfallanspruchs entsprechend ein. **Abs 3** regelt die Verjährung des Heimfallanspruchs. Nach **Abs 4** kann – wiederum in Anlehnung an das Erbbaurecht (§ 32 ErbbauRG) – der Dauerwohnberechtigte für den Heimfall entschädigt werden.

III. Heimfallanspruch (Abs 1)

1. Regelungszweck

3 Das Dauerwohnrecht kann zwar befristet, aber nicht unter eine auflösende Bedingung gestellt werden (§ 33 Abs 1 S 2 WEG). Auch eine Kündigung oder anderweitige einseitige Beendigung des Dauerwohnrechts durch den Eigentümer ist nicht vorgesehen. Bliebe es dabei, hätte der Eigentümer keine Möglichkeit, **auf sich ändernde Umstände zu reagieren**, selbst wenn diese schon absehbar sind. Abhilfe schafft der Heimfallanspruch: Der Dauerwohnberechtigte kann mit dinglicher Wirkung verpflichtet werden, sein Recht beim Eintritt zu bestimmender Voraussetzungen an den Eigentümer zu übertragen.

4 Die Vereinbarung eines Heimfallanspruchs ist das **funktionale Äquivalent zur auflösenden Bedingung**. Der Heimfallanspruch lässt das Dauerwohnrecht in seinem Bestand unberührt, verpflichtet den Dauerwohnberechtigten aber zur Übertragung. Diese Konstruktion hat gegenüber einer auflösenden Bedingung vor allem zwei Vorteile: Zum einen sichert sie die Stabilität des Dauerwohnrechts (näher § 33 WEG Rn 7). Denn der Eintritt der Voraussetzungen, der nicht selten unklar oder zwischen den

Parteien streitig ist, entzieht dem Recht nicht unmittelbar den Boden. Anstelle des Automatismus einer Bedingung tritt der Übertragungsanspruch des Eigentümers, dessen Bestand notfalls gerichtlich zu klären ist. Diese Klärung wird durch die relativ kurze Verjährungsfrist befördert (§ 36 Abs 3 WEG). Zum anderen eröffnet § 36 Abs 4 WEG die Möglichkeit, den Heimfall mit einer Entschädigung des Dauerwohnberechtigten zu verknüpfen, was bei einer auflösenden Bedingung nur mit erheblichen Gestaltungsaufwand möglich wäre.

2. Heimfallgründe (S 1)

Die Voraussetzungen, unter denen ein Heimfallanspruch bestehen soll, können vorbehaltlich der allgemeinen Schranken (§§ 134, 138 BGB) **beliebig** festgelegt werden (schon Weitnauer/Wirths [1. Aufl] § 36 Rn 2). Grenzen setzt die Bestimmtheit, die jedoch die Verwendung unbestimmter Rechtsbegriffe nicht verbietet (BGH 11. 7. 2003 – V ZR 56/02, NJW-RR 2003, 1524, 1524 f). Es genügt, wenn die Voraussetzungen so klar gefasst sind, dass ihr Eintritt notfalls gerichtlich geklärt werden kann. Denkbar ist die Anknüpfung an Pflichtverletzungen des Dauerwohnberechtigten (zB Zahlungsverzug, Zweckentfremdung, Unterlassung der vereinbarten Erhaltung), aber auch Lebensereignisse in dessen Person oder der Person des Eigentümers (zB Heirat oder Tod). Löst der Tod den Heimfall aus, erhält der Erbe das Recht mit der Verpflichtung, es herauszugeben (OLG Hamm 2. 2. 1965 – 15 W 286/64, NJW 1965, 1488). Die Anknüpfung des Heimfalls an eine Veräußerung des Dauerwohnrechts wird zum Teil mit Blick auf § 33 Abs 1 S 1 WEG für unzulässig erachtet; ähnliche Bedenken werden gegen eine Anknüpfung an den Tod des Dauerwohnberechtigten vorgebracht. § 33 Abs 1 S 1 WEG zielt jedoch allein auf die dingliche Veräußer- und Vererblichkeit des Dauerwohnrechts, die durch einen Heimfallanspruch nicht berührt wird; Nachteile an die Veräußerung oder den Tod zu knüpfen, verbietet sie nicht (**hM zum Tod**, etwa BeckOGK-WEG/Schulz [1. 6. 2022] § 36 Rn 7; BeckOK-WEG/Munzig [1. 3. 2022] § 36 Rn 13; **str. zur Veräußerung**, iE wie hier mit eingehender Begründung Mayer DNotZ 2003, 908, 924; BeckOK-WEG/Munzig [1. 3. 2022] § 36 Rn 14; aA etwa BeckOGK-WEG/Schulz [1. 6. 2022] § 36 Rn 8; MünchKomm/Krafka [9. Aufl] § 36 WEG Rn 3). Auch gegen die Anknüpfung an solche Voraussetzungen, die eine der Parteien willentlich herbeiführen kann – im Jargon der Bedingung: „Potestativ-Bedingungen" –, bestehen keine Bedenken. Weil § 36 Abs 1 S 1 WEG „bestimmte" Voraussetzungen verlangt, ist lediglich ein voraussetzungsloser Heimfallanspruch unwirksam (BeckOK-WEG/Munzig [1. 3. 2022] § 36 Rn 11; MünchKomm/Krafka [9. Aufl] § 36 WEG Rn 3; BeckOGK-WEG/Schulz [1. 6. 2022] § 36 Rn 9). 5

Soweit es sich um **Allgemeine Geschäftsbedingungen** handelt, sind die §§ 305 ff BGB zu beachten (vgl BGH 26. 6. 2015 – V ZR 144/14, NJW 2015, 3436 Rn 29 ff zum ErbbauRG). 6

3. Gesetzlicher Heimfallanspruch?

Zum Teil wird vertreten, dass sich ein Heimfallanspruch auch ohne entsprechende Vereinbarung aus **Treu und Glauben (§ 242 BGB)** ergeben könne (etwa BeckOGK-WEG/Schulz [1. 6. 2022] § 36 Rn 10). Richtig daran ist, dass der Eigentümer darauf reagieren können muss, wenn ihm der Fortbestand des Dauerwohnrechts unzumutbar geworden wird. Das belegt ein Vergleich zum Wohnungsrecht, das, obwohl es um Eigentum geht, eine Entziehung zulässt (vgl § 17 WEG). Rechtstechnisch braucht es dafür aber keinen gesetzlichen Heimfallanspruch. Näher liegt es, dem schuldrechtli- 7 chen Grundverhältnis eine entsprechende Rückübertragungsverpflichtung zu entnehmen.

4. Heimfallberechtigter und Abtrennungsverbot (S 2)

8 Vereinbart werden kann nach dem Wortlaut auch, dass das Dauerwohnrecht nicht an den Eigentümer, sondern an einen Dritten zu übertragen ist. Der Dritte muss nicht zwingend persönlich benannt sein. Dem Eigentümer kann auch ein – uneingeschränktes oder eingeschränktes – Bestimmungsrecht eingeräumt werden, das er spätestens im Rahmen der Erfüllung des Heimfallanspruchs ausüben muss, bis dahin aber auch ändern kann (BeckOK-WEG/Munzig [1. 3. 2022] § 36 WEG Rn 9). **Gläubiger** des Heimfallanspruchs ist jedoch stets der Eigentümer. Der Dritte erhält kein eigenes Forderungsrecht (Grüneberg/Wicke § 36 Rn 2); § 328 Abs 2 BGB findet keine Anwendung. Der Dritte kann jedoch zur Geltendmachung im eigenen Namen ermächtigt werden; er klagt dann als Prozessstandschafter. Das **Abtrennungsverbot** des § 36 Abs 1 S 2 WEG macht den Heimfallanspruch zum Bestandteil des Grundstücks (§ 96 BGB), der isoliert weder ge- noch verpfändet werden kann (BeckOGK/Schulz [1. 6. 2022] § 36 WEG Rn 4).

5. „Gebrauch machen", Erfüllung und Kosten

9 Der Heimfallanspruch ist ein Anspruch im Sinne des § 194 Abs 1 BGB. Er entsteht mit Eintritt seiner Voraussetzungen. Die Entstehung des Anspruchs hängt von **keiner gesonderten Erklärung** des Eigentümers ab (**aA** BeckOK-WEG/Munzig [1. 3. 2022] § 36 WEG Rn 17; BeckOGK/Schulz [1. 6. 2022] WEG § 36 Rn 4: formlose Erklärung); mit der vom Gesetz verwendeten Wendung „Gebrauch machen" (§ 36 Abs 2, Abs 4 S 1, § 37 Abs 2 WEG) ist nichts anderes als die Durchsetzung des Anspruchs gemeint. Ob der Anspruch bestehen bleibt, wenn seine Voraussetzungen nachträglich wieder wegfallen, ist eine Frage der Auslegung der Vereinbarung; im Zweifel ist nicht davon auszugehen, dass der Anspruch nachträglich wieder wegfällt (vgl BGH 29. 1. 1988 – V ZR 271/86, NJW-RR 1988, 715, 716 f zum ErbbauRG).

10 Erfüllt wird der Heimfallanspruch durch dingliche Übertragung des Dauerwohnrechts auf den Eigentümer. Das erfordert eine dingliche Einigung und die Eintragung in das Grundbuch (§ 873 BGB); beides ist materiell-rechtlich formfrei, grundbuchverfahrensrechtlich muss jedoch die Bewilligung des Dauerwohnberechtigten öffentlich beglaubigt werden (§ 19, § 29 Abs 1 S 1 GBO). Erwirbt der Eigentümer das Dauerwohnrecht, entsteht ein **„Eigentümer-Dauerwohnrecht"**, das er aufheben, weiterübertragen oder schlicht behalten kann.

11 Wer die **Kosten** des Heimfalls trägt, ist gesetzlich nicht geregelt. Vorbehaltlich einer abweichenden Vereinbarung folgt die Kostentragungspflicht dem allgemeinen Grundsatz, dass der Schuldner einer Leistung die zur Erfüllung erforderlichen Kosten zu tragen hat (Staudinger/Beckmann [2023] § 448 BGB Rn 2); belastet ist also der Dauerwohnberechtigte.

6. „Verzicht“

12 Verpflichtet ist nach dem Wortlaut des § 36 Abs 1 S 1 WEG nur der Dauerwohnberechtigte. Der Eigentümer kann sich auch dafür entscheiden, den entstandenen Heimfallanspruch nicht durchzusetzen; in der Regel verjährt er dann nach sechs Monaten (§ 36 Abs 3 WEG). Wenn er möchte, kann er auch auf ihn „verzichten“; rechtstechnisch verlangt dies freilich eine **Einigung mit dem Dauerwohnberechtigten** (allgemein zum Vertragsprinzip Staudinger/Rieble [2022] § 397 BGB Rn 1 ff). Dem Dauerwohnberechtigten bleibt es wiederum unbenommen – auch unabhängig vom Bestand eines Heimfallanspruchs – sein Recht einseitig aufzuheben (§ 875 Abs 1 S 1 BGB).

IV. Ausübungsbeschränkung bei „Mieterschutz“-Räumen (Abs 2)

1. Regelungszweck

13 Das Dauerwohnrecht wurde unter anderem dazu geschaffen, Baukostenzuschüsse des Mieters angemessen abzusichern (Vorbem 11 zu §§ 31–42 WEG). In diesen Fällen tritt das Dauerwohnrecht funktional an die Stelle eines Mietverhältnisses. § 36 Abs 2 WEG bezweckt, den **Bestandsschutz**, den ein Mieter nach den mietrechtlichen Vorschriften genießt, auf das Dauerwohnrecht zu übertragen. Das betrifft aber nur den Heimfall. Das WEG zielt nicht auf einen vollständig identischen Schutz von Mieter und Dauerwohnberechtigtem.

2. Anwendungsbereich: „Mieterschutz“-Räume

14 Abs 2 schränkt die Möglichkeit ein, einen vereinbarten Heimfallanspruch auszuüben, wenn die Räume, an denen das Dauerwohnrecht bestellt ist, dem „Mieterschutz unterliegen“. Damit nahm der historische Gesetzgeber **implizit Bezug auf das Mieterschutzgesetz** (idF v 15. Dezember 1942, RGBl I S 712). Dieses Gesetz wurde freilich schon zum 31. 12. 1965 aufgehoben (durch das Gesetz über den Abbau der Wohnungszwangswirtschaft und über ein soziales Miet- und Wohnrecht vom 23. 6. 1960, BGBl I, 389), ohne dass der Wortlaut des § 36 Abs 2 WEG seitdem jemals angepasst wurde. Umstritten ist deshalb, welchen Anwendungsbereich die Vorschrift heute noch hat. Das hängt von der Bedeutung des Begriffs „Mieterschutz“ ab. Drei Auslegungsvarianten kommen in Betracht:

15 Zum Teil wird vertreten, dass darin ein **starrer Verweis** auf die zum Zeitpunkt des Inkrafttretens des WEG bestehenden Mieterschutzvorschriften zu sehen sei, der mit deren Aufhebung ins Leere läuft (Hügel/Elzer § 36 Rn 5). Das überzeugt nicht. Denn die Vorschrift könnte ihr Ziel, den Dauerwohnberechtigten beim Heimfall wie einen Mieter zu schützen (Rn 13), nur so lange erreichen, wie die mieterschützenden Vorschriften nicht verändert werden. Dass aber gerade diese einem ständigen Wandel unterliegen, muss auch schon dem WEG-Gesetzgeber bewusst gewesen sein (vgl Staudinger/V Emmerich [2021] Vorbem 1 ff zu § 535 BGB zur Entwicklung des Mieterschutzes von der Schaffung des BGB bis zur Nachkriegszeit).

16 Ebenso wenig überzeugt es, in § 36 Abs 2 WEG zwar einen **dynamischen Verweis** zu sehen, der sich zugleich aber **allein auf das Mieterschutzgesetz** bezieht. Denn mit dessen Aufhebung wäre der Vorschrift ihr Anwendungsbereich vollständig entzogen

worden. Zudem verweist § 36 Abs 2 WEG eben nicht formal auf das Mieterschutzgesetz, sondern verwendet schlicht das Wort „Mieterschutz". Diesen Begriff kennt das BGB auch heute noch und verwendet ihn zur Beschreibung derjenigen Vorschriften, die die Beendigung eines Mietverhältnisses zum Schutz des Mieters erschwert (vgl § 549 Abs 2, § 573a Abs 2 BGB).

17 § 36 Abs 2 WEG ist deshalb wie ein **dynamischer Verweis auf diese mieterschützenden Vorschriften** zu lesen (hM etwa BeckOK-WEG/Munzig [1. 3. 2022] § 36 WEG Rn 21; MünchKomm/Krafka [8. Aufl 2021] § 36 WEG Rn 4; BeckOGK/Schulz [1. 6. 2022] § 36 WEG Rn 12). Nach heutigen Rechtsstand ist der Schutz des Mieters vor einer Beendigung seines Mietverhältnisses vor allem in den §§ 568 bis 576b BGB geregelt (näher zur Anwendbarkeit diese Vorschriften im Einzelnen BeckOK-WEG/Munzig [1. 3. 2022] § 36 WEG Rn 25 ff). Diese Vorschriften gelten grundsätzlich für alle Mietverhältnisse über Wohnraum. Ausnahmen enthält § 549 Abs 2 BGB: zum vorübergehenden Gebrauch vermieteter Wohnraum (Nr 1), unter bestimmten Voraussetzungen Wohnraum, der Teil der vom Vermieter selbst bewohnten Wohnung ist (Nr 2), und Wohnraum, den eine juristische Person des öffentlichen Rechts oder ein anerkannter privater Träger der Wohlfahrtspflege Personen mit dringendem Wohnungsbedarf überlassen hat (Nr 3). Diese Ausnahmen sind zu vernachlässigen, weil die Begründung eines Dauerwohnrechts insoweit praktisch fernliegt.

18 Vom „Mieterschutz" generell nicht erfasst sind Mietverhältnisse zu **gewerblichen Zwecken**; irrelevant ist die Vorschrift folglich für reine Dauernutzungsrechte. Wie nach den mietrechtlichen Vorschriften (MünchKomm/Bieber [8. Aufl 2020] § 549 BGB Rn 3) kommt es für die Einordnung nicht auf die objektive Eignung, sondern auf die subjektive Zwecksetzung an. Deshalb sind die Fälle problematisch, in denen das Dauerwohnrecht sowohl eine Wohn- als auch andere Nutzung erlaubt, der Dauerwohnberechtigte also selbst zur Zwecksetzung befugt ist. In Anlehnung an das Mietrecht ist der Schwerpunkt maßgeblich, zu dessen Ermittlung ausnahmsweise auch die objektiven Gegebenheiten heranzuziehen sind (vgl MünchKomm/Bieber [8. Aufl 2020] § 549 BGB Rn 6).

3. Mietrechtliche Parallelprüfung

19 § 36 Abs 2 WEG ordnet an, dass der Eigentümer einen bestehenden Heimfallanspruch nur geltend machen kann, wenn der dafür maßgebliche Grund auch ausreichen würde, ein zwischen ihm und dem Dauerwohnberechtigten fiktiv bestehendes Mietverhältnis zu beenden. Es muss deshalb eine mietrechtliche Parallelprüfung stattfinden. Diese Prüfung bezieht sich nach dem klaren Wortlaut nur auf die Gründe; etwaige mietrechtliche Kündigungsfristen spielen keine Rolle. Wenn der Grund, der den Heimfallanspruch auslöst, auch die Beendigung eines fiktiven Mietverhältnisses – wann auch immer – erlauben würde, steht § 36 Abs 2 WEG der Geltendmachung des Heimfallsanspruchs nicht im Weg.

20 Rechtstechnisch macht Abs 2 nicht die Vereinbarung eines Heimfallsanspruchs unwirksam, sondern steht dessen Geltendmachung als **Ausübungssperre** entgegen (BGH 23. 4. 1958 – V ZR 99/57, NJW 1958, 1289, 1290). Die Vorschrift wirkt ausschließlich zugunsten des Dauerwohnberechtigten und kann den Heimfallanspruch nicht selbst zur Entstehung bringen. Wenn Umstände vorliegen, die die Beendigung eines fiktiven

Mietverhältnisses erlauben würden, besteht ein Heimfallanspruch folglich nur dann, nur er vereinbart wurde.

Die Vorschrift betrifft nur das Verhältnis zwischen Eigentümer und Dauerwohnberechtigtem. Ist das Dauerwohnrecht vermietet, ist der Mieter beim Heimfall durch § 37 Abs 2 WEG geschützt. 21

V. Verjährung (Abs 3)

Der Heimfallanspruch verjährt in sechs Monaten ab Kenntnis des Eigentümers, spätestens jedoch zwei Jahre nach seiner Entstehung. Die Vorschrift verhindert in Anlehnung des § 4 ErbbauRG die Unverjährbarkeit des Anspruchs, die sich sonst aus § 902 BGB ergäbe. 22

Die Kenntnis des Eigentümers muss sich nach dem klaren Wortlaut nur aus die tatsächlichen Voraussetzungen beziehen, die den Heimfallanspruch auslösen. Ob der Eigentümer daraus den rechtlichen Schluss zieht, dass ihm ein Heimfallanspruch zusteht, ist irrelevant; ein Rechtsirrtum hemmt den Fristbeginn nicht. Erforderlich ist jedoch die positive Kenntnis; auch grob fahrlässige Unkenntnis genügt nicht (BeckOK-WEG/Munzig [1. 3. 2022] § 36 WEG Rn 29). 23

Im Übrigen gelten die allgemeinen Vorschriften des Verjährungsrechts, insbesondere zu Hemmung und Neubeginn (§§ 203 ff BGB). 24

VI. Entschädigung (Abs 4)

Die Ereignisse, die einen Heimfallanspruch begründen, können beliebig vereinbart werden (Rn 5). Je nachdem, welche Ereignisse vereinbart werden, kann es angemessen sein, dem Dauerwohnberechtigten eine Entschädigung für den Verlust seines Rechts zu gewähren. § 36 Abs 3 WEG eröffnet die Möglichkeit, einen solchen Entschädigungsanspruch zum dinglichen Inhalt des Rechts zu machen. Ob von ihr Gebrauch gemacht wird, steht im Belieben der Parteien. Wird ein Heimfallanspruch vereinbart, müssen sich die Parteien jedoch zu einer möglichen Entschädigung verhalten (§ 32 Abs 3 WEG) und sei es auch nur durch eine Negativerklärung, die eine solche ausdrücklich ausschließt. 25

1. Höhe

Die Höhe der Entschädigung steht folgerichtig ebenso im Belieben der Parteien. Daran ändert auch § 41 Abs 3 WEG nichts: Bei langfristigen Dauerwohnrechten ist der Eigentümer zwar zu einer angemessenen Entschädigung verpflichtet, die Vorschrift zwingt aber nicht zu einer entsprechenden Vereinbarung, sondern begründet notfalls einen Entschädigungsanspruch unabhängig von jeder Vereinbarung. 26

Möglichkeiten und Grenzen einer Regelung ergeben sich aus § 36 Abs 3 S 2. Wie sich aus dessen Wortlaut ergibt („Zahlung“), können nur Geldleistungen vereinbart werden. Deren Höhe muss aber nicht betragsmäßig fixiert sein. Zulässig sind auch Vereinbarungen, die sich auf die Berechnung der Entschädigung beschränken. Ausreichend ist es, wenn die Höhe der Entschädigung bestimmbar ist, wobei auch Be- 27 stimmungsrechte durch eine Partei (§ 315 BGB) oder Dritte (§ 317 BGB) vereinbart werden können. Von letzterem kann insbesondere dann Gebrauch gemacht werden, wenn die Entschädigung vom Wert der Wohnung abhängen soll und dieser durch einen Sachverständigen zu bestimmen ist. Geregelt werden kann schließlich auch die Art der Zahlung, also etwa ob die Entschädigung in einem Betrag oder ratierlich fällig wird. Eine Verzinsung kann – als Vereinbarung über die Berechnung der Entschädigung – geregelt werden.

28 Wird eine Entschädigung vereinbart, aber unter Verstoß gegen § 32 Abs 5 WEG ohne deren Höhe zu regeln, ist im Zweifel von einer im Sinne des § 41 Abs 3 WEG angemessenen Entschädigung auszugehen (BeckOGK/Schulz [1. 6. 2022] § 36 WEG Rn 15).

2. Entstehung und Fälligkeit

29 Der Entschädigungsanspruch entsteht in dem Moment, in dem der **Heimfallanspruch erfüllt** wird, also der Eigentümer selbst dinglicher Inhaber des Dauerwohnrechts wird. Diese Erfüllung meint das Gesetz, wenn es vom Gebrauch-Machen des Heimfallanspruchs spricht (vgl auch BGH 20. 4. 1990 – V ZR 301/88, NJW 1990, 2067, 2067 f zu § 32 Abs 1 ErbbauRG). Bei zwischenzeitlicher Veräußerung des Dauerwohnrechts oder des Grundstücks ist folglich Gläubiger des Entschädigungsanspruchs der Dauerwohnberechtigte, der sein Recht verliert, und Schuldner der Eigentümer, der es erwirbt.

30 Der Entschädigungsanspruch wird – vorbehaltlich einer abweichenden Vereinbarung – im Moment seine Entstehung **fällig** (§ 271 Abs 1 Alt 1 BGB). Dem Eigentümer steht gleichwohl ein Zurückbehaltungsrecht nach § 273 Abs 1 BGB hinsichtlich des Heimfallanspruchs zu, denn dafür genügt es, dass die Entschädigungsforderung mit der Erfüllung des Heimfallanspruchs entsteht und fällig wird (BGH 22. 11. 1991 – V ZR 187/90, NJW 1992, 1454, 1455).

3. Verjährung

31 Die Verjährung des Entschädigungsanspruchs regelt das WEG nicht speziell, insbesondere betrifft § 36 Abs 3 WEG nur den Heimfallanspruch. Als „Gegenleistung [für] die Übertragung […] eines Rechts an einem Grundstück" verjährt der Entschädigungsanspruch in zehn Jahren (§ 196 BGB) ab seiner Fälligkeit (§ 200 S 1 BGB – zur Maßgeblichkeit der Fälligkeit Staudinger/Peters/Jacoby [2019] § 199 BGB Rn 4 f).

§ 37 WEG
Vermietung

(1) Hat der Dauerwohnberechtigte die dem Dauerwohnrecht unterliegenden Gebäude- oder Grundstücksteile vermietet oder verpachtet, so erlischt das Miet- oder Pachtverhältnis, wenn das Dauerwohnrecht erlischt.

(2) Macht der Eigentümer von seinem Heimfallanspruch Gebrauch, so tritt er oder derjenige, auf den das Dauerwohnrecht zu übertragen ist, in das Miet- oder Pachtverhältnis ein; die Vorschriften der §§ 566 bis 566e des Bürgerlichen Gesetzbuchs gelten entsprechend.

(3) Absatz 2 gilt entsprechend, wenn das Dauerwohnrecht veräußert wird. Wird das Dauerwohnrecht im Wege der Zwangsvollstreckung veräußert, so steht dem Erwerber ein Kündigungsrecht in entsprechender Anwendung des § 57a des Gesetzes über die Zwangsversteigerung und die Zwangsverwaltung zu.

Systematische Übersicht

Alphabetische Übersicht

I. Normentwicklung

1 § 37 WEG ist seit der Schaffung des WEG **inhaltlich unverändert**. Durch das Mietrechtsreformgesetz vom 19. 6. 2021 (BGBl I 1149) wurde lediglich die Verweisung in Abs 2 den geänderten mietrechtlichen Vorschriften angepasst.

II. Überblick

2 Das Dauerwohnrecht berechtigt auch zur Vermietung (Vorbem 3 zu §§ 31–42 WEG). § 37 WEG regelt das Schicksal des Mietvertrags, wenn das vermietete Dauerwohnrecht erlischt (Abs 1), es heimfällt (Abs 2) oder veräußert wird (Abs 3). Diese Vorschriften gelten auch dann, wenn zwischen Eigentümer und Dauerwohnberechtigtem ein Vermietungsverbot vereinbart wurde (vgl § 33 Abs 4 Nr 1 WEG); denn dieses Verbot wirkt nur im Innenverhältnis, steht aber Wirksamkeit eines Mietvertrags nicht entgegen (§ 33 WEG Rn 21).

III. Erlöschen (Abs 1)

1. Systematische Einordnung und Regelungszweck

3 Bei jeder **Besitzrechtskette** stellt sich die Frage, wie sich der Wegfall eines Gliedes auf

die anderen Glieder auswirkt. Leitet der Mieter sein Besitzrecht nicht unmittelbar vom Eigentümer, sondern von einem Dritten ab, hat der Wegfall des Besitzrechts des Dritten nach allgemeinen Vorschriften auch den Wegfall des Besitzrechts des Mieters zur Folge (vgl § 985, § 986 Abs 1 S 1 Alt 2 BGB). Das vermittelnde Besitzrecht kann schuldrechtlicher Natur sein (zB bei der Untervermietung ein eigener Mietvertrag des Dritten) oder dinglicher Natur (zB Nießbrauch, Erbbau- oder Dauerwohnrecht). Die Folgen des Wegfalles dieses Besitzrechts für den Mieter regelt das Gesetz ganz unterschiedlich. Die jeweiligen gesetzgeberischen Entscheidungen sind zu respektieren, wenngleich rechtspolitisch kein überzeugender Grund für die Differenzierung ersichtlich ist. Fällt zB der Hauptmietvertrag weg, ist der Untermieter grundsätzlich ungeschützt; lediglich bei gewerblicher Weitervermietung ordnet § 565 BGB den Übergang des Mietverhältnisses auf den Eigentümer an und dies auch erst seit 1993 (durch das Vierte Gesetz zur Änderung mietrechtlicher Vorschriften v 21. 7. 1993, BGBl 1993 I 1257). Erlischt dagegen ein Nießbrauch oder ein Erbbaurecht, geht das Mietverhältnisses auf den Eigentümer über (vgl § 1056 Abs 1 BGB, § 30 Abs 1 ErbbauRG). Der Eigentümer kann jedoch unter erleichterten, im Detail nicht identischen Voraussetzungen kündigen (vgl § 1056 Abs 2 und 3 BGB, § 30 Abs 2 und 3 ErbbauRG). Für das Dauerwohnrecht hat sich der Gesetzgeber am Grundmodell der Untervermietung orientiert (Weitnauer/Wirths [1. Aufl] § 37 Rn 2): Der Mieter eines Dauerwohnrechts verliert seine Wohnung, wenn das Dauerwohnrecht erlischt (§ 37 Abs 1 WEG).

4 § 37 Abs 1 WEG schützt aber nicht nur die Interessen des Eigentümers, sondern auch die des Dauerwohnberechtigten. Denn um dem Eigentümer die Herausgabe zu ermöglichen, hätte es gar keiner Regelung gebraucht; auch das Schweigen des Gesetzes hätte den Weg zu § 985 BGB freigemacht. Indem es das Erlöschen des Mietvertrags anordnet, **schützt es den Dauerwohnberechtigten** vor Schadensersatzansprüchen des Mieters wegen Unmöglichkeit. Über die Schutzbedürftigkeit des Dauerwohnberechtigten kann man freilich im Einzelfall streiten: Für das Erlöschen in der Zwangsversteigerung wird er in aller Regel nichts können. Dass das Dauerwohnrecht aufgrund Zeitablaufs erlöschen wird, weiß er zwar beim Abschluss des Mietvertrags; andererseits erlaubt ihm das Mietrecht Befristungen nur in engen Grenzen (vgl § 575 BGB).

5 § 37 Abs 1 WEG **eröffnet Gestaltungen**, die zwingende Regelungen des Mietrechts aushebeln. Angesichts der klaren gesetzgeberischen Entscheidung rechtfertigen diese rein rechtspolitischen Bedenken aber keine einschränkende Auslegung. In Extremfällen ist der Mieter durch § 826 BGB geschützt (Rn 8, 10).

2. Abhängigkeit des Mietvertrags vom Dauerwohnrecht

6 § 37 Abs 1 WEG ordnet an, dass ein Miet- oder Pachtvertrag im selben Moment erlischt, in dem das Dauerwohnrecht erlischt. Die Vorschrift differenziert dabei nicht zwischen der Vermietung von Wohnräumen und der Vermietung sonstiger Räume. Andere Verträge, die zur Nutzung berechtigten (zB Leihverträge), werden dagegen nicht erfasst; praktische Relevanz hat dies wegen § 985 BGB nur für etwaige Schadenersatzansprüche (Rn 10).

Der **Grund für das Erlöschen** spielt keine Rolle. Denkbar sind: rechtsgeschäftliche Aufhebung, auflösende Befristung und Zuschlag in der Zwangsversteigerung. 7

Umstritten ist, ob § 37 Abs 1 WEG auch dann anwendbar ist, wenn das Mietverhältnis schon bestand, als das Dauerwohnrecht bestellt wurde (dafür BeckOK-WEG/Munzig [1. 3. 2022] § 37 WEG Rn 2; BeckOGK/Schulz § 37 WEG Rn 5; aA Hügel/Elzer § 37 WEG Rn 1). Klar ist, dass der Dauerwohnberechtigte mit der Entstehung seines Rechts zunächst in den Mietvertrag (§§ 567, 566 BGB) bzw Pachtvertrag (§ 581 Abs 2 BGB) eintritt. Ist der Bestand des Mietverhältnisses auch in diesem Fall über § 37 Abs 1 WEG an das Dauerwohnrecht gekoppelt, könnte sich der Eigentümer über die Begründung und anschließende Aufhebung eines Dauerwohnrechts eines ungeliebten Mietverhältnisses entledigen. Diese Missbrauchsmöglichkeit sollte aber nicht die allgemeine Auslegung bestimmen, zumal der Vorschrift das Risiko inhärent ist, dass durch die Aufhebung eines Dauerwohnrechts missbräuchlich auf den Bestand eines Mietverhältnisses eingewirkt wird. Vorzugswürdig ist es deshalb, in Missbrauchsfällen § 826 BGB heranzuziehen und einen Anspruch auf Neuabschluss des Mietvertrags zu gewähren. 8

§ 37 Abs 1 WEG gilt nach seinem Wortlaut auch dann, wenn das Mietverhältnis zuvor nach § 37 Abs 2 BGB auf den Eigentümer übergegangen ist. Das ist stimmig, weil auch der Eigentümer in diesem Fall als (Eigen-)Dauerwohnberechtigter vermietet. 9

3. Ansprüche des Mieters

§ 37 Abs 1 WEG führt zum Erlöschen des Mietverhältnisses. Schadensersatzansprüche etwa aus § 536 Abs 3 BGB können deshalb nicht mehr entstehen. Die analoge Anwendung dieser Vorschrift, die verbreitet befürwortet wird (BeckOK-WEG/Munzig [1. 3. 2022] § 37 WEG Rn 9; Grüneberg/Wicke § 37 Rn 2), widerspräche dem Zweck des § 37 Abs 1 WEG, den Dauerwohnberechtigten zu privilegieren (dazu Rn 4). Nicht ausgeschlossen ist dagegen ein Schadensersatzanspruch aus § 826 BGB (Hügel/Elzer § 37 Rn 1); er liegt nahe, wenn der Dauerwohnberechtigte das Erlöschen des Dauerwohnrechts nur herbeigeführt hat, um sich des Mietvertrags zu entledigen. Der Anspruch ist in erster Linie auf Neubegründung des Dauerwohnrechts gerichtet, hilfsweise, wenn die Neubegründung an der Mitwirkung des Eigentümers scheitert, auf Geld. 10

IV. Veräußerung (Abs 3) und Heimfall (Abs 2) des Dauerwohnrechts

Wird das Dauerwohnrecht veräußert oder kommt es zum Heimfall, tritt der Erwerber bzw Eigentümer in das bestehende Miet- oder Pachtverhältnis ein (§ 37 Abs 3 S 1, Abs 2 WEG). **Veräußerung** meint jede dingliche Sondernachfolge als Inhaber des Dauerwohnrechts. Dies erfolgt in der Regel durch Einigung und Grundbucheintragung (Vorbem 33 zu §§ 31–42 WEG). Auch die Veräußerung im Wege der Zwangsvollstreckung ist, wie § 37 Abs 3 S 2 WEG zeigt, eine Veräußerung in diesem Sinne. Für Gesamtrechtsnachfolgen (z B § 1922 Abs 1 BGB oder § 20 Abs 1 Nr 1 UmwG) braucht es § 37 Abs 3 S 1 WEG dagegen nicht, weil der Mietvertrag ohnehin auf den Gesamtrechtsnachfolger übergeht. 11

12 Mit dem **Gebrauch-Machen des Heimfallanspruchs** bezieht sich § 37 Abs 2 WEG auf das dingliche Geschäft, mit dem das Dauerwohnrecht auf den Grundstückseigentümer oder einen von diesem bezeichneten Dritten übertragen wird (BeckOK-WEG/Munzig [1. 3. 2022] § 37 WEG Rn 12). Abs 2 ist damit ein Unterfall der Veräußerung nach Abs 3; so rechtfertigt sich auch die identische Regelung beider Fälle. *De lege ferenda* wäre es freilich systematisch stimmiger, die Absätze 2 und 3 zu tauschen: Die Veräußerung ist der Grundfall, dessen Vorschriften für den Heimfall entsprechend gelten.

13 In beiden Fällen finden die **§§ 566 bis 566e BGB entsprechende Anwendung**. Im Kern tritt der Eigentümer demnach anstelle des Dauerwohnberechtigten in das Mietverhältnis ein (§ 566 Abs 1 BGB), der jedoch für die Erfüllung der Pflichten grundsätzlich wie ein Bürge haftet (§ 566 Abs 2 BGB). Keine Anwendung finden die §§ 567a und 567b BGB, die ohnehin nur Details modifizieren; ihre analoge Anwendung scheitert am – auch schon in der Ursprungsfassung des WEG („§§ 571 bis 576") – klaren Wortlaut der Vorschrift.

14 Der **Erwerber im Wege der Zwangsvollstreckung** wird insoweit privilegiert, als dass er das Mietverhältnis entsprechend § 57a ZVG kündigen kann (§ 37 Abs 3 S 2 WEG). Das bedeutet freilich im Ergebnis nur, dass vertragliche Kündigungsfristen und -beschränkungen unbeachtlich sind; um überhaupt kündigen zu können, braucht der Erwerber bei Wohnraum nach § 573d Abs 1, § 573 BGB ein berechtigtes Interesse (statt aller MünchKomm/Häublein [8. Aufl 2020] § 573 BGB Rn 27). Für die Anwendung der Vorschrift spielt es keine Rolle, ob das Dauerwohnrecht im Rahmen der Zwangsvollstreckung versteigert oder freihändig verkauft wird (BeckOGK/Schulz § 37 WEG Rn 7; BeckOK-WEG/Munzig [1. 3. 2022] § 37 WEG Rn 21).

15 Reihen sich **mehrere Veräußerungen bzw Heimfälle** aneinander, tritt der jeweilige Erwerber erneut in das Mietverhältnis ein (iE auch BeckOK-WEG/Munzig [1. 3. 2022] § 37 WEG Rn 9, der dafür jedoch unnötigerweise § 567b BGB analog heranziehen möchte). Das muss auch dann gelten, wenn der Eigentümer zwischenzeitlich selbst Vermieter war (zB aufgrund eines ausgeübten Heimfallanspruchs), denn § 37 Abs 3 S 1 WEG unterscheidet nicht zwischen Fremd- und Eigentümerdauerwohnrechten; zudem wäre es wenig überzeugend, die Bestellung eines Dauerwohnrechts durch den Eigentümer, der zu einem Eintritt des Berechtigten nach § 567 BGB führt, und die funktional äquivalente Übertragung eines Eigentümerdauerwohnrechts unterschiedlich zu behandeln.

V. Veräußerung des Grundstücks

16 Keine gesetzliche Regelung haben die Folgen einer Veräußerung des Grundstücks für das Mietverhältnis gefunden. Sie ist entbehrlich, weil die Veräußerung des Grundstücks keinen Einfluss auf den Bestand des Dauerwohnrechts hat und damit auch das Mietverhältnis unberührt bleibt.

VI. Abdingbarkeit

17 § 37 WEG betrifft das Verhältnis zum Mieter. Weil dieser an den Vereinbarungen über das Dauerwohnrecht nicht beteiligt ist, können die Vorschriften auch nicht mit

Wirkung ihm gegenüber abbedungen werden. Der Rechtsklarheit wegen gilt dies auch für § 37 Abs 1 WEG, wenngleich dessen Abbedingung in der Regel zugunsten des Mieters wirken würde.

§ 38 WEG
Eintritt in das Rechtsverhältnis

(1) Wird das Dauerwohnrecht veräußert, so tritt der Erwerber an Stelle des Veräußerers in die sich während der Dauer seiner Berechtigung aus dem Rechtsverhältnis zu dem Eigentümer ergebenden Verpflichtungen ein.

(2) Wird das Grundstück veräußert, so tritt der Erwerber an Stelle des Veräußerers in die sich während der Dauer seines Eigentums aus dem Rechtsverhältnis zu dem Dauerwohnberechtigten ergebenden Rechte ein. Das gleiche gilt für den Erwerb auf Grund Zuschlages in der Zwangsversteigerung, wenn das Dauerwohnrecht durch den Zuschlag nicht erlischt.

Systematische Übersicht

Alphabetische Übersicht

I. Normentwicklung

1 Die Vorschrift ist seit der Schaffung des WEG im Jahr 1951 **unverändert**.

II. Regelungszweck

2 Der dingliche Inhalt des Dauerwohnrechts bindet im Veräußerungsfall den Erwerber des Dauerwohnrechts bzw des Grundstücks ohne weiteres. § 38 WEG geht darüber hinaus, indem diese **Bindung auf die schuldrechtlichen Abreden erweitert** wird. Das betrifft vor allem wiederkehrende Zahlungsansprüche des Eigentümers, die als Gegenleistung für die Einräumung des Dauerwohnrechts begründet wurden. Die in § 38 WEG gewählte Konstruktion, schuldrechtliche Rechtsbeziehung im Zuge einer Veräußerung übergehen zu lassen, ist außergewöhnlich und allenfalls mit der mietrechtlichen Vorschrift des § 566 BGB vergleichbar. Sie war notwendig, weil Zahlungsan-

sprüche des Eigentümers sonst nicht angemessen abgesichert werden können: Zum dinglichen Inhalt des Dauerwohnrechts können sie nicht gemacht werden (vgl § 33 Abs 4 WEG); das Dauerwohnrecht kann auch nicht – wie etwa das Erbbaurecht – mit einer entsprechenden Reallast belastet werden (§ 33 WEG Rn 19). Aufgrund der Bedingungsfeindlichkeit des Dauerwohnrechts (§ 33 Abs 1 S 2 WEG) ist auch eine auflösende Bedingung auf die Nicht-Zahlung unmöglich.

III. Tatbestand: Veräußerung des Dauerwohnrechts (Abs 1) bzw des Grundstücks (Abs 2)

3 § 38 Abs 1 WEG betrifft die **Veräußerung** des Dauerwohnrechts, § 38 Abs 2 WEG die Veräußerung des Grundstücks. Veräußerung meint in beiden Fällen die Sondernachfolge in das dingliche Recht, die in der Regel mit der Eintragung des Inhaber- bzw Eigentümerwechsels im Grundbuch erfolgt, soweit nicht ausnahmsweise die dingliche Einigung nachfolgt. Der Rechtsgrund für die Veräußerung ist ohne Bedeutung, insbesondere spielt es keine Rolle, ob der Veräußerung ein entgeltliches oder unentgeltliches Rechtsgeschäft zugrunde liegt. Bei einer Gesamtrechtsnachfolge etwa durch Erbfall (§ 1922 Abs 1 BGB) oder Verschmelzung (§ 20 Abs 1 Nr 1 UmwG) kommt § 38 Abs 1 WEG nicht zur Anwendung. Der Gesamtrechtsnachfolger tritt ohnehin in alle schuldrechtlichen Rechtsbeziehungen seines Rechtsvorgängers ein und zwar sowohl in die sich daraus ergebenden Rechte als auch die sich daraus ergebenden Rechte.

4 Der Veräußerung des Grundstücks gleichgestellt ist der **Erwerb in der Zwangsversteigerung** (§ 90 Abs 1 ZVG), aber freilich nur, wenn das Dauerwohnrecht dadurch nicht erlischt (§ 38 Abs 2 S 2 WEG).

IV. Rechtsfolge: Eintritt

5 § 38 Abs 1 und 2 WEG bewirken jeweils, dass der jeweilige Erwerber in das Rechtsverhältnis, das dem Dauerwohnrecht zugrunde liegt, eintritt. Rechtsverhältnis meint dabei das Schuldverhältnis, das den Rechtsgrund für die Bestellung des Dauerwohnrechts bildet (dazu Vorbem 28 zu §§ 31–42 WEG). Umstritten ist, wie weit dieser Eintritt reicht: Nach dem Wortlaut geht es allein um die **„Verpflichtungen“** des Dauerwohnberechtigten gegenüber dem Eigentümer (Abs 1) bzw – spiegelbildlich – die „Rechte“ des Eigentümers gegenüber dem Dauerwohnberechtigten. Eine verbreitete Ansicht will die Vorschrift gleichwohl erweiternd dahingehend verstehen, dass der jeweilige Erwerber **vollständig** in das Schuldverhältnis eintritt (etwa Hügel/Elzer § 38 Rn 3; Grüneberg/Wicke § 38 Rn 1). Der neue Dauerwohnberechtigte soll also auch alle Rechte seines Rechtsvorgängers gegenüber dem Eigentümer geltend machen können bzw der neue Eigentümer allen Rechten des alten Dauerwohnberechtigten ausgesetzt sein. Diese Sichtweise scheint schon in der Gesetzesbegründung an, die beispielhaft etwa Regelungen für Sach- und Rechtsmängel nennt (BR-Drs 75/51, S 28). Sie begründet jedoch die Gefahr, dass die Bedeutung des dinglichen und im Grundbuch verlautbarten Inhalts des Dauerwohnrechts praktisch hinter schuldrechtliche, formfrei mögliche Vereinbarungen zurücktritt. Um dieser Aushöhlung des dinglichen Rechts entgegen zu wirken, ist die diese Ansicht gezwungen, § 38 WEG wiederum nur auf solche schuldrechtlichen Vereinbarungen anzuwenden, die nicht zum dinglichen Inhalt des Dauerwohnrechts gemacht werden können (etwa Hügel/Elzer § 38 Rn 3; Grüneberg/Wicke § 38 Rn 1). Die damit einhergehenden Abgrenzungsprobleme

vermeidet, wer den Wortlaut ernst nimmt (dafür auch BeckOK-WEG/Munzig § 38 WEG Rn 13; Weitnauer DNotZ 1951, 486, 495; Lehmann RNotZ 2011, 1, 28). Die durch den Wortlaut vorgegebene Auslegung genügt, um den Zweck der Vorschrift zu erreichen, nämlich die Entgeltforderung im Veräußerungsfall zu sichern (Rn 2).

§ 38 WEG bewirkt eine **befreiende („an Stelle des Veräußerers") Schuldübernahme** 6
durch den Erwerber. Sie bezieht sich ausschließlich auf die sich „während der Dauer seiner Berechtigung aus dem Rechtsverhältnis zu dem Eigentümer ergebenden" Verpflichtungen. Der Erwerber haftet also nicht schlechterdings für alle Verbindlichkeiten aus diesem Rechtsverhältnis, sondern nur für die diejenigen, die fällig werden, während er Berechtigter des Dauerwohnrechts ist (BeckOK-WEG/Munzig § 38 WEG Rn 16). Für bereits zuvor fällig gewordene Verbindlichkeiten haftet allein der Veräußerer.

Irrelevant ist die Kenntnis des Erwerbers; ein **gutgläubiger Erwerb ist nicht möglich** 7
(Grüneberg/Wicke § 38 Rn 1; BeckOK-WEG/Munzig § 38 WEG Rn 9).

§ 39 WEG
Zwangsversteigerung

(1) Als Inhalt des Dauerwohnrechts kann vereinbart werden, dass das Dauerwohnrecht im Fall der Zwangsversteigerung des Grundstücks abweichend von § 44 des Gesetzes über die Zwangsversteigerung und die Zwangsverwaltung auch dann bestehen bleiben soll, wenn der Gläubiger einer dem Dauerwohnrecht im Rang vorgehenden oder gleichstehenden Hypothek, Grundschuld, Rentenschuld oder Reallast die Zwangsversteigerung in das Grundstück betreibt.

(2) Eine Vereinbarung gemäß Absatz 1 bedarf zu ihrer Wirksamkeit der Zustimmung derjenigen, denen eine dem Dauerwohnrecht im Rang vorgehende oder gleichstehende Hypothek, Grundschuld, Rentenschuld oder Reallast zusteht.

(3) Eine Vereinbarung gemäß Absatz 1 ist nur wirksam für den Fall, dass der Dauerwohnberechtigte im Zeitpunkt der Feststellung der Versteigerungsbedingungen seine fälligen Zahlungsverpflichtungen gegenüber dem Eigentümer erfüllt hat; in Ergänzung einer Vereinbarung nach Absatz 1 kann vereinbart werden, dass das Fortbestehen des Dauerwohnrechts vom Vorliegen weiterer Voraussetzungen abhängig ist.

Systematische Übersicht

Alphabetische Übersicht

I. Normentwicklung

1 § 39 WEG ist seit der Schaffung des WEG **unverändert**.

II. Regelungszweck

2 In der Zwangsversteigerung erlöschen mit dem Zuschlag grundsätzlich alle dinglichen Rechte, die nicht in das geringste Gebot fallen (§ 91 Abs 1, § 52, § 44 Abs 1 ZVG). Bei wirtschaftlich-sozial besonders bedeutsamen Rechten versucht das Gesetz häufig, diese **Untergangsgefahr zu bannen**. Dafür beschreitet er verschiedene Wege: Das Wohnungseigentum baut gerade auch aus diesem Grund auf dem Miteigentum auf und ist nicht als beschränkt dingliches Recht ausgestaltet; so kann es in der Zwangsversteigerung von vornherein nicht untergehen (vgl BT-Drucks 75/51, 9). Für das Erbbaurecht fordert das Gesetz zwingend die erste Rangstelle (§ 10 Abs 1 S 1 ErbbauRG). Beim Dauerwohnrecht hat der Gesetzgeber einen anderen Ansatz gewählt (BT-Drucks 75/51, 28: „bisher nicht bekannte Rechtsgestaltung"; vgl auch Weitnauer/Wirths [1. Aufl] § 39 Rn 1 zur Diskussion im Vorfeld): Das von den Vorschriften des ZVG abweichende Bestehenbleiben in der Zwangsversteigerung kann zum Inhalt des Dauerwohnrechts gemacht werden (Abs 1). Weil das die vor- und gleichrangigen Gläubiger belastet, ist dafür aber deren Zustimmung erforderlich (Abs 2). Um diese Zustimmung zu erleichtern, steht das Bestehenbleiben unter dem Vorbehalt der bisherigen Zahlungstreue (Abs 3; Weitnauer/Wirths [1. Aufl] § 39 Rn 2). § 39 WEG hält sich damit durchaus im System des ZVG: Die Vorschrift ermöglicht es, zum dinglichen Inhalt des Dauerwohnrechts zu machen, was sonst durch Erklärungen im konkreten Zwangsversteigerungsverfahren bewirkt werden könnte (vgl § 59 ZVG). Diese Konstruktion wurde später auf die Erbbauzinsreallast übertragen (vgl § 9 Abs 3 S 1 ErbbauRG).

3 Darüber hinaus soll § 39 WEG eine Schlechterstellung des Dauerwohnberechtigten gegenüber einem Mieter verhindern (BT-Drucks 75/51, S 28 f). Denn Mietverhältnisse gehen weitgehend unbeschadet auf den Ersteher über (§ 57 ZVG, § 566 BGB); § 57a ZVG erlaubt zwar eine außerordentliche Kündigung, die aber nach § 573d Abs 1, § 573 BGB bei Wohnraum ein berechtigtes Interesse voraussetzt (statt aller MünchKomm/Häublein [8. Aufl 2020] § 573 BGB Rn 27).

III. Fortbestehensvereinbarung (Abs 1)

4 Als dinglicher Inhalt des Dauerwohnrechts kann vereinbart werden, dass das Dauerwohnrecht im Fall der Zwangsversteigerung oder Zwangsverwaltung auch dann bestehen bleibt, wenn vor- oder gleichrangige Gläubiger vollstrecken. Das gilt aber nur für Hypotheken-, Grund- und Rentenschuld- sowie Reallastgläubiger. Nach § 10 Abs 1 Nr 1 bis 3 ZVG stets vorrangige Gläubiger, also insbesondere die öffentliche Hand, werden durch eine solche Vereinbarung nicht berührt (BT-Drucks 75/51, 29).

Die Vereinbarung kann und muss zum **dinglichen Inhalt des Dauerwohnrechts** gemacht werden, also zumindest im Weg der Bezugnahme in das Grundbuch (§ 32 Abs 2 S 1 WEG) eingetragen werden. Verbreitet wird mit Verweis auf die ansonsten auftretenden praktischen Probleme im Versteigerungsverfahren sogar eine ausdrückliche Eintragung verlangt (MünchKomm/Krafka § 32 WEG Rn 6; Hügel/Elzer [3. Aufl 2021] § 39 WEG Rn 2; BeckOGK/Schulz [1. 6. 2022] § 32 WEG Rn 9). Weil dafür aber die normative Grundlage fehlt, muss eine Bezugnahme genügen (so auch BeckOK-WEG/Munzig [1. 3. 2022] § 39 WEG Rn 14). 5

IV. Zustimmungsbedürftigkeit (Abs 2)

Eine Fortbestehensvereinbarung schränkt die Rechte vor- oder gleichrangiger privater Gläubiger ein, die aus ihrem Recht die Zwangsversteigerung betreiben könnten, also Hypotheken-, Grund- und Rentenschuld- sowie Reallastgläubiger. § 39 Abs 2 WEG verlangt deshalb deren **Zustimmung**. Fehlt sie, ist die Fortbestehensvereinbarung unwirksam. Stimmt nur ein Teil dieser Gläubiger zu, wirkt die Vereinbarung nur ihnen gegenüber (näher zu den Konsequenzen in der Zwangsversteigerung BeckOK-WEG/Munzig [1. 3. 2022] § 39 WEG Rn 27 ff). Ist das Recht wiederum mit einem Nießbrauch oder Pfandrecht belastet, bedarf es auch der Zustimmungen des Pfandrechtsinhabers (§ 1071 Abs 2 BGB) bzw Nießbrauchers (§ 1276 Abs 2 BGB), da die Zustimmung der Sache nach eine Änderung des Rechts bewirkt (Weitnauer/Wirths [1. Aufl] § 39 Rn 11). 6

Die Zustimmung bedarf keiner **Form**. Richtigerweise ist sie wahlweise gegenüber dem Eigentümer oder dem Dauerwohnberechtigten zu erklären (§ 182 Abs 1 BGB), analog § 59 Abs 1 S 3 ZVG alternativ auch gegenüber dem Versteigerungsgericht. Eine Eintragung im Grundbuch ist richtigerweise nicht erforderlich. Das sieht die hM anders, indem sie die Vorschriften des BGB über eine nachträgliche Rangänderung analog heranzieht (etwa BeckOK-WEG/Munzig [1. 3. 2022] § 39 WEG Rn 21). Die Erklärung soll demgemäß auch gegenüber dem Grundbuchamt abgegeben werden können (§ 880 Abs 2 S 3 HS 1 BGB analog). Darüber hinaus soll sie zwar einerseits zum Zeitpunkt der Eintragung der Vereinbarung noch nicht vorliegen müssen, andererseits soll die Wirksamkeit der Vereinbarung von der Eintragung der Zustimmung bei jedem einzelnen Recht abhängen (etwa BeckOGK/Schulz [1. 6. 2022] § 39 WEG Rn 3, 5; BeckOK-WEG/Munzig [1. 3. 2022] § 39 WEG Rn 15, 22, jeweils unter analoger Anwendung der § 880 Abs 2 S 1 BGB, § 18 GBV). Dabei wird verkannt, dass eine Vereinbarung nach § 39 WEG keine Rangänderung bewirkt, sondern lediglich die Versteigerungsbedingungen beeinflusst. Funktional tritt die Zustimmung an die Stelle einer Zustimmung nach § 59 Abs 1 S 3 ZVG, die auch nicht ins Grundbuch eingetragen werden muss und erst im Zwangsversteigerungsverfahren zu prüfen ist. 7

Die Zustimmung ist **unwiderruflich** (§ 183 S 1 BGB ec bzw § 880 Abs 2 S 3 HS 2 BGB analog), aber **nicht bedingungsfeindlich** (BeckOK-WEG/Munzig [1. 3. 2022] § 39 WEG Rn 21). 8

Kommt es zu einer **nachträglichen Rangänderung**, durch die eine Hypothek, Grundschuld, Rentenschuld oder Reallast in den Rang vor ein Dauerwohnrecht tritt, für das eine Fortbestehensvereinbarung getroffen wurde, ist eine separate Zustimmung 9 entbehrlich. Sie ist bereits in der Einigung über die Rangänderung (§ 880 Abs 2 S 1 BGB) enthalten.

V. Weitere Voraussetzungen (Abs 3)

10 Die Vorteile einer Fortbestehensvereinbarung sollen **nur rechtstreuen Dauerwohnberechtigten** zugutekommen. Abs 3 verlangt deshalb, dass er allen seinen Zahlungsverpflichtungen gegenüber dem Eigentümer nachgekommen ist. Diese Zahlungsverpflichtungen können sich sowohl aus dem Dauerwohnrecht als auch aus dem schuldrechtlichen Grundverhältnis ergeben (BeckOK-WEG/Munzig Rn 33). Erfasst ist damit nicht nur das einmalige oder laufende Entgelt, sondern etwa auch Beiträge zur Lastentragung (vgl § 33 Abs 4 Nr 3 WEG). Auf die Höhe der Rückstände kommt es nicht an. Ob sie bestehen, ist im Zwangsversteigerungsverfahren zu prüfen.

11 Das Bestehenbleiben kann darüber hinaus an weitere **rechtsgeschäftlich vereinbarte Voraussetzungen** geknüpft werden (zB dass kein Heimfallanspruch besteht). Die Vereinbarung zusätzlicher Voraussetzungen bedarf für sich genommen keiner Zustimmung nach Abs 2, weil sie die Position der dort genannten Gläubiger nur verbessert (MünchKomm/Krafka [8. Aufl 2021] § 39 WEG Rn 2).

12 § 39 Abs 3 WEG spricht davon, dass die Vereinbarung „nur wirksam" ist für den Fall, dass der Dauerwohnberechtigte im Zeitpunkt der Feststellung der Versteigerungsbedingungen seinen Verpflichtungen nachgekommen ist. Das klingt so, als ob die Vereinbarung andernfalls nachträglich unwirksam würde. Das hätte missliche Folgen, wenn das Zwangsversteigerungsverfahren nach der Feststellung der Versteigerungsbedingungen aufgehoben wird und es später zu einem erneuten Verfahren kommt: Wenn der Dauerwohnberechtigte im ersten Verfahren säumig war, verlöre er seinen Schutz, auch wenn er seine Verpflichtungen bis zum zweiten Verfahren erfüllt. Richtigerweise wirkt Abs 3 deshalb nur als **Ausübungssperre** (Weitnauer/Wirths [1. Aufl] § 39 Rn 15 spricht von einer „gesetzlichen Bedingung").

§ 40 WEG
Haftung des Entgelts

(1) Hypotheken, Grundschulden, Rentenschulden und Reallasten, die dem Dauerwohnrecht im Rang vorgehen oder gleichstehen, sowie öffentliche Lasten, die in wiederkehrenden Leistungen bestehen, erstrecken sich auf den Anspruch auf das Entgelt für das Dauerwohnrecht in gleicher Weise wie auf eine Mietforderung, soweit nicht in Absatz 2 etwas Abweichendes bestimmt ist. Im Übrigen sind die für Mietforderungen geltenden Vorschriften nicht entsprechend anzuwenden.

(2) Als Inhalt des Dauerwohnrechts kann vereinbart werden, dass Verfügungen über den Anspruch auf das Entgelt, wenn es in wiederkehrenden Leistungen ausbedungen ist, gegenüber dem Gläubiger einer dem Dauerwohnrecht im Rang vorgehenden oder gleichstehenden Hypothek, Grundschuld, Rentenschuld oder Reallast wirksam sind. Für eine solche Vereinbarung gilt § 39 Absatz 2 entsprechend.

Systematische Übersicht

Alphabetische Übersicht

I. Normentwicklung

1 § 40 WEG ist seit der Schaffung des WEG **inhaltlich unverändert**. Durch das Mietrechtsreformgesetz vom 19. 6. 2021 (BGBl I 1149) wurde die Vorschrift lediglich terminologisch an das geänderte Mietrecht angepasst; sie spricht seitdem von „Mietforderung" anstelle von „Mietzinsforderung".

II. Regelungszweck

2 Der Zweck des § 40 WEG wird deutlich, wenn man sich die gesetzlichen Regelungen zur **Vorausverfügung über Mietforderungen** vor Augen führt. Denn deren Wirkung wird in einigen Fällen erheblich beschränkt: Gegenüber einem rechtsgeschäftlichen Erwerber (§ 566b BGB), einem Erwerber in der Zwangsversteigerung (§§ 57, 57c ZVG), in der Insolvenz des Vermieters (§ 110 InsO) und im Fall der Beschlagnahme durch einen Grundpfandrechtsgläubiger (§ 1124 BGB) ist eine Vorausverfügung grundsätzlich nur für die Miete des laufenden und ggf des folgenden Monats wirksam, eine Verfügung über die Miete für spätere Zeiträume ist dagegen grundsätzlich wirkungslos. Insbesondere bei Dauerwohnrechten, die funktional an die Stelle eines Mietverhältnisses treten (vgl Vorbem 11 zu §§ 31–42 WEG), würde sich ohne gesetzliche Regelung aufgrund vergleichbarer Interessenlage die Frage stellen, inwieweit diese Vorschriften entsprechende Anwendung finden. Die klare Regelung des § 40 Abs 1 WEG lässt diese Frage erst gar nicht erst aufkommen: Nur die Wirkungen im Fall der Beschlagnahme durch einen Grundpfandrechtsgläubiger sind genauso beschränkt, wie sie es bei einer Mietforderung wären, wobei jedoch Tatbestand und Rechtsfolge im Detail modifiziert werden (S 1). Wenn der Grundpfandrechtsgläubiger das Grundstück aufgrund des Mietverhältnisses schon nicht nutzen kann, steht ihm so wenigstens zeitnah die Miete zu. Im Übrigen finden die Vorschriften über die Mietforderung ausdrücklich keine entsprechende Anwendung (S 2).

3 Die Vorschrift stärkt unmittelbar die Rechtsstellung von Grundpfandrechtsgläubigern und damit mittelbar auch die Akzeptanz des Dauerwohnrechts im Kreditverkehr.

III. Gesetzliche Wirkung von Vorausverfügungen (Abs 1)

4 § 40 Abs 1 S 1 WEG ordnet an, dass sich vor- und gleichrangige Hypotheken, Grund- und Rentenschulden, Reallasten, und öffentliche Lasten in gleicher Weise auf das Entgelt für das Dauerwohnrecht erstrecken wie auf Mietforderungen. Hierin liegt ein impliziter **Rechtsfolgenverweis auf die §§ 1123 bis 1125 BGB**. Demnach erstrecken sich diese Rechte auf das Entgelt (§ 1123 BGB) und sind Vorausverfügungen (§ 1124 BGB) und Aufrechnung (§ 1125 BGB) nur eingeschränkt wirksam.

5 Die §§ 1123 ff BGB gelten an sich nur für Hypotheken, Grundschulden (§ 1192 Abs 1 BGB), Rentenschulden (§ 1200 BGB) und Reallasten (§ 1107 BGB). § 40 Abs 1 S 1 WEG erweitert diesen Kreis privilegierter Gläubiger auf die Gläubiger öffentlicher Lasten, wenn die Lasten in wiederkehrenden Leistungen bestehen. Das ist wie in § 10 Abs 1 Nr 3 ZVG zu verstehen; Hauptfall ist die Grundsteuer.

6 Vorausverfügungen über das Entgelt, wozu auch die bloße vorzeitige Bezahlung zählt (vgl § 1124 Abs 1 S 1 BGB), sind nach der Beschlagnahme des Grundstücks einem privilegierten Gläubiger gegenüber grundsätzlich unwirksam; lediglich Verfügungen über das Entgelt für den laufenden Monat und, falls die Beschlagnahme nach dem 15. eines Monats erfolgt, auch für den folgenden Monat, sind ihm gegenüber wirksam (§ 40 Abs 1 S 1 WEG, § 1124 Abs 2 BGB). Diese Rechtsfolge zwingt dazu, auch § 40 Abs 1 S 1 WEG nur auf **wiederkehrende Entgeltforderungen** (zur Einordnung in diese Kategorie Rn 8; aA Grüneberg/Wicke § 40 Rn 2) anzuwenden; dem Wortlaut ist diese Einschränkung – anders als dem Wortlaut des § 40 Abs 2 WEG – nicht zu entnehmen. Kosten und Lasten, die der Dauerwohnberechtigte zu tragen hat (vgl § 33 Abs 4 Nr 2 bis 4 WEG), sind keine Entgeltforderungen in diesem Sinne (näher BeckOK-WEG/Munzig [1. 3. 2022] § 39 WEG Rn 4; aA Grüneberg/Wicke § 40 Rn 2).

7 § 40 Abs 1 S 2 WEG stellt ausdrücklich klar, dass **andere Vorschriften über Mietforderungen keine Anwendung** finden. Das gilt insbesondere für die § 566b BGB, §§ 57, 57c ZVG und § 110 InsO. Insbesondere Vorausverfügungen wirken demnach unbeschränkt gegenüber rechtsgeschäftlichen Erwerbern, Erwerber in der Zwangsversteigerung und in der Insolvenz des Eigentümers (vgl BT-Drucks 75/51, 29 f).

IV. Abweichende Vereinbarung (Abs 2)

8 § 40 Abs 2 WEG erlaubt abweichende Vereinbarungen, jedoch nicht für öffentliche Lasten. Mit dinglicher Wirkung vereinbart werden kann, dass Verfügungen über das Entgelt auch gegenüber vor- oder gleichrangigen Hypotheken, Grund- und Rentenschulden sowie Reallasten wirksam sind. Das gilt jedoch nur, wenn das Entgelt, in **wiederkehrenden Leistungen** ausbedungen ist. Gemeint ist damit, dass das Entgelt für das Dauerwohnrecht nach Zeitabschnitten anfällt, das Gesamtentgelt bei unbefristeten Dauerwohnrechten also nicht feststeht. Davon zu unterscheiden sind bloße Ratenzahlungen, bei denen ein feststehendes Entgelt ratierlich, womöglich auch verzinst, zu bezahlen ist. Beide Typen verschwimmen bei einem befristeten Dauerwohnrecht, bei denen die Raten, deren Anzahl naturgemäß feststeht, willkürlich als Raten eines einheitlichen Entgelts oder als wiederkehrende Leistungen bezeichnet werden können. Weil eine materielle Abgrenzung nicht möglich ist, ist die Bezeichnung maßgeblich.

Eine Vereinbarung nach § 40 Abs 2 S 1 WEG verkürzt die Rechte vor- oder gleichrangiger Gläubiger und bedarf deshalb deren **Zustimmung** (§ 40 Abs 2 S 2, § 39 Abs 2 WEG). Ob die Zustimmung der Eintragung im Grundbuch bedarf, ist wie dort umstritten (§ 39 WEG Rn 7). Der Verweis in § 40 Abs 2 S 2 WEG bezieht sich nicht auf § 39 Abs 3 WEG; ob der Dauerwohnberechtigte rechtstreu ist, spielt folglich keine Rolle. 9

§ 41 WEG
Besondere Vorschriften für langfristige Dauerwohnrechte

(1) Für Dauerwohnrechte, die zeitlich unbegrenzt oder für einen Zeitraum von mehr als zehn Jahren eingeräumt sind, gelten die besonderen Vorschriften der Absätze 2 und 3.

(2) Der Eigentümer ist, sofern nicht etwas anderes vereinbart ist, dem Dauerwohnberechtigten gegenüber verpflichtet, eine dem Dauerwohnrecht im Range vorgehende oder gleichstehende Hypothek löschen zu lassen für den Fall, dass sie sich mit dem Eigentum in einer Person vereinigt, und die Eintragung einer entsprechenden Löschungsvormerkung in das Grundbuch zu bewilligen.

(3) Der Eigentümer ist verpflichtet, dem Dauerwohnberechtigten eine angemessene Entschädigung zu gewähren, wenn er von dem Heimfallanspruch Gebrauch macht.

Systematische Übersicht

Alphabetische Übersicht

I. Normentwicklung

Die Vorschrift ist seit der Schaffung des WEG im Jahr 1951 **unverändert**. 1

II. Regelungszweck

2 § 41 WEG enthält besondere Vorschriften für langfristige Dauerwohnrechte. Diese Vorschriften **privilegieren den Dauerwohnberechtigten**, indem sie seine Stellung in der Zwangsversteigerung (Abs 2) und beim Heimfall (Abs 3) verbessern. Der Zweck dieser Privilegierung in Abhängigkeit von der Laufzeit ist unklar. Bisweilen wird vage ausgeführt, solche Dauerwohnrechte hätten eine „Nähe zum Eigentum" (Hügel/Elzer [3. Aufl] § 41 Rn 1; ähnlich BeckOGK-WEG/Schulz [1. 6. 2022] § 41 Rn 2). Der Vorschrift liegt wohl die Vorstellung zugrunde, dass der Berechtigte eines langfristigen Dauerwohnrechts besonders hohe Investitionen in „seine" Wohnung tätigt. Ob dies der Realität entspricht, ist fraglich. Rechtspolitisch sollten die Privilegierungen des § 41 WEG deshalb entweder abgeschafft werden oder allen Dauerwohnberechtigten gleichermaßen zugutekommen. Rechtspraktisch sind langfristige Dauerwohnrechte ohnehin der Regelfall.

3 § 41 WEG belegt mittelbar, dass Dauerwohnrechte – anders als Sondereigentum (vgl § 4 Abs 2 S 2 WEG) – auch auflösend befristet bestellt werden können.

III. „Langfristige" Dauerwohnrechte (Abs 1)

4 § 41 Abs 2 und 3 WEG gelten für „langfristige" Dauerwohnrechte (vgl die amtliche Überschrift). Das betrifft zum einen **zeitlich unbegrenzte** Dauerwohnrecht, die ohne auflösende Befristung bestellt wurden, und zum anderen Befristungen von mehr als zehn Jahren. Für den **Zehn-Jahres-Zeitraum** kommt es auf den vorgesehenen Bestand des dinglichen Rechts, also den Zeitraum zwischen dinglicher Entstehung des Rechts, in der Regel durch Grundbucheintragung, und seinem avisierten Erlöschen durch Eintritt einer auflösenden Befristung an; auflösende Bedingungen sind von vornherein ausgeschlossen (§ 33 Abs 1 S 2 WEG). Wird eine schon bestehende Befristung verlängert, ist allein der Zeitraum ab der Eintragung der Verlängerung maßgeblich (Grüneberg/Wicke § 41 Rn 1) Berechnungsprobleme werfen Befristungen auf, die nicht kalendermäßig bestimmbar sind, etwa der Tod des Berechtigten. Aus Gründen der Rechtssicherheit findet § 41 WEG in diesem Fall keine Anwendung, auch wenn ein mindestens zehnjähriger Bestand des Rechts wahrscheinlich ist (zB bei einer auflösenden Befristung auf den Tod eines noch jungen Berechtigten – aA BeckOK-WEG/Munzig § 41 WEG Rn 2: Möglichkeit des Überschreitens der Zehn-Jahres-Grenze ausreichend; aA Grüneberg/Wicke § 41 Rn 1: § 41 gilt nach Ablauf von zehn Jahren). § 41 WEG gilt ebenso für Befristungen, die nicht Teil dinglichen Rechts sind, aber schuldrechtlich etwa in Form eines Aufhebungsanspruchs vereinbart wurden.

5 Ist das Dauerwohnrecht in diesem Sinne „langfristig", spielt es keine Rolle, ob ein Heimfall vereinbart wurde und dieser womöglich schon vor Ablauf von zehn Jahren eintreten könnte. Wie Abs 3 zeigt, ist der Heimfall nur auf Rechtsfolgenseite relevant.

IV. Löschungsanspruch (Abs 2)

6 Anders als das Erbbaurecht (vgl § 10 Abs 1 S 1 ErbbauRG) muss das Dauerwohnrecht nicht zwingend erste Rangstelle im Grundbuch erhalten. Wird aus vorangehenden Rechten vollstreckt, besteht die Gefahr, dass das Dauerwohnrecht untergeht

(§ 91 Abs 1, § 52, § 44 Abs 1 ZVG). Um diese Gefahr bei langfristigen Dauerwohnrechten zu reduzieren, verschafft § 41 Abs 2 WEG dem Dauerwohnberechtigten einen **Löschungsanspruch für vor- oder gleichrangige Hypotheken**, sobald die gesicherte Forderung getilgt ist und sich die Hypothek damit in eine Eigentümergrundschuld verwandelt. Die Vorschrift bewirkt, dass das Dauerwohnrecht auf lange Sicht auf die erste Rangstelle (zumindest in Abteilung III des Grundbuchs) vorrückt. Insoweit entspricht § 41 Abs 2 WEG dem erst später in das BGB aufgenommenen § 1179a BGB. Der Löschungsanspruch kann schon vor Entstehung der Eigentümergrundschuld durch Löschungsvormerkung im Grundbuch gesichert werden; insoweit unterscheidet sich die Vorschrift von § 1179a Abs 1 S 3 BGB, der den Löschungsanspruch kraft Gesetzes durch eine nicht einzutragende Vormerkung schützt.

§ 41 Abs 2 WEG gilt seinem Wortlaut nach nur für Hypotheken. Über § 1192 Abs 1 7
bzw § 1199 BGB findet sie aber auch auf **Grund- und Rentenschulden** Anwendung (Hügel/Elzer § 41 Rn 2). Problematisch ist freilich, dass sich Grundschulden – anders als Hypotheken – nach der Tilgung der gesicherten Forderung nicht automatisch in Eigentümerrechte wandeln, was nach dem Wortlaut des § 41 Abs 2 WEG Voraussetzung für den Löschungsanspruch ist. Die hM hält den Eigentümer auch nicht dazu verpflichtet, seinen Rückgewähranspruch geltend zu machen, infolgedessen ein Eigentümerrecht entstehen oder die Grundschuld insgesamt erlöschen würde; die hM beruft sich dafür auf die Parallele zu § 1179a BGB (etwa BeckOK-WEG/Munzig § 41 WEG Rn 11). Verkannt wird dabei der unterschiedliche Zweck der Vorschriften: § 1179a BGB dient lediglich dem Schutz des Grundbuchs vor der Überfrachtung mit formularmäßig vereinbarten Löschungsvormerkungen (BT-Drucks 8/89, S 1 und passim). § 41 Abs 2 WEG zielt dagegen auf das rangmäßige Aufrücken des Dauerwohnrechts (BT-Drucks 75/51, S 30). Dem Dauerwohnberechtigten sollte deshalb ein Anspruch gegen den Eigentümer auf Geltendmachung von Rückgewähransprüchen zugestanden werden. Das gilt umso mehr, weil Grundschulden die Finanzierungspraxis dominieren und § 41 Abs 2 WEG sonst weitgehend leerlaufen würde (das räumt auch BeckOK-WEG/Munzig § 41 WEG Rn 11 ein).

Für **Eigentümerrechte**, die als solche begründet werden, gilt § 41 Abs 2 WEG nicht 8
(BeckOGK/Schulz [1. 6. 2022] § 41 WEG Rn 4).

Die **Kosten** der Vormerkung und Löschung hat nach allgemeinen Grundsätzen der 9
Eigentümer als Verpflichteter zu tragen.

V. Entschädigungsanspruch (Abs 3)

Bei langfristigen Dauerwohnrechten steht dem Berechtigten nach § 41 Abs 3 WEG 10
beim Heimfall stets ein angemessener Entschädigungsanspruch zu. Dabei spielt es keine Rolle, wann es zum Heimfall kommt; insbesondere müssen seit der Begründung nicht zehn Jahre vergangen sein. Rechtstechnisch zwingt die Vorschrift nicht dazu, einen solchen Anspruch zu vereinbaren, sondern **begründet diesen selbstständig**. Praktische Relevanz hat dieser gesetzliche Anspruch, wenn entweder gar kein Entschädigungsanspruch vereinbart wurde oder der vereinbarte Entschädigungsanspruch nicht angemessen ist.

11 Was **angemessen** ist, muss unter Berücksichtigung aller Umstände des Einzelfalls entschieden werden. Ein Rückgriff auf Rechtsprechung und Literatur zum erbbaurechtlichen Heimfall (vgl § 32 ErbbauRG), die sich vornehmlich am Marktwert orientiert, führt nicht weiter, weil für Dauerwohnrechte – anders als für Erbbaurechte – kein Markt existiert. Die Gesetzesbegründung spricht von den Leistungen des Berechtigten zur Tilgung von Belastungen und zur Finanzierung der Baukosten abzüglich einer Abnutzungsentschädigung (BT-Drucks 75/51, S 30). Greifbar wird diese Formel, wenn man die Abnutzungsentschädigung durch die wirtschaftlich identische hypothetische Miete ersetzt. Maßgeblich sind demnach die Gesamtaufwendungen des Dauerwohnberechtigten auf die Wohnung (laufendes Entgelt, ggf Einmalzahlung, Erhaltungsaufwendungen) abzüglich der hypothetischen Miete. Hat der Dauerwohnberechtigte mehr geleistet, als er als Mieter leisten hätte müssen, erhält er die Differenz als Entschädigung. Deshalb kann die angemessene Entschädigung auch bei null liegen, nämlich wenn der Dauerwohnberechtigten nur so viel wie ein hypothetischer Mieter bezahlt. Auch der Grund für den Heimfall prägt die Angemessenheit und ist deshalb zu berücksichtigen (BeckOK-WEG/Munzig § 41 WEG Rn 32). Ein materieller Ermessenspielraum besteht nicht. Für die Ermittlung im Prozess gilt § 287 Abs 2 ZPO.

VI. Abdingbarkeit

12 § 41 Abs 2 WEG ist ausdrücklich abdingbar („sofern nichts anderes vereinbart ist“), Abs 3 ist zwingend (BGH 27. 5. 1960 – V ZB 6/60, NJW 1960, 1621). Was angemessen im Sinne des Abs 3 ist, kann nicht vereinbart werden, denn dies käme einer Abbedingung der Vorschrift gleich. Verbreitet werden in der Literatur jedoch Vereinbarungen zugelassen, soweit diese die Angemessenheit nicht beeinträchtigen (etwa BeckOK-WEG/Munzig § 41 WEG Rn 34). Das überzeugt nicht: Wenn die Vereinbarung die Angemessenheit genau trifft, ist sie entbehrlich, wenn sie die Angemessenheit verfehlt, läuft sie ins Leere; in beiden Fällen ist die Vereinbarung bedeutungslos.

§ 42 WEG
Belastung eines Erbbaurechts

(1) Die Vorschriften der §§ 31 bis 41 gelten für die Belastung eines Erbbaurechts mit einem Dauerwohnrecht entsprechend.

(2) Beim Heimfall des Erbbaurechts bleibt das Dauerwohnrecht bestehen.

Systematische Übersicht

Alphabetische Übersicht

I. Normentwicklung

Die Vorschrift ist seit der Schaffung des WEG im Jahr 1951 **unverändert**. 1

II. Bestellung an einem Erbbaurecht (Abs 1)

§ 42 Abs 1 WEG stellt **deklaratorisch** klar (vgl BT-Drucks 75/51, 30: „[u]m allen Zweifeln vorzubeugen"), dass auch Erbbaurechte mit einem Dauerwohnrecht belastet werden können; das gilt auch für Wohnungserbbaurechte. Ohne § 42 Abs 1 WEG ergäbe sich diese Möglichkeit unmittelbar aus § 11 Abs 1 S 1 ErbbauRG, wonach auf das Erbbaurecht alle Vorschriften über Grundstücke Anwendung finden und damit auch die §§ 31 ff WEG. Das Dauerwohnrecht kann auch in diesem Fall auf außerhalb des Gebäudes liegende Teile des Grundstücks erstreckt werden (vgl § 31 Abs 1 S 2 ErbbauRG), allerdings maximal auf die Fläche, auf die sich das Erbbaurecht erstreckt (vgl § 1 Abs 2 ErbbauRG). Nach hM soll die Bestellung eines Dauerwohnrechts nach § 5 Abs 2 ErbbauRG von der Zustimmung des Eigentümers abhängig gemacht werden können (Rn 4). 2

III. Bestehenbleiben beim Heimfall (Abs 2)

§ 42 Abs 2 WEG ordnet an, dass Dauerwohnrechte an einem Erbbaurecht auch bei dessen Heimfall bestehen bleiben. Die Vorschrift geht § 33 Abs 1 S 3 ErbbauRG vor, wonach Belastungen beim Heimfall grundsätzlich erlöschen. 3

Während die Anwendung der Vorschrift selbst kaum Probleme bereitet, ist umstritten, inwieweit es bei diesem punktuellen **Eingriff in das System des Erbbaurechts** bleibt. Denn grundsätzlich erlöschen beim Heimfall des Erbbaurechts alle Belastungen (§ 33 Abs 1 S 3 ErbbauRG). Eine Ausnahme gilt nur für Befriedigungsrechte (Hypotheken, Grund- und Rentenschulden und Reallasten – § 33 Abs 1 S 1 ErbbauRG); sie bleiben bestehen, um die Interessen von Gläubigern zu schützen, aus deren Kapital sich der Wert des heimfallenden Erbbaurechts speist. Um im Gegenzug zu verhindern, dass der Eigentümer mit Rechten belastet wird, an deren Bestellung er nicht beteiligt war, räumt ihm § 5 Abs 2 S 1 ErbbauRG die Möglichkeit ein, die Bestellung von Befriedigungsrechten von seiner Zustimmung abhängig zu machen. Umstritten ist, ob ein solcher Zustimmungsvorbehalt konsequenterweise auch für die Bestellung von Dauerwohnrechten zulässig ist. § 42 Abs 2 WEG verhält sich dazu nicht; § 35 WEG lässt einen Zustimmungsvorbehalt nur für die Veräußerung zu. In Rechtsprechung (OLG Stuttgart 22. 5. 1952 – 4 W 68/52, NJW 1952, 979; offen gelassen von BGH 6. 12. 2018 – V ZB 94/16, ZWE 2019, 360 Rn 19) und Literatur (Hügel/Elzer § 42 Rn 2; MünchKomm/Krafka [8. Aufl 2021] § 42 WEG Rn 1; MünchKomm/Heinemann [8. Aufl 2020] § 5 ErbbauRG Rn 12) wird eine analoge Anwendung des § 5 Abs 3 S 1 ErbbauRG überwiegend befürwortet. Zweifelhaft ist jedoch die dafür erforderliche Regelungslücke (so auch BeckOGK/Schulz [1. 6. 2022] § 42 WEG Rn 3; BeckOK-WEG/Munzig § 42 Rn 4). Es kann dem WEG-Gesetzgeber kaum unterstellt werden, das Zusammenspiel der 4

§ 33 Abs 1 S 1 und § 5 Abs 3 S 1 ErbbauRG übersehen zu haben. Dazu kommt, dass das Dauerwohnrecht wirtschaftlich einem Mietverhältnis ähnelt, das nach § 11 Abs 1 S 1 ErbbauRG, § 566 BGB ebenso auf den Eigentümer übergeht.

5 Auch das **Schicksal des Dauerwohnrechts beim Erlöschen des Erbbaurechts** wirft Fragen auf. Unproblematisch ist lediglich das Erlöschung durch Aufhebung (§ 875 BGB), weil es dazu ohne Zustimmung des Dauerwohnberechtigten nicht kommen kann (§ 876 S 1 BGB). Erlischt das Dauerwohnrecht dagegen durch Zeitablauf, stellt sich die Frage, ob § 29 ErbbauRG entsprechend heranzuziehen ist. Nach dieser Vorschrift setzten sich Befriedigungsrechte am Entschädigungsanspruch fort. Auch insoweit fehlt es an der erforderlichen Regelungslücke (ebenso BeckOK-WEG/Munzig [1. 3. 2022] § 42 Rn 12), zumal dem Dauerwohnberechtigten – anders als der Erbbauberechtigte (vgl § 27 Abs 1 S 1 ErbbauRG) – ohnehin nur bei langfristigen Rechten zwingend eine Entschädigung zusteht (vgl § 41 Abs 1 und 3 WEG). Die Anwendung des § 30 ErbbauRG scheidet aus, weil das Dauerwohnrecht kein Miet- oder Pachtvertrag ist (Weitnauer/Wirths [1. Aufl] § 42 Rn 3).

IV. Abdingbarkeit

6 Abs 1 definiert das rechtliche Können und ist mangels ausdrücklicher Anordnung **nicht abdingbar**.

7 Umstritten ist, ob der Dauerwohnberechtigte auf den **Schutz durch Abs 2 verzichten** kann. Die hM bejaht dies (etwa Hügel/Elzer § 42 Rn 3). Richtigerweise kann jedoch allenfalls ein Heimfall des Dauerwohnrechts parallel zum Erbbaurecht vereinbart werden. Denn sonst würde das Dauerwohnrecht entgegen § 33 Abs 1 S 2 WEG auflösend bedingt und der Dauerwohnberechtigte bei langfristigem Recht seines zwingenden Entschädigungsanspruchs nach § 41 Abs 3 WEG beraubt (zutreffend BeckOK-WEG/Munzig [1. 3. 2022] § 42 Rn 10).

Teil 3

Verfahrensvorschriften

Vorbemerkungen zu §§ 43–45 WEG

Schrifttum

ELZER, Schiedsvereinbarungen im Wohnungseigentumsrecht: Ein Update, ZWE 2010, 442

JACOBY, Zehn Jahre WEG-Anfechtungsverfahren nach der ZPO – fG-Relikte, ZPO-Anomalien, Reformvorschläge, ZMR 2018, 393

KLINCK, Die Vergleichsbefugnis des Prozessstandschafters, WM 2006, 417.

Systematische Übersicht

Alphabetische Übersicht

I. Allgemeines

1 Als **Wohnungseigentumssachen** werden üblicherweise die in § 43 Abs 2 WEG beschriebenen Streitigkeiten bezeichnet. Bis 2007 waren Wohnungseigentumssachen der freiwilligen Gerichtsbarkeit zugewiesen. Dahinter stand ua die Überlegung, dass dieses Verfahren für Streitigkeiten mit einer häufig großen Anzahl von Beteiligten besser geeignet sei als der Zivilprozess (s Staudinger/Wenzel [2005] Vorbem 1 zu §§ 43–45 WEG mNw). Die **WEG-Novelle 2007** hat die Wohnungseigentumssachen in die ZPO überführt (BT-Drucks 16/887, 1). Dabei stand der Gesetzgeber indes vor dem Problem, dass nach dem materiell-rechtlichen Konzept dieser Novelle die Verwaltungsrechte und -pflichten nicht bei der Wohnungseigentümergemeinschaft gebündelt waren, sondern grds den Wohnungseigentümern zur individuellen Wahrnehmung zustanden. Prozessuale Konsequenz waren regelmäßig Individualprozesse mit einer Vielzahl von Wohnungseigentümern – paradigmatisch war die Anfechtungsklage nach § 46 Abs 1 S 1 WEG aF. Der Novellengesetzgeber des Jahres 2007 sah sich daher veranlasst, eine Reihe von im Recht der freiwilligen Gerichtsbarkeit wurzelnden Sonderregeln beizubehalten, um den Problemen dieser Mehrparteienprozesse Herr zu werden. Dies betraf insbesondere das Institut der Beiladung (§ 48 WEG aF), daneben etwa auch § 44 WEG aF (Bezeichnung der Wohnungseigentümer im Prozess) und § 45 WEG aF (gebündelte Zustellung beim Verwalter). Der Prozess in Wohnungseigentumssachen war mithin von Besonderheiten geprägt. Die Sondervorschriften führten zu einer Reihe schwieriger Rechtsfragen (Jacoby ZMR 2018, 393); man muss sie rückblickend wohl überwiegend als Fehlgriff bezeichnen.

2 Die **WEG-Reform 2020** hat die im Jahr 2007 begonnene Überführung der Wohnungseigentumssachen in das allgemeine ZPO-Verfahren abgeschlossen. Dafür wurden die soeben beschriebenen Sondervorschriften gestrichen. Ermöglicht wurde dies durch Änderungen im materiellen Recht: Seit der WEG-Reform 2020 ist die Wohnungseigentümergemeinschaft für die Verwaltung zuständig (§ 18 Abs 1 WEG) und schuldet diese nach § 18 Abs 2 WEG den Wohnungseigentümern. Folgerichtig sind die Beschlussklagen gegen die Wohnungseigentümergemeinschaft zu richten (§ 44

Abs 2 S 1 WEG), was in diesem praxisrelevanten Bereich Mehrparteienprozesse auf Beklagtenseite vermeidet. Auch andere Verwaltungs- oder Gebrauchsansprüche sind gegen die Wohnungseigentümergemeinschaft zu verfolgen (§ 18 Abs 2 WEG), die zudem für die Durchsetzung der aus dem gemeinschaftlichen Eigentum resultierenden Ansprüche zuständig ist (§ 9a Abs 2 WEG). Bei diesen Ansprüchen besteht seit der WEG-Reform 2020 mithin nicht mehr die Gefahr sukzessiver Klagen verschiedener Eigentümer, der § 48 WEG aF begegnen sollte. Den **intertemporalen Anwendungsbereich** der §§ 43 ff WEG regelt § 48 Abs 5 WEG.

Die Bündelung der Verwaltungszuständigkeit bei der Wohnungseigentümergemeinschaft durch die WEG-Reform 2020 hat die **prozessualen Sonderprobleme** in Wohnungseigentumssachen **radikal reduziert**. Streitigkeiten in Wohnungseigentumssachen werden seitdem typischerweise in einem „normalen" Zwei-Parteien-Prozess abschließend entschieden. Dies ermöglicht Problemlösungen mit Hilfe allgemeiner prozessrechtlicher Institute. Für die Beschlussklagen enthalten die §§ 44 f WEG die notwendigen Spezialregelungen. Keine eigene prozessrechtliche Regelung hat hingegen die Vertretung einer verwalterlosen Wohnungseigentümergemeinschaft erfahren, wenn Prozessgegner ein Wohnungseigentümer ist (Rn 15). 3

Das **besondere Verfahrensrecht** im WEG besteht aus drei Vorschriften, nämlich der Regelung der Zuständigkeit (§ 43 WEG), den Regelungen zu den Beschlussklagen (§ 44 WEG) sowie der Regelung der Fristen der Anfechtungsklage (§ 45 WEG). Daneben finden sich prozessuale Sonderregelungen in anderen Gesetzen (§§ 23 Nr 2c, 72 Abs 2 GVG; § 49 GKG). Eine monographische Aufarbeitung des wohnungseigentumsrechtlichen Prozessrechts mit dem Ziel einer Systembildung steht noch aus. Die vorhandenen Untersuchungen sind überholt (Algermissen, Recht und Realität der privatrechtlichen Streitverfahren in Wohnungseigentumssachen [2000]; Bergmann, Die Wohnungseigentümer als Kläger und Verfahrensführer [1994]; Blackert, Die Wohnungseigentümergemeinschaft im Zivilprozess [1998]; Hartmann, Verfahrensrechtliche Probleme der wohnungseigentumsrechtlichen Beschlussanfechtungsklage [2016]; Suilmann, Die Beschlussmängelverfahren im Wohnungseigentumsrecht [2000]). 4

II. Die Wohnungseigentümergemeinschaft im Prozess

Die Wohnungseigentümergemeinschaft ist nach § 50 Abs 1 ZPO, § 9a Abs 1 S 1 WEG **parteifähig**. Die Parteifähigkeit beginnt zu dem in § 9a Abs 1 S 2 WEG bestimmten Zeitpunkt. 5

1. Vertretung

Die Vertretung der Wohnungseigentümergemeinschaft richtet sich gemäß § 51 Abs 1 ZPO nach den Regelungen in **§ 9b WEG**. 6

Dies gilt **auch** in Verfahren nach § 43 Abs 2 Nr 2 WEG, also **Binnenstreitigkeiten** zwischen den Wohnungseigentümern und der Gemeinschaft. Im Innenverhältnis richtet sich die Repräsentation der Wohnungseigentümergemeinschaft zwar nicht stets nach § 9b WEG (§ 18 WEG Rn 35). Macht allerdings die Wohnungseigentümergemeinschaft oder ein Eigentümer einen wohnungseigentumsrechtlichen Anspruch gerichtlich geltend, verlässt die Gemeinschaft ihr Innenverhältnis. Ihre Vertretung vor Gericht rich- 7 tet sich deshalb nach § 9b Abs 1 WEG. Denn nun ist an der vorher rein innenrechtlichen Auseinandersetzung auch das Gericht beteiligt (vgl BGH 16. 9. 2022 – V ZR 180/21, NJW 2022, 3577 Rn 14; Lehmann-Richter/Wobst WEG-Reform 2020 Rn 1952). Das verlangt nach transparenten Vertretungsstrukturen. Deshalb bezieht sich der Verweis in § 51 Abs 1 ZPO auf die „Vorschriften des bürgerlichen Rechts" stets auf § 9b Abs 1 WEG und nicht etwa – zB bei einer Klage des Verwalters im Namen der Wohnungseigentümergemeinschaft – auf § 27 WEG oder eine andere Kompetenzvorschrift aus dem Innenverhältnis.

a) Gemeinschaften mit Verwalter

8 Hat die Wohnungseigentümergemeinschaft einen **Verwalter**, ist grds nur dieser zur Vertretung im Prozess berechtigt. Er ist gesetzlicher Vertreter, weshalb es sich um eine Prozessführung nach § 79 Abs 1 S 1 ZPO und um eine nach **§ 5 Abs 2 Nr 2 RDG** erlaubte Rechtsdienstleistung handelt. Im Prozess gegen den Verwalter wird die Wohnungseigentümergemeinschaft nach Maßgabe des § 9b Abs 2 WEG vertreten (Rn 11).

9 Verwalter ist, wen die Wohnungseigentümer in dieses Amt durch Beschluss bestellt haben und wer das Amt angenommen hat. Wird der Bestellungsbeschluss für ungültig erklärt, bleiben bis dato vorgenommene Prozesshandlungen des **Scheinverwalters** aus Gründen des Verkehrsschutzes aber wirksam (BGH 5. 7. 2019 – V ZR 278/17, NJW 2020, 988 Rn 8 ff). Für den **ehemaligen Verwalter** gilt dies nicht, ebenso wenig für eine Person, die sich ohne Bestellungsakt als **Verwalter geriert** (Staudinger/Jacoby [2023] § 9b WEG Rn 28; vgl auch BGH 20. 4. 2018 – V ZR 202/16, ZMR 2018, 685 Rn 8). Denn es fehlt an einem Umstand, der eine Zurechnung des Handelns dieser Personen zur Gemeinschaft rechtfertigen könnte (§ 18 WEG Rn 40).

aa) Umfang der Vertretungsmacht

10 Die **Vertretungsmacht** des Verwalters erstreckt sich nach § 9b Abs 1 S 1 und S 3 WEG kraft Gesetzes auf sämtliche Prozesshandlungen, soweit diese nicht unmittelbar zum Abschluss eines Grundstückskauf- oder Darlehensvertrags führen. In diesen (nicht praxisrelevanten) Ausnahmen bedarf der Verwalter eines Ermächtigungsbeschlusses der Wohnungseigentümer. Es besteht keine konkurrierende Vertretungsmacht sämtlicher Wohnungseigentümer und auch keine Möglichkeit, einzelne von ihnen zur Prozessführung zu ermächtigen. Der Verwalter kann für die Wohnungseigentümergemeinschaft **Prozessvollmacht** erteilen. Für diese gelten die allgemeinen Regelungen.

11 Die prozessuale Vertretungsmacht des Verwalters wird durch allgemeine Prinzipien beschränkt. Dies betrifft das **Verbot des Insichprozesses**, bei dem er einen Prozess als Vertreter der Wohnungseigentümergemeinschaft gegen sich selbst, gegen eine ebenfalls von ihm vertretene Partei (etwa eine andere Wohnungseigentümergemeinschaft) oder als Streitgenosse des Gegners der Wohnungseigentümergemeinschaft führt (vgl BGH 27. 10. 2020 – II ZR 150/19, NZG 2021, 63, Rn 14; Stein/Jonas/Jacoby Vorbem § 50 Rn 25). In diesen Fällen richtet sich die Vertretung der Wohnungseigentümergemeinschaft nach § 9b Abs 2 WEG, dessen Wortlaut nämlich nicht missverstanden werden darf: § 9b Abs 2 WEG erfasst nach seinem Zweck sämtliche Konstellationen, in denen der Verwalter von der Vertretung ausgeschlossen ist (Lehmann-Richter/Wobst NJW 2021, 662, 663). Zur Vertretung berechtigt sind dann – alternativ – der Vor-

sitzende des Verwaltungsbeirats oder ein durch Beschluss ermächtigter Wohnungseigentümer. Diese Personen haben etwa die Vertretungsmacht, dem Verwalter den Streit zu verkünden (vgl Schwab NZG 2013, 521, 524; s auch § 44 Rn 43). Diese Prozessvertretung fällt unter § 79 Abs 1 S 1 ZPO (Stein/Jonas/Jacoby § 79 Rn 15). Entfällt die Vertretungsmacht im laufenden Verfahren – etwa wegen eines Beitritts des Verwalters beim Gegner – so bleiben die bisherigen Prozesshandlungen des Verwalters, etwa eine erteilte Prozessvollmacht, wirksam.

Prozesshandlungen des Verwalters können wegen **Rechtsmissbrauchs** wirkungslos 12 sein (Frage offenlassend BGH 16. 9. 2022 – V ZR 180/21, NJW 2022, 3577 Rn 15, zur verwalterlosen Gemeinschaft). Allerdings sind die Besonderheiten der prozessrechtlichen Situation zu beachten, weshalb die privatrechtlichen Grundsätze des Missbrauchs der Vertretungsmacht nicht ohne Modifikation herangezogen werden dürfen (näher Staudinger/Jacoby [2023] § 9b WEG Rn 66).

Gibt der Verwalter, etwa im Rahmen eines Vergleichs, im Prozess **materiell-rechtliche Erklärungen** ab, so richtet sich seine Vertretungsmacht ebenfalls nach § 9b Abs 1 S 1 WEG. Die diesbezüglichen Schranken (Staudinger/Jacoby [2023] § 9b WEG Rn 52 ff) gelten auch bei einem Handeln im gerichtlichen Kontext. Bei einem mit einem Wohnungseigentümer geführten Prozess ist von Bedeutung, dass die unbeschränkte Vertretungsmacht aus § 9b Abs 1 S 1 WEG diesem gegenüber nicht greift, da er keine „Dritter“ iSd § 9b Abs 1 S 2 WEG ist. Die Vertretungsmacht des Verwalters besteht hier deshalb nur, soweit er in Vollzug eines Beschlusses der Wohnungseigentümer handelt oder nach § 27 WEG selbst entscheiden darf (Lehmann-Richter/Wobst WEG-Reform 2020 Rn 216 f). Zum Vergleich in Beschlussklagen s § 44 Rn 45. 13

bb) Nachweis der Vertretungsmacht

Mit Blick auf die formelle Legitimation ist **§ 56 Abs 1 ZPO** einschlägig, weil der Ver- 14 walter als organschaftlicher Vertreter unter § 51 Abs 1 ZPO fällt (MünchKommZPO/Lindacher § 51 ZPO Rn 25). Danach hat das Gericht die Vertretungsmacht des Verwalters **von Amts wegen** zu **prüfen**. Auf Verlangen des Gerichts muss der Verwalter also zum einen seine Amtsstellung, daneben aber auch seine Vertretungsmacht für das konkrete Verfahren nachweisen. Es gilt das sog Freibeweisverfahren, dh der Beweis kann mit allen möglichen Mitteln geführt und erhoben werden (BGH NJW 1992, 627, 628). Der Nachweis der Amtsstellung kann etwa durch Vorlage der Niederschrift des Bestellungsbeschlusses erfolgen. Eines Nachweises der Vertretungsmacht für das konkrete Verfahren bedarf es wegen § 9b Abs 1 S 1 WEG nur in den Sonderkonstellationen, in denen Streitgegenstand der Klage der Abschluss eines Grundstückskauf- oder eines Darlehensvertrags ist. Dieser Nachweis ist durch Vorlage des Ermächtigungsbeschlusses oder der Gemeinschaftsordnung (Lehmann-Richter ZWE 2009, 298, 300) zu führen.

b) Verwalterlose Gemeinschaften

Hat die Wohnungseigentümergemeinschaft keinen Verwalter, wird sie nach § 9b 15 Abs 1 S 2 WEG durch die **Wohnungseigentümer gemeinschaftlich** vertreten. Deren Prozessführung fällt unter § 79 Abs 1 S 1 ZPO. Die Wirksamkeit von Prozesshandlungen setzt voraus, dass sämtliche Wohnungseigentümer die erforderlichen Erklärungen abgeben. Die Wohnungseigentümer können sich allerdings untereinander zu Prozessführung bevollmächtigen; es gilt dann § 80 ZPO. Hierfür sind mithin individuelle Erklärungen Voraussetzung, ein Beschluss reicht nicht (vgl Lehmann-Richter/Wobst NJW 2021, 662).

16 Ein besonderes Problem besteht, wenn **Gegner** der verwalterlosen Wohnungseigentümergemeinschaft – wie insb bei den Beschlussklagen – ein **Wohnungseigentümer** ist. Eine Gesamtvertretung durch alle Wohnungseigentümer scheitert dann am Verbot des Insichprozesses (BGH 8. 7. 2022 – V ZR 202/21, NJW 2022, 3003 Rn 32). Nach Ansicht des BGH wächst in diesem Fall die Vertretungsmacht aber den übrigen Wohnungseigentümern an, und zwar in Aktiv- (BGH 16. 9. 2022 – V ZR 180/21, NJW 2022, 3577) wie Passivprozessen (BGH 8. 7. 2022 – V ZR 202/21, NJW 2022, 3003 Rn 36). Diese sog **kupierte Gesamtvertretung** ist abzulehnen. Denn das WEG soll die Funktionsfähigkeit der verwalterlosen Gemeinschaft nicht in jedem Fall gewährleisten und jeder Wohnungseigentümer kann eine Verwalterbestellung nach § 44 Abs 1 S 2 WEG effektiv durchsetzen (Lehmann-RIichter/Wobst NJW 2021, 662).

17 Ist die Wohnungseigentümergemeinschaft bei einem Insichprozess Beklagte, kann die Klage nach § 170 Abs 3 ZPO jedem anderen Wohnungseigentümer als dem Kläger zugestellt werden (LG München I 1. 9. 2020 – 1 S 17376/19, ZWE 2021, 180). Eine Zustellung an den Kläger ist aufgrund des Vertretungsverbots nicht möglich, auch nicht nach § 170 Abs 2 ZPO (vgl MünchKommZPO/Häublein/Müller § 170 Rn 9). Nach **hM** wird der **Passivprozess** nach Zustellung durch die übrigen Wohnungseigentümer gemeinschaftlich geführt (BGH 8. 7. 2022 – V ZR 202/21, NJW 2022, 3003 Rn 36). Verweigern einzelne die Mitwirkung, müssen sich die verteidigungswilligen Wohnungseigentümer, um einen Prozessverlust durch Versäumnisurteil zu vermeiden, als Streithelfer (Rn 19) am Prozess beteiligen. Nach hier vertretener Ansicht ist die Klage hingegen wegen fehlender Prozessfähigkeit der Wohnungseigentümergemeinschaft unzulässig, es darf kein Versäumnisurteil ergehen und wenn die Wohnungseigentümer keinen Verwalter bestellen, hat das Gericht auf Antrag nach § 57 Abs 1 ZPO einen Prozesspfleger einzusetzen (Lehmann-Richter/Wobst WEG-Reform 2020 Rn 1905; Skauradszun ZMR 2020, 905, 910).

18 Die übrigen Wohnungseigentümer haben nach hM Vertretungsmacht, eine **Klage** im Namen **der Wohnungseigentümergemeinschaft** gegen einen anderen Wohnungseigentümer zu erheben (BGH 16. 9. 2022 – V ZR 180/21, NJW 2022, 3577). Ein im Innenverhältnis hierfür erforderlicher Beschluss ist nach Ansicht des BGH wegen § 25 Abs 4 WEG entbehrlich und beschränkt die Vertretungsmacht schon aus diesem Grunde nicht (BGH 16. 9. 2022 – V ZR 180/21, NJW 2022, 3577 Rn 15). Diese vertretungsrechtliche Anwachsungsthese überzeugt nicht (Rn 16).

2. Streithelfer

19 Wohnungseigentümer können der Gemeinschaft unter den Voraussetzungen des § 66 ZPO als Streithelfer beitreten. In diesem Fall können sie nach §§ 67, 69 ZPO **für** die **Wohnungseigentümergemeinschaft** den **Prozess betreiben**. Praxisrelevant kann dies werden, wenn das Vertretungsorgan untätig bleibt, etwa in der verwalterlosen Wohnungseigentümergemeinschaft einzelne Wohnungseigentümer sich der Mitwirkung am Prozess verschließen (vgl LG München I 1. 9. 2020 – 1 S 17376/19, ZWE 2021, 180). Eine Umgehung von § 9b Abs 1 S 2 WEG liegt darin nicht, weil der beitretende Wohnungseigentümer nicht die Gemeinschaft vertritt, sondern im eigenen Namen zur

Wahrung seiner Interessen handelt (vgl Stein/Jonas/Jacoby § 67 ZPO Rn 18 m Fn 63). Zur Nebenintervention in Beschlussklagen § 44 WEG Rn 27.

3. Prozessstandschaft

20 Die Aufgabe der Wohnungseigentümergemeinschaft, bestimmte Ansprüche der Eigentümer im eigenen Namen geltend zu machen bzw zu erfüllen, ergibt sich aus **§ 9a Abs 2 WEG**. Prozessrechtlich enthält die Norm eine gesetzliche Prozessstandschaft auf Kläger- bzw Beklagtenseite (vgl etwa BGH NJW 2016, 1735; NJW 2011, 1251). Nur die Wohnungseigentümergemeinschaft ist mithin prozessführungsbefugt; Klagen der oder gegen die Wohnungseigentümer, die einen von § 9a Abs 2 WEG erfassten Anspruch erfassen, sind als unzulässig abzuweisen (BGH NJW 2015, 1020). Denn Zweck von § 9a Abs 2 WEG ist es, eine Zersplitterung der Rechtsbeziehungen eines Dritten zu den Wohnungseigentümern zu verhindern (Lehmann-Richter/Wobst WEG-Reform 2020 Rn 95). Deshalb ist für eine **konkurrierende Anspruchsverfolgungskompetenz** (BGH NJW 2015, 1020) **oder Erfüllungspflicht** (offen gelassen von BGH NJW 2016, 1735 Rn 22) der Wohnungseigentümer kein Raum (Grüneberg/Wicke § 9a Rn 5).

21 Fällt ein Anspruch nicht unter 9a Abs 2 WEG, kann die Befugnis der **Wohnungseigentümergemeinschaft** zur Verfolgung des Anspruchs eines Wohnungseigentümers auf einer gewillkürten Prozessstandschaft beruhen. Das hierfür erforderliche berechtigte Interesse der Wohnungseigentümergemeinschaft verlangt, dass der Anspruch in einem engen rechtlichen und wirtschaftlichen Zusammenhang mit der Verwaltung des gemeinschaftlichen Eigentums steht (BGHZ 172, 42; 172, 63). Der BGH hat dies bejaht, wenn die Wohnungseigentümergemeinschaft von den Wohnungseigentümern individuell ermächtigt wird, neben Mängeln des Gemeinschaftseigentums gegen den Bauträger auch Ansprüche wegen **Mängeln des Sondereigentums** geltend zu machen (BGHZ 172, 42). Hier handelt die Wohnungseigentümergemeinschaft zwar außerhalb ihres gesetzlichen Aufgabenbereichs (§ 18 WEG Rn 9 ff). Dies wirkt sich aber weder auf ihre Parteifähigkeit aus, die nach § 50 Abs 1 ZPO, § 9a Abs 1 S 1 WEG nicht beschränkt ist noch auf die Wirksamkeit der Ermächtigung oder die Vertretungsmacht des Verwalters. Indes spricht die Tatsache, dass die Wohnungseigentümergemeinschaft mit einer solchen Klage außerhalb ihres Zwecks handelt gegen die These des BGH, es läge ein berechtigtes Interesse an der Geltendmachung des fremden Rechts vor.

22 Die **Rechtskraftwirkung** folgt allgemeinen Grundsätzen: Bei der gewillkürten Prozessstandschaft muss der Berechtigte das Urteil deshalb gegen sich gelten lassen, weil er den Prozessstandschafter ermächtigt hat (BGH NJW 1980, 2461, 2463). Bei der gesetzlichen Prozessstandschaft ist nach hM entscheidend, ob die Prozessführungsbefugnis des Wohnungseigentümers beseitigt wird; in diesem Fall tritt Rechtskrafterstreckung ein (vgl BGHZ 79, 245, 248). Daher wirkt bei der aktiven und passiven Prozessstandschaft der Wohnungseigentümergemeinschaft gem § 9a Abs 2 WEG die Rechtkraft eines Urteils auch für und gegen die Eigentümer, weil es sich um einen Fall der verdrängenden Prozessführungsberechtigung (s Rn 20) handelt.

4. Dispositionsbefugnis

23 Ist die Wohnungseigentümergemeinschaft **Prozessstandschafterin** nach § 9a Abs 2 WEG, so ist ihre Dispositionsbefugnis unbeschränkt (vgl BGH 14. 9. 2018 – V ZR 267/17,

NJW 2019, 310 Rn 22; Klinck WM 2006, 417, 418 m Nachw zur Gegenansicht). Die Wohnungseigentümergemeinschaft kann also sämtliche prozessuale Erklärungen wirksam abgeben, etwa auf einen Anspruch verzichten (§ 306 ZPO) oder diesen anerkennen (§ 307 ZPO). Auch die für einen wirksamen Prozessvergleich erforderliche materiell-rechtliche Verfügungsbefugnis liegt bei der Wohnungseigentümergemeinschaft (OLG Köln ZWE 2014, 26; OLG Jena ZMR 2007, 65; LG München I ZMR 2011, 835). Ein von der Wohnungseigentümergemeinschaft geschlossener Vergleich bindet auch die Wohnungseigentümer (vgl OLG Köln ZWE 2014, 26). Über die materiell-rechtliche Wirksamkeit des Vergleichs ist damit natürlich noch nicht entschieden (dazu § 44 WEG Rn 45).

24 Die Befugnis der Wohnungseigentümergemeinschaft, in **Beschlussklagen** über den Streitgegenstand zu disponieren, ist noch nicht abschließend geklärt. Näher zu diesem Problem § 44 WEG Rn 37 ff.

25 Führt die Wohnungseigentümergemeinschaft ein **anderes Verfahren** als eine **Beschlussklage mit** einem **Wohnungseigentümer**, kann sich eine Beschränkung der Dispositionsbefugnis aus eine Einschränkung der Vertretungsmacht des Verwalters ergeben. Denn Prozesshandlungen des Verwalters können wegen **Rechtsmissbrauchs** wirkungslos sein (vgl BGH 16. 9. 2022 – V ZR 180/21, NJW 2022, 3577 Rn 15 sowie BGH 1. 3. 1962 – II ZR 1/62, MDR 1962, 374, zum Gesellschaftsrecht). Allerdings sind die Besonderheiten der prozessrechtlichen Situation zu beachten, weshalb die privatrechtlichen Grundsätze des Missbrauchs der Vertretungsmacht nicht ohne Modifikation herangezogen werden dürfen (näher Staudinger/Jacoby [2023] § 9b WEG Rn 66). Die Wirksamkeit materiell-rechtlicher Erklärungen des Verwalters, die im Zusammenhang mit einem solchen Prozess gegenüber der Gegenpartei abgegeben werden, richtet sich hingegen nach dem Innenverhältnis in der Wohnungseigentümergemeinschaft (Rn 13).

5. Vollstreckungsrecht

26 Die Vollstreckung durch oder gegen die Wohnungseigentümergemeinschaft setzt einen Titel voraus, der für oder gegen diese lautet (BGH WuM 2010, 108). Ein fälschlicherweise für oder gegen die Wohnungseigentümer lautender Titel kann im Wege der auch noch nach Rechtskraft vorzunehmende **Rubrumsberichtigung** (§ 319 Abs 1 ZPO) auf die Wohnungseigentümergemeinschaft umgeschrieben werden, wenn das Rubrum offensichtlich unrichtig ist. Erforderlich ist dafür, dass die Identität der Partei, mit der das Prozessrechtsverhältnis begründet worden ist, gewahrt bleibt, also die Berichtigung des Rubrums lediglich dazu dient, die Identität der vom Rechtsstreit betroffenen Partei zweifelsfrei zu stellen (vgl BGH Report 2003, 1168). Eine Rubrumsberichtigung scheidet daher aus, falls die Klage unzutreffend von oder gegen die Wohnungseigentümer anstatt von oder gegen die Wohnungseigentümergemeinschaft gerichtet wurde (BGH ZWE 2011, 215: Werklohnklage gegen die Eigentümer anstelle der Wohnungseigentümergemeinschaft). Eine **Titelumschreibung** nach § 727 ZPO bei Titeln aus der Zeit vor der WEG-Reform 2020 mit dem Argument, der titulierte Anspruch stehe nach der gesetzlichen Umstellung der Rechtsbeziehungen jetzt der Wohnungseigentümergemeinschaft zu, kommt nicht in Betracht, weil es sich nicht um einen Fall der Rechtsnachfolge handelt. Zur Vollstreckung aus einem Titel, der eine Sammelbezeichnung nach § 44 Abs 1 S 1 WEG aF verwendet s Staudinger/Lehmann-Richter (2018) Vorbem 127 zu §§ 43–45 WEG.

Ein gegen die Wohnungseigentümergemeinschaft gerichtetes Urteil auf Vornahme einer **Verwaltungshandlung**, etwa auf Beschlussausführung, wird nach allgemeinen Regeln vollstreckt. Handelt es sich um eine vertretbare Handlung, ist § 887 ZPO einschlägig. Typischerweise wird die Ausführung aber nur durch die Wohnungseigentümergemeinschaft erfolgen können (zweifelhaft deshalb BGH 23. 6. 2016 – I ZB 5/16, NJW 2016, 2536: Erstellung Jahresabrechnung ist unvertretbare Handlung; zutreffend BGH 26. 2. 2021 – V ZR 290/19, ZMR 2021, 598). In diesem Fall wird nach § 888 ZPO durch Zwangsgeld oder durch Zwangshaft vollstreckt. Nach hM ist bei juristischen Personen das Zwangsgeld gegen die juristische Person und nicht gegen ihre Organe festzusetzen; die Anordnung und Vollstreckung von Haft erfolgt hingegen gegenüber den Organen (BGH 12. 1. 2012 – I ZB 43/11, ZIP 2012, 1431 Rn 7, zu § 890 ZPO). Dann würde die Festsetzung von Zwangsgeld nach § 888 ZPO gegen die Wohnungseigentümergemeinschaft erfolgen. Soll Zwangshaft angeordnet und vollstreckt werden – die Wahl zwischen Zwangsgeld und Zwangshaft steht im Rahmen des § 308 ZPO dem Gericht zu – ist Subjekt das zur Ausführung der Verwaltungshandlung berufene Organ. Ist etwa die Ausführung eines Beschlusses tituliert, ist zuständiges Organ der Verwalter; fehlt ein solcher, sämtliche Wohnungseigentümer. Überzeugender ist es hingegen, auch das Zwangsgeld gegen das Organ zu richten, da nur dies zu einer effektiven Willensbeugung führt, der § 888 ZPO dient (Stein/Jonas/Bartels § 888 ZPO Rn 40). 27

6. Kostenrecht

Wird der Prozess vom Verwalter als Vertreter der Wohnungseigentümergemeinschaft geführt, stellt sich die Frage nach der Erstattungsfähigkeit von Kosten, die der Wohnungseigentümergemeinschaft hierdurch entstehen. Eine Entscheidung des BGH liegt zur Rechtslage vor dem WEMoG 2020 vor, als der Verwalter noch Prozessvertreter der Wohnungseigentümer war: Danach war eine an den **Verwalter** geleistete **Vergütung** insoweit erstattungsfähig, als sie auf die Wahrnehmung der Gerichtstermine entfiel (BGH NJW 2014, 3247); bei einer Pauschalvergütung musste der Aufwand für die Terminwahrnehmung geschätzt werden (vgl BGH ZWE 2014, 333 Rn 8 f). Zum neuen Beschlussklagerecht wird hingegen eine andere Lösung vertreten: Nimmt der Verwalter für die Wohnungseigentümergemeinschaft einen Gerichtstermin wahr, soll im Rahmen der Kostenfestsetzung die Entschädigung unabhängig von Regelungen im Verwaltervertrag auf den Höchstbetrag des § 22 JVEG begrenzt sein (LG Frankfurt/Main 4. 1. 2021 – 2-13 T 52/20, WuM 2021, 207). Zur Begründung wird auf die Rechtslage im GmbH-Recht (BGH 2. 12. 2008 – VI ZB 63/07, NJW 2001, 1001) verwiesen. 28

Die Wohnungseigentümergemeinschaft ist eine parteifähige Vereinigung iSd § 116 S 1 Nr 2 ZPO, weshalb ihr unter den dortigen Voraussetzungen **Prozesskostenhilfe** gewährt werden kann (BGH NJW 2010, 2814). Dafür ist erforderlich, dass die Kosten weder von der Wohnungseigentümergemeinschaft noch von den am Gegenstand des Rechtsstreits **wirtschaftlich Beteiligten** aufgebracht werden können. Diese Voraussetzung ist erfüllt, wenn weder die Wohnungseigentümergemeinschaft noch sämtliche ihrer Mitglieder die Kosten aufbringen können (BGH NJW 2010, 2814). Die Bewilligungsvoraussetzungen nach § 116 Satz 1 Nr 2 ZPO liegen daher nur vor, wenn die 29

Wohnungseigentümergemeinschaft darlegen kann, dass sie selbst vermögenslos ist und ihr auch weder ein Kredit in der erforderlichen Höhe gewährt würde noch einer der Wohnungseigentümer in der Lage ist, die Kosten des Rechtsstreits aufzubringen (BGH 21. 3. 2019 – V ZB 111/18, ZMR 2019, 514). Ist Bedürftigkeit danach gegeben, setzt die Gewährung von PKH weiter voraus, dass die Rechtswahrnehmung nicht allgemeinen Interessen zuwiderläuft, § 116 S 1 Nr 2 ZPO. Dies ist bei Beitragsklagen nicht der Fall, weil Unauflöslichkeit und Insolvenzunfähigkeit (§ 9a Abs 5 WEG) zeigen, dass die Rechtsordnung die Existenzberechtigung der Wohnungseigentümergemeinschaft auch dann anerkennt, wenn sie ihre Beitragsforderungen nicht mit eigenen finanziellen Mitteln durchsetzen kann (BGH NJW 2010, 2814). Gleiches gilt für andere Zahlungsklagen, weil auch hier die eingezogenen Beträge in das Verwaltungsvermögen fließen, welches die wirtschaftliche Existenz der Wohnungseigentümergemeinschaft sichert.

III. Der Wohnungseigentümer im Prozess

30 Das WEMoG hat zwei prozessrechtliche Besonderheiten abgeschafft: Seit der WEG-Reform 2020 ist **kein** Raum mehr für eine (ungeschriebene) **Vinkulierung** von gemeinschaftsbezogenen Verwaltungsansprüchen der Wohnungseigentümer (vgl zum alten Recht etwa § 28 Abs 4 WEG aF sowie BGH 11. 2. 2011 – V ZR 66/10, NJW 2011, 1137 Rn 14). Denn die Rechtsbeziehungen sind nun so strukturiert, dass diese Ansprüche der Wohnungseigentümergemeinschaft zustehen. Es besteht auch keine gesetzliche Vertretungsmacht des Verwalters im Prozess für die Wohnungseigentümer mehr (anders noch § 27 Abs 2 Nr 2 WEG aF). Zur Rolle der Wohnungseigentümer bei der **Vertretung** der **Wohnungseigentümergemeinschaft** Rn 16, zum **Beitritt** in Beschlussklageverfahren § 44 WEG Rn 27.

31 Ein besonderes **Übergangsproblem** besteht, wenn ein Wohnungseigentümer vor dem Inkrafttreten des **WEMoG** einen Anspruch rechtshängig gemacht hat, der nach der Reform nur noch der Wohnungseigentümergemeinschaft zusteht. § 265 ZPO findet hier keine Anwendung, da es sich nicht um einen Rechtsübergang handelt. Der Kläger muss den Rechtsstreit daher für erledigt erklären, falls nicht die Wohnungseigentümergemeinschaft im Wege des Parteiwechsels eintritt (Lehmann-Richter/Wobst WEG-Reform 2020 Rn 2034). Die Gegenansicht des BGH, die Prozessführungsbefugnis in **Altverfahren** bleibe grds unberührt (BGH 7. 5. 2021 – V ZR 299/19, WuM 2021, 392), ist mangels dogmatischer Grundlage abzulehnen.

1. Eigentümerwechsel

32 Beim Eigentümerwechsel nach Rechtshängigkeit ist zu unterscheiden: Entfällt durch den Eigentümerwechsel die Sachlegitimation nicht, ergeben sich keine Besonderheiten, der Prozess wird zwischen den Parteien fortgeführt. Dies ist etwa bei gegen den ausscheidenden Eigentümer gerichteten Beitragsklagen der Fall (s § 28 Rn 46). Regelmäßig ist allerdings die Sachlegitimation mit der Eigentümerstellung verknüpft. Der nach Rechtshängigkeit erfolgende Eigentümerwechsel hat dann aber nach **§ 265 Abs 2 S 1 ZPO** auf den Prozess im Ergebnis ebenfalls keinen Einfluss. Der ehemalige Wohnungseigentümer bleibt demnach Partei und führt den Rechtsstreit als **gesetzlicher Prozessstandschafter** im eigenen Namen für den Rechtsnachfolger weiter (vgl BGHZ 148, 335). Der Erwerber kann den Prozess nach § 265 Abs 2 S 2 ZPO an Stelle

des Veräußerers übernehmen, wenn dieser und die Gegenpartei zustimmen (MünchKommZPO/Becker-Eberhard § 265 ZPO Rn 93). Zur Rechtsnachfolge im anhängigen Anfechtungsverfahren s § 44 WEG Rn 85.

Die Veräußerung kann nach hM dazu führen, dass das **Rechtsschutzbedürfnis** des aus der Wohnungseigentümergemeinschaft ausgeschiedenen Klägers entfällt. Dies soll dann der Fall sein, wenn der Kläger an der begehrten Entscheidung kein anerkennenswertes Interesse mehr hat (BayObLG WuM 1994, 573; BGHZ 43, 261 zur Anfechtungsklage in der GmbH). Der Kläger muss nach hM in diesem Fall Hauptsachenerledigung erklären, um eine Klageabweisung zu vermeiden (BayObLG WuM 1994, 573). Diese Ansicht überzeugt nicht, weil die Prozessführungsbefugnis des Veräußerers auf Gesetz beruht (MünchKommZPO/Becker-Eberhard § 265 ZPO Rn 78). Der Kläger muss allerdings seinen **Antrag** auf Leistung an den Rechtsnachfolger umstellen, anderenfalls ist die Klage wegen fehlender Aktivlegitimation als unbegründet abzuweisen (BayObLG ZWE 2000, 464; vgl auch BGH NJW 1986, 3206). Dies ist nach § 264 Nr 3 ZPO zulässig (MünchKommZPO/Becker-Eberhard § 265 ZPO Rn 87). Lautet der **Titel** auf Leistung an den Rechtsnachfolger, kann dieser den Titel nach § 727 ZPO auf sich umschreiben lassen (BGH NJW 1984, 806). 33

Die **Erstreckung der Rechtskraft** auf den Rechtsnachfolger ergibt sich regelmäßig aus **§ 325 Abs 1 ZPO**. Voraussetzung ist die Rechtsnachfolge in den streitbefangenen Gegenstand (BGH MDR 2013, 860 Rn 13). Diese liegt vor, wenn ein Rechtsübergang stattfindet, der im laufenden Prozess einen Wechsel in der Sachlegitimation begründet oder – bei Rechtsnachfolge nach Ende des Prozesses (auch hier ist § 325 ZPO anwendbar, BGH NJW 1983, 2032) – begründet hätte (vgl BGH MDR 2013, 860 Rn 13; OLG Frankfurt NJW-RR 2006, 155). Die Sachlegitimation in Verfahren gemäß § 43 Abs 2 WEG knüpft regelmäßig an die Eigentümerstellung an, was bei einem Eigentümerwechsel zur Anwendung von § 325 Abs 1 ZPO führt (vgl BGH 23. 2. 2018 – V ZR 101/16, NJW 2018, 2550 Rn 70). Die Norm ist daher etwa bei einem auf die veräußerte Einheit bezogenen Urteil zum Umfang des Nutzungsrechts (BayObLG WuM 1991, 632; LG Berlin ZMR 2013, 554) einschlägig oder bei der gerichtlichen Verurteilung, eine bauliche Veränderung des Gemeinschaftseigentums zu dulden (LG Hamburg ZWE 2013, 25). Die Bindung des Rechtsnachfolgers an Gestaltungsurteile in Beschlussklageverfahren folgt hingegen daraus, dass solche Urteile per se gegenüber jedermann wirken (s § 44 WEG Rn 148). Bei der Rechtskraftwirkung eines Beschlussklageurteils (s § 44 WEG Rn 149) ergibt sich die Rechtskrafterstreckung nach § 325 Abs 1 ZPO aus der Tatsache, dass es sich um ein aus der Mitgliedschaft folgendes Verwaltungsrecht handelt (vgl BGH 23. 2. 2018 – V ZR 101/16, NJW 2018, 2550 Rn 70; Z 169, 221, zur AG), das damit dem Rechtsvorgänger gerade in seiner Stellung als Wohnungseigentümer zustand. 34

Unanwendbar ist § 325 Abs 1 ZPO hingegen nach wohl allgM auf ein rechtskräftiges Urteil über **Beitragsforderungen**, weshalb insbesondere eine Titelumschreibung nach § 727 Abs 1 ZPO gegen den Erwerber ausscheidet (OLG Frankfurt NJW-RR 2006, 155; LG Stuttgart ZWE 2013, 52). Das überzeugt auf dem Boden der Fälligkeitstheorie, weil danach die Zahlungspflicht den Wohnungseigentümer persönlich trifft, der im Zeitpunkt der Beschlussfassung über die Beitragsforderung Mitglied der Gemeinschaft ist (BGH NJW 1988, 1910). Die Übertragung des Eigentums führt daher nicht dazu, dass – wie von § 325 Abs 1 ZPO vorausgesetzt – die Passivlegitimation des Veräußerers bei der Beitragsklage entfällt. 35

2. Verfahrensunterbrechung bei Tod oder Insolvenz

36 Verstirbt ein am Prozess als Partei beteiligter Wohnungseigentümer oder wird über sein Vermögen das Insolvenzverfahren eröffnet, hat dies nach §§ 239 f ZPO grds die Unterbrechung des Verfahrens zur Folge. Diese Vorschriften gelten selbstverständlich auch in Wohnungseigentumssachen (etwa BGH 16. 5. 2019 – V ZR 295/16, ZMR 2020, 678) einschließlich der **Beschlussklagen** (etwa LG Düsseldorf ZWE 2011, 375; Bärmann/Göbel vor §§ 43 ff Rn 63; die anderslautende Rspr zum früheren FGG-Verfahren [KG ZMR 2007, 647] ist überholt).

37 Ob im Falle der Insolvenz eine Verfahrensunterbrechung eintritt, ist eine Frage des Einzelfalls (vgl BGH 16. 5. 2019 – V ZR 295/16, ZMR 2020, 678). Denn § 240 ZPO verlangt hierfür, dass das konkrete Verfahren die **Insolvenzmasse betrifft**. Dies ist etwa der Fall, wenn beim Erfolg einer gegen den insolventen Wohnungseigentümer gerichteten **Unterlassungsklage** die Vermietbarkeit des Wohnungseigentums erschwert würde (BGH 16. 5. 2019 – V ZR 295/16 ZMR 2020, 678). Gleiches gilt bei einer Klage über die Rechtmäßigkeit einer Nutzungsart, die zum Anstieg der Bewirtschaftungskosten beim insolventen Wohnungseigentümer führt (KG ZMR 2007, 803). Keine Unterbrechung nach § 240 ZPO tritt mangels Bezugs zur Insolvenzmasse hingegen bei einer Klage auf Duldung einer Versorgungssperre gegen einen selbstnutzenden, insolventen Wohnungseigentümer ein (OLG Dresden ZMR 2008, 140). Bei **Beschlussklagen** ist entscheidend, ob die Ausführung des Beschlusses eine Verminderung der Teilungsmasse oder eine Erhöhung der Schuldenmasse zur Folge haben würde (vgl BGH 24. 10. 2017 – II ZR 16/16, ZIP 2017, 2379). Dies ist etwa bei der Anfechtungsklage gegen einen Beschluss über die Finanzierung einer Baumaßnahme der Fall (LG Düsseldorf ZWE 2011, 375). Auch **Beitragsklagen** betreffen die Insolvenzmasse (vgl AG Kerpen ZMR 2009, 323).

3. Prozessstandschaft und „Rückermächtigung“

38 Bei der Prozessstandschaft eines Wohnungseigentümers sind Klagen für die Wohnungseigentümergemeinschaft von sonstigen Konstellationen zu unterscheiden. Zur Prozessstandschaft der Gemeinschaft Rn 20.

a) Für die Wohnungseigentümergemeinschaft

39 Ein Wohnungseigentümer kann nach **allg Grundsätzen** in gewillkürter Prozessstandschaft Ansprüche der Wohnungseigentümergemeinschaft einklagen (BGH ZWE 2014, 25 Rn 9).

40 Erforderlich ist zunächst eine **Ermächtigung** der Wohnungseigentümergemeinschaft (vgl etwa BGH NJW 2014, 1090), die nach hM Prozesshandlung ist, deren Wirksamkeit sich aber nach materiellem Recht richtet (BGH NJW 2000, 738; Stein/Jonas/Jacoby vor § 50 ZPO Rn 56 mwNw). Die Ermächtigung zur Prozessführung wird durch eine im Namen der Wohnungseigentümergemeinschaft abgegebene Willenserklärung erteilt. Dies setzt voraus, dass der Erklärende über entsprechende **Vertretungsmacht** verfügt, was sich nach § 9b WEG richtet. Hier ist zu beachten, dass bei einem Handeln gegenüber einen Wohnungseigentümer die Vertretungsmacht nicht gemäß § 9b Abs 1 S 3 WEG unbeschränkt ist, da dieser kein „Dritter“ im Sinne der Norm ist. Vertretungsmacht des Verwalters für die Ermächtigung besteht hier deshalb nur, soweit er

in Vollzug eines Beschlusses der Wohnungseigentümer handelt oder nach § 27 WEG selbst entscheiden darf (Lehmann-Richter/Wobst WEG-Reform 2020 Rn 216 f). In der verwalterlosen Gemeinschaft scheitert eine Ermächtigung eines Wohnungseigentümers nach hier vertretener Meinung an § 181 BGB (Lehmann-Richter/Wobst NJW 2021, 662, 665 m Nachw zum Streitstand).

Prozessual verlangt die hM für die Prozessstandschaft weiter ein **schutzwürdiges Interesse** des Ermächtigten an der Prozessführung (etwa BGH NJW 1999, 1717; Stein/Jonas/Jacoby vor § 50 ZPO Rn 50). Dieses folgt typischerweise aus der Eigentümerstellung des Klägers (LG Frankfurt ZWE 2012, 179; vgl auch BGH NJW 2010, 2814 zur Beitragsklage für die Gemeinschaft). Weiter ist erforderlich, dass die Prozessführungsermächtigung in den Tatsacheninstanzen **offengelegt** wird, damit der Gegner seine Verteidigung hierauf einstellen kann (BGH NJW 1994, 652). Eine Ausnahme gilt, wenn für den Gegner eindeutig ist, wessen Recht eingeklagt wird (BGHZ 94, 117). Eine gewillkürte Prozessstandschaft auf **Passivseite** mit der Folge, dass zwingend der Prozessstandschafter zu verklagen ist, ist ohne entsprechende Unterwerfungserklärung des Klägers nicht anzuerkennen (Stein/Jonas/Jacoby vor § 50 ZPO Rn 47 mwNw). 41

Nicht anzuerkennen ist die auf einer **actio pro socio** beruhende Prozessstandschaft, also eine Befugnis jedes Wohnungseigentümers, einen Anspruch der Wohnungseigentümergemeinschaft gegen einen anderen Wohnungseigentümer oder den Verwalter im eigenen Namen gerichtlich geltend zu machen. Denn für eine solche ungeschriebene „Wohnungseigentümerklage" ist angesichts der Beschlussersetzungsklage (§ 44 Abs 1 S 2 WEG), dem aus § 18 Abs 2 WEG folgenden Anspruch auf Beschlussausführung und der Möglichkeit, einen Wohnungseigentümer zur Vertretung zu ermächtigen (§ 9b Abs 2 Alt 2 WEG) kein Platz (LG Karlsruhe 6. 12. 2022 – 11 S 135/21, ZWE 2023, 167 [Revision BGH V ZR 6/23]; Lehmann-Richter/Wobst WEG-Reform 2020 Rn 63 ff; **aA** Hügel/Elzer § 9b Rn 32 ff; Lieder/Pordzik ZWE 2021, 105, 111). 42

Die Wohnungseigentümergemeinschaft hat auch die Möglichkeit, die Befugnis zur prozessualen Geltendmachung der ihr nach **§ 9a Abs 2 WEG** zur Ausübung zugewiesenen Ansprüche „zurückzugeben" (vgl LG Frankfurt ZWE 2012, 179). § 9a Abs 2 WEG steht dem nicht entgegen, weil der Norm nicht zu entnehmen ist, dass eine solche „**Rückermächtigung**" gesperrt ist (vgl BGH ZWE 2014, 25 Rn 9; Häublein ZWE 2020, 401, 407). Eine wirksame Ermächtigungserklärung der Wohnungseigentümergemeinschaft führt dazu, dass der ermächtigte Wohnungseigentümer in Prozessstandschaft die gem § 9a Abs 2 WEG bei der Gemeinschaft gebündelten Ansprüche prozessual geltend machen kann. 43

b) Sonstige Konstellationen

Bei der gesetzlichen Prozessstandschaft des Insolvenz-, Zwangs- oder Nachlassverwalters sowie des Testamentsvollstreckers tritt eine **Rechtskrafterstreckung** auf den Wohnungseigentümer ein (vgl BGHZ 88, 331, 334). Klagt hingegen ein Miteigentümer einer Eigentumswohnung nach § 1011 BGB, so wirkt bei dieser gesetzlichen Prozessstandschaft das rechtskräftige Urteil nach hM gegen die nicht am Verfahren beteiligten Miteigentümer nicht (BGHZ 79, 245; LG München I ZWE 2012, 142). 44

IV. Der Verwalter im Prozess

45 Der Verwalter ist nach § 9b Abs 1 S 1 WEG **Vertreter** der Wohnungseigentümergemeinschaft im Prozess (Rn 8). Er kann einem Prozess der Wohnungseigentümergemeinschaft als **Streithelfer** beitreten (§ 44 WEG Rn 28) und ihm kann in einem solchen Prozess auch der **Streit verkündet** werden (§ 44 WEG Rn 34).

46 Die Zulässigkeit einer Klage des Verwalters in gewillkürter **Prozessstandschaft** richtet sich nach allg Grundsätzen. Das danach erforderliche Interesse an der Geltendmachung eines Anspruchs der Wohnungseigentümergemeinschaft folgt nicht bereits aus seiner Amtsstellung. Das betrifft etwa Beitragsklagen, die der Verwalter nicht in Prozessstandschaft erheben kann (BGHZ 188, 157). Auch bei einer Ermächtigung durch einzelne Wohnungseigentümer bedarf es der konkreten Feststellung des Interesses des Verwalters an der Prozessführung. Eine Prozessstandschaft des Verwalters ist daher nur in besonders gelagerten Ausnahmefällen denkbar, für die gerichtliches Anschauungsmaterial fehlt.

47 Ein Leistungsurteil der Wohnungseigentümergemeinschaft gegen den Verwalter, etwa auf Erstellung einer Jahresabrechnung, wird nach allgemeinen Regeln **vollstreckt** (§ 28 Rn 288).

V. Verfahrensrechtliche Besonderheiten

48 Zum **PKH-Verfahren** der Wohnungseigentümergemeinschaft Rn 29.

1. Berufung

49 Die Berufung kann **fristwahrend** grds nur bei dem nach § 72 Abs 2 GVG zuständigen Landgericht eingereicht werden (BGH ZWE 2016, 168). Eine Ausnahme gilt nur, wenn die Frage, ob eine Streitigkeit unter § 72 Abs 2 GVG fällt, im konkreten Fall noch nicht höchstrichterlich geklärt ist und man über ihre Beantwortung mit guten Gründen unterschiedlicher Auffassung sein kann (BGH NJW 2010, 1818). In diesem Fall ist das unzuständige Landgericht analog § 281 ZPO zur dann in jedem Fall fristwahrenden Verweisung an das zuständige Landgericht verpflichtet (vgl BGH 24. 2. 2022 – V ZB 59/21, NZM 2022, 473 Rn 11; BGH NJW-RR 1997, 55). In anderen Fällen ist die Frist nur gewahrt, wenn die **Berufungsschrift** binnen der Frist aufgrund einer **Weiterleitung** beim zuständigen Gericht eingeht (vgl BGH 24. 2. 2022 – V ZB 59/21, NZM 2022, 473 Rn 10; BGH NJW-RR 2000, 1730). Eine allg Weiterleitungspflicht besteht nämlich nicht (BGH 9.1. 2. 2021 – V ZB 21/21, MDR 2022, 261 Rn 6).

50 Ist die Frist aufgrund Berufungseinlegung bei einem unzuständigen Landgericht versäumt worden, kommt eine **Wiedereinsetzung** in Betracht. Hierbei ist die **Rechtsmittelbelehrung** von Bedeutung: Ist diese zutreffend und wird die Berufung dennoch bei einem anderen Gericht eingelegt, liegt ein die Wiedereinsetzung ausschließendes Verschulden vor (BGH 9.1. 2. 2021 – V ZB 21/21, MDR 2022, 261 Rn 5). Anders ist es bei einer unzutreffenden Belehrung: Hier unterliegt ein Rechtsanwalt nach der Rspr in aller Regel einem unverschuldeten Rechtsirrtum, wenn er der Belehrung Folge leistet. In diesem Fall scheidet nach Ansicht des BGH eine Analogie zu § 281 ZPO aber aus, sondern die Berufung muss, verbunden mit einem Antrag gemäß § 233 ZPO, bei dem zuständigen Gericht erneut erhoben werden (BGH 24. 2. 2022 – V ZB 59/21, NZM 2022, 473; 22. 10. 2020 – V ZB 45/20, WuM 2020, 815 Rn 7). Die beim unzuständigen Gericht eingelegte Berufung muss mithin zurückgenommen werden; § 21 GKG ist anzuwenden (vgl OLG Dresden 11. 2. 2019 – 4 W 128/19, MDR 2019, 638).

Hat das Gericht erster Instanz die Berufung nicht zugelassen, so ist diese gem § 511 Abs 2 Nr 1 ZPO nur zulässig, wenn der Wert des **Beschwerdegegenstands** 600 Euro übersteigt. Die Berechnung der Beschwer ist wohnungseigentumsrechtlich nicht speziell geregelt. § 49 GKG betrifft nämlich nur den Gebührenstreitwert und gilt daher für die Ermittlung der Rechtsmittelbeschwer nicht (BGH 24. 3. 2022 – V ZR 149/21, MDR 2022, 791). Die Beschwer richtet sich deshalb allein danach, welches **wirtschaftliche Interesse der Berufungskläger** an der Abänderung der angefochtenen Entscheidung hat (BGH ZMR 2012, 567). Ist etwa die Wirksamkeit eines Beschlusses in Streit, der die Regelung von Zahlungsansprüchen zum Gegenstand hat, richtet sich die Beschwer des Eigentümers nach dem auf ihn entfallenden Anteil an diesem Zahlungsanspruch (BGH ZWE 2013, 380; ZMR 2012, 567). Das Interesse an der (Nicht-)Entlastung des Verwalters ist, wenn besondere Anhaltspunkte für einen anderen Wert fehlen, nach der Rspr mit 1000 Euro anzusetzen (BGH ZMR 2011, 654). Geht es nicht nur um die Abwehr oder Durchsetzung einer finanziellen Belastung der Wohnungseigentümer, kann das zu schätzende Interesse des Berufungsklägers an einer ordnungsmäßigen Verwaltung die Beschwer erhöhen (BGH ZWE 2012, 225). 51

Trotz seiner These, dass sämtliche Beschlussmängel denselben Streitgegenstand betreffen (§ 44 WEG Rn 44), sollen **einzelne Beschlussmängel** im Rechtsmittelverfahren nach Ansicht des BGH abtrennbare Teile des Streitstoffs sein (BGH 13. 1. 2023 – V ZR 43/22, ZWE 2023, 186 Rn 16). Die **Anschlussberufung** nach § 524 ZPO ist auch in wohnungseigentumsrechtlichen Verfahren eröffnet, und zwar auch bei Beschlussanfechtungsklagen (BGH NJW 2010, 1819). Für die **Revision** gelten keine Besonderheiten; der Ausschluss der Nichtzulassungsbeschwerde in § 62 Abs 2 WEG aF für Altverfahren hat sich erledigt. **Rechtsbeschwerden** zum BGH sind gem § 574 Abs 1 ZPO eröffnet, wenn dies im Gesetz ausdrücklich bestimmt ist oder wenn die Rechtsbeschwerde von einem der in § 574 Abs 1 Nr 2 ZPO genannten Gerichte zugelassen wurde. Statthaft ist etwa die Rechtsbeschwerde gem § 522 Abs 1 S 4 ZPO, wenn die Berufung durch Beschluss nach § 522 Abs 1 S 2 ZPO als unzulässig verworfen wurde. Die Zulässigkeit setzt gem § 574 Abs 2 ZPO allerdings eine grundsätzliche Bedeutung der Rechtssache oder die Notwendigkeit einer Fortbildung des Rechts bzw einer Vereinheitlichung der Rspr voraus (BGH ZMR 2014, 995; ZWE 2013, 380). 52

2. Einstweilige Verfügung und Arrest

Das für die Entscheidung über ein Arrestgesuch oder einen Antrag auf einstweilige Verfügung **zuständige Gericht** der Hauptsache (§§ 919, 937 Abs 1 ZPO) bestimmt sich in Wohnungseigentumssachen nach § 43 WEG sowie nach § 23 Nr 2c GVG. Allerdings wird der Gerichtsstand der Belegenheit in § 919 ZPO von § 43 WEG nicht verdrängt (Abramenko AnwZert MietR 6/2010, Anm 1, juris). 53

Bei Anträgen auf Erlass einer **einstweiligen Verfügung** im Zusammenhang mit **Verwaltungsmaßnahmen** der Wohnungseigentümergemeinschaft ist beim Verfügungsanspruch zu prüfen, ob das Verfahren auch zwischen Gläubiger und Schuldner ge- 54 führt wird. Hier wirkt sich die Reform der Rechtsbeziehungen durch das WEMoG 2020 aus: Verwaltungsansprüche stehen den Eigentümern nur noch gegen die Gemeinschaft zu. Die Rspr aus der Zeit vor dem WEMoG ist insofern überholt. Der Antrag des Wohnungseigentümers auf Vornahme einer Verwaltungshandlung (zB Einberufung einer Eigentümerversammlung) oder ihr Unterlassen (zB Unterlassen einer Baumaßnahme) ist daher gegen die Wohnungseigentümergemeinschaft zu richten (BGH 21. 4. 2023 – V ZR 86/22, DWW 2023, 217 Rn 25). Denn Grundlage des **Verfügungsanspruchs** ist § 18 Abs 2 Nr 1 WEG; für einen Anspruch des Wohnungseigentümers gegen das Organ oder den Funktionsträger der Wohnungseigentümergemeinschaft fehlt es an einer Rechtsgrundlage (§ 18 WEG Rn 109).

55 Besonderheiten bestehen bei den praxisrelevanten einstweiligen Verfügungen, die sich auf einen **Beschluss** beziehen. Das gesetzliche System aus § 44 Abs 1 WEG, nämlich die Verdrängung der Leistungsklage durch die Gestaltungsklage, strahlt auf das Eilverfahren aus (§ 44 WEG Rn 67).

56 Die **Vollstreckung** erfolgt nach §§ 936, 928 ZPO nach den Vorschriften über die Zwangsvollstreckung. Geht es um das Unterlassen einer Verwaltungshandlung – etwa des Vollzugs eines Beschlusses – ist bei der Vollstreckung nach § 890 ZPO nach hM das Zwangsgeld gegen die juristische Person und nicht gegen ihr Organ festzusetzen; die Anordnung und Vollstreckung von Haft soll hingegen gegenüber dem Organ erfolgen (Rn 27).

3. Selbständiges Beweisverfahren

57 Wird ein selbständiges Beweisverfahren von der **Wohnungseigentümergemeinschaft** nach § 9a Abs 2 WEG wegen eines aus dem Gemeinschaftseigentum folgenden Anspruchs als Prozessstandschafterin geführt, bestehen bei der Zulässigkeit des Antrags gem § 485 ZPO keine Besonderheiten. Der Antrag führt nach § 204 Abs 1 Nr 7 BGB zur Hemmung der Verjährung (BGH NJW 2003, 3196). Die Wohnungseigentümer können dem selbständigen Beweisverfahren als Nebenintervenienten beitreten (vgl OLG Karlsruhe ZWE 2010, 43). In einem späteren Prozess zwischen der Wohnungseigentümergemeinschaft und dem Gegner des selbständigen Beweisverfahrens kann die Beweiserhebung nach § 493 ZPO verwertet werden, weil die hierfür erforderliche Parteiidentität vorliegt. Gleiches gilt, falls der Hauptprozess nach Rückermächtigung (Rn 43) vom materiell berechtigten Wohnungseigentümer geführt werden sollte. Denn die berechtigte Prozessstandschaft führt dazu, dass die Parteien des Hauptprozesses prozessual so behandelt werden, als hätte der materiell Berechtigte das selbständige Beweisverfahren geführt (vgl BGH NJW 2013, 3586; NJW 2003, 3196; OLG Koblenz NZM 2008, 248).

58 In Sonderkonstellation wird das selbständige Beweisverfahren von einem zu diesem Zeitpunkt noch zur Rechtsdurchsetzung **berechtigten Anspruchsinhaber**, der **Hauptprozess** aber von einem **Prozessstandschafter** geführt. Ein Beispiel sind Klagen gegen den Bauträger wegen Mängeln am Gemeinschaftseigentum, weil hier die einzelnen Erwerber nach hM ihren Anspruch auf Mängelbeseitigung solange verfolgen können, bis die Wohnungseigentümergemeinschaft die Rechtsausübung durch Beschluss an sich gezogen hat (BGH 11. 11. 2022 – d V ZR 213/21, NJW 2023, 217). Daher bedarf der Erwerber für einen Antrag nach § 485 ZPO keines ihn ermächtigenden Beschlusses (BGH WuM 2013, 695; MDR 1980, 222). Der Antrag auf Durchführung eines selbständigen Beweisverfahrens hemmt in einem solchen Fall die Verjährung (BGH WuM 2013, 695). Das Ergebnis des vom materiell Berechtigten geführten Beweisverfahrens ist in einem später zwischen Prozessstandschafter (Wohnungseigentümergemeinschaft) und Antragsgegner geführten Hauptprozess gem § 493 ZPO verwertbar (vgl BGH NJW 2013, 3586). Denn anderenfalls könnte ein dem Anspruchsinhaber negatives Beweisergebnis durch das Einschalten eines Prozessstandschafters im Hauptprozess umgangen werden (vgl BGH MDR 2012, 48, zur Zession).

Eine andere Fallgruppe betrifft die Einleitung eines selbständigen Beweisverfahrens durch einen Wohnungseigentümer, obwohl die Rechtsverfolgungskompetenz nach § 9a Abs 2 WEG der Wohnungseigentümergemeinschaft zugewiesen ist. Ob der Antrag nach § 485 ZPO in diesem Fall unzulässig ist – und daher insbes keine verjährungshemmende Wirkung hat – bestimmt sich danach, ob die **Prozessstandschaft verdrängende Wirkung** hat, also dem Antrag des Anspruchsinhabers entgegensteht. Dies ist bei der aus § 9a Abs 2 WEG folgenden Prozessstandschaft der Wohnungseigentümergemeinschaft zu bejahen (s Rn 20). Zulässig ist ein selbständiges Beweisverfahren zwischen Wohnungseigentümern aber, wenn es der Sicherung eines Anspruchs des Antragstellers wegen Störung seines Sondereigentums dient (LG Frankfurt/M 9. 12. 2021 – 2-13 T 74/21, ZWE 2022, 215 Rn 15). **59**

Soll das selbständige Beweisverfahrens außerhalb eines anhängigen Rechtsstreits einer Beschlussfassung der Wohnungseigentümer dienen, ist richtiger Antragsgegner die Wohnungseigentümergemeinschaft (LG Frankfurt/M 9. 12. 2021 – 2-13 T 74/21, ZWE 2022, 215 Rn 13). Denn sie ist Schuldnerin des Anspruchs auf Beschlussfassung, § 18 Abs 2 WEG. Paradigmatisch ist die Feststellung des Zustands des Gemeinschaftseigentums, das nach Ansicht des Wohnungseigentümers von der Gemeinschaft zu reparieren ist. Nach hM setzt der Antrag **nicht** die **Vorbefassung** der **Eigentümerversammlung** voraus (BGH 14. 3. 2018 – V ZB 131/17, NJW 2018, 1749 m Nachw). Zwar ist die erfolgreiche Beschlussersetzungsklage grds von einer Vorbefassung der Eigentümerversammlung abhängig (§ 44 WEG Rn 264). Nach Ansicht des BGH würde aber die Feststellung, ob im konkreten Fall etwas anderes gilt, das selbständigen Beweisverfahren überfrachten. **60**

Im selbständigen Beweisverfahren ergeht grds **keine Kostenentscheidung**, da es sich um Kosten des anschließenden Rechtsstreits handelt. Nach Abschluss des Verfahrens kann der Gegner aber nach § 494a ZPO den Antrag stellen, eine Frist zur Klageerhebung zu setzen; kommt der Antragsteller dem nicht nach, hat er nach § 494a Abs 2 ZPO die Kosten zu tragen. Betrifft das selbständige Beweisverfahren die Vorbereitung einer Beschlussfassung, kann die Wohnungseigentümergemeinschaft als Gegnerin den Antrag stellen (vgl BGH 14. 3. 2018 – V ZB 131/17, NJW 2018, 1749 Rn 19). Dem Wohnungseigentümer ist dann durch das Gericht die Erhebung einer Beschlussersetzungsklage nach § 44 Abs 1 S 2 WEG aufzugeben. Zur Frage, ob der Wohnungseigentümergemeinschaft entstandene Prozesskosten durch Beschluss auf die Verursacher verteilt werden können s § 44 WEG Rn 49. **61**

4. Schiedsverfahren

Schiedsvereinbarungen sind im Wohnungseigentumsrecht nicht sehr verbreitet und für die typische Eigentümergemeinschaft auch **ungeeignet**. Denn die Vorteile des **62**

Schiedsverfahrens überwiegen die hiermit verbundenen Nachteile für die Wohnungseigentümer nicht. Zwar dürfte ein Schiedsverfahren häufig schneller abgeschlossen sein als ein Verfahren vor den staatlichen Gerichten. Da ein Schiedsverfahren für den durchschnittlichen Wohnungseigentümer (und meist auch seinen anwaltlichen Berater) indes terra incognita ist, ist es kein geeignetes Instrument der Streitbeilegung in einer Wohnungseigentümergemeinschaft, die sich typischerweise aus in rechtlichen Angelegenheiten unerfahrenen Laien zusammensetzt. Hinzu kommen die regelmäßig höheren Verfahrenskosten.

63 Die Schiedsabrede ist vom **Schiedsgutachtenvertrag** abzugrenzen, bei dem ein Dritter nur eine für die Streitentscheidung erhebliche Frage anstelle des ordentlichen Gerichts entscheiden soll, etwa die Existenz von Schäden am Gemeinschaftseigentum. Während die Schiedsabrede auf Rüge des Beklagten nach § 1032 ZPO zur Unzulässigkeit der Klage führt, bedeutet die Nichtbeachtung des Schiedsgutachtenvertrags lediglich die Beweisfälligkeit der Partei (Schwab/Walter, Schiedsgerichtsbarkeit [7. Aufl 2005] Kap 2 Rn 7).

a) Abschluss einer Schiedsabrede

64 Die Zuständigkeit des Schiedsgerichts kann mangels Kompetenz nicht durch **Beschluss** begründet werden (Wenzel ZWE 2000, 2, 6). Möglich ist nach wohl allgM aber die Vereinbarung einer Schiedsabrede in der **Gemeinschaftsordnung**.

b) Rechtlicher Charakter der Schiedsabrede

65 Ist die **Schiedsabrede Teil der Gemeinschaftsordnung**, ist mit Blick auf den rechtlichen Charakter der Abrede zu differenzieren: Beruht die Gemeinschaftsordnung auf einer vertraglichen Vereinbarung der Miteigentümer, insbes weil sie im Rahmen einer Teilung nach § 3 WEG getroffen wurde, handelt es sich um eine Vereinbarung iSd § 1029 ZPO. Ob dies auch gilt, wenn die Gemeinschaftsordnung mit der Schiedsabrede vom Alleineigentümer bei einer Teilung nach § 8 WEG festgelegt wurde, ist umstritten. Richtigerweise ist diese Schiedsabrede eine „nicht auf Vereinbarung beruhende Verfügung" (Schiedsverfügung) iSd § 1066 ZPO (Schmitz RNotZ 2003, 591, 607; vgl auch BGHZ 159, 207 zum Verein; **aA** Elzer ZWE 2010, 442, 446). Denn auch wenn sich aus § 8 Abs 2 WEG ergibt, dass die vom aufteilenden Eigentümer stammende Gemeinschaftsordnung wohnungseigentumsrechtlich einer Vereinbarung gleichsteht, führt dies zivilprozessual nicht zur Anwendbarkeit von § 1029 ZPO. Dies folgt schon daraus, dass der den Abschluss der Schiedsabrede regelnde § 1031 ZPO ausdrücklich mehrere Parteien fordert, an denen es bei der Teilung nach § 8 WEG fehlt. Auf die Schiedsverfügung gem § 1066 ZPO ist die Formvorschrift des § 1031 ZPO (modifizierte Schriftform) nicht anwendbar, sondern es gelten die Formvorgaben des für das einseitige Rechtsgeschäft einschlägigen Spezialgebiets, also des WEG (vgl Haas SchVZ2007, 1, 3). Obwohl das WEG insofern keine Formvorgaben macht, wirkt sich der Streit um die rechtliche Einordnung der Schiedsabrede bei der Teilung nach § 8 WEG kaum einmal aus. Denn die vom teilenden Alleineigentümer stammende Gemeinschaftsordnung wird in der Praxis notariell beurkundet, was den Anforderungen des § 1031 ZPO an eine Schiedsabrede genügt (vgl Schmitz RNotZ 2003, 591, 607).

c) Inhaltliche Anforderungen

66 **Inhaltlich** müssen Schiedsabreden zunächst den Anforderungen des **§ 1029 Abs 1 ZPO** genügen. Zwingend erforderlich ist danach nur die Angabe, welche Streitigkei-

ten unter Ausschluss der ordentlichen Gerichtsbarkeit der Schiedsgerichtsbarkeit unterworfen sind. Daneben muss die Schiedsabrede der Kontrolle nach § 138 BGB standhalten. Hierzu hat der BGH zur **gesellschaftsrechtlichen Beschlussanfechtungsklage** entschieden, dass die Schiedsabrede gegen § 138 BGB verstößt, wenn sie das schiedsgerichtliche Verfahren nicht in einer dem **Rechtsschutz durch staatliche Gerichte gleichwertigen Weise** ausgestaltet (BGH 6. 4. 2017 – I ZB 23/16, DB 2017, 1138 Rn 25 – Schiedsfähigkeit III; 6. 4. 2009 – II ZR 255/08, Z 180, 221 – Schiedsfähigkeit II). Dieser Grundsatz gilt auch im Wohnungseigentumsrecht, weshalb für die Beschlussanfechtungsklage zu verlangen ist, dass die Schiedsabrede sowohl ausreichende Mitwirkungsrechte aller Wohnungseigentümer (vgl BGH 23. 9. 2021 – I ZB 13/21, ZIP 2022, 125 Rn 15 – Schiedsfähigkeit IV) als auch die erforderliche Zuständigkeitskonzentration sämtlicher Beschlussanfechtungsverfahren bei einem Schiedsgericht gewährleistet (LG München I ZWE 2011, 52; Elzer ZWE 2010, 442, 444).

Nach § 1055 ZPO wirkt der Schiedsspruch nur zwischen den Parteien; es fehlt im 10. **67** Buch der ZPO eine § 44 Abs 3 WEG vergleichbare Regel. Im Kapitalgesellschaftsrecht hat der BGH diese Probleme bereits gelöst und entschieden, dass Schiedssprüche die **Rechtskraftwirkung** des § 248 Abs 1 S 1 AktG in analoger Anwendung auslösen (BGH 6. 4. 2009 – II ZR 255/08, Z 180, 221 Rn 13 – Schiedsfähigkeit II). Für § 44 Abs 3 WEG kann dann nichts anderes gelten, weshalb die Schiedsabrede sich hierzu nicht verhalten muss.

Richtigerweise gelten die vom BGH postulierten Wirksamkeitsanforderungen nicht **68** nur für Beschlussanfechtungs-, sondern für **sämtliche Beschlussklagen**. Denn die Wirksamkeitsanforderung verknüpft der BGH mit der Wirkung gegenüber den Verbandsmitgliedern (BGH 6. 4. 2009 – II ZR 255/08, Z 180, 221 Rn 18 – Schiedsfähigkeit II), die nach § 44 Abs 3 BGB Folge sämtlicher Beschlussurteile ist. Auf Basis der BGH-Rspr gelten die Wirksamkeitsanforderungen aber auch, wenn der Schiedsspruch die Wohnungseigentümer (lediglich) materiell-rechtlich bindet (BGH 23. 9. 2021 – I ZB 13/21, ZIP 2022, 125 Rn 19 – Schiedsfähigkeit IV). Das ist etwa bei Vereinbarungsklagen (§ 44 WEG Rn 58) denkbar.

Verstößt eine Schiedsabrede gegen die Vorgaben des BGH, ist es eine Frage der **69** Auslegung, ob sie für Verfahren, in denen die Voraussetzungen nicht gelten, wirksam bleibt, die Schiedsabrede also nur **teilnichtig** ist (BGH 23. 9. 2021 – I ZB 13/21, ZIP 2022, 125 Rn 31 – Schiedsfähigkeit IV).

d) Bindungswirkung

Ist die Schiedsabrede Teil der Gemeinschaftsordnung, stellt sich die Frage, ob hieran **70** auch Personen gebunden sind, die am Abschluss der Gemeinschaftsordnung nicht beteiligt waren. Dies betrifft zunächst erst später in die Gemeinschaft eintretende Eigentümer. Die Bindungswirkung gegenüber diesen **Sondernachfolgern** richtet sich nach **§ 10 Abs 3 S 1 WEG**. Die Schiedsabrede ist aber nur insoweit eine Vereinbarung gem § 10 Abs 1 S 2 WEG – und damit geeignet, auch einen Sondernachfolger zu binden (§ 10 Abs 3 S 1 WEG) –, als es um das Verhältnis der Wohnungseigentümer untereinander und zur Gemeinschaft der Wohnungseigentümer geht, § 10 Abs 1 S 1 WEG.

Der Beitritt des Erwerbers zur Schiedsabrede bedarf nach der Rspr des BGH zum **71** Kapitalgesellschaftsrecht **nicht** der Beachtung der **Form des § 1031 ZPO**, weil die Abrede „Bestandteil“ der übertragenen Mitgliedschaft ist (etwa BGH NJW-RR 2002, 1462). Dies gilt im Ergebnis wegen § 10 Abs 3 S 1 WEG auch im Wohnungseigentumsrecht. Der Umstand, dass es sich bei den Erwerbern von Wohnungseigentum meist um geschäftsunerfahrene Verbraucher handelt, scheint zwar für eine analoge Anwendung von § 1031 ZPO zu sprechen (vgl BGH NJW 1980, 1049 zur Publikums-KG). Letztlich wird der Schutz des Erwerbers wohnungseigentumsrechtlich aber dadurch erreicht, dass nur im Grundbuch eingetragene – und damit hinreichend transparente – Schiedsabreden übergehen.

72 Es stellt sich auch die Frage nach der Bindung der **Wohnungseigentümergemeinschaft**. Diese ist zwar am Abschluss der Gemeinschaftsordnung nicht beteiligt und auch nicht Rechtsnachfolgerin. Ihre Bindung an die Schiedsabrede in der Gemeinschaftsordnung folgt aber aus dem allg Prinzip, wonach der Verband an seine Satzungsregeln gebunden ist (vgl BGH NJW 1996, 1753; Elzer ZWE 2010, 442, 445). Zuletzt ist problematisch, ob der **Verwalter** an eine Schiedsabrede in der Gemeinschaftsordnung gebunden ist, wenn diese Verfahren gem § 43 Abs 2 Nr 3 WEG erfasst. Diese Frage berührt das grundsätzliche Problem der Bindung des Verwalters an die Regeln in der Gemeinschaftsordnung. Richtigerweise ist der Verwalter an sämtliche Regeln in der Gemeinschaftsordnung gebunden, die sein Amtsverhältnis betreffen (AGB-Klauselwerke/Lehmann-Richter Wohnungseigentumsverwalter Rn 10). Für Schiedsabreden bedeutet dies, dass der Verwalter an diese nur insoweit gebunden ist, als Ansprüche aus dem Amtsverhältnis in Rede stehen (vgl Umbeck SchiedsVZ 2009, 143, 146; **aA** Elzer ZWE 2010, 442, 446).

5. Schlichtungsverfahren

73 § 15a Abs 1 EGZPO gibt den Landesgesetzgebern die Möglichkeit, die Zulässigkeit einer Klage in bestimmten Fällen von der erfolglosen Durchführung eines Schlichtungsverfahrens abhängig zu machen. Besteht aufgrund Landesrechts die Notwendigkeit einer streitwertbezogenen Schlichtung nach § 15a Abs 1 Nr 1 EGZPO (vermögensrechtliche Streitigkeiten bis 750 Euro), so werden hiervon insbes **Beitragsklagen** der Wohnungseigentümergemeinschaft erfasst. **Beschlussanfechtungsverfahren** fallen wegen der binnen der Frist des § 45 S 1 WEG zu erhebenden Klage nicht unter § 15a Abs 1 Nr 1 EGZPO (Zwickel NZM 2014, 18).

74 Nach § 15a Abs 1 Nr 2 EGZPO ist ein Schlichtungsverfahren bei einer Streitigkeit über Ansprüche aus dem Nachbarrecht (§§ 906, 910, 911, 923 BGB) erforderlich, wenn es das Landesrecht anordnet. Es besteht Einigkeit, dass über den Wortlaut der Norm hinaus auch Ansprüche aus § 1004 BGB und § 823 BGB unter § 15a Abs 1 Nr 2 EGZPO fallen, wenn sie einen nachbarrechtlichen Bezug aufweisen (OLGR Köln 2006, 406). Insbes Ansprüche aus § 1004 BGB auf Unterlassung der **Störung des Gemeinschafts- oder Sondereigentums** spielen im Wohnungseigentumsrecht eine große Rolle. Diese Ansprüche sind indes mangels eines grundstücksübergreifenden Sachverhalts nicht nachbarrechtlicher Natur iSd § 15a Abs 1 Nr 2 EGZPO. § 15a Abs 1 Nr 2 EGZPO müsste also analog angewendet werden, wofür sich einige Gerichte aussprechen (LG Saarbrücken 15. 5. 2020 – 5 S 24/19, ZWE 2020, 485). Zu folgen ist der Gegenansicht, die eine Analogie ablehnt (LG München I 11. 12. 2019 – 1 S 11509/19 WEG, ZWE 2020, 483). Eine solche verbietet sich schon aufgrund des wenig überzeugenden Charakters der Norm, weil § 15a EGZPO in der Praxis nicht zu der erhofften Entlastung der Justiz geführt hat (MünchKommZPO/Gruber § 15a EGZPO Rn 3).

Erfüllt ist § 15a Abs 1 Nr 2 EGZPO indes bei Streitigkeiten mit dem **Nachbarn des Grundstücks der Wohnungseigentümer** (AG Düsseldorf ZMR 2010, 890; vgl auch BGH ZMR 2012, 745). Ist Streitgegenstand eine zwischen Wohnungseigentümern erfolgte Beleidigung, fällt der Rechtsstreit unter § 15a Abs 1 Nr 3 EGZPO (BGH NZM 2014, 797). 75

Die Notwendigkeit eines Schlichtungsverfahrens kann sich auch aus der **Gemeinschaftsordnung** ergeben, wenn diese eine wirksame **Schlichtungsvereinbarung** enthält (vgl BGH NJW 1977, 2263, zum GesR). Die Beachtung der Schlichtungsabrede ist keine von Amts wegen zu prüfende Prozessvoraussetzung, sondern eine Prozesseinrede, die die Klagbarkeit vorübergehend ausschließt (BGH NJW-RR 2009, 637). Eine Schlichtungsvereinbarung muss zum einen vorsehen, dass vor Klageerhebung zwingend ein **Schlichtungsverfahren** durchzuführen ist, was in Zweifelsfällen durch Auslegung zu ermitteln ist (vgl OLG Frankfurt NZM 2008, 290). Als Schlichtungsstelle kommen insbes der Verwaltungsbeirat (BayObLG WuM 1996, 724; OLG Frankfurt NZM 2008, 290) oder die Wohnungseigentümerversammlung (BayObLG NJW-RR 1991, 849), aber auch der Verwalter in Betracht. Das Schlichtungsverfahren ist ausnahmsweise entbehrlich, wenn mit hinreichender Wahrscheinlichkeit feststeht, dass dort keine Lösung des Problems gefunden werden würde (BayObLG NJW-RR 1991, 849). Umstritten ist, ob auch die Zulässigkeit der Beschlussanfechtungsklage an die vorherige Durchführung eines Schlichtungsverfahrens geknüpft werden kann. Dies ist zu bejahen (Zwickel NZM 2014, 18); unwirksam ist eine solche Regel aber, wenn dadurch im Ergebnis die Anfechtungsfrist unzumutbar verkürzt wird. 76

Das **Gesetz** über die **alternative Streitbeilegung** in **Verbrauchersachen** (VSBG) gilt auch im Wohnungseigentumsprozess. Da eine Streitbeilegung nach diesem Gesetz allerdings an einen Verbrauchervertrag iSd § 310 Abs 3 BGB anknüpft (§ 4 Abs 1 VSBG), kann es nur in Verfahren der Wohnungseigentümergemeinschaft im Außenverhältnis zur Anwendung kommen. Denn die schuldrechtliche Verbindung der Wohnungseigentümer untereinander ist kein Vertrag iSd § 310 Abs 3 BGB. Zur Verbrauchereigenschaft der Wohnungseigentümergemeinschaft s Staudinger/Jacoby (2023) § 9a WEG Rn 67. 77

VI. Beweisrecht

Die **Wohnungseigentümer** können in Verfahren, in denen sie nicht als Partei beteiligt sind, als **Zeugen** vernommen werden. Dies betrifft insbes Verfahren der Wohnungseigentümergemeinschaft (BGH NJW 1965, 2253, zum Gesellschaftsrecht) und gilt auch dann, wenn die Wohnungseigentümergemeinschaft in Prozessstandschaft Ansprüche der als Zeugen benannten Wohnungseigentümer geltend macht (vgl BGH NJW-RR 1988, 126, 127). Die Zeugnisfähigkeit entfällt im Prozess der Wohnungseigentümergemeinschaft nur, wenn die Wohnungseigentümer nach § 9b Abs 1 S 2 WEG die Gemeinschaft im konkreten Verfahren vertreten (AG Lichtenberg ZMR 2008, 576; Dötsch NZM 2015, 473, 475). Denn dann sind die Wohnungseigentümer organschaftliche Vertreter und aus diesem Grund nicht zeugnisfähig (vgl § 455 Abs 1 ZPO). Die Wohnungseigentümer sind nach allg Grundsätzen auch in Beschlussklagen trotz § 44 Abs 3 WEG zeugnisfähig, falls sie nicht Kläger oder Nebenintervenienten sind. Denn eine 78

Rechtskraftwirkung allein führt nach wohl allgM nicht zur Zeugnisunfähigkeit; es gilt ein formaler Parteibegriff (vgl Stein/Jonas/Berger Vorbem vor § 373 ZPO Rn 5). Als streitgenössischer Nebenintervenient scheidet ein Wohnungseigentümer in Beschlussklagen aber als Zeuge aus (vgl Stein/Jonas/Jacoby § 69 ZPO Rn 15).

79 Der **Verwalter** darf im Prozess nicht als **Zeuge** vernommen werden, wenn er die Wohnungseigentümergemeinschaft als Organ vertritt. Das betrifft insbes Beschlussklagen. Seine Zeugnisfähigkeit wird durch eine Streitverkündung hingegen nicht beeinträchtigt (vgl Stein/Jonas/Jacoby § 74 ZPO Rn 1). Ist der Verwalter eine juristische Person oder Personengesellschaft, sind seine gesetzlichen Vertreter nicht zeugnisfähig. Für andere Mitarbeiter des Verwalters gilt dies hingegen nicht, diese können mithin Zeugen sein.

80 Ist das Zustandekommen oder der Inhalt eines **Eigentümerbeschlusses** streitig, stellt sich die Frage nach dem Beweiswert der **Niederschrift** (Protokoll) gem § 24 Abs 6 S 1 WEG. Überwiegend wird vertreten, dass für die inhaltliche Richtigkeit eines der Form des § 24 Abs 6 S 2 WEG genügenden Protokolls eine Vermutung spreche (Abramenko ZMR 2003, 245, 248; Hogenschurz/Elzer § 43 WEG Rn 41; **aA** insbes Bonifacio ZMR 2006, 583). Dafür spricht die Funktion des Protokolls als Ersatztatsache (Staudinger/Häublein § 24 WEG Rn 246). Fehlen allerdings Unterschriften oder hat das Protokoll andere formelle Mängel, so kommt ihm im Rahmen der Beweiswürdigung nur die Funktion einer schriftlichen Zeugenerklärung zu, welche als Urkundenbeweis der **freien Beweiswürdigung** unterliegt (vgl BGH NJW-RR 2007, 1077, 1078; Bonifacio ZMR 2006, 583, 587).

§ 43 WEG
Zuständigkeit

(1) Die Gemeinschaft der Wohnungseigentümer hat ihren allgemeinen Gerichtsstand bei dem Gericht, in dessen Bezirk das Grundstück liegt. Bei diesem Gericht kann auch die Klage gegen Wohnungseigentümer im Fall des § 9a Absatz 4 Satz 1 erhoben werden.

(2) Das Gericht, in dessen Bezirk das Grundstück liegt, ist ausschließlich zuständig für

1. **Streitigkeiten über die Rechte und Pflichten der Wohnungseigentümer untereinander,**
2. **Streitigkeiten über die Rechte und Pflichten zwischen der Gemeinschaft der Wohnungseigentümer und Wohnungseigentümern,**
3. **Streitigkeiten über die Rechte und Pflichten des Verwalters einschließlich solcher über Ansprüche eines Wohnungseigentümers gegen den Verwalter sowie**
4. **Beschlussklagen gemäß § 44.**

Materialien: BR-Drucks 75/51, 31; BT-Drucks 16/887, 35; BT-Drucks 19/18791, 80 f.

Schrifttum

HOGENSCHURZ, Zuständigkeit bei gemeinsamen Klagen gegen Wohnungseigentümer und dessen Mieter, AnwZert MietR 15/2008, Anm 3 (juris)

LEHMANN-RICHTER, Gerichtliche Zuständigkeitskonflikte in Wohnungseigentumssachen, MietRB 2019, 284.

Systematische Übersicht

Alphabetische Übersicht

I. Allgemeines

1 § 43 WEG ist durch die **WEG-Reform 2020** geändert worden. Die Vorschrift betrifft die örtliche Zuständigkeit und regelt in Abs 1 den allgemeinen Gerichtsstand der Wohnungseigentümergemeinschaft und in Abs 2 ausschließliche Gerichtsstände. § 43 Abs 1 WEG ist im früheren Recht ohne Vorbild. Anders ist es mit § 43 Abs 2 WEG, der § 43 WEG aF ersetzt. Während indes § 43 WEG aF noch sechs Gerichtsstände regelte, kommt § 43 Abs 2 WEG mit vier Vorschriften aus. Das beruht auf einem abweichenden Regelungskonzept: Das alte Recht erreichte die Konzentration beim Wohnungseigentumsgericht durch umfassende ausschließliche Gerichtsstände, während § 43 Abs 1 WEG den allgemeinen Gerichtsstand der Wohnungseigentümergemeinschaft bestimmt. Das macht die früheren Sondervorschriften in § 43 Nr 5 WEG aF (Klagen Dritter) und § 43 Nr 6 WEG aF (Mahnverfahren) entbehrlich.

2 Wie bei anderen Zuständigkeitsregeln stellt sich auch bei § 43 WEG die Frage, welche Tatsachen der Richter bei der Entscheidung über seine Zuständigkeit zu berücksichtigen hat. Ausgangspunkt ist, dass sich die **Zuständigkeit** nach dem **Klägervortrag** richtet; ausreichend ist es also, wenn er Tatsachen schlüssig vorträgt, die geeignet sind, die Zuständigkeit nach § 43 WEG zu begründen (OLG Köln ZMR 2011, 226). Werden diese Tatsachen vom Beklagten bestritten, so bedarf es keiner Beweisaufnahme zwecks Feststellung der Zuständigkeit, falls die Tatsachen sich auch auf die Begründetheit der Klage auswirken, sog **doppelrelevante Tatsachen** (vgl etwa BGHZ 202, 39 Rn 23). Eine Beweisaufnahme findet in diesem Fall nur bei der Prüfung der Begründetheit statt, um den Rechtsstreit durch eine beschleunigte Sachentscheidung endgültig zu erledigen (BGHZ 183, 49 Rn 14). Ist der bestrittene Sachvortrag hingegen nur für die Zuständigkeit nach § 43 WEG relevant, erfolgt die Beweisaufnahme schon im Rahmen der Zulässigkeitsprüfung (BGHZ 183, 49 Rn 19).

3 Die Zuständigkeit nach § 43 WEG kann sich aber auch allein aus dem **Sachvortrag** des **Beklagten** ergeben. Hierzu kann es kommen, wenn der Kläger keine Tatsachen

vorträgt, die eine Zuordnung der Streitigkeit zu § 43 WEG rechtfertigen, der Beklagte sich aber mit entsprechendem Sachvortrag verteidigt (vgl OLG Düsseldorf ZMR 2008, 127; BeckOK-ZPO/Toussaint § 29a Rn 20 [jeweils zu § 29a ZPO]). Denn auch in diesen Fällen ist es gerechtfertigt, von einer Wohnungseigentumssache zu sprechen, weil das Gericht im Rahmen der Sachentscheidung die Verteidigung des Beklagten zu würdigen hat. § 43 WEG ist daher im Ergebnis immer dann einschlägig, wenn nach dem Vortrag einer Partei ernsthaft in Betracht kommt, dass die jeweiligen zuständigkeitsbegründenden Tatbestandsmerkmale erfüllt sind und diese Behauptung sich auch bei der Begründetheitsprüfung auswirken wird (vgl Wietz NZM 2015, 145, 151).

Es ist möglich, die Zuständigkeit der ordentlichen Gerichtsbarkeit zugunsten eines **Schiedsgerichts** aufzuheben, dazu Vorbem 62 zu §§ 43–45 WEG. 4

II. Allgemeiner Gerichtsstand der Wohnungseigentümergemeinschaft (Abs 1 S 1)

§ 43 Abs 1 S 1 WEG bestimmt, dass die Gemeinschaft der Wohnungseigentümer ihren allgemeinen Gerichtsstand im Bezirk des Grundstücks hat. **Grundstück** ist die Liegenschaft, an der nach § 2 WEG Wohnungseigentum begründet wurde. § 43 Abs 1 S 1 WEG gilt für die in § 9a WEG geregelte Gemeinschaft der Wohnungseigentümer. Die Anwendung der Norm setzt also die **Anlegung der Wohnungsgrundbücher** voraus (§ 9a Abs 1 S 2 WEG). 5

§ 43 Abs 1 S 1 WEG regelt die örtliche Zuständigkeit im Zivilprozess. Sein **verfahrensrechtlicher Anwendungsbereich** entspricht daher dem der §§ 12 ff ZPO. Das Gericht im Bezirk des Grundstücks ist also für alle zivilprozessualen Klagen nach der ZPO zuständig, soweit nicht ein ausschließlicher Gerichtsstand besteht. Bei den in § 43 Abs 2 WEG geregelten ausschließlichen Gerichtsständen wirkt sich dieses Vorrangprinzip wegen des identischen Gerichtsstands nicht aus. Im Übrigen kommt eine ausschließliche, § 43 Abs 1 S 1 WEG verdrängende Zuständigkeit eines anderen Gerichts aber in Betracht. Solche Fälle sind indes weitgehend theoretischer Natur, da die ausschließlichen Gerichtsstände regelmäßig mit dem allgemeinen Gerichtsstand der Gemeinschaft der Wohnungseigentümer identisch sind. Denkbar ist ein solcher Fall aber etwa, wenn die Gemeinschaft eine nicht im Bezirk des Grundstücks liegende Wohnung vermietet, die sie als Anlage des Gemeinschaftsvermögens erworben hat. Bei einer Klage des Mieters wird § 43 Abs 1 S 1 WEG von § 29a Abs 1 ZPO verdrängt. 6

§ 43 Abs 1 S 1 WEG erfasst insbesondere die **Klagen Dritter** gegen die Gemeinschaft der Wohnungseigentümer und damit die zuvor in § 43 Nr 5 WEG aF geregelten Verfahren. Im Gegensatz zum alten Recht ist die örtliche Zuständigkeit in diesen Verfahren aber nicht mehr ausschließlicher Natur. Das überzeugt, weil es für eine solche Ausschließlichkeit – die auch der Vorgängernorm von § 43 Nr 5 WEG aF, nämlich § 29b ZPO aF, fremd war – keinen überzeugenden sachlichen Grund gibt. 7

Aus § 43 Abs 1 S 1 WEG iVm § 689 Abs 2 S 1 ZPO folgt, dass für Anträge der Gemeinschaft der Wohnungseigentümer auf Erlass eines **Mahnbescheides** örtlich ausschließlich das Amtsgericht im Bezirk des Grundstücks zuständig ist. Diese Rechtsfolge entspricht § 43 Nr 6 WEG aF. Stellt die Wohnungseigentümergemeinschaft den Mahnantrag nicht beim Gericht des Belegenheitsorts, so kann sie den Antrag auf das 8 zuständige Mahngericht umstellen und das angerufene Gericht den Mahnantrag an das zuständige Gericht formlos abgeben (BayObLG BB 2002, 1437). Anderenfalls ist der Antrag nach § 691 Abs 1 ZPO zurückzuweisen.

III. Besonderer Gerichtsstand der Haftungsklage (Abs 1 S 2)

9 § 43 Abs 1 S 2 WEG regelt die Zuständigkeit für eine auf § 9a Abs 4 S 1 WEG gestützte Haftungsklage gegen einzelne Wohnungseigentümer. Bis zur WEG-Reform 2020 fielen die Haftungsklagen gegen Wohnungseigentümer unter § 43 Nr 5 WEG aF, der eine ausschließliche Zuständigkeit vorsah. Nach § 43 Abs 1 S 2 WEG besteht hingegen nur ein **besonderer Gerichtsstand**. Dies überzeugt, weil eine ausschließliche Zuständigkeit nicht gerechtfertigt ist. Das zeigen sowohl § 29b ZPO aF, der bis zur WEG-Novelle 2007 ebenfalls nur einen besonderen Gerichtsstand enthielt, als auch das Fehlen einer entsprechenden Regelung für die allgemeine verbandsrechtliche Haftungsklage nach § 126 HGB.

1. Normzweck

10 § 43 Abs 1 S 2 WEG erlaubt es einem Gläubiger der Wohnungseigentümergemeinschaft, die Leistungsklage gegen die Gemeinschaft und die Klage gegen die haftenden Wohnungseigentümer im Wege der subjektiven Klagehäufung zu verfolgen. Die Vorschrift hat insofern **Ausnahmecharakter**, als für die Haftungsregel des § 126 HGB eine entsprechende Zuständigkeitsvorschrift fehlt. § 43 Abs 2 S 2 WEG dient den Interessen des Klägers, für dessen Klage in jedem Fall ein einheitlicher Gerichtsstand am Ort der Belegenheit des Grundstücks besteht. Das rechtfertigt sich mit den Besonderheiten der Teilhaftung nach § 9a Abs 4 S 1 WEG (BT-Drucks 19/18791, 81). Diese unterscheidet sich von der gesamtschuldnerischen Haftung nach § 126 HGB insofern, als ein Gläubiger, der seinen Haftungsanspruch in voller Höhe durchsetzen will, gezwungen ist, sämtliche Wohnungseigentümer zu verklagen. Es ist dem Gläubiger nicht zuzumuten, die aus Rechtsgründen erforderliche Summe von Haftungsklagen an unterschiedlichen Gerichten zu erheben.

2. Voraussetzungen

11 Streitgegenstand muss ein Anspruch aus § 9a Abs 4 S 1 WEG sein, wobei nach dem Grundsatz der doppelrelevanten Tatsache ein entsprechender Klägervortrag ausreicht (Rn 2). Der Anspruch, auf den die Klage gestützt wird, muss sich nach dem Vortrag des Klägers gegen einen **Wohnungseigentümer** richten. Nicht erforderlich ist, dass der Beklagte während des Rechtsstreits noch Wohnungseigentümer ist; § 43 Abs 1 S 2 WEG erfasst auch die Klage gegen den ausgeschiedenen Wohnungseigentümer oder auf in Prozessstandschaft geführte Verfahren, insbes einer Partei kraft Amtes wie dem Insolvenz- oder Zwangsverwalter. Wird die Schuld aus § 9a Abs 4 S 1 WEG von einem Dritten übernommen, gilt § 43 Abs 1 S 2 WEG wegen des Grundsatz der Identitätswahrung der Schuldübernahme (Staudinger/Rieble [2022] § 414 BGB Rn 95) auch für die Klage gegen den Dritten.

12 Für den sog **werdenden Wohnungseigentümer** gelten hingegen weder § 9a Abs 4 S 1 WEG noch § 43 Abs 1 S 2 WEG, weil § 8 Abs 3 WEG keine Pflichtenübertragung im Außenverhältnis anordnet (Lehmann-Richter/Wobst WEG-Reform 2020 Rn 1820).

Auch für den bloßen **Bucheigentümer** gilt § 43 Abs 1 S 2 WEG nicht. Gleiches gilt für Personen, die für den Wohnungseigentümer die Mithaftung übernommen haben.

3. Rechtsfolgen

§ 43 Abs 1 S 2 WEG begründet die **örtliche Zuständigkeit** am Belegenheitsort der Wohnungseigentümergemeinschaft. Die sachliche Zuständigkeit bestimmt sich nach dem Streitwert (§ 23 Nr 1 GVG), da § 43 Abs 1 WEG in § 23 Nr 2c WEG nicht in Bezug genommen ist. Zur sachlichen Zuständigkeit bei subjektiver Klagehäufung, also der gleichzeitigen Inanspruchnahme von Wohnungseigentümergemeinschaft und Wohnungseigentümern s Rn 77. 13

IV. Ausschließliche Gerichtsstände (Abs 2)

§ 43 Abs 2 WEG regelt vier ausschließliche Gerichtsstände und bestimmt die verbreitet als „Wohnungseigentumssachen" bezeichneten Streitigkeiten. Die Vorschrift ersetzt den Katalog des § 43 WEG aF. 14

1. Allgemeines

Die Vorschrift betrifft Streitigkeiten aus dem **Innenverhältnis der Wohnungseigentümergemeinschaft**. Das ist für die Nummern 1, 2 und 4 vergleichsweise offensichtlich, aber auch für Nr 3 zutreffend, weil der Verwalter ebenfalls dem Innenverhältnis zuzuordnen ist. Die **Abgrenzung** des Anwendungsbereichs von Nr 4 zu den anderen Vorschriften kann Schwierigkeiten bereiten. Denn die die Beschlussklagen ließen sich, je nach ihrem Gegenstand, wohl auch den übrigen Nummern zuordnen. Es handelt sich nur um eine theoretische Frage, die man zugunsten von Nr 4 als lex specialis entscheiden sollte. 15

Gemäß § 40 Abs 2 S 1 Nr 2 ZPO kann § 43 Abs 2 WEG weder im Voraus – etwa in der Gemeinschaftsordnung – noch ad hoc anlässlich eines konkreten Verfahrens **abbedungen** werden. Auch durch ein rügeloses Verhandeln zur Hauptsache wird die Zuständigkeit eines anderen als des nach § 43 Abs 2 WEG zuständigen Gerichts nicht begründet, § 40 Abs 2 S 2 ZPO. 16

Eine **analoge Anwendung** von § 43 Abs 2 WEG ist möglich, wenn die allgemeinen Voraussetzungen für eine Analogie erfüllt sind (s BGH WuM 2014, 164). Daran fehlt es mangels einer Lücke aber für Klagen nach § 15 WEG (OLG Hamm 30. 1. 2023 – I -32 SA 75/22, ZMR 2023, 335) oder benachbarter Wohnungseigentümergemeinschaften (LG Karlsruhe 18. 5. 2022 – 11 S 179/20, ZWE 2022, 381) 17

a) Zweck der Norm

§ 43 Abs 2 WEG dient unmittelbar dazu, die ausschließliche **örtliche Zuständigkeit** am Belegenheitsort zu bestimmen. Durch die Verweisung in den Vorschriften über die sachliche Zuständigkeit in erster (§ 23 Nr 2c GVG) und zweiter (§ 72 Abs 2 GVG) Instanz prägt die Anwendung von § 43 Abs 2 WEG aber auch das Verfahren in den **Rechtsmittelinstanzen**. Dies gilt es bei der Bestimmung des Zwecks der Norm zu berücksichtigen. 18

19 Der **BGH** (NJW 2009, 1282) sieht den Zweck recht allgemein darin, die Gefahr sich widersprechender oder unzutreffender Entscheidungen zu verringern sowie sicherzustellen, dass mit spezieller Sachkunde ausgestattete Wohnungseigentumsgerichte bei allen gemeinschaftsbezogenen Verfahrensgegenständen entscheiden. In der Begründung der WEG-Novelle 2007 wird hingegen der Vorteil der räumlichen Nähe zum Gericht genannt (BT-Drucks 16/887, 35). Damit sind die beiden relevanten Zwecke angesprochen, nämlich die Richtigkeitsgewähr und die Prozessökonomie.

20 Die **Richtigkeitsgewähr** ergibt sich allerdings nicht unmittelbar aus § 43 Abs 2 WEG. Denn eine örtliche Zuständigkeit führt noch nicht dazu, dass die in der Vorschrift geregelten Streitigkeiten auch von spezialisierten Richtern entschieden werden. Diese Wirkung folgt erst aus den Normen über die sachliche Zuständigkeit (§§ 23 Nr 2c, 72 Abs 2 GVG) sowie ggf aus einem Geschäftsverteilungsplan des Amtsgerichts. Das bedeutet allerdings nicht, dass diese Wirkung bei der Auslegung von § 43 Abs 2 WEG zu ignorieren wäre. Denn der Gesetzgeber hat durch den Verweis in den genannten Vorschriften auf § 43 Abs 2 WEG dieser Norm (auch) die Funktion beigelegt, die sachliche Zuständigkeit zu bestimmen. § 43 Abs 2 WEG dient auf diese Weise auch der Richtigkeitsgewähr.

21 Die unmittelbare Rechtsfolge von § 43 Abs 2 WEG, nämlich der ausschließliche Gerichtsstand am Belegenheitsort, dient hingegen der **Prozessökonomie**. Bei den in § 43 Abs 2 WEG geregelten Streitigkeiten geht es nämlich häufig um die örtlichen Begebenheiten, die das Gericht, in dessen Bezirk das Grundstück liegt, am einfachsten in Augenschein nehmen kann. Auch ist bei diesem Gericht die Wahrscheinlichkeit am größten, dass Zeugen – zB der Verwalter oder Wohnungseigentümer – örtlich ansässig sind. Zuletzt ist diesem Gericht auch die Einsichtnahme in das Grundbuch leichter möglich, etwa zwecks Beiziehung der im Grundbuch eingetragenen Gemeinschaftsordnung.

22 Die Verknüpfung der Streitigkeiten mit dem Belegenheitsort des Grundstücks ist nach der gesetzgeberischen Wertung so bedeutsam, dass sie einen **ausschließlichen Gerichtsstand rechtfertigt**. § 43 Abs 2 WEG weist insofern Parallelen zu § 29a ZPO auf, der gleiches für miet- oder pachtrechtliche Streitigkeiten anordnet. Für § 43 Abs 2 Nr 4 WEG (Beschlussklagen) ist ein ausschließlicher Gerichtsstand insbes wegen der notwendigen Verfahrensverbindung nach § 44 Abs 2 S 3 WEG alternativlos. Für die übrigen Streitigkeiten ist die Festlegung auf einen ausschließlichen Gerichtsstand hingegen, wie der Vergleich zum besonderen Gerichtsstand der Mitgliedschaft (§ 22 ZPO) zeigt, nicht zwingend, aber überzeugend.

b) Auslegungsgrundsätze

23 Der **BGH** (NJW 2015, 2968; NJW 2009, 1282, zu § 43 WEG aF) folgert aus dem Normzweck der Richtigkeitsgewähr, dass § 43 Abs 2 WEG **weit auszulegen** sei. Unter die Norm fallen daher auch Verfahren, die an einen Rechtsstreit iSd § 43 Abs 2 Nr 1 WEG anknüpfen, etwa das Verfahren um die Verwirkung einer Vertragsstrafe aus einem Prozessvergleich (BGH NJW 2010, 1818) bzw die Verfahrensfortsetzung trotz eines Vergleichs (BGH NJW-RR 2012, 1359). Dahinter steht die zutreffende Überlegung, dass der wohnungseigentumsrechtliche Bezug einer Streitigkeit es rechtfertigt, diese Verfahren den oft eingerichteten besonderen Spruchkörpern zuzuweisen. Allerdings macht dies nicht die Abwägung entbehrlich, ob es gerechtfertigt ist, das konkrete Verfahren

unter § 43 Abs 2 WEG zu subsumieren. Denn der Gesetzgeber hat sich gegen eine Generalklausel zugunsten sämtlicher wohnungseigentumsrechtlicher Streitigkeiten und für ein Enumerativprinzip entschieden. Hinzu kommt, dass die Auslegung von § 43 Abs 2 WEG auf § 72 Abs 2 GVG und damit auf die Bestimmung des Berufungsgerichts ausstrahlt. Eine weite und damit für den Rechtsanwender uU überraschende Interpretation von § 43 Abs 2 WEG kann hier zur Verfristung von beim unzuständigen Gericht eingelegten Berufungen führen. Die Auslegung von § 43 Abs 2 WEG muss daher auch das Bedürfnis des Rechtsverkehrs nach Rechtssicherheit berücksichtigen. Das Schlagwort der „weiten Auslegung" darf daher die Abwägung im Einzelfall nicht ersetzen.

c) Verfahrensrechtlicher Anwendungsbereich

§ 43 Abs 2 WEG regelt die örtliche Zuständigkeit im Zivilprozess. Sie gilt daher zu- **24**
nächst in **zivilprozessualen Hauptsacheverfahren**. Für die Anwendung in anderen zivilprozessualen Verfahren ist entscheidend, ob § 43 Abs 2 WEG die Funktion hat, die besonderen Zuständigkeitsregeln in diesen Verfahren zu verdrängen. Diese Frage ist zu verneinen: § 43 Abs 2 WEG ist systematisch den §§ 12 ff ZPO zuzuordnen und hat daher ebenso wie die dortigen Regeln nicht den Zweck, die spezielleren Gerichtsstände, die für bestimmte Verfahren vorgesehen sind, zu beseitigen.

Im **einstweiligen Verfügungsverfahren** ist daher nach § 937 Abs 1 ZPO das nach § 43 **25**
Abs 2 WEG zu bestimmende Gericht der Hauptsache zuständig. Im **Arrestverfahren** besteht hingegen ein mit dem Gericht der Hauptsache konkurrierender örtlicher Gerichtsstand nach § 919 ZPO am Ort, an dem sich der mit dem Arrest zu belegende Gegenstand/Person befindet (vgl Abramenko ZMR 2010, 329, 334). Im **selbständigen Beweisverfahren** ist nach § 486 ZPO neben dem nach § 43 Abs 2 WEG zu bestimmenden Gericht der Hauptsache in Eilfällen auch das örtliche Amtsgericht der Belegenheit des Beweismittels zuständig. Im **Vollstreckungsverfahren** um einen in einem Rechtsstreit nach § 43 Abs 2 WEG erwirkten Titel richtet sich die Zuständigkeit in zweiter Instanz nach § 72 Abs 2 GVG, § 43 Abs 2 WEG (BGH NJW 2009, 1282). Die örtliche Zuständigkeit in erster Instanz richtet sich hingegen nach dem ausschließlichen Gerichtsstand in § 764 Abs 2 ZPO.

Hat der vor einem deutschen Gericht anhängige Rechtsstreit einen internationalen **26**
Bezug, ist zunächst die **internationale Zuständigkeit** zu prüfen (dazu Rn 58). Dies kann dazu führen, dass ein deutsches Gericht für eine Klage international zuständig ist, die sich auf eine **ausländische Eigentümergemeinschaft** bezieht, etwa bei einer Beitragsklage gegen einen in Deutschland wohnenden Eigentümer. In einem solchen Fall würde bei Anwendung des ausschließlichen Gerichtsstands nach § 43 Abs 2 WEG trotz der bestehenden internationalen Zuständigkeit kein Gerichtsstand in Deutschland existieren. Dies zeigt, dass § 43 Abs 2 WEG in diesen Konstellationen **nicht anwendbar** ist, weil die Norm nur die Konkurrenz verschiedener nationaler Gerichtsstände regelt. Die örtliche Zuständigkeit richtet sich daher in diesen Fällen nach den §§ 12 ff ZPO. Die sachliche Zuständigkeit bestimmt sich ebenfalls nicht nach den wohnungseigentumsrechtlichen Sonderregeln (§ 23 Nr 2c GVG bzw § 72 GVG), weil der für die Konzentrationswirkung dieser Norm ursächliche Grund – der Bezug zur komplexen Materie des (deutschen) Wohnungseigentumsrechts (vgl BT-Drucks 16/3843, 60) – nicht besteht.

d) Begriff der Streitigkeit

27 § 43 Abs 2 Nr 1 bis Nr 3 WEG verlangen jeweils eine „Streitigkeit". Eine Legaldefinition dieses Begriffs fehlt. Da er dazu dient, die örtliche Zuständigkeit zu rechtfertigen, ist der Begriff mit dem des **Streitgegenstandes gleichzusetzen** (vgl BGHZ 119, 246 unter II 2; Braun ZPR 390). Dies ist von Bedeutung, wenn eine Streitigkeit iSd § 43 Abs 2 WEG im konkreten Prozess nur eine – allerdings entscheidungserhebliche – Vorfrage ist. Ein Beispiel ist etwa die Klage gegen einen für die Beitragsforderung des Wohnungseigentümers mithaftenden Dritten. Solche Verfahren fallen nicht unter § 43 Abs 2 WEG, weil sie nicht die in Nr 1 bis Nr 3 geregelten Streitgegenstände aufweisen.

28 Für den Begriff der Streitigkeit kommt es mithin allein auf den Gegenstand des Verfahrens an, nicht hingegen darauf, von wem das Verfahren geführt wird. Maßgeblich ist, ob das geltend gemachte Recht ein solches ist, das seine **Wurzel in der Rechtsbeziehung** zwischen den jeweils in § 43 Abs 2 Nr 1 bis Nr 3 WEG genannten Personen hat. Dementsprechend ist es etwa unerheblich, wenn ein solches Recht von einem Dritten in Prozessstandschaft (BGH NJW-RR 2012, 1359), insbes als Partei kraft Amtes, etwa als **Insolvenzverwalter** (BGH NJW 2015, 2968) oder von einem Rechtsnachfolger (BGH ZWE 2014, 140), beispielsweise nach Abtretung (BGH NJW 2015, 2968), geltend gemacht wird. Ebenfalls unschädlich ist es, wenn eine Partei zwischenzeitlich aus der Wohnungseigentümergemeinschaft **ausgeschieden** ist (BGH 18. 10. 2019 – V ZR 313/16 ZWE 2020, 300 Rn 8). Aus diesem Grund wird eine Streitigkeit von oder gegen ehemalige Wohnungseigentümer/Verwalter ohne Weiteres von § 43 Abs 2 WEG erfasst, falls sie den in Nr 1 bis Nr 3 geregelten Bezug zu ihrer früheren Position als Eigentümer oder Verwalter aufweist. Erfasst sind aufgrund der Fiktion in § 8 Abs 3 WEG auch Streitigkeiten über Rechte und Pflichten des **werdenden Wohnungseigentümers**. Auf den dinglich am Wohnungseigentum nicht berechtigten bloßen **Bucheigentümer** sind die auf den Streitgegenstand abstellenden Regeln in § 43 Abs 2 Nr 1 bis Nr 3 WEG hingegen nicht anwendbar. Gleiches gilt für Rechte und Pflichten **anderer Dritte**, etwa den Mieter oder den Nießbraucher (BGH NJW 2015, 2968). Deshalb sind insbes Klagen nach § 15 WEG keine Wohnungseigentumssachen (OLG Hamm 30. 1. 2023 – I -32 SA 75/22, ZMR 2023, 335). Wegen des Prinzips der doppelrelevanten Tatsache (s Rn 2) reicht es für die Anwendung der Norm aber aus, wenn sich eine Partei auf Rechte und Pflichten aus dem Innenverhältnis der Wohnungseigentümergemeinschaft beruft und dieser Umstand sich auf die Begründetheitprüfung auswirkt.

2. § 43 Abs 2 Nr 1 WEG (Rechte und Pflichten zwischen Wohnungseigentümern)

29 § 43 Abs 2 Nr 1 WEG betrifft Streitigkeiten über Rechte und Pflichten der Wohnungseigentümer untereinander. Die Vorschrift erfasst ausnahmslos alle Rechte und Pflichten der Wohnungseigentümer untereinander, die auf ihrer durch das Wohnungseigentum vermittelten **Sonderverbindung** beruhen. Daran ändert sich nichts, wenn der Anspruch von einem Rechtsnachfolger geltend gemacht wird, der kein Wohnungseigentümer ist (LG Karlsruhe 29. 10. 2021 – 11 O 6/21, ZMR 2022, 405). An der wohnungseigentumsrechtlichen Sonderverbindung fehlt es, wenn die Parteien einen **familienrechtlichen Streit** führen, mag dieser auch am Rande mit dem Wohnungseigentumsrecht in Berührung kommen (BGH 16. 9. 2015 – XII ZB 340/14, NJW 2016, 503; Roth NJW 2017, 689).

Um wohnungseigentumsrechtliche Pflichten geht es – anders als noch gem § 43 Nr 1 WEG aF (BGH ZMR 2015, 231 Rn 6) – zum einen, wenn über das sog **sachenrechtliche Grundverhältnis** gestritten wird. Mit diesem Begriff wird herkömmlich die durch Begründung von Wohnungseigentum erfolgte sachenrechtliche Zuordnung bezeichnet. Streitigkeiten über diese Zuordnung fallen unter § 43 Abs 2 Nr 1 WEG, etwa die Klage auf Feststellung des Umfangs des Sondereigentums oder auf Grundbuchberichtigung oder auf **Änderung** der sachenrechtlichen Zuordnung. Soll erst durch die Klage Wohnungseigentum begründet werden, ist § 43 Abs 2 Nr 1 WEG seinem Wortlaut nach nicht anwendbar; überzeugende Gründe für eine Analogie bestehen nicht (vgl OLG Brandenburg 21. 2. 2022 – 1 AR 2/22, juris). 30

Um Rechte und Pflichten der Wohnungseigentümer untereinander handelt es sich auch, wenn sie aus der **Gemeinschaftsordnung**, einem **Beschluss** oder dem **WEG** folgen. Praxisrelevant sind Ansprüche aus § 14 Abs 2 und Abs 3 WEG sowie wegen Verletzung dieser Vorschriften. Sind bei der Begründung eines Sondernutzungsrechts dem Berechtigten auch Abwehransprüche gegen die übrigen Wohnungseigentümer eingeräumt, so fallen diesbezügliche Klagen unter § 43 Abs 2 Nr 1 WEG. Gleiches gilt für Feststellungsklagen über die Wirkung der Gemeinschaftsordnung, die mit Blick auf das Feststellungsinteresse aber nur ausnahmsweise zulässig sind (Lehmann-Richter/Wobst WEG-Reform 2020 Rn 1979). Verlangt ein Wohnungseigentümer von einem anderen die Mitwirkung bei der Änderung der Gemeinschaftsordnung, fällt die Klage unter § 43 Abs 2 Nr 1 WEG. Sie ist aber unbegründet, weil der Anspruch aus § 10 Abs 2 WEG sich gegen die Wohnungseigentümergemeinschaft richtet (sehr streitig, s Staudinger/Wobst [2023] § 10 WEG Rn 66). Um eine unter § 43 Abs 2 Nr 1 WEG fallende Streitigkeit handelt es sich auch, wenn zwischen Wohnungseigentümern die **Feststellung** begehrt wird, ob eine bestimmte Person **Wohnungseigentümer** ist oder nicht. 31

Auch Streitigkeiten wegen Verletzung einer zwischen den Wohnungseigentümern bestehenden **Treue- und Rücksichtnahmepflicht** sind erfasst (vgl BGH ZWE 2012, 334). Unter § 43 Abs 2 Nr 1 WEG fallen zudem Ansprüche aus **allgemeinen Gesetzen**, die sich auf das Sondereigentum oder den Besitz hieran stützen, also etwa aus § 823 Abs 1 BGB, § 861 f BGB und § 1004 Abs 1 BGB. Denn auch diese Ansprüche werden durch das in der Wohnungseigentümergemeinschaft bestehende Binnenrecht, insbes die Gebrauchsregelungen, geformt (vgl BGH NJW 2014, 1879 Rn 7). Ebenfalls zu § 43 Abs 2 Nr 1 WEG gehören daher Streitigkeiten wegen **Äußerungen** auf einer Eigentümerversammlung, es sei denn, ein Zusammenhang zum Gemeinschaftsverhältnis ist nicht erkennbar (BGH ZMR 2017, 254). 32

§ 43 Abs 2 Nr 1 WEG ist **nicht einschlägig**, wenn das Verfahren zwar zwischen Wohnungseigentümern geführt wird, bei wertender Betrachtung aber keinen wesentlichen Bezug zur ihrer wohnungseigentumsrechtlichen Sonderverbindung hat. Dies ist etwa der Fall, wenn die Klage allein auf eine sonstige Sonderrechtsbeziehung der Wohnungseigentümer gestützt wird, etwa einen Vertrag über die Verteilung von Verwaltungskosten (BGH NJW 2014, 1879 Rn 9; OLG München ZWE 2011, 261), die Vereinbarung eines Konkurrenzverbots (BGH ZMR 1986, 367), den Erwerbsvertrag über Wohnungseigentum (BGH 24. 9. 2020 – V ZB 90/19, WuM 2020, 742; Z 62, 388), einen Anwaltsvertrag (BayObLG ZMR 1998, 502) oder eine mit der Mitgliedschaft nicht im Zusammenhang stehende unerlaubte Handlung (LG Frankfurt ZWE 2014, 140). Deshalb 33 fallen auch Klagen zwischen den Bruchteilseigentümern eines Wohnungseigentums (**aA** BGH NJW 2014, 1879) oder zwischen den Mitgliedern einer Eigentümergesellschaft nicht unter § 43 Abs 2 Nr 1 WEG.

3. § 43 Abs 2 Nr 2 WEG (Rechte und Pflichten zwischen Wohnungseigentümern und Wohnungseigentümergemeinschaft)

34 § 43 Abs 2 Nr 2 WEG betrifft Streitigkeiten über die Rechte und Pflichten zwischen der Wohnungseigentümergemeinschaft und den Wohnungseigentümern. Die Vorschrift entspricht § 43 Nr 2 WEG aF. Da nach § 18 Abs 1 WEG die Verwaltung des gemeinschaftlichen Eigentums Aufgabe der Wohnungseigentümergemeinschaft ist, verlaufen die diesbezüglichen Rechtsbeziehungen im Innenverhältnis der Wohnungseigentümer über die Gemeinschaft. § 43 Abs 2 Nr 2 WEG ist aus diesem Grund die **zentrale Zuständigkeitsregelung**, die – gäbe es Nr 4 als lex specialis nicht – auch die Beschlussklagen erfassen würde.

a) Allgemeines

35 § 43 Abs 2 Nr 2 WEG setzt nicht voraus, dass Wohnungseigentümergemeinschaft oder Wohnungseigentümer auch Parteien des Rechtsstreits sind. Die Vorschrift erfasst vielmehr auch Rechte oder Pflichten des **werdenden Wohnungseigentümers**, nicht hingegen eines **Bucheigentümers** oder eines Dritten, der Wohnungseigentum nutzt (s Rn 28). Eine analoge Anwendung ist aber geboten, wenn nach der Gemeinschaftsordnung auch **Nichtwohnungseigentümer** in den **Verwaltungsbeirat** gewählt werden können und es um Streitigkeiten aus dem organschaftlichen Rechtsverhältnis zur Wohnungseigentümergemeinschaft geht.

36 Der Begriff „**Wohnungseigentümer**“ ist materiell-rechtlich zu verstehen: Die Rechte oder Pflichten müssen der Person gerade in ihrer Eigenschaft als Wohnungseigentümer zugeordnet sein, also auf der durch das Wohnungseigentum vermittelten **Sonderverbindung** beruhen.

37 Liegt dem Verfahren ein im Wege der Prozessstandschaft oder nach Abtretung geltend gemachter Anspruch zugrunde, begründet dies wegen der materiell-rechtlichen Anknüpfung (s Rn 27) nicht per se die Zuständigkeit nach § 43 Abs 2 Nr 2 WEG. Die praxisrelevanten Klagen der Wohnungseigentümergemeinschaft nach **§ 9a Abs 2 WEG** in Prozessstandschaft, etwa aus § 823 Abs 1 BGB oder § 1004 BGB, fallen – was indes nur von theoretischem Interesse ist – daher nicht unter Nr 2, sondern unter Nr 1 (offen gelassen von BGH NJW 2016, 1735).

b) Anwendungsbeispiele

38 Unter § 43 Abs 2 Nr 2 WEG fallen sämtliche **Klagen der Wohnungseigentümergemeinschaft** gegen Wohnungseigentümer, die auf Mitwirkung bei der Verwaltung gerichtet sind. Von besonderer Relevanz sind Klagen auf Beitragsleistung (BGH ZMR 2010, 624 Rn 10). Die nach § 19 Abs 1 WEG geschuldete Mitwirkung bei der Beschlussfassung wird regelmäßig über § 44 Abs 1 S 2 WEG durchgesetzt; eine etwaige Leistungsklage der Wohnungseigentümergemeinschaft fällt aber unter § 43 Abs 2 Nr 2 WEG. Von § 43 Abs 2 Nr 2 WEG erfasst werden auch Ansprüche aus § 14 Abs 1 WEG auf binnenrechtskonformes Verhalten oder Klagen aus § 17 Abs 1 WEG.

Bei **Klagen eines Wohnungseigentümers** ist § 43 Abs 2 Nr 2 WEG einschlägig, wenn er einen Anspruch auf ordnungsmäßige Verwaltung oder Benutzung geltend macht, der nicht mit den in Nr 4 geregelten Beschlussklagen durchgesetzt wird. Beispiele sind etwa die Klage auf Belegeinsicht (§ 18 Abs 4 WEG), Einberufung einer Versammlung oder auf Übergabe eines Vermögensberichts (§ 28 Abs 4 WEG). Auch Schadensersatzansprüche wegen Verletzung der Verwaltungspflicht fallen unter § 43 Abs 2 Nr 2 WEG, ebenso Klagen auf Ersatz von Aufwendungen in das gemeinschaftliche Eigentum. Zu § 43 Abs 2 Nr 2 WEG gehören auch auf den Verwaltungsbeirat bezogene Streitigkeiten, aber auch ein gegen die Wohnungseigentümergemeinschaft gerichteter Anspruch auf Veräußerungszustimmung nach § 12 WEG. 39

Nicht von § 43 Abs 2 Nr 2 WEG erfasst sind hingegen Streitigkeiten, bei denen es um Rechte und Pflichten geht, die **ebenso** einem **Dritten zustehen** könnten, etwa wenn die Gemeinschaft den Wohnungseigentümer als Anwalt oder als Bauunternehmer beauftragt oder ihm Gemeinschaftseigentum vermietet. Gleiches gilt für Klagen gegen Dritte, die für Verbindlichkeiten eines Wohnungseigentümers **mithaften**. Denn Streitgegenstand sind nicht Rechte oder Pflichten der Wohnungseigentümer, sondern der Anspruch gegen den Dritten (s BGHZ 157, 220, zu § 29a ZPO). Praxisrelevant ist insbes die Klage aus § 126 HGB bei der Personengesellschaft; von eher theoretischer Natur ist die Klage gegen den Bürgen oder Garanten eines Wohnungseigentümers. Das Meinungsbild ist allerdings gespalten: Während die hM für die Haftungsklage gegen Gesellschafter einen Gerichtsstand am Belegenheitsort nach § 43 Abs 2 Nr 2 WEG bejaht (BGH ZWE 2016, 189; BayObLGZ 1988, 368), wird die Frage für die Klage gegen einen Bürgen oder Garanten verneint (Jennissen/Suilmann Rn 63). 40

4. § 43 Abs 2 Nr 3 WEG (Rechte und Pflichten des Verwalters)

§ 43 Abs 2 Nr 3 WEG betrifft Streitigkeiten über die Rechte und Pflichten des Verwalters einschließlich solcher über Ansprüche eines Wohnungseigentümers gegen den Verwalter. § 43 Nr 3 WEG aF enthielt noch die Klarstellung, dass es sich um Rechte und Pflichten bei der Verwaltung des gemeinschaftlichen Eigentums handeln musste. Diese Worte wurden in der WEG-Reform 2020 als überflüssig gestrichen (BT-Drucks 19/18791, 81). 41

a) Allgemeines

Aus dem Tatbestandsmerkmal „Verwalter" folgt, dass § 43 Abs 2 Nr 3 WEG nur Streitigkeiten betrifft, die sich auf die **Tätigkeit als Verwalter beziehen** (BT-Drucks 19/18791, 81). Erforderlich ist daher, dass die Pflicht in einem inneren Zusammenhang mit der dem Verwalter übertragenen Verwaltung des gemeinschaftlichen Eigentums steht (BGHZ 78, 57). Der Streit muss allerdings nicht zwingend um die diesbezüglichen Amtspflichten des Verwalters geführt werden. § 43 Abs 2 Nr 3 WEG ist vielmehr auch erfüllt, wenn es um eine erst durch den Verwaltervertrag begründete Pflicht geht (BGH GE 2011, 1317). Das ist deshalb von Bedeutung, weil durch den Verwaltervertrag Pflichten begründet werden können, die nicht bereits aus dem Amtsverhältnis folgen und auch von einem Dritten übernommen werden könnten, etwa die Erstellung von Bescheinigungen nach § 35a EStG (AGB-Klauselwerke/Lehmann-Richter Wohnungseigentumsverwalter Rn 16 f). Streitigkeiten über solche **„Drittpflichten"** fallen unter § 43 Abs 2 Nr 3 WEG, soweit sie Bestandteil des zwischen der Wohnungseigentümergemeinschaft und dem Verwalter bestehenden, durch den Bestellungs- 42 beschluss begründeten Rechtsverhältnisses sind (zu dieser Einheitslehre AGB-Klauselwerke/Lehmann-Richter Wohnungseigentumsverwalter Rn 5).

43 § 43 Abs 2 Nr 3 WEG verlangt nicht, dass der Rechtsstreit vom oder gegen den Verwalter geführt wird (vgl Rn 28). Die praxisrelevanten Fälle, in denen ohne Beteiligung des Verwalters über sein Pflichtenprogramm gestritten wird – etwa, ob ein ordnungsgemäßer Vermögensbericht gemäß § 28 Abs 4 S 1 WEG erstellt wurde –, sind indes Streitigkeiten zwischen den Wohnungseigentümern und der Gemeinschaft, die unter § 43 Abs 2 Nr 2 WEG fallen. Wird der Rechtsstreit mit einer Person geführt, die nicht (mehr) Verwalter oder ist, so ist zu differenzieren: § 43 Abs 2 Nr 3 WEG ist zunächst anwendbar, wenn es sich um einen aus der Gemeinschaft ausgeschiedenen **früheren Wohnungseigentümer** oder den **früheren Verwalter** (BGH ZMR 2011, 570; Z 78, 57) handelt (s auch Rn 28). Ebenfalls anwendbar ist die Norm wegen § 8 Abs 3 WEG, wenn die Streitigkeit zwischen dem Verwalter und einem **werdenden Wohnungseigentümer** geführt wird. Zur Anwendung der Norm auf den **Bucheigentümer** s Rn 28.

44 § 43 Abs 2 Nr 3 WEG ist auch auf Streitigkeiten mit dem **fehlerhaften Verwalter** anwendbar, also einer Person, deren Bestellungsbeschluss unwirksam ist oder deren Bestellungszeitraum abgelaufen ist (etwa KG 10. 5. 1991 – 24 W 6578/90, WuM 1991, 415; OLG Köln 22. 4. 2005 – 16 Wx 59/05, NJW-RR 2005, 1096, zu § 43 Nr 3 WEG aF). Etwas anderes gilt, wenn sich eine Person ohne einen fehlerhaften Bestellungsbeschluss und damit ohne Zurechnungsgrundlage als Verwalter geriert (**aA** KG OLGZ 1981, 304; Jennissen/Suilmann Rn 66). Denn dann fehlt es an dem erforderlichen Bezug zum Wohnungseigentumsrecht.

45 § 43 Abs 2 Nr 3 HS 2 WEG hebt hervor, dass auch „**Ansprüche eines Wohnungseigentümers** gegen den Verwalter" erfasst werden. Es handelt sich um eine im Rahmen der WEG-Reform 2020 vom Rechtsausschuss eingefügte Klarstellung (BT-Drucks 19/22634, 48). Als Bestimmung der gerichtlichen Zuständigkeit hat die Regelung selbstverständlich nicht die Kraft, eine allgemeine **Drittwirkung** des Verwaltervertrags oder der Amtspflichten des Verwalters anzuordnen. Eine Drittwirkung der Amtspflichten besteht angesichts des Organisationssystems nicht (vgl BGH 8. 11. 2022 – II ZR 91/21, WM 2023, 376 Rn 21, zur GmbH). Verspricht der Verwalter hingegen im Verwaltervertrag amtsfremde Leistungen – etwa das Erstellen steuerrechtlicher Bescheinigungen für die Wohnungseigentümer – ist eine Drittwirkung nach allg Grundsätzen denkbar (AGB-Klauselwerke/Lehmann-Richter Wohnungseigentumsverwalter Rn 23). Entsprechende Streitigkeiten fallen unter § 43 Abs 2 Nr 3 HS 2 WEG.

46 Problematisch sind Konstellationen, in denen ein **Dritter** um den Verwalter treffende Rechte und Pflichten streitet. Ein Beispiel ist der Prozess zwischen dem Verwalter und seiner Haftpflichtversicherung wegen eines bei der Verwaltung entstandenen Schadens. Solche Verfahren fallen nicht unter § 43 Abs 2 Nr 3 WEG, weil die Verwalterpflichten lediglich eine Vorfrage, nicht aber Streitgegenstand sind (s Rn 27; ebenso iE BayObLG NJW-RR 1987, 1099). Wird Klage gegen eine Person erhoben, die neben dem Verwalter für die Verletzung von Verwalterpflichten haften soll, ist § 43 Abs 2 Nr 3 WEG ebenfalls unanwendbar (LG Krefeld ZMR 2007, 74; LG Mainz ZMR 2000, 405; **aA** KG ZMR 2006, 152; die für die Gegenansicht in Anspruch genommene Entscheidung BayObLG NJW-RR 1987, 1368 ist nicht einschlägig, weil dort die Verwalterstellung des Dritten vorgetragen war). Denn Streitgegenstand ist nicht das Pflichtenprogramm des Verwalters, sondern der Anspruch gegen den **Mithaftenden**. Der bloße Hinweis auf die Zweckmäßigkeit der Entscheidung über die Haftung des Verwalters und des Dritten in einem einheitlichen Verfahren rechtfertigen eine analoge Anwendung der Norm nicht (so aber im Ergebnis KG ZMR 2006, 152). Denn dieses Argument würde letztlich in jedem Fall der Mithaftung greifen und das Regime der gerichtlichen Zuständigkeiten außer Kraft setzen. Zur Bestimmung des Gerichts bei einer gemeinsamen Klage gegen Verwalter und Mithaftenden s Rn 77.

b) Anwendungsbeispiele

Unter § 43 Abs 2 Nr 3 WEG fallen sämtliche Klagen der Wohnungseigentümerge- **47** meinschaft gegen den Verwalter auf Vornahme einer **Verwaltungshandlung**, etwa auf Einberufung einer Eigentümerversammlung oder Durchführung von Beschlüssen. Gleiches gilt für Schadensersatzansprüche gegen den Verwalter wegen Verletzung von Verwaltungspflichten (BGH ZMR 2011, 570). Erfasst sind aber etwa auch Klagen des Verwalters auf Zahlung seiner **Vergütung** (BGHZ 78, 57). Bei Streitigkeiten von Wohnungseigentümern mit dem Verwalter wegen **ehrverletzender Äußerungen** ist § 43 Abs 2 Nr 3 WEG erfüllt, wenn es um Behauptungen im Zusammenhang mit der Verwaltertätigkeit geht (OLG München ZMR 2008, 735; Jennissen/Suilmann Rn 69; **aA** BayObLGZ 1989, 67), weil (nur) dann der Normzweck (s Rn 18) eine Entscheidung des Gerichts am Belegenheitsort rechtfertigt.

Nicht unter § 43 Abs 2 Nr 3 WEG fallen dagegen Streitigkeiten aus **Sonderrechts-** **48** **beziehung** zwischen dem Verwalter und den Wohnungseigentümern oder der Wohnungseigentümergemeinschaft, etwa aus einem Vertrag über die Verwaltung von Sondereigentum (BayObLG WuM 1995, 672) oder aus einem Werkvertrag (s bereits Rn 42). Zu beachten ist aber stets, dass es für die Begründung der Zuständigkeit nach § 43 Abs 2 Nr 3 WEG ausreicht, wenn eine der Parteien vorträgt, die in Rede stehende Pflicht ergebe sich aus dem durch den Verwaltervertrag ausgestalteten Amtsverhältnis (s Rn 2 und Rn 42).

5. § 43 Abs 2 Nr 4 WEG (Beschlussklagen)

§ 43 Abs 2 Nr 4 WEG betrifft die Zuständigkeit für die in § 44 WEG geregelten Be- **49** schlussklagen. Die Vorschrift ersetzt § 43 Nr 4 WEG aF. Der Verweis auf § 44 WEG hat zur Folge, dass sich der Anwendungsbereich von § 43 Abs 2 Nr 4 WEG nach jener Norm bestimmt. Unter § 43 Abs 2 Nr 4 WEG fallen daher **Anfechtungs-, Nichtigkeits- und Beschlussersetzungsklage**.

Aus dem Verweis auf § 44 WEG folgt nicht etwa, dass die Zulässigkeitsvoraussetzun- **50** gen einer Beschlussklage erfüllt sein müssen, um die Zuständigkeit zu begründen. § 43 Abs 2 Nr 4 WEG ist daher auch anwendbar, wenn eine Beschlussklage von oder gegen eine **unbefugte Partei** erhoben wird. Dafür spricht zum einen die Gesetzesgeschichte: Die Vorgängernorm bezog sich nach ihrem Wortlaut allgemein auf Streitigkeiten um die Gültigkeit von Beschlüssen und nach den Materialien (BT-Drucks 19/18791, 82) sollte die Zuständigkeitsregelung insoweit nicht geändert werden. Vor allem stützt aber die mit § 43 Abs 2 WEG angestrebte Richtigkeitsgewähr (Rn 20) dieses Ergebnis, da die Feststellung insbesondere der Klagebefugnis den Wohnungseigentumsgerichten überlassen bleiben sollte. Deshalb ist es bei § 43 Abs 2 Nr 4 WEG ausreichend, wenn das Klagebegehren auf die Erklärung der Unwirksamkeit,

Nichtigkeit oder die Ersetzung eines Wohnungseigentümerbeschlusses gerichtet ist. Das Gericht am Belegenheitsort ist daher etwa auch für eine unstatthafte Anfechtungsklage des Verwalters oder für eine gegen die Wohnungseigentümer gerichtete Anfechtungsklage zuständig. Zu beachten ist aber, dass der BGH offengelassen hat, ob die Anfechtungsklage eines Dritten unter § 43 Nr 4 WEG aF fällt (BGH 21. 6. 2012 – V ZB 56/12, NJW-RR 2012, 1359 Rn 6).

51 Nicht unter § 43 Abs 2 Nr 4 WEG fallen Klagen, in denen die Gültigkeit eines Beschlusses lediglich eine **Vorfrage** ist, etwa wenn Streitgegenstand eine vertragliche Pflicht der Wohnungseigentümergemeinschaft ist, für deren Bestand ein wirksamer Beschluss erforderlich ist. Ebenfalls nicht erfasst werden die unter § 43 Abs 2 Nr 1 bzw Nr 2 WEG fallenden Klagen auf **Feststellung** der **Wirksamkeit** eines bestimmten Beschlusses sowie auf Feststellung, es sei mangels Verkündung überhaupt **kein Beschluss zustande gekommen**. Gleiches gilt für die Klage auf **Berichtigung** des **Versammlungsprotokolls**; solche Klagen fallen unter Nr 1, Nr 2 oder Nr 3, je nachdem, welche Personen um den Berichtigungsanspruch streiten. Die sog **Beschlussergebnisklage** (s § 44 Rn 57) ist als Beschlussersetzungsklage iSd § 44 Abs 1 S 2 WEG hingegen eine Streitigkeit nach Nr 4.

6. Rechtsfolgen

52 § 43 Abs 2 WEG begründet die **ausschließliche örtliche Zuständigkeit** des Gerichts, in dessen Bezirk das **Grundstück** liegt, also die Liegenschaft, an der Wohnungseigentum begründet wurde. Werden mehrere Ansprüche im Wege der **Klagehäufung** nach § 260 ZPO in einer Klage verbunden, so ist für jeden dieser verschiedenen Streitgegenstände die örtliche Zuständigkeit getrennt zu prüfen (vgl MünchKommZPO/Becker-Eberhard § 260 ZPO Rn 39). Ist das Gericht danach nur teilweise örtlich zuständig, ist für Ansprüche, an denen es an der Zuständigkeit ermangelt, nach § 281 ZPO zu verfahren. Eine Klagehäufung liegt allerdings nicht vor, wenn derselbe Anspruch auf **verschiedene rechtliche Grundlagen** gestützt wird. Fällt eine der geltend gemachten Anspruchsgrundlagen unter § 43 Abs 2 WEG, so folgt aus § 17 Abs 2 S 1 GVG, dass das Gericht auch für die Entscheidung über die anderen Anspruchsgrundlagen zuständig ist (vgl BGHZ 153, 173).

53 Wird eine Klage nicht vor dem nach § 43 Abs 2 WEG ausschließlich zuständigen Gericht erhoben, so muss der Kläger einen **Verweisungsantrag** nach § 281 ZPO stellen, auf den das angerufene Gericht den Rechtsstreit abzugeben hat. Wird der Antrag nicht gestellt, muss das angerufene Gericht die Klage als unzulässig abweisen (Braun ZPR 298). Zur Frage, ob die Klage beim unzuständigen Gericht fristwahrenden Charakter hat s zur Anfechtungsfrist § 45 Rn 33 und zur Berufung Vorbem 49 zu §§ 43–45 WEG.

V. Sonstige Zuständigkeiten

54 § 43 WEG betrifft allein die örtliche Zuständigkeit in erster Instanz. Die im Folgenden zu erörternden Zuständigkeiten sind nicht im WEG, sondern **anderen Gesetzen** geregelt.

1. Sachliche Zuständigkeit

Die sachliche Zuständigkeit folgt aus **§ 23 Nr 2c GVG**. Danach ist für Streitigkeiten nach § 43 Abs 2 WEG stets das Amtsgericht zuständig. Aufgrund dieser Verweisung strahlt die Auslegung und Anwendung von § 43 Abs 2 WEG auf die sachliche Zuständigkeit aus. Die Streitigkeiten nach § 43 Abs 1 WEG sind hingegen nicht streitwertunabhängig den Amtsgerichten zugewiesen. Bei diesen Klagen bestimmt sich die sachliche Zuständigkeit mithin nach den allgemeinen Vorschriften, regelmäßig nach dem Streitwert (§§ 23 Nr 1, 71 Abs 1 GVG). Nach allgemeinen Vorschriften bestimmt sich auch die sachliche Zuständigkeit, wenn eine Klage mit wohnungseigentumsrechtlichem Bezug erhoben wird, die nicht unter den Katalog in § 43 Abs 2 WEG fällt. 55

2. Rechtsmittelinstanz

Wird **Berufung oder sofortige Beschwerde** in einer **Streitigkeit** gem § 43 Abs 2 WEG eingelegt, bestimmt sich das zuständige Berufungsgericht nach der **Konzentrationsregel** in § 72 Abs 2 GVG. § 72 Abs 2 S 1 GVG erfasst nach der Rspr auch die Berufung in einem Verfahren nach § 767 ZPO, dass sich gegen die Vollstreckung aus einem in einer Wohnungseigentumssache erlassenen Kostenfestsetzungsbeschluss richtet (BGH NJW 2009, 1282) oder Streitigkeiten zwischen Bruchteilsondereigentümern über die Benutzung ihrer Stellplätze (BGH ZWE 2014, 211; nicht überzeugend). Unter § 43 Abs 1 WEG fallende Klagen unterliegen hingegen mit Blick auf das Rechtsmittelgericht den herkömmlichen Regeln der ZPO und des GVG; zu den Besonderheiten bei objektiver oder subjektiver Klagehäufung Rn 79. 56

Nach § 72 Abs 2 GVG ist das für den Sitz des Oberlandesgerichts zuständige Landgericht gemeinsames Berufungs- und Beschwerdegericht für den Bezirk des Oberlandesgerichts, in dem das Amtsgericht seinen Sitz hat, wobei die Landesregierungen anstelle dieses Gerichts durch Rechtsverordnung ein anderes Landgericht im Bezirk des Oberlandesgerichts bestimmen können. Diese Ermächtigungsgrundlage ermöglicht eine besondere **Dynamisierung** des zuständigen Berufungs- und Beschwerdegerichts. Es ist daher im konkreten Fall zu prüfen, ob das zuständige Gericht von den Landesregierungen bestimmt wurde. 57

3. Internationale Zuständigkeit

Die Frage nach der internationalen Zuständigkeit deutscher Wohnungseigentumsgerichte stellt sich, wenn die Streitigkeit einen **Auslandsbezug** aufweist. Dies ist insbesondere der Fall, wenn eine der Parteien Ausländer ist oder ihren Wohnsitz im Ausland hat. Wird in diesen Konstellationen ein deutsches Gericht zur Streitentscheidung angerufen, so entscheidet sich seine internationale Zuständigkeit nach deutschem Zivilprozessrecht (sog **lex-fori-maxime**, s etwa BGHZ 195, 243 Rn 27). 58

a) Beklagte aus dem EU-Ausland

Hat der **Beklagte** seinen **Sitz in** der **EU**, bestimmt sich die internationale Zuständigkeit nach der **EuGVVO** (auch Brüssel Ia–VO genannt), Art 6 Abs 1 EuGVVO. Praxisrelevant sind zum einen Klagen gegen das im EU-Ausland ansässige Mitglied einer deutschen Wohnungseigentümergemeinschaft, denkbar sind aber auch Klagen auslän- 59 discher Wohnungseigentümergemeinschaften/Wohnungseigentümer gegen ihre in Deutschland ansässigen Mitglieder/Miteigentümer.

aa) Art 24 Nr 1 S 1 EuGVVO (dingliches Recht)

60 Hier stellt sich zunächst die Frage, ob gem Art 24 Nr 1 S 1 EuGVVO eine ausschließliche Zuständigkeit am **Belegenheitsort** wegen eines Verfahrens über dingliche Rechte an unbeweglichen Sachen besteht. Dies bestimmt sich nicht nach deutschem Sachenrecht, sondern durch autonome Auslegung der EuGVVO (EuGH IPRax 2006, 591; BGH NJW 2008, 3502). Maßgeblich ist, ob der Anspruch darauf gerichtet ist, Umfang oder Bestand einer unbeweglichen Sache, das Eigentum, den Besitz oder das Bestehen anderer **dinglicher Rechte** hieran zu bestimmen und dem Inhaber dieser Rechte den Schutz der mit seiner Rechtsstellung verbundenen Vorrechte zu sichern (EuGH IPRax 2006, 591). Diese Voraussetzung ist etwa bei einer Klage erfüllt, die auf Feststellung des Umfangs des Sondereigentums gerichtet ist.

61 Art 24 Nr 1 S 1 EuGVVO ist hingegen **nicht** erfüllt, wenn Streitgegenstand Rechte und Pflichten aus dem **Innenverhältnis** der Wohnungseigentümergemeinschaft sind. Dies betrifft Beschlussklagen, für die Art 24 Nr 2 EuGVVO gilt (Rn 62). Aber auch andere Klagen auf binnenrechtskonformes Verhalten, etwa aus § 18 Abs 2 oder § 14 WEG, haben kein dingliches Recht zum Gegenstand. Dies betrifft insbesondere Beitragsklagen (EuGH 8. 5. 2019 – C-25/18, NJW 2019, 2991 Rn 38 [Kerr/Postnov]; BayObLG ZMR 2004, 129). Zuletzt fallen auch Klagen aus § 1004 BGB oder § 823 BGB wegen Beeinträchtigung des Gemeinschafts- oder Sondereigentums nicht unter Art 24 Nr 1 S 1 EuGVVO (vgl EuGH IPRax 2006, 591; BGH NJW 2008, 3502).

bb) Art 24 Nr 2 EuGVVO (Beschlüsse)

62 Für **Beschlussklagen** besteht analog Art 24 Nr 2 EuGVVO der ausschließliche internationale Gerichtsstand im Staat der Belegenheit der Wohnungseigentumsanlage (Bärmann/Göbel § 43 Rn 71). Denn ebenso wie im Gesellschaftsrecht besteht auch bei wohnungseigentumsrechtlichen Beschlussklagen ein Bedürfnis, widersprechende Entscheidungen über die Geltung von Beschlüssen zu verhindern (s EuGH NJW-RR 2009, 405). Die Gerichte am Belegenheitsort sind am ehesten in der Lage, über Beschlussklagen zu entscheiden, insbes weil diese häufig einen Bezug zu den örtlichen Begebenheiten der Wohnungseigentumsanlage aufweisen.

cc) Art 7 Nr 1 EuGVVO (Erfüllungsort)

63 Nach Art 7 Nr 1 EuGVVO besteht bei vertraglichen Ansprüchen ein besonderer internationaler Gerichtsstand im Staat des Erfüllungsorts. Dieser Gerichtsstand ist bei den das **Innenverhältnis** der Wohnungseigentümergemeinschaft betreffenden, aus dem WEG folgenden Ansprüchen einschlägig. Dies betrifft zunächst die mitgliedschaftlichen Rechte der Wohnungseigentümer untereinander, aber auch zur Wohnungseigentümergemeinschaft. Denn diese beruhen auf einer schuldrechtlichen Sonderverbindung. Eine solche besteht auch zwischen Wohnungseigentümergemeinschaft und Verwalter. Für einen „Vertrag" nach Art 7 Nr 1 EuGVVO reicht es gemäß der Rechtsprechung des EuGH nämlich aus, dass der Schuldner sich der Pflicht freiwillig unterworfen hat (EuGH NJW 2005, 811). Dieses voluntative Element liegt im Beitritt des Wohnungseigentümers zur Gemeinschaft (EuGH 8. 5. 2019 – C-25/18, NZM 2019, 435 Rn 38 [Kerr/Postnov]) bzw in der Erklärung des Verwalters, er nehme das Amt an.

Der **Erfüllungsort bestimmt** sich nach dem materiellen Recht, welches nach dem IPR des mit der Sache befassten Gerichts maßgeblich ist (sog lex causae, BGH NJW 2010, 2442 Rn 15). Ist die Klage vor einem deutschen Gericht anhängig, ist daher zunächst die Rom I-VO heranzuziehen. Diese ist nach Art 1 Abs 2 lit f Rom I-VO auf „Fragen betreffend das Gesellschaftsrecht, das Vereinsrecht und das Recht der juristischen Personen" nicht anwendbar. Für nicht rechtsfähige Gemeinschaften gilt dieser Ausschlussgrund nicht (EuGH 8. 5. 2019 – C-25/18, NJW 2019, 2991 Rn 38 [Kerr/Postnov]). Die deutsche Wohnungseigentümergemeinschaft ist zwar keine der in Art 1 Abs 2 lit f Rom I-VO genannten Rechtsformen, sondern ein Verband sui generis (BGH NJW 2005, 2061). Dennoch ist der Ausschlusstatbestand erfüllt, soweit es um die Rechtsbeziehungen zwischen den Eigentümern und der Wohnungseigentümergemeinschaft bzw zwischen den Eigentümern geht. Denn auch bei der Wohnungseigentümergemeinschaft überzeugt es, für die Bestimmung des **anwendbaren Rechts** nicht wie die Rom I-VO an einzelne Verträge, sondern **an den Verband selbst anzuknüpfen**. Für die Wohnungseigentümergemeinschaft ist deren statischer Sitz am Ort des Grundstücks prägend, weshalb die Ansprüche aus dem Innenverhältnis des Verbandes sich nach dem dort geltenden Recht beurteilen (ebenso iE OLG Stuttgart NZM 2005, 430). Ist danach deutsches Recht anwendbar, sind die Ansprüche aus dem Innenverhältnis gem § 269 Abs 1 BGB aufgrund ihrer Natur an dem Ort des Grundstücks zu erfüllen (OLG Stuttgart NZM 2005, 430, zur Beitragspflicht). Dies führt bei Ansprüchen einer sich in Deutschland befindlichen Wohnungseigentümergemeinschaft zur internationalen Zuständigkeit deutscher Gerichte. Die örtliche und sachliche Zuständigkeit bestimmt sich dann nach § 43 Abs 2 WEG, § 23 Nr 2c GVG. Um die Rechtsunsicherheit bei der Bestimmung der internationalen Zuständigkeit zu vermeiden, kann sich eine Gerichtsstandsvereinbarung in der Gemeinschaftsordnung anbieten (Schwartze ZWE 2019, 480, 483). 64

Unter Art 7 Abs 1 Nr 1 lit a EuGVVO fallen etwa **Beitragsklagen** (EuGH 8. 5. 2019 – C-25/18, NJW 2019, 2991 Rn 38 [Kerr/Postnov]; OLG Stuttgart NZM 2005, 430), Klagen aus **§ 18 Abs 2 oder § 14 WEG** und ebenso die **Entziehungsklage** aus § 17 Abs 1 WEG. Daneben besteht nach Art 4 Abs 1 EuGVVO eine konkurrierende Zuständigkeit am Wohnort des Beklagten. 65

dd) Art 7 Nr 2 EuGVVO (unerlaubte Handlung)

Für die im Wohnungseigentumsrecht praxisrelevanten Klagen aus **§ 1004 BGB oder § 823 BGB** wegen Beeinträchtigung des Gemeinschafts- oder Sondereigentums besteht ein besonderer Gerichtsstand nach Art 7 Nr 2 EuGVVO (BGH NJW 2008, 3502; NJW 2006, 689) in dem Staat, in dem die Eigentumsstörung eingetreten ist. Für Klagen wegen Verletzung oder Beeinträchtigung des in Deutschland gelegenen Wohnungseigentums sind daher deutsche Gerichte zuständig. Denn die Begriffe „unerlaubte Handlung" und „Handlung, die einer unerlaubten Handlung gleichgestellt ist" in Art 7 Nr 2 EuGVVO sind nach der Rechtsprechung des EuGH weit auszulegen; in diesem Gerichtsstand sind alle Klagen zulässig, mit denen eine Schadenshaftung geltend gemacht wird, die nicht auf einem Vertrag iSd Art 7 Nr 1 lit a EuGVVO beruht (EuGH NJW 2002, 3671; BGH NJW 2006, 689). Alternativ besteht hier nach Art 4 Abs 1 EuGVVO eine konkurrierende Zuständigkeit am Wohnort des Beklagten. 66

b) Beklagte aus sonstigem Ausland

Ist der **Auslandsbezug nicht unionsrechtlicher Natur**, weil der Beklagte seinen Wohnsitz nicht in einem Mitgliedstaat hat, bestimmt sich die internationale Zuständigkeit 67 vorrangig nach völkerrechtlichen Abkommen. Von besonderer Bedeutung ist das an die EuGVVO angepasste Luganer Übereinkommen im Verhältnis zu Island, Norwegen und der Schweiz. Fehlt ein völkerrechtliches Abkommen, so richtet sich die internationale Zuständigkeit deutscher Gerichte wegen des Grundsatzes der **Doppelfunktionalität** der **nationalen Zuständigkeitsregeln** (dazu etwa BGHZ 184, 313) nach § 43 WEG und – wenn diese Norm nicht einschlägig ist – nach den §§ 12 ff ZPO. Dies führt bei Verfahren, die sich auf eine in Deutschland gelegene Wohnungseigentümergemeinschaft beziehen, regelmäßig zur Zuständigkeit der deutschen Gerichte. In **Beschlussanfechtungsverfahren** richtet sich aus Sicht des angerufenen deutschen Richters auch gegenüber Beklagten aus dem Nicht-EU Ausland die Zuständigkeit nach dem ausschließlichen Gerichtsstand aus Art 24 Nr 2 EuGVVO (s Rn 62), Art 6 Abs 1 EuGVVO.

VI. Zuständigkeitskonflikte

68 Das Präsidium des Amtsgerichts hat die Möglichkeit, Streitigkeiten nach § 43 WEG im Geschäftsverteilungsplan gemäß § 21e Abs 1 GVG bestimmten Abteilungen („**Abteilung für Wohnungseigentumssachen**“) zuzuweisen. Macht das Präsidium hiervon Gebrauch, führt dies allerdings nicht dazu, dass ein anderer Richter am **Amtsgericht** für die Streitentscheidung sachlich unzuständig wäre, weil es sich dabei nur um eine interne Zuständigkeitsverteilung handelt (vgl BGH ZWE 2016, 168; OLG München NJW-RR 2008, 1544). Die Abteilung für Wohnungseigentumssachen ist aber gesetzlicher Richter iSd Art 101 Abs 1 S 2 GG (BVerfG NJW 2014, 3147). Besteht eine Abteilung für Wohnungseigentumssachen, kann eine Klagehäufung zu Zuständigkeitsproblemen führen (Rn 72).

69 Zuständigkeitskonflikte können sich auch ergeben, wenn eine Klage gegen mehrere Personen als **Streitgenossen** erhoben wird und nur für eine der Streitigkeiten das Amtsgericht sachlich zuständig ist (Rn 77).

70 Bei der **Lösung** von diesen Zuständigkeitskonflikten ist zwischen den verschiedenen Konfliktebenen (innerhalb des Amtsgerichts, zwischen Amtsgericht und Landgericht in erster bzw zweiter Instanz) und Klagekonstellationen (Einzelklage; subjektive bzw objektive Klagehäufung) unterscheiden (zum Folgenden näher Lehmann-Richter MietRB 2019, 284).

1. Innerhalb des Amtsgerichts

71 Wird beim Amtsgericht eine **Einzelklage** eingereicht, die nicht unter § 43 WEG fällt, aber der Abteilung für Wohnungseigentumssachen zugeordnet wird, hat diese das Verfahren formlos an die allgemeine Prozessabteilung abzugeben. Diese Verweisung ist nach hM allerdings nicht bindend (vgl BGH 3. 5. 1978 – IV ARZ 26/78, NJW 1978, 1531). Wenn sich die allgemeine Prozessabteilung ebenfalls für unzuständig hält, ist der Kompetenzkonflikt nach hM nicht nach § 36 ZPO, sondern durch das Präsidium des Amtsgerichts zu lösen (vgl BGH 5. 10. 1999 – X ARZ 247/99, NJW 2000, 80). Dessen Entscheidung ist durch ordentliche Rechtsmittel nicht anfechtbar (MünchKommZPO/Zimmermann § 21e GVG Rn 46). Eine willkürliche Missachtung der Abteilung für Wohnungseigentumssachen oder der allgemeinen Prozessabteilung kann aber eine Verfassungsbeschwerde rechtfertigen (BVerfG 28. 7. 2014 – 1 BvR 1925/13, NJW 2014, 3147).

Fällt bei einer objektiven **Klagehäufung** nur ein Anspruch in die Zuständigkeit der Abteilung für Wohnungseigentumssachen, so fehlt eine gesetzliche Regel, dass durch Entscheidung eines dritten Richters der gesamte Rechtsstreit einer Abteilung – sei es der für Wohnungseigentumssachen oder der allgemeinen Prozessabteilung – zugewiesen werden kann. Es existiert auch kein allgemeiner Grundsatz, nach dem aus Gründen der Prozessökonomie der eigentliche gesetzliche Richter durch einen anderen ersetzt werden kann (vgl OLG Frankfurt 17. 11. 2014 – 11 SV 114/14, NZM 2015, 751). Es muss daher eine Abtrennung nach § 145 ZPO und eine Abgabe an die zuständige Abteilung erfolgen. Gleiches gilt bei einer subjektiven Klagehäufung. 72

2. Zwischen Gerichten in der ersten Instanz

Bei der Lösung von Kompetenzkonflikten zwischen Amts- bzw Landgerichten in erster Instanz ist zu beachten, dass nach wohl allgM eine **Verweisung** nur an das **Amtsgericht**, nicht hingegen direkt an die dortige „Abteilung für Wohnungseigentumssachen" erfolgen kann (OLG Karlsruhe 4. 10. 2013 – 9 AR 15/13, ZMR 2014, 232; OLG München 24. 6. 2008 – 31 AR 74/08, ZMR 2008, 818). 73

Wird eine **Einzelklage** beim örtlich oder sachlich mutmaßlich unzuständigen Amtsgericht eingereicht, und erklären sich sowohl das angerufene als auch das mutmaßlich zuständige Gericht rechtskräftig für unzuständig, so ist das zuständige Gericht nach § 36 Abs 1 Nr 6 ZPO zu bestimmen (vgl OLG Karlsruhe 4. 10. 2013 – 9 AR 15/13, ZMR 2014, 232). 74

Fällt bei einer **objektiven Klagehäufung** nur ein Anspruch unter § 43 Abs 2 WEG und ist für den anderen Anspruch das Landgericht sachlich oder ein anderes Amtsgericht örtlich zuständig, ermöglicht es § 36 Abs 1 ZPO nicht, ein gemeinsames Gericht zu bestimmen, weil die Voraussetzungen der Norm nicht erfüllt sind (OLG Frankfurt NZM 2015, 751; OLG Hamm NJW-RR 2016, 1024). Das Gericht muss daher den Anspruch, der nicht in seine Zuständigkeit fällt, nach § 145 ZPO abtrennen und auf Antrag des Klägers an das zuständige Gericht verweisen, § 281 Abs 1 ZPO. 75

Anders ist es bei der **subjektiven Klagehäufung**. Hier folgt zwar aus § 23 Nr 2c GVG kein **einheitlicher Gerichtsstand** kraft Sachzusammenhangs (vgl OLG Frankfurt NJW-RR 1995, 319 zum ArbGG). Das zuständige Gericht kann aber gemäß **§ 36 Abs 1 Nr 3 ZPO** durch das im Rechtszug zunächst höhere Gericht bestimmt werden (OLG Celle 7. 1. 2021 – 18 AR 33/20, BauR 2021, 1991; OLG Hamm 30. 1. 2023 – I -32 SA 75/22, ZMR 2023, 335). Unmittelbar anwendbar ist § 36 Abs 1 Nr 3 ZPO, wenn nicht die sachliche, sondern die örtliche Zuständigkeit auseinanderfällt, weil nur für die Klage gegen einen der Streitgenossen die örtliche Zuständigkeit nach § 43 WEG begründet ist (Hogenschurz AnwZert MietR 15/2008, Anm 3, juris). § 36 Abs 1 Nr 3 ZPO ist analog anwendbar, wenn die sachliche Zuständigkeit in Rede steht; das Bestehen einer ausschließlichen Zuständigkeit ist unschädlich (BGH 16. 2. 1984 – I ARZ 395/83, NJW 1984, 1624; OLG Celle 7. 1. 2021 – 18 AR 33/20, BauR 2021, 1991). Die Festlegung liegt im Auswahlermessen des bestimmenden Gerichts unter Berücksichtigung von Zweckmäßigkeitsgesichtspunkten und dem Aspekt der Prozesswirtschaftlichkeit (BVerfG 12. 11. 2008 – 1 BvR 2788/08, NJW 2009, 907). Hier ist zu berücksichtigen, dass das nach § 43 Abs 2 WEG, § 23 Nr 2c) GVG zuständige Amtsgericht nicht zwingend eine besondere Erfahrung in wohnungseigentumsrechtliche Fragen haben muss, da die Einrichtung von spezialisierten 76

Abteilungen für Wohnungseigentumssachen nicht vorgeschrieben ist. Entsprechend finden sich in der Rechtsprechung unterschiedliche Zuweisungsentscheidungen (etwa OLG München 24. 6. 2008 – 31 AR 74/08, ZMR 2008, 818 [Wohnungseigentumsgericht]; OLG Celle 7. 1. 2021 – 18 AR 33/20, BauR 2021, 1991 [Prozessgericht]).

77 Ob sich eine gespaltene Zuständigkeit bei der Zahlungsklage eines Dritten gegen die Wohnungseigentümergemeinschaft und die **mithaftenden Wohnungseigentümer** aus § 23 Nr 1 GVG ergeben kann, hängt davon ab, wie sich § 5 ZPO zu § 260 ZPO verhält. § 23 Nr 2c GVG gilt mangels Verweises auf § 43 Abs 1 WEG für diese Klagen nicht. Es geht um Fälle, in denen der Streitwert der Klagen gegen die Wohnungseigentümergemeinschaft über, der Streitwert der Klage gegen einzelne Wohnungseigentümer hingegen unter 5.000 Euro liegt. Liegt die Summe der Klagen gegen die Wohnungseigentümer über 5.000 Euro, so führt dies aufgrund der durch § 5 ZPO angeordneten Addition nach hM dazu, dass das LG auch für die Haftungsklagen zuständig ist (vgl etwa MünchKommZPO/Becker-Eberhard § 260 Rn 39). Unscharf wird das Bild hingegen, wenn diese Addition keinen Wert über 5.000 Euro ergibt, weil der Kläger auf die Inanspruchnahme einzelner Wohnungseigentümer verzichtet. Da der Anspruch gegen die Wohnungseigentümergemeinschaft und die Haftungsansprüche wirtschaftlich identisch sind, gilt zwischen beiden ein Additionsverbot (vgl BGH 25. 11. 2003 – VI ZR 418/02, MDR 2004, 406). Der Streitwert aller Klagen liegt, da der Anspruch gegen die Wohnungseigentümergemeinschaft diesen Betrag übersteigt, aber dennoch über 5.000 Euro, was zur Zuständigkeit des LG auch für die Haftungsklagen führt (vgl Stein/Jonas/Roth § 260 Rn 30).

3. Berufungsinstanz

78 Ist ein Klageanspruch von einem sachlich oder örtlich **unzuständigen Amtsgericht** entschieden worden, so berührt dies die Zuständigkeit in der Berufung nicht. Denn diese richtet sich nicht etwa danach, welches Gericht in erster Instanz richtigerweise hätte entscheiden müssen, sondern welches Gericht tatsächlich entschieden hat (vgl Rosenberg/Schwab/Gottwald, ZPR § 30 Rn 20).

79 Bei einer **objektiven Klagehäufung** kommt es zu einem Kompetenzkonflikt, wenn eine der Klagen unter § 72 Abs 2 GVG fällt und das danach für die Berufung zuständige Landgericht nicht mit dem nach § 72 Abs 1 GVG identisch ist. Nach Ansicht des BGH richtet sich bei einer einheitlichen Entscheidung in erster Instanz die Zuständigkeit des Berufungsgerichts auch dann einheitlich nach § 72 Abs 2 GVG, wenn nur ein Teil des Rechtsstreits eine Wohnungseigentumssache ist. Nur so werde eine unerwünschte Aufspaltung der Zuständigkeit in der Berufungsinstanz verhindert (BGH 21. 2. 2020 – V ZR 17/19, NJW 2020, 1525; **aA** Lehmann-Richter MietRB 2019, 284). Auch bei der **subjektiven Klagehäufung** ist die Berufung einheitlich vor dem Zentralgericht nach § 72 Abs 2 GVG zu erheben. Der BGH hat dies sowohl für den Fall entschieden, dass das zuständige Amtsgericht gemäß § 36 Nr 3 ZPO bestimmt wurde (BGH 9. 12. 2010 – V ZB 190/10, ZMR 2011, 570) als auch für den Fall, dass es an einer solchen Bestimmung fehlte (BGH 3. 7. 2014 – V ZB 26/14, ZMR 2014, 995). Wenn hingegen sämtliche Streitgenossen, für die der Rechtsstreit eine Streitigkeit gemäß § 43 Abs 2 WEG darstellen, bereits vor der Entscheidung in erster Instanz – etwa durch eine Klagerücknahme – ausgeschieden sind, ist für die Berufung nicht das Zentralgericht zuständig (**aA** Hogenschurz AnwZert MietR 24/2010 Anm. 1, juris; offengelassen von BGH 3. 7.

2014 – V ZB 26/14, ZMR 2014, 995). Denn die nicht von § 72 Abs 2 GVG erfasste Klage gegen den Streitgenossen hat keine besondere wohnungseigentumsrechtliche Prägung und fällt damit nicht in den besonderen „Kompetenzbereich“ des Zentralgerichts, was eine (analoge) Anwendung von § 72 Abs 2 GVG verbietet.

Bei einer **doppelten Berufungseinlegung** sowohl bei dem Zentralgericht nach § 72 Abs 2 GVG als auch bei dem allgemeinen Berufungsgericht nach § 72 Abs 1 S 1 GVG ist über die Berufung einheitlich zu entscheiden. Hält sich eines der Gerichte für unzuständig, hat es die Sache an das andere abzugeben, das dann entscheidet. Hält sich dieses ebenfalls für unzuständig, ist eine Zuständigkeitsbestimmung gemäß § 36 Abs 1 Nr 5 oder Nr 6 ZPO herbeizuführen (BGH 26. 11. 2020 – V ZB 151/19, NZM 2020, 97 Rn 11). **80**

§ 44 WEG
Beschlussklagen

(1) Das Gericht kann auf Klage eines Wohnungseigentümers einen Beschluss für ungültig erklären (Anfechtungsklage) oder seine Nichtigkeit feststellen (Nichtigkeitsklage). Unterbleibt eine notwendige Beschlussfassung, kann das Gericht auf Klage eines Wohnungseigentümers den Beschluss fassen (Beschlussersetzungsklage).

(2) Die Klagen sind gegen die Gemeinschaft der Wohnungseigentümer zu richten. Der Verwalter hat den Wohnungseigentümern die Erhebung einer Klage unverzüglich bekannt zu machen. Mehrere Prozesse sind zur gleichzeitigen Verhandlung und Entscheidung zu verbinden.

(3) Das Urteil wirkt für und gegen alle Wohnungseigentümer, auch wenn sie nicht Partei sind.

(4) Die durch eine Nebenintervention verursachten Kosten gelten nur dann als notwendig zur zweckentsprechenden Rechtsverteidigung im Sinne des § 91 der Zivilprozessordnung, wenn die Nebenintervention geboten war.

Materialien: BR-Drucks 75/51, 23; BT-Drucks 19/18791, 82 f.

Schrifttum

Bötticher, Besinnung auf das Gestaltungsrecht und das Gestaltungsklagerecht, in: FS Dölle I (1963) 41

Dötsch/Hogenschurz, Darlegungs- und Beweislast im Wohnungseigentumsrecht – Erläutert am Beispiel der Beschlussanfechtungsklage nach § 46 WEG, NZM 2010, 297

Jacoby/Lehmann-Richter, Mehrfachbegründungen bei der Anfechtungs- und Nichtigkeitsklage, ZMR 2021, 273

Schmidt, Karsten, Nichtigkeitsklagen als Gestaltungsklagen, JZ 1988, 729.

Systematische Übersicht

Alphabetische Übersicht

I. Überblick

1 § 44 WEG stammt aus der **WEG-Reform 2020**. Die Vorschrift regelt die in Abs 1 definierten Beschlussklagen. Sie tritt bezüglich der Anfechtungsklage an die Stelle von

§ 46 Abs 1 S 1 WEG aF und bezüglich der Beschlussersetzungsklage an die Stelle von § 21 Abs 8 WEG aF. Die wesentlichste Änderung betrifft die Umstellung der Passivlegitimation: Die Beschlussklagen sind seit der Reform nicht mehr gegen die Wohnungseigentümer, sondern gegen die Wohnungseigentümergemeinschaft zu richten. Der **intertemporale Anwendungsbereich** ergibt sich aus § 48 Abs 5 WEG; diese Vorschrift gilt für die Beschlussersetzungsklage analog (BGH 16. 9. 2022 – V ZR 69/21, NJW 2023, 63 Rn 5).

§ 44 WEG regelt **drei Klagetypen** und fasst diese, wie sich aus der Überschrift ergibt, unter dem Oberbegriff „Beschlussklagen" zusammen. § 44 WEG verwendet nur bei der Bezeichnung „Beschlussersetzungsklage" das Wort „Beschluss", weil diese Bezeichnung bereits aus der Rechtsprechung bekannt war (etwa BGH 5. 7. 2019 – V ZR 149/18, NZM 2019, 788), während der Begriff „Ersetzungsklage" ohne Vorbild gewesen wäre. 2

Nicht in § 44 WEG geregelte Klagen, die sich auf einen Beschluss beziehen, sind die **positive Feststellungsklage** sowie die Feststellungsklage, es sei überhaupt kein Beschluss zustande gekommen (dazu Rn 56). Ebenfalls nicht unter § 44 WEG fallen Klagen, die die Gemeinschaftsordnung zum Gegenstand haben (**Vereinbarungsklagen**, Rn 58). Von der Anfechtung des Beschlusses ist die **Anfechtung** der **Stimmabgabe** nach §§ 119 ff BGB zu unterscheiden (dazu Skauradszun Der Beschluss als Rechtsgeschäft [2020], 212). 3

II. Grundlagen

§ 44 Abs 1 WEG regelt die **Kompetenz** des **Gerichts**, einen Beschluss für unwirksam oder nichtig zu erklären bzw einen Wohnungseigentümerbeschluss zu fassen. Diese Kompetenz ist bei der Anfechtungs- und Beschlussersetzungsklage originärer Natur, weil Gestaltungsklagen nur in den gesetzlich besonders geregelten Fällen **statthaft** sind (MünchKommZPO/Becker-Eberhard Vorbem zu § 253 ff Rn 28). Eine Klage auf Feststellung der Nichtigkeit ließe sich hingegen auch unter § 256 Abs 1 ZPO subsumieren. Die Zuordnung zu den Beschlussklagen soll aber gewährleisten, dass auf die Nichtigkeitsklage die Regelungen des § 44 Abs 2 bis 4 WEG zur Anwendung kommen. 4

1. Streitgegenstand und seine Konsequenzen

Die Bestimmung des Streitgegenstands und damit auch die sich hieraus ergebenden Rechtsfolgen sind **umstritten**. 5

a) Einheitlicher Streitgegenstand bei mehreren Beschlussmängeln (hM)

6 Zum Recht vor der WEG-Reform 2020 vertrat der BGH bei der Anfechtungsklage einen beschlussbezogenen Streitgegenstandsbegriff: Einheitlicher Streitgegenstand sollten sämtliche in Betracht kommenden Beschlussmängel sein (BGH 26. 10. 2012 – V ZR 7/12, NJW 2013, 65 Rn 8), was auf die Regelungen in § 46 Abs 2, § 47 S 1 und § 48 Abs 4 WEG aF gestützt wurde. Dieser Begründung ist durch das WEMoG 2020 der Boden entzogen worden. Dennoch hat der **BGH** seine Rechtsprechung fortgeführt: Es gilt weiterhin ein **einheitlicher Streitgegenstandsbegriff**, der sämtliche in Betracht kommenden Beschlussmängel verklammert (BGH 13. 1. 2023 – V ZR 43/22, ZWE 2023, 186

Rn 13; aus der Lit etwa Hogenschurz/Elzer § 44 Rn 57). Ob der BGH für die Beschlussersetzungsklage gleiches annehmen wird, bleibt abzuwarten.

7 Die **praktischen Konsequenzen** dieser hM sind folgende: Trägt der Kläger mehrere Beschlussmängel vor, handelt es sich nicht um eine objektive Klagehäufung, eine Streitwerterhöhung findet nicht statt. Die materielle Rechtskraftwirkung des Urteils betrifft die Rechtmäßigkeit des Beschlusses insgesamt (BGH 13. 1. 2023 – V ZR 43/22, ZWE 2023, 186 Rn 13), für den im Prozess festgestellten Beschlussmangel soll aber eine tatsächliche Vermutung entstehen (Rn 149). Die Klage ist, wenn der Kläger nicht mit sämtlichen vorgetragenen Mängel durchdringt, nicht teilweise abzuweisen. Für das Rechtsmittelverfahren gilt nach hM indes die Besonderheit, dass einzelne Beschlussmängel abtrennbare Teile des Streitstoffs darstellen können (BGH 13. 1. 2023 – V ZR 43/22, ZWE 2023, 186 Rn 16). Dringt der Kläger nicht mit sämtlichen seiner Rügen gegen den Beschluss durch, ist dies für die Kostengrundentscheidung nicht relevant.

b) Gegenkonzept: Gestaltungs- bzw nichtigkeitsgrundbezogener Streitgegenstand

8 Der hM ist nicht zu folgen. Streitgegenstand der Beschlussklagen ist nicht der in Rede stehende Beschluss im Sinne der von den Wohnungseigentümern beschlossenen oder zu beschließenden Regelung insgesamt, sondern **nur** der vom Kläger **vorgetragene Gestaltungs- oder Nichtigkeitsgrund** (BeckOGK-WEG/Skauradszun § 44 Rn 16; Jacoby/Lehmann-Richter ZMR 2021, 273). Dies folgt aus dem zweigliedrigen Streitgegenstandsbegriff der hM, die neben dem Klageantrag auf den Lebenssachverhalt abstellt, aus dem der Kläger die begehrte Rechtsfolge herleitet (etwa BGH 10. 12. 2002 – X ARZ 208/02, NJW 2003, 828). Danach wird der relevante (Einzel-)Lebenssachverhalt durch den vom Kläger vorgetragenen Gestaltungs- oder Nichtigkeitsgrund bestimmt.

9 Stützt der Kläger seinen Beschlussklageantrag auf verschiedene Beschlussmängel oder Ersetzungsgründe, handelt es sich daher entgegen der hM um eine **objektive Klagehäufung** (§ 260 ZPO). Der Kläger hat die Wahl zwischen einer eventuellen Klagehäufung, bei der er dem Gericht die Prüfungsfolge vorgibt, und einer kumulativen Klagehäufung, bei der er sämtliche Gründe zur gerichtlichen Prüfung stellt (vgl BGH 28. 4. 2016 – I ZR 254/14, MDR 2016, 1344 Rn 67). Eine alternative Klagehäufung, bei der sich das Gericht den Klagegrund aussuchen soll, ist unzulässig (vgl BGH 24. 3. 2011 – I ZR 108/09, Z 189, 56 Rn 10). Im **Zweifelsfall** ist die Klage als **kumulative Klagehäufung** auszulegen (näher Jacoby/Lehmann-Richter ZMR 2021, 273).

10 Die materielle Rechtskraftwirkung des **Urteils** betrifft entgegen der hM nur den oder die vom Gericht für maßgeblich gehaltenen Gestaltungs- bzw Nichtigkeitsgründe. Die Klage ist daher, wenn der Kläger nicht mit sämtlichen Gründen durchdringt, teilweise abzuweisen. Eine solche Klageabweisung kann sich auch allein aus den Entscheidungsgründen ergeben, falls diesen klar und unzweifelhaft zu entnehmen ist, dass das Gericht die Absicht hatte, die Klage teilweise abzuweisen (vgl BGH 11. 7. 2001 – XII ZR 270/99, NJW-RR 2002, 136, 137). Dringt der Kläger nicht mit sämtlichen seiner Rügen gegen den Beschluss durch, ist dies bei der **Kostengrundentscheidung** zu berücksichtigen (vgl BGH 28. 4. 2016 – I ZR 254/14, MDR 2016, 1344 Rn 67).

11 Wird der kumulativ gehäuften Klage unter Abweisung im Übrigen stattgegeben und legt nur die Beklagte **Berufung** ein, muss der Kläger das Urteil mit einer eigenen Berufung anfechten oder sich der Berufung der Beklagten anschließen, um zu vermei-

den, dass die vom Gericht verworfenen Gründe in Rechtskraft erwachsen (vgl Büscher GRUR 2012, 16, 22). Wird die mehrfach begründete Beschlussklage vollständig abgewiesen, liegt es am Kläger, welche Streitgegenstände er zur Überprüfung durch das Berufungsgericht stellt (näher Jacoby/Lehmann-Richter ZMR 2021, 273).

Die Geltendmachung mehrerer Kassations- oder Ersetzungsgründe führt entgegen der hM zu einer **Erhöhung** des **Streitwertes**. Bei der Bestimmung des Umfangs der Erhöhung ist allerdings zu berücksichtigen, dass die Angriffe des Klägers denselben Beschluss betreffen. Daher ist angesichts des nach § 49 GKG maßgeblichen Interesses eine Vervielfachung des Streitgegenstands ausgeschlossen, sondern nur eine maßvolle Erhöhung anzunehmen. Im Zweifel sind 10 % angemessen (vgl BGH 12. 9. 2013 – I ZR 58/11, WRP 2014, 192 Rn 10). 12

c) Auswirkungen auf Klägermehrheit

Die gemeinsame, denselben Beschluss betreffende Klage verschiedener Wohnungseigentümer führt zu einer subjektiven Klagehäufung. Die Kläger sind auf Basis der hM (Rn 6) stets notwendige **Streitgenossen** gemäß § 62 Abs 1 Alt 1 ZPO, nach dem hier vertretenen Gegenkonzept (Rn 8) hingegen nur dann, wenn sie ihre Klage auf den oder dieselben Gestaltungs- oder Nichtigkeitsgründe stützen. 13

Wird über die Klagen der Streitgenossen in demselben **Urteil** entschieden und erachtet das Gericht nicht sämtliche Beschlussmängel als durchgreifend, so sind nach hier vertretener Ansicht (Rn 8) die unbegründeten Klagen abzuweisen („Auf die Klage des Klägers zu 1) wird der Beschluss … für ungültig erklärt. Die Klage des Klägers zu 2) wird abgewiesen") und über die unbegründete Klage eines Streitgenossen darf durch Teilurteil entschieden werden. Auf der Basis des einheitlichen Streitgegenstandsbegriffs der hM (Rn 6) kommt dies indes nicht in Betracht (vgl BGH 27. 3. 2009 – V ZR 196/08, NJW 2009, 2132 Rn 22). 14

Sind die Prozesse entgegen § 44 Abs 2 S 3 WEG nicht verbunden worden, so wirkt die **Abweisung** einer denselben Streitgegenstand betreffenden Klage (das ist auf Basis der hM stets der Fall, Rn 6) in einem **Parallelprozess** gegen den Kläger, § 44 Abs 3 WEG. Der Kläger muss daher dem Parallelprozess als Nebenintervenient beitreten, um durch die Einlegung eines Rechtsmittels den Eintritt der Wirkung des § 44 Abs 3 WEG zu vermeiden. Anderenfalls steht diese Wirkung dem Erfolg seiner Klage entgegen. Ist der Beschluss in einem Parallelprozess rechtskräftig für ungültig erklärt worden, kommt eine erneute Ungültigerklärung nicht in Betracht; für die Feststellung der Nichtigkeit fehlt es jedenfalls am Rechtsschutzbedürfnis. Der Kläger muss seine Klage für erledigt erklären (Jacoby/Lehmann-Richter ZMR 2021, 273). 15

2. Verhältnis von Anfechtungs- und Nichtigkeitsklage

Das materielle Recht unterscheidet in § 23 Abs 4 WEG zwischen nichtigen Beschlüssen und solchen, die durch rechtskräftiges Urteil für ungültig zu erklären sind. Diese Differenzierung spiegelt das Prozessrecht in § 44 Abs 1 S 1 WEG, indem es zwischen Anfechtungs- und Nichtigkeitsklage unterscheidet. Das Verhältnis zwischen beiden Klagearten ist **umstritten**. In der Sache geht es um die Frage, ob beide Klagen eine einheitliche Kassationsklage bilden oder aber zumindest durch eine Identität der 16

Streitgegenstände miteinander verklammert sind (zum Folgenden bereits Lehmann-Richter/Wobst WEG-Reform 2020 Rn 1850 ff).

a) Keine einheitliche Kassationsgestaltungsklage

17 Die aktienrechtliche Nichtigkeitsklage (§ 249 AktG) wird verbreitet als Gestaltungsklage eingeordnet (K Schmidt JZ 1988, 729, 732 und öfter; Kindl ZGR 2000, 166, 172 f). Die Vertreter dieser Ansicht erklären die gestaltende Nichtigerklärung des bereits ungültigen Beschlusses mit dem Institut der Doppelwirkung im Recht. Auf diese Weise werden Anfechtungs- und Nichtigkeitsklage zu einer einheitlichen **„Kassationsklage" verschmolzen.** Dies wird auch im Wohnungseigentumsrecht vertreten (insbes Jennissen/Suilmann § 44 Rn 21).

18 **Stellungnahme**: Soweit sich die Vertreter dieser Ansicht auf eine angebliche inter-omnes-Wirkung der Nichtigkeitsklage berufen (etwa Kindl ZGR 2000, 166, 172) beruht dies auf einer unzutreffenden Prämisse (Schmidt/Lutter/Schwab § 249 AktG Rn 1 mit § 246 AktG Rn 5): Die inter-omnes-Wirkung der Nichtigkeitsklage stützt die hM letztlich auf das Argument a maiore ad minus (BGH 13. 10. 2008 – II ZR 112/07, NJW 2009, 230 Rn 8 zur AG). Das Anfechtungsurteil wirkt aber nicht im prozessrechtlichen Sinne, sondern („nur") materiell-rechtlich inter omnes. Denn es vernichtet den Beschluss und schafft so eine objektive Rechtslage (Stein/Jonas/Leipold § 325 ZPO Rn 8). Ein nichtexistenter Beschluss kann aber gegenüber niemandem Wirkung entfalten. Die Rechtslage ist mithin keine andere als bei einem Aufhebungsbeschluss; auch dort wirkt die Aufhebung inter omnes. Dies zeigt: Wenn ein Urteil die Wirkung hat, ein Rechtsgeschäft zu vernichten, so bedarf es für die Begründung, warum diese Kassation allgemein verbindlich ist, nicht des Rückgriffs auf prozessrechtliche Wirkungsgrundsätze. Rechtskraftfragen stellen sich beim Anfechtungsurteil daher nur bei der materiellen Rechtskraft (dazu Rn 149). Die These der hM, die Nichtigkeitsklage müsse a maiore ad minus wie die Anfechtungsklage inter omnes wirken, wäre daher nur zutreffend, wenn die Nichtigkeitsklage eine Gestaltungsklage wäre. Wenn aber die inter-omnes-Wirkung bemüht wird, um eben diese Rechtsnatur erst zu begründen, wird zirkelmäßig argumentiert. Für das Konzept einer einheitlichen Klage spricht allerdings, dass beide Klagen identische Streitgegenstände haben (Rn 19), was sich aus dem übergeordneten Ziel der Unverbindlichkeit des Beschlusses ergibt. Dies zwingt indes nicht dazu, beide Klagearten einzuebnen (vgl Stein/Jonas/Leipold Vor § 253 ZPO Rn 13). Deshalb müssen System und Wortlaut des § 44 Abs 1 S 1 WEG leitend sein: Einerseits unterscheidet das Gesetz zwischen Anfechtungs- und Nichtigkeitsklage. Es beruht also gerade nicht auf dem Konzept einer einheitlichen Kassationsklage mit einer differenzierten Regelung, unter welchen Voraussetzungen welche Kassationsgründe vom Gericht zu berücksichtigen sind. Zum anderen ist nach dem Wortlaut von § 44 Abs 1 S 1 HS 2 WEG Rechtsfolge der Entscheidung auf eine Nichtigkeitsklage nicht die Gestaltung, sondern die Feststellung der Rechtslage. Diese gesetzgeberischen Anordnungen sind ernst zu nehmen, weshalb Anfechtungs- und Nichtigkeitsklagen **zwei unterschiedliche Klagetypen** sind.

b) Identität der Streitgegenstände

19 Eine andere Frage ist, ob auf denselben Unwirksamkeitsgrund (Rn 8) gestützte – bzw nach hM: gegen denselben Beschluss gerichtete (Rn 6) – Anfechtungs- und Nichtigkeitsklagen denselben Streitgegenstand haben. Zum alten Recht hat der BGH dies mit einer auf § 46 Abs 2, § 47 S 1, § 48 Abs 4 WEG aF gestützten Begründung bejaht

(BGH 2. 10. 2009 – V ZR 235/08, NJW 2009, 3655 Rn 20). Von diesen Regelungen hat das WEMoG 2020 nur die Prozessverbindung übernommen, die nach Umstellung der Passivlegitimation auf die Gemeinschaft der Wohnungseigentümer aber keine Identität der Streitgegenstände mehr erfordert. Dennoch hat der **BGH** seine Rechtsprechung fortgeführt: Anfechtungs- und Nichtigkeitsklage haben denselben Streitgegenstand (BGH 13. 1. 2023 – V ZR 43/22, ZWE 2023, 186 Rn 12).

Stellungnahme: Die Streitgegenstandsfrage muss, ebenso wie im Aktienrecht, mithilfe allgemeiner Prinzipien gelöst werden. Auch im Aktienrecht wird aus dem einheitlichen Ziel des Klägers, die Unwirksamkeit des Gesellschafterbeschlusses gerichtlich klären zu lassen, auf identische Streitgegenstände geschlossen (BGH 17. 2. 1997 – II ZR 41/96, NJW 1997, 1510). Das ist wertungsmäßig überzeugend, weshalb auch im Wohnungseigentumsrecht auf denselben Unwirksamkeitsgrund gestützte Anfechtungs- und Nichtigkeitsklagen denselben Streitgegenstand haben. 20

Für den **Klageantrag** bedeutet dies, dass der Anfechtungsantrag den Feststellungsantrag einschließt und umgekehrt, ohne dass sich dies auf eine Auslegung des Klageantrags stützen müsste (BGH 2. 10. 2009 – V ZR 235/08, NJW 2009, 3655 Rn 20). Das wirkt sich einerseits auf die Anfechtungsfrist aus, die auch durch einen Feststellungsantrag gewahrt wird (§ 45 WEG Rn 22). Andererseits kann das Gericht abweichend vom Wortlaut des Klageantrags den Beschluss für ungültig erklären bzw seine Nichtigkeit feststellen, ohne dass es einer Klageänderung bedürfte. Auch kostenmäßig ergeben sich in diesem Fall für den Kläger keine Nachteile, weil seine Klage nicht teilweise abgewiesen wird. 21

Auch für die **Rechtskraft** eines klageabweisenden Urteils ist die Identität des Streitgegenstands von Bedeutung. Wird die Anfechtungs- oder Nichtigkeitsklage als unbegründet abgewiesen, kann der Kläger den Beschluss nicht unter Berufung auf denselben Beschlussmangel mit der jeweils anderen Klageart erneut einer gerichtlichen Prüfung zuführen. 22

Was aus der Identität der Streitgegenstände für das **Rechtsmittelverfahren** folgt, ist wenig diskutiert. Kann der Kläger, wenn er mit seinem „eigentlichen" Antrag nicht durchdringt (er also Ungültigerklärung beantragt, das Gericht aber Nichtigkeit feststellt oder vice versa), erfolgreich Rechtsmittel einlegen? Der BGH hält dies in einer Entscheidung zum alten Recht für möglich, wenn der Kläger ein besonderes rechtliches Interesse an seinem in erster Linie verfolgten Antrag hat (BGH 20. 5. 2011 – V ZR 175/10, ZWE 2011, 331). Überzeugend ist das nicht, weil dies im Widerspruch zu der These eines einheitlichen Rechtsschutzziels steht, die eine Verklammerung beider Klagearten zu einem Streitgegenstand erst ermöglicht. 23

3. Streitgenossenschaft

Erheben mehrere Wohnungseigentümer gegenständlich identische Beschlussklagen, liegt ein Fall der **Parteienhäufung** vor, die die ZPO als Streitgenossenschaft bezeichnet und in den §§ 59 ff ZPO regelt. Die Streitgenossenschaft führt nicht etwa dazu, dass es sich bei den Klägern oder Beklagten um eine „einheitliche Streitpartei" handeln würde; vielmehr stehen die jeweiligen Personen zueinander in getrennten Prozessrechtsverhältnissen (vgl MünchKommZPO/Schultes § 62 ZPO Rn 41). Die Parteien- 24 häufung führt wegen der jeweils individuellen Gestaltungs- oder Feststellungsrechte auch zu einer **objektiven Klagehäufung**.

25 § 62 ZPO unterscheidet zwischen der notwendigen Streitgenossenschaft aus prozessualen und aus materiell-rechtlichen Gründen (etwa BGHZ 119, 35). Richtet sich die Klage mehrere Wohnungseigentümer gegen denselben Beschluss oder wird die Ersetzung desselben Beschlusses begehrt, sind sie nach **hM** (Rn 6) **notwendige Streitgenossen** gemäß § 62 ZPO (BGH 27. 3. 2009 – V ZR 196/08, NJW 2009, 2132 Rn 20 zu § 46 WEG aF; Hügel/Elzer § 44 Rn 19). Dem ist in dieser Allgemeinheit **nicht zuzustimmen**: Maßgeblich ist nach dem hier vertretenen Konzept (Rn 8) vielmehr, ob die Kläger denselben Gestaltungs- oder Feststellungsgrund vortragen. Nur wenn dies der Fall ist, sind sie notwendige Streitgenossen gemäß § 62 Abs 1 Alt 1 ZPO, weil das Gericht über die nur dann einheitlichen Streitgegenstände (Rn 8) nicht unterschiedlich entscheiden kann. Anders ist es, wenn die Kläger unterschiedliche Gestaltungs- oder Feststellungsgründe vortragen; in diesem Fall werden die Kläger durch die Prozessverbindung nur zu einfachen Streitgenossen (Lehmann-Richter/Wobst WEG-Reform 2020 Rn 1931 f).

26 Nach § 62 ZPO werden Wohnungseigentümer, die eine **Frist oder einen Termin versäumen**, von ihren notwendigen, nicht säumigen Streitgenossen als vertreten angesehen. Für die Wahrung der Anfechtungsfristen (§ 45 WEG) gilt die Vertretungsregel allerdings nicht (BGH NJW 2009, 2132). Hingegen verhindert etwa die **Einlegung eines Rechtsmittels** durch nur einen einzelnen Eigentümer den Eintritt der Rechtskraft gegenüber den übrigen notwendigen Streitgenossen; diese werden nach § 62 Abs 2 ZPO Partei des Rechtsmittelverfahrens (BGHZ 192, 245 Rn 22; NJW 1991, 101). Eine notwendige Streitgenossenschaft hindert den einzelnen Wohnungseigentümer nicht daran, seine Klage selbständig **zurückzunehmen** (vgl BGH NJW 2009, 2132 Rn 22). Ebenso kann jeder Kläger seine Klage für **erledigt erklären** (vgl BGH NJW-RR 2011, 618; BGH 2. 7. 2009 – II ZR 158/08, juris; **aA** LG Frankfurt ZMR 2016, 723).

4. Streithelfer

27 Jeder **Wohnungseigentümer** kann einer Beschlussklage als Streithelfer beitreten. Das nach § 66 Abs 1 ZPO erforderliche rechtliche Interesse ergibt sich aus der Rechtskraftwirkung des § 44 Abs 3 WEG (vgl BGHZ 172, 136). Andere Personen können ebenfalls beitreten, wenn die Voraussetzungen des § 66 Abs 1 ZPO erfüllt sind.

28 Ob der gesetzliche Vertreter einer Partei Dritter iSd § 66 Abs 1 ZPO ist, hat der BGH bislang offengelassen (BGH 28. 4. 2015 – II ZB 19/14, ZIP 2015, 1286 Rn 15). Richtigerweise ist die Frage zu bejahen (etwa Stein/Jonas/Jacoby § 66 ZPO Rn 12; Schwab NZG 2013, 521, 523; **aA** etwa MünchKommZPO/Schultes § 66 ZPO Rn 4). Daher kann auch der **Verwalter** einer Beschlussklage beitreten, falls er hieran ein rechtliches Interesse hat. Ein solches liegt aber nicht allgemein darin, dass der Verwalter die Beschlüsse auszuführen hat. Ein rechtliches Interesse kann aber bestehen, wenn Gegenstand der Bestellungs- oder Abberufungsbeschluss ist, weil dann über das Amtsverhältnis des Verwalters entschieden wird (anders Staudinger/Jacoby § 26 WEG Rn 75). Tritt der Verwalter dem Kläger bei, so verliert er – aus Gründen der Rechtssicherheit nur ex nunc – seine Vertretungsmacht für die beklagte Wohnungseigentümergemeinschaft (vgl Stein/Jonas/Jacoby Vor § 50 ZPO Rn 25).

Der Beitritt kann nach § 66 Abs 2 ZPO in **jeder Lage des Verfahrens** bis zur rechtskräftigen Entscheidung erklärt werden. Eine Befristung, wie sie § 248 Abs 4 S 2 AktG vorsieht, ist dem Wohnungseigentumsrecht fremd. Eine Analogie kommt mangels Planwidrigkeit der Lücke nicht in Betracht. Denn die von Teilen der Bund-Länder-Arbeitsgruppe zur WEG-Reform 2020 vorgeschlagene Befristung (s den Bericht ZWE 2019, 429, 459) hat der Gesetzgeber gerade nicht eingeführt. 29

Form und Inhalt der **Beitrittserklärung** richten sich nach § 70 ZPO. Danach ist insbesondere erforderlich, dass der Erklärung – notfalls durch Auslegung – zu entnehmen ist, wem und in welchem Umfang beigetreten wird. Dies betrifft zum einen die Frage des Beitritts auf Kläger- oder Beklagtenseite. Erfolgt der Beitritt auf Klägerseite, so bedarf es bei einer Klagehäufung (Rn 9, zur abw hM Rn 7) der Feststellung, welchem dieser Prozessrechtsverhältnisse beigetreten wird. Im Zweifel wird die Beitrittserklärung als umfassender Beitritt auszulegen sein, weil dies eine besonders druckvolle Streithilfe ermöglicht. 30

Der beigetretene **Wohnungseigentümer** ist, soweit er der Beschlussklage beigetreten ist, wegen § 44 Abs 3 WEG **streitgenössischer Nebenintervient** (§ 69 ZPO). Denn es ist anerkannt, dass eine Rechtskrafterstreckung kraft prozessrechtlicher Anordnung unter § 69 ZPO fällt (BGH NJW 2001, 1355; Z 92, 275). Der **Verwalter** oder andere Personen sind mangels Rechtskraftwirkung hingegen nur **einfache Nebenintervenienten** (§ 68 ZPO). 31

Den Nebenintervenienten ist durch Übersendung der Schriftsätze und Verfügungen des Gerichts **rechtliches Gehör** zu gewähren (vgl BGH NJW 2009, 2679). Der einfache Nebenintervenient kann als Streithelfer gem § 67 ZPO grundsätzlich in eigenem Namen für die Hauptpartei **alle Prozesshandlungen** wirksam vornehmen, etwa wirksam Berufung einlegen, solange die Nebenintervention nicht rechtskräftig für unzulässig erklärt worden ist (BGH 16. 6. 2020 – V ZR 106/19, NZM 2021, 40). Er darf sich aber nicht in Widerspruch zu Erklärungen und Handlungen der Hauptpartei setzen, deren Prozesshandlungen mithin der Vorrang gebührt. Anders ist dies beim streitgenössischen Nebenintervenienten, der auch bei Widerspruch der Partei Angriffs- und Verteidigungsmittel vorbringen und sonstige Prozesshandlungen vornehmen kann (etwa BGH NJW-RR 2012, 233). Einer Rücknahme der Klage durch die Hauptpartei kann er allerdings nicht widersprechen (BGH GRUR 2014, 911). Die Begründungsfrist des § 45 WEG gilt auch zu Lasten des Streithelfers, muss von diesem also bei Untätigkeit des Klägers gewahrt werden. 32

Die Beteiligung des Beigetretenen an den **Prozesskosten** richtet sich nach § 101 Abs 2 ZPO iVm § 100 ZPO. Zur Begrenzung seines Kostenerstattungsanspruchs durch § 44 Abs 4 WEG s Rn 158. 33

5. Streitverkündung

In Beschlussklageverfahren ist selbstverständlich auch eine **Streitverkündung** gem §§ 72 ff ZPO möglich (vgl etwa KG ZMR 2009, 786). Ob dem Verwalter der Streit verkündet werden kann hängt von der – richtigerweise zu bejahenden (Rn 28) – Frage ab, ob er Dritte iSd § 72 Abs 1 ZPO ist. Die Wohnungseigentümergemeinschaft hat daher die Möglichkeit, dem für einen Beschlussmangel verantwortlichen **Verwalter** 34 den Streit zu verkünden. Die Wohnungseigentümergemeinschaft wird hierbei durch den Verwaltungsbeiratsvorsitzenden oder einen ermächtigten Wohnungseigentümer vertreten, § 9b Abs 2 WEG. Der Verwalter ist dann nach § 68 ZPO nicht nur an den Entscheidungsausspruch, sondern auch an die tragenden tatsächlichen und rechtlichen Grundlagen des Beschlussklageurteils gebunden (vgl etwa BGH 18. 12. 2014 – VII ZR 102/14, Z 204, 12 Rn 20). Der Verwalter kann in einem Regressprozess mithin nicht mit Erfolg einwenden, der vom Erstgericht für maßgeblich gehaltene Gestaltungs- oder Feststellungsgrund läge nicht vor.

6. Keine Rechtshängigkeitssperre

35 Die Rechtshängigkeit einer Klage bewirkt nach § 261 Abs 3 Nr 1 ZPO für nachfolgende Klagen mit identischem Streitgegenstand eine von Amts wegen zu beachtende Einrede, wenn der Prozess zwischen denselben Parteien geführt wird oder das Urteil gegenüber einem Dritten, der im Folgeprozess Partei ist, Wirkung entfaltet (Braun, Lehrbuch des ZPR 237). Nach § 44 Abs 3 WEG wirkt das Urteil für und gegen alle Wohnungseigentümer. Dennoch sperrt eine Beschlussklage nicht die auf denselben Streitgegenstand (der nach hM stets vorliegt, Rn 6) gestützte Klage eines anderen Wohnungseigentümers (die auf einen anderen Streitgegenstand gestützte Klage wäre ohnehin nicht gesperrt). Dies folgt aus der in § 44 Abs 2 S 3 WEG angeordneten **Prozessverbindung**, die gerade voraussetzt, dass spätere Beschlussklagen nicht von bereits rechtsanhängigen Klagen gesperrt werden (Bork ZIP 1995, 609, 612, zum Aktienrecht).

7. Rechtsmittel

36 Es ist auf Grundlage des hier vertretenen Streitgegenstandsbegriffs (Rn 8) unproblematisch zulässig, Berufung oder Revision in Beschlussklagen auf **einzelne Beschlussmängel** oder **Beschlussersetzungsgründe** zu **beschränken**, weil es sich insoweit um eigene Streitgegenstände handelt. Die hM erreicht dasselbe Ziel mit ihrer These, dass einzelne Beschlussmängel abtrennbare Teile des Streitstoffs darstellen können (BGH 13. 1. 2023 – V ZR 43/22, ZWE 2023, 186 Rn 16; s auch BGH NJW 2015, 3371). Ist die Wohnungseigentümergemeinschaft Rechtsmittelführerin, richtet sich ihre Vertretung nach § 51 Abs 1 ZPO, § 9b WEG (dazu Vorbem 6 zu §§ 43–45 WEG). Zur Berufung siehe ergänzend Vorbem 49 zu §§ 43–45 WEG und zu dem Sonderfall, dass der Kläger die Ungültigerklärung beantragt, das Gericht aber stattdessen die Nichtigkeit feststellt oder umgekehrt Rn 23.

8. Dispositionsbefugnis der Wohnungseigentümergemeinschaft

37 Ob und unter welchen Voraussetzungen die Wohnungseigentümergemeinschaft durch Prozesshandlungen darauf einwirken kann, dass die Beschlussklage im Ergebnis Erfolg hat, ist noch **ungeklärt** (zum Folgenden Lehmann-Richter/Wobst WEG-Reform 2020 Rn 1946 ff). Dies betrifft das Anerkenntnis (§ 307 ZPO), aber auch ein der Klage zum Erfolg verhelfender Vergleich, die Nichtverteidigung mit der Folge eines der Klage stattgebenden Versäumnisurteils (§ 331 ZPO) oder ein den Vortrag des Klägers einräumendes Geständnis (§ 288 ZPO).

a) Grundlagen

Zur Vertretungsmacht des Verwalters aus § 27 Abs 2 Nr 2 WEG aF für die Wohnungseigentümer im **Anfechtungsverfahren** nach **§ 46 WEG aF** hat der **BGH** entschieden, dass der Verwalter einen Vergleich abschließen könne (BGH 18. 10. 2019 – V ZR 286/18 NJW 2020, 1134 Rn 13). Indes ging es dort nicht um eine Umgestaltung des angefochtenen Beschlusses, sondern um die Prozessbeendigung gegen Zahlung eines Abfindungsbetrags; Streitgegenstand im Revisionsverfahren war zudem der dieses Vorgehen genehmigende Wohnungseigentümerbeschluss. 38

Zum **gesellschaftsrechtlichen Beschlussmängelprozess** ist der Umfang der Dispositionsbefugnis der Gesellschaft **umstritten**. Der BGH hat eine Entscheidung durch Versäumnisurteil gebilligt (BGH 28. 9. 1998 – II ZB 16/98, ZIP 1999, 192), die Möglichkeit eines Anerkenntnisses bislang offengelassen (BGH 12. 7. 1993 – II ZR 65/92, ZIP 1993, 1228) und sich zum Vergleich unterschiedlich geäußert (BGH 4. 7. 1951 – II ZR 117/50, MDR 1951, 674; BGH 11. 7. 1966 – II ZR 134/65, NJW 1966, 2055; BGH 29. 3. 1996 – II ZR 124/95, Z 132, 278). Auch in der gesellschaftsrechtlichen Literatur ist keine klare Linie auszumachen. 39

Kern der Problematik ist die Frage, ob durch den Prozess die Gestaltungsherrschaft über den Beschluss von den Wohnungseigentümern auf die Person übergeht, die die Wohnungseigentümergemeinschaft im Prozess vertritt. Das ist zu bejahen. Denn das Beschlussrecht bestimmt sich nicht ausschließlich nach dem WEG, sondern auch nach der übrigen Rechtsordnung. Für die Beschlussklageverfahren bedeutet dies, dass ein Beschluss auch den **prozessrechtlichen Regelungen unterworfen** ist. Dies verdeutlicht § 44 Abs 1 WEG; Einwirkungen auf die Beschlusslage in der Wohnungseigentümergemeinschaft können sich aber auch aus anderen prozessrechtlichen Instituten ergeben. 40

Inwieweit diese Institute auf den Beschluss einwirken können, ist eine Frage des Prozessrechts. Hier geht es zunächst um die **Vertretungsmacht** des **Verwalters**. Es überzeugt nicht, seine Vertretungsmacht an seine Befugnisse im Innenverhältnis zu koppeln. Dagegen spricht zum einen § 9b Abs 1 S 3 WEG, wonach die gerichtliche Vertretungsmacht des Verwalters unbeschränkbar ist, zum anderen § 54 ZPO, wonach Genehmigungserfordernisse – im hiesigen Fall: ein die prozessuale Einwirkung auf den Beschluss billigender Wohnungseigentümerbeschluss – die Wirksamkeit von Prozesshandlungen nicht berührt. 41

Denkbar ist aber, dass die Prozesshandlung des Verwalters wegen **Rechtsmissbrauchs** keine Wirkung entfaltet (vgl BGH 1. 3. 1962 – II ZR 1/62, MDR 1962, 374, zum Gesellschaftsrecht; BGH 16. 9. 2022 – V ZR 180/21, NJW 2022, 3577 Rn 15, zur verwalterlosen Gemeinschaft). Allerdings sind die Besonderheiten der prozessrechtlichen Situation zu beachten, weshalb die privatrechtlichen Grundsätze des Missbrauchs der Vertretungsmacht nicht ohne Modifikation herangezogen werden dürfen (näher Staudinger/Jacoby [2023] § 9b WEG Rn 66). Im Einzelnen gilt danach Folgendes (Lehmann-Richter/Wobst WEG-Reform 2020 Rn 1953 ff): 42

b) Versäumnisurteil

Verteidigt sich die Wohnungseigentümergemeinschaft nicht gegen die Beschlussklage, wird durch Versäumnisurteil entschieden. Ist ein Wohnungseigentümer dem 43

Rechtsstreit auf Seiten der Gemeinschaft **beigetreten** und verteidigt er sich gegen die Klage, darf indes kein Versäumnisurteil ergehen, § 67 ZPO.

c) Anerkenntnis und Geständnis

44 Erklärt die Wohnungseigentümergemeinschaft wirksam, die Klage anzuerkennen, wird durch Anerkenntnisurteil gem § 307 ZPO entschieden (Bärmann/Göbel vor §§ 43 ff Rn 72). Auch ein Geständnis (§ 288 ZPO) ist nach allgemeinen Grundsätzen zu berücksichtigen. Im Einzelfall kann beiden Prozesshandlungen aber wegen Rechtsmissbrauchs die Wirkung zu versagen sein (Rn 42). Ist ein Wohnungseigentümer dem Rechtsstreit auf Seiten der Gemeinschaft beigetreten und verteidigt er sich gegen die Klage, entfaltet das Anerkenntnis keine Wirkung, falls er notwendiger **Streitgenosse** (Rn 25) ist (BGH 12. 7. 1993 – II ZR 65/92, ZIP 1993, 1228). Der einfache Streitgenosse kann nach § 67 ZPO den Eintritt der Wirkungen von Geständnis oder Anerkenntnis hingegen nicht verhindern (Stein/Jonas/Jacoby, ZPO § 67 Rn 15 f).

d) Vergleich

45 Prozessrechtlich bewirkt der Vergleich einerseits die Verfahrensbeendigung; daneben ist er Vollstreckungstitel (§ 794 Abs Nr 1 ZPO). Da die Gestaltungswirkung nicht aus einer Vollstreckung folgt, wird dem Vergleich eine solche Wirkung indes wohl allgemein abgesprochen (etwa Brändel, in: FS Vieregge [1995] 69, 71, zum Aktienrecht). Legt man diese (überprüfungswürdige) These zugrunde, kann durch den prozessrechtlichen Teil des Vergleichs ein Beschluss **nicht für ungültig erklärt** oder **ersetzt werden**. Der Beschlussklageprozess kann durch Vergleich aber sein Ende finden (vgl den Sachverhalt BGH 18. 10. 2019 – V ZR 286/18 NJW 2020, 1134).

46 Mängel des materiell-rechtlichen Teils des Vergleichs stehen einer Prozessbeendigung nach hM allerdings entgegen (etwa BGH 24. 10. 1984 – IVb ZR 35/83, NJW 1985, 1962, 1963). Dies ist von Bedeutung, wenn der Vergleich die **Verpflichtung** zur **Fassung** eines **(Aufhebungs)beschlusses** enthält oder der Beschluss sogar direkt im Vergleich gefasst wird. Solche Vereinbarungen sind wirkungslos (Bärmann/Göbel vor §§ 43 ff Rn 72; **aA** Jennissen/Suilmann Rn 257). Dieses Ergebnis lässt sich entweder mit der fehlenden Vertretungsmacht des Verwalters (vgl RG 20. 12. 1939 – II 88/39, Z 162, 370, 374; Wiedemann, Gesellschaftsrecht I [1980] 524), überzeugender aber mit dem wohnungseigentumsrechtlichen **Typenzwang** (§ 18 WEG Rn 57) begründen: Beschlüsse können materiell-rechtlich nur von den Wohnungseigentümern gestaltet werden. Deshalb ist ein Vertrag der Gemeinschaft nicht das richtige Instrument und eine Verpflichtung der Gemeinschaft zur Beschlussfassung verstößt als Umgehungsversuch gegen diesen Typenzwang (vgl Lehmann-Richter/Wobst WEG-Reform 2020 Rn 214a). Eine **Ausnahme** gilt wegen des Primats der gemeinschaftlichen Verwaltung, wenn sämtliche Eigentümer dem beschlussändernden Vergleich zustimmen (vgl Bärmann/Göbel vor §§ 43 ff Rn 78). Denn darin liegt eine gemeinschaftliche Verwaltungsentscheidung, das Binnenrecht entsprechend zu modifizieren

9. Kostenrecht

47 Das Kostenrecht der Beschlussklagen hat **zwei Spezialvorschriften**, nämlich § 49 GKG (Gebührenstreitwert) sowie § 44 Abs 4 WEG (dazu Rn 158). Zur PKH für die Wohnungseigentümergemeinschaft Vorbem 29 zu §§ 43–45 WEG.

Die Voraussetzungen eines **sofortigen Anerkenntnisses** nach **§ 93 ZPO** liegen in Beschlussklagen regelmäßig nicht vor. Denn es setzt voraus, dass die Wohnungseigentümergemeinschaft keinen Anlass zur Klage gegeben hat. Dieser Anlass liegt bei Anfechtungs- und Nichtigkeitsklage aber in der Beschlussfassung durch das Organ Gesamtheit der Wohnungseigentümer. Die Beschlussersetzungsklage verlangt für eine Verurteilung eine fruchtlose Vorbefassung der Versammlung oder eine äquivalente Ersatztatsache (Rn 264), aus der dann ebenfalls eine Veranlassung durch die Wohnungseigentümergemeinschaft folgt. **48**

Prozesskosten der Wohnungseigentümergemeinschaft sind **nach § 16 Abs 2 WEG** unter Einbeziehung des Klägers zu verteilen. Wegen des Verbots der Selbsttitulierung von Schadensersatzansprüchen ist ein Beschluss ordnungswidrig, der nur diejenigen Wohnungseigentümer mit Kosten belastet, die fehlerhaft abgestimmt haben (STAUDINGER/LEHMANN-RICHTER [2023] § 16 WEG Rn 132). **49**

10. Konkurrenz zu anderen beschlussbezogenen Klagen

Bei den Konkurrenzen ist danach zu **unterscheiden**, zwischen welchen Parteien eine auf einen Beschluss bezogene Klage geführt wird. Zur Auswirkung von § 44 Abs 1 WEG auf den einstweiligen Rechtsschutz Rn 67 und Rn 282. **50**

a) Klagen von/gegen die Wohnungseigentümergemeinschaft

Die Leistungsklage eines Wohnungseigentümers gegen die Wohnungseigentümergemeinschaft auf **Aufhebung eines Beschlusses** ist **unzulässig**. Denn § 44 Abs 1 S 1 Var 1 WEG gestaltet den materiellen Aufhebungsanspruch aus § 18 Abs 2 WEG in ein durch fristgebundene Gestaltungsklage geltend zu machendes Anfechtungsrecht um (Rn 177). Der aus dem materiellen Recht folgende Anspruch auf Beseitigung des binnenrechtswidrigen Rechtszustands kann nach diesem gesetzlichen Konzept nur mit der Anfechtungsklage verfolgt werden. Deshalb wird auch eine Beschlussersetzungsklage mit dem Ziel der Aufhebung eines Beschlusses durch „Zweitbeschluss" des Gerichts von § 44 Abs 1 S 1 Var 1 WEG gesperrt. **51**

Diese **Sperrfunktion** der **Anfechtungsklage** ist im Grundsatz wohl anerkannt (etwa BÄRMANN/GÖBEL § 44 Rn 96). Eine andere Frage lautet, wie weit die Sperrfunktion reicht. Leitend muss sein, dass es dem Wohnungseigentümer verwehrt ist, einen durch den Beschluss geschaffenen Zustand mit einem Argument anzugreifen, das er gegen den Beschluss im fristgebundenen Verfahren nach § 44 Abs 1 S 1 WEG hätte vorbringen können. Daraus ergeben sich **zwei Ausnahmen** vom Sperrprinzip: Die erste betrifft die Konstellation, dass sich ein Beschluss durch eine nach seiner Fassung eintretende Änderung der Sach- oder Rechtslage als nicht ordnungsmäßig herausstellt (BGH 16. 9. 2022 – V ZR 69/21, NJW 2023, 63 Rn 16, Rechtslagenänderung). Denn in diesem Sonderfall droht keine Umgehung von § 45 S 1 WEG, weil ursprünglich kein Anlass bestand, Anfechtungsklage zu erheben (vgl BGHZ 197, 274 Rn 22; NJW 2012, 3719 Rn 17). Die zweite Ausnahme betrifft den Ein-Personen-Beschluss. Denn typischerweise wird das gegen sie bestehende Anfechtungsrecht nicht ausgeübt. Das Bedürfnis nach einer Beschlussaufhebung entsteht vielmehr erst, wenn das Ein-Personen-Stadium endet. In beiden Ausnahmefällen ist der Anspruch auf Beschlussaufhebung indes nicht durch Leistungsklage, sondern durch Beschlussersetzungsklage zu verfolgen. Auch ein **Negativbeschluss** hat nach hM gegenüber der Beschlussersetzungsklage **52** keine Sperrwirkung (st Rspr, etwa BGH 17. 5. 2019 – V ZR 34/18, ZWE 2020, 51 Rn 16 mwN, näher Rn 270). In der Literatur wird eine weitere Ausnahme vom Sperrprinzip für den Fall der bestandskräftigen Bestellung eines nicht zertifizierten Verwalters vertreten (Staudinger/Jacoby § 26 WEG Rn 137 m Nachw), was nicht in das hier für richtig gehaltene System passt.

53 § 44 Abs 1 S 1 Var 1 WEG sperrt grds auch eine Leistungsklage auf **Unterlassen einer Beschlussfassung** (§ 18 WEG Rn 203).

54 Wegen der gesetzlichen Regelung der Beschlussersetzungsklage ist auch eine Leistungsklage gegen die Wohnungseigentümergemeinschaft auf **Fassung eines bestimmten Beschlusses** unzulässig, da der Anspruch auf Beschlussfassung verfahrensrechtlich nur nach § 44 Abs 1 S 1 Var 2 WEG durchgesetzt werden kann. Anders ist es mit der auf § 19 Abs 1 WEG gestützten Klage der Wohnungseigentümergemeinschaft gegen einen Wohnungseigentümer auf Mitwirkung bei der Beschlussfassung. Praxisrelevant ist diese Möglichkeit indes nicht, da Beschlüsse typischerweise durch Initiative eines anderen Wohnungseigentümers über § 44 Abs 1 S 2 WEG erstritten werden.

55 § 44 Abs 1 S 1 Var 2 WEG verdrängt die **allgemeine** beschlussbezogene **Nichtigkeitsfeststellungsklage** eines Wohnungseigentümers gegen die Wohnungseigentümergemeinschaft (vgl zur Genossenschaft BGH 23. 2. 1978 – II ZR 37/7, NJW 1978, 1325) was indes nur von theoretischer Bedeutung ist.

56 Gegenüber **positiven Beschlussfeststellungsklagen**, die Bestand oder Inhalt eines Beschlusses zum Gegenstand haben, entfaltet § 44 Abs 1 S 2 WEG Sperrwirkung. Denn es besteht die Kompetenz, die Bedeutung eines Beschlusses durch Beschluss zu konkretisieren (s BGH 16. 12. 2022 – V ZR 263/21, ZMR 2023, 384 Rn 33). Wegen der aus § 44 Abs 3 WEG folgenden umfangreicheren Bindungswirkung eines solchen **Klarstellungsbeschlusses** sperrt die Möglichkeit, eine hierauf gerichtete Beschlussersetzungsklage zu erheben, eine inhaltsgleiche Feststellungsklage (**aA** Bärmann/Göbel § 44 Rn 20 und Rn 27, wonach eine Feststellungsklage analog § 44 Abs 1 WEG statthaft sein soll).

57 Hat nach Auffassung des Klägers die Mehrheit für einen Beschluss gestimmt, ist ein solcher aber nicht verkündet worden (dazu Staudinger/Häublein § 23 WEG Rn 58), kann der Bestand des Beschlusses nicht durch Klage nach § 256 ZPO festgestellt werden (**aA** etwa LG Itzehoe ZWE 2016, 462; Jennissen/Suilmann Rn 72). Denn ohne Verkündung ist der Beschluss nicht entstanden, weshalb seine Feststellung ausscheidet (Ernst, Liber Amicorum Leenen [2012] 1, 36). Es handelt sich bei diesen **Beschlussverkündungsklagen** (auch Beschlussergebnis- oder Beschlussfeststellungsklagen genannt) mangels eines tragfähigen normativen Ankers auch nicht um eine besondere Gestaltungsklage (so aber etwa Hogenschurz/Elzer § 44 Rn 10 ff mit analoger Anwendung von § 45 S 1 WEG; ähnl Bärmann/Göbel § 44 Rn 23). Zum Ziel kommt der Kläger vielmehr nur mit der Beschlussersetzungsklage nach § 44 Abs 1 S 2 WEG. Denn ohne Verkündung ist der Beschluss nicht gefasst; wenn die Mehrheit aber für die ordnungsgemäße Beschlussvorlage gestimmt hat, ist die Beschlussfassung „notwendig" iSd § 44 Abs 1 S 2 WEG.

58 **Kein Konkurrenzverhältnis** besteht zwischen § 44 Abs 1 WEG und Klagen, die eine Vereinbarung der Wohnungseigentümer zum Gegenstand haben. Denn § 44 Abs 1

S 2 WEG ist auf **Vereinbarungen** unanwendbar (Staudinger/Wobst [2023] § 10 WEG Rn 105). Ebenfalls keine Berührungspunkte hat § 44 Abs 1 WEG mit Klagen, die auf Ausführung einer **Verwaltungshandlung** gerichtet sind, etwa der Gewährung von Einsicht in die Verwaltungsunterlagen gemäß § 18 Abs 4 WEG.

b) Klagen von/gegen Verwalter/andere Wohnungseigentümer/Dritte

Keine Sperrwirkung besteht bei beschlussbezogenen **Leistungsklagen** eines Wohnungseigentümers **gegen andere Wohnungseigentümer**. Solche Klagen sind zulässig, indes fehlt es an einer entsprechenden Anspruchsgrundlage im Gesetz. Denn Schuldnerin einer Beschlussfassung ist gegenüber dem Eigentümer nach § 18 Abs 2 WEG nur die Wohnungseigentümergemeinschaft. 59

Ebenfalls zulässig ist die **Leistungsklage** des **Verwalters** oder eines anderen Nichtwohnungseigentümers gegen die Wohnungseigentümergemeinschaft oder gegen Wohnungseigentümer auf Fassung oder Aufhebung eines Beschlusses. Solchen Klagen wird es aber ebenfalls regelmäßig an einer Anspruchsgrundlage fehlen. Insbesondere hat nicht etwa der Verwalter aus dem Amtsverhältnis einen Anspruch auf Aufhebung jedes Beschlusses, der ordnungswidrig ist. Würde der Verwalter bei der Ausführung eines Beschlusses eine Straftat bzw Ordnungswidrigkeit begehen oder sich ersatzpflichtig machen, besteht richtigerweise bereits keine Ausführungspflicht. 60

Nicht gesperrt sind auf § 256 ZPO gestützte **Nichtigkeitsfeststellungsklagen**. Dies betrifft die Nichtigkeitsfeststellungsklage des Verwalters im Rahmen des § 256 ZPO, sei es gegen die Wohnungseigentümergemeinschaft oder gegen einzelne Wohnungseigentümer. Auch Nichtigkeitsfeststellungsklage von anderen Dritten (vgl BGH NJW 2009, 230 Rn 11 zur AG) werden von § 44 Abs 1 S 1 Var 2 WEG nicht berührt. Über die Begründetheit der Klage ist damit freilich nichts gesagt. 61

Gegenüber positiven Beschlussfeststellungsklagen, die Bestand oder Inhalt eines Beschlusses zum Gegenstand haben, entfaltet § 44 Abs 1 WEG grds keine Sperrwirkung. Wird eine solche **Wirksamkeitsfeststellungsklage** zwischen Wohnungseigentümern geführt, liegt das erforderliche Rechtsverhältnis vor, weil nach hM (etwa BGH 25. 2. 1982 – II ZR 174/80, NJW 1982, 1703, 1704) selbst Drittrechtsverhältnisse feststellungsfähig sein können. Indes kann durch eine solche bilaterale Feststellungsklage ein Streit um Bestand oder Inhalt eines Beschlusses mangels Rechtskrafterstreckung auf die Wohnungseigentümergemeinschaft und die übrigen Wohnungseigentümer typischerweise nicht abschließend beigelegt werden. Ein Feststellungsinteresse ist daher nur in Sonderkonstellationen zu bejahen, in denen sich der Streit auf die beteiligten Wohnungseigentümer beschränkt und zu erwarten ist, dass er durch ein Feststellungsurteil beigelegt werden wird (Lehmann-Richter/Wobst WEG-Reform 2020 Rn 1979). Eine multilaterale Feststellungsklage um Bestand oder Inhalt eines Beschlusses unter Einbeziehung sämtlicher Wohnungseigentümer unabhängig davon, ob sämtliche Wohnungseigentümer dem Kläger gegenüber den Bestand eines Beschlusses in Abrede gestellt haben, ist nicht zulässig. Dem steht jedenfalls die Möglichkeit (Rn 56) entgegen, eine Klage gegen die Wohnungseigentümergemeinschaft zu erheben (Lehmann-Richter/Wobst WEG-Reform 2020 Rn 1980). 62

11. Abweichende Vereinbarungen

63 Eine allgemeine Abbedingung der Beschlussklagerechte aus **§ 44 Abs 1 WEG**, etwa in der Gemeinschaftsordnung, ist unwirksam. Zwar sind die Klagerechte materiellrechtlicher Natur (s Rn 177, Rn 236, Rn 251) und unterliegen daher grundsätzlich der Dispositionsbefugnis der Wohnungseigentümer. Die Beschlussklagerechte sind aber dem Kernbereich der Mitgliedschaft zuzurechnen und können daher nicht wirksam ausgeschlossen werden. Dies schließt es aber nicht aus, dass ein Wohnungseigentümer im Einzelfall auf sein Klagerecht verzichtet (Rn 205).

64 Als verfahrensrechtliche Vorschriften unabdingbar sind **§ 44 Abs 2 S und S 3 WEG**. Gleiches gilt für **§ 44 Abs 3** und **Abs 4 WEG**. Der Disposition der Wohnungseigentümer unterliegt hingegen § 44 Abs 2 S 2 WEG; eine Abbedingung der Informationspflicht ist indes wegen ihres verfassungsrechtlichen Hintergrundes (Rn 104) unwirksam.

65 Das **Klagerecht** des Wohnungseigentümers aus § 44 Abs 1 WEG ist höchstpersönlicher Natur und kann daher gem § 399 Fall 1 BGB **nicht** durch Abtretung (§§ 398, 413 BGB) auf einen Dritten **übertragen** werden. Dieser Umstand verbietet allerdings weder die Erhebung der Klage durch einen Prozessvertreter noch die Ausübung durch einen Prozessstandschafter (näher § 18 WEG Rn 103).

12. Einstweilige Verfügungen

66 Wehrt sich ein Wohnungseigentümer gegen einen Beschluss, so hat seine Anfechtungsklage keine aufschiebende Wirkung (etwa BGH ZWE 2014, 265) und begehrt er einen Beschluss, so entsteht dieser erst mit Rechtskraft einer Beschlussersetzungsklage (Rn 250). Das WEG enthält keine besondere Regel, wie die vom Kläger begehrten Wirkungen zu einem früheren Zeitpunkt herbeigeführt werden können. Anwendbar sind daher die allgemeinen Regelungen über die einstweilige Verfügung, konkret die **Regelungsverfügung** nach § 940 ZPO (s ergänzend Vorbem 53 zu §§ 43–45 WEG).

a) Vorläufige Beschlusssuspendierung

67 Jeder Wohnungseigentümer hat aus § 18 Abs 2 WEG einen Anspruch gegen die Wohnungseigentümergemeinschaft, dass ein **rechtswidriger Beschluss aufgehoben** wird. Die Durchsetzung dieses Anspruchs ist zwar im Hauptsacheverfahren nur nach § 44 Abs 1 S 1 Var 1 WEG zulässig (Rn 51). Die vorläufige Durchsetzung des Anspruchs durch einstweilige Verfügung wird durch § 44 Abs 1 S 1 Var 1 WEG aber nicht gesperrt. **Verfügungsanspruch** ist mithin § 18 Abs 2 WEG, woraus sich ergibt, dass ein entsprechender Verfügungsantrag **gegen die Wohnungseigentümergemeinschaft** zu richten ist (BGH 21. 4. 2023 – V ZR 86/22, DWW 2023, 217 Rn 25). Nicht erforderlich ist, dass Anfechtungsklage bereits erhoben wurde, vgl § 936, § 926 Abs 1 ZPO. Die Umgestaltung des Anspruchs aus § 18 Abs 2 WEG in ein Gestaltungsklagerecht (Rn 177) wirkt sich aber auf das einstweilige Verfügungsverfahren aus: Hat der Wohnungseigentümer die Fristen aus § 45 S 1 WEG versäumt, so erlischt sein Anfechtungsrecht und damit auch sein Verfügungsanspruch (vgl Bärmann/Göbel § 44 Rn 192).

68 Die Regelungsverfügung nach § 940 ZPO setzt neben dem Anfechtungsrecht einen **Verfügungsgrund** voraus. Hier folgert die allgM aus § 23 Abs 4 S 2 WEG, dass das Vollziehungsinteresse der Gemeinschaft grundsätzlich höher zu bewerten sei als das Inte-

resse des Antragstellers an der Aussetzung des Beschlusses (etwa LG Köln ZMR 2012, 992; LG Frankfurt ZWE 2010, 279). Dem ist insofern zuzustimmen, als gem § 940 ZPO die Suspendierung des Beschlusses zur Abwendung wesentlicher Nachteile erforderlich sein muss. Das Argument aus § 23 Abs 4 S 2 WEG ist also letztlich nichts mehr als die Anwendung des allgemeinen Prinzips, dass die Streitentscheidung regelmäßig im Hauptsacheverfahren zu erfolgen hat. Für die Aussetzung eines Beschlusses durch einstweilige Verfügung reicht daher dessen offenkundige Rechtswidrigkeit nicht aus (LG Koblenz ZMR 2012, 661; **aA** LG Frankfurt ZWE 2010, 279; LG Hamburg ZMR 2011, 661). Allerdings setzt der Verfügungsgrund auch nicht zwingend den drohenden Eintritt irreparabler Schäden voraus (so aber LG Frankfurt ZWE 2010, 279; LG Hamburg ZMR 2011, 661). Denn allein mit dem pauschalen Hinweis auf Sekundäransprüche – hier: Rechte, die auf Beseitigung der Folgen des ausgeführten Beschlusses gerichtet sind – darf der einstweilige Rechtsschutz nicht verweigert werden (Stein/Jonas/Bruns ZPO § 940 Rn 10).

Ob ein Verfügungsgrund vorliegt, ist vielmehr anhand der **Umstände des Einzelfalls** zu **69** ermitteln. Hierbei ist zwar auch zu berücksichtigen, ob die Folgen der Beschlussausführung rückgängig gemacht werden können. Es sind aber durchaus Fälle denkbar, in denen dennoch ein Verfügungsgrund zu bejahen ist, weil der Antragsteller hierauf wegen Unzumutbarkeit nicht verwiesen werden darf (etwa: rechtswidriger Beschluss über umfassende Baumaßnahmen am Gemeinschaftseigentum, die nur mit erheblichem Aufwand und Kosten zurückgebaut werden können; rechtswidriger Beschluss über Sonderumlage, der den Antragsteller zur Kreditaufnahme zwingen würde).

Die **Entscheidung** liegt nach § 940 ZPO in der Regelung des streitigen Rechtsverhält- **70** nisses, also des gegenständlichen Beschlusses, wobei das Gericht gem § 938 Abs 1 ZPO nach freiem Ermessen entscheidet. Da es nur um eine vorläufige Regelung geht, ist der Zeitraum der Suspendierung des Beschlusses in der Entscheidung zu nennen. Typischerweise wird die Suspendierung bis zur rechtskräftigen Entscheidung über die Anfechtungsklage befristet; ist eine solche Klage noch nicht erhoben, bietet sich die Befristung bis zum Ablauf der Anfechtungsfrist an. Wird eine solche später erhoben, ist für eine erneute Suspendierung allerdings ein neuer Antrag nach § 940 ZPO erforderlich. Die Suspendierungsentscheidung des Gerichts ist eine **Gestaltungsverfügung**.

b) Unterlassen einer Beschlussausführung

Dem Wohnungseigentümer steht gegen die Wohnungseigentümergemeinschaft kein **71** Anspruch aus § 18 Abs 2 S 2 WEG auf **Nichtausführung** eines Beschlusses zu, der weder für ungültig erklärt noch einstweilen suspendiert wurde. Der Antragsteller muss vielmehr zunächst die Beschlusssuspendierung erreichen. Mangels Verfügungsanspruchs unbegründet sind gegen die **übrigen Wohnungseigentümer** oder den **Verwalter** gerichtete Anträge, eine Beschlussausführung zu unterlassen. Dies gilt auch, wenn der Beschluss für ungültig erklärt oder seine Wirkung suspendiert wurde. Die Rspr zum alten Recht, die solchen Anträgen verbreitet stattgab, ist überholt.

c) Unterlassen einer Beschlussfassung

Zwar folgt aus § 18 Abs 2 WEG ein Anspruch des Wohnungseigentümers, dass die **72** Wohnungseigentümergemeinschaft eine rechtswidrige Beschlussfassung unterlässt. Indes kann dieser Anspruch grds nicht mit der vorbeugenden Unterlassungsklage, sondern nur reaktiv mit der Anfechtungsklage durchgesetzt werden (§ 18 WEG Rn 203).

Diese **prozessuale Sperrwirkung** ist auch im einstweiligen Rechtsschutz zu beachten; sie steht der Zulässigkeit einer einstweiligen Verfügung entgegen. Unzulässig ist daher grds der Antrag, durch einstweilige Verfügung die Durchführung einer Versammlung oder die Verkündung eines Beschlusses zu untersagen. Eine Ausnahme gilt nur in Sonderkonstellationen, in denen § 44 Abs 1 S 1 WEG der Durchsetzung des Verwaltungsanspruchs durch Leistungsklage nicht entgegensteht, nämlich dann, wenn effektiver Rechtsschutz durch Anfechtungsklage und flankierende einstweilige Verfügung auf Beschlusssuspendierung dem Wohnungseigentümer unzumutbar ist (§ 18 WEG Rn 203).

d) Vorläufige Beschlussfassung

73 § 44 Abs 1 S 2 WEG sperrt den Antrag auf vorläufige Beschlussfassung nach § 940 ZPO nicht; die Ausführungen zur vorläufigen Beschlusssuspendierung (Rn 67) gelten entsprechend. Die Umgestaltung des Anspruchs aus § 18 Abs 2 WEG auf Beschlussfassung in ein Gestaltungsklagerecht (Rn 251) wirkt sich aber auch auf das einstweilige Verfügungsverfahren aus: Den **Verfügungsanspruch** formuliert nämlich § 44 Abs 1 S 2 WEG; es muss also eine erforderliche Beschlussfassung unterblieben sein. Das setzt grds die Vorbefassung der Eigentümerversammlung voraus, die nur nach den für das Hauptsacheverfahren entwickelten Grundsätzen (Rn 264) sowie dann entbehrlich ist, wenn die Beschlussfassung so eilig ist, dass eine Einberufung der Versammlung nicht abgewartet werden kann. Der **Verfügungsgrund** ist anhand der **Umstände des Einzelfalls** zu ermitteln; entscheidend ist, ob eine Entscheidung im Hauptsacheverfahren zu spät käme. Fasst das Gericht einen vorläufigen Beschluss, handelt es sich um eine **Gestaltungsverfügung**.

74–77 *Derzeit nicht belegt.*

III. Gemeinsame Regelungen

78 Die Beschlussklagen haben diese **besonderen gesetzlichen Regelungen** gemeinsam:

- die gerichtliche Zuständigkeit nach §§ 43 Abs 2 Nr 4 WEG, § 23 Abs 2 Nr 2c, § 72 Abs 2 GVG;
- sie müssen einen Beschluss der Wohnungseigentümer betreffen (§ 44 Abs 1 WEG);
- sie müssen zwischen bestimmten Parteien geführt werden (§ 44 Abs 1, Abs 2 S 1 WEG);
- die Informationspflicht des Verwalters nach § 44 Abs 2 S 2 WEG;
- die Pflicht zur Prozessverbindung nach § 44 Abs 2 S 3 WEG;
- die Urteilswirkung des § 44 Abs 3 WEG;
- die Kostenregelungen des § 44 Abs 4 WEG und des § 49 GKG.

Dogmatisch beruhen die Beschlussklagen auf **demselben Konzept**: Ein materieller Anspruch des Wohnungseigentümers gegen die Gemeinschaft kann nur mit einer besonderen Klage durchgesetzt werden (s Rn 177, Rn 236, Rn 251).

1. Beschluss der Wohnungseigentümer

Den Beschlussklagen ist gemäß § 44 Abs 1 WEG gemeinsam, dass ihr Gegenstand ein konkreter – gefasster oder zu fassender – Beschluss der Wohnungseigentümer sein muss (vgl BGH 30. 6. 2015 – II ZR 142/14, NZG 2015, 1227 Rn 44, zur AG). Auf **andere Beschlüsse**, insbesondere des Verwaltungsbeirats (BT-Drucks 19/18791, 82) oder einer „normalen“ Bruchteilsgemeinschaft (LG Frankfurt/Main 18. 2. 2020 – 2-13 S 140/19, WuM 2020, 305), ist die Norm unanwendbar. Unstatthaft ist daher etwa eine Klage nach § 44 WEG, die einen „Beschluss“ betrifft, der in der Phase vor Entstehung der Wohnungseigentümergemeinschaft (§ 9a Abs 1 S 2 WEG) von den Erwerben und/oder dem aufteilenden Eigentümer gefasst wird. Die Unverbindlichkeit derartiger Regelungen für die Wohnungseigentümer kann aber unter den Voraussetzungen des § 256 ZPO gerichtlich festgestellt werden (BayObLG ZMR 2003, 521). 79

Sind **mehrerer Beschlüsse** Prozessgegenstand, so handelt es sich um eine **Klagehäufung**. Diese ist nach § 260 ZPO zulässig, wenn es um Beschlüsse derselben Wohnungseigentümergemeinschaft geht, weil dann die erforderliche Identität der Parteien sowie des zuständigen Gerichts gegeben ist. 80

2. Kläger

Nach § 44 Abs 1 WEG sind nur Wohnungseigentümer **befugt**, eine Beschlussklage zu erheben. Andere Personen müssen ihre Rechte durch Leistungs- oder allgemeine Feststellungsklage verfolgen. Erheben sie dennoch eine Beschlussklage, so ist diese **unstatthaft** und deshalb als unzulässig abzuweisen (BGH NJW 2012, 3232 Rn 7, zu § 46 Abs 1 WEG aF). Dies betrifft insbes den **Verwalter**, dessen Anfechtungsklagebefugnis aus § 46 Abs 1 S 1 WEG aF im Rahmen der WEG-Reform 2020 gestrichen wurde. Aber auch ein in den Verwaltungsbeirat gewählter Nichteigentümer kann seine Abberufung nicht nach § 44 Abs 1 S 1 Var 1 WEG anfechten (**aA** Bärmann/Pick/Dötsch § 29 Rn 35). 81

a) Wohnungseigentümer

Wohnungseigentümer ist derjenige, der im Grundbuch als Eigentümer eingetragen ist und das Wohnungseigentum nach materiellem Recht wirksam erworben hat (BGH NJW 2012, 3232). Ob diese Voraussetzung in der Person des Klägers vorliegt, richtet sich nach dem Zeitpunkt der **letzten mündlichen Tatsachenverhandlung**. 82

aa) Eintretende und ausscheidende Eigentümer

Der **werdende Wohnungseigentümer** gilt nach § 8 Abs 3 WEG als Wohnungseigentümer und ist daher klagebefugt. Das Klagerecht kann in Bezug auf die verkaufte Einheit nur noch von ihm wahrgenommen werden (Lehmann-Richter/Wobst WEG-Reform 2020 Rn 299). Klagebefugt ist auch ein erst nach Beschlussfassung durch Eigentumserwerb eintretender Wohnungseigentümer. 83

Ein **anderer** (noch nicht als Eigentümer eingetragener) **Erwerber** kann in gewillkürter Prozessstandschaft für den Veräußerer Beschlussklage erheben (vgl BGH NJW-RR 2012, 1359, zu § 46 Abs 1 WEG aF). Dies setzt eine entsprechende Ermächtigung voraus, die sich vor allem aus dem Erwerbsvertrag ergeben kann. Die Rspr ist gelegentlich großzügig und sieht jedenfalls den im Grundbuch abgesicherten Erwerber „regel- 84 mäßig" als ermächtigt an, Beschlussklage zu erheben (etwa KG ZMR 1994, 524, zu § 46 Abs 1 WEG aF). Diese Linie überzeugt, weil in der Tat der Veräußerer typischerweise an einer Wahrung seiner Rechte wegen seines bevorstehenden Ausscheidens aus der Gemeinschaft kein Interesse mehr haben wird, dem Erwerber hingegen bereits jetzt an der Beseitigung ordnungswidriger Beschlüsse gelegen ist. Daher besteht auch regelmäßig das für die gewillkürte Prozessstandschaft erforderliche schutzwürdige Interesse des Erwerbers an der Prozessführung (dazu Vorbem 21 zu §§ 43–45 WEG). Die Wahrung der Anfechtungsfrist setzt nach hM allerdings die Offenlegung der Prozessstandschaft innerhalb der Frist voraus (s § 45 WEG Rn 16).

85 Der bereits **ausgeschiedene Wohnungseigentümer** ist nicht klagebefugt, selbst wenn der Beschluss sich noch auf seine Rechtssphäre auswirken sollte, zB weil es um die Verteilung von Kosten aus der Vergangenheit geht und er im Verhältnis zum Erwerber verpflichtet ist, diese zu übernehmen. Sein Schutz muss er im Erwerbsvertrag suchen, etwa in einer dortigen Pflicht des Erwerbers, gegen den Beschluss vorzugehen. Erfolgt der Austritt allerdings erst nach Rechtshängigkeit der Beschussklage, so hat dies nach § 265 Abs 2 S 1 ZPO auf das Verfahren keinen Einfluss (vgl BGHZ 148, 335). Denn die streitbefangene Sache im Sinne dieser Vorschrift ist die Mitgliedschaft in der Eigentümergemeinschaft (vgl BGHZ 169, 221, zur AG), die mit dem Eigentumswechsel auf den Erwerber übergeht. Die Wohnungseigentümergemeinschaft kann auch nicht den Einwand fehlender Sachbefugnis nach § 265 Abs 3 ZPO erheben. Denn das Urteil wirkt nach § 44 Abs 3 WEG gegen alle Wohnungseigentümer und damit gegen den Erwerber unabhängig davon, ob die Voraussetzungen des § 325 ZPO erfüllt sind. Zum Rechtsschutzbedürfnis in diesen Fällen s Rn 198.

bb) Gesellschaften und andere Verbände

86 Handelt es sich beim Wohnungseigentümer um eine **Gesellschaft**, muss diese bei der Erhebung der Beschlussklage ordnungsgemäß vertreten sein, anderenfalls ist die Klage – falls der Vertretungsmangel nicht geheilt wird – als unzulässig abzuweisen (vgl BGH NJW 2010, 2886). Die Vertretung richtet sich nach dem Organisationsrecht des jeweiligen Verbandes. Ob eine Beschlussklage des Verbandsmitglieds im eigenen Namen für den Verband nach den Grundsätzen der actio pro socio in Betracht kommt, richtet sich nach dem – ungeklärten – Umfang dieser Rechtsmacht, namentlich ob sie auf Sozialansprüche im Innenverhältnis beschränkt ist.

87 Eine Wohnungseigentümergemeinschaft ist klagebefugt, wenn ihr Wohnungseigentum in einer **fremden Wohnungseigentumsanlage** gehört. Gehört der Gemeinschaft hingegen Sonder- oder Teileigentum in der **eigenen Anlage**, fehlt die Klagebefugnis (Armbrüster NZG 2017, 441, 448; Häublein ZWE 2007, 474, 481). Zwar ist die Wohnungseigentümergemeinschaft in diesem Fall „Wohnungseigentümerin" und damit nach dem Wortlaut von § 44 Abs 1 WEG klagebefugt. Die Norm ist aber teleologisch zu reduzieren, weil die Wohnungseigentümergemeinschaft das Instrument der Beschlussklagen nicht benötigt. Denn ihre Mitglieder können den Beschluss jederzeit durch Aufhebungsbeschluss beseitigen oder fassen. Bei der Anfechtungsklage kann sich schutzwürdiges Vertrauen in den Bestand des Beschlusses, das einer Aufhebung entgegenstehen könnte (vgl § 18 WEG Rn 149), bis zum Ablauf der Frist nicht bilden, weil jederzeit mit einer Anfechtung und einer daraus resultierenden gerichtlichen Ungültigerklärung gerechnet werden muss.

cc) Mitberechtigung am Wohnungseigentum

88 Die Mitberechtigung am Wohnungseigentum – betroffen sind neben der Gemeinschaft nach Bruchteilen (§§ 741, 1008 BGB) die Erben- und die Gütergemeinschaft, aber auch Ehegemeinschaften ausländischen Rechts – führt nicht zu einer Vervielfältigung des Klagerechts aus § 44 Abs 1 WEG (STAUDINGER/LEHMANN-RICHTER [2023] § 14 WEG Rn 8). Klagen nicht sämtliche Mitberechtigte gemeinschaftlich, stellt sich daher die Frage, ob eine Einzelklagebefugnis anzuerkennen ist. Das ist höchstrichterlich noch nicht entschieden. Es lässt sich folgendes **Meinungsbild** ausmachen: In der Miteigentümergemeinschaft ist eine Einzelklagebefugnis weitgehend anerkannt; sie wird auf § 1011 BGB gestützt (vgl OLG Frankfurt ZMR 2007, 291; BayObLG ZMR 1991, 74, zu § 46 Abs 1 WEG aF). Teilweise wird allerdings vertreten, die Einzelklagebefugnis könne durch Mehrheitsbeschluss ausgeschlossen werden (LG Frankfurt ZWE 2013, 469). Zur Erbengemeinschaft liegt kapitalgesellschaftsrechtliche Judikatur vor: In der an einer GmbH beteiligten **Erbengemeinschaft** hat der BGH ein Einzelanfechtungsrecht aus § 2038 Abs 1 S 2 HS 2 BGB abgeleitet (BGHZ 108, 21, 30); in der **Gütergemeinschaft** hat die Rspr auf § 1455 Nr 10 BGB rekurriert (vgl OLG Saarbrücken 25. 1. 2002 – 5 W 362/01, NZG 2002, 325, zur GmbH).

89 **Stellungnahme**: Nach hier vertretener Ansicht kann sich eine Einzelklagebefugnis– entgegen der ganz hM – nicht aus dem Außenrecht der Mitberechtigten ergeben (STAUDINGER/LEHMANN-RICHTER [2023] § 14 WEG Rn 8). Erforderlich ist vielmehr, dass die Mitberechtigten entweder gemeinschaftlich klagen oder aufgrund Rechtsgeschäfts (Vollmacht oder Ermächtigung) sich nach allgemeinen Regeln die Zulässigkeit der Erhebung der Beschlussklage durch einen von ihnen ergibt.

b) Insolvenz-, Zwangs- und Nachlassverwalter

90 Ist über das Vermögen eines Wohnungseigentümers das Insolvenzverfahren eröffnet worden, so ist nach **hM** dieser anstelle des Wohnungseigentümers anfechtungsbefugt (OLG Hamm ZMR 2004, 773; LG Düsseldorf ZWE 2012, 337, JACOBY ZfIR 2017, 690, jew zu $ 46 Abs 1 WEG aF). Nach der Gegenansicht ist maßgeblich, ob der Beschluss den Bestand oder die Verwertbarkeit der Insolvenzmasse betrifft (BÄRMANN/SEUSS/BERGERHOFF § 93 Rn 52). Auch zur Zwangsverwaltung wird differenziert: Verbreitet wird das Anfechtungsrecht allein dem Zwangsverwalter zugesprochen (vgl BayObLG NJW-RR 1991, 723, 724), während die Gegenansicht weiterhin (auch) den Wohnungseigentümer für anfechtungsbefugt hält (HÄUBLEIN ZfIR 2005, 337). Vermittelnd wird vertreten, das Anfechtungsrecht liege nur bei Beschlüssen, die einen Bezug zur Zwangsverwaltung aufweisen, beim Zwangsverwalter (KG NJW-RR 1987, 77; ähnlich OLG Köln NJW-RR 2006, 24; LG Berlin ZMR 2009, 474). Zum Nachlassverwalter finden sich zur Klagebefugnis keine konkreten Stellungnahmen, ihm wird aber die Ausübung des Stimmrechts zugesprochen (STAUDINGER/HÄUBLEIN § 25 WEG Rn 24 mNw).

91 **Stellungnahme**: Eine Beschlussklage wird vom jeweiligen Verwalter als Partei kraft Amtes in gesetzlicher **Prozessstandschaft** erhoben (s etwa BRAUN, Lehrbuch d ZPR 339). Daraus folgt, dass eine Verdoppelung der Klagebefugnis nicht anzuerkennen ist. Es kommt daher nicht in Betracht, dass das Klagerecht sowohl dem Verwalter als auch dem Wohnungseigentümer zusteht. Ob der jeweilige Verwalter oder der Wohnungseigentümer zur Erhebung der Beschlussklage berechtigt ist, entscheidet sich danach, ob sich seine Verwaltungsbefugnis auch auf das Klagerecht erstreckt. Die einschlägigen Normen (§§ 80 Abs 1 InsO, 148 Abs 2 ZVG, 1984 f BGB) verhalten sich zu die-

ser konkreten Frage naturgemäß nicht, sondern weisen lediglich pauschal die „Verwaltung“ des betroffenen Gegenstandes – hier: des Wohnungseigentums – der Amtsperson zu. Da es sich beim Beschluss um eine Maßnahme der Verwaltung des Wohnungseigentums handelt, scheint die Ansicht naheliegend, die Klage sei stets eine dem jeweiligen Verwalter zugewiesene Aufgabe. Eine solche pauschale Betrachtung würde jedoch die jeweilige Funktion des Verwalters unberücksichtigt lassen. Maßgeblich ist daher, ob der konkrete Beschluss einen Gegenstand betrifft, der das mit der Insolvenz-, Zwangs- oder Nachlassverwaltung verfolgte Ziel berührt. Diese Verfahren dienen zwar sämtlich der Befriedigung der Gläubiger (vgl BGHZ 179, 336 Rn 11), unterscheiden sich aber bezüglich des Prozederes. Daraus folgt, dass Insolvenz-, Zwangs- oder Nachlassverwalter nur für Beschlüsse zuständig sind, die einen **Bezug zu der in Rede stehenden Verwaltung** aufweisen, die insbes durch das Ziel der Gläubigerbefriedigung geprägt wird (vgl zum Zwangsverwalter KG NJW-RR 1987, 77; Häublein ZfIR 2005, 337).

92 Ob dieser verwaltungsmäßige Bezug vorliegt, richtet sich einerseits nach dem Beschlussgegenstand, daneben aber auch nach der Art der Verwaltung (s zum Stimmrecht Staudinger/Häublein § 25 WEG Rn 17 ff). Der **Zwangsverwalter** soll die Gläubigerbefriedigung aus den Erträgen des beschlagnahmten Wohnungseigentums erreichen, weshalb er etwa nicht für die Anfechtung eines Beschlusses über eine bauliche Veränderung zuständig ist, die den Ertragswert der Wohnung nicht berührt (vgl KG NJW-RR 1987, 77). Verbreitet wird vertreten, es spreche eine Vermutung dafür, dass ein Beschlussgegenstand die Zwangsverwaltung berühre (KG WuM 1990, 324; Häublein ZfIR 2005, 337). Beim **Insolvenzverwalter** ist der Blickwinkel ein anderer, weil der Insolvenzverwalter zur Gläubigerbefriedigung das Wohnungseigentum auch veräußern darf. Bei der Insolvenzverwaltung ist der in Rede stehende Beschluss daher auch danach zu untersuchen, ob er geeignet ist, den Verkehrswert des Wohnungseigentums zu beeinflussen. Gleiches gilt für den **Nachlassverwalter**, weil dieser ebenfalls (indes unter Genehmigungsvorbehalt, s Staudinger/Dobler [2020] § 1985 BGB Rn 33) zur Veräußerung des Wohnungseigentums befugt ist.

c) Testamentsvollstrecker

93 Unterliegt das Wohnungseigentum der **Testamentsvollstreckung**, so wird in der Literatur vertreten, nur der Testamentsvollstrecker sei anfechtungsberechtigt (Hügel ZWE 2006, 174, 178). Dem ist auch für die übrigen Beschlussklagen wegen § 2212 BGB grundsätzlich zuzustimmen, allerdings mit einer Einschränkung: Geht es um einen Beschlussgegenstand, auf den sich die Verwaltungsbefugnis des Testamentsvollstreckers nach den Vorgaben des Erblassers (vgl § 2208 BGB) nicht erstreckt, so liegt das Beschlussklagerecht insoweit beim Wohnungseigentümer (vgl BGH ZIP 2014, 1422 zur KG; BGHZ 108, 21 zur GmbH).

d) Andere Personen

94 Der **Verwalter** ist seit der WEG-Reform 2020 nicht mehr klagebefugt. Der BGH (NJW 2015, 2968 Rn 8) hat in einem obiter dictum zum alten Recht erklärt, dass auch dem **Nießbraucher** kein eigenes Recht zur Beschlussanfechtung zustehe, was der hM entspricht (OLG Düsseldorf ZMR 2005, 897; LG Hamburg ZMR 2013, 826; Armbrüster DNotZ 1999, 562, 579; **aA** KG ZMR 1987, 274). Ob an dieser Meinung zum geltenden Recht festzuhalten ist, hängt von der Auslegung des § 9a Abs 2 WEG ab: Subsumiert man die Abwehransprüche des Nießbrauchers unter diese Vorschrift, so ist es überzeugend,

dem Nießbraucher im Gegenzug die Ansprüche des Wohnungseigentümers gegen die Gemeinschaft zuzuordnen (Staudinger/Jacoby [2023] § 9a WEG Rn 173 f), was auch die Klagebefugnis erfassen würde (s auch Rn 96). Gleiches gilt für den **Wohnungsberechtigten** (§ 1093 BGB).

Andere Personen, denen ein schuldrechtliches oder dingliches Recht am Wohnungseigentum zusteht, sind nicht klagebefugt. Dies gilt etwa für den **Mieter** oder den **Treugeber**, aber auch für den **Grundpfandgläubiger**. 95

Klagebefugt ist aber eine Person, die zwar nicht Wohnungseigentümer ist, die Beschlussklage aber in berechtigter **Prozessstandschaft** erhebt, weil dies dazu führt, dass der Kläger als „richtige" Partei behandelt wird (vgl etwa Braun, Lehrbuch d ZPR 336). Ein praxisrelevanter Anwendungsfall ist der **Käufer** von Wohnungseigentum (Rn 84), anerkannt war zum alten Recht auch die Prozessstandschaft des **Nießbrauchers** (LG Hamburg ZMR 2013, 826). 96

3. Beklagte (§ 44 Abs 2 S 1 WEG)

Nach § 44 Abs 2 S 1 WEG sind die Beschlussklagen gegen die **Gemeinschaft der Wohnungseigentümer** zu richten. Diese durch die WEG-Reform 2020 eingeführte Änderung der Passivlegitimation ist folgerichtig, weil die Verwaltung nach § 18 Abs 1 WEG Aufgabe der Wohnungseigentümergemeinschaft ist. Sie ist damit die für die gefassten Beschlüsse rechtlich verantwortliche Person. Unstatthaft ist daher etwa eine Beschlussklage, die sich gegen eine (schon nicht parteifähige) **Untergemeinschaft** richtet. Die **Vertretung** der Wohnungseigentümergemeinschaft richtet sich nach § 51 Abs 1 ZPO, § 9b WEG (dazu Vorbem 6 zu §§ 43–45 WEG). 97

a) Auslegung der Klage

In Zweifelsfällen ist durch Auslegung zu ermitteln, ob die Klage gegen die Wohnungseigentümergemeinschaft erhoben ist. Maßgeblich ist, wie die Parteibezeichnung aus Sicht der Adressaten (Gericht und Gegner) bei **objektiver Würdigung** zu verstehen ist (MünchKommZPO/Becker-Eberhard § 253 Rn 46). Bei einer objektiv unrichtigen oder mehrdeutigen Bezeichnung ist grundsätzlich diejenige Person als Partei anzusehen, die erkennbar durch die fehlerhafte Parteibezeichnung betroffen werden soll; die Klageerhebung darf nicht an der fehlerhaften Bezeichnung scheitern, wenn diese Mängel in Anbetracht der jeweiligen Umstände letztlich keine vernünftigen Zweifel an dem wirklich Gewollten aufkommen lassen (BGH 20. 6. 2013 – VII ZR 71/11, NJW-RR 2013, 1169 Rn 14). Ob der Kläger die Beschlussklage gegen die Wohnungseigentümergemeinschaft erhoben hat, richtet sich also danach, ob der Klageschrift der Wille zu entnehmen ist, dass der Rechtsstreit mit den übrigen Wohnungseigentümern in ihrem verbandsmäßigen Zusammenschluss geführt werden soll. Dann handelt es sich um eine unschädliche Falschbezeichnung, wenn der Kläger die Wohnungseigentümergemeinschaft nicht gemäß § 9a Abs 1 S 3 WEG benennt. 98

Der erkennbare Wille einer solchen „Verbandsklage" liegt nach Ansicht des **BGH** indes ohne konkrete Anhaltspunkte in den praxisrelevanten Fällen nicht vor, in denen die Beklagtenseite als „**übrige Wohnungseigentümer**" bezeichnet und in der Klageschrift der **Verwalter** als ihr **Vertreter** angegeben ist. Denn, so der BGH: Werden die übrigen Wohnungseigentümer als Beklagte bezeichnet, kann die Klage nur dann 99 als gegen die Wohnungseigentümergemeinschaft gerichtet zu verstehen sein, wenn sich ein entsprechender Wille zweifelsfrei aus dem übrigen Inhalt der Klageschrift ergibt (BGH 13. 1. 2023 – V ZR 43/22, ZWE 2023, 186 Rn 23; s auch BGH 8. 7. 2022 – V ZR 202/21, ZMR 2022, 903 Rn 15). Überzeugend ist das nicht (Lehmann-Richter/Wobst WEG-Reform 2020 Rn 1895).

100 Bei der Anfechtungsklage fallen Fehler bei der Parteibezeichnung typischerweise erst nach **Ablauf** der **Anfechtungsfrist** auf. Dann ist zu beachten, dass Begleitumstände, von denen das Gericht und die Gegenseite erst nach Ablauf der Anfechtungsfrist Kenntnis erlangen, bei der Frage nach der fristwahrenden Klage gegen die Wohnungseigentümergemeinschaft unberücksichtigt bleiben (vgl BGH ZWE 2013, 142; NJW-RR 2010, 278).

b) Rubrumsberichtigung und Parteiwechsel

101 Ergibt die Auslegung, dass die Festlegung der Beklagtenpartei durch das Gericht unzutreffend war, so ist dieser Fehler im Wege der **Rubrumsberichtigung** zu beheben (vgl BGH 6. 11. 2009 – V ZR 73/09, NJW 2010, 446). Wird Rubrumsberichtigung beantragt, kann das Gericht durch nicht anfechtbaren Beschluss oder durch unechtes Zwischenurteil entscheiden, gegen das die sofortige Beschwerde statthaft ist (LG München I 9. 9. 2021 – 36 T 6514/21, ZWE 2022, 186 Rn 25 f).

102 Hat der Kläger hingegen die falsche Partei verklagt, die Beschlussklage also nach dem Ergebnis der Auslegung nicht gegen die Gemeinschaft der Wohnungseigentümer gerichtet, kann diese nur durch gewillkürten **Parteiwechsel** in den Prozess eingebunden werden. Zulässigkeit und Rechtsfolgen eines solchen Parteiwechsels richten sich nach allgemeinen Grundsätzen. Der Wechsel von den fälschlicherweise verklagten übrigen Eigentümern auf die Wohnungseigentümergemeinschaft ist sachdienlich. Verweigern die ausscheidenden und die neue Beklagte die erforderliche Zustimmung – diese ist analog § 269 Abs 1 ZPO von Beginn der mündlichen Verhandlung zur Hauptsache an grds erforderlich (BGH 16. 12. 2005 – V ZR 230/04, NJW 2006, 1351, 1352 Rn 24) –, so ist dies nach der Rspr treuwidrig und damit unbeachtlich (BGH 8. 7. 2022 – V ZR 202/21, ZMR 2022, 903 Rn 27). Erfolgt ein Parteiwechsel, so hat die Zustellung einer Anfechtungsklage an die bisherige Partei allerdings **keine** die **Frist** aus **§ 45 WEG wahrende Rückwirkung** (§ 45 WEG Rn 19). Praxisrelevant ist der Parteiwechsel daher typischerweise nur bei Beschlussersetzungs- oder Nichtigkeitsklage.

4. Informationspflicht des Verwalters (§ 44 Abs 2 S 2 WEG)

103 Nach § 44 Abs 2 S 2 WEG hat der Verwalter den Wohnungseigentümern die Erhebung einer Beschlussklage unverzüglich bekannt zu machen (zum Folgenden bereits Lehmann-Richter/Wobst WEG-Reform 2020 Rn 1915 ff). Funktional ist die Vorschrift mit § 246 Abs 4 S 1 AktG verwandt.

a) Normzweck

104 Zweck der Vorschrift ist es, die Wohnungseigentümer in die Lage zu versetzen, sich als **Nebenintervenienten** an dem Prozess zu **beteiligen** (BT-Drucks 19/18791, 83). Das deshalb bestehende Informationsinteresse der Wohnungseigentümer hat der Gesetzgeber in **verfassungsmäßiger Weise** berücksichtigt, indem er in § 44 Abs 2 S 2 WEG eine Informationspflicht des Verwalters begründet hat. Der verfassungsrechtliche

Hintergrund ist Folgender: Bei der Auflösungsklage in der zweigliedrigen GmbH ist nach einer Entscheidung des BVerfG Art 103 Abs 1 GG verletzt, wenn das Gericht den anderen Gesellschafter nicht über die Rechtshängigkeit informiert (BVerfG 9. 2. 1982 – 1 BvR 191/81, NJW 1982, 1635). Ob Art 103 Abs 1 GG auch in anderen Klagekonstellationen – also bei jeder (Gestaltungs)klage oder bei vielen Mitgliedern mit einem entsprechend hohen Benachrichtigungsaufwand – eine Information verlangt, hat das BVerG in seiner Entscheidung allerdings ausdrücklich offengelassen.

b) Anwendungsbereich

§ 44 Abs 2 S 2 WEG gilt nur für die in § 44 Abs 1 WEG geregelten Beschlussklagen. **105**
Eine **analoge Anwendung** in einem einstweiligen Verfügungsverfahren, das die vorläufige Suspendierung eines Beschlusses oder die vorläufige positive Regelung einer einem Beschluss der Wohnungseigentümer zugänglichen Frage betrifft, ist **nicht geboten** (**aA** Hügel/Elzer § 44 WEG Rn 49). Denn hier droht keine dauerhafte Gestaltungswirkung und damit kein bleibender Eingriff in die Mitgliedsrechte des Wohnungseigentümers. Aus diesem Grund scheidet eine Analogie auch in **anderen Verfahren** aus. Denn § 44 Abs 2 S 2 WEG regelt einen Sonderfall: Anfechtungs- und Beschlussersetzungsurteile haben Gestaltungswirkung und binden daher sämtliche Wohnungseigentümer; daneben greift – was insbes für die Nichtigkeitsklage von Bedeutung ist – die Wirkung des § 44 Abs 3 WEG. Nur hier ist eine besondere Informationspflicht gerechtfertigt.

In Fällen, in denen § 44 Abs 3 WEG nicht einschlägig ist, ist es selbstverständlich **106**
nicht ausgeschlossen, dass **§ 18 Abs 2 WEG** die Wohnungseigentümergemeinschaft zur **Information** über **Gerichtsverfahren** verpflichtet. In diesen Verfahren besteht aber keine statische Informationspflicht, sondern es ist anhand der Bedeutung des Verfahrens für die Wohnungseigentümer zu bestimmen, ob, zu welchem Zeitpunkt und auf welche Weise – etwa in der nächsten Versammlung – eine Benachrichtigung zu erfolgen hat. Eine etwaige Informationspflicht der Wohnungseigentümergemeinschaft (allg § 18 WEG Rn 251) hat der Verwalter als Teil seiner Organisationskompetenz zu erfüllen.

c) Verpflichtete

§ 44 Abs 2 S 2 WEG wirkt in zwei Richtungen verpflichtend. Zunächst handelt es **107**
sich um eine Konkretisierung des § 18 Abs 2 Nr 1 WEG, weshalb die **Wohnungseigentümergemeinschaft** den **Wohnungseigentümern** zur Information verpflichtet ist.

§ 44 Abs 2 S 2 WEG enthält daneben eine materiell-rechtliche Pflicht des **Verwalters**, **108**
die aus seinem Amt folgt. Die Pflicht besteht **gegenüber der Wohnungseigentümergemeinschaft**, nicht etwa gegenüber den Wohnungseigentümern. Dies folgt aus dem Grundsatz des § 27 Abs 1 WEG, nach dem die gesetzlichen Verwalterpflichten nur gegenüber der Wohnungseigentümergemeinschaft bestehen (Lehmann-Richter/Wobst WEG-Reform 2020 Rn 1917). Ein Anspruch des Wohnungseigentümers gegen den Verwalter lässt sich auch nicht über die Figur des Vertrags mit Schutzwirkung zugunsten Dritter begründen. Denn die Organpflichten haben keine solche Schutzwirkung (Staudinger/Jacoby § 26 WEG Rn 28).

Die Bekanntmachungspflicht trifft zum einen den zum Zeitpunkt der Zustellung der **109**
Beschlussklage amtierenden Verwalter. Aber auch ein **nachträglich** in das Amt **ge-**

wählter Verwalter hat die Wohnungseigentümer nach § 44 Abs 2 S 2 WEG zu informieren, wenn dies bislang unterblieben ist. Eine schuldhafte Pflichtverletzung liegt in einem Unterlassen indes nur, wenn die Nichtinformation für den nach Zustellung der Klage in das Amt gekommenen Verwalter erkennbar war (Lehmann-Richter/Wobst WEG-Reform 2020 Rn 1918).

d) Information in der verwalterlosen Wohnungseigentümergemeinschaft

110 Fehlt ein Verwalter, so besteht **keine unverzügliche Informationspflicht** der **Wohnungseigentümergemeinschaft** (vgl BT-Drucks 19/18791, 83). Denn in diesem Fall gibt es kein Organ, dem nach dem Gesetz die Erfüllung dieser Pflicht zugewiesen ist, weshalb eine unverzügliche Benachrichtigung nicht zur ordnungsmäßigen Verwaltung gem § 18 Abs 2 Nr 1 WEG gehört (§ 18 WEG Rn 173). Es ist nämlich keineswegs so, dass der Wohnungseigentümer, dem die Beschlussklage in Vertretung für die Gemeinschaft zugestellt wird, eine Organpflicht gegenüber der Gemeinschaft träfe, die übrigen Wohnungseigentümer zu informieren. Für eine solche Pflicht fehlt es an einer gesetzlichen Grundlage. § 18 Abs 3 WEG, der die Einzelverwaltungspflicht der Wohnungseigentümer regelt, ist nicht einschlägig. Aus dem Umstand, dass die übrigen Wohnungseigentümer nach hM die Gemeinschaft vertreten (Vorbem 16 zu §§ 43–45 WEG), folgt ebenfalls keine Informationspflicht.

111 Eine **Benachrichtigungspflicht des Gerichts** besteht nur, wenn eine Information dem Gericht ohne weiteres möglich und zumutbar ist (Bärmann/Göbel § 44 Rn 110; vgl auch BVerfG 9. 2. 1982 – 1 BvR 191/81, NJW 1982, 1635; **aA** BeckOGK-WEG/Skauradszun § 44 Rn 64; Hügel/Elzer § 44 Rn 46). Denn es ist zu beachten, dass es jeder Wohnungseigentümer über § 44 Abs 2 S 2 WEG in der Hand hat, durch vorsorgliche Bestellung eines Verwalters sein zukünftiges Informationsinteresse abzusichern (Lehmann-Richter/Wobst WEG-Reform 2020 Rn 1927).

e) Erfüllung der Bekanntmachungspflicht

112 Die Bekanntmachung durch den Verwalter ist eine **geschäftsähnliche Handlung**. Es ist nicht erforderlich, dass die Mitteilung dem Wohnungseigentümer zugeht (BT-Drucks 19/18791, 83). Denn da die Bekanntmachung keine Willenserklärung ist, gilt § 130 BGB nicht (vgl BGH 7. 5. 2002 – XI ZR 197/01, Z 151, 5). Dieses (formale) Ergebnis überzeugt auch mit Blick auf den Normzweck, weil durch eine ordnungsgemäße Entäußerung der Information jeder Wohnungseigentümer typischerweise in die Lage versetzt wird, sich als Nebenintervenient am Beschlussklageverfahren zu beteiligen, ohne dass die Wohnungseigentümergemeinschaft mit dem – insbes in größeren Anlagen – unzumutbaren Zugangsrisiko belastet würde (Lehmann-Richter/Wobst WEG-Reform 2020 Rn 1919).

113 Der Verwalter erfüllt die Bekanntmachungspflicht der Wohnungseigentümergemeinschaft daher, wenn er einen **Informationsbrief** absendet. Gleiches gilt für eine E-Mail oder eine andere **digitale Versendung**, jeweils vorausgesetzt, dass der Verwalter mit einem Zugang rechnen darf. Dies ist insbesondere der Fall, wenn der Wohnungseigentümer der Gemeinschaft die digitale Adresse mitgeteilt hat. Ausreichend kann auch die Information auf einer **Plattform im Internet** sein. Dafür ist aber erforderlich, dass der Verwalter die Wohnungseigentümer vorab – etwa in der Ladung zu einer Versammlung – informiert hat, dass er über die Anhängigkeit von Beschlussklagen auf diesem Weg informieren wird. Auch eine Bekanntmachung auf einem „schwar-

zen Brett“ in der Wohnungseigentumsanlage ist denkbar (datenschutzrechtliche Bedenken hat Bärmann/Göbel § 44 Rn 107). Besteht die Gemeinschaft indes nicht nur aus Selbstnutzern, sind die Wohnungseigentümer über diese Art der Bekanntmachung vorab zu informieren (Lehmann-Richter/Wobst WEG-Reform 2020 Rn 1920).

Inhaltlich muss aus der Bekanntmachung lediglich hervorgehen, mit welchem Inhalt 114 eine Beschlussklage rechtshängig ist. Dafür muss der streitgegenständliche Beschluss hinreichend deutlich bezeichnet werden. Die Angabe des Klägers oder anderer Daten – etwa Zeitpunkt der Zustellung der Klage, Mitteilung der Klagebegründung – ist nicht erforderlich. Denn § 44 Abs 2 S 2 WEG hat nur den Zweck, dem Wohnungseigentümer den Beitritt zu ermöglichen. Benötigt er dafür weitere Informationen, kann er die Prozessunterlagen einsehen (§ 18 Abs 4 WEG). Deshalb muss auch über weitere Schriftsätze nicht nach § 44 Abs 2 S 2 WEG informiert werden (**aA** für Rechtsmittelschrift BeckOGK-WEG/Skauradszun § 44 Rn 65).

f) Prozessuale Fehlerfolgen

Hatte ein Wohnungseigentümer von der Beschlussklage keine Kenntnis und ist das 115 Verfahren durch rechtskräftige Entscheidung abgeschlossen ist, so ist ein Beitritt nach dem Wortlaut des § 66 Abs 2 ZPO nicht mehr möglich. Eine Verletzung von **Art 103 Abs 1 GG** scheidet in diesem Fall zwar aus, falls die Information gemäß § 44 Abs 2 S 2 WEG erfolgt ist. Denn § 44 Abs 2 S 2 WEG weist in verfassungskonformer Weise das Risiko der Unkenntnis trotz erfolgter Bekanntmachung dem Wohnungseigentümer zu (Lehmann-Richter/Wobst WEG-Reform 2020 Rn 1924). Indes hat der dem Verfahren noch nicht beigetretene Wohnungseigentümer, der vom Verfahren keine Kenntnis hatte, nach Ablauf der Berufungsfrist die Möglichkeit, **Wiedereinsetzung in den vorigen Stand zu beantragen** und auf diese Weise doch noch Berufung einzulegen (Bärmann/Göbel § 44 Rn 113; vgl auch BGH 31. 3. 2008 – II ZB 4/07, NJW 2008, 1889, zur GmbH). Ist die Berufung nicht statthaft, muss entsprechendes für die Gehörsrüge nach § 321a ZPO gelten.

g) Schadensersatz

Ein Verstoß gegen § 44 Abs 2 S 2 WEG bedeutet einerseits eine Verletzung der 116 Organpflichten des Verwalters gegenüber der Wohnungseigentümergemeinschaft, andererseits eine **Verletzung** der **Pflicht** der **Wohnungseigentümergemeinschaft** gegenüber den Wohnungseigentümern aus § 18 Abs 2 Nr 1 WEG (Rn 108). Die Pflichtverletzung kann daher nach § 280 Abs 1 BGB zu Schadensersatzansprüchen der Wohnungseigentümer gegen die Gemeinschaft führen. Der Wohnungseigentümer muss mit Blick auf den **Schaden** indes darlegen und beweisen, dass bei seiner Beteiligung am Beschlussklageverfahren dieses im Ergebnis anders entschieden worden wäre und in diesem Fall in seinem Vermögen kein Schaden eingetreten wäre. Bei dem erforderlichen Nachweis der Kausalität zwischen Pflichtverletzung (Nichtbekanntmachung) und Schaden gibt es keine Vermutung aufklärungsgerechten Verhaltens, weil sich eine eindeutige Reaktion (vgl BGH 10. 5. 2012 – IX ZR 125/10, NJW 2012, 2435 Rn 36) des Wohnungseigentümers nicht typisierend ermitteln lässt.

Ein Schadensersatzanspruch des **Wohnungseigentümers** gegen den **Verwalter** aus 117 § 280 Abs 1 BGB scheidet mangels Schutzwirkung der Verwalterpflichten aus (Rn 109). Auch ein Anspruch aus § 823 Abs 2 BGB besteht nicht, weil es nicht überzeugt, Vorschriften, die zwischen zwei Personen eine schuldrechtliche Pflicht begründen, über § 823 Abs 2 BGB eine Drittwirkung beizulegen (Lehmann-Richter/Wobst WEG-Reform 2020 Rn 1922).

5. Prozessverbindung (§ 44 Abs 2 S 3 WEG)

118 Nach § 44 Abs 2 S 3 WEG sind mehrere Prozesse zur gleichzeitigen Verhandlung und Entscheidung zu verbinden. Die Vorschrift ist in der **WEG-Reform 2020** an die Stelle von § 47 S 1 WEG aF getreten. Eine vergleichbare Regelung enthält § 246 Abs 3 S 6 AktG.

a) Normzweck

119 Die Prozessverbindung soll widersprüchliche Entscheidungen über denselben Beschluss vermeiden. Prozessual ließe sich das Problem widersprechender Entscheidungen zwar auflösen, indem der älteren Entscheidung der Vorrang gebührt. Dies würde aber nicht verhindern, dass in der Gemeinschaft Urteile mit scheinbar widersprüchlichen Aussagen kursieren, etwa wenn die Klage des Eigentümers A abgewiesen, der des Eigentümers B aber stattgeben wurde. Die Bündelung in einem Verfahren mit dem Ziel einer einheitlichen Entscheidung dient damit letztlich dem **Bedürfnis** der Wohnungseigentümergemeinschaft nach **Rechtssicherheit**, weil sich in der Wohnungseigentümergemeinschaft anderenfalls die Frage stellen würde, welche gerichtliche Anordnung denn nun gelten soll.

120 Da die Prozessverbindung typischerweise die Arbeitslast der Parteien reduziert, die nur noch ein Verfahren führen müssen, dient die notwendige Prozessverbindung auch ihrem Interesse an einer möglichst **ökonomischen Prozessführung**. § 44 Abs 2 S 3 WEG schützt hingegen **nicht** die Funktionsfähigkeit der **Gerichte**, weil die mit der Prozessverbindung einhergehende Verringerung der Arbeitslast von den betroffenen Richtern auch ohne diese Vorschrift erreicht werden könnte, nämlich durch Prozessverbindung nach § 147 ZPO.

121 § 44 Abs 2 S 3 WEG ist **lex specialis** zu **§ 147 ZPO** insofern, als jene Norm die Prozessverbindung vorschreibt, während diese sie in das Ermessen des Gerichts stellt. Liegen die Voraussetzungen des § 44 Abs 2 S 3 WEG vor, hat das Gericht mithin zu verbinden und kann hiervon nicht unter Verweis auf ein aus § 147 ZPO folgendes Ermessen absehen.

b) Voraussetzungen

122 Den Begriff des Prozesses definiert § 44 Abs 2 S 3 WEG nicht näher. Systematisch ist aber offensichtlich, dass die Vorschrift auf die **Hauptsacheverfahren** der in § 44 Abs 1 WEG geregelten Beschlussklagen Anwendung findet. Der Normzweck (Rn 119) spricht dafür, § 44 Abs 2 S 3 WEG auch auf mehrere Verfahren im **einstweiligen Rechtsschutz** anzuwenden (vgl Schuschke NZM 2017, 673). Eine analoge Anwendung der Norm zwecks Verbindung eines Hauptsache- mit eine einstweiligen Verfügungsverfahren verbietet sich schon wegen der unterschiedlichen Verfahrensregeln (vgl Wieczorek/Schütze/Smid § 147 ZPO Rn 5).

123 § 44 Abs 2 S 3 WEG setzt nicht etwa identische Streitgegenstände voraus. Dem Wortlaut der Norm, der schlicht „mehrere Prozesse“ verlangt, ist eine solche Einschränkung nicht zu entnehmen. Leitend muss daher der Normzweck sein, der darin liegt, unterschiedliche Entscheidungen über **denselben Beschluss** zu vermeiden; die Gesetzesbegründung, die von Streitgegenständen spricht (BT-Drucks 19/18791, 81), ist unpräzise (Jacoby/Lehmann-Richter ZMR 2021, 273), deckt sich aber mit dem Verständnis der hM (Rn 6). Zu verbinden sind daher zum einen Anfechtungs- und Nichtigkeitsklagen, die sich gegen denselben Beschluss richten, Beschlussersetzungsklagen, wenn das Begehr der Kläger mit Blick auf die gerichtliche Entscheidung bei wertender Betrachtung identisch ist, aber auch die Anfechtung eines Negativbeschlusses mit der Klage auf Ersetzung eines entsprechenden Positivbeschlusses.

Sind aufgrund einer Klagehäufung die streitgegenständlichen Beschlüsse **nur teilweise identisch**, sind die identischen Prozessteile zu verbinden. Dafür sind die Prozesse so zu trennen, dass deckungsgleiche Verfahren entstehen (vgl LG Nürnberg-Fürth ZMR 2020, 148). Nun liegt die **Prozesstrennung** gem § 145 Abs 1 ZPO zwar grds im pflichtgemäßen Ermessen des Gerichts. Aus § 44 Abs 2 S 3 WEG ergibt sich aber eine Pflicht zur Trennung, weil anderenfalls dem Gebot dieser Norm nicht entsprochen werden kann (vgl zur Ableitung eines Trennungsgebots aus einer anderen Verfahrensnorm BGHZ 170, 152). Ob eine bloße Teilidentität vorliegt, ist in den problematischen Fällen der **Teilanfechtung** nach den bei Rn 186 f beschriebenen Grundsätzen zu ermitteln. 124

Die Verbindung setzt **nicht voraus**, dass die Prozesse vor demselben **Spruchkörper** des Gerichts anhängig sind (vgl BAG NZA 2002, 1349, zu § 147 ZPO). Anders als § 147 ZPO verlangt § 44 Abs 2 S 3 WEG nicht ausdrücklich, dass die Prozesse bei **demselben Gericht** erhoben sein müssen. Wegen der ausschließlichen Zuständigkeit des Amtsgerichts können Beschlussklagen vor einem anderen Gericht aber nicht zulässig geführt werden. Wird eine der Klagen vor einem unzuständigen Gericht erhoben, muss das dortige Verfahren vor einer Prozessverbindung nach § 44 Abs 2 S 3 WEG an das zuständige Gericht abgegeben werden. Das zuständige Gericht kann nicht etwa das gerichtsfremde Verfahren nach § 44 Abs 2 S 3 WEG an sich ziehen, weil § 281 ZPO die Entscheidung über den Gerichtswechsel nicht dem aufnehmenden, sondern dem abgebenden Gericht zuweist. Zur instanzübergreifenden Verbindung s Rn 134. 125

Obwohl § 44 Abs 2 S 3 WEG im Gegensatz zu § 147 ZPO die Verbindung nicht in das richterliche Ermessen stellt, wird die Ansicht vertreten, **unzulässige Klagen** seien nicht mit zulässigen Klagen zu verbinden (Bärmann/Göbel Rn 121; Jennissen/Suilmann Rn 226). Zum Verbindungsgebot des § 246 Abs 3 S 6 AktG vertritt der BGH (ZIP 2010, 1413 Rn 12) für **verfristete Klagen** – allerdings ohne Begründung – dasselbe Ergebnis. Dem Wortlaut der Norm ist diese Einschränkung nicht zu entnehmen, weshalb sich die Frage stellt, ob der Zweck des § 44 Abs 2 S 3 WEG eine entsprechende Reduktion verlangt. In der Literatur wird darauf verwiesen, dass bei der Abweisung einer Klage als unzulässig nicht die Gefahr droht, dass dieses Ergebnis mit der Entscheidung über eine andere Klage in Widerspruch gerät (Jennissen/Suilmann Rn 226). Dies ist mit Blick auf die materiell-rechtliche Bewertung des Beschlusses durch das Gericht zutreffend. Allerdings dient § 44 Abs 2 S 3 WEG auch dazu, durch die Bündelung in einem Prozess ein für die Wohnungseigentümer und den Verwalter übersichtliches Prozessergebnis zu gewährleisten (s Rn 119). Auch der Gesichtspunkt der Prozessökonomie (s Rn 120) rechtfertigt die Anwendung der Norm auf unzulässige Klagen. Eine teleologische Reduktion von § 44 Abs 2 S 3 WEG auf zulässige und nicht offensichtlich unbegründete Klagen ist daher nicht überzeugend. 126

c) Verfahren

127 § 44 Abs 2 S 3 WEG regelt das Verfahren der Prozessverbindung nicht näher.

aa) Zuständigkeit

128 Die Norm schweigt bereits zu der Frage, wer für die Entscheidung über die Verbindung zuständig ist. Diese Frage ist von Bedeutung, wenn die Prozesse bei verschiedenen Spruchkörpern des Gerichts anhängig sind. Zu § 147 ZPO ist anerkannt, dass in diesem Fall nur der das andere Verfahren **an sich ziehende Spruchkörper** für die Entscheidung zuständig ist (MünchKommZPO/Fritsche § 147 ZPO Rn 6; Stein/Jonas/Leipold § 147 ZPO Rn 16); dies gilt auch für § 44 Abs 2 S 3 WEG.

bb) Verbindungsbeschluss

129 Die Entscheidung ergeht **von Amts wegen** durch Beschluss, eine mündliche Verhandlung ist nach § 128 Abs 4 ZPO nicht erforderlich. Wird nicht mündlich verhandelt, kann der Beschluss den Parteien formlos mitgeteilt werden, § 329 Abs 2 S 1 ZPO. Der Verbindungsbeschluss wird wirksam, sobald die formlose **Mitteilung** den Parteien zugegangen ist oder eine Zustellung erfolgt ist (vgl BGH NJW-RR 2011, 1282). Die Wirksamkeit tritt mit der formlosen Mitteilung/Zustellung bei der letzten Partei ein (vgl BGH NJW-RR 1995, 641). Da die Verbindung die Interessen der Parteien sämtlicher betroffener Prozesse berührt, ist der Beschluss all diesen Personen mitzuteilen.

130 § 44 Abs 2 S 3 WEG ordnet nicht an, dass der Verbindungsbeschluss zu begründen ist. Die Norm entspricht insoweit § 147 ZPO; für die Prozessverbindung nach dieser Vorschrift verlangt die hM dennoch eine Begründung (MünchKommZPO/Fritsche § 147 ZPO Rn 6; Stein/Jonas/Leipold § 147 ZPO Rn 18, jeweils mwNw). Dahinter steht die Erwägung, dass das Gericht den Parteien die Gründe für die nach § 147 ZPO in sein Ermessen gestellte Prozessverbindung offenzulegen hat (MünchKommZPO/Fritsche § 147 ZPO Rn 6 iVm § 145 ZPO Rn 9). Bei § 44 Abs 2 S 3 WEG besteht ein solches Ermessen indes nicht, sondern es handelt sich um eine gebundene Entscheidung. Die Begründung würde sich hier letztlich in einer Wiedergabe des Gesetzestextes erschöpfen und wäre damit eine bloße Förmelei. Eine **Begründungspflicht** besteht daher **nicht**.

cc) Wechsel des Spruchkörpers

131 Die Prozessverbindung kann zum **Austausch** des bislang für das Verfahren **zuständigen Spruchköpers** führen, falls im betroffenen Gericht mehrere Abteilungen/Kammern für Wohnungseigentumssachen zuständig sind und sich die Geschäftsverteilung nicht nach Eigentumsanlagen richtet. Erfolgt dieser Wechsel des Spruchkörpers ohne **Zustimmung** (**aA** Bärmann/Göbel § 44 Rn 126: Zustimmung irrelevant) der vom Wechsel betroffenen Parteien, so liegt darin ein Entzug des gesetzlichen Richters, **Art 101 Abs 1 S 2 GG** (vgl BAG NZA 2002, 1349; Stein/Jonas/Althammer § 147 ZPO Rn 15; **aA** MünchKommZPO/Fritsche § 147 ZPO Rn 8). Anders wäre es, wenn § 44 Abs 2 S 3 WEG eine abstrakte Regelung enthielte, welchem der Prozesse die Führung gebührt, also die übrigen Verfahren an sich zieht. Dies ist aber nicht der Fall, weil es letztlich im Ermessen der beteiligten Spruchkörper steht, welcher von ihnen den Verbindungsbeschluss erlässt mit der Rechtsfolge, dass er auch über die übrigen Klagen zu entscheiden hat. Ein Prinzip, nach dem für die Verbindung der Spruchkörper zuständig ist, an den die mehreren Sachen nach der Geschäftsverteilung gekommen wären, wenn von Anfang an gemeinsam geklagt worden wäre (dafür Stein/Jonas Leipold § 147 ZPO Rn 16), ist im Gesetz ohne Stütze. Der gesetzliche Richter steht bei einer Pro-

zessverbindung allerdings hinreichend fest, wenn die Geschäftsverteilung regelt, bei welchem von mehreren in Betracht kommenden Spruchkörpern verbindungsfähige Sachen zu verbinden sind (vgl OLGR Frankfurt 2003, 67).

Fehlt die danach erforderliche Parteizustimmung, so ist bei einer Sachentscheidung durch den dann unzuständigen Spruchkörper das **Gericht nicht vorschriftsmäßig besetzt** (vgl BAG NZA 2002, 1349). Dies kann mit der Berufung (§§ 513 Abs 2, 546, 547 Nr 1 ZPO) angegriffen werden und stellt auch einen absoluten Revisionsgrund dar, § 547 Nr 1 ZPO. Diese Situation kann auch bei erfolgter Zustimmung eintreten, nämlich wenn der Verbindungsbeschluss wegen einer fehlerhaften Mitteilung nicht wirksam geworden ist. Praxisrelevant sind diese Konstellationen aber nicht, weil die Parteien durch den Fortgang des Verfahrens vor dem neuen Spruchkörper von der Prozessverbindung erfahren, was für eine formlose Mitteilung des Verbindungsbeschlusses ausreicht. 132

dd) Zeitpunkt der Verbindung

Die Pflicht zur Prozessverbindung entsteht mit Anhängigkeit (vgl § 147 ZPO). Wegen der prozessökonomischen Interessen der Parteien (s Rn 120) hat die Verbindung **unverzüglich** zu erfolgen. 133

Ist die Verbindung in der Vorinstanz unterblieben, ist sie nach allgM zu § 47 S 1 WEG aF in der **nächsten Instanz** nachzuholen und hat sogar instanzübergreifend zu erfolgen (BGH NJW 2013, 65 Rn 10). Für diese vom Wortlaut gedeckte Auslegung streitet der Zweck von § 44 Abs 2 S 3 WEG, weil eine Verbindung in den Rechtsmittelinstanzen divergierende Entscheidungen verhindert. Schwierigkeiten bereitet allerdings die Durchführung der instanzübergreifenden Prozessverbindung, weil sich hier im besonderen Maße die Frage stellt, zu welchem Spruchkörper die Verfahren zu verbinden sind. In der Literatur wird die Ansicht vertreten, die Verbindung habe zum Berufungsgericht zu erfolgen; der damit einhergehende Verlust einer Instanz sei hinzunehmen (Hügel/Elzer Rn 62). Das überzeugt, weil eine Verbindung zur ersten Instanz nicht in Betracht kommt, da ohne Berufungsverfahren das Urteil rechtskräftig würde. 134

ee) Aufhebung der Prozessverbindung

Lagen die Voraussetzungen des § 44 Abs 2 S 3 WEG vor und hat das Gericht die Prozessverbindung angeordnet, kommt eine **Aufhebung** dieser Entscheidung mangels Rechtsgrundlage nicht in Betracht. **§ 150 ZPO** ist **nicht einschlägig**, weil diese Norm nur die Aufhebung der in das Ermessen des Gerichts gestellten Prozessverbindung nach § 147 ZPO ermöglicht. Zulässig ist hingegen die Aufhebung der Prozessverbindung, wenn die Voraussetzungen des § 44 Abs 2 S 3 WEG nicht erfüllt waren. Denn dann beruhte die Verbindung nicht auf dieser Norm, sondern auf der allgemeinen Regel des § 147 ZPO und die Rückgängigmachung der Prozessverbindung kann sich auf § 150 ZPO stützen. 135

ff) Rechtsbehelfe

Ein **Verbindungsbeschluss** ist **unanfechtbar**, weil es an den Voraussetzungen für eine sofortige Beschwerde gemäß § 567 Abs 1 ZPO fehlt. Denn gegen den Verbindungsbeschluss ist weder im Gesetz ausdrücklich die sofortige Beschwerde eröffnet noch handelt es sich um die Zurückweisung eines das Verfahren betreffenden Gesuchs. 136

Denkbar ist allerdings, dass im Einzelfall die Entscheidung in der Hauptsache mit der Verfassungsbeschwerde angreifbar ist, wenn nämlich der Verbindungsbeschluss den Parteien den gesetzlichen Richter (s Rn 131) entzieht (vgl Stein/Jonas/Leipold § 147 ZPO Rn 19).

137 **Unterlässt das Gericht die Verbindung**, obwohl die Voraussetzungen des § 44 Abs 2 S 3 WEG erfüllt sind, so steht es den Parteien frei, das Gericht um die Verbindung zu ersuchen. Wird dieses Gesuch vom Amtsgericht zurückgewiesen, ist nach § 567 Abs 1 Nr 2 ZPO die **sofortige Beschwerde** eröffnet. Bleibt das Amtsgericht hingegen untätig, fehlt es an der von § 567 Abs 1 Nr 2 ZPO vorausgesetzten Zurückweisung des Gesuchs. Hier können daher nur die nicht mit einer Beschwerdemöglichkeit versehene Verzögerungsrüge nach § 198 Abs 3 GVG und/oder Dienstaufsichtsbeschwerde (Musielak/Voit/Ball § 567 ZPO Rn 14) erhoben werden. Wird das Gesuch um Verbindung erst in der Berufung gestellt und nicht bearbeitet, ist § 567 Abs 1 ZPO unanwendbar; die Voraussetzungen einer Rechtsbeschwerde (§ 574 ZPO) werden regelmäßig nicht vorliegen.

d) Rechtsfolgen der Prozessverbindung

138 Im Gegensatz zu § 47 S 2 WEG aF regelt § 44 Abs 2 S 3 WEG die Auswirkungen der Prozessverbindungen nicht näher. Sie bestimmen sich daher nach **allg Grundsätzen**.

139 Ebenso wie bei einer Verbindung nach § 147 ZPO verlieren die Prozesse ihre Selbständigkeit und werden zu einem einzigen Verfahren gebündelt. Es existiert nach der Verbindung also nur noch **ein Prozess**. Innerhalb dieses Prozesses sind die Parteien durch selbständige Prozessrechtsverhältnisse miteinander verbunden. Mit der Prozessverbindung werden die Kläger zu **Streitgenossen** (Rn 25).

140 Aus der Bündelung der Verfahren zur gleichzeitigen Verhandlung und Entscheidung folgt, dass die in den unverbundenen Verfahren vorgenommenen **Prozesshandlungen** im verbundenen Verfahren **grundsätzlich verwertbar** sind, wobei sich nach den Grundsätzen der notwendigen Streitgenossenschaft bestimmt, inwieweit eine Prozesshandlung auch zugunsten eines anderen Streitgenossen Wirkung entfaltet (dazu Rn 26). Bei der praxisrelevanten Einhaltung von Klage- oder Begründungsfrist ist dies etwa nicht der Fall, weshalb die Prozessverbindung eine Fristversäumnis nicht „heilt“ (BGH NJW 2009, 2132 Rn 21). Eine **Einschränkung** des Prinzips der Verwertbarkeit folgt aus dem Gebot des rechtlichen Gehörs (Wieczorek/Schütze/Smid § 147 ZPO Rn 18): Sachvortrag und Ergebnis einer **Beweisaufnahme** aus dem Zeitraum vor der Prozessverbindung sind für die einheitliche Entscheidung nur verwertbar, wenn sämtliche nach der Verbindung am Prozess beteiligte Parteien die ihnen nach den jeweiligen prozessualen Regeln zustehenden Rechte geltend machen konnten. Dies erfordert etwa die Gelegenheit, auf Sachvortrag der Gegenseite zu erwidern und an einer Beweisaufnahme teilzunehmen.

141 Die **Kostengrundentscheidung** hat für die verbundenen Prozesse einheitlich zu erfolgen (BayObLG NJW 1967, 986). Haben die verbundenen Prozesse unterschiedliche Streitgegenstände – nach dem Streitgegenstandbegriff der hM (Rn 6) ist dies nur ausnahmsweise denkbar (Rn 123 f) –, ist der **Gebührenstreitwert** neu festzusetzen (§§ 39, 49 GKG). Für die zum Zeitpunkt der Verbindung bereits angefallenen Gebührentatbestände bleibt der bisherige Streitwert der einzelnen Verfahren maßgeb-

lich, danach anfallende Gebühren richten sich nach dem neuen Streitwert des verbundenen Verfahrens (Stein/Jonas/Leipold § 147 ZPO Rn 28). Die Prozessverbindung lässt zunächst die in den einzelnen Prozessen mit der Einreichung der jeweiligen Klage angefallen **Gerichtskosten** unberührt; diese bleiben auch nach der Prozessverbindung bestehen (BGH NJW 2013, 2824 Rn 17, zum AktG). Gleiches gilt für andere Prozesskosten, etwa eines Rechtsanwalts. Erhöht sich durch die Prozessverbindung der Gebührenstreitwert, sind die Gerichtskosten nach dem höheren Streitwert neu zu berechnen. Der **Rechtsanwalt** hat nach der Rspr des BGH ein aus § 15 RVG folgendes Wahlrecht: Er kann entweder nur die Gebühren aus dem verbundenen Verfahren oder nur die bereits verdienten Gebühren aus den ursprünglich selbständigen gebührenrechtlichen Angelegenheiten zuzüglich erstmalig nach Verbindung verwirklichter Gebührentatbestände geltend machen (BGH ZIP 2010, 1413 Rn 18, zum AktG).

6. Urteilswirkung (§ 44 Abs 3 WEG)

Gemäß § 44 Abs 3 WEG wirkt das Urteil auf eine Beschlussklage für und gegen sämtliche Wohnungseigentümer. Die Vorschrift ist mit § 248 Abs 1 S 1 AktG vergleichbar. **Zweck** der Regelung ist die Förderung von Rechtssicherheit und Rechtsfrieden in der Gemeinschaft (BT-Drucks 19/18791, 83). Dass dafür die Interessen der nicht am Prozess beteiligten Wohnungseigentümer zurückgestellt werden, ist (auch verfassungsrechtlich) gerechtfertigt: Denn sie können sich als Nebenintervenienten am Verfahren beteiligen und dieses Beteiligungsrecht hat der Gesetzgeber durch die Informationspflicht in § 44 Abs 2 S 2 WEG abgesichert. **142**

Der Eintritt der Urteilswirkungen ist **nicht** etwa davon **abhängig**, dass der Wohnungseigentümer über die Beschlussklage **informiert** wurde (Bärmann/Göbel § 44 Rn 156; **aA** MünchKomm/Hogenschurz § 44 WEG Rn 69). Die Gegenthese ist weder vom Wortlaut der Norm gedeckt noch mit dem Normzweck (Rechtssicherheit) zu vereinbaren. Zu den Folgen einer Nichtinformation siehe Rn 115. **143**

§ 44 Abs 3 WEG äußert sich nicht ausdrücklich zur Bindung von **Sondernachfolgern** eines Wohnungseigentümers. Das ist unschädlich: Die Gestaltungswirkung von Anfechtungs- und Beschlussersetzungsurteil trifft den Sondernachfolger wie jede andere Person, ohne dass es auf eine ausdrückliche gesetzliche Regelung ankäme (Rn 18). Gleiches gilt für die materielle Rechtskraft des Gestaltungs- und Nichtigkeitsurteils, weil auch ein Sondernachfolger „Wohnungseigentümer" gemäß § 44 Abs 3 WEG ist (Grüneberg/Wicke Rn 12). Würde man demgegenüber § 44 Abs 3 WEG auf die bei Rechtskraft vorhandenen Wohnungseigentümer beschränken, ergäbe sich kein anderes Ergebnis: Die Bindung würde sich dann daraus ergeben, dass der Sondernachfolger in die Mitgliedschaft einrückt wie sie steht und liegt und damit auch in die seinen Rechtsvorgänger treffende Bindung an das Urteil. **144**

Das Verhältnis zwischen § 44 Abs 3 WEG und § 10 Abs 3 WEG ist gesetzlich nicht speziell geregelt. Indes folgt aus **§ 10 Abs 3 WEG** ohne weiteres, dass die Wirkung der richterlichen Gestaltung gegenüber Sondernachfolgern die Grundbucheintragung voraussetzt, wenn ihre Grundlage eine vertragliche Öffnungsklausel ist. Die Gestaltungswirkung des Urteils beschränkt sich nämlich auf den Eintritt der Gestaltung im Moment der Rechtskraft. Eine spätere Veränderung dieser Wirkung durch **145** das materielle Recht (hier: Veräußerung von Wohnungseigentum) wird dadurch nicht ausgeschlossen (vgl Bötticher, in: FS Dölle I [1963] 41, 58).

a) Stattgebendes Urteil

146 Bei den Wirkungen eines der Klage stattgebendes Urteil, die § 44 Abs 3 WEG auf die übrigen Wohnungseigentümer erstreckt, ist zwischen den verschiedenen Beschlussklageverfahren zu unterscheiden:

aa) Anfechtungs- und Beschlussersetzungsklage

147 Die stattgebende Entscheidung in Anfechtungs- oder Beschlussersetzungsklagen ist ein **Gestaltungsurteil**, das sowohl Gestaltungswirkung als auch (materielle) Rechtskraftwirkung hat.

148 Die **Gestaltungswirkung** betrifft die Bestandskraft des Beschlusses, der mit formeller Rechtskraft der Entscheidung nichtig (Anfechtung) oder wirksam (Ersetzung) wird (BGH 16. 2. 2018 – V ZR 148/17, ZMR 2018, 608 Rn 12). Diese Wirkung tritt inter omnes ein, was indes keine prozessuale Folge, sondern eine materiell-rechtliche Konsequenz der Existenz/Nichtexistenz des Rechtsgeschäftes ist (Rn 18). § 44 Abs 3 WEG ist also nicht etwa (im Umkehrschluss) zu entnehmen, dass die Gestaltungswirkung andere Personen als Wohnungseigentümer nicht erfasst. Deshalb gilt die Gestaltungswirkung gegenüber der Wohnungseigentümergemeinschaft auch für Urteile in Altverfahren, deren Partei die Wohnungseigentümer waren (BGH 25. 2. 2022 – V ZR 65/21, ZMR 2022, 483 Rn 21).

149 Die (materielle) **Rechtskraftwirkung** des Gestaltungsurteils betrifft die Feststellung des positiven (Beschlussersetzungsklage) oder negativen (Anfechtungsklage) Gestaltungsrechts des Klägers (vgl BGH 16. 2. 2018 – V ZR 148/17, ZMR 2018, 608 Rn 13). In beiden Fällen erfasst die Rechtskraft nach hier vertretener Ansicht das konkrete Gestaltungsrecht, also etwa bei der Anfechtungsklage den vom Gericht für maßgeblich gehaltenen Anfechtungsgrund. Denn jeder Gestaltungsgrund ist richtigerweise ein eigener Streitgegenstand (Rn 8). Diese Feststellungswirkung erstreckt § 44 Abs 3 WEG über die Parteien hinaus auf sämtliche Wohnungseigentümer. Hierauf kann es in einem Folgeprozess ankommen, wenn der Gestaltungsgrund Vorfrage der begehrten gerichtlichen Entscheidung ist. Nach dem einheitlichen Streitgegenstandsbergriff der **hM** (Rn 6) ist indes ein anderes Ergebnis geboten. Danach stellt das Urteil nämlich nur allgemein fest, dass der Beschluss ordnungsmäßiger Verwaltung widersprach oder entspricht (BGH 10. 2. 2023 – V ZR 246/21, NJW 2023, 2190 Rn 9). Die dadurch gerissene Rechtskraftlücke füllt der BGH mit der These, es bestehe eine tatsächliche Vermutung für den im Vorprozess festgestellten Beschlussmangel (BGH 10. 2. 2023 – V ZR 246/21, NJW 2023, 2190 Rn 16); das ist eine **Rechtskraft durch die Hintertür**.

150 Wird nach Rechtskraft eines Anfechtungsurteils ein identischer **Zweitbeschluss** gefasst, ist dieser nicht etwa nichtig (BGH 10. 2. 2023 – V ZR 246/21, NJW 2023, 2190 Rn 17). Die Auswirkungen des Ersturteils auf das den zweiten Anfechtungsprozess richten sich nach den bei Rn 149 erläuterten Grundsätzen.

bb) Nichtigkeitsklage

151 Die Nichtigkeitsklage hat keine Gestaltungswirkung (Rn 18), weshalb die Urteilswirkung sich auf die (materielle) Rechtskraft beschränkt. Das stattgebende Urteil stellt

die Nichtigkeit des Beschlusses verbindlich fest, indes nur deklaratorisch (BGH NJW 2012, 2578). Ebenso wie beim Anfechtungsurteil tritt nach hier vertretener Ansicht (Rn 8) neben diese Wirkung die Feststellung des **konkreten Nichtigkeitsgrunds**, also des vom Gericht für tragend erachteten Beschlussmangels. Diese Besonderheit gegenüber der Feststellungsklage nach § 256 ZPO folgt daraus, dass Streitgegenstand der Nichtigkeitsklage – vergleichbar der Anfechtungsklage – ein konkretes, materielles Feststellungsrecht ist (Rn 236). Diese Wirkungen erstreckt § 44 Abs 3 WEG auf die übrigen Wohnungseigentümer.

b) Abweisendes Urteil

Wird eine Beschlussklage als unbegründet abgewiesen, so hindert dies nach allgemeinen Grundsätzen den Kläger daran, denselben Beschlussmangel oder Beschlussersetzungsgrund erneut gerichtlich vorzutragen. Denn da Streitgegenstand der gerügte Mangel oder Beschlussersetzungsgrund ist (Rn 8), steht als kontradiktorisches Gegenteil fest, dass der Beschluss nicht an diesem Mangel leidet bzw nicht aus diesem Grund gerichtlich zu schaffen ist (vgl BAG NJW 1994, 473, 475). Das gilt auch bei einem Versäumnisurteil (vgl BGH 16. 2. 2018 – V ZR 148/17, ZMR 2018, 608 Rn 15; Grüneberg/Wicke Rn 13). Diese Wirkung erstreckt § 44 Abs 3 WEG auf die übrigen Wohnungseigentümer. Nach **hM** (Rn 6) dürfte die materielle **Rechtskraftwirkung** hingegen ganz allgemein in der Rechtmäßigkeit des Beschlusses liegen. 152

Wird ein Beschluss über die Verfolgung eines Anspruchs gegen einen Wohnungseigentümer erfolglos angefochten, steht durch das Anfechtungsurteil hingegen nicht verbindlich fest, dass der Anspruch besteht (vgl LG Hamburg 15. 11. 2017 – 318 S 19/17, ZWE 2018, 267). Denn es handelt sich um eine bloße **Vorfrage**, die nicht an der Rechtskraft der Entscheidung teilnimmt. 153

Problematisch ist die **Abweisung** der Klage als unbegründet wegen eines **individuellen rechtlichen Defekts** des Anfechtungsrechts des Klägers (zB Verfristung), wenn noch andere Anfechtungsklagen gegen den Beschluss anhängig sind, die sich auf **denselben Beschlussmangel** stützen. Aus der Einheitlichkeit des Streitgegenstands folgt, dass die Rechtskraft einer solchen Klageabweisung die anderen Klagen sperrt (BGH NJW 2013, 65). Zu dieser Folge kann es indes nur kommen, wenn das Gericht die von § 44 Abs 2 S 3 WEG vorgeschriebene Prozessverbindung unterlässt. Um den Eintritt der Sperrwirkung zu verhindern, muss ein Wohnungseigentümer, der in einem anderen Verfahren Anfechtungskläger ist, dem Prozess beitreten und Berufung einlegen. Die Anfechtungs- oder Nichtigkeitsklage gegen denselben Beschluss wegen eines **anderen Mangels** ist durch die erste Entscheidung nach hiesiger Ansicht (Rn 8) hingegen **nicht gesperrt**; gleiches gilt vice versa für eine Beschlussersetzungsklage. Nach dem einheitlichen Streitgegenstandsbergriff der hM (Rn 6) dürfte hingegen auch hier eine Sperrung vorliegen. 154

Wird die Anfechtungsklage **als unzulässig abgewiesen**, so wird verbindlich festgestellt, dass die Klage wegen Fehlens einer bestimmten Sachurteilsvoraussetzung unzulässig ist. Eine unter gleichen Voraussetzungen wiederholte Klage ist wegen der Rechtskraft des vorangegangenen Urteils ohne weitere Prüfung als unzulässig abzuweisen (etwa Braun, Lehrbuch d ZPR 923). Eine Rechtskraftwirkung mit Blick auf die Rechtmäßigkeit des Beschlusses tritt indes nicht ein (BGH 16. 1. 2009 – V ZR 74/08, NJW 2009, 999 Rn 6; Grüneberg/Wicke Rn 13; **aA** Bärmann/Göbel § 44 Rn 162). 155

156 Wegen der unterschiedlichen Reichweite der materiellen Rechtskraft darf das Urteil nicht offenlassen, ob die Klage als unzulässig oder als unbegründet abgewiesen wurde (BGHZ 179, 230). Ist die Klage nach der Überzeugung des Gerichts sowohl unzulässig als auch unbegründet, so besteht wegen der Auswirkungen auf die Rechtskraft ein **Vorrang der Zulässigkeits- vor der Begründetheitsprüfung** (vgl BGH NJW 2000, 3718, 2720). Eine Ausnahme ist nach der Rspr für das Rechtsschutzbedürfnis zu machen, dessen Feststellung bei Unbegründetheit der Klage offenbleiben kann (s BGHZ 130, 390, 399).

c) Wirkung gegenüber Dritten

157 Es gibt keine gesetzliche Anordnung der Wirkung des Urteils gegenüber anderen Personen als den Wohnungseigentümern, etwa dem **Verwalter**. Für die Gestaltungswirkung der Anfechtungs- und Beschlussersetzungsklage ist dies ohne Relevanz, da diese ohnehin jedermann trifft (Rn 18). Bei der Nichtigkeitsklage ist die fehlende prozessrechtliche Erstreckung der Urteilswirkung auf den Verwalter regelmäßig ohne praktische Bedeutung. Denn als Organ der Gemeinschaft der Wohnungseigentümer ist er bereits nach materiellem Recht verpflichtet, das Urteil zu beachten (Lehmann-Richter/Wobst WEG-Reform 2020 Rn 1939). Die Bindung an die Feststellungswirkung eines Beschlussmangels zwecks Absicherung eines Regressprozesses muss die Wohnungseigentümergemeinschaft hingegen über die **Streitverkündung** erreichen.

7. Kosten des Streithelfers (§ 44 Abs 4 WEG)

158 Nach § 44 Abs 4 WEG gelten die durch eine Nebenintervention verursachten Kosten nur dann als notwendig zur zweckentsprechenden Rechtsverteidigung (§ 91 ZPO), wenn die Nebenintervention geboten war. Die Vorschrift ist an § 50 WEG aF angelehnt, der den Kostenerstattungsanspruch der verklagten Wohnungseigentümer in den Anfechtungsverfahren alten Rechts in vergleichbarer Art und Weise einschränkte. Systematisch handelt es sich um eine Regel aus dem **Kostenfestsetzungsverfahren**.

a) Normzweck

159 **Zweck** der Regelung ist es, das Kostenrisiko des Klägers zu beschränken (BT-Drucks 19/18791, 84). Denn insbesondere in größeren Gemeinschaften können eine Vielzahl von Wohnungseigentümern in Beschlussklageverfahren auf Seiten der Gemeinschaft beitreten, deren Kosten der Kläger nach allgemeinen Grundsätzen im Unterliegensfall zu tragen hätte. § 44 Abs 4 WEG soll verhindern, dass dieses Kostenrisiko prohibitive Wirkungen entfaltet und einen Wohnungseigentümer von der Erhebung einer Beschlussklage abhält. Die Norm dient damit der wirksamen Durchsetzung der aus dem Rechtsstaatsprinzip folgenden Justizgewährungspflicht (vgl BVerfG 12. 2. 1992 – 1 BvL 1/89, E 85, 337). Sie ist angesichts dessen **verfassungsrechtlich unbedenklich**, ja dem Grunde nach sogar geboten (vgl BGH 14. 7. 2011 – V ZB 171/10, NJW 2011, 3165 Rn 8, zu § 50 WEG aF). § 44 Abs 4 WEG liegt aus Gründen der Rechtssicherheit eine **typisierende Betrachtung** zugrunde, weshalb die Regel auch auf kleinere Wohnungseigentumsanlagen anwendbar ist.

160 Die **Rückausnahme** in § 44 Abs 4 WEG, die das Prinzip der vollen Kostenerstattung wiederherstellt, dient ebenfalls dem Justizgewährungsanspruch, diesmal indes dem des Beitretenden. Denn die Beschränkung des Kostenerstattungsanspruchs ist (nur) gerechtfertigt, wenn die alleinige Verteidigung durch die Gemeinschaft dem Woh-

nungseigentümer zumutbar ist. Die Norm bringt damit im Ergebnis die gegenseitigen Parteiinteressen in den gebotenen Ausgleich.

b) Anwendungsbereich

§ 44 Abs 4 WEG ist eine Sondervorschrift für Beschlussklagen. Der Normzweck (Rn 159) gebietet eine Anwendung auch in einem **einstweiligen Verfügungsverfahren**, das die vorläufige Suspendierung oder Schaffung eines Beschlusses zum Gegenstand hat. Der Ausnahmecharakter der Vorschrift steht aber einer **analogen Anwendung** entgegen, etwa auf andere Klagen gegen die Wohnungseigentümergemeinschaft oder auf den Streithelfer des Klägers. 161

Beantragt ein Wohnungseigentümer als Streithelfer **Prozesskostenhilfe** unter Beiordnung eines Rechtsanwalts, so sollte nach wohl allgM zu § 50 WEG aF die Erstattungsfähigkeit dieser Norm bei der Entscheidung des Gerichts über das Gesuch zu berücksichtigen gewesen sein. Das überzeugt nicht, weil die Beiordnungsentscheidung sich nach den in § 121 ZPO festgelegten Kriterien, nicht aber danach richtet, ob zugunsten der Staatskasse die Kosten später ggf festzusetzen sind. Indes wird der bei § 121 ZPO anerkannte Grundsatz der Versagung des Gesuchs bei Mutwilligkeit regelmäßig dazu führen, dass kein Rechtsanwalt beizuordnen ist. Denn wenn die bedürftige Partei mit anwaltlich vertretenen Streitgenossen verbunden ist, besteht kein Recht auf Beiordnung eines eigenen Anwalts, wenn eine Interessenkollision der Streitgenossen nicht zu befürchten ist (OLG Köln NJW-RR 2004, 550). 162

Denkbar ist, dass dem Gläubiger des durch § 44 Abs 4 WEG beschränkten prozessualen Kostenerstattungsanspruchs ein **materiell-rechtlicher Schadensersatzanspruch**, gerichtet auf Erstattung seiner Prozesskosten, zusteht (zur Unterscheidung etwa Becker-Eberhard, Grundlagen der Kostenerstattung bei der Verfolgung zivilrechtlicher Ansprüche [1985] 3 ff). Steht § 44 Abs 4 WEG einer Kostenfestsetzung entgegen, so ist der materiellrechtliche Anspruch nicht gesperrt. Denn der prozessuale Kostenerstattungsanspruch ist eine verschuldensunabhängige Veranlassungshaftung, bei der es gerechtfertigt ist, den Umfang der Haftung aus den bei Rn 159 dargelegten Gründen zu begrenzen. Für die culpa-Haftung des materiellen Rechts besteht ein solches Bedürfnis nicht, weshalb § 44 Abs 4 WEG auf Schadensersatzansprüche **nicht analog anzuwenden** ist. 163

c) Voraussetzungen

Die Norm betrifft **sämtliche Kosten** iSd § 91 Abs 1 ZPO, also insbes die Rechtsanwaltskosten des Streithelfers. § 44 Abs 4 WEG ist nicht auf den Beitritt von Wohnungseigentümern beschränkt, sondern betrifft die Kosten jeglicher Streithelfer der Wohnungseigentümergemeinschaft. 164

Zur Beschränkung kommt es, wenn die Nebenintervention nicht geboten war. Maßgeblich ist, ob die Rechtsverteidigung aus Sicht eines verständigen Streithelfers nicht der Wohnungseigentümergemeinschaft alleine überlassen werden kann (BT-Drucks 19/18791, 84). Entscheidend ist, ob aus Sicht des Beitretenden ein **berechtigter Grund** zu der Annahme besteht, eine Abweisung der Beschlussklage erfordere seine Mitwirkung als Nebenintervenient. Maßgeblich sind die Umstände des Einzelfalls. Hat die Wohnungseigentümergemeinschaft einen Rechtsanwalt mandatiert, ist zunächst davon auszugehen, dass die Rechtsverteidigung lege artis erfolgen wird. Diese An- 165 nahme kann sich indes durch mangelhafte oder nachlässige Prozessführung als unzutreffend herausstellen und einen Beitritt rechtfertigen. Wird die Wohnungseigentümergemeinschaft hingegen direkt vom Verwalter vertreten, besteht kein Grund für die Annahme, die Rechtsverteidigung werde hinreichend professionell erfolgen, es sei denn, der Verwalter verfügt über die Befähigung zum Richteramt (**aA** Hogenschurz/Elzer § 44 Rn 103). Ist die Gemeinschaft verwalterlos und ohne Rechtsanwalt, ist der Beitritt geboten.

166 Ob ein hinreichender Beitrittsgrund besteht, ist aus Sicht des Streithelfers zum **Zeitpunkt** des **Beitritts** zu beantworten. Denn aus Gründen der Rechtssicherheit muss der Streithelfer vor der Auslösung der Kosten deren Erstattungsfähigkeit bewerten können, weshalb es unzulässig ist, aus dem späteren Prozessverlauf Argumente abzuleiten, die gegen die Gebotenheit des Beitritts sprechen.

d) Darlegungs- und Beweislast

167 Die bei § 44 Abs 4 WEG maßgebliche Frage, ob der Beitritt geboten ist, ist mit dem Merkmal der Notwendigkeit in § 91 Abs 1 S 1 ZPO vergleichbar. Die zu diesem Merkmal entwickelten Verfahrensgrundsätze sind daher zu übertragen. Die Feststellung, ob der Beitritt geboten war, erfolgt nicht von Amts wegen, sondern es gilt der Beibringungsgrundsatz. Die Darlegungslast, dass der Beitritt geboten war, trifft den **potenziellen Kostengläubiger**, also den Streithelfer (vgl etwa OLG Koblenz NJW 2005, 2162). Ist eine entscheidungserhebliche Tatsache zwischen dem Kläger und dem Streithelfer umstritten, kann im Kostenfestsetzungsverfahren nach § 104 ZPO auch Beweis erhoben werden (BGH NJW 2007, 2858). Aus § 104 Abs 2 ZPO folgt, dass bei umstrittenem Sachverhalt Glaubhaftmachung ausreicht, also eine überwiegende Wahrscheinlichkeit der tatbestandlichen Voraussetzungen, welche den Rechtsbegriff der Gebotenheit ausfüllen (vgl BGH NJW 2007, 2187).

e) Rechtsfolgen

168 Im **Kostenfestsetzungsverfahren** ist rechtliches Gehör zu gewähren (BGH NJW 2011, 3165). Die Rechtsmittel gegen eine auf § 44 Abs 4 WEG gestützte Kostenfestsetzung ergeben sich aus den allgemeinen Regeln (§ 104 Abs 3 ZPO); gleiches gilt für das übrige Verfahrensrecht.

169 Ein Rechtsanwalt, der vom Nebenintervenienten mandatiert wird und dessen Kosten daher nach § 44 Abs 4 WEG nicht festsetzungsfähig sind, hat seinen **Mandanten** auf diesen Umstand **hinzuweisen**. Für den Arbeitsgerichtsprozess regelt § 12a Abs 1 S 2 ArbGG dies ausdrücklich; die Norm stellt indes nur klar, was sich bereits als allgemeine Sorgfaltspflicht aus dem Mandatsverhältnis ergibt. Unterbleibt der Hinweis, kann dies zu einem Schadensersatzanspruch gerichtet auf Freistellung von den Anwaltsgebühren führen (vgl LG München I AnwBl 1981, 68); im Kostenfestsetzungsverfahren kann dies nach § 11 Abs 5 RVG eingewendet werden.

8. Gebührenstreitwert (§ 49 GKG)

170 Der Gebührenstreitwert in Beschlussklageverfahren ist nach dem in **§ 49 S 1 GKG** geregelten **Grundsatz** auf das **Interesse aller Wohnungseigentümer** an der Entscheidung festzusetzen (zum Übergangsrecht s BGH 30. 9. 2021 – V ZR 258/20, WuM 2021, 701). Darin liegt eine Abweichung von dem Prinzip in § 48 Abs 1 GKG, nach dem sich der

Streitwert grundsätzlich nach dem „Angreiferinteresse" bestimmt. Diese Abweichung ist sachgerecht, weil die Entscheidung gegenüber allen Wohnungseigentümern wirkt (BT-Drucks 19/18791, 92). Die Beschlussklage trägt deshalb das Gesamtinteresse aller Wohnungseigentümer an einer Entscheidung in sich, was es rechtfertigt, im Grundsatz auf dieses Gesamtinteresse abzustellen.

§ 49 S 2 GKG macht hiervon eine **Ausnahme**: Danach darf der Streitwert den siebeneinhalbfachen Wert des Klägerinteresses und seiner Streithelfer sowie den Verkehrswert ihres Wohnungseigentums nicht überschreiten. Diese Regelung ähnelt § 49a Abs 1 S 2 Alt 2 und S 3 GKG aF. Sie soll ein prohibitive Wirkungen entfaltendes Kostenrisiko für den Kläger verhindern. Die Norm dient damit der wirksamen Durchsetzung der aus dem Rechtsstaatsprinzip folgenden Justizgewährungspflicht (vgl BVerfG 12. 2. 1992 – 1 BvL 1/89, E 85, 337). Die Einbeziehung des Interesses der Streithelfer der Kläger rechtfertigt sich damit, dass es sich typischerweise um andere Wohnungseigentümer handelt. Diese sind notwendige Streitgenossen (Rn 25) und daher nach § 101 Abs 2, § 100 ZPO verpflichtet, im Unterliegensfall gemeinsam mit dem Kläger die Prozesskosten zu tragen. Die streitwerterhöhende Berücksichtigung ihres Interesses wird auf diese Weise in typisierter Form aufgewogen. Bei anderen Streithelfern ist dies indes nicht der Fall (§ 101 Abs 1 ZPO), weshalb die Norm in diesen Fällen aufgrund einer teleologischer Reduktion unanwendbar ist (Lehmann-Richter/Wobst WEG-Reform 2020 Rn 1989). 171

§ 49 GKG betrifft nur den Gebührenstreitwert und gilt daher **nicht** für die Ermittlung der **Rechtsmittelbeschwer** (BGH 24. 3. 2022 – V ZR 149/21, MDR 2022, 791 Rn 6). 172

IV. Anfechtungsklage (§ 44 Abs 1 S 1 Var 1 WEG)

Die Anfechtungsklage hat nach § 44 Abs 1 S 1 Var 1 WEG das Ziel, einen Beschluss für ungültig zu erklären. Sie war bis zur WEG-Reform 2020 in § 46 Abs 1 S 1 WEG aF geregelt und bis zur WEG-Novelle 2007 in § 23 Abs 4 S 1 WEG 1951. 173

1. Allgemeines

Zu den **Grundlagen** der Anfechtungsklage, insbes ihrem Streitgegenstand, ihrem Verhältnis zur Nichtigkeitsklage sowie zu den speziellen gesetzlichen Regelungen, die für sämtliche Beschlussklagen gelten, siehe Rn 4 ff. 174

a) Rechtsnatur

§ 44 Abs 1 S 1 Var 1 WEG ist eine **Gestaltungsklage**, weil die formell rechtskräftige Entscheidung zur Unwirksamkeit des Beschlusses führt und damit die Rechtslage umgestaltet (näher Rn 18). 175

Die Rechtsnatur von Gestaltungsklagen – und damit auch der Anfechtungsklage – ist umstritten. Vereinzelt wird die Ansicht vertreten, es handele sich um ein subjektives öffentliches Recht des Klägers gegen den Staat auf Vornahme der richterlichen Gestaltung (Schlosser, Gestaltungsklagen und Gestaltungsurteile [1966] 381). Dieser Auffassung verwandt ist die im Aktienrecht vertretene Meinung, die Anfechtungsbefugnis sei rein prozessualer Natur (Landrock, Der Innenrechtsstreit in der Aktiengesellschaft [Diss Mainz 1993] 217; Schmidt/Lutter/Schwab § 245 AktG Rn 1). Die hM geht hingegen davon 176 aus, dass die Gestaltungsklagen der **Durchsetzung eines materiell-rechtlichen Anspruchs** auf Mitwirkung bei der Rechtsgestaltung dienen (Bötticher, in: FS Dölle I [1963] 41, 55 ff; K Schmidt, Mehrseitige Gestaltungsprozesse bei Personengesellschaften [1992] 28; iE auch BGH 16. 12. 2022 – V ZR 263/21, NJW-RR 2023, 226 Rn 20). Diese Ansicht überzeugt, weil sie den materiellen Inhalt des Rechts von seiner verfahrensmäßigen Durchsetzung trennt.

177 Die materielle Rechtfertigung des Klagerechts liegt darin, dass ein rechtswidriger Beschluss die Rechte des Wohnungseigentümers auf ordnungsmäßige Verwaltung verletzt. Jeder Wohnungseigentümer hat daher aus § 18 Abs 2 WEG einen Anspruch auf Aufhebung eines ordnungswidrigen Beschlusses. Diesen Anspruch ersetzt § 44 Abs 1 S 1 Var 1 WEG durch **ein materiell-rechtliches Gestaltungsklagerecht** (grundlegend Bötticher, in: FS Dölle I [1963] 41, 54 ff; vgl auch BGHZ 108, 21: mit der Anfechtungsklage auszuübende Gestaltungsbefugnis). Zwar muss die Ausübung des Anfechtungsrechts somit auf prozessualem Wege erfolgen. Dies ändert aber nichts daran, dass diese Befugnis selbst im materiellen Recht verwurzelt ist (Suilmann ZWE 2000, 106, 109; vgl auch BGH ZIP 1992, 1391, zur AG).

b) Zweck der Anfechtungsklage

178 § 44 Abs 1 S 1 Var 1 WEG kanalisiert das Recht auf Beschlussaufhebung in ein **standardisiertes Verfahren** mit eigenen Voraussetzungen (vgl K Schmidt, Mehrseitige Gestaltungsprozesse bei Personengesellschaften [1992] 27). Dies erschließt sich, wenn man das Verfahren mit der anderenfalls zulässigen Leistungsklage vergleicht: Im Interesse der Rechtssicherheit in der Wohnungseigentümergemeinschaft ist einerseits die Anfechtung nur innerhalb der in § 45 WEG geregelten Fristen zulässig, andererseits erfolgt die Beschlussaufhebung durch Gestaltungsurteil, was Vollstreckungsprobleme vermeidet.

c) Verhältnis zur Klage auf Beschlussaufhebung

179 Aus dem soeben beschrieben Zweck der Anfechtungsklage folgt, dass ein Anspruch des Wohnungseigentümers aus § 18 Abs 2 WEG auf Aufhebung des rechtswidrigen Beschlusses nicht mit einer **Leistungsklage** durchgesetzt werden kann. Eine solche ist wegen des Vorrangs von § 44 Abs 1 S 1 Var 1 WEG **unzulässig**. Besteht ausnahmsweise ein nicht nach § 44 Abs 1 S 1 Var 1 WEG durchzusetzender Anspruch auf Beschlussaufhebung (Rn 52), so ist dieser wegen § 44 Abs 1 S 2 WEG nicht mit der Leistungs-, sondern mit der **Beschlussersetzungsklage** durchzusetzen.

2. Zulässigkeitsvoraussetzungen

180 Die Anfechtungsklage ist nur statthaft, wenn sie von einem **Wohnungseigentümer gegen** die **Wohnungseigentümergemeinschaft** geführt wird (Rn 81 ff). Daneben sind folgende Zulässigkeitsvoraussetzungen von Bedeutung:

a) Wohnungseigentümerbeschluss

181 Wie die anderen Beschlussklagen auch muss sich die Anfechtungsklage auf einen Beschluss der Wohnungseigentümer beziehen (Rn 79). Aus dem Klageziel folgt, dass Gegenstand der Anfechtungsklage nur ein **wirksamer Beschluss** sein kann, während die Nichtigkeitsklage die richtige Klageart bei unwirksamen Beschlüssen ist. Wegen der identischen Streitgegenstände beider Klagen (Rn 19) wirkt sich dies praktisch indes nicht aus.

aa) Negativbeschluss

182 Die Anfechtungsklage ist auch gegen einen sog Negativbeschluss, also die Entscheidung, einen Antrag abzulehnen, **statthaft** (BGHZ 184, 88), weil es sich auch hierbei um einen Beschluss handelt. Zur Rechtsmissbräuchlichkeit der isolierten Anfechtung eines Negativbeschlusses Rn 220.

bb) Erledigter Beschluss

183 Die Erledigung eines Beschlusses ist im WEG **nicht speziell geregelt**; insbesondere fehlt eine § 43 Abs 2 VwVfG vergleichbare Norm, nach der die Erledigung zum Wegfall der Wirksamkeit des Beschlusses führt. Aus § 23 Abs 4 S 2 WEG scheint sogar zu folgen, dass einem Beschluss nur durch rechtskräftiges Urteil die Wirksamkeit genommen werden könne. Der systematische Blick offenbart indes, dass diese Schlussfolgerung vorschnell wäre, weil sich § 23 Abs 4 WEG mit fehlerhaften Beschlüssen befasst und § 23 Abs 4 S 2 WEG daher nur anordnet, dass Beschlussfehler im Verfahren nach § 44 Abs 1 WEG geltend zu machen sind. Dies schließt eine anderweitige Erledigung des Beschlusses nicht aus.

184 Die Statthaftigkeit der Anfechtungsklage ist deshalb nur zu verneinen, wenn das erledigende Ereignis dem Beschluss **ex tunc** seine Wirksamkeit nimmt, weil es dann an einem Beschluss im Rechtssinne fehlt. Bedeutsam ist dies insbes, wenn die Wohnungseigentümer den angegriffenen Beschluss mit rückwirkender Kraft aufheben, etwa durch Fassung eines **inhaltsgleichen Zweitbeschlusses** (dazu STAUDINGER/HÄUBLEIN § 23 WEG Rn 96). Zu beachten ist, dass die Beschlussausführung regelmäßig kein erledigendes Ereignis ist, weil der Beschluss weiterhin als Rechtsgrundlage der Beschlussausführungsmaßnahme Bedeutung hat (s auch Rn 215).

cc) Geschäftsordnungsbeschlüsse

185 Dem Problem des erledigten Beschlusses verwandt sind Geschäftsordnungsbeschlüsse (auch Verfahrensbeschlüsse genannt). Als solche werden herkömmlich Regelungen bezeichnet, die eine Verfahrensfrage in einer konkreten Versammlung ad hoc entscheiden und deren Bedeutung sich daher auf diese Versammlung beschränken (etwa GREINER ZWE 2016, 297, 302). Auch solche Regelungen **erfüllen** das Tatbestandsmerkmal des **Beschlusses** (SKAURADSZUN, Der Beschluss als Rechtsgeschäft [2020] 125) und können daher Gegenstand einer Anfechtungsklage sein (**aA** etwa STAUDINGER/HÄUBLEIN § 24 WEG Rn 206 [bei Rechtswidrigkeit kraft Gesetzes unwirksam]). Für eine Anfechtungsklage soll aber nach hM das Rechtsschutzbedürfnis fehlen (s Rn 218).

dd) Beschlussteile (Teilanfechtung)

186 Entscheidungen der Wohnungseigentümer lassen sich häufig in einzelne Bestandteile zerlegen. Es hängt dann aus formaler Sicht vom Verfahren der Beschlussfassung ab, ob über die Bestandteile durch gesonderten Beschluss oder durch einheitlichen Beschluss entschieden wird. Daneben tritt die inhaltliche Frage, ob die bei formaler Betrachtung Mehrzahl an Beschlüssen materiell nur ein Beschluss sind oder ob der aus formaler Sicht einheitliche Beschluss bei materieller Betrachtung aus verschiedenen Beschlüssen besteht. Zu der zuletzt beschriebenen Fallgruppe (**formal ein Beschluss**) bejaht die wohl allg Meinung die Möglichkeit, die Anfechtungsklage auf einen Teil

des Beschlusses zu beschränken, wenn es sich um einen abtrennbaren Teil des Beschlusses handelt (BGH ZWE 2017, 177 Rn 26; ZMR 2013, 212 Rn 9). Eine nähere Begründung gibt insbes der BGH für diese Ansicht allerdings nicht, sondern verweist jeweils auf Entscheidungen, die ihrerseits eine Begründung schuldig bleiben (zB BGHZ 171, 335, 339 Rn 12; BGH NJW 2010, 2127 Rn 6; die Spur der Rspr lässt sich bis BayObLGZ 1974, 172 zurückverfolgen, wo indes eine Begründung gleichfalls fehlt). Zu der zweiten Fallgruppe (**formal mehrere Beschlüsse**) hat der BGH (5. 7. 2019 – V ZR 278/17, NJW 2020, 988 Rn 40) festgehalten, dass die getrennte Beschlussfassung dazu führe, dass die Beschlüsse eigenständig zu behandeln sind und in ihrem Bestand von dem Schicksal des jeweils anderen nicht nach § 139 BGB berührt werden.

187 Bei der **Stellungnahme** sind materielle und prozessrechtliche Fragen zu unterscheiden. **Materiell-rechtlich** überzeugt es, die Frage, ob verschiedene Regelungen inhaltlich zu einem untrennbaren Beschluss verklammert sind, nach **§ 139 BGB** zu beantworten. Es ist daher zum einen möglich, einen formal einheitlichen Beschluss bei der Prüfung seiner inhaltlichen Wirksamkeit in verschiedene Regelungsgegenstände aufzuteilen. Zum anderen ist es aber auch denkbar – entgegen der insoweit zu apodiktischen Aussage des V. Zivilsenats des BGH –, formal selbstständig gefasste Beschlüsse nach § 139 BGB zu einem einheitlichen Beschluss zu verklammern (vgl BGH 15. 11. 1993 – II ZR 235/92, NJW 1994, 520). Bei der Anwendung von § 139 BGB ist entscheidend ist, ob die Wohnungseigentümer bei Kenntnis der Sachlage und vernünftiger Abwägung aller maßgeblichen Umstände die in Rede stehenden Einzelfragen auch ohne die anderen Fragen entschieden hätten. Hierbei ist der Umstand, ob die Fragen in formal einem oder in formal selbstständigen Beschlüssen entschieden wurden, von besonderer Bedeutung. Denn das formale Vorgehen der Wohnungseigentümer ist ein Indiz, ob die Themen miteinander stehen und fallen sollen. Danach kann bei formal einem Beschluss ein wirksamer Beschlussteil alleine nur bestehen bleiben, falls nach dem tatsächlichen oder hypothetischen Willen der Mehrheit zweifelsfrei davon auszugehen ist, dass auch nur die Teilregelung beschlossen worden wäre (BGH 10. 10. 2014 – V ZR 315/13, NJW 2015, 549 Rn 21; 12. 12. 2014 – V ZR 53/14, WuM 2015, 182 Rn 15). Dieser Aspekt wird von der zitierten Rspr zur Teilanfechtung (Rn 186) nicht hinreichend gewürdigt, weil dort nur danach gefragt wird, ob der Beschluss objektiv teilbar ist. Dies allein reicht für die Aufrechterhaltung eines Beschlussteils nach § 139 BGB aber nicht aus (zutreffend zur Irrtumsanfechtung BGH DNotZ 1984, 684; WM 1973, 637). Maßgeblich ist der **Zeitpunkt** der Beschlussfassung (OLG Köln ZMR 2008, 70; vgl auch BayObLG ZMR 2000, 547). Umgekehrt berührt bei formal selbstständigen Beschlüssen die Unwirksamkeit eines Beschlusses die Wirksamkeit eines anderen Beschlusses nur, wenn zweifelsfrei davon auszugehen ist, dass der eine Beschluss nicht ohne den anderen getroffen worden wäre.

188 Aus **prozessualer Sicht** liegt es auf der Hand, dass der **Kläger nicht** durch seinen Klageantrag darüber **disponieren** kann, dass ein iSd § 139 BGB einheitlicher Beschluss nur teilweise für ungültig erklärt wird. Denn der Beschluss ist Gesamtakt der Wohnungseigentümer (BGHZ 152, 63) und die rechtliche Existenz nur eines Teils des beschlossenen Gegenstands muss daher vom (mehrheitlichen) Willen auch der übrigen Eigentümer getragen werden. Es stellt sich daher die Frage, welche **Auswirkungen** der **Klageantrag** auf die Entscheidung über die (teilweise) Ungültigerklärung hat:

189 Zunächst zur Fallgruppe des nur **formal einheitlichen Beschlusses**, der materiell aus nach § 139 BGB trennbaren Beschlussteilen besteht. Unproblematisch ist es, wenn der Kläger einen unbeschränkten Anfechtungsantrag stellt, das Gericht aber unter Anwendung von § 139 BGB zur bloßen Teilunwirksamkeit des Beschlusses kommt. Hier ist der Beschluss unter Klageabweisung im Übrigen nur teilweise für unwirksam zu erklären (vgl BGH NJW 2010, 2127 Rn 5). Ebenfalls unproblematisch ist es, wenn der Kläger den Beschluss nur teilweise angefochten hat und das Gericht ebenfalls zu dem Ergebnis kommt, dass der Beschluss nur insoweit in einem abtrennbaren Teilbereich unwirksam ist. Ein solcher Antrag ist ohne weiteres von § 44 Abs 1 S 1 Var 1 WEG gedeckt, weil es sich nur bei formaler Betrachtung um eine „Teilanfechtung" handelt, bei der maßgeblichen materiellen Sicht hingegen um die „Gesamtanfechtung" eines Beschlusses. Hier wird der Klage daher insgesamt stattgegeben. Schwierigkeiten ergeben sich hingegen, wenn der Kläger einen beschränkten Anfechtungsantrag stellt, das Gericht unter Anwendung von § 139 BGB aber den Beschluss insgesamt für unwirksam hält. Wegen des in § 308 Abs 1 S 1 ZPO verankerten Gebots des ne ultra petita kann das Gericht den Beschluss nicht insgesamt aufheben, weil es damit mehr zuerkennen würde als vom Kläger beantragt. Allerdings muss nach Auslegung des Klageantrags feststehen, dass der Kläger seinen Antrag auf jeden Fall entsprechend beschränken wollte. Dies ist wegen des Auslegungsgrundsatzes, nach dem die Partei mit ihrer Prozesshandlung das Ziel erreichen möchte, das ihrer erkennbaren Interessenlage (hier: Beschlussaufhebung) entspricht, grundsätzlich nicht anzunehmen, weshalb der Antrag im Zweifel als Anfechtung des ganzen Beschlusses auszulegen ist (BGH ZMR 2013, 212 Rn 11). Ist diese Auslegung hingegen nicht möglich, muss eine Klageerweiterung binnen der Anfechtungsfrist des § 45 WEG erfolgen, damit die Klageabweisung vermieden wird. Denn anderenfalls würde der Zweck der Ausschlussfrist, Rechtssicherheit über den Umfang der Beschlussanfechtung herbeizuführen, missachtet.

In den Fällen der Verklammerung **formal selbständiger Beschlüsse** zu einer rechtlichen Einheit ist es unproblematisch, wenn der Kläger sämtliche formal selbständigen Beschlüsse angefochten hat. Hat er die Anfechtung hingegen auf einen formal selbstständigen Beschluss beschränkt, gelten die Ausführungen zur beschränkten Anfechtung eines nicht nach § 139 BGB teilbaren Beschlusses entsprechend: Durch Auslegung des Klageantrags ist zu ermitteln, ob dieser als Anfechtung auch des anderen formal selbstständigen Beschlussteils zu verstehen ist. Ist dies nicht der Fall, muss eine Klageerweiterung binnen der Anfechtungsfrist des § 45 WEG erfolgen. Ist der Klageantrag gegen einen nicht abtrennbaren Teil des Beschlusses oder gegen nur einen von materiell verklammerten Beschlüssen gerichtet und damit von vorneherein nicht geeignet, die Ungültigerklärung auszulösen, so führt dies nicht zur Unzulässigkeit, sondern zur Unbegründetheit der Klage. Denn dem Kläger fehlt in diesen Konstellationen das Gestaltungsrecht, eine nur teilweise Ungültigerklärung verlangen zu können. Die nicht begründete Gegenansicht des BGH (ZMR 2013, 212 Rn 10), wonach die Klage unzulässig sei, überzeugt nicht, weil sie verkennt, dass es sich um ein materiell-rechtliches Problem, nämlich den Umfang des Anfechtungsrechts, handelt. 190

b) Klageantrag und Begründung

Die Anforderungen an die Klageschrift aus § **253 Abs 2 ZPO** gelten auch für die Anfechtungsklage. Eine dieser Vorschrift nicht gerecht werdenden Klage ist daher **unzulässig**. § 45 S 1 Var 2 WEG gestattet nicht etwa eine Klage ohne Begründung, sondern erlaubt nur mit Blick auf die Fristwahrung ein gestaffeltes Vorgehen dahingehend, dass die Begründung „nachgereicht" werden kann. Aus § 45 S 1 WEG 191 folgt indes, dass das Gericht die ohne Begründung eingereichte und damit (noch) unzulässige Klage ohne weiteres zuzustellen hat. Näher zum Klageantrag § 45 WEG Rn 20, zur Klagebegründung § 45 WEG Rn 37.

c) Rechtsschutzbedürfnis

192 Das Rechtsschutzbedürfnis (Rechtsschutzinteresse) fehlt, wenn der Kläger die **Gerichte** als Teil der Staatsgewalt **unnütz** oder gar unlauter **bemüht** oder ein gesetzlich vorgesehenes Verfahren zur Verfolgung zweckwidriger und insoweit nicht schutzwürdiger Ziele ausnutzt (BGH NJW 1978, 2031). Die Notwendigkeit eines Rechtsschutzbedürfnisses dient in erster Linie staatlichen Rechtspflegeinteressen, schützt aber auch den Beklagten davor, in unlauterer Weise mit einer Klage überzogen zu werden (MünchKommZPO/Becker-Eberhard Vorbem §§ 253 ff ZPO Rn 11 f).

aa) Abgrenzung zur Begründetheit der Klage

193 Das Rechtsschutzbedürfnis ist der **materiellen Berechtigung** des Klagebegehrens verwandt, hiervon aber **zu trennen**. Bei § 44 Abs 1 S 1 Var 1 WEG muss deshalb das Rechtsschutzbedürfnis vom Anfechtungsrecht (s Rn 199) abgegrenzt werden. Dies ist keine leichte Aufgabe, weil häufig sowohl das Argument denkbar scheint, die Klage sei mangels Rechtsschutzbedürfnisses unzulässig als auch die Sichtweise, die Klage sei wegen Missbrauchs des Anfechtungsrechts unbegründet.

194 Die **Rspr** verwendet das Rechtsschutzbedürfnis, um Anfechtungsklagen abzuweisen, denen bei wertender Betrachtung die Berechtigung fehlt (etwa BGHZ 156, 19), was zu einem vergleichsweise großen Anwendungsbereich führt. Diese hM führt zu einer **Verwischung der Grenzen zwischen prozessualem und materiellem Recht**, was indes kein auf das Wohnungseigentumsrecht beschränktes Phänomen ist (s allg Brehm, in: FG BGH [2000] Bd III S 91, 94 ff).

bb) Anwendungsfälle

195 Die meisten von der Rspr beim Rechtsschutzbedürfnis verorteten Konstellationen – insbes die Erledigung des Beschlusses oder die Anfechtung von Geschäftsordnungs- sowie Negativbeschlüssen – gehören richtigerweise zur Begründetheitsprüfung. Sie werden hier daher unter dem **Gesichtspunkt** des **Missbrauchs des Anfechtungsrechts** erörtert (Rn 208 ff). Missbraucht der Kläger sein Anfechtungsrecht, ist die Klage nämlich als unbegründet und nicht mangels Rechtsschutzbedürfnisses als unzulässig abzuweisen (vgl BGH ZIP 1992, 1391, zur AG). Zum Rechtsschutzbedürfnis gehören aber folgende Konstellationen:

196 Anstatt durch Anfechtungsklage kann die Lösung vom Beschluss auch durch **Aufhebungsbeschluss** eintreten. Das Rechtsschutzbedürfnis für die Anfechtungsklage ist aber **nicht** davon abhängig, dass der Kläger zunächst einen **erfolglosen Versuch** in diese Richtung unternommen hat. Denn zum einen hat die Mehrheit in der Eigentümerversammlung den ordnungswidrigen Beschluss gebilligt, was eine erneute Anrufung der Versammlung entbehrlich macht. Zudem ist wegen der Kürze der Anfechtungsfrist dem Kläger ein solches Vorgehen nicht zuzumuten. Nichts anderes gilt, wenn sämtliche Eigentümer den Beschluss angefochten haben, weil nicht gesagt ist, dass sie auch an einer **außergerichtlichen Beschlussaufhebung** mitwirken werden (**aA** AG Bingen NJW 2009, 84).

Das Rechtsschutzbedürfnis fehlt hingegen, wenn der angefochtene Beschluss durch einen identischen Beschluss (sog Zweitbeschluss) bestätigt wird und dieser **Zweitbeschluss bestandskräftig** wird (BGHZ 148, 335; BayObLG ZMR 2005, 891). Denn in diesem Fall kann das Ziel des Klägers, nämlich die Beseitigung des rechtswidrigen Verwaltungszustands, nicht mehr erreicht werden. Tritt die Bestandskraft im laufenden Anfechtungsprozess ein, handelt es sich um eine Hauptsachenerledigung. **197**

Nach hM soll das Rechtsschutzbedürfnis entfallen, wenn der Kläger wegen seines während des Anfechtungsprozesses erfolgten **Ausscheidens aus der Gemeinschaft** an der begehrten Entscheidung kein anerkennenswertes Interesse mehr hat (BayObLG WuM 1994, 573; BGHZ 43, 261 zur Anfechtungsklage in der GmbH). Der Kläger muss danach Hauptsachenerledigung erklären, um eine Klageabweisung zu vermeiden (BayObLG WuM 1994, 573). Diese Ansicht überzeugt nicht, weil die Prozessführungsbefugnis des Veräußerers aus § 44 Abs 1 S 1 Var 1 WEG auf Gesetz beruht (vgl MünchKommZPO/Becker-Eberhard § 265 ZPO Rn 78). Der Erwerber kann den Prozess nach § 265 Abs 2 S 2 ZPO allerdings an Stelle des Veräußerers übernehmen, wenn dieser und die Beklagte zustimmen (MünchKommZPO/Becker-Eberhard § 265 ZPO Rn 93). **198**

3. Begründetheit

Zur Begründetheit der Anfechtungsklage sind dem WEG mit Ausnahme der in § 45 WEG geregelten Fristen keine näheren Vorgaben zu entnehmen. Anders als im Aktienrecht fehlen nämlich Vorschriften, welche die Anfechtungsgründe und die Anfechtungsbefugnis ausdrücklich regeln. Insofern bedarf es eines Rückgriffs auf die Rechtsnatur der Anfechtungsklage: § 44 Abs 1 S 1 Var 1 WEG formt den Anspruch aus § 18 Abs 2 WEG auf Beschlussaufhebung in ein Gestaltungsklagerecht um (s Rn 177). Die Anfechtungsklage ist daher nur begründet, wenn der Kläger sein **Anfechtungsrecht** wirksam ausgeübt hat. Dies setzt einen entsprechenden **Gestaltungsgrund**, nämlich die Unwirksamkeit des Beschlusses (s Rn 202) sowie die wirksame prozessuale **Ausübung**, insbes durch Einhaltung der in § 45 WEG geregelten Fristen, voraus. **199**

Als negative Voraussetzung tritt der **Verlust des Anfechtungsrechts** hinzu. Dieser kann auf Rechtsgeschäft (Verzicht, Rn 205) oder auf Gesetz – § 226 BGB oder § 242 BGB (Rn 208 ff) – beruhen. § 44 Abs 1 S 1 Var 1 WEG ist nämlich nicht etwa insoweit zwingend, dass er den Verzicht auf die Anfechtung eines konkreten Beschlusses verbieten würde (s Rn 63). Gleiches gilt für den Verlust des Anfechtungsrechts wegen Rechtsmissbrauchs, weil dem nicht einmal ein zwingender Charakter von § 44 WEG entgegenstehen würde (vgl Staudinger/Looschelders/Olzen [2019] § 242 BGB Rn 333 mwNw). Leidet der Beschluss an mehreren Mängeln, kann das Anfechtungsrecht auch nur in Bezug auf **einzelne** dieser **Mängel entfallen**, weil jeder Anfechtungsgrund ein eigenständiges Anfechtungsrecht begründet, das daher auch selbständig erlöschen kann. **200**

Der Verlust des Rechts, einen konkreten Beschluss anzufechten, ist mit den folgenden **Konstellationen** thematisch **verwandt**, von ihnen aber rechtlich zu unterscheiden: der generellen Abdingbarkeit von § 44 WEG (Rn 63), dem allgemeinen Erlöschen des Anfechtungsrechts wegen Verlustes der Mitgliedschaft (Rn 85) und dem Verlust des Rechts, bestimmte Anfechtungsgründe zu rügen (§ 45 WEG Rn 42). **201**

a) Rechtswidrigkeit des Beschlusses

202 Die Begründetheit der Anfechtungsklage erfordert die Rechtswidrigkeit des Beschlusses. Der Beschluss muss also an einem Fehler leiden, der zwar nicht zur Nichtigkeit führt, aber seine Ungültigerklärung durch das Gericht rechtfertigt, § 23 Abs 4 S 2 WEG. Die Praxis spricht hier – in Abgrenzung zu den nichtigen Beschlüssen – von „anfechtbaren Beschlüssen“. Das WEG regelt die Anfechtungsgründe nicht näher. Rspr und Literatur haben aber eine Beschlussfehlerlehre entwickelt, die zwischen **formellen** und **materiellen Beschlussmängeln** unterscheidet. Bei den materiellen Beschlussmängeln ist das Merkmal der ordnungsmäßigen Verwaltung und Benutzung aus § 18 Abs 2 WEG von besonderer Bedeutung, dazu § 18 WEG Rn 132. Zu formellen Beschlussmängeln s Staudinger/Häublein § 23 WEG Rn 362.

203 Nach allgM setzt § 44 Abs 1 S 1 Var 1 WEG, seinem Wortlaut entsprechend, beim klagenden Wohnungseigentümer nicht voraus, dass er durch den Beschluss persönlich besonders betroffen ist oder sonst Nachteile erleidet (BGH NJW 2015, 3713; BGHZ 156, 19, jew sub specie Rechtsschutzbedürfnis). Dies überzeugt, weil jeder ordnungswidrige Beschluss – unabhängig von den konkreten Auswirkungen auf den Kläger oder sein Verhalten im Einzelfall, etwa seiner Mitwirkung an der Beschlussfassung – den Anspruch auf Beschlussaufhebung aus § 18 Abs 2 WEG auslöst, der § 44 Abs 1 S 1 Var 1 WEG zugrunde liegt (Rn 177). Dies gilt auch für einen sog Negativbeschluss (BGH NJW 2012, 1722; BGHZ 184, 88,). Der Richter ist daher von der Prüfung entbunden, ob der klagenden Wohnungseigentümer durch den Beschluss persönlich beeinträchtigt wird; § 44 Abs 1 S 1 Var 1 WEG enthält ein **allgemeines Anfechtungsrecht** des Wohnungseigentümers (OLG Frankfurt OLGZ 1981, 154).

b) Fristgemäße Ausübung des Anfechtungsrechts

204 Die Anfechtungsklage ist nur begründet, wenn der Kläger sein Anfechtungsrecht fristgemäß ausgeübt hat. Dies richtet sich nach **§ 45 WEG**.

c) Kein Verzicht auf das Anfechtungsrecht

205 Auf das Anfechtungsrecht kann verzichtet werden. Dieser Verzicht ist **materiell-rechtlicher**, nicht prozessualer **Natur**. Denn § 44 Abs 1 S 1 Var 1 WEG ist ein materiellrechtliches Gestaltungsklagerecht (s Rn 177), dessen rechtsgeschäftlicher Verlust sich daher nach den Regeln des BGB richtet. § 397 BGB ist allerdings nicht einschlägig. Zwar wurzelt § 44 Abs 1 S 1 Var 1 WEG in einem Anspruch auf Beschlussaufhebung, der Norm selbst liegt aber kein solcher Anspruch, sondern ein Gestaltungsrecht zugrunde. Die Möglichkeit des Verzichts auf das Anfechtungsrecht beruht vielmehr auf dem im Gesetz nicht ausdrücklich geregelten Grundsatz, dass die Ausübung von Gestaltungsrechten verzichtbar ist (s Staudinger/Rieble [2022] § 397 BGB Rn 76).

206 Die Ausübung des Anfechtungsrechts erfolgt nach § 44 Abs 2 S 1 WEG **gegenüber der Wohnungseigentümergemeinschaft**, weshalb auch der Verzicht ihr gegenüber erklärt werden muss, da es sich beim Verzicht um eine Ausübung des Gestaltungsrechts handelt (vgl Staudinger/Rieble [2022] § 397 BGB Rn 76). Mit Blick auf den Inhalt der Erklärung ist erforderlich, dass ihr der Wille zu entnehmen ist, der Eigentümer werde von seinem Recht keinen Gebrauch machen. Dafür reicht es etwa regelmäßig nicht aus, dass er für den Beschluss gestimmt hat (LG Dortmund ZMR 2013, 555). Denn dies allein rechtfertigt die **Auslegung** als Verzichtserklärung schon deshalb nicht, weil sich

der Wohnungseigentümer über die Ordnungsmäßigkeit eines Beschlusses in der Versammlung typischerweise kein verlässliches Bild machen kann. Die Vertretung der Wohnungseigentümergemeinschaft beim Zugang der Verzichtserklärung richtet sich nach § 9b WEG.

d) „Zurückbehaltungsrecht" der Wohnungseigentümergemeinschaft

Die Wohnungseigentümergemeinschaft kann im Regelfall gegen die Anfechtungsklage **nicht** erfolgreich einwenden, der Kläger sei ihr zu einer Leistung verpflichte und sie mache aus diesem Grund ein Zurückbehaltungsrecht (materiell rechtlich: an der Beschlussaufhebung) geltend, weshalb kein Gestaltungsrecht bestehe (näher § 18 WEG Rn 177). 207

e) Kein Missbrauch des Anfechtungsrechts

Als subjektives Recht unterliegt das Gestaltungsklagerecht den allgemeinen Schranken des Verbots missbräuchlicher Rechtsausübung. Dogmatisch handelt es sich beim Missbrauch des Anfechtungsrechts um einen **Fall unzulässiger Rechtsausübung** (BGHZ 107, 296, 308 ff, zur AG). Maßgeblicher **Zeitpunkt** für die Feststellung, ob die Rechtsverfolgung rechtsmissbräuchlich ist, ist der Schluss der letzten Tatsachenverhandlung (vgl Grüneberg/Grüneberg § 242 BGB Rn 38). 208

Rechtsmissbräuchlich ist die Anfechtungsklage eines Wohnungseigentümers nur in besonders gelagerten **Ausnahmefällen**. Denn typischerweise ist jede Anfechtungsklage des Wohnungseigentümers ohne Weiteres durch den Anspruch aus § 18 Abs 2 WEG gerechtfertigt (s Rn 203). 209

Das dem materiellen Recht zugehörige Problem des Rechtsmissbrauchs ist argumentativ dem prozessualen **Rechtsschutzbedürfnis** verwandt, von diesem aber methodisch zu trennen. Die Gerichte weisen indes Klagen mangels Rechtsschutzbedürfnisses in Konstellationen ab, die zum Missbrauch des Anfechtungsrechts gehören (s Rn 192). Beim Rechtsmissbrauch lassen sich folgende Fallgruppen unterscheiden: 210

aa) Schikanöse Anfechtung

Schikanös iSd § 226 BGB ist eine Anfechtungsklage, die nur dazu dienen kann, einem anderen Schaden zuzufügen. An dieser Voraussetzung fehlt es allerdings bereits dann, wenn durch die Rechtsverfolgung neben der Schädigung auch ein weiterer Zweck verfolgt wird (Staudinger/Repgen [2019] § 226 BGB Rn 18). Ein solcher Zweck ist regelmäßig die **Durchsetzung des Anspruchs** des Klägers aus § 18 Abs 2 WEG auf ordnungsmäßige Verwaltung. Deshalb ist es etwa nicht schikanös, wenn ein Wohnungseigentümer einen Zahlungsbeschluss mit einem Argument anficht, das ohne Einfluss auf seine Kostenbeteiligung ist (vgl OLG München ZMR 2011, 738). 211

bb) Kein schutzwürdiges Eigeninteresse

Die Ausübung des Anfechtungsrechts ist nach § 242 BGB rechtsmissbräuchlich, wenn ihr kein schutzwürdiges Eigeninteresse zugrunde liegt (vgl BGH NJW 2008, 3438; Staudinger/Looschelders/Olzen [2019] § 242 BGB Rn 258). Hier ist erneut zu betonen, dass § 44 Abs 1 S 1 Var 1 WEG gerade nicht verlangt, dass der Wohnungseigentümer durch den angefochtenen Beschluss in besonderer Art und Weise beeinträchtigt wird (s Rn 203). Bei der Anwendung dieser Fallgruppe ist daher **Zurückhaltung geboten**, damit nicht durch die Hintertür die Klage an ein besonderes Anfechtungsinteresse ge- 212 knüpft wird. Rechtsmissbrauch ist dem Kläger daher erst dann vorzuwerfen, wenn ein vernünftig denkender Eigentümer, der ordnungswidrige Beschlüsse unabhängig von den Auswirkungen auf seine Person bereits aus Prinzip anficht, im konkreten Fall von der Anfechtungsklage absehen würde. An einem schutzwürdigen Eigeninteresse fehlt es aus diesem Grund nur, wenn völlig offensichtlich ist, dass die Aufhebung des Beschlusses weder unter rechtlichen noch unter tatsächlichen Gesichtspunkten für den Kläger von Bedeutung sein kann. Hierbei ist zu berücksichtigen, dass die Ungültigerklärung regelmäßig jedenfalls dazu führt, dass eine zwischen den Wohnungseigentümern streitige Frage – Rechtmäßigkeit des Beschlusses – gerichtlich geklärt wird. Dieser Umstand begründet ein schutzwürdiges Interesse an der Klage, das nur ausnahmsweise entfällt, nämlich dann, wenn auch dieser Umstand für den Kläger ganz offensichtlich ohne Belang sein muss.

213 An einem schutzwürdigen Eigeninteresse kann es etwa fehlen, wenn der Wohnungseigentümer in einer **Mehrhausanlage** einen Beschluss anficht, der ein anderes Gebäude betrifft und sich auf ihn nicht auswirken kann, weil in der Gemeinschaftsordnung eine getrennte Verwaltung der Gebäude vereinbart ist (vgl BayObLG DNotZ 1985, 414; Häublein NZM 2003, 785, 792). Hingegen liegt Rechtsmissbrauch nicht allein deshalb vor, weil der **Beschluss** für den Kläger **vorteilhaft** ist (**aA** BayObLG ZMR 2004, 358; AG Salzgitter ZMR 2010, 650) oder weil sein Stimmrecht gem § 25 Abs 5 WEG ruhte (vgl BayObLG NJW 1993, 603, 604).

(1) Erledigung des angefochtenen Beschlusses

214 Anders als die rückwirkende Erledigung (dazu Rn 183) führt eine Erledigung des Beschlusses **ex nunc** nicht zur Unstatthaftigkeit der Anfechtungsklage. Es stellt sich allerdings die Frage, ob sich die Erledigung auf das Anfechtungsrecht auswirkt, was nach hier vertretener Ansicht ein Problem des materiellen Rechts ist. Die hM verortet das Thema hingegen bei der Zulässigkeit der Klage, konkret beim Rechtsschutzbedürfnis (s Rn 195).

215 Von einer ex nunc eintretenden Erledigung kann man immer dann sprechen, wenn der Beschluss seine **Regelungswirkung verloren** hat. Dies ist beim **Vollzug** eines Beschlusses typischerweise nicht der Fall. Denn der Beschluss ist hier regelmäßig Rechtsgrundlage für den Bestand der Folgen seiner Durchführung. Für die Anfechtung des Beschlusses über Vorschusspflichten gemäß **Wirtschaftsplan** entfällt das Anfechtungsrecht daher weder mit dem Ablauf des Wirtschaftsjahres noch mit dem Nachschussbeschluss gemäß der Jahresabrechnung, weil der Beschluss weiterhin Rechtsgrundlage des Anspruchs auf Zahlung der Vorschüsse ist (dazu BGH NJW 2012, 2797). Nichts anderes gilt, wenn der Nachschussbeschluss gemäß Jahresabrechnung bestandskräftig ist und der Kläger sämtliche Vorauszahlungen geleistet hat (BayObLG NJW-RR 1998, 1624; **aA** OLG Hamm ZMR 2006, 879). Zum Zweitbeschluss s Rn 184.

216 Rechtsmissbräuchlich ist die Anfechtung eines umgesetzten Beschlusses – man kann von „faktischer Erledigung" sprechen – daher nur, wenn sie **objektiv sinnlos** ist, dem Kläger also keinen Vorteil bringen kann. Das ist typischerweise zu verneinen. Denn ausreichend für den Fortbestand des Anfechtungsrechts ist auch hier regelmäßig das Interesse des Klägers an der gerichtlichen Entscheidung über die Ordnungsmäßigkeit der Verwaltung, § 18 Abs 2 WEG.

Die **hM** vertritt im Ergebnis indes einen **restriktiveren Standpunkt**, indem sie – ohne das Problem grundsätzlich zu erörtern – bei Eintritt eines faktisch erledigenden Ereignisses das Rechtschutzbedürfnis nur bejaht, wenn der Kläger ein besonderes Anfechtungsinteresse hat (vgl etwa Jennissen/Suilmann Rn 61). Dieses besondere Anfechtungsinteresse ähnelt den zur Fortsetzungsfeststellungsklage nach § 113 Abs 1 S 4 VwGO entwickelten Kriterien. So hat der BGH etwa entschieden, dass die Anfechtungsklage gegen einen nicht mehr rückgängig zu machenden Beschluss zulässig bleibe, wenn die Entscheidung der Durchsetzung von Regressansprüchen förderlich ist oder für den Kläger anderweitig (finanziell) vorteilhaft ist (vgl BGH ZMR 2012, 796; NJW 2011, 2660; Bonifacio ZMR 2010, 163, jeweils sub specie Rechtsschutzbedürfnis). 217

(2) Geschäftsordnungsbeschlüsse

Auch bei der Anfechtung von Geschäftsordnungsbeschlüssen (Rn 185) verlangt die **hM** ein besonderes Anfechtungsinteresse und hält die Klage anderenfalls mangels Rechtsschutzbedürfnisses für unzulässig. Diese Ansicht wurzelt – soweit ersichtlich – in der These des BayObLG (BayObLGZ 1965, 34, 45), dass sich Beschlüsse zur Geschäftsordnung mit dem Ende der Versammlung von selbst erschöpften, weshalb ihre Aufhebung ins Leere gehe. Fehlerhafte Geschäftsordnungsbeschlüsse können nach hM aber die Anfechtung der unter ihrem Regime gefassten Beschlüsse rechtfertigen. Diese **These der Inzidentprüfung** hat sich weitgehend durchgesetzt (etwa OLG Schleswig ZMR 2006, 721; Hügel/Elzer § 44 WEG Rn 144; krit, aber iE folgend Greiner ZWE 2016, 297). Eine Ausnahme ist bislang nur bei Wiederholungsgefahr anerkannt, wenn also der Geschäftsordnungsbeschluss entweder auch für die Zukunft Gültigkeit haben soll (BayObLG ZMR 2002, 844) oder zu befürchten ist, in der nächsten Versammlung werde ein identischer Beschluss gefasst werden (KG ZMR 2003, 598). 218

Stellungnahme: Diese **hM überzeugt nicht**. Zwar haben Geschäftsordnungsbeschlüsse eine auf die Versammlung beschränkte Funktion. Daraus folgt aber nicht, dass sie sich mit Ende der Versammlung auch im Rechtssinne erledigt haben mit der Folge, dass ihre Anfechtung ausscheiden muss. Denn Geschäftsordnungsbeschlüsse legitimieren über diesen Zeitraum hinaus das Procedere der Versammlung und stützen damit die in der Versammlung getroffenen Beschlüsse. Dies erkennt letztlich auch die hM an, wenn sie Geschäftsordnungsbeschlüsse im Rahmen der Anfechtung anderer Beschlüsse überprüft. Dieses Vorgehen ist aber dogmatisch fehlerhaft, weil ohne gerichtliche Ungültigerklärung des Geschäftsordnungsbeschlusses dieser in Bestandskraft erwächst, was es ausschließt, dass in einem anderen Verfahren die Ausführung des Beschlusses für rechtswidrig gehalten wird (vgl OLG Frankfurt ZIP 2008, 738 unter II 1 b] bb], zum Aktienrecht). Die Anfechtung von Geschäftsordnungsbeschlüssen unterliegt daher keinen besonderen, sondern nur den hier dargestellten allgemeinen Missbrauchsschranken (iE ebenso LG Dortmund ZWE 2015, 371). 219

(3) Negativbeschluss

Die Frage des Missbrauchs des Anfechtungsrechts stellt sich auch beim sog Negativbeschluss, also einem Beschluss, mit dem ein in der Wohnungseigentümerversammlung gestellter Antrag abgelehnt wurde. Hier besteht ein Anfechtungsrecht, wenn die ordnungswidrig ablehnende Entscheidung den Anspruch des Eigentümers aus § 18 Abs 2 WEG auf ordnungsmäßige Verwaltung verletzt (vgl BGHZ 184, 88). Diskutiert wird – allerdings zum Rechtsschutzbedürfnis (s Rn 194) – die Frage, unter welchen Voraussetzungen das Anfechtungsrecht Einschränkungen unterliegt. Der **BGH** 220 steht auf dem Standpunkt, dass die Anfechtung von Negativbeschlüssen **unbeschränkt möglich** und insbes eine Verbindung mit einer Beschlussersetzungsklage entbehrlich sei (BGH NJW 2015, 3713; BGHZ 184, 88 LS 1; einschränkend noch BGHZ 152, 46). Nach der Gegenansicht ist die Anfechtung auf Negativbeschlüsse beschränkt, die geeignet sind, Rechtswirkungen zu entfalten (JENNISSEN/SUILMANN Rn 68). Richtigerweise ist auch die Anfechtung eines Negativbeschlusses nur dann rechtsmissbräuchlich, wenn völlig offensichtlich ist, dass die Aufhebung des Beschlusses für den Kläger ohne jegliches Interesse sein muss. Regelmäßig liegen diese Voraussetzungen nicht vor, weil die Ungültigerklärung jedenfalls die Wirkung entfaltet, die streitige Frage der Ordnungsmäßigkeit des Beschlusses zwischen den Parteien zu klären.

cc) Widersprüchliches Verhalten

221 Das Anfechtungsrecht kann nach § 242 BGB ferner wegen des Verbots widersprüchlichen Verhaltens entfallen. Hierzu gehört auch die Verwirkung des Anfechtungsrechts. Allein aus dem Umstand, dass der Kläger auf der Versammlung **für den Beschluss gestimmt** hat, folgt aber noch kein widersprüchliches Verhalten (BGH NJW 2012, 2578; BayObLG ZMR 2001, 294; OLG Frankfurt ZMR 2013, 296). Denn die Anfechtungsfrist dient auch dazu, dass sich die Wohnungseigentümer über die Ordnungsmäßigkeit eines Beschlusses ein Bild machen können, was in der Kürze der in der Versammlung zur Verfügung stehenden Entscheidungszeit regelmäßig nicht möglich ist (ähnlich BeckOGK-BGB/SKAURADSZUN § 44 Rn 39). Abzulehnen ist daher die Ansicht, dass eine Anfechtung wegen eines Verfahrensmangels rechtsmissbräuchlich sein soll, wenn ein Wohnungseigentümer trotz Kenntnis des Mangels in der Versammlung keine Einwendungen erhebt (so BayObLG WuM 1992, 331). Rechtsmissbräuchlich wird sich aber regelmäßig verhalten, wer den Beschlussantrag **zur Abstimmung gestellt** hat (**aA** AG Würzburg ZMR 2015, 420) und/oder in der Versammlung in besonderer Weise für diesen eingetreten ist. Gleiches gilt für einen Wohnungseigentümer, der einen formellen Fehler durch sein Verhalten provoziert hat, etwa einen Ladungsmangel.

222 Hat der Kläger eine **wiederkehrende ordnungswidrige Beschlussfassung** jahrelang hingenommen, so kommt es auf die Umstände des Einzelfalls an, ob einer dann doch erfolgenden Anfechtung § 242 BGB entgegensteht. Erforderlich ist, dass besondere Umstände vorliegen, die den Schluss rechtfertigen, der Kläger werde auch in Zukunft die ordnungswidrige Beschlussfassung hinnehmen. Die bloße Untätigkeit in der Vergangenheit – hier: die Nichtanfechtung früherer Beschlüsse – reicht für eine Verwirkung nicht, vielmehr müssen weitere Umstände hinzutreten, die nahe legen, Anfechtungsrechte würden auch in Zukunft nicht ausgeübt werden (vgl STAUDINGER/LOOSCHELDERS/OLZEN [2019] § 242 BGB Rn 304). In der Instanzrechtsprechung wird diese Voraussetzung zwar ebenfalls postuliert, in der Sache dann aber dennoch unzutreffend aus der Untätigkeit in der Vergangenheit eine Verwirkung abgeleitet (LG Düsseldorf ZMR 2013, 459).

dd) Verfolgung unlauterer Ziele

223 Rechtsmissbräuchlich ist die Anfechtung nach § 242 BGB, wenn sie nur erfolgt, um nicht die Beschlussaufhebung, sondern ein anderes, unlauteres Ziel zu erreichen (vgl BGH NJW 2008, 3438). Diese Fallgruppe hat im **Aktienrecht** prominente Bedeutung erlangt. Für das Wohnungseigentumsrecht gilt dies (bislang) nicht. Auch hier sind aber Konstellationen denkbar, in denen der Kläger durch die Anfechtungsklage das Ziel verfolgt, die Wohnungseigentümergemeinschaft zu einer Leistung zu veranlassen, auf die er keinen Anspruch hat und billigerweise auch nicht erheben kann. Eine solches Vorgehen wäre rechtsmissbräuchlich (vgl BGHZ 107, 296 – *Kochs-Adler*, zur AG).

f) Darlegungs- und Beweislast

Die Darlegungs- und Beweislast für die Tatsachen, die das Anfechtungsrecht begründen, trägt grundsätzlich der Kläger (BGH 10. 2. 2023 – V ZR 246/21, NJW 2023, 2190 Rn 36). Umgekehrt ist die Beklagte darlegungs- und beweisbelastet, soweit es um Umstände geht, die zu einem Wegfall des Anfechtungsrechts führen. Im Einzelnen gilt folgendes: Hat der Versammlungsleiter einen Beschluss als zustande gekommen verkündet und bestreitet der **Kläger**, dass die hierfür erforderlichen Mehrheiten vorlagen, trifft ihn hierfür die Darlegungs- und Beweislast (Dötsch/Hogenschurz NZM 2010, 297, 300). Gleiches gilt, wenn der Kläger die Ordnungsmäßigkeit des Beschlusses (§ 18 Abs 2 WEG) bestreitet. Denn ein von der Mehrheit gefasster Beschluss trägt die Gewähr der Richtigkeit in sich, die vom Kläger zu widerlegen ist. Sowohl aus dem WEG als auch aus den Grundsätzen der sekundären Darlegungs- und Beweislast können sich im Einzelfall Ausnahmen von diesem Prinzip ergeben (s etwa § 28 WEG Rn 55). Ein Spezifikum besteht beim inhaltsgleichen Zweitbeschluss, der nach gerichtlicher Aufhebung des Erstbeschlusses gefasst wird (Rn 150): Hier muss der Kläger (nur) darlegen, dass ein inhaltsgleicher Zweitbeschluss vorliegt; Rechtsfolge ist die tatsächliche Vermutung seiner Unwirksamkeit (BGH 10. 2. 2023 – V ZR 246/21, NJW 2023, 2190 Rn 37). Zu den wohnungseigentumsrechtlichen Besonderheiten bei den **Beweismitteln** s Vorbem 78 zu §§ 43–45 WEG. 224

Die **Substantiierungslast**, also der Umfang der Darlegungslast, folgt ebenfalls den allgemeinen Prinzipien. Danach ist es zunächst am Kläger, zum Sachverhalt so vorzutragen, dass das Gericht in der Lage ist, aufgrund des tatsächlichen Vorbringens der Partei zu entscheiden, ob die gesetzlichen Voraussetzungen für das Bestehen des Anfechtungsrechts vorliegen (vgl etwa BGH NJW 2012, 1647 Rn 16). Nach der Rspr des BGH dürfen die Anforderungen an die Substantiierung des klägerischen Vortrags nicht überspannt werden; sie bemessen sich insbesondere an den im Vorfeld überlassenen Unterlagen wie etwa den Angaben in der Beschlussvorlage (BGHZ 196, 45 Rn 20). Der Umfang der erforderlichen Substantiierung der Beklagten richtet sich nach dem Vortrag des Klägers; je detaillierter dieser ist, desto höher ist die Erklärungslast. Ob ein einfaches Bestreiten ausreicht oder ob ein substantiiertes Bestreiten erforderlich ist, hängt somit vom klägerischen Vortrag ab (etwa BGHZ 200, 350 Rn 11). 225

aa) Sekundäre Darlegungslast

Die Substantiierungsobliegenheit der Beklagten wird auch durch die allgemeinen Grundsätze der sekundären Darlegungslast bestimmt: Hat die darlegungsbelastete Partei keine nähere Kenntnis der maßgeblichen Umstände und auch keine Möglichkeit zur weiteren Sachverhaltsaufklärung und sind dem Prozessgegner nähere Angaben dazu ohne Weiteres möglich, so muss er hierzu näher vortragen (etwa BGHZ 200, 76 Rn 16). Dazu kann es bei einem **Sonderwissen des Verwalters** bezüglich etwaiger Beschlussmängel kommen, weil dieser Wissensvertreter der Wohnungseigentümergemeinschaft ist. Die Rechtsfolge einer Verletzung der sekundären Darlegungslast ist, dass die Behauptung des Klägers als zugestanden gilt (etwa BGH NJW 2016, 3244). 226

bb) Wahrung der Fristen aus § 45 S 1 WEG

227 Es ist an der **Beklagten** vorzutragen und gegebenenfalls zu beweisen, dass die Anfechtungs- und/oder Begründungsfrist aus § 45 S 1 WEG nicht eingehalten und das Anfechtungsrecht aus diesem Grund erloschen ist (**aA** LG Hamburg ZMR 2012, 216). Denn für Umstände, die zum Untergang des Klagerechts führen, ist nach allgemeinen Grundsätzen der Beklagte darlegungs- und beweispflichtig (etwa Braun, Lehrbuch d ZPR 718). Ergeben sich diese Umstände aus der Gerichtsakte (etwa dem Eingangsstempel oder der Zustellungsurkunde), so darf diese Tatsache **entgegen der hM nicht von Amts wegen**, sondern nur bei entsprechendem Sachvortrag der Beklagten berücksichtigt werden (**aA** Bärmann/Pick/Dötsch § 46 Rn 72; Hügel/Elzer § 45 Rn 48 sowie BGH 15. 6. 1998 – II ZR 40/97, NJW 1998, 3344, zum Aktienrecht, unter Verweis auf BGH 4. 7. 1951 – II ZR 117/50, MDR 1951, 674, indes jeweils ohne Begründung). Denn § 291 ZPO entbindet bei Tatsachen, die bei Gericht offenkundig sind, nur von der Beweis-, nicht hingegen von der Darlegungslast (BAG NJW 1977, 695; Stein/Jonas/Thole § 291 Rn 11). Anderenfalls bestünde auch die Gefahr, dass der Kläger Opfer eine Überraschungsentscheidung wird, etwa, weil das Gericht eine verzögerte Zustellung nicht mehr als „demnächst" iSd § 167 ZPO einordnet, ohne dass der Kläger Gelegenheit erhielte, hierzu vorzutragen.

228 Steht fest, dass die Zustellung der Anfechtungsklage erst nach Fristablauf erfolgte, so muss der Kläger die Voraussetzungen des **§ 167 ZPO** vortragen und ggf beweisen (Dötsch AnwZert MietR 12/2012, Anm 2). Eine Ausnahme gilt für die Feststellung, dass das Versäumnis des Klägers für die Verzögerung der Zustellung kausal geworden ist (BGH NJW-RR 2006, 1436).

cc) Beweislastumkehr bei Verfahrensmängeln?

229 Eine beweisrechtliche Ausnahme gilt nach **hM** für die Kausalität zwischen einem Verfahrensmangel und der Beschlussfassung. Hier soll eine Ungültigerklärung nur ausscheiden, wenn feststehe, dass der angefochtene Beschluss auch bei ordnungsgemäßem Verfahrensverlauf ebenso gefasst worden wäre (BGH NJW 2011, 679 Rn 10). In der Sache handelt es sich um eine Beweislastumkehr, ein Ergebnis, das von Teilen der Literatur zu Recht abgelehnt wird (Dötsch/Hogenschurz NZM 2010, 297, 301 f; Kümmel ZMR 2014, 763). Denn eine überzeugende Begründung für diese **Kausalitätstheorie** ist nicht ersichtlich und die These der hM ist bisher auch nicht näher begründet worden (Dötsch/Hogenschurz NZM 2010, 297, 302). Sphärengesichtspunkte tragen das Ergebnis nicht, auch wenn Verfahrensmängel typischerweise vom Verwalter als Organ der Beklagten verursacht werden. Verfahrensmängel sind daher nicht als Problem der kausalen Verursachung eines Beschlussmangels, sondern unabhängig hiervon als ein dem Beschluss anhaftender Fehler einzuordnen, wenn der Mangel hinreichend relevant ist (Dötsch/Hogenschurz NZM 2010, 297, 302). Diese **Relevanztheorie** hat der BGH für das Wohnungseigentumsrecht auch bereits anerkannt, wendet sie indes bislang noch neben der Kausalitätstheorie an (BGH NJW 2011, 679 Rn 10; s zum Problemkreis auch Staudinger/Häublein § 24 WEG Rn 112 ff).

dd) Negative Tatsachen

230 Schwierigkeiten bereitet die Bestimmung der Substantiierungslast, wenn der Kläger einen Beschluss anficht, dessen **Mangelhaftigkeit** darin liegen soll, dass eine **bestimmte Tatsache nicht vorliegt**. Es überzeugt nicht, in diesen Fällen die Darlegungs- und Beweislast für das Vorliegen des wichtigen Grundes auf die Beklagte zu verlagern

(DÖTSCH ZWE 2011, 305). Vielmehr muss der Kläger zu den vermeintlichen Tatsachen vortragen, auf die sich der Beschluss stützt. Nur wenn ihm dies nicht möglich ist – etwa, weil das Versammlungsprotokoll keine Begründung enthält und er bei der Beschlussfassung nicht anwesend war oder die Wohnungseigentümergemeinschaft aus anderen Gründen Sonderwissen hat – kann die Beklagte nach den Grundsätzen der sekundären Darlegungslast eine Obliegenheit zum Sachvortrag treffen. Auf diese Weise ist etwa auch der Vortrag des Klägers zu behandeln, er sei zur Versammlung nicht geladen worden: Die Darlegungs- und Beweislast hierfür hat zwar der Kläger, aber die Beklagte trifft die Pflicht, näher zu den Umständen seiner **Ladung** vorzutragen (LG München I 27. 9. 2018 – 36 S 18251/16 WEG, ZMR 2019, 544; MünchKomm/HOGENSCHURZ § 44 WEG Rn 11).

4. Urteil

Ist die Anfechtungsklage begründet, lautet der Tenor des Urteils dahingehend, dass der angefochtene Beschluss für ungültig erklärt wird. Der Beschluss muss **hinreichend** deutlich **bezeichnet** werden, weil die Gestaltungswirkung des Urteils nur eintritt, wenn sich dem Tenor zumindest durch Auslegung entnehmen lässt, welchem Beschluss die Wirksamkeit genommen werden soll (vgl BFH BB 2014, 2466). Bei der Auslegung können neben dem Tenor auch Tatbestand und Entscheidungsgründe (vgl BGH NJW 2011, 3161; NJW 2000, 2207), bei Versäumnisurteilen auch Klageantrag nebst Begründung (vgl BGH NJW 1994, 460) berücksichtigt werden. 231

Nach **hM** soll ein Urteil auf Ungültigerklärung auch ergehen dürfen, wenn der **Beschluss nichtig** ist (BGHZ 182, 307 [anders noch BGHZ 156, 279]). Das mag prozessökonomisch sein, ist wegen des Unterschiedes zwischen Anfechtungs- und Nichtigkeitsklage (s Rn 18) aber ein **Irrweg**. 232

Hat der Kläger zur Begründung seiner Klage **mehrere Anfechtungsgründe** vorgetragen, von denen nur einzelne die Beschlussaufhebung tragen, ist der Beschluss auf Basis der hM (Rn 6) wegen des durchgreifenden Anfechtungsgrunds für ungültig zu erklären und die Klage nicht im Übrigen abzuweisen. Gleiches gilt, wenn **mehrere Kläger** denselben Beschluss unter Berufung auf verschiedene Anfechtungsgründe angegriffen haben (s Rn 14). 233

Kommt das Gericht zu dem Ergebnis, dass sich der Fehler auf einen Teil des Beschlusses beschränkt und der übrige Teil nach **§ 139 BGB** aufrechtzuerhalten ist, so hat es den Beschluss nur **teilweise** für **ungültig** zu erklären. Ob die Klage im Übrigen abzuweisen ist hängt davon ab, ob der Kläger seinen Anfechtungsantrag entsprechend beschränkt hat. Näher zu dieser Problematik Rn 186 ff. 234

V. Nichtigkeitsklage (§ 44 Abs 1 S 1 Var 2 WEG)

Die Klage nach § 44 Abs 1 S 1 Var 2 WEG hat das Ziel, die Nichtigkeit eines Beschlusses feststellen zu lassen. Zu ihren **allgemeinen Grundsätzen**, insbes ihrem Streitgegenstand und ihrem Verhältnis zur Anfechtungsklage sowie zu den speziellen gesetzlichen Regelungen, die für sämtliche Beschlussklagen gelten s Rn 4 ff. 235

1. Allgemeines

236 Die Feststellungsklage nach § 256 ZPO wird von der hL (etwa STEIN/JONAS/ROTH § 256 Rn 2 m Nachw) als prozessrechtliches Institut verstanden. Für die Nichtigkeitsklage iSd § 44 Abs 1 S 1 Var 2 WEG überzeugt die Gegenansicht (etwa ZÖLLNER AcP 190 [1990] 471, 491 ff), nach der mit der Feststellungsklage ein **materielles Recht** prozessrechtlich durchgesetzt wird. Denn die Nichtigkeitsklage dient der Durchsetzung des Anspruchs aus § 18 Abs 2 WEG. Dieser folgt aus der faktischen Existenz eines nichtigen Beschlusses und wäre – gäbe es § 44 Abs 1 S 1 Var 2 WEG nicht – auf Feststellung seiner Nichtigkeit durch Beschluss gerichtet. Für eine materiell-rechtliche Verankerung der Nichtigkeitsklage spricht auch, dass so ein Gleichklang mit der Anfechtungsklage erreicht wird, die ebenfalls auf einem materiellen Recht beruht. Ein solcher Gleichklang ist angesichts der Verklammerung beider Klagen durch den Streitgegenstandsbegriff (Rn 20) überzeugend. Ebenso wie der Anfechtungsklage in Form des Anfechtungsrechts (Rn 199) liegt der Nichtigkeitsklage also ein (besonderes) **Feststellungsrecht** zugrunde (LEHMANN-RICHTER/WOBST WEG-Reform 2020 Rn 1849). Dieses Feststellungsrecht wurzelt in § 18 Abs 2 WEG: Die Nichtigkeitsklage dient der Umsetzung des nach dieser Norm bestehenden Anspruchs auf Beseitigung der Scheinwirkungen eines nichtigen Beschlusses durch Deklaration seiner Unverbindlichkeit per Beschluss. § 44 Abs 1 S 1 Var 2 WEG **sperrt** daher eine etwaige **Leistungsklage**, mit dem Ziel, dass die Wohnungseigentümergemeinschaft einen solcher Feststellungsbeschluss fasst; gleiches gilt für eine auf § 44 Abs 1 S 2 WEG gestützte Beschlussersetzungsklage.

237 § 44 Abs 1 S 1 Var 2 WEG regelt mithin eine **besondere Feststellungsklage**, die im Gegensatz zur allgemeinen Feststellungsklage nach § 256 ZPO einerseits nicht von einem Feststellungsinteresse auf Seiten des Klägers abhängig ist (Rn 240) und für die andererseits die Sonderregelungen des § 44 WEG gelten.

2. Zulässigkeitsvoraussetzungen

238 Die Nichtigkeitsklage ist nur statthaft, wenn sie von einem **Wohnungseigentümer gegen** die **Wohnungseigentümergemeinschaft** geführt wird (Rn 81 ff). Sie muss einen Beschluss der Wohnungseigentümer betreffen (Rn 79).

239 Der **Klageantrag** muss auf Feststellung der Nichtigkeit eines – hinreichend konkretisierten (dazu § 45 WEG Rn 20) – Beschlusses der Wohnungseigentümer lauten. Wegen der identischen Streitgegenstände schließt ein Anfechtungsantrag aber den Feststellungsantrag ein (dazu Rn 21). Verschiedene Nichtigkeitsgründe führen nach hM nicht zu einer objektiven Klagehäufung (dazu Rn 6 ff).

240 Die Zulässigkeit der Nichtigkeitsklage setzt, anderes als nach § 256 Abs 1 ZPO die allgemeine Feststellungsklage, **kein Feststellungsinteresse** voraus. Dies folgt bereits aus dem Wortlaut des § 44 Abs 1 S 1 Var 2 WEG. Eine einschränkende Auslegung ist nicht geboten, weil § 44 Abs 1 S 1 Var 2 WEG der Durchsetzung eines materiellen Anerkennungsanspruchs dient (Rn 236), weshalb etwaige Beschränkungen des Klagerechts im Rahmen der Begründetheit zu prüfen sind. In Ausnahmefällen kann der Nichtigkeitsklage das **Rechtsschutzbedürfnis** fehlen; die Ausführungen zur Anfechtungsklage gelten entsprechend (Rn 192).

Ist eine Anfechtungs- oder Nichtigkeitsklage **rechtskräftig abgewiesen** worden, steht dies wegen § 44 Abs 3 WEG einer erneuten Nichtigkeitsklage auch eines anderen Wohnungseigentümers entgegen (näher Rn 152). 241

3. Begründetheit

Die Nichtigkeitsklage ist begründet, wenn der **Beschluss nichtig** ist. Wann dies der Fall ist, regelt das Gesetz nicht speziell; § 23 Abs 4 S 1 WEG spricht recht kryptisch von einem Verstoß gegen Rechtsvorschriften, auf deren Einhaltung rechtswirksam nicht verzichtet werden kann. Ein Kanon an geschriebenen Nichtigkeitsgründen fehlt daher. Dieser wurde erst sukzessive von Rspr und Literatur entwickelt, wobei es sich um einen fortschreitenden Erkenntnisprozess handelt (näher Staudinger/Häublein § 23 WEG Rn 334 ff). 242

Die Nichtigkeitsklage ist **nicht fristgebunden**. Als negative Voraussetzung tritt aber der **Verlust des Feststellungsrechts** hinzu, wobei es etwa nicht ausreicht, wenn der Kläger für den nichtigen Beschluss gestimmt hat (BGH NJW 2012, 2578 Rn 9). Hier gelten die Grundsätze zum Verlust des Anfechtungsrechts entsprechend (Rn 205 ff). 243

Die **Darlegungs- und Beweislast** trifft grds den Kläger. Es gelten die zur Anfechtungsklage entwickelten Prinzipien entsprechend (Rn 224 ff). 244

4. Urteil

Ist die Nichtigkeitsklage begründet, lautet der Tenor des Urteils dahingehend, dass die Nichtigkeit des Beschlusses festgestellt wird. Der Beschluss muss **hinreichend** deutlich **bezeichnet** werden, weil die Feststellungswirkung des Urteils nur eintritt, wenn sich dem Tenor zumindest durch Auslegung entnehmen lässt, auf welchen Beschluss er sich bezieht. Bei der Auslegung können neben dem Tenor auch Tatbestand und Entscheidungsgründe (vgl BGH NJW 2011, 3161; NJW 2000, 2207), bei Versäumnisurteilen auch Klageantrag nebst Begründung (vgl BGH NJW 1994, 460) berücksichtigt werden. Zum Umgang mit Klagen, in denen **mehrere Nichtigkeitsgründe** vortragen werden s Rn 233. 245

VI. Beschlussersetzungsklage (§ 44 Abs 1 S 2 WEG)

Die Klage nach § 44 Abs 1 S 2 WEG hat das Ziel, dass das Gericht an Stelle der Wohnungseigentümer einen Beschluss fasst. Zu den **Grundprinzipien** dieser Klage, insbes ihrem Streitgegenstand sowie zu den speziellen gesetzlichen Regelungen, die für sämtliche Beschlussklagen gelten, s Rn 4 ff. 246

1. Allgemeines

§ 44 Abs 1 S 2 WEG ist durch die WEG-Reform 2020 an die Stelle von § 21 Abs 8 WEG aF getreten. Dessen **Vorgänger** war § 43 Abs 2 WEG 1951, der dem Richter im damaligen FGG-Verfahren die Möglichkeit gab, auf Antrag eine Entscheidung nach billigem Ermessen zu treffen. 247

248 **Anwendungsbeispiele** für Beschlussersetzungen sind etwa die Bestellung (LG Braunschweig ZMR 2015, 473) oder Abberufung (LG München I ZMR 2015, 796) eines Verwalters oder der Beschluss über die Ausführung von Erhaltungsmaßnahmen (BGH NJW 2013, 2271), die Regelung des turnusmäßigen Gebrauchs von Gemeinschaftseigentum (BGH NJW 2017, 64 Rn 18), die Änderung von Kostenverteilungsschlüsseln (BGH ZMR 2011, 485, Rn 11; Z 184, 88 Rn 21) oder die Ermächtigung, nach § 24 Abs 3 Var 3 WEG eine Versammlung einzuberufen.

a) Besonderheiten des „ersetzten" Beschlusses

249 § 44 Abs 1 S 2 WEG gibt dem Gericht die Kompetenz, an Stelle der Wohnungseigentümer einen Beschluss zu fassen. Das kommt durch die Bezeichnung „Beschlussersetzungsklage" insofern zum Ausdruck, als das Gericht durch sein Urteil das diesbezügliche Handel der Wohnungseigentümer ersetzt. Der vom Gericht gefasste Beschluss ist materiell-rechtlich daher grds wie ein Beschluss der Wohnungseigentümer zu behandeln. Er unterliegt aber Besonderheiten. Offensichtlich müssen die für die Beschlussfassung durch die Wohnungseigentümer vorgesehenen **Verfahrensregeln** nicht beachtet werden. An ihre Stelle tritt das Prozessrecht der Beschlussersetzungsklage. Aber auch die **Unwirksamkeit** eines vom Gericht gefassten Wohnungseigentümerbeschlusses – und damit seine Unverbindlichkeit – richtet sich allein **nach Prozessrecht** (BGH 16. 2. 2018 – V ZR 148/17, ZMR 2018, 608 Rn 13). Etwaige materiell-rechtliche Einwendungen, zB das Fehlen von Beschlusskompetenz, müssen daher im Rechtsmittelverfahren vorgetragen werden. Solche Einwendungen führen nämlich anderenfalls wegen des der ZPO zugrundeliegenden Anfechtungsprinzips nicht zur Wirkungslosigkeit des Urteils. Ein vom Gericht gefasster Wohnungseigentümerbeschluss kann auch nicht etwa nach § 44 Abs 1 S 1 WEG zur gerichtlichen Überprüfung gestellt werden. Denn dies würde die Rechtsmittelfristen, die gegen das Beschlussersetzungsurteil bestehen, entwerten, was bei der nicht fristgebundenen Nichtigkeitsklage besonders offensichtlich ist.

250 Das Sonderrecht des vom Gericht gefassten Beschluss endet aber, sobald er durch rechtskräftiges Gestaltungsurteil entstanden ist. Jetzt gilt er als ein Beschluss der Wohnungseigentümer und unterliegt allgemeinen Beschlussregeln. Die **Wohnungseigentümer** können den gerichtlichen Beschluss daher durch **Beschluss ergänzen** oder durch eine neue Regelung **ersetzen** (KG ZMR 1996, 392), aber auch **aufheben**. § 44 Abs 3 WEG steht insbes der Aufhebung nicht entgegen, weil die Gestaltungswirkungen des Urteils nicht aus dem Prozessrecht folgt (Rn 18). Der Wohnungseigentümer, der den Beschluss erstritten hat, wird dadurch nicht rechtlos gestellt. Denn das Beschlussersetzungsurteil stellt das Gestaltungsrecht des Klägers fest (Rn 149). Ein Beschluss, der dieses Recht missachtet – insbesondere ein Aufhebungsbeschluss – ist deshalb auf Anfechtungsklage hin für ungültig zu erklären. In Eilfällen kann der Wohnungseigentümer die Wirkungen des Aufhebungsbeschlusses durch einstweilige Verfügung suspendieren lassen.

b) Rechtsnatur der Beschlussersetzungsklage

251 § 44 Abs 1 S 2 WEG regelt eine **Gestaltungsklage** (etwa BGHZ 184, 88 Rn 21), weil die formell rechtskräftige Entscheidung einen Beschluss der Wohnungseigentümer schafft und damit die Rechtslage umgestaltet. Ebenso wie Anfechtungs- (Rn 177) und Nichtigkeitsklage (Rn 236) dient auch die Beschlussersetzungsklage der Durchsetzung eines materiell-rechtlichen Anspruchs auf Mitwirkung bei der Rechtsgestaltung.

Gäbe es § 44 Abs 1 S 2 WEG nicht, so könnte jeder Wohnungseigentümer seinen Anspruch aus § 18 Abs 2 WEG auf Fassung ordnungsmäßiger Verwaltung entsprechender Beschlüsse durch Leistungsklage durchsetzen. Diesen Anspruch ersetzt § 44 Abs 1 S 2 WEG durch **ein materiell-rechtliches Gestaltungsklagerecht** (grundlegend Bötticher, in: FS Dölle I [1963] 41, 54 ff). Zur dadurch ausgelösten **Sperrwirkung** gegenüber Leistungsklagen Rn 54.

c) Normzweck

Aus der beschränkten gesetzlichen Verwaltungsbefugnis des Verwalters (§ 27 Abs 1 WEG) folgt, dass Entscheidungen in der Wohnungseigentümergemeinschaft regelmäßig durch Beschluss getroffen werden müssen. Das unterscheidet die Wohnungseigentümergemeinschaft von Verbänden, in denen die umfassende Geschäftsführungsmacht in den Händen des Leitungsorgans liegt. Das Gestaltungsklagerecht ermöglicht es jedem Wohnungseigentümer, die für die Verwaltung notwendigen Beschlüsse effektiv zu erstreiten. Denn durch das Gestaltungsurteil wird der Beschluss unmittelbar geschaffen, ohne dass es einer vollstreckungsrechtlichen Umsetzung bedürfte. Hinzu kommt, dass § 44 Abs 1 S 2 WEG einen unbestimmten Klageantrag zulässt, falls den Wohnungseigentümern bei der Beschlussfassung ein Ermessen zustände (Rn 256). § 44 Abs 1 S 2 WEG hat mithin den Zweck, die **Funktionsfähigkeit der Verwaltung** zu gewährleisten und sichert so das Interesse der Wohnungseigentümer an einer ordnungsmäßigen Verwaltung. 252

2. Zulässigkeit der Klage

Die Beschlussersetzungsklage ist nur statthaft, wenn sie von einem **Wohnungseigentümer gegen** die **Wohnungseigentümergemeinschaft** geführt wird (Rn 81 ff). 253

Der Klageantrag muss darauf gerichtet sein, dass das Gericht einen **Wohnungseigentümerbeschluss** (dazu Rn 79) fasst. Die Beschlussersetzungsklage ist daher – anders als nach hM die Maßnahmenklage nach § 21 Abs 8 WEG aF (BGH NJW 2017, 64 Rn 7) – unstatthaft, wenn der Kläger eine Vereinbarung der Wohnungseigentümer begehrt. Auch die Ersetzung einer Verwaltungshandlung (zum Begriff § 18 WEG Rn 19) gestattet § 44 Abs 1 S 2 WEG nicht. Das Gericht kann daher nicht etwa selbst zu einer Eigentümerversammlung laden, sondern nur einen Wohnungseigentümer entsprechend ermächtigen (§ 24 Abs 3 Var 3 WEG). Unter § 44 Abs 1 S 2 WEG fällt hingegen die sog **Beschlussverkündungsklage**, also eine Klage auf Herbeiführung eines gefassten, aber nicht verkündeten Beschlusses (s Rn 57). 254

Ob der Kläger eine Beschlussersetzungsklage erhoben hat, richtet sich nach seinem **Klageantrag**. Dieser muss die Gestaltung durch das Gericht zum Ziel haben; dem Kläger muss es also darum gehen, dass bereits durch das Urteil der von ihm begehrte Beschluss rechtlich zur Entstehung gelangt. In Zweifelsfällen ist dies durch Auslegung des Klageantrags zu ermitteln (BGH 16. 9. 2022 – V ZR 69/21, NJW 2023, 63, Rn 13). Hier ist zu beachten, dass bei der Auslegung von Prozesserklärungen im Zweifel das gilt, was den recht verstandenen Interessen des Erklärenden entspricht (etwa BGH 21. 3. 2018 – VIII ZR 68/17, NJW 2018, 3448 Rn 38). Eine auf Leistungsklage hindeutende Antragstellung ist daher regelmäßig als Gestaltungsantrag zu verstehen, es sei denn es ist unzweifelhaft, dass der Kläger eine (unzulässige) Leistungsklage erheben wollte. Deshalb gilt auch die Zweifelsregel, dass in der Klage auf Zustimmung zu einem 255

Beschlussantrag ein Beschlussersetzungsantrag liegt (BGH 4. 5. 2018 – V ZR 203/17, NJW 2018, 3238 Rn 6). Gleiches gilt, wenn Klage auf Ausführung einer Verwaltungshandlung erhoben wird, ein solcher Anspruch aber eine entsprechende Beschlussfassung voraussetzt (BGH 17. 5. 2019 – V ZR 34/18, ZWE 2020, 51 Rn 17; NJW 2016, 2181 Rn 18 f). Ein Antrag nach § 44 Abs 1 S 2 WEG kann auch darin liegen, dass die Feststellung eines Positivbeschlusses begehrt wird (vgl AG Celle ZMR 2016, 734).

256 Der Antrag unterliegt den **Bestimmtheitsanforderungen** des § 253 Abs 2 Nr 2 ZPO. Deshalb muss der Kläger den Inhalt des von ihm begehrten Beschlusses grds konkret bezeichnen. Denn § 44 Abs 1 S 2 WEG stellt die Entscheidung über den zu fassenden Beschluss – anders als noch § 21 Abs 8 WEG aF – nicht stets in das Ermessen des Gerichts. Nur wenn nach materiellem Recht ein **Ermessenspielraum** der Wohnungseigentümer – und damit auch des an ihre Stelle tretenden Gerichts – besteht, ist es ausreichend, wenn der Kläger das von ihm angestrebte **Maßnahmenziel** nennt (BGH 16. 9. 2022 – V ZR 69/21, NJW 2023, 63, Rn 9; BGH 8. 4. 2016 – V ZR 191/15, NJW 2017, 64 Rn 7; BGH 26. 2. 2016 – V ZR 250/14, NJW 2016, 2181 Rn 19). Besteht hingegen kein Entscheidungsermessen, muss der Kläger den genauen Inhalt des von ihm begehrten Beschlusses nennen, um den Anforderungen des § 253 Abs 2 Nr 2 ZPO an einen hinreichend bestimmen Antrag zu genügen. Ein bestimmter Antrag ist daher etwa erforderlich, wenn der Kläger einen Gestattungsbeschluss nach § 20 Abs 3 WEG begehrt, bei einer auf § 18 Abs 2 WEG gestützten Beschlussfassung hingegen entbehrlich, wenn nicht ausnahmsweise eine Ermessensreduzierung auf null vorliegt (Lehmann-Richter/Wobst WEG-Reform 2020 Rn 1872 ff).

257 Anders als § 315 Abs 3 S 2 BGB (s BGH NJW 1996, 1054) erlaubt § 44 Abs 1 S 2 WEG **keine verdeckte Gestaltungsklage**, bei der ein Wohnungseigentümer Leistungsklage erhebt und das Gericht den für die Leistung als Rechtsgrund erforderlichen Beschluss inzident fasst. Denn die verdeckte Gestaltung führt dazu, dass der rechtsgestaltende Teil der Entscheidung nicht tenoriert wird. Hieran besteht in der Wohnungseigentümergemeinschaft aber ein unabweisbares Bedürfnis, weil anderenfalls der Umfang des durch Beschlüsse geregelten Pflichtenprogramms in der Gemeinschaft unklar bliebe (vgl OLG München 17. 3. 2010 – 20 U 2885/09, NZG 2010, 863, 864, zum Gesellschaftsrecht).

258 Aus § 253 Abs 2 Nr 2 ZPO folgt, dass die Klage **begründet** werden und daher den Grund für die begehrte Beschlussfassung mitteilen muss (zum Streitgegenstand Rn 6 ff). Eine besondere Begründungsfrist gilt nicht, § 45 S 1 WEG ist nicht etwa analog anwendbar. Die sog **Vorbefassung** der Wohnungseigentümerversammlung ist entgegen der hM kein Problem der Zulässigkeit, sondern der Begründetheit der Klage (s Rn 264).

3. Begründetheit

259 Die Begründetheit der Klage setzt voraus, dass eine notwendige Beschlussfassung unterblieben ist. Diesen **Gestaltungsgrund** beschreibt § 44 Abs 1 S 2 WEG nicht näher, sondern er ist dem materiellen Wohnungseigentumsrecht zu entnehmen: Erforderlich ist, dass ein **Anspruch** des **Klägers** auf **Beschlussfassung pflichtwidrig nicht erfüllt** wurde. Der Anspruch auf Beschlussfassung kann sich aus § 18 Abs 2 WEG, einer speziellen gesetzlichen Vorschrift (namentlich § 20 Abs 2 und Abs 3 WEG) oder aus der Gemeinschaftsordnung ergeben.

Maßgeblicher **Zeitpunkt** für die Feststellung, ob der Gestaltungsgrund besteht, ist die letzte mündliche Tatsachenverhandlung (BGH 4. 5. 2018 – V ZR 203/17, NJW 2018, 3238 Rn 26). Das Gestaltungsklagerecht kann wegen **Rechtsmissbrauchs** entfallen (vgl zur Anfechtungsklage Rn 208 ff). 260

a) Anspruch auf Beschlussfassung

Die **Erforderlichkeit** einer **Beschlussfassung** ist durch Subsumtion des Sachverhalts unter die konkrete Anspruchsgrundlage zu ermitteln. Diese sind im Gesetz § 18 Abs 2 WEG oder § 20 Abs 2 und Abs 3 WEG. Wegen der Details ist auf die dortigen Kommentierungen zu verweisen. 261

Die Einordnung der sog **Beschlussverkündungsklage** (Rn 57) als eine solche gemäß § 44 Abs 1 S 2 WEG ist für die Entscheidung des Streits weiterführend, ob im Rahmen dieser Klage die **Ordnungsmäßigkeit des Beschlusses** Voraussetzung für die Begründetheit ist (dafür etwa LG Hamburg ZMR 2011, 822; dagegen Hogenschurz/Elzer Rn 8). Die Frage ist zu bejahen. Auf den ersten Blick könnte man zwar meinen, der Klage sei unabhängig hiervon stattzugeben, weil ein Anspruch auf Beschlussverkündung durch den Versammlungsleiter bestand, der nicht erfüllt wurde. Indes unterliegt ein vom Gericht gefasster Wohnungseigentümerbeschluss nicht der Anfechtung nach § 44 Abs 1 S 1 WEG (Rn 249). Mängel des rechtswidrig nicht verkündeten Beschlusses sind daher bereits im Ersetzungsverfahren zu prüfen. 262

b) Unterbliebene Beschlussfassung

§ 44 Abs 1 S 2 WEG verlangt weiter, dass die Beschlussfassung unterblieben ist. Dieses Merkmal erklärt sich mit dem materiell-rechtlichen Hintergrund der Regelung: § 44 Abs 1 S 2 WEG beruht auf einem Anspruch des Wohnungseigentümers auf Beschlussfassung. Gäbe es § 44 Abs 1 S 2 WEG nicht, müsste dieser Anspruch mit der Leistungsklage durchgesetzt werden (Rn 251). Eine Leistungsklage auf eine noch nicht **fällige Beschlussfassung** müsste als derzeit unbegründet abgewiesen werden; eine Ausnahme würde sich nur aus § 259 ZPO ergeben. Dieses allgemeine Prinzip, dass der Erfolg einer Klage grds die Fälligkeit der Leistung voraussetzt, steht hinter dem Merkmal der unterbliebenen Beschlussfassung. 263

(1) Vorbefassungsgebot

Es reicht daher für sich genommen nicht aus, dass der notwendige Beschluss bis zum Schluss der letzten mündlichen Tatsachenverhandlung nicht gefasst wurde. Denn die Wohnungseigentümer können Mehrheitsbeschlüsse nur in einer Versammlung fassen. Deshalb wird der Anspruch auf Beschlussfassung erst dann fällig (§ 18 WEG Rn 169). Eine vorher erhobene Beschlussersetzungsklage ist daher grds als derzeit unbegründet abzuweisen. Die hM behandelt dieses Problem unter dem Stichwort Vorbefassungsgebot: Danach fehlt der Beschlussersetzungsklage grds das **Rechtsschutzbedürfnis**, solange die Wohnungseigentümer den Beschlussantrag nicht abgelehnt haben (BGH 18. 1. 2019 – V ZR 72/18, ZMR 2019, 616 Rn 13). Die Ablehnung im Umlaufverfahren reicht aber nicht (LG Frankfurt aM 31. 10. 2022 – 2-09 S 41/21, ZMR 2023, 131), weil hier keine Stimmpflicht besteht (§ 19 Rn 48). Eine Ausnahme vom Vorbefassungsgebot gilt, wenn vorgetragen und ggf bewiesen ist, dass die Versammlung – 264 wäre sie mit dem Beschlussantrag konfrontiert worden – diesen abgelehnt hätte (BGH 16. 9. 2022 – V ZR 69/21, NJW 2023, 63, Rn 6; BGH 15. 1. 2010 – V ZR 114/09, NJW 2010, 2129 Rn 15). Diese Rspr überzeugt im Ergebnis, da sie das in § 259 ZPO zum Ausdruck kommende Prinzip umsetzt, nach dem ein noch nicht fälliger Anspruch nur erfolgreich eingeklagt werden kann, wenn die Besorgnis gerechtfertigt ist, dass er nicht rechtzeitig erfüllt werden wird. Zu widersprechen ist angesichts dieser dogmatischen Grundlage allerdings der These der hM, das Vorbefassungsgebot sei ein Problem des Rechtsschutzbedürfnisses. Richtigerweise geht es um die Begründetheit der Klage.

265 Aus dem beschriebenen Prinzip ergibt sich eine weitere Einschränkung des sog Vorbefassungsgebots. Die Beschlussersetzungsklage ist nämlich auch begründet, wenn der **Verwalter** (oder ein anderer, nach § 24 Abs 3 WEG einberufungskompetenter Funktionsträger) bei der Organisation der Beschlussfassung **untätig** geblieben ist. Es reicht mithin aus, wenn der Kläger eine Entscheidung durch Beschluss der Wohnungseigentümer beantragt hat, der Verwalter oder ein anderer Einberufungsberechtigter diesen Antrag ordnungswidrig aber nicht zur Abstimmung bringt. Denn dieses Verhalten ist der Wohnungseigentümergemeinschaft zuzurechnen (Lehmann-Richter/Wobst WEG-Reform 2020 Rn 1866), was dazu führt, dass der Wohnungseigentümer Klage auf Beschlussfassung erheben kann. Hierin liegt eine Änderung der Rechtslage vor der WEG-Reform 2020 (vgl etwa OLG Düsseldorf ZMR 1994, 520), als die Beschlussersetzungsklage zwischen den Wohnungseigentümern zu führen war und deshalb eine Zurechnung der Pflichtverletzung des Verwalters ausschied.

266 **Fehlt ein Verwalter**, so kann jeder Wohnungseigentümer Beschlussersetzungsklage auf Selbstermächtigung gem § 24 Abs 3 WEG erheben (LG Frankfurt aM 6. 2. 2003 – 13 T 7/23, WuM 2023, 180). Das Vorbefassungsgebot sperrt nicht, da bei Fehlen eines Einberufungsberechtigten die Besorgnis offensichtlich begründet ist, dass nötige Beschlüsse nicht gefasst werden. Der Wohnungseigentümer kann seine Beschlussersetzungsklage aber auch direkt auf Verwalterbestellung richten. Auch hier steht das Vorbefassungsgebot nicht entgegen. Zwar könnten die Wohnungseigentümer nach einer erfolgreichen Selbstermächtigungsklage mit der Verwalterbestellung konfrontiert werden. Die besondere Bedeutung des Verwalters für die Funktionsfähigkeit der Wohnungseigentümergemeinschaft rechtfertigt aber eine Ausnahme von diesem Gebot (Lehmann-Richter ZWE 2022, 61, 66; vgl auch BGH 10. 6. 2011 – V ZR 146/10, NJW 2011, 3025 Rn 11; **aA** LG Frankfurt aM 6. 2. 2003 – 13 T 7/23, WuM 2023, 180). Auf bei wertender Betrachtung verfrühte Bestellungsklagen ist § 93 ZPO anzuwenden.

267 Hat der Kläger zwar einen Anspruch auf Beschlussfassung, ist diese indes bislang nicht pflichtwidrig unterblieben – etwa, weil es an der Vorbefassung der Wohnungseigentümerversammlung fehlt – ist die Klage als derzeit **unbegründet abzuweisen**. Nach hM soll die Klage in diesen Fällen hingegen als unzulässig abgewiesen werden (MünchKomm/Hogenschurz § 44 WEG Rn 25 und zu § 21 Abs 7 WEG aF auch BGH ZMR 2012, 713 Rn 7).

(2) „Zurückbehaltungsrecht“ der Wohnungseigentümergemeinschaft

268 Die Wohnungseigentümergemeinschaft kann im Regelfall gegen die Beschlussersetzungsklage **nicht** erfolgreich einwenden, der Kläger sei ihr zu einer Leistung verpflichtet und sie mache aus diesem Grund ein Zurückbehaltungsrecht an der Be-

schlussfassung geltend, das das Gestaltungsrecht des Klägers sperre (näher § 18 WEG Rn 177).

(3) Positivbeschluss

Haben die Wohnungseigentümer einen Positivbeschluss gefasst, so ist es eine Frage der Umstände des Einzelfalls, ob sie damit (auch) den vom Kläger begehrten **Gegenstand geregelt** haben (s BayObLG ZMR 1999, 494; LG Karlsruhe ZWE 2016, 181). Ist dies der Fall, besteht kein Anspruch auf erneute Beschlussfassung. In Betracht kommt aber ein mit der Klage aus § 44 Abs 1 S 2 WEG durchzusetzender Anspruch auf **Klarstellung** eines **Beschlussinhalts**, wenn hierüber in der Gemeinschaft Streit besteht (BGH 16. 12. 2022 – V ZR 263/21, NJW-RR 2023, 226 Rn 33). Beschließen die Wohnungseigentümer die begehrte Maßnahme nach Rechtshängigkeit der Beschlussersetzungsklage, so führt dies zur Hauptsachenerledigung. 269

(4) Negativbeschluss

Ein Negativbeschluss ist **pflichtwidrig**, wenn ein Anspruch auf Beschlussfassung besteht. Wird der Negativbeschluss aber bestandskräftig, kann die Pflichtwidrigkeit entgegen der hM nicht mehr eingewendet werden und **sperrt** aus diesem Grund eine Beschlussersetzung nach § 44 Abs 1 S 2 WEG (**aA** BGH 17. 5. 2019 – V ZR 34/18, ZWE 2020, 51 Rn 16). Eine Ausnahme gilt, wenn der Kläger ausnahmsweise einen Anspruch auf Aufhebung des bestandskräftigen Beschlusses hat (dazu Rn 52). Dann kann das Gericht die Sperrwirkung des Negativbeschlusses ignorieren und einen Positivbeschluss erlassen (vgl BGHZ 197, 274 Rn 19 ff); die Beschlussaufhebung erfolgt hier inzidenter. Auch ein angefochtener, aber noch nicht rechtskräftig für ungültig erklärter Beschluss steht einer gerichtlichen Beschlussersetzung wegen § 23 Abs 4 S 2 WEG entgegen. Erhebt der Kläger eine kombinierte Anfechtungs- und Beschlussersetzungsklage, muss bei der Tenorierung deshalb beachtet werden, dass der vom Gericht ausgeurteilte Beschluss erst mit Rechtskraft des stattgebenden Anfechtungsurteils wirksam werden darf. 270

c) Darlegungs- und Beweislast

Die Darlegungs- und Beweislast für den Gestaltungsgrund trifft den **Kläger**. Verlagerungen auf die Beklagte sind nach den Grundsätzen der sekundären Darlegungslast möglich. Das ist etwa bei der sog Beschlussverkündungsklage denkbar, wenn nach dem Vortrag des Klägers ein Beschluss pflichtwidrig nicht verkündet wurde und die Beklagte, repräsentiert durch den Verwalter, über Sonderwissen bezüglich der Stimmabgabe verfügt. 271

4. Urteil

Die Gestaltung ist im **Tenor** auszuweisen (s etwa den Tenor bei BGH NJW 2016, 2181: „Es ist beschlossen, die öffentlich-rechtlichen Anforderungen an den Stellplatznachweis … zu erfüllen.“). Ist der Tenor unklar formuliert, etwa als Leistungsurteil (zB „Die Beklagte wird verurteilt, folgenden Beschluss zu fassen:…“) ist es eine Frage der Auslegung nach den Umständen des Einzelfalls, ob dem Urteil Gestaltungswirkung zukommt. 272

Das Gericht entscheidet an Stelle der Wohnungseigentümer, weshalb sich sein **Entscheidungsmaßstab** nach materiellem Recht richtet. Hier sind zwei Konstellationen zu unterscheiden: 273

a) Gebundene Entscheidung

274 In der ersten Fallgruppe hat der Kläger Anspruch auf einen **bestimmten Beschluss**; dies betrifft vor allem die Gestattung baulicher Veränderungen nach § 20 Abs 3 WEG. Hier muss das Gericht mithin entscheiden, ob der vom Kläger konkret begehrte Beschluss von seinem materiellen Recht auf Beschlussfassung gedeckt ist. Abweichungen zwischen Antrag und materieller Rechtslage sind nach allg Prozessregeln zu behandeln, insbes nach § 308 Abs 1 S 1 ZPO.

b) Entscheidung nach billigem Ermessen

275 In der zweiten Fallgruppe ist der Anspruch des Klägers nicht auf eine bestimmte, sondern nur auf eine Entscheidung nach billigem Ermessen gerichtet. So liegen die Dinge regelmäßig, wenn sich die Klage auf § 18 Abs 2 WEG stützt. Das Gericht entscheidet dann, ebenso wie es die Wohnungseigentümer täten, im Rahmen **ordnungsmäßiger Verwaltung** und damit nach billigem Ermessen (BGH 16. 2. 2018 – V ZR 148/17, ZMR 2018, 609 Rn 10; näher § 18 WEG Rn 133).

276 Der **Parteivortrag** muss dem Gericht die Fassung eines Wohnungseigentümerbeschlusses ermöglichen, der ordnungsmäßiger Verwaltung entspricht. Anderenfalls ist die Klage als unbegründet abzuweisen. Ein Beispiel ist die Klage auf Bestellung eines Verwalters ohne Mitteilung, welche Person bereit ist, das Amt zu übernehmen (vgl LG Dortmund ZMR 2016, 387; LG Hamburg 7. 6. 2017 – 318 S 120/16, ZMR 2019, 785, 786). Steht zB fest, dass echter Hausschwamm zu beseitigen ist und fehlt zur Art und Weise des Vorgehens Sachvortrag, kann das Gericht nur einen allgemeinen, das Maßnahmenziel in den Blick nehmenden Beschluss tenorieren (zB „Der Hausschwamm an den folgenden Bauteilen […] wird fachgerecht beseitigt"). Solche Beschlüsse erreichen das Maßnahmenziel zwar nicht direkt, weil es hierfür ergänzender Entscheidungen bedarf (zB welches Unternehmen wird zu welchen Konditionen mit welchem technischen Verfahren beauftragt). Sie können aber dennoch ordnungsmäßiger Verwaltung entsprechen (s § 19 WEG Rn 107); der BGH hat zu § 21 Abs 8 WEG aF bereits selbst einen derartigen Beschluss tenoriert (BGH NJW 2016, 2181).

277 Die Ausübung des richterlichen Ermessens ist in der **Berufung** vollumfänglich (vgl BGH NJW 2006, 1589), in der **Revision** hingegen nur darauf zu **überprüfen**, ob alle wesentlichen Umstände Beachtung gefunden haben, die Grenzen der Ermessensausübung eingehalten sind und einer dem Zweck der Ermächtigung entsprechenden Weise entschieden wurde (BGH NJW 2017, 64 Rn 23; NJW 2013, 2271 Rn 24).

c) Gebot richterliche Zurückhaltung?

278 Nach **hM** dürfen wegen der Privatautonomie der Wohnungseigentümer Maßnahmen nur insoweit angeordnet werden, als dies zur Gewährleistung eines effektiven Rechtsschutzes unbedingt notwendig ist (BGH NJW 2016, 2181 Rn 21; NJW 2013, 2271 Rn 13). Danach soll die Gestaltungskompetenz des § 44 Abs 1 S 2 WEG bei einem komplexeren Maßnahmenziel sich grds auf einen **Grundlagenbeschluss** beschränken, den die Wohnungseigentümer anschließend durch weitere Beschlüsse inhaltlich konkretisieren müssen (vgl BGH 23. 6. 2017 – V ZR 102/16, ZMR 2017, 818 Rn 17). Dass die Wohnungseigentümer dies auch tun werden, muss allerdings im Prozess feststehen (vgl BGH 23. 6. 2017 – V ZR 102/16, ZMR 2017, 818 Rn 17), weil anderenfalls ein weiteres Beschlussersetzungsverfahren droht. In einem solchen Fall entspricht es allein billigem Ermessen, wenn der Richter – entsprechenden Sachvortrag vorausgesetzt – ei-

nen Beschluss erlässt, der vom Verwalter zwecks Erreichung des Maßnahmenziels umgesetzt werden kann (BGH NJW 2013, 2271 Rn 31).

Stellungnahme: Dieses Gebot richterlicher Zurückhaltung darf nicht überstrapaziert **279** werden. Denn § 44 Abs 1 S 2 WEG dient dazu, einen Beschluss zu schaffen, auf den der Kläger einen Anspruch hat. Ein vom Gericht gefasster Grundlagenbeschluss wird dem Gestaltungsklagerecht deshalb nur dann gerecht, wenn der Anspruch des Klägers – würden die Wohnungseigentümer entscheiden – auf einen solchen Beschluss beschränkt wäre. Das ist zwar denkbar (§ 19 WEG Rn 107). Das Argument des BGH, den Wohnungseigentümern sei Gelegenheit zu geben, die Maßnahme durch Konkretisierung des gerichtlichen Grundlagenbeschlusses selbst (zu Ende) zu entscheiden (BGH 23. 6. 2017 – V ZR 102/16, ZMR 2017, 818 Rn 17), verkennt aber die Funktion von § 44 Abs 1 S 2 WEG: Das Gericht ist hier berufen, ein etwaiges Ermessen an Stelle der Wohnungseigentümer auszuüben. Ist eine solche Ermessensausübung aufgrund des Parteivortrags möglich (Rn 276), so ist für eine – dann falsch verstandene, weil den Rechtsschutz des Klägers verkürzende – richterliche Zurückhaltung kein Raum.

d) Kostenentscheidung

Das WEMoG 2020 hat § 49 Abs 1 WEG aF nicht übernommen, wonach die Prozess- **280** kosten nach billigem Ermessen zu verteilen waren, wenn das Gericht in der Hauptsache nach § 21 Abs 8 WEG aF nach diesem Maßstab entschied. An die Stelle dieser Sondervorschrift tritt, wenn der Richter den Beschluss nach seinem Ermessen fassen kann, die allg Regelung des **§ 92 Abs 2 Nr 2 ZPO** (BT-Drucks 19/18791, 80). Denn diese Vorschrift ist über ihren Wortlaut (Festsetzung des Betrags einer Forderung durch richterliches Ermessen) ihrem Zweck entsprechend auch auf andere Fälle anwendbar, in denen die Hauptsacheentscheidung von **richterlichem Ermessen** abhängt (vgl OLG Brandenburg 13. 10. 2004 – 4 U 68/04, juris).

§ 92 Abs 2 Nr 2 ZPO ermöglicht es, der Wohnungseigentümergemeinschaft auch **281** dann die gesamten Prozesskosten des Beschlussersetzungsverfahrens aufzuerlegen, wenn der Kläger teils unterlegen ist. Ob dies geboten ist, ist durch **Vergleich** zwischen dem vom Kläger in der Klage genannten Maßnahmenziel (Rn 256) und der Entscheidung des Gerichts zu ermitteln. Ergibt der Vergleich eine Diskrepanz zu Lasten des Klägers, ist in einem zweiten Schritt zu fragen, ob die Diskrepanz auf dem Ermessenspielraum des Gerichts beruht. Dafür ist erforderlich, dass sich das vom Kläger genannte Maßnahmenziel bei wertender Betrachtung mit dem vom Gericht gefassten Beschluss deckt (Lehmann-Richter/Wobst WEG-Reform 2020 Rn 1876). Die Kostengrundentscheidung ist nicht isoliert anfechtbar, § 99 Abs 1 ZPO. Zu § 93 ZPO s Rn 48.

5. Einstweilige Verfügung

Es kommt in Betracht, dass das Gericht einen Beschluss der Wohnungseigentümer **282** durch einstweilige Regelungsverfügung nach § 940 ZPO ersetzt (BGH 10. 6. 2011 – V ZR 146/10, NJW 2011, 3025 Rn 11). Denn § 44 Abs 1 S 2 WEG sperrt eine solche einstweilige Verfügung nicht (Rn 73). **Verfügungsanspruch** ist § 18 Abs 2 WEG bzw dessen spezialgesetzliche Ausprägungen in § 20 WEG, woraus sich ergibt, dass ein entsprechender Verfügungsantrag **gegen die Wohnungseigentümergemeinschaft** zu richten ist.

Ein Anspruch auf Beschlussfassung nach § 18 Abs 2 WEG besteht, wenn in der Hauptsache eine Beschlussersetzungsklage begründet wäre (dazu Rn 261 ff). Es ist nicht erforderlich, dass die Beschlussersetzungsklage in der Hauptsache bereits erhoben wurde, vgl § 936, § 926 Abs 1 ZPO.

283 Ob ein **Verfügungsgrund** vorliegt, ist anhand der **Umstände des Einzelfalls** zu ermitteln. Denkbare Anwendungsfälle sind die Einsetzung eines Verwalters (vgl BGH 10. 6. 2011 – V ZR 146/10, NJW 2011, 3025 Rn 11) oder die auf § 24 Abs 3 Var 3 WEG gestützte Ermächtigung des Antragstellers, eine Wohnungseigentümerversammlung einzuberufen.

284 Die **Entscheidung** liegt nach § 940 ZPO in der Regelung des streitigen Rechtsverhältnisses, also des gegenständlichen Beschlusses, wobei das Gericht gem § 938 Abs 1 ZPO nach freiem Ermessen entscheidet. Es handelt sich um eine **Gestaltungsverfügung**.

6. Klagehäufungen

285 Ist der vom Kläger begehrte Beschluss durch Negativbeschluss abgewiesen worden, kann er **Anfechtungs- und Beschlussersetzungsklage** im Wege der objektiven Klagehäufung in einem Prozess erheben. Getrennt erhobene Klagen sind nach § 44 Abs 2 S 3 WEG zu verbinden (Rn 123).

286 Auch eine Kombination der **Beschlussersetzungsklage** mit der **Leistungsklage** auf Beschlussausführung ist zulässig (Lehmann-Richter/Wobst WEG-Reform 2020 Rn 343 ff). Eine solche Kombination wird als unechte Eventualhäufung bezeichnet; sie ist für die Verbindung des Anspruchs auf Abschluss eines Kaufvertrags und den Anspruch auf dessen Erfüllung anerkannt (BGH 21. 12. 2000 – V ZR 254/99, NJW 2001, 1285; Wieser JZ 2004, 654; für eine Analogie zu § 254 ZPO in dieser Konstellation etwa Dauner-Lieb/Dötsch NJW 2003, 921). Bei der Tenorierung ist zu beachten, dass der Leistungsanspruch erst mit Bestandskraft des Beschlusses entsteht, weshalb die Leistungsklage zum Schluss der mündlichen Tatsachenverhandlung (noch) unbegründet ist (Wieser JZ 2004, 654). Absolut unbegründet ist die Leistungsklage, wenn der vom Gericht gefasste Beschluss noch durch weitere Verwaltungsentscheidungen ergänzt werden muss. Das ist beim sog Grundlagenbeschluss (Rn 278) der Fall, der lediglich über das „Ob“ einer Maßnahme entscheidet.

§ 45 WEG
Fristen der Anfechtungsklage

Die Anfechtungsklage muss innerhalb eines Monats nach der Beschlussfassung erhoben und innerhalb zweier Monate nach der Beschlussfassung begründet werden. Die §§ 233 bis 238 der Zivilprozessordnung gelten entsprechend.

Materialien: BR-Drucks 75/51, 23; BT-Drucks 16/887, 37 f; BT-Drucks 19/18791, 84.

Schrifttum: siehe die Angaben zu § 44 WEG.

Systematische Übersicht

Alphabetische Übersicht

I. Allgemeines

§ 45 WEG regelt die Fristen der Anfechtungsklage sowie die Möglichkeit einer Wiedereinsetzung. Die Vorschrift stammt aus der **WEG-Reform 2020** und entspricht § 46 Abs 1 S 2 und S 3 WEG aF. Bis zur WEG-Novelle 2007 setzte § 23 Abs 4 S 2 WEG 1951 im damaligen FGG-Verfahren eine einmonatige Antragsfrist. 1

2 § 45 S 1 WEG unterscheidet mit Blick auf die fristgerechte Geltendmachung des Anfechtungsrechts zwischen Klage und Klagebegründung: Die Anfechtungsklage muss innerhalb eines Monats nach der Beschlussfassung erhoben und innerhalb zweier Monate nach der Beschlussfassung begründet werden. Die Klagefrist von einem Monat ist **keine wohnungseigentumsrechtliche Besonderheit**, sondern findet sich zB auch in § 246 Abs 1 AktG oder § 51 Abs 1 S 2 GenG. Anders ist dies bei der Klagebegründungsfrist, die den anderen verbandsrechtlichen Anfechtungsklagen unbekannt ist.

3 § 45 S 1 WEG ist eine materiell-rechtliche Regelung, die daher grds der **Disposition** der **Wohnungseigentümer** unterliegt. Wirksam ist deshalb eine angemessene Modifizierung sowohl der Klage- als auch der Klagebegründungsfrist. Die Grenze zieht der Kernbereich der Mitgliedschaft: Die Frist darf weder so kurz bemessen sein, dass sie eine Anfechtung praktisch verhindert, noch so lang, dass der Zweck der Fristen, Rechtssicherheit zu gewährleisten, vereitelt wird. Auch § 45 S 2 WEG unterliegt der Disposition der Wohnungseigentümer; die Vorschrift kann mangels Kernbereichsrelevanz vollständig ausgeschlossen werden. Eine Änderung kann nur durch **Vereinbarung** erfolgen, Beschlusskompetenz besteht nicht.

1. Rechtsnatur und Zweck der Fristen

4 Die **Anfechtungsfrist** ist **materiell-rechtlicher Natur** (BGHZ 179, 230). Dies folgt zum einen daraus, dass prozessuale Fristen entweder der Verfahrensbeschleunigung oder der Wahrung von Parteirechten dienen (MünchKommZPO/Stackmann § 221 ZPO Rn 1) und beides bei der Anfechtungsfrist nicht einschlägig ist. Der materiell-rechtliche Charakter ergibt sich aber vor allem daraus, dass § 45 S 1 WEG das dem materiellen Recht zugehörige Anfechtungsrecht beschränkt: Durch § 44 Abs 1 S 1 Var 1 WEG wird der Anspruch auf Beschlussaufhebung lediglich umgestaltet (s § 44 WEG Rn 177), weshalb die fristgerechte Geltendmachung durch Klageerhebung trotz der prozessualen Einkleidung ein Problem des materiellen Rechts ist. Die Regelung, dass die Anfechtungsfrist durch Klagerhebung gewahrt wird, ist aufgrund der Ausgestaltung als Gestaltungsklagerecht folgerichtig.

5 Auch die **Klagebegründungsfrist** ist **materiell-rechtlicher Natur** (BGHZ 179, 230). Dies ist allerdings weniger offensichtlich als bei der Anfechtungsfrist, weil die Anforderung, die Klage zügig zu begründen, auch als Gebot prozessualer Beschleunigung verstanden werden könnte. Der materiell-rechtliche Charakter folgt aber daraus, dass der Begründungszwang das Anfechtungsrecht beschränkt und die hierfür im Gesetz vorgesehene Frist daher ebenfalls dem materiellen Recht zuzuordnen ist. Hinzu kommt, dass die Entscheidung des Gesetzgebers für eine gestaffelte Frist nicht auf einem unterschiedlichen rechtlichen Verständnis der Fristen, sondern darauf beruhte, dem Kläger für die Klagebegründung einen zusätzlichen Monat zu gewähren (BT-Drucks 16/887, 73). Eine unterschiedliche Bewertung der Fristen hinsichtlich ihres rechtlichen Charakters verbietet sich auch aus diesem Grund.

6 **Zweck** von Anfechtungs- und Klagebegründungsfrist ist es, das Bedürfnis der Wohnungseigentümergemeinschaft nach **Rechtssicherheit** zu befriedigen, weil diese möglichst rasch darüber Klarheit erlangen soll, welcher Beschluss angefochten (vgl BGHZ 195, 2 Rn 12; BGHZ 182, 307 Rn 14) und auf welche Gründe die Anfechtung gestützt wird. Die Befristung ist aus diesem Grund verfassungsrechtlich unbedenklich (BGHZ

195, 2 Rn 12). Die Fristen dienen nicht dem Schutz der Gerichte. Zwar reduziert die Abweisung verfristeter Klagen den richterlichen Arbeitsaufwand. Dies ist aber nicht der Zweck der Norm, was bereits aus ihrem materiell-rechtlichen Charakter folgt. § 45 S 1 WEG hat daher auch **nicht** den Zweck, die aus **§ 253 Abs 2 ZPO** folgenden Anforderungen an die Klageschrift zu **modifizieren** (§ 44 WEG Rn 191).

Die Wirkung der Fristen geht dahin, dass das Anfechtungsrecht nur wirksam ausgeübt wird, wenn die Fristen gewahrt werden. Dies legt die Einordnung als materiell-rechtliche Ausschlussfristen nahe (so insbes BGHZ 179, 230 Rn 9). Diesen Fristen ist eigen, dass das Recht erlischt, wenn es nicht binnen der Frist ausgeübt wird (vgl Staudinger/Peters/Jacoby [2019] Vorbem 14 zu §§ 194–225 ff BGB). In der Literatur wird mit Blick auf diese Definition die Einordnung als Ausschlussfrist vereinzelt für unzutreffend gehalten, weil § 45 S 2 WEG die Wiedereinsetzung ermögliche und damit der Fristablauf nicht zwingend zum Rechtsverlust führe (Jennissen/Suilmann Rn 3). Dieses Argument überzeugt nicht, weil die Wiedereinsetzung dazu führt, dass die Fristwahrung fingiert wird (MünchKommZPO/Stackmann § 233 ZPO Rn 2), es also nicht zu einem Fristablauf kommt. Aus diesem Grund ist der hM zuzustimmen, die § 45 S 1 WEG als **Ausschlussfristen** einordnet. 7

2. Fristberechnung

Die Berechnung der materiell-rechtlichen Fristen aus § 45 S 1 WEG erfolgt nach §§ 187 ff BGB. Das für den **Fristbeginn** maßgebende Ereignis ist die Beschlussfassung. Dies ist der **Moment**, in dem der in Rede stehende **Beschluss** als Rechtsgeschäft **zustande kommt**. Bei dem in einer Versammlung gefassten Beschluss tritt diese Voraussetzung mit Verkündung des Beschlusses ein (BGHZ 148, 335). Im Umlaufverfahren nach § 23 Abs 3 WEG kommt der Beschluss durch die an alle Wohnungseigentümer gerichtete Mitteilung des Beschlussergebnisses durch den dies Feststellenden zustande, wobei nach der Rspr der Moment maßgeblich ist, zu dem nach gewöhnlichen Umständen mit einer Kenntnisnahme durch die Wohnungseigentümer gerechnet werden kann (BGHZ 148, 335). Gleiches gilt, wenn in der Mehrhausanlage der Beschluss aufgrund einer Regelung in der Gemeinschaftsordnung sukzessive in Teilversammlungen gefasst wird (Häublein NZM 2003, 785, 793). Wird der Beschluss unter einer aufschiebenden Bedingung gefasst, verschiebt sich der Fristbeginn nicht auf den Moment des Bedingungseintritts (**aA** Hogenschurz/Elzer Rn 34), weil § 45 S 1 WEG aus Gründen der Rechtssicherheit an die Beschlussfassung anknüpft. Wenn ein Beschluss durch teilweise Unwirksamkeitserklärung gerichtlich umgestaltet wird, löst dies keine neue Anfechtungsfrist aus. Entsteht durch das Urteil ein ordnungswidriger Beschluss, muss dies im laufenden Verfahren durch Rechtsmittel korrigiert werden. 8

Gemäß § 188 Abs 2 BGB **endet** die Anfechtungsfrist mit dem Ablauf desjenigen Tages des Folgemonats, der durch seine Zahl dem Tage entspricht, an dem die Beschlussfassung erfolgte; bei der Begründungsfrist gilt entsprechendes für den Folge-Folgemonat (Beispiel: Beschlussfassung am 3. 2, Ablauf der Anfechtungsfrist am 3. 3. und der Begründungsfrist am 3. 4.). Fällt der letzte Tag dieser Fristen auf einen Sonntag, einen am Gerichtsort staatlich anerkannten allgemeinen Feiertag oder einen Sonnabend, so endet die Frist erst am nächsten Werktag, § 193 BGB. Denn diese 9

Norm ist auf Prozesshandlungen, die der Wahrung einer materiell-rechtlichen Frist dienen, entsprechend anwendbar (Staudinger/Repgen [2019] § 193 BGB Rn 11).

3. Modifikation der Fristen

10 Da die Fristen aus § 45 WEG dem materiellen Recht zuzuordnen sind, scheidet ihre Modifikation **durch** das **Gericht** von vorneherein aus (BGHZ 182, 307). Eine dennoch vom Gericht vorgenommene Modifikation der Frist – etwa in Form der Gewährung einer Fristverlängerung – ist wirkungslos, weil die Modifikation schlechthin und offensichtlich ausgeschlossen ist (BGHZ 182, 307 Rn 17). Zur Frage, ob die Wohnungseigentümer die Fristen verändern können s Rn 3.

4. Keine Besonderheiten bei mehrfachbegründeten Anfechtungsklagen

11 Stützt sich der Kläger auf verschiedene Beschlussmängel, handelt es sich nach **hM** nicht um eine Klagehäufung (§ 44 WEG Rn 7). Besonderheiten ergeben sich daher bei einer Mehrfachbegründung mit Blick auf die Fristwahrung nicht. Nichts anderes gilt nach der hier vertretenen Gegenansicht (§ 44 WEG Rn 8), weil selbst eine alternative Klagehäufung, die unzulässig ist, die Klage- und Begründungsfrist wahrt, da sowohl der angefochtene Beschluss als auch das Streitprogramm hierdurch hinreichend bestimmt wird (Lehmann-Richter/Jacoby ZMR 2021, 273).

II. Anfechtungsfrist (§ 45 S 1 HS 1 WEG)

12 Die Anfechtungsfrist wird durch Zustellung der Klageschrift gewahrt. Der für die Fristwahrung **notwendige Inhalt der Klageschrift** ist § 45 S 1 WEG nur mittelbar zu entnehmen: Aus der Tatsache, dass die Norm für die Klagebegründung eine gesonderte Frist vorsieht, folgt, dass die Anfechtungsfrist auch durch eine Klageschrift gewahrt werden kann, die keine Begründung enthält. Das weicht von der Rechtsprechung zu § 246 Abs 1 AktG ab, nach der die aktienrechtliche Anfechtungsfrist nur gewahrt ist, wenn die Klageschrift die Anfechtungsgründe in ihrem wesentlichen tatsächlichen Kern mitteilt (s etwa BGHZ 180, 9 Rn 34).

13 Erhoben wird die Anfechtungsklage durch **Zustellung der Klageschrift**, § 253 Abs 1 ZPO (BGHZ 179, 230 Rn 15). Da durch die Klageerhebung die Frist aus § 45 S 1 WEG gewahrt werden soll, tritt die Wirkung der Klageerhebung nach § 167 ZPO bereits mit Eingang der Klageschrift bei Gericht ein, wenn die Zustellung demnächst erfolgt (dazu Rn 27).

1. Richtige Parteien

14 Die Anfechtungsklage ist nach § 44 WEG nur zwischen **Wohnungseigentümern** und **Wohnungseigentümergemeinschaft** statthaft. Die Wahrung der Anfechtungsfrist setzt daher die fristgemäße Begründung eines entsprechenden Prozessrechtsverhältnisses zwischen diesen Personen voraus.

a) Kläger

15 Kläger muss also eine Person sein, der entweder ein eigenes **Anfechtungsrecht** zusteht oder die zur Ausübung eines fremden Anfechtungsrechts befugt ist (dazu § 44 WEG

Rn 82 ff). Maßgeblicher Zeitpunkt ist gem § 45 S 1 WEG die Erhebung der Klage. Deshalb wird die Anfechtungsfrist durch eine ordnungsgemäße Klage auch dann gewahrt, wenn der Kläger erst nach Beschlussfassung, aber vor Zustellung der Klage Wohnungseigentum erwirbt (BGH 27. 11. 2020 – V ZR 71/20, ZWE 2021, 229 Rn 15). Für die Fristwahrung ist es unerheblich, wenn der Kläger im laufenden Prozess durch **Parteiwechsel** aus dem Verfahren **ausscheidet**; dieser Umstand lässt nicht etwa die Fristwahrung nachträglich wieder entfallen (**aA** für gewillkürten Klägerwechsel JENNISSEN/SUILMANN Rn 42; HOGENSCHURZ/ELZER Rn 22). Denn die Beachtung der Anfechtungsfrist ist ein Problem des materiellen Rechts, das von einer prozessrechtlichen Parteiänderung nicht berührt wird.

Macht der Kläger im Wege der **Prozessstandschaft** ein fremdes Anfechtungsrecht geltend, wird die Anfechtungsfrist nach ganz hM nur gewahrt, wenn dies **innerhalb der Frist offengelegt**, also hinreichend deutlich wird, dass der Kläger nicht aus eigenem Recht das gerichtliche Verfahren durchführt (BGH 27. 11. 2020 – V ZR 71/20, ZWE 2021, 229 Rn 19). Dieses Ergebnis wird teilweise prozessrechtlich begründet (KG ZMR 2004, 460), nämlich mit dem Bedürfnis nach einer Klarstellung des Prozessrechtsverhältnisses. Das überzeugt wegen des materiell-rechtlichen Charakters der Anfechtungsfrist nicht. Zutreffend ist hingegen der Hinweis auf den Zweck von § 45 S 1 WEG, bis zum Ablauf der Frist Gewissheit darüber zu verschaffen, ob wegen einer Anfechtung mit der Aufhebung eines Beschlusses zu rechnen ist (BGH 27. 11. 2020 – V ZR 71/20, ZWE 2021, 229 Rn 23). Hierzu gehört auch die Frage, ob die Klage von einer zur Anfechtung berechtigten Person erhoben wurde. Die verspätete Erteilung einer Ermächtigung wirkt nicht auf den Zeitpunkt der Klageeinreichung zurück (BGH 27. 11. 2020 – V ZR 71/20, ZWE 2021, 229 Rn 15). 16

Die Fristwahrung ist bei einer **Klägermehrheit** für jeden Kläger **gesondert zu prüfen** (vgl BGH ZMR 2011, 578). Es ist daher denkbar, dass nur einer von mehreren Klägern fristgerecht Klage erhoben hat. § 62 Abs 1 ZPO findet auf die Wahrung der Klagefrist nämlich keine Anwendung, weil es sich um eine materiell-rechtliche Frist handelt (vgl BGH NJW 2009, 2132; **aA** DERLEDER, in: FS Merle [2010] 111, 123). 17

b) Beklagte

Die Fristwahrung erfordert weiter, dass sich die Anfechtungsklage **gegen** die **Wohnungseigentümergemeinschaft** richtet, § 44 Abs 2 WEG. Dafür muss die Beklagte in der Klage hinreichend genau bezeichnet werden. Dies kann gemäß § 9a Ab 1 S 3 WEG erfolgen. Aber auch eine andere Bezeichnung reicht aus, wenn ihr durch Auslegung zu entnehmen ist, dass und gegen welche Wohnungseigentümergemeinschaft sich die Klage richtet (§ 44 WEG Rn 98). Erforderlich ist nach § 253 Abs 2 Nr 1, § 130 Abs 2 Nr 1 ZPO auch die Angabe einer Anschrift, unter der Zustellungen an den gesetzlichen Vertreter der Wohnungseigentümergemeinschaft wirksam vorgenommen werden können (vgl BGH 28. 6. 2018 – I ZR 257/16, ZIP 2018, 2091 Rn 18). Die Klage muss daher auch Name und Anschrift der nach § 9a WEG für die Zustellung **vertretungsberechtigten Person** enthalten, typischerweise des Verwalters (§ 9a Abs 1 S 1 WEG). Denn anderenfalls ist die für die Fristwahrung erforderliche Zustellung nicht möglich. Wird die **verwalterlose Beklagte** durch die übrigen Wohnungseigentümer vertreten (Vorbem 17 zu §§ 43–45 WEG), so reicht die Angaben „vertreten durch sämtliche Wohnungseigentümer mit Ausnahme des Klägers“ nebst namentlicher Bezeichnung eines Wohnungseigentümers mit seiner Anschrift, an die zugestellt werden 18 kann. Denn die namentliche Bezeichnung des Vertreters ist nicht zwingend, sondern nur insoweit erforderlich, als es für die Zustellung notwendig ist (vgl BGH 29. 6. 1993 – X ZR 6/93, NJW 1993, 2811, 2813).

19 Die vom BGH (NJW 2011, 2050; NJW 2010, 446) zum alten Recht entwickelte Sonderrechtsprechung, nach der bei einer gegen die Gemeinschaft der Wohnungseigentümer erhobenen Anfechtungsklage eine fristwahrende Umstellung der Klage auf die Wohnungseigentümer bis zum Schluss der mündlichen Verhandlung stets zulässig und fristwahrend war, ist auf das neue Recht nicht übertragbar (BGH 13. 1. 2023 – V ZR 43/22, ZWE 2023, 186 Rn 29). Denn diese Ansicht stütze sich auf § 44 Abs 1 WEG aF, der im neuen Recht kein Pendant hat. Ein gewillkürter **Parteiwechsel** auf Beklagtenseite wahrt die Anfechtungsfrist daher nur, wenn der Gemeinschaft die Klage unter Beachtung von § 167 ZPO binnen der Frist des § 45 WEG zugestellt wird (vgl BGH 13. 1. 2023 – V ZR 43/22, ZWE 2023, 186 Rn 25; AG Wiesbaden 12. 3. 2021 – 92 C 3284/20 ZWE 2021, 336).

2. Richtiger Klageantrag

20 Erforderlich ist weiter, dass die innerhalb der Anfechtungsfrist erhobene Klage auf die Ungültigerklärung eines Beschlusses gerichtet ist. Die Klageschrift muss dafür zwei Anforderungen genügen: Zum einen muss sie auf die verbindliche Klärung der **Beschlussgültigkeit** gerichtet sein und zum anderen muss sie den angefochtenen **Beschluss** hinreichend **konkret** bezeichnen (BGH NJW 2010, 446 Rn 7 und 15).

21 Um einen **Anfechtungsantrag** handelt es sich, wenn der Klageschrift – ggf im Wege der Auslegung – entnommen werden kann, dass der Kläger die Klärung der Beschlussgültigkeit begehrt (BGH NJW 2010, 446). Dies ist zum einen der Fall, wenn die Klageschrift entsprechend § 44 Abs 1 S 1 Var 1 WEG formuliert ist (zB „beantrage, den Beschluss […] für ungültig zu erklären"). Gleiches gilt, wenn der Antrag auf Feststellung der Ungültig– (BGH NJW 2010, 446) oder Unwirksamkeit (OLG Zweibrücken NJW-RR 1995, 397), auf Aufhebung oder auf Unwirksamkeitserklärung gerichtet ist. Denn auch durch diese Formulierungen kommt mit der erforderlichen Deutlichkeit zum Ausdruck, dass der Kläger mit Hilfe des Gerichts die Beseitigung des Beschlusses erreichen möchte.

22 Stellt der Kläger nicht den Antrag, den Beschluss für ungültig erklären zu lassen, sondern begehrt er die **Feststellung der Nichtigkeit**, hat er zwar keine Anfechtungs-, sondern eine Nichtigkeitsklage erhoben (s § 44 WEG Rn 18). Dennoch ist die Anfechtungsfrist wegen der identischen Streitgegenstände (§ 44 WEG Rn 20) gewahrt: Der Feststellungsantrag schließt den Anfechtungsantrag ein (BGH 2. 10. 2009 – V ZR 235/08, NJW 2009, 3655 Rn 20, zu § 46 WEG aF).

23 Nach dem Wortlaut von § 45 S 1 WEG wird die Anfechtungsfrist durch die Einreichung anderer Verfahrensanträge nicht gewahrt. Eine abweichende Gesetzesauslegung ist mit Blick auf den Zweck der Norm nicht geboten. Dies gilt zunächst für einen **PKH-Antrag** (Dötsch NZM 2008, 309, 310). Denn dieser führt anders als die Zustellung einer Klage nicht zur Rechtshängigkeit des Streitgegenstandes. Für die Wohnungseigentümergemeinschaft steht daher nicht mit derselben Verlässlichkeit fest, dass der in Rede stehende Beschluss einer gerichtlichen Überprüfung unterzogen werden wird. Wird die Anfechtungsklage erst nach Fristablauf anhängig, weil über das PKH-Gesuch nicht rechtzeitig entschieden wird, kommt Wiedereinsetzung nach § 45 S 2 WEG in Betracht (s Rn 57). Ist hingegen binnen der Frist eine unbedingte Klage erhoben, deren Zustellung sich wegen Mittellosigkeit (vgl § 12 Abs 1 S 1 GKG) verzögert, kann die Frist nach § 167 ZPO gewahrt sein (Rn 30). Auch durch den Antrag auf Erlass einer **einstweiligen Verfügung** gegen den Beschluss wird die Anfechtungsfrist nicht gewahrt. Denn ein solcher Antrag ist nicht auf Ungültigerklärung, sondern nur auf die vorläufige Suspendierung des Beschlusses gerichtet (dazu § 44 WEG Rn 67) und kann schon aus diesem Grund nicht mit der Anfechtungsklage gleichgesetzt werden. Denkbar ist indes, diesen Antrag gleichzeitig als Anfechtungsantrag auszulegen, was sich nach allg Grundsätzen richtet.

Da in einer Wohnungseigentümergemeinschaft laufend eine Vielzahl von Beschlüssen gefasst wird, muss die Klageschrift den **angefochtenen Beschluss hinreichend konkretisieren**. Ob dem Genüge getan ist, ist in Zweifelsfällen durch Auslegung unter Berücksichtigung aller erkennbaren Umstände zu ermitteln (BGH WuM 2015, 182; OLGR Frankfurt 2005, 80). Zu diesen gehören nicht nur der Antrag, sondern die gesamte Klageschrift (BGH 25. 9. 2020 – V ZR 80/19, WuM 2021, 68 Rn 9), also auch etwaige Anlagen, zB das Beschlussprotokoll. Maßgeblich ist nicht die Sichtweise des Gerichts, sondern der **Empfängerhorizont der Wohnungseigentümergemeinschaft**, weil mit der Anfechtungsklage ein materielles Recht (§ 44 WEG Rn 177) durchgesetzt wird (vgl BGH 25. 9. 2020 – V ZR 80/19, WuM 2021, 68 Rn 12). **24**

Unproblematisch sind Anträge, die den angefochtenen Beschluss im Wortlaut wiedergeben. Ausreichend ist es aber auch, wenn die Klageschrift den Beschluss nicht wörtlich, sondern durch eine Bezeichnung identifiziert, die erkennen lässt, welcher konkrete Beschluss angefochten wird. Dieser Voraussetzung ist insbes genügt, wenn der Beschluss anhand des Tages der Beschlussfassung sowie – wenn an diesem Tag mehrere Beschlüsse gefasst wurden – seiner Position in der **Tagesordnung** der Versammlung bezeichnet wird (etwa OLG Zweibrücken NJW-RR 1995, 397). Aber auch ohne Mitteilung des Datums kann der Beschluss hinreichend bestimmt sein (BGH 25. 9. 2020 – V ZR 80/19, WuM 2021, 68 Rn 10). Ist die Anfechtung nach dem Wortlaut des Klageantrags auf einen nicht abtrennbaren Teil des Beschlusses beschränkt worden, ist der Antrag im Zweifel als Anfechtung des ganzen Beschlusses auszulegen (§ 44 WEG Rn 189). **25**

An einer hinreichend konkreten Bezeichnung fehlt es, wenn der Kläger bei der sog **Vorratsanfechtung** (Anfechtung sämtlicher in einer Versammlung gefassten Beschlüsse) in der Klageschrift mitteilt, er werde in der Klagebegründung angeben, auf welche Beschlüsse sich die Klage beschränkt. Denn hier lässt sich wegen des damit verbundenen Kostenrisikos nicht zweifelsfrei bestimmen, ob der Kläger wirklich eine unbedingte Klage mit der Ankündigung einer späteren teilweisen Rücknahme erheben wollte (BGH ZMR 2017, 494). Einen Antrag auf Ungültigerklärung enthält dann erst die Klagebegründung. **26**

3. Rechtzeitigkeit der Zustellung (§ 167 ZPO)

Die Zustellung ist erfolgt, wenn die Klage einem Vertreter der Wohnungseigentümergemeinschaft in Gemäßheit der §§ 166 ff ZPO bekannt gegeben wird. Hat die **27**

Wohnungseigentümergemeinschaft einen Verwalter, ist dieser Zustellungsvertreter (§ 9b Abs 1 S 1, § 50 Abs 1 ZPO). Die Zustellung an einen noch nicht in das Amt gelangten oder bereits ausgeschiedenen **Verwalter** genügt nicht (BGH 20. 4. 2018 – V ZR 202/16, ZMR 2018, 685 Rn 7). Anders ist es, wenn die Bestellung des Verwalters nach Zustellung für unwirksam erklärt wird (vgl BGH 5. 7. 2019 – V ZR 278/17, NJW 2020, 988 Rn 8 ff), weil der Beschluss eine hinreichende Zurechnungsgrundlage im hier in Rede stehenden Innenverhältnis ist (§ 18 WEG Rn 40). Eine Wohnungseigentümergemeinschaft ohne Verwalter wird bei der Zustellung von jedem **Wohnungseigentümer** mit Ausnahme des Klägers vertreten (§ 9b Abs 1 S 2, § 50 Abs 1, § 170 Abs 3 ZPO). Die Zustellung an einen von ihnen wirkt daher fristwahrend (vgl BGH 10. 3. 1960 – II ZR 56/59, NJW 1960, 1006, 1007). Näher zur Vertretung Vorbem 6 zu §§ 43–45 WEG.

28 Von besonderer Bedeutung für die Fristwahrung ist § 167 ZPO, wonach die Wirkung der Zustellung (hier: Fristwahrung) am Tag des Eingangs der Klage bei Gericht eintritt, wenn die Zustellung „demnächst" erfolgt. Nach der Rspr ist dieser Begriff ohne eine absolute zeitliche Grenze im Wege einer wertenden Betrachtung auszulegen. Verzögerungen im Geschäftsbetrieb des Gerichts gehen nicht zu Lasten des Klägers (etwa BGH ZWE 2011, 218). Gleiches gilt grundsätzlich für andere Umstände, auf die der Kläger keinen Einfluss hat, wie etwa eine Zustellung im Ausland. Der Kläger muss aber alles ihm Zumutbare für eine alsbaldige Zustellung getan haben; **verzögert** er nämlich die Zustellung **in vorwerfbarer Weise**, steht dies der Rückwirkung entgegen (etwa BGH ZMR 2011, 578 mNw). Vorwerfbar sind nach der Rspr vom Kläger zu vertretende Zustellungsverzögerungen, die einen hinnehmbaren Rahmen überschreiten. Für noch hinnehmbar hält der BGH überwiegend einen Zeitraum, der sich „um zwei Wochen bewegt oder nur geringfügig darüber liegt" (etwa BGH 17. 5. 2019 – V ZR 34/18, WuM 2019, 541 Rn 7; BGHZ 179, 230 Rn 16 mwNw). Dabei ist zu beachten, dass Versäumnisse, die vor Ablauf der Klagefrist liegen, in die unschädliche Verzögerungsfrist nicht einzurechnen sind. Dies wird relevant, wenn die Klage am letzten Tag der Anfechtungsfrist eingereicht wird (BGH 17. 5. 2019 – V ZR 34/18, WuM 2019, 541 Rn 13). Hat der Kläger alle erforderlichen Mitwirkungshandlungen pflichtgemäß vorgenommen – insb den Gerichtskostenvorschuss eingezahlt – so, trifft ihn **keine allg Überwachungsobliegenheit** zwecks Sicherstellung, dass das Gericht die Klage auch zustellt (BGH 7. 4. 2022 – V ZR 165/21, ZWE 2022, 379 Rn 6).

29 Die Praxis zu § 167 ZPO wird (auch) bei der Anfechtungsklage von Sachverhalten dominiert, in denen der Kläger die Zustellung durch zögerliche Einzahlung des **Gerichtskostenvorschusses** behindert. Hier ist zu beachten, dass der Kläger zunächst die Anforderung des Vorschusses durch das Gericht abwarten darf (etwa BGH ZWE 2016, 289 Rn 13). Bleibt eine solche aber längere Zeit aus, muss er bei Gericht nachfragen und dann einzahlen oder einen Antrag nach § 14 GKG stellen. Der BGH hat die Länge dieser Wartefrist noch nicht abschließend bestimmt, hält aber drei Wochen nach Einreichung der Klage bzw drei Wochen nach Ablauf der Anfechtungsfrist nicht für zu lang (BGH NJW 2016, 568 Rn 13; s auch BGH NJW-RR 2015, 125 Rn 16: grundsätzlich ist spätestens nach 6 Wochen nachzufragen). Nach Aufforderung muss der Kläger binnen etwa einer Woche einzahlen; dieser Bearbeitungszeitraum wird bei der Frage, ob die Zustellung vorwerfbar verzögert wurde, nicht mitgerechnet (BGH 17. 5. 2019 – V ZR 34/18, WuM 2019, 541 Rn 10; BGHZ 179, 230 Rn 16). Überschreitet er diesen Bearbeitungszeitraum, entscheidet sich mithin nach der vom BGH entwickelten Frist von

(rund) zwei Wochen, ob die Zustellung noch „demnächst" erfolgte (BGH ZWE 2016, 289 Rn 13; BGHZ 179, 230 Rn 16).

Beruht die Nichtzahlung des Gerichtskostenvorschusses auf Mittellosigkeit und stellt der Kläger einen **PKH-Antrag**, so wird die Anwendung von § 167 ZPO nicht durch § 45 S 2 WEG gesperrt. Denn die Möglichkeit, Wiedereinsetzung zu beantragen, hat nicht den Zweck, die allgemeinen Regeln zu verdrängen, nach denen sich die vorgelagerte Frage beantwortet, ob die Frist überhaupt versäumt ist. Eine „demnächst" erfolgende Zustellung ist nach der Rspr des BGH jedenfalls möglich, wenn binnen der Anfechtungsfrist eine unbedingte – also auch für den Fall, dass PKH verwehrt wird – Klage erhoben wird (BGH 30. 11. 2006 – III ZB 22/06, NJW 2007, 439). Ob dies auch bei einer nur bedingten Klageerhebung in Betracht kommt, ist offen (BGH 5. 11. 2014 – III ZR 559/13, WM 2014, 2314 Rn 16); verneint man dies, muss der Kläger nach § 45 S 2 WEG vorgehen. Weiter ist erforderlich, dass die Klage demnächst zugestellt wird, wobei der Kläger die (positive oder negative) Entscheidung über den Prozesskostenhilfeantrag abwarten darf: Das ohne Verzögerung betriebene PKH-Verfahren schließt eine Zustellung „demnächst" nicht aus (BGH 30. 11. 2006 – III ZB 22/06, NJW 2007, 439). Ob der Kläger gehalten ist, binnen der Anfechtungsfrist seinen PKH-Antrag zu stellen, ist noch nicht höchstrichterlich geklärt (verneinend LG Itzehoe 7. 8. 2020 – 11 S 43/17, ZMR 2020, 877 Rn 81: Kläger darf Anforderung des Gerichtskostenvorschusses abwarten). Zu einer anderen Ausschlussfrist hat der BGH die Frage allerdings schon bejaht (BGH 30. 11. 2006 – III ZB 23/06, NJW 2007, 441), was auch für § 45 S 1 WEG überzeugt. Eine verspätete Einreichung des PHK-Antrags ist daher eine zu vertretende Verzögerung, die einer Zustellung „demnächst" entgegensteht, wenn sie den von der Rspr entwickelten „hinnehmbaren Rahmen" überschreiten (dazu Rn 29). 30

Ist die **falsche Partei verklagt**, insbes die Wohnungseigentümer anstelle der Gemeinschaft (§ 44 WEG Rn 102), so hat der Kläger dies zu vertreten und die Zustellung wahrt die Anfechtungsfrist nur, wenn die Parteiberichtigung inkl Zustellung innerhalb der vom BGH entwickelten Frist von (rund) zwei Wochen erfolgt. 31

Hat die Wohnungseigentümergemeinschaft keinen Verwalter, muss der Kläger einen anderen Wohnungseigentümer als **Zustellungsvertreter** angeben (§ 9b Abs 1 S 2 WEG, § 170 Abs 3 ZPO). Unterlässt er dies, hat er die darauf beruhende Zustellungsverzögerung zu vertreten. Ausnahmen sind denkbar, wenn **Rechtsunsicherheit** besteht, ob ein **Verwalter wirksam bestellt** wurde. Jedenfalls ausreichend ist es in diesem Fall, wenn der Kläger den mutmaßlichen Verwalter und einen Wohnungseigentümer als alternative Vertreter benennt und die Zustellung an beide beantragt. Entscheidet sich das Gericht dazu, nicht an beide zuzustellen, so ist eine dadurch eintretende Verzögerung für die Wahrung der Anfechtungsfrist unerheblich (vgl BGH NJW 2011, 2050 Rn 13). Nennt der Kläger hingegen nur den aus seiner Sicht richtigen Vertreter und stellt sich dies als rechtsirrig heraus, so ist dies vorwerfbar iSd Rspr zu § 167 ZPO, wenn die sich rückblickend als fehlerhaft herausstellende Wahl für den Kläger als solche erkennbar war. Dies ist eine Frage der Umstände des Einzelfalls, nämlich wie offensichtlich die rechtlichen Umstände waren, aus denen sich ergibt, dass die benannte Person nicht vertretungsberechtigt war (vgl LG Frankfurt/Main 1. 11. 2018 – 2/13 S 112/17, WuM 2019, 50). 32

33 Nach allgM wird die Anfechtungsfrist auch durch die Anrufung eines **unzuständigen Gerichts gewahrt**, vorausgesetzt, die Klage wird demnächst zugestellt (BGHZ 139, 305 [zum FGG-Verfahren]; LG Hamburg ZMR 2010, 226). Das überzeugt, weil das Gericht nicht Empfänger der Anfechtungserklärung ist, sondern ihm lediglich die Funktion zukommt, die fristwahrende Erklärung an die Wohnungseigentümergemeinschaft weiterzuleiten (s Rn 4). Für die Wahrung der Anfechtungsfrist ist es daher allein entscheidend, ob die Klage rechtzeitig, insbesondere unter Berücksichtigung von § 167 ZPO, zugestellt wird. Unerheblich ist es hingegen, ob die Zustellung durch ein unzuständiges Gericht oder durch das zuständige Gericht erfolgt, nachdem das Verfahren vom unzuständigen Gericht abgegeben wurde.

4. Darlegungs- und Beweislast

34 Zur Last, die Wahrung der Anfechtungsfrist darlegen und beweisen zu müssen s § 44 WEG Rn 227.

III. Begründungsfrist (§ 45 S 1 HS 2 WEG)

35 § 45 S 1 HS 2 WEG regelt nicht näher, welche Voraussetzungen erfüllt sein müssen, damit der Kläger die Begründungsfrist wahrt. Die Antwort auf diese Frage richtet sich daher nach **allgemeine Prinzipien**.

1. Form

36 Die Begründungsfrist ist zwar materiell-rechtlicher Natur (s Rn 5), ihre Wahrung erfolgt aber nicht durch eine materiell-rechtliche Erklärung, sondern durch eine Prozesshandlung, nämlich die Klagebegründung. Daraus folgt, dass der Kläger die Begründung in einem gem § 130 Nr 6 ZPO **unterschriebenen Schriftsatz** beibringen muss (LG Bamberg ZWE 2017, 465; Jennissen/Suilmann Rn 57). Denn die Klagebegründung ist ein bestimmender Schriftsatz (zum Begriff GemS-OGB NJW 1980, 172), der für seine Wirksamkeit nach hM der Unterzeichnung bedarf (etwa BGH ZIP 2014, 2399).

2. Inhalt

37 Mit Blick auf den notwendigen Inhalt einer fristwahrenden Klagebegründung ist der Zweck der Frist richtungsweisend. Sie dient der **Information** der Wohnungseigentümergemeinschaft, weshalb der Beschluss gerichtlich überprüft werden soll (s Rn 6). Die Klagebegründung ähnelt damit der Begründungsobliegenheit bei anderen Gestaltungsrechten.

38 Das Informationsinteresse der Beklagten verlangt, dass der Lebenssachverhalt, auf den die Anfechtungsklage gestützt wird, sich zumindest in seinem **wesentlichen Kern** aus den innerhalb der Frist eingegangenen Schriftsätzen – und nicht allein aus eingereichten Anlagen (BGHZ 179, 230 Rn 20) – ergibt (etwa BGH NJW 2012, 1434 mNw). Dabei ist es möglich, dass die Beklagte Anfechtungsgründe vorträgt, die sich der Kläger im Zweifel zu eigen macht (BGH ZMR 2017, 74). Eine Substantiierung im Einzelnen ist für die Wahrung der Begründungsfrist nicht erforderlich und kann noch nach Fristablauf erfolgen (etwa BGH NJW 2009, 2132 Rn 14). Wie bei der Begründungsobliegenheit anderer Gestaltungsrechte geht es also darum, ob die sog Kerntatsachen recht-

zeitig vorgetragen wurden. Dies ist eine Frage des Einzelfalls; maßgeblich ist, ob die Wohnungseigentümergemeinschaft aus dem Sachvortrag entnehmen kann, aus welchem Grund der Kläger den Beschluss für ungültig hält. Die Begründung muss dabei so genau sein, dass eine Abgrenzung zu anderen Beschlussfehlern möglich ist. Der **BGH** hat sich mehrfach **gegen** eine **zu strenge Handhabung** der Begründungsobliegenheit ausgesprochen und vertritt im Ergebnis – zu Recht – den Standpunkt, dass Anfechtungsklagen nicht an überzogenem Formalismus scheitern dürfen. So hat der BGH (ZMR 2012, 380) etwa den Vortrag eines Klägers, er „könne mit der Stimmenmehrheit der Immobiliengesellschaften gezwungen werden, die auf diese entfallenden Fehlbeträge nachzufinanzieren" für die Begründung ausreichen lassen, der Beschluss beruhe auf einer rechtsmissbräuchlichen Stimmabgabe (s auch die Urteile BGH ZMR 2017, 74; NJW 2010, 3508; NJW 2012, 1434).

3. Eingang bei Gericht

Anders als für die Wahrung der Klagefrist ist für die Begründungsfrist nicht geregelt, 39
dass die Zustellung an die Beklagte der maßgebliche Zeitpunkt ist. Der materiell-rechtliche Charakter der Frist spricht zwar dafür, dass es hierauf ankommt, weil materiell-rechtliche Erklärungen grundsätzlich mit Zugang wirksam werden (§ 130 Abs 1 S 1 BGB). Diese Argumentation würde indes übersehen, dass § 45 S 1 WEG die Wahrung der Begründungsfrist an die Vornahme einer Prozesshandlung knüpft. Daraus folgt, dass es auf den Zeitpunkt des Wirksamwerdens der Prozesshandlung ankommt. Hier ist maßgeblich, ob die Prozesshandlung gegenüber dem Gericht oder dem Gegner vorzunehmen ist. Bei der Klagebegründung handelt es sich um eine sog Erwirkungshandlung, weil sie das Gericht zu einer bestimmten Entscheidung veranlassen soll. Adressat von Erwirkungshandlungen ist wegen dieses Zwecks das Gericht, weshalb die Begründungsfrist gewahrt ist, wenn der Schriftsatz binnen der Frist **bei Gericht eingeht** (ebenso iE Bärmann/Göbel Rn 30; Grüneberg/Wicke Rn 6; **aA** Jennissen/Suilmann Rn 57: Zustellung).

Die Frist ist auch dann gewahrt, wenn die Begründung beim **unzuständigen Gericht** 40
eingereicht und die Klage erst nach Fristablauf gem § 281 ZPO an das zuständige Gericht verwiesen wird. Denn in derartigen Konstellationen besteht eine Verfahrenseinheit, weshalb die bisherigen Prozesshandlungen fortwirken und eine Ausschlussfrist durch Anrufung des unzuständigen Gerichts gewahrt wird (vgl BGH NJW-RR 2006, 1113; Z 97, 155). Gleiches hat zu gelten, wenn das unzuständige Gericht nicht analog § 281 ZPO vorgeht, sondern das Verfahren formlos abgibt, weil dem Kläger durch dieses Handeln des Gerichts kein Nachteil entstehen darf (**aA** BGHZ 90, 249).

Die Wahrung der Begründungsfrist ist bei **Klägermehrheit** für jeden Kläger **gesondert** 41
zu prüfen. Haben mehrere Personen Anfechtungsklage erhoben, wirkt die rechtzeitige Begründung der Klage durch einen von ihnen nicht zugunsten der anderen. Denn § 62 Abs 1 ZPO ist auf die Begründungsfrist wegen ihres materiell-rechtlichen Charakters unanwendbar (BGH NJW 2009, 2132; **aA** Derleder, in: FS Merle [2010] 111, 123).

4. Kein Nachschieben von Anfechtungsgründen

Die Wahrung der Begründungsfrist ist für jeden Anfechtungsgrund gesondert zu prü- 42
fen. Ein **Nachschieben** von Anfechtungsgründen mit dem Argument, ein anderer An-

fechtungsgrund sei fristgerecht vorgetragen, **scheidet aus** (BGHZ 179, 230 Rn 10; **aA** Hügel/Elzer § 45 Rn 46). Das ist nach hiesiger Ansicht schon deshalb richtig, weil § 45 S 1 HS 2 WEG die Klagebegründung betrifft und jeder Anfechtungsgrund ein eigener Streitgegenstand ist (s § 44 WEG Rn 8). Auch der Zweck von § 45 S 1 HS 2 WEG, binnen der Begründungsfrist den Streitstand zwischen den Parteien verbindlich festzulegen, verträgt sich nicht mit der Möglichkeit, Anfechtungsgründe nachzuschieben (vgl BGH ZIP 2005, 706 [zur AG]). Auf dieses Argument müssen die Vertreter des herrschenden einheitlichen Streitgegenstandsbegriffs (§ 44 WEG Rn 6) das Ergebnis stützen, dass ein Nachschieben nur unter den Voraussetzungen des § 45 S 2 WEG in Betracht kommt.

5. Darlegungs- und Beweislast

43 Zur Last, die Wahrung der Begründungsfrist darlegen und beweisen zu müssen s § 44 WEG Rn 227.

IV. Wiedereinsetzung (§ 45 S 2 WEG)

44 § 45 S 2 WEG (früher § 46 Abs 1 S 3 WEG aF) ordnet an, dass die §§ 233 bis 238 ZPO entsprechend gelten. Diese Rechtsfolge bezieht sich auf die in Satz 1 geregelten Fristen. Die Norm ermöglicht also die Wiedereinsetzung sowohl in die Anfechtungs- als auch in die Begründungsfrist. Da es sich hierbei um materiell-rechtliche Fristen handelt, erfolgt die Anwendung der §§ 233 bis 238 ZPO aufgrund einer **gesetzlichen Analogie**.

45 In der Literatur wird § 45 S 2 WEG gelegentlich **kritisiert**, weil die Vorschrift zur Anwendung eines prozessualen Rechtsinstituts auf eine materiell-rechtliche Frist führt (Jennissen/Suilmann Rn 3; Fundamentalkritik bei Drasdo NZM 2016, 809). Daran ist zwar zutreffend, dass dem materiellen Recht eine allgemeine Regel fremd ist, nach der das unverschuldete Versäumen einer Gestaltungsfrist geheilt werden kann. Wenn der Gesetzgeber aber von diesem Prinzip abweichen will, so spricht **dogmatisch** nichts gegen eine Analogie zur prozessualen Wiedereinsetzung. Denn zum einen müssen die Fristen aus § 45 S 1 WEG durch Prozesshandlungen gewahrt werden, was bereits eine gewisse inhaltliche Nähe zur Wiedereinsetzung schafft. Zudem hätte die Alternative – die Schaffung eines eigenen materiell-rechtlichen Wiedereinsetzungsregimes vergleichbar der Regelung in § 5 KSchG – zu einer Überfrachtung des WEG geführt, ein Ergebnis, das angesichts der Existenz der §§ 233 bis 238 ZPO vom Gesetzgeber richtigerweise vermieden wurde. Auch aus **rechtspolitischer Sicht** ist die Wiedereinsetzungsmöglichkeit vertretbar (Bärmann/Göbel Rn 33). Denn Beschlüsse regeln häufig Fragen, die den Wohnungseigentümer in seiner privaten Lebensführung berühren. Dieser Umstand rechtfertigt die Entscheidung des Gesetzgebers, bei unverschuldetem Fristversäumnis das Interesse der übrigen Wohnungseigentümer nach Rechtssicherheit hinter dem Bedürfnis des Einzelnen nach materieller Gerechtigkeit zurücktreten zu lassen.

46 Das **Verhältnis** zwischen **§ 167 ZPO** und **§ 45 S 2 WEG** ist Folgendes: Ist eine Klage vor Ablauf der Anfechtungsfrist bei Gericht eingegangen, die – wenn sie rechtzeitig zugestellt würde – fristwahrend sein kann, so hindern vom Kläger nicht zu vertretende Verzögerungen bei der Zustellung wegen § 167 ZPO die Fristwahrung nicht

(Rn 28). In diesen Konstellationen besteht also ein logischer Vorrang von § 167 ZPO, da mangels Fristversäumnisses kein Bedürfnis für eine Wiedereinsetzung besteht (unzutreffend insoweit LG Frankfurt/Main 1. 11. 2018 – 2-13 S 112/17, WuM 2019, 50). Führt § 167 ZPO wegen eines zurechenbaren Versäumnisses des Klägers nicht zur Fristwahrung, kann wegen des dann vorliegenden Verschuldens des Klägers § 45 S 2 WEG zu keinem anderen Ergebnis führen. Der Anwendung von § 45 S 2 WEG bedarf es hingegen, wenn eine ordnungsgemäße Klage erst nach Fristablauf eingereicht oder die Begründungsfrist überschritten wurde.

1. Allgemeine Voraussetzungen

Die Wiedereinsetzung setzt gem § 233 S 1 ZPO zunächst voraus, dass der Kläger ohne sein Verschulden an der Einhaltung einer oder beider Fristen aus § 45 S 1 WEG verhindert war. Das **Verschulden** seines **Prozessbevollmächtigten** wird dem Kläger analog § 85 Abs 2 ZPO zugerechnet (so iE BGH NJW 2012, 1224 Rn 13). Zwar handelt es sich bei den Fristen aus § 45 S 1 WEG um solche des materiellen Rechts. Der Verweis auf die §§ 233 ff ZPO in § 45 S 2 WEG ist aber dahingehend zu verstehen, dass der Kläger bei dem Versäumnis so zu stellen ist, als handele es sich um prozessuale Fristen. Eine über den Rahmen der §§ 233 ff ZPO hinausgehende Wiedereinsetzungsmöglichkeit bezweckt § 45 S 2 WEG gerade nicht (vgl BT-Drucks 16/887, 38). Dazu käme es aber, wenn man § 85 Abs 2 ZPO nicht analog anwenden würde. Denn § 278 BGB würde eine Zurechnung des Verschuldens des Prozessbevollmächtigten nicht ohne weiteres ermöglichen, weil § 233 S 1 ZPO nicht auf das Vertretenmüssen, sondern das Verschulden abstellt und zudem jene Norm nach verbreiteter Ansicht für Obliegenheiten grundsätzlich nicht gelten soll (etwa GRÜNEBERG/GRÜNEBERG § 278 BGB Rn 24). Die Vermutungsregel zum Verschulden aus § 233 S 2 ZPO ist ohne Bedeutung, weil wohnungseigentumsrechtliche Beschlüsse nicht mit einer Rechtsbehelfsbelehrung zu versehen sind. 47

Der **Wiedereinsetzungsantrag** muss nach § 234 Abs 1 S 1, Abs 2 ZPO **binnen zwei Wochen** gerechnet ab dem Tag gestellt werden, an dem das Hindernis, welches der Erhebung oder Begründung der Klage entgegenstand, behoben wurde. Der Verweis in § 45 S 2 WEG ist nämlich auf diese allgemeine Frist und nicht auf die besondere Frist für die Begründung von Rechtsmitteln in § 234 Abs 1 S 2 ZPO gerichtet. Nach Ablauf von einem Jahr ist die Wiedereinsetzung ausgeschlossen, § 234 Abs 3 ZPO. 48

Die **Form** des Wiedereinsetzungsantrags richtet sich gemäß § 236 Abs 1 ZPO nach der Form der versäumten Prozesshandlung; erforderlich ist also ein schriftlicher Antrag. Der Antrag muss nach § 236 Abs 2 S 1 ZPO die Wiedereinsetzungsgründe enthalten. Die versäumte Klageerhebung oder Klagebegründung ist binnen der Antragsfrist nachzuholen. In diesem Fall ist nach § 236 Abs 2 S 2 ZPO Wiedereinsetzung auch ohne Antrag zu gewähren, allerdings nur, wenn die Voraussetzungen einer Wiedereinsetzung binnen der Antragsfrist offenkundig werden (vgl BGH ZIP 2003, 2382). **Zuständig** für die Wiedereinsetzung ist das Gericht, dem die Entscheidung über die versäumte Prozesshandlung obliegt (§ 237 ZPO), hier also das Amtsgericht in dessen Bezirk das Grundstück der Wohnungseigentümer liegt, § 43 Abs 2 Nr 4 WEG, § 23 Nr 2c GVG. 49

2. Wiedereinsetzungsgründe

50 Nach Ansicht des BGH soll eine Wiedereinsetzung in den vorigen Stand nur in begründeten **Ausnahmekonstellationen** zum Tragen kommen (BGHZ 182, 307 Rn 14). Eine im Vergleich zur sonstigen Handhabung der §§ 233 ff ZPO besonders strenge Auslegung ist im Rahmen von § 45 S 2 WEG aber nicht angezeigt, weil die Wiedereinsetzung in eine versäumte Frist generell eine Ausnahme ist.

a) Rechtsirrtum

51 Sind dem Kläger die rechtlichen Voraussetzungen für die Wahrung der Anfechtungs- oder Klagebegründungsfrist – etwa die Länge der Frist oder gegen wen die Klage zu richten ist – unbekannt, so handelt er schuldhaft iSd § 233 S 1 ZPO, wenn er keinen **Rechtsrat einholt** (LG Hamburg ZMR 2013, 826). Die Quelle, die der Kläger um Rechtsrat befragt, muss nach der Verkehrsanschauung die Gewähr für eine zuverlässige Auskunft bieten. Bei dem Verwalter ist dies typischerweise zu bejahen, da er sich beruflich mit der Verwaltung von Wohnungseigentum befasst und ein durchschnittlicher Wohnungseigentümer darauf vertrauen darf, dem Verwalter seien die Modalitäten der Anfechtung hinreichend bekannt (vgl BayObLG ZMR 2001, 292). Gleiches gilt für einen Rechtsanwalt, auch wenn dieser nicht auf Wohnungseigentumsrecht spezialisiert sein sollte oder für einen anderen Juristen. Hingegen reicht es etwa nicht aus, wenn der Kläger sich bei anderen (nicht entsprechend qualifizierten) Wohnungseigentümern oder im Internet informiert. Unterlässt der Kläger die Einholung von Rechtsrat und unterläuft ihm bei der Klageerhebung ein Fehler, so scheidet eine Wiedereinsetzung aus.

52 Erhält der Kläger von einer nach diesen Grundsätzen verlässlichen Quelle eine unzutreffende Auskunft, so muss er sich diese Fehlinformation **nicht** wie eigenes Verschulden **zurechnen** lassen. Denn § 85 Abs 2 ZPO (zu dessen Anwendung s Rn 47) erfasst diese Fälle nicht, weil der Ratgeber nicht als Prozessbevollmächtigter handelt. Hat der Kläger hingegen einen Rechtsanwalt als Prozessbevollmächtigten beauftragt und versäumt dieser die Fristen aus § 45 S 1 WEG wegen eines Rechtsirrtums, so handelt der Rechtsanwalt schuldhaft (BGH NJW 2012, 1224 Rn 13) und dieses Verschulden wird dem Kläger analog § 85 Abs 2 ZPO zugerechnet.

b) Tatsachenirrtum

53 Die Unkenntnis des Klägers kann sich auch auf die tatsächlichen Voraussetzungen der Anfechtungsklage beziehen, also dass ein **Beschluss gefasst wurde** und/oder die **Mängel**, an denen ein Beschluss leidet. Diese **Unkenntnis** ist nur dann ein Hindernis iSd § 233 S 1 ZPO, wenn der Kläger nicht in der Lage ist, die Anfechtungsklage und/oder die Begründung zu verfassen. Bei der Anfechtungsklage ist dies einerseits der Fall, wenn der Kläger von dem in Rede stehenden Beschluss überhaupt keine Kenntnis hat. Der Erhebung einer Anfechtungsklage kann aber auch entgegenstehen, wenn dem Kläger zwar bekannt ist, dass ein Beschluss zu einem bestimmten Thema (etwa: Vermietung von Gemeinschaftseigentum) gefasst wurde, nicht aber sein für die Entscheidung über die Anfechtung maßgeblicher Inhalt (etwa: Person des Mieters, Vertragslaufzeit, Miethöhe). Hat der Wohnungseigentümer an der Versammlung teilgenommen, wird er typischerweise von den gefassten Beschlüssen Kenntnis haben und der Klageerhebung daher kein Hindernis entgegenstehen (vgl BayObLG

ZMR 2004, 212). Ausnahmen sind aber denkbar, etwa wenn der Inhalt des gefassten Beschlusses in der Versammlung unklar geblieben ist.

Ebenso wie bei einem Rechtsirrtum trifft den Kläger auch bei einem Tatsachenirrtum eine **Erkundungsobliegenheit**, deren Missachtung ein Verschulden iSd § 233 S 1 ZPO begründet. Diese Obliegenheit wird ausgelöst, sobald dem Kläger hinreichende Anhaltspunkte bekannt sind oder hätten bekannt sein müssen, die einen durchschnittlichen Wohnungseigentümer zu einer entsprechenden Nachforschung veranlasst hätten. Geht dem Wohnungseigentümer eine **Ladung** zu einer Wohnungseigentümerversammlung zu (eine Zugangsfiktionsklausel in der Gemeinschaftsordnung steht nicht gleich, OLG Hamm ZWE 2009, 226), so muss er damit rechnen, dass Beschlüsse zu den in der Ladung genannten Themen gefasst wurden (BayObLG ZMR 2005, 559; OLG Hamm ZMR 1999, 199). Anders ist es, wenn der Wohnungseigentümer nach dem Inhalt der Ladung mit dem konkreten Beschluss nicht rechnen musste (BayObLG NJW-RR 1989, 656). Dies ist etwa der Fall, wenn unter dem Tagesordnungspunkt „Sonstiges" Beschlüsse gefasst werden, die einer konkreteren Bezeichnung in der Ladung bedurft hätten. Fehlten danach Anhaltspunkte für eine Beschlussfassung und geht dem Wohnungseigentümer das **Protokoll** der Versammlung mit den gefassten Beschlüssen zu, so wird dadurch eine Erkundungsobliegenheit ausgelöst, falls das Protokoll noch Fragen offenlässt (vgl BayObLG ZMR 2003, 860). Musste der Wohnungseigentümer damit rechnen, dass er zu einer etwaigen Versammlung nicht geladen werden konnte, so hat er sich ohne weitere Anhaltspunkte über eine etwaige Beschlussfassung zu informieren. Eine **„anlasslose" Erkundungsobliegenheit** trifft etwa den Wohnungseigentümer, der seinen Adresswechsel der Wohnungseigentümergemeinschaft nicht mitteilt. Gleiches gilt für den Ersteher für den Beschlusszeitraum vor dem Zuschlag sowie den Zeitraum nach dem Zuschlag, der typischerweise verstreicht, bis der Verwalter Kenntnis von seinem Eintritt in die Gemeinschaft erlangt und ihn zu Versammlungen laden kann (vgl LG Frankfurt ZMR 1991, 193). **54**

Der **Umfang** der **Erkundungsobliegenheit** richtet sich danach, welche Maßnahmen ein verständiger Wohnungseigentümer im konkreten Fall ergreifen würde, um sich über die Beschlussfassung zu informieren. Die **Nichtteilnahme** an der **Versammlung** bedeutet keine Verletzung der Erkundigungsobliegenheit, weil es keine – auch nicht eine über eine Erkundungsobliegenheit mittelbar wirkende – Pflicht zur Teilnahme an Eigentümerversammlungen gibt. Teilweise wird vertreten, jedenfalls der in der Versammlung abwesende Wohnungseigentümer könne die Zusendung des Versammlungsprotokolls abwarten, weil er sich auf andere Auskünfte nicht zu verlassen brauche (KG ZMR 2002, 548). Dies überzeugt nicht, weil dem Wohnungseigentümer ein Tätigwerden bei der Verteidigung seiner Mitgliedschaftsrechte zuzumuten ist (vgl BayObLG ZMR 2003, 435). Vom Wohnungseigentümer ist daher zu verlangen, dass er sich beim Verwalter oder den an seiner Stelle tretenden Versammlungsleiter unverzüglich nach einer Beschlussfassung erkundigt (**aA** Bärmann/Göbel Rn 41). Begehrt der Wohnungseigentümer hierbei die Einsicht in das Versammlungsprotokoll oder die Beschlusssammlung und wird ihm diese verwehrt, so liegt darin ein unverschuldetes Hindernis iSd § 233 S 1 ZPO (vgl BayObLG ZMR 2003, 435). Der Wohnungseigentümer ist nicht etwa gehalten, vorsorglich sämtliche Beschlüsse anzufechten (so aber Jennissen/Suilmann Rn 82). Dies folgt schon daraus, dass ihm Verfahrenskosten drohen, deren Erstattung er nicht mit Sicherheit erwarten kann. Auch ergänzende Erkundigungen bei anderen Wohnungseigentümern über den Inhalt der Beschlüsse **55** sind dem Kläger regelmäßig nicht zumutbar, weil er mit einer verlässlichen Antwort dieser Personen nicht zu rechnen braucht (BayObLG ZMR 2003, 435).

56 Hat der Kläger seine Erkundungsobliegenheit erfüllt, einen Beschluss fristgerecht angefochten und erfährt er nachträglich von einem ihm bislang unbekannten **Anfechtungsgrund**, so muss er insofern Wiedereinsetzung in die Begründungsfrist des § 45 S 2 WEG beantragen, weil ein „freies" Nachschieben von Anfechtungsgründen nicht möglich ist (s Rn 42).

c) Mittellosigkeit (Prozesskostenhilfe)

57 Bei Mittellosigkeit des Klägers und einer dadurch eingetretenen Zustellungsverzögerung ist vorrangig **§ 167 ZPO** zu prüfen, der von § 45 S 2 WEG nicht verdrängt wird (Rn 46). Da bei § 167 ZPO vom Kläger nicht verschuldete Umstände außer Betracht bleiben und das maßgebliche Merkmal „demnächst" auch nicht durch einen absoluten Zeitraum begrenzt wird (Rn 28), ist für eine Anwendung von § 45 S 2 WEG nur Raum, wenn der Kläger die Klage erst nach Fristablauf anhängig macht, weil er die Entscheidung über sein PKH-Gesuch abwarten möchte. In diesen Fällen bedeutet seine Mittellosigkeit ein unverschuldetes Hindernis iSd § 233 Abs 1 S 1 ZPO (vgl etwa BGH NJW 2015, 1312). Ausreichend, aber auch erforderlich ist für die Wiedereinsetzung daher ein innerhalb der Frist des § 45 S 1 HS 1 WEG beim zuständigen Gericht gestellter **PKH-Antrag**. Um ein der Wiedereinsetzung entgegenstehendes Verschulden auszuräumen, muss der Antrag den gesetzlichen Anforderungen entsprechen und der Kläger muss alles in seinen Kräften Stehende tun, damit über den Antrag ohne Verzögerung sachlich entschieden werden kann (s etwa BGH NJW-RR 2014, 1347). Wird der PKH-Antrag mangels Bedürftigkeit zu Recht abgelehnt, kann der Kläger dennoch erfolgreich Wiedereinsetzung in die Anfechtungsfrist beantragen, wenn er vernünftigerweise nicht mit einer Verweigerung der Prozesskostenhilfe rechnen musste (etwa BGH NJW 2015, 1312). Die zweiwöchige Wiedereinsetzungsfrist läuft ab dem Tag der Zustellung des Prozesskostenhilfebeschlusses (vgl BGH NJW 2011, 153 Rn 9) bzw dem Zugang des Hinweises des Gerichts auf nicht ausräumbare Bedenken gegen die Bedürftigkeit (vgl BGH NJW-RR 2010, 424 Rn 5).

58 Eine Wiedereinsetzung aufgrund Mittellosigkeit kommt auch in die Begründungsfrist des § 45 S 1 HS 2 WEG in Betracht, nämlich dann, wenn der Kläger die **Beiordnung** eines **Rechtsanwalts** (§ 121 ZPO) beantragt und darauf verzichtet, die Klagebegründung selbst zu formulieren. Soll der Rechtsanwalt zudem die Klageschrift verfassen, ist die Wiedereinsetzung in beide Fristen erforderlich. Das Hindernis iSd § 233 S 1 ZPO liegt in diesen Konstellationen nicht allein in der Mittellosigkeit, sondern zudem im Entschluss des Klägers, den Prozess nur durch einen Rechtsanwalt zu führen. Diese Entscheidung des Klägers ist typischerweise nicht schuldhaft gem § 233 S 1 ZPO. Zwar könnte der Kläger die Prozesshandlungen mit Hilfe der Rechtsantragstelle selbst vornehmen. Dies ist ihm aber weder mit Blick auf die Klage noch die Klagebegründung zumutbar, weil sich bei beiden Prozesshandlungen regelmäßig inhaltlich schwierige Fragen stellen können, etwa nach der richtigen Bezeichnung der Beschlüsse oder einer hinreichenden Substantiierung der Anfechtungsgründe. Es handelt sich daher nicht um Prozesshandlungen, die inhaltlich nur geringe Anforderungen stellen und deshalb die Inanspruchnahme eines Rechtsanwalts entbehrlich machen (anders die wohl hM zur Kündigungsschutzklage, etwa LAG Nürnberg LAGE § 114 2002 Nr 1 mwNw).

d) Sonstige Fälle

Konstellationen, in denen die Anfechtungsklage wegen verspäteter Einzahlung des **Gerichtskostenvorschusses** nicht „demnächst“ iSd § 167 ZPO zugestellt wurden, setzen ein Verschulden des Klägers voraus und sind daher auch einer Wiedereinsetzung nicht zugänglich (vgl BGH ZMR 2012, 979 Rn 14). Steht zur Überzeugung des Gerichts fest, dass der Kläger aus Krankheitsgründen keine Anfechtungsklage und/oder Klagebegründung abfassen und einreichen konnte, so kann ihm nicht entgegengehalten werden, er hätte einen Dritten (Rechtsanwalt, Angehörigen) mit der Prozesshandlung beauftragen müssen. Eine solche Obliegenheit ist nicht anzuerkennen, weil es dem Kläger unbenommen bleiben muss, seine rechtlichen Angelegenheiten persönlich zu besorgen. 59

Teil 4
Ergänzende Bestimmungen

§ 46 WEG
Veräußerung ohne erforderliche Zustimmung

Fehlt eine nach § 12 erforderliche Zustimmung, so sind die Veräußerung und das zugrundeliegende Verpflichtungsgeschäft unbeschadet der sonstigen Voraussetzungen wirksam, wenn die Eintragung der Veräußerung oder einer Auflassungsvormerkung in das Grundbuch vor dem 15. Januar 1994 erfolgt ist und es sich um die erstmalige Veräußerung dieses Wohnungseigentums nach seiner Begründung handelt, es sei denn, dass eine rechtskräftige gerichtliche Entscheidung entgegensteht. Das Fehlen der Zustimmung steht in diesen Fällen dem Eintritt der Rechtsfolgen des § 878 des Bürgerlichen Gesetzbuchs nicht entgegen. Die Sätze 1 und 2 gelten entsprechend in den Fällen der §§ 30 und 35 des Wohnungseigentumsgesetzes.

Systematische Übersicht

Alphabetische Übersicht

I. Normentwicklung

1 Die Vorschrift wurde durch das **Gesetz zur Heilung des Erwerbes von Wohnungseigentum vom 3. 1. 1994** (BGBl I 1994, 66) als § 61 WEG eingefügt. Durch das WEMoG wurde sie inhaltlich unverändert als § 46 WEG übernommen; zugleich wurde ihre Überschrift amtlich.

2 Der ursprüngliche § 61 WEG betraf die Einheitsbewertung von Wohnungseigentum und wurde zusammen mit § 62 WEG, der ebenso nur steuerrechtlichen Gehalt hatte, durch das Steuerbereinigungsgesetz 1985 (BGBl I 1493) aufgehoben. Die Regelungen finden sich inhaltlich nunmehr in § 93 BewG.

II. Normzweck

§ 46 WEG ist eine **Reparaturvorschrift**. Denn lange Zeit ging die hM in Literatur und Rechtsprechung (aus der obergerichtlichen Rechtsprechung etwa OLG Frankfurt 17. 1. 1989 – 20 W 364/89, OLGZ 1990, 149, 150; Hans OLG Hamburg 24. 8. 1981 – 2 W 20/81, OLGZ 1982, 53, 54 f; BayObLG 9. 10. 1986 – BReg 2 Z 121/85, MittBayNot 1987, 25 unter 2.) davon aus, dass eine vereinbarte Veräußerungszustimmung nach § 12 WEG nicht für die Erstveräußerung durch den aufteilenden Eigentümer gelte; insoweit sei eine stillschweigende Ausnahme in die Vereinbarung hineinzulesen. Dem ist der BGH entgegengetreten (BGH 21. 2. 1991 – V ZB 13/90, NJW 1991, 1613). Die für die Praxis überraschende Entscheidung führte dazu, dass eine große Zahl an Erwerbern, die als Eigentümer im Grundbuch eingetragen waren, in Wirklichkeit nie Eigentümer geworden sind, weil die erforderlichen Zustimmungen fehlten (vgl § 12 Abs 3 S 1 WEG). Der Gesetzgeber sprang ihnen mit § 46 WEG zur Hilfe: Der Eigentumserwerb samt des zugrundeliegenden Erwerbsvertrags wurde kraft Gesetzes geheilt. Ohne dieses Reparaturgesetz hätten die Zustimmungen nachträglich eingeholt oder auf eine Ersitzung bzw. einen späteren gutgläubigen Weitererwerb vertraut werden müssen. Zudem wäre (Amts-)Haftungsansprüche gegen Notare und Grundbuchämter im Raum gestanden. 3

III. Anwendungsbereich

§ 46 WEG gilt nur für die „erstmalige Veräußerung [des] Wohnungseigentums". Gemeint ist damit die **erste Sonderrechtsfolge**, durch die der aufteilende Eigentümer oder dessen Gesamtrechtsnachfolger sein Eigentum verliert. 4

Erfasst sind zudem nur **Aufteilungen nach § 8 WEG** (KG 7. 6. 1994 – 1 W 6026/93, NJW 1995, 62, 63 f; aA Pause NJW 1994, 501, 502; ausdrücklich offen gelassen von BGH 20. 7. 2012 – V ZR 241/11, ZWE 2012, 499 Rn 19). Dies kommt zwar im Wortlaut nicht zum Ausdruck. Bei einer Aufteilung nach § 3 WEG ging die hM jedoch seit jeher von einer Zustimmungsbedürftigkeit auch des Ersterwerbs aus (vgl etwa HansOLG Hamburg 24. 8. 1981 – 2 W 20/81, OLGZ 1982, 53, 54 f; BayObLG 9. 10. 1986 – BReg 2 Z 121/85, MittBayNot 1987, 25 unter 2.), so dass der Wortlaut teleologisch zu reduzieren ist. 5

IV. Heilungswirkung (S 1)

§ 46 S 1 WEG **suspendiert § 12 Abs 3 WEG**, so dass die betroffenen dinglichen und schuldrechtlichen Rechtsgeschäfte mit Inkrafttreten der Vorschrift am 15. 1. 1994 wirksam wurden. Dies gilt jedoch ausdrücklich nur unter drei einschränkenden Voraussetzungen: 6

Erstens muss die Eintragung der Veräußerung, also des Eigentumswechsels, oder der Vormerkung für diesen Eigentumswechsel noch vor dem 15. 1. 1994 erfolgt sein, also spätestens am 14. 1. 1994.

Zweitens darf ein rechtskräftiges Urteil nicht entgegenstehen. Dabei schadet nicht nur ein rechtskräftiges Feststellungsurteil, sondern auch ein Leistungsurteil, das auf der Unwirksamkeit fußt (zB auf Grundbuchberichtigung nach § 894 BGB – Grüneberg/Wicke [82. Aufl] § 46 WEG Rn 2). 7

8 *Drittens* überwindet § 46 S 1 WEG nur die fehlende Zustimmung nach § 12 WEG. Eine endgültig versagte Zustimmung lebt nicht wieder auf (BGH 20. 7. 2012 – V ZR 241/11, ZWE 2012, 499 Rn 19). Leidet die Auflassung oder das schuldrechtliche Geschäft an einem anderen Defekt, der ihrer Wirksamkeit entgegensteht, bleibt es unwirksam. Das gilt etwa für Verstöße gegen § 125 S 1, die §§ 105, 107, 134, 138 BGB, Mängel der Vertretungsmacht, eine wirksame Anfechtung (§ 142 Abs 1 BGB) oder fehlende gerichtliche Genehmigungen. Betrifft ein solcher Mangel ausnahmsweise nur das schuldrechtliche oder nur das dingliche Rechtsgeschäft, findet § 46 S 1 WEG auch hinsichtlich des mangelfreien Geschäfts keine Anwendung. Denn dadurch wäre der Gleichlauf von schuldrechtlichem und dinglichem Rechtsgeschäft, den § 12 Abs 3 S 1 WEG bezweckt (Staudinger/Wobst [2023] § 12 WEG Rn 49) gefährdet: Der Veräußerer könnte entweder seine wirksame Verpflichtung dinglich nicht erfüllen oder das dingliche Rechtsgeschäft mangels wirksamer Verpflichtung kondizieren.

V. Schutz vor nachträglichen Verfügungsbeschränkungen (S 2)

9 § 46 S 2 WEG erstreckt die Heilungswirkung auf **§ 878 BGB**. Nach dieser Vorschrift ist eine Verfügungsbeschränkung unbeachtlich, wenn die dinglichen Erklärungen bindend geworden sind und der Eintragungsantrag beim Grundbuch gestellt wurde. Auf diese Weise wird der Erwerber etwa vor der Insolvenz des Veräußerers bis zu Eintragung geschützt. An sich wird die Auflassung nämlich nicht bindend, solange sie von der ausstehenden Zustimmung eines Dritten abhängt (statt aller Staudinger/Heinze [2018] § 878 BGB Rn 39). Fehlte bei einer Erstveräußerung eine nach § 12 WEG erforderliche Zustimmung und verlor der Veräußerer bis zum Inkrafttreten des § 46 S 1 WEG seine Verfügungsbeschränkung, konnte die Auflassung nicht vollzogen werden. Dies verhindert § 46 S 2 WEG, indem die fehlende Zustimmung auch insoweit für unbeachtlich erklärt wird.

VI. Anwendung auf Wohnungserbbau- und Dauerwohnrechte (S 3)

10 S 3 erstreckt die Regelung auf das Wohnungserbbaurecht und das Dauerwohnrecht. Die Anwendung auf das Wohnungserbbaurecht ist selbstverständlich, gilt doch insoweit uneingeschränkt § 12 WEG; eine „entsprechend[e]“ Anwendung braucht es also gar nicht. Anders ist das für das Dauerwohnrecht. Der praktische Anwendungsbereich der Vorschrift ist jedoch schmal. Denn ein Dauerwohnrecht wird in der Regel originär dem Erwerber bestellt, so dass die §§ 35, 12 WEG mangels Veräußerung gar keine Anwendung findet. § 46 WEG kann nur in dem Ausnahmefall relevant werden, in dem der Eigentümer zunächst ein Eigentümerdauerwohnrecht bestellt und dieses anschließend veräußert. In diesem Fall gelten die S 1 und 2 mit der Maßgabe, dass an die Stelle der „Auflassungsvormerkung“ die Vormerkung zur Übertragung des Dauerwohnrechts tritt.

§ 47 WEG
Auslegung von Altvereinbarungen

Vereinbarungen, die vor dem 1. Dezember 2020 getroffen wurden und die von solchen Vorschriften dieses Gesetzes abweichen, die durch das Wohnungseigentumsmodernisierungsgesetz vom 16. Oktober 2020 (BGBl. I S. 2187) geändert wurden,

stehen der Anwendung dieser Vorschriften in der vom 1. Dezember 2020 an geltenden Fassung nicht entgegen, soweit sich aus der Vereinbarung nicht ein anderer Wille ergibt. Ein solcher Wille ist in der Regel nicht anzunehmen.

Schrifttum

Falkner, Das Übergangsrecht des WEMoG, ZWE 2021, 149.

Systematische Übersicht

Alphabetische Übersicht

I. Normentwicklung

Die Vorschrift wurde durch das **WEMoG** eingefügt. 1

II. Normzweck

Die Vorschrift betrifft das Verhältnis von Vereinbarungen, die vor dem Inkrafttreten des WEMoG am 1. 12. 2020 getroffen wurden, zu gesetzlichen Vorschriften, die durch das WEMoG geändert wurden. Sie stellt dabei den Grundsatz *in dubio pro WEMoG* auf. Sie soll sicherstellen, dass die geänderten Vorschriften des WEG in der Regel auch in den Gemeinschaften gelten, die vor dem 1. 12. 2020 begründet worden sind (BT-Drucks 19/18791, 84). 1a

2 Das **Problem**, das die Vorschrift zu lösen versucht, ist kein spezifisch wohnungseigentumsrechtliches. Vielmehr stellt sich bei jeder Änderung gesetzlicher Vorschriften, die ein Dauerschuldverhältnis berühren, die Frage, wie sich die geänderten Vorschriften auf bereits in Gang gesetzte Dauerschuldverhältnisse auswirken. Wenn das Dauerschuldverhältnis privatautonom ausgestaltet werden kann, stellt sich die zusätzliche Frage, ob privatautonome Regelungen aus der Vergangenheit der Anwendung der neuen gesetzlichen Vorschriften entgegenstehen. Ohne besondere gesetzliche Anordnung entscheidet darüber die privatautonome Regelung selbst. Weil sich diese in aller Regel aber nicht ausdrücklich zu künftigen Gesetzesänderungen verhält, muss die Frage im Wege der Auslegung, notfalls auch einer ergänzenden, beantwortet werden. Die damit einhergehenden Unwägbarkeiten versucht § 47 WEG mit einer Auslegungsregel in den Griff zu bekommen. Damit zielt der Gesetzgeber auf einen angemessenen **Ausgleich zwischen Privatautonomie und Rechtssicherheit**. Dass bei der Anwendung der Vorschrift Zweifelsfragen bleiben können, nimmt er in Kauf.

Der in § 47 WEG gewählte Ansatz ist freilich **nicht alternativlos**:

3 – Im Rahmen der **WEG-Novelle 2007** wählte der Gesetzgeber die **„Durchbrechungsmethode“**: Er erklärte die damals geänderten Vorschriften kurzerhand für unabdingbar (vgl § 12 Abs 4 S 2, § 16 Abs 5, § 22 Abs 2 S 2 WEG aF). Abweichende Vereinbarungen aus der Vergangenheit waren damit unwirksam und die Vorschriften auch in alten Wohnungseigentümergemeinschaften anwendbar (vgl BT-Drucks 16/887, 21; zur Fortgeltung der Unwirksamkeit Rn 12). Allerdings ging damit notwendigerweise auch ein gehöriger Kollateralschaden einher: Die geänderten Vorschriften waren auch für die Zukunft unabdingbar, selbst wenn bei neu zu begründenden Wohnungseigentümergemeinschaften gute Gründe für ihre Abbedingung sprachen. Die Privatautonomie im WEG wurde damit eingeschränkt, ohne dass es dafür einen überzeugenden Grund gab. Im Übrigen wurde die „Durchbrechungsmethode“ auch nicht konsequent angewendet. Etwa die von einer auf zwei Wochen verlängerte Einberufungsfrist (vgl § 24 Abs 4 S 2 WEG aF) wurde nicht für unabdingbar erklärt; was mit entgegenstehenden Altvereinbarungen passierte, blieb ungeregelt. Im Umkehrschluss zu § 12 Abs 4 S 2, § 16 Abs 5, § 22 Abs 2 S 2 WEG aF musste man wohl davon ausgehen, dass sie wirksam blieben (so iE auch Bärmann/Merle [14. Aufl] § 24 Rn 37; differenzierend Hügel/Elzer NZM 2009, 457 [467]).

– Alternativ hätte der Gesetzgeber auch auf jegliche **gesetzliche Regelung des Problems verzichten** können. Es wäre dann Aufgabe der Wohnungseigentümer gewesen, im Lichte des neuen Rechts unpassend erscheinende Alt-Vereinbarungen durch neue Vereinbarungen abzuändern. Mit hoher Wahrscheinlichkeit wäre dieses Vertrauen auf die Kraft der Privatautonomie aber enttäuscht worden, scheitert die Änderung einer Vereinbarung doch allzu oft an einzelnen Wohnungseigentümern, die nicht mitwirken möchten oder können (zB weil sie geschäftsunfähig sind).

III. Anwendungsbereich

4 § 47 WEG gilt für sog **Altvereinbarungen**, also Vereinbarungen, die vor dem Inkrafttreten des WEMoG am 1. 12. 2020 getroffen wurden.

1. Vereinbarungen, nicht Beschlüsse

§ 47 WEG gilt seinem Wortlaut nach nur für **Vereinbarungen**. Dabei spielt es keine Rolle, ob die Vereinbarungen bereits im Rahmen der Teilungserklärung oder nachträglich getroffen wurden. Ebenso ist es irrelevant, ob die Vereinbarung im Grundbuch eingetragen ist, um gegen Sondernachfolger zu wirken (vgl § 10 Abs 3 S 1 WEG), oder ob es sich um eine rein schuldrechtliche Vereinbarung handelt (BeckOK-WEG/Elzer [3. 4. 2023] § 47 Rn 4). 5

Die Vorschrift ist **nicht analog auf Beschlüsse** anwendbar (ebenso BeckOGK-WEG/Skauradszun [1. 6. 2023] § 47 Rn 7 ff). Zwar kann es auch Fälle geben, in denen der Inhalt eines Beschlusses gegen nunmehr geänderte gesetzliche Vorschriften verstößt. Die Interessenlage ist aber nicht vergleichbar: Nur bei Vereinbarungen besteht aufgrund der notwendigen Mitwirkung aller Wohnungseigentümer eine strukturell erhöhte Versteinerungsgefahr (näher Staudinger/Wobst [2023] § 10 WEG Rn 39). Beschlüsse können dagegen durch Mehrheitsbeschluss abgeändert werden. Die Nicht-Abänderung eines Beschlusses erlaubt deshalb im Regelfall den Rückschluss, dass jedenfalls die Mehrheit der Wohnungseigentümer mit seiner unveränderten Fortgeltung einverstanden ist. Aus Rechtssicherheitsgründen scheidet eine analoge Anwendung auch für Beschlüsse aufgrund einer rechtsgeschäftlichen Öffnungsklausel aus (BeckOK-WEG/Elzer [3. 4. 2023] § 47 Rn 12) und zwar auch dann, wenn für diese erhöhte Mehrheitserfordernisse gelten. 6

2. Keine sachenrechtlichen Änderungen

§ 47 WEG betrifft **nicht die sachenrechtlichen Grundlagen** der Gemeinschaft. Denn sachenrechtlich kann es keine vom Gesetz abweichenden Vereinbarungen geben, sondern nur die Wahl innerhalb des *numerus clausus* der Ausgestaltungsmöglichkeiten, die das WEG insbesondere in den §§ 3 und 8 WEG eröffnet. Ausgeschlossen ist es deshalb insbesondere, mithilfe des § 47 WEG ein früher begründetes Sondernutzungsrecht in Sondereigentum „umzuwandeln“ (Falkner ZWE 2021, 149, 150). 7

3. Abweichung von durch das WEMoG geänderten Vorschriften

§ 48 WEG betrifft nur Vereinbarungen, die von Vorschriften abweichen, die durch das WEMoG geändert wurden. In Betracht kommen insoweit von vornherein nur **Vorschriften des Abschnitts 4**, denn nur von diesen kann durch Vereinbarung abgewichen werden (Staudinger/Wobst [2023] § 10 WEG Rn 12). Konkret geht das dabei vor allem um die § 13 Abs 2, §§ 14, 16 Abs 2 S 2, § 18 Abs 1 und 4, § 19 Abs 2 Nr 6, §§ 20, 21, § 23 Abs 1 S 2, Abs 3, § 24 Abs 2, 3 und 4, § 25 Abs 3, §§ 27, 28, 29 Abs 1 und 3 WEG. Die übrigen Änderungen durch das WEMoG (vgl BGBl I 2020, 2187) betrafen gesetzliche Regelungen, die sich nunmehr inhaltlich weitgehend unverändert an anderen Stelle im Gesetz finden. 8

Als Änderung einzuordnen ist dabei auch der **ersatzlose Wegfall** einer Vorschrift. Das betrifft vor allem die Aufhebung des Beschlussfähigkeitsquorums nach § 25 Abs 3 und 4 WEG aF. 9

4. Getroffen vor dem 1. 12. 2020

10 Nach dem Wortlaut gilt § 47 WEG für Vereinbarungen, die vor dem 1. 12. 2020, dem Tag des Inkrafttretens des WEMoG, „getroffen" wurden. Gemeint ist damit der Tag, an dem die vertragliche Einigung über die Vereinbarung **rechtsgeschäftlich wirksam** wurde. Keine Rolle spielt es dagegen, wann die Vereinbarung ins Grundbuch eingetragen wurde. Das folgt schon daraus, dass § 47 WEG auch für rein schuldrechtliche Vereinbarungen gilt, die gar nicht ins Grundbuch eingetragen werden (Rn 5). Der Wortlaut des § 10 Abs 1 S 2 WEG belegt überdies, dass Vereinbarung begrifflich „getroffen" werden, unabhängig davon, ob sie später in das Grundbuch eingetragen werden. Würde man auf den Tag der Grundbucheintragung abstellen, hinge die Anwendung des § 47 WEG überdies vom unkalkulierbaren Arbeitstempo des Grundbuchamts ab.

11 Entscheidend ist, dass die **Willenserklärungen aller Wohnungseigentümer wirksam** geworden sind. Dafür müssen insbesondere etwaige Genehmigungen durch vollmachtlos Vertretene, Sorgeberechtigte, Betreuer usw wirksam sein. Auf die notarielle Beglaubigung der Bewilligungen der Wohnungseigentümer, die nur für das Grundbuchverfahren von Bedeutung sind (§ 29 GBO) kommt es nicht an; materiell-rechtlich können Vereinbarungen formfrei getroffen werden (Staudinger/Wobst [2023] § 10 WEG Rn 27).

5. Unwirksamkeit infolge der WEG-Novelle 2007?

12 § 47 WEG spielt praktisch keine Rolle, wenn Altvereinbarungen schon nach § 16 Abs 5, § 22 Abs 2 S 2 WEG aF unwirksam sind. Denn nach diesen Vorschriften waren Vereinbarungen unwirksam, wenn sie die nach früherem Recht vorgesehenen Beschlusskompetenzen für die Kostenverteilung und für bauliche Veränderungen einschränkten. Sie sind **unheilbar unwirksam** und leben auch mit Aufhebung der unwirksamkeitsauslösenden Vorschriften durch das WEMoG nicht wieder auf (so auch Falkner ZWE 2021, 149, 151). Allgemein bedarf ein Vertrag, der gegen ein gesetzliches Verbot verstößt, nach Wegfall des Verbots grundsätzlich der Bestätigung durch einen erneuten Vertragsschluss, um Gültigkeit zu erlangen (BGH 3. 11. 1953 – I ZR 155/52, NJW 1954, 549; MünchKomm/Armbrüster [9. Aufl] § 134 Rn 21). Eine Ausnahme ist lediglich anerkannt, wenn die Parteien den Vertrag unter der Bedingung schließen, dass das gesetzliche Verbot aufgehoben wird (RG 1. 7. 1922 – I 432/21, Z 105, 137, 138; 13. 10. 1932 – 292/32, Z 138, 52, 55). Diese Voraussetzung wird bei Vereinbarungen der Wohnungseigentümer typischerweise nicht vorliegen. Im Bereich der Kostenverteilung und baulichen Veränderungen wird § 47 WEG deshalb nur relevant, wenn die nach früherem Recht bestehenden Beschlusskompetenzen durch Vereinbarung erweitert wurden.

IV. Auslegungsregeln

13 § 47 WEG führt nicht dazu, dass abweichende Vereinbarungen automatisch unwirksam sind. Im Ausgangspunkt bleibt es dabei, dass der Vereinbarung im Wege der Auslegung zu entnehmen ist, ob sie Vorrang gegenüber den geänderten gesetzlichen Vorschriften haben soll. § 47 WEG **modifiziert diese Auslegung** aber in doppelter Hinsicht: Zum einen muss sich der „Vorrangwille" aus der Vereinbarung selbst ergeben (S 1). Zum anderen wird vermutet, dass es einen solchen nicht gibt (S 2).

1. Maßgeblich des Vorrangwillens (S 1)

Eine abweichende Altvereinbarung bleibt nach § 47 S 1 WEG nur anwendbar, wenn sie mit dem Willen getroffen wurde, Vorrang auch gegenüber künftigen Rechtsänderungen zu haben. Dieser **Vorrangwille** muss kein genereller in dem Sinne sein, dass die Vereinbarung gegenüber allen denkbaren künftigen Gesetzesänderungen Bestand haben soll. Es genügt, den Willen festzustellen, dass sich die Vereinbarung gegenüber der konkreten, durch das WEMoG erfolgten Gesetzesänderung durchsetzen soll. 14

Der Vorrangwille kann aber nicht irgendwie belegt werden; er muss sich **aus der Vereinbarung selbst** ergeben. § 47 S 1 WEG nimmt damit unausgesprochen Bezug auf den anerkannten Grundsatz, dass Vereinbarungen objektiv auszulegen sind (näher Staudinger/Wobst [2023] § 10 WEG Rn 32 ff). Maßgeblich sind also nicht die subjektiven Vorstellungen des aufteilenden Eigentümers, sondern wie die Vereinbarung nach Wortlaut und Sinn für einen unbefangenen Betrachter nächstliegend zu verstehen ist. Ein Vorrangwille kann sich dabei auch aus dem Charakter der Anlage ergeben, die jedenfalls über den Aufteilungsplan Teil der Vereinbarung ist, bisweilen aber auch textlichen Niederschlag findet (Falkner ZWE 2021, 149, 151). Das gilt in besonderem Maße für Spezialimmobilien wie Hotels, Pflegeheime oder Einkaufszentren, die nach dem WEG aufgeteilt sind und bei denen die gesetzlichen Vorschriften häufig in großem Umfang abbedungen werden. 15

Ein Vorrangwille liegt von vornherein fern, wenn – was häufig vorkommt (zu Recht kritisch zu dieser Praxis Falkner ZWE 2021, 149, 149; MünchKomm/Krafka [9. Aufl] § 47 WEG Rn 2: „Unsitte") – schlicht die damals geltende Fassung einer **gesetzlichen Vorschrift wiederholt** wurde. Das soll in aller Regel nur dem Verwalter und den Wohnungseigentümern die Lektüre des Gesetzes ersparen, ohne dass damit irgendein Regelungswille einhergeht. Schon formal handelt es sich mangels Abweichung von den gesetzlichen Vorschriften um keine Vereinbarung im Sinne des § 10 Abs 1 S 2 WEG (Hügel/Elzer [3. Aufl] § 10 Rn 52). Etwas anderes wird man nur annehmen können, wenn ausdrücklich vereinbart wurde, dass diese Vorschriften auch gegenüber künftigen Gesetzesänderungen Geltung behalten soll; das dürfte kaum je der Fall sein. 16

Bei **inhaltlichen Abweichungen** ist nach deren ursprünglichem Zielsetzung (unter Geltung des alten Rechts) zu fragen und diese Zielsetzung mit der Wirkung der Vereinbarung (unter Geltung des neuen Rechts) zu vergleichen (vgl aber die vereinzelt gebliebene Meinung des LG Lüneburg 31. 1. 2023 – 3 S 29/22, ZMR 2023, 500, wonach § 47 WEG nur für gesetzeswiederholenden Altvereinbarungen gelten soll). Nur wenn die Altvereinbarung ihre **erkennbare Zielsetzung weiterhin erfüllen** kann, bleibt sie anwendbar (Beispiele bei Falkner ZWE 2021, 149, 151). Etwa eine vereinbarte Verlängerung der Ladungsfrist auf vier Wochen zielte ursprünglich, als § 24 Abs 4 Satz 2 WEG aF noch zwei Wochen vorsah, auf eine Verlängerung der Vorbereitungszeit für Wohnungseigentümer und bewirkt ebendies auch noch unter Geltung des WEMoG, das nunmehr drei Wochen vorsieht; eine solche Altvereinbarung gilt fort. Dasselbe gilt für eine Altvereinbarung, die das Beschlussfähigkeitsquorum gegenüber dem damaligen Recht anhob; eine solche Vereinbarung gilt fort (AG Frankfurt aM 28. 10. 2022 – 33 C 1230/22 [76], BeckRS 2022, 43683 Rn 15). Anders liegt es dagegen bei einer Altvereinbarung, nach der bauliche Veränderungen stets mit „3/4 aller vorhandenen Stimmen" beschlossen 17 werden können: Eine solche Vereinbarung zielte ursprünglich auf eine Erleichterung der Bautätigkeit, indem sie die hohen Quoren des § 22 Abs 1 und 2 WEG aF absenkte; weil § 20 Abs 1 WEG nunmehr die einfache Stimmenmehrheit genügen lässt, würde die Vereinbarung nun das Gegenteil bewirken und ist deshalb nach dem 1. 12. 2020 nicht mehr anwendbar (vgl AG München 13. 10. 2022 – 1293 C 365/22, ZWE 2023, 209 Rn 23).

2. In dubio pro WEMoG (S 2)

18 Im Grundsatz ist davon auszugehen, dass sich die neuen gesetzlichen Vorschriften gegenüber Altvereinbarungen durchsetzen. Wer den Vorrang der Altvereinbarung behauptet, muss den Vorrangwillen beweisen (BT-Drucks 19/18791, 84 f). Diese **Vermutung** ergibt sich schon aus der negativen Formulierung des Satzes 1. Sie wird durch Satz 2 – für jedermann verständlich – wiederholt, ohne dass diesem Satz eine darüberhinausgehende Bedeutung zukommt.

3. Rechtsfolge

19 Fehlt es am notwendigen Vorrangwillen, ist die **Altvereinbarung unbeachtlich**. Es gilt dann grundsätzlich nur das Gesetz. Den Wohnungseigentümern steht es aber selbstverständlich frei, die abweichende Vereinbarung erneut zu treffen und damit erneut vom Gesetz abzuweichen (§ 10 Abs 1 S 2 WEG). Eine gesetzliche Beschlusskompetenz dafür gibt es aber nicht.

V. Prozessuales

20 Das WEG sieht kein besonderes Verfahren zur Klärung der Frage vor, ob eine Altvereinbarung den geänderten Vorschriften vorgeht oder nicht. Sie ist deshalb **inzident** in demjenigen Verfahren zu klären, in dem sie sich stellt, zB in einem Anfechtungsprozess. Als bloße Vorfrage erwächst sie nicht in Bestandskraft und stellt sich deshalb jedes Mal aufs Neue. Für eine Feststellungsklage gelten die allgemeinen Regeln.

§ 48 WEG
Übergangsvorschriften

(1) § 5 Absatz 4, § 7 Absatz 2 und § 10 Absatz 3 in der vom 1. Dezember 2020 an geltenden Fassung gelten auch für solche Beschlüsse, die vor diesem Zeitpunkt gefasst oder durch gerichtliche Entscheidung ersetzt wurden. Abweichend davon bestimmt sich die Wirksamkeit eines Beschlusses im Sinne des Satzes 1 gegen den Sondernachfolger eines Wohnungseigentümers nach § 10 Absatz 4 in der vor dem 1. Dezember 2020 geltenden Fassung, wenn die Sondernachfolge bis zum 31. Dezember 2025 eintritt. Jeder Wohnungseigentümer kann bis zum 31. Dezember 2025 verlangen, dass ein Beschluss im Sinne des Satzes 1 erneut gefasst wird; § 204 Absatz 1 Nummer 1 des Bürgerlichen Gesetzbuchs gilt entsprechend.

(2) § 5 Absatz 4 Satz 3 gilt in der vor dem 1. Dezember 2020 geltenden Fassung weiter für Vereinbarungen und Beschlüsse, die vor diesem Zeitpunkt getroffen oder ge-

fasst wurden, und zu denen vor dem 1. Dezember 2020 alle Zustimmungen erteilt wurden, die nach den vor diesem Zeitpunkt geltenden Vorschriften erforderlich waren.

(3) § 7 Absatz 3 Satz 2 gilt auch für Vereinbarungen und Beschlüsse, die vor dem 1. Dezember 2020 getroffen oder gefasst wurden. Ist eine Vereinbarung oder ein Beschluss im Sinne des Satzes 1 entgegen der Vorgabe des § 7 Absatz 3 Satz 2 nicht ausdrücklich im Grundbuch eingetragen, erfolgt die ausdrückliche Eintragung in allen Wohnungsgrundbüchern nur auf Antrag eines Wohnungseigentümers oder der Gemeinschaft der Wohnungseigentümer. Ist die Haftung von Sondernachfolgern für Geldschulden entgegen der Vorgabe des § 7 Absatz 3 Satz 2 nicht ausdrücklich im Grundbuch eingetragen, lässt dies die Wirkung gegen den Sondernachfolger eines Wohnungseigentümers unberührt, wenn die Sondernachfolge bis zum 31. Dezember 2025 eintritt.

(4) § 19 Absatz 2 Nummer 6 ist ab dem 1. Dezember 2023 anwendbar. Eine Person, die am 1. Dezember 2020 Verwalter einer Gemeinschaft der Wohnungseigentümer war, gilt gegenüber den Wohnungseigentümern dieser Gemeinschaft der Wohnungseigentümer bis zum 1. Juni 2024 als zertifizierter Verwalter.

(5) Für die bereits vor dem 1. Dezember 2020 bei Gericht anhängigen Verfahren sind die Vorschriften des dritten Teils dieses Gesetzes in ihrer bis dahin geltenden Fassung weiter anzuwenden.

Systematische Übersicht

Alphabetische Übersicht

I. Normentwicklung

1 Die Vorschrift wurde durch das **WEMoG** eingefügt. Die Frist des Abs 4 S 1 wurden durch Gesetz vom 7. 11. 2022 (BGBl I 1982) um ein Jahr verlängert.

II. Normzweck

2 § 48 WEG fasst die **gesetzlichen Übergangsvorschriften im Zuge des Inkrafttretens des WEMoG** zusammen. Sie betreffen vor allem die Bereiche, die mit einer Grundbucheintragung zusammenhängen (Abs 1 bis 3) sowie das in gerichtlichen Verfahren anwendbare Prozessrecht (Abs 5). Daneben ist das verzögerte Inkrafttreten der Vorschriften zum zertifizierten Verwalter geregelt (Abs 4).

3 Im Übrigen enthält das Gesetz keine Übergangsvorschriften. Insbesondere die **Anwendung des materiellen Rechts** hängt demnach von allgemeinen Grundsätzen des intertemporalen Rechts ab (näher Lehmann-Richter/Wobst Rn 1995). Der BGH will jedoch § 48 Abs 5 WEG im Wege der Analogie entnehmen, dass in laufenden gerichtlichen Verfahren auch weiterhin das alte materielle Recht gilt (BGH 7. 5. 2021 – V ZR 299/19, ZWE 2021, 325 Rn 12 ff).

III. Eintragung von Altbeschlüssen (Abs 1)

4 Die neuen Vorschriften zur Eintragung von Beschlüssen in den § 5 Abs 4, § 7 Abs 2 und § 10 Abs 3 WEG gelten auch für Altbeschlüsse (§ 48 Abs 1 S 1 WEG). Beschlüsse aufgrund einer Vereinbarung (sog vereinbarte Öffnungsklausel), die vor dem Inkrafttreten des WEMoG am 1. 12. 2020 gefasst oder vor diesem Zeitpunkt durch gerichtliches Urteil ersetzt wurden, müssen also **im Grundbuch nachgetragen** werden, wenn sie weiterhin gegen Sondernachfolger gelten sollten. Für die Frage, ob ein Beschluss eintragungsfähig ist – ob er also aufgrund einer Vereinbarung oder einer gesetzlichen Beschlusskompetenz gefasst wurde (näher Staudinger/Wobst [2023] § 10 WEG Rn 75 ff) – ist auf die nunmehr geltenden Vorschriften abzustellen (so auch Falkner ZWE 2021, 149, 152). Denn andernfalls würde die Eintragungsfähigkeit vom Zeitpunkt der Beschlussfassung abhängen. Etwa Kostenverteilungsschlüssel müssen in aller Regel nicht nachgetragen werden, weil § 16 Abs 2 S 2 WEG nunmehr eine weitreichende gesetzliche Beschlusskompetenz bereithält.

5 Es gilt eine **Übergangsfrist bis zum 31. 12. 2025** (§ 48 Abs 1 S 2 WEG). Die Nicht-Eintragung von Altbeschlüssen ist deshalb für alle Sondernachfolger unbeachtlich, deren Eigentumserwerb bis zu diesem Zeitpunkt vollendet wird. Die Eintragung einer Vormerkung genügt nicht. Wurde der Eigentumserwerb rechtzeitig vollendet, gelten Altbeschlüsse auch über den 31. 12. 2025 hinaus gegen solche Sondernachfolger.

6 Weil eine Regelung nur **einheitlich** gegenüber allen Wohnungseigentümern wirken kann (OLG Frankfurt 1. 2. 2006 – 20 W 291/06, ZWE 2006, 392 [394]; BayObLG 10. 1. 2002 – 2 Z BR 180/01, ZWE 2002, 268 [269] unter 2.c; OLG Köln 2. 4. 2001 – 16 Wx 7/01, DNotZ 2002, 223 [226 f] unter b(4); Bärmann/Göbel [15. Aufl] § 48 Rn 7), wird der Beschluss insgesamt unwirksam, sobald er auch nur gegen einen Sondernachfolger nicht mehr wirkt.

Für das **Eintragungsverfahren** gilt die neue Vorschrift des § 7 Abs 2 WEG: Dem Grundbuchamt ist eine Niederschrift über den Altbeschluss in der dort vorgeschriebenen Form oder ein Urteil vorzulegen. 7

Gerade bei älteren Beschlüssen werden die Personen, die die Niederschrift unterschreiben müssten, häufig nicht mehr zur Verfügung stehen. Für diesen Fall sieht § 48 Abs 1 S 3 WEG die **Reproduktion des Beschlusses** vor: Jeder Wohnungseigentümer kann verlangen, dass der einzutragende Altbeschluss mit identischem Inhalt erneut gefasst wird. Anspruchsgegner ist die Gemeinschaft der Wohnungseigentümer (vgl allgemein § 18 Abs 2 WEG). Über diesen „neuen" Altbeschluss kann dann eine Niederschrift in der notwendigen Form erstellt werden. Notfalls kann der Reproduktionsanspruch im Wege der Beschlussersetzungsklage (§ 44 Abs 1 S 2 WEG) durchgesetzt werden und das Urteil vorgelegt werden. Die Wohnungseigentümer können freilich anlässlich der Geltendmachung des Reproduktionsanspruchs beschließen, den ursprünglichen Beschluss durch Zweitbeschluss aufzuheben und dem Anspruch damit die Grundlage entziehen. Ob ein solcher Zweitbeschluss rechtmäßig ist, bemisst sich nach allgemeinen Regeln (Staudinger/Lehmann-Richter § 18 WEG Rn 149). Der Reproduktionsanspruch ist bis zum Ablauf des 31. 12. 2025 befristet, besteht aber bis zum Abschluss des Verfahrens fort, wenn er bis Fristablauf rechtshängig gemacht wurde (§ 48 Abs 1 S 3 Hs 2 WEG, § 204 Abs 1 Nr 1 BGB). Wegen § 167 ZPO genügt sogar die Anhängigkeit der Klage (Staudinger/Peters/Jacoby [2019] § 204 BGB Rn 34). Diese Fortwirkung des Reproduktionsanspruchs wirkt aber nicht zulasten von Sondernachfolgern: Sie sind nach Ablauf des 31. 12. 2025 nur an Altbeschlüsse gebunden, die bei Vollendung des Eigentumserwerbs bereits eingetragen waren (vgl BT-Drucks 19/18791, 85). Mit Eintritt der Sondernachfolge entfällt der Reproduktionsanspruch nach § 48 Abs 1 S 3 WEG. Das anhängige Beschlussersetzungsverfahren ist für erledigt zu erklären; andernfalls ist die Klage abzuweisen. Wird ihr dennoch – zu Unrecht – stattgegeben und der begehrte Beschluss ersetzt, wirkt das Urteil freilich wegen § 44 Abs 3 WEG auch gegen den Sondernachfolger; der Beschluss lebt also wieder auf. 8

IV. Aufhebung des § 5 Abs 4 S 3 WEG (Abs 2)

Durch die Aufhebung von § 5 Abs 4 S 3 WEG aF kann es dazu kommen, dass Vereinbarungen und Beschlüsse künftig der Zustimmung Dritter bedürfen, obwohl sie bis zum Inkrafttreten des WEMoG zustimmungsfrei waren. Aufgrund der durch § 48 Abs 1 S 1 WEG angeordneten Rückwirkung könnten Vereinbarungen und Beschlüsse deshalb nachträglich schwebend unwirksam werden. Das erschien dem Gesetzgeber zu Recht unangemessen. § 48 Abs 2 WEG garantiert deshalb **Stabilität**: Wenn vor 1. 12. 2020 alle Zustimmungen erteilt wurden, die nach altem Recht erforderlich waren, bleibt die Regelung wirksam, auch wenn nach neuem Recht zusätzliche Zustimmungen erforderlich wären. Maßgeblich ist das materiell-rechtliche Wirksamwerden der Zustimmung; auf den Zeitpunkt der Grundbucheintragung kommt es nicht an. 9

V. Ausdrückliche Eintragung von Veräußerungsbeschränkungen und Haftungsklauseln (Abs 3)

Regelungen zu Veräußerungsbeschränken nach § 12 WEG sowie zur Haftung von Sondernachfolgern für Geldschulden, bedürfen nach § 48 Abs 3 S 1 WEG auch dann 10 der ausdrücklichen Eintragung in das Grundbuch nach § 7 Abs 3 S 2 WEG, wenn sie vor Inkrafttreten des WEMoG am 1. 12. 2020 vereinbart oder beschlossen wurden. Soweit sie bislang nur durch Bezugnahme nach § 7 Abs 3 WEG aF eingetragen wurden, muss ihre **ausdrückliche Eintragung nachgeholt** werden.

11 Weil die Eintragung durch Bezugnahme nach altem Recht rechtmäßig war, handelt es sich bei der ausdrücklichen Eintragung grundbuchverfahrensrechtlich um eine bloße Richtigstellung, die eigentlich von Amts wegen erfolgen müsste (vgl etwa OLG Düsseldorf 8. 1. 2019 – 3 Wx 34/17, BeckRS 2019, 2874 Rn 19 mwN). Nach § 48 Abs 3 S 2 WEG erfolgt sie jedoch nur auf Antrag eines Wohnungseigentümers oder der Gemeinschaft der Wohnungseigentümer, die dabei vom Verwalter vertreten wird (§ 9b Abs 1 S 1 WEG). Die Antragsbefugnis bezieht sich dabei jeweils auf alle Wohnungsgrundbücher, da nur eine einheitliche Eintragung die Wirkung gegen Sondernachfolger sicherstellt. Als sog reiner Antrag nach § 13 GBO, der keine materiell-rechtliche Erklärung enthält, muss er nicht der Form des § 29 Abs 1 S 1 GBO genügen, jedoch schriftlich erfolgen (statt aller BeckOK-GBO/Reetz [28. 4. 2023] § 13 Rn 54). Weitere Nachweise sind nicht erforderlich, auch nicht Bewilligungen der Wohnungseigentümer, weil die Gemeinschaftsordnung, die die Veräußerungsbeschränkung bzw Haftungsklausel enthält, bereits bei den Grundakten liegt.

12 § 48 Abs 3 S 3 WEG gewährt schließlich eine **Übergangsfrist für die ausdrückliche Eintragung von Haftungsklauseln bis zum 31. 12. 2025**. Haftungsklauseln, die lediglich durch Bezugnahme nach § 7 Abs 3 WEG aF, aber nicht ausdrücklich im Grundbuch eingetragen ist, wirken demnach stets gegenüber Sondernachfolgern, wenn die Sondernachfolge bis zum Ablauf dieser Übergangsfrist eintritt. Eine Übergangsfrist für Veräußerungsbeschränkungen ist dagegen nicht vorgesehen, weil das Verfahrensrecht mit § 3 Abs 2 WGV für sie bereits seit Langem eine ausdrückliche Eintragung vorsah.

VI. Zertifizierter Verwalter (Abs 4)

13 § 19 Abs 2 Nr 6 WEG, der einen Anspruch auf Bestellung eines zertifizierten Verwalters begründet, ist erst ab 1. 12. 2023 anwendbar (§ 48 Abs 4 S 1 WEG), um insbesondere den Industrie- und Handelskammern als Zertifizierungsstellen eine ausreichende Vorbereitung zu ermöglichen. Daneben sieht § 48 Abs 4 S 2 WEG eine zusätzliche **Karenzzeit für „alte Hasen“** vor: Verwalter, die zum Zeitpunkt des Inkrafttretens des WEMoG am 1. 12. 2020 bereits bestellt waren, gelten gegenüber der konkreten Gemeinschaft bis zum 1. 6. 2024 als zertifizierter Verwalter, auch wenn sie noch keine Prüfung abgelegt haben. Sollte ihre erneute Bestellung also zwischen dem 1. 12. 2023 und dem 1. 6. 2024 anstehen, wäre ihre noch nicht erfolgte Zertifizierung unschädlich.

VII. Verfahrensrecht (Abs 5)

14 Auf die vor dem Stichtag am 1. 12. 2020, dem Tag des Inkrafttretens des WEMoG, bei Gericht anhängigen Verfahren sind die Vorschriften des dritten Teils des WEG in ihrer bis dahin geltenden Fassung weiter anzuwenden. Die Anhängigkeit eines selbstständigen Beweisverfahrens oder eines Verfahrens im einstweiligen Rechtsschutz genügt nicht, ein Mahnverfahren nur, wenn die Akte zum Stichtag schon beim

Streitgericht eingegangen ist (Bärmann/Göbel [15. Aufl] § 48 Rn 19). Diese Altverfahren unterliegen also weiterhin den Vorschriften der **§§ 43 ff WEG aF**. Nicht vom Wortlaut des § 48 Abs 5 WEG erfasst sind auf **§ 21 Abs 8 WEG aF** gestützte Gestaltungsklagen. Hier gilt § 48 Abs 5 WEG aber analog (LG Frankfurt aM 20. 4. 2021 – 2-13 S 133/20, ZWE 2021, 460 Rn 5). Denn soweit § 21 Abs 8 WEG aF ein Gestaltungsklagerecht eröffnet, handelt es sich um Verfahrensrecht, das aus systematischen Gründen schon nach altem Recht in den dritten Teil des WEG gehört hätte. Für die vor dem Stichtag bei Gericht anhängige Gestaltungsklagen gilt daher verfahrensrechtlich § 21 Abs 8 WEG aF weiter. Dieses Ergebnis wird auch dadurch gestützt, dass § 48 Abs 5 WEG die Fortgeltung von § 49 Abs 1 WEG aF anordnet, der nur auf Klagen nach § 21 Abs 8 WEG aF anwendbar ist.

Der BGH zählt zum anwendbaren Verfahrensrecht auch § **49a GKG aF;** die allgemeine Übergangsregel des § 71 Abs 1 GKG werde durch § 48 Abs 5 WEG verdrängt (BGH 30. 9. 2021 – V ZR 258/20 Rn 18 f). Das wirkt sich vor allem bei den Rechtsmittelkosten aus; § 71 Abs 1 S 2 GKG würde insoweit eigentlich auf das neue Recht verweisen. **15**

§ 48 Abs 5 WEG gilt analog für **grundbuchverfahrensrechtliche Vorschriften**, die im Rahmen des Vollzugs der Teilungserklärung zu beachten sind. Ging etwa der Antrag vor dem 1. 12. 2020 beim Grundbuchamt ein und enthielt er eine Abgeschlossenheitsbescheinigung der Baubehörde, die für Garagenstellplätze dauerhafte Markierungen, aber keine Maßangaben attestierte (§ 7 Abs 4 S 1 Nr 2, § 3 Abs 2 S 2 WEG aF), kann diese auch Grundlage für eine erst nach diesem Stichtag erfolgende Eintragung sein. **16**

§ 49 WEG
Überleitung bestehender Rechtsverhältnisse

(1) Werden Rechtsverhältnisse, mit denen ein Rechtserfolg bezweckt wird, der den durch dieses Gesetz geschaffenen Rechtsformen entspricht, in solche Rechtsformen umgewandelt, so ist als Geschäftswert für die Berechnung der hierdurch veranlassten Gebühren der Gerichte und Notare im Fall des Wohnungseigentums ein Fünfundzwanzigstel des Einheitswertes des Grundstückes, im Falle des Dauerwohnrechtes ein Fünfundzwanzigstel des Wertes des Rechtes anzunehmen.

(2) Durch Landesgesetz können Vorschriften zur Überleitung bestehender, auf Landesrecht beruhender Rechtsverhältnisse in die durch dieses Gesetz geschaffenen Rechtsformen getroffen werden.

Systematische Übersicht

Alphabetische Übersicht

I. Normentwicklung

1 Die Regelung des § 49 WEG ist seit dem Inkrafttreten des WEG im Jahre 1951 **inhaltlich unverändert**. Sie war jedoch ursprünglich in § 63 Abs 1 und 3 WEG verortet. § 63 Abs 2 WEG enthielt eine weitere Kostenprivilegierung auf die Hälfte, falls die Umwandlung innerhalb von zwei Jahren nach dem Inkrafttreten des WEG am 20. 3. 1951 erfolgt. Durch das WEMoG wurde die inzwischen gegenstandslose Regelung aufgehoben und der Rest in § 49 WEG positioniert.

II. Normzweck

2 § 49 WEG enthält zwei Regelungen zur Überleitung anderer Rechtsinstitute in Wohnungs- bzw Teileigentum (einschließlich Wohnungserbbaurecht) oder Dauerwohn- bzw Dauernutzungsrechte: Abs 1 privilegiert solche Überleitungen kostenrechtlich und will damit einen **Anreiz** dazu schaffen (BT-Drucks 75/51, 33). Abs 2 erlaubt den Ländern, **materiell-rechtliche Vorschriften zur Überleitung altrechtlicher Rechtsinstitute** zu erlassen. Das betrifft insbesondere das Stockwerkseigentum, das auch nach dem Inkrafttreten bestehen blieb (Art 182 EGBGB). Das WEG selbst enthält keine Vorschriften zur Überleitung (vgl BT-Drucks 75/51, 33). § 49 Abs 2 WEG hat dabei nur deklaratorische Bedeutung: Sie stellt klar, dass der Bundesgesetzgeber mit dem WEG die Frage der Überleitung nicht abschließend geregelt hat, den Ländern insoweit also die Gesetzgebungskompetenz verbleibt (vgl Art 72 Abs 1, Art 74 Abs 1 Nr 1 EGBGB: „bürgerliches Recht").

3 § 49 WEG stellt insgesamt öffentliches Recht dar und ist folglich auch **unabdingbar** (BeckOK-WEG/Elzer [1. 7. 2022] § 49 Rn 18).

III. Gebührenprivileg (Abs 1)

1. Anwendungsbereich

4 § 49 Abs 1 WEG betrifft alle Rechtsverhältnisse, mit denen ein Rechtserfolg bezweckt wird, der dem Wohnungseigentum oder einem Dauerwohnrecht entspricht. Dabei spielt es keine Rolle, ob diese Rechtsverhältnisse auf Bundes- oder auf Landesrecht beruhen. Der Begriff des Rechtserfolgs ist missverständlich. Gemeint ist nämlich nicht der rechtliche, sondern der **wirtschaftliche Erfolg**. Entscheidend ist also

nicht, ob das Altrecht die Entstehung zweier Eigentumssphären ähnlich dem Sonder- und Gemeinschaftseigentum zu Folge hatte. Ausreichend ist es, wenn die durch das Altrecht bezweckte Gestaltung die wirtschaftliche Aufteilung eines Gebäudes zum Ziel hatte.

Bundesrechtlich kommt Bruchteilseigentum in Verbindung mit einer Miteigentümer- 5
vereinbarung nach § 1010 BGB in Betracht, mit der einzelne Bereich des Gebäudes einem Miteigentum ähnlich wie Sondereigentum zur alleinigen Benutzung zugewiesen werden (ebenso MünchKomm/Krafka [9. Aufl] § 63 WEG Rn 2; wohl auch BayObLG 22. 5. 1957 – BReg 2 Z 15/1957, BayObLGZ 1957, 168, 172 unter III.1.); bloßes Bruchteilseigentum reicht dagegen nicht (BayObLG 22. 5. 1957 – BReg 2 Z 15/1957, BayObLGZ 1957, 168, 172 unter III.1.). Zum Teil wird sogar eine kostenprivilegierte Umwandlung von dinglichen Wohnungsrechten oder gar von Mietverhältnissen in Dauerwohnrechte befürwortet (OLG Hamburg 14. 9. 1953 – 3 W 278/54, MDR 1955, 42; BeckOGK-WEG/Skauradszun [1. 6. 2022] § 49 Rn 3). Das geht zu weit: Der Vergleichbarkeit mit dem Dauerwohnrecht steht in beiden Fällen die fehlende Veräußerlich- und Vererblichkeit entgegen (vgl § 33 Abs 1 S 2 WEG). Der Umwandlung eines Mietverhältnisses steht schon dessen fehlende dingliche Natur entgegen (MünchKomm/Krafka [9. Aufl] § 63 WEG Rn 2).

Landesrechtlich kommen das Stockwerkseigentum in allen seinen Ausprägungen so- 6
wie verwandte Rechtsinstitute in Betracht (vgl Staudinger/J Hönle/U Hönle [2018] Art 131 EGBGB Rn 1 f zum „echten“ und „unechten“ Stockwerkseigentum).

Das Gebührenprivileg gilt nur für Rechte, die zum Zeitpunkt des Inkrafttretens des 7
WEG **am 20. 3. 1951 bestanden** (BayObLG 22. 5. 1957 – BReg 2 Z 15/1957, BayObLGZ 1957, 168, 172 unter III.1.). Das ergibt sich zwar nicht aus dem Wortlaut, aber aus dem Zweck: Den Weg zum Wohnungseigentum zu erleichtern, ist nur für denjenigen angemessen, der sich nicht sehenden Auges dagegen entschieden hat.

2. Geschäftswert

Für die **Umwandlung in Wohnungseigentum** beträgt der Geschäftswert abweichend 8
von den allgemeinen Vorschriften des GNotKG, insbesondere dessen § 42, stets ein Fünfundzwanzigstel, also vier Prozent, des Einheitswerts des Grundstücks. Maßgeblich ist dabei in Anlehnung an § 48 Abs 1 S 1 GNotKG der zuletzt festgestellte Einheitswert, egal wie lange diese Feststellung zurückliegt. Wurde der Einheitswert noch nicht festgestellt, ist er analog § 48 Abs 1 S 2 GNotKG zu schätzen. Bei zwischenzeitlichen Änderungen der Umstände, insbesondere bei Baumaßnahmen, ist der entsprechende Wert nach den Grundsätzen der Einheitsbewertung zu ermitteln (§ 48 Abs 2 GNotKG analog).

Bei der **Umwandlung in Dauerwohnrechte** sind vier Prozent des Werts des Rechts an- 9
zusetzen. Die Bewertung des Rechts erfolgt dabei nach den allgemeinen Vorschriften, also nach § 52 GNotKG.

In beiden Fällen regelt § 49 Abs 2 WEG nur den anzusetzenden Gebührenwert. Für 10
den **Gebührensatz** gelten die allgemeinen Vorschriften des GNotKG. Auch für die Frage, ob die Aufhebung des alten Rechtsverhältnisses mit der Begründung von Wohnungseigentum bzw. Dauerwohnrechten gegenstandsgleich ist, gilt die allgemei-

ne Vorschrift des § 109 GNotKG. In der Regel wird die Aufhebung des Altrechts eine gegenstandsgleiche Durchführungserklärung sein (§ 109 Abs 1 S 2 GNotKG).

3. Geltung nur für Notar- und Gerichtskosten

11 § 49 Abs 1 WEG betrifft nur die Notar- und Gerichtskosten. Mit den Gerichtskosten sind regelmäßig die Grundbuchkosten gemeint. Der Wortlaut erfasst aber auch die Gerichtskosten einer streitigen Auseinandersetzung; der Normzweck steht ihrer Einbeziehung nicht entgegen. Nicht erfasst sind dagegen außergerichtliche Kosten (zB für Rechtsanwälte) und Steuern (zB die Grunderwerbsteuer).

IV. Landesöffnungsklausel für Überleitungsbestimmungen (Abs 2)

12 § 49 Abs 1 WEG erlaubt den Ländern, Vorschriften zur Überleitung von Rechtsverhältnissen, die auf Landesrecht beruhen, in Wohnungseigentum oder Dauerwohnrechte zu schaffen. Die **Reichweite** dieser Öffnungsklausel wird allein durch das Endprodukt begrenzt: Ziel der Überleitung muss Wohnungs- bzw Teileigentum (einschließlich Wohnungs- und Teilerbbaurechte) bzw ein Dauerwohn- bzw. Dauernutzungsrecht sein. Für welche landesrechtlichen Altrechte eine solche vereinfachte Überleitungsmöglichkeit eröffnet werden soll, kann das betreffende Land selbst entscheiden. Es kommt – anders als bei § 49 Abs 1 WEG – nicht zwingend darauf an, dass das Altrecht den gleichen Rechtserfolg wie Wohnungseigentum bzw. Dauerwohnrechte bezweckt.

13 Die Öffnungsklausel gibt den Ländern einen **weiten Regelungsspielraum**: Sie erlaubt, die Überleitung gesetzlich anzuordnen, so dass bestimmte Altrechte zu einem Stichtag automatisch umgewandelt werden. Die Länder können sich aber auch darauf beschränken, die Überleitungsentscheidung den Rechtsinhabern zu überlassen und lediglich den dafür einzuschlagenden Weg auszugestalten. Insbesondere kann von den strengen Formvorschriften des § 4 WEG, der zwingenden Mitwirkung aller Eigentümer oder dem Abgeschlossenheitserfordernis (vgl § 37 Abs 1 S 2, § 43 des Baden-Württembergischen Ausführungsgesetzes zum Bürgerlichen Gesetzbuch v 26. 11. 1974, GBl 1974, 498) abgesehen werden. Hinsichtlich der Form bleibt es formell-rechtlich freilich stets bei den bundesrechtlichen Vorschriften der GBO (vgl § 29 GBO).

14 Von der Öffnungsklausel haben bislang die Länder **Baden-Württemberg** (§§ 35 ff des Baden-Württembergischen Ausführungsgesetzes zum Bürgerlichen Gesetzbuch v 26. 11. 1974, GBl 1974, 498; eingehend dazu Thümmel JZ 1980, 125) und **Hessen** (Hessisches Gesetz zur Überleitung des Stockwerkseigentums v 6. 2. 1962, GVBl I S 17) Gebrauch gemacht. Im Übrigen gelten für die „Umwandlung" von Altrechten in Wohnungseigentum oder Dauerwohnrechte die allgemeinen, bundesrechtlichen Vorschriften. Das Altrecht muss deshalb zunächst nach § 875 BGB aufgehoben werden. Anschließend kann nach § 3 oder § 8 WEG Wohnungseigentum oder nach ein § 31 WEG Dauerwohnrecht begründet werden.

Sachregister

Die fetten Zahlen beziehen sich
auf die Paragraphen, die mageren Zahlen
auf die Randnummern.

J. von Staudingers Kommentar zum Bürgerlichen Gesetzbuch mit Einführungsgesetz und Nebengesetzen

Übersicht vom 1. 9. 2023

Die Übersicht informiert über die Erscheinungsjahre der Kommentierungen in der 13. Bearbeitung und deren Neubearbeitungen (= Gesamtwerk STAUDINGER).

Die Übersicht ist für die 13. Bearbeitung und für deren Neubearbeitungen zugleich ein Vorschlag für das Aufstellen des „Gesamtwerk STAUDINGER“ (insbesondere für solche Bände, die nur eine Sachbezeichnung haben). Es wird empfohlen, die Austauschbände chronologisch neben den überholten Bänden einzusortieren, um bei Querverweisungen auf diese schnell Zugriff zu haben. Bei Platzmangel sollten die ausgetauschten Bände an anderem Ort in gleicher Reihenfolge verwahrt werden.

	Neubearbeitungen				
Buch 1. Allgemeiner Teil					
Einl BGB; §§ 1–14; VerschG	2004	2013	2018		
§§ 21–79	2005	2019			
§§ 80–89	2011	2017			
§§ 90–124; 130–133	2012	2016	2021		
§§ 125–129; BeurkG	2012	2017	2022		
§§ 134–138	2003	2011	2017	2021	
§§ 139–163	2003	2010	2015	2020	
§§ 164–240	2004	2009	2014	2019	
Buch 2. Recht der Schuldverhältnisse					
§§ 241–243	2005	2009	2014	2019	
§§ 244–248	2016	2021			
§§ 249–254	2005	2016	2021		
§§ 255–304	2004	2009	2014	2019	
§§ 305–310; UKlaG	2006	2013	2019	2022	
Anh zu §§ 305–310			2019	2022	
§§ 311, 311a–c	2013	2018			
§§ 312, 312a–k	2013	2019			
§§ 313, 314	*2025*				
§§ 315–326	2001	2004	2009	2015	2020
§§ 328–345	2009	2015	2020		
§§ 346–354	2012	2022			
§§ 358–360	2016	2021			
§§ 362–396	2000	2006	2011	2016	2022
§§ 397–432	2005	2012	2017	2022	
§§ 433–480	2004	2013			
§§ 433–448			2023		
Wiener UN-Kaufrecht (CISG)	1999	2005	2013	2017	
§§ 488–490; 607–609	2011	2015			
§§ 491–512	2004	2012			
§§ 516–534	2005	2013	2021		
§§ 535–556g (Mietrecht 1)	2011	2014	2017	2021	
§§ 557–580a; Anh AGG (Mietrecht 2)	2011	2014	2017	2021	
Leasing	2004	2014	2018	2023	
§§ 581–606	2005	2013	2018		
§§ 607–610 (siehe §§ 488–490; 607–609)	./.				
§§ 611–613	2005	2011	2015	2020	2022
§§ 613a–619a	2011	2016	2019	2022	
§§ 620–630	2012	2016	2019	2022	
§§ 630a–630h	2021				
§§ 631–651	2003	2008	2013		
§§ 631–650v				2019	
§§ 651a–651m	2003	2011	2015		
§§ 652–655; 656a–656d	2021				
§§ 655a–656; 657–661a	2020				
§§ 662–675b	2017				
§§ 675c–676c	2012	2020			
§§ 677–704	2015	2020			
§§ 705–740	2003				
§§ 741–764	2002	2008	2015	2021	
§§ 765–778	2013			2020	
§§ 779–811	2002	2009	2015		
§§ 779–782				2020	
§§ 812–822	1999	2007			
§§ 823 A–D	2016				
§§ 823 E–I, 824, 825	2009	2021			
§§ 826–829; ProdHaftG	2003	2009	2013	2018	2021
§§ 830–838	2002	2008	2012	2017	2022
§§ 839, 839a	2007	2013	2020		
§§ 840–853	2007	2015	2023		
AGG	2017	2020			
UmweltHR	2002	2010	2017		
Buch 3. Sachenrecht					
§§ 854–882	2000	2007	2012	2018	
§§ 883–888	2002	2008	2013	2020	
§§ 889–902	2019				
§§ 903–924	2002	2009	2015	2020	
§§ 925–984; Anh §§ 929 ff	2004	2011	2016	2020	
§§ 985–1011	1999	2006	2013	2019	

ErbbauRG; §§ 1018–1112	2002	2009	2016		
§§ 1030–1112				2021	
ErbbauRG				2021	
§§ 1113–1203	2002	2009	2014	2019	
§§ 1204–1296; §§ 1–84 SchiffsRG	2002	2009	2018		
§§ 1–17 WEG	2017	2023			
§§ 18–49 WEG	2017	2023			

Buch 4. Familienrecht

§§ 1297–1352	2007	2012	2015	2018	2023
LPartG	2010				
§§ 1353–1362	2007	2012	2018		
§§ 1363–1407	2017				
§§ 1408–1563	2018				
§§ 1564–1568; §§ 1568 a+b	2004	2010	2018		
§§ 1569–1586b	2014				
§§ 1587–1588; VAHRG	2004				
§§ 1589–1600d	2000	2004	2011		
§§ 1601–1615n	2000	2018	2022		
§§ 1616–1625	2007	2014	2020		
§§ 1626–1633; §§ 1–11 RKEG	2007	2015	2020		
§§ 1638–1683	2004	2009	2015	2020	
§§ 1684–1717	2006	2013	2018		
§§ 1741–1772	2007	2019			
§§ 1773–1895	2004	2013	2020		
§§ 1896–1921	2006	2013	2017		

Buch 5. Erbrecht

§§ 1922–1966	2000	2008	2016		
§§ 1967–2063	2002	2010	2016	2020	
§§ 2064–2196	2003	2013	2019		
§§ 2197–2228	2003	2012	2016	2021	
§§ 2229–2302	2022				
§§ 2303–2345	2014	2021			
§§ 2346–2385	2010	2016			
§§ 2346–2352			2022		
§§ 2353–2370			2023		

EGBGB

Einl EGBGB; Art 1, 2, 50–218	2005	2013	2018		
Art 219–232	2015				
Art 233–248	2015				

EGBGB/Internationales Privatrecht

Einl IPR	2012	2018			
Art 3–6	2013				
Art 3–4		2019			
Art 7, 9–12, 47, 48	2007	2013	2018		
IntGesR	1998				
Art 13–17b	2003	2011			
Art 18; Vorbem A + B zu Art 19	2003				
Haager Unterhaltsprotokoll (HUP)		2016	2021		
Vorbem C–H zu Art 19	2009				
EU-VO u Übk z Schutz v Kindern		2018			
IntVerfREhe 2	2016				
IntVerfREhe (Brüssel IIb-VO)	2014	2023			
Art 19–24	2008	2014	2018	2022	
Art 25, 26	2000	2007			
Art 1–10 Rom I VO	2011	2016	2021		
Art 11–29 Rom I-VO; Art 46b, c; IntVertrVerfR	2011	2016	2021		
Art 38–42	2001				
IntWirtschR	2006	2010	2015	2019	
Art 43–46	2014				

Eckpfeiler des Zivilrechts	2012	2014	2018	2020	2022

Demnächst erscheinen

§§ 327–327u				2023	
§§ 809–811				2023	
§§ 985–1011				2023	
Art 1–3; 10–14 Rom II-VO				2023	

Otto Schmidt Verlagskontor / Walter de Gruyter Verlag OHG
Genthiner Str. 13, 10785 Berlin, Telefon (030) 2 60 05-0, Fax (030) 2 60 05-222